LAROUSSE

DICTIONNAIRE
COMPACT

FRANÇAIS
ANGLAIS

ANGLAIS
FRANÇAIS

CONCISE
DICTIONARY

FRENCH
ENGLISH

ENGLISH
FRENCH

LAROUSSE

DICTIONNAIRE COMPACT

FRANÇAIS
ANGLAIS

ANGLAIS
FRANÇAIS

21, rue du Montparnasse 75283 Paris Cedex 06

Réalisé par / Produced by
LAROUSSE

© **Larousse-Bordas, 1999**, pour la présente édition
© **Larousse, 1993**, pour la première édition
21, rue du Montparnasse
75283 Paris Cedex 06, France

ISBN 2-03-401644-0
Larousse-Bordas, Paris
Distributeur exclusif au Québec : Messageries ADP, 1751 Richardson, Montréal (Québec)

ISBN 2-03-420302-X (hardcover edition)
ISBN 2-03-420502-2 (paperback edition)
Diffusion/Sales : Larousse Kingfisher Chambers Inc., New York
Library of Congress Catalog Card Number
98-75566

LAROUSSE

CONCISE
DICTIONARY

FRENCH
ENGLISH

ENGLISH
FRENCH

LAROUSSE

21, rue du Montparnasse 75283 Paris Cedex 06

Réalisé par / Produced by
LAROUSSE

Direction de l'ouvrage
General Editor

CATHERINE E. LOVE

Coordination éditoriale
Coordinating Editors

WENDY LEE   PATRICK WHITE   CATHERINE JULIA

Rédaction
Editors

FLORENCE MILLAR   HARRY CAMPBELL
SABINE CITRON   DONALD WATT
LILIANE CHARRIER   KAREN GEORGE
VALÉRIE DUPIN   MARGARET ROSS
VÉRONIQUE ATHUKORALA   HUW DAVIES
JEAN BERTRAND   SARA MONTGOMERY
FRANÇOISE FAUCHET   CALUM SHORT
CARINE LIPSKI   JANE GOLDIE
CAROLE COEN   CHARLOTTE BOYNTON
                          CALLUM BRINES

Informatique éditoriale
Data Management

GABINO ALONSO   CLAUDE NIMMO

Maquette
Design

FRÉDÉRIQUE LONGUÉPÉE

AU LECTEUR

La gamme COMPACT offre l'outil de travail idéal pour un large éventail de situations, qui vont du travail scolaire ou en auto-apprentissage au contexte quotidien du bureau.

Le COMPACT anglais & français vise à répondre rapidement et efficacement au plus grand nombre des questions posées par la lecture de l'anglais d'aujourd'hui, et par la rédaction de travaux, de lettres, de rapports en anglais.

Avec plus de 90 000 mots et expressions éclairés par plus de 120 000 traductions, ce dictionnaire permet de pleinement apprécier textes romanesques et documents, de mieux comprendre la presse quotidienne ou hebdomadaire, de déchiffrer prospectus et notices, de faire une traduction rapide ou une synthèse. De nombreux sigles et noms propres, les termes les plus courants des affaires et de l'informatique en font une référence particulièrement actuelle.

Par le traitement clair et détaillé du vocabulaire fondamental, les exemples de constructions grammaticales, les tournures idiomatiques, les indications de sens soulignant la ou les traductions appropriées, il permet de rédiger dans la langue étrangère sans risque de contresens et sans hésitation.

Une présentation et une typographie très étudiées concourent à rendre plus aisée la consultation. Pour l'usager qui n'est plus un vrai débutant sans prétendre être un spécialiste, le COMPACT est la référence recommandée pour être à l'aise en anglais.

N'hésitez pas à nous faire part de vos observations, questions ou critiques éventuelles, vous contribuerez ainsi à rendre cet ouvrage encore meilleur.

L'ÉDITEUR

TO OUR READERS

The Larousse CONCISE dictionary is the perfect companion for a wide variety of situations, from language learning at school and at home to everyday use in the office.

This French dictionary is designed to provide fast and efficient solutions to the various problems encountered when reading present-day French. It will also be an invaluable aid in preparing written work of all kinds, from schoolwork to letters and reports.

The CONCISE has over 90,000 references and 120,000 translations. It enables the user to read and enjoy a wide range of fiction and journalism, to understand trade literature, brochures and manuals, and to summarize and translate from French quickly and accurately. This entirely new dictionary also features up-to-date coverage of common abbreviations and acronyms, proper names, business terms and computing vocabulary.

Writing French accurately and confidently is no longer a problem thanks to the CONCISE's detailed coverage of essential vocabulary, and helpful sense-markers which guide the user to the most appropriate translation.

Careful thought has gone into the presentation of the entries, both in terms of layout and typography. For the user who has moved beyond beginners' level but is not intending to pursue French at an academic level, the CONCISE is the ideal reference work.

Send us your comments or queries - you will be helping us to make this dictionary an even better book in future.

THE PUBLISHER

ABBREVIATIONS — ABRÉVIATIONS

Grammatical, register and regional labels

Étiquettes grammaticales, stylistiques et dialectales

English	Abbr	Français
abbreviation	*abbr/abr*	abréviation
adjective	*adj*	adjectif
adverb	*adv*	adverbe
American English	*Am*	anglais américain
slang	*arg*	argot
article	*art*	article
Australian English	*Austr*	anglais australien
auxiliary	*aux*	auxiliaire
before noun	*avant n*	avant le nom

indicates that the translation is always used attributively, i.e. directly before the noun which it modifies

appliqué à la traduction d'un adjectif français, indique l'emploi d'un nom anglais avec valeur d'adjectif ; souligne aussi les cas où la traduction d'un adjectif est nécessairement antéposée

English	Abbr	Français
Belgian French	*Belg*	belgicisme
British English	*Br*	anglais britannique
Canadian English/French	*Can*	canadianisme
compound	*comp*	nom anglais utilisé en apposition

a noun used to modify another noun, e.g. gardening in gardening book or airforce in airforce base

par exemple gardening dans gardening book ou airforce dans airforce base

English	Abbr	Français
comparative	*compar*	comparatif
conjunction	*conj*	conjonction
continuous	*cont*	progressif
definite	*def/déf*	défini
demonstrative	*dem/dém*	démonstratif
especially	*esp*	particulièrement
exclamation	*excl*	interjection
informal	*fam*	familier
figurative	*fig*	figuré
formal	*fml*	soutenu
inseparable	*fus*	non séparable

shows that a phrasal verb is "fused", i.e. inseparable, e.g. look after where the object cannot come between the verb and the particle, e.g. I looked after him but not *I looked him after

indique qu'un verbe anglais à particule ("phrasal verb") ne peut pas être séparé de sa particule, c'est-à-dire qu'un complément d'objet ne peut être inséré entre les deux, par exemple I looked after him (et non *I looked him after)

generally, in most cases	*gen/gén*	généralement
identifies the most common translation of a word		*indique la traduction la plus courante d'un mot*
Swiss French	*Helv*	helvétisme
humorous	*hum*	humoristique
indefinite	*indef/indéf*	indéfini
informal	*inf*	familier
infinitive	*infin*	infinitif
exclamation	*interj*	interjection
interrogative	*interr*	interrogatif
invariable	*inv*	invariable

applied to a noun to indicate that plural form same as singular, e.g. garde-boue m inv : *les garde-boue, sheep* pl inv : *four sheep ; applied to a French adjective to indicate that feminine and plural forms same as masculine, e.g. vieux jeu* inv : *ils sont/elle est vieux jeu*

avec un nom, signifie que la forme du pluriel est identique à la forme du singulier, par exemple garde-boue m inv : *les garde-boue, sheep* pl inv : *four sheep ; avec un adjectif, signifie que la forme du féminin et celle du pluriel sont identiques à la forme du masculin, par exemple vieux jeu* inv : *ils sont/elle est vieux jeu*

ironic	*iro/iron*	ironique
literal	*lit/litt*	littéral

in conjunction with fig, *shows that both a literal and figurative sense is being covered by the same translation*

conjointement à l'étiquette fig, *indique que la traduction donnée couvre à la fois le sens littéral et le sens figuré*

phrase(s)	*loc*	locution(s)
adjectival phrase	*loc adj*	locution adjectivale
adverbial phrase	*loc adv*	locution adverbiale
conjunctival phrase	*loc conj*	locution conjonctive
prepositional phrase	*loc prép*	locution prépositionnelle

adjectives, adverbs, conjunctions and prepositions consisting of more than one word, e.g. d'affilée, par dépit, en dépit de, bien que

adjectifs, adverbes, conjonctions et prépositions composés de plusieurs mots, par exemple d'affilée, par dépit, en dépit de, bien que

noun	*n*	nom
feminine noun	*nf*	nom féminin
masculine noun	*nm*	nom masculin
masculine or feminine noun	*nmf*	nom masculin ou féminin

depending on gender, e.g. dentiste nmf *where you would say "un dentiste" or "le dentiste" for a man and "une dentiste" or "la dentiste" for a woman*

dentiste nmf *pouvant être "un dentiste" ou "une dentiste", selon le sexe*

numeral	*num*	numéral
oneself	*o.s.*	
pejorative	*pej/péj*	péjoratif

implies disapproval, e.g. **bimbo**, **catty**, **macho**

implique une nuance dépréciative, par exemple **accoutré**

personal	*pers*	personnel
phrase(s)	*phr*	locution(s)
plural	*pl*	pluriel
possessive	*poss*	possessif
past participle	*pp*	participe passé
present participle	*ppr*	participe présent
preposition	*prep/prép*	préposition
pronoun	*pron*	pronom
past tense	*pt*	passé
	qqch	quelque chose
	qqn	quelqu'un
registered trademark	®	nom déposé

words considered to be trademarks have been designated in this dictionary by the symbol ®. *However, neither the presence nor the absence of such designation should be regarded as affecting the legal status of any trademark.*

les noms de marque sont désignés dans ce dictionnaire par le symbole ®. *Néanmoins, ni ce symbole ni son absence éventuelle ne peuvent être considérés comme susceptibles d'avoir une incidence quelconque sur le statut légal d'une marque.*

relative	*rel*	relatif
someone, somebody	*sb*	
Scottish English	*Scot*	anglais écossais
separable	*sep*	séparable

shows that a phrasal verb is separable, e.g. **let in**, **help out** *where the object can come between the verb and the particle,* **I let her in**, **he helped me out**

indique qu'un verbe anglais à postposition ("phrasal verb") peut être séparé de sa particule, c'est-à-dire qu'un complément d'objet peut être inséré entre les deux, par exemple **I let her in**, **I helped him out**

singular	*sg*	singulier
slang	*sl*	argot
formal	*sout*	soutenu
something	*sthg*	
subject	*subj/suj*	sujet
superlative	*superl*	superlatif
very informal	*tfam*	très familier

XI

uncountable noun	U	substantif non comptable
i.e. an English noun which is never used in the plural or with "a"; used when the French word is or can be a plural, e.g. applause n (U) applaudissements mpl, battement nm beat, beating (U)		*désigne en anglais les noms qui ne sont jamais utilisés au pluriel, lorsque le terme français est un pluriel ou peut être mis au pluriel, par exemple applause n (U) applaudissements mpl, battement nm beat, beating (U)*
usually	*usu*	habituellement
link verb followed by a predicative adjective or noun	*v attr*	verbe suivi d'un attribut
verb	*vb/v*	verbe
intransitive verb	*vi*	verbe intransitif
impersonal verb (always used with the subject "it")	*v impers*	verbe impersonnel
very informal	*v inf*	très familier
pronominal verb	*vp*	verbe pronominal
transitive verb	*vt*	verbe transitif
vulgar, offensive	*vulg*	vulgaire, susceptible de choquer
cultural equivalent	≃	équivalence culturelle
introduces a new part of speech within an entry	◇	introduit une nouvelle catégorie grammaticale dans une entrée
introduces a sub-entry, such as a plural form with its own specific meaning or a set phrase containing the headword (e.g. a phrasal verb or adverbial phrase)	◆	introduit une sous-entrée, par exemple une forme plurielle ayant un sens propre, ou une locution (locution adverbiale, verbe pronominal, etc.)

Administration, administrative	ADMIN	Administration
Aeronautics, aviation	AERON/AÉRON	Aéronautique
Agriculture, farming	AGR(IC)	Agriculture
Anatomy	ANAT	Anatomie
Archaeology	ARCHAEOL/ARCHÉOL	Archéologie
Architecture	ARCHIT	Architecture
Astrology	ASTROL	Astrologie
Astronomy	ASTRON	Astronomie
Automobile, cars	AUT(OM)	Automobile
Biology	BIOL	Biologie
Botany	BOT	Botanique
Chemistry	CHEM/CHIM	Chimie
Cinema, film-making	CIN(EMA)	Cinéma
Commerce, business	COMM	Commerce
Computers, computer science	COMPUT	Informatique
Construction, building trade	CONSTR	Construction, bâtiment
Sewing	COUT	Couture
Culinary, cooking	CULIN	Cuisine, art culinaire
Ecology	ÉCOL	Écologie
Economics	ECON/ÉCON	Économie
Electricity	ELEC/ÉLECTR	Électricité
Electronics	ELECTRON/ÉLECTRON	Électronique
Finance, financial	FIN	Finances
Soccer	FTBL	Football
Geography, geographical	GEOGR/GÉOGR	Géographie
Geology, geological	GEOL/GÉOL	Géologie
Geometry	GEOM/GÉOM	Géométrie
Grammar	GRAM(M)	Grammaire
History	HIST	Histoire
Industry	IND	Industrie
Computers, computer science	INFORM	Informatique
Juridical, legal	JUR	Juridique
Linguistics	LING	Linguistique
Mathematics	MATH(S)	Mathématiques
Medicine	MED/MÉD	Médecine
Weather, meteorology, climatology	METEOR/MÉTÉOR	Météorologie
Military, armed forces, armaments	MIL	Domaine militaire
Music	MUS	Musique
Mythology	MYTH	Mythologie
Nautical, maritime	NAUT/NAVIG	Navigation
Pharmacology, pharmaceutics	PHARM	Pharmacologie
Philosophy	PHILO	Philosophie

Photography	PHOT	Photographie
Physics	PHYS	Physique
Politics	POL(IT)	Politique
Psychology, psychiatry	PSYCH(OL)	Psychologie
Railways	RAIL	Rail
Religion	RELIG	Religion
School	SCH/SCOL	Scolarité
Sociology	SOCIOL	Sociologie
Stock Exchange	ST EX	Bourse
Technology, technical	TECH(NOL)	Domaine technique et technologique
Telecommunications	TELEC/TÉLÉCOM	Télécommunications
Television	TV/TÉLÉ	Télévision
Printing, typography	TYPO	Typographie
University	UNIV	Université
Veterinary science	VETER	Médecine vétérinaire
Zoology	ZOOL	Zoologie

A NOTE ON FRENCH VERBS ———————— VERBES FRANÇAIS

French verbs have a number (from [1] to [116]) which refers to the conjugation table given at the back of the dictionary. This number is not repeated for reflexive verbs when these are sub-entries.

Les verbes français comportent une numérotation (de [1] à [116]) qui renvoie aux conjugaisons fournies en fin d'ouvrage. Ce chiffre n'est pas répété après les verbes pronominaux lorsqu'ils apparaissent comme sous-libellés.

A NOTE ON ENGLISH COMPOUNDS ———————— MOTS COMPOSÉS ANGLAIS

A compound is a word or expression which has a single meaning but is made up of more than one word, e.g. **point of order**, **kiss of life**, **virtual reality**, **World Series** and **International Monetary Fund**. It is a feature of this dictionary that English compounds appear in the A-Z list in strict alphabetical order. The compound **blood pressure** will therefore come after **bloodless** which itself follows **blood group**.

On désigne par composés des entités lexicales ayant un sens autonome mais qui sont composées de plus d'un mot. Nous avons pris le parti de faire figurer les composés anglais dans l'ordre alphabétique général. Le composé **blood pressure** est ainsi présenté après **bloodless**, qui suit **blood group**.

Phonetic Transcription ———— Transcription phonétique

English Vowels
[ɪ] pit, big, rid
[e] pet, tend
[æ] pat, bag, mad
[ʌ] putt, cut
[ɒ] pot, log
[ʊ] put, full
[ə] mother, suppose

[i:] bean, weed
[ɑ:] barn, car, laugh
[ɔ:] born, lawn
[u:] loop, loose
[ɜ:] burn, learn, bird

Voyelles françaises
[i] fille, île
[e] pays, année
[ɛ] bec, aime
[a] lac, papillon
[ɑ] âme
[ɔ] hotte
[o] drôle, aube
[u] outil, goût
[y] usage, lune
[ø] aveu, jeu
[œ] peuple, bœuf
[ə] le, je

English Diphthongs
[eɪ] bay, late, great
[aɪ] buy, light, aisle
[ɔɪ] boy, foil
[əʊ] no, road, blow
[aʊ] now, shout, town
[ɪə] peer, fierce, idea
[eə] pair, bear, share
[ʊə] poor, sure, tour

Nasales françaises
[ɛ̃] limbe, main
[ɑ̃] champ, ennui
[ɔ̃] ongle, mon
[œ̃] parfum, brun

Semi-vowels
you, spaniel   [j]
wet, why, twin   [w]
                                [ɥ]

Semi-voyelles
yeux, lieu
ouest, oui
lui, nuit

Consonants
pop, people   [p]
bottle, bib   [b]
train, tip   [t]
dog, did   [d]
come, kitchen   [k]
loch   [x]
gag, great   [g]
chain, wretched   [ʧ]
jig, fridge   [dʒ]
fib, physical   [f]
vine, livid   [v]
think, fifth   [θ]
this, with   [ð]

Consonnes
prendre, grippe
bateau, rosbif
théâtre, temps
dalle, ronde
coq, quatre

garder, épilogue

physique, fort
voir, rive

seal, pea**c**e	[s]	**c**ela, **s**avant
zip, hi**s**	[z]	frai**s**e, **z**éro
sheep, ma**ch**ine	[ʃ]	**ch**arrue, **sch**éma
u**s**ual, mea**s**ure	[ʒ]	rou**g**e, **j**abot
how, per**h**aps	[h]	
metal, com**b**	[m]	**m**ât, dra**m**e
night, din**n**er	[n]	**n**ager, trô**n**e
su**ng**, parki**ng**	[ŋ]	danci**ng**, smoki**ng**
	[ɲ]	a**gn**eau, pei**gn**er
litt**l**e, he**l**p	[l]	ha**ll**e, **l**it
right, car**r**y	[r]	ar**r**acher, sab**r**e

The symbol ['] has been used to represent the French "h aspiré", e.g. hachis ['aʃi].

The symbol ['] indicates that the following syllable carries primary stress and the symbol [ˌ] that the following syllable carries secondary stress.

The symbol [ʳ] in English phonetics indicates that the final "r" is pronounced only when followed by a word beginning with a vowel. Note that it is nearly always pronounced in American English.

A phonetic transcription has been given where appropriate after every French headword (the main word which starts an entry). All one-word English headwords similarly have phonetics. For English compound headwords, whether hyphenated or of two or more words, phonetics are given for any element which does not appear elsewhere in the dictionary as a headword in its own right.

Le symbole ['] représente le "h aspiré" français, p. ex. hachis ['aʃi].

Les symboles [ˈ] et [ˌ] indiquent respectivement un accent primaire et un accent secondaire sur la syllabe suivante.

Le symbole [ʳ] indique que le "r" final d'un mot anglais ne se prononce que lorsqu'il forme une liaison avec la voyelle du mot suivant; le "r" final est presque toujours prononcé en anglais américain.

Une transcription phonétique - quand elle a été jugée nécessaire - suit chaque libellé (terme-vedette de l'entrée) français, ainsi que chaque libellé anglais écrit en un seul mot. Pour les mots composés anglais (avec ou sans trait d'union, et composés de deux éléments ou plus), la phonétique est présente pour ceux des éléments qui n'apparaissent pas dans le dictionnaire en tant que libellés à part entière.

FRANÇAIS–ANGLAIS
FRENCH–ENGLISH

a¹, **A** [a] *nm inv* a, A; **prouver par a + b** to prove conclusively; **de A à Z** from beginning to end.
◆ **A** **-1.** *abr de* **anticyclone. -2.** (*abr de* **ampère**) A, amp. **-3.** (*abr de* **autoroute**) M.

a² ◇ → **avoir.** ◇ (*abr de* **are**) a.

à [a] *prép* (*contraction de à + le = au, contraction de à + les =* **aux**) **-1.** [introduisant un complément d'objet indirect] to; **parler à qqn** to speak to sb; **donner qqch à qqn** to give sthg to sb, to give sb sthg; **penser à qqch** to think about sthg. **-2.** [introduisant un complément de lieu - situation] at, in; [- direction] to; **être à la maison/au bureau** to be at home/at the office; **il habite à Paris/à la campagne** he lives in Paris/in the country; **il vit au Pérou** he lives in Peru; **aller à Paris/à la campagne/au Pérou** to go to Paris/to the country/to Peru; **un voyage à Londres/aux Seychelles** a journey to London/to the Seychelles. **-3.** [introduisant un complément de temps]: **à onze heures** at eleven o'clock; **au mois de février** in the month of February; **à lundi!** see you (on) Monday!; **à plus tard!** see you later!; **de huit à dix heures** from eight to ten o'clock; **se situer à une heure de l'aéroport** to be situated an hour (away) from the airport. **-4.** [introduisant un complément de manière, de moyen]: **à haute voix** out loud, aloud; **rire aux éclats** to roar with laughter; **agir à son gré** to do as one pleases; **acheter à crédit** to buy on credit; **à pied/cheval** on foot/horseback. **-5.** [indiquant une caractéristique] with; **l'homme à l'imperméable** the man with the raincoat. **-6.** [introduisant un chiffre]: **ils sont venus à dix** ten of them came; **un livre à 30 francs** a 30-franc book, a book costing 30 francs; **la vitesse est limi-tée à 50 km à l'heure** the speed limit is 50 km per OU an hour; **un groupe de 10 à 12 personnes** a group of 10 to 12 people, a group of between 10 and 12 people; **deux à deux** two by two. **-7.** [marque l'appartenance]: **c'est à moi/toi/lui/elle** it's mine/yours/his/hers; **ce vélo est à ma sœur** this bike is my sister's OU belongs to my sister; **une amie à moi** a friend of mine. **-8.** [introduit le but]: **coupe à champagne** champagne goblet; **le courrier à poster** the mail to be posted; **appartement à vendre** apartment *Am* OU flat *Br* for sale.

AB (*abr de* **assez bien**) fair grade (as assessment of schoolwork).

abaisser [abese] [4] *vt* **-1.** [rideau, voile] to lower; [levier, manette] to push OU pull down. **-2.** [diminuer] to reduce, to lower. **-3.** *sout* [avilir] to debase.
◆ **s'abaisser** *vp* **-1.** [descendre - rideau] to fall, to come down; [- terrain] to fall away. **-2.** [s'humilier] to demean o.s.; **s'~ à faire qqch** to lower o.s. to do sthg.

abandon [abɑ̃dɔ̃] *nm* **-1.** [désertion, délaissement] desertion; **à l'~** [jardin, maison] neglected, in a state of neglect. **-2.** [renonciation] abandoning, giving up. **-3.** [cession] renunciation, giving up; **faire ~ de qqch (au profit de qqn)** to make sthg over (to sb). **-4.** [nonchalance, confiance] abandon.

abandonner [abɑ̃dɔne] [3] *vt* **-1.** [quitter - femme, enfants] to abandon, to desert; [- voiture, propriété] to abandon; **~ son poste** to desert one's post. **-2.** [renoncer à] to give up, to abandon. **-3.** [se retirer de - course, concours] to withdraw from. **-4.** [céder]: **~ qqch à qqn** to leave sthg to sb, to leave sb sthg.

◆ **s'abandonner** *vp* **-1.** [se laisser aller]: **s'~ à qqch** to give o.s. up to sthg. **-2.** [s'épancher] to pour out one's feelings.

abasourdi, -e [abazurdi] *adj* stunned.

abasourdir [abazurdir] [32] *vt* to stun.

abat-jour [abaʒur] *nm inv* lampshade.

abats [aba] *nmpl* [d'animal] offal (*U*); [de volaille] giblets.

abattage [abataʒ] *nm* [d'arbre] felling.

abattement [abatmɑ̃] *nm* **-1.** [faiblesse physique] weakness. **-2.** [désespoir] dejection. **-3.** [déduction] reduction; **~ fiscal** tax allowance.

abattis [abati] *nmpl* giblets.

abattoir [abatwar] *nm* abattoir, slaughterhouse.

abattre [abatr] [83] *vt* **-1.** [faire tomber - mur] to knock down; [- arbre] to cut down, to fell; [- avion] to bring down. **-2.** [tuer - gén] to kill; [- dans un abattoir] to slaughter. **-3.** [épuiser] to wear out; [démoraliser] to demoralize.

◆ **s'abattre** *vp*: **s'~ (sur)** [toit, arbre] to crash down (on); [pluie] to beat down (on); [avion, insectes, rapaces] to swoop down (on); [maladie, fléau] to descend (on).

abattu, -e [abaty] ◇ *pp* → **abattre**. ◇ *adj* **-1.** [déprimé] demoralized, dejected. **-2.** [affaibli] very weak.

abbaye [abei] *nf* abbey.

abbé [abe] *nm* **-1.** [prêtre] priest. **-2.** [de couvent] abbot.

abc *nm* basics (*pl*).

abcès [apsɛ] *nm* abscess; **crever l'~** *fig* to root out the problem.

abdication [abdikasjɔ̃] *nf* abdication.

abdiquer [abdike] [3] ◇ *vt* **-1.** [renoncer à] to renounce. **-2.** [suj: roi] to abdicate. ◇ *vi* **-1.** [roi] to abdicate. **-2.** [renoncer] to give up.

abdomen [abdɔmɛn] *nm* abdomen.

abdominal, -e, -aux [abdɔminal, o] *adj* abdominal.

◆ **abdominaux** *nmpl* **-1.** [muscles] abdominal OU stomach muscles. **-2.** [exercices]: **faire des abdominaux** to do exercises for the stomach muscles.

abécédaire [abesedɛr] *nm* ABC (*book*).

abeille [abɛj] *nf* bee.

aberrant, -e [abɛrɑ̃, ɑ̃t] *adj* absurd.

aberration [abɛrasjɔ̃] *nf* aberration.

abhorrer [abɔre] [3] *vt sout* to abhor.

Abidjan [abidʒɑ̃] *n* Abidjan.

abîme [abim] *nm* abyss, gulf.

abîmer [abime] [3] *vt* [détériorer - objet] to damage; [- partie du corps, vue] to ruin.

◆ **s'abîmer** *vp* **-1.** [gén] to be damaged; [- fruits] to go bad. **-2.** *fig* [personne]: **s'~ dans** [lecture] to bury o.s. in; [pensées] to lose o.s. in.

abject, -e [abʒɛkt] *adj* despicable, contemptible.

abjurer [abʒyre] [3] *vt* RELIG to renounce.

ablatif [ablatif] *nm* ablative.

ablation [ablasjɔ̃] *nf* MÉD removal.

ablutions [ablysjɔ̃] *nfpl*: **faire ses ~** to perform one's ablutions.

abnégation [abnegasjɔ̃] *nf* selflessness.

aboie, aboies *etc* → **aboyer**.

aboiement [abwamɑ̃] *nm* bark, barking (*U*).

abois [abwa] *nmpl*: **être aux ~** *fig* to be in dire straits.

abolir [abɔlir] [32] *vt* to abolish.

abolition [abɔlisjɔ̃] *nf* abolition.

abominable [abɔminabl] *adj* appalling, awful.

abominablement [abɔminabləmɑ̃] *adv* **-1.** [très mal] abominably. **-2.** [extrêmement] awfully.

abomination [abɔminasjɔ̃] *nf* abomination.

abondamment [abɔ̃damɑ̃] *adv* **-1.** [beaucoup] plentifully. **-2.** [largement] extensively.

abondance [abɔ̃dɑ̃s] *nf* **-1.** [profusion] abundance; **en ~** in abundance. **-2.** [opulence] affluence; **vivre dans l'~** to live in affluence.

abondant, -e *adj* [abɔ̃dɑ̃, ɑ̃t] [gén] plentiful; [végétation, chevelure] luxuriant; [pluie] heavy.

abonder [abɔ̃de] [3] *vi* to abound, to be abundant; **~ en qqch** to be rich in sthg; **~ dans le sens de qqn** to be entirely of sb's opinion.

abonné, -e [abɔne] *nm, f* **-1.** [à un journal, à une chaîne de télé] subscriber; [à un théâtre] season-ticket holder. **-2.** [à un service public] consumer.

abonnement [abɔnmɑ̃] *nm* **-1.** [à un journal, à une chaîne de télé] subscription; [à un théâtre] season ticket. **-2.** [au téléphone] rental; [au gaz, à l'électricité] standing charge.

abonner [abɔne] [3]

◆ **s'abonner** *vp*: **s'~ à qqch** [journal, chaîne de télé] to take out a subscription to sthg; [service public] to get connected to sthg; [théâtre] to buy a season ticket for sthg.

abord [abɔr] *nm*: **être d'un ~ facile/difficile** to be very/not very approachable; **au premier ~, de prime ~** at first sight; **dès l'~** from the outset.

◆ **abords** *nmpl* [gén] surrounding area (*sg*); [de ville] outskirts.

◆ **d'abord** *loc adv* -1. [en premier lieu] first. -2. [avant tout]: (**tout**) **d'**~ first (of all), in the first place.

abordable [abɔrdabl] *adj* [lieu] accessible; [personne] approachable; [de prix modéré] affordable.

abordage [abɔrdaʒ] *nm* boarding.

aborder [abɔrde] [3] ◇ *vi* to land. ◇ *vt* -1. [personne, lieu] to approach. -2. [question] to tackle.

aborigène [abɔriʒɛn] *adj* aboriginal.

◆ **Aborigène** *nmf* (Australian) aborigine.

abouti, -e [abuti] *adj* -1. [projet, démarche] successful. -2. [œuvre] accomplished.

aboutir [abutir] [32] *vi* -1. [chemin]: ~ à OU **dans** to end up in. -2. [négociation] to be successful; ~ à qqch to result in sthg.

aboutissement [abutismɑ̃] *nm* outcome.

aboyer [abwaje] [13] *vi* to bark.

abracadabrant, -e [abrakadabrɑ̃, ɑ̃t] *adj* preposterous.

abrasif, -ive [abrazif, iv] *adj* abrasive.

◆ **abrasif** *nm* abrasive.

abrégé, -e [abreʒe] *adj* abridged.

◆ **abrégé** *nm* résumé, summary; **en** ~ in abbreviated form.

abréger [abreʒe] [22] *vt* [visite, réunion] to cut short; [discours] to shorten; [mot] to abbreviate.

abreuver [abrœve] [5] *vt* [animal] to water; ~ qqn de *fig* to shower sb with.

◆ **s'abreuver** *vp* to drink.

abreuvoir [abrœvwar] *nm* [lieu] watering place; [installation] drinking trough.

abréviation [abrevjasjɔ̃] *nf* abbreviation.

abri [abri] *nm* shelter; **à l'**~ **de** sheltered from; *fig* safe from; **se mettre à l'**~ (**de**) to shelter (from), to take shelter (from); ~ **antiatomique** nuclear fallout shelter.

abricot [abriko] *nm & adj inv* apricot.

abricotier [abrikɔtje] *nm* apricot tree.

abriter [abrite] [3] *vt* -1. [protéger]: ~ qqn/qqch (**de**) to shelter sb/sthg (from). -2. [héberger] to accommodate.

◆ **s'abriter** *vp*: **s'**~ (**de**) to shelter (from).

abroger [abrɔʒe] [17] *vt* to repeal.

abrupt, -e [abrypt] *adj* -1. [raide] steep. -2. [rude] abrupt, brusque.

abruti, -e [abryti] *fam* ◇ *adj* moronic. ◇ *nm, f* moron.

abrutir [abrytir] [32] *vt* -1. [abêtir]: ~ qqn to deaden sb's mind. -2. [accabler]: ~ qqn de travail to work sb silly. -3. [étourdir] to daze.

◆ **s'abrutir** *vp* -1. [s'épuiser]: **s'**~ **de travail** to work o.s. stupid. -2. [s'abêtir] to become moronic.

abrutissant, -e [abrytisɑ̃, ɑ̃t] *adj* -1. [bruit, travail] stupefying. -2. [jeu, feuilleton] moronic.

abrutissement [abrytismɑ̃] *nm* -1. [épuisement] exhaustion. -2. [intellectuel] mindless state.

ABS (*abr de* **Antiblockiersystem**) *nm* ABS.

absence [apsɑ̃s] *nf* -1. [de personne] absence; **en l'**~ **de** in the absence of. -2. [carence] lack.

absent, -e [apsɑ̃, ɑ̃t] ◇ *adj* -1. [personne]: ~ (**de**) [gén] away (from); [pour maladie] absent (from). -2. [regard, air] vacant, absent. -3. [manquant] lacking. ◇ *nm, f* absentee.

absentéisme [apsɑ̃teism] *nm* absenteeism.

absenter [apsɑ̃te] [3]

◆ **s'absenter** *vp*: **s'**~ (**de la pièce**) to leave (the room).

abside [apsid] *nf* apse.

absinthe [apsɛ̃t] *nf* [plante] wormwood; [boisson] absinth.

absolu, -e [apsɔly] *adj* [gén] absolute; [décision, jugement] uncompromising.

◆ **absolu** *nm*: **l'**~ the Absolute; **dans l'**~ in isolation.

absolument [apsɔlymɑ̃] *adv* absolutely.

absolution [apsɔlysjɔ̃] *nf* absolution.

absolutisme [apsɔlytism] *nm* absolutism.

absorbant, -e [apsɔrbɑ̃, ɑ̃t] *adj* -1. [matière] absorbent. -2. [occupation] absorbing.

absorber [apsɔrbe] [3] *vt* -1. [gén] to absorb. -2. [manger] to take. -3. [entreprise] to take over.

◆ **s'absorber** *vp*: **s'**~ **dans qqch** to get OU become absorbed in sthg.

absorption [apsɔrpsjɔ̃] *nf* -1. [gén] absorption. -2. ÉCON takeover.

abstenir [apstənir] [40]

◆ **s'abstenir** *vp* -1. [ne rien faire]: **s'**~ (**de qqch/de faire qqch**) to refrain (from sthg/from doing sthg). -2. [ne pas voter] to abstain.

abstention [apstɑ̃sjɔ̃] *nf* abstention.

abstentionnisme [apstɑ̃sjɔnism] *nm* abstaining.

abstenu, -e [apstəny] *pp* → **abstenir**.

abstiendrai, abstiendras *etc* → **abstenir**.

abstinence [apstinɑ̃s] *nf* abstinence; **faire** ~ to abstain (*from eating meat*).

abstraction [apstraksjɔ̃] *nf* abstraction; **faire** ~ **de** to disregard.

abstrait, -e [abstrɛ, ɛt] *adj* abstract.

◆ **abstrait** *nm*: **l'**~ the abstract.

absurde [apsyrd] ◇ *adj* absurd. ◇ *nm*: l'~ the absurd; **raisonnement par l'~** reductio ad absurdum.

absurdité [apsyrdite] *nf* absurdity; **dire des ~s** to talk nonsense (*U*).

abus [aby] *nm* abuse; ~ **de confiance** breach of trust; ~ **de pouvoir** abuse of power.

abuser [abyze] [3] ◇ *vi* -1. [dépasser les bornes] to go too far. -2. [user]: ~ **de** [autorité, pouvoir] to overstep the bounds of; [femme] to take advantage of; [temps] to take up too much of; ~ **de ses forces** to overexert o.s. ◇ *vt sout* to mislead.
◆ **s'abuser** *vp*: s'~ **sur** to delude o.s. about.

abusif, -ive [abyzif, iv] *adj* -1. [excessif] excessive. -2. [fautif] improper.

AC (*abr de* **appellation contrôlée**) *nf label guaranteeing quality of wine.*

acabit [akabi] *nm*: **du même ~** *péj* of the same type.

acacia [akasja] *nm* acacia.

académicien, -ienne [akademisjɛ̃, jɛn] *nm, f* academician; [de l'Académie française] member of the French Academy.

académie [akademi] *nf* -1. SCOL & UNIV ≃ school district *Am*, ≃ regional education authority *Br*. -2. [institut] academy; **l'Académie française** the French Academy (*learned society of leading men and women of letters*); **l'Académie Goncourt** *literary society whose members choose the winner of the Prix Goncourt.*

académique [akademik] *adj* -1. UNIV academic. -2. [conventionnel] conventional.

acajou [akaʒu] *nm & adj inv* mahogany.

acariâtre [akarjatr] *adj* bad-tempered, cantankerous.

acarien [akarjɛ̃] *nm* [gén] acarid; [de poussière] dust mite.

accablant, -e [akablɑ̃, ɑ̃t] *adj* -1. [soleil, chaleur] oppressive. -2. [preuve, témoignage] overwhelming.

accabler [akable] [3] *vt* -1. [surcharger]: ~ **qqn de** [travail] to overwhelm sb with; ~ **qqn d'injures** to shower sb with abuse. -2. [accuser] to condemn.

accalmie [akalmi] *nf litt & fig* lull.

accaparer [akapare] [3] *vt* to monopolize; **son travail l'accapare** his work takes up all his time.
◆ **s'accaparer** *vp*: s'~ **qqch** to seize sthg.

accéder [aksede] [18]
◆ **accéder à** *vt* -1. [pénétrer dans] to reach, to get to. -2. [parvenir à] to attain. -3. [consentir à] to comply with.

accélérateur [akseleratœr] *nm* accelerator.

accélération [akselerasjɔ̃] *nf* [de voiture, machine] acceleration; [de projet] speeding up.

accélérer [akselere] [18] ◇ *vt* to accelerate, to speed up. ◇ *vi* AUTOM to accelerate.

accent [aksɑ̃] *nm* -1. [gén] accent; ~ **aigu/grave/circonflexe** acute/grave/circumflex (accent). -2. [intonation] tone; ~ **tonique** stress; **mettre l'~ sur** to stress, to emphasize.

accentuation [aksɑ̃tɥasjɔ̃] *nf* -1. [à l'écrit] accenting; [en parlant] stress. -2. [intensification] intensification.

accentuer [aksɑ̃tɥe] [7] *vt* -1. [insister sur, souligner] to emphasize, to accentuate. -2. [intensifier] to intensify. -3. [à l'écrit] to put the accents on; [en parlant] to stress.
◆ **s'accentuer** *vp* to become more pronounced.

acceptable [akseptabl] *adj* satisfactory, acceptable.

acceptation [akseptasjɔ̃] *nf* acceptance.

accepter [aksepte] [4] *vt* to accept; ~ **de faire qqch** to agree to do sthg; ~ **que** (+ *subjonctif*): ~ **que qqn fasse qqch** to agree to sb doing sthg; **je n'accepte pas qu'il me parle ainsi** I won't have him talking to me like that.

acception [aksepsjɔ̃] *nf* sense.

accès [aksɛ] *nm* -1. [entrée] entry; **avoir/donner ~ à** to have/to give access to; «~ **interdit**» "no entry"; «~ **réservé aux riverains**» "residents only". -2. [voie d'entrée] entrance. -3. [abord]: **être d'un ~ facile/difficile** [personne] to be approachable/unapproachable; [livre] to be easy/difficult (to read). -4. [crise] bout; ~ **de colère** fit of anger.

accessible [aksesibl] *adj* -1. [lieu, livre] accessible; [personne] approachable; [prix, équipement] affordable. -2. [sensible]: ~ **à** susceptible to.

accession [aksesjɔ̃] *nf*: ~ **à** [trône, présidence] accession to; [indépendance] attainment of.

accessoire [akseswar] ◇ *nm* -1. [gén] accessory. -2. [de théâtre, cinéma] prop. ◇ *adj* secondary.

accessoirement [akseswarmɑ̃] *adv* if need be.

accident [aksidɑ̃] *nm* accident; **par ~** by chance, by accident; ~ **de parcours** hiccup; ~ **de la route/de voiture/du travail** road/car/industrial accident; ~ **de terrain** bump.

accidenté, -e [aksidɑ̃te] ◇ *adj* -1. [terrain, surface] uneven. -2. [voiture] damaged. -3. [vie] eventful. ◇ *nm, f* (*gén pl*): ~ **de la route** accident victim.

accidentel, -elle [aksidɑ̃tɛl] *adj* accidental.

accidentellement [aksidɑ̃tɛlmɑ̃] *adv* [rencontrer] by chance, accidentally; [mourir] in an accident.

acclamation [aklamasjɔ̃] *nf* (*gén pl*) cheers (*pl*), cheering (*U*).

acclamer [aklame] [3] *vt* to cheer.

acclimatation [aklimatasjɔ̃] *nf* acclimatization.

acclimater [aklimate] [3] *vt* to acclimatize; *fig* to introduce.
◆ **s'acclimater** *vp*: **s'~ à** to become acclimatized to.

accointances [akwɛ̃tɑ̃s] *nfpl*: **avoir des ~ dans/avec** *péj* to have contacts in/with.

accolade [akɔlad] *nf* **-1.** TYPO brace. **-2.** [embrassade] embrace; **donner l'~ à qqn** to embrace sb.

accoler [akɔle] [3] *vt* **-1.** [par accolade] to bracket together. **-2.** [adjoindre]: **~ qqch à** to add sthg to.

accommodant, -e [akɔmɔdɑ̃, ɑ̃t] *adj* obliging.

accommodement [akɔmɔdmɑ̃] *nm* compromise.

accommoder [akɔmɔde] [3] *vt* **-1.** CULIN to prepare. **-2.** [mettre en accord]: **~ qqch à** to adapt sthg to.
◆ **s'accommoder** *vp*: **s'~ de** to put up with; **s'~ à** to adapt to.

accompagnateur, -trice [akɔ̃paɲatœr, tris] *nm, f* **-1.** MUS accompanist. **-2.** [guide] guide.

accompagnement [akɔ̃paɲmɑ̃] *nm* **-1.** MUS accompaniment. **-2.** CULIN side dish.

accompagner [akɔ̃paɲe] [3] *vt* **-1.** [personne] to go with, to accompany. **-2.** [agrémenter]: **~ qqch de** to accompany sthg with; **elle accompagna sa réponse d'un sourire** she answered with a smile. **-3.** MUS to accompany; **~ qqn au piano/à la guitare** to accompany sb on the piano/guitar.

accompli, -e [akɔ̃pli] *adj* accomplished.

accomplir [akɔ̃plir] [32] *vt* to carry out.
◆ **s'accomplir** *vp* to come about.

accomplissement [akɔ̃plismɑ̃] *nm* [d'apprentissage] completion; [de travail] fulfilment.

accord [akɔr] *nm* **-1.** [gén & LING] agreement; **en ~ avec** in harmony with; **d'un commun ~** with one accord; **~ à l'amiable** COMM out-of-court settlement, mutual agreement. **-2.** MUS chord. **-3.** [acceptation] approval; **donner son ~ à qqch** to approve sthg.
◆ **d'accord** ◇ *loc adv* OK, all right. ◇ *loc adj*: **être d'~ (avec)** to agree (with); **tomber**

OU **se mettre d'~** to come to an agreement, to agree.

accordéon [akɔrdeɔ̃] *nm* accordion; **avoir les chaussettes en ~** to have one's socks down around one's ankles.

accorder [akɔrde] [3] *vt* **-1.** [donner]: **~ qqch à qqn** to grant sb sthg. **-2.** [attribuer]: **~ qqch à qqch** to accord sthg to sthg; **~ de l'importance à** to attach importance to. **-3.** [harmoniser] to match. **-4.** GRAM: **~ qqch avec qqch** to make sthg agree with sthg. **-5.** MUS to tune.
◆ **s'accorder** *vp* **-1.** [gén]: **s'~ (pour faire qqch)** to agree (to do sthg); **s'~ à faire qqch** to be unanimous in doing sthg. **-2.** [être assorti] to match. **-3.** GRAM to agree.

accordeur [akɔrdœr] *nm* tuner.

accoster [akɔste] [3] ◇ *vt* **-1.** NAVIG to come alongside. **-2.** [personne] to accost. ◇ *vi* NAVIG to dock.

accotement [akɔtmɑ̃] *nm* [de route] shoulder; **~ stabilisé** hard shoulder; **~ non stabilisé** soft shoulder *Am*, soft verge *Br*.

accouchement [akuʃmɑ̃] *nm* childbirth; **~ sans douleur** natural childbirth.

accoucher [akuʃe] [3] *vi*: **~ (de)** to give birth (to).

accouder [akude] [3]
◆ **s'accouder** *vp* to lean on one's elbows; **s'~ à** to lean one's elbows on.

accoudoir [akudwar] *nm* armrest.

accouplement [akupləmɑ̃] *nm* mating, coupling.

accourir [akurir] [45] *vi* to run up, to rush up.

accours, accourt *etc* → accourir.

accouru, -e [akury] *pp* → accourir.

accoutré, -e [akutre] *adj péj*: **être bizarrement ~** to be oddly got up.

accoutrement [akutrəmɑ̃] *nm péj* getup.

accoutrer [akutre] [3]
◆ **s'accoutrer** *vp péj*: **s'~ bizarrement** to get o.s. up very strangely.

accoutumance [akutymɑ̃s] *nf* [adaptation] adaptation; MÉD addiction.

accoutumé, -e [akutyme] *adj* usual.
◆ **comme à l'accoutumée** *loc adv sout* as usual.

accoutumer [akutyme] [3] *vt*: **~ qqn à qqn/qqch** to get sb used to sb/sthg; **~ qqn à faire qqch** to get sb used to doing sthg.
◆ **s'accoutumer** *vp*: **s'~ à qqn/qqch** to get used to sb/sthg; **s'~ à faire qqch** to get used to doing sthg.

accréditation [akreditasjɔ̃] *nf* FIN accreditation.

accréditer [akredite] [3] *vt* [rumeur] to substantiate; ~ qqn auprès de to accredit sb to.

◆ **s'accréditer** *vp* to gain substance.

accro [akro] *fam* ◇ *adj*: ~ à hooked on. ◇ *nmf*: c'est une ~ de la planche she's hooked on windsurfing.

accroc [akro] *nm* -1. [déchirure] tear; faire un ~ à to tear. -2. [incident] hitch; sans ~ without a hitch.

accrochage [akrɔʃaʒ] *nm* -1. [accident] collision. -2. *fam* [dispute] row. -3. [mise en place] hanging; [- d'œuvres d'art] private viewing.

accroche [akrɔʃ] *nf* COMM catch line.

accrocher [akrɔʃe] [3] *vt* -1. [suspendre]: ~ qqch (à) to hang sthg up (on). -2. [déchirer]: ~ qqch (à) to catch sthg (on). -3. [attacher]: ~ qqch (à) to hitch sthg (to). -4. [heurter] to bump into. -5. [retenir l'attention de] to attract.

◆ **s'accrocher** *vp* -1. [s'agripper]: s'~ (à) to hang on (to); s'~ à qqn *fig* to cling to sb. -2. *fam* [se disputer] to row, to have a row. -3. *fam* [persévérer] to stick at it.

accrocheur, -euse [akrɔʃœr, øz] *adj* -1. [qui retient l'attention] eye-catching. -2. [opiniâtre] tenacious.

accroire [akrwar] *vt sout*: en faire ~ à qqn to take sb in.

accroissement [akrwasmɑ̃] *nm* increase, growth.

accroître [akrwatr] [94] *vt* to increase.

◆ **s'accroître** *vp* to increase, to grow.

accroupir [akrupir] [32]

◆ **s'accroupir** *vp* to squat.

accru, -e [akry] *pp* → accroître.

accu [aky] *nm*: recharger ses ~s *fam fig* to recharge one's batteries.

accueil [akœj] *nm* -1. [lieu] reception. -2. [action] welcome, reception.

accueillant, -e [akœjɑ̃, ɑ̃t] *adj* welcoming, friendly.

accueillir [akœjir] [41] *vt* -1. [gén] to welcome. -2. [loger] to accommodate.

acculer [akyle] [3] *vt* -1. [repousser]: ~ qqn contre/à to drive sb up against/into. -2. *fig*: ~ qqn à [ruine, désespoir] to drive sb to; [faute] to force sb into.

accumulateur [akymylatœr] *nm* accumulator, battery.

accumulation [akymylasjɔ̃] *nf* accumulation.

accumuler [akymyle] [3] *vt* to accumulate; *fig* to store up.

◆ **s'accumuler** *vp* to pile up.

accusateur, -trice [akyzatœr, tris] ◇ *adj* accusing. ◇ *nm, f* accuser.

accusation [akyzasjɔ̃] *nf* -1. [reproche] accusation. -2. JUR charge; mettre en ~ to indict; l'~ the prosecution.

accusé, -e [akyze] *nm, f* accused, defendant.

◆ **accusé de réception** *nm* acknowledgment (of receipt).

accuser [akyze] [3] *vt* -1. [porter une accusation contre]: ~ qqn (de qqch) to accuse sb (of sthg). -2. JUR: ~ qqn de qqch to charge sb with sthg. -3. [mettre en relief] to emphasize.

acerbe [asɛrb] *adj* acerbic.

acéré, -e [asere] *adj* sharp.

acériculture [aserikyltyr] *nf* maple sugar production.

acétate [asetat] *nm* acetate.

acétone [asetɔn] *nf* acetone.

achalandé, -e [aʃalɑ̃de] *adj* [en marchandises]: bien ~ well-stocked.

acharné, -e [aʃarne] *adj* [combat] fierce; [travail] unremitting.

acharnement [aʃarnəmɑ̃] *nm* relentlessness.

acharner [aʃarne] [3]

◆ **s'acharner** *vp* -1. [combattre]: s'~ contre OU après OU sur qqn [ennemi, victime] to hound sb; [suj: malheur] to dog sb. -2. [s'obstiner]: s'~ (à faire qqch) to persist (in doing sthg).

achat [aʃa] *nm* purchase; faire des ~s to go shopping.

acheminer [aʃmine] [3] *vt* to dispatch.

◆ **s'acheminer** *vp*: s'~ vers [lieu, désastre] to head for; [solution, paix] to move toward *Am* OU towards *Br*.

acheter [aʃte] [28] *vt litt* & *fig* to buy; ~ qqch à OU pour qqn to buy sthg for sb, to buy sb sthg; ~ qqch à qqn [commerçant] to buy sthg from sb.

acheteur, -euse [aʃtœr, øz] *nm, f* buyer, purchaser.

achevé, -e [aʃve] *adj sout*: d'un ridicule ~ utterly ridiculous.

achèvement [aʃɛvmɑ̃] *nm* completion.

achever [aʃve] [19] *vt* -1. [terminer] to complete, to finish (off). -2. [tuer, accabler] to finish off.

◆ **s'achever** *vp* to (come to an) end.

achoppement [aʃɔpmɑ̃] → pierre.

acide [asid] ◇ *adj* -1. [saveur] sour. -2. [propos] sharp, acid. -3. CHIM acid. ◇ *nm* -1. CHIM acid; ~ acétique/chlorhydrique/sul-

furique acetic/hydrochloric/sulphuric acid; **~ aminé** amino acid. **-2.** *arg drogue* acid.

acidité [asidite] *nf* **-1.** CHIM acidity. **-2.** [saveur] sourness. **-3.** [de propos] sharpness.

acidulé, -e [asidyle] *adj* slightly acid.

acier [asje] *nm* steel; **~ inoxydable** stainless steel.

aciérie [asjeri] *nf* steelworks (*sg*).

acné [akne] *nf* acne; **~ juvénile** teenage acne.

acolyte [akɔlit] *nm péj* henchman.

acompte [akɔ̃t] *nm* deposit; **verser un ~** to put down OU pay a deposit.

acoquiner [akɔkine] [3]
◆ **s'acoquiner** *vp*: **s'~ avec qqn** to gang up with sb.

à-côté [akote] (*pl* **à-côtés**) *nm* **-1.** [point accessoire] side issue. **-2.** [gain d'appoint] extra.

à-coup [aku] (*pl* **à-coups**) *nm* jerk; **par ~s** in fits and starts.

acoustique [akustik] ◇ *nf* **-1.** [science] acoustics (*U*). **-2.** [d'une salle] acoustics (*pl*). ◇ *adj* acoustic.

acquéreur [akerœr] *nm* buyer.

acquérir [akerir] [39] *vt* **-1.** [gén] to acquire. **-2.** [conquérir] to win.
◆ **s'acquérir** *vp*: **s'~ qqch** to win sthg, to gain sthg.

acquiers, acquiert *etc* → **acquérir**.

acquiescement [akjɛsmɑ̃] *nm* approval.

acquiescer [akjese] [21] *vi* to acquiesce; **~ à** to agree to.

acquis, -e [aki, iz] ◇ *pp* → **acquérir**. ◇ *adj* **-1.** [caractère] acquired. **-2.** [droit, avantage] established.
◆ **acquis** *nmpl* [connaissances] knowledge (*U*).

acquisition [akizisjɔ̃] *nf* acquisition.

acquit [aki] *nm* receipt; **pour ~** COMM received; **faire qqch par ~ de conscience** *fig* to do sthg to set one's mind at rest.

acquittement [akitmɑ̃] *nm* **-1.** [d'obligation] settlement. **-2.** JUR acquittal.

acquitter [akite] [3] *vt* **-1.** JUR to acquit. **-2.** [régler] to pay. **-3.** [libérer]: **~ qqn de** to release sb from.
◆ **s'acquitter** *vp*: **s'~ de qqch** [payer] to settle sthg; *fig* to carry sthg out.

âcre [akr] *adj* **-1.** [saveur] bitter. **-2.** [fumée] acrid.

acrimonie [akrimɔni] *nf* acrimony.

acrobate [akrɔbat] *nmf* acrobat.

acrobatie [akrɔbasi] *nf* acrobatics (*U*); **~s aériennes** aerobatics (*pl*).

acrobatique [akrɔbatik] *adj* acrobatic.

acronyme [akrɔnim] *nm* acronym.

acrylique [akrilik] *adj & nm* acrylic.

acte [akt] *nm* **-1.** [action] act, action; **faire ~ d'autorité** to exercise one's authority; **faire ~ de bonne volonté** to make a gesture of goodwill; **faire ~ de candidature** to submit an application. **-2.** THÉÂTRE act. **-3.** JUR deed; **~ d'accusation** charge; **~ de naissance/de mariage** birth/marriage certificate; **~ notarié** deed executed by a notary; **~ de vente** bill of sale. **-4.** RELIG certificate; **~ de baptême** baptismal certificate. **-5.** *loc*: **faire ~ de présence** to put in an appearance; **prendre ~ de** to note, to take note of.
◆ **actes** *nmpl* [de colloque] proceedings.

acteur, -trice [aktœr, tris] *nm, f* actor (*f* actress).

actif, -ive [aktif, iv] *adj* [gén] active; **la population active** the working population.
◆ **actif** *nm* **-1.** FIN assets (*pl*). **-2.** *loc*: **avoir qqch à son ~** to have sthg to one's credit.

action [aksjɔ̃] *nf* **-1.** [gén] action; **passer à l'~** to go into action; MIL to go into battle; **sous l'~ de** under the effect of. **-2.** [acte] action, act; **bonne/mauvaise ~** good/bad deed. **-3.** JUR action, lawsuit. **-4.** FIN share. **-5.** RELIG: **~ de grâces** thanksgiving.

actionnaire [aksjɔnɛr] *nmf* FIN shareholder.

actionner [aksjɔne] [3] *vt* to work, to activate.

activement [aktivmɑ̃] *adv* actively.

activer [aktive] [3] *vt* to speed up.
◆ **s'activer** *vp* to bustle about.

activisme [aktivism] *nm* activism.

activiste [aktivist] *adj & nmf* activist.

activité [aktivite] *nf* [gén] activity; **en ~** [volcan] active; **~ d'éveil** early learning experience; **~ professionnelle** job, profession.

actuaire [aktɥer] *nmf* actuary.

actualisation [aktɥalizasjɔ̃] *nf* [d'un texte] updating.

actualiser [aktɥalize] [3] *vt* to bring up to date.

actualité [aktɥalite] *nf* **-1.** [d'un sujet] topicality; **être d'~** to be topical. **-2.** [événements]: **l'~ sportive/politique/littéraire** the current sports/political/literary scene.
◆ **actualités** *nfpl*: **les ~s** the news (*sg*).

actuel, -elle [aktɥɛl] *adj* **-1.** [contemporain, présent] current, present; **à l'heure ~le** at the present time. **-2.** [d'actualité] topical.

actuellement [aktɥɛlmɑ̃] *adv* at present, currently.

acuité [akɥite] *nf* acuteness; **~ visuelle** keenness of sight.

acupuncture, acuponcture [akypɔ̃ktyr] *nf* acupuncture.

adage [adaʒ] *nm* adage, saying.

adaptable [adaptabl] *adj* adaptable.

adaptateur, -trice [adaptatœr, tris] *nm, f* adapter.
◆ **adaptateur** *nm* ÉLECTR adapter.

adaptation [adaptasjɔ̃] *nf* adaptation.

adapter [adapte] [3] *vt* **-1.** [gén] to adapt. **-2.** [fixer] to fit; ~ **qqch à qqch** to fit sthg to sthg.
◆ **s'adapter** *vp*: **s'** ~ **(à)** to adapt (to).

ADD (*abr de* **analogique/digital/digital**) ADD.

additif [aditif] *nm* **-1.** [supplément] rider, additional clause. **-2.** [substance] additive.

addition [adisjɔ̃] *nf* **-1.** [ajout, calcul] addition. **-2.** [note] check *Am*, bill *Br*.

additionnel, -elle [adisjɔnɛl] *adj* extra, additional.

additionner [adisjɔne] [3] *vt* **-1.** [mélanger]: ~ **une poudre d'eau** to add water to a powder. **-2.** [chiffres] to add up.
◆ **s'additionner** *vp* to add up.

adduction [adyksjɔ̃] *nf* [des eaux, du gaz] supply.

adepte [adɛpt] *nmf* follower.

adéquat, -e [adekwa, at] *adj* suitable, appropriate.

adhérence [aderɑ̃s] *nf* [de pneu] grip.

adhérent, -e [aderɑ̃, ɑ̃t] ◇ *adj*: ~ **à** which adheres OU sticks to. ◇ *nm, f*: ~ **(de)** member (of).

adhérer [adere] [18] *vi* **-1.** [coller] to stick, to adhere; ~ **à** [se fixer sur] to stick OU adhere to; [être d'accord avec] *fig* to support, to adhere to. **-2.** [être membre]: ~ **à** to become a member of, to join.

adhésif, -ive [adezif, iv] *adj* sticky, adhesive.
◆ **adhésif** *nm* adhesive.

adhésion [adezjɔ̃] *nf* **-1.** [à idée]: ~ **(à)** support (for). **-2.** [de pneu]: **une bonne** ~ **à la route** good road-holding (*U*). **-3.** [à parti]: ~ **(à)** membership (of).

adieu [adjø] ◇ *interj* goodbye!, farewell!; **dire** ~ **à qqch** *fig* to say goodbye to sthg. ◇ *nm* (*gén pl*) farewell; **faire ses** ~**x à qqn** to say one's farewells to sb.

adipeux, -euse [adipø, øz] *adj* [tissu] adipose; [personne] fat.

adjacent, -e [adʒasɑ̃, ɑ̃t] *adj* adjoining, adjacent.

adjectif [adʒɛktif] *nm* GRAM adjective; ~ **attribut** predicative adjective; ~ **épithète** attributive adjective.

adjoindre [adʒwɛ̃dr] [82] *vt*: ~ **qqch à qqch** to add sthg to sthg.
◆ **s'adjoindre** *vp* to appoint, to take on.

adjoint, -e [adʒwɛ̃, ɛ̃t] ◇ *adj* deputy (*avant n*), assistant (*avant n*). ◇ *nm, f* deputy, assistant; ~ **au maire** deputy mayor.

adjonction [adʒɔ̃ksjɔ̃] *nf* addition; **sans** ~ **de sel/sucre/conservateurs** with no added salt/sugar/preservatives.

adjudant [adʒydɑ̃] *nm* [dans la marine] warrant officer; [dans l'armée] company sergeant major; ~ **chef** [dans la marine] chief warrant officer *Am*, warrant officer 1st class *Br*; [dans l'armée] regimental sergeant major.

adjudicataire [adʒydikatɛr] *nmf* successful bidder.

adjudication [adʒydikasjɔ̃] *nf* **-1.** [vente aux enchères] sale by auction. **-2.** ADMIN awarding.

adjuger [adʒyʒe] [17] *vt*: ~ **qqch (à qqn)** [aux enchères] to auction sthg (to sb); [décerner] to award sthg (to sb); **adjugé!** sold!
◆ **s'adjuger** *vp*: **s'** ~ **qqch** to give o.s. sthg.

adjurer [adʒyre] [3] *vt sout* to implore, to beg.

adjuvant [adʒyvɑ̃] *nm* **-1.** [médicament] adjuvant. **-2.** [stimulant] stimulant.

admets *etc* → **admettre**.

admettre [admɛtr] [84] *vt* **-1.** [tolérer, accepter] to allow, to accept. **-2.** [supposer] to suppose, to assume; **admettons que** (+ *subjonctif*) supposing OU assuming (that). **-3.** [autoriser] to allow; **être admis à faire qqch** to be allowed to do sthg. **-4.** [accueillir, reconnaître] to admit.

administrateur, -trice [administratœr, tris] *nm, f* **-1.** [gérant] administrator; ~ **de biens** administrator of an estate; ~ **judiciaire** receiver. **-2.** [de conseil d'administration] director.

administratif, -ive [administratif, iv] *adj* administrative.

administration [administrasjɔ̃] *nf* **-1.** [service public]: **l'Administration** ≃ the Civil Service. **-2.** [gestion] administration.

administrer [administre] [3] *vt* **-1.** [gérer] to manage, to administer. **-2.** [médicament, sacrement] to administer.

admirable [admirabl] *adj* **-1.** [personne, comportement] admirable. **-2.** [paysage, spectacle] wonderful.

admirablement [admirabləmɑ̃] *adv* admirably.

admirateur, -trice [admiratœr, tris] *nm, f* admirer.

admiratif, -ive [admiratif, iv] *adj* admiring.

admiration [admirasjɔ̃] *nf* admiration; être en ~ devant qqn/qqch to be filled with admiration for sb/sthg.

admirer [admire] [3] *vt* to admire.

admis, -e [admi, iz] *pp* → **admettre**.

admissible [admisibl] ◇ *adj* **-1.** [attitude] acceptable. **-2.** SCOL eligible. ◇ *nmf* SCOL eligible candidate.

admission [admisjɔ̃] *nf* admission.

admonester [admɔnɛste] [3] *vt sout* to admonish.

ADN (*abr de* **acide désoxyribonucléique**) *nm* DNA.

ado [ado] (*abr de* **adolescent**) *nmf fam* teenager.

adolescence [adɔlesɑ̃s] *nf* adolescence.

adolescent, -e [adɔlesɑ̃, ɑ̃t] ◇ *adj* adolescent. ◇ *nm, f* adolescent, teenager.

adonis [adɔnis] *nm* Adonis.

adonner [adɔne] [3]
◆ **s'adonner** *vp*: **s'**~ à [sport, activité] to devote o.s. to; [vice] to take to.

adopter [adɔpte] [3] *vt* **-1.** [gén] to adopt. **-2.** [loi] to pass.

adoptif, -ive [adɔptif, iv] *adj* [famille] adoptive; [pays, enfant] adopted.

adoption [adɔpsjɔ̃] *nf* adoption; **d'**~ [pays, ville] adopted; [famille] adoptive.

adorable [adɔrabl] *adj* adorable, delightful.

adorateur, -trice [adɔratœr, tris] ◇ *adj* adoring, worshipping *Am*, worshipping *Br*. ◇ *nm, f* **-1.** [de personne] admirer. **-2.** RELIG worshiper *Am*, worshipper *Br*.

adoration [adɔrasjɔ̃] *nf* **-1.** [amour] adoration; être en ~ devant qqn to worship sb. **-2.** RELIG worship.

adorer [adɔre] [3] *vt* **-1.** [personne, chose] to adore. **-2.** RELIG to worship.

adosser [adose] [3] *vt*: ~ qqch à qqch to place sthg against sthg.
◆ **s'adosser** *vp*: **s'**~ à qqch to lean against sthg.

adoucir [adusir] [32] *vt* **-1.** [gén] to soften. **-2.** [chagrin, peine] to ease, to soothe.
◆ **s'adoucir** *vp* **-1.** [temps] to become OU get milder. **-2.** [personne] to mellow.

adoucissant, -e [adusisɑ̃, ɑ̃t] *adj* soothing.
◆ **adoucissant** *nm* softener.

adoucissement [adusismɑ̃] *nm* **-1.** MÉTÉOR: il y a eu un ~ de la température the

weather has become milder. **-2.** [de peine] soothing, easing. **-3.** [de l'eau] softening.

adoucisseur [adusisœr] *nm*: ~ **d'eau** water softener.

adrénaline [adrenalin] *nf* adrenalin.

adresse [adrɛs] *nf* **-1.** [gén & INFORM] address; **ce restaurant est une bonne** ~ this restaurant is a good place to go; **à l'**~ **de** *fig* for the benefit of. **-2.** [habileté] skill. **-3.** [mot] headword.

adresser [adrese] [4] *vt* **-1.** [faire parvenir]: ~ qqch à qqn to address sthg to sb. **-2.** [envoyer]: ~ qqn à qqn to refer sb to sb.
◆ **s'adresser** *vp*: **s'**~ à [parler à] to speak to; [être destiné à] to be aimed at, to be intended for.

Adriatique [adriatik] *nf*: **l'**~ the Adriatic.

adroit, -e [adrwa, at] *adj* skilful.

adroitement [adrwatmɑ̃] *adv* skilfully.

aduler [adyle] [3] *vt* to adulate.

adulte [adylt] *nmf & adj* adult.

adultère [adyltɛr] ◇ *nm* [acte] adultery. ◇ *adj* adulterous.

adultérin, -e [adylterɛ̃, in] *adj* illegitimate.

advenir [advənir] [40] *v impers* to happen; **qu'advient-il de ...?** what is happening to ...?; **qu'est-il advenu de ...?** what has happened to OU become of ...?; **advienne que pourra** come what may.

advenu [advəny] *pp* → **advenir**.

adverbe [advɛrb] *nm* adverb.

adversaire [advɛrsɛr] *nmf* adversary, opponent.

adverse [advɛrs] *adj* [opposé] opposing; → **partie**.

adversité [advɛrsite] *nf* adversity.

advient → **advenir**.

advint → **advenir**.

AE (*abr de* **adjoint d'enseignement**) *nm* non-certified teacher.

AELE (*abr de* **Association européenne de libre-échange**) *nf* EFTA.

AEN (*abr de* **Agence pour l'énergie nucléaire**) *nf French nuclear energy agency*, ≃ AEC *Am*, ≃ AEA *Br*.

aération [aerasjɔ̃] *nf* [circulation d'air] ventilation; [action] airing.

aérer [aere] [18] *vt* **-1.** [pièce, chose] to air. **-2.** *fig* [présentation, mise en page] to lighten.
◆ **s'aérer** *vp* [sortir] to get some fresh air.

aérien, -ienne [aerjɛ̃, jɛn] *adj* **-1.** [grâce] ethereal; [démarche] light. **-2.** [câble] overhead (*avant n*). **-3.** [transports, attaque] air (*avant n*).

aérobic [aerɔbik] *nm* aerobics (*U*).

aérodrome [aerɔdrom] *nm* aerodrome.

aérodynamique [aerɔdinamik] ◇ *nf* aerodynamics (*U*). ◇ *adj* streamlined, aerodynamic.

aérogare [aerɔgar] *nf* -1. [aéroport] airport. -2. [gare] air terminal.

aéroglisseur [aerɔglisœr] *nm* hovercraft.

aérogramme [aerɔgram] *nm* aerogramme.

aéromodélisme [aerɔmɔdelism] *nm* model aircraft making.

aéronautique [aerɔnotik] ◇ *nf* aeronautics (*U*). ◇ *adj* aeronautical.

aéronaval, -e, -als [aerɔnaval] *adj* air and sea (*avant n*).

aérophagie [aerɔfaʒi] *nf* abdominal wind.

aéroport [aerɔpɔr] *nm* airport.

aéroporté, -e [aerɔpɔrte] *adj* airborne.

aérosol [aerɔsɔl] *nm & adj inv* aerosol.

aérospatial, -e, -iaux [aerɔspasjal, jo] *adj* aerospace (*avant n*).

◆ **aérospatiale** *nf* aerospace industry.

AF ◇ *nfpl abr de* **allocations familiales.** ◇ *nf* (*abr de* **Assemblée fédérale**) (Swiss) Federal Assembly.

affabilité [afabilite] *nf* affability.

affable [afabl] *adj* -1. [personne] affable, agreeable. -2. [parole] kind.

affabulation [afabylasjɔ̃] *nf* fabrication.

affaiblir [afeblir] [32] *vt litt & fig* to weaken.
◆ **s'affaiblir** *vp litt & fig* to weaken, to become weaker.

affaiblissement [afeblismɑ̃] *nm* weakening.

affaire [afɛr] *nf* -1. [question] matter. -2. [situation, polémique] affair. -3. [marché] deal; **faire une ~** to get a bargain OU a good deal; **une ~ en** or **a real bargain. -4.** [entreprise] business. **-5.** [procès] case. **-6.** *loc*: **avoir ~ à qqn** to deal with sb; **vous aurez ~ à moi!** you'll have me to deal with!; **c'est l'~ d'une minute** it will only take a minute; **faire l'~** to do nicely; **j'en fais mon ~** leave it to me; **tirer qqn d'~** to get sb out of trouble.
◆ **affaires** *nfpl* -1. COMM business (*U*). -2. [objets personnels] things, belongings. -3. [activités] affairs; **les ~s de l'État** affairs of state; **les Affaires étrangères** ≃ the Foreign Office; **se mêler** OU **s'occuper de ses ~s** to mind one's own business; **toutes ~s cessantes** forthwith.

affairé, -e [afere] *adj* busy.

affairer [afere] [4]
◆ **s'affairer** *vp* to bustle about.

affairisme [aferism] *nm* racketeering.

affaissement [afɛsmɑ̃] *nm* GÉOGR subsidence.

affaisser [afese] [4]
◆ **s'affaisser** *vp* -1. [se creuser] to subside, to sink. -2. [tomber] to collapse.

affaler [afale] [3]
◆ **s'affaler** *vp* to collapse.

affamé, -e [afame] *adj* starving.

affectation [afɛktasjɔ̃] *nf* -1. [attribution]: **~ de qqch à** allocation of sthg to. -2. [nomination] appointment, posting. -3. [manque de naturel] affectation.

affecter [afɛkte] [4] *vt* -1. [consacrer]: **~ qqch à** to allocate sthg to. -2. [nommer]: **~ qqn à** to appoint sb to. -3. [feindre] to feign. -4. [émouvoir] to affect, to move.

affectif, -ive [afɛktif, iv] *adj* emotional.

affection [afɛksjɔ̃] *nf* -1. [sentiment] affection; **avoir de l'~ pour** to be fond of. -2. [maladie] complaint.

affectionner [afɛksjɔne] [3] *vt* to be fond of.

affectivité [afɛktivite] *nf* emotions (*pl*).

affectueusement [afɛktɥøzmɑ̃] *adv* affectionately.

affectueux, -euse [afɛktɥø, øz] *adj* affectionate.

afférent, -e [aferɑ̃, ɑ̃t] *adj* -1. JUR: **~ à qqch** pertaining OU relating to sthg. -2. ANAT afferent.

affermir [afɛrmir] [32] *vt* [gén] to strengthen; [chairs] to tone up.
◆ **s'affermir** *vp* -1. [matière] to be strengthened; [chairs] to be toned up. -2. [pouvoir] to be consolidated.

affichage [afiʃaʒ] *nm* -1. [d'un poster, d'un avis] putting up, displaying. -2. ÉLECTRON: **~ à cristaux liquides** LCD, liquid crystal display; **~ numérique** digital display.

affiche [afiʃ] *nf* [gén] poster; [officielle] notice; **~ publicitaire** (advertising) poster; **être à l'~** *fig* to be on.

afficher [afiʃe] [3] *vt* -1. [liste, poster] to put up; [vente, réglementation] to put up a notice about. -2. [laisser transparaître] to display, to exhibit.
◆ **s'afficher** *vp*: **s'~ avec qqn** to flaunt o.s. with sb.

affichette [afiʃɛt] *nf* small poster.

afficheur [afiʃœr] *nm* -1. [entreprise] bill-poster. -2. ÉLECTRON display.

affilée [afile]
◆ **d'affilée** *loc adv*: **trois jours d'~** three days running.

affiler [afile] [3] *vt* to sharpen.

affilié, -e [afilje] *adj*: **~ à** affiliated to.

affiner [afine] [3] *vt litt & fig* to refine.

◆ **s'affiner** *vp* [silhouette] to become thinner; [devenir plus raffiné] to become more refined.

affinité [afinite] *nf* affinity; **avoir des ~s avec** to have an affinity with.

affirmatif, -ive [afirmatif, iv] *adj* -1. [réponse] affirmative. -2. [personne] positive.

◆ **affirmatif** *adv* affirmative.

◆ **affirmative** *nf*: **dans l'affirmative** if yes, if the answer is yes; **répondre par l'affirmative** to reply in the affirmative.

affirmation [afirmasjɔ̃] *nf* assertion.

affirmativement [afirmativmɑ̃] *adv*: **répondre ~** to answer in the affirmative.

affirmer [afirme] [3] *vt* -1. [certifier] to maintain, to claim. -2. [exprimer] to assert.

◆ **s'affirmer** *vp* to assert o.s.

affixe [afiks] *nm* affix.

affleurer [aflœre] [5] *vi fig* to rise to the surface.

affliction [afliksjɔ̃] *nf* affliction.

affligeant, -e [afliʒɑ̃, ɑ̃t] *adj* -1. [désolant] saddening, distressing. -2. [lamentable] appalling.

affliger [afliʒe] [17] *vt sout* -1. [attrister] to sadden, to distress. -2. [de défaut, de maladie]: **être affligé de** to be afflicted with.

◆ **s'affliger** *vp sout*: **s'~ de** to be distressed at OU about.

affluence [aflyɑ̃s] *nf* crowd, crowds (*pl*).

affluent [aflyɑ̃] *nm* tributary.

affluer [aflye] [3] *vi* -1. [choses] to pour in, to flood in. -2. [personnes] to flock in. -3. [sang]: **~ (à)** to rush (to).

afflux [afly] *nm* -1. [de liquide, dons, capitaux] flow. -2. [de personnes] flood.

affolant, -e [afɔlɑ̃, ɑ̃t] *adj* -1. [inquiétant] frightening. -2. [troublant] disturbing.

affolé, -e [afɔle] *adj* horrified.

affolement [afɔlmɑ̃] *nm* panic.

affoler [afɔle] [3] *vt* -1. [inquiéter] to terrify. -2. [émouvoir] to drive mad.

◆ **s'affoler** *vp* [paniquer] to panic.

affranchi, -e [afrɑ̃ʃi] *adj* -1. [lettre - avec timbre] stamped; [- à la machine] franked. -2. [personne, esclave] liberated.

affranchir [afrɑ̃ʃir] [32] *vt* -1. [lettre - avec timbre] to stamp; [- à la machine] to frank. -2. *arg crime* [renseigner] to put in the picture, to fill in. -3. [libérer]: **~ qqn de qqch** to liberate OU free sb from sthg. -4. [esclave] to set free, to liberate.

◆ **s'affranchir** *vp*: **s'~ de qqch** [se libérer de] to free o.s. from sthg.

affranchissement [afrɑ̃ʃismɑ̃] *nm* -1. [de lettre - avec timbre] stamping; [- à la machine]

franking. -2. [libération] liberation, emancipation.

affres [afr] *nfpl littéraire* throes.

affréter [afrete] [18] *vt* to charter.

affreusement [afrøzmɑ̃] *adv* -1. [horriblement] horribly. -2. [énormément] awfully.

affreux, -euse [afrø, øz] *adj* -1. [repoussant] horrible. -2. [effrayant] terrifying. -3. [détestable] awful, dreadful.

affriolant, -e [afrijɔlɑ̃, ɑ̃t] *adj* enticing.

affront [afrɔ̃] *nm* insult, affront; **faire un ~ à qqn** to insult sb.

affrontement [afrɔ̃tmɑ̃] *nm* confrontation.

affronter [afrɔ̃te] [3] *vt* to confront.

◆ **s'affronter** *vp* to confront each other.

affubler [afyble] [3] *vt péj*: **être affublé de** to be got up in.

◆ **s'affubler** *vp*: **s'~ de qqch** *péj* to get o.s. up in sthg.

affût [afy] *nm*: **être à l'~ (de)** to be lying in wait (for); *fig* to be on the lookout (for).

affûter [afyte] [3] *vt* to sharpen.

afghan, -e [afgɑ̃, 'an] *adj* Afghan.

◆ **afghan** *nm* [langue] Afghan, Pashto.

◆ **Afghan, -e** *nm, f* Afghan.

Afghanistan [afganistɑ̃] *nm*: **l'~** Afghanistan.

afin [afɛ̃]

◆ **afin de** *loc prép* in order to.

◆ **afin que** *loc conj* (+ *subjonctif*) so that.

AFNOR, Afnor [afnɔr] (*abr de* **Association française de normalisation**) *nf French industrial standards authority,* ≃ ASA *Am,* ≃ BSI *Br.*

a fortiori [afɔrsjɔri] *adv* all the more.

AFP (*abr de* **Agence France-Presse**) *nf French press agency.*

africain, -e [afrikɛ̃, ɛn] *adj* African.

◆ **Africain, -e** *nm, f* African.

afrikaner [afrikanɛr], **afrikaander** [afrikãdɛr] *adj* Afrikaner.

◆ **Afrikaner, Afrikaander** *nmf* Afrikaner.

Afrique [afrik] *nf*: **l'~** Africa; **l'~ australe** Southern Africa; **l'~ noire** sub-Saharan Africa; **l'~ du Nord** North Africa; **l'~ du Sud** South Africa.

after-shave [aftœrʃɛv] *nm inv & adj inv* aftershave.

ag. *abr de* **agence**.

AG (*abr de* **assemblée générale**) *nf* GM.

agaçant, -e [agasɑ̃, ɑ̃t] *adj* irritating.

agacement [agasmɑ̃] *nm* irritation.

agacer [agase] [16] *vt* to irritate.

agate [agat] *nf* agate.

âge [aʒ] *nm* age; **à l'~ de** at the age of; **en ~ de faire qqch** old enough to do sthg; **en bas ~** very young; **quel ~ as-tu?** how old are you?; **d'un certain ~** middle-aged; **prendre de l'~** to age; **l'~ adulte** adulthood; **l'~ ingrat** the awkward OU difficult age; **d'un ~ avancé** elderly; **~ de fer/de bronze** Iron/Bronze Age; **~ mental** mental age; **d'~ mûr** of mature years; **~ d'or** golden age; **~ de raison** age of reason; **le troisième ~** [personnes] the over-sixties.

âgé, -e [aʒe] *adj* old, elderly; **être ~ de 20 ans** to be 20 years old OU of age; **un enfant ~ de 3 ans** a 3-year-old child.

agence [aʒɑ̃s] *nf* agency; **~ immobilière** real estate agent's *Am*, estate agent's *Br*; **~ matrimoniale** marriage bureau; **Agence nationale pour l'emploi** *French national employment agency*, ≃ job centre *Br*; **~ de publicité** advertising agency; **~ de voyages** travel agent's, travel agency.

agencement [aʒɑ̃smɑ̃] *nm* arrangement.

agencer [aʒɑ̃se] [16] *vt* to arrange; *fig* to put together.
◆ **s'agencer** *vp* to fit together.

agenda [aʒɛ̃da] *nm* diary.

agenouiller [aʒnuje] [3]
◆ **s'agenouiller** *vp* to kneel; **s'~ devant** *fig* to bow down before.

agent [aʒɑ̃] *nm* agent; **~ de change** stockbroker; **~ commercial** sales representative; **~ immobilier** real estate agent *Am*, estate agent *Br*; **~ de police** police officer; **~ de publicité** advertising agent; **~ secret** secret agent.

agglomérat [aglɔmera] *nm* GÉOL & *fig* agglomerate.

agglomération [aglɔmerasjɔ̃] *nf* **-1.** [amas] conglomeration. **-2.** [ville] conurbation; **l'~ parisienne** the Parisian urban area.

aggloméré [aglɔmere] *nm* chipboard.

agglomérer [aglɔmere] [18] *vt* to mix together.
◆ **s'agglomérer** *vp* **-1.** [surface] to bind. **-2.** [foule] to gather.

agglutiner [aglytine] [3] *vt* to stick together.
◆ **s'agglutiner** *vp* [foule] to gather, to congregate.

aggravation [agravasjɔ̃] *nf* worsening, aggravation.

aggraver [agrave] [3] *vt* to make worse.
◆ **s'aggraver** *vp* to get worse, to worsen.

agile [aʒil] *adj* agile, nimble.

agilement [aʒilmɑ̃] *adv* agilely.

agilité [aʒilite] *nf litt* & *fig* agility.

agios [aʒjo] *nmpl* FIN bank charges.

agir [aʒir] [32] *vi* **-1.** [faire, être efficace] to act. **-2.** [se comporter] to behave. **-3.** [influer]: **~ sur** to have an effect on.
◆ **s'agir** *v impers*: **il s'agit de ...** it's a matter of ...; **il s'agit de faire qqch** we/you *etc* must do sthg; **de quoi s'agit-il?** what's it about?; **de quoi s'agit-il dans ce film/cette lettre ?** what is this film/letter about?

agissements [aʒismɑ̃] *nmpl péj* schemes, intrigues.

agitateur, -trice [aʒitatœr, tris] *nm, f* POLIT agitator.

agitation [aʒitasjɔ̃] *nf* agitation; [politique, sociale] unrest.

agité, -e [aʒite] *adj* **-1.** [gén] restless; [enfant, classe] restless, fidgety; [journée, atmosphère] hectic. **-2.** [mer] rough.

agiter [aʒite] [3] *vt* **-1.** [remuer - flacon, objet] to shake; [- drapeau, bras] to wave; **«~ avant l'emploi»** "shake well before use". **-2.** [énerver] to perturb.
◆ **s'agiter** *vp* [personne] to move about, to fidget; [mer] to stir; [population] to get restless.

agneau [aɲo] *nm* **-1.** [animal, viande] lamb; **doux comme un ~** gentle as a lamb. **-2.** [cuir] lambskin.

agonie [agɔni] *nf* [de personne] mortal agony; *fig* death throes (*pl*); **être à l'~** to be at death's door.

agoniser [agɔnize] [3] *vi* [personne] to be dying; *fig* to be on its last legs.

agoraphobie [agɔrafɔbi] *nf* agoraphobia.

agrafe [agraf] *nf* **-1.** [de bureau] staple. **-2.** MÉD clip.

agrafer [agrafe] [3] *vt* [attacher] to fasten; *fam fig* to nab.

agrafeuse [agraføz] *nf* stapler.

agraire [agrɛr] *adj* agrarian.

agrandir [agrɑ̃dir] [32] *vt* **-1.** [élargir - gén & PHOT] to enlarge; [- rue, écart] to widen. **-2.** *fig* [développer] to expand. **-3.** [faire paraître plus grand]: **~ qqch** to make sthg look bigger.
◆ **s'agrandir** *vp* **-1.** [s'étendre] to grow. **-2.** *fig* [se développer] to expand.

agrandissement [agrɑ̃dismɑ̃] *nm* **-1.** [gén & PHOT] enlargement. **-2.** *fig* [développement] expansion.

agréable [agreabl] *adj* pleasant, nice.

agréablement [agreabləmɑ̃] *adv* pleasantly.

agréé, -e [agree] *adj* [concessionnaire, appareil] authorized.

agréer [agree] [15] *vt sout* **-1.** [accepter]: **faire ~ qqch** to have sthg accepted; **veuillez ~ mes salutations distinguées** OU **l'expression**

de mes sentiments distingués yours faithfully. -2. [convenir]: ~ à qqn to suit OU
please sb.

agrégat [agrega] *nm* -1. [agglomérat] aggregate. -2. *fig* & *péj* [amas] hodgepodge *Am*,
hotchpotch *Br*.

agrégation [agregasjɔ̃] *nf competitive examination for secondary school and university
teachers.*

agrégé, -e [agreʒe] *nm, f holder of the agrégation.*

agrément [agremɑ̃] *nm* -1. [caractère agréa-
ble] attractiveness; d'~ [jardin] ornamental;
[voyage] pleasure (*avant n*). -2. [approbation]
consent, approval.

agrémenter [agremɑ̃te] [3] *vt*: ~ qqch (de
qqch) to embellish sthg (with sthg).
◆ **s'agrémenter** *vp*: s'~ de qqch [vête-
ment] to be trimmed OU adorned with
sthg.

agrès [agrɛ] *nmpl* SPORT gym apparatus (*U*).

agresser [agrese] [4] *vt* -1. [suj: personne] to
attack. -2. *fig* [suj: bruit, pollution] to assault.

agresseur [agresœr] *nm* attacker.

agressif, -ive [agresif, iv] *adj* aggressive.

agression [agresjɔ̃] *nf* attack; MIL & PSYCHOL
aggression.

agressivement [agresivmɑ̃] *adv* aggressively.

agressivité [agresivite] *nf* aggressiveness.

agricole [agrikɔl] *adj* agricultural.

agriculteur, -trice [agrikyltœr, tris] *nm, f*
farmer.

agriculture [agrikyltyr] *nf* agriculture, farming.

agripper [agripe] [3] *vt* -1. [personne] to
cling OU hang on to. -2. [objet] to grip, to
clutch.
◆ **s'agripper** *vp*: s'~ à qqn to cling OU
hang on to sb; s'~ à qqch to grip OU clutch
sthg.

agronome [agrɔnɔm] *nmf* agronomist.

agronomie [agrɔnɔmi] *nf* agronomy.

agronomique [agrɔnɔmik] *adj* agronomic.

agrume [agrym] *nm* citrus fruit.

aguerrir [agerir] [32] *vt* to harden.
◆ **s'aguerrir** *vp*: s'~ (contre) to become
hardened (to).

aguets [agɛ]
◆ **aux aguets** *loc adv*: être/rester aux ~ to
be OU keep on the lookout.

aguichant, -e [agiʃɑ̃, ɑ̃t] *adj* enticing.

ah [a] *interj* oh!, ah!; **ah bon?** really?; **ah,
quelle bonne surprise!** what a nice surprise!

Ah (*abr de* **ampère-heure**) ah.

ahuri, -e [ayri] *adj*: être ~ (par qqch) to be
taken aback (by sthg).

ahurir [ayrir] [32] *vt* [étonner] to astound.

ahurissant, -e [ayrisɑ̃, ɑ̃t] *adj* astounding.

ahurissement [ayrismɑ̃] *nm* astonishment.

ai → **avoir**.

aide [ɛd] ◇ *nf* -1. [gén] help; à l'~! help!;
appeler (qqn) à l'~ to call (to sb) for help;
venir en ~ à qqn to come to sb's aid, to
help sb; ~ ménagère home help. -2. [se-
cours financier] aid; ~ sociale welfare *Am*,
social security *Br*. ◇ *nmf* [adjoint] assistant;
~ de camp MIL aide-de-camp.
◆ **à l'aide de** *loc prép* with the help of.

aide-mémoire [ɛdmemwar] *nm inv* aide-
mémoire; [pour examen] revision notes (*pl*).

aider [ede] [4] *vt* to help; ~ qqn à faire
qqch to help sb to do sthg; ~ qqn dans
qqch to help sb with sthg; **se faire ~ par**
OU de qqn to be helped by sb, to get help
from sb; ~ à faire qqch to help to do sthg.
◆ **s'aider** *vp* -1. [s'assister mutuellement] to
help each other. -2. [avoir recours]: s'~ de
to use, to make use of.

aide-soignant, -e [ɛdswaɲɑ̃, ɑ̃t] (*mpl*
aides-soignants, *fpl* **aides-soignantes**) *nm, f*
nurse's aide *Am*, nursing auxiliary *Br*.

aie, aies *etc* → **avoir**.

aïe [aj] *interj* -1. [exprime la douleur] ow!,
ouch! -2. [exprime le désagrément] oh dear!,
oh no!

AIEA (*abr de* **Agence internationale de
l'énergie atomique**) *nf* IAEA.

aïeul, -e [ajœl] *nm, f sout* grandparent,
grandfather (*f* grandmother).

aïeux [ajø] *nmpl* ancestors.

aigle [ɛgl] *nm* eagle.

aiglon [ɛglɔ̃] *nm* eaglet.

aigre [ɛgr] *adj* -1. [gén] sour. -2. [propos]
harsh.

aigre-doux, -douce [ɛgrədu, dus] *adj* -1.
CULIN sweet-and-sour. -2. [propos] bittersweet.

aigrelet, -ette [ɛgrəlɛ, ɛt] *adj* -1. [vin] vinegary. -2. [voix] sharpish.

aigrement [ɛgrəmɑ̃] *adv* bitterly.

aigrette [ɛgrɛt] *nf* egret.

aigreur [ɛgrœr] *nf* -1. [d'un aliment] sourness. -2. [d'un propos] harshness.
◆ **aigreurs d'estomac** *nfpl* heartburn (*U*).

aigri, -e [egri] *adj* embittered.

aigrir [egrir] [32] *vt* -1. [aliment] to make
sour. -2. [personne] to embitter.
◆ **s'aigrir** *vp* -1. [aliment] to turn sour. -2.
[personne] to become bitter.

aigu, -uë [egy] *adj* **-1.** [son] high-pitched. **-2.** [objet, lame] sharp; [angle] acute. **-3.** [douleur] sharp, acute. **-4.** [conflit, grève] bitter. **-5.** [intelligence, sens] acute, keen.
◆ **aigu** *nm* high note.

aiguillage [egɥijaʒ] *nm* [RAIL - manœuvre] switching *Am*, shunting *Br*; [- dispositif] switch *Am*, points (*pl*) *Br*.

aiguille [egɥij] *nf* **-1.** [gén] needle; ~ **à tricoter** knitting needle; ~ **de pin** pine needle; **chercher une** ~ **dans une botte de foin** *fig* to look for a needle in a haystack. **-2.** [de pendule] hand. **-3.** GÉOGR peak.

aiguiller [egɥije] [3] *vt* **-1.** RAIL to switch *Am*, to shunt *Br*. **-2.** [personne, conversation] to steer, to direct.

aiguilleur [egɥijœr] *nm* **-1.** RAIL switchman *Am*, pointsman *Br*. **-2.** AÉRON: ~ **du ciel** air traffic controller.

aiguillon [egɥijɔ̃] *nm* **-1.** [dard] sting. **-2.** [stimulant] spur, incentive.

aiguiser [egize] [3] *vt litt & fig* to sharpen; ~ **l'appétit** to whet the appetite.

aïkido, aikido [ajkido] *nm* aikido.

ail [aj] (*pl* **ails** OU **aulx** [o]) *nm* garlic (*U*); ~ **des bois** *Can* wild leek.

aile [ɛl] *nf* **-1.** [gén] wing; **battre de l'**~ to be in a bad way; **donner des** ~**s à qqn** to lend sb wings; **voler de ses propres** ~**s** to stand on one's own two feet. **-2.** [de moulin] sail.

aileron [ɛlrɔ̃] *nm* **-1.** [de requin] fin. **-2.** [d'avion] aileron.

ailier [elje] *nm* winger.

aille, ailles *etc* → **aller**.

ailleurs [ajœr] *adv* elsewhere, someplace *Am* OU somewhere *Br* else; **elle avait l'esprit** ~ *fig* her mind was on other things; **nulle part** ~ no-place *Am* OU nowhere *Br* else; **partout** ~ everyplace *Am* OU everywhere *Br* else.
◆ **d'ailleurs, par ailleurs** *loc adv* moreover, besides.

ailloli, aïoli [ajɔli] *nm* garlic mayonnaise.

aimable [ɛmabl] *adj* kind, nice.

aimablement [ɛmabləmɑ̃] *adv* kindly.

aimant¹, -e [ɛmɑ̃, ɑ̃t] *adj* loving.

aimant² [ɛmɑ̃] *nm* magnet.

aimanter [ɛmɑ̃te] [3] *vt* to magnetize.

aimer [eme] [4] *vt* **-1.** [gén] to like; ~ **bien qqch/qqn** to like sthg/sb, to be fond of sthg/sb; ~ **bien faire qqch** to (really) like doing sthg; ~ **(à) faire qqch** to like to do sthg, to like doing sthg; **j'aime à croire que ...** I like to think that ...; **elle aime qu'on l'appelle par son surnom** she likes being

called by her nickname; **je n'aime pas que tu rentres seule le soir** I don't like you coming home alone at night; **j'aimerais (bien) que tu viennes avec moi** I'd like you to come with me; **j'aimerais bien une autre tasse de café** I wouldn't mind another cup of coffee; ~ **mieux qqch** to prefer sthg; ~ **mieux faire qqch** to prefer doing OU to do sthg. **-2.** [d'amour] to love.
◆ **s'aimer** *vp* **-1.** (*emploi réfléchi*) to like o.s. **-2.** (*emploi réciproque*) to love each other; **s'**~ **bien** to like each other.

aine [ɛn] *nf* groin.

aîné, -e [ene] ◇ *adj* [plus âgé] elder, older; [le plus âgé] eldest, oldest. ◇ *nm, f* [plus âgé] older OU elder child, older OU eldest son/daughter; [le plus âgé] oldest OU eldest child, oldest OU eldest son/daughter; **elle est mon** ~**e de deux ans** she is two years older than me.

aînesse [enɛs] → **droit**.

ainsi [ɛ̃si] *adv* **-1.** [manière] in this way, like this. **-2.** [valeur conclusive] thus; ~ **donc** so; **et** ~ **de suite** and so on, and so forth; **pour** ~ **dire** so to speak; ~ **soit-il** so be it.
◆ **ainsi que** *loc conj* **-1.** [comme, de même que] as. **-2.** [et] as well as.

aïoli = **ailloli**.

air [ɛr] *nm* **-1.** [gén] air; **le grand** ~ fresh air; **à l'**~ **libre** in the open air; **en plein** ~ (out) in the open air, outside; **prendre l'**~ to get some (fresh) air; **en l'**~ [projet] (up) in the air; *fig* [paroles] empty; ~ **comprimé** compressed air; ~ **conditionné** air-conditioning; **s'envoyer en l'**~ *vulg* to get laid. **-2.** [apparence, mine] air, look; **il a l'**~ **triste** he looks sad; **il a l'**~ **de bouder** it looks as if he's sulking; **il a l'**~ **de faire beau** it looks like being a nice day; **sans en avoir l'**~ without showing it; **d'un** ~ **dégagé** in a casual manner; **n'avoir l'**~ **de rien** to look OU seem unremarkable; **un** ~ **de famille** a family resemblance. **-3.** MUS tune.

aire [ɛr] *nf* **-1.** [gén] area; ~ **d'atterrissage** landing strip; ~ **de jeu** playground; ~ **de repos** lay-by. **-2.** [nid] eyrie.

airelle [ɛrɛl] *nf* bilberry.

aisance [ɛzɑ̃s] *nf* **-1.** [facilité] ease. **-2.** [richesse]: **il vit dans l'**~ he has an affluent lifestyle.

aise [ɛz] ◇ *nf sout* pleasure; **être à l'**~ OU **à son** ~ [confortable] to feel comfortable; [financièrement] to be comfortably off; **mettez-vous à l'**~ make yourself comfortable; **mettre qqn mal à l'**~ to make sb feel ill at ease OU uneasy; **en prendre à son** ~ to do as one likes; **à votre** ~ please yourself, as you wish. ◇ *adj*: **être bien ~ (de faire qqch)** to be delighted (to do sthg).

◆ **aises** *nfpl*: **aimer ses ~s** to like one's (home) comforts; **prendre ses ~s** to make o.s. comfortable.

aisé, -e [eze] *adj* **-1.** [facile] easy. **-2.** [riche] well-off.

aisément [ezemɑ̃] *adv* easily.

aisselle [ɛsɛl] *nf* armpit.

ajonc [aʒɔ̃] *nm* gorse (*U*).

ajournement [aʒurnəmɑ̃] *nm* adjournment, postponement.

ajourner [aʒurne] [3] *vt* **-1.** [reporter - décision etc] to postpone; [- réunion, procès] to adjourn. **-2.** [candidat] to refer.

ajout [aʒu] *nm* addition.

ajouter [aʒute] [3] *vt* to add; **~ que** to add that; **~ foi à qqch** *sout* to give credence to sthg.

◆ **s'ajouter** *vp*: **s'~ à qqch** to be in addition to sthg.

ajustage [aʒystaʒ] *nm* fitting.

ajusté, -e [aʒyste] *adj* [coupé] fitted, tailored.

ajuster [aʒyste] [3] *vt* **-1.** [monter]: **~ qqch (à)** to fit sthg (to). **-2.** [régler] to adjust. **-3.** [vêtement] to alter. **-4.** [tir, coup] to aim. **-5.** [arranger - coiffure, cravate] to adjust.

◆ **s'ajuster** *vp* to be adaptable.

ajusteur [aʒystœr] *nm* fitter.

alaise, alèse [alɛz] *nf* undersheet.

alambiqué, -e [alɑ̃bike] *adj* convoluted.

alarmant, -e [alarmɑ̃, ɑ̃t] *adj* alarming.

alarme [alarm] *nf* alarm; **donner l'~** to give OU raise the alarm.

alarmer [alarme] [3] *vt* to alarm.

◆ **s'alarmer** *vp* to get OU become alarmed.

alarmiste [alarmist] ◇ *nmf* scaremonger. ◇ *adj* alarmist.

albanais, -e [albanɛ, ɛz] *adj* Albanian.

◆ **albanais** *nm* [langue] Albanian.

◆ **Albanais, -e** *nm, f* Albanian.

Albanie [albani] *nf*: **l'~** Albania.

albâtre [albatr] *nm* alabaster.

albatros [albatros] *nm* albatross.

albinos [albinos] *nmf & adj inv* albino.

album [albɔm] *nm* album; **~ (de) photo** photo album.

albumine [albymin] *nf* albumin.

alcalin, -e [alkalɛ̃, in] *adj* alkaline.

alchimiste [alʃimist] *nmf* alchemist.

alcool [alkɔl] *nm* alcohol; **~ à brûler** methylated spirits (*pl*); **~ à 90 degrés** surgi-

cal spirit; **~ de prune/poire** plum/pear brandy.

alcoolémie [alkɔlemi] *nf*: **taux d'~** blood alcohol level.

alcoolique [alkɔlik] *nmf & adj* alcoholic.

alcoolisé, -e [alkɔlize] *adj* alcoholic.

alcoolisme [alkɔlism] *nm* alcoholism.

Alc(o)otest® [alkɔtɛst] *nm* ≃ Breathalyser®; **passer un ~** to be breathalysed.

alcôve [alkov] *nf* recess; **secret d'~** intimate secret.

aléa [alea] *nm* (*gén pl*) *sout* hazard.

aléatoire [aleatwar] *adj* **-1.** [avenir] uncertain. **-2.** [choix] random.

alémanique [alemanik] *adj*: **Suisse ~** German-speaking (part of) Switzerland.

alentour [alɑ̃tur] *adv* around, round about.

◆ **alentours** *nmpl* surroundings; **les ~s de la ville** the outskirts of the city; **aux ~s de** [spatial] in the vicinity of; [temporel] around.

alerte [alɛrt] ◇ *adj* **-1.** [personne, esprit] agile, alert. **-2.** [style, pas] lively. ◇ *nf* alarm, alert; **donner l'~** to sound OU give the alert; **~ à la bombe** bomb scare; **fausse ~** false alarm.

alerter [alɛrte] [3] *vt* to warn, to alert.

alèse = **alaise**.

alexandrin [alɛksɑ̃drɛ̃] *nm* alexandrine.

algèbre [alʒɛbr] *nf* algebra.

Alger [alʒe] *n* Algiers.

Algérie [alʒeri] *nf*: **l'~** Algeria.

algérien, -ienne [alʒerjɛ̃, jɛn] *adj* Algerian.

◆ **Algérien, -ienne** *nm, f* Algerian.

algue [alg] *nf* seaweed (*U*).

alias [aljas] *adv* alias.

alibi [alibi] *nm* alibi.

aliénation [aljenasjɔ̃] *nf* alienation; **~ mentale** insanity.

aliéné, -e [aljene] ◇ *adj* **-1.** MÉD insane. **-2.** JUR alienated. ◇ *nm, f* MÉD insane person.

aliéner [aljene] [18] *vt* to alienate.

alignement [aliɲmɑ̃] *nm* alignment, lining up; **~ sur** alignment with; **être dans l'~ de** to be in line with.

aligner [aliɲe] [3] *vt* **-1.** [disposer en ligne] to line up, to align. **-2.** [présenter] to set out. **-3.** [adapter]: **~ qqch sur** to align sthg with, to bring sthg into line with.

◆ **s'aligner** *vp* to line up; **s'~ sur** POLIT to align o.s. with.

aliment [alimɑ̃] *nm* [nourriture] food (*U*).

alimentaire [alimɑ̃tɛr] *adj* **-1.** [gén] food (*avant n*); **c'est juste un travail ~** I'm doing this job just for the money. **-2.** JUR maintenance (*avant n*).

alimentation [alimɑ̃tasjɔ̃] *nf* **-1.** [nourriture] diet; **magasin d'~** food store. **-2.** [approvisionnement]: **~ (en)** supply OU supplying (U) (of).

alimenter [alimɑ̃te] [3] *vt* **-1.** [nourrir] to feed. **-2.** [approvisionner]: **~ qqch en** to supply sthg with. **-3.** *fig* [entretenir] to keep going.
◆ **s'alimenter** *vp* to eat.

alinéa [alinea] *nm* **-1.** [retrait de ligne] indent. **-2.** [dans document officiel] paragraph.

aliter [alite] [3] *vt*: **être alité** to be bedridden.
◆ **s'aliter** *vp* to take to one's bed.

allaitement [alɛtmɑ̃] *nm* [d'enfant] breast-feeding; [d'animal] suckling.

allaiter [alete] [4] *vt* [enfant] to breast-feed; [animal] to suckle.

allant [alɑ̃] *nm*: **plein d'~** dynamic.

alléchant, -e [aleʃɑ̃, ɑ̃t] *adj* mouth-watering, tempting.

allécher [aleʃe] [18] *vt*: **il a été alléché par l'odeur/la perspective** the smell/prospect made his mouth water.

allée [ale] *nf* **-1.** [dans un jardin] path; [dans une ville] avenue. **-2.** [passage] aisle. **-3.** [trajet]: **~s et venues** comings and goings. **-4.** *Can* GOLF fairway.

allégation [alegasjɔ̃] *nf* allegation.

allégé, -e [aleʒe] *adj* [régime, produit] low-fat.

allégeance [aleʒɑ̃s] *nf* allegiance.

alléger [aleʒe] [22] *vt* **-1.** [fardeau] to lighten. **-2.** [douleur] to soothe.

allégorie [alegɔri] *nf* allegory.

allègre [alɛgr] *adj* **-1.** [ton] cheerful. **-2.** [démarche] jaunty.

allégresse [alegrɛs] *nf* elation.

alléguer [alege] [18] *vt*: **~ une excuse** to put forward an excuse; **~ que** to plead (that).

Allemagne [almaɲ] *nf*: **l'~** Germany; **l'(ex-)~ de l'Est** (former) East Germany; **l'(ex-)~ de l'Ouest** (former) West Germany.

allemand, -e [almɑ̃, ɑ̃d] *adj* German.
◆ **allemand** *nm* [langue] German.
◆ **Allemand, -e** *nm, f* German; **un Allemand de l'Est/l'Ouest** an East/a West German.

aller [ale] [31] ◇ *nm* **-1.** [trajet] outward journey. **-2.** [billet] one-way ticket *Am*, single ticket *Br*.
◇ *vi* **-1.** [gén] to go; **allez!** come on!; **allez, au revoir!** bye then!; **vas-y!** go on!; **allons-y!** let's go! **-2.** (+ *infinitif*): **~ faire qqch** to go and do sthg; **~ chercher les enfants à l'école** to go and fetch the children from

school; **~ travailler/se promener** to go to work/for a walk. **-3.** [indiquant un état]: **comment vas-tu?** how are you?; **je vais bien** I'm very well, I'm fine; **comment ça va?** — **ça va** [santé] how are you? — **fine** OU all right; [situation] how are things? — **fine** OU all right; **~ mieux** to be better. **-4.** [convenir]: **ce type de clou ne va pas pour ce travail** this kind of nail won't do OU isn't suitable for this job; **~ avec** to go with; **~ à qqn** to suit sb; [suj: vêtement, taille] to fit sb; **ces couleurs ne vont pas ensemble** these colours don't go well together. **-5.** *loc*: **cela va de soi, cela va sans dire** that goes without saying; **il y a de votre vie!** your life is at stake!, your life depends on it!; **il en va de ... comme ...** the same goes for ... as ...; **il en va de même pour lui** same goes for him.
◇ *v aux* (+ *infinitif*) [exprime le futur proche] to be going to, will; **je vais arriver en retard** I'm going to arrive late, I'll arrive late; **nous allons bientôt avoir fini** we'll soon have finished.
◆ **s'en aller** *vp* **-1.** [partir] to go, to be off; **allez-vous-en!** go away! **-2.** [disparaître] to go away.

allergie [alɛrʒi] *nf* allergy.

allergique [alɛrʒik] *adj*: **~ (à)** allergic (to).

aller-retour [alerətur] *nm* return (ticket).

alliage [aljaʒ] *nm* alloy.

alliance [aljɑ̃s] *nf* **-1.** [union - stratégique] alliance; [- par le mariage] union, marriage; **cousin par ~** cousin by marriage. **-2.** [bague] wedding ring. **-3.** [organisation]: **l'Alliance française** *organization promoting French language and culture abroad*.

allié, -e [alje] ◇ *adj*: **~ (à)** allied (to). ◇ *nm, f* ally.
◆ **Alliés** *nmpl*: **les Alliés** the Allies.

allier [alje] [9] *vt* **-1.** [métaux] to alloy. **-2.** [associer] to combine.
◆ **s'allier** *vp* to become allies; **s'~ qqn** to win sb over as an ally; **s'~ à qqn** to ally with sb.

alligator [aligatɔr] *nm* alligator.

allitération [aliterasjɔ̃] *nf* alliteration.

allô [alo] *interj* hello!

allocation [alɔkasjɔ̃] *nf* **-1.** [attribution] allocation. **-2.** [aide financière]: **~ chômage** unemployment compensation (U) *Am* OU benefit (U) *Br*; **~ logement** rent subsidy (U) *Am*, housing benefit (U) *Br*; **~s familiales** family credit (U) *Am*, child benefit (U) *Br*.

allocution [alɔkysjɔ̃] *nf* short speech.

allongé, -e [alɔ̃ʒe] *adj* **-1.** [position]: **être ~**

to be lying down OU stretched out. -2. [forme] elongated.

allongement [alɔ̃ʒmɑ̃] *nm* lengthening.

allonger [alɔ̃ʒe] [17] ◇ *vt* -1. [gén] to lengthen, to make longer. -2. [jambe, bras] to stretch (out). -3. [personne] to lay down. -4. *fam* [argent] to dish out. -5. *fam* [coup] to aim. ◇ *vi* [jours] to get longer.
♦ **s'allonger** *vp* -1. [gén] to get longer. -2. [se coucher] to lie down. -3. [se déployer] to stretch (out).

allopathique [alɔpatik] *adj* allopathic.

allouer [alwe] [6] *vt*: ~ **qqch à qqn** to allocate sthg to sb.

allumage [alymaʒ] *nm* -1. [de feu] lighting. -2. [d'appareil électrique] switching OU turning on. -3. [de moteur] ignition.

allume-cigares [alymsigar] *nm inv* cigar lighter.

allume-gaz [alymgaz] *nm inv* gas lighter.

allumer [alyme] [3] *vt* -1. [lampe, radio, télévision] to turn OU switch on; **allume dans la cuisine** turn the kitchen light on. -2. [gaz] to light; [cigarette] to light (up). -3. *fam* [personne] to turn on.
♦ **s'allumer** *vp* -1. [gén] to light up; **s'~ de** *fig* [de joie, curiosité] to light up with. -2. ÉLECTR to come OU go on.

allumette [alymɛt] *nf* match; **craquer une ~** to strike a match.

allumeuse [alymøz] *nf fam péj* tease.

allure [alyr] *nf* -1. [vitesse] speed; **à toute ~** at top OU full speed. -2. [prestance] presence; **avoir de l'~** to have style. -3. [apparence générale] appearance; **avoir une drôle d'~** to look odd; **avoir fière ~** to cut a striking figure.

allusion [alyzjɔ̃] *nf* allusion; **faire ~ à** to refer OU allude to.

almanach [almana] *nm* almanac.

aloès [alɔɛs] *nm* aloe.

aloi [alwa] *nm*: **de bon ~** [mesure] of real worth; **de mauvais ~** [gaîté] not genuine; [plaisanterie] in bad taste.

alors [alɔr] *adv* -1. [jadis] then, at that time. -2. [à ce moment-là] then. -3. [exprimant la conséquence] then, so; **et ~, qu'est-ce qui s'est passé?** so what happened?; **il va se mettre en colère — et ~?** he'll be angry — so what? -4. [emploi expressif] well (then); **~, qu'est-ce qu'on fait?** well, what are we doing?; **ça ~!** well fancy that!
♦ **d'alors** *loc adv* at that time.
♦ **jusqu'alors** *loc adv* (up) until then.
♦ **alors que** *loc conj* -1. [exprimant le temps] while, when. -2. [exprimant l'opposition] even though; **elle est sortie ~ que c'était**

interdit she went out even though it was forbidden; **ils aiment le café ~ que nous, nous buvons du thé** they like coffee whereas we drink tea.

alouette [alwɛt] *nf* lark.

alourdir [alurdir] [32] *vt* -1. [gén] to weigh down, to make heavy. -2. *fig* [impôts] to increase.
♦ **s'alourdir** *vp* -1. [taille] to get bigger. -2. [paupières] to grow heavy.

aloyau [alwajo] *nm* sirloin.

alpage [alpaʒ] *nm* high mountain pasture.

Alpes [alp] *nfpl*: **les ~** the Alps.

alpestre [alpɛstr] *adj* alpine.

alphabet [alfabɛ] *nm* alphabet.

alphabétique [alfabetik] *adj* alphabetical.

alphabétisation [alfabetizasjɔ̃] *nf* teaching of literacy.

alphabétiser [alfabetize] [3] *vt*: ~ **qqn** to teach sb (how) to read and write; ~ **un pays** to eliminate illiteracy in a country.

alpin, -e [alpɛ̃, in] *adj* alpine.

alpinisme [alpinism] *nm* mountaineering.

alpiniste [alpinist] *nmf* mountaineer.

alsacien, -ienne [alzasjɛ̃, jɛn] *adj* Alsatian.
♦ **alsacien** *nm* [dialecte] Alsatian.
♦ **Alsacien, -ienne** *nm, f* Alsatian.

altération [alterasjɔ̃] *nf* -1. [dégradation - gén] alteration, distortion; [- de santé] deterioration. -2. MUS inflection.

altercation [altɛrkasjɔ̃] *nf* altercation.

alter ego [altɛrego] *nm inv* alter ego.

altérer [altere] [18] *vt* -1. [détériorer] to spoil. -2. [santé] to harm, to affect; [vérité, récit] to distort.
♦ **s'altérer** *vp* -1. [matière - métal] to deteriorate; [- aliment] to go off, to spoil. -2. [santé] to deteriorate.

alternance [altɛrnɑ̃s] *nf* -1. [succession] alternation; **en ~** alternately. -2. POLIT change of government party.

alternatif, -ive [altɛrnatif, iv] *adj* -1. [périodique] alternating. -2. [parallèle] alternative.
♦ **alternative** *nf* alternative.

alternativement [altɛrnativmɑ̃] *adv* alternately.

alterner [altɛrne] [3] ◇ *vt*: **(faire) ~ qqch et qqch** to alternate sthg with sthg. ◇ *vi* [se succéder]: ~ **(avec)** to alternate (with).

altesse [altɛs] *nf*: **Son Altesse** His/Her Highness.

altier, -ière [altje, jɛr] *adj* haughty.

altimètre [altimɛtr] *nm* altimeter.

altiport [altipɔr] *nm airport at high altitude, used especially to serve ski resorts.*

altitude [altityd] *nf* altitude, height; **en ~ at** (high) altitude; **monter en ~ to** climb to altitude; **prendre de l'~** AÉRON to gain height OU altitude.

alto [alto] *nm* [MUS - voix] alto; [- instrument] viola.

aluminium [alyminjɔm] *nm* aluminum *Am*, aluminium *Br*.

alunir [alynir] [32] *vi* to land on the moon.

alunissage [alynisaʒ] *nm* moon landing.

alvéole [alveɔl] *nf* **-1.** [cavité] cavity; **~ dentaire** tooth socket. **-2.** [de ruche, poumon] alveolus.

amabilité [amabilite] *nf* kindness; **avoir l'~ de faire qqch** to be so kind as to do sthg.

amadouer [amadwe] [6] *vt* [adoucir] to tame, to pacify; [persuader] to coax.
◆ **s'amadouer** *vp* to relent.

amaigrir [amegrir] [32] *vt* to make thin OU thinner.
◆ **s'amaigrir** *vp* to get thin OU thinner.

amaigrissant, -e [amegrisã, ãt] *adj* reducing (*avant n*) *Am*, slimming (*avant n*) *Br*.

amaigrissement [amegrismã] *nm* loss of weight.

amalgame [amalgam] *nm* **-1.** TECHNOL amalgam. **-2.** [de styles] mixture. **-3.** [d'idées, de notions]: **il ne faut pas faire l'~ entre ces deux questions** the two issues must not be confused.

amalgamer [amalgame] [3] *vt* to combine.
◆ **s'amalgamer** *vp*: **s'~ avec** OU **à** to be combined OU mixed with.

amande [amãd] *nf* almond; **en ~** *fig* almond-shaped.

amandier [amãdje] *nm* almond tree.

amanite [amanit] *nf*: **~ phalloïde** death-cap (mushroom).

amant [amã] *nm* lover.

amarre [amar] *nf* rope, cable; **larguer les ~s** [bateau] to cast off; *fam fig* [partir] to hit the road.

amarrer [amare] [3] *vt* **-1.** NAVIG to moor. **-2.** [fixer] to tie down.

amaryllis [amarilis] *nf* amaryllis.

amas [ama] *nm* pile.

amasser [amase] [3] *vt* **-1.** [objets] to pile up. **-2.** [argent] to accumulate.
◆ **s'amasser** *vp* **-1.** [gén] to pile up. **-2.** [foule] to gather.

amateur [amatœr] *nm* **-1.** [connaisseur]: **~ de** lover of. **-2.** [non-professionnel] amateur; **faire qqch en ~** to do sthg as a hobby. **-3.** *péj* [dilettante] amateur.

amateurisme [amatœrism] *nm* **-1.** SPORT amateurism. **-2.** *péj* [dilettantisme] amateurishness.

amazone [amazon] *nf* horsewoman; **monter en ~** to ride sidesaddle.

Amazone [amazon] *nf*: **l'~** the Amazon (River).

Amazonie [amazɔni] *nf*: **l'~** the Amazon (Basin).

amazonien, -ienne [amazɔnjẽ, jɛn] *adj* Amazonian; **la forêt ~ne** the Amazon rainforest.

ambages [ãbaʒ]
◆ **sans ambages** *loc adv sout* without beating about the bush.

ambassade [ãbasad] *nf* embassy.

ambassadeur, -drice [ãbasadœr, dris] *nm, f* ambassador.

ambiance [ãbjãs] *nf* atmosphere; **il y a de l'~!** there's a good atmosphere!

ambiant, -e [ãbjã, ãt] *adj*: **température ~e** room temperature.

ambidextre [ãbidɛkstr] ◇ *nmf* ambidextrous person. ◇ *adj* ambidextrous.

ambigu, -uë [ãbigy] *adj* ambiguous.

ambiguïté [ãbigɥite] *nf* ambiguity; **sans ~** [parler, répondre] unambiguously; [réponse, attitude] unambiguous.

ambitieux, -ieuse [ãbisjø, jøz] ◇ *nm, f* ambitious person. ◇ *adj* ambitious.

ambition [ãbisjɔ̃] *nf* **-1.** *péj* [arrivisme] ambitiousness. **-2.** [désir] ambition; **avoir l'~ de faire qqch** to have an ambition to do sthg.

ambitionner [ãbisjɔne] [3] *vt*: **~ qqch/de faire qqch** to seek sthg/to do sthg.

ambivalent, -e [ãbivalã, ãt] *adj* ambivalent.

ambre [ãbr] *nm* **-1.** [couleur] amber. **-2.** [matière]: **~ (gris)** ambergris.

ambré, -e [ãbre] *adj* [couleur] amber.

ambulance [ãbylãs] *nf* ambulance.

ambulancier, -ière [ãbylãsje, jɛr] *nm, f* ambulanceman (*f* ambulancewoman).

ambulant, -e [ãbylã, ãt] *adj* traveling (*avant n*) *Am*, travelling (*avant n*) *Br*.

âme [ɑm] *nf* **-1.** [gén] soul; **dans l'~** [par goût] at heart; [accompli] through and through; **avoir une ~ de comédien** to be a born actor; **une bonne ~ hum** a kind soul; **~ sœur** soulmate; **être l'~ de qqch** to be the heart and soul of sthg. **-2.** [caractère] spirit, soul. **-3.** *loc*: **en mon ~ et conscience** in all honesty; **sans rencontrer ~ qui vive** without seeing a living soul; **rendre l'~** to breathe one's last.

amélioration [ameljɔrasjɔ̃] *nf* improvement.

améliorer [ameljɔre] [3] *vt* to improve.
◆ **s'améliorer** *vp* to improve.

amen [amɛn] *adv* amen.

aménagement [amenaʒmɑ̃] *nm* **-1.** [de lieu] fitting out; ~ **du territoire** development, planning. **-2.** [de programme] planning, organizing.

aménager [amenaʒe] [17] *vt* **-1.** [pièce] to fit out. **-2.** [programme] to plan, to organize.

amende [amɑ̃d] *nf* fine; **mettre qqn à l'~** to penalize sb; **faire ~ honorable** to admit one's mistake.

amendement [amɑ̃dmɑ̃] *nm* POLIT amendment.

amender [amɑ̃de] [3] *vt* **-1.** POLIT to amend. **-2.** AGRIC to enrich.

◆ **s'amender** *vp* to mend one's ways.

amener [amne] [19] *vt* **-1.** [mener] to bring. **-2.** [inciter]: ~ **qqn à faire qqch** [suj: circonstances] to lead sb to do sthg; [suj: personne] to get sb to do sthg. **-3.** [occasionner, préparer] to bring about.

◆ **s'amener** *vp fam* **-1.** [arriver] to turn up, to show up. **-2.** [venir] to come.

amenuiser [amənɥize] [3] *vt* [rendre plus petit]: **ses cheveux amenuisent son visage** her hair makes her face look thinner; [réduire] to diminish, to reduce.

◆ **s'amenuiser** *vp* to dwindle, to diminish.

amer, -ère [amɛr] *adj* bitter.

amèrement [amɛrmɑ̃] *adv* bitterly.

américain, -e [amerikɛ̃, ɛn] *adj* American.

◆ **américain** *nm* [langue] American English.

◆ **Américain, -e** *nm, f* American.

américanisme [amerikanism] *nm* Americanism.

amérindien, -ienne [amerɛ̃djɛ̃, jɛn] *adj* Native American.

◆ **Amérindien, -ienne** *nm, f* Native American.

Amérique [amerik] *nf*: **l'~** America; **l'~ centrale** Central America; **l'~ du Nord** North America; **l'~ du Sud** South America; **l'~ latine** Latin America.

amerrir [amerir] [32] *vi* [hydravion] to land (on the sea); [cabine spatiale] to splash down.

amertume [amɛrtym] *nf* bitterness.

améthyste [ametist] *nf* amethyst.

ameublement [amœbləmɑ̃] *nm* [meubles] furniture; [action de meubler] furnishing.

ameublir [amœblir] [32] *vt* [sol] to break up.

ameuter [amœte] [3] *vt* [curieux] to draw a crowd of; [quartier, voisins] to bring out.

ami, -e [ami] ◇ *adj* friendly. ◇ *nm, f* **-1.** [camarade] friend; ~ **d'enfance** childhood friend; **petit ~** boyfriend; **petite ~e** girlfriend. **-2.** [partisan] supporter, friend.

◆ **faux ami** *nm* false friend.

amiable [amjabl] *adj* [accord] friendly, informal.

◆ **à l'amiable** *loc adv & loc adj* out of court.

amiante [amjɑ̃t] *nm* asbestos.

amibe [amib] *nf* amoeba.

amibien, -ienne [amibjɛ̃, jɛn] *adj* amoebic.

◆ **amibien** *nm* amoeba.

amical, -e, -aux [amikal, o] *adj* friendly.

◆ **amicale** *nf* association, club (*for people with a shared interest*).

amicalement [amikalmɑ̃] *adv* **-1.** [de façon amicale] amicably, in a friendly way. **-2.** [dans une lettre] yours (ever), (with) best wishes.

amidon [amidɔ̃] *nm* starch.

amidonner [amidɔne] [3] *vt* to starch.

amincir [amɛ̃sir] [32] ◇ *vt*: ~ **qqn** to make sb look slimmer. ◇ *vi* to get slimmer OU thinner.

◆ **s'amincir** *vp fig* [diminuer] to dwindle, to diminish.

amincissant, -e [amɛ̃sisɑ̃, ɑ̃t] *adj* slimming.

amiral, -aux [amiral, o] *nm* admiral.

amitié [amitje] *nf* **-1.** [affection] affection; **prendre qqn en ~** to befriend sb. **-2.** [rapports amicaux] friendship; **faire ses ~s à qqn** to give sb one's good OU best wishes.

AMM (*abr de* **Autorisation de mise sur le marché**) *nf* official authorization for marketing a pharmaceutical product.

ammoniac, -iaque [amɔnjak] *adj* CHIM ammoniac.

◆ **ammoniac** *nm* ammonia.

◆ **ammoniaque** *nf* ammonia (water).

amnésie [amnezi] *nf* amnesia.

amniocentèse [amnjɔsɛ̃tɛz] *nf* amniocentesis.

amnistie [amnisti] *nf* amnesty.

amnistier [amnistje] [9] *vt* to amnesty.

amocher [amɔʃe] [3] *vt fam* to mess up.

◆ **s'amocher** *vp fam* to mess o.s. up.

amoindrir [amwɛ̃drir] [32] *vt* to diminish.

◆ **s'amoindrir** *vp* to dwindle, to diminish.

amollir [amɔlir] [32] *vt* [personne] to make soft.

◆ **s'amollir** *vp* [personne] to go soft.

amonceler [amɔ̃sle] [24] *vt* to accumulate.

◆ **s'amonceler** *vp* to pile up, to accumulate.

amoncelle, amoncelles *etc* → **amonceler**.

amont [amɔ̃] *nm* upstream (water); **en ~ de** [rivière] upriver OU upstream from; *fig* prior to.

amoral, -e, -aux [amɔral, o] *adj* **-1.** [qui ignore la morale] amoral. **-2.** [débauché] immoral.

amorce [amɔrs] *nf* **-1.** [d'explosif] priming; [de cartouche, d'obus] cap. **-2.** PÊCHE bait. **-3.** *fig* [commencement] beginnings (*pl*), germ.

amorcer [amɔrse] [16] *vt* **-1.** [explosif] to prime. **-2.** PÊCHE to bait. **-3.** *fig* [commencer] to begin, to initiate.

◆ **s'amorcer** *vp* to begin.

amorphe [amɔrf] *adj* **-1.** [personne] lifeless. **-2.** [matériau] amorphous.

amortir [amɔrtir] [32] *vt* **-1.** [atténuer - choc] to absorb; [- bruit] to deaden, to muffle. **-2.** [dette] to pay off. **-3.** [achat] to write off.

amortissement [amɔrtismɑ̃] *nm* **-1.** [de choc] absorption; [de bruit] deadening, muffling. **-2.** [de dette] payment, paying off. **-3.** [d'achat] writing off.

amortisseur [amɔrtisœr] *nm* AUTOM shock absorber.

amour [amur] *nm* **-1.** [gén] love; **~ maternel/filial** maternal/filial love; **pour l'~ de** for the love of; **pour l'~ du ciel** for heaven's sake; **faire l'~** to make love; **filer le parfait ~** to live out love's dream. **-2.** [jolie chose]: **un ~ de** a darling (little). **-3.** [personne]: **un ~** an angel, a dear.

◆ **amours** *nfpl* [vie sentimentale] love-life; **à tes ~s!** [toast] here's to you!; [quand on éternue] bless you!

amouracher [amuraʃe] [3]

◆ **s'amouracher** *vp*: **s'~ de** to become infatuated with.

amourette [amurɛt] *nf* passing fancy, brief love affair.

amoureusement [amurøzmɑ̃] *adv* amorously.

amoureux, -euse [amurø, øz] ◇ *adj* **-1.** [personne] in love; **être/tomber ~ (de)** to be/fall in love (with). **-2.** [regard, geste] loving. ◇ *nm, f* **-1.** [prétendant] suitor. **-2.** [passionné]: **~ de** lover of; **un ~ de la nature** a nature lover.

amour-propre [amurprɔpr] *nm* pride, self-respect.

amovible [amɔvibl] *adj* **-1.** [déplaçable] detachable, removable. **-2.** [fonctionnaire] removable.

ampère [ɑ̃pɛr] *nm* amp, ampere.

amphétamine [ɑ̃fetamin] *nf* amphetamine.

amphi [ɑ̃fi] *nm fam* lecture hall; **cours en** OU **d'amphi** lecture.

amphibie [ɑ̃fibi] ◇ *nm* amphibian. ◇ *adj* amphibious.

amphithéâtre [ɑ̃fiteatr] *nm* **-1.** HIST amphitheater *Am*, amphitheatre *Br*. **-2.** [d'université] lecture hall.

ample [ɑ̃pl] *adj* **-1.** [vêtement - gén] loose-fitting; [- jupe] full. **-2.** [projet] extensive; **pour de plus ~s informations** for further details.

amplement [ɑ̃pləmɑ̃] *adv* [largement] fully, amply.

ampleur [ɑ̃plœr] *nf* **-1.** [de vêtement] fullness. **-2.** [d'événement, de dégâts] extent. **-3.** *loc*: **prendre toute son ~** to reach its height.

ampli [ɑ̃pli] *nm* amp.

amplificateur, -trice [ɑ̃plifikatœr, tris] *adj* ÉLECTR amplifying; **un phénomène ~ de la croissance** *fig* a phenomenon which increases growth.

◆ **amplificateur** *nm* **-1.** [gén] amplifier. **-2.** PHOT enlarger.

amplifier [ɑ̃plifje] [9] *vt* **-1.** [mouvement, son] to amplify; [image] to magnify, to enlarge. **-2.** [scandale] to increase; [événement, problème] to highlight.

◆ **s'amplifier** *vp* [son] to grow OU get louder; *fig* [revendications, phénomène] to grow.

amplitude [ɑ̃plityd] *nf* **-1.** [de geste] fullness. **-2.** [d'onde] amplitude. **-3.** [de température] range.

ampoule [ɑ̃pul] *nf* **-1.** [de lampe] bulb. **-2.** [sur la peau] blister. **-3.** [médicament] ampule *Am*, ampoule *Br*, phial.

ampoulé, -e [ɑ̃pule] *adj péj* pompous.

amputation [ɑ̃pytasjɔ̃] *nf* MÉD amputation.

amputer [ɑ̃pyte] [3] *vt* MÉD to amputate; *fig* [couper] to cut (back OU down); **son article a été amputé d'un tiers** his article was cut by a third.

amulette [amylɛt] *nf* amulet.

amusant, -e [amyzɑ̃, ɑ̃t] *adj* [drôle] funny; [distrayant] amusing; **c'est très ~** it's great fun.

amuse-gueule [amyzgœl] *nm inv fam* cocktail snack, (party) nibble.

amusement [amyzmɑ̃] *nm* amusement (*U*).

amuser [amyze] [3] *vt* to amuse, to entertain.

◆ **s'amuser** *vp* to have fun, to have a good time; **s'~ à faire qqch** to amuse o.s. (by) doing sthg.

amygdale [amidal] *nf* tonsil.

an [ɑ̃] *nm* year; **avoir sept ~s** to be seven (years old); **l'~ dernier/prochain** last/next year; **en l'~ 2000** in the year 2000; **le premier** OU **le jour de l'~** New Year's Day; **le nouvel ~** the New Year; **bon ~ mal ~** taking the good years with the bad.

anabolisant [anabɔlizɑ̃] *nm* anabolic steroid.

anachronique [anakrɔnik] *adj* anachronistic.

anagramme [anagram] *nf* anagram.

ANAH (*abr de* **Agence nationale pour l'amélioration de l'habitat**) *nf national agency responsible for housing projects and grants.*

anal, -e, -aux [anal, o] *adj* anal.

analgésique [analʒezik] *nm & adj* analgesic.

anallergique [analɛrʒik] *adj* hypoallergenic.

analogie [analɔʒi] *nf* analogy.

analogique [analɔʒik] *adj* analog *Am*, analogue *Br*.

analogue [analɔg] ◇ *nm* equivalent, analog *Am*, analogue *Br*. ◇ *adj* analogous, comparable.

analphabète [analfabɛt] *nmf & adj* illiterate.

analyse [analiz] *nf* **-1.** [étude] analysis; **en dernière ~** in the final analysis. **-2.** CHIM & MÉD test, analysis. **-3.** [psychanalyse] analysis (*U*).

analyser [analize] [3] *vt* **-1.** [étudier, psychanalyser] to analyze *Am*, to analyse *Br*. **-2.** CHIM & MÉD to test, to analyze *Am*, to analyse *Br*.
◆ **s'analyser** *vp* to be analyzed *Am* OU analysed *Br*, to be understood; **un tel comportement ne s'analyse pas facilement** such behavior *Am* OU behaviour *Br* is not easy to understand.

analyste [analist] *nmf* analyst.

analyste-programmeur, -euse [analistprɔgramœr, øz] (*mpl* **analystes-programmeurs**, *fpl* **analystes-programmeuses**) *nm, f* systems analyst.

analytique [analitik] *adj* analytical.

ananas [anana(s)] *nm* pineapple.

anarchie [anarʃi] *nf* **-1.** POLIT anarchy. **-2.** [désordre] chaos, anarchy.

anarchique [anarʃik] *adj* anarchic.

anarchiste [anarʃist] *nmf & adj* anarchist.

anathème [anatɛm] *nm* anathema; **jeter l'~ sur** *fig & sout* to curse.

Anatolie [anatɔli] *nf:* **l'~** Anatolia.

anatomie [anatɔmi] *nf* anatomy.

anatomique [anatɔmik] *adj* anatomical.

ancestral, -e, -aux [ɑ̃sɛstral, o] *adj* ancestral.

ancêtre [ɑ̃sɛtr] *nmf* [aïeul] ancestor; *fig* [forme première] forerunner, ancestor; *fig* [initiateur] father (*f* mother).

anchois [ɑ̃ʃwa] *nm* anchovy.

ancien, -ienne [ɑ̃sjɛ̃, jɛn] *adj* **-1.** [gén] old; **l'~ franc** the old franc. **-2.** (*avant n*) [précédent] former, old. **-3.** [qui a de l'ancienneté] senior. **-4.** [du passé] ancient; **l'Ancien Régime** the Ancien Régime.
◆ **ancien** *nm* [mobilier]: **l'~** antiques (*pl*).
◆ **anciens** *nmpl* elders.

anciennement [ɑ̃sjɛnmɑ̃] *adv* formerly, previously.

ancienneté [ɑ̃sjɛnte] *nf* **-1.** [d'une tradition] oldness. **-2.** [d'un employé] seniority.

ancre [ɑ̃kr] *nf* NAVIG anchor; **jeter l'~** to drop anchor; **lever l'~** to weigh anchor; *fam* [partir] to make tracks.

ancrer [ɑ̃kre] [3] *vt* [bateau] to anchor; *fig* [idée, habitude] to root.

Andalousie [ɑ̃daluzi] *nf:* **l'~** Andalusia.

Andes [ɑ̃d] *nfpl:* **les ~** the Andes.

Andorre [ɑ̃dɔr] *nf:* (**la principauté d'**)**~** (the principality of) Andorra.

andouille [ɑ̃duj] *nf* **-1.** [charcuterie] *type of sausage made of chitterlings (pig's intestines), eaten as an hors 'd'œuvre.* **-2.** *fam* [imbécile] prat, twit.

andouillette [ɑ̃dujet] *nf type of sausage made of chitterlings (pig's intestines) eaten hot.*

androgyne [ɑ̃drɔʒin] *adj* androgynous.

âne [an] *nm* **-1.** ZOOL ass, donkey. **-2.** *fam* [imbécile] ass.

anéantir [aneɑ̃tir] [32] *vt* **-1.** [détruire] to annihilate; *fig* to ruin, to wreck. **-2.** [démoraliser] to crush, to overwhelm.
◆ **s'anéantir** *vp* [disparaître] to vanish.

anéantissement [aneɑ̃tismɑ̃] *nm* **-1.** [destruction] annihilation; *fig* wrecking, ruin. **-2.** [abattement] dejection.

anecdote [anɛkdɔt] *nf* anecdote.

anecdotique [anɛkdɔtik] *adj* anecdotal.

anémie [anemi] *nf* MÉD anemia *Am*, anaemia *Br*; *fig* enfeeblement.

anémié, -e [anemje] *adj* anemic *Am*, anaemic *Br*.

anémier [anemje] [9] *vt* MÉD to make anemic *Am* OU anaemic *Br*; *fig* to weaken.
◆ **s'anémier** *vp* MÉD to become anemic *Am* OU anaemic *Br*; *fig* to weaken.

anémique [anemik] *adj* anemic *Am*, anaemic *Br*.

anémone [anemɔn] *nf* anemone.

ânerie [anri] *nf fam* **-1.** [caractère] stupidity (*U*). **-2.** [parole, acte]: **dire/faire une ~** to say/do something stupid.

ânesse [anɛs] *nf* she-ass, she-donkey.

anesthésie [anɛstezi] *nf* anesthesia *Am*, anaesthesia *Br*; **sous ~** under (the) anesthetic *Am* OU anaesthetic *Br*; ~ **locale** local anesthetic *Am* OU anaesthetic *Br*; ~ **générale** general anesthetic *Am* OU anaesthetic *Br*.

anesthésier [anestezje] [9] *vt* to anesthetize *Am*, to anaesthetize *Br*.

anesthésique [anestezik] *nm & adj* anesthetic *Am*, anaesthetic *Br*.

anesthésiste [anestezist] *nmf* anesthetist *Am*, anaesthetist *Br*.

aneth [anɛt] *nm* dill.

anfractuosité [ɑ̃fraktɥozite] *nf* crevice.

ange [ɑ̃ʒ] *nm* angel; ~ **gardien** guardian angel; **être aux** ~**s** *fig* to be in one's seventh heaven.

angélique [ɑ̃ʒelik] ◇ *nf* angelica. ◇ *adj* angelic.

angélus [ɑ̃ʒelys] *nm* [sonnerie] angelus (bell).

angevin, -e [ɑ̃ʒvɛ̃, in] *adj* **-1.** [de l'Anjou] of/from Anjou. **-2.** [d'Angers] of/from Angers.
◆ **Angevin, -e** *nm, f* **-1.** [de l'Anjou] person from Anjou. **-2.** [d'Angers] person from Angers.

angine [ɑ̃ʒin] *nf* [pharyngite] pharyngitis; [amygdalite] tonsillitis; ~ **de poitrine** angina (pectoris).

anglais, -e [ɑ̃glɛ, ɛz] *adj* English.
◆ **anglais** *nm* [langue] English.
◆ **Anglais, -e** *nm, f* Englishman (*f* Englishwoman); **les Anglais** the English.
◆ **anglaises** *nfpl* ringlets.
◆ **à l'anglaise** *loc adv* CULIN boiled; **filer à l'**~**e** *fig* to make OU sneak off.

angle [ɑ̃gl] *nm* **-1.** [coin] corner; ~ **mort** [zone invisible] blind spot; **arrondir les** ~**s** *fig* to smooth things over. **-2.** MATHS angle; ~ **droit/aigu/obtus** right/acute/obtuse angle.

Angleterre [ɑ̃glətɛr] *nf*: **l'**~ England.

anglican, -e [ɑ̃glikɑ̃, an] *adj & nm, f* Anglican.

anglophone [ɑ̃glɔfɔn] ◇ *nmf* English-speaker. ◇ *adj* English-speaking, anglophone.

anglo-saxon, -onne [ɑ̃glosaksɔ̃, ɔn] *adj* Anglo-Saxon.
◆ **anglo-saxon** *nm* [langue] Anglo-Saxon, Old English.
◆ **Anglo-Saxon, -onne** *nm, f* Anglo-Saxon.

angoisse [ɑ̃gwas] *nf* anguish.

angoissé, -e [ɑ̃gwase] ◇ *adj* anguished. ◇ *nmf* neurotic.

angoisser [ɑ̃gwase] [3] *vt* [effrayer] to cause anxiety to.

◆ **s'angoisser** *vp* **-1.** [être anxieux] to be overcome with anxiety. **-2.** *fam* [s'inquiéter] to fret.

Angola [ɑ̃gola] *nm*: **l'**~ Angola.

angolais, -e [ɑ̃gɔlɛ, ɛz] *adj* Angolan.
◆ **Angolais, -e** *nm, f* Angolan.

angora [ɑ̃gɔra] *nm & adj* angora.

anguille [ɑ̃gij] *nf* eel; **il y a** ~ **sous roche** *fig* something's up, something's going on.

anguleux, -euse [ɑ̃gylø, øz] *adj* angular.

anicroche [anikrɔʃ] *nf* hitch.

animal, -e, -aux [animal, o] *adj* **-1.** [propre à l'animal] animal (*avant n*). **-2.** [instinctif] instinctive.
◆ **animal** *nm* **-1.** [bête] animal; ~ **en peluche** cuddly toy; ~ **sauvage/domestique** wild/domestic animal. **-2.** *péj* [personne] lout, oaf.

animalerie [animalri] *nf* pet shop.

animateur, -trice [animatœr, tris] *nm, f* **-1.** RADIO & TÉLÉ presenter. **-2.** [socioculturel, sportif] activities organizer. **-3.** [de manifestation] organizer.

animation [animasjɔ̃] *nf* **-1.** [de rue] activity, life; [de conversation, visage] animation. **-2.** [publicitaire] demonstration, promotion. **-3.** [activités] activities (*pl*). **-4.** CIN animation.

animé, -e [anime] *adj* [rue] lively; [conversation, visage] animated; [objet] animate.

animer [anime] [3] *vt* **-1.** [mettre de l'entrain dans] to animate, to liven up. **-2.** [présenter] to present. **-3.** [organiser des activités pour] to organize activities for.
◆ **s'animer** *vp* **-1.** [visage] to light up. **-2.** [rue] to come to life, to liven up.

animisme [animism] *nm* animism.

animiste [animist] *nmf & adj* animist.

animosité [animozite] *nf* animosity.

anis [ani(s)] *nm* BOT anise; CULIN aniseed.

anisette [anizɛt] *nf* anisette.

ankylosé, -e [ɑ̃kiloze] *adj* [paralysé] stiff; [engourdi] numb.

annales [anal] *nfpl* **-1.** [revue] review (*sg*), journal (*sg*). **-2.** [d'examen] past papers; **les** ~ **du bac** ≃ A-level past papers. **-3.** [chronique annuelle] chronicle (*sg*), annals; **rester dans les** ~ *fig* to go down in history.

anneau, -x [ano] *nm* **-1.** [gén] ring. **-2.** [maillon] link. **-3.** [de reptile] coil.
◆ **anneaux** *nmpl* SPORT rings.

année [ane] *nf* year; **d'**~ **en** ~ from year to year; **souhaiter la bonne** ~ **à qqn** to wish sb a Happy New Year; ~ **bissextile** leap year; ~ **fiscale** financial OU fiscal OU tax year; ~**-lumière** light year; ~ **scolaire** school year.

annexe [anɛks] ◇ *nf* **-1.** [de dossier] appendix, annexe. **-2.** [de bâtiment] annexe. ◇ *adj* related, associated.

annexer [anekse] [4] *vt* **-1.** [incorporer]: ~ qqch (à qqch) to append OU annex sthg (to sthg). **-2.** [pays] to annex.
◆ **s'annexer** *vp* **-1.** [s'attribuer] to grab. **-2.** [s'ajouter]: **s'~ à qqch** to be associated with sthg.

annexion [anɛksjɔ̃] *nf* annexation.

annihiler [aniile] [3] *vt* [réduire à néant] to destroy, to wreck.
◆ **s'annihiler** *vp* to be destroyed, to be wrecked.

anniversaire [aniversɛr] ◇ *nm* [de mariage, mort, événement] anniversary; [de naissance] birthday; **bon** OU **joyeux ~!** happy birthday! ◇ *adj* anniversary (*avant n*).

annonce [anɔ̃s] *nf* **-1.** [déclaration] announcement; *fig* sign, indication. **-2.** [texte] advertisement; ~ **commerciale** display ad; **passer une** ~ to place an advert OU advertisement; **petite** ~ classified advertisement, small ad.

annoncer [anɔ̃se] [16] *vt* **-1.** [faire savoir] to announce. **-2.** [indiquer] to herald. **-3.** [prédire] to predict.
◆ **s'annoncer** *vp*: **s'~ bien/mal** to look promising/unpromising; **la crise s'annonce** there is a crisis looming.

annonceur, -euse [anɔ̃sœr, øz] *nm, f* advertiser.

annonciateur, -trice [anɔ̃sjatœr, tris] *adj*: ~ **de qqch** heralding sthg.

Annonciation [anɔ̃sjasjɔ̃] *nf* [événement] Annunciation; [jour] Annunciation (Day).

annoter [anɔte] [3] *vt* to annotate.

annuaire [anɥɛr] *nm* annual, yearbook; ~ **téléphonique** telephone directory, phone book.

annuel, -elle [anɥɛl] *adj* **-1.** [tous les ans] annual, yearly. **-2.** [d'une année] annual.

annuellement [anɥɛlmɑ̃] *adv* annually, yearly.

annuité [anɥite] *nf* **-1.** [paiement] annual payment, annual installment *Am* OU instalment *Br*. **-2.** [année de service] year (of service).

annulaire [anɥlɛr] ◇ *nm* ring finger. ◇ *adj* ring-shaped, annular.

annulation [anylasjɔ̃] *nf* **-1.** [de rendez-vous, réservation] cancellation. **-2.** [de mariage] annulment.

annuler [anyle] [3] *vt* **-1.** [rendez-vous, réservation] to cancel. **-2.** [mariage] to annul. **-3.** [procédure] to declare invalid.
◆ **s'annuler** *vp* to cancel each other out.

anoblir [anɔblir] [32] *vt* to ennoble.

anodin, -e [anɔdɛ̃, in] *adj* **-1.** [blessure] minor. **-2.** [propos] harmless. **-3.** [détail, personne] insignificant.

anomalie [anɔmali] *nf* anomaly.

ânon [anɔ̃] *nm* young donkey OU ass.

ânonner [anɔne] [3] *vt & vi* to recite in a drone.

anonymat [anɔnima] *nm* anonymity; **garder l'~** to remain anonymous.

anonyme [anɔnim] ◇ *nm* [écrivain] anonymous author. ◇ *adj* anonymous.

anorak [anɔrak] *nm* anorak.

anorexie [anɔrɛksi] *nf* anorexia.

anormal, -e, -aux [anɔrmal, o] ◇ *adj* **-1.** [inhabituel] abnormal, not normal. **-2.** [intolérable, injuste] wrong, not right. **-3.** [arriéré] (mentally) subnormal. ◇ *nm, f* mental defective.

anormalement [anɔrmalmɑ̃] *adv* abnormally.

ANPE (*abr de* **Agence nationale pour l'emploi**) *nf* French national employment agency, ≃ job centre *Br*; **s'inscrire à l'~** to register as unemployed.

anse [ɑ̃s] *nf* **-1.** [d'ustensile] handle. **-2.** GÉOGR cove.

antagonisme [ɑ̃tagɔnism] *nm* antagonism.

antagoniste [ɑ̃tagɔnist] ◇ *nmf* antagonist. ◇ *adj* antagonistic.

antan [ɑ̃tɑ̃]
◆ **d'antan** *loc adj littéraire* of old, of yesteryear.

antarctique [ɑ̃tarktik] *adj* Antarctic; **le cercle polaire** ~ the Antarctic Circle.
◆ **Antarctique** *nm* **-1.** [continent]: **l'~** Antarctica. **-2.** [océan]: **l'~** the Antarctic (Ocean).

antécédent [ɑ̃tesedɑ̃] *nm* **-1.** (*gén pl*) [passé] history (*sg*). **-2.** GRAM antecedent.

antédiluvien, -ienne [ɑ̃tedilyvjɛ̃, jɛn] *adj* antediluvian, ancient.

antenne [ɑ̃tɛn] *nf* **-1.** [d'insecte] antenna, feeler; **avoir des ~s** *fam fig* to have a sixth sense. **-2.** [de télévision, de radio] antenna, aerial *Br*; **être à l'~** to be on the air; **hors** ~ off the air. **-3.** [bâtiment] unit. **-4.** [succursale] branch, office.

antépénultième [ɑ̃tepenyltjɛm] ◇ *nf* LING antepenultimate (syllable). ◇ *adj* antepenultimate.

antérieur, -e [ɑ̃terjœr] *adj* **-1.** [dans le temps] earlier, previous; ~ **à** previous OU prior to. **-2.** [dans l'espace] front (*avant n*).

antérieurement [ɑ̃terjœrmɑ̃] *adv* earlier, previously; ~ **à** prior to.

anthologie [ɑ̃tɔlɔʒi] *nf* anthology.

anthracite [ɑ̃trasit] ◇ *nm* anthracite. ◇ *adj inv* charcoal (gray *Am* OU grey *Br*).

anthropologie [ɑ̃trɔpɔlɔʒi] *nf* anthropology.

anthropométrie [ɑ̃trɔpɔmetri] *nf* anthropometry.

anthropophage [ɑ̃trɔpɔfaʒ] ◇ *nmf* cannibal. ◇ *adj* cannibalistic.

antiaérien, -ienne [ɑ̃tiaerjɛ̃, jɛn] *adj* antiaircraft.

anti-âge [ɑ̃tiaʒ] *adj*: **crème ~** anti-ageing cream.

antialcoolique [ɑ̃tialkɔlik] *adj*: **ligue ~** temperance league.

antibiotique [ɑ̃tibjɔtik] *nm & adj* antibiotic.

antibrouillard [ɑ̃tibrujar] *nm & adj inv*: **(phare** OU **feu) ~** foglight *Am*, fog lamp *Br*.

antibruit [ɑ̃tibrɥi] *adj inv* anti-noise; **mur ~** noise reduction barrier.

antibuée [ɑ̃tibɥe] → **dispositif**.

antichambre [ɑ̃tiʃɑ̃br] *nf* antechamber; **faire ~** *fig* to wait patiently *(to see sb)*.

anticipation [ɑ̃tisipasjɔ̃] *nf* **-1.** FIN advance; **paiement par ~** advance payment, payment in advance. **-2.** LITTÉRATURE: **roman d'~** science fiction novel.

anticipé, -e [ɑ̃tisipe] *adj* early.

anticiper [ɑ̃tisipe] [3] ◇ *vt* to anticipate. ◇ *vi*: **~ (sur qqch)** to anticipate (sthg).

anticléricalisme [ɑ̃tiklerikalism] *nm* anticlericalism.

anticolonialisme [ɑ̃tikɔlɔnjalism] *nm* anticolonialism.

anticolonialiste [ɑ̃tikɔlɔnjalist] *nmf & adj* anticolonialist.

anticommunisme [ɑ̃tikɔmynism] *nm* anticommunism.

anticonformiste [ɑ̃tikɔ̃fɔrmist] *adj & nmf* non-conformist.

anticonstitutionnel, -elle [ɑ̃tikɔ̃stitysjɔnɛl] *adj* unconstitutional.

anticorps [ɑ̃tikɔr] *nm* antibody.

anticyclone [ɑ̃tisiklon] *nm* anticyclone.

antidater [ɑ̃tidate] [3] *vt* to backdate.

antidépresseur [ɑ̃tidepresœr] *nm & adj m* antidepressant.

antidérapant, -e [ɑ̃tiderapɑ̃, ɑ̃t] *adj* [pneu] non-skid; [semelle, surface] non-slip.
◆ **antidérapant** *nm* [pneu] anti-skid tire *Am* OU tyre *Br*.

antidote [ɑ̃tidɔt] *nm* antidote.

anti-effraction [ɑ̃tiefraksjɔ̃] *adj inv* [dispositif] antitheft.

antigang [ɑ̃tigɑ̃g] ◇ *adj* → **brigade**. ◇ *nf* ≃ serious crime squad.

antigel [ɑ̃tiʒɛl] *nm inv & adj inv* antifreeze.

antillais, -e [ɑ̃tije, ɛz] *adj* West Indian.
◆ **Antillais, -e** *nm, f* West Indian.

Antilles [ɑ̃tij] *nfpl*: **les ~** the West Indies; **aux ~** in the West Indies.

antilope [ɑ̃tilɔp] *nf* antelope.

antimilitarisme [ɑ̃timilitarism] *nm* antimilitarism.

antimilitariste [ɑ̃timilitarist] *nmf & adj* antimilitarist.

antimite [ɑ̃timit] *adj inv*: **boule ~** mothball.

antinucléaire [ɑ̃tinykleɛr] *adj* antinuclear.

Antiope [ɑ̃tjɔp] *n information system available via the French television network,* ≃ Teletext® *Br.*

antiparasite [ɑ̃tiparazit] ◇ *nm* suppressor. ◇ *adj inv* anti-interference.

antipathie [ɑ̃tipati] *nf* antipathy, hostility.

antipathique [ɑ̃tipatik] *adj* unpleasant; **elle m'est ~** I dislike her, I don't like her.

antipelliculaire [ɑ̃tipelikylɛr] *adj*: **shampooing ~** anti-dandruff shampoo.

antiphrase [ɑ̃tifraz] *nf* antiphrasis.

antipode [ɑ̃tipɔd] *nm*: **être à l'~** OU **aux ~s (de)** [lieu] to be on the other side of the world (from); *fig* to be diametrically opposed (to).

antipoison [ɑ̃tipwazɔ̃] → **centre**.

antiquaire [ɑ̃tikɛr] *nmf* antique dealer.

antique [ɑ̃tik] *adj* **-1.** [de l'antiquité - civilisation] ancient; [- vase, objet] antique. **-2.** [vieux] antiquated, ancient.

antiquité [ɑ̃tikite] *nf* **-1.** [époque]: **l'Antiquité** antiquity. **-2.** [ancienneté] great age, antiquity. **-3.** [objet] antique.

antirabique [ɑ̃tirabik] *adj*: **vaccin ~** rabies vaccine.

antiraciste [ɑ̃tirasist] *adj & nmf* antiracist.

antireflet [ɑ̃tirəflɛ] *adj inv* [surface] non-reflecting.

antirides [ɑ̃tirid] *adj inv* anti-wrinkle.

antirouille [ɑ̃tiruj] *adj inv* [traitement] rust *(avant n)*; [revêtement, peinture] rustproof.

antisèche [ɑ̃tisɛʃ] *nm ou nf arg scol* cheat sheet *Am*, crib *Br.*

antisémite [ɑ̃tisemit] ◇ *nmf* anti-Semite. ◇ *adj* anti-Semitic.

antiseptique [ɑ̃tisɛptik] *nm & adj* antiseptic.

antisismique [ɑ̃tisismik] *adj* earthquakeproof.

antithèse [ɑ̃titɛz] *nf* antithesis.

antitussif, **-ive** [ãtitysif, iv] *adj* cough (*avant n*).

◆ **antitussif** *nm* cough mixture.

antiviral, **-aux** [ãtiviral, o] *nm* antivirus.

antivol [ãtivɔl] ◇ *nm inv* anti-theft device. ◇ *adj inv* anti-theft.

antre [ãtr] *nm* den, lair.

anus [anys] *nm* anus.

anxiété [ãksjete] *nf* anxiety; **être dans l'~** to be very worried OU anxious.

anxieusement [ãksjøzmã] *adv* anxiously.

anxieux, **-ieuse** [ãksjø, jøz] ◇ *adj* anxious, worried; **être ~ de qqch** to be worried OU anxious about sthg; **être ~ de faire qqch** to be anxious to do sthg. ◇ *nm, f* worrier.

AOC (*abr de* appellation d'origine contrôlée) *nf* label guaranteeing quality of French wine.

aorte [aɔrt] *nf* aorta.

août [u(t)] *nm* August; **le quinze août** Assumption Day; *voir aussi* **septembre**.

aoûtat [auta] *nm* harvest tick.

apaisement [apɛzmã] *nm* **-1.** [moral] comfort. **-2.** [de douleur] alleviation. **-3.** [de tension, de crise] calming.

apaiser [apɛze] [4] *vt* **-1.** [personne] to calm down, to pacify. **-2.** [conscience] to salve; [douleur] to soothe; [soif] to slake, to quench; [faim] to assuage; [passion] to calm.

◆ **s'apaiser** *vp* **-1.** [personne] to calm down. **-2.** [besoin, passion] to be assuaged; [tempête] to subside, to abate; [douleur] to die down; [scrupules] to be allayed.

apanage [apanaʒ] *nm sout* privilege; **être l'~ de qqn/qqch** to be the prerogative of sb/sthg.

aparté [aparte] *nm* **-1.** THÉÂTRE aside. **-2.** [conversation] private conversation; **prendre qqn en ~** to take sb aside.

apartheid [apartɛd] *nm* apartheid.

apathie [apati] *nf* apathy.

apathique [apatik] *adj* apathetic.

apatride [apatrid] ◇ *nmf* stateless person. ◇ *adj* stateless.

apercevoir [apɛrsǝvwar] [52] *vt* **-1.** [voir] to see, to catch sight of. **-2.** [comprendre] to see, to perceive.

◆ **s'apercevoir** *vp*: **s'~ de qqch** to notice sthg; **s'~ que** to notice (that).

aperçois, **aperçoit** *etc* → **apercevoir**.

aperçu, **-e** [apɛrsy] *pp* → **apercevoir**.

◆ **aperçu** *nm* general idea; **donner un ~ de qqch** to give a general idea of sthg.

apéritif, **-ive** [aperitif, iv] *adj* which whets the appetite.

◆ **apéritif** *nm* aperitif; **prendre l'~** to have an aperitif, to have drinks (*before a meal*).

apesanteur [apǝzãtœr] *nf* weightlessness.

à-peu-près [apøprɛ] *nm inv* approximation.

aphasie [afazi] *nf* aphasia.

aphone [afɔn] *adj* voiceless.

aphorisme [afɔrism] *nm* aphorism.

aphrodisiaque [afrɔdizjak] *nm & adj* aphrodisiac.

aphte [aft] *nm* mouth ulcer.

API (*abr de* alphabet phonétique international) *nm* IPA.

apiculteur, **-trice** [apikyltœr, tris] *nm, f* beekeeper.

apiculture [apikyltyr] *nf* beekeeping.

apitoie, **apitoies** *etc* → **apitoyer**.

apitoiement [apitwamã] *nm* pity.

apitoyer [apitwaje] [13] *vt* to move to pity.

◆ **s'apitoyer** *vp* to feel pity; **s'~ sur** to feel sorry for.

ap. J.-C. (*abr de* après Jésus-Christ) AD.

APL (*abr de* aide personnalisée au logement) *nf* housing benefit.

aplanir [aplanir] [32] *vt* **-1.** [aplatir] to level. **-2.** *fig* [difficulté, obstacle] to smooth away, to iron out.

◆ **s'aplanir** *vp fig* [se résoudre] to be ironed out.

aplatir [aplatir] [32] *vt* [gén] to flatten; [couture] to press flat; [cheveux] to smooth down.

◆ **s'aplatir** *vp* **-1.** [s'écraser] to be flattened. **-2.** [s'étaler] to lie flat; **s'~ devant qqn** *fig* to grovel before sb.

aplomb [aplɔ̃] *nm* **-1.** [stabilité] balance. **-2.** [audace] nerve, cheek; **garder/perdre son ~** to keep/lose one's nerve.

◆ **d'aplomb** *loc adv* steady; **se tenir d'~** to be steady; **ne pas se sentir d'~** to feel out of sorts.

apnée [apne] *nf*: **plonger en ~** to dive without breathing apparatus.

apocalypse [apɔkalips] *nf* apocalypse.

apocalyptique [apɔkaliptik] *adj* apocalyptic.

apogée [apɔʒe] *nm* ASTRON apogee; *fig* peak.

apolitique [apɔlitik] *adj* apolitical, unpolitical.

apologie [apɔlɔʒi] *nf* justification, apology; **faire l'~ de qqn/qqch** to praise sb/sthg.

apoplexie [apɔplɛksi] *nf* apoplexy.

apostrophe [apɔstrɔf] *nf* **-1.** [signe graphique] apostrophe. **-2.** [interpellation] rude remark.

apostropher [apɔstrɔfe] [3] *vt*: ~ **qqn** to speak rudely to sb.

apothéose [apɔteoz] *nf* **-1.** [consécration] great honor *Am* OU honour *Br*. **-2.** [point culminant - d'un spectacle] **grand finale**; [- d'une carrière] crowning glory.

apôtre [apotr] *nm* apostle, disciple; **se faire l'~ de qqch** *fig* to be the OU an advocate of sthg.

Appalaches [apalaʃ] *nmpl*: **les ~** the Appalachians.

apparaissais, apparaissions *etc* → apparaître.

apparaître [aparɛtr] [91] ◇ *vi* **-1.** [gén] to appear. **-2.** [se dévoiler] to come to light. ◇ *v impers*: **il apparaît que** it seems OU appears that.

apparat [apara] *nm* pomp; **d'~** [dîner, habit] ceremonial; **en grand ~** with great pomp and ceremony.

appareil [aparɛj] *nm* **-1.** [gén] device; [électrique] appliance; **porter un ~ (auditif)/(dentaire)** to wear a hearing aid/a brace. **-2.** [téléphone] phone, telephone; **qui est à l'~?** who's speaking? **-3.** [avion] aircraft. **-4.** [structure] apparatus. **-5.** *loc*: **dans le plus simple ~** in one's birthday suit.

◆ **appareil digestif** *nm* digestive system.

◆ **appareil photo** *nm* camera.

appareillage [aparɛjaʒ] *nm* **-1.** [équipement] equipment. **-2.** NAVIG getting under way.

appareiller [aparejе] [4] ◇ *vt* [assortir] to match up. ◇ *vi* NAVIG to get under way.

apparemment [aparamã] *adv* apparently.

apparence [aparãs] *nf* appearance; **malgré les** OU **en dépit des ~s** in spite of appearances; **sauver les ~s** to keep up appearances.

◆ **en apparence** *loc adv* seemingly, apparently.

apparent, -e [aparã, ãt] *adj* **-1.** [superficiel, illusoire] apparent. **-2.** [visible] visible; **coutures ~es** top-stitched seams. **-3.** [évident] obvious.

apparenté, -e [aparãte] *adj*: **~ à** [personne] related to; *fig* [ressemblant] similar to; [affilié] affiliated to.

appariteur [aparitœr] *nm* porter (*in university*).

apparition [aparisjɔ̃] *nf* **-1.** [gén] appearance; **faire son ~** to make one's appearance. **-2.** [vision - RELIG] vision; [- de fantôme] apparition.

appart [apart] (*abr de* **appartement**) *nm fam* apartment *Am*, flat *Br*.

appartement [apartəmã] *nm* apartment *Am*, flat *Br*.

appartenance [apartənãs] *nf*: **~ à** [famille] belonging to; [parti] membership of.

appartenir [apartənir] [40] *vi* **-1.** [être la propriété de]: **~ à qqn** to belong to sb. **-2.** [faire partie de]: **~ à qqch** to belong to sthg, to be a member of sthg; **il ne m'appartient pas de ...** *fig & sout* it's not up to me to ....

appartenu [apartəny] *pp inv* → appartenir.

appartiendrai, appartiendrais *etc* → appartenir.

apparu, -e [apary] *pp* → apparaître.

appât [apa] *nm* PÊCHE bait, lure.

appâter [apate] [3] *vt litt & fig* to lure.

appauvrir [apovrir] [32] *vt* to impoverish.

◆ **s'appauvrir** *vp* to grow poorer, to become impoverished.

appel [apɛl] *nm* **-1.** [gén] call; **faire ~ à qqn** to appeal to sb; **faire ~ à qqch** [nécessiter] to call for sthg; [avoir recours à] to call on sthg; **~ (téléphonique)** (phone) call. **-2.** JUR appeal; **faire ~** JUR to appeal; **sans ~** final. **-3.** [pour vérifier - gén] roll-call; [- SCOL] registration; **manquer à l'~** to be absent. **-4.** COMM: **~ d'offre** invitation to tender. **-5.** [signe]: **faire un ~ de phares** to flash one's headlights.

appelant [aplã] *nm* [leurre] decoy; *Can* [sifflet] birdcall.

appelé [aple] *nm* conscript.

appeler [aple] [24] ◇ *vt* **-1.** [gén] to call; **~ au secours** OU **à l'aide** to call for help. **-2.** [téléphoner] to ring, to call. **-3.** [exiger] to call for. **-4.** [entraîner] to lead to. **-5.** [nommer]: **être appelé à un poste** to be appointed to a post. **-6.** [amener]: **~ qqn à faire qqch** to call on sb to do sthg. ◇ *vi* [solliciter]: **en ~ à qqch** to appeal to sthg.

◆ **s'appeler** *vp* **-1.** [se nommer] to be called; **comment cela s'appelle?** what is it called?; **il s'appelle Patrick** his name is Patrick, he's called Patrick. **-2.** [se téléphoner]: **on s'appelle demain?** shall we talk tomorrow?

appellation [apɛlasjɔ̃] *nf* designation, name; **~ contrôlée** *guarantee that a wine conforms to certain conditions of origin, strength and quality*; **~ d'origine** JUR label of origin.

appelle, appelles *etc* → appeler.

appendice [apɛ̃dis] *nm* appendix.

appendicite [apɛ̃disit] *nf* appendicitis.

appentis [apãti] *nm* lean-to.

appesantir [apəzãtir] [32] *vt* [démarche] to slow down.

◆ **s'appesantir** *vp* **-1.** [s'alourdir] to become heavy. **-2.** [insister]: **s'~ sur qqch** to dwell on sthg.

appétissant, -e [apetisɑ̃, ɑ̃t] *adj* [nourriture] appetizing.

appétit [apeti] *nm* appetite; ~ **de qqch/de faire qqch** *fig* appetite for sthg/for doing sthg; **bon ~!** enjoy your meal!; **couper/ ouvrir l'~ à qqn** to spoil/whet sb's appetite; **manger de bon ~** to eat heartily.

applaudir [aplodir] [32] ◇ *vt* to applaud. ◇ *vi* to clap, to applaud; ~ **à qqch** *fig* to applaud sthg; ~ **à tout rompre** *fig* to bring the house down.

applaudissements [aplodismɑ̃] *nmpl* applause (*U*), clapping (*U*).

applicable [aplikabl] *adj*: ~ **(à)** applicable (to).

application [aplikasjɔ̃] *nf* [gén & INFORM] application; **mettre qqch en ~** to apply sthg.

applique [aplik] *nf* wall lamp.

appliquer [aplike] [3] *vt* [gén] to apply; [loi] to enforce.

◆ **s'appliquer** *vp* **-1.** [s'étaler, se poser]: **cette peinture s'applique facilement** this paint goes on easily. **-2.** [concerner]: **s'~ à qqn/qqch** to apply to sb/sthg. **-3.** [se concentrer]: **s'~ (à faire qqch)** to apply o.s. (to doing sthg).

appoint [apwɛ̃] *nm* **-1.** [monnaie] change; **faire l'~** to give the right money. **-2.** [aide] help, support; **d'~** [salaire, chauffage] extra.

appointements [apwɛ̃tmɑ̃] *nmpl* salary (*sg*).

apport [apɔr] *nm* **-1.** [gén & FIN] contribution. **-2.** [de chaleur] input.

apporter [apɔrte] [3] *vt* **-1.** [gén] to bring; **ça m'a beaucoup apporté** *fig* I got a lot from it. **-2.** [raison, preuve] to provide, to give. **-3.** [contribuer à] to bring; [provoquer] to bring about. **-4.** [mettre - soin] to exercise; [- attention] to give.

apposer [apoze] [3] *vt* **-1.** [affiche] to put up. **-2.** [signature] to append.

apposition [apozisjɔ̃] *nf* GRAM apposition; **en ~** in apposition.

appréciable [apresjabl] *adj* **-1.** [notable] appreciable. **-2.** [précieux]: **un grand jardin, c'est ~!** I/we really appreciate having a big garden.

appréciation [apresjasjɔ̃] *nf* **-1.** [de valeur] valuation; [de distance, poids] estimation. **-2.** [jugement] judgment. **-3.** SCOL assessment.

apprécier [apresje] [9] *vt* **-1.** [gén] to appreciate. **-2.** [évaluer] to estimate, to assess.

◆ **s'apprécier** *vp* to like one other.

appréhender [apreɑ̃de] [3] *vt* **-1.** [arrêter] to arrest. **-2.** [craindre]: ~ **qqch/de faire qqch** to dread sthg/doing sthg.

appréhension [apreɑ̃sjɔ̃] *nf* apprehension.

apprenais → **apprendre**.

apprendre [aprɑ̃dr] [79] *vt* **-1.** [étudier] to learn; ~ **à faire qqch** to learn (how) to do sthg. **-2.** [enseigner] to teach; ~ **qqch à qqn** to teach sb sthg; ~ **à qqn à faire qqch** to teach sb (how) to do sthg. **-3.** [nouvelle] to hear of, to learn of; ~ **que** to hear that, to learn that; ~ **qqch à qqn** to tell sb of sthg.

apprenne → **apprendre**.

apprenti, -e [aprɑ̃ti] *nm, f* [élève] apprentice; *fig* beginner; ~ **sorcier** *fig* sorcerer's apprentice.

apprentissage [aprɑ̃tisaʒ] *nm* **-1.** [de métier] apprenticeship. **-2.** [formation] learning; ~ **de la vie** learning about life.

apprêter [aprete] [4] *vt* to prepare.

◆ **s'apprêter** *vp* **-1.** [être sur le point]: **s'~ à faire qqch** to get ready to do sthg. **-2.** [s'habiller]: **s'~ pour qqch** to dress up for sthg.

appris, -e [apri, iz] *pp* → **apprendre**.

apprivoiser [aprivwaze] [3] *vt* to tame.

◆ **s'apprivoiser** *vp* **-1.** [animal] to become tame. **-2.** [personne] to become more sociable.

approbateur, -trice [aprɔbatœr, tris] *adj* approving.

approbation [aprɔbasjɔ̃] *nf* approval.

approchant, -e [aprɔʃɑ̃, ɑ̃t] *adj* similar; **quelque chose d'~** something similar.

approche [aprɔʃ] *nf* [arrivée] approach; **à l'~ des fêtes** as the Christmas holidays draw near; **il a pressé le pas à l'~ de la maison** he quickened his step as he approached OU drew near the house.

◆ **approches** *nfpl* [abords] surrounding area (*sg*).

approcher [aprɔʃe] [3] ◇ *vt* **-1.** [mettre plus près] to move near, to bring near; ~ **qqch de qqn/qqch** to move sthg near (to) sb/ sthg. **-2.** [aborder] to go up to, to approach. ◇ *vi* to approach, to go/come near; **approchez!** come nearer!; **n'approchez pas!** keep OU stay away!; ~ **de** [moment, fin] to approach.

◆ **s'approcher** *vp* to come/go near, to approach; **s'~ de qqn/qqch** to approach sb/ sthg.

approfondir [aprɔfɔ̃dir] [32] *vt* **-1.** [creuser] to make deeper. **-2.** [développer] to go further into.

◆ **s'approfondir** *vp* **-1.** [se creuser] to become deeper. **-2.** [se compliquer] to deepen.

approprié, -e [aprɔprije] *adj*: ~ **(à)** appropriate (to).

approprier [aprɔprije] [10] *vt* **-1.** [adapter] to adapt. **-2.** *Belg* to clean.

◆ **s'approprier** *vp* [s'adjuger] to appropriate.

approuver [apruve] [3] *vt* **-1.** [gén] to approve of; ~ **qqn de faire qqch** to commend sb for doing sthg. **-2.** JUR to approve.

approvisionnement [aprɔvizjɔnmɑ̃] *nm* supplies (*pl*), stocks (*pl*).

approvisionner [aprɔvizjɔne] [3] *vt* **-1.** [compte en banque] to pay money into. **-2.** [magasin, pays] to supply.

◆ **s'approvisionner** *vp*: **s'~ chez/à** [suj: particulier] to shop at/in; [suj: commerçant] to get one's supplies from.

approximatif, -ive [aprɔksimatif, iv] *adj* approximate, rough.

approximation [aprɔksimasjɔ̃] *nf* approximation.

approximativement [aprɔksimativmɑ̃] *adv* approximately, roughly.

appt *abr de* **appartement**.

appui [apɥi] *nm* **-1.** [soutien] support; **à l'~ de** in support of. **-2.** [de fenêtre] sill.

appuie, appuies *etc* → **appuyer**.

appui-tête [apɥitɛt] (*pl* **appuis-tête**) *nm* headrest.

appuyer [apɥije] [14] ◇ *vt* **-1.** [poser]: ~ **qqch sur/contre qqch** to lean sthg on/against sthg, to rest sthg on/against sthg. **-2.** [presser]: ~ **qqch sur/contre** to press sthg on/against. **-3.** *fig* [soutenir] to support. ◇ *vi* **-1.** [reposer]: ~ **sur** to lean OU rest on. **-2.** [presser] to push; ~ **sur** [bouton] to press. **-3.** *fig* [insister]: ~ **sur** to stress. **-4.** [se diriger]: ~ **sur la** OU **à droite** to bear right.

◆ **s'appuyer** *vp* **-1.** [se tenir]: **s'~ contre/sur** to lean against/on, to rest against/on. **-2.** [se baser]: **s'~ sur** to rely on. **-3.** [compter]: **s'~ sur** to rely on, to count on. **-4.** *fam* [supporter, prendre en charge]: **s'~ qqn** to put up with sb; **s'~ qqch** to take sthg on, to take on sthg.

apr. *abr de* **après**.

âpre [apr] *adj* **-1.** [goût, discussion, combat] bitter. **-2.** [ton, épreuve, critique] harsh. **-3.** [concurrence] fierce.

âprement [aprəmɑ̃] *adv* bitterly, fiercely.

après [aprɛ] ◇ *prép* **-1.** [gén] after; ~ **avoir mangé, ils ...** after having eaten OU after they had eaten, they ...; ~ **cela** after that;

~ **quoi** after which. **-2.** [indiquant l'attirance, l'attachement, l'hostilité]: **soupirer ~ qqn** to yearn for sb; **aboyer ~ qqn** to bark at sb; **se fâcher ~ qqn** to get angry at OU with sb.

◇ *adv* **-1.** [temps] afterwards; ~**, je rentrerai à la maison** I'll go home afterwards; **un mois ~** one month later; **le mois d'~** the following OU next month. **-2.** [lieu, dans un ordre, dans un rang]: **la rue d'~** the next street; **c'est ma sœur qui vient ~** my sister's next.

◆ **et après** *loc adv* (*employée interrogativement*) **-1.** [questionnement sur la suite] and then what? **-2.** [exprime l'indifférence] so what?

◆ **après coup** *loc adv* afterwards, after the event.

◆ **après tout** *loc adv* after all.

◆ **d'après** *loc prép* according to; **d'~ moi** in my opinion; **d'~ lui** according to him.

◆ **après que** *loc conj* (+ *indicatif*) after; **je le verrai ~ qu'il aura fini** I'll see him after OU when he's finished; ~ **qu'ils eurent dîné, ...** after dinner OU after they had dined, ...

après-demain [apʀɛdmɛ̃] *adv* the day after tomorrow.

après-guerre [apʀɛgɛʀ] *nm* post-war years (*pl*); **d'~** post-war.

après-midi [apʀɛmidi] *nm inv ou nf inv* afternoon.

après-rasage [apʀɛʀazaʒ] (*pl* **après-rasages**) *nm & adj inv* aftershave.

après-ski [apʀɛski] (*pl* **après-skis**) *nm* [chaussure] snow-boot.

après-soleil [apʀɛsɔlɛj] *adj inv* after-sun (*avant n*).

après-vente [apʀɛvɑ̃t] → **service**.

âpreté [apʀəte] *nf* **-1.** [de goût, discussion, combat] bitterness. **-2.** [de voix, épreuve, critique] harshness. **-3.** [de concurrence] ferocity.

à-propos [apʀɔpo] *nm inv* [de remarque] aptness; **faire preuve d'~** to show presence of mind.

apte [apt] *adj*: ~ **à qqch/à faire qqch** capable of sthg/of doing sthg; ~ **(au service)** MIL fit (for service).

aptitude [aptityd] *nf*: ~ **(à** OU **pour qqch)** aptitude (for sthg); ~ **à** OU **pour faire qqch** ability to do OU for doing sthg.

aquarelle [akwaʀɛl] *nf* watercolour.

aquarium [akwaʀjɔm] *nm* aquarium.

aquatique [akwatik] *adj* [plante, animal] aquatic; [milieu, paysage] watery, marshy.

aqueduc [akdyk] *nm* aqueduct.

aqueux, -euse [akø, øz] *adj* watery.

aquilin [akilɛ̃] → **nez**.

Aquitaine [akitɛn] *nf*: l'~ Aquitaine.

AR ◇ *nm* **-1.** *abr de* accusé de réception. **-2.** *(abr de* **aller-retour)** RTN. ◇ *abr de* arrière.

arabe [arab] ◇ *adj* [peuple] Arab; [désert] Arabian. ◇ *nm* [langue] Arabic.
◆ **Arabe** *nmf* Arab.

arabesque [arabɛsk] *nf* **-1.** [ornement] arabesque. **-2.** [ligne sinueuse] flourish.

Arabie [arabi] *nf*: l'~ Arabia; l'~ Saoudite Saudi Arabia.

arachide [araʃid] *nf* **-1.** [plante] groundnut. **-2.** [graine] peanut, groundnut.

araignée [arɛɲe] *nf* spider; **avoir une ~ dans le** OU **au plafond** *fam fig* to have a screw loose.
◆ **araignée de mer** *nf* spider crab.

araser [araze] [3] *vt* GÉOL to erode.

arbalète [arbalɛt] *nf* crossbow.

arbitrage [arbitraʒ] *nm* **-1.** [SPORT - gén] refereeing; [- au tennis, cricket] umpiring. **-2.** JUR arbitration.

arbitraire [arbitrɛr] *adj* arbitrary.

arbitrairement [arbitrɛrmɑ̃] *adv* arbitrarily.

arbitre [arbitr] *nm* **-1.** [SPORT - gén] referee; [- au tennis, cricket] umpire. **-2.** [conciliateur] arbitrator.
◆ **libre arbitre** *nm* free will.

arbitrer [arbitre] [3] *vt* **-1.** [SPORT - gén] to referee; [- au tennis, cricket] to umpire. **-2.** [conflit] to arbitrate.

arborer [arbɔre] [3] *vt* **-1.** [exhiber] to display, to sport. **-2.** [expression] to wear.

arborescence [arbɔresɑ̃s] *nf* INFORM tree.

arboriculteur, -trice [arbɔtikyltœr, tris] *nm, f* tree grower.

arboriculture [arbɔrikyltyr] *nf* tree growing.

arbouse [arbuz] *nf* arbutus berry.

arbre [arbr] *nm* **-1.** BOT & *fig* tree; ~ **fruitier** fruit tree; ~ **généalogique** family tree; ~ **de Noël** Christmas tree. **-2.** [axe] shaft; ~ **de transmission** AUTOM drive shaft, propeller shaft.

arbrisseau [arbriso] *nm* shrub.

arbuste [arbyst] *nm* shrub.

arc [ark] *nm* **-1.** [arme] bow. **-2.** [courbe] arc; ~ **de cercle** arc of a circle. **-3.** ARCHIT arch.

arcade [arkad] *nf* **-1.** ARCHIT arch; ~s arcade *(sg)*. **-2.** ANAT: ~ **sourcilière** arch of the eyebrows.

arc-bouter [arkbute] [3]
◆ **s'arc-bouter** *vp* to brace o.s.

arceau, -x [arso] *nm* **-1.** ARCHIT arch. **-2.** [objet métallique] hoop.

arc-en-ciel [arkɑ̃sjɛl] *(pl* **arcs-en-ciel)** *nm* rainbow.

archaïque [arkaik] *adj* archaic.

arche [arʃ] *nf* ARCHIT arch.

archéologie [arkeɔlɔʒi] *nf* archaeology.

archéologique [arkeɔlɔʒik] *adj* archaeological.

archéologue [arkeɔlɔg] *nmf* archaeologist.

archer [arʃe] *nm* archer.

archet [arʃɛ] *nm* MUS bow.

archétype [arketip] *nm* archetype.

archevêché [arʃəveʃe] *nm* [charge] archbishopric; [logement] archbishop's palace.

archevêque [arʃəvɛk] *nm* archbishop.

archipel [arʃipɛl] *nm* archipelago.

architecte [arʃitɛkt] *nmf* architect.

architectural, -e, -aux [arʃitɛktyral, o] *adj* architectural.

architecture [arʃitɛktyr] *nf* architecture; *fig* structure.

archiver [arʃive] {3} *vt* to archive.

archives [arʃiv] *nfpl* [de bureau] records; [de musée] archives.

archiviste [arʃivist] *nmf* archivist.

arctique [arktik] *adj* Arctic; **le cercle polaire ~** the Arctic Circle.
◆ **Arctique** *nm*: l'~ the Arctic.

ardemment [ardamɑ̃] *adv* fervently, passionately.

ardent, -e [ardɑ̃, ɑ̃t] *adj* **-1.** [soleil] blazing. **-2.** [soif, fièvre] raging; [passion] burning.

ardeur [ardœr] *nf* **-1.** [vigueur] fervor *Am*, fervour *Br*, enthusiasm. **-2.** [chaleur] blazing heat.

ardoise [ardwaz] *nf* slate.

ardu, -e [ardy] *adj* **-1.** [travail] arduous; [problème] difficult. **-2.** [pente] steep.

are [ar] *nm* *100 square metres*.

aréna [arena] *nm Can sports centre with skating rink*, arena *Am*.

arène [arɛn] *nf* arena.
◆ **arènes** *nfpl* [romaines] amphitheater *(sg) Am*, amphitheatre *(sg) Br*.

arête [arɛt] *nf* **-1.** [de poisson] bone. **-2.** [d'un toit, d'une montagne] ridge. **-3.** [du nez] bridge.

argent [arʒɑ̃] *nm* **-1.** [métal, couleur] silver. **-2.** [monnaie] money; ~ **comptant** cash; ~ **liquide** (ready) cash; ~ **de poche** pocket money; **en avoir pour son ~** to get one's money's worth.

argenté, -e [arʒɑ̃te] *adj* silvery, silver.

argenterie [arʒɑ̃tri] *nf* silverware.

argentin, **-e** [arʒɑ̃tɛ̃, in] *adj* **-1.** [son] silvery. **-2.** [d'Argentine] Argentinian.

◆ **Argentin**, **-e** *nm, f* Argentinian.

Argentine [arʒɑ̃tin] *nf*: l'~ Argentina.

argile [arʒil] *nf* clay.

argileux, **-euse** [arʒilø, øz] *adj* clayey.

argot [argo] *nm* slang.

argotique [argɔtik] *adj* slang (*avant n*), slangy.

arguer [argɥe] [8] *vi sout* [prétexter]: ~ **de qqch (pour)** to put sthg forward as a reason (for).

argument [argymɑ̃] *nm* argument; **tirer** ~ **de qqch** to use sthg as an argument; ~ **de vente** COMM selling point.

argumentation [argymɑ̃tasjɔ̃] *nf* argumentation.

argus [argys] *nm*: **coté à l'~** *rated in the guide to secondhand car prices.*

aride [arid] *adj litt* & *fig* arid; [travail] thankless.

aridité [aridite] *nf* aridity.

aristocrate [aristɔkrat] *nmf* aristocrat.

aristocratie [aristɔkrasi] *nf* aristocracy.

aristocratique [aristɔkratik] *adj* aristocratic.

arithmétique [aritmetik] ◇ *nf* arithmetic. ◇ *adj* arithmetical.

armagnac [armaɲak] *nm* armagnac.

armateur [armatœr] *nm* ship owner.

armature [armatyr] *nf* **-1.** CONSTR & *fig* framework. **-2.** [de parapluie] frame; [de soutiengorge] underwiring. **-3.** MUS key signature.

arme [arm] *nf litt* & *fig* weapon; ~ **blanche** blade; ~ **à feu** firearm; **passer l'~ à gauche** *fam fig* to snuff it.

◆ **armes** *nfpl* **-1.** [armée]: **les ~s** the army. **-2.** [blason] coat of arms (*sg*). **-3.** *loc*: **faire ses premières ~s** [apprendre] to learn the ropes; **fourbir ses ~s** to prepare for battle; **partir avec ~s et bagages** to leave taking everything.

armée [arme] *nf* army; **l'~ de l'air** the airforce; **l'~ de terre** the army.

◆ **Armée du salut** *nf*: **l'Armée du salut** the Salvation Army.

armement [arməmɑ̃] *nm* **-1.** [MIL - de personne] arming; [- de pays] armament; [- ensemble d'armes] arms (*pl*); **la course aux ~s** the arms race. **-2.** [de fusil] cocking. **-3.** [d'appareil-photo] winding-on. **-4.** [de navire] fitting-out.

Arménie [armeni] *nf*: **l'~** Armenia.

arménien, **-ienne** [armenjɛ̃, jɛn] *adj* Armenian.

◆ **arménien** *nm* [langue] Armenian.

◆ **Arménien**, **-ienne** *nm, f* Armenian.

armer [arme] [3] *vt* **-1.** [pourvoir en armes] to arm; **être armé pour qqch/pour faire qqch** *fig* [préparé] to be equipped for sthg/to do sthg. **-2.** [fusil] to cock. **-3.** [appareil photo] to wind on. **-4.** [navire] to fit out.

◆ **s'armer** *vp litt* & *fig*: **s'~ (de)** to arm o.s. (with).

armistice [armistis] *nm* armistice.

armoire [armwar] *nf* [gén] closet *Am*, cupboard *Br*; [garde-robe] wardrobe; ~ **à glace** wardrobe with a mirror; **c'est une ~ à glace!** *fam fig* he's built like a tank!; ~ **à pharmacie** medicine cabinet.

armoiries [armwari] *nfpl* coat of arms (*sg*).

armure [armyr] *nf* armor *Am*, armour *Br*.

armurerie [armyrri] *nf* [magasin] gunsmith's (shop).

armurier [armyrje] *nm* [d'armes à feu] gunsmith; [d'armes blanches] armourer.

ARN (*abr de* **acide ribonucléique**) *nm* RNA.

arnaque [arnak] *nf fam* rip-off.

arnaquer [arnake] [3] *vt fam* to swindle, to do *Br*; **se faire ~** to be had.

aromate [arɔmat] *nm* [épice] spice; [fine herbe] herb.

aromatique [arɔmatik] *adj* aromatic.

aromatiser [arɔmatize] [3] *vt* to flavour.

arôme [arom] *nm* **-1.** [gén] aroma; [de fleur, parfum] fragrance. **-2.** [goût] flavour.

arpège [arpɛʒ] *nm* arpeggio.

arpenter [arpɑ̃te] [3] *vt* **-1.** [marcher] to pace up and down. **-2.** [terrain] to survey.

arpenteur [arpɑ̃tœr] *nm* surveyor.

arqué, **-e** [arke] *adj* **-1.** [objet] curved. **-2.** [jambe] bow (*avant n*), bandy; [nez] hooked; [sourcil] arched.

arr. *abr de* **arrondissement**.

arraché [araʃe]

◆ **à l'arraché** *loc adv*: **gagner** OU **emporter la victoire à l'~** to snatch victory.

arrachement [araʃmɑ̃] *nm fig* wrench.

arrache-pied [araʃpje]

◆ **d'arrache-pied** *loc adv*: **travailler d'~** to work away furiously.

arracher [araʃe] [3] *vt* **-1.** [extraire - plante] to pull up OU out; [- dent] to extract. **-2.** [déchirer - page] to tear off OU out; [- chemise, bras] to tear off. **-3.** [prendre]: ~ **qqch à qqn** to snatch sthg from sb; *fig* [extorquer] to extract sthg from sb; [susciter] to wring sthg from sb. **-4.** [soustraire]: ~ **qqn à** [milieu, lieu] to drag sb away from; [lit, sommeil] to drag sb from; [habitude, torpeur] to force sb out of; [mort, danger] to snatch sb from.

◆ **s'arracher** *vp* **-1.** [se détacher]: **s'~ de** OU **à** [milieu, lieu] to drag o.s. away from; [lit, sommeil] to drag o.s. from. **-2.** [se disputer]: **s'~ qqn/qqch** to fight over sb/sthg. **-3.** *fam* [partir] to split, to beat it.

arraisonner [aʁɛzɔne] [3] *vt* [navire] to stop and inspect.

arrangeant, -e [aʁɑ̃ʒɑ̃, ɑ̃t] *adj* obliging.

arrangement [aʁɑ̃ʒmɑ̃] *nm* **-1.** [gén] arrangement. **-2.** [accord] agreement, arrangement.

arranger [aʁɑ̃ʒe] [17] *vt* **-1.** [gén] to arrange. **-2.** [convenir à] to suit. **-3.** [régler] to settle. **-4.** [améliorer] to sort out. **-5.** [réparer] to fix.
◆ **s'arranger** *vp* to come to an agreement; **s'~ pour faire qqch** to manage to do sthg; **arrangez-vous pour être là à cinq heures** make sure you're there at five o'clock; **cela va s'~** things will work out.

arrdt *abr de* **arrondissement**.

arrérages [aʁeʁaʒ] *nmpl* arrears.

arrestation [aʁɛstasjɔ̃] *nf* arrest; **être en état d'~** to be under arrest.

arrêt [aʁɛ] *nm* **-1.** [d'un mouvement] stopping; **à l'~** [véhicule] stationary; [machine] (switched) off; **tomber en ~ devant qqch** to stop dead in front of sthg. **-2.** [interruption] interruption; **sans ~** [sans interruption] non-stop; [sans relâche] constantly, continually; **être en ~ maladie** to be on sick leave; **~ maladie** OU **de travail** doctor's certificate; **~ du travail** stoppage. **-3.** [station]: **~ (d'autobus)** (bus) stop; **~ facultatif** request stop. **-4.** JUR decision, judgment.

arrêté [aʁete] *nm* **-1.** FIN settlement. **-2.** ADMIN order, decree; **par ~ préfectoral** by order of the prefect.

arrêter [aʁete] [4] ◇ *vt* **-1.** [gén] to stop. **-2.** [cesser]: **~ de faire qqch** to stop doing sthg; **~ de fumer** to stop smoking. **-3.** [abandonner - gén] to give up; [- école] to leave. **-4.** [voleur] to arrest. **-5.** [fixer] to decide on. ◇ *vi* to stop.
◆ **s'arrêter** *vp* to stop; **s'~ à qqch: il ne s'arrête pas à ces détails** he's not going to dwell on these details; **s'~ de faire** to stop doing; **s'~ chez qqn** to stay with sb.

arrhes [aʁ] *nfpl* deposit *(sg)*.

arrière [aʁjɛʁ] ◇ *adj inv* back, rear; **roue ~** rear OU back wheel; **marche ~** reverse gear. ◇ *nm* **-1.** [partie postérieure] back; **à l'~** in back *Am*, at the back *Br*; **assurer ses ~s** *fig* to play safe. **-2.** SPORT back.
◆ **en arrière** *loc adv* **-1.** [dans la direction opposée] back, backwards; **faire un pas en ~** to take a step back OU backwards. **-2.** [derrière, à la traîne] behind; **rester en ~** to lag behind.
◆ **en arrière de** *loc prép* behind.

arriéré, -e [aʁjeʁe] *adj* **-1.** [mentalité, pays] backward. **-2.** [dette] outstanding, overdue.
◆ **arriéré** *nm* arrears *(pl)*.

arrière-boutique [aʁjɛʁbutik] *(pl* **arrière-boutiques)** *nf* back shop.

arrière-garde [aʁjɛʁgaʁd] *(pl* **arrière-gardes)** *nf* rearguard; **combat d'~** *litt* & *fig* rearguard action.

arrière-goût [aʁjɛʁgu] *(pl* **arrière-goûts)** *nm* aftertaste.

arrière-grand-mère [aʁjɛʁgʁɑ̃mɛʁ] *(pl* **arrière-grands-mères)** *nf* great-grandmother.

arrière-grand-père [aʁjɛʁgʁɑ̃pɛʁ] *(pl* **arrière-grands-pères)** *nm* great-grandfather.

arrière-pays [aʁjɛʁpei] *nm inv* hinterland.

arrière-pensée [aʁjɛʁpɑ̃se] *(pl* **arrière-pensées)** *nf* **-1.** [raison intéressée] ulterior motive. **-2.** [réserve]: **sans ~** without reservation.

arrière-plan [aʁjɛʁplɑ̃] *(pl* **arrière-plans)** *nm* background.

arrière-saison [aʁjɛʁsɛzɔ̃] *(pl* **arrière-saisons)** *nf* late autumn.

arrière-train [aʁjɛʁtʁɛ̃] *(pl* **arrière-trains)** *nm* hindquarters *(pl)*.

arrimer [aʁime] [3] *vt* **-1.** [attacher] to secure. **-2.** NAVIG to stow.

arrivage [aʁivaʒ] *nm* **-1.** [de marchandises] consignment, delivery. **-2.** [de touristes] influx.

arrivant, -e [aʁivɑ̃, ɑ̃t] *nm, f* [personne] arrival.

arrivée [aʁive] *nf* **-1.** [venue] arrival. **-2.** TECHNOL inlet.

arriver [aʁive] [3] ◇ *vi* **-1.** [venir] to arrive; **en ~ à faire qqch** *fig* to begin to do sthg; **j'arrive!** (I'm) coming!; **~ à Paris** to arrive in OU reach Paris; **l'eau m'arrivait aux genoux** the water came up to my knees. **-2.** [réussir dans la vie] to succeed, to get on. **-3.** [parvenir]: **~ à faire qqch** to manage to do sthg; **il n'arrive pas à faire ses devoirs** he can't do his homework.
◇ *v impers* to happen; **il arrive que** (+ *subjonctif)*: **il arrive qu'il soit en retard** he is sometimes late; **il arrive à tout le monde de se décourager** we all get fed up sometimes; **il arrive à tout le monde de se tromper** anyone can make a mistake; **il lui arrive d'oublier quel jour on est** he sometimes forgets what day it is; **quoi qu'il arrive** whatever happens.

arrivisme [aʁivism] *nm péj* ambition.

arrogance [arɔgɑ̃s] *nf* arrogance.

arrogant, -e [arɔgɑ̃, ɑ̃t] ◇ *adj* arrogant. ◇ *nm, f* arrogant person.

arroger [arɔʒe] [17]
◆ **s'arroger** *vp*: s'~ le droit de faire qqch to take it upon o.s. to do sthg.

arrondi [arɔ̃di] *nm* [de jupe] hemline.

arrondir [arɔ̃dir] [32] *vt* **-1.** [forme] to make round. **-2.** [capital] to increase. **-3.** [chiffre - en haut] to round up; [- en bas] to round down.
◆ **s'arrondir** *vp* [corps, visage] to fill out.

arrondissement [arɔ̃dismɑ̃] *nm* ADMIN arrondissement (*administrative division of a département or city*).

arrosage [arozaʒ] *nm* [de jardin] watering; [de rue] spraying.

arroser [aroze] [3] *vt* **-1.** [jardin] to water, to spray. **-2.** [couler à travers] to flow through. **-3.** *fam* [café]: ~ **son café (avec)** to lace one's coffee (with). **-4.** *fam* [repas] to wash down. **-5.** *fam* [célébrer] to celebrate. **-6.** *fam* [soudoyer]: ~ **qqn** to grease sb's palm.

arrosoir [arozwar] *nm* watering can.

arsenal, -aux [arsənal, o] *nm* **-1.** [de navires] naval dockyard. **-2.** [d'armes] arsenal; ~ **de pêcheur** fishing gear.

arsenic [arsənik] *nm* arsenic.

art [ar] *nm* art; l'~ **de faire qqch** the art of doing sthg; ~ **culinaire** art of cooking; ~ **dramatique/graphique** dramatic/graphic art; **le septième** ~ cinema; ~**s appliqués** applied arts; ~**s et métiers** *state-funded institution offering vocational courses by correspondence or evening classes*; **Salon des Arts ménagers** ≃ home crafts exhibition OU show *Am*, ≃ Ideal Home Exhibition *Br*.

art. *abr de* **article.**

artère [artɛr] *nf* **-1.** ANAT artery; ~ **coronaire** coronary artery. **-2.** [rue] arterial road.

artériel, -ielle [arterjɛl] *adj* arterial.

artériosclérose [arterjɔskleroz] *nf* arteriosclerosis.

arthrite [artrit] *nf* arthritis.

arthrose [artroz] *nf* osteoarthritis.

artichaut [artiʃo] *nm* artichoke.

article [artikl] *nm* **-1.** [gén] article; ~ **défini/indéfini** definite/indefinite article; ~ **de fond** feature; ~**s de bureau** office supplies. **-2.** INFORM record. **-3.** *loc*: **faire l'~** to make a sales pitch; **à l'~ de la mort** at death's door.

articulation [artikylasjɔ̃] *nf* **-1.** ANAT & TECHNOL joint. **-2.** [prononciation] articulation. **-3.** [d'une démonstration] structure.

articulé, -e [artikyle] *adj* jointed.

articuler [artikyle] [3] *vt* **-1.** [prononcer] to articulate. **-2.** ANAT & TECHNOL to articulate, to joint. **-3.** JUR to set out.
◆ **s'articuler** *vp* to hang together; s'~ **sur/autour de qqch** [réflexion] to be based OU centred on sthg.

artifice [artifis] *nm* **-1.** [moyen astucieux] clever device OU trick. **-2.** [tromperie] trick.

artificiel, -ielle [artifisjɛl] *adj* artificial.

artificiellement [artifisjɛlmɑ̃] *adv* artificially.

artillerie [artijri] *nf* MIL artillery.

artisan, -e [artizɑ̃, an] *nm, f* craftsman (*f* craftswoman).
◆ **artisan** *nm* [responsable]: **être l'~ de** *fig* to be the architect of.

artisanal, -e, -aux [artizanal, o] *adj* craft (*avant n*); **fabrication** ~**e** cottage industry.

artisanat [artizana] *nm* [métier] craft; [classe] craftsmen.

artiste [artist] *nmf* **-1.** [créateur] artist. **-2.** [interprète] performer.
◆ **artiste-peintre** *nm* painter.

artistique [artistik] *adj* artistic.

as¹ [a] → **avoir.**

as² [as] *nm* **-1.** [carte] ace. **-2.** [premier] number one. **-3.** [champion] star, ace. **-4.** *loc*: **être fringué comme l'~ de pique** *fam* to look like a scarecrow; **passer à l'~** *fam* to go by the board; **être plein aux** ~ *fam* to be rolling in it.

a/s (*abr de* **aux soins de**) c/o.

AS (*abr de* **association sportive**) *nf* sports association.

ASA, Asa [aza] (*abr de* **American Standards Association**) *nf* ASA.

asc. *abr de* **ascenseur.**

ascendant, -e [asɑ̃dɑ̃, ɑ̃t] *adj* rising.
◆ **ascendant** *nm* **-1.** [influence] influence, power; **avoir de l'~ sur qqn** to have influence over sb. **-2.** ASTROL ascendant.

ascenseur [asɑ̃sœr] *nm* elevator *Am*, lift *Br*.

ascension [asɑ̃sjɔ̃] *nf* **-1.** [de montagne] ascent. **-2.** [d'avion] climb. **-3.** [progression] rise.
◆ **Ascension** *nf*: l'**Ascension** Ascension (Day).

ascensionnel, -elle [asɑ̃sjɔnɛl] *adj* upward.

ascèse [asɛz] *nf* asceticism.

ascète [asɛt] *nmf* ascetic.

ASE (*abr de* **Agence spatiale européenne**) *nf* ESA.

aseptique [asɛptik] *adj* aseptic.

ashkénase [aʃkenaz] *adj & nmf*: **(Juif)** ~ Ashkenazi; **les ~s** the Ashkenazim.

asiatique [azjatik] *adj* -**1.** [de l'Asie en général] Asian. -**2.** [d'Extrême-Orient] oriental.
◆ **Asiatique** *nmf* Asian.

Asie [azi] *nf*: **l'~** Asia; **l'~ centrale** Central Asia; **l'~ du Sud-Est** Southeast Asia.

asile [azil] *nm* -**1.** [refuge] refuge. -**2.** POLIT: **demander/accorder l'~ politique** to seek/to grant political asylum. -**3.** *vieilli* [psychiatrique] asylum.

asocial, -e, -iaux [asɔsjal, jo] ◇ *adj* antisocial. ◇ *nm, f* social misfit.

aspect [aspε] *nm* -**1.** [apparence] appearance; **d'~ agréable** nice-looking. -**2.** [angle & LING] aspect. -**3.** [vue]: **à l'~ de** *sout* at the sight of.

asperge [aspεrʒ] *nf* [légume] asparagus.

asperger [aspεrʒe] [17] *vt*: ~ **qqch de qqch** to spray sthg with sthg; ~ **qqn de qqch** [arroser] to spray sb with sthg; [éclabousser] to splash sb with sthg.
◆ **s'asperger** *vp*: **s'~ de qqch** to spray o.s. with sthg.

aspérité [asperite] *nf* [du sol] bump.

asphalte [asfalt] *nm* asphalt.

asphyxie [asfiksi] *nf* -**1.** MÉD asphyxia, suffocation. -**2.** *fig* [de l'économie] paralysis.

asphyxier [asfiksje] [9] *vt* -**1.** MÉD to asphyxiate, to suffocate. -**2.** *fig* [économie] to paralyze *Am*, to paralyse *Br*.
◆ **s'asphyxier** *vp* to suffocate.

aspic [aspik] *nm* [vipère] asp.

aspirant, -e [aspirɑ̃, ɑ̃t] *adj*: **hotte ~e** cooker range *Am*, cooker hood *Br*; **pompe ~e** suction pump.
◆ **aspirant** *nm* [armée] ≃ officer cadet; [marine] ≃ midshipman.

aspirateur [aspiratœr] *nm* vacuum cleaner, Hoover® *Br*; **passer l'~** to do the vacuuming OU hoovering.

aspiration [aspirasjɔ̃] *nf* -**1.** [souffle] inhalation. -**2.** TECHNOL suction. -**3.** LING aspiration.
◆ **aspirations** *nfpl* aspirations.

aspirer [aspire] [3] *vt* -**1.** [air] to inhale; [liquide] to suck up. -**2.** TECHNOL to suck up, to draw up. -**3.** [désirer]: ~ **à qqch/à faire qqch** to aspire to sthg/to do sthg.

aspirine [aspirin] *nf* aspirin.

assagir [asaʒir] [32] *vt* to quieten down.
◆ **s'assagir** *vp* to quieten down.

assaillant, -e [asajɑ̃, ɑ̃t] ◇ *adj* attacking. ◇ *nm, f* assailant, attacker.

assaillir [asajir] [47] *vt* to attack, to assault;

~ **qqn de qqch** *fig* to assail OU bombard sb with sthg.

assainir [asenir] [32] *vt* -**1.** [logement] to clean up. -**2.** [eau] to purify. -**3.** ÉCON to rectify, to stabilize.

assainissement [asenismɑ̃] *nm* -**1.** [de quartier] cleaning up. -**2.** [d'eau] purification. -**3.** ÉCON stabilization.

assaisonnement [asɛzɔnmɑ̃] *nm* [sauce] dressing.

assaisonner [asɛzɔne] [3] *vt* -**1.** [salade] to dress; [viande, plat] to season. -**2.** [propos] to season. -**3.** *fam* [gronder] to tell off; **se faire ~ par qqn** to get a (good) telling-off from sb.

assassin, -e [asasɛ̃, in] *adj* provocative.
◆ **assassin** *nm* [gén] murderer; POLIT assassin.

assassinat [asasina] *nm* [gén] murder; POLIT assassination.

assassiner [asasine] [3] *vt* [tuer - gén] to murder; [- POLIT] to assassinate.

assaut [aso] *nm* -**1.** [attaque] assault, attack; **prendre d'~** [lieu] to storm; [personne] to attack. -**2.** SPORT bout. -**3.** *loc*: **faire ~ de** to vie with each other in.

assécher [aseʃe] [18] *vt* to drain.
◆ **s'assécher** *vp* to become dry, to dry up.

ASSEDIC, Assedic [asedik] (*abr de* **Associations pour l'emploi dans l'industrie et le commerce**) *nfpl* French unemployment insurance scheme; **toucher les ~** to get welfare *Am* OU unemployment benefit *Br*.

assemblage [asɑ̃blaʒ] *nm* -**1.** [gén] assembly. -**2.** INFORM: **langage d'~** assembler OU assembly language.

assemblée [asɑ̃ble] *nf* -**1.** [réunion] meeting. -**2.** [public] gathering. -**3.** ADMIN & POLIT assembly; ~ **constituante** constituent assembly; ~ **consultative** advisory body; **l'Assemblée nationale** the (French) National Assembly.

L'ASSEMBLÉE NATIONALE:
The French parliament has two chambers: the National Assembly and the Senate. The members of the National Assembly (the 'députés') are elected in the 'élections législatives' held every five years

assembler [asɑ̃ble] *vt* -**1.** [monter] to put together. -**2.** [réunir - objets] to gather (together). -**3.** [associer] to connect. -**4.** [personnes - gén] to bring together, to assemble; [- députés] to convene.
◆ **s'assembler** *vp* to gather.

assener [asəne] [19], **asséner** [asene] [18] *vt*: ~ **un coup à qqn** [frapper] to strike sb, to deal sb a blow.

assentiment [asɑ̃timɑ̃] *nm* assent; **donner son ~ à qqch** to give one's assent to sthg.

asseoir [aswar] [65] *vt* **-1.** [sur un siège] to put; **faire ~ qqn** to seat sb, to ask sb to take a seat. **-2.** [fondations] to lay. **-3.** *fig* [réputation] to establish; ~ **qqch sur qqch** to base sthg on sthg; ~ **l'impôt sur le revenu** to base taxation on income.
◆ **s'asseoir** *vp* to sit (down).

assermenté, -e [asermɑ̃te] *adj* **-1.** [fonctionnaire, expert] sworn. **-2.** [témoin] under oath.

assertion [asɛrsjɔ̃] *nf* assertion.

assesseur [asesœr] *nm* assessor.

asseyais, asseyions *etc* → **asseoir**.

asseyez, asseyons *etc* → **asseoir**.

assez [ase] *adv* **-1.** [suffisamment] enough; ~ **de** enough; ~ **de lait/chaises** enough milk/chairs; **il en reste juste** ~ there is/are just enough left; **en avoir** ~ **de qqn/qqch** to have had enough of sb/sthg, to be fed up with sb/sthg. **-2.** [plutôt] quite, rather.

assidu, -e [asidy] *adj* **-1.** [élève] diligent. **-2.** [travail] painstaking. **-3.** [empressé]: ~ **(auprès de qqn)** attentive (to sb).

assiduité [asidɥite] *nf* **-1.** [zèle] diligence. **-2.** [fréquence]: **avec ~** regularly.
◆ **assiduités** *nfpl* *péj & sout* attentions; **poursuivre qqn de ses ~s** to press one's attentions on sb.

assidûment [asidymɑ̃] *adv* **-1.** [avec zèle] assiduously, diligently. **-2.** [fréquemment] regularly.

assiégeant, -e [asjeʒɑ̃, ɑ̃t] *adj* besieging.
◆ **assiégeant** *nm* besieger.

assiéger [asjeʒe] [22] *vt litt & fig* to besiege.

assiette [asjɛt] *nf* **-1.** [vaisselle] plate; ~ **creuse** OU **à soupe** soup plate; ~ **à dessert** dessert plate; ~ **plate** dinner plate. **-2.** [de cavalier] seat. **-3.** [d'impôt] base. **-4.** CULIN: ~ **anglaise** cold cuts *(pl)* *Am*, assorted cold meats *(pl)* *Br*; ~ **de crudités** *raw vegetables served as an hors-d'œuvre*. **-5.** *loc*: **ne pas être dans son ~** not to feel too well.

assiettée [asjete] *nf* plate, plateful.

assignation [asiɲasjɔ̃] *nf* **-1.** [attribution]: ~ **de qqch à qqn** allocation of sthg to sb. **-2.** JUR summons.

assigner [asiɲe] [3] *vt* **-1.** [fonds, tâche]: ~ **qqch à qqn** to allocate OU assign sthg to sb. **-2.** [personne]: ~ **qqn à qqch** to assign sb to sthg. **-3.** JUR: ~ **qqn en justice** to issue a writ against sb.

assimilation [asimilasjɔ̃] *nf* assimilation; ~ **de qqch à qqch** assimilation of sthg with sthg; ~ **de qqn à qqn** comparison of sb to sb.

assimiler [asimile] [3] *vt* **-1.** [aliment, connaissances] to assimilate. **-2.** [confondre]: ~ **qqch (à qqch)** to liken sthg (to sthg); ~ **qqn à qqn** to compare sb to OU with sb.
◆ **s'assimiler** *vp* **-1.** [se comparer]: **s'~ à qqn** to be (able to be) compared to sb. **-2.** [s'intégrer] to integrate.

assis, -e [asi, iz] ◇ *pp* → **asseoir**. ◇ *adj* sitting, seated; **place ~e** seat.
◆ **assise** *nf* [base] seat, seating.
◆ **assises** *nfpl* **-1.** JUR: **(cour d')~es** Circuit court *Am*, Crown Court *Br*. **-2.** [congrès] conference *(sg)*.

assistance [asistɑ̃s] *nf* **-1.** [aide] assistance; **prêter ~ à qqn** to lend assistance to sb; **l'Assistance publique** *French authority which manages the social services and state-owned hospitals*; **être à l'Assistance (publique)** to be in care; ~ **technique** technical aid. **-2.** [auditoire] audience.

assistant, -e [asistɑ̃, ɑ̃t] *nm, f* **-1.** [auxiliaire] assistant; ~**e sociale** social worker. **-2.** UNIV assistant lecturer.

assister [asiste] [3] ◇ *vi*: ~ **à qqch** to be at sthg, to attend sthg. ◇ *vt* to assist.

associatif, -ive [asɔsjatif, iv] *adj* **-1.** [mémoire] associative. **-2.** [vie] community *(avant n)*.

association [asɔsjasjɔ̃] *nf* **-1.** [gén] association; ~ **d'idées** association of ideas. **-2.** [union] society, association; ~ **à but non lucratif** JUR non-profit *Am* OU non-profit-making *Br* organization; ~ **sportive** sports club. **-3.** COMM partnership.

associé, -e [asɔsje] ◇ *adj* associated. ◇ *nm, f* **-1.** [collaborateur] associate. **-2.** [actionnaire] partner.

associer [asɔsje] [9] *vt* **-1.** [personnes] to bring together. **-2.** [idées] to associate. **-3.** [faire participer]: ~ **qqn à qqch** [inclure] to bring sb in on sthg; [prendre pour partenaire] to make sb a partner in sthg.
◆ **s'associer** *vp* **-1.** [prendre part]: **s'~ à qqch** [participer] to join OU participate in sthg; [partager] to share sthg. **-2.** [collaborer]: **s'~ à** OU **avec qqn** to join forces with sb. **-3.** [se combiner]: **s'~ à qqch** to be combined with sthg.

assoiffé, -e [aswafe] *adj* thirsty; *fig*: ~ **de pouvoir** power-hungry.

assois → **asseoir**.

assombrir [asɔ̃brir] [32] *vt* **-1.** [plonger dans

l'obscurité] to darken. -2. *fig* [attrister] to cast a shadow over.

◆ **s'assombrir** *vp* -1. [devenir sombre] to grow dark. -2. *fig* [s'attrister] to darken.

assommant, -e [asɔmɑ̃, ɑ̃t] *adj péj* deadly boring.

assommer [asɔme] [3] *vt* -1. [frapper] to knock out. -2. [ennuyer] to bore stiff. -3. [de reproches] to overwhelm.

Assomption [asɔ̃psjɔ̃] *nf*: l'~ the Assumption.

assorti, -e [asɔrti] *adj* -1. [accordé]: **bien** ~ well-matched; **mal** ~ ill-matched; **une cravate** ~**e au costume** a tie which matches the suit. -2. [varié] assorted.

assortiment [asɔrtimɑ̃] *nm* assortment, selection.

assortir [asɔrtir] [32] *vt* -1. [objets]: ~ **qqch à qqch** to match sthg to OU with sthg. -2. [magasin] to stock.

◆ **s'assortir** *vp* to match; **s'**~ **de qqch** to be accompanied by OU with sthg.

assoupi, -e [asupi] *adj* -1. [endormi] dozing. -2. *fig* & *littéraire* [sens, intérêt] dulled; [passion, haine] spent; [querelle] dormant.

assoupir [asupir] [32] *vt* -1. *sout* [enfant] to send to sleep. -2. *fig* & *littéraire* [douleur] to soothe.

◆ **s'assoupir** *vp* -1. [s'endormir] to doze off. -2. *fig* & *littéraire* [douleur] to die down.

assoupissement [asupismɑ̃] *nm* -1. [sommeil] doze. -2. *fig* & *sout*: l'~ **culturel** cultural apathy.

assouplir [asuplir] [32] *vt* -1. [corps] to make supple. -2. [matière] to soften. -3. [règlement] to relax. -4. [caractère] to mellow.

◆ **s'assouplir** *vp* -1. [physiquement] to become supple. -2. [moralement] to mellow.

assouplissement [asuplismɑ̃] *nm* -1. [de corps] making supple. -2. [de matière] softening. -3. [de règlement] easing, relaxation. -4. [de caractère] mellowing.

assourdir [asurdir] [32] *vt* -1. [rendre sourd] to deafen. -2. [abrutir] to exhaust, to wear out. -3. [amortir] to deaden, to muffle.

assouvir [asuvir] [32] *vt* to satisfy.

◆ **s'assouvir** *vp littéraire* to be satisfied.

ASSU, Assu [asy] (*abr de* **Association du sport scolaire et universitaire**) *nf former schools and university sports association.*

assujetti, -e [asyʒeti] *adj*: ~ **à l'impôt** subject to tax OU taxation.

assujettir [asyʒetir] [32] *vt* -1. [peuple] to subjugate. -2. [soumettre]: ~ **qqn à qqch** to subject sb to sthg. -3. [fixer] to secure.

◆ **s'assujettir** *vp*: **s'**~ **à qqch** to submit to sthg.

assumer [asyme] [3] *vt* -1. [fonction - exercer] to carry out; [- prendre] to take on. -2. [risque, responsabilité] to accept. -3. [condition] to come to terms with. -4. [frais] to meet.

◆ **s'assumer** *vp* to come to terms with o.s.

assurance [asyrɑ̃s] *nf* -1. [gén] assurance. -2. [contrat] insurance; **contracter** OU **prendre une** ~ to take out insurance; ~ **maladie** health insurance; ~ **tous risques** AUTOM comprehensive insurance; ~**-vie** life assurance.

assuré, -e [asyre] *nm, f* policy holder; ~ **social** Social Security *Am* OU National Insurance *Br* contributor.

assurément [asyremɑ̃] *adv sout* certainly.

assurer [asyre] ◇ *vt* -1. [promettre]: ~ **à qqn que** to assure sb (that); ~ **qqn de qqch** to assure sb of sthg. -2. [permanence, liaison] to provide. -3. [voiture] to insure. -4. [paix] to ensure. -5. [échelle] to secure, to fix.

◆ **s'assurer** *vp* -1. [vérifier]: **s'**~ **que** to make sure (that); **s'**~ **de qqch** to ensure sthg, to make sure of sthg. -2. COMM: **s'**~ (**contre qqch**) to insure o.s. (against sthg). -3. [obtenir]: **s'**~ **qqch** to secure sthg. -4. [se stabiliser] to steady o.s.

Assyrie [asiri] *nf*: l'~ Assyria.

assyrien, -ienne [asirjɛ̃, jɛn] *adj* Assyrian.

◆ **Assyrien, -ienne** *nm, f* Assyrian.

astérisque [asterisk] *nm* asterisk.

asthmatique [asmatik] *nmf* & *adj* asthmatic.

asthme [asm] *nm* MÉD asthma.

asticot [astiko] *nm* maggot.

astigmate [astigmat] *nmf* & *adj* astigmatic.

astiquer [astike] [3] *vt* to polish.

astrakan [astrakɑ̃] *nm* astrakhan.

astral, -e, -aux [astral, o] *adj* astral, star (*avant n*).

astre [astr] *nm* star.

astreignant, -e [astrɛɲɑ̃, ɑ̃t] *adj* demanding.

astreindre [astrɛ̃dr] [81] *vt*: ~ **qqn à qqch** to subject sb to sthg; ~ **qqn à faire qqch** to compel sb to do sthg.

◆ **s'astreindre** *vp*: **s'**~ **à qqch** to subject o.s. to sthg; **s'**~ **à faire qqch** to compel o.s. to do sthg.

astreint, -e [astrɛ̃, ɛ̃t] *pp* → **astreindre**.

astringent, -e [astrɛ̃ʒɑ̃, ɑ̃t] *adj* astringent.

◆ **astringent** *nm* astringent.

astrologie [astrɔlɔʒi] *nf* astrology.

astrologique [astrɔlɔʒik] *adj* astrological.

astrologue [astrɔlɔg] *nm* astrologer.

astronaute [astrɔnot] *nmf* astronaut.

astronautique [astrɔnotik] *nf* astronautics (*U*).

astronome [astrɔnɔm] *nmf* astronomer.

astronomie [astrɔnɔmi] *nf* astronomy.

astronomique [astrɔnɔmik] *adj* astronomical.

astrophysique [astrɔfizik] *nf* astrophysics (*U*).

astuce [astys] *nf* -1. [ruse] (clever) trick. -2. [ingéniosité] shrewdness (*U*). -3. [plaisanterie] wisecrack.

astucieux, -ieuse [astysjø, jøz] *adj* -1. [idée] clever. -2. [personne] shrewd.

asymétrique [asimetrik] *adj* asymmetric, asymmetrical.

atavisme [atavism] *nm* atavism.

atelier [atəlje] *nm* -1. [d'artisan] workshop. -2. [de peintre] studio.

atermoiement [atɛrmwamã] *nm* -1. [tergiversation] procrastination. -2. JUR postponement.

athée [ate] ◇ *nmf* atheist. ◇ *adj* atheistic.

athénée [atene] *nm Belg* secondary school.

Athènes [atɛn] *n* Athens.

athénien, -ienne [atenjɛ̃, jɛn] *adj* Athenian.
◆ **Athénien, -ienne** *nm, f* Athenian.

athlète [atlɛt] *nmf* athlete.

athlétique [atletik] *adj* athletic.

athlétisme [atletism] *nm* athletics (*U*).

atlantique [atlɑ̃tik] *adj* Atlantic.
◆ **Atlantique** *nm*: l'Atlantique the Atlantic (Ocean).

atlas [atlas] *nm* atlas.

Atlas [atlas] *nm*: l'~ the Atlas Mountains (*pl*).

atmosphère [atmɔsfɛr] *nf* atmosphere.

atmosphérique [atmɔsferik] *adj* atmospheric.

atoca [atɔka] *nm Can* large cranberry.

atoll [atɔl] *nm* atoll.

atome [atom] *nm* atom; **avoir des ~s crochus avec qqn** to be on the same wavelength as sb.

atomique [atɔmik] *adj* -1. [gén] nuclear. -2. CHIM & PHYS atomic.

atomiseur [atɔmizœr] *nm* spray.

atone [atɔn] *adj* -1. [inexpressif] lifeless. -2. MÉD atonic. -3. [voyelle] unstressed.

atours [atur] *nmpl littéraire*: **paré de** OU **dans ses plus beaux** ~ in all one's finery.

atout [atu] *nm* -1. [carte] trump; ~ **cœur/pique/trèfle/carreau** hearts/spades/clubs/diamonds are trumps. -2. *fig* [ressource] asset, advantage.

ATP ◇ *nf* (*abr de* **Association des tennismen professionnels**) ATP. ◇ *nfpl* (*abr de* **arts et traditions populaires**) arts and crafts; **musée des** ~ arts and crafts museum.

âtre [atr] *nm littéraire* hearth.

atroce [atrɔs] *adj* -1. [crime] atrocious, dreadful. -2. [souffrance] horrific, atrocious. -3. [temps] terrible.

atrocement [atrɔsmã] *adv* -1. [horriblement] horribly, terribly. -2. [exagérément] terribly.

atrocité [atrɔsite] *nf* -1. [horreur] atrocity. -2. [calomnie] insult.

atrophie [atrɔfi] *nf* atrophy.

atrophier [atrɔfje] [9]
◆ **s'atrophier** *vp* to atrophy.

attabler [atable] [3]
◆ **s'attabler** *vp* to sit down (at the table); **s'~ devant qqch** to sit down to sthg.

attachant, -e [ataʃã, ãt] *adj* lovable.

attache [ataʃ] *nf* [lien] fastening.
◆ **attaches** *nfpl* links, connections.

attaché, -e [ataʃe] *nm, f* attaché; ~ **d'ambassade** attaché; ~ **commercial/culturel/militaire** commercial/cultural/military attaché; ~ **de presse** [diplomatique] press attaché; [d'organisme, d'entreprise] press officer.

attaché-case [ataʃekɛz] (*pl* **attachés-cases**) *nm* attaché case.

attachement [ataʃmã] *nm* attachment.

attacher [ataʃe] [3] ◇ *vt* -1. [lier]: ~ **qqch (à)** to fasten OU tie sthg (to); *fig* [associer] to attach sthg (to). -2. [paquet] to tie up. -3. [lacet] to do up; [ceinture de sécurité] to fasten. -4. *fig* [émotionnellement]: ~ **qqn à** to bind sb to. ◇ *vi* CULIN: ~ (**à**) to stick (to).
◆ **s'attacher** *vp* -1. [émotionnellement]: **s'~ à qqn/qqch** to become attached to sb/sthg. -2. [se fermer] to fasten; **s'~ avec** OU **par qqch** to do up OU fasten with sthg. -3. [s'appliquer]: **s'~ à qqch/à faire qqch** to devote o.s. to sthg/to doing sthg, to apply o.s. to sthg/to doing sthg.

attaquant, -e [atakã, ãt] ◇ *adj* attacking. ◇ *nm, f* attacker.

attaque [atak] *nf* -1. [gén & MÉD] attack; ~ **à main armée** holdup; *fig*: ~ **contre qqn/qqch** attack on sb/sthg. -2. MUS [de note] attack. -3. *loc*: **être d'~** to be on form; **être/se sentir d'~ pour faire qqch** to be/feel up to doing sthg.

attaquer [atake] [3] *vt* -1. [gén] to attack. -2. [JUR - personne] to take to court; [- jugement] to contest. -3. *fam* [plat] to tuck into. -4. [tâche] to tackle.

◆ **s'attaquer** *vp* -1. [combattre]: **s'~ à qqn** to attack sb. -2. *fig*: **s'~ à qqch** [tâche] to tackle sthg.

attardé, -e [atarde] ◇ *adj* -1. [idées] outdated. -2. [passants] late. -3. [enfant] backward. ◇ *nm, f* [enfant] backward child.

attarder [atarde] [3]
◆ **s'attarder** *vp*: **s'~ sur qqch** to dwell on sthg; **s'~ à faire qqch** to stay on to do sthg, to stay behind to do sthg.

atteignais, atteignions *etc* → **atteindre.**

atteindre [atɛ̃dr] [8] *vt* -1. [gén] to reach. -2. [toucher] to hit. -3. [affecter] to affect.

atteint, -e [atɛ̃, ɛ̃t] ◇ *pp* → **atteindre.** ◇ *adj* -1. [malade]: **être ~ de** to be suffering from. -2. *fam* [fou] touched.

◆ **atteinte** *nf* -1. [préjudice]: **~ à** attack on; **porter ~e à** to undermine; **hors d'~e** [hors de portée] out of reach; [inattaquable] beyond reach. -2. [effet] effect.

attelage [atlaʒ] *nm* -1. [chevaux] team. -2. [harnachement] harnessing (*U*).

atteler [atle] [24] *vt* -1. [animaux, véhicules] to hitch up; [wagons] to couple. -2. [à une tâche]: **~ qqn à** to assign sb to.
◆ **s'atteler** *vp*: **s'~ à** to get down to.

attelle [atɛl] *nf* splint.

attenant, -e [atnɑ̃, ɑ̃t] *adj*: **~ (à qqch)** adjoining (sthg).

attendre [atɑ̃dr] [73] ◇ *vt* -1. [gén] to wait for; **le déjeuner nous attend** lunch is ready; **~ que** (+ *subjonctif*): **~ que la pluie s'arrête** to wait for the rain to stop; **faire ~ qqn** [personne] to keep sb waiting; **les résultats se font ~** we're all waiting for the results. -2. [espérer]: **~ qqch (de qqn/qqch)** to expect sthg (from sb/sthg). -3. [suj: surprise, épreuve] to be in store for. ◇ *vi* to wait; **attends!** hang on!
◆ **s'attendre** *vp*: **s'~ à** to expect.
◆ **en attendant** *loc adv* -1. [pendant ce temps] meanwhile, in the meantime. -2. [quand même] all the same.

attendrir [atɑ̃drir] [32] *vt* -1. [viande] to tenderize. -2. [personne] to move.
◆ **s'attendrir** *vp*: **s'~ (sur qqn/qqch)** to be moved (by sb/sthg).

attendrissant, -e [atɑ̃drisɑ̃, ɑ̃t] *adj* moving, touching.

attendrissement [atɑ̃drismɑ̃] *nm* pity.

attendrisseur [atɑ̃drisœr] *nm* meat tenderizer.

attendu, -e [atɑ̃dy] *pp* → **attendre.**
◆ **attendu** ◇ *nm* JUR reasoning (*U*). ◇ *prép* considering.

◆ **attendu que** *loc conj* since, considering that.

attentat [atɑ̃ta] *nm* attack; **~ à la bombe** bomb attack, bombing; **~ à la pudeur** JUR indecent assault.

attente [atɑ̃t] *nf* -1. [station] wait; **en ~** in abeyance. -2. [espoir] expectation; **contre toute ~** contrary to all expectations; **répondre aux ~s de qqn** to live up to sb's expectations.

attenter [atɑ̃te] [3] *vi*: **~ à** [liberté, droit] to violate; **~ à ses jours** to attempt suicide; **~ à la vie de qqn** to make an attempt on sb's life.

attentif, -ive [atɑ̃tif, iv] *adj* -1. [auditoire]: **~ (à qqch)** attentive (to sthg). -2. [soin] careful, scrupulous.

attention [atɑ̃sjɔ̃] ◇ *nf* attention; **à l'~ de** for the attention of; **faire ~ à** [prudence] to be careful of; [concentration] to pay attention to; **porter qqch à l'~ de qqn** to bring sthg to sb's attention. ◇ *interj* watch out!, be careful!; **«~ chien méchant»** "beware of the dog"; **~ à la marche** mind the step; **«~ peinture fraîche»** "wet paint".

attentionné, -e [atɑ̃sjɔne] *adj* thoughtful; **~ auprès de** attentive to.

attentisme [atɑ̃tism] *nm* [gén] waiting game; POLIT policy of wait-and-see.

attentivement [atɑ̃tivmɑ̃] *adv* attentively, carefully.

atténuante [atenɥɑ̃t] → **circonstance.**

atténuation [atenɥasjɔ̃] *nf* [de lumière] dimming; [de propos] toning down; [de douleur] easing; **~ de peine** JUR reduction in sentence.

atténuer [atenɥe] [7] *vt* [douleur] to ease; [propos, ton] to tone down; [lumière] to dim, to subdue; [bruit] to quieten.
◆ **s'atténuer** *vp* [lumière] to dim, to fade; [bruit] to fade; [douleur] to ease.

atterrer [atere] [4] *vt* to stagger.

atterrir [aterir] [32] *vi* to land; **~ dans qqch** *fig* to land up in sthg.

atterrissage [aterisaʒ] *nm* landing; **~ sans visibilité** blind landing; **~ forcé** emergency landing.

attestation [atɛstasjɔ̃] *nf* -1. [certificat] certificate. -2. [action] attestation. -3. [preuve] proof.

attester [atɛste] [3] *vt* -1. [confirmer] to vouch for, to testify to. -2. [certifier] to attest.

attifer [atife] [3] *vt* to get up.
◆ **s'attifer** *vp* to get OU doll o.s. up.

attique [atik] *nm* penthouse.

attirail [atiraj] *nm fam* [équipement] gear.

attirance [atirɑ̃s] *nf* attraction; **avoir/éprouver de l'~ pour** to be/to feel attracted to.

attirant, -e [atirɑ̃, ɑ̃t] *adj* attractive.

attirer [atire] [3] *vt* **-1.** [gén] to attract. **-2.** [amener vers soi]: **~ qqn à soi** to draw sb to one. **-3.** [provoquer]: **~ des ennuis à qqn** to cause trouble for sb.
◆ **s'attirer** *vp*: **s'~ qqch** to bring sthg on o.s.

attiser [atize] [3] *vt* **-1.** [feu] to poke. **-2.** *fig* [haine] to stir up.

attitré, -e [atitre] *adj* **-1.** [habituel] usual. **-2.** [titulaire - fournisseur] by appointment; [- représentant] accredited.

attitude [atityd] *nf* **-1.** [comportement, approche] attitude. **-2.** [posture] posture.

attouchement [atuʃmɑ̃] *nm* caress.

attractif, -ive [atraktif, iv] *adj* **-1.** [force] magnetic. **-2.** [prix] attractive.

attraction [atraksjɔ̃] *nf* **-1.** [gén] attraction. **-2.** [force]: **~ magnétique** magnetic force; **l'~ terrestre** the earth's gravitational force.
◆ **attractions** *nfpl* **-1.** [jeux] amusements. **-2.** [spectacle] attractions.

attrait [atrɛ] *nm* **-1.** [séduction] appeal. **-2.** [intérêt] attraction.
◆ **attraits** *nmpl* attractions.

attrape [atrap] *nf* trick.

attrape-nigaud [atrapnigo] (*pl* **attrape-nigauds**) *nm* con.

attraper [atrape] [3] *vt* **-1.** [gén] to catch. **-2.** *fam* [gronder] to tell off; **se faire ~ (par qqn)** to get a telling-off (from sb). **-3.** [habitude, accent] to pick up. **-4.** *fam* [tromper] to take in.

attrayant, -e [atrɛjɑ̃, ɑ̃t] *adj* attractive.

attribuer [atribɥe] [7] *vt* **-1.** [tâche, part]: **~ qqch à qqn** to assign OU allocate sthg to sb, to assign OU allocate sb sthg; [privilège] to grant sthg to sb, to grant sb sthg; [récompense] to award sthg to sb, to award sb sthg. **-2.** [faute]: **~ qqch à qqn** to attribute sthg to sb, to put sthg down to sb.
◆ **s'attribuer** *vp* **-1.** [s'approprier] to appropriate (for o.s.). **-2.** [revendiquer] to claim (for o.s.).

attribut [atriby] *nm* **-1.** [gén] attribute. **-2.** GRAM complement.

attribution [atribysjɔ̃] *nf* **-1.** [de prix] awarding, award. **-2.** [de part, tâche] allocation, assignment. **-3.** [d'avantage] bestowing.
◆ **attributions** *nfpl* [fonctions] duties.

attrister [atriste] [3] *vt* to sadden.
◆ **s'attrister** *vp* to be saddened.

attroupement [atrupmɑ̃] *nm* crowd.

attrouper [atrupe] [3]
◆ **s'attrouper** *vp* to form a crowd, to gather.

au [o] → **à**.

aubade [obad] *nf* dawn serenade.

aubaine [obɛn] *nf* piece of good fortune.

aube [ob] *nf* **-1.** [aurore] dawn, daybreak; **à l'~** at dawn; **à l'~ de** *fig* at the dawn of. **-2.** RELIG alb.

aubépine [obepin] *nf* hawthorn.

auberge [obɛrʒ] *nf* [hôtel] inn; **~ de jeunesse** youth hostel; **on n'est pas sorti de l'~** *fam fig* we're not out of the woods yet.

aubergine [obɛrʒin] ◇ *nf* **-1.** BOT eggplant *Am*, aubergine *Br*. **-2.** *péj* [contractuelle] meter maid *Am*, traffic warden *Br*. ◇ *adj inv* [couleur] aubergine.

aubergiste [obɛrʒist] *nmf* innkeeper.

auburn [obœrn] *adj inv* auburn.

aucun, -e [okœ̃, yn] ◇ *adj* **-1.** [sens négatif]: **ne ... ~** no; **il n'y a ~e voiture dans la rue** there aren't any cars in the street, there are no cars in the street; **sans faire ~ bruit** without making a sound. **-2.** [sens positif] any; **il lit plus qu'~ autre enfant** he reads more than any other child. ◇ *pron* **-1.** [sens négatif] none; **~ des enfants** none of the children; **~ d'entre nous** none of us; **~ (des deux)** neither (of them). **-2.** [sens positif]: **plus qu'~ de nous** more than any of us; **d'~s** *sout* some (people).

aucunement [okynmɑ̃] *adv* not at all, in no way.

audace [odas] *nf* **-1.** [hardiesse] daring, boldness. **-2.** [insolence] audacity; **avoir l'~ de faire qqch** to have the cheek OU audacity to do sthg. **-3.** [innovation] daring innovation.

audacieux, -ieuse [odasjø, jøz] ◇ *adj* **-1.** [projet] daring, bold. **-2.** [personne, geste] bold. ◇ *nm, f* daring person.

au-dedans [odədɑ̃] *loc adv* inside.
◆ **au-dedans de** *loc prép* inside.

au-dehors [odəɔr] *loc adv* outside.
◆ **au-dehors de** *loc prép* outside.

au-delà [odəla] ◇ *loc adv* **-1.** [plus loin] beyond. **-2.** [davantage, plus] more. ◇ *nm*: **l'~** RELIG the beyond, the afterlife.
◆ **au-delà de** *loc prép* beyond.

au-dessous [odsu] *loc adv* below, underneath.
◆ **au-dessous de** *loc prép* below, under.

au-dessus [odsy] *loc adv* above.
◆ **au-dessus de** *loc prép* above, over.

au-devant [odvɑ̃] *loc adv* ahead.

◆ **au-devant de** *loc prép*: **aller ~ de** to go to meet; **aller ~ du danger** to court danger.
audible [odibl] *adj* audible.
audience [odjɑ̃s] *nf* **-1.** [public, entretien] audience. **-2.** JUR hearing.
Audimat® [odimat] *nm* audience rating.

AUDIMAT:
Viewing figures for French television are calculated using a device which is installed for a period of time in selected households

audionumérique [odjɔnymerik] *adj* digital audio.
audiovisuel, **-elle** [odjɔvizɥɛl] *adj* audiovisual.
◆ **audiovisuel** *nm* TV and radio.
audit [odit] *nm* audit; **~ marketing** COMM marketing audit.
auditeur, **-trice** [oditœr, tris] *nm, f* listener.
◆ **auditeur** *nm* **-1.** UNIV: **~ libre** *person allowed to attend lectures without being registered*, auditor *Am*. **-2.** FIN auditor.
auditif, **-ive** [oditif, iv] *adj* **-1.** [appareil] hearing (*avant n*). **-2.** [mémoire] auditory.
audition [odisjɔ̃] *nf* **-1.** [fait d'entendre] hearing. **-2.** JUR examination. **-3.** THÉÂTRE audition. **-4.** MUS recital.
auditionner [odisjɔne] [3] *vt & vi* to audition.
auditoire [oditwar] *nm* [public] audience; **~ cible** COMM target audience.
auditorium [oditɔrjɔm] *nm* [de concert] auditorium; [d'enregistrement] studio.
auge [oʒ] *nf* [pour animaux] trough.
augmentation [ogmɑ̃tasjɔ̃] *nf*: **~ (de)** increase (in); **~ (de salaire)** rise (in salary).
augmenter [ogmɑ̃te] [3] ◇ *vt* to increase; [prix, salaire] to raise; [personne] to give a raise *Am* OU rise *Br* to. ◇ *vi* to increase, to rise; **le froid augmente** it's getting colder; **la douleur augmente** the pain is getting worse.
augure [ogyr] *nm* [présage] omen; **être de bon/mauvais ~** to be a good/bad sign.
augurer [ogyre] [3] *vt*: **~ bien/mal de qqch** to augur well/ill for sthg.
auguste [ogyst] *adj* august.
aujourd'hui [oʒurdɥi] *adv* today.
aulx → **ail**.
aumône [omon] *nf*: **faire l'~ à qqn** to give alms to sb; **faire l'~ de qqch à qqn** *fig* to favor *Am* OU favour *Br* sb with sthg.
aumônier [omonje] *nm* RELIG chaplain.
auparavant [oparavɑ̃] *adv* **-1.** [tout d'abord] first (of all). **-2.** [avant] before, previously.

auprès [oprɛ]
◆ **auprès de** *loc prép* **-1.** [à côté de] beside, next to. **-2.** [dans l'opinion de] in the eyes of. **-3.** [comparé à] compared with. **-4.** [en s'adressant à] to.
auquel [okɛl] → **lequel**.
aurai, **auras** *etc* → **avoir**.
auréole [oreɔl] *nf* **-1.** ASTRON & RELIG halo. **-2.** [trace] ring.
auréoler [oreɔle] [3] *vt*: **être auréolé de** to be crowned with.
auriculaire [orikylɛr] *nm* little finger.
aurore [orɔr] *nf* dawn; **~ boréale** northern lights (*pl*), aurora borealis; **à l'~ de** *fig* at the dawn of.
ausculter [oskylte] [3] *vt* MÉD to sound.
auspice [ospis] *nm* (*gén pl*) sign, auspice; **sous d'heureux ~s** promisingly; **sous les ~s de qqn** under the auspices of sb.
aussi [osi] *adv* **-1.** [pareillement, en plus] also, too; **moi ~** me too; **j'y vais ~** I'm going too OU as well; **il parle anglais et ~ espagnol** he speaks English as well as Spanish. **-2.** [dans une comparaison]: **~ ... que** as ... as; **il n'est pas ~ intelligent que son frère** he's not as clever as his brother; **je n'ai jamais rien vu d'~ beau** I've never seen anything so beautiful; **~ léger qu'il soit, je ne pourrai pas le porter** even though it's light OU light though it is, I won't be able to carry it; **~ incroyable que cela paraisse** incredible though OU as it may seem. **-3.** *sout* [introduisant une explication] so.
◆ **(tout) aussi bien** *loc adv* just as easily, just as well; **j'aurais pu (tout) ~ bien refuser** I could just as easily have said no.
◆ **aussi bien ... que** *loc conj* as well ... as; **tu le sais ~ bien que moi** you know as well as I do.
aussitôt [ositol] *adv* immediately.
◆ **aussitôt que** *loc conj* as soon as.
austère [ostɛr] *adj* **-1.** [personne, vie] austere. **-2.** [vêtement] severe; [paysage] harsh.
austérité [osterite] *nf* **-1.** [de personne, vie] austerity. **-2.** [de vêtement] severeness; [de paysage] harshness.
austral, **-e** [ostral] (*pl* **australs** OU **austraux** [ostro]) *adj* southern.
Australie [ostrali] *nf*: **l'~** Australia; **l'~-Méridionale** South Australia; **l'~-Occidentale** Western Australia.
australien, **-ienne** [ostraljɛ̃, jɛn] *adj* Australian.
◆ **Australien**, **-ienne** *nm, f* Australian.
autant [otɑ̃] *adv* **-1.** [comparatif]: **~ que** as much as; **ce livre coûte ~ que l'autre** this

book costs as much as the other one; ~ de (... que) [quantité] as much (... as); [nombre] as many (... as); **il a dépensé ~ d'argent que moi** he spent as much money as I did; **il y a ~ de femmes que d'hommes** there are as many women as men; **~ il est gentil avec moi ~ il est désagréable avec elle** he is as kind to me as he is unpleasant to her. **-2.** [à un tel point, en si grande quantité] so much; [en si grand nombre] so many; **~ de patience** so much patience; **~ de gens** so many people; **il ne peut pas en dire ~** he can't say the same; **en faire ~** to do likewise. **-3.** [il vaut mieux]: **~ dire la vérité** we/you *etc* may as well tell the truth.

◆ **autant que** *loc conj*: **(pour) ~ que je sache** as far as I know.

◆ **d'autant** *loc adv* accordingly, in proportion.

◆ **d'autant mieux** *loc adv* all the better; **d'~ mieux que** all the better since.

◆ **d'autant que** *loc conj*: **d'~ (plus) que** all the more so since; **d'~ moins que** all the less so since.

◆ **pour autant** *loc adv* for all that.

autel [otɛl] *nm* altar.

auteur [otœr] *nm* **-1.** [d'œuvre] author. **-2.** [inventeur] originator. **-3.** [responsable] perpetrator.

authenticité [otɑ̃tisite] *nf* authenticity, genuineness.

authentifier [otɑ̃tifje] [9] *vt* to authenticate.

authentique [otɑ̃tik] *adj* authentic, genuine.

autisme [otism] *nm* autism.

autiste [otist] ◇ *nmf* autistic person. ◇ *adj* autistic.

autistique [otistik] *adj* autistic.

auto [oto] *nf* car; **~ tamponneuse** bumper car, Dodgem® *Br*.

autobiographie [otɔbjɔgrafi] *nf* autobiography.

autobiographique [otɔbjɔgrafik] *adj* autobiographical.

autobronzant, -e [otɔbrɔ̃zɑ̃, ɑ̃t] *adj* self-tanning; **lotion ~e** self-tanning lotion.

◆ **autobronzant** *nm* self-tanning product.

autobus [otɔbys] *nm* bus; **~ à impériale** ≃ double-decker bus.

autocar [otɔkar] *nm* coach.

autochtone [otɔktɔn] *nmf & adj* native.

autocollant, -e [otɔkɔlɑ̃, ɑ̃t] *adj* self-adhesive, sticky.

◆ **autocollant** *nm* sticker.

auto-couchettes [otɔkuʃɛt] *adj inv*: **train ~** ≃ Motorail® train.

autocritique [otɔkritik] *nf* self-criticism.

autocuiseur [otɔkɥizœr] *nm* pressure cooker.

autodéfense [otɔdefɑ̃s] *nf* self-defense *Am*, self-defence *Br*.

autodétermination [otɔdetɛrminasjɔ̃] *nf* self-determination.

autodétruire [otɔdetrɥir] [98]

◆ **s'autodétruire** *vp* **-1.** [machine] to self-destruct. **-2.** [personne] to destroy o.s.

autodidacte [otɔdidakt] ◇ *nmf* self-taught person. ◇ *adj* self-taught.

autodiscipline [otɔdisiplin] *nf* self-discipline.

auto-école [otɔekɔl] (*pl* **auto-écoles**) *nf* driving school.

autofinancement [otɔfinɑ̃smɑ̃] *nm* self-financing.

autofocus [otɔfɔkys] *nm & adj inv* autofocus.

autogène [otɔʒɛn] *adj*: **training ~** autogenic training.

autogéré, -e [otɔʒere] *adj* worker-controlled, self-managed.

autogestion [otɔʒɛstjɔ̃] *nf* workers' control.

autographe [otɔgraf] *nm* autograph.

autoguidé, -e [otɔgide] *adj* self-guided.

automate [otɔmat] *nm* [robot] automaton.

automatique [otɔmatik] ◇ *nm* **-1.** [pistolet] automatic. **-2.** TÉLÉCOM ≃ direct dialling. ◇ *adj* TÉLÉCOM automatic.

automatiquement [otɔmatikmɑ̃] *adv* automatically.

automatisation [otɔmatizasjɔ̃] *nf* automation.

automatisme [otɔmatism] *nm* **-1.** [de machine] automatic operation. **-2.** [réflexe] automatic reaction, automatism.

automédication [otɔmedikasjɔ̃] *nf* self-medication.

automitrailleuse [otɔmitrajøz] *nf* armored *Am* OU armoured *Br* vehicle.

automnal, -e, -aux [otɔnal, o] *adj* autumnal, autumn (*avant n*).

automne [otɔn] *nm* autumn, fall *Am*; **être à l'~ de sa vie** *fig* to be in the autumn of one's life.

automobile [otɔmɔbil] ◇ *nf* car, automobile *Am*. ◇ *adj* [industrie, accessoires] car (*avant n*), automobile (*avant n*) *Am*; [véhicule] motor (*avant n*).

automobiliste [otɔmɔbilist] *nmf* motorist.

automoteur, -trice [otɔmɔtœr, tris] *adj* self-propelled.

◆ **automoteur** *nm large self-propelled river barge.*

◆ **automotrice** *nf* railcar.

autonettoyant, -e [otɔnɛtwajɑ̃, ɑ̃t] *adj* self-cleaning.

autonome [otɔnɔm] *adj* **-1.** [gén] autonomous, independent. **-2.** INFORM off-line. **-3.** [appareil] self-contained.

autonomie [otɔnɔmi] *nf* **-1.** [indépendance] autonomy, independence. **-2.** AUTOM & AVIAT range; ~ **de vol** AVIAT flight range. **-3.** POLIT autonomy, self-government.

autonomiste [otɔnɔmist] *nmf & adj* separatist.

autoportrait [otɔpɔrtrɛ] *nm* self-portrait.

autopropulsé, -e [otɔprɔpylse] *adj* self-propelled.

autopsie [otɔpsi] *nf* post-mortem, autopsy.

autoradio [otɔradjo] *nm* car radio.

autorail [otɔraj] *nm* railcar.

auto-reverse [otɔrivœrs] *adj inv* auto-reverse.

autorisation [otɔrizasjɔ̃] *nf* **-1.** [permission] permission, authorization; **avoir l'~ de faire qqch** to be allowed to do sthg; **demander/accorder l'~ de faire qqch** to request/grant permission to do sthg. **-2.** [attestation] pass, permit.

autorisé, -e [otɔrize] *adj* [personne] in authority; **milieux ~s** official circles.

autoriser [otɔrize] [3] *vt* to authorize, to permit; ~ **qqn à faire qqch** [permission] to give sb permission to do sthg; [possibilité] to permit OU allow sb to do sthg.

autoritaire [otɔritɛr] *adj* authoritarian.

autoritarisme [otɔritarism] *nm* authoritarianism.

autorité [otɔrite] *nf* authority; **faire ~** [ouvrage] to be authoritative; [personne] to be an authority; **faire qqch d'~** to do sthg out of hand.

autoroute [otɔrut] *nf* highway *Am,* freeway *Am,* motorway *Br.*

autoroutier, -ière [otɔrutje, jɛr] *adj* freeway *(avant n) Am,* motorway *(avant n) Br.*

auto-stop [otɔstɔp] *nm* hitchhiking, hitching; **faire de l'~** to hitchhike, to hitch; **prendre quelqu'un en ~** to pick up a hitchhiker.

auto-stoppeur, -euse [otɔstɔpœr, øz] *(mpl* auto-stoppeurs, *fpl* auto-stoppeuses) *nm, f* hitchhiker, hitcher.

autosuggestion [otɔsygʒɛstjɔ̃] *nf* autosuggestion.

autour [otur] *adv* round, around.

◆ **autour de** *loc prép* **-1.** [sens spatial] round, around. **-2.** [sens temporel] about, around.

autre [otr] ◇ *adj indéf* **-1.** [distinct, différent] other, different; **je préfère une ~ marque de café** I prefer another OU a different brand of coffee; **l'un et l'~ projets** both projects; **ni l'une ni l'~ maison** neither house; ~ **chose** something else. **-2.** [supplémentaire] other; **tu veux une ~ tasse de café?** would you like another cup of coffee? **-3.** [qui est différent par une certaine supériorité]: **c'est un (tout) ~ homme que son père** he's not at all like his father, he's a different man from his father. **-4.** [qui reste] other, remaining; **les ~s passagers ont été rapatriés en autobus** the other OU remaining passengers were bussed home. ◇ *pron indéf:* **l'~** the other (one); **un ~** another (one); **les ~s** [personnes] the others; [objets] the others, the other ones; **l'un à côté de l'~** side by side; **d'une semaine à l'~** from one week to the next; **aucun ~, nul ~, personne d'~** no one else, nobody else; **quelqu'un d'~** somebody else, someone else; **rien d'~** nothing else; **l'une chante, l'~ danse** one sings and the other dances; **l'un et l'~ sont venus** they both came, both of them came; **l'un ou l'~ ira** one or other (of them) will go; **ni l'un ni l'~ n'est venu** neither (of them) came.

◆ **entre autres** *loc adv* among other things.

autrefois [otrəfwa] *adv* in the past, formerly.

autrement [otrəmɑ̃] *adv* **-1.** [différemment] otherwise, differently; **je n'ai pas pu faire ~ que d'y aller** I had no choice but to go; ~ **dit** in other words. **-2.** [sinon] otherwise. **-3.** *sout* [beaucoup plus] far more; **je n'en suis pas ~ étonné** it doesn't particularly surprise me.

Autriche [otriʃ] *nf:* **l'~** Austria.

autrichien, -ienne [otriʃjɛ̃, jɛn] *adj* Austrian.

◆ **Autrichien, -ienne** *nm, f* Austrian.

autruche [otryʃ] *nf* ostrich; **avoir un estomac d'~** *fig* to have a cast-iron stomach; **pratiquer la politique de l'~** *fig* to bury one's head in the sand.

autrui [otrɥi] *pron* others, other people.

auvent [ovɑ̃] *nm* canopy.

aux [o] → à.

auxiliaire [oksiljɛr] ◇ *nmf* [assistant] assistant; ~ **médical** medical auxiliary. ◇ *nm* GRAM auxiliary (verb). ◇ *adj* **-1.** [secondaire] auxiliary. **-2.** ADMIN assistant *(avant n).*

auxquels, auxquelles [okɛl] → **lequel**.

av. *abr de* avenue.

AV ◇ *nm* (*abr de* **avis de virement**) *notification of bank transfer*. ◇ *abr de* **avant**.

avachi, -e [avaʃi] *adj* **-1.** [gén] misshapen. **-2.** [personne] listless; **il était ~ dans un fauteuil** he was slumped in an armchair.

aval, -als [aval] *nm* backing (*U*), endorsement.
◆ **en aval** *loc adv litt* & *fig* downstream.
◆ **en aval de** *loc prép litt* & *fig* downstream of.

avalanche [avalɑ̃ʃ] *nf litt* & *fig* avalanche.

avaler [avale] [3] *vt* **-1.** [gén] to swallow. **-2.** *fig* [supporter] to take; **dur à ~** difficult to swallow.

avaliser [avalize] [3] *vt* **-1.** [traite] to endorse. **-2.** [décision, projet] to back.

avance [avɑ̃s] *nf* **-1.** [progression, somme d'argent] advance. **-2.** [distance, temps] lead; **le train a dix minutes d'~** the train is ten minutes early; **le train a une ~ de dix minutes sur l'horaire** the train is running ten minutes ahead of schedule; **prendre de l'~ (dans qqch)** to get ahead (in sthg).
◆ **avances** *nfpl*: **faire des ~s à qqn** to make advances to sb.
◆ **à l'avance** *loc adv* in advance.
◆ **d'avance** *loc adv* in advance.
◆ **en avance** *loc adv*: **être en ~** to be early; **être en ~ sur qqch** to be ahead of sthg.
◆ **par avance** *loc adv* in advance.

avancement [avɑ̃smɑ̃] *nm* **-1.** [développement] progress. **-2.** [promotion] promotion.

avancer [avɑ̃se] [16] ◇ *vt* **-1.** [objet, tête] to move forward; [date, départ] to bring forward; [main] to hold out. **-2.** [projet, travail] to advance. **-3.** [montre] to put forward. **-4.** [argent]: **~ qqch à qqn** to advance sb sthg.
◇ *vi* **-1.** [approcher] to move forward. **-2.** [progresser] to advance; **~ dans qqch** to make progress in sthg. **-3.** [faire saillie]: **~ (dans/sur)** to jut out (into/over), to project (into/over). **-4.** [montre, horloge]: **ma montre avance de dix minutes** my watch is ten minutes fast. **-5.** [servir]: **ça n'avance à rien** that won't get us/you anywhere.
◆ **s'avancer** *vp* **-1.** [s'approcher] to move forward; **s'~ vers** to move toward *Am* OU towards *Br*. **-2.** [prendre de l'avance]: **s'~ (dans qqch)** to get ahead (in sthg). **-3.** [s'engager] to commit o.s.

avant [avɑ̃] ◇ *prép* before. ◇ *adv* before; **quelques jours ~** a few days earlier OU before; **tu connais le cinéma? ma maison se situe un peu ~** do you know the cinema? my house is just this side of it; **bien ~** [spa-

tial] well before; [temporel] well before OU beforehand. ◇ *adj inv* front; **les roues ~** the front wheels. ◇ *nm* **-1.** [partie antérieure] front. **-2.** SPORT forward.
◆ **avant de** *loc prép*: **~ de faire qqch** before doing sthg; **~ de partir** before leaving.
◆ **avant que** *loc conj* (+ *subjonctif*): **je dois te parler ~ que tu partes** I must speak to you before you leave.
◆ **avant tout** *loc adv* above all; **sa carrière passe ~ tout** his career comes first.
◆ **en avant** *loc adv* forward, forwards.
◆ **en avant de** *loc prép* in front of.

avantage [avɑ̃taʒ] *nm* [gén & TENNIS] advantage; **se montrer à son ~** to look one's best; **~s en nature** fringe benefits, perks; **~s sociaux** welfare benefits.

avantager [avɑ̃taʒe] [17] *vt* **-1.** [favoriser] to favor *Am*, to favour *Br*. **-2.** [mettre en valeur] to flatter.

avantageusement [avɑ̃taʒøzmɑ̃] *adv* favorably *Am*, favourably *Br*.

avantageux, -euse [avɑ̃taʒø, øz] *adj* **-1.** [attrayant] attractive. **-2.** [profitable] profitable, lucrative. **-3.** [économique - prix] reasonable. **-4.** [flatteur] flattering.

avant-bras [avɑ̃bra] *nm inv* forearm.

avant-centre [avɑ̃sɑ̃tr] (*pl* **avants-centres**) *nm* center *Am* OU centre *Br* forward.

avant-coureur [avɑ̃kurœr] → **signe**.

avant-dernier, -ière [avɑ̃dɛrnje, jɛr] (*mpl* **avant-derniers**, *fpl* **avant-dernières**) *adj* second to last, penultimate.

avant-garde [avɑ̃gard] (*pl* **avant-gardes**) *nf* **-1.** MIL vanguard. **-2.** [idées] avant-garde; **d'~** avant-garde.

avant-goût [avɑ̃gu] (*pl* **avant-goûts**) *nm* foretaste.

avant-hier [avɑ̃tjer] *adv* the day before yesterday.

avant-première [avɑ̃prəmjɛr] (*pl* **avant-premières**) *nf* preview; **présenté en ~** [film, pièce] previewed.

avant-projet [avɑ̃prɔʒe] (*pl* **avant-projets**) *nm* draft.

avant-propos [avɑ̃prɔpo] *nm inv* foreword.

avant-veille [avɑ̃vej] (*pl* **avant-veilles**) *nf*: **l'~** two days earlier.

avare [avar] ◇ *nmf* miser. ◇ *adj* miserly; **être ~ de qqch** *fig* to be sparing with sthg.

avarice [avaris] *nf* avarice.

avarie [avari] *nf* damage (*U*).

avarié, -e [avarje] *adj* rotting, bad.

avatar [avatar] *nm* [transformation] metamorphosis.
◆ **avatars** *nmpl* [mésaventures] misfortunes.

avec [avɛk] ◇ *prép* **-1.** [gén] with; ~ **respect** with respect, respectfully; **c'est fait ~ du cuir** it's made from leather; **et ~ ça?** *fam* [dans un magasin] anything else? **-2.** [vis-à-vis de] with, toward *Am*, towards *Br*. ◇ *adv fam* with it/him *etc*.

Ave (Maria) [ave (marja)] *nm inv* Hail Mary.

avenant, -e [avnɑ̃, ɑ̃t] *adj* pleasant.
◆ **avenant** *nm* JUR additional clause.
◆ **à l'avenant** *loc adv* in the same vein.

avènement [avɛnmɑ̃] *nm* **-1.** [d'un roi] accession. **-2.** *fig* [début] advent.

avenir [avnir] *nm* future; **avoir de l'~** to have a future; **d'~** [profession, concept] with a future, with prospects.
◆ **à l'avenir** *loc adv* in future.

Avent [avɑ̃] *nm*: **l'~** Advent.

aventure [avɑ̃tyr] *nf* **-1.** [gén] adventure. **-2.** [liaison amoureuse] affair. **-3.** *loc*: **dire la bonne ~ à qqn** to tell sb's fortune.
◆ **d'aventure** *loc adv* by (any) chance.

aventurer [avɑ̃tyre] [3] *vt* **-1.** [risquer] to risk. **-2.** *sout* [remarque] to venture.
◆ **s'aventurer** *vp* to venture (out); **s'~ à faire qqch** *fig* to venture to do sthg.

aventureux, -euse [avɑ̃tyrø, øz] *adj* **-1.** [personne, vie] adventurous. **-2.** [projet] risky.

aventurier, -ière [avɑ̃tyrje, jɛr] *nm, f* adventurer.

avenu [avny] *adj*: **nul et non ~** JUR null and void.

avenue [avny] *nf* avenue.

avérer [avere] [18]
◆ **s'avérer** *vp*: **il s'est avéré (être) un musicien accompli** he proved to be an accomplished musician.

averse [avɛrs] *nf* downpour; **~ de neige** snow flurry.

aversion [avɛrsjɔ̃] *nf*: **~ pour** aversion to, loathing for; **prendre qqn/qqch en ~ to** take an intense dislike to sb/sthg; **avoir qqn/qqch en ~** to have an aversion to sb/sthg.

averti, -e [avɛrti] *adj* **-1.** [expérimenté] experienced. **-2.** [initié]: **~ (de)** informed OU well-informed (about).

avertir [avɛrtir] [32] *vt* **-1.** [mettre en garde] to warn. **-2.** [prévenir] to inform; **avertissez-moi dès que possible** let me know as soon as possible.

avertissement [avɛrtismɑ̃] *nm* **-1.** [gén] warning. **-2.** [avis] notice, notification.

avertisseur, -euse [avɛrtisœr, øz] ◇ *adj*

warning (*avant n*). ◇ *nm* **-1.** [klaxon] horn. **-2.** [d'incendie] alarm.

aveu, -x [avø] *nm* confession; **de l'~ de tout le monde, c'est lui le responsable** everyone agrees that he is responsible; **passer aux ~x** to make a confession.

aveuglant, -e [avœglɑ̃, ɑ̃t] *adj* **-1.** [lumière] blinding. **-2.** *fig* [vérité] blindingly obvious.

aveugle [avœgl] ◇ *nmf* blind person; **les ~s** the blind. ◇ *adj litt & fig* blind.

aveuglement [avœgləmɑ̃] *nm* blindness.

aveuglément [avœglemɑ̃] *adv* blindly.

aveugler [avœgle] [5] *vt* **-1.** *litt & fig* [priver de la vue] to blind. **-2.** [fenêtre] to board up.
◆ **s'aveugler** *vp*: **s'~ sur qqn** to be blind to sb's faults.

aveuglette [avœglɛt]
◆ **à l'aveuglette** *loc adv*: **marcher à l'~** to grope one's way; **avancer à l'~** *fig* to be in the dark.

aviateur, -trice [avjatœr, tris] *nm, f* aviator.

aviation [avjasjɔ̃] *nf* **-1.** [transport aérien] aviation. **-2.** MIL airforce.

aviculture [avikyltyr] *nf* [gén] bird-breeding; [de volailles] poultry farming.

avide [avid] *adj* **-1.** [vorace, cupide] greedy. **-2.** [désireux]: **~ (de qqch/de faire qqch)** eager (for sthg/to do sthg).

avidement [avidmɑ̃] *adv* **-1.** [avec appétit, convoitise] greedily. **-2.** [avec intérêt] avidly. **-3.** [avec passion] eagerly.

avidité [avidite] *nf* **-1.** [voracité, cupidité] greed. **-2.** [passion] eagerness.

Avignon [aviɲɔ̃] *n* Avignon; **en ~** in Avignon; **le festival d'~** the Avignon festival.

LE FESTIVAL D'AVIGNON:
Founded by Jean Vilar in 1947 and held every summer in and around Avignon, this arts festival is a showcase for new theatre and dance performances

---

avilir [avilir] [32] *vt* **-1.** [personne] to degrade. **-2.** [monnaie, marchandise] to devalue.
◆ **s'avilir** *vp* **-1.** [personne] to demean o.s. **-2.** [monnaie, marchandise] to depreciate.

aviné, -e [avine] *adj* **-1.** [personne] inebriated. **-2.** [haleine] smelling of alcohol.

avion [avjɔ̃] *nm* plane, aeroplane, airplane *Am*; **en ~** by plane, by air; **par ~** [courrier] airmail; **~ de ligne** airliner; **~ à réaction** jet (plane).

aviron [avirɔ̃] *nm* **-1.** [rame] oar. **-2.** SPORT: **l'~** rowing.

avis [avi] *nm* **-1.** [opinion] opinion; **changer d'~** to change one's mind; **être d'~ que** to think that, to be of the opinion that; **à mon ~** in my opinion; **les ~ sont partagés** opinion is divided. **-2.** [conseil] advice (*U*). **-3.** [notification] notification, notice; **sauf ~ contraire** unless otherwise informed; **jusqu'à nouvel ~** until further notice; **~ de débit/crédit** debit/credit advice.

avisé, -e [avize] *adj* [sensé] sensible; **être bien/mal ~ de faire qqch** to be well-advised/ill-advised to do sthg.

aviser [avize] [3] ◇ *vt* **-1.** [informer]: **~ qqn de qqch** to inform sb of sthg. **-2.** *sout* [apercevoir] to notice. ◇ *vi* to reassess the situation.

◆ **s'aviser** *vp* **-1.** *sout* [s'apercevoir]: **s'~ de qqch** to notice sthg; **s'~ que** to notice (that). **-2.** [oser]: **s'~ de faire qqch** to take it into one's head to do sthg; **ne t'avise pas de répondre!** don't you dare answer me back!

av. J.-C. (*abr de* **avant Jésus-Christ**) B.C.

avocat, -e [avɔka, at] *nm, f* **-1.** JUR attorney-at-law *Am*, barrister *Br*; **~ d'affaires** commercial lawyer; **~ de la défense** defense counsel *Am*, counsel for the defence *Br*; **~ général** prosecuting attorney *Am*, ≈ counsel for the prosecution *Br*. **-2.** [défenseur]: **se faire l'~ de qqch** to champion sthg; **se faire l'~ du diable** *fig* to play devil's advocate.

◆ **avocat** *nm* [fruit] avocado.

avoine [avwan] *nf* oats (*pl*).

avoir [avwar] [1] ◇ *nm* **-1.** [biens] assets (*pl*). **-2.** [document] credit note.

◇ *v aux* to have; **j'ai fini** I have finished; **il a attendu pendant deux heures** he waited for two hours.

◇ *vt* **-1.** [posséder] to have (got); **il a deux enfants/les cheveux bruns** he has (got) two children/brown hair; **la maison a un grand jardin** the house has (got) a large garden. **-2.** [être âgé de]: **il a 20 ans** he is 20 (years old); **il a deux ans de plus que son frère** he is two years older than his brother. **-3.** [obtenir] to get. **-4.** [éprouver] to have; **~ du chagrin** to feel sorrowful; **~ de la sympathie pour qqn** to have a liking for sb; *voir aussi* **faim, peur, soif** *etc*. **-5.** *loc*: **se faire ~** *fam* to be had OU conned; **en ~ assez (de qqch/de faire qqch)** to have had enough (of sthg/of doing sthg); **j'en ai pour cinq minutes** it'll take me five minutes; **en ~ après qqn** to have (got) it in for sb.

◆ **avoir à** *vi + prép* [devoir]: **~ à faire qqch** to have to do sthg; **tu n'avais pas à lui parler sur ce ton** you had no need to speak to

him like that, you shouldn't have spoken to him like that; **tu n'avais qu'à me demander** you only had to ask me; **tu n'as qu'à y aller toi-même** just go (there) yourself, why don't you just go (there) yourself?

◆ **il y a** *v impers* **-1.** [présentatif] there is/are; **il y a un problème** there's a problem; **il y a des problèmes** there are (some) problems; **qu'est-ce qu'il y a?** what's the matter?, what is it?; **il n'y a qu'à en finir** we'll/you'll *etc* just have to have done (with it). **-2.** [temporel]: **il y a trois ans** three years ago; **il y a longtemps de cela** that was a long time ago; **il y a longtemps qu'il est parti** he left a long time ago.

avoisinant, -e [avwazinã, ãt] *adj* **-1.** [lieu, maison] neighboring *Am*, neighbouring *Br*. **-2.** [sens, couleur] similar.

Avoriaz [avɔrjaz] *n*: **le festival d'~** *festival of science fiction and horror films held annually at Avoriaz in the French Alps.*

avortement [avɔrtəmã] *nm* **-1.** MÉD abortion. **-2.** *fig* [d'un projet] abandonment.

avorter [avɔrte] [3] *vi* **-1.** MÉD: **(se faire) ~** to have an abortion. **-2.** [échouer] to fail.

avorton [avɔrtõ] *nm péj* [nabot] runt.

avouer [avwe] [6] *vt* **-1.** [confesser] to confess (to). **-2.** [reconnaître] to admit.

◆ **s'avouer** *vp* to admit (to being); **s'~ vaincu** to admit defeat.

avril [avril] *nm* April; *voir aussi* **septembre**.

AVS (*abr de* **assurance vieillesse et survivants**) *nf Swiss pension scheme.*

axe [aks] *nm* **-1.** GÉOM & PHYS axis. **-2.** [de roue] axle. **-3.** [route]: **les grands ~s** the major roads; **~ rouge** *section of the Paris road system where parking is prohibited.* **-4.** [prolongement]: **dans l'~ de** directly in line with. **-5.** [de politique, de parti] line.

axer [akse] [3] *vt*: **~ qqch sur qqch** to center *Am* OU centre *Br* sthg on sthg; **~ qqch autour de qqch** to center *Am* OU centre *Br* sthg around sthg.

axial, -e, -iaux [aksjal, jo] *adj* axial.

axiome [aksjom] *nm* axiom.

ayant [ɛjã] *ppr* → **avoir**.

ayant droit [ɛjãdrwa] (*pl* **ayants droit**) *nm* beneficiary.

ayatollah [ajatɔla] *nm* ayatollah.

azalée [azale] *nf* azalea.

azimut [azimyt]

◆ **tous azimuts** *loc adj* [défense, offensive] all-out.

azote [azɔt] *nm* nitrogen.

aztèque [aztɛk] *adj* Aztec.

◆ **Aztèque** *nmf* Aztec.

azur [azyr] *nm littéraire* **-1.** [couleur] azure. **-2.** [ciel] skies (*pl*).

azyme [azim] → **pain**.

B

b, B [be] *nm inv* b, B.

◆ **B** (*abr de* **bien**) *good grade (as assessment on schoolwork)*, ≃ B.

BA (*abr de* **bonne action**) *nf fam* good deed.

baba [baba] ◇ *nm* **-1.** CULIN: ~ **(au rhum)** rum baba. **-2.** [hippie] *person practising hippie lifestyle and values*. ◇ *adj inv fam*: **en rester** ~ to be flabbergasted.

babeurre [babœr] *nm* buttermilk.

babil [babil] *nm* [d'enfant] babble, babbling.

babiller [babije] [3] *vi* to babble.

babines [babin] *nfpl* chops; **se lécher les** ~ *fig* to lick one's lips.

babiole [babjɔl] *nf* **-1.** [objet] knick-knack. **-2.** [broutille] trifling matter.

bâbord [babɔr] *nm* port; **à** ~ to port, on the port side.

babouin [babwɛ̃] *nm* baboon.

baby-foot [babifut] *nm inv* table football.

baby-sitter [bebisitœr] (*pl* **baby-sitters**) *nmf* baby-sitter.

baby-sitting [bebisitiŋ] (*pl* **baby-sittings**) *nm*: **faire du** ~ to baby-sit.

bac [bak] *nm* **-1.** → **baccalauréat. -2.** [bateau] ferry. **-3.** [de réfrigérateur]: ~ **à glace** ice tray; ~ **à légumes** vegetable drawer. **-4.** [d'évier] sink.

baccalauréat [bakalɔrea] *nm school-leaving examinations leading to university entrance qualification.*

BACCALAURÉAT:

The 'baccalauréat' or 'bac' is a series of examinations taken by French pupils who have completed their final year of secondary education; successful candidates may go on to university. There are three types of examination: students taking the 'bac L' concentrate on arts subjects, those taking the 'bac S' concentrate on science subjects, and those taking the 'bac ES' concentrate on economics. Alternatively, students can take

vocational courses like the 'bac STI' or the 'bac STT' leading to a qualification in industrial science and technology, computer studies and so on

---

bâche [baʃ] *nf* [toile] tarpaulin.

bachelier, -ière [baʃəlje, jɛr] *nm, f holder of the baccalauréat.*

bachot [baʃo] *vieilli* → **baccalauréat.**

bachotage [baʃɔtaʒ] *nm* cramming.

bacille [basil] *nm* bacillus.

bâcler [bakle] [3] *vt* to botch.

bacon [bekɔn] *nm* bacon.

bactérie [bakteri] *nf* bacterium.

badaud, -e [bado, od] *nm, f* gawper.

badge [badʒ] *nm* badge.

badigeon [badiʒɔ̃] *nm* whitewash.

badigeonner [badiʒɔne] [3] *vt* **-1.** [mur] to whitewash. **-2.** [plaie] to paint. **-3.** [tarte, pain] to brush.

badin, -e [badɛ̃, in] *adj* playful.

badinage [badinaʒ] *nm sout* joking.

badiner [badine] [3] *vi sout* to joke; **ne pas** ~ **avec qqch** not to treat sthg lightly.

badminton [badmintɔn] *nm* badminton.

baffe [baf] *nf fam* slap.

baffle [bafl] *nm* speaker.

bafouer [bafwe] [6] *vt* **-1.** [principe] to trample upon. **-2.** [personne] to ridicule.

bafouille [bafuj] *nf fam* letter.

bafouiller [bafuje] [3] *vi & vt* to mumble.

bâfrer [bafre] [3] *fam* ◇ *vi* to guzzle. ◇ *vt* to wolf down.

bagage [bagaʒ] *nm* **-1.** (*gén pl*) [valises, sacs] luggage (*U*), baggage (*U*); **faire ses** ~**s** to pack; ~**s à main** hand luggage; **plier** ~ to pack one's bags (and leave). **-2.** [connaissances] (fund of) knowledge; ~ **intellectuel/culturel** intellectual/cultural baggage.

bagagiste [bagaʒist] *nmf* [chargement des avions] baggage handler; [à l'hôtel] porter; [fabricant] travel goods manufacturer.

bagarre [bagar] *nf* brawl, fight; **chercher la** ~ *fam* to look for a fight.

bagarrer [bagare] [3] *vi* to fight.

◆ **se bagarrer** *vp* to fight.

bagarreur, -euse [bagarœr, øz] ◇ *adj* aggressive, who likes a fight. ◇ *nm, f fig* fighter.

bagatelle [bagatɛl] *nf* **-1.** [objet] trinket. **-2.** [somme d'argent]: **acheter qqch pour une** ~ to buy sthg for next to nothing; **la** ~ **de X francs** *iron* a mere X francs. **-3.** [chose futile] trifle. **-4.** [sexe]: **être porté sur la** ~ to be quite a one for the ladies.

bagnard [baɲar] *nm* convict.

bagne [baɲ] *nm* **-1.** [prison] labor *Am* OU labour *Br* camp. **-2.** [sentence] hard labor *Am* OU labour *Br*; **c'est le ~ ici** *fig* it's slave labor *Am* OU labour *Br* here.

bagnole [baɲɔl] *nf fam* car.

bagou(t) [bagu] *nm* patter; **avoir du ~ to** have the gift of the gab.

bague [bag] *nf* **-1.** [bijou, anneau] ring; **~ de fiançailles** engagement ring. **-2.** [de cigare] band. **-3. ~ de serrage** clip.

baguer [bage] [3] *vt* [oiseau, arbre] to ring.

baguette [bagɛt] *nf* **-1.** [pain] French stick. **-2.** [petit bâton] stick; **~ magique** magic wand; **~ de tambour** drumstick; **mener qqn à la ~** to rule sb with a rod of iron. **-3.** [pour manger] chopstick. **-4.** [de chef d'orchestre] baton.

Bahamas [baamas] *nfpl*: **les ~** the Bahamas; **aux ~** in the Bahamas.

bahut [bay] *nm* **-1.** [buffet] sideboard. **-2.** [coffre] chest. **-3.** *arg scol* [lycée] secondary school. **-4.** *fam péj* [voiture] old banger.

baie [bɛ] *nf* **-1.** [fruit] berry. **-2.** GÉOGR bay. **-3.** [fenêtre]: **~ vitrée** picture window.

baignade [bɛɲad] *nf* [action] swimming (*U*), bathing (*U*) *Br*; «**~ interdite**» "no bathing/swimming".

baigner [beɲe] [4] ◇ *vt* **-1.** [donner un bain à] to bath. **-2.** [tremper, remplir] to bathe; **baigné de soleil** bathed in sunlight. ◇ *vi*: **~ dans le luxe** to be surrounded by wealth; **~ dans son sang** to lie in a pool of blood; **les tomates baignaient dans l'huile** the tomatoes were swimming in oil; **tout/ça baigne** *fam* everything's/it's great.

◆ **se baigner** *vp* **-1.** [dans la mer] to go swimming, to swim. **-2.** [dans une baignoire] to have a bath.

baigneur, -euse [bɛɲœr, øz] *nm, f* bather *Br*, swimmer.

◆ **baigneur** *nm* [poupée] baby doll.

baignoire [bɛɲwar] *nf* bath.

bail [baj] (*pl* **baux** [bo]) *nm* **-1.** JUR lease; **renouveler un ~** to renew a lease; **~ à loyer** residential lease; **~ reconductible** renewable lease. **-2.** *loc*: **ça fait un ~ que** *fam* it's ages since.

bâillement [bajmɑ̃] *nm* yawning (*U*), yawn.

bâiller [baje] [3] *vi* **-1.** [personne] to yawn. **-2.** [vêtement] to gape.

bailleur, -eresse [bajœr, bajrɛs] *nm, f* lessor; **~ de fonds** backer.

bâillon [bajɔ̃] *nm* gag.

bâillonner [bajɔne] [3] *vt* to gag.

bain [bɛ̃] *nm* **-1.** [gén] bath; **faire couler un ~** to run a bath; **prendre un ~** to have OU take a bath; **~ moussant** foaming bath oil; **~s-douches** public baths. **-2.** [dans mer, piscine] swim; **~ de mer** sea swimming OU bathing *Br*. **-3.** [de partie du corps]: **~ de bouche** mouthwash; **~ de pieds** foot-bath. **-4.** *loc*: **se mettre dans le ~** to get the hang of things; **prendre un ~ de foule** to go on a walkabout; **prendre un ~ de soleil** to sunbathe.

bain-marie [bɛ̃mari] (*pl* **bains-marie**) *nm*: **au ~** in a bain-marie.

baïonnette [bajɔnɛt] *nf* **-1.** [arme] bayonet. **-2.** ÉLECTR bayonet fitting.

baise [bɛz] *nf vulg* fucking.

baisemain [bɛzmɛ̃] *nm*: **faire le ~ à qqn** to kiss sb's hand.

baiser [beze] [4] ◇ *nm* kiss. ◇ *vt vulg* [avoir des relations sexuelles avec] to fuck. ◇ *vi vulg* to fuck.

baisse [bɛs] *nf* **-1.** [gén]: **~ (de)** drop (in), fall (in); **en ~** falling; **la tendance est à la ~** there is a downward trend. **-2.** INFORM: **~ de tension** brownout.

baisser [bese] [4] ◇ *vt* [gén] to lower; [radio] to turn down; **~ le ton** to modify one's tone; **~ les yeux** to look down. ◇ *vi* **-1.** [descendre] to go down; **le jour baisse** it's getting dark. **-2.** [santé, vue] to fail. **-3.** [prix] to fall. **-4.** [s'affaiblir - malade] to grow weaker; [- talent] to decline.

◆ **se baisser** *vp* to bend down.

bajoues [baʒu] *nfpl* jowls.

bakchich [bakʃiʃ] *nm* baksheesh.

bal [bal] *nm* ball; **~ masqué/costumé** masked/fancy-dress ball; **~ populaire** OU **musette** *popular old-fashioned dance accompanied by accordion.*

BAL, Bal (*abr de* **boîte aux lettres (électronique)**) *nf* E-mail.

balade [balad] *nf fam* stroll; **faire une ~** to go for a stroll.

balader [balade] [3] ◇ *vt* **-1.** *fam* [traîner avec soi] to trail around. **-2.** [emmener en promenade] to take for a walk. ◇ *vi*: **envoyer ~ qqn** to send sb packing.

◆ **se balader** *vp fam* **-1.** [se promener - à pied] to go for a walk; [- en voiture] to go for a drive. **-2.** [traîner] to be kicking around.

baladeur, -euse [baladœr, øz] *adj* wandering.

◆ **baladeur** *nm* personal stereo.

◆ **baladeuse** *nf* inspection lamp.

balafre [balafr] *nf* **-1.** [blessure] gash. **-2.** [cicatrice] scar.

balafré, -e [balafre] *adj* scarred.

balai [balɛ] *nm* **-1.** [de nettoyage] broom, brush; ~ **mécanique** carpet sweeper. **-2.** [d'essuie-glace] wiper blade. **-3.** *fam* [an]: il a 50 ~s he's 50 years old.

balai-brosse [balɛbrɔs] (*pl* **balais-brosses**) *nm* (long-handled) scrub *Am* OU scrubbing *Br* brush.

balaie, balaies → **balayer**.

balance [balɑ̃s] *nf* **-1.** [instrument] scales (*pl*); faire pencher la ~ *fig* to tip the balance. **-2.** COMM & POLIT balance; ~ **des paiements/commerciale** balance of payments/of trade; ~ **des pouvoirs** balance of power.
◆ **Balance** *nf* ASTROL Libra; **être Balance** to be (a) Libra.

balancement [balɑ̃smɑ̃] *nm* [mouvement - d'objet, de hanches] swaying; [- de bras, de jambe] swinging; [- de navire] motion.

balancer [balɑ̃se] [16] ◇ *vt* **-1.** [bouger] to swing. **-2.** *fam* [lancer] to chuck. **-3.** *fam* [jeter] to chuck out. ◇ *vi* **-1.** *sout* [hésiter] to waver. **-2.** [osciller] to swing.
◆ **se balancer** *vp* **-1.** [sur une chaise] to rock backwards and forwards. **-2.** [sur une balançoire] to swing. **-3.** *fam*: **se ~ de qqch** not to give a damn about sthg.

balancier [balɑ̃sje] *nm* **-1.** [de pendule] pendulum. **-2.** [de funambule] pole.

balançoire [balɑ̃swar] *nf* [suspendue] swing; [bascule] see-saw.

balayage [balɛjaʒ] *nm* [gén] sweeping; TECHNOL scanning.

balayer [balɛje] [11] *vt* **-1.** [nettoyer] to sweep. **-2.** [chasser] to sweep away. **-3.** *fig* [écarter] to brush aside. **-4.** [suj: radar] to scan; [suj: projecteurs] to sweep (across).

balayette [balɛjɛt] *nf* small brush.

balayeur, -euse [balɛjœr, øz] *nm, f* streetsweeper *Am*, roadsweeper *Br*.
◆ **balayeuse** *nf* [machine] roadsweeper.

balayures [balɛjyr] *nfpl* sweepings.

balbutiement [balbysimɑ̃] *nm* **-1.** [bredouillement] stammering. **-2.** *fig*: ~s [débuts] infancy (*U*).

balbutier [balbysje] [9] ◇ *vi* **-1.** [bafouiller] to stammer. **-2.** *fig* [débuter] to be in its infancy. ◇ *vt* [bafouiller] to stammer (out).

balcon [balkɔ̃] *nm* **-1.** [de maison - terrasse] balcony; [- balustrade] parapet. **-2.** [de théâtre, de cinéma] circle.

balconnet [balkɔnɛ] *nm*: **soutien-gorge à ~** half-cup bra.

baldaquin [baldakɛ̃] *nm* **-1.** ARCHIT canopy. **-2.** → **lit**.

Baléares [balear] *nfpl*: **les ~** the Balearic Islands; **aux ~** in the Balearic Islands.

baleine [balɛn] *nf* **-1.** [mammifère] whale. **-2.** [de corset] whalebone. **-3.** [de parapluie] rib.

baleinier, -ière [balɛnje, jɛr] *adj* whaling (*avant n*).
◆ **baleinier** *nm* whaler.
◆ **baleinière** *nf* [bateau] whaler.

Bali [bali] *n* Bali; **à ~** in Bali.

balinais, -e [balinɛ, ɛz] *adj* Balinese.
◆ **Balinais, -e** *nm, f* Balinese (*inv*).

balisage [balizaʒ] *nm* **-1.** [action] marking out. **-2.** [signaux - NAVIG] markers (*pl*), marker buoys (*pl*); [- AÉRON] runway lights (*pl*); [- AUTOM] road signs (*pl*).

balise [baliz] *nf* **-1.** NAVIG marker (buoy). **-2.** AÉRON runway light. **-3.** AUTOM road sign. **-4.** INFORM tag.

baliser [balize] [3] ◇ *vt* to mark out. ◇ *vi* *fam* to be spooked.

balistique [balistik] ◇ *nf* ballistics (*U*). ◇ *adj* ballistic.

balivernes [balivɛrn] *nfpl* nonsense (*U*).

Balkans [balkɑ̃] *nmpl*: **les ~** the Balkans.

ballade [balad] *nf* ballad.

ballant, -e [balɑ̃, ɑ̃t] *adj*: **les bras ~s** arms dangling.
◆ **ballant** *nm* [mouvement]: **avoir du ~** to sway.

ballast [balast] *nm* **-1.** [chemin de fer] ballast. **-2.** NAVIG ballast tank.

balle [bal] *nf* **-1.** [d'arme à feu] bullet; ~ **perdue** stray bullet. **-2.** [de jeu] ball; ~ **de ping-pong/tennis** table-tennis/tennis ball. **-3.** [de marchandises] bale. **-4.** *fam* [argent] franc. **-5.** *loc*: **se renvoyer la ~** to pass the buck; **saisir la ~ au bond** to jump at the chance.

ballerine [balrin] *nf* **-1.** [danseuse] ballerina. **-2.** [chaussure] ballet shoe.

ballet [balɛ] *nm* [gén] ballet; *fig* [activité intense] to-ing and fro-ing.

ballon [balɔ̃] *nm* **-1.** JEU & SPORT ball; ~ **de football** football; **le ~ ovale** rugby; **le ~ rond** football. **-2.** [montgolfière, de fête] balloon. **-3.** [verre de vin]: ~ **de rouge** glass of red (wine).

ballonné, -e [balɔne] *adj*: **avoir le ventre ~, être ~** to be bloated.

ballot [balo] *nm* **-1.** [de marchandises] bundle. **-2.** *vieilli* [imbécile] twit.

ballottage [balɔtaʒ] *nm* POLIT second ballot; **en ~** standing for a second ballot.

ballotter [balɔte] [3] ◇ *vt* to toss about;

être **ballotté entre** *fig* to be torn between. ◇ *vi* [chose] to roll around.

ball-trap [baltrap] *nm* clay pigeon shooting.

balluchon = baluchon.

balnéaire [balneɛr] *adj*: **station ~** seaside resort.

balourd, -e [balur, urd] ◇ *adj* clumsy. ◇ *nm, f* clumsy idiot.

balte [balt] *adj* Baltic.
◆ **Balte** *nmf* native of the Baltic states.

Baltique [baltik] *nf*: **la ~** the Baltic (Sea).

baluchon, balluchon [balyʃɔ̃] *nm* bundle; **faire son ~** *fam* to pack one's bags (and leave).

balustrade [balystrad] *nf* **-1.** [de terrasse] balustrade. **-2.** [rambarde] guardrail.

bambin [bɑ̃bɛ̃] *nm* kiddie.

bambou [bɑ̃bu] *nm* **-1.** [plante] bamboo; **pousse de ~** bamboo shoot. **-2.** [matériau]: **en ~** bamboo (*avant n*).

bamboula [bɑ̃bula] *nf*: **faire la ~** *fam* to go out on the town.

ban [bɑ̃] *nm* **-1.** [de mariage]: **publier** OU **afficher les ~s** to publish OU display the banns. **-2.** [applaudissements] round of applause. **-3.** *loc*: **être/mettre qqn au ~ (de la société)** to be outlawed/to outlaw sb (from society); **le ~ et l'arrière-~** the whole lot of them.

banal, -e, -als [banal] *adj* commonplace, banal; **pas** OU **peu ~** unusual.

banaliser [banalize] [3] *vt*: **voiture banalisée** unmarked police car.
◆ **se banaliser** *vp* to become commonplace.

banalité [banalite] *nf* **-1.** [caractère banal] banality. **-2.** [cliché] commonplace; **échanger des ~s** to make small-talk.

banane [banan] *nf* **-1.** [fruit] banana. **-2.** [sac] bum-bag. **-3.** [coiffure] quiff.

bananier, -ière [bananje, jɛr] *adj* banana (*avant n*).
◆ **bananier** *nm* **-1.** [arbre] banana tree. **-2.** [cargo] banana boat.

banc [bɑ̃] *nm* [siège] bench; **le ~ des accusés** JUR the dock; **~ d'essai** test-bed; **être au ~ d'essai** *fig* to be at the test stage; **~ des joueurs** HOCKEY players' bench; **~ de neige** *Can* snowbank; **~ des pénalités** OU **des punitions** HOCKEY penalty box; **~ de poissons** shoal of fish; **~ de sable** sandbank.

bancaire [bɑ̃kɛr] *adj* bank (*avant n*), banking (*avant n*).

bancal, -e, -als [bɑ̃kal] *adj* **-1.** [personne] lame. **-2.** [meuble] wobbly. **-3.** [théorie, idée] unsound.

bandage [bɑ̃daʒ] *nm* [de blessé] bandage.

bande [bɑ̃d] *nf* **-1.** [de tissu, de papier] strip. **-2.** [bandage] bandage; **~ Velpeau®** crepe bandage. **-3.** [de billard] cushion; **par la ~** *fig* by a roundabout route. **-4.** [groupe] band; **~ de ...!** *fam* bunch of ...!; **en ~** in a group; **faire ~ à part** to keep to o.s. **-5.** [pellicule de film] film; **~ dessinée** comic strip. **-6.** [d'enregistrement] tape; **~ audionumérique** DAT tape; **~ magnétique** (magnetic) tape; **~ vidéo** video (tape). **-7.** [voie]: **~ d'arrêt d'urgence** hard shoulder. **-8.** RADIO: **~ de fréquence** waveband. **-9.** NAVIG: **donner de la ~** to list.

bande-annonce [bɑ̃danɔ̃s] (*pl* **bandes-annonces**) *nf* trailer.

bandeau [bɑ̃do] *nm* **-1.** [sur les yeux] blindfold. **-2.** [dans les cheveux] headband.

bandelette [bɑ̃dlɛt] *nf* strip (of cloth).

bander [bɑ̃de] [3] ◇ *vt* **-1.** MÉD to bandage; **~ les yeux de qqn** to blindfold sb. **-2.** [arc] to draw back. **-3.** [muscle] to flex. ◇ *vi* *vulg* to have a hard-on.

banderole [bɑ̃drɔl] *nf* streamer.

bande-son [bɑ̃dsɔ̃] (*pl* **bandes-son**) *nf* soundtrack.

bandit [bɑ̃di] *nm* **-1.** [voleur] bandit. **-2.** [personne sans scrupules] crook.

banditisme [bɑ̃ditism] *nm* serious crime.

bandoulière [bɑ̃duljɛr] *nf* bandolier; **en ~** across the shoulder.

bangladais, -e [bɑ̃gladɛ, ɛz] *adj* Bangladeshi.
◆ **Bangladais, -e** *nm, f* Bangladeshi.

Bangladesh [bɑ̃gladɛʃ] *nm*: **le ~** Bangladesh; **au ~** in Bangladesh.

banlieue [bɑ̃ljø] *nf* suburbs (*pl*); **en ~** in the suburbs; **la grande ~** the outer suburbs; **la ~ parisienne** the Paris suburbs; **réseau de ~** commuter OU suburban network.

banlieusard, -e [bɑ̃ljøzar, ard] *nm, f* *person living in the suburbs*.

bannière [banjɛr] *nf* [étendard] banner.

bannir [banir] [32] *vt*: **~ qqn/qqch (de)** to banish sb/sthg (from).

banque [bɑ̃k] *nf* **-1.** [activité] banking. **-2.** [établissement, au jeu] bank; **Banque de France** Bank of France. **-3.** INFORM: **~ de données** data bank. **-4.** MÉD: **~ d'organes/du sang/du sperme** organ/blood/sperm bank.

banqueroute [bɑ̃krut] *nf* bankruptcy; **faire ~** to go bankrupt.

banquet [bɑ̃kɛ] *nm* (celebration) dinner; [de gala] banquet.

banquette [bɑ̃kɛt] *nf* seat; ~ **arrière** back seat.

banquier, -ière [bɑ̃kje, jɛr] *nm, f* banker.

banquise [bɑ̃kiz] *nf* ice field.

baobab [baɔbab] *nm* baobab.

baptême [batɛm] *nm* **-1.** RELIG baptism, christening. **-2.** [première fois]: ~ **de l'air** maiden flight; ~ **du feu** baptism of fire.

baptiser [batize] [3] *vt* to baptize, to christen.

baptismal, -e, -aux [batismal, o] *adj* baptismal; *voir aussi* **fonts.**

baquet [bakɛ] *nm* **-1.** [cuve] tub. **-2.** [siège] bucket seat.

bar [bar] *nm* **-1.** [café, unité de pression] bar; ~ **à café** *Helv* coffee bar; ~ **à vin** wine bar. **-2.** [poisson] bass.

baragouiner [baragwine] [3] *vt fam* **-1.** [langue]: **il baragouine le français** he speaks broken French. **-2.** [bredouiller] to gabble.

baraka [baraka] *nf fam*: **avoir la** ~ to be lucky.

baraque [barak] *nf* **-1.** [cabane] hut. **-2.** *fam* [maison] house. **-3.** [de forain] stall, stand.

baraqué, -e [barake] *adj fam* well-built.

baraquement [barakmɑ̃] *nm* camp (*of huts for refugees, workers etc*).

baratin [baratɛ̃] *nm fam* smooth talk; **faire du** ~ **à qqn** to sweet-talk sb.

baratiner [baratine] [3] *fam* ◇ *vt* [femme] to chat up; [client] to give one's sales pitch to. ◇ *vi* to be a smooth talker.

Barbade [barbad] *nf*: **la** ~ Barbados; **à la** ~ in Barbados.

barbant, -e [barbɑ̃, ɑ̃t] *adj fam* deadly dull OU boring.

barbare [barbar] ◇ *nm* barbarian. ◇ *adj* **-1.** *péj* [non civilisé] barbarous. **-2.** [cruel] barbaric.

barbarisme [barbarism] *nm* GRAM barbarism.

barbe [barb] *nf* beard; **se laisser pousser la** ~ to grow a beard; ~ **à papa** cotton candy *Am*, candy floss *Br*; **faire qqch au nez et à la** ~ **de qqn** *fig* to do sthg right under sb's nose; **quelle** OU **la** ~! *fam* what a drag!

barbecue [barbəkju] *nm* barbecue.

barbelé, -e [barbəle] *adj* barbed; **fil de fer** ~ barbed wire.
◆ **barbelé** *nm* barbed wire (*U*).

barber [barbe] [3] *vt fam* to bore stiff.
◆ **se barber** *vp fam* to be bored stiff.

barbiche [barbiʃ] *nf* goatee (beard).

barbiturique [barbityrik] *nm* barbiturate.

barboter [barbɔte] [3] ◇ *vi* to paddle. ◇ *vt fam* to nick.

barboteuse [barbɔtøz] *nf* romper-suit.

barbouillé, -e [barbuje] *adj*: **être** ~, **avoir l'estomac** ~ to feel sick.

barbouiller [barbuje] [3] *vt* **-1.** [salir]: ~ **qqch (de)** to smear sthg (with). **-2.** *péj* [peindre] to daub. **-3.** *fam* [écrire sur] to scribble on.

barbu, -e [barby] *adj* bearded.
◆ **barbu** *nm* bearded man.
◆ **barbue** *nf* [poisson] brill.

barda [barda] *nm* **-1.** *arg mil* kit. **-2.** *fam* [attirail] gear; **avec tout son** ~ with all his/her gear.

barde [bard] ◇ *nm* [poète] bard. ◇ *nf* CULIN bacon, bard.

bardé, -e [barde] *adj fig*: **il est** ~ **de diplômes** he's got heaps of diplomas.

barder [barde] [3] ◇ *vt* CULIN to bard. ◇ *vi fam*: **ça va** ~ there'll be trouble.

barème [barɛm] *nm* [de référence] table; [de salaires] scale.

barge [barʒ] *nf* [bateau] barge.

baril [baril] *nm* barrel; **un** ~ **de pétrole** a barrel of oil.

barillet [barijɛ] *nm* **-1.** [petit baril] cask. **-2.** [de revolver, de serrure] cylinder.

bariolé, -e [barjɔle] *adj* multicolored *Am*, multicoloured *Br*.

barjo(t) [barʒo] *adj inv fam* nuts.

barmaid [barmɛd] *nf* barmaid.

barman [barman] (*pl* **barmans** OU **barmen** [barmɛn]) *nm* barman.

baromètre [barɔmɛtr] *nm* barometer.

baron, -onne [barɔ̃, ɔn] *nm, f* baron (*f* baroness).
◆ **baron** *nm* [magnat] baron.

baroque [barɔk] ◇ *nm* ART: **le** ~ the Baroque style. ◇ *adj* **-1.** [style] baroque. **-2.** [bizarre] weird.

baroud [barud] *nm*: ~ **d'honneur** last stand.

barque [bark] *nf* small boat; **savoir mener sa** ~ *fig* to be well-organized.

barquette [barkɛt] *nf* **-1.** [tartelette] pastry boat. **-2.** [récipient - de fruits] punnet; [- de frites] carton; [- de crème glacée] tub.

barrage [baraʒ] *nm* **-1.** [de rue] roadblock. **-2.** CONSTR dam.

barre [bar] *nf* **-1.** [gén & JUR] bar; ~ **fixe** GYM high bar; ~ **des témoins** JUR witness stand *Am* OU box *Br*; **c'est le coup de** ~ *fam* it's a rip-off; **avoir un coup de** ~ *fam* to be shattered. **-2.** NAVIG helm; **être à la** ~ NAVIG & *fig* to be at the helm. **-3.** [trait]

stroke. **-4.** INFORM: ~ **d'espacement** space bar; ~ **de menu** menu bar; ~ **d'outils** tool bar.

barreau [baʀo] *nm* bar; **le** ~ JUR the Bar.

barrer [baʀe] [3] *vt* **-1.** [rue, route] to block. **-2.** [mot, phrase] to cross out. **-3.** [bateau] to steer.

◆ **se barrer** *vp fam* to clear off.

barrette [baʀɛt] *nf* [pince à cheveux] barrette *Am*, (hair) slide *Br*.

barreur, -euse [baʀœʀ, øz] *nm, f* NAVIG helmsman; [à l'aviron] cox.

barricade [baʀikad] *nf* barricade; **monter sur les ~s** *fig* to man the barricades.

barricader [baʀikade] [3] *vt* to barricade.

◆ **se barricader** *vp* to barricade o.s.; **se ~ chez soi** to shut o.s. away (at home).

barrière [baʀjɛʀ] *nf litt & fig* barrier; ~ **de dégel** ban on heavy lorries on certain roads during a thaw.

barrique [baʀik] *nf* barrel.

barrir [baʀiʀ] [32] *vi* to trumpet.

baryton [baʀitɔ̃] *nm* baritone.

bas, basse [ba, baz *devant nm commençant par voyelle ou h muet,* bas] *adj* **-1.** [gén] low. **-2.** *péj* [vil] base, low. **-3.** MUS bass.

◆ **bas** ◇ *nm* **-1.** [partie inférieure] bottom, lower part; **avoir/connaître des hauts et des ~** to have/go through ups and downs. **-2.** [vêtement] stocking; ~ **de laine** woolen *Am* OU woollen *Br* stocking; *fig* nest egg. ◇ *adv* low; **à ~ ...!** down with ...!; **parler ~** to speak in a low voice, to speak softly; **mettre ~** [animal] to give birth.

◆ **en bas** *loc adv* at the bottom; [dans une maison] downstairs.

◆ **en bas de** *loc prép* at the bottom of; **attendre qqn en ~ de chez lui** to wait for sb downstairs.

◆ **bas de gamme** ◇ *adj* downmarket. ◇ *nm* bottom of the range.

basalte [bazalt] *nm* basalt.

basané, -e [bazane] *adj* tanned.

bas-bleu [bablø] (*pl* **bas-bleus**) *nm péj* bluestocking.

bas-côté [bakote] (*pl* **bas-côtés**) *nm* [de route] verge.

bascule [baskyl] *nf* **-1.** [balance] weighing machine. **-2.** [balançoire] seesaw.

basculer [baskyle] [3] ◇ *vi* to fall over, to overbalance; [benne] to tip up; ~ **dans qqch** *fig* to tip over into sthg. ◇ *vt* to tip up, to tilt.

base [baz] *nf* **-1.** [partie inférieure] base; **la ~** [d'entreprise, de syndicat] the rank and file. **-2.** [principe fondamental] basis; **à ~ de**

based on; **de ~** basic; **une boisson à ~ d'orange** an orange-based drink; **sur la ~ de** on the basis of. **-3.** INFORM: ~ **de données** database. **-4.** [cosmétique]: ~ **de maquillage** make-up base. **-5.** *Can:* ~ **de plein air** *outdoor recreation area.*

base-ball [bɛzbol] (*pl* **base-balls**) *nm* baseball.

baser [baze] [3] *vt* to base; ~ **qqch sur** *fig* to base sthg on.

◆ **se baser** *vp:* **sur quoi vous basez-vous pour affirmer cela?** what are you basing this statement on?

bas-fond [bafɔ̃] (*pl* **bas-fonds**) *nm* [de l'océan] shallow.

◆ **bas-fonds** *nmpl fig* **-1.** [de la société] dregs. **-2.** [quartiers pauvres] slums.

basilic [bazilik] *nm* [plante] basil.

basilique [bazilik] *nf* basilica.

basique [bazik] *adj* basic.

basket [basket] ◇ *nm* = **basket-ball.** ◇ *nf* [chaussure] sneaker *Am*, trainer *Br*; **lâche-moi les ~s!** *fam fig* get off my back!

basket-ball [baskɛtbol] *nm* basketball.

basque [bask] ◇ *adj* Basque; **le Pays ~** the Basque country. ◇ *nm* [langue] Basque. ◇ *nf* [vêtement] tail (*of coat*); **être toujours pendu aux ~s de qqn** *fig fam* to be always tagging along after sb.

◆ **Basque** *nmf* Basque.

bas-relief [baʀəljɛf] (*pl* **bas-reliefs**) *nm* bas-relief.

basse [bas] ◇ *adj* → **bas.** ◇ *nf* MUS bass.

basse-cour [baskuʀ] (*pl* **basses-cours**) *nf* **-1.** [volaille] poultry. **-2.** [partie de ferme] farmyard.

bassement [basmɑ̃] *adv* despicably; **être ~ intéressé** to be motivated by petty self-interest.

bassesse [basɛs] *nf* **-1.** [mesquinerie] baseness, meanness . **-2.** [action vile] despicable act.

basset [basɛ] *nm* basset hound.

bassin [basɛ̃] *nm* **-1.** [cuvette] bowl. **-2.** [pièce d'eau] (ornamental) pond. **-3.** [de piscine]: **petit/grand ~** children's/main pool. **-4.** ANAT pelvis. **-5.** GÉOL basin; ~ **houiller** coalfield; **le Bassin parisien** the Paris basin.

bassine [basin] *nf* bowl, basin.

bassiner [basine] [3] *vt* **-1.** [humecter] to bathe. **-2.** *fam* [importuner] to bore.

bassiste [basist] *nmf* bass player.

basson [basɔ̃] *nm* [instrument] bassoon.

bastide [bastid] *nf traditional farmhouse or country house in southern France; walled town (in south-west France).*

Bastille [bastij] *nf*: **la prise de la ~** the storming of the Bastille.

BASTILLE:
A state prison, the Bastille fell to the people of Paris on 14 July 1789 — today celebrated as Bastille Day. The square where the Bastille once stood is now the home of the new Paris opera house, known as 'l'Opéra-Bastille'

bastingage [bastɛ̃gaʒ] *nm* (ship's) rail.

bastion [bastjɔ̃] *nm litt* & *fig* bastion.

baston [bastɔ̃] *nf tfam* punch-up.

bas-ventre [bavɑ̃tr] (*pl* **bas-ventres**) *nm* stomach.

bât [ba] *nm* packsaddle; **c'est là que le ~ blesse** *fig* that's his/her *etc* weak point.

bataille [bataj] *nf* -1. MIL battle. -2. [bagarre] fight. -3. [jeu de cartes] ≃ beggar-my-neighbour. -4. *loc*: **en ~** [cheveux] disheveled *Am*, dishevelled *Br*.

batailler [bataje] [3] *vi*: **~ pour qqch/pour faire qqch** to fight for sthg/to do sthg.

bataillon [batajɔ̃] *nm* MIL battalion; *fig* horde.

bâtard, -e [batar, ard] ◇ *adj* -1. [enfant] illegitimate. -2. *péj* [style, solution] hybrid. ◇ *nm, f* illegitimate child.
◆ **bâtard** *nm* -1. [pain] ≃ Vienna loaf. -2. [chien] mongrel.

batavia [batavja] *nf* Webb lettuce.

bateau [bato] *nm* -1. [embarcation - gén] boat; [- plus grand] ship; **~ à voile/moteur** sailing/motor boat; **~ de pêche** fishing boat; **mener qqn en ~** *fig* to take sb for a ride. -2. [de trottoir] driveway entrance (*low kerb*). -3. (*en apposition inv*): **encolure ~** boat neck. -4. (*en apposition inv*) [sujet, thème] well-worn; **c'est ~!** it's the same old stuff!

bateau-mouche [batomuʃ] (*pl* **bateaux-mouches**) *nm* riverboat (*on the Seine*).

bateleur, -euse [batlœr, øz] *nm, f* street acrobat.

bâti, -e [bati] *adj* -1. [terrain] developed. -2. [personne]: **bien ~** well-built.
◆ **bâti** *nm* -1. COUTURE tacking. -2. CONSTR frame, framework.

batifoler [batifɔle] [3] *vi* to frolic.

bâtiment [batimɑ̃] *nm* -1. [édifice] building. -2. IND: **le ~** the building trade. -3. NAVIG ship, vessel.

bâtir [batir] [32] *vt* -1. CONSTR to build. -2. *fig* [réputation, fortune] to build (up); [théorie, phrase] to construct. -3. COUTURE to tack.
◆ **se bâtir** *vp* to be built.

bâtisse [batis] *nf souvent péj* house.

bâton [batɔ̃] *nm* -1. [gén] stick; **~ de réglisse** liquorice stick; **~ de ski** ski pole. -2. *fam fig* 10 000 francs. -3. *loc*: **mettre des ~s dans les roues à qqn** to put a spoke in sb's wheel; **à ~s rompus** [conversation] rambling; **parler à ~s rompus** to talk of this and that.

bâtonnet [batɔnɛ] *nm* rod.

bâtonnier [batɔnje] *nm* JUR ≃ President of the Bar.

batracien [batrasjɛ̃] *nm* amphibian.

battage [bataʒ] *nm*: **~ (publicitaire** OU **médiatique) (media)** hype.

battant, -e [batɑ̃, ɑ̃t] ◇ *adj*: **sous une pluie ~e** in the pouring OU driving rain; **le cœur ~** with beating heart. ◇ *nm, f* fighter.
◆ **battant** *nm* -1. [de porte] door (*of double doors*); [de fenêtre] half (*of double window*). -2. [de cloche] clapper.

batte [bat] *nf* SPORT bat.

battement [batmɑ̃] *nm* -1. [mouvement - d'ailes] flap, beating (*U*); [- de cœur, pouls] beat, beating (*U*); [- de cils, paupières] flutter, fluttering (*U*). -2. [bruit - de porte] banging (*U*); [- de la pluie] beating (*U*). -3. [intervalle de temps] break; **une heure de ~** an hour free.

batterie [batri] *nf* -1. ÉLECTR & MIL battery; **recharger ses ~s** *fig* to recharge one's batteries. -2. [attirail]: **~ de cuisine** kitchen utensils (*pl*). -3. MUS drums (*pl*). -4. [série]: **une ~ de** a string of.

batteur [batœr] *nm* -1. MUS drummer. -2. CULIN beater, whisk. -3. [SPORT - de cricket] batsman; [- de base-ball] batter.

batteuse [batøz] *nf* AGRIC thresher.

battoir [batwar] *nm* -1. [à tapis] carpet beater. -2. *fig* [main] great mitt OU paw.

battre [batr] [83] ◇ *vt* -1. [gén] to beat; **~ en neige** [blancs d'œufs] to beat until stiff. -2. [parcourir] to scour. -3. [cartes] to shuffle. ◇ *vi* [gén] to beat; **~ des cils** to blink; **~ des mains** to clap (one's hands).
◆ **se battre** *vp* to fight; **se ~ contre qqn** to fight sb.

battu, -e [baty] ◇ *pp* → **battre**. ◇ *adj* -1. [tassé] hard-packed; **jouer sur terre ~e** TENNIS to play on clay. -2. [fatigué]: **avoir les yeux ~s** to have shadows under one's eyes.
◆ **battue** *nf* -1. [chasse] beat. -2. [chasse à l'homme] manhunt.

baud [bo] *nm* baud.

baudroie [bodrwa] *nf* monkfish.

baudruche [bodryʃ] *nf* **-1.** [ballon] balloon. **-2.** *fig* [personne] front man.

baume [bom] *nm litt* & *fig* balm; **mettre du ~ au cœur de qqn** to comfort sb.

bauxite [boksit] *nf* bauxite.

bavard, -e [bavar, ard] ◇ *adj* talkative. ◇ *nm, f* chatterbox; *péj* gossip.

bavardage [bavardaʒ] *nm* **-1.** [papotage] chattering. **-2.** (*gén pl*) [racontar] gossip (*U*).

bavarder [bavarde] [3] *vi* to chatter; *péj* to gossip.

bavarois, -e [bavarwa, waz] *adj* Bavarian.

◆ **bavarois** *nm*, **bavaroise** *nf* [gâteau] ≃ mousse.

◆ **Bavarois, -e** *nm, f* Bavarian.

bave [bav] *nf* **-1.** [salive] dribble. **-2.** [d'animal] slaver. **-3.** [de limace] slime.

baver [bave] [3] *vi* **-1.** [personne] to dribble. **-2.** [animal] to slaver. **-3.** [limace] to leave a trail. **-4.** [stylo] to leak. **-5.** *loc*: **en ~** *fam* to have a hard OU rough time of it.

bavette [bavɛt] *nf* **-1.** [bavoir, de tablier] bib. **-2.** [viande] flank. **-3.** *loc*: **tailler une ~ (avec qqn)** *fam* to have a chinwag (with sb).

baveux, -euse [bavø, øz] *adj* **-1.** [bébé] dribbling. **-2.** [lettre] blurred. **-3.** [omelette] runny.

Bavière [bavjɛr] *nf*: **la ~** Bavaria.

bavoir [bavwar] *nm* bib.

bavure [bavyr] *nf* **-1.** [tache] smudge. **-2.** [erreur] blunder.

bayer [baje] [3] *vi*: **~ aux corneilles** to stand gazing into space.

bazar [bazar] *nm* **-1.** [boutique] general store. **-2.** *fam* [désordre] jumble, clutter.

bazarder [bazarde] [3] *vt fam* to chuck out, to get rid of.

BCBG (*abr de* **bon chic bon genre**) *nmf* & *adj* term used to describe an upper-class lifestyle reflected especially in expensive but conservative clothes; **il est très ~** = he's a real preppie type.

BCG (*abr de* **bacille Calmette-Guérin**) *nm* BCG.

bcp *abr de* **beaucoup**.

bd *abr de* **boulevard**.

BD, bédé [bede] (*abr de* **bande dessinée**) *nf*: **une ~** a comic strip; **la ~** comic strips (*pl*).

béant, -e [beã, ãt] *adj* [plaie, gouffre] gaping; [yeux] wide open.

béarnais, -e [bearnɛ, ɛz] *adj* of OU from the Béarn.

◆ **Béarnais, -e** *nm, f* native OU inhabitant of the Béarn.

◆ **béarnaise** *nf*: **(sauce) ~e** Béarnaise sauce.

béat, -e [bea, at] *adj* **-1.** [content de soi] smug. **-2.** [heureux] blissful.

béatement [beatmã] *adv* blissfully.

béatitude [beatityd] *nf* **-1.** RELIG beatitude. **-2.** [bonheur] bliss.

beau, belle, beaux [bo, bɛl] *adj* (**bel** *devant voyelle ou h muet*) **-1.** [joli - femme] beautiful, good-looking; [- homme] handsome, good-looking; [- chose] beautiful. **-2.** [temps] fine, good. **-3.** (*toujours avant le nom*) [important] fine, excellent; **une belle somme** a tidy sum (of money). **-4.** *iron* [mauvais]: **une belle grippe** a nasty dose of the flu; **un ~ travail** a fine piece of work. **-5.** (*sens intensif*): **un ~ jour** one fine day. **-6.** [noble] fine, noble. **-7.** *loc*: **elle a ~ jeu de dire** ça it's easy OU all very well for her to say that.

◆ **beau** ◇ *adv*: **il fait ~** the weather is good OU fine; **j'ai ~ essayer ...** however hard I try ..., try as I may ...; **j'ai ~ dire ...** whatever I say .... ◇ *nm*: **être au ~ fixe** to be set fair; **avoir le moral au ~ fixe** *fig* to have a sunny disposition; **faire le ~** [chien] to sit up and beg.

◆ **belle** *nf* **-1.** [femme] lady friend. **-2.** [dans un jeu] decider. **-3.** *loc*: **(se) faire la belle** to escape.

◆ **bel et bien** *loc adv* well and truly, actually.

◆ **de plus belle** *loc adv* more than ever.

beaucoup [boku] ◇ *adv* **-1.** [un grand nombre]: **~ de** a lot of, many; **il y en a ~** there are many OU a lot (of them). **-2.** [une grande quantité]: **~ de** a lot of; **~ d'énergie** a lot of energy; **il n'a pas ~ de temps** he hasn't a lot of OU much time; **il n'en a pas ~** he doesn't have much OU a lot (of it). **-3.** (*modifiant un verbe*) a lot; **il boit ~** he drinks a lot; **c'est ~ dire** that's saying a lot. **-4.** (*modifiant un adjectif comparatif*) much, a lot; **c'est ~ mieux** it's much OU a lot better; **~ trop vite** much too quickly. ◇ *pron inv* many; **nous sommes ~ à penser que ...** many of us think that ....

◆ **de beaucoup** *loc adv* by far.

beauf [bof] *nm* **-1.** *péj* stereotype of average Frenchman with narrow views. **-2.** *fam* [beau-frère] brother-in-law.

beau-fils [bofis] (*pl* **beaux-fils**) *nm* **-1.** [gendre] son-in-law. **-2.** [de remariage] step-son.

beau-frère [bofrɛr] (*pl* **beaux-frères**) *nm* brother-in-law.

beau-père [boper] (*pl* **beaux-pères**) *nm* **-1.** [père du conjoint] father-in-law. **-2.** [de remariage] stepfather.

beauté [bote] *nf* beauty; **de toute ~** absolutely beautiful; **en ~** [magnifiquement] in great style; *sout* [femme] ravishing.

beaux-arts [bozar] *nmpl* fine art (*sg*).

◆ **Beaux-Arts** *nmpl*: **les Beaux-Arts** *French national art school.*

beaux-parents [boparã] *nmpl* **-1.** [de l'homme] husband's parents, in-laws. **-2.** [de la femme] wife's parents, in-laws.

bébé [bebe] ◇ *nm* baby; **~ phoque** seal pup, baby seal. ◇ *adj inv* babyish.

bébé-éprouvette [bebeepruvɛt] (*pl* **bébés-éprouvette**) *nm* test-tube baby.

bébête [bebɛt] *adj* silly.

bec [bɛk] *nm* **-1.** [d'oiseau] beak. **-2.** [d'instrument de musique] mouthpiece. **-3.** [de casserole etc] lip; **~ de gaz** [réverbère] gaslamp (*in street*); **~ verseur** spout. **-4.** *fam* [bouche] mouth; **ouvrir le ~** to open one's mouth; **clouer le ~ à qqn** to shut sb up.

bécane [bekan] *nf fam* **-1.** [moto, vélo] bike. **-2.** [ordinateur etc] machine.

bécasse [bekas] *nf* **-1.** [oiseau] woodcock. **-2.** *fam* [femme sotte] silly goose.

bécassine [bekasin] *nf* **-1.** [oiseau] snipe. **-2.** *fam* [jeune fille naïve] silly little goose.

bec-de-lièvre [bɛkdəljɛvr] (*pl* **becs-de-lièvre**) *nm* harelip.

béchamel [beʃamɛl] *nf*: **(sauce) ~** béchamel sauce.

bêche [bɛʃ] *nf* spade.

bêcher [beʃe] [4] *vt* to dig.

bêcheur, -euse [beʃœr, øz] *nm, f fam* stuck-up person.

bécoter [bekɔte] [3] *vt fam* to smooch with OU snog *Br*.

◆ **se bécoter** *vp* to smooch, to snog *Br*.

becquée [beke] *nf*: **donner la ~ à** to feed.

becqueter, béqueter [bɛkte] [27] *vt* to peck at.

becter [bɛkte] [4] *vi fam* to eat.

bedaine [bədɛn] *nf* potbelly.

bédé = BD.

bedeau, -x [bədo] *nm* verger.

bedonnant, -e [bədɔnã, ãt] *adj* potbellied.

bédouin, -e [bedwɛ̃, in] *adj* Bedouin.

◆ **Bédouin, -e** *nm, f* Bedouin.

bée [be] *adj*: **bouche ~** open-mouthed.

bégaiement [begɛmã] *nm* stammering.

bégayer [begeje] [11] ◇ *vi* to have a stutter OU stammer. ◇ *vt* to stammer (out).

bégonia [begɔnja] *nm* begonia.

bègue [bɛg] ◇ *adj*: **être ~** to have a stutter OU stammer. ◇ *nmf* stutterer, stammerer.

bégueule [begœl] *fam péj* ◇ *adj* prudish. ◇ *nf* prude.

béguin [begɛ̃] *nm fam*: **avoir le ~ pour qqn** to have a crush on sb; **avoir le ~ pour qqch** to be mad keen on sthg.

beige [bɛʒ] *adj & nm* beige.

beigne [bɛɲ] *nf fam* slap.

beignet [bɛɲɛ] *nm* fritter.

bel [bɛl] → **beau**.

bêler [bele] [4] *vi* to bleat.

belette [bəlɛt] *nf* weasel.

belge [bɛlʒ] *adj* Belgian.

◆ **Belge** *nmf* Belgian.

belgicisme [bɛlʒisism] *nm* [mot] Belgian word; [tournure] Belgian expression.

Belgique [bɛlʒik] *nf*: **la ~** Belgium.

bélier [belje] *nm* **-1.** [animal] ram. **-2.** [poutre] battering ram.

◆ **Bélier** *nm* ASTROL Aries; **être Bélier** to be (an) Aries.

Belize [beliz] *nm*: **le ~** Belize; **au ~** in Belize.

belladone [beladɔn] *nf* deadly nightshade.

bellâtre [bɛlatr] *nm péj* smoothie.

belle [bɛl] *adj & nf* → **beau**.

belle-famille [bɛlfamij] (*pl* **belles-familles**) *nf* **-1.** [de l'homme] husband's family, in-laws (*pl*). **-2.** [de la femme] wife's family, in-laws (*pl*).

belle-fille [bɛlfij] (*pl* **belles-filles**) *nf* **-1.** [épouse du fils] daughter-in-law. **-2.** [de remariage] stepdaughter.

belle-mère [bɛlmɛr] (*pl* **belles-mères**) *nf* **-1.** [mère du conjoint] mother-in-law. **-2.** [de remariage] stepmother.

belles-lettres [bɛllɛtr] *nfpl* (great) literature (*U*).

belle-sœur [bɛlsœr] (*pl* **belles-sœurs**) *nf* sister-in-law.

belligérant, -e [beliʒerã, ãt] *adj & nm, f* belligerent.

belliqueux, -euse [belikø, øz] *adj* [peuple] warlike; [humeur, tempérament] aggressive.

belote [bəlɔt] *nf French card game.*

belvédère [bɛlvedɛr] *nm* **-1.** [construction] belvedere. **-2.** [terrasse] viewpoint.

bémol [bemɔl] *adj & nm* MUS flat.

bénédictin, -e [benediktɛ̃, in] ◇ *adj* Benedictine. ◇ *nm, f* Benedictine; **travail de ~** *fig* painstaking task.

◆ **Bénédictine** *nf* [liqueur] Benedictine.

bénédiction [benediksjɔ̃] *nf* blessing; donner sa ~ à *fig* to give one's blessing to.

bénéfice [benefis] *nm* **-1.** [avantage] advantage, benefit; **au ~ de** in aid of; **accorder à
qqn le ~ du doute** to give sb the benefit of
the doubt. **-2.** [profit] profit; **~ net/brut**
net/gross profit; **intéressement aux ~s**
profit-sharing; **rapport cours-~** price-
earnings ratio; **~s commerciaux** trading
profit (*sg*).

bénéficiaire [benefisjɛr] ◇ *nmf* [gén] beneficiary; [de chèque] payee. ◇ *adj* [marge]
profit (*avant n*); [résultat, société] profit-
making.

bénéficier [benefisje] [9] *vi*: ~ **de** [profiter de]
to benefit from; [jouir de] to have, to enjoy;
[obtenir] to have, to get.

bénéfique [benefik] *adj* beneficial.

Bénélux [benelyks] *nm*: **le ~** Benelux; **les
pays du ~** the Benelux countries.

benêt [bənɛ] ◇ *nm* clod. ◇ *adj* (*seulement
masculin*) silly, simple.

bénévolat [benevɔla] *nm* voluntary work.

bénévole [benevɔl] ◇ *adj* voluntary. ◇ *nmf*
volunteer, voluntary worker.

bénévolement [benevɔlmɑ̃] *adv* voluntarily, for nothing.

Bengale [bɛ̃gal] *nm*: **le ~** Bengal; **au ~** in
Bengal.

bénin, -igne [benɛ̃, iɲ] *adj* **-1.** [maladie, acci-
dent] minor; [tumeur] benign. **-2.** *sout* [bien-
veillant] benign.

Bénin [benɛ̃] *nm*: **le ~** Benin; **au ~** in Benin.

béninois, -e [beninwa, waz] *adj* Beninese.
◆ **Béninois, -e** *nm, f* Beninese (*inv*).

bénir [benir] [32] *vt* **-1.** [gén] to bless. **-2.** [se
réjouir de] to thank God for.

bénit, -e [beni, it] *adj* consecrated; **eau ~e**
holy water.

bénitier [benitje] *nm* holy water font.

benjamin, -e [bɛ̃ʒamɛ̃, in] *nm, f* [de famille]
youngest child; [de groupe] youngest member.

benne [bɛn] *nf* **-1.** [de camion] tipper. **-2.**
[de téléphérique] car. **-3.** [pour déchets] skip.

benzine [bɛ̃zin] *nf* benzine.

béotien, -ienne [beɔsjɛ̃, jɛn] *nm, f* philistine.

BEP, Bep (*abr de* **brevet d'études professionnelles**) *nm school-leaver's diploma (taken
at age 18).*

BEPC, Bepc (*abr de* **brevet d'études du
premier cycle**) *nm former school certificate
(taken at age 16).*

béqueter = **becqueter.**

béquille [bekij] *nf* **-1.** [pour marcher] crutch.
-2. [d'un deux-roues] stand.

berbère [bɛrbɛr] *adj & nm* Berber.
◆ **Berbère** *nmf* Berber.

bercail [bɛrkaj] *nm* fold; **rentrer au ~** *fig* to
return to the fold.

berceau, -x [bɛrso] *nm* cradle.

bercer [bɛrse] [16] *vt* **-1.** [bébé, bateau] to
rock; **son enfance a été bercée de cette musique** he was brought up on this kind of
music. **-2.** *fig* [tromper]: ~ **qqn de** to delude
sb with.
◆ **se bercer** *vp fig*: **se ~ de** to delude o.s.
with; **se ~ d'illusions** to delude o.s.

berceuse [bɛrsøz] *nf* **-1.** [chanson] lullaby.
-2. *Can* [fauteuil] rocking chair.

Bercy [bɛrsi] *n* **-1.** [ministère] *the French Ministry of Finance.* **-2.** [stade] *large sports and concert hall in Paris.*

BERD, Berd [bɛrd] (*abr de* **Banque européenne pour la reconstruction et le développement**) *nf* EBRD.

béret [berɛ] *nm* beret; ~ **basque** (French)
beret.

bergamote [bɛrgamɔt] *nf* bergamot orange.

berge [bɛrʒ] *nf* **-1.** [bord] bank. **-2.** *fam* [an]:
il a plus de 50 ~s he's over 50.

berger, -ère [bɛrʒe, ɛr] *nm, f* shepherd (*f*
shepherdess).
◆ **bergère** *nf* [canapé] wing chair.
◆ **berger allemand** *nm* German shepherd, alsatian *Br.*

bergerie [bɛrʒəri] *nf* sheepfold.

bergeronnette [bɛrʒərɔnɛt] *nf* wagtail.

Berlin [bɛrlɛ̃] *n* Berlin; **~-Est** East Berlin;
~-Ouest West Berlin; **le mur de ~** the
Berlin Wall.

berline [bɛrlin] *nf* sedan *Am*, saloon (car)
Br.

berlingot [bɛrlɛ̃go] *nm* **-1.** [de lait etc] carton. **-2.** [bonbon] boiled sweet.

berlue [bɛrly] *nf*: **j'ai la ~!** I must be seeing
things!

bermuda [bɛrmyda] *nm* bermuda shorts
(*pl*).

Bermudes [bɛrmyd] *nfpl*: **les ~** Bermuda
(*sg*); **aux ~** in Bermuda; **le triangle des ~**
the Bermuda Triangle.

bernard-l'ermite [bɛrnarlɛrmit] *nm inv* hermit crab.

berne [bɛrn] *nf*: **en ~** ≃ at half-mast.

berner [bɛrne] [3] *vt* to fool.

berrichon, -onne [beriʃɔ̃, ɔn] *adj* of OU
from the Berry.

besace [bəzas] *nf* pouch.

besicles [bezikl] *nfpl hum* specs.

besogne [bəzɔɲ] *nf* job, work (*U*); **aller vite en ~** *fig* to be a fast worker.

besoin [bəzwɛ̃] *nm* need; **avoir ~ de qqch/ de faire qqch** to need sthg/to do sthg; **au ~** if necessary, if need OU needs be; **être dans le ~** to be in need.
◆ **besoins** *nmpl* **-1.** [exigences] needs. **-2.** *loc*: **faire ses ~s** to relieve o.s.; **pour les ~s de la cause** for our purposes.

bestial, -e, -iaux [bɛstjal, jo] *adj* bestial, brutish.

bestiole [bɛstjɔl] *nf* (little) creature.

best-seller [bɛstselœr] (*pl* **best-sellers**) *nm* best-seller.

bétail [betaj] *nm* cattle (*pl*).

bête [bɛt] ◇ *nf* **-1.** [animal] animal; [insecte] insect; **~ à bon Dieu** ladybug *Am*, ladybird *Br*; **~ féroce** wild animal; **~ de somme** beast of burden. **-2.** *loc*: **chercher la petite ~** to nit-pick; **c'est sa ~ noire** that's his/ her pet hate. ◇ *adj* **-1.** [stupide] stupid. **-2.** [simple]: **c'est tout ~** there's nothing to it.

bêtement [bɛtmã] *adv* **-1.** [de façon bête] stupidly. **-2.** [simplement]: **tout ~** just, quite simply.

bêtifiant, -e [betifjɑ̃, ɑ̃t] *adj* idiotic.

bêtise [betiz] *nf* **-1.** [stupidité] stupidity. **-2.** [action, remarque] stupid thing; **faire/dire une ~** to do/say something stupid; **faire des ~s** to be stupid OU silly.

béton [betɔ̃] *nm* **-1.** [matériau] concrete; **~ armé** reinforced concrete. **-2.** *fig*: **en ~** [argument] cast-iron.

bétonner [betɔne] [3] ◇ *vt* to concrete. ◇ *vi* FOOTBALL to play defensively.

bétonnière [betɔnjɛr] *nf* cement mixer.

bette [bɛt], **blette** [blɛt] *nf* Swiss chard.

betterave [betrav] *nf* beet *Am*, beetroot *Br*; **~ fourragère** mangel-wurzel; **~ sucrière** OU **à sucre** sugar beet.

beuglement [bøgləmã] *nm* **-1.** [de bovin] mooing (*U*), lowing (*U*). **-2.** [de radio] blaring (*U*).

beugler [bøgle] [5] *vi* **-1.** [bovin] to moo, to low. **-2.** *fam* [personne] to bellow; [radio] to blare out.

beur [bœr] *nmf person born in France of North African immigrant parents.*

beurre [bœr] *nm* **-1.** [aliment] butter; **~ de cacahuètes** peanut butter; **~ de cacao** cocoa butter; **~ demi-sel** slightly-salted butter; **~ noir** brown butter sauce. **-2.** *loc*: **compter pour du ~** to count for nothing; **faire son ~** to make one's pile; **mettre du**

~ dans les épinards to make life a little more comfortable.

beurré, -e [bœre] *adj* **-1.** [couvert de beurre] buttered. **-2.** *fam* [ivre] plastered.

beurrer [bœre] [5] *vt* to butter.

beurrier, -ière [bœrje, jɛr] *adj* [industrie] butter (*avant n*); [région] butter-producing.
◆ **beurrier** *nm* butter dish.

beuverie [bœvri] *nf* drinking session.

bévue [bevy] *nf* blunder; **faire** OU **commettre une ~** to slip up.

Beyrouth [berut] *n* Beirut; **~-Est** East Beirut; **~-Ouest** West Beirut.

BHV (*abr de* **Bazar de l'Hôtel de Ville**) *nm large department store in central Paris.*

biais [bjɛ] *nm* **-1.** [ligne oblique] slant; **en** OU **de ~** [de travers] at an angle; *fig* indirectly. **-2.** COUTURE bias; **tailler un tissu dans le ~** to cut a piece of cloth on the bias. **-3.** [aspect] angle. **-4.** [moyen détourné] expedient; **par le ~ de** by means of.

biaiser [bjeze] [4] *vi fig* to dodge the issue.

bibelot [biblo] *nm* trinket, curio.

biberon [bibrɔ̃] *nm* baby's bottle; **nourrir au ~** to bottle-feed.

bible [bibl] *nf* bible.

bibliobus [biblijɔbys] *nm* mobile library.

bibliographie [biblijɔgrafi] *nf* bibliography.

bibliographique [biblijɔgrafik] *adj* bibliographical.

bibliophile [biblijɔfil] *nmf* book lover.

bibliothécaire [biblijɔtekɛr] *nmf* librarian.

bibliothèque [biblijɔtɛk] *nf* **-1.** [meuble] bookcase. **-2.** [édifice, collection] library; **~ municipale** public library; **la Bibliothèque nationale** *the French national library.*

BIBLIOTHÈQUE NATIONALE:
Situated in the rue de Richelieu in Paris, the Bibliothèque nationale or 'BN' is a large copyright deposit library comparable to the British Library and the Library of Congress

biblique [biblik] *adj* biblical.

Bic® [bik] *nm* ball-point pen.

bicarbonate [bikarbɔnat] *nm*: **~ (de soude)** bicarbonate of soda.

bicentenaire [bisɑ̃tnɛr] ◇ *adj* two-hundred-year-old (*avant n*). ◇ *nm* bicentennial *Am*, bicentenary *Br*.

biceps [bisɛps] *nm* biceps.

biche [biʃ] *nf* ZOOL hind, doe.

bichonner [biʃɔne] [3] *vt* [choyer] to cosset, to pamper.

◆ **se bichonner** *vp* to spruce o.s. up; [femme] to doll o.s. up.

bicolore [bikɔlɔr] *adj* two-colored *Am*, two-coloured *Br*.

bicoque [bikɔk] *nf péj* house.

bicorne [bikɔrn] *nm* cocked hat.

bicyclette [bisiklɛt] *nf* bicycle; **rouler à ~ to** cycle.

bidasse [bidas] *nm fam* grunt *Am*, squaddie *Br*.

bide [bid] *nm fam* **-1.** [ventre] belly. **-2.** [échec] flop.

bidet [bidɛ] *nm* **-1.** [sanitaire] bidet. **-2.** *hum* [cheval] nag.

bidon [bidɔ̃] *nm* **-1.** [récipient] can. **-2.** *fam* [ventre] belly. **-3.** (*en apposition inv*) *fam* [faux] phony *Am*, phoney *Br*. **-4.** *fam* [simulation]: **c'est du ~** it's (a load of) rubbish.

bidonner [bidɔne] [3]
◆ **se bidonner** *vp fam* to laugh one's head off.

bidonville [bidɔ̃vil] *nm* shantytown.

bidouilleur [bidujœr] *nm* INFORM do-it-yourselfer.

bidule [bidyl] *nm fam* thing, thingamabob.

bielle [bjɛl] *nf* connecting rod.

biélorusse [bjelɔrys] *adj* Belorussian, Byelorussian.
◆ **Biélorusse** *nmf* Belorussian, Byelorussian.

Biélorussie [bjelɔrysi] *nf*: **la ~** Belorussia, Byelorussia.

bien [bjɛ̃] (*compar & superl* **mieux**) ◇ *adj inv* **-1.** [satisfaisant] good; **il est ~ comme prof** he's a good teacher; **il est ~, ce bureau** this is a good office. **-2.** [en bonne santé] well; **je ne me sens pas ~** I don't feel well. **-3.** [joli] good-looking; **tu ne trouves pas qu'elle est ~ comme ça?** don't you think she looks good OU nice like that? **-4.** [à l'aise] comfortable. **-5.** [convenable] respectable.
◇ *nm* **-1.** [sens moral]: **le ~** good; **le ~ et le mal** good and evil. **-2.** [intérêt] good; **je te dis ça pour ton ~** I'm telling you this for your own good. **-3.** [richesse, propriété] property, possession; **~s de consommation** consumer goods. **-4.** *loc*: **faire du ~ à qqn** to do sb good; **dire du ~ de qqn/qqch** to speak well of sb/sthg; **mener à ~** to bring to fruition, to complete; **en tout ~ tout honneur** with the best of intentions.
◇ *adv* **-1.** [de manière satisfaisante] well; **on mange ~ ici** the food's good here; **il ne s'est pas ~ conduit** he didn't behave well; **tu as ~ fait** you did the right thing; **tu ferais ~ d'y aller** you would be wise to go; **c'est ~ fait!** it serves him/her *etc* right! **-2.**

[sens intensif] quite, really; **~ souvent** quite often; **j'espère ~ que ...** I DO hope that ...; **on a ~ ri** we had a good laugh; **il y a ~ trois heures que j'attends** I've been waiting for at least three hours; **c'est ~ aimable à vous** it's very kind OU good of you. **-3.** [renforçant un comparatif]: **il est parti ~ plus tard** he left much later; **on était ~ moins riches** we were a lot worse off OU poorer. **-4.** [servant à conclure ou à introduire]: **bien, c'est fini pour aujourd'hui** well, that's it for today; **~, je t'écoute** well, I'm listening; **très ~, je vais avec toi** all right then, I'll go with you. **-5.** [en effet]: **c'est ~ lui** it really IS him; **c'est ~ ce que je disais** that's just what I said.
◇ *interj*: **eh ~!** oh well!; **eh ~, qu'en penses-tu?** well, what do you think?
◆ **biens** *nmpl* property (U).
◆ **bien de, bien des** *loc adj*: **~ des gens sont venus** quite a lot of people came; **~ des fois** many times; **il a ~ de la chance** he's very OU really lucky; **il a eu ~ de la peine à me convaincre** he had quite a lot of trouble convincing me.
◆ **bien entendu** *loc adv* of course.
◆ **bien que** *loc conj* (+ *subjonctif*) although, though.
◆ **bien sûr** *loc adv* of course, certainly.

bien-aimé, -e [bjɛ̃neme] (*mpl* **bien-aimés**, *fpl* **bien-aimées**) *adj & nm, f* beloved.

bien-être [bjɛ̃nɛtr] *nm inv* **-1.** [physique] wellbeing. **-2.** [matériel] wellbeing, comfort.

bienfaisance [bjɛ̃fəzɑ̃s] *nf* charity.

bienfaisant, -e [bjɛ̃fəzɑ̃, ɑ̃t] *adj* beneficial.

bienfait [bjɛ̃fɛ] *nm* **-1.** [effet bénéfique] benefit. **-2.** [faveur] kindness.

bienfaiteur, -trice [bjɛ̃fɛtœr, tris] *nm, f* benefactor.

bien-fondé [bjɛ̃fɔ̃de] (*pl* **bien-fondés**) *nm* validity.

bienheureux, -euse [bjɛ̃nørø, øz] *adj* **-1.** RELIG blessed. **-2.** [heureux] happy.

biennal, -e, -aux [bjenal, o] *adj* biennial.
◆ **biennale** *nf* biennial festival.

bien-pensant, -e [bjɛ̃pɑ̃sɑ̃, ɑ̃t] (*mpl* **bien-pensants**, *fpl* **bien-pensantes**) *adj & nm, f péj* conformist.

bienséance [bjɛ̃seɑ̃s] *nf* decorum.
◆ **bienséances** *nfpl* conventions.

bientôt [bjɛ̃to] *adv* soon; **à ~!** see you soon!

bienveillance [bjɛ̃vejɑ̃s] *nf* kindness.

bienveillant, -e [bjɛ̃vejɑ̃, ɑ̃t] *adj* kindly.

bienvenu, -e [bjɛ̃vəny] ◇ *adj* [qui arrive à

propos] welcome. ◇ *nm, f*: être le ~/la ~e to be welcome; soyez le ~! welcome!
◆ **bienvenue** *nf* welcome; souhaiter la ~e à qqn to welcome sb.

bière [bjɛr] *nf* -1. [boisson] beer; ~ **blonde** lager; ~ **brune** brown ale; ~ **pression** draft *Am* OU draught *Br* beer. -2. [cercueil] coffin.

biffer [bife] [3] *vt sout* to cross out.

bifteck [biftɛk] *nm* steak.

bifurcation [bifyrkasjɔ̃] *nf* [embranchement] fork; *fig* new direction.

bifurquer [bifyrke] [3] *vi* -1. [route, voie ferrée] to fork. -2. [voiture] to turn off. -3. *fig* [personne] to branch off.

bigame [bigam] ◇ *adj* bigamous. ◇ *nmf* bigamist.

bigamie [bigami] *nf* bigamy.

bigarreau, -x [bigaro] *nm* cherry.

bigophone [bigɔfɔn] *nm fam vieilli* [téléphone] horn *Am*, blower *Br*.

bigorneau, -x [bigɔrno] *nm* winkle.

bigot, -e [bigo, ɔt] *péj* ◇ *adj* bigoted. ◇ *nm, f* bigot.

bigoudi [bigudi] *nm* curler.

bigrement [bigrəmɑ̃] *adv fam vieilli* [beaucoup] a lot; [très] very.

bijou, -x [biʒu] *nm* -1. [joyau] jewel. -2. *fig* [chef d'œuvre] gem.

bijouterie [biʒutri] *nf* -1. [magasin] jeweler's *Am* OU jeweller's *Br* (shop). -2. [activité] jewelry-making *Am*, jewellery-making *Br*. -3. [commerce] jewelry *Am* OU jewellery *Br* trade.

bijoutier, -ière [biʒutje, jɛr] *nm, f* jeweler *Am*, jeweller *Br*.

bikini [bikini] *nm vieilli* bikini.

bilan [bilɑ̃] *nm* -1. FIN balance sheet; **déposer son** ~ to declare bankruptcy. -2. [état d'une situation] state of affairs; **faire le** ~ **(de)** to take stock (of); ~ **de santé** checkup.

bilatéral, -e, -aux [bilateral, o] *adj* -1. [stationnement] on both sides (of the road). -2. [contrat, accord] bilateral.

bile [bil] *nf* bile; **déverser sa** ~ to vent one's spleen; **se faire de la** ~ *fam* to worry.

biliaire [biljɛr] *adj* biliary; **calcul** ~ gallstone; **vésicule** ~ gall bladder.

bilieux, -ieuse [biljø, jøz] *adj* -1. [teint] bilious. -2. [tempérament] irascible.

bilingue [bilɛ̃g] ◇ *adj* bilingual. ◇ *nmf* [personne] bilingual person.

bilinguisme [bilɛ̃gɥism] *nm* bilingualism.

billard [bijar] *nm* -1. [jeu] billiards (*U*). -2. [table de jeu] billiard table. -3. *loc*: **passer** OU **monter sur le** ~ *fam* to go under the knife.

bille [bij] *nf* -1. [d'enfant] marble. -2. [de billard] ball. -3. *fam* [tête] face. -4. [de bois] block of wood.

billet [bijɛ] *nm* -1. [lettre] note; ~ **doux** love letter. -2. [argent]: ~ **(de banque)** (bank) note. -3. [ticket] ticket; ~ **de train/d'avion** train/plane ticket; ~ **de faveur** complimentary ticket; ~ **de loterie** lottery ticket.

billetterie [bijɛtri] *nf* -1. [à l'aéroport] ticket desk; [à la gare] booking office OU hall. -2. [bureau, service] ticket office. -3. BANQUE cash dispenser.

billion [biljɔ̃] *nm* trillion *Am*, billion *Br*.

bimensuel, -elle [bimɑ̃sɥɛl] *adj* twice monthly, fortnightly *Br*.
◆ **bimensuel** *nm* semimonthly *Am*, fortnightly review *Br*.

bimestriel, -ielle [bimɛstrijɛl] *adj* two-monthly.

bimoteur [bimɔtœr] ◇ *adj* twin-engined. ◇ *nm* twin-engined plane.

binaire [binɛr] *adj* binary.

biner [bine] [3] *vt* to hoe.

biniou [binju] *nm* (Breton) bagpipes (*pl*).

binocle [binɔkl] *nm* pince-nez.
◆ **binocles** *nmpl fam vieilli* specs.

bio [bjo] *adj inv* natural; **aliments** ~ wholefood, health food.

biocarburant [bjɔkarbyrɑ̃] *nm* biofuel.

biochimie [bjɔʃimi] *nf* biochemistry.

biodégradable [bjɔdegradabl] *adj* biodegradable.

biographie [bjɔgrafi] *nf* biography.

biographique [bjɔgrafik] *adj* biographical.

biologie [bjɔlɔʒi] *nf* biology.

biologique [bjɔlɔʒik] *adj* -1. SCIENCE biological. -2. [naturel] organic.

biopsie [bjɔpsi] *nf* biopsy.

biorythme [bjɔritm] *nm* biorhythm.

bip [bip] *nm* tone, beep.

bipède [bipɛd] *nm & adj* biped.

biper [bipe] [3] *vt* to page.

bique [bik] *nf* -1. *fam* [chèvre] (nanny) goat. -2. *péj* [femme]: **vieille** ~ old bag.

BIRD [bœrd] (*abr de* **Banque internationale pour la reconstruction et le développement**) *nf* IBRD.

biréacteur [bireaktœr] *nm* twin-engined jet.

birman, -e [birmɑ̃, an] *adj* Burmese.
◆ **birman** *nm* [langue] Burmese.
◆ **Birman, -e** *nm, f* Burmese.

Birmanie [birmani] *nf*: **la** ~ Burma.

bis¹, -e [bi, biz] *adj* greyish-brown; **pain** ~ brown bread.

bis² [bis] ◇ *adv* **-1.** [dans adresse]: **5** ~ **5a**. **-2.** [à la fin d'un spectacle] encore. ◇ *nm* encore.

bisannuel, -elle [bizanɥɛl] *adj* biennial.

bisbille [bizbij] *nf* squabble, tiff; être en ~ (avec) to be on bad terms (with).

biscornu, -e [biskɔrny] *adj* **-1.** [difforme] irregularly shaped. **-2.** [bizarre] weird.

biscotte [biskɔt] *nf toasted bread sold in packets and often eaten for breakfast.*

biscuit [biskɥi] *nm* **-1.** [sec] cookie *Am*, biscuit *Br*; [salé] cracker. **-2.** [gâteau] sponge.

bise [biz] *nf* **-1.** [vent] north wind. **-2.** *fam* [baiser] kiss.

biseau, -x [bizo] *nm* bevel; en ~ beveled *Am*, bevelled *Br*.

bison [bizɔ̃] *nm* bison.

bisou [bizu] *nm fam* kiss.

bisque [bisk] *nf thick rich soup;* ~ de homard lobster bisque.

bissextile [bisɛkstil] → **année**.

bistouri [bisturi] *nm* lancet.

bistro(t) [bistro] *nm fam* cafe, bar.

BISTROT:

This word can refer either to a small cafe or to a cosy restaurant, especially one frequented by regulars. 'Le style bistrot' refers to a style of furnishing inspired by the chairs, tables and zinc countertops typical of the traditional 'bistrot'

---

bit [bit] *nm* INFORM bit.

BIT (*abr de* **Bureau international du travail**) *nm* ILO.

bit(t)e [bit] *nf vulg* cock.

bitume [bitym] *nm* **-1.** [revêtement] asphalt. **-2.** CHIM bitumen.

bivouac [bivwak] *nm* bivouac.

bizarre [bizar] *adj* strange, odd.

bizarrement [bizarmɑ̃] *adv* strangely, oddly.

bizarrerie [bizarri] *nf* strangeness.

bizutage [bizytaʒ] *nm practical jokes played on new arrivals in a school or college.*

BIZUTAGE:

In some French schools and colleges, students in fancy-dress take to the streets and play practical jokes (sometimes very cruel ones) on each other and on passers-by at the beginning of the school year. This is part of the traditional initiation ceremony known as 'bizutage'

---

blabla, bla-bla [blabla] *nm inv fam* waffle.

blackbouler [blakbule] [3] *vt* **-1.** [à une élection] to blackball. **-2.** *fam* [à un examen] to fail.

blafard, -e [blafar, ard] *adj* pale.

blague [blag] *nf* **-1.** [plaisanterie] joke; ~ à part joking apart; sans ~! no!, really‽ **-2.** [sac]: ~ à tabac tobacco pouch.

blaguer [blage] [3] *fam vi* to joke.

blagueur, -euse [blagœr, øz] *fam* ◇ *adj* jokey. ◇ *nm, f* joker.

blaireau, -x [blɛro] *nm* **-1.** [animal] badger. **-2.** [de rasage] shaving brush.

blairer [blɛre] [4] *vt fam*: je ne peux pas la ~ I can't stand her.

blâme [blam] *nm* **-1.** [désapprobation] disapproval. **-2.** [sanction] reprimand.

blâmer [blame] [3] *vt* **-1.** [désapprouver] to blame. **-2.** [sanctionner] to reprimand.

blanc, blanche [blɑ̃, blɑ̃ʃ] *adj* **-1.** [gén] white. **-2.** [non écrit] blank. **-3.** [pâle] pale.
◆ **blanc** *nm* **-1.** [couleur] white; ~ cassé off-white. **-2.** [personne] white (man). **-3.** [linge de maison]: le ~ the (household) linen. **-4.** [sur page] blank (space); en ~ [chèque] blank; laisser en ~ to leave blank. **-5.** [dans conversation] gap. **-6.** [de volaille] white meat. **-7.** [vin] white (wine); ~ **s** *white wine from white grapes.* **-8.** *loc*: chauffé à ~ white-hot; tirer à ~ to shoot OU fire blanks.
◆ **blanche** *nf* **-1.** [personne] white (woman). **-2.** MUS minim.
◆ **blanc d'œuf** *nm* egg white.

blanc-bec [blɑ̃bɛk] (*pl* **blancs-becs**) *nm péj* & *vieilli* greenhorn.

blanchâtre [blɑ̃ʃatr] *adj* whitish.

blanche → **blanc**.

blancheur [blɑ̃ʃœr] *nf* whiteness.

blanchiment [blɑ̃ʃimɑ̃] *nm* **-1.** [décoloration] bleaching. **-2.** [coloration en blanc] whitewashing; ~ d'argent *fig* money laundering.

blanchir [blɑ̃ʃir] [32] ◇ *vt* **-1.** [mur] to whitewash. **-2.** [linge, argent] to launder. **-3.** [légumes] to blanch. **-4.** [sucre] to refine; [papier, tissu] to bleach. **-5.** *fig* [accusé]: ~ qqn de qqch to clear sb of sthg. ◇ *vi*: ~ (de) to go white (with).

blanchissage [blɑ̃ʃisaʒ] *nm* **-1.** [de linge] laundering. **-2.** [de sucre] refining.

blanchisserie [blɑ̃ʃisri] *nf* laundry.

blanchon [blɑ̃ʃɔ̃] *nm Can* whitecoat (*baby seal*).

blanquette [blɑ̃kɛt] *nf* **-1.** CULIN stew of veal, lamb or chicken served in a white sauce; ~ de

veau veal blanquette. **-2.** [vin]: ~ **de Li-moux** *sparkling wine from Limoux*.

blasé, -e [blaze] *adj* blasé.

blason [blazɔ̃] *nm* coat of arms.

blasphématoire [blasfematwar] *adj* blasphemous.

blasphème [blasfɛm] *nm* blasphemy.

blasphémer [blasfeme] [18] *vt & vi* to blaspheme.

blatte [blat] *nf* cockroach.

blazer [blazɛr] *nm* blazer.

blé [ble] *nm* **-1.** [céréale] wheat, corn; ~ **en herbe** unripe corn; ~ **noir** buckwheat; **blond comme les** ~**s** golden-haired. **-2.** *fam* [argent] dough.

bled [blɛd] *nm* **-1.** [brousse] *North African interior*. **-2.** *fam péj* [village isolé] godforsaken place.

blême [blɛm] *adj*: ~ **(de)** pale (with).

blêmir [blemir] [32] *vi* to go OU turn pale.

blennorragie [blenɔraʒi] *nf* gonorrhoea.

blessant, -e [blesɑ̃, ɑ̃t] *adj* hurtful.

blessé, -e [blese] *nm, f* wounded OU injured person; **un grand** ~ a badly wounded OU injured person.

blesser [blese] [4] *vt* **-1.** [physiquement - accidentellement] to injure, to hurt; [- par arme] to wound; [- suj: souliers] to hurt. **-2.** [moralement] to hurt.

◆ **se blesser** *vp* to injure o.s., to hurt o.s.

blessure [blesyr] *nf litt & fig* wound.

blet, blette [blɛ, blɛt] *adj* overripe.

blette = **bette**.

bleu, -e [blø] *adj* **-1.** [couleur] blue; ~ **pâle/roi** pale/royal blue. **-2.** [viande] very rare.

◆ **bleu** *nm* **-1.** [couleur] blue. **-2.** [meurtrissure] bruise. **-3.** *fam* [novice - à l'armée] raw recruit; [- à l'université] freshman, fresher *Br*. **-4.** [fromage] blue cheese. **-5.** [antiseptique]: ~ **de méthylène** methylene blue. **-6.** [vêtement]: ~ **de travail** overalls (*pl*).

bleuet [bløɛ] *nm* cornflower; *Can* [fruit] blueberry.

bleuetière [bløtjɛr] *nf Can* blueberry field.

bleuir [bløir] [32] *vt & vi* to turn blue.

bleuté, -e [bløte] *adj* bluish.

blindé, -e [blɛ̃de] *adj* **-1.** [véhicule] armored *Am*, armoured *Br*; [porte, coffre] armor-plated *Am*, armour-plated *Br*. **-2.** *fam fig* [personne] hardened.

◆ **blindé** *nm* armored *Am* OU armoured *Br* car.

blinder [blɛ̃de] [3] *vt* **-1.** [véhicule] to armor *Am*, to armour *Br*; [porte, coffre] to armor-plate *Am*, to armour-plate *Br*. **-2.** *fam* [endurcir] to harden.

blizzard [blizar] *nm* blizzard.

bloc [blɔk] *nm* **-1.** [gén] block; **en** ~ wholesale; **faire** ~ to unite. **-2.** [assemblage] unit; ~ **d'alimentation** INFORM power pack; ~ **opératoire** operating room *Am* OU theatre *Br*; ~ **sanitaire** toilet block.

blocage [blɔkaʒ] *nm* **-1.** ÉCON freeze, freezing (*U*). **-2.** [de roue] locking. **-3.** PSYCHOL (mental) block. **-4.** CONSTR rubble.

blockhaus [blɔkos] *nm* blockhouse.

bloc-moteur [blɔkmɔtœr] (*pl* **blocs-moteurs**) *nm* engine block.

bloc-notes [blɔknɔt] (*pl* **blocs-notes**) *nm* notepad.

blocus [blɔkys] *nm* blockade.

blond, -e [blɔ̃, blɔ̃d] ◇ *adj* fair, blond. ◇ *nm, f* fair-haired OU blond man (*f* fair-haired OU blonde woman).

◆ **blond** *nm*: ~ **cendré/vénitien/platine** ash/strawberry/platinum blond.

◆ **blonde** *nf* **-1.** [cigarette] Virginia cigarette. **-2.** [bière] lager.

blondeur [blɔ̃dœr] *nf* blondness, fairness.

blondir [blɔ̃dir] [32] *vi* to go OU turn blond; **faire** ~ CULIN to fry without browning.

bloquer [blɔke] [3] *vt* **-1.** [porte, freins] to jam; [roues] to lock. **-2.** [route, chemin] to block; [personne]: **être bloqué** to be stuck. **-3.** [prix, salaires, crédit] to freeze. **-4.** [regrouper] to combine. **-5.** PSYCHOL: **être bloqué** to have a (mental) block.

◆ **se bloquer** *vp* **-1.** [se coincer] to jam. **-2.** PSYCHOL: **se** ~ **contre** to have a (mental) block about.

blottir [blɔtir] [32]

◆ **se blottir** *vp*: **se** ~ **(contre)** to snuggle up (to).

blouse [bluz] *nf* **-1.** [de travail, d'écolier] smock. **-2.** [chemisier] blouse.

blouser [bluze] [3] ◇ *vi* to be full. ◇ *vt fam*: ~ **qqn** to pull a fast one on sb.

blouson [bluzɔ̃] *nm* bomber jacket, blouson; ~ **noir** ≃ teddy boy.

blue-jean [bludʒin] (*pl* **blue-jeans** [bludʒins]) *nm* jeans (*pl*).

blues [bluz] *nm inv* blues.

bluff [blœf] *nm* bluff.

bluffer [blœfe] [3] *fam vi & vt* to bluff.

blush [blœʃ] *nm* blusher.

BN *nf abr de* **Bibliothèque nationale**.

boa [bɔa] *nm* boa.

boat people [botpipəl] *nmpl* boat people.

bobard [bɔbar] *nm fam* fib.

bobine [bɔbin] *nf* **-1.** [cylindre] reel, spool. **-2.** ÉLECTR coil. **-3.** *fam vieilli* [visage] face.

bobo [bɔbo] *nm* (*langage enfantin*): **se faire ~** to hurt o.s.; **j'ai ~ à la tête** my head hurts.

bobsleigh [bɔbslɛg] *nm* bobsleigh.

bocage [bɔkaʒ] *nm* **-1.** [bois] grove. **-2.** GÉOGR bocage.

bocal, **-aux** [bɔkal, o] *nm* jar.

bock [bɔk] *nm* beer mug.

body-building [bɔdibildiŋ] *nm*: **le ~** body building (*U*).

bœuf [bœf, *pl* bø] *nm* **-1.** [animal] ox. **-2.** [viande] beef; **~ bourguignon** *beef stew in red-wine sauce*; **~ en daube** *beef braised in wine and stock*; **~ miroton** *slices of beef reheated in stock*.

bof [bɔf] *interj fam* [exprime le mépris] so what?; [exprime la lassitude] I don't really care.

bohème [bɔɛm] ◇ *adj* bohemian. ◇ *nf*: **la ~** bohemia.

Bohême [bɔɛm] *nf*: **la ~** Bohemia.

bohémien, **-ienne** [bɔemjɛ̃, jɛn] ◇ *adj* **-1.** [tsigane] gipsy (*avant n*). **-2.** [non-conformiste] bohemian. ◇ *nm, f* **-1.** [tsigane] gipsy. **-2.** [non-conformiste] bohemian.

◆ **Bohémien**, **-ienne** *nm, f* Bohemian.

boire [bwar] [108] ◇ *vt* **-1.** [s'abreuver] to drink. **-2.** [absorber] to soak up. ◇ *vi* to drink.

bois [bwa] ◇ *nm* wood; **en ~** wooden; **~ mort** deadwood *Am*, dead wood *Br*; **~ vert** green wood; **chèque en ~** *fig* bad check *Am*, rubber cheque *Br*; **petit ~** kindling; **toucher du ~** *fam fig* to knock on wood *Am*, to touch wood *Br*. ◇ *nmpl* **-1.** MUS woodwind (*U*). **-2.** [cornes] antlers.

boisé, **-e** [bwaze] *adj* wooded.

boiser [bwaze] [3] *vt* to afforest.

boiserie [bwazri] *nf* paneling (*U*) *Am*, panelling (*U*) *Br*.

boisson [bwasɔ̃] *nf* **-1.** [breuvage] drink; **~ chaude/froide** hot/cold drink; **être pris de ~** to be intoxicated. **-2.** [habitude] drink, drinking (*U*).

boîte [bwat] *nf* **-1.** [récipient] box; **en ~** canned, tinned *Br*; **~ de conserve** can, tin *Br*; **~ de dialogue** INFORM dialog box; **~ à gants** glove compartment; **~ aux lettres** [pour la réception] letterbox; [pour l'envoi] mailbox *Am*, postbox *Br*; **~ à musique** music box *Am*, musical box *Br*; **~ noire** black box; **~ postale** post office box; **~ de vitesses** gearbox; **mettre qqn en ~** *fig* to pull sb's leg. **-2.** *fam* [entreprise] company, firm; [lycée] school. **-3.** *fam* [discothèque]: **~ (de nuit)** nightclub, club.

boiter [bwate] [3] *vi* **-1.** [personne] to limp. **-2.** [meuble] to wobble.

boiteux, **-euse** [bwatø, øz] ◇ *adj* **-1.** [personne] lame. **-2.** [meuble] wobbly. **-3.** *fig* [raisonnement] shaky. ◇ *nm, f* lame person.

boîtier [bwatje] *nm* **-1.** [boîte] case. **-2.** TECHNOL casing.

boitiller [bwatije] [3] *vi* to limp slightly.

bol [bɔl] *nm* **-1.** [récipient] bowl. **-2.** [contenu] bowl, bowlful. **-3.** *loc*: **avoir du ~** *fam* to be lucky; **prendre un ~ d'air** to get some fresh air.

bolet [bɔlɛ] *nm* boletus.

bolide [bɔlid] *nm* **-1.** [véhicule] race *Am* OU racing *Br* car; **comme un ~** like a rocket. **-2.** ASTRON meteor.

Bolivie [bɔlivi] *nf*: **la ~** Bolivia.

bolivien, **-ienne** [bɔlivjɛ̃, jɛn] *adj* Bolivian.

◆ **Bolivien**, **-ienne** *nm, f* Bolivian.

bombance [bɔ̃bɑ̃s] *nf*: **faire ~** *fam* to have a feast.

bombardement [bɔ̃bardəmɑ̃] *nm* bombardment, bombing (*U*).

bombarder [bɔ̃barde] [3] *vt* **-1.** MIL to bomb. **-2.** [assaillir]: **~ qqn/qqch de** to bombard sb/sthg with. **-3.** *fam fig* [nommer]: **~ qqn chef de personnel** to pitchfork sb into the job of personnel manager.

bombardier [bɔ̃bardje] *nm* **-1.** [avion] bomber. **-2.** [aviateur] bombardier.

bombe [bɔ̃b] *nf* **-1.** [projectile] bomb; *fig* bombshell; **~ atomique** atomic bomb; **~ incendiaire** incendiary OU fire bomb; **~ à retardement** time bomb. **-2.** [casquette] riding hat. **-3.** [atomiseur] spray, aerosol. **-4.** CULIN: **~ glacée** (ice-cream) bombe. **-5.** *loc*: **faire la ~** to live it up.

bombé, **-e** [bɔ̃be] *adj* bulging, rounded.

bomber [bɔ̃be] [3] ◇ *vt* **-1.** [torse] to stick out. **-2.** *fam* [dessiner à la bombe] to spray. ◇ *vi* **-1.** [devenir convexe] to bulge. **-2.** *fam* [aller vite] to bomb along.

bon, **bonne** [bɔ̃, bɔn] *adj* (*compar & superl* **meilleur**) **-1.** [gén] good. **-2.** [généreux] good, kind. **-3.** [utilisable - billet, carte] valid. **-4.** [correct] right. **-5.** [dans l'expression d'un souhait]: **bonne année!** Happy New Year!; **bonne chance!** good luck!; **bonnes vacances!** have a nice holiday! **-6.** *loc*: **être ~ pour qqch/pour faire qqch** *fam* to be fit for sthg/for doing sthg; **tu es ~ pour une contravention** you'll end up with OU you'll get a parking ticket; **~ à** (+ *infinitif*) fit to; **c'est ~ à savoir** that's worth knowing.

◆ **bon** ◇ *adv*: **à quoi ~ ...?** what's the use ...?; **il fait ~** the weather's fine, it's fine; **sentir ~** to smell good; **tenir ~** to stand firm.

◇ *interj* **-1.** [marque de satisfaction] **good! -2.**
[marque de surprise]: **ah ~! really?**

◇ *nm* **-1.** [constatant un droit] **voucher; ~ de**
commande order form; **~ du Trésor** FIN
Treasury bill OU **bond. -2.** (*gén pl*) [per-
sonne]: **les ~s et les méchants** good people
and wicked people. **-3.** [éléments valables]
good (*U*).
◆ **pour de bon** *loc adv* seriously, really.

bonbon [bɔ̃bɔ̃] *nm* **-1.** [friandise] piece of
candy *Am*, sweet *Br*; **~ acidulé** acid drop.
-2. *Belg* [gâteau] biscuit.

bonbonne [bɔ̃bɔn] *nf* demijohn.

bonbonnière [bɔ̃bɔnjɛr] *nf* **-1.** [boîte] candy
box *Am*, sweet-box *Br*. **-2.** *fig* [appartement]
bijou apartment *Am* OU flat *Br*.

bond [bɔ̃] *nm* [d'animal, de personne] leap,
bound; [de balle] bounce; **faire un ~** to leap
(forward); **faire faux ~ à qqn** to let sb
down.

bonde [bɔ̃d] *nf* **-1.** [d'évier] plug. **-2.** [trou]
bunghole. **-3.** [bouchon] bung.

bondé, -e [bɔ̃de] *adj* packed.

bondieuserie [bɔ̃djøzri] *nf péj* **-1.** [bigoterie]
religiosity. **-2.** [objet] religious trinket.

bondir [bɔ̃dir] [32] *vi* **-1.** [sauter] to leap, to
bound; **~ sur qqn/qqch** to pounce on sb/
sthg. **-2.** [s'élancer] to leap forward. **-3.** *fig*
[réagir violemment]: **~ (de)** to jump (with).

bonheur [bɔnœr] *nm* **-1.** [félicité] happiness.
-2. [chance] (good) luck, good fortune; **par**
~ happily, fortunately; **au petit ~** haphazardly; **porter ~** to be lucky, to bring good
luck.

bonhomie [bɔnɔmi] *nf* good-naturedness,
good nature.

bonhomme [bɔnɔm] (*pl* **bonshommes**
[bɔ̃zɔm]) *nm* **-1.** *fam péj* [homme] fellow. **-2.**
[petit garçon] fellow. **-3.** [représentation] man;
~ de neige snowman. **-4.** *loc*: **aller son pe-**
tit ~ de chemin *fig* to jog along.

boniche [bɔniʃ] *nf péj* servant, skivvy *Br*.

bonification [bɔnifikasjɔ̃] *nf* **-1.** [de terre, de
vin] improvement. **-2.** SPORT bonus points
(*pl*).

bonifier [bɔnifje] [9] *vt* to improve.
◆ **se bonifier** *vp* to improve.

boniment [bɔnimɑ̃] *nm* **-1.** [baratin] sales
talk (*U*). **-2.** [mensonge] (tall) story.

bonjour [bɔ̃ʒur] *nm* hello; [avant midi] good
morning; [après midi] good afternoon; **sim-**
ple comme ~ it's (as) easy as ABC.

bonne [bɔn] ◇ *nf* maid. ◇ *adj* → **bon.**

bonne-maman [bɔnmamɑ̃] (*pl* **bonnes-**
mamans) *nf* granny, grandma.

bonnement [bɔnmɑ̃] *adv*: **tout ~** just, simply.

bonnet [bɔnɛ] *nm* **-1.** [coiffure] (woolly) hat;
~ d'âne ≃ dunce's cap; **~ de bain** swimming cap; **~ de nuit** *fig* [personne] misery;
gros ~ *fig* [personne] big cheese; **~ phrygien**
Phrygian cap (*worn by the sans-culottes during*
the French Revolution). **-2.** [de soutien-gorge]
cup. **-3.** *loc*: **~ blanc et blanc ~** six of one
and half a dozen of the other.

bonneterie [bɔnɛtri] *nf* **-1.** [magasin] ho-
sier's (shop). **-2.** [marchandise] hosiery (*U*).
-3. [commerce] hosiery (business OU trade).

bon-papa [bɔ̃papa] (*pl* **bons-papas**) *nm*
grandad, grandpa.

bonsoir [bɔ̃swar] *nm* [en arrivant] hello,
good evening; [en partant] goodbye, good
evening; [en se couchant] good night.

bonté [bɔ̃te] *nf* **-1.** [qualité] goodness, kindness; **avoir la ~ de faire qqch** *sout* to be so
good OU kind as to do sthg. **-2.** (*gén pl*)
[acte] act of kindness.

bonus [bɔnys] *nm* [prime d'assurance] no-
claims bonus.

boomerang [bumrɑ̃g] *nm* boomerang.

borborygme [bɔrbɔrigm] *nm* rumbling (*U*).

bord [bɔr] *nm* **-1.** [de table, de vêtement]
edge; [de verre, de chapeau] rim; **à ras ~s** to
the brim. **-2.** [de rivière] bank; [de lac] edge,
shore; **au ~ de la mer** at the seaside. **-3.**
[de bois, jardin] edge; [de route] edge, side.
-4. [d'un moyen de transport]: **passer par-**
dessus ~ to fall overboard; **virer de ~** NA-
VIG to tack. **-5.** *loc*: **être du même ~** *fig* to
be on the same side.
◆ **à bord de** *loc prép*: **à ~ de qqch** on
board sthg.
◆ **au bord de** *loc prép* at the edge of; *fig*
on the verge of.

bordeaux [bɔrdo] ◇ *nm* **-1.** [vin] Bordeaux.
-2. [couleur] claret. ◇ *adj inv* claret.

bordée [bɔrde] *nf* broadside; **~ d'injures** *fig*
torrent of abuse; **~ de neige** *Can* heavy
snowfall.

bordel [bɔrdɛl] *nm vulg* **-1.** [maison close]
brothel. **-2.** [désordre] shambles (*sg*).

border [bɔrde] [3] *vt* **-1.** [vêtement]: **~ qqch**
de to edge sthg with. **-2.** [être en bordure de]
to line. **-3.** [voile] to haul on. **-4.** [couverture,
personne] to tuck in.

bordereau, -x [bɔrdəro] *nm* **-1.** [liste] schedule. **-2.** [facture] invoice. **-3.** [relevé] slip; **~**
de salaire pay slip.

bordure [bɔrdyr] *nf* **-1.** [bord] edge; **en ~**
de on the edge of. **-2.** [de fleurs] border. **-3.**
[de vêtement] edge, edging.

boréal, -e, -aux [bɔreal, o] *adj* northern.

borgne [bɔrɲ] ◇ *nmf* [personne] one-eyed person. ◇ *adj* -1. [personne] one-eyed. -2. [fenêtre] with an obstructed view. -3. *fig* [sordide] disreputable.

borne [bɔrn] *nf* -1. [marque] boundary marker; ~ **kilométrique** ≃ milestone. -2. *fam* [kilomètre] kilometer *Am*, kilometre *Br*. -3. [limite] limit, bounds (*pl*); **dépasser les** ~s to go too far; **sans** ~s boundless. -4. ÉLECTR terminal.

borné, -e [bɔrne] *adj* -1. [horizon] limited. -2. [personne] narrow-minded; [esprit] narrow.

Bornéo [bɔrneo] *n* Borneo; **à** ~ in Borneo.

borner [bɔrne] [3] *vt* [terrain] to limit; [projet, ambition] to limit, to restrict.
◆ **se borner** *vp*: **se** ~ **à qqch/à faire qqch** [suj: personne] to confine o.s. to sthg/to doing sthg.

Bosnie [bɔsni] *nf*: **la** ~ Bosnia.

bosniaque [bɔsnjak] *adj* Bosnian.
◆ **Bosniaque** *nmf* Bosnian.

bosquet [bɔskɛ] *nm* copse.

bosse [bɔs] *nf* -1. [sur tête, sur route] bump. -2. [de bossu, chameau] hump. -3. *loc*: **avoir la** ~ **des maths** *fam* to have a good head for math *Am* OU maths *Br*; **rouler sa** ~ *fam* to knock around OU about.

bosseler [bɔsle] [24] *vt* -1. [cabosser] to dent. -2. [travailler] to emboss.

bosser [bɔse] [3] *vi fam* to work hard.

bosseur, -euse [bɔsœr, øz] *fam* ◇ *adj* hard-working. ◇ *nm, f* hard worker.

bossu, -e [bɔsy] ◇ *adj* hunchbacked. ◇ *nm, f* hunchback.

bot [bo] → **pied**.

botanique [bɔtanik] ◇ *adj* botanical. ◇ *nf*: **la** ~ botany.

Botswana [bɔtswana] *nm*: **le** ~ Botswana; **au** ~ in Botswana.

botte [bɔt] *nf* -1. [chaussure] boot; ~ **de caoutchouc** rubber boot *Am*, wellington (boot) *Br*; **lécher les** ~s **de qqn** *fam fig* to lick sb's boots; **en avoir plein les** ~s *fam fig* to have had a bellyful. -2. [de légumes] bunch. -3. [en escrime] thrust, lunge.

botter [bɔte] [3] *vt* -1. [chausser]: **être botté de cuir** to be wearing leather boots. -2. *fam* [donner un coup de pied à] to boot. -3. *fam vieilli* [plaire à]: **ça me botte** I dig it.

bottier [bɔtje] *nm* [de bottes] bootmaker; [de chaussures] shoemaker.

bottillon [bɔtijɔ̃] *nm* (ankle) boot.

Bottin® [bɔtɛ̃] *nm* phone book.

bottine [bɔtin] *nf* (ankle) boot.

bouc [buk] *nm* -1. [animal] (billy) goat; ~ **émissaire** *fig* scapegoat. -2. [barbe] goatee.

boucan [bukã] *nm fam* row, racket.

bouche [buʃ] *nf* -1. [gén] mouth; ~ **d'incendie** fire hydrant; ~ **de métro** metro entrance OU exit. -2. *loc*: **garder qqch pour la bonne** ~ to save sthg till last OU the end; **de** ~ **à oreille** by word of mouth; **faire la fine** ~ to be awkward, to make difficulties.

bouché, -e [buʃe] *adj* -1. [en bouteille] bottled. -2. *fam* [personne] dumb, thick *Br*.

bouche-à-bouche [buʃabuʃ] *nm inv*: **faire du** ~ **à qqn** to give sb mouth-to-mouth resuscitation.

bouchée [buʃe] *nf* mouthful; ~ **à la reine** CULIN chicken vol-au-vent; **pour une** ~ **de pain** *fig* for a song.

boucher[1] [buʃe] [3] *vt* -1. [fermer - bouteille] to cork; [- trou] to fill (in OU up). -2. [passage, vue] to block.
◆ **se boucher** *vp* to get blocked (up); **se** ~ **le nez** to hold one's nose.

boucher[2], **-ère** [buʃe, ɛr] *nm, f* butcher.

boucherie [buʃri] *nf* -1. [magasin] butcher's (shop); ~ **chevaline** horse butcher's. -2. [commerce] butchery (trade). -3. *fig* [carnage] slaughter.

boucherie-charcuterie [buʃriʃarkytri] (*pl* **boucheries-charcuteries**) *nf* butcher's.

bouche-trou [buʃtru] (*pl* **bouche-trous**) *nm* -1. [personne]: **servir de** ~ to make up (the) numbers. -2. [objet] stopgap.

bouchon [buʃɔ̃] *nm* -1. [pour obturer - gén] top; [- de réservoir] cap; [- de bouteille] cork; ~ **de cire** buildup of wax in the ear. -2. [de canne à pêche] float. -3. [embouteillage] traffic jam.

bouchonner [buʃɔne] [3] ◇ *vt* -1. [cheval] to rub down. -2. [enfant] to pamper. ◇ *vi*: **ça bouchonne sur l'autoroute** there is a traffic jam on the motorway.

boucle [bukl] *nf* -1. [de ceinture, soulier] buckle. -2. [bijou]: ~ **d'oreille** earring. -3. [de cheveux] curl. -4. [de fleuve, d'avion & INFORM] loop.

bouclé, -e [bukle] *adj* [cheveux] curly; [personne] curly-haired.

boucler [bukle] [3] *vt* -1. [attacher] to buckle; [ceinture de sécurité] to fasten. -2. [fermer] to shut. -3. *fam* [enfermer - voleur] to lock up; [- malade] to shut away. -4. [encercler] to seal off. -5. [terminer] to finish.

bouclier [buklije] *nm litt & fig* shield.

bouddha [buda] *nm* [statuette] buddha.
◆ **Bouddha** *nm* Buddha.

bouddhisme [budism] *nm* Buddhism.

bouddhiste [budist] *nmf & adj* Buddhist.

bouder [bude] [3] ◇ *vi* to sulk. ◇ *vt* [chose] to dislike; [personne] to shun; **elle me boude depuis que je lui ai fait faux-bond** she has cold-shouldered me ever since I let her down.

boudeur, -euse [budœr, øz] ◇ *adj* sulky. ◇ *nm, f* sulky person.

boudin [budɛ̃] *nm* **-1.** CULIN blood pudding; ~ **blanc/noir** white/black pudding. **-2.** *fam péj* [personne] podge.

boudiné, -e [budine] *adj* **-1.** [gros] podgy. **-2.** [serré]: **être ~ dans ses vêtements** to be squeezed into one's clothes.

boudoir [budwar] *nm* **-1.** [salon] boudoir. **-2.** [biscuit] sponge finger.

boue [bu] *nf* mud; **traîner qqn dans la ~, couvrir qqn de ~** *fig* to drag sb OU sb's name through the mud.

bouée [bwe] *nf* **-1.** [balise] buoy. **-2.** [pour flotter] rubber ring; ~ **de sauvetage** lifebelt.

boueux, -euse [buø, øz] *adj* muddy.

◆ **boueux** *nm fam* garbage man *Am*, dustman *Br*.

bouffant, -e [bufɑ̃, ɑ̃t] *adj* [manche, jupe] full; [cheveux] bouffant.

bouffe [buf] *nf fam* grub.

bouffée [bufe] *nf* **-1.** [de fumée] puff; [de parfum] whiff; [d'air] breath; ~**s de chaleur** hot flashes *Am*, (hot) flushes *Br*. **-2.** [accès] surge; ~**s délirantes** mad fits.

bouffer [bufe] [3] ◇ *vi* [manches] to puff out. ◇ *vt fam* [manger] to eat.

bouffi, -e [bufi] *adj*: ~ **(de)** swollen (with).

bouffon, -onne [bufɔ̃, ɔn] *adj* farcical.

◆ **bouffon** *nm* **-1.** HIST jester. **-2.** [pitre] clown.

bouge [buʒ] *nm péj* **-1.** [taudis] hovel. **-2.** [café] dive.

bougeoir [buʒwar] *nm* candlestick.

bougeotte [buʒɔt] *nf*: **avoir la ~** to have itchy feet.

bouger [buʒe] [17] ◇ *vt* [déplacer] to move. ◇ *vi* **-1.** [remuer] to move; **je ne bouge pas (de chez moi) aujourd'hui** I'm staying at home today. **-2.** [vêtement] to shrink. **-3.** [changer] to change. **-4.** [s'agiter]: **ça bouge partout dans le monde** there is unrest all over the world.

◆ **se bouger** *vp fam* **-1.** [faire des efforts] to move o.s. **-2.** [se déplacer] to move (over).

bougie [buʒi] *nf* **-1.** [chandelle] candle. **-2.** [de moteur] spark plug, sparking plug *Br*.

bougon, -onne [bugɔ̃, ɔn] ◇ *adj* grumpy. ◇ *nm, f* grumbler.

bougonner [bugɔne] [3] *vt & vi* to grumble.

bougre, -esse [bugr, -ɛs] *nm, f fam* [homme] guy, bloke *Br*; [femme] (old) girl.

◆ **bougre** *nm fam*: ~ **d'andouille!** you damned idiot!, you bloody fool! *Br*.

boui-boui [bwibwi] (*pl* **bouis-bouis**) *nm fam péj* (cheap) caff.

bouillabaisse [bujabɛs] *nf* bouillabaisse (*Provençal fish soup*).

bouillant, -e [bujɑ̃, ɑ̃t] *adj* **-1.** [qui bout] boiling. **-2.** [très chaud] boiling (hot). **-3.** *fig* [ardent] fiery.

bouille [buj] *nf fam* [visage] face.

bouilleur [bujœr] *nm*: ~ **de cru** small-scale distiller.

bouillie [buji] *nf* baby's cereal; **réduire en ~** [légumes] to puree; [personne] to reduce to a pulp.

bouillir [bujir] [48] *vi* **-1.** [aliments] to boil; **faire ~** to boil. **-2.** *fig* [personne]: ~ **(de)** to seethe (with).

bouilloire [bujwar] *nf* kettle.

bouillon [bujɔ̃] *nm* **-1.** [soupe] stock. **-2.** [bouillonnement] bubble; **faire bouillir à gros ~s** to bring to a rolling boil. **-3.** [bactériologique]: ~ **de culture** culture medium.

bouillonner [bujɔne] [3] *vi* **-1.** [liquide] to bubble. **-2.** [torrent] to foam. **-3.** *fig* [personne] to seethe.

bouillotte [bujɔt] *nf* hot-water bottle.

boul. *abr de* **boulevard**.

boulanger, -ère [bulɑ̃ʒe, ɛr] ◇ *adj* bakery (*avant n*), baking (*avant n*). ◇ *nm, f* baker.

boulangerie [bulɑ̃ʒri] *nf* **-1.** [magasin] baker's (shop). **-2.** [commerce] bakery trade.

boulangerie-pâtisserie [bulɑ̃ʒripatisri] (*pl* **boulangeries-pâtisseries**) *nf* ≃ baker's (shop).

boule [bul] *nf* **-1.** [gén] ball; [- de loto] counter; [- de pétanque] bowl; ~ **de commande** INFORM trackball; ~ **de neige** snowball; **faire ~ de neige** to snowball. **-2.** *loc*: **se mettre en ~** *fam* to blow one's top; **perdre la ~** *fam* to lose one's marbles.

◆ **boules Quiès®** *nfpl* earplugs made of wax.

bouleau [bulo] *nm* silver birch.

bouledogue [buldɔg] *nm* bulldog.

boulet [bulɛ] *nm* **-1.** [munition]: ~ **de canon** cannonball; **tirer à ~s rouges sur qqn** *fig* to let fly at sb. **-2.** [de forçat] ball and chain. **-3.** *fig* [fardeau] millstone (round one's neck).

boulette [bulɛt] *nf* **-1.** [petite boule] pellet. **-2.** [de viande] meatball.

boulevard [bulvar] *nm* **-1.** [rue] boulevard; **les grands ~s** *Paris boulevards running from the Place de la République to la Madeleine*. **-2.** THÉÂTRE light comedy (*U*).

bouleversant, -e [bulvɛrsɑ̃, ɑ̃t] *adj* distressing.

bouleversement [bulvɛrsəmɑ̃] *nm* disruption.

bouleverser [bulvɛrse] [3] *vt* **-1.** [objets] to turn upside down. **-2.** [modifier] to disrupt. **-3.** [émouvoir] to distress.

boulier [bulje] *nm* abacus.

boulimie [bulimi] *nf* bulimia.

bouliste [bulist] *nmf* bowls player.

Boulle [bul] *n*: **l'école** ~ *prestigious school training cabinetmakers*.

boulon [bulɔ̃] *nm* bolt.

boulonner [bulɔne] [3] ◇ *vt* to bolt. ◇ *vi fam* to slog (away).

boulot¹, -otte [bulo, ɔt] *adj* dumpy.

boulot² [bulo] *nm fam* **-1.** [travail] work. **-2.** [emploi] job.

boum [bum] ◇ *interj* bang! ◇ *nm* **-1.** [bruit] bang; **faire** ~ to go bang. **-2.** ÉCON & *fig* boom. ◇ *nf fam vieilli* party.

bouquet [bukɛ] *nm* **-1.** [de fleurs - gén] bunch (of flowers); [- formel] bouquet. **-2.** [crevette] prawn. **-3.** [de vin] bouquet. **-4.** [de feu d'artifice] crowning piece. **-5.** CULIN: ~ **garni** bouquet garni. **-6.** *loc*: **ça c'est le** ~! *fam* that takes the cake OU biscuit *Br*!

bouquetin [buktɛ̃] *nm* ibex.

bouquin [bukɛ̃] *nm fam* book.

bouquiner [bukine] [3] *vi & vt fam* to read.

bouquiniste [bukinist] *nmf* secondhand bookseller.

bourbeux, -euse [burbø, øz] *adj* muddy.

bourbier [burbje] *nm* [lieu] quagmire, mire; *fig* mess.

bourbon [burbɔ̃] *nm* [whisky] bourbon.

bourde [burd] *nf* **-1.** [baliverne] rubbish (*U*). **-2.** *fam* [erreur] blunder.

bourdon [burdɔ̃] *nm* **-1.** [insecte] bumblebee. **-2.** [cloche] (large) bell. **-3.** [ton grave] drone. **-4.** *loc*: **avoir le** ~ *fam* to be (feeling) down.

bourdonnement [burdɔnmɑ̃] *nm* **-1.** [d'insecte, de voix, de moteur] buzz (*U*). **-2.** *loc*: **avoir des** ~**s d'oreilles** to have a ringing in one's ears.

bourdonner [burdɔne] [3] *vi* **-1.** [insecte, machine, voix] to buzz. **-2.** [oreille] to ring.

bourg [bur] *nm* market town.

bourgade [burgad] *nf* village.

bourgeois, -e [burʒwa, az] ◇ *adj* **-1.** [valeur] middle-class. **-2.** [cuisine] plain. **-3.** *péj* [personne] bourgeois. ◇ *nm, f* bourgeois.

bourgeoisie [burʒwazi] *nf* middle classes (*pl*).

bourgeon [burʒɔ̃] *nm* bud.

bourgeonner [burʒɔne] [3] *vi* to bud.

bourgmestre [burgmɛstr] *nm* burgomaster.

bourgogne [burgɔɲ] *nm* Burgundy (*wine*).

Bourgogne [burgɔɲ] *nf*: **la** ~ Burgundy.

bourguignon, -onne [burgiɲɔ̃, ɔn] *adj* [de Bourgogne] Burgundian.

◆ **Bourguignon, -onne** *nm, f* Burgundian.

bourlinguer [burlɛ̃ge] [3] *vi fam* [voyager] to bum around the world.

bourrade [burad] *nf* thump.

bourrage [buraʒ] *nm* [de coussin] stuffing.

◆ **bourrage de crâne** *nm* **-1.** [bachotage] swotting. **-2.** [propagande] brainwashing.

bourrasque [burask] *nf* gust of wind.

bourratif, -ive [buratif, iv] *adj* stodgy.

bourre [bur] *nf* **-1.** [de coussin] stuffing. **-2.** [de laine] flock. **-3.** [de bourgeon] down. **-4.** *loc*: **être à la** ~ *fam* [dans travail] to be behind; [dans activité] to be running late.

bourré, -e [bure] *adj fam* **-1.** [plein]: ~ **(de)** [salle] packed (with); *fig* chock-full (of). **-2.** [ivre] plastered.

bourreau, -x [buro] *nm* **-1.** HIST executioner. **-2.** [personne cruelle] torturer; ~ **de travail** workaholic.

bourrelé [burle] → **remords**.

bourrelet [burlɛ] *nm* **-1.** [de graisse] roll of fat. **-2.** [de porte] draft *Am* OU draught *Br* excluder.

bourrer [bure] [3] *vt* **-1.** [remplir - coussin] to stuff; [- pipe] to fill; [- sac, armoire]: ~ **qqch (de)** to cram sthg full (with). **-2.** *fam* [gaver]: ~ **qqn (de)** to stuff sb (with). **-3.** *fam* [estomac]: **ça bourre!** it's really filling!

◆ **se bourrer** *vp fam* **-1.** [se gaver]: **se** ~ **(de qqch)** to stuff o.s. (with sthg). **-2.** [se soûler]: **se** ~ **la gueule** to get plastered.

bourricot [buriko] *nm* (small) donkey.

bourrique [burik] *nf* **-1.** [ânesse] she-ass; **faire tourner qqn en** ~ *fam* to drive sb up the wall. **-2.** *fam* [personne] pigheaded person.

bourru, -e [bury] *adj* [peu aimable] surly.

bourse [burs] *nf* **-1.** [porte-monnaie] purse; **sans** ~ **délier** without spending anything. **-2.** [d'études] grant.

◆ **Bourse** *nf* **-1.** [lieu] ≃ Wall Street *Am*, ≃ Stock Exchange *Br*. **-2.** [opérations]: **Bourse des valeurs** stock market, stock exchange; **Bourse de commerce** commodity market.

boursicoter [bursikɔte] [3] *vi* to dabble on the stock market.

boursier, -ière [bursje, jɛr] ◇ *adj* **-1.** [élève] on a grant. **-2.** FIN stock-market (*avant n*).

◇ *nm, f* **-1.** [étudiant] student on a grant. **-2.** FIN stockbroker.

boursouflé, -e [bursufle] *adj* **-1.** [enflé] swollen. **-2.** [emphatique] overblown.

boursoufler [bursufle] [3] *vt* to puff up, to swell.
◆ **se boursoufler** *vp* [peinture] to blister.

bous, bout *etc* → **bouillir.**

bousculade [buskylad] *nf* **-1.** [cohue] crush. **-2.** [agitation] rush.

bousculer [buskyle] [3] *vt* **-1.** [pousser] to shove. **-2.** [faire tomber] to knock over. **-3.** [presser] to rush. **-4.** [modifier] to overturn.
◆ **se bousculer** *vp* to jostle each other.

bouse [buz] *nf*: ~ **de vache** cow dung.

bousiller [buzije] [3] *vt fam* **-1.** [abîmer] to ruin, to knacker *Br*. **-2.** [bâcler] to botch.

boussole [busɔl] *nf* compass.

bout [bu] *nm* **-1.** [extrémité, fin] end; ~ **à end to end; au ~ de** [temps] after; [espace] at the end of; **d'un ~ à l'autre** [de ville etc] from one end to the other; [de livre] from beginning to end; ~ **filtre** filter tip. **-2.** [morceau] bit. **-3.** *loc*: **au ~ du compte** all things considered; **à tout ~ de champ** every five minutes; **être à ~** to be exhausted; **il n'est pas au ~ de ses peines** his troubles are not over yet; **à ~ de souffle** out of breath, breathless; **être à ~ de forces** to have no strength left; **mener qqn par le ~ du nez** to lead sb by the nose; **à ~ portant** at point-blank range; **pousser qqn à ~** to drive sb to distraction; **être au ~ du rouleau** to have come to the end of the road; **venir à ~ de** [personne] to get the better of; [difficulté] to overcome.

boutade [butad] *nf* [plaisanterie] jest.

boute-en-train [butɑ̃trɛ̃] *nm inv* live wire; **il était le ~ de la soirée** he was the life and soul of the party.

bouteille [butɛj] *nf* bottle; **mettre en ~** OU ~**s** to bottle; **prendre de la ~** *fam fig* to be getting on a bit.

boutique [butik] *nf* [gén] shop; [de mode] boutique; ~ **hors-taxe** duty-free shop; **fermer ~** to shut up shop; **parler ~** to talk shop.

bouton [butɔ̃] *nm* **-1.** COUTURE button; ~ **de manchette** cuff link. **-2.** [sur la peau] spot. **-3.** [de porte] knob. **-4.** [commutateur] switch. **-5.** [bourgeon] bud.

bouton-d'or [butɔ̃dɔr] *(pl* **boutons-d'or)** *nm* buttercup.

boutonner [butɔne] [3] *vt* to button (up).
◆ **se boutonner** *vp* [vêtement] to button.

boutonneux, -euse [butɔnø, øz] *adj* spotty.

boutonnière [butɔnjɛr] *nf* [de vêtement] buttonhole.

bouton-pression [butɔ̃presjɔ̃] *(pl* **boutons-pression)** *nm* snap fastener *Am*, press-stud *Br*.

bouture [butyr] *nf* cutting.

bouvier [buvje] *nm* **-1.** [personne] herdsman. **-2.** [chien] sheepdog.

bouvreuil [buvrœj] *nm* bullfinch.

bovidé [bɔvide] *nm* bovine.

bovin, -e [bɔvɛ̃, in] *adj* bovine.
◆ **bovins** *nmpl* cattle (U).

bowling [buliŋ] *nm* **-1.** [jeu] bowling. **-2.** [lieu] bowling alley.

box [bɔks] *(pl* **boxes)** *nm* **-1.** [d'écurie] loose box. **-2.** [compartiment] cubicle; **le ~ des accusés** the dock. **-3.** [parking] lock-up garage.

boxe [bɔks] *nf* boxing.

boxer[1] [bɔkse] [3] ◇ *vi* to box. ◇ *vt fam* to thump.

boxer[2] [bɔksɛr] *nm* [chien] boxer.

boxeur [bɔksœr] *nm* SPORT boxer.

boyau [bwajo] *nm* **-1.** [chambre à air] inner tube. **-2.** [corde] catgut. **-3.** [galerie] narrow gallery.
◆ **boyaux** *nmpl* [intestins] guts.

boycott [bɔjkɔt] *nm* boycott.

boycotter [bɔjkɔte] [3] *vt* to boycott.

boy-scout [bɔjskut] *(pl* **boy-scouts)** *nm vieilli* boy scout.

BP *(abr de* **boîte postale)** *nf* P.O. Box.

BPF *(abr de* **bon pour francs)** *printed on cheques before space where amount is to be inserted.*

bracelet [braslɛ] *nm* **-1.** [bijou] bracelet. **-2.** [de montre] strap.

bracelet-montre [braslɛmɔ̃tr] *(pl* **bracelets-montres)** *nm* wristwatch.

braconnage [brakɔnaʒ] *nm* poaching.

braconner [brakɔne] [3] *vi* to go poaching, to poach.

braconnier [brakɔnje] *nm* poacher.

brader [brade] [3] *vt* [solder] to sell off; [vendre à bas prix] to sell for next to nothing.

braderie [bradri] *nf* clearance sale.

braguette [bragɛt] *nf* flies *(pl)*.

braille [braj] *nm* Braille.

brailler [braje] [3] ◇ *vi* to bawl. ◇ *vt* to bawl (out).

braire [brɛr] [112] *vi* **-1.** [âne] to bray. **-2.** *fam* [personne] to bellow.

braise [brɛz] *nf* embers *(pl)*; **cuire sous la ~**

to cook in the embers of a fire; **de** ~ *fig* fiery.

braiser [breze] [4] *vt* to braise.

bramer [brame] [3] *vi* [cerf] to bell.

brancard [brɑ̃kar] *nm* **-1.** [civière] stretcher. **-2.** [de charrette] shaft; **ruer dans les** ~**s** *fig* to rebel, to protest.

brancardier, -ière [brɑ̃kardje, jɛr] *nm, f* stretcher-bearer.

branchage [brɑ̃ʃaʒ] *nm* branches (*pl*).

branche [brɑ̃ʃ] *nf* **-1.** [gén] branch. **-2.** [de lunettes] arm. **-3.** [de compas] leg.

branché, -e [brɑ̃ʃe] *adj* **-1.** ÉLECTR plugged in, connected. **-2.** *fam* [à la mode] trendy.

branchement [brɑ̃ʃmɑ̃] *nm* **-1.** [raccordement] connection, plugging in. **-2.** [bifurcation] branch.

brancher [brɑ̃ʃe] [3] *vt* **-1.** [raccorder & INFORM] to connect; ~ **qqch sur** ÉLECTR to plug sthg into. **-2.** *fam* [orienter] to steer; ~ **qqn sur qqch** to start sb off on sthg; ~ **la conversation sur** to steer the conversation toward *Am* OU towards *Br.* **-3.** *fam* [plaire] to appeal to.

branchies [brɑ̃ʃi] *nfpl* [de poisson] gills.

brandade [brɑ̃dad] *nf*: ~ **de morue** *creamed salt cod.*

brandir [brɑ̃dir] [32] *vt* to wave.

branlant, -e [brɑ̃lɑ̃, ɑ̃t] *adj* [escalier, mur] shaky; [meuble, dent] wobbly.

branle [brɑ̃l] *nm*: **mettre en** ~ to set in motion.

branle-bas [brɑ̃lba] *nm inv* pandemonium (U); ~ **de combat** action stations (*pl*).

branler [brɑ̃le] [3] ◇ *vt* **-1.** [hocher]: ~ **la tête** to shake one's head. **-2.** *tfam* [faire]: **qu'est-ce qu'il branle?** what is he playing at? ◇ *vi* [escalier, chaise] to be shaky; [dent, meuble] to be wobbly.

◆ **se branler** *vp vulg* to jerk off, to wank *Br.*

braquage [brakaʒ] *nm* **-1.** AUTOM lock. **-2.** [attaque] holdup.

braquer [brake] [3] ◇ *vt* **-1.** [diriger]: ~ **qqch sur** [arme] to aim sthg at; [télescope] to train sthg on; [regard] to fix sthg on. **-2.** [contrarier] to antagonize. **-3.** *fam* [attaquer] to hold up. ◇ *vi* to turn (the wheel).

◆ **se braquer** *vp* [personne] to take a stand.

bras [bra] *nm* **-1.** [gén] arm; ~ **dessus** ~ **dessous** arm in arm; **le** ~ **en écharpe** with one's arm in a sling; ~ **droit** right-hand man OU woman; ~ **de fer** [jeu] arm wrestling; *fig* trial of strength; **baisser les** ~ to throw in the towel; **en** ~ **de chemise** in

one's shirtsleeves; **se croiser les** ~ just to sit there; **avoir le** ~ **long** [avoir de l'influence] to have pull. **-2.** [main-d'œuvre] hand, worker. **-3.** [de cours d'eau] branch; ~ **de mer** arm of the sea.

brasier [brazje] *nm* [incendie] blaze, inferno.

Brasilia [brazilja] *n* Brasilia.

bras-le-corps [bralkɔr]

◆ **à bras-le-corps** *loc adv* bodily.

brassage [brasaʒ] *nm* **-1.** [de bière] brewing. **-2.** *fig* [mélange] mixing.

brassard [brasar] *nm* armband.

brasse [bras] *nf* [nage] breaststroke; ~ **coulée** breaststroke; ~ **papillon** butterfly (stroke).

brassée [brase] *nf* armful.

brasser [brase] [3] *vt* **-1.** [bière] to brew. **-2.** [mélanger] to mix. **-3.** *fig* [manier] to handle.

brasserie [brasri] *nf* **-1.** [usine] brewery. **-2.** [industrie] brewing (industry). **-3.** [café-restaurant] brasserie.

brasseur, -euse [brasœr, øz] *nm, f* **-1.** [de bière] brewer. **-2.** *fig*: ~ **d'affaires** wheeler-dealer. **-3.** [nageur] breaststroke swimmer.

brassière [brasjɛr] *nf* **-1.** [de bébé] (baby's) undershirt *Am* OU vest *Br.* **-2.** [gilet de sauvetage] life jacket. **-3.** *Can* [soutien-gorge] bra.

bravade [bravad] *nf* bravado; **par** ~ out of bravado.

brave [brav] ◇ *adj* **-1.** (*après n*) [courageux] brave. **-2.** (*avant n*) [honnête] decent. **-3.** [naïf, gentil] nice. ◇ *nmf*: **mon** ~ my good man.

bravement [bravmɑ̃] *adv* **-1.** [courageusement] bravely. **-2.** [résolument] determinedly.

braver [brave] [3] *vt* **-1.** [parents, règlement] to defy. **-2.** [mépriser] to brave.

bravo [bravo] *interj* bravo!

◆ **bravos** *nmpl* cheers.

bravoure [bravur] *nf* bravery.

BRB (*abr de* **Brigade de répression du banditisme**) *nf French serious crime squad.*

break [brɛk] *nm* **-1.** [voiture] station wagon *Am*, estate (car) *Br.* **-2.** [jazz] break. **-3.** [pause] break.

brebis [brəbi] *nf* ewe; ~ **galeuse** black sheep.

brèche [brɛʃ] *nf* **-1.** [de mur] gap. **-2.** MIL breach. **-3.** *loc*: **battre qqn en** ~ [attaquer] to knock sb down; **battre qqch en** ~ *fig* to demolish sthg; **être sur la** ~ to be hard at work.

bredouille [brəduj] *adj*: **être/rentrer** ~ to be/to return empty-handed.

bredouillement [brədujmɑ̃] *nm* stammering.

bredouiller [brəduje] [3] ◇ *vi* to stammer. ◇ *vt* to stammer (out).

bref, brève [brɛf, brɛv] *adj* -**1.** [gén] short, brief; **soyez ~!** make it brief! -**2.** LING short.
◆ **bref** *adv* in short, in a word; **en ~** briefly.
◆ **brève** *nf* PRESSE brief news item.

brelan [brəlɑ̃] *nm*: **un ~** three of a kind; **un ~ de valets** three jacks.

breloque [brələk] *nf* charm.

brème [brɛm] *nf* [poisson] bream.

Brésil [brezil] *nm*: **le ~** Brazil; **au ~** in Brazil.

brésilien, -ienne [breziljɛ̃, jɛn] *adj* Brazilian.
◆ **Brésilien, -ienne** *nm, f* Brazilian.

Bretagne [brətaɲ] *nf*: **la ~** Brittany.

bretelle [brətɛl] *nf* -**1.** [d'autoroute] access road, slip road *Br*. -**2.** [de fusil] sling. -**3.** [de pantalon]: **~s** suspenders *Am*, braces *Br*. -**4.** [de bustier] strap.

breton, -onne [brətɔ̃, ɔn] *adj* Breton.
◆ **breton** *nm* [langue] Breton.
◆ **Breton, -onne** *nm, f* Breton.

breuvage [brœvaʒ] *nm* [boisson] beverage.

brève → bref.

brevet [brəvɛ] *nm* -**1.** [certificat] certificate; **~ de secouriste** first-aid certificate. -**2.** [diplôme] diploma. -**3.** [d'invention] patent; **déposer un ~** to file a patent. -**4.** *fig* [assurance] guarantee.

breveter [brəvte] [27] *vt* to patent; **faire ~ qqch** to take out a patent on sthg, to patent sthg.

bréviaire [brevjɛr] *nm* breviary.

bribe [brib] *nf* [fragment] scrap, bit; *fig* snippet; **~s de conversation** snatches of conversation.

bric [brik]
◆ **de bric et de broc** *loc adv* any old how.

bric-à-brac [brikabrak] *nm inv* bric-a-brac.

bricolage [brikɔlaʒ] *nm* -**1.** [travaux] do-it-yourself, DIY. -**2.** [réparation provisoire] patching up.

bricole [brikɔl] *nf* -**1.** [babiole] trinket. -**2.** [chose insignifiante] trivial matter.

bricoler [brikɔle] [3] ◇ *vi* to do odd jobs (around the house). ◇ *vt* -**1.** [réparer] to fix, to mend. -**2.** [fabriquer] to make, to knock up *Br*.

bricoleur, -euse [brikɔlœr, øz] ◇ *adj* handy (about the house). ◇ *nm, f* home handyman (*f* handywoman).

bride [brid] *nf* -**1.** [de cheval] bridle; **à ~ abattue** at full tilt; **lâcher la ~ à qqn** to give sb his/her head. -**2.** [de chapeau] string. -**3.** COUTURE bride, bar. -**4.** TECHNOL flange.

bridé [bride] → œil.

brider [bride] [3] *vt* [cheval] to bridle; *fig* to rein (in).

bridge [bridʒ] *nm* bridge.

brie [bri] *nm* [fromage] Brie.

briefer [brife] [3] *vt* to brief.

briefing [brifiŋ] *nm* briefing.

brièvement [brijɛvmɑ̃] *adv* briefly.

brièveté [brijɛvte] *nf* brevity, briefness.

brigade [brigad] *nf* -**1.** [d'ouvriers, de soldats] brigade. -**2.** [détachement] squad; **~ anti-gang** *police squad concerned with combating terrorism and organized crime*; **~ des mœurs/des stups** vice/drugs squad; **~ volante** flying squad.

brigadier [brigadje] *nm* -**1.** MIL corporal. -**2.** [de police] sergeant.

brigand [brigɑ̃] *nm* -**1.** [bandit] bandit. -**2.** [homme malhonnête] crook.

brigandage [brigɑ̃daʒ] *nm* -**1.** [vol à main armée] armed robbery. -**2.** [action malhonnête] robbery.

briguer [brige] [3] *vt sout* to aspire to; **~ un second mandat** to seek re-election.

brillamment [brijamɑ̃] *adv* [gén] brilliantly; [réussir un examen] with flying colours.

brillant, -e [brijɑ̃, ɑ̃t] *adj* -**1.** [qui brille - gén] sparkling; [- cheveux] glossy; [- yeux] bright. -**2.** [remarquable] brilliant.
◆ **brillant** *nm* -**1.** [diamant] brilliant. -**2.** [éclat] shine.

brillantine [brijɑ̃tin] *nf* brilliantine.

briller [brije] [3] *vi* to shine.

brimade [brimad] *nf* -**1.** [vexation] harassment (*U*). -**2.** [de bizutage] bullying (*U*).

brimer [brime] [3] *vt* to victimize, to bully.

brin [brɛ̃] *nm* -**1.** [tige] twig; **~ d'herbe** blade of grass; **un beau ~ de fille** a fine figure of a girl. -**2.** [fil] strand. -**3.** [petite quantité]: **un ~ (de)** a bit (of); **faire un ~ de toilette** to have a quick wash.

brindille [brɛ̃dij] *nf* twig.

bringue [brɛ̃g] *nf fam* binge; **faire la ~** to go on a binge.

bringuebaler, brinquebaler [brɛ̃gbale] [3] *vi* [voiture] to jolt along.

brio [brijo] *nm* -**1.** MUS brio. -**2.** [talent]: **avec ~** brilliantly.

brioche [brijɔʃ] *nf* -**1.** [pâtisserie] brioche. -**2.** *fam* [ventre] paunch.

brioché, -e [brijɔʃe] *adj* [pain] brioche-style.

brique [brik] ◇ nf -1. [pierre] brick. -2. [emballage] carton. -3. fam [argent] 10,000 francs. ◇ adj inv brick red.

briquer [brike] [3] vt to scrub.

briquet [brikɛ] nm (cigarette) lighter.

briqueterie [brikɛtri] nf brickworks (sg).

bris [bri] nm [destruction] breaking; ~ de glace broken windows.

brisant [brizã] nm [écueil] reef.
◆ **brisants** nmpl [récif] breakers.

brise [briz] nf breeze.

brisé, -e [brize] adj fig broken; ~ de chagrin overwhelmed by sorrow; ~ de fatigue exhausted.

brise-glace(s) [brizglas] nm inv [navire] icebreaker.

brise-jet [brizʒɛ] nm inv nozzle (for tap).

brise-lames [brizlam] nm inv breakwater.

brise-mottes [brizmɔt] nm inv harrow.

briser [brize] [3] vt -1. [gén] to break. -2. fig [carrière] to ruin; [conversation] to break off; [espérances] to shatter.
◆ **se briser** vp -1. [gén] to break. -2. fig [espoir] to be dashed; [efforts] to be thwarted.

briseur, -euse [brizœr, øz] nm, f: ~ de grève strike-breaker.

bristol [bristɔl] nm -1. [papier] Bristol board. -2. vieilli [carte de visite] visiting card.

britannique [britanik] adj British.
◆ **Britannique** nmf British person, Briton; les Britanniques the British.

broc [bro] nm jug.

brocante [brɔkɑ̃t] nf -1. [commerce] secondhand trade. -2. [objets] secondhand goods (pl).

brocanteur, -euse [brɔkɑ̃tœr, øz] nm, f dealer in secondhand goods.

brocart [brɔkar] nm brocade.

broche [brɔʃ] nf -1. [bijou] brooch. -2. CULIN spit; cuire à la ~ to spit-roast. -3. ÉLECTR & MÉD pin. -4. [de métier à filer] spindle.

broché, -e [brɔʃe] adj -1. [tissu] brocade (avant n), brocaded. -2. livre ~ paperback (book).

brochet [brɔʃɛ] nm pike.

brochette [brɔʃɛt] nf -1. [ustensile] skewer. -2. [plat] kebab. -3. fam fig [groupe] string, row.

brochure [brɔʃyr] nf -1. [imprimé] brochure, booklet. -2. [de livre] binding. -3. [de tissu] brocaded pattern.

brocoli [brɔkɔli] nm broccoli (U).

brodequin [brɔdkɛ̃] nm boot.

broder [brɔde] [3] vt & vi to embroider.

broderie [brɔdri] nf -1. [art] embroidery. -2. [ouvrage] (piece of) embroidery.

broie, broies etc → **broyer**.

bromure [brɔmyr] nm bromide.

bronche [brɔʃ] nf bronchus; j'ai des problèmes de ~s I've got chest problems.

broncher [brɔ̃ʃe] [3] vi to stumble; sans ~ without complaining, uncomplainingly.

bronchite [brɔ̃ʃit] nf bronchitis (U).

bronzage [brɔ̃zaʒ] nm -1. [de peau] tan, suntan. -2. [de métal] bronzing.

bronzant, -e [brɔ̃zɑ̃, ɑ̃t] adj suntan (avant n).

bronze [brɔ̃z] nm bronze.

bronzé, -e [brɔ̃ze] adj tanned, suntanned.

bronzer [brɔ̃ze] [3] vi [peau] to tan; [personne] to get a tan.

brosse [brɔs] nf brush; ~ à cheveux hairbrush; ~ à dents toothbrush; ~ à habits clothes brush; avoir les cheveux en ~ to have a crew cut.

brosser [brɔse] [3] vt -1. [habits, cheveux] to brush. -2. [paysage, portrait] to paint.
◆ **se brosser** vp to brush one's clothes, to brush o.s. down; se ~ les cheveux/les dents to brush one's hair/teeth.

brou [bru]
◆ **brou de noix** nm -1. [liqueur] walnut liqueur. -2. [teinture] walnut stain.

brouet [bruɛ] nm gruel.

brouette [bruɛt] nf wheelbarrow.

brouhaha [bruaa] nm hubbub.

brouillard [brujar] nm [léger] mist; [dense] fog; ~ givrant freezing fog; être dans le ~ fig to be lost.

brouille [bruj] nf quarrel.

brouillé, -e [bruje] adj -1. [fâché]: être ~ avec qqn to be on bad terms with sb; être ~ avec qqch fig to be hopeless OU useless at sthg. -2. [teint] muddy. -3. → œuf.

brouiller [bruje] [3] vt -1. [désunir] to set at odds, to put on bad terms. -2. [vue] to blur. -3. RADIO to cause interference to; [- délibérément] to jam. -4. [rendre confus] to muddle (up).
◆ **se brouiller** vp -1. [se fâcher] to fall out; se ~ avec qqn (pour qqch) to fall out with sb (over sthg). -2. [se troubler] to become blurred. -3. [devenir confus] to get muddled (up), to become confused. -4. MÉTÉOR to cloud over.

brouilleur [brujœr] nm INFORM scrambler.

brouillon, -onne [brujɔ̃, ɔn] adj careless, untidy.
◆ **brouillon** nm rough copy, draft.

broussaille [brusaj] *nf*: **les ~s** the undergrowth; **en ~** *fig* [cheveux] untidy; [sourcils] bushy.

broussailleux, -euse [brusajø, øz] *adj* **-1.** [région] scrubby. **-2.** [sourcils] bushy.

brousse [brus] *nf* GÉOGR scrubland, bush.

brouter [brute] [3] ◇ *vt* to graze on. ◇ *vi* **-1.** [animal] to graze. **-2.** TECHNOL to judder.

broutille [brutij] *nf* trifle.

broyer [brwaje] [13] *vt* to grind, to crush.

broyeur [brwajœr] *nm*: **évier à ~** sink with waste disposal unit.

bru [bry] *nf sout* daughter-in-law.

brucelles [brysɛl] *nfpl* **-1.** [pince] (pair of) tweezers. **-2.** *Helv* [pince à épiler] (pair of) eyebrow tweezers.

brugnon [bryɲɔ̃] *nm* nectarine.

bruine [brɥin] *nf* drizzle.

bruire [brɥir] [105] *vi* [feuilles, étoffe] to rustle; [eau] to murmur.

bruissement [brɥismɑ̃] *nm* [de feuilles, d'étoffe] rustle, rustling (*U*); [d'eau] murmur, murmuring (*U*).

bruit [brɥi] *nm* **-1.** [son] noise, sound; **~ de fond** background noise. **-2.** [vacarme & TECHNOL] noise; **faire du ~** to make a noise; **sans ~** silently, noiselessly. **-3.** [rumeur] rumor *Am*, rumour *Br*. **-4.** [retentissement] fuss; **faire du ~** to cause a stir.

bruitage [brɥitaʒ] *nm* sound-effects (*pl*).

brûlant, -e [brylɑ̃, ɑ̃t] *adj* **-1.** [gén] burning (hot); [liquide] boiling (hot); [plat] piping hot. **-2.** *fig* [amour, question] burning.

brûle-pourpoint [brylpurpwɛ̃]
◆ **à brûle-pourpoint** *loc adv* point-blank, straight out.

brûler [bryle] [3] ◇ *vt* **-1.** [gén] to burn; [suj: eau bouillante] to scald; **la fumée me brûle les yeux** the smoke is making my eyes sting. **-2.** [café] to roast. **-3.** [feu rouge] to drive through; [étape] to miss out, to skip. ◇ *vi* **-1.** [gén] to burn; [maison, forêt] to be on fire. **-2.** [être brûlant] to be burning (hot); **~ de** *fig* to be consumed with; **~ de faire qqch** to be longing OU dying to do sthg; **~ de fièvre** to be running a high temperature.
◆ **se brûler** *vp* to burn o.s.

brûlis [bryli] *nm* burn-off.

brûlure [brylyr] *nf* **-1.** [lésion] burn; **~ au premier/troisième degré** first-degree/third-degree burn. **-2.** [sensation] burning (sensation); **avoir des ~s d'estomac** to have heartburn.

brume [brym] *nf* mist.

brumeux, -euse [brymø, øz] *adj* misty; *fig* hazy.

brun, -e [brœ, bryn] ◇ *adj* brown; [cheveux] dark. ◇ *nm, f* dark-haired man (*f* woman).
◆ **brun** *nm* [couleur] brown.
◆ **brune** *nf* **-1.** [cigarette] *cigarette made of dark tobacco*. **-2.** [bière] brown ale.

brunâtre [brynatr] *adj* brownish.

brunir [brynir] [32] ◇ *vt* **-1.** [peau] to tan. **-2.** [métal] to polish, to burnish. ◇ *vi* [personne] to get a tan; [peau] to tan.

brushing [brœʃiŋ] *nm*: **faire un ~ à qqn** to give sb a blow-dry, to blow-dry sb's hair.

brusque [brysk] *adj* abrupt.

brusquement [bryskəmɑ̃] *adv* abruptly.

brusquer [bryske] [3] *vt* to rush; [élève] to push.

brusquerie [bryskəri] *nf* abruptness.

brut, -e [bryt] *adj* **-1.** [pierre précieuse, bois] rough; [sucre] unrefined; [métal, soie] raw; [champagne] extra dry; **(pétrole) ~ crude** (oil). **-2.** *fig* [fait, idées] crude, raw. **-3.** ÉCON gross.
◆ **brute** *nf* brute.

brutal, -e, -aux [brytal, o] *adj* **-1.** [violent] violent, brutal; **être ~ avec qqn** to be brutal to sb. **-2.** [soudain] sudden. **-3.** [manière] blunt.

brutalement [brytalmɑ̃] *adv* **-1.** [violemment] brutally. **-2.** [soudainement] suddenly. **-3.** [sèchement] bluntly.

brutaliser [brytalize] [3] *vt* to mistreat.

brutalité [brytalite] *nf* **-1.** [violence] violence, brutality. **-2.** [caractère soudain] suddenness.
◆ **brutalités** *nfpl* brutality (*U*).

Bruxelles [bry(k)sɛl] *n* Brussels.

bruxellois, -e [brysɛlwa, az] *adj* of/from Brussels.
◆ **Bruxellois, -e** *nm, f* native OU inhabitant of Brussels.

bruyamment [brɥijamɑ̃] *adv* noisily.

bruyant, -e [brɥijɑ̃, ɑ̃t] *adj* noisy.

bruyère [brɥijɛr] *nf* **-1.** [plante] heather. **-2.** [lande] heathland.

BT ◇ *nm* (*abr de* **brevet de technicien**) *vocational training certificate (taken at age 18).* ◇ *nf* (*abr de* **basse tension**) LT.

BTA (*abr de* **brevet de technicien agricole**) *nm agricultural training certificate (taken at age 18).*

BTP (*abr de* **bâtiments et travaux publics**) *nmpl building and public works sector.*

BTS (*abr de* **brevet de technicien supérieur**) *nm advanced vocational training certificate (taken at the end of a 2-year higher education course).*

bu, -e [by] *pp* → **boire**.

BU (*abr de* **bibliothèque universitaire**) *nf* university library.

buanderie [byɑ̃dri] *nf* laundry.

buccal, -e, -aux [bykal, o] *adj* buccal; **par voie** ~**e** orally.

bûche [byʃ] *nf* **-1.** [bois] log; ~ **de Noël** Yule log; **prendre** OU **ramasser une** ~ *fam* to fall flat on one's face. **-2.** *fam* [personne] lump.

bûcher¹ [byʃe] *nm* **-1.** [supplice]: **le** ~ the stake. **-2.** [funéraire] pyre.

bûcher² [byʃe] [3] ◇ *vi* to swot. ◇ *vt* to swot up.

bûcheron, -onne [byʃrɔ̃, ɔn] *nm, f* forestry worker.

bûcheur, -euse [byʃœr, øz] ◇ *adj* hardworking. ◇ *nm, f fam* swot.

bucolique [bykɔlik] *adj* pastoral.

budget [bydʒɛ] *nm* budget.

budgétaire [bydʒetɛr] *adj* budgetary; **année** ~ **fiscal** *Am* OU **financial** *Br* year.

budgétiser [bydʒetize] [3] *vt* to budget for.

buée [bɥe] *nf* [sur vitre] condensation.

buffet [byfɛ] *nm* **-1.** [meuble] sideboard. **-2.** [repas] buffet. **-3.** [café-restaurant]: ~ **de gare** station buffet.

buis [bɥi] *nm* box(wood).

buisson [bɥisɔ̃] *nm* bush.

buissonnière [bɥisɔnjɛr] → **école**.

bulbe [bylb] *nm* bulb.

bulgare [bylgar] *adj* Bulgarian.
◆ **bulgare** *nm* [langue] Bulgarian.
◆ **Bulgare** *nmf* Bulgarian.

Bulgarie [bylgari] *nf*: **la** ~ Bulgaria.

bulldozer [byldozɛr] *nm* bulldozer.

bulle [byl] *nf* **-1.** [gén] bubble; ~ **de savon** soap bubble. **-2.** [de bande dessinée] speech balloon. **-3.** RELIG [papal] bull.

bulletin [byltɛ̃] *nm* **-1.** [communiqué] bulletin; ~ **(de la) météo** weather forecast; ~ **de santé** medical bulletin. **-2.** [imprimé] form; ~ **de vote** ballot paper. **-3.** SCOL report. **-4.** [certificat] certificate; ~ **de consigne** luggage room OU checkroom ticket *Am*, left luggage ticket *Br*; ~ **de salaire** OU **de paye** pay slip.

bulletin-réponse [byltɛ̃repɔ̃s] (*pl* **bulletins-réponse**) *nm* reply form.

bungalow [bœ̃galo] *nm* [maison] bungalow; [de vacances] chalet.

bunker [bunkœr] *nm* bunker.

buraliste [byralist] *nmf* **-1.** [d'un bureau de tabac] tobacconist. **-2.** [préposé] clerk.

bure [byr] *nf* **-1.** [étoffe] coarse brown woollen cloth. **-2.** [de moine] frock.

bureau [byro] *nm* **-1.** [gén] office; ~ **d'aide sociale** social security office; ~ **de change** bureau de change; ~ **d'études** design office; ~ **de poste** post office; ~ **de tabac** tobacconist's; ~ **de vote** polling station. **-2.** [meuble] desk. **-3.** [comité] committee.

bureaucrate [byrokrat] *nmf* bureaucrat.

bureaucratie [byrokrasi] *nf* bureaucracy.

bureaucratique [byrokratik] *adj péj* bureaucratic.

bureautique [byrotik] *nf* office automation.

burette [byrɛt] *nf* **-1.** [flacon] cruet. **-2.** [de chimiste] burette. **-3.** [de mécanicien] oilcan.

burin [byrɛ̃] *nm* **-1.** [outil] chisel. **-2.** [gravure] engraving.

buriné, -e [byrine] *adj* engraved; [visage, traits] lined.

Burkina [byrkina] *nm*: **le** ~ Burkina Faso; **au** ~ in Burkina Faso.

burkinabé [byrkinabe] *adj* from Burkina Faso.
◆ **Burkinabé** *nmf* native OU inhabitant of Burkina Faso.

burlesque [byrlɛsk] ◇ *adj* **-1.** [comique] funny. **-2.** [ridicule] ludicrous, absurd. **-3.** THÉÂTRE burlesque. ◇ *nm*: **le** ~ the burlesque.

burnous [byrnu] *nm* **-1.** [manteau] burnous. **-2.** [de bébé] hooded cape.

burundais, -e [burundɛ, ɛz] *adj* Burundian.
◆ **Burundais, -e** *nm, f* Burundian.

Burundi [burundi] *nm*: **le** ~ Burundi; **au** ~ in Burundi.

bus [bys] *nm* bus.

buse [byz] *nf* **-1.** [oiseau] buzzard. **-2.** [tuyau] pipe, duct. **-3.** *fam fig* idiot, twit *Br*.

busqué [byske] → **nez**.

buste [byst] *nm* [torse] chest; [poitrine de femme, sculpture] bust.

bustier [bystje] *nm* [corsage] strapless top; [soutien-gorge] longline bra.

but [byt] *nm* **-1.** [point visé] target; **-2.** [objectif] goal, aim, purpose; **errer sans** ~ to wander aimlessly; **il touche au** ~ he's nearly there; **à** ~ **non lucratif** JUR non-profit *Am*, non-profit-making *Br*; **aller droit au** ~ to go straight to the point; **dans le** ~ **de faire qqch** with the aim OU intention of doing sthg. **-3.** SPORT goal; **marquer un** ~ to score a goal. **-4.** *loc*: **de** ~ **en blanc** point-blank, straight out.

butane [bytan] *nm*: **(gaz)** ~ butane; [domestique] butane, Calor gas® *Br*.

buté, -e [byte] *adj* stubborn.

◆ **butée** *nf* -1. ARCHIT abutment. -2. TECH-
NOL stop.

buter [byte] [3] ◇ *vi* -1. [se heurter]: ~ sur/
contre qqch to stumble on/over sthg, to
trip on/over sthg; *fig* to run into/come up
against sthg. -2. SPORT to score a goal. ◇ *vt*
-1. [étayer] to support. -2. *tfam* [tuer] to do
in, to bump off.

◆ **se buter** *vp* to dig one's heels in; se ~
contre *fig* to refuse to listen to.

butin [bytɛ̃] *nm* [de guerre] booty; [de vol]
loot; [de recherche] finds (*pl*).

butiner [bytine] [3] ◇ *vi* to collect nectar.
◇ *vt* [suj: abeille] to collect nectar from; *fig*
to gather.

butoir [bytwar] *nm* -1. [de porte] doorstop.
-2. [de chemin de fer] buffer.

butte [byt] *nf* [colline] mound, rise; ~ de tir
butts (*pl*); être en ~ à *fig* to be exposed to.

buvable [byvabl] *adj* [boisson] drinkable;
[ampoule] (to be) taken orally.

buvard [byvar] *nm* [papier] blotting-paper;
[sous-main] blotter.

buvette [byvɛt] *nf* -1. [café] refreshment
room, buffet. -2. [de station thermale] pump
room.

buveur, -euse [byvœr, øz] *nm, f* drinker.

buvez, buvons *etc* → boire.

BVA (*abr de* Brulé Ville Associés) *n* French
market research company.

BVP (*abr de* Bureau de vérification de la
publicité) *nm* French advertising standards
authority, ≈ ASA Br.

Byzance [bizɑ̃s] *n* -1. HIST Byzantium. -2.
loc: c'est ~! it's fantastic!

BZH (*abr de* Breizh) Brittany (*as nationality
sticker on a car*).

c¹, C [se] *nm inv* c, C.

◆ **C** -1. (*abr de* celsius, centigrade) C. -2.
(*abr de* coulomb) C. -3. *abr de* code.

c² *abr de* centime.

c' → ce.

ca *abr de* centiare.

CA ◇ *nm* -1. *abr de* chiffre d'affaires. -2.
abr de conseil d'administration. -3. *abr de*
corps d'armée. ◇ *nf* (*abr de* chambre d'a-
griculture) *local government body responsible
for agricultural matters.*

ça [sa] *pron dém* -1. [pour désigner] that;
[- plus près] this. -2. [sujet indéterminé] it,
that; comment ~ va? how are you?, how
are things?; ~ ira comme ~ that will be
fine; ~ y est that's it; c'est ~ that's right.
-3. [renforcement expressif]: où ~? where?;
qui ~? who?

çà [sa] *adv*: ~ et là here and there.

caban [kabɑ̃] *nm* reefer (jacket).

cabane [kaban] *nf* -1. [abri] cabin, hut; [re-
mise] shed; ~ à lapins hutch. -2. *fam* [pri-
son]: en ~ in the clink.

cabanon [kabanɔ̃] *nm* -1. [à la campagne]
cottage. -2. [sur la plage] chalet. -3. [cellule]
padded cell. -4. [de rangement] shed.

cabaret [kabarɛ] *nm* cabaret.

cabas [kaba] *nm* shopping-bag.

cabillaud [kabijo] *nm* (fresh) cod.

cabine [kabin] *nf* -1. [de navire, d'avion, de
véhicule] cabin. -2. [compartiment, petit local]
cubicle; ~ d'essayage fitting room; ~ téléphonique phone box.

cabinet [kabinɛ] *nm* -1. [pièce]: ~ de toilette
≃ bathroom; ~ de travail study. -2. [toilet-
tes] toilet. -3. [local professionnel] office; ~
dentaire/médical dentist's/doctor's office
Am, dentist's/doctor's surgery Br. -4. [de
ministre] advisers (*pl*).

◆ **cabinets** *nmpl* toilet (*sg*).

câble [kabl] *nm* cable; télévision par ~
cable television.

câblé, -e [kable] *adj* TÉLÉ equipped with
cable TV.

cabosser [kabɔse] [3] *vt* to dent.

cabot [kabo] ◇ *adj* theatrical. ◇ *nm* **-1.** [personne] poser. **-2.** *fam* [chien] mutt.

cabotage [kabɔtaʒ] *nm* coastal navigation.

caboteur [kabɔtœr] *nm* [navire] coaster.

cabotin, -e [kabɔtɛ̃, in] *péj* ◇ *adj* theatrical. ◇ *nm, f* **-1.** *fam* [acteur] ham (actor). **-2.** [frimeur] poser.

cabrer [kabre] [3]
◆ **se cabrer** *vp* **-1.** [cheval] to rear (up); [avion] to climb steeply. **-2.** *fig* [personne] to take offense *Am* OU offence *Br*.

cabri [kabri] *nm* kid.

cabriole [kabrijɔl] *nf* [bond] caper; [pirouette] somersault.

cabriolet [kabrijɔlɛ] *nm* convertible.

CAC, Cac [kak] (*abr de* **Compagnie des agents de change**) *nf*: **l'indice ~-40** *the French stock exchange shares index.*

caca [kaka] *nm fam* pooh; **faire ~** to do a pooh; **~ d'oie** greeny-yellow.

cacahouète, cacahuète [kakawɛt] *nf* peanut.

cacao [kakao] *nm* **-1.** [poudre] cocoa (powder). **-2.** [boisson] cocoa. **-3.** [graine] cocoa bean.

cachalot [kaʃalo] *nm* sperm whale.

cache [kaʃ] ◇ *nf* [cachette] hiding place. ◇ *nm* **-1.** [masque] card (*for masking text etc*). **-2.** CIN & PHOT mask.

cache-cache [kaʃkaʃ] *nm inv*: **jouer à ~** to play hide and seek.

cache-col [kaʃkɔl] *nm inv* scarf.

cachemire [kaʃmir] *nm* **-1.** [laine] cashmere. **-2.** [dessin] paisley.

cache-nez [kaʃne] *nm inv* scarf.

cache-oreilles [kaʃɔrɛj] *nm inv* earmuffs.

cache-pot [kaʃpo] *nm inv* flowerpot-holder.

cacher [kaʃe] [3] *vt* **-1.** [gén] to hide; **je ne vous cache pas que ...** to be honest, ... **-2.** [vue] to mask.
◆ **se cacher** *vp*: **se ~ (de qqn)** to hide (from sb).

cache-sexe [kaʃsɛks] *nm inv* G-string.

cachet [kaʃɛ] *nm* **-1.** [comprimé] tablet, pill. **-2.** [marque] postmark. **-3.** [style] style, character; **avoir du ~** to have character. **-4.** [rétribution] fee. **-5.** [sceau] seal.

cacheter [kaʃte] [27] *vt* to seal.

cachette [kaʃɛt] *nf* hiding place; **en ~** secretly.

cachot [kaʃo] *nm* [cellule] cell.

cachotterie [kaʃɔtri] *nf* little secret; **faire des ~s (à qqn)** to hide things (from sb).

cachottier, -ière [kaʃɔtje, jɛr] ◇ *adj* secretive. ◇ *nm, f* secretive person.

cachou [kaʃu] *nm* sweet taken to freshen the breath.

cacophonie [kakɔfɔni] *nf* din.

cactus [kaktys] *nm* cactus.

c.-à-d. (*abr de* **c'est-à-dire**) i.e.

cadastre [kadastr] *nm* [registre] ≃ land register; [service] ≃ land registry, ≃ land office *Am*.

cadavérique [kadaverik] *adj* deathly.

cadavre [kadavr] *nm* corpse, (dead) body; **un ~ ambulant** a walking skeleton.

caddie [kadi] *nm* GOLF caddie.

Caddie® [kadi] *nm* [chariot] trolley.

cadeau, -x [kado] ◇ *nm* present, gift; **faire ~ de qqch à qqn** to give sthg to sb (as a present); **~ d'anniversaire** birthday present; **il ne nous a pas fait de ~** *fam* he didn't do us any favours. ◇ *adj inv*: **idée ~** gift idea; **paquet ~** gift-wrapped parcel.

cadenas [kadna] *nm* padlock.

cadenasser [kadnase] [3] *vt* to padlock.
◆ **se cadenasser** *vp* to padlock.

cadence [kadɑ̃s] *nf* **-1.** [rythme musical] rhythm; **en ~** in time. **-2.** [de travail] rate.

cadencé, -e [kadɑ̃se] *adj* rhythmical.

cadet, -ette [kadɛ, ɛt] ◇ *adj* younger. ◇ *nm, f* **-1.** [de deux enfants] younger; [de plusieurs enfants] youngest; **il est mon ~ de deux ans** he's two years younger than me; **c'est le ~ de mes soucis** *fig* that's the least of my worries. **-2.** SPORT junior.

cadran [kadrɑ̃] *nm* dial; **~ solaire** sundial.

cadre [kadr] *nm* **-1.** [de tableau, de porte] frame. **-2.** [contexte] context; **dans le ~ de** as part of; [limite] within the limits OU scope of; **sortir du ~ de** to go beyond (the scope of). **-3.** [décor, milieu] surroundings (*pl*). **-4.** [responsable]: **~ moyen/supérieur** middle/senior manager; **jeune ~ dynamique** *iron* dynamic young executive; **être rayé des ~s** to be dismissed. **-5.** [sur formulaire] box.

cadrer [kadre] [3] ◇ *vi* to agree, to tally. ◇ *vt* CIN, PHOT & TÉLÉ to frame.

cadreur [kadrœr] *nm* cameraman.

caduc, caduque [kadyk] *adj* **-1.** [feuille] deciduous. **-2.** [qui n'est plus valide] obsolete.

CAF ◇ *nf* (*abr de* **Caisse d'allocations familiales**) *family allowance office.* ◇ (*abr de* **coût, assurance, fret**) cif.

cafard [kafar] *nm* **-1.** *fam* SCOL sneak; [à la police] grass. **-2.** [insecte] cockroach. **-3.** *fig* [mélancolie]: **avoir le ~** to feel low OU down.

cafarder [kafarde] [3] *vi* **-1.** [dénoncer - SCOL] to sneak; [- à la police] to grass. **-2.** [déprimer] to feel low OU down.

cafardeux, -euse [kafardø, øz] *adj* low, down.

café [kafe] ◇ *nm* **-1.** [plante, boisson] coffee; ~ **crème** *coffee with frothy milk*; ~ **glacé** iced coffee; ~ **en grains** coffee beans; ~ **au lait** white coffee *(with hot milk)*; ~ **liégeois** *coffee ice cream with whipped cream poured over*; ~ **moulu** ground coffee; ~ **noir** black coffee; ~ **en poudre** OU **soluble** instant coffee. **-2.** [lieu] bar, cafe. ◇ *adj inv* coffee-colored *Am*, coffee-coloured *Br*.

CAFÉ:
In French cafes, a small cup of strong black coffee is called 'un (petit) café', 'un express' or, colloquially, 'un petit noir'. This may be served 'serré' (extra-strong), 'léger' (weak) or 'allongé' (diluted with hot water). An 'express' with a tiny amount of milk added is called 'une noisette'. A large cup of black coffee is 'un grand café', 'un double express' or, colloquially, 'un grand noir'. Coffee with frothy, steam-heated milk is called 'un (grand/petit) crème'. The term 'café au lait' is almost never used in cafes

---

caféine [kafein] *nf* caffeine; **sans** ~ caffeine-free.

cafétéria [kafeterja] *nf* cafeteria.

café-théâtre [kafeteatr] *(pl* **cafés-théâtres**) *nm* ≃ cabaret.

cafetier [kaftje] *nm* café owner.

cafetière [kaftjɛr] *nf* **-1.** [récipient] coffee-pot. **-2.** [électrique] coffee-maker; [italienne] percolator.

cafouiller [kafuje] [3] *vi fam* **-1.** [s'embrouiller] to get into a mess. **-2.** [moteur] to misfire; TÉLÉ to be on the blink.

cage [kaʒ] *nf* **-1.** [pour animaux] cage. **-2.** [dans une maison]: ~ **d'escalier** stairwell. **-3.** ANAT: ~ **thoracique** rib cage.

cageot [kaʒo] *nm* [caisse] crate.

cagibi [kaʒibi] *nm* storage room *Am*, box-room *Br*.

cagneux, -euse [kaɲø, øz] *adj*: **avoir les genoux** ~ to be knock-kneed.

cagnotte [kaɲɔt] *nf* **-1.** [caisse commune] kitty. **-2.** [économies] savings *(pl)*.

cagoule [kagul] *nf* **-1.** [passe-montagne] balaclava. **-2.** [de moine] cowl. **-3.** [de voleur, de pénitent] hood.

cahier [kaje] *nm* **-1.** [de notes] exercise book, notebook; ~ **de brouillon** rough book; ~ **de textes** homework book. **-2.** COMM: ~ **des charges** specification.

cahin-caha [kaɛ̃kaa] *adv*: **aller** ~ to be jogging along.

cahot [kao] *nm* bump, jolt.

cahoter [kaɔte] [3] ◇ *vi* to jolt around. ◇ *vt* [secouer] to jolt.

cahute [kayt] *nf* shack.

caïd [kaid] *nm* **-1.** [chef de bande] leader. **-2.** *fam* [homme fort] big shot.

caillasse [kajas] *nf fam* loose stones *(pl)*.

caille [kaj] *nf* quail.

caillé, -e [kaje] *adj* [lait] curdled; [sang] clotted.

♦ **caillé** *nm* CULIN curds *(pl)*.

cailler [kaje] [3] *vi* **-1.** [lait] to curdle; [sang] to clot. **-2.** *fam* [avoir froid] to be freezing.

♦ **se cailler** *vp* **-1.** [lait] to curdle; [sang] to clot. **-2.** *fam* [avoir froid]: **on se caille** it's freezing.

caillot [kajo] *nm* clot.

caillou, -x [kaju] *nm* **-1.** [pierre] stone, pebble. **-2.** *fam* [pierre précieuse] rock. **-3.** *fam* [crâne] head.

caillouteux, -euse [kajutø, øz] *adj* stony.

caïman [kaimɑ̃] *nm* cayman.

Caire [kɛr] *n*: Le ~ Cairo.

caisse [kɛs] *nf* **-1.** [boîte] crate, box; ~ à **outils** toolbox. **-2.** TECHNOL case. **-3.** MUS: **grosse** ~ bass drum. **-4.** [guichet] cash desk, till; [de supermarché] checkout, till; ~ **enregistreuse** cash register. **-5.** [recette] takings *(pl)*; **tenir la** ~ *fig* to hold the purse-strings; ~ **noire** slush fund. **-6.** [organisme]: ~ **d'allocation** ≃ social security office; ~ **d'épargne** [fonds] savings fund; [établissement] savings bank; ~ **de prévoyance** contingency fund; ~ **de retraite** pension fund.

caissette [kɛsɛt] *nf* small box.

caissier, -ière [kesje, jɛr] *nm, f* cashier.

caisson [kɛsɔ̃] *nm* **-1.** MIL & TECHNOL caisson. **-2.** ARCHIT coffer.

cajoler [kaʒɔle] [3] *vt* to make a fuss of, to cuddle.

cajolerie [kaʒɔlri] *nf* cuddle.

cajou [kaʒu] → **noix**.

cake [kɛk] *nm* fruit-cake.

cal¹ [kal] *nm* callus.

cal² *(abr de* **calorie**) cal.

calamar [kalamar], **calmar** [kalmar] *nm* squid.

calaminé, -e [kalamine] *adj* coked up.

calamité [kalamite] *nf* disaster.

calandre [kalɑ̃dr] *nf* **-1.** [de voiture] radiator grille. **-2.** [machine] calender.

calanque [kalɑ̃k] *nf* rocky inlet.

calcaire [kalkɛr] ◇ *adj* [eau] hard; [sol] chalky; [roche] limestone *(avant n)*. ◇ *nm* limestone.

calciner [kalsine] [3] *vt* to burn to a cinder.

calcium [kalsjɔm] *nm* calcium.

calcul [kalkyl] *nm* **-1.** [opération]: **le ~** arithmetic; **~ mental** mental arithmetic. **-2.** [compte] calculation. **-3.** *fig* [plan] plan; **agir par ~** to act out of self-interest. **-4.** MÉD: **~ (rénal)** kidney stone.

calculateur, -trice [kalkylatœr, tris] *adj péj* calculating.

◆ **calculateur** *nm* computer.

◆ **calculatrice** *nf* calculator; **calculatrice de poche** pocket calculator.

calculer [kalkyle] [3] ◇ *vt* **-1.** [déterminer] to calculate, to work out. **-2.** [prévoir] to plan; **mal/bien ~ qqch** to judge sthg badly/well. ◇ *vi* **-1.** [faire des calculs] to calculate. **-2.** *péj* [dépenser avec parcimonie] to count the pennies.

calculette [kalkylɛt] *nf* pocket calculator.

Calcutta [kalkyta] *n* Calcutta.

cale [kal] *nf* **-1.** [de navire] hold; **~ sèche** dry dock. **-2.** [pour immobiliser] wedge.

calé, -e [kale] *adj fam* **-1.** [personne] clever, brainy; **être ~ en** to be good at. **-2.** [problème] tough.

calebasse [kalbas] *nf* gourd.

calèche [kalɛʃ] *nf* (horse-drawn) carriage.

caleçon [kalsɔ̃] *nm* **-1.** [sous-vêtement masculin] boxer shorts (*pl*), pair of boxer shorts; **~ long** longjohns (*pl*), pair of longjohns. **-2.** [vêtement féminin] leggings (*pl*), pair of leggings.

Calédonie [kaledɔni] *nf*: **la ~** Caledonia.

calembour [kalɑ̃bur] *nm* pun, play on words.

calendes [kalɑ̃d] *nfpl*: **renvoyer qqch aux ~ grecques** to postpone sthg indefinitely.

calendrier [kalɑ̃drije] *nm* **-1.** [système, agenda, d'un festival] calendar. **-2.** [emploi du temps] timetable. **-3.** [d'un voyage] schedule.

cale-pied [kalpje] *nm* (*pl* cale-pieds) toe-clip.

calepin [kalpɛ̃] *nm* notebook.

caler [kale] [3] ◇ *vt* **-1.** [avec cale] to wedge. **-2.** [stabiliser, appuyer] to prop up. **-3.** *fam* [remplir]: **ça cale (l'estomac)** it's filling. ◇ *vi* **-1.** [moteur, véhicule] to stall. **-2.** *fam* [personne] to give up.

calfeutrer [kalføtre] [3] *vt* to draughtproof.

◆ **se calfeutrer** *vp* to shut o.s. up OU away.

calibre [kalibr] *nm* **-1.** [de tuyau] diameter, bore; [de fruit] calibre; [de fruit, d'œuf] size; **de gros ~** large-calibre. **-2.** *fam fig* [envergure] calibre.

calibrer [kalibre] [3] *vt* **-1.** [machine, fusil] to calibrate. **-2.** [fruit, œuf] to grade.

calice [kalis] *nm* **-1.** RELIG chalice. **-2.** BOT calyx.

calicot [kaliko] *nm* **-1.** [tissu] calico. **-2.** [banderole] banner.

Californie [kalifɔrni] *nf*: **la ~** California; **la Basse ~** Lower California.

californien, -ienne [kalifɔrnjɛ̃, jɛn] *adj* Californian.

◆ **Californien, -ienne** *nm, f* Californian.

califourchon [kalifurʃɔ̃]
◆ **à califourchon** *loc adv* astride; **être (assis) à ~ sur qqch** to sit astride sthg.

câlin, -e [kalɛ̃, in] *adj* affectionate.

◆ **câlin** *nm* cuddle; **faire un ~ à qqn** to give sb a cuddle.

câliner [kaline] [3] *vt* to cuddle.

calisson [kalisɔ̃] *nm small iced cake made with almond paste.*

calleux, -euse [kalø, øz] *adj* calloused.

call-girl [kɔlgœrl] (*pl* call-girls) *nf* call girl.

calligraphie [kaligrafi] *nf* calligraphy.

callosité [kalozite] *nf* callus.

calmant, -e [kalmɑ̃, ɑ̃t] *adj* soothing.

◆ **calmant** *nm* [pour la douleur] painkiller; [pour l'anxiété] tranquilizer *Am*, tranquillizer *Br*, sedative.

calmar → **calamar**.

calme [kalm] ◇ *adj* quiet, calm. ◇ *nm* **-1.** [gén] calm, calmness; **dans le ~** quietly, calmly; **du ~!** calm down!; **rétablir le ~** to restore order; **le ~ plat** [de la mer] dead calm; **c'est le ~ plat en ce moment** *fig* things are very quiet at the moment. **-2.** [absence de bruit] peace (and quiet).

calmer [kalme] [3] *vt* **-1.** [apaiser] to calm (down). **-2.** [réduire - douleur] to soothe; [- inquiétude] to allay.

◆ **se calmer** *vp* **-1.** [s'apaiser - personne, discussion] to calm down; [- tempête] to abate; [- mer] to become calm. **-2.** [diminuer - douleur] to ease; [- fièvre, inquiétude] to subside.

calomnie [kalɔmni] *nf* [écrits] libel; [paroles] slander.

calomnier [kalɔmnje] [9] *vt* [par écrit] to libel; [verbalement] to slander.

calomnieux, -ieuse [kalɔmnjø, jøz] *adj* [écrits] libelous *Am*, libellous *Br*; [propos] slanderous.

calorie [kalɔri] *nf* calorie.

calorifère [kalɔrifɛr] ◇ *nm* stove. ◇ *adj* heat-giving.

calorifique [kalɔrifik] *adj* calorific.

calorifuge [kalɔrifyʒ] ◇ *adj* insulating. ◇ *nm* insulation.

calorique [kalɔrik] *adj* calorific.

calot [kalo] *nm* **-1.** [de militaire] ≈ beret. **-2.** [bille] (large) marble.

calotte [kalɔt] *nf* **-1.** [bonnet] skullcap. **-2.** *fam* [gifle] slap. **-3.** GÉOGR: ~ **glaciaire** ice cap.

calque [kalk] *nm* **-1.** [dessin] tracing. **-2.** [papier]: **(papier)** ~ tracing paper. **-3.** *fig* [imitation] (exact) copy; **il est le** ~ **de son père** he's the spitting image of his father. **-4.** [traduction] calque, loan translation.

calquer [kalke] [3] *vt* **-1.** [carte] to trace. **-2.** [imiter] to copy exactly; ~ **qqch sur qqch** to model sthg on sthg. **-3.** [traduire littéralement] to translate literally.

calvados [kalvados] *nm* Calvados.

calvaire [kalvɛr] *nm* **-1.** [croix] wayside cross. **-2.** *fig* [épreuve] ordeal.
◆ **Calvaire** *nm*: **le Calvaire** Calvary.

calviniste [kalvinist] *adj & nmf* Calvinist.

calvitie [kalvisi] *nf* baldness; ~ **précoce** premature baldness.

camaïeu [kamajø] *nm* monochrome; **en** ~ in monochrome, monochrome (*avant n*).

camarade [kamarad] *nmf* **-1.** [compagnon, ami] friend; ~ **de classe** classmate; ~ **d'école** schoolfriend. **-2.** POLIT comrade.

camaraderie [kamaradri] *nf* **-1.** [familiarité, entente] friendship. **-2.** [solidarité] comradeship, camaraderie.

cambiste [kãbist] FIN ◇ *adj* foreign-exchange (*avant n*). ◇ *nmf* foreign exchange dealer.

Cambodge [kãbɔdʒ] *nm*: **le** ~ Cambodia; **au** ~ in Cambodia.

cambodgien, -ienne [kãbɔdʒjɛ̃, jɛn] *adj* Cambodian.
◆ **Cambodgien, -ienne** *nm, f* Cambodian.

cambouis [kãbwi] *nm* dirty grease.

cambré, -e [kãbre] *adj* arched.

cambrer [kãbre] [3] *vt*: ~ **les reins** OU **la taille** to arch one's back.
◆ **se cambrer** *vp* [se redresser] to arch one's back.

cambriolage [kãbrijɔlaʒ] *nm* burglary.

cambrioler [kãbrijɔle] [3] *vt* to burglarize *Am*, to burgle *Br*.

cambrioleur, -euse [kãbrijɔlœr, øz] *nm, f* burglar.

cambrousse [kãbrus] *nf fam*: **en pleine** ~ out in the sticks.

cambrure [kãbryr] *nf* **-1.** [de pied] instep; ~ **des reins** OU **du dos** small of the back. **-2.** [de poutre] curve; [de chaussure] arch.

came [kam] *nf* **-1.** TECHNOL cam. **-2.** *tfam* [drogue] stuff.

camé, -e [kame] *tfam* ◇ *adj* [drogué] stoned. ◇ *nm, f* junkie.

camée [kame] *nm* cameo.

caméléon [kameleɔ̃] *nm litt & fig* chameleon.

camélia [kamelja] *nm* camellia.

camelote [kamlɔt] *nf* [marchandise de mauvaise qualité] rubbish.

camembert [kamãbɛr] *nm* **-1.** [fromage] Camembert. **-2.** [graphique] pie chart.

caméra [kamera] *nf* **-1.** CIN & TÉLÉ camera. **-2.** [d'amateur] cinecamera.

cameraman [kameraman] (*pl* **cameramen** [kameramɛn] OU **cameramans**) *nm* cameraman.

Cameroun [kamrun] *nm*: **le** ~ Cameroon; **au** ~ in Cameroon.

camerounais, -e [kamrynɛ, ɛz] *adj* Cameroonian.
◆ **Camerounais, -e** *nm, f* Cameroonian.

Caméscope® [kameskɔp] *nm* camcorder.

camion [kamjɔ̃] *nm* truck *Am*, lorry *Br*; ~ **de déménagement** moving van *Am*, removal van *Br*.

camion-citerne [kamjɔ̃sitɛrn] (*pl* **camions-citernes**) *nm* tanker truck *Am*, tanker *Br*.

camionnage [kamjɔnaʒ] *nm* trucking *Am*, road haulage *Br*.

camionnette [kamjɔnɛt] *nf* van.

camionneur [kamjɔnœr] *nm* **-1.** [conducteur] truck-driver *Am*, lorry-driver *Br*. **-2.** [entrepreneur] trucker *Am*, road haulier *Br*.

camisole [kamizɔl]
◆ **camisole de force** *nf* straitjacket.

camomille [kamɔmij] *nf* **-1.** [plante] camomile. **-2.** [tisane] camomile tea.

camouflage [kamuflaʒ] *nm* [déguisement] camouflage; *fig* [dissimulation] concealment.

camoufler [kamufle] [3] *vt* [déguiser] to camouflage; *fig* [dissimuler] to conceal, to cover up; ~ **qqch en qqch** to camouflage sthg as sthg.
◆ **se camoufler** *vp* [se cacher] to hide.

camouflet [kamuflɛ] *nm littéraire* [affront] snub; **infliger un** ~ **à qqn** to snub sb.

camp [kã] *nm* **-1.** [gén] camp; ~ **de concentration** concentration camp; ~ **retranché** fortified camp, fortress; ~ **de vacances** holiday camp; ~ **volant** temporary camp; **ficher le** ~ *fam* to get lost, to clear off; **lever le** ~ to break camp; *fig* to clear off OU out. **-2.** SPORT half (of the field). **-3.** [parti] side.

campagnard, -e [kãpaɲar, ard] ◇ *adj* **-1.** [de la campagne] country (*avant n*). **-2.** [rustique] rustic. ◇ *nm, f* countryman (*f* country-woman).

campagne [kɑ̃paɲ] *nf* -**1.** [régions rurales] country; **à la ~** in the country; **en rase ~** in open country; **battre la ~** [police] to comb the countryside; [divaguer] to wander. -**2.** MIL, POLIT & PUBLICITÉ **campaign; partir en ~** POLIT to start campaigning; **faire ~ pour/contre** to campaign for/against; **~ d'affichage** poster campaign; **~ électorale** election campaign; **~ de presse** press campaign; **~ publicitaire** advertising campaign; **~ de vente** sales campaign.

campanule [kɑ̃panyl] *nf* bellflower, campanula.

campé, -e [kɑ̃pe] *adj*: **bien ~** [personnage] well-rounded; [récit] well-constructed; **être bien ~ (sur ses jambes)** to stand firmly on one's feet.

campement [kɑ̃pmɑ̃] *nm* camp, encampment.

camper [kɑ̃pe] [3] ◇ *vi* to camp. ◇ *vt* -**1.** [poser solidement] to place firmly. -**2.** *fig* [esquisser] to portray.

◆ **se camper** *vp*: **se ~ devant qqn/qqch** to plant o.s. in front of sb/sthg.

campeur, -euse [kɑ̃pœr, øz] *nm, f* camper.

camphre [kɑ̃fr] *nm* camphor.

camphré, -e [kɑ̃fre] *adj* camphorated.

camping [kɑ̃piŋ] *nm* -**1.** [activité] camping; **faire du ~** to go camping; **~ sauvage** camping in the wild, wilderness camping *Am*. -**2.** [terrain] campsite.

camping-car [kɑ̃piŋkar] (*pl* **camping-cars**) *nm* camper, Dormobile® *Br*.

Camping-Gaz® [kɑ̃piŋgaz] *nm inv* ≃ Primus® stove.

campus [kɑ̃pys] *nm* campus.

camus [kamy] → **nez**.

Canada [kanada] *nm*: **le ~** Canada; **au ~** in Canada.

Canadair® [kanadɛr] *nm plane equipped with water tanks to fight forest fires*.

canadianisme [kanadjanism] *nm* Canadianism.

canadien, -ienne [kanadjɛ̃, jɛn] *adj* Canadian.

◆ **canadienne** *nf* [veste] sheepskin jacket.

◆ **Canadien, -ienne** *nm, f* Canadian.

canaille [kanaj] ◇ *adj* -**1.** [coquin] roguish. -**2.** [vulgaire] crude. ◇ *nf* -**1.** [scélérat] scoundrel. -**2.** *hum* [coquin] little devil.

canal, -aux [kanal, o] *nm* -**1.** [gén] channel; **par le ~ de qqn** *fig* [par l'entremise de] through sb; **~ de distribution** distribution

channel. -**2.** [voie d'eau] canal. -**3.** ANAT canal, duct.

◆ **Canal** *nm*: **Canal+** *French TV pay channel*.

CANAL+:
Canal+ broadcasts programmes that have to be unscrambled using a special decoding unit, although for part of the day its programmes can be seen without this device

canalisation [kanalizasjɔ̃] *nf* -**1.** [conduit] pipe. -**2.** *litt* & *fig* [action de canaliser] channelling.

canaliser [kanalize] [3] *vt* -**1.** [cours d'eau] to canalize. -**2.** *fig* [orienter] to channel.

canapé [kanape] *nm* -**1.** [siège] sofa; **~ convertible** sofa bed. -**2.** CULIN canapé.

canapé-lit [kanapeli] (*pl* **canapés-lits**) *nm* sofa bed.

canaque, kanak [kanak] *adj* Kanak.

◆ **Canaque** *nmf* Kanak.

canard [kanar] *nm* -**1.** [oiseau] duck. -**2.** [fausse note] wrong note. -**3.** *fam* [journal] rag.

canari [kanari] ◇ *nm* canary. ◇ *adj inv*: **jaune ~** canary yellow.

Canaries [kanari] *nfpl*: **les ~** the Canaries; **aux ~** in the Canaries.

Canberra [kɑ̃bera] *n* Canberra.

cancan [kɑ̃kɑ̃] *nm* -**1.** [ragot] piece of gossip; **dire des ~s sur qqn** to spread gossip about sb. -**2.** [danse] cancan.

cancaner [kɑ̃kane] [3] *vi* -**1.** [canard] to quack. -**2.** [médire] to spread gossip; **~ sur qqn** to spread gossip about sb.

cancanier, -ière [kɑ̃kanje, jɛr] ◇ *adj* gossipy. ◇ *nm, f* gossip.

cancer [kɑ̃sɛr] *nm* MÉD cancer.

◆ **Cancer** *nm* -**1.** ASTROL Cancer; **être Cancer** to be (a) Cancer. -**2.** GÉOGR: **le tropique du Cancer** the tropic of Cancer.

cancéreux, -euse [kɑ̃serø, øz] ◇ *adj* -**1.** [personne] suffering from cancer. -**2.** [tumeur] cancerous. ◇ *nm, f* [personne] cancer sufferer.

cancérigène [kɑ̃seriʒɛn] *adj* carcinogenic.

cancre [kɑ̃kr] *nm fam* dunce.

cancrelat [kɑ̃krəla] *nm* cockroach.

candélabre [kɑ̃delabr] *nm* candelabra.

candeur [kɑ̃dœr] *nf* ingenuousness.

candi [kɑ̃di] *adj*: **sucre ~** (sugar) candy.

candidat, -e [kɑ̃dida, at] *nm, f*: **~ (à)** candidate (for).

candidature [kɑ̃didatyr] *nf* -**1.** [à un poste] application; **poser sa ~ pour qqch** to apply for sthg. -**2.** [à une élection] candidature.

candide [kɑ̃did] *adj* ingenuous.

cane [kan] *nf* (female) duck.

caneton [kantɔ̃] *nm* (male) duckling.

canette [kanɛt] *nf* -1. [de fil] spool. -2. [petite cane] (female) duckling. -3. [de boisson - bouteille] bottle; [- boîte] can.

canevas [kanva] *nm* -1. COUTURE canvas. -2. [plan] structure.

caniche [kaniʃ] *nm* poodle.

canicule [kanikyl] *nf* heatwave.

canif [kanif] *nm* penknife.

canin, -e [kanɛ̃, in] *adj* canine; **exposition** ~e dog show.
◆ **canine** *nf* canine (tooth).

caniveau [kanivo] *nm* gutter.

cannabis [kanabis] *nm* cannabis.

canne [kan] *nf* -1. [bâton] walking stick; ~ à pêche fishing rod. -2. *fam* [jambe] pin.
◆ **canne à sucre** *nf* sugar cane.

canné, -e [kane] *adj* cane (avant n).

cannelé, -e [kanle] *adj* fluted.

cannelle [kanɛl] ◇ *nf* -1. [aromate] cinnamon. -2. [robinet] faucet *Am*, tap *Br*. ◇ *adj inv* [couleur] cinnamon.

cannelure [kanlyr] *nf* -1. [de colonne] flute. -2. BOT & GÉOL striation.

Cannes [kan] *n* Cannes; **le festival de** ~ the Cannes film festival.

cannibale [kanibal] *nmf & adj* cannibal.

cannibalisme [kanibalism] *nm* cannibalism.

canoë [kanɔe] *nm* canoe.

canoë-kayak [kanɔekajak] (*pl* canoës-kayaks) *nm* kayak.

canon [kanɔ̃] ◇ *nm* -1. [arme] gun; HIST cannon. -2. [tube d'arme] barrel. -3. *fam* [verre de vin] glass (of wine). -4. MUS: **chanter en** ~ to sing in canon. -5. [norme & RELIG] canon. ◇ *adj* → **droit**.

canonique [kanɔnik] *adj* canonical; **d'un âge** ~ *fig* of a venerable age.

canoniser [kanɔnize] [3] *vt* to canonize.

canot [kano] *nm* dinghy; ~ **pneumatique** inflatable dinghy; ~ **de sauvetage** lifeboat.

canotage [kanɔtaʒ] *nm* rowing, boating; **faire du** ~ to go rowing OU boating.

canotier [kanɔtje] *nm* -1. [rameur] rower. -2. [chapeau] boater.

cantal [kɑ̃tal] *nm* semi-hard cheese from the Auvergne.

cantate [kɑ̃tat] *nf* cantata.

cantatrice [kɑ̃tatris] *nf* prima donna.

cantine [kɑ̃tin] *nf* -1. [réfectoire] canteen. -2. [malle] trunk.

cantique [kɑ̃tik] *nm* hymn.

canton [kɑ̃tɔ̃] *nm* -1. [en France] ≃ district. -2. [en Suisse] canton.

cantonade [kɑ̃tɔnad]
◆ **à la cantonade** *loc adv*: **parler à la** ~ to speak to everyone (in general).

cantonais, -e [kɑ̃tɔnɛ, ɛz] *adj* Cantonese; **riz** ~ egg fried rice.
◆ **cantonais** *nm* [langue] Cantonese.
◆ **Cantonais, -e** *nm, f* native OU inhabitant of Canton.

cantonal, -e, -aux [kɑ̃tɔnal, o] *adj* -1. [en France] ≃ district (avant n). -2. [en Suisse] cantonal.

cantonnement [kɑ̃tɔnmɑ̃] *nm* [MIL - action] billeting; [- lieu] billet.

cantonner [kɑ̃tɔne] [3] *vt* -1. MIL to quarter, to billet *Br*. -2. [maintenir] to confine; ~ **qqn à** OU **dans** to confine sb to.
◆ **se cantonner** *vp*: **se** ~ **dans** to confine o.s. to.

cantonnier [kɑ̃tɔnje] *nm* roadman.

canular [kanylar] *nm fam* hoax.

CAO (*abr de* conception assistée par ordinateur) *nf* CAD.

caoutchouc [kautʃu] *nm* -1. [substance] rubber; **en** ~ rubber (avant n); ~ **mousse** foam rubber. -2. [plante] rubber plant. -3. [élastique] elastic OU rubber band.

caoutchouteux, -euse [kautʃutø, øz] *adj* rubbery.

cap [kap] *nm* -1. GÉOGR cape; **le cap de Bonne-Espérance** the Cape of Good Hope; **le cap Horn** Cape Horn; **passer le** ~ **de qqch** *fig* to get through sthg; **passer le** ~ **de la quarantaine** *fig* to turn forty. -2. [direction] course; **changer de** ~ to change course; **mettre le** ~ **sur** to head for.
◆ **Cap** *nm*: **Le Cap** Cape Town.

CAP (*abr de* certificat d'aptitude professionnelle) *nm vocational training certificate* (taken at secondary school).

capable [kapabl] *adj* -1. [apte]: ~ (**de qqch/de faire qqch**) capable (of sthg/of doing sthg). -2. [à même]: ~ **de faire qqch** likely to do sthg; ~ **de réussir** likely to succeed. -3. JUR competent.

capacité [kapasite] *nf* -1. [de récipient] capacity. -2. [de personne] ability. -3. JUR [mentale] capacity. -4. UNIV: ~ **en droit** [diplôme] *qualifying certificate in law gained by examination after 2 years' study*.

cape [kap] *nf* [vêtement] cloak; **rire sous** ~ *fig* to laugh up one's sleeve.

CAPES, Capes [kapɛs] (*abr de* certificat d'aptitude au professorat de l'enseignement du second degré) *nm secondary school teaching certificate*.

capésien, -ienne [kapesjɛ̃, jɛn] *nm, f* person holding a secondary school teaching qualification.

CAPET, Capet [kapɛt] (*abr de* **certificat d'aptitude au professorat de l'enseignement technique**) *nm* specialized teaching certificate.

capharnaüm [kafarnaɔm] *nm* mess.

capillaire [kapilɛr] ◇ *adj* **-1.** [lotion] hair (*avant n*). **-2.** ANAT & BOT capillary. ◇ *nm* **-1.** BOT maidenhair fern. **-2.** ANAT capillary.

capillarité [kapilarite] *nf* PHYS capillarity.

capitaine [kapitɛn] *nm* captain; ~ **au long cours** NAVIG master mariner.

capitainerie [kapitɛnri] *nf* harbor *Am* OU harbour *Br* master's office.

capital, -e, -aux [kapital, o] *adj* **-1.** [décision, événement] major. **-2.** JUR capital.
◆ **capital** *nm* FIN capital; ~ **d'exploitation** working capital; ~ **santé** *fig* reserves (*pl*) of health; ~ **social** authorized OU share capital.
◆ **capitale** *nf* [ville, lettre] capital.
◆ **capitaux** *nmpl* capital (*U*).

capitaliser [kapitalize] [3] ◇ *vt* FIN to capitalize; *fig* to accumulate. ◇ *vi* to save.

capitalisme [kapitalism] *nm* capitalism.

capitaliste [kapitalist] *nmf & adj* capitalist.

capiteux, -euse [kapitø, øz] *adj* **-1.** [vin] intoxicating; [parfum] heady. **-2.** [charme] alluring.

capitonné, -e [kapitɔne] *adj* padded; ~ **de cuir** with leather upholstery.

capituler [kapityle] [3] *vi* to surrender; ~ **devant qqn/qqch** to surrender to sb/sthg.

caporal, -aux [kapɔral, o] *nm* **-1.** MIL lance-corporal. **-2.** [tabac] caporal.

caporal-chef [kapɔralʃɛf] (*pl* **caporaux-chefs** [kapɔroʃɛf]) *nm* corporal.

capot [kapo] ◇ *adj inv* [aux jeux de cartes]: **mettre qqn** ~ to take all the tricks from sb. ◇ *nm* **-1.** [de voiture] hood *Am*, bonnet *Br*. **-2.** [de machine] (protective) cover.

capote [kapɔt] *nf* **-1.** [de voiture] top *Am*, hood *Br*. **-2.** [manteau] greatcoat, overcoat. **-3.** [chapeau] bonnet. **-4.** *fam* [préservatif]: ~ **(anglaise)** condom.

capoter [kapɔte] [3] *vi* **-1.** [se retourner] to overturn. **-2.** *Can* [perdre la tête] to lose one's head. **-3.** [échouer] to come to nothing.

câpre [kapr] *nf* caper.

caprice [kapris] *nm* whim; **les ~s de la météo** the vagaries of the weather; **faire des ~s** to be temperamental.

capricieux, -ieuse [kaprisjø, jøz] ◇ *adj* [changeant] capricious; [coléreux] temperamental. ◇ *nm, f* temperamental person.

capricorne [kaprikɔrn] *nm* ZOOL capricorn beetle.
◆ **Capricorne** *nm* **-1.** ASTROL Capricorn; **être Capricorne** to be (a) Capricorn. **-2.** GÉOGR: **le tropique du Capricorne** the tropic of Capricorn.

capsule [kapsyl] *nf* **-1.** [de bouteille] cap. **-2.** ASTRON, BOT & MÉD capsule.

capter [kapte] [3] *vt* **-1.** [recevoir sur émetteur] to pick up. **-2.** [source, rivière] to harness. **-3.** *fig* [attention, confiance] to gain, to win.

capteur [kaptœr] *nm* PHYS sensor; ~ **solaire** solar panel.

captieux, -ieuse [kapsjø, jøz] *adj* specious.

captif, -ive [kaptif, iv] ◇ *adj* captive; **être** ~ **de qqch** *fig* to be a slave to sthg. ◇ *nm, f* prisoner.

captivant, -e [kaptivã, ãt] *adj* [livre, film] enthralling; [personne] captivating.

captiver [kaptive] [3] *vt* to captivate.

captivité [kaptivite] *nf* captivity; **en** ~ in captivity.

capture [kaptyr] *nf* **-1.** [action] capture. **-2.** [prise] catch.

capturer [kaptyre] [3] *vt* to catch, to capture.

capuche [kapyʃ] *nf* (detachable) hood.

capuchon [kapyʃɔ̃] *nm* **-1.** [bonnet - d'imperméable] hood; [- de religieux] cowl. **-2.** [bouchon] cap, top.

capucin [kapysɛ̃] *nm* RELIG Capuchin.

capucine [kapysin] *nf* [fleur] nasturtium.

capverdien, -ienne [kapvɛrdjɛ̃, jɛn] *adj* Cape Verdean.
◆ **Capverdien, -ienne** *nm, f* Cape Verdean.

Cap-Vert [kapvɛr] *nm* Cape Verde.

caquelon [kaklɔ̃] *nm* fondue dish.

caquet [kakɛ] *nm* **-1.** [de poule] cackling (*U*). **-2.** *péj* [bavardage] chatter (*U*); **rabattre le** ~ **à** OU **de qqn** to shut sb up.

caqueter [kakte] [27] *vi* **-1.** [poule] to cackle. **-2.** *péj* [personne] to chatter.

car¹ [kar] *nm* bus *Am*, coach *Br*.

car² [kar] *conj* for, because.

carabine [karabin] *nf* rifle.

carabiné, -e [karabine] *adj fam* [tempête] violent; [rhume] stinking; [amende] heavy.

Caracas [karakas] *n* Caracas.

caraco [karako] *nm* loose blouse.

caracoler [karakɔle] [3] *vi* **-1.** [cheval] to prance; [cavalier] to caracole. **-2.** *fig* [sautiller] to prance about.

caractère [karaktɛr] *nm* **-1.** [gén] character; **avoir du ~** to have character; **avoir mauvais ~** to be bad-tempered; **en petits/gros ~s** in small/large print; **~s d'imprimerie** block capitals. **-2.** [caractéristique] feature, characteristic.

caractériel, -ielle [karakterjɛl] ◇ *adj* [troubles] emotional; [personne] emotionally disturbed. ◇ *nm, f* emotionally disturbed person.

caractérisé, -e [karakterize] *adj* [net] clear; **être d'une grossièreté ~e** to be downright rude.

caractériser [karakterize] [3] *vt* to be characteristic of.
◆ **se caractériser** *vp*: **se ~ par qqch** to be characterized by sthg.

caractéristique [karakteristik] ◇ *nf* characteristic, feature. ◇ *adj*: **~ (de)** characteristic (of).

carafe [karaf] *nf* [pour vin, eau] carafe; [pour alcool] decanter; **rester en ~** *fam* to be left stranded.

carafon [karafɔ̃] *nm* small carafe.

caraïbe [karaib] *adj* Caribbean.
◆ **Caraïbe** *nmf* Carib.
◆ **Caraïbes** *nfpl*: **les Caraïbes** the Caribbean; **dans les Caraïbes** in the Caribbean.

carambolage [karɑ̃bɔlaʒ] *nm* pile-up.

caramel [karamɛl] ◇ *nm* **-1.** CULIN caramel. **-2.** [bonbon - dur] toffee, caramel; [- mou] fudge. ◇ *adj inv* [couleur] caramel.

caraméliser [karamelize] [3] *vt* [sucre] to caramelize; [gâteau] to coat with caramel.
◆ **se caraméliser** *vp* to caramelize.

carapace [karapas] *nf* shell; *fig* protection, shield.

carapater [karapate] [3]
◆ **se carapater** *vp* to scarper, to hop it.

carat [kara] *nm* carat; **or à 9 ~s** 9-carat gold.

caravane [karavan] *nf* **-1.** [de camping, de désert] caravan. **-2.** [de personnes] procession.

caravaning [karavaniŋ] *nm* caravanning.

carbone [karbɔn] *nm* carbon; **(papier) ~** carbon paper.

carbonique [karbɔnik] *adj*: **gaz ~** carbon dioxide; **neige ~** dry ice.

carboniser [karbɔnize] [3] *vt* to burn to a cinder.

carbonnade [karbɔnad] *nf* CULIN *type of stew.*

carburant [karbyrɑ̃] ◇ *adj m*: **mélange ~** (fuel) mixture. ◇ *nm* fuel.

carburateur [karbyratœr] *nm* carburetor *Am*, carburettor *Br*.

carbure [karbyr] *nm* carbide.

carburer [karbyre] [3] *vi* **-1.** [moteur]: **~ bien/mal** to be well/badly tuned. **-2.** *fam* [être en forme] to be fine.

carcajou [karkaʒu] *nm* wolverine.

carcan [karkɑ̃] *nm* HIST iron collar; *fig* yoke.

carcasse [karkas] *nf* **-1.** [d'animal] carcass. **-2.** [de bâtiment, navire] framework. **-3.** [de véhicule] shell.

carcéral, -e, -aux [karseral, o] *adj* prison (*avant n*).

carcinome [karsinɔm] *nm* carcinoma.

cardan [kardɑ̃] *nm* universal joint.

carder [karde] [3] *vt* to card.

cardiaque [kardjak] ◇ *adj* cardiac; **être ~** to have a heart condition; **crise ~** heart attack. ◇ *nmf* heart patient.

cardigan [kardigɑ̃] *nm* cardigan.

cardinal, -e, -aux [kardinal, o] *adj* cardinal.
◆ **cardinal** *nm* RELIG cardinal.

cardiologue [kardjɔlɔg] *nmf* heart specialist, cardiologist.

cardio-vasculaire [kardjɔvaskylɛr] (*pl* **cardio-vasculaires**) *adj* cardiovascular.

Carême [karɛm] *nm*: **le ~** Lent.

carence [karɑ̃s] *nf* **-1.** [de personne, gouvernement] inadequacy, incompetence. **-2.** [manque]: **~ (en)** deficiency (in).

carène [karɛn] *nf* NAVIG hull.

caréner [karene] [18] *vt* **-1.** [navire] to careen. **-2.** [carrosserie] to streamline.

caressant, -e [karɛsɑ̃, ɑ̃t] *adj* affectionate.

caresse [karɛs] *nf* caress; **faire une ~ à qqn** to caress sb.

caresser [karese] [4] *vt* **-1.** [personne] to caress; [animal, objet] to stroke. **-2.** *fig* [espoir] to cherish.

car-ferry [karferi] (*pl* **car-ferries**) *nm* car ferry.

cargaison [kargezɔ̃] *nf* **-1.** TRANSPORT cargo. **-2.** *fam* [grande quantité] load, pile.

cargo [kargo] *nm* **-1.** [navire] freighter. **-2.** [avion] cargo plane.

cari = **curry**.

caribou [karibu] *nm* caribou.

caricatural, -e, -aux [karikatyral, o] *adj* [récit] exaggerated.

caricature [karikatyr] *nf* **-1.** [gén] caricature. **-2.** *péj* [personne] sight.

carie [kari] *nf* **-1.** MÉD caries. **-2.** BOT blight.

carillon [karijɔ̃] *nm* **-1.** [cloches] bells (*pl*). **-2.** [d'horloge, de porte] chime.

carillonner [karijɔne] [3] ◇ *vi* to ring. ◇ *vt* **-1.** [heure] to strike, to chime. **-2.** *fig* [nouvelle] to announce.

caritatif, -ive [karitatif, iv] *adj* charitable.

carlingue [karlɛ̃g] *nf* **-1.** [d'avion] cabin. **-2.** [de navire] keelson.

carmélite [karmelit] *nf* Carmelite (nun).

carmin [karmɛ̃] ◇ *adj inv* crimson. ◇ *nm* [couleur] crimson; [colorant] cochineal.

carnage [karnaʒ] *nm* slaughter, carnage.

carnassier, -ière [karnasje, jɛr] *adj* carnivorous.

♦ **carnassier** *nm* carnivore.

carnaval [karnaval] *nm* carnival.

carnet [karnɛ] *nm* **-1.** [petit cahier] notebook; ~ **d'adresses** address book; ~ **de notes** SCOL report card. **-2.** [bloc de feuilles] book; ~ **de chèques** checkbook *Am*, chequebook *Br*; ~ **de tickets** book of tickets.

carnivore [karnivɔr] ◇ *adj* carnivorous. ◇ *nm* carnivore.

carotide [karɔtid] ANAT ◇ *adj* carotid. ◇ *nf* carotid artery.

carotte [karɔt] ◇ *nf* carrot; ~**s râpées** grated carrots; ~**s Vichy** glazed carrots; **les** ~**s sont cuites** *fam* they've/we've *etc* had it. ◇ *adj inv* [couleur] carroty.

carpe [karp] ◇ *nf* carp; **être muet comme une** ~ *fig* not to say a word. ◇ *nm* ANAT carpus.

carpette [karpɛt] *nf* **-1.** [petit tapis] rug. **-2.** *fam péj* [personne] doormat.

carquois [karkwa] *nm* quiver.

carré, -e [kare] *adj* **-1.** [gén] square; **20 mètres** ~**s** 20 square metres. **-2.** [franc] straightforward.

♦ **carré** *nm* **-1.** [quadrilatère] square; **élever un nombre au** ~ MATHS to square a number; ~ **blanc** TV *white square in the corner of the screen indicating that a television programme is not recommended for children*; ~ **de soie** [foulard] silk square. **-2.** [sur un navire] wardroom. **-3.** CARTES: **un** ~ **d'as** four aces. **-4.** CULIN: ~ **d'agneau** rack of lamb. **-5.** [petit terrain] patch, plot.

carreau [karo] *nm* **-1.** [carrelage] tile. **-2.** [sol] tiled floor; **rester sur le** ~ *fig* to be knocked out. **-3.** [vitre] window pane. **-4.** [motif carré] check; **à** ~**x** [tissu] checked; [papier] squared. **-5.** CARTES diamond; **l'atout est** ~ diamonds are trumps. **-6.** *loc*: **se tenir à** ~ to watch one's step.

carrefour [karfur] *nm* **-1.** [de routes, de la vie] crossroads (*sg*). **-2.** [forum] forum, conference.

carrelage [karlaʒ] *nm* **-1.** [action] tiling. **-2.** [surface] tiles (*pl*).

carreler [karle] [24] *vt* to tile.

carrelet [karlɛ] *nm* **-1.** [poisson] plaice. **-2.** [filet de pêche] net.

carreleur [karlœr] *nm* tiler.

carrément [karemɑ̃] *adv* **-1.** [franchement] bluntly. **-2.** [complètement] completely, quite. **-3.** [sans hésiter] straight.

carrer [kare] [3]

♦ **se carrer** *vp*: **se** ~ **dans** to settle o.s. in.

carrière [karjɛr] *nf* **-1.** [profession] career; **embrasser une** ~ to take up a career; **faire** ~ **dans qqch** to make a career (for o.s.) in sthg. **-2.** [gisement] quarry.

carriériste [karjerist] *nmf péj* careerist.

carriole [karjɔl] *nf* **-1.** [petite charrette] cart. **-2.** *Can* [traîneau] sleigh.

carrossable [karɔsabl] *adj* suitable for vehicles.

carrosse [karɔs] *nm* (horse-drawn) coach.

carrosserie [karɔsri] *nf* **-1.** [de voiture] bodywork, body. **-2.** [industrie] coachbuilding.

carrossier [karɔsje] *nm* coachbuilder.

carrousel [karuzɛl] *nm* ÉQUITATION carousel; ~ **d'avions** *fig* aerial display.

carrure [karyr] *nf* **-1.** [de personne] build; *fig* stature. **-2.** [de vêtement] width across the shoulders.

cartable [kartabl] *nm* schoolbag.

carte [kart] *nf* **-1.** [gén] card; ~ **bancaire** cash card *Br*; ~ **de crédit** credit card; ~ **d'étudiant** student card; ~ **graphique** INFORM graphics board; ~ **à gratter** scratch card; ~ **grise** ≃ car registration papers *Am*, ≃ logbook *Br*; ~ **d'identité** identity card; ~ **à mémoire** memory card; ~ **mère** INFORM motherboard; ~ **nominative** personal identity card; ~ **orange** season ticket (*for use on public transport in Paris*); ~ **postale** postcard; ~ **à puce** smart card; ~ **de séjour** residence permit; ~ **vermeil** *card entitling senior citizens to reduced rates in cinemas, on public transport etc*; ~ **de visite** calling card *Am*, visiting card *Br*; **donner** ~ **blanche à qqn** *fig* to give sb a free hand. **-2.** [de jeu]: ~ **(à jouer)** (playing) card; **abattre ses** ~**s** to lay down one's cards; *fig* to show one's hand; **battre les** ~**s** to shuffle the cards; **brouiller les** ~**s** *fig* to cloud OU obscure the issue; **tirer les** ~**s à qqn** to read sb's cards. **-3.** GÉOGR map; ~ **d'état-major** ≃ Geological Survey map *Am*, ≃ Ordnance Survey map *Br*; ~ **routière** road map. **-4.** [au restaurant] menu; **à la** ~ [menu] à la carte; [horaires] flexible; ~ **des vins** wine list.

cartel [kartɛl] *nm* **-1.** ÉCON cartel. **-2.** POLIT coalition.

carter [kartɛr] *nm* -**1.** [de bicyclette] chain guard. -**2.** [de moteur] crankcase.

carte-réponse [kartrepɔ̃s] (*pl* **cartes-réponses**) *nf* reply card.

cartésien, -ienne [kartezjɛ̃, jɛn] ◇ *adj* -**1.** [rationnel] logical, rational. -**2.** [relatif à Descartes] Cartesian. ◇ *nm, f* Cartesian.

cartilage [kartilaʒ] *nm* cartilage.

cartilagineux, -euse [kartilaʒinø, øz] *adj* -**1.** [tissu] cartilaginous. -**2.** [viande] gristly.

cartographie [kartɔgrafi] *nf* cartography.

cartomancien, -ienne [kartɔmɑ̃sjɛ̃, jɛn] *nm, f* fortune-teller (*using cards*).

carton [kartɔ̃] *nm* -**1.** [matière] cardboard; **en** ~ cardboard; ~ **ondulé** corrugated cardboard. -**2.** [emballage] cardboard box; ~ **à dessin** portfolio. -**3.** [cible] target; **faire un** ~ *fam* to target-shoot; *fig* to take potshots. -**4.** [carte] ~ **d'invitation** formal invitation.

cartonné, -e [kartɔne] *adj* [livre] hardback.

carton-pâte [kartɔ̃pat] (*pl* **cartons-pâtes**) *nm* pasteboard; **de** OU **en** ~ cardboard.

cartouche [kartuʃ] *nf* -**1.** [gén & INFORM] cartridge. -**2.** [de cigarettes] carton.

cas [ka] *nm* case; **au** ~ **où** in case; **auquel** ~ in which case; **dans** OU **en ce** ~ in that case; **en aucun** ~ under no circumstances; **en tout** ~ in any case, anyway; **en** ~ **de** in case of; **en** ~ **d'urgence** in an emergency; **en** ~ **de besoin** if need be; **c'est le** ~ **de le dire** you've hit the nail on the head; **le** ~ **échéant** if the need arises, if need be; ~ **de conscience** matter of conscience; ~ **de force majeure** emergency; ~ **social** person with social problems; **faire grand** ~ **de** to set great store by.

casanier, -ière [kazanje, jɛr] *adj & nm, f* stay-at-home.

casaque [kazak] *nf* -**1.** [veste] overblouse; **tourner** ~ *fig* to change sides. -**2.** HIPPISME blouse.

cascade [kaskad] *nf* -**1.** [chute d'eau] waterfall; *fig* stream, torrent; **en** ~ *fig* one after the other. -**2.** CIN stunt.

cascadeur, -euse [kaskadœr, øz] *nm, f* -**1.** [au cirque] acrobat. -**2.** CIN stuntman (*f* stuntwoman).

case [kaz] *nf* -**1.** [habitation] hut. -**2.** [de boîte, tiroir] compartment; [d'échiquier] square; [sur un formulaire] box.

casemate [kazmat] *nf* bunker.

caser [kaze] [3] *vt* -**1.** *fam* [trouver un emploi pour] to get a job for. -**2.** *fam* [loger] to put up. -**3.** *fam* [marier] to marry off. -**4.** [placer] to put.

◆ **se caser** *vp fam* -**1.** [trouver un emploi] to get (o.s.) a job. -**2.** [se marier] to get hitched. -**3.** [se loger] to find a place to live.

caserne [kazɛrn] *nf* barracks.

cash [kaʃ] *nm* cash; **payer** ~ to pay (in) cash.

casher → **kasher**.

casier [kazje] *nm* -**1.** [compartiment] compartment; [pour le courrier] pigeonhole. -**2.** [meuble - à bouteilles] rack; [- à courrier] set of pigeonholes. -**3.** PÊCHE lobster pot.

◆ **casier judiciaire** *nm* police record; ~ **judiciaire vierge** clean (police) record.

casino [kazino] *nm* casino.

Caspienne [kaspjɛn] *n*: **la** ~ the Caspian Sea.

casque [kask] *nm* -**1.** [de protection] helmet; ~ **intégral** crash helmet. -**2.** [séchoir] hairdryer. -**3.** [à écouteurs] headphones (*pl*).

◆ **Casques bleus** *nmpl*: **les Casques bleus** the UN peace-keeping force.

casqué, -e [kaske] *adj* wearing a helmet.

casquer [kaske] [3] *vi fam* to cough up.

casquette [kaskɛt] *nf* cap.

cassant, -e [kasɑ̃, ɑ̃t] *adj* -**1.** [fragile - verre] fragile; [- cheveux] brittle. -**2.** [dur] brusque.

cassation [kasasjɔ̃] → **cour**.

casse [kas] ◇ *nf* -**1.** [action] breakage. -**2.** *fam* [violence] aggro. -**3.** [de voitures] scrapyard. -**4.** TYPO: **haut/bas de** ~ upper/lower case. ◇ *nm fam* [cambriolage] break-in.

cassé, -e [kase] *adj* -**1.** [voûté, courbé] stooped. -**2.** [voix] trembling, breaking.

casse-cou [kasku] *nmf inv* [personne] daredevil.

casse-croûte [kaskrut] *nm inv* snack.

casse-noisettes [kasnwazɛt], **casse-noix** [kasnwa] *nm inv* nutcrackers (*pl*).

casse-pieds [kaspje] ◇ *adj inv fam* annoying. ◇ *nmf inv* pain (in the neck).

casser [kase] [3] ◇ *vt* -**1.** [briser] to break; **à tout** ~ *fam fig* [extraordinaire] fabulous, fantastic; [tout au plus] at (the) most. -**2.** JUR to quash. -**3.** COMM: ~ **les prix** to slash prices. ◇ *vi* to break.

◆ **se casser** *vp* -**1.** [se briser] to break. -**2.** [membre]: **se** ~ **un bras** to break one's arm. -**3.** *fam* [se fatiguer] to strain o.s. -**4.** *fam* [s'en aller] to hop it, to push off.

casserole [kasrɔl] *nf* -**1.** [ustensile] saucepan; **à la** ~ CULIN braised. -**2.** [voiture] (old) banger. -**3.** *fam* [instrument]: **être une vraie** ~ to sound tinny. -**4.** *loc*: **passer à la** ~ *fam* to be bumped off; [sexuellement] to get laid.

casse-tête [kastɛt] *nm inv* -**1.** *fig* [problème] headache. -**2.** [jeu] puzzle.

cassette [kasɛt] *nf* **-1.** [coffret] casket. **-2.** [de musique, vidéo] cassette. **-3.** INFORM: ~ audionumérique DAT tape.

casseur [kasœr] *nm* **-1.** [cambrioleur] burglar. **-2.** [manifestant] rioting demonstrator.

cassis [kasis] *nm* **-1.** [fruit] blackcurrant; [arbuste] blackcurrant bush; [liqueur] blackcurrant liqueur. **-2.** [sur la route] dip.

cassonade [kasɔnad] *nf* brown sugar.

cassoulet [kasulɛ] *nm* stew of haricot beans and meat.

cassure [kasyr] *nf* break.

castagnettes [kastaɲɛt] *nfpl* castanets.

caste [kast] *nf* caste.

casting [kastiŋ] *nm* [acteurs] cast; [sélection] casting; **aller à un** ~ to go to an audition.

castor [kastɔr] *nm* beaver.

castration [kastrasjɔ̃] *nf* castration.

castrer [kastre] [3] *vt* to castrate; [chat] to neuter; [chatte] to spay.

cataclysme [kataklism] *nm* cataclysm.

catacombes [katakɔ̃b] *nfpl* catacombs.

catadioptre [katadjɔptr], **Cataphote**® [katafɔt] *nm* **-1.** [sur la route] highway reflector *Am*, cat's eye *Br*. **-2.** [de véhicule] reflector.

catalan, -e [katalɑ̃, an] *adj* Catalan, Catalonian.
◆ **catalan** *nm* [langue] Catalan.
◆ **Catalan, -e** *nm, f* Catalan, Catalonian.

Catalogne [katalɔɲ] *nf*: **la** ~ Catalonia.

catalogue [katalɔg] *nm* catalog *Am*, catalogue *Br*.

cataloguer [katalɔge] [3] *vt* **-1.** [classer] to catalog *Am*, to catalogue *Br*. **-2.** *péj* [juger] to label.

catalyseur [katalizœr] *nm* CHIM & *fig* catalyst.

catalytique [katalitik] → **pot**.

catamaran [katamarɑ̃] *nm* **-1.** [voilier] catamaran. **-2.** [d'hydravion] floats (*pl*).

Cataphote® = **catadioptre**.

cataplasme [kataplasm] *nm* poultice.

catapulter [katapylte] [3] *vt* to catapult.

cataracte [katarakt] *nf* cataract.

catarrhe [katar] *nm* catarrh.

catastrophe [katastrɔf] *nf* disaster, catastrophe; **atterrir en** ~ to crashland; **partir en** ~ to leave in a mad rush.

catastrophé, -e [katastrɔfe] *adj* shocked, upset.

catastrophique [katastrɔfik] *adj* disastrous, catastrophic.

catch [katʃ] *nm* wrestling.

catéchisme [kateʃism] *nm* catechism.

catégorie [kategɔri] *nf* [gén] category; ~ **socioprofessionnelle** ÉCON socio-economic group; [de personnel] grade; [de viande, fruits] quality.

catégorique [kategɔrik] *adj* categorical.

catégoriquement [kategɔrikmɑ̃] *adv* categorically.

cathédrale [katedral] *nf* cathedral.

cathode [katɔd] *nf* cathode.

cathodique [katɔdik] → **tube**.

catholicisme [katɔlisism] *nm* Catholicism.

catholique [katɔlik] *adj* Catholic; **pas (très)** ~ *fig* dubious, dodgy.

catimini [katimini]
◆ **en catimini** *loc adv* secretly.

catogan [katɔgɑ̃] *nm* ribbon (*securing hair at the back of the neck*).

cauchemar [koʃmar] *nm litt* & *fig* nightmare.

cauchemardesque [koʃmardɛsk] *adj* nightmarish.

caudal, -e, -aux [kodal, o] *adj* caudal, tail (*avant n*).

causal, -e, -als OU **-aux** [kozal, o] *adj* causal.

causalité [kozalite] *nf* causality.

causant, -e [kozɑ̃, ɑ̃t] *adj*: **peu** ~ not very chatty.

cause [koz] *nf* **-1.** [gén] cause; **gagner qqn à sa** ~ to win sb over (to one's cause); **à** ~ **de** because of; **pour** ~ **de** on account of, because of; **et pour** ~! and for good reason!; **faire** ~ **commune avec qqn** to make common cause with sb. **-2.** JUR case. **-3.** *loc*: **être en** ~ [intérêts] to be at stake; [honnêteté] to be in doubt OU in question; **être hors de** ~ to be beyond suspicion; **remettre en** ~ to challenge, to question.

causer [koze] [3] ◇ *vt*: ~ **qqch à qqn** to cause sb sthg. ◇ *vi* **-1.** [bavarder]: ~ **(de)** to chat (about). **-2.** [jaser]: ~ **(sur)** to gossip (about).

causerie [kozri] *nf* talk.

causette [kozet] *nf fam* chat; **faire la** ~ **avec qqn** to have a chat with sb.

causticité [kostisite] *nf* causticness, causticity.

caustique [kostik] *adj & nm* caustic.

cauteleux, -euse [kotlø, øz] *adj* sly.

cautériser [koterize] [3] *vt* to cauterize.

caution [kosjɔ̃] *nf* **-1.** [somme d'argent] guarantee; **libérer qqn sous** ~ JUR to free sb on bail; **payer la** ~ **de qqn** to stand bail for sb. **-2.** [personne] guarantor; **se porter** ~ **pour qqn** to act as guarantor for sb. **-3.** [soutien] support, backing.

CAUTION:
When renting accommodation in France, the future tenant is usually required to pay a deposit (normally twice the monthly rent), returnable if the property is maintained in good condition. A 'caution solidaire' is a statement signed by a third party guaranteeing payment of rent in the event of non-payment by the tenant. The term 'caution parentale' is used when the guarantor is the tenant's mother or father

cautionner [kosjɔne] [3] *vt* **-1.** [se porter garant de] to guarantee. **-2.** *fig* [appuyer] to support, to back.

cavalcade [kavalkad] *nf* **-1.** [de cavaliers] cav- alcade. **-2.** [d'enfants] stampede.

cavale [kaval] *nf fam*: **être en ~** to be on the run.

cavaler [kavale] [3] *vi fam* [courir] to run OU rush around; **~ après qqn/qqch** to chase (after) sb/sthg.

cavalerie [kavalri] *nf* **-1.** MIL. cavalry. **-2.** [de cirque] horses (*pl*).

cavalier, -ière [kavalje, jɛr] ◇ *adj* **-1.** [destiné aux cavaliers]: **allée cavalière** bridle path. **-2.** *sout* [impertinent] offhand. ◇ *nm, f* **-1.** [à cheval] rider. **-2.** [partenaire] partner; **faire ~ seul** *fig* to go it alone.
◆ **cavalier** *nm* [aux échecs] knight.

cavalièrement [kavaljɛrmɑ̃] *adv* in an offhand manner.

cave [kav] ◇ *nf* **-1.** [sous-sol] cellar. **-2.** [de vins] (wine) cellar. **-3.** [cabaret] cellar nightclub. ◇ *nm arg crime* outsider. ◇ *adj* [joues] hollow; [yeux] sunken.

caveau [kavo] *nm* **-1.** [petite cave] small cellar. **-2.** [cabaret] nightclub. **-3.** [sépulture] vault.

caverne [kavɛrn] *nf* cave.

caverneux, -euse [kavɛrnø, øz] → **voix**.

caviar [kavjar] *nm* caviar.

cavité [kavite] *nf* cavity.

CB (*abr de* **citizen's band, canaux banalisés**) *nf* CB.

cc -1. (*abr de* **cuillère à café**) tsp. **-2.** *abr de* **charges comprises.**

CC (*abr de* **corps consulaire**) CC.

CCE (*abr de* **Commission des communautés européennes**) *nf* ECC.

CCI (*abr de* **Chambre de commerce et d'industrie**) *nf* CCI.

CCP (*abr de* **compte chèque postal, compte courant postal**) *nm* post office account, ≃ Giro *Br.*

CD *nm* **-1.** (*abr de* **chemin départemental**) minor road. **-2.** (*abr de* **compact disc**) CD. **-3.** (*abr de* **comité directeur**) steering committee. **-4.** (*abr de* **corps diplomatique**) CD.

CDD (*abr de* **contrat à durée déterminée**) *nm fixed term contract*; **elle est ~** she's on a fixed term contract.

CdF (*abr de* **Charbonnages de France**) *nmpl French national coal board,* ≃ NCB *Br.*

CDI *nm* **-1.** (*abr de* **centre de documentation et d'information**) school library. **-2.** (*abr de* **contrat à durée indéterminée**) *permanent work contract*; **elle est ~** she's got a permanent work contract.

CD-Rom [sederɔm] (*abr de* **compact disc read only memory**) *nm* CD-Rom.

CDS (*abr de* **Centre des démocrates sociaux**) *nm French political party.*

CDU (*abr de* **Classification décimale universelle**) *nf* DDS.

ce [sə] ◇ *adj dém* (**cet** [sɛt] *devant voyelle ou h muet, f* **cette** [sɛt], *pl* **ces** [se]) [proche] this, (*pl*) these; [éloigné] that, (*pl*) those; **~ mois, ~ mois-ci** this month; **cette année, cette année-là** that year; **regarde de ~ côté-ci et pas de ~** côté-là look on this side, not that side.
◇ *pron dém* (**c'** *devant voyelle*): **c'est** it is, it's; **~ sont** they are, they're; **c'est mon bureau** this is my office, it's my office; **~ sont mes enfants** these are my children, they're my children; **c'est à Paris** it's in Paris; **c'était hier** it was yesterday; **qui est-~¿** who is it¿; **~ qui, ~ que** what; **ils ont eu ~ qui leur revenait** they got what they deserved; **..., ~ qui est étonnant** ..., which is surprising; **elle n'achète même pas ~ dont elle a besoin** she doesn't even buy what she needs; **vous savez bien ~ à quoi je pense** you know exactly what I'm thinking about; **faites donc ~ pour quoi on vous paie** do what you're paid to do.
◆ **n'est-ce pas¿** *loc adv* isn't it¿/aren't you¿ *etc*; **~ café est bon, n'est-~ pas¿** this coffee's good, isn't it¿; **tu connais Pierre, n'est-~ pas¿** you know Pierre, don't you¿; **elle est jolie, n'est-~ pas¿** she's pretty, isn't she¿; **n'est-~ pas que tu aimes la soupe¿** you like the soup, don't you¿

CE ◇ *nm* **-1.** (*abr de* **comité d'entreprise**). **-2.** (*abr de* **cours élémentaire**) **~1** *second year of primary school*; **~2** *third year of primary school.* ◇ *nf* (*abr de* **Communauté européenne**) EC.

CEA (*abr de* **Commissariat à l'énergie ato-**

mique) *nm* French atomic energy commission, ≃ AEC *Am*, ≃ AEA *Br*.

CECA, Ceca [seka] (*abr de* **Communauté européenne du charbon et de l'acier**) *nf* ECSC.

ceci [səsi] *pron dém* this; ~ **pour vous dire que ...** this is just to say (that) ...; ~ **n'explique pas cela** this doesn't explain that; ~ (**étant**) **dit** having said that; **à ~ près que** with the exception that, except that.

cécité [sesite] *nf* blindness.

céder [sede] [18] ◇ *vt* **-1.** [donner] to give up. **-2.** [revendre] to sell. ◇ *vi* **-1.** [personne]: ~ (**à**) to give in (to), to yield (to). **-2.** [chaise, plancher] to give way.

CEDEX, Cedex [sedɛks] (*abr de* **courrier d'entreprise à distribution exceptionnelle**) *nm accelerated postal service for bulk users*.

cédille [sedij] *nf* cedilla; **c ~ c** cedilla.

cèdre [sɛdr] *nm* cedar.

CEE (*abr de* **Communauté économique européenne**) *nf* EEC.

CEI (*abr de* **Communauté d'États Indépendants**) *nf* CIS.

ceindre [sɛ̃dr] [81] *vt* **-1.** [entourer]: ~ **qqch de qqch** to put sthg around sthg. **-2.** [mettre] to put on.

ceinture [sɛ̃tyr] *nf* **-1.** [gén] belt; **attachez vos ~s** fasten your seat OU safety belts; ~ **à enrouleur** inertia-reel seat belt; ~ **noire** JUDO black belt; ~ **de sauvetage** life belt; ~ **de sécurité** safety OU seat belt; ~ **verte** green belt; **se serrer la ~** *fig* to tighten one's belt. **-2.** ANAT waist. **-3.** COUTURE waistband.

ceinturon [sɛ̃tyrɔ̃] *nm* belt.

cela [səla] *pron dém* that; ~ **ne vous regarde pas** it's OU that's none of your business; **il y a des années de ~** that was many years ago; **c'est ~** that's right; ~ **dit ...** having said that ...; **malgré ~** in spite of that, nevertheless.

célébration [selebrasjɔ̃] *nf* celebration.

célèbre [selɛbr] *adj* famous.

célébrer [selebre] [18] *vt* **-1.** [gén] to celebrate. **-2.** [faire la louange de] to praise.

célébrité [selebrite] *nf* **-1.** [renommée] fame. **-2.** [personne] celebrity.

céleri [sɛlri] *nm* celery; ~ **rémoulade** CULIN *grated celeriac in mustard dressing*.

◆ **céleri rave, céleri-rave** *nm* celeriac.

célérité [selerite] *nf* speed.

céleste [selɛst] *adj* heavenly.

célibat [seliba] *nm* celibacy.

célibataire [selibatɛr] ◇ *adj* single, unmar-

ried. ◇ *nmf* single person, single man (*f* woman); ~ **endurci** confirmed bachelor.

celle → **celui**.

celle-ci → **celui-ci**.

celle-là → **celui-là**.

celles → **celui**.

celles-ci → **celui-ci**.

celles-là → **celui-là**.

cellier [selje] *nm* storeroom.

Cellophane® [selɔfan] *nf* Cellophane®; **sous ~** (wrapped) in cellophane.

cellulaire [selylɛr] *adj* **-1.** BIOL & TÉLÉCOM cellular. **-2.** [destiné aux prisonniers]: **régime ~** solitary confinement; **voiture ~** prison van.

cellule [selyl] *nf* **-1.** [gén & INFORM] cell; ~ **photoélectrique** photoelectric cell. **-2.** [groupe] unit; ~ **de crise** [groupe] emergency committee; [réunion] emergency committee meeting.

cellulite [selylit] *nf* cellulite.

celluloïd [selylɔid] *nm* celluloid.

cellulose [selyloz] *nf* cellulose.

celte [sɛlt] *adj* Celtic.

◆ **Celte** *nmf* Celt.

celtique [sɛltik] ◇ *adj* Celtic. ◇ *nm* [langue] Celtic.

celui [səlɥi] (*f* **celle** [sɛl], *mpl* **ceux** [sø], *fpl* **celles** [sɛl]) *pron dém* **-1.** [suivi d'un complément prépositionnel] the one; **celle de devant** the one in front; **ceux d'entre vous qui ...** those of you who .... **-2.** [suivi d'un pronom relatif]: ~ **qui** [objet] the one which OU that; [personne] the one who; **c'est celle qui te va le mieux** that's the one which OU that suits you best; ~ **que vous voyez** the one (which OU that) you can see, the one whom you can see; **ceux que je connais** those I know. **-3.** [suivi d'un adjectif, d'un participe] the one.

celui-ci [səlɥisi] (*f* **celle-ci** [sɛlsi], *mpl* **ceux-ci** [søsi], *fpl* **celles-ci** [sɛlsi]) *pron dém* this one, these ones (*pl*).

celui-là [səlɥila] (*f* **celle-là** [sɛlla], *mpl* **ceux-là** [søla], *fpl* **celles-là** [sɛlla]) *pron dém* that one, those ones (*pl*); ~ **... celui-ci** the former ... the latter.

cénacle [senakl] *nm* [coterie] circle.

cendre [sɑ̃dr] *nf* ash; **réduire qqch en ~s** to reduce sthg to ashes.

◆ **cendres** *nfpl* [restes des morts] ashes; **renaître de ses ~s** *fig* to rise from the ashes.

◆ **Cendres** *nfpl*: **le mercredi des Cendres** Ash Wednesday.

cendré, -e [sɑ̃dre] *adj* [chevelure]: **blond ~** ash blond.

cendrier [sɑ̃drije] *nm* **-1.** [de fumeur] ashtray. **-2.** [de poêle] ashpan.

cène [sɛn] *nf* (Holy) Communion.
◆ **Cène** *nf*: **la Cène** the Last Supper.

censé, -e [sɑ̃se] *adj*: **être ~ faire qqch** to be supposed to do sthg.

censément [sɑ̃semɑ̃] *adv sout* supposedly.

censeur [sɑ̃sœr] *nm* **-1.** SCOL ≃ vice-principal *Am*, ≃ deputy head *Br*. **-2.** CIN & PRESSE censor. **-3.** *fig* [juge] critic.

censure [sɑ̃syr] *nf* **-1.** [CIN & PRESSE - contrôle] censorship; [- censeurs] censors (*pl*). **-2.** POLIT censure. **-3.** PSYCHOL censor.

censurer [sɑ̃syre] [3] *vt* **-1.** CIN, PRESSE & PSYCHOL to censor. **-2.** [juger] to censure.

cent [sɑ̃] ◇ *adj num* one hundred, a hundred; *voir aussi* **six.** ◇ *nm* **-1.** [nombre] a hundred; *voir aussi* **six.** **-2.** [mesure de proportion]: **pour ~ per** cent; **~ pour ~** a hundred per cent. **-3.** [monnaie] cent.

centaine [sɑ̃tɛn] *nf* **-1.** [cent unités] hundred. **-2.** [un grand nombre]: **une ~ de** about a hundred; **des ~s (de)** hundreds (of); **plusieurs ~s de** several hundred; **par ~s** in hundreds.

centenaire [sɑ̃tnɛr] ◇ *adj* hundred-year-old (*avant n*); **être ~** to be a hundred years old. ◇ *nmf* centenarian. ◇ *nm* [anniversaire] centennial *Am*, centenary *Br*.

centiare [sɑ̃tjar] *nm* square meter *Am* OU metre *Br*.

centième [sɑ̃tjɛm] ◇ *adj num, nm & nmf* hundredth; *voir aussi* **sixième.** ◇ *nf* THÉÂTRE hundredth performance.

centigrade [sɑ̃tigrad] → **degré.**

centigramme [sɑ̃tigram] *nm* centigram.

centilitre [sɑ̃tilitr] *nm* centiliter *Am*, centilitre *Br*.

centime [sɑ̃tim] *nm* centime.

centimètre [sɑ̃timɛtr] *nm* **-1.** [mesure] centimeter *Am*, centimetre *Br*; **~ cube** cubic centimeter *Am* OU centimetre *Br*. **-2.** [ruban, règle] tape measure.

central, -e, -aux [sɑ̃tral, o] *adj* central.
◆ **central** *nm* **-1.** TENNIS center *Am* OU centre *Br* court. **-2.** [de réseau]: **~ téléphonique** telephone exchange.
◆ **centrale** *nf* **-1.** [usine] power plant OU station; **~e hydroélectrique** hydroelectric power station; **~e nucléaire** nuclear power plant OU station. **-2.** [syndicale] group of affiliated trade unions. **-3.** COMM: **~e d'achat** buying group.
◆ **Centrale** *nf grande école training highly-qualified engineers.*

centralien, -ienne [sɑ̃traljɛ̃, jɛn] *nm, f* engineering student.

centralisation [sɑ̃tralizasjɔ̃] *nf* centralization.

centraliser [sɑ̃tralize] [3] *vt* to centralize.

centre [sɑ̃tr] *nm* [gén] center *Am*, centre *Br*; **~ aéré** outdoor center *Am* OU centre *Br*; **~ antipoison** poison center *Am* OU centre *Br*; **~ commercial** shopping mall *Am*, shopping centre *Br*; **~ culturel** arts center *Am* OU centre *Br*; **~ de documentation** reference library; **~ équestre** riding school; **~ de gravité** center *Am* OU centre *Br* of gravity; **~ nerveux** nerve center *Am* OU centre *Br*; **~ de rééducation** rehabilitation center *Am* OU centre *Br*.

centrer [sɑ̃tre] [3] *vt* to center *Am*, to centre *Br*.

centre-ville [sɑ̃trəvil] (*pl* **centres-villes**) *nm* city center *Am* OU centre *Br*, town center *Am* OU centre *Br*.

centrifuge [sɑ̃trify3] → **force.**

centrifugeuse [sɑ̃trify3øz] *nf* **-1.** TECHNOL centrifuge. **-2.** CULIN juice extractor.

centriste [sɑ̃trist] POLIT ◇ *adj* center (*avant n*) *Am*, centre (*avant n*) *Br*. ◇ *nmf* centrist.

centuple [sɑ̃typl] *nm*: **être le ~ de** to be a hundred times; **au ~** a hundredfold.

centupler [sɑ̃typle] [3] *vt & vi* to increase a hundredfold.

cep [sɛp] *nm* stock.

CEP (*abr de* **certificat d'études primaires**) *nm school-leaving certificate formerly taken at end of primary education.*

cépage [sepa3] *nm* (type of) vine.

cèpe [sɛp] *nm* cep.

cependant [səpɑ̃dɑ̃] *conj* however, yet.

céramique [seramik] *nf* **-1.** [matière, objet] ceramic. **-2.** [art] ceramics (*U*), pottery.

cerbère [sɛrbɛr] *nm* strict doorkeeper.

cerceau [sɛrso] *nm* hoop.

cercle [sɛrkl] *nm* circle; **~ vicieux** vicious circle.

cerclé, -e [sɛrkle] *adj* ringed; **des lunettes ~es d'écaille** horn-rimmed glasses.

cercueil [sɛrkœj] *nm* coffin.

céréale [sereal] *nf* cereal.

cérébral, -e, -aux [serebral, o] ◇ *adj* **-1.** [du cerveau] cerebral. **-2.** [personne, activité] intellectual. ◇ *nm, f* intellectual.

cérémonial, -als [seremɔnjal] *nm* ceremonial.

cérémonie [seremɔni] *nf* ceremony; **faire des ~s** to make a fuss.

cérémonieux, -ieuse [seremɔnjø, jøz] *adj* ceremonious.

cerf [sɛr] *nm* stag.

cerfeuil [sɛrfœj] *nm* chervil.

cerf-volant [sɛrvɔlɑ̃] (*pl* **cerfs-volants**) *nm* **-1.** [jouet] kite. **-2.** [insecte] stag beetle.

cerise [səriz] *nf & adj inv* cherry; ~ **à grappes** choke berry.

cerisier [sərizje] *nm* [arbre] cherry (tree); [bois] cherry (wood).

CERN, Cern [sɛrn] (*abr de* **Conseil européen pour la recherche nucléaire**) *nm* CERN.

cerne [sɛrn] *nm* ring.

cerné [sɛrne] → **œil**.

cerner [sɛrne] [3] *vt* **-1.** [encercler] to surround. **-2.** *fig* [sujet] to define.

certain, -e [sɛrtɛ̃, ɛn] ◇ *adj* certain; **c'est une chose ~e** there's no doubt about it; **être ~ de qqch** to be certain OU sure of sthg; **être ~ que** to be certain OU sure (that); **je suis pourtant ~ d'avoir mis mes clés là** but I'm certain OU sure I left my keys there.
◇ *adj indéf* (*avant n*) certain; **il a un ~ talent** he has some talent OU a certain talent; **à un ~ moment** at some point; **~s jours** some days; **un ~ temps** for a while; **dans une certaine mesure** to a certain extent; **avoir un ~ âge** to be getting on, to be past one's prime; **c'est un monsieur d'un ~ âge** he's getting on a bit; **un ~ M. Lebrun a** Mr Lebrun.
◆ **certains** (*fpl* **certaines**) *pron indéf pl* some.

certainement [sɛrtɛnmɑ̃] *adv* certainly.

certes [sɛrt] *adv* of course.

certificat [sɛrtifika] *nm* **-1.** [attestation, diplôme] certificate; ~ **d'aptitude professionnelle** vocational training certificate; ~ **d'études** primary school-leaving certificate; ~ **médical** medical certificate; ~ **de scolarité** certificate of regular attendance at school or university. **-2.** [référence] reference.

certifié, -e [sɛrtifje] *adj*: **professeur ~** qualified teacher.

certifier [sɛrtifje] [9] *vt* **-1.** [assurer]: ~ **qqch à qqn** to assure sb of sthg. **-2.** [authentifier] to certify.

certitude [sɛrtityd] *nf* certainty.

cérumen [serymɛn] *nm* wax, earwax.

cerveau [sɛrvo] *nm* brain.

cervelas [sɛrvəla] *nm* saveloy.

cervelle [sɛrvɛl] *nf* **-1.** ANAT brain. **-2.** [facultés mentales, aliment] brains (*pl*). **-3.** *loc*: **se brûler la ~** to blow one's brains out; **se creuser la ~** to rack one's brains.

cervical, -e, -aux [sɛrvikal, o] *adj* cervical; (**vertèbre**) **~e** cervical vertebra.

ces → **ce**.

CES (*abr de* **collège d'enseignement secondaire**) *nm* former secondary school.

César [sezar] *nm*: **les ~s** French cinema awards.

césarienne [sezarjɛn] *nf* caesarean (section).

cessante [sɛsɑ̃t] → **affaire**.

cessation [sɛsasjɔ̃] *nf* suspension.

cesse [sɛs] *nf*: **n'avoir de ~ que** (+ *subjonctif*) *sout* not to rest until.
◆ **sans cesse** *loc adv* continually, constantly.

cesser [sese] [4] ◇ *vi* to stop, to cease. ◇ *vt* to stop; ~ **de faire qqch** to stop doing sthg.

cessez-le-feu [seselfø] *nm inv* cease-fire.

cession [sɛsjɔ̃] *nf* transfer.

c'est-à-dire [sɛtadir] *conj* **-1.** [en d'autres termes]: ~ **(que)** that is (to say). **-2.** [introduit une restriction, précision, réponse]: ~ **que** well ..., actually ....

cet [sɛt] → **ce**.

cétacé [setase] *nm* cetacean.

cette → **ce**.

ceux → **celui**.

ceux-ci → **celui-ci**.

ceux-là → **celui-là**.

cévenol, -e [sevnɔl] *adj* of/from the Cévennes region.

Ceylan [selɑ̃] *nm* Ceylon.

cf. (*abr de* **confer**) cf.

CFA ◇ *nf* (*abr de* **Communauté financière africaine**): **franc ~** currency used in former French African colonies. ◇ *nm* (*abr de* **centre de formation des apprentis**) centre for apprenticeship training.

CFAO (*abr de* **conception de fabrication assistée par ordinateur**) *nf* CAM.

CFC (*abr de* **chlorofluorocarbone**) *nm* CFC.

CFDT (*abr de* **Confédération française démocratique du travail**) *nf* French trade union.

CFES (*abr de* **certificat de fin d'études secondaires**) *nm* school-leaving certificate.

CFF (*abr de* **Chemins de fer fédéraux**) *nmpl* Swiss railways.

CFL (*abr de* **Chemins de fer luxembourgeois**) *nmpl* Luxembourg railways.

CFP (*abr de* **Compagnie française des pétroles**) *nf* French oil company.

CFTC (*abr de* **Confédération française des travailleurs chrétiens**) *nf* French trade union.

CGC (*abr de* **Confédération générale des cadres**) *nf* French management union.

CGT (*abr de* **Confédération générale du**

travail) *nf* French trade union *(affiliated to the Communist party)*.

ch. -1. *abr de* **charges. -2.** *abr de* **chauffage. -3.** *abr de* **cherche.**

CH *(abr de* **Confédération helvétique)** *Switzerland (as nationality sticker on a car).*

chacal [ʃakal] *nm* jackal.

chacun, -e [ʃakœ̃, yn] *pron indéf* each (one); [tout le monde] everyone, everybody; ~ **de nous/de vous/d'eux** each of us/you/them; ~ **pour soi** every man for himself; **tout un** ~ every one of us/them.

chagrin, -e [ʃagrɛ̃, in] *adj* [personne] grieving; [caractère, humeur] morose.
◆ **chagrin** *nm* grief; **avoir du** ~ to grieve.

chagriner [ʃagrine] [3] *vt* **-1.** [peiner] to grieve, to distress. **-2.** [contrarier] to upset.

chahut [ʃay] *nm* uproar.

chahuter [ʃayte] [3] ◇ *vi* to cause an uproar. ◇ *vt* **-1.** [importuner - professeur] to rag, to tease; [- orateur] to heckle. **-2.** [bousculer] to jostle.

chahuteur, -euse [ʃaytœr, øz] ◇ *adj* disruptive, rowdy. ◇ *nm, f* **-1.** [enfant] disruptive child. **-2.** [manifestant] heckler.

chai [ʃɛ] *nm* wine and spirits store OU storehouse.

chaîne [ʃɛn] *nf* **-1.** [gén] chain; ~ **de montagnes** mountain range. **-2.** IND: ~ **de fabrication/de montage** production/assembly line; **travail à la** ~ production-line work; **produire qqch à la** ~ to mass-produce sthg. **-3.** TÉLÉ channel. **-4.** [appareil] stereo (system); ~ **hi-fi** hi-fi system.
◆ **chaînes** *nfpl fig* chains, bonds.

chaînette [ʃɛnɛt] *nf* small chain.

chaînon [ʃɛnɔ̃] *nm litt & fig* link.

chair [ʃɛr] ◇ *nf* flesh; **bien en** ~ plump; **en** ~ **et en os** in the flesh; ~ **à saucisse** sausage meat; **avoir la** ~ **de poule** *fig* to have goosebumps *Am*, to have goosepimples *Br*. ◇ *adj inv* flesh-colored *Am*, flesh-coloured *Br*.

chaire [ʃɛr] *nf* **-1.** [estrade - de prédicateur] pulpit; [- de professeur] rostrum. **-2.** UNIV chair.

chaise [ʃɛz] *nf* chair; ~ **électrique** electric chair; ~ **haute** high chair; ~ **longue** deck-chair; **être assis entre deux** ~**s** *fig* to be in an awkward situation.

chaland [ʃalɑ̃] *nm* [bateau] barge.

châle [ʃal] *nm* shawl.

chalet [ʃalɛ] *nm* **-1.** [de montagne] chalet. **-2.** *Can* [maison de campagne] (holiday) cottage.

chaleur [ʃalœr] *nf* heat; [agréable] warmth; **avec** ~ [accueillir] warmly; **en** ~ [animal] on heat.

chaleureusement [ʃalœrøzmɑ̃] *adv* warmly.

chaleureux, -euse [ʃalœrø, øz] *adj* warm.

challenge [ʃalɑ̃ʒ] *nm* **-1.** SPORT tournament. **-2.** *fig* [défi] challenge.

challenger [tʃalɛndʒœr] *nm* SPORT & *fig* challenger.

chaloupe [ʃalup] *nf* rowboat *Am*, rowing boat *Br*.

chalumeau [ʃalymo] *nm* **-1.** TECHNOL blowtorch *Am*, blowlamp *Br*. **-2.** [paille] (drinking) straw.

chalutier [ʃalytje] *nm* **-1.** [bateau] trawler. **-2.** [pêcheur] trawlerman.

chamade [ʃamad] *nf*: **battre la** ~ [cœur] to pound.

chamailler [ʃamaje] [3]
◆ **se chamailler** *vp fam* to squabble.

chambardement [ʃɑ̃bardəmɑ̃] *nm fam* [bouleversement] upheaval.

chambarder [ʃɑ̃barde] [3] *vt fam* **-1.** [pièce] to turn upside down. **-2.** [projet] to upset.

chambouler [ʃɑ̃bule] [3] *vt fam* to make a mess of, to turn upside down.

chambranle [ʃɑ̃brɑ̃l] *nm* [de porte, fenêtre] frame; [de cheminée] mantelpiece.

chambre [ʃɑ̃br] *nf* **-1.** [où l'on dort]: ~ **(à coucher)** bedroom; **garder la** ~ to stay in one's room; **faire** ~ **à part** to sleep in separate rooms; ~ **à un lit, ~ pour une personne** single room; ~ **pour deux personnes** double room; ~ **à deux lits** twin-bedded room; ~ **d'amis** spare room; ~ **d'hôte** bed and breakfast. **-2.** [local] room; ~ **forte** strongroom; ~ **froide** cold store; ~ **noire** darkroom. **-3.** JUR division; ~ **d'accusation** court of criminal appeal. **-4.** POLIT chamber, house; **Chambre des députés** ≃ House of Representatives *Am*, ≃ House of Commons *Br*. **-5.** COMM: ~ **de commerce** chamber of commerce; ~ **des métiers** guild chamber. **-6.** TECHNOL chamber; ~ **à air** [de pneu] inner tube.

chambrée [ʃɑ̃bre] *nf* room, roomful; [de soldats] barrack room.

chambrer [ʃɑ̃bre] [3] *vt* **-1.** [vin] to bring to room temperature. **-2.** *fam* [se moquer]: ~ **qqn** to pull sb's leg, to wind sb up *Br*.

chameau, -x [ʃamo] *nm* **-1.** [mammifère] camel. **-2.** *fam injurieux* [homme] pig; [femme] cow.

chamois [ʃamwa] ◇ *nm* chamois; [peau] chamois (leather). ◇ *adj inv* [couleur] fawn.

champ [ʃɑ̃] nm **-1.** [gén & INFORM] field; ~ **de bataille** battlefield; ~ **de courses** racecourse; ~ **magnétique** magnetic field; **fleurs des** ~**s** wild flowers; ~ **visuel** field of vision OU view; **laisser le** ~ **libre à qqn** fig to leave the field open OU clear for sb. **-2.** [étendue] area; ~ **d'action** sphere of activity.

champagne [ʃɑ̃paɲ] nm champagne; ~ **rosé** pink champagne.

champagnisé [ʃɑ̃paɲize] → **vin.**

champenois, -e [ʃɑ̃pənwa, az] adj: **méthode** ~**e** champagne-style.

champêtre [ʃɑ̃pɛtr] adj rural.

champignon [ʃɑ̃piɲɔ̃] nm **-1.** BOT & MÉD fungus; **pousser comme des** ~**s** fig to mushroom. **-2.** [comestible] mushroom; ~ **de Paris** button mushroom; ~ **vénéneux** toadstool. **-3.** fam [accélérateur] accelerator; **appuyer sur le** ~ to step on the gas Am, to put one's foot down Br.

champion, -ionne [ʃɑ̃pjɔ̃, jɔn] ◇ nm, f champion; ~ **du monde** world champion. ◇ adj fam brilliant.

championnat [ʃɑ̃pjɔna] nm championship; ~ **du monde** world championship.

chance [ʃɑ̃s] nf **-1.** [bonheur] luck (U); **avoir de la** ~ to be lucky; **ne pas avoir de** ~ to be unlucky; **bonne** ~! good luck!; **quelle** ~! what luck!, how lucky!; **porter** ~ to bring good luck. **-2.** [probabilité, possibilité] chance, opportunity; **avoir des** ~**s de faire qqch** to have a chance of doing sthg; **donner sa** ~ **à qqn** to give sb a chance; **il y a peu de** ~**s que** ... there's not much chance that ....

chancelant, -e [ʃɑ̃slɑ̃, ɑ̃t] adj **-1.** [titubant, bancal] unsteady. **-2.** fig [mémoire, santé] shaky.

chanceler [ʃɑ̃sle] [24] vi [personne, gouvernement] to totter; [meuble] to wobble.

chancelier [ʃɑ̃səlje] nm **-1.** [premier ministre] chancellor. **-2.** [de consulat, d'ambassade] secretary.

◆ **Chancelier** nm: **le Chancelier de l'Échiquier** the Chancellor of the Exchequer.

chancellerie [ʃɑ̃sɛlri] nf **-1.** [ministère de la justice] Department of Justice Am, chancery Br. **-2.** [en Allemagne] chancellor's office. **-3.** [de consulat, d'ambassade] chancery.

chanceux, -euse [ʃɑ̃sø, øz] adj lucky.

chancre [ʃɑ̃kr] nm **-1.** MÉD chancre. **-2.** BOT canker.

chandail [ʃɑ̃daj] nm (thick) sweater.

Chandeleur [ʃɑ̃dlœr] nf Candlemas.

chandelier [ʃɑ̃dəlje] nm [pour une bougie] candlestick; [à plusieurs branches] candelabra.

chandelle [ʃɑ̃dɛl] nf [bougie] candle; **dîner aux** ~**s** candlelit dinner; **brûler la** ~ **par les deux bouts** fig to burn the candle at both ends; **devoir une fière** ~ **à qqn** fig to owe sb a big favor Am OU favour Br; **tenir la** ~ to play gooseberry; **voir trente-six** ~**s** fam fig to see stars.

change [ʃɑ̃ʒ] nm **-1.** [troc & FIN] exchange; **donner le** ~ **à qqn** to pull the wool over sb's eyes; **gagner au** ~ to be better off; **perdre au** ~ to lose out. **-2.** [couche de bébé] diaper Am, disposable nappy Br.

changeant, -e [ʃɑ̃ʒɑ̃, ɑ̃t] adj **-1.** [temps, humeur] changeable. **-2.** [reflet] shimmering.

changement [ʃɑ̃ʒmɑ̃] nm change; ~ **de programme** change of plan; ~ **de vitesse** gearshift Am, gear lever Br.

changer [ʃɑ̃ʒe] [17] ◇ vt **-1.** [gén] to change; ~ **qqch contre** to change OU exchange sthg for; ~ **qqn en** to change sb into. **-2.** [modifier] to change, to alter; **ne rien** ~ **à qqch** not to make any changes to sthg; **ça me/te changera** that will be a (nice) change for me/you. ◇ vi **-1.** [gén] to change; ~ **de train (à)** to change trains (at); ~ **d'avis** to change one's mind; **ça changera!** that'll make a change!; ~ **de direction** to change direction; ~ **de place (avec qqn)** to change places (with sb); ~ **de vitesse** AUTOM to change gear; ~ **de voiture** to change one's car; **pour** ~ for a change. **-2.** [modifier] to change, to alter; ~ **de comportement** to alter one's behavior Am OU behaviour Br.

◆ **se changer** vp **-1.** [se rhabiller] to change, to get changed. **-2.** [se transformer]: **se** ~ **en** to change into.

changeur [ʃɑ̃ʒœr] nm **-1.** [personne] moneychanger. **-2.** [appareil]: ~ **de monnaie** change machine.

chanoine [ʃanwan] nm canon.

chanson [ʃɑ̃sɔ̃] nf song; **c'est toujours la même** ~ fig it's the same old story.

chansonnette [ʃɑ̃sɔnɛt] nf ditty.

chansonnier, -ière [ʃɑ̃sɔnje, jɛr] nm, f cabaret singer-songwriter.

chant [ʃɑ̃] nm **-1.** [chanson] song, singing (U); [sacré] hymn; ~ **du cygne** fig swansong; ~ **grégorien** Gregorian chant. **-2.** [art] singing.

chantage [ʃɑ̃taʒ] nm litt & fig blackmail; **faire du** ~ to use OU resort to blackmail; **faire du** ~ **à qqn** to blackmail sb.

chantant, -e [ʃɑ̃tɑ̃, ɑ̃t] adj **-1.** [accent, voix] lilting. **-2.** [musique, air] catchy.

chanter [ʃɑ̃te] [3] ◇ *vt* **-1.** [chanson] to sing. **-2.** *fam* [raconter] to tell. **-3.** *littéraire* [célébrer] to sing OU tell of; ~ **les louanges de qqn** to sing sb's praises. ◇ *vi* **-1.** [gén] to sing; ~ **juste** to sing in tune; ~ **faux** to sing off key. **-2.** *loc*: **faire** ~ **qqn** to blackmail sb; **si ça vous chante!** *fam* if you feel like OU fancy it!

chanterelle [ʃɑ̃trɛl] *nf* [champignon] chanterelle.

chanteur, -euse [ʃɑ̃tœr, øz] *nm, f* singer.

chantier [ʃɑ̃tje] *nm* **-1.** CONSTR (building) site; [sur la route] roadworks (*pl*); **en** ~ *fig* in progress; ~ **naval** shipyard, dockyard. **-2.** *fig* [désordre] shambles (*sg*), mess.

Chantilly [ʃɑ̃tiji] *nf*: **(crème)** ~ *stiffly whipped cream sweetened and flavoured.*

chantonner [ʃɑ̃tɔne] [3] *vt & vi* to hum.

chanvre [ʃɑ̃vr] *nm* hemp.

chaos [kao] *nm* chaos.

chaotique [kaɔtik] *adj* chaotic.

chap. (*abr de* **chapitre**) ch.

chaparder [ʃaparde] [3] *vt* to steal.

chapeau, -x [ʃapo] *nm* **-1.** [coiffure] hat; ~ **melon** bowler hat; **tirer son** ~ **à qqn** to take one's hat off to sb. **-2.** PRESSE introductory paragraph. **-3.** *loc*: ~**!** *fam* nice one!; **démarrer sur les** ~**x de roues** *fam* to take off like a bat out of hell.

chapeauter [ʃapote] [3] *vt* [service] to head; [personnes] to supervise.

chapelain [ʃaplɛ̃] *nm* chaplain.

chapelet [ʃaplɛ] *nm* **-1.** RELIG rosary; **dire son** ~ to say one's rosary, to tell one's beads. **-2.** [de saucisses, d'oignons] string. **-3.** *fig* [d'injures] string, torrent.

chapelier, -ière [ʃapəlje, jɛr] ◇ *adj* hat (*avant n*). ◇ *nm, f* [pour hommes] hatter; [pour femmes] milliner.

chapelle [ʃapɛl] *nf* **-1.** [petite église] chapel; [partie d'église] choir; ~ **ardente** chapel of rest. **-2.** [coterie] clique.

chapelure [ʃaplyr] *nf* (dried) breadcrumbs (*pl*).

chaperon [ʃaprɔ̃] *nm* **-1.** LITTÉRATURE: **le Petit** ~ **Rouge** Little Red Riding Hood. **-2.** [personne] chaperone.

chapiteau [ʃapito] *nm* **-1.** [de colonne] capital. **-2.** [de cirque] big top.

chapitre [ʃapitr] *nm* **-1.** [de livre & RELIG] chapter. **-2.** [de budget] head, item. **-3.** *fig* [sujet] subject.

chapitrer [ʃapitre] [3] *vt sout* to reprimand.

chapon [ʃapɔ̃] *nm* **-1.** [volaille] capon. **-2.** [en-cas] *piece of bread rubbed with garlic and oil.*

chaque [ʃak] *adj indéf* each, every; ~ **personne** each person, everyone; **j'ai payé ces livres 100 francs** ~ I paid 100 francs each for these books.

char [ʃar] *nm* **-1.** MIL: ~ **(d'assaut)** tank. **-2.** [charrette] cart, waggon. **-3.** [de carnaval] float. **-4.** *Can* [voiture] car. **-5.** HIST chariot.

charabia [ʃarabja] *nm* gibberish.

charade [ʃarad] *nf* charade.

charbon [ʃarbɔ̃] *nm* **-1.** [combustible] coal; ~ **de bois** charcoal; **être sur des** ~**s ardents** *fig* to be like a cat on a hot roof *Am* OU on hot bricks *Br.* **-2.** [maladie] anthrax.

charbonnage [ʃarbɔnaʒ] *nm* coalmining; **les** ~**s** collieries, coalmines.

charbonnier, -ière [ʃarbɔnje, jɛr] *adj* coal (*avant n*).
◆ **charbonnier** *nm* **-1.** [cargo] collier. **-2.** [vendeur] coal merchant; [livreur] coalman.

charcuterie [ʃarkytri] *nf* **-1.** [magasin] pork butcher's. **-2.** [produits] pork meat products. **-3.** [commerce] pork meat trade.

charcutier, -ière [ʃarkytje, jɛr] *nm, f* [commerçant] pork butcher.

chardon [ʃardɔ̃] *nm* **-1.** [plante] thistle. **-2.** [sur un mur] spikes (*pl*).

charentais, -e [ʃarɑ̃te, ɛz] *adj* of/from Charente.
◆ **charentaise** *nf* (bedroom) slipper.

charge [ʃarʒ] *nf* **-1.** [fardeau] load. **-2.** [fonction] office. **-3.** [responsabilité] responsibility; **être à la** ~ **de** [personne] to be dependent on; **les travaux sont à la** ~ **du propriétaire** the owner is liable for the cost of the work; **prendre qqch en** ~ [payer] to pay (for) sthg; [s'occuper de] to take charge of sthg; **prendre qqn en** ~ to take charge of sb. **-4.** ÉLECTR, JUR & MIL charge; **revenir à la** ~ to return to the fray. **-5.** *loc*: **j'accepte, à** ~ **de revanche** I accept, provided that you'll let me do the same for you some time.
◆ **charges** *nfpl* **-1.** [d'appartement] service charge. **-2.** ÉCON expenses, costs; ~**s sociales** ≃ employer's contributions.

CHARGES:
Householders and tenants in blocks of flats are required to pay 'charges', a monthly contribution to pay for the general upkeep of the building. In estate agencies, rent is expressed either including this sum ('charges comprises' or 'cc') or excluding it ('hors charges' or 'charges en sus'). Sometimes the 'charges' include heating costs

chargé, -e [ʃarʒe] ◇ *adj* **-1.** [véhicule, personne]: ~ **(de)** loaded (with). **-2.** [responsable]: ~ **(de)** responsible (for). **-3.** [occupé] full, busy. ◇ *nm, f:* ~ **d'affaires** chargé d'affaires; ~ **de cours** ≃ lecturer; ~ **de mission** head of mission.

chargement [ʃarʒəmã] *nm* **-1.** [action] loading. **-2.** [marchandises] load.

charger [ʃarʒe] [17] *vt* **-1.** [gén & INFORM] to load. **-2.** [remplir] to fill. **-3.** ÉLECTR, JUR & MIL to charge. **-4.** [donner une mission à]: ~ **qqn de faire qqch** to put sb in charge of doing sthg.

◆ **se charger** *vp:* **se ~ de qqn/qqch** to take care of sb/sthg, to take charge of sb/sthg; **se ~ de faire qqch** to undertake to do sthg.

chargeur [ʃarʒœr] *nm* **-1.** ÉLECTR charger. **-2.** [d'arme] magazine. **-3.** [d'appareil photo] cartridge, cassette. **-4.** [personne - qui expédie une charge] shipper; [- qui charge] longshoreman *Am,* stevedore *Am,* docker *Br.*

chariot [ʃarjo] *nm* **-1.** [charrette] handcart. **-2.** [à bagages, dans un hôpital] wagon *Am,* trolley *Br;* ~ **élévateur** forklift truck. **-3.** [de machine à écrire] carriage.

charismatique [karismatik] *adj* charismatic.

charisme [karism] *nm* charisma.

charitable [ʃaritabl] *adj* charitable; [conseil] friendly.

charité [ʃarite] *nf* **-1.** [aumône & RELIG] charity; **faire la ~ à qqn** to give sb charity. **-2.** [bonté] kindness.

charivari [ʃarivari] *nm* hullabaloo.

charlatan [ʃarlatã] *nm péj* charlatan.

charlotte [ʃarlɔt] *nf* CULIN charlotte.

charmant, -e [ʃarmã, ãt] *adj* charming.

charme [ʃarm] *nm* **-1.** [séduction] charm; **faire du ~ (à qqn)** to turn on the charm (for sb). **-2.** [enchantement] spell; **rompre le ~** to break the spell. **-3.** [arbre] ironwood, hornbeam. **-4.** *loc:* **se porter comme un ~** *fam* to be as fit as a fiddle.

charmer [ʃarme] [3] *vt* to charm; **être charmé de faire qqch** to be delighted to do sthg.

charmeur, -euse [ʃarmœr, øz] ◇ *adj* charming. ◇ *nm, f* charmer; ~ **de serpents** snake charmer.

charnel, -elle [ʃarnɛl] *adj* carnal.

charnier [ʃarnje] *nm* mass grave.

charnière [ʃarnjer] ◇ *nf* hinge; *fig* turning point. ◇ *adj* [période] transitional.

charnu, -e [ʃarny] *adj* fleshy.

charognard [ʃarɔɲar] *nm litt & fig* vulture.

charogne [ʃarɔɲ] *nf* **-1.** [d'animal] carrion (U). **-2.** *tfam* [crapule - homme] bastard; [- femme] bitch.

charpente [ʃarpãt] *nf* **-1.** [de bâtiment, de roman] framework. **-2.** [ossature] frame.

charpenté, -e [ʃarpãte] *adj:* **être bien ~** [personne] to be well-built; [roman] to be well-constructed.

charpentier [ʃarpãtje] *nm* carpenter.

charretier, -ière [ʃartje, jer] ◇ *adj* cart (*avant n*). ◇ *nm, f* carter; **jurer comme un ~** to swear like a trooper.

charrette [ʃaret] *nf* cart.

charrier [ʃarje] [9] ◇ *vt* **-1.** to carry. **-2.** *fam* [se moquer de]: ~ **qqn** to take sb for a ride. ◇ *vi fam* [exagérer] to go too far.

charrue [ʃary] *nf* plow *Am,* plough *Br;* **mettre la ~ avant les bœufs** *fam fig* to put the cart before the horse.

charte [ʃart] *nf* charter; **l'École nationale des ~s** *grande école for archivists and librarians.*

charter [ʃarter] ◇ *nm* chartered plane. ◇ *adj inv* (*en apposition*) charter (*avant n*).

chartreuse [ʃartrøz] *nf* **-1.** RELIG Carthusian monastery. **-2.** [liqueur] Chartreuse.

Charybde [ʃaribd] *n* Charybdis; **tomber de ~ en Scylla** to go from the frying pan into the fire.

chas [ʃa] *nm* eye (*of needle*).

chasse [ʃas] *nf* **-1.** [action] hunting; **aller à la ~** to go hunting; ~ **à courre** hunting (*on horseback with hounds*). **-2.** [période]: **la ~ est ouverte/fermée** it's the open/close season. **-3.** [domaine]: ~ **gardée** private hunting OU shooting preserve; *fig* preserve. **-4.** [poursuite] chase; **faire la ~ à qqch** to chase sthg; **faire la ~ à qqn/qqch** *fig* to hunt (for) sb/sthg, to hunt sb/sthg down; **prendre qqn/qqch en ~** to give chase to sb/sthg; ~ **à l'homme** manhunt. **-5.** [des cabinets]: ~ **(d'eau)** flush; **tirer la ~** to flush the toilet.

chassé-croisé [ʃasekrwaze] (*pl* **chassés-croisés**) *nm* toing and froing.

chasse-neige [ʃasnɛʒ] *nm inv* snowplow *Am,* snowplough *Br.*

chasser [ʃase] [3] ◇ *vt* **-1.** [animal] to hunt. **-2.** [faire partir - personne] to drive OU chase away; [- odeur, souci] to dispel. ◇ *vi* **-1.** [aller à la chasse] to go hunting, to hunt. **-2.** [roues] to skid.

chasseur, -euse [ʃasœr, øz] *nm, f* hunter.

◆ **chasseur** *nm* **-1.** [d'hôtel] page, messenger. **-2.** MIL: ~ **alpin** *soldier specially trained for operations in mountainous terrain.* **-3.** [avion] fighter.

◆ **chasseur de têtes** *nm* headhunter.

châssis [ʃasi] *nm* **-1.** [de fenêtre, de porte, de machine] **frame. -2.** [de véhicule] **chassis. -3.** [de tableau] **stretcher.**

chaste [ʃast] *adj* **chaste.**

chasteté [ʃastəte] *nf* **chastity.**

chasuble [ʃazybl] ◇ *nf* **chasuble.** ◇ *adj* → **robe.**

chat, chatte [ʃa, ʃat] *nm, f* **cat;** ~ **de gouttière** ordinary cat, alley cat *Am;* ~ **sauvage** wildcat; *Can* [raton laveur] **raccoon;** ~ **persan/siamois** Persian/Siamese cat; **il n'y a pas un** ~ *fam* there's not a soul; **appeler un** ~ **un** ~ to call a spade a spade; **avoir d'autres** ~**s à fouetter** to have other fish to fry; **avoir un** ~ **dans la gorge** to have a frog in one's throat.

châtaigne [ʃatɛɲ] *nf* **-1.** [fruit] **chestnut. -2.** *fam* [coup] **clout.**

châtaignier [ʃateɲe] *nm* [arbre] **chestnut (tree);** [bois] **chestnut.**

châtain [ʃatɛ̃] *adj & nm* **chestnut, chestnut-brown.**

château, -x [ʃato] *nm* **-1.** [forteresse]: ~ **(fort) castle. -2.** [résidence - seigneuriale] **mansion;** [- de monarque, d'évêque] **palace;** ~ **de cartes** *litt & fig* **house of cards;** ~ **de sable** sandcastle; **bâtir des** ~**x en Espagne** to build castles in Spain. **-3.** [vignoble] **château, vineyard. -4.** [réservoir]: ~ **d'eau** water tower.

chateaubriand, châteaubriant [ʃatobrijɑ̃] *nm thickest part of a fillet of beef.*

châtelain, -e [ʃatlɛ̃, ɛn] *nm, f* **lord** (*f* **lady**) **of the manor.**

châtier [ʃatje] [9] *vt sout* **-1.** [punir] to **punish. -2.** [polir] to **refine,** to **hone.**

chatière [ʃatjɛr] *nf* **-1.** [pour chat] **cat-flap. -2.** [d'aération] **air vent.**

châtiment [ʃatimɑ̃] *nm* **punishment.**

chaton [ʃatɔ̃] *nm* **-1.** [petit chat] **kitten. -2.** BOT **catkin. -3.** [de bague] **setting.**

chatouiller [ʃatuje] [3] *vt* **-1.** [faire des chatouilles à] to **tickle. -2.** *fig* [titiller] to **titillate.**

chatouilles [ʃatuj] *nfpl* **tickling** (U).

chatouilleux, -euse [ʃatujø, øz] *adj* **-1.** [sensible aux chatouilles] **ticklish. -2.** *fig* [susceptible] **touchy.**

chatoyant, -e [ʃatwajɑ̃, ɑ̃t] *adj* [reflet, étoffe] **shimmering;** [bijou] **sparkling.**

chatoyer [ʃatwaje] [13] *vi* [reflet, étoffe] to **shimmer;** [bijou] to **sparkle.**

châtrer [ʃatre] [3] *vt* to **castrate;** [chat] to **neuter;** [chatte] to **spay.**

chatte → **chat.**

chatterton [ʃatɛrtɔn] *nm* ÉLECTR **insulating tape.**

chaud, -e [ʃo, ʃod] *adj* **-1.** [gén] **warm;** [de température très élevée, sensuel] **hot. -2.** *fig* [enthousiaste]: **être** ~ **pour qqch/pour faire qqch** to be keen on sthg/on doing sthg. **-3.** [animé] **tense.**

◆ **chaud** ◇ *adv*: **avoir** ~ to be warm OU hot; **il fait** ~ it's warm OU hot; **manger** ~ to have something hot (to eat); **tenir** ~ to keep warm; **j'ai eu** ~ [l'échapper belle] I had a narrow OU lucky escape; [avoir peur] I had a nasty fright. ◇ *nm* **heat; rester au** ~ to stay in the warm; **un** ~ **et froid** a chill.

chaudement [ʃodmɑ̃] *adv* **warmly.**

chaud-froid [ʃofrwa] (*pl* **chauds-froids**) *nm poultry or game served cold in a thick white sauce glazed with jelly.*

chaudière [ʃodjɛr] *nf* **boiler.**

chaudron [ʃodrɔ̃] *nm* **cauldron.**

chauffage [ʃofaʒ] *nm* **-1.** [action] **heating. -2.** [appareil] **heating (system);** ~ **central** **central heating.**

chauffant, -e [ʃofɑ̃, ɑ̃t] *adj* **heating; couverture** ~**e** electric blanket; **plaque** ~**e** hotplate.

chauffard [ʃofar] *nm péj* **reckless driver.**

chauffe-biberon [ʃofbibrɔ̃] (*pl* **chauffe-biberons**) *nm* **bottle-warmer.**

chauffe-eau [ʃofo] *nm inv* **water-heater.**

chauffe-plats [ʃofpla] *nm inv* **hotplate, chafing dish.**

chauffer [ʃofe] [3] ◇ *vt* [rendre chaud] to **heat (up);** ~ **à blanc** to heat until whitehot. ◇ *vi* **-1.** [devenir chaud] to **heat up. -2.** [moteur] to **overheat. -3.** *fam* [barder]: **ça va** ~ there's going to be trouble.

◆ **se chauffer** *vp*: **se** ~ **à qqch** to heat one's house with sthg.

chaufferette [ʃofrɛt] *nf* **-1.** [réchaud] **hotplate. -2.** [pour les pieds] **foot-warmer.**

chaufferie [ʃofri] *nf* **boiler room.**

chauffeur [ʃofœr] *nm* **-1.** AUTOM **driver;** ~ **du dimanche** Sunday driver; ~ **de taxi** taxi driver. **-2.** [de chaudière] **stoker.**

chaume [ʃom] *nm* **-1.** [paille] **thatch. -2.** [de céréales] **stubble.**

chaumière [ʃomjɛr] *nf* **cottage.**

chaussée [ʃose] *nf* **road, roadway.**

chausse-pied [ʃospje] (*pl* **chausse-pieds**) *nm* **shoehorn.**

chausser [ʃose] [3] ◇ *vt* **-1.** [chaussures, lunettes, skis] to **put on;** ~ **qqn** to put sb's shoes on. **-2.** [fournir] to **supply shoes to. -3.** [suj: chaussures] to **fit.** ◇ *vi*: ~ **du 39** to take size 39 (shoes).

◆ **se chausser** *vp* to **put one's shoes on.**

chausse-trape (*pl* **chausse-trapes**), **chausse-trappe** (*pl* **chausse-trappes**) [ʃostrap] *nf* trap.

chaussette [ʃosɛt] *nf* sock.

chausseur [ʃosœr] *nm* shoemaker.

chausson [ʃosɔ̃] *nm* -1. [pantoufle] slipper. -2. [de danse] ballet shoe. -3. [de bébé] bootee. -4. CULIN turnover; ~ **aux pommes** apple turnover.

chaussure [ʃosyr] *nf* -1. [soulier] shoe; ~ **basse** low-heeled shoe, flat shoe; ~ **à crampons** [pour football, rugby] studded boot; [pour athlétisme] spiked shoe; ~ **de marche** [de randonnée] hiking OU walking boot; [confortable] walking shoe; ~ **montante** (ankle) boot; ~ **de ski** ski boot; **trouver** ~ **à son pied** *fam fig* to find Mr/Miss Right. -2. [industrie] footwear industry.

chauve [ʃov] *adj* [sans cheveux] bald.

chauve-souris [ʃovsuri] (*pl* **chauves-souris**) *nf* bat.

chauvin, -e [ʃovɛ̃, in] ◇ *adj* chauvinistic. ◇ *nm, f* chauvinist.

chauvinisme [ʃovinism] *nm* chauvinism.

chaux [ʃo] *nf* lime; **blanchi à la** ~ whitewashed.

chavirer [ʃavire] [3] ◇ *vi* -1. [bateau] to capsize. -2. *fig* [tourner] to spin. -3. *fig* [échouer] to founder. ◇ *vt* -1. [bateau] to capsize. -2. [meuble] to tip over.

chéchia [ʃeʃja] *nf* fez.

check-up [tʃɛkœp] *nm inv* check-up.

chef [ʃɛf] *nm* -1. [d'un groupe] head, leader; [au travail] boss; **en** ~ in chief; ~ **de chantier** foreman; ~ **d'entreprise** company head; ~ **d'État** head of state; ~ **de fabrication** production manager; ~ **de famille** head of the family; ~ **de file** POLIT (party) leader; ~ **de gare** stationmaster; ~ **de marque** brand manager; ~ **d'orchestre** conductor; ~ **de produit** product manager; ~ **de projet** project manager; ~ **de rayon** departmental manager OU supervisor; ~ **de service** departmental manager. -2. [cuisinier] chef. -3. *loc*: **de son propre** ~ on one's own initiative; **opiner du** ~ to nod agreement. ◆ **chef d'accusation** *nm* charge, count.

chef-d'œuvre [ʃedœvr] (*pl* **chefs-d'œuvre**) *nm* masterpiece.

chef-lieu [ʃefljø] (*pl* **chefs-lieux**) *nm* ≃ county seat *Am*, county town *Br*.

cheik [ʃɛk] *nm* sheikh.

chemin [ʃəmɛ̃] *nm* -1. [voie] path; ~ **de fer** railroad *Am*, railway *Br*; ~ **vicinal** byroad, minor road. -2. [parcours] way; *fig* road; **en** ~ on the way; **faire du** ~ to cover a lot of ground; *fig* to gain ground; **rebrousser** ~ to turn back; **le** ~ **de croix** the way of the cross; **prendre le** ~ **des écoliers** *fig* to go the long way round; **suivre le droit** ~ *fig* to stay on the straight and narrow.

cheminée [ʃəmine] *nf* -1. [foyer] fireplace. -2. [d'usine] chimney. -3. [encadrement] mantelpiece. -4. [de paquebot, locomotive] funnel.

cheminement [ʃəminmã] *nm* [progression] advance; *fig* [d'idée] development.

cheminer [ʃəmine] [3] *vi* [avancer] to make one's way; *fig* [idée] to develop.

cheminot [ʃəmino] *nm* railroad man *Am*, railwayman *Br*.

chemise [ʃəmiz] *nf* -1. [d'homme] shirt; ~ **de nuit** [de femme] nightdress. -2. [dossier] folder.

chemiserie [ʃəmizri] *nf* [magasin] shirtmaker's; [industrie] shirtmaking.

chemisette [ʃəmizɛt] *nf* [d'homme] shortsleeved shirt; [de femme] short-sleeved blouse.

chemisier [ʃəmizje] *nm* -1. [vêtement] blouse. -2. [marchand, fabricant] shirtmaker.

chenal, -aux [ʃənal, o] *nm* [canal] channel.

chenapan [ʃənapã] *nm hum* rascal.

chêne [ʃɛn] *nm* [arbre] oak (tree); [bois] oak.

chenet [ʃənɛ] *nm* firedog.

chenil [ʃənil] *nm* [pour chiens] kennel.

chenille [ʃənij] *nf* -1. [insecte] caterpillar. -2. [courroie] caterpillar track.

chenu, -e [ʃəny] *adj littéraire* [tête, barbe] hoary.

cheptel [ʃɛptɛl] *nm* [bétail] livestock (*U*).

chèque [ʃɛk] *nm* check *Am*, cheque *Br*; **faire un** ~ to write a check *Am* OU cheque *Br*; **toucher un** ~ to cash a check *Am* OU cheque *Br*; ~ **(bancaire)** (bank) check *Am* OU cheque *Br*; ~ **barré** crossed check *Am* OU cheque *Br*; ~ **en blanc** blank check *Am* OU cheque *Br*; ~ **postal** post office check *Am* OU cheque *Br*; ~ **sans provision** bad check *Am* OU cheque *Br*; ~ **de voyage** traveler's check *Am*, traveller's cheque *Br*.

chèque-cadeau [ʃɛkkado] (*pl* **chèques-cadeaux**) *nm* gift token.

chèque-repas [ʃɛkrəpa] (*pl* **chèques-repas**), **chèque-restaurant** [ʃɛkrɛstɔrã] (*pl* **chèques-restaurant**) *nm* luncheon voucher.

chéquier [ʃekje] *nm* checkbook *Am*, chequebook *Br*.

cher, chère [ʃɛr] ◇ *adj* -1. [aimé]: ~ (**à qqn**) dear (to sb); **Cher Monsieur** [au début d'une lettre] Dear Sir; **Chère Madame** [au début d'une lettre] Dear Madam. -2. [produit, vie, commerçant] expensive. ◇ *nm, f hum*: mon ~ dear.

◆ **cher** *adv*: valoir ~, coûter ~ to be expensive, to cost a lot; **payer** ~ to pay a lot; **je l'ai payé** ~ *litt & fig* it cost me a lot.

◆ **chère** *nf*: aimer la bonne chère *sout* to like to eat well.

chercher [ʃɛrʃe] [3] ◇ *vt* **-1.** [gén] to look for; **vous l'aurez cherché!** you're asking for it! **-2.** [prendre]: aller/venir ~ qqn [à un rendez-vous] to (go/come and) meet sb; [en voiture] to (go/come and) pick sb up; **aller/venir** ~ qqch to (go/come and) get sthg. **-3.** *fam* [atteindre]: **ça va** ~ **dans les 100 francs** it will come to about 100 francs. ◇ *vi*: ~ à faire qqch to try to do sthg.

◆ **se chercher** *vp* to try to find o.s.

chercheur, -euse [ʃɛrʃœr, øz] ◇ *adj* **-1.** [esprit] inquiring. **-2.** → **tête**. ◇ *nm, f* [scientifique] researcher.

chèrement [ʃɛrmɑ̃] *adv* dearly.

chéri, -e [ʃeri] ◇ *adj* dear. ◇ *nm, f* darling.

chérir [ʃerir] [32] *vt* [personne] to love dearly; [chose, idée] to cherish.

cherté [ʃɛrte] *nf* high cost.

chétif, -ive [ʃetif, iv] *adj* **-1.** [malingre] sickly, weak. **-2.** [rabougri] stunted, puny. **-3.** *littéraire* [insuffisant] meager *Am*, meagre *Br*.

cheval, -aux [ʃəval, o] *nm* **-1.** [animal] horse; **être à** ~ **sur qqch** [être assis] to be sitting astride sthg; *fig* [siècles] to straddle sthg; *fig* [tenir à] to be a stickler for sthg; ~ **d'arçons** horse (*in gymnastics*); ~ **de bataille** *fig* hobby horse; ~ **de course** racehorse; ~ **de trait** draft *Am* OU draught *Br* horse; **chevaux de bois** merry-go-round (*sg*); **monter sur ses grands chevaux** to get on one's high horse. **-2.** [équitation] riding, horseriding; **faire du** ~ to ride. **-3.** AUTOM: ~, ~-vapeur horsepower.

chevaleresque [ʃəvalrɛsk] *adj* chivalrous.

chevalerie [ʃəvalri] *nf* **-1.** [qualité] chivalry. **-2.** HIST knighthood.

chevalet [ʃəvalɛ] *nm* [de peintre] easel.

chevalier [ʃəvalje] *nm* knight; ~ **servant** (faithful) admirer.

chevalière [ʃəvaljɛr] *nf* [bague] signet ring.

chevalin, -e [ʃəvalɛ̃, in] *adj* [de cheval] horse (*avant n*); *fig* horsey.

chevauchée [ʃəvoʃe] *nf* **-1.** [course] ride, horse-ride. **-2.** [cavalcade] cavalcade.

chevaucher [ʃəvoʃe] [3] *vt* [être assis] to sit OU be astride.

◆ **se chevaucher** *vp* to overlap.

chevelu, -e [ʃəvly] *adj* hairy.

chevelure [ʃəvlyr] *nf* [cheveux] hair.

chevet [ʃəvɛ] *nm* head (*of bed*); **être au** ~ **de qqn** to be at sb's bedside.

cheveu, -x [ʃəvø] *nm* [chevelure] hair; **avoir les ~x taillés en brosse** to have a crew cut; **se faire couper les ~x** to have one's hair cut; **s'arracher les ~x** to tear one's hair out; **avoir un** ~ **sur la langue** to have a lisp; **arriver comme un** ~ **sur la soupe** to come at an awkward moment; **couper les ~x en quatre** to split hairs; **tiré par les ~x** far-fetched, contrived.

cheville [ʃəvij] *nf* **-1.** ANAT ankle; **il ne t'arrive pas à la** ~ *fam fig* he can't hold a candle to you. **-2.** [pour fixer une vis] Rawlplug®; ~ **ouvrière** AUTOM & *fig* kingpin.

chèvre [ʃɛvr] ◇ *nf* [animal] goat; **ménager la** ~ **et le chou** to run with the hare and hunt with the hounds. ◇ *nm* [fromage] goat's cheese.

chevreau, -x [ʃəvro] *nm* kid.

chèvrefeuille [ʃɛvrəfœj] *nm* honeysuckle.

chevreuil [ʃəvrœj] *nm* **-1.** [animal] roe deer. **-2.** CULIN venison.

chevron [ʃəvrɔ̃] ·*nm* **-1.** CONSTR rafter. **-2.** [motif décoratif] chevron.

chevronné, -e [ʃəvrɔne] *adj* [expérimenté] experienced.

chevrotant, -e [ʃəvrɔtɑ̃, ɑ̃t] *adj* tremulous.

chevrotine [ʃəvrɔtin] *nf* buckshot.

chewing-gum [ʃwiŋɡɔm] (*pl* **chewing-gums**) *nm* chewing gum (U).

chez [ʃe] *prép* **-1.** [dans la maison de]: **il est** ~ **lui** he's at home; **il rentre** ~ **lui** he's going home; **être** ~ **le coiffeur/médecin** to be at the hairdresser's/doctor's; **aller** ~ **le coiffeur/médecin** to go to the hairdresser's/doctor's; **il va venir** ~ **nous** he is going to come to our place OU house; **il habite** ~ **nous** he lives with us. **-2.** [en ce qui concerne]: ~ **les jeunes** among young people; ~ **les Anglais** in England. **-3.** [dans les œuvres de]: ~ **Proust** in (the works of) Proust. **-4.** [dans le caractère de]: **cette réaction est normale** ~ **lui** this reaction is normal for OU with him; **ce que j'apprécie** ~ **lui, c'est sa gentillesse** what I like about him is his kindness.

chez-soi [ʃeswa] *nm inv* home, place of one's own.

chialer [ʃjale] [3] *vi fam* to blubber.

chiant, -e [ʃjɑ̃, ɑ̃t] *adj tfam* **-1.** [très ennuyeux] damned OU bloody *Br* boring. **-2.** [contrariant] damned OU bloody *Br* annoying; **c'est** ~ it's a damned OU bloody *Br* pain.

chic [ʃik] ◇ *adj* (*inv en genre*) **-1.** [élégant] smart, chic. **-2.** *vieilli* [serviable] nice. ◇ *nm* style; **bon ~ bon genre** ≃ preppie *Am*, ≃ Sloaney *Br*; **avoir le ~ pour faire qqch** to have the knack of doing sthg. ◇ *interj*: ~ **(alors)**! great!

chicane [ʃikan] *nf* [querelle] squabble.

chicaner [ʃikane] [3] ◇ *vt*: **~ qqn sur qqch** to quibble with sb over sthg. ◇ *vi* [contester]: **~ (sur qqch)** to quibble (over OU about sthg).
◆ **se chicaner** *vp* to squabble, to bicker.

chiche [ʃiʃ] ◇ *adj* **-1.** [avare] mean; **être ~ de** to be sparing with. **-2.** [peu abondant] meager *Am*, meagre *Br*, scanty. **-3.** *fam* [capable]: **il n'est pas ~ de le faire!** he wouldn't dare (do it)! ◇ *interj*: **~!** (you) want a bet?

chichement [ʃiʃmã] *adv* [pauvrement] meagrely.

chichi [ʃiʃi] *nm*: **faire des ~s** *fam* to make a fuss.

chicorée [ʃikɔre] *nf* [salade] endive; **~ frisée** curly endive.

chien [ʃjɛ̃] *nm* **-1.** [animal] dog; **~ d'aveugle** guide dog; **~ de chasse** [d'arrêt] gundog; **~ esquimau** husky; **~ de garde** guard dog; **~ policier/savant** police/performing dog; **avoir un mal de ~ à faire qqch** to have a lot of trouble doing sthg; **entre ~ et loup** at dusk OU twilight; **se regarder en ~s de faïence** to stare grimly at each other. **-2.** [d'arme] hammer. **-3.** *loc*: **en ~ de fusil** curled up; **avoir du ~** to have class OU style.

chiendent [ʃjɛ̃dã] *nm* couch grass.

chien-loup [ʃjɛ̃lu] (*pl* **chiens-loups**) *nm* Alsatian (dog).

chienne [ʃjɛn] *nf* (female) dog, bitch.

chier [ʃje] [9] *vi vulg* to shit; **faire ~ qqn** to get on sb's tits; **se faire ~** to be bored shitless.

chiffe [ʃif] *nf*: **c'est une ~ molle** he's spineless, he's a weed.

chiffon [ʃifɔ̃] *nm* [linge] rag; **parler ~s** to talk clothes.

chiffonné, -e [ʃifɔne] *adj* [visage, mine] worn.

chiffonner [ʃifɔne] [3] *vt* **-1.** [froisser - faire des plis] to crumple, to crease; [- déformer] to crumple. **-2.** *fam fig* [contrarier] to bother.

chiffonnier, -ière [ʃifɔnje, jɛr] *nm, f* rag-and-bone man (*f* woman).
◆ **chiffonnier** *nm* [meuble] chiffonier.

chiffre [ʃifr] *nm* **-1.** [caractère] figure, number; **~ arabe/romain** Arabic/Roman numeral. **-2.** [montant] sum; **~ d'affaires** COMM turnover; **~ rond** round number; **~ de ventes** sales figures (*pl*). **-3.** [code secret] code.

chiffrer [ʃifre] [3] ◇ *vt* **-1.** [numéroter] to number. **-2.** [évaluer] to calculate, to assess. **-3.** [coder] to encode. ◇ *vi fam* to mount up.
◆ **se chiffrer** *vp*: **se ~ à** to add up to.

chignole [ʃiɲɔl] *nf* drill.

chignon [ʃiɲɔ̃] *nm* bun (*in hair*); **se crêper le ~** *fig* to scratch each other's eyes out.

Chili [ʃili] *nm*: **le ~** Chile; **au ~** in Chile.

chilien, -ienne [ʃiljɛ̃, jɛn] *adj* Chilean.
◆ **Chilien, -ienne** *nm, f* Chilean.

chimère [ʃimer] *nf* **-1.** MYTH chimera. **-2.** [illusion] illusion, dream.

chimérique [ʃimerik] *adj* **-1.** [illusoire] illusory. **-2.** [rêveur] fanciful.

chimie [ʃimi] *nf* chemistry.

chimiothérapie [ʃimjɔterapi] *nf* chemotherapy.

chimique [ʃimik] *adj* chemical.

chimiquement [ʃimikmã] *adv* chemically.

chimiste [ʃimist] *nmf* chemist.

chimpanzé [ʃɛ̃pãze] *nm* chimpanzee.

chinchilla [ʃɛ̃ʃila] *nm* chinchilla.

Chine [ʃin] *nf*: **la ~** China.

chiné, -e [ʃine] *adj* mottled.

chiner [ʃine] [3] *vi* to look for bargains.

chinois, -e [ʃinwa, waz] *adj* Chinese.
◆ **chinois** *nm* **-1.** [langue] Chinese; **c'est du ~** *fig* it's all Greek to me. **-2.** [passoire] conical sieve.
◆ **Chinois, -e** *nm, f* Chinese person; **les Chinois** the Chinese.

chinoiserie [ʃinwazri] *nf* [objet] Chinese curio, piece of chinoiserie; *fig* unnecessary complication.
◆ **chinoiseries** *nfpl* unnecessary complications, red tape (*sg*).

chiot [ʃjo] *nm* puppy.

chiottes [ʃjɔt] *nfpl vulg* shithouse (*sg*).

chiper [ʃipe] [3] *vt fam* [voler] to pinch, to nick *Br*.

chipie [ʃipi] *nf* vixen *péj*.

chipolata [ʃipɔlata] *nf* chipolata.

chipoter [ʃipɔte] [3] *vi*: **~ (sur)** [nourriture] to pick (at); [contester] to quibble (over OU about).

chips [ʃips] *nfpl*: **(pommes) ~** (potato) chips *Am*, (potato) crisps *Br*.

chiqué [ʃike] *nm*: **c'est du ~** it's all sham.

chiquenaude [ʃiknod] *nf* flick.

chiquer [ʃike] [3] ◇ *vt* to chew. ◇ *vi* to chew tobacco.

chiromancien, -ienne [kirɔmãsjɛ̃, jɛn] *nm, f* palmist.

chiropraticien, -ienne [kiropratisjɛ̃, jɛn] *nm, f,* **chiropracteur** [kiropraktœr] *nm* chiropractor.

chirurgical, -e, -aux [ʃiryrʒikal, o] *adj* surgical.

chirurgie [ʃiryrʒi] *nf* surgery; ~ **esthétique** plastic surgery.

chirurgien [ʃiryrʒjɛ̃] *nm* surgeon.

chirurgien-dentiste [ʃiryrʒjɛ̃dɑ̃tist] (*pl* **chirurgiens-dentistes**) *nm* dental surgeon.

chiure [ʃjyr] *nf:* ~ **(de mouche)** flyspecks (*pl*).

ch.-l. *abr de* **chef-lieu**.

chlinguer = **schlinguer**.

chlore [klɔr] *nm* chlorine.

chloroforme [klɔrɔfɔrm] *nm* chloroform.

chlorophylle [klɔrɔfil] *nf* chlorophyll.

chlorure [klɔryr] *nm* chloride.

chnoque = **schnock**.

choc [ʃɔk] *nm* **-1.** [heurt, coup] impact; **de** ~ *fig* shock (*avant n*). **-2.** [conflit] clash. **-3.** [émotion] shock; ~ **opératoire** post-operative shock. **-4.** (*en apposition*): **images-**~**s** shock pictures; **prix-**~ amazing bargain.

chocolat [ʃɔkɔla] ◇ *nm* chocolate; ~ **au lait/noir** milk/plain chocolate; ~ **à cuire/à croquer** cooking/eating chocolate; ~ **Liégeois** chocolate ice cream with Chantilly cream. ◇ *adj inv* chocolate (brown).

chocolaté, -e [ʃɔkɔlate] *adj* chocolate (flavoured).

chocolatier, -ière [ʃɔkɔlatje, jɛr] ◇ *adj* chocolate (*avant n*). ◇ *nm, f* [fabricant] chocolate manufacturer; [commerçant] confectioner.

◆ **chocolatière** *nf* [récipient] chocolate pot.

chœur [kœr] *nm* **-1.** [chorale] choir; [d'opéra & *fig*] chorus; **chanter en** ~ to sing in chorus; **en** ~ *fig* all together. **-2.** [d'église] choir, chancel.

choir [ʃwar] [72] *vt littéraire*: **laisser** ~ **qqch** to let sthg fall; **laisser** ~ **qqn** *fig* & *littéraire* to let sb down; **se laisser** ~ **dans qqch** to drop OU fall into sthg.

choisi, -e [ʃwazi] *adj* selected; [termes, langage] carefully chosen.

choisir [ʃwazir] [32] ◇ *vt*: ~ **(de faire qqch)** to choose (to do sthg). ◇ *vi* to choose.

choix [ʃwa] *nm* **-1.** [gén] choice; **le livre de ton** ~ any book you like; **au** ~ as you prefer; **avoir le** ~ to have the choice. **-2.** [qualité]: **de premier** ~ grade OU class one; **articles de second** ~ seconds.

choléra [kɔlera] *nm* cholera.

cholestérol [kɔlesterɔl] *nm* cholesterol.

chômage [ʃomaʒ] *nm* unemployment; **en** ~, **au** ~ unemployed; ~ **partiel** short time (working); **être mis au** ~ **technique** to be laid off.

chômer [ʃome] [3] ◇ *vt* to keep. ◇ *vi* to be unemployed; *fig* to be idle.

chômeur, -euse [ʃomœr, øz] *nm, f*: **les** ~**s** the unemployed.

chope [ʃɔp] *nf* tankard.

choper [ʃɔpe] [3] *vt fam* **-1.** [voler, arrêter] to pinch, to nick *Br*. **-2.** [attraper] to catch.

choquant, -e [ʃɔkɑ̃, ɑ̃t] *adj* shocking.

choquer [ʃɔke] [3] *vt* **-1.** [scandaliser] to shock. **-2.** [traumatiser] to shake (up).

choral, -e, -als OU **-aux** [kɔral, o] *adj* choral.

◆ **choral, -als** *nm* [chant] chorale.

◆ **chorale** *nf* [groupe] choir.

chorégraphie [kɔregrafi] *nf* choreography.

choriste [kɔrist] *nmf* chorister.

chose [ʃoz] ◇ *nf* thing; **c'est (bien) peu de** ~ it's nothing really; **c'est la moindre des** ~**s** it's the least I/we can do; **chaque** ~ **en son temps** everything in good time; **de deux** ~**s l'une** (it's got to be) one thing or the other; **dire bien des** ~**s à qqn** to give sb one's regards; **ne pas faire les** ~**s à moitié** not to do things by halves; **parler de** ~**s et d'autres** to talk of this and that; **regarder les** ~**s en face** to face up to things. ◇ *nm fam* **-1.** [truc] thingamabob, whatsit. **-2.** [personne] what's-his-name (*f* what's-her-name).

◇ *adj inv*: **se sentir (tout)** ~ to feel a bit peculiar.

chou, -x [ʃu] ◇ *nm* **-1.** [légume] cabbage; ~ **de Bruxelles** Brussels sprout; **faire** ~ **blanc** *fam fig* to draw a blank. **-2.** [pâtisserie] choux bun; ~ **à la crème** cream puff. **-3.** [personne]: **mon** ~ darling. ◇ *adj inv* sweet, cute.

choucas [ʃuka] *nm* jackdaw.

chouchou, -oute [ʃuʃu, ut] *nm, f* favourite; [élève] teacher's pet.

chouchouter [ʃuʃute] [3] *vt* to pet.

choucroute [ʃukrut] *nf* sauerkraut; ~ **garnie** sauerkraut with meat and potatoes.

chouette [ʃwɛt] ◇ *nf* [oiseau] owl. ◇ *adj fam vieilli* great, smashing *Br*. ◇ *interj*: ~ **(alors)!** great!

chou-fleur [ʃuflœr] (*pl* **choux-fleurs**) *nm* cauliflower.

choyer [ʃwaje] [13] *vt sout* to pamper.

CHR (*abr de* **centre hospitalier régional**) *nm* regional hospital.

chrétien, -ienne [kretjɛ̃, jɛn] *adj & nm, f* Christian.

chrétienté [kretjɛ̃te] *nf* Christendom.

Christ [krist] *nm* Christ.

christianiser [kristjanize] [3] *vt* **-1.** [personne] to convert (to Christianity). **-2.** [pays] to christianize.

christianisme [kristjanism] *nm* Christianity.

chromatique [krɔmatik] *adj* **-1.** MUS & OPTIQUE chromatic. **-2.** BIOL chromosomal.

chrome [krom] *nm* **-1.** [de voiture] chrome. **-2.** CHIM chromium.

chromé, -e [krome] *adj* chrome-plated; **acier ~** chrome steel.

chromosome [krɔmozom] *nm* chromosome.

chronique [krɔnik] ◇ *nf* **-1.** [annales] chronicle; **défrayer la ~** to be the talk of the town. **-2.** PRESSE: **~ sportive** sports section. ◇ *adj* chronic.

chrono [krɔno] = **chronomètre**.

chronologie [krɔnɔlɔʒi] *nf* chronology.

chronologique [krɔnɔlɔʒik] *adj* chronological.

chronomètre [krɔnɔmɛtr] *nm* SPORT stopwatch.

chronométrer [krɔnɔmetre] [18] *vt* to time.

chronométreur [krɔnɔmetrœr] *nm* HOCKEY timekeeper.

chrysalide [krizalid] *nf* chrysalis.

chrysanthème [krizɑ̃tɛm] *nm* chrysanthemum.

CHRYSANTHÈME:
Chrysanthemums are often associated with funerals in France, as they are traditionally used to decorate graves, especially on All Saints' Day

---

chu, -e [ʃy] *pp;* → **choir**.

CHU (*abr de* **centre hospitalo-universitaire**) *nm* teaching hospital.

chuchotement [ʃyʃɔtmɑ̃] *nm* whisper.
◆ **chuchotements** *nmpl* whispering (*U*).

chuchoter [ʃyʃɔte] [3] *vt & vi* to whisper.

chuinter [ʃɥɛ̃te] [3] *vi* [siffler] to hiss.

chut [ʃyt] *interj* sh!, hush!

chute [ʃyt] *nf* **-1.** [gén] fall; **faire une ~** to (have OU take a) fall; **~ de cheveux** hair loss; **~ d'eau** waterfall; **~ libre** free fall; **~ de neige** snowfall; **~ de pierres** falling rocks; **~ de reins** small of the back. **-2.** [de tissu] scrap.

chuter [ʃyte] [3] *vi* **-1.** [baisser] to fall, to drop. **-2.** [tomber] to fall.

Chypre [ʃipr] *nf* Cyprus; **à ~** in Cyprus.

chypriote [ʃipriɔt], **cypriote** [sipriɔt] *adj* Cypriot.
◆ **Chypriote, Cypriote** *nmf* Cypriot.

ci [si] *adv* (*après n*): **ce livre-~** this book; **ces jours-~** these days.

Ci (*abr de* **curie**) Ci.

CIA (*abr de* **Central Intelligence Agency**) *nf* CIA.

ci-après [siaprɛ] *adv* below.

cibiste [sibist] *nmf* CB enthusiast.

cible [sibl] *nf litt & fig* target; **groupe ~** target group.

ciblé [sible] *adj* COMM targeted.

cibler [sible] [3] *vt* to target.

ciboire [sibwar] *nm* ciborium.

ciboulette [sibulɛt] *nf* chives (*pl*).

cicatrice [sikatris] *nf* scar.

cicatriser [sikatrize] [3] *vt litt & fig* to heal.
◆ **se cicatriser** *vp litt & fig* to heal.

ci-contre [sikɔ̃tr] *adv* opposite.

CICR (*abr de* **Comité international de la Croix-Rouge**) *nm* IRCC.

ci-dessous [sidəsu] *adv* below.

ci-dessus [sidəsy] *adv* above.

CIDEX, Cidex [sidɛks] (*abr de* **courrier individuel à distribution exceptionnelle**) *nm* system grouping letter boxes in country areas.

CIDJ (*abr de* **centre d'information et de documentation de la jeunesse**) *nm* careers advisory service.

cidre [sidr] *nm* cider; **~ bouché** superior bottled cider; **~ doux/brut** sweet/dry cider.

CIDUNaTI [sidynati] (*abr de* **Comité interprofessionnel d'information et de défense de l'union nationale des travailleurs indépendants**) *nm* union of self-employed craftsmen.

Cie (*abr de* **compagnie**) Co.

ciel (*pl sens 1* **ciels** [sjɛl], *pl sens 2* **cieux** [sjø]) ◇ *nm* **-1.** [firmament] sky; **~ de plomb** leaden sky; **à ~ ouvert** open-air; **être au septième ~** to be in one's seventh heaven; **remuer ~ et terre** (**pour faire qqch**) to move heaven and earth (to do sthg); **tomber du ~** fam to be heaven-sent OU a godsend. **-2.** [paradis, providence] heaven; **c'est le ~ qui l'envoie!** he's heaven-sent! ◇ *interj hum & sout* good heavens!
◆ **cieux** *nmpl* heaven (*sg*).

CIEP (*abr de* **Centre international d'études pédagogiques**) *nm* French centre for educational research.

cierge [sjɛrʒ] *nm* RELIG (votive) candle.

cigale [sigal] *nf* cicada.

cigare [sigar] *nm* cigar.

cigarette [sigaɾɛt] *nf* cigarette; ~ **blonde/brune** cigarette made from Virginia/dark tobacco.

cigarillo [sigarijo] *nm* cigarillo.

ci-gît [siʒi] *adv* here lies.

cigogne [sigɔɲ] *nf* stork.

ci-inclus, -e [siɛ̃kly, yz] *adj* enclosed.
◆ **ci-inclus** *adv* enclosed.

ci-joint, -e [siʒwɛ̃, ɛt] *adj* enclosed.
◆ **ci-joint** *adv*: **veuillez trouver ~** ... please find enclosed ....

cil [sil] *nm* ANAT eyelash, lash.

ciller [sije] [3] *vi* to blink (one's eyes); **sans ~** *fig* without blinking.

cimaise [simɛz] *nf* [de salle d'exposition] gallery wall.

cime [sim] *nf* [d'arbre, de montagne] top; *fig* height.

ciment [simɑ̃] *nm* cement.

cimenter [simɑ̃te] [3] *vt* to cement.

cimetière [simtjɛr] *nm* cemetery.

ciné [sine] *nm fam* cinema.

cinéaste [sineast] *nmf* film-maker.

ciné-club [sineklœb] (*pl* ciné-clubs) *nm* film club.

cinéma [sinema] *nm* **-1.** [salle, industrie] cinema; **aller au ~** to go to the cinema. **-2.** [art] cinema, film; **un acteur de ~** a film star; **~ publicitaire** COMM cinema screen advertising; **faire du ~** to be in film; *fig* to put on an act.

cinémathèque [sinematɛk] *nf* film archive; **la Cinémathèque française** the French film institute.

LA CINÉMATHÈQUE FRANÇAISE:
Founded in 1936, the 'Cinémathèque française' specializes in the conservation and restoration of films; it also screens films for public viewing

cinématographique [sinematɔgrafik] *adj* cinematographic.

cinéphile [sinefil] *nmf* film buff.

cinétique [sinetik] ◇ *nf* kinetics (*U*). ◇ *adj* kinetic.

cinglant, -e [sɛ̃glɑ̃, ɑ̃t] *adj litt* & *fig* biting; [pluie] driving.

cinglé, -e [sɛ̃gle] *fam* ◇ *adj* nuts, nutty. ◇ *nm, f* nutcase.

cingler [sɛ̃gle] [3] ◇ *vt* to lash. ◇ *vi littéraire* [naviguer] to sail.

cinq [sɛ̃k] ◇ *adj num* five. ◇ *nm* five; **il était moins ~** *fam* it was a near thing; *voir aussi* **six**.

cinquantaine [sɛ̃kɑ̃tɛn] *nf* **-1.** [nombre]: **une ~ de** about fifty. **-2.** [âge]: **avoir la ~** to be in one's fifties.

cinquante [sɛ̃kɑ̃t] *adj num* & *nm* fifty; *voir aussi* **six**.

cinquantenaire [sɛ̃kɑ̃tnɛr] ◇ *nmf person in his/her fifties.* ◇ *nm* [de personne] fiftieth birthday; [d'événement] fiftieth anniversary; [d'institution] golden jubilee. ◇ *adj* fifty-year-old.

cinquantième [sɛ̃kɑ̃tjɛm] *adj num, nm* & *nmf* fiftieth; *voir aussi* **sixième**.

cinquième [sɛ̃kjɛm] ◇ *adj num, nm* & *nmf* fifth. ◇ *nf* SCOL ≃ seventh grade *Am*, ≃ second year OU form *Br*; *voir aussi* **sixième**.

cinquièmement [sɛ̃kjɛmmɑ̃] *adv* fifthly, in the fifth place.

cintre [sɛ̃tr] *nm* **-1.** [pour vêtements] coat hanger. **-2.** ARCHIT arch, curve.

cintré, -e [sɛ̃tre] *adj* **-1.** COUTURE waisted. **-2.** ARCHIT arched, vaulted.

CIO (*abr de* **Comité international olympique**) *nm* IOC.

cirage [siraʒ] *nm* **-1.** [action] polishing. **-2.** [produit] shoe polish. **-3.** *loc*: **être dans le ~** *fam* to be in a daze.

circoncision [sirkɔ̃sizjɔ̃] *nf* circumcision.

circonférence [sirkɔ̃ferɑ̃s] *nf* **-1.** GÉOM circumference. **-2.** [pourtour] boundary.

circonflexe [sirkɔ̃flɛks] → **accent**.

circonscription [sirkɔ̃skripsjɔ̃] *nf* district; ~ **électorale** [nationale] constituency; [locale] ward.

circonscrire [sirkɔ̃skrir] [99] *vt* **-1.** GÉOM to circumscribe. **-2.** [incendie, épidémie] to contain. **-3.** *fig* [sujet] to define.
◆ **se circonscrire** *vp*: **se ~ autour de** to be centred on OU around.

circonspect, -e [sirkɔ̃spɛ, ɛkt] *adj* cautious.

circonspection [sirkɔ̃spɛksjɔ̃] *nf* caution, wariness.

circonstance [sirkɔ̃stɑ̃s] *nf* **-1.** [occasion] occasion. **-2.** (*gén pl*) [contexte, conjoncture] circumstance; **~s atténuantes** JUR mitigating circumstances; **de ~** appropriate.

circonstancié, -e [sirkɔ̃stɑ̃sje] *adj* detailed.

circonstanciel, -ielle [sirkɔ̃stɑ̃sjɛl] *adj* GRAM adverbial.

circuit [sirkɥi] *nm* **-1.** [chemin] route. **-2.** [parcours touristique] tour; **~ touristique** tourist route. **-3.** SPORT & TECHNOL circuit; **en ~ fermé** [en boucle] closed-circuit (*avant n*); *fig* within a limited circle; **~ imprimé/intégré** printed/integrated circuit. **-4.** ÉCON network.

circulaire [sirkylɛr] *nf* & *adj* circular.

circulation [sirkylasjɔ̃] *nf* **-1.** [mouvement] circulation; **mettre en ~** to circulate; **retirer de la ~** to withdraw from circulation; **~ (du sang)** circulation. **-2.** [trafic] traffic; **route à grande ~** main road, trunk road *Br*; **«~ alternée»** "traffic control ahead"; **disparaître de la .~** *fig* to disappear from the scene.

circulatoire [sirkylatwar] *adj* circulatory.

circuler [sirkyle] [3] *vi* **-1.** [sang, air, argent] to circulate; **faire ~ qqch** to circulate sthg. **-2.** [aller et venir] to move (along); **circulez!** move along!; **on circule mal en ville** the traffic is bad in town. **-3.** [train, bus] to run. **-4.** *fig* [rumeur, nouvelle] to spread.

cire [sir] *nf* **-1.** [matière] wax; **~ d'abeilles** beeswax; **~ à cacheter** sealing wax. **-2.** [encaustique] polish.

ciré, -e [sire] *adj* **-1.** [parquet] polished. **-2.** → **toile.**
◆ **ciré** *nm* oilskin.

cirer [sire] [3] *vt* to polish.

cireux, -euse [sirø, øz] *adj* **-1.** [pâle] waxen. **-2.** [matière] waxy.
◆ **cireuse** *nf* floor polisher.

cirque [sirk] *nm* **-1.** [gén] circus. **-2.** GÉOL cirque. **-3.** *fam fig* [désordre, chahut] chaos (*U*).

cirrhose [siroz] *nf* cirrhosis (*U*).

cisaille [sizaj] *nf* shears (*pl*).

cisaillement [sizajmɑ̃] *nm* [de métal] cutting; [de branches] pruning.

cisailler [sizaje] [3] *vt* [métal] to cut; [branches] to prune.

ciseau, -x [sizo] *nm* chisel.
◆ **ciseaux** *nmpl* scissors.

ciseler [sizle] [25] *vt* **-1.** [pierre, métal] to chisel. **-2.** [bijou] to engrave. **-3.** *fig* [parfaire] to polish (up).

ciselure [sizlyr] *nf* [bois] carving; [objet précieux] engraving.

Cisjordanie [sizʒɔrdani] *nf*: **la ~** the West Bank.

cisjordanien, -ienne [sizʒɔrdanjɛ̃, jɛn] *adj* of/from the West Bank.
◆ **Cisjordanien, -ienne** *nm, f* native OU inhabitant of the West Bank.

cistercien, -ienne [sistersjɛ̃, jɛn] *adj* Cistercian.
◆ **cistercien** *nm* Cistercian.

citadelle [sitadɛl] *nf litt & fig* citadel.

citadin, -e [sitadɛ̃, in] ◇ *adj* city (*avant n*), urban. ◇ *nm, f* city dweller.

citation [sitasjɔ̃] *nf* **-1.** JUR summons. **-2.** [extrait] quote, quotation.

cité [site] *nf* **-1.** [ville] city. **-2.** [lotissement] housing project *Am* OU estate *Br*; **~ ouvrière** (workers') housing project *Am* OU estate *Br*; **~ universitaire** halls (*pl*) of residence.

cité-dortoir [sitedɔrtwar] (*pl* **cités-dortoirs**) *nf* dormitory town.

citer [site] [3] *vt* **-1.** [exemple, propos, auteur] to quote. **-2.** JUR [convoquer] to summon. **-3.** MIL: **être cité à l'ordre du jour** to be mentioned in dispatches.

citerne [sitɛrn] *nf* **-1.** [d'eau] water tank. **-2.** [cuve] tank; **~ à mazout** oil tank.

cité U [sitey] *nf fam abr de* **cité universitaire.**

citoyen, -enne [sitwajɛ̃, ɛn] *nm, f* citizen.

citoyenneté [sitwajɛnte] *nf* citizenship.

citron [sitrɔ̃] ◇ *nm* lemon; **~ pressé** fresh lemon juice; **~ vert** lime. ◇ *adj inv* lemon yellow.

citronnade [sitrɔnad] *nf* (still) lemonade.

citronnelle [sitrɔnɛl] *nf* [plante] lemon balm.

citronnier [sitrɔnje] *nm* lemon tree.

citrouille [sitruj] *nf* pumpkin.

civet [sivɛ] *nm* stew; **~ de lièvre** jugged hare.

civière [sivjɛr] *nf* stretcher.

civil, -e [sivil] ◇ *adj* **-1.** [gén] civil. **-2.** [non militaire] civilian. ◇ *nm, f* civilian; **dans le ~** in civilian life; **policier en ~** plain-clothes policeman (*f* policewoman); **soldat en ~** soldier in civilian clothes.

civilement [sivilmɑ̃] *adv*: **se marier ~** to get married at a registry office.

civilisation [sivilizasjɔ̃] *nf* civilization.

civilisé, -e [sivilize] *adj* civilized.

civiliser [sivilize] [3] *vt* to civilize.
◆ **se civiliser** *vp* to become civilized.

civilité [sivilite] *nf* civility.
◆ **civilités** *nfpl sout* compliments.

civique [sivik] *adj* civic; **instruction ~** civics (*U*).

civisme [sivism] *nm* sense of civic responsibility.

cl (*abr de* **centilitre**) cl.

clac [klak] *interj* [porte] slam!; [taquets] click!

clafoutis [klafuti] *nm* [gâteau] *cake made from a batter poured over fruit.*

claie [klɛ] *nf* **-1.** [treillis] rack. **-2.** [clôture] hurdle.

clair, -e [klɛr] *adj* **-1.** [gén] clear; **c'est ~ et net** there's no two ways about it; **il est ~ que c'est impossible** it's clear that it's impossible, clearly it's impossible. **-2.** [lumineux] bright. **-3.** [pâle - couleur, teint] light;

[- tissu, cheveux] light-colored *Am*, light-coloured *Br*.
◆ **clair** ◇ *adv*: **voir** ~ **(dans qqch)** *fig* to have a clear understanding (of sthg). ◇ *nm*: **passer le plus** ~ **de son temps à faire qqch** to spend most OU the bulk of one's time doing sthg; **mettre** OU **tirer qqch au** ~ to shed light upon sthg.
◆ **clair de lune** (*pl* **clairs de lune**) *nm* moonlight (*U*).
◆ **en clair** *loc adv* TÉLÉ unscrambled.

clairement [klɛrmã] *adv* clearly.

claire-voie [klɛrvwa]
◆ **à claire-voie** *loc adv* openwork (*avant n*).

clairière [klɛrjɛr] *nf* clearing.

clairon [klɛrɔ̃] *nm* bugle.

claironner [klɛrɔne] [3] ◇ *vt fig* [crier]: ~ **qqch** to shout sthg from the rooftops.

clairsemé, -e [klɛrsəme] *adj* [cheveux] thin; [arbres] scattered; [population] sparse.

clairvoyant, -e [klɛrvwajã, ãt] *adj* perceptive.

clamer [klame] [3] *vt* to proclaim.

clameur [klamœr] *nf* clamor *Am*, clamour *Br*.

clamser [klamse] [3] *vi tfam* to kick the bucket, to snuff it *Br*.

clan [klã] *nm* clan.

clandestin, -e [klãdɛstɛ̃, in] ◇ *adj* [journal, commerce] clandestine; [activité] covert. ◇ *nm, f* [étranger] illegal immigrant OU alien; [voyageur] stowaway.

clandestinité [klãdestinite] *nf* clandestine nature; **dans la** ~ [travailler] clandestinely; [vivre] underground.

clapet [klapɛ] *nm* **-1.** TECHNOL valve. **-2.** *fam fig* [bouche] trap.

clapier [klapje] *nm* [à lapins] hutch.

clapotement [klapɔtmã], **clapotis** [klapɔti] *nm* [de vagues] lapping (*U*).

clapoter [klapɔte] [3] *vi* [vagues] to lap.

clapotis = **clapotement**.

claquage [klakaʒ] *nm* MÉD strain; **se faire un** ~ to pull OU to strain a muscle.

claque [klak] *nf* **-1.** [gifle] slap; **donner une** ~ **à qqn** to slap sb. **-2.** THÉÂTRE claque. **-3.** *Can* [pour chaussures] galosh, rubber *Am*. **-4.** *loc*: **en avoir sa** ~ **(de)** *fam* to be fed up to the back teeth (with).

claqué, -e [klake] *adj fam* [éreinté] bushed, whacked *Br*.

claquement [klakmã] *nm* **-1.** [de porte - qui se ferme] slam, slamming (*U*); [- mal fermée] banging (*U*). **-2.** [de doigts] snap, snapping (*U*).

claquemurer [klakmyre] [3]

◆ **se claquemurer** *vp* to shut o.s. up OU away.

claquer [klake] [3] ◇ *vt* **-1.** [fermer] to slam. **-2. faire** ~ [langue] to click; [doigts] to snap; [fouet] to crack. **-3.** *fam* [gifler] to slap. **-4.** *fam* [dépenser] to blow. **-5.** *fam* [fatiguer] to wear out. ◇ *vi* **-1.** [porte, volet] to bang. **-2.** *fam* [personne] to kick the bucket, to snuff it *Br*. **-3.** *fam* [machine] to conk out. **-4.** [ampoule] to burn out, to go.

◆ **se claquer** *vp* [se déchirer]: **se** ~ **un muscle** to pull OU tear a muscle.

claquettes [klakɛt] *nfpl* [danse] tap dancing (*U*).

clarification [klarifikasjɔ̃] *nf litt* & *fig* clarification.

clarifier [klarifje] [9] *vt litt* & *fig* to clarify.

◆ **se clarifier** *vp fig* to become clear.

clarinette [klarinɛt] *nf* [instrument] clarinet.

clarté [klarte] *nf* **-1.** [lumière] brightness. **-2.** [transparence] clearness. **-3.** [netteté] clarity.

classe [klas] *nf* **-1.** [gén] class; **de grande** ~ first-class, high-class; ~ **ouvrière** working class; ~ **touriste** economy class. **-2.** SCOL: **aller en** ~ to go to school; ~ **de neige** skiing trip (*with school*); ~ **de rattrapage** remedial class; ~ **verte** field trip (*with school*). **-3.** [catégorie] category, type. **-4.** MIL rank. **-5.** *loc*: **la** OU **quelle** ~! *fam* first class!, fantastic!; **faire ses** ~**s** MIL to do one's training.

classé, -e [klase] *adj* [monument] listed.

classement [klasmã] *nm* **-1.** [rangement] filing. **-2.** [classification] classification. **-3.** [rang - SCOL] position; [- SPORT] placing. **-4.** [liste - SCOL] class list; [- SPORT] final placings (*pl*); ~ **général** overall placings (*pl*).

classer [klase] [3] *vt* **-1.** [ranger] to file. **-2.** [plantes, animaux] to classify. **-3.** [cataloguer]: ~ **qqn (parmi)** to label sb (as). **-4.** [attribuer un rang à] to rank.

◆ **se classer** *vp* to be classed, to rank; **se** ~ **troisième** to come third.

classeur [klasœr] *nm* **-1.** [meuble] filing cabinet. **-2.** [portefeuille] file, folder. **-3.** [d'écolier] ring binder.

classification [klasifikasjɔ̃] *nf* classification; ~ **périodique des éléments** CHIM periodic table.

classique [klasik] ◇ *nm* **-1.** [auteur] classical author; **les grands** ~**s** the great classical authors. **-2.** [œuvre] classic. **-3.** ART & MUS: **le** ~ [musique] classical (music); [architecture] classical architecture; [beaux-arts] classical art. ◇ *adj* **-1.** ART & MUS classical. **-2.** [sobre] classic. **-3.** [habituel] classic; **ça c'est l'histoire** ~! it's the usual story!

clause [kloz] *nf* clause.

claustrer [klostre] [3]
◆ **se claustrer** *vp sout* to shut o.s. away OU up.

claustrophobie [klostrɔfɔbi] *nf* claustrophobia.

clavecin [klavsɛ̃] *nm* harpsichord.

clavicule [klavikyl] *nf* collarbone.

clavier [klavje] *nm* keyboard.

clé, **clef** [kle] ◇ *nf* -1. [gén] key; **la ~ du mystère** the key to the mystery; **fermer qqch à ~** to lock sthg; **~s en main** [usine] turnkey; [logement] ready for immediate entry; **mettre qqn/qqch sous ~** to lock sb/sthg up; **~ de contact** AUTOM ignition key; **mettre la ~ sous la porte** to clear out. -2. [outil]: **~ anglaise** OU **à molette** adjustable wrench *Am* OU spanner *Br*, monkey wrench. -3. MUS [signe] clef; **~ de sol/fa** treble/bass clef; **à la ~** *fig* at the end (of it all).
◇ *adj*: **industrie/rôle ~** key industry/role.
◆ **clé de voûte** *nf litt* & *fig* keystone.

clean [klin] *adj fam* [chose, lieu] neat; [personne] clean-living.

clef → **clé**.

clématite [klematit] *nf* clematis.

clémence [klemɑ̃s] *nf* -1. *sout* [indulgence] clemency. -2. *fig* [douceur] mildness.

clément, -e [klemɑ̃, ɑ̃t] *adj* -1. [indulgent] lenient. -2. *fig* [température] mild.

clémentine [klemɑ̃tin] *nf* clementine.

cleptomane → **kleptomane**.

clerc [klɛr] *nm* [assistant] clerk; **~ de notaire** lawyer's clerk.

clergé [klɛrʒe] *nm* clergy.

clérical, -e, -aux [klerikal, o] ◇ *adj* clerical. ◇ *nm, f* clericalist.

CLES, **Cles** [kles] (*abr de* **contrat local emploi-solidarité**) *nm community work scheme for young unemployed people.*

cliché [kliʃe] *nm* -1. PHOT negative. -2. [banalité] cliché.

client, -e [kliɑ̃, ɑ̃t] *nm, f* -1. [de notaire, d'agence] client; [de médecin] patient. -2. [acheteur] customer. -3. [habitué] regular (customer).

clientèle [kliɑ̃tɛl] *nf* -1. [ensemble des clients] customers (*pl*); [de profession libérale] clientele. -2. [fait d'être client]: **accorder sa ~ à** to give one's custom to.

cligner [kliɲe] [3] ◇ *vt*: **~ les yeux** to blink. ◇ *vi*: **~ de l'œil** to wink; **~ des yeux** to blink.

clignotant, -e [kliɲɔtɑ̃, ɑ̃t] *adj* [lumière] flickering.

◆ **clignotant** *nm* -1. AUTOM indicator; **mettre son ~** to indicate. -2. ÉCON & *fig* warning sign.

clignoter [kliɲɔte] [3] *vi* -1. [yeux] to blink. -2. [lumière] to flicker.

climat [klima] *nm litt* & *fig* climate.

climatique [klimatik] *adj* climatic.

climatisation [klimatizasjɔ̃] *nf* air-conditioning.

climatisé, -e [klimatize] *adj* air-conditioned.

clin [klɛ̃]
◆ **clin d'œil** *nm*: **faire un ~ d'œil (à)** to wink (at); **en un ~ d'œil** in a flash.

clinique [klinik] ◇ *nf* clinic. ◇ *adj* clinical.

clinquant, -e [klɛ̃kɑ̃, ɑ̃t] *adj litt* & *fig* flashy.
◆ **clinquant** *nm* -1. [faux bijou] imitation jewelry (U) *Am* OU jewellery (U) *Br*. -2. *fig* [éclat] gloss.

clip [klip] *nm* -1. [vidéo] pop video. -2. [boucle d'oreilles] clip-on earring.

clique [klik] *nf péj* clique.
◆ **cliques** *nfpl*: **prendre ses ~s et ses cliques** *fam* to pack one's bags (and go).

cliquer [klike] [3] *vi* INFORM to click.

cliqueter [klikte] [27] *vi* -1. [pièces, clés, chaînes] to jingle, to jangle. -2. [verres] to clink.

cliquetis [klikti] *nm* -1. [de pièces, clés, chaînes] jingling (U), jangling (U). -2. [de verres] clinking (U).

clitoris [klitɔris] *nm* clitoris.

clivage [klivaʒ] *nm* -1. GÉOL cleavage. -2. *fig* [division] division.

cloaque [klɔak] *nm* [lieu] cesspit.

clochard, -e [klɔʃar, ard] *nm, f* tramp.

cloche [klɔʃ] ◇ *nf* -1. [d'église] bell. -2. [couvercle]: **~ à fromage** glass cover for cheese. -3. *fam* [idiot] idiot, clot *Br*. ◇ *adj fam*: **ce qu'elle peut être ~, celle-là!** she can be a right idiot!

cloche-pied [klɔʃpje]
◆ **à cloche-pied** *loc adv* hopping; **sauter à ~** to hop.

clocher[1] [klɔʃe] *nm* [d'église] church tower.

clocher[2] [klɔʃe] [3] *vi*: **il y a quelque chose qui cloche** there's something wrong here.

clochette [klɔʃɛt] *nf* -1. [petite cloche] (little) bell. -2. [de fleur] bell.

clodo [klɔdo] *nmf fam* tramp.

cloison [klwazɔ̃] *nf* [mur] partition.

cloisonner [klwazɔne] [3] *vt* [pièce, maison] to partition (off); *fig* to compartmentalize.

cloître [klwatr] *nm* cloister.

cloîtrer [klwatre] [3] *vt* -1. RELIG to cloister. -2. [enfermer] to shut away (from the outside world).

◆ **se cloîtrer** *vp* **-1.** [s'enfermer] to shut o.s. away; **se ~ dans** *fig* to retreat into. **-2.** [RELIG - sœur] to enter a convent; [- moine] to enter a monastery.

clone [klɔn] *nm* INFORM clone.

clope [klɔp] *nm ou nf fam* cigarette, fag *Br*.

clopin-clopant [klɔpɛ̃klɔpɑ̃] *adv*: **aller ~** [person] to hobble along; *fig* to struggle along.

clopiner [klɔpine] [3] *vi* to hobble along.

cloporte [klɔpɔrt] *nm* woodlouse.

cloque [klɔk] *nf* blister.

cloquer [klɔke] [3] *vi* to blister.

clore [klɔr] [113] *vt* to close; [négociations] to conclude; **~ une session** INFORM to log out.

clos, -e [klo, kloz] ⬦ *pp* → **clore**. ⬦ *adj* closed.

◆ **clos** *nm* **-1.** [terrain] enclosed field. **-2.** [vignoble] vineyard.

clôture [klotyr] *nf* **-1.** [haie] hedge; [de fil de fer] fence; **~ électrifiée** OU **électrique** electric fence. **-2.** [fermeture] closing, closure. **-3.** [fin] end, conclusion.

clôturer [klotyre] [3] *vt* **-1.** [terrain] to enclose. **-2.** [négociation] to close, to conclude.

clou [klu] *nm* **-1.** [pointe] nail; **~ de girofle** CULIN clove; **des ~s!** *fam* no chance!; **maigre comme un ~** as thin as a rake; **mettre au ~** [en gage] to pawn; [en prison] to put in the clink. **-2.** [attraction] highlight.

◆ **clous** *nmpl* pedestrian crossing (*sg*).

clouer [klue] [3] *vt* [fixer - couvercle, planche] to nail (down); [- tableau, caisse] to nail (up); *fig* [immobiliser]: **rester cloué sur place** to be rooted to the spot; **être cloué au lit (par)** *fam* to be laid up in bed (with).

clouté, -e [klute] *adj* [vêtement] studded.

clown [klun] *nm* clown; **faire le ~** to clown around, to act the fool.

CLT (*abr de* **Compagnie luxembourgeoise de télévision**) *nf* Luxembourg TV company.

club [klœb] *nm* club.

cm (*abr de* **centimètre**) cm.

CM ⬦ *nf* (*abr de* **Chambre des métiers**) chamber of commerce for trades. ⬦ *nm* (*abr de* **cours moyen**): **~1** fourth year of primary school; **~2** fifth year of primary school.

CNAC [knak] (*abr de* **Centre national d'art et de culture**) *nm official name of the Pompidou Centre*.

CNAM [knam] (*abr de* **Conservatoire national des arts et métiers**) *nm science and technology school in Paris*.

CNC *nm* **-1.** (*abr de* **Conseil national de la consommation**) *official consumer protection organization*. **-2.** (*abr de* **Centre national de la**

cinématographie) *national cinematographic organization*.

CNDP (*abr de* **Centre national de documentation pédagogique**) *nm national organization for educational resources*.

CNE (*abr de* **Caisse nationale d'épargne**) *nf national savings bank*.

CNEC [knɛk] (*abr de* **Centre national de l'enseignement par correspondance**) *nm national education body organizing correspondence courses,* ≃ Open University *Br*.

CNES, Cnes [knɛs] (*abr de* **Centre national d'études spatiales**) *nm French national space research centre*.

CNIL [knil] *nf abr de* **Commission nationale de l'informatique et des libertés**.

CNIT, Cnit [knit] (*abr de* **Centre national des industries et des techniques**) *nm exhibition centre at la Défense near Paris*.

CNJA (*abr de* **Centre national des jeunes agriculteurs**) *nm young farmers' union*.

CNPF (*abr de* **Conseil national du patronat français**) *nm national council of French employers,* ≃ CBI *Br*.

CNRS (*abr de* **Centre national de la recherche scientifique**) *nm national scientific research organization*.

CNTS (*abr de* **Centre national de transfusion sanguine**) *nm national blood transfusion centre*.

CNUCED, Cnuced [knysɛd] (*abr de* **Conférence des Nations unies pour le commerce et l'industrie**) *nf* UNCTAD.

coaguler [kɔagyle] [3] ⬦ *vt* **-1.** [sang] to clot. **-2.** [lait] to curdle. ⬦ *vi* **-1.** [sang] to clot. **-2.** [lait] to curdle.

◆ **se coaguler** *vp* **-1.** [sang] to clot. **-2.** [lait] to curdle.

coaliser [kɔalize] [3]

◆ **se coaliser** *vp* **-1.** [s'allier] to form a coalition OU an alliance. **-2.** [s'unir] to unite.

coalition [kɔalisjɔ̃] *nf* coalition.

coasser [kɔase] [3] *vi* [grenouille] to croak.

COB, Cob [kɔb] (*abr de* **Commission des opérations de Bourse**) *nf commission for supervision of stock exchange operations,* ≃ SEC *Am,* ≃ SIB *Br*.

cobalt [kɔbalt] *nm* cobalt.

cobaye [kɔbaj] *nm litt & fig* guinea pig.

cobra [kɔbra] *nm* cobra.

coca [kɔka] ⬦ *nm* BOT coca. ⬦ *nf* coca extract.

Coca® [kɔka] *nm* [boisson] Coke®.

cocagne [kɔkaɲ] → **mât, pays**.

cocaïne [kɔkain] *nf* cocaine.

cocarde [kɔkard] *nf* **-1.** [insigne] roundel. **-2.** [distinction] rosette.

cocardier, -ière [kɔkardje, jɛr] ◇ *adj* [chauvin] jingoistic. ◇ *nm, f* jingoist.

cocasse [kɔkas] *adj* funny.

coccinelle [kɔksinɛl] *nf* **-1.** [insecte] ladybug *Am*, ladybird *Br*. **-2.** [voiture] Beetle.

coccyx [kɔksis] *nm* coccyx.

coche [kɔʃ] *nm*: **manquer le ~** *fam fig* to miss the boat.

cocher¹ [kɔʃe] *nm* coachman.

cocher² [kɔʃe] [3] *vt* to check (off) *Am*, to tick (off) *Br*.

cochère [kɔʃɛr] → **porte**.

cocheur [kɔʃœr] *nm Can* GOLF: **~ d'allée** pitching wedge; **~ de sable** sand wedge.

cochon, -onne [kɔʃɔ̃, ɔn] ◇ *adj* dirty, smutty. ◇ *nm, f fam péj* pig; **un tour de ~** a dirty trick.

◆ **cochon** *nm* pig; **~ d'Inde** guinea pig; **~ de lait** piglet.

cochonnaille [kɔʃɔnaj] *nf fam* [charcuterie] pork.

cochonner [kɔʃɔne] [3] *vt fam* to mess up.

cochonnerie [kɔʃɔnri] *nf fam* **-1.** [nourriture] muck (*U*). **-2.** [chose] rubbish (*U*). **-3.** [saleté] mess (*U*). **-4.** [obscénité] dirty joke, smut (*U*).

cochonnet [kɔʃɔnɛ] *nm* **-1.** [petit cochon] piglet. **-2.** JEU jack.

cocker [kɔkɛr] *nm* cocker spaniel.

cockpit [kɔkpit] *nm* cockpit.

cocktail [kɔktɛl] *nm* **-1.** [réception] cocktail party. **-2.** [boisson] cocktail. **-3.** *fig* [mélange] mixture; **~ Molotov** Molotov cocktail.

coco [kɔko] *nm* **-1.** → **noix**. **-2.** *fam péj* [individu] guy. **-3.** *péj* [communiste] commie.

cocon [kɔkɔ̃] *nm* ZOOL & *fig* cocoon.

cocooning [kɔkuniŋ] *nm*: **faire du ~** to cocoon o.s.

cocorico [kɔkɔriko] *nm* [du coq] cock-a-doodle-doo.

cocotier [kɔkɔtje] *nm* coconut tree.

cocotte [kɔkɔt] *nf* **-1.** [marmite] casserole (dish). **-2.** [poule] hen; **~ en papier** paper shape. **-3.** *péj* [courtisane] tart.

Cocotte-minute® [kɔkɔtminyt] *nf* pressure cooker.

cocu, -e [kɔky] *nm, f & adj fam* cuckold.

code [kɔd] *nm* **-1.** [gén] code; **~ barres** bar code; **~ de caractères** INFORM character code; **~ civil** OU **Napoléon** civil code; **~ pénal** penal code; **~ postal** zip code *Am*, postcode *Br*; **~ de la route** highway code; **~ secret** [pour carte de crédit] PIN number.

-2. [phares] dipped headlights (*pl*); **se mettre en ~s** to dip one's headlights.

codéine [kɔdein] *nf* codeine.

coder [kɔde] [3] *vt* to code.

codétenu, -e [kɔdetny] *nm, f* (fellow) prisoner.

codifier [kɔdifje] [9] *vt* to codify.

coefficient [kɔefisjɑ̃] *nm* coefficient; **~ d'erreur** margin of error.

COEFFICIENT:
In baccalauréat examinations, the grade for each subject is multiplied by a 'coefficient' which is determined by the type of baccalauréat chosen. For a 'bac S', which has a scientific bias, the 'coefficient' for maths will be higher than the philosophy 'coefficient', for example

---

coéquipier, -ière [kɔekipje, jɛr] *nm, f* teammate.

cœur [kœr] *nm* heart; **au ~ de l'hiver** in the depths of winter; **au ~ de l'été** at the height of summer; **au ~ du conflit** at the height of the conflict; **de bon ~** willingly; **de tout son ~** with all one's heart; **à ~ ouvert** MÉD open-heart; **parler à ~ ouvert à qqn** to have a heart-to-heart with sb; **apprendre par ~** to learn by heart; **avoir qqch à ~** to have one's heart set on sthg; **avoir bon ~** to be kind-hearted; **avoir le ~ sur la main** to be big-hearted; **avoir mal au ~** to feel sick; **avoir un ~ d'artichaut** to fall in love very easily; **en avoir le ~ net** to be clear in one's (own) mind; **avoir le ~ serré** OU **gros** to have a heavy heart; **briser** OU **fendre le ~ de qqn** to break sb's heart; **s'en donner à ~ joie** [prendre beaucoup de plaisir] to have a whale of a time; **manquer de ~, ne pas avoir de ~** to be heartless; **ne pas avoir le ~ de faire qqch** not to have the heart to do sthg; **serrer qqn contre son ~** to clasp sb to one's breast; **soulever le ~ à qqn** to make sb feel sick; **tenir à ~** to be close to one's heart.

◆ **cœur de pierre** *nm* heart of stone.

coexistence [kɔɛgzistɑ̃s] *nf* coexistence.

coexister [kɔɛgziste] [3] *vi* to coexist.

COFACE [kɔfas] (*abr de* **Compagnie française d'assurance pour le commerce extérieur**) *nf export insurance company*, ≃ ECGD.

coffrage [kɔfraʒ] *nm* [pour le béton] formwork (*U*); [charpente] coffering.

coffre [kɔfr] *nm* **-1.** [meuble] chest. **-2.** [de voiture] trunk *Am*, boot *Br*. **-3.** [coffre-fort] safe. **-4.** *loc*: **avoir du ~** *fam fig* to have a lot of puff.

coffre-fort [kɔfrəfɔr] (*pl* **coffres-forts**) *nm* safe.

coffrer [kɔfre] [3] *vt* **-1.** *fam* [emprisonner] to bang up. **-2.** TECHNOL to put up shuttering for.

coffret [kɔfrɛ] *nm* **-1.** [petit coffre] casket; ~ à bijoux jewelry *Am* OU jewellery *Br* box. **-2.** [de disques] boxed set.

cogestion [kɔʒɛstjɔ̃] *nf* joint management.

cogitation [kɔʒitasjɔ̃] *nf hum* cogitation.

cogiter [kɔʒite] [3] *vi hum* to cogitate.

cognac [kɔɲak] *nm* cognac, brandy.

cogner [kɔɲe] [3] ◇ *vt fam* to beat up. ◇ *vi* **-1.** [heurter] to bang. **-2.** *fam* [donner des coups] to hit. **-3.** [soleil] to beat down.

◆ **se cogner** *vp* [se heurter] to bump o.s.; se ~ à OU contre qqch to bump into sthg; se ~ la tête/le genou to hit one's head/knee.

cohabitation [kɔabitasjɔ̃] *nf* **-1.** [de personnes] living together, cohabitation. **-2.** POLIT cohabitation.

cohabiter [kɔabite] [3] *vi* **-1.** [habiter ensemble] to live together. **-2.** POLIT to cohabit.

cohérence [kɔerɑ̃s] *nf* consistency, coherence.

cohérent, -e [kɔerɑ̃, ɑ̃t] *adj* **-1.** [logique] consistent, coherent. **-2.** [unifié] coherent.

cohéritier, -ière [kɔeritje, jɛr] *nm, f* joint heir (*f* heiress).

cohésion [kɔezjɔ̃] *nf* cohesion.

cohorte [kɔɔrt] *nf* [groupe] troop.

cohue [kɔy] *nf* **-1.** [foule] crowd. **-2.** [bousculade] crush.

coi, coite [kwa, kwat] *adj*: **rester** ~ *sout* to remain silent.

coiffe [kwaf] *nf* headdress.

coiffé, -e [kwafe] *adj*: **être bien/mal** ~ to have tidy/untidy hair; **être** ~ **d'une casquette** to be wearing a cap.

coiffer [kwafe] [3] *vt* **-1.** [mettre sur la tête]: ~ qqn de qqch to put sthg on sb's head. **-2.** [les cheveux]: ~ qqn to do sb's hair. **-3.** [recouvrir] to top, to cover. **-4.** [diriger] to head.

◆ **se coiffer** *vp* **-1.** [les cheveux] to do one's hair. **-2.** [mettre sur sa tête]: se ~ de to wear, to put on.

coiffeur, -euse [kwafœr, øz] *nm, f* hairdresser.

◆ **coiffeuse** *nf* [meuble] dressing table.

coiffure [kwafyr] *nf* **-1.** [chapeau] hat. **-2.** [cheveux] hairstyle. **-3.** [profession] hairdressing.

coin [kwɛ̃] *nm* **-1.** [angle] corner; **au** ~ **du feu** by the fireside; **envoyer qqn au** ~ to make sb stand in the corner; **à tous les** ~s **de rue** on every street corner; **regarder qqn du** ~ **de l'œil** [à la dérobée] to look at sb out of the corner of one's eye. **-2.** [parcelle, endroit] place, spot; **du** ~ local; **dans le** ~ in the area; **un** ~ **de ciel bleu** a patch of blue sky; *fig* **dans un** ~ **de ma mémoire** in a corner of my memory; ~ **cuisine** kitchen area; **le petit** ~ *fam* the little boys'/girls' room. **-3.** [outil] wedge. **-4.** [matrice] die.

coincé, -e [kwɛ̃se] *adj fam* [personne] hung up.

coincer [kwɛ̃se] [16] *vt* **-1.** [bloquer] to jam. **-2.** *fam* [prendre] to nab; *fig* to catch out. **-3.** [acculer] to corner, to trap.

◆ **se coincer** *vp* to get stuck.

coïncidence [kɔɛ̃sidɑ̃s] *nf* coincidence.

coïncider [kɔɛ̃side] [3] *vi* to coincide.

coing [kwɛ̃] *nm* [fruit] quince.

coït [kɔit] *nm* coitus.

coke [kɔk] ◇ *nf* [cocaïne] coke. ◇ *nm* [combustible] coke.

col [kɔl] *nm* **-1.** [de vêtement] collar; **faux** ~ detachable collar; ~ **roulé** turtleneck *Am*, polo neck *Br*. **-2.** [partie étroite] neck. **-3.** ANAT: ~ **du fémur** neck of the thighbone OU femur; ~ **de l'utérus** cervix, neck of the womb. **-4.** GÉOGR pass.

col. *abr de* **colonne**.

colchique [kɔlʃik] *nm* [plante] autumn crocus.

coléoptère [kɔleɔptɛr] *nm* beetle.

colère [kɔlɛr] *nf* **-1.** [irritation] anger; **être/se mettre en** ~ to be/get angry; **ravaler sa** ~ to keep one's temper. **-2.** [accès d'humeur] fit of anger OU rage; **piquer une** ~ to fly into a rage.

coléreux, -euse [kɔlerø, øz], **colérique** [kɔlerik] *adj* [tempérament] fiery; [personne] quick-tempered.

colifichet [kɔlifiʃɛ] *nm* [bijou] trinket.

colimaçon [kɔlimasɔ̃]

◆ **en colimaçon** *loc adv* spiral.

colin [kɔlɛ̃] *nm* [merlu] hake.

colin-maillard [kɔlɛ̃majar] (*pl* **colin-maillards**) *nm* blind man's buff.

colique [kɔlik] *nf* **-1.** (*gén pl*) [douleur] colic (*U*). **-2.** [diarrhée] diarrhoea.

colis [kɔli] *nm* parcel.

colistier, -ière [kɔlistje, jɛr] *nm, f* fellow candidate.

coll. -1. *abr de* **collection**. **-2.** (*abr de* **collaborateurs**): **et** ~ et al.

collabo [kɔlabo] *nmf* HIST & *péj* collaborator.

collaborateur, -trice [kɔlabɔratœr, tris] *nm, f* **-1.** [employé] colleague. **-2.** [de journal] contributor. **-3.** HIST collaborator.

collaboration [kɔlabɔrasjɔ̃] *nf* collaboration.

collaborer [kɔlabɔre] [3] *vi* **-1.** [coopérer, sous l'Occupation] to collaborate. **-2.** [participer]: ~ à to contribute to.

collage [kɔlaʒ] *nm* **-1.** [action] sticking, gluing. **-2.** ART collage.

collant, -e [kɔlɑ̃, ɑ̃t] *adj* **-1.** [substance] sticky. **-2.** [vêtement] close-fitting, tight-fitting. **-3.** *fam* [personne] clinging, clingy.
◆ **collant** *nm* panty hose (*pl*) *Am*, tights (*pl*) *Br*.

collatéral, -e, -aux [kɔlateral, o] ◇ *adj* **-1.** ANAT collateral. **-2.** ARCHIT side (*avant n*). **-3.** JUR collateral. ◇ *nm, f* collateral.

collation [kɔlasjɔ̃] *nf* [repas] snack.

colle [kɔl] *nf* **-1.** [substance] glue. **-2.** [question] poser; **poser une ~ à qqn** to set sb a (real) poser. **-3.** [SCOL - interrogation] test; [- retenue] detention; **avoir une heure de ~** to get an hour's detention.

collecte [kɔlɛkt] *nf* collection.

collecteur, -trice [kɔlɛktœr, tris] ◇ *adj*: **égout ~** main sewer. ◇ *nm, f*: **~ de fonds** fundraiser; **~ d'impôts** tax collector.

collectif, -ive [kɔlɛktif, iv] *adj* **-1.** [responsabilité, travail] collective. **-2.** [billet, voyage] group (*avant n*).
◆ **collectif** *nm* **-1.** [équipe] team. **-2.** LING collective noun. **-3.** FIN: **~ budgétaire** collection of budgetary measures.

collection [kɔlɛksjɔ̃] *nf* **-1.** [d'objets, de livres, de vêtements] collection; **faire la ~ de** to collect. **-2.** COMM line.

collectionner [kɔlɛksjɔne] [3] *vt litt* & *fig* to collect.

collectionneur, -euse [kɔlɛksjɔnœr, øz] *nm, f* collector.

collectivité [kɔlɛktivite] *nf* community; **les ~s locales** ADMIN the local communities.

collège [kɔlɛʒ] *nm* **-1.** SCOL ≃ secondary school; **le Collège de France** the Collège de France. **-2.** [de personnes] college; **~ électoral** electoral college.

COLLÈGE DE FRANCE:
This place of learning near the Sorbonne holds public lectures given by prominent academics and specialists. It is not a university and does not confer degrees, although it is controlled by the Ministry of Education

---

collégial, -e, -iaux [kɔleʒjal, jo] *adj* collegial, collegiate.
◆ **collégiale** *nf* collegiate church.

collégien, -ienne [kɔleʒjɛ̃, jɛn] *nm, f* schoolboy (*f* schoolgirl).

collègue [kɔlɛg] *nmf* colleague.

coller [kɔle] [3] ◇ *vt* **-1.** [fixer - affiche] to stick (up); [- timbre] to stick; [- tasse, vase] to glue. **-2.** [appuyer] to press. **-3.** *fam* [mettre] to stick, to dump. **-4.** SCOL to give (a) detention to, to keep behind. **-5.** [embarrasser] to catch out. **-6.** *fam* [suivre] to cling to. **-7.** *fam* [donner]: **~ qqch à qqn** to give sthg to sb, to give sb sthg.
◇ *vi* **-1.** [adhérer] to stick. **-2.** [être adapté]: **~ à qqch** [vêtement] to cling to sthg; *fig* to fit in with sthg, to adhere to sthg. **-3.** *fam* [bien se passer] to be OU go OK. **-4.** [suivre]: **~ à** to stick close to.
◆ **se coller** *vp* **-1.** *fam* [subir] to get landed with. **-2.** [se plaquer]: **se ~ contre qqn/qqch** to press o.s. against sb/sthg.

collerette [kɔlrɛt] *nf* **-1.** [de vêtement] ruff. **-2.** [de tuyau] flange.

collet [kɔlɛ] *nm* **-1.** [de vêtement] collar; **mettre la main au ~ de qqn** to grab sb by the collar OU the scruff of the neck; **être ~ monté** [affecté, guindé] to be strait-laced. **-2.** [piège] snare.

collier [kɔlje] *nm* **-1.** [bijou] necklace; **~ de perles** pearl necklace. **-2.** [d'animal] collar. **-3.** [barbe] fringe of beard along the jawline.

collimateur [kɔlimatœr] *nm*: **avoir qqn dans le ~** *fam* to have sb in one's sights.

colline [kɔlin] *nf* hill.

collision [kɔlizjɔ̃] *nf* [choc] collision, crash; **entrer en ~ avec** to collide with.

colloque [kɔlɔk] *nm* colloquium.

collusion [kɔlyzjɔ̃] *nf* collusion.

collyre [kɔlir] *nm* eye lotion.

colmater [kɔlmate] [3] *vt* **-1.** [fuite] to plug, to seal off. **-2.** [brèche] to fill, to seal.

colombage [kɔlɔ̃baʒ] *nm* half-timbering; **à ~s** half-timbered.

colombe [kɔlɔ̃b] *nf* dove.

Colombie [kɔlɔ̃bi] *nf*: **la ~** Colombia.

colombien, -ienne [kɔlɔ̃bjɛ̃, jɛn] *adj* Colombian.
◆ **Colombien, -ienne** *nm, f* Colombian.

Colombo [kɔlɔ̃bo] *n* Colombo.

colon [kɔlɔ̃] *nm* settler.

côlon [kolɔ̃] *nm* colon.

colonel [kɔlɔnɛl] *nm* colonel.

colonelle [kɔlɔnɛl] *nf* colonel's wife.

colonial, -e, -iaux [kɔlɔnjal, jo] *adj* colonial.

colonialisme [kɔlɔnjalism] *nm* colonialism.

colonie [kɔlɔni] *nf* **-1.** [territoire] colony. **-2.** [d'expatriés] community; ~ **de vacances** vacation *Am* OU holiday *Br* camp (*for children*).

colonisation [kɔlɔnizasjɔ̃] *nf* colonization.

coloniser [kɔlɔnize] [3] *vt litt* & *fig* to colonize.

colonne [kɔlɔn] *nf* column; **en** ~ in a line OU column.

◆ **colonne vertébrale** *nf* spine, spinal column.

colorant, -e [kɔlɔrɑ̃, ɑ̃t] *adj* coloring *Am*, colouring *Br*.

◆ **colorant** *nm* coloring *Am*, colouring *Br*; ~ **alimentaire** food coloring *Am* OU colouring *Br*.

coloration [kɔlɔrasjɔ̃] *nf* color *Am*, colour *Br*, coloring *Am*, colouring *Br*.

coloré, -e [kɔlɔre] *adj* **-1.** [de couleur] colored *Am*, coloured *Br*. **-2.** *fig* [diversifié, imagé] colorful *Am*, colourful *Br*.

colorer [kɔlɔre] [3] *vt* [teindre] to color *Am*, to colour *Br*; ~ **qqch de** *fig* to color *Am* OU colour *Br* sthg with.

◆ **se colorer** *vp* [les cheveux] to color *Am*, to colour *Br*, to dye; **se** ~ **de** *fig* to be colored *Am* OU coloured *Br* with.

coloriage [kɔlɔrjaʒ] *nm* **-1.** [action] coloring *Am*, colouring *Br*. **-2.** [dessin] drawing.

colorier [kɔlɔrje] [9] *vt* to color in *Am*, to colour in *Br*.

coloris [kɔlɔri] *nm* shade.

colorisation [kɔlɔrizasjɔ̃] *nf* CIN colorization *Am*, colourization *Br*.

colossal, -e, -aux [kɔlɔsal, o] *adj* colossal.

colosse [kɔlɔs] *nm* **-1.** [homme] giant. **-2.** [statue] colossus.

colportage [kɔlpɔrtaʒ] *nm* hawking.

colporter [kɔlpɔrte] [3] *vt* [marchandise] to hawk; [information] to spread.

◆ **se colporter** *vp* [information] to spread.

colporteur, -euse [kɔlpɔrtœr, øz] *nm, f* **-1.** [de marchandises] hawker. **-2.** [de ragots] gossip.

coltiner [kɔltine] [3]

◆ **se coltiner** *vp fam* to be landed with.

colza [kɔlza] *nm* rape (seed).

coma [kɔma] *nm* coma; **être dans le** ~ to be in a coma.

comateux, -euse [kɔmatø, øz] ◇ *adj* comatose. ◇ *nm, f* person in a coma.

combat [kɔ̃ba] *nm* **-1.** [bataille] battle, fight; **mettre/être hors de** ~ to put/be out of the fight; *fig* to put/be out of the game. **-2.** [lutte] struggle. **-3.** SPORT fight.

combatif, -ive [kɔ̃batif, iv] *adj* [humeur] fighting (*avant n*); [troupes] willing to fight.

combativité [kɔ̃bativite] *nf* fighting spirit.

combattant, -e [kɔ̃batɑ̃, ɑ̃t] ◇ *adj* fighting (*avant n*). ◇ *nm, f* [en guerre] combatant; [dans bagarre] fighter; **ancien** ~ veteran.

combattre [kɔ̃batr] [83] ◇ *vt litt* & *fig* to fight (against). ◇ *vi* to fight.

combattu, -e [kɔ̃baty] *pp* → **combattre**.

combien [kɔ̃bjɛ̃] ◇ *conj* how much; ~ **de** [nombre] how many; [quantité] how much; ~ **de temps?** how long?; **ça fait** ~**?** [prix] how much is that?; [longueur, hauteur etc] how long/high *etc* is it? ◇ *adv* how (much). ◇ *nm inv:* **le** ~ **sommes-nous?** what date is it?; **tous les** ~**?** how often?

combientième [kɔ̃bjɛ̃tjɛm] ◇ *nmf:* **il est le** ~**?** where did he come? ◇ *adj:* **c'est le** ~ **examen qu'on passe?** that makes how many exams we've taken?

combinaison [kɔ̃binɛzɔ̃] *nf* **-1.** [d'éléments] combination. **-2.** [de femme] slip. **-3.** [vêtement - de mécanicien] overall *Am*, boiler suit *Br*, overalls (*pl*) *Br*; [- de ski] ski suit. **-4.** [de coffre] combination. **-5.** [manœuvre] scheme.

combine [kɔ̃bin] *nf fam* trick.

combiné [kɔ̃bine] *nm* receiver.

combiner [kɔ̃bine] [3] *vt* **-1.** [arranger] to combine. **-2.** [organiser] to devise.

◆ **se combiner** *vp* to turn out.

comble [kɔ̃bl] ◇ *nm* height; **le** ~ **de** the height of; **c'est un** OU **le** ~**!** that beats everything!; **être au** ~ **du désespoir** to be in the depths of despair; **être au** ~ **du bonheur** to be overjoyed. ◇ *adj* packed.

◆ **combles** *nmpl* attic (*sg*), loft (*sg*); **loger sous les** ~s to live in an attic.

combler [kɔ̃ble] [3] *vt* **-1.** [gâter] to spoil; ~ **qqn de** to shower sb with. **-2.** [boucher] to fill in. **-3.** [déficit] to make good; [lacune] to fill.

combustible [kɔ̃bystibl] ◇ *nm* fuel. ◇ *adj* combustible.

combustion [kɔ̃bystjɔ̃] *nf* combustion.

COMECON, Comecon [kɔmɛkɔn] (*abr de* **Council for Mutual Economic Assistance**) *nm* COMECON.

comédie [kɔmedi] *nf* **-1.** CIN & THÉÂTRE comedy; **la Comédie-Française** the Comédie Française; ~ **musicale** musical; **jouer la** ~ *fig* to put on an act. **-2.** [complication] palaver.

LA COMÉDIE-FRANÇAISE:
This state-subsidized company dates back to the seventeenth century; the theatre itself, officially called 'le Théâtre-Français' or

'le Français', is situated in the rue de Richelieu in Paris. Its repertoire consists mainly of classical works, although modern plays are sometimes staged

---

comédien, -ienne [kɔmedjɛ̃, jɛn] ◇ *nm, f* [acteur] actor (*f* actress); *fig* & *péj* sham. ◇ *adj fig* & *péj*: **être ~** to be a sham.

COMES, Comes [kɔmɛs] (*abr de* **Commissariat à l'énergie solaire**) *nm solar energy commission.*

comestible [kɔmɛstibl] *adj* edible.
◆ **comestibles** *nmpl* food (*U*).

comète [kɔmɛt] *nf* comet; **tirer des plans sur la ~** *fig* to count one's chickens (before they are hatched).

comice [kɔmis] *nm*: **~ agricole** *local farmers' meeting.*

comique [kɔmik] ◇ *nm* **-1.** THÉÂTRE comic actor. **-2.** [genre]: **le ~** comedy. ◇ *adj* **-1.** [style] comic. **-2.** [drôle] comical, funny.

comité [kɔmite] *nm* committee; **en petit ~** *fig* with a few close friends; **~ d'entreprise** works council.

COMITÉ D'ENTREPRISE:

The 'comité d'entreprise' or 'CE' looks after the general welfare of company employees and organizes subsidized leisure activities, outings, holidays etc

---

commandant [kɔmɑ̃dɑ̃] *nm* commander; **~ de bord** AÉRON captain.

commande [kɔmɑ̃d] *nf* **-1.** [de marchandises] order; **passer une ~** to place an order; **sur ~** to order; **disponible sur ~** available on request. **-2.** TECHNOL control; **être aux ~s (de), tenir les ~s (de)** [d'avion, de machine] to be at the controls (of); NAVIG & *fig* to be at the helm (of). **-3.** INFORM command; **~ numérique** digital control.

commandement [kɔmɑ̃dmɑ̃] *nm* command; **les dix ~s** RELIG the Ten Commandments.

commander [kɔmɑ̃de] [3] ◇ *vt* **-1.** [ordonner] to order, to command. **-2.** MIL to command. **-3.** [contrôler] to operate, to control. **-4.** COMM to order. ◇ *vi* to be in charge; **~ à qqn de faire qqch** to order sb to do sthg.
◆ **se commander** *vp*: **ça ne se commande pas** *fig* it is uncontrollable.

commanditaire [kɔmɑ̃ditɛr] JUR ◇ *nm* backer. ◇ *adj*: **(associé) ~** silent partner *Am*, sleeping partner *Br*.

commanditer [kɔmɑ̃dite] [3] *vt* **-1.** [entreprise] to finance. **-2.** [meurtre] to put up the money for.

commando [kɔmɑ̃do] *nm* commando (unit).

comme [kɔm] ◇ *conj* **-1.** [introduisant une comparaison] like; **il sera médecin ~ son père** he'll become a doctor (just) like his father; **nous nagerons ~ quand nous étions en Sicile** we'll go swimming as OU like we did when we were in Sicily; **il se mit à pleurer ~ pour m'émouvoir** he started to cry as though to move me. **-2.** [exprimant la manière] as; **fais ~ il te plaira** do as you wish; **~ tu le dis** as you say; **il était ~ fou** he was like a madman; **~ prévu/convenu** as planned/agreed; **~ bon vous semble** as you think best. **-3.** [tel que] like, such as; **les arbres ~ le marronnier** trees such as OU like the chestnut. **-4.** [en tant que] as; **~ professeur, il est nul** as a teacher he's hopeless. **-5.** [ainsi que]: **les filles ~ les garçons iront jouer au foot** both girls and boys will play football; **l'un ~ l'autre sont très gentils** the one is as kind as the other, they are equally kind. **-6.** [introduisant une cause] as, since; **~ il pleuvait nous sommes rentrés** as it was raining we went back.
◇ *adv* **-1.** [marquant l'intensité] how; **~ tu as grandi!** how you've grown!; **~ c'est difficile!** it's so difficult!; **regarde ~ il nage bien!** (just) look what a good swimmer he is!, (just) look how well he swims!
◆ **comme si** *loc conj* as if.
◆ **comme quoi** *loc adv* to the effect that; **~ quoi, on ne peut pas tout prévoir** which just goes to show you can't think of everything.
◆ **quelque chose comme** *loc adv* [à peu près] something like; **cela fait quelque chose ~ 10 000 francs** that comes to something like 10,000 francs.

commémoration [kɔmemɔrasjɔ̃] *nf* commemoration.

commémorer [kɔmemɔre] [3] *vt* to commemorate.

commencement [kɔmɑ̃smɑ̃] *nm* beginning, start; **au ~** at first, in the beginning.

commencer [kɔmɑ̃se] [16] ◇ *vt* [entreprendre] to begin, to start; [être au début de] to begin. ◇ *vi* to start, to begin; **~ à faire qqch** to begin OU start to do sthg, to begin OU start doing sthg; **~ par faire qqch** to begin OU start by doing sthg; **~ mal/bien** to start badly/well.

comment [kɔmɑ̃] ◇ *adv* how; **~?** what?; **~ ça va?** how are you?; **~ cela?** how come?
◇ *interj*: **~ donc!** of course!, sure thing!; **et ~!** *fam* and how!, absolutely! ◇ *nm inv* → **pourquoi**.

commentaire [kɔmɑ̃tɛr] *nm* **-1.** [explication] commentary. **-2.** [observation] comment; **sans ~!** enough said!

commentateur, -trice [kɔmɑ̃tatœr, tris] *nm, f* RADIO & TÉLÉ commentator; **~ sportif** sports commentator.

commenter [kɔmɑ̃te] [3] *vt* to comment on.

commérage [kɔmeraʒ] *nm péj* gossip (*U*).

commerçant, -e [kɔmɛrsɑ̃, ɑ̃t] ◇ *adj* [rue] shopping (*avant n*); [quartier] commercial; [personne] business-minded. ◇ *nm, f* shopkeeper; **petit ~** small trader.

commerce [kɔmɛrs] *nm* **-1.** [achat et vente] commerce, trade; **dans le ~** in the stores *Am* OU shops *Br*; **~ de gros/détail** wholesale/retail trade; **~ extérieur** foreign trade. **-2.** [magasin] business; **le petit ~** small shopkeepers (*pl*). **-3.** *loc*: **être d'un ~ agréable** *sout* to be easy to get on with.

commercial, -e, -iaux [kɔmɛrsjal, jo] ◇ *adj* [entreprise, valeur] commercial; [politique] trade (*avant n*). ◇ *nm, f* marketing man (*f* woman).

commercialisation [kɔmɛrsjalizasjɔ̃] *nf* marketing.

commercialiser [kɔmɛrsjalize] [3] *vt* to market.

commère [kɔmɛr] *nf péj* gossip.

commets → **commettre**.

commettre [kɔmɛtr] [84] *vt* to commit.
♦ **se commettre** *vp sout*: **se ~ avec** to become involved with.

commis, -e [kɔmi, iz] *pp* → **commettre**.
♦ **commis** *nm* assistant; **~ voyageur** commercial traveler *Am* OU traveller *Br*.

commisération [kɔmizerasjɔ̃] *nf sout* commiseration.

commissaire [kɔmisɛr] *nm* commissioner; **~ aux comptes** auditor; **~ de police** (police) captain *Am*, (police) superintendent *Br*.

commissaire-priseur [kɔmisɛrprizœr] (*pl* commissaires-priseurs) *nm* auctioneer.

commissariat [kɔmisarja] *nm*: **~ de police** police station.

commission [kɔmisjɔ̃] *nf* **-1.** [délégation] commission, committee; **~ d'enquête** commission of inquiry; **la Commission nationale de l'informatique et des libertés** *watchdog committee supervising the application of data protection legislation*; **~ parlementaire** parliamentary committee. **-2.** [message] message. **-3.** [rémunération] commission.
♦ **commissions** *nfpl* shopping (*U*); **faire les ~s** to do the shopping.

commissionnaire [kɔmisjɔnɛr] *nm* [intermédiaire] agent; [d'un message] messenger; [d'un objet] delivery boy OU man.

commissure [kɔmisyr] *nf*: **la ~ des lèvres** the corner of the mouth.

commode [kɔmɔd] ◇ *nf* chest of drawers. ◇ *adj* **-1.** [pratique - système] convenient; [- outil] handy. **-2.** [aimable]: **pas ~** awkward. **-3.** [facile] easy.

commodité [kɔmɔdite] *nf* convenience.
♦ **commodités** *nfpl* [conforts] comforts.

commotion [kɔmosjɔ̃] *nf* MÉD shock; **~ cérébrale** concussion.

commuer [kɔmɥe] [7] *vt*: **~ qqch en** to commute sthg to.

commun, -e [kɔmœ̃, yn] *adj* **-1.** [gén] common; [- décision, effort] joint; [- salle] shared; **~ à** common to; **avoir qqch en ~** to have sthg in common; **faire qqch en ~** to do sthg together. **-2.** [courant] usual, common.
♦ **commun** *nm*: **le ~** the ordinary; **hors du ~** out of the ordinary; **le ~ des mortels** ordinary people.
♦ **commune** *nf* town.
♦ **Commune** *nf* HIST Paris Commune.
♦ **communs** *nmpl* outhouses.

communal, -e, -aux [kɔmynal, o] *adj* [école] local; [bâtiments] council (*avant n*).

communautaire [kɔmynotɛr] *adj* community (*avant n*).

communauté [kɔmynote] *nf* **-1.** [groupe] community; **vivre en ~** to live communally. **-2.** [de sentiments, d'idées] identity. **-3.** POL: **la Communauté européenne** the European Community; **la Communauté d'États indépendants** the Commonwealth of Independent States.

communément [kɔmynemɑ̃] *adv* commonly.

communiant, -e [kɔmynjɑ̃, ɑ̃t] *nm, f* communicant; **premier ~** *child taking first communion*.

communicatif, -ive [kɔmynikatif, iv] *adj* **-1.** [rire, éternuement] infectious. **-2.** [personne] communicative.

communication [kɔmynikasjɔ̃] *nf* **-1.** [gén] communication; **~ en entreprise** communication; **~ de masse** mass media. **-2.** TÉLÉCOM: **~ (téléphonique)** (phone) call; **être en ~ avec qqn** to be talking to sb; **obtenir la ~** to get through; **recevoir/prendre une ~** to receive/take a (phone) call; **~ interurbaine** long-distance (phone) call.

communier [kɔmynje] [9] *vi* RELIG to take communion; **~ (dans)** *fig* to be united (in).

communion [kɔmynjɔ̃] *nf* RELIG communion; **être en ~ avec** *fig* & *littéraire* to commune with.

communiqué [kɔmynike] *nm* communiqué; ~ **de presse** press release.

communiquer [kɔmynike] [3] ◇ *vt:* ~ **qqch à** [information, sentiment] to pass on OU communicate sthg to; [chaleur] to transmit sthg to; [maladie] to pass sthg on to. ◇ *vi:* ~ **avec** to communicate with.
◆ **se communiquer** *vp* [se propager] to spread.

communisme [kɔmynism] *nm* communism.

communiste [kɔmynist] *nmf & adj* communist.

commutateur [kɔmytatœr] *nm* switch.

commutation [kɔmytasjɔ̃] *nf* **-1.** JUR: ~ **de peine** commutation of sentence. **-2.** TECHNOL switching.

Comores [kɔmɔr] *nfpl:* **les** ~ the Comoro Islands, the Comoros; **aux** ~ in the Comoro Islands.

comorien, **-ienne** [kɔmɔrjɛ̃, jɛn] *adj* Comoran, Comorian.
◆ **Comorien**, **-ienne** *nm, f* Comoran, Comorian.

compact, **-e** [kɔ̃pakt] *adj* **-1.** [épais, dense] dense. **-2.** [petit] compact.
◆ **compact** *nm* [disque laser] compact disc, CD.

compagne → **compagnon**.

compagnie [kɔ̃paɲi] *nf* **-1.** [gén & COMM] company; **fausser** ~ **à qqn** to slip away from sb; **tenir** ~ **à qqn** to keep sb company; **et** ~ and company; *iron* and the rest; ~ **aérienne** airline (company); ~ **d'assurances** insurance company; ~ **de navigation** shipping company; **en** ~ **de** in the company of. **-2.** [assemblée] gathering.

compagnon [kɔ̃paɲɔ̃], **compagne** [kɔ̃paɲ] *nm, f* companion.
◆ **compagnon** *nm* HIST journeyman.

comparable [kɔ̃parabl] *adj* comparable.

comparaison [kɔ̃parɛzɔ̃] *nf* [parallèle] comparison; **en** ~ **de, par** ~ **avec** compared with, in OU by comparison with.

comparaître [kɔ̃parɛtr] [91] *vi* JUR: ~ (**devant**) to appear (before).

comparatif, **-ive** [kɔ̃paratif, iv] *adj* comparative.
◆ **comparatif** *nm* GRAM comparative.

comparativement [kɔ̃parativmɑ̃] *adv* comparatively.

comparé, **-e** [kɔ̃pare] *adj* comparative; [mérites] relative.

comparer [kɔ̃pare] [3] *vt* **-1.** [confronter]: ~ (**avec**) to compare (with). **-2.** [assimiler]: ~ **qqch à** to compare OU liken sthg to.

comparse [kɔ̃pars] *nmf péj* stooge.

compartiment [kɔ̃partimɑ̃] *nm* compartment.

compartimenter [kɔ̃partimɑ̃te] [3] *vt* [meuble] to partition; *fig* [administration] to compartmentalize.

comparu, **-e** [kɔ̃pary] *pp* → **comparaître**.

comparution [kɔ̃parysjɔ̃] *nf* JUR appearance.

compas [kɔ̃pa] *nm* **-1.** [de dessin] pair of compasses, compasses (*pl*). **-2.** NAVIG compass.

compassé, **-e** [kɔ̃pase] *adj sout* staid, stuffy.

compassion [kɔ̃pasjɔ̃] *nf sout* compassion.

compatible [kɔ̃patibl] *adj:* ~ (**avec**) compatible (with).

compatir [kɔ̃patir] [32] *vi:* ~ (**à**) to sympathize (with).

compatissant, **-e** [kɔ̃patisɑ̃, ɑ̃t] *adj* sympathetic.

compatriote [kɔ̃patrijɔt] *nmf* compatriot, fellow countryman (*f* countrywoman).

compensation [kɔ̃pɑ̃sasjɔ̃] *nf* **-1.** [dédommagement] compensation; **en** ~ in compensation. **-2.** [équilibrage] balance.

compensé, **-e** [kɔ̃pɑ̃se] *adj* built-up.

compenser [kɔ̃pɑ̃se] [3] ◇ *vt* to compensate OU make up for. ◇ *vi* to compensate, to make up.

compétence [kɔ̃petɑ̃s] *nf* **-1.** [qualification] skill, ability. **-2.** JUR competence; **cela n'entre pas dans mes** ~**s** that's outside my scope.

compétent, **-e** [kɔ̃petɑ̃, ɑ̃t] *adj* **-1.** [capable] capable, competent. **-2.** ADMIN & JUR competent; **les autorités** ~**es** the relevant authorities.

compétitif, **-ive** [kɔ̃petitif, iv] *adj* competitive.

compétition [kɔ̃petisjɔ̃] *nf* competition; **faire de la** ~ to go in for competitive sport; ~ **automobile** motor race.

compétitivité [kɔ̃petitivite] *nf* competitiveness.

compilation [kɔ̃pilasjɔ̃] *nf* compilation.

complainte [kɔ̃plɛ̃t] *nf* lament.

complaire [kɔ̃plɛr] [110] *vi:* ~ **à qqn** *sout* to please sb.
◆ **se complaire** *vp:* **se** ~ **dans qqch/à faire qqch** to revel in sthg/in doing sthg.

complaisance [kɔ̃plɛzɑ̃s] *nf* **-1.** [obligeance] kindness. **-2.** [indulgence] indulgence. **-3.** [autosatisfaction]: **avec** ~ indulgently.

complaisant, **-e** [kɔ̃plɛzɑ̃, ɑ̃t] *adj* **-1.** [aimable] obliging, kind. **-2.** [indulgent] indulgent.

complément [kɔ̃plemɑ̃] *nm* **-1.** [gén & GRAM] complement; ~ **d'information** additional OU further information; ~ **du nom** possessive phrase; ~ **d'objet direct** direct object; ~ **d'objet indirect** indirect object. **-2.** [reste] remainder.

complémentaire [kɔ̃plemɑ̃tɛr] *adj* **-1.** [supplémentaire] supplementary. **-2.** [caractères, couleurs] complementary.

complet, -ète [kɔ̃plɛ, ɛt] *adj* **-1.** [gén] complete; **c'est ~!** *fam* that's all I/we need; **la famille au (grand)** ~ the whole family. **-2.** [plein] full.

◆ **complet(-veston)** *nm* suit.

complètement [kɔ̃plɛtmɑ̃] *adv* **-1.** [vraiment] absolutely, totally. **-2.** [entièrement] completely.

compléter [kɔ̃plete] [18] *vt* [gén] to complete, to complement; [somme d'argent] to make up.

◆ **se compléter** *vp* to complement one another.

complexe [kɔ̃plɛks] ◇ *nm* **-1.** PSYCHOL complex; **avoir des ~s** to have hang-ups, to be hung up; **sans** ~ OU **~s** well-adjusted; ~ **d'infériorité/de supériorité** inferiority/ superiority complex. **-2.** [ensemble] complex; ~ **hospitalier/scolaire/sportif** hospital/school/sports complex. ◇ *adj* complex, complicated.

complexé, -e [kɔ̃plɛkse] *adj* hung up, mixed up.

complexifier [kɔ̃plɛksifje] *vt* to make (more) complex.

complexité [kɔ̃plɛksite] *nf* complexity.

complication [kɔ̃plikasjɔ̃] *nf* intricacy, complexity.

◆ **complications** *nfpl* complications.

complice [kɔ̃plis] ◇ *nmf* accomplice. ◇ *adj* [sourire, regard, air] knowing.

complicité [kɔ̃plisite] *nf* complicity.

compliment [kɔ̃plimɑ̃] *nm* compliment.

complimenter [kɔ̃plimɑ̃te] [3] *vt* to compliment.

compliqué, -e [kɔ̃plike] *adj* [problème] complex, complicated; [personne] complicated.

compliquer [kɔ̃plike] [3] *vt* to complicate.

◆ **se compliquer** *vp* to get complicated.

complot [kɔ̃plo] *nm* plot.

comploter [kɔ̃plɔte] [3] *vt & vi* to plot.

comportement [kɔ̃pɔrtəmɑ̃] *nm* behavior *Am*, behaviour *Br*.

comportemental, -e, -aux [kɔ̃pɔrtəmɑ̃tal, o] *adj* behavioral *Am*, behavioural *Br*.

comporter [kɔ̃pɔrte] [3] *vt* **-1.** [contenir] to

include, to contain. **-2.** [être composé de] to consist of, to be made up of.

◆ **se comporter** *vp* to behave.

composant, -e [kɔ̃pozɑ̃, ɑ̃t] *adj* constituent, component.

◆ **composant** *nm* component.

◆ **composante** *nf* component.

composé, -e [kɔ̃poze] *adj* compound.

◆ **composé** *nm* **-1.** [mélange] combination. **-2.** CHIM & LING compound.

composer [kɔ̃poze] [3] ◇ *vt* **-1.** [constituer] to make up, to form; **être composé de** to be made up of. **-2.** [créer - roman, lettre, poème] to write; [- musique] to compose, to write. **-3.** [numéro de téléphone] to dial. ◇ *vi* to compromise.

◆ **se composer** *vp* [être constitué] **se ~ de** to be composed of, to be made up of.

composite [kɔ̃pozit] ◇ *nm* composite. ◇ *adj* **-1.** [disparate - mobilier] assorted, of various types; [- foule] heterogeneous. **-2.** [matériau] composite.

compositeur, -trice [kɔ̃pozitœr, tris] *nm, f* **-1.** MUS composeŗ. **-2.** TYPO typesetter.

composition [kɔ̃pozisjɔ̃] *nf* **-1.** [gén] composition; [de roman] writing, composition. **-2.** TYPO typesetting. **-3.** SCOL test; ~ **française** French composition. **-4.** [caractère]: **être de bonne** ~ to be good-natured.

compost [kɔ̃pɔst] *nm* compost.

composter [kɔ̃pɔste] [3] *vt* [ticket, billet] to date-stamp.

compote [kɔ̃pɔt] *nf* compote; ~ **de pommes** stewed apples; **j'ai les jambes en** ~ *fam* *fig* my legs feel like jelly.

compotier [kɔ̃pɔtje] *nm* fruit bowl.

compréhensible [kɔ̃preɑ̃sibl] *adj* [texte, parole] comprehensible; *fig* [réaction] understandable.

compréhensif, -ive [kɔ̃preɑ̃sif, iv] *adj* understanding.

compréhension [kɔ̃preɑ̃sjɔ̃] *nf* **-1.** [de texte] comprehension, understanding. **-2.** [indulgence] understanding.

comprenais, comprenions etc → **comprendre**.

comprendre [kɔ̃prɑ̃dr] [79] ◇ *vt* **-1.** [gén] to understand; **je comprends!** I see!; **se faire** ~ to make o.s. understood; **mal** ~ to misunderstand. **-2.** [comporter] to comprise, to consist of. **-3.** [inclure] to include. ◇ *vi* to understand.

◆ **se comprendre** *vp* to understand one another; **ça se comprend** that's understandable.

comprenne, comprennes etc → **comprendre**.

compresse [kɔ̃prɛs] *nf* compress.

compresseur [kɔ̃prescœr] → **rouleau**.

compression [kɔ̃presjɔ̃] *nf* [de gaz] compression; *fig* cutback, reduction.

comprimé, -e [kɔ̃prime] *adj* compressed.

◆ **comprimé** *nm* tablet; ~ **effervescent** effervescent tablet.

comprimer [kɔ̃prime] [3] *vt* **-1.** [gaz, vapeur] to compress. **-2.** [personnes]: **être comprimés dans** to be packed into.

compris, -e [kɔ̃pri, iz] ◇ *pp* → **comprendre**. ◇ *adj* **-1.** [situé] lying, contained. **-2.** [inclus]: **charges (non) comprises** (not) including bills, bills (not) included; **tout** ~ all inclusive, all in; **y** ~ including.

compromets → **compromettre**.

compromettant, -e [kɔ̃prɔmetɑ̃, ɑ̃t] *adj* compromising.

compromettre [kɔ̃prɔmɛtr] [84] *vt* to compromise.

◆ **se compromettre** *vp*: **se** ~ **(avec qqn/ dans qqch)** to compromise o.s. (with sb/in sthg).

compromis, -e [kɔ̃prɔmi, iz] *pp* → **compromettre**.

◆ **compromis** *nm* compromise.

compromission [kɔ̃prɔmisjɔ̃] *nf péj* base action.

comptabiliser [kɔ̃tabilize] [3] *vt* to enter in an account.

comptabilité [kɔ̃tabilite] *nf* [comptes] accounts (*pl*); [service]: **la** ~ accounts, the accounts department.

comptable [kɔ̃tabl] ◇ *nmf* accountant. ◇ *adj* accounting (*avant n*).

comptant [kɔ̃tɑ̃] ◇ *adj inv* cash, in cash. ◇ *adv*: **payer** OU **régler** ~ to pay cash.

◆ **au comptant** *loc adv*: **payer au** ~ to pay cash.

compte [kɔ̃t] *nm* **-1.** [action] count, counting (*U*); [total] number; ~ **à rebours** countdown; ~ **rond** round number. **-2.** BANQUE, COMM & COMPTABILITÉ account; **ouvrir un** ~ to open an account; **régler un** ~ to settle an account; ~ **bancaire** OU **en banque** bank account; ~ **courant** current account, checking account *Am*; ~ **créditeur** account in credit; ~ **débiteur** overdrawn account; ~ **de dépôt** deposit account; ~ **d'épargne** savings account; ~ **d'exploitation** operating account; ~ **postal** post office account. **-3.** *loc*: **avoir son** ~ to have had enough; **être/se mettre à son** ~ to be/become self-employed; **prendre qqch en** ~, **tenir ~ de qqch** to take sthg into account; **régler son** ~ **à qqn** *fam fig* to sort sb out; **rendre** ~ **de** to account for; **se rendre** ~ **de qqch** to

realize sthg; **se rendre** ~ **que** to realize (that); **s'en tirer à bon** ~ to get off lightly; **tout** ~ **fait** all things considered.

◆ **comptes** *nmpl* accounts; **devoir des** ~**s à** to be accountable to; **faire ses** ~**s** to do one's accounts; **faire des** ~**s d'apothicaire** to account for every last penny; **régler ses** ~**s avec qqch** to come to terms with sthg; **régler ses** ~**s avec qqn** to have it out with sb.

compte-chèques (*pl* **comptes-chèques**), **compte chèques** (*pl* **comptes chèques**) [kɔ̃tʃɛk] *nm* current account, checking account *Am*.

compte-gouttes [kɔ̃tgut] *nm inv* dropper; **au** ~ *fig* sparingly.

compter [kɔ̃te] [3] ◇ *vt* **-1.** [dénombrer] to count. **-2.** [avoir l'intention de]: ~ **faire qqch** to intend to do sthg, to plan to do sthg. ◇ *vi* **-1.** [calculer] to count. **-2.** [être important] to count, to matter; ~ **pour** to count for. **-3.** ~ **sur** [se fier à] to rely OU count on. **-4.** ~ **avec** [tenir compte de] to reckon with, to take account of. ~**5.** ~ **parmi** [faire partie de] to be included amongst, to rank amongst.

◆ **à compter de** *loc prép* as from, starting from.

◆ **sans compter** ◇ *loc prép* [excepté] not including. ◇ *loc adv*: **se dépenser sans** ~ *fig* to give unsparingly of o.s.

◆ **sans compter que** *loc conj* besides which.

compte rendu (*pl* **comptes rendus**), **compte-rendu** (*pl* **comptes-rendus**) [kɔ̃trɑ̃dy] *nm* report, account.

compte-tours [kɔ̃ttur] *nm inv* rev counter, tachometer.

compteur [kɔ̃tœr] *nm* meter.

comptine [kɔ̃tin] *nf* nursery rhyme.

comptoir [kɔ̃twar] *nm* **-1.** [de bar] bar; [de magasin] counter. **-2.** HIST trading post. **-3.** *Helv* [foire] trade fair.

compulser [kɔ̃pylse] [3] *vt* to consult.

comte [kɔ̃t] *nm* count.

comté [kɔ̃te] *nm* **-1.** [fromage] *type of cheese similar to Gruyère.* **-2.** ADMIN [au Canada] county. **-3.** HIST earldom.

comtesse [kɔ̃tɛs] *nf* countess.

con, conne [kɔ̃, kɔn] *tfam* ◇ *adj* damned OU bloody *Br* stupid. ◇ *nm, f* stupid bastard (*f* bitch).

Conakry [kɔnakri] *n* Conakry.

concasser [kɔ̃kase] [3] *vt* to crush; [poivre] to grind.

concave [kɔ̃kav] *adj* concave.

concéder [kɔ̃sede] [18] *vt*: ~ qqch à [droit, terrain] to grant sthg to; [point, victoire] to concede sthg to; ~ que to admit (that), to concede (that).

concentration [kɔ̃sɑ̃trasjɔ̃] *nf* concentration.

concentré, -e [kɔ̃sɑ̃tre] *adj* **-1.** [gén] concentrated. **-2.** [personne]: elle était très ~e she was concentrating hard. **-3.** → lait.
◆ **concentré** *nm* concentrate; ~ de tomates CULIN tomato paste OU purée.

concentrer [kɔ̃sɑ̃tre] [3] *vt* to concentrate.
◆ **se concentrer** *vp* **-1.** [se rassembler] to be concentrated. **-2.** [personne] to concentrate.

concentrique [kɔ̃sɑ̃trik] *adj* concentric.

concept [kɔ̃sɛpt] *nm* concept.

concepteur, -trice [kɔ̃sɛptœr, tris] *nm, f* designer.

conception [kɔ̃sɛpsjɔ̃] *nf* **-1.** [gén] conception. **-2.** [d'un produit, d'une campagne] design, designing (*U*).

concernant [kɔ̃sɛrnɑ̃] *prép* regarding, concerning.

concerner [kɔ̃sɛrne] [3] *vt* to concern; être/se sentir concerné par qqch to be/feel concerned by sthg; en ce qui me concerne as far as I'm concerned.

concert [kɔ̃sɛr] *nm* **-1.** MUS concert. **-2.** [entente] accord; de ~ avec together with.

concertation [kɔ̃sɛrtasjɔ̃] *nf* [dialogue] dialogue; [consultation] consultation; travailler en ~ to work together.

concerter [kɔ̃sɛrte] [3] *vt* [organiser] to devise (jointly).
◆ **se concerter** *vp* to consult (each other).

concerto [kɔ̃sɛrto] *nm* concerto.

concession [kɔ̃sesjɔ̃] *nf* **-1.** [compromis & GRAM] concession; faire des ~s (à qqn) to make concessions (to sb). **-2.** [autorisation] rights (*pl*), concession.

concessionnaire [kɔ̃sesjɔnɛr] ◇ *nmf* **-1.** [automobile] (car) dealer. **-2.** [qui possède une franchise] franchise holder. ◇ *adj* concessionary.

concevable [kɔ̃səvabl] *adj* conceivable.

concevoir [kɔ̃səvwar] [52] *vt* **-1.** [enfant, projet] to conceive. **-2.** [comprendre] to conceive of; je ne peux pas ~ comment/pourquoi I cannot conceive how/why. **-3.** *sout* [éprouver] to feel.
◆ **se concevoir** *vp* to be imagined.

concierge [kɔ̃sjɛrʒ] *nmf* caretaker.

concile [kɔ̃sil] *nm* council.

conciliabule [kɔ̃siljabyl] *nm* [discussion] consultation.

conciliant, -e [kɔ̃siljɑ̃, ɑ̃t] *adj* conciliating.

conciliation [kɔ̃siljasjɔ̃] *nf* **-1.** [règlement d'un conflit] reconciliation, reconciling. **-2.** [accord & JUR] conciliation.

concilier [kɔ̃silje] [9] *vt* **-1.** [mettre d'accord, allier] to reconcile; ~ qqch et OU avec qqch to reconcile sthg with sthg. **-2.** [gagner à sa cause]: ~ qqn à to win sb over to.
◆ **se concilier** *vp*: se ~ qqn to win sb over; se ~ qqch to gain sthg.

concis, -e [kɔ̃si, iz] *adj* [style, discours] concise; [personne] terse.

concision [kɔ̃sizjɔ̃] *nf* conciseness, concision.

concitoyen, -yenne [kɔ̃sitwajɛ̃, jɛn] *nm, f* fellow citizen.

conclu, -e [kɔ̃kly] *pp* → conclure.

concluant, -e [kɔ̃klyɑ̃, ɑ̃t] *adj* [convainquant] conclusive.

conclure [kɔ̃klyr] [96] ◇ *vt* to conclude; ~ de qqch que to conclude from sthg that; en ~ que to deduce (that). ◇ *vi*: ~ à qqch: les experts ont conclu à la folie the experts concluded he/she was mad; le tribunal a conclu au suicide the court returned a verdict of suicide.

conclusion [kɔ̃klyzjɔ̃] *nf* **-1.** [gén] conclusion; en arriver à la ~ que to come to the conclusion that. **-2.** [partie finale] close.

concocter [kɔ̃kɔkte] [3] *vt* to concoct.

concombre [kɔ̃kɔ̃br] *nm* cucumber.

concomitant, -e [kɔ̃kɔmitɑ̃, ɑ̃t] *adj* concomitant.

concordance [kɔ̃kɔrdɑ̃s] *nf* [conformité] agreement; ~ des temps GRAM sequence of tenses.

concorde [kɔ̃kɔrd] *nf* concord.

Concorde® [kɔ̃kɔrd] *nm* Concorde®.

concorder [kɔ̃kɔrde] [3] *vi* **-1.** [coïncider] to agree, to coincide. **-2.** [être en accord]: ~ (avec) to be in accordance (with). **-3.** [avoir un même but] to coincide.

concourir [kɔ̃kurir] [45] *vi* **-1.** [contribuer]: ~ à to work toward *Am* OU towards *Br*. **-2.** [participer à un concours] to compete.

concours [kɔ̃kur] *nm* **-1.** [examen] competitive examination; ~ de recrutement competitive entry examination. **-2.** [compétition] competition, contest; hors ~ [dans une compétition] ineligible; *fig* exceptional; ~ hippique horse show. **-3.** [collaboration] help; avec le ~ de qqn with sb's help OU assistance. **-4.** [coïncidence]: ~ de circonstances combination of circumstances.

concret, -ète [kɔ̃krɛ, ɛt] *adj* concrete.

concrètement [kɔ̃krɛtmɑ̃] *adv* [en réalité] in real OU practical terms.

concrétiser [kɔ̃kretize] [3] *vt* [projet] to give shape to; [rêve, espoir] to give solid form to.
◆ **se concrétiser** *vp* [projet] to take shape; [rêve, espoir] to materialize.

conçu, -e [kɔ̃sy] *pp* → concevoir.

concubin, -e [kɔ̃kybɛ̃, in] *nm, f* partner, common-law husband (*f* wife).

concubinage [kɔ̃kybinaʒ] *nm* living together, cohabitation.

concupiscent, -e [kɔ̃kypisɑ̃, ɑ̃t] *adj* concupiscent.

concurremment [kɔ̃kyramɑ̃] *adv* jointly.

concurrence [kɔ̃kyrɑ̃s] *nf* -1. [rivalité] rivalry. -2. ÉCON competition; ~ **déloyale** unfair competition; **des prix défiant toute** ~ unbeatable prices. -3. [montant]: **jusqu'à** ~ **de** to the amount of, not exceeding.

concurrent, -e [kɔ̃kyrɑ̃, ɑ̃t] ◇ *adj* rival, competing. ◇ *nm, f* competitor.

concurrentiel, -ielle [kɔ̃kyrɑ̃sjɛl] *adj* competitive.

condamnable [kɔ̃danabl] *adj* reprehensible.

condamnation [kɔ̃danasjɔ̃] *nf* -1. JUR sentence. -2. [dénonciation] condemnation.

condamné, -e [kɔ̃dane] *nm, f* convict, prisoner.

condamner [kɔ̃dane] [3] *vt* -1. JUR: ~ **qqn (à)** to sentence sb (to); ~ **qqn à une amende** to fine sb. -2. *fig* [obliger]: ~ **qqn à qqch** to condemn sb to sthg. -3. [malade]: **être condamné** to be terminally ill. -4. [interdire] to forbid. -5. [blâmer] to condemn. -6. [fermer] to fill in, to block up.

condensateur [kɔ̃dɑ̃satœr] *nm* condenser.

condensation [kɔ̃dɑ̃sasjɔ̃] *nf* condensation.

condensé [kɔ̃dɑ̃se] ◇ *nm* summary. ◇ *adj* → lait.

condenser [kɔ̃dɑ̃se] [3] *vt* to condense.
◆ **se condenser** *vp* to condense.

condescendant, -e [kɔ̃desɑ̃dɑ̃, ɑ̃t] *adj* condescending.

condescendre [kɔ̃desɑ̃dr] [73] *vi sout*: ~ **à qqch/à faire qqch** to condescend to sthg/to do sthg.

condescendu [kɔ̃desɑ̃dy] *pp inv* → condescendre.

condiment [kɔ̃dimɑ̃] *nm* condiment.

condisciple [kɔ̃disipl] *nm* fellow student.

condition [kɔ̃disjɔ̃] *nf* -1. [gén] condition; ~ **sine qua non** essential condition; **remplir une** ~ to fulfil a condition; **se mettre en** ~ [physiquement] to get into shape. -2. [place sociale] station; **la** ~ **des ouvriers** the workers' lot.

◆ **conditions** *nfpl* -1. [circonstances] conditions; ~**s de vie** living conditions. -2. [de paiement] terms.

◆ **à condition de** *loc prép* providing OU provided (that).

◆ **à condition que** *loc conj* (+ *subjonctif*) providing OU provided (that).

◆ **sans conditions** ◇ *loc adj* unconditional. ◇ *loc adv* unconditionally.

conditionné, -e [kɔ̃disjɔne] *adj* -1. [emballé]: ~ **sous vide** vacuum-packed. -2. → air.

conditionnel, -elle [kɔ̃disjɔnɛl] *adj* conditional.
◆ **conditionnel** *nm* GRAM conditional.

conditionnement [kɔ̃disjɔnmɑ̃] *nm* -1. [action d'emballer] packaging, packing. -2. [emballage] package. -3. PSYCHOL & TECHNOL conditioning.

conditionner [kɔ̃disjɔne] [3] *vt* -1. [déterminer] to govern. -2. PSYCHOL & TECHNOL to condition. -3. [emballer] to pack.

condoléances [kɔ̃dɔleɑ̃s] *nfpl* condolences.

conducteur, -trice [kɔ̃dyktœr, tris] ◇ *adj* conductive. ◇ *nm, f* [de véhicule] driver.
◆ **conducteur** *nm* ÉLECTR conductor.

conduire [kɔ̃dɥir] [98] ◇ *vt* -1. [voiture, personne] to drive. -2. [transmettre] to conduct. -3. *fig* [diriger] to manage. -4. *fig* [à la ruine, au désespoir]: ~ **qqn à qqch** to drive sb to sthg. ◇ *vi* -1. AUTOM to drive. -2. [mener]: ~ **à** to lead to.
◆ **se conduire** *vp* to behave.

conduisais, conduisions *etc* → conduire.

conduit, -e [kɔ̃dɥi, it] *pp* → conduire.
◆ **conduit** *nm* -1. [tuyau] conduit, pipe. -2. ANAT duct, canal.
◆ **conduite** *nf* -1. [pilotage d'un véhicule] driving; ~ **à droite/gauche** right-hand/left-hand drive; ~ **en état d'ébriété** drunken driving. -2. [direction] running. -3. [comportement] behavior (U) Am, behaviour (U) Br. -4. [canalisation]: ~ **de gaz/d'eau** gas/water main, gas/water pipe.

cône [kon] *nm* GÉOM cone.

confection [kɔ̃fɛksjɔ̃] *nf* -1. [réalisation] making. -2. [industrie] clothing industry.

confectionner [kɔ̃fɛksjɔne] [3] *vt* to make.

confédéral, -e, -aux [kɔ̃federal, o] *adj* confederal.

confédération [kɔ̃federasjɔ̃] *nf* -1. [d'états] confederacy. -2. [d'associations] confederation.

conférence [kɔ̃ferɑ̃s] *nf* -1. [exposé] lecture. -2. [réunion] conference; ~ **de presse** press conference; ~ **au sommet** summit conference.

conférencier, -ière [kɔ̃ferɑ̃sje, jɛr] *nm, f* lecturer.

conférer [kɔ̃fere] [18] *vt* [accorder]: ~ **qqch à qqn** to confer sthg on sb.

confesse [kɔ̃fɛs] *nf*: **aller à** ~ to go to confession.

confesser [kɔ̃fese] [4] *vt* **-1.** [avouer] to confess. **-2.** RELIG: ~ **qqn** to hear sb's confession.

◆ **se confesser** *vp* to go to confession.

confession [kɔ̃fesjɔ̃] *nf* confession.

confessionnal, -aux [kɔ̃fesjɔnal, o] *nm* confessional.

confessionnel, -elle [kɔ̃fesjɔnɛl] *adj* RELIG denominational.

confetti [kɔ̃feti] *nm* confetti (*U*).

confiance [kɔ̃fjɑ̃s] *nf* confidence; **avoir** ~ **en** to have confidence OU faith in; **avoir** ~ **en soi** to be self-confident; **en toute** ~ with complete confidence; **de** ~ trustworthy; **faire** ~ **à qqn/qqch** to trust sb/sthg.

confiant, -e [kɔ̃fjɑ̃, ɑ̃t] *adj* **-1.** [sans méfiance] trusting. **-2.** [assuré]: ~ **(en qqch)** confident (of sthg).

confidence [kɔ̃fidɑ̃s] *nf* confidence; **en** ~ in confidence; **faire des ~s à qqn** to confide in sb; **être dans la** ~ to be in the know.

confident, -e [kɔ̃fidɑ̃, ɑ̃t] *nm, f* confidant (*f* confidante).

confidentiel, -ielle [kɔ̃fidɑ̃sjɛl] *adj* confidential.

confier [kɔ̃fje] [9] *vt* **-1.** [donner]: ~ **qqn/qqch à qqn** to entrust sb/sthg to sb. **-2.** [dire]: ~ **qqch à qqn** to confide sthg to sb.

◆ **se confier** *vp*: **se** ~ **à qqn** to confide in sb.

configuration [kɔ̃figyrasjɔ̃] *nf* TECHNOL configuration; [conception] layout.

confiné, -e [kɔ̃fine] *adj* **-1.** [air] stale; [atmosphère] enclosed. **-2.** [enfermé] shut away.

confins [kɔ̃fɛ̃] *nmpl*: **aux** ~ **de** on the borders of.

confirmation [kɔ̃firmasjɔ̃] *nf* confirmation.

confirmer [kɔ̃firme] [3] *vt* [certifier] to confirm; ~ **qqn dans qqch** to confirm sb in sthg; **il n'a pas été confirmé dans ses fonctions** he was not retained in the post.

◆ **se confirmer** *vp* to be confirmed.

confiscation [kɔ̃fiskasjɔ̃] *nf* confiscation.

confiserie [kɔ̃fizri] *nf* **-1.** [magasin] candy store *Am*, confectioner's, sweet shop *Br*. **-2.** [sucreries] candy (*U*) *Am*, confectionery (*U*), sweets (*pl*) *Br*.

confiseur, -euse [kɔ̃fizœr, øz] *nm, f* confectioner.

confisquer [kɔ̃fiske] [3] *vt* to confiscate.

confit, -e [kɔ̃fi, it] *adj* → **fruit**.

◆ **confit** *nm* conserve.

confiture [kɔ̃fityr] *nf* jam.

conflagration [kɔ̃flagrasjɔ̃] *nf* cataclysm.

conflictuel, -elle [kɔ̃fliktyɛl] *adj* conflicting.

conflit [kɔ̃fli] *nm* **-1.** [situation tendue] clash, conflict. **-2.** [entre États] conflict.

confluent [kɔ̃flyɑ̃] *nm* confluence; **au** ~ **de** at the confluence of.

confondre [kɔ̃fɔ̃dr] [75] *vt* **-1.** [ne pas distinguer] to confuse. **-2.** [accusé] to confound. **-3.** [stupéfier] to astound.

◆ **se confondre** *vp* **-1.** [se mêler] to merge. **-2.** *fig*: **se** ~ **en excuses** to apologize profusely; **il s'est confondu en remerciements** he thanked me/him *etc* profusely.

confondu, -e [kɔ̃fɔ̃dy] *pp* → **confondre**.

conformation [kɔ̃fɔrmasjɔ̃] *nf* structure.

conforme [kɔ̃fɔrm] *adj*: ~ **à** in accordance with.

conformé, -e [kɔ̃fɔrme] *adj*: **bien** ~ well-formed; **mal** ~ ill-formed.

conformément [kɔ̃fɔrmemɑ̃]

◆ **conformément à** *loc prép* in accordance with.

conformer [kɔ̃fɔrme] [3] *vt*: ~ **qqch à** to shape sthg according to.

◆ **se conformer** *vp*: **se** ~ **à** [s'adapter] to conform to; [obéir] to comply with.

conformiste [kɔ̃fɔrmist] ◇ *nmf* conformist. ◇ *adj* **-1.** [traditionaliste] conformist. **-2.** [Anglican] Anglican.

conformité [kɔ̃fɔrmite] *nf* **-1.** [ressemblance]: ~ **(à)** conformity (to). **-2.** [accord]: **être en** ~ **avec** to be in accordance with.

confort [kɔ̃fɔr] *nm* comfort; **tout** ~ with all modern conveniences *Am*, with all mod cons *Br*.

confortable [kɔ̃fɔrtabl] *adj* comfortable.

confortablement [kɔ̃fɔrtabləmɑ̃] *adv* comfortably; ~ **payé** well-paid.

conforter [kɔ̃fɔrte] [3] *vt*: ~ **qqn (dans qqch)** to strengthen sb (in sthg).

confrère [kɔ̃frɛr], **consœur** [kɔ̃sœr] *nm, f* colleague.

confrérie [kɔ̃freri] *nf* brotherhood.

confrontation [kɔ̃frɔ̃tasjɔ̃] *nf* **-1.** [face à face] confrontation. **-2.** [comparaison] comparison.

confronter [kɔ̃frɔ̃te] [3] *vt* **-1.** [mettre face à face] to confront; *fig*: **être confronté à** to be confronted OU faced with. **-2.** [comparer] to compare.

confus, -e [kɔ̃fy, yz] *adj* **-1.** [indistinct, embrouillé] confused. **-2.** [gêné] embarrassed; **je suis vraiment ~** I'm really very sorry.

confusément [kɔ̃fyzemã] *adj* **-1.** [pêle-mêle] in confusion. **-2.** [indistinctement] indistinctly. **-3.** [vaguement] vaguely.

confusion [kɔ̃fyzjɔ̃] *nf* **-1.** [gén] confusion. **-2.** [embarras] confusion, embarrassment.

congé [kɔ̃ʒe] *nm* **-1.** [arrêt de travail] leave (*U*); **~ (de) maladie** sick leave; **~ de maternité** maternity leave. **-2.** [vacances] vacation *Am*, holiday *Br*; **en ~** on holiday; **~ annuel** annual leave; **~s payés** paid vacation *Am*, paid holiday (*U*) OU holidays OU leave (*U*) *Br*; **une journée/semaine de ~** a day/week off. **-3.** [renvoi] notice; **donner son ~ à qqn** to give sb his/her notice; **prendre ~ (de qqn)** *sout* to take one's leave (of sb).

congédier [kɔ̃ʒedje] [9] *vt* to dismiss.

congé-formation [kɔ̃ʒefɔrmasjɔ̃] (*pl* **congés-formation**) *nm* training leave.

congélateur [kɔ̃ʒelatœr] *nm* freezer.

congeler [kɔ̃ʒle] [25] *vt* to freeze.

congénital, -e, -aux [kɔ̃ʒenital, o] *adj* congenital.

congère [kɔ̃ʒɛr] *nf* snowdrift.

congestion [kɔ̃ʒɛstjɔ̃] *nf* congestion; **~ pulmonaire** pulmonary congestion.

conglomérat [kɔ̃glɔmera] *nm* conglomerate.

Congo [kɔ̃go] *nm*: **le ~** the Congo; **au ~** in the Congo.

congolais, -e [kɔ̃gɔlɛ, ɛz] *adj* Congolese.
◆ **congolais** *nm* CULIN coconut cake.
◆ **Congolais, -e** *nm, f* Congolese person.

congratuler [kɔ̃gratyle] [3] *vt* to congratulate.

congre [kɔ̃gr] *nm* conger eel.

congrégation [kɔ̃gregasjɔ̃] *nf* congregation.

congrès [kɔ̃grɛ] *nm* **-1.** [colloque] assembly. **-2.** HIST [réunion] congress.
◆ **Congrès** *nm* [parlement américain]: **le Congrès** Congress.

congressiste [kɔ̃gresist] *nmf* congress participant.

congrue [kɔ̃gry] → **portion.**

conifère [kɔnifɛr] *nm* conifer.

conique [kɔnik] *adj* conical.

conjecture [kɔ̃ʒɛktyr] *nf* conjecture; **se perdre en ~s** to lose o.s. in conjecture.

conjecturer [kɔ̃ʒɛktyre] [3] *vt & vi* to conjecture.

conjoint, -e [kɔ̃ʒwɛ̃, ɛ̃t] ◇ *adj* joint. ◇ *nm, f* spouse.

conjointement [kɔ̃ʒwɛ̃tmã] *adv*: **~ (avec qqn)** jointly (with sb).

conjonctif, -ive [kɔ̃ʒɔ̃ktif, iv] *adj* **-1.** → **tissu. -2.** GRAM conjunctive.

conjonction [kɔ̃ʒɔ̃ksjɔ̃] *nf* conjunction; **~ de coordination/de subordination** GRAM coordinating/subordinating conjunction.

conjonctivite [kɔ̃ʒɔ̃ktivit] *nf* conjunctivitis (*U*).

conjoncture [kɔ̃ʒɔ̃ktyr] *nf* ÉCON situation, circumstances (*pl*).

conjoncturel, -elle [kɔ̃ʒɔ̃ktyrɛl] *adj* economic.

conjugaison [kɔ̃ʒygezɔ̃] *nf* **-1.** [union] uniting. **-2.** GRAM conjugation.

conjugal, -e, -aux [kɔ̃ʒygal, o] *adj* conjugal.

conjuguer [kɔ̃ʒyge] [3] *vt* **-1.** [unir] to combine. **-2.** GRAM to conjugate.

conjuration [kɔ̃ʒyrasjɔ̃] *nf* **-1.** [conspiration] conspiracy. **-2.** [exorcisme] exorcism.

conjurer [kɔ̃ʒyre] [3] *vt* **-1.** [supplier] to beg; **je vous en conjure!** *sout* I beg (of) you! **-2.** [exorciser] to exorcize. **-3.** [écarter] to avert.
◆ **se conjurer** *vp* to plot, to conspire.

connaissais, connaissions *etc* → **connaître.**

connaissance [kɔnesãs] *nf* **-1.** [savoir] knowledge (*U*); **à ma ~** to (the best of) my knowledge; **en ~ de cause** with full knowledge of the facts; **prendre ~ de qqch** to study sthg, to examine sthg. **-2.** [personne] acquaintance; **une vieille ~** an old acquaintance; **faire ~ (avec qqn)** to become acquainted (with sb); **faire la ~ de** to meet. **-3.** [conscience]: **perdre/reprendre ~** to lose/regain consciousness; **sans ~** unconscious.

connaisseur, -euse [kɔnesœr, øz] ◇ *adj* expert (*avant n*). ◇ *nm, f* connoisseur.

connaître [kɔnɛtr] [91] *vt* **-1.** [gén] to know; **~ qqn de nom/de vue** to know sb by name/sight. **-2.** [éprouver] to experience.
◆ **se connaître** *vp* **-1.** **s'y ~ en** [être expert] to know about; **il s'y connaît** he knows what he's talking about/doing. **-2.** [soimême] to know o.s.. **-3.** [se rencontrer] to meet (each other); **ils se connaissent** they've met (each other).

connecter [kɔnɛkte] [4] *vt* to connect.

connecteur [kɔnɛktœr] *nm*: **~ à broche** INFORM pin connector.

connerie [kɔnri] *nf* *tfam* stupidity (*U*); **faire/dire des ~s** to do/to say something damned stupid, to do/to say something bloody stupid *Br*.

connexe [kɔnɛks] *adj* related.

connexion [kɔnɛksjɔ̃] *nf* connection.

connivence [kɔnivɑ̃s] *nf* connivance; **être de ~ (avec qqn)** to be in league (with sb).

connotation [kɔnɔtasjɔ̃] *nf* connotation.

connu, -e [kɔny] ◇ *pp* → **connaître**. ◇ *adj* **-1.** [célèbre] well-known, famous. **-2.** [su]: ~ **de qqn** known to sb.

conquérant, -e [kɔ̃kerɑ̃, ɑ̃t] ◇ *adj* conquering. ◇ *nm, f* conqueror.

conquérir [kɔ̃kerir] [39] *vt* to conquer.

conquête [kɔ̃kɛt] *nf* conquest; **faire la ~ de qqch** to conquer sthg; **faire la ~ de qqn** to win sb over.

conquiers, conquiert *etc* → **conquérir**.

conquis, -e [kɔ̃ki, iz] *pp* → **conquérir**.

consacré, -e [kɔ̃sakre] *adj* **-1.** [habituel] established, accepted. **-2.** RELIG consecrated.

consacrer [kɔ̃sakre] [3] *vt* **-1.** RELIG to consecrate. **-2.** [employer]: ~ **qqch à** to devote sthg to.
◆ **se consacrer** *vp*: **se ~ à** to dedicate o.s. to, to devote o.s. to.

consanguin, -e [kɔ̃sɑ̃gɛ̃, in] *adj*: **frère ~** half-brother; **sœur ~e** half-sister.

consciemment [kɔ̃sjamɑ̃] *adv* knowingly, consciously.

conscience [kɔ̃sjɑ̃s] *nf* **-1.** [connaissance & PSYCHOL] consciousness; **avoir ~ de qqch** to be aware of sthg. **-2.** [morale] conscience; **agir selon sa ~** to follow one's conscience; **avoir qqch sur la ~** to have sthg on one's conscience; **bonne/mauvaise ~** clear/guilty conscience; ~ **professionnelle** professional integrity, conscientiousness.

consciencieusement [kɔ̃sjɑ̃søzmɑ̃] *adv* conscientiously.

consciencieux, -ieuse [kɔ̃sjɑ̃sjø, jøz] *adj* conscientious.

conscient, -e [kɔ̃sjɑ̃, ɑ̃t] *adj* conscious; **être ~ de qqch** [connaître] to be conscious of sthg.

conscription [kɔ̃skripsjɔ̃] *nf* conscription, draft *Am*.

conscrit [kɔ̃skri] *nm* conscript, recruit, draftee *Am*.

consécration [kɔ̃sekrasjɔ̃] *nf* **-1.** [reconnaissance] recognition; [de droit, coutume] establishment. **-2.** RELIG consecration.

consécutif, -ive [kɔ̃sekytif, iv] *adj* **-1.** [successif & GRAM] consecutive. **-2.** [résultant]: ~ **à** resulting from.

conseil [kɔ̃sɛj] *nm* **-1.** [avis] piece of advice, advice (*U*); **donner un ~ OU des ~s (à qqn)** to give (sb) advice; **suivre le ~ de qqn** to take somebody's advice. **-2.** [personne]: ~

(en) consultant (in). **-3.** [assemblée] council; ~ **d'administration** board of directors; ~ **de classe** staff meeting; **le Conseil constitutionnel** *French government body ensuring that laws, elections and referenda are constitutional*; ~ **de discipline** disciplinary committee; **le Conseil d'État** the (French) Council of State; **le Conseil des ministres** ≃ the Cabinet; ~ **municipal** city council *Am*, town council *Br*; **le Conseil supérieur de la magistrature** *French state body that appoints members of the judiciary*.

LE CONSEIL D'ÉTAT:
The French Council of State has 200 members. It acts both as the highest court to which the legal affairs of the state can be referred, and as a consultative body to which bills and rulings are submitted by the government prior to examination by the 'Conseil des ministres'

LE CONSEIL DES MINISTRES:
The President himself presides over the 'Conseil des ministres', which traditionally meets every Wednesday morning; strictly speaking, when ministers assemble in the sole presence of the Prime Minister, this is known as 'le Conseil du cabinet'

---

conseiller¹ [kɔ̃seje] [4] ◇ *vt* **-1.** [recommander] to advise; ~ **qqch à qqn** to recommend sthg to sb. **-2.** [guider] to advise, to counsel. ◇ *vi* [donner un conseil]: ~ **à qqn de faire qqch** to advise sb to do sthg.

conseiller², -ère [kɔ̃seje, ɛr] *nm, f* **-1.** [guide] counselor *Am*, counsellor *Br*; ~ **matrimonial** marriage counselor *Am* OU counsellor *Br*. **-2.** [d'un conseil] councilor *Am*, councillor *Br*; ~ **municipal** city councilman (*f* -woman) *Am*, town councillor *Br*.

consensuel, -elle [kɔ̃sɑ̃sɥɛl] *adj*: **politique ~le** consensus politics.

consensus [kɔ̃sɛ̃sys] *nm* consensus.

consentement [kɔ̃sɑ̃tmɑ̃] *nm* consent.

consentir [kɔ̃sɑ̃tir] [37] ◇ *vt* **-1.** [accorder]: ~ **qqch à qqn** to grant sb sthg. **-2.** [accepter]: ~ **que** (+ *subjonctif*): **je consens qu'il vienne** I consent to his coming. ◇ *vi*: ~ **à qqch** to consent to sthg.

conséquence [kɔ̃sekɑ̃s] *nf* consequence, result; **avoir des ~s (sur qqch)** to have consequences (for sthg); **sans ~** [sans importance] of no importance; **ne pas tirer à ~** to be of no consequence.

conséquent, -e [kɔ̃sekɑ̃, ɑ̃t] *adj* **-1.** [cohérent] consistent. **-2.** [important] sizeable, considerable.

◆ **par conséquent** *loc adv* therefore, consequently.

conservateur, -trice [kɔ̃sεrvatœr, tris] ◇ *adj* conservative. ◇ *nm, f* **-1.** POLIT conservative. **-2.** [administrateur] curator.

◆ **conservateur** *nm* preservative.

conservation [kɔ̃sεrvasjɔ̃] *nf* **-1.** [état, entretien] preservation. **-2.** [d'aliment] preserving.

conservatoire [kɔ̃sεrvatwar] *nm* academy; ~ **de musique** music college; **le Conservatoire national supérieur d'art dramatique**, **le Conservatoire** *national drama school in Paris.*

conserve [kɔ̃sεrv] *nf* canned OU tinned *Br* food; **en ~** [en boîte] tinned, canned; [en bocal] preserved, bottled.

◆ **de conserve** *loc adv* together.

conserver [kɔ̃sεrve] [3] *vt* **-1.** [garder, entretenir] to keep. **-2.** [entreposer - en boîte] to can; [- en bocal] to bottle; **«~ au frais»** "keep in a cool place". **-3.** [personne]: **être bien conservé** to be well-preserved.

◆ **se conserver** *vp* to keep.

considérable [kɔ̃siderabl] *adj* considerable.

considération [kɔ̃siderasjɔ̃] *nf* **-1.** [réflexion, motivation] consideration; **en ~ de qqch** in consideration of sthg; **prendre qqch en ~** to take sthg into consideration. **-2.** [estime] respect.

considérer [kɔ̃sidere] [18] *vt* to consider; **tout bien considéré** all things considered.

consigne [kɔ̃siɲ] *nf* **-1.** [ordre] orders (*pl*). **-2.** (*gén pl*) [instruction] instructions (*pl*). **-3.** [entrepôt de bagages] checkroom *Am,* baggage room *Am,* left-luggage office *Br*; ~ **automatique** lockers (*pl*), left-luggage lockers (*pl*) *Br*. **-4.** [somme d'argent] deposit.

consigné, -e [kɔ̃siɲe] *adj* returnable.

consigner [kɔ̃siɲe] [3] *vt* **-1.** [bagages] to leave in the checkroom *Am* OU baggage room *Am* OU left-luggage office *Br*. **-2.** *sout* [relater] to record, to set down. **-3.** MIL to confine to barracks. **-4.** *vieilli* SCOL: ~ **qqn** to give sb detention.

consistance [kɔ̃sistɑ̃s] *nf* [solidité] consistency; *fig* substance; **sans ~** [fade] colorless *Am,* colourless *Br*.

consistant, -e [kɔ̃sistɑ̃, ɑ̃t] *adj* **-1.** [épais] thick. **-2.** [nourrissant] substantial. **-3.** [fondé] sound.

consister [kɔ̃siste] [3] *vi*: ~ **en** to consist of; ~ **à faire qqch** to consist in doing sthg.

consœur → **confrère**.

consolation [kɔ̃sɔlasjɔ̃] *nf* consolation.

console [kɔ̃sɔl] *nf* **-1.** [table] console (table).

-2. INFORM: ~ **de visualisation** VDU, visual display unit.

consoler [kɔ̃sɔle] [3] *vt* **-1.** [réconforter]: ~ **qqn (de qqch)** to comfort sb (in sthg). **-2.** [apaiser] to soothe.

◆ **se consoler** *vp*: **se ~ de qqch** to get over sthg.

consolider [kɔ̃sɔlide] [3] *vt litt* & *fig* to strengthen.

consommateur, -trice [kɔ̃sɔmatœr, tris] *nm, f* [acheteur] consumer; [d'un bar] customer.

consommation [kɔ̃sɔmasjɔ̃] *nf* **-1.** [utilisation] consumption; **faire une grande** OU **grosse ~ de** to use (up) a lot of. **-2.** [boisson] drink.

consommé, -e [kɔ̃sɔme] *adj sout* consummate.

◆ **consommé** *nm* consommé.

consommer [kɔ̃sɔme] [3] ◇ *vt* **-1.** [utiliser] to use (up). **-2.** [manger] to eat; **«à ~ avant le 5 juin 1994»** "best before OU use by 5/6/94". **-3.** [énergie] to consume, to use. ◇ *vi* **-1.** [boire] to drink. **-2.** [voiture]: **cette voiture consomme beaucoup** this car uses a lot of fuel.

consonance [kɔ̃sɔnɑ̃s] *nf* consonance; **un nom aux ~s harmonieuses** a beautiful name.

consonne [kɔ̃sɔn] *nf* consonant.

consort [kɔ̃sɔr] → **prince**.

◆ **consorts** *nmpl*: **et ~s** *péj* and his/their sort, and the like.

consortium [kɔ̃sɔrsjɔm] *nm* consortium.

conspirateur, -trice [kɔ̃spiratœr, tris] *nm, f* conspirator.

conspiration [kɔ̃spirasjɔ̃] *nf* conspiracy.

conspirer [kɔ̃spire] [3] ◇ *vt* [comploter] to plot. ◇ *vi* to conspire.

conspuer [kɔ̃spɥe] [7] *vt* to boo.

constamment [kɔ̃stamɑ̃] *adv* constantly.

constance [kɔ̃stɑ̃s] *nf* **-1.** [persévérance] perseverance; **avoir de la ~** to be indefatigable. **-2.** [permanence, fidélité] constancy.

constant, -e [kɔ̃stɑ̃, ɑ̃t] *adj* constant.

constat [kɔ̃sta] *nm* **-1.** [procès-verbal] report; ~ **à l'amiable** *joint insurance statement made by drivers after an accident*; ~ **d'huissier** *affidavit made before a bailiff*. **-2.** [constatation] established fact; **faire le ~ de qqch** to note sthg; ~ **d'échec** acknowledgement of failure.

constatation [kɔ̃statasjɔ̃] *nf* **-1.** [révélation] observation. **-2.** [fait retenu] finding.

constater [kɔ̃state] [3] *vt* **-1.** [se rendre compte de] to see, to note. **-2.** [consigner - fait, infraction] to record; [- décès, authenticité] to certi-fy.

constellation [kɔ̃stelasjɔ̃] *nf* ASTRON constel-lation.

consternation [kɔ̃stɛrnasjɔ̃] *nf* dismay.

consterner [kɔ̃stɛrne] [3] *vt* to dismay.

constipation [kɔ̃stipasjɔ̃] *nf* constipation.

constipé, -e [kɔ̃stipe] *adj* **-1.** MÉD consti-pated. **-2.** *fam fig* [manière, air] ill at ease.

constituant, -e [kɔ̃stitɥɑ̃, ɑ̃t] *adj* con-stituent; *voir aussi* **assemblée.**

constitué, -e [kɔ̃stitɥe] *adj* **-1.** [personne]: **normalement/bien ~ of** normal/sound con-stitution. **-2.** [composé]: **~ de** consisting of, composed of. **-3.** [établi par la loi] consti-tuted.

constituer [kɔ̃stitɥe] [7] *vt* **-1.** [élaborer] to set up. **-2.** [composer] to make up. **-3.** [re-présenter] to constitute. **-4.** [établir] to agree, to settle (on).

◆ **se constituer** *vp*: **se ~ de** to be made up of, to consist of; **se ~ en** to form; **se ~ prisonnier** to give o.s. up; **se ~ partie civile** JUR to sue privately for damages.

constitution [kɔ̃stitysjɔ̃] *nf* **-1.** [création] set-ting up. **-2.** [de pays, de corps] constitution. **-3.** [composition] composition. **-4.** [établisse-ment] establishment.

constitutionnel, -elle [kɔ̃stitysjɔnɛl] *adj* constitutional.

constructeur [kɔ̃stryktœr] *nm* **-1.** [fabricant] manufacturer; [de navire] shipbuilder. **-2.** [bâtisseur] builder.

constructif, -ive [kɔ̃stryktif, iv] *adj* **-1.** [créateur] creative. **-2.** [positif] constructive.

construction [kɔ̃stryksjɔ̃] *nf* **-1.** IND build-ing, construction; **~ navale** shipbuilding. **-2.** [édifice] structure, building. **-3.** GRAM & *fig* construction.

construire [kɔ̃strɥir] [98] *vt* **-1.** [bâtir, fabri-quer] to build. **-2.** [roman] to structure. **-3.** [théorie, phrase] to construct.

construisais, construisions *etc* → cons-truire.

construit, -e [kɔ̃strɥi, it] *pp* → construire.

consul [kɔ̃syl] *nm* consul; **~ honoraire** hon-orary consul.

consulat [kɔ̃syla] *nm* **-1.** [charge] consul-ship. **-2.** [résidence] consulate.

consultatif, -ive [kɔ̃syltatif, iv] *adj* consul-tative, advisory.

consultation [kɔ̃syltasjɔ̃] *nf* **-1.** [d'ouvrage]: **de ~ aisée** easy to use. **-2.** MÉD & POLIT con-sultation. **-3.** [d'expert] (professional) ad-vice.

consulter [kɔ̃sylte] [3] ◇ *vt* **-1.** [compulser] to consult. **-2.** [interroger, demander conseil à] to consult, to ask. **-3.** [spécialiste] to con-sult, to see. ◇ *vi* [médecin] to take OU hold surgery; [avocat] to be available for consul-tation.

◆ **se consulter** *vp* to confer.

consumer [kɔ̃syme] [3] *vt* **-1.** *sout* [brûler] to burn, to destroy. **-2.** *fig* & *littéraire* [épuiser] to consume, to eat up.

◆ **se consumer** *vp* to waste away; **se ~ de qqch** *littéraire* to be eaten up OU con-sumed with sthg.

consumérisme [kɔ̃symerism] *nm* consum-erism.

contact [kɔ̃takt] *nm* **-1.** [gén] contact; **le ~ du marbre est froid** marble is cold to the touch; **mettre qqn et qqn en ~, mettre qqn en ~ avec qqn** to put sb in touch with sb; **prendre ~ avec** to make contact with; **res-ter en ~ (avec)** to stay in touch (with); **au ~ de** on contact with; **au ~ des jeunes** through mixing OU associating with young people. **-2.** AUTOM ignition; **mettre/couper le ~** to switch on/off the ignition.

contacter [kɔ̃takte] [3] *vt* to contact.

contagieux, -ieuse [kɔ̃taʒjø, jøz] ◇ *adj* MÉD contagious; *fig* infectious. ◇ *nm, f* conta-gious patient.

contagion [kɔ̃taʒjɔ̃] *nf* MÉD contagion; *fig* infectiousness.

container → conteneur.

contaminer [kɔ̃tamine] [3] *vt* [infecter] to contaminate; *fig* to contaminate, to infect.

conte [kɔ̃t] *nm* story; **~ de fées** fairy tale.

contemplation [kɔ̃tɑ̃plasjɔ̃] *nf* contempla-tion; **rester en ~ devant** to gaze in con-templation at.

contempler [kɔ̃tɑ̃ple] [3] *vt* to contemplate.

contemporain, -e [kɔ̃tɑ̃pɔrɛ̃, ɛn] ◇ *adj*: **~ (de)** contemporary (with). ◇ *nm, f* contem-porary.

contenance [kɔ̃tnɑ̃s] *nf* **-1.** [capacité volumi-que] capacity. **-2.** [attitude]: **se donner une ~** to give an impression of composure; **perdre ~** to lose one's composure.

conteneur [kɔ̃tənœr], **container** [kɔ̃tɛner] *nm* (freight) container.

contenir [kɔ̃tnir] [40] *vt* to contain, to hold, to take.

◆ **se contenir** *vp* to contain o.s., to con-trol o.s.

content, -e [kɔ̃tɑ̃, ɑ̃t] *adj* **-1.** [joyeux] happy. **-2.** [satisfait]: **~ (de qqn/qqch)** happy (with sb/sthg), content (with sb/sthg); **~ de faire qqch** happy to do sthg.

◆ **content** *nm*: avoir son ~ de to have one's fill of.

contentement [kɔ̃tɑ̃tmɑ̃] *nm* satisfaction.

contenter [kɔ̃tɑ̃te] [3] *vt* to satisfy.

◆ **se contenter** *vp*: se ~ de qqch/de faire qqch to content o.s. with sthg/with doing sthg; se ~ de peu to be content with little.

contentieux [kɔ̃tɑ̃sjø] *nm* [litige] dispute; [service] legal department.

contenu, -e [kɔ̃tny] *pp* → contenir.

◆ **contenu** *nm* -1. [de récipient] contents (*pl*). -2. [de texte, discours] content.

conter [kɔ̃te] [3] *vt* to tell.

contestable [kɔ̃tɛstabl] *adj* questionable.

contestataire [kɔ̃tɛstatɛr] ◇ *nmf* anti-establishment figure. ◇ *adj* anti-establishment.

contestation [kɔ̃tɛstasjɔ̃] *nf* -1. [protestation] protest, dispute. -2. POLIT: la ~ anti-establishment activity.

conteste [kɔ̃tɛst]

◆ **sans conteste** *loc adv* unquestionably.

contester [kɔ̃tɛste] [3] ◇ *vt* to dispute, to contest. ◇ *vi* to protest.

conteur, -euse [kɔ̃tœr, øz] *nm, f* storyteller.

contexte [kɔ̃tɛkst] *nm* context.

contiens, contient *etc* → contenir.

contigu, -uë [kɔ̃tigy] *adj*: ~ (à) adjacent (to).

continent [kɔ̃tinɑ̃] *nm* continent.

continental, -e, -aux [kɔ̃tinɑ̃tal, o] *adj* continental.

contingence [kɔ̃tɛ̃ʒɑ̃s] *nf* (*gén pl*) contingency.

contingent [kɔ̃tɛ̃ʒɑ̃] *nm* -1. MIL national service conscripts (*pl*), draft *Am*. -2. COMM quota.

contingenter [kɔ̃tɛ̃ʒɑ̃te] [3] *vt* to put a quota on.

continu, -e [kɔ̃tiny] *adj* continuous.

continuation [kɔ̃tinɥasjɔ̃] *nf* continuation.

continuel, -elle [kɔ̃tinɥɛl] *adj* -1. [continu] continuous. -2. [répété] continual.

continuellement [kɔ̃tinɥɛlmɑ̃] *adv* continually.

continuer [kɔ̃tinɥe] [7] ◇ *vt* -1. [poursuivre] to carry on with, to continue (with). -2. [prolonger] to continue. ◇ *vi* to continue, to go on; ~ à OU de faire qqch to continue to do OU doing sthg.

◆ **se continuer** *vp* to continue, to carry on.

continuité [kɔ̃tinɥite] *nf* continuity.

contondant, -e [kɔ̃tɔ̃dɑ̃, ɑ̃t] *adj* blunt.

contorsionner [kɔ̃tɔrsjɔne] [3]

◆ **se contorsionner** *vp* to contort (o.s.), to writhe.

contour [kɔ̃tur] *nm* -1. [limite] outline. -2. (*gén pl*) [courbe] bend.

contourner [kɔ̃turne] [3] *vt litt* & *fig* to bypass, to get round.

contraceptif, -ive [kɔ̃trasɛptif, iv] *adj* contraceptive.

◆ **contraceptif** *nm* contraceptive.

contraception [kɔ̃trasɛpsjɔ̃] *nf* contraception.

contracter [kɔ̃trakte] [3] *vt* -1. [muscle] to contract, to tense; [visage] to contort. -2. [maladie] to contract, to catch. -3. [engagement] to contract; [assurance] to take out. -4. [moralement] to make tense OU nervous. -5. [habitude] to pick up, to acquire.

contraction [kɔ̃traksjɔ̃] *nf* contraction; [état de muscle] tenseness; avoir des ~s to have contractions.

contractuel, -elle [kɔ̃traktɥel] ◇ *adj* contractual. ◇ *nm, f* traffic policeman (*f* policewoman) *Am*, traffic warden *Br*.

contradiction [kɔ̃tradiksjɔ̃] *nf* contradiction.

contradictoire [kɔ̃tradiktwar] *adj* contradictory; débat ~ open debate.

contraignais, contraignions *etc* → contraindre.

contraignant, -e [kɔ̃trɛɲɑ̃, ɑ̃t] *adj* restricting.

contraindre [kɔ̃trɛ̃dr] [80] *vt*: ~ qqn à faire qqch to compel OU force sb to do sthg; être contraint de faire qqch to be compelled OU forced to do sthg.

◆ **se contraindre** *vp* -1. *sout* [se maîtriser] to contain o.s., to control o.s. -2. [s'obliger]: se ~ à faire qqch to make o.s. do sthg, to force o.s. to do sthg.

contraint, -e [kɔ̃trɛ̃, ɛ̃t] ◇ *pp* → contraindre. ◇ *adj* forced; ~ et forcé under duress.

◆ **contrainte** *nf* constraint; sans ~e freely.

contraire [kɔ̃trɛr] ◇ *nm*: le ~ the opposite; je n'ai jamais dit le ~ I have never denied it. ◇ *adj* opposite; ~ à [non conforme à] contrary to.

◆ **au contraire** *loc adv* on the contrary.

◆ **au contraire de** *loc prép* unlike.

contrairement [kɔ̃trɛrmɑ̃]

◆ **contrairement à** *loc prép* contrary to.

contrariant, -e [kɔ̃trarjɑ̃, ɑ̃t] *adj* -1. [personne] contrary, perverse. -2. [événement] annoying, tiresome.

contrarier [kɔ̃trarje] [9] *vt* -1. [contrecarrer] to thwart, to frustrate. -2. [irriter] to annoy.

◆ **se contrarier** *vp* to contrast.

contrariété [kɔ̃trarjete] *nf* annoyance.

contraste [kɔ̃trast] *nm* contrast; **faire** ~ **avec** to contrast with.

contraster [kɔ̃traste] [3] *vt & vi* to contrast.

contrat [kɔ̃tra] *nm* contract, agreement; **remplir son** ~ *fig* to keep OU fulfil one's promise; ~ **à durée déterminée/indéterminée** fixed-term/permanent contract; ~ **reconductible** renewable agreement.

contravention [kɔ̃travɑ̃sjɔ̃] *nf* [amende] fine; ~ **pour stationnement interdit** parking ticket; **dresser une** ~ **à qqn** to fine sb.

contre [kɔ̃tr] ◇ *prép* **-1.** [juxtaposition, opposition] against. **-2.** [proportion, comparaison]: **élu à 15 voix** ~ **9** elected by 15 votes to 9; **parier à 10** ~ **1** to bet 10 to 1. **-3.** [échange] (in exchange) for. ◇ *adv* **-1.** [juxtaposition]: **prends la rampe et appuie-toi** ~ take hold of the rail and lean against it. **-2.** [opposition]: **vous êtes pour ou** ~? are you for or against? ◇ *nm* → **pour**.
◆ **par contre** *loc adv* on the other hand.

contre-attaque [kɔ̃tratak] (*pl* **contre-attaques**) *nf* counterattack.

contrebalancer [kɔ̃trəbalɑ̃se] [16] *vt* to counterbalance, to offset.
◆ **se contrebalancer** *vp*: **se** ~ **de** *fam* not to give a damn about.

contrebande [kɔ̃trəbɑ̃d] *nf* [activité] smuggling; [marchandises] contraband; **passer qqch en** ~ to smuggle sthg.

contrebandier, -ière [kɔ̃trəbɑ̃dje, jɛr] *nm, f* smuggler.

contrebas [kɔ̃trəba]
◆ **en contrebas** *loc adv* (down) below.

contrebasse [kɔ̃trəbas] *nf* **-1.** [instrument] (double) bass. **-2.** [musicien] (double) bass player.

contrecarrer [kɔ̃trəkare] [3] *vt* to thwart, to frustrate.

contrecœur [kɔ̃trəkœr]
◆ **à contrecœur** *loc adv* grudgingly.

contrecoup [kɔ̃trəku] *nm* consequence.

contre-courant [kɔ̃trəkurɑ̃]
◆ **à contre-courant** *loc adv* against the current.

contredire [kɔ̃trədir] [103] *vt* to contradict.
◆ **se contredire** *vp* **-1.** (*emploi réciproque*) to contradict (each other). **-2.** (*emploi réfléchi*) to contradict o.s.

contredit, -e [kɔ̃trədi] *pp* → **contredire**.

contrée [kɔ̃tre] *nf* [pays] land; [région] region.

contre-écrou [kɔ̃trekru] (*pl* **contre-écrous**) *nm* lock-nut.

contre-espionnage [kɔ̃trɛspjɔnaʒ] *nm* counterespionage.

contre-exemple [kɔ̃trɛgzɑ̃pl] (*pl* **contre-exemples**) *nm* example to the contrary.

contre-expertise [kɔ̃trɛkspɛrtiz] (*pl* **contre-expertises**) *nf* second (expert) opinion.

contrefaçon [kɔ̃trəfasɔ̃] *nf* [activité] counterfeiting; [produit] forgery.

contrefaire [kɔ̃trəfɛr] [109] *vt* **-1.** [signature, monnaie] to counterfeit, to forge. **-2.** [voix] to disguise.

contrefait, -e [kɔ̃trəfɛ, ɛt] *adj* **-1.** [frauduleux] forged. **-2.** *sout* [difforme] deformed.

contreficher [kɔ̃trəfiʃe] [3]
◆ **se contreficher** *vp*: **se** ~ **de** *fam* not to give a damn about.

contre-filet [kɔ̃trəfilɛ] (*pl* **contre-filets**) *nm* sirloin.

contrefort [kɔ̃trəfɔr] *nm* **-1.** [pilier] buttress. **-2.** [de chaussure] back.
◆ **contreforts** *nmpl* foothills.

contre-indication [kɔ̃trɛ̃dikasjɔ̃] (*pl* **contre-indications**) *nf* contraindication.

contre-interrogatoire [kɔ̃trɛ̃terɔgatwar] (*pl* **contre-interrogatoires**) *nm* cross-examination.

contre-jour [kɔ̃trəʒur]
◆ **à contre-jour** *loc adv* against the light.

contremaître, -esse [kɔ̃trəmɛtr, ɛs] *nm, f* foreman (*f* forewoman).

contremarque [kɛ̃trəmark] *nf* [pour sortir d'un spectacle] pass-out ticket.

contre-offensive [kɔ̃trɔfɑ̃siv] (*pl* **contre-offensives**) *nf* counteroffensive.

contre-OPA [kɔ̃trɔpea] *nf inv* counterbid.

contre-ordre [kɔ̃trɔrdr] = **contrordre**.

contrepartie [kɔ̃trəparti] *nf* **-1.** [compensation] compensation. **-2.** [contraire] opposing view.
◆ **en contrepartie** *loc adv* in return.

contre-performance [kɔ̃trəperfɔrmɑ̃s] (*pl* **contre-performances**) *nf* disappointing performance.

contrepèterie [kɔ̃trəpetri] *nf* spoonerism.

contre-pied [kɔ̃trəpje] *nm*: **prendre le** ~ **de** to do the opposite of.

contreplaqué, contre-plaqué [kɔ̃trəplake] *nm* plywood.

contrepoids [kɔ̃trəpwa] *nm litt & fig* counterbalance, counterweight.

contrepoint [kɔ̃trəpwɛ̃] *nm* counterpoint.

contrepoison [kɔ̃trəpwazɔ̃] *nm* antidote.

contre-pouvoir [kɔ̃trəpuvwar] (*pl* **contre-pouvoirs**) *nm* counterbalance.

contre-publicité [kɔ̃trəpyblisite] (*pl* **contre-publicités**) *nf* **-1.** [mauvaise publicité] adverse OU bad publicity (*U*). **-2.** [publicité offensive] negative advertising (*U*).

contrer [kɔ̃tre] [3] *vt* **-1.** [s'opposer à] to counter. **-2.** CARTES to double.

contresens [kɔ̃trəsɑ̃s] *nm* **-1.** [erreur - de traduction] mistranslation; [- d'interprétation] misinterpretation. **-2.** [absurdité] nonsense (*U*).
◆ **à contresens** *loc adv litt* & *fig* the wrong way.

contresigner [kɔ̃trəsiɲe] [3] *vt* to countersign.

contretemps [kɔ̃trətɑ̃] *nm* hitch, mishap.
◆ **à contretemps** *loc adv* MUS out of time; *fig* at the wrong moment.

contrevenant, -e [kɔ̃trəvnɑ̃, ɑ̃t] *nm, f* offender.

contrevenir [kɔ̃trəvnir] [40] *vi*: ~ **à** to contravene, to infringe.

contrevenu [kɔ̃trəvny] *pp inv* → **contrevenir**.

contribuable [kɔ̃tribɥabl] *nmf* taxpayer.

contribuer [kɔ̃tribɥe] [7] *vi*: ~ **à** to contribute to.

contribution [kɔ̃tribysjɔ̃] *nf*: ~ **(à)** contribution (to); **mettre qqn à** ~ to call on sb's services.
◆ **contributions** *nfpl* taxes; ~**s directes/indirectes** direct/indirect taxation.

contrit, -e [kɔ̃tri, it] *adj* contrite.

contrôle [kɔ̃trol] *nm* **-1.** [vérification - de déclaration] check, checking (*U*); [- de documents, billets] inspection; ~ **d'identité** identity check; ~ **de qualité** quality control; ~ **radar** AUTOM radar speed-trap; ~ **de routine** routine inspection. **-2.** [maîtrise, commande] control; **perdre le** ~ **de qqch** to lose control of sthg; ~ **des naissances** birth control; ~ **des prix** price control. **-3.** [salle] control room. **-4.** SCOL test; ~ **continu** UNIV continuous assessment. **-5.** [direction] running, supervision.

contrôler [kɔ̃trole] [3] *vt* **-1.** [vérifier - documents, billets] to inspect; [- déclaration] to check; [- connaissances] to test. **-2.** [maîtriser, diriger] to control. **-3.** TECHNOL to monitor, to control. **-4.** [superviser] to supervise.
◆ **se contrôler** *vp* to control o.s.

contrôleur, -euse [kɔ̃trolœr, øz] *nm, f* [de train] ticket inspector; [d'autobus] (bus) conductor (*f* conductress); ~ **aérien** air traffic controller.

contrordre, contre-ordre (*pl* **contre-ordres**) [kɔ̃trɔrdr] *nm* countermand; **sauf** ~ unless otherwise instructed.

controverse [kɔ̃trɔvɛrs] *nf* controversy.

controversé, -e [kɔ̃trɔvɛrse] *adj* [personne, décision] controversial.

contumace [kɔ̃tymas] *nf* JUR: **condamné par** ~ sentenced in absentia.

contusion [kɔ̃tyzjɔ̃] *nf* bruise, contusion.

conurbation [kɔnyrbasjɔ̃] *nf* conurbation.

convaincant, -e [kɔ̃vɛ̃kɑ̃, ɑ̃t] *adj* convincing.

convaincre [kɔ̃vɛ̃kr] [114] *vt* **-1.** [persuader]: ~ **qqn (de qqch)** to convince sb (of sthg); ~ **qqn (de faire qqch)** to persuade sb (to do sthg). **-2.** JUR: ~ **qqn de** to find sb guilty of, to convict sb of.

convaincu, -e [kɔ̃vɛ̃ky] ◇ *pp* → **convaincre.** ◇ *adj* [partisan] committed; **d'un ton** ~, **d'un air** ~ with conviction.

convainquais, convainquions *etc* → **convaincre**.

convainquant [kɔ̃vɛ̃kɑ̃] *participe présent* → **convaincre**.

convalescence [kɔ̃valesɑ̃s] *nf* convalescence; **être en** ~ to be convalescing OU recovering.

convalescent, -e [kɔ̃valesɑ̃, ɑ̃t] *adj & nm, f* convalescent.

convenable [kɔ̃vnabl] *adj* **-1.** [manières, comportement] polite; [tenue, personne] decent, respectable. **-2.** [approprié] suitable. **-3.** [acceptable] adequate, acceptable.

convenablement [kɔ̃vnabləmɑ̃] *adv* **-1.** [s'habiller, se tenir] properly. **-2.** [être payé] decently. **-3.** [travailler] adequately.

convenance [kɔ̃vnɑ̃s] *nf*: **à ma/votre** ~ to my/your convenience.
◆ **convenances** *nfpl* proprieties.

convenir [kɔ̃vnir] [40] *vi* **-1.** [décider]: ~ **de qqch/de faire qqch** to agree on sthg/to do sthg. **-2.** [plaire]: ~ **à qqn** to suit sb, to be convenient for sb. **-3.** [être approprié]: ~ **à** OU **pour** to be suitable for; **il convient de** ... it is advisable to .... **-4.** *sout* [admettre]: ~ **de qqch** to admit to sthg; ~ **que** to admit (that); **j'en conviens** *sout* I admit it.

convention [kɔ̃vɑ̃sjɔ̃] *nf* **-1.** [règle, assemblée] convention. **-2.** [accord] agreement; ~ **collective** collective agreement.
◆ **conventions** *nfpl*: **les** ~**s** convention (*sg*).
◆ **de convention** *loc adj* conventional.

conventionné, -e [kɔ̃vɑ̃sjɔne] *adj* subsidized, ≃ National Health (*avant n*) *Br*.

conventionnel, -elle [kɔ̃vɑ̃sjɔnɛl] *adj* conventional.

convenu, -e [kɔ̃vny] ◇ *pp* → **convenir.** ◇ *adj* **-1.** [décidé]: **comme ~** as agreed. **-2.** *péj* [stéréotypé] conventional.

convergent, -e [kɔ̃vɛrʒɑ̃, ɑ̃t] *adj* convergent.

converger [kɔ̃vɛrʒe] [17] *vi*: **~ (vers)** to converge (on).

conversation [kɔ̃vɛrsasjɔ̃] *nf* conversation; **détourner la ~** to change the subject; **être en grande ~ avec** to be deep in conversation with.

converser [kɔ̃vɛrse] [3] *vi sout*: **~ (avec)** to converse (with).

conversion [kɔ̃vɛrsjɔ̃] *nf* **-1.** [gén]: **~ (à/en)** conversion (to/into). **-2.** SKI kick turn.

converti, -e [kɔ̃vɛrti] *nm, f*: **prêcher un ~** *fig* to preach to the converted.

convertible [kɔ̃vɛrtibl] ◇ *nm* [canapé-lit] sofa-bed. ◇ *adj* convertible.

convertir [kɔ̃vɛrtir] [32] *vt*: **~ qqn (à)** to convert sb (to); **~ qqch (en)** to convert sthg (into).

◆ **se convertir** *vp*: **se ~ (à)** to be converted (to).

convexe [kɔ̃vɛks] *adj* convex.

conviction [kɔ̃viksjɔ̃] *nf* conviction; **avoir la ~ que** to be convinced (that).

conviendrai, conviendrons *etc* → **convenir.**

convier [kɔ̃vje] [9] *vt*: **~ qqn à** to invite sb to.

convive [kɔ̃viv] *nmf* guest (*at a meal*).

convivial, -e, -iaux [kɔ̃vivjal, jo] *adj* **-1.** [réunion] convivial. **-2.** INFORM user-friendly.

convocation [kɔ̃vɔkasjɔ̃] *nf* [avis écrit] summons (*sg*), notification to attend.

convoi [kɔ̃vwa] *nm* **-1.** [de véhicules] convoy; **~ exceptionnel** wide load. **-2.** [train] train.

convoiter [kɔ̃vwate] [3] *vt* to covet.

convoitise [kɔ̃vwatiz] *nf* covetousness.

convoler [kɔ̃vɔle] [3] → **noces.**

convoquer [kɔ̃vɔke] [3] *vt* **-1.** [assemblée] to convene. **-2.** [pour un entretien] to invite. **-3.** [subalterne, témoin] to summon. **-4.** [à un examen]: **~ qqn** to ask sb to attend.

convoyer [kɔ̃vwaje] [13] *vt* to escort.

convoyeur, -euse [kɔ̃vwajœr, øz] ◇ *adj* escort (*avant n*). ◇ *nm, f* escort; **~ de fonds** security guard.

convulser [kɔ̃vylse] [3] *vt* to convulse.

◆ **se convulser** *vp* to convulse.

convulsif, -ive [kɔ̃vylsif, iv] *adj* convulsive.

convulsion [kɔ̃vylsjɔ̃] *nf* convulsion.

cool [kul] *adj inv fam* [décontracté] laid-back, cool.

coopérant [kɔɔperɑ̃] *nm* **-1.** MIL *person engaged in voluntary work abroad as an alternative to military service*. **-2.** ÉCON *foreign expert working in developing country*.

coopératif, -ive [kɔɔperatif, iv] *adj* cooperative.

◆ **coopérative** *nf* [groupement] cooperative; **coopérative de consommation** consumers' cooperative.

coopération [kɔɔperasjɔ̃] *nf* **-1.** [collaboration] cooperation; **en ~ avec qqn** in collaboration with sb. **-2.** [aide]: **la ~** ≃ overseas development.

coopérer [kɔɔpere] [18] *vi*: **~ (à)** to cooperate (in).

cooptation [kɔɔptasjɔ̃] *nf* co-opting.

coordinateur, -trice [kɔɔrdinatœr, tris] ◇ *adj* coordinating. ◇ *nm, f* coordinator.

coordination [kɔɔrdinasjɔ̃] *nf* coordination; *voir aussi* **conjonction.**

coordonnée [kɔɔrdɔne] *nf* **-1.** LING coordinate clause. **-2.** MATHS coordinate.

◆ **coordonnées** *nfpl* **-1.** GÉOGR coordinates. **-2.** [adresse] address and phone number, details.

coordonner [kɔɔrdɔne] [3] *vt* to coordinate.

copain, -ine [kɔpɛ̃, in] ◇ *adj* friendly, matey; **être très ~s** to be great pals. ◇ *nm, f* friend, mate.

copeau, -x [kɔpo] *nm* [de bois] **(wood)** shaving.

Copenhague [kɔpɛnag] *n* Copenhagen.

copie [kɔpi] *nf* **-1.** [double, reproduction] copy; **~ (certifiée) conforme** certified copy. **-2.** [SCOL - de devoir] fair copy; [- d'examen] paper, script.

copier [kɔpje] [9] ◇ *vt* to copy. ◇ *vi*: **~ sur qqn** to copy from sb.

copieur, -ieuse [kɔpjœr, jøz] *nm, f* [étudiant] copier.

◆ **copieur** *nm* [photocopieur] copier, photocopier.

copieusement [kɔpjøzmɑ̃] *adv* copiously.

copieux, -ieuse [kɔpjø, jøz] *adj* copious.

copilote [kɔpilɔt] *nmf* copilot.

copine → **copain.**

coprocesseur [kɔprɔsɛsœr] *nm*: **~ mathématique** math *Am* OU maths *Br* coprocessor.

coproducteur, -trice [kɔprɔdyktœr, tris] *nm, f* [pour spectacle] coproducer.

coproduction [kɔprɔdyksjɔ̃] *nf* coproduction; **en ~** coproduced.

copropriétaire [kɔprɔprijetɛr] *nmf* co-owner, joint owner.

copropriété [kɔprɔprijete] *nf* co-ownership, joint ownership.

copuler [kɔpyle] [3] *vi* to copulate.

copyright [kɔpirajt] *nm* copyright.

coq [kɔk] *nm* cock, cockerel; ~ **de bruyère** grouse; **le ~ gaulois** the French cockerel; **fier comme un ~** *fig* as proud as a peacock; **être comme un ~ en pâte** *fig* to be in clover; **sauter** OU **passer du ~ à l'âne** to jump from one subject to another.

LE COQ GAULOIS:
The cockerel is the symbol of France. Its cry, 'cocorico!', is sometimes used humorously to express national pride: 'trois médailles d'or pour la France - cocorico!'

coque [kɔk] *nf* -1. [de noix] shell. -2. [de navire] hull.

coquelet [kɔklɛ] *nm* cockerel.

coquelicot [kɔkliko] *nm* poppy.

coqueluche [kɔklyʃ] *nf* whooping cough; **être la ~ de** *fig* to be the idol OU darling of.

coquet, -ette [kɔkɛ, ɛt] *adj* -1. [vêtements] smart, stylish; [ville, jeune fille] pretty. -2. *(avant n) hum* [important]: **la ~te somme de 100 livres** the tidy sum of £100.

◆ **coquette** *nf* flirt.

coquetier [kɔktje] *nm* eggcup.

coquetterie [kɔkɛtri] *nf* -1. [désir de plaire] coquettishness. -2. [élégance] smartness, stylishness.

coquillage [kɔkijaʒ] *nm* -1. [mollusque] shellfish. -2. [coquille] shell.

coquille [kɔkij] *nf* -1. [de mollusque, noix, œuf] shell; ~ **de noix** [embarcation] cockleshell; ~ **Saint-Jacques** scallop; **rentrer dans sa ~** *fig* to go back into one's shell. -2. TYPO misprint.

coquillettes [kɔkijet] *nfpl* pasta shells.

coquin, -e [kɔkɛ̃, in] ◇ *adj* [sous-vêtement] sexy, naughty; [regard, histoire] saucy. ◇ *nm, f* rascal.

cor [kɔr] *nm* -1. [instrument] horn; ~ **de chasse** hunting horn. -2. [au pied] corn.

◆ **à cor et à cri** *loc adv*: **réclamer qqch à ~ et à cri** to clamor *Am* OU clamour *Br* for sthg.

corail, -aux [kɔraj, o] *nm* -1. [gén] coral. -2. RAIL: **train ~** ≃ express train.

◆ **corail** *adj inv* coral (pink).

Coran [kɔrɑ̃] *nm*: **le ~** the Koran.

coranique [kɔranik] *adj* Koranic.

corbeau, -x [kɔrbo] *nm* -1. [oiseau] crow. -2. [délateur] writer of poison-pen letters.

corbeille [kɔrbɛj] *nf* -1. [panier] basket; ~ **à papier** waste paper basket. -2. THÉÂTRE (dress) circle. -3. [de Bourse] stockbrokers' enclosure *(at Paris Stock Exchange)*.

corbillard [kɔrbijar] *nm* hearse.

cordage [kɔrdaʒ] *nm* -1. [de bateau] rigging (U). -2. [de raquette] strings *(pl)*.

corde [kɔrd] *nf* -1. [filin] rope; ~ **à linge** washing OU clothes line; ~ **à sauter** skipping rope. -2. [d'instrument, arc] string; **avoir plus d'une ~ à son arc** *fig* to have more than one string to one's bow. -3. ANAT: ~ **vocale** vocal cord. -4. HIPPISME rails *(pl)*; ATHLÉTISME inside (lane). -5. *loc*: **usé jusqu'à la ~** [vêtement] threadbare; [histoire] well-worn, hackneyed; **faire vibrer la ~ sensible** to strike the right chord.

◆ **cordes** *nfpl* -1. MUS strings. -2. BOXE: **les ~s** the ropes. -3. *loc*: **être dans les ~s de qqn** to be (in) sb's line; **il tombe** OU **pleut des ~s** it's raining cats and dogs.

cordeau [kɔrdo] *nm* [de jardinier] line; **tracé au ~** *fig* [route] dead straight.

cordée [kɔrde] *nf* ALPINISME roped party *(of mountaineers)*.

cordelette [kɔrdəlɛt] *nf* string.

cordial, -e, -iaux [kɔrdjal, jo] *adj* warm, cordial.

◆ **cordial, -aux** *nm vieilli* tonic, pick-me-up.

cordialement [kɔrdjalmɑ̃] *adv* warmly, cordially.

cordialité [kɔrdjalite] *nf* warmth.

cordon [kɔrdɔ̃] *nm* string, cord; ~ **ombilical** umbilical cord; ~ **de police** police cordon.

cordon-bleu [kɔrdɔ̃blø] *(pl* cordons-bleus*)* *nm* cordon bleu cook.

cordonnerie [kɔrdɔnri] *nf* -1. [magasin] shoe repairer's, cobbler's. -2. [activité, commerce] shoe repairing.

cordonnier, -ière [kɔrdɔnje, jɛr] *nm, f* shoe repairer, cobbler.

Cordoue [kɔrdu] *n* Cordoba.

Corée [kɔre] *nf* Korea; **la ~ du Nord/du Sud** North/South Korea.

coréen, -enne [kɔreɛ̃, ɛn] *adj* Korean.

◆ **Coréen, -enne** *nm, f* Korean.

coreligionnaire [kɔrelijɔnɛr] *nmf* fellow Jew/Christian *etc*.

coriace [kɔrjas] *adj litt* & *fig* tough.

coriandre [kɔrjɑ̃dr] *nf* coriander.

cormoran [kɔrmɔrɑ̃] *nm* cormorant.

corne [kɔrn] *nf* **-1.** [gén] horn; [de cerf] antler; ~ **d'abondance** *fig* horn of plenty; ~ **de brume** foghorn. **-2.** [callosité] hard skin (*U*), callus.

cornée [kɔrne] *nf* cornea.

corneille [kɔrnɛj] *nf* crow.

cornélien, -ienne [kɔrneljɛ̃, jɛn] *adj involving the conflict between love and duty.*

cornemuse [kɔrnəmyz] *nf* bagpipes (*pl*).

corner¹ [kɔrne] [3] ◇ *vi* [sirène] to blare (out). ◇ *vt* [page] to turn down the corner of.

corner² [kɔrnɛr] *nm* FOOTBALL corner (kick).

cornet [kɔrnɛ] *nm* **-1.** [d'aliment] cornet, cone. **-2.** [de jeu] (dice) shaker.

corniaud, corniot [kɔrnjo] *nm* **-1.** [chien] mongrel. **-2.** *fam* [imbécile] twit.

corniche [kɔrniʃ] *nf* **-1.** [route] cliff road. **-2.** [moulure] cornice.

cornichon [kɔrniʃɔ̃] *nm* **-1.** [condiment] gherkin. **-2.** *fam* [imbécile] twit.

corniot = **corniaud.**

Cornouailles [kɔrnwaj] *nf*: **la** ~ Cornwall.

corollaire [kɔrɔlɛr] *nm* corollary.

corolle [kɔrɔl] *nf* corolla.

coron [kɔrɔ̃] *nm* [village] mining village.

coronaire [kɔrɔnɛr] → **artère.**

corporation [kɔrpɔrasjɔ̃] *nf* corporate body.

corporel, -elle [kɔrpɔrɛl] *adj* **-1.** [physique - besoin] bodily; [- châtiment] corporal. **-2.** JUR tangible.

corps [kɔr] *nm* **-1.** [gén] body; **être au** ~ **à** ~ to fight hand-to-hand; **le** ~ **du délit** JUR corpus delicti; ~ **étranger** foreign body; ~ **gras** fat. **-2.** [groupe]: ~ **d'armée** (army) corps; ~ **diplomatique** diplomatic corps; **le** ~ **électoral** the electorate; ~ **enseignant** [profession] teaching profession; [d'école] teaching staff; ~ **expéditionnaire** task force; **le** ~ **législatif** the legislative body; **le** ~ **médical** the medical profession. **-3.** *loc*: **à mon** ~ **défendant** against my will; **faire** ~ **avec** to form (an integral) part of; **se dévouer** ~ **et âme à** to commit o.s. body and soul to; **se jeter** OU **se lancer à** ~ **perdu dans qqch** to throw o.s. (headlong) into sthg; **prendre** ~ to take shape; **sombrer** ~ **et biens** to go down with all hands.

corpulent, -e [kɔrpylɑ̃, ɑ̃t] *adj* corpulent, stout.

corpus [kɔrpys] *nm* corpus.

corpuscule [kɔrpyskyl] *nm* corpuscle.

correct, -e [kɔrɛkt] *adj* **-1.** [exact] correct, right. **-2.** [honnête] correct, proper. **-3.** [acceptable] decent; [travail] fair.

correctement [kɔrɛktəmɑ̃] *adv* **-1.** [sans faute] accurately. **-2.** [décemment] properly.

correcteur, -trice [kɔrɛktœr, tris] ◇ *adj* corrective. ◇ *nm, f* **-1.** [d'examen] examiner, grader *Am*, marker *Br*. **-2.** TYPO proofreader.

correctif, -ive [kɔrɛktif, iv] *adj* corrective.

◆ **correctif** *nm* rider; **apporter un** ~ **à qqch** to qualify sthg.

correction [kɔrɛksjɔ̃] *nf* **-1.** [d'erreur] correction. **-2.** [punition] punishment; **donner une** ~ **à qqn** to give sb a good hiding. **-3.** [modification] correction. **-4.** TYPO proofreading. **-5.** [notation] marking. **-6.** [qualité] correctness. **-7.** [bienséance] propriety.

correctionnel, -elle [kɔrɛksjɔnɛl] *adj* JUR: **tribunal** ~ ≃ magistrate's court; **peine** ~**le** *sentence of up to five years' imprisonment.*

◆ **correctionnelle** *nf* JUR ≃ magistrate's court; **passer en** ~**le** to appear before the magistrate.

corrélation [kɔrelasjɔ̃] *nf* correlation.

correspondance [kɔrɛspɔ̃dɑ̃s] *nf* **-1.** [gén] correspondence; **cours par** ~ correspondence course. **-2.** TRANSPORT connection; **assurer la** ~ **avec** to connect with.

correspondant, -e [kɔrɛspɔ̃dɑ̃, ɑ̃t] ◇ *adj* corresponding. ◇ *nm, f* **-1.** [par lettres] penfriend, correspondent. **-2.** [par téléphone]: **je vous passe votre** ~ I'll put you through. **-3.** PRESSE correspondent; **de notre** ~ **à New York** from our New York correspondent; ~ **de guerre/de presse** war/newspaper correspondent.

correspondre [kɔrɛspɔ̃dr] [75] *vi* **-1.** [être conforme]: ~ **à** to correspond to. **-2.** [communiquer] to communicate. **-3.** [par lettres]: ~ **avec** to correspond with.

◆ **se correspondre** *vp* [s'accorder] to correspond.

correspondu, -e [kɔrɛspɔ̃dy] *pp* → **correspondre.**

corrida [kɔrida] *nf* bullfight.

corridor [kɔridɔr] *nm* corridor.

corrigé [kɔriʒe] *nm* correct version.

corriger [kɔriʒe] [17] *vt* **-1.** TYPO to correct, to proofread. **-2.** [noter] to mark. **-3.** [modifier] to correct. **-4.** [guérir]: ~ **qqn de** to cure sb of. **-5.** [punir] to give sb a good hiding.

◆ **se corriger** *vp* **-1.** [d'un défaut]: **se** ~ **de** to cure o.s. of. **-2.** [devenir raisonnable] to mend one's ways.

corroborer [kɔrɔbɔre] [3] *vt* to corroborate.

corroder [kɔrɔde] [3] *vt* [ronger] to corrode; *fig* to erode.

corrompre [kɔrɔ̃pr] [78] *vt* **-1.** [soudoyer] to bribe. **-2.** [dépraver] to corrupt. **-3.** *fig* [gâter] to spoil.

corrompu, -e [kɔrɔ̃py] ◇ *pp* → **corrompre**. ◇ *adj* [fonctionnaire, âme] corrupt.

corrosif, -ive [kɔrozif, iv] *adj* **-1.** [acide] corrosive. **-2.** *fig* [ironie] biting.

◆ **corrosif** *nm* corrosive.

corrosion [kɔrozjɔ̃] *nf* corrosion.

corruption [kɔrypsjɔ̃] *nf* **-1.** [subornation] bribery; ~ **de fonctionnaire** bribery of a public official. **-2.** [dépravation] corruption. **-3.** [décomposition] decomposition. **-4.** [altération] debasing.

corsage [kɔrsaʒ] *nm* **-1.** [chemisier] blouse. **-2.** [de robe] bodice.

corsaire [kɔrsɛr] *nm* **-1.** [navire, marin] corsair, privateer. **-2.** [pantalon] pedal-pushers *(pl)*.

corse [kɔrs] ◇ *adj* Corsican. ◇ *nm* [langue] Corsican. ◇ *nmf* Corsican.

Corse [kɔrs] *nf*: **la** ~ Corsica; **en** ~ in Corsica.

corsé, -e [kɔrse] *adj* [café] strong; [vin] full-bodied; [plat, histoire] spicy.

corser [kɔrse] [3] *vt* **-1.** [plat, sauce] to spice up. **-2.** [histoire] to liven up. **-3.** [vin] to strengthen.

◆ **se corser** *vp* [se compliquer] to get complicated; **ça se corse** things are getting serious.

corset [kɔrsɛ] *nm* corset; ~ **orthopédique** MÉD surgical corset.

cortège [kɔrtɛʒ] *nm* procession; ~ **funèbre** funeral procession, cortege.

cortisone [kɔrtizɔn] *nf* cortisone.

corvée [kɔrve] *nf* **-1.** MIL fatigue (duty). **-2.** [activité pénible] chore.

cosignataire [kɔsiɲatɛr] *nmf* JUR cosignatory.

cosinus [kɔsinys] *nm* cosine.

cosmétique [kɔsmetik] *nm & adj* cosmetic.

cosmique [kɔsmik] *adj* cosmic.

cosmonaute [kɔsmɔnot] *nmf* cosmonaut.

cosmopolite [kɔsmɔpɔlit] *adj* cosmopolitan.

cosmos [kɔsmos] *nm* **-1.** [univers] cosmos. **-2.** [espace] outer space.

cosse [kɔs] *nf* **-1.** [de légume] pod. **-2.** *fam vieilli* [paresse]: **avoir la** ~ to feel lazy.

cossu, -e [kɔsy] *adj* **-1.** [personne] wealthy, moneyed. **-2.** [maison] opulent.

Costa Rica [kɔstarika] *nm*: **le** ~ Costa Rica; **au** ~ in Costa Rica.

costaricien, -ienne [kɔstarisjɛ̃, jɛn] *adj* Costa Rican.

◆ **Costaricien, -ienne** *nm, f* Costa Rican.

costaud (*f* **costaud** OU **-e**) [kɔsto, od] *adj* sturdily built.

◆ **costaud** *nm* strapping man.

costume [kɔstym] *nm* **-1.** [folklorique, de théâtre] costume. **-2.** [vêtement d'homme] suit; ~ **trois-pièces** three-piece suit.

costumé, -e [kɔstyme] *adj* fancy-dress *(avant n)*.

costumier, -ière [kɔstymje, jɛr] *nm, f* THÉÂTRE wardrobe master (*f* mistress).

cotation [kɔtasjɔ̃] *nf* FIN quotation; ~ **en Bourse** quoting on the stock exchange.

cote [kɔt] *nf* **-1.** [marque de classement] classification mark; [marque numérale] serial number. **-2.** FIN quotation. **-3.** [de valeur] valuation. **-4.** [de cheval] odds *(pl)*. **-5.** [popularité] rating; **avoir la** ~ **(auprès de qqn)** *fam* to be popular (with sb). **-6.** [niveau] level; ~ **d'alerte** [de cours d'eau] danger level; *fig* crisis point.

coté, -e [kɔte] *adj* [estimé] popular; **être** ~ to be well thought of; **être bien/mal** ~ to be highly/poorly rated.

côte [kot] *nf* **-1.** [ANAT, BOT & de bœuf] rib; [de porc, mouton, agneau] chop; ~ **à** ~ side by side. **-2.** [pente] hill. **-3.** [littoral] coast; **la Côte d'Azur** the French Riviera. **-4.** [tissu]: **velours à** ~**s** corduroy.

côté [kote] *nm* **-1.** [gén] side; **être couché sur le** ~ to be lying on one's side; **être aux** ~**s de qqn** *fig* to be by sb's side; **d'un** ~ ..., **de l'autre** ~ ... on the one hand ..., on the other hand ...; **et** ~ **finances, ça va?** *fam* how are things moneywise? **-2.** [endroit, direction] direction, way; **de quel** ~ **est-il parti?** which way did he go?; **de l'autre** ~ **de** on the other side of; **de tous** ~**s** from all directions; **du** ~ **de** [près de] near; [direction] toward *Am*, towards *Br*; [provenance] from.

◆ **à côté** *loc adv* **-1.** [lieu - gén] nearby; [- dans la maison adjacente] next door. **-2.** [cible]: **tirer à** ~ to shoot wide (of the target).

◆ **à côté de** *loc prép* **-1.** [proximité] beside, next to. **-2.** [en comparaison avec] beside, compared to. **-3.** [en dehors de]: **être à** ~ **du sujet** to be off the point.

◆ **de côté** *loc adv* **-1.** [se placer, marcher] sideways. **-2.** [en réserve] aside; **mettre/laisser qqch de** ~ to put/leave sthg aside.

coteau [kɔto] *nm* **-1.** [colline] hill. **-2.** [versant] slope.

Côte-d'Ivoire [kotdivwar] *nf*: **la** ~ the Ivory Coast.

côtelé, -e [kotle] *adj* ribbed; **velours** ~ corduroy.

côtelette [kotlɛt] *nf* [de porc, mouton, d'agneau] chop; [de veau] cutlet.

coter [kɔte] [3] *vt* -1. [marquer, noter] to mark. -2. FIN to quote. -3. [carte, plan] to mark spot heights on.

coterie [kɔtri] *nf péj* & *vieilli* set, clique.

côtier, -ière [kotje, jɛr] *adj* coastal.

cotisation [kɔtizasjɔ̃] *nf* [à club, parti] subscription; [à la Sécurité sociale] contribution.

cotiser [kɔtize] [3] *vi* [à club, parti] to subscribe; [à la Sécurité sociale] to contribute.
◆ **se cotiser** *vp* to club together.

coton [kɔtɔ̃] *nm* cotton; ~ **(hydrophile)** cotton wool; **filer un mauvais** ~ *fig* to be in a bad way.

cotonnade [kɔtɔnad] *nf* cotton fabric.

Coton-Tige® [kɔtɔ̃tiʒ] (*pl* **Cotons-Tiges**) *nm* cotton swab *Am* OU bud *Br*.

côtoyer [kotwaje] [13] *vt* -1. [longer] to run alongside. -2. *fig* [frôler] to verge on. -3. *fig* [fréquenter] to mix with.

cotte [kɔt] *nf* HIST tunic; ~ **de mailles** coat of mail.

cou [ku] *nm* [de personne, bouteille] neck; **se jeter au** ~ **de qqn, sauter au** ~ **de qqn** to throw one's arms around sb's neck; **jusqu'au** ~ *fig* up to one's eyes; **se pendre au** ~ **de qqn** to hang round sb's neck.

couac [kwak] *nm* false OU wrong note.

couard, -e [kwar, ard] *sout* ◇ *adj* cowardly. ◇ *nm, f* coward.

couchage [kuʃaʒ] *nm* sleeping arrangements (*pl*); → **sac**.

couchant [kuʃɑ̃] ◇ *adj* → **soleil**. ◇ *nm* west.

couche [kuʃ] *nf* -1. [de peinture, de vernis] coat, layer; [de poussière] film, layer. -2. [épaisseur] layer; ~ **d'ozone** ozone layer; **en avoir** OU **en tenir une** ~ *fam* to be (as) thick as two short planks. -3. [de bébé] diaper *Am*, nappy *Br*. -4. [classe sociale] stratum.
◆ **couches** *nfpl* childbirth (*U*), labor (*U*) *Am*, labour (*U*) *Br*.
◆ **fausse couche** *nf* miscarriage.

couché, -e [kuʃe] *adj*: **être** ~ [étendu] to be lying down; [au lit] to be in bed.

couche-culotte [kuʃkylɔt] (*pl* **couches-culottes**) *nf* disposable diaper *Am* OU nappy *Br*.

coucher[1] [kuʃe] [3] ◇ *vt* -1. [enfant] to put to bed. -2. [objet, blessé] to lay down. -3. *sout* [inscrire] to mention. ◇ *vi* -1. [dormir] to sleep. -2. [passer la nuit] to spend the night; **un nom à** ~ **dehors** *fam* an impos-

sible name. -3. *fam* [avoir des rapports sexuels]: ~ **avec** to sleep with.
◆ **se coucher** *vp* -1. [s'allonger] to lie down. -2. [se mettre au lit] to go to bed. -3. [se courber] to bend over. -4. [astre] to set.

coucher[2] [kuʃe] *nm* [d'astre] setting; **au** ~ **du soleil** at sunset.

couchette [kuʃɛt] *nf* -1. [de train] couchette. -2. [de navire] berth.

coucheur [kuʃœr] *nm*: **mauvais** ~ *fig* awkward customer.

couci-couça [kusikusa] *adv fam* so-so.

coucou [kuku] ◇ *nm* -1. [oiseau] cuckoo. -2. [pendule] cuckoo clock. -3. *péj* [avion] crate. ◇ *interj* peekaboo!

coude [kud] *nm* -1. [de personne, de vêtement] elbow; **être au** ~ **à** ~ to be shoulder to shoulder; **jouer des** ~s to elbow people aside; **se serrer les** ~s to stick together. -2. [courbe] bend.

coudée [kude] *nf*: **avoir les** ~s **franches** to have room to move OU elbow room.

cou-de-pied [kudpje] (*pl* **cous-de-pied**) *nm* instep.

coudoyer [kudwaje] [13] *vt* to rub shoulders with.

coudre [kudr] [86] ◇ *vt* -1. [bouton] to sew on. -2. MÉD to sew up, to stitch. ◇ *vi* to sew.

coudrier [kudrije] *nm* hazel tree.

couenne [kwan] *nf* [de lard] rind.

couette [kwɛt] *nf* -1. [édredon] duvet. -2. [coiffure] bunches (*pl*).

couffin [kufɛ̃] *nm* -1. [berceau] Moses basket. -2. [cabas] basket.

couille [kuj] *nf* (*gén pl*) *vulg* ball.

couiner [kwine] [3] *vi* -1. [animal] to squeal. -2. [pleurnicher] to whine.

coulant, -e [kulɑ̃, ɑ̃t] *adj* -1. [fluide] runny. -2. [style] fluent. -3. *fam* [indulgent] easygoing, laid-back.

coulée [kule] *nf* -1. [de matière liquide]: ~ **de lave** lava flow; ~ **de boue** mudslide. -2. [de métal] casting.

couler [kule] [3] ◇ *vi* -1. [liquide] to flow; **faire** ~ **un bain** to run a bath. -2. [beurre, fromage, nez] to run. -3. [robinet] to drip; [tonneau, stylo] to leak. -4. [temps] to slip by. -5. [navire, entreprise] to sink. ◇ *vt* -1. [navire] to sink. -2. [métal, bronze] to cast. -3. *fam* [personne, entreprise] to ruin.
◆ **se couler** *vp* [se glisser] to slip; **se la** ~ **douce** *fam* to have an easy life.

couleur [kulœr] ◇ *nf* -1. [teinte, caractère] color *Am*, colour *Br*; **télévision en** ~s color *Am* OU colour *Br* television; **haut en** ~ [personne] high-colored *Am*, high-coloured *Br*;

[quartier, récit] colorful *Am*, colourful *Br*. **-2.** [linge] coloreds (*pl*) *Am*, coloureds (*pl*) *Br*. **-3.** CARTES suit. **-4.** [d'opinion] leaning. **-5.** *loc*: **annoncer la ~** to state one's intentions; **en faire voir de toutes les ~s à qqn** to give sb a hard time; **sous ~ de qqch/de faire qqch** under the guise of sth/of doing sth. ◇ *adj inv* [télévision, pellicule] color (*avant n*) *Am*, colour (*avant n*) *Br*.

couleuvre [kulœvr] *nf* grass snake; **avaler des ~s** *fam fig* to swallow insults.

coulis [kuli] *nm* CULIN puree.

coulissant, -e [kulisã, ãt] *adj* sliding (*avant n*).

coulisse [kulis] *nf* **-1.** [glissière]: **fenêtre/ porte à ~** sliding window/door. **-2.** COUTURE hem.
◆ **coulisses** *nfpl* THÉÂTRE wings; **dans les ~s** *fig* behind the scenes.

coulisser [kulise] [3] *vi* to slide.

couloir [kulwar] *nm* **-1.** [corridor] corridor. **-2.** GÉOGR gully. **-3.** SPORT & TRANSPORT lane; **~ aérien** air lane; **~ d'autobus** bus lane.

coulommiers [kulɔmje] *nm* soft cheese made from cow's milk.

coulpe [kulp] *nf*: **battre sa ~** to repent one's sins openly.

coup [ku] *nm* **-1.** [choc - physique, moral] blow; **donner un ~ de coude à qqn** to nudge sb; **rouer qqn de ~s** to give sb a beating; **c'est un ~ bas!** *fig* that's below the belt!; **~ de couteau** stab (*with a knife*); **un ~ dur** *fig* a heavy blow; **donner un ~ de fouet à qqn** *fig* to give sb a shot in the arm; **~ de grâce** *litt* & *fig* coup de grâce, death-blow; **~ de pied** kick; **~ de poing** punch. **-2.** [action nuisible] trick; **faire un sale ~ à qqn** to play a dirty trick on sb; **~ fourré** stab in the back. **-3.** [SPORT - au tennis] stroke; [- en boxe] blow, punch; [- au football] kick; **~ franc** free kick. **-4.** [d'éponge, de chiffon] wipe; **un ~ de crayon** a pencil stroke; **donner un ~ de balai** to give the floor a sweep. **-5.** [bruit] noise; **~ de feu** shot, gunshot; **~ de sonnette** ring; **~ de tonnerre** thunderclap. **-6.** [action spectaculaire]: **~ d'éclat** feat; **~ d'état** coup (d'état); **~ de théâtre** *fig* dramatic turn of events. **-7.** *fam* [fois] time. **-8.** *loc*: **boire un ~** to have a drink; **donner un ~ de main à qqn** to give sb a helping hand; **être dans le ~** [être à la mode] to be up to date; [être au courant] to be in the know; **faire les quatre cents ~s** to lead a wild life; **frapper un grand ~** to strike a decisive blow; **jeter un ~ d'œil à** to glance at; **marquer le ~** to mark the occasion; **en prendre un ~** to take a knock; **tenir le ~** to hold out; **tenter**

le ~ to have a go; **valoir le ~** to be well worth it.
◆ **coup de fil** *nm* phone call.
◆ **coup de foudre** *nm* love at first sight.
◆ **coup du lapin** *nm* AUTOM whiplash (*U*).
◆ **coup de soleil** *nm* sunburn (*U*).
◆ **coup de téléphone** *nm* telephone OU phone call; **donner** OU **passer un ~ de téléphone à qqn** to telephone OU phone sb.
◆ **coup de vent** *nm* gust of wind; **partir en ~ de vent** to rush off.
◆ **après coup** *loc adv* afterwards.
◆ **du coup** *loc adv* as a result.
◆ **coup sur coup** *loc adv* one after the other.
◆ **du premier coup** *loc adv* first time, at the first attempt.
◆ **tout à coup** *loc adv* suddenly.
◆ **à coup sûr** *loc adv* definitely.
◆ **sous le coup de** *loc prép* **-1.** [sous l'action de]: **tomber sous le ~ de la loi** to be a statutory offense *Am* OU offence *Br*. **-2.** [sous l'effet de] in the grip of.

coupable [kupabl] ◇ *adj* **-1.** [personne, pensée] guilty; **plaider ~/non ~** JUR to plead guilty/not guilty. **-2.** [action, dessein] culpable, reprehensible; [négligence, oubli] sinful. ◇ *nmf* guilty person OU party.

coupant, -e [kupã, ãt] *adj* **-1.** [tranchant] cutting. **-2.** *fig* [sec] sharp.

coupe [kup] *nf* **-1.** [verre] glass; **~ de champagne** glass of champagne. **-2.** [à fruits] dish. **-3.** SPORT cup; **Coupe du monde** World Cup. **-4.** [d'arbres] felling. **-5.** [de vêtement, aux cartes] cut. **-6.** ~ **(de cheveux)** haircut. **-7.** [plan, surface] (cross) section. **-8.** [de phrase] break. **-9.** [réduction] cut, cutback.

coupé, -e [kupe] *adj*: **bien/mal ~** well/ badly cut.
◆ **coupé** *nm* coupé.

coupe-circuit [kupsirkɥi] (*pl inv* OU **coupe- circuits**) *nm* circuit breaker.

coupe-faim [kupfɛ̃] *nm inv* appetite suppressant.

coupe-feu [kupfø] ◇ *nm inv* firebreak. ◇ *adj inv* fire (*avant n*).

coupe-gorge [kupgɔrʒ] *nm inv* dangerous place.

coupelle [kupɛl] *nf* dish.

coupe-ongles [kupɔ̃gl] *nm inv* nail clippers.

coupe-papier [kuppapje] (*pl inv* OU **coupe- papiers**) *nm* paper knife.

couper [kupe] [3] ◇ *vt* **-1.** [matériau, cheveux, blé] to cut. **-2.** [découper] to cut out. **-3.** [interrompre, trancher] to cut off. **-4.** [traverser] to cut across. **-5.** [pain, au tennis] to slice; [rôti] to carve. **-6.** [mélanger] to dilute. **-7.** [CARTES - avec atout] to trump; [- paquet] to cut. **-8.** [envie, appétit] to take away. ◇ *vi* **-1.** [gén] to cut. **-2.** [échapper]: ~ à to get out of. **-3.** *loc*: ~ court à qqch to cut sthg short.

◆ **se couper** *vp* **-1.** [se blesser] to cut o.s. **-2.** [se croiser] to cross. **-3.** [s'isoler]: **se ~ de** to cut o.s. off from.

couperet [kupʀɛ] *nm* **-1.** [de boucher] cleaver. **-2.** [de guillotine] blade.

couperose [kupʀoz] *nf* [sur le visage] blotchiness.

couperosé, -e [kupʀoze] *adj* blotchy.

coupe-vent [kupvɑ̃] *nm inv* [vêtement] windbreaker *Am*, windcheater *Br*.

couple [kupl] *nm* [de personnes] couple; [d'animaux] pair.

couplé, -e [kuple] *adj* HIPPISME doubled.

◆ **couplé** *nm* HIPPISME double.

coupler [kuple] [3] *vt* [objets] to couple.

couplet [kuplɛ] *nm* verse.

coupole [kupɔl] *nf* ARCHIT dome, cupola.

coupon [kupɔ̃] *nm* **-1.** [d'étoffe] remnant. **-2.** FIN coupon. **-3.** [billet] ticket.

coupon-réponse [kupɔ̃repɔ̃s] (*pl* coupons-réponse) *nm* reply coupon.

coupure [kupyʀ] *nf* **-1.** [gén] cut; [billet de banque]: **petite ~** small denomination note; **~ de courant** ÉLECTR power cut; INFORM blackout; **~ de presse** (press) cutting, clipping; **~ publicitaire** commercial break. **-2.** *fig* [rupture] break.

cour [kuʀ] *nf* **-1.** [espace] courtyard; **~ de récréation** playground. **-2.** [du roi, tribunal] court; *fig & hum* following; **Cour de cassation** Court of Appeal; **la Cour des comptes** *the French audit office*; **Haute ~ (de justice)** High Court; **~ martiale** court-martial. **-3.** *loc*: **faire la ~ à** [femme] to court; *fig* to charm, to woo.

LA COUR DES COMPTES:
This state body supervises the financial affairs of public bodies and local government, and monitors the way public funds are used

courage [kuʀaʒ] *nm* courage; **bon ~!** good luck!; **prendre son ~ à deux mains** to pluck up courage; **je n'ai pas le ~ de faire mes devoirs** I can't bring myself to do my homework.

courageusement [kuʀaʒøzmɑ̃] *adv* courageously.

courageux, -euse [kuʀaʒø, øz] *adj* **-1.**

[brave] brave. **-2.** [qui a de l'énergie] energetic. **-3.** [audacieux] bold.

couramment [kuʀamɑ̃] *adv* **-1.** [parler] fluently. **-2.** [communément] commonly.

courant, -e [kuʀɑ̃, ɑ̃t] *adj* **-1.** [habituel] everyday (*avant n*). **-2.** [en cours] present.

◆ **courant** *nm* **-1.** [marin, atmosphérique, électrique] current; **couper le ~** to cut off the power; **~ d'air** draft *Am*, draught *Br*; **~ alternatif** alternating current. **-2.** [d'idées] current. **-3.** [laps de temps]: **dans le ~ du mois/de l'année** in the course of the month/the year; **~ décembre** in the course of December.

◆ **au courant** *loc adv*: **être au ~** to know (about it); **mettre qqn au ~ (de)** to tell sb (about); **tenir qqn au ~ (de)** to keep sb informed (about); **se mettre/se tenir au ~ (de)** to get/keep up to date (with).

courbatu, -e [kuʀbaty] *adj* aching.

courbature [kuʀbatyʀ] *nf* ache.

courbaturé, -e [kuʀbatyʀe] *adj* aching.

courbe [kuʀb] ◇ *nf* curve; **~ de niveau** [sur une carte] contour (line); **~ de température** MÉD temperature curve. ◇ *adj* curved.

courber [kuʀbe] [3] ◇ *vt* **-1.** [tige] to bend. **-2.** [tête] to bow. ◇ *vi* to bow.

◆ **se courber** *vp* **-1.** [chose] to bend. **-2.** [personne] to bow, to bend down.

courbette [kuʀbɛt] *nf* [révérence] bow; **faire des ~s** *fig* to bow and scrape.

coureur, -euse [kuʀœʀ, øz] *nm, f* **-1.** SPORT runner; **~ cycliste** racing cyclist. **-2.** *fam fig* [amateur]: **~ (de jupons)** womanizer.

courge [kuʀʒ] *nf* **-1.** [légume] squash *Am*, marrow *Br*. **-2.** *fam* [imbécile] dimwit.

courgette [kuʀʒɛt] *nf* zucchini *Am*, courgette *Br*.

courir [kuʀiʀ] [45] ◇ *vi* **-1.** [aller rapidement] to run; **~ après** *fig* to chase after, to run after; **laisse ~!** *fig* let it go!; **faire ~ qqn** *fig* to pull sb's leg. **-2.** SPORT to race. **-3.** [se précipiter, rivière] to rush. **-4.** [se propager]: **le bruit court que ...** rumor *Am* OU rumour *Br* has it that ...; **faire ~ un bruit** to spread a rumor *Am* OU rumour *Br*.

◇ *vt* **-1.** SPORT to run in. **-2.** [parcourir] to roam (through). **-3.** [faire le tour de] to go round. **-4.** [fréquenter - bals, musées] to do the rounds of.

couronne [kuʀɔn] *nf* **-1.** [ornement, autorité] crown. **-2.** [de fleurs] wreath; **~ mortuaire** OU **funéraire** funeral wreath. **-3.** [monnaie - de Suède, d'Islande] krona; [- du Danemark, de Norvège] krone; [- de Tchécoslovaquie] crown.

couronnement [kuʀɔnmɑ̃] *nm* **-1.** [de monarque] coronation. **-2.** [d'édifice] crown. **-3.** *fig* [apogée] crowning achievement.

couronner [kurɔne] [3] *vt* **-1.** [monarque] to crown. **-2.** [récompenser] to give a prize to; **être couronné de succès** *fig* to be crowned with success.

courrai, courras *etc* → **courir**.

courre [kur] → **chasse**.

courrier [kurje] *nm* mail, letters (*pl*); ~ **du cœur** agony column; ~ **électronique** INFORM electronic mail, E-mail; ~ **des lecteurs** [rubrique] letters to the editor.

courroie [kurwa] *nf* TECHNOL belt; [attache] strap; ~ **de transmission** driving belt; ~ **de ventilateur** fanbelt.

courroucer [kuruse] [16] *vt littéraire* to anger.

courroux [kuru] *nm littéraire* wrath, rage.

cours [kur] ◇ → **courir**.
◇ *nm* **-1.** [écoulement] flow; ~ **d'eau** waterway; **donner** OU **laisser libre** ~ **à** *fig* to give free rein to. **-2.** [déroulement] course; **au** ~ **de** during, in the course of; **en** ~ [année, dossier] current; [affaires] in hand; **en** ~ **de route** on the way; **entraver le** ~ **de la justice** to hinder the course of justice; **suivre son** ~ to take its course. **-3.** FIN price; ~ **du change** exchange rate; **avoir** ~ [monnaie] to be legal tender. **-4.** [leçon] class, lesson; **donner des** ~ (**à qqn**) to teach (sb); ~ **intensifs** crash course (*sg*); ~ **magistral** lecture; ~ **de rattrapage/du soir** remedial/evening class. **-5.** [classe]: ~ **élémentaire** *years two and three of primary school*; ~ **moyen** *last two years of primary school*; ~ **préparatoire** ≃ nursery school *Am*, ≃ first-year infants *Br*. **-6.** [avenue] avenue.

course [kurs] *nf* **-1.** [action] running (*U*); **au pas de** ~ at a run; **être dans la** ~ *fig* to be in touch OU in the know. **-2.** [compétition] race; ~ **attelée** OU **sous harnais** harness race; ~ **automobile/cycliste** car/cycle race; ~ **à pied** (foot) race. **-3.** [excursion] trip. **-4.** [en taxi] journey. **-5.** [mouvement] flight, course. **-6.** [commission] errand; **faire des** ~**s** to go shopping.

coursier, -ière [kursje, jɛr] *nm, f* messenger.

coursive [kursiv] *nf* gangway.

court, -e [kur, kurt] *adj* short.
◆ **court** ◇ → **courir**. ◇ *adv*: **être à** ~ **d'argent/d'idées/d'arguments** to be short of money/ideas/arguments; **prendre qqn de** ~ to catch sb unawares; **tourner** ~ to stop suddenly. ◇ *nm*: ~ **de tennis** tennis court.

court-bouillon [kurbujɔ̃] (*pl* **courts-bouillons**) *nm* court-bouillon.

court-circuit [kursirkɥi] (*pl* **courts-circuits**) *nm* short circuit.

court-circuiter [kursirkɥite] [3] *vt* ÉLECTR to short-circuit; *fig* to bypass.

courtier, -ière [kurtje, jɛr] *nm, f* broker.

courtisan, -e [kurtizɑ̃, an] *nm, f* **-1.** HIST courtier. **-2.** [flatteur] sycophant.
◆ **courtisane** *nf* courtesan.

courtiser [kurtize] [3] *vt* **-1.** [femme] to woo, to court. **-2.** *péj* [flatter] to flatter.

court-jus [kurʒy] (*pl* **courts-jus**) *nm fam* short.

court-métrage [kurmetraʒ] (*pl* **courts-métrages**) *nm* short (film).

courtois, -e [kurtwa, az] *adj* courteous.

courtoisie [kurtwazi] *nf* courtesy.

couru, -e [kury] ◇ *pp* → **courir**. ◇ *adj* popular; **c'est** ~ (**d'avance**) *fam fig* it's a foregone conclusion.

cousais, cousions *etc* → **coudre**.

couscous [kuskus] *nm* couscous.

cousin, -e [kuzɛ̃, in] *nm, f* cousin; ~ **germain** first cousin.

coussin [kusɛ̃] *nm* **-1.** [de siège] cushion; ~ **d'air** air cushion. **-2.** *Can* BASE-BALL base.

coussinet [kusinɛ] *nm* **-1.** [coussin] small cushion. **-2.** [de patte d'animal] pad.

cousu, -e [kuzy] ◇ *pp* → **coudre**. ◇ *adj*: **c'est du** ~ **main** *fam fig* it's top-quality stuff; ~ **de fil blanc** *fig* obvious.

coût [ku] *nm* cost; **le** ~ **de la vie** the cost of living; ~**s de distribution** COMM distribution costs.

coûtant [kutɑ̃] → **prix**.

couteau, -x [kuto] *nm* **-1.** [gén] knife; ~ **à cran d'arrêt** flick knife; ~ **de cuisine** kitchen knife; **à couper au** ~ *fig* that you could cut with a knife; **avoir le** ~ **sous la gorge** *fig* to have a gun to one's head; **être à** ~**x tirés** (**avec qqn**) *fig* to be at daggers drawn (with sb). **-2.** [coquillage] razor clam *Am*, razor shell *Br*.

coutelas [kutla] *nm* [grand couteau] large knife.

coutellerie [kutɛlri] *nf* [industrie, produits] cutlery; [atelier] cutlery factory; [magasin] cutler's (shop).

coûter [kute] [3] ◇ *vi* **-1.** [valoir] to cost; **ça coûte combien?** how much is it?; ~ **cher** to be expensive, to cost a lot; *fig* to be costly; ~ **cher à qqn** to cost sb a lot; *fig* to cost sb dear OU dearly. **-2.** [être pénible] to be difficult. ◇ *vt fig* to cost.
◆ **coûte que coûte** *loc adv* at all costs.

coûteux, -euse [kutø, øz] *adj* costly, expensive.

coutume [kutym] *nf* custom; **avoir ~ de faire qqch** to be in the habit of doing sthg; **la ~ veut que** tradition dictates that.

coutumier, -ière [kutymje, jɛr] *adj* customary; **il est ~ du fait** he's always doing that.

couture [kutyr] *nf* **-1.** [action] sewing; **faire de la ~** to sew. **-2.** [points] seam; **~ apparente** topstitching, overstitching. **-3.** [activité] dressmaking; **haute ~** haute couture.

couturier, -ière [kutyrje, jɛr] *nm, f* couturier; **grand ~** fashion designer, couturier.

couvée [kuve] *nf* [d'œufs] clutch; [de poussins] brood.

couvent [kuvɑ̃] *nm* [de sœurs] convent; [de moines] monastery.

couver [kuve] [3] ◇ *vt* **-1.** [œufs] to sit on. **-2.** [dorloter] to mollycoddle. **-3.** [maladie] to be sickening for. ◇ *vi* [poule] to brood; *fig* [complot] to hatch.

couvercle [kuvɛrkl] *nm* [de casserole, boîte] lid, cover; [de flacon, bombe] top, cap.

couvert, -e [kuvɛr, ɛrt] ◇ *pp* → **couvrir.** ◇ *adj* **-1.** [submergé] covered; **~ de** covered with. **-2.** [habillé] dressed; **être bien ~** to be well wrapped up. **-3.** [nuageux] overcast.
◆ **couvert** *nm* **-1.** [abri]: **se mettre à ~** to take shelter; **sous le ~ de l'amitié** *fig* under a cloak of friendship. **-2.** [place à table] place (setting); **mettre** OU **dresser le ~** to set OU lay the table.
◆ **couverts** *nmpl* cutlery (*U*).

couverture [kuvɛrtyr] *nf* **-1.** [gén] cover; **~ sociale** social security cover. **-2.** [de lit] blanket; **~ chauffante** electric blanket; **tirer la ~ à soi** *fam fig* to take (all) the credit (for o.s.). **-3.** [toit] roofing (*U*). **-4.** PRESSE coverage.

couveuse [kuvøz] *nf* **-1.** [poule] sitting hen. **-2.** [machine] incubator.

couvre-chef [kuvrəʃɛf] (*pl* **couvre-chefs**) *nm hum* hat.

couvre-feu [kuvrəfø] (*pl* **couvre-feux**) *nm* curfew.

couvre-lit [kuvrəli] (*pl* **couvre-lits**) *nm* bedspread.

couvre-pied (*pl* **couvre-pieds**) *nm*, **couvre-pieds** *nm inv* [kuvrəpje] quilt, eiderdown.

couvreur [kuvrœr] *nm* roofer.

couvrir [kuvrir] [34] *vt* **-1.** [gén] to cover; **~ qqn/qqch de** *litt* & *fig* to cover sb/sthg with. **-2.** [protéger] to shield. **-3.** [son] to drown (out).
◆ **se couvrir** *vp* **-1.** [se vêtir] to wrap up. **-2.** [se recouvrir]: **se ~ de feuilles/de fleurs** to come into leaf/blossom. **-3.** [ciel] to cloud over. **-4.** [se protéger] to cover o.s.

cover-girl [kɔvœrgœrl] (*pl* **cover-girls**) *nf* cover girl.

covoiturage [kɔvwatyraʒ] *nm* car sharing; **pratiquer le ~** to belong to a car pool.

cow-boy [kɔbɔj] (*pl* **cow-boys**) *nm* cowboy.

coyote [kɔjɔt] *nm* coyote.

CP *nm abr de* **cours préparatoire.**

CPAM (*abr de* **caisse primaire d'assurances maladie**) *nf* national health insurance office.

cps (*abr de* **caractères par seconde**) cps.

cpt *abr de* **comptant.**

CQFD (*abr de* **ce qu'il fallait démontrer**) QED.

crabe [krab] *nm* crab.

crac [krak] *interj* crack!

crachat [kraʃa] *nm* spit (*U*).

craché, -e [kraʃe] *adj*: **c'est son père tout ~** he's the spitting image of his father.

cracher [kraʃe] [3] ◇ *vi* **-1.** [personne] to spit. **-2.** [crépiter] to crackle. **-3.** *fam fig* [dénigrer]: **~ sur qqn** to run sb down. **-4.** *fam* [dédaigner]: **ne pas ~ sur qqch** not to turn one's nose up at sthg. ◇ *vt* [sang] to spit (up); [lave, injures] to spit (out).

crachin [kraʃɛ̃] *nm* drizzle.

crachoir [kraʃwar] *nm* spittoon; **tenir le ~** *fam fig* to monopolize the conversation.

crack [krak] *nm* **-1.** [cheval] top horse. **-2.** *fam* [as] star (performer); **c'est un ~ en mathématiques** he's a whizz at math *Am* OU maths *Br*.

crado [krado] *adj fam* filthy.

craie [krɛ] *nf* chalk.

craignais, craignions *etc* → **craindre.**

craindre [krɛ̃dr] [80] *vt* **-1.** [redouter] to fear, to be afraid of; **~ de faire qqch** to be afraid of doing sthg; **je crains d'avoir oublié mes papiers** I'm afraid I've forgotten my papers; **~ que** (+ *subjonctif*) to be afraid (that); **je crains qu'il oublie** OU **n'oublie** I'm afraid he may forget. **-2.** [être sensible à] to be susceptible to.

craint, -e [krɛ̃, ɛ̃t] *pp* → **craindre.**

crainte [krɛ̃t] *nf* fear; **de ~ de faire qqch** for fear of doing sthg; **de ~ que** (+ *subjonctif*) for fear that; **il a fui de ~ qu'on ne le voie** he fled for fear that he might be seen OU for fear of being seen.

craintif, -ive [krɛ̃tif, iv] *adj* timid.

cramer [krame] [3] *vt & vi fam* to burn.
◆ **se cramer** *vp fam* to burn o.s.; **se ~ le doigt** to burn one's finger.

cramoisi, -e [kramwazi] *adj* crimson.

crampe [krɑ̃p] *nf* cramp.

crampon [krɑ̃pɔ̃] *nm* **-1.** [crochet - gén] clamp; [- pour alpinisme] crampon. **-2.** *fam* [personne] (persistent) bore.

cramponner [krɑ̃pɔne] [3]

◆ **se cramponner** *vp* [s'agripper] to hang on; se ~ à qqn/qqch *litt* & *fig* to cling to sb/sthg.

cran [krɑ̃] *nm* **-1.** [entaille, degré] notch, cut. **-2.** (U) [audace] guts (*pl*); **avoir du ~** to have guts.

crâne [krɑn] *nm* skull; **se mettre qqch dans le ~** *fig* to get sthg into one's head.

crâner [krɑne] [3] *vi fam* to show off.

crâneur, -euse [krɑnœr, øz] *fam* ◇ *adj* boastful. ◇ *nm, f* show-off.

crânien, -ienne [krɑnjɛ̃, jɛn] *adj*: **boîte ~ne** skull; **traumatisme ~** head injury.

crapaud [krapo] *nm* toad.

crapule [krapyl] *nf* scum (U).

crapuleux, -euse [krapylø, øz] *adj* sordid.

craqueler [krakle] [24] *vt* to crack.

◆ **se craqueler** *vp* to crack.

craquelure [kraklyr] *nf* crack.

craquement [krakmɑ̃] *nm* crack, cracking (U).

craquer [krake] [3] ◇ *vi* **-1.** [produire un bruit] to crack; [plancher, chaussure] to creak. **-2.** [se déchirer] to split. **-3.** [s'effondrer - personne] to crack up; [- régime, projet] to be falling apart. **-4.** [être séduit par]: ~ **pour** to fall for. ◇ *vt* [allumette] to strike.

crash [kraʃ] (*pl* **crashs** OU **crashes**) *nm* crash landing.

crasse [kras] ◇ *nf* **-1.** [saleté] dirt, filth. **-2.** *fam* [mauvais tour] dirty trick. ◇ *adj* crass.

crasseux, -euse [krasø, øz] *adj* filthy.

cratère [kratɛr] *nm* crater.

cravache [kravaʃ] *nf* riding crop.

cravacher [kravaʃe] [3] ◇ *vt* to whip. ◇ *vi fam fig* to pull out all the stops.

cravate [kravat] *nf* tie.

crawl [krol] *nm* crawl.

crayon [krɛjɔ̃] *nm* **-1.** [gén] pencil; ~ **à bille** ballpoint (pen); ~ **de couleur** crayon; ~ **noir** pencil. **-2.** TECHNOL pen; ~ **optique** light pen.

crayon-feutre [krɛjɔ̃føtr] (*pl* **crayons-feutres**) *nm* felt-tip (pen).

crayonner [krɛjɔne] [3] *vt* [dessin] to sketch.

CRDP (*abr de* **centre régional de documentation pédagogique**) *nm local centre for educational resources.*

créance [kreɑ̃s] *nf* COMM debt.

créancier, -ière [kreɑ̃sje, jɛr] *nm, f* creditor.

créateur, -trice [kreatœr, tris] ◇ *adj* creative. ◇ *nm, f* creator.

◆ **Créateur** *nm*: **le Créateur** the Creator.

créatif, -ive [kreatif, iv] *adj* creative.

◆ **créatif** *nm* ideas man, designer.

création [kreasjɔ̃] *nf* creation; **la ~ (du monde)** RELIG the Creation.

créativité [kreativite] *nf* creativity.

créature [kreatyr] *nf* creature.

crécelle [kresɛl] *nf* rattle.

crèche [krɛʃ] *nf* **-1.** [de Noël] crib. **-2.** [garderie] crèche.

crécher [kreʃe] [18] *vi fam* to crash, to kip down *Br*.

crédibiliser [kredibilize] *vt* [3] to make credible.

crédibilité [kredibilite] *nf* credibility.

crédible [kredibl] *adj* credible.

CREDIF, Crédif [kredif] (*abr de* **Centre de recherche et d'étude pour la diffusion du français**) *nm official body promoting use of the French language.*

crédit [kredi] *nm* **-1.** [gén] credit; **faire ~ à qqn** to give sb credit; **acheter/vendre qqch à ~** to buy/sell sthg on credit; ~ **municipal** pawnshop; ~ **relais** bridging loan. **-2.** *fig* & *sout* influence.

crédit-bail [kredibaj] (*pl* **crédits-bails**) *nm* leasing.

créditer [kredite] [3] *vt* [compte] to credit; *fig*: ~ **qqn de qqch** to credit sb with sthg.

créditeur, -trice [kreditœr, tris] ◇ *adj* in credit. ◇ *nm, f* creditor.

credo [kredo] *nm* creed, credo.

crédule [kredyl] *adj* credulous.

crédulité [kredylite] *nf* credulity.

créer [kree] [15] *vt* **-1.** [RELIG & inventer] to create. **-2.** [fonder] to found, to start up. **-3.** [causer]: ~ **des problèmes à qqn** to create trouble for sb.

crémaillère [kremajɛr] *nf* **-1.** [de cheminée] trammel; **pendre la ~** *fig* to have a housewarming (party). **-2.** TECHNOL rack.

crémation [kremasjɔ̃] *nf* cremation.

crématoire [krematwar] → **four**.

crématorium [krematɔrjɔm] *nm* crematory *Am*, crematorium *Br*.

crème [krɛm] ◇ *nf* **-1.** [gén] cream; ~ **dépilatoire/à raser** depilatory/shaving cream; ~ **fouettée/fraîche/glacée** whipped/fresh/ice cream; ~ **anglaise** custard; ~ **autobronzante** self-tanning cream; ~ **de cassis** blackcurrant liqueur; ~ **glacée** ice cream; ~ **hydratante** moisturizer; ~ **pâtissière** confectioner's custard; ~ **renversée** cup custard *Am*, custard cream *Br*. **-2.** [personne]: **la ~ des maris/des hommes** the best of husbands/of men. ◇ *adj inv* cream.

crémerie [krɛmri] *nf* dairy.

crémeux, -euse [kremø, øz] *adj* creamy.

crémier, -ière [kremje, jɛr] *nm, f* dairyman (*f* dairywoman).

créneau, -x [kreno] *nm* **-1.** [de fortification] crenel. **-2.** [pour se garer]: **faire un ~** to reverse into a parking space. **-3.** [de marché] niche. **-4.** [horaire] window, gap.

crénelé, -e [krenle] *adj* crenelated.

créole [kreɔl] *adj & nm* creole.

◆ **créoles** *nfpl* dangly earrings.

crêpe [krɛp] ◇ *nf* CULIN pancake. ◇ *nm* [tissu] crepe.

crêper [krepe] [4] *vt* to backcomb.

crêperie [krɛpri] *nf* pancake restaurant.

crépi [krepi] *nm* roughcast.

crépinette [krepinɛt] *nf flat sausage*.

crépir [krepir] [32] *vt* to roughcast.

crépiter [krepite] [3] *vi* [feu, flammes] to crackle; [pluie] to patter.

crépon [krepɔ̃] ◇ *adj* → **papier**. ◇ *nm* seersucker.

CREPS, Creps [krɛps] (*abr de* centre régional d'éducation physique et sportive) *nm regional sports centre*.

crépu, -e [krepy] *adj* frizzy.

crépuscule [krepyskyl] *nm* [du jour] dusk, twilight; *fig* twilight; **au ~** at dusk, at twilight.

crescendo [kreʃɛndo, kreʃēdo] ◇ *adv* crescendo; **aller ~** *fig* [bruit] to get OU grow louder and louder; [dépenses, émotion] to grow apace. ◇ *nm inv* MUS & *fig* crescendo.

cresson [kresɔ̃] *nm* watercress.

Crète [krɛt] *nf*: **la ~** Crete.

crête [krɛt] *nf* **-1.** [de coq] comb. **-2.** [de montagne, vague, oiseau] crest.

crétin, -e [kretē, in] *fam* ◇ *adj* cretinous, idiotic. ◇ *nm, f* cretin, idiot.

crétois, -e [kretwa, az] *adj* Cretan.

◆ **Crétois, -e** *nm, f* Cretan.

cretonne [krɔtɔn] *nf* cretonne.

creuser [krøze] [3] *vt* **-1.** [trou] to dig. **-2.** [objet] to hollow out. **-3.** [taille, reins] to arch. **-4.** *fig* [approfondir] to go into deeply. **-5.** *loc*: **ça creuse!** *fam* that gives you an appetite!

◆ **se creuser** *vp* **-1.** [devenir creux] to become hollow. **-2.** *fam fig* [réfléchir] to rack one's brains. **-3.** *fig* [s'élargir] to deepen, to widen.

creuset [krøzɛ] *nm* crucible; *fig* melting pot.

creux, creuse [krø, krøz] *adj* **-1.** [vide, concave] hollow. **-2.** [période - d'activité réduite] slack; [- à tarif réduit] off-peak. **-3.** [paroles] empty.

◆ **creux** *nm* **-1.** [concavité] hollow; **le ~ de la main** the hollow of one's hand. **-2.** [période] lull. **-3.** *loc*: **être au ~ de la vague** *fig* to be at a low point.

crevaison [krəvɛzɔ̃] *nf* puncture.

crevant, -e [krəvā, āt] *adj fam* **-1.** [fatigant] exhausting, knackering *Br*. **-2.** [amusant] hilarious.

crevasse [krəvas] *nf* [de mur] crevice, crack; [de glacier] crevasse; [sur la main] crack.

crevé, -e [krəve] *adj* **-1.** [pneu] burst, punctured. **-2.** *fam* [fatigué] dead, shattered *Br*.

crève [krɛv] *nf fam* bad OU stinking cold; **attraper la ~** to catch one's death (of cold).

crève-cœur [krɛvkœr] *nm inv* heartbreak.

crever [krəve] [19] ◇ *vi* **-1.** [éclater] to burst. **-2.** *tfam* [mourir] to die; ~ **de** *fig* [jalousie, orgueil] to be bursting with. ◇ *vt* **-1.** [percer] to burst. **-2.** *fam* [épuiser] to wear out.

◆ **se crever** *vp fam* to wear o.s. out.

crevette [krəvɛt] *nf*: ~ **(grise)** shrimp; ~ **(rose)** prawn.

CRF (*abr de* Croix-Rouge française) *nf French Red Cross*.

cri [kri] *nm* **-1.** [de personne] cry, shout; [perçant] scream; [d'animal] cry; **pousser un ~** to cry (out), to shout; **pousser des ~s de joie** to shout for OU with joy; **pousser un ~ de douleur** to cry out in pain; **à grands ~s** *fig* loudly. **-2.** [appel] cry; **le dernier ~** *fig* the latest thing; ~ **du cœur** cri de cœur.

criailler [kriaje] [3] *vi* to scream, to squawk.

criant, -e [krijā, āt] *adj* [injustice] blatant.

criard, -e [krijar, ard] *adj* **-1.** [voix] strident, piercing. **-2.** [couleur] loud.

crible [kribl] *nm* [instrument] sieve; **passer qqch au ~** *fig* to examine sthg closely.

criblé, -e [krible] *adj* riddled; **être ~ de dettes** to be up to one's eyes in debt.

cric [krik] *nm* jack.

cricket [krikɛt] *nm* cricket.

criée [krije] → **vente**.

crier [krije] [10] ◇ *vi* **-1.** [jeter un cri] to shout (out), to yell. **-2.** [parler fort] to shout. **-3.** [protester]: ~ **contre** OU **après qqn** to nag sb, to go on at sb. **-4.** *sout* [grincer] to creak. ◇ *vt* to shout (out).

crime [krim] *nm* **-1.** [délit] crime; ~ **de**

lèse-majesté *fig* treason (*U*). **-2.** [meurtre] murder; ~ **passionnel** crime of passion.

Crimée [krime] *nf*: **la** ~ the Crimea; **la guerre de** ~ the Crimean War.

criminalité [kriminalite] *nf* criminality.

criminel, -elle [kriminɛl] ◇ *adj* criminal. ◇ *nm, f* criminal; ~ **de guerre** war criminal.

crin [krɛ̃] *nm* [d'animal] hair; **à tout** ~ *fig* dyed-in-the-wool.

crinière [krinjɛr] *nf* mane.

crique [krik] *nf* creek.

criquet [krikɛ] *nm* locust; [sauterelle] grasshopper.

crise [kriz] *nf* **-1.** MÉD attack; ~ **cardiaque** heart attack; ~ **de foie** bilious attack; ~ **de tétanie** muscle spasm. **-2.** [accès] fit; ~ **de larmes** fit of tears; ~ **de nerfs** attack of nerves; **piquer une** ~ *fam* to have a fit, to fly off the handle. **-3.** [élan] (sudden) urge. **-4.** [phase critique] crisis; **en** ~ in crisis.

crispant, -e [krispɑ̃, ɑ̃t] *adj* irritating, frustrating.

crispation [krispasjɔ̃] *nf* **-1.** [contraction] contraction. **-2.** [agacement] irritation.

crispé, -e [krispe] *adj* tense, on edge.

crisper [krispe] [3] *vt* **-1.** [contracter - visage] to tense; [- poing] to clench. **-2.** [agacer] to irritate.

◆ **se crisper** *vp* **-1.** [se contracter] to tense (up). **-2.** [s'irriter] to get irritated.

criss [kris] *nm* kris.

crisser [krise] [3] *vi* [pneu] to screech; [étoffe] to rustle.

cristal, -aux [kristal, o] *nm* crystal; **en** ~ crystal (*avant n*); ~ **de roche** quartz.

cristallin, -e [kristalɛ̃, in] *adj* **-1.** [limpide] crystal clear, crystalline. **-2.** [roche] crystalline.

◆ **cristallin** *nm* crystalline lens.

cristalliser [kristalize] [3] *vt litt* & *fig* to crystallize.

◆ **se cristalliser** *vp* to crystallize.

critère [kritɛr] *nm* criterion.

critérium [kriterjɔm] *nm* qualifier.

critiquable [kritikabl] *adj* [décision] debatable; [personne] open to criticism.

critique [kritik] ◇ *adj* critical. ◇ *nmf* critic; ~ **d'art** art critic; ~ **littéraire** literary critic. ◇ *nf* criticism; **la** ~ the critics (*pl*).

critiquer [kritike] [3] *vt* to criticize.

croasser [krɔase] [3] *vi* to croak, to caw.

croate [krɔat] *adj* Croat, Croatian.

◆ **Croate** *nmf* Croat, Croatian.

Croatie [krɔasi] *nf*: **la** ~ Croatia.

croc [kro] *nm* **-1.** [de chien] fang; **montrer les** ~**s** *fig* to bare one's teeth. **-2.** [crochet] hook.

croc-en-jambe [krɔkɑ̃ʒɑ̃b] (*pl* **crocs-en-jambe**) *nm*: **faire un** ~ **à qqn** to trip sb up.

croche [krɔʃ] *nf* eighth (note) *Am*, quaver *Br*.

croche-pied [krɔʃpje] (*pl* **croche-pieds**) *nm*: **faire un** ~ **à qqn** to trip sb up.

crochet [krɔʃɛ] *nm* **-1.** [de métal] hook; **vivre aux** ~**s de qqn** to live off sb. **-2.** TRICOT crochet hook. **-3.** TYPO square bracket. **-4.** [détour]: **faire un** ~ to make a detour. **-5.** BOXE: ~ **du gauche/du droit** left/right hook.

crocheter [krɔʃte] [28] *vt* to pick.

crochu, -e [krɔʃy] *adj* [doigts] claw-like; [nez] hooked.

croco [krɔko] *nm fam* crocodile (skin).

crocodile [krɔkɔdil] *nm* crocodile.

crocus [krɔkys] *nm* crocus.

croire [krwar] [107] ◇ *vt* **-1.** [chose, personne] to believe; **à l'en** ~, **on n'y arrivera jamais** to hear him talk, you'd think we'd never manage it. **-2.** [penser] to think; **tu crois?** do you think so?; **il te croyait parti** he thought you'd left; ~ **que** to think (that). ◇ *vi*: ~ **à** to believe in; ~ **en** to believe in, to have faith in.

◆ **se croire** *vp* **-1.** [prétendre être]: **il se croit plus fort que moi** he thinks he's stronger than me; **se** ~ **tout permis** to think one can get away with anything; **s'y** ~ *fam* to think one is it. **-2.** [penser se trouver]: **on se croirait au Japon** you'd think you were in Japan.

croisade [krwazad] *nf* HIST & *fig* crusade.

croisé, -e [krwaze] *adj* [veste] double-breasted.

◆ **croisé** *nm* HIST crusader.

◆ **croisée** *nf* **-1.** [fenêtre] casement, window. **-2.** [croisement]: **à la** ~**e des chemins** *litt* & *fig* at a crossroads.

croisement [krwazmɑ̃] *nm* **-1.** [intersection] junction, intersection. **-2.** BIOL crossbreeding.

croiser [krwaze] [3] ◇ *vt* **-1.** [jambes] to cross; [bras] to fold. **-2.** [passer à côté de] to pass. **-3.** [chemin] to cross, to cut across. **-4.** [métisser] to interbreed. ◇ *vi* NAVIG to cruise.

◆ **se croiser** *vp* [chemins] to cross, to intersect; [personnes] to pass; [lettres] to cross; [regards] to meet.

croisière [krwazjɛr] *nf* cruise.

croisillon [krwazijɔ̃] *nm*: **à** ~**s** lattice (*avant n*).

croissais, croissions *etc* → croître.

croissance [krwasɑ̃s] *nf* growth, development; ~ **économique** economic growth OU development.

croissant, -e [krwasɑ̃, ɑ̃t] *adj* increasing, growing.
◆ **croissant** *nm* **-1.** [de lune] crescent. **-2.** CULIN croissant.

croître [krwatr] [93] *vi* **-1.** [grandir] to grow. **-2.** [augmenter] to increase.

croix [krwa] *nf* cross; **en ~** in the shape of a cross; ~ **gammée** swastika; **mettre** OU **faire une ~ sur qqch** *fig* to write sthg off; **la ~ et la bannière** *fig* the devil's own job.

Croix-Rouge [krwaruʒ] *nf*: **la ~** the Red Cross.

croquant, -e [krɔkɑ̃, ɑ̃t] *adj* crisp, crunchy.

croque-madame [krɔkmadam] *nm inv* croque-monsieur with a fried egg.

croque-mitaine [krɔkmitɛn] (*pl* croque-mitaines) *nm* bogeyman.

croque-monsieur [krɔkməsjø] *nm inv* toasted cheese and ham sandwich.

croque-mort [krɔkmɔr] (*pl* croque-morts) *nm fam* undertaker.

croquer [krɔke] [3] ◇ *vt* **-1.** [manger] to crunch. **-2.** [dessiner] to sketch; **(jolie) à ~** *fig* pretty as a picture. ◇ *vi* to be crunchy.

croquette [krɔket] *nf* croquette.

croquis [krɔki] *nm* sketch; **faire un ~** to make a sketch.

cross [krɔs] *nm* [exercice] cross-country (running); [course] cross-country race.

crosse [krɔs] *nf* **-1.** [d'évêque] crozier. **-2.** [de fusil] butt. **-3.** HOCKEY hockey stick.

crotale [krɔtal] *nm* rattlesnake.

crotte [krɔt] *nf* [de lapin etc] droppings (*pl*); [de chien] dirt; **~!** *fam* damn!

crottin [krɔtɛ̃] *nm* [de cheval] (horse) manure.

croulant, -e [krulɑ̃, ɑ̃t] ◇ *adj* crumbling. ◇ *nm, f fam* (old) fogy, wrinkly.

crouler [krule] [3] *vi* to crumble; ~ **sous** *litt* & *fig* to collapse under.

croupe [krup] *nf* rump; **monter en ~** to ride pillion.

croupier [krupje] *nm* croupier.

croupion [krupjɔ̃] *nm* ZOOL rump; CULIN parson's nose.

croupir [krupir] [32] *vi litt* & *fig* to stagnate.

CROUS, Crous [krus] (*abr de* centre régional des œuvres universitaires et scolaires) *nm student representative body dealing with accommodation, catering etc.*

croustade [krustad] *nf* croustade.

croustillant, -e [krustijɑ̃, ɑ̃t] *adj* **-1.** [croquant - pain] crusty; [- biscuit] crunchy. **-2.** [grivois] spicy, juicy.

croustiller [krustije] [3] *vi* to be crusty.

croûte [krut] *nf* **-1.** [du pain, terrestre] crust; **casser la ~** *fam fig* to have a bite to eat; **gagner sa ~** *fam fig* to earn a crust. **-2.** CULIN: **en ~** in piecrust OU pastry. **-3.** [de fromage] rind. **-4.** [de plaie] scab. **-5.** *fam péj* [tableau] daub.

croûton [krutɔ̃] *nm* **-1.** [bout du pain] crust. **-2.** [pain frit] crouton. **-3.** *fam péj* [personne] fuddy-duddy.

croyable [krwajabl] *adj* believable; **c'est pas ~!** it's unbelievable OU incredible!

croyais, croyions *etc* → croire.

croyance [krwajɑ̃s] *nf* belief.

croyant, -e [krwajɑ̃, ɑ̃t] ◇ *ppr* → croire. ◇ *adj*: **être ~** to be a believer. ◇ *nm, f* believer.

CRS (*abr de* Compagnie républicaine de sécurité) *nm member of the French riot police;* **on a fait appel aux ~** the riot police were called in.

cru, -e [kry] ◇ *pp* → croire. ◇ *adj* **-1.** [non cuit] raw. **-2.** [violent] harsh. **-3.** [direct] blunt. **-4.** [grivois] crude.
◆ **cru** *nm* [vin] wine; [vignoble] vineyard; **du ~** *fig* local; **un grand ~** a fine wine; **de son propre ~** *fig* of one's own devising.

crû [kry] *pp* → croître.

cruauté [kryote] *nf* cruelty.

cruche [kryʃ] *nf* **-1.** [objet] jug. **-2.** *fam péj* [personne niaise] twit.

crucial, -e, -iaux [krysjal, jo] *adj* crucial.

crucifix [krysifi] *nm* crucifix.

crucifixion [krysifiksjɔ̃] *nf* crucifixion.

cruciverbiste [krysivɛrbist] *nmf* crossword enthusiast.

crudité [krydite] *nf* crudeness.
◆ **crudités** *nfpl* crudités.

crue [kry] *nf* rise in the water level; **en ~** in spate.

cruel, -elle [kryɛl] *adj* cruel.

cruellement [kryɛlmɑ̃] *adv* cruelly.

crûment [krymɑ̃] *adv* **-1.** [sans ménagement] bluntly. **-2.** [avec grossièreté] crudely.

crustacé [krystase] *nm* shellfish, crustacean; **~s** shellfish (*U*).

crypte [kript] *nf* crypt.

cs (*abr de* cuillère à soupe) tbs, tbsp.

CSA (*abr de* Conseil supérieur de l'audiovisuel) *nm French broadcasting supervisory body.*

CSCE (*abr de* Conférence sur la sécurité et la coopération en Europe) *nf* CSCE.

CSEN (*abr de* **Confédération des syndicats de l'éducation nationale**) *nf confederation of teachers' unions.*

CSG (*abr de* **contribution sociale généralisée**) *nf income-related tax contribution.*

CSP (*abr de* **catégorie socio-professionnelle**) *nf socio-professional group.*

Cuba [kyba] *n* Cuba; **à ~** in Cuba.

cubain, -aine [kybɛ̃, ɛn] *adj* Cuban.

◆ **Cubain, -aine** *nm, f* Cuban.

cube [kyb] *nm* cube; **4 au ~ = 64** 4 cubed is 64; **élever au ~** MATHS to cube; **mètre ~** cubic meter *Am* OU metre *Br*.

cubique [kybik] *adj* cubic.

cubisme [kybism] *nm* cubism.

cubitus [kybitys] *nm* ulna.

cucu(l) [kyky] *adj inv fam* silly.

cueille, cueilles *etc* → **cueillir.**

cueillette [kœjɛt] *nf* picking, harvesting.

cueilli, -e [kœji] *pp* → **cueillir.**

cueillir [kœjir] [41] *vt* **-1.** [fruits, fleurs] to pick. **-2.** *fam* [personne] to catch, to nab.

cuillère, cuiller [kɥijɛr] *nf* spoonful; **~ à café** coffee spoon; CULIN teaspoon; **~ à dessert** dessertspoon; **~ à soupe** soup spoon; CULIN tablespoon; **petite ~** teaspoon.

cuillerée [kɥijere] *nf* spoonful; **~ à café** CULIN teaspoonful; **~ à soupe** CULIN tablespoonful.

cuir [kɥir] *nm* leather; [non tanné] hide; **en ~** leather (*avant n*); **~ chevelu** ANAT scalp.

cuirasse [kɥiras] *nf* [de chevalier] breastplate; *fig* armor *Am*, armour *Br*.

cuirassé [kɥirase] *nm* battleship.

cuire [kɥir] [98] ◇ *vt* **-1.** [viande, œuf] to cook; [tarte, gâteau] to bake. **-2.** [briques, poterie] to fire. ◇ *vi* **-1.** [viande, œuf] to cook; [tarte, gâteau] to bake; **faire ~ qqch** to cook/bake sthg. **-2.** *fig* [personne] to roast, to be boiling; **il vous en cuira!** *fig* you'll suffer (for it)!, you'll regret it!

cuisais, cuisions *etc* → **cuire.**

cuisant, -e [kɥizɑ̃, ɑ̃t] *adj* [douloureux] stinging, smarting; *fig* bitter.

cuisine [kɥizin] *nf* **-1.** [pièce] kitchen. **-2.** [art] cooking, cookery; **faire la ~** to do the cooking, to cook; **~ bourgeoise** home cooking. **-3.** *fam* [combine] schemings (*pl*), schemes (*pl*); **~ électorale** electoral hanky-panky (*U*).

cuisiné, -e [kɥizine] *adj*: **plat ~** ready-cooked meal.

cuisiner [kɥizine] [3] ◇ *vt* **-1.** [aliment] to cook. **-2.** *fam* [personne] to grill. ◇ *vi* to cook; **bien/mal ~** to be a good/bad cook.

cuisinier, -ière [kɥizinje, jɛr] *nm, f* cook.

◆ **cuisinière** *nf* cooker; **cuisinière électrique/à gaz** electric/gas cooker.

cuissardes [kɥisard] *nfpl* [de pêcheur] waders; [de femme] thigh boots.

cuisse [kɥis] *nf* **-1.** ANAT thigh. **-2.** CULIN leg; **~s de grenouille** frog's legs.

cuisson [kɥisɔ̃] *nf* cooking.

cuissot [kɥiso] *nm* haunch; **~ de chevreuil** haunch of venison.

cuistot [kɥisto] *nm fam* cook.

cuistre [kɥistr] *littéraire* ◇ *nm* prig. ◇ *adj* priggish.

cuit, -e [kɥi, kɥit] ◇ *pp* → **cuire.** ◇ *adj*: **bien ~** [steak] well-done; **trop ~** overcooked, overdone; **être ~** *fam fig* to have had it.

◆ **cuite** *nf fam*: **prendre une ~e** to get plastered OU smashed.

cuiter [kɥite] [3]

◆ **se cuiter** *vp fam* to get plastered OU smashed.

cuivre [kɥivr] *nm* **-1.** [métal]: **~ (rouge)** copper; **~ jaune** brass. **-2.** (*gén pl*) [objet] brass (object).

◆ **cuivres** *nmpl*: **les ~s** MUS the brass.

cuivré, -e [kɥivre] *adj* [couleur, reflet] coppery; [teint] bronzed.

cul [ky] *nm* **-1.** *tfam* [postérieur] bum; **avoir le ~ entre deux chaises** to be in an awkward position; **en avoir plein le ~ de qqch** *tfam* to have had it up to here with sthg; **être comme ~ et chemise** to be as thick as thieves. **-2.** [de bouteille] bottom; **faire ~ sec** *fam* to down one's drink in one.

culasse [kylas] *nf* **-1.** [d'arme à feu] breech. **-2.** AUTOM cylinder head.

culbute [kylbyt] *nf* **-1.** [saut] somersault. **-2.** [chute] tumble, fall.

culbuter [kylbyte] [3] ◇ *vt* [objet] to knock over. ◇ *vi* **-1.** [faire une chute] to (take a) tumble. **-2.** [se renverser] to (do a) somersault.

cul-de-jatte [kydʒat] (*pl* **culs-de-jatte**) *nm* legless cripple.

cul-de-sac [kydsak] (*pl* **culs-de-sac**) *nm* dead end.

culinaire [kylinɛr] *adj* culinary.

culminant [kylminɑ̃] → **point.**

culminer [kylmine] [3] *vi* [surplomber] to tower; **~ à** [s'élever à] to reach its highest point at; *fig* to peak at.

culot [kylo] *nm* **-1.** *fam* [toupet] cheek, nerve; **avoir le ~ de** to have the cheek OU nerve to; **avoir du ~** to have a lot of nerve. **-2.** [de cartouche, ampoule] cap.

culotte [kylɔt] *nf* **-1.** [sous-vêtement féminin] knickers (*pl*), panties (*pl*), pair of knickers OU panties. **-2.** [vêtement]: ~s courtes/ longues short/long trousers; **porter la** ~ *fam fig* to wear the trousers.

culotté, -e [kylɔte] *adj* [effronté]: **elle est** ~e she's got a nerve.

culpabiliser [kylpabilize] [3] ◇ *vt*: ~ qqn to make sb feel guilty. ◇ *vi* to feel guilty.

culpabilité [kylpabilite] *nf* guilt.

culte [kylt] *nm* **-1.** [vénération, amour] worship. **-2.** [religion] religion.

cultivateur, -trice [kyltivatœr, tris] *nm, f* farmer.

cultivé, -e [kyltive] *adj* [personne] educated, cultured.

cultiver [kyltive] [3] *vt* **-1.** [terre, goût, relation] to cultivate. **-2.** [plante] to grow.
◆ **se cultiver** *vp* to cultivate OU improve one's mind.

culture [kyltyr] *nf* **-1.** AGRIC cultivation, farming; **les** ~s cultivated land. **-2.** [savoir] culture, knowledge; ~ **générale** [connaissances] general knowledge; [éducation] general education; ~ **physique** physical training. **-3.** [civilisation] culture.

culturel, -elle [kyltyrɛl] *adj* cultural.

culturisme [kyltyrism] *nm* bodybuilding.

cumin [kymɛ̃] *nm* cumin.

cumul [kymyl] *nm* [de fonctions, titres] holding simultaneously; [de salaires] drawing simultaneously.

cumuler [kymyle] [3] *vt* [fonctions, titres] to hold simultaneously; [salaires] to draw simultaneously.

cumulus [kymylys] *nm* cumulus.

cupide [kypid] *adj* greedy.

cupidité [kypidite] *nf* greed, cupidity.

curaçao [kyraso] *nm* curaçao.

curatif, -ive [kyratif, iv] *adj* curative.

cure [kyr] *nf* (course of) treatment; **faire une** ~ **de fruits** to go on a fruit-based diet; ~ **d'amaigrissement** reducing treatment *Am*, slimming course *Br*; ~ **de désintoxication** [d'alcool] drying-out treatment; [de drogue] detoxification treatment; ~ **de sommeil** sleep therapy; **faire une** ~ **thermale** to take the waters.

curé [kyre] *nm* parish priest.

cure-dents [kyrdɑ̃] *nm inv* toothpick.

cure-pipes *nm inv*, **cure-pipe** (*pl* **cure-pipes**) [kyrpip] *nm* pipe cleaner.

curer [kyre] [3] *vt* to clean out.
◆ **se curer** *vp*: **se** ~ **les ongles** to clean one's nails.

curetage [kyrtaʒ] *nm* curettage.

curie [kyri] *nf* curia.

curieusement [kyrjøzmɑ̃] *adv* curiously, strangely.

curieux, -ieuse [kyrjø, jøz] ◇ *adj* **-1.** [intéressé] curious; ~ **de qqch/de faire qqch** curious about sthg/to do sthg. **-2.** [indiscret] inquisitive. **-3.** [étrange] strange, curious. ◇ *nm, f* busybody.

curiosité [kyrjozite] *nf* curiosity.
◆ **curiosités** *nfpl* interesting sights.

curiste [kyrist] *nmf* *person undergoing treatment at a spa.*

curling [kœrliŋ] *nm* curling.

curriculum vitae [kyrikylɔmvite] *nm inv* curriculum vitae.

curry [kyri], **carry** [kari], **cari** [kari] *nm* **-1.** [épice] curry powder. **-2.** [plat] curry.

curseur [kyrsœr] *nm* cursor.

cursus [kyrsys] *nm* degree course.

cutané, -e [kytane] *adj* cutaneous, skin (*avant n*).

cuti [kyti] *nf*: **virer sa** ~ *fam fig* to throw off one's shackles.

cuti-réaction (*pl* **cuti-réactions**), **cutiréaction** [kytireaksjɔ̃] *nf* skin test.

cutter [kœtœr] *nm* Stanley knife®.

cuve [kyv] *nf* **-1.** [citerne] tank. **-2.** [à vin] vat.

cuvée [kyve] *nf* **-1.** [récolte] vintage. **-2.** [contenu de cuve] vatful.

cuver [kyve] [3] *vt* **-1.** [faire séjourner en cuve] to put in a vat to ferment. **-2.** [alcool, déception]: ~ qqch to sleep sthg off.

cuvette [kyvɛt] *nf* **-1.** [récipient] basin, bowl. **-2.** [de lavabo] basin; [de W.-C.] bowl. **-3.** GÉOGR basin.

cv (*abr de* **cheval-vapeur**) [puissance] HP.

CV *nm* **-1.** (*abr de* **curriculum vitae**) CV. **-2.** (*abr de* **cheval-vapeur**) hp; [puissance fiscale] *classification for scaling of car tax.*

CVS (*abr de* **corrigées des variations saisonnières**) *adj* seasonally adjusted.

cx *nm* [coefficient de pénétration dans l'air] drag coefficient.

cyanure [sjanyr] *nm* cyanide.

cybercafé [siberkafe] *nm* cybercafe.

cyberespace [siberɛspas] *nm* cyberspace.

cyclable [siklabl] → **piste**.

Cyclades [siklad] *nfpl*: **les** ~ the Cyclades; **dans les** ~ in the Cyclades.

cyclamen [siklamɛn] *nm* cyclamen.

cycle [sikl] *nm* cycle; ~ **menstruel** menstrual cycle; **premier** ~ UNIV ≃ first and second year; SCOL junior high school *Am*, middle school *Br*; **second** ~ UNIV ≃ senior year *Am*, final year *Br*; SCOL high school *Am*, upper school *Br*; **troisième** ~ UNIV ≃ postgraduate year OU years.

cyclique [siklik] *adj* cyclic, cyclical.

cyclisme [siklism] *nm* cycling.

cycliste [siklist] ◇ *nmf* cyclist. ◇ *adj* cycle (*avant n*).

cyclo-cross [siklɔkrɔs] *nm inv* cyclo-cross.

cyclomoteur [siklɔmɔtœr] *nm* moped.

cyclone [siklon] *nm* cyclone.

cyclothymique [siklɔtimik] *nmf & adj* manic-depressive.

cyclotourisme [siklɔturism] *nm* cycle touring.

cygne [siɲ] *nm* swan.

cylindre [silɛ̃dr] *nm* -**1.** AUTOM & GÉOM cylinder. -**2.** [rouleau] roller.

cylindrée [silɛ̃dre] *nf* engine capacity.

cylindrique [silɛ̃drik] *adj* cylindrical.

cymbale [sɛ̃bal] *nf* cymbal.

cynique [sinik] ◇ *nmf* cynic. ◇ *adj* cynical.

cynisme [sinism] *nm* cynicism.

cyprès [sipre] *nm* cypress.

cypriote, Cypriote → **chypriote**.

cyrillique [sirilik] *adj* Cyrillic.

cystite [sistit] *nf* cystitis (*U*).

cytise [sitiz] *nm* laburnum.

D

d, D [de] *nm inv* d, D.

d' → **de**.

da (*abr de* **déca**) da.

d'abord [dabɔr] → **abord**.

Dacca [daka] *n* Dacca.

d'accord [dakɔr] *loc adv*: ~! all right!, OK!; être ~ avec to agree with.

dactylo [daktilo] *nf* [personne] typist; [procédé] typing.

dactylographier [daktilɔgrafje] [9] *vt* to type.

dada [dada] *nm* -**1.** [cheval] gee-gee. -**2.** *fam* [occupation] hobby. -**3.** *fam* [idée] hobbyhorse. -**4.** ART Dadaism.

dadais [dadɛ] *nm* fool; **un grand** ~ a big OU great lump.

dahlia [dalja] *nm* dahlia.

Dahomey [daɔmɛ] *nm*: **le** ~ Dahomey; **au** ~ in Dahomey.

daigner [deɲe] [4] *vi* to deign.

daim [dɛ̃] *nm* -**1.** [animal] fallow deer. -**2.** [peau] suede.

dais [dɛ] *nm* canopy.

Dakar [dakar] *n* Dakar.

dal (*abr de* **décalitre**) dal.

dallage [dalaʒ] *nm* [action] paving; [dalles] pavement.

dalle [dal] *nf* [de pierre] slab; [de lino] tile; **avoir la** ~ *fam fig* to be famished OU starving; **que** ~! *fam fig* damn all!, not a (damn) thing!

dalmatien, -ienne [dalmasjɛ̃, jɛn] *nm, f* dalmatian.

daltonien, -ienne [daltɔnjɛ̃, jɛn] *adj* color-blind *Am*, colour-blind *Br*.

dam[1] [dam] *nm*: **au grand** ~ **de** [déplaisir] to the great displeasure of.

dam[2] (*abr de* **décamètre**) dam.

Damas [damas] *n* Damascus.

dame [dam] *nf* -**1.** [femme] lady. -**2.** CARTES & ÉCHECS queen.

◆ **dames** *nfpl* checkers *Am*, draughts *Br*.

dame-jeanne [damʒan] (*pl* **dames-jeannes**) *nf* demijohn.

damer [dame] [3] *vt* to pack down.

damier [damje] *nm* -**1.** [de jeu] checkerboard *Am*, draughtboard *Br*. -**2.** [motif]: **à** ~ checked.

damnation [danasjɔ̃] *nf* damnation.

damné, -e [dane] ◇ *adj fam* damned. ◇ *nm, f* damned person.

damner [dane] [3] *vt* to damn.

◆ **se damner** *vp* to be damned; **se** ~ **pour** *fig* to risk damnation for.

dancing [dãsiŋ] *nm* dance hall.

dandiner [dãdine] [3]

◆ **se dandiner** *vp* to waddle.

dandy [dãdi] *nm* dandy.

Danemark [danmark] *nm*: **le** ~ Denmark; **au** ~ in Denmark.

danger [dãʒe] *nm* danger; **en** ~ in danger; **hors de** ~ out of danger; **courir un** ~ to run a risk; **narguer le** ~ to flout danger; ~ **public** public menace.

dangereusement [dãʒrøzmã] *adv* dangerously.

dangereux, -euse [dãʒrø, øz] *adj* dangerous.

danois, -e [danwa, az] *adj* Danish.

◆ **danois** *nm* -**1.** [langue] Danish. -**2.** [chien] Great Dane.

◆ **Danois, -e** *nm, f* Dane.

dans [dɑ̃] *prép* **-1.** [dans le temps] in; **je reviens ~ un mois** I'll be back in a month OU in a month's time. **-2.** [dans l'espace] in; **~ une boîte** in OU inside a box; **c'est ~ ma chambre/mon sac** it's in my room/my bag. **-3.** [avec mouvement] into; **entrer ~ une chambre** to come into a room, to enter a room. **-4.** [indiquant état, manière] in; **vivre ~ la misère** to live in poverty; **il est ~ le commerce** he's in business. **-5.** [environ]: **~ les ...** about ...; **ça coûte ~ les 200 francs** it costs about 200 francs.

dansant, -e [dɑ̃sɑ̃, ɑ̃t] *adj litt* & *fig* dancing; **soirée ~e** dance; **thé ~** tea dance.

danse [dɑ̃s] *nf* **-1.** [art] dancing; **~ classique/folklorique/moderne** ballet/folk/modern dancing; **~ du ventre** belly dance. **-2.** [musique] dance.

danser [dɑ̃se] [3] ◇ *vi* **-1.** [personne] to dance. **-2.** [bateau] to bob; [flammes] to flicker. ◇ *vt* to dance.

danseur, -euse [dɑ̃sœr, øz] *nm, f* dancer; **en danseuse** CYCLISME standing on the pedals; **~ étoile** principal dancer.

dantesque [dɑ̃tɛsk] *adj* Dantesque, Dantean.

DAO (*abr de* **dessin assisté par ordinateur**) *nm* CAD.

dard [dar] *nm* [d'animal] sting.

darder [darde] [3] *vt* to beat down; **~ un regard sur** *fig* to shoot a glance at.

dare-dare [dardar] *adv fam* on the double.

Dar es-Salaam [darɛssalam] *n* Dar es-Salaam.

darne [darn] *nf* [de poisson] steak.

dartre [dartr] *nf* sore.

DAT (*abr de* **digital audio tape**) DAT.

DATAR, Datar [datar] (*abr de* **Délégation à l'aménagement du territoire et à l'action régionale**) *nf* regional land development agency.

datation [datasjɔ̃] *nf* dating.

date [dat] *nf* **-1.** [jour+mois+année] date; **~ limite de vente/de consommation** sell-by/use-by date; **de longue ~** long-standing; **~ de naissance** date of birth. **-2.** [moment] event.

dater [date] [3] ◇ *vt* to date. ◇ *vi* **-1.** [marquer] to be OU mark a milestone. **-2.** *fam* [être démodé] to be dated.
◆ **à dater de** *loc prép* as of OU from.

dateur, -euse [datœr, øz] *adj* date (*avant n*).
◆ **dateur** *nm* [timbre] datestamp; [de montre] date indicator.

datif [datif] *nm* GRAM dative.

datte [dat] *nf* date.

dattier [datje] *nm* date palm.

daube [dob] *nf* CULIN ≃ stew.

dauphin [dofɛ̃] *nm* **-1.** [mammifère] dolphin. **-2.** HIST heir apparent.

dauphine [dofin] *nf* HIST heir apparent.

daurade, dorade [dɔrad] *nf* sea bream.

davantage [davɑ̃taʒ] *adv* **-1.** [plus] more; **~ de** more. **-2.** [plus longtemps] (any) longer.

dB (*abr de* **décibel**) dB.

DB (*abr de* **division blindée**) *nf* armored *Am* OU armoured *Br* division.

DCA (*abr de* **défense contre aéronefs**) *nf* AA (*anti-aircraft*).

DCT (*abr de* **diphtérie coqueluche tétanos**) *nm vaccine against diphtheria, tetanus and whooping cough.*

DDA (*abr de* **Direction départementale de l'agriculture**) *nf local offices of the Ministry of Agriculture.*

DDASS, Ddass [das] (*abr de* **Direction départementale d'action sanitaire et sociale**) *nf* ≃ SSA *Am*, ≃ DSS *Br*; **un enfant de la ~** a state orphan.

DDD (*abr de* **digital digital digital**) DDD.

DDE (*abr de* **Direction départementale de l'Équipement**) *nf local offices of the Ministry of the Environment.*

DDT (*abr de* **dichloro-diphényl-trichloréthane**) *nm* DDT.

DDTAB (*abr de* **diphtérie, tétanos, typhoïde, paratyphoïde A**) *nm vaccine against diphtheria, tetanus, typhoid and paratyphoid.*

de [də] (*contraction de de + le = du* [dy], *de + les = des* [de]) ◇ *prép* **-1.** [provenance] from; **revenir ~ Paris** to come back OU return from Paris; **il est sorti ~ la maison** he left the house, he went out of the house. **-2.** [avec à]: **~ ... à ...** from ... to; **~ Paris à Tokyo** from Paris to Tokyo; **~ dix heures à midi** from ten o'clock to OU till midday; **il y avait ~ quinze à vingt mille spectateurs** there were between fifteen and twenty thousand spectators. **-3.** [appartenance] of; **la porte du salon** the door of the sitting room, the sitting-room door; **le frère ~ Pierre** Pierre's brother; **la maison ~ mes parents** my parents' house. **-4.** [indique la détermination, la qualité]: **un verre d'eau** a glass of water; **un peignoir ~ soie** a silk dressing gown; **un appartement ~ 60m²** a flat 60 metres square; **un bébé ~ trois jours** a three-day-old baby; **une ville ~ 500 000 habitants** a town with OU of 500,000 inhabitants.

◇ *article partitif* **-1.** [dans une phrase affirmative] some; **je voudrais du vin/du lait** I'd like (some) wine/(some) milk; **boire ~ l'eau** to drink (some) water; **acheter des légumes** to buy some vegetables. **-2.** [dans une interrogation ou une négation] any; **ils n'ont pas d'enfants** they don't have any children, they have no children; **avez-vous du pain?** do you have any bread?, have you got any bread?; **voulez-vous du thé?** would you like some tea?

DE (*abr de* **diplômé d'État**) *adj* qualified; **infirmière ~** qualified nurse, ≃ RGN *Br*.

dé [de] *nm* **-1.** [à jouer] dice, die. **-2.** [morceau] dice, cube; **couper en ~s** CULIN to dice. **-3.** COUTURE: **~ (à coudre)** thimble.

DEA (*abr de* **diplôme d'études approfondies**) *nm* postgraduate diploma.

dealer[1] [dile] *vt* to deal.

dealer[2] [dilœr] *nm fam* dealer.

déambuler [deãbyle] [3] *vi* to stroll (around).

débâcle [debakl] *nf* [débandade] rout; *fig* collapse.

déballage [debalaʒ] *nm litt* unpacking.

déballer [debale] [3] *vt* to unpack; *fam fig* to pour out.

débandade [debãdad] *nf* dispersal.

débarbouiller [debarbuje] [3] *vt*: **~ qqn** to wash sb's face.

◆ **se débarbouiller** *vp* to wash one's face.

débarcadère [debarkadɛr] *nm* landing stage.

débardeur [debardœr] *nm* **-1.** [ouvrier] docker. **-2.** [vêtement] slipover.

débarquement [debarkəmã] *nm* [de marchandises] unloading; **le Débarquement** HIST the D-Day landings.

débarquer [debarke] [3] ◇ *vt* [marchandises] to unload; [passagers & MIL] to land. ◇ *vi* **-1.** [d'un bateau] to disembark. **-2.** MIL to land. **-3.** *fam* [arriver à l'improviste] to turn up; *fig* to know nothing.

débarras [debara] *nm* junk room; **bon ~!** *fig* good riddance!

débarrasser [debarase] [3] *vt* **-1.** [pièce] to clear up; [table] to clear. **-2.** [ôter]: **~ qqn de qqch** to take sthg from sb.

◆ **se débarrasser** *vp*: **se ~ de** to get rid of.

débat [deba] *nm* debate; **élargir le ~** to broaden OU widen the debate.

◆ **débats** *nmpl* debates, proceedings.

débattre [debatr] [83] ◇ *vt* to debate, to discuss. ◇ *vi*: **~ de qqch** to debate OU discuss sthg.

◆ **se débattre** *vp* to struggle; **se ~ avec** OU **contre** *fig* to struggle with OU against.

débattu, -e [debaty] *pp* → **débattre**.

débauche [deboʃ] *nf* debauchery; **une ~ de** *fig* a profusion of.

débauché, -e [deboʃe] ◇ *adj* debauched. ◇ *nm, f* debauched person.

débaucher [deboʃe] [3] *vt* **-1.** [corrompre] to debauch, to corrupt. **-2.** [licencier] to make redundant.

débile [debil] ◇ *nmf* **-1.** [attardé] retarded person; **~ mental** mentally retarded person; **~ profond** profoundly retarded person. **-2.** *fam* [idiot] moron. ◇ *adj fam* stupid.

débilitant, -e [debilitã, ãt] *adj* debilitating.

débilité [debilite] *nf* **-1.** [stupidité] stupidity. **-2.** [maladie] debility, deficiency.

débiner [debine] [3]

◆ **se débiner** *vp fam* to clear off.

débit [debi] *nm* **-1.** [de marchandises] (retail) sale. **-2.** [magasin]: **~ de boissons** bar; **~ de tabac** tobacco shop *Am*, tobacconist's *Br*. **-3.** [coupe] sawing up, cutting up. **-4.** [de liquide] (rate of) flow. **-5.** [élocution] delivery. **-6.** FIN debit; **avoir un ~ de 500 francs** to be 500 francs overdrawn.

débitant, -e [debitã, ãt] *nm, f* **-1.** [de boissons] licensed grocer. **-2.** [de tabac] tobacco dealer *Am*, tobacconist *Br*.

débiter [debite] [3] *vt* **-1.** [marchandises] to sell. **-2.** [arbre] to saw up; [viande] to cut up. **-3.** [suj: robinet] to have a flow of. **-4.** *fam fig* [prononcer] to spout. **-5.** FIN to debit.

débiteur, -trice [debitœr, tris] ◇ *adj* **-1.** [personne] debtor (*avant n*). **-2.** FIN debit (*avant n*), in the red. ◇ *nm, f* debtor.

déblaiement [deblɛmã], **déblayage** [deblejaʒ] *nm* clearing.

déblatérer [deblatere] [18] *vi fam* [médire]: **~ contre** to rant on about.

déblayage = **déblaiement**.

déblayer [debleje] [11] *vt* [dégager] to clear; **~ le terrain** *fig* to clear the ground.

débloquer [debloke] [3] ◇ *vt* **-1.** [machine] to get going again. **-2.** [crédit] to release. **-3.** [compte, salaires, prix] to unfreeze. ◇ *vi fam* to talk rubbish.

déboires [debwar] *nmpl* **-1.** [déceptions] disappointments. **-2.** [échecs] setbacks. **-3.** [ennuis] trouble (*U*), problems.

déboisement [debwazmã] *nm* deforestation.

déboiser [debwaze] [3] *vt* [région] to deforest; [terrain] to clear (of trees).
◆ **se déboiser** *vp* to become deforested.

déboîter [debwate] [3] ◇ *vt* **-1.** [objet] to dislodge; ~ **une porte** to take a door off its hinges. **-2.** [membre] to dislocate. ◇ *vi* AUTOM to pull out.
◆ **se déboîter** *vp* **-1.** [se démonter] to come apart; [porte] to come off its hinges. **-2.** [membre] to dislocate.

débonnaire [debɔnɛr] *adj* good-natured, easy-going.

débordant, -e [debɔrdɑ̃, ɑ̃t] *adj* **-1.** [activité] bustling. **-2.** [personne]: ~ **de** [joie, vie] overflowing with; [santé, énergie] bursting with.

débordement [debɔrdəmɑ̃] *nm* **-1.** [de fleuve, récipient] overflowing. **-2.** [de joie, tendresse] outburst.
◆ **débordements** *nmpl* excesses.

déborder [debɔrde] [3] ◇ *vi* [fleuve, liquide] to overflow; *fig* to flood; ~ **de** [vie, joie] to be bubbling with. ◇ *vt* [limite] to go beyond.

débouché [debuʃe] *nm* **-1.** [issue] end. **-2.** (*gén pl*) COMM outlet. **-3.** [de carrière] prospect, opening.

déboucher [debuʃe] [3] ◇ *vt* **-1.** [bouteille] to open. **-2.** [conduite, nez] to unblock. ◇ *vi*: ~ **sur** [arriver] to open out into; *fig* to lead to, to achieve.

débouler [debule] [3] ◇ *vi* [personne - arriver] to charge up; [animal] to bolt. ◇ *vt* to hurtle down.

déboulonner [debulɔne] [3] *vt* [statue] to dismantle.

débourser [deburse] [3] *vt* to pay out.

déboussoler [debusɔle] [3] *vt fam* to throw, to disorientate.

debout [dəbu] *adv* **-1.** [gén] **être** ~ [sur ses pieds] to be standing (up); [réveillé] to be up; [objet] to be standing up OU upright; **mettre qqch** ~ to stand sthg up; **se mettre** ~ to stand up; ~! get up!, on your feet! **-2.** *loc*: **tenir** ~ [bâtiment] to remain standing; [argument] to stand up; **il ne tient pas** ~ he's asleep on his feet.

débouter [debute] [3] *vt* JUR to dismiss.

déboutonner [debutɔne] [3] *vt* to unbutton, to undo.
◆ **se déboutonner** *vp* [défaire ses boutons] to undo one's buttons/one's jacket *etc*.

débraillé, -e [debraje] *adj* disheveled *Am*, dishevelled *Br*.

débrancher [debrɑ̃ʃe] [3] *vt* **-1.** [appareil] to unplug. **-2.** [téléphone] to disconnect.

débrayage [debrɛjaʒ] *nm* **-1.** [AUTOM - pièce] clutch; [- action] disengagement of the clutch. **-2.** [arrêt de travail] stoppage.

débrayer [debreje] [11] *vi* **-1.** AUTOM to disengage the clutch, to declutch. **-2.** [cesser le travail] to stop work.

débridé, -e [debride] *adj fig & sout* [imagination, sensualité] unbridled.

débris [debri] ◇ *nm* piece, fragment. ◇ *nmpl* **-1.** [restes] leftovers. **-2.** *fig & littéraire* [d'armée, fortune] remains; [d'un état] ruins.

débrouillard, -e [debrujar, ard] *fam* ◇ *adj* resourceful. ◇ *nm, f* resourceful person.

débrouillardise [debrujardiz] *nf fam* resourcefulness.

débrouiller [debruje] [3] *vt* **-1.** [démêler] to untangle. **-2.** *fig* [résoudre] to unravel, to solve.
◆ **se débrouiller** *vp*: **se** ~ **(pour faire qqch)** to manage (to do sthg); **se** ~ **en anglais** to get by in English; **débrouille-toi!** you'll have to sort it out (by) yourself!

débroussailler [debrusaje] [3] *vt* [terrain] to clear; *fig* to do the groundwork for.

débusquer [debyske] [3] *vt* **-1.** [gibier] to drive out. **-2.** [personne] to flush out.

début [deby] *nm* beginning, start; **au** ~ at the start OU beginning; **dès le** ~ (right) from the start.
◆ **débuts** *nmpl* debut (*sg*).
◆ **au début de** *loc prép* at the beginning of.

débutant, -e [debytɑ̃, ɑ̃t] *nm, f* beginner.

débuter [debyte] [3] *vi* **-1.** [commencer]: ~ **(par)** to begin (with), to start (with). **-2.** [faire ses débuts] to start out.

deçà [dəsa]
◆ **deçà delà** *loc adv* here and there.
◆ **en deçà de** *loc prép* **-1.** [de ce côté-ci de] on this side of. **-2.** [en dessous de] short of.

décacheter [dekaʃte] [27] *vt* to open.

décade [dekad] *nf* period of ten days.

décadence [dekadɑ̃s] *nf* **-1.** [déclin] decline. **-2.** [débauche] decadence.

décadent, -e [dekadɑ̃, ɑ̃t] *adj* decadent.

décaféiné, -e [dekafeine] *adj* decaffeinated.
◆ **décaféiné** *nm* decaffeinated coffee.

décalage [dekalaʒ] *nm* gap; *fig* gulf, discrepancy; ~ **horaire** [entre zones] time difference; [après un vol] jet lag.

décalcification [dekalsifikasjɔ̃] *nf* decalcification.

décalcomanie [dekalkɔmani] *nf* transfer (*adhesive*).

décaler [dekale] [3] *vt* **-1.** [dans le temps -

avancer] to bring forward; [- retarder] to put back. **-2.** [dans l'espace] to move, to shift.
◆ **se décaler** *vp* to move.

décalquer [dekalke] [3] *vt* to trace.

décamper [dekɑ̃pe] [3] *vi fam* to clear off.

décan [dekɑ̃] *nm* ASTROL *one of three subdivisions of each star sign.*

décanter [dekɑ̃te] [3] ◇ *vt:* **laisser ∼** [liquide] to allow to settle; *fig* [idée] to allow to settle down OU become clearer. ◇ *vi* [liquide] to settle; *fig* [idées] to become clear.
◆ **se décanter** *vp* [idées] to become clear.

décapant, -e [dekapɑ̃, ɑ̃t] *adj* **-1.** [nettoyant] stripping. **-2.** *fig* [incisif] cutting, caustic.
◆ **décapant** *nm* (paint) stripper.

décaper [dekape] [3] *vt* to strip, to sand.

décapiter [dekapite] [3] *vt* [personne] to behead; [- accidentellement] to decapitate; [arbre] to cut the top off; *fig* to remove the leader OU leaders of.

décapotable [dekapɔtabl] *nf & adj* convertible.

décapsuler [dekapsyle] [3] *vt* to take the top off, to open.

décapsuleur [dekapsylœr] *nm* bottle opener.

décarcasser [dekarkase] [3]
◆ **se décarcasser** *vp fam:* **se ∼ (à faire qqch)** to slog away (at doing sthg).

décédé, -e [desede] *adj* deceased.

décéder [desede] [18] *vi* to die.

déceler [desle] [25] *vt* **-1.** [révéler] to reveal. **-2.** [repérer] to detect.

décélération [deselerasjɔ̃] *nf* deceleration.

décembre [desɑ̃br] *nm* December; *voir aussi* **septembre**.

décemment [desamɑ̃] *adv* **-1.** [convenablement] properly. **-2.** [raisonnablement] reasonably.

décence [desɑ̃s] *nf* decency.

décennie [deseni] *nf* decade.

décent, -e [desɑ̃, ɑ̃t] *adj* decent.

décentralisation [desɑ̃tralizasjɔ̃] *nf* decentralization.

décentraliser [desɑ̃tralize] [3] *vt* to decentralize.

décentrer [desɑ̃tre] [3] *vt* to move off-center *Am* OU off-centre *Br*.

déception [desɛpsjɔ̃] *nf* disappointment.

décerner [desɛrne] [3] *vt:* **∼ qqch à** to award sthg to.

décès [desɛ] *nm* death.

décevant, -e [desəvɑ̃, ɑ̃t] *adj* disappointing.

décevoir [desəvwar] [52] *vt* to disappoint.

déchaîné, -e [deʃene] *adj* **-1.** [vent, mer] stormy, wild. **-2.** [passion] unrestrained; [opinion publique] raging. **-3.** [personne] wild.

déchaîner [deʃene] [4] *vt* [passion] to unleash; [rires] to cause an outburst of.
◆ **se déchaîner** *vp* **-1.** [éléments naturels] to erupt. **-2.** [personne] to fly into a rage.

déchanter [deʃɑ̃te] [3] *vi* to become disillusioned.

décharge [deʃarʒ] *nf* **-1.** JUR discharge. **-2.** ÉLECTR discharge; **∼ électrique** electrical *Am* OU electric *Br* shock. **-3.** [reçu] receipt. **-4.** [dépotoir] garbage dump *Am*, rubbish tip OU dump *Br*; **∼ municipale** city/town dump.

déchargement [deʃarʒəmɑ̃] *nm* unloading.

décharger [deʃarʒe] [17] *vt* **-1.** [véhicule, marchandises] to unload. **-2.** [arme - tirer] to fire, to discharge; [- enlever la charge] to unload. **-3.** [soulager - cœur] to unburden; [- conscience] to salve; [- colère] to vent. **-4.** [libérer]: **∼ qqn de** to release sb from.
◆ **se décharger** *vp* **-1.** ÉLECTR to go flat. **-2.** [se libérer]: **se ∼ de qqch sur** to offload sthg onto. **-3.** [rivière]: **se ∼ dans** to flow into.

décharné, -e [deʃarne] *adj* [maigre] emaciated.

déchausser [deʃose] [3] *vt:* **∼ qqn** to take sb's shoes off.
◆ **se déchausser** *vp* **-1.** [personne] to take one's shoes off. **-2.** [dent] to come loose.

dèche [dɛʃ] *nf fam:* **être dans la ∼** to be on one's uppers.

déchéance [deʃeɑ̃s] *nf* **-1.** [déclin] degeneration, decline. **-2.** [d'un souverain] dethronement. **-3.** JUR loss.

déchet [deʃɛ] *nm* [de matériau] scrap.
◆ **déchets** *nmpl* refuse (*U*), waste (*U*); **∼s radioactifs** radioactive waste.

déchiffrer [deʃifre] [3] *vt* **-1.** [inscription, hiéroglyphes] to decipher; [énigme] to unravel. **-2.** MUS to sight-read.

déchiqueter [deʃikte] [27] *vt* to tear to shreds.

déchirant, -e [deʃirɑ̃, ɑ̃t] *adj* heartrending.

déchirement [deʃirmɑ̃] *nm* **-1.** [division] rift, split. **-2.** [souffrance morale] heartbreak, distress.

déchirer [deʃire] [3] *vt* **-1.** [papier, tissu] to tear up, to rip up. **-2.** *fig* [diviser] to tear apart.
◆ **se déchirer** *vp* **-1.** [personnes] to tear each other apart. **-2.** [matériau, muscle] to tear.

déchirure [deʃiryr] *nf* tear; *fig* wrench; **∼ musculaire** MÉD torn muscle.

déchoir [deʃwar] [71] *vi sout* [s'abaisser] to demean o.s.

déchu, -e [deʃy] ◇ *pp* → **déchoir.** ◇ *adj* **-1.** [homme, ange] fallen; [souverain] deposed. **-2.** JUR: **être ~ de** to be deprived of.

deci [dəsi]
◆ **deci-delà** *adv sout* here and there.

décibel [desibɛl] *nm* decibel.

décidé, -e [deside] *adj* **-1.** [résolu] determined. **-2.** [arrêté] settled.

décidément [desidemɑ̃] *adv* really.

décider [deside] [3] *vt* **-1.** [prendre une décision]: **~ (de faire qqch)** to decide (to do sthg); **~ que** to decide (that). **-2.** [convaincre]: **~ qqn à faire qqch** to persuade sb to do sthg. **-3.** [déterminer]: **~ de qqch** to decide on sthg.
◆ **se décider** *vp* **-1.** [personne]: **se ~ (à faire qqch)** to make up one's mind (to do sthg). **-2.** [affaire] to be decided, to be settled. **-3.** [choisir]: **se ~ pour** to decide on, to settle on.

décideur [desidœr] *nm* decision-maker.

décilitre [desilitr] *nm* decilitre.

décimal, -e, -aux [desimal, o] *adj* decimal.
◆ **décimale** *nf* decimal.

décimer [desime] [3] *vt* to decimate.

décimètre [desimɛtr] *nm* **-1.** [dixième de mètre] decimetre. **-2.** [règle] ruler; **double ~ ≃** foot rule.

décisif, -ive [desizif, iv] *adj* decisive.

décision [desizjɔ̃] *nf* decision; **prendre une ~** to take OU make a decision.

décisionnaire [desizjɔnɛr] *nmf* decision-maker.

déclamer [deklame] [3] *vt* to declaim.

déclaration [deklarasjɔ̃] *nf* **-1.** [orale] declaration, announcement; **faire une ~** to make a statement; **~ de guerre/d'amour** declaration of war/of love. **-2.** [écrite] report, declaration; [d'assurance] claim; **~ de naissance/de décès** registration of birth/death; **~ d'impôts** tax return; **~ de revenus** statement of income.

DÉCLARATION D'IMPÔTS:
People in France are required to declare their taxable earnings at the beginning of the year. Quarterly tax payments ('tiers provisionnels') are based on estimated tax for the year, the payment for the final quarter being adjusted according to the actual tax owed

déclarer [deklare] [3] *vt* **-1.** [annoncer] to declare; **~ que** to declare (that). **-2.** [signaler]

to report; **~ une naissance** to register a birth.
◆ **se déclarer** *vp* **-1.** [se prononcer]: **se ~ pour qqch** to come out in favor Am OU favour of sthg; **se ~ contre qqch** to come out against sthg. **-2.** [se manifester] to break out.

déclasser [deklase] [3] *vt* **-1.** [personne - gén] to downgrade; SPORT to relegate. **-2.** [objets] to get out of order.

déclenchement [deklɑ̃ʃmɑ̃] *nm* [de mécanisme] activating, setting off; *fig* launching.

déclencher [deklɑ̃ʃe] [3] *vt* [mécanisme] to activate, to set off; *fig* to launch.
◆ **se déclencher** *vp* [mécanisme] to go off, to be activated; *fig* to be triggered off.

déclic [deklik] *nm* **-1.** [mécanisme] trigger. **-2.** [bruit] click.

déclin [deklɛ̃] *nm* **-1.** [de civilisation, population, santé] decline; **une personnalité sur son ~** a celebrity on the wane. **-2.** [fin] close.

déclinaison [deklinɛzɔ̃] *nf* GRAM declension.

décliner [dekline] [3] ◇ *vi* **-1.** [santé, population, popularité] to decline. **-2.** [jour] to draw to a close. ◇ *vt* **-1.** [offre, honneur] to decline; **~ une invitation** to decline an invitation; **~ toute responsabilité** to accept no responsibility. **-2.** GRAM to decline; *fig* [gamme de produits] to develop. **-3.** [énoncer] to state.
◆ **se décliner** *vp* GRAM to decline.

déclivité [deklivite] *nf* slope, incline.

décloisonner [deklwazɔne] [3] *vt fig* to decompartmentalize.

déclouer [deklue] [3] *vt* to take the nails out of.

décocher [dekɔʃe] [3] *vt litt & fig* to let fly; **~ un regard** to shoot a glance.

décoction [dekɔksjɔ̃] *nf* decoction.

décodage [dekɔdaʒ] *nm* decoding.

décoder [dekɔde] [3] *vt* to decode.

décodeur [dekɔdœr] *nm* decoder.

décoiffer [dekwafe] [3] *vt* [cheveux] to mess up.
◆ **se décoiffer** *vp* **-1.** [cheveux] to be messed up. **-2.** [enlever son chapeau] to take off one's hat.

décoincer [dekwɛse] [16] *vt* **-1.** [chose] to loosen; [mécanisme] to unjam. **-2.** *fam* [personne] to loosen up.
◆ **se décoincer** *vp* **-1.** [mécanisme] to loosen. **-2.** *fam fig* [personne] to loosen up.

déçois, déçoit *etc* → **décevoir.**

décolérer [dekɔlere] [18] *vi*: **il n'a pas décoléré** he hasn't calmed down.

décollage [dekɔlaʒ] *nm litt & fig* takeoff.

décollé, -e [dekɔle] *adj*: **il a les oreilles ~es** his ears stick out.

décollement [dekɔlmã] *nm*: **~ de la rétine** MÉD detachment of the retina.

décoller [dekɔle] [3] ◇ *vt* [étiquette, timbre] to unstick; [papier peint] to strip (off). ◇ *vi litt* & *fig* to take off.
◆ **se décoller** *vp* [étiquette, timbre] to come unstuck; [papier peint] to peel off.

décolleté, -e [dekɔlte] *adj* [vêtement] low-cut.
◆ **décolleté** *nm* **-1.** [de personne] neck and shoulders (*pl*). **-2.** [de vêtement] neckline, neck.

décolonisation [dekɔlɔnizasjɔ̃] *nf* decolonization.

décolorant, -e [dekɔlɔrã, ãt] *adj* bleaching (*avant n*).
◆ **décolorant** *nm* bleach.

décoloration [dekɔlɔrasjɔ̃] *nf* bleaching.

décolorer [dekɔlɔre] [3] *vt* [par décolorant] to bleach, to lighten; [par usure] to fade.
◆ **se décolorer** *vp* **-1.** [se ternir] to fade. **-2.** [cheveux] to bleach.

décombres [dekɔ̃br] *nmpl* debris (*U*).

décommander [dekɔmɑ̃de] [3] *vt* to cancel.
◆ **se décommander** *vp* to cancel one's appointment.

décomposé, -e [dekɔ̃poze] *adj* **-1.** [pourri] decomposed. **-2.** [visage] haggard; [personne] in shock.

décomposer [dekɔ̃poze] [3] *vt* **-1.** [gén] **~ (en)** to break down (into). **-2.** *fig* [troubler] to distort.
◆ **se décomposer** *vp* **-1.** [se putréfier] to rot, to decompose. **-2.** [se diviser]: **se ~ en** to be broken down into. **-3.** *fig* [s'altérer] to be distorted.

décomposition [dekɔ̃pozisjɔ̃] *nf* **-1.** [putréfaction] decomposition. **-2.** *fig* [analyse] breaking down, analysis.

décompresser [dekɔ̃prese] [4] ◇ *vt* TECHNOL to decompress. ◇ *vi* to unwind.

décompression [dekɔ̃presjɔ̃] *nf* decompression.

décompte [dekɔ̃t] *nm* **-1.** [calcul] breakdown (of an amount). **-2.** [réduction] deduction; **j'ai fait le ~ de ce que tu me dois** I've deducted OU taken off what you owe me.

décompter [dekɔ̃te] [3] *vt* to deduct.

déconcentrer [dekɔ̃sɑ̃tre] [3] *vt* **-1.** [disséminer] to decentralize. **-2.** [distraire] to distract.
◆ **se déconcentrer** *vp* to be distracted.

déconcertant, -e [dekɔ̃sɛrtã, ãt] *adj* disconcerting.

déconcerter [dekɔ̃sɛrte] [3] *vt* to disconcert.

déconfit, -e [dekɔ̃fi, it] *adj* crestfallen.

déconfiture [dekɔ̃fityr] *nf* collapse, ruin.

décongeler [dekɔ̃ʒle] [25] *vt* to defrost.

décongestionner [dekɔ̃ʒɛstjɔne] [3] *vt* to relieve congestion in; **~ la circulation** to reduce traffic.

déconnecter [dekɔnɛkte] [4] *vt* to disconnect; **être déconnecté** *fam* to be out of touch.
◆ **se déconnecter** *vp* INFORM to disconnect, to log off.

déconner [dekɔne] [3] *vi* *tfam* [dire] to talk rubbish; [faire] to muck around.

déconseillé, -e [dekɔ̃seje] *adj*: **c'est fortement ~** it's extremely inadvisable.

déconseiller [dekɔ̃seje] [4] *vt*: **~ qqch à qqn** to advise sb against sthg; **~ à qqn de faire qqch** to advise sb against doing sthg.

déconsidérer [dekɔ̃sidere] [18] *vt* to discredit.
◆ **se déconsidérer** *vp* to be discredited.

décontaminer [dekɔ̃tamine] [3] *vt* to decontaminate.

décontenancer [dekɔ̃tnɑ̃se] [16] *vt* to put out.
◆ **se décontenancer** *vp* to be put out.

décontracté, -e [dekɔ̃trakte] *adj* **-1.** [muscle] relaxed. **-2.** [détendu] casual, laid-back.

décontracter [dekɔ̃trakte] [3] *vt* to relax.
◆ **se décontracter** *vp* to relax.

déconvenue [dekɔ̃vny] *nf* disappointment.

décor [dekɔr] *nm* **-1.** [cadre] scenery. **-2.** [ornement] decoration. **-3.** THÉÂTRE scenery (*U*); CIN sets (*pl*), décor.

décorateur, -trice [dekɔratœr, tris] *nm, f* CIN & THÉÂTRE designer; **~ d'intérieur** interior decorator.

décoratif, -ive [dekɔratif, iv] *adj* decorative.

décoration [dekɔrasjɔ̃] *nf* decoration.

décorer [dekɔre] [3] *vt* to decorate.

décortiquer [dekɔrtike] [3] *vt* [noix] to shell; [graine] to husk; *fig* to analyze *Am* OU analyse *Br* in minute detail.

décorum [dekɔrɔm] *nm* decorum.

découcher [dekuʃe] [3] *vi* to stay out all night.

découdre [dekudr] [86] *vt* COUTURE to unpick; **en ~** to come to blows.
◆ **se découdre** *vp* to come unstitched.

découler [dekule] [3] *vi*: **~ de** to follow from.

découpage [dekupaʒ] *nm* **-1.** [action] cutting out; [résultat] paper cutout. **-2.** CIN preparation of screenplay. **-3.** ADMIN: **~ (électoral)**

division into constituencies. -4. *fig* [de texte] cutting, editing.

découper [dekupe] [3] *vt* -1. [couper] to cut up. -2. *fig* [diviser] to cut out.

◆ **se découper** *vp fig*: se ~ sur to stand out against.

découplé, -e [dekuple] *adj*: **bien** ~ well-proportioned.

découpure [dekupyr] *nf* [bord] indentations (*pl*), jagged outline.

décourageant, -e [dekuraʒɑ̃, ɑ̃t] *adj* discouraging.

découragement [dekuraʒmɑ̃] *nm* discouragement.

décourager [dekuraʒe] [17] *vt* to discourage; ~ **qqn de qqch** to put sb off sthg; ~ **qqn de faire qqch** to discourage sb from doing sthg.

◆ **se décourager** *vp* to lose heart.

décousu, -e [dekuzy] ◇ *pp* → **découdre**. ◇ *adj fig* [conversation] disjointed.

découvert, -e [dekuvɛr, ɛrt] ◇ *pp* → **découvrir**. ◇ *adj* [tête] bare; [terrain] exposed.

◆ **découvert** *nm* BANQUE overdraft; **être à** ~ **(de 6000 francs)** to be (6,000 francs) overdrawn.

◆ **découverte** *nf* discovery; **aller à la** ~**e de** to explore.

découvrir [dekuvrir] [34] *vt* -1. [trouver, surprendre] to discover. -2. [ôter ce qui couvre, mettre à jour] to uncover. -3. [laisser voir] to reveal.

◆ **se découvrir** *vp* -1. [se dévêtir] to take off one's clothes, to undress. -2. [ôter son chapeau] to take off one's hat. -3. [ciel] to clear. -4. [se trouver - cousin, penchant] to discover.

décrasser [dekrase] [3] *vt* to scrub.

décrépit, -e [dekrepi, it] *adj* decrepit.

décrépitude [dekrepityd] *nf* -1. [de personne] decrepitude. -2. [d'objet] dilapidation.

decrescendo [dekreʃɛndo] ◇ *nm inv* decrescendo. ◇ *adv* MUS decrescendo; **aller** ~ *fig* to wane.

décret [dekrɛ] *nm* decree; ~ **ministériel** order in council.

décréter [dekrete] [18] *vt* -1. ADMIN to decree. -2. [décider]: ~ **que** to decide that.

décrier [dekrije] [10] *vt sout* to decry.

décrire [dekrir] [99] *vt* to describe.

décrisper [dekrispe] [3] *vt* -1. [personne] to put at ease. -2. [atmosphère] to ease.

◆ **se décrisper** *vp* to relax.

décrit, -e [dekri, it] *pp* → **décrire**.

décrochement [dekrɔʃmɑ̃] *nm* -1. GÉOL thrust fault. -2. [action] unhooking. -3. [partie en retrait] recess.

décrocher [dekrɔʃe] [3] ◇ *vt* -1. [enlever] to take down. -2. [téléphone] to pick up. -3. *fam* [obtenir] to land. ◇ *vi fam* [abandonner] to drop out.

◆ **se décrocher** *vp* to fall down.

décroiser [dekrwaze] [3] *vt* to unfold, to uncross.

décroissant, -e [dekrwasɑ̃, ɑ̃t] *adj* [courbe] decreasing; [influence] diminishing; **par ordre** ~ in descending order.

décroître [dekrwatr] [94] *vi* to decrease, to diminish; [jours] to get shorter.

décrotter [dekrɔte] [3] *vt* to clean the mud off.

décru, -e [dekry] *pp* → **décroître**.

◆ **décrue** *nf* drop in the water level.

décrypter [dekripte] [3] *vt* to decipher.

déçu, -e [desy] ◇ *pp* → **décevoir**. ◇ *adj* disappointed.

déculotter [dekylɔte] [3] *vt*: ~ **qqn** to take sb's trousers off.

◆ **se déculotter** *vp* to take off one's trousers.

déculpabiliser [dekylpabilize] [3] *vt*: ~ **qqn** to free sb from guilt.

◆ **se déculpabiliser** *vp* to free o.s. from guilt.

décupler [dekyple] [3] *vt & vi* to increase tenfold.

dédaigner [dedeɲe] [4] *vt* -1. [mépriser - personne] to despise; [- conseils, injures] to scorn. -2. [refuser]: ~ **de faire qqch** *sout* to disdain to do sthg; **ne pas** ~ **qqch/de faire qqch** not to be above sthg/above doing sthg.

dédaigneusement [dedɛɲøzmɑ̃] *adv* disdainfully.

dédaigneux, -euse [dedɛɲø, øz] *adj* disdainful.

dédain [dedɛ̃] *nm* disdain, contempt.

dédale [dedal] *nm litt & fig* maze.

dedans [dədɑ̃] *adv & nm* inside.

◆ **de dedans** *loc adv* from inside, from within.

◆ **en dedans** *loc adv* inside, within.

◆ **en dedans de** *loc prép* inside, within; *voir aussi* **là-dedans**.

dédicace [dedikas] *nf* dedication.

dédicacer [dedikase] [16] *vt*: ~ **qqch (à qqn)** to sign OU autograph sthg (for sb).

dédié, -e [dedje] *adj* INFORM dedicated.

dédier [dedje] [9] *vt*: ~ **qqch (à qqn/à qqch)** to dedicate sthg (to sb/to sthg).

dédire [dedir] [103]
◆ **se dédire** *vp sout* to go back on one's word.

dédit [dedi] *nm* JUR penalty (clause).

dédommagement [dedɔmaʒmɑ̃] *nm* compensation.

dédommager [dedɔmaʒe] [17] *vt* **-1.** [indemniser] to compensate. **-2.** *fig* [remercier] to repay.

dédouanement [dedwanmɑ̃], **dédouanage** [dedwanaʒ] *nm* customs clearance.

dédouaner [dedwane] [3] *vt* [marchandises] to clear through customs.

dédoublement [dedubləmɑ̃] *nm* halving, splitting (in two); ~ **de la personnalité** PSYCHOL & *fig* split personality.

dédoubler [deduble] [3] *vt* to halve, to split; [fil] to separate.
◆ **se dédoubler** *vp* **-1.** PSYCHOL & *fig* to have a split personality. **-2.** *fig* & *hum* [être partout] to be in two places at once.

dédramatiser [dedramatize] [3] *vt* [événement] to play down; [situation] to defuse.

déductible [dedyktibl] *adj* deductible.

déduction [dedyksjɔ̃] *nf* deduction.

déduire [deduir] [98] *vt*: ~ **qqch (de)** [ôter] to deduct sthg (from); [conclure] to deduce sthg (from).

déduisais, déduisait *etc* → **déduire**.

déduit, -e [dedui, uit] *pp* → **déduire**.

déesse [deɛs] *nf* goddess.

défaillance [defajɑ̃s] *nf* **-1.** [incapacité - de machine] failure; [- de personne, organisation] weakness. **-2.** [malaise] blackout, fainting fit; ~ **cardiaque** MÉD heart failure.

défaillant, -e [defajɑ̃, ɑ̃t] *adj* [faible] failing.

défaillir [defajir] [47] *vi* **-1.** [s'évanouir] to faint. **-2.** [faire défaut] to fail.

défaire [defɛr] [109] *vt* **-1.** [détacher] to undo; [valise] to unpack; [lit] to strip. **-2.** *sout* [vaincre] to defeat.
◆ **se défaire** *vp* **-1.** [ne pas tenir] to come undone. **-2.** *sout* [se séparer]: **se ~ de** to get rid of.

défaisais, défaisions *etc* → **défaire**.

défait, -e [defɛ, ɛt] ◇ *pp* → **défaire**. ◇ *adj fig* [épuisé] haggard.
◆ **défaite** *nf* defeat.

défaitisme [defetism] *nm* defeatism.

défaitiste [defetist] *nmf* & *adj* defeatist.

défalcation [defalkasjɔ̃] *nf* deduction.

défalquer [defalke] [3] *vt* to deduct.

défasse, défasses *etc* → **défaire**.

défaut [defo] *nm* **-1.** [imperfection] flaw; [- de personne] fault, shortcoming; ~ **de fabrication** manufacturing fault. **-2.** [manque] lack; à ~ **de** for lack OU want of; **l'eau fait (cruellement)** ~ there is a serious water shortage; **par** ~ [être jugé] in one's absence; [calculer] to the nearest decimal point.

défaveur [defavœr] *nf* disfavor *Am*, disfavour *Br*; **être en** ~ to be out of favor *Am* OU favour *Br*; **tomber en** ~ to fall out of favor *Am* OU favour *Br*.

défavorable [defavɔrabl] *adj* unfavorable *Am*, unfavourable *Br*.

défavoriser [defavɔrize] [3] *vt* to penalize.

défectif, -ive [defɛktiv, iv] *adj* defective.

défection [defɛksjɔ̃] *nf* **-1.** [absence] absence. **-2.** [abandon] defection.

défectueux, -euse [defɛktɥø, øz] *adj* faulty, defective.

défendable [defɑ̃dabl] *adj litt* & *fig* defensible.

défendais, défendions *etc* → **défendre**.

défendeur, -eresse [defɑ̃dœr, rɛs] *nm, f* defendant.

défendre [defɑ̃dr] [73] *vt* **-1.** [personne, opinion, client] to defend. **-2.** [interdire] to forbid; ~ **qqch à qqn** to forbid sb sthg; ~ **à qqn de faire qqch** to forbid sb to do sthg; ~ **que qqn fasse qqch** to forbid sb to do sthg.
◆ **se défendre** *vp* **-1.** [se battre, se justifier] to defend o.s. **-2.** *fam* [se débrouiller]: **se ~ (en)** to get by (in). **-3.** [nier]: **se ~ de faire qqch** to deny doing sthg. **-4.** [thèse] to stand up.

défendu, -e [defɑ̃dy] ◇ *pp* → **défendre**. ◇ *adj*: «**il est** ~ **de jouer au ballon**» "no ball games".

défense [defɑ̃s] *nf* **-1.** [d'éléphant] tusk. **-2.** [interdiction] prohibition, ban; «~ **de fumer/de stationner/d'entrer**» "no smoking/parking/entry"; «~ **d'afficher**» "stick no bills". **-3.** [protection] defense *Am*, defence *Br*; **prendre la** ~ **de** to stand up for; ~ **anti-aérienne** MIL anti-aircraft defense *Am* OU defence *Br*; ~ **des consommateurs** consumer protection; **la** ~ **nationale** MIL national defense *Am* OU defence *Br*; **légitime** ~ JUR self-defense *Am*, self-defence *Br*.

défenseur [defɑ̃sœr] *nm* **-1.** JUR defense attorney *Am*, counsel for the defence *Br*. **-2.** [partisan] champion. **-3.** HOCKEY: ~ **droit** right defense *Am* OU defence *Br*; ~ **gauche** left defense *Am* OU defence *Br*.

défensif, -ive [defɑ̃sif, iv] *adj* defensive.
◆ **défensive** *nf*: **être sur la défensive** to be on the defensive.

déféquer [defeke] [18] *vi* to defecate.

déférence [deferɑ̃s] *nf* deference.

déférer [defere] [18] ◇ *vt* JUR to refer. ◇ *vi*
sout [céder]: ~ à to defer to.

déferlement [defɛrləmɑ̃] *nm* [de vagues]
breaking; *fig* surge, upsurge.

déferler [defɛrle] [3] *vi* [vagues] to break; *fig*
to surge.

défi [defi] *nm* challenge; mettre qqn au ~
de faire qqch to challenge sb to do sthg;
relever le ~ to take up the challenge.

défiance [defjɑ̃s] *nf* distrust, mistrust.

défiant, -e [defjɑ̃, ɑ̃t] *adj* distrustful, mistrustful.

déficeler [defisle] [24] *vt* to untie.

déficience [defisjɑ̃s] *nf* deficiency.

déficient, -e [defisjɑ̃, ɑ̃t] *adj* deficient.

déficit [defisit] *nm* **-1.** FIN deficit; être en ~
to be in deficit. **-2.** [manque] deficiency.

déficitaire [defisitɛr] *adj* in deficit.

défier [defje] [9] *vt* **-1.** [braver]: ~ qqn de
faire qqch to defy sb to do sthg. **-2.** *vieilli*
[provoquer]: ~ (qqn à) to challenge (sb to).
◆ **se défier** *vp littéraire*: se ~ de qqn/qqch
to mistrust sb/sthg.

défigurer [defigyre] [3] *vt* **-1.** [blesser] to disfigure. **-2.** [enlaidir] to deface.

défilé [defile] *nm* **-1.** [parade] parade; ~ de
mode fashion parade. **-2.** [couloir] defile,
narrow pass.

défiler [defile] [3] *vi* **-1.** [dans une parade] to
march past. **-2.** [se succéder] to pass.
◆ **se défiler** *vp fam* to back out.

défini, -e [defini] *adj* **-1.** [précis] clear, precise. **-2.** GRAM definite.

définir [definir] [32] *vt* to define.

définitif, -ive [definitif, iv] *adj* definitive,
final.
◆ **en définitive** *loc adv* in the end.

définition [definisjɔ̃] *nf* definition; par ~ by
definition.

définitivement [definitivmɑ̃] *adv* for good,
permanently.

défiscaliser [defiskalize] [3] *vt* to exempt
from taxation.

déflagration [deflagrasjɔ̃] *nf* explosion.

déflation [deflasjɔ̃] *nf* deflation.

déflationniste [deflasjɔnist] *adj* deflationary, deflationist.

déflecteur [deflɛktœr] *nm* quarterlight.

déflorer [deflɔre] [3] *vt* [jeune fille] to de-
flower; *fig* to taint.

défonce [defɔ̃s] *nf arg drogue* high.

défoncé, -e [defɔ̃se] *adj* **-1.** [abîmé - route]
with large potholes; [- chaise] broken,
broken-down. **-2.** *arg drogue* [drogué] high,
stoned.

défoncer [defɔ̃se] [16] *vt* [caisse, porte] to
smash in; [route] to break up; [mur] to
smash down; [chaise] to break.
◆ **se défoncer** *vp* **-1.** *arg drogue* to trip, to
get high. **-2.** *fam* [se surpasser] to go all out,
to work flat out.

déformant, -e [defɔrmɑ̃, ɑ̃t] *adj* distorting.

déformation [defɔrmasjɔ̃] *nf* **-1.** [d'objet, de
théorie] distortion. **-2.** MÉD deformity; ~
professionnelle *mental conditioning caused by
one's job.*

déformer [defɔrme] [3] *vt* to distort.
◆ **se déformer** *vp* [changer de forme] to be
distorted, to be deformed; [se courber] to
bend.

défoulement [defulmɑ̃] *nm* unwinding, letting off steam.

défouler [defule] [3] *vt fam* to unwind.
◆ **se défouler** *vp fam* to let off steam, to
unwind.

défrayer [defreje] [11] *vt* [payer]: ~ qqn to
pay sb's expenses OU costs.

défricher [defriʃe] [3] *vt* [terrain] to clear; *fig*
[question] to do the groundwork for.

défriser [defrize] [3] *vt* **-1.** [cheveux] to
straighten. **-2.** *fam fig* [déplaire] to bother.

défroisser [defrwase] [3] *vt* to smooth out.

défunt, -e [defœ̃, œ̃t] ◇ *adj* [décédé] late. ◇
nm, f deceased.

dégagé, -e [degaʒe] *adj* **-1.** [ciel, vue] clear;
[partie du corps] bare. **-2.** [désinvolte] casual,
airy. **-3.** [libre]: ~ de free from.

dégagement [degaʒmɑ̃] *nm* **-1.** [passage]
passage. **-2.** [émanation] emission. **-3.** [éva-
cuation] freeing, extricating.

dégager [degaʒe] [17] ◇ *vt* **-1.** [odeur] to
produce, to give off. **-2.** [délivrer - blessé] to
free, to extricate. **-3.** [idée] to bring out. **-4.**
[bénéfice] to show. **-5.** [budget] to release.
-6. [pièce] to clear. **-7.** [libérer]: ~ qqn de to
release sb from. ◇ *vi fam* [partir] to clear
off.
◆ **se dégager** *vp* **-1.** [se délivrer]: se ~ de
qqch to free o.s. from sthg; *fig* to get out
of sthg. **-2.** [se désencombrer] to clear. **-3.**
[émaner] to be given off. **-4.** [émerger] to
emerge.

dégaine [degɛn] *nf fam* gawkiness (*U*).

dégainer [degene] [4] *vt* [épée, revolver] to
draw.

dégarnir [degarnir] [32] *vt* to strip, to clear.
◆ **se dégarnir** *vp* [vitrine] to be cleared;
[arbre] to lose its leaves; sa tête se dégarnit,
il se dégarnit he's going bald.

dégât [dega] *nm litt* & *fig* damage (*U*); faire

des ~s to cause damage; **limiter les** ~s *fig* to call a halt before things get any worse.

dégel [deʒɛl] *nm* **-1.** [fonte des glaces] thaw. **-2.** FIN unfreezing.

dégeler [deʒle] [25] ◇ *vt* **-1.** [produit surgelé] to thaw. **-2.** FIN to unfreeze. **-3.** *fig* [dérider] to warm up. ◇ *vi* to thaw.
◆ **se dégeler** *vp fig* to thaw, to warm up.

dégénéré, -e [deʒenere] *adj & nm, f* degenerate.

dégénérer [deʒenere] [18] *vi* to degenerate; ~ **en** to degenerate into.

dégénérescence [deʒeneresɑ̃s] *nf* degeneration, degeneracy.

dégingandé, -e [deʒɛ̃gɑ̃de] *adj fam* gangling.

dégivrer [deʒivre] [3] *vt* [pare-brise] to de-ice; [réfrigérateur] to defrost.

dégivreur [deʒivrœr] *nm* [de voiture, avion] de-icer; [de réfrigérateur] defroster.

déglinguer [deglɛ̃ge] [3] *vt fam* to smash (to pieces).
◆ **se déglinguer** *vp fam* to fall to pieces.

déglutition [deglytisjɔ̃] *nf* swallowing.

dégonflé, -e [degɔ̃fle] ◇ *adj* [pneu, roue] flat. ◇ *nm, f fam* [personne] chicken, yellow-belly.

dégonfler [degɔ̃fle] [3] ◇ *vt* to deflate, to let down. ◇ *vi* to go down; **faire** ~ to reduce the swelling of.
◆ **se dégonfler** *vp* **-1.** [objet] to go down. **-2.** *fam* [personne] to chicken out.

dégorger [degɔrʒe] [17] ◇ *vt* **-1.** [tuyau] to clear (out). **-2.** [eau] to discharge. **-3.** [soie, laine] to purify. ◇ *vi* **-1.** [tissu] to run. **-2.** CULIN: **faire** ~ to soak.

dégot(t)er [degɔte] [3] *vt fam* to dig up.
◆ **se dégot(t)er** *vp fam* to dig up for o.s.

dégouliner [deguline] [3] *vi* to trickle.

dégourdi, -e [degurdi] ◇ *adj* clever. ◇ *nm, f* clever person.

dégourdir [degurdir] [32] *vt* **-1.** [membres - ankylosés] to restore the circulation to; [- gelés] to warm up. **-2.** *fig* [déniaiser]: ~ **qqn** to teach sb a thing or two.
◆ **se dégourdir** *vp* **-1.** [membres]: **se** ~ **les jambes** to stretch one's legs. **-2.** *fig* [acquérir de l'aisance] to learn a thing or two.

dégoût [degu] *nm* disgust, distaste; **le** ~ **de la vie** world-weariness; **ravaler son** ~ to swallow one's distaste.

dégoûtant, -e [degutɑ̃, ɑ̃t] ◇ *adj* **-1.** [sale] filthy, disgusting. **-2.** [révoltant, grossier] disgusting. ◇ *nm, f* disgusting person.

dégoûté, -e [degute] ◇ *adj* [écœuré] disgusted; ~ **de** sick of. ◇ *nm, f:* **faire le** ~ to be fussy.

dégoûter [degute] [3] *vt* to disgust; ~ **qqn de qqch/de faire qqch** to put sb off sthg/off doing sthg.

dégoutter [degute] [3] *vi:* ~ **(de qqch)** to drip (with sthg).

dégradant, -e [degradɑ̃, ɑ̃t] *adj* degrading.

dégradation [degradasjɔ̃] *nf* **-1.** [de bâtiment] damage; [du sol] erosion. **-2.** [de moral] decline. **-3.** [de personne] degradation. **-4.** [de situation] deterioration.

dégradé, -e [degrade] *adj* [couleur] shading off.
◆ **dégradé** *nm* gradation; **un** ~ **de bleu** a blue shading.
◆ **en dégradé** *loc adv* [cheveux] layered.

dégrader [degrade] [3] *vt* **-1.** [officier] to degrade. **-2.** [abîmer] to damage; [- sol] to erode. **-3.** *fig* [avilir] to degrade, to debase.
◆ **se dégrader** *vp* **-1.** [bâtiment, santé] to deteriorate. **-2.** *fig* [personne] to degrade o.s.

dégrafer [degrafe] [3] *vt* to undo, to unfasten.
◆ **se dégrafer** *vp* to come undone.

dégraissage [degrɛsaʒ] *nm* **-1.** [de vêtement] dry-cleaning. **-2.** [de personnel] trimming, cutting back.

dégraisser [degrese] [4] *vt* **-1.** [vêtement] to dry-clean. **-2.** [personnel] to trim, to cut back.

degré [dəgre] *nm* **-1.** [gén] degree; ~**s** centigrades OU **Celsius** degrees centigrade OU Celsius; ~ **de parenté** degree of kinship; **prendre qqn/qqch au premier** ~ to take sb/sthg at face value. **-2.** *sout* [marche] step.

dégressif, -ive [degresif, iv] *adj:* **tarif** ~ decreasing price scale.

dégrèvement [degrɛvmɑ̃] *nm* tax relief.

dégriffé, -e [degrife] *adj* ex-designer label (*avant n*).
◆ **dégriffé** *nm* ex-designer label garment.

dégringolade [degrɛ̃gɔlad] *nf litt & fig* tumble.

dégringoler [degrɛ̃gɔle] [3] *fam* ◇ *vt* to tumble down. ◇ *vi* [tomber] to tumble; *fig* to crash.

dégriser [degrize] [3] *vt sout* [désenivrer] to sober up; ~ **qqn** *fig* to bring sb to his/her senses.

dégrossir [degrosir] [32] *vt* **-1.** [matériau] to rough-hew. **-2.** *fig* [affaire, question] to rough out. **-3.** *fig* [personne] to polish.
◆ **se dégrossir** *vp* [personne] to become more polished.

déguenillé, -e [degnije] *adj* ragged.

déguerpir [degɛrpir] [32] *vi* to clear off.

dégueulasse [degœlas] *tfam* ◇ *adj* -1. [très sale, grossier] filthy; **blague** ~ dirty joke. -2. [révoltant] dirty, rotten. ◇ *nmf* scum (*U*).

dégueuler [degœle] [5] *vi fam* to throw up.

déguisé, -e [degize] *adj* disguised; [pour s'amuser] in fancy dress.

déguisement [degizmɑ̃] *nm* disguise; [pour bal masqué] fancy dress.

déguiser [degize] [3] *vt* to disguise.
◆ **se déguiser** *vp*: **se** ~ **en** [pour tromper] to disguise o.s. as; [pour s'amuser] to dress up as.

dégustation [degystasjɔ̃] *nf* tasting, sampling; ~ **de vin** wine tasting.

déguster [degyste] [3] ◇ *vt* [savourer] to taste, to sample. ◇ *vi fam* [subir]: **il va** ~! he'll be for it!

déhancher [deɑ̃ʃe] [3]
◆ **se déhancher** *vp* [en marchant] to swing one's hips; [en restant immobile] to put all one's weight on one leg.

dehors [dəɔr] ◇ *adv* outside; **aller** ~ to go outside; **dormir** ~ to sleep out of doors, to sleep out; **jeter** OU **mettre qqn** ~ to throw sb out. ◇ *nm* outside. ◇ *nmpl*: **les** ~ [les apparences] appearances.
◆ **en dehors** *loc adv* outside, outward *Am*, outwards *Br*; **se pencher en** ~ to lean out.
◆ **en dehors de** *loc prép* [excepté] apart from.

déjà [deʒa] *adv* -1. [dès cet instant] already. -2. [précédemment] already, before. -3. [au fait]: **quel est ton nom** ~? what did you say your name was? -4. [renforce une affirmation]: **ce n'est** ~ **pas si mal** that's not bad at all.

déjanter [deʒɑ̃te] [3] *vt*: ~ **un pneu** to take a tire *Am* OU tyre *Br* off the rim.

déjà-vu [deʒavy] *nm inv*: **c'est du** ~ it's old hat.

déjection [deʒɛksjɔ̃] *nf* [action] evacuation.
◆ **déjections** *nfpl* excrement (*U*).

déjeuner [deʒœne] [5] ◇ *vi* -1. [le matin] to have breakfast. -2. [à midi] to have lunch. ◇ *nm* -1. [repas de midi] lunch; ~ **d'affaires** business lunch. -2. *Can* [dîner] dinner.

déjouer [deʒwe] [6] *vt* to frustrate; ~ **la surveillance de qqn** to elude sb's surveillance.

delà [dəla]
◆ **au-delà** *nm*: **l'au-**~ the hereafter.
◆ **au-delà de** *loc prép* beyond.
◆ **par delà** *loc prép* beyond.

délabré, -e [delabre] *adj* ruined.

délabrement [delabrəmɑ̃] *nm* -1. [de bâtiment] dilapidation, ruining. -2. [de personne] ruin.

délacer [delase] [16] *vt* to unlace, to undo.

délai [delɛ] *nm* -1. [temps accordé] period; **dans un** ~ **de** within (a period of); **dans les** ~**s impartis** by the deadline; **sans** ~ immediately, without delay; ~ **de livraison** delivery time, lead time. -2. [sursis] extension (of deadline).

délaissé, -e [delese] *adj* abandoned.

délaisser [delese] [4] *vt* -1. [abandonner] to leave. -2. [négliger] to neglect.

délassement [delasmɑ̃] *nm* relaxation.

délasser [delase] [3] *vt* to refresh.
◆ **se délasser** *vp* to relax.

délateur, -trice [delatœr, tris] *nm, f* informer.

délation [delasjɔ̃] *nf* informing.

délavé, -e [delave] *adj* faded.

délayage [delɛjaʒ] *nm* verbiage, waffle.

délayer [deleje] [11] *vt* -1. [diluer]: ~ **qqch dans qqch** to mix sthg with sthg. -2. *fig* [exposer longuement] to pad out.

Delco® [dɛlko] *nm* AUTOM distributor.

délectable [delɛktable] *adj sout* delectable.

délectation [delɛktasjɔ̃] *nf* [plaisir] delight; **avec** ~ in delight.

délecter [delɛkte] [4]
◆ **se délecter** *vp*: **se** ~ **de qqch/à faire qqch** to delight in sthg/in doing sthg.

délégation [delegasjɔ̃] *nf* delegation; **agir par** ~ to be delegated to act.

délégué, -e [delege] ◇ *adj* [personne] delegated. ◇ *nm, f* [représentant]: ~ **(à)** delegate (to); ~ **de classe/du personnel/syndical** class/staff/trade union representative.

déléguer [delege] [18] *vt*: ~ **qqn (à qqch)** to delegate sb (to sthg).

délestage [delɛstaʒ] *nm* -1. [de ballon, de navire] removal of ballast. -2. [de circulation] (temporary) diversion.

délester [delɛste] [3] *vt* -1. [ballon, navire] to remove ballast from. -2. [circulation routière] to set up a diversion on, to divert. -3. *fig* & *hum* [voler]: ~ **qqn de qqch** to relieve sb of sthg.

délibératif, -ive [deliberatif, iv] *adj*: **avoir voix délibérative** to have voting rights.

délibération [deliberasjɔ̃] *nf* deliberation.

délibéré, -e [delibere] *adj* -1. [intentionnel] deliberate. -2. [résolu] determined.
◆ **délibéré** *nm* JUR judge's deliberations (*pl*).

délibérément [deliberemɑ̃] *adv* -1. [en connaissance de cause] after deliberation OU due consideration. **-2.** [intentionnellement] deliberately, on purpose.

délibérer [delibere] [18] *vi*: ~ **(de** OU **sur)** to deliberate (on OU over).

délicat, -e [delika, at] *adj* **-1.** [gén] delicate. **-2.** [aimable] thoughtful, sensitive. **-3.** [exigeant] fussy, difficult; **faire le** ~ to be fussy.

délicatement [delikatmɑ̃] *adv* delicately.

délicatesse [delikatɛs] *nf* **-1.** [gén] delicacy. **-2.** [tact] delicacy, tact.

délice [delis] *nm* delight.

délicieusement [delisjøzmɑ̃] *adv* [agréablement] delightfully.

délicieux, -ieuse [delisjø, jøz] *adj* **-1.** [savoureux] delicious. **-2.** [agréable] delightful.

délictueux, -euse [deliktɥø, øz] *adj* criminal.

délié, -e [delje] *adj* [doigts] nimble.

délier [delje] [9] *vt* to untie; ~ **qqn de** *fig* & *sout* to release sb from.

délimitation [delimitasjɔ̃] *nf* **-1.** [de territoire] fixing of the boundaries. **-2.** [de fonction] demarcation. **-3.** *fig* [de sujet] definition.

délimiter [delimite] [3] *vt* [frontière] to fix; *fig* [question, domaine] to define, to demarcate.

délinquance [delɛ̃kɑ̃s] *nf* delinquency; ~ **juvénile** juvenile delinquency.

délinquant, -e [delɛ̃kɑ̃, ɑ̃t] ◇ *adj* delinquent. ◇ *nm, f* delinquent; **petit** ~ petty criminal.

déliquescent, -e [delikɛsɑ̃, ɑ̃t] *adj fam* [personne] feeble; *vieilli* [mœurs] decaying.

délirant, -e [delirɑ̃, ɑ̃t] *adj* **-1.** MÉD delirious. **-2.** [extravagant] frenzied. **-3.** *fam* [extraordinaire] crazy.

délire [delir] *nm* MÉD delirium; **en** ~ *fig* frenzied.

délirer [delire] [3] *vi* MÉD to be OU become delirious; *fam fig* to rave.

délit [deli] *nm* crime, offense *Am*, offence *Br*; **en flagrant** ~ red-handed, in the act; ~ **de fuite** failure to stop (*after an accident*); ~**s d'initiés** FIN insider trading (*U*).

délivrance [delivrɑ̃s] *nf* **-1.** [libération] freeing, release. **-2.** [soulagement] relief. **-3.** [accouchement] delivery.

délivrer [delivre] [3] *vt* **-1.** [prisonnier] to free, to release. **-2.** [pays] to deliver, to free; ~ **de** to free from; *fig* to relieve from. **-3.** [remettre]: ~ **qqch (à qqn)** to issue sthg (to sb). **-4.** [marchandise] to deliver.

◆ **se délivrer** *vp* **-1.** [se libérer]: **se** ~ **(de)** to free o.s. (from). **-2.** [passeport] to be issued.

déloger [delɔʒe] [17] *vt*: ~ **(de)** to dislodge (from).

déloyal, -e, -aux [delwajal, o] *adj* **-1.** [infidèle] disloyal. **-2.** [malhonnête] unfair.

Delphes [dɛlf] *n* Delphi.

delta [dɛlta] *nm* delta.

delta-plane (*pl* **delta-planes**), **deltaplane** [dɛltaplan] *nm* hang glider.

déluge [delyʒ] *nm* **-1.** RELIG: **le Déluge** the Flood; **remonter au Déluge** *fig* to go back to the year dot. **-2.** [pluie] downpour, deluge; **un** ~ **de** *fig* a flood of.

déluré, -e [delyre] *adj* [malin] quick-witted; *péj* [dévergondé] saucy.

démagogie [demagɔʒi] *nf* pandering to public opinion, demagogy.

démagogique [demagɔʒik] *adj* demagogic.

démagogue [demagɔg] *nmf* demagogue.

demain [dəmɛ̃] ◇ *adv* **-1.** [le jour suivant] tomorrow; ~ **matin** tomorrow morning. **-2.** *fig* [plus tard] in the future. ◇ *nm* tomorrow; **à** ~! see you tomorrow!

demande [dəmɑ̃d] *nf* **-1.** [souhait] request; **à la** ~ **générale** by popular demand; **accéder à une** ~ to accede to a demand. **-2.** [démarche] proposal; ~ **en mariage** proposal of marriage. **-3.** [candidature] application; ~ **d'emploi** job application; «~**s d'emploi**» "situations wanted". **-4.** [commande] order. **-5.** ÉCON demand. **-6.** JUR petition.

demandé, -e [dəmɑ̃de] *adj* in demand.

demander [dəmɑ̃de] [3] ◇ *vt* **-1.** [réclamer, s'enquérir] to ask for; ~ **qqch à qqn** to ask sb for sthg. **-2.** [appeler] to call; **on vous demande à la réception/au téléphone** you're wanted at reception/ on the telephone; **qui demandez-vous?** who do you want? **-3.** [désirer] to ask, to want; **je ne demande pas mieux** I'd be only too pleased (to), I'd love to. **-4.** [exiger]: **tu m'en demandes trop** you're asking too much of me. **-5.** [nécessiter] to require. **-6.** [chercher] to look for, to require. ◇ *vi* **-1.** [réclamer]: ~ **à qqn de faire qqch** to ask sb to do sthg; **ne** ~ **qu'à ...** to be ready to .... **-2.** [nécessiter]: **ce projet demande à être étudié** this project requires investigation OU needs investigating.

◆ **se demander** *vp*: **se** ~ **(si)** to wonder (if OU whether).

demandeur[1], -euse [dəmɑ̃dœr, øz] *nm, f* [solliciteur]: ~ **d'asile** asylum-seeker; ~ **d'emploi** job-seeker.

demandeur[2], -eresse [dəmɑ̃dœr, drɛs] *nm, f* JUR plaintiff.

démangeaison [demɑ̃ʒezɔ̃] *nf* [irritation] itch, itching (*U*); *fam fig* urge.

démanger [demãʒe] [17] *vi* [gratter] to itch; **ça me démange de ...** *fig* I'm itching OU dying to ....

démanteler [demãtle] [25] *vt* [construction] to demolish; *fig* to break up.

démaquillant, -e [demakijã, ãt] *adj* make-up-removing (*avant n*).
♦ **démaquillant** *nm* make-up remover.

démaquiller [demakije] [3] *vt* to remove make-up from.
♦ **se démaquiller** *vp* to remove one's make-up.

démarcation [demarkasjɔ̃] *nf* [frontière] demarcation; *fig* separation.

démarchage [demarʃaʒ] *nm*: ~ **à domicile** door-to-door selling.

démarche [demarʃ] *nf* **-1.** [manière de marcher] gait, walk. **-2.** [raisonnement] approach, method. **-3.** [requête] step; **faire les ~s pour faire qqch** to take the necessary steps to do sthg.

démarcheur, -euse [demarʃœr, øz] *nm, f* **-1.** [représentant] door-to-door salesman (*f* saleswoman). **-2.** [prospecteur] canvasser.

démarque [demark] *nf* [solde] marking down.

démarquer [demarke] [3] *vt* **-1.** [solder] to mark down. **-2.** SPORT not to mark.
♦ **se démarquer** *vp* **-1.** SPORT to shake off one's marker. **-2.** *fig* [se distinguer]: **se ~ (de)** to distinguish o.s. (from).

démarrage [demaraʒ] *nm* starting, start; ~ **en côte** hill start.

démarrer [demare] [3] ◇ *vi* **-1.** [véhicule] to start (up); [conducteur] to drive off. **-2.** SPORT to break away. **-3.** *fig* [affaire, projet] to get off the ground. ◇ *vt* **-1.** [véhicule] to start (up); **faire ~** to start. **-2.** *fam fig* [commencer] ~ **qqch** to get sthg going.

démarreur [demarœr] *nm* starter.

démasquer [demaske] [3] *vt* **-1.** [personne] to unmask. **-2.** *fig* [complot, plan] to unveil.
♦ **se démasquer** *vp* to show one's true colours.

démêlant, -e [demɛlã, ãt] *adj* conditioning (*avant n*).
♦ **démêlant** *nm* conditioner.

démêlé [demele] *nm* quarrel; **avoir des ~s avec la justice** to get into trouble with the law.

démêler [demele] [4] *vt* [cheveux, fil] to untangle; *fig* to unravel.
♦ **se démêler** *vp*: **se ~ les cheveux** to comb out one's hair; **se ~ de** *fig* to extricate o.s. from.

démembrer [demãbre] [3] *vt* [animal] to dismember; *fig* [réseau] to break up.

déménagement [demenaʒmã] *nm* removal.

déménager [demenaʒe] [17] ◇ *vt* to move. ◇ *vi* to move (house).

déménageur [demenaʒœr] *nm* mover *Am*, removal man *Br*.

démence [demãs] *nf* MÉD dementia; [bêtise] madness.

démener [demne] [19]
♦ **se démener** *vp litt & fig* to struggle.

dément, -e [demã, ãt] ◇ *adj* MÉD demented; *fam* [extraordinaire, extravagant] crazy. ◇ *nm, f* demented person.

démenti [demãti] *nm* denial; **apporter un ~ à qqch** to deny sthg (formally).

démentiel, -ielle [demãsjɛl] *adj* MÉD demented; *fam* [incroyable] crazy.

démentir [demãtir] [37] *vt* **-1.** [réfuter] to deny. **-2.** [contredire] to contradict.
♦ **se démentir** *vp*: **ne pas se ~ sout** to remain unchanged.

démerder [demɛrde] [3]
♦ **se démerder** *vp tfam* [se débrouiller] to (know how to) look after o.s.

démériter [demerite] [3] *vi* **-1.** [être indigne]: ~ **de** to show o.s. (to be) unworthy of. **-2.** [être dévalorisé]: **en quoi a-t-il démérité?** what has he done wrong?; ~ **auprès de qqn** to come down in sb's eyes OU estimation.

démesure [deməzyr] *nf* excess, immoderation.

démesurément [deməzyremã] *adv* excessively.

démets *etc* → **démettre**.

démettre [demɛtr] [84] *vt* **-1.** MÉD to put out (of joint). **-2.** [congédier]: ~ **qqn de** to dismiss sb from.
♦ **se démettre** *vp* **-1.** MÉD: **se ~ l'épaule** to put one's shoulder out (of joint). **-2.** [démissionner]: **se ~ de ses fonctions** to resign.

demeurant [dəmœrã]
♦ **au demeurant** *loc adv* all things considered.

demeure [dəmœr] *nf* **-1.** *sout* [domicile, habitation] residence. **-2.** JUR: **mettre qqn en ~ (de faire qqch)** to order sb (to do sthg).
♦ **à demeure** ◇ *loc adj* permanent. ◇ *loc adv* permanently.

demeuré, -e [dəmœre] ◇ *adj* simple, half-witted. ◇ *nm, f* half-wit.

demeurer [dəmœre] [5] *vi* **-1.** (*aux: avoir*) [habiter] to live. **-2.** (*aux: être*) [rester] to remain.

demi, **-e** [dəmi] *adj* half; **un kilo et ~** one and a half kilos; **il est une heure et ~e** it's half past one; **à ~** half; **dormir à ~** to be nearly asleep; **ouvrir à ~** to half-open; **faire les choses à ~** to do things by halves.

◆ **demi** *nm* **-1.** [bière] beer, ≃ half-pint *Br*. **-2.** FOOTBALL midfielder; **~ de mêlée** RUGBY scrumhalf; **~ d'ouverture** RUGBY fly half, standoff (half).

◆ **demie** *nf*: **à la ~e** on the half-hour.

demi-bouteille [dəmibutɛj] (*pl* **demi-bouteilles**) *nf* half-bottle.

demi-cercle [dəmisɛrkl] (*pl* **demi-cercles**) *nm* semicircle; **en ~** semicircular.

demi-douzaine [dəmiduzɛn] (*pl* **demi-douzaines**) *nf* half-dozen; **une ~ (de)** half a dozen.

demi-fin, **-e** [dəmifɛ̃, in] (*mpl* **demi-fins**, *fpl* **demi-fines**) *adj* [haricots] medium.

demi-finale [dəmifinal] (*pl* **demi-finales**) *nf* semifinal.

demi-frère [dəmifrɛr] (*pl* **demi-frères**) *nm* half-brother.

demi-gros [dəmigro] *nm*: **(commerce de) ~** cash and carry.

demi-heure [dəmijœr] (*pl* **demi-heures**) *nf* half an hour, half-hour.

demi-jour [dəmiʒur] *nm* half-light.

demi-journée [dəmiʒurne] (*pl* **demi-journées**) *nf* half a day, half-day.

démilitariser [demilitarize] [3] *vt* to demilitarize.

demi-litre [dəmilitr] (*pl* **demi-litres**) *nm* half a liter *Am* OU litre *Br*, half-liter *Am*, half-litre *Br*.

demi-mal [dəmimal] (*pl* **demi-maux**) *nm*: **ce n'est que ~** things OU it could have been worse.

demi-mesure [dəmiməzyr] (*pl* **demi-mesures**) *nf* **-1.** [quantité] half a measure. **-2.** [compromis] half-measure.

demi-mot [dəmimo]
◆ **à demi-mot** *loc adv*: **comprendre à ~** to understand without things having to be spelled out.

déminage [deminaʒ] *nm* [de sol] mine clearance; [d'eau] minesweeping.

déminer [demine] [3] *vt* to clear of mines.

demi-pension [dəmipɑ̃sjɔ̃] (*pl* **demi-pensions**) *nf* **-1.** [d'hôtel] half-board. **-2.** [d'école]: **être en ~** to take school dinners (*pl*).

demi-pensionnaire [dəmipɑ̃sjɔnɛr] (*pl* **demi-pensionnaires**) *nmf* child who has school dinners.

demi-place [dəmiplas] (*pl* **demi-places**) *nf* **-1.** [pour spectacle] half-price ticket. **-2.** [dans transports publics] half-fare.

démis, **-e** [demi, iz] *pp* → **démettre**.

demi-saison [dəmisɛzɔ̃] *nf*: **une veste de ~** a spring/autumn jacket.

demi-sel [dəmisɛl] *adj inv* slightly salted.

demi-sœur [dəmisœr] (*pl* **demi-sœurs**) *nf* half-sister.

demi-soupir [dəmisupir] (*pl* **demi-soupirs**) *nm* eighth note rest *Am*, quaver rest *Br*.

démission [demisjɔ̃] *nf* resignation; **remettre sa ~** to hand in one's notice.

démissionnaire [demisjɔnɛr] ◇ *nmf* person resigning. ◇ *adj* resigning (*avant n*); [ministre] outgoing (*avant n*).

démissionner [demisjɔne] [3] ◇ *vi* [d'un emploi] to resign; *fig* to give up. ◇ *vt hum*: **~ qqn** to give sb the boot.

demi-tarif [dəmitarif] (*pl* **demi-tarifs**) ◇ *adj* half-price. ◇ *nm* **-1.** [tarification] half-fare. **-2.** [billet] half-price ticket.

demi-teinte [dəmitɛ̃t] (*pl* **demi-teintes**) *nf* halftone; **en ~, en ~s** *fig* subtle.

demi-ton [dəmitɔ̃] (*pl* **demi-tons**) *nm* semitone.

demi-tour [dəmitur] (*pl* **demi-tours**) *nm* [gén] half-turn; MIL about-turn; **faire ~** to turn back.

démobiliser [demɔbilize] [3] *vt* MIL to demobilize; **être démobilisé** *fig* to be demotivated.

démocrate [demɔkrat] ◇ *nmf* democrat. ◇ *adj* democratic.

démocrate-chrétien, **-ienne** [demɔkratkretjɛ̃, ɛn] (*mpl* **démocrates-chrétiens**, *fpl* **démocrates-chrétiennes**) ◇ *adj* Christian-Democratic. ◇ *nm, f* Christian Democrat.

démocratie [demɔkrasi] *nf* democracy; **les ~s occidentales** the Western democracies.

démocratique [demɔkratik] *adj* democratic.

démocratisation [demɔkratizasjɔ̃] *nf* democratization.

démocratiser [demɔkratize] [3] *vt* to democratize.

démodé, **-e** [demɔde] *adj* old-fashioned.

démographie [demɔgrafi] *nf* demography.

démographique [demɔgrafik] *adj* demographic.

demoiselle [dəmwazɛl] *nf* **-1.** [jeune fille] maid; **~ d'honneur** bridesmaid. **-2.** [libellule] dragonfly.

démolir [demɔlir] [32] *vt* **-1.** [gén] to demolish. **-2.** *fam* [frapper]: **~ qqn** to smash sb's face in; **se faire ~** to get one's face smashed in.

démolisseur [demɔlisœr] *nm* demolition worker.

démolition [demɔlisjɔ̃] *nf* demolition; **en ~** in the course of being demolished.

démon [demɔ̃] *nm* -1. [diable, personne] devil, demon; **le ~** RELIG the Devil. -2. *fig*: **le ~ de l'alcool/de la curiosité** the demon drink/curiosity; **le ~ de midi** middle-aged lust.

démoniaque [demɔnjak] *adj* -1. [diabolique] diabolical. -2. [possédé du démon] possessed.

démonstrateur, -trice [demɔ̃stratœr, tris] *nm, f* demonstrator.

démonstratif, -ive [demɔ̃stratif, iv] *adj* -1. [argument] convincing. -2. [personne & GRAM] demonstrative.
◆ **démonstratif** *nm* GRAM demonstrative.

démonstration [demɔ̃strasjɔ̃] *nf* -1. [gén] demonstration. -2. MIL show, demonstration.

démontable [demɔ̃tabl] *adj* collapsible.

démontage [demɔ̃taʒ] *nm* dismantling, taking to pieces; [de moteur] stripping down.

démonté, -e [demɔ̃te] *adj* [océan] raging.

démonte-pneu [demɔ̃tpnø] (*pl* **démonte-pneus**) *nm* tire iron *Am*, tyre lever *Br*.

démonter [demɔ̃te] [3] *vt* -1. [appareil] to dismantle, to take apart. -2. [troubler]: **~ qqn** to put sb out.
◆ **se démonter** *vp fam* to be put out.

démontrer [demɔ̃tre] [3] *vt* -1. [prouver] to prove, to demonstrate. -2. [témoigner de] to show, to demonstrate.

démoralisant, -e [demɔralizɑ̃, ɑ̃t] *adj* demoralizing.

démoraliser [demɔralize] [3] *vt* to demoralize.
◆ **se démoraliser** *vp* to lose heart.

démordre [demɔrdr] [76] *vt*: **ne pas ~ de** to stick to.

démordu [demɔrdy] *pp inv* → **démordre**.

démotiver [demɔtive] [3] *vt* to demotivate.

démouler [demule] [3] *vt* to turn out of a mould, to remove from a mould.

démultiplication [demyltiplikasjɔ̃] *nf* TECHNOL reduction in gear ratio.

démunir [demynir] [32] *vt* to deprive.
◆ **se démunir** *vp*: **se ~ de** to part with.

démystifier [demistifje] [9] *vt* -1. [concept] to demystify. -2. [personne] to disabuse.

dénatalité [denatalite] *nf* fall in the birthrate.

dénationaliser [denasjɔnalize] [3] *vt* to denationalize.

dénaturé, -e [denatyre] *adj* -1. [parents] unfit. -2. [goût] unnatural.

dénaturer [denatyre] [3] *vt* -1. [goût] to impair, to mar. -2. [déformer] to distort.

dénégation [denegasjɔ̃] *nf* denial.

déneigement [denɛʒmɑ̃] *nm* snow clearance.

déneiger [deneʒe] [23] *vt* to clear snow from.

déneigeuse [deneʒøz] *nf Can* snowblower.

déni [deni] *nm* denial; **~ de justice** JUR denial of justice.

déniaiser [denjeze] [4] *vt hum & vieilli*: **~ qqn** to teach sb a thing or two.

dénicher [deniʃe] [3] *vt fig* -1. [personne] to flush out. -2. *fam* [objet] to unearth.

denier [dənje] *nm* denier (*coin*).
◆ **deniers** *nmpl*: **les ~s publics** the public purse (*sg*); **les ~s de l'État** the State coffers.

dénigrer [denigre] [3] *vt* to denigrate, to run down.

dénivelé [denivle] *nm* difference in level OU height.

dénivellation [denivɛlasjɔ̃] *nf* -1. [différence de niveau] difference in height OU level. -2. [de route] bumps (*pl*), unevenness (*U*). -3. [pente] slope.

dénombrer [denɔ̃bre] [3] *vt* [compter] to count; [énumérer] to enumerate.

dénominateur [denɔminatœr] *nm* denominator; **~ commun** MATHS & *fig* common denominator.

dénomination [denɔminasjɔ̃] *nf* name.

dénommé, -e [denɔme] *adj*: **un ~ Robert** someone by the name of Robert.

dénoncer [denɔ̃se] [16] *vt* -1. [gén] to denounce; **~ qqn à qqn** to denounce sb to sb, to inform on sb. -2. *fig* [trahir] to betray.

dénonciation [denɔ̃sjasjɔ̃] *nf* denunciation.

dénoter [denɔte] [3] *vt* to show, to indicate.

dénouement [denumɑ̃] *nm* -1. [issue] outcome. -2. [d'un film, d'un livre] denouement.

dénouer [denwe] [6] *vt* [nœud] to untie, to undo; *fig* to unravel.

dénoyauter [denwajote] [3] *vt* [fruit] to stone.

denrée [dɑ̃re] *nf* [produit] produce (*U*); **~s alimentaires** foodstuffs; **~ rare** *fig* rare commodity.

dense [dɑ̃s] *adj* -1. [gén] dense. -2. [style] condensed.

densité [dɑ̃site] *nf* density; **~ de population** population density; **double/haute ~** INFORM double/high density.

dent [dɑ̃] *nf* **-1.** [de personne, d'objet] tooth; **il claquait des ~s** his teeth were chattering; **faire ses ~s** to cut one's teeth, to teethe; **mordre à belles ~s dans** to get one's teeth into; **~ de lait/de sagesse** milk/wisdom tooth; **en ~s de scie** jagged, serrated; **avoir les ~s longues** to have high hopes; **avoir une ~ contre qqn** to have it in for sb; **ne rien avoir à se mettre sous la ~** to have nothing left to eat; **ne pas desserrer les ~s** not to open one's mouth; **grincer des ~s** to gnash one's teeth. **-2.** GÉOGR peak.

dentaire [dɑ̃tɛr] *adj* dental.

dental, -e, -aux [dɑ̃tal, o] *adj* LING dental.

denté, -e [dɑ̃te] *adj* **-1.** TECHNOL toothed; **roue ~e** cogwheel. **-2.** [feuille] dentate.

dentelé, -e [dɑ̃tle] *adj* serrated, jagged.

dentelle [dɑ̃tɛl] *nf* lace (*U*).

dentier [dɑ̃tje] *nm* **-1.** [dents] dentures (*pl*). **-2.** TECHNOL set of teeth, teeth (*pl*).

dentifrice [dɑ̃tifris] *nm* toothpaste.

dentiste [dɑ̃tist] *nmf* dentist.

dentition [dɑ̃tisjɔ̃] *nf* teeth (*pl*), dentition.

dénuder [denyde] [3] *vt* to leave bare; [fil électrique] to strip.

◆ **se dénuder** *vp* to strip (off).

dénué, -e [denɥe] *adj sout*: **~ de** devoid of.

dénuement [denymɑ̃] *nm* destitution (*U*).

dénutrition [denytrisjɔ̃] *nf* malnutrition.

déodorant, -e [deɔdɔrɑ̃, ɑ̃t] *adj* deodorant.

◆ **déodorant** *nm* deodorant.

déontologie [deɔ̃tɔlɔʒi] *nf* professional ethics (*pl*).

dép. -1. *abr de* **départ. -2.** *abr de* **département.**

dépannage [depanaʒ] *nm* repair.

dépanner [depane] [3] *vt* **-1.** [réparer] to repair, to fix. **-2.** *fam* [aider] to bail out.

dépanneur, -euse [depanœr, øz] *nm, f* repairman (*f* repairwoman).

◆ **dépanneuse** *nf* [véhicule] (breakdown) recovery vehicle.

dépareillé, -e [depareje] *adj* [ensemble] non-matching; [paire] odd.

déparer [depare] [3] *vt* to spoil.

départ [depar] *nm* **-1.** [de personne] departure, leaving; [de véhicule] departure; **les grands ~s** the holiday exodus (*sg*). **-2.** SPORT & *fig* start; **faux ~** false start.

◆ **au départ** *loc adv* to start with.

départager [departaʒe] [17] *vt* **-1.** [concurrents, opinions] to decide between. **-2.** [lors d'une élection] to choose between. **-3.** [séparer] to separate.

département [departəmɑ̃] *nm* **-1.** [territoire] *territorial and administrative division of France*. **-2.** [service] department.

départemental, -e, -aux [departəmɑ̃tal, o] *adj* of a French département.

◆ **départementale** *nf* secondary road, ≃ B road *Br*.

départir [departir] [32]

◆ **se départir** *vp*: **ne pas se ~ de** to retain.

dépassé, -e [depase] *adj* **-1.** [périmé] old-fashioned. **-2.** *fam* [déconcerté]: **~ par** overwhelmed by.

dépassement [depasmɑ̃] *nm* **-1.** [en voiture] overtaking; **~ sans visibilité** overtaking blind. **-2.** FIN overspending.

dépasser [depase] [3] ◇ *vt* **-1.** [doubler] to overtake. **-2.** [être plus grand que] to be taller than. **-3.** [être plus long que] to be longer than. **-4.** [excéder] to exceed, to be more than. **-5.** [durer plus longtemps que]: **~ une heure** to go on for more than an hour. **-6.** [surpasser] to outshine. **-7.** [aller au-delà de] to exceed. **-8.** [franchir] to pass. **-9.** *loc*: **ça me dépasse** *fam* it's beyond me. ◇ *vi*: **~ (de)** to stick out (from).

◆ **se dépasser** *vp* to excel o.s.

dépassionner [depasjɔne] [3] *vt* to take the heat out of.

dépaysement [depeizmɑ̃] *nm* change of scene, disorientation.

dépayser [depeize] [3] *vt* **-1.** [désorienter] to disorient *Am*, to disorientate *Br*. **-2.** [changer agréablement] to make a change of scene for.

dépecer [depəse] [29] *vt* **-1.** [découper] to chop up. **-2.** [déchiqueter] to tear apart.

dépêche [depɛʃ] *nf* dispatch.

dépêcher [depeʃe] [4] *vt sout* [envoyer] to dispatch.

◆ **se dépêcher** *vp* to hurry up; **se ~ de faire qqch** to hurry to do sthg.

dépeignais, dépeignions *etc* → **dépeindre**.

dépeindre [depɛ̃dr] [81] *vt* to depict, to describe.

dépeint, -e [depɛ̃, ɛ̃t] *pp* → **dépeindre**.

dépendance [depɑ̃dɑ̃s] *nf* **-1.** [de personne] dependence; **être sous la ~ de** to be dependent on. **-2.** [à la drogue] dependency. **-3.** [de bâtiment] outbuilding.

dépendant, -e [depɑ̃dɑ̃, ɑ̃t] *adj*: **~ (de)** dependent (on).

dépendre [depɑ̃dr] [73] *vt* **-1.** [être soumis]: **~ de** to depend on. **-2.** [appartenir]: **~ de** to belong to. **-3.** [décrocher] to take down.

dépendu [depɑ̃dy] *pp inv* → **dépendre**.

dépens [depɑ̃] *nmpl* JUR costs; **aux ~ de qqn** at sb's expense; **je l'ai appris à mes ~** I learned that to my cost.

dépense [depɑ̃s] *nf* **-1.** [frais] expense. **-2.** FIN & *fig* expenditure (U); **les ~s publiques** public spending (U). **-3.** [consommation] consumption.

dépenser [depɑ̃se] [3] *vt* **-1.** [argent] to spend; **~ sans compter** to spend lavishly. **-2.** *fig* [énergie] to expend.

◆ **se dépenser** *vp litt* & *fig* to exert o.s.

dépensier, -ière [depɑ̃sje, jɛr] *adj* extravagant.

déperdition [depɛrdisjɔ̃] *nf* loss; **~ de chaleur** heat loss.

dépérir [deperir] [32] *vi* **-1.** [personne] to waste away. **-2.** [santé, affaire] to decline. **-3.** [plante] to wither.

dépêtrer [depetre] [4]

◆ **se dépêtrer** *vp*: **se ~ de** *fam* [se dégager de] to get out of; *fig* [se sortir de] to extricate o.s. from; *fig* [se débarrasser de] to get rid of.

dépeuplement [depœpləmɑ̃] *nm* **-1.** [de pays] depopulation. **-2.** [d'étang, de rivière, de forêt] emptying of wildlife.

dépeupler [depœple] [5] *vt* **-1.** [pays] to depopulate. **-2.** [étang, rivière, forêt] to drive the wildlife from.

◆ **se dépeupler** *vp* **-1.** [pays] to become depopulated. **-2.** [rivière, étang] to have a diminishing wildlife population.

déphasé, -e [defaze] *adj* ÉLECTR out of phase; *fam fig* out of touch.

dépiauter [depjote] [3] *vt fam* [animal] to skin; *fig* [texte] to pull to pieces.

dépilatoire [depilatwar] *adj*: **crème/lotion ~** depilatory cream/lotion.

dépistage [depista3] *nm* **-1.** [de gibier, de voleur] tracking down. **-2.** [de maladie] screening; **~ du SIDA** AIDS testing.

dépister [depiste] [3] *vt* **-1.** [gibier, voleur] to track down. **-2.** [maladie] to screen for. **-3.** [déjouer] to throw off the scent. **-4.** *fig* [découvrir] to detect.

dépit [depi] *nm* pique, spite; **par ~** out of pique OU spite.

◆ **en dépit de** *loc prép* in spite of.

dépité, -e [depite] *adj* cross, annoyed.

déplacé, -e [deplase] *adj* **-1.** [propos, attitude, présence] out of place. **-2.** [personne] displaced.

déplacement [deplasmɑ̃] *nm* **-1.** [d'objet] moving; **~ de vertèbre** MÉD slipped disk *Am* OU disc *Br*. **-2.** [voyage] traveling (U) *Am*,

travelling (U) *Br*; **en ~** away on business; **valoir le ~** *fig* to be worth going.

déplacer [deplase] [16] *vt* **-1.** [objet] to move, to shift; *fig* [problème] to shift the emphasis of. **-2.** [muter] to transfer.

◆ **se déplacer** *vp* **-1.** [se mouvoir - animal] to move (around); [- personne] to walk. **-2.** [voyager] to travel. **-3.** MÉD: **se ~ une vertèbre** to slip a disk *Am* OU disc *Br*.

déplaire [depler] [110] *vt* **-1.** [ne pas plaire]: **cela me déplaît** I don't like it. **-2.** [irriter] to displease; **n'en déplaise à mon patron** *hum* whether my boss likes it or not.

déplaisant, -e [deplɛzɑ̃, ɑ̃t] *adj sout* unpleasant.

déplaisir [deplezir] *nm sout* displeasure.

dépliant [deplijɑ̃] *nm* leaflet; **~ touristique** tourist brochure.

déplier [deplije] [10] *vt* to unfold.

◆ **se déplier** *vp* to unfold.

déploiement [deplwamɑ̃] *nm* **-1.** MIL deployment. **-2.** [d'ailes] spreading. **-3.** [de voile] unfurling, opening. **-4.** *fig* [d'efforts] display; **un grand ~ de** a major display of.

déplorable [deplɔrabl] *adj* deplorable.

déplorer [deplɔre] [3] *vt* **-1.** [regretter] to deplore. **-2.** [pleurer] to mourn.

déployer [deplwaje] [13] *vt* **-1.** [déplier - gén] to unfold; [- plan, journal] to open; [ailes] to spread. **-2.** MIL to deploy. **-3.** [mettre en œuvre] to expend. **-4.** [manifester] to display.

déplu [deply] *pp inv* → **déplaire**.

dépoitraillé, -e [depwatraje] *adj fam péj* with one's shirt wide open.

dépoli, -e [depɔli] *adj* [métal] tarnished; [verre] frosted.

dépolitiser [depɔlitize] [3] *vt* to depoliticize.

déportation [depɔrtasjɔ̃] *nf* **-1.** [exil] deportation. **-2.** [internement] transportation to a concentration camp.

déporté, -e [depɔrte] *nm, f* **-1.** [exilé] deportee. **-2.** [interné] prisoner (*in a concentration camp*).

déporter [depɔrte] [3] *vt* **-1.** [dévier] to carry off course. **-2.** [exiler] to deport. **-3.** [interner] to send to a concentration camp.

déposant, -e [depozɑ̃, ɑ̃t] *nm, f* **-1.** FIN depositor. **-2.** JUR deponent.

déposé, -e [depoze] *adj*: **marque ~e** registered trademark; **modèle ~** patented design.

déposer [depoze] [3] ◇ *vt* **-1.** [poser] to put down. **-2.** [personne, paquet] to drop. **-3.** [argent, sédiment] to deposit. **-4.** ADMIN to register. **-5.** JUR to file; **~ son bilan** FIN to go into liquidation. **-6.** [monarque] to depose.

-7. [moteur] to take out. ◇ *vi* **-1.** JUR to testify, to give evidence. **-2.** [sédiment] to form a deposit.

◆ **se déposer** *vp* to settle.

dépositaire [depoziter] *nmf* **-1.** COMM agent. **-2.** [d'objet] bailee; ~ **de** *fig* person entrusted with.

déposition [depozisjɔ̃] *nf* deposition.

déposséder [depɔsede] [18] *vt*: ~ **qqn de** to dispossess sb of.

dépôt [depo] *nm* **-1.** [d'objet, d'argent, de sédiment] deposit, depositing (*U*); **verser un** ~ **(de garantie)** to put down a deposit; ~ **d'ordures** garbage dump *Am*, (rubbish) dump *Br*. **-2.** ADMIN registration; ~ **légal** copyright registration. **-3.** [garage] depot. **-4.** [entrepôt] store, warehouse. **-5.** [prison] ≃ police cells (*pl*).

dépoter [depɔte] [3] *vt* [plante] to remove from the pot.

dépotoir [depɔtwar] *nm* **-1.** [décharge] garbage dump *Am*, (rubbish) dump *Br*; *fam fig* dump, tip. **-2.** [usine] sewage works, sewage reprocessing plant.

dépouille [depuj] *nf* **-1.** [peau] hide, skin. **-2.** [humaine] remains (*pl*); ~ **mortelle** mortal remains.

◆ **dépouilles** *nfpl* spoils.

dépouillement [depujmɑ̃] *nm* **-1.** [sobriété] austerity, sobriety. **-2.** [examen] perusal; ~ **de scrutin** counting of the votes.

dépouiller [depuje] [3] *vt* **-1.** [priver]: ~ **qqn (de)** to strip sb (of). **-2.** [examiner] to peruse; ~ **un scrutin** to count the votes.

◆ **se dépouiller** *vp*: se ~ **de** to divest o.s. of.

dépourvu, -e [depurvy] *adj*: ~ **de** without, lacking in.

◆ **au dépourvu** *loc adv*: **prendre qqn au** ~ to catch sb unawares.

dépoussiérer [depusjere] [18] *vt* to dust (off).

dépravation [depravasjɔ̃] *nf* depravity.

dépravé, -e [deprave] ◇ *adj* depraved. ◇ *nm, f* degenerate.

dépraver [deprave] [3] *vt* to deprave.

◆ **se dépraver** *vp* to become depraved.

dépréciation [depresjasjɔ̃] *nf* depreciation.

déprécier [depresje] [9] *vt* **-1.** [marchandise] to reduce the value of. **-2.** [œuvre] to disparage.

◆ **se déprécier** *vp* **-1.** [marchandise] to depreciate. **-2.** [personne] to put o.s. down.

dépressif, -ive [depresif, iv] ◇ *adj* depressive. ◇ *nm, f* depressive (person).

dépression [depresjɔ̃] *nf* depression; **faire de la** ~ to be depressed; ~ **nerveuse** nervous breakdown.

déprimant, -e [deprimɑ̃, ɑ̃t] *adj* depressing.

déprime [deprim] *nf fam*: **faire une** ~ to be (feeling) down.

déprimé, -e [deprime] *adj* depressed.

déprimer [deprime] [3] ◇ *vt* to depress. ◇ *vi fam* to be (feeling) down.

déprogrammer [deprɔgrame] [3] *vt* to remove from the schedule; TÉLÉ to take off the air.

dépuceler [depysle] [24] *vt fam*: ~ **qqn** to take sb's virginity.

depuis [dəpɥi] ◇ *prép* **-1.** [à partir d'une date ou d'un moment précis] since; **je ne l'ai pas vu** ~ **son mariage** I haven't seen him since he got married; **il est parti** ~ **hier** he's been away since yesterday; ~ **le début jusqu'à la fin** from beginning to end. **-2.** [exprimant une durée] for; **il est malade** ~ **une semaine** he has been ill for a week; ~ **10 ans/longtemps** for 10 years/a long time; ~ **toujours** always. **-3.** [dans l'espace] from; ~ **la route, on pouvait voir la mer** you could see the sea from the road; ~ **le premier jusqu'au dernier** from the first to the last. ◇ *adv* since (then); ~, **nous ne l'avons pas revu** we haven't seen him since (then).

◆ **depuis lors** *loc adv* since then.

◆ **depuis que** *loc conj* since; **je ne l'ai pas revu** ~ **qu'il s'est marié** I haven't seen him since he got married.

dépuratif, -ive [depyratif, iv] *adj* cleansing, eliminating.

◆ **dépuratif** *nm* depurative.

députation [depytasjɔ̃] *nf* **-1.** [délégation] deputation. **-2.** [fonction]: **candidat à la** ~ parliamentary candidate.

député [depyte] *nm* **-1.** [délégué] representative. **-2.** [au parlement] representative *Am*, member of parliament *Br*; ~ **européen** Euro-MP, MEP; ~**-maire** *MP and mayor*.

députer [depyte] [3] *vt* to send as representative.

déraciner [derasine] [3] *vt litt & fig* to uproot.

déraillement [derajmɑ̃] *nm* derailment.

dérailler [deraje] [3] *vi* **-1.** [train] to leave the rails, to be derailed. **-2.** *fam fig* [mécanisme] to go on the blink. **-3.** *fam fig* [personne] to go to pieces.

dérailleur [derajœr] *nm* [de bicyclette] derailleur.

déraison [derezɔ̃] *nf* lack of reason.

déraisonnable [derɛzɔnabl] *adj* unreasonable.

déraisonner [derɛzɔne] [3] *vi sout* to talk nonsense.

dérangement [derãʒmã] *nm* trouble; **en ~** out of order.

déranger [derãʒe] [17] ◇ *vt* **-1.** [personne] to disturb, to bother; **ça vous dérange si je fume?** do you mind if I smoke? **-2.** [plan] to disrupt. **-3.** [maison, pièce] to disarrange, to make untidy. ◇ *vi* to be disturbing.
◆ **se déranger** *vp* **-1.** [se déplacer] to move. **-2.** [se gêner] to put o.s. out.

dérapage [derapaʒ] *nm* [glissement] skid; *fig* excess; **~ contrôlé** controlled skid.

déraper [derape] [3] *vi* [glisser] to skid; *fig* to get out of hand.

dératé, -e [derate] *nm, f fam*: **courir comme un ~** to run flat out.

dératisation [deratizasjɔ̃] *nf* extermination of rats.

derechef [dərəʃɛf] *adv sout* once again.

dérèglement [derɛɡləmã] *nm* [de machine] malfunction; [de fonction corporelle] upset.

déréglementation [dereɡləmãtasjɔ̃] *nf* deregulation.

déréglementer [dereɡləmãte] [3] *vt* to deregulate.

dérégler [dereɡle] [18] *vt* [mécanisme] to put out of order; *fig* to upset.
◆ **se dérégler** *vp* [mécanisme] to go wrong; *fig* to be upset OU unsettled.

dérider [deride] [3] *vt fig*: **~ qqn** to cheer sb up.
◆ **se dérider** *vp* to cheer up.

dérision [derizjɔ̃] *nf* derision; **tourner qqch en ~** to hold sthg up to ridicule.

dérisoire [derizwar] *adj* derisory.

dérivatif, -ive [derivatif, iv] *adj* derivative.
◆ **dérivatif** *nm* distraction.

dérivation [derivasjɔ̃] *nf* **-1.** [de cours d'eau, circulation] diversion. **-2.** LING & MATHS derivation.

dérive [deriv] *nf* **-1.** [aileron] centreboard. **-2.** [mouvement] drift, drifting (U); **aller** OU **partir à la ~** *fig* to fall apart.

dérivé [derive] *nm* derivative.

dérivée [derive] *nf* MATHS derivative.

dériver [derive] [3] ◇ *vt* **-1.** [détourner] to divert. **-2.** LING to derive. ◇ *vi* **-1.** [aller à la dérive] to drift. **-2.** *fig* [découler]: **~ de** to derive from.

dériveur [derivœr] *nm* sailing dinghy (*with centreboard*).

dermato [dɛrmato] *nm, f fam* dermatologist.

dermatologie [dɛrmatɔlɔʒi] *nf* dermatology.

dermatologue [dɛrmatɔlɔɡ], **dermatologiste** [dɛrmatɔlɔʒist] *nmf* dermatologist.

dernier, -ière [dɛrnje, jɛr] ◇ *adj* **-1.** [gén] last; **samedi ~** last Saturday; **l'année dernière** last year. **-2.** [ultime] last, final. **-3.** [plus récent] latest. ◇ *nm, f* last; **ce ~** the latter; **petit ~** baby of the family.
◆ **en dernier** *loc adv* last.

dernièrement [dɛrnjɛrmã] *adv* recently, lately.

dernier-né, **dernière-née** [dɛrnjene, dɛrnjɛrne] (*mpl* **derniers-nés**, *fpl* **dernières-nées**) *nm, f* [bébé] youngest (child); *fig*: **la dernière-née de Fiat®** the new Fiat®.

dérobade [derɔbad] *nf* evasion, shirking (U).

dérobé, -e [derobe] *adj* **-1.** [volé] stolen. **-2.** [caché] hidden.
◆ **à la dérobée** *loc adv* surreptitiously.

dérober [derobe] [3] *vt sout* to steal.
◆ **se dérober** *vp* **-1.** [se soustraire]: **se ~ à qqch** to shirk sthg. **-2.** [s'effondrer] to give way.

dérogation [derɔɡasjɔ̃] *nf* [action] dispensation; [résultat] exception.

déroger [derɔʒe] [17] *vi*: **~ à** to depart from.

dérouiller [deruje] [3] *vt* **-1.** [nettoyer] to remove the rust from. **-2.** *fam* [frapper]: **~ qqn** to give sb a belting.
◆ **se dérouiller** *vp fig* to stretch (o.s.).

déroulement [derulmã] *nm* **-1.** [de bobine] unwinding. **-2.** *fig* [d'événement] development.

dérouler [derule] [3] *vt* [fil] to unwind; [papier, tissu] to unroll.
◆ **se dérouler** *vp* to take place.

déroutant, -e [derutã, ãt] *adj* disconcerting, bewildering.

déroute [derut] *nf* MIL rout; *fig* collapse; **mettre en ~** to rout.

dérouter [derute] [3] *vt* **-1.** [déconcerter] to disconcert, to put out. **-2.** [dévier] to divert.

derrick [derik] *nm* derrick.

derrière [dɛrjɛr] ◇ *prép & adv* behind. ◇ *nm* **-1.** [partie arrière] back; **la porte de ~** the back door. **-2.** [partie du corps] bottom, behind.

des [de] ◇ *art indéf* → **un**. ◇ *prép* → **de**.

dès [dɛ] *prép* from; **~ son arrivée** the minute he arrives/arrived, as soon as he arrives/arrived; **~ l'enfance** since childhood; **~ 1900** as far back as 1900, as early

as 1900; ~ **maintenant** from now on; ~
demain starting OU from tomorrow.

◆ **dès lors** *loc adv* from then on.

◆ **dès lors que** *loc conj* [puisque] since.

◆ **dès que** *loc conj* as soon as.

désabusé, -e [dezabyze] *adj* disillusioned.

désaccord [dezakɔr] *nm* disagreement.

désaccordé, -e [dezakɔrde] *adj* out of tune.

désaccoutumer [dezakutyme] [3] *vt*: ~ **qqn**
de to get sb out of the habit of.

◆ **se désaccoutumer** *vp*: se ~ **de qqch/de**
faire qqch to become unaccustomed to
sthg/to doing sthg.

désaffecté, -e [dezafɛkte] *adj* disused.

désaffection [dezafɛksjɔ̃] *nf* disaffection.

désagréable [dezagreabl] *adj* unpleasant.

désagréablement [dezagreabləmɑ̃] *adv* un-
pleasantly.

désagréger [dezagreʒe] [22] *vt* to break up.

◆ **se désagréger** *vp* to break up.

désagrément [dezagremɑ̃] *nm* annoyance.

désaltérant, -e [dezalterɑ̃, ɑ̃t] *adj* thirst-
quenching.

désaltérer [dezaltere] [18] ◇ *vt* to quench
the thirst of. ◇ *vi* to be thirst-quenching.

◆ **se désaltérer** *vp* to quench one's thirst.

désamorcer [dezamɔrse] [16] *vt* [arme] to remove the primer from; [bombe] to defuse;
fig [complot] to nip in the bud.

désappointer [dezapwɛ̃te] [3] *vt* to disappoint.

désapprendre [dezaprɑ̃dr] [79] *vt* to forget.

désapprobateur, -trice [dezaprɔbatœr, tris]
adj disapproving.

désapprobation [dezaprɔbasjɔ̃] *nf* disapproval.

désapprouver [dezapruve] [3] ◇ *vt* to disapprove of. ◇ *vi* to be disapproving.

désarçonner [dezarsɔne] [3] *vt litt* & *fig* to
throw.

désargenté, -e [dezarʒɑ̃te] *adj* short (of
money).

désarmant, -e [dezarmɑ̃, ɑ̃t] *adj* disarming.

désarmement [dezarməmɑ̃] *nm* disarmament.

désarmer [dezarme] [3] ◇ *vt* to disarm; [fu-
sil] to unload. ◇ *vi* -1. [pays] to disarm. -2.
fig [personne] to give up; [haine] to cease.

désarroi [dezarwa] *nm* confusion.

désassorti, -e [dezasɔrti] *adj* [dépareillé]
non-matching.

désastre [dezastr] *nm* disaster.

désastreux, -euse [dezastrø, øz] *adj* disastrous.

désavantage [dezavɑ̃taʒ] *nm* disadvantage.

désavantager [dezavɑ̃taʒe] [17] *vt* to disadvantage.

désavantageux, -euse [dezavɑ̃taʒø, øz] *adj*
unfavorable *Am*, unfavourable *Br*.

désaveu, -x [dezavø] *nm* -1. [reniement] denial. -2. [désapprobation] disapproval.

désavouer [dezavwe] [6] *vt* to disown.

◆ **se désavouer** *vp* to go back on one's
word.

désaxé, -e [dezakse] ◇ *adj* [mentalement]
disordered, unhinged. ◇ *nm, f* unhinged
person.

descendance [desɑ̃dɑ̃s] *nf* -1. [origine] descent. -2. [progéniture] descendants (*pl*).

descendant, -e [desɑ̃dɑ̃, ɑ̃t] *nm, f* [héritier]
descendant.

descendre [desɑ̃dr] [73] ◇ *vt* (*aux: avoir*) -1.
[escalier, pente] to go/come down; ~ **la rue**
en courant to run down the street. -2. [ri-
deau, tableau] to lower. -3. [apporter] to
bring/take down. -4. *fam* [personne, avion]
to shoot down.
◇ *vi* (*aux: être*) -1. [gén] to go/come down;
[température, niveau] to fall. -2. [passager] to
get off; ~ **d'un bus** to get off a bus; ~
d'une voiture to get out of a car. -3. [loger]:
~ **chez** to stay with; ~ **à l'hôtel** to stay in
a hotel. -4. [être issu]: ~ **de** to be descended from. -5. [marée] to go out.

descendu, -e [desɑ̃dy] *pp* → **descendre**.

descente [desɑ̃t] *nf* -1. [action] descent. -2.
[pente] downhill slope OU stretch. -3. *fam*
fig [capacité à boire]: **il a une bonne** ~ he
can certainly put it away. -4. [irruption]
raid. -5. [tapis]: ~ **de lit** bedside rug.

descriptif, -ive [dɛskriptif, iv] *adj* descriptive.

◆ **descriptif** *nm* [de lieu] particulars (*pl*);
[d'appareil] specification.

description [dɛskripsjɔ̃] *nf* description.

désemparé, -e [dezɑ̃pare] *adj* [personne]
helpless; [avion, navire] disabled.

désemplir [dezɑ̃plir] [32] *vi*: **ce restaurant**
ne désemplit pas this restaurant is always
packed.

désencombrer [dezɑ̃kɔ̃bre] [3] *vt* to clear.

désendettement [dezɑ̃dɛtmɑ̃] *nm* degear-
ing, debt reduction.

désenfler [dezɑ̃fle] [3] *vi* to go down, to
become less swollen.

désengagement [dezɑ̃gaʒmɑ̃] *nm* disengagement.

désensibiliser [desɑ̃sibilize] [3] *vt* to desen-
sitize.

déséquilibre [dezekilibr] *nm* imbalance.

déséquilibré, -e [dezekilibre] *nm, f* unbalanced person.

déséquilibrer [dezekilibre] [3] *vt* **-1.** [physiquement]: ~ **qqn** to throw sb off balance. **-2.** [perturber] to unbalance.

désert, -e [dezɛr, ɛrt] *adj* [désertique - île] desert (*avant n*); [peu fréquenté] deserted.
◆ **désert** *nm* desert.

déserter [dezɛrte] [3] ◇ *vt* to desert. ◇ *vi* MIL to desert.

déserteur [dezɛrtœr] *nm* MIL deserter; *fig &* *péj* traitor.

désertification [dezɛrtifikasjɔ̃], **désertisation** [dezɛrtizasjɔ̃] *nf* desertification; [de région] depopulation.

désertion [dezɛrsjɔ̃] *nf* desertion.

désertique [dezɛrtik] *adj* desert (*avant n*).

désertisation = **désertification**.

désespérant, -e [dezɛsperɑ̃, ɑ̃t] *adj* **-1.** [déprimant] depressing. **-2.** [affligeant] hopeless.

désespéré, -e [dezɛspere] *adj* **-1.** [regard] desperate. **-2.** [situation] hopeless.

désespérément [dezɛsperemɑ̃] *adv* **-1.** [sans espoir] hopelessly. **-2.** [avec acharnement] desperately.

désespérer [dezɛspere] [18] ◇ *vt* **-1.** [décourager]: ~ **qqn** to drive sb to despair. **-2.** [perdre espoir]: ~ **que qqch arrive** to give up hope of sthg happening. ◇ *vi*: ~ **(de)** to despair (of).
◆ **se désespérer** *vp* to despair.

désespoir [dezɛspwar] *nm* despair; **en ~ de cause** as a last resort; **faire le ~ de qqn** to be the despair of sb.

déshabillé [dezabije] *nm* negligee.

déshabiller [dezabije] [3] *vt* to undress.
◆ **se déshabiller** *vp* to undress, to get undressed.

déshabituer [dezabitɥe] [7] *vt*: ~ **qqn de faire qqch** to get sb out of the habit of doing sthg.
◆ **se déshabituer** *vp*: se ~ **de qqch** to become unaccustomed to sthg.

désherbant, -e [dezɛrbɑ̃, ɑ̃t] *adj* weedkilling.
◆ **désherbant** *nm* weedkiller.

désherber [dezɛrbe] [3] *vt &* *vi* to weed.

déshérité, -e [dezerite] ◇ *adj* **-1.** [privé d'héritage] disinherited. **-2.** [pauvre] deprived. ◇ *nm, f* [pauvre] deprived person.

déshériter [dezerite] [3] *vt* to disinherit.

déshonneur [dezɔnœr] *nm* disgrace.

déshonorant, -e [dezɔnɔrɑ̃, ɑ̃t] *adj* dishonorable *Am*, dishonourable *Br*.

déshonorer [dezɔnɔre] [3] *vt* to disgrace, to bring disgrace on.
◆ **se déshonorer** *vp* to disgrace o.s.

déshumaniser [dezymanize] [3] *vt* to dehumanize.

déshydratation [dezidratasjɔ̃] *nf* dehydration.

déshydrater [dezidrate] [3] *vt* to dehydrate.
◆ **se déshydrater** *vp* to become dehydrated.

desiderata [deziderata] *nmpl* requirements.

design [dizajn] ◇ *adj inv* modern. ◇ *nm inv* modernism.

désignation [deziɲasjɔ̃] *nf* **-1.** [appellation] designation, name. **-2.** [nomination] appointment.

désigner [deziɲe] [3] *vt* **-1.** [choisir] to appoint. **-2.** [signaler] to point out. **-3.** [nommer] to designate.
◆ **se désigner** *vp*: se ~ **(volontaire) pour qqch/pour faire qqch** to volunteer for sthg/to do sthg.

désillusion [dezilyzjɔ̃] *nf* disillusion.

désillusionner [dezilyzjɔne] [3] *vt* to disillusion.

désincarné, -e [dezɛ̃karne] *adj* **-1.** RELIG disembodied. **-2.** [éthéré] unearthly.

désindustrialisation [dezɛ̃dystrijalizasjɔ̃] *nf* deindustrialization.

désinence [dezinɑ̃s] *nf* LING ending.

désinfectant, -e [dezɛ̃fɛktɑ̃, ɑ̃t] *adj* disinfectant.
◆ **désinfectant** *nm* disinfectant.

désinfecter [dezɛ̃fɛkte] [4] *vt* to disinfect.

désinflation [dezɛ̃flasjɔ̃] *nf* disinflation.

désinformation [dezɛ̃fɔrmasjɔ̃] *nf* disinformation.

désintégration [dezɛ̃tegrasjɔ̃] *nf* [désagrégation] disintegration; *fig* break-up.

désintégrer [dezɛ̃tegre] [18] *vt* to break up.
◆ **se désintégrer** *vp* to disintegrate, to break up.

désintéressé, -e [dezɛ̃terese] *adj* disinterested.

désintéresser [dezɛ̃terese] [4]
◆ **se désintéresser** *vp*: se ~ **de** to lose interest in.

désintérêt [dezɛ̃terɛ] *nm* lack of interest.

désintoxication [dezɛ̃tɔksikasjɔ̃] *nf* detoxification.

désinvolte [dezɛ̃vɔlt] *adj* **-1.** [à l'aise] casual. **-2.** *péj* [sans-gêne] offhand.

désinvolture [dezɛ̃vɔltyr] *nf* **-1.** [légèreté] casualness. **-2.** *péj* [sans-gêne] offhandedness; **avec ~** in an offhand manner.

désir [dezir] *nm* **-1.** [souhait] desire, wish. **-2.** [charnel] desire.

désirable [dezirabl] *adj* desirable.

désirer [dezire] [3] *vt* **-1.** *sout* [chose]: ~ faire qqch to wish to do sthg; **vous désirez?** [dans un magasin] can I help you?; [dans un café] what can I get you? **-2.** [sexuellement] to desire. **-3.** *loc*: **laisser à** ~ to leave a lot to be desired.

désireux, -euse [dezirø, øz] *adj sout*: ~ de faire qqch anxious to do sthg.

désistement [dezistəmã] *nm*: ~ **(de)** withdrawal (from).

désister [deziste] [3]
◆ **se désister** *vp* **-1.** JUR: **se** ~ **de qqch** to withdraw sthg. **-2.** [se retirer] to withdraw, to stand down.

désobéir [dezɔbeir] [32] *vi*: ~ **(à qqn)** to disobey (sb).

désobéissance [dezɔbeisãs] *nf* disobedience.

désobéissant, -e [dezɔbeisã, ãt] *adj* disobedient.

désobligeant, -e [dezɔbliʒã, ãt] *adj sout* offensive.

désodorisant, -e [dezɔdɔrizã, ãt] *adj* deodorant.
◆ **désodorisant** *nm* air freshener.

désœuvré, -e [dezœvre] *adj* idle.

désœuvrement [dezœvrəmã] *nm* idleness.

désolant, -e [dezɔlã, ãt] *adj* disappointing.

désolation [dezɔlasjɔ̃] *nf* **-1.** [destruction] desolation. **-2.** *sout* [affliction] distress.

désolé, -e [dezɔle] *adj* **-1.** [ravagé] desolate. **-2.** [très affligé] distressed. **-3.** [contrarié] very sorry.

désoler [dezɔle] [3] *vt* **-1.** [affliger] to sadden. **-2.** [contrarier] to upset, to make sorry.
◆ **se désoler** *vp* [être contrarié] to be upset.

désolidariser [desɔlidarize] [3] *vt* **-1.** [choses]: ~ qqch **(de)** to disengage OU disconnect sthg (from). **-2.** [personnes] to estrange.
◆ **se désolidariser** *vp*: **se** ~ **de** to dissociate o.s. from.

désopilant, -e [dezɔpilã, ãt] *adj* hilarious.

désordonné, -e [dezɔrdɔne] *adj* [maison, personne] untidy; *fig* [vie] disorganized.

désordre [dezɔrdr] *nm* **-1.** [fouillis] untidiness; **en** ~ untidy; **dans le** ~ in random order. **-2.** *fig* [confusion] disorder. **-3.** [agitation] disturbances *(pl)*, disorder *(U)*.

désorganiser [dezɔrganize] [3] *vt* to disrupt.
◆ **se désorganiser** *vp* to become disorganized.

désorienté, -e [dezɔrjãte] *adj* disoriented, disorientated.

désorienter [dezɔrjãte] [3] *vt* [égarer] to disorient, to disorientate; *fig* [déconcerter] to bewilder.

désormais [dezɔrmɛ] *adv* from now on, in future.

désosser [dezɔse] [3] *vt* to bone.

despote [dɛspɔt] ◇ *nm* [chef d'état] despot; *fig* & *péj* tyrant. ◇ *adj* despotic.

despotique [dɛspɔtik] *adj* despotic.

despotisme [dɛspɔtism] *nm* [gouvernement] despotism; *fig* & *péj* tyranny.

desquels, desquelles [dekɛl] → **lequel**.

DESS (*abr de* **diplôme d'études supérieures spécialisées**) *nm postgraduate diploma.*

dessaisir [desezir] [32] *vt* JUR: ~ **qqn d'une affaire** to withdraw a case from sb.
◆ **se dessaisir** *vp sout*: **se** ~ **de qqch** to relinquish sthg.

dessaler [desale] [3] ◇ *vt* [poisson]: **faire** ~ to soak. ◇ *vi* NAVIG to capsize.

dessaouler, dessoûler [desule] [3] ◇ *vt* to sober up. ◇ *vi* to sober up; **ne pas** ~ *fam* to be permanently plastered.

dessécher [deseʃe] [18] *vt* [peau] to dry (out); *fig* [cœur] to harden.
◆ **se dessécher** *vp* [peau, terre] to dry out; [plante] to wither; *fig* to harden.

dessein [desɛ̃] *nm sout* intention.
◆ **à dessein** *loc adv* intentionally, on purpose.

desserrer [desere] [4] *vt* to loosen; [poing, dents] to unclench; [frein] to release.

dessert [desɛr] *nm* dessert.

desserte [desɛrt] *nf* **-1.** TRANSPORT (transport) service. **-2.** [meuble] sideboard.

desservir [desɛrvir] [38] *vt* **-1.** TRANSPORT to serve. **-2.** [table] to clear. **-3.** [désavantager] to do a disservice to.

dessin [desɛ̃] *nm* **-1.** [graphique] drawing; ~ animé cartoon *(film)*; ~ humoristique cartoon *(drawing)*; ~ industriel draftsmanship *Am*, draughtsmanship *Br*. **-2.** *fig* [contour] outline.

dessinateur, -trice [desinatœr, tris] *nm, f* artist, draftsman *(f* draftswoman) *Am*, draughtsman *(f* draughtswoman) *Br*; ~ industriel draftsman *Am*, draughtsman *Br*.

dessiner [desine] [3] ◇ *vt* [représenter] to draw; *fig* to outline. ◇ *vi* to draw.
◆ **se dessiner** *vp* [se former] to take shape; *fig* to stand out.

dessoûler = dessaouler.

dessous [dəsu] ◇ *adv* underneath.
◇ *prép* underneath, under.

◇ *nm* **-1.** [partie inférieure - gén] underside; [- d'un tissu] wrong side. **-2.** *loc*: **avoir le ~** to come off worst; **être au trente-sixième ~** to be in dire straits; **connaître le ~ des cartes (de)** to have inside information (on); **les ~ de la politique/la finance** the hidden side of politics/the financial world.
◇ *nmpl* [sous-vêtements féminins] underwear (*U*).
◆ **en dessous** *loc adv* underneath; [plus bas] below; **ils habitent l'appartement d'en ~** they live in the flat below OU downstairs; **agir par en ~** to act in an underhand way.
◆ **en dessous de** *loc prép* below.

dessous-de-plat [dəsudpla] *nm inv* tablemat.

dessous-de-table [dəsudtabl] *nm inv* backhander.

dessus [dəsy] ◇ *adv* on top; **n'oubliez pas d'inscrire l'adresse ~** don't forget to write the address on it; **faites attention à ne pas marcher ~** be careful not to walk on it. ◇ *nm* **-1.** [partie supérieure] top. **-2.** [étage supérieur] upstairs; **les voisins du ~** the upstairs neighbours. **-3.** *loc*: **avoir le ~** to have the upper hand; **reprendre le ~** to get over it; **sens ~ dessous** upside down.
◆ **en dessus** *loc adv* on top.

dessus-de-lit [dəsydli] *nm inv* bedspread.

déstabilisateur, -trice [destabilizatœr, tris] *adj* destabilizing.

déstabilisation [destabilizasjɔ̃] *nf* destabilization.

déstabiliser [destabilize] [3] *vt* to destabilize.

destin [dɛstɛ̃] *nm* fate.

destinataire [dɛstinatɛr] *nmf* addressee.

destination [dɛstinasjɔ̃] *nf* **-1.** [direction] destination; **arriver à ~** to reach one's destination; **un avion à ~ de Paris** a plane to OU for Paris. **-2.** [rôle] purpose.

destinée [dɛstine] *nf* destiny.

destiner [dɛstine] [3] *vt* **-1.** [consacrer]: **~ qqch à** to intend sthg for; to mean sthg for. **-2.** [vouer]: **~ qqn à qqch/à faire qqch** [à un métier] to destine sb for sthg/to do sthg; [sort] to mark sb out for sthg/to do sthg.
◆ **se destiner** *vp*: **se ~ à** to intend to go into.

destituer [dɛstitɥe] [7] *vt* to dismiss.

destitution [dɛstitysjɔ̃] *nf* dismissal.

destructeur, -trice [dɛstryktœr, tris] ◇ *adj* destructive. ◇ *nm, f* destroyer.

destruction [dɛstryksjɔ̃] *nf* destruction.

déstructuration [destryktyrasjɔ̃] *nf* breaking down.

déstructurer [destryktyre] [3] *vt* to break down.

désuet, -ète [dezɥɛ, ɛt] *adj* [expression, coutume] obsolete; [style, tableau] outmoded.

désuétude [dezɥetyd] *nf*: **tomber en ~** [expression, coutume] to become obsolete; [style, tableau] to become outmoded.

désuni, -e [dezyni] *adj* divided.

désunion [dezynjɔ̃] *nf* division, dissension.

désunir [dezynir] [32] *vt* [scinder] to divide, to separate; *fig* to divide.
◆ **se désunir** *vp* [athlète] to lose one's stride.

détachable [detaʃabl] *adj* detachable, removable.

détachage [detaʃaʒ] *nm* stain removal.

détachant, -e [detaʃɑ̃, ɑ̃t] *adj* stain-removing.
◆ **détachant** *nm* stain remover.

détaché, -e [detaʃe] *adj* detached; **~ à** OU **auprès de** seconded to.

détachement [detaʃmɑ̃] *nm* **-1.** [d'esprit] detachment. **-2.** [de fonctionnaire] secondment. **-3.** MIL detachment.

détacher [detaʃe] [3] *vt* **-1.** [enlever]: **~ qqch (de)** [objet] to detach sthg (from); *fig* to free sthg (from); **coupon à ~** tear-off coupon. **-2.** [nettoyer] to remove stains from, to clean. **-3.** [délier] to undo; [cheveux] to untie. **-4.** ADMIN: **~ qqn auprès de** to second sb to.
◆ **se détacher** *vp* **-1.** [tomber]: **se ~ (de)** to come off; *fig* to free o.s. (from). **-2.** [se défaire] to come undone. **-3.** [ressortir]: **se ~ sur** to stand out on. **-4.** [se désintéresser]: **se ~ de qqn** to drift apart from sb.

détail [detaj] *nm* **-1.** [précision] detail. **-2.** [description]: **faire le ~ de** to give a detailed breakdown OU description of. **-3.** COMM: **le ~** retail.
◆ **au détail** *loc adj & loc adv* retail.
◆ **en détail** *loc adv* in detail.

détaillant, -e [detajɑ̃, ɑ̃t] ◇ *adj* retail. ◇ *nm, f* retailer.

détaillé, -e [detaje] *adj* detailed.

détailler [detaje] [3] *vt* **-1.** [expliquer] to give details of. **-2.** [vendre] to retail.

détaler [detale] [3] *vi* **-1.** [personne] to clear out. **-2.** [animal] to bolt.

détartrant, -e [detartrɑ̃, ɑ̃t] *adj* descaling.
◆ **détartrant** *nm* descaling agent.

détartrer [detartre] [3] *vt* to scale, to descale.

détaxe [detaks] *nf*: ~ **(sur)** [suppression] removal of tax (from); [réduction] reduction in tax (on).

détecter [detɛkte] [4] *vt* to detect.

détecteur, -trice [detɛktœr, tris] *adj* detecting, detector (*avant n*).
♦ **détecteur** *nm* detector; ~ **de fumée** smoke detector.

détection [detɛksjɔ̃] *nf* detection.

détective [detɛktiv] *nm* detective; ~ **privé** private detective.

déteindre [detɛ̃dr] [81] ◇ *vt* to fade. ◇ *vi* to fade; ~ **sur** *fig* to rub off on; ~ **au lavage** to run (in the wash).

déteint, -e [detɛ̃, ɛ̃t] *pp* → **déteindre**.

dételer [detle] [24] ◇ *vt* -1. [cheval] to unharness. -2. [wagon] to unhitch. ◇ *vi fam fig*: **sans** ~ at a stretch.

détendre [detɑ̃dr] [73] *vt* -1. [corde] to loosen, to slacken; *fig* to ease. -2. [personne] to relax.
♦ **se détendre** *vp* -1. [se relâcher] to slacken; *fig* [situation] to ease; [atmosphère] to become more relaxed. -2. [se reposer] to relax.

détendu, -e [detɑ̃dy] ◇ *pp* → **détendre**. ◇ *adj* -1. [corde] loose, slack. -2. [personne] relaxed.

détenir [detnir] [40] *vt* -1. [objet] to have, to hold. -2. [personne] to detain, to hold.

détente [detɑ̃t] *nf* -1. [de ressort] release. -2. [d'une arme] trigger. -3. [repos] relaxation. -4. POLIT détente. -5. [d'athlète] thrust. -6. *loc*: **être dur à la** ~ to be slow on the uptake.

détenteur, -trice [detɑ̃tœr, tris] *nm, f* [d'objet, de secret] possessor; [de prix, record] holder.

détention [detɑ̃sjɔ̃] *nf* -1. [possession] possession. -2. [emprisonnement] detention; ~ **préventive** remand (in custody).

détenu, -e [detny] ◇ *pp* → **détenir**. ◇ *adj* detained. ◇ *nm, f* prisoner.

détergent, -e [detɛrʒɑ̃, ɑ̃t] *adj* detergent (*avant n*).
♦ **détergent** *nm* detergent.

détérioration [deterjɔrasjɔ̃] *nf* [de bâtiment] deterioration; [de situation] worsening.

détériorer [deterjɔre] [3] *vt* -1. [abîmer] to damage. -2. [altérer] to ruin.
♦ **se détériorer** *vp* -1. [bâtiment] to deteriorate; [situation] to worsen. -2. [s'altérer] to be spoiled.

déterminant, -e [detɛrminɑ̃, ɑ̃t] *adj* decisive, determining.
♦ **déterminant** *nm* -1. LING determiner. -2. MATHS determinant.

détermination [detɛrminasjɔ̃] *nf* -1. [définition] determining (*U*). -2. [fixation] determination. -3. [résolution] decision.

déterminé, -e [detɛrmine] *adj* -1. [quantité] given (*avant n*). -2. [expression] determined.

déterminer [detɛrmine] [3] *vt* -1. [préciser] to determine, to specify. -2. [provoquer] to bring about; ~ **qqn à faire qqch** to cause sb to do sthg.
♦ **se déterminer** *vp*: **se** ~ **à faire qqch** to decide to do sthg.

déterminisme [detɛrminism] *nm* determinism.

déterré, -e [detere] *adj*: **avoir une mine de** ~ to look like death warmed up.

déterrer [detere] [4] *vt* to dig up.

détersif, -ive [detɛrsif, iv] *adj* detergent (*avant n*).
♦ **détersif** *nm* detergent.

détestable [detɛstabl] *adj* dreadful.

détester [detɛste] [3] *vt* to detest.

détiendrai, détiendras *etc* → **détenir**.

détonant, -e [detɔnɑ̃, ɑ̃t] *adj* explosive.

détonateur [detɔnatœr] *nm* TECHNOL detonator; *fig* trigger.

détonation [detɔnasjɔ̃] *nf* detonation.

détoner [detɔne] [3] *vi* to detonate.

détonner [detɔne] [3] *vi* MUS to be out of tune; [couleur] to clash; [personne] to be out of place.

détour [detur] *nm* -1. [crochet] detour; **faire un** ~ **(par)** to make a detour (through). -2. [méandre] bend; **au** ~ **du chemin** at the bend in the road; **sans** ~ *fig* directly.

détourné, -e [deturne] *adj* [dévié] indirect; *fig* roundabout (*avant n*).

détournement [deturnəmɑ̃] *nm* diversion; ~ **d'avion** hijacking; ~ **de fonds** embezzlement; ~ **de mineur** corruption of a minor.

détourner [deturne] [3] *vt* -1. [dévier - gén] to divert; [- avion] to hijack. -2. [écarter]: ~ **qqn de** to distract sb from, to divert sb from. -3. [tourner ailleurs] to turn away. -4. [argent] to embezzle.
♦ **se détourner** *vp* to turn away; **se** ~ **de** *fig* to move away from.

détracteur, -trice [detraktœr, tris] *nm, f* detractor.

détraqué, -e [detrake] *fam* ◇ *adj* -1. [déréglé] on the blink. -2. [fou] nutty, loopy. ◇ *nm, f* nutter.

détraquer [detrake] [3] *vt fam* [dérégler] to break; *fig* to upset.
♦ **se détraquer** *vp fam* [se dérégler] to go wrong; *fig* to become unsettled.

détrempe [detrɑ̃p] *nf* ART tempera.

détremper [detrɑ̃pe] [3] *vt* **-1.** [sol] to soften. **-2.** [peinture] to thin.

détresse [detrɛs] *nf* distress; **en** ~ in distress.

détriment [detrimɑ̃]
◆ **au détriment de** *loc prép* to the detriment of.

détritus [detrity(s)] *nm* detritus.

détroit [detrwa] *nm* strait; **le** ~ **de Bering** the Bering Strait; **le** ~ **de Gibraltar** the Strait of Gibraltar.

détromper [detrɔ̃pe] [3] *vt* to disabuse.
◆ **se détromper** *vp* to disabuse o.s.; **détrompez-vous!** think again!

détrôner [detrone] [3] *vt* [souverain] to dethrone; *fig* to oust.

détrousser [detruse] [3] *vt vieilli* to rob.

détruire [detrɥir] [98] *vt* **-1.** [démolir, éliminer] to destroy. **-2.** [massacrer] to wipe out. **-3.** *fig* [anéantir] to ruin.
◆ **se détruire** *vp* to destroy o.s.

détruisais, **détruise** *etc* → **détruire**.

détruit, -e [detrɥi, ɥit] *pp* → **détruire**.

dette [dɛt] *nf* debt; **avoir des** ~s to have debts; **la** ~ **publique** the national debt; **être criblé de** ~s to be crippled by debt.

DEUG, **Deug** [dœg] (*abr de* **diplôme d'études universitaires générales**) *nm university diploma taken after two years of arts courses.*

DEUG, DEUST:
In French universities, students take the 'DEUG' or the 'DEUST' after two years of courses. They may then take further courses leading to the 'licence' (the equivalent of a bachelor's degree)

---

deuil [dœj] *nm* [douleur, mort] bereavement; [vêtements, période] mourning (*U*); **en** ~ in mourning; **porter le** ~ to be in OU wear mourning; **faire son** ~ **de qqch** *fig* to wave sthg goodbye.

DEUST, **Deust** [dœst] (*abr de* **diplôme d'études universitaires scientifiques et techniques**) *nm university diploma taken after two years of science courses; voir aussi* **DEUG.**

deux [dø] ◇ *adj num* two; **ses** ~ **fils** both his sons, his two sons; **tous les** ~ **jours** every other day, every two days, every second day; **en moins de** ~ *fam fig* in no time at all, in two ticks. ◇ *nm* two; **les** ~ both; **par** ~ in pairs; *voir aussi* **six.**

deuxième [døzjɛm] *adj num, nm & nmf* second; *voir aussi* **sixième.**

deuxièmement [døzjɛmmɑ̃] *adv* secondly.

deux-pièces [døpjɛs] *nm inv* **-1.** [appartement] two-room apartment *Am* OU flat *Br*. **-2.** [bikini] two-piece (swimming costume).

deux-points [døpwɛ̃] *nm inv* colon.

deux-roues [døru] *nm inv* two-wheeled vehicle.

deux-temps [døtɑ̃] *nm inv* MÉCANIQUE two-stroke (engine).

dévaler [devale] [3] ◇ *vt* to run down. ◇ *vi* to hurtle down.

dévaliser [devalize] [3] *vt* [cambrioler - maison] to ransack; [- personne] to rob; *fig* to strip bare.

dévalorisant, -e [devalɔrizɑ̃, ɑ̃t] *adj* demeaning.

dévalorisation [devalɔrizasjɔ̃] *nf* depreciation.

dévaloriser [devalɔrize] [3] *vt* **-1.** [monnaie] to devalue. **-2.** [personne] to run OU put down.
◆ **se dévaloriser** *vp* **-1.** [monnaie] to fall in value. **-2.** [personne] *fig* to run OU put o.s. down.

dévaluation [devalɥasjɔ̃] *nf* devaluation.

dévaluer [devalɥe] [7] ◇ *vt* to devalue. ◇ *vi* to devalue.
◆ **se dévaluer** *vp* to devalue.

devancer [dəvɑ̃se] [16] *vt* **-1.** [précéder] to arrive before. **-2.** [surpasser] to be in front of. **-3.** [anticiper] to anticipate.

devant [dəvɑ̃] ◇ *prép* **-1.** [en face de] in front of. **-2.** [en avant de] ahead of, in front of; **aller droit** ~ **soi** to go straight ahead OU on. **-3.** [en présence de, face à] in the face of. ◇ *adv* **-1.** [en face] in front. **-2.** [en avant] in front, ahead. ◇ *nm* front; **prendre les** ~s to make the first move.
◆ **de devant** *loc adj* [pattes, roues] front (*avant n*).

devanture [dəvɑ̃tyr] *nf* shop window; **à la** ~ on display in.

dévastateur, -trice [devastatœr, tris] *adj* devastating.

dévastation [devastasjɔ̃] *nf* devastation.

dévaster [devaste] [3] *vt* to devastate.

déveine [devɛn] *nf fam* bad luck.

développement [devlɔpmɑ̃] *nm* **-1.** [gén] development. **-2.** PHOT developing. **-3.** [exposé] exposition.
◆ **développements** *nmpl* developments.

développer [devlɔpe] [3] *vt* to develop; [industrie, commerce] to expand.

◆ **se développer** *vp* **-1.** [s'épanouir] to spread. **-2.** ÉCON to grow, to expand.

devenir [dəvnir] [40] *vi* to become; **que devenez-vous?** *fig* how are you doing?

devenu, -e [dəvny] *pp* → **devenir.**

dévergondé, -e [devɛrgɔ̃de] ◇ *adj* shameless, wild. ◇ *nm, f* shameless person.

dévergonder [devɛrgɔ̃de] [3]
◆ **se dévergonder** *vp* to go to the bad, to get into bad ways.

déverrouiller [devɛruje] [3] *vt* **-1.** [porte] to unbolt. **-2.** [arme] to release the catch of.

déverser [devɛrse] [3] *vt* **-1.** [liquide] to pour out. **-2.** [ordures] to tip (out). **-3.** [bombes] to unload, to drop. **-4.** *fig* [injures] to pour out.
◆ **se déverser** *vp*: se ~ **dans** to flow into.

déversoir [devɛrswar] *nm* overflow.

dévêtir [devetir] [44] *vt sout* to undress.
◆ **se dévêtir** *vp sout* to undress, to get undressed.

dévêtu, -e [devɛty] *pp* → **dévêtir.**

déviant, -e [devjɑ̃, ɑ̃t] *adj* deviant.

déviation [devjasjɔ̃] *nf* **-1.** [gén] deviation **-2.** [d'itinéraire] diversion.

dévider [devide] [3] *vt* [fil] to unwind.

deviendrai, deviendras *etc* → **devenir.**

devienne, devient → **devenir.**

dévier [devje] [9] ◇ *vi*: ~ **de** to deviate from. ◇ *vt* to divert.

devin, devineresse [dəvɛ̃, dəvinrɛs] *nm, f*: **je ne suis pas** ~! I'm not psychic!

deviner [dəvine] [3] *vt* to guess.
◆ **se deviner** *vp* **-1.** [aller de soi] to just come naturally. **-2.** [se voir]: **ça se devine facilement** that's easy to see.

devinette [dəvinɛt] *nf* riddle.

devis [dəvi] *nm* estimate; **faire un** ~ to (give an) estimate.

dévisager [devizaʒe] [17] *vt* to stare at.

devise [dəviz] *nf* **-1.** [formule] motto. **-2.** [monnaie] currency.
◆ **devises** *nfpl* [argent] currency (U).

deviser [dəvize] [3] *vi* **-1.** *sout* [parler]: ~ **de** OU **sur** to converse about. **-2.** *Helv* [faire un devis] to estimate.

dévisser [devise] [3] ◇ *vt* to unscrew. ◇ *vi* ALPINISME to fall (off).

de visu [dəvizy] *adv*: **constater qqch** ~ to see sthg with one's own eyes.

dévoiler [devwale] [3] *vt* to unveil; *fig* to reveal.

devoir [dəvwar] [53] ◇ *nm* **-1.** [obligation] duty; **faire son** ~ to do one's duty. **-2.** SCOL

homework (U); **faire ses** ~s to do one's homework.
◇ *vt* **-1.** [argent, respect]: ~ **qqch (à qqn)** to owe (sb) sthg. **-2.** [être redevable de]: ~ **qqch à qqn** to owe sthg to sb; **je lui dois d'être ici** it's thanks to him that I'm here. **-3.** [marque l'obligation]: ~ **faire qqch** to have to do sthg; **je dois partir à l'heure ce soir** I have to OU must leave on time tonight; **tu devrais faire attention** you should be OU ought to be careful; **il n'aurait pas dû mentir** he shouldn't have lied, he ought not to have lied. **-4.** [marque la probabilité]: **il doit faire chaud là-bas** it must be hot over there; **il a dû oublier** he must have forgotten. **-5.** [marque le futur, l'intention]: ~ **faire qqch** to be (due) to do sthg, to be going to do sthg; **elle doit arriver à 6 heures** she's due to arrive at 6 o'clock; **je dois voir mes parents ce week-end** I'm seeing OU going to see my parents this weekend. **-6.** [être destiné à]: **il devait mourir trois ans plus tard** he was to die three years later; **cela devait arriver** it had to happen, it was bound to happen.
◆ **se devoir** *vp*: se ~ **de faire qqch** to be duty-bound to do sthg; **comme il se doit** as is proper.

dévolu, -e [devɔly] *adj sout*: ~ **à** allotted to.
◆ **dévolu** *nm*: **jeter son** ~ **sur** to set one's sights on.

dévorer [devɔre] [3] *vt* to devour; **être dévoré de** *fig* to be eaten up by OU with.

dévot, -e [devo, ɔt] ◇ *adj* devout. ◇ *nm, f* devout person.

dévotion [devɔsjɔ̃] *nf* devotion; **avec** ~ [prier] devoutly; [soigner, aimer] devotedly; **faire ses** ~s to perform one's devotions.

dévoué, -e [devwe] *adj* devoted.

dévouement [devumɑ̃] *nm* devotion.

dévouer [devwe] [6]
◆ **se dévouer** *vp* **-1.** [se consacrer]: se ~ **à** to devote o.s. to. **-2.** *fig* [se sacrifier]: se ~ **pour qqch/pour faire qqch** to sacrifice o.s. for sthg/to do sthg.

dévoyé, -e [devwaje] *adj & nm, f* delinquent.

dévoyer [devwaje] [13] *vt littéraire* to lead astray.
◆ **se dévoyer** *vp littéraire* to go astray.

devrai, devras *etc* → **devoir.**

dextérité [dɛksterite] *nf* dexterity, skill; **avec** ~ skilfully.

dg (*abr de* **décigramme**) dg.

DG (*abr de* **directeur général**) *nm* GM.

DGE (*abr de* **dotation globale d'équipement**) *nf state contribution to local government capital budget.*

DGF (*abr de* **dotation globale de fonctionnement**) *nf state contribution to local government revenue budget.*

DGI (*abr de* **Direction générale des impôts**) *nf central tax office.*

DGSE (*abr de* **Direction générale de la sécurité extérieure**) *nf French intelligence and espionage service,* ≃ CIA *Am,* ≃ MI6 *Br.*

diabète [djabɛt] *nm* diabetes (*U*).

diabétique [djabetik] *nmf & adj* diabetic.

diable [djabl] *nm* devil; **au ~** [loin] miles from anywhere; **avoir le ~ au corps** to be a real handful; **tirer le ~ par la queue** to live from hand to mouth.

diablement [djabləmã] *adv vieilli* horribly.

diablesse [djablɛs] *nf* she-devil; [femme turbulente] shrew, vixen.

diablotin [djablɔtɛ̃] *nm* imp.

diabolique [djabɔlik] *adj* diabolical.

diabolo [djabɔlo] *nm* **-1.** [jouet] diabolo. **-2.** [boisson] fruit cordial and lemonade; **~ menthe** mint (cordial) and lemonade.

diacre [djakr] *nm* RELIG deacon.

diadème [djadɛm] *nm* diadem.

diagnostic [djagnɔstik] *nm* MÉD & *fig* diagnosis.

diagnostiquer [djagnɔstike] [3] *vt* MÉD & *fig* to diagnose.

diagonale [djagɔnal] *nf* diagonal; **en ~** diagonally; **lire en ~** *fig* to skim.

diagramme [djagram] *nm* graph.

dialecte [djalɛkt] *nm* dialect.

dialectique [djalɛktik] *nf & adj* dialectic.

dialogue [djalɔg] *nm* discussion; **c'est un ~ de sourds** they're/you're *etc* never going to agree.
◆ **dialogues** *nmpl* dialog (*sg*) *Am,* dialogue (*sg*) *Br.*

dialoguer [djalɔge] [3] *vi* **-1.** [converser] to converse. **-2.** INFORM to interact.

dialyse [djaliz] *nf* dialysis.

diamant [djamã] *nm* [pierre] diamond.

diamétralement [diametralmã] *adv*: **~ opposé** diametrically opposed.

diamètre [djamɛtr] *nm* diameter.

diantre [djãtr] *interj littéraire & vieilli* by Jove!

diapason [djapazɔ̃] *nm* [instrument] tuning fork; **se mettre au ~** *fig* to get on the same wavelength.

diaphane [djafan] *adj* [peau, teint] translucent; [tissu] diaphanous.

diaphragme [djafragm] *nm* diaphragm.

diapositive [djapozitiv] *nf* slide.

diarrhée [djare] *nf* diarrhoea.

diatribe [djatrib] *nf sout* diatribe.

dichotomie [dikɔtɔmi] *nf* dichotomy.

dico [diko] *nm fam* dictionary.

Dictaphone® [diktafɔn] *nm* Dictaphone®.

dictateur [diktatœr] *nm* dictator.

dictatorial, -e, -iaux [diktatɔrjal, jo] *adj* dictatorial.

dictature [diktatyr] *nf* dictatorship.

dictée [dikte] *nf* dictation.

dicter [dikte] [3] *vt* to dictate.

diction [diksjɔ̃] *nf* diction.

dictionnaire [diksjɔnɛr] *nm* dictionary; **~ bilingue/encyclopédique** bilingual/encyclopedic dictionary.

dicton [diktɔ̃] *nm* saying, dictum.

didactique [didaktik] *adj* didactic.

dièse [djɛz] ◇ *adj* sharp; **do/fa ~** C/F sharp. ◇ *nm* sharp.

diesel [djezɛl] *adj inv* diesel; **moteur ~** diesel engine.

diète [djɛt] *nf* diet; **être à la ~** to be on a diet.

diététicien, -ienne [djetetisjɛ̃, jɛn] *nm, f* dietician.

diététique [djetetik] ◇ *nf* dietetics (*U*). ◇ *adj* [considération, raison] dietary; [produit, magasin] health (*avant n*).

dieu, -x [djø] *nm* god; **comme un ~** *fig &* *hum* divinely.
◆ **Dieu** *nm* God; **mon Dieu!** my God!; **Dieu sait où/comment** God knows where/how; **Dieu merci!** thank God!

diffamation [difamasjɔ̃] *nf* [écrite] libel; [orale] slander; **attaquer qqn en ~** to sue sb for slander/libel.

diffamatoire [difamatwar] *adj* defamatory.

différant [diferã] *ppr →* **différer**.

différé, -e [difere] *adj* recorded.
◆ **différé** *nm*: **en ~** TÉLÉ recorded; INFORM off-line.

différemment [diferamã] *adv* differently.

différence [diferãs] *nf* difference.

différencier [diferãsje] [9] *vt*: **~ qqch de qqch** to differentiate sthg from sthg.
◆ **se différencier** *vp*: **se ~ de** to be different from.

différend [diferã] *nm* [désaccord] difference of opinion; **avoir un ~ avec** to have a difference of opinion with.

différent, -e [diferã, ãt] *adj*: **~ (de)** different (from).

différentiel, -ielle [diferɑ̃sjɛl] *adj* differential.

différer [difere] [18] ◇ *vt* [retarder] to postpone. ◇ *vi*: ~ **de** to differ from, to be different from; ~ **(selon)** to vary (according to).

difficile [difisil] ◇ *adj* difficult. ◇ *nm*: **faire le/la** ~ to be hard to please.

difficilement [difisilmɑ̃] *adv* with difficulty.

difficulté [difikylte] *nf* -1. [complexité, peine] difficulty. -2. [obstacle] problem; **en** ~ in difficulty.

difforme [difɔrm] *adj* deformed.

difformité [difɔrmite] *nf* deformity.

diffraction [difraksjɔ̃] *nf* diffraction.

diffus, -e [dify, yz] *adj* diffused; *fig* vague.

diffuser [difyze] [3] *vt* -1. [lumière] to diffuse. -2. [émission] to broadcast. -3. [livres] to distribute.

diffuseur [difyzœr] *nm* -1. [appareil] diffuser. -2. [de livres] distributor.

diffusion [difyzjɔ̃] *nf* -1. [d'émission, d'onde] broadcast. -2. [de livres] distribution.

digérer [diʒere] [18] ◇ *vi* to digest. ◇ *vt* -1. [repas, connaissance] to digest. -2. *fam fig* [désagrément] to put up with.

digeste [diʒɛst] *adj* (easily) digestible.

digestible [diʒɛstibl] *adj* digestible.

digestif, -ive [diʒɛstif, iv] *adj* digestive.
◆ **digestif** *nm* liqueur.

digestion [diʒɛstjɔ̃] *nf* digestion.

digital, -e, -aux [diʒital, o] *adj* -1. TECHNOL digital. -2. → **empreinte**.
◆ **digitale** *nf* digitalis.

digne [diɲ] *adj* -1. [honorable] dignified. -2. [méritant]: ~ **de** worthy of; ~ **de foi** trustworthy.

dignement [diɲmɑ̃] *adv* with dignity.

dignitaire [diɲitɛr] *nm* dignitary; **haut** ~ mandarin.

dignité [diɲite] *nf* dignity; **se draper dans sa** ~ to stand on one's dignity.

digression [digresjɔ̃] *nf* digression.

digue [dig] *nf* dike.

diktat [diktat] *nm* diktat.

dilapider [dilapide] [3] *vt* to squander.

dilatation [dilatasjɔ̃] *nf* dilation.

dilater [dilate] [3] *vt* to dilate.
◆ **se dilater** *vp* to expand, to dilate.

dilatoire [dilatwar] *adj* delaying (*avant n*).

dilemme [dilɛm] *nm* dilemma.

dilettante [diletɑ̃t] *nmf* dilettante; **faire qqch en** ~ to dabble in sthg.

diligence [diliʒɑ̃s] *nf* HIST & *sout* diligence.

diligent, -e [diliʒɑ̃, ɑ̃t] *adj vieilli* diligent.

diluant [dilɥɑ̃] *nm* thinner.

diluer [dilɥe] [7] *vt* to dilute.

diluvien, -ienne [dilyvjɛ̃, jɛn] *adj* torrential.

dimanche [dimɑ̃ʃ] *nm* Sunday; ~ **des Rameaux** Palm Sunday; *voir aussi* **samedi**.

dimension [dimɑ̃sjɔ̃] *nf* -1. [mesure] dimension. -2. [taille] dimensions (*pl*), size. -3. *fig* [importance] magnitude; **à la** ~ **de** equal to.

diminué, -e [diminɥe] *adj* diminished.

diminuer [diminɥe] [7] ◇ *vt* [réduire] to diminish, to reduce. ◇ *vi* [intensité] to diminish, to decrease.
◆ **se diminuer** *vp* to put o.s. down.

diminutif, -ive [diminytif, iv] *adj* diminutive.
◆ **diminutif** *nm* diminutive.

diminution [diminysjɔ̃] *nf* diminution.

DIN, Din [din] (*abr de* **Deutsche Industrie Norm**) DIN.

dinde [dɛ̃d] *nf* -1. [animal] turkey. -2. *péj* [femme] stupid woman.

dindon [dɛ̃dɔ̃] *nm* turkey; **être le** ~ **de la farce** *fig* to be made a fool of.

dîner [dine] [3] ◇ *vi* to dine. ◇ *nm* dinner; ~ **d'affaires/aux chandelles** business/candlelit dinner.

dînette [dinɛt] *nf* doll's tea party; **faire la** ~ to have a snack; **jouer à la** ~ to have a doll's tea party.

dingue [dɛ̃g] *fam* ◇ *adj* -1. [personne] crazy. -2. [histoire] incredible. ◇ *nmf* loony.

dinosaure [dinozɔr] *nm* dinosaur.

diocèse [djɔsɛz] *nm* diocese.

diode [djɔd] *nf* diode.

dioptrie [djɔptri] *nf* dioptre.

diphasé, -e [difaze] *adj* two-phase.

diphtérie [difteri] *nf* diphtheria.

diphtongue [diftɔ̃g] *nf* diphthong.

diplomate [diplɔmat] ◇ *nmf* [ambassadeur] diplomat. ◇ *nm* [gâteau] ≃ trifle. ◇ *adj* diplomatic.

diplomatie [diplɔmasi] *nf* diplomacy.

diplomatique [diplɔmatik] *adj* diplomatic.

diplôme [diplom] *nm* diploma.

diplômé, -e [diplome] ◇ *adj*: **être** ~ **de/en** to be a graduate of/in. ◇ *nm, f* graduate.

dire [dir] [102] *vt*: ~ **qqch (à qqn)** [parole] to say sthg (to sb); [vérité, mensonge, secret] to tell (sb) sthg; ~ **à qqn de faire qqch** to tell sb to do sthg; **il m'a dit que ...** he told me (that) ...; **cela va sans** ~ that goes without saying; **c'est vite dit** *fam* that's easy (for you/him *etc*) to say; **c'est beaucoup** ~ that's saying a lot; **elle est vraiment difficile, et ce n'est pas peu** ~ she's very difficult - and I mean difficult; **en** ~ **long**

fig to speak volumes; **entre nous soit dit be-tween** you and me; **la ville proprement dite** the actual town; ~ **du bien/du mal (de)** to speak well/ill (of); **que dirais-tu de ...?** what would you say to ...?; **qu'en dis-tu?** what do you think (of it)?; **on dit que ...** they say (that) ...; **on dirait que ...** it looks as if ...; **on dirait de la soie** it looks like silk, you'd think it was silk; **et ~ que je n'étais pas là!** and to think I wasn't there!; **ça ne me dit rien** [pas envie] I don't fancy that; [jamais entendu] I've ne-ver heard of it.

◆ **se dire** *vp* **-1.** [penser] to think (to o.s.). **-2.** [s'employer]: **ça ne se dit pas** [par dé-cence] you mustn't say that; [par usage] people don't say that, nobody says that. **-3.** [se traduire]: **«chat» se dit «gato» en es-pagnol** the Spanish for "cat" is "gato".

◆ **au dire de** *loc prép* according to.

◆ **cela dit** *loc adv* having said that.

◆ **dis donc** *loc adv fam* so; [au fait] by the way; [à qqn qui exagère] look here!

◆ **pour ainsi dire** *loc adv* so to speak.

◆ **à vrai dire** *loc adv* to tell the truth.

direct, -e [dirɛkt] *adj* direct.

◆ **direct** *nm* **-1.** BOXE jab; **un ~ du gauche** a straight left. **-2.** [train] direct train. **-3.** RA-DIO & TÉLÉ: **le ~** live transmission (*U*); **en ~** live.

directement [dirɛktəmɑ̃] *adv* directly.

directeur, -trice [dirɛktœr, tris] ◇ *adj* **-1.** [dirigeant] leading; **comité ~** steering com-mittee. **-2.** [central] guiding. ◇ *nm, f* direc-tor, manager; ~ **commercial/du marketing** sales/marketing director, sales/marketing manager; ~ **général** general manager, chief executive officer *Am*, managing director *Br*; ~ **de la communication** director of commu-nications; ~ **du personnel** OU **des ressour-ces humaines** personnel OU human re-sources manager; ~ **de thèse** reader *Am*, supervisor *Br*; ~ **des ventes** sales manager.

direction [dirɛksjɔ̃] *nf* **-1.** [gestion, ensemble des cadres] management; **sous la ~ de** un-der the management of. **-2.** [orientation] dir-ection; **en** OU **dans la ~ de** in the direction of; **«toutes ~s»** "all routes". **-3.** AUTOM steering; ~ **assistée** power steering.

directive [dirɛktiv] *nf* directive.

directorial, -e, -iaux [dirɛktɔrjal, jo] *adj* managerial.

directrice → **directeur**.

dirigeable [diriʒabl] *nm*: **(ballon) ~** airship.

dirigeant, -e [diriʒɑ̃, ɑ̃t] ◇ *adj* ruling. ◇ *nm, f* [de pays] leader; [d'entreprise] manager.

diriger [diriʒe] [17] *vt* **-1.** [mener - entreprise] to run, to manage; [- orchestre] to conduct;

[- film, acteurs] to direct; [- recherches, projet] to supervise. **-2.** [conduire] to steer. **-3.** [orienter]: ~ **qqch sur** to aim sthg at; ~ **qqch vers** to aim sthg toward *Am* OU to-wards *Br*.

◆ **se diriger** *vp*: **se ~ vers** to go toward *Am* OU towards *Br*, to head toward *Am* OU towards *Br*.

dirigisme [diriʒism] *nm* interventionism.

disais, disions *etc* → **dire**.

discal, -e, -aux [diskal, o] → **hernie**.

discernement [disɛrnəmɑ̃] *nm* **-1.** [juge-ment] discernment. **-2.** *sout* [distinction] dis-tinction.

discerner [disɛrne] [3] *vt* **-1.** [distinguer]: ~ **qqch de** to distinguish sthg from. **-2.** [devi-ner] to discern.

disciple [disipl] *nmf* disciple.

disciplinaire [disipliner] *adj* disciplinary; **mesure ~** disciplinary measure.

discipline [disiplin] *nf* discipline; ~ **de fer** iron rule.

discipliné, -e [disipline] *adj* disciplined.

discipliner [discipline] [3] *vt* [personne] to discipline; [cheveux] to control.

disc-jockey [diskʒɔke] (*pl* **disc-jockeys**) *nm* disc jockey.

disco [disko] ◇ *adj inv* disco (avant n). ◇ *nf* disco. ◇ *nm* disco (music).

discographie [diskɔgrafi] *nf* discography.

discontinu, -e [diskɔ̃tiny] *adj* [ligne] broken; [bruit, effort] intermittent.

discontinuer [diskɔ̃tinɥe] [7] *vi*: **sans ~** without interruption.

discordance [diskɔrdɑ̃s] *nf* discrepancy.

discordant, -e [diskɔrdɑ̃, ɑ̃t] *adj* discordant.

discorde [diskɔrd] *nf* discord.

discothèque [diskɔtɛk] *nf* **-1.** [boîte de nuit] discothèque. **-2.** [de prêt] record library.

discount [disk(a)unt] *nm* discount.

discourir [diskurir] [45] *vi* to talk at length; ~ **sur** to hold forth on.

discours [diskur] *nm* **-1.** [allocution] speech; **faire un ~** to make a speech. **-2.** LING: ~ **direct/indirect** direct/reported speech.

discouru, -e [diskyru] *pp* → **discourir**.

discrédit [diskredi] *nm* discredit, disrepute; **jeter le ~ sur** to bring disgrace on.

discréditer [diskredite] [3] *vt* to discredit.

◆ **se discréditer** *vp* to discredit o.s.

discret, -ète [diskrɛ, ɛt] *adj* [gén] discreet; [réservé] reserved.

discrètement [diskrɛtmɑ̃] *adv* discreetly.

discrétion [diskresjɔ̃] *nf* **-1.** [réserve, tact, silence] discretion. **-2.** [sobriété] sobriety, simplicity; **avec** ~ discreetly.

◆ **à discrétion** ◇ *loc adj* unlimited. ◇ *loc adv* as much as you want.

discrétionnaire [diskresjɔnɛr] *adj* discretionary.

discrimination [diskriminasjɔ̃] *nf* discrimination; **sans** ~ indiscriminately.

discriminatoire [diskriminatwar] *adj* discriminatory.

disculper [diskylpe] [3] *vt* to exonerate.

◆ **se disculper** *vp* to exonerate o.s.

discussion [diskysjɔ̃] *nf* **-1.** [conversation, examen] discussion. **-2.** [contestation, altercation] argument; **sans** ~ without argument.

discutable [diskytabl] *adj* **-1.** [contestable] questionable. **-2.** [douteux] doubtful, questionable.

discutailler [diskytaje] [3] *vi fam péj* to argue over trivialities OU details.

discuter [diskyte] [3] ◇ *vt* **-1.** [débattre]: ~ **(de) qqch** to discuss sthg. **-2.** [contester] to dispute. ◇ *vi* **-1.** [parlementer] to discuss. **-2.** [converser] to talk. **-3.** [contester] to argue.

◆ **se discuter** *vp* to be questionable OU debatable.

disert, -e [dizɛr, ɛrt] *adj littéraire* articulate.

disette [dizɛt] *nf sout* [famine] famine; *fig* [manque] shortage.

diseur, -euse [dizœr, øz] *nm, f*: ~ **de bonne aventure** fortune-teller.

disgrâce [disgras] *nf* disgrace.

disgracieux, -ieuse [disgrasjø, jøz] *adj* **-1.** [sans grâce] awkward, graceless. **-2.** [laid] plain.

disjoindre [diʒwɛ̃dr] [82] *vt* [planches, tuiles] to take apart; *fig* to separate, to distinguish.

◆ **se disjoindre** *vp* to come apart.

disjoint, -e [diʒwɛ̃, ɛ̃t] *pp* → **disjoindre**.

disjoncteur [disʒɔ̃ktœr] *nm* trip switch, circuit breaker.

dislocation [dislɔkasjɔ̃] *nf* MÉD dislocation.

disloquer [dislɔke] [3] *vt* **-1.** MÉD to dislocate. **-2.** [machine, empire] to dismantle.

◆ **se disloquer** *vp* [machine] to fall apart OU to pieces; *fig* [empire] to break up.

disparaissais, disparaissions *etc* → **disparaître**.

disparaître [disparɛtr] [91] *vi* **-1.** [gén] to disappear, to vanish; **disparais!** vanish!; **faire** ~ [personne] to get rid of; [obstacle] to remove. **-2.** [mourir] to die.

disparate [disparat] *adj* [éléments] disparate; [couleurs, mobilier] badly matched.

disparité [disparite] *nf* **-1.** [écart] disparity. **-2.** [différence - d'éléments] disparity; [- de couleurs] mismatch.

disparition [disparisjɔ̃] *nf* **-1.** [gén] disappearance; [d'espèce] extinction; **en voie de** ~ endangered. **-2.** [mort] passing.

disparu, -e [dispary] ◇ *pp* → **disparaître**. ◇ *nm, f* dead person, deceased.

dispatcher [dispatʃe] [3] *vt* to dispatch, to despatch.

dispendieux, -ieuse [dispɑ̃djø, jøz] *adj sout* expensive.

dispensaire [dispɑ̃sɛr] *nm* free clinic *Am*, community clinic *Br*.

dispense [dispɑ̃s] *nf* **-1.** [exemption] exemption; ~ **d'âge** special dispensation (*in the matter of age*). **-2.** [certificat] certificate of exemption.

dispenser [dispɑ̃se] [3] *vt* **-1.** [distribuer] to dispense. **-2.** [exempter]: ~ **qqn de qqch** [corvée] to excuse sb sthg, to let sb off sthg; **je te dispense de tes réflexions!** *fig* spare us the comments!, keep your comments to yourself!

◆ **se dispenser** *vp*: **se** ~ **de qqch/de faire qqch** to get out of sthg/of doing sthg.

disperser [disperse] [3] *vt* to scatter (about OU around); [collection, brume, foule] to break up; *fig* [efforts, forces] to dissipate, to waste.

◆ **se disperser** *vp* **-1.** [feuilles, cendres] to scatter; [brume, foule] to break up, to clear. **-2.** [personne] to take on too much at once, to spread o.s. too thin.

dispersion [dispersjɔ̃] *nf* scattering; [de collection, brume, foule] breaking up; *fig* [d'efforts, de forces] waste, squandering.

disponibilité [disponibilite] *nf* **-1.** [de choses] availability. **-2.** [de fonctionnaire] leave of absence; **en** ~ on leave of absence. **-3.** [d'esprit] alertness, receptiveness.

◆ **disponibilités** *nfpl* available funds, liquid assets .

disponible [disponibl] *adj* **-1.** [place, personne] available, free. **-2.** [fonctionnaire] on leave of absence.

dispos, -e [dispo, oz] *adj* fresh, full of energy.

disposé, -e [dispoze] *adj*: **être** ~ **à faire qqch** to be prepared OU willing to do sthg; **être bien** ~ **envers qqn** to be well-disposed toward *Am* OU towards *Br* sb.

disposer [dispoze] [3] ◇ *vt* **-1.** [arranger] to arrange. **-2.** [inciter]: ~ **qqn à faire qqch** to lead OU move sb to do sthg. ◇ *vi*: ~ **de** [moyens, argent] to have available (to one), to have at one's disposal; [chose] to have the use of; [temps] to have free OU available; **vous pouvez** ~ *fig* & *sout* you may leave OU go.

◆ **se disposer** *vp*: se ~ à qqch/à faire qqch *sout* to prepare for sthg/to do sthg.

dispositif [dispozitif] *nm* [mécanisme] device, mechanism; ~ **antibuée** demister; ~ **antiparasite** suppressor; ~ **de sûreté** safety device.

disposition [dispozisjɔ̃] *nf* **-1.** [arrangement] arrangement. **-2.** [disponibilité]: **à la** ~ **de** at the disposal of, available to.

◆ **dispositions** *nfpl* **-1.** [mesures] arrangements, measures. **-2.** JUR provisions. **-3.** [dons]: **avoir des** ~s **pour** to have a gift for.

disproportion [dispropɔrsjɔ̃] *nf* disproportion.

disproportionné, -e [dispropɔrsjɔne] *adj* out of proportion.

dispute [dispyt] *nf* argument, quarrel.

disputer [dispyte] [3] *vt* **-1.** [SPORT - course] to run; [- match] to play. **-2.** [lutter pour] to fight for.

◆ **se disputer** *vp* **-1.** [se quereller] to quarrel, to fight. **-2.** SPORT to be played. **-3.** [lutter pour] to fight over OU for.

disquaire [diskɛr] *nm* record dealer.

disqualification [diskalifikasjɔ̃] *nf* disqualification.

disqualifier [diskalifje] [9] *vt* to disqualify.

disque [disk] *nm* **-1.** MUS record; [vidéo] video disc; ~ **compact** OU **laser** compact disc. **-2.** ANAT disk *Am*, disc *Br*. **-3.** INFORM disk; ~ **dur** hard disk. **-4.** SPORT discus.

◆ **disque de stationnement** *nm* parking permit *Am* OU disc *Br*.

disquette [diskɛt] *nf* diskette, floppy disk; ~ **haute/double densité** high/double density disk; ~ **système** system diskette.

dissection [disɛksjɔ̃] *nf* dissection.

dissemblable [disɑ̃blabl] *adj* dissimilar.

dissémination [diseminasjɔ̃] *nf* **-1.** [dispersion] scattering, spreading (out); *fig* dissemination, spreading. **-2.** [répartition] scattering.

disséminer [disemine] [3] *vt* [graines, maisons] to scatter, to spread (out); *fig* [idées] to disseminate, to spread.

dissension [disɑ̃sjɔ̃] *nf* dissent.

disséquer [diseke] [18] *vt litt* & *fig* to dissect.

dissertation [disɛrtasjɔ̃] *nf* essay.

disserter [disɛrte] [3] *vi*: ~ **sur** [à l'écrit] to write on; [à l'oral] to speak on.

dissidence [disidɑ̃s] *nf* dissent, dissidence.

dissident, -e [disidɑ̃, ɑ̃t] *adj* & *nm, f* dissident.

dissimulation [disimylasjɔ̃] *nf* **-1.** [hypocrisie] duplicity. **-2.** [de la vérité] concealment.

dissimulé, -e [disimyle] *adj* [hypocrite] dissembling, duplicitous.

dissimuler [disimyle] [3] *vt* to conceal.

◆ **se dissimuler** *vp* **-1.** [se cacher] to conceal o.s., to hide. **-2.** [refuser de voir]: **se** ~ **qqch** to close one's eyes to sthg.

dissipation [disipasjɔ̃] *nf* **-1.** [dispersion] dispersal, breaking up; *fig* [de malentendu] clearing up; [de craintes] dispelling. **-2.** [indiscipline] indiscipline, misbehavior *Am*, misbehaviour *Br*. **-3.** [dilapidation] squandering. **-4.** [débauche] dissipation.

dissipé, -e [disipe] *adj* **-1.** [turbulent] unruly, badly behaved. **-2.** [frivole] dissipated, dissolute.

dissiper [disipe] [3] *vt* **-1.** [chasser] to break up, to clear; *fig* to dispel. **-2.** [dilapider, gâcher] to squander. **-3.** [distraire] to lead astray.

◆ **se dissiper** *vp* **-1.** [brouillard, fumée] to clear. **-2.** [élève] to misbehave. **-3.** *fig* [malaise, fatigue] to go away; [doute] to be dispelled.

dissocier [disɔsje] [9] *vt* **-1.** [séparer] to separate, to distinguish. **-2.** CHIM to dissociate.

dissolu, -e [disɔly] *adj* dissolute.

dissolution [disɔlysjɔ̃] *nf* **-1.** JUR dissolution. **-2.** [mélange] dissolving. **-3.** *sout* [débauche] dissipation.

dissolvais, dissolvions *etc* → **dissoudre**.

dissolvant, -e [disɔlvɑ̃, ɑ̃t] *adj* solvent.

◆ **dissolvant** *nm* [solvant] solvent; [pour vernis à ongles] nail varnish remover.

dissonance [disɔnɑ̃s] *nf* dissonance; *fig* clash, discord.

dissoudre [disudr] [87] *vt*: **(faire)** ~ to dissolve.

◆ **se dissoudre** *vp* **-1.** [substance] to dissolve. **-2.** JUR to be dissolved.

dissous, -oute [disu, ut] *pp* → **dissoudre**.

dissuader [disɥade] [3] *vt* to dissuade.

dissuasif, -ive [disɥazif, iv] *adj* deterrent.

dissuasion [disɥazjɔ̃] *nf* dissuasion; **force de** ~ deterrent (effect).

dissymétrique [disimetrik] *adj* dissymmetrical.

distance [distɑ̃s] *nf* **-1.** [éloignement] distance; **à** ~ at a distance; [télécommander] by remote control; **à une** ~ **de 300 mètres** 300 metres away; **se tenir à** ~ to keep one's distance; **garder ses** ~s to keep one's distance; **prendre ses ~s** *fig* to stand back OU aloof. **-2.** [intervalle] interval. **-3.** [écart] gap.

distancer [distãse] [16] *vt* to outstrip.

distanciation [distãsjasjɔ̃] *nf* distance.

distancier [distãsje] [9]

◆ **se distancier** *vp*: **se ~ de** to distance o.s. from.

distant, -e [distã, ãt] *adj* **-1.** [éloigné]: **une ville ~e de 10 km** a town 10 km away; **des villes ~es de 10 km** towns 10 km apart. **-2.** [froid] distant.

distendre [distãdr] [73] *vt* [ressort, corde] to stretch; [abdomen] to distend.

◆ **se distendre** *vp* to distend.

distendu, -e [distãdy] *pp* → **distendre**.

distillation [distilasjɔ̃] *nf* distilling, distillation.

distiller [distile] [3] *vt* [alcool] to distill *Am*, to distil *Br*; [pétrole] to refine; [miel] to secrete; *fig* & *littéraire* to exude.

distillerie [distilri] *nf* [industrie] distilling; [lieu] distillery.

distinct, -e [distɛ̃, ɛ̃kt] *adj* distinct.

distinctement [distɛ̃ktəmã] *adv* distinctly, clearly.

distinctif, -ive [distɛ̃ktif, iv] *adj* distinctive.

distinction [distɛ̃ksjɔ̃] *nf* distinction.

distingué, -e [distɛ̃ge] *adj* distinguished.

distinguer [distɛ̃ge] [3] *vt* **-1.** [différencier] to tell apart, to distinguish. **-2.** [percevoir] to make out, to distinguish. **-3.** [rendre différent]: **~ de** to distinguish from, to set apart from.

◆ **se distinguer** *vp* **-1.** [se différencier]: **se ~ (de)** to stand out (from). **-2.** [s'illustrer] to distinguish o.s. **-3.** [être perçu]: **au loin se distinguait la côte** you could make out the coast in the distance.

distraction [distraksjɔ̃] *nf* **-1.** [inattention] inattention, absent-mindedness; **par ~** absentmindedly. **-2.** [passe-temps] leisure activity.

distraire [distrɛr] [112] *vt* **-1.** [déranger] to distract. **-2.** [divertir] to amuse, to entertain.

◆ **se distraire** *vp* to amuse o.s.

distrait, -e [distrɛ, ɛt] ◇ *pp* → **distraire**. ◇ *adj* absent-minded.

distraitement [distrɛtmã] *adv* absentmindedly, absently.

distrayais, distrayons *etc* → **distraire**.

distrayant, -e [distrɛjã, ãt] *adj* entertaining.

distribanque [distribãk] *nm* cash dispenser.

distribuer [distribɥe] [7] *vt* to distribute; [courrier] to deliver; [ordres] to give out; [cartes] to deal; [coups, sourires] to dispense.

distributeur, -trice [distribytœr, tris] *nm, f* distributor.

◆ **distributeur** *nm* **-1.** AUTOM & COMM distributor. **-2.** [machine]: **~ (automatique) de billets** BANQUE cash machine, cash dispenser; TRANSPORT ticket machine; **~ de boissons** drinks machine.

distribution [distribysjɔ̃] *nf* **-1.** [répartition, diffusion, disposition] distribution; **~ du courrier** postal delivery; **~ des prix** SCOL prize-giving. **-2.** [approvisionnement] supply. **-3.** CIN & THÉÂTRE cast.

district [distrikt] *nm* district.

dit, dite [di, dit] ◇ *pp* → **dire**. ◇ *adj* **-1.** [appelé] known as. **-2.** JUR said, above. **-3.** [fixé]: **à l'heure ~e** at the appointed time.

dites, dîtes → **dire**.

dithyrambique [ditirãbik] *adj* eulogistic.

DIU (*abr de* **dispositif intra-utérin**) *nm* IUD.

diurétique [djyretik] *nm* & *adj* diuretic.

diurne [djyrn] *adj* diurnal.

diva [diva] *nf* prima donna, diva.

divagation [divagasjɔ̃] *nf* wandering.

divaguer [divage] [3] *vi* to ramble.

divan [divã] *nm* divan (*seat*).

divergeant [divɛrʒã] *ppr* → **diverger**.

divergence [divɛrʒãs] *nf* divergence, difference; [d'opinions] difference.

divergent, -e [divɛrʒã, ãt] *adj* divergent.

diverger [divɛrʒe] [17] *vi* to diverge; [opinions] to differ.

divers, -e [divɛr, ɛrs] *adj* **-1.** [différent] different, various. **-2.** [disparate] diverse. **-3.** (*avant n*) [plusieurs] various, several. **-4.** PRESSE: **«~»** "miscellaneous".

diversement [divɛrsəmã] *adv* variously, in different ways.

diversification [divɛrsifikasjɔ̃] *nf* diversification.

diversifier [divɛrsifje] [9] *vt* to vary, to diversify.

◆ **se diversifier** *vp* to diversify.

diversion [divɛrsjɔ̃] *nf* diversion; **créer une ~, faire ~** to create a diversion.

diversité [divɛrsite] *nf* diversity.

divertir [divɛrtir] [32] *vt* [distraire] to entertain, to amuse.

◆ **se divertir** *vp* to amuse o.s., to entertain o.s.

divertissant, -e [divɛrtisã, ãt] *adj* entertaining, amusing.

divertissement [divɛrtismã] *nm* **-1.** [passetemps] form of relaxation. **-2.** MUS divertimento.

dividende [dividãd] *nm* dividend.

divin, -e [divɛ̃, in] *adj* divine.

divination [divinasjɔ̃] *nf* divination.

divinement [divinmɑ̃] *adv* divinely.

divinité [divinite] *nf* divinity.

diviser [divize] [3] *vt* **-1.** [gén] to divide, to split up; ~ **pour régner** *fig* divide and rule. **-2.** MATHS to divide; ~ **8 par 4** to divide 8 by 4.

◆ **se diviser** *vp* **-1.** [se séparer] to divide. **-2.** [diverger] to be divided.

divisible [divizibl] *adj* divisible.

division [divizjɔ̃] *nf* division; ~ **aéroportée** MIL airborne division.

divisionnaire [divizjɔnɛr] *adj* divisional.

divorce [divɔrs] *nm* **-1.** JUR divorce; **demander le** ~ to ask for a divorce, to sue for divorce. **-2.** *fig* [divergence] gulf, separation.

divorcé, -e [divɔrse] ◇ *adj* divorced. ◇ *nm, f* divorcee, divorced person.

divorcer [divɔrse] [16] *vi* to divorce.

divulgation [divylgasjɔ̃] *nf* disclosure.

divulguer [divylge] [3] *vt* to divulge.

dix [dis] *adj num & nm* ten; *voir aussi* **six**.

dix-huit [dizɥit] *adj num & nm* eighteen; *voir aussi* **six**.

dix-huitième [dizɥitjɛm] *adj num, nm & nmf* eighteenth; *voir aussi* **sixième**.

dixième [dizjɛm] ◇ *adj num, nm & nmf* tenth. ◇ *nf* SCOL ≃ second grade *Am*, ≃ third year OU form (*at primary school*) *Br*; *voir aussi* **sixième**.

dix-neuf [diznœf] *adj num & nm* nineteen; *voir aussi* **six**.

dix-neuvième [diznœvjɛm] *adj num, nm & nmf* nineteenth; *voir aussi* **sixième**.

dix-sept [disɛt] *adj num & nm* seventeen; *voir aussi* **six**.

dix-septième [disɛtjɛm] *adj num, nm & nmf* seventeenth; *voir aussi* **sixième**.

dizaine [dizɛn] *nf* **-1.** MATHS ten. **-2.** [environ dix]: **une** ~ **de** about ten; **par** ~**s** [en grand nombre] in their dozens.

Djakarta [dʒakarta] *n* Jakarta.

djellaba [dʒɛlaba] *nf* jellaba.

Djibouti [dʒibuti] *n* Djibouti.

djiboutien, -ienne [dʒibutjɛ̃, jɛn] *adj* of/ from Djibouti.

◆ **Djiboutien, -ienne** *nm, f* person from Djibouti.

dm (*abr de* **décimètre**) dm.

DM (*abr de* **deutsche Mark**) DM.

do¹ [do] *nm inv* MUS C; [chanté] doh.

do² (*abr de* **dito**) do.

doberman [dɔbɛrman] *nm* Doberman (pinscher).

doc [dɔk] (*abr de* **documentation**) *nf* literature, brochures (*pl*); **pouvez-vous me donner de la** ~ **sur cet ordinateur?** could you

give me some literature about this computer?

doc. (*abr de* **document**) doc.

docile [dɔsil] *adj* **-1.** [obéissant] docile. **-2.** [cheveux] manageable.

docilement [dɔsilmɑ̃] *adv* meekly, obediently.

docilité [dɔsilite] *nf* obedience.

dock [dɔk] *nm* **-1.** [bassin] dock. **-2.** [hangar] warehouse.

docker [dɔkɛr] *nm* docker.

docte [dɔkt] *adj iron* professorial.

doctement [dɔktəmɑ̃] *adv* [savamment] learnedly.

docteur [dɔktœr] *nm* **-1.** [médecin] doctor; ~ **en médecine** doctor of medicine. **-2.** UNIV: ~ **ès lettres/sciences** ≃ PhD; ~ **honoris causa** ≃ Hon. PhD.

doctoral, -e, -aux [dɔktɔral, o] *adj péj* pompous, professorial.

doctorat [dɔktɔra] *nm* **-1.** [grade] doctorate; ~ **d'État** ≃ D. Litt., *higher doctorate awarded for aptitude for advanced research;* ~ **du troisième cycle** *doctorate awarded for two years' study and a work of research.* **-2.** [épreuve] doctoral exam.

doctoresse [dɔktɔrɛs] *nf* woman OU lady doctor.

doctrinaire [dɔktrinɛr] *adj* **-1.** [dogmatique] doctrinaire. **-2.** [sentencieux] sententious.

doctrine [dɔktrin] *nf* doctrine.

document [dɔkymɑ̃] *nm* document.

documentaire [dɔkymɑ̃tɛr] *nm & adj* documentary.

documentaliste [dɔkymɑ̃talist] *nmf* [d'archives] archivist; PRESSE & TÉLÉ researcher.

documentation [dɔkymɑ̃tasjɔ̃] *nf* **-1.** [travail] research. **-2.** [documents] paperwork, papers (*pl*). **-3.** [brochures] documentation.

documenté, -e [dɔkymɑ̃te] *adj* **-1.** [personne] well-informed. **-2.** [étude] well-documented.

documenter [dɔkymɑ̃te] [3] *vt* to document.

◆ **se documenter** *vp* to do some research.

dodeliner [dɔdəline] [3] *vi*: ~ **de la tête** to nod gently.

dodo [dɔdo] *nm fam* beddy-byes; **faire** ~ to sleep.

dodu, -e [dɔdy] *adj fam* [enfant, joue, bras] chubby; [animal] plump.

dogmatique [dɔgmatik] *adj* dogmatic.

dogme [dɔgm] *nm* dogma.

dogue [dɔg] *nm* mastiff.

doigt [dwa] *nm* finger; **un** ~ **de** (just) a drop OU finger of; **montrer qqch du** ~ to point at sthg; ~ **de pied** toe; **être à deux** ~**s de faire qqch** to be within an ace of doing sthg; **mettre le** ~ **dans l'engrenage** to embark on sthg, to get involved; **se mettre le** ~ **dans l'œil** *fam* to be kidding o.s.; **je m'en mords les** ~**s** I could kick myself (for it); **obéir à qqn au** ~ **et à l'œil** to obey sb's every whim, to be at sb's beck and call.

doigté [dwate] *nm* delicacy, tact.

dois → devoir.

doive → devoir.

doléances [dɔleɑ̃s] *nfpl sout* grievances.

dollar [dɔlar] *nm* dollar.

dolmen [dɔlmɛn] *nm* dolmen.

DOM [dɔm] (*abr de* **département d'outre-mer**) *nm French overseas département.*

domaine [dɔmɛn] *nm* **-1.** [propriété] estate. **-2.** [secteur, champ d'activité] field, domain; **tomber dans le** ~ **public** be out of copyright.

domanial, -e, -iaux [dɔmanjal, jo] *adj* national, state (*avant n*).

dôme [dom] *nm* **-1.** ARCHIT dome. **-2.** GÉOGR rounded peak.

domestication [dɔmɛstikasjɔ̃] *nf* domestication.

domestique [dɔmɛstik] ◇ *nmf* (domestic) servant. ◇ *adj* family (*avant n*); [travaux] household (*avant n*).

domestiquer [dɔmɛstike] [3] *vt* **-1.** [animal] to domesticate. **-2.** [éléments naturels] to harness.

domicile [dɔmisil] *nm* **-1.** [gén] (place of) residence; **travailler à** ~ to work from OU at home; **ils livrent à** ~ they do deliveries; **sans** ~ **fixe** of no fixed abode; **élire** ~ to take up residence; ~ **conjugal** JUR marital home. **-2.** [d'entreprise] (registered) address.

domiciliation [dɔmisiljasjɔ̃] *nf*: ~ **bancaire** domiciliation.

domicilié, -e [dɔmisilje] *adj*: ~ **à** (officially) resident in OU at.

dominant, -e [dɔminɑ̃, ɑ̃t] *adj* **-1.** [qui prévaut] dominant. **-2.** [qui surplombe] dominating.

◆ **dominante** *nf* **-1.** [caractéristique] dominant feature. **-2.** [couleur] dominant color *Am* OU colour *Br*. **-3.** MUS dominant.

domination [dɔminasjɔ̃] *nf* **-1.** [autorité] domination, dominion. **-2.** [influence] influence.

dominer [dɔmine] [3] ◇ *vt* **-1.** [surplomber, avoir de l'autorité sur] to dominate. **-2.** [sur-

passer] to outclass. **-3.** [maîtriser] to control, to master. **-4.** *fig* [connaître] to master. ◇ *vi* **-1.** [régner] to dominate, to be dominant. **-2.** [prédominer] to predominate. **-3.** [triompher] to be on top, to hold sway.

◆ **se dominer** *vp* to control o.s.

dominicain, -e [dɔminikɛ̃, ɛn] *adj* Dominican.

◆ **Dominicain, -e** *nm, f* Dominican.

dominical, -e, -aux [dɔminikal, o] *adj* Sunday (*avant n*).

Dominique [dɔminik] *nf*: **la** ~ Dominica.

domino [dɔmino] *nm* domino.

dommage [dɔmaʒ] *nm* **-1.** [préjudice] harm (U); ~**s et intérêts, ~s-intérêts** damages; (**c'est**) ~! what a shame OU pity!; **c'est** ~ **que** it's a pity OU shame (that). **-2.** [dégâts] damage (U).

dompter [dɔ̃te] [3] *vt* **-1.** [animal, fauve] to tame. **-2.** [rebelles, enfants] to subdue. **-3.** *fig* [maîtriser] to overcome, to control.

dompteur, -euse [dɔ̃tœr, øz] *nm, f* [de fauves] tamer.

DOM-TOM [dɔmtɔm] (*abr de* **départements d'outre-mer/territoires d'outre-mer**) *nmpl French overseas départements and territories.*

don [dɔ̃] *nm* **-1.** [cadeau] gift; **faire** ~ **de** to make a gift OU present of; ~ **du sang** blood donation. **-2.** [aptitude] knack.

DON [dɔn] (*abr de* **disque optique numérique**) *nm digital optical disk.*

donateur, -trice [dɔnatœr, tris] *nm, f* donor.

donation [dɔnasjɔ̃] *nf* settlement.

donc [dɔ̃k] *conj* so; **je disais** ~ ... so as I was saying ...; **allons** ~! come on!; **tais-toi** ~! will you be quiet!

donjon [dɔ̃ʒɔ̃] *nm* keep.

donjuanisme [dɔ̃ʒyanism] *nm* womanizing.

donnant [dɔnɑ̃]

◆ **donnant donnant** *loc adv* fair's fair.

donne [dɔn] *nf* JEU deal.

donné, -e [dɔne] *adj* given; **c'est** ~ it's a gift; **c'est pas** ~ it's not exactly cheap; **étant** ~ **que** given that, considering (that).

◆ **donnée** *nf* **-1.** INFORM & MATHS datum, piece of data; **données numériques** numerical data. **-2.** [élément] fact, particular.

donner [dɔne] [3] ◇ *vt* **-1.** [gén] to give; [se débarrasser de] to give away; ~ **qqch à qqn** to give sb sthg, to give sthg to sb; ~ **qqch à faire à qqn** to give sb sthg to do, to give sthg to sb to do; ~ **sa voiture à réparer** to leave one's car to be repaired; **quel âge lui**

donnes-tu? how old do you think he/she is?; **ne rien ~** to be no use OU good, to be unproductive. **-2.** *fam* [dénoncer] to shop. **-3.** [occasionner] to give, to cause. ◇ *vi* **-1.** [tomber]: **~ dans** to fall into; *fig* to have a tendency toward *Am* OU towards *Br*. **-2.** [s'ouvrir]: **~ sur** to look out onto. **-3.** [produire] to produce, to yield. **-4.** [amener]: **~ à penser/entendre que** to lead sb to think/understand that.
◆ **se donner** *vp*: **-1.** [se consacrer]: **se ~ à qqch** to give OU devote o.s. to sthg. **-2.** [céder]: **se ~ à qqn** to give o.s. to sb.

donneur, -euse [dɔnœr, øz] *nm, f* **-1.** MÉD donor; **~ de sang** blood donor. **-2.** CARTES dealer.

dont [dɔ̃] *pron rel* **-1.** [complément de verbe ou d'adjectif]: **la personne ~ tu parles** the person you're speaking about, the person about whom you are speaking; **l'accident ~ il est responsable** the accident for which he is responsible; **c'est quelqu'un ~ on dit le plus grand bien** he's someone about whom people speak highly (*la traduction varie selon la préposition anglaise utilisée avec le verbe ou l'adjectif en question*). **-2.** [complément de nom ou de pronom - relatif à l'objet] of which, whose; [- relatif à personne] whose; **un meuble ~ le bois est vermoulu** a piece of furniture with woodworm; **la boîte ~ le couvercle est jaune** the box whose lid is yellow, the box with the yellow lid; **c'est quelqu'un ~ j'apprécie l'honnêteté** he's someone whose honesty I appreciate; **celui ~ les parents sont divorcés** the one whose parents are divorced. **-3.** [indiquant la partie d'un tout]: **plusieurs personnes ont téléphoné, ~ ton frère** several people phoned, one of which was your brother OU among them was your brother; **j'ai vu plusieurs films ~ deux étaient particulièrement intéressants** I saw several films, two of which were particularly interesting.

dopage [dɔpaʒ] *nm* doping.

dopant, -e [dɔpɑ̃, ɑ̃t] *adj* stimulant.
◆ **dopant** *nm* dope (U).

dope [dɔp] *nf fam* dope.

doper [dɔpe] [3] *vt* to dope.
◆ **se doper** *vp* to take stimulants.

dorade = **daurade**.

doré, -e [dɔre] *adj* **-1.** [couvert de dorure] gilded, gilt; **~ sur tranche** gilt-edged. **-2.** [couleur] golden.

dorénavant [dɔrenavɑ̃] *adv* from now on, in future.

dorer [dɔre] [3] ◇ *vt* **-1.** [couvrir d'or] to gild. **-2.** [peau] to tan. **-3.** CULIN to glaze. ◇ *vi* CULIN: **faire ~** to brown.
◆ **se dorer** *vp* to tan.

dorloter [dɔrlɔte] [3] *vt* to pamper, to cosset.

dormant, -e [dɔrmɑ̃, ɑ̃t] *adj* [eau] still.

dormeur, -euse [dɔrmœr, øz] *nm, f* sleeper.

dormir [dɔrmir] [36] *vi* **-1.** [sommeiller] to sleep; **~ debout** to be asleep on one's feet; **à ~ debout** unbelievable, implausible. **-2.** [rester inactif - personne] to slack, to stand around (doing nothing); [- capitaux] to lie idle.

dorsal, -e, -aux [dɔrsal, o] *adj* dorsal.

dortoir [dɔrtwar] *nm* dormitory.

dorure [dɔryr] *nf* **-1.** [couche d'or] gilt. **-2.** [ce qui est doré] golden OU gilt decoration.

doryphore [dɔrifɔr] *nm* colorado beetle.

dos [do] *nm* back; **~ à ~** back to back; **de ~** from behind; **sur le ~** on one's back; **«voir au ~»** "see over"; **à ~ d'âne** (riding) on a mule; **ne rien avoir à se mettre sur le ~** to have nothing to wear; **tourner le ~ à** [être tourné] to have one's back to; *litt* & *fig* [se tourner] to turn one's back on; **~ crawlé** backstroke; **avoir bon ~** to be the one who always gets the blame; **en avoir plein le ~** *fam* to be fed up (to the back teeth), to have had it up to here; **se mettre qqn à ~** to put sb's back up.

DOS, Dos [dɔs] (*abr de* **Disk Operating System**) *nm* DOS.

dosage [dozaʒ] *nm* [de médicament] dose; [d'ingrédient] amount.

dos-d'âne [dodɑn] *nm* bump.

dose [doz] *nf* **-1.** [quantité de médicament] dose; **«ne pas dépasser la ~ prescrite»** "do not exceed the prescribed dose". **-2.** [quantité] share; **forcer la ~** *fam fig* to overdo it; **une (bonne) ~ de bêtise** *fam fig* a lot of silliness; **j'en ai eu ma ~** *fam fig* I've had enough.

doser [doze] [3] *vt* [médicament, ingrédient] to measure out; *fig* to weigh up.

doseur [dozœr] *nm* [appareil] measure; [de cuisine] measuring jug.

dossard [dɔsar] *nm* number (*on competitor's back*).

dossier [dɔsje] *nm* **-1.** [de fauteuil] back. **-2.** [documents] file, dossier; **~ suspendu** suspension file. **-3.** [classeur] file, folder. **-4.** *fig* [question] question.

dot [dɔt] *nf* dowry.

dotation [dɔtasjɔ̃] *nf* **-1.** JUR endowment. **-2.** ADMIN grant.

doter [dɔte] [3] *vt* [pourvoir]: ~ **de** [talent] to endow with; [machine] to equip with.

douairière [dwɛrjɛr] *nf* [veuve] dowager.

douane [dwan] *nf* **-1.** [service, lieu] customs (*pl*); **passer la** ~ to go through customs. **-2.** [taxe] (import) duty.

douanier, -ière [dwanje, jɛr] ◇ *adj* customs (*avant n*). ◇ *nm, f* customs officer.

doublage [dublaʒ] *nm* **-1.** [renforcement] lining. **-2.** [de film] dubbing. **-3.** [d'acteur] understudying.

double [dubl] ◇ *adj* double. ◇ *adv* double; **voir** ~ to see double, to have double vision. ◇ *nm* **-1.** [quantité]: **le** ~ double. **-2.** [copie] copy; **en** ~ in duplicate. **-3.** [d'une personne] double. **-4.** TENNIS doubles (*pl*).

doublé [duble] *nm* **-1.** [en orfèvrerie] rolled gold. **-2.** [réussite double] double.

doublement [dubləmɑ̃] ◇ *adv* doubly. ◇ *nm* [de lettre] doubling.

doubler [duble] [3] ◇ *vt* **-1.** [multiplier] to double. **-2.** [plier] to (fold) double. **-3.** [renforcer]: ~ **(de)** to line (with). **-4.** [dépasser] to overtake. **-5.** [film, acteur] to dub. **-6.** *fam* [trahir] to con, to double-cross. **-7.** [augmenter] to double. ◇ *vi* **-1.** [véhicule] to overtake. **-2.** [augmenter] to double.

◆ **se doubler** *vp*: **se** ~ **de** to be coupled with.

doublure [dublyr] *nf* **-1.** [renforcement] lining. **-2.** CIN stand-in.

douce → **doux**.

douceâtre [dusatr] *adj* sickly (sweet), cloying.

doucement [dusmɑ̃] *adv* **-1.** [descendre] carefully; [frapper] gently; ~! gently OU easy (does it)! **-2.** [traiter] gently; [parler] softly. **-3.** [médiocrement] (only) so-so.

doucereux, -euse [dusrø, øz] *adj* **-1.** [saveur] sickly (sweet), cloying. **-2.** [mielleux] smooth, suave.

doucette [dusɛt] *nf* BOT lamb's lettuce.

douceur [dusœr] *nf* **-1.** [de saveur, parfum] sweetness. **-2.** [d'éclairage, de peau, de musique] softness. **-3.** [de climat] mildness. **-4.** [de caractère] gentleness. **-5.** [plaisir] pleasure.

◆ **douceurs** *nfpl* [friandises] sweets.

◆ **en douceur** ◇ *loc adv* smoothly. ◇ *loc adj* smooth.

douche [duʃ] *nf* **-1.** [appareil, action] shower; **prendre une** ~ to take OU have a shower. **-2.** *fam fig* [déception] letdown; ~ **écossaise** shock to the system.

doucher [duʃe] [3] *vt* **-1.** [donner une douche

à]: ~ **qqn** to give sb a shower. **-2.** *fam fig* [décevoir] to let down.

◆ **se doucher** *vp* to take OU have a shower, to shower.

doudoune [dudun] *nf* quilted jacket.

doué, -e [dwe] *adj* talented; **être** ~ **pour** to have a gift for.

douer [due] [6] *vt*: ~ **qqn de** to endow sb with.

douille [duj] *nf* **-1.** [d'ampoule] socket. **-2.** [de cartouche] **cartridge**.

douillet, -ette [duje, ɛt] ◇ *adj* **-1.** [confortable] snug, cosy. **-2.** [sensible] soft. ◇ *nm, f* wimp.

douillettement [dujɛtmɑ̃] *adv* snugly.

douleur [dulœr] *nf litt & fig* pain; **se tordre de** ~ to writhe in pain; **nous avons la** ~ **de vous annoncer ... it is with great sorrow that we announce ....**

douloureux, -euse [duluʁø, øz] *adj* **-1.** [physiquement] painful. **-2.** [moralement] distressing. **-3.** [regard, air] sorrowful.

doute [dut] *nm* doubt; **avoir des** ~**s sur** to have misgivings about; **mettre qqch en** ~ to cast doubt on sthg.

◆ **sans doute** *loc adv* no doubt; **sans aucun** ~ without (a) doubt.

douter [dute] [3] ◇ *vt* [ne pas croire]: ~ **que** (+ *subjonctif*) to doubt (that). ◇ *vi* [ne pas avoir confiance]: ~ **de qqn/de qqch** to doubt sb/sthg, to have doubts about sb/sthg; **j'en doute** I doubt it.

◆ **se douter** *vp*: **se** ~ **de qqch** to suspect sthg; **je m'en doutais** I thought so; **je m'en doute** I'm not surprised.

douteux, -euse [dutø, øz] *adj* **-1.** [incertain] doubtful. **-2.** [contestable] questionable. **-3.** *péj* [mœurs] dubious; [vêtements, personne] dubious-looking.

douves [duv] *nfpl* [de château] moat (*sg*).

doux, douce [du, dus] *adj* **-1.** [éclairage, peau, musique] soft. **-2.** [saveur, parfum] sweet. **-3.** [climat, condiment] mild. **-4.** *sout* [agréable] pleasant. **-5.** [pente, regard, caractère] gentle.

◆ **doux** *loc adv*: **il fait** ~ the weather is mild.

◆ **en douce** *loc adv* secretly.

douzaine [duzɛn] *nf* **-1.** [douze] dozen. **-2.** [environ douze]: **une** ~ **de** about twelve.

douze [duz] *adj num & nm* twelve; *voir aussi* **six**.

douzième [duzjɛm] *adj num, nm & nmf* twelfth; *voir aussi* **sixième**.

doyen, -enne [dwajɛ̃, ɛn] *nm, f* [le plus ancien] most senior member.

DPLG (*abr de* **diplômé par le gouvernement**) *adj* holder of official certificate for architects, engineers etc.

dr. (*abr de* **droite**) R, r.

Dr (*abr de* **Docteur**) Dr.

draconien, -ienne [drakɔnjɛ̃, jɛn] *adj* draconian.

dragage [dragaʒ] *nm* dredging.

dragée [draʒe] *nf* **-1.** [confiserie] sugared almond; **tenir la ~ haute à qqn** to hold out against sb. **-2.** [comprimé] pill.

dragon [dragɔ̃] *nm* **-1.** [monstre, personne autoritaire] dragon. **-2.** [soldat] dragoon.

drague [drag] *nf* **-1.** TECHNOL dredger. **-2.** *fam fig* [flirt] picking up.

draguer [drage] [3] *vt* **-1.** [nettoyer] to dredge. **-2.** *fam* [personne] to chat up, to get off with.

dragueur, -euse [dragœr, øz] *nm, f fam* [homme] womanizer; **quelle dragueuse!** she's always chasing after men!
◆ **dragueur** *nm* [bateau] dredger.

drainage [drɛnaʒ] *nm* draining.

drainer [drene] [4] *vt* **-1.** [terrain, plaie] to drain. **-2.** *fig* [attirer] to drain off.

dramatique [dramatik] ◇ *nf* play. ◇ *adj* **-1.** THÉÂTRE dramatic. **-2.** [grave] tragic.

dramatisation [dramatizasjɔ̃] *nf* dramatization.

dramatiser [dramatize] [3] *vt* [exagérer] to dramatize.

drame [dram] *nm* **-1.** [catastrophe] tragedy; **faire un ~ de qqch** *fig* to make a drama of sthg. **-2.** LITTÉRATURE drama.

drap [dra] *nm* **-1.** [de lit] sheet. **-2.** [tissu] woolen *Am* OU woollen *Br* cloth; **être dans de beaux ~s** to be in a real mess.

drapeau, -x [drapo] *nm* flag; **~ blanc** white flag; **le ~ tricolore** the tricolour, the French flag; **être sous les ~x** *fig* to be doing military service.

draper [drape] [3] *vt* to drape.
◆ **se draper** *vp*: **se ~ dans** to drape o.s. in.

draperie [drapri] *nf* **-1.** [tenture] drapery. **-2.** [industrie] cloth industry.

drap-housse [draus] (*pl* **draps-housses**) *nm* fitted sheet.

drapier, -ière [drapje, jɛr] ◇ *adj* clothing (*avant n*). ◇ *nm, f* **-1.** [fabricant] cloth manufacturer. **-2.** [marchand] draper.

drastique [drastik] *adj* drastic.

drave [drav] *nf Can* drive (of floating logs).

dressage [drɛsaʒ] *nm* [d'animal] training, taming.

dresser [drese] [4] *vt* **-1.** [lever] to raise. **-2.** [faire tenir] to put up. **-3.** *sout* [construire] to erect. **-4.** [acte, liste, carte] to draw up; [procès-verbal] to make out. **-5.** [dompter] to train. **-6.** *fig* [opposer]: **~ qqn contre qqn** to set sb against sb.
◆ **se dresser** *vp* **-1.** [se lever] to stand up. **-2.** [s'élever] to rise (up); *fig* to stand; **se ~ contre qqch** to rise up against sthg.

dresseur, -euse [drɛsœr, øz] *nm, f* trainer.

dressoir [drɛswar] *nm* dresser.

DRH ◇ *nf* (*abr de* **direction des ressources humaines**) personnel department. ◇ *nm* (*abr de* **directeur des ressources humaines**) personnel manager.

dribbler [drible] [3] SPORT ◇ *vi* to dribble. ◇ *vt*: **~ qqn** to dribble past sb.

drille [drij] *nm*: **un joyeux ~** a cheery person.

driver [*nm* drajvœr, *vi* drajve] [3] GOLF ◇ *nm* driver. ◇ *vi* to drive.

drogue [drɔg] *nf* **-1.** [stupéfiant & *fig*] drug; **la ~** drugs (*pl*); **~ dure** hard drug. **-2.** [médicament] medicine.

drogué, -e [drɔge] ◇ *adj* drugged. ◇ *nm, f* drug addict.

droguer [drɔge] [3] *vt* [victime] to drug.
◆ **se droguer** *vp* [de stupéfiants] to take drugs.

droguerie [drɔgri] *nf* hardware shop.

droguiste [drɔgist] *nmf*: **chez le ~** at the hardware shop.

droit, -e [drwa, drwat] *adj* **-1.** [du côté droit] right. **-2.** [rectiligne, vertical, honnête] straight; **~ comme un i** straight as a ramrod, bolt upright.
◆ **droit** ◇ *adv* straight; **tout ~** straight ahead; **aller ~ au but** *fig* to go straight to the point.
◇ *nm* **-1.** JUR law; **~ canon** canon law; **~ civil** civil law; **~ coutumier** common law; **~ pénal** criminal law; **de ~ commun** common-law (*avant n*). **-2.** [prérogative] right; **avoir ~ à** to be entitled to; **avoir le ~ de faire qqch** to be allowed to do sthg; **être dans son ~** to be within one's rights; **être en ~ de faire qqch** to have a right to do sthg; **de quel ~?** by what right?; **~ d'aînesse** birthright; **~ d'asile** right of asylum; **~ de grâce** power of pardon; **~ de regard** right of access; **~ de visite** visiting rights (*pl*), access; **~ de vote** right to vote; **~s d'auteur** royalties; **~s de l'homme** human rights; **~s d'inscription** registration fees; **à qui de ~** to the proper authority.
◆ **droite** *nf* **-1.** [gén] right, right-hand side; **à ~e** on the right; **à ~e de** to the right of;

garder/serrer sa ~**e** to keep to the right. **-2.** POLIT: **la** ~**e** the right (wing); **de** ~**e** right-wing.

droitier, -ière [drwatje, jɛr] ◇ *adj* right-handed. ◇ *nm, f* right-handed person, right-hander.

droiture [drwatyr] *nf* straightforwardness.

drôle [drol] *adj* **-1.** [amusant] funny. **-2.** ~ **de** [bizarre] funny; *fam* [remarquable] amazing.

drôlement [drolmɑ̃] *adv* **-1.** *fam* [très] tremendously. **-2.** [bizarrement] in a strange way. **-3.** [de façon amusante] in a funny way.

drôlerie [drolri] *nf* humor *Am*, humour *Br*.

dromadaire [drɔmadɛr] *nm* dromedary.

dru, -e [dry] *adj* thick.
◆ **dru** *adv*: **tomber** ~ to fall heavily.

drugstore [drœgstɔr] *nm* drugstore.

druide [drɥid] *nm* druid.

ds *abr de* **dans**.

DST (*abr de* **Direction de la surveillance du territoire**) *nf* counterespionage section.

DT (*abr de* **diphtérie, tétanos**) *nm* vaccine *against diphtheria and tetanus.*

D.T.COQ. (*abr de* **diphtérie, tétanos, coqueluche**) *nm* vaccine against diphtheria, tetanus and whooping cough.

du → **de**.

dû, due [dy] ◇ *pp* → **devoir**. ◇ *adj* due, owing.
◆ **dû** *nm* due; **réclamer son** ~ to demand one's due.

dualité [dɥalite] *nf* duality.

Dubayy [dybaj] *n* Dubai.

dubitatif, -ive [dybitatif, iv] *adj* doubtful.

Dublin [dyblɛ̃] *n* Dublin.

dublinois, -e [dyblinwa, waz], *adj* of/from Dublin.
◆ **Dublinois, -e** *nm, f* Dubliner.

duc [dyk] *nm* duke.

ducal, -e, -aux [dykal, o] *adj* ducal.

duché [dyʃe] *nm* duchy.

duchesse [dyʃɛs] *nf* duchess.

duel [dɥɛl] *nm* duel.

duffel-coat (*pl* **duffel-coats**), **duffle-coat** (*pl* **duffle-coats**) [dœfœlkot] *nm* duffel coat.

dûment [dymɑ̃] *adv* duly.

dumping [dœmpiŋ] *nm* COMM dumping.

dune [dyn] *nf* dune.

duo [dyo] *nm* **-1.** MUS duet; **en** ~ in duet. **-2.** [couple] duo.

dupe [dyp] ◇ *nf* dupe. ◇ *adj* gullible; **être/ne pas être** ~ to be/not to be taken in.

duper [dype] [3] *vt sout* to dupe, to take sb in.

duplex [dyplɛks] *nm* **-1.** [appartement] split-level flat, duplex *Am*, maisonette *Br*. **-2.** RADIO & TÉLÉ link-up; **en** ~ link-up (*avant n*).

duplicata [dyplikata] *nm inv* duplicate.

duplicité [dyplisite] *nf* duplicity.

dupliquer [dyplike] [3] *vt* [document] to duplicate.

duquel [dykɛl] → **lequel**.

dur, -e [dyr] ◇ *adj* **-1.** [matière, personne, travail] hard; [carton] stiff. **-2.** [viande] tough. **-3.** [climat, punition, loi] harsh. ◇ *nm, f fam*: ~ **(à cuire)** tough nut.
◆ **dur** *adv* hard.
◆ **à la dure** *loc adv*: **coucher à la** ~**e** to sleep rough; **être élevé à la** ~**e** to have been brought up the hard way.

durable [dyrabl] *adj* lasting.

durablement [dyrabləmɑ̃] *adv* durably.

durant [dyrɑ̃] *prép* **-1.** [pendant] for. **-2.** [au cours de] during.

durcir [dyrsir] [32] ◇ *vt litt & fig* to harden. ◇ *vi* to harden, to become hard.
◆ **se durcir** *vp litt & fig* to harden.

durcissement [dyrsismɑ̃] *nm* hardening.

durée [dyre] *nf* length; **(de) longue** ~ long-lasting; «~ **de conservation ...**» "best before ...".

durement [dyrmɑ̃] *adv* **-1.** [violemment] hard, vigorously. **-2.** [péniblement] severely. **-3.** [méchamment] harshly.

durer [dyre] [3] *vi* to last.

dureté [dyrte] *nf* **-1.** [de matériau, de l'eau] hardness. **-2.** [de problème] difficulty. **-3.** [d'époque, de climat, de personne] harshness. **-4.** [de punition] severity.

durillon [dyrijɔ̃] *nm* [sur le pied] corn; [sur la main] callus.

dus, dut *etc* → **devoir**.

DUT (*abr de* **diplôme universitaire de technologie**) *nm* university diploma in technology.

duvet [dyvɛ] *nm* **-1.** [plumes, poils fins] down. **-2.** [sac de couchage] sleeping bag.

dynamique [dinamik] ◇ *nf* **-1.** PHYS dynamics (*U*). **-2.** *fig*: ~ **de groupe** group dynamics (*pl*). ◇ *adj* dynamic.

dynamiser [dinamize] [3] *vt* to inspire with energy.

dynamisme [dinamism] *nm* dynamism.

dynamite [dinamit] *nf* dynamite.

dynamiter [dinamite] [3] *vt* to dynamite.

dynamo [dinamo] *nf* dynamo.

dynamomètre [dinamɔmɛtr] *nm* dynamometer.

dynastie [dinasti] *nf* dynasty.

dysenterie [disɑ̃tri] *nf* dysentery.

dyslexique [disleksik] ◇ *nmf* dyslexic person. ◇ *adj* dyslexic.

dyspepsie [dispɛpsi] *nf* dyspepsia.

E

e, E [ə] *nm inv* e, E.
◆ **E** (*abr de* **est**) E.

EAO (*abr de* **enseignement assisté par ordinateur**) *nm* CAL.

eau, -x [o] *nf* water; **prendre l'~** to leak; **~ douce/salée/de mer** fresh/salt/sea water; **~ gazeuse/plate** fizzy/still water; **~ bénite** holy water; **~ courante** running water; **~ distillée** distilled water; **~ minérale** mineral water; **~ oxygénée** hydrogen peroxide; **~ de pluie** rainwater; **~ de source** spring water; **~ de toilette** toilet water; **~x dormantes** still waters; **les Eaux et Forêts** ≃ the Forestry Commission; **les ~x territoriales** territorial waters; **les ~x usées** waste water (*U*); **à l'~** de rose soppy, sentimental; **mettre** OU **faire venir l'~ à la bouche** to make one's mouth water; **mettre de l'~ dans son vin** to calm down, to tone it down a bit; **tomber à l'~** *fig* to fall through.

EAU (*abr de* **Émirats arabes unis**) *nmpl* UAE.

eau-de-vie [odvi] (*pl* **eaux-de-vie**) *nf* brandy.

eau-forte [ofɔrt] (*pl* **eaux-fortes**) *nf* etching.

ébahi, -e [ebai] *adj* staggered, astounded.

ébahissement [ebaismɑ̃] *nm* amazement.

ébats [eba] *nmpl littéraire* frolics; **~ amoureux** lovemaking (*U*).

ébattre [ebatr] [83]
◆ **s'ébattre** *vp littéraire* to frolic.

ébauche [eboʃ] *nf* [esquisse] sketch; *fig* outline; **l'~ d'un sourire** the ghost of a smile.

ébaucher [eboʃe] [3] *vt* **-1.** [esquisser] to rough out. **-2.** *fig* [commencer]: **~ un geste** to start to make a gesture.

ébène [ebɛn] *nf* ebony.

ébéniste [ebenist] *nm* cabinet-maker.

ébénisterie [ebenistəri] *nf* **-1.** [métier] cabinet-making. **-2.** [travail] cabinet work.

éberlué, -e [ebɛrlye] *adj* flabbergasted.

éblouir [ebluir] [32] *vt* to dazzle.

éblouissant, -e [ebluisɑ̃, ɑ̃t] *adj* dazzling.

éblouissement [ebluismɑ̃] *nm* **-1.** [aveuglement] glare, dazzle. **-2.** [vertige] dizziness. **-3.** [émerveillement] amazement.

ébonite [ebɔnit] *nf* vulcanite, ebonite.

éborgner [ebɔrɲe] [3] *vt*: **~ qqn** to put sb's eye out.

éboueur [ebwœr] *nm* garbage collector *Am*, dustman *Br*.

ébouillanter [ebujɑ̃te] [3] *vt* to scald.
◆ **s'ébouillanter** *vp* to scald o.s.

éboulement [ebulmɑ̃] *nm* caving in, fall.

éboulis [ebuli] *nm* mass of fallen rocks.

ébouriffer [eburife] [3] *vt* **-1.** [cheveux] to ruffle. **-2.** *fam* [étonner] to amaze.

ébranler [ebrɑ̃le] [3] *vt* **-1.** [bâtiment, opinion] to shake. **-2.** [gouvernement, nerfs] to weaken.
◆ **s'ébranler** *vp* to move off.

ébrécher [ebreʃe] [18] *vt* [assiette, verre] to chip; *fam fig* to break into.

ébriété [ebrijete] *nf* drunkenness.

ébrouer [ebrue] [3]
◆ **s'ébrouer** *vp* [animal] to shake o.s.

ébruiter [ebrɥite] [3] *vt* to spread.
◆ **s'ébruiter** *vp* to become known.

ébullition [ebylisjɔ̃] *nf* **-1.** [de liquide] boiling point; **porter à ~** CULIN to bring to the boil. **-2.** [effervescence]: **en ~** *fig* in a state of agitation.

écaille [ekaj] *nf* **-1.** [de poisson, reptile] scale; [de tortue] shell. **-2.** [de plâtre, peinture, vernis] flake. **-3.** [matière] tortoiseshell; **en ~** [lunettes] horn-rimmed.

écailler¹, -ère [ekaje, ɛr] *nm, f* oyster seller.

écailler² [ekaje] [3] *vt* **-1.** [poisson] to scale. **-2.** [huîtres] to open.
◆ **s'écailler** *vp* to flake OU peel off.

écarlate [ekarlat] *adj & nf* scarlet; **devenir ~** to turn crimson OU scarlet.

écarquiller [ekarkije] [3] *vt*: **~ les yeux** to stare wide-eyed.

écart [ekar] *nm* **-1.** [espace] space. **-2.** [temps] gap. **-3.** [différence] difference. **-4.** [déviation]: **faire un ~** [personne] to step aside; [cheval] to shy; **être à l'~** to be in the background; *fig* **tenir qqn à l'~ de** to keep sb out of OU away from. **-5.** GYM: **grand ~** splits (*pl*).

écarteler [ekartəle] [25] *vt fig* to tear apart.

écartement [ekartəmɑ̃] *nm*: ~ **entre** space between.

écarter [ekarte] [3] *vt* -**1.** [bras, jambes] to open, to spread; ~ **qqch de** to move sthg away from. -**2.** [obstacle, danger] to brush aside. -**3.** [foule, rideaux] to push aside; [solution] to dismiss; ~ **qqn de** to exclude sb from.
◆ **s'écarter** *vp* -**1.** [se séparer] to part. -**2.** [se détourner]: **s'~ de** to deviate from.

ecchymose [ekimoz] *nf* bruise.

ecclésiastique [eklezjastik] ◇ *nm* clergyman. ◇ *adj* ecclesiastical.

écervelé, -e [esɛrvəle] ◇ *adj* scatty, scatterbrained. ◇ *nm, f* scatterbrain.

échafaud [eʃafo] *nm* scaffold.

échafaudage [eʃafodaʒ] *nm* -**1.** CONSTR scaffolding. -**2.** [amas] pile.

échafauder [eʃafode] [3] ◇ *vt* -**1.** [empiler] to pile up. -**2.** [élaborer] to construct. ◇ *vi* to put up scaffolding.

échalas [eʃala] *nm* -**1.** [perche] stake, pole. -**2.** *péj* [personne] beanpole.

échalote [eʃalɔt] *nf* shallot.

échancré, -e [eʃɑ̃kre] *adj* -**1.** [vêtement] low-necked. -**2.** [côte] indented.

échancrure [eʃɑ̃kryr] *nf* -**1.** [de robe] low neckline. -**2.** [de côte] indentation.

échange [eʃɑ̃ʒ] *nm* -**1.** [de choses] exchange; **en ~ (de)** in exchange (for); ~ **standard** *replacement of faulty goods with the same item*; ~ **de bons procédés** exchange of favours. -**2.** COMM: **les ~s** trade (*sg*); **libre-~** free trade.

échangeable [eʃɑ̃ʒabl] *adj* exchangeable.

échanger [eʃɑ̃ʒe] [17] *vt* -**1.** [troquer] to swap, to exchange. -**2.** [marchandise]: ~ **qqch (contre)** to change sthg (for). -**3.** [communiquer] to exchange.

échangeur [eʃɑ̃ʒœr] *nm* interchange.

échangisme [eʃɑ̃ʒism] *nm* [de partenaires sexuels] partner-swapping.

échantillon [eʃɑ̃tijɔ̃] *nm* [de produit, de population] sample; *fig* example.

échantillonnage [eʃɑ̃tijɔnaʒ] *nm* [série d'échantillons] range of samples.

échappatoire [eʃapatwar] *nf* way out.

échappée [eʃape] *nf* -**1.** SPORT breakaway. -**2.** [vue] vista.

échappement [eʃapmɑ̃] *nm* -**1.** AUTOM exhaust; → **pot.** -**2.** [d'horloge] escapement.

échapper [eʃape] [3] *vi* -**1.** ~ **à** [personne, situation] to escape from; [danger, mort] to escape; [suj: détail, parole, sens] to escape. -**2.** [glisser]: ~ **de** to slip from OU out of; **laisser**

~ **to let slip.** -**3.** *loc*: **l'~ belle** to have a narrow escape.
◆ **s'échapper** *vp*: ~ **(de)** to escape (from).

écharde [eʃard] *nf* splinter.

écharpe [eʃarp] *nf* scarf; **en ~** in a sling; **l'~ tricolore** *sash worn by French mayors at civic functions*; **prendre en ~** to hit on the side.

écharper [eʃarpe] [3] *vt* to rip to pieces OU shreds.

échasse [eʃas] *nf* [de berger, oiseau] stilt.

échassier [eʃasje] *nm* wader.

échauder [eʃode] [3] *vt* -**1.** [ébouillanter] to scald. -**2.** *fam fig* [enseigner]: ~ **qqn** to teach sb a lesson.

échauffement [eʃofmɑ̃] *nm* -**1.** [de moteur] overheating; [de terre] heating up. -**2.** SPORT warm-up. -**3.** [surexcitation] overheating. -**4.** MÉD inflammation.

échauffer [eʃofe] [3] *vt* -**1.** [chauffer] to overheat. -**2.** [exciter] to excite. -**3.** [énerver] to irritate.
◆ **s'échauffer** *vp* -**1.** SPORT to warm up. -**2.** *fig* [s'animer] to become heated.

échauffourée [eʃofure] *nf* brawl, skirmish.

échéance [eʃeɑ̃s] *nf* -**1.** [délai] expiry; **à courte** OU **brève ~** in the short term; **à longue ~** in the long term. -**2.** [date] payment date; **arriver à ~** to fall due.

échéancier [eʃeɑ̃sje] *nm* bill-book.

échéant [eʃeɑ̃] *adj*: **le cas ~** if necessary, if need be.

échec [eʃɛk] *nm* -**1.** [insuccès] failure; **un ~ cuisant** a bitter defeat; **essuyer un ~** to suffer a defeat; **tenir qqn en ~** to hold sb in check; **voué à l'~** doomed to failure. -**2.** JEU: ~ **et mat** checkmate.
◆ **échecs** *nmpl* chess (*U*).

échelle [eʃɛl] *nf* -**1.** [objet] ladder; ~ **de corde** rope ladder; **faire la courte ~ à qqn** *litt* & *fig* to give sb a leg up. -**2.** [ordre de grandeur] scale; **à l'~ de** on the level of; **sur une grande ~** on a large scale.

échelon [eʃlɔ̃] *nm* -**1.** [barreau] rung. -**2.** *fig* [niveau] level; **gravir les ~s (de)** to climb the rungs (of).

échelonner [eʃlɔne] [3] *vt* [espacer] to spread out.
◆ **s'échelonner** *vp* to be spread out.

écheveau, -x [eʃvo] *nm* skein.

échevelé, -e [eʃəvle] *adj* -**1.** [ébouriffé] disheveled *Am*, dishevelled *Br*. -**2.** [frénétique] wild.

échine [eʃin] *nf* ANAT spine; **courber l'~** *fig* to submit.

échiner [eʃine] [3]

◆ s'échiner *vp fam* [s'épuiser]: s'~ (à faire qqch) to exhaust o.s. (doing sthg).

échiquier [eʃikje] *nm* -1. JEU chessboard. -2. *fig* [scène] scene; l'~ politique the political scene.

écho [eko] *nm* echo; il se fait l'~ de la direction he repeats what the managers say; rester sans ~ to get no response.

échographie [ekɔgrafi] *nf* [examen] ultrasound (scan).

échoir [eʃwar] [70] *vi* -1. [être dévolu]: ~ à to fall to. -2. [expirer] to fall due.

échoppe [eʃɔp] *nf* stall.

échouer [eʃwe] [6] *vi* -1. [ne pas réussir] to fail; ~ à un examen to fail an exam. -2. [navire] to run aground. -3. *fam fig* [aboutir] to end up.

◆ s'échouer *vp* [navire] to run aground.

échu, -e [eʃy] *pp* → échoir.

éclabousser [eklabuse] [3] *vt* -1. [suj: liquide] to spatter. -2. *fig* [compromettre] to compromise.

éclaboussure [eklabusyr] *nf* -1. [de liquide] splash. -2. *fig* blot (on one's reputation).

éclair [ekler] ◇ *nm* -1. [de lumière] flash of lightning. -2. *fig* [instant]: ~ de flash of; en un ~ in a flash. -3. [gâteau]: ~ au chocolat/café chocolate/coffee éclair. ◇ *adj inv*: visite ~ flying visit; guerre ~ blitzkrieg.

éclairage [ekleraʒ] *nm* -1. [lumière] lighting. -2. *fig* [point de vue] light.

éclaircie [eklɛrsi] *nf* bright interval, sunny spell.

éclaircir [eklɛrsir] [32] *vt* -1. [rendre plus clair] to lighten. -2. [rendre moins épais] to thin. -3. *fig* [clarifier] to clarify.

◆ s'éclaircir *vp* -1. [devenir plus clair] to clear. -2. [devenir moins épais] to thin. -3. [se clarifier] to become clearer.

éclaircissement [eklɛrsismã] *nm* [explication] explanation.

éclairer [eklere] [4] *vt* -1. [de lumière] to light up. -2. [expliquer] to clarify. -3. *littéraire* [renseigner]: ~ qqn sur qqch to throw light on sthg for sb.

◆ s'éclairer *vp* -1. [personne] to light one's way. -2. [visage] to light up. -3. [situation] to become clear. -4. [rue] to light up.

éclaireur [eklɛrœr] *nm* scout; partir en ~ to have a scout around.

éclat [ekla] *nm* -1. [de verre, d'os] splinter; [de pierre] chip; voler en ~s to fly into pieces. -2. [de lumière] brilliance. -3. [de couleur] vividness. -4. [beauté] radiance. -5. [faste] splendor *Am*, splendour *Br*. -6. [bruit] break; ~ de rire burst of laughter; ~s de

voix shouts; faire un ~ to cause a scandal. -7. *loc*: rire aux ~s to roar OU shriek with laughter.

éclatant, -e [eklatã, ãt] *adj* -1. [brillant, resplendissant] brilliant, bright; [teint, beauté] radiant; ~ de bursting with. -2. [admirable] resounding. -3. [perçant] loud.

éclater [eklate] [3] *vi* -1. [exploser - pneu] to burst; [- verre] to shatter; [- obus] to explode; faire ~ [ballon] to burst; [bombe] to explode; [pétard] to let off. -2. [incendie, rires] to break out. -3. [joie] to shine; laisser ~ to give vent to. -4. [bijou] to sparkle, to glitter. -5. *fig* [nouvelles, scandale] to break.

◆ s'éclater *vp fam* to have a great time.

éclectique [eklektik] *adj* eclectic.

éclipse [eklips] *nf* -1. ASTRON eclipse; ~ de lune/soleil eclipse of the moon/sun. -2. *fig* [période de défaillance] eclipse. -3. *fig* [disparition] disappearance.

éclipser [eklipse] [3] *vt* to eclipse.

◆ s'éclipser *vp* -1. ASTRON to go into eclipse. -2. *fam* [s'esquiver] to slip away.

éclopé, -e [eklɔpe] ◇ *adj* lame. ◇ *nm, f* lame person.

éclore [eklɔr] [113] *vi* -1. [s'ouvrir - fleur] to open out, to blossom; [- œuf] to hatch; faire ~ [œuf] to hatch; *fig* [vocation] to develop. -2. *fig* [naître] to dawn.

éclos, -e [eklo, oz] *pp* → éclore.

éclosion [eklozjɔ̃] *nf* -1. [de fleur] blossoming. -2. [d'œuf] hatching. -3. *fig* [naissance] blossoming, birth.

écluse [eklyz] *nf* lock.

écluser [eklyze] [3] *vt* -1. NAVIG [fleuve] to construct locks on; [- bateau] to take through a lock. -2. *fam* [boire] to knock back.

écœurant, -e [ekœrã, ãt] *adj* -1. [gén] disgusting. -2. [démoralisant] sickening.

écœurement [ekœrmã] *nm* -1. [nausée] nausea. -2. [répugnance] disgust. -3. [découragement] discouragement.

écœurer [ekœre] [5] *vt* -1. [dégoûter] to sicken, to disgust. -2. *fig* [indigner] to sicken. -3. [décourager] to discourage.

école [ekɔl] *nf* -1. [gén] school; aller à l'~ to go to school; ~ communale local grade *Am* OU primary *Br* school; ~ maternelle nursery school; ~ normale ≃ teachers college *Am*, ≃ teacher training college *Br*; École normale supérieure *grande école for secondary and university teachers*; ~ primaire/secondaire grade/high school *Am*, primary/secondary school *Br*; grande ~ *specialist training establishment, entered by competitive exam and highly prestigious*; faire l'~

buissonnière to play hooky *Am* OU truant *Br*; **être à bonne ~** to be in good hands; **faire ~** to be accepted. **-2.** [éducation] schooling; **l'~ libre** education at an école libre (*Catholic school, partly state-funded*); **l'~ privée** private education.

GRANDE ÉCOLE:
The 'grandes écoles' are relatively small non-university establishments awarding highly-respected diplomas. Admission is usually only possible after two years of intensive preparatory studies and a competitive examination. Most have close links with industry. The 'grandes écoles' include l'École des hautes études commerciales (management), l'École polytechnique (engineering) and l'École normale supérieure (the humanities). A diploma from a 'grande école' is comparable in prestige to an Oxbridge degree in Britain

---

écolier, -ière [ekɔlje, jɛr] *nm, f* **-1.** [élève] pupil. **-2.** *fig* [novice] beginner.

écolo [ekɔlɔ] *nmf fam* ecologist; **les ~s** the Greens.

écologie [ekɔlɔʒi] *nf* ecology.

écologique [ekɔlɔʒik] *adj* ecological.

écologiste [ekɔlɔʒist] *nmf* ecologist.

éconduire [ekɔ̃dɥir] [98] *vt* [repousser - demande] to dismiss; [- visiteur, soupirant] to show to the door.

économat [ekɔnɔma] *nm* **-1.** [fonction] bursarship. **-2.** [magasin] staff shop.

économe [ekɔnɔm] ◇ *nmf* bursar. ◇ *adj* careful, thrifty; **être ~ de** to be sparing of.

économie [ekɔnɔmi] *nf* **-1.** [science] economics (*U*). **-2.** POLIT economy; **~ dirigée** state-controlled economy; **~ de marché** market economy; **~ mixte** mixed economy. **-3.** [parcimonie] economy, thrift. **-4.** *litt* & *fig* [épargne] saving; **~s d'énergie** energy savings. **-5.** (*gén pl*) [pécule] savings (*pl*); **faire des ~s** to save up.

économique [ekɔnɔmik] *adj* **-1.** ÉCON economic. **-2.** [avantageux] economical.

économiquement [ekɔnɔmikmɑ̃] *adv* economically.

économiser [ekɔnɔmize] [3] *vt* to save.

économiste [ekɔnɔmist] *nmf* economist.

écoper [ekɔpe] [3] ◇ *vt* **-1.** NAVIG to bail OU bale *Br* out. **-2.** *fam* [sanction]: **~ (de) qqch** to get sthg. ◇ *vi fam* [être puni] to get the blame.

écoproduit [ekɔprɔdɥi] *nm* green product.

écorce [ekɔrs] *nf* **-1.** [d'arbre] bark. **-2.** [d'agrume] peel; **~ d'orange** orange peel. **-3.** GÉOL crust.

écorché [ekɔrʃe] *nm* **-1.** ANAT cut-away anatomical figure. **-2.** TECHNOL cut-away. **-3.** *loc*: **un ~ vif** a soul in torment.

écorcher [ekɔrʃe] [3] *vt* **-1.** [lapin] to skin. **-2.** [bras, jambe] to scratch. **-3.** *fig* [langue, nom] to mispronounce.
◆ **s'écorcher** *vp* to graze o.s.

écorchure [ekɔrʃyr] *nf* graze, scratch.

écorner [ekɔrne] [3] *vt* [endommager - meuble] to damage; [- page] to dog-ear.

écossais, -e [ekɔsɛ, ɛz] *adj* **-1.** [de l'Écosse] Scottish; [whisky] Scotch. **-2.** [tissu] tartan.
◆ **écossais** *nm* **-1.** [langue] Scots. **-2.** [tissu] tartan.
◆ **Écossais, -e** *nm, f* Scot, Scotsman (*f* Scotswoman).

Écosse [ekɔs] *nf*: **l'~** Scotland.

écosser [ekɔse] [3] *vt* to shell.

écosystème [ekɔsistɛm] *nm* ecosystem.

écot [eko] *nm* share; **payer son ~** to pay one's share.

écoulement [ekulmɑ̃] *nm* **-1.** [gén] flow. **-2.** [du temps] passing. **-3.** [de marchandises] selling.

écouler [ekule] [3] *vt* to sell.
◆ **s'écouler** *vp* **-1.** [eau] to flow. **-2.** [personnes] to flow out. **-3.** [temps] to pass.

écourter [ekurte] [3] *vt* to shorten.

écoute [ekut] *nf* **-1.** [action d'écouter] listening; **être à l'~ de** to be listening to. **-2.** [audience] audience; **heure de grande ~** RADIO peak listening time; TÉLÉ peak viewing time. **-3.** [surveillance]: **les ~s téléphoniques** phone tapping (*U*); **être sur table d'~** to have one's phone tapped.

écouter [ekute] [3] *vt* to listen to.
◆ **s'écouter** *vp fig* **-1.** [écouter soi-même] to listen to o.s. **-2.** [s'observer] to coddle o.s.

écouteur [ekutœr] *nm* [de téléphone] earpiece.
◆ **écouteurs** *nmpl* [de radio] headphones.

écoutille [ekutij] *nf* hatchway.

écrabouiller [ekrabuje] [3] *vt fam* [écraser] to crush, to squash.

écran [ekrɑ̃] *nm* **-1.** [de protection] shield; **~ de fumée** smoke screen. **-2.** CIN & INFORM screen; **~ orientable** tiltable screen; **le petit ~** television.

écrasant, -e [ekrazɑ̃, ɑ̃t] *adj* **-1.** [lourd] crushing. **-2.** *fig* [accablant] overwhelming.

écraser [ekraze] [3] ◇ *vt* **-1.** [comprimer - cigarette] to stub out; [- pied] to tread on;

[- insecte, raisin] to crush. **-2.** [accabler]: ~ **qqn (de)** to burden sb (with). **-3.** [vaincre] to crush. **-4.** [renverser] to run over. ◇ *vi fam*: **en** ~ to sleep like a log.
◆ **s'écraser** *vp* **-1.** [avion, automobile]: **s'**~ **(contre)** to crash (into). **-2.** [foule] to be crushed. **-3.** *fam* [se taire] to shut up.

écrémer [ekreme] [18] *vt* **-1.** [lait] to skim. **-2.** *fig* [bibliothèque, collection] to cream off the best from.

écrevisse [ekrəvis] *nf* crayfish; **rouge comme une** ~ (as) red as a beetroot.

écrier [ekrije] [10]
◆ **s'écrier** *vp* to cry out.

écrin [ekrɛ̃] *nm* case.

écrire [ekrir] [99] *vt* **-1.** [phrase, livre] to write. **-2.** [orthographier] to spell.

écrit, -e [ekri, it] ◇ *pp* → **écrire**. ◇ *adj* written; **bien/mal** ~ well/badly written.
◆ **écrit** *nm* **-1.** [ouvrage] writing. **-2.** [examen] written exam. **-3.** [document] piece of writing.
◆ **par écrit** *loc adv* in writing.

écriteau, -x [ekrito] *nm* notice.

écriture [ekrityr] *nf* **-1.** [gén] writing. **-2.** *(gén pl)* COMM [comptes] books *(pl)*. **-3.** BIBLE: **l'Écriture sainte** the Holy Scripture.

écrivain [ekrivɛ̃] *nm* writer, author; ~ **public** (public) letter-writer.

écrivais, écrivions *etc* → **écrire**.

écrou [ekru] *nm* TECHNOL nut.

écrouer [ekrue] [3] *vt* to imprison.

écroulement [ekrulmɑ̃] *nm* *litt* & *fig* collapse.

écrouler [ekrule] [3]
◆ **s'écrouler** *vp* *litt* & *fig* to collapse.

écru, -e [ekry] *adj* [naturel] unbleached.

ecstasy [ekstazi] *nm* [drogue] ecstasy.

ectoplasme [ɛktɔplasm] *nm* ectoplasm.

ECU [eky] *(abr de European Currency Unit)* *nm* ECU.

écu [eky] *nm* **-1.** [bouclier, armoiries] shield. **-2.** [monnaie ancienne] crown. **-3.** = ECU.

écueil [ekœj] *nm* **-1.** [rocher] reef. **-2.** *fig* [obstacle] stumbling block.

écuelle [ekɥɛl] *nf* **-1.** [objet] bowl. **-2.** [contenu] bowlful.

éculé, -e [ekyle] *adj* **-1.** [chaussure] down-at-heel. **-2.** *fig* [plaisanterie] hackneyed.

écume [ekym] *nf* **-1.** [mousse, bave] foam. **-2.** *fig* [lie] dregs *(pl)*.

écumer [ekyme] [3] ◇ *vt* **-1.** [confiture] to skim. **-2.** *fig* [mer, ville] to scour. ◇ *vi* **-1.** [mer] to foam, to boil. **-2.** [animal] to foam at the mouth. **-3.** *fig* [être furieux]: ~ **(de)** to boil (with).

écumoire [ekymwar] *nf* skimmer.

écureuil [ekyrœj] *nm* squirrel; **l'Écureuil** *nickname for the Caisse d'Épargne (whose logo is a squirrel).*

écurie [ekyri] *nf* **-1.** [pour chevaux & SPORT] stable. **-2.** *fig* [local sale] pigsty.

écusson [ekysɔ̃] *nm* **-1.** [d'armoiries] coat-of-arms. **-2.** MIL badge.

écuyer, -ère [ekɥije, jɛr] *nm, f* [de cirque] rider.
◆ **écuyer** *nm* [de chevalier] squire.

eczéma [ɛgzema] *nm* eczema.

éd. *(abr de édition)* ed., edit.

edelweiss [edelvɛs] *nm* edelweiss.

éden [edɛn] *nm*: **un** ~ a garden of Eden; **l'Éden** the garden of Eden.

édenté, -e [edɑ̃te] *adj* toothless.

EDF, Edf *(abr de Électricité de France)* *nf French national electricity company.*

édifiant, -e [edifjɑ̃, ɑ̃t] *adj* edifying.

édification [edifikasjɔ̃] *nf* **-1.** [de temple, empire] building. **-2.** *fig* [de fidèles] edification.

édifice [edifis] *nm* **-1.** [construction] building; ~ **public** public building. **-2.** *fig* [institution]: **l'**~ **social** the fabric of society.

édifier [edifje] [9] *vt* **-1.** [ville, église] to build. **-2.** *fig* [théorie] to construct. **-3.** [personne] to edify; *iron* to enlighten.

Édimbourg [edɛ̃bur] *n* Edinburgh.

édit [edi] *nm* edict.

éditer [edite] [3] *vt* to publish.

éditeur, -trice [editœr, tris] *nm, f* publisher.

édition [edisjɔ̃] *nf* **-1.** [profession] publishing. **-2.** [de journal, livre] edition; **dernière** ~ last edition; ~ **originale** first edition.

édito [edito] *nm fam* editorial.

éditorial, -iaux [editɔrjal, jo] *nm* leader, editorial.

éditorialiste [editɔrjalist] *nmf* leader writer, editorialist.

édredon [edrədɔ̃] *nm* eiderdown.

éducateur, -trice [edykatœr, tris] ◇ *adj* educational. ◇ *nm, f* teacher; ~ **spécialisé** *teacher of children with special educational needs.*

éducatif, -ive [edykatif, iv] *adj* educational.

éducation [edykasjɔ̃] *nf* **-1.** [apprentissage] education; ~ **civique** civics *(U)*; **l'Éducation nationale** ≃ the Department of Education *Am*, ≃ the Department for Education *Br*; ~ **physique** physical education; ~ **sexuelle** sex education. **-2.** [parentale] upbringing. **-3.** [savoir-vivre] breeding.

édulcorant [edylkɔrɑ̃] *nm*: ~ **(de synthèse)** (artificial) sweetener.

édulcorer [edylkɔre] [3] *vt* **-1.** *sout* [tisane] to sweeten. **-2.** *fig* [propos] to tone down.

éduquer [edyke] [3] *vt* to educate.

effacé, -e [efase] *adj* **-1.** [teinte] faded. **-2.** [modeste - rôle] unobtrusive; [- personne] self-effacing.

effacer [efase] [16] *vt* **-1.** [mot] to erase, to rub out; INFORM to delete. **-2.** [souvenir] to erase. **-3.** [réussite] to eclipse.

◆ **s'effacer** *vp* **-1.** [s'estomper] to fade (away). **-2.** *sout* [s'écarter] to move aside. **-3.** *fig* [s'incliner] to give way.

effarant, -e [efarɑ̃, ɑ̃t] *adj* frightening.

effaré, -e [efare] *adj* frightened, scared.

effarement [efarmɑ̃] *nm* fear, alarm.

effarer [efare] [3] *vt* to frighten, to scare.

effaroucher [efaruʃe] [3] *vt* **-1.** [effrayer] to scare off. **-2.** [intimider] to overawe.

effectif, -ive [efɛktif, iv] *adj* [aide] positive.

◆ **effectif** *nm* **-1.** MIL strength. **-2.** [de groupe] total number.

effectivement [efɛktivmɑ̃] *adv* **-1.** [réellement] effectively. **-2.** [confirmation] in fact.

effectuer [efɛktɥe] [7] *vt* [réaliser - manœuvre] to carry out; [- trajet, paiement] to make.

◆ **s'effectuer** *vp* to be made.

efféminé, -e [efemine] *adj* effeminate.

effervescence [efɛrvesɑ̃s] *nf* **-1.** PHYS effervescence. **-2.** [agitation] turmoil; **en ~** in turmoil.

effervescent, -e [efɛrvesɑ̃, ɑ̃t] *adj* [boisson] effervescent; *fig* [pays] in turmoil.

effet [efɛ] *nm* **-1.** [gén] effect; **avoir pour ~ de faire qqch** to have the effect of doing sthg; **à ~ rétroactif** JUR retrospective; **rester sans ~** to be ineffective; **sous l'~ de** under the effects of; [alcool] under the influence of; **faire de l'~** to have an effect; **~ de serre** greenhouse effect. **-2.** [impression recherchée] impression; **faire son ~** to cause a stir. **-3.** COMM [titre] bill.

◆ **en effet** *loc adv* in fact, indeed.

◆ **à cet effet** *loc adv* with this end in view.

effeuiller [efœje] [5] *vt* [arbre] to remove the leaves from; [fleur] to remove the petals from.

◆ **s'effeuiller** *vp* [arbre] to lose its leaves; [fleur] to lose its petals.

efficace [efikas] *adj* **-1.** [remède, mesure] effective. **-2.** [personne, machine] efficient.

efficacité [efikasite] *nf* **-1.** [de remède, mesure] effectiveness. **-2.** [de personne, machine] efficiency.

efficience [efisjɑ̃s] *nf* efficiency.

effigie [efiʒi] *nf* effigy.

effilé, -e [efile] *adj* [doigt, silhouette] slim, slender; [lame] sharp; [voiture] streamlined.

effiler [efile] [3] *vt* **-1.** [tissu] to fray. **-2.** [lame] to sharpen. **-3.** [cheveux] to thin.

◆ **s'effiler** *vp* to fray.

effilocher [efilɔʃe] [3] *vt* to fray.

◆ **s'effilocher** *vp* to fray.

efflanqué, -e [eflɑ̃ke] *adj* emaciated.

effleurer [eflœre] [5] *vt* **-1.** [visage, bras] to brush (against). **-2.** *fig* [problème, thème] to touch on. **-3.** *fig* [suj: pensée, idée]: **~ qqn** to cross sb's mind.

effluve [eflyv] *nm* exhalation; *fig* [d'enfance, du passé] breath.

effondrement [efɔ̃drəmɑ̃] *nm* collapse.

effondrer [efɔ̃dre] [3]

◆ **s'effondrer** *vp litt* & *fig* to collapse.

efforcer [efɔrse] [16]

◆ **s'efforcer** *vp* to force o.s.; **s'~ de faire qqch** to make an effort to do sthg.

effort [efɔr] *nm* **-1.** [de personne] effort; **faire un ~** to make an effort; **faire l'~ de faire qqch** to make the effort to do sthg; **sans ~** [victoire] effortless; [gagner] effortlessly. **-2.** TECHNOL stress.

effraction [efraksjɔ̃] *nf* breaking in; **entrer par ~ dans** to break into.

effrayant, -e [efrejɑ̃, ɑ̃t] *adj* **-1.** [cauchemar] terrifying. **-2.** *fam* [appétit, prix] tremendous, awful.

effrayer [efreje] [11] *vt* **-1.** [terrifier] to frighten, to scare. **-2.** [rebuter] to alarm.

◆ **s'effrayer** *vp* to be frightened, to take fright.

effréné, -e [efrene] *adj* **-1.** [course] frantic. **-2.** [désir] unbridled.

effriter [efrite] [3] *vt* to cause to crumble.

◆ **s'effriter** *vp* **-1.** [mur] to crumble. **-2.** *fig* [majorité] to be eroded.

effroi [efrwa] *nm* fear, dread.

effronté, -e [efrɔ̃te] ◇ *adj* insolent. ◇ *nm, f* insolent person.

effrontément [efrɔ̃temɑ̃] *adv* insolently, brazenly.

effronterie [efrɔ̃tri] *nf* insolence.

effroyable [efrwajabl] *adj* **-1.** [catastrophe, misère] appalling. **-2.** [laideur] hideous.

effusion [efyzjɔ̃] *nf* **-1.** [de liquide] effusion; **sans ~ de sang** without bloodshed. **-2.** [de sentiments] effusiveness.

égal, -e, -aux [egal, o] ◇ *adj* **-1.** [équivalent] equal. **-2.** [régulier] even. **-3.** *fam* [indifférent]: **ça m'est ~, c'est ~** I don't mind. ◇ *nm, f* equal; **d'~ à ~** as an equal; **sans ~** unequaled *Am*, unequalled *Br*.

également [egalmã] *adv* **-1.** [avec égalité] equally. **-2.** [aussi] as well, too.

égaler [egale] [3] *vt* **-1.** MATHS to equal. **-2.** [beauté] to match, to compare with.

égalisation [egalizasjɔ̃] *nf* equalization; SPORT tying *Am*, equalizing *Br*.

égaliser [egalize] [3] ◇ *vt* [haie, cheveux] to trim. ◇ *vi* SPORT to tie *Am*, to equalize *Br*.

égalitaire [egalitɛr] *adj* egalitarian.

égalitarisme [egalitarism] *nm* egalitarianism.

égalité [egalite] *nf* **-1.** [gén] equality; être à ~ to be level OU equal. **-2.** [d'humeur] evenness. **-3.** SPORT: être à ~ to be level.

égard [egar] *nm* consideration; à cet ~ in this respect; par ~ pour *sout* out of consideration for; eu ~ à considering.
◆ **à l'égard de** *loc prép* with regard to, toward *Am*, towards *Br*.
◆ **à certains égards** *loc adv* in some respects.

égaré, -e [egare] *adj* **-1.** [perdu - voyageur] lost; [- animal] stray (*avant n*). **-2.** [regard, air] distraught.

égarement [egarmã] *nm* **-1.** [de jeunesse] wildness. **-2.** [de raisonnement] aberration.

égarer [egare] [3] *vt* **-1.** [objet] to mislay, to lose. **-2.** [personne] to mislead. **-3.** *fig & sout* [suj: passion] to lead astray.
◆ **s'égarer** *vp* **-1.** [lettre] to get lost, to go astray; [personne] to get lost, to lose one's way. **-2.** [discussion] to wander from the point. **-3.** *fig & sout* [personne] to stray from the point.

égayer [egeje] [11] *vt* **-1.** [personne] to cheer up. **-2.** [pièce] to brighten up.
◆ **s'égayer** *vp* to enjoy o.s.

égérie [eʒeri] *nf* mastermind.

égide [eʒid] *nf* protection; sous l'~ de *littéraire* under the aegis of.

églantier [eglãtje] *nm* wild rose (bush).

églantine [eglãtin] *nf* wild rose.

églefin, aiglefin [egləfɛ̃] *nm* haddock.

église [egliz] *nf* church; aller à l'~ to go to church.
◆ **Église** *nf*: l'Église the Church; l'Église catholique/protestante the Catholic/Protestant Church.

ego [ego] *nm* ego.

égocentrique [egosɑ̃trik] ◇ *nmf* self-centred person. ◇ *adj* self-centred, egocentric.

égocentrisme [egosɑ̃trism] *nm* self-centredness.

égoïsme [egoism] *nm* selfishness, egoism.

égoïste [egoist] ◇ *nmf* selfish person. ◇ *adj* selfish, egoistic.

égorger [egɔrʒe] [17] *vt* [animal, personne] to cut the throat of.

égosiller [egozije] [3]
◆ **s'égosiller** *vp fam* **-1.** [crier] to bawl, to shout. **-2.** [chanter] to sing one's head off.

égout [egu] *nm* sewer.

égoutter [egute] [3] *vt* **-1.** [vaisselle] to leave to drain. **-2.** [légumes, fromage] to drain.
◆ **s'égoutter** *vp* to drip, to drain.

égouttoir [egutwar] *nm* **-1.** [à légumes] colander, strainer. **-2.** [à vaisselle] rack (*for washing-up*).

égratigner [egratiɲe] [3] *vt* to scratch; *fig* to have a go OU dig at.
◆ **s'égratigner** *vp*: s'~ la main to scratch one's hand.

égratignure [egratiɲyr] *nf* scratch, graze; *fig* dig.

égrener [egrəne] [19] *vt* **-1.** [détacher les grains de - épi, cosse] to shell; [- grappe] to pick grapes from. **-2.** [chapelet] to tell. **-3.** *fig* [marquer] to mark.
◆ **s'égrener** *vp* **-1.** [raisins] to drop off the bunch. **-2.** [personnes] to spread out.

égrillard, -e [egrijar, ard] *adj* ribald, bawdy.

Égypte [eʒipt] *nf*: l'~ Egypt.

égyptien, -ienne [eʒipsjɛ̃, jɛn] *adj* Egyptian.
◆ **égyptien** *nm* [langue] Egyptian.
◆ **Égyptien, -ienne** *nm, f* Egyptian.

égyptologie [eʒiptɔlɔʒi] *nf* Egyptology.

eh [e] *interj* hey!; ~ bien well.

éhonté, -e [eɔ̃te] ◇ *adj* shameless. ◇ *nm, f* shameless person.

éjaculation [eʒakylasjɔ̃] *nf* ejaculation; ~ précoce premature ejaculation.

éjectable [eʒɛktabl] *adj*: siège ~ ejector seat.

éjecter [eʒɛkte] [4] *vt* **-1.** [douille] to eject. **-2.** *fam* [personne] to kick out.

élaboration [elabɔrasjɔ̃] *nf* [de plan, système] working out, development.

élaboré, -e [elabɔre] *adj* elaborate.

élaborer [elabɔre] [3] *vt* [plan, système] to work out, to develop.

élagage [elagaʒ] *nm litt & fig* pruning.

élaguer [elage] [3] *vt litt & fig* to prune.

élan [elã] *nm* **-1.** ZOOL elk. **-2.** SPORT run-up; *Can* GOLF swing; prendre son ~ to take a run-up, to gather speed. **-3.** *fig* [de joie] outburst.

élancé, -e [elãse] *adj* slender.

élancement [elãsmã] *nm* [douleur] shooting pain.

élancer [elɑ̃se] [16] *vi* MÉD to give shooting pains.
◆ **s'élancer** *vp* **-1.** [se précipiter] to rush, to dash. **-2.** SPORT to take a run-up. **-3.** *fig* [s'envoler] to soar.

élargir [elaʀʒiʀ] [32] ◇ *vt* to widen; [vêtement] to let out; *fig* to expand. ◇ *vi fam* [forcir] to fill out.
◆ **s'élargir** *vp* **-1.** [s'agrandir] to widen; [vêtement] to stretch; *fig* to expand. **-2.** *fam* [grossir] to put on weight.

élargissement [elaʀʒismɑ̃] *nm* widening; [de vêtement] letting out; *fig* expansion.

élasticité [elastisite] *nf* **-1.** PHYS elasticity. **-2.** [de personne, corps] flexibility.

élastique [elastik] ◇ *nm* **-1.** [pour attacher] elastic band. **-2.** [matière] elastic. ◇ *adj* **-1.** PHYS elastic. **-2.** [corps] flexible. **-3.** *fig* [conscience] accommodating.

élastomère [elastɔmɛʀ] *nm* elastomer.

eldorado [ɛldɔʀado] *nm* El Dorado.

électeur, -trice [elɛktœʀ, tʀis] *nm, f* voter, elector.

élection [elɛksjɔ̃] *nf* **-1.** [vote] election; ~ partielle by-election; ~ présidentielle presidential election; ~s municipales local elections. **-2.** *fig* [choix] choice; **d'**~ chosen.

électoral, -e, -aux [elɛktɔʀal, o] *adj* electoral; [campagne, réunion] election (*avant n*).

électoralisme [elɛktɔʀalism] *nm* electioneering.

électorat [elɛktɔʀa] *nm* electorate.

électricien, -ienne [elɛktʀisjɛ̃, jɛn] *nm, f* electrician.

électricité [elɛktʀisite] *nf* electricity; **il y a de l'**~ **dans l'air** *fig* the atmosphere is electric.

électrification [elɛktʀifikasjɔ̃] *nf* electrification.

électrifier [elɛktʀifje] [9] *vt* to electrify.

électrique [elɛktʀik] *adj litt & fig* electric.

électriser [elɛktʀize] [3] *vt litt & fig* to electrify.

électroaimant [elɛktʀɔɛmɑ̃] *nm* electromagnet.

électrocardiogramme [elɛktʀɔkaʀdjɔgʀam] *nm* electrocardiogram.

électrochoc [elɛktʀɔʃɔk] *nm* electroshock therapy.

électrocuter [elɛktʀɔkyte] [3] *vt* to electrocute.

électrode [elɛktʀɔd] *nf* electrode.

électroencéphalogramme [elɛktʀɔɑ̃sefalɔgʀam] *nm* electroencephalogram.

électrogène [elɛktʀɔʒɛn] *adj:* **groupe** ~ generating unit.

électrolyse [elɛktʀɔliz] *nf* electrolysis.

électromagnétique [elɛktʀɔmaɲetik] *adj* electromagnetic.

électroménager [elɛktʀɔmenaʒe] ◇ *adj:* **appareil** ~ household electrical appliance. ◇ *nm* household electrical appliances (*pl*).

électron [elɛktʀɔ̃] *nm* electron.

électronicien, -ienne [elɛktʀɔnisjɛ̃, jɛn] *nm, f* electronics specialist.

électronique [elɛktʀɔnik] ◇ *nf* SCIENCE electronics (*U*). ◇ *adj* electronic; [microscope] electron (*avant n*).

électrophone [elɛktʀɔfɔn] *nm* record player.

élégamment [elegamɑ̃] *adv* elegantly.

élégance [elegɑ̃s] *nf* **-1.** [de personne, style] elegance. **-2.** [délicatesse - de solution, procédé] elegance; [- de conduite] generosity.

élégant, -e [elegɑ̃, ɑ̃t] *adj* **-1.** [personne, style] elegant. **-2.** [délicat - solution, procédé] elegant; [- conduite] generous.

élément [elemɑ̃] *nm* **-1.** [gén] element; **les bons/mauvais** ~s the good/bad elements; **les quatre** ~s the four elements; **être dans son** ~ to be in one's element. **-2.** [de machine] component.

élémentaire [elemɑ̃tɛʀ] *adj* **-1.** [gén] elementary. **-2.** [installation, besoin] basic.

éléphant [elefɑ̃] *nm* elephant.

éléphantesque [elefɑ̃tɛsk] *adj fam* gigantic.

élevage [ɛlvaʒ] *nm* breeding, rearing; [installation] farm.

élévateur, -trice [elevatœʀ, tʀis] *adj* elevator (*avant n*).
◆ **élévateur** *nm* elevator *Am*, lift *Br*.

élévation [elevasjɔ̃] *nf* **-1.** [gén] raising; ~ **à** MATHS raising to; *fig* elevation to. **-2.** [tertre] rise, mound. **-3.** [de sentiments] nobility.

élevé, -e [ɛlve] *adj* **-1.** [haut] high. **-2.** *fig* [sentiment, âme] noble. **-3.** [enfant]: **bien/mal** ~ well/badly brought up.

élève [elɛv] *nmf* **-1.** [écolier, disciple] pupil. **-2.** MIL cadet.

élever [ɛlve] [19] *vt* **-1.** [gén] to raise. **-2.** [fardeau] to lift, to raise. **-3.** [statue] to put up, to erect. **-4.** [à un rang supérieur] to elevate. **-5.** [esprit] to improve. **-6.** [enfant] to bring up. **-7.** [poulets] to rear, to breed.
◆ **s'élever** *vp* **-1.** [gén] to rise. **-2.** [montant]: **s'**~ **à** to add up to. **-3.** [protester]: **s'**~ **contre qqn/qqch** to protest against sb/sthg.

éleveur, -euse [ɛlvœʀ, øz] *nm, f* breeder.

elfe [ɛlf] *nm* elf.

élider [elide] [3] *vt* to elide.
◆ **s'élider** *vp* to be elided.

éligible [eliʒibl] *adj* eligible.

élimé, -e [elime] *adj* threadbare.

élimination [eliminasjɔ̃] *nf* elimination; **procéder par** ~ to proceed by elimination.

éliminatoire [eliminatwar] ◇ *nf* (*gén pl*) SPORT qualifying heat OU round. ◇ *adj* qualifying (*avant n*).

éliminer [elimine] [3] *vt* to eliminate.

élire [elir] [106] *vt* to elect.

élisais, élisions *etc* → **élire**.

élision [elizjɔ̃] *nf* elision.

élite [elit] *nf* elite; **d'**~ choice, select.

élitiste [elitist] *nmf & adj* elitist.

élixir [eliksir] *nm* elixir.

elle [ɛl] *pron pers* **-1.** [sujet - personne] she; [- animal] it, she; [- chose] it. **-2.** [complément - personne] her; [- animal] it, her; [- chose] it. ◆ **elles** *pron pers pl* **-1.** [sujet] they. **-2.** [complément] them. ◆ **elle-même** *pron pers* [personne] herself; [animal] itself, herself; [chose] itself. ◆ **elles-mêmes** *pron pers pl* themselves.

ellipse [elips] *nf* **-1.** GÉOM ellipse. **-2.** LING ellipsis.

elliptique [eliptik] *adj* elliptical.

élocution [elɔkysjɔ̃] *nf* delivery; **défaut d'**~ speech defect.

éloge [elɔʒ] *nm* **-1.** [discours] eulogy. **-2.** [louange] praise; **faire l'**~ **de qqn/qqch** [louer] to speak highly of sb/sthg; **couvrir qqn d'**~**s** to shower sb with praise.

élogieux, -ieuse [elɔʒjø, jøz] *adj* laudatory.

éloigné, -e [elwaɲe] *adj* distant.

éloignement [elwaɲmã] *nm* **-1.** [mise à l'écart] removal. **-2.** [séparation] absence. **-3.** [dans l'espace, le temps] distance.

éloigner [elwaɲe] [3] *vt* **-1.** [écarter] to move away; ~ **qqch de** to move sthg away from. **-2.** [détourner] to turn away. **-3.** [chasser] to dismiss. ◆ **s'éloigner** *vp* **-1.** [partir] to move OU go away. **-2.** *fig* [du sujet] to stray from the point. **-3.** [se détacher] to distance o.s.

élongation [elɔ̃gasjɔ̃] *nf* MÉD: ~ **de muscle** pulled muscle.

éloquence [elɔkãs] *nf* **-1.** [d'orateur, d'expression] eloquence. **-2.** [de données] significance.

éloquent, -e [elɔkã, ãt] *adj* **-1.** [avocat, silence] eloquent. **-2.** [données] significant.

élu, -e [ely] ◇ *pp* → **élire**. ◇ *adj* POLIT elected. ◇ *nm, f* **-1.** POLIT elected representative. **-2.** RELIG chosen one; **l'**~ **de son cœur** *hum ou sout* one's heart's desire.

élucider [elyside] [3] *vt* to clear up.

élucubration [elykybrasjɔ̃] *nf* raving.

éluder [elyde] [3] *vt* to evade.

Élysée [elize] *nm*: **l'**~ the Élysée Palace.

L'ÉLYSÉE:

This eighteenth-century palace near the Champs-Élysées is the official residence of the French President. The name is often used to refer to the presidency itself

émacié, -e [emasje] *adj littéraire* emaciated.

émail, -aux [emaj, emo] *nm* enamel; **en** ~ enamel, enameled *Am*, enamelled *Br*. ◆ **émaux** *nmpl* enamelwork (*U*).

émanation [emanasjɔ̃] *nf* emanation; **être l'**~ **de** *fig* to emanate from.

émancipation [emãsipasjɔ̃] *nf* emancipation.

émanciper [emãsipe] [3] *vt* to emancipate. ◆ **s'émanciper** *vp* **-1.** [se libérer] to become free OU liberated. **-2.** *fam* [se dévergonder] to become emancipated.

émaner [emane] [3] *vi*: ~ **de** to emanate from.

émarger [emarʒe] [17] ◇ *vt* **-1.** [signer] to sign. **-2.** [enlever la marge de] to trim the margins of. ◇ *vi* to sign.

émasculer [emaskyle] [3] *vt* to emasculate.

emballage [ãbalaʒ] *nm* packaging.

emballement [ãbalmã] *nm* **-1.** [enthousiasme] sudden craze. **-2.** [de moteur] racing (*U*).

emballer [ãbale] [3] *vt* **-1.** [objet] to pack (up), to wrap (up). **-2.** [moteur] to race. **-3.** *fam* [plaire] to thrill. ◆ **s'emballer** *vp* **-1.** [moteur] to race. **-2.** [cheval] to bolt. **-3.** *fam* [personne - s'enthousiasmer] to get carried away; [- s'emporter] to lose one's temper.

embarcadère [ãbarkadɛr] *nm* landing stage.

embarcation [ãbarkasjɔ̃] *nf* small boat.

embardée [ãbarde] *nf* swerve; **faire une** ~ to swerve.

embargo [ãbargo] *nm* embargo.

embarquement [ãbarkəmã] *nm* **-1.** [de marchandises] loading. **-2.** [de passagers] boarding; ~ **immédiat** immediate boarding.

embarquer [ãbarke] [3] ◇ *vt* **-1.** [marchandises] to load. **-2.** [passagers] to (take on) board. **-3.** *fam* [dans une voiture] to take, to give a lift to. **-4.** *fam* [arrêter] to pick up. **-5.** *fam fig* [engager]: ~ **qqn dans** to involve sb in. **-6.** *fam* [emmener] to cart off. ◇ *vi*: ~ (**pour**) to sail (for). ◆ **s'embarquer** *vp* **-1.** [sur un bateau] to (set) sail. **-2.** *fig fam* [s'engager]: **s'**~ **dans** to get involved in.

embarras [ɑ̃bara] *nm* **-1.** [incertitude] (state of) uncertainty; **avoir l'~ du choix** to be spoilt for choice. **-2.** [situation difficile] predicament; **être dans l'~** to be in a predicament; **mettre qqn dans l'~** to place sb in an awkward position; **tirer qqn d'~** to get sb out of a tight spot. **-3.** [perplexité] confusion. **-4.** [gêne] embarrassment. **-5.** [souci] difficulty, worry.

embarrassant, -e [ɑ̃barasɑ̃, ɑ̃t] *adj* **-1.** [encombrant] cumbersome. **-2.** [délicat] embarrassing.

embarrassé, -e [ɑ̃barase] *adj* **-1.** [encombré - pièce, bureau] cluttered; **avoir les mains ~es** to have one's hands full. **-2.** [gêné] embarrassed. **-3.** [confus] confused.

embarrasser [ɑ̃barase] [3] *vt* **-1.** [encombrer - pièce] to clutter up; [- personne] to hamper. **-2.** [gêner] to put in an awkward position.
◆ **s'embarrasser** *vp* **-1.** [se charger]: **s'~ de qqch** to burden o.s. with sthg; *fig* to bother about sthg. **-2.** [s'empêtrer]: **s'~ dans** to get tangled up in.

embauche [ɑ̃boʃ] *nf*, **embauchage** [ɑ̃boʃaʒ] *nm* hiring, employment.

embaucher [ɑ̃boʃe] [3] *vt* **-1.** [employer] to employ, to take on. **-2.** *fam* [occuper]: **je t'embauche!** I need your help!

embaumer [ɑ̃bome] [3] ◇ *vt* **-1.** [cadavre] to embalm. **-2.** [parfumer] to scent. ◇ *vi* to be fragrant.

embellie [ɑ̃beli] *nf* [éclaircie] bright OU clear spell; *fig* (temporary) improvement.

embellir [ɑ̃belir] [32] ◇ *vt* **-1.** [agrémenter] to brighten up. **-2.** *fig* [enjoliver] to embellish. ◇ *vi* [devenir plus beau] to become more attractive; *fig* & *hum* to grow, to increase.

emberlificoter [ɑ̃bɛrlifikɔte] [3] *vt fam fig* to sweet-talk.
◆ **s'emberlificoter** *vp fam* to get tangled up.

embêtant, -e [ɑ̃bɛtɑ̃, ɑ̃t] *adj fam* annoying.

embêtement [ɑ̃bɛtmɑ̃] *nm fam* trouble.

embêter [ɑ̃bɛte] [4] *vt fam* [contrarier, importuner] to annoy.
◆ **s'embêter** *vp fam* [s'ennuyer] to be bored.

emblée [ɑ̃ble]
◆ **d'emblée** *loc adv* right away.

emblème [ɑ̃blɛm] *nm* emblem.

embobiner [ɑ̃bɔbine] [3] *vt* **-1.** [fil] to wind. **-2.** *fam* [personne] to fool.

emboîter [ɑ̃bwate] [3] *vt*: **~ qqch dans qqch** to fit sthg into sthg; **~ le pas à qqn** [suivre] to follow close on sb's heels; *fig* to follow sb's lead.
◆ **s'emboîter** *vp* to fit together.

embolie [ɑ̃bɔli] *nf* embolism.

embonpoint [ɑ̃bɔ̃pwɛ̃] *nm* stoutness; **prendre de l'~** to get stout.

embouché, -e [ɑ̃buʃe] *adj fam*: **mal ~** foul-mouthed.

embouchure [ɑ̃buʃyr] *nf* **-1.** [d'instrument] mouthpiece. **-2.** [de fleuve] mouth; **l'~ du Rhône** the mouth of the Rhône.

embourber [ɑ̃burbe] [3]
◆ **s'embourber** *vp* [s'enliser] to get stuck in the mud; *fig* to get bogged down.

embourgeoisement [ɑ̃burʒwazmɑ̃] *nm* [de personne] adoption of middle-class values; [de quartier] gentrification.

embourgeoiser [ɑ̃burʒwaze] [3] *vt* [personne] to instill *Am* OU instil *Br* middle-class values in; [quartier] to gentrify.
◆ **s'embourgeoiser** *vp* [personne] to adopt middle-class values; [quartier] to become gentrified.

embout [ɑ̃bu] *nm* [protection] tip; [extrémité d'un tube] nozzle.

embouteillage [ɑ̃butejaʒ] *nm* **-1.** [circulation] traffic jam. **-2.** [mise en bouteilles] bottling.

emboutir [ɑ̃butir] [32] *vt* **-1.** *fam* [voiture] to crash into. **-2.** TECHNOL to stamp.

embranchement [ɑ̃brɑ̃ʃmɑ̃] *nm* **-1.** [carrefour] junction. **-2.** [division] branching (out); *fig* branch.

embraser [ɑ̃braze] [3] *vt* [incendier, éclairer] to set ablaze; *fig* [d'amour] to (set on) fire, to inflame.
◆ **s'embraser** *vp* [prendre feu, s'éclairer] to be ablaze; *fig* & *littéraire* to be inflamed.

embrassade [ɑ̃brasad] *nf* embrace.

embrasse [ɑ̃bras] *nf* tieback.

embrasser [ɑ̃brase] [3] *vt* **-1.** [donner un baiser à] to kiss. **-2.** [étreindre] to embrace. **-3.** *fig* [du regard] to take in.
◆ **s'embrasser** *vp* to kiss (each other).

embrasure [ɑ̃brazyr] *nf*: **dans l'~ de la fenêtre** in the window.

embrayage [ɑ̃brejaʒ] *nm* **-1.** [action] engaging the clutch. **-2.** [mécanisme] clutch.

embrayer [ɑ̃breje] [11] *vi* **-1.** AUTOM to engage the clutch. **-2.** *fam fig* [s'engager]: **~ sur** to get onto the subject of.

embrigader [ɑ̃brigade] [3] *vt* to recruit.
◆ **s'embrigader** *vp* to join.

embringuer [ɑ̃brɛ̃ge] [3] *vt fam* to involve.
◆ **s'embringuer** *vp fam*: **s'~ dans** to get mixed up in.

embrocher [ɑ̃brɔʃe] [3] *vt* to skewer.
◆ **s'embrocher** *vp fam* to stab o.s.

embrouillamini [ɑ̃brujamini] *nm fam* muddle.

embrouille [ãbruj] *nf fam* shenanigans (*pl*).

embrouiller [ãbruje] [3] *vt* **-1.** [mélanger] to mix (up), to muddle (up). **-2.** *fig* [compliquer] to confuse.

embruns [ãbrœ̃] *nmpl* spray (*U*).

embryologie [ãbrijɔlɔʒi] *nf* embryology.

embryon [ãbrijɔ̃] *nm litt* & *fig* embryo.

embryonnaire [ãbrijɔnɛr] *adj litt* & *fig* embryonic.

embûche [ãbyʃ] *nf* pitfall.

embuer [ãbɥe] [7] *vt* **-1.** [de vapeur] to steam up. **-2.** [de larmes] to mist (over).

embuscade [ãbyskad] *nf* ambush.

embusquer [ãbyske] [3] *vt* **-1.** [poster] to position for an ambush. **-2.** [mettre à l'abri] to post away from the front line.

◆ **s'embusquer** *vp* **-1.** [se poster] to lie in ambush. **-2.** [se mettre à l'abri] to be posted away from the front line.

éméché, -e [emeʃe] *adj fam* merry, tipsy.

émeraude [emrod] ◇ *nf* emerald. ◇ *adj inv* (*en apposition*): **vert ~** emerald (green).

émergence [emɛrʒãs] *nf* emergence.

émerger [emɛrʒe] [17] *vi* **-1.** [gén] to emerge. **-2.** NAVIG & *fig* to surface.

émeri [emri] *nm*: **papier** OU **toile ~** emery paper.

émérite [emerit] *adj* distinguished, eminent.

émerveillement [emɛrvejmã] *nm* wonder.

émerveiller [emɛrveje] [4] *vt* to fill with wonder.

◆ **s'émerveiller** *vp*: **s'~ (de)** to marvel (at).

émets → émettre.

émetteur, -trice [emetœr, tris] *adj* transmitting; **poste ~** transmitter.

◆ **émetteur** *nm* [appareil] transmitter; **~-récepteur** transmitter-receiver.

émettre [emɛtr] [84] *vt* **-1.** [produire] to emit. **-2.** [diffuser] to transmit, to broadcast. **-3.** [mettre en circulation] to issue. **-4.** [exprimer] to express.

émeus, émeut *etc* → émouvoir.

émeute [emøt] *nf* riot.

émeutier, -ière [emøtje, jɛr] *nm, f* rioter.

émietter [emjete] [4] *vt* **-1.** [du pain] to crumble. **-2.** [morceler] to divide up.

émigrant, -e [emigrã, ãt] *adj* & *nm, f* emigrant.

émigration [emigrasjɔ̃] *nf* **-1.** [de personnes] emigration. **-2.** ZOOL migration.

émigré, -e [emigre] ◇ *adj* migrant. ◇ *nm, f* emigrant.

émigrer [emigre] [3] *vi* **-1.** [personnes] to emigrate. **-2.** [animaux] to migrate.

émincé, -e [emɛ̃se] *adj* sliced thinly.

◆ **émincé** *nm* thin slices of meat served in a sauce.

éminemment [eminamã] *adv* eminently.

éminence [eminãs] *nf* hill.

◆ **Éminence** *nf* Eminence; **Son Éminence** His Eminence.

◆ **éminence grise** *nf* éminence grise.

éminent, -e [eminã, ãt] *adj* eminent, distinguished.

émir [emir] *nm* emir.

émirat [emira] *nm* emirate.

◆ **Émirat** *nm*: **les Émirats arabes unis** the United Arab Emirates.

émis, -e [emi, iz] *pp* → émettre.

émissaire [emisɛr] ◇ *nm* **-1.** [envoyé] emissary, envoy. **-2.** TECHNOL outlet, drainage channel. ◇ *adj* **-1.** ANAT emissary. **-2.** → bouc.

émission [emisjɔ̃] *nf* **-1.** [de gaz, de son etc] emission. **-2.** [RADIO & TÉLÉ - transmission] transmission, broadcasting; [- programme] program *Am*, programme *Br*. **-3.** [mise en circulation] issue.

emmagasiner [ãmagazine] [3] *vt* **-1.** [stocker] to store. **-2.** *fig* [accumuler] to store up.

emmailloter [ãmajɔte] [3] *vt* to wrap up.

emmanchure [ãmãʃyr] *nf* armhole.

Emmaüs [emays] *n*: **~ International** *charity organization which helps the poor and homeless*.

emmêler [ãmele] [4] *vt* **-1.** [fils] to tangle up. **-2.** *fig* [idées] to muddle up, to confuse.

◆ **s'emmêler** *vp* **-1.** [fils] to get into a tangle. **-2.** *fig* [personne] to get mixed up.

emménagement [ãmenaʒmã] *nm* moving in.

emménager [ãmenaʒe] [17] *vi* to move in.

emmener [ãmne] [19] *vt* to take.

emmerdant, -e [ãmɛrdã, ãt] *adj tfam* damned OU bloody *Br* annoying.

emmerdement [ãmɛrdəmã] *nm tfam* damned OU bloody *Br* nuisance; **avoir des ~s** to have problems.

emmerder [ãmɛrde] [3] *vt tfam* to piss off.

◆ **s'emmerder** *vp tfam* [s'embêter] to be bored stiff.

emmerdeur, -euse [ãmɛrdœr, øz] *nm, f tfam* pain (in the ass *Am* OU arse *Br*).

emmitoufler [ãmitufle] [3] *vt* to wrap up.

◆ **s'emmitoufler** *vp* to wrap o.s. up.

émoi [emwa] *nm* **-1.** *sout* [agitation] agitation, commotion; **en ~** in turmoil. **-2.** [émotion] emotion.

émollient, -e [emɔljã, ãt] *adj* emollient.

◆ **émollient** *nm* emollient.

émotif, **-ive** [emɔtif, iv] ◇ *adj* emotional. ◇ *nm, f* emotional person.

émotion [emosjɔ̃] *nf* **-1.** [sentiment] emotion. **-2.** [peur] fright, shock; **donner des ~s à qqn** to give sb **a fright** OU shock.

émotionnel, **-elle** [emosjɔnɛl] *adj* emotional.

émotionner [emosjɔne] [3] *vt fam* to move (to the brink of tears).

émotivité [emɔtivite] *nf* emotionalism.

émoulu, -e [emuly] → **frais**.

émousser [emuse] [3] *vt litt* & *fig* to blunt.

◆ **s'émousser** *vp* [lame] to become blunt; *fig* to die down, to lessen.

émoustiller [emustije] [3] *vt* **-1.** [rendre gai] to liven up. **-2.** [exciter] to arouse, to excite.

émouvant, -e [emuvɑ̃, ɑ̃t] *adj* moving.

émouvoir [emuvwar] [55] *vt* **-1.** [troubler] to disturb, to upset. **-2.** [susciter la sympathie de] to move, to touch.

◆ **s'émouvoir** *vp* to show emotion, to be upset.

empailler [ɑ̃paje] [3] *vt* **-1.** [animal] to stuff. **-2.** [chaise] to upholster (with straw).

empaler [ɑ̃pale] [3] *vt*: **~ qqn/qqch sur** to impale sb/sthg on, to impale sb/sthg upon.

◆ **s'empaler** *vp*: **s'~ sur** to be impaled on OU upon.

empaqueter [ɑ̃pakte] [27] *vt* to pack (up), to wrap (up).

emparer [ɑ̃pare] [3]

◆ **s'emparer** *vp*: **s'~ de** [suj: personne] to seize; [suj: sentiment] to take hold of.

empâté, -e [ɑ̃pate] *adj* [visage, traits] bloated; [bouche, langue] coated.

empâter [ɑ̃pate] [3] *vt* **-1.** [visage, traits] to fatten out. **-2.** [bouche, langue] to coat, to fur up.

◆ **s'empâter** *vp* to put on weight.

empattement [ɑ̃patmɑ̃] *nm* **-1.** AUTOM wheelbase. **-2.** TYPO serif.

empêchement [ɑ̃pɛʃmɑ̃] *nm* obstacle; **j'ai un ~** something has come up.

empêcher [ɑ̃peʃe] [4] *vt* to prevent; **~ qqn/qqch de faire qqch** to prevent sb/sthg from doing sthg; **~ que qqn (ne) fasse qqch** to prevent sb from doing sthg; **(il) n'empêche que** nevertheless, all the same.

◆ **s'empêcher** *vp*: **s'~ de faire qqch** to stop o.s. doing sthg; **je ne peux pas m'~ de pleurer** I can't help crying.

empêcheur, -euse [ɑ̃peʃœr, øz] *nm, f fam*: **~ de tourner en rond** killjoy.

empeigne [ɑ̃pɛɲ] *nf* upper.

empereur [ɑ̃prœr] *nm* emperor.

empesé, -e [ɑ̃pəze] *adj* **-1.** [linge] starched. **-2.** *fig* [style] stiff.

empester [ɑ̃pɛste] [3] ◇ *vt* to stink out. ◇ *vi* to stink.

empêtrer [ɑ̃petre] [4] *vt*: **être empêtré dans** to be tangled up in.

◆ **s'empêtrer** *vp*: **s'~ (dans)** to get tangled up (in).

emphase [ɑ̃faz] *nf péj* pomposity.

emphatique [ɑ̃fatik] *adj péj* pompous.

empiècement [ɑ̃pjɛsmɑ̃] *nm* yoke.

empiéter [ɑ̃pjete] [18] *vi*: **~ sur** to encroach on.

empiffrer [ɑ̃pifre] [3]

◆ **s'empiffrer** *vp fam* to stuff o.s.

empilement [ɑ̃pilmɑ̃], **empilage** [ɑ̃pilaʒ] *nm* [action] piling up, stacking up; [pile] pile, stack.

empiler [ɑ̃pile] [3] *vt* **-1.** [entasser] to pile up, to stack up. **-2.** *tfam* [duper] to rip off.

◆ **s'empiler** *vp* to pile up.

empire [ɑ̃pir] *nm* **-1.** HIST & *fig* empire; **l'Empire** the Empire under Napoleon I; **le Second Empire** the Second Empire (*under Napoleon III*); **pour un ~** *fig* for the world. **-2.** *sout* [contrôle] influence; **sous l'~ de** [la boisson] under the influence of; [colère] gripped by.

empirer [ɑ̃pire] [3] *vi* & *vt* to worsen.

empirique [ɑ̃pirik] *adj* empirical.

empirisme [ɑ̃pirism] *nm* empiricism.

emplacement [ɑ̃plasmɑ̃] *nm* site, location.

emplâtre [ɑ̃platr] *nm* **-1.** [pommade] plaster. **-2.** *péj* [incapable] lazy lump.

emplette [ɑ̃plɛt] *nf* (*gén pl*) purchase; **faire des ~s** to go shopping; **faire l'~ de** to purchase.

emplir [ɑ̃plir] [32] *vt sout*: **~ (de)** to fill (with).

◆ **s'emplir** *vp*: **s'~ (de)** to fill (with).

emploi [ɑ̃plwa] *nm* **-1.** [utilisation] use; **faire double ~** to be unnecessary OU redundant; **~ du temps** timetable; **mode d'~** instructions (*pl*) (for use). **-2.** [travail] job.

employé, -e [ɑ̃plwaje] *nm, f* employee; **~ de bureau** office employee OU worker.

employer [ɑ̃plwaje] [13] *vt* **-1.** [utiliser] to use. **-2.** [salarier] to employ.

◆ **s'employer** *vp* to be used; **s'~ à qqch** to be working on sthg, to apply o.s. to sthg; **s'~ à faire qqch** to apply o.s. to doing sthg.

employeur, -euse [ɑ̃plwajœr, øz] *nm, f* employer.

empocher [ɑ̃pɔʃe] [3] *vt fam* to pocket.

empoignade [ɑ̃pwaɲad] *nf* row.

empoigne [ɑ̃pwaɲ] → **foire**.

empoigner [ɑ̃pwaɲe] [3] *vt* **-1.** [saisir] to grasp. **-2.** *fig* [émouvoir] to grip.
◆ **s'empoigner** *vp fig* to come to blows.

empoisonnant, -e [ɑ̃pwazɔnɑ̃, ɑ̃t] *adj* **-1.** [ennuyeux] boring. **-2.** [insupportable] irritating.

empoisonnement [ɑ̃pwazɔnmɑ̃] *nm* **-1.** [intoxication] poisoning. **-2.** *fam fig* [souci] trouble (*U*).

empoisonner [ɑ̃pwazɔne] [3] *vt* **-1.** [gén] to poison. **-2.** [empuantir] to stink out. **-3.** *fam* [ennuyer] to annoy, to bug.

emporté, -e [ɑ̃pɔrte] *adj* short-tempered.

emportement [ɑ̃pɔrtəmɑ̃] *nm* anger.

emporte-pièce [ɑ̃pɔrtəpjɛs] *nm inv* punch.
◆ **à l'emporte-pièce** *loc adj* incisive.

emporter [ɑ̃pɔrte] [3] *vt* **-1.** [emmener] to take (away); **à ~** [plats] to take away, to go *Am*. **-2.** [entraîner] to carry along. **-3.** [arracher] to tear off, to blow off. **-4.** [faire mourir] to carry off. **-5.** [gagner] to win. **-6.** [surpasser]: **l'~ sur** to get the better of.
◆ **s'emporter** *vp* to get angry, to lose one's temper.

empoté, -e [ɑ̃pɔte] *fam* ◇ *adj* clumsy. ◇ *nm, f* clumsy person.

empourprer [ɑ̃purpre] [3]
◆ **s'empourprer** *vp littéraire* to turn crimson.

empreinte [ɑ̃prɛ̃t] *nf* [trace] print; *fig* mark, trace; **~s digitales** fingerprints.

empressé, -e [ɑ̃prese] ◇ *adj* attentive. ◇ *nm, f* attentive person.

empressement [ɑ̃prɛsmɑ̃] *nm* **-1.** [zèle] attentiveness. **-2.** [enthousiasme] eagerness.

empresser [ɑ̃prese] [4]
◆ **s'empresser** *vp*: **s'~ de faire qqch** to hurry to do sthg; **s'~ auprès de qqn** to be attentive to sb.

emprise [ɑ̃priz] *nf* **-1.** [ascendant] influence; **sous l'~ de** [l'alcool] under the influence of; [la colère] gripped by. **-2.** JUR expropriation.

emprisonnement [ɑ̃prizɔnmɑ̃] *nm* imprisonment.

emprisonner [ɑ̃prizɔne] [3] *vt* **-1.** [voleur] to imprison. **-2.** [partie du corps] to fit tightly round.

emprunt [ɑ̃prœ̃] *nm* **-1.** FIN loan; **couvrir un ~** to guarantee a loan; **lancer un ~** to float a loan; **~ d'État** government loan. **-2.** LING & *fig* borrowing.

emprunté, -e [ɑ̃prœ̃te] *adj* awkward, self-conscious.

emprunter [ɑ̃prœ̃te] [3] *vt* **-1.** [gén] to bor-

row; **~ qqch à** to borrow sthg from. **-2.** [route] to take.

empuantir [ɑ̃pɥɑ̃tir] [32] *vt* to stink out.

EMT (*abr de* **éducation manuelle et technique**) *nf* practical sciences (*pl*).

ému, -e [emy] ◇ *pp* → **émouvoir**. ◇ *adj* [personne] moved, touched; [regard, sourire] emotional.

émulation [emylasjɔ̃] *nf* **-1.** [concurrence] rivalry. **-2.** [imitation] emulation.

émule [emyl] *nmf* **-1.** [imitateur] emulator. **-2.** [concurrent] rival.

émulsion [emylsjɔ̃] *nf* emulsion.

en [ɑ̃] ◇ *prép* **-1.** [temps] in; **~ 1994** in 1994; **~ hiver/septembre** in winter/ September. **-2.** [lieu] in; [direction] to; **une maison ~ Suède** a house in Sweden; **habiter ~ Sicile/ville** to live in Sicily/town; **aller ~ Sicile/ville** to go to Sicily/town; **aller de ville ~ ville** to go from town to town. **-3.** [matière] made of; **c'est ~ métal** it's (made of) metal; **une théière ~ argent** a silver teapot. **-4.** [état, forme, manière]: **les arbres sont ~ fleurs** the trees are in blossom; **du sucre ~ morceaux** sugar cubes; **du lait ~ poudre** powdered milk; **je la préfère ~ vert** I prefer it in green; **agir ~ traître** to behave treacherously; **je l'ai eu ~ cadeau** I was given it as a present; **dire qqch ~ anglais** to say sthg in English; **~ vacances** on holiday. **-5.** [moyen] by; **~ avion/bateau/train** by plane/boat/train. **-6.** [mesure] in; **vous l'avez ~ 38?** do you have it in a 38?; **compter ~ dollars** to calculate in dollars. **-7.** [devant un participe présent]: **~ arrivant à Paris** on arriving in Paris, as he/she *etc* arrived in Paris; **~ faisant un effort** by making an effort; **~ mangeant** while eating; **elle répondit ~ souriant** she replied with a smile.
◇ *pron adv* **-1.** [complément de verbe, de nom, d'adjectif]: **il s'~ est souvenu** he remembered it; **nous ~ avons déjà parlé** we've already spoken about it; **on ~ meurt, de ce genre de maladie** people die from this sort of illness; **je m'~ porte garant** I'll vouch for it; **j'~ garde un très bon souvenir** I have very happy memories of it; **sa maison ~ est pleine** his house is full of them. **-2.** [avec un indéfini, exprimant une quantité]: **j'~ connais un/ plusieurs** I know one/several of them; **j'ai du chocolat, tu ~ veux?** I've got some chocolate, do you want some?; **tu ~ as?** have you got any?, do you have any?; **il y ~ a plusieurs** there are several (of them). **-3.** [provenance] from there; **j'~ viens à l'instant** I've just come from there.

ENA, Ena [ena] (*abr de* **École nationale d'administration**) *nf prestigious grande école training future government officials.*

énarque [enark] *nmf graduate of the École nationale d'administration (ENA).*

encablure [ākablyr] *nf* cable length.

encadrement [ākadrəmā] *nm* **-1.** [de tableau, porte] frame. **-2.** [dans une entreprise] managerial staff; [à l'armée] officers (*pl*); [à l'école] staff. **-3.** [du crédit] restriction.

encadrer [ākadre] [3] *vt* **-1.** [photo, visage] to frame. **-2.** [employés] to supervise; [soldats] to be in command of; [élèves] to teach. **-3.** [détenu] to flank. **-4.** *fam* [arbre] to crash into.

encadreur [ākadrœr] *nm* framer.

encaisse [ākɛs] *nf* ready cash.

encaissé, -e [ākese] *adj* [vallée] deep and narrow; [rivière] steep-banked.

encaisser [ākese] [4] *vt* **-1.** [argent, coups, insultes] to take. **-2.** [chèque] to cash. **-3.** *loc*: **ne pas pouvoir ~ qqn** *fam* not to be able to stand sb.

encanailler [ākanaje] [3]
♦ **s'encanailler** *vp* to slum it.

encart [ākar] *nm* insert; **~ publicitaire** advertising insert.

en-cas, encas [āka] *nm inv* snack.

encastrable [ākastrabl] *adj* that can be fitted (in).

encastrer [ākastre] [3] *vt* to fit.
♦ **s'encastrer** *vp* to fit (exactly).

encaustique [ākostik] *nf* **-1.** [cire] polish. **-2.** [peinture] encaustic.

encaustiquer [ākostike] [3] *vt* to polish.

enceinte [āsɛ̃t] ◇ *adj f* pregnant; **~ de 4 mois** 4 months pregnant. ◇ *nf* **-1.** [muraille] wall. **-2.** [espace]: **dans l'~ de** within (the confines of). **-3.** [baffle]: **~ (acoustique)** speaker.

encens [āsā] *nm* incense.

encenser [āsāse] [3] *vt* **-1.** [brûler de l'encens dans] to burn incense in. **-2.** *fig* [louer] to flatter.

encensoir [āsāswar] *nm* censer.

encercler [āsɛrkle] [3] *vt* **-1.** [cerner, environner] to surround. **-2.** [entourer] to circle.

enchaînement [āʃɛnmā] *nm* **-1.** [succession] series. **-2.** [liaison] link. **-3.** MUS progression.

enchaîner [āʃene] [4] ◇ *vt* **-1.** [attacher] to chain up. **-2.** *fig* [asservir] to enslave. **-3.** [coordonner] to link. ◇ *vi*: **~ (sur)** to move on (to).

♦ **s'enchaîner** *vp* [se suivre] to follow on from each other.

enchanté, -e [āʃāte] *adj* **-1.** [ravi] delighted; **~ de faire votre connaissance** pleased to meet you. **-2.** [ensorcelé] enchanted.

enchantement [āʃātmā] *nm* **-1.** [sortilège] magic spell; **comme par ~** as if by magic. **-2.** *sout* [ravissement] delight. **-3.** [merveille] wonder.

enchanter [āʃāte] [3] *vt* **-1.** [ensorceler, charmer] to enchant. **-2.** [ravir] to delight.

enchanteur, -eresse [āʃātœr, trɛs] ◇ *adj* enchanting. ◇ *nm, f* **-1.** [magicien] enchanter. **-2.** [charmeur] charmer.

enchâsser [āʃase] [3] *vt* **-1.** [encastrer] to fit. **-2.** [sertir] to set.

enchère [āʃɛr] *nf* bid; **faire monter les ~s** to raise the bidding; **vendre qqch aux ~s** to sell sthg at OU by auction.

enchérir [āʃerir] [32] *vi*: **~ sur** to bid higher than; *fig & littéraire* [dépasser] to go beyond.

enchevêtrer [āʃvetre] [4] *vt* [emmêler] to tangle up; *fig* to muddle, to confuse.

enclave [āklav] *nf* enclave.

enclencher [āklāʃe] [3] *vt* **-1.** [mécanisme] to engage. **-2.** *fig* [projet] to set in motion.
♦ **s'enclencher** *vp* **-1.** TECHNOL to engage. **-2.** *fig* [commencer] to begin.

enclin, -e [āklɛ̃, in] *adj*: **~ à qqch/à faire qqch** inclined to sthg/to do sthg.

enclore [āklɔr] [113] *vt* to fence in, to enclose.

enclos, -e [āklo, oz] *pp* → **enclore**.
♦ **enclos** *nm* enclosure.

enclume [āklym] *nf* anvil.

encoche [ākɔʃ] *nf* notch.

encoder [ākɔde] [3] *vt* to encode.

encodeur [ākɔdœr] *nm* INFORM encoder.

encoignure [ākwaɲyr, ākɔɲyr] *nf* **-1.** [coin] corner. **-2.** [meuble] corner cupboard.

encolure [ākɔlyr] *nf* neck.

encombrant, -e [ākɔ̃brā, āt] cumbersome; *fig* [personne] undesirable.

encombre [ākɔ̃br]
♦ **sans encombre** *loc adv* without a hitch.

encombré, -e [ākɔ̃bre] *adj* [lieu] busy, congested; *fig* saturated.

encombrement [ākɔ̃brəmā] *nm* **-1.** [d'une pièce] clutter. **-2.** [d'un objet] overall dimensions (*pl*). **-3.** [embouteillage] traffic jam. **-4.** INFORM footprint.

encombrer [ākɔ̃bre] [3] *vt* to clutter (up).
♦ **s'encombrer** *vp fam*: **s'~ de qqn** to be lumbered with sb *Br*; **s'~ de qqch** to burden o.s. with sthg; *fig* to bother about sthg.

encontre [ɑ̃kɔ̃tr]
◆ **à l'encontre de** loc prép: **aller à l'~ de** to go against, to oppose.

encorbellement [ɑ̃kɔrbɛlmɑ̃] nm corbelled structure; **en ~** corbelled.

encorder [ɑ̃kɔrde] [3]
◆ **s'encorder** vp to rope up.

encore [ɑ̃kɔr] adv -1. [toujours] still; **il dort ~** he's still asleep; **~ un mois** one more month; **pas ~** not yet; **elle ne travaille pas ~** she's not working yet. -2. [de nouveau] again; **il m'a ~ menti** he's lied to me again; **quoi ~?** what now?; **l'ascenseur est en panne - ~!** the lift's out of order - not again!; **~ une fois** once more, once again. -3. [marque le renforcement] even; **~ mieux/pire** even better/worse. -4. [marque une restriction]: **il ne suffit pas d'être beau, ~ faut-il être intelligent** it's not enough to be good-looking, you have to be intelligent too.
◆ **et encore** loc adv: **j'ai eu le temps de prendre un sandwich, et ~!** I had time for a sandwich, but only just!; **ça vaut 100 francs, et ~** it's worth 100 francs, if that.
◆ **mais encore** loc adv what else?
◆ **si encore** loc adv if only.
◆ **encore que** loc conj although.

encourageant, -e [ɑ̃kuraʒɑ̃, ɑ̃t] adj encouraging.

encouragement [ɑ̃kuraʒmɑ̃] nm -1. [parole] (word of) encouragement. -2. [action] encouragement.

encourager [ɑ̃kuraʒe] [17] vt to encourage; **~ qqn à faire qqch** to encourage sb to do sthg.

encourir [ɑ̃kurir] [45] vt sout to incur.

encouru, -e [ɑ̃kyry] pp → encourir.

encrasser [ɑ̃krase] [3] vt -1. TECHNOL to clog up. -2. fam [salir] to make dirty OU filthy.
◆ **s'encrasser** vp -1. TECHNOL to clog up. -2. fam [se salir] to get dirty OU filthy.

encre [ɑ̃kr] nf ink; **~ de Chine** India Am OU Indian Br ink.

encrer [ɑ̃kre] [3] vt to ink.

encreur [ɑ̃krœr] → tampon, rouleau.

encrier [ɑ̃krije] nm inkwell.

encroûter [ɑ̃krute] [3]
◆ **s'encroûter** vp fam to get into a rut; **s'~ dans ses habitudes** to become set in one's ways.

enculé [ɑ̃kyle] nm vulg asshole Am, arsehole Br.

enculer [ɑ̃kyle] [3] vt vulg to bugger.

encyclique [ɑ̃siklik] nf RELIG encyclical.

encyclopédie [ɑ̃siklɔpedi] nf encyclopedia.

encyclopédique [ɑ̃siklɔpedik] adj encyclopedic.

endémique [ɑ̃demik] adj endemic.

endettement [ɑ̃dɛtmɑ̃] nm debt.

endetter [ɑ̃dete] [4]
◆ **s'endetter** vp to get into debt.

endeuiller [ɑ̃dœje] [5] vt to plunge into mourning.

endiablé, -e [ɑ̃djable] adj [frénétique] frantic, frenzied.

endiguer [ɑ̃dige] [3] vt -1. [fleuve] to dam. -2. fig [réprimer] to stem.

endimanché, -e [ɑ̃dimɑ̃ʃe] adj in one's Sunday best.

endimancher [ɑ̃dimɑ̃ʃe] [3]
◆ **s'endimancher** vp to dress in one's Sunday best.

endive [ɑ̃div] nf chicory (U).

endoctrinement [ɑ̃dɔktrinmɑ̃] nm indoctrination.

endoctriner [ɑ̃dɔktrine] [3] vt to indoctrinate.

endommager [ɑ̃dɔmaʒe] [17] vt to damage.

endormi, -e [ɑ̃dɔrmi] adj -1. [personne] sleeping, asleep. -2. fig [village] sleepy; [jambe] numb; [passion] dormant; fam [apathique] sluggish.

endormir [ɑ̃dɔrmir] [36] vt -1. [assoupir, ennuyer] to send to sleep. -2. [anesthésier - patient] to anesthetize Am, to anaesthetize Br; [- douleur] to ease. -3. fig [tromper] to allay. -4. fig [affaiblir] to dull.
◆ **s'endormir** vp -1. [s'assoupir] to fall asleep. -2. [s'affaiblir] to be allayed. -3. fig [jambe] to go to sleep.

endoscopie [ɑ̃dɔskɔpi] nf endoscopy.

endosser [ɑ̃dose] [3] vt -1. [vêtement] to put on. -2. FIN & JUR to endorse; **~ un chèque** to endorse a check Am OU cheque Br. -3. fig [responsabilité] to take on.

endroit [ɑ̃drwa] nm -1. [lieu, point] place; **à quel ~?** where? -2. [passage] part. -3. [côté] right side; **à l'~** the right way round.
◆ **à l'endroit de** prép with regard to.

enduire [ɑ̃dɥir] [98] vt: **~ qqch (de)** to coat sthg (with).

enduisais, enduisions etc → enduire.

enduit, -e [ɑ̃dɥi, ɥit] pp → enduire.
◆ **enduit** nm coating.

endurance [ɑ̃dyrɑ̃s] nf endurance.

endurant, -e [ɑ̃dyrɑ̃, ɑ̃t] adj tough.

endurci, -e [ɑ̃dyrsi] adj -1. [aguerri] hardened. -2. fig [insensible] hard.

endurcir [ɑ̃dyrsir] [32] *vt* to harden.
◆ **s'endurcir** *vp*: **s'~ à** to become hardened to.

endurer [ɑ̃dyre] [3] *vt* to endure.

énergétique [enɛrʒetik] *adj* **-1.** [ressource] energy (*avant n*). **-2.** [aliment] energy-giving.

énergie [enɛrʒi] *nf* energy; **~ nucléaire/ solaire** nuclear/solar energy; **~ éolienne** wind power.

énergique [enɛrʒik] *adj* [gén] energetic; [remède] powerful; [mesure] drastic.

énergiquement [enɛrʒikmɑ̃] *adv* energetically.

énergisant, -e [enɛrʒizɑ̃, ɑ̃t] *adj* stimulating.
◆ **énergisant** *nm* tonic.

énergumène [enɛrgymɛn] *nmf* rowdy character.

énervant, -e [enɛrvɑ̃, ɑ̃t] *adj* annoying, irritating.

énervé, -e [enɛrve] *adj* **-1.** [irrité] annoyed, irritated. **-2.** [surexcité] overexcited.

énervement [enɛrvəmɑ̃] *nm* **-1.** [irritation] irritation. **-2.** [surexcitation] excitement.

énerver [enɛrve] [3] *vt* to irritate, to annoy.
◆ **s'énerver** *vp* to get annoyed; **ne vous énervez pas!** don't get excited!

enfance [ɑ̃fɑ̃s] *nf* **-1.** [âge] childhood; **retomber en ~** to lapse into one's second childhood. **-2.** [enfants] children (*pl*). **-3.** *fig* [débuts] infancy; [de civilisation, de l'humanité] dawn; **l'~ de l'art** *fig* child's play.

enfant [ɑ̃fɑ̃] *nmf* **-1.** [gén] child; **~ illégitime** OU **naturel** illegitimate child; **~ martyr** abused child; **~ prodige** child prodigy; **attendre un ~** to be expecting a baby. **-2.** [originaire] native; **c'est un ~ de la balle** his/her parents were in the theatre/circus *etc*.
◆ **bon enfant** *loc adj* good-natured.

enfantement [ɑ̃fɑ̃tmɑ̃] *nm littéraire* childbirth; *fig* creation.

enfanter [ɑ̃fɑ̃te] [3] *vt littéraire* to give birth to.

enfantillage [ɑ̃fɑ̃tijaʒ] *nm* childishness (*U*).

enfantin, -e [ɑ̃fɑ̃tɛ̃, in] *adj* **-1.** [propre à l'enfance] childlike; *péj* childish; [jeu, chanson] children's (*avant n*). **-2.** [facile] childishly simple.

enfer [ɑ̃fɛr] *nm* **-1.** RELIG & *fig* hell; **d'~** *fig* hellish, infernal. **-2.** [de bibliothèque] restricted books department.
◆ **Enfers** *nmpl*: **les Enfers** the Underworld (*sg*).

enfermer [ɑ̃fɛrme] [3] *vt* **-1.** [séquestrer, ranger] to shut away. **-2.** *littéraire* [enclore] to enclose.
◆ **s'enfermer** *vp* to shut o.s. away OU up; **s'~ dans** *fig* to retreat into.

enfilade [ɑ̃filad] *nf* row; **en ~** in a row.

enfiler [ɑ̃file] [3] *vt* **-1.** [aiguille, sur un fil] to thread. **-2.** [vêtements] to slip on.
◆ **s'enfiler** *vp fam* [ingurgiter] to put away.

enfin [ɑ̃fɛ̃] *adv* **-1.** [en dernier lieu] finally, at last; [dans une liste] lastly. **-2.** [avant une récapitulation] in a word, in short. **-3.** [introduit une rectification] that is, well. **-4.** [introduit une concession] anyway.

enflammé, -e [ɑ̃flame] *adj* **-1.** [en flammes] burning. **-2.** *fig* [déclaration, discours] passionate; [discussion] heated.

enflammer [ɑ̃flame] [3] *vt* **-1.** [bois] to set fire to. **-2.** *fig* [exalter] to inflame.
◆ **s'enflammer** *vp* **-1.** [bois] to catch fire. **-2.** *fig* [s'exalter] to flare up.

enflé, -e [ɑ̃fle] *adj* [style] turgid.

enfler [ɑ̃fle] [3] *vi* to swell (up).

enflure [ɑ̃flyr] *nf* [de corps] swelling.

enfoncé, -e [ɑ̃fɔ̃se] *adj* deep-set.

enfoncer [ɑ̃fɔ̃se] [16] *vt* **-1.** [faire pénétrer] to drive in; **~ qqch dans qqch** to drive sthg into sthg. **-2.** [enfouir]: **~ ses mains dans ses poches** to thrust one's hands into one's pockets. **-3.** [défoncer] to break down. **-4.** *fam* [vaincre] to hammer, to thrash.
◆ **s'enfoncer** *vp* **-1.** **s'~ dans** [eau, boue] to sink into; [bois, ville] to disappear into. **-2.** [céder] to give way.

enfouir [ɑ̃fwir] [32] *vt* **-1.** [cacher] to hide. **-2.** [ensevelir] to bury.
◆ **s'enfouir** *vp* to bury o.s.

enfourcher [ɑ̃furʃe] [3] *vt* to get on, to mount.

enfourner [ɑ̃furne] [3] *vt* **-1.** [pain] to put in the oven. **-2.** *fam* [avaler] to gobble up.

enfreignais, enfreignions *etc* → **enfreindre**.

enfreindre [ɑ̃frɛ̃dr] [81] *vt* to infringe.

enfreint, -e [ɑ̃frɛ̃, ɛ̃t] *pp* → **enfreindre**.

enfuir [ɑ̃fɥir] [35]
◆ **s'enfuir** *vp* **-1.** [fuir] to run away. **-2.** *littéraire* [passer] to slip away.

enfumer [ɑ̃fyme] [3] *vt* to fill with smoke.

enfuyais, enfuyions *etc* → **enfuir**.

engagé, -e [ɑ̃gaʒe] *adj* committed.

engageant, -e [ɑ̃gaʒɑ̃, ɑ̃t] *adj* engaging.

engagement [ɑ̃gaʒmɑ̃] *nm* **-1.** [promesse] commitment; **sans ~** COMM without obligation. **-2.** JUR contract. **-3.** [embauche] engagement, taking on. **-4.** [MIL - de soldats] enlistment; [- combat] engagement. **-5.**

FOOTBALL & RUGBY kick-off. **-6.** [encouragement] encouragement.

engager [ɑ̃gaʒe] [17] ◇ vt **-1.** [lier] to commit. **-2.** [embaucher] to take on, to engage. **-3.** [faire entrer]: ~ **qqch dans** to insert sthg into. **-4.** [commencer] to start. **-5.** [impliquer] to involve. **-6.** [encourager]: ~ **qqn à faire qqch** to urge sb to do sthg. ◇ vi **-1.** FOOTBALL & RUGBY to kick off. **-2.** [lier]: **cela n'engage à rien** there is no obligation.
◆ **s'engager** vp **-1.** [promettre]: **s'~ à qqch/à faire qqch** to commit o.s. to sthg/to doing sthg. **-2.** MIL: **s'~ (dans)** to enlist (in). **-3.** [pénétrer]: **s'~ dans** to enter. **-4.** fig [débuter] to begin. **-5.** [militer] to be committed.

engeance [ɑ̃ʒɑ̃s] nf littéraire riffraff.

engelure [ɑ̃ʒlyr] nf chilblain.

engendrer [ɑ̃ʒɑ̃dre] [3] vt **-1.** littéraire to father. **-2.** MATHS to generate. **-3.** fig [produire] to cause, to give rise to; [sentiment] to engender.

engin [ɑ̃ʒɛ̃] nm **-1.** [machine] machine. **-2.** MIL missile. **-3.** fam péj [objet] thing.

engineering [ɛnʒiniriŋ] nm engineering.

englober [ɑ̃glɔbe] [3] vt to include.

engloutir [ɑ̃glutir] [32] vt **-1.** [dévorer] to gobble up. **-2.** [faire disparaître] to engulf. **-3.** fig [dilapider] to squander.
◆ **s'engloutir** vp to be engulfed.

engluer [ɑ̃glɥe] [3] vt **-1.** [oiseau] to catch (using birdlime). **-2.** [piège] to smear with birdlime.
◆ **s'engluer** vp: **s'~ (de)** to get sticky (with); **s'~ (dans)** fig to become bogged down (in).

engorgement [ɑ̃gɔrʒəmɑ̃] nm **-1.** MÉD engorgement. **-2.** fig [de marché] glutting, swamping.

engorger [ɑ̃gɔrʒe] [17] vt **-1.** [obstruer] to block, to obstruct. **-2.** MÉD to engorge.
◆ **s'engorger** vp to become blocked.

engouement [ɑ̃gumɑ̃] nm **-1.** [enthousiasme] infatuation. **-2.** MÉD strangulation (of hernia).

engouer [ɑ̃gue] [6]
◆ **s'engouer** vp: **s'~ de** to become infatuated with.

engouffrer [ɑ̃gufre] [3] vt fam **-1.** [dévorer] to wolf down. **-2.** [dilapider] to squander.
◆ **s'engouffrer** vp: **s'~ dans** to rush into.

engourdi, -e [ɑ̃gurdi] adj numb; fig dull.

engourdir [ɑ̃gurdir] [32] vt to numb; fig to dull.
◆ **s'engourdir** vp to go numb.

engourdissement [ɑ̃gurdismɑ̃] nm **-1.** [raideur] numbness. **-2.** [torpeur] torpor.

engrais [ɑ̃grɛ] nm fertilizer; ~ **chimique** chemical fertilizer.

engraisser [ɑ̃grese] [4] ◇ vt **-1.** [animal] to fatten. **-2.** [terre] to fertilize. ◇ vi to put on weight.
◆ **s'engraisser** vp fam fig to grow fat.

engranger [ɑ̃grɑ̃ʒe] [17] vt **-1.** [foin] to bring in. **-2.** fig [accumuler] to store up.

engrenage [ɑ̃grənaʒ] nm **-1.** TECHNOL gears (pl). **-2.** fig [circonstances]: **être pris dans l'~** to be caught up in the system.

engrosser [ɑ̃grose] [3] vt fam to get pregnant.

engueulade [ɑ̃gœlad] nf fam bawling out.

engueuler [ɑ̃gœle] [5] vt fam ~ **qqn** to bawl sb out.
◆ **s'engueuler** vp fam to have a row, to have a slanging match Br.

enguirlander [ɑ̃girlɑ̃de] [3] vt **-1.** fam [gronder] to tell off. **-2.** littéraire [décorer] to decorate.

enhardir [ɑ̃ardir] [32] vt to make bold.
◆ **s'enhardir** vp to pluck up one's courage.

ENI [eni] (abr de **École normale d'instituteurs**) nf training college for primary school teachers.

énième [enjɛm] adj fam: **la ~ fois** the nth time.

énigmatique [enigmatik] adj enigmatic.

énigme [enigm] nf **-1.** [mystère] enigma. **-2.** [jeu] riddle.

enivrant, -e [ɑ̃nivrɑ̃, ɑ̃t] adj litt & fig intoxicating.

enivrer [ɑ̃nivre] [3] vt litt to get drunk; fig to intoxicate.
◆ **s'enivrer** vp: **s'~ (de)** to get drunk (on); fig to become intoxicated (with).

enjambée [ɑ̃ʒɑ̃be] nf stride; **marcher à grandes ~s** to stride (along).

enjamber [ɑ̃ʒɑ̃be] [3] ◇ vt **-1.** [obstacle] to step over. **-2.** [cours d'eau] to straddle. ◇ vi [empiéter]: ~ **sur** to encroach on.

enjeu [ɑ̃ʒø] nm [mise] stake; **quel est l'~ ici?** fig what's at stake here?

enjoignais, enjoignions etc → **enjoindre**.

enjoindre [ɑ̃ʒwɛ̃dr] [82] vt littéraire: ~ **à qqn de faire qqch** to enjoin sb to do sthg.

enjoint [ɑ̃ʒwɛ̃] pp inv → **enjoindre**.

enjôler [ɑ̃ʒole] [3] vt to coax.

enjôleur, -euse [ɑ̃ʒolœr, øz] ◇ adj wheedling. ◇ nm, f wheedler.

enjoliver [ɑ̃ʒɔlive] [3] vt to embellish.

enjoliveur [ãʒɔlivœr] *nm* [de roue] hubcap; [de calandre] badge.

enjoué, -e [ãʒwe] *adj* cheerful.

enlacer [ãlase] [16] *vt* **-1.** [prendre dans ses bras] to embrace, to hug. **-2.** [entourer] to wind round.
◆ **s'enlacer** *vp* **-1.** [s'entrelacer] to intertwine. **-2.** [s'embrasser] to embrace, to hug.

enlaidir [ãledir] [32] ◇ *vt* to make ugly. ◇ *vi* to become ugly.

enlevé, -e [ãlve] *adj*: **(bien)** ~ spirited.

enlèvement [ãlεvmã] *nm* **-1.** [action d'enlever] removal; **l'~ des ordures (ménagères)** refuse collection. **-2.** [rapt] abduction.

enlever [ãlve] [19] *vt* **-1.** [gén] to remove; [vêtement] to take off. **-2.** [prendre]: ~ **qqch à qqn** to take sthg away from sb. **-3.** [obtenir] to win. **-4.** [kidnapper] to abduct. **-5.** *littéraire* [faire mourir] to carry off.
◆ **s'enlever** *vp* to be removable.

enliser [ãlize] [3]
◆ **s'enliser** *vp* **-1.** [s'embourber] to sink, to get stuck. **-2.** *fig* [piétiner]: **s'~ dans qqch** to get bogged down in sthg.

enluminure [ãlyminyr] *nf* illumination.

ENM (*abr de* **École nationale de la magistrature**) *nf grande école training lawyers.*

enneigé, -e [ãneʒe] *adj* snow-covered.

enneigement [ãnεʒmã] *nm* snow cover; **bulletin d'~** snow report.

ennemi, -e [εnmi] ◇ *adj* enemy (*avant n*). ◇ *nm, f* enemy; **passer à l'~** to defect; ~ **juré** sworn enemy; ~ **public** public enemy.

ennui [ãnɥi] *nm* **-1.** [lassitude] boredom. **-2.** [contrariété] annoyance; **l'~, c'est que ...** the annoying thing is that .... **-3.** [problème] trouble (*U*); **attirer des ~s à qqn** to cause trouble for sb; **s'attirer des ~s** to cause trouble for o.s.; **avoir des ~s** to have problems.

ennuyer [ãnɥije] [14] *vt* **-1.** [agacer, contrarier] to annoy; **cela t'ennuierait de venir me chercher?** would you mind picking me up? **-2.** [lasser] to bore. **-3.** [inquiéter] to bother.
◆ **s'ennuyer** *vp* **-1.** [se morfondre] to be bored. **-2.** [déplorer l'absence]: **s'~ de qqn/ qqch** to miss sb/sthg.

ennuyeux, -euse [ãnɥijø, øz] *adj* **-1.** [lassant] boring. **-2.** [contrariant] annoying.

énoncé [enɔ̃se] *nm* **-1.** [libellé] wording. **-2.** LING utterance.

énoncer [enɔ̃se] [16] *vt* **-1.** [libeller] to word. **-2.** [exposer] to expound; [théorème] to set forth.

énonciation [enɔ̃sjasjɔ̃] *nf* **-1.** [libellé] wording. **-2.** LING utterance.

enorgueillir [ãnɔrgœjir] [32]
◆ **s'enorgueillir** *vp*: **s'~ de qqch/de faire qqch** to pride o.s. on sthg/on doing sthg.

énorme [enɔrm] *adj* **-1.** *litt* & *fig* [immense] enormous. **-2.** *fam fig* [incroyable] farfetched.

énormément [enɔrmemã] *adv* enormously; ~ **de** a great deal of.

énormité [enɔrmite] *nf* **-1.** [gigantisme] enormity. **-2.** [absurdité]: **dire des ~s** to say the most awful things.

enquérir [ãkerir] [39]
◆ **s'enquérir** *vp sout*: **s'~ de qqn** to ask after sb; **s'~ de qqch** to inquire about sthg.

enquête [ãkεt] *nf* **-1.** [de police, recherches] investigation; ~ **de routine** routine inquiry. **-2.** [sondage] survey.

enquêter [ãkete] [4] *vi* **-1.** [police, chercheur] to investigate. **-2.** [sonder] to conduct a survey.

enquêteur, -euse, -trice [ãkεtœr, øz, tris] *nm, f* investigator.

enquiers, enquiert *etc* → **enquérir**.

enquiquinant, -e [ãkikinã, ãt] *adj fam* annoying.

enquis, -e [ãki, iz] *pp* → **enquérir**.

enraciner [ãrasine] [3] *vt* **-1.** [planter] to dig in. **-2.** *fig* [idée, préjugé] to implant.
◆ **s'enraciner** *vp* **-1.** [plante, idée] to take root. **-2.** [personne] to put down roots.

enragé, -e [ãraʒe] ◇ *adj* **-1.** [chien] rabid, with rabies. **-2.** *fig* [invétéré] keen. ◇ *nm, f*: **c'est un ~ de football** he's mad about OU on football.

enrageant, -e [ãraʒã, ãt] *adj* infuriating.

enrager [ãraʒe] [17] *vi* to be furious; **faire ~ qqn** to infuriate sb.

enrayer [ãreje] [11] *vt* **-1.** [épidémie] to check, to stop. **-2.** [mécanisme] to jam.
◆ **s'enrayer** *vp* [mécanisme] to jam.

enrégimenter [ãreʒimãte] [3] *vt* [dans l'armée] to enlist; [dans un groupe] to enrol.

enregistrement [ãrəʒistrəmã] *nm* **-1.** [de son, d'images, d'informations] recording; ~ **pirate** pirate recording. **-2.** [inscription] registration. **-3.** [à l'aéroport] check-in; ~ **des bagages** baggage registration.

enregistrer [ãrəʒistre] [3] *vt* **-1.** [son, images, informations] to record. **-2.** INFORM to store. **-3.** [inscrire] to register. **-4.** [à l'aéroport] to check in. **-5.** *fam* [mémoriser] to make a mental note of.

enregistreur, -euse [ãrəʒistrœr, øz] *adj* recording (*avant n*); **caisse enregistreuse** cash register.

enrhumé, -e [ɑ̃ryme] *adj*: je suis ~ I have a cold.

enrhumer [ɑ̃ryme] [3]

◆ **s'enrhumer** *vp* to catch (a) cold.

enrichi, -e [ɑ̃riʃi] *adj* **-1.** [personne] nouveau riche. **-2.** [matériau] enriched. **-3.** *fig* [orné]: ~ de enhanced by.

enrichir [ɑ̃riʃir] [32] *vt* **-1.** [financièrement] to make rich. **-2.** [terre & *fig*] to enrich.

◆ **s'enrichir** *vp* **-1.** [financièrement] to grow rich. **-2.** [sol & *fig*] to become enriched.

enrichissant, -e [ɑ̃riʃisɑ̃, ɑ̃t] *adj* enriching.

enrichissement [ɑ̃riʃismɑ̃] *nm* **-1.** [gén] enrichment. **-2.** [financier] increased wealth.

enrobé, -e [ɑ̃rɔbe] *adj* **-1.** [recouvert]: ~ de coated with. **-2.** *fam* [grassouillet] plump.

enrober [ɑ̃rɔbe] [3] *vt* **-1.** [recouvrir]: ~ qqch de to coat sthg with. **-2.** *fig* [requête, nouvelle] to wrap up.

◆ **s'enrober** *vp* to put on weight.

enrôlement [ɑ̃rolmɑ̃] *nm* enrollment *Am*, enrolment *Br*.

enrôler [ɑ̃role] [3] *vt* to enroll *Am*, to enrol *Br*; MIL to enlist.

◆ **s'enrôler** *vp* to enroll *Am*, to enrol *Br*; MIL to enlist.

enroué, -e [ɑ̃rwe] *adj* hoarse.

enrouer [ɑ̃rwe] [6]

◆ **s'enrouer** *vp* to become hoarse.

enroulement [ɑ̃rulmɑ̃] *nm* rolling up.

enrouler [ɑ̃rule] [3] *vt* to roll up; ~ qqch autour de qqch to wind sthg round sthg.

◆ **s'enrouler** *vp* **-1.** [entourer]: s'~ sur OU autour de qqch to wind around sthg. **-2.** [se pelotonner]: s'~ dans qqch to wrap o.s. up in sthg.

enrouleur, -euse [ɑ̃rulœr, øz] *adj* winding.

ENS (*abr de* École normale supérieure) *nf grande école training secondary school teachers.*

ensabler [ɑ̃sable] [3] *vt* to silt up.

◆ **s'ensabler** *vp* to silt up.

ENSAD, Ensad [ensad] (*abr de* École nationale supérieure des arts décoratifs) *nf grande école for applied arts.*

ENSAM, Ensam [ensam] (*abr de* École nationale supérieure des arts et métiers) *nf grande école for engineering.*

enseignant, -e [ɑ̃sɛɲɑ̃, ɑ̃t] ◇ *adj* teaching (*avant n*). ◇ *nm, f* teacher.

enseigne [ɑ̃sɛɲ] *nf* **-1.** [de commerce] sign; ~ lumineuse neon sign. **-2.** [drapeau, soldat] ensign. **-3.** *loc*: être logé à la même ~ to be in the same boat.

◆ **à telle enseigne que** *loc conj* so much so that.

enseignement [ɑ̃sɛɲmɑ̃] *nm* **-1.** [gén] teaching; ~ primaire/secondaire primary/secondary education. **-2.** [leçon] lesson.

enseigner [ɑ̃sɛɲe] [4] *vt* to teach; ~ qqch à qqn to teach sb sthg, to teach sthg to sb.

ensemble [ɑ̃sɑ̃bl] ◇ *adv* together; aller ~ to go together. ◇ *nm* **-1.** [totalité] whole; l'~ de all of; idée d'~ general idea; dans l'~ on the whole. **-2.** [harmonie] unity. **-3.** [vêtement] outfit. **-4.** [série] collection. **-5.** MATHS set. **-6.** ARCHIT development; grand ~ housing project *Am* OU estate *Br*. **-7.** MUS ensemble.

ensemblier [ɑ̃sɑ̃blije] *nm* interior decorator; CIN & TÉLÉ set designer.

ensemencer [ɑ̃səmɑ̃se] [16] *vt* **-1.** [terre] to sow. **-2.** [rivière] to stock.

enserrer [ɑ̃sere] [4] *vt* [entourer] to encircle; *fig* to imprison.

ENSET, Enset [ɛnsɛt] (*abr de* École nationale supérieure de l'enseignement technique) *nf grande école training science and technology teachers.*

ensevelir [ɑ̃səvlir] [32] *vt litt & fig* to bury.

◆ **s'ensevelir** *vp* to bury o.s. (away).

ensoleillé, -e [ɑ̃sɔleje] *adj* sunny.

ensoleillement [ɑ̃sɔlɛjmɑ̃] *nm* sunshine.

ensommeillé, -e [ɑ̃sɔmeje] *adj* sleepy.

ensorceler [ɑ̃sɔrsəle] [24] *vt* to bewitch.

ensuite [ɑ̃sɥit] *adv* **-1.** [après, plus tard] after, afterwards, later. **-2.** [puis] then, next, after that; et ~? what then?, what next?

ensuivre [ɑ̃sɥivr] [89]

◆ **s'ensuivre** *vp* to follow; il s'ensuit que it follows that; et tout ce qui s'ensuit and all that that entails.

entaille [ɑ̃taj] *nf* cut.

entailler [ɑ̃taje] [3] *vt* to cut.

◆ **s'entailler** *vp*: s'~ le doigt to cut one's finger.

entame [ɑ̃tam] *nf* first slice.

entamer [ɑ̃tame] [3] *vt* **-1.** [commencer] to start (on); [- bouteille] to start, to open. **-2.** [capital] to dip into. **-3.** [cuir, réputation] to damage. **-4.** [courage] to shake.

entartrer [ɑ̃tartre] [3] *vt* to fur up.

◆ **s'entartrer** *vp* to fur up.

entassement [ɑ̃tasmɑ̃] *nm* **-1.** [d'objets] pile; [action] piling up. **-2.** [de personnes] squeezing.

entasser [ɑ̃tase] [3] *vt* **-1.** [accumuler, multiplier] to pile up. **-2.** [serrer] to squeeze.

◆ **s'entasser** *vp* **-1.** [objets] to pile up. **-2.** [personnes]: s'~ dans to squeeze into.

entendement [ɑ̃tɑ̃dmɑ̃] *nm* understanding; dépasser l'~ (de qqn) to be beyond (sb's) comprehension.

entendeur [ātādœr] *nm*: **à bon ~ salut!** so be warned!

entendre [ātādr] [73] *vt* **-1.** [percevoir, écouter] to hear; **~ dire que** to hear (that); **~ parler de qqch** to hear of OU about sthg; **à l'~ ...** to hear him/her talk ...; **qu'est-ce qu'il ne faut pas entendre!** *fam* give me a break! **-2.** *sout* [comprendre] to understand; **laisser ~ que** to imply that; **ne rien y ~ à qqch** not to know the first thing about sthg. **-3.** *sout* [vouloir]: **~ faire qqch** to intend to do sthg. **-4.** [vouloir dire] to mean.
◆ **s'entendre** *vp* **-1.** [sympathiser]: **s'~ avec qqn** to get on with sb. **-2.** [s'accorder] to agree. **-3.** [savoir]: **s'~ en qqch/à faire qqch** to be very good at sthg/at doing sthg; **s'y ~** to know all about it. **-4.** [être compris] to be understood; **cela s'entend** that is understood. **-5.** [s'écouter]: **on ne s'entend plus** we can't hear ourselves think.

entendu, -e [ātādy] ◇ *pp* → **entendre**. ◇ *adj* **-1.** [compris] agreed, understood; **~!** right!, O.K.! **-2.** [complice] knowing.
◆ **bien entendu** *loc adv* of course.

entente [ātāt] *nf* **-1.** [harmonie] understanding. **-2.** [accord] agreement. **-3.** [compréhension]: **à double ~** with a double meaning.

entériner [āterine] [3] *vt* to ratify.

entérite [āterit] *nf* enteritis (*U*).

enterrement [ātɛrmā] *nm* burial.

enterrer [ātere] [4] *vt litt & fig* to bury.
◆ **s'enterrer** *vp fig* to bury o.s. (away).

entêtant, -e [ātɛtā, āt] *adj* heady.

en-tête [ātɛt] (*pl* **en-têtes**) *nm* heading.

entêté, -e [ātete] ◇ *adj* stubborn. ◇ *nm, f* stubborn person.

entêtement [ātɛtmā] *nm* stubbornness.

entêter [ātete] [4]
◆ **s'entêter** *vp* to persist; **s'~ à faire qqch** to persist in doing sthg; **s'~ dans qqch** to persist in sthg.

enthousiasme [ātuzjasm] *nm* enthusiasm.

enthousiasmer [ātuzjasme] [3] *vt* to fill with enthusiasm.
◆ **s'enthousiasmer** *vp*: **s'~ pour** to be enthusiastic about.

enthousiaste [ātuzjast] ◇ *nmf* enthusiast. ◇ *adj* enthusiastic.

enticher [ātiʃe] [3]
◆ **s'enticher** *vp*: **s'~ de qqn/qqch** to become obsessed with sb/sthg.

entier, -ière [ātje, jɛr] *adj* whole, entire.
◆ **en entier** *loc adv* in its/their entirety.

entièrement [ātjɛrmā] *adv* **-1.** [complètement] fully. **-2.** [pleinement] wholly, entirely.

entité [ātite] *nf* entity.

entomologie [ātɔmɔlɔʒi] *nf* entomology.

entonner [ātɔne] [3] *vt* [chant] to strike up.

entonnoir [ātɔnwar] *nm* **-1.** [instrument] funnel. **-2.** [cavité] crater.

entorse [ātɔrs] *nf* MÉD sprain; **se faire une ~ à la cheville/au poignet** to sprain one's ankle/wrist; **faire une ~ à** *fig* [loi, règlement] to bend.

entortiller [ātɔrtije] [3] *vt* **-1.** [entrelacer] to twist. **-2.** [envelopper]: **~ qqch autour de qqch** to wrap sthg round sthg. **-3.** *fam fig* [personne] to sweet-talk.

entourage [āturaʒ] *nm* **-1.** [milieu] entourage. **-2.** [clôture] surround.

entouré, -e [āture] *adj* **-1.** [enclos] surrounded. **-2.** [soutenu] popular.

entourer [āture] [3] *vt* **-1.** [enclore, encercler]: **~ (de)** to surround (with). **-2.** *fig* [soutenir] to rally round.
◆ **s'entourer** *vp*: **s'~ de** to surround o.s. with.

entourloupette [āturlupɛt] *nf fam* dirty trick.

entournure [āturnyr] *nf*: **être gêné aux ~s** *fig* [financièrement] to feel the pinch; [être mal à l'aise] to feel awkward.

entracte [ātrakt] *nm* interval; *fig* interlude.

entraide [ātrɛd] *nf* mutual assistance.

entraider [ātrede] [4]
◆ **s'entraider** *vp* to help each other.

entrailles [ātraj] *nfpl* **-1.** [intestins] entrails. **-2.** *sout* [profondeurs] depths. **-3.** *fig* [siège des sentiments] soul (*sg*).

entrain [ātrɛ̃] *nm* drive.

entraînement [ātrɛnmā] *nm* **-1.** [mécanisme] drive. **-2.** [préparation] practice; SPORT training; **manquer d'~** to be out of training; *fig* to be out of practice.

entraîner [ātrene] [4] *vt* **-1.** TECHNOL to drive. **-2.** [tirer] to pull. **-3.** [susciter] to lead to. **-4.** SPORT to coach. **-5.** [emmener] to take along. **-6.** [séduire] to influence; **~ qqn à faire qqch** to talk sb into sthg.
◆ **s'entraîner** *vp* to practise; SPORT to train; **s'~ à faire qqch** to practise doing sthg.

entraîneur, -euse [ātrɛnœr, øz] *nm, f* trainer, coach.
◆ **entraîneuse** *nf* [dans un cabaret etc] hostess.

entrant, -e [ātrā, āt] *adj* incoming.

entrapercevoir, entr'apercevoir [ātrapɛrsəvwar] [52] *vt* to glimpse.

entrave [ātrav] *nf* hobble; *fig* obstruction.

entraver [ātrave] [3] *vt* to hobble; *fig* to hinder.

entre [ãtr] *prép* **-1.** [gén] between; ~ **nous** between you and me, between ourselves. **-2.** [parmi] among; **l'un d'~ nous ira** one of us will go; **généralement ils restent ~ eux** they tend to keep themselves to themselves; **ils se battent ~ eux** they're fighting among OU amongst themselves.
◆ **entre autres** *loc prép*: ~ **autres (choses)** among other things; ~ **autres (personnes)** among others.

entrebâillement [ãtrəbajmã] *nm* opening; **dans l'~ de la porte** through the half-open door.

entrebâiller [ãtrəbaje] [3] *vt* to open slightly.

entrechat [ãtrəʃa] *nm* **-1.** DANSE entrechat. **-2.** [saut] leap; **faire des ~s** to leap about.

entrechoquer [ãtrəʃɔke] [3] *vt* to bang together.
◆ **s'entrechoquer** *vp* to bang into each other.

entrecôte [ãtrəkot] *nf* entrecôte.

entrecoupé, -e [ãtrəkupe] *adj*: ~ **de** interspersed with.

entrecouper [ãtrəkupe] [3] *vt* to intersperse.

entrecroiser [ãtrəkrwaze] [3] *vt* to interlace.
◆ **s'entrecroiser** *vp* to intersect.

entre-déchirer [ãtrədeʃire] [3]
◆ **s'entre-déchirer** *vp* to tear each other to pieces.

entre-deux [ãtrədø] *nm inv* gap, space; **dans l'~** *fig* in the interim.

entre-deux-guerres [ãtrədøgɛr] *nm inv* inter-war years.

entrée [ãtre] *nf* **-1.** [arrivée, accès] entry, entrance; «~ **interdite**» "no admittance"; «~ **libre**» [dans musée] "admission free"; [dans boutique] "browsers welcome"; ~ **en scène** entrance. **-2.** [porte] entrance; ~ **des artistes** stage door; ~ **de service** tradesmen's entrance. **-3.** [vestibule] (entrance) hall. **-4.** [billet] ticket. **-5.** [plat] starter, first course. **-6.** [début] onset; ~ **en matière** introduction. **-7.** [rubrique] entry. **-8.** INFORM input, entry. **-9.** *loc*: **d'~ de jeu** from the outset; **avoir ses ~s chez qqn** to have sb's ear.

entrefaites [ãtrəfɛt] *nfpl*: **sur ces ~** just at that moment.

entrefilet [ãtrəfilɛ] *nm* paragraph.

entregent [ãtrəʒã] *nm*: **avoir de l'~** to know how to behave.

entrejambe, entre-jambes [ãtrəʒãb] *nm* crotch.

entrelacer [ãtrəlase] [16] *vt* to intertwine.

◆ **s'entrelacer** *vp* to intertwine.

entrelarder [ãtrəlarde] [3] *vt* **-1.** CULIN to lard. **-2.** *fam fig* [discours]: ~ **de** to lace with.

entremêler [ãtrəmele] [4] *vt* to mix; ~ **de** to mix with.
◆ **s'entremêler** *vp* to mingle.

entremets [ãtrəmɛ] *nm* dessert.

entremettais, entremettions *etc* → **entremettre**.

entremetteur, -euse [ãtrəmɛtœr, øz] *nm, f* mediator.
◆ **entremetteuse** *nf péj* go-between.

entremettre [ãtrəmɛtr] [84]
◆ **s'entremettre** *vp*: **s'~ (dans)** to mediate (in).

entremis, -e [ãtrəmi, iz] *pp* → **entremettre**.

entremise [ãtrəmiz] *nf* intervention; **par l'~ de** through.

entrepont [ãtrəpɔ̃] *nm* steerage.

entreposer [ãtrəpoze] [3] *vt* to store.

entrepôt [ãtrəpo] *nm* warehouse.

entreprenais, entreprenions *etc* → **entreprendre**.

entreprenant, -e [ãtrəprənã, ãt] *adj* enterprising; [auprès des femmes] forward.

entreprendre [ãtrəprãdr] [79] *vt* to undertake; [commencer] to start; ~ **de faire qqch** to undertake to do sthg; ~ **qqn sur** to engage sb in conversation about.

entrepreneur, -euse [ãtrəprənœr, øz] *nm, f* **-1.** [de services & CONSTR] contractor. **-2.** [patron] businessman (*f* businesswoman).

entreprenne, entreprennes *etc* → **entreprendre**.

entrepris, -e [ãtrəpri, iz] *pp* → **entreprendre**.

entreprise [ãtrəpriz] *nf* **-1.** [travail, initiative] enterprise; **libre ~** ÉCON free enterprise. **-2.** [société] company; ~ **nationalisée** nationalized industry.

entrer [ãtre] [3] ◇ *vi* (*aux: être*) **-1.** [pénétrer] to enter, to go/come in; ~ **dans** [gén] to enter; [pièce] to go/come into; [bain, voiture] to get into; *fig* [sujet] to go into; ~ **dans un mur** to crash into a wall; ~ **par** to go in OU enter by; **entrez!** come in! **faire ~ qqn** to show sb in; **faire ~ qqch** to bring sthg in. **-2.** [faire partie]: ~ **dans** to go into, to be part of. **-3.** [être admis, devenir membre]: ~ **à** [club, parti] to join; ~ **dans** [les affaires, l'enseignement] to go into; [la police, l'armée] to join; ~ **en politique** to go into politics; ~ **à l'université** to enter university; ~ **à l'hôpital** to go into hospital. **-4.** [être au début]: ~ **en** to start, to begin.

◇ vt (aux: avoir) **-1.** [gén] to bring in. **-2.** IN-FORM to enter, to input.

entresol [ɑ̃trəsɔl] nm mezzanine.

entre-temps [ɑ̃trətɑ̃] adv meanwhile.

entretenir [ɑ̃trətnir] [40] vt **-1.** [faire durer] to keep alive. **-2.** [cultiver] to maintain. **-3.** [soigner] to look after. **-4.** [personne, famille] to support. **-5.** [parler à]: ~ qqn de qqch to speak to sb about sthg.
◆ **s'entretenir** vp **-1.** [se parler]: s'~ (de) to talk (about). **-2.** [prendre soin de soi] to look after o.s.

entretenu, -e [ɑ̃trətny] ◇ pp → entretenir. ◇ adj **-1.** [soigné] well-kept; **bien/mal** ~ well-/badly kept. **-2.** [femme] kept (avant n).

entretien [ɑ̃trətjɛ̃] nm **-1.** [de voiture, jardin] maintenance, upkeep. **-2.** [conversation] discussion; [colloque] debate; ~ **d'embauche** job interview.

entretiendrai, entretiendras etc → entretenir.

entre-tuer [ɑ̃trətɥe] [7]
◆ **s'entre-tuer** vp to kill each other.

entreverrai, entreverras etc → entrevoir.

entrevoir [ɑ̃trəvwar] [62] vt **-1.** [distinguer] to make out. **-2.** [voir rapidement] to see briefly. **-3.** fig [deviner] to glimpse.
◆ **s'entrevoir** vp **-1.** [se voir] to see each other briefly. **-2.** [se profiler] to be visible.

entrevoyais, entrevoyions etc → entrevoir.

entrevu, -e [ɑ̃trəvy] pp → entrevoir.

entrevue [ɑ̃trəvy] nf meeting.

entrouvert, -e [ɑ̃truvɛr, ɛrt] ◇ pp → entrouvrir. ◇ adj half-open.

entrouvrir [ɑ̃truvrir] [34] vt to open partly.
◆ **s'entrouvrir** vp to open partly.

énumération [enymerasjɔ̃] nf enumeration.

énumérer [enymere] [18] vt to enumerate.

env. (abr de environ) approx.

envahir [ɑ̃vair] [32] vt **-1.** [gén & MIL] to invade. **-2.** fig [suj: sommeil, doute] to overcome. **-3.** fig [déranger] to intrude on.

envahissant, -e [ɑ̃vaisɑ̃, ɑ̃t] adj **-1.** [herbes] invasive. **-2.** [personne] intrusive.

envahisseur [ɑ̃vaisœr] nm invader.

enveloppe [ɑ̃vlɔp] nf **-1.** [de lettre] envelope; **mettre sous** ~ to put in an envelope; ~ **à fenêtre** window envelope; ~ **timbrée** stamped addressed envelope. **-2.** [d'emballage] covering. **-3.** [membrane] membrane; [de graine] husk. **-4.** fig & littéraire [apparence] exterior.
◆ **enveloppe budgétaire** nf budget.

envelopper [ɑ̃vlɔpe] [3] vt **-1.** [emballer] to wrap (up). **-2.** [suj: brouillard] to envelop.

◆ **s'envelopper** vp: s'~ **dans** to wrap o.s. up in.

envenimer [ɑ̃vnime] [3] vt **-1.** [blessure] to infect. **-2.** fig [querelle] to poison.
◆ **s'envenimer** vp **-1.** [s'infecter] to become infected. **-2.** fig [se détériorer] to become poisoned.

envergure [ɑ̃vergyr] nf **-1.** [largeur] span; [d'oiseau, d'avion] wingspan. **-2.** fig [importance] scope; **prendre de l'**~ to expand.

enverrai, enverras etc → envoyer.

envers¹ [ɑ̃vɛr] prép toward Am, towards Br; ~ **et contre tous** in spite of all opposition.

envers² [ɑ̃vɛr] nm **-1.** [de tissu] wrong side; [de feuillet etc] back; [de médaille] reverse. **-2.** [face cachée] other side; **l'**~ **du décor** fig behind the scenes.
◆ **à l'envers** loc adv [vêtement] inside out; [portrait, feuille] upside down; fig the wrong way.

envi [ɑ̃vi]
◆ **à l'envi** loc adv littéraire trying to outdo each other.

enviable [ɑ̃vjabl] adj enviable.

envie [ɑ̃vi] nf **-1.** [désir] desire; **avoir** ~ **de qqch/de faire qqch** to feel like doing sthg/like doing sthg, to want sthg/to do sthg; **mourir d'**~ **de faire qqch** to be dying to do sthg. **-2.** [convoitise] envy; **ce tailleur me fait** ~ I covet that suit.

envier [ɑ̃vje] [9] vt to envy; **n'avoir rien à** ~ **à qqn/à qqch** to have no reason to envy sb/sthg.

envieux, -ieuse [ɑ̃vjø, jøz] ◇ adj envious. ◇ nm, f envious person; **faire des** ~ to make other people envious.

environ [ɑ̃virɔ̃] adv [à peu près] about.

environnant, -e [ɑ̃virɔnɑ̃, ɑ̃t] adj surrounding.

environnement [ɑ̃virɔnmɑ̃] nm environment.

environnementaliste [ɑ̃virɔnmɑ̃talist] nmf environmentalist.

environner [ɑ̃virɔne] [3] vt to surround.

environs [ɑ̃virɔ̃] nmpl (surrounding) area (sg); **dans les** ~ **de** in the vicinity of; **aux** ~ **de** [lieu] near; [époque] round about, around.

envisager [ɑ̃vizaʒe] [17] vt to consider; ~ **de faire qqch** to be considering doing sthg.

envoi [ɑ̃vwa] nm **-1.** [action] sending, dispatch; ~ **contre remboursement** cash on delivery. **-2.** [colis] parcel.

envoie, envoies etc → envoyer.

envol [ɑ̃vɔl] *nm* takeoff.

envolée [ɑ̃vɔle] *nf* **-1.** [d'oiseaux & *fig*] flight. **-2.** [augmentation]: l'~ **du dollar** the rapid rise in the value of the dollar.

envoler [ɑ̃vɔle] [3]
◆ **s'envoler** *vp* **-1.** [oiseau] to fly away. **-2.** [avion] to take off. **-3.** [disparaître] to disappear into thin air. **-4.** [se disperser] to blow away.

envoûtement [ɑ̃vutmɑ̃] *nm* enchantment.

envoûter [ɑ̃vute] [3] *vt* to bewitch.

envoyé, -e [ɑ̃vwaje] ◇ *adj*: **bien ~** well-aimed. ◇ *nm, f* envoy; **~ spécial** special correspondent.

envoyer [ɑ̃vwaje] [30] *vt* to send; **~ qqch à qqn** [expédier] to send sb sthg, to send sthg to sb; [jeter] to throw sb sthg, to throw sthg to sb; **~ qqn faire qqch** to send sb to do sthg; **~ chercher qqn/qqch** to send for sb/sthg; **~ promener qqn** *fam fig* to send sb packing.

envoyeur, -euse [ɑ̃vwajœr, øz] *nm, f* sender.

enzyme [ɑ̃zym] *nm ou nf* enzyme.

éolien, -ienne [eɔljɛ̃, jɛn] *adj* wind (*avant n*).
◆ **éolienne** *nf* windmill (*for generating power*), wind turbine.

épagneul [epaɲœl] *nm* spaniel.

épais, -aisse [epɛ, ɛs] *adj* **-1.** [large, dense] thick. **-2.** [trapu] thickset. **-3.** [grossier] crude.

épaisseur [epɛsœr] *nf* **-1.** [largeur, densité] thickness. **-2.** *fig* [consistance] depth.

épaissir [epesir] [32] *vt & vi* to thicken.
◆ **s'épaissir** *vp* **-1.** [liquide] to thicken. **-2.** *fig* [mystère] to deepen.

épanchement [epɑ̃ʃmɑ̃] *nm* **-1.** [effusion] outpouring. **-2.** MÉD effusion; **~ de synovie** water on the knee.

épancher [epɑ̃ʃe] [3] *vt* to pour out.
◆ **s'épancher** *vp* [se confier] to pour one's heart out.

épanoui, -e [epanwi] *adj* **-1.** [fleur] in full bloom. **-2.** [expression] radiant. **-3.** [corps] fully formed; **aux formes ~es** well-rounded.

épanouir [epanwir] [32] *vt* [personne] to make happy.
◆ **s'épanouir** *vp* **-1.** [fleur] to open. **-2.** [visage] to light up. **-3.** [corps] to fill out. **-4.** [personnalité] to blossom.

épanouissement [epanwismɑ̃] *nm* **-1.** [de fleur] blooming, opening. **-2.** [de visage] brightening. **-3.** [de corps] filling out. **-4.** [de personnalité] flowering.

épargnant, -e [eparɲɑ̃, ɑ̃t] ◇ *adj* thrifty. ◇ *nm, f* saver; **les petits ~s** small savers.

épargne [eparɲ] *nf* **-1.** [action, vertu] saving. **-2.** [somme] savings (*pl*); **~ logement** savings account (*to buy property*).

épargner [eparɲe] [3] *vt* **-1.** [gén] to spare; **~ qqch à qqn** to spare sb sthg. **-2.** [économiser] to save.
◆ **s'épargner** *vp* to save OU spare o.s.

éparpiller [eparpije] [3] *vt* **-1.** [choses, personnes] to scatter. **-2.** *fig* [forces] to dissipate.
◆ **s'éparpiller** *vp* **-1.** [se disperser] to scatter. **-2.** *fig* [perdre son temps] to lack focus.

épars, -e [epar, ars] *adj sout* [objets] scattered; [végétation, cheveux] sparse.

épatant, -e [epatɑ̃, ɑ̃t] *adj fam* great.

épate [epat] *nf fam*: **faire de l'~** to show off.

épaté, -e [epate] *adj* **-1.** [nez] flat. **-2.** *fam* [étonné] amazed.

épater [epate] [3] *vt fam* [étonner] to amaze.

épaule [epol] *nf* shoulder; **hausser les ~s** to shrug (one's shoulders); **~ d'agneau** CULIN shoulder of lamb.

épaulement [epolmɑ̃] *nm* **-1.** [mur] retaining wall. **-2.** GÉOL escarpment.

épauler [epole] [3] ◇ *vi* to raise one's rifle. ◇ *vt* to support, to back up.

épaulette [epolɛt] *nf* **-1.** MIL epaulet. **-2.** [rembourrage] shoulder pad.

épave [epav] *nf* wreck.

épée [epe] *nf* sword; **~ de Damoclès** sword of Damocles; **coup d'~ dans l'eau** *fig* wasted effort.

épeler [eple] [24] *vt* to spell.

épépiner [epepine] [3] *vt* to seed.

éperdu, -e [eperdy] *adj* [sentiment] passionate; **~ de** [personne] overcome with.

éperdument [eperdymɑ̃] *adv* **-1.** [travailler] frantically. **-2.** [aimer] passionately.

éperlan [eperlɑ̃] *nm* smelt.

éperon [eprɔ̃] *nm* [de cavalier, de montagne] spur; [de navire] ram; **~ rocheux** rocky outcrop.

éperonner [eprɔne] [3] *vt* to spur on.

épervier [epervje] *nm* sparrowhawk.

éphèbe [efɛb] *nm hum* Adonis.

éphémère [efemɛr] ◇ *adj* [bref] ephemeral, fleeting. ◇ *nm* ZOOL mayfly.

éphéméride [efemerid] *nf* tear-off calendar.

épi [epi] *nm* **-1.** [de céréale] ear; **~ de maïs** CULIN corn on the cob. **-2.** [cheveux] tuft; **~ rebelle** unruly tuft of hair.

épice [epis] *nf* spice.

épicé, -e [epise] *adj* spicy.

épicéa [episea] *nm* spruce.

épicentre [episɑ̃tr] *nm* epicenter *Am*, epicentre *Br*.

épicer [epise] [16] *vt* **-1.** [plat] to spice. **-2.** [récit] to spice up.

épicerie [episri] *nf* **-1.** [magasin] grocer's (shop). **-2.** [denrées] groceries (*pl*); ~ **fine** delicatessen.

épicier, -ière [episje, jɛr] *nm, f* grocer.

épicurien, -ienne [epikyrjɛ̃, jɛn] ◇ *adj* epicurean. ◇ *nm, f* epicure.

épidémie [epidemi] *nf* epidemic.

épidémique [epidemik] *adj* contagious.

épiderme [epidɛrm] *nm* epidermis.

épidermique [epidɛrmik] *adj* [de l'épiderme] skin (*avant n*); **réaction** ~ *fig* kneejerk reaction.

épier [epje] [9] *vt* **-1.** [espionner] to spy on. **-2.** [observer] to look for.

épieu [epjø] *nm* **-1.** [de guerre] pike. **-2.** [de chasse] spear.

épigramme [epigram] *nf* epigram.

épilation [epilasjɔ̃] *nf* hair removal; ~ **à la cire** waxing.

épilepsie [epilɛpsi] *nf* epilepsy.

épileptique [epilɛptik] *nmf & adj* epileptic.

épiler [epile] [3] *vt* [jambes] to remove hair from; [sourcils] to pluck.

◆ **s'épiler** *vp*: **s'**~ **les jambes** to remove the hair from one's legs; **s'**~ **les sourcils** to pluck one's eyebrows.

épilogue [epilɔg] *nm* **-1.** [de roman] epilog *Am*, epilogue *Br*. **-2.** [d'affaire] outcome.

épiloguer [epilɔge] [3] *vi* to hold forth.

épinards [epinar] *nmpl* spinach (*U*); ~**s en branches** leaf spinach.

épine [epin] *nf* **-1.** [arbrisseau] thorn bush. **-2.** [piquant - de rosier] thorn; [- de hérisson] spine; **tirer une** ~ **du pied à qqn** *fig* to get sb out of a tight corner.

◆ **épine dorsale** *nf* backbone, spine.

épineux, -euse [epinø, øz] *adj* thorny.

épingle [epɛ̃gl] *nf* [instrument] pin; ~ **à cheveux** hairpin; ~ **à nourrice** OU **de sûreté** safety pin; **monter qqch en** ~ *fig* to blow sthg up; **tirer son** ~ **du jeu** *fig* to extricate o.s.; **tiré à quatre** ~**s** impeccably turned out.

épingler [epɛ̃gle] [3] *vt* **-1.** [fixer] to pin (up). **-2.** *fam fig* [arrêter] to nab, to nick *Br*.

épinière [epinjɛr] → **moelle.**

Épiphanie [epifani] *nf* Epiphany.

épique [epik] *adj* epic.

épiscopal, -e, -aux [episkɔpal, o] *adj* episcopal.

épiscopat [episkɔpa] *nm* episcopate.

épisiotomie [epizjɔtɔmi] *nf* episiotomy.

épisode [epizɔd] *nm* episode.

épisodique [epizɔdik] *adj* **-1.** [occasionnel] occasional. **-2.** [secondaire] minor.

épistémologie [epistemɔlɔʒi] *nf* epistemology.

épistolaire [epistɔlɛr] *adj* **-1.** [échange] of letters; **être en relations** ~**s avec qqn** to be in (regular) correspondence with sb. **-2.** [roman] epistolary.

épitaphe [epitaf] *nf* epitaph.

épithète [epitɛt] ◇ *nf* **-1.** GRAM attribute. **-2.** [qualificatif] term. ◇ *adj* attributive.

épître [epitr] *nf* epistle.

éploré, -e [eplɔre] *adj* [personne] in tears; [visage, air] tearful.

épluchage [eplyʃaʒ] *nm* **-1.** [de légumes] peeling. **-2.** [de textes] dissection; [de comptes] scrutiny.

épluche-légumes [eplyʃlegym] *nm inv* potato peeler.

éplucher [eplyʃe] [3] *vt* **-1.** [légumes] to peel. **-2.** [textes] to dissect; [comptes] to scrutinize.

épluchure [eplyʃyr] *nf* peelings (*pl*).

éponge [epɔ̃ʒ] *nf* sponge; **jeter l'**~ *fig* to throw in the towel; **passer l'**~ *fig* to wipe the slate clean.

éponger [epɔ̃ʒe] [17] *vt* **-1.** [liquide, déficit] to mop up. **-2.** [visage] to mop, to wipe.

◆ **s'éponger** *vp* [personne] to mop o.s.; **s'**~ **le front** to mop one's brow.

épopée [epɔpe] *nf* epic.

époque [epɔk] *nf* **-1.** [de l'année] time. **-2.** [de l'histoire] period; **à l'**~ at the time; **d'**~ period; **la Belle Époque** ≃ the Edwardian era. **-3.** GÉOL period, age.

épouiller [epuje] [3] *vt* to delouse.

époumoner [epumɔne] [3]

◆ **s'époumoner** *vp* to shout o.s. hoarse.

épouse → **époux.**

épouser [epuze] [3] *vt* **-1.** [personne] to marry. **-2.** [forme] to hug. **-3.** *fig* [idée, principe] to espouse.

épousseter [epuste] [27] *vt* to dust.

époustouflant, -e [epustuflɑ̃, ɑ̃t] *adj fam* amazing.

époustoufler [epustufle] [3] *vt fam* to flabbergast, to amaze.

épouvantable [epuvɑ̃tabl] *adj* dreadful.

épouvantail [epuvɑ̃taj] *nm* [à moineaux] scarecrow; *fig* bogeyman.

épouvante [epuvɑ̃t] *nf* terror, horror; **film d'~** horror film.

épouvanter [epuvɑ̃te] [3] *vt* to terrify.

époux, épouse [epu, epuz] *nm, f* spouse; **prendre pour ~** to marry.

éprendre [eprɑ̃dr] [79]
◆ **s'éprendre** *vp sout*: **s'~ de** to fall in love with.

épreuve [eprœv] *nf* **-1.** [essai, examen] test; **à l'~ du feu** fireproof; **à l'~ des balles** bullet-proof; **mettre à l'~** to put to the test; **à toute ~** unfailing; **~ écrite/orale** written/oral test; **~ de force** *fig* trial of strength. **-2.** [malheur] ordeal. **-3.** SPORT event. **-4.** TYPO proof. **-5.** PHOT print.

épris, -e [epri, iz] ◇ *pp* → **éprendre**. ◇ *adj sout*: **~ de** in love with.

éprouvant, -e [epruvɑ̃, ɑ̃t] *adj* testing, trying.

éprouvé, -e [epruve] *adj* **-1.** [méthode] tried and tested. **-2.** [personne] sorely tried.

éprouver [epruve] [3] *vt* **-1.** [tester] to test. **-2.** [ressentir] to feel. **-3.** [faire souffrir] to distress; **être éprouvé par** to be afflicted by. **-4.** [difficultés, problèmes] to experience.

éprouvette [epruvɛt] *nf* **-1.** [tube à essai] test tube. **-2.** [échantillon] sample.

EPS (*abr de* **éducation physique et sportive**) *nf* PE.

épuisant, -e [epɥizɑ̃, ɑ̃t] *adj* exhausting.

épuisé, -e [epɥize] *adj* **-1.** [personne, corps] exhausted; **~ de fatigue** exhausted. **-2.** [marchandise] sold out, out of stock; [livre] out of print.

épuisement [epɥizmɑ̃] *nm* exhaustion; **jusqu'à ~ des stocks** while stocks last.

épuiser [epɥize] [3] *vt* to exhaust.

épuisette [epɥizɛt] *nf* landing net.

épuration [epyrasjɔ̃] *nf* **-1.** [des eaux] purification. **-2.** POLIT purge.

épure [epyr] *nf* technical drawing.

épurer [epyre] [3] *vt* **-1.** [eau, huile] to purify. **-2.** POLIT to purge. **-3.** *fig* [langage] to refine.

équarrir [ekarir] [32] *vt* **-1.** [animal] to cut up. **-2.** [poutre] to square. **-3.** *fig* [personne]: **mal équarri** rough, crude.

équateur [ekwatœr] *nm* equator.

Équateur [ekwatœr] *nm*: **l'~** Ecuador.

équation [ekwasjɔ̃] *nf* equation; **~ du premier/second degré** simple/quadratic equation.

équatorial, -e, -iaux [ekwatɔrjal, jo] *adj* equatorial.

équatorien, -ienne [ekwatɔrjɛ̃, jɛn] *adj* Ecuadoran, Ecuadorian.

◆ **Équatorien, -ienne** *nm, f* Ecuadoran, Ecuadorian.

équerre [ekɛr] *nf* [instrument] set square; [- en T] T-square; **en ~** at right angles.

équestre [ekɛstr] *adj* equestrian.

équeuter [ekøte] [3] *vt* to remove the stalk OU stalks from.

équidistance [ekɥidistɑ̃s] *nf* equidistance; **à ~ de ... et de ...** equidistant between ... and ....

équidistant, -e [ekɥidistɑ̃, ɑ̃t] *adj* equidistant.

équilatéral, -e, -aux [ekɥilateral, o] *adj* equilateral.

équilibre [ekilibr] *nm* **-1.** [gén] balance; **en ~** balanced; **perdre l'~** to lose one's balance. **-2.** [psychique] stability.

équilibré, -e [ekilibre] *adj* **-1.** [personne] well-balanced. **-2.** [vie] stable. **-3.** ARCHIT: **aux proportions ~es** well-proportioned.

équilibrer [ekilibre] [3] *vt* to balance.
◆ **s'équilibrer** *vp* to balance each other out.

équilibriste [ekilibrist] *nmf* tightrope walker.

équipage [ekipaʒ] *nm* crew.

équipe [ekip] *nf* team; **d'~** team (*avant n*); **faire ~ avec** to team up with; **travailler en ~** to work together OU as a team; **~ de secours** rescue team.

équipée [ekipe] *nf* **-1.** [aventure] venture. **-2.** [promenade] outing.

équipement [ekipmɑ̃] *nm* **-1.** [matériel] equipment. **-2.** [aménagement] facilities (*pl*); **plan d'~ national** national development plan; **~s sportifs/scolaires** sports/educational facilities.

équiper [ekipe] [3] *vt* **-1.** [navire, armée] to equip. **-2.** [personne, local] to equip, to fit out; **~ qqn/qqch de** to equip sb/sthg with, to fit sb/sthg out with.
◆ **s'équiper** *vp*: **s'~ (de)** to equip o.s. (with).

équipier, -ière [ekipje, jɛr] *nm, f* team member.

équitable [ekitabl] *adj* fair.

équitablement [ekitabləmɑ̃] *adv* fairly.

équitation [ekitasjɔ̃] *nf* riding, horse-riding; **faire de l'~** to go riding OU horse-riding, to ride.

équité [ekite] *nf* fairness.

équivalent, -e [ekivalɑ̃, ɑ̃t] *adj* equivalent.
◆ **équivalent** *nm* equivalent.

équivaloir [ekivalwar] [60] *vi*: **~ à** to be equivalent to.

équivalu [ekivaly] *pp inv* → **équivaloir**.

équivaut → équivaloir.

équivoque [ekivɔk] ◇ *adj* **-1.** [ambigu] ambiguous. **-2.** [mystérieux] dubious. ◇ *nf* ambiguity; **sans ~** unequivocal (*adj*), unequivocally (*adv*).

érable [erabl] *nm* maple.

érablière [erablijɛr] *nf* maple grove, sugar bush *Am*.

éradication [eradikasjɔ̃] *nf* **-1.** [suppression] eradication. **-2.** [ablation] removal.

éradiquer [eradike] [3] *vt* to eradicate.

érafler [erafle] [3] *vt* **-1.** [peau] to scratch. **-2.** [mur, voiture] to scrape.
◆ **s'érafler** *vp* to scratch o.s.

éraflure [eraflyr] *nf* **-1.** [de peau] scratch. **-2.** [de mur, voiture] scrape.

éraillé, -e [eraje] *adj* [voix] hoarse.

ère [ɛr] *nf* era; **l'an 813 de notre ~** the year 813 A.D.

érection [erɛksjɔ̃] *nf* erection; **en ~** erect.

éreintant, -e [erɛ̃tɑ̃, ɑ̃t] *adj* exhausting.

éreinter [erɛ̃te] [3] *vt* **-1.** [fatiguer] to exhaust. **-2.** [critiquer] to pull to pieces.

érémiste [eremist] *nmf fam person entitled to RMI benefit.*

ergonomique [ɛrgɔnɔmik] *adj* ergonomic.

ergot [ɛrgo] *nm* **-1.** [de coq] spur; **se dresser sur ses ~s** to get one's hackles up. **-2.** [de mammifère] dewclaw. **-3.** [de blé] ergot.

ergoter [ɛrgɔte] [3] *vi* to quibble.

ériger [eriʒe] [17] *vt* **-1.** [monument] to erect. **-2.** [tribunal] to set up. **-3.** *fig* [transformer]: **~ qqn en** to set sb up as.
◆ **s'ériger** *vp*: **s'~ en** to set o.s. up as.

ermite [ɛrmit] *nm* hermit.

éroder [erɔde] [3] *vt* to erode.

érogène [erɔʒɛn] *adj* erogenous.

érosion [erozjɔ̃] *nf* erosion.

érotique [erɔtik] *adj* erotic.

érotisme [erɔtism] *nm* eroticism.

errance [ɛrɑ̃s] *nf* wandering.

errant, -e [ɛrɑ̃, ɑ̃t] *adj* [chien, chat] stray (*avant n*).

erratum [eratɔm] (*pl* **errata** [erata]) *nm* erratum.

errements [ɛrmɑ̃] *nmpl* bad habits.

errer [ɛre] [4] *vi* to wander.

erreur [ɛrœr] *nf* mistake; **par ~** by mistake; **sauf ~ de ma part** unless I'm mistaken; **faire ~** to be mistaken; **faire une ~** to make a mistake; **~ judiciaire** miscarriage of justice.

erroné, -e [ɛrɔne] *adj sout* wrong.

ersatz [ɛrzats] *nm inv* ersatz.

éructer [erykte] [3] *vi* to belch.

érudit, -e [erydi, it] ◇ *adj* erudite, learned. ◇ *nm, f* learned person.

érudition [erydisjɔ̃] *nf* learning, erudition.

éruption [erypsjɔ̃] *nf* **-1.** MÉD rash. **-2.** [de volcan] eruption.

es → être.

ès [ɛs] *prép* of (*in certain titles*); **docteur ~ lettres** ≃ PhD, doctor of philosophy.

E/S (*abr de* **entrée/sortie**) I/O.

ESA, Esa [eza] (*abr de* **European Space Agency**) *nf* ESA.

esbroufe [ɛzbruf] *nf fam* showing-off; **faire de l'~** to show off.

escabeau, -x [ɛskabo] *nm* **-1.** [échelle] stepladder. **-2.** *vieilli* [tabouret] stool.

escadre [ɛskadr] *nf* **-1.** [navires] fleet. **-2.** [avions] wing.

escadrille [ɛskadrij] *nf* **-1.** [navires] flotilla. **-2.** [avions] flight.

escadron [ɛskadrɔ̃] *nm* squadron.

escalade [ɛskalad] *nf* **-1.** [de montagne, grille] climbing. **-2.** [des prix, de violence] escalation.

escalader [ɛskalade] [3] *vt* to climb.

escale [ɛskal] *nf* **-1.** [lieu - pour navire] port of call; [- pour avion] stopover. **-2.** [arrêt - de navire] call; [- d'avion] stopover, stop; **~ technique** refuelling stop; **faire ~ à** [navire] to put in at, to call at; [avion] to stop over at.

escalier [ɛskalje] *nm* stairs (*pl*); **descendre/monter l'~** to go downstairs/upstairs; **~ en colimaçon** spiral staircase; **~ de secours** fire escape; **~ de service** backstairs; **~ roulant** OU **mécanique** escalator.

escalope [ɛskalɔp] *nf* escalope.

escamotable [ɛskamɔtabl] *adj* **-1.** [train d'atterrissage] retractable; [antenne] telescopic. **-2.** [table] folding.

escamoter [ɛskamɔte] [3] *vt* **-1.** [faire disparaître] to make disappear. **-2.** [voler] to lift. **-3.** [rentrer] to retract. **-4.** [phrase, mot] to swallow. **-5.** [éluder - question] to evade; [- objection] to get round.

escampette [ɛskɑ̃pɛt] → poudre.

escapade [ɛskapad] *nf* **-1.** [voyage] outing. **-2.** [fugue] escapade.

escarbille [ɛskarbij] *nf* cinder.

escargot [ɛskargo] *nm* snail; **comme un ~** [très lentement] at a snail's pace.

escarmouche [ɛskarmuʃ] *nf* skirmish.

escarpé, -e [ɛskarpe] *adj* steep.

escarpement [ɛskarpəmɑ̃] *nm* **-1.** [de pente] steep slope. **-2.** GÉOGR escarpment.

escarpin [ɛskarpɛ̃] *nm* pump *Am*, court shoe *Br*.

escarre [ɛskar] *nf* bedsore, pressure sore.

Escaut [ɛsko] *nm*: l'~ the River Scheldt.

escient [esjɑ̃] *nm*: à bon ~ advisedly; à mauvais ~ ill-advisedly.

esclaffer [ɛsklafe] [3]
◆ **s'esclaffer** *vp* to burst out laughing.

esclandre [ɛsklɑ̃dr] *nm sout* scene; **faire un** ~ to make a scene.

esclavage [ɛsklavaʒ] *nm* slavery.

esclavagisme [ɛsklavaʒism] *nm* slavery.

esclave [ɛsklav] ◇ *nmf* slave. ◇ *adj*: être ~ de to be a slave to.

escogriffe [ɛskɔɡrif] *nm fam*: un grand ~ a beanpole.

escompte [ɛskɔ̃t] *nm* discount.

escompter [ɛskɔ̃te] [3] *vt* -1. [prévoir] to count on. -2. FIN to discount.

escorte [ɛskɔrt] *nf* escort.

escorter [ɛskɔrte] [3] *vt* to escort.

escouade [ɛskwad] *nf* squad.

escrime [ɛskrim] *nf* fencing.

escrimer [ɛskrime] [3]
◆ **s'escrimer** *vp*: s'~ à faire qqch to work (away) at doing sthg.

escroc [ɛskro] *nm* swindler.

escroquer [ɛskrɔke] [3] *vt* to swindle; ~ qqch à qqn to swindle sb out of sthg.

escroquerie [ɛskrɔkri] *nf* swindle, swindling (U).

eskimo, Eskimo → esquimau.

ésotérique [ezɔterik] *adj* esoteric.

espace [ɛspas] *nm* space; ~ publicitaire advertising space; ~ vert green space, green area; ~ vital living space.

espacement [ɛspasmɑ̃] *nm* -1. [spatial] spacing. -2. [temporel] spacing out.

espacer [ɛspase] [16] *vt* -1. [dans l'espace] to space out. -2. [dans le temps - visites] to space out; [- paiements] to spread out.
◆ **s'espacer** *vp* to become less frequent.

espadon [ɛspadɔ̃] *nm* -1. [poisson] swordfish. -2. [épée] two-handed sword.

espadrille [ɛspadrij] *nf* espadrille.

Espagne [ɛspaɲ] *nf*: l'~ Spain.

espagnol, -e [ɛspaɲɔl] *adj* Spanish.
◆ **espagnol** *nm* [langue] Spanish.
◆ **Espagnol, -e** *nm, f* Spaniard; les Espagnols the Spanish.

espagnolette [ɛspaɲɔlɛt] *nf* latch (for window or shutter).

espalier [ɛspalje] *nm* -1. [arbre] espalier. -2. SPORT wall bars (pl).

espèce [ɛspɛs] *nf* -1. BIOL, BOT & ZOOL species. -2. [sorte] kind, sort; ~ d'idiot! you

stupid fool! -3. [circonstance]: en l'~ *littéraire* in the case in point.
◆ **espèces** *nfpl* cash; payer en ~s to pay (in) cash.

espérance [ɛsperɑ̃s] *nf* hope; ~ de vie life expectancy.

espéranto [ɛsperɑ̃to] *nm* Esperanto.

espérer [ɛspere] [18] ◇ *vt* to hope for; ~ que to hope (that); ~ faire qqch to hope to do sthg. ◇ *vi* to hope; ~ en qqn/qqch to trust in sb/sthg.

espiègle [ɛspjɛɡl] *adj* mischievous.

espièglerie [ɛspjɛɡlɔri] *nf* -1. [malice] mischievousness. -2. [tour, farce] prank.

espion, -ionne [ɛspjɔ̃, jɔn] *nm, f* spy.

espionnage [ɛspjɔnaʒ] *nm* spying; ~ industriel industrial espionage.

espionner [ɛspjɔne] [3] *vt* to spy on.

esplanade [ɛsplanad] *nf* esplanade.

espoir [ɛspwar] *nm* hope; avoir bon ~ que to be confident that; nourrir l'~ de faire qqch to live in hope of doing sthg; sans ~ hopeless; sans ~ de without hope of.

esprit [ɛspri] *nm* -1. [entendement, personne, pensée] mind; avoir l'~ mal tourné to have a dirty OU filthy mind; être large d'~ to be broad-minded; ouvrir l'~ de qqn to open sb's eyes; reprendre ses ~s to recover; venir à l'~ de qqn to cross sb's mind. -2. [attitude] spirit; ~ de compétition competitive spirit; ~ de contradiction argumentative nature, contrariness; ~ critique critical acumen; ~ d'équipe team spirit. -3. [humour] wit; faire de l'~ to try to be funny. -4. [fantôme] spirit, ghost.

esquif [ɛskif] *nm littéraire* skiff.

esquimau, -aude, -aux, eskimo [ɛskimo, od] *adj* Eskimo.
◆ **esquimau, eskimo** *nm* [langue] Eskimo.
◆ **Esquimau, -aude** *nm, f*, **Eskimo** *nmf* Eskimo *(beware: the term 'Esquimau', like its English equivalent, is often considered offensive in North America. The term 'Inuit' is preferred).*

Esquimau®, -x [ɛskimo] *nm inv*: ~ (glacé) ice cream on a stick.

esquinter [ɛskɛ̃te] [3] *vt fam* -1. [abîmer] to ruin. -2. [critiquer] to pan, to slate *Br*.
◆ **s'esquinter** *vp*: s'~ à faire qqch to kill o.s. doing sthg.

esquisse [ɛskis] *nf* [croquis] sketch; *fig* [de projet] outline; *fig* [de geste, sourire] trace.

esquisser [ɛskise] [3] *vt* to sketch; ~ un sourire *fig* to give a half-smile.
◆ **s'esquisser** *vp* to take shape.

esquiver [ɛskive] [3] *vt* to dodge.
◆ **s'esquiver** *vp* to slip away.

essai [ese] *nm* **-1.** [vérification] test, testing (*U*); **à l'~** on trial. **-2.** [tentative] attempt. **-3.** [étude]: **~ (sur)** essay (on). **-4.** RUGBY try.

essaie, essaies *etc* → essayer.

essaim [esɛ̃] *nm litt* & *fig* swarm.

essaimer [eseme] [4] *vi* to swarm; *fig* to spread.

essayage [esɛjaʒ] *nm* fitting.

essayer [eseje] [11] *vt* to try; **~ de faire qqch** to try to do sthg; **essaie un peu, pour voir!** go on then, why don't you try?
◆ **s'essayer** *vp*: **s'~ à qqch/à faire qqch** to try one's hand at sthg/at doing sthg.

ESSEC, Essec [esɛk] (*abr de* **École supérieure des sciences économiques et commerciales**) *nf grande école for management and business studies.*

essence [esɑ̃s] *nf* **-1.** [fondement, de plante] essence; **par ~** *sout* in essence. **-2.** [carburant] gas *Am*, petrol *Br*; **prendre de l'~** to get some petrol. **-3.** [d'arbre] species.

essentiel, -ielle [esɑ̃sjɛl] *adj* **-1.** [indispensable] essential. **-2.** [fondamental] basic.
◆ **essentiel** *nm* **-1.** [point]: **l'~** [le principal] the essential OU main thing; **les essentials** (*pl*); **l'~ est que** (+ *subjonctif*) the essential OU main thing is that. **-2.** [quantité]: **l'~ de** the main OU greater part of.

essentiellement [esɑ̃sjɛlmɑ̃] *adv* **-1.** [avant tout] above all. **-2.** [par essence] essentially.

esseulé, -e [esœle] *adj littéraire* forsaken.

essieu, -x [esjø] *nm* axle.

essor [esɔr] *nm* flight, expansion, boom; **en plein ~** booming; **prendre son ~** to take flight; *fig* to take off.

essorage [esɔraʒ] *nm* [manuel, à rouleaux] wringing (out); [à la machine] spin-drying.

essorer [esɔre] [3] *vt* [à la main, à rouleaux] to wring out; [à la machine] to spin-dry; [salade] to spin, to dry.

essoreuse [esɔrøz] *nf* [à rouleaux] mangle; [électrique] spin-dryer; [à salade] salad spinner.

essouffler [esufle] [3] *vt* to make breathless.
◆ **s'essouffler** *vp* to be breathless OU out of breath; *fig* to run out of steam.

essuie, essuies *etc* → essuyer.

essuie-glace [esɥiglas] (*pl* essuie-glaces) *nm* windshield wiper *Am*, windscreen wiper *Br*.

essuie-mains [esɥimɛ̃] *nm inv* hand towel.

essuie-tout [esɥitu] *nm inv* kitchen roll.

essuyer [esɥije] [14] *vt* **-1.** [sécher] to dry. **-2.** [nettoyer] to dust. **-3.** *fig* [subir] to suffer.
◆ **s'essuyer** *vp* to dry o.s.

est[1] [ɛst] ◇ *nm* east; **un vent d'~** an easterly wind; **le vent d'~** the east wind; **à l'~** in the east; **à l'~ (de)** to the east (of). ◇ *adj inv* east; [province, région] eastern.

est[2] [ɛ] → être.

establishment [establiʃmɛnt] *nm*: **l'~** the Establishment.

estafette [estafɛt] *nf* dispatch-rider; MIL liaison officer.

estafilade [estafilad] *nf* slash, gash.

est-allemand, -e [ɛstalmɑ̃, ɑ̃d] *adj* East German.

estaminet [estaminɛ] *nm* ≃ inn.

estampe [estɑ̃p] *nf* print.

estamper [estɑ̃pe] [3] *vt* **-1.** [monnaie] to mint. **-2.** *fam* [escroquer] to fleece.

estampille [estɑ̃pij] *nf* stamp.

est-ce que [ɛskə] *adv interrogatif*: **est-ce qu'il fait beau?** is the weather good?; **~ vous aimez l'accordéon?** do you like the accordion?; **où ~ tu es?** where are you?

esthète [ɛstɛt] ◇ *nmf* aesthete. ◇ *adj* aesthetic.

esthéticien, -ienne [ɛstetisjɛ̃, jɛn] *nm, f* **-1.** [spécialiste] beautician. **-2.** PHILO aesthetician.

esthétique [ɛstetik] ◇ *nf*: **l'~** aesthetics (*U*). ◇ *adj* **-1.** [relatif à la beauté] aesthetic. **-2.** [harmonieux] attractive.

estimable [ɛstimabl] *adj* **-1.** [digne d'estime] honorable, respected. **-2.** [évaluable]: **facilement/difficilement ~** easy/difficult to estimate.

estimatif, -ive [ɛstimatif, iv] *adj* estimated.

estimation [ɛstimasjɔ̃] *nf* estimate, estimation.

estime [ɛstim] *nf* respect, esteem; **avoir de l'~ pour qqn** to respect sb.

estimer [ɛstime] [3] *vt* **-1.** [expertiser] to value. **-2.** [évaluer] to estimate; **j'estime la durée du voyage à 2 heures** I reckon the journey time is 2 hours. **-3.** [respecter] to respect. **-4.** [penser]: **~ que** to feel (that).
◆ **s'estimer** *vp* to consider o.s.

estival, -e, -aux [ɛstival, o] *adj* summer (*avant n*).

estivant, -e [ɛstivɑ̃, ɑ̃t] *nm, f* (summer) vacationer *Am* OU holiday-maker *Br*.

estocade [ɛstɔkad] *nf* death blow.

estomac [ɛstɔma] *nm* **-1.** ANAT stomach; **avoir l'~ barbouillé** to feel sick; **avoir un ~ d'autruche** *fig* to have a cast-iron digestion; **avoir l'~ dans les talons** *fig* to be starving. **-2.** [culot, cran] nerve.

estomaquer [ɛstɔmake] [3] *vt fam* to stagger.

estomper [ɛstɔ̃pe] [3] *vt* to blur; *fig* [douleur] to lessen.

◆ **s'estomper** *vp* to become blurred; *fig* [douleur] to lessen.

Estonie [ɛstɔni] *nf*: l'~ Estonia.

estonien, -ienne [ɛstɔnjɛ̃, jɛn] *adj* Estonian.

◆ **estonien** *nm* [langue] Estonian.

◆ **Estonien, -ienne** *nm, f* Estonian.

estrade [ɛstrad] *nf* dais.

estragon [ɛstragɔ̃] *nm* tarragon.

estropié, -e [ɛstrɔpje] ◇ *adj* crippled. ◇ *nm, f* cripple.

estropier [ɛstrɔpje] [9] *vt* [personne] to cripple; *fig* [nom, mot] to mispronounce.

◆ **s'estropier** *vp* to cripple o.s.

estuaire [ɛstyɛr] *nm* estuary.

estudiantin, -e [ɛstydjɑ̃tɛ̃, in] *adj* student (*avant n*).

esturgeon [ɛstyrʒɔ̃] *nm* sturgeon.

et [e] *conj* **-1.** [gén] and; ~ **moi**؟ what about me؟ **-2.** [dans les fractions et les nombres composés]: **vingt** ~ **un** twenty-one; **il y a deux ans** ~ **demi** two and a half years ago; **à deux heures** ~ **demie** at half past two.

ét. (*abr de* **étage**) fl.

ETA (*abr de* **Euskadi ta Askatasuna**) *nf* ETA.

étable [etabl] *nf* cowshed.

établi [etabli] *nm* workbench.

établir [etablir] [32] *vt* **-1.** [gén] to establish; [record] to set. **-2.** [dresser] to draw up.

◆ **s'établir** *vp* **-1.** [s'installer] to settle. **-2.** [créer son entreprise] to set o.s. up. **-3.** [s'instaurer] to become established.

établissement [etablismɑ̃] *nm* establishment; ~ **hospitalier** hospital; ~ **public** public body; ~ **scolaire** educational establishment.

étage [etaʒ] *nm* **-1.** [de bâtiment] story *Am*, storey *Br*, floor; **à l'**~ upstairs; **un immeuble à quatre** ~**s** a four-story *Am* OU four-storey *Br* block of flats; **au premier** ~ on the second floor *Am*, on the first floor *Br*. **-2.** [de fusée] stage. **-3.** [de terrain, placard] level. **-4.** [condition]: **de bas** ~ second-rate.

étager [etaʒe] [17] *vt* to arrange in tiers.

◆ **s'étager** *vp* to be terraced.

étagère [etaʒɛr] *nf* **-1.** [rayon] shelf. **-2.** [meuble] shelves (*pl*), set of shelves.

étain [etɛ̃] *nm* **-1.** [métal] tin; [alliage] pewter. **-2.** [objet] piece of pewter.

étais, était *etc* → **être**.

étal [etal] (*pl* **-s** OU **étaux** [eto]) *nm* **-1.** [éventaire] stall. **-2.** [de boucher] butcher's block.

étalage [etalaʒ] *nm* **-1.** [action, ensemble d'objets] display; **faire** ~ **de** *fig* to flaunt. **-2.** [devanture] window display.

étalagiste [etalaʒist] *nmf* **-1.** [décorateur] window-dresser. **-2.** [vendeur] stall-holder.

étalement [etalmɑ̃] *nm* **-1.** [dans l'espace] spreading out. **-2.** [dans le temps] staggering.

étaler [etale] [3] *vt* **-1.** [exposer] to display. **-2.** [étendre] to spread out. **-3.** [dans le temps] to stagger. **-4.** [mettre une couche de] to spread. **-5.** [exhiber] to parade.

◆ **s'étaler** *vp* **-1.** [s'étendre] to spread. **-2.** [dans le temps]: **s'**~ (**sur**) to be spread (over). **-3.** *fam* [s'avachir] to sprawl. **-4.** *fam* [tomber] to fall flat on one's face, to come a cropper *Br*.

étalon [etalɔ̃] *nm* **-1.** [cheval] stallion. **-2.** [mesure] standard; ~-**or** gold standard.

étalonner [etalɔne] [3] *vt* [graduer] to calibrate.

étamine [etamin] *nf* **-1.** [de fleur] stamen. **-2.** [tissu] muslin.

étanche [etɑ̃ʃ] *adj* watertight; [montre] waterproof.

étanchéité [etɑ̃ʃeite] *nf* watertightness.

étancher [etɑ̃ʃe] [3] *vt* **-1.** [sang, larmes] to stem (the flow of). **-2.** [rendre étanche] to make watertight. **-3.** [assouvir] to quench.

étang [etɑ̃] *nm* pond.

étant *participe présent* → **être**.

étape [etap] *nf* **-1.** [gén] stage; **brûler les** ~**s** *fig* to race ahead. **-2.** [halte] stop; **faire** ~ **à** to break one's journey at.

état [eta] *nm* **-1.** [manière d'être] state; **être en** ~ /**hors d'**~ **de faire qqch** to be in a/in no fit state to do sthg; **en bon/mauvais** ~ in good/poor condition; **en** ~ **d'ivresse** under the influence of alcohol; **en** ~ **de marche** in working order; **laisser les choses en l'**~ to leave things as they stand; **remettre en** ~ to repair; ~ **d'âme** mood; ~ **d'esprit** state of mind; ~ **de santé** (state of) health; **être dans un** ~ **second** to be in a daze; ~ **de siège** state of siege; ~ **stationnaire** stable condition; ~ **d'urgence** state of emergency; **être dans tous ses** ~**s** *fig* to be in a state. **-2.** [métier, statut] status; **de son** ~ by profession; ~ **civil** ADMIN ≃ marital status. **-3.** [inventaire - gén] inventory; [- de dépenses] statement; **faire** ~ **de qqch** to give an account of sthg; ~ **des lieux** *inventory and inspection of rented property*.

◆ **État** *nm* [nation] state; **l'État** the State; **État membre** member state; **les États du Golfe** the Gulf States.

◆ **en tout état de cause** *loc adv* in any case.

étatique [etatik] *adj* state (*avant n*).

étatiser [etatize] [3] *vt* to bring under state control.

étatisme [etatism] *nm* state control.

état-major [etamaʒɔr] (*pl* **états-majors**) *nm* **-1.** ADMIN & MIL staff; [de parti] leadership. **-2.** [lieu] headquarters (*pl*).

États-Unis [etazyni] *nmpl*: **les ~ (d'Amérique)** the United States (of America); **aux ~** in the United States.

étau [eto] *nm* vice.

étayer [eteje] [11] *vt* to prop up; *fig* to back up.

etc. (*abr de* et cætera) etc.

été [ete] ◇ *pp inv* → être. ◇ *nm* summer; **en ~** in (the) summer; **~ indien** Indian summer.

éteignais, éteignions *etc* → éteindre.

éteindre [etɛ̃dr] [81] *vt* **-1.** [incendie, bougie, cigarette] to put out; [radio, chauffage, lampe] to turn off, to switch off. **-2.** [soif] to quench. **-3.** JUR [annuler] to extinguish.
◆ **s'éteindre** *vp* **-1.** [feu, lampe] to go out. **-2.** [bruit, souvenir] to fade (away). **-3.** *fig & littéraire* [personne] to pass away. **-4.** [race] to die out.

éteint, -e [etɛ̃, ɛ̃t] ◇ *pp* → éteindre. ◇ *adj* **-1.** [couleur] faded. **-2.** [voix] faint; [regard] dull.

étendage [etɑ̃daʒ] *nm* hanging out.

étendard [etɑ̃dar] *nm* standard.

étendre [etɑ̃dr] [73] *vt* **-1.** [déployer] to stretch; [journal, linge] to spread (out). **-2.** [coucher] to lay. **-3.** [appliquer] to spread. **-4.** [accroître] to extend. **-5.** *fam fig* [candidat] to fail. **-6.** [diluer] to dilute; [sauce] to thin.
◆ **s'étendre** *vp* **-1.** [se coucher] to lie down. **-2.** [s'étaler au loin]: **s'~ (de/jusqu'à)** to stretch (from/as far as). **-3.** [croître] to spread. **-4.** [s'attarder]: **s'~ sur** to elaborate on.

étendu, -e [etɑ̃dy] ◇ *pp* → étendre. ◇ *adj* **-1.** [bras, main] outstretched. **-2.** [plaine, connaissances] extensive.
◆ **étendue** *nf* **-1.** [surface] area, expanse. **-2.** [durée] length. **-3.** [importance] extent. **-4.** MUS range.

éternel, -elle [etɛrnɛl] *adj* eternal; **ce ne sera pas ~** this won't last for ever.
◆ **Éternel** *nm*: **l'Éternel** the Eternal.

éternellement [etɛrnɛlmɑ̃] *adv* eternally.

éterniser [etɛrnize] [3] *vt* [prolonger] to drag out.
◆ **s'éterniser** *vp* **-1.** [se prolonger] to drag out. **-2.** *fam* [rester] to stay for ever.

éternité [etɛrnite] *nf* eternity; **il y a une ~**

que je ne t'ai pas vu I haven't seen you for ages.

éternuement [etɛrnymɑ̃] *nm* sneeze.

éternuer [etɛrnɥe] [7] *vi* to sneeze.

êtes → être.

étêter [etete] [4] *vt* to cut the head off.

éther [etɛr] *nm* ether.

éthéré, -e [etere] *adj* ethereal.

Éthiopie [etjɔpi] *nf*: **l'~** Ethiopia.

éthiopien, -ienne [etjɔpjɛ̃, jɛn] *adj* Ethiopian.
◆ **Éthiopien, -ienne** *nm, f* Ethiopian.

éthique [etik] ◇ *nf* ethics (*U ou pl*). ◇ *adj* ethical.

ethnie [ɛtni] *nf* ethnic group.

ethnique [ɛtnik] *adj* ethnic.

ethnographie [ɛtnɔgrafi] *nf* ethnography.

ethnologie [ɛtnɔlɔʒi] *nf* ethnology.

ethnologue [ɛtnɔlɔg] *nmf* ethnologist.

éthologie [etolɔʒi] *nf* ethology.

éthylique [etilik] ◇ *nmf* alcoholic. ◇ *adj* alcoholic; **alcool ~** ethyl alcohol, ethanol.

éthylisme [etilism] *nm* alcoholism.

étiez, étions *etc* → être.

étincelant, -e [etɛ̃slɑ̃, ɑ̃t] *adj* sparkling.

étinceler [etɛ̃sle] [24] *vi* to sparkle.

étincelle [etɛ̃sɛl] *nf* spark.

étioler [etjɔle] [3]
◆ **s'étioler** *vp* [plante] to wilt; [personne] to weaken; [mémoire] to go.

étique [etik] *adj littéraire* [plante] stunted; [personne] skinny.

étiqueter [etikte] [27] *vt litt & fig* to label.

étiquette [etikɛt] *nf* **-1.** [marque & *fig*] label. **-2.** [protocole] etiquette.

étirer [etire] [3] *vt* to stretch.
◆ **s'étirer** *vp* to stretch.

Etna [ɛtna] *nm*: **l'~** Mount Etna.

étoffe [etɔf] *nf* fabric, material; **avoir l'~ de** *fig* to have the makings of.

étoffer [etɔfe] [3] *vt* to flesh out.
◆ **s'étoffer** *vp* to fill out.

étoile [etwal] *nf* star; **l'~ du berger** the evening star; **~ filante** shooting star; **un trois ~s** a three-star hotel; **à la belle ~** *fig* under the stars; **être né sous une bonne ~** *fig* to be born under a lucky star.
◆ **étoile de mer** *nf* starfish.

étoilé, -e [etwale] *adj* **-1.** [ciel, nuit] starry; **la bannière ~e** the Star-Spangled Banner. **-2.** [vitre, pare-brise] shattered.

étole [etɔl] *nf* stole.

étonnamment [etɔnamɑ̃] *adv* astonishingly.

étonnant, -e [etɔnɑ̃, ɑ̃t] *adj* astonishing.

étonné, -e [etɔne] *adj* surprised, astonished.

étonnement [etɔnmɑ̃] *nm* astonishment, surprise; **au grand ~ de** to the great astonishment of.

étonner [etɔne] [3] *vt* to surprise, to astonish; **ça m'étonnerait!** I'd be (very) surprised!

◆ **s'étonner** *vp*: **s'~ (de)** to be surprised (by); **s'~ que** (+ *subjonctif*) to be surprised (that).

étouffant, -e [etufɑ̃, ɑ̃t] *adj* stifling.

étouffée [etufe]

◆ **à l'étouffée** *loc adv* steamed; [viande] braised; **faire cuire à l'~** to steam; [viande] to braise.

étouffement [etufmɑ̃] *nm* -1. [asphyxie] suffocation. -2. [répression] suppression.

étouffer [etufe] [3] ◇ *vt* -1. [gén] to stifle. -2. [asphyxier] to suffocate. -3. [feu] to smother. -4. [scandale, révolte] to suppress. ◇ *vi* to suffocate.

◆ **s'étouffer** *vp* -1. [s'étrangler] to choke. -2. *fig* [se presser, s'écraser] to stifle.

étouffoir [etufwar] *nm fam* oven.

étourderie [eturdəri] *nf* -1. [distraction] thoughtlessness. -2. [bévue] careless mistake; [acte irréfléchi] thoughtless act.

étourdi, -e [eturdi] ◇ *adj* scatterbrained. ◇ *nm, f* scatterbrain.

étourdiment [eturdimɑ̃] *adv* without thinking.

étourdir [eturdir] [32] *vt* -1. [assommer] to daze. -2. [fatiguer] to wear out.

◆ **s'étourdir** *vp* to be OU become dazed; **s'~ de** to get drunk on.

étourdissant, -e [eturdisɑ̃, ɑ̃t] *adj* -1. [fatigant] wearing. -2. [sensationnel] stunning.

étourdissement [eturdismɑ̃] *nm* dizzy spell.

étourneau, -x [eturno] *nm* starling.

étrange [etrɑ̃ʒ] *adj* strange.

étrangement [etrɑ̃ʒmɑ̃] *adv* strangely.

étranger, -ère [etrɑ̃ʒe, ɛr] ◇ *adj* -1. [gén] foreign. -2. [différent, isolé] unknown, unfamiliar; **être ~ à qqn** to be unknown to sb; **être ~ à qqch** to have no connection with sthg; **se sentir ~** to feel like an outsider. ◇ *nm, f* -1. [de nationalité différente] foreigner. -2. [inconnu] stranger. -3. [exclu] outsider.

◆ **étranger** *nm*: **l'~** foreign countries (*pl*); **à l'~** abroad.

étrangeté [etrɑ̃ʒte] *nf* strangeness.

étranglement [etrɑ̃gləmɑ̃] *nm* -1. [strangulation] strangulation. -2. [rétrécissement] constriction.

étrangler [etrɑ̃gle] [3] *vt* -1. [gén] to choke. -2. [stranguler] to strangle. -3. [réprimer] to stifle. -4. [serrer] to constrict.

◆ **s'étrangler** *vp* -1. [s'étouffer] to choke. -2. [sanglots] to catch.

étrave [etrav] *nf* stem.

être [ɛtr] [2] ◇ *nm* being; **les ~s vivants/ humains** living/human beings.

◇ *v aux* -1. [pour les temps composés] to have/to be; **il est parti hier** he left yesterday; **il est déjà arrivé** he has already arrived; **il est né en 1952** he was born in 1952. -2. [pour le passif] to be; **la maison a été vendue** the house has been OU was sold.

◇ *v attr* -1. [état] to be; **il est grand/ heureux** he's tall/happy; **la maison est blanche** the house is white; **il est médecin** he's a doctor; **sois sage!** be good! -2. [possession]: **~ à qqn** to be sb's, to belong to sb; **c'est à vous, cette voiture?** is this your car?, is this car yours?; **cette maison est à lui/eux** this house is his/theirs, this is his/ their house.

◇ *v impers* -1. [exprimant le temps]: **quelle heure est-il?** what time is it?, what's the time?; **il est dix heures dix** it's ten after ten *Am*, it's ten past ten *Br*. -2. [suivi d'un adjectif]: **il est ...**, it is ...; **il est inutile de** it's useless to; **il serait bon de/que** it would be good to/if, it would be a good idea to/if.

◇ *vi* -1. [exister] to be; **n'~ plus** *sout* [être décédé] to be no more. -2. [indique une situation, un état] to be; **il est à Paris** he's in Paris; **nous sommes au printemps/en été** it's spring/summer. -3. [indiquant une origine]: **il est de Paris** he's from Paris.

◆ **être à** *v + prép* -1. [indiquant une obligation]: **c'est à vérifier** it needs to be checked; **cette chemise est à laver** this shirt needs washing; **c'est à voir** that remains to be seen. -2. [indiquant une continuité]: **il est toujours à ne rien faire** he never does a thing; **il est toujours à s'inquiéter** he's always worrying.

étreindre [etrɛ̃dr] [81] *vt* -1. [embrasser] to hug, to embrace. -2. *fig* [tenailler] to grip, to clutch.

◆ **s'étreindre** *vp* to embrace each other.

étreinte [etrɛ̃t] *nf* -1. [enlacement] embrace. -2. [pression] stranglehold.

étrenner [etrene] [4] *vt* to use for the first time.

étrennes [etrɛn] *nfpl* Christmas box (*sg*).

étrier [etrije] *nm* stirrup.

étriller [etrije] [3] *vt* **-1.** [cheval] to curry. **-2.** [personne] to wipe the floor with; [film] to tear to pieces.

étriper [etripe] [3] *vt* **-1.** [animal] to disembowel. **-2.** *fam fig* [tuer] to murder.

◆ **s'étriper** *vp fam* to tear each other to pieces.

étriqué, -e [etrike] *adj* **-1.** [vêtement] tight; [appartement] cramped. **-2.** [mesquin] narrow.

étroit, -e [etrwa, at] *adj* **-1.** [gén] narrow; **être à l'~** to be cramped. **-2.** [intime] close. **-3.** [serré] tight.

étroitement [etrwatmã] *adv* closely.

étroitesse [etrwatɛs] *nf* narrowness; **~ d'esprit** *fig* narrow-mindedness.

étude [etyd] *nf* **-1.** [gén] study; **à l'~** under consideration; **~ de faisabilité** feasibility study; **~ de marché** market research (*U*). **-2.** [de notaire - local] office; [- charge] practice. **-3.** MUS étude.

◆ **études** *nfpl* studies; **faire des ~s** to study; **~s primaires/secondaires** primary/secondary education (*U*).

étudiant, -e [etydjã, ãt] ◇ *adj* student (*avant n*). ◇ *nm, f* student.

étudié, -e [etydje] *adj* studied.

étudier [etydje] [9] *vt* to study.

étui [etɥi] *nm* case; **~ à cigarettes/lunettes** cigarette/glasses case.

étuve [etyv] *nf* **-1.** [local] steam room; *fig* oven. **-2.** [appareil] sterilizer.

étuvée [etyve]

◆ **à l'étuvée** *loc adv* braised; **faire cuire à l'~** to braise.

étymologie [etimɔlɔʒi] *nf* etymology.

étymologique [etimɔlɔʒik] *adj* etymological.

eu, -e [y] *pp* → **avoir.**

E-U, E-U A (*abr de* **États-Unis (d'Amérique)**) *nmpl* US, USA.

eucalyptus [økaliptys] *nm* eucalyptus.

eucharistie [økaristi] *nf* Eucharist.

euh [ø] *interj* er.

eunuque [ønyk] *nm* eunuch.

euphémisme [øfemism] *nm* euphemism; **par ~** euphemistically.

euphorie [øfɔri] *nf* euphoria.

euphorique [øfɔrik] *adj* euphoric.

euphorisant, -e [øfɔrizã, ãt] *adj* exhilarating.

◆ **euphorisant** *nm* antidepressant.

eurasien, -ienne [ørazjɛ̃, jɛn] *adj* Eurasian.

◆ **Eurasien, -ienne** *nm, f* Eurasian.

eurent → **avoir.**

eurocentrisme [ørɔsãtrism] *nm* Eurocentrism.

eurocrate [ørɔkrat] *nmf* Eurocrat.

eurodéputé [ørodepyte] *nm* Euro MP.

eurodevise [ørɔdəviz] *nf* Eurocurrency.

eurodollar [ørɔdɔlar] *nm* Eurodollar.

euromissile [ørɔmisil] *nm* Euromissile.

Europe [ørɔp] *nf*: **l'~** Europe; **l'~ centrale** Central Europe; **l'~ de l'Est** Eastern Europe; **ils ont parlé de l'~ verte** they discussed agriculture in the EC.

européen, -enne [ørɔpeɛ̃, ɛn] *adj* European.

◆ **Européen, -enne** *nm, f* European.

Eurovision® [ørovizjɔ̃] *nf inv* Eurovision®.

eus, eut *etc* → **avoir.**

eût → **avoir.**

euthanasie [øtanazi] *nf* euthanasia.

eux [ø] *pron pers* **-1.** [sujet] they; **ce sont ~ qui me l'ont dit** they're the ones who told me. **-2.** [complément] them.

◆ **eux-mêmes** *pron pers* themselves.

eV (*abr de* **électron-volt**) eV.

évacuation [evakɥasjɔ̃] *nf* **-1.** [gén] evacuation. **-2.** [de liquide] draining.

évacuer [evakɥe] [7] *vt* **-1.** [gén] to evacuate. **-2.** [liquide] to drain.

évadé, -e [evade] *nm, f* escaped prisoner.

évader [evade] [3]

◆ **s'évader** *vp*: **s'~ (de)** to escape (from).

évaluation [evalɥasjɔ̃] *nf* [action] valuation; [résultat] estimate.

évaluer [evalɥe] [7] *vt* [distance] to estimate; [tableau] to value; [risque] to assess.

évanescent, -e [evanesã, ãt] *adj* fleeting.

évangélique [evãʒelik] *adj* evangelical.

évangélisation [evãʒelizasjɔ̃] *nf* evangelizing.

évangéliser [evãʒelize] [3] *vt* to evangelize.

évangéliste [evãʒelist] *nm* **-1.** [auteur] Evangelist. **-2.** [prédicateur] evangelist.

évangile [evãʒil] *nm* gospel; **l'Évangile selon Saint Jean** the Gospel according to St. John.

évanouir [evanwir] [32]

◆ **s'évanouir** *vp* **-1.** [défaillir] to faint. **-2.** [disparaître] to fade.

évanouissement [evanwismã] *nm* **-1.** [syncope] fainting fit. **-2.** [disparition] fading.

évaporation [evapɔrasjɔ̃] *nf* evaporation.

évaporer [evapɔre] [3]

◆ **s'évaporer** *vp* to evaporate.

évasé, -e [evaze] *adj* flared.

évaser [evaze] [3] *vt* to flare.

◆ **s'évaser** *vp* to flare.

évasif, -ive [evazif, iv] *adj* evasive.

évasion [evazjɔ̃] *nf* escape.

évasivement [evazivmɑ̃] *adv* evasively.

évêché [eveʃe] *nm* [territoire] diocese; [résidence] bishop's palace.

éveil [evɛj] *nm* awakening; **en ~** on the alert.

éveillé, -e [eveje] *adj* **-1.** [qui ne dort pas] wide awake. **-2.** [vif, alerte] alert.

éveiller [eveje] [4] *vt* to arouse; [intelligence, dormeur] to awaken.

◆ **s'éveiller** *vp* **-1.** [dormeur] to wake, to awaken. **-2.** [curiosité] to be aroused. **-3.** [esprit, intelligence] to be awakened. **-4.** [s'ouvrir]: **s'~ à qqch** to discover sthg.

événement [evɛnmɑ̃] *nm* event.

événementiel, -ielle [evɛnmɑ̃sjɛl] *adj* [historie] factual.

éventail [evɑ̃taj] *nm* **-1.** [objet] fan; **en ~** fan-shaped. **-2.** [choix] range.

éventaire [evɑ̃tɛr] *nm* **-1.** [étalage] stall, stand. **-2.** [corbeille] tray.

éventé, -e [evɑ̃te] *adj* stale.

éventer [evɑ̃te] [3] *vt* **-1.** [rafraîchir] to fan. **-2.** [divulguer] to give away.

◆ **s'éventer** *vp* **-1.** [se rafraîchir] to fan o.s. **-2.** [parfum, vin] to go stale.

éventrer [evɑ̃tre] [3] *vt* **-1.** [étriper] to disembowel. **-2.** [fendre] to rip open.

éventualité [evɑ̃tɥalite] *nf* **-1.** [possibilité] possibility. **-2.** [circonstance] eventuality; **dans l'~ de** in the event of; **parer à toute ~** to be ready for any eventuality.

éventuel, -elle [evɑ̃tɥɛl] *adj* possible.

éventuellement [evɑ̃tɥɛlmɑ̃] *adv* possibly.

évêque [evɛk] *nm* bishop.

évertuer [evɛrtɥe] [7]

◆ **s'évertuer** *vp*: **s'~ à faire qqch** to strive to do sthg.

éviction [eviksjɔ̃] *nf* eviction.

évidemment [evidamɑ̃] *adv* obviously.

évidence [evidɑ̃s] *nf* [caractère] evidence; [fait] obvious fact; **à l'~** obviously; **mettre en ~** to emphasize, to highlight; **se rendre à l'~** to face facts.

évident, -e [evidɑ̃, ɑ̃t] *adj* obvious; **ce n'est pas ~** [pas facile] it's not that easy.

évider [evide] [3] *vt* to hollow out.

évier [evje] *nm* sink.

évincer [evɛ̃se] [16] *vt*: **~ qqn (de)** to oust sb (from).

éviter [evite] [3] *vt* **-1.** [esquiver] to avoid. **-2.** [s'abstenir]: **~ de faire qqch** to avoid doing sthg. **-3.** [épargner]: **~ qqch à qqn** to save sb sthg.

◆ **s'éviter** *vp* **-1.** [se bouder] to avoid each other. **-2.** [s'épargner] to spare o.s.

évocateur, -trice [evɔkatœr, tris] *adj* **-1.** [film, roman]: **~ (de)** evocative (of). **-2.** [geste, regard] meaningful.

évocation [evɔkasjɔ̃] *nf* evocation.

évolué, -e [evolɥe] *adj* **-1.** [développé] developed. **-2.** [libéral, progressiste] broadminded.

évoluer [evolɥe] [7] *vi* **-1.** [changer] to evolve; [personne] to change. **-2.** [se mouvoir] to move about.

évolutif, -ive [evɔlytif, iv] *adj* **-1.** [système] evolutionary. **-2.** MÉD progressive. **-3.** [travail]: **un poste ~** a job with prospects.

évolution [evolysjɔ̃] *nf* **-1.** [transformation] development. **-2.** BIOL evolution. **-3.** MÉD progress.

◆ **évolutions** *nfpl* movements.

évoquer [evɔke] [3] *vt* **-1.** [souvenir] to evoke; **son nom ne m'évoque rien** his name means nothing to me. **-2.** [problème] to refer to. **-3.** [esprits, démons] to call up.

ex [ɛks] *nmf inv* ex.

ex- [ɛks] *préfixe* ex-.

exacerbé, -e [ɛgzasɛrbe] *adj* exacerbated.

exacerber [ɛgzasɛrbe] [3] *vt* to heighten.

exact, -e [ɛgzakt] *adj* **-1.** [calcul] correct. **-2.** [récit, copie] exact. **-3.** [ponctuel] punctual.

exactement [ɛgzaktəmɑ̃] *adv* exactly.

exaction [ɛgzaksjɔ̃] *nf* extortion.

exactitude [ɛgzaktityd] *nf* **-1.** [de calcul, montre] accuracy. **-2.** [ponctualité] punctuality.

ex æquo [ɛgzeko] ◇ *adj inv & nmf inv* equal. ◇ *adv* equal; **troisième ~** third equal.

exagération [ɛgzaʒerasjɔ̃] *nf* exaggeration.

exagéré, -e [ɛgzaʒere] *adj* exaggerated.

exagérément [ɛgzaʒeremɑ̃] *adv* exaggeratedly.

exagérer [ɛgzaʒere] [18] *vt & vi* to exaggerate.

◆ **s'exagérer** *vp* to exaggerate.

exaltant, -e [ɛgzaltɑ̃, ɑ̃t] *adj* exhilarating.

exalté, -e [ɛgzalte] ◇ *adj* [sentiment] elated; [tempérament] over-excited; [imagination] vivid. ◇ *nm, f* fanatic.

exalter [ɛgzalte] [3] *vt* to excite.

◆ **s'exalter** *vp* to get carried away.

examen [ɛgzamɛ̃] *nm* examination; SCOL exam, examination; **~ médical** medical (examination).

examinateur, -trice [ɛgzaminatœr, tris] *nm, f* examiner.

examiner [ɛgzamine] [3] *vt* to examine.

exaspérant, -e [ɛgzaspeʀɑ̃, ɑ̃t] *adj* exasperating.

exaspération [ɛgzasperasjɔ̃] *nf* exasperation.

exaspérer [ɛgzaspere] [18] *vt* to exasperate.

exaucer [ɛgzose] [16] *vt* to grant; ~ **qqn** to answer sb's prayers.

ex cathedra [ɛkskatedra] *loc adv* with authority.

excédant, -e [ɛksedɑ̃, ɑ̃t] *adj* exasperating.

excédent [ɛksedɑ̃] *nm* surplus; **en** ~ surplus (*avant n*); ~ **de bagages** [dans l'avion] excess luggage OU baggage; ~ **commercial** trade surplus.

excédentaire [ɛksedɑ̃tɛʀ] *adj* surplus (*avant n*).

excéder [ɛksede] [18] *vt* -1. [gén] to exceed. -2. [exaspérer] to exasperate.

excellemment [ɛkselamɑ̃] *adv* excellently.

excellence [ɛkselɑ̃s] *nf* excellence; **par** ~ par excellence.

◆ **Excellence** *nf*: **Son Excellence** His/Her Excellency.

excellent, -e [ɛkselɑ̃, ɑ̃t] *adj* excellent.

exceller [ɛksele] [4] *vi*: ~ **en** OU **dans qqch** to excel at OU in sthg; ~ **à faire qqch** to excel at doing sthg.

excentré, -e [ɛksɑ̃tre] *adj*: **c'est très** ~ it's quite a long way out.

excentrique [ɛksɑ̃tʀik] ◇ *nmf* eccentric. ◇ *adj* -1. [gén] eccentric. -2. [quartier] outlying.

excepté, -e [ɛksɛpte] *adj*: **tous sont venus, lui** ~ everyone came except (for) him.

◆ **excepté** *prép* apart from, except.

exception [ɛksɛpsjɔ̃] *nf* exception; **faire** ~ to be an exception; **d'**~ exceptional; **à l'**~ **de** except for.

exceptionnel, -elle [ɛksɛpsjɔnɛl] *adj* exceptional.

exceptionnellement [ɛksɛpsjɔnɛlmɑ̃] *adv* -1. [par exception] in this (one) instance. -2. [extrêmement] exceptionally.

excès [ɛksɛ] ◇ *nm* excess; ~ **de vitesse** speeding; ~ **de zèle** overzealousness; **à l'**~ to excess, excessively; **sans** ~ moderately. ◇ *nmpl* excesses.

excessif, -ive [ɛksesif, iv] *adj* -1. [démesuré] excessive. -2. [extrême] extreme.

excessivement [ɛksesivmɑ̃] *adv* -1. [démesurément] excessively. -2. [extrêmement] extremely.

excipient [ɛksipjɑ̃] *nm* excipient.

excision [ɛksizjɔ̃] *nf* excision.

excitant, -e [ɛksitɑ̃, ɑ̃t] *adj* -1. [stimulant, passionnant] exciting. -2. MÉD stimulating.

◆ **excitant** *nm* stimulant.

excitation [ɛksitasjɔ̃] *nf* -1. [énervement] excitement. -2. [stimulation] encouragement. -3. MÉD stimulation.

excité, -e [ɛksite] ◇ *adj* [énervé] excited. ◇ *nm, f* hothead.

exciter [ɛksite] [3] *vt* -1. [gén] to excite. -2. [inciter]: ~ **qqn (à qqch/à faire qqch)** to incite sb (to sthg/to do sthg). -3. MÉD to stimulate.

◆ **s'exciter** *vp*: **s'**~ **(sur)** to lose one's temper (with).

exclamation [ɛksklamasjɔ̃] *nf* exclamation.

exclamer [ɛksklame] [3]

◆ **s'exclamer** *vp*: **s'**~ **(devant)** to exclaim (at OU over).

exclu, -e [ɛkskly] ◇ *pp* → **exclure**. ◇ *adj* excluded. ◇ *nm, f* outsider.

exclure [ɛksklyʀ] [96] *vt* to exclude; [expulser] to expel.

exclusif, -ive [ɛksklyzif, iv] *adj* exclusive; ~ **de** exclusive of.

exclusion [ɛksklyzjɔ̃] *nf* expulsion; **à l'**~ **de** to the exclusion of.

exclusivement [ɛksklyzivmɑ̃] *adv* -1. [uniquement] exclusively. -2. [non inclus] exclusive.

exclusivité [ɛksklyzivite] *nf* -1. COMM exclusive rights (*pl*); **avoir l'**~ **(de)** to have exclusive rights (to). -2. CIN sole screening rights (*pl*); **en** ~ exclusively. -3. [de sentiment] exclusiveness.

excommunier [ɛkskɔmynje] [9] *vt* to excommunicate.

excrément [ɛkskremɑ̃] *nm* (*gén pl*) excrement (*U*).

excroissance [ɛkskrwasɑ̃s] *nf* excrescence.

excursion [ɛkskyrsjɔ̃] *nf* excursion; **faire une** ~ to go on a trip.

excursionniste [ɛkskyrsjɔnist] *nmf* vacationer *Am*, day-tripper *Br*.

excusable [ɛkskyzabl] *adj* excusable.

excuse [ɛkskyz] *nf* excuse; **avoir une** ~ to have an excuse; **se confondre en** ~s to apologize profusely; **présenter ses** ~s à **qqn** to apologize to sb.

excuser [ɛkskyze] [3] *vt* to excuse; **excusez-moi** [pour réparer] I'm sorry; [pour demander] excuse me; **se faire** ~ to ask to be excused.

◆ **s'excuser** *vp* [demander pardon] to apologize; **s'**~ **de qqch/de faire qqch** to apologize for sthg/for doing sthg.

exécrable [ɛgzekrabl] *adj* atrocious.

exécrer [ɛgzekre] [18] *vt* to loathe.

exécutant, -e [ɛgzekytɑ̃, ɑ̃t] *nm, f* **-1.** [personne] underling. **-2.** MUS performer.

exécuter [ɛgzekyte] [3] *vt* **-1.** [réaliser] to carry out; [tableau] to paint. **-2.** MUS to play, to perform. **-3.** [mettre à mort] to execute.
◆ **s'exécuter** *vp* to comply.

exécuteur, -trice [ɛgzekytœr, tris] *nm, f*: ~ **testamentaire** executor.

exécutif, -ive [ɛgzekytif, iv] *adj* executive.
◆ **exécutif** *nm*: **l'~** the executive.

exécution [ɛgzekysjɔ̃] *nf* **-1.** [réalisation] carrying out; [de tableau] painting; **mettre à ~** to carry out. **-2.** MUS performance. **-3.** [mise à mort] execution.

exécutoire [ɛgzekytwar] *adj* binding.

exégèse [ɛgzeʒɛz] *nf* exegesis.

exemplaire [ɛgzɑ̃plɛr] ◇ *nm* copy. ◇ *adj* exemplary.

exemple [ɛgzɑ̃pl] *nm* example; **par ~** for example, for instance; **ça, par ~!** [exprime la surprise] well, well!!, good heavens!; **pour l'~** as an example; **citer qqn en ~** to quote sb as an example; **montrer l'~** to set an example; **prendre ~ sur qqn** to take a leaf out of sb's book; **à l'~ de** following in the footsteps of.

exempt, -e [ɛgzɑ̃, ɑ̃t] *adj*: ~ **de** [dispensé de] exempt from; [dépourvu de] free of; ~ **de taxes** tax-exempt *Am*, tax-free *Br*.

exempté, -e [ɛgzɑ̃te] *adj*: ~ **(de)** exempt (from).

exemption [ɛgzɑ̃psjɔ̃] *nf* exemption.

exercer [ɛgzɛrse] [16] *vt* **-1.** [entraîner, mettre en usage] to exercise; [autorité, influence] to exert. **-2.** [métier] to carry on; [médecine] to practise.
◆ **s'exercer** *vp* **-1.** [s'entraîner] to practise; **s'~ à qqch/à faire qqch** to practise sthg/doing sthg. **-2.** [se manifester]: **s'~ (sur** OU **contre)** to be exerted (on).

exercice [ɛgzɛrsis] *nm* **-1.** [gén] exercise; ~**s d'assouplissement** keep-fit exercises. **-2.** [entraînement] practice. **-3.** [de métier, fonction] carrying out; **dans l'~ de ses fonctions** in the execution of one's duties; **en ~** in office. **-4.** FIN fiscal year *Am*, financial year *Br*.

exergue [ɛgzɛrg] *nm* inscription; **mettre qqch en ~** to emphasize sthg.

exhalaison [ɛgzalɛzɔ̃] *nf* odor *Am*, odour *Br*.

exhaler [ɛgzale] [3] *vt littéraire* **-1.** [odeur] to give off. **-2.** *fig* [colère, rage] to vent. **-3.** [plainte, soupir] to utter.
◆ **s'exhaler** *vp* **-1.** [odeur] to rise. **-2.** [plainte, soupir]: **s'~ de** to rise from.

exhausser [ɛgzose] [3] *vt* to raise.

exhaustif, -ive [ɛgzostif, iv] *adj* exhaustive.

exhiber [ɛgzibe] [3] *vt* [présenter] to show; [faire étalage de] to show off.
◆ **s'exhiber** *vp* to make an exhibition of o.s.

exhibitionniste [ɛgzibisjɔnist] *nmf* exhibitionist.

exhortation [ɛgzɔrtasjɔ̃] *nf* exhortation.

exhorter [ɛgzɔrte] [3] *vt*: ~ **qqn à qqch/à faire qqch** to urge sb to sthg/to do sthg.

exhumer [ɛgzyme] [3] *vt* to exhume; *fig* to unearth, to dig up.

exigeant, -e [ɛgziʒɑ̃, ɑ̃t] *adj* demanding.

exigence [ɛgziʒɑ̃s] *nf* **-1.** [caractère] demanding nature. **-2.** [demande] demand.

exiger [ɛgziʒe] [17] *vt* **-1.** [demander] to demand; ~ **que** (+ *subjonctif*) to demand that; ~ **qqch de qqn** to demand sthg from sb. **-2.** [nécessiter] to require.

exigible [ɛgziʒibl] *adj* payable.

exigu, -ë [ɛgzigy] *adj* cramped.

exiguïté [ɛgziguite] *nf* lack of space.

exil [ɛgzil] *nm* exile; **en ~** exiled.

exilé, -e [ɛgzile] *nm, f* exile.

exiler [ɛgzile] [3] *vt* to exile.
◆ **s'exiler** *vp* **-1.** POLIT to go into exile. **-2.** *fig* [partir] to go into seclusion.

existence [ɛgzistɑ̃s] *nf* existence.

existentialisme [ɛgzistɑ̃sjalism] *nm* existentialism.

existentiel, -ielle [ɛgzistɑ̃sjɛl] *adj* existential.

exister [ɛgziste] [3] *vi* to exist.

exode [ɛgzɔd] *nm* exodus; ~ **rural** rural depopulation.

exonération [ɛgzɔnerasjɔ̃] *nf* exemption; ~ **de qqch** exemption from sthg; ~ **d'impôts** tax exemption.

exonérer [ɛgzɔnere] [18] *vt*: ~ **qqn de qqch** to exempt sb from sthg.

exorbitant, -e [ɛgzɔrbitɑ̃, ɑ̃t] *adj* exorbitant.

exorbité, -e [ɛgzɔrbite] → **œil**.

exorciser [ɛgzɔrsize] [3] *vt* to exorcize.

exotique [ɛgzɔtik] *adj* exotic.

exotisme [ɛgzɔtism] *nm* exoticism.

expansé, -e [ɛkspɑ̃se] *adj* expanded.

expansif, -ive [ɛkspɑ̃sif, iv] *adj* expansive.

expansion [ɛkspɑ̃sjɔ̃] *nf* expansion; ~ **démographique** population growth.

expansionniste [ɛkspɑ̃sjɔnist] *nmf & adj* expansionist.

expatrié, -e [ɛkspatrije] *adj & nm, f* expatriate.

expatrier [ɛkspatrije] [10] *vt* to expatriate.
◆ **s'expatrier** *vp* to leave one's country.

expectative [ɛkspɛktativ] *nf*: **être dans l'~** to wait and see.

expectorant, -e [ɛkspɛktɔrɑ̃, ɑ̃t] *adj* expectorant.
◆ **expectorant** *nm* expectorant.

expédient [ɛkspedjɑ̃] *nm* expedient; **vivre d'~s** to live by one's wits.

expédier [ɛkspedje] [9] *vt* -1. [lettre, marchandise] to send, to dispatch. -2. [personne] to get rid of; [question] to dispose of. -3. [travail] to dash off.

expéditeur, -trice [ɛkspeditœr, tris] ◇ *adj* dispatching (*avant n*). ◇ *nm, f* sender.

expéditif, -ive [ɛkspeditif, iv] *adj* quick, expeditious.

expédition [ɛkspedisjɔ̃] *nf* -1. [envoi] sending. -2. [voyage, campagne militaire] expedition; **~ punitive** punitive raid.

expéditionnaire [ɛkspedisjɔnɛr] → **corps**.

expérience [ɛksperjɑ̃s] *nf* -1. [pratique] experience; **avoir de l'~** to have experience, to be experienced. -2. [essai] experiment; **faire l'~ de qqch** to experience OU try sthg; **tenter l'~** to try.

expérimental, -e, -aux [ɛksperimɑ̃tal, o] *adj* experimental.

expérimentation [ɛksperimɑ̃tasjɔ̃] *nf* experimentation.

expérimenté, -e [ɛksperimɑ̃te] *adj* experienced.

expérimenter [ɛksperimɑ̃te] [3] *vt* to test.

expert, -e [ɛkspɛr, ɛrt] *adj* expert; **être ~ (en la matière)** to be an expert (on the subject).
◆ **expert** *nm* expert.

expert-comptable [ɛkspɛrkɔ̃tabl] (*pl* **experts-comptables**) *nm* certified public accountant *Am*, chartered accountant *Br*.

expertise [ɛkspɛrtiz] *nf* -1. [examen] expert appraisal; [estimation] (expert) valuation. -2. [compétence] expertise.

expertiser [ɛkspɛrtize] [3] *vt* to value; [dégâts] to assess.

expiation [ɛkspjasjɔ̃] *nf* atonement.

expier [ɛkspje] [9] *vt* to pay for.

expiration [ɛkspirasjɔ̃] *nf* -1. [d'air] exhalation. -2. [de contrat] expiry.

expirer [ɛkspire] [3] ◇ *vt* to breathe out. ◇ *vi* -1. [personne] to pass away. -2. [contrat] to expire.

explicable [ɛksplikabl] *adj* explicable.

explicatif, -ive [ɛksplikatif, iv] *adj* explanatory.

explication [ɛksplikasjɔ̃] *nf* explanation; **demander des ~s à qqn** to demand an explanation from sb; **~ de texte** (literary) criticism.

explicite [ɛksplisit] *adj* explicit.

explicitement [ɛksplisitmɑ̃] *adv* explicitly.

expliciter [ɛksplisite] [3] *vt* to make explicit.

expliquer [ɛksplike] [3] *vt* -1. [gén] to explain. -2. [texte] to criticize.
◆ **s'expliquer** *vp* -1. [se justifier] to explain o.s. -2. [comprendre] to understand. -3. [discuter] to have it out. -4. [devenir compréhensible] to be explained, to become clear.

exploit [ɛksplwa] *nm* exploit, feat; *iron* [maladresse] achievement.

exploitable [ɛksplwatabl] *adj* [gisement] exploitable; [renseignement] usable; INFORM machine-readable.

exploitant, -e [ɛksplwatɑ̃, ɑ̃t] *nm, f* farmer.

exploitation [ɛksplwatasjɔ̃] *nf* -1. [mise en valeur] running; [de mine] working. -2. [entreprise] operation, concern; **~ agricole** farm. -3. [d'une personne] exploitation.

exploiter [ɛksplwate] [3] *vt* -1. [gén] to exploit. -2. [entreprise] to operate, to run.

exploiteur, -euse [ɛksplwatœr, øz] *nm, f* exploiter.

explorateur, -trice [ɛksplɔratœr, tris] *nm, f* explorer.

exploration [ɛksplɔrasjɔ̃] *nf* exploration.

exploratoire [ɛksplɔratwar] *adj* exploratory.

explorer [ɛksplɔre] [3] *vt* to explore.

exploser [ɛksploze] [3] *vi* to explode.

explosif, -ive [ɛksplozif, iv] *adj* explosive.
◆ **explosif** *nm* explosive.

explosion [ɛksplozjɔ̃] *nf* explosion; [de colère, joie] outburst.

exponentiel, -ielle [ɛkspɔnɑ̃sjɛl] *adj* exponential.

exportateur, -trice [ɛkspɔrtatœr, tris] ◇ *adj* exporting. ◇ *nm, f* exporter.

exportation [ɛkspɔrtasjɔ̃] *nf* export.

exporter [ɛkspɔrte] [3] *vt* to export.

exposant, -e [ɛkspozɑ̃, ɑ̃t] *nm, f* exhibitor.
◆ **exposant** *nm* exponent.

exposé, -e [ɛkspoze] *adj* -1. [orienté]: **bien ~** facing the sun. -2. [vulnérable] exposed.
◆ **exposé** *nm* account; SCOL talk.

exposer [ɛkspoze] [3] *vt* -1. [orienter, mettre en danger] to expose; **~ sa vie** to risk one's life. -2. [présenter] to display; [- tableaux] to show, to exhibit. -3. [expliquer] to explain, to set out.
◆ **s'exposer** *vp*: **s'~ à qqch** to expose o.s. to sthg.

exposition [εkspozisjɔ̃] *nf* **-1.** [présentation] exhibition. **-2.** [orientation] aspect. **-3.** [explication] exposition.

exposition-vente [εkspozisjɔ̃vɑ̃t] (*pl* expositions-ventes) *nf* exhibition (*where purchases can be made*).

exprès¹, -esse [εksprεs] *adj* [formel] formal, express.

◆ **exprès** *adj* (*inv*) [urgent] express; **en ~** by express delivery.

exprès² [εksprε] *adv* on purpose; **faire ~ de faire qqch** to do sthg deliberately OU on purpose.

express [εksprεs] ◇ *nm inv* **-1.** [train] express. **-2.** [café] espresso. ◇ *adj inv* express.

expressément [εksprεsemɑ̃] *adv* expressly.

expressif, -ive [εkspresif, iv] *adj* expressive.

expression [εkspresjɔ̃] *nf* expression; **~ idiomatique** idiom, idiomatic expression; **réduire qqch à sa plus simple ~** *fig* to reduce sthg to its simplest form; **selon l'~ consacrée** as the saying goes.

expressionnisme [εkspresjɔnism] *nm* expressionism.

expressivité [εkspresivite] *nf* expressiveness.

exprimable [εksprimabl] *adj* which can be expressed; **difficilement ~** difficult to express.

exprimer [εksprime] [3] *vt* [pensées, sentiments] to express; **~ qqch par qqch** to express sthg with sthg.

◆ **s'exprimer** *vp* to express o.s.

expropriation [εksprɔprijasjɔ̃] *nf* expropriation.

exproprier [εksprɔprije] [10] *vt* to expropriate.

expulser [εkspylse] [3] *vt*: **~ (de)** to expel (from); [locataire] to evict (from).

expulsion [εkspylsjɔ̃] *nf* expulsion; [de locataire] eviction.

expurger [εkspyrʒe] [17] *vt* to expurgate.

exquis, -e [εkski, iz] *adj* **-1.** [délicieux] exquisite. **-2.** [distingué, agréable] delightful.

exsangue [εksɑ̃g] *adj* [blême] deathly pale.

extase [εkstaz] *nf* ecstasy; **tomber en ~ devant** to go into ecstasies over.

extasier [εkstazje] [9]

◆ **s'extasier** *vp*: **s'~ devant** to go into ecstasies over.

extatique [εkstatik] *adj* ecstatic.

extenseur [εkstɑ̃sœr] ◇ *nm* GYM chest expander. ◇ *adj* → **muscle**.

extensible [εkstɑ̃sibl] *adj* stretchable.

extensif, -ive [εkstɑ̃sif, iv] *adj* extensive.

extension [εkstɑ̃sjɔ̃] *nf* **-1.** [étirement] stretching. **-2.** [développement] spread. **-3.** [élargissement] extension; **par ~** by extension; **~ de nom de fichier** INFORM (filename) extension.

exténuant, -e [εkstenyɑ̃, ɑ̃t] *adj* exhausting.

exténuer [εkstenye] [7] *vt* to exhaust.

extérieur, -e [εksterjœr] *adj* [au dehors] outside; [étranger] external; [apparent] outward.

◆ **extérieur** *nm* **-1.** [dehors] outside; [de maison] exterior; **à l'~ de qqch** outside sthg. **-2.** ÉCON & POLIT: **l'~** foreign countries (*pl*).

extérieurement [εksterjœrmɑ̃] *adv* **-1.** [à l'extérieur] on the outside, externally. **-2.** [en apparence] outwardly.

extérioriser [εksterjɔrize] [3] *vt* to show.

◆ **s'extérioriser** *vp* to show one's feelings.

extermination [εkstεrminasjɔ̃] *nf* extermination.

exterminer [εkstεrmine] [3] *vt* to exterminate.

externat [εkstεrna] *nm* **-1.** SCOL day school. **-2.** MÉD *non-resident medical studentship*.

externe [εkstεrn] ◇ *nmf* **-1.** SCOL day pupil. **-2.** MÉD *non-resident medical student*, ≃ extern *Am*. ◇ *adj* outer, external; **~ à qqch** outside sthg.

extincteur [εkstɛ̃ktœr] *nm* (fire) extinguisher.

extinction [εkstɛ̃ksjɔ̃] *nf* **-1.** [action d'éteindre] putting out, extinguishing; **~ des feux** lights out. **-2.** *fig* [disparition] extinction; **~ de voix** loss of one's voice.

extirper [εkstirpe] [3] *vt*: **~ (de)** [épine, réponse, secret] to drag (out of); [plante] to uproot (from); [erreur, préjugé] to root out (of).

◆ **s'extirper** *vp*: **s'~ de qqch** to struggle out of sthg.

extorquer [εkstɔrke] [3] *vt*: **~ qqch à qqn** to extort sthg from sb.

extorsion [εkstɔrsjɔ̃] *nf* extortion; **~ de fonds** extortion of money.

extra [εkstra] ◇ *nm inv* **-1.** [employé] extra help (*U*). **-2.** [chose inhabituelle] (special) treat. ◇ *adj inv* **-1.** [de qualité] top-quality. **-2.** *fam* [génial] great, fantastic.

extraction [εkstraksjɔ̃] *nf* extraction.

extrader [εkstrade] [3] *vt* to extradite.

extradition [εkstradisjɔ̃] *nf* extradition.

extraire [εkstrεr] [112] *vt*: **~ (de)** to extract (from).

extrait, -e [εkstrε, εt] *pp* → **extraire**.

◆ **extrait** *nm* extract; **~ de café** coffee extract; **~ de naissance** birth certificate.

extralucide [ɛkstralysid] → **voyante**.

extraordinaire [ɛkstraɔrdinɛr] *adj* extraordinary.

extraplat, -e [ɛkstrapla, at] *adj* wafer-thin.

extrapoler [ɛkstrapɔle] [3] *vt & vi* to extrapolate.

extraterrestre [ɛkstratɛrɛstr] *nmf & adj* extraterrestrial.

extravagance [ɛkstravagɑ̃s] *nf* extravagance.

extravagant, -e [ɛkstravagɑ̃, ɑ̃t] *adj* extravagant; [idée, propos] wild.

extraverti, -e [ɛkstravɛrti] ◇ *adj* extrovert. ◇ *nm, f* extrovert.

extrême [ɛkstrɛm] ◇ *nm* extreme; **d'un ~ à l'autre** from one extreme to the other. ◇ *adj* extreme; [limite] furthest.

extrêmement [ɛkstrɛmmɑ̃] *adv* extremely.

extrême-onction [ɛkstrɛmɔ̃ksjɔ̃] (*pl* **extrêmes-onctions**) *nf* last rites (*pl*), extreme unction.

Extrême-Orient [ɛkstrɛmɔrjɑ̃] *nm*: **l'~** the Far East.

extrémiste [ɛkstremist] *nmf & adj* extremist.

extrémité [ɛkstremite] *nf* **-1.** [bout] end. **-2.** [situation critique] straights (*pl*); **à la dernière ~** *fig* at death's door.

exubérant, -e [ɛgzyberɑ̃, ɑ̃t] *adj* **-1.** [personne] exuberant. **-2.** [végétation] luxuriant.

exulter [ɛgzylte] [3] *vi* to exult.

exutoire [ɛgzytwar] *nm* outlet.

ex-voto [ɛksvɔto] *nm inv* votive offering.

eye-liner [ajlajnœr] (*pl* **eye-liners**) *nm* eye-liner.

f, F [ɛf] *nm inv* f, F; **F3** three-room apartment *Am* OU flat *Br*.

◆ **F -1.** *abr de* **femme**. **-2.** *abr de* **féminin**. **-3.** (*abr de* **Fahrenheit**) F. **-4.** (*abr de* **franc**) F, Fr.

fa [fa] *nm inv* F; [chanté] fa.

FAB [fab] (*abr de* **franco à bord**) FOB, fob.

fable [fabl] *nf* fable.

fabricant, -e [fabrikɑ̃, ɑ̃t] *nm, f* manufacturer.

fabrication [fabrikasjɔ̃] *nf* manufacture, manufacturing; **de ~ artisanale** hand-made.

fabrique [fabrik] *nf* [usine] factory.

fabriquer [fabrike] [3] *vt* **-1.** [confectionner] to manufacture, to make; **fabriqué en France** made in France. **-2.** *fam* [faire]: **qu'est-ce que tu fabriques?** what are you up to? **-3.** [inventer] to fabricate.

fabulation [fabylasjɔ̃] *nf* fabrication.

fabuleusement [fabyløzmɑ̃] *adv* fabulously.

fabuleux, -euse [fabylø, øz] *adj* fabulous.

fac [fak] *nf fam* college, uni *Br*.

FAC (*abr de* **franc d'avarie commune**) *adj* FGA, fga.

façade [fasad] *nf litt & fig* façade.

face [fas] *nf* **-1.** [visage] face; **perdre la ~** to lose face; **sauver la ~** to save face. **-2.** [côté] side; **faire ~ à qqch** [maison] to face sthg, to be opposite sthg; *fig* [affronter] to face up to sthg; **de ~** from the front; **en ~ de qqn/qqch** opposite sb/sthg; **d'en ~** across the street, opposite; **~ à** facing; **~ à qqch** [situation] faced with sthg; **~ à ~** face to face; **regarder qqch en ~** *fig* to face up to sthg.

face-à-face [fasafas] *nm inv* debate.

facétie [fasesi] *nf* practical joke.

facétieux, -ieuse [fasesjø, jøz] ◇ *adj* playful. ◇ *nm, f* joker.

facette [fasɛt] *nf litt & fig* facet.

fâché, -e [faʃe] *adj* **-1.** [en colère] angry; [contrarié] annoyed. **-2.** [brouillé] on bad terms.

fâcher [faʃe] [3] *vt* [mettre en colère] to anger, to make angry; [contrarier] to annoy, to make annoyed.
◆ **se fâcher** *vp* **-1.** [se mettre en colère]: **se ~ (contre qqn)** to get angry (with sb). **-2.** [se brouiller]: **se ~ (avec qqn)** to fall out (with sb).

fâcherie [faʃri] *nf* disagreement.

fâcheux, -euse [faʃø, øz] *adj* unfortunate.

facho [faʃo] *nmf & adj fam* fascist.

facial, -e, -iaux [fasjal, jo] *adj* facial.

faciès [fasjɛs] *nm péj* [visage] features (*pl*).

facile [fasil] *adj* **-1.** [aisé] easy; **~ à faire/prononcer** easy to do/pronounce. **-2.** [peu subtil] facile. **-3.** [conciliant] easy-going; **~ à vivre** easy to get on with.

facilement [fasilmɑ̃] *adv* easily.

facilité [fasilite] *nf* **-1.** [de tâche, problème] easiness. **-2.** [capacité] ease. **-3.** [dispositions] aptitude. **-4.** COMM: **~s de paiement** easy (payment) terms; **~s de crédit** credit facilities.

faciliter [fasilite] [3] *vt* to make easier.

façon [fasɔ̃] *nf* **-1.** [manière] way; **~ de parler** figure of speech. **-2.** [travail] work; COUTURE making-up. **-3.** [imitation]: **~ cuir** imitation leather.
◆ **façons** *nfpl* manner (*sg*), ways; **faire des ~s** to make a fuss.
◆ **de façon à** *loc prép* so as to.
◆ **de façon que** *loc conj* (+ *subjonctif*) so that.
◆ **de toute façon** *loc adv* anyway, in any case.
◆ **sans façon** ◇ *loc adj* unpretentious. ◇ *loc adv* [sincèrement] really, honestly; [accepter] without fuss.

façonner [fasone] [3] *vt* **-1.** [travailler, former] to shape. **-2.** [fabriquer] to manufacture, to make.

fac-similé [faksimile] (*pl* **fac-similés**) *nm* facsimile.

facteur, -trice [faktœr, tris] *nm, f* [des postes] mailman (*f* mailwoman) *Am*, postman (*f* postwoman) *Br*.
◆ **facteur** *nm* **-1.** MUS [fabricant] maker; **~ d'orgues** organ-builder. **-2.** [élément & MATHS] factor; **~ rhésus** MÉD Rhesus factor; **~ vent** *Can* windchill factor.

factice [faktis] *adj* artificial.

faction [faksjɔ̃] *nf* **-1.** [groupe] faction. **-2.** MIL: **être en** OU **de ~** to be on guard (duty).

factotum [faktɔtɔm] *nm* odd jobber *Am*, odd-job man *Br*.

factuel, -elle [faktɥɛl] *adj* factual.

facturation [faktyrasjɔ̃] *nf* **-1.** [action] invoicing. **-2.** [bureau] invoice office.

facture [faktyr] *nf* **-1.** COMM invoice; [de gaz, d'électricité] bill. **-2.** ART technique. **-3.** MUS [fabrication] making.

facturer [faktyre] [3] *vt* COMM to invoice.

facultatif, -ive [fakyltatif, iv] *adj* optional.

facultativement [fakyltativmɑ̃] *adv* optionally.

faculté [fakylte] *nf* **-1.** [don & UNIV] faculty; **~ de lettres/de droit/de médecine** Faculty of Arts/Law/Medicine. **-2.** [possibilité] freedom. **-3.** [pouvoir] power.
◆ **facultés** *nfpl* (mental) faculties.

fada [fada] *fam* ◇ *nm* nutcase. ◇ *adj* nuts.

fadaises [fadɛz] *nfpl* drivel (U).

fade [fad] *adj* **-1.** [sans saveur] bland. **-2.** [sans intérêt] insipid.

fagot [fago] *nm* bundle of sticks; **de derrière les ~s** *fig* kept for a special occasion.

fagoté, -e [fagɔte] *adj fam* dressed.

fagoter [fagɔte] [3] *vt fam* to dress up.
◆ **se fagoter** *vp fam* to dress o.s. up.

Fahrenheit [farɛnajt] *n inv* Fahrenheit.

faible [fɛbl] ◇ *adj* **-1.** [gén] weak. **-2.** [petit - montant, proportion] small; [- revenu] low. **-3.** [lueur, bruit] faint. ◇ *nmf* weak person; **~ d'esprit** feeble-minded person. ◇ *nm* weakness; **avoir un ~ pour** to have a weakness for.

faiblement [fɛbləmɑ̃] *adv* **-1.** [mollement] weakly, feebly. **-2.** [imperceptiblement] faintly. **-3.** [peu] slightly.

faiblesse [fɛblɛs] *nf* **-1.** [gén] weakness; **~ d'esprit** feeble-mindedness. **-2.** [petitesse] smallness.

faiblir [feblir] [32] *vi* **-1.** [personne, monnaie] to weaken. **-2.** [forces] to diminish, to fail. **-3.** [tempête, vent] to die down.

faïence [fajɑ̃s] *nf* earthenware.

faignant, -e = **fainéant**.

faille [faj] ◇ → **falloir**. ◇ *nf* **-1.** GÉOL fault. **-2.** [défaut] flaw.

faillible [fajibl] *adj* fallible.

faillir [fajir] [46] *vi* **-1.** [manquer]: **~ à** [promesse] not to keep; [devoir] not to do. **-2.** [être sur le point de]: **~ faire qqch** to nearly OU almost do sthg.

faillite [fajit] *nf* FIN bankruptcy; **faire ~** to go bankrupt; **en ~** bankrupt.

faim [fɛ̃] *nf* hunger; **avoir ~** to be hungry; **avoir ~** *fig* to hunger for; **mourir de ~** to be starving; **ne pas manger à sa ~** not to eat one's fill; **rester sur sa ~** to be still hungry; *fig* to be disappointed; **avoir une ~ de loup** to be starving.

fainéant, -e [feneɑ̃, ɑ̃t], **feignant, -e, faignant, -e** [fɛɲɑ̃, ɑ̃t] ◇ *adj* lazy, idle. ◇ *nm,
f* lazybones.

fainéanter [feneɑ̃te] [3] *vi* to laze about.

faire [fɛr] [109] ◇ *vt* **-1.** [fabriquer, préparer]
to make; ~ **une maison** to build a house;
~ **une tarte/du café/un film** to make a
tart/coffee/a film; [transfor-
mer] ~ **qqch de qqch** to make sthg into sthg; ~ **qqch de
qqn** *fig* to make sthg of sb; **il veut en ~ un
avocat** he wants him to be a lawyer, he
wants to make a lawyer of him. **-2.** [s'occuper à] to do; **qu'est-ce qu'il fait dans la
vie?** what does he do (for a living)?; **que
fais-tu dimanche?** what are you doing on
Sunday? **-3.** [entreprendre] to do; **qu'est-ce
que je peux ~ pour vous aider?** what can I
do to help you? **-4.** [étudier] to do; ~ **de
l'anglais/du droit** to do English/law. **-5.**
[sport, musique] to play; ~ **du football/de la
clarinette** to play football/the clarinet. **-6.**
[effectuer] to do; ~ **le ménage** to do the
housework; ~ **la cuisine** to cook, to do the
cooking; ~ **la lessive** to do the washing.
-7. [occasionner]: ~ **de la peine à qqn** to
hurt sb; ~ **du mal à** to harm; ~ **du bruit** to
make a noise; **ça m'a fait quelque chose** it
affected me; **ça ne fait rien** it doesn't matter. **-8.** [tenir le rôle de] to be, to play. **-9.**
[imiter]: ~ **le sourd/l'innocent** to act deaf/
(the) innocent. **-10.** [calcul, mesure]: **un et
un font deux** one and one are OU make
two; **ça fait combien (de kilomètres)** jus-
qu'à la mer? how far is it to the sea?; **la table fait 2 mètres de long** the table is 2 meters *Am* OU metres *Br* long. **-11.** [dire]:
«**tiens**», **fit-elle** "really", she said. **-12.** ne
~ **que** [faire sans cesse] to do nothing but;
elle ne fait que bavarder she does nothing
but gossip, she's always gossiping; **je ne
fais que passer** I've just popped in.

◇ *vi* [agir] to do, to act; **fais vite!** hurry up!;
tu ferais bien d'aller voir ce qui se passe
you ought to OU you'd better go and see
what's happening; ~ **comme chez soi** to
make o.s. at home.

◇ *v attr* [avoir l'air] to look; ~ **démodé/joli**
to look old-fashioned/pretty; **ça fait jeune**
it makes you look young.

◇ *v substitut* to do; **je lui ai dit de prendre
une échelle mais il ne l'a pas fait** I told him
to use a ladder but he didn't; **faites!** please
do!

◇ *v impers* **-1.** [climat, temps]: **il fait beau/
froid** it's fine/cold; **il fait 20 degrés** it's 20
degrees; **il fait jour/nuit** it's light/dark; **il
fait bon se reposer** it's OU it feels good to
have a rest. **-2.** [exprime la durée, la distance]:

ça fait six mois que je ne l'ai pas vu it's six
months since I last saw him; **ça fait six
mois que je fais du portugais** I've been
going to Portuguese classes for six months;
**ça fait 30 kilomètres qu'on roule sans pha-
res** we've been driving without lights for
30 kilometres.

◇ *v auxiliaire* **-1.** [à l'actif] to make; ~ **démarrer une voiture** to start a car; ~ **tomber
qqch** to make sthg fall; ~ **travailler qqn** to
make sb work; ~ **traverser la rue à un
aveugle** to help a blind man cross the
road. **-2.** [au passif]: ~ **faire qqch (par qqn)**
to have sthg done (by sb); ~ **réparer sa
voiture/nettoyer ses vitres** to have one's
car repaired/one's windows cleaned.

◆ **se faire** *vp* **-1.** [avoir lieu] to take place.
-2. [être à la mode] to be in. **-3.** [être conve-
nable]: **ça ne se fait pas (de faire qqch)** it's
not done (to do sthg). **-4.** [devenir]: **se ~ (+
adjectif)** to get, to become; **il se fait tard** it's
getting late; **se ~ beau** to make o.s. beautiful. **-5.** [causer] (+ *nom*): **se ~ mal** to hurt
o.s.; **se ~ des amis** to make friends; **se ~
une idée sur qqch** to get some idea about
sthg. **-6.** (+ *infinitif*): **se ~ écraser** to get
run over; **se ~ opérer** to have an operation; **se ~ aider (par qqn)** to get help (from
sb); **se ~ faire un costume** to have a suit
made (for o.s.). **-7.** *loc*: **comment se fait-il
que ...?** how is it that ...?, how come ...?;
s'en ~ to worry.

◆ **se faire à** *vp + prép* to get used to.

faire-part [fɛrpar] *nm inv* announcement; ~
de naissance/mariage birth/wedding announcement.

faire-valoir [fɛrvalwar] *nm inv* [personne]
foil.

fair-play [fɛrplɛ] *adj inv* sporting; **se montrer ~** to be sporting.

fais, fait *etc* → faire.

faisable [fəzabl] *adj* feasible.

faisan, -e [fəzɑ̃, an] *nm, f* pheasant.

faisandé, -e [fəzɑ̃de] *adj* CULIN high.

faisceau, -x [fɛso] *nm* **-1.** [rayon] beam; ~
lumineux beam of light. **-2.** [fagot] bundle.

faiseur, -euse [fəzœr, øz] *nm, f* maker; ~
d'embarras fusspot.

faisons → faire.

fait, faite [fɛ, fɛt] ◇ *pp* → faire.

◇ *adj* **-1.** [fabriqué] made; **être ~ pour** *litt* &
fig to be made OU meant for; **il n'est pas ~
pour mener cette vie** he's not cut out for
this kind of life; **ils sont ~s l'un pour l'autre** they are made for each other; ~ **sur
mesure** made to measure. **-2.** [physique]:
bien ~ well-built. **-3.** [fromage] ripe. **-4.** *loc*:

c'est bien ~ pour lui (it) serves him right; c'en est ~ de nous we're done for.

◆ **fait** *nm* **-1.** [acte] act; mettre qqn devant le ~ accompli to present sb with a fait accompli; prendre qqn sur le ~ to catch sb in the act; ~s et gestes doings, actions. **-2.** [événement] event; ~s divers news in brief. **-3.** [réalité] fact; le ~ est que ... the fact is (that) ....

◆ **au fait** *loc adv* by the way.

◆ **en fait** *loc adv* in (actual) fact.

◆ **en fait de** *loc prép* by way of.

◆ **tout à fait** *loc adv* completely, quite.

faîte [fɛt] *nm* **-1.** [de toit] ridge. **-2.** [d'arbre] top. **-3.** *fig* [sommet] pinnacle.

faites → faire.

faîtière [fɛtjɛr] *nf* skylight.

fait-tout (*pl inv*), **faitout** (*pl* faitouts) [fɛtu] *nm* stewpan.

fakir [fakir] *nm* fakir.

falaise [falɛz] *nf* cliff.

falbalas [falbala] *nmpl* furbelows.

fallacieux, -ieuse [falasjø, jøz] *adj* **-1.** [promesse] false. **-2.** [argument] fallacious.

falloir [falwar] [69] *v impers*: il me faut du temps I need (some) time; il lui faudra de l'énergie he'll need (a lot of) energy; il te faut un peu de repos you need some rest; il faut que tu partes you must go OU leave, you'll have to go OU leave; il faut toujours qu'elle intervienne! she always has to interfere!; il faut agir we/you *etc* must act; il faut faire attention we/you *etc* must be careful, we'll/you'll *etc* have to be careful; s'il le faut if necessary.

◆ **s'en falloir** *v impers*: il s'en faut de peu pour qu'il puisse acheter cette maison he can almost afford to buy the house; il s'en faut de 20 cm pour que l'armoire tienne dans le coin the cupboard is 20 cm too big to fit into the corner; il s'en faut de beaucoup pour qu'il ait l'examen it'll take a lot for him to pass the exam; peu s'en est fallu qu'il démissionne he very nearly resigned, he came close to resigning; tant s'en faut far from it, on the contrary.

fallu [faly] *pp inv* → falloir.

falot, -e [falo, ɔt] *adj* dull.

◆ **falot** *nm* lantern.

falsification [falsifikasjɔ̃] *nf* **-1.** [de document] forgery; [de monnaie] counterfeiting. **-2.** [de produit alimentaire] adulteration.

falsifier [falsifje] [9] *vt* **-1.** [document, signature, faits] to falsify. **-2.** [pensée, paroles] to misrepresent. **-3.** [produit alimentaire] to adulterate.

famé, -e [fame] *adj*: mal ~ with a (bad) reputation.

famélique [famelik] *adj* half-starved.

fameusement [famøzmɑ̃] *adv fam* really.

fameux, -euse [famø, øz] *adj* **-1.** [célèbre] famous. **-2.** *fam* [remarquable] great; pas ~ not up to much, nothing great.

familial, -e, -iaux [familjal, jo] *adj* family (avant n).

◆ **familiale** *nf* station wagon *Am*, estate car *Br*.

familiariser [familjarize] [3] *vt*: ~ qqn avec to familiarize sb with.

◆ **se familiariser** *vp*: se ~ avec to get used to.

familiarité [familjarite] *nf* familiarity.

◆ **familiarités** *nfpl* liberties.

familier, -ière [familje, jɛr] *adj* familiar.

◆ **familier** *nm* regular (customer).

famille [famij] *nf* family; [ensemble des parents] relatives, relations; de bonne ~ of good family; fonder une ~ to start a family; ~ nombreuse large family.

famine [famin] *nf* famine; crier ~ *fig* complain of one's poverty.

fan [fan] *nmf fam* fan.

fanal, -aux [fanal, o] *nm* **-1.** [de phare] beacon. **-2.** [de train] headlight. **-3.** [lanterne] lantern.

fanatique [fanatik] ◇ *nmf* fanatic. ◇ *adj* fanatical.

fanatiser [fanatize] [3] *vt* to make fanatics out of.

fanatisme [fanatism] *nm* fanaticism.

fane [fan] *nf* **-1.** [de carotte] top. **-2.** [d'arbre] fallen leaf.

faner [fane] [3] ◇ *vt* [altérer] to fade. ◇ *vi* **-1.** [fleur] to wither. **-2.** [beauté, couleur] to fade.

◆ **se faner** *vp* **-1.** [fleur] to wither. **-2.** [beauté, couleur] to fade.

fanfare [fɑ̃far] *nf* **-1.** [orchestre] brass band. **-2.** [musique] fanfare; en ~ noisy.

fanfaron, -onne [fɑ̃farɔ̃, ɔn] ◇ *adj* boastful. ◇ *nm, f* braggart.

fanfaronnade [fɑ̃farɔnad] *nf* boasting (U).

fanfreluche [fɑ̃frəlyʃ] *nf* trimming.

fange [fɑ̃ʒ] *nf littéraire* mire; traîner qqn dans la ~ to drag sb through the mire.

fanion [fanjɔ̃] *nm* pennant.

fantaisie [fɑ̃tezi] ◇ *nf* **-1.** [caprice] whim. **-2.** (U) [goût] fancy. **-3.** [imagination] imagination; de ~ imaginary. **-4.** MUS fantasia. ◇ *adj inv*: chapeau ~ fancy hat; bijoux ~ fake jewelry *Am* OU jewellery *Br*.

fantaisiste [fɑ̃tezist] ◇ *nmf* entertainer. ◇ *adj* **-1.** [fumiste] dilettante. **-2.** [bizarre] fanciful.

fantasmagorique [fɑ̃tasmagɔrik] *adj* phantasmagorical, extraordinary.

fantasme [fɑ̃tasm] *nm* fantasy.

fantasmer [fɑ̃tasme] [3] *vi* to fantasize.

fantasque [fɑ̃task] *adj* **-1.** [personne] whimsical. **-2.** [humeur] capricious. **-3.** [chose] fantastic.

fantassin [fɑ̃tasɛ̃] *nm* infantryman.

fantastique [fɑ̃tastik] ◇ *adj* fantastic. ◇ *nm*: **le** ~ the fantastic.

fantoche [fɑ̃tɔʃ] ◇ *adj* puppet (*avant n*). ◇ *nm* puppet.

fantomatique [fɑ̃tɔmatik] *adj* ghostly.

fantôme [fɑ̃tom] ◇ *nm* ghost. ◇ *adj* **-1.** [spectral] ghostly. **-2.** [inexistant] phantom.

FAO *nf* **-1.** (*abr de* **fabrication assistée par ordinateur**) CAM. **-2.** (*abr de* **Food and Agriculture Organisation**) FAO.

faon [fɑ̃] *nm* fawn.

FAP (*abr de* **franc d'avarie particulière**) *adj* FPA, fpa.

far [far] *nm*: ~ **breton** *sweet flan containing plums.*

faramineux, -euse [faraminø, øz] *adj fam* **-1.** [prix] astronomical. **-2.** [génial] fantastic.

farandole [farɑ̃dɔl] *nf* farandole.

farce [fars] *nf* **-1.** CULIN stuffing. **-2.** [blague] (practical) joke; **faire une** ~ **à qqn** to play a (practical) joke on sb; ~**s et attrapes** jokes and novelties. **-3.** LITTÉRATURE farce.

farceur, -euse [farsœr, øz] *nm, f* (practical) joker.

farci, -e [farsi] *adj* **-1.** CULIN stuffed. **-2.** *fig* [plein] stuffed, crammed.

farcir [farsir] [32] *vt* **-1.** CULIN to stuff. **-2.** [remplir]: ~ **qqch de** to stuff OU cram sthg with.
◆ **se farcir** *vp fam* **-1.** [faire]: **se** ~ **qqch** to get stuck with sthg. **-2.** [supporter]: **se** ~ **qqn** to put up with sb. **-3.** [manger]: **se** ~ **qqch** to scoff sthg.

fard [far] *nm* make-up; ~ **à joues** blusher; ~ **à paupières** eyeshadow; **piquer un** ~ *fam fig* to blush.

fardeau, -x [fardo] *nm* [poids] load; *fig* burden.

farder [farde] [3] *vt* **-1.** [maquiller] to make up. **-2.** *fig* [masquer] to disguise.
◆ **se farder** *vp* to make o.s. up, to put on one's make-up.

farfadet [farfadɛ] *nm* sprite.

farfelu, -e [farfəly] *fam* ◇ *adj* weird. ◇ *nm, f* weirdo.

farfouiller [farfuje] [3] *vi fam* to rummage.

farine [farin] *nf* flour; **rouler qqn dans la** ~ *fig* to take sb for a ride.

farineux, -euse [farinø, øz] *adj* **-1.** [aspect, goût] floury. **-2.** [aliment] farinaceous.
◆ **farineux** *nm* starchy food.

farniente [farnjɛnte] *nm* idleness.

farouche [faruʃ] *adj* **-1.** [animal] wild, not tame; [personne] shy, withdrawn. **-2.** [sentiment] fierce.

farouchement [faruʃmɑ̃] *adv* fiercely.

fart [far(t)] *nm* (ski) wax.

farter [farte] [3] *vt* to wax.

fascicule [fasikyl] *nm* part, installment *Am*, instalment *Br*.

fascinant, -e [fasinɑ̃, ɑ̃t] *adj* **-1.** [regard] alluring, captivating. **-2.** [personne, histoire] fascinating.

fascination [fasinasjɔ̃] *nf* fascination.

fasciner [fasine] [3] *vt* to fascinate.

fascisant, -e [faʃizɑ̃, ɑ̃t] *adj* fascistic.

fascisme [faʃism] *nm* fascism.

fasciste [faʃist] *nmf & adj* fascist.

fasse, fassions *etc* → **faire**.

faste [fast] ◇ *nm* splendor *Am*, splendour *Br*. ◇ *adj* [favorable] lucky.

fast-food [fastfud] (*pl* **fast-foods**) *nm* fast food.

fastidieux, -ieuse [fastidjø, jøz] *adj* boring.

fastueux, -euse [fastɥø, øz] *adj* luxurious.

fatal, -e [fatal] *adj* **-1.** [mortel, funeste] fatal. **-2.** [inévitable] inevitable.

fatalement [fatalmɑ̃] *adv* inevitably.

fataliste [fatalist] ◇ *nmf* fatalist. ◇ *adj* fatalistic.

fatalité [fatalite] *nf* **-1.** [destin] fate. **-2.** [inéluctabilité] inevitability.

fatidique [fatidik] *adj* fateful.

fatigant, -e [fatigɑ̃, ɑ̃t] *adj* **-1.** [épuisant] tiring. **-2.** [ennuyeux] tiresome.

fatiguant [fatigɑ̃] *ppr* → **fatiguer**.

fatigue [fatig] *nf* tiredness; **tomber de** ~, **être mort de** ~ to be dead tired.

fatigué, -e [fatige] *adj* tired; [cœur, yeux] strained.

fatiguer [fatige] [3] ◇ *vt* **-1.** [épuiser, affecter] to tire; [- cœur, yeux] to strain. **-2.** [ennuyer] to wear out. ◇ *vi* **-1.** [personne] to grow tired. **-2.** [moteur] to strain.
◆ **se fatiguer** *vp* to get tired; **se** ~ **qqch** to get tired of sthg; **se** ~ **à faire qqch** to wear o.s. out doing sthg.

fatras [fatra] *nm* jumble.

fatuité [fatɥite] *nf littéraire* complacency.

faubourg [fobur] *nm* suburb.

fauché, -e [foʃe] *adj fam* broke, hard-up.

faucher [foʃe] [3] *vt* **-1.** [couper - herbe, blé] to cut. **-2.** *fam* [voler]: ~ **qqch à qqn** to pinch sthg from sb. **-3.** [piéton] to run over. **-4.** *fig* [suj: mort, maladie] to cut down.

faucille [fosij] *nf* sickle.

faucon [fokɔ̃] *nm* hawk.

faudra → **falloir**.

faufil [fofil] *nm* tacking OU basting thread.

faufiler [fofile] [3] *vt* to tack, to baste.

◆ **se faufiler** *vp*: se ~ **dans** to slip into; se ~ **entre** to thread one's way between.

faune [fon] ◇ *nf* **-1.** [animaux] fauna. **-2.** *péj* [personnes]: **la ~ qui fréquente ce bar** the sort of people who hang round that bar. ◇ *nm* MYTH faun.

faussaire [foseʀ] *nmf* forger.

faussement [fosmɑ̃] *adv* **-1.** [à tort] wrongly. **-2.** [prétendument] falsely.

fausser [fose] [3] *vt* **-1.** [déformer] to bend. **-2.** [rendre faux] to distort.

◆ **se fausser** *vp* [voix] to become strained.

fausset [fosɛ] → **voix**.

fausseté [foste] *nf* **-1.** [hypocrisie] duplicity. **-2.** [de jugement, d'idée] falsity.

faut → **falloir**.

faute [fot] *nf* **-1.** [erreur] mistake, error; **faire une ~** to make a mistake OU an error; **~ de calcul** miscalculation; **~ de frappe** [à la machine à écrire] typing error; [à l'ordinateur] keying error; **~ de goût** error of taste; **~ d'inattention** careless mistake; **~ d'orthographe** spelling mistake. **-2.** [méfait, infraction] offense *Am*, offence *Br*; **prendre qqn en ~** to catch sb out; **~ professionnelle** professional misdemeanor *Am* OU misdemeanour *Br*. **-3.** TENNIS fault; FOOTBALL foul. **-4.** [responsabilité] fault; **de ma/ta ~** my/your fault; **par la ~ de qqn** because of sb; **rejeter la ~ sur qqn** to shift the blame onto sb.

◆ **faute de** *loc prép* for want OU lack of; ~ **de mieux** for want OU lack of anything better.

◆ **sans faute** ◇ *loc adv* without fail. ◇ *loc adj* faultless.

fauteuil [fotœj] *nm* **-1.** [siège] armchair; ~ **à bascule** rocking chair; ~ **roulant** wheelchair. **-2.** [de théâtre] seat; ~ **d'orchestre** seat in the orchestra *Am* OU stalls *Br*. **-3.** [de président] chair; [d'académicien] seat.

fauteur, -trice [fotœʀ, tʀis] *nm, f*: ~ **de troubles** troublemaker.

fautif, -ive [fotif, iv] ◇ *adj* **-1.** [coupable] guilty. **-2.** [défectueux] faulty. ◇ *nm, f* guilty party.

fauve [fov] ◇ *nm* **-1.** [animal] big cat. **-2.** [couleur] fawn. **-3.** ART **Fauve.** ◇ *adj* **-1.** [animal] wild. **-2.** [cuir, cheveux] tawny. **-3.** ART Fauvist.

fauvette [fovɛt] *nf* warbler.

faux, fausse [fo, fos] *adj* **-1.** [incorrect] wrong. **-2.** [postiche, mensonger, hypocrite] false; ~ **témoignage** JUR perjury. **-3.** [monnaie, papiers] forged, fake; [bijou, marbre] imitation, fake. **-4.** [injustifié]: **fausse alerte** false alarm; **c'est un ~ problème** that's not an issue (here).

◆ **faux** ◇ *nm* [document, tableau] forgery, fake. ◇ *nf* scythe. ◇ *adv*: **chanter/jouer ~** MUS to sing/play out of tune; **sonner ~** *fig* not to ring true.

faux-filet (*pl* **faux-filets**), **faux filet** (*pl* **faux filets**) [fofilɛ] *nm* sirloin.

faux-fuyant [fofɥijɑ̃] (*pl* **faux-fuyants**) *nm* excuse.

faux-monnayeur [fomɔnɛjœʀ] (*pl* **fauxmonnayeurs**) *nm* counterfeiter.

faux-semblant [fosɑ̃blɑ̃] (*pl* **fauxsemblants**) *nm* pretense *Am*, pretence *Br*.

faux-sens [fosɑ̃s] *nm inv* mistranslation.

faveur [favœʀ] *nf* favor *Am*, favour *Br*; **faire une ~ à qqn** to do sb a favor *Am* OU favour *Br*; **intercéder en ~ de qqn** to intercede on sb's behalf.

◆ **à la faveur de** *loc prép* thanks to.

◆ **en faveur de** *loc prép* in favor *Am* OU favour *Br* of.

favorable [favɔʀabl] *adj*: ~ **(à)** favorable *Am* OU favourable *Br* (to).

favorablement [favɔʀabləmɑ̃] *adv* favorably *Am*, favourably *Br*.

favori, -ite [favɔʀi, it] *adj & nm, f* favorite *Am*, favourite *Br*.

◆ **favoris** *nmpl* side whiskers.

favoriser [favɔʀize] [3] *vt* **-1.** [avantager] to favor *Am*, to favour *Br*. **-2.** [contribuer à] to promote. **-3.** [aider] to assist.

favoritisme [favɔʀitism] *nm* favoritism *Am*, favouritism *Br*.

faxer [fakse] [3] *vt* to fax.

fayot [fajo] *nm fam* [personne] creep, crawler.

FB (*abr de* **franc belge**) BF.

FC (*abr de* **Football club**) *nm* FC.

FCFA (*abr de* **franc CFA**) *currency still used in former French colonies in Africa.*

FCFP (*abr de* **franc CFP**) *currency still used in former French colonies in the Pacific.*

fébrile [febʀil] *adj* feverish.

fébrilement [febʀilmɑ̃] *adv* feverishly.

fécal, -e, -aux [fekal, o] → **matière**.

fécond, -e [fekɔ̃, ɔ̃d] *adj* **-1.** [femelle, terre,

esprit] fertile. **-2.** [écrivain] prolific. **-3.** [histoire, situation]: ~ **en qqch** rich in sthg.

fécondation [fekɔ̃dasjɔ̃] *nf* fertilization; ~ **in vitro** in vitro fertilization.

féconder [fekɔ̃de] [3] *vt* **-1.** [ovule] to fertilize. **-2.** [femme, femelle] to impregnate. **-3.** *littéraire* [fertiliser] to make fertile.

fécondité [fekɔ̃dite] *nf* **-1.** [gén] fertility. **-2.** [d'écrivain] productiveness.

fécule [fekyl] *nf* starch.

féculent, -e [fekylɑ̃, ɑ̃t] *adj* starchy.
◆ **féculent** *nm* starchy food.

fédéral, -e, -aux [federal, o] *adj* federal.

fédéralisme [federalism] *nm* federalism.

fédératif, -ive [federatif, iv] *adj* federative.

fédération [federasjɔ̃] *nf* federation.

fée [fe] *nf* fairy; ~ **du logis** model housekeeper.

feed-back [fidbak] *nm inv* feedback.

féerie [fe(e)ri] *nf* **-1.** THÉÂTRE spectacular; CIN fantasy. **-2.** [de lieu] enchantment; [de vision] enchanting sight.

féerique [fe(e)rik] *adj* [enchanteur] enchanting.

feignais, feignions *etc* → **feindre**.

feignant, -e = **fainéant**.

feindre [fɛ̃dr] [81] ◇ *vt* to feign; ~ **de faire qqch** to pretend to do sthg. ◇ *vi* to pretend.

feint, -e [fɛ̃, fɛ̃t] *pp* → **feindre**.

feinte [fɛ̃t] *nf* **-1.** [ruse] ruse. **-2.** FOOTBALL dummy; BOXE feint.

fêlé, -e [fele] ◇ *adj* **-1.** [assiette] cracked. **-2.** *fam* [personne] cracked, loony. ◇ *nm, f fam* freak, nutter.

fêler [fele] [4] *vt* to crack.
◆ **se fêler** *vp* to crack.

félicitations [felisitasjɔ̃] *nfpl* congratulations; **avec les** ~ **du jury** highly commended.

féliciter [felisite] [3] *vt* to congratulate.
◆ **se féliciter** *vp*: **se** ~ **de** to congratulate o.s. on.

félin, -e [felɛ̃, in] *adj* feline.
◆ **félin** *nm* big cat.

félon, -onne [felɔ̃, ɔn] *littéraire* ◇ *adj* traitorous. ◇ *nm, f* traitor.

fêlure [felyr] *nf* crack.

femelle [fəmɛl] *nf & adj* female.

féminin, -e [feminɛ̃, in] *adj* **-1.** [gén] feminine. **-2.** [revue, équipe] women's *(avant n)*.
◆ **féminin** *nm* GRAM feminine.

féminiser [feminize] [3] *vt* **-1.** [efféminer] to make effeminate. **-2.** BIOL to feminize.

◆ **se féminiser** *vp* **-1.** [institution] to attract more women. **-2.** [homme] to become effeminate.

féminisme [feminism] *nm* feminism.

féministe [feminist] *nmf & adj* feminist.

féminité [feminite] *nf* femininity.

femme [fam] *nf* **-1.** [personne de sexe féminin] woman; **bonne** ~ *péj* woman; **contes/remèdes de bonne** ~ old wives' tales/remedies; ~ **d'affaires** businesswoman; ~ **de chambre** chambermaid; ~ **fatale** femme fatale; ~ **au foyer** housewife; ~ **de ménage** cleaning woman; ~ **du monde** society woman; ~ **de tête** forceful woman. **-2.** [épouse] wife; **prendre** ~ *vieilli* to take a wife.

femmelette [famlɛt] *nf péj* weakling.

fémur [femyr] *nm* femur.

FEN [fɛn] *(abr de* **Fédération de l'éducation nationale)** *nf* teachers' trade union.

fenaison [fənɛzɔ̃] *nf* haymaking.

fendiller [fɑ̃dije] [3] *vt* to crack.
◆ **se fendiller** *vp* to crack.

fendre [fɑ̃dr] [73] *vt* **-1.** [bois] to split. **-2.** [foule, flots] to cut through.

◆ **se fendre** *vp* **-1.** [se crevasser] to crack. **-2.** *fam* [d'une somme]: **se** ~ **de qqch** to part with sthg.

fendu, -e [fɑ̃dy] *pp* → **fendre**.

fenêtre [fənɛtr] *nf* [gén & INFORM] window; ~ **à guillotine** sash window.

fenouil [fənuj] *nm* fennel.

fente [fɑ̃t] *nf* **-1.** [fissure] crack. **-2.** [interstice, de vêtement] slit.

féodal, -e, -aux [feodal, o] *adj* feudal.
◆ **féodal, -aux** *nm* feudal lord.

féodalité [feodalite] *nf* feudalism.

fer [fɛr] *nm* iron; **en** ~, **de** ~ iron *(avant n)*; ~ **à cheval** horseshoe; ~ **forgé** wrought iron; ~ **de lance** spearhead; ~ **à repasser** iron; ~ **à souder** soldering iron; **les quatre** ~**s en l'air** flat on one's back; **croire qqch dur comme** ~ to firmly believe sthg; **il faut battre le** ~ **quand il est chaud** strike while the iron is hot; **marquer qqn au** ~ **rouge** to brand sb.

ferai, feras *etc* → **faire**.

fer-blanc [fɛrblɑ̃] *(pl* **fers-blancs)** *nm* tinplate, tin; **en** ~ tin *(avant n)*.

ferblanterie [fɛrblɑ̃tri] *nf* **-1.** [commerce] tin industry. **-2.** [ustensiles] tinware.

férié, -e [ferje] → **jour**.

férir [ferir] *vt*: **sans coup** ~ without meeting any resistance OU obstacle.

ferme¹ [fɛrm] *nf* farm.

ferme² [fɛrm] ◇ *adj* firm; **être** ~ **sur ses jambes** to be steady on one's feet. ◇ *adv*

-1. [beaucoup] a lot. **-2.** [définitivement]: **acheter/vendre** ~ to make a firm purchase/sale. **-3.** *loc*: **tenir** ~ to stand firm.

fermement [fɛrməmɑ̃] *adv* firmly.

ferment [fɛrmɑ̃] *nm* **-1.** [levure] ferment. **-2.** *fig* [germe] seed, seeds (*pl*).

fermentation [fɛrmɑ̃tasjɔ̃] *nf* CHIM fermentation; *fig* ferment.

fermenter [fɛrmɑ̃te] [3] *vi* CHIM & *fig* to ferment.

fermer [fɛrme] [3] ◇ *vt* **-1.** [porte, tiroir, yeux] to close, to shut; [rideaux] to close, to draw; [store] to pull down; [enveloppe] to seal. **-2.** [bloquer] to close; ~ **son esprit à qqch** to close one's mind to sthg. **-3.** [gaz, lumière] to turn off. **-4.** [vêtement] to do up. **-5.** [entreprise] to close down. **-6.** [interdire]: ~ **qqch à qqn** to close sthg to sb. **-7.** *loc*: **la ferme!, ferme-la!** *fam* shut it!
◇ *vi* **-1.** [gén] to shut, to close. **-2.** [vêtement] to do up. **-3.** [entreprise] to close down.

◆ **se fermer** *vp* **-1.** [porte] to close, to shut. **-2.** [plaie] to close up. **-3.** [vêtement] to do up. **-4.** *fig* [s'endurcir]: **se** ~ **(à qqch)** to close o.s. off (from sthg).

fermeté [fɛrməte] *nf* firmness.

fermeture [fɛrmətyr] *nf* **-1.** [de porte] closing; «~ **automatique des portes»** doors close automatically. **-2.** [de vêtement, sac] fastening; ~ **Éclair**® zipper *Am*, zip *Br*. **-3.** [d'établissement - temporaire] **closing**; [- définitive] **closure**; ~ **hebdomadaire/annuelle** weekly/annual closing.

fermier, -ière [fɛrmje, jɛr] ◇ *adj* farm (*avant n*). ◇ *nm, f* farmer.

fermoir [fɛrmwar] *nm* clasp.

féroce [feros] *adj* [animal, appétit] ferocious; [personne, désir] fierce.

férocement [ferosmɑ̃] *adv* fiercely.

férocité [ferosite] *nf* ferocity.

Féroé [feroe] *nfpl*: **les îles** ~ the Faeroes; **aux îles** ~ in the Faeroes.

ferraille [fɛraj] *nf* **-1.** [vieux fer] scrap iron (*U*); **bon à mettre à la** ~ fit for the scrap heap. **-2.** *fam* [monnaie] loose change.

ferré, -e [fɛre] *adj* **-1.** [soulier] hobnailed. **-2.** *fam fig* [calé]: **être** ~ **en** to be well up on.

ferrer [fɛre] [4] *vt* **-1.** [cheval] to shoe. **-2.** [poisson] to strike. **-3.** [soulier] to put hobnails on.

ferreux, -euse [fɛrø øz] *adj* ferrous.

ferronnerie [fɛrɔnri] *nf* **-1.** [objet, métier] ironwork (*U*). **-2.** [atelier] ironworks (*sg*).

ferroviaire [fɛrɔvjɛr] *adj* rail (*avant n*).

ferrugineux, -euse [fɛryʒinø, øz] *adj* ferruginous.

ferrure [fɛryr] *nf* **-1.** [de porte] fitting. **-2.** [de cheval] shoeing.

ferry-boat [fɛribot] (*pl* **ferry-boats**) *nm* ferry.

fertile [fɛrtil] *adj litt* & *fig* fertile; ~ **en** *fig* filled with, full of.

fertilisant, -e [fɛrtilizɑ̃, ɑ̃t] *adj* fertilizing.

fertiliser [fɛrtilize] [3] *vt* to fertilize.

fertilité [fɛrtilite] *nf* fertility.

féru, -e [fery] *adj sout* [passionné]: **être** ~ **de qqch** to have a passion for sthg.

férule [feryl] *nf*: **(être) sous la** ~ **de qqn** *sout* (to be) under sb's iron rule.

fervent, -e [fɛrvɑ̃, ɑ̃t] ◇ *adj* [chrétien] fervent; [amoureux, démocrate] ardent. ◇ *nm, f* devotee.

ferveur [fɛrvœr] *nf* **-1.** [dévotion] fervor *Am*, fervour *Br*. **-2.** [zèle] zeal.

fesse [fɛs] *nf* buttock.

fessée [fese] *nf* spanking, smack (on the bottom).

fessier, -ière [fesje, jɛr] *adj* buttock (*avant n*).

◆ **fessier** *nm* buttocks (*pl*).

festin [fɛstɛ̃] *nm* banquet, feast.

festival, -als [fɛstival] *nm* festival.

festivités [fɛstivite] *nfpl* festivities.

feston [fɛstɔ̃] *nm* **-1.** ARCHIT festoon. **-2.** COUTURE scallop.

festoyer [fɛstwaje] [13] *vi* to feast.

fêtard, -e [fɛtar, ard] *nm, f* fun-loving person.

fête [fɛt] *nf* **-1.** [congé] holiday; **les** ~**s (de fin d'année)** the Christmas holidays; ~ **légale** public holiday; ~ **nationale** national holiday. **-2.** [réunion, réception] celebration; ~ **de famille** family celebration. **-3.** [kermesse] fair; **en** ~ in festive mood; ~ **foraine** funfair; **la** ~ **de l'Humanité** *annual festival organized by the Communist daily newspaper 'l'Humanité'*; **la** ~ **de la Musique** *annual music festival which takes place in the streets*. **-4.** [jour de célébration - de personne] saint's day; [- de saint] feast (day); ~ **des mères/des pères** Mother's/Father's Day. **-5.** [soirée] party. **-6.** *loc*: **ça va être ta** ~ *fam* you'll get it in the neck; **faire** ~ **à qqn** to make a fuss of sb; **faire la** ~ to have a good time.

FÊTE:
The French traditionally wish 'bonne fête' to the person who has the same name as the saint commemorated on a particular day

Fête-Dieu [fɛtdjø] (*pl inv* OU **Fêtes-Dieu**) *nf* Corpus Christi.

fêter [fete] [4] *vt* [événement] to celebrate; [personne] to have a party for.

fétiche [fetiʃ] *nm* **-1.** [objet de culte] fetish. **-2.** [mascotte] mascot.

fétichisme [fetiʃism] *nm* **-1.** [culte, perversion] fetishism. **-2.** [vénération] idolatry.

fétide [fetid] *adj* fetid.

fétu [fety] *nm*: ~ **(de paille)** wisp (of straw).

feu, -e [fø] *adj*: ~ **M. X** the late Mr X; ~ **mon mari** my late husband.

◆ **feu, -x** *nm* **-1.** [flamme, incendie] fire; **au ~!** fire!; **en ~** *litt* & *fig* on fire; **avez-vous du ~?** have you got a light?; **faire ~** MIL to fire; **mettre le ~ à qqch** to set fire to sthg, to set sthg on fire; **prendre ~** to catch fire; ~ **de bois** wood fire; ~ **de camp** camp fire; ~ **de cheminée** chimney fire; ~ **follet** will-o'-the-wisp; ~ **de joie** bonfire; **être pris entre deux ~x** to be caught in the crossfire; **jouer avec le ~** to play with fire; **mettre à ~ et à sang** to ravage. **-2.** [signal] light; **tous ~x éteints** without any lights; ~ **rouge/vert** red/green light; **~x de croisement** dipped headlights; **~x de position** sidelights; **~x de route** headlights on full beam; **~x de stationnement** parking lights; **donner son** OU **le ~ vert (à qqn)** to give (sb) the go-ahead. **-3.** CULIN burner *Am*, ring *Br*; **à ~ doux/vif** on a low/high flame; **à petit ~** gently. **-4.** CIN & THÉÂTRE light (*U*). **-5.** *loc*: **ne pas faire long ~** not to last long.

◆ **feu d'artifice** *nm* firework.

feuillage [fœjaʒ] *nm* foliage.

feuille [fœj] *nf* **-1.** [d'arbre] leaf; ~ **morte** dead leaf; ~ **de vigne** BOT vine leaf; CULIN stuffed vine leaf. **-2.** [page] sheet; ~ **blanche** blank sheet; ~ **de papier** sheet of paper; ~ **volante** loose leaf. **-3.** [document] form; ~ **de soins** *claim form for reimbursement of medical costs*. **-4.** [journal] paper; ~ **de chou** *fam péj* rag.

feuillet [fœjɛ] *nm* page.

feuilleté, -e [fœjte] *adj* **-1.** CULIN: **pâte ~e** puff pastry. **-2.** GÉOL foliated.

◆ **feuilleté** *nm* pastry.

feuilleter [fœjte] [27] *vt* to flick through.

feuilleton [fœjtɔ̃] *nm* serial; ~ **télévisé** soap opera.

feuillu, -e [fœjy] *adj* leafy.

◆ **feuillu** *nm* broad-leaved tree.

feutre [føtr] *nm* **-1.** [étoffe] felt. **-2.** [chapeau] felt hat. **-3.** [crayon] felt-tip pen.

feutré, -e [føtre] *adj* **-1.** [garni de feutre] trimmed with felt; [qui a l'aspect du feutre] felted. **-2.** [bruit, cri] muffled.

feutrer [føtre] [3] ◇ *vt* **-1.** [garnir de feutre] to trim with felt. **-2.** [bruit, cri] to muffle. ◇ *vi* to felt (up).

◆ **se feutrer** *vp* to felt (up).

feutrine [føtrin] *nf* lightweight felt.

fève [fɛv] *nf* broad bean.

février [fevrije] *nm* February; *voir aussi* **septembre**.

FF (*abr de* **francs français**) FF.

FFI (*abr de* **Forces françaises de l'intérieur**) *nfpl French Resistance forces operating within France during World War II.*

FFL (*abr de* **Forces françaises libres**) *nfpl free French Army during World War II.*

FFR (*abr de* **Fédération française de rugby**) *nf French rugby federation.*

fg *abr de* **faubourg**.

FGEN (*abr de* **Fédération générale de l'éducation nationale**) *nf teachers' trade union.*

fi [fi] *interj*: **faire ~ de** to scorn.

fiabilité [fjabilite] *nf* reliability.

fiable [fjabl] *adj* reliable.

FIAC [fjak] (*abr de* **Foire internationale d'art contemporain**) *nf international contemporary art fair held annually in Paris.*

fiacre [fjakr] *nm* hackney carriage.

fiançailles [fjɑ̃saj] *nfpl* engagement (*sg*).

fiancé, -e [fjɑ̃se] *nm, f* fiancé (*f* fiancée).

fiancer [fjɑ̃se] [16]

◆ **se fiancer** *vp*: **se ~ (avec)** to get engaged (to).

fiasco [fjasko] *nm* fiasco; **faire ~** to be a fiasco.

fibre [fibr] *nf* **-1.** ANAT, BIOL & TECHNOL fiber *Am*, fibre *Br*; ~ **optique** fiber *Am* OU fibre *Br* optics (*U*); ~ **de verre** fiberglass *Am*, fibreglass *Br*. **-2.** *fig* [sentiment] feeling; **avoir la ~ maternelle** to have the maternal instinct.

fibreux, -euse [fibrø, øz] *adj* fibrous; [viande] stringy.

fibrome [fibrom] *nm* fibroma.

ficelé, -e [fisle] *adj fam* dressed; **être mal ~** to be scruffy.

ficeler [fisle] [24] *vt* [lier] to tie up.

ficelle [fisɛl] *nf* **-1.** [fil] string; **tirer les ~s** to pull the strings. **-2.** [pain] *thin French stick*. **-3.** (*gén pl*) [truc] trick.

fiche [fiʃ] *nf* **-1.** [document] card; ~ **de paie** pay slip; ~ **signalétique** identification sheet; ~ **technique** technical data sheet. **-2.** ÉLECTR & TECHNOL pin.

ficher [fiʃe] [3] (*pp vt sens 1 & 2* **fiché**, *pp vt sens 3 & 4* **fichu**) *vt* **-1.** [enfoncer]: ~ **qqch dans** to stick sthg into. **-2.** [inscrire] to put on file. **-3.** *fam* [faire]: **qu'est-ce qu'il fiche?**

what's he doing? **-4.** *fam* [mettre] to put; ~ **qqn par terre** to send sb flying; ~ **qqch par terre** *fig* to mess OU muck sthg up; ~ **qqn dehors** OU **à la porte** to throw sb out.
◆ **se ficher** *vp* **-1.** [s'enfoncer - suj: clou, pique] **se** ~ **dans** to go into. **-2.** *fam* [se moquer]: **se** ~ **de** to make fun of. **-3.** *fam* [ne pas tenir compte]: **se** ~ **de** not to give a damn about. **-4.** *loc*: **se** ~ **dedans** *fam* to get it all wrong.

fichier [fiʃje] *nm* file.

fichu, -e [fiʃy] *adj* **-1.** *fam* [cassé, fini] done for. **-2.** *(avant n)* [désagréable] nasty. **-3.** *loc*: **être mal** ~ *fam* [personne] to feel rotten; [objet] to be badly made; **il n'est même pas** ~ **de faire son lit** *fam* he can't even make his own bed.
◆ **fichu** *nm* scarf.

fictif, -ive [fiktif, iv] *adj* **-1.** [imaginaire] imaginary. **-2.** [faux] false. **-3.** [valeur] face *(avant n)*.

fiction [fiksjɔ̃] *nf* **-1.** LITTÉRATURE fiction. **-2.** [monde imaginaire] dream world.

ficus [fikys] *nm* fig-tree.

fidèle [fidɛl] ◇ *nmf* **-1.** RELIG believer. **-2.** [adepte] fan. ◇ *adj* **-1.** [loyal, exact, semblable]: ~ **(à)** faithful (to); ~ **à la réalité** accurate. **-2.** [habitué] regular.

fidèlement [fidɛlmɑ̃] *adv* **-1.** [loyalement, exactement] faithfully. **-2.** [régulièrement] regularly.

fidéliser [fidelize] [3] *vt* to attract and keep.

fidélité [fidelite] *nf* faithfulness.

Fidji [fidʒi] *n* Fiji; **à** ~ in Fiji.

fidjien, -ienne [fidʒjɛ̃, jɛn] *adj* Fijian.
◆ **Fidjien, -ienne** *nm, f* Fijian.

fief [fjɛf] *nm* fief; *fig* stronghold.

fieffé, -e [fjefe] *adj* arrant.

fiel [fjɛl] *nm litt & fig* gall.

fiente [fjɑ̃t] *nf* droppings *(pl)*.

fier¹, fière [fjɛr] *adj* **-1.** [gén] proud; ~ **de qqn/qqch** proud of sb/sthg; ~ **de faire qqch** proud to be doing sthg. **-2.** [noble] noble.

fier² [fje] [9]
◆ **se fier** *vp*: **se** ~ **à** to trust, to rely on.

fièrement [fjɛrmɑ̃] *adv* proudly.

fierté [fjɛrte] *nf* **-1.** [satisfaction, dignité] pride. **-2.** [arrogance] arrogance.

fièvre [fjɛvr] *nf* **-1.** MÉD fever; **avoir de la** ~ to have a fever; **avoir 40 de** ~ to have a temperature of 105 (degrees). **-2.** *fig* [excitation] excitement.

fiévreusement [fjevrøzmɑ̃] *adv* feverishly.

fiévreux, -euse [fjevrø, øz] *adj* feverish.

fig. *abr de* figure.

figé, -e [fiʒe] *adj* fixed.

figer [fiʒe] [17] *vt* to paralyze *Am*, to paralyse *Br*; **être figé sur place** to be rooted to the spot.
◆ **se figer** *vp* **-1.** [s'immobiliser] to freeze. **-2.** [se solidifier] to congeal.

fignoler [fiɲɔle] [3] *vt* to put the finishing touches to.

figue [fig] *nf* fig.

figuier [figje] *nm* fig-tree.

figurant, -e [figyrɑ̃, ɑ̃t] *nm, f* extra.

figuratif, -ive [figyratif, iv] *adj* figurative.

figuration [figyrasjɔ̃] *nf* CIN & THÉÂTRE: **faire de la** ~ to work as an extra.

figure [figyr] *nf* **-1.** [gén] figure; **faire** ~ **de** to look like; ~**s imposées/libres** SPORT compulsory/freestyle section; ~ **de proue** figurehead; *fig* leading light; ~ **de rhétorique** LING figure of speech; ~ **de style** LING stylistic device. **-2.** [visage] face; **faire bonne** ~ *fig* to put on a good face.

figuré, -e [figyre] *adj* [sens] figurative.
◆ **figuré** *nm*: **au** ~ in the figurative sense.

figurer [figyre] [3] ◇ *vt* to represent. ◇ *vi*: ~ **dans/parmi** to figure in/among.

figurine [figyrin] *nf* figurine.

fil [fil] *nm* **-1.** [brin] thread; ~ **à plomb** plumb line; ~ **conducteur** *fig* main idea; **c'est cousu de** ~ **blanc** it doesn't fool anybody; **de** ~ **en aiguille** gradually; **donner du** ~ **à retordre** *fig* to make life difficult; **perdre le** ~ **(de qqch)** *fig* to lose the thread (of sthg); **ne tenir qu'à un** ~ *fig* to hang by a thread. **-2.** [câble] wire; ~ **de fer** wire; **avoir qqn au bout du** ~ to have sb on the line. **-3.** [cours] course; **au** ~ **de** in the course of. **-4.** [tissu] linen. **-5.** [tranchant] edge.

filament [filamɑ̃] *nm* **-1.** ANAT & ÉLECTR filament. **-2.** [végétal] fiber *Am*, fibre *Br*. **-3.** [de colle, bave] thread.

filandreux, -euse [filɑ̃drø, øz] *adj* [viande] stringy.

filant, -e [filɑ̃, ɑ̃t] → étoile.

filasse [filas] ◇ *nf* tow. ◇ *adj inv* flaxen.

filature [filatyr] *nf* **-1.** [usine] mill; [fabrication] spinning. **-2.** [poursuite] tailing; **prendre qqn en** ~ to tail sb.

file [fil] *nf* line; **à la** ~ in a line; **en double** ~ in two lines; **se garer en double** ~ to double-park; **en** ~ **indienne** in single OU Indian file; **se mettre en** ~ to line up; ~ **d'attente** line *Am*, queue *Br*.

filer [file] [3] ◇ *vt* **-1.** [soie, coton] to spin. **-2.** [personne] to tail. **-3.** *fam* [donner]: ~ **qqch à qqn** to slip sthg to sb, to slip sb sthg. ◇ *vi* **-1.** [bas] to run *Am*, to ladder *Br*.

-2. [aller vite - temps, véhicule] to fly (by). **-3.** *fam* [partir] to dash off. **-4.** *loc*: ~ **doux** to behave nicely.

filet [filɛ] *nm* **-1.** [à mailles] net; ~ **à papillons** butterfly net; ~ **de pêche** fishing net; ~ **à provisions** string bag; **travailler sans** ~ *fig* to take risks; **tendre un** ~ *fig* to set a trap. **-2.** CULIN filet *Am*, fillet *Br*; ~ **de bœuf** filet *Am* OU fillet *Br* of beef; ~ **de sole** filet *Am* OU fillet *Br* of sole. **-3.** [de liquide] drop, dash; [de lumière] shaft. **-4.** [de vis] thread.

filial, -e, -iaux [filjal, jo] *adj* filial.
◆ **filiale** *nf* ÉCON subsidiary.

filiation [filjasjɔ̃] *nf* **-1.** [lien de parenté] line. **-2.** *fig* [enchaînement] logical relationship.

filière [filjɛr] *nf* **-1.** [voie]: **suivre la** ~ [professionnelle] to work one's way up; **suivre la** ~ **hiérarchique** to go through the right channels. **-2.** [réseau] network.

filiforme [filifɔrm] *adj* skinny.

filigrane [filigran] *nm* [dessin] watermark; **en** ~ *fig* between the lines.

filin [filɛ̃] *nm* rope.

fille [fij] *nf* **-1.** [enfant] daughter. **-2.** [femme] girl; **jeune** ~ girl; ~ **de joie** prostitute; ~ **mère** *péj* single mother; **vieille** ~ *péj* spinster; **courir les** ~s *fig* to chase women.

fillette [fijɛt] *nf* little girl.

filleul, -e [fijœl] *nm, f* godchild.

film [film] *nm* **-1.** [gén] film; ~ **d'action** action film; ~ **catastrophe** disaster movie; ~ **culte** cult movie *Am*, cult film *Br*; ~ **d'épouvante** horror film; ~ **noir** film noir; ~ **policier** detective film. **-2.** *fig* [déroulement] course.

filmer [filme] [3] *vt* to film.

filmographie [filmɔgrafi] *nf* filmography, films (*pl*).

filon [filɔ̃] *nm* **-1.** [de mine] vein. **-2.** *fam fig* [possibilité] cushy number.

filou [filu] *nm* rogue.

filouterie [filutri] *nf* fraud.

fils [fis] *nm* son; ~ **de famille** boy from a privileged background; ~ **à papa** *péj* daddy's boy; **le** ~ **prodigue** the prodigal son.

filtrage [filtraʒ] *nm* filtering; *fig* screening.

filtrant, -e [filtrɑ̃, ɑ̃t] *adj* [verre] tinted.

filtre [filtr] *nm* filter; ~ **à air** AUTOM air filter; ~ **à café** coffee filter.

filtrer [filtre] [3] ◇ *vt* to filter; *fig* to screen. ◇ *vi* to filter; *fig* to filter through.

fin, fine [fɛ̃, fin] ◇ *adj* **-1.** [gén] fine. **-2.** [partie du corps] slender; [couche, papier] thin. **-3.** [subtil] shrewd. **-4.** [ouïe, vue] keen. **-5.**

(*avant n*) [spécialiste] expert. ◇ *adv* finely; ~ **prêt** quite ready.
◆ **fin** *nf* end; ~ **mars** at the end of March; **mettre** ~ **à** to put a stop OU an end to; **prendre** ~ to come to an end; **tirer** OU **toucher à sa** ~ to draw to a close; ~ **de citation** (quote) unquote; ~ **de saison** end of season; **arrondir ses** ~s **de mois** to make ends meet; **arriver** OU **parvenir à ses** ~s to achieve one's ends OU aims; **c'est la** ~ **des haricots** it's the last straw; **mener à bonne** ~ to bring to a successful conclusion; **mettre** ~ **à ses jours** to put an end to one's life; **à toutes** ~s **utiles** just in case.
◆ **fin de non-recevoir** *nf* objection; [refus] refusal.
◆ **fin de série** *nf* oddment.
◆ **à la fin** *loc adv*: **tu vas m'écouter, à la** ~? will you listen to me?
◆ **à la fin de** *loc prép* at the end of.
◆ **en fin de** *loc prép* at the end of.
◆ **sans fin** *loc adj* endless.

final, -e [final] (*pl* **finals** OU **finaux**) *adj* final.
◆ **final(e)** *nm* MUS finale.
◆ **finale** *nf* **-1.** SPORT final. **-2.** [de mot] last syllable.

finalement [finalmɑ̃] *adv* finally.

finaliser [finalize] [3] *vt* to finalize.

finaliste [finalist] *nmf & adj* finalist.

finalité [finalite] *nf sout* [fonction] purpose.

finance [finɑ̃s] *nf* finance; **la haute** ~ high finance.
◆ **finances** *nfpl* finances.
◆ **Finances** *nfpl*: **les Finances** ≃ the Treasury, the Exchequer *Br*.

financement [finɑ̃smɑ̃] *nm* financing, funding.

financer [finɑ̃se] [16] *vt* to finance, to fund.

financier, -ière [finɑ̃sje, jɛr] *adj* financial.
◆ **financier** *nm* financier.

financièrement [finɑ̃sjɛrmɑ̃] *adv* financially.

finasser [finase] [3] *vi fam* to resort to tricks.

finaud, -e [fino, od] *adj* wily, crafty.

fine [fin] *nf type of brandy*.

finement [finmɑ̃] *adv* **-1.** [délicatement] finely. **-2.** [adroitement] cleverly. **-3.** [subtilement] subtly.

finesse [finɛs] *nf* **-1.** [gén] fineness. **-2.** [minceur] slenderness. **-3.** [perspicacité] shrewdness. **-4.** [subtilité] subtlety.

fini, -e [fini] *adj* **-1.** *péj* [fieffé]: **un crétin** ~ a complete idiot. **-2.** *fam* [usé, diminué] finished. **-3.** [limité] finite.
◆ **fini** *nm* [d'objet] finish.

finir [finir] [32] ◇ *vt* **-1.** [gén] to finish, to end. **-2.** [vider] to empty. **-3.** *fam* [user] to wear out. ◇ *vi* **-1.** [gén] to finish, to end; ~ **par faire qqch** to do sth eventually; **tu vas ~ par tomber!** you're going to fall!; **mal ~** to end badly. **-2.** [arrêter]: ~ **de faire qqch** to stop doing sth; **en ~ (avec)** to finish (with); **à n'en plus ~** never-ending.

finish [finiʃ] *nm* finish; **au ~** to the finish.

finition [finisjɔ̃] *nf* **-1.** [action] finishing. **-2.** [d'objet] finish.

finlandais, -e [fɛ̃lɑ̃dɛ, ɛz] *adj* Finnish.
◆ **Finlandais, -e** *nm, f* Finn.

Finlande [fɛ̃lɑ̃d] *nf*: **la ~** Finland.

finnois, -e [finwa, az] *adj* Finnish.
◆ **finnois** *nm* [langue] Finnish.
◆ **Finnois, -e** *nm, f* Finn.

FINUL, Finul [finyl] (*abr de* **Forces intérimaires des Nations unies au Liban**) *nfpl* UNIFIL.

fiole [fjɔl] *nf* flask.

fioriture [fjɔrityr] *nf* flourish.

fioul = fuel.

FIP [fip] (*abr de* **France Inter Paris**) *nf French national radio station broadcasting light music.*

firmament [firmamɑ̃] *nm* firmament.

firme [firm] *nf* firm.

fis, fit *etc* → **faire.**

FIS [fis] (*abr de* **Front islamique du salut**) *nm*: **le ~** the Islamic Salvation Front.

fisc [fisk] *nm* ≃ Internal Revenue *Am*, ≃ Inland Revenue *Br*.

fiscal, -e, -aux [fiskal, o] *adj* tax (*avant n*), fiscal.

fiscaliser [fiskalize] [3] *vt* to (make) subject to tax.

fiscalité [fiskalite] *nf* tax system.

fissure [fisyr] *nf litt* & *fig* crack.

fissurer [fisyre] [3] *vt* [fendre] to crack; *fig* to split.
◆ **se fissurer** *vp* to crack.

fiston [fistɔ̃] *nm fam* son.

FIV (*abr de* **fécondation in vitro**) *nf* IVF.

FIVETE, Fivete [fivet] (*abr de* **fécondation in vitro et transfert d'embryon**) *nf* GIFT; **une ~** a test-tube baby.

fixateur, -trice [fiksatœr, tris] *adj* **-1.** PHOT fixing (*avant n*). **-2.** [lotion, crème] setting (*avant n*).
◆ **fixateur** *nm* PHOT fixer.

fixatif [fiksatif] *nm* fixative.

fixation [fiksasjɔ̃] *nf* **-1.** [action de fixer] fixing. **-2.** [attache] fastening, fastener; [de ski] binding. **-3.** PSYCHOL fixation.

fixe [fiks] *adj* fixed; [encre] permanent; **à heure ~** at set OU fixed times.
◆ **fixe** *nm* fixed salary.

fixement [fiksəmɑ̃] *adv* fixedly; **regarder ~ qqn/qqch** to stare at sb/sth.

fixer [fikse] [3] *vt* **-1.** [gén] to fix; [règle] to set; ~ **son choix sur** to decide on. **-2.** [monter] to hang. **-3.** [regarder] to stare at. **-4.** [renseigner]: ~ **qqn sur qqch** to put sb in the picture about sth; **être fixé sur qqch** to know all about sth.
◆ **se fixer** *vp* to settle; **se ~ sur** [suj: choix, personne] to settle on; [suj: regard] to rest on.

fixité [fiksite] *nf* steadiness.

fjord [fjɔrd] *nm* fjord.

fl. (*abr de* **fleuve**) R.

FL (*abr de* **florin**) Fl, F, G.

flacon [flakɔ̃] *nm* small bottle.

flageller [flaʒele] [4] *vt* **-1.** [fouetter] to flagellate. **-2.** *fig* [fustiger] to denounce.

flageoler [flaʒɔle] [3] *vi* to tremble.

flageolet [flaʒɔlɛ] *nm* **-1.** [haricot] flageolet bean. **-2.** MUS flageolet.

flagornerie [flagɔrnəri] *nf* flattery.

flagrant, -e [flagrɑ̃, ɑ̃t] *adj* flagrant; → **délit.**

flair [flɛr] *nm* sense of smell; **avoir du ~** *fig* to be intuitive.

flairer [flɛre] [4] *vt* to sniff, to smell; *fig* to scent.

flamand, -e [flamɑ̃, ɑ̃d] *adj* Flemish.
◆ **flamand** *nm* [langue] Flemish.
◆ **Flamand, -e** *nm, f* Flemish person, Fleming.

flamant [flamɑ̃] *nm* flamingo; ~ **rose** pink flamingo.

flambant, -e [flɑ̃bɑ̃, ɑ̃t] *adj*: ~ **neuf** brand new.

flambeau, -x [flɑ̃bo] *nm* torch; *fig* flame; **se passer le ~** *fig* to hand on the torch.

flambée [flɑ̃be] *nf* **-1.** [feu] blaze. **-2.** *fig* [de colère] outburst; [de violence] outbreak; **il y a eu une ~ des prix** prices have skyrocketed.

flamber [flɑ̃be] [3] ◇ *vi* **-1.** [brûler] to blaze. **-2.** *fam* JEU to play for high stakes. ◇ *vt* **-1.** [crêpe] to flambé. **-2.** [volaille] to singe.

flamboie, flamboies *etc* → **flamboyer.**

flamboyant, -e [flɑ̃bwajɑ̃, ɑ̃t] *adj* **-1.** [ciel, regard] blazing; [couleur] flaming. **-2.** ARCHIT flamboyant.

flamboyer [flɑ̃bwaje] [13] *vi* to blaze.

flamingant, -e [flamɛ̃gɑ̃, ɑ̃t] *adj* **-1.** [nationaliste] Flemish-nationalist. **-2.** [de langue] Flemish-speaking.

◆ **Flamingant**, **-e** *nm, f* **-1.** [nationaliste] Flemish nationalist. **-2.** [de langue] Flemish speaker.

flamme [flam] *nf* flame; *fig* fervor *Am*, fervour *Br*, fire.

flan [flɑ̃] *nm* baked custard.

flanc [flɑ̃] *nm* [de personne, navire, montagne] side; [d'animal, d'armée] flank; **à ~ de coteau** on the hillside; **être sur le ~** *fig* to feel washed up; **tirer au ~** *fam fig* to shirk, to skive *Br*.

flancher [flɑ̃ʃe] [3] *vi fam* to give up.

flanelle [flanɛl] *nf* flannel.

flâner [flane] [3] *vi* **-1.** [se promener] to stroll. **-2.** [s'attarder] to hang about, to lounge about.

flânerie [flɑnri] *nf* stroll.

flâneur, **-euse** [flɑnœr, øz] *nm, f* stroller.

flanquer [flɑ̃ke] [3] *vt* **-1.** *fam* [jeter]: **~ qqch par terre** to fling sthg to the ground; **~ qqn dehors** to chuck OU fling sb out. **-2.** *fam* [donner]: **~ une gifle à qqn** to clout sb round the ear; **~ la frousse à qqn** to put the wind up sb. **-3.** [accompagner]: **être flanqué de** to be flanked by.

◆ **se flanquer** *vp fam*: **se ~ par terre** to fall flat on one's face.

flapi, **-e** [flapi] *adj fam* dead beat.

flaque [flak] *nf* pool; **~ (d'eau)** puddle.

flash [flaʃ] *nm* **-1.** PHOT flash. **-2.** RADIO & TÉLÉ: **~ (d'information)** newsflash; **~ de publicité** commercial.

flash-back [flaʃbak] (*pl inv* OU **flash-backs**) *nm* CIN flashback.

flasher [flaʃe] [3] *vi fam*: **~ sur qqn/qqch** to be turned on by sb/sthg.

flasque [flask] ◇ *nf* flask. ◇ *adj* flabby, limp.

flatter [flate] [3] *vt* **-1.** [louer] to flatter. **-2.** [caresser] to stroke.

◆ **se flatter** *vp* to flatter o.s.; **je me flatte de le convaincre** I flatter myself that I can convince him; **se ~ de faire qqch** to pride o.s. on doing sthg.

flatterie [flatri] *nf* flattery.

flatteur, **-euse** [flatœr, øz] ◇ *adj* flattering. ◇ *nm, f* flatterer.

flatulence [flatylɑ̃s] *nf* flatulence, wind.

FLE, **fle** [flə] (*abr de* **français langue étrangère**) *nm French as a foreign language.*

fléau, **-x** [fleo] *nm* **-1.** *litt* & *fig* [calamité] scourge. **-2.** [instrument] flail.

flèche [flɛʃ] *nf* **-1.** [gén] arrow. **-2.** [d'église] spire. **-3.** *fig* [critique] shaft. **-4.** *loc*: **monter en ~** to shoot up; **partir comme une ~** to shoot off.

flécher [fleʃe] [18] *vt* to mark (with arrows).

fléchette [fleʃɛt] *nf* dart.

◆ **fléchettes** *nfpl* darts (*sg*).

fléchir [fleʃir] [32] ◇ *vt* to bend, to flex; *fig* to sway. ◇ *vi* to bend; *fig* to weaken.

fléchissement [fleʃismɑ̃] *nm* flexing, bending; *fig* weakening.

flegmatique [flɛgmatik] *adj* phlegmatic.

flegme [flɛgm] *nm* composure.

flemmard, **-e** [flɛmar, ard] *fam* ◇ *adj* lazy. ◇ *nm, f* lazybones (*sg*).

flemmarder [flɛmarde] [3] *vi fam* to lounge about.

flemme [flɛm] *nf fam* laziness; **j'ai la ~ (de sortir)** I can't be bothered (to go out).

flétan [fletɑ̃] *nm* halibut.

flétrir [fletrir] [32] *vt* [fleur, visage] to wither.

◆ **se flétrir** *vp* to wither.

fleur [flœr] *nf* BOT & *fig* flower; **en ~, en ~s** [arbre] in flower, in blossom; **à ~s** [motif] flowered; **la fine ~ de** *fig* the flower OU the cream of; **~ de lys** fleur-de-lis; **dans la ~ de l'âge** in the prime of life; **être ~ bleue** to be a romantic, to be sentimental; **faire une ~ à qqn** *fam* to do sb a good turn; **avoir les nerfs à ~ de peau** to be all on edge.

fleurer [flœre] [5] *vt*: **~ bon la vanille** to have a pleasant smell of vanilla.

fleuret [flœrɛ] *nm* foil.

fleurette [flœrɛt] *nf*: **conter ~ à qqn** *vieilli ou hum* to whisper sweet nothings to sb.

fleuri, **-e** [flœri] *adj* **-1.** [jardin, pré] in flower; [vase] of flowers; [tissu] flowered; [table, appartement] decorated with flowers. **-2.** *fig* [style] flowery.

fleurir [flœrir] [32] ◇ *vi* to blossom; *fig* to flourish. ◇ *vt* [maison] to decorate with flowers; [tombe] to lay flowers on.

fleuriste [flœrist] *nmf* florist.

fleuron [flœrɔ̃] *nm fig* jewel.

fleuve [flœv] *nm* **-1.** [cours d'eau] river. **-2.** (*en apposition*) [interminable] lengthy, interminable; **un discours-~** an interminable speech.

flexible [flɛksibl] *adj* flexible.

flexion [flɛksjɔ̃] *nf* **-1.** [de genou, de poutre] bending. **-2.** LING inflexion.

flibustier [flibystje] *nm* buccaneer.

flic [flik] *nm fam* cop.

flingue [flɛ̃g] *nm fam* gun.

flinguer [flɛ̃ge] [3] *vt fam* to gun down.

◆ **se flinguer** *vp fam* to blow one's brains out.

flipper¹ [flipœr] *nm* pin-ball machine.

flipper² [flipe] [3] *vi fam* **-1.** [être déprimé] to feel down. **-2.** [planer] to freak out.

flirt [flœrt] *nm* **-1.** [amourette] flirtation. **-2.** [personne] boyfriend (*f* girlfriend).

flirter [flœrte] [3] *vi*: ~ **(avec qqn)** to flirt (with sb); ~ **avec qqch** *fig* to flirt with sthg.

FLN (*abr de* **Front de libération nationale**) *nm Algerian national liberation front.*

FLNC (*abr de* **Front de libération nationale corse**) *nm Corsican national liberation front.*

FLNKS (*abr de* **Front de libération nationale kanak et socialiste**) *nm political movement in New Caledonia.*

flocon [flɔkɔ̃] *nm* flake; ~ **de neige** snowflake; ~**s d'avoine** oat flakes.

flonflon [flɔ̃flɔ̃] *nm* (*gén pl*) blare.

flop [flɔp] *nm* [échec] flop, failure.

flopée [flɔpe] *nf fam*: **une** ~ **de** heaps of, masses of.

floraison [flɔrezɔ̃] *nf litt & fig* flowering, blossoming.

floral, -e, -aux [flɔral, o] *adj* floral.

floralies [flɔrali] *nfpl* flower show (*sg*).

flore [flɔr] *nf* flora.

Florence [flɔrɑ̃s] *n* Florence.

Floride [flɔrid] *nf*: **la** ~ Florida.

florilège [flɔrilɛʒ] *nm* anthology.

florissant, -e [flɔrisɑ̃, ɑ̃t] *adj* [santé] blooming; [économie] flourishing.

flot [flo] *nm* flood, stream; **être à** ~ [navire] to be afloat; *fig* to be back to normal; **couler à** ~**s** *fig* to flow like water.

◆ **flots** *nmpl littéraire* waves.

flottage [flɔtaʒ] *nm* floating (*of logs*).

flottaison [flɔtezɔ̃] *nf* floating.

flottant, -e [flɔtɑ̃, ɑ̃t] *adj* **-1.** [gén] floating; [esprit] irresolute. **-2.** [robe] loose-fitting.

flotte [flɔt] *nf* **-1.** AÉRON & NAVIG fleet; ~ **aérienne** air fleet. **-2.** *fam* [eau] water. **-3.** *fam* [pluie] rain.

flottement [flɔtmɑ̃] *nm* **-1.** [de drapeau] fluttering. **-2.** [indécision] hesitation, wavering. **-3.** [de monnaie] floating.

flotter [flɔte] [3] ◇ *vi* **-1.** [sur l'eau] to float. **-2.** [drapeau] to flap; [brume, odeur] to drift. **-3.** [dans un vêtement]: **tu flottes dedans** it's baggy on you. ◇ *v impers fam*: **il flotte** it's raining.

flotteur [flɔtœr] *nm* [de ligne de pêche, d'hydravion] float; [de chasse d'eau] ballcock.

flou, -e [flu] *adj* **-1.** [couleur, coiffure] soft. **-2.** [photo] blurred, fuzzy. **-3.** [pensée] vague, woolly.

◆ **flou** *nm* [de photo] fuzziness; [de décision] vagueness; **le** ~ **artistique** CIN & PHOT soft focus; *fig* vagueness.

flouer [flue] [3] *vt fam* to do, to swindle.

fluctuant, -e [flyktɥɑ̃, ɑ̃t] *adj* fluctuating.

fluctuation [flyktɥasjɔ̃] *nf* fluctuation.

fluctuer [flyktɥe] [3] *vi* to fluctuate.

fluet, -ette [flyɛ, ɛt] *adj* [personne] thin, slender; [voix] thin.

fluide [flɥid] ◇ *nm* **-1.** [matière] fluid. **-2.** *fig* [pouvoir] (occult) power. ◇ *adj* [matière] fluid; [circulation] flowing freely.

fluidifier [flɥidifje] [9] *vt* [trafic] to improve the flow of.

fluidité [flɥidite] *nf* [gén] fluidity; [de circulation] easy flow.

fluor [flyɔr] *nm* fluorine.

fluorescent, -e [flyɔresɑ̃, ɑ̃t] *adj* fluorescent.

flûte [flyt] ◇ *nf* **-1.** MUS flute; ~ **à bec** recorder; ~ **traversière** flute. **-2.** [verre] flute (glass); ~ **à champagne** champagne flute. **-3.** [pain] French stick. ◇ *interj fam* bother!

flûtiste [flytist] *nmf* flutist *Am*, flautist *Br*.

fluvial, -e, -iaux [flyvjal, jo] *adj* [eaux, pêche] river (*avant n*); [alluvions] fluvial.

flux [fly] *nm* **-1.** [écoulement] flow; **un** ~ **de** *fig* a flood of. **-2.** [marée] flood tide; **le** ~ **et le reflux** the ebb and flow. **-3.** PHYS flux.

fluxion [flyksjɔ̃] *nf* inflammation; ~ **de poitrine** pneumonia.

FM (*abr de* **frequency modulation**) *nf* FM.

FMI (*abr de* **Fonds monétaire international**) *nm* IMF.

FN (*abr de* **Front national**) *nm extreme rightwing French political party.*

FNAC, Fnac [fnak] (*abr de* **Fédération nationale des achats des cadres**) *nf chain of large stores selling books, records, audio and video equipment etc.*

FNEF, Fnef [fnɛf] (*abr de* **Fédération nationale des étudiants de France**) *nf students' union.*

FNSEA (*abr de* **Fédération nationale des syndicats d'exploitants agricoles**) *nf farmers' union.*

FO (*abr de* **Force ouvrière**) *nf workers' trade union.*

foc [fɔk] *nm* jib.

focal, -e, -aux [fɔkal, o] *adj* focal.

focaliser [fɔkalize] [3] *vt* to focus.

◆ **se focaliser** *vp fig*: **se** ~ **sur qqch** to focus on sthg.

fœtal, -e, -aux [fetal, o] *adj* foetal.

fœtus [fetys] *nm* foetus.

foi [fwa] *nf* **-1.** RELIG faith. **-2.** [confiance] trust; **avoir ~ en qqn/qqch** to trust sb/sthg, to have faith in sb/sthg. **-3.** *loc:* **ajouter ~ à** *sout* to lend credence to; **faire ~** to serve as proof; **être de bonne/mauvaise ~** to be in good/bad faith; **ma ~ ... well ...; sur la ~** de on the strength of.

foie [fwa] *nm* ANAT & CULIN liver; **~ de veau/de volaille** calf's/chicken liver; **~ gras** foie gras; **avoir les ~s** *fam fig* to be scared out of one's wits.

foin [fwɛ̃] *nm* hay; **faire les ~s** to make hay; **faire du ~** *fam fig* to make a din.

foire [fwar] *nf* **-1.** [fête] funfair. **-2.** [exposition, salon] trade fair. **-3.** *fam* [agitation] circus; **~ d'empoigne** free-for-all; **faire la ~** *fam fig* to have a wild time.

foirer [fware] [3] *vi fam* [projet] to fall through.

foireux, -euse [fwarø, øz] *adj fam* [raté] disastrous; [qui va rater] doomed.

fois [fwa] *nf* time; **une ~** once; **deux ~** twice; **trois/quatre ~** three/four times; **deux ~ plus long** twice as long; **neuf ~ sur dix** nine times out of ten; **deux ~ trois** two times three; **cette ~** this time; **il était une ~ ... once upon a time there was ...; pour une ~ (que)** for once; **pour la énième ~** for the umpteenth time; **une autre ~** another time; **une (bonne) ~ pour toutes** once and for all; **une ~ n'est pas coutume** just the once won't hurt.
♦ **à la fois** *loc adv* at the same time, at once.
♦ **des fois** *loc adv* [parfois] sometimes; **non, mais des ~!** *fam* look here!
♦ **si des fois** *loc conj fam* if ever.
♦ **une fois que** *loc conj* once.

foison [fwazɔ̃]
♦ **à foison** *loc adv* in abundance.

foisonnement [fwazɔnmɑ̃] *nm* abundance.

foisonner [fwazɔne] [3] *vi* to abound; **~ en** OU **de** to abound in.

folâtre [folatr] *adj* playful.

folâtrer [folatre] [3] *vi* to romp (about).

folichon, -onne [folifɔ̃, ɔn] *adj:* **ça n'est pas ~** *fam* it's not much fun.

folie [foli] *nf litt* & *fig* madness; **à la ~** madly; **c'est de la ~** it's madness OU lunacy; **avoir la ~ des grandeurs** to have delusions of grandeur; **faire des ~s** *fig* to be extravagant.

folio [foljo] *nm* folio.

folk [folk] ◇ *nm* folk music. ◇ *adj inv* folk; **la musique ~** folk music.

folklore [folklɔr] *nm* [de pays] folklore; **c'est du ~** *fig* you can't take it seriously.

folklorique [folklɔrik] *adj* **-1.** [danse] folk. **-2.** *fig* [situation, personne] bizarre, quaint.

folle → fou.

follement [folmɑ̃] *adv* madly, wildly; **~ amoureux** madly in love.

follet [folɛ] → **feu.**

fomenter [fomɑ̃te] [3] *vt* to foment.

foncé, -e [fɔ̃se] *adj* dark.

foncer [fɔ̃se] [16] ◇ *vt* to darken, to make darker. ◇ *vi* **-1.** [teinte] to darken. **-2.** [se ruer]: **~ sur** to rush at. **-3.** *fam* [se dépêcher] to get a move on.

fonceur, -euse [fɔ̃sœr, øz] ◇ *adj* dynamic, go-ahead. ◇ *nm, f* dynamic person.

foncier, -ière [fɔ̃sje, jɛr] *adj* **-1.** [impôt] land (*avant n*); **propriétaire ~** landowner. **-2.** [fondamental] basic, fundamental.

foncièrement [fɔ̃sjɛrmɑ̃] *adv* basically.

fonction [fɔ̃ksjɔ̃] *nf* **-1.** [gén] function; **faire ~ de** to act as. **-2.** [profession] post; **se démettre de ses ~s** to resign; **entrer en ~** to take up one's post OU duties; **la ~ publique** the civil service.
♦ **en fonction de** *loc prép* according to.

fonctionnaire [fɔ̃ksjɔnɛr] *nmf* [de l'État] state employee; [dans l'administration] civil servant; **haut ~** senior civil servant.

fonctionnariat [fɔ̃ksjɔnarja] *nm* employment by the state.

fonctionnariser [fɔ̃ksjɔnarize] [3] *vt* **-1.** [personne] to make an employee of the state. **-2.** [service] to take into the public sector.

fonctionnel, -elle [fɔ̃ksjɔnɛl] *adj* functional.

fonctionnement [fɔ̃ksjɔnmɑ̃] *nm* working, functioning.

fonctionner [fɔ̃ksjɔne] [3] *vi* to work, to function.

fond [fɔ̃] *nm* **-1.** [de récipient, puits, mer] bottom; [de pièce] back; **un ~** [petite quantité] a drop; **sans ~** bottomless; **au fin ~ de** in the depths of; **de ~ en comble** from top to bottom. **-2.** [substance, essentiel] heart, root; **avoir un très bon ~** to be a good person at heart; **le ~ de ma pensée** what I really think; **le ~ et la forme** content and form; **aller au ~ des choses** to go to the heart OU root of things. **-3.** [arrière-plan] background; **~ sonore** background music.
♦ **fond d'artichaut** *nm* artichoke heart.
♦ **fond de bouteille** *nm* lees (*pl*), dregs (*pl*).
♦ **fond de teint** *nm* foundation.

◆ **à fond** *loc adv* **-1.** [entièrement] thoroughly; **se donner à** ~ **to** give one's all. **-2.** [très vite] at top speed.

◆ **au fond, dans le fond** *loc adv* basically.

◆ **au fond de** *loc prép*: **au** ~ **de moi-même/lui-même** *etc* at heart, deep down.

fondais, fondions *etc* → **fondre**.

fondamental, -e, -aux [fɔ̃damɑ̃tal, o] *adj* fundamental.

fondamentalement [fɔ̃damɑ̃talmɑ̃] *adv* fundamentally.

fondamentaliste [fɔ̃damɑ̃talist] *nmf & adj* fundamentalist.

fondant, -e [fɔ̃dɑ̃, ɑ̃t] *adj* [neige, glace] melting; [aliment] which melts in the mouth.

◆ **fondant** *nm* [gâteau] fondant.

fondateur, -trice [fɔ̃datœr, tris] *nm, f* founder.

fondation [fɔ̃dasjɔ̃] *nf* foundation.

◆ **fondations** *nfpl* CONSTR foundations.

fondé, -e [fɔ̃de] *adj* [craintes, reproches] justified, well-founded; **non** ~ unfounded; **être** ~ **à faire qqch** to have good reason to do sthg.

◆ **fondé de pouvoir** *nm* authorized representative.

fondement [fɔ̃dmɑ̃] *nm* [base, motif] foundation; **sans** ~ groundless, without foundation.

fonder [fɔ̃de] [3] *vt* **-1.** [créer] to found. **-2.** [baser]: ~ **qqch sur** to base sthg on; ~ **de grands espoirs sur qqn** to pin one's hopes on sb.

◆ **se fonder** *vp*: **se** ~ **sur** [suj: personne] to base o.s. on; [suj: argument] to be based on.

fonderie [fɔ̃dri] *nf* [usine] foundry.

fondeur, -euse [fɔ̃dœr, øz] *nm, f* SKI cross-country skier.

fondre [fɔ̃dr] [75] ◇ *vt* **-1.** [beurre, neige] to melt; [sucre, sel] to dissolve; [métal] to melt down. **-2.** [mouler] to cast. **-3.** [mêler] to blend. ◇ *vi* **-1.** [beurre, neige] to melt; [sucre, sel] to dissolve; *fig* to melt away. **-2.** [se ruer]: ~ **sur** to swoop down on.

◆ **se fondre** *vp*: **se** ~ **dans la brume/la foule** to melt away into the fog/the crowd.

fonds [fɔ̃] ◇ *nm* **-1.** [ressources] fund; **le Fonds monétaire international** the International Monetary Fund; ~ **de roulement** working capital. **-2.** [bien immobilier]: ~ **(de commerce)** business. ◇ *nmpl* funds; ~ **publics/secrets** public/secret funds.

fondu, -e [fɔ̃dy] *pp* → **fondre**.

◆ **fondu** *nm* **-1.** [CIN - ouverture] fade-in; [- fermeture] fade-out; ~ **enchaîné** dissolve.

-2. [de couleurs] blend.

◆ **fondue** *nf* fondue; ~ **au fromage** OU **savoyarde** cheese fondue; ~ **bourguignonne** meat fondue.

fongicide [fɔ̃ʒisid] ◇ *nm* fungicide. ◇ *adj* fungicidal.

font → **faire**.

fontaine [fɔ̃tɛn] *nf* [naturelle] spring; [publique] fountain.

fonte [fɔ̃t] *nf* **-1.** [de glace, beurre] melting; [de métal] melting down; **la** ~ **des neiges** the thaw. **-2.** [alliage] cast iron; **en** ~ cast-iron.

fonts [fɔ̃] *nmpl*: ~ **baptismaux** (baptismal) font (*sg*).

foot [fut] = **football**.

football [futbol] *nm* soccer, football *Br*; ~ **américain** football *Am*, American football *Br*.

footballeur, -euse [futbolœr, øz] *nm, f* soccer player, footballer *Br*.

footing [futiŋ] *nm* jogging; **faire du** ~ to go jogging.

for [fɔr] *nm*: **dans son** ~ **intérieur** in his/her heart of hearts.

forage [fɔraʒ] *nm* drilling.

forain, -e [fɔrɛ̃, ɛn] *adj* → **fête**.

◆ **forain** *nm* stallholder.

forban [fɔrbɑ̃] *nm* **-1.** [corsaire] pirate. **-2.** [escroc] crook.

forçat [fɔrsa] *nm* convict.

force [fɔrs] *nf* **-1.** [vigueur] strength; **avoir de la** ~ to be strong; **en** ~ [passer] by (physical) effort; [arriver] in force; **être une** ~ **de la nature** to be a human dynamo; **être de** ~ **à faire qqch** to be up to doing sthg; **c'est ce qui fait sa** ~ that's where his strength lies; ~ **de caractère** strength of character; **dans la** ~ **de l'âge** *fig* in the prime of life. **-2.** [violence, puissance, MIL & PHYS] force; **faire faire qqch à qqn de** ~ to force sb to do sthg; **par la** ~ **des choses** by force of circumstances; **avoir** ~ **de loi** to have force of law; **obtenir qqch par la** ~ to obtain sthg by force; ~ **centrifuge** PHYS centrifugal force; ~ **de dissuasion** deterrent power; ~ **de frappe** strike force; ~ **d'inertie** PHYS force of inertia; ~ **de vente** COMM sales force.

◆ **forces** *nfpl* **-1.** [physique] strength (*sg*); **être à bout de** ~**s** to have no strength left; **de toutes ses** ~**s** with all his/her strength; **recouvrer ses** ~**s** to get one's strength back; **reprendre des** ~**s** to recover one's strength. **-2.** [organisation]: **les** ~**s armées** the armed forces; ~**s d'intervention** rapid deployment force (*sg*); **les** ~**s de l'ordre** the

· police (*sg*); **les ~s de police** the police force (*sg*).
◆ **à force de** *loc prép* by dint of.
forcé, -e [fɔrse] *adj* forced.
forcément [fɔrsemã] *adv* inevitably.
forcené, -e [fɔrsəne] ◇ *adj* [haine, critique] frenzied; [partisan] fanatical. ◇ *nm, f* maniac.
forceps [fɔrsɛps] *nm* forceps (*pl*).
forcer [fɔrse] [16] ◇ *vt* **-1.** [gén] to force; ~ **qqn à qqch/à faire qqch** to force sb into sthg/to do sthg. **-2.** [admiration, respect] to compel, to command. **-3.** [talent, voix] to strain. ◇ *vi*: **ça ne sert à rien de ~, ça ne passe pas** there's no point in forcing it, it won't go through; ~ **sur qqch** to overdo sthg.
◆ **se forcer** *vp* [s'obliger]: **se ~ à faire qqch** to force o.s. to do sthg.
forcing [fɔrsiŋ] *nm* SPORT & *fig* pressure; **faire du ~** to push o.s.
forcir [fɔrsir] [32] *vi* to put on weight.
forer [fɔre] [3] *vt* to drill.
forestier, -ière [fɔrɛstje, jɛr] *adj* forest (*avant n*).
◆ **forestier** *nm* forestry worker.
forêt [fɔre] *nf* forest.
foreuse [fɔrøz] *nf* drill.
forfait [fɔrfɛ] *nm* **-1.** [prix fixe] fixed price; **être au ~** [pour l'imposition] to pay an estimated amount of tax. **-2.** SPORT: **déclarer ~** [abandonner] to withdraw; *fig* to give up. **-3.** *littéraire* [crime] heinous crime.
forfaitaire [fɔrfɛtɛr] *adj* inclusive.
forfait-vacances [fɔrfɛvakãs] (*pl* **forfaits-vacances**) *nm* package holiday.
forfanterie [fɔrfãtri] *nf* bragging.
forge [fɔrʒ] *nf* forge.
forger [fɔrʒe] [17] *vt* **-1.** [métal] to forge. **-2.** *fig* [caractère] to form. **-3.** [plan, excuse] to concoct.
forgeron [fɔrʒərã] *nm* blacksmith.
formaliser [fɔrmalize] [3] *vt* to formalize.
◆ **se formaliser** *vp*: **se ~ (de)** to take offense *Am* OU offence *Br* (at).
formalisme [fɔrmalism] *nm* formality.
formaliste [fɔrmalist] ◇ *nmf* formalist. ◇ *adj* [milieu] conventional; [personne]: **être ~** to be a stickler for the rules.
formalité [fɔrmalite] *nf* formality; **les ~s d'usage** the usual formalities.
format [fɔrma] *nm* **-1.** [dimension] size; **grand/petit ~** large/small size. **-2.** INFORM format.
formatage [fɔrmataʒ] *nm* INFORM formatting.

formater [fɔrmate] [3] *vt* INFORM to format.
formateur, -trice [fɔrmatœr, tris] ◇ *adj* formative. ◇ *nm, f* trainer.
formation [fɔrmasjã] *nf* **-1.** [gén] formation. **-2.** [apprentissage] training; ~ **continue** continuing education; ~ **professionnelle** vocational training.
forme [fɔrm] *nf* **-1.** [aspect] shape, form; **en ~ de** in the shape of; **sous ~ de** in the form of; **sous toutes ses ~s** in all its forms; **prendre ~** to take shape. **-2.** [état] form; **être en (pleine) ~** to be in (great) shape, to be on (top) form. **-3.** *loc*: **en bonne et due ~** in due form; **faire qqch dans les ~s** to do sthg in the correct way; **pour la ~** for form's sake; **sans autre ~ de procès** without further ado.
◆ **formes** *nfpl* figure (*sg*).
formel, -elle [fɔrmɛl] *adj* **-1.** [définitif, ferme] positive, definite. **-2.** [poli] formal.
formellement [fɔrmɛlmã] *adv* **-1.** [refuser] positively; [promettre] definitely. **-2.** [raisonner] formally.
former [fɔrme] [3] *vt* **-1.** [gén] to form. **-2.** [personnel, élèves] to train. **-3.** [goût, sensibilité] to develop.
◆ **se former** *vp* **-1.** [se constituer] to form. **-2.** [s'instruire] to train o.s.
Formica® [fɔrmika] *nm inv* Formica®.
formidable [fɔrmidabl] *adj* **-1.** [épatant] great, tremendous. **-2.** [incroyable] incredible.
formol [fɔrmɔl] *nm* formalin.
formosan, -e [fɔrmɔzã, an] *adj* Formosan.
◆ **Formosan, -e** *nm, f* Formosan.
Formose [fɔrmɔz] *n* Formosa; **à ~** in Formosa.
formulaire [fɔrmylɛr] *nm* form; **remplir un ~** to fill in a form.
formulation [fɔrmylasjã] *nf* wording, formulation.
formule [fɔrmyl] *nf* **-1.** [expression] expression; ~ **de politesse** [orale] polite phrase; [épistolaire] letter ending. **-2.** CHIM & MATHS formula. **-3.** [méthode] way, method; **nouvelle ~** new style of show/restaurant *etc*. **-4.** [slogan]: ~ **publicitaire** advertising slogan.
◆ **formule 1** *nf* Formula One.
formuler [fɔrmyle] [3] *vt* to formulate, to express.
forniquer [fɔrnike] [3] *vi* to fornicate.
forsythia [fɔrsisja] *nm* forsythia.
fort, -e [fɔr, fɔrt] ◇ *adj* **-1.** [gén] strong; **et le plus ~, c'est que ...** and the most amazing thing about it is ...; **c'est un peu ~!** *fam*

that's a bit much!; **c'est plus** ~ **que moi** I can't help it. **-2.** [corpulent] heavy, big. **-3.** [doué] gifted; **être** ~ **en qqch** to be good at sthg. **-4.** [puissant - voix] loud; [- vent, lumière, accent] strong. **-5.** [considérable] large; **il y a de** ~**es chances qu'il gagne** there's a good chance he'll win.
◇ *adv* **-1.** [frapper] hard; [sonner, parler] loud, loudly. **-2.** *sout* [très] very; **avoir** ~ **à faire (avec qqn)** to have a hard job (with sb).
◇ *nm* **-1.** [château] fort. **-2.** [personne]: **un** ~ **en qqch** a person who is good at sthg. **-3.** [spécialité]: **ce n'est pas mon** ~ it's not my forte OU strong point.
◆ **au plus fort de** *loc prép* [hiver] in the depths of; [tempête, dispute] at the height of.

fortement [fɔrtəmã] *adv* **-1.** [avec force] hard. **-2.** [très, beaucoup - intéressé, ému] deeply; [- bégayer, loucher] badly.

forteresse [fɔrtərɛs] *nf* fortress.

fortifiant, **-e** [fɔrtifjã, ãt] *adj* fortifying.
◆ **fortifiant** *nm* tonic.

fortification [fɔrtifikasjɔ̃] *nf* fortification.

fortifier [fɔrtifje] [9] *vt* [personne, ville] to fortify; ~ **qqn dans qqch** *fig* to strengthen sb in sthg.

fortuit, **-e** [fɔrtɥi, it] *adj* chance (*avant n*), fortuitous.

fortune [fɔrtyn] *nf* **-1.** [richesse] fortune; **faire** ~ to make one's fortune. **-2.** [hasard] luck, fortune.

fortuné, **-e** [fɔrtyne] *adj* **-1.** [riche] wealthy. **-2.** [chanceux] fortunate, lucky.

forum [fɔrɔm] *nm* forum.

fosse [fos] *nf* **-1.** [trou] pit; ~ **septique** septic tank; ~ **aux lions** lions' den; ~ **d'orchestre** orchestra pit; ~ **de sable** *Can* GOLF sand trap *Am*, bunker *Br*. **-2.** [tombe] grave; ~ **commune** common grave.

fossé [fose] *nm* ditch; *fig* gap.

fossette [fosɛt] *nf* dimple.

fossile [fosil] ◇ *adj* fossil (*avant n*), fossilized. ◇ *nm* **-1.** [de plante, d'animal] fossil. **-2.** *fig péj* [personne] fossil, fogy.

fossoyeur, **-euse** [foswajœr, øz] *nm, f* grave-digger.

fou, **folle** [fu, fɔl] ◇ *adj* (**fol** *devant voyelle ou h muet*) mad, insane; [prodigieux] tremendous; **être** ~ **de qqn/qqch** to be mad about sb/sthg; **être** ~ **de joie** to be deliriously happy; ~ **à lier** raving mad. ◇ *nm, f* madman (*f* madwoman); ~ **furieux** manic; **faire le** ~ *fig* to act the fool.

foudre [fudr] *nf* lightning; **encourir** OU **s'attirer les** ~**s de qqn** *fig* to bring down sb's wrath on o.s.

foudroyant, **-e** [fudrwajã, ãt] *adj* **-1.** [progrès, vitesse] lightning (*avant n*); [succès] stunning. **-2.** [nouvelle] devastating; [regard] withering.

foudroyer [fudrwaje] [13] *vt* **-1.** [suj: foudre] to strike; **l'arbre a été foudroyé** the tree was struck by lightning. **-2.** *fig* [abattre] to strike down, to kill; ~ **qqn du regard** to glare at sb.

fouet [fwɛ] *nm* **-1.** [en cuir] whip; **de plein** ~ direct; **il prit la pluie de plein** ~ the rain hit him full in the face. **-2.** CULIN whisk.

fouetter [fwete] [4] *vt* **-1.** [gén] to whip; [suj: pluie] to lash (against). **-2.** [stimuler] to stimulate.

fougasse [fugas] *nf type of unleavened bread*.

fougère [fuʒɛr] *nf* fern.

fougue [fug] *nf* ardor *Am*, ardour *Br*.

fougueux, **-euse** [fugø, øz] *adj* ardent, spirited.

fouille [fuj] *nf* **-1.** [de personne, maison] search. **-2.** [du sol] dig, excavation.
◆ **fouilles** *nfpl fam* pockets.

fouiller [fuje] [3] ◇ *vt* **-1.** [gén] to search. **-2.** *fig* [approfondir] to examine closely. ◇ *vi*: ~ **dans** to go through.

fouillis [fuji] *nm* jumble, muddle.

fouine [fwin] *nf* stone-marten.

fouiner [fwine] [3] *vi* to ferret about.

foulard [fular] *nm* scarf.

foule [ful] *nf* **-1.** [de gens] crowd; **en** ~ in great numbers; **attirer les** ~**s** *fig* to draw the crowds. **-2.** *péj* [peuple]: **la** ~ the masses (*pl*). **-3.** *fig* [multitude]: **une** ~ **de** masses of.

foulée [fule] *nf* [de coureur] stride; **je suis sorti faire des courses et dans la** ~ ... I went out to do some shopping and while I was at it ....

fouler [fule] [3] *vt* [raisin] to press; [sol] to walk on.
◆ **se fouler** *vp* **-1.** MÉD: **se** ~ **le poignet/la cheville** to sprain one's wrist/ankle. **-2.** *fam fig* [se fatiguer]: **ne pas se** ~ not to strain o.s.

foulure [fulyr] *nf* sprain.

four [fur] *nm* **-1.** [de cuisson] oven; **cuit au** ~ baked; ~ **électrique/à micro-ondes** electric/microwave oven; ~ **crématoire** [dans camp de concentration] oven; **je ne peux pas être (à la fois) au** ~ **et au moulin** *fig* I haven't got two pairs of hands, I can't be in two places at once; **noir comme dans un** ~ *fig* black as pitch. **-2.** THÉÂTRE flop; **faire un** ~ to flop.

fourbe [furb] ◇ *adj* treacherous, deceitful. ◇ *nmf* rogue.

fourbi [furbi] *nm fam* **-1.** [attirail] gear. **-2.** [fouillis] mess.

fourbir [furbir] [32] *vt litt* & *fig* to polish.

fourbu, -e [furby] *adj* tired out, exhausted.

fourche [furʃ] *nf* **-1.** [outil] pitchfork. **-2.** [de vélo, route] fork. **-3.** *Belg* SCOL free period.

fourcher [furʃe] [3] *vi* **-1.** [cheveux] to split. **-2.** *loc*: sa langue a fourché he made a slip of the tongue.

fourchette [furʃɛt] *nf* **-1.** [couvert] fork. **-2.** [écart] range, bracket.

fourchu, -e [furʃy] *adj* forked.

fourgon [furgɔ̃] *nm* **-1.** [camionnette] van; ~ cellulaire patrol wagon *Am*, police van *Br*; ~ mortuaire hearse. **-2.** [ferroviaire]: ~ à bestiaux cattle truck; ~ postal mail van.

fourgonnette [furgɔnɛt] *nf* small van.

fourguer [furge] [3] *vt fam*: ~ qqch à qqn to palm sthg off on sb.

fourmi [furmi] *nf* [insecte] ant; *fig* hard worker; avoir des ~s dans les bras/les jambes to have pins and needles in one's arms/legs.

fourmilière [furmiljɛr] *nf* anthill.

fourmillement [furmijmɑ̃] *nm* **-1.** [d'insectes, de personnes] swarming. **-2.** [picotement] pins and needles (*pl*).

fourmiller [furmije] [3] *vi* [pulluler] to swarm; ~ de *fig* to be swarming with.

fournaise [furnɛz] *nf* furnace.

fourneau, -x [furno] *nm* **-1.** [cuisinière, poêle] stove. **-2.** [de fonderie] furnace. **-3.** [de pipe] bowl.

fournée [furne] *nf* batch.

fourni, -e [furni] *adj* [barbe, cheveux] thick.

fournil [furnil] *nm* bakery.

fournir [furnir] [32] ◇ *vt* **-1.** [procurer]: ~ qqch à qqn to supply OU provide sb with sthg. **-2.** [produire]: ~ un effort to make an effort. **-3.** [approvisionner]: ~ qqn (en) to supply sb (with). ◇ *vi*: ~ à to provide for.
◆ **se fournir** *vp*: se ~ chez/en to get supplies from/of.

fournisseur, -euse [furnisœr, øz] *nm, f* supplier.

fourniture [furnityr] *nf* supply, supplying (*U*).
◆ **fournitures** *nfpl*: ~s de bureau office supplies; ~s scolaires school supplies.

fourrage [furaʒ] *nm* fodder.

fourrager1, -ère [furaʒe, ɛr] *adj* fodder (*avant n*).

fourrager2 [furaʒe] [17] *vi fam*: ~ dans qqch to rummage through sthg.

fourré [fure] *nm* thicket.

fourreau, -x [furo] *nm* **-1.** [d'épée] sheath; [de parapluie] cover. **-2.** [robe] sheath dress.

fourrer [fure] [3] *vt* **-1.** CULIN to stuff, to fill. **-2.** *fam* [mettre]: ~ qqch (dans) to stuff sthg (into).
◆ **se fourrer** *vp*: se ~ dans le pétrin to get into a mess; se ~ une idée dans la tête to get an idea into one's head; je ne savais plus où me ~ I didn't know where to put myself.

fourre-tout [furtu] *nm inv* **-1.** [pièce] junk room *Am*, lumber room *Br*. **-2.** [sac] hold-all. **-3.** *fig* & *péj* [d'idées] hotch-potch.

fourreur [furœr] *nm* furrier.

fourrière [furjɛr] *nf* pound; mettre à la ~ [voiture] to tow away.

fourrure [furyr] *nf* fur; un manteau en fausse ~ a fake fur coat.

fourvoyer [furvwaje] [13]
◆ **se fourvoyer** *vp sout* [s'égarer] to lose one's way; [se tromper] to go off on the wrong track.

foutaise [futɛz] *nf fam* crap (*U*).

foutoir [futwar] *nm fam* pigsty.

foutre [futr] [116] *vt tfam* **-1.** [mettre] to shove, to stick; ~ qqn dehors OU à la porte to chuck sb out. **-2.** [donner]: ~ la trouille à qqn to put the wind up sb; il lui a foutu une baffe he thumped him one. **-3.** [faire] to do; ne rien ~ de la journée to do damn all all day; j'en ai rien à ~ I don't give a toss.
◆ **se foutre** *vp tfam* **-1.** [se mettre]: se ~ dans [situation] to get o.s. into. **-2.** [se moquer]: se ~ de (la gueule de) qqn to laugh at sb, to take the mickey out of sb *Br*. **-3.** [ne pas s'intéresser]: je m'en fous I don't give a damn about it.

foutu, -e [futy] *adj fam* **-1.** [maudit] damned, bloody *Br*; [caractère] nasty. **-2.** [fait, conçu]: bien ~ [projet, maison] great; elle est bien ~e, celle-là [femme] she's a real stunner. **-3.** [perdu]: il est ~ he's/it's had it. **-4.** [capable]: être ~ de faire qqch to be liable OU quite likely to do sthg.

fox-terrier [fɔkstɛrje] (*pl* fox-terriers) *nm* fox terrier.

foyer [fwaje] *nm* **-1.** [maison] home; rentrer au ~ to go home. **-2.** [famille] family; fonder un ~ to set up home. **-3.** [résidence] home, hostel. **-4.** [point central] center *Am*, centre *Br*. **-5.** [de lunettes] focus; verres à double ~ bifocals.

FP (*abr de* franchise postale) PP.

FPA (*abr de* **formation professionnelle des adultes**) *nf* state-run adult training scheme.

FPLP (*abr de* **Front populaire de libération de la Palestine**) *nm* PFLP.

frac [frak] *nm* tails (*pl*).

fracas [fraka] *nm* roar.

fracassant, -e [frakasã, ãt] *adj* [bruyant] thunderous; *fig* staggering, sensational.

fracasser [frakase] [3] *vt* to smash, to shatter.

◆ **se fracasser** *vp*: **se ~ contre/sur** to crash against/into.

fraction [fraksjɔ̃] *nf* fraction.

fractionner [fraksjone] [3] *vt* to divide (up), to split up.

◆ **se fractionner** *vp* to split up.

fracture [fraktyr] *nf* MÉD fracture; **~ du crâne** fractured skull.

fracturer [fraktyre] [3] *vt* **-1.** MÉD to fracture. **-2.** [coffre, serrure] to break open.

◆ **se fracturer** *vp* to break, to fracture.

fragile [fraʒil] *adj* [gén] fragile; [peau, santé] delicate.

fragiliser [fraʒilize] [3] *vt* to weaken.

fragilité [fraʒilite] *nf* fragility.

fragment [fragmã] *nm* **-1.** [morceau] fragment. **-2.** [extrait - d'œuvre] extract; [- de conversation] snatch.

fragmentaire [fragmãter] *adj* fragmentary.

fragmenter [fragmãte] [3] *vt* to fragment, to break up.

◆ **se fragmenter** *vp* to fragment, to break up.

fraîche → **frais**.

fraîchement [frɛʃmã] *adv* **-1.** [récemment] recently. **-2.** [froidement] coolly.

fraîcheur [frɛʃœr] *nf* **-1.** [d'air, d'accueil] coolness. **-2.** [de teint, d'aliment] freshness.

fraîchir [frɛʃir] [32] *vi* to freshen.

frais, fraîche [frɛ, frɛʃ] *adj* **-1.** [air, accueil] cool; «**servir ~**» "serve chilled". **-2.** [récent - trace] fresh; [- encre] wet; **~ émoulu (de)** fresh (from). **-3.** [teint] fresh, clear; **~ et dispos** hale and hearty.

◆ **frais** ◇ *nm*: **mettre qqch au ~** to put sthg in a cool place; **prendre le ~** to take a breath of fresh air.

◇ *nmpl* [dépenses] expenses, costs; **aux ~ de la maison** at the company's expense; **faire des ~** to spend a lot of money; **rentrer dans ses ~** to cover one's expenses; **faux ~** incidentals; **~ d'entretien** upkeep; **~ d'équipement** capital expenditure; **~ généraux** overheads; **~ de justice** legal costs; **~ de représentation** entertainment allowance; **à grands ~** at a high price; **à peu de**

~ cheaply; **faire les ~ de qqch** to bear the brunt of sthg.

◇ *adv*: **il fait ~** it's cool.

fraise [frɛz] *nf* **-1.** [fruit] strawberry; **~ des bois** wild strawberry. **-2.** [de dentiste] drill; [de menuisier] bit.

fraiser [frɛze] [4] *vt* to countersink.

fraiseuse [frɛzøz] *nf* milling machine.

fraisier [frɛzje] *nm* **-1.** [plante] strawberry plant. **-2.** [gâteau] strawberry sponge.

framboise [frãbwaz] *nf* **-1.** [fruit] raspberry. **-2.** [liqueur] raspberry liqueur.

framboisier [frãbwazje] *nm* **-1.** [plante] raspberry bush. **-2.** [gâteau] raspberry sponge.

franc, franche [frã, frãʃ] *adj* **-1.** [sincère] frank. **-2.** [net] clear, definite.

◆ **franc** *nm* franc; **ancien/nouveau ~** old/new franc; **~ français/belge/suisse** French/Belgian/Swiss franc.

français-e [frãsɛ, ɛz] *adj* French.

◆ **français** *nm* [langue] French.

◆ **Français, -e** *nm, f* Frenchman (*f* Frenchwoman); **les Français** the French; **le Français moyen** the average Frenchman.

France [frãs] *nf*: **la ~** France; **~ 2, 3** TÉLÉ *French state-owned television channels*; **~-Inter** RADIO *radio station broadcasting mainly current affairs programmes, interviews and debates*.

franche → **franc**.

franchement [frãʃmã] *adv* **-1.** [sincèrement] frankly. **-2.** [nettement] clearly. **-3.** [tout à fait] completely, downright.

franchir [frãʃir] [32] *vt* **-1.** [obstacle] to get over. **-2.** [porte] to go through; [seuil] to cross. **-3.** [distance] to cover.

franchise [frãʃiz] *nf* **-1.** [sincérité] frankness. **-2.** COMM franchise; **agent en ~** franchise holder. **-3.** [d'assurance] excess. **-4.** [détaxe] exemption.

franciscain, -e [frãsiskɛ̃, ɛn] *adj & nm, f* Franciscan.

franciser [frãsize] [3] *vt* to frenchify.

franc-jeu [frãʒø] *nm*: **jouer ~** to play fair.

franc-maçon, -onne [frãmasɔ̃, ɔn] (*mpl* francs-maçons, *fpl* franc-maçonnes) *adj* masonic.

◆ **franc-maçon** *nm* freemason.

franc-maçonnerie [frãmasɔnri] (*pl* franc-maçonneries) *nf* freemasonry (*U*).

franco [frãko] *adv* **-1.** *fam* [franchement]: **y aller ~** to go straight to the point. **-2.** COMM: **~ à bord** free on board; **~ de port** carriage paid.

francophile [frãkɔfil] *nmf & adj* francophile.

francophone [frãkɔfɔn] ◇ *adj* French-speaking. ◇ *nmf* French speaker.
francophonie [frãkɔfɔni] *nf*: **la ~** French-speaking nations (*pl*).

FRANCOPHONIE:
This is a wide-ranging cultural and political concept involving the promotion of French-speaking communities around the world, with a view to creating a 'French Commonwealth' with a strong identity

---

franc-parler [frãparle] (*pl* **francs-parlers**) *nm*: **avoir son ~** to speak one's mind.
franc-tireur [frãtirœr] (*pl* **francs-tireurs**) *nm* **-1.** MIL irregular. **-2.** *fig* [indépendant] freelance; **agir en ~** to act independently.
frange [frãʒ] *nf* fringe.
frangin, -e [frãʒɛ̃, in] *nm, f fam* brother (*f* sister).
frangipane [frãʒipan] *nf* almond paste.
franglais [frãglɛ] *nm* Franglais.
franquette [frãkɛt]
◆ **à la bonne franquette** *loc adv* informally, without any ceremony.
frappant, -e [frapã, ãt] *adj* striking.
frappe [frap] *nf* **-1.** [de monnaie] minting, striking. **-2.** [à la machine] typing; INFORM keying. **-3.** [de boxeur] punch. **-4.** *péj* [voyou] lout, yob *Br.*
frappé, -e [frape] *adj* **-1.** [champagne] chilled. **-2.** *fam* [personne] crazy, nutty.
frapper [frape] [3] ◇ *vt* **-1.** [gén] to strike. **-2.** [boisson] to chill. ◇ *vi* to knock.
frasques [frask] *nfpl* pranks, escapades.
fraternel, -elle [fratɛrnɛl] *adj* fraternal, brotherly.
fraterniser [fratɛrnize] [3] *vi* to fraternize.
fraternité [fratɛrnite] *nf* brotherhood.
fratricide [fratrisid] ◇ *nmf* fratricide. ◇ *adj* fratricidal.
fraude [frod] *nf* fraud; **passer qqch en ~** to smuggle sthg in; **~ électorale** ballot-rigging; **~ fiscale** tax evasion; **~ informatique** computer crime.
frauder [frode] [3] *vt & vi* to cheat.
fraudeur, -euse [frodœr, øz] *nm, f* cheat.
frauduleux, -euse [frodylø, øz] *adj* fraudulent.
frayer [freje] [11] ◇ *vt*: **la voie à qqn** to clear the way for sb. ◇ *vi* [fréquenter]: **~ avec** to associate with.
◆ **se frayer** *vp*: **se ~ un chemin (à travers une foule)** to force one's way through (a crowd).
frayeur [frejœr] *nf* fright, fear.

fredaines [frədɛn] *nfpl* pranks.
fredonner [frədɔne] [3] *vt & vi* to hum.
freezer [frizœr] *nm* freezer compartment.
frégate [fregat] *nf* **-1.** [bateau] frigate. **-2.** [oiseau] frigate-bird.
frein [frɛ̃] *nm* **-1.** AUTOM brake; **~ à main** handbrake; **~ moteur** engine brake. **-2.** *fig* [obstacle] brake, check; **mettre un ~ à** to curb. **-3.** *loc*: **ronger son ~** *fig* to champ at the bit.
freinage [frɛnaʒ] *nm* braking.
freiner [frene] [4] ◇ *vt* **-1.** [mouvement, véhicule] to slow down; [inflation, dépenses] to curb. **-2.** [personne] to restrain. ◇ *vi* to brake.
frelaté, -e [frəlate] *adj* [vin] adulterated; *fig* corrupt.
frêle [frɛl] *adj* **-1.** [enfant, voix] frail. **-2.** [construction] flimsy, fragile.
frelon [frəlɔ̃] *nm* hornet.
freluquet [frəlykɛ] *nm* *péj* whippersnapper.
frémir [fremir] [32] *vi* **-1.** [corps, personne] to tremble. **-2.** [eau] to simmer.
frémissement [fremismã] *nm* **-1.** [de corps, personne] shiver, trembling (U). **-2.** [d'eau] simmering.
frêne [frɛn] *nm* ash.
frénésie [frenezi] *nf* frenzy.
frénétique [frenetik] *adj* frenzied.
frénétiquement [frenetikmã] *adv* [applaudir] furiously.
fréquemment [frekamã] *adv* frequently.
fréquence [frekãs] *nf* frequency.
fréquent, -e [frekã, ãt] *adj* frequent.
fréquentable [frekãtabl] *adj* respectable.
fréquentation [frekãtasjɔ̃] *nf* **-1.** [d'endroit] frequenting. **-2.** [de personne] association.
◆ **fréquentations** *nfpl* company (U); **avoir de mauvaises ~s** to keep bad company.
fréquenté, -e [frekãte] *adj*: **très ~** busy; **c'est très bien/mal ~** the right/wrong sort of people go there.
fréquenter [frekãte] [3] *vt* **-1.** [endroit] to frequent. **-2.** [personne] to associate with; [petit ami] to go out with, to see.
frère [frɛr] ◇ *nm* brother; **faux ~** false friend; **~ de lait** foster brother; **grand ~** big brother. ◇ *adj* [parti, pays] sister (*avant n*).
fresque [frɛsk] *nf* fresco.
fret [frɛ] *nm* freight.
frétiller [fretije] [3] *vi* [poisson, personne] to wriggle; **~ de joie** *fig* to quiver with delight.

fretin [frətɛ̃] *nm*: **le menu** ~ the small fry.
freudien, -ienne [frødjɛ̃, jɛn] *adj* Freudian.
friable [frijabl] *adj* crumbly.
friand, -e [frijɑ̃, ɑ̃d] *adj*: **être** ~ **de** to be partial to.
◆ **friand** *nm* savory *Am* OU savoury *Br* tartlet.
friandise [frijɑ̃diz] *nf* delicacy.
fric [frik] *nm fam* cash.
fricassée [frikase] *nf* fricassee.
fric-frac [frikfrak] *nm inv fam* break-in.
friche [friʃ] *nf* fallow land; **en** ~ fallow.
fricoter [frikɔte] [3] *vt litt* & *fig* to cook up.
friction [friksjɔ̃] *nf* **-1.** [massage] massage. **-2.** *fig* [désaccord] friction.
frictionner [friksjɔne] [3] *vt* to rub.
Frigidaire® [friʒidɛr] *nm* fridge, refrigerator.
frigide [friʒid] *adj* frigid.
frigidité [friʒidite] *nf* frigidity.
frigo [frigo] *nm fam* fridge.
frigorifié, -e [frigɔrifje] *adj fam* frozen.
frigorifique [frigɔrifik] *adj* refrigerated.
frileux, -euse [frilø, øz] *adj* **-1.** [craignant le froid] sensitive to the cold. **-2.** [prudent] unadventurous.
frimas [frima] *nm littéraire* foggy winter weather.
frime [frim] *nf fam* showing off.
frimer [frime] [3] *vi fam* [bluffer] to pretend; [se mettre en valeur] to show off.
frimeur, -euse [frimœr, øz] *nmf* show-off.
frimousse [frimus] *nf fam* dear little face.
fringale [frɛ̃gal] *nf fam*: **avoir la** ~ to be starving.
fringant, -e [frɛ̃gɑ̃, ɑ̃t] *adj* high-spirited.
fringuer [frɛ̃ge] [3] *vt* to dress.
◆ **se fringuer** *vp fam* to get dressed.
fringues [frɛ̃g] *nfpl fam* clothes.
fripe [frip] *nf*: **les** ~**s** secondhand clothes.
friper [fripe] [3] *vt* to crumple.
◆ **se friper** *vp* to crumple.
fripier, -ière [fripje, jɛr] *nm, f* secondhand clothes dealer.
fripon, -onne [fripɔ̃, ɔn] ◇ *nm, f fam vieilli* rogue, rascal. ◇ *adj* mischievous, cheeky.
fripouille [fripuj] *nf fam* scoundrel; **petite** ~ little devil.
frire [frir] [115] ◇ *vt* to fry. ◇ *vi* to fry; **faire** ~ to fry.
Frisbee® [frizbi] *nm* Frisbee®.
frise [friz] *nf* ARCHIT frieze.
frisé, -e [frize] *adj* [cheveux] curly; [personne] curly-haired.
◆ **frisée** *nf* [salade] curly endive.

friser [frize] [3] ◇ *vt* **-1.** [cheveux] to curl. **-2.** *fig* [ressembler à] to border on. ◇ *vi* to curl.
frisette [frizɛt] *nf* curl.
frisotter [frizɔte] [3] ◇ *vt* to crimp, to frizz. ◇ *vi* to be frizzy.
frisquet [friskɛ] *adj m*: **il fait** ~ it's chilly.
frisson [frisɔ̃] *nm* [gén] shiver; [de dégoût] shudder.
frissonner [frisɔne] [3] *vi* **-1.** [trembler] to shiver; [de dégoût] to shudder. **-2.** [s'agiter - eau] to ripple; [- feuillage] to tremble.
frit, -e [fri, frit] *pp* → **frire**.
frite [frit] *nf* (French) fry *Am*, chip *Br*.
friterie [fritri] *nf* ≃ chip shop *Br*.
friteuse [fritøz] *nf* deep fat fryer.
friture [frityr] *nf* **-1.** [action de frire] frying. **-2.** [poisson] fried fish; **petite** ~ fried whitebait. **-3.** *fam* RADIO crackle.
frivole [frivɔl] *adj* frivolous.
frivolité [frivɔlite] *nf* frivolity.
froc [frɔk] *nm* **-1.** RELIG habit. **-2.** *fam* [pantalon] pants (*pl*) *Am*, trousers (*pl*) *Br*.
froid, froide [frwa, frwad] *adj litt* & *fig* cold; **rester** ~ to be unmoved.
◆ **froid** ◇ *nm* **-1.** [température] cold; **prendre** ~ to catch (a) cold; **crever de** ~ *fam* to be freezing to death; **grand** ~ intense cold; **il fait un** ~ **de canard** it's freezing cold; **n'avoir pas** ~ **aux yeux** *fig* to be bold. **-2.** [tension] coolness; **être en** ~ **(avec qqn)** to be on bad terms (with sb). ◇ *adv*: **il fait** ~ it's cold; **avoir** ~ to be cold; **manger** ~ to have something cold (to eat).
◆ **à froid** *loc adv* [dire, faire] coolly, unemotionally.
froidement [frwadmɑ̃] *adv* **-1.** [accueillir] coldly. **-2.** [écouter, parler] coolly. **-3.** [tuer] cold-bloodedly.
froideur [frwadœr] *nf* **-1.** [indifférence] coldness. **-2.** [impassibilité] coolness.
froisser [frwase] [3] *vt* **-1.** [tissu, papier] to crumple, to crease. **-2.** *fig* [offenser] to offend.
◆ **se froisser** *vp* **-1.** [tissu] to crumple, to crease. **-2.** MÉD: **se** ~ **un muscle** to strain a muscle. **-3.** [se vexer] to take offense *Am* OU offence *Br*.
frôler [frole] [3] *vt* to brush against; *fig* to have a brush with, to come close to.
fromage [frɔmaʒ] *nm* cheese; ~ **à pâte molle/dure** soft/hard cheese; ~ **de chèvre** goat's cheese; ~ **de tête** headcheese *Am*, brawn *Br*.
fromager, -ère [frɔmaʒe, ɛr] ◇ *adj* cheese (*avant n*). ◇ *nm, f* [fabricant] cheesemaker.

fromagerie [frɔmaʒri] *nf* cheese-dairy.

froment [frɔmã] *nm* wheat.

fronce [frɔ̃s] *nf* gather.

froncement [frɔ̃smã] *nm*: ~ **de sourcils** frown.

froncer [frɔ̃se] [16] *vt* **-1.** COUTURE to gather. **-2.** [plisser]: ~ **les sourcils** to frown.

frondaison [frɔ̃dɛzɔ̃] *nf* **-1.** [phénomène] foliation. **-2.** [feuillage] foliage.

fronde [frɔ̃d] *nf* **-1.** [arme] sling; [jouet] slingshot *Am*, catapult *Br*. **-2.** [révolte] rebellion.

frondeur, -euse [frɔ̃dœr, øz] ◇ *nm, f* rebel. ◇ *adj* rebellious.

front [frɔ̃] *nm* **-1.** ANAT forehead. **-2.** *fig* [audace] cheek; **avoir le** ~ **de faire qqch** to have the cheek to do sthg. **-3.** [avant] front; [de bâtiment] front, façade; ~ **de mer (sea)** front; **de** ~ [attaquer] head on. **-4.** MÉTÉOR, MIL & POLIT front. **-5.** *loc*: **faire** ~ **à** to face up to; **mener plusieurs activités de** ~ to do several things at the same time.

frontal, -e, -aux [frɔ̃tal, o] *adj* **-1.** ANAT frontal. **-2.** [collision, attaque] head-on.

frontalier, -ière [frɔ̃talje, jɛr] ◇ *adj* frontier (*avant n*); **travailleur** ~ *person who lives on one side of the border and works on the other.* ◇ *nm, f* inhabitant of border area.

frontière [frɔ̃tjɛr] ◇ *adj* border (*avant n*). ◇ *nf* frontier, border; *fig* frontier.

frontispice [frɔ̃tispis] *nm* frontispiece.

fronton [frɔ̃tɔ̃] *nm* **-1.** ARCHIT pediment. **-2.** SPORT *upper part of the wall in the game of pelota.*

frottement [frɔtmã] *nm* **-1.** [action] rubbing. **-2.** [contact, difficulté] friction.

frotter [frɔte] [3] ◇ *vt* to rub; [parquet] to scrub. ◇ *vi* to rub, to scrape.

◆ **se frotter** *vp* **-1.** [se blottir]: **se** ~ **contre** OU **à** to rub (up) against; **il ne faut pas s'y** ~ *fig* don't cross swords with him. **-2.** [se laver] to rub o.s.

frottis [frɔti] *nm* smear; ~ **vaginal cervical** smear.

froufrou, -s [frufru] *nm* rustle, swish.

◆ **froufrous** *nmpl* [de robe] frills.

froussard, -e [frusar, ard] *adj & nm, f fam* chicken.

frousse [frus] *nf fam* fright; **avoir la** ~ to be scared stiff.

fructifier [fryktifje] [9] *vi* **-1.** [investissement] to give OU yield a profit; **faire** ~ **son argent** to make one's money grow. **-2.** [terre] to be productive. **-3.** [arbre, idée] to bear fruit.

fructose [fryktoz] *nm* fructose.

fructueux, -euse [fryktɥø, øz] *adj* fruitful, profitable.

frugal, -e, -aux [frygal, o] *adj* frugal.

fruit [frɥi] *nm litt* & *fig* fruit (*U*); ~ **confit** candied fruit; **le** ~ **défendu** the forbidden fruit; ~ **sec** dried fruit (*U*); ~**s de mer** seafood (*U*).

fruité, -e [frɥite] *adj* fruity.

fruitier, -ière [frɥitje, jɛr] ◇ *adj* [arbre] fruit (*avant n*). ◇ *nm, f* fruiterer.

◆ **fruitier** *nm* [local] store-room for fruit.

frusques [frysk] *nfpl* gear (*U*), clobber (*U*).

fruste [fryst] *adj* uncouth.

frustrant, -e [frystrã, ãt] *adj* frustrating.

frustration [frystrasjɔ̃] *nf* frustration.

frustré, -e [frystre] ◇ *adj* frustrated. ◇ *nm, f* frustrated person.

frustrer [frystre] [3] *vt* **-1.** [priver]: ~ **qqn** to deprive sb of. **-2.** [décevoir] to frustrate.

FS (*abr de* **franc suisse**) SFr.

FTP (*abr de* **francs-tireurs et partisans**) *nmpl Communist Resistance forces during World War II.*

fuchsia [fyʃja] *nm* fuchsia.

fuel, fioul [fjul] *nm* **-1.** [de chauffage] fuel. **-2.** [carburant] fuel oil.

fugace [fygas] *adj* fleeting.

fugitif, -ive [fyʒitif, iv] ◇ *adj* fleeting. ◇ *nm, f* fugitive.

fugue [fyg] *nf* **-1.** [de personne] flight; **faire une** ~ to run away. **-2.** MUS fugue.

fuguer [fyge] [3] *vi* to run off OU away.

fugueur, -euse [fygœr, øz] *adj & nm, f* runaway.

fui [fɥi] *pp inv* → **fuir**.

fuir [fɥir] [35] ◇ *vi* **-1.** [détaler] to flee. **-2.** [tuyau] to leak. **-3.** *fig* [s'écouler] to fly by. ◇ *vt* [éviter] to avoid, to shun.

fuis, fuit *etc* → **fuir**.

fuite [fɥit] *nf* **-1.** [de personne] escape, flight; **en** ~ on the run; **prendre la** ~ to take flight; **mettre qqn en** ~ to put sb to flight. **-2.** [écoulement, d'information] leak.

fulgurant, -e [fylgyrã, ãt] *adj* **-1.** [découverte] dazzling. **-2.** [vitesse] lightning (*avant n*). **-3.** [douleur] searing. **-4.** *littéraire* [regard] of thunder.

fulminant, -e [fylminã, ãt] *adj* [menaçant] threatening.

fulminer [fylmine] [3] *vi* **-1.** [personne]: ~ **(contre)** to fulminate (against). **-2.** CHIM to detonate.

fumant, -e [fymã, ãt] *adj* **-1.** [cheminée] smoking. **-2.** [plat] steaming.

fumé, -e [fyme] *adj* **-1.** CULIN smoked. **-2.** [verres] tinted.

fumée [fyme] *nf* -1. [de combustion] smoke; **partir en ~** *fig* to go up in smoke. -2. [vapeur] steam.

fumer [fyme] [3] ◇ *vi* -1. [personne, cheminée] to smoke. -2. [bouilloire, plat] to steam. -3. *fam* [être furieux] to fume, to rage. ◇ *vt* -1. [cigarette, aliment] to smoke. -2. AGRIC to spread manure on.

fumet [fymɛ] *nm* -1. [odeur] aroma. -2. CULIN greatly reduced stock.

fumeur, -euse [fymœr, øz] *nm, f* smoker.

fumeux, -euse [fymø, øz] *adj* confused, woolly.

fumier [fymje] *nm* -1. AGRIC dung, manure. -2. *vulg* [salaud] shit.

fumigation [fymigasjɔ̃] *nf* fumigation.

fumiste [fymist] *nmf péj* shirker, skiver *Br*.

fumisterie [fymistəri] *nf fam* shirking, skiving *Br*.

fumoir [fymwar] *nm* -1. [pour aliments] smokehouse. -2. [pièce] smoking room.

funambule [fynãbyl] *nmf* tightrope walker.

funèbre [fynɛbr] *adj* -1. [de funérailles] funeral (*avant n*). -2. [lugubre] funereal; [sentiments] dismal.

funérailles [fyneraj] *nfpl* funeral (*sg*).

funéraire [fynerɛr] *adj* funeral (*avant n*).

funeste [fynɛst] *adj* -1. [accident] fatal. -2. [initiative, erreur] disastrous. -3. [présage] of doom.

funiculaire [fynikylɛr] *nm* funicular.

FUNU, Funu [fyny] (*abr de* **Force d'urgence des Nations unies**) *nf* UNEF.

fur [fyr]
♦ **au fur et à mesure** *loc adv* as I/you *etc* go along; **au ~ et à mesure des besoins** as (and when) needed.
♦ **au fur et à mesure que** *loc conj* as (and when).

furax [fyraks] *adj inv fam* hopping mad.

furet [fyrɛ] *nm* -1. [animal] ferret. -2. [personne] nosy parker. -3. [jeu] hunt-the-slipper.

fureter [fyrte] [28] *vi* -1. [fouiller] to ferret around. -2. [chasser] to go ferreting.

fureur [fyrœr] *nf* -1. [colère] fury. -2. [passion] passion; **faire ~** to be all the rage.

furibard, -e [fyribar, ard] *adj fam* furious.

furibond, -e [fyribɔ̃, ɔ̃d] *adj* furious.

furie [fyri] *nf* -1. [colère, agitation] fury; **en ~** [personne] infuriated; [éléments] raging. -2. *fig* [femme] shrew. -3. [passion] passion.

furieusement [fyrjøzmã] *adv* -1. [avec fureur] furiously. -2. [extrêmement] tremendously.

furieux, -ieuse [fyrjø, jøz] *adj* -1. [personne] furious. -2. [violent] violent. -3. [énorme] tremendous.

furoncle [fyrɔ̃kl] *nm* boil.

furtif, -ive [fyrtif, iv] *adj* furtive.

furtivement [fyrtivmã] *adv* furtively.

fus, fut *etc* → **être**.

fusain [fyzɛ̃] *nm* -1. [crayon] charcoal. -2. [dessin] charcoal drawing. -3. [arbre] spindle tree.

fuseau, -x [fyzo] *nm* -1. [outil] spindle. -2. [pantalon] ski-pants (*pl*).
♦ **fuseau horaire** *nm* time zone.

fusée [fyze] *nf* -1. [pièce d'artifice & AÉRON] rocket. -2. TECHNOL spindle; AUTOM stub axle.

fuselage [fyzlaʒ] *nm* fuselage.

fuselé, -e [fyzle] *adj* [doigts] tapering; [jambes] slender.

fuser [fyze] [3] *vi* [cri, rire] to burst forth OU out.

fusible [fyzibl] *nm* fuse.

fusil [fyzi] *nm* -1. [arme] gun; **changer son ~ d'épaule** *fig* to change one's approach. -2. [personne] marksman.

fusillade [fyzijad] *nf* -1. [combat] gunfire (*U*), fusillade. -2. [exécution] shooting.

fusiller [fyzije] [3] *vt* -1. [exécuter] to shoot; **~ qqn du regard** *fig* to look daggers at sb. -2. *fam* [bousiller] to muck up, to ruin.

fusil-mitrailleur [fyzimitrajœr] (*pl* **fusils-mitrailleurs**) *nm* machine gun.

fusion [fyzjɔ̃] *nf* -1. [gén] fusion. -2. [fonte] smelting; **en ~** molten. -3. ÉCON & POLIT merger.

fusionner [fyzjɔne] [3] *vt & vi* to merge.

fustiger [fystiʒe] [17] *vt* to castigate.

fut → **être**.

fût [fy] *nm* -1. [d'arbre] trunk. -2. [tonneau] barrel, cask. -3. [d'arme] stock. -4. [de colonne] shaft.

futaie [fytɛ] *nf* wood.

futé, -e [fyte] *fam* ◇ *adj* cunning. ◇ *nm, f* sharp cookie.

futile [fytil] *adj* -1. [insignifiant] futile. -2. [frivole] frivolous.

futilité [fytilite] *nf* -1. [d'action] futility. -2. [vétille] triviality.

futur, -e [fytyr] ◇ *adj* future (*avant n*); **la vie ~e** RELIG the life to come; **~s mariés** bride- and groom-to-be. ◇ *nm, f* [fiancé] intended.

◆ **futur** *nm* future; ~ **antérieur** LING future perfect.

futuriste [fytyrist] ◇ *nmf* futurist. ◇ *adj* futuristic.

futurologue [fytyrɔlɔg] *nmf* futurologist.

fuyant, -e [fɥijɑ̃, ɑ̃t] *adj* **-1.** [perspective, front] receding (*avant n*). **-2.** [regard] evasive.

fuyard, -e [fɥijar, ard] *nm, f* runaway.

fuyez, fuyons *etc* → **fuir**.

G

g¹, G [ʒe] *nm inv* g, G.
g² (*abr de* **gauche**) L, l.
◆ **G** (*abr de* **giga**) G.

GAB [gab] (*abr de* **guichet automatique de banque**) *nm* cash dispenser, ATM *Am*.

gabardine [gabardin] *nf* gabardine.

gabarit [gabari] *nm* **-1.** [appareil de mesure] gauge. **-2.** [dimension] size. **-3.** [valeur] calibre; **du même** ~ of the same calibre.

gabegie [gabʒi] *nf* muddle, disorder.

Gabon [gabɔ̃] *nm*: **le** ~ Gabon; **au** ~ in Gabon.

gabonais, -e [gabɔnɛ, ɛz] *adj* Gabonese.
◆ **Gabonais, -e** *nm, f* Gabonese.

gâche [gaʃ] *nf* **-1.** [de serrure] striking plate. **-2.** [outil] trowel.

gâcher [gaʃe] [3] *vt* **-1.** [gaspiller] to waste. **-2.** [gâter] to spoil. **-3.** CONSTR to mix.

gâchette [gaʃɛt] *nf* trigger; **appuyer sur la** ~ to pull the trigger.

gâchis [gaʃi] *nm* **-1.** [gaspillage] waste (*U*). **-2.** [désordre] mess. **-3.** CONSTR mortar.

gadelle [gadɛl] *nf Can* currant.

gadget [gadʒɛt] *nm* gadget.

gadoue [gadu] *nf fam* [boue] mud; [engrais] sludge.

gaélique [gaelik] ◇ *adj* Gaelic. ◇ *nm* Gaelic; ~ **d'Écosse** Scots Gaelic; ~ **d'Irlande** Irish Gaelic.

gaffe [gaf] *nf* **-1.** *fam* [maladresse] clanger; **faire une** ~ to drop a clanger. **-2.** [outil] boat hook. **-3.** *loc*: **faire** ~ *fam* to take care.

gaffer [gafe] [3] ◇ *vt* to hook. ◇ *vi fam* to put one's foot in it.

gaffeur, -euse [gafœr, øz] *fam* ◇ *adj* blundering. ◇ *nm, f* blunderer.

gag [gag] *nm* gag.

gaga [gaga] *adj fam* gaga, doddering.

gage [gaʒ] *nm* **-1.** [dépôt] pledge; **mettre qqch en** ~ to pawn ' sthg. **-2.** [assurance, preuve] proof; **en** ~ **de** as a token of. **-3.** [dans jeu] forfeit.

gager [gaʒe] [17] *vt*: ~ **que** to bet (that).

gageure [gaʒyr] *nf* challenge.

gagnant, -e [gaɲɑ̃, ɑ̃t] ◇ *adj* winning (*avant n*). ◇ *nm, f* winner.

gagne-pain [gaɲpɛ̃] *nm inv* livelihood.

gagne-petit [gaɲpəti] *nm inv* person earning a pittance.

gagner [gaɲe] [3] ◇ *vt* **-1.** [salaire, argent, repos] to earn. **-2.** [course, prix, affection] to win. **-3.** [obtenir, économiser] to gain; ~ **du temps/de la place** to gain time/space. **-4.** [vaincre]: ~ **qqn de vitesse** to outpace sb. **-5.** [atteindre] to reach; [- suj: feu, engourdissement] to spread to; [- suj: sommeil, froid] to overcome. **-6.** [se concilier] to win over.
◇ *vi* **-1.** [être vainqueur] to win. **-2.** [bénéficier] to gain; ~ **à faire qqch** to be better off doing sthg; **qu'est-ce que j'y gagne?** what do I get out of it? **-3.** [s'améliorer]: ~ **en** to increase in; ~ **à être connu** to improve on acquaintance.

gagneur, -euse [gaɲœr, øz] *nm, f* winner.

gai, -e [gɛ] *adj* **-1.** [joyeux] cheerful, happy. **-2.** [vif, plaisant] bright.

gaiement [gemɑ̃] *adv* cheerfully.

gaieté [gete] *nf* **-1.** [joie] cheerfulness; **de** ~ **de cœur** enthusiastically. **-2.** [vivacité] brightness.

gaillard, -e [gajar, ard] ◇ *adj* **-1.** [alerte] sprightly, spry. **-2.** [licencieux] ribald. ◇ *nm, f* strapping individual.

gain [gɛ̃] *nm* **-1.** [profit] gain, profit. **-2.** [succès] winning; **avoir** OU **obtenir** ~ **de cause** to win one's case. **-3.** [économie] saving.
◆ **gains** *nmpl* earnings.

gaine [gɛn] *nf* **-1.** [étui, enveloppe] sheath. **-2.** [sous-vêtement] girdle, corset.

gaine-culotte [gɛnkylɔt] (*pl* **gaines-culottes**) *nf* panty girdle.

gainer [gene] [4] *vt* to sheathe.

gala [gala] *nm* gala, reception; **de** ~ gala (*avant n*).

galamment [galamɑ̃] *adv* politely, gallantly.

galant, -e [galɑ̃, ɑ̃t] *adj* **-1.** [courtois] gallant. **-2.** [amoureux] flirtatious.
◆ **galant** *nm* admirer.

galanterie [galɑ̃tri] *nf* **-1.** [courtoisie] gallantry, politeness. **-2.** [flatterie] compliment.

galantine [galātin] *nf boned meat or poultry pressed into a loaf shape.*

galaxie [galaksi] *nf* galaxy.

galbe [galb] *nm* curve.

galbé, -e [galbe] *adj* **-1.** [objet] curved. **-2.** [jambe] shapely.

gale [gal] *nf* MÉD scabies (*U*).

galère [galɛr] *nf* NAVIG galley; **quelle ~!** *fig* what a hassle!, what a drag!

galérer [galere] [18] *vi fam* to have a hard time.

galerie [galri] *nf* **-1.** [gén] gallery; **~ marchande** shopping arcade; **~ de peinture** picture gallery. **-2.** THÉÂTRE circle; **amuser la ~** *fig* to play to the gallery. **-3.** [porte-bagages] roof rack.

galet [galɛ] *nm* **-1.** [caillou] pebble. **-2.** TECHNOL wheel, roller.

galette [galɛt] *nf* **-1.** CULIN pancake (*made from buckwheat flour*); **~ des Rois** *cake eaten on Twelfth Night.* **-2.** *fam* [argent] dough, cash.

galeux, -euse [galø, øz] ◇ *adj* **-1.** MÉD scabious. **-2.** → **brebis.** ◇ *nm, f* scruffy person.

galimatias [galimatja] *nm* gibberish (*U*).

galipette [galipɛt] *nf fam* somersault; **faire des ~s** to do somersaults.

Galles [gal] → **pays.**

gallicisme [galisism] *nm* [expression] French idiom; [dans une langue étrangère] gallicism.

gallinacé, -e [galinase] *adj* domestic.
◆ **gallinacé** *nm* domestic fowl.

gallois, -e [galwa, az] *adj* Welsh.
◆ **gallois** *nm* [langue] Welsh.
◆ **Gallois, -e** *nm, f* Welshman (*f* Welshwoman); **les Gallois** the Welsh.

gallo-romain, -e [galɔrɔmɛ̃, ɛn] (*mpl* **gallo-romains,** *fpl* **gallo-romaines**) *adj* Gallo-Roman.
◆ **Gallo-Romain, -e** *nm, f* Gallo-Roman.

galoche [galɔʃ] *nf* clog.

galon [galɔ̃] *nm* **-1.** COUTURE braid (*U*). **-2.** MIL stripe; **prendre du ~** *fig* to be promoted.

galop [galo] *nm* [allure] gallop; **au ~** [cheval] at a gallop; *fig* at the double.

galopade [galɔpad] *nf* **-1.** [de cheval] gallop. **-2.** [de personne] stampede.

galopant, -e [galɔpɑ̃, ɑ̃t] *adj fig* galloping, runaway.

galoper [galɔpe] [3] *vi* **-1.** [cheval] to gallop. **-2.** [personne] to run about. **-3.** [imagination] to run riot.

galopin [galɔpɛ̃] *nm fam* brat.

galvaniser [galvanize] [3] *vt litt* & *fig* to galvanize.

galvauder [galvode] [3] *vt* [ternir] to tarnish.
◆ **se galvauder** *vp* to demean o.s.

gambade [gɑ̃bad] *nf* leap.

gambader [gɑ̃bade] [3] *vi* [sautiller] to leap about; [agneau] to gambol.

gamberger [gɑ̃bɛrʒe] [17] *vi fam* to think hard.

gambette [gɑ̃bɛt] *nf fam* leg, pin.

Gambie [gɑ̃bi] *nf*: **la ~** Gambia.

gambien, -ienne [gɑ̃bjɛ̃, jɛn] *adj* Gambian.
◆ **Gambien, -ienne** *nm, f* Gambian.

gamelle [gamɛl] *nf* **-1.** [plat] kit *Am*, mess tin *Br*. **-2.** *fam* [chute]: **se ramasser une ~** to come a cropper.

gamin, -e [gamɛ̃, in] ◇ *adj* **-1.** [espiègle] lively, mischievous. **-2.** [puéril] childish. ◇ *nm, f* **-1.** *fam* [enfant] kid. **-2.** [des rues] street urchin.

gaminerie [gaminri] *nf* **-1.** [espièglerie] mischievousness. **-2.** [enfantillage] childishness; **faire des ~s** to be childish.

gamme [gam] *nf* **-1.** [série] range; **~ de produits** product range; **haut/bas de ~** at the top/bottom of the range. **-2.** MUS scale.

Gand [gɑ̃] *n* Ghent.

gang [gɑ̃g] *nm* gang.

Gange [gɑ̃ʒ] *nm*: **le ~** the (River) Ganges.

ganglion [gɑ̃glijɔ̃] *nm* ganglion.

gangrène [gɑ̃grɛn] *nf* gangrene; *fig* corruption, canker.

gangster [gɑ̃gstɛr] *nm* gangster; *fig* crook.

gangue [gɑ̃g] *nf* **-1.** [de minerai] gangue. **-2.** *fig* [carcan] straitjacket.

gant [gɑ̃] *nm* glove; **~ de boxe** boxing glove; **~ de caoutchouc** rubber glove; **~ de crin** friction glove; **~ de toilette** face cloth, flannel *Br*; **aller comme un ~ à qqn** to fit sb like a glove; **prendre des ~s** to be cautious; **prendre des ~s avec qqn** to handle sb with kid gloves.

garage [garaʒ] *nm* garage.

garagiste [garaʒist] *nmf* [propriétaire] garage owner; [réparateur] garage mechanic.

garant, -e [garɑ̃, ɑ̃t] *nm, f* [responsable] guarantor; **se porter ~ de** to vouch for.
◆ **garant** *nm* [garantie] guarantee.

garantie [garɑ̃ti] *nf* **-1.** [gén] guarantee. **-2.** [de police d'assurance] cover.

garantir [garɑ̃tir] [32] *vt* **-1.** [assurer & COMM] to guarantee; **~ à qqn que** to assure OU guarantee sb that. **-2.** [protéger]: **~ qqch (de)** to protect sthg (from).

garce [gars] *nf* bitch.

garçon [garsɔ̃] *nm* **-1.** [enfant] boy; ~ **man-qué** tomboy. **-2.** [célibataire]: **vieux** ~ confirmed bachelor. **-3.** [serveur]: ~ **(de ca-fé)** waiter; ~**!** waiter!

garçonne [garsɔn] *nf*: **coiffure à la** ~ urchin cut.

garçonnet [garsɔnε] *nm* little boy.

garçonnière [garsɔnjεr] *nf* bachelor apart-ment *Am* OU flat *Br*.

garde [gard] ◇ *nf* **-1.** [surveillance] protec-tion. **-2.** [veille]: **de** ~ on duty; **pharmacie de** ~ duty chemist; ~ **de nuit** night duty. **-3.** MIL guard; **monter la** ~ to go on guard. **-4.** JUR: **avoir la** ~ **d'un enfant** to have cus-tody of a child; ~ **à vue** ≃ police custody. **-5.** *loc*: **être/se tenir sur ses** ~**s** to be/stay on one's guard; **mettre qqn en** ~ **contre qqch** to put sb on their guard about sthg; **prendre** ~ **à qqch** to watch out for sthg; **prendre** ~ **à ne pas faire qqch** to take care not to do sthg; **prendre** ~ **que** (+ *subjonctif*) to take care that. ◇ *nmf* keeper; ~ **du corps** bodyguard; ~ **d'enfants** childminder; ~ **forestier** forest ranger; **le** ~ **des Sceaux** the Minister of Justice, ≃ Attorney General *Am*, ≃ Lord Chancellor *Br*.
◆ **Garde** *nf*: **la Garde républicaine** the Re-publican Guard.

garde-à-vous [gardavu] *nm inv* attention; **se mettre au** ~ to stand to attention.

garde-barrière [gardəbarjεr] (*pl* **gardes-barrière** OU **gardes-barrières**) *nmf* level-crossing keeper.

garde-boue [gardəbu] *nm inv* fender *Am*, mudguard *Br*.

garde-chasse [gardəʃas] (*pl* **gardes-chasse** OU **gardes-chasses**) *nm* gamekeeper.

garde-chiourme [gardəʃjurm] (*pl* **gardes-chiourme** OU **gardes-chiourmes**) *nm* war-der; *fig* slavedriver.

garde-fou [gardəfu] (*pl* **garde-fous**) *nm* rail-ing, parapet.

garde-malade [gardəmalad] (*pl* **gardes-malades**) *nmf* nurse.

garde-manger [gardəmɑ̃ʒe] *nm inv* [pièce] pantry, larder; [armoire] cooler *Am*, meat safe *Br*.

garde-meuble [gardəmœbl] (*pl inv* OU **garde-meubles**) *nm* warehouse.

gardénia [gardenja] *nm* gardenia.

garde-pêche [gardəpεʃ] (*pl* **gardes-pêche**) ◇ *nm* [personne] fishwarden *Am*, water bail-iff *Br*. ◇ *nm inv* [bateau] fishery protection vessel.

garder [garde] [3] *vt* **-1.** [gén] to keep; [vête-ment] to keep on. **-2.** [surveiller] to mind, to

look after; [défendre] to guard. **-3.** [protéger]: ~ **qqn de qqch** to save sb from sthg.
◆ **se garder** *vp* **-1.** [se conserver] to keep. **-2.** [se méfier]: **se** ~ **de qqn/qqch** to beware of sb/sthg. **-3.** [s'abstenir]: **se** ~ **de faire qqch** to take care not to do sthg.

garderie [gardəri] *nf* day-care center *Am*, crèche *Br*, day nursery *Br*.

garde-robe [gardərɔb] (*pl* **garde-robes**) *nf* wardrobe.

gardien, -ienne [gardjε̃, jεn] *nm, f* **-1.** [sur-veillant] guard, keeper; ~ **de but** goal-keeper; ~ **de nuit** night watchman; ~ **de prison** prison warder OU officer. **-2.** *fig* [dé-fenseur] protector, guardian. **-3.** [agent]: ~ **de la paix** policeman.

gardiennage [gardjεnaʒ] *nm* caretaking.

gardon [gardɔ̃] *nm* roach; **frais comme un** ~ *fig* fresh as a daisy.

gare¹ [gar] *nf* station; ~ **maritime** harbor *Am* OU harbour *Br* station; ~ **routière** [de marchandises] road haulage depot; [pour pas-sagers] bus station; ~ **de triage** marshalling yard.

gare² [gar] *interj* **-1.** [attention] watch out!; ~ **aux voleurs** watch out for pickpockets; **sans crier** ~ *fig* without warning. **-2.** [me-nace]: ~ **à toi!** watch out!, watch it!

garer [gare] [3] *vt* **-1.** [ranger] to park. **-2.** [mettre à l'abri] to put in a safe place.
◆ **se garer** *vp* **-1.** [stationner] to park. **-2.** [se ranger] to pull over. **-3.** [éviter]: **se** ~ **de qqch** to avoid sthg.

gargariser [gargarize] [3]
◆ **se gargariser** *vp* **-1.** [se rincer] to gargle. **-2.** *péj* [se délecter]: **se** ~ **de** to delight OU revel in.

gargarisme [gargarism] *nm* gargle.

gargote [gargɔt] *nf* cheap restaurant, greasy spoon.

gargouille [garguj] *nf* gargoyle.

gargouillement [gargujmɑ̃] *nm* gurgling (*U*).

gargouiller [garguje] [3] *vi* **-1.** [eau] to gur-gle. **-2.** [intestins] to rumble.

garnement [garnəmɑ̃] *nm* rascal, pest.

garni [garni] *nm vieilli* furnished accommo-dations (*pl*) *Am* OU accommodation (*U*) *Br*.

garnir [garnir] [32] *vt* **-1.** [équiper] to fit out, to furnish. **-2.** [couvrir]: ~ **qqch (de)** to cov-er sthg (with). **-3.** [remplir] to fill. **-4.** [orner]: ~ **qqch de** to decorate sthg with; COUTURE to trim sthg with.
◆ **se garnir** *vp* to fill up.

garnison [garnizɔ̃] *nf* garrison.

garniture [garnityr] *nf* **-1.** [ornement] trim-ming; [de lit] bed linen. **-2.** AUTOM: ~ **de**

frein brake lining; ~ **(intérieure)** upholstery. **-3.** [CULIN - pour accompagner] fixings (*pl*) *Am*, garnish *Br*; [- pour remplir] filling; ~ **de légumes** vegetables (*pl*).

garrigue [garig] *nf* scrub.

garrot [garo] *nm* **-1.** [de cheval] withers (*pl*). **-2.** MÉD tourniquet. **-3.** [de torture] garrotte.

garrotter [garɔte] [3] *vt* **-1.** [attacher] to tie up. **-2.** *fig* [museler] to muzzle.

gars [ga] *nm fam* **-1.** [garçon, homme] lad. **-2.** [type] guy, bloke *Br*.

gascon, -onne [gaskɔ̃, ɔn] *adj* Gascon.
◆ **Gascon, -onne** *nm, f* Gascon.

gas-oil [gazɔjl, gazwal], **gazole** [gazɔl] *nm* diesel oil.

gaspillage [gaspijaʒ] *nm* waste.

gaspiller [gaspije] [3] *vt* to waste.

gastrique [gastrik] *adj* gastric.

gastrite [gastrit] *nf* gastritis (*U*).

gastro-entérite [gastrɔɑ̃terit] (*pl* **gastro-entérites**) *nf* gastroenteritis (*U*).

gastronome [gastrɔnɔm] *nmf* gourmet.

gastronomie [gastrɔnɔmi] *nf* gastronomy.

gastronomique [gastrɔnɔmik] *adj* gastronomic.

gâteau, -x [gato] *nm* cake; ~ **d'anniversaire** birthday cake; ~ **de miel** honeycomb; ~ **sec** cookie *Am*, biscuit *Br*; **c'est du** ~ *fam* it's a piece of cake.

gâter [gate] [3] *vt* **-1.** [gén] to spoil; [vacances, affaires] to ruin, to spoil. **-2.** *iron* [combler] to be too good to; **on est gâté!** just great!
◆ **se gâter** *vp* **-1.** [aliments] to spoil, to go off. **-2.** [temps] to change for the worse. **-3.** [situation] to take a turn for the worse.

gâterie [gatri] *nf* treat.

gâteux, -euse [gatø, øz] ◇ *adj* senile; **être** ~ **de** *fig* to be daft about OU besotted with. ◇ *nm, f* **-1.** [sénile] doddering old man (*f* woman). **-2.** [radoteur] old bore.

gâtisme [gatism] *nm* **-1.** [vieillissement] senility. **-2.** [stupidité] stupidity.

GATT, Gatt [gat] (*abr de* **General Agreement on Tariffs and Trade**) *nm* GATT.

gauche [goʃ] ◇ *nf* **-1.** [côté] left, left-hand side; **rouler sur la** ~ to drive on the left; **à** ~ **(de)** on the left (of); **à ma/ta** *etc* ~ on my/your *etc* left; **de** ~ on the left. **-2.** POLIT: **la** ~ the left (wing); **de** ~ left-wing. ◇ *nm* BOXE left. ◇ *adj* **-1.** [côté] left. **-2.** [personne] clumsy.

gauchement [goʃmɑ̃] *adv* clumsily.

gaucher, -ère [goʃe, ɛr] ◇ *adj* left-handed. ◇ *nm, f* left-handed person.

gauchir [goʃir] [32] ◇ *vi* to warp. ◇ *vt fig* to distort.

gauchisant, -e [goʃizɑ̃, ɑ̃t] *adj* leftist.

gauchisme [goʃism] *nm* leftism.

gauchiste [goʃist] ◇ *nmf* leftist. ◇ *adj* left-wing.

gaufre [gofr] *nf* waffle.

gaufrer [gofre] [3] *vt* to emboss.

gaufrette [gofrɛt] *nf* wafer.

gaule [gol] *nf* **-1.** [perche] pole. **-2.** [canne à pêche] fishing rod.

gauler [gole] [3] *vt* to bring OU shake down.

gaulliste [golist] *nmf & adj* Gaullist.

gaulois, -e [golwa, az] *adj* **-1.** [de Gaule] Gallic. **-2.** [osé] ribald.
◆ **Gaulois, -e** *nm, f* Gaul.

gauloiserie [golwazri] *nf* bawdy story.

gausser [gose] [3]
◆ **se gausser** *vp*: se ~ **de** *littéraire* to make fun of.

gaver [gave] [3] *vt* **-1.** [animal] to force-feed. **-2.** [personne]: ~ **qqn de** to feed sb full of.
◆ **se gaver** *vp*: se ~ **de** to gorge o.s. on.

gay [gɛ] *adj inv & nm* gay.

gaz [gaz] *nm inv* gas; **à pleins** ~ *fam* AUTOM flat out; ~ **carbonique** carbon dioxide; ~ **lacrymogène** tear gas; ~ **naturel** natural gas.

Gaza [gaza] *n* Gaza; **la bande de** ~ the Gaza Strip.

gaze [gaz] *nf* gauze.

gazelle [gazɛl] *nf* gazelle.

gazer [gaze] [3] ◇ *vt* to gas. ◇ *vi fam* to go at top speed; **ça gaze!** everything's great!; **ça gaze?** how are things?

gazette [gazɛt] *nf* newspaper, gazette.

gazeux, -euse [gazø, øz] *adj* **-1.** CHIM gaseous. **-2.** [boisson] fizzy.

gazoduc [gazɔdyk] *nm* gas pipeline.

gazole → **gas-oil**.

gazomètre [gazɔmɛtr] *nm* gasometer.

gazon [gazɔ̃] *nm* [herbe] grass; [terrain] lawn.

gazouiller [gazuje] [3] *vi* **-1.** [oiseau] to chirp, to twitter. **-2.** [bébé] to gurgle.

gazouillis [gazuji] *nm* **-1.** [d'oiseau] chirping, twittering. **-2.** [de bébé] gurgling.

GB, G-B (*abr de* **Grande-Bretagne**) *nf* GB.

gd *abr de* **grand**.

GDF, Gdf (*abr de* **Gaz de France**) *French national gas company*.

geai [ʒɛ] *nm* jay.

géant, -e [ʒeɑ̃, ɑ̃t] ◇ *adj* gigantic, giant. ◇ *nm, f* giant.

geignement [ʒɛɲəmã] *nm* moaning.

geindre [ʒɛ̃dr] [81] *vi* **-1.** [gémir] to moan. **-2.** *fam* [pleurnicher] to whine.

gel [ʒɛl] *nm* **-1.** MÉTÉOR frost. **-2.** [d'eau] freezing. **-3.** [cosmétique] gel.

gélatine [ʒelatin] *nf* gelatine.

gélatineux, -euse [ʒelatinø, øz] *adj* gelatinous.

gelée [ʒəle] *nf* **-1.** MÉTÉOR frost; ~ **blanche** hoarfrost. **-2.** CULIN jelly; **en** ~ in jelly; ~ **royale** royal jelly.

geler [ʒəle] [25] *vt & vi* **-1.** [gén] to freeze. **-2.** [projet] to halt.
◆ **se geler** *vp fam* to freeze.

gélule [ʒelyl] *nf* capsule.

Gémeaux [ʒemo] *nmpl* ASTROL Gemini; **être** ~ to be a(n) Gemini.

gémir [ʒemir] [32] *vi* **-1.** [gén] to moan. **-2.** [par déception] to groan.

gémissement [ʒemismã] *nm* **-1.** [gén] moan; [du vent] moaning (*U*). **-2.** [de déception] groan.

gemme [ʒɛm] *nf* gem, precious stone.

gênant, -e [ʒɛnã, ãt] *adj* **-1.** [encombrant] in the way. **-2.** [embarrassant] awkward, embarrassing. **-3.** [énervant]: **être** ~ to be a nuisance.

gencive [ʒãsiv] *nf* gum.

gendarme [ʒãdarm] *nm* policeman.

gendarmerie [ʒãdarməri] *nf* **-1.** [corps] police force. **-2.** [lieu] police station.

gendre [ʒãdr] *nm* son-in-law.

gène [ʒɛn] *nm* gene.

gêne [ʒɛn] *nf* **-1.** [physique] difficulty. **-2.** [psychologique] embarrassment; **être sans** ~ *fam* to be a cool customer. **-3.** [financière] difficulty; **être dans la** ~ to be in financial difficulties.

gêné, -e [ʒene] *adj* **-1.** [physiquement]: **être** ~ **pour marcher** to have difficulty walking. **-2.** [psychologiquement] embarrassed. **-3.** [financièrement] in financial difficulties.

généalogie [ʒenealɔʒi] *nf* genealogy.

généalogique [ʒenealɔʒik] *adj* genealogical; **arbre** ~ family tree.

gêner [ʒene] [4] *vt* **-1.** [physiquement - gén] to be too tight for; [- suj: chaussures] to pinch. **-2.** [moralement] to embarrass. **-3.** [incommoder] to bother. **-4.** [encombrer] to hamper.
◆ **se gêner** *vp* to put o.s out; **ne pas se** ~ **pour faire qqch** to feel free to do sthg; *hum* to make no bones about doing sthg; **ne vous gênez pas!** *hum* don't mind me!

général, -e, -aux [ʒeneral, o] *adj* general;

en ~ generally, in general; **répétition** ~**e** dress rehearsal.
◆ **général** *nm* MIL general.
◆ **générale** *nf* **-1.** THÉÂTRE dress rehearsal. **-2.** MIL alarm.

généralement [ʒeneralmã] *adv* generally.

généralisation [ʒeneralizasjɔ̃] *nf* generalization.

généraliser [ʒeneralize] [3] *vt & vi* to generalize.
◆ **se généraliser** *vp* to become general OU widespread.

généraliste [ʒeneralist] ◇ *nmf* family doctor, GP *Br*. ◇ *adj* general.

généralité [ʒeneralite] *nf* **-1.** [idée] generality. **-2.** [universalité] general nature.
◆ **généralités** *nfpl* generalities.

générateur, -trice [ʒeneratœr, tris] *adj* generating.
◆ **générateur** *nm* TECHNOL generator.
◆ **génératrice** *nf* ÉLECTR generator.

génération [ʒenerasjɔ̃] *nf* generation; **la nouvelle** ~ the younger generation; ~ **spontanée** SCIENCE spontaneous generation.

générer [ʒenere] [18] *vt* to generate.

généreusement [ʒenerøzmã] *adv* generously.

généreux, -euse [ʒenerø, øz] *adj* generous; [terre] fertile.

générique [ʒenerik] ◇ *adj* generic. ◇ *nm* credits (*pl*).

générosité [ʒenerozite] *nf* generosity.

genèse [ʒənɛz] *nf* [création] genesis.
◆ **Genèse** *nf* BIBLE Genesis.

genêt [ʒənɛ] *nm* broom.

génétique [ʒenetik] ◇ *adj* genetic. ◇ *nf* genetics (*U*).

gêneur, -euse [ʒenœr, øz] *nm, f* nuisance.

Genève [ʒənɛv] *n* Geneva.

genevois, -e [ʒənvwa, az] *adj* Genevan.

génial, -e, -iaux [ʒenjal, jo] *adj* **-1.** [personne] of genius. **-2.** [idée, invention] inspired. **-3.** *fam* [formidable]: **c'est** ~! that's great!, that's terrific!

génie [ʒeni] *nm* **-1.** [personne, aptitude] genius; **avoir du** ~ to be a genius. **-2.** MYTH spirit, genie. **-3.** TECHNOL engineering; **le** ~ MIL ≃ the (Army) Corps of Engineers *Am*, ≃ the Royal Engineers *Br*; ~ **civil** civil engineering; ~ **maritime** [corps] marine architects.

genièvre [ʒənjɛvr] *nm* juniper.

génisse [ʒenis] *nf* heifer.

génital, -e, -aux [ʒenital, o] *adj* genital.

géniteur, -trice [ʒenitœr, tris] *nm, f* parent; [d'animal] sire (*f* dam).

génitif [ʒenitif] *nm* genitive (case).

génocide [ʒenɔsid] *nm* genocide.

génoise [ʒenwaz] *nf* sponge cake.

genou, **-x** [ʒənu] *nm* knee; **à ~x** on one's knees, kneeling; **se mettre à ~x** to kneel (down); **tenir** OU **avoir qqn sur ses ~x** to hold sb in one's lap OU on one's knee; **être à ~x devant qqn** *fig* to worship sb; **être sur les ~x** *fam fig* to be worn out, to be on one's last legs.

genouillère [ʒənujɛr] *nf* **-1.** [bandage] knee bandage. **-2.** SPORT kneepad.

genre [ʒɑ̃r] *nm* **-1.** [type] type, kind; **en tous ~s** of all kinds; **le ~ humain** the human race. **-2.** LITTÉRATURE genre. **-3.** [style de personne] style; **avoir mauvais ~** to be coarse-looking. **-4.** GRAM gender.

gens [ʒɑ̃] *nmpl* people.

gentiane [ʒɑ̃sjan] *nf* gentian.

gentil, **-ille** [ʒɑ̃ti, ij] *adj* **-1.** [agréable] nice. **-2.** [aimable] kind, nice; **être ~ avec qqn** to be nice OU kind to sb.

gentilhomme [ʒɑ̃tijɔm] (*pl* **gentilshommes**) *nm* gentleman.

gentillesse [ʒɑ̃tijɛs] *nf* kindness; **avoir la ~ de faire qqch** to be so kind as to do sthg.

gentillet, **-ette** [ʒɑ̃tijɛ, ɛt] *adj* **-1.** [petit et gentil] nice little. **-2.** *péj* [assez agréable] nice enough.

gentiment [ʒɑ̃timɑ̃] *adv* **-1.** [sagement] nicely. **-2.** [aimablement] kindly, nicely. **-3.** *Helv* [tranquillement] calmly, quietly.

gentleman [dʒɛntləman] (*pl* **gentlemen** [dʒɛntləmɛn]) *nm* gentleman.

génuflexion [ʒenyflɛksjɔ̃] *nf* genuflexion.

géographe [ʒeɔgraf] *nmf* geographer.

géographie [ʒeɔgrafi] *nf* geography.

géographique [ʒeɔgrafik] *adj* geographical.

geôlier, **-ière** [ʒolje, jɛr] *nm, f* gaoler.

géologie [ʒeɔlɔʒi] *nf* geology.

géologique [ʒeɔlɔʒik] *adj* geological.

géologue [ʒeɔlɔg] *nmf* geologist.

géomètre [ʒeɔmɛtr] *nmf* **-1.** [spécialiste] geometer, geometrician. **-2.** [technicien] surveyor.

géométrie [ʒeɔmetri] *nf* geometry.

géométrique [ʒeɔmetrik] *adj* geometric.

géophysique [ʒeɔfizik] ◇ *nf* geophysics (U). ◇ *adj* geophysical.

géopolitique [ʒeɔpɔlitik] ◇ *nf* geopolitics (U). ◇ *adj* geopolitical.

géosphère [ʒeɔsfɛr] *nf* geosphere.

gérance [ʒerɑ̃s] *nf* management.

géranium [ʒeranjɔm] *nm* geranium.

gérant, **-e** [ʒerɑ̃, ɑ̃t] *nm, f* manager.

gerbe [ʒɛrb] *nf* **-1.** [de blé] sheaf; [de fleurs] spray. **-2.** [d'étincelles, d'eau] shower.

gerber [ʒɛrbe] [3] ◇ *vt* **-1.** [blé] to bind into sheaves. **-2.** [sacs, caisses] to pile (up). ◇ *vi* **-1.** [fusée] to burst in a shower of sparks. **-2.** *tfam* [vomir] to puke.

gerboise [ʒɛrbwaz] *nf* jerboa.

gercer [ʒɛrse] [16] *vt & vi* to crack, to chap.
◆ **se gercer** *vp* to crack, to chap.

gérer [ʒere] [18] *vt* to manage.

gériatrie [ʒerjatri] *nf* geriatrics (U).

gériatrique [ʒerjatrik] *adj* geriatric.

germain, **-e** [ʒɛrmɛ̃, ɛn] → **cousin**.

germanique [ʒɛrmanik] *adj* Germanic.

germaniste [ʒɛrmanist] *nmf* **-1.** [spécialiste] German specialist. **-2.** [étudiant] German student, student of German.

germe [ʒɛrm] *nm* **-1.** BOT & MÉD germ; [de pomme de terre] eye; **~s de soja** beansprouts. **-2.** *fig* [origine] seed, cause.

germer [ʒɛrme] [3] *vi* to germinate.

germination [ʒɛrminasjɔ̃] *nf* germination.

gérondif [ʒerɔ̃dif] *nm* [latin] gerundive; [français] gerund.

gérontologie [ʒerɔ̃tɔlɔʒi] *nf* gerontology.

gésier [ʒezje] *nm* gizzard.

gésir [ʒezir] [49] *vi littéraire* to lie.

gestation [ʒɛstasjɔ̃] *nf* gestation; **en ~** *fig* in gestation.

geste [ʒɛst] *nm* **-1.** [mouvement] gesture. **-2.** [acte] act, deed; **faire un ~** *fig* to make a gesture.

gesticuler [ʒɛstikyle] [3] *vi* to gesticulate.

gestion [ʒɛstjɔ̃] *nf* management; JUR administration; **~ d'entreprise** business administration; **~ de fichiers** INFORM file management.

gestionnaire [ʒɛstjɔnɛr] ◇ *nmf* [personne] manager. ◇ *adj* management (*avant n*). ◇ *nm* INFORM: **~ de données** data manager.

gestuel, **-elle** [ʒɛstɥɛl] *adj* [langage] sign (*avant n*).

Ghana [gana] *nm*: **le ~** Ghana.

ghanéen, **-enne** [ganeɛ̃, ɛn] *adj* Ghanaian.
◆ **Ghanéen**, **-enne** *nm, f* Ghanaian.

ghetto [geto] *nm litt & fig* ghetto.

ghettoïsation [getoizasjɔ̃] *nf* ghettoization.

gibecière [ʒibsjɛr] *nf* game bag; [d'écolier] satchel.

gibelotte [ʒiblɔt] *nf rabbit cooked in white wine*.

gibet [ʒibɛ] *nm* gallows (*sg*), gibbet.

gibier [ʒibje] *nm* game; *fig* [personne] prey; **du gros ~** big game; *fig* [personne] important catch.

giboulée [ʒibule] *nf* sudden shower.

giboyeux, -euse [ʒibwajø, øz] *adj* abounding in game.

Gibraltar [ʒibraltar] *nm* Gibraltar; à ~ in Gibraltar.

GIC (*abr de* **Groupe interministériel de contrôle**) *nm* official body controlling the use of telephone tapping.

giclée [ʒikle] *nf* squirt, spurt.

gicler [ʒikle] [3] *vi* to squirt, to spurt.

gicleur [ʒiklœr] *nm* jet.

gifle [ʒifl] *nf* slap; **donner une ~ à qqn** to slap sb.

gifler [ʒifle] [3] *vt* to slap; *fig* [suj: vent, pluie] to whip, to lash.

GIG (*abr de* **grand invalide de guerre**) *nm* war invalid.

gigantesque [ʒiɡɑ̃tɛsk] *adj* gigantic.

giga-octet [ʒiɡaɔktɛ] *nm* INFORM gigabyte.

GIGN (*abr de* **Groupe d'intervention de la gendarmerie nationale**) *nm* special crack force of the French police, ≃ SWAT *Am*, ≃ SAS *Br*.

gigogne [ʒiɡɔɲ] → **lit, table.**

gigolo [ʒiɡolo] *nm* gigolo.

gigot [ʒiɡo] *nm* CULIN leg.

gigoter [ʒiɡote] [3] *vi* to squirm, to wriggle.

gilet [ʒilɛ] *nm* **-1.** [cardigan] cardigan. **-2.** [sans manches] vest *Am*, waistcoat *Br*; ~ **pare-balles** bulletproof vest; ~ **de sauvetage** life jacket.

gin [dʒin] *nm* gin.

gingembre [ʒɛ̃ʒɑ̃br] *nm* ginger.

gingivite [ʒɛ̃ʒivit] *nf* inflammation of the gums, gingivitis (*U*).

girafe [ʒiraf] *nf* giraffe.

giratoire [ʒiratwar] *adj* gyrating; **sens ~** traffic circle *Am*, roundabout *Br*.

girofle [ʒirɔfl] → **clou.**

giroflée [ʒirɔfle] *nf* stock.

girolle [ʒirɔl] *nf* chanterelle.

giron [ʒirɔ̃] *nm* lap; **le ~ familial** *fig* the bosom of one's family.

girouette [ʒirwɛt] *nf* weathercock.

gisait, gisions *etc* → **gésir.**

gisant [ʒizɑ̃] ◇ *participe présent* → **gésir.** ◇ *nm* recumbent figure (*on tomb*).

gisement [ʒizmɑ̃] *nm* deposit.

gît → **gésir.**

gitan, -e [ʒitɑ̃, an] *adj* Gipsy (*avant n*).
◆ **Gitan, -e** *nm, f* Gipsy.

Gitane® [ʒitan] *nf* (*cigarette*) Gitane®.

gîte [ʒit] *nm* **-1.** [logement]: ~ **(rural)** gîte, self-catering accommodation in the country. **-2.** littéraire [abri] lodging; **le ~ et le couvert** board and lodging. **-3.** [du lièvre] form. **-4.** [du bœuf] shank *Am*, shin *Br*.

gîter [ʒite] [3] *vi* **-1.** [lièvre] to lie. **-2.** [bateau] to list.

givrant, -e [ʒivrɑ̃, ɑ̃t] *adj* freezing.

givre [ʒivr] *nm* frost.

givré, -e [ʒivre] *adj* **-1.** CULIN: **orange** *etc* **~e** orange *etc* sorbet (*served in the hollowed-out fruit*). **-2.** *fam* [personne] round the twist.

glabre [ɡlabr] *adj* hairless.

glaçage [ɡlasaʒ] *nm* **-1.** [de gâteau] frosting *Am*, icing *Br*. **-2.** [de tissu] glazing.

glaçant, -e [ɡlasɑ̃, ɑ̃t] *adj* cold.

glace [ɡlas] *nf* **-1.** [eau congelée] ice; **rester de ~** *fig* to be unmoved; **rompre la ~** *fig* to break the ice. **-2.** [crème glacée] ice cream. **-3.** [vitre] pane; [- de voiture] window. **-4.** [miroir] mirror.
◆ **glaces** *nfpl* ice floes.

glacé, -e [ɡlase] *adj* **-1.** [gelé] frozen. **-2.** [très froid] freezing. **-3.** *fig* [hostile] cold. **-4.** [fruit] glacé.

glacer [ɡlase] [16] *vt* **-1.** [geler, paralyser] to chill. **-2.** [étoffe, papier] to glaze. **-3.** [gâteau] to frost *Am*, to ice *Br*.
◆ **se glacer** *vp* [sang] to run cold.

glaciaire [ɡlasjɛr] *adj* glacial.

glacial, -e, -iaux [ɡlasjal, jo] *adj litt & fig* icy.

glaciel -elle [ɡlasjɛl] *adj Can* of an ice floe.
◆ **glaciel** *nm Can* ice floe.

glacier [ɡlasje] *nm* **-1.** GÉOGR glacier. **-2.** [marchand] ice cream seller OU man.

glacière [ɡlasjɛr] *nf* icebox.

glaçon [ɡlasɔ̃] *nm* **-1.** [dans boisson] ice cube. **-2.** [sur toit] icicle. **-3.** *fam fig* [personne] iceberg.

glaïeul [ɡlajœl] *nm* gladiolus.

glaire [ɡlɛr] *nf* **-1.** MÉD phlegm. **-2.** [d'œuf] white.

glaise [ɡlɛz] *nf* clay.

glaive [ɡlɛv] *nm* sword.

gland [ɡlɑ̃] *nm* **-1.** [de chêne] acorn. **-2.** [ornement] tassel. **-3.** ANAT glans.

glande [ɡlɑ̃d] *nf* gland.

glander [ɡlɑ̃de] [3] *vi tfam* to bugger about.

glaner [ɡlane] [3] *vt* to glean.

glapir [ɡlapir] [32] *vi* to yelp, to yap.

glapissement [ɡlapismɑ̃] *nm* yelping, yapping.

glas [ɡla] *nm* knell; **sonner le ~** to toll the bell; **sonner le ~ de** *fig* to sound the death knell for.

glaucome [ɡlokom] *nm* glaucoma.

glauque [ɡlok] *adj* **-1.** [couleur] bluey-green. **-2.** *fam* [lugubre] gloomy.

glissade [glisad] *nf* slip; **faire des ~s to slide.**

glissant, -e [glisã, ãt] *adj* slippery.

glissement [glismã] *nm* **-1.** [action de glisser] gliding, sliding; **~ de terrain** landslip, landslide. **-2.** *fig* [électoral] swing, shift.

glisser [glise] [3] ◇ *vi* **-1.** [se déplacer]: **~ (sur)** to glide (over), to slide (over). **-2.** [déraper]: **~ (sur)** to slip (on). **-3.** *fig* [passer rapidement]: **~ sur** to skate over. **-4.** [surface] to be slippery. **-5.** [progresser] to slip; **~ dans** to slip into, to slide into; **~ vers** to slip toward *Am* OU towards *Br*, to slide toward *Am* OU towards *Br*. ◇ *vt* to slip; **~ un regard à qqn** *fig* to give sb a sidelong glance.

◆ **se glisser** *vp* to slip; **se ~ dans** [lit] to slip OU slide into; *fig* to slip OU creep into.

glissière [glisjɛr] *nf* runner; **à ~** sliding; **~ de sécurité** crash barrier.

glissoire [gliswar] *nf* slide.

global, -e, -aux [glɔbal, o] *adj* global.

globalement [glɔbalmã] *adv* on the whole.

globalisation [glɔbalizasjɔ̃] *nf* [d'un marché] globalization.

globalité [glɔbalite] *nf* entirety.

globe [glɔb] *nm* **-1.** [sphère, terre] globe; **le ~ terrestre** the globe. **-2.** [de verre] glass cover.

globe-trotter [glɔbtrɔtɛr] (*pl* **globe-trotters**) *nmf* globe-trotter.

globule [glɔbyl] *nm* corpuscle, blood cell; **~ blanc/rouge** white/red corpuscle.

globuleux [glɔbylø] → **œil**.

gloire [glwar] *nf* **-1.** [renommée] glory; [de vedette] fame, stardom. **-2.** [mérite] credit; **à la ~ de** in praise of.

glorieux, -ieuse [glɔrjø, jøz] *adj* [mort, combat] glorious; [héros, soldat] renowned.

glorifier [glɔrifje] [9] *vt* to glorify, to praise.

◆ **se glorifier** *vp*: **se ~ de** to glory in.

gloriole [glɔrjɔl] *nf* vainglory.

glose [gloz] *nf* gloss.

gloser [gloze] [3] ◇ *vi*: **~ sur** to gossip about. ◇ *vt* to gloss.

glossaire [glɔsɛr] *nm* glossary.

glotte [glɔt] *nf* glottis.

glouglou [gluglu] *nm* **-1.** *fam* [de liquide] gurgling. **-2.** [de dindon] gobbling.

gloussement [glusmã] *nm* **-1.** [de poule] cluck, clucking (*U*). **-2.** *fam* [de personne] chortle, chuckle.

glousser [gluse] [3] *vi* **-1.** [poule] to cluck. **-2.** *fam* [personne] to chortle, to chuckle.

glouton, -onne [glutɔ̃, ɔn] ◇ *adj* greedy. ◇ *nm, f* glutton.

gloutonnerie [glutɔnri] *nf* gluttony, greed.

glu [gly] *nf* **-1.** [colle] glue. **-2.** *fam fig* [personne] limpet, leech.

gluant, -e [glyã, ãt] *adj* sticky.

glucide [glysid] *nm* glucide.

glucose [glykoz] *nm* glucose.

gluten [glytɛn] *nm* gluten.

glycémie [glisemi] *nf* glycaemia.

glycérine [gliserin] *nf* glycerine.

glycine [glisin] *nf* wisteria.

GMT (*abr de* **Greenwich Mean Time**) GMT.

gnangnan [ɲãɲã] *adj inv fam* spineless, wet.

GNL (*abr de* **gaz naturel liquéfié**) *nm* LNG.

gnôle [ɲol] *nf* brandy.

gnome [gnom] *nm* gnome.

gnon [ɲɔ̃] *nm fam* thump.

go [go]

◆ **tout de go** *loc adv* straight.

GO (*abr de* **grandes ondes**) *nfpl* LW.

goal [gol] *nm* goalkeeper.

gobelet [gɔblɛ] *nm* beaker, tumbler.

gober [gɔbe] [3] *vt* **-1.** [avaler] to gulp down. **-2.** *fam* [croire] to swallow. **-3.** *fam* [aimer]: **je ne peux pas la ~** I can't stand her.

goberger [gɔbɛrʒe] [17]

◆ **se goberger** *vp fam* **-1.** [manger] to stuff o.s. **-2.** [se prélasser] to take it easy.

godasse [gɔdas] *nf fam* shoe.

godet [gɔdɛ] *nm* **-1.** [récipient] jar, pot. **-2.** COUTURE flare.

godiller [gɔdije] [3] *vi* **-1.** [rameur] to scull. **-2.** [skieur] to wedeln.

goéland [gɔelã] *nm* gull, seagull.

goélette [gɔelɛt] *nf* schooner.

goémon [gɔemɔ̃] *nm* wrack.

gogo [gogo]

◆ **à gogo** *loc adv fam* galore.

goguenard, -e [gɔgnar, ard] *adj* mocking.

goguette [gɔgɛt]

◆ **en goguette** *loc adv fam* a bit tipsy.

goinfre [gwɛ̃fr] *nmf fam* pig.

goinfrer [gwɛ̃fre] [3]

◆ **se goinfrer** *vp*: **se ~ de** *fam* to stuff OU pig o.s. with.

goitre [gwatr] *nm* goitre.

golden [gɔldɛn] *nf inv* Golden Delicious.

golf [gɔlf] *nm* [sport] golf; [terrain] golf course.

golfe [gɔlf] *nm* gulf, bay; **le ~ de Gascogne** the Bay of Biscay; **le ~ Persique** the (Persian) Gulf.

gommage [gɔmaʒ] *nm* **-1.** [d'écriture] erasing, rubbing out. **-2.** [cosmétique] face scrub.

gomme [gɔm] *nf* **-1.** [substance, bonbon] gum. **-2.** [pour effacer] eraser, rubber *Br*. **-3.** *loc*: à la ~ *fam* hopeless, useless.

gommé, -e [gɔme] *adj* gummed.

gommer [gɔme] [3] *vt* to rub out, to erase; *fig* to erase.

gond [gɔ̃] *nm* hinge; **sortir de ses ~s** *fam fig* to fly off the handle.

gondole [gɔ̃dɔl] *nf* gondola.

gondoler [gɔ̃dɔle] [3] *vi* [bois] to warp; [carton] to curl.
◆ **se gondoler** *vp* **-1.** [bois] to warp. **-2.** *fam* [rire] to split one's sides laughing.

gonflable [gɔ̃flabl] *adj* inflatable.

gonfler [gɔ̃fle] [3] ◇ *vt* **-1.** [ballon, pneu] to blow up, to inflate; [rivière, poitrine, yeux] to swell; [joues] to blow out. **-2.** *fig* [grossir] to exaggerate. **-3.** *loc*: être gonflé *fam* [être courageux] to have guts; [exagérer] to have a cheek OU a nerve. ◇ *vi* to swell.
◆ **se gonfler** *vp* **-1.** [se distendre] to swell. **-2.** [être envahi]: **se ~ de** [orgueil] to swell with; [espoir] to be filled with.

gonflette [gɔ̃flɛt] *nf fam*: **faire de la ~** to pump iron.

gonfleur [gɔ̃flœr] *nm* pump.

gong [gɔ̃g] *nm* gong.

gonzesse [gɔ̃zes] *nf tfam* bird, chick.

goret [gɔre] *nm* **-1.** [cochon] piglet. **-2.** *fam* [garçon] dirty little pig.

gorge [gɔrʒ] *nf* **-1.** [gosier, cou] throat; **avoir la ~ serrée** to have a lump in one's throat; **s'éclaircir la ~** to clear one's throat; **faire des ~s chaudes de qqch** to laugh sthg to scorn; **prendre qqn à la ~** to put sb in a difficult situation; **rire à ~ déployée** to laugh heartily. **-2.** *littéraire* [poitrine] breast, bosom. **-3.** *(gén pl)* [vallée] gorge.

gorgée [gɔrʒe] *nf* mouthful; **à petites ~s** in sips.

gorger [gɔrʒe] [17] *vt*: ~ **qqn de qqch** [gaver] to stuff sb with sthg; [combler] to heap sthg on sb; ~ **qqch de** to fill sthg with.
◆ **se gorger** *vp*: **se ~ de** to gorge o.s. on.

gorille [gɔrij] *nm* **-1.** [animal] gorilla. **-2.** *fam* [personne] bodyguard.

gosier [gozje] *nm* throat, gullet.

gosse [gɔs] *nmf fam* kid.

gothique [gɔtik] *adj* **-1.** ARCHIT Gothic. **-2.** TYPO: **écriture ~** Gothic script.
◆ **gothique** *nm*: **le ~** the Gothic style.

gouache [gwaʃ] *nf* gouache.

gouaille [gwaj] *nf* cheek.

goudron [gudrɔ̃] *nm* tar.

goudronner [gudrɔne] [3] *vt* to tar.

gouffre [gufr] *nm* abyss; **le ~ de l'oubli/du désespoir** the depths of oblivion/despair; **au bord du ~** *fig* on the edge of the abyss.

goujat [guʒa] *nm* boor.

goujaterie [guʒatri] *nf* boorishness.

goujon [guʒɔ̃] *nm* [poisson] gudgeon; **taquiner le ~** to do a bit of fishing.

goulet [gulɛ] *nm* narrows *(pl)*; ~ **d'étranglement** bottleneck.

goulot [gulo] *nm* neck; **boire au ~** to drink straight from the bottle.

goulu, -e [guly] ◇ *adj* greedy, gluttonous. ◇ *nm, f* glutton.

goulûment [gulymɑ̃] *adv* greedily.

goupille [gupij] *nf* pin.

goupiller [gupije] [3] *vt fam* to fix.
◆ **se goupiller** *vp fam* to work out.

goupillon [gupijɔ̃] *nm* **-1.** RELIG (holy water) sprinkler. **-2.** [à bouteille] bottle brush.

gourd, -e [gur, gurd] *adj* numb.

gourde [gurd] ◇ *nf* **-1.** [récipient] flask, waterbottle. **-2.** *fam* [personne] idiot, clot *Br*. ◇ *adj fam* thick.

gourdin [gurdɛ̃] *nm* club.

gourer [gure] [3]
◆ **se gourer** *vp fam* to slip up.

gourgane [gurgan] *nf Can* broad bean.

gourmand, -e [gurmɑ̃, ɑ̃d] ◇ *adj* greedy; ~ **de fond of**. ◇ *nm, f* glutton.

gourmandise [gurmɑ̃diz] *nf* **-1.** [caractère] greed, greediness. **-2.** [sucrerie] sweet thing.

gourme [gurm] *nf* **-1.** MÉD impetigo. **-2.** [maladie du cheval] strangles *(U)*. **-3.** *loc*: **jeter sa ~** *vieilli* to sow one's wild oats.

gourmet [gurmɛ] *nm*: **(fin) ~** gourmet.

gourmette [gurmɛt] *nf* chain bracelet.

gourou [guru] *nm* guru.

gousse [gus] *nf* pod; ~ **d'ail** clove of garlic.

gousset [gusɛ] *nm* [de gilet] fob pocket.

goût [gu] *nm* taste; **au ~ du jour** fashionable; **avoir du ~** to have taste; **avoir le ~ de qqch** to have a taste OU liking for sthg; **de bon ~** [élégant] tasteful, in good taste; *hum* [bienséant] advisable; **de mauvais ~** tasteless, in bad taste; **prendre ~ à qqch** to take a liking to sthg; **chacun ses ~s** each to his own.

goûter [gute] [3] ◇ *vt* **-1.** [déguster] to taste. **-2.** [savourer] to enjoy. **-3.** *littéraire* [estimer] to appreciate. ◇ *vi* to have an afternoon snack; ~ **à** to taste; ~ **de** *litt* & *fig* to have a taste of. ◇ *nm afternoon snack for children,* *typically consisting of bread, butter, chocolate and a drink.*

goutte [gut] ◇ *nf* **-1.** [de pluie, d'eau] drop; **la ~ (d'eau) qui fait déborder le vase** *fig* the last straw; **une ~ dans l'océan** a drop in the ocean; **se ressembler comme deux ~s d'eau** to be as like as two peas in a pod. **-2.** *fam* [alcool]: **la ~** the hard stuff. **-3.** MÉD [maladie] gout. ◇ *adv (de négation) littéraire*: **ne ... ~** not a thing, nothing; **je n'y vois ~** I can't see a thing.
◆ **gouttes** *nfpl* MÉD drops.

goutte-à-goutte [gutagut] *nm inv* IV *Am*, (intravenous) drip *Br*.

gouttelette [gutlɛt] *nf* droplet.

gouttière [gutjɛr] *nf* **-1.** [CONSTR - horizontale] gutter; [- verticale] drainpipe. **-2.** MÉD splint.

gouvernail [guvɛrnaj] *nm* rudder.

gouvernante [guvɛrnɑ̃t] *nf* **-1.** [d'enfants] governess. **-2.** [de maison] housekeeper.

gouverne [guvɛrn] *nf* AÉRON control surface; **~ de direction** rudder; **pour ma/ta ~** *fig* for my/your guidance.

gouvernement [guvɛrnəmɑ̃] *nm* government.

gouvernemental, -e, -aux [guvɛrnəmɑ̃tal, o] *adj* [politique, organisation] government (*avant n*); [journal] pro-government.

gouverner [guvɛrne] [3] *vt* to govern.

gouverneur [guvɛrnœr] *nm* governor.

GPL (*abr de* **gaz de pétrole liquéfié**) *nm* LPG.

GQG (*abr de* **grand quartier général**) *nm* GHQ.

gr *abr de* **grade**.

GR (*abr de* **(sentier de) grande randonnée**) *nm long-distance hiking path.*

grabataire [grabatɛr] ◇ *nmf* invalid. ◇ *adj* bedridden.

grabuge [grabyʒ] *nm fam* trouble.

grâce [gras] *nf* **-1.** [charme] grace; **de bonne ~** with good grace, willingly; **de mauvaise ~** with bad grace, reluctantly. **-2.** [faveur] favor *Am*, favour *Br*; **être dans les bonnes ~s de qqn** to be in sb's good books; **faire ~ de qqch à qqn** to spare sb sthg. **-3.** [miséricorde] mercy; **rendre ~ à** *littéraire* to give thanks to.
◆ **de grâce** *interj* for heaven's sake!
◆ **grâce à** *loc prép* thanks to.

gracier [grasje] [9] *vt* to pardon.

gracieusement [grasjøzmɑ̃] *adv* **-1.** [avec grâce] graciously. **-2.** [gratuitement] free (of charge).

gracieux, -ieuse [grasjø, jøz] *adj* **-1.** [charmant] graceful. **-2.** [gratuit] free.

gracile [grasil] *adj* slender.

gradation [gradasjɔ̃] *nf* gradation.

grade [grad] *nm* [échelon] rank; [universitaire] qualification; **monter en ~** to be promoted; **en prendre pour son ~** to get hauled over the coals.

gradé, -e [grade] ◇ *adj* non-commissioned. ◇ *nm, f* non-commissioned officer, NCO.

gradin [gradɛ̃] *nm* [de stade, de théâtre] tier; [de terrain] terrace; **en ~s** terraced.

graduation [gradɥasjɔ̃] *nf* graduation.

gradué, -e [gradɥe] *Belg* ◇ *adj* [étudiant] college (*avant n*). ◇ *nm, f* college graduate.

graduel, -elle [gradɥɛl] *adj* gradual; [difficultés] increasing.

graduellement [gradɥɛlmɑ̃] *adv* gradually.

graduer [gradɥe] [7] *vt* **-1.** [récipient, règle] to graduate. **-2.** *fig* [effort, travail] to increase gradually.

graffiti [grafiti] *nm inv* graffiti (*U*).

grailler [graje] [3] *vi fam* to chow down *Am*, to nosh *Br*.

graillon [grajɔ̃] *nm péj* burnt fat.

grain [grɛ̃] *nm* **-1.** [gén] grain; [de moutarde] seed; [de café] bean; **~ de raisin** grape. **-2.** [point]: **~ de beauté** beauty spot. **-3.** [averse] squall. **-4.** *fig* [petite quantité]: **un ~ de** a touch of; **un ~ de bon sens** an ounce of common sense. **-5.** *loc*: **avoir un ~** *fam* to be a bit touched; **mettre son ~ de sel** *péj* to put one's oar in; **veiller au ~** to be on one's guard.

graine [grɛn] *nf* **-1.** BOT seed; **mauvaise ~** *fig* bad lot. **-2.** *loc*: **être de la ~ de voleur** to be a thief in the making; **en prendre de la ~** *fam* to follow my/his *etc* example; **monter en ~** [salade] to bolt, to run to seed; *fig* to shoot up.

grainetier, -ière [grɛntje, jɛr] *nm, f* seed merchant.

graissage [grɛsaʒ] *nm* lubrication.

graisse [grɛs] *nf* **-1.** ANAT & CULIN fat. **-2.** [pour lubrifier] grease.

graisser [grɛse] [4] *vt* **-1.** [machine] to grease, to lubricate. **-2.** [vêtements] to get grease on.

graisseux, -euse [grɛsø, øz] *adj* **-1.** [papier] greasy. **-2.** [bourrelet] of fat.

grammaire [gramɛr] *nf* grammar.

grammatical, -e, -aux [gramatikal, o] *adj* grammatical.

grammaticalement [gramatikalmɑ̃] *adv* grammatically.

gramme [gram] *nm* gram, gramme; **il n'a pas un ~ de jugeote** he hasn't got an ounce of common sense.

grand, -e [grã, grãd] ◇ *adj* **-1.** [en hauteur] tall; [en dimensions] big, large; [en quantité, nombre] large, great; **une ~ partie de a** large OU great proportion of; **un ~ nombre de a** large OU great number of; **en ~** [dimension] full-size. **-2.** [âgé] grown-up; **les ~es personnes** grown-ups; **~ frère** big OU older brother; **~e sœur** big OU older sister; **il est assez ~ pour ...** he's old enough to .... **-3.** [puissant] big, leading. **-4.** [important, remarquable] great; **un ~ homme a** great man. **-5.** [intense]: **un grand blessé/brûlé a** person with serious wounds/burns; **un ~ buveur/fumeur a** heavy drinker/smoker. ◇ *nm, f* (*gén pl*) **-1.** [personnage] great man (*f* woman); **c'est l'un des ~s de l'électroménager** he's one of the big names in electrical appliances. **-2.** [enfant] older OU bigger boy (*f* girl).
◆ **grand** *adv*: **voir ~** to think big.

grand-angle [grãtãgl] (*pl* **grands-angles**), **grand-angulaire** [grãtãgylɛr] (*pl* **grands-angulaires**) ◇ *adj* wide-angle. ◇ *nm* wide-angle lens.

grand-chose [grãʃoz]
◆ **pas grand-chose** ◇ *pron indéf* not much. ◇ *nmf inv fam* worthless person.

grand-duché [grãdyʃe] (*pl* **grands-duchés**) *nm* grand duchy.

Grande-Bretagne [grãdbrətaɲ] *nf*: **la ~** Great Britain.

grandement [grãdmã] *adv* **-1.** [beaucoup] greatly. **-2.** [largement] a lot; **avoir ~ de quoi vivre** to have plenty to live on.

grandeur [grãdœr] *nf* **-1.** [taille] size; **~ nature** life-size, life-sized. **-2.** [apogée & *fig*] greatness; **~ d'âme** *fig* magnanimity.

grand-guignolesque [grãgiɲɔlɛsk] *adj* bloodthirsty and melodramatic.

grandiloquent, -e [grãdilɔkã, ãt] *adj* grandiloquent.

grandiose [grãdjoz] *adj* imposing.

grandir [grãdir] [32] ◇ *vt*: **~ qqn** [suj: chaussures] to make sb look taller; *fig* to increase sb's standing. ◇ *vi* [personne, plante] to grow; [obscurité, bruit] to increase, to grow; **~ dans l'estime de qqn** to go up in sb's estimation.
◆ **se grandir** *vp* to make o.s. (appear) taller; *fig* to increase one's standing.

grandissant, -e [grãdisã, ãt] *adj* growing.

grand-maman [grãmamã] (*pl* **grand-mamans** OU **grands-mamans**) *nf* granny, grandma.

grand-mère [grãmɛr] (*pl* **grand-mères** OU **grands-mères**) *nf* grandmother; *fam fig* old biddy; **~ maternelle/paternelle** maternal/paternal grandmother.

grand-messe [grãmɛs] (*pl* **grand-messes** OU **grands-messes**) *nf* high mass.

grand-oncle [grãtɔ̃kl] (*pl* **grands-oncles**) *nm* great-uncle.

grand-papa [grãpapa] (*pl* **grands-papas**) *nm* grandpa, grandad.

grand-peine [grãpɛn]
◆ **à grand-peine** *loc adv* with great difficulty.

grand-père [grãpɛr] (*pl* **grands-pères**) *nm* grandfather; *fam fig* old geezer; **~ maternel/paternel** maternal/paternal grandfather.

grands-parents [grãparã] *nmpl* grandparents.

grand-tante [grãtãt] (*pl* **grand-tantes** OU **grands-tantes**) *nf* great-aunt.

grand-voile [grãvwal] (*pl* **grands-voiles**) *nf* mainsail.

grange [grãʒ] *nf* barn.

granit(e) [granit] *nm* granite.

granité, -e [granite] *adj* [tissu] pebbleweave.
◆ **granité** *nm* **-1.** [tissu] pebble weave. **-2.** [glace] granita.

granule [granyl] *nm* **-1.** [grain] granule. **-2.** MÉD pill.

granulé, -e [granyle] *adj* [surface] granular.
◆ **granulé** *nm* tablet.

granuleux, -euse [granylø, øz] *adj* granular.

grape-fruit [grɛpfrut] (*pl* **grape-fruits**) *nm* grapefruit.

graphe [graf] *nm* graph.

graphie [grafi] *nf* spelling.

graphique [grafik] ◇ *nm* diagram; [graphe] graph. ◇ *adj* graphic.

graphisme [grafism] *nm* **-1.** [écriture] handwriting. **-2.** ART style of drawing.

graphiste [grafist] *nmf* graphic artist.

graphologie [grafɔlɔʒi] *nf* graphology.

graphologue [grafɔlɔg] *nmf* graphologist, handwriting expert.

grappe [grap] *nf* **-1.** [de fruits] bunch; [de fleurs] stem; **~ de raisin** bunch of grapes. **-2.** *fig* [de gens] knot.

grappiller [grapije] [3] ◇ *vt litt* & *fig* to gather, to pick up. ◇ *vi* [financièrement] to make money.

grappin [grapɛ̃] *nm* [ancre] grapnel; **mettre**

le ~ sur qqn *fig* & *péj* to get one's claws into sb.

gras, grasse [gra, gras] *adj* **-1.** [personne, animal] fat. **-2.** [plat, aliment] fatty; **matières grasses** fats. **-3.** [cheveux, mains] greasy. **-4.** [sol] clayey; [crayon] soft. **-5.** *fig* [plaisanterie] crude. **-6.** *fig* [rire] throaty; [toux] phlegmy. **-7.** *fig* [plante] succulent.
◆ **gras** ◇ *nm* **-1.** [du jambon] fat. **-2.** [de jambe] soft OU fleshy part. **-3.** TYPO bold (type). ◇ *adv :* **manger ~** to eat fatty foods; **tousser ~** to have a loose cough.

gras-double [gradubl] (*pl* **gras-doubles**) *nm* tripe.

grassement [grasmɑ̃] *adv* **-1.** [rire] coarsely. **-2.** [payer] a lot.

grassouillet, -ette [grasujɛ, ɛt] *adj fam* plump.

gratifiant, -e [gratifjɑ̃, ɑ̃t] *adj* gratifying.

gratification [gratifikasjɔ̃] *nf* **-1.** [en argent] bonus. **-2.** [psychologique] gratification.

gratifier [gratifje] [9] *vt* **-1.** [accorder]: **~ qqn de qqch** to present sb with sthg, to present sthg to sb; *fig* to reward sb with sthg. **-2.** [stimuler] to gratify.

gratin [gratɛ̃] *nm* **-1.** CULIN dish *sprinkled with breadcrumbs and browned;* **~ dauphinois** *sliced potatoes baked in cream.* **-2.** *fam fig* [haute société] upper crust.

gratiné, -e [gratine] *adj* **-1.** CULIN *sprinkled with breadcrumbs or cheese and browned.* **-2.** *fam fig* [ardu] stiff. **-3.** *fam fig* [déroutant] weird.
◆ **gratinée** *nf* onion soup *sprinkled with cheese and browned.*

gratiner [gratine] [3] *vt to sprinkle with breadcrumbs or cheese and then brown.*

gratis [gratis] *adv* free.

gratitude [gratityd] *nf :* **~ (envers)** gratitude (to).

gratte-ciel [gratsjɛl] *nm inv* skyscraper.

grattement [gratmɑ̃] *nm* scratching.

gratte-papier [gratpapje] *nm inv fam* pen-pusher.

gratter [grate] [3] ◇ *vt* **-1.** [gén] to scratch; [pour enlever] to scrape off. **-2.** *fam* [gagner] to make. **-3.** *fam* [devancer] to overtake. ◇ *vi* **-1.** [démanger] to itch, to be itchy. **-2.** *fam* [écrire] to scribble. **-3.** [frapper]: **~ à la porte** to tap at the door. **-4.** *fam* [travailler] to slave, to slog. **-5.** *fam* [jouer]: **~ de** [violon] to scrape away at; [guitare] to strum on.
◆ **se gratter** *vp* to scratch.

grattoir [gratwar] *nm* **-1.** [outil] scraper. **-2.** [de boîte d'allumettes] striking surface.

gratuit, -e [gratɥi, it] *adj* **-1.** [entrée] free. **-2.** [hypothèse] unwarranted. **-3.** [violence] gratuitous.

gratuité [gratɥite] *nf* **-1.** [d'entrée] free nature. **-2.** [d'hypothèse] unwarranted nature.

gratuitement [gratɥitmɑ̃] *adv* **-1.** [sans payer] free, for nothing. **-2.** [sans raison] gratuitously.

gravats [grava] *nmpl* rubble (*U*).

grave [grav] ◇ *adj* **-1.** [attitude, faute, maladie] serious, grave; **ce n'est pas ~** [ce n'est rien] don't worry about it. **-2.** [voix] deep. **-3.** LING: **accent ~** grave accent. ◇ *nm* (*gén pl*) MUS low register.

graveleux, -euse [gravlø, øz] *adj* **-1.** [sol] gravelly. **-2.** [fruit] gritty. **-3.** [propos] crude.

gravement [gravmɑ̃] *adv* gravely, seriously.

graver [grave] [3] *vt* **-1.** [gén] to engrave. **-2.** [bois] to carve. **-3.** [disque] to cut.

graveur, -euse [gravœr, øz] *nm, f* engraver.

gravier [gravje] *nm* gravel (*U*).

gravillon [gravijɔ̃] *nm* fine gravel (*U*).

gravir [gravir] [32] *vt* to climb.

gravité [gravite] *nf* **-1.** [importance] seriousness, gravity; **sans ~** not serious. **-2.** PHYS gravity.

graviter [gravite] [3] *vi* **-1.** [astre] to revolve. **-2.** *fig* [évoluer] to gravitate.

gravure [gravyr] *nf* **-1.** [technique]: **~ (sur)** engraving (on); **~ sur bois** woodcutting. **-2.** [reproduction] print; [dans livre] plate.

gré [gre] *nm* **-1.** [goût]: **à mon/son ~** for my/his taste, for my/his liking. **-2.** [volonté]: **bon ~ mal ~** willy nilly; **contre mon/son ~** against my/his will; **de ~ ou de force** *fig* whether you/they *etc* like it or not; **de mon/son plein ~** of my/his own free will; **au ~ de qqn/qqch** at the will of sb/sthg, at the pleasure of sb/sthg. **-3.** [gratitude]: **je vous saurais ~ de bien vouloir ... *littéraire*** I should be grateful if you would ....

grec, grecque [grɛk] *adj* Greek.
◆ **grec** *nm* [langue] Greek; **~ ancien/moderne** ancient/modern Greek.
◆ **grecque** *nf* CULIN: **à la grecque** *stewed in oil (with tomatoes) and served cold.*
◆ **Grec, Grecque** *nm, f* Greek.

Grèce [grɛs] *nf :* **la ~** Greece.

gredin, -e [grədɛ̃, in] *nm, f* rogue.

gréement [gremɑ̃] *nm* rigging.

green [grin] *nm* GOLF green.

Greenwich *n* [grinwitʃ] Greenwich; **le méridien de ~** the Greenwich Meridian.

gréer [gree] [15] *vt* to rig.

greffe [grɛf] ◇ *nf* **-1.** MÉD transplant; [de peau] graft; ~ **du cœur** heart transplant. **-2.** BOT graft. ◇ *nm* JUR: ~ **(du tribunal)** office of the clerk of court.

greffer [grɛfe] [4] *vt* **-1.** MÉD to transplant; [peau] to graft; ~ **un rein/un cœur à qqn** to give sb a kidney/heart transplant. **-2.** BOT to graft.

◆ **se greffer** *vp*: **se ~ sur qqch** to be added to sthg.

greffier [grɛfje] *nm* clerk of the court.

grégaire [gregɛr] *adj* gregarious.

grège [grɛʒ] → **soie.**

grégorien, -ienne [gregɔrjɛ̃, jɛn] *adj* Gregorian.

grêle [grɛl] ◇ *nf* hail. ◇ *adj* **-1.** [jambes] spindly. **-2.** [son] shrill.

grêlé, -e [grele] *adj* pockmarked.

grêler [grele] [4] ◇ *v impers* to hail; **il grêle** it's hailing. ◇ *vt* to devastate by hail.

grêlon [grelɔ̃] *nm* hailstone.

grelot [grəlo] *nm* bell.

grelotter [grəlɔte] [3] *vi*: ~ **(de)** to shiver (with).

grenade [grənad] *nf* **-1.** [fruit] pomegranate. **-2.** MIL grenade; ~ **lacrymogène** tear-gas grenade.

Grenade [grənad] ◇ *nf* [île]: **la ~** Grenada; **à la ~** in Grenada. ◇ *n* [ville d'Espagne] Granada.

grenadier [grənadje] *nm* **-1.** [arbre] pomegranate tree. **-2.** MIL grenadier.

grenadine [grənadin] *nf* grenadine *(pomegranate syrup)*.

grenat [grəna] ◇ *nm* garnet. ◇ *adj inv* dark red.

grenier [grənje] *nm* **-1.** [de maison] attic. **-2.** [à foin] loft. **-3.** *fig* [région] breadbasket.

grenouille [grənuj] *nf* frog; ~ **de bénitier** *fig* fanatical churchgoer.

grenouillère [grənujɛr] *nf* [de bébé] all-in-one.

grenu, -e [grəny] *adj* **-1.** [cuir] grained. **-2.** [roche] granular.

grès [grɛ] *nm* **-1.** [roche] sandstone. **-2.** [poterie] stoneware.

grésil [grezil] *nm* hail.

grésillement [grezijmɑ̃] *nm* [de friture] sizzling; [de feu] crackling.

grésiller [grezije] [3] *vi* **-1.** [friture] to sizzle; [feu] to crackle. **-2.** [radio] to crackle.

grève [grɛv] *nf* **-1.** [arrêt du travail] strike; **être en ~** to be on strike; **faire ~** to strike, to go on strike; ~ **de la faim** hunger strike; ~ **générale** general strike; ~ **sauvage** wild-cat strike; ~ **sur le tas** sit-down strike; ~ **tournante** rotating strike; ~ **du zèle** work-to-rule. **-2.** [rivage] shore.

grever [grəve] [19] *vt* to burden; [budget] to put a strain on.

gréviste [grevist] ◇ *nmf* striker. ◇ *adj* striking.

GRH *(abr de* **gestion des ressources humaines)** *nf* personnel management.

gribouillage [gribujaʒ] *nm* **-1.** [écriture] scrawl. **-2.** [dessin] doodle.

gribouiller [gribuje] [3] *vt & vi* **-1.** [écrire] to scrawl. **-2.** [dessiner] to doodle.

gribouillis [gribuji] = **gribouillage.**

grief [grijɛf] *nm* grievance; **faire ~ de qqch à qqn** to hold sthg against sb.

grièvement [grijɛvmɑ̃] *adv* seriously.

griffe [grif] *nf* **-1.** [d'animal] claw; **montrer les ~s** *litt & fig* to bare OU show one's claws; **tomber dans les ~s de qqn** *fig* to fall into sb's clutches. **-2.** [de créateur] hallmark; [de couturier] label. **-3.** Belg [éraflure] scratch.

griffer [grife] [3] *vt* **-1.** [suj: chat etc] to claw. **-2.** [suj: créateur] to put one's name to.

griffonner [grifɔne] [3] ◇ *vt* **-1.** [écrire] to scrawl. **-2.** [dessiner] to make a rough sketch of. ◇ *vi* **-1.** [écrire] to scrawl. **-2.** [dessiner] to make a rough sketch.

griffure [grifyr] *nf* scratch.

grignoter [griɲɔte] [3] ◇ *vt* **-1.** [manger] to nibble. **-2.** *fam fig* [réduire - capital] to eat away (at). **-3.** *fam fig* [gagner - avantage] to gain. ◇ *vi* **-1.** [manger] to nibble. **-2.** *fam fig* [prendre]: ~ **sur** to nibble away at.

grigou [grigu] *nm fam* skinflint.

gri-gri *(pl* **gris-gris)**, **grigri** *(pl* **grigris)** [grigri] *nm* talisman, charm.

gril [gril] *nm* grill; **sur le ~** on the grill; **être sur le ~** *fig* to be like a cat on hot bricks.

grillade [grijad] *nf* CULIN grilled meat.

grillage [grijaʒ] *nm* **-1.** [de porte, de fenêtre] wire netting. **-2.** [clôture] wire fence.

grillager [grijaʒe] [17] *vt* to put wire netting on.

grille [grij] *nf* **-1.** [portail] gate. **-2.** [d'orifice, de guichet] grille; [de fenêtre] bars *(pl)*. **-3.** [de mots croisés, de loto] grid. **-4.** [tableau] table; ~ **des programmes** program *Am* OU programme *Br* listings *(pl)*; ~ **des salaires** salary scale.

grille-pain [grijpɛ̃] *nm inv* toaster.

griller [grije] [3] ◇ *vt* **-1.** [viande] to broil *Am*, to grill *Br*; [pain] to toast; [café, marrons] to roast; ~ **une cigarette** *fam* to have a fag. **-2.** *fig* [au soleil - personne] to burn; [- végétation] to shrivel. **-3.** [moteur] to burn

out. **-4.** *fam* *fig* [dépasser - concurrents] to outstrip; ~ **un feu rouge** to jump the lights; ~ **une étape** to rush ahead. **-5.** *fig* [compromettre] to ruin; **être grillé** to be done for.
◇ *vi* **-1.** [viande] to broil *Am*, to grill *Br*. **-2.** [ampoule] to blow. **-3.** [personne]: ~ **de** [envie, impatience] to be burning with; ~ **de faire qqch** to be longing to do sthg.
◆ **se griller** *vp* *fam* to be done for; **se** ~ **auprès de qqn** to blow it with sb.

grillon [grijɔ̃] *nm* [insecte] cricket.

grimace [grimas] *nf* grimace; **faire des** ~**s** to pull faces; **faire la** ~ to pull a face.

grimacer [grimase] [16] *vi* to grimace.

grimer [grime] [3] *vt* CIN & THÉÂTRE to make up.
◆ **se grimer** *vp* CIN & THÉÂTRE to make (o.s.) up.

grimoire [grimwar] *nm* [de sorcier] book of spells.

grimpant, -e [grɛ̃pɑ̃, ɑ̃t] *adj* climbing (*avant n*).

grimper [grɛ̃pe] [3] ◇ *vt* to climb. ◇ *vi* to climb; ~ **à un arbre/une échelle** to climb a tree/a ladder.

grimpeur, -euse [grɛ̃pœr, øz] ◇ *adj* climbing (*avant n*). ◇ *nm, f* climber.

grinçant, -e [grɛ̃sɑ̃, ɑ̃t] *adj* **-1.** [charnière] squeaking; [porte, plancher] creaking. **-2.** *fig* [ironie] jarring.

grincement [grɛ̃smɑ̃] *nm* [de charnière] squeaking; [de porte, plancher] creaking; ~**s de dents** *fig* gnashing of teeth.

grincer [grɛ̃se] [16] *vi* [charnière] to squeak; [porte, plancher] to creak.

grincheux, -euse [grɛ̃ʃø, øz] ◇ *adj* grumpy. ◇ *nm, f* moaner, grumbler.

gringalet [grɛ̃gale] *nm* weakling.

griotte [grijɔt] *nf* morello (cherry).

grippe [grip] *nf* MÉD flu (*U*); **avoir la** ~ to have flu; ~ **intestinale** gastric flu; **prendre qqn/qqch en** ~ *fig* to take a sudden dislike to sb/sthg.

grippé, -e [gripe] *adj* [malade]: **être** ~ to have flu.

gripper [gripe] [3] *vi* **-1.** [mécanisme] to jam. **-2.** *fig* [processus] to stall.
◆ **se gripper** *vp* **-1.** [mécanisme] to jam. **-2.** *fig* [système] to seize up.

grippe-sou [gripsu] (*pl inv* OU **grippe-sous**) *nm fam* skinflint.

gris, -e [gri, griz] *adj* **-1.** [couleur] gray *Am*, grey *Br*. **-2.** *fig* [morne] dismal. **-3.** [saoul] tipsy.
◆ **gris** *nm* **-1.** [couleur] gray *Am*, grey *Br*. **-2.** [tabac] shag.

grisaille [grizaj] *nf* **-1.** [de ciel] grayness *Am*, greyness *Br*. **-2.** *fig* [de vie] dullness.

grisant, -e [grizɑ̃, ɑ̃t] *adj* intoxicating.

grisâtre [grizatr] *adj* grayish *Am*, greyish *Br*.

grisé [grize] *nm* (gray *Am* OU grey *Br*) shading.

griser [grize] [3] *vt* to intoxicate.
◆ **se griser** *vp*: **se** ~ **de** [vin] to get tipsy on; [air, succès] to get drunk on.

grisonnant, -e [grizɔnɑ̃, ɑ̃t] *adj* graying *Am*, greying *Br*.

grisonner [grizɔne] [3] *vi* to turn gray *Am* OU grey *Br*.

grisou [grizu] *nm* firedamp.

grive [griv] *nf* thrush.

grivois, -e [grivwa, az] *adj* ribald.

Groenland [grɔɛnlɑ̃d] *nm*: **le** ~ Greenland; **au** ~ in Greenland.

grog [grɔg] *nm* (hot) toddy.

groggy [grɔgi] *adj inv* **-1.** [boxeur] groggy. **-2.** *fig* [assommé] stunned.

grogne [grɔɲ] *nf* discontent, grumbling.

grognement [grɔɲmɑ̃] *nm* **-1.** [son] grunt; [d'ours, de chien] growl. **-2.** [protestation] grumble.

grogner [grɔɲe] [3] *vi* **-1.** [émettre un son] to grunt; [ours, chien] to growl. **-2.** [protester] to grumble.

grognon, -onne [grɔɲɔ̃, ɔn] *adj* grumpy.

groin [grwɛ̃] *nm* snout.

grommeler [grɔmle] [24] *vt & vi* to mutter.

grondement [grɔ̃dmɑ̃] *nm* [d'animal] growl; [de tonnerre, train] rumble; [de torrent] roar.

gronder [grɔ̃de] [3] ◇ *vi* **-1.** [animal] to growl; [tonnerre] to rumble. **-2.** *littéraire* [grommeler] to mutter. ◇ *vt* to scold.

groom [grum] *nm* page.

gros, grosse [gro, gros] ◇ *adj* (*gén avant n*) **-1.** [gén] large, big; *péj* big. **-2.** (*avant ou après n*) [corpulent] fat. **-3.** [grossier] coarse. **-4.** [fort, sonore] loud. **-5.** [important, grave] serious; [dépense] major. **-6.** [plein]: ~ **de** full of. ◇ *nm, f* **-1.** [personne corpulente] fat person. **-2.** [personnage important] big shot.
◆ **gros** ◇ *adv* [beaucoup] a lot; **en avoir** ~ **sur le cœur** to be upset. ◇ *nm* **-1.** [partie]: **le (plus)** ~ **(de qqch)** the main part (of sthg); **le (plus)** ~ **du travail** the bulk of the work. **-2.** COMM: **le** ~ wholesale.
◆ **de gros** *loc adj* COMM wholesale.
◆ **en gros** *loc adv & loc adj* **-1.** COMM wholesale. **-2.** [en grands caractères] in large letters. **-3.** [grosso modo] roughly.

groseille [grozɛj] ◇ *nf* currant; ~ **blanche** white currant; ~ **à maquereau** gooseberry; ~ **rouge** redcurrant. ◇ *adj inv* red.

groseillier [grozeje] *nm* currant bush.

gros-porteur [gropɔrtœr] (*pl* **gros-porteurs**) *nm* jumbo (jet).

grosse [gros] ◊ *nf* **-1.** [douze douzaines] gross. **-2.** JUR engrossment. ◊ *adj* → **gros**.

grossesse [grosɛs] *nf* pregnancy; ~ **extra-utérine** ectopic pregnancy; ~ **nerveuse** phantom pregnancy.

grosseur [grosœr] *nf* **-1.** [dimension, taille] size. **-2.** [corpulence] fatness. **-3.** MÉD lump.

grossier, -ière [grosje, jɛr] *adj* **-1.** [matière] coarse. **-2.** [sommaire] rough. **-3.** [insolent] rude. **-4.** [vulgaire] crude. **-5.** [erreur] crass.

grossièrement [grosjɛrmɑ̃] *adv* **-1.** [sommairement] roughly. **-2.** [vulgairement] crudely.

grossièreté [grosjɛrte] *nf* **-1.** [vulgarité] crudeness. **-2.** [parole grossière] crude remark. **-3.** [superficialité] superficiality.

grossir [grosir] [32] ◊ *vi* **-1.** [prendre du poids] to put on weight. **-2.** [augmenter] to grow. **-3.** [s'intensifier] to increase. **-4.** [cours d'eau] to swell. ◊ *vt* **-1.** [suj: microscope, verre] to magnify. **-2.** [suj: vêtement]: ~ **qqn** to make sb look fatter. **-3.** [exagérer] to exaggerate.

grossissant, -e [grosisɑ̃, ɑ̃t] *adj* [verre] magnifying.

grossissement [grosismɑ̃] *nm* **-1.** [de personne] increase in weight. **-2.** [de loupe, de microscope] magnification. **-3.** [exagération] exaggeration.

grossiste [grosist] *nmf* wholesaler.

grosso modo [grosomodo] *adv* roughly.

grotesque [grɔtɛsk] ◊ *adj* grotesque, ludicrous. ◊ *nm*: **le** ~ the grotesque.

grotte [grɔt] *nf* cave.

grouillant, -e [gruja, ɑ̃t] *adj* **-1.** [foule] milling. **-2.** [lieu]: ~ **(de)** swarming (with).

grouiller [gruje] [3] *vi*: ~ **(de)** to swarm (with).

◆ **se grouiller** *vp fam* to get a move on; **se** ~ **de faire qqch** to rush to do sthg.

groupage [grupaʒ] *nm* bulking.

groupe [grup] *nm* group; **en** ~ as a group; ~ **de pression** pressure group.

◆ **groupe électrogène** *nm* generator.

◆ **groupe sanguin** *nm* blood group.

groupement [grupmɑ̃] *nm* **-1.** [action] grouping. **-2.** [groupe] group.

grouper [grupe] [3] *vt* to group.

◆ **se grouper** *vp* to come together.

groupie [grupi] *nmf* groupie.

groupuscule [grupyskyl] *nm* faction.

gruau [gryo] *nm* [farine] wheat flour.

grue [gry] *nf* TECHNOL & ZOOL crane; **faire le pied de** ~ *fig* to stand about.

gruger [gryʒe] [17] *vt littéraire* to dupe.

grumeau, -x [grymo] *nm* lump.

grumeleux -euse [grymlø, øz], *adj* **-1.** [pâte] lumpy. **-2.** [fruit] gritty. **-3.** [peau] bumpy.

gruyère [gryjɛr] *nm* Gruyère (cheese).

Guadeloupe [gwadlup] *nf*: **la** ~ Guadeloupe; **à la** ~ in Guadeloupe.

guadeloupéen, -enne [gwadlupeɛ̃, ɛn] *adj* of/from Guadeloupe.

◆ **Guadeloupéen, -enne** *nm, f* native OU inhabitant of Guadeloupe.

Guatemala [gwatemala] *nm*: **le** ~ Guatemala; **au** ~ in Guatemala.

guatémaltèque [gwatemaltɛk] *adj* Guatemalan.

◆ **Guatémaltèque** *nmf* Guatemalan.

gué [ge] *nm* ford; **traverser à** ~ to ford.

guenilles [gənij] *nfpl* rags.

guenon [gənɔ̃] *nf* female monkey.

guépard [gepar] *nm* cheetah.

guêpe [gɛp] *nf* wasp.

guêpier [gepje] *nm* wasp's nest; *fig* hornet's nest; **aller se fourrer dans un** ~ to stir up a hornet's nest.

guère [gɛr] *adv* [peu] hardly; **ne** (+ *verbe*) ~ [peu] hardly; **il ne l'aime** ~ he doesn't like him/her very much; **l'appel n'a** ~ **eu de succès** the appeal met with very little success; **ne** (+ *verbe*) **plus** ~: **il ne m'écrit plus** ~ he hardly (ever) writes (to me) now OU any more; **il n'y a** ~ **plus de six ans** it's barely more than six years ago; **il n'y a** ~ **de** there are hardly any.

guéridon [geridɔ̃] *nm* pedestal table.

guérilla [gerija] *nf* guerrilla warfare.

guérir [gerir] [32] ◊ *vt* to cure; ~ **qqn de** *litt* & *fig* to cure sb of. ◊ *vi* to recover, to get better.

guérison [gerizɔ̃] *nf* **-1.** [de malade] recovery. **-2.** [de maladie] cure.

guérissable [gerisabl] *adj* curable.

guérisseur, -euse [gerisœr, øz] *nm, f* healer.

guérite [gerit] *nf* MIL sentry box.

Guernesey [gɛrnzɛ] *n* Guernsey; **à** ~ on Guernsey.

guerre [gɛr] *nf* **-1.** MIL & *fig* war; **en** ~ at war; **déclarer la** ~ to declare war; **faire la** ~ **à un pays** to make OU wage war on a country; **faire la** ~ **à qqch** to wage war on sthg; **Première/Seconde Guerre mondiale** First/Second World War; ~ **civile** civil war; ~ **économique** trade war; ~ **froide** cold war; ~ **des nerfs** war of nerves; ~ **sainte** holy war. **-2.** [technique] warfare (*U*). **-3.** *loc*: **à la** ~ **comme à la** ~ you'll/we'll *etc* just have to make the best of things; **c'est de bonne** ~ that's fair enough OU perfectly fair; **de** ~ **lasse** for the sake of peace.

guerrier, -ière [gɛrje, jɛr] *adj* **-1.** [de guerre] war *(avant n)*. **-2.** [peuple] warlike.
◆ **guerrier** *nm* warrior.

guerroyer [gerwaje] [13] *vi littéraire* to wage war.

guet [gɛ] *nm*: **faire le** ~ to be on the lookout.

guet-apens [gɛtapɑ̃] *(pl* **guets-apens)** *nm* ambush; *fig* trap; **tomber dans un** ~ to fall into an ambush OU a trap.

guêtre [gɛtr] *nf* gaiter; **traîner ses** ~**s** *fam* to lounge about.

guetter [gete] [4] *vt* **-1.** [épier] to lie in wait for. **-2.** [attendre] to be on the look-out for, to watch for. **-3.** [menacer] to threaten.

gueulante [gœlɑ̃t] *nf fam* uproar; **pousser une** ~ to yell (one's head off).

gueulard, -e [gœlar, ard] *fam* ◇ *adj* who shouts a lot. ◇ *nm, f* person who shouts a lot.
◆ **gueulard** *nm* TECHNOL throat.

gueule [gœl] *nf* **-1.** [d'animal, ouverture] mouth. **-2.** *tfam* [bouche de l'homme] yap *Am*, gob *Br*; **ta** ~**!** shut your gob!, shut it!; **c'est une grande** ~ he/she is all mouth. **-3.** *fam* [visage] face. **-4.** *loc*: **avoir la** ~ **de bois** to have a hangover; **casser la** ~ **à qqn** to smash sb's face in; **se casser la** ~ *fam* [tomber] to fall flat on one's face; **faire la** ~ *fam* to pull a long face; **se jeter dans la** ~ **du loup** to enter the lion's den.

gueule-de-loup [gœldəlu] *(pl* **gueules-de-loup)** *nf* snapdragon.

gueuler [gœle] [5] *fam* ◇ *vt* to yell. ◇ *vi* **-1.** [crier] to yell. **-2.** [protester] to kick up a stink, to scream and shout.

gueuleton [gœltɔ̃] *nm fam* blowout.

gueux, gueuse [gø, gøz] *nm, f littéraire* beggar.

gui [gi] *nm* mistletoe.

guichet [giʃɛ] *nm* counter; [de gare, de théâtre] ticket office; **jouer à** ~**s fermés** *fig* to be sold out.

guide [gid] ◇ *nm* **-1.** [gén] guide; ~ **de montagne** mountain guide. **-2.** [livre] guidebook. ◇ *nf* Girl Scout *Am*, Girl Guide *Br*.
◆ **guides** *nfpl* reins.

guider [gide] [3] *vt* to guide.

guidon [gidɔ̃] *nm* handlebars *(pl)*.

guigne [giɲ] *nf fam* bad OU rotten luck.

guigner [giɲe] [3] *vt fam* **-1.** [regarder] to eye. **-2.** [convoiter] to have one's eye on.

guignol [giɲɔl] *nm* **-1.** [marionnette] glove puppet. **-2.** [théâtre] ≃ Punch and Judy show; **faire le** ~ *fig* to act OU play the fool.

guillemet [gijmɛ] *nm* inverted comma, quotation mark; **entre** ~**s** in inverted commas OU quotation marks; **ouvrir/fermer les** ~**s** to open/close quotation marks.

guilleret, -ette [gijrɛ, ɛt] *adj* perky.

guillotine [gijɔtin] *nf* **-1.** [instrument] guillotine. **-2.** [de fenêtre] sash.

guillotiner [gijɔtine] [3] *vt* to guillotine.

guimauve [gimov] *nf* **-1.** [confiserie, plante] marshmallow. **-2.** *fam* [sentimentalité] mush.

guimbarde [gɛ̃bard] *nf* **-1.** MUS Jew's harp. **-2.** *fam* [voiture] jalopy.

guindé, -e [gɛ̃de] *adj* stiff.

Guinée [gine] *nf*: **la** ~ Guinea; **la** ~**-Bissau** Guinea-Bissau; **la** ~**-Équatoriale** Equatorial Guinea.

guinéen, -enne [gineɛ̃, ɛn] *adj* Guinean.
◆ **Guinéen, -enne** *nm, f* Guinean.

guingois [gɛ̃gwa]
◆ **de guingois** *adv sout* lopsidedly.

guinguette [gɛ̃gɛt] *nf* open-air dance floor.

guirlande [girlɑ̃d] *nf* **-1.** [de fleurs] garland. **-2.** [de papier] chain; [de Noël] tinsel *(U)*.

guise [giz] *nf*: **à ma** ~ as I please OU like; **en** ~ **de** by way of.

guitare [gitar] *nf* guitar; ~ **électrique** electric guitar.

guitariste [gitarist] *nmf* guitarist.

Gulf Stream [gœlfstrim] *nm*: **le** ~ the Gulf Stream.

gustatif, -ive [gystatif, iv] *adj*: **sensibilité gustative** sense of taste.

guttural, -e, -aux [gytyral, o] *adj* guttural.

Guyana [gɥijana] *nf*: **la** ~ Guyana.

gym [ʒim] *nf* gym *(U)*.

gymkhana [ʒimkana] *nm* rally.

gymnase [ʒimnaz] *nm* gymnasium.

gymnaste [ʒimnast] *nmf* gymnast.

gymnastique [ʒimnastik] *nf* SPORT & *fig* gymnastics *(U)*; **faire de la** ~ to do gymnastics; ~ **corrective** remedial gymnastics.

gynéco [ʒineko] *nmf fam* gynecologist *Am*, gynaecologist *Br*.

gynécologie [ʒinekɔlɔʒi] *nf* gynecology *Am*, gynaecology *Br*.

gynécologique [ʒinekɔlɔʒik] *adj* gynecological *Am*, gynaecological *Br*.

gynécologue [ʒinekɔlɔg] *nmf* gynecologist *Am*, gynaecologist *Br*.

gypse [ʒips] *nm* gypsum.

gyrophare [ʒirɔfar] *nm* flashing light.

h¹, H [aʃ] *nm inv* h, H; ~ **aspiré/muet** aspirate/silent h.

h² -1. (*abr de* **heure**) hr. -2. (*abr de* **hecto**) h.

◆ **H** -1. *abr de* **homme.** -2. (*abr de* **hydrogène**) H.

ha (*abr de* **hectare**) ha.

hab. *abr de* **habitant.**

habile [abil] *adj* skilful; [démarche] clever.

habilement [abilmɑ̃] *adv* skilfully; [manœuvrer] cleverly.

habileté [abilte] *nf* skill.

habiliter [abilite] [3] *vt* to authorize; **être habilité à faire qqch** to be authorized to do sthg.

habillage [abijaʒ] *nm* -1. [action] dressing. -2. [enveloppe, protection] covering.

habillé, -e [abije] *adj* [tenue] dressy; [réception] smart.

habillement [abijmɑ̃] *nm* -1. [action] clothing. -2. [profession] clothing trade.

habiller [abije] [3] *vt* -1. [vêtir]: ~ **qqn (de)** to dress sb (in). -2. [suj: fournisseur] to provide with clothing; [suj: fabricant] to make clothes for. -3. [recouvrir] to cover.

◆ **s'habiller** *vp* -1. [se vêtir] to dress, to get dressed; **s'~ de** to dress in. -2. [se vêtir élégamment] to dress up. -3. [se fournir en vêtements] to buy one's clothes.

habilleur, -euse [abijœr, øz] *nm, f* dresser.

habit [abi] *nm* -1. [costume] suit; ~ **de neige** *Can* snowsuit; ~ **de soirée** evening dress. -2. RELIG habit.

◆ **habits** *nmpl* [vêtements] clothes.

habitable [abitabl] *adj* habitable.

habitacle [abitakl] *nm* [d'avion] cockpit; [de voiture] passenger compartment.

habitant, -e [abitɑ̃, ɑ̃t] *nm, f* -1. [de pays] inhabitant; **loger chez l'~** to stay with local people. -2. [d'immeuble] occupant. -3. *Can* [paysan] farmer.

habitat [abita] *nm* -1. [conditions de logement] housing conditions (*pl*). -2. [mode de peuplement] settlement. -3. [d'animal] habitat.

habitation [abitasjɔ̃] *nf* -1. [fait d'habiter] housing. -2. [résidence] house, home.

habiter [abite] [3] ◇ *vt* -1. [résider] to live in. -2. [suj: passion, sentiment] to dwell within. ◇ *vi* to live; ~ **à** to live in.

habitude [abityd] *nf* -1. [façon de faire] habit; **avoir l'~ de faire qqch** to be in the habit of doing sthg; **d'~** usually; **comme d'~** as usual; **par ~** out of habit. -2. [coutume] custom.

habitué, -e [abitye] *nm, f* regular.

habituel, -elle [abitɥɛl] *adj* -1. [coutumier] usual, customary. -2. [caractéristique] typical.

habituellement [abitɥɛlmɑ̃] *adv* usually.

habituer [abitɥe] [7] *vt*: ~ **qqn à qqch/à faire qqch** to get sb used to sthg/to doing sthg.

◆ **s'habituer** *vp*: **s'~ à qqch/à faire qqch** to get used to sthg/to doing sthg.

hâbleur, -euse ['ablœr, øz] *littéraire* ◇ *adj* boastful. ◇ *nm, f* braggart.

hache ['aʃ] *nf* ax *Am*, axe *Br*; **enterrer la ~ de guerre** *fig* to bury the hatchet.

haché, -e ['aʃe] *adj* -1. [coupé - gén] finely chopped; [- viande] ground *Am*, minced *Br*. -2. [entrecoupé] jerky.

hacher ['aʃe] [3] *vt* -1. [couper - gén] to chop finely; [- viande] to grind *Am*, to mince *Br*. -2. [entrecouper] to interrupt.

hachette ['aʃɛt] *nf* hatchet.

hachis ['aʃi] *nm*: **un ~ de persil** finely chopped parsley; **un ~ de porc** ground pork *Am*, minced pork *Br*; ~ **Parmentier** ≃ shepherd's pie, ≃ cottage pie.

hachisch = **haschisch.**

hachoir ['aʃwar] *nm* -1. [couteau] chopper. -2. [appareil] grinder *Am*, mincer *Br*. -3. [planche] chopping-board.

hachure ['aʃyr] *nf* hatching.

hachurer ['aʃyre] [3] *vt* to hatch.

haddock ['adɔk] *nm* smoked haddock.

hagard, -e ['agar, ard] *adj* haggard.

hagiographie [aʒjɔgrafi] *nf* hagiography.

haï, -e ['ai] *pp* → **haïr.**

haie ['ɛ] *nf* -1. [d'arbustes] hedge. -2. [de personnes] row; [de soldats, d'agents de police] line; ~ **d'honneur** guard of honor *Am* ou honour *Br*. -3. SPORT hurdle; **400 mètres ~s** 400 meters *Am* ou metres *Br* hurdles.

haillons ['ajɔ̃] *nmpl* rags.

haine ['ɛn] *nf* hatred.

haineusement ['ɛnøzmɑ̃] *adv* with hatred.

haineux, -euse ['ɛnø, øz] *adj* full of hatred.

haïr ['air] [33] *vt* to hate.

hais, **hait** *etc* → **haïr**.

haïssable ['aisabl] *adj* hateful.

haïssais, **haïssions** *etc* → **haïr**.

Haïti [aiti] *n* Haiti; **à ~ in** Haiti.

haïtien, **-ienne** [aisjɛ̃, jɛn] *adj* Haitian.

◆ **Haïtien**, **-ienne** *nm, f* Haitian.

hâle ['al] *nm* tan.

hâlé, **-e** ['ale] *adj* tanned.

haleine [alɛn] *nf* breath; **avoir l'~ forte, avoir mauvaise ~** to have bad breath; **courir à perdre ~** to run until one is breathless; **hors d'~** out of breath; **de longue ~** exacting and time-consuming; **reprendre ~** to catch one's breath; **tenir qqn en ~** to keep sb in suspense.

haler ['ale] [3] *vt* **-1.** [tirer] to haul in. **-2.** [remorquer] to tow.

haletant, **-e** ['altɑ̃, ɑ̃t] *adj* panting.

halètement ['alɛtmɑ̃] *nm* panting.

haleter ['alte] [28] *vi* to pant.

hall ['ol] *nm* **-1.** [vestibule, entrée] foyer, lobby. **-2.** [salle publique] concourse; **~ d'arrivée/de départ** arrival/departure hall.

halle ['al] *nf* covered market.

◆ **halles** *nfpl* wholesale food market (*sg*).

hallucinant, **-e** [alysinɑ̃, ɑ̃t] *adj* **-1.** [incroyable] extraordinary. **-2.** [grandiose] impressive.

hallucination [alysinasjɔ̃] *nf* hallucination.

halluciné, **-e** [alysine] ◇ *adj* crazed. ◇ *nm, f* lunatic.

hallucinogène [alysinɔʒɛn] ◇ *nm* hallucinogen. ◇ *adj* hallucinogenic.

halo ['alo] *nm* **-1.** [cercle lumineux] halo. **-2.** *fig* [rayonnement] aura.

halogène [alɔʒɛn] *nm & adj* halogen.

halte ['alt] ◇ *nf* stop; **faire ~** to stop. ◇ *interj* stop!

haltère [altɛr] *nm* dumbbell.

haltérophile [alterɔfil] ◇ *nmf* weight-lifter. ◇ *adj* weight-lifting (*avant n*).

haltérophilie [alterɔfili] *nf* weight-lifting.

hamac ['amak] *nm* hammock.

hamburger ['ɑ̃burgœr] *nm* hamburger.

hameau, **-x** ['amo] *nm* hamlet.

hameçon [amsɔ̃] *nm* fish-hook; **mordre à l'~** *fig* to rise to the bait.

hammam ['amam] *nm* Turkish baths (*pl*).

hampe ['ɑ̃p] *nf* [de drapeau] pole.

hamster ['amstɛr] *nm* hamster.

hanche ['ɑ̃ʃ] *nf* hip; **rouler des ~s** to swing one's hips.

handball ['ɑ̃dbal] *nm* handball.

handicap ['ɑ̃dikap] *nm* handicap.

handicapé, **-e** ['ɑ̃dikape] ◇ *adj* handicapped; **être ~ par qqch** *fig* to be handicapped by sthg. ◇ *nm, f* handicapped person; **~ mental** mentally handicapped person; **~ moteur** spastic.

handicaper ['ɑ̃dikape] [3] *vt* to handicap.

hangar ['ɑ̃gar] *nm* shed; AÉRON hangar.

hanneton ['antɔ̃] *nm* cockchafer.

hanter ['ɑ̃te] [3] *vt* to haunt.

hantise ['ɑ̃tiz] *nf* obsession; **avoir la ~ de qqch/de faire qqch** to be obsessed by the fear of sthg/of doing sthg.

happer ['ape] [3] *vt* **-1.** [attraper] to snap up. **-2.** [accrocher] to strike.

hara-kiri ['arakiri] *nm:* **(se) faire ~** to commit hara-kiri.

harangue ['arɑ̃g] *nf* harangue.

haranguer ['arɑ̃ge] [3] *vt* to harangue.

haras ['ara] *nm* stud (farm).

harassant, **-e** ['arasɑ̃, ɑ̃t] *adj* exhausting.

harasser ['arase] [3] *vt* to exhaust.

harcèlement ['arsɛlmɑ̃] *nm* harassment; **~ sexuel** sexual harassment.

harceler ['arsəle] [25] *vt* **-1.** [relancer] to harass. **-2.** MIL to harry. **-3.** [importuner]: **~ qqn (de)** to pester sb (with).

hardes ['ard] *nfpl* old clothes.

hardi, **-e** ['ardi] *adj* bold, daring.

hardiesse ['ardjɛs] *nf* boldness, daring.

hardware ['ardwɛr] *nm* INFORM hardware.

harem ['arɛm] *nm* harem.

hareng ['arɑ̃] *nm* herring; **~ saur** kipper.

harfang ['arfɑ̃] *nm* snowy owl.

hargne ['arɲ] *nf* spite (*U*), bad temper.

hargneux, **-euse** ['arɲø, øz] *adj* [personne] spiteful, bad-tempered; [remarque] spiteful, vicious.

haricot ['ariko] *nm* bean; **~s verts/blancs/rouges** green/haricot/kidney beans.

harmonica [armɔnika] *nm* harmonica, mouth organ.

harmonie [armɔni] *nf* **-1.** [gén] harmony; **vivre en ~ (avec qqn)** to live in harmony (with sb). **-2.** [de visage] symmetry. **-3.** [fanfare] wind band.

harmonieusement [armɔnjøzmɑ̃] *adv* harmoniously.

harmonieux, **-ieuse** [armɔnjø, jøz] *adj* **-1.** [gén] harmonious. **-2.** [voix] melodious. **-3.** [traits, silhouette] regular.

harmonique [armɔnik] *adj* harmonic.

harmonisation [armɔnizasjɔ̃] *nf* **-1.** [coordination] harmonization. **-2.** MUS harmonizing.

harmoniser [armɔnize] [3] *vt* MUS & *fig* to harmonize; [salaires] to bring into line.

harmonium [armɔnjɔm] *nm* harmonium.

harnachement [ˈaʀnaʃmã] *nm* **-1.** [équipement de cheval] harness. **-2.** [action] harnessing. **-3.** *fig* [attirail] gear.

harnacher [ˈaʀnaʃe] [3] *vt* [cheval] to harness; **être harnaché** *fig* to be got up.

harnais [ˈaʀnɛ] *nm* **-1.** [de cheval, de parachutiste] harness. **-2.** TECHNOL train.

haro [ˈaʀo] *nm sout*: **crier ~ sur** to rail against.

harpagon [aʀpagɔ̃] *nm* ≃ Scrooge.

harpe [ˈaʀp] *nf* harp.

harpie [ˈaʀpi] *nf* harpy.

harpon [ˈaʀpɔ̃] *nm* harpoon.

harponner [ˈaʀpɔne] [3] *vt* **-1.** [poisson] to harpoon. **-2.** *fam* [personne] to waylay.

hasard [ˈazaʀ] *nm* chance; **au ~** at random; **à tout ~** on the off chance; **par ~** by accident, by chance; **comme par ~** *iron* as if by chance; **si par ~** if by chance.

hasarder [ˈazaʀde] [3] *vt* **-1.** [tenter] to venture. **-2.** [risquer] to hazard.
 ◆ **se hasarder** *vp*: **se ~ à faire qqch** to risk doing sthg.

hasardeux, -euse [ˈazaʀdø, øz] *adj* risky.

haschisch, haschich, hachisch [ˈaʃiʃ] *nm* hashish.

hâte [ˈat] *nf* haste; **à la ~, en ~** hurriedly, hastily; **avoir ~ de faire qqch** to be eager to do sthg.

hâter [ˈate] [3] *vt* **-1.** [activer] to hasten. **-2.** [avancer] to bring forward.
 ◆ **se hâter** *vp* to hurry; **se ~ de faire qqch** to hurry to do sthg.

hâtif, -ive [ˈatif, iv] *adj* [précipité] hurried, hasty.

hauban [ˈobã] *nm* NAUT shroud.

hausse [ˈos] *nf* [augmentation] rise, increase; **à la ~, en ~** rising.

haussement [ˈosmã] *nm*: **~ d'épaules** shrug (of the shoulders).

hausser [ˈose] [3] *vt* to raise.

haut, -e [o, ot] *adj* **-1.** [gén] high; **~ de 20 m** 20 m high. **-2.** [classe sociale, pays, région] upper. **-3.** [responsable] senior.
 ◆ **haut** ◇ *adv* **-1.** [gén] high; [placé] highly. **-2.** [fort] loudly; **dire bien ~ ce que l'on pense tout bas** to say out loud what everyone else is thinking. ◇ *nm* **-1.** [hauteur] height; **faire 2 m de ~** to be 2 m high OU in height. **-2.** [sommet, vêtement] top. **-3.** *loc*: **avoir** OU **connaître des ~s et des bas** to have one's ups and downs.

 ◆ **de haut** *loc adv* [avec dédain] haughtily; **le prendre de ~** to react haughtily.
 ◆ **de haut en bas** *loc adv* from top to bottom.
 ◆ **du haut de** *loc prép* from the top of.
 ◆ **en haut** *loc adv* at the top; [dans une maison] upstairs.
 ◆ **en haut de** *loc prép* at the top of.
 ◆ **là-haut** *loc adv* up there.

hautain, -e [ˈotɛ̃, ɛn] *adj* haughty.

hautbois [ˈobwa] *nm* oboe.

haut-de-forme [ˈodfɔʀm] (*pl* **hauts-de-forme**) *nm* top hat.

haut de gamme [odgam] *adj* upmarket; **une chaîne ~** a state-of-the-art hi-fi system.

haute-fidélité [otfidelite] (*pl* **hautes-fidélités**) *nf* high fidelity, hi-fi.

hautement [ˈotmã] *adv* highly.

hauteur [ˈotœʀ] *nf* height; **à ~ d'épaule** at shoulder level OU height; **ne pas être à la ~ de qqch** not to be up to sthg.

haut-fond [ˈofɔ̃] (*pl* **hauts-fonds**) *nm* shallows (*pl*).

haut-fourneau [ˈofuʀno] (*pl* **hauts-fourneaux**) *nm* blast furnace.

haut-le-cœur [ˈolkœʀ] *nm inv* retch; **avoir des ~** to retch.

haut-le-corps [ˈolkɔʀ] *nm inv*: **avoir un ~** to start, to jump.

haut-parleur [ˈopaʀlœʀ] (*pl* **haut-parleurs**) *nm* loudspeaker.

havane [ˈavan] ◇ *nm* Havana cigar. ◇ *adj inv* tobacco-colored *Am*, tobacco-coloured *Br*.

Havane [ˈavan] *n*: **La ~** Havana.

hâve [ˈav] *adj littéraire* haggard.

havre [ˈavʀ] *nm* [refuge] haven.

Hawaii [ˈawaj] *n* Hawaii; **à ~** in Hawaii.

hawaiien, -ienne [ˈawajɛ̃, jɛn] *adj* Hawaiian.
 ◆ **Hawaiien, -ienne** *nm, f* Hawaiian.

Haye [ˈɛ] *n*: **La ~** the Hague.

hayon [ˈajɔ̃] *nm* hatchback.

hé [ˈe] *interj* hey!

hebdo [ɛbdo] *nm fam* weekly.

hebdomadaire [ɛbdɔmadɛʀ] *nm & adj* weekly.

hébergement [ebɛʀʒəmã] *nm* accommodations (*pl*) *Am*, accommodation *Br*.

héberger [ebɛʀʒe] [17] *vt* **-1.** [loger] to put up. **-2.** [suj: hôtel] to take in.

hébété, -e [ebete] *adj* dazed.

hébétement [ebɛtmã] *nm* stupor.

hébétude [ebetyd] *nf littéraire* stupor.

hébraïque [ebraik] *adj* Hebrew.

hébreu, -x [ebrø] *adj* Hebrew.

◆ **hébreu** *nm* [langue] Hebrew.
◆ **Hébreu, -x** *nm* Hebrew.
Hébrides [ebrid] *nfpl*: **les ~** the Hebrides; **aux ~** in the Hebrides.
HEC (*abr de* **(école des) Hautes études commerciales**) *n grande école for management and business studies*.
hécatombe [ekatɔ̃b] *nf litt & fig* slaughter.
hectare [ɛktar] *nm* hectare.
hectolitre [ɛktɔlitr] *nm* hectolitre.
hédonisme [edɔnism] *nm* hedonism.
hédoniste [edɔnist] ◇ *nmf* hedonist. ◇ *adj* hedonistic.
hégémonie [eʒemɔni] *nf* hegemony.
hégire [eʒir] *nf* hegira.
hein [ɛ̃] *interj fam* eh‽, what‽; **tu m'en veux, ~‽** you're cross with me, aren't you‽
hélas [elas] *interj* unfortunately, alas.
héler ['ele] [18] *vt sout* to hail.
hélice [elis] *nf* **-1.** [d'avion, de bateau] propeller. **-2.** MATHS helix.
hélicoïdal, -e, -aux [elikɔidal, o] *adj* **-1.** [forme] spiral, helical. **-2.** MATHS helical.
hélicoptère [elikɔptɛr] *nm* helicopter.
héliomarin, -e [eljɔmarɛ̃, in] *adj* MÉD [cure] using sun and sea air.
héliport [elipɔr] *nm* heliport.
héliporté, -e [elipɔrte] *adj* [troupes, fournitures] transported by helicopter; [opération] helicopter (*avant n*).
hélium [eljɔm] *nm* helium.
Helsinki ['ɛlzinki] *n* Helsinki.
helvétisme [ɛlvetism] *nm* Swiss expression.
hem ['ɛm] *interj* [indique le doute] hmm.
hématologie [ematɔlɔʒi] *nf* haematology.
hématome [ematom] *nm* MÉD haematoma.
hémicycle [emisikl] *nm* POLIT: **l'~** the Assemblée Nationale.
hémiplégique [emipleʒik] *nmf & adj* hemiplegic.
hémisphère [emisfɛr] *nm* hemisphere; **l'~ nord/sud** northern/southern hemisphere; **~ cérébral** ANAT cerebral hemisphere.
hémoglobine [emɔglɔbin] *nf* haemoglobin.
hémophile [emɔfil] ◇ *nmf* haemophiliac. ◇ *adj* haemophilic.
hémorragie [emɔraʒi] *nf* **-1.** MÉD haemorrhage; **~ cérébrale** brain haemorrhage; **~ interne** internal bleeding (*U*). **-2.** *fig* [perte, fuite] loss.
hémorroïdes [emɔrɔid] *nfpl* haemorrhoids, piles.
henné ['ene] *nm* henna.
hennir ['enir] [32] *vi* to neigh, to whinny.

hennissement ['enismɑ̃] *nm* neigh, whinny.
hep ['ɛp] *interj* hey!
hépatique [epatik] ◇ *nmf* person with liver problems. ◇ *adj* liver (*avant n*).
hépatite [epatit] *nf* MÉD hepatitis; **~ B** hepatitis B; **~ virale** viral hepatitis.
heptagone [ɛptagɔn] *nm* heptagon.
herbacé, -e [ɛrbase] *adj* herbaceous.
herbage [ɛrbaʒ] *nm* pasture.
herbe [ɛrb] *nf* **-1.** BOT grass; **mauvaise ~** weed. **-2.** CULIN & MÉD herb; **fines ~s** herbs. **-3.** *fam* [marijuana] grass. **-4.** *loc*: **en ~** budding; **couper l'~ sous les pieds de qqn** to cut the ground from under sb's feet.
herbeux, -euse [ɛrbø, øz] *adj* grassy.
herbicide [ɛrbisid] ◇ *nm* weedkiller, herbicide. ◇ *adj* herbicidal.
herbier [ɛrbje] *nm* herbarium.
herbivore [ɛrbivɔr] ◇ *nm* herbivore. ◇ *adj* herbivorous.
herboriste [ɛrbɔrist] *nmf* herbalist.
herboristerie [ɛrbɔristəri] *nf* herbalist's (shop).
herculéen, -enne [ɛrkyleɛ̃, ɛn] *adj* Herculean.
hère ['ɛr] *nm*: **pauvre ~** poor wretch.
héréditaire [ereditɛr] *adj* hereditary.
hérédité [eredite] *nf* **-1.** [génétique] heredity. **-2.** [de biens, de titre] inheritance.
hérésie [erezi] *nf* heresy.
hérétique [eretik] ◇ *nmf* heretic. ◇ *adj* heretical.
hérisser ['erise] [3] *vt* **-1.** [dresser]: **~ son poil** to bristle. **-2.** [garnir]: **être hérissé de** [de clous] to be studded with; *fig* [de difficultés] to be fraught with. **-3.** [irriter]: **~ qqn** to get sb's back up.
hérisson ['erisɔ̃] *nm* **-1.** ZOOL hedgehog. **-2.** [brosse] chimney sweep's brush.
héritage [eritaʒ] *nm* **-1.** [de biens] inheritance; **faire un ~** to come into an inheritance; **en ~** as an inheritance. **-2.** [culturel] heritage.
hériter [erite] [3] ◇ *vi* to inherit; **~ de qqch** to inherit sthg. ◇ *vt*: **~ qqch de qqn** *litt & fig* to inherit sthg from sb.
héritier, -ière [eritje, jɛr] *nm, f* heir (*f* heiress).
hermaphrodite [ɛrmafrɔdit] *nmf & adj* hermaphrodite.
hermétique [ɛrmetik] *adj* **-1.** [étanche] hermetic. **-2.** [incompréhensible] inaccessible, impossible to understand. **-3.** [impénétrable] impenetrable.

hermétiquement [ɛrmetikmɑ̃] *adv* hermetically.

hermétisme [ɛrmetism] *nm* [de texte] obscurity.

hermine [ɛrmin] *nf* -1. [animal] stoat. -2. [fourrure] ermine.

hernie ['ɛrni] *nf* hernia; ~ **discale** slipped disk *Am* OU disc *Br*.

héroïne [erɔin] *nf* -1. [personne] heroine. -2. [drogue] heroin.

héroïnomane [erɔinɔman] *nmf* heroin addict.

héroïque [erɔik] *adj* heroic.

héroïquement [erɔikmɑ̃] *adv* heroically.

héroïsme [erɔism] *nm* heroism.

héron ['erɔ̃] *nm* heron.

héros ['ero] *nm* hero.

herpès [ɛrpɛs] *nm* herpes.

herse ['ɛrs] *nf* -1. AGRIC harrow. -2. [grille] portcullis.

hertz ['ɛrts] *nm inv* hertz.

hésitant, -e [ezitɑ̃, ɑ̃t] *adj* hesitant.

hésitation [ezitasjɔ̃] *nf* hesitation; **avec** ~ hesitantly; **sans** ~ without hesitation, unhesitatingly.

hésiter [ezite] [3] *vi* to hesitate; ~ **entre/sur** to hesitate between/over; ~ **à faire qqch** to hesitate to do sthg.

hétéro [etero] *adj & nmf* hetero.

hétéroclite [eterɔklit] *adj* motley.

hétérogène [eterɔʒɛn] *adj* heterogeneous.

hétérogénéité [eterɔʒeneite] *nf* heterogeneity.

hétérosexuel, -elle [eterɔsɛksyɛl] *adj & nm, f* heterosexual.

hêtre ['ɛtr] *nm* beech.

heure [œr] *nf* -1. [unité de temps] hour; **250 km à l'**~ 250 km per OU an hour; **faire des** ~**s supplémentaires** to work overtime. -2. [moment du jour] time; **il est deux** ~**s** it's two o'clock; **donner/demander l'**~ **à qqn** to tell/ask sb the time; **quelle** ~ **est-il?** what time is it?; **être à l'**~ to be on time; **mettre à l'**~ [montre, pendule] to put right; ~ **d'affluence** [dans les transports] rush hour; [au magasin] peak time; ~ **de battement** break; ~ **creuse** off-peak time, slack period; ~ **d'ouverture/de fermeture** opening/closing time; ~ **de pointe** rush hour; ~**s de bureau** office hours; ~**s de réception** office/surgery *etc* hours. -3. SCOL class, period. -4. *loc:* **à** ~ **fixe** at a set time; **à l'**~ **actuelle** at the present time; **à l'**~ **qu'il est** at this moment in time; **à la bonne** ~! that's wonderful!; **à la première** ~ at the crack of dawn; **à toute** ~ at any time; **c'est l'**~ (**de faire qqch**) it's time (to do sthg); **de bonne** ~ early; **de la première** ~ right from the start; **sur l'**~ at once.

heureusement [œrøzmɑ̃] *adv* -1. [par chance] luckily, fortunately. -2. [favorablement] successfully.

heureux, -euse [œrø, øz] ◇ *adj* -1. [gén] happy; [favorable] fortunate; **être** ~ **de faire qqch** to be happy to do sthg. -2. [réussi] successful, happy. -3. *loc:* **encore** ~ (**que**) (+ *subjonctif*) ... *fam* it's just as well (that) .... ◇ *nm, f:* **faire un** ~ to make somebody's day.

heurt ['œr] *nm* -1. [choc] collision, impact. -2. [désaccord] clash; **sans** ~**s** smoothly.

heurter ['œrte] [3] ◇ *vt* -1. [rentrer dans - gén] to hit; [- suj: personne] to bump into. -2. [offenser - personne, sensibilité] to offend. -3. [bon sens, convenances] to go against. ◇ *vi:* ~ **contre qqch** to bump into sthg.

◆ **se heurter** *vp* -1. [gén]: **se** ~ (**contre**) to collide (with). -2. [rencontrer]: **se** ~ **à qqch** to come up against sthg.

heurtoir ['œrtwar] *nm* knocker.

hexagonal, -e, -aux [ɛgzagɔnal, o] *adj* -1. GÉOM hexagonal. -2. [français] French.

hexagone [ɛgzagɔn] *nm* GÉOM hexagon.

◆ **Hexagone** *nm:* **l'Hexagone** (mainland) France.

HF (*abr de* hautes fréquences) HF.

hiatus [jatys] *nm inv* hiatus.

hibernation [ibɛrnasjɔ̃] *nf* hibernation.

hiberner [ibɛrne] [3] *vi* to hibernate.

hibiscus [ibiskys] *nm* hibiscus.

hibou, -x ['ibu] *nm* owl.

hic ['ik] *nm fam* snag.

hideux, -euse ['idø, øz] *adj* hideous.

hier [ijɛr] *adv* yesterday; ~ **matin/soir** yesterday morning/evening.

hiérarchie ['jerarʃi] *nf* hierarchy.

hiérarchique ['jerarʃik] *adj* hierarchical.

hiéroglyphe [jerɔglif] *nm* hieroglyph, hieroglyphic.

◆ **hiéroglyphes** *nmpl* hieroglyphics.

hilarant, -e [ilarɑ̃, ɑ̃t] *adj* hilarious.

hilare [ilar] *adj* beaming.

hilarité [ilarite] *nf* hilarity; **provoquer l'**~ **générale** to give rise to general hilarity.

Himalaya [imalaja] *nm:* **l'**~ the Himalayas (*pl*).

himalayen, -enne [imalajɛ̃, jɛn] *adj* Himalayan.

hindi ['indi] *nm* [langue] Hindi.

hindou, -e [ɛ̃du] *adj* Hindu.

◆ **Hindou, -e** *nm, f* Hindu.

hindouisme [ɛ̃duism] *nm* Hinduism.

hippie, hippy ['ipi] (*pl* **hippies**) *nmf & adj* hippy.

hippique [ipik] *adj* horse (*avant n*).

hippisme [ipism] *nm* (horse) riding.

hippocampe [ipɔkɑ̃p] *nm* seahorse.

hippodrome [ipɔdrom] *nm* race-course.

hippopotame [ipɔpɔtam] *nm* hippopotamus.

hirondelle [irɔ̃dɛl] *nf* swallow.

hirsute [irsyt] *adj* [chevelure, barbe] shaggy.

hispanique [ispanik] *adj* **-1.** [gén] Hispanic. **-2.** [aux États-Unis] Spanish-American.
◆ **Hispanique** *nmf* [aux États-Unis] Spanish American.

hispano-américain, -e [ispanɔamerikɛ̃, ɛn] (*mpl* **hispano-américains**, *fpl* **hispano-américaines**) *adj* Spanish-American.
◆ **Hispano-Américain, -e** *nm, f* Spanish-American, Hispanic.

hispanophone [ispanɔfɔn] ◇ *nmf* Spanish-speaker. ◇ *adj* Spanish-speaking.

hisser ['ise] [3] *vt* **-1.** [voile, drapeau] to hoist. **-2.** [charge] to heave, to haul.
◆ **se hisser** *vp* **-1.** [grimper]: **se ~ (sur)** to heave OU haul o.s. up (onto). **-2.** *fig* [s'élever]: **se ~ à** to pull o.s. up to.

histoire [istwar] *nf* **-1.** [science] history; **~ ancienne/moderne/contemporaine** ancient/ modern/contemporary history; **~ de l'art** art history; **~ de France** French history; **~ sainte** Biblical history; **~ sociale/économique** social/economic history. **-2.** [récit, mensonge] story; **c'est une autre ~** that's another story; **~ à dormir debout** tall story. **-3.** [aventure] funny OU strange thing. **-4.** (*gén pl*) [ennui] trouble (*U*); **faire des ~s** *fam* to make a fuss.

historien, -ienne [istɔrjɛ̃, jɛn] *nm, f* historian.

historique [istɔrik] *adj* **-1.** [roman, recherches] historical. **-2.** [monument, événement] historic.

historiquement [istɔrikmɑ̃] *adv* historically.

hit-parade ['itparad] (*pl* **hit-parades**) *nm*: **le ~** the charts (*pl*).

hiver [ivɛr] *nm* winter; **en ~** in (the) winter.

hivernal, -e, -aux [ivɛrnal, o] *adj* winter (*avant n*).

hiverner [ivɛrne] [3] *vi* to (spend the) winter.

hl (*abr de* **hectolitre**) hl.

HLM (*abr de* **habitation à loyer modéré**) *nm*

ou nf low-rent, state-owned housing, ≃ public housing unit *Am*, ≃ council house/flat *Br*.

hm (*abr de* **hectomètre**) hm.

ho ['o] *interj* oh!

hobby ['ɔbi] (*pl* **hobbies**) *nm* hobby.

hochement ['ɔʃmɑ̃] *nm*: **~ de tête** [affirmatif] nod (of the head); [négatif] shake of the head.

hocher ['ɔʃe] [3] *vt*: **~ la tête** [affirmativement] to nod (one's head); [négativement] to shake one's head.

hochet ['ɔʃɛ] *nm* rattle.

hockey ['ɔke] *nm* hockey; **~ sur glace** hockey *Am*, ice hockey *Br*; **~ sur gazon** field hockey.

holà ['ɔla] ◇ *interj* **-1.** [pour appeler] hey! **-2.** [pour arrêter] hold on! ◇ *nm*: **mettre le ~ à qqch** *fam* to put a stop to sthg.

holding ['ɔldiŋ] *nm ou nf* holding company.

hold-up ['ɔldœp] *nm inv* hold-up.

hollandais, -e ['ɔlɑ̃dɛ, ɛz] *adj* Dutch.
◆ **hollandais** *nm* [langue] Dutch.
◆ **Hollandais, -e** *nm, f* Dutchman (*f* Dutchwoman).

Hollande ['ɔlɑ̃d] *nf*: **la ~** Holland; **en ~** in Holland.

holocauste [ɔlɔkost] *nm* holocaust.

hologramme [ɔlɔgram] *nm* hologram.

homard ['ɔmar] *nm* lobster; **~ à l'armoricaine** OU **l'américaine** *lobster sautéed in oil with white wine, garlic and tomatoes*.

home ['om] *nm*: **~ d'enfants** holiday center *Am* OU centre *Br* for children.

homélie [ɔmeli] *nf* homily.

homéopathe [ɔmeɔpat] ◇ *nmf* homeopath. ◇ *adj* homeopathic.

homéopathie [ɔmeɔpati] *nf* homeopathy.

homéopathique [ɔmeɔpatik] *adj* homeopathic.

homicide [ɔmisid] ◇ *nm* [meurtre] murder; **~ involontaire** manslaughter; **~ volontaire** murder. ◇ *adj* homicidal.

hommage [ɔmaʒ] *nm* [témoignage d'estime] tribute; **rendre ~ à qqn/qqch** to pay tribute to sb/sthg.
◆ **hommages** *nmpl* [salutations] respects; **mes ~** *sout* my respects.

hommasse [ɔmas] *adj péj* mannish, butch.

homme [ɔm] *nm* man; **vêtements d'~** menswear (*U*); **grand ~** great man; **~ d'affaires** businessman; **~ d'État** statesman; **~ de main** hired man; **~ du monde** man about town; **~ de paille** stooge; **~ politique** politician; **d'~ à ~** man to man; **comme un seul ~** as one (man).

homme-grenouille [ɔmgrənuj] (*pl* **hommes-grenouilles**) *nm* frogman.

homme-orchestre [ɔmɔrkɛstr] (*pl* **hommes-orchestres**) *nm* one-man band.

homme-sandwich [ɔmsɑ̃dwitʃ] (*pl* **hommes-sandwiches**) *nm* sandwich man.

homogène [ɔmɔʒɛn] *adj* homogeneous.

homogénéisé, -e [ɔmɔʒeneize] *adj* homogenized.

homogénéité [ɔmɔʒeneite] *nf* homogeneity.

homologue [ɔmɔlɔg] ◇ *nm* counterpart, opposite number. ◇ *adj* equivalent.

homologuer [ɔmɔlɔge] [3] *vt* [ratifier] to approve; SPORT to recognize, to ratify.

homonyme [ɔmɔnim] *nm* **-1.** LING homonym. **-2.** [personne, ville] namesake.

homosexualité [ɔmɔsɛksyalite] *nf* homosexuality.

homosexuel, -elle [ɔmɔsɛksyɛl] *adj & nm, f* homosexual.

Honduras [ɔ̃dyras] *nm*: **le ~** Honduras; **au ~** in Honduras.

hondurien, -ienne [ɔ̃dyrjɛ̃, jɛn] *adj* Honduran.

◆ **Hondurien, -ienne** *nm, f* Honduran.

Hongkong, Hong Kong [ɔ̃gkɔ̃g] *n* Hong Kong.

Hongrie [ɔ̃gri] *nf*: **la ~** Hungary.

hongrois, -e [ɔ̃grwa, az] *adj* Hungarian.

◆ **hongrois** *nm* [langue] Hungarian.

◆ **Hongrois, -e** *nm, f* Hungarian.

honnête [ɔnɛt] *adj* **-1.** [intègre] honest. **-2.** [correct] honorable *Am*, honourable *Br*. **-3.** [convenable - travail, résultat] reasonable.

honnêtement [ɔnɛtmɑ̃] *adv* **-1.** [de façon intègre, franchement] honestly. **-2.** [correctement] honorably *Am*, honourably *Br*.

honnêteté [ɔnɛtte] *nf* honesty.

honneur [ɔnœr] *nm* honor *Am*, honour *Br*; **en l'~ de** in honor *Am* OU honour *Br* of; **être à l'~** to be in favor *Am* OU favour *Br*; **à qui ai-je l'~-?** *sout* to whom do I have the honor *Am* OU honour *Br* of speaking?; **faire ~ à qqn/à qqch** to be a credit to sb/to sthg; **faire ~ à un repas** *fig* to do justice to a meal; **sauver l'~** to save one's honor *Am* OU honour *Br*.

◆ **honneurs** *nmpl* honors *Am*, honours *Br*.

Honolulu ['onolyly] *n* Honolulu.

honorable [ɔnɔrabl] *adj* **-1.** [digne] honorable *Am*, honourable *Br*. **-2.** [convenable] respectable.

honorablement [ɔnɔrabləmɑ̃] *adv* honorably *Am*, honourably *Br*.

honoraire [ɔnɔrɛr] *adj* honorary.

◆ **honoraires** *nmpl* fee (*sg*), fees.

honorer [ɔnɔre] [3] *vt* **-1.** [vénérer, gratifier]: **~ qqn (de)** to honor *Am* OU honour *Br* sb (with). **-2.** [faire honneur à] to be a credit to. **-3.** [payer] to honor *Am*, to honour *Br*.

◆ **s'honorer** *vp*: **s'~ de qqch** to pride o.s. on sthg.

honorifique [ɔnɔrifik] *adj* ceremonial *Am*, honorary *Br*.

honte ['ɔ̃t] *nf* **-1.** [sentiment] shame; **avoir ~ de qqn/qqch** to be ashamed of sb/sthg; **avoir ~ de faire qqch** to be ashamed of doing sthg; **faire ~ à qqn** to make sb (feel) ashamed. **-2.** [action scandaleuse]: **c'est une ~!** it's a disgrace!

honteusement ['ɔ̃tøzmɑ̃] *adv* shamefully.

honteux, -euse ['ɔ̃tø, øz] *adj* shameful; [personne] ashamed.

hop ['ɔp] *interj* **-1.** [pour faire sauter] hup! **-2.** [pour stimuler] off you go!

hôpital, -aux [ɔpital, o] *nm* hospital; **~ de jour** outpatients unit.

hoquet ['ɔkɛ] *nm* hiccup; **avoir le ~** to have (the) hiccups.

hoqueter [ɔkte] [27] *vi* to hiccup.

horaire [ɔrɛr] ◇ *nm* **-1.** [de départ, d'arrivée] timetable. **-2.** [de travail] hours (*pl*) (of work); **~ mobile** OU **flexible** OU **à la carte** flexitime. ◇ *adj* hourly.

horde ['ɔrd] *nf* horde.

horions ['ɔrjɔ̃] *nmpl* *littéraire* blows.

horizon [ɔrizɔ̃] *nm* **-1.** [ligne, perspective] horizon; **à l'~** *litt* & *fig* on the horizon. **-2.** [panorama] view.

horizontal, -e, -aux [ɔrizɔ̃tal, o] *adj* horizontal.

◆ **horizontale** *nf* MATHS horizontal; **à l'~e** horizontal, in a horizontal position; [couché] flat out.

horizontalement [ɔrizɔ̃talmɑ̃] *adv* horizontally.

horloge [ɔrlɔʒ] *nf* clock; **~ parlante** Time *Am*, speaking clock *Br*.

horloger, -ère [ɔrlɔʒe, ɛr] ◇ *adj* clock/watch making (*avant n*). ◇ *nm, f* clock maker, watchmaker.

horlogerie [ɔrlɔʒri] *nf* clock/watch making.

hormis ['ɔrmi] *prép* save.

hormonal, -e, -aux [ɔrmɔnal, o] *adj* hormonal.

hormone [ɔrmɔn] *nf* hormone.

horodateur [ɔrɔdatœr] *nm* [à l'usine] clock; [au parking] ticket machine.

horoscope [ɔrɔskɔp] *nm* horoscope.

horreur [ɔrœr] *nf* horror; **avoir ~ de qqn/qqch** to hate sb/sthg; **avoir ~ de faire qqch**

to hate doing sthg; **avoir qqn/qqch en ~** to hate sb/sthg; **faire ~ à qqn** to disgust sb; **quelle ~!** how dreadful!, how awful!

horrible [ɔribl] *adj* **-1.** [affreux] horrible. **-2.** *fig* [terrible] terrible, dreadful.

horriblement [ɔribləmã] *adv* horribly.

horrifiant, -e [ɔrifjã, ãt] *adj* horrifying.

horrifier [ɔrifje] [9] *vt* to horrify.

horripilant, -e [ɔripilã, ãt] *adj* exasperating.

horripiler [ɔripile] [3] *vt* to exasperate.

hors ['ɔr] *prép* → **pair, service.**
◆ **hors de** *loc prép* outside; **~ d'ici!** get out of here!; **être ~ de soi** to be beside o.s.

hors-bord ['ɔrbɔr] *nm inv* speedboat.

hors-d'œuvre ['ɔrdœvr] *nm inv* hors d'oeuvre, starter.

hors-jeu ['ɔrʒø] *nm inv & adj inv* offside.

hors-la-loi ['ɔrlalwa] *nm inv* outlaw.

hors-piste ['ɔrpist] *nm inv* off-piste skiing.

hortensia [ɔrtãsja] *nm* hydrangea.

horticole [ɔrtikɔl] *adj* horticultural.

horticulteur, -trice [ɔrtikyltœr, tris] *nm, f* horticulturalist.

horticulture [ɔrtikyltyr] *nf* horticulture.

hospice [ɔspis] *nm* home.

hospitalier, -ière [ɔspitalje, jɛr] *adj* **-1.** [accueillant] hospitable. **-2.** [relatif aux hôpitaux] hospital *(avant n)*.

hospitalisation [ɔspitalizasjɔ̃] *nf* hospitalization.

hospitaliser [ɔspitalize] [3] *vt* to hospitalize.

hospitalité [ɔspitalite] *nf* hospitality.

hostie [ɔsti] *nf* host.

hostile [ɔstil] *adj:* **~ (à)** hostile (to).

hostilité [ɔstilite] *nf* hostility.
◆ **hostilités** *nfpl* hostilities.

hôte, hôtesse [ot, otɛs] *nm, f* host (*f* hostess); **hôtesse d'accueil** receptionist; **hôtesse de l'air** air hostess.
◆ **hôte** *nm* [invité] guest.

hôtel [otɛl] *nm* **-1.** [d'hébergement] hotel; **descendre à l'~** to stay at a hotel; **~ trois étoiles** three-star hotel. **-2.** [demeure]: **~ (particulier)** mansion. **-3.** [établissement public] public building; **~ de ville** town hall.

hôtelier, -ière [otəlje, jɛr] ◇ *adj* hotel *(avant n)*. ◇ *nm, f* hotelier.

hôtellerie [otɛlri] *nf* **-1.** [métier] hotel trade. **-2.** [hôtel-restaurant] inn.

hotte ['ɔt] *nf* **-1.** [panier] basket. **-2.** [d'aération] hood; **~ aspirante** extractor hood.

houblon ['ublɔ̃] *nm* **-1.** BOT hop. **-2.** [de la bière] hops *(pl)*.

houe ['u] *nf* hoe.

houille ['uj] *nf* coal; **~ blanche** hydro-electric power.

houiller, -ère ['uje, ɛr] *adj* coal *(avant n)*.
◆ **houillère** *nf* coalmine.

houle ['ul] *nf* swell.

houlette ['ulɛt] *nf sout:* **sous la ~ de qqn** under the guidance of sb.

houleux, -euse ['ulø, øz] *adj* turbulent.

houppe ['up] *nf* **-1.** [à poudre] powder puff. **-2.** [de cheveux] tuft.

houppette ['upɛt] *nf* powder puff.

hourra, hurrah ['ura] ◇ *nm* cheer. ◇ *interj* hurrah!

houspiller ['uspije] [3] *vt* to tell off.

housse ['us] *nf* cover; **~ de couette** duvet cover.

houx ['u] *nm* holly.

HS *(abr de* **hors service***) adj* out of order; **la télé est complètement ~** *fam* the telly's on the blink; **je suis ~** *fam* I'm completely washed out.

HT ◇ *adj abr de* **hors taxe**. ◇ *nf (abr de* **haute tension***)* HT.

HTML *(abrév de* **hypertext markup language***) nm* INFORM HTML.

huard ['ɥar] *nm Can* loon.

hublot ['yblo] *nm* **-1.** [de bateau] porthole. **-2.** [de four, cuisinière] window.

huche ['yʃ] *nf:* **~ à pain** bread box *Am* OU bin *Br*.

hue ['y] *interj* gee up!, giddy up!

huées ['ɥe] *nfpl* boos.

huer ['ɥe] [7] *vt* [siffler] to boo.

huile [ɥil] *nf* **-1.** [gén] oil; **~ d'arachide/ d'olive** groundnut/olive oil; **~ de coude** *fam fig* elbow grease; **~ essentielle** essential oil; **~ de foie de morue** cod-liver oil; **~ de paraffine** kerosene *Am*, paraffin *Br*; **~ solaire** suntan oil/lotion; **jeter de l'~ sur le feu** to add fuel to the flames. **-2.** [peinture] oil painting. **-3.** *fam* [personnalité] bigwig.

huiler [ɥile] [3] *vt* to oil.

huileux, -euse [ɥilø, øz] *adj* oily.

huilier [ɥilje] *nm* **-1.** [accessoire] oil and vinegar set. **-2.** [fabricant] oil producer.

huis [ɥi] *nm* door; **à ~ clos** JUR in camera.

huissier [ɥisje] *nm* **-1.** [appariteur] usher. **-2.** JUR bailiff.

huit ['ɥit] ◇ *adj num* eight. ◇ *nm* eight; **lundi en ~** a week from *Am* OU on *Br* Monday, Monday week *Br*; *voir aussi* **six**.

huitaine ['ɥitɛn] *nf:* **sous** OU **à ~** in a week's time, a week today.

huitième ['ɥitjɛm] ◇ *adj num & nmf* eighth. ◇ *nm* eighth; **le ~ de finale** round before the *quarterfinal.* ◇ *nf* SCOL ≃ fourth grade *Am*, ≃ second year OU form (*at junior school*) *Br*; *voir aussi* **sixième**.

huître [ɥitr] *nf* oyster.

hululement = **ululement**.

hululer = **ululer**.

hum ['œm] *interj* **-1.** [marque le doute] hmm! **-2.** [pour attirer l'attention] ahem!

humain, -e [ymɛ̃, ɛn] *adj* **-1.** [gén] human. **-2.** [sensible] humane.
◆ **humain** *nm* [être humain] human (being).

humainement [ymɛnmɑ̃] *adv* **-1.** [matériellement] humanly. **-2.** [avec bonté] humanely.

humaniser [ymanize] [3] *vt* to humanize.
◆ **s'humaniser** *vp* to become more human.

humaniste [ymanist] ◇ *nmf* **-1.** [philosophe] humanist. **-2.** [lettré] classicist. ◇ *adj* humanistic.

humanitaire [ymanitɛr] *adj* humanitarian.

humanité [ymanite] *nf* humanity.
◆ **humanités** *nfpl* Belg humanities.

humanoïde [ymanɔid] *nmf & adj* humanoid.

humble [œ̃bl] *adj* humble.

humblement [œ̃bləmɑ̃] *adv* humbly.

humecter [ymɛkte] [4] *vt* to moisten.
◆ **s'humecter** *vp* to moisten.

humer ['yme] [3] *vt* to smell.

humérus [ymerys] *nm* humerus.

humeur [ymœr] *nf* **-1.** [disposition] mood; être de bonne/mauvaise ~ to be in a good/bad mood. **-2.** [caractère] nature. **-3.** *sout* [irritation] temper; avec ~ angrily. **-4.** ANAT & *vieilli* [liquide] humor *Am*, humour *Br*.

humide [ymid] *adj* [air, climat] humid; [terre, herbe, mur] wet, damp; [saison] rainy; [front, yeux] moist.

humidificateur [ymidifikatœr] *nm* humidifier.

humidifier [ymidifje] [9] *vt* to humidify.

humidité [ymidite] *nf* [de climat, d'air] humidity; [de terre, mur] dampness.

humiliant, -e [ymiljɑ̃, ɑ̃t] *adj* humiliating.

humiliation [ymiljasjɔ̃] *nf* humiliation.

humilier [ymilje] [9] *vt* to humiliate.
◆ **s'humilier** *vp*: s'~ devant qqn to grovel to sb.

humilité [ymilite] *nf* humility.

humoriste [ymɔrist] ◇ *nmf* humorist. ◇ *adj* humoristic.

humoristique [ymɔristik] *adj* humorous.

humour [ymur] *nm* humor *Am*, humour *Br*; avoir de l'~ to have a sense of humor *Am*

OU humour *Br*; manquer d'~ to have no sense of humor *Am* OU humour *Br*; ~ noir black humor *Am* OU humour *Br*.

humus [ymys] *nm* humus.

huppé, -e ['ype] *adj* **-1.** *fam* [société] upper-crust. **-2.** [oiseau] crested.

hurlant, -e ['yrlɑ̃, ɑ̃t] *adj* **-1.** [gén] howling. **-2.** *fig* [couleurs] clashing.

hurlement ['yrləmɑ̃] *nm* howl.

hurler ['yrle] [3] *vi* **-1.** [gén] to howl. **-2.** [couleurs] to clash.

hurluberlu, -e [yrlybɛrly] *nm, f fam* crank.

hurrah = **hourra**.

hussard ['ysar] *nm* hussar.
◆ **hussarde** *nf*: à la ~e brutally.

hutte ['yt] *nf* hut.

hybride [ibrid] *nm & adj* hybrid.

hydratant, -e [idratɑ̃, ɑ̃t] *adj* moisturizing.
◆ **hydratant** *nm* moisturizer.

hydratation [idratasjɔ̃] *nf* **-1.** CHIM hydration. **-2.** [de peau] moisturizing.

hydrate [idrat] *nm* hydrate; ~ de carbone carbohydrate.

hydrater [idrate] [3] *vt* **-1.** CHIM to hydrate. **-2.** [peau] to moisturize.

hydraulique [idrolik] ◇ *nf* hydraulics (*U*). ◇ *adj* hydraulic.

hydravion [idravjɔ̃] *nm* seaplane, hydroplane.

hydre [idr] *nf* hydra.

hydrocarbure [idrɔkarbyr] *nm* hydrocarbon.

hydrocution [idrɔkysjɔ̃] *nf* immersion syncope.

hydroélectrique [idrɔelɛktrik] *adj* hydroelectric.

hydrogène [idrɔʒɛn] *nm* hydrogen.

hydrogéné, -e [idrɔʒene] *adj* hydrogenated.

hydroglisseur [idrɔglisœr] *nm* jetfoil, hydroplane.

hydrologie [idrɔlɔʒi] *nf* hydrology.

hydrophile [idrɔfil] *adj* **-1.** [qui absorbe] absorbent. **-2.** → **coton**.

hyène [jɛn] *nf* hyena.

hygiène [iʒjɛn] *nf* hygiene; ~ dentaire/intime dental/personal hygiene.

hygiénique [iʒjenik] *adj* **-1.** [sanitaire] hygienic. **-2.** [bon pour la santé] healthy.

hymen [imɛn] *nm* **-1.** ANAT hymen. **-2.** *littéraire* [mariage] marriage.

hymne [imn] *nm* hymn; ~ national national anthem.

hyperbole [ipɛrbɔl] *nf* **-1.** MATHS hyperbola. **-2.** LING hyperbole.

hyperglycémie [ipɛrglisemi] *nf* hyperglycaemia.

hypermarché [ipermarʃe] *nm* hypermarket.

hypermétrope [ipɛrmetrɔp] ◇ *nmf* longsighted person. ◇ *adj* longsighted.

hypersensible [ipɛrsɑ̃sibl] ◇ *nmf* hypersensitive person. ◇ *adj* hypersensitive.

hypertension [ipɛrtɑ̃sjɔ̃] *nf* high blood pressure, hypertension; **faire de l'~** to have high blood pressure.

hypertexte [ipɛrtɛkst] *nm* hypertext.

hypertrophié [ipɛrtrɔfje] *adj* hypertrophic; *fig* exaggerated.

hypnose [ipnoz] *nf* hypnosis.

hypnotique [ipnɔtik] *nm & adj* hypnotic.

hypnotiser [ipnɔtize] [3] *vt* to hypnotize; *fig* to mesmerize.
◆ **s'hypnotiser** *vp*: **s'~ sur qqch** to be mesmerized by sthg.

hypoallergénique [ipɔalɛrʒenik] *adj* hypoallergenic.

hypocondriaque [ipɔkɔ̃drijak] *nmf & adj* hypochondriac.

hypocrisie [ipɔkrizi] *nf* hypocrisy.

hypocrite [ipɔkrit] ◇ *nmf* hypocrite. ◇ *adj* hypocritical.

hypocritement [ipɔkritmɑ̃] *adv* hypocritically.

hypodermique [ipɔdɛrmik] *adj* hypodermic.

hypoglycémie [ipɔglisemi] *nf* hypoglycaemia.

hypokhâgne [ipɔkaɲ] *nf first year of a two-year preparatory arts course taken prior to the competitive examination for entry to the École normale supérieure.*

hypophyse [ipɔfiz] *nf* pituitary gland.

hypotension [ipɔtɑ̃sjɔ̃] *nf* low blood pressure; **faire de l'~** to have low blood pressure.

hypoténuse [ipɔtenyz] *nf* hypotenuse.

hypothécaire [ipɔtekɛr] *adj* [prêt, contrat] mortgage (*avant n*).

hypothèque [ipɔtɛk] *nf* mortgage; **grevé d'~s** [maison] heavily mortgaged.

hypothéquer [ipɔteke] [18] *vt* to mortgage.

hypothèse [ipɔtɛz] *nf* hypothesis; **dans l'~ où** assuming.

hypothétique [ipɔtetik] *adj* hypothetical.

hystérie [isteri] *nf* hysteria; **~ collective** mass hysteria.

hystérique [isterik] ◇ *nmf* hysterical person. ◇ *adj* hysterical.

Hz (*abr de* **hertz**) Hz.

I

i, I [i] *nm inv* i, I; **mettre les points sur les i** to dot the i's and cross the t's.

IA (*abr de* **intelligence artificielle**) *nf* AI.

IAC (*abr de* **insémination artificielle entre conjoints**) *nf* AIH.

IAD (*abr de* **insémination artificielle par donneur extérieur**) *nf* AID.

ibérique [iberik] *adj*: **la péninsule ~** the Iberian Peninsula.

ibid. (*abr de* **ibidem**) ibid.

iceberg [ajsbɛrg] *nm* iceberg.

ici [isi] *adv* **-1.** [lieu] here; **d'~** from around here; **~ même** on this very spot; **par ~** [direction] this way; [alentour] around here; **~-bas** here below. **-2.** [temps] now; **d'~ (à) jeudi** between now and Thursday; **d'~ là** by then; **d'~ peu** soon. **-3.** [au téléphone]: **~ Marie-Anne** this is Marie-Anne.

icône [ikon] *nf* INFORM & RELIG icon.

iconique [ikɔnik] *adj* iconic.

iconoclaste [ikɔnɔklast] ◇ *nmf* iconoclast. ◇ *adj* iconoclastic.

iconographie [ikɔnɔgrafi] *nf* iconography.

id. (*abr de* **idem**) id.

idéal, -e [ideal] (*pl* **idéals** OU **idéaux** [ideo]) *adj* ideal.
◆ **idéal** *nm* ideal.

idéalement [idealmɑ̃] *adv* ideally.

idéalisation [idealizasjɔ̃] *nf* idealization.

idéaliser [idealize] [3] *vt* to idealize.

idéalisme [idealism] *nm* idealism.

idéaliste [idealist] ◇ *nmf* idealist. ◇ *adj* idealistic.

idée [ide] *nf* idea; **à l'idée de/que** at the idea of/that; **avoir dans l'~ que ...** to have a feeling that ...; **changer d'~** to change one's mind; **ne pas avoir la moindre ~ (de)** not to have the slightest idea (about); **se faire des ~s** to imagine things; **se faire des ~s sur qqn/qqch** to get ideas about sb/sthg; **se faire une ~ de** to get an idea of; **cela ne m'est jamais venu à l'~** it never occurred to me; **~ fixe** obsession; **~ de génie** brainwave; **~s noires** black thoughts; **~s**

reçues assumptions; **se rafraîchir les** ~s to refresh one's memory.

idem [idɛm] *adv* idem.

identification [idɑ̃tifikasjɔ̃] *nf*: ~ **(à)** identification (with).

identifier [idɑ̃tifje] [9] *vt* to identify; ~ **qqn à qqch** to identify sb with sthg.
◆ **s'identifier** *vp*: s'~ **à qqn/qqch** to identify with sb/sthg.

identique [idɑ̃tik] *adj*: ~ **(à)** identical (to).

identité [idɑ̃tite] *nf* identity.

idéologie [ideɔlɔʒi] *nf* ideology.

idéologique [ideɔlɔʒik] *adj* ideological.

idiomatique [idjɔmatik] *adj* idiomatic.

idiome [idjom] *nm* idiom.

idiot, -e [idjo, ɔt] ◇ *adj* idiotic; MÉD idiot (*avant n*). ◇ *nm, f* idiot.

idiotie [idjɔsi] *nf* -1. [stupidité] idiocy. -2. [action, parole] idiotic thing.

idoine [idwan] *adj sout* appropriate.

idolâtrer [idolatre] [3] *vt* to idolize.

idole [idɔl] *nf* idol.

IDS (*abr de* **initiative de défense stratégique**) *nf* SDI.

idylle [idil] *nf* -1. [amour] romance. -2. [poème] idyll.

idyllique [idilik] *adj* [idéal] idyllic.

if [if] *nm* yew.

IFOP, Ifop [ifɔp] (*abr de* **Institut français d'opinion publique**) *nm* French market research institute.

Ifremer [ifrəmɛr] (*abr de* **Institut français de recherche pour l'exploitation de la mer**) *nm* research establishment for marine resources.

IGF (*abr de* **impôt sur les grandes fortunes**) *nm* former wealth tax.

IGH (*abr de* **immeuble de grande hauteur**) *nm* very high building.

igloo, iglou [iglu] *nm* igloo.

IGN (*abr de* **Institut géographique national**) *nm national geographical institute*, ≃ Ordnance Survey *Br*.

ignare [iɲar] ◇ *nmf* ignoramus. ◇ *adj* ignorant.

ignifuge [iɲifyʒ] ◇ *nm* fireproofing material. ◇ *adj* fireproof.

ignoble [iɲɔbl] *adj* -1. [abject] base. -2. [hideux] vile.

ignominie [iɲɔmini] *nf* -1. [état] disgrace. -2. [action] disgraceful act.

ignominieux, -ieuse [iɲɔminjø, jøz] *adj* ignominious.

ignorance [iɲɔrɑ̃s] *nf* ignorance; **dans l'**~ **de** in the dark about, in ignorance of.

ignorant, -e [iɲɔrɑ̃, ɑ̃t] ◇ *adj* ignorant; ~ **en/de qqch** ignorant of sthg. ◇ *nm, f* ignoramus.

ignoré, -e [iɲɔre] *adj* unknown.

ignorer [iɲɔre] [3] *vt* -1. [ne pas savoir] not to know, to be unaware of; ~ **que** not to know that. -2. [ne pas tenir compte de] to ignore. -3. [ne pas connaître] to have no experience of.
◆ **s'ignorer** *vp* -1. [se bouder] to ignore each other. -2. [méconnaître ses possibilités] to be unaware of one's talent.

IGPN (*abr de* **Inspection générale de la police nationale**) *nf police disciplinary body*.

IGS (*abr de* **Inspection générale des services**) *nf police disciplinary body for Paris*.

il [il] *pron pers* -1. [sujet - personne] he; [- animal] it, he; [- chose] it. -2. [sujet d'un verbe impersonnel] it; ~ **pleut** it's raining.
◆ **ils** *pron pers pl* they.

île [il] *nf* island; **les** ~s **Anglo-Normandes** the Channel Islands; **les** ~s **Baléares** the Balearic Islands; **les** ~s **Britanniques** the British Isles; **les** ~s **Canaries** the Canary Islands; **les** ~s **Malouines** the Falkland Islands; **l'**~ **de Man** the Isle of Man; **l'**~ **Maurice** Mauritius.

illégal, -e, -aux [ilegal, o] *adj* illegal.

illégalité [ilegalite] *nf* -1. [fait d'être illégal] illegality. -2. [action illégale] illegal act.

illégitime [ileʒitim] *adj* -1. [enfant] illegitimate; [union] unlawful. -2. [non justifié] unwarranted.

illettré, -e [iletre] *adj & nm, f* illiterate.

illicite [ilisit] *adj* illicit.

illico [iliko] *adv fam* right away, pronto.

illimité, -e [ilimite] *adj* -1. [sans limites] unlimited. -2. [indéterminé] indefinite.

illisible [ilizibl] *adj* -1. [indéchiffrable] illegible. -2. [incompréhensible & INFORM] unreadable.

illogique [ilɔʒik] *adj* illogical.

illumination [ilyminasjɔ̃] *nf* -1. [éclairage] lighting. -2. [idée soudaine] inspiration.
◆ **illuminations** *nfpl* illuminations.

illuminé, -e [ilymine] ◇ *adj* illuminated. ◇ *nm, f péj* crank.

illuminer [ilymine] [3] *vt* to light up; [bâtiment, rue] to illuminate.
◆ **s'illuminer** *vp*: s'~ **de joie** to light up with joy.

illusion [ilyzjɔ̃] *nf* illusion; **se faire des** ~s to fool o.s.; ~ **d'optique** optical illusion; **se bercer d'**~s to live in cloud cuckoo land.

illusionner [ilyzjɔne] [3] *vt* to delude.
◆ **s'illusionner** *vp* to delude o.s.

illusionniste [ilyzjɔnist] *nmf* conjurer.

illusoire [ilyzwar] *adj* illusory.

illustrateur, -trice [ilystratœr, tris] *nm, f* illustrator.

illustration [ilystrasjɔ̃] *nf* illustration.

illustre [ilystr] *adj* illustrious.

illustré, -e [ilystre] *adj* illustrated.
◆ **illustré** *nm* illustrated magazine.

illustrer [ilystre] [3] *vt* **-1.** [gén] to illustrate. **-2.** [rendre célèbre] to make famous.
◆ **s'illustrer** *vp* to distinguish o.s.

îlot *nm* **-1.** [île] small island, islet. **-2.** [de maisons] block. **-3.** [lieu isolé] island. **-4.** *fig* [de résistance] pocket.

ils → **il**.

IMA [ima] (*abr de* **Institut du monde arabe**) *nm Paris exhibition centre for Arab culture and art.*

image [imaʒ] *nf* **-1.** [vision mentale, comparaison, ressemblance] image; **être l'~ de qqn** to be the image of sb; **~ de marque** [de personne] image; [d'entreprise] corporate image. **-2.** [dessin] picture; **~ d'Épinal** sentimental picture; *fig* simplistic argument/theory; **sage comme une ~** as good as gold.

imagé, -e [imaʒe] *adj* full of imagery.

imaginable [imaʒinabl] *adj* imaginable.

imaginaire [imaʒinɛr] ◇ *nm*: **l'~** the imaginary. ◇ *adj* imaginary.

imaginatif, -ive [imaʒinatif, iv] *adj* imaginative.

imagination [imaʒinasjɔ̃] *nf* imagination; **avoir de l'~** to be imaginative.
◆ **imaginations** *nfpl littéraire & péj* [chimères] fancies.

imaginer [imaʒine] [3] *vt* **-1.** [supposer, croire] to imagine. **-2.** [trouver] to think of.
◆ **s'imaginer** *vp* **-1.** [se voir] to see o.s. **-2.** [croire] to imagine.

imam [imam] *nm* imam.

imbattable [ɛ̃batabl] *adj* unbeatable.

imbécile [ɛ̃besil] ◇ *nmf* imbecile. ◇ *adj* idiotic.

imbécillité [ɛ̃besilite] *nf* **-1.** [manque d'intelligence] imbecility. **-2.** [acte, parole] stupid thing.

imberbe [ɛ̃bɛrb] *adj* beardless.

imbiber [ɛ̃bibe] [3] *vt*: **~ qqch de qqch** to soak sthg with OU in sthg.
◆ **s'imbiber** *vp*: **s'~ de** to soak up.

imbriqué, -e [ɛ̃brike] *adj* overlapping.

imbriquer [ɛ̃brike] [3]
◆ **s'imbriquer** *vp* [se chevaucher] to overlap; *fig* to intertwine.

imbroglio [ɛ̃brɔljo] *nm* imbroglio.

imbu, -e [ɛ̃by] *adj*: **être ~ de** to be full of; **être ~ de soi-même** to be full of oneself.

imbuvable [ɛ̃byvabl] *adj* **-1.** [eau] undrinkable. **-2.** *fam* [personne] unbearable.

imitateur, -trice [imitatœr, tris] *nm, f* **-1.** [comique] impersonator. **-2.** *péj* [copieur] imitator.

imitation [imitasjɔ̃] *nf* imitation; **~ cuir** imitation leather; **à l'~ de** in imitation of.
◆ **en imitation** *loc adj* imitation.

imiter [imite] [3] *vt* **-1.** [s'inspirer de, contrefaire] to imitate. **-2.** [reproduire l'aspect de] to look (just) like.

immaculé, -e [imakyle] *adj* immaculate; **L'Immaculée Conception** The Immaculate Conception.

immanent, -e [imanɑ̃, ɑ̃t] *adj* immanent; **~ à** inherent in.

immangeable [ɛ̃mɑ̃ʒabl] *adj* inedible.

immanquable [ɛ̃mɑ̃kabl] *adj* impossible to miss; [sort, échec] inevitable.

immanquablement [ɛ̃mɑ̃kabləmɑ̃] *adv* inevitably.

immatériel, -ielle [imaterjɛl] *adj* **-1.** PHILO immaterial. **-2.** [beauté] unreal. **-3.** [investissement] intangible.

immatriculation [imatrikylasjɔ̃] *nf* registration.

IMMATRICULATION:
The last two numbers on French licence plates refer to the 'département' where the car was registered. Cars from Val-de-Marne, for example, bear the number 94

---

immatriculer [imatrikyle] [3] *vt* to register.

immature [imatyr] *adj* immature.

immaturité [imatyrite] *nf* immaturity.

immédiat, -e [imedja, at] ◇ *adj* immediate. ◇ *nm*: **dans l'~** for the time being.

immédiatement [imedjatmɑ̃] *adv* immediately.

immémorial, -e, -iaux [imemɔrjal, jo] *adj* ancient.

immense [imɑ̃s] *adj* immense.

immensément [imɑ̃semɑ̃] *adv* immensely.

immensité [imɑ̃site] *nf* immensity, vastness.

immerger [imɛrʒe] [17] *vt* to submerge.
◆ **s'immerger** *vp* to submerge o.s.

immérité, -e [imerite] *adj* undeserved.

immersion [imɛrsjɔ̃] *nf* immersion.

immettable [ɛ̃metabl] *adj* unwearable.

immeuble [imœbl] ◇ *nm* building. ◇ *adj* JUR real.

immigrant, -e [imigrɑ̃, ɑ̃t] *nm, f* immigrant.

immigration [imigrasjɔ̃] *nf* immigration.

immigré, -e [imigre] *adj & nm, f* immigrant.

immigrer [imigre] [3] *vi* to immigrate.

imminence [iminɑ̃s] *nf* imminence.

imminent, -e [iminɑ̃, ɑ̃t] *adj* imminent.

immiscer [imise] [16]
◆ **s'immiscer** *vp*: **s'~ dans** to interfere in OU with.

immixtion [imiksjɔ̃] *nf* interference.

immobile [imɔbil] *adj* -1. [personne, visage] motionless. -2. [mécanisme] fixed, stationary. -3. *fig* [figé] immovable.

immobilier, -ière [imɔbilje, jɛr] *adj*: **biens ~s** real estate *Am*, property *Br* (U); **société immobilière** real estate *Am* OU property *Br* company.
◆ **immobilier** *nm*: **l'~** real estate *Am*, property *Br*.

immobilisation [imɔbilizasjɔ̃] *nf* immobilization.
◆ **immobilisations** *nfpl* FIN fixed assets.

immobiliser [imɔbilize] [3] *vt* to immobilize.
◆ **s'immobiliser** *vp* to stop.

immobilisme [imɔbilism] *nm péj* opposition to progress.

immobilité [imɔbilite] *nf* immobility; [de paysage, de lac] stillness.

immodéré, -e [imɔdere] *adj* inordinate.

immoler [imɔle] [3] *vt* to sacrifice; RELIG to immolate; **~ qqn/qqch à** to sacrifice sb/ sthg to.
◆ **s'immoler** *vp* to immolate o.s.

immonde [imɔ̃d] *adj* -1. [sale] foul. -2. [abject] vile.

immondices [imɔ̃dis] *nfpl* waste (U), refuse (U).

immoral, -e, -aux [imɔral, o] *adj* immoral.

immoralité [imɔralite] *nf* -1. [dépravation] immorality. -2. [obscénité] obscenity.

immortaliser [imɔrtalize] [3] *vt* to immortalize.
◆ **s'immortaliser** *vp* to gain immortality.

immortalité [imɔrtalite] *nf* immortality.

immortel, -elle [imɔrtɛl] *adj* immortal.
◆ **immortel** *nm fam* member of the *Académie française*.
◆ **immortelle** *nf* BOT everlasting flower.

immuable [imɥabl] *adj* -1. [éternel - loi] immutable. -2. [constant] unchanging.

immunisation [imynizasjɔ̃] *nf* immunization.

immuniser [imynize] [3] *vt* -1. [vacciner] to immunize. -2. *fig* [garantir]: **~ qqn contre qqch** to make sb immune to sthg.

immunitaire [imynitɛr] *adj* immune (*avant n*).

immunité [imynite] *nf* immunity; **~ diplomatique/parlementaire** *fig* diplomatic/ parliamentary immunity.

immunologique [imynɔlɔʒik] *adj* immunological.

impact [ɛ̃pakt] *nm* impact; **avoir de l'~ sur** to have an impact on; **étude d'~** impact study.

impair, -e [ɛ̃pɛr] *adj* odd.
◆ **impair** *nm* [faux-pas] gaffe.

imparable [ɛ̃parabl] *adj* -1. [coup] unstoppable. -2. [argument] unanswerable.

impardonnable [ɛ̃pardɔnabl] *adj* unforgivable.

imparfait, -e [ɛ̃parfɛ, ɛt] *adj* -1. [défectueux] imperfect. -2. [inachevé] incomplete.
◆ **imparfait** *nm* GRAM imperfect (tense).

imparfaitement [ɛ̃parfɛtmɑ̃] *adv* imperfectly.

impartial, -e, -iaux [ɛ̃parsjal, jo] *adj* impartial.

impartialité [ɛ̃parsjalite] *nf* impartiality.

impartir [ɛ̃partir] [32] *vt*: **~ qqch à qqn** *littéraire* [délai, droit] to grant sthg to sb; [don] to bestow sthg upon sb; [tâche] to assign sthg to sb.

impasse [ɛ̃pas] *nf* -1. [rue] dead end. -2. *fig* [difficulté] impasse, deadlock; **être dans une ~ OU dans l'~** to be at an impasse, to be deadlocked. -3. SCOL & UNIV: **faire une ~ sur un sujet** *to give a subject a miss when revising for an exam.* -4. JEU: **faire une ~** to finesse. -5. FIN: **~ budgétaire** budget deficit.

impassibilité [ɛ̃pasibilite] *nf* impassivity.

impassible [ɛ̃pasibl] *adj* impassive; **rester ~** to be OU remain impassive.

impatiemment [ɛ̃pasjamɑ̃] *adv* impatiently.

impatience [ɛ̃pasjɑ̃s] *nf* impatience; **bouillir d'~** to be burning with impatience.

impatient, -e [ɛ̃pasjɑ̃, ɑ̃t] ◇ *adj* impatient; **être ~ de faire qqch** to be impatient OU longing to do sthg. ◇ *nm, f* impatient person.

impatienter [ɛ̃pasjɑ̃te] [3] *vt* to annoy.
◆ **s'impatienter** *vp*: **s'~ (de/contre)** to get impatient (at/with).

impayable [ɛ̃pɛjabl] *adj fam* priceless.

impayé, -e [ɛ̃pɛje] *adj* unpaid, outstanding.
◆ **impayé** *nm* outstanding payment.

impeccable [ɛ̃pekabl] *adj* -1. [parfait] impec-

cable, faultless. -2. [propre] spotless, immaculate.

impénétrable [ɛ̃penetrabl] *adj* impenetrable.

impénitent, -e [ɛ̃penitɑ̃, ɑ̃t] *adj* unrepentant.

impensable [ɛ̃pɑ̃sabl] *adj* unthinkable.

imper [ɛpɛr] *nm fam* mac.

impératif, -ive [ɛ̃peratif, iv] *adj* **-1.** [ton, air] imperious. **-2.** [besoin] imperative, essential.
◆ **impératif** *nm* GRAM imperative.

impérativement [ɛ̃perativmɑ̃] *adv*: **il faut ~ faire qqch** it is imperative to do sthg.

impératrice [ɛ̃peratris] *nf* empress.

imperceptible [ɛ̃pɛrsɛptibl] *adj* imperceptible.

imperceptiblement [ɛ̃pɛrsɛptiblǝmɑ̃] *adv* imperceptibly.

imperfection [ɛ̃pɛrfɛksjɔ̃] *nf* imperfection.

impérial, -e, -iaux [ɛ̃perjal, jo] *adj* imperial.
◆ **impériale** *nf* top deck.

impérialisme [ɛ̃perjalism] *nm* POLIT imperialism; *fig* dominance.

impérialiste [ɛ̃perjalist] *nmf & adj* imperialist.

impérieusement [ɛ̃perjøzmɑ̃] *adv* imperiously.

impérieux, -ieuse [ɛ̃perjø, jøz] *adj* **-1.** [ton, air] imperious. **-2.** [nécessité] urgent.

impérissable [ɛ̃perisabl] *adj* undying.

imperméabilisation [ɛ̃pɛrmeabilizasjɔ̃] *nf* waterproofing.

imperméabiliser [ɛ̃pɛrmeabilize] [3] *vt* to waterproof.

imperméable [ɛ̃pɛrmeabl] ◇ *adj* waterproof; **~ à** [étanche] impermeable to; *fig* impervious OU immune to. ◇ *nm* raincoat.

impersonnel, -elle [ɛ̃pɛrsɔnɛl] *adj* impersonal.

impertinence [ɛ̃pɛrtinɑ̃s] *nf* impertinence (U).

impertinent, -e [ɛ̃pɛrtinɑ̃, ɑ̃t] ◇ *adj* impertinent. ◇ *nm, f* impertinent person.

imperturbable [ɛ̃pɛrtyrbabl] *adj* imperturbable.

impétigo [ɛ̃petigo] *nm* impetigo.

impétueux, -euse [ɛ̃petɥø, øz] *adj* **-1.** [personne, caractère] impetuous. **-2.** *littéraire* [vent, torrent] raging.

impétuosité [ɛ̃petɥozite] *nf* impetuousness.

impie [ɛ̃pi] *littéraire & vieilli* ◇ *nmf* ungodly person. ◇ *adj* impious.

impiété [ɛ̃pjete] *nf littéraire & vieilli* impiety.

impitoyable [ɛ̃pitwajabl] *adj* merciless, pitiless.

impitoyablement [ɛ̃pitwajablǝmɑ̃] *adv* mercilessly, pitilessly.

implacable [ɛ̃plakabl] *adj* implacable.

implant [ɛ̃plɑ̃] *nm* MÉD implant.

implantation [ɛ̃plɑ̃tasjɔ̃] *nf* **-1.** [d'usine, de système] establishment. **-2.** [de cheveux] implant.

implanter [ɛ̃plɑ̃te] [3] *vt* **-1.** [entreprise, système] to establish. **-2.** *fig* [préjugé] to implant.
◆ **s'implanter** *vp* [entreprise] to set up; [coutume] to become established.

implication [ɛ̃plikasjɔ̃] *nf* **-1.** [participation]: **~ (dans)** involvement (in). **-2.** (*gén pl*) [conséquence] implication.

implicite [ɛ̃plisit] *adj* implicit.

implicitement [ɛ̃plisitmɑ̃] *adv* implicitly.

impliquer [ɛ̃plike] [3] *vt* **-1.** [compromettre]: **~ qqn dans** to implicate sb in. **-2.** [requérir, entraîner] to imply.
◆ **s'impliquer** *vp*: **s'~ dans** *fam* to become involved in.

implorer [ɛ̃plɔre] [3] *vt* to beseech.

imploser [ɛ̃ploze] [3] *vi* to implode.

implosion [ɛ̃plozjɔ̃] *nf* implosion.

impoli, -e [ɛ̃pɔli] *adj* rude, impolite.

impoliment [ɛ̃pɔlimɑ̃] *adv* rudely, impolitely.

impolitesse [ɛ̃pɔlitɛs] *nf* rudeness, impoliteness.

impondérable [ɛ̃pɔ̃derabl] *adj* imponderable.
◆ **impondérables** *nmpl* imponderables.

impopulaire [ɛ̃pɔpylɛr] *adj* unpopular.

import [ɛ̃pɔr] *nm* **-1.** COMM import. **-2.** *Belg* [montant] total.

importance [ɛ̃pɔrtɑ̃s] *nf* **-1.** [gén] importance; [de problème, montant] magnitude; **attacher de l'~ à** to attach importance to; **avoir de l'~** to be important; **d'~** [non négligeable] of some importance; **sans ~** unimportant; [accident] minor. **-2.** [de dommages] extent. **-3.** [de ville] size.

important, -e [ɛ̃pɔrtɑ̃, ɑ̃t] ◇ *adj* **-1.** [gén] important. **-2.** [considérable] considerable, sizeable; [- dommages] extensive. ◇ *nm, f*: **faire l'~** *péj* to act important.
◆ **important** *nm*: **l'~** the (most) important thing, the main thing.

importateur, -trice [ɛ̃pɔrtatœr, tris] *adj* importing (*avant n*).
◆ **importateur** *nm* importer.

importation [ɛ̃pɔrtasjɔ̃] *nf* COMM & *fig* import.

importer [ɛ̃pɔrte] [3] ◇ *vt* to import. ◇ *v impers:* ~ (à) to matter (to); **il importe de/ que** it is important to/that; **qu'importe!, peu importe!** it doesn't matter!; **n'importe qui** anyone (at all); **n'importe quoi** anything (at all); **n'importe où** anywhere (at all); **n'importe quand** at any time (at all); **n'importe comment** anyhow.

import-export [ɛ̃pɔrɛkspɔr] (*pl* **imports-exports**) *nm* import-export.

importun, -e [ɛ̃pɔrtœ̃, yn] ◇ *adj* **-1.** [indiscret] irksome, troublesome. **-2.** [embarrassant] awkward. ◇ *nm, f vieilli* intruder.

importuner [ɛ̃pɔrtyne] [3] *vt* to irk.

imposable [ɛ̃pozabl] *adj* taxable.

imposant, -e [ɛ̃pozɑ̃, ɑ̃t] *adj* imposing.

imposé, -e [ɛ̃poze] ◇ *adj* **-1.** [contribuable] taxed. **-2.** SPORT [figure] compulsory. ◇ *nm, f* [contribuable] taxpayer.

imposer [ɛ̃poze] [3] *vt* **-1.** [gén]: ~ **qqch/ qqn** to impose sthg/sb on sb. **-2.** [impressionner]: **en** ~ **à qqn** to impress sb. **-3.** [taxer] to tax.
◆ **s'imposer** *vp* **-1.** [être nécessaire] to be essential OU imperative. **-2.** [forcer le respect] to stand out. **-3.** [avoir pour règle]: **s'**~ **de faire qqch** to make it a rule to do sthg.

imposition [ɛ̃pozisjɔ̃] *nf* **-1.** FIN taxation. **-2.** RELIG laying on.

impossibilité [ɛ̃pɔsibilite] *nf* impossibility; **être dans l'**~ **de faire qqch** to find it impossible OU to be unable to do sthg.

impossible [ɛ̃pɔsibl] ◇ *adj* impossible. ◇ *nm:* **tenter l'**~ to attempt the impossible.

imposteur [ɛ̃pɔstœr] *nm* impostor.

imposture [ɛ̃pɔstyr] *nf* imposture.

impôt [ɛ̃po] *nm* tax; ~ **direct/indirect** direct/indirect tax; ~**s locaux** local tax *Am*, council tax *Br*; ~ **sur les grandes fortunes** wealth tax; ~ **sur les plus-values** capital gains tax; ~ **sur le revenu** income tax; **être assujetti à l'**~ to be subject to tax.

impotence [ɛ̃pɔtɑ̃s] *nf* infirmity.

impotent, -e [ɛ̃pɔtɑ̃, ɑ̃t] ◇ *adj* disabled. ◇ *nm, f* disabled person.

impraticable [ɛ̃pratikabl] *adj* **-1.** [inapplicable] impracticable. **-2.** [inaccessible] impassable.

imprécation [ɛ̃prekasjɔ̃] *nf littéraire* imprecation.

imprécis, -e [ɛ̃presi, iz] *adj* imprecise.

imprécision [ɛ̃presizjɔ̃] *nf* imprecision.

imprégner [ɛ̃preɲe] [18] *vt* [imbiber]: ~

qqch de qqch to soak sthg in sthg; ~ **qqn de qqch** *fig* to fill sb with sthg.
◆ **s'imprégner** *vp:* **s'**~ **de qqch** [s'imbiber] to soak sthg up; *fig* to soak sthg up, to steep o.s. in sthg.

imprenable [ɛ̃prənabl] *adj* **-1.** [forteresse] impregnable. **-2.** [vue] unimpeded.

imprésario, impresario [ɛ̃presarjo] *nm* impresario.

impression [ɛ̃presjɔ̃] *nf* **-1.** [gén] impression; **avoir l'**~ **que** to have the impression OU feeling that; **faire (une) bonne/ mauvaise** ~ **(à)** to make a good/bad impression (on). **-2.** [de livre, tissu] printing. **-3.** PHOT print.

impressionnable [ɛ̃presjɔnabl] *adj* **-1.** [émotif] impressionable. **-2.** PHOT sensitive.

impressionnant, -e [ɛ̃presjɔnɑ̃, ɑ̃t] *adj* **-1.** [imposant] impressive. **-2.** [effrayant] frightening.

impressionner [ɛ̃presjɔne] [3] *vt* **-1.** [frapper] to impress. **-2.** [choquer] to shock, to upset. **-3.** [intimider] to frighten. **-4.** PHOT to expose.

impressionnisme [ɛ̃presjɔnism] *nm* impressionism.

impressionniste [ɛ̃presjɔnist] *nmf & adj* impressionist.

imprévisible [ɛ̃previzibl] *adj* unforeseeable.

imprévoyance [ɛ̃prevwajɑ̃s] *nf* lack of foresight, improvidence.

imprévoyant, -e [ɛ̃prevwajɑ̃, ɑ̃t] *adj* improvident.

imprévu, -e [ɛ̃prevy] *adj* unforeseen.
◆ **imprévu** *nm* unforeseen situation; **sauf** ~ barring unforeseen circumstances.

imprimante [ɛ̃primɑ̃t] *nf* printer; ~ **laser/à jet d'encre/matricielle** laser/ink-jet/dot-matrix printer.

imprimé, -e [ɛ̃prime] *adj* printed.
◆ **imprimé** *nm* **-1.** POSTES printed matter (U). **-2.** [formulaire] printed form. **-3.** [tissu] print.

imprimer [ɛ̃prime] [3] *vt* **-1.** [texte, tissu] to print. **-2.** [mouvement] to impart. **-3.** [marque, empreinte] to leave.

imprimerie [ɛ̃primri] *nf* **-1.** [technique] printing. **-2.** [usine] printing works (sg).

imprimeur [ɛ̃primœr] *nm* printer.

improbable [ɛ̃prɔbabl] *adj* improbable.

improductif, -ive [ɛ̃prɔdyktif, iv] *adj* unproductive.

impromptu, -e [ɛ̃prɔ̃pty] *adj* impromptu.
◆ **impromptu** ◇ *adv* impromptu. ◇ *nm* impromptu.

imprononçable [ɛ̃prɔnɔ̃sabl] *adj* unpronounceable.

impropre [ɛ̃prɔpr] *adj* **-1.** GRAM incorrect. **-2.** [inadapté]: ~ à unfit for.

impropriété [ɛ̃prɔprijete] *nf* [emploi erroné] incorrectness; [expression] (language) error.

improvisation [ɛ̃prɔvizasjɔ̃] *nf* improvisation.

improviser [ɛ̃prɔvize] [3] *vt* to improvise.
◆ **s'improviser** *vp* **-1.** [s'organiser] to be improvised. **-2.** [devenir]: **s'~ metteur en scène** to act as director.

improviste [ɛ̃prɔvist]
◆ **à l'improviste** *loc adv* unexpectedly, without warning.

imprudemment [ɛ̃prydamɑ̃] *adv* rashly.

imprudence [ɛ̃prydɑ̃s] *nf* **-1.** [de personne, d'acte] rashness. **-2.** [acte] rash act.

imprudent, -e [ɛ̃prydɑ̃, ɑ̃t] ◇ *adj* rash. ◇ *nm, f* rash person.

impubère [ɛ̃pybɛr] ◇ *adj* [avant la puberté] pre-pubescent. ◇ *nmf* JUR ≃ minor.

impudence [ɛ̃pydɑ̃s] *nf* **-1.** [de personne, propos] impudence. **-2.** [propos] impudent remark.

impudent, -e [ɛ̃pydɑ̃, ɑ̃t] ◇ *adj* impudent. ◇ *nm, f* impudent person.

impudeur [ɛ̃pydœr] *nf* shamelessness.

impudique [ɛ̃pydik] *adj* shameless.

impuissance [ɛ̃pɥisɑ̃s] *nf* **-1.** [incapacité]: ~ (à faire qqch) powerlessness (to do sthg). **-2.** [sexuelle] impotence.

impuissant, -e [ɛ̃pɥisɑ̃, ɑ̃t] *adj* **-1.** [incapable]: ~ (à faire qqch) powerless to do sthg. **-2.** [homme, fureur] impotent.
◆ **impuissant** *nm* impotent man.

impulsif, -ive [ɛ̃pylsif, iv] ◇ *adj* impulsive. ◇ *nm, f* impulsive person.

impulsion [ɛ̃pylsjɔ̃] *nf* **-1.** [poussée, essor] impetus. **-2.** [instinct] impulse, instinct. **-3.** *fig*: **sous l'~ de qqn** [influence] at the prompting OU instigation of sb; **sous l'~ de qqch** [effet] impelled by sthg.

impulsivement [ɛ̃pylsivmɑ̃] *adv* impulsively.

impulsivité [ɛ̃pylsivite] *nf* impulsiveness.

impunément [ɛ̃pynemɑ̃] *adv* with impunity.

impuni, -e [ɛ̃pyni] *adj* unpunished.

impunité [ɛ̃pynite] *nf* impunity; **en toute ~** with impunity.

impur, -e [ɛ̃pyr] *adj* impure.

impureté [ɛ̃pyrte] *nf* impurity.

imputable [ɛ̃pytabl] *adj* **-1.** [accident, erreur]: ~ à attributable to. **-2.** FIN: ~ à OU **sur** chargeable to.

imputation [ɛ̃pytasjɔ̃] *nf* **-1.** [accusation] charge. **-2.** FIN charging.

imputer [ɛ̃pyte] [3] *vt*: ~ qqch à qqn/à qqch to attribute sthg to sb/to sthg; ~ qqch à qqch FIN to charge sthg to sthg.

imputrescible [ɛ̃pytresibl] *adj* [bois] rotproof; [déchets] non-degradable.

in [in] *adj inv vieilli* in, with it.

INA [ina] (*abr de* Institut national de l'audiovisuel) *nm national television archive*.

inabordable [inabɔrdabl] *adj* **-1.** [prix] prohibitive. **-2.** GÉOGR inaccessible (*by boat*). **-3.** [personne] unapproachable.

inacceptable [inaksɛptabl] *adj* unacceptable.

inaccessible [inaksesibl] *adj* [destination, domaine, personne] inaccessible; [objectif, poste] unattainable; ~ à [sentiment] impervious to.

inaccoutumé, -e [inakutyme] *adj* unaccustomed.

inachevé, -e [inaʃve] *adj* unfinished, uncompleted.

inactif, -ive [inaktif, iv] *adj* **-1.** [sans occupation, non utilisé] idle. **-2.** [sans effet] ineffective. **-3.** [sans emploi] non-working.

inaction [inaksjɔ̃] *nf* inaction.

inactivité [inaktivite] *nf* **-1.** [oisiveté] inactivity. **-2.** ADMIN: **en ~** out of active service.

inadapté, -e [inadapte] ◇ *adj* **-1.** [non adapté]: ~ (à) unsuitable (for), unsuited (to). **-2.** [asocial] maladjusted. ◇ *nm, f* maladjusted person.

inadéquat, -e [inadekwa, at] *adj*: ~ (à) inadequate (for).

inadéquation [inadekwasjɔ̃] *nf*: ~ (à) inadequacy (for).

inadmissible [inadmisibl] *adj* [conduite] unacceptable.

inadvertance [inadvɛrtɑ̃s] *nf littéraire* oversight; **par ~** inadvertently.

inaliénable [inaljenabl] *adj* inalienable.

inaltérable [inalterabl] *adj* **-1.** [matériau] stable. **-2.** [sentiment] unfailing.

inamical, -e, -aux [inamikal, o] *adj* unfriendly.

inamovible [inamɔvibl] *adj* fixed.

inanimé, -e [inanime] *adj* **-1.** [sans vie] inanimate. **-2.** [inerte, évanoui] senseless.

inanité [inanite] *nf* futility.

inanition [inanisjɔ̃] *nf*: **tomber/mourir d'~** to faint with/die of hunger.

inaperçu, -e [inapɛrsy] *adj* unnoticed; **passer ~** to go OU pass unnoticed.

inapplicable [inaplikabl] *adj* inapplicable.

inappliqué, -e [inaplike] *adj* **-1.** [étourdi] lazy, lacking in application. **-2.** [inemployé] not applied OU practised.

inappréciable [inapresjabl] *adj* **-1.** [infime] imperceptible. **-2.** [précieux] invaluable.

inapprochable [inaprɔʃabl] *adj*: il est vraiment ~ en ce moment you can't say anything to him at the moment.

inapproprié, -e [inaprɔprije] *adj*: ~ à not appropriate for.

inapte [inapt] *adj* **-1.** [incapable]: ~ à qqch/à faire qqch incapable of sthg/of doing sthg. **-2.** MIL unfit.

inaptitude [inaptityd] *nf* **-1.** [incapacité]: ~ à qqch/à faire qqch incapacity for sthg/for doing sthg. **-2.** MIL unfitness.

inarticulé, -e [inartikyle] *adj* inarticulate.

inassouvi, -e [inasuvi] *adj* [faim] unsatisfied; [soif] unquenched; *fig* [sentiment] unsatisfied, unfulfilled.

inattaquable [inatakabl] *adj* **-1.** [imprenable] impregnable. **-2.** [irréprochable] irreproachable, beyond reproach. **-3.** [irréfutable] irrefutable.

inattendu, -e [inatɑ̃dy] *adj* unexpected.

inattentif, -ive [inatɑ̃tif, iv] *adj*: ~ à inattentive to.

inattention [inatɑ̃sjɔ̃] *nf* inattention; faute d'~ careless mistake.

inaudible [inodibl] *adj* **-1.** [impossible à entendre] inaudible. **-2.** [inécoutable] impossible to listen to.

inaugural, -e, -aux [inogyral, o] *adj* inaugural (*avant n*), opening (*avant n*).

inauguration [inogyrasjɔ̃] *nf* **-1.** [cérémonie] inauguration, opening (ceremony). **-2.** [début] dawn.

inaugurer [inogyre] [3] *vt* **-1.** [monument] unveil; [installation, route] to open; [procédé, édifice] to inaugurate. **-2.** [époque] to usher in.

inavouable [inavwabl] *adj* unmentionable.

inavoué, -e [inavwe] *adj* unconfessed.

INC (*abr de* **Institut national de la consommation**) *nm* consumer research organization.

inca [ɛ̃ka] *adj* Inca.
◆ **Inca** *nmf* Inca.

incalculable [ɛ̃kalkylabl] *adj* incalculable.

incandescence [ɛ̃kɑ̃desɑ̃s] *nf* incandescence.

incandescent, -e [ɛ̃kɑ̃desɑ̃, ɑ̃t] *adj* incandescent.

incantation [ɛ̃kɑ̃tasjɔ̃] *nf* incantation.

incapable [ɛ̃kapabl] ◇ *nmf* **-1.** [raté] incompetent. **-2.** JUR incapable person. ◇ *adj*: ~ de faire qqch [inapte à] incapable of doing sthg; [dans l'impossibilité de] unable to do sthg.

incapacité [ɛ̃kapasite] *nf* **-1.** [impossibilité]: ~ à OU de faire qqch inability to do sthg; être dans l'~ de to be unable to. **-2.** [invalidité] disability; ~ de travail industrial disability. **-3.** JUR incapacity. **-4.** [incompétence] incompetence.

incarcération [ɛ̃karserasjɔ̃] *nf* incarceration.

incarcérer [ɛ̃karsere] [18] *vt* to incarcerate.

incarnation [ɛ̃karnasjɔ̃] *nf* incarnation.

incarné, -e [ɛ̃karne] *adj* incarnate.

incarner [ɛ̃karne] [3] *vt* **-1.** [personnifier] to be the incarnation of. **-2.** CIN & THÉÂTRE to play.
◆ **s'incarner** *vp* **-1.** RELIG to be OU become incarnate. **-2.** [se réaliser] to be incarnated. **-3.** MÉD [ongle] to become ingrown.

incartade [ɛ̃kartad] *nf* misdemeanor *Am*, misdemeanour *Br*.

incassable [ɛ̃kasabl] *adj* unbreakable.

incendiaire [ɛ̃sɑ̃djɛr] ◇ *nmf* arsonist. ◇ *adj* [bombe] incendiary; *fig* inflammatory.

incendie [ɛ̃sɑ̃di] *nm* fire; *fig* flames (*pl*); ~ de forêt forest fire.

incendier [ɛ̃sɑ̃dje] [9] *vt* **-1.** [mettre le feu à] to set alight, to set fire to. **-2.** *fig* [faire rougir] to make burn. **-3.** *fam* [réprimander] to tear a strip off.

incertain, -e [ɛ̃sɛrtɛ̃, ɛn] *adj* **-1.** [gén] uncertain; [temps] unsettled. **-2.** [vague - lumière] dim; [- contour] blurred.

incertitude [ɛ̃sɛrtityd] *nf* uncertainty; être dans l'~ to be uncertain.

incessamment [ɛ̃sesamɑ̃] *adv* at any moment, any moment now.

incessant, -e [ɛ̃sesɑ̃, ɑ̃t] *adj* incessant.

incessible [ɛ̃sesibl] *adj* inalienable.

inceste [ɛ̃sɛst] *nm* incest.

incestueux, -euse [ɛ̃sɛstɥø, øz] ◇ *adj* **-1.** [liaison, parent] incestuous. **-2.** [enfant] born of incest. ◇ *nm, f* incestuous person.

inchangé, -e [ɛ̃ʃɑ̃ʒe] *adj* unchanged.

incidemment [ɛ̃sidamɑ̃] *adv* **-1.** [accidentellement] accidentally. **-2.** [entre parenthèses] in passing.

incidence [ɛ̃sidɑ̃s] *nf* **-1.** [conséquence] effect, impact (*U*). **-2.** FIN & PHYS incidence.

incident, -e [ɛ̃sidɑ̃, ɑ̃t] *adj* [accessoire] incidental.
◆ **incident** *nm* **-1.** [gén] incident; [ennui] hitch; sans ~ without incident OU a hitch; ~ diplomatique diplomatic incident; ~ de

parcours (minor) setback. **-2.** JUR point of law.

incinérateur [ɛ̃sineratœr] *nm* incinerator.

incinération [ɛ̃sinerasjɔ̃] *nf* **-1.** [de corps] cremation. **-2.** [d'ordures] incineration.

incinérer [ɛ̃sinere] [18] *vt* **-1.** [corps] to cremate. **-2.** [ordures] to incinerate.

incise [ɛ̃siz] *nf* LING interpolated clause.

inciser [ɛ̃size] [3] *vt* to incise, to make an incision in.

incisif, -ive [ɛ̃sizif, iv] *adj* incisive.

◆ **incisive** *nf* incisor.

incision [ɛ̃sizjɔ̃] *nf* incision.

incitation [ɛ̃sitasjɔ̃] *nf* **-1.** [provocation]: ~ à qqch/à faire qqch incitement to sthg/to do sthg. **-2.** [encouragement]: ~ à qqch/à faire qqch incentive to sthg/to do sthg.

inciter [ɛ̃site] [3] *vt* **-1.** [provoquer]: ~ qqn à qqch/à faire qqch to incite sb to sthg/to do sthg. **-2.** [encourager]: ~ qqn à faire qqch to encourage sb to do sthg.

inclassable [ɛ̃klasabl] *adj* unclassifiable.

inclinable [ɛ̃klinabl] *adj* reclinable, reclining.

inclinaison [ɛ̃klinɛzɔ̃] *nf* **-1.** [pente] incline. **-2.** [de tête, chapeau] angle, tilt.

inclination [ɛ̃klinasjɔ̃] *nf* **-1.** [salut - de tête] nod; [- du corps entier] bow. **-2.** [tendance] inclination; avoir une ~ à to have an inclination OU a tendency to; avoir une ~ pour [aimer] to have a liking for. **-3.** *littéraire* [amour] (romantic) attachment.

incliner [ɛ̃kline] [3] ◇ *vt* **-1.** [pencher] to tilt, to lean. **-2.** [pousser]: ~ qqn à qqch/à faire qqch to incline sb to sthg/to do sthg. ◇ *vi*: ~ à qqch/à faire qqch to be inclined to sthg/to do sthg.

◆ **s'incliner** *vp* **-1.** [se pencher] to tilt, to lean. **-2.** [céder]: s'~ (devant) to give in (to), to yield (to). **-3.** [respecter]: s'~ devant to bow down before.

inclure [ɛ̃klyr] [96] *vt* [mettre dedans]: ~ qqch dans qqch to include sthg in sthg; [joindre] to enclose sthg with sthg.

inclus, -e [ɛ̃kly, yz] ◇ *pp* → **inclure**. ◇ *adj* **-1.** [compris - taxe, frais] included; [joint - lettre] enclosed; [y compris]: jusqu'à la page 10 ~e up to and including page 10. **-2.** [dent] impacted. **-3.** MATHS: être ~ dans to be a subset of.

inclusion [ɛ̃klyzjɔ̃] *nf* inclusion.

inclusivement [ɛ̃klyzivmɑ̃] *adv* inclusive.

incoercible [ɛ̃kɔɛrsibl] *adj* *sout* uncontrollable.

incognito [ɛ̃kɔɲito] ◇ *adv* incognito. ◇ *nm*: garder l'~ to remain incognito.

incohérence [ɛ̃kɔerɑ̃s] *nf* [de paroles] incoherence; [d'actes] inconsistency.

incohérent, -e [ɛ̃kɔerɑ̃, ɑ̃t] *adj* [paroles] incoherent; [actes] inconsistent.

incollable [ɛ̃kɔlabl] *adj* **-1.** [riz] nonstick. **-2.** *fam* [imbattable] unbeatable.

incolore [ɛ̃kɔlɔr] *adj* colorless *Am*, colourless *Br*.

incomber [ɛ̃kɔ̃be] [3] *vi*: ~ à qqn to be sb's responsibility; il incombe à qqn de faire qqch (*emploi impersonnel*) it falls to sb OU it is incumbent on sb to do sthg.

incombustible [ɛ̃kɔ̃bystibl] *adj* incombustible.

incommensurable [ɛ̃kɔmɑ̃syrabl] *adj* **-1.** [immense] immeasurable. **-2.** MATHS: ~ avec incommensurable with.

incommodant, -e [ɛ̃kɔmɔdɑ̃, ɑ̃t] *adj* unpleasant.

incommode [ɛ̃kɔmɔd] *adj* **-1.** [heure, lieu] inconvenient. **-2.** [position, chaise] uncomfortable.

incommoder [ɛ̃kɔmɔde] [3] *vt* to trouble.

incommodité [ɛ̃kɔmɔdite] *nf* **-1.** [d'installation] impracticality. **-2.** [malaise] indisposition. **-3.** [de situation] awkwardness.

incommunicable [ɛ̃kɔmynikabl] *adj* **-1.** [indicible] inexpressible. **-2.** JUR nontransferable.

incomparable [ɛ̃kɔ̃parabl] *adj* **-1.** [différent] not comparable. **-2.** [sans pareil] incomparable.

incomparablement [ɛ̃kɔ̃parabləmɑ̃] *adv* incomparably.

incompatibilité [ɛ̃kɔ̃patibilite] *nf* incompatibility; ~ d'humeur (mutual) incompatibility.

incompatible [ɛ̃kɔ̃patibl] *adj* incompatible.

incompétence [ɛ̃kɔ̃petɑ̃s] *nf* **-1.** [incapacité] incompetence. **-2.** [ignorance]: ~ en qqch ignorance about sthg.

incompétent, -e [ɛ̃kɔ̃petɑ̃, ɑ̃t] *adj* **-1.** [incapable] incompetent. **-2.** [ignorant]: ~ en qqch ignorant about sthg.

incomplet, -ète [ɛ̃kɔ̃plɛ, ɛt] *adj* incomplete.

incomplètement [ɛ̃kɔ̃plɛtmɑ̃] *adv* incompletely.

incompréhensible [ɛ̃kɔ̃preɑ̃sibl] *adj* incomprehensible.

incompréhensif, -ive [ɛ̃kɔ̃preɑ̃sif, iv] *adj* unsympathetic.

incompréhension [ɛ̃kɔ̃preɑ̃sjɔ̃] *nf* lack of understanding.

incompressible [ɛ̃kɔ̃presibl] *adj* **-1.** TECHNOL incompressible. **-2.** *fig* [dépenses] impossible to reduce. **-3.** JUR → **peine**.

incompris, -e [ɛ̃kɔ̃pri, iz] ◇ *adj* misunderstood, not appreciated. ◇ *nm, f* misunderstood person.

inconcevable [ɛ̃kɔ̃svabl] *adj* unimaginable.

inconciliable [ɛ̃kɔ̃siljabl] *adj* irreconcilable.

inconditionnel, -elle [ɛ̃kɔ̃disjɔnɛl] ◇ *adj* **-1.** [total] unconditional. **-2.** [fervent] ardent. ◇ *nm, f* ardent supporter OU admirer.

inconditionnellement [ɛ̃kɔ̃disjɔnɛlmɑ̃] *adv* unconditionally.

inconduite [ɛ̃kɔ̃dɥit] *nf littéraire* scandalous behavior *Am* OU behaviour *Br.*

inconfort [ɛ̃kɔ̃fɔr] *nm* discomfort.

inconfortable [ɛ̃kɔ̃fɔrtabl] *adj* uncomfortable.

incongru, -e [ɛ̃kɔ̃gry] *adj* **-1.** [malséant] unseemly, inappropriate. **-2.** [bizarre] incongruous.

incongruité [ɛ̃kɔ̃grɥite] *nf* **-1.** [qualité bizarre] incongruity (*U*). **-2.** [parole malséante] unseemly remark.

inconnu, -e [ɛ̃kɔny] ◇ *adj* unknown. ◇ *nm, f* stranger; **la personne qui a eu le prix Goncourt cette année est un illustre ~** *hum* no one has ever heard of the renowned winner of the prix Goncourt this year.

◆ **inconnue** *nf* **-1.** MATHS unknown. **-2.** [variable] unknown (factor).

inconsciemment [ɛ̃kɔ̃sjamɑ̃] *adv* **-1.** [sans en avoir conscience] unconsciously, unwittingly. **-2.** [à la légère] thoughtlessly.

inconscience [ɛ̃kɔ̃sjɑ̃s] *nf* **-1.** [évanouissement] unconsciousness. **-2.** [légèreté] thoughtlessness.

inconscient, -e [ɛ̃kɔ̃sjɑ̃, ɑ̃t] *adj* **-1.** [évanoui, machinal] unconscious. **-2.** [irresponsable] thoughtless.

◆ **inconscient** *nm:* **l'~** the unconscious.

inconséquence [ɛ̃kɔ̃sekɑ̃s] *nf* inconsistency.

inconséquent, -e [ɛ̃kɔ̃sekɑ̃, ɑ̃t] *adj* inconsistent.

inconsidéré, -e [ɛ̃kɔ̃sidere] *adj* ill-considered, thoughtless.

inconsistant, -e [ɛ̃kɔ̃sistɑ̃, ɑ̃t] *adj* **-1.** [aliment] thin, watery. **-2.** [caractère] frivolous.

inconsolable [ɛ̃kɔ̃sɔlabl] *adj* inconsolable.

inconstance [ɛ̃kɔ̃stɑ̃s] *nf* fickleness.

inconstant, -e [ɛ̃kɔ̃stɑ̃, ɑ̃t] ◇ *adj* fickle. ◇ *nm, f vieilli* fickle heart.

incontestable [ɛ̃kɔ̃tɛstabl] *adj* unquestionable, indisputable.

incontestablement [ɛ̃kɔ̃tɛstabləmɑ̃] *adv* unquestionably, indisputably.

incontesté, -e [ɛ̃kɔ̃tɛste] *adj* uncontested, unchallenged.

incontinence [ɛ̃kɔ̃tinɑ̃s] *nf* **-1.** MÉD incontinence. **-2.** [excès] lack of restraint.

incontinent, -e [ɛ̃kɔ̃tinɑ̃, ɑ̃t] *adj* **-1.** MÉD incontinent. **-2.** [sans retenue] unrestrained.

◆ **incontinent** *adv littéraire* forthwith.

incontournable [ɛ̃kɔ̃turnabl] *adj* unavoidable.

inconvenance [ɛ̃kɔ̃vnɑ̃s] *nf* impropriety.

inconvenant, -e [ɛ̃kɔ̃vnɑ̃, ɑ̃t] *adj* improper, unseemly.

inconvénient [ɛ̃kɔ̃venjɑ̃] *nm* **-1.** [obstacle] problem; **si vous n'y voyez pas d'~** if that is convenient (for you), if you have no objection. **-2.** [désavantage] disadvantage, drawback. **-3.** [risque] risk.

incorporation [ɛ̃kɔrpɔrasjɔ̃] *nf* **-1.** [intégration] incorporation; CULIN mixing, blending. **-2.** [MIL] enlistment.

incorporé, -e [ɛ̃kɔrpɔre] *adj* [intégré] built-in.

incorporel, -elle [ɛ̃kɔrpɔrɛl] *adj* **-1.** [immatériel] incorporeal. **-2.** JUR intangible.

incorporer [ɛ̃kɔrpɔre] [3] *vt* **-1.** [gén] to incorporate; **~ qqch dans** to incorporate sthg into; **~ qqch à** CULIN to mix OU blend sthg into. **-2.** MIL to enlist.

◆ **s'incorporer** *vp:* **s'~ à qqch** to become part of sthg.

incorrect, -e [ɛ̃kɔrɛkt] *adj* **-1.** [faux] incorrect. **-2.** [inconvenant] inappropriate; [impoli] rude. **-3.** [déloyal] unfair; **être ~ avec qqn** to treat sb unfairly.

incorrection [ɛ̃kɔrɛksjɔ̃] *nf* **-1.** [impolitesse] impropriety. **-2.** [de langage] grammatical mistake. **-3.** [malhonnêteté] dishonesty.

incorrigible [ɛ̃kɔriʒibl] *adj* incorrigible.

incorruptible [ɛ̃kɔryptibl] *adj* incorruptible.

incrédule [ɛ̃kredyl] ◇ *nmf* **-1.** [sceptique] skeptic *Am*, sceptic *Br.* **-2.** RELIG unbeliever. ◇ *adj* **-1.** [sceptique] incredulous, skeptical *Am*, sceptical *Br.* **-2.** RELIG unbelieving.

incrédulité [ɛ̃kredylite] *nf* **-1.** [scepticisme] incredulity, skepticism *Am*, scepticism *Br.* **-2.** RELIG unbelief, lack of belief.

increvable [ɛ̃krəvabl] *adj* **-1.** [ballon, pneu] puncture-proof. **-2.** *fam fig* [personne] tireless; [machine] that will withstand rough treatment.

incriminer [ɛ̃krimine] [3] *vt* **-1.** [personne] to incriminate. **-2.** [conduite] to condemn.

incroyable [ɛ̃krwajabl] *adj* incredible, unbelievable.

incroyablement [ɛ̃krwajabləmɑ̃] *adv* incredibly, unbelievably.

incroyant, -e [ɛ̃krwajɑ̃, ɑ̃t] ◇ *adj* unbelieving. ◇ *nm, f* unbeliever.

incrustation [ɛ̃krystasjɔ̃] *nf* **-1.** [ornement] inlay. **-2.** [dépôt] deposit, fur (U).

incruster [ɛ̃kryste] [3] *vt* **-1.** [insérer]: ~ qqch dans qqch to inlay sthg into sthg. **-2.** [décorer]: ~ qqch de qqch to inlay sthg with sthg. **-3.** [couvrir d'un dépôt] to fur up. ◆ **s'incruster** *vp* **-1.** [s'insérer]: **s'~ dans** qqch to become embedded in sthg. **-2.** [chaudière] to fur up. **-3.** *fam fig* [personne] to take root.

incubateur, -trice [ɛ̃kybatœr, tris] *adj* incubating. ◆ **incubateur** *nm* incubator.

incubation [ɛ̃kybasjɔ̃] *nf* [d'œuf, de maladie] incubation; *fig* hatching.

inculpation [ɛ̃kylpasjɔ̃] *nf* charge; **sous l'~** **de** on a charge of.

inculpé, -e [ɛ̃kylpe] *nm, f*: **l'~** the accused.

inculper [ɛ̃kylpe] [3] *vt* to charge; ~ qqn de to charge sb with.

inculquer [ɛ̃kylke] [3] *vt*: ~ qqch à qqn to instill *Am* OU instil *Br* sthg in sb.

inculte [ɛ̃kylt] *adj* **-1.** [terre] uncultivated. **-2.** [barbe] unkempt. **-3.** *péj* [personne] uneducated.

inculture [ɛ̃kyltyr] *nf* **-1.** [intellectuelle] lack of education. **-2.** [de terre] lack of cultivation.

incurable [ɛ̃kyrabl] ◇ *nmf* incurably ill person. ◇ *adj* incurable.

incurie [ɛ̃kyri] *nf* negligence.

incursion [ɛ̃kyrsjɔ̃] *nf* incursion, foray.

incurver [ɛ̃kyrve] [3] *vt* to curve. ◆ **s'incurver** *vp* to curve, to bend.

Inde [ɛ̃d] *nf*: **l'~** India.

indéboulonnable [ɛ̃debylɔnabl] *adj*: **il est ~** *hum* they'll never be able to sack him.

indécence [ɛ̃desɑ̃s] *nf* **-1.** [impudeur, immoralité] indecency. **-2.** [propos] indecent remark; [action] indecent act.

indécent, -e [ɛ̃desɑ̃, ɑ̃t] *adj* **-1.** [impudique] indecent. **-2.** [immoral] scandalous.

indéchiffrable [ɛ̃deʃifrabl] *adj* **-1.** [texte, écriture] indecipherable. **-2.** [énigme] inexplicable. **-3.** *fig* [regard] inscrutable, impenetrable.

indéchirable [ɛ̃deʃirabl] *adj* tear-proof.

indécis, -e [ɛ̃desi, iz] ◇ *adj* **-1.** [personne - sur le moment] undecided; [- de nature] indecisive. **-2.** [sourire] vague. **-3.** [résultat] uncertain. ◇ *nm, f* indecisive person. ◆ **indécis** *nmpl* [dans sondage] don't knows.

indécision [ɛ̃desizjɔ̃] *nf* indecision; [perpétuelle] indecisiveness.

indécrottable [ɛ̃dekrɔtabl] *adj fam* **-1.** [borné] incredibly dumb. **-2.** [incorrigible] hopeless.

indéfectible [ɛ̃defɛktibl] *adj* indestructible.

indéfendable [ɛ̃defɑ̃dabl] *adj* indefensible.

indéfini, -e [ɛ̃defini] *adj* **-1.** [quantité, pronom] indefinite. **-2.** [sentiment] vague. ◆ **indéfini** *nm* GRAM indefinite.

indéfiniment [ɛ̃definimɑ̃] *adv* indefinitely.

indéfinissable [ɛ̃definisabl] *adj* indefinable.

indéformable [ɛ̃defɔrmabl] *adj* that retains its shape.

indélébile [ɛ̃delebil] *adj* indelible.

indélicat, -e [ɛ̃delika, at] *adj* **-1.** [mufle] indelicate. **-2.** [malhonnête] dishonest.

indémaillable [ɛ̃demajabl] ◇ *nm* run-resistant material. ◇ *adj* run-resistant.

indemne [ɛ̃dɛmn] *adj* unscathed, unharmed; **sortir ~ de qqch** to come out of sthg unscathed OU unharmed.

indemnisation [ɛ̃dɛmnizasjɔ̃] *nf* compensation.

indemniser [ɛ̃dɛmnize] [3] *vt*: ~ **qqn de** qqch [perte, préjudice] to compensate sb for sthg; [frais] to reimburse sb for sthg.

indemnité [ɛ̃dɛmnite] *nf* **-1.** [de perte, préjudice] compensation; ~ **de licenciement** redundancy payment. **-2.** [de frais] allowance; ~ **journalière** daily allowance; ~ **de logement** housing *Am* OU accommodation *Br* allowance. **-3.** [allocation]: ~ **parlementaire** Congressman's *Am* OU MP's *Br* salary.

indémodable [ɛ̃demodabl] *adj*: **ce style est** ~ this style doesn't date.

indéniable [ɛ̃denjabl] *adj* undeniable.

indéniablement [ɛ̃denjabləmɑ̃] *adv* undeniably.

indépendamment [ɛ̃depɑ̃damɑ̃] *adv*: ~ **de** [abstraction faite de] regardless OU irrespective of; [outre] apart from; [sans rapport avec] independently of.

indépendance [ɛ̃depɑ̃dɑ̃s] *nf* independence; **accéder à l'~** to gain independence.

indépendant, -e [ɛ̃depɑ̃dɑ̃, ɑ̃t] *adj* **-1.** [gén] independent; [entrée] separate; ~ **de** independent of; ~ **de ma volonté** beyond my control. **-2.** [travailleur] self-employed.

indépendantiste [ɛ̃depɑ̃dɑ̃tist] ◇ *nmf* advocate of political independence. ◇ *adj* independence (*avant n*).

indéracinable [ɛ̃derasinabl] *adj* [arbre] impossible to uproot; *fig* ineradicable.

indescriptible [ɛ̃dɛskriptibl] *adj* indescribable.

indésirable [ɛ̃dezirabl] *nmf & adj* undesirable.

indestructible [ɛ̃dɛstryktibl] *adj* indestructible.

indéterminé, -e [ɛ̃detɛrmine] *adj* -1. [indéfini] indeterminate, indefinite. -2. [vague] vague. -3. [personne] undecided.

indétrônable [ɛ̃detronabl] *adj* inoustable.

index [ɛ̃dɛks] *nm* -1. [doigt] index finger. -2. [aiguille] pointer, needle. -3. [registre] index; **mettre à l'~** *fig* to blacklist.

indexation [ɛ̃dɛksasjɔ̃] *nf* indexing.

indexer [ɛ̃dɛkse] [4] *vt* -1. ÉCON: **~ qqch sur qqch** to index sthg to sthg. -2. [livre] to index.

indicateur, -trice [ɛ̃dikatœr, tris] *adj*: **poteau ~** signpost; **panneau ~** road sign.
◆ **indicateur** *nm* -1. [guide] directory, guide; **~ des chemins de fer** railroad *Am* OU railway *Br* timetable. -2. TECHNOL gauge; **~ d'altitude** altimeter; **~ de vitesse** speedometer. -3. ÉCON indicator. -4. [de police] informer.

indicatif, -ive [ɛ̃dikatif, iv] *adj* indicative.
◆ **indicatif** *nm* -1. RADIO & TÉLÉ signature tune. -2. [code]: **~ (téléphonique)** dial code *Am*, dialling code *Br*. -3. GRAM: **l'~** the indicative.

indication [ɛ̃dikasjɔ̃] *nf* -1. [mention] indication. -2. [renseignement] information (*U*). -3. [directive] instruction; **sauf ~ contraire** unless otherwise instructed.

indice [ɛ̃dis] *nm* -1. [signe] sign. -2. [dans une enquête] clue. -3. [taux] rating; **~ du coût de la vie** ÉCON cost-of-living index; **~ des prix** ÉCON price index; **~ de refroidissement** *Can* windchill factor. -4. MATHS index.

indicible [ɛ̃disibl] *adj* inexpressible.

indien, -ienne [ɛ̃djɛ̃, jɛn] *adj* -1. [d'Inde] Indian. -2. [d'Amérique] American Indian, Native American.
◆ **Indien, -ienne** *nm, f* -1. [d'Inde] Indian. -2. [d'Amérique] American Indian, Native American.

indifféremment [ɛ̃diferamɑ̃] *adv* indifferently.

indifférence [ɛ̃diferɑ̃s] *nf* indifference.

indifférencié, -e [ɛ̃diferɑ̃sje] *adj* undifferentiated.

indifférent, -e [ɛ̃diferɑ̃, ɑ̃t] ◇ *adj* -1. [gén]: **~ à** indifferent to. -2. *sout* [égal] immaterial. ◇ *nm, f* unconcerned person.

indifférer [ɛ̃difere] [18] *vt* to be a matter of indifference to.

indigence [ɛ̃diʒɑ̃s] *nf* poverty.

indigène [ɛ̃diʒɛn] ◇ *nmf* native. ◇ *adj* [peuple] native; [faune, flore] indigenous.

indigent, -e [ɛ̃diʒɑ̃, ɑ̃t] ◇ *adj* [pauvre] destitute, poverty-stricken; *fig* [intellectuellement] impoverished. ◇ *nm, f* poor person; **les ~s** the poor, the destitute.

indigeste [ɛ̃diʒɛst] *adj* indigestible.

indigestion [ɛ̃diʒɛstjɔ̃] *nf* -1. [alimentaire] indigestion; **avoir une ~** to have indigestion. -2. *fig* [saturation] surfeit; **avoir une ~ de** to have had one's fill of.

indignation [ɛ̃diɲasjɔ̃] *nf* indignation.

indigne [ɛ̃diɲ] *adj*: **~ (de)** unworthy (of).

indigné, -e [ɛ̃diɲe] *adj* indignant.

indigner [ɛ̃diɲe] [3] *vt* to make indignant.
◆ **s'indigner** *vp*: **s'~ de** OU **contre qqch** to get indignant about sthg; **s'~ que** (+ *subjonctif*) to be indignant that.

indigo [ɛ̃digo] ◇ *nm* indigo. ◇ *adj inv* indigo (blue).

indiqué, -e [ɛ̃dike] *adj* -1. [convenable] appropriate. -2. [recommandé] advisable; **ce n'est pas très ~** it's not very advisable. -3. [fixé] appointed.

indiquer [ɛ̃dike] [3] *vt* -1. [désigner] to indicate, to point out; **~ qqn/qqch du doigt** to point at sb/sthg, to point sb/sthg out; **~ qqn/qqch du regard** to glance toward sb/sthg *Am*, to glance towards sb/sthg *Br*. -2. [afficher, montrer - suj: carte, pendule, aiguille] to show, to indicate. -3. [recommander]: **~ qqn/qqch à qqn** to tell sb of sb/sthg, to suggest sb/sthg to sb. -4. [dire, renseigner sur] to tell; **~ à qqn comment faire qqch** to tell sb how to do sthg; **pourriez-vous m'~ l'heure?** could you tell me the time? -5. [fixer - heure, date, lieu] to name, to indicate. -6. [dénoter] to indicate, to point to.

indirect, -e [ɛ̃dirɛkt] *adj* [gén] indirect; [itinéraire] roundabout.

indirectement [ɛ̃dirɛktəmɑ̃] *adv* indirectly.

indiscipline [ɛ̃disiplin] *nf* lack of discipline.

indiscipliné, -e [ɛ̃disipline] *adj* -1. [écolier, esprit] undisciplined, unruly. -2. *fig* [mèches de cheveux] unmanageable.

indiscret, -ète [ɛ̃diskrɛ, ɛt] ◇ *adj* indiscreet; [curieux] inquisitive. ◇ *nm, f* indiscreet person.

indiscrètement [ɛ̃diskrɛtmɑ̃] *adv* indiscreetly; [avec curiosité] inquisitively.

indiscrétion [ɛ̃diskresjɔ̃] *nf* indiscretion; [curiosité] curiosity; **sans ~ ...** without wishing to be indiscreet ....

indiscutable [ɛ̃diskytabl] *adj* unquestionable, indisputable.

indiscutablement [ɛ̃diskytabləmɑ̃] *adv* unquestionably, indisputably.

indiscuté, -e [ɛ̃diskyte] *adj* undisputed, unquestioned.

indispensable [ɛ̃dispɑ̃sabl] ◇ *adj* indispensable, essential; ~ à indispensable to, essential to; **il est ~ que** (+ *subjonctif*) it is essential OU vital that; **il est ~ de faire qqch** it is essential OU vital to do sthg. ◇ *nm*: **l'~** the essentials (*pl*).

indisponibilité [ɛ̃disponibilite] *nf* unavailability.

indisponible [ɛ̃disponibl] *adj* unavailable.

indisposé, -e [ɛ̃dispoze] *adj* [malade] unwell; **être ~e** [femme] to be indisposed.

indisposer [ɛ̃dispoze] [3] *vt* -1. *sout* [rendre malade] to indispose. -2. *littéraire* [fâcher] to vex.

indisposition [ɛ̃dispozisjɔ̃] *nf* -1. [malaise] indisposition. -2. [règles] period.

indissociable [ɛ̃disɔsjabl] *adj* indissociable.

indissoluble [ɛ̃disɔlybl] *adj* indissoluble.

indistinct, -e [ɛ̃distɛ̃(kt), ɛ̃kt] *adj* indistinct; [souvenir] hazy.

indistinctement [ɛ̃distɛ̃ktəmã] *adv* -1. [confusément] indistinctly. -2. [indifféremment] equally well.

individu [ɛ̃dividy] *nm* individual.

individualiste [ɛ̃dividɥalist] ◇ *nmf* individualist. ◇ *adj* individualistic.

individualité [ɛ̃dividɥalite] *nf* -1. [personne] individual. -2. [unicité, originalité] individuality.

individuel, -elle [ɛ̃dividɥɛl] *adj* individual.

individuellement [ɛ̃dividɥɛlmã] *adv* individually.

indivis, -e [ɛ̃divi, iz] *adj* -1. [propriété] undivided. -2. [héritier] joint; **par ~** jointly.

indivisible [ɛ̃divizibl] *adj* indivisible.

Indochine [ɛ̃dɔʃin] *nf*: **l'~** Indochina; **la guerre d'~** the Indochinese War.

indo-européen, -enne [ɛ̃dɔœrɔpeɛ̃, ɛn] (*mpl* **indo-européens**, *fpl* **indo-européennes**) *adj* Indo-European.

indolence [ɛ̃dɔlãs] *nf* -1. [de personne] indolence, lethargy. -2. [d'organisation] apathy. -3. [de geste, regard] languidness.

indolent, -e [ɛ̃dɔlã, ãt] *adj* -1. [personne] indolent, lethargic. -2. [geste, regard] languid.

indolore [ɛ̃dɔlɔr] *adj* painless.

indomptable [ɛ̃dɔ̃tabl] *adj* -1. [animal] untamable. -2. [personne] indomitable. -3. [sentiment] uncontrollable.

Indonésie [ɛ̃dɔnezi] *nf* Indonesia.

indonésien, -ienne [ɛ̃dɔnezjɛ̃, jɛn] *adj* Indonesian.
◆ **indonésien** *nm* [langue] Indonesian.
◆ **Indonésien, -ienne** *nm, f* Indonesian.

indu, -e [ɛ̃dy] *adj* -1. [heure] ungodly, unearthly. -2. [dépenses, remarque] unwarranted.

indubitable [ɛ̃dybitabl] *adj* indubitable, undoubted; **il est ~ que** it is indisputable OU beyond doubt that.

indubitablement [ɛ̃dybitabləmã] *adv* undoubtedly, indubitably.

induction [ɛ̃dyksjɔ̃] *nf* induction; **par ~** by induction.

induire [ɛ̃dɥir] [98] *vt* to induce; **~ qqn à faire qqch** to induce sb to do sthg; **~ qqn en erreur** to mislead sb; **en ~ que** to infer OU gather that.

induit, -e [ɛ̃dɥi, ɥit] ◇ *pp* → **induire**. ◇ *adj* -1. [consécutif] resulting. -2. ÉLECTR induced.

indulgence [ɛ̃dylʒãs] *nf* [de juge] leniency; [de parent] indulgence; **avec ~** leniently/indulgently.

indulgent, -e [ɛ̃dylʒã, ãt] *adj* [juge] lenient; [parent] indulgent.

indûment [ɛ̃dymã] *adv* unduly.

industrialisation [ɛ̃dystrijalizasjɔ̃] *nf* industrialization.

industrialiser [ɛ̃dystrijalize] [3] *vt* to industrialize.
◆ **s'industrialiser** *vp* to become industrialized.

industrie [ɛ̃dystri] *nf* industry; **~ alimentaire** food industry; **~ automobile** car industry; **~ chimique** chemical industry; **~ lourde** heavy industry.

industriel, -ielle [ɛ̃dystrijɛl] *adj* industrial.
◆ **industriel** *nm* industrialist.

industrieux, -ieuse [ɛ̃dystrijø, jøz] *adj* *littéraire* industrious.

inébranlable [inebrãlabl] *adj* -1. [roc] solid, immovable. -2. *fig* [conviction] unshakeable.

INED, Ined [inɛd] (*abr de* **Institut national d'études démographiques**) *nm national institute for demographic research.*

inédit, -e [inedi, it] *adj* -1. [texte] unpublished. -2. [trouvaille] novel, original.
◆ **inédit** *nm* unpublished work.

ineffable [inefabl] *adj* ineffable.

ineffaçable [inefasabl] *adj* indelible.

inefficace [inefikas] *adj* -1. [personne, machine] inefficient. -2. [solution, remède, mesure] ineffective.

inefficacité [inefikasite] *nf* -1. [de personne, machine] inefficiency. -2. [de solution, remède, mesure] ineffectiveness.

inégal, -e, -aux [inegal, o] *adj* -1. [différent, disproportionné] unequal. -2. [irrégulier] uneven. -3. [changeant] changeable; [artiste, travail] erratic.

inégalable [inegalabl] *adj* matchless.

inégalé, -e [inegale] *adj* unequaled *Am*, unequalled *Br*.

inégalement [inegalmã] *adv* [gén] unequally; [irrégulièrement] unevenly.

inégalité [inegalite] *nf* **-1.** [injustice, disproportion] inequality; ~**s sociales** social inequalities. **-2.** [différence] difference, disparity. **-3.** [irrégularité] unevenness. **-4.** [d'humeur] changeability.

inélégant, -e [inelegã, ãt] *adj* **-1.** [dans l'habillement] inelegant. **-2.** *fig* [indélicat] discourteous.

inéligible [ineliʒibl] *adj* ineligible.

inéluctable [inelyktabl] *adj* inescapable.

inéluctablement [inelyktabləmã] *adv* inescapably.

inénarrable [inenarabl] *adj* very funny.

inepte [inɛpt] *adj* inept.

ineptie [inɛpsi] *nf* **-1.** [bêtise] ineptitude. **-2.** [chose idiote] nonsense (*U*); **dire des ~s** to talk nonsense.

inépuisable [inepɥizabl] *adj* inexhaustible.

inerte [inɛrt] *adj* **-1.** [corps, membre] lifeless. **-2.** [personne] passive, inert. **-3.** PHYS inert.

inertie [inɛrsi] *nf* **-1.** [manque de réaction] apathy, inertia. **-2.** PHYS inertia.

inespéré, -e [inɛspere] *adj* unexpected, unhoped-for.

inesthétique [inɛstetik] *adj* unaesthetic.

inestimable [inɛstimabl] *adj:* **d'une valeur ~ priceless;** *fig* invaluable.

inévitable [inevitabl] *adj* [obstacle] unavoidable; [conséquence] inevitable.

inévitablement [inevitabləmã] *adv* inevitably.

inexact, -e [inegza(kt), akt] *adj* **-1.** [faux, incomplet] inaccurate, inexact. **-2.** [en retard] unpunctual.

inexactitude [inɛgzaktityd] *nf* **-1.** [erreur, imprécision] inaccuracy. **-2.** [retard] unpunctuality.

inexcusable [inɛkskyzabl] *adj* unforgivable, inexcusable.

inexistant, -e [inɛgzistã, ãt] *adj* nonexistent.

inexistence [inɛgzistãs] *nf* nonexistence.

inexorable [inɛgzɔrabl] *adj* inexorable.

inexorablement [inɛgzɔrabləmã] *adv* inexorably.

inexpérience [inɛksperjãs] *nf* lack of experience, inexperience.

inexpérimenté, -e [inɛksperimãte] *adj* **-1.** [personne] inexperienced. **-2.** [gestes] inexpert. **-3.** [produit] untested.

inexplicable [inɛksplikabl] *adj* inexplicable, unexplainable.

inexpliqué, -e [inɛksplike] *adj* unexplained.

inexploré, -e [inɛksplɔre] *adj litt & fig* unexplored; [mers] uncharted.

inexpressif, -ive [inɛkspresif, iv] *adj* inexpressive.

inexprimable [inɛksprimabl] *adj* inexpressible.

inexprimé, -e [inɛksprime] *adj* unexpressed.

inexpugnable [inɛkspygnabl] *adj* impregnable.

inextensible [inɛkstãsibl] *adj* **-1.** [matériau] unstretchable. **-2.** [étoffe] non-stretch.

inextinguible [inɛkstɛ̃gibl] *adj* [passion] inextinguishable; [soif] unquenchable; [rire] uncontrollable.

in extremis [inɛkstremis] *adv* at the last minute.

inextricable [inɛkstrikabl] *adj* **-1.** [fouillis] inextricable. **-2.** *fig* [affaire, mystère] that cannot be unravelled.

inextricablement [inɛkstrikabləmã] *adv* inextricably.

infaillible [ɛ̃fajibl] *adj* [personne, méthode] infallible; [instinct] unerring.

infaisable [ɛ̃fəzabl] *adj* unfeasible.

infamant, -e [ɛ̃famã, ãt] *adj* [marché] dishonorable *Am*, dishonourable *Br*; [propos] defamatory.

infâme [ɛ̃fam] *adj* **-1.** [ignoble] despicable. **-2.** *hum & littéraire* [dégoûtant] vile.

infamie [ɛ̃fami] *nf* infamy.

infanterie [ɛ̃fãtri] *nf* infantry.

infanticide [ɛ̃fãtisid] ◇ *nmf* infanticide, child-killer. ◇ *adj* infanticidal.

infantile [ɛ̃fãtil] *adj* **-1.** [maladie] childhood (*avant n*). **-2.** [médecine] for children. **-3.** [comportement] infantile.

infantiliser [ɛ̃fãtilize] [3] *vt* to treat like a child.

infarctus [ɛ̃farktys] *nm* infarction, infarct; **~ du myocarde** coronary thrombosis, myocardial infarction.

infatigable [ɛ̃fatigabl] *adj* **-1.** [personne] tireless. **-2.** [attitude] untiring.

infatué, -e [ɛ̃fatɥe] *adj:* **~ de** conceited about; **~ de soi-même** self-important.

infect, -e [ɛ̃fɛkt] *adj* **-1.** [dégoûtant] vile. **-2.** *littéraire* [marais] foul.

infecter [ɛ̃fɛkte] [4] *vt* **-1.** [eau] to contaminate. **-2.** [plaie] to infect. **-3.** [empoisonner] to poison.

◆ **s'infecter** *vp* to become infected, to turn septic.

infectieux, -ieuse [ɛ̃fɛksjø, jøz] *adj* infectious.

infection [ɛ̃fɛksjɔ̃] *nf* **-1.** MÉD infection. **-2.** *fig* & *péj* [puanteur] stench.

inféoder [ɛ̃feɔde] [3]
◆ **s'inféoder** *vp*: **s'~ à** to pledge one's allegiance to.

inférer [ɛ̃fere] [18] *vt littéraire*: **~ qqch de qqch** to infer sthg from sthg.

inférieur, -e [ɛ̃ferjœr] ◇ *adj* **-1.** [qui est en bas] lower. **-2.** [dans une hiérarchie] inferior; **~ à** [qualité] inferior to; [quantité] less than; **~ ou égal à 8** MATHS less than or equal to 8. ◇ *nm, f* inferior.

infériorité [ɛ̃ferjɔrite] *nf* inferiority.

infernal, -e, -aux [ɛ̃fɛrnal, o] *adj* **-1.** [personne] fiendish. **-2.** *fig* [bruit, chaleur, rythme] infernal; [vision] diabolical.

infester [ɛ̃fɛste] [3] *vt* to infest; **être infesté de** [rats, moustiques] to be infested with; [touristes] to be overrun by.

infidèle [ɛ̃fidɛl] ◇ *adj* **-1.** [mari, femme, ami]: **~ (à)** unfaithful (to). **-2.** [traducteur, historien] inaccurate. **-3.** RELIG & *vieilli* infidel. ◇ *nmf* RELIG & *vieilli* infidel.

infidélité [ɛ̃fidelite] *nf* **-1.** [trahison] infidelity; **faire des ~s à** to be unfaithful to. **-2.** [de traduction] inaccuracy. **-3.** [de mémoire] unreliability.

infiltration [ɛ̃filtrasjɔ̃] *nf* infiltration.

infiltrer [ɛ̃filtre] [3] *vt* to infiltrate.
◆ **s'infiltrer** *vp* **-1.** [pluie, lumière]: **s'~ par/dans** to filter through/into. **-2.** [hommes, idées]: **s'~ dans** to infiltrate.

infime [ɛ̃fim] *adj* minute, infinitesimal.

infini, -e [ɛ̃fini] *adj* **-1.** [sans bornes] infinite, boundless. **-2.** MATHS, PHILO & RELIG infinite. **-3.** *fig* [interminable] endless, interminable.
◆ **infini** *nm* infinity.
◆ **à l'infini** *loc adv* **-1.** MATHS to infinity. **-2.** [discourir] ad infinitum, endlessly.

infiniment [ɛ̃finimɑ̃] *adv* extremely, immensely.

infinité [ɛ̃finite] *nf* infinity, infinite number.

infinitésimal, -e, -aux [ɛ̃finitezimal, o] *adj* infinitesimal.

infinitif, -ive [ɛ̃finitif, iv] *adj* infinitive.
◆ **infinitif** *nm* infinitive.

infirme [ɛ̃firm] ◇ *adj* [handicapé] disabled; [avec l'âge] infirm. ◇ *nmf* disabled person; **~ de guerre** disabled ex-serviceman (*f* ex-servicewoman).

infirmer [ɛ̃firme] [3] *vt* **-1.** [démentir] to invalidate. **-2.** JUR to annul.

infirmerie [ɛ̃firməri] *nf* infirmary.

infirmier, -ière [ɛ̃firmje, jɛr] *nm, f* nurse; **~ diplômé** ≃ state-registered nurse.

infirmité [ɛ̃firmite] *nf* [handicap] disability; [de vieillesse] infirmity.

inflammable [ɛ̃flamabl] *adj* inflammable, flammable.

inflammation [ɛ̃flamasjɔ̃] *nf* inflammation.

inflation [ɛ̃flasjɔ̃] *nf* ÉCON inflation; *fig* increase.

inflationniste [ɛ̃flasjɔnist] *adj* & *nmf* inflationist.

infléchir [ɛ̃fleʃir] [32] *vt* *fig* [politique] to modify.
◆ **s'infléchir** *vp* **-1.** [route] to bend. **-2.** *fig* [politique] to shift.

inflexible [ɛ̃flɛksibl] *adj* inflexible.

inflexion [ɛ̃flɛksjɔ̃] *nf* **-1.** [de tête] nod. **-2.** [de voix] inflection. **-3.** [de route] bend. **-4.** *fig* [de politique] shift.

infliger [ɛ̃fliʒe] [17] *vt*: **~ qqch à qqn** to inflict sthg on sb; [amende] to impose sthg on sb.

influençable [ɛ̃flyɑ̃sabl] *adj* easily influenced.

influence [ɛ̃flyɑ̃s] *nf* influence; [de médicament] effect; **avoir de l'~ sur qqn** to have an influence on sb; **avoir une bonne/mauvaise ~ sur** [suj: personne] to have a good/bad influence on, to be a good/bad influence on; [suj: chose] to have a good/bad effect on; **agir sous l'~ de qqch** to act under the influence of sthg.

influencer [ɛ̃flyɑ̃se] [16] *vt* to influence.

influent, -e [ɛ̃flyɑ̃, ɑ̃t] *adj* influential.

influer [ɛ̃flye] [3] *vi*: **~ sur qqch** to influence sthg, to have an effect on sthg.

infographie [ɛ̃fɔgrafi] *nf* computer graphics (*U*).

informateur, -trice [ɛ̃fɔrmatœr, tris] *nm, f* **-1.** [qui renseigne] informant. **-2.** [de police] informer.

informaticien, -ienne [ɛ̃fɔrmatisjɛ̃, jɛn] *nm, f* computer scientist.

information [ɛ̃fɔrmasjɔ̃] *nf* **-1.** [renseignement] piece of information. **-2.** [renseignements & INFORM] information (*U*). **-3.** [nouvelle] piece of news. **-4.** JUR inquiry.
◆ **informations** *nfpl* MÉDIA news (*sg*).

informatique [ɛ̃fɔrmatik] ◇ *nf* **-1.** [technique] computers; **~ de gestion** business applications (*pl*). **-2.** [science] computer science. ◇ *adj* data-processing (*avant n*), computer (*avant n*).

informatisation [ɛ̃fɔrmatizasjɔ̃] *nf* computerization.

informatiser [ɛ̃fɔrmatize] [3] *vt* to computerize.

◆ **s'informatiser** *vp* to become computerized.

informe [ɛ̃fɔrm] *adj* **-1.** [masse, vêtement, silhouette] shapeless. **-2.** *fig* [projet] sketchy, rough.

informé, -e [ɛ̃fɔrme] *adj* informed; **bien/mal** ~ well/badly informed.

◆ **informé** *nm*: **jusqu'à plus ample** ~ pending further information.

informel, -elle [ɛ̃fɔrmɛl] *adj* informal.

informer [ɛ̃fɔrme] [3] ◇ *vt* to inform; ~ **qqn sur** OU **de qqch** to inform sb about sthg. ◇ *vi* JUR: ~ **contre qqn/sur qqch** to investigate sb/sthg.

◆ **s'informer** *vp* to inform o.s.; **s'**~ **de qqch** to ask about sthg; **s'**~ **sur qqch** to find out about sthg.

infortune [ɛ̃fɔrtyn] *nf* misfortune.

infortuné, -e [ɛ̃fɔrtyne] *littéraire & vieilli* ◇ *adj* wretched. ◇ *nm, f* (*gén pl*) unfortunate.

infos [ɛ̃fo] (*abr de* **informations**) *nfpl fam*: **les** ~ the news (*sg*).

infraction [ɛ̃fraksjɔ̃] *nf*: ~ **à** infringement OU breach of; **être en** ~ to be in breach of the law.

infranchissable [ɛ̃frɑ̃ʃisabl] *adj* insurmountable.

infrarouge [ɛ̃fraruʒ] *nm & adj* infrared.

infrastructure [ɛ̃frastryktyr] *nf* infrastructure; ~ **hôtelière** hotel facilities (*pl*).

infréquentable [ɛ̃frekɑ̃tabl] *adj* **-1.** [personne]: **il est** ~ you shouldn't mix with him. **-2.** [lieu]: **ce café est** ~ it's not the kind of café you should go to.

infroissable [ɛ̃frwasabl] *adj* crease-resistant.

infructueux, -euse [ɛ̃fryktɥø, øz] *adj* fruitless.

infuse [ɛ̃fyz] → **science.**

infuser [ɛ̃fyze] [3] ◇ *vt* **-1.** [tisane] to infuse; [thé] to brew; **laisser** ~ to leave to infuse OU brew. **-2.** *fig & littéraire*: ~ **qqch à qqn/qqch** to infuse sb/sthg with sthg. ◇ *vi* [tisane] to infuse; [thé] to brew.

infusion [ɛ̃fyzjɔ̃] *nf* infusion.

ingambe [ɛ̃gɑ̃b] *adj* spry.

ingénier [ɛ̃ʒenje] [9]

◆ **s'ingénier** *vp*: **s'**~ **à faire qqch** to try hard to do sthg.

ingénierie [ɛ̃ʒeniri] *nf* engineering.

ingénieur [ɛ̃ʒenjœr] *nm* engineer; ~ **agronome/chimiste/électronicien** agricultural/chemical/electronics engineer; ~ **des mines** mining engineer; ~ **des ponts et chaus-**
sées civil engineer; ~ **du son** sound engineer; ~ **des travaux publics** civil engineer.

ingénieux, -ieuse [ɛ̃ʒenjø, jøz] *adj* ingenious.

ingéniosité [ɛ̃ʒenjozite] *nf* ingenuity.

ingénu, -e [ɛ̃ʒeny] ◇ *adj littéraire* [candide] artless; *hum & péj* [trop candide] naïve. ◇ *nm, f littéraire* [candide] naïve person; THÉÂTRE ingénue; **jouer les** ~**s** THÉÂTRE to play ingénue roles; [dans la vie] to act the sweet young thing.

ingénuité [ɛ̃ʒenɥite] *nf* naïvety.

ingénument [ɛ̃ʒenymɑ̃] *adv* naïvely.

ingérable [ɛ̃ʒerabl] *adj* unmanageable.

ingérence [ɛ̃ʒerɑ̃s] *nf*: ~ **dans** interference in.

ingérer [ɛ̃ʒere] [18] *vt* to ingest.

◆ **s'ingérer** *vp*: **s'**~ **dans** to interfere in.

ingrat, -e [ɛ̃gra, at] ◇ *adj* **-1.** [personne] ungrateful. **-2.** [métier] thankless, unrewarding. **-3.** [sol] barren. **-4.** [physique] unattractive. ◇ *nm, f* ungrateful wretch.

ingratitude [ɛ̃gratityd] *nf* ingratitude.

ingrédient [ɛ̃gredjɑ̃] *nm* ingredient.

inguérissable [ɛ̃gerisabl] *adj* incurable.

ingurgiter [ɛ̃gyrʒite] [3] *vt* **-1.** [avaler] to swallow. **-2.** *fig* [connaissances] to absorb.

inhabitable [inabitabl] *adj* uninhabitable.

inhabité, -e [inabite] *adj* uninhabited.

inhabituel, -elle [inabitɥel] *adj* unusual.

inhalateur, -trice [inalatœr, tris] *adj*: **appareil** ~ inhaler.

◆ **inhalateur** *nm* inhaler.

inhalation [inalasjɔ̃] *nf* inhalation.

inhaler [inale] [3] *vt* to inhale, to breathe in.

inhérent, -e [inerɑ̃, ɑ̃t] *adj*: ~ **à** inherent in.

inhiber [inibe] [3] *vt* to inhibit.

inhibition [inibisjɔ̃] *nf* inhibition.

inhospitalier, -ière [inɔspitalje, jɛr] *adj* inhospitable.

inhumain, -e [inymɛ̃, ɛn] *adj* inhuman.

inhumation [inymasjɔ̃] *nf* burial.

inhumer [inyme] [3] *vt* to bury.

inimaginable [inimaʒinabl] *adj* incredible, unimaginable.

inimitable [inimitabl] *adj* inimitable.

inimitié [inimitje] *nf*: ~ **(contre** OU **à l'égard de)** enmity (toward *Am* OU towards *Br*).

ininflammable [inɛ̃flamabl] *adj* non-flammable.

inintelligible [inɛ̃teliʒibl] *adj* unintelligible.

inintéressant, -e [inɛ̃teresɑ̃, ɑ̃t] *adj* uninteresting.

ininterrompu, -e [inɛ̃tɛrɔ̃py] *adj* [file, vacarme] uninterrupted; [ligne, suite] unbroken; [travail, effort] continuous.

inique [inik] *adj* iniquitous.

iniquité [inikite] *nf* iniquity.

initial, -e, -iaux [inisjal, jo] *adj* [lettre] initial.

◆ **initiale** *nf* initial.

initialement [inisjalmã] *adv* initially.

initialiser [inisjalize] [3] *vt* INFORM to initialize.

initiateur, -trice [inisjatœr, tris] ◇ *adj* innovative. ◇ *nm, f* -1. [maître] initiator. -2. [précurseur] innovator.

initiation [inisjasjɔ̃] *nf*: ~ (à) [discipline] introduction (to); [rituel] initiation (into).

initiatique [inisjatik] *adj* [rite] initiation (*avant n*).

initiative [inisjativ] *nf* initiative; **avoir de l'~** to have initiative; **prendre l'~ de qqch/de faire qqch** to take the initiative for sthg/in doing sthg; **de sa propre ~** on one's own initiative.

initié, -e [inisje] ◇ *adj* initiated. ◇ *nm, f* initiate.

initier [inisje] [9] *vt*: ~ **qqn à** to initiate sb into.

◆ **s'initier** *vp*: **s'~ à** to familiarize o.s. with.

injecté, -e [ɛ̃ʒɛkte] *adj*: **yeux ~s de sang** bloodshot eyes.

injecter [ɛ̃ʒɛkte] [4] *vt* to inject.

◆ **s'injecter** *vp* [yeux]: **s'~ (de sang)** to become bloodshot.

injection [ɛ̃ʒɛksjɔ̃] *nf* injection.

injoignable [ɛ̃ʒwaɲabl] *adj*: **j'ai essayé de lui téléphoner mais il est ~** I tried to phone him but I couldn't get through to him OR reach him OR get hold of him.

injonction [ɛ̃ʒɔ̃ksjɔ̃] *nf* injunction.

injure [ɛ̃ʒyr] *nf* insult; **abreuver qqn d'~s** to hurl insults at sb.

injurier [ɛ̃ʒyrje] [9] *vt* to insult.

injurieux, -ieuse [ɛ̃ʒyrjø, jøz] *adj* abusive, insulting.

injuste [ɛ̃ʒyst] *adj* unjust, unfair.

injustement [ɛ̃ʒystəmã] *adv* unjustly, unfairly.

injustice [ɛ̃ʒystis] *nf* injustice.

injustifiable [ɛ̃ʒystifjabl] *adj* unjustifiable.

injustifié, -e [ɛ̃ʒystifje] *adj* unjustified.

inlassable [ɛ̃lasabl] *adj* tireless.

inlassablement [ɛ̃lasabləmã] *adv* tirelessly.

inné, -e [ine] *adj* innate.

innocemment [inɔsamã] *adv* innocently.

innocence [inɔsɑ̃s] *nf* innocence.

innocent, -e [inɔsɑ̃, ɑ̃t] ◇ *adj* innocent. ◇ *nm, f* -1. JUR innocent person. -2. [inoffensif, candide] innocent; **faire l'~** *fig* to play the innocent. -3. *vieilli* [idiot] simpleton.

innocenter [inɔsɑ̃te] [3] *vt* -1. JUR to clear. -2. *fig* [excuser] to justify.

innocuité [inɔkɥite] *nf* harmlessness, innocuousness.

innombrable [inɔ̃brabl] *adj* innumerable; [foule] vast.

innovateur, -trice [inɔvatœr, tris] ◇ *adj* innovatory. ◇ *nm, f* innovator.

innovation [inɔvasjɔ̃] *nf* innovation.

innover [inɔve] [3] *vi* to innovate.

inobservation [inɔpsɛrvasjɔ̃] *nf* inobservance.

inoccupé, -e [inɔkype] *adj* -1. [lieu] empty, unoccupied. -2. [personne, vie] idle.

inoculation [inɔkylasjɔ̃] *nf* [volontaire] inoculation; [accidentelle] infection.

inoculer [inɔkyle] [3] *vt* MÉD: ~ **qqch à qqn** [volontairement] to inoculate sb with sthg; [accidentellement] to infect sb with sthg.

inodore [inɔdɔr] *adj* odorless *Am*, odourless *Br*.

inoffensif, -ive [inɔfɑ̃sif, iv] *adj* harmless.

inondation [inɔ̃dasjɔ̃] *nf* -1. [action] flooding. -2. [résultat] flood.

inonder [inɔ̃de] [3] *vt* to flood; ~ **de** *fig* to flood with.

inopérable [inɔperabl] *adj* inoperable.

inopérant, -e [inɔperɑ̃, ɑ̃t] *adj* ineffective.

inopiné, -e [inɔpine] *adj* unexpected.

inopinément [inɔpinemã] *adv* unexpectedly.

inopportun, -e [inɔpɔrtœ̃, yn] *adj* inopportune.

inorganisé, -e [inɔrganize] ◇ *adj* -1. [sans organisation] disorganized. -2. [politiquement] independent; [syndicalement] non-union (*avant n*). ◇ *nm, f* [politiquement] independent; [syndicalement] non-union member.

inoubliable [inublijabl] *adj* unforgettable.

inouï, -e [inwi] *adj* incredible, extraordinary.

Inox® [inɔks] *nm inv & adj inv* stainless steel.

inoxydable [inɔksidabl] ◇ *adj* stainless; [casserole] stainless steel (*avant n*). ◇ *nm* stainless steel.

inqualifiable [ɛ̃kalifjabl] *adj* unspeakable.

inquiet, -iète [ɛ̃kjɛ, jɛt] ◇ *adj* -1. [gén] anxious. -2. [tourmenté] feverish. ◇ *nm, f* worrier.

inquiétant, -e [ɛ̃kjetɑ̃, ɑ̃t] *adj* disturbing, worrying.

inquiéter [ɛ̃kjete] [18] *vt* **-1.** [donner du souci à] to worry. **-2.** [déranger] to disturb.

◆ **s'inquiéter** *vp* **-1.** [s'alarmer] to be worried. **-2.** [se préoccuper]: **s'~ de** [s'enquérir de] to enquire about; [se soucier de] to worry about.

inquiétude [ɛ̃kjetyd] *nf* anxiety, worry.

inquisiteur, -trice [ɛ̃kizitœr, tris] *adj* prying.

INR (*abr de* **Institut national de radiodiffusion**) *nm Belgian broadcasting company.*

INRA, Inra [inra] (*abr de* **Institut national de la recherche agronomique**) *nm national institute for agronomic research.*

insaisissable [ɛ̃sezisabl] *adj* **-1.** [personne] elusive. **-2.** *fig* [nuance] imperceptible.

insalubre [ɛ̃salybr] *adj* unhealthy.

insalubrité [ɛ̃salybrite] *nf* unhealthiness.

insanité [ɛ̃sanite] *nf* **-1.** [déraison] insanity, madness. **-2.** [propos]: **dire des ~s** to say insane things. **-3.** [acte] insane act.

insatiable [ɛ̃sasjabl] *adj* insatiable.

insatisfait, -e [ɛ̃satisfɛ, et] ◇ *adj* **-1.** [personne] dissatisfied. **-2.** [sentiment] unsatisfied. ◇ *nm, f* malcontent.

inscription [ɛ̃skripsjɔ̃] *nf* **-1.** [action, écrit] inscription. **-2.** [enregistrement] enrollment *Am*, enrolment *Br*, registration. **-3.** JUR registration.

inscrire [ɛ̃skrir] [99] *vt* **-1.** [écrire] to write down; [- sur la pierre, le métal] to inscribe. **-2.** [personne]: **~ qqn à qqch** to register sb for sthg, to enroll *Am* OU enrol *Br* sb for sthg; **~ qqn sur qqch** to put sb's name down on sthg. **-3.** SPORT [but] to score.

◆ **s'inscrire** *vp* **-1.** [personne]: **s'~ à qqch** to register for sthg, to enroll *Am* OU enrol *Br* for sthg; **s'~ sur qqch** to put one's name down on sthg. **-2.** [s'insérer]: **s'~ dans** to come within the scope of. **-3.** *loc*: **s'~ en faux contre qqch** to deny sthg vigorously.

inscrit, -e [ɛ̃skri, it] ◇ *pp* → **inscrire**. ◇ *adj* [sur liste] registered; **être ~ sur une liste** to have one's name on a list. ◇ *nm, f* registered person.

inscrivais, inscrivions *etc* → **inscrire**.

INSEAD [insead] (*abr de* **Institut européen d'administration**) *nm European business school in Fontainebleau.*

insecte [ɛ̃sɛkt] *nm* insect.

insecticide [ɛ̃sɛktisid] *nm & adj* insecticide.

insectivore [ɛ̃sɛktivɔr] ◇ *adj* insectivorous. ◇ *nm* insectivore.

insécurité [ɛ̃sekyrite] *nf* insecurity.

INSEE, Insee [inse] (*abr de* **Institut national de la statistique et des études économiques**) *nm national institute of statistics and information about the economy.*

insémination [ɛ̃seminasjɔ̃] *nf* insemination; **~ artificielle** artificial insemination.

insensé, -e [ɛ̃sɑ̃se] *adj* **-1.** [déraisonnable] insane. **-2.** [incroyable, excentrique] extraordinary.

insensibiliser [ɛ̃sɑ̃sibilize] [3] *vt* to anesthetize *Am*, to anaesthetize *Br*; **~ qqn (à)** *fig* to make sb insensitive (to).

insensibilité [ɛ̃sɑ̃sibilite] *nf*: **~ (à)** insensitivity (to).

insensible [ɛ̃sɑ̃sibl] *adj* **-1.** [gén]: **~ (à)** insensitive (to). **-2.** [imperceptible] imperceptible.

insensiblement [ɛ̃sɑ̃sibləmɑ̃] *adv* imperceptibly.

inséparable [ɛ̃separabl] *adj*: **~ (de)** inseparable (from).

◆ **inséparables** *nmpl* [perruches] lovebirds.

insérer [ɛ̃sere] [18] *vt* to insert; **~ une annonce dans un journal** to put an advertisement in a newspaper.

◆ **s'insérer** *vp* **-1.** [s'intégrer]: **s'~ dans** to fit into. **-2.** [s'attacher] to be attached.

INSERM, Inserm [insɛrm] (*abr de* **Institut national de la santé et de la recherche médicale**) *nm national institute for medical research.*

insertion [ɛ̃sersjɔ̃] *nf* **-1.** [d'objet, de texte] insertion. **-2.** [de personne] integration.

insidieux, -ieuse [ɛ̃sidjø, jøz] *adj* insidious.

insigne [ɛ̃siɲ] ◇ *nm* badge. ◇ *adj* **-1.** *littéraire* [honneur] distinguished. **-2.** *hum* [maladresse] remarkable.

insignifiant, -e [ɛ̃siɲifjɑ̃, ɑ̃t] *adj* insignificant.

insinuant, -e [ɛ̃sinɥɑ̃, ɑ̃t] *adj* ingratiating.

insinuation [ɛ̃sinɥasjɔ̃] *nf* insinuation, innuendo.

insinuer [ɛ̃sinɥe] [7] *vt* to insinuate, to imply.

◆ **s'insinuer** *vp*: **s'~ dans** [eau, humidité, odeur] to seep into; *fig* [personne] to insinuate o.s. into.

insipide [ɛ̃sipid] *adj* [aliment] insipid, tasteless; *fig* insipid.

insistance [ɛ̃sistɑ̃s] *nf* insistence; **avec ~** insistently.

insistant, -e [ɛ̃sistɑ̃, ɑ̃t] *adj* insistent.

insister [ɛ̃siste] [3] *vi* to insist; **~ sur** to insist on; **~ pour faire qqch** to insist on doing sthg.

insolation [ɛ̃sɔlasjɔ̃] *nf* **-1.** [malaise] sunstroke (*U*). **-2.** [ensoleillement] sunshine.

insolence [ɛ̃sɔlɑ̃s] *nf* insolence (*U*).

insolent, -e [ɛ̃sɔlɑ̃, ɑ̃t] ◇ *adj* **-1.** [personne, acte] insolent. **-2.** [joie, succès] unashamed, blatant. ◇ *nm, f* insolent person.

insolite [ɛ̃sɔlit] *adj* unusual.

insoluble [ɛ̃sɔlybl] *adj* insolvable *Am*, insoluble *Br*.

insolvable [ɛ̃sɔlvabl] ◇ *adj* insolvent. ◇ *nmf* bankrupt.

insomniaque [ɛ̃sɔmnjak] *nmf & adj* insomniac.

insomnie [ɛ̃sɔmni] *nf* insomnia (*U*); **avoir des ~s** to suffer from insomnia.

insondable [ɛ̃sɔ̃dabl] *adj* [gouffre, mystère] unfathomable; [bêtise] abysmal.

insonore [ɛ̃sɔnɔr] *adj* soundproof.

insonorisation [ɛ̃sɔnɔrizasjɔ̃] *nf* soundproofing.

insonoriser [ɛ̃sɔnɔrize] [3] *vt* to soundproof.

insouciance [ɛ̃susjɑ̃s] *nf* **-1.** [inconscience]: **~ (de)** lack of concern (about). **-2.** [légèreté] carefree attitude.

insouciant, -e [ɛ̃susjɑ̃, ɑ̃t] *adj* **-1.** [sanssouci] carefree. **-2.** [inconscient]: **~ (de)** unconcerned (about).

insoumis, -e [ɛ̃sumi, iz] *adj* **-1.** [caractère] rebellious. **-2.** [peuple] unsubjugated. **-3.** [soldat] deserting.
◆ **insoumis** *nm* deserter.

insoumission [ɛ̃sumisjɔ̃] *nf* **-1.** [caractère rebelle] rebelliousness. **-2.** MIL desertion.

insoupçonné, -e [ɛ̃supsɔne] *adj* unsuspected.

insoutenable [ɛ̃sutnabl] *adj* **-1.** [rythme] unsustainable. **-2.** [scène, violence] unbearable. **-3.** [théorie] untenable.

inspecter [ɛ̃spɛkte] [4] *vt* to inspect.

inspecteur, -trice [ɛ̃spɛktœr, tris] *nm, f* inspector; **~ des finances** ≃ Internal Revenue Service agent *Am*, ≃ tax inspector *Br*; **~ de police** police inspector.

inspection [ɛ̃spɛksjɔ̃] *nf* **-1.** [contrôle] inspection; **faire l'~ de qqch** to inspect sthg. **-2.** [fonction] inspectorate; **~ générale des Finances** ≃ Internal Revenue Service *Am*, ≃ Inland Revenue *Br*.

inspiration [ɛ̃spirasjɔ̃] *nf* **-1.** [gén] inspiration; [idée] bright idea, brainwave; **avoir de l'~** to be inspired; **avoir une bonne/mauvaise ~** to have a good/bad idea. **-2.** [d'air] breathing in.

inspiré, -e [ɛ̃spire] *adj* inspired; **être bien ~ de faire qqch** be well-advised to do sthg.

inspirer [ɛ̃spire] [3] *vt* **-1.** [gén] to inspire; **~ qqch à qqn** to inspire sb with sthg. **-2.** [air] to breathe in, to inhale.
◆ **s'inspirer** *vp* [prendre modèle sur]: **s'~ de qqn/qqch** to be inspired by sb/sthg.

instabilité [ɛ̃stabilite] *nf* **-1.** [gén] instability. **-2.** [du temps] unsettled nature.

instable [ɛ̃stabl] ◇ *adj* **-1.** [gén] unstable. **-2.** [vie, temps] unsettled. ◇ *nmf* unstable person.

installateur, -trice [ɛ̃stalatœr, tris] *nm, f* fitter.

installation [ɛ̃stalasjɔ̃] *nf* **-1.** [de gaz, eau, électricité] installation. **-2.** [de personne - comme médecin, artisan] setting up; [- dans appartement] settling in. **-3.** [d'appartement] fitting out. **-4.** [de rideaux, étagères] putting up; [de meubles] putting in. **-5.** (*gén pl*) [équipement] installations (*pl*), fittings (*pl*); [industrielle] plant (*U*); [de loisirs] facilities (*pl*); **~ électrique** wiring; **~s sanitaires** plumbing (*U*).

installer [ɛ̃stale] [3] *vt* **-1.** [gaz, eau, électricité] to instal *Am*, to install *Br*, to put in. **-2.** [appartement] to fit out. **-3.** [rideaux, étagères] to put up; [meubles] to put in. **-4.** [personne]: **~ qqn** to get sb settled, to instal *Am* OU install *Br* sb.
◆ **s'installer** *vp* **-1.** [comme médecin, artisan etc] to set (o.s.) up. **-2.** [emménager] to settle in; **s'~ chez qqn** to move in with sb. **-3.** [dans fauteuil] to settle down. **-4.** *fig* [maladie, routine] to set in.

instamment [ɛ̃stamɑ̃] *adv* insistently.

instance [ɛ̃stɑ̃s] *nf* **-1.** [autorité] authority. **-2.** JUR proceedings (*pl*). **-3.** [insistance] entreaties (*pl*); **sur les ~s de** on the insistence of.
◆ **en instance** *loc adj* pending.
◆ **en instance de** *loc adv* on the point of; **en ~ de divorce** waiting for a divorce.

instant [ɛ̃stɑ̃] *nm* instant; **à l'~** [il y a peu de temps] a moment ago; [immédiatement] this minute; **à l'~ où** (just) as; **à tout ~** [en permanence] at all times; [d'un moment à l'autre] at any moment; **pour l'~** for the moment; **dans un ~** in a moment OU minute; **dès l'~ où** from the moment (when); **un ~!** one moment!; **en un ~** in a flash OU an instant; **ne pas avoir un ~ de répit** not to have a moment's respite.

instantané, -e [ɛ̃stɑ̃tane] *adj* **-1.** [immédiat] instantaneous. **-2.** [soluble] instant.
◆ **instantané** *nm* snapshot.

instantanément [ɛ̃stɑ̃tanemɑ̃] *adv* instantaneously, at once.

instar [ɛ̃star]

◆ **à l'instar de** *loc prép* following the example of.

instaurer [ɛ̃stɔre] [3] *vt* [instituer] to establish; *fig* [peur, confiance] to instill *Am*, to instil *Br*.

instigateur, -trice [ɛ̃stigatœr, tris] *nm, f* instigator.

instigation [ɛ̃stigasjɔ̃] *nf* instigation.

◆ **à l'instigation de, sur l'instigation de** *loc prép* at the instigation of.

instiller [ɛ̃stile] [3] *vt* **-1.** [substance] to drip. **-2.** [sentiment] to instill *Am*, to instil *Br*.

instinct [ɛ̃stɛ̃] *nm* instinct; **d'**~ instinctively; ~ **de conservation** instinct for self-preservation; ~ **grégaire** herd instinct; ~ **maternel** maternal instinct.

instinctif, -ive [ɛ̃stɛ̃ktif, iv] ◇ *adj* instinctive. ◇ *nm, f* instinctive person.

instinctivement [ɛ̃stɛ̃ktivmɑ̃] *adv* instinctively.

instituer [ɛ̃stitɥe] [7] *vt* **-1.** [pratique] to institute. **-2.** JUR [personne] to appoint.

◆ **s'instituer** *vp* to be set up OU established.

institut [ɛ̃stity] *nm* **-1.** [gén] institute; **l'Institut (de France)** the Institut de France; ~ **médico-légal** mortuary; **l'**~ **Pasteur** the Institut Pasteur. **-2.** [de soins]: ~ **de beauté** beauty salon; ~ **dentaire** ≃ dental hospital.

L'INSTITUT DE FRANCE:
'L'Institut', as it is commonly known, is the learned society which includes the five 'Académies' (the 'Académie française' being one of them). Its headquarters are in the building of the same name on the banks of the Seine in Paris

L'INSTITUT PASTEUR:
This is a major research and teaching establishment specializing in microbiology and bacteriology. Its headquarters are in Paris but it has branches all over the world

instituteur, -trice [ɛ̃stitytœr, tris] *nm, f* grade *Am* OU primary *Br* school teacher.

institution [ɛ̃stitysjɔ̃] *nf* **-1.** [gén] institution. **-2.** [école privée] private school. **-3.** JUR nomination.

◆ **institutions** *nfpl* POLIT institutions.

institutionnaliser [ɛ̃stitysjɔnalize] [3] *vt* to institutionalize.

◆ **s'institutionnaliser** *vp* to become institutionalized.

instructeur [ɛ̃stryktœr] ◇ *nm* instructor. ◇ *adj* MIL: **sergent** ~ drill sergeant.

instructif, -ive [ɛ̃stryktif, iv] *adj* instructive, educational.

instruction [ɛ̃stryksjɔ̃] *nf* **-1.** [enseignement, savoir] education; **avoir de l'**~ to be educated; ~ **civique** civics (*U*); ~ **publique** state education; ~ **religieuse** religious education. **-2.** [formation] training. **-3.** [directive] order. **-4.** JUR (pre-trial) investigation.

◆ **instructions** *nfpl* instructions.

instruire [ɛ̃strɥir] [98] *vt* **-1.** [éduquer] to teach, to instruct. **-2.** *sout* [informer] to inform. **-3.** JUR [affaire] to investigate; ~ **contre qqn** to investigate sb.

◆ **s'instruire** *vp* **-1.** [se former] to learn. **-2.** *sout* [s'informer]: **s'**~ **de qqch auprès de qqn** to find out about sthg from sb.

instruisais, instruisions *etc* → **instruire**.

instruit, -e [ɛ̃strɥi, ɥit] ◇ *pp* → **instruire**. ◇ *adj* educated.

instrument [ɛ̃strymɑ̃] *nm* instrument; ~ **à cordes/percussion/vent** stringed/percussion/wind instrument; ~ **de musique** musical instrument; ~ **de travail** tool.

instrumental, -e, -aux [ɛ̃strymɑ̃tal, o] *adj* instrumental.

◆ **instrumental** *nm* instrumental.

instrumentation [ɛ̃strymɑ̃tasjɔ̃] *nf* instrumentation.

instrumentiste [ɛ̃strymɑ̃tist] *nmf* instrumentalist.

insu [ɛ̃sy]

◆ **à l'insu de** *loc prép*: **à l'**~ **de qqn** without sb knowing; **ils ont tout organisé à mon** ~ they organized it all without my knowing.

insubmersible [ɛ̃sybmɛrsibl] *adj* unsinkable.

insubordination [ɛ̃sybɔrdinasjɔ̃] *nf* insubordination.

insubordonné, -e [ɛ̃sybɔrdɔne] *adj* insubordinate.

insuccès [ɛ̃syksɛ] *nm* failure.

insuffisamment [ɛ̃syfizamɑ̃] *adv* insufficiently, inadequately.

insuffisance [ɛ̃syfizɑ̃s] *nf* **-1.** [manque] insufficiency. **-2.** MÉD deficiency; ~ **cardiaque** cardiac insufficiency.

◆ **insuffisances** *nfpl* [faiblesses] shortcomings.

insuffisant, -e [ɛ̃syfizɑ̃, ɑ̃t] *adj* **-1.** [en quantité] insufficient. **-2.** [en qualité] inadequate, unsatisfactory.

insuffler [ɛ̃syfle] [3] *vt* **-1.** [air] to blow. **-2.** *fig* [sentiment]: ~ **qqch à qqn** to inspire sb with sthg.

insulaire [ɛ̃syler] ◇ *nmf* islander. ◇ *adj* **-1.** GÉOGR island (*avant n*). **-2.** *fig* [attitude] insular.

insularité [ɛ̃sylarite] *nf* insularity.

insuline [ɛ̃sylin] *nf* insulin.

insultant, -e [ɛ̃syltɑ̃, ɑ̃t] *adj* insulting.

insulte [ɛ̃sylt] *nf* insult.

insulter [ɛ̃sylte] [3] *vt* to insult.

◆ **s'insulter** *vp* to insult each other.

insupportable [ɛ̃sypɔrtabl] *adj* unbearable.

insurgé, -e [ɛ̃syrʒe] *adj & nm, f* insurgent, rebel.

insurger [ɛ̃syrʒe] [17]

◆ **s'insurger** *vp* to rebel, to revolt; **s'~ contre qqn** to rebel OU rise up against sb; **s'~ contre qqch** to protest against sthg.

insurmontable [ɛ̃syrmɔ̃tabl] *adj* [difficulté] insurmountable; [dégoût] uncontrollable.

insurrection [ɛ̃syrɛksjɔ̃] *nf* insurrection.

insurrectionnel, -elle [ɛ̃syrɛksjɔnɛl] *adj* insurrectionary.

intact, -e [ɛ̃takt] *adj* intact.

intangible [ɛ̃tɑ̃ʒibl] *adj* **-1.** *littéraire* [impalpable] intangible. **-2.** [sacré] inviolable.

intarissable [ɛ̃tarisabl] *adj* inexhaustible; **il est ~** he could go on talking for ever.

intégral, -e, -aux [ɛ̃tegral, o] *adj* **-1.** [paiement] in full; [texte] unabridged, complete; **bronzage ~** all-over tan. **-2.** MATHS: **calcul ~ integral** calculus.

◆ **intégrale** *nf* **-1.** MUS complete works (*pl*). **-2.** MATHS integral.

intégralement [ɛ̃tegralmɑ̃] *adv* fully, in full.

intégralité [ɛ̃tegralite] *nf* whole; **dans son ~** in full.

intégrant, -e [ɛ̃tegrɑ̃, ɑ̃t] → **parti**.

intégration [ɛ̃tegrasjɔ̃] *nf* integration.

intègre [ɛ̃tɛgr] *adj* honest, of integrity.

intégré, -e [ɛ̃tegre] *adj* **-1.** [logiciel] integrated. **-2.** [élément] built-in.

intégrer [ɛ̃tegre] [18] *vt* [assimiler]: **~ (à** OU **dans)** to integrate (into).

◆ **s'intégrer** *vp* **-1.** [s'incorporer]: **s'~ dans** OU **à** to fit into. **-2.** [s'adapter] to integrate.

intégrisme [ɛ̃tegrism] *nm* fundamentalism.

intégriste [ɛ̃tegrist] *nmf & adj* fundamentalist.

intégrité [ɛ̃tegrite] *nf* **-1.** [totalité] entirety. **-2.** [honnêteté] integrity.

intellect [ɛ̃telɛkt] *nm* intellect.

intellectualisme [ɛ̃telɛktɥalism] *nm* intellectualism.

intellectuel, -elle [ɛ̃telɛktɥɛl] *adj & nm, f* intellectual.

intellectuellement [ɛ̃telɛktɥɛlmɑ̃] *adv* intellectually.

intelligemment [ɛ̃teliʒamɑ̃] *adv* intelligently.

intelligence [ɛ̃teliʒɑ̃s] *nf* **-1.** [facultés mentales] intelligence; **~ artificielle** artificial intelligence. **-2.** [personne] brain. **-3.** [compréhension, complicité] understanding; **agir d'~ avec qqn** to act in complicity with sb.

◆ **intelligences** *nfpl* secret contacts.

intelligent, -e [ɛ̃teliʒɑ̃, ɑ̃t] *adj* intelligent.

intelligentsia [ɛ̃teligɛnsja] *nf* intelligentsia.

intelligible [ɛ̃teliʒibl] *adj* **-1.** [voix] clear. **-2.** [concept, texte] intelligible.

intello [ɛ̃telo] *adj inv & nmf péj* highbrow.

intempérance [ɛ̃tɑ̃perɑ̃s] *nf* **-1.** [abus] excessiveness. **-2.** [excès de plaisirs] overindulgence.

intempéries [ɛ̃tɑ̃peri] *nfpl* bad weather (*U*).

intempestif, -ive [ɛ̃tɑ̃pɛstif, iv] *adj* untimely.

intemporel, -elle [ɛ̃tɑ̃pɔrɛl] *adj* **-1.** [sans durée] timeless. **-2.** *littéraire* [immatériel] immaterial.

intenable [ɛ̃tənabl] *adj* **-1.** [chaleur, personne] unbearable. **-2.** [position] untenable, indefensible.

intendance [ɛ̃tɑ̃dɑ̃s] *nf* **-1.** MIL commissariat; SCOL & UNIV bursar's office. **-2.** *fig* [questions matérielles] housekeeping.

intendant, -e [ɛ̃tɑ̃dɑ̃, ɑ̃t] *nm, f* **-1.** SCOL & UNIV bursar. **-2.** [de manoir] steward.

◆ **intendant** *nm* MIL quartermaster.

intense [ɛ̃tɑ̃s] *adj* **-1.** [gén] intense. **-2.** [circulation] dense.

intensément [ɛ̃tɑ̃semɑ̃] *adv* intensely.

intensif, -ive [ɛ̃tɑ̃sif, iv] *adj* intensive.

intensification [ɛ̃tɑ̃sifikasjɔ̃] *nf* intensification.

intensifier [ɛ̃tɑ̃sifje] [9] *vt* to intensify.

◆ **s'intensifier** *vp* to intensify.

intensité [ɛ̃tɑ̃site] *nf* intensity.

intenter [ɛ̃tɑ̃te] [3] *vt* JUR: **~ qqch contre** OU **à qqn** to bring sthg against sb.

intention [ɛ̃tɑ̃sjɔ̃] *nf* intention; **avoir l'~ de faire qqch** to intend to do sthg; **~ d'achat** COMM purchasing intention; **agir dans une bonne ~** to act with good intentions.

◆ **à l'intention de** *loc prép* for.

intentionné, -e [ɛ̃tɑ̃sjɔne] *adj*: **bien ~** well-meaning; **mal ~** ill-disposed.

intentionnel, -elle [ɛ̃tɑ̃sjɔnɛl] *adj* intentional.

intentionnellement [ɛ̃tɑ̃sjɔnɛlmɑ̃] *adv* intentionally.

inter [ɛ̃tɛr] *nm* **-1.** *vieilli* = **interurbain**. **-2.** SPORT: **~ gauche/droit** inside left/right.

interactif, -ive [ɛ̃tɛraktif, iv] *adj* interactive.

interaction [ɛ̃teraksjɔ̃] *nf* interaction.

interbancaire [ɛ̃terbɑ̃kɛr] *adj* interbank (*avant n*).

intercalaire [ɛ̃terkalɛr] ◇ *nm* insert. ◇ *adj*: **feuillet** ~ insert; **jour** ~ *extra day in a leap year.*

intercaler [ɛ̃terkale] [3] *vt*: ~ **qqch dans qqch** [feuillet, citation] to insert sthg in sthg; [dans le temps] to fit sthg into sthg.
◆ **s'intercaler** *vp*: **s'~ entre** to come between.

intercéder [ɛ̃tersede] [18] *vi*: ~ **pour** OU **en faveur de qqn auprès de qqn** to intercede with sb on behalf of sb.

intercepter [ɛ̃tersɛpte] [4] *vt* **-1.** [lettre, ballon] to intercept. **-2.** [chaleur] to block.

intercession [ɛ̃tersesjɔ̃] *nf* intercession.

interchangeable [ɛ̃terʃɑ̃ʒabl] *adj* interchangeable.

interclasse [ɛ̃terklas] *nm* break.

intercommunal, -e, -aux [ɛ̃terkɔmynal, o] *adj* intermunicipal.

intercontinental, -e, -aux [ɛ̃terkɔ̃tinɑ̃tal, o] *adj* intercontinental.

interdépartemental, -e, -aux [ɛ̃terdepartəmɑ̃tal, o] *adj* interdepartmental.

interdépendance [ɛ̃terdepɑ̃dɑ̃s] *nf* interdependence.

interdépendant, -e [ɛ̃terdepɑ̃dɑ̃, ɑ̃t] *adj* interdependent.

interdiction [ɛ̃terdiksjɔ̃] *nf* **-1.** [défense]: «~ **absolue de stationner»** "strictly no parking"; «~ **de fumer»** "no smoking". **-2.** [prohibition, suspension]: ~ **(de)** ban (on), banning (of); **enfreindre/lever une** ~ to break/lift a ban; ~ **de séjour** *order banning released prisoner from living in certain areas.*

interdire [ɛ̃terdir] [103] *vt* **-1.** [prohiber]: ~ **qqch à qqn** to forbid sb sthg; ~ **à qqn de faire qqch** to forbid sb to do sthg. **-2.** [empêcher] to prevent; ~ **à qqn de faire qqch** to prevent sb from doing sthg. **-3.** [d'exercer] to ban. **-4.** [bloquer] to block.
◆ **s'interdire** *vp*: **s'~ qqch/de faire qqch** to refrain from sthg/from doing sthg.

interdisais, interdisions *etc* → **interdire**.

interdisciplinaire [ɛ̃terdisipliner] *adj* interdisciplinary.

interdise, interdises *etc* → **interdire**.

interdit, -e [ɛ̃terdi, it] ◇ *pp* → **interdire**. ◇ *adj* **-1.** [défendu] forbidden; «**film** ~ **aux moins de 18 ans»** ≃ "(18)". **-2.** [ébahi]: **rester** ~ to be stunned. **-3.** [privé]: **être** ~ **de chéquier** to have had one's checkbook *Am* OU chequebook *Br* facilities withdrawn; ~

de séjour banned from entering the country.
◆ **interdit** *nm*: **jeter l'~ sur qqn** to bar sb; **lever un** ~ to lift a ban.

intéressant, -e [ɛ̃teresɑ̃, ɑ̃t] ◇ *adj* **-1.** [captivant] interesting. **-2.** [avantageux] advantageous, good. ◇ *nm, f*: **faire l'~** to show off.

intéressé, -e [ɛ̃terese] ◇ *adj* [concerné] concerned, involved; *péj* [motivé] self-interested. ◇ *nm, f* person concerned; **le principal** ~ the main person concerned.

intéressement [ɛ̃teresmɑ̃] *nm* profit-sharing (scheme).

intéresser [ɛ̃terese] [4] *vt* **-1.** [captiver] to interest; ~ **qqn à qqch** to interest sb in sthg. **-2.** COMM [faire participer]: ~ **les employés (aux bénéfices)** to give one's employees a share in the profits; ~ **qqn dans son commerce** to give sb a financial interest in one's business. **-3.** [concerner] to concern.
◆ **s'intéresser** *vp*: **s'~ à qqn/qqch** to take an interest in sb/sthg, to be interested in sb/sthg.

intérêt [ɛ̃terɛ] *nm* **-1.** [gén] interest; ~ **pour** interest in; **agir par** ~ to act in one's own interest; **avoir** ~ **à faire qqch** to be well advised to do sthg; **dans l'~ général** in everyone's interest. **-2.** [importance] significance. **-3.** [avantage] advantage.
◆ **intérêts** *nmpl* **-1.** FIN interest (*sg*); ~**s moratoires** interest on overdue payment. **-2.** COMM: **avoir des** ~**s dans** to have a stake in.

interface [ɛ̃terfas] *nf* INFORM interface; ~ **graphique** graphic interface.

interférence [ɛ̃terferɑ̃s] *nf* **-1.** PHYS & POLIT interference. **-2.** *fig* [conjonction] convergence.

interférer [ɛ̃terfere] [18] *vi* **-1.** PHYS to interfere. **-2.** *fig* [se rencontrer] to converge. **-3.** *fig* [s'immiscer]: ~ **dans qqch** to interfere in sthg.

intergalactique [ɛ̃tergalaktik] *adj* intergalactic.

intérieur, -e [ɛ̃terjœr] *adj* **-1.** [gén] inner. **-2.** [de pays] domestic.
◆ **intérieur** *nm* **-1.** [gén] inside; **de l'~** from the inside; **à l'~ de soi-même** *fig* & *littéraire* inwardly; **à l'~ (de qqch)** inside (sthg). **-2.** [de pays] interior.

intérieurement [ɛ̃terjœrmɑ̃] *adv* inwardly.

intérim [ɛ̃terim] *nm* **-1.** [période] interim period; **assurer l'~ (de qqn)** to deputize (for sb); **par** ~ acting. **-2.** [travail temporaire] temporary OU casual work; [dans bureau] temping; **faire de l'~, travailler en** ~ to temp.

intérimaire [ēterimɛr] ◇ *adj* **-1.** [ministre, directeur] acting (*avant n*). **-2.** [employé, fonctions] temporary. ◇ *nmf* **-1.** [ministre] acting minister. **-2.** [employé] temp.

intérioriser [ēterjɔrize] [3] *vt* to internalize.

interjection [ēterʒɛksjɔ̃] *nf* **-1.** LING interjection. **-2.** JUR lodging of an appeal.

interjeter [ēterʒəte] [27] *vt* JUR: ~ **appel** to lodge an appeal.

interligne [ēterliɲ] ◇ *nm* space between the lines; **simple/double** ~ single/double spacing. ◇ *nf* TYPO lead, leading.

interlocuteur, -trice [ēterlɔkytœr, tris] *nm, f* **-1.** [dans conversation] speaker; **mon** ~ the person to whom I am/was speaking. **-2.** [dans négociation] negotiator.

interlope [ēterlɔp] *adj* **-1.** [illégal] illegal. **-2.** *fig* [louche] suspect, shady.

interloquer [ēterlɔke] [3] *vt* to disconcert.

interlude [ēterlyd] *nm* interlude.

intermède [ētermɛd] *nm* interlude.

intermédiaire [ētermedjɛr] ◇ *nm* intermediary, go-between; **par l'**~ **de qqn/qqch** through sb/sthg. ◇ *adj* intermediate.

interminable [ēterminabl] *adj* never-ending, interminable.

interministériel, -ielle [ēterministerjɛl] *adj* interdepartmental.

intermittence [ētermitɑ̃s] *nf* [discontinuité]: **par** ~ intermittently, off and on.

intermittent, -e [ētermitɑ̃, ɑ̃t] *adj* intermittent.

internat [ēterna] *nm* **-1.** [SCOL - établissement] boarding school; [- système] boarding. **-2.** [MÉD & UNIV - concours] entrance examination; [- période de stage] period spent as an intern *Am* OU a houseman *Br*.

international, -e, -aux [ēternasjɔnal, o] ◇ *adj* international. ◇ *nm, f* SPORT international.

◆ **Internationale** *nf* **-1.** [association] International. **-2.** [hymne] Internationale.

internationalisation [ēternasjɔnalizasjɔ̃] *nf* internationalization.

internaute [ēternɔt] *nmf* INFORM Internet user.

interne [ētern] ◇ *nmf* **-1.** [élève] boarder. **-2.** MÉD & UNIV intern *Am*, houseman *Br*. ◇ *adj* **-1.** ANAT internal; [oreille] inner. **-2.** [du pays] domestic.

interné, -e [ēterne] *nm, f* **-1.** [prisonnier] internee. **-2.** MÉD inmate (*of psychiatric hospital*).

internement [ēternəmɑ̃] *nm* **-1.** POLIT internment. **-2.** MÉD confinement (*to psychiatric hospital*).

interner [ēterne] [3] *vt* **-1.** POLIT to intern. **-2.** MÉD to confine (*to psychiatric hospital*).

Internet [ēternɛt] *nm*: **l'**~ the Internet.

interpeller [ēterpəle] [26] *vt* **-1.** [apostropher] to call OU shout out to. **-2.** [interroger] to take in for questioning.

◆ **s'interpeller** *vp* to exchange insults.

Interphone® [ēterfɔn] *nm* intercom; [d'un immeuble] entry phone.

interplanétaire [ēterplanetɛr] *adj* interplanetary.

interpoler [ēterpɔle] [3] *vt* to interpolate.

interposer [ēterpoze] [3] *vt* to interpose.

◆ **s'interposer** *vp*: **s'**~ **dans qqch** to intervene in sthg; **s'**~ **entre qqn et qqn** to intervene OU come between sb and sb.

interprétariat [ēterpretarja] *nm* interpreting.

interprétation [ēterpretasjɔ̃] *nf* interpretation.

interprète [ēterprɛt] *nmf* **-1.** [gén] interpreter. **-2.** [porte-parole] spokesperson. **-3.** CIN, MUS & THÉÂTRE performer.

interpréter [ēterprete] [18] *vt* to interpret.

interprofessionnel, -elle [ēterprɔfesjɔnɛl] *adj* interprofessional.

interrogateur, -trice [ēterɔgatœr, tris] ◇ *adj* inquiring (*avant n*). ◇ *nm, f* SCOL & UNIV oral examiner.

interrogatif, -ive [ēterɔgatif, iv] *adj* **-1.** GRAM interrogative. **-2.** [air, ton] inquiring (*avant n*).

◆ **interrogatif** *nm* GRAM interrogative.

interrogation [ēterɔgasjɔ̃] *nf* **-1.** [de prisonnier] interrogation; [de témoin] questioning. **-2.** [question] question; ~ **directe/indirecte** direct/indirect question. **-3.** SCOL test.

interrogatoire [ēterɔgatwar] *nm* **-1.** [de police, juge] questioning. **-2.** [procès-verbal] statement.

interrogeable [ēterɔʒabl] *adj*: **répondeur** ~ **à distance** answerphone with remote playback facility.

interroger [ēterɔʒe] [17] *vt* **-1.** [questionner] to question; [accusé, base de données] to interrogate; ~ **qqn (sur qqch)** to question sb (about sthg). **-2.** [faits, conscience] to examine.

◆ **s'interroger** *vp*: **s'**~ **sur** to wonder about.

interrompre [ēterɔ̃pr] [78] *vt* to interrupt.

◆ **s'interrompre** *vp* to stop.

interrompu, -e [ēterɔ̃py] *pp* → **interrompre**.

interrupteur [ēteryptœr] *nm* switch; ~ **à bascule** toggle switch.

interruption [ɛ̃terypsjɔ̃] *nf* **-1.** [arrêt] break; **sans** ~ without a break. **-2.** [action] interruption.

intersection [ɛ̃tɛrsɛksjɔ̃] *nf* intersection.

intersidéral, -e, -aux [ɛ̃tɛrsideral, o] *adj* interstellar.

interstice [ɛ̃tɛrstis] *nm* chink, crack.

intersyndical, -e, -aux [ɛ̃tɛrsɛ̃dikal, o] *adj* interunion.

intertitre [ɛ̃tɛrtitr] *nm* **-1.** PRESSE subheading. **-2.** CIN intertitle.

interurbain, -e [ɛ̃tɛryrbɛ̃, ɛn] *adj* long-distance.
◆ **interurbain** *nm*: l'~ the long-distance telephone service.

intervalle [ɛ̃tɛrval] *nm* **-1.** [spatial] space, gap. **-2.** [temporel] interval, period (of time); **à 6 jours d'**~ after 6 days; **dans l'**~ in the meantime. **-3.** MUS interval.

intervenant, -e [ɛ̃tɛrvənɑ̃, ɑ̃t] *nm, f* **-1.** [orateur] speaker. **-2.** JUR intervening party.

intervenir [ɛ̃tɛrvənir] [40] *vi* **-1.** [personne] to intervene; ~ **auprès de qqn** to intervene with sb; ~ **dans qqch** to intervene in sthg; **faire** ~ **qqn** to bring OU call in sb. **-2.** [événement] to take place.

intervention [ɛ̃tɛrvɑ̃sjɔ̃] *nf* **-1.** [gén] intervention. **-2.** MÉD operation; **subir une** ~ **chirurgicale** to have an operation, to have surgery. **-3.** [discours] speech.

interventionniste [ɛ̃tɛrvɑ̃sjɔnist] *nmf & adj* interventionist.

intervenu, -e [ɛ̃tɛrvəny] *pp* → intervenir.

intervertir [ɛ̃tɛrvɛrtir] [32] *vt* to reverse, to invert.

interviendrai, interviendras *etc* → intervenir.

intervienne, interviennes *etc* → intervenir.

interviens, intervient *etc* → intervenir.

interview [ɛ̃tɛrvju] *nf* interview; **accorder une** ~ **à qqn** to give OU grant an interview to sb.

interviewer[1] [ɛ̃tɛrvjuve] [3] *vt* to interview.

interviewer[2] [ɛ̃tɛrvjuvœr] *nm* interviewer.

intestat [ɛ̃tɛsta] JUR ◇ *nmf person who dies intestate.* ◇ *adj* intestate.

intestin, -e [ɛ̃tɛstɛ̃, in] *adj sout* internal.
◆ **intestin** *nm* intestine; ~ **grêle** small intestine; **gros** ~ large intestine.

intestinal, -e, -aux [ɛ̃tɛstinal, o] *adj* intestinal.

intime [ɛ̃tim] ◇ *nmf close friend.* ◇ *adj* [gén] intimate; [vie, journal] private.

intimement [ɛ̃timmɑ̃] *adv* **-1.** [persuadé] firmly. **-2.** [lié] intimately.

intimer [ɛ̃time] [3] *vt* **-1.** [enjoindre]: ~ **qqch à qqn** to notify sb of sthg. **-2.** JUR to summon.

intimidant, -e [ɛ̃timidɑ̃, ɑ̃t] *adj* intimidating.

intimidation [ɛ̃timidasjɔ̃] *nf* intimidation.

intimider [ɛ̃timide] [3] *vt* to intimidate.

intimiste [ɛ̃timist] *adj* ART & LITT intimist.

intimité [ɛ̃timite] *nf* **-1.** [secret] depths (*pl*). **-2.** [familiarité, confort] intimacy. **-3.** [vie privée] privacy; **dans l'**~ amongst friends, in private; **dans la plus stricte** ~ in complete privacy, in private.

intitulé [ɛ̃tityle] *nm* [titre] title; [de paragraphe] heading.

intituler [ɛ̃tityle] [3] *vt* to call, to entitle.
◆ **s'intituler** *vp* **-1.** [ouvrage] to be called OU entitled. **-2.** [personne] to call o.s.

intolérable [ɛ̃tɔlerabl] *adj* intolerable.

intolérance [ɛ̃tɔlerɑ̃s] *nf* **-1.** [religieuse, politique] intolerance. **-2.** [de l'organisme]: ~ **à qqch** inability to tolerate sthg.

intolérant, -e [ɛ̃tɔlerɑ̃, ɑ̃t] *adj* intolerant.

intonation [ɛ̃tɔnasjɔ̃] *nf* intonation.

intouchable [ɛ̃tuʃabl] *nmf & adj* untouchable.

intoxication [ɛ̃tɔksikasjɔ̃] *nf* **-1.** [empoisonnement] poisoning; ~ **alimentaire** food poisoning. **-2.** *fig* [propagande] brainwashing.

intoxiqué, -e [ɛ̃tɔksike] ◇ *adj*: ~ **(de)** addicted (to). ◇ *nm, f* addict.

intoxiquer [ɛ̃tɔksike] [3] *vt*: ~ **qqn par** [empoisonner] to poison sb with; *fig* to indoctrinate sb with.
◆ **s'intoxiquer** *vp* to poison o.s.

intraduisible [ɛ̃tradɥizibl] *adj* **-1.** [texte] untranslatable. **-2.** [sentiment] inexpressible.

intraitable [ɛ̃trɛtabl] *adj*: ~ **(sur)** inflexible (about).

intransigeance [ɛ̃trɑ̃ziʒɑ̃s] *nf* intransigence.

intransigeant, -e [ɛ̃trɑ̃ziʒɑ̃, ɑ̃t] *adj* intransigent.

intransitif, -ive [ɛ̃trɑ̃zitif, iv] *adj* intransitive.

intransportable [ɛ̃trɑ̃spɔrtabl] *adj*: **il est** ~ he/it cannot be moved.

intraveineux, -euse [ɛ̃travɛnø, øz] *adj* intravenous.

intrépide [ɛ̃trepid] *adj* bold, intrepid.

intrépidité [ɛ̃trepidite] *nf* boldness.

intrigant, -e [ɛ̃trigɑ̃, ɑ̃t] ◇ *adj* scheming. ◇ *nm, f* schemer.

intrigue [ɛ̃trig] *nf* **-1.** [liaison amoureuse] intrigue, affair. **-2.** [manœuvre] intrigue. **-3.** CIN, LITTÉRATURE & THÉÂTRE plot.

intriguer [ɛ̃trige] [3] ◇ *vt* to intrigue. ◇ *vi* to scheme, to intrigue.

intrinsèque [ɛ̃trɛ̃sɛk] *adj* intrinsic.

introductif, -ive [ɛ̃trɔdyktif, iv] *adj* JUR introductory.

introduction [ɛ̃trɔdyksjɔ̃] *nf* -1. [gén]: ~ (à) introduction (to). -2. [insertion] insertion.

introduire [ɛ̃trɔdɥir] [98] *vt* -1. [gén] to introduce. -2. [faire entrer] to show in. -3. [insérer] to insert. -4. INFORM to input, to enter.

◆ **s'introduire** *vp* -1. [pénétrer] to enter; **s'~ dans une maison** [cambrioleur] to get into OU enter a house. -2. [s'implanter] to be introduced.

introduisais, introduisions *etc* → introduire.

introduit, -e [ɛ̃trɔdɥi, it] *pp* → introduire.

intronisation [ɛ̃trɔnizasjɔ̃] *nf* RELIG enthronement; *fig* establishment.

introspection [ɛ̃trɔspɛksjɔ̃] *nf* introspection.

introuvable [ɛ̃truvabl] *adj* no-place *Am* OU nowhere *Br* to be found.

introverti, -e [ɛ̃trɔvɛrti] ◇ *adj* introverted. ◇ *nm, f* introvert.

intrus, -e [ɛ̃try, yz] *nm, f* intruder.

intrusion [ɛ̃tryzjɔ̃] *nf* -1. [gén & GÉOL] intrusion. -2. [ingérence] interference.

intuitif, -ive [ɛ̃tɥitif, iv] *adj* intuitive.

intuition [ɛ̃tɥisjɔ̃] *nf* intuition; **avoir de l'~** to be intuitive, to have intuition; **avoir l'~ de qqch** to have an intuition about sthg.

intuitivement [ɛ̃tɥitivmɑ̃] *adv* intuitively.

inuit [inɥit] *adj inv* Inuit.

◆ **Inuit** *nmf* Inuit.

inusable [inyzabl] *adj* hardwearing.

inusité, -e [inyzite] *adj* unusual, uncommon.

inutile [inytil] *adj* [objet, personne] useless; [effort, démarche] pointless; ~ **d'insister** it's pointless insisting.

inutilement [inytilmɑ̃] *adv* needlessly, unnecessarily.

inutilisable [inytilizabl] *adj* unusable.

inutilisé, -e [inytilize] *adj* unused.

inutilité [inytilite] *nf* [de personne, d'objet] uselessness; [de démarche, d'effort] pointlessness.

inv. (*abr de* invariable) inv.

invaincu, -e [ɛ̃vɛ̃ky] *adj* -1. SPORT unbeaten. -2. [peuple] unconquered.

invalide [ɛ̃valid] ◇ *nmf* disabled person; ~ **de guerre** disabled soldier; ~ **du travail** industrially disabled person. ◇ *adj* disabled.

invalider [ɛ̃valide] [3] *vt* to invalidate.

invalidité [ɛ̃validite] *nf* -1. JUR invalidity. -2. MÉD disability.

invariable [ɛ̃varjabl] *adj* -1. [immuable] unchanging. -2. GRAM invariable.

invariablement [ɛ̃varjabləmɑ̃] *adv* invariably.

invasion [ɛ̃vazjɔ̃] *nf* invasion.

invective [ɛ̃vɛktiv] *nf* invective, abuse.

invectiver [ɛ̃vɛktive] [3] *vt* to abuse.

◆ **s'invectiver** *vp* to hurl abuse at each other.

invendable [ɛ̃vɑ̃dabl] *adj* unsaleable, unsellable.

invendu, -e [ɛ̃vɑ̃dy] *adj* unsold.

◆ **invendu** *nm* (*gén pl*) remainder.

inventaire [ɛ̃vɑ̃tɛr] *nm* -1. [gén] inventory; **faire l'~ de qqch** to make an inventory of sthg. -2. [COMM - activité] inventory *Am*, stocktaking *Br*; [- liste] list.

inventer [ɛ̃vɑ̃te] [3] *vt* to invent.

inventeur [ɛ̃vɑ̃tœr] *nm* -1. [de machine] inventor. -2. JUR [de trésor] finder.

inventif, -ive [ɛ̃vɑ̃tif, iv] *adj* inventive.

invention [ɛ̃vɑ̃sjɔ̃] *nf* -1. [découverte, mensonge] invention. -2. [imagination] inventiveness.

inventorier [ɛ̃vɑ̃tɔrje] [9] *vt* to make an inventory of.

invérifiable [ɛ̃verifjabl] *adj* unverifiable.

inverse [ɛ̃vɛrs] ◇ *nm* opposite, reverse; **à l'~ de** contrary to. ◇ *adj* -1. [sens] opposite; [ordre] reverse; **en sens ~ (de)** in the opposite direction (to). -2. [rapport] inverse.

inversement [ɛ̃vɛrsəmɑ̃] *adv* -1. MATHS inversely; ~ **proportionnel à** in inverse proportion to. -2. [au contraire] on the other hand. -3. [vice versa] vice versa.

inverser [ɛ̃vɛrse] [3] *vt* to reverse.

inversion [ɛ̃vɛrsjɔ̃] *nf* reversal.

invertébré, -e [ɛ̃vɛrtebre] *adj* invertebrate.

◆ **invertébré** *nm* invertebrate.

investigation [ɛ̃vɛstigasjɔ̃] *nf* investigation.

investir [ɛ̃vɛstir] [32] *vt* to invest; ~ **qqn d'une fonction** to invest OU vest sb with an office.

investissement [ɛ̃vɛstismɑ̃] *nm* investment.

investisseur, -euse [ɛ̃vɛstisœr, øz] *nm, f* investor; ~ **institutionnel** institutional investor.

investiture [ɛ̃vɛstityr] *nf* investiture.

invétéré, -e [ɛ̃vetere] *adj péj* inveterate.

invincible [ɛ̃vɛ̃sibl] *adj* [gén] invincible; [difficulté] insurmountable; [charme] irresistible.

inviolabilité [ɛ̃vjɔlabilite] *nf* **-1.** JUR inviolability. **-2.** [de parlementaire] immunity. **-3.** [de coffre] impregnability.

inviolable [ɛ̃vjɔlabl] *adj* **-1.** JUR inviolable. **-2.** [parlementaire] immune. **-3.** [coffre] impregnable.

invisible [ɛ̃vizibl] *adj* invisible; **rester** ~ [personne] to stay out of sight.

invitation [ɛ̃vitasjɔ̃] *nf*: ~ **(à)** invitation (to); **à** OU **sur l'**~ **de qqn** at sb's invitation; **sur** ~ by invitation; **décliner une** ~ to turn down an invitation.

invite [ɛ̃vit] *nf* invitation.

invité, -e [ɛ̃vite] ◇ *adj* [hôte] invited; [professeur, conférencier] guest (*avant n*). ◇ *nm, f* guest.

inviter [ɛ̃vite] [3] *vt* to invite; ~ **qqn à faire qqch** to invite sb to do sthg; *fig* [suj: chose] to be an invitation to sb to do sthg; **le beau temps invite à la promenade** this fine weather puts one in the mood for a walk.

in vitro [invitro] → **fécondation**.

invivable [ɛ̃vivabl] *adj* unbearable.

invocation [ɛ̃vɔkasjɔ̃] *nf* invocation; ~ **à** call for.

involontaire [ɛ̃vɔlɔ̃tɛr] *adj* **-1.** [acte] involuntary. **-2.** [personne] unwilling.

involontairement [ɛ̃vɔlɔ̃tɛrmɑ̃] *adv* involuntarily, unintentionally.

invoquer [ɛ̃vɔke] [3] *vt* **-1.** [alléguer] to put forward. **-2.** [citer, appeler à l'aide] to invoke; [paix] to call for.

invraisemblable [ɛ̃vrɛsɑ̃blabl] *adj* **-1.** [incroyable] unlikely, improbable. **-2.** [extravagant] incredible.

invraisemblance [ɛ̃vrɛsɑ̃blɑ̃s] *nf* improbability.

invulnérable [ɛ̃vylnerabl] *adj* invulnerable.

iode [jɔd] *nm* iodine.

iodé, -e [jɔde] *adj* containing iodine.

ion [jɔ̃] *nm* ion.

IPC (*abr de* **indice des prix à la consommation**) *nm* CPI.

Ipsos [ipsos] *n French market research institute.*

IR (*abr de* **infra-rouge**) *adj* IR.

IRA [ira] (*abr de* **Irish Republican Army**) *nf* IRA.

irai, iras *etc* → **aller**.

Irak, Iraq [irak] *nm*: l'~ Iraq.

irakien, -ienne, iraquien, -ienne [irakjɛ̃, jɛn] *adj* Iraqi.
◆ **Irakien, -ienne, Iraquien, -ienne** *nm, f* Iraqi.

Iran [irɑ̃] *nm*: l'~ Iran.

iranien, -ienne [iranjɛ̃, jɛn] *adj* Iranian.
◆ **iranien** *nm* [langue] Iranian.
◆ **Iranien, -ienne** *nm, f* Iranian.

Iraq = **Irak**.

iraqien = **irakien**.

irascible [irasibl] *adj* irascible.

iris [iris] *nm* ANAT & BOT iris.

irisé, -e [irize] *adj* iridescent.

irlandais, -e [irlɑ̃dɛ, ɛz] *adj* Irish.
◆ **irlandais** *nm* [langue] Irish.
◆ **Irlandais, -e** *nm, f* Irishman (*f* Irishwoman).

Irlande [irlɑ̃d] *nf*: l'~ Ireland; l'~ **du Nord/Sud** Northern/Southern Ireland.

ironie [irɔni] *nf* irony; ~ **du sort** twist of fate.

ironique [irɔnik] *adj* ironic.

ironiquement [irɔnikmɑ̃] *adv* ironically.

ironiser [irɔnize] [3] *vi* to speak ironically.

IRPP (*abr de* **impôt sur le revenu des personnes physiques**) *nm* income tax.

irradiation [iradjasjɔ̃] *nf* [rayons] radiation; [action] irradiation.

irradier [iradje] [9] ◇ *vi* to radiate. ◇ *vt* to irradiate.

irraisonné, -e [irɛzɔne] *adj* irrational.

irrationnel, -elle [irasjɔnɛl] *adj* irrational.

irréalisable [irealizabl] *adj* unrealizable.

irréaliste [irealist] *adj* unrealistic.

irréalité [irealite] *nf* unreality.

irrecevable [irəsəvabl] *adj* inadmissible.

irréconciliable [irekɔ̃siljabl] *adj* irreconcilable.

irrécupérable [irekyperabl] *adj* **-1.** [irrécouvrable] irretrievable. **-2.** [irréparable] beyond repair. **-3.** *fam* [personne] beyond hope.

irrécusable [irekyzabl] *adj* unimpeachable.

irréductible [iredyktibl] ◇ *nmf* diehard. ◇ *adj* **-1.** CHIM, MATHS & MÉD irreducible. **-2.** *fig* [volonté] indomitable; [personne] implacable; [communiste] diehard (*avant n*).

irréel, -elle [ireɛl] *adj* unreal.

irréfléchi, -e [irefleʃi] *adj* unthinking.

irréfutable [irefytabl] *adj* irrefutable.

irrégularité [iregylarite] *nf* **-1.** [gén] irregularity. **-2.** [de terrain, performance] unevenness.

irrégulier, -ière [iregylje, jɛr] *adj* **-1.** [gén] irregular. **-2.** [terrain, surface] uneven, irregular. **-3.** [employé, athlète] erratic.

irrégulièrement [iregyljɛrmɑ̃] *adv* irregularly.

irrémédiable [iremedjabl] *adj* **-1.** [irréparable] irreparable. **-2.** [incurable] incurable.

irrémédiablement [iremedjabləmã] *adv* irreparably.

irremplaçable [irãplasabl] *adj* irreplaceable.

irréparable [ireparabl] ◇ *nm*: **commettre l'~** to do the unforgivable. ◇ *adj* **-1.** [objet] beyond repair. **-2.** *fig* [perte, erreur] irreparable.

irrépressible [irepresibl] *adj* irrepressible.

irréprochable [ireprɔʃabl] *adj* irreproachable.

irrésistible [irezistibl] *adj* **-1.** [tentation, femme] irresistible. **-2.** [amusant] entertaining.

irrésistiblement [irezistibləmã] *adv* irresistibly.

irrésolu, -e [irezɔly] *adj* **-1.** [indécis] irresolute. **-2.** [sans solution] unresolved.

irrespirable [irɛspirabl] *adj* **-1.** [air] unbreathable. **-2.** *fig* [oppressant] oppressive.

irresponsable [irɛspɔ̃sabl] ◇ *nmf* irresponsible person. ◇ *adj* irresponsible.

irrévérencieux, -ieuse [ireverãsjø, jøz] *adj* irreverent.

irréversible [irevɛrsibl] *adj* irreversible.

irrévocable [irevɔkabl] *adj* irrevocable.

irrévocablement [irevɔkabləmã] *adv* irrevocably.

irrigation [irigasjɔ̃] *nf* irrigation.

irriguer [irige] [3] *vt* to irrigate.

irritabilité [iritabilite] *nf* irritability.

irritable [iritabl] *adj* irritable.

irritant, -e [iritã, ãt] *adj* **-1.** [agaçant] irritating, annoying. **-2.** MÉD irritant.

irritation [iritasjɔ̃] *nf* irritation.

irriter [irite] [3] *vt* **-1.** [exaspérer] to irritate, to annoy. **-2.** MÉD to irritate.
◆ **s'irriter** *vp* to get irritated; **s'~ contre qqn/de qqch** to get irritated with sb/at sthg.

irruption [irypsjɔ̃] *nf* **-1.** [invasion] invasion. **-2.** [entrée brusque] irruption; **faire ~ dans** to burst into.

ISBN (*abr de* **International standard book number**) *nm* ISBN.

ISF (*abr de* **impôt de solidarité sur la fortune**) *nm* wealth tax.

islam [islam] *nm* Islam.

islamique [islamik] *adj* Islamic.

islamisation [islamizasjɔ̃] *nf* Islamization.

islamiser [islamize] [3] *vt* to Islamize.

islandais, -e [islɑ̃dɛ, ɛz] *adj* Icelandic.
◆ **islandais** *nm* [langue] Icelandic.
◆ **Islandais, -e** *nm, f* Icelander.

Islande [islɑ̃d] *nf*: **l'~** Iceland.

isocèle [izɔsɛl] *adj* isoceles.

isolant, -e [izɔlɑ̃, ɑ̃t] *adj* insulating.
◆ **isolant** *nm* insulator, insulating material.

isolateur, -trice [izɔlatœr, tris] *adj* insulating.
◆ **isolateur** *nm* insulator.

isolation [izɔlasjɔ̃] *nf* insulation; **~ phonique** soundproofing; **~ thermique** thermal insulation.

isolationnisme [izɔlasjɔnism] *nm* isolationism.

isolé, -e [izɔle] *adj* isolated.

isolement [izɔlmã] *nm* **-1.** [gén] isolation. **-2.** CONSTR & ÉLECTR insulation.

isolément [izɔlemã] *adv* individually.

isoler [izɔle] [3] *vt* **-1.** [séparer] to isolate; **~ qqch de qqch** to isolate sthg from sthg. **-2.** CONSTR & ÉLECTR to insulate; **~ qqch du froid** to insulate sthg (against the cold); **~ qqch du bruit** to soundproof sthg.
◆ **s'isoler** *vp*: **s'~ (de)** to isolate o.s. (from).

isoloir [izɔlwar] *nm* polling booth.

isotherme [izɔtɛrm] ◇ *nf* isotherm. ◇ *adj* isothermal.

Israël [izraɛl] *n* Israel.

israélien, -ienne [israeljɛ̃, jɛn] *adj* Israeli.
◆ **Israélien, -ienne** *nm, f* Israeli.

israélite [israelit] *adj* Jewish.
◆ **Israélite** *nmf* Jew.

issu, -e [isy] *adj*: **être ~ de** [résulter de] to emerge OU stem from; [personne] to come from.
◆ **issue** *nf* **-1.** [sortie] exit; **~e de secours** emergency exit. **-2.** *fig* [solution] way out, solution; **sans ~** hopeless. **-3.** [terme] outcome; **à l'~e de** at the end OU close of.

Istanbul [istaãbul] *n* Istanbul.

isthme [ism] *nm* isthmus.

Italie [itali] *nf*: **l'~** Italy.

italien, -ienne [italjɛ̃, jɛn] *adj* Italian.
◆ **italien** *nm* [langue] Italian.
◆ **Italien, -ienne** *nm, f* Italian.

italique [italik] ◇ *nm* **-1.** HIST & LING Italic. **-2.** TYPO italics (*pl*); **en ~** in italics. ◇ *adj* **-1.** HIST & LING Italic. **-2.** TYPO italic.

itinéraire [itinerɛr] *nm* itinerary, route.

itinérant, -e [itinerã, ãt] *adj* **-1.** [spectacle, troupe] itinerant. **-2.** [ambassadeur] roving (*avant n*).

itou [itu] *adv fam* as well.

ITP (*abr de* **ingénieur des travaux publics**) *nm* civil engineer.

IUFM (*abr de* **institut universitaire de formation des maîtres**) *nm* ≃ teachers college *Am*, ≃ teacher training college *Br*.

IUP (*abr de* **institut universitaire professionnel**) *nm* business school.

IUT (*abr de* **institut universitaire de technologie**) *nm* ≃ technical college.

IVG (*abr de* **interruption volontaire de grossesse**) *nf* abortion.

ivoire [ivwar] *nm* ivory.

ivoirien, -ienne [ivwarjẽ, jɛn] *adj* of/from the Ivory Coast.
◆ **Ivoirien, -ienne** *nm, f* native OU inhabitant of the Ivory Coast.

ivre [ivr] *adj* drunk; ~ **de colère** wild with anger; ~ **de joie** drunk OU mad with joy; ~ **mort** dead drunk.

ivresse [ivrɛs] *nf* drunkenness; [extase] rapture.

ivrogne [ivrɔɲ] *nmf* drunkard.

ivrognerie [ivrɔɲri] *nf* drunkenness.

j, J [ʒi] *nm inv* j, J.
◆ **J -1.** (*abr de* **joule**) J. **-2.** *abr de* **jour**.

j' → **je**.

jabot [ʒabo] *nm* **-1.** [d'oiseau] crop. **-2.** [de chemise] frill.

jacassement [ʒakasmɑ̃] *nm péj* chattering, jabbering.

jacasser [ʒakase] [3] *vi péj* to chatter, to jabber.

jachère [ʒaʃɛr] *nf*: **en** ~ fallow.

jacinthe [ʒasɛ̃t] *nf* hyacinth.

jacobin, -e [ʒakɔbɛ̃, in] *adj* Jacobin.
◆ **Jacobin** *nm* HIST Jacobin.

Jacuzzi® [ʒakuzi] *nm* Jacuzzi®.

jade [ʒad] *nm* jade.

jadis [ʒadis] *adv* formerly, in former times.

jaguar [ʒagwar] *nm* jaguar.

jaillir [ʒajir] [32] *vi* **-1.** [liquide] to gush; [flammes] to leap. **-2.** [cri] to ring out. **-3.** [personne] to spring out.

jais [ʒɛ] *nm* jet; **noir comme le** ~, **noir de** ~ jet-black.

Jakarta = **Djakarta**.

jalon [ʒalɔ̃] *nm* marker pole; **poser les (premiers)** ~s **de** *fig* to pave the way for.

jalonner [ʒalɔne] [3] *vt* to mark (out); **jalonné de** [bordé de] lined with; *fig* punctuated with.

jalousement [ʒaluzmɑ̃] *adv* jealously.

jalouser [ʒaluze] [3] *vt* to be jealous of.

jalousie [ʒaluzi] *nf* **-1.** [envie] jealousy; **être malade** OU **crever de** ~ *fig* to be green with envy. **-2.** [store] blind.

jaloux, -ouse [ʒalu, uz] *adj*: ~ **(de)** jealous (of).

jamaïquain, -e, jamaïcain, -e [ʒamaikɛ̃, ɛn] *adj* Jamaican.
◆ **Jamaïquain, -e, Jamaïcain, -e** *nm, f* Jamaican.

Jamaïque [ʒamaik] *nf*: **la** ~ Jamaica.

jamais [ʒamɛ] *adv* **-1.** [sens négatif] never; **ne ...** ~, ~ **ne** never; **je ne reviendrai** ~, ~ **je ne reviendrai** I'll never come back; **(ne) ...** ~ **plus, plus** ~ **(ne)** never again; **je ne viendrai** ~ **plus, plus** ~ **je ne viendrai** I'll never come here again; **plus** ~! never again! **-2.** [sens positif]: **plus que** ~ more than ever; **elle l'aimait plus que** ~ she loved him more than ever; **il est plus triste que** ~ he's sadder than ever; **si** ~ **tu le vois** if you should happen to see him, should you happen to see him.
◆ **à jamais** *loc adv* for ever.
◆ **pour jamais** *loc adv* for ever.

jambage [ʒɑ̃baʒ] *nm* [de lettre] downstroke.

jambe [ʒɑ̃b] *nf* leg; **courir à toutes** ~s to run flat out; **il s'enfuit à toutes** ~s he ran away as fast as his legs would carry him; **prendre ses** ~s **à son cou** to take to one's heels; **tenir la** ~ **à qqn** *fam fig* to keep sb talking; **ça me fait une belle** ~! *fam fig* that's no good to me!

jambières [ʒɑ̃bjɛr] *nfpl* [de football] shin pads; [de cricket] pads.

jambon [ʒɑ̃bɔ̃] *nm* ham; ~ **blanc** ham; ~ **fumé** smoked ham.

jambonneau, -x [ʒɑ̃bɔno] *nm* knuckle of ham.

jante [ʒɑ̃t] *nf* (wheel) rim.

janvier [ʒɑ̃vje] *nm* January; *voir aussi* **septembre**.

Japon [ʒapɔ̃] *nm*: **le** ~ Japan; **au** ~ in Japan.

japonais, -e [ʒapɔnɛ, ɛz] *adj* Japanese.
◆ **japonais** *nm* [langue] Japanese.
◆ **Japonais, -e** *nm, f* Japanese (person); **les Japonais** the Japanese.

jappement [ʒapmɑ̃] *nm* yap, yapping (U).

japper [ʒape] [3] *vi* to yap.

jaquette [ʒakɛt] *nf* **-1.** [vêtement] jacket. **-2.** [de livre] (dust) jacket.

jardin [ʒardɛ̃] *nm* garden; ~ **d'enfants** nursery school, kindergarten; ~ **public** park; ~ **zoologique** zoo.

jardinage [ʒardinaʒ] *nm* gardening.

jardiner [ʒardine] [3] *vi* to garden.

jardinet [ʒardinɛ] *nm* small garden.

jardinier, -ière [ʒardinje, jɛr] *nm, f* gardener.

◆ **jardinière** *nf* **-1.** [bac à fleurs] window box. **-2.** CULIN: **jardinière de légumes** mixed vegetables (*pl*).

jargon [ʒargɔ̃] *nm* **-1.** [langage spécialisé] jargon. **-2.** *fam* [charabia] gibberish.

jarret [ʒarɛ] *nm* **-1.** ANAT back of the knee. **-2.** CULIN knuckle of veal.

jarretelle [ʒartɛl] *nf* garter *Am*, suspender *Br*.

jarretière [ʒartjɛr] *nf* garter.

jars [ʒar] *nm* gander.

jaser [ʒaze] [3] *vi* [bavarder] to gossip.

jasmin [ʒasmɛ̃] *nm* jasmine.

jatte [ʒat] *nf* bowl.

jauge [ʒoʒ] *nf* [instrument] gauge; ~ **de niveau d'huile** dipstick.

jauger [ʒoʒe] [17] *vt* to gauge.

jaunâtre [ʒonatr] *adj* yellowish.

jaune [ʒon] ⬦ *nm* [couleur] yellow. ⬦ *adj* yellow. ⬦ *adv*: **rire** ~ *fig* to force o.s. to laugh.

◆ **jaune d'œuf** *nm* (egg) yolk.

jaunir [ʒonir] [32] *vt & vi* to turn yellow.

jaunisse [ʒonis] *nf* MÉD jaundice; **en faire une** ~ *fam fig* [de jalousie] to be green with envy; [de déception] to take it badly.

jaunissement [ʒonismɑ̃] *nm* yellowing.

java [ʒava] *nf* type of popular dance; **faire la** ~ *fam fig* to live it up.

Java [ʒava] *n* Java; **à** ~ in Java.

javanais, -e [ʒavanɛ, ɛz] *adj* Javanese.

◆ **javanais** *nm* [langue] Javanese.

◆ **Javanais, -e** *nm, f* Javanese (person); **les Javanais** the Javanese.

Javel [ʒavɛl] *nf*: **eau de** ~ bleach.

javelliser [ʒavelize] [3] *vt* to chlorinate.

javelot [ʒavlo] *nm* javelin.

jazz [dʒaz] *nm* jazz.

J.-C. (*abr de* **Jésus-Christ**) J.C.

je [ʒə], **j'** (*devant voyelle et h muet*) *pron pers* I.

jean [dʒin], **jeans** [dʒins] *nm* jeans (*pl*), pair of jeans.

Jeep® [dʒip] *nf* Jeep®.

je-m'en-foutisme [ʒmɑ̃futism] *nm* couldn't-give-a-damn attitude.

jérémiades [ʒeremjad] *nfpl* moaning (*U*), whining (*U*).

jerrycan, **jerricane** [ʒerikan] *nm* jerry can.

jersey [ʒɛrzɛ] *nm* jersey; **point de** ~ stocking stitch.

Jersey [ʒɛrzɛ] *n* Jersey; **à** ~ on Jersey.

Jérusalem [ʒeryzalɛm] *n* Jerusalem.

jésuite [ʒezɥit] ⬦ *nm* Jesuit. ⬦ *adj* Jesuit; *péj* jesuitical.

Jésus-Christ [ʒezykri] *nm* Jesus Christ.

jet¹ [ʒɛ] *nm* **-1.** [action de jeter] throw; **d'un seul** ~ *fig* in one go. **-2.** [de liquide] jet; ~ **d'eau** fountain. **-3.** [esquisse]: **premier** ~ rough outline OU draft.

jet² [dʒɛt] *nm* [avion] jet.

jetable [ʒətabl] *adj* disposable.

jetais, jetions *etc* → **jeter**.

jeté, -e [ʒəte] *pp* → **jeter**.

jetée [ʒəte] *nf* jetty.

jeter [ʒəte] [27] *vt* to throw; [se débarrasser de] to throw away; ~ **qqch à qqn** [lancer] to throw sthg to sb, to throw sb sthg; [pour faire mal] to throw sthg at sb; ~ **qqn dehors** to throw sb out; ~ **un coup d'œil (à)** to take a look (at).

◆ **se jeter** *vp*: **se** ~ **sur** to pounce on; **se** ~ **dans** [suj: rivière] to flow into; **se** ~ **dans les bras de qqn** to throw o.s. into sb's arms; **se** ~ **à l'eau** *fig* to take the plunge.

jeton [ʒətɔ̃] *nm* **-1.** [de jeu] counter; [de téléphone] token. **-2.** *loc*: **avoir les** ~**s** *fam* to have the jitters.

◆ **faux-jeton** *nm* hypocrite.

◆ **jeton de présence** *nm* fees paid to non-executive directors of a company.

jette, jettes *etc* → **jeter**.

jetterai, jetteras *etc* → **jeter**.

jeu, -x [ʒø] *nm* **-1.** [divertissement] play (*U*), playing (*U*); **par** ~ for fun; ~ **de mots** play on words, pun. **-2.** [régi par des règles] game; **en** ~ in (play); **hors** ~ out (of play); **mettre un joueur hors** ~ to put a player offside; ~ **de l'oie** ≃ snakes and ladders; ~ **de société** parlor *Am* OU parlour *Br* game; ~ **télévisé** game show. **-3.** [d'argent]: **le** ~ gambling; ~ **de hasard** game of chance. **-4.** [d'échecs, de clés] set; ~ **de cartes** pack of cards. **-5.** {manière de jouer - MUS} playing; [- THÉÂTRE] acting; [- SPORT] game. **-6.** [TECHNOL] play; **il y a du** ~ there's a bit of play, it's rather loose. **-7.** *loc*: **cacher son** ~ to play one's cards close to one's chest; **être en** ~ to be at stake; **entrer en** ~ to come into play; **entrer dans le** ~ **de qqn** to play sb's game.

◆ **Jeux Olympiques** *nmpl*: les Jeux Olympiques the Olympic Games.

jeudi [ʒødi] *nm* Thursday; ~ **saint** Maundy Thursday; *voir aussi* **samedi**.

jeun [ʒœ]
◆ **à jeun** *loc adv* on an empty stomach.

jeune [ʒœn] ◇ *adj* young; [style, apparence] youthful; ~ **homme/femme** young man/woman; ~ **fille** girl; ~**s gens** [gén] young people; [garçons] young men. ◇ *adv*: **faire** ~ to look young. ◇ *nm* young person; **les** ~**s** young people.

jeûne [ʒøn] *nm* fast.

jeûner [ʒøne] [3] *vi* to fast.

jeunesse [ʒœnɛs] *nf* **-1.** [âge] youth; [de style, apparence] youthfulness. **-2.** [jeunes gens] young people (*pl*).

JF, jf *abr de* **jeune fille**.

JH *abr de* **jeune homme**.

jingle [dʒingəl] *nm* jingle.

JO ◇ *nm* (*abr de* **Journal officiel**) *bulletin giving details of laws and official announcements.* ◇ *nmpl* (*abr de* **Jeux Olympiques**) *Olympic Games.*

joaillerie [ʒɔajri] *nf* **-1.** [métier] jewel trade. **-2.** [magasin] jeweler's *Am* OU jeweller's *Br* (shop).

joaillier, -ière [ʒɔaje, jɛr] *nm, f* jeweler *Am*, jeweller *Br*.

job [dʒɔb] *nm fam* job.

jobard -e [ʒɔbar, ard] *adj fam* gullible.

jockey [ʒɔkɛ] *nm* jockey.

jogging [dʒɔgiŋ] *nm* **-1.** [activité] jogging; **faire du** ~ to go jogging, to go for a jog. **-2.** [vêtement] tracksuit, jogging suit.

joie [ʒwa] *nf* joy; **avec** ~ with pleasure; ~ **de vivre** joie de vivre, joy of living.

joignable [ʒwaɲabl] *adj* contactable.

joignais, joignons *etc* → **joindre**.

joindre [jwɛ̃dr] [82] *vt* **-1.** [rapprocher] to join; [mains] to put together; **(ne pas) arriver à** ~ **les deux bouts** *fam fig* (to be unable) to make ends meet. **-2.** [ajouter]: ~ **qqch (à)** to attach sthg (to); [adjoindre] to enclose sthg (with). **-3.** [par téléphone] to contact, to reach.

◆ **se joindre** *vp*: **se** ~ **à qqn** to join sb; **se** ~ **à qqch** to join in sthg.

joint, -e [ʒwɛ̃, ɛ̃t] *pp* → **joindre**.

◆ **joint** *nm* **-1.** [d'étanchéité] seal. **-2.** *fam* [drogue] joint.

◆ **joint de culasse** *nm* cylinder head gasket.

jointure [ʒwɛ̃tyr] *nf* ANAT joint.

joker [ʒɔkɛr] *nm* joker.

joli, -e [ʒɔli] *adj* **-1.** [femme, chose] pretty, attractive. **-2.** [somme, situation] nice. **-3.** *loc*:

c'est bien ~, mais ... that's all very well, but ...; **c'est du** ~ travail! *iron* well done!

joliment [ʒɔlimɑ̃] *adv* **-1.** [bien] prettily, attractively; *iron* nicely. **-2.** *fam* [beaucoup] really.

jonc [ʒɔ̃] *nm* rush, bulrush.

joncher [ʒɔ̃ʃe] [3] *vt* to strew; **être jonché de** to be strewn with.

jonction [ʒɔ̃ksjɔ̃] *nf* [de routes] junction.

jongler [ʒɔ̃gle] [3] *vi* to juggle.

jongleur, -euse [ʒɔ̃glœr, øz] *nm, f* juggler.

jonquille [ʒɔ̃kij] *nf* daffodil.

Jordanie [ʒɔrdani] *nf*: **la** ~ Jordan.

jordanien, -ienne [ʒɔrdanjɛ̃, jɛn] *adj* Jordanian.

◆ **Jordanien, -ienne** *nm, f* Jordanian.

jouable [ʒwabl] *adj* **-1.** SPORT playable. **-2.** [situation] feasible.

joual [ʒwal] *nm Can French-Canadian dialect.*

joue [ʒu] *nf* cheek; **tenir** OU **mettre qqn en** ~ *fig* to take aim at sb.

jouer [ʒwe] [6] ◇ *vi* **-1.** [gén] to play; ~ **avec qqn/qqch** to play with sb/sthg; ~ **à qqch** [jeu, sport] to play sthg; ~ **de** MUS to play; **à toi de** ~! (it's) your turn!; *fig* your move! **-2.** CIN & THÉÂTRE to act. **-3.** [parier] to gamble. **-4.** [s'appliquer] to apply. **-5.** *loc*: ~ **des coudes** to use one's elbows; ~ **de malchance** to be dogged by bad luck; ~ **sur les mots** to play with words.

◇ *vt* **-1.** [carte, partie] to play. **-2.** [somme d'argent] to bet, to wager; *fig* to gamble with. **-3.** [THÉÂTRE - personnage, rôle] to play; [- pièce] to put on, to perform. **-4.** [avoir à l'affiche] to show. **-5.** MUS to perform, to play. **-6.** *loc*: ~ **la comédie** to put on an act; ~ **le jeu** to play the game; ~ **un tour à qqn** to play a trick on sb.

◆ **se jouer** *vp*: **se** ~ **de qqch** to make light of sthg; **se** ~ **de qqn** to deceive sb.

jouet [ʒwɛ] *nm* toy; **être le** ~ **de** *fig* to be the victim of.

joueur, -euse [ʒwœr, øz] *nm, f* **-1.** SPORT player; ~ **de football** footballer, football player; **être beau/mauvais** ~ to be a good/bad loser. **-2.** [au casino] gambler.

joufflu, -e [ʒufly] *adj* [personne] chubby-cheeked.

joug [ʒu] *nm* yoke.

jouir [ʒwir] [32] *vi* **-1.** [profiter]: ~ **de** to enjoy. **-2.** [sexuellement] to have an orgasm.

jouissance [ʒwisɑ̃s] *nf* **-1.** JUR [d'un bien] use. **-2.** [sexuelle] orgasm.

joujou, -x [ʒuʒu] *nm* toy.

jour [ʒur] *nm* **-1.** [unité de temps] day; **huit** ~**s** a week; **quinze** ~**s** two weeks, a fortnight *Br*; **tous les ~s** every day; **l'autre ~** the other day; **de ~ en ~** day by day; **~ après ~** day after day; **au ~ le ~** from day to day; **~ et nuit** night and day; **du ~ au lendemain** overnight; **~ pour ~** to the day; **le ~ de l'an** New Year's Day; **~ de congé** day off; **~ férié** public holiday; **~ de fête** holiday; **le ~ J** D-Day; **~ ouvrable** working day. **-2.** [lumière] daylight; **de ~** in the daytime, by day; **il fait ~** it's light; **au petit ~** at the crack of dawn; **au grand ~** in broad daylight. **-3.** [époque] day; **le ~ où** the day (that); **un beau ~** one fine day; **un de ces ~s** one of these days. **-4.** *loc*: **être à ~** to be up-to-date; **mettre qqch à ~** to update sthg, to bring sthg up to date; **de nos ~s** these days, nowadays; **se faire ~** to become clear; **sous un ~ nouveau** in a new light.

journal, -aux [ʒurnal, o] *nm* **-1.** [publication] newspaper, paper; **le ~ officiel de la République française** *official publication in which public notices appear*. **-2.** TÉLÉ: **~ télévisé** television news. **-3.** [écrit]: **~ (intime)** diary, journal; **~ de bord** NAVIG ship's log; INFORM log.

LE JOURNAL OFFICIEL:
This bulletin prints information about new laws and summaries of parliamentary debates, and informs the public of any important government business. New companies are obliged by law to publish an announcement in the 'journal officiel'

---

journalier, -ière [ʒurnalje, jɛr] *adj* daily.

journalisme [ʒurnalism] *nm* journalism.

journaliste [ʒurnalist] *nmf* journalist, reporter.

journalistique [ʒurnalistik] *adj* journalistic.

journée [ʒurne] *nf* day; **faire la ~ continue** to work through lunch.

journellement [ʒurnɛlmã] *adv* daily.

joute [ʒut] *nf* joust; *fig* duel.

jouxter [ʒukste] [3] *vt* to adjoin.

jovial, -e, -iaux [ʒɔvjal, jo] *adj* jovial, jolly.

jovialité [ʒɔvjalite] *nf* joviality, jolliness.

joyau, -x [ʒwajo] *nm* jewel.

joyeusement [ʒwajøzmã] *adv* joyfully.

joyeux, -euse [ʒwajø, øz] *adj* joyful, happy; **~ Noël!** Merry Christmas!

JT (*abr de* **journal télévisé**) *nm* television news.

jubilation [ʒybilasjɔ̃] *nf* jubilation.

jubilé [ʒybile] *nm* jubilee.

jubiler [ʒybile] [3] *vi fam* to be jubilant.

jucher [ʒyʃe] [3] *vt*: **~ qqn sur qqch** to perch sb on sthg.

◆ **se jucher** *vp*: **se ~ sur qqch** to perch on sthg.

judaïque [ʒydaik] *adj* [loi] Judaic; [tradition, religion] Jewish.

judaïsme [ʒydaism] *nm* Judaism.

judas [ʒyda] *nm* [ouverture] peephole.

Judée [ʒyde] *nf*: **la ~** Judaea, Judea.

judéo-chrétien, -ienne [ʒydeɔkretjɛ̃, jen] (*mpl* **judéo-chrétiens**, *fpl* **judéo-chrétiennes**) *adj* Judaeo-Christian.

judiciaire [ʒydisjɛr] *adj* judicial.

judicieusement [ʒydisjøzmã] *adv* judiciously.

judicieux, -ieuse [ʒydisjø, jøz] *adj* judicious.

judo [ʒydo] *nm* judo.

juge [ʒyʒ] *nm* judge; **~ d'instruction** examining magistrate; **~ de ligne** TENNIS line judge; **~ de paix** justice of the peace; **~ de touche** FOOTBALL linesman; RUGBY touch judge.

jugé [ʒyʒe]

◆ **au jugé** *loc adv* by guesswork; **tirer au ~** to fire blind.

jugement [ʒyʒmã] *nm* judgment; **prononcer un ~** to pass sentence; **~ de valeur** value judgment.

◆ **Jugement** *nm*: **le Jugement dernier** the Last Judgment.

jugeote [ʒyʒɔt] *nf fam* common sense; **manquer de ~** to have no common sense.

juger [ʒyʒe] [17] ◇ *vt* to judge; [accusé] to try; **~ que** to judge (that), to consider (that); **~ qqn/qqch inutile** to consider sb/sthg useless; **~ bon de faire qqch** to consider it appropriate to do sthg. ◇ *vi* to judge; **~ de qqch** to judge sthg; **si j'en juge d'après mon expérience** judging from my experience; **jugez de ma surprise!** imagine my surprise!

juguler [ʒygyle] [3] *vt* [maladie] to halt; [révolte] to put down; [inflation] to curb.

juif, juive [ʒɥif, ʒɥiv] *adj* Jewish.

◆ **Juif, Juive** *nm, f* Jew.

juillet [ʒɥijɛ] *nm* July; **le 14-Juillet** *the fourteenth of July celebrations; voir aussi* **septembre**.

LE 14-JUILLET:
The celebrations to mark the anniversary of the storming of the Bastille begin on the 13th July with outdoor public dances ('les bals du 14 juillet') in the streets, and continue on the 14th with a military parade in

the morning and a firework display in the evening

---

juin [ʒɥɛ̃] *nm* June; *voir aussi* **septembre**.

juke-box [dʒukbɔks] *nm inv* jukebox.

julienne [ʒyljɛn] *nf*: ~ **de légumes** *(clear soup with) very thin strips of vegetable.*

jumeau, -elle, -x [ʒymo, ɛl, o] ◇ *adj* twin *(avant n).* ◇ *nm, f* twin; **vrais/faux ~x** identical/fraternal twins.

◆ **jumelles** *nfpl* OPTIQUE binoculars.

jumelage [ʒymlaʒ] *nm* twinning.

jumelé, -e [ʒymle] *adj* [villes] twinned; [maisons] semidetached; **roues ~es** double wheels.

jumeler [ʒymle] [24] *vt* to twin.

jumelle → **jumeau**.

jument [ʒymɑ̃] *nf* mare.

jungle [ʒɑ̃gl] *nf* jungle.

junior [ʒynjɔr] *adj & nm, f* SPORT junior.

junte [ʒœ̃t] *nf* junta.

jupe [ʒyp] *nf* skirt.

jupe-culotte [ʒypkylɔt] *(pl* **jupes-culottes)** *nf* culottes *(pl).*

jupon [ʒypɔ̃] *nm* petticoat, slip.

Jura [ʒyra] *nm*: **le ~** the Jura (Mountains).

juré, -e [ʒyre] *adj*: **ennemi ~** sworn enemy.

◆ **juré** *nm* JUR juror.

jurer [ʒyre] [3] ◇ *vt*: ~ **qqch à qqn** to swear OU pledge sthg to sb; ~ **(à qqn) que ...** to swear (to sb) that ...; ~ **de faire qqch** to swear OU vow to do sthg; **je le jure** I swear; **je vous jure!** *fam* honestly!; **ne plus ~ que par** to swear by. ◇ *vi* **-1.** [blasphémer] to swear, to curse. **-2.** [ne pas aller ensemble]: ~ **(avec)** to clash (with).

◆ **se jurer** *vp*: **se ~ de faire qqch** to swear OU vow to do sthg.

juridiction [ʒyridiksjɔ̃] *nf* jurisdiction.

juridictionnel, -elle [ʒyridiksjɔnɛl] *adj* jurisdictional.

juridique [ʒyridik] *adj* legal.

jurisprudence [ʒyrisprydɑ̃s] *nf* jurisprudence; **faire ~** to set a precedent.

juriste [ʒyrist] *nmf* lawyer.

juron [ʒyrɔ̃] *nm* swearword, oath.

jury [ʒyri] *nm* **-1.** JUR jury. **-2.** [SCOL - d'examen] examining board; [- de concours] admissions board.

jus [ʒy] *nm* **-1.** [de fruits, légumes] juice; ~ **d'orange/de pomme** orange/apple juice. **-2.** [de viande] gravy.

jusqu'au-boutiste [ʒyskobutist] *nmf* hardliner.

jusque, jusqu' [ʒysk(ə)]

◆ **jusqu'à** *loc prép* **-1.** [sens temporel] until, till; **jusqu'à nouvel ordre** until further notice; **jusqu'à présent** up until now, so far. **-2.** [sens spatial] as far as; **jusqu'au bout** to the end. **-3.** [même] even; **aller jusqu'à faire qqch** *fig* to go as far as to do sthg.

◆ **jusqu'à ce que** *loc conj* until, till.

◆ **jusqu'en** *loc prép* up until.

◆ **jusqu'ici** *loc adv* [lieu] up to here; [temps] up until now, so far.

◆ **jusque-là** *loc adv* [lieu] up to there; [temps] up until then.

justaucorps [ʒystokɔr] *nm* [maillot] leotard.

juste [ʒyst] ◇ *adj* **-1.** [équitable] fair. **-2.** [exact] right, correct. **-3.** [trop petit] tight. ◇ *adv* **-1.** [bien] correctly, right. **-2.** [exactement, seulement] just.

◆ **au juste** *loc adv* exactly.

◆ **tout juste** *loc adv* only just.

justement [ʒystəmɑ̃] *adv* **-1.** [avec raison] rightly. **-2.** [précisément] exactly, precisely.

justesse [ʒystɛs] *nf* [de remarque] aptness; [de raisonnement] soundness.

◆ **de justesse** *loc adv* only just.

justice [ʒystis] *nf* **-1.** JUR justice; **se faire ~** [se suicider] to take one's life; **passer en ~** to stand trial; **rendre la ~** to dispense justice; **rendre ~ à qqn/qqch** to do justice to sb/sthg. **-2.** [équité] fairness.

justiciable [ʒystisjabl] *adj*: **être ~ de** JUR be answerable to.

justicier, -ière [ʒystisje, jɛr] *nm, f* righter of wrongs.

justifiable [ʒystifjabl] *adj* justifiable.

justificatif, -ive [ʒystifikatif, iv] *adj* supporting.

◆ **justificatif** *nm* written proof *(U).*

justification [ʒystifikasjɔ̃] *nf* justification.

justifier [ʒystifje] [9] *vt* **-1.** [gén] to justify. **-2.** TYPO: ~ **à gauche/à droite** to left-/right-justify.

◆ **se justifier** *vp* to justify o.s.

jute [ʒyt] *nm* jute.

juter [ʒyte] [3] *vi* [fruit] to be juicy.

juteux, -euse [ʒytø, øz] *adj* juicy; **une affaire juteuse** *fam* a nice little earner.

juvénile [ʒyvenil] *adj* youthful.

juxtaposé, -e [ʒykstapoze] *adj* juxtaposed.

juxtaposer [ʒykstapoze] [3] *vt* to juxtapose.

juxtaposition [ʒykstapozisjɔ̃] *nf* juxtaposition.

K

k, K [ka] *nm inv* k, K.

K7 [kasɛt] (*abr de* **cassette**) *nf* cassette; **radio-~** radiocassette.

Kaboul [kabul] *n* Kabul.

kabyle [kabil] ◇ *adj* Kabyle. ◇ *nm* [langue] Kabyle.
◆ **Kabyle** *nmf* Kabyle.

Kabylie [kabili] *nf*: **la ~** Kabylia.

kaki [kaki] ◇ *nm* -1. [couleur] khaki. -2. [fruit] persimmon. ◇ *adj inv* khaki.

kaléidoscope [kaleidɔskɔp] *nm* kaleidoscope.

kamikaze [kamikaz] *nm* kamikaze pilot.

Kampuchéa [kãpyʃea] *nm*: **le ~** Kampuchea.

kanak = **canaque.**

kangourou [kãguru] *nm* kangaroo.

kapok [kapɔk] *nm* kapok.

karaoké [karaɔke] *nm* karaoke.

karaté [karate] *nm* karate.

karité [karite] *nm* shea.

kart [kart] *nm* go-kart.

karting [kartiŋ] *nm* go-karting.

kas(c)her, cascher [kaʃɛr] *adj inv* kosher; **manger ~** to eat kosher food.

Katar = **Qatar.**

Katmand(o)u [katmãdu] *n* Katmandu.

kayak [kajak] *nm* kayak.

KCS (*abr de* **couronne tchécoslovaque**) Kcs.

Kenya [kenja] *nm*: **le ~** Kenya; **au ~** in Kenya.

kenyan, -e [kenjã, an] *adj* Kenyan.
◆ **Kenyan, -e** *nm, f* Kenyan.

képi [kepi] *nm* kepi.

kératine [keratin] *nf* keratin.

kermesse [kɛrmɛs] *nf* -1. [foire] fair. -2. [fête de bienfaisance] fête.

kérosène [kerɔzɛn] *nm* kerosene.

ketchup [kɛtʃœp] *nm* ketchup.

KF -1. *abr de* **kilofranc**. -2. *abr de* **café.**

kg (*abr de* **kilogramme**) kg.

KGB (*abr de* **Komitet Gossoudarstvennoï Bezopasnosti**) *nm* KGB.

khâgne [kaɲ] *nf second year of a two-year arts course taken prior to the competitive examination for entry to the École normale supérieure.*

Khartoum [kartum] *n* Khartoum.

khmer, -ère [kmɛr] *adj* Khmer.
◆ **khmer** *nm* [langue] Khmer.
◆ **Khmer, -ère** *nm, f* Khmer.

khôl [kol], **kohol** [kɔɔl] *nm* kohl.

kibboutz [kibuts] *nm inv* kibbutz.

kidnapper [kidnape] [3] *vt* to kidnap.

kidnapping [kidnapiŋ] *nm* kidnap.

kif-kif [kifkif] *adj inv fam*: **c'est ~** it's all the same, it makes no odds *Br*.

kilo [kilo] *nm* kilo.

kilofranc [kilofrã] *nm one thousand francs.*

kilogramme [kilɔgram] *nm* kilogram.

kilométrage [kilɔmetraʒ] *nm* -1. [de voiture] ≃ mileage; **~ illimité** ≃ unlimited mileage. -2. [distance] distance.

kilomètre [kilɔmɛtr] *nm* kilometer *Am*, kilometre *Br*.

kilométrique [kilɔmetrik] *adj* kilometric.

kilo-octet [kilɔoktɛ] *nm* INFORM kilobyte.

kilowatt [kilɔwat] *nm* kilowatt.

kilowatt-heure [kilowatœr] (*pl* **kilowatts-heures**) *nm* kilowatt-hour.

kilt [kilt] *nm* kilt.

kimono [kimɔno] *nm* kimono.

kinésithérapeute [kineziterapøt] *nmf* physiotherapist.

Kinshasa [kinʃasa] *n* Kinshasa.

kiosque [kjɔsk] *nm* -1. [de vente] kiosk; **~ à journaux** newspaper kiosk. -2. [pavillon] pavilion. -3. [de navire] pilot house, wheelhouse.

kir [kir] *nm mixture of white wine and blackcurrant liqueur.*

kirsch [kirʃ] *nm* cherry brandy.

kit [kit] *nm* kit; **en ~** in kit form.

kitchenette [kitʃɔnɛt] *nf* kitchenette.

kitsch [kitʃ] *adj inv* kitsch.

kiwi [kiwi] *nm* -1. [oiseau] kiwi. -2. [fruit] kiwi, kiwi fruit (*U*).

Klaxon® [klaksɔ̃] *nm* horn.

klaxonner [klaksɔne] [3] *vi* to hoot.

kleptomane, cleptomane [klɛptɔman] *nmf* kleptomaniac.

kleptomanie, cleptomanie [klɛptɔmani] *nf* kleptomania.

km (*abr de* **kilomètre**) km.

km/h (*abr de* **kilomètre par heure**) kph.

Ko (*abr de* **kilo-octet**) K.

K.-O. [kao] *nm*: **mettre qqn ~** to knock sb out.

koala [kɔala] *nm* koala (bear).

kohol = khôl.

Kosovo [kɔsɔvɔ] *nm*: **le** ∼ Kosovo-Metohija; **au** ∼ in Kosovo-Metohija.

kouglof, kugelhof [kuglɔf] *nm cake made with dried fruit and almonds.*

Koweït [kɔwɛt] *nm*: **le** ∼ Kuwait; **au** ∼ in Kuwait.

Koweït City [kɔwɛtsiti] *n* Kuwait.

koweïtien, -ienne [kɔwɛtjɛ̃, jɛn] *adj* Kuwaiti.

◆ **Koweïtien, -ienne** *nm, f* Kuwaiti.

krach [krak] *nm* crash; ∼ **boursier** stock market crash.

kraft [kraft] *nm* kraft; **papier** ∼ brown paper.

KRD (*abr de* **couronne danoise**) Kr, DKr.

KRN (*abr de* **couronne norvégienne**) Kr, NKr.

KRS (*abr de* **couronne suédoise**) Kr, Skr.

Kuala Lumpur [kyalalympyr] *n* Kuala Lumpur.

kugelhof = **kouglof**.

kumquat [kumkwat] *nm* kumquat.

kung-fu [kuŋfu] *nm* kung fu.

kurde [kyrd] ◇ *adj* Kurdish. ◇ *nm* [langue] Kurdish.

◆ **Kurde** *nmf* Kurd.

Kurdistan [kyrdistɑ̃] *nm*: **le** ∼ Kurdistan; **au** ∼ in Kurdistan.

kWh (*abr de* **kilowatt-heure**) kW/hr.

Kyoto [kiɔtɔ] *n* Kyoto.

kyrielle [kirjɛl] *nf fam* stream; [d'enfants] horde.

kyste [kist] *nm* cyst.

L

l, L [ɛl] ◇ *nm inv* l, L. ◇ (*abr de* **litre**) l.

la¹ [la] *art déf & pron déf* → **le**.

la² [la] *nm inv* MUS A; [dans la gamme] la.

là [la] *adv* **-1.** [lieu] there; **à 3 kilomètres de** ∼ 3 kilometres from there; **passe par** ∼ go that way; **c'est** ∼ **que je travaille** that's where I work; **je suis** ∼ I'm here; **les faits sont** ∼ those are the facts. **-2.** [temps] then; **à quelques jours de** ∼ a few days later, a few days after that. **-3.** [dans cela]: **la santé, tout est** ∼ (good) health is everything; ∼ **est le vrai problème** that's the real problem. **-4.** [avec une proposition relative]: ∼ **où** [lieu] where; [temps] when. **-5.** *loc*: **de** ∼ **à dire qu'elle est sympathique, il y a loin!** there's a big difference between saying that and saying that she's a nice person; **nous en sommes** ∼ that's the stage we've reached; **s'en tenir** ∼ to call a halt (there); *voir aussi* **ce, là-bas, là-dedans** *etc.*

là-bas [laba] *adv* (over) there.

label [labɛl] *nm* **-1.** [étiquette]: ∼ **de qualité** label guaranteeing quality. **-2.** [commerce] label, brand name.

labeur [labœr] *nm sout* labor *Am*, labour *Br*.

labial, -e, -iaux [labjal, jo] *adj* labial.

labo [labo] (*abr de* **laboratoire**) *nm fam* lab.

laborantin, -e [labɔrɑ̃tɛ̃, in] *nm, f* laboratory assistant.

laboratoire [labɔratwar] *nm* laboratory; ∼ **d'analyses** test laboratory; ∼ **de langues** language laboratory.

laborieusement [labɔrjøzmɑ̃] *adv* laboriously.

laborieux, -ieuse [labɔrjø, jøz] *adj* **-1.** [difficile] laborious. **-2.** [travailleur] industrious; **les classes laborieuses** the working class (*sg*).

labour [labur] *nm* **-1.** [labourage] ploughing. **-2.** (*gén pl*) [terres] ploughed field.

labourage [laburaʒ] *nm* ploughing.

labourer [labure] [3] *vt* **-1.** AGRIC to plow *Am*, to plough *Br*. **-2.** *fig* [creuser] to make a gash in.

laboureur [laburœr] *nm* ploughman.

labrador [labradɔr] *nm* labrador.

labyrinthe [labirɛ̃t] *nm* labyrinth.

lac [lak] *nm* lake; **les Grands Lacs** the Great Lakes; **le ~ Léman** Lake Geneva; **le ~ Majeur** Lake Maggiore.

lacer [lase] [16] *vt* to tie.

lacérer [lasere] [18] *vt* **-1.** [déchirer] to shred. **-2.** [blesser, griffer] to slash.

lacet [lasɛ] *nm* **-1.** [cordon] lace. **-2.** [de route] bend. **-3.** [piège] snare.

lâche [laʃ] ◇ *nmf* coward. ◇ *adj* **-1.** [nœud] loose. **-2.** [personne, comportement] cowardly.

lâchement [laʃmã] *adv* like a coward/cowards.

lâcher [laʃe] [3] ◇ *vt* **-1.** [libérer - bras, objet] to let go of; [- animal] to let go, to release; *fig* [- mot] to let slip. **-2.** [laisser tomber]: ~ **qqch** to drop sthg. **-3.** *fam* [plaquer - ami] ~ **qqn** to drop sb. ◇ *vi* to give way. ◇ *nm*: **un ~ de** a release of.

lâcheté [laʃte] *nf* **-1.** [couardise] cowardice. **-2.** [acte] cowardly act.

lâcheur, -euse [laʃœr, øz] *nm, f fam* unreliable person.

lacis [lasi] *nm* [labyrinthe] maze.

laconique [lakɔnik] *adj* laconic.

laconiquement [lakɔnikmã] *adv* laconically.

lacrymal, -e, -aux [lakrimal, o] *adj* lacrimal.

lacrymogène [lakrimɔʒɛn] *adj* tear (*avant n*).

lactation [laktasjɔ̃] *nf* lactation.

lacté, -e [lakte] *adj* [régime] milk (*avant n*).

lactique [laktik] *adj* lactic.

lacunaire [lakynɛr] *adj* [insuffisant] incomplete.

lacune [lakyn] *nf* [manque] gap.

lacustre [lakystr] *adj* [faune, plante] lake (*avant n*); [cité, village] on stilts.

lad [lad] *nm* stable lad.

là-dedans [ladədã] *adv* inside, in there; **il y a quelque chose qui m'intrigue ~** there's something in that which intrigues me.

là-dessous [ladsu] *adv* underneath, under there; *fig* behind that.

là-dessus [ladsy] *adv* on that; **~, il partit at** that point OU with that, he left; **je suis d'accord ~** I agree about that.

ladite → **ledit**.

lagon [lagɔ̃] *nm*, **lagune** [lagyn] *nf* lagoon.

Lagos [lagos] *nm*: **le ~** Lagos.

là-haut [lao] *adv* up there.

laïc (*f* **laïque**), **laïque** [laik] ◇ *adj* lay (*avant*

n); [juridiction] civil (*avant n*); [école] state (*avant n*). ◇ *nm, f* layman (*f* laywoman).

laïcisation [laisizasjɔ̃] *nf* secularization.

laid, -e [lɛ, lɛd] *adj* **-1.** [esthétiquement] ugly. **-2.** [moralement] wicked.

laideron [lɛdrɔ̃] *nm* ugly woman.

laideur [lɛdœr] *nf* **-1.** [physique] ugliness. **-2.** [morale] wickedness.

laie [lɛ] *nf* ZOOL wild sow.

lainage [lɛnaʒ] *nm* [étoffe] woolen *Am* OU woollen *Br* material; [vêtement] woolly, woolen *Am* OU woollen *Br* garment.

laine [lɛn] *nf* wool; **~ de verre** glass wool; **pure ~ vierge** pure new wool.

laineux, -euse [lɛnø, øz] *adj* woolly.

lainier, -ière [lɛnje, jɛr] ◇ *adj* wool (*avant n*). ◇ *nm, f* [marchand] wool merchant; [ouvrier] wool worker.

laïque → **laïc**.

laisse [lɛs] *nf* [corde] lead, leash; **tenir en ~** [chien] to keep on a lead OU leash; **tenir qqn en ~** *fig* to keep sb on a short lead.

laissé-pour-compte, laissée-pour-compte [lesepurkɔ̃t] (*mpl* **laissés-pour-compte**, *fpl* **laissées-pour-compte**) *adj* **-1.** [article] unsold. **-2.** *fig* [personne] rejected.

◆ **laissé-pour-compte** *nm* **-1.** [article] unsold item. **-2.** [personne] reject.

laisser [lese] [4] ◇ *v aux* (+*infinitif*): ~ **qqn faire qqch** to let sb do sthg; **laisse-le faire** leave him alone, don't interfere; ~ **tomber qqch** *litt* & *fig* to drop sthg; ~ **tomber qqn** *fam* to drop sb; **laisse tomber!** *fam* drop it! ◇ *vt* **-1.** [gén] to leave; ~ **qqch à qqn** [léguer] to leave sthg to sb, to leave sb sthg; ~ **qqn/qqch à qqn** [confier] to leave sb/sthg with sb. **-2.** [céder]: ~ **qqch à qqn** to let sb have sthg. **-3.** *loc*: ~ **qqn tranquille** to leave sb in peace OU alone; ~ **à désirer** to leave something to be desired.

◆ **se laisser** *vp*: **se ~ faire** to let o.s. be persuaded; **se ~ aller** to relax; [dans son apparence] to let o.s. go; **se ~ aller dans un fauteuil** to collapse into an armchair; **se ~ aller à qqch** to indulge in sthg; **se ~ tenter par** to be tempted by.

laisser-aller [leseale] *nm inv* carelessness.

laissez-passer [lesepase] *nm inv* pass.

lait [lɛ] *nm* **-1.** [gén] milk; ~ **de chèvre/vache** goat's/cow's milk; ~ **entier/écrémé** whole/skimmed milk; ~ **concentré** OU **condensé** [sucré] condensed milk; [non sucré] evaporated milk; ~ **maternel** mother's milk; ~ **en poudre** powdered milk; ~ **de poule** egg flip. **-2.** [cosmétique]: ~ **démaquillant** cleansing milk OU lotion.

laitage [lɛtaʒ] *nm* dairy product.

laiterie [lɛtri] *nf* dairy.

laiteux, -euse [lɛtø, øz] *adj* milky.

laitier, -ière [lɛtje, jɛr] ◇ *adj* dairy (*avant n*). ◇ *nm, f* milkman (*f* milkwoman).
◆ **laitier** *nm* TECHNOL slag.

laiton [lɛtɔ̃] *nm* brass.

laitue [lety] *nf* lettuce.

laïus [lajys] *nm* long speech.

lama [lama] *nm* **-1.** ZOOL llama. **-2.** RELIG lama.

lambeau, -x [lɑ̃bo] *nm* **-1.** [morceau] shred; **mettre qqch en ~x** to tear sthg to pieces OU shreds. **-2.** *fig* [fragment] fragment.

lambiner [lɑ̃bine] [3] *vi fam* to dawdle.

lambris [lɑ̃bri] *nm* paneling *Am*, panelling *Br*.

lambswool [lɑ̃bswul] *nm* lambswool.

lame [lam] *nf* **-1.** [fer] blade; **~ de rasoir** razor blade. **-2.** [lamelle] strip. **-3.** [vague] wave; **~ de fond** groundswell.

lamé, -e [lame] *adj* lamé; **~ or/argent** gold/silver lamé.
◆ **lamé** *nm* lamé; **de** OU **en ~** lamé.

lamelle [lamɛl] *nf* **-1.** [de champignon] gill. **-2.** [tranche] thin slice. **-3.** [de verre] slide.

lamentable [lamɑ̃tabl] *adj* **-1.** [résultats, sort] appalling. **-2.** [ton] plaintive.

lamentablement [lamɑ̃tabləmɑ̃] *adv* miserably.

lamentation [lamɑ̃tasjɔ̃] *nf* **-1.** [plainte] lamentation. **-2.** (*gén pl*) [jérémiade] moaning (*U*).

lamenter [lamɑ̃te] [3]
◆ **se lamenter** *vp* to complain; **se ~ sur qqch** to bemoan sthg; **se ~ d'avoir fait qqch** to complain about having done sthg.

laminage [laminaʒ] *nm* lamination.

laminer [lamine] [3] *vt* IND to laminate; *fig* [personne, revenus] to eat away at.

laminoir [laminwar] *nm* rolling mill.

lampadaire [lɑ̃padɛr] *nm* [dans maison] floor lamp *Am*, standard lamp *Br*; [de rue] street lamp OU light.

lampe [lɑ̃p] *nf* lamp, light; **~ à bronzer** sunlamp; **~ de chevet** bedside lamp; **~ halogène** halogen light; **~ à pétrole** oil lamp; **~ de poche** flashlight *Am*, torch *Br*; **~ à souder** blowtorch; **~ témoin** pilot light; **s'en mettre plein la ~** *fam fig* to stuff o.s.

lampée [lɑ̃pe] *nf fam* swig.

lampion [lɑ̃pjɔ̃] *nm* Chinese lantern.

lampiste [lɑ̃pist] *nm* [employé, subalterne] underling, dogsbody *Br*.

lance [lɑ̃s] *nf* **-1.** [arme] spear. **-2.** [de tuyau] nozzle; **~ d'incendie** fire hose.

lancée [lɑ̃se] *nf*: **continuer sur sa ~** to keep going.

lance-flammes [lɑ̃sflam] *nm inv* flamethrower.

lancement [lɑ̃smɑ̃] *nm* **-1.** [d'entreprise, produit, navire] launching. **-2.** [de javelot, projectile] throwing.

lance-pierres [lɑ̃spjɛr] *nm inv* catapult.

lancer [lɑ̃se] [16] ◇ *vt* **-1.** [pierre, javelot] to throw; **~ qqch sur qqn** to throw sthg at sb. **-2.** [fusée, produit, style] to launch. **-3.** [émettre] to give off; [cri] to let out; [injures] to hurl; [ultimatum] to issue. **-4.** [moteur] to start up. **-5.** [INFORM - programme] to start; [- système] to boot (up). **-6.** *fig* [sur un sujet]: **~ qqn sur qqch** to get sb started on sthg.
◇ *nm* **-1.** PÊCHE casting. **-2.** SPORT throwing; **~ du poids** shotput.
◆ **se lancer** *vp* **-1.** [débuter] to make a name for o.s. **-2.** [s'engager]: **se ~ dans** [dépenses, explication, lecture] to embark on.

lanceur, -euse [lɑ̃sœr, øz] *nm, f* SPORT thrower.
◆ **lanceur** *nm* AÉRON launcher.

lancinant, -e [lɑ̃sinɑ̃, ɑ̃t] *adj* **-1.** [douleur] shooting. **-2.** *fig* [obsédant] haunting. **-3.** [monotone] insistent.

lanciner [lɑ̃sine] [3] ◇ *vi* to throb. ◇ *vt fig* to haunt.

landau [lɑ̃do] *nm* **-1.** [d'enfant] pram. **-2.** [carrosse] landau.

lande [lɑ̃d] *nf* moor.

langage [lɑ̃gaʒ] *nm* language; **~ machine** INFORM machine language.

lange [lɑ̃ʒ] *nm* diaper *Am*, nappy *Br*.

langer [lɑ̃ʒe] [17] *vt* to change.

langoureusement [lɑ̃gurøzmɑ̃] *adv* languorously.

langoureux, -euse [lɑ̃gurø, øz] *adj* languorous.

langouste [lɑ̃gust] *nf* crayfish.

langoustine [lɑ̃gustin] *nf* langoustine.

langue [lɑ̃g] *nf* **-1.** ANAT & *fig* tongue; **tirer la ~ à qqn** to stick out one's tongue at sb; **~ de bœuf** CULIN ox tongue; **mauvaise ~** *fig* gossip; **avoir la ~ bien pendue** to be a chatterbox; **donner sa ~ au chat** to give up; **ne pas avoir sa ~ dans sa poche** never to be at a loss for words; **tenir sa ~** *fig* to hold one's tongue. **-2.** LING language; **de ~ française** [livre] French; [personne] French-speaking; **les politiciens qui parlent la ~ de bois** politicians who mouth clichés; **~ ma-**

ternelle mother tongue; ~ **morte/vivante** dead/modern language.

langue-de-chat [lɑ̃gdəʃa] (*pl* **langues-de-chat**) *nf* light finger-biscuit.

languette [lɑ̃gɛt] *nf* tongue.

langueur [lɑ̃gœr] *nf* -1. [dépérissement, mélancolie] languor. -2. [apathie] apathy.

languir [lɑ̃gir] [32] *vi* -1. [dépérir]: ~ **(de)** to languish (with). -2. *sout* [attendre] to wait; **faire ~ qqn** to keep sb waiting. -3. *littéraire* [désirer]: ~ **après** to pine for.

lanière [lanjɛr] *nf* strip.

lanoline [lanɔlin] *nf* lanolin.

lanterne [lɑ̃tɛrn] *nf* -1. [éclairage] lantern. -2. [phare] light. -3. *loc*: **éclairer la ~ de qqn** *fig* to put sb in the know; **être la ~ rouge** *fam fig* to bring up the rear.

lanterner [lɑ̃tɛrne] [3] *vi fam* to dawdle; **faire ~ qqn** to keep sb hanging around.

Laos [laos] *nm*: **le ~** Laos; **au ~** in Laos.

laotien, -ienne [laosjɛ̃, jɛn] *adj* Laotian.
◆ **laotien** *nm* [langue] Laotian.
◆ **Laotien, -ienne** *nm, f* Laotian.

lapalissade [lapalisad] *nf* statement of the obvious.

La Paz [lapaz] *n* La Paz.

laper [lape] [3] *vt & vi* to lap.

lapereau, -x [lapro] *nm* baby rabbit.

lapidaire [lapidɛr] ◇ *nm* lapidary. ◇ *adj* lapidary; *fig* [style] terse.

lapider [lapide] [3] *vt* [tuer] to stone.

lapin, -e [lapɛ̃, in] *nm, f* -1. CULIN & ZOOL rabbit; ~ **de garenne** wild rabbit. -2. *fam* [personne]: **mon ~** my darling; **chaud ~** stud. -3. *loc*: **poser un ~ à qqn** *fam* to stand sb up.
◆ **lapin** *nm* [fourrure] rabbit fur.

lapon, -onne OU **-one** [lapɔ̃, ɔn] *adj* Lapp.
◆ **lapon** *nm* [langue] Lapp.
◆ **Lapon, -onne** OU **-one** *nm, f* Lapp, Laplander.

Laponie [lapɔni] *nf*: **la ~** Lapland.

laps [laps] *nm*: **(dans) un ~ de temps** (in) a while.

lapsus [lapsys] *nm* slip (of the tongue/pen); **faire un ~** to make a slip (of the tongue/pen).

laquais [lakɛ] *nm* lackey.

laque [lak] *nf* -1. [vernis, peinture] lacquer. -2. [pour cheveux] hair spray, lacquer.

laqué, -e [lake] *adj* lacquered.

laquelle → **lequel**.

laquer [lake] [3] *vt* to lacquer.

larbin [larbɛ̃] *nm* -1. [domestique] servant. -2. [personne servile] yes-man.

larcin [larsɛ̃] *nm* -1. [vol] larceny, theft. -2. [butin] spoils (*pl*).

lard [lar] *nm* -1. [graisse de porc] lard. -2. [viande] bacon. -3. *fam* [graisse d'homme] blubber.

larder [larde] [3] *vt* -1. CULIN to lard. -2. *fig* [piquer]: ~ **qqn de coups/d'injures** to rain blows/insults on sb. -3. *fig* [truffer]: ~ **qqch de** to cram sthg with.

lardon [lardɔ̃] *nm* -1. CULIN cube or strip of bacon. -2. *fam* [enfant] kid.

large [larʒ] ◇ *adj* -1. [étendu, grand] wide; ~ **de 5 mètres** 5 metres wide; **être ~ de hanches/d'épaules** to have broad hips/shoulders. -2. [important, considérable] large, big. -3. [esprit, sourire] broad. -4. [généreux - personne] **generous.**
◇ *adv* amply; **voir ~** to think big; **ne pas en mener ~** *fig* to be afraid.
◇ *nm* -1. [largeur]: **5 mètres de ~** 5 metres wide. -2. [mer]: **le ~** the open sea; **au ~ de la côte française** off the French coast; **prendre le ~** [navire] to put to sea; *fig* to be off.

largement [larʒəmɑ̃] *adv* -1. [diffuser, répandre] widely; **la porte était ~ ouverte** the door was wide open. -2. [donner, payer] generously; [dépasser] **considérably**; [récompenser] amply; **avoir ~ le temps** to have plenty of time. -3. [au moins] easily.

largesse [larʒɛs] *nf* -1. [générosité] generosity. -2. (*gén pl*) [don] gift.

largeur [larʒœr] *nf* -1. [d'avenue, de cercle] width. -2. *fig* [d'idées, d'esprit] breadth.

largué, -e [large] *adj*: **être ~** to be all at sea.

larguer [large] [3] *vt* -1. [voile] to unfurl. -2. [bombe, parachutiste] to drop. -3. *fam fig* [abandonner] to chuck; **se faire ~** to be chucked.

larme [larm] *nf* -1. [pleur] tear; **être en ~s** to be in tears; **fondre en ~s** to burst into tears; **pleurer à chaudes ~s** to cry bitterly; **ravaler ses ~s** to hold back one's tears; **rire aux ~s** to laugh until one cries; **~s de crocodile** *fig* crocodile tears. -2. *fam* [goutte]: **une ~ de** a drop of.

larmoyant, -e [larmwajɑ̃, ɑ̃t] *adj* -1. [yeux, personne] tearful. -2. *péj* [histoire] tearjerking.

larmoyer [larmwaje] [13] *vi* -1. [pleurer - personne] to weep; [- yeux] to water. -2. *péj* [se lamenter] to moan.

larron [larɔ̃] *nm vieilli* [voleur] thief.

larve [larv] *nf* -1. ZOOL larva. -2. *péj* [personne] wimp.

larvé, -e [larve] *adj* **-1.** MÉD larvate. **-2.** [latent] latent.

laryngite [larɛ̃ʒit] *nf* laryngitis (*U*).

larynx [larɛ̃ks] *nm* larynx.

las, lasse [la, las] *adj littéraire* **-1.** [fatigué] weary. **-2.** [dégoûté, ennuyé] tired; ~ **de faire qqch** tired of doing sthg; ~ **de qqn/ qqch** tired of sb/sthg.
◆ **las** *interj* alas!

lascar [laskar] *nm* **-1.** [homme louche] shady character; [homme rusé] rogue. **-2.** *fam* [enfant] rascal.

lascif, -ive [lasif, iv] *adj* lascivious.

laser [lazɛr] ◇ *nm* laser. ◇ *adj inv* laser (*avant n*).

lassant, -e [lasɑ̃, ɑ̃t] *adj* tiresome.

lasser [lase] [3] *vt sout* [personne] to weary; [patience] to try.
◆ **se lasser** *vp* to weary; **ne pas se ~ de qqch/de faire qqch** not to weary of sthg/of doing sthg.

lassitude [lasityd] *nf* lassitude.

lasso [laso] *nm* lasso.

lat. (*abr de* **latitude**) lat.

latent, -e [latɑ̃, ɑ̃t] *adj* latent.

latéral, -e, -aux [lateral, o] *adj* lateral.

latex [latɛks] *nm inv* latex.

latin, -e [latɛ̃, in] *adj* Latin.
◆ **latin** *nm* [langue] Latin; **y perdre son ~** *fig* to be at a loss.

latiniste [latinist] *nmf* [spécialiste] Latinist; [étudiant] Latin student.

latino-américain, -e [latinoamerikɛ̃, ɛn] (*mpl* **latino-américains**, *fpl* **latino-américaines**) *adj* Latin-American, Hispanic.

latitude [latityd] *nf litt* & *fig* latitude.

latrines [latrin] *nfpl* latrines.

latte [lat] *nf* lath, slat.

lattis [lati] *nm* lathwork.

laudatif, -ive [lodatif, iv] *adj* laudatory.

lauréat, -e [lɔrea, at] ◇ *adj* prizewinning, winning. ◇ *nm, f* prizewinner, winner.

laurier [lɔrje] *nm* BOT laurel.
◆ **lauriers** *nmpl* [gloire] laurels; **s'endormir** OU **se reposer sur ses ~s** to rest on one's laurels.

laurier-rose [lɔrjeroz] (*pl* **lauriers-roses**) *nm* oleander.

laurier-sauce [lɔrjesos] (*pl* **lauriers-sauce**) *nm* bay (tree).

Lausanne [lozan] *n* Lausanne.

lavable [lavabl] *adj* washable.

lavabo [lavabo] *nm* **-1.** [cuvette] basin. **-2.** (*gén pl*) [local] toilet.

lavage [lavaʒ] *nm* washing; ~ **à la main/en machine** hand/machine washing; ~ **de cerveau** *fig* brainwashing; **subir un ~ d'estomac** MÉD to have one's stomach pumped.

lavande [lavɑ̃d] ◇ *nf* **-1.** BOT lavender. **-2.** [eau] lavender water. ◇ *adj inv* lavender (*avant n*).

lavasse [lavas] *nf fam* dishwater (*U*).

lave [lav] *nf* lava.

lave-glace [lavglas] (*pl* **lave-glaces**) *nm* windshield washer *Am*, windscreen washer *Br*.

lave-linge [lavlɛ̃ʒ] *nm inv* washing machine.

lavement [lavmɑ̃] *nm* enema.

laver [lave] [3] *vt* **-1.** [nettoyer] to wash. **-2.** *fig* [disculper]: ~ **qqn de qqch** to clear sb of sthg.
◆ **se laver** *vp* **-1.** [se nettoyer] to wash o.s., to have a wash; **se ~ les mains/les cheveux** to wash one's hands/hair. **-2.** [se disculper]: **se ~ (de)** to clear o.s. (of).

laverie [lavri] *nf* [commerce] laundry; ~ **automatique** launderette.

lavette [lavɛt] *nf* **-1.** [brosse] washing-up brush; [en tissu] dishcloth. **-2.** *fam* [homme] drip.

laveur, -euse [lavœr, øz] *nm, f* washer; ~ **de carreaux** window cleaner (*person*).

lave-vaisselle [lavvesɛl] *nm inv* dishwasher.

lavis [lavi] *nm* [procédé] washing; [dessin] wash (painting).

lavoir [lavwar] *nm* **-1.** [lieu] laundry. **-2.** [bac] washtub.

laxatif, -ive [laksatif, iv] *adj* laxative.
◆ **laxatif** *nm* laxative.

laxisme [laksism] *nm* laxity.

laxiste [laksist] ◇ *nmf* person who is lax. ◇ *adj* lax.

layette [lɛjɛt] *nf* layette.

le [lə], **l'** (*devant voyelle ou h muet*) (*f* **la** [la], *pl* **les** [le]) ◇ *art déf* **-1.** [gén] the; ~ **lac** the lake; **la fenêtre** the window; **l'homme** the man; **les enfants** the children. **-2.** [devant les noms abstraits]: **l'amour** love; **la liberté** freedom; **la vieillesse** old age. **-3.** [devant les noms géographiques]: **la France** France; **les États-Unis** America, the United States (of America); **la Seine** the Seine; **les Alpes** the Alps. **-4.** [temps]: ~ **15 janvier 1993** 15th January 1993; **je suis arrivé ~ 15 janvier 1993** I arrived on the 15th of January 1993; ~ **lundi** [habituellement] on Mondays; [jour précis] on (the) Monday. **-5.** [possession]: **se laver les mains** to wash one's hands; **secouer la tête** to shake one's head;

avoir les cheveux blonds to have fair hair. **-6.** [distributif] per, a; **10 francs ~ mètre** 10 francs per meter *Am* OU metre *Br*, 10 francs a meter *Am* OU metre *Br*.
◇ *pron pers* **-1.** [personne] him (*f* her), *pl* them; [chose] it, *pl* them; [animal] it, him (*f* her), *pl* them; **je ~/la/les connais bien** I know him/her/them well; **tu dois avoir la clé, donne-la moi** you must have the key, give it to me. **-2.** [représente une proposition]: **je ~ sais bien** I know, I'm well aware (of it); **je te l'avais bien dit!** I told you so!

LEA (*abr de* **langues étrangères appliquées**) *nfpl applied modern languages.*

leader [lidœr] ◇ *nm* [de parti, course] leader. ◇ *adj* leading.

leadership [lidœrʃip] *nm* leadership.

lèche [lɛʃ] *nf tfam* bootlicking; **faire de la ~ à qqn** to lick sb's boots.

léché, -e [leʃe] *adj fam* [fignolé] polished.

lèchefrite [lɛʃfrit] *nf* dripping-pan.

lécher [leʃe] [18] *vt* **-1.** [passer la langue sur, effleurer] to lick; [suj: vague] to wash against. **-2.** *fam* [fignoler] to polish (up).
◆ **se lécher** *vp*: **se ~ les doigts** *fam* to lick one's fingers.

lèche-vitrines [lɛʃvitrin] *nm inv* window-shopping; **faire du ~** to go window-shopping.

leçon [ləsɔ̃] *nf* **-1.** [gén] lesson; **~s de conduite** driving lessons; **~s particulières** private lessons OU classes. **-2.** [conseil] advice (*U*); **faire la ~ à qqn** to lecture sb.

lecteur, -trice [lɛktœr, tris] *nm, f* **-1.** [de livres] reader. **-2.** UNIV foreign language assistant.
◆ **lecteur** *nm* **-1.** [gén] head; **~ de cassettes/CD** cassette/CD player; **~ laser universel** audio-video CD player. **-2.** IN-FORM reader; **~ de disques** disk drive.

lecture [lɛktyr] *nf* reading.

LED (*abr de* **light emitting diode**) *nf* LED.

ledit, ladite [lədi, ladit] (*mpl* **lesdits** [ledi], *fpl* **lesdites** [ledit]) *adj* the said, the aforementioned.

légal, -e, -aux [legal, o] *adj* legal.

légalement [legalmɑ̃] *adv* legally.

légalisation [legalizasjɔ̃] *nf* **-1.** [légitimation] legalization. **-2.** [authentification] authentication.

légaliser [legalize] [3] *vt* **-1.** [rendre légal] to legalize. **-2.** [certifier authentique] to authenticate.

légalisme [legalism] *nm* legalism.

légalité [legalite] *nf* **-1.** [de contrat, d'acte] legality, lawfulness. **-2.** [loi] law.

légataire [legatɛr] *nmf* legatee; **~ universel** sole legatee.

légation [legasjɔ̃] *nf* legation.

légendaire [leʒɑ̃dɛr] *adj* legendary.

légende [leʒɑ̃d] *nf* **-1.** [fable] legend. **-2.** *péj* [invention] story. **-3.** [de carte, de schéma] key; [de photo] caption.

léger, -ère [leʒe, ɛr] *adj* **-1.** [objet, étoffe, repas] light. **-2.** [bruit, différence, odeur] slight. **-3.** [alcool, tabac] low-strength. **-4.** [femme] flighty. **-5.** [insouciant - ton] light-hearted; [- conduite] thoughtless.
◆ **à la légère** *loc adv* lightly, thoughtlessly.

légèrement [leʒɛrmɑ̃] *adv* **-1.** [s'habiller, poser] lightly. **-2.** [agir] thoughtlessly. **-3.** [blesser, remuer] slightly.

légèreté [leʒɛrte] *nf* **-1.** [d'objet, de repas, de punition] lightness. **-2.** [de style] gracefulness. **-3.** [de conduite] thoughtlessness. **-4.** [de personne] flightiness.

légiférer [leʒifere] [18] *vi* to legislate.

légion [leʒjɔ̃] *nf* **-1.** MIL legion; **la Légion étrangère** the Foreign Legion. **-2.** [grand nombre]: **une ~ de** a host of; **être ~** *fig* to be legion.
◆ **Légion** *nf*: **la Légion d'honneur** the Legion of Honour.

légionnaire [leʒjɔnɛr] *nm* legionary.

législateur, -trice [leʒislatœr, tris] *nm, f* legislator.

législatif, -ive [leʒislatif, iv] *adj* legislative.
◆ **législatif** *nm* legislature.
◆ **législatives** *nfpl*: **les législatives** the legislative elections.

législation [leʒislasjɔ̃] *nf* legislation.

législature [leʒislatyr] *nf* **-1.** [période] term of office. **-2.** [corps] legislature.

légiste [leʒist] *adj* **-1.** [juriste] jurist. **-2.** → **médecin**.

légitimation [leʒitimasjɔ̃] *nf* [d'enfant] legitimization.

légitime [leʒitim] *adj* legitimate.

légitimement [leʒitimmɑ̃] *adv* **-1.** [légalement] legitimately. **-2.** [justement] fairly.

légitimer [leʒitime] [3] *vt* **-1.** [reconnaître] to recognize; [enfant] to legitimize. **-2.** [justifier] to justify.

légitimité [leʒitimite] *nf* **-1.** [de pouvoir, d'enfant] legitimacy. **-2.** [de récompense] fairness.

legs [lɛg] *nm* legacy.

léguer [lege] [18] *vt*: **~ qqch à qqn** JUR to bequeath sthg to sb; *fig* to pass sthg on to sb.

légume [legym] ◇ *nm* vegetable. ◇ *nf fam*: **une grosse ~** a bigwig.

leitmotiv [lajtmɔtif, lɛtmɔtif] *nm* leitmotif.

Léman [lemã] → lac.

lendemain [lɑ̃dmɛ̃] *nm* -1. [jour] day after; **le ~ matin** the next morning; **au ~ de** after, in the days following. -2. [avenir] tomorrow; **sans ~** short-lived.

lénifiant, -e [lenifjɑ̃, ɑ̃t] *adj litt & fig* soothing.

léniniste [leninist] *nmf & adj* Leninist.

lent, -e [lɑ̃, lɑ̃t] *adj* slow; **~ à faire qqch** slow to do sthg.

lente [lɑ̃t] *nf* nit.

lentement [lɑ̃tmɑ̃] *adv* slowly.

lenteur [lɑ̃tœr] *nf* slowness (*U*).

lentille [lɑ̃tij] *nf* -1. BOT & CULIN lentil. -2. [d'optique] lens; **~s de contact** contact lenses.

léonin, -e [leɔnɛ̃, in] *adj* -1. [du lion] leonine. -2. [injuste] one-sided.

léopard [leɔpar] *nm* leopard.

LEP, Lep (*abr de* **lycée d'enseignement professionnel**) *nm former secondary school for vocational training.*

lèpre [lɛpr] *nf* -1. MÉD leprosy. -2. *fig* [mal] disease.

lépreux, -euse [leprø, øz] ◇ *adj* -1. MÉD leprous. -2. *fig* [mur, maison] peeling. ◇ *nm, f* leper.

lequel [ləkɛl] (*f* **laquelle** [lakɛl], *mpl* **lesquels** [lekɛl], *fpl* **lesquelles** [lekɛl]) (*contraction de à* + *lequel* = **auquel**, *de* + *lequel* = **duquel**, *à* + *lesquels/lesquelles* = **auxquels/auxquelles**, *de* + *lesquels/lesquelles* = **desquels/ desquelles**) ◇ *pron relatif* -1. [complément - personne] whom; [- chose] which. -2. [sujet - personne] who; [- chose] which. ◇ *pron interr*: **~?** which (one)?

les → **le**.

lesbienne [lɛsbjɛn] *nf* lesbian.

lesdits, lesdites → **ledit**.

lèse-majesté [lɛzmaʒɛste] *nf inv* lese-majesty.

léser [leze] [18] *vt* -1. [frustrer] to wrong. -2. MÉD to injure, to damage.

lésiner [lezine] [3] *vi* to skimp; **ne pas ~ sur** not to skimp on.

lésion [lezjɔ̃] *nf* lesion.

Lesotho [lɛsɔtɔ] *nm*: **le ~** Lesotho.

lesquels, lesquelles → **lequel**.

lessive [lesiv] *nf* -1. [nettoyage, linge] washing. -2. [produit] washing powder.

lessiver [lesive] [3] *vt* -1. [nettoyer] to wash. -2. CHIM to leach. -3. *fam* [épuiser] to wipe out.

lest [lɛst] *nm* ballast; **lâcher du ~** to jettison ballast; *fig* to make concessions.

leste [lɛst] *adj* -1. [agile] nimble, agile. -2. [licencieux] crude.

lestement [lɛstəmɑ̃] *adv* -1. [agilement] nimbly, agilely. -2. [grivoisement] crudely.

lester [lɛste] [3] *vt* -1. [garnir de lest] to ballast. -2. *fam* [charger] to fill, to cram.

letchi = **litchi**.

léthargie [letarʒi] *nf litt & fig* lethargy; **tomber en ~** to become lethargic.

léthargique [letarʒik] *adj* lethargic.

letton, -onne [letɔ̃, ɔn] *adj* Latvian.
◆ **letton** *nm* [langue] Latvian.
◆ **Letton, -onne** *nm, f* Latvian.

Lettonie [letɔni] *nf*: **la ~** Latvia.

lettre [letr] *nf* -1. [gén] letter; **en toutes ~s** in words, in full; **~ d'amour** love letter; **~ de couverture** cover note; **~ ouverte** open letter; **~ piégée** letter bomb; **~ de rappel** reminder; **~ de recommandation** (letter of) recommendation; **passer comme une ~ à la poste** *fam* [entretien, examen] to go smoothly; [personne] to get through easily. -2. [sens des mots]: **à la ~** to the letter.
◆ **lettres** *nfpl* -1. [culture littéraire] letters. -2. UNIV arts; **~s classiques** classics; **~s modernes** French language and literature. -3. [titre]: **~s de noblesse** letters patent of nobility.
◆ **lettre de change** *nf* bill of exchange.

leucémie [løsemi] *nf* leukemia.

leucocyte [løkɔsit] *nm* leucocyte.

leucorrhée [løkɔre] *nf* leucorrhoea.

leur [lœr] *pron pers inv* (to) them; **je voudrais ~ parler** I'd like to speak to them; **je ~ ai donné la lettre** I gave them the letter, I gave the letter to them.
◆ **leur** (*pl* **leurs**) *adj poss* their; **c'est ~ tour** it's their turn; **~s enfants** their children.
◆ **le leur** (*f* **la leur**, *pl* **les leurs**) *pron poss* theirs; **il faudra qu'ils y mettent du ~** they've got to pull their weight.

leurre [lœr] *nm* -1. [appât] lure. -2. *fig* [illusion] illusion. -3. *fig* [tromperie] deception, trap.

leurrer [lœre] [5] *vt* to deceive.
◆ **se leurrer** *vp* to deceive o.s.

levain [ləvɛ̃] *nm* -1. CULIN: **pain au ~/sans ~** leavened/unleavened bread. -2. *fig* [germe] seeds (*pl*), germ.

levant [ləvɑ̃] ◇ *nm* east. ◇ *adj* → **soleil**.

levé, -e [ləve] *adj* [debout] up.
◆ **levée** *nf* -1. [de scellés, difficulté] removal; [de blocus, de siège, d'interdiction] lifting. -2. [de séance] close, closing. -3. [d'impôts, du

courrier] collection. **-4.** [d'armée] raising. **-5.** [remblai] dyke. **-6.** CARTES trick.

◆ **levée de boucliers** *nf* (general) outcry.

lever [ləve] [19] ◇ *vt* **-1.** [objet, blocus, interdiction] to lift. **-2.** [main, tête, armée] to raise. **-3.** [scellés, difficulté] to remove. **-4.** [séance] to close, to end. **-5.** [impôts, courrier] to collect. **-6.** [plan, carte] to draw (up). **-7.** [enfant, malade]: ~ **qqn** to get sb up.

◇ *vi* **-1.** [plante] to come up. **-2.** [pâte] to rise.

◇ *nm* **-1.** [d'astre] rising, rise; ~ **du jour** daybreak; ~ **du soleil** sunrise. **-2.** [de personne]: **il est toujours de mauvaise humeur au** ~ he's always in a bad mood when he gets up. **-3.** THÉÂTRE: ~ **de rideau** curtain, curtain-up; *fig* curtain-raiser.

◆ **se lever** *vp* **-1.** [personne] to get up, to rise; [vent] to get up. **-2.** [soleil, lune] to rise; [jour] to break. **-3.** [temps] to clear.

lève-tard [lɛvtar] *nmf inv* late riser.

lève-tôt [lɛvto] *nmf inv* early riser.

levier [ləvje] *nm litt* & *fig* lever; ~ **de vitesses** gear shift *Am*, gear lever *Br*.

lévitation [levitasjɔ̃] *nf* levitation.

lèvre [lɛvr] *nf* **-1.** ANAT lip; [de vulve] labium; **être suspendu aux** ~**s de qqn** *fig* to hang on sb's every word; **se mordre les** ~**s** *fig* to bite one's lip. **-2.** [bord] edge.

lévrier, levrette [levrije, ləvrɛt] *nm, f* greyhound.

levure [ləvyr] *nf* yeast; ~ **chimique** baking powder.

lexical, -e, -aux [lɛksikal, -o] *adj* lexical.

lexicographie [lɛksikɔgrafi] *nf* lexicography.

lexique [lɛksik] *nm* **-1.** [dictionnaire] glossary. **-2.** [vocabulaire] vocabulary.

lézard [lezar] *nm* **-1.** [animal] lizard; **faire le** ~ *fam fig* to bask in the sun. **-2.** [peau] lizard (skin).

lézarde [lezard] *nf* crack.

lézarder [lezarde] [3] ◇ *vt* to crack. ◇ *vi fam* [paresser] to bask.

◆ **se lézarder** *vp* to crack.

Lhassa [lasa] *n* Lhasa.

liaison [ljɛzɔ̃] *nf* **-1.** [jonction, enchaînement] connection. **-2.** CULIN & LING liaison. **-3.** [contact, relation] contact; **avoir une** ~ to have an affair; **être/entrer en** ~ **avec** to be in/establish contact with; **par** ~ **radio** by radio link. **-4.** TRANSPORT link.

liane [ljan] *nf* creeper.

liant, -e [ljɑ̃, ɑ̃t] *adj* sociable.

◆ **liant** *nm* **-1.** [substance] binder. **-2.** [élasticité] elasticity.

liasse [ljas] *nf* bundle; [de billets de banque] wad.

Liban [libɑ̃] *nm*: **le** ~ Lebanon; **au** ~ **in** Lebanon.

libanais, -e [libanɛ, ɛz] *adj* Lebanese.

◆ **Libanais, -e** *nm, f* Lebanese (person); **les Libanais** the Lebanese.

Libé [libe] (*abr de* **Libération**) *nm* French left-of-centre newspaper.

libelle [libɛl] *nm* lampoon.

libellé [libele] *nm* wording.

libeller [libele] [4] *vt* **-1.** [chèque] to make out. **-2.** [lettre] to word.

libellule [libelyl] *nf* dragonfly.

libéral, -e, -aux [liberal, o] ◇ *adj* [attitude, idée, parti] liberal. ◇ *nm, f* POLIT liberal.

libéralement [liberalmɑ̃] *adv* liberally.

libéralisation [liberalizasjɔ̃] *nf* liberalization.

libéraliser [liberalize] [3] *vt* to liberalize.

libéralisme [liberalism] *nm* liberalism.

libéralité [liberalite] *nf* **-1.** [générosité] generosity. **-2.** (*gén pl*) [don] generous gift.

libérateur, -trice [liberatœr, tris] ◇ *adj* [rire] liberating; **guerre libératrice** war of liberation. ◇ *nm, f* liberator.

libération [liberasjɔ̃] *nf* **-1.** [de prisonnier] release, freeing. **-2.** [de pays, de la femme] liberation; **la Libération** HIST the Liberation. **-3.** [d'énergie] release.

libéré, -e [libere] *nm, f* freed prisoner.

libérer [libere] [18] *vt* **-1.** [prisonnier, fonds] to release, to free. **-2.** [pays, la femme] to liberate; ~ **qqn de qqch** to free sb from sthg. **-3.** [passage] to clear. **-4.** [énergie] to release. **-5.** [instincts, passions] to give free rein to.

◆ **se libérer** *vp* **-1.** [se rendre disponible] to get away. **-2.** [se dégager]: **se** ~ **de** [lien] to free o.s. from; [engagement] to get out of.

Liberia [liberja] *nm*: **le** ~ Liberia; **au** ~ **in** Liberia.

libérien, -ienne [liberjɛ̃, jɛn] *adj* Liberian.

◆ **Libérien, -ienne** *nm, f* Liberian.

libertaire [libɛrtɛr] *nmf & adj* libertarian.

liberté [libɛrte] *nf* **-1.** [gén] freedom; **en** ~ free; **Liberté, Égalité, Fraternité** Liberty, Equality, Fraternity; **parler en toute** ~ to speak freely; **vivre en** ~ to live in freedom; ~ **d'expression** freedom of expression; ~ **d'opinion** freedom of thought. **-2.** JUR release; ~ **conditionnelle** parole; ~ **provisoire** bail; ~ **surveillée** probation. **-3.** [loisir] free time.

libertin, -e [libɛrtɛ̃, in] ◇ *adj* [dissolu] dissolute; [propos, livre] lewd. ◇ *nm, f* libertine.

libertinage [libɛrtinaʒ] *nm* [débauche] disso-
luteness; [de propos, livre] lewdness.

libidineux, -euse [libidinø, øz] *adj* lecherous.

libido [libido] *nf* libido.

libraire [librɛr] *nmf* bookseller.

librairie [libreri] *nf* -1. [magasin] bookstore
Am, bookshop *Br*. -2. [commerce, activité]
book trade.

librairie-papeterie   [libreri-papetri]   (*pl*
librairies-papeteries) *nf* bookseller's and
stationer's.

libre [libr] *adj* -1. [gén] free; ~ de qqch free
from sthg; **être ~ de faire qqch** to be free
to do sthg. -2. [école, secteur] private. -3.
[passage] clear.

libre-échange [librʃãʒ] (*pl* **libres-échanges**)
nm free trade (*U*).

librement [librəmã] *adv* freely.

libre-penseur, -euse [librəpãsœr, øz] (*mpl*
libres-penseurs, *fpl* **libres-penseuses**) *nm, f*
free-thinker.

libre-service [librəsɛrvis] (*pl* **libres-services**)
nm -1. [système]: **le ~** self-service. -2. [ma-
gasin] self-service store OU shop; [restaurant]
self-service restaurant.

librettiste [librɛtist] *nmf* librettist.

Libreville [librəvil] *n* Libreville.

Libye [libi] *nf*: **la ~** Libya.

libyen, -yenne [libjɛ̃, jɛn] *adj* Libyan.

◆ **Libyen, -yenne** *nm, f* Libyan.

lice [lis] *nf*: **en ~** *fig* in the fray; **entrer en
~** *fig* to join the fray.

licence [lisãs] *nf* -1. [permis] permit; COMM
licence. -2. UNIV (first) degree; ~ **ès lettres/
en droit** ≃ Bachelor of Arts/Law degree.
-3. *littéraire* [liberté] licence; ~ **poétique**
poetic licence.

licencié, -e [lisãsje] ◇ *adj* -1. UNIV graduate
(*avant n*). -2. [autorisé] permit-holding (*avant
n*); COMM licensed. ◇ *nm, f* -1. UNIV graduate. -2. [titulaire d'un permis] permit-holder;
COMM licence-holder.

licenciement [lisãsimã] *nm* dismissal; [éco-
nomique] layoff, redundancy *Br*.

licencier [lisãsje] [9] *vt* to dismiss; [pour
cause économique] to lay off, to make redundant *Br*.

licencieux, -ieuse [lisãsjø, jøz] *adj* licentious.

lichen [likɛn] *nm* lichen.

licite [lisit] *adj* lawful, legal.

licol [likɔl], **licou** [liku] *nm* halter.

licorne [likɔrn] *nf* unicorn.

licou = licol.

lie [li] *nf* [dépôt] dregs (*pl*), sediment; **la ~
de la société** *fig* & *littéraire* the dregs (*pl*) of
society.

lie-de-vin [lidəvɛ̃] *adj inv* burgundy, wine-
colored *Am*, wine-coloured *Br*.

lié, -e [lje] *adj* -1. [mains] bound. -2.
[amis]: **être très ~ avec** to be great friends
with.

Liechtenstein [liʃtənʃtajn] *nm*: **le ~** Liechtenstein; **au ~** in Liechtenstein.

liechtensteinois, -e [liʃtənʃtajnwa, az] *adj*
from Liechtenstein.

◆ **Liechtensteinois, -e** *nm,* f Liechten-
steiner.

liège [ljɛʒ] *nm* cork; **en** OU **de ~** cork (*avant
n*).

liégeois, -e [ljeʒwa, az] *adj* -1. GÉOGR of/
from Liège. -2. CULIN: **café/chocolat ~** *coffee
or chocolate ice cream topped with whipped
cream.*

lien [ljɛ̃] *nm* -1. [sangle] bond. -2. [relation,
affinité] bond, tie; **avoir des ~s de parenté
avec** to be related to. -3. *fig* [enchaînement]
connection, link.

lier [lje] [9] *vt* -1. [attacher] to tie (up); ~
qqn/qqch à to tie sb/sthg to. -2. [suj:
contrat, promesse] to bind; ~ **qqn/qqch par**
to bind sb/sthg by. -3. [relier par la logique]
to link, to connect; ~ **qqch à** to link sthg
to, to connect sthg with. -4. [commencer]:
~ **connaissance/conversation avec** to strike
up an acquaintance/a conversation with.
-5. [suj: sentiment, intérêt] to unite. -6. CULIN
to thicken.

◆ **se lier** *vp* -1. [s'attacher]: **se ~** (**d'amitié**)
avec qqn to make friends with sb. -2. [s'as-
treindre]: **se ~ par une promesse** to be
bound by a promise.

lierre [ljɛr] *nm* ivy.

liesse [ljɛs] *nf* jubilation.

lieu, -x [ljø] *nm* -1. [endroit] place; **en ~ sûr**
in a safe place; ~ **de naissance** birthplace;
~ **de perdition** den of vice; ~ **saint** holy
place; **haut ~ de qqch** *fig* center *Am* OU
centre *Br* of sthg; **en haut ~** *fig* in high
places. -2. *loc*: **avoir ~** to take place; **avoir
~ de faire qqch** to have grounds for doing
sthg; **donner ~ à** to give rise to; **tenir ~ de**
to take the place of.

◆ **lieux** *nmpl* -1. [scène] scene (*sg*), spot
(*sg*); **sur les ~x** (**d'un crime/d'un accident**)
at the scene (of a crime/an accident). -2.
[domicile] premises.

◆ **lieu commun** *nm* commonplace.

◆ **au lieu de** *loc prép*: **au ~ de qqch/de
faire qqch** instead of sthg/of doing sthg.

◆ **en dernier lieu** *loc adv* lastly.

◆ **en premier lieu** *loc adv* in the first place.

◆ **en second lieu** *loc adv* in the second place.

lieu-dit [ljødi] *nm* locality, place.

lieue [ljø] *nf* league; **j'étais à cent ~s de penser cela** *fig* I never thought that for a moment.

lieutenant [ljøtnã] *nm* lieutenant.

lieutenant-colonel [ljøtnãkɔlɔnɛl] (*pl* lieutenants-colonels) *nm* lieutenant-colonel.

lièvre [ljɛvr] *nm* hare; **courir deux ~s à la fois** *fig* to do more than one thing at a time; **lever un ~** *fig* to ask an awkward question.

lifter [lifte] [3] *vt* TENNIS to spin, to put a spin on.

lifting [liftiŋ] *nm* face-lift.

ligament [ligamã] *nm* ligament.

ligature [ligatyr] *nf* [MÉD - lien] ligature; [- opération] ligation, ligature; **~ des trompes** MÉD tubal ligation.

ligaturer [ligatyre] [3] *vt* **-1.** MÉD to ligature, to ligate. **-2.** AGRIC to bind.

lige [liʒ] *adj*: **homme ~** liege man.

ligne [liɲ] *nf* **-1.** [gén] line; **à la ~** new line OU **paragraph; en ~** [personnes] in a line; IN-FORM on line; **en ~ droite** as the crow flies; **lire entre les ~s** *fig* to read between the lines; **dans sa ~ de mire** in one's line of sight; **~ de départ/d'arrivée** starting/ finishing line; **~ aérienne** airline; **~ de commande** INFORM command line; **~ de conduite** line of conduct; **~ de démarcation** demarcation line; **~ directrice** guide-line; **~ de flottaison** water line; **~s de la main** lines of the hand. **-2.** [forme - de voiture, meuble] lines (*pl*). **-3.** [silhouette]: **avoir la ~** to have a good figure; **garder la ~** to keep one's figure; **surveiller sa ~** to watch one's waistline. **-4.** [de pêche] fishing line; **pêcher à la ~** to go angling. **-5.** *loc*: **dans les grandes ~s** in outline; **entrer en ~ de compte** to be taken into account.

lignée [liɲe] *nf* [famille] descendants (*pl*); **dans la ~ de** *fig* [d'écrivains, d'artistes] in the tradition of.

lignite [liɲit] *nm* lignite.

ligoter [ligɔte] [3] *vt* **-1.** [attacher] to tie up; **~ qqn à qqch** to tie sb to sthg. **-2.** *fig* [entraver] to bind.

ligue [lig] *nf* league.

liguer [lige] [3]

◆ **se liguer** *vp* to form a league; **se ~ contre** to conspire against.

lilas [lila] *nm & adj inv* lilac.

limace [limas] *nf* **-1.** ZOOL slug. **-2.** *fig* [personne] slowpoke *Am*, slowcoach *Br*.

limaille [limaj] *nf* filings (*pl*).

limande [limãd] *nf* dab.

limbes [lɛ̃b] *nmpl* RELIG limbo (*sg*); **être dans les ~** *fig* to be in limbo.

lime [lim] *nf* **-1.** [outil] file; **~ à ongles** nail file. **-2.** BOT lime.

limer [lime] [3] *vt* [ongles] to file; [aspérités] to file down; [barreau] to file through.

limier [limje] *nm* **-1.** [chien] bloodhound. **-2.** [détective] sleuth; **fin ~** first-rate detective.

liminaire [liminɛr] *adj* introductory.

limitatif, -ive [limitatif, iv] *adj* restrictive.

limitation [limitasjɔ̃] *nf* limitation; [de naissances] control; **~ de vitesse** speed limit.

limite [limit] ◇ *nf* **-1.** [gén] limit; **à la ~** [au pire] at worst; **à la ~, j'accepterais de le voir** if pushed, I'd agree to see him. **-2.** [terme, échéance] deadline; **~ d'âge** age limit. ◇ *adj* [extrême] maximum (*avant n*); **cas ~** borderline case; **date ~** deadline; **date ~ de vente/consommation** sell-by/ use-by date.

◆ **limites** *nfpl*: **sans ~s** limitless.

limité, -e [limite] *adj* [peu important] limited.

limiter [limite] [3] *vt* **-1.** [borner] to border, to bound. **-2.** [restreindre] to limit.

◆ **se limiter** *vp* **-1.** [se restreindre]: **se ~ à qqch/à faire qqch** to limit o.s. to sthg/to doing sthg. **-2.** [se borner]: **se ~ à** to be limited to.

limitrophe [limitrɔf] *adj* **-1.** [frontalier] border (*avant n*); **être ~ de** to border on. **-2.** [voisin] adjacent.

limogeage [limɔʒaʒ] *nm* dismissal.

limoger [limɔʒe] [17] *vt* to dismiss.

limon [limɔ̃] *nm* **-1.** GÉOL alluvium, silt. **-2.** CONSTR stringboard.

limonade [limɔnad] *nf* lemonade.

limpide [lɛ̃pid] *adj* **-1.** [eau] limpid. **-2.** [ciel, regard] clear. **-3.** [explication, style] clear, lucid.

limpidité [lɛ̃pidite] *nf* **-1.** [d'eau] limpidity. **-2.** [du ciel, de regard] clearness. **-3.** [d'explication, de style] clarity, lucidity.

lin [lɛ̃] *nm* **-1.** BOT flax. **-2.** [tissu] linen.

linceul [lɛ̃sœl] *nm* shroud.

linéaire [lineɛr] *adj* **-1.** [mesure, perspective] linear. **-2.** *fig* [récit] one-dimensional.

linge [lɛ̃ʒ] *nm* **-1.** [lessive] washing. **-2.** [de lit, de table] linen. **-3.** [sous-vêtements] under-wear; **~ sale** dirty washing; **laver son ~ sale en famille** not to wash one's dirty linen in public. **-4.** [morceau de tissu] cloth.

-5. *loc*: **blanc** OU **pâle comme un ~** as white as a sheet.

lingerie [lɛ̃ʒri] *nf* **-1.** [local] linen room. **-2.** [sous-vêtements] lingerie.

lingot [lɛ̃go] *nm* ingot; **~ d'or** gold ingot.

linguiste [lɛ̃gɥist] *nmf* linguist.

linguistique [lɛ̃gɥistik] ◇ *nf* linguistics (*U*). ◇ *adj* linguistic.

linoléum [linɔleɔm] *nm* lino, linoleum.

linotte [linɔt] *nf* ZOOL linnet; **tête de ~** *fig* featherbrain.

linteau, -x [lɛ̃to] *nm* lintel.

lion, lionne [ljɔ̃, ljɔn] *nm, f* lion (*f* lioness).
◆ **Lion** *nm* ASTROL Leo; **être Lion** to be (a) Leo.

lionceau, -x [ljɔ̃so] *nm* lion cub.

lipide [lipid] *nm* lipid.

lippu, -e [lipy] *adj* thick-lipped.

liquéfier [likefje] [9] *vt* to liquefy.
◆ **se liquéfier** *vp* **-1.** [matière] to liquefy. **-2.** *fig* [personne] to turn to jelly.

liqueur [likœr] *nf* liqueur.

liquidation [likidasjɔ̃] *nf* **-1.** [de compte & BOURSE] settlement. **-2.** [de société, stock] liquidation. **-3.** *arg crime* [de témoin] liquidation, elimination. **-4.** *fam fig* [de problème] elimination.

liquide [likid] ◇ *nm* **-1.** [substance] liquid. **-2.** [argent] cash; **en ~** in cash. ◇ *nf* LING liquid. ◇ *adj* **-1.** [corps & LING] liquid. **-2.** [en argent] cash (*avant n*).

liquider [likide] [3] *vt* **-1.** [compte & BOURSE] to settle. **-2.** [société, stock] to liquidate. **-3.** *fam* [importun] to get rid of. **-4.** *arg crime* [témoin] to liquidate, to eliminate; *fig* [problème] to eliminate, to get rid of.

liquidité [likidite] *nf* liquidity.
◆ **liquidités** *nfpl* liquid assets.

liquoreux, -euse [likɔrø, øz] *adj* syrupy, sugary.

lire[1] [lir] [106] *vt* to read; **lu et approuvé** read and approved.

lire[2] [lir] *nf* lira.

lis, lys [lis] *nm* lily.

lisais, lisions *etc* → lire.

Lisbonne [lizbɔn] *n* Lisbon.

lise, lises *etc* → lire.

liseré [lizre], **liséré** [lizere] *nm* **-1.** [ruban] binding. **-2.** [bande] border, edging.

liseron [lizrɔ̃] *nm* bindweed.

liseuse [lizøz] *nf* **-1.** [couvre-livre] book cover. **-2.** [signet] paper knife (*cum bookmark*). **-3.** [vêtement] bedjacket. **-4.** [lampe] reading light.

lisible [lizibl] *adj* **-1.** [écriture] legible. **-2.** [roman] readable.

lisiblement [liziblǝmɑ̃] *adv* legibly.

lisière [lizjɛr] *nf* **-1.** [limite] edge. **-2.** COUTURE selvage.

lisse [lis] ◇ *nf* **-1.** [rambarde] handrail. **-2.** NAVIG rib. ◇ *adj* **-1.** [surface, peau] smooth. **-2.** [cheveux] straight.

lisser [lise] [3] *vt* **-1.** [papier, vêtements] to smooth (out). **-2.** [moustache, cheveux] to smooth (down). **-3.** [plumes] to preen.

listage [listaʒ] *nm* listing.

liste [list] *nf* list; **~ d'attente** waiting list; **~ électorale** electoral roll; **~ de mariage** wedding present list; **~ noire** blacklist; **être sur la ~ rouge** to be ex-directory.

lister [liste] [3] *vt* to list.

listing [listiŋ] *nm* listing.

lit [li] *nm* **-1.** [gén] bed; **faire son ~** to make one's bed; **garder le ~** to stay in bed; **se mettre au ~** to go to bed; **~ à baldaquin** four-poster bed; **~ de camp** camp bed; **~ d'enfant** crib Am, cot Br; **~ gigogne** pull-out bed; **~s jumeaux/superposés** twin/bunk beds. **-2.** JUR marriage; **d'un premier ~** of a first marriage.

LIT (*abr de* **lire italienne**) L, Lit.

litanie [litani] *nf* litany.

litchi [litʃi], **letchi** [letʃi] *nm* lychee.

literie [litri] *nf* bedding.

lithographie [litɔgrafi] *nf* **-1.** [procédé] lithography. **-2.** [image] lithograph.

litière [litjɛr] *nf* litter.

litige [litiʒ] *nm* **-1.** JUR lawsuit. **-2.** [désaccord] dispute.

litigieux, -ieuse [litiʒjø, jøz] *adj* **-1.** JUR litigious. **-2.** [douteux] disputed.

litote [litɔt] *nf* understatement, litotes.

litre [litr] *nm* **-1.** [mesure, quantité] liter Am, litre Br. **-2.** [récipient] liter Am OU litre Br bottle.

litron [litrɔ̃] *nm* *tfam* liter Am OU litre Br of wine.

littéraire [literɛr] *adj* literary.

littéral, -e, -aux [literal, o] *adj* **-1.** [gén] literal. **-2.** [écrit] written.

littéralement [literalmɑ̃] *adv* literally.

littérature [literatyr] *nf* **-1.** [gén] literature; **~ comparée** comparative literature. **-2.** [profession] writing.

littoral, -e, -aux [litɔral, o] *adj* coastal.
◆ **littoral** *nm* coast, coastline.

Lituanie [litɥani] *nf*: **la ~** Lithuania.

lituanien, -ienne [litɥanjɛ̃, jɛn] *adj* Lithuanian.

◆ **lituanien** *nm* [langue] Lithuanian.
◆ **Lituanien, -ienne** *nm, f* Lithuanian.
liturgie [lityrʒi] *nf* liturgy.
liturgique [lityrʒik] *adj* liturgical.
livide [livid] *adj* [blême] pallid.
livrable [livrabl] *adj* which can be delivered.
livraison [livrɛzɔ̃] *nf* [de marchandise] delivery; ~ à domicile home delivery.
livre [livr] ◇ *nm* -1. [gén] book; ~ de bord log, logbook; ~ de cuisine cookery book; ~ d'images picture book; ~ de messe missal; ~ d'or visitors' book; ~ de poche paperback; à ~ ouvert *fig* at sight. -2. [industrie] book trade. ◇ *nf* pound; ~ sterling pound sterling.
livre-cassette [livrəkasɛt] (*pl* livres-cassettes) *nm* spoken word cassette.
livrée [livre] *nf* [uniforme] livery.
livrer [livre] [3] *vt* -1. COMM to deliver; ~ qqch à qqn [achat] to deliver sthg to sb; *fig* [secret] to reveal OU give away sthg to sb. -2. [coupable, complice]: ~ qqn à qqn to hand sb over to sb. -3. [abandonner]: ~ qqch à qqch to give sthg over to sthg; ~ qqn à lui-même to leave sb to his own devices; ~ passage à qqn *fig* to let sb pass.
◆ **se livrer** *vp* -1. [se rendre]: se ~ à [police, ennemi] to give o.s. up to; [amant] to give o.s. to. -2. [se confier]: se ~ à [ami] to open up to, to confide in. -3. [se consacrer]: se ~ à [occupation] to devote o.s. to; [excès] to indulge in.
livresque [livrɛsk] *adj* bookish.
livret [livrɛ] *nm* -1. [carnet] booklet; ~ de caisse d'épargne passbook, bankbook; ~ de famille *official family record book, given by registrar to newlyweds*; ~ scolaire ≃ school report. -2. [catalogue] catalog *Am*, catalogue *Br*. -3. MUS book, libretto.
livreur, -euse [livrœr, øz] *nm, f* delivery man (*f* woman).
Ljubljana [ljubljana] *n* Ljubljana.
LO (*abr de* Lutte ouvrière) *nf left-wing political party.*
lobby [lɔbi] (*pl* lobbies) *nm* lobby.
lobe [lɔb] *nm* -1. ANAT & BOT lobe. -2. ARCHIT foil.
lober [lɔbe] [3] *vt* to lob.
local, -e, -aux [lɔkal, o] *adj* local; [douleur] localized.
◆ **local** *nm* room, premises (*pl*).
◆ **locaux** *nmpl* premises, offices.
localement [lɔkalmɑ̃] *adv* locally.
localisation [lɔkalizasjɔ̃] *nf* -1. [d'avion, de

bruit] location. -2. [d'épidémie, de conflit] localization.
localiser [lɔkalize] [3] *vt* -1. [avion, bruit] to locate. -2. [épidémie, conflit] to localize.
◆ **se localiser** *vp* to be confined.
localité [lɔkalite] *nf* (small) town.
locataire [lɔkatɛr] *nmf* tenant.
locatif, -ive [lɔkatif, iv] *adj* [relatif à la location] rental (*avant n*).
◆ **locatif** *nm* GRAM locative.
location [lɔkasjɔ̃] *nf* -1. [de propriété - par propriétaire] renting *Am*, letting *Br*; [- par locataire] renting; [de machine] leasing; ~ de voitures/vélos car/bicycle rent *Am*, car/bicycle hire *Br*. -2. [bail] lease. -3. [maison, appartement] rented property.
location-vente [lɔkasjɔ̃vɑ̃t] (*pl* locations-ventes) *nf* ≃ installment plan *Am*, ≃ hire purchase *Br*.
loc. cit. (*abr de* loco citato) loc. cit.
lock-out [lɔkaut] *nm inv* lockout.
locomoteur, -trice [lɔkɔmɔtœr, tris] *adj* locomotive (*avant n*).
locomotion [lɔkɔmɔsjɔ̃] *nf* locomotion.
locomotive [lɔkɔmɔtiv] *nf* -1. [machine] locomotive. -2. *fig* [leader] moving force.
locuteur, -trice [lɔkytœr, tris] *nm, f* speaker.
locution [lɔkysjɔ̃] *nf* expression, phrase.
loden [lɔdɛn] *nm* [étoffe] loden; [vêtement] loden overcoat.
loft [lɔft] *nm* (converted) loft.
logarithme [lɔgaritm] *nm* logarithm.
loge [lɔʒ] *nf* -1. [de concierge, de francs-maçons] lodge. -2. [d'acteur] dressing room. -3. [de spectacle] box; être aux premières ~s *fig* to have a ringside seat. -4. [d'écurie] loose box. -5. ARCHIT loggia.
logement [lɔʒmɑ̃] *nm* -1. [hébergement] accommodations (*pl*) *Am*, accommodation *Br*. -2. [appartement] apartment *Am*, flat *Br*; ~ de fonction company apartment *Am* OU flat *Br*.
loger [lɔʒe] [17] ◇ *vi* [habiter] to live. ◇ *vt* -1. [amis, invités] to put up. -2. [clé] to put. -3. [suj: hôtel, maison] to accommodate, to take.
◆ **se loger** *vp* -1. [trouver un logement] to find accommodations *Am* OU accommodation *Br*. -2. [se placer - ballon, balle]: se ~ dans to lodge in, to stick in; se ~ dans *fig* [angoisse] to take hold of.
loggia [lɔdʒja] *nf* loggia.
logiciel [lɔʒisjɛl] *nm* software (*U*); ~ intégré integrated software.
logique [lɔʒik] ◇ *nf* logic. ◇ *adj* logical.
logiquement [lɔʒikmɑ̃] *adv* logically.

logis [lɔʒi] *nm* abode.

logistique [lɔʒistik] ◇ *nf* logistics (*pl*). ◇ *adj* logistic.

logo [logo] *nm* logo.

logorrhée [lɔgɔre] *nf* logorrhoea.

loi [lwa] *nf* **-1.** [gén] law; **faire la ~** to lay down the law; **la ~ du plus fort** might is right; **~ de l'offre et de la demande** law of supply and demand; **la ~ du talion** an eye for an eye; **la ~ de 1901** *law concerning the setting up of non-profit-making organizations*. **-2.** [convention] rule.

loin [lwɛ̃] *adv* **-1.** [dans l'espace] far; **plus ~** further. **-2.** [dans le temps - passé] a long time ago; [- futur] a long way off.
◆ **au loin** *loc adv* in the distance, far off.
◆ **de loin** *loc adv* **-1.** [depuis une grande distance] from a distance; **de très ~** from a great distance; **de plus ~** from further away. **-2.** [assez peu] from a distance, from afar. **-3.** [de beaucoup] by far.
◆ **de loin en loin** *loc adv* **-1.** [dans l'espace] here and there. **-2.** [dans le temps] every now and then, from time to time.
◆ **loin de** *loc prép* **-1.** [gén] far from; **~ de là!** *fig* far from it! **-2.** [dans le temps]: **il n'est pas ~ de 9 h** it's nearly 9 o'clock, it's not far off 9 o'clock.

lointain, -e [lwɛ̃tɛ̃, ɛn] *adj* **-1.** [pays, avenir, parent] distant. **-2.** [ressemblance] vague.
◆ **lointain** *nm*: **au** OU **dans le ~** in the distance.

loir [lwar] *nm* dormouse; **dormir comme un ~** *fig* to sleep like a log.

loisible [lwazibl] *adj*: **il m'est ~ de participer** I am at liberty to take part.

loisir [lwazir] *nm* **-1.** [temps libre] leisure; **avoir le ~ de faire qqch** *sout* to have the time to do sthg; **à ~** [à satiété] as much as one likes; [sans hâte] at leisure. **-2.** (*gén pl*) [distractions] leisure activities (*pl*).

lombago = **lumbago**.

lombaire [lɔ̃bɛr] ◇ *nf* lumbar vertebra. ◇ *adj* lumbar.

lombes [lɔ̃b] *nfpl* loins.

Lomé [lome] *n* Lomé.

londonien, -ienne [lɔ̃dɔnjɛ̃, jɛn] *adj* London (*avant n*).
◆ **Londonien, -ienne** *nm, f* Londoner.

Londres [lɔ̃dr] *n* London.

long, longue [lɔ̃, lɔ̃g] *adj* **-1.** [gén] long. **-2.** [lent] slow; **être ~ à faire qqch** to take a long time doing sthg.
◆ **long** ◇ *nm* **-1.** [longueur]: **4 mètres de ~** 4 metres long OU in length; **de ~ en large** up and down, to and fro; **en ~ et en large** in great detail; **(tout) le ~ de** [espace] all along; **tout le ~ du jour** the whole day long; **tout au ~ de** [année, carrière] throughout; **tomber de tout son ~** to go full length. **-2.** [vêtement]: **le ~** long clothes (*pl*). ◇ *adv* **-1.** [beaucoup]: **en savoir ~ sur qqch** to know a lot about sthg. **-2.** [s'habiller]: **elle est habillée trop ~** her clothes are too long.
◆ **longue** *nf* **-1.** LING long vowel. **-2.** MUS long note. **-3.** CARTES long suit.
◆ **à la longue** *loc adv* in the end.

long. (*abr de* **longitude**) long.

long-courrier [lɔ̃kurje] (*pl* **long-courriers**) ◇ *nm* NAVIG ocean liner; AÉRON long-haul aircraft. ◇ *adj* NAVIG ocean-going; AÉRON long-haul.

longe [lɔ̃ʒ] *nf* **-1.** [courroie] halter. **-2.** [viande] loin.

longer [lɔ̃ʒe] [17] *vt* **-1.** [border] to go along OU alongside. **-2.** [marcher le long de] to walk along; [raser] to stay close to, to hug.

longévité [lɔ̃ʒevite] *nf* longevity.

longiligne [lɔ̃ʒiliɲ] *adj* long-limbed.

longitude [lɔ̃ʒityd] *nf* longitude.

longitudinal, -e, -aux [lɔ̃ʒitydinal, o] *adj* longitudinal.

longtemps [lɔ̃tɑ̃] *adv* (for) a long time; **avant ~** before long; **il ne reviendra pas avant ~** he won't be back for some time; **depuis ~** (for) a long time; **il y a ~ que ...** it's been a long time since ...; **mettre ~ à faire qqch** to take a long time to do sthg; **je n'en ai pas pour ~** I won't be long.

longue → **long**.

longuement [lɔ̃gmɑ̃] *adv* **-1.** [longtemps] for a long time. **-2.** [en détail] at length.

longuet, -ette [lɔ̃gɛ, ɛt] *adj fam* longish, a bit long.

longueur [lɔ̃gœr] *nf* length; **faire 5 mètres de ~** to be 5 metres long; **disposer qqch en ~** to put sthg lengthways; **à ~ de journée/temps** the entire day/time; **à ~ d'année** all year long; **être sur la même ~ d'onde** *fig* to be on the same wavelength.
◆ **longueurs** *nfpl* [de film, de livre] boring parts.

longue-vue [lɔ̃gvy] (*pl* **longues-vues**) *nf* telescope.

look [luk] *nm* look; **avoir un ~** to have a style.

looping [lupiŋ] *nm* loop the loop.

lopin [lɔpɛ̃] *nm*: **~ (de terre)** patch OU plot of land.

loquace [lɔkas] *adj* loquacious.

loquacité [lɔkasite] *nf* loquacity.

loque [lɔk] *nf* **-1.** [lambeau] rag; **en ~s** in rags. **-2.** *fig* [personne] wreck.

loquet [lɔkɛ] *nm* latch.

lorgner [lɔʀɲe] [3] *vt fam* **-1.** [observer] to eye. **-2.** [guigner] to have one's eye on.

lorgnette [lɔʀɲɛt] *nf* opera glasses (*pl*).

lorgnon [lɔʀɲɔ̃] *nm* lorgnette.

lors [lɔʀ] *adv:* **depuis ~** since that time; **~ de** at the time of.

lorsque [lɔʀsk(ə)] *conj* when.

losange [lɔzɑ̃ʒ] *nm* lozenge.

lot [lo] *nm* **-1.** [part] share; [de terre] plot. **-2.** [stock] batch. **-3.** [prix] prize; **le gros ~** the jackpot. **-4.** *fig* [destin] fate, lot.

loterie [lɔtʀi] *nf* lottery; **la Loterie nationale** the National Lottery.

loti, -e [lɔti] *adj:* **être bien/mal ~** to be well/badly off.

lotion [lɔsjɔ̃] *nf* lotion; **~ après-rasage** aftershave (lotion).

lotir [lɔtiʀ] [32] *vt* to divide up; **~ qqn de qqch** to allot sthg to sb.

lotissement [lɔtismɑ̃] *nm* **-1.** [terrain] plot. **-2.** [division - de terrain] parcelling out.

loto [lɔto] *nm* **-1.** [jeu de société] lotto. **-2.** [loterie] lottery.

LOTO:

Loto is a popular game of chance with large cash prizes. Printed grids ('bulletins') are available at tobacconists or special kiosks. Players mark seven numbers on the grid and pay a fee. The twice-weekly prize draw is broadcast on television. 'Loto sportif' is a version of Loto in which players bet on the football results

---

lotte [lɔt] *nf* monkfish.

lotus [lɔtys] *nm* lotus.

louable [lwabl] *adj* **-1.** [méritoire] praiseworthy. **-2.** [location]: **facilement/difficilement ~** easy/difficult to rent *Am*, easy/difficult to let *Br*.

louage [lwaʒ] *nm* rental *Am*, hire *Br*; **voiture de ~** rental *Am* OU hire *Br* car.

louange [lwɑ̃ʒ] *nf* praise; **chanter les ~s de qqn** *fig* to sing sb's praises.

loubar(d) [lubar] *nm fam* hooligan.

louche¹ [luʃ] *nf* ladle.

louche² [luʃ] *adj fam* [personne, histoire] suspicious.

loucher [luʃe] [3] *vi* **-1.** [être atteint de strabisme] to squint. **-2.** *fam fig* [lorgner]: **~ sur** to have one's eye on.

louer [lwe] [6] *vt* **-1.** [glorifier] to praise; **~ qqn de qqch** to praise sb for sthg. **-2.** [donner en location] to rent (out); **à ~** for rent. **-3.** [prendre en location] to rent. **-4.** [réserver] to book.

◆ **se louer** *vp* **-1.** *sout* [se féliciter]: **se ~ de qqch/de faire qqch** to be very pleased about sthg/about doing sthg. **-2.** [appartement] to be for rent *Am* OU to let *Br*. **-3.** *péj* [se vanter] to sing one's own praises.

loufoque [lufɔk] *fam* ◇ *nmf* nutter. ◇ *adj* nuts, crazy.

loup [lu] *nm* **-1.** [carnassier] wolf. **-2.** [poisson] bass. **-3.** [masque] mask. **-4.** *fig* [personne]: **(vieux) ~ de mer** (old) sea dog.

loupe [lup] *nf* **-1.** [optique] magnifying glass; **regarder qqch à la ~** *fig* to put sthg under the microscope. **-2.** BOT burr.

louper [lupe] [3] *vt fam* [travail] to make a mess of; [train] to miss.

loup-garou [lugaru] (*pl* **loups-garous**) *nm* werewolf.

loupiot, -iotte [lupjo, jɔt] *nm, f fam* kid.

lourd, -e [luʀ, luʀd] *adj* **-1.** [gén] heavy; **~ de** *fig* full of. **-2.** [tâche] difficult; [faute] serious. **-3.** [maladroit] clumsy, heavy-handed. **-4.** MÉTÉOR close. **-5.** [esprit] slow.

◆ **lourd** *adv:* **peser ~** to be heavy, to weigh a lot; **il n'en fait pas ~** *fam* he doesn't do much.

lourdaud, -e [luʀdo, od] ◇ *adj* clumsy. ◇ *nm, f* oaf.

lourdement [luʀdəmɑ̃] *adv* **-1.** [pesamment] heavily. **-2.** [maladroitement] heavily, clumsily; [insister] strenuously.

lourdeur [luʀdœʀ] *nf* **-1.** [gén] heaviness. **-2.** MÉTÉOR closeness. **-3.** [d'esprit] slowness.

loustic [lustik] *nm fam* **-1.** [enfant] kid. **-2.** [farceur] joker. **-3.** *péj* [type] guy.

loutre [lutʀ] *nf* otter.

louve [luv] *nf* she-wolf.

louveteau, -x [luvto] *nm* **-1.** ZOOL wolf cub. **-2.** [scout] cub.

louvoyer [luvwaje] [13] *vi* **-1.** NAVIG to tack. **-2.** *fig* [tergiverser] to beat about the bush.

Louvre [luvʀ] *n:* **le ~** the Louvre (museum); **l'école du ~** art school in Paris.

L'ÉCOLE DU LOUVRE:

This prestigious art school in the Louvre teaches art history and archaeology, and trains specialist museum staff

lover [lɔve] [3]
◆ **se lover** *vp* [serpent] to coil up.

loyal, -e, -aux [lwajal, o] *adj* **-1.** [fidèle] loyal. **-2.** [honnête] fair.

loyalement [lwajalmã] *adv* **-1.** [fidèlement] loyally. **-2.** [honnêtement] fairly.

loyauté [lwajote] *nf* **-1.** [fidélité] loyalty. **-2.** [honnêteté] fairness.

loyer [lwaje] *nm* rent.

LP (*abr de* **lycée professionnel**) *nm secondary school for vocational training.*

LSD (*abr de* **Lysergic acid diethylamide**) *nm* LSD.

lu, -e [ly] *pp* → lire.

Luanda [lyãda] *n* Luanda.

lubie [lybi] *nf fam* whim.

lubricité [lybrisite] *nf* lechery.

lubrifiant, -e [lybrifjã, ãt] *adj* lubricating.
◆ **lubrifiant** *nm* lubricant.

lubrification [lybrifikasjɔ̃] *nf* lubrication.

lubrifier [lybrifje] [9] *vt* to lubricate.

lubrique [lybrik] *adj* lewd.

lucarne [lykarn] *nf* **-1.** [fenêtre] skylight. **-2.** FOOTBALL top corner of the net.

lucide [lysid] *adj* lucid.

lucidement [lysidmã] *adv* lucidly.

lucidité [lysidite] *nf* lucidity.

luciole [lysjɔl] *nf* firefly.

lucratif, -ive [lykratif, iv] *adj* lucrative.

lucre [lykr] *nm péj* lucre.

ludique [lydik] *adj* play (*avant n*).

ludo-éducatif [lydoedykatif] *nm* edutainment.

ludothèque [lydɔtɛk] *nf* toy library.

luette [lɥet] *nf* uvula.

lueur [lɥœr] *nf* **-1.** [de bougie, d'étoile] light; **à la ~ de** by the light of. **-2.** *fig* [de colère] gleam; [de raison] spark; **~ d'espoir** glimmer of hope.

luge [lyʒ] *nf* toboggan.

lugubre [lygybr] *adj* lugubrious.

lui[1] [lɥi] *pp inv* → luire.

lui[2] [lɥi] *pron pers* **-1.** [complément d'objet indirect - homme] (to) him; [- femme] (to) her; [- animal, chose] (to) it; **je ~ ai parlé** I've spoken to him/to her; **il le ~ a présenté** he introduced him to her; **il ~ a serré la main** he shook his/her hand. **-2.** [sujet, en renforcement de «il»] he; **qui t'accompagnera? - ~** who will go with you? - he will; **il sait de quoi je parle, ~** HE knows what I'm talking about. **-3.** [objet, après préposition, comparatif - personne] him; [- animal, chose] it; **je n'ai vu que ~** I saw no one else but him; **si**

j'étais ~ ... if I were him ...; **~, tout le monde le connaît** everyone knows HIM; **sans ~** without him; **je vais chez ~** I'm going to his place; **elle est plus jeune que ~** she's younger than him OU than he is. **-4.** [remplaçant soi en fonction de pronom réfléchi - personne] himself; [- animal, chose] itself; **il est content de ~** he's pleased with himself.
◆ **lui-même** *pron pers* [personne] himself; [animal, chose] itself.

luire [lɥir] [97] *vi* [soleil, métal] to shine; *fig* [espoir] to glow, to glimmer.

luisais, luisions *etc* → luire.

luisant, -e [lɥizã, ãt] *adj* gleaming.
◆ **luisant** *nm* sheen.

lumbago, lombago [lɔ̃bago] *nm* lumbago.

lumière [lymjɛr] *nf* **-1.** [éclairage & *fig*] light; **~ tamisée** subdued light; **à la ~ de** by the light of; **faire toute la ~ sur qqch** to make sthg clear; **mettre qqch en ~** to highlight sthg. **-2.** [personne] leading light; **ce n'est pas une ~** *fam* he's/she's not very bright.

luminaire [lyminɛr] *nm* light.

luminescent, -e [lyminesã, ãt] *adj* luminescent.

lumineux, -euse [lyminø, øz] *adj* **-1.** [couleur, cadran] luminous. **-2.** *fig* [visage] radiant; [idée] brilliant. **-3.** [explication] clear.

luminosité [lyminozite] *nf* **-1.** [du regard, ciel] radiance. **-2.** SCIENCE luminosity.

lump [lœp] *nm*: **œufs de ~** lumpfish roe.

lunaire [lynɛr] *adj* **-1.** ASTRON lunar. **-2.** *fig* [visage] moon (*avant n*); [paysage] lunar.

lunatique [lynatik] ◇ *nmf* temperamental person. ◇ *adj* temperamental.

lunch [lœʃ] *nm* buffet lunch.

lundi [lœdi] *nm* Monday; **~ de Pâques/ Pentecôte** Easter/Whit Monday; *voir aussi* **samedi**.

lune [lyn] *nf* **-1.** ASTRON moon; **nouvelle ~** new moon; **pleine ~** full moon; **~ de miel** *fig* honeymoon; **dans la ~** *fig* in the clouds; **décrocher la ~** *fig* to move heaven and earth; **promettre la ~** *fig* to promise the earth. **-2.** *fam fig* [derrière] backside.

luné, -e [lyne] *adj*: **être bien/mal ~** to be in a good/bad mood.

lunetier, -ière [lyntje, jɛr] ◇ *adj* spectacle-making (*avant n*). ◇ *nm, f* optician.

lunette [lynɛt] *nf* **-1.** [ouverture]: **la ~ des W.-C.** [cuvette] the toilet bowl; **~ arrière** rear window. **-2.** ASTRON telescope.
◆ **lunettes** *nfpl* glasses; **~s noires** dark glasses; **~s de soleil** sunglasses.

lunule [lynyl] *nf* [d'ongle] half-moon.

lupanar [lypanar] *nm sout* brothel.

lupin [lypɛ̃] *nm* lupine *Am*, lupin *Br*.

lurette [lyrɛt] *nf*: **il y a belle ~ que ...** *fam* it's been ages since ....

luron, -onne [lyrɔ̃, ɔn] *nm, f fam*: **un joyeux ~** a bit of a lad.

Lusaka [lyzaka] *n* Lusaka.

lusophone [lyzɔfɔn] *adj* Portuguese-speaking.

lustre [lystr] *nm* -1. [luminaire] chandelier. -2. [éclat] sheen, shine; *fig* reputation. -3. *littéraire* [cinq ans] period of five years; **ça fait des ~s que ...** *fig* it's been ages since ....

lustrer [lystre] [3] *vt* -1. [faire briller] to make shine. -2. [user] to wear.

luth [lyt] *nm* lute.

luthérien, -ienne [lyterjɛ̃, jɛn] *adj & nm, f* Lutheran.

luthier [lytje] *nm* maker of stringed instruments.

lutin, -e [lytɛ̃, in] *adj* mischievous.
◆ **lutin** *nm* imp.

lutrin [lytrɛ̃] *nm* lectern.

lutte [lyt] *nf* -1. [combat] fight, struggle; **de haute ~** with a hard-fought struggle; **la ~ des classes** the class struggle; **~ d'influence** power struggle. -2. SPORT wrestling.

lutter [lyte] [3] *vi* to fight, to struggle; **~ contre** to fight (against).

lutteur, -euse [lytœr, øz] *nm, f* SPORT wrestler; *fig* fighter.

luxation [lyksasjɔ̃] *nf* dislocation.

luxe [lyks] *nm* luxury; **de ~** luxury; **ce n'est pas un** OU **du ~** *fig* it is a necessity; **s'offrir** OU **se payer le ~ de** *fig* to afford the luxury of.

Luxembourg [lyksɑ̃bur] *nm* -1. [pays]: **le ~** Luxembourg; **au ~** in Luxembourg. -2. [ville] Luxembourg; **à ~** in (the city of) Luxembourg. -3. [jardins]: **le ~** the Luxembourg Gardens.

luxembourgeois, -e [lyksɑ̃burʒwa, az] *adj* of/from Luxembourg.
◆ **Luxembourgeois, -e** *nm, f* native OU inhabitant of Luxembourg.

luxer [lykse] [3] *vt* to dislocate.
◆ **se luxer** *vp*: **se ~ l'épaule** to dislocate one's shoulder.

luxueux, -euse [lyksɥø, øz] *adj* luxurious.

luxure [lyksyr] *nf* lust.

luxuriant, -e [lyksyrjɑ̃, ɑ̃t] *adj* luxuriant.

luzerne [lyzɛrn] *nf* lucerne, alfalfa.

lx (*abr de* **lux**) lx.

lycée [lise] *nm* ≃ high school *Am*, ≃ secondary school *Br*; **~ technique/professionnel** ≃ technical/training college; **~ pilote** experimental school.

lycéen, -enne [liseɛ̃, ɛn] *nm, f* high school pupil *Am*, secondary school pupil *Br*.

lymphatique [lɛ̃fatik] *adj* -1. MÉD lymphatic. -2. *fig* [apathique] sluggish.

lymphe [lɛ̃f] *nf* lymph.

lyncher [lɛ̃ʃe] [3] *vt* to lynch.

lynx [lɛ̃ks] *nm* lynx.

Lyon [ljɔ̃] *n* Lyons.

lyonnais, -e [ljɔnɛ, ɛz] *adj* of/from Lyons.
◆ **Lyonnais, -e** *nm, f* native OU inhabitant of Lyons.

lyre [lir] *nf* lyre.

lyrique [lirik] *adj* [poésie & *fig*] lyrical; [drame, chanteur, poète] lyric.

lyrisme [lirism] *nm* -1. [poésie] lyricism. -2. [exaltation] enthusiasm.

lys = **lis**.

m¹, M [ɛm] ◇ *nm inv* m, M. ◇ (*abr de* **mètre**) m.
◆ **M** -1. (*abr de* **maxwell**) Mx. -2. (*abr de* **mille (marin)**) nm. -3. (*abr de* **méga**) M. -4. (*abr de* **Major**) M. -5. (*abr de* **Monsieur**) Mr. -6. (*abr de* **million**) M. -7. *abr de* **masculin**.

m² (*abr de* **milli**) m.

M6 *n private television channel broadcasting a high proportion of music and aimed at a younger audience.*

ma → **mon**.

MA (*abr de* **maître auxiliaire**) *nm teacher on short-term contract.*

Maastricht [mastriʃt] *n* Maastricht; **le traité de ~** the Maastricht treaty.

maboul, -e [mabul] *adj fam* crazy.

macabre [makabr] *adj* macabre.

macadam [makadam] *nm* [revêtement] macadam; [route] road.

Macao [makao] *n* Macao; **à ~** in Macao.

macaque [makak] *nm* -1. ZOOL macaque. -2. *fam* [personne] ape.

macareux [makarø] *nm* puffin.

macaron [makarɔ̃] *nm* **-1.** [pâtisserie] maca-roon. **-2.** [coiffure] coil. **-3.** [autocollant] sticker.

macaroni [makarɔni] *nm* *tfam* [Italien] *offensive term used with reference to Italians*, ≃ Eye-tie.
◆ **macaronis** *nmpl* macaroni (*U*).

macchabée [makabe] *nm* *tfam* stiff.

macédoine [masedwan] *nf* **-1.** CULIN: ~ **de fruits** fruit salad; ~ **de légumes** mixed vegetables. **-2.** *fig* [mélange] jumble.

macérer [masere] [18] ◇ *vt* to steep. ◇ *vi* **-1.** [mariner] to steep; **faire** ~ to steep. **-2.** *fig* & *péj* [personne] to wallow.

mâche [maʃ] *nf* lamb's lettuce.

mâcher [maʃe] [3] *vt* **-1.** [mastiquer] to chew. **-2.** TECHNOL to chew up.

machiavélique [makjavelik] *adj* Machiavellian.

mâchicoulis [maʃikuli] *nm* machicolation.

machin [maʃɛ̃] *nm* *fam* [chose] thing, thingumajig.

Machin, -ine [maʃɛ̃, in] *nm, f* *fam* what's his name (*f* what's her name).

machinal, -e, -aux [maʃinal, o] *adj* mechanical.

machinalement [maʃinalmã] *adv* mechanically.

machination [maʃinasjɔ̃] *nf* machination.

machine [maʃin] *nf* **-1.** TECHNOL machine; ~ **à coudre** sewing machine; ~ **à écrire** typewriter; ~ **à laver** washing machine; ~ **à sous** one-armed bandit *Am*, fruit machine *Br*; ~ **à tricoter** knitting machine. **-2.** [organisation] machinery (*U*). **-3.** NAVIG engine; **faire** ~ **arrière** to reverse engines; *fig* to back-pedal. **-4.** [locomotive] engine, locomotive.

machine-outil [maʃinuti] (*pl* **machines-outils**) *nf* machine tool.

machiner [maʃine] [3] *vt* to plot.

machiniste [maʃinist] *nm* **-1.** CIN & THÉÂTRE scene shifter. **-2.** TRANSPORT driver.

machisme [matʃism] *nm* machismo.

macho [matʃo] *péj* ◇ *nm* macho man. ◇ *adj inv* macho.

mâchoire [maʃwar] *nf* jaw; ~ **supérieure/inférieure** upper/lower jaw.

mâchonner [maʃɔne] [3] *vt* [mâcher, mordiller] to chew.

mâchouiller [maʃuje] [3] *vt* *fam* to chew.

maçon [masɔ̃] *nm* mason.

maçonner [masɔne] [3] *vt* [construire] to build; [revêtir] to face; [boucher] to brick up.

maçonnerie [masɔnri] *nf* [travaux] building; [construction] masonry; [franc-maçonnerie] freemasonry.

maçonnique [masɔnik] *adj* masonic.

macramé [makrame] *nm* macramé.

macrobiotique [makrɔbjɔtik] ◇ *nf* macrobiotics (*U*). ◇ *adj* macrobiotic.

macroéconomie [makrɔekɔnɔmi] *nf* macroeconomy.

maculer [makyle] [3] *vt* to stain.

Madagascar [madagaskar] *n* Madagascar; **à** ~ in Madagascar.

madame [madam] (*pl* **mesdames** [medam]) *nf* **-1.** [titre]: ~ **X** Mrs X; **bonjour** ~! good morning!; [dans hôtel, restaurant] good morning, madam!; **bonjour mesdames!** good morning (ladies)!; **Madame le Ministre n'est pas là** the Minister is out. **-2.** HIST Madame (*title given to the wife of the brother of the King of France*).

madeleine [madlɛn] *nf* small sponge cake.
◆ **Madeleine** *nf*: **pleurer comme une Madeleine** to cry one's eyes out.

mademoiselle [madmwazɛl] (*pl* **mesdemoiselles** [medmwazɛl]) *nf* **-1.** [titre]: ~ **X** Miss X; **bonjour** ~! good morning!; [à l'école, dans hôtel] good morning, miss!; **bonjour mesdemoiselles!** good morning (ladies)! **-2.** HIST Mademoiselle (*title given to a Princess of France*).

madère [madɛr] *nm* Madeira (wine).

Madère [madɛr] *nf* Madeira; **à** ~ in Madeira.

madone [madɔn] *nf* ART & RELIG Madonna.

Madrid [madrid] *n* Madrid.

madrier [madrije] *nm* beam.

madrilène [madrilɛn] *adj* of/from Madrid.
◆ **Madrilène** *nmf* native OU inhabitant of Madrid.

maestria [maɛstrija] *nf* mastery; **avec** ~ brilliantly.

maf(f)ia [mafja] *nf* Mafia.

magasin [magazɛ̃] *nm* **-1.** [boutique] store *Am*, shop *Br*; **en** ~ in stock; **grand** ~ department store; **faire les** ~**s** *fig* to go round the stores *Am* OU shops *Br*. **-2.** [entrepôt] warehouse. **-3.** [d'arme, d'appareil photo] magazine.

magasinage [magazinaʒ] *nm* warehousing, storing.

magasinier [magazinje] *nm* warehouseman, storeman.

magazine [magazin] *nm* magazine.

mage [maʒ] *nm*: **les Rois** ~**s** the Three Wise Men.

Maghreb [magʀɛb] *nm*: **le** ~ the Maghreb.

maghrébin, -e [magʀebɛ̃, in] *adj* North African.

◆ **Maghrébin, -e** *nm, f* North African.

magicien, -ienne [maʒisjɛ̃, jɛn] *nm, f* magician.

magie [maʒi] *nf* magic; **comme par** ~ as if by magic; ~ **noire** black magic.

magique [maʒik] *adj* **-1.** [occulte] magic. **-2.** [merveilleux] magical.

magistère [maʒistɛʀ] *nm* authority.

magistral, -e, -aux [maʒistral, o] *adj* **-1.** [œuvre, habileté] masterly. **-2.** [dispute, fessée] enormous. **-3.** [attitude, ton] authoritative.

magistralement [maʒistralmɑ̃] *adv* authoritatively, brilliantly.

magistrat [maʒistra] *nm* magistrate.

magistrature [maʒistratyʀ] *nf* magistracy, magistrature.

magma [magma] *nm* **-1.** GÉOL magma. **-2.** *fig* [mélange] muddle.

magnanerie [maɲanʀi] *nf* **-1.** [bâtiment] silk farm. **-2.** [sériciculture] silkworm breeding, sericulture.

magnanime [maɲanim] *adj* magnanimous.

magnanimité [maɲanimite] *nf* magnanimity.

magnat [maɲa] *nm* magnate, tycoon.

magner [maɲe] [3]

◆ **se magner** *vp fam* to get a move on.

magnésium [maɲezjɔm] *nm* magnesium.

magnétique [maɲetik] *adj* magnetic.

magnétiser [maɲetize] [3] *vt* **-1.** PHYS to magnetize. **-2.** [hypnotiser, fasciner] to hypnotize.

magnétisme [maɲetism] *nm* **-1.** [PHYS & fascination] magnetism. **-2.** [hypnotisme] hypnotism.

magnéto(phone) [maɲeto(fɔn)] *nm* tape recorder.

magnétoscope [maɲetɔskɔp] *nm* videorecorder.

magnificence [maɲifisɑ̃s] *nf* magnificence.

magnifier [maɲifje] [9] *vt* to magnify.

magnifique [maɲifik] *adj* magnificent.

magnifiquement [maɲifikmɑ̃] *adv* magnificently.

magnitude [maɲityd] *nf* magnitude.

magnolia [maɲɔlja] *nm* magnolia.

magnum [magnɔm] *nm* magnum.

magot [mago] *nm fam* tidy sum, packet.

magouille [maguj] *nf fam* plot, scheme.

magouiller [maguje] [3] *vi fam* to plot, to scheme.

magret [magʀɛ] *nm* filet *Am*, fillet *Br*; ~ **de canard** breast of duck.

magyar, -e [magjar] *adj* Magyar.

mai [mɛ] *nm* Mày; **le premier** ~ May Day; **(les événements de)** ~ **1968** May 1968; *voir aussi* **septembre**.

MAI 68:

The events of May 1968 came about when student protests, coupled with widespread industrial unrest, culminated in a general strike and rioting. De Gaulle's government survived the crisis, but the issues raised made the events a turning point in French social history

maigre [mɛgʀ] ◇ *adj* **-1.** [très mince] thin. **-2.** [aliment] low-fat; [viande] lean. **-3.** [peu important] meager *Am*, meagre *Br*; [végétation] sparse. ◇ *adv*: **faire** ~ not to eat meat. ◇ *nmf* thin person. ◇ *nm* lean meat.

maigrelet, -ette [mɛgʀəlɛ, ɛt] *adj* scrawny.

maigreur [mɛgʀœʀ] *nf* thinness.

maigrir [megʀir] [32] ◇ *vi* to lose weight. ◇ *vt*: ~ **qqn** to make sb look thinner OU slimmer.

mailing [mɛliŋ] *nm* mailing, mailshot.

maille [maj] *nf* **-1.** [de tricot] stitch; ~ **à l'endroit/l'envers** plain/purl stitch. **-2.** [de filet] mesh. **-3.** *loc*: **avoir** ~ **à partir avec** to have a set-to with.

maillet [majɛ] *nm* mallet.

maillon [majɔ̃] *nm* link.

maillot [majo] *nm* [de sport] shirt, jersey; ~ **de bain** swimsuit; ~ **de corps** undershirt *Am*, vest *Br*.

main [mɛ̃] *nf* hand; **à la** ~ by hand; **à pleines** ~**s** by the handful; **de première** ~ firsthand; **de seconde** ~ secondhand; **à quatre** ~**s** fourhanded, for four hands; **de** ~ **de maître** in a masterly fashion; **en sous** ~ secretly; **la** ~ **dans la** ~ hand in hand; **attaque à** ~ **armée** armed attack; ~ **courante** handrail, banister; **avoir la** ~ **leste** to be quick with one's hands; **avoir/prendre qqch en** ~ to have/to take sthg in hand; **avoir qqch sous la** ~ to have sthg at hand; **demander la** ~ **de qqn** to ask for sb's hand (in marriage); **donner la** ~ **à qqn** to take sb's hand; **faire** ~ **basse sur qqch** to help oneself to sthg; **forcer la** ~ **à qqn** to force sb's hand; **se frotter les** ~**s** to rub one's hands; **haut la** ~ effortlessly, hands down; **haut les** ~**s!** hands up!; **se laver les** ~**s de qqch** to wash one's hands of sthg; **mettre la dernière** ~ **à** to put the finishing touches to; **mettre la** ~ **à la pâte** to lend a helping hand; **ne pas y aller de** ~ **morte** not to pull one's punches; **passer la** ~ CARTES to pass the deal; **perdre la** ~ *fig* to lose one's touch; **remettre en** ~**s propres** to hand over personally; **en venir aux** ~**s** to come to blows.

main-d'œuvre [mɛ̃dœvr] *nf* labor *Am*, labour *Br*, workforce.

main-forte [mɛ̃fɔrt] *nf*: **prêter** ~ **à qqn** to come to sb's assistance.

mainmise [mɛ̃miz] *nf* seizure.

maint, -e [mɛ̃, mɛ̃t] *adj littéraire* many a; ~**s** many; ~**es fois** time and time again.

maintenance [mɛ̃tnɑ̃s] *nf* maintenance.

maintenant [mɛ̃tnɑ̃] *adv* now.
◆ **maintenant que** *loc prép* now that.

maintenir [mɛ̃tnir] [40] *vt* **-1.** [soutenir] to support; ~ **qqn à distance** to keep sb away. **-2.** [garder, conserver] to maintain. **-3.** [affirmer]: ~ **que** to maintain (that).
◆ **se maintenir** *vp* **-1.** [durer] to last. **-2.** [rester] to remain.

maintenu, -e [mɛ̃tny] *pp* → maintenir.

maintien [mɛ̃tjɛ̃] *nm* **-1.** [conservation] maintenance; [de tradition] upholding; **le** ~ **de l'ordre** the maintenance of law and order. **-2.** [tenue] posture.

maintiendrai, maintiendras *etc* → maintenir.

maire [mɛr] *nm* mayor.

mairie [meri] *nf* **-1.** [bâtiment] city hall *Am*, town hall *Br*. **-2.** [administration] city hall *Am*, town council *Br*.

mais [mɛ] ◇ *conj* but; ~ **non!** of course not!; ~ **alors, tu l'as vu ou non?** so did you see him or not?; **il a pleuré,** ~ **pleuré!** he cried, and how!; **non** ~ **ça ne va pas!** that's just not on!
◇ *adv* but; **vous êtes prêts?** - ~ **bien sûr!** are you ready? - but of course!; ~ **certainement** but of course; ~ **enfin** but after all; [marquant l'impatience] really!
◇ *nm*: **il y a un** ~ there's a hitch OU a snag; **il n'y a pas de** ~ (there are) no buts.
◆ **non seulement ... mais (encore)** *loc corrél* not only ... but (also).

maïs [mais] *nm* corn *Am*, maize *Br*.

maison [mɛzɔ̃] *nf* **-1.** [habitation, lignée & ASTROL] house; ~ **de campagne** house in the country; ~ **individuelle** detached house; ~**s mitoyennes** semidetached houses. **-2.** [foyer] home; [famille] family; **à la** ~ [au domicile] at home; [dans la famille] in my/your *etc* family. **-3.** COMM company; ~ **mère** parent company. **-4.** [institut]: ~ **d'arrêt** prison; ~ **de la culture** arts center *Am* OU centre *Br*; ~ **de quartier** ≃ community center *Am*

OU centre *Br*; ~ **de retraite** old people's home. **-5.** (*en apposition*) [artisanal] homemade; [dans restaurant - vin] house (*avant n*).

Maison-Blanche [mɛzɔ̃blɑ̃ʃ] *nf*: **la** ~ the White House.

maisonnée [mɛzɔne] *nf* household.

maisonnette [mɛzɔnɛt] *nf* small house.

maître, -esse [mɛtr, mɛtrɛs] *nm, f* **-1.** [professeur] teacher; ~ **auxiliaire** substitute teacher *Am*, supply teacher *Br*; ~ **de conférences** UNIV ≃ senior lecturer; ~ **d'école** schoolteacher; ~ **nageur** swimming instructor. **-2.** [modèle, artiste & *fig*] master; **les grands** ~**s** the Old Masters; ~ **à penser** mentor; **passer** ~ **dans l'art de faire qqch** to be a past master in the art of doing sthg. **-3.** [dirigeant] ruler; [d'animal] master (*f* mistress); ~ **d'hôtel** head waiter; ~ **de maison** host; ~ **d'œuvre** CONSTR project manager; *fig* artisan, architect; **être** ~ **de soi** to be in control of oneself, to have self-control. **-4.** (*en apposition*) [principal] main, principal.
◆ **Maître** *nm* form of address for lawyers.
◆ **maîtresse** *nf* [amie] mistress.

maître-assistant, -e [mɛtrasistɑ̃, ɑ̃t] (*mpl* **maîtres-assistants,** *fpl* **maîtres-assistantes**) *nm, f* ≃ assistant professor *Am*, ≃ lecturer *Br*.

maître-autel [mɛtrotɛl] (*pl* **maîtres-autels**) *nm* high altar.

maîtresse → maître.

maîtrisable [metrizabl] *adj* controllable.

maîtrise [metriz] *nf* **-1.** [sang-froid, domination] control; ~ **de soi** self-control. **-2.** [connaissance] mastery, command; [habileté] skill. **-3.** UNIV ≃ master's degree.

maîtriser [metrize] [3] *vt* **-1.** [animal, forcené] to subdue. **-2.** [émotion, réaction] to control, to master. **-3.** [incendie] to bring under control. **-4.** [dépenses] to curb.
◆ **se maîtriser** *vp* to control o.s.

majesté [maʒɛste] *nf* majesty.
◆ **Majesté** *nf*: **Sa Majesté** His/Her Majesty.

majestueux, -euse [maʒɛstɥø, øz] *adj* majestic.

majeur, -e [maʒœr] *adj* **-1.** [gén] major. **-2.** [personne] of age.
◆ **majeur** *nm* middle finger.

Majeur [maʒœr] → lac.

major [maʒɔr] *nm* **-1.** MIL ≃ adjutant. **-2.** SCOL: ~ **(de promotion)** first in OU top of one's year group.

majoration [maʒɔrasjɔ̃] *nf* increase.

majordome [maʒɔrdɔm] *nm* majordomo.

majorer [maʒɔre] [3] *vt* to increase.

majorette [maʒɔrɛt] *nf* majorette.

malentendant

majoritaire [maʒɔritɛr] ◇ *nmf* member of majority group. ◇ *adj* majority (*avant n*); être ~ to be in the majority.

majorité [maʒɔrite] *nf* majority; **en (grande)** ~ in the majority; ~ **absolue/relative** POLIT absolute/relative majority; ~ **civile** voting age.

Majorque [majɔrk] *n* Majorca; **à** ~ in Majorca.

majorquin, -e [maʒɔrkɛ̃, in] *adj* Majorcan.

◆ **Majorquin, -e** *nm, f* Majorcan.

majuscule [maʒyskyl] ◇ *nf* capital (letter); **en** ~**s** in capitals, in capital letters. ◇ *adj* capital (*avant n*).

mal, maux [mal, mo] *nm* **-1.** [ce qui est contraire à la morale] evil; **dire du** ~ **de qqn** to say bad things about sb. **-2.** [souffrance physique] pain; **avoir** ~ **au cœur** to feel sick; **avoir** ~ **au dos** to have backache; **avoir** ~ **à la gorge** to have a sore throat; **avoir le** ~ **de mer** to be seasick; **avoir** ~ **à la tête** to have a headache; **avoir des maux de tête** to get headaches; **avoir le** ~ **des transports** to be travelsick; **avoir** ~ **au ventre** to have stomachache; **faire** ~ **à qqn** to hurt sb; **ça fait** ~ it hurts; **se faire** ~ to hurt o.s. **-3.** [difficulté] difficulty; **avoir du** ~ **à faire qqch** to have difficulty doing sthg; **se donner du** ~ **(pour faire qqch)** to take trouble (to do sthg). **-4.** [douleur morale] pain, suffering (*U*); **avoir le** ~ **du pays** to be OU feel homesick; **être en** ~ **de qqch** to long for sthg; **faire du** ~ **(à qqn)** to hurt (sb); **c'est un moindre** ~ it's the lesser of two evils.

◆ **mal** *adv* **-1.** [malade] ill; **aller** ~ not to be well; **se sentir** ~ to feel ill; **être au plus** ~ to be extremely ill. **-2.** [respirer] with difficulty. **-3.** [informé, se conduire] badly; **être** ~ **reçu** to get a poor welcome; ~ **prendre qqch** to take sthg badly; ~ **tourner** to go wrong. **-4.** *loc:* **de** ~ **en pis** from bad to worse; ~ **à propos** inappropriate; **pas** ~ not bad (*adj*), not badly (*adv*); **pas** ~ **de** quite a lot of.

malabar [malabar] *nm fam* big lad, well-built fellow.

malade [malad] ◇ *nmf* invalid, sick person; ~ **mental** mentally ill person. ◇ *adj* **-1.** [souffrant - personne] ill, sick; [- organe] bad; **tomber** ~ to fall ill OU sick; **être** ~ **du cœur/des reins** to have heart/kidney trouble; **être** ~ **d'inquiétude** *fig* to be sick with worry. **-2.** *fam* [fou] crazy. **-3.** *fig* [en mauvais état] in a bad way.

maladie [maladi] *nf* **-1.** MÉD illness; ~ **de Creutzfeldt-Jakob** Creutzfeldt-Jakob disease, CJD; **il en fait une** ~ he's really worked up about it. **-2.** [passion, manie] mania.

maladif, -ive [maladif, iv] *adj* **-1.** [enfant] sickly. **-2.** [pâleur & *fig*] unhealthy.

maladresse [maladrɛs] *nf* **-1.** [inhabileté] clumsiness. **-2.** [bévue] blunder.

maladroit, -e [maladrwa, at] ◇ *adj* clumsy. ◇ *nm, f* clumsy person.

maladroitement [maladrwatmɑ̃] *adv* clumsily.

mal-aimé, -e [malɛme] (*mpl* **mal-aimés,** *fpl* **mal-aimées**) *nm, f* unloved person.

malais, -e [malɛ, ɛz] *adj* Malay, Malaysian; **la presqu'île Malaise** the Malay Peninsula.

◆ **malais** *nm* [langue] Malay.

◆ **Malais, -e** *nm, f* Malay, Malaysian.

malaise [malɛz] *nm* **-1.** [indisposition] discomfort; **avoir un** ~ to feel faint. **-2.** [trouble] unease (*U*). **-3.** [crise] discontent (*U*).

malaisé, -e [maleze] *adj* difficult.

Malaisie [malɛzi] *nf:* **la** ~ Malaya; **en** ~ in Malaya.

malappris, -e [malapri, iz] ◇ *adj* uncouth, ill-mannered. ◇ *nm, f* lout.

malaria [malarja] *nf* malaria.

malavisé, -e [malavize] *adj littéraire* ill-advised, unwise.

malaxer [malakse] [3] *vt* to knead.

Malaysia [malɛzja] *nf:* **la** ~ Malaysia; **la** ~ **occidentale** Malaya.

malchance [malʃɑ̃s] *nf* bad luck (*U*); **jouer de** ~ to be dogged by bad luck.

malchanceux, -euse [malʃɑ̃sø, øz] ◇ *adj* unlucky. ◇ *nm, f* unlucky person.

malcommode [malkɔmɔd] *adj* inconvenient; [meuble] impractical.

Maldives [maldiv] *nfpl:* **les (îles)** ~ the Maldives.

maldonne [maldɔn] *nf* misdeal; **il y a** ~ the cards have been misdealt; *fig* there's been a misunderstanding.

mâle [mal] ◇ *adj* **-1.** [enfant, animal, hormone] male. **-2.** [voix, assurance] manly. **-3.** ÉLECTR male. ◇ *nm* male.

malédiction [malediksjɔ̃] *nf* curse.

maléfice [malefis] *nm sout* evil spell.

maléfique [malefik] *adj sout* evil.

malencontreusement [malɑ̃kɔ̃trøzmɑ̃] *adv* inopportunely.

malencontreux, -euse [malɑ̃kɔ̃trø, øz] *adj* [hasard, rencontre] unfortunate.

mal-en-point, mal en point [malɑ̃pwɛ̃] *adj inv* in a bad way OU sorry state.

malentendant, -e [malɑ̃tɑ̃dɑ̃, ɑ̃t] ◇ *adj* hard of hearing. ◇ *nm, f* person who is hard of hearing.

malentendu [malãtãdy] *nm* misunderstanding.

malfaçon [malfasɔ̃] *nf* defect.

malfaisant, -e [malfəzã, ãt] *adj* harmful.

malfaiteur [malfɛtœr] *nm* criminal.

malfamé, -e, mal famé, -e [malfame] *adj* disreputable.

malformation [malfɔrmasjɔ̃] *nf* malformation.

malfrat [malfra] *nm fam* crook.

malgache [malgaʃ] *adj* Madagascan, Malagasy.
◆ **malgache** *nm* [langue] Malagasy.
◆ **Malgache** *nmf* Madagascan, Malagasy.

malgré [malgre] *prép* in spite of; ~ **tout** [quoi qu'il arrive] in spite of everything; [pourtant] even so, yet.
◆ **malgré que** *loc conj* (+ *subjonctif*) *fam* although, in spite of the fact that.

malhabile [malabil] *adj* clumsy.

malheur [malœr] *nm* misfortune; **le** ~ misfortune, bad luck; **par** ~ unfortunately; **porter** ~ **à qqn** to bring sb bad luck; ~ **à toi!** woe betide you!; **faire un** ~ *fam fig* [faire un éclat] to do some damage; [avoir du succès] to be a great hit.

malheureusement [malœrøzmã] *adv* unfortunately.

malheureux, -euse [malœrø, øz] ◇ *adj* **-1.** [triste] unhappy. **-2.** [désastreux, regrettable] unfortunate. **-3.** [malchanceux] unlucky. **-4.** (*avant n*) [sans valeur] pathetic, miserable. ◇ *nm, f* **-1.** [infortuné] poor soul. **-2.** [indigent] poor person.

malhonnête [malɔnɛt] ◇ *nmf* dishonest person. ◇ *adj* **-1.** [personne, affaire] dishonest. **-2.** *hum* [proposition, propos] indecent.

malhonnêteté [malɔnɛtte] *nf* **-1.** [de personne] dishonesty. **-2.** [action] dishonest action.

Mali [mali] *nm*: **le** ~ Mali; **au** ~ in Mali.

malice [malis] *nf* mischief; **sans** ~ without malice.

malicieux, -ieuse [malisjø, jøz] ◇ *adj* mischievous. ◇ *nm, f* mischievous person.

malien, -ienne [maljɛ̃, jɛn] *adj* Malian.
◆ **Malien, -ienne** *nm, f* Malian.

malignité [maliɲite] *nf* **-1.** [méchanceté] malice, spite. **-2.** MÉD malignancy.

malin, -igne [malɛ̃, iɲ] ◇ *adj* **-1.** [rusé] crafty, cunning; **ce n'est pas** ~! *fig* that's not very clever!; [regard, sourire] knowing. **-2.** [méchant] malicious, spiteful. **-3.** MÉD malignant. ◇ *nm, f* cunning OU crafty person; **faire le** ~ to show off.

malingre [malɛ̃gr] *adj* sickly.

malle [mal] *nf* [coffre] trunk; [de voiture] trunk *Am*, boot *Br*; **se faire la** ~ *fam fig* to beat it.

malléable [maleabl] *adj* malleable.

mallette [malɛt] *nf* briefcase.

mal-logé, -e [mallɔʒe] (*mpl* **mal-logés,** *fpl* **mal-logées**) *nm, f person living in poor accommodation.*

malmener [malmәne] [19] *vt* **-1.** [brutaliser] to handle roughly, to ill-treat. **-2.** [dominer] to have the better of.

malnutrition [malnytrisjɔ̃] *nf* malnutrition.

malodorant, -e [malɔdɔrã, ãt] *adj* smelly.

malotru, -e [malɔtry] *nm, f* lout.

Malouines [malwin] *nfpl*: **les (îles)** ~ the Falkland Islands, the Falklands.

malpoli, -e [malpɔli] *adj* rude.

malpropre [malprɔpr] *adj* [sale] dirty.

malpropreté [malprɔprәte] *nf* [saleté] dirtiness.

malsain, -e [malsɛ̃, ɛn] *adj* unhealthy.

malséant, -e [malseã, ãt] *adj* unbecoming.

malt [malt] *nm* **-1.** [céréale] malt. **-2.** [whisky] malt (whisky).

maltais, -e [maltɛ, ɛz] *adj* Maltese.
◆ **maltais** *nm* [langue] Maltese.
◆ **Maltais, -e** *nm, f* Maltese (person); **les Maltais** the Maltese.

Malte [malt] *n* Malta; **à** ~ in Malta.

maltraiter [maltrete] [4] *vt* to ill-treat; [en paroles] to attack, to run down.

malus [malys] *nm increase in car insurance charges, due to loss of no-claims bonus.*

malveillance [malvejãs] *nf* spite.

malveillant, -e [malvejã, ãt] *adj* spiteful.

malvenu, -e [malvәny] *adj* out of place; **être** ~ **de faire qqch** *sout* to be wrong to do sthg.

malversation [malversasjɔ̃] *nf* embezzlement.

malvoyant, -e [malvwajã, ãt] ◇ *adj* partially sighted. ◇ *nm, f person who is partially sighted.*

maman [mamã] *nf* mummy.

mamelle [mamɛl] *nf* teat; [de vache] udder.

mamelon [mamlɔ̃] *nm* **-1.** [du sein] nipple. **-2.** [butte] hillock.

mamie, mamy [mami] *nf* granny, grandma.

mammifère [mamifɛr] *nm* mammal.

mammographie [mamɔgrafi] *nf* mammography.

mammouth [mamut] *nm* mammoth.

mamours [mamur] *nmpl fam* billing and cooing (*U*); **se faire des** ~ to bill and coo.

mamy = mamie.

Man [man] → île.

management [manadʒmɛnt] *nm* management.

manager¹ [manadʒɛr] *nm* manager.

manager² [manadʒe] [17] *vt* to manage.

Managua [managwa] *n* Managua.

manche [mɑ̃ʃ] ◇ *nf* -**1.** [de vêtement] sleeve; **sans ~s** sleeveless; **~s courtes/longues** short/long sleeves; **~s raglan** raglan sleeves; **être en ~s de chemise** to be in one's shirtsleeves. -**2.** [de jeu] round, game; TENNIS set. -**3.** *loc:* **faire la ~** *fam* to pass the hat round. ◇ *nm* -**1.** [d'outil] handle; **~ à balai** broomstick; [d'avion] joystick. -**2.** MUS neck.

Manche [mɑ̃ʃ] *nf* -**1.** [Normandie]: **la ~** the Manche (region). -**2.** [mer]: **la ~** the English Channel. -**3.** [en Espagne]: **la ~** La Mancha.

manchette [mɑ̃ʃɛt] *nf* -**1.** [de chemise] cuff. -**2.** [de journal] headline. -**3.** [coup] forearm blow.

manchon [mɑ̃ʃɔ̃] *nm* -**1.** [en fourrure] muff. -**2.** TECHNOL casing, sleeve.

manchot, -ote [mɑ̃ʃo, ɔt] ◇ *adj* one-armed. ◇ *nm, f* one-armed person.
◆ **manchot** *nm* penguin.

mandarin [mɑ̃darɛ̃] *nm* -**1.** [en Chine] mandarin. -**2.** *péj* [personnage important] mandarin. -**3.** [langue] Mandarin.

mandarine [mɑ̃darin] *nf* mandarin (orange).

mandat [mɑ̃da] *nm* -**1.** [pouvoir, fonction] mandate. -**2.** JUR warrant; **~ d'amener** ≃ summons; **~ d'arrêt** ≃ arrest warrant; **~ de perquisition** search warrant. -**3.** [titre postal] money order; **~ postal** money order *Am*, postal order *Br*.

mandataire [mɑ̃datɛr] *nmf* proxy, representative.

mandat-carte [mɑ̃dakart] (*pl* **mandats-cartes**) *nm* money order *Am*, postal order *Br*.

mandater [mɑ̃date] [3] *vt* -**1.** [personne] to appoint. -**2.** [somme] to pay by money order.

mandat-lettre [mɑ̃dalɛtr] (*pl* **mandats-lettres**) *nm* money order *Am*, postal order *Br*.

mandibule [mɑ̃dibyl] *nf* mandible.

mandoline [mɑ̃dɔlin] *nf* mandolin.

mandrill [mɑ̃dril] *nm* mandrill.

mandrin [mɑ̃drɛ̃] *nm* [de serrage] chuck; [de perçage] punch.

manège [manɛʒ] *nm* -**1.** [attraction] carousel *Am*, roundabout *Br*. -**2.** [de chevaux - lieu] riding school. -**3.** [manœuvre] scheme, game.

manette [manɛt] *nf* lever.

manganèse [mɑ̃ganɛz] *nm* manganese.

mangeable [mɑ̃ʒabl] *adj* edible.

mangeoire [mɑ̃ʒwar] *nf* manger.

manger [mɑ̃ʒe] [17] ◇ *vt* -**1.** [nourriture] to eat. -**2.** [étoffe, fer] to eat away. -**3.** [fortune] to get through, to squander. ◇ *vi* to eat.

mange-tout [mɑ̃ʒtu] ◇ *adj inv:* **haricots ~** string beans *Am*, runner beans *Br*. ◇ *nm inv* [haricot] string bean *Am*, runner bean *Br*; [pois] snow pea *Am*, mangetout *Br*.

mangeur, -euse [mɑ̃ʒœr, øz] *nm, f* eater; **gros ~** big eater.

mangue [mɑ̃g] *nf* mango.

maniable [manjabl] *adj* -**1.** [instrument] manageable. -**2.** [personne] easily influenced.

maniaque [manjak] ◇ *nmf* -**1.** [méticuleux] fusspot. -**2.** [fou] maniac. ◇ *adj* -**1.** [méticuleux] fussy. -**2.** [fou] maniacal.

maniaquerie [manjakri] *nf* fussiness.

manichéisme [manikeism] *nm* Manicheism.

manie [mani] *nf* -**1.** [habitude] funny habit; **avoir la ~ de qqch/de faire qqch** to have a mania for sthg/for doing sthg. -**2.** [obsession] mania.

maniement [manimɑ̃] *nm* handling.

manier [manje] [9] *vt* [manipuler, utiliser] to handle; *fig* [ironie, mots] to handle skilfully.

manière [manjɛr] *nf* -**1.** [méthode] manner, way; **recourir à la ~ forte** to resort to strong-arm tactics; **de toute ~** at any rate; **d'une ~ générale** generally speaking; **c'est une ~ de parler** it's just my/his *etc* way of putting it. -**2.** [style propre à un artiste] style; **à la ~ de** in the style of.
◆ **manières** *nfpl* manners; **les bonnes ~s** good manners; **faire des ~s** *fig* to pussyfoot around.
◆ **de manière à** *loc conj* (in order) to; **de ~ à ce que** (+ *subjonctif*) so that.
◆ **de manière que** *loc conj* (+ *subjonctif*) in such a way that.

maniéré, -e [manjere] *adj* affected.

maniérisme [manjerism] *nm* mannerism.

manif [manif] *nf fam* demo.

manifestant, -e [manifɛstɑ̃, ɑ̃t] *nm, f* demonstrator.

manifestation [manifɛstasjɔ̃] *nf* -**1.** [témoignage] expression. -**2.** [mouvement collectif] demonstration. -**3.** [apparition - de maladie] appearance.

manifeste [manifɛst] ◇ *nm* [déclaration] manifesto. ◇ *adj* obvious.

manifestement [manifɛstəmã] *adv* obviously.

manifester [manifɛste] [3] ◇ *vt* to show, to express. ◇ *vi* to demonstrate.

◆ **se manifester** *vp* **-1.** [apparaître] to show OU manifest itself. **-2.** [se montrer] to turn up, to appear.

manigance [manigãs] *nf fam* scheme, intrigue.

manigancer [manigãse] [16] *vt fam* to plot.

Manille [manij] *n* Manila.

manioc [manjɔk] *nm* manioc.

manipulateur, -trice [manipylatœr, tris] *nm, f* **-1.** [opérateur] technician. **-2.** *fig* & *péj* [de personnes] manipulator.

◆ **manipulateur** *nm* TÉLÉCOM key.

manipulation [manipylasjɔ̃] *nf* **-1.** [de produits, d'explosifs] handling; **~s génétiques** genetic engineering. **-2.** *fig* & *péj* [manœuvre] manipulation (*U*).

manipuler [manipyle] [3] *vt* **-1.** [colis, appareil] to handle. **-2.** [statistiques, résultats] to falsify, to rig. **-3.** [personne] to manipulate.

manivelle [manivɛl] *nf* crank.

manne [man] *nf* RELIG manna; *fig* godsend.

mannequin [mankɛ̃] *nm* **-1.** [forme humaine] model, dummy. **-2.** [personne] model, mannequin.

manœuvre [manœvr] ◇ *nf* **-1.** [d'appareil, de véhicule] driving, handling; **fausse ~** driver error; *fig* false move. **-2.** MIL maneuver *Am*, manoeuvre *Br*, exercise. **-3.** [machination] ploy, scheme. ◇ *nm* laborer *Am*, labourer *Br*.

manœuvrer [manœvre] [5] ◇ *vi* to maneuver *Am*, to manoeuvre *Br*. ◇ *vt* **-1.** [faire fonctionner] to operate, to work; [voiture] to maneuver *Am*, to manoeuvre *Br*. **-2.** [influencer] to manipulate.

manoir [manwar] *nm* manor, country house.

manomètre [manɔmɛtr] *nm* manometer.

manquant, -e [mãkã, ãt] *adj* missing.

manque [mãk] *nm* **-1.** [pénurie] lack, shortage; **par ~** de for want of. **-2.** [de toxicomane] withdrawal symptoms (*pl*); **être en (état de) ~** to have OU experience withdrawal symptoms. **-3.** [lacune] gap; **~ à gagner** COMM loss of earnings.

◆ **à la manque** *loc adj fam* second-rate.

manqué, -e [mãke] *adj* [raté] failed; [rendez-vous] missed.

manquement [mãkmã] *nm:* **~ (à)** breach (of).

manquer [mãke] [3] ◇ *vi* **-1.** [faire défaut] to be lacking, to be missing; **l'argent/le temps me manque** I don't have enough money/time; **tu me manques** I miss you. **-2.** [être absent]: **~ (à)** to be absent (from), to be missing (from). **-3.** [échouer] to fail. **-4.** [ne pas avoir assez]: **~ de qqch** to lack sthg, to be short of sthg. **-5.** [faillir]: **il a manqué de se noyer** he nearly OU almost drowned; **ne manquez pas de lui dire** don't forget to tell him; **je n'y manquerai pas** I certainly will, I'll definitely do it. **-6.** [ne pas respecter]: **~ à** [devoir] to fail in; **~ à sa parole** to break one's word.

◇ *vt* **-1.** [gén] to miss. **-2.** [échouer à] to bungle, to botch.

◇ *v impers:* **il manque quelqu'un** somebody is missing; **il me manque 20 francs** I'm 20 francs short; **il me manquait plus que ça** *fig* that's all I/you *etc* needed.

mansarde [mãsard] *nf* attic.

mansardé, -e [mãsarde] *adj* attic (*avant n*).

mansuétude [mãsɥetyd] *nf littéraire* indulgence.

mante [mãt] *nf* HIST mantle.

◆ **mante religieuse** *nf* praying mantis.

manteau, -x [mãto] *nm* **-1.** [vêtement] coat; **sous le ~** *fig* secretly, clandestinely. **-2.** *fig* [de neige] mantle, blanket.

manucure [manykyr] *nmf* manicurist.

manuel, -elle [manɥɛl] ◇ *adj* manual. ◇ *nm, f* manual worker.

◆ **manuel** *nm* manual.

manufacture [manyfaktyr] *nf* [fabrique] factory.

manuscrit, -e [manyskri, it] *adj* handwritten.

◆ **manuscrit** *nm* manuscript.

manutention [manytãsjɔ̃] *nf* handling.

manutentionnaire [manytãsjɔnɛr] *nmf* packer.

MAP (*abr de* **mise au point**) *nf* focusing.

mappemonde [mapmɔ̃d] *nf* **-1.** [carte] map of the world. **-2.** [sphère] globe.

Maputo [mapyto] *n* Maputo.

maquereau, -elle, -x [makro, ɛl, o] *nm, f fam* pimp (*f* madam).

◆ **maquereau** *nm* mackerel.

maquette [makɛt] *nf* **-1.** [ébauche] paste-up. **-2.** [modèle réduit] model.

maquettiste [makɛtist] *nmf* model maker.

maquignon [makiɲɔ̃] *nm* **-1.** [marchand de chevaux] horse dealer. **-2.** *péj* [homme d'affaires] crook.

maquillage [makijaʒ] *nm* **-1.** [action, produits] make-up. **-2.** [falsification] disguising;

[- de chiffres] doctoring; [- de passeport] falsification.

maquiller [makije] [3] *vt* **-1.** [farder] to make up. **-2.** [fausser] to disguise; [- passeport] to falsify; [- chiffres] to doctor.
◆ **se maquiller** *vp* to make up, to put on one's make-up.

maquilleur, -euse [makijœr, øz] *nm, f* make-up artist.

maquis [maki] *nm* **-1.** [végétation] scrub, brush. **-2.** HIST Maquis; **prendre le ~** to join the Maquis. **-3.** *fig* [méli-mélo] maze.

maquisard [makizar] *nm* member of the Resistance.

marabout [marabu] *nm* **-1.** ZOOL marabou. **-2.** [guérisseur] marabout.

maraîcher, -ère [mareʃe, ɛr] ◇ *adj* truck farming (*avant n*) *Am*, market garden (*avant n*) *Br*. ◇ *nm, f* truck farmer *Am*, market gardener *Br*.

marais [marɛ] *nm* [marécage] marsh, swamp; **~ salant** saltpan; **le Marais** *historic district in central Paris.*

LE MARAIS:
The Marais includes the place des Vosges and the predominantly Jewish quarter around the rue des Rosiers. Typical flats in the Marais feature exposed beams and 'tomettes' (red hexagonal floor tiles)

marasme [marasm] *nm* **-1.** [récession] stagnation. **-2.** [accablement] depression.

marathon [maratɔ̃] *nm* marathon.

marâtre [maratr] *nf vieilli* **-1.** [mauvaise mère] bad mother. **-2.** [belle-mère] stepmother.

maraude [marod] *nf,* **maraudage** [marodaʒ] *nm* pilfering.

marbre [marbr] *nm* **-1.** [roche, objet] marble; **en** OU **de ~ marble** (*avant n*); **rester de ~** *fig* to remain impassive. **-2.** [dans imprimerie] stone. **-3.** *Can* BASE-BALL home base OU plate.

marbré, -e [marbre] *adj* **-1.** [gâteau] marble (*avant n*). **-2.** [peau, teint] mottled.

marbrier [marbrije] *nm* monumental mason.

marbrure [marbryr] *nf* **-1.** [imitation du marbre] marbling. **-2.** [sur la peau] mottling.

marc [mar] *nm* **-1.** [eau-de-vie] *spirit distilled from grape residue.* **-2.** [de fruits] residue; [de thé] leaves; **~ de café** grounds (*pl*).

marcassin [markasɛ̃] *nm* young wild boar.

marchand, -e [marʃɑ̃, ɑ̃d] ◇ *adj* [valeur] market (*avant n*); [prix] trade (*avant n*). ◇ *nm, f* [commerçant] merchant; [détaillant]

storekeeper *Am*, shopkeeper *Br*; **~ de journaux** newsdealer *Am*, newsagent *Br*; **~ des quatre-saisons** street trader (*selling fruit and vegetables*).
◆ **marchand de sable** *nm fig* sandman.

marchandage [marʃɑ̃daʒ] *nm* bargaining.

marchander [marʃɑ̃de] [3] ◇ *vt* **-1.** [prix] to haggle over. **-2.** [appui] to begrudge. ◇ *vi* to bargain, to haggle.

marchandise [marʃɑ̃diz] *nf* merchandise (*U*), goods (*pl*).

marche [marʃ] *nf* **-1.** [d'escalier] step. **-2.** [de personne] walking; [promenade] walk; **être à deux heures de ~ (de)** to be two hours' walk OU a two-hour walk (from); **fermer la ~** to bring up the rear; **ouvrir la ~** to lead the way; **~ à pied** walking; **~ à suivre** *fig* correct procedure. **-3.** MUS march; **~ funèbre/nuptiale** funeral/wedding march. **-4.** [déplacement - du temps, d'astre] course; **assis dans le sens de la ~** [en train] sitting facing the engine; **en ~ arrière** in reverse; **faire ~ arrière** to reverse; *fig* to backpedal, to backtrack. **-5.** [fonctionnement] running, working; **en ~** running; **se mettre en ~** to start (up); **mettre qqch en ~** to start sthg (up).

marché [marʃe] *nm* **-1.** [gén] market; **faire son ~** to go shopping, to do one's shopping; **le ~ du travail** the labor *Am* OU labour *Br* market; **~ cible** target market; **~ noir** black market; **~ aux puces** flea market. **-2.** [contrat] bargain, deal; **(à) bon ~** cheap; **meilleur ~** cheaper; **par-dessus le ~** *fam fig* into the bargain.
◆ **Marché commun** *nm*: **le Marché commun** the Common Market.

marchepied [marʃəpje] *nm* [de train] step; [escabeau] stepladder; *fig* stepping-stone.

marcher [marʃe] [3] *vi* **-1.** [aller à pied] to walk. **-2.** [poser le pied] to step. **-3.** [avancer]: **~ sur** [ville, ennemi] to march on OU upon. **-4.** [fonctionner, tourner] to work; **son affaire marche bien** his business is doing well. **-5.** *fam* [accepter] to agree. **-6.** *loc*: **faire ~ qqn** *fam* to take sb for a ride.

marcheur, -euse [marʃœr, øz] *nm, f* walker.

marcottage [markɔtaʒ] *nm* layering.

mardi [mardi] *nm* Tuesday; **~ gras** Shrove Tuesday; *voir aussi* **samedi**.

mare [mar] *nf* pool.

marécage [marekaʒ] *nm* marsh, bog.

marécageux, -euse [marekaʒø, øz] *adj* **-1.** [terrain] marshy, boggy. **-2.** [plante] marsh (*avant n*).

maréchal, -aux [mareʃal, o] *nm* marshal.
◆ **maréchal des logis** *nm* sergeant.

maréchal-ferrant

318

maréchal-ferrant [mareʃalferɑ̃] (*pl* **maréchaux-ferrants** [mareʃoferɑ̃]) *nm* blacksmith.

maréchaussée [mareʃose] *nf vieilli* constabulary.

marée [mare] *nf* **-1.** [de la mer] tide; **(à)** **haute/basse** (at) high/low tide. **-2.** *fig* [de personnes] wave, surge. **-3.** [poissons] seafood.

◆ **marée noire** *nf* oil slick.

marelle [marɛl] *nf* hopscotch.

marémoteur, -trice [maremɔtœr, tris] *adj* [énergie] tidal; [usine] tidal power (*avant n*).

mareyeur, -euse [marejœr, øz] *nm, f* wholesale fish merchant.

margarine [margarin] *nf* margarine.

marge [marʒ] *nf* **-1.** [espace] margin; **vivre en ~ de la société** *fig* to live on the fringes of society. **-2.** [latitude] leeway; **~ d'erreur** margin of error; **~ de sécurité** safety margin. **-3.** COMM margin; **~ bénéficiaire** profit margin; **~ commerciale** gross margin.

margelle [marʒɛl] *nf* coping.

marginal, -e, -aux [marʒinal, o] ◇ *adj* **-1.** [gén] marginal. **-2.** [groupe] dropout (*avant n*). ◇ *nm, f* dropout.

marginaliser [marʒinalize] [3] *vt* to marginalize.

marginalité [marʒinalite] *nf* living on the fringes of society.

margoulin [margulɛ̃] *nm fam* shark, conman.

marguerite [margərit] *nf* **-1.** BOT daisy. **-2.** [d'imprimante] daisy wheel.

mari [mari] *nm* husband.

mariage [marjaʒ] *nm* **-1.** [union, institution] marriage; **donner qqn en ~** to give sb away; **~ d'amour** love match; **~ blanc** unconsummated marriage; **~ consanguin** marriage between blood relations; **~ de raison** marriage of convenience. **-2.** [cérémonie] wedding; **~ civil/religieux** civil/church wedding. **-3.** *fig* [de choses] blend.

Marianne [marjan] *n symbol of the French Republic.*

MARIANNE:
Marianne is the personification of the French Republic; there is a bust of her in every town hall in France, and her portrait appears on French stamps. Her face has changed over the centuries, but she can always be recognized by the 'bonnet phrygien' she wears

marié, -e [marje] ◇ *adj* married. ◇ *nm, f* groom, bridegroom (*f* bride); **jeunes ~s** newlyweds.

marier [marje] [9] *vt* **-1.** [personne] to marry. **-2.** *fig* [couleurs] to blend.

◆ **se marier** *vp* **-1.** [personnes] to get married; **se ~ avec qqn** to marry sb. **-2.** *fig* [couleurs] to blend.

marihuana [marirwana], **marijuana** [mariɥana] *nf* marijuana.

marin, -e [marɛ̃, in] *adj* **-1.** [de la mer] sea (*avant n*); [faune, biologie] marine. **-2.** NAVIG [carte, mille] nautical.

◆ **marin** *nm* **-1.** [navigateur] seafarer. **-2.** [matelot] sailor; **~ pêcheur** deep-sea fisherman.

◆ **marine** ◇ *nf* **-1.** [navigation] seamanship, navigation. **-2.** [navires] navy; **~e marchande** merchant marine *Am* OU navy *Br*; **~e nationale** navy. ◇ *nm* **-1.** MIL marine. **-2.** [couleur] navy (blue). ◇ *adj inv* navy (blue).

marinade [marinad] *nf* marinade.

mariner [marine] [3] ◇ *vt* to marinate. ◇ *vi* **-1.** [aliment] to marinate; **faire ~ qqch** to marinate sthg. **-2.** *fam fig* [attendre] to hang around; **faire ~ qqn** to let sb stew.

marinier [marinje] *nm* bargeman *Am*, bargee *Br*.

marinière [marinjɛr] *nf* smock.

marionnette [marjɔnɛt] *nf* puppet.

marital, -e, -aux [marital, o] *adj*: **autorisation ~e** husband's permission.

maritalement [maritalmɑ̃] *adv*: **vivre ~** to cohabit.

maritime [maritim] *adj* [navigation] maritime; [ville] coastal.

marivaudage [marivodaʒ] *nm littéraire* banter.

marjolaine [marʒɔlɛn] *nf* marjoram.

mark [mark] *nm* [monnaie] mark.

marketing [marketiŋ] *nm* marketing; **~ téléphonique** telemarketing.

marmaille [marmaj] *nf fam* brood (of kids).

marmelade [marməlad] *nf* stewed fruit; **en ~** cooked to a pulp; *fam fig* [nez] smashed to a pulp; **~ d'oranges** marmalade.

marmite [marmit] *nf* [casserole] pot; **faire bouillir la ~** *fig* to be the breadwinner.

marmiton [marmitɔ̃] *nm* kitchen boy.

marmonner [marmɔne] [3] *vt & vi* to mutter, to mumble.

marmot [marmo] *nm fam* kid.

marmotte [marmɔt] *nf* marmot.

marmotter [marmɔte] [3] *vt* to mutter, to mumble.

319   **mascara**

marner [marne] [3] *vi fam* to slog.

Maroc [marɔk] *nm*: **le** ~ Morocco; **au** ~ in Morocco.

marocain, -e [marɔkɛ̃, ɛn] *adj* Moroccan.

◆ **Marocain, -e** *nm, f* Moroccan.

maroquin [marɔkɛ̃] *nm* morocco (leather).

maroquinerie [marɔkinri] *nf* **-1.** [fabrication] fine-leather production; [commerce] fine-leather trade. **-2.** [magasin] leather-goods store *Am* OU shop *Br*.

maroquinier [marɔkinje] *nm* **-1.** [artisan] leatherworker. **-2.** [commerçant] leather-goods dealer.

marotte [marɔt] *nf* [dada] craze.

marquant, -e [markɑ̃, ɑ̃t] *adj* outstanding.

marque [mark] *nf* **-1.** [signe, trace] mark; *fig* stamp, mark. **-2.** [label, fabricant] make, brand; **de** ~ designer (*avant n*); *fig* important; **une grande** ~ a well-known make OU brand; ~ **déposée** registered trademark; ~ **de fabrique** trademark. **-3.** SPORT score; **à vos** ~**s, prêts, partez!** on your marks, get set, go! **-4.** [insigne] badge. **-5.** [témoignage] sign, token; ~ **d'affection** sign OU token of affection.

marqué, -e [marke] *adj* **-1.** [net] marked, pronounced. **-2.** [personne, visage] marked.

marquer [marke] [3] ◇ *vt* **-1.** [gén] to mark. **-2.** *fam* [écrire] to write down, to note down. **-3.** [indiquer, manifester] to show. **-4.** [SPORT - but, point] to score; [- joueur] to mark; ~ **les points** to keep the score. ◇ *vi* **-1.** [événement, expérience] to leave its mark. **-2.** SPORT to score.

marqueterie [markɛtri] *nf* marquetry.

marqueur [markœr] *nm* **-1.** [crayon] marker (pen). **-2.** SPORT scorer.

marqueuse [markøz] *nf* labelling machine.

marquis, -e [marki, iz] *nm, f* marquis (*f* marchioness).

◆ **marquise** *nf* [auvent] canopy.

Marquises [markiz] *nfpl*: **les** ~ the Marquesas Islands.

marraine [marɛn] *nf* **-1.** [de filleul] godmother. **-2.** [de navire] christener.

marrant, -e [marɑ̃, ɑ̃t] *adj fam* funny.

marre [mar] *adv*: **en avoir** ~ **(de)** *fam* to be fed up (with).

marrer [mare] [3]
◆ **se marrer** *vp fam* to split one's sides.

marron, -onne [marɔ̃, ɔn] *adj péj* [médecin] quack (*avant n*); [avocat] crooked.
◆ **marron** ◇ *nm* **-1.** [fruit] chestnut; ~ **glacé** candied chestnut; ~ **d'Inde** horse chestnut. **-2.** [couleur] brown. **-3.** *fam* [coup de poing] thump. ◇ *adj inv* brown.

marronnier [marɔnje] *nm* chestnut tree.

mars [mars] *nm* March; *voir aussi* **septembre**.

marseillais, -e [marsɛjɛ, ɛz] *adj* of/from Marseilles.

◆ **Marseillais, -e** *nm, f* native OU inhabitant of Marseilles.

◆ **Marseillaise** *nf*: **la Marseillaise** *French national anthem*.

Marseille [marsɛj] *n* Marseilles.

marsouin [marswɛ̃] *nm* porpoise.

marsupial, -e, -iaux [marsypjal, jo] *adj* marsupial.

◆ **marsupial** *nm* marsupial.

marte = **martre**.

marteau, -x [marto] ◇ *nm* **-1.** [gén] hammer; ~ **piqueur**, ~ **pneumatique** pneumatic drill. **-2.** [heurtoir] knocker. ◇ *adj fam* barmy.

marteau-pilon [martopilɔ̃] (*pl* **marteaux-pilons**) *nm* power hammer.

marteau-piqueur [martopikœr] (*pl* **marteaux-piqueurs**) *nm* pneumatic drill.

martel [martɛl] *nm*: **se mettre** ~ **en tête** to get worked up.

marteler [martəle] [25] *vt* **-1.** [pieu] to hammer; [table, porte] to hammer on, to pound. **-2.** [phrase] to rap out.

martial, -e, -iaux [marsjal, jo] *adj* martial.

martien, -ienne [marsjɛ̃, jɛn] *adj & nm, f* Martian.

martinet [martinɛ] *nm* **-1.** ZOOL swift. **-2.** [fouet] whip.

martingale [martɛ̃gal] *nf* **-1.** [de vêtement] half-belt. **-2.** JEU winning system.

martini [martini] *nm* martini.

martiniquais, -e [martinikɛ, ɛz] *adj* of/from Martinique.

◆ **Martiniquais, -e** *nm, f* native OU inhabitant of Martinique.

Martinique [martinik] *nf*: **la** ~ Martinique; **à la** ~ in Martinique.

martin-pêcheur [martɛ̃pɛʃœr] (*pl* **martins-pêcheurs**) *nm* kingfisher.

martre [martr], **marte** [mart] *nf* marten.

martyr, -e [martir] ◇ *adj* martyred. ◇ *nm, f* martyr.

◆ **martyre** *nm* martyrdom; **souffrir le** ~**e** to suffer agonies.

martyriser [martirize] [3] *vt* to torment.

marxisme [marksism] *nm* Marxism.

marxiste [marksist] *nmf & adj* Marxist.

mas [mas] *nm country house or farm in the South of France*.

mascara [maskara] *nm* mascara.

mascarade [maskarad] *nf* **-1.** [mise en scène] masquerade. **-2.** [accoutrement] getup.

mascotte [maskɔt] *nf* mascot.

masculin, -e [maskylɛ̃, in] *adj* [apparence & GRAM] masculine; [métier, population, sexe] male.
◆ **masculin** *nm* GRAM masculine.

maso [mazo] *fam* ◇ *nm* masochist. ◇ *adj* masochistic.

masochisme [mazɔʃism] *nm* masochism.

masochiste [mazɔʃist] ◇ *nmf* masochist. ◇ *adj* masochistic.

masque [mask] *nm* **-1.** [gén] mask; ~ à gaz gas mask; ~ **de plongée** diving mask. **-2.** [crème]: ~ **(de beauté)** face pack. **-3.** *fig* [façade] front, façade; **lever le** ~ *fig* to show one's true colours.

masqué, -e [maske] *adj* masked.

masquer [maske] [3] *vt* **-1.** [vérité, crime, problème] to conceal. **-2.** [maison, visage] to conceal, to hide.

massacrant, -e [masakrɑ̃, ɑ̃t] *adj*: **être d'une humeur** ~**e** to be in a foul temper.

massacre [masakr] *nm litt & fig* massacre.

massacrer [masakre] [3] *vt* to massacre; [voiture] to smash up.

massage [masaʒ] *nm* massage; **faire un** ~ à **qqn** to give sb a massage.

masse [mas] *nf* **-1.** [de pierre] block; [d'eau] volume; **tomber comme une** ~ *fig* to drop like a stone. **-2.** [de gens]: **la** ~ the majority; **les** ~**s** the masses. **-3.** [grande quantité]: **une** ~ **de masses** (*pl*) OU **loads** (*pl*) **of. -4.** PHYS mass; ~ **molaire** molar weight; ~ **moléculaire** molecular weight. **-5.** ÉLECTR ground *Am*, earth *Br*. **-6.** [maillet] sledgehammer.
◆ **masse monétaire** *nf* FIN money supply.
◆ **masse salariale** *nf* payroll.
◆ **en masse** *loc adv* [venir] en masse, all together; *fam* [acheter] in bulk.

massepain [maspɛ̃] *nm* marzipan.

masser [mase] [3] *vt* **-1.** [assembler] to assemble. **-2.** [frotter] to massage.
◆ **se masser** *vp* **-1.** [s'assembler] to assemble, to gather. **-2.** [se frotter]: **se** ~ **le bras** to massage one's arm.

masseur, -euse [masœr, øz] *nm, f* [personne] masseur (*f* masseuse).
◆ **masseur** *nm* [appareil] massager.

massicot [masiko] *nm* guillotine.

massif, -ive [masif, iv] *adj* **-1.** [monument, personne, dose] massive. **-2.** [or, chêne] solid.
◆ **massif** *nm* **-1.** [de plantes] clump. **-2.** [de montagnes] massif; **le Massif central** the Massif Central.

massivement [masivmɑ̃] *adv* **-1.** [construit] massively. **-2.** [répondre] en masse.

massue [masy] ◇ *adj inv* crushing. ◇ *nf* club.

mastic [mastik] *nm* mastic, putty.

mastiquer [mastike] [3] *vt* **-1.** [mâcher] to chew. **-2.** [coller] to putty.

mastoc [mastɔk] *adj inv péj* hulking.

mastodonte [mastɔdɔ̃t] *nm* **-1.** [mammifère] mastodon. **-2.** *fam* [personne] hulk.

masturbation [mastyrbasjɔ̃] *nf* masturbation.

masturber [mastyrbe] [3]
◆ **se masturber** *vp* to masturbate.

m'as-tu-vu [matyvy] *nmf inv* show-off.

masure [mazyr] *nf* hovel.

mat, -e [mat] *adj* **-1.** [peinture, surface] matte *Am*, matt *Br*. **-2.** [peau, personne] dusky. **-3.** [bruit, son] dull. **-4.** [aux échecs] checkmated.
◆ **mat** *nm* checkmate.

mât [ma] *nm* **-1.** NAVIG mast. **-2.** [poteau] pole, post; ~ **de cocagne** greasy pole.

match [matʃ] *nm* (*pl* **matches** OU **matchs**) *nm* match; **(faire)** ~ **nul** (to) draw; ~ **aller/retour** first/second leg.

matelas [matla] *nm inv* [de lit] mattress; ~ **de crin** horsehair mattress; ~ **pneumatique** airbed.

matelassé, -e [matlase] *adj* padded.

matelot [matlo] *nm* sailor.

mater [mate] [3] *vt* **-1.** [soumettre, neutraliser] to subdue. **-2.** *fam* [regarder] to eye up.

matérialiser [materjalize] [3]
◆ **se matérialiser** *vp* [aspirations] to be realized.

matérialisme [materjalism] *nm* materialism.

matérialiste [materjalist] ◇ *nmf* materialist. ◇ *adj* materialistic.

matériau, -x [materjo] *nm* material.
◆ **matériaux** *nmpl* **-1.** CONSTR material (*U*), materials; ~**x de construction** building material OU materials. **-2.** [documents] material (*U*).

matériel, -ielle [materjɛl] *adj* **-1.** [être, substance] material, physical; [confort, avantage, aide] material. **-2.** [considération] practical.
◆ **matériel** *nm* **-1.** [gén] equipment (*U*); ~ **d'exploitation** plant (*U*); ~ **roulant** rolling stock (*U*). **-2.** INFORM hardware (*U*).

matériellement [materjɛlmɑ̃] *adv* materially.

maternel, -elle [matɛrnɛl] *adj* maternal; [langue] mother (*avant n*); **lait** ~ mother's milk.
◆ **maternelle** *nf* nursery school.

materner [matɛrne] [3] *vt* to mother.

maternité [matɛrnite] *nf* **-1.** [qualité] maternity, motherhood. **-2.** [hôpital] maternity hospital.

mathématicien, -ienne [matematisjɛ̃, jɛn] *nm, f* mathematician.

mathématique [matematik] *adj* mathematical.
◆ **mathématiques** *nfpl* mathematics (*U*).

matheux, -euse [matø, øz] *nm, f fam* mathematician.

maths [mat] *nfpl fam* math *Am*, maths *Br*.

matière [matjɛr] *nf* **-1.** [substance] matter; ~**s fécales** feces *Am*, faeces *Br*; ~**s grasses** fats; ~ **grise** gray *Am* OU grey *Br* matter. **-2.** [matériau] material; ~ **plastique** plastic; ~**s premières** raw materials. **-3.** [discipline, sujet] subject; **en ~ de sport/littérature** as far as sport/literature is concerned. **-4.** *loc*: **donner ~ à** to give cause for.

MATIF, Matif [matif] (*abr de* **Marché à terme international de France**) *nm body regulating activities on the French stock exchange*.

Matignon [matiɲɔ̃] *n*: **(l'hôtel) ~** *building in Paris which houses the offices of the Prime Minister*.

MATIGNON:

This term is often used to refer to the Prime Minister and his or her administrative staff: 'Matignon ne semble pas être d'accord'

---

matin [matɛ̃] *nm* morning; **le ~** in the morning; **ce ~** this morning; **à trois heures du ~** at 3 o'clock in the morning; **de bon** OU **de grand ~** early in the morning; **du ~ au soir** *fig* from dawn to dusk.

matinal, -e, -aux [matinal, o] *adj* **-1.** [gymnastique, émission] morning (*avant n*). **-2.** [personne]: **être ~** to be an early riser.

mâtiné, -e [matine] *adj*: ~ **de** [chien] crossed with; *fig* [mélangé de] mixed with.

matinée [matine] *nf* **-1.** [matin] morning; **faire la grasse ~** to have a lie in. **-2.** [spectacle] matinée, afternoon performance.

matines [matin] *nfpl* matins.

matois, -e [matwa, az] *littéraire* ◇ *adj* wily. ◇ *nm, f* wily person.

maton, -onne [matɔ̃, ɔn] *nm, f fam arg* crime screw.

matou [matu] *nm* tom, tomcat.

matraquage [matrakaʒ] *nm* **-1.** [bastonnade] beating, clubbing. **-2.** *fig* [intoxication] bombardment; ~ **publicitaire** bombardment with adverts.

matraque [matrak] *nf* truncheon.

matraquer [matrake] [3] *vt* **-1.** [frapper] to beat, to club. **-2.** *fig* [intoxiquer] to bombard.

matriarcal, -e, -aux [matrijarkal, o] *adj* matriarchal.

matriarcat [matrijarka] *nm* matriarchy.

matrice [matris] *nf* **-1.** [moule] mould. **-2.** MATHS matrix. **-3.** ANAT womb.

matricule [matrikyl] ◇ *nm*: **(numéro) ~** number. ◇ *nf* register.

matrimonial, -e, -iaux [matrimɔnjal, jo] *adj* matrimonial.

matrone [matrɔn] *nf péj* old bag.

maturation [matyrasjɔ̃] *nf* maturing.

mature [matyr] *adj* mature.

mâture [matyr] *nf* masts (*pl*).

maturité [matyrite] *nf* maturity; [de fruit] ripeness.

maudire [modir] [104] *vt* to curse.

maudit, -e [modi, it] ◇ *pp* → **maudire**. ◇ *adj* **-1.** [réprouvé] accursed. **-2.** (*avant n*) [exécrable] damned. ◇ *nm, f* person who is damned.

maugréer [mogree] [15] ◇ *vt* to mutter. ◇ *vi*: ~ **(contre)** to grumble (about).

maure, more [mor] *adj* Moorish.
◆ **Maure, More** *nmf* Moor.

mauresque, moresque [morɛsk] *adj* Moorish.
◆ **Mauresque, Moresque** *nf* Moorish woman.

Maurice [moris] → **île**.

mauricien, -ienne [morisjɛ̃, jɛn] *adj* Mauritian.
◆ **Mauricien, -ienne** *nm, f* Mauritian.

Mauritanie [moritani] *nf*: **la ~** Mauritania.

mauritanien, -ienne [moritanjɛ̃, jɛn] *adj* Mauritanian.
◆ **Mauritanien, -ienne** *nm, f* Mauritanian.

mausolée [mozole] *nm* mausoleum.

maussade [mosad] *adj* **-1.** [personne, air] sullen. **-2.** [temps] gloomy.

mauvais, -e [movɛ, ɛz] *adj* **-1.** [gén] bad. **-2.** [moment, numéro, réponse] wrong. **-3.** [mer] rough. **-4.** [personne, regard] nasty.
◆ **mauvais** *adv*: **il fait ~** the weather is bad; **sentir ~** to smell bad.

mauve [mov] *nm & adj* mauve.

mauviette [movjɛt] *nf fam* **-1.** [physiquement] weakling. **-2.** [moralement] coward, wimp.

maux → **mal**.

max [maks] (*abr de* **maximum**) *nm fam*: **un**

~ **de fric** loads of money; **il en a rajouté un** ~ he went completely overboard.

max. (*abr de* **maximum**) max.

maxillaire [maksilɛr] *nm* jawbone.

maximal, -e, -aux [maksimal, o] *adj* maximum; [degré] highest.

maxime [maksim] *nf* maxim.

maximum [maksimɔm] (*pl* **maxima** [maksima]) ◇ *nm* maximum; **le** ~ **de vitesse/ capacité** *etc* maximum speed/capacity *etc*; **le** ~ **de personnes** the greatest (possible) number of people; **au** ~ at the most. ◇ *adj* maximum.

maya [maja] *adj* Mayan.
◆ **Maya** *nmf*: **les Mayas** the Maya.

mayonnaise [majɔnɛz] *nf* mayonnaise.

Mazarine [mazarin] *n*: **la bibliothèque** ~ *public library in Paris.*

LA BIBLIOTHÈQUE MAZARINE:
This library opened to the public in 1643, and is the oldest in France. It specializes in French history, especially local history

mazout [mazut] *nm* fuel oil.

mazouté, -e [mazute] *adj* polluted with oil.

MDM *nmpl abr de* **Médecins du monde**.

me [mə], **m'** (*devant voyelle ou h muet*) *pron pers* **-1.** [complément d'objet direct] me. **-2.** [complément d'objet indirect] (to) me. **-3.** [réfléchi] myself. **-4.** [avec un présentatif]: ~ **voici** here I am.

Me (*abr de* **maître**) *title for barristers,* ≃ QC *Br.*

mea culpa [meakulpa] *nm inv*: **faire son** ~ *fig* to admit one's mistake.

méandre [meɑ̃dr] *nm* [de rivière] meander, bend.
◆ **méandres** *nmpl* [détours sinueux] meanderings (*pl*).

mec [mɛk] *nm fam* guy, bloke.

mécanicien, -ienne [mekanisjɛ̃, jɛn] ◇ *adj* mechanized. ◇ *nm, f* **-1.** [de garage] mechanic. **-2.** [conducteur de train] engineer *Am*, train driver *Br*.

mécanique [mekanik] ◇ *nf* **-1.** TECHNOL mechanical engineering. **-2.** MATHS & PHYS mechanics (*U*). **-3.** [mécanisme] mechanism. ◇ *adj* mechanical.

mécaniquement [mekanikmɑ̃] *adv* mechanically.

mécanisation [mekanizasjɔ̃] *nf* mechanization.

mécaniser [mekanize] [3] *vt* to mechanize.

mécanisme [mekanism] *nm* mechanism.

mécano [mekano] *nm fam* mechanic.

mécénat [mesena] *nm* patronage.

mécène [mesɛn] *nm* patron.

méchamment [meʃamɑ̃] *adv* **-1.** [cruellement] nastily. **-2.** *fam* [beaucoup] really, terribly.

méchanceté [meʃɑ̃ste] *nf* **-1.** [attitude] nastiness. **-2.** *fam* [rosserie] nasty thing.

méchant, -e [meʃɑ̃, ɑ̃t] ◇ *adj* **-1.** [malveillant, cruel] nasty, wicked; [animal] vicious. **-2.** [désobéissant] naughty. ◇ *nm, f* **-1.** [moralement] wicked person. **-2.** [en langage enfantin] baddy.

mèche [mɛʃ] *nf* **-1.** [de bougie] wick. **-2.** [de cheveux] lock; ~ **rebelle** cowlick. **-3.** [de bombe] fuse. **-4.** [de perceuse] bit. **-5.** *loc*: **être de** ~ **avec qqn** to be hand in glove with sb; **vendre la** ~ to give the game away.

méchoui [meʃwi] *nm whole roast sheep.*

méconnaissable [mekɔnɛsabl] *adj* unrecognizable.

méconnaissance [mekɔnɛsɑ̃s] *nf* ignorance.

méconnu, -e [mekɔny] *adj* unrecognized.

mécontent, -e [mekɔ̃tɑ̃, ɑ̃t] ◇ *adj* unhappy. ◇ *nm, f* malcontent.

mécontentement [mekɔ̃tɑ̃tmɑ̃] *nm* displeasure, annoyance.

mécontenter [mekɔ̃tɑ̃te] [3] *vt* to displease.

Mecque [mɛk] *n*: **La** ~ Mecca.

mécréant, -e [mekreɑ̃, ɑ̃t] *nm, f* nonbeliever.

méd. *abr de* **médecin**.

médaille [medaj] *nf* **-1.** [pièce, décoration] medal. **-2.** [bijou] medallion. **-3.** [de chien] identification disk *Am* OU disc *Br*, tag.

médaillé, -e [medaje] ◇ *adj* MIL decorated; SPORT medal-winning (*avant n*). ◇ *nm, f* MIL holder of a medal; SPORT medal-winner, medalist *Am*, medallist *Br*.

médaillon [medajɔ̃] *nm* **-1.** [bijou] locket. **-2.** PRESSE: **en** ~ inset. **-3.** ART & CULIN medallion.

médecin [medsɛ̃] *nm* doctor; ~ **de famille** family doctor, GP *Br*; ~ **de garde** doctor on duty, duty doctor; ~ **légiste** medical examiner *Am*, forensic scientist *Br*; ~ **traitant** consulting physician.
◆ **Médecins** *nmpl*: **Médecins du monde, Médecins sans frontières** *organizations providing medical aid to victims of war and disasters, especially in the Third World.*

médecine [medsin] *nf* medicine; ~ **générale** general medicine.

média [medja] *nm*: **les ~s** the (mass) media.

médian, -e [medjɑ̃, an] *adj* median.
◆ **médiane** *nf* median.

médiateur, -trice [medjatœr, tris] ◇ *adj* mediating (*avant n*). ◇ *nm, f* mediator; [dans conflit de travail] arbitrator.
◆ **médiateur** *nm* ADMIN ombudsman.
◆ **médiatrice** *nf* median.

médiathèque [medjatɛk] *nf* media library.

médiation [medjasjɔ̃] *nf* mediation; [dans conflit de travail] arbitration.

médiatique [medjatik] *adj* media (*avant n*).

médiatisation [medjatizasjɔ̃] *nf* saturation media coverage.

médiatiser [medjatize] [3] *vt péj* to turn into a media event.

médical, -e, -aux [medikal, o] *adj* medical.

médicalisation [medikalizasjɔ̃] *nf* [d'établissement, de service] provision of medical equipment; [de population] provision of medical care.

médicament [medikamɑ̃] *nm* medicine, drug.

médicamenteux, -euse [medikamɑ̃tø, øz] *adj* medicinal.

médication [medikasjɔ̃] *nf* (course of) treatment.

médicinal, -e, -aux [medisinal, o] *adj* medicinal.

Médicis [medisis] *n*: **le prix ~** French literary prize.

médico-légal, -e, -aux [medikɔlegal, o] *adj* forensic.

médico-social, -e, -iaux [medikɔsɔsjal, jo] *adj* public health (*avant n*).

médiéval, -e, -aux [medjeval, o] *adj* medieval.

médiocre [medjɔkr] ◇ *nmf* mediocre person. ◇ *adj* mediocre.

médiocrité [medjɔkrite] *nf* mediocrity.

médire [medir] [103] *vi* to gossip; **~ de qqn** to speak ill of sb.

médisance [medizɑ̃s] *nf* **-1.** [calomnie] slander. **-2.** [ragot] piece of gossip.

médisant, -e [medizɑ̃, ɑ̃t] ◇ *adj* slanderous. ◇ *nm, f* slanderer, scandalmonger.

médit [medi] *pp inv* → **médire**.

méditatif, -ive [meditatif, iv] ◇ *adj* thoughtful, reflective. ◇ *nm, f* thoughtful person.

méditation [meditasjɔ̃] *nf* meditation.

méditer [medite] [3] ◇ *vt* **-1.** [projeter] to plan; **~ de faire qqch** to plan to do sthg. **-2.** [approfondir] to meditate on. ◇ *vi*: **~ (sur)** to meditate (on).

Méditerranée [mediterane] *nf*: **la ~** the Mediterranean (Sea).

méditerranéen, -enne [mediteraneɛ̃, ɛn] *adj* Mediterranean.
◆ **Méditerranéen, -enne** *nm, f* person from the Mediterranean.

médium [medjɔm] *nm* **-1.** [personne] medium. **-2.** MUS middle register.

médius [medjys] *nm* middle finger.

méduse [medyz] *nf* jellyfish.

méduser [medyze] [3] *vt* to dumbfound.

meeting [mitiŋ] *nm* meeting; **~ aérien** air show.

méfait [mefɛ] *nm* misdemeanor *Am*, misdemeanour *Br*, misdeed.
◆ **méfaits** *nmpl* [du temps] ravages.

méfiance [mefjɑ̃s] *nf* suspicion, distrust.

méfiant, -e [mefjɑ̃, ɑ̃t] *adj* suspicious, distrustful.

méfier [mefje] [9]
◆ **se méfier** *vp* to be wary OU careful; **se ~ de qqn/qqch** to distrust sb/sthg.

méga [mega] *adj* mega.

mégalo [megalo] *nmf & adj fam* megalomaniac; **il est complètement ~** he thinks he's God.

mégalomane [megalɔman] *nmf & adj* megalomaniac.

mégalomanie [megalɔmani] *nf* megalomania.

mega-octet [megaɔktɛ] *nm* megabyte.

mégaphone [megafɔn] *nm* megaphone, bullhorn *Am*.

mégapole [megapɔl] *nf* megalopolis, megacity.

mégarde [megard]
◆ **par mégarde** *loc adv* by mistake.

mégère [meʒɛr] *nf péj* shrew.

mégot [mego] *nm fam* butt *Am*, fag-end *Br*.

mégoter [megɔte] [3] *vi fam*: **~ sur qqch** to skimp on sthg.

meilleur, -e [mɛjœr] ◇ *adj* (*compar*) better; (*superl*) best. ◇ *nm, f* best; **c'est la ~e!** that takes the cake OU biscuit!
◆ **meilleur** ◇ *nm*: **le ~** the best. ◇ *adv* better.

méjuger [meʒyʒe] [17] ◇ *vt* to misjudge. ◇ *vi*: **~ de qqn/qqch** to underestimate sb/sthg.
◆ **se méjuger** *vp littéraire* to underestimate o.s.

mélancolie [melɑ̃kɔli] *nf* melancholy.

mélancolique [melɑ̃kɔlik] *adj* melancholy.

Mélanésie [melanezi] *nf*: **la ~** Melanesia.

mélanésien, -ienne [melanezjɛ̃, jɛn] *adj* Melanesian.
◆ **Mélanésien, -ienne** *nm, f* Melanesian.

mélange [melɑ̃ʒ] *nm* **-1.** [action] mixing; **sans** ~ *fig* unadulterated. **-2.** [mixture] mixture.

mélanger [melɑ̃ʒe] [17] *vt* **-1.** [mettre ensemble] to mix. **-2.** [déranger] to mix up, to muddle up.

◆ **se mélanger** *vp* **-1.** [se mêler] to mix. **-2.** [se brouiller] to get mixed up.

mélangeur [melɑ̃ʒœr] *nm* **-1.** CIN mixer. **-2.** (robinet) ~ mixing tap *Am*, mixer tap *Br*.

mélasse [melas] *nf* **-1.** [liquide] molasses (U) *Am*, treacle *Br*. **-2.** *fam* [mélange] mess; **être dans la** ~ *fig* to be in a fix.

mêlée [mele] *nf* **-1.** [combat] fray. **-2.** RUGBY scrum; ~ **ouverte** ruck.

mêler [mele] [4] *vt* **-1.** [mélanger] to mix. **-2.** [déranger] to muddle up, to mix up. **-3.** [impliquer]: ~ **qqn à qqch** to involve sb in sthg. **-4.** [joindre]: ~ **qqch à qqch** to mix OU combine sthg with sthg.

◆ **se mêler** *vp* **-1.** [se joindre]: **se** ~ **à** [groupe] to join. **-2.** [s'ingérer]: **se** ~ **de qqch** to get mixed up in sthg; **mêlez-vous de ce qui vous regarde!** mind your own business!

mélèze [melɛz] *nm* larch.

méli-mélo [melimelo] (*pl* **mélis-mélos**) *nm* muddle; [d'objets] jumble.

mélo [melo] *nm fam* melodrama.

mélodie [melɔdi] *nf* melody.

mélodieux, -ieuse [melɔdjø, jøz] *adj* melodious, tuneful.

mélodique [melɔdik] *adj* melodic.

mélodramatique [melɔdramatik] *adj* melodramatic.

mélodrame [melɔdram] *nm* melodrama.

mélomane [melɔman] ◇ *nmf* music lover. ◇ *adj* music-loving.

melon [məlɔ̃] *nm* **-1.** [fruit] melon. **-2.** [chapeau] bowler (hat).

melting-pot [mɛltiɲpɔt] *nm* melting pot.

membrane [mɑ̃bran] *nf* membrane.

membre [mɑ̃br] ◇ *nm* **-1.** [du corps] limb; ~s **supérieurs/inférieurs** upper/lower limbs; ~s **antérieurs/postérieurs** front/back legs; ~ **(viril)** male member. **-2.** [personne, pays, partie] member; ~ **fondateur** founder member. ◇ *adj* member (*avant n*).

mémé = **mémère**.

même [mɛm] ◇ *adj indéf* **-1.** [indique une identité ou une ressemblance] same; **il a le** ~ **âge que moi** he's the same age as me. **-2.** [sert à souligner]: **ce sont ses paroles** ~s those are his very words; **elle est la bonté** ~ she's kindness itself.

◇ *pron indéf*: **le/la** ~ the same one; **ce sont toujours les** ~s **qui gagnent** it's always the same people who win; **elle est toujours la** ~ she's always the same.

◇ *adv* even; **il n'est** ~ **pas diplômé** he isn't even qualified; **elle ne va** ~ **plus au cinéma** she doesn't even go to the cinema any more.

◆ **de même** *loc adv* similarly, likewise; **il en va de** ~ **pour lui** the same goes for him.

◆ **de même que** *loc conj* just as.

◆ **tout de même** *loc adv* all the same.

◆ **à même** *loc prép*: **il boit à** ~ **la bouteille** he drinks (straight) from the bottle; **s'asseoir à** ~ **le sol** to sit on the bare ground.

◆ **à même de** *loc prép*: **être à** ~ **de faire qqch** to be able to do sthg, to be in a position to do sthg.

◆ **même si** *loc conj* even if.

mémento [memɛ̃to] *nm* **-1.** [agenda] pocket diary. **-2.** [ouvrage] notes (*title of school textbook*).

mémère [memɛr], **mémé** [meme] *nf fam* **-1.** [grand-mère] granny. **-2.** *péj* [vieille femme] old biddy.

mémoire [memwar] ◇ *nf* [gén & INFORM] memory; **de** ~ from memory; **avoir bonne/mauvaise** ~ to have a good/bad memory; **avoir de la** ~ to have a good memory; **avoir la** ~ **des chiffres/noms** to have a good memory for figures/names; **perdre la** ~ to lose one's memory; **se rafraîchir la** ~ to refresh one's memory; **mettre en** ~ INFORM to store; ~ **tampon** INFORM buffer; ~ **virtuelle** INFORM virtual memory; ~ **vive** INFORM random access memory; **à la** ~ **de** in memory of; **de** ~ **d'homme** in living memory; **pour** ~ for the record.

◇ *nm* **-1.** ADMIN memorandum, report. **-2.** UNIV dissertation, paper.

◆ **mémoires** *nmpl* memoirs.

mémorable [memɔrabl] *adj* memorable.

mémorandum [memɔrɑ̃dɔm] *nm* **-1.** [note diplomatique] memorandum. **-2.** [carnet] notebook.

mémorial, -iaux [memɔrjal, jo] *nm* [monument] memorial.

mémorisable [memɔrizabl] *adj* INFORM storable.

mémoriser [memɔrize] [3] *vt* **-1.** [suj: personne] to memorize. **-2.** INFORM to store.

menaçant, -e [mənasɑ̃, ɑ̃t] *adj* threatening.

menace [mənas] *nf*: ~ **(pour)** threat (to).

menacer [mənase] [16] ◇ *vt* to threaten; ~ **de faire qqch** to threaten to do sthg; ~ **qqn de qqch** to threaten sb with sthg. ◇ *vi*: **la pluie menace** it looks like rain.

ménage [menaʒ] *nm* **-1.** [nettoyage] housework (*U*); **faire le ~** to do the housework; **faire des ~s** to work as a cleaner. **-2.** [couple] couple; **se mettre en ~** to set up house together; **~ à trois** ménage à trois. **-3.** ÉCON household. **-4.** *loc:* **faire bon ~ (avec)** to get on well (with).

ménagement [menaʒmɑ̃] *nm* [égards] consideration; **sans ~** brutally.

ménager¹, -ère [menaʒe, ɛr] *adj* household (*avant n*), domestic.

◆ **ménagère** *nf* **-1.** [femme] housewife. **-2.** [de couverts] canteen.

ménager² [menaʒe] [17] *vt* **-1.** [bien traiter] to treat gently. **-2.** [économiser - sucre, réserves] to use sparingly; [- argent, temps] to use carefully; **~ ses forces** to conserve one's strength; **~ sa santé** to take care of one's health. **-3.** [préparer] to arrange. **-4.** [pratiquer - espace] to make.

◆ **se ménager** *vp* to take care of o.s., to look after o.s.

ménagerie [menaʒri] *nf* menagerie.

mendiant, -e [mɑ̃djɑ̃, ɑ̃t] *nm, f* beggar.

mendicité [mɑ̃disite] *nf* begging.

mendier [mɑ̃dje] [9] ◇ *vt* **-1.** [argent] to beg for. **-2.** [éloges] to seek. ◇ *vi* to beg.

menées [məne] *nfpl* scheming (*U*).

mener [məne] [19] ◇ *vt* **-1.** [emmener] to take. **-2.** [diriger - débat, enquête] to conduct; [- affaires] to manage, to run; **~ qqch à bonne fin** OU **à bien** to see sthg through, to bring sthg to a successful conclusion. **-3.** [être en tête de] to lead. ◇ *vi* to lead.

meneur, -euse [mənœr, øz] *nm, f* [chef] ringleader; **~ d'hommes** born leader; **~ de jeu** host.

menhir [menir] *nm* standing stone.

méninge [menɛ̃ʒ] *nf* meninx.

◆ **méninges** *nfpl fam* brains.

méningite [menɛ̃ʒit] *nf* meningitis (*U*).

ménisque [menisk] *nm* meniscus.

ménopause [menɔpoz] *nf* menopause.

menotte [mənɔt] *nf* [main] little hand.

◆ **menottes** *nfpl* handcuffs; **passer les ~s à qqn** to handcuff sb.

mens → mentir.

mensonge [mɑ̃sɔ̃ʒ] *nm* **-1.** [propos] lie; **un pieux ~** a white lie. **-2.** [acte] lying.

mensonger, -ère [mɑ̃sɔ̃ʒe, ɛr] *adj* false.

menstruation [mɑ̃stryasjɔ̃] *nf* menstruation.

menstruel, -elle [mɑ̃stryɛl] *adj* menstrual.

mensualiser [mɑ̃sɥalize] [3] *vt* to pay monthly.

mensualité [mɑ̃sɥalite] *nf* **-1.** [traite] monthly installment *Am*, instalment *Br*. **-2.** [salaire] (monthly) salary.

mensuel, -elle [mɑ̃sɥɛl] ◇ *adj* monthly. ◇ *nm, f* salaried employee.

◆ **mensuel** *nm* monthly (magazine).

mensuellement [mɑ̃sɥɛlmɑ̃] *adv* monthly, every month.

mensuration [mɑ̃syrasjɔ̃] *nf* measuring.

◆ **mensurations** *nfpl* measurements.

ment → mentir.

mental, -e, -aux [mɑ̃tal, o] *adj* mental.

mentalement [mɑ̃talmɑ̃] *adv* mentally.

mentalité [mɑ̃talite] *nf* mentality.

menteur, -euse [mɑ̃tœr, øz] ◇ *adj* false. ◇ *nm, f* liar.

menthe [mɑ̃t] *nf* mint; **~ à l'eau** peppermint cordial.

mentholé, -e [mɑ̃tɔle] *adj* mentholated, menthol (*avant n*).

menti [mɑ̃ti] *pp inv* → mentir.

mention [mɑ̃sjɔ̃] *nf* **-1.** [citation] mention; **faire ~ de qqch** to mention sthg. **-2.** [note] note; **«rayer la ~ inutile»** "delete as appropriate". **-3.** UNIV: **avec ~** with distinction; **avec la ~ très bien/bien/passable** ≃ with First/Second/Third Class Honours.

mentionner [mɑ̃sjɔne] [3] *vt* to mention.

mentir [mɑ̃tir] [37] *vi*: **~ (à)** to lie (to); **sans ~** honestly.

menton [mɑ̃tɔ̃] *nm* chin; **~ en galoche** prominent chin; **double ~** double chin.

menu, -e [məny] *adj* [très petit] tiny; [mince] thin.

◆ **menu** ◇ *adv*: **hacher ~** to chop finely. ◇ *nm* [gén & INFORM] menu; [repas à prix fixe] set menu; **~ gastronomique/touristique** gourmet/tourist menu.

menuiserie [mənɥizri] *nf* **-1.** [métier] joinery, carpentry. **-2.** [atelier] joinery (workshop). **-3.** [ouvrages] joinery (*U*), carpentry (*U*).

menuisier [mənɥizje] *nm* joiner, carpenter.

méprenais, méprenions *etc* → méprendre.

méprendre [meprɑ̃dr] [79]

◆ **se méprendre** *vp littéraire*: **se ~ sur** to be mistaken about; **se ressembler à s'y ~** to be as like as two peas in a pod.

mépris, -e [mepri, iz] *pp* → méprendre.

◆ **mépris** *nm* **-1.** [dédain]: **~ (pour)** contempt (for), scorn (for). **-2.** [indifférence]: **~ de** disregard for.

◆ **au mépris de** *loc prép* regardless of.

méprisable [meprizabl] *adj* contemptible, despicable.

méprisant, -e [mepriză, ăt] *adj* contemptuous, scornful.

méprise [mepriz] *nf* mistake, error.

mépriser [meprize] [3] *vt* to despise; [danger, offre] to scorn.

mer [mɛr] *nf* sea; **en ~** at sea; **prendre la ~** to put to sea; **haute** OU **pleine ~** open sea; **ce n'est pas la ~ à boire** it's no big deal; **la ~ Adriatique** the Adriatic; **la ~ Baltique** the Baltic Sea; **la ~ d'Irlande** the Irish Sea; **la ~ Morte** the Dead Sea; **la ~ Noire** the Black Sea; **la ~ du Nord** the North Sea.

mercantile [mɛrkătil] *adj péj* mercenary.

mercenaire [mɛrsənɛr] *nm & adj* mercenary.

mercerie [mɛrsəri] *nf* **-1.** [articles] notions (*pl*) *Am*, haberdashery *Br*. **-2.** [boutique] notions store *Am*, haberdasher's shop *Br*.

merci [mɛrsi] ◇ *interj* thank you!, thanks!; **~ beaucoup!** thank you very much! ◇ *nm*: **~ (de** OU **pour)** thank you (for); **dire ~ à qqn** to thank sb, to say thank you to sb. ◇ *nf* mercy; **sans ~** merciless; **être à la ~ de** to be at the mercy of.

mercier, -ière [mɛrsje, jɛr] *nm, f* notions dealer *Am*, haberdasher *Br*.

mercredi [mɛrkrədi] *nm* Wednesday; **~ des Cendres** Ash Wednesday; *voir aussi* **samedi**.

mercure [mɛrkyr] *nm* mercury.

merde [mɛrd] *tfam* ◇ *nf* shit. ◇ *interj* shit!

merdier [mɛrdje] *nm tfam*: **on est dans un ~** we're in the shit.

mère [mɛr] *nf* mother; **~ célibataire** single OU unmarried mother; **~ de famille** mother; **~ indigne** unfit mother; **~ poule** mother hen; **~ supérieure** mother superior.

merguez [mɛrgɛz] *nf inv North African spiced sausage.*

méridien, -ienne [meridjẽ, jɛn] *adj* [ligne] meridian.
◆ **méridien** *nm* meridian.

méridional, -e, -aux [meridjɔnal, o] *adj* southern; [du sud de la France] Southern (French).
◆ **Méridional, -e, -aux** *nm, f* person from the Mediterranean; [du sud de la France] person from the South (of France).

meringue [mərɛ̃g] *nf* meringue.

mérinos [merinos] *nm* merino.

merisier [mərizje] *nm* **-1.** [arbre] wild cherry (tree). **-2.** [bois] cherry.

méritant, -e [meritã, ãt] *adj* deserving.

mérite [merit] *nm* merit; **il a du ~ à y prendre part** it is to his credit that he is taking part.

mériter [merite] [3] *vt* **-1.** [être digne de, encourir] to deserve. **-2.** [valoir] to be worth, to merit.

méritoire [meritwar] *adj* commendable.

merlan [mɛrlã] *nm* whiting.

merle [mɛrl] *nm* blackbird.

merveille [mɛrvɛj] *nf* marvel, wonder; **à ~** marvelously *Am*, marvellously *Br*, wonderfully.

merveilleusement [mɛrvɛjøzmã] *adv* marvelously *Am*, marvellously *Br*, wonderfully.

merveilleux, -euse [mɛrvɛjø, øz] *adj* **-1.** [remarquable, prodigieux] marvelous *Am*, marvellous *Br*, wonderful. **-2.** [magique] magic, magical.
◆ **merveilleux** *nm*: **le ~** the supernatural.

mes → **mon**.

mésalliance [mezaljãs] *nf* unsuitable marriage, misalliance.

mésange [mezãʒ] *nf* ZOOL tit; **~ bleue/charbonnière** blue/coal tit.

mésaventure [mezavãtyr] *nf* misfortune.

mesdames → **madame**.

mesdemoiselles → **mademoiselle**.

mésentente [mezãtãt] *nf* disagreement.

mésestimer [mezɛstime] [3] *vt littéraire* to underestimate.

mesquin, -e [mɛskɛ̃, in] *adj* mean, petty.

mesquinerie [mɛskinri] *nf* **-1.** [étroitesse d'esprit] meanness, pettiness. **-2.** [action mesquine] petty act.

mess [mɛs] *nm* mess.

message [mesaʒ] *nm* message; **laisser un ~ à qqn** to leave a message for sb; **~ publicitaire** commercial, spot.

messager, -ère [mesaʒe, ɛr] *nm, f* messenger.

messagerie [mesaʒri] *nf* **-1.** (*gén pl*) [transport de marchandises] freight (*U*); **les ~s aériennes** air freight company (*sg*). **-2.** INFORM: **~ électronique** electronic mail; **~ rose** *computerized dating service*; **~ vocale** électronique INFORM voice messaging.

messe [mɛs] *nf* mass; **aller à la ~** to go to mass; **~ de minuit** midnight mass; **faire des ~s basses** *fam* to mutter.

messie [mesi] *nm* Messiah; *fig* savior *Am*, saviour *Br*.

messieurs → **monsieur**.

mesure [məzyr] *nf* **-1.** [disposition, acte] measure, step; **prendre des ~s** to take measures OU steps; **~s d'austérité** austerity measures; **~s de rétorsion** retaliatory measures. **-2.** [évaluation, dimension] measurement; **prendre les ~s de qqn/qqch** to measure sb/sthg. **-3.** [étalon, récipient] measure. **-4.** MUS time, tempo; **battre la ~** to

beat time. **-5.** [modération] moderation. **-6.**
loc: **dans la ~ du possible** as far as possible; **être en ~ de** to be in a position to;
c'est sans commune ~ there's no possible
comparison.
◆ **à la mesure de** *loc prép* worthy of.
◆ **à mesure que** *loc conj* as.
◆ **outre mesure** *loc adv* excessively.
◆ **sur mesure** *loc adj* custom-made; [cos-
tume] made-to-measure.

mesuré, -e [məzyre] *adj* [modéré] measured.

mesurer [məzyre] [3] *vt* **-1.** [gén] to measure; **elle mesure 1, 50 m** she's 5 feet tall; **la
table mesure 1, 50 m** the table is 5 feet
long. **-2.** [risques, portée, ampleur] to weigh
up; **~ ses paroles** to weigh one's words.
-3. [limiter] to limit. **-4.** [proportionner]: **~
qqch à qqch** to match sthg to sthg.
◆ **se mesurer** *vp*: **se ~ avec** OU **à qqn** to
pit o.s. against sb.

métabolisme [metabɔlism] *nm* metabolism.

métairie [meteri] *nf* sharecropping farm.

métal, -aux [metal, o] *nm* metal.

métallique [metalik] *adj* **-1.** [en métal] metal
(*avant n*). **-2.** [éclat, son] metallic.

métallo [metalo] *nm fam* metalworker.

métallurgie [metalyrʒi] *nf* **-1.** [industrie]
metallurgical industry. **-2.** [technique] metallurgy.

métallurgique [metalyrʒik] *adj* metallurgical.

métallurgiste [metalyrʒist] *nm* **-1.** [ouvrier]
metalworker. **-2.** [industriel] metallurgist.

métamorphose [metamɔrfoz] *nf* metamorphosis.

métamorphoser [metamɔrfoze] [3] *vt*: **~
qqn/qqch (en)** to transform sb/sthg (into).
◆ **se métamorphoser** *vp* BIOL to metamorphose; *fig*: **se ~ (en)** to be transformed
(into).

métaphore [metafɔr] *nf* metaphor.

métaphorique [metafɔrik] *adj* metaphorical.

métaphysique [metafizik] ◇ *nf* metaphysics (*U*). ◇ *adj* metaphysical.

métayer, -ère [meteje, metɛjɛr] *nm, f* tenant
farmer.

météo [meteo] *nf* **-1.** [bulletin] weather forecast. **-2.** [service] ≃ National Weather Service *Am*, ≃ Met Office *Br*.

météore [meteɔr] *nm* meteor.

météorite [meteɔrit] *nm ou nf* meteorite.

météorologie [meteɔrɔlɔʒi] *nf* **-1.** SCIENCE
meteorology. **-2.** [service] ≃ National
Weather Service *Am*, ≃ Meteorological
Office *Br*.

météorologique [meteɔrɔlɔʒik] *adj* meteorological, weather (*avant n*).

métèque [metɛk] *nm vulg racist term used
with reference to people from Mediterranean
countries.*

méthane [metan] *nm* methane.

méthode [metɔd] *nf* **-1.** [gén] method. **-2.**
[ouvrage - gén] manual; [- de lecture, de lan-
gue] primer.

méthodique [metɔdik] *adj* methodical.

méthodiquement [metɔdikmɑ̃] *adv* methodically.

méthodiste [metɔdist] *nmf & adj* Methodist.

méthodologie [metɔdɔlɔʒi] *nf* methodology.

méthylène [metilɛn] *nm* **-1.** [alcool] metha-
nol. **-2.** CHIM methylene.

méticuleusement [metikyløzmɑ̃] *adv* meticulously.

méticuleux, -euse [metikylø, øz] *adj* meticulous.

métier [metje] *nm* **-1.** [profession - manuelle]
occupation, trade; [- intellectuelle] occupation, profession; **de son ~** by trade; **il est
du ~** he's in the same trade OU same line
of work; **avoir du ~** to have experience.
-2. [machine]: **~ (à tisser)** loom.

métis, -isse [metis] ◇ *adj* **-1.** [personne]
half-caste, half-breed. **-2.** [tissu] cotton and
linen. ◇ *nm, f* half-caste, half-breed.
◆ **métis** *nm* [tissu] cotton-linen mix.

métissage [metisaʒ] *nm* [de personnes] inter-
breeding.

métisser [metise] [3] *vt* to cross, to crossbreed.

métrage [metraʒ] *nm* **-1.** [mesure] measurement, measuring. **-2.** [COUTURE - coupon]
length. **-3.** CIN footage; **long ~** feature film;
court ~ short (film).

mètre [mɛtr] *nm* **-1.** LITTÉRATURE & MATHS
meter *Am*, metre *Br*; **~ carré** square meter
Am OU metre *Br*; **~ cube** cubic meter *Am*
OU metre *Br*. **-2.** [instrument] rule.

métrer [metre] [18] *vt* [terrain] to survey; [tis-
su] to measure out.

métreur, -euse [metrœr, øz] *nm, f* surveyor.

métrique [metrik] ◇ *nf* LITTÉRATURE metrics
(*U*). ◇ *adj* **-1.** MATHS metric. **-2.** LITTÉRATURE
metrical.

métro [metro] *nm* subway *Am*, underground *Br*.

métronome [metrɔnɔm] *nm* metronome.

métropole [metrɔpɔl] *nf* **-1.** [ville] metropolis. **-2.** [pays] home country.

métropolitain, -e [metʀɔpɔlitɛ̃, ɛn] *adj* metropolitan.

mets [mɛ] ◇ → **mettre.** ◇ *nm* CULIN dish.

mettable [mɛtabl] *adj* wearable.

mette → **mettre.**

metteur [mɛtœʀ] *nm*: ~ **en ondes** RADIO producer; ~ **en scène** THÉÂTRE producer; CIN director.

mettre [mɛtʀ] [84] *vt* **-1.** [placer] to put; ~ **de l'eau à bouillir** to put some water on to boil. **-2.** [revêtir] to put on; **mets ta robe noire** put your black dress on; **je ne mets plus ma robe noire** I don't wear my black dress any more. **-3.** [consacrer - temps] to take; [- argent] to spend; ~ **longtemps à faire qqch** to take a long time to do sthg. **-4.** [allumer - radio, chauffage] to put on, to switch on. **-5.** [installer] to put in; **faire ~ l'électricité** to have electricity put in; **faire ~ de la moquette** to have a carpet put down OU fitted. **-6.** [inscrire] to put (down). **-7.** *loc*: ~ **bas** [animal] to drop, to give birth; **y ~ du sien** to do one's bit.

◆ **se mettre** *vp* **-1.** [se placer]: **où est-ce que ça se met?** where does this go?; **se ~ au lit** to get into bed; **se ~ à côté de qqn** to sit/stand near to sb. **-2.** [devenir]: **se ~ en colère** to get angry. **-3.** [commencer]: **se ~ à qqch/à faire qqch** to start sthg/ doing sthg. **-4.** [revêtir] to put on; **je n'ai rien à me ~** I haven't got a thing to wear. **-5.** *fam* [se donner des coups]: **qu'est-ce qu'ils se sont mis!** they really set about each other!

meuble [mœbl] ◇ *nm* piece of furniture; ~s furniture (*U*); ~s **de bureau/jardin** office/garden furniture (*U*); **sauver les ~s** *fig* not to lose everything. ◇ *adj* **-1.** [terre, sol] easily worked. **-2.** JUR movable.

meublé, -e [mœble] *adj* furnished.

◆ **meublé** *nm* furnished apartment *Am*, furnished room/flat *Br*.

meubler [mœble] [5] ◇ *vt* **-1.** [pièce, maison] to furnish. **-2.** *fig* [occuper]: ~ **qqch (de)** to fill sthg (with). ◇ *vi* to be decorative.

◆ **se meubler** *vp* to furnish one's home.

meugler [møgle] [5] *vi* to moo.

meule [møl] *nf* **-1.** [à moudre] millstone. **-2.** [à aiguiser] grindstone. **-3.** [de fromage] round. **-4.** AGRIC stack; ~ **de foin** haystack.

meunier, -ière [mønje, jɛʀ] ◇ *adj* **-1.** [industrie] milling (*avant n*). **-2.** CULIN *coated in flour and fried.* ◇ *nm, f* miller (*f* miller's wife).

meurs, meurt *etc* → **mourir.**

meurtre [mœʀtʀ] *nm* murder.

meurtrier, -ière [mœʀtʀije, jɛʀ] ◇ *adj* [épidémie, arme] deadly; [fureur] murderous; [combat] bloody. ◇ *nm, f* murderer.

◆ **meurtrière** *nf* ARCHIT loophole.

meurtrir [mœʀtʀiʀ] [32] *vt* **-1.** [contusionner] to bruise. **-2.** *fig* [blesser] to wound.

meurtrissure [mœʀtʀisyʀ] *nf* **-1.** [marque] bruise. **-2.** *fig* [blessure] wound.

meute [møt] *nf* pack.

mévente [mevɑ̃t] *nf* poor sales (*pl*).

mexicain, -e [mɛksikɛ̃, ɛn] *adj* Mexican.

◆ **Mexicain, -e** *nm, f* Mexican.

Mexico [mɛksiko] *n* Mexico City.

Mexique [mɛksik] *nm*: **le ~** Mexico; **au ~** in Mexico.

mezzanine [mɛdzanin] *nf* mezzanine.

mezzo-soprano [mɛdzosɔpʀano] (*pl* **mezzo-sopranos**) *nmf* mezzo-soprano.

MF ◇ *nf* (*abr de* **modulation de fréquence**) FM. ◇ **-1.** (*abr de* **mark finlandais**) Mk, Fmk. **-2.** *abr de* **million de francs.**

Mgr (*abr de* **Monseigneur**) Mgr.

mi [mi] *nm inv* E; [dans la gamme] mi.

mi- [mi] ◇ *adj inv* half; **à la ~juin** in mid-June. ◇ *adv* half-.

miaou [mjau] *nm* meow *Am*, miaow *Br*.

miasme [mjasm] *nm* (*gén pl*) putrid OU foul smell.

miaulement [mjolmɑ̃] *nm* meowing *Am*, miaowing *Br*.

miauler [mjole] [3] *vi* to meow *Am*, to miaow *Br*.

mi-bas [miba] *nm inv* knee-sock.

mica [mika] *nm* mica.

mi-carême [mikaʀɛm] *nf* feast day on third Thursday in Lent.

miche [miʃ] *nf* [de pain] large round loaf.

◆ **miches** *nfpl fam* **-1.** [fesses] butt (*sg*) *Am*, bum (*sg*) *Br*. **-2.** [seins] boobs.

mi-chemin [miʃmɛ̃]

◆ **à mi-chemin** *loc adv* halfway (there).

mi-clos, -e [miklo, oz] *adj* half-closed.

micmac [mikmak] *nm fam* **-1.** [manigance] game, scheme. **-2.** [embrouillamini] muddle.

mi-côte [mikot]

◆ **à mi-côte** *loc adv* halfway up/down the hill.

micro [mikʀo] ◇ *nm* **-1.** [microphone] mike. **-2.** [ordinateur] micro. ◇ *nf* microcomputing.

microbe [mikʀɔb] *nm* **-1.** MÉD microbe, germ. **-2.** *péj* [avorton] (little) runt.

microbien, -ienne [mikʀɔbjɛ̃, jɛn] *adj* bacterial.

microbiologie [mikʀɔbjɔlɔʒi] *nf* microbiology.

microchirurgie [mikrɔʃiryrʒi] *nf* microsurgery.

microclimat [mikrɔklima] *nm* microclimate.

microcosme [mikrɔkɔsm] *nm* microcosm.

micro-édition [mikrɔedisjɔ̃] *nf* desktop publishing.

micro-électronique [mikrɔelɛktrɔnik] ◇ *nf* microelectronics (*U*). ◇ *adj* microelectronic.

microfiche [mikrɔfiʃ] *nf* microfiche.

microfilm [mikrɔfilm] *nm* microfilm.

micron [mikrɔ̃] *nm* micron.

Micronésie [mikronezi] *nf*: **la** ~ Micronesia; **les États fédérés de** ~ Federated States of Micronesia.

micro-ondes [mikrɔɔ̃d] *nfpl* microwaves; **four à** ~ microwave (oven).

micro-ordinateur [mikrɔɔrdinatœr] (*pl* **micro-ordinateurs**) *nm* micro, microcomputer.

micro-organisme [mikrɔɔrganism] (*pl* **micro-organismes**) *nm* micro-organism.

microphone [mikrɔfɔn] *nm* microphone.

microprocesseur [mikrɔprɔsesœr] *nm* microprocessor.

microprogramme [mikrɔprɔgram] *nm* IN-FORM firmware.

microscope [mikrɔskɔp] *nm* microscope; ~ **électronique** electron microscope.

microscopique [mikrɔskɔpik] *adj* microscopic.

microsillon [mikrɔsijɔ̃] *nm* LP, long-playing record.

MIDEM, Midem [midɛm] (*abr de* Marché international du disque et de l'édition musicale) *nm* music industry trade fair.

midi [midi] *nm* **-1.** [période du déjeuner] lunchtime. **-2.** [heure] midday, noon; **chercher** ~ **à quatorze heures** to look for complications. **-3.** [sud] south.
◆ **Midi** *nm*: **le Midi** the South of France.

midinette [midinɛt] *nf péj* empty-headed girl.

mie [mi] *nf* **-1.** [de pain] soft part, inside. **-2.** *vieilli* [bien-aimée]: **ma** ~ sweetheart.

miel [mjɛl] *nm* honey.

mielleux, -euse [mjɛlø, øz] *adj* [personne] unctuous; [paroles, air] honeyed.

mien [mjɛ̃]
◆ **le mien** (*f* **la mienne** [lamjɛn], *mpl* **les miens** [lemjɛ̃], *fpl* **les miennes** [lemjɛn]) *pron poss* mine; **les** ~**s** my family; **j'y mets du** ~ I put in a lot of effort.

miette [mjɛt] *nf* **-1.** [de pain] crumb, breadcrumb. **-2.** (*gén pl*) [débris] shreds (*pl*); **en** ~**s** in bits OU pieces.

mieux [mjø] ◇ *adv* **-1.** [comparatif]: ~ **(que)** better (than); **il travaille** ~ he's working better; **il pourrait** ~ **faire** he could do better; **il va** ~ he's better; **faire** ~ **de faire qqch** to do better to do sthg; **vous feriez** ~ **de vous taire** you would do better to keep quiet, you would be well-advised to keep quiet; ~ **je le comprends, plus/moins j'ai envie de le lire** the better I understand it, the more/less I want to read it. **-2.** [superlatif] best; **il est le** ~ **payé du service** he's the best OU highest paid member of the department; **le** ~ **qu'il peut** as best he can. ◇ *adj* better.
◇ *nm* **-1.** (*sans déterminant*): **j'espérais** ~ I was hoping for something better; **faute de** ~ for lack of anything better. **-2.** (*avec déterminant*) best; **il y a un** OU **du** ~ there's been an improvement; **faire de son** ~ to do one's best.
◆ **au mieux** *loc adv* at best.
◆ **des mieux** *loc adv*: **un appareil des** ~ **conçus** one of the best-designed devices.
◆ **pour le mieux** *loc adv* for the best.
◆ **on ne peut mieux** *loc adv*: **c'est on ne peut** ~ it couldn't be better.
◆ **de mieux en mieux** *loc adv* better and better.
◆ **à qui mieux mieux** *loc adv*: **on criait à qui** ~ ~ it was a case of who could shout (the) loudest.

mieux-être [mjøzɛtr] *nm inv* improvement.

mièvre [mjɛvr] *adj* insipid.

mièvrerie [mjɛvrəri] *nf* insipidness.

mignon, -onne [miɲɔ̃, ɔn] ◇ *adj* **-1.** [charmant] sweet, cute. **-2.** [gentil] nice. ◇ *nm, f* darling, sweetheart.
◆ **mignon** *nm vieilli* favorite *Am*, favourite *Br*.

migraine [migrɛn] *nf* headache; MÉD migraine.

migrant, -e [migrɑ̃, ɑ̃t] ◇ *adj* migrant (*avant n*). ◇ *nm, f* migrant.

migrateur, -trice [migratœr, tris] *adj* migratory.
◆ **migrateur** *nm* migratory bird.

migration [migrasjɔ̃] *nf* migration.

mijaurée [miʒore] *nf* affected woman; **faire la** ~ to put on airs.

mijoter [miʒɔte] [3] ◇ *vt* **-1.** CULIN to simmer. **-2.** *fam* [tramer] to cook up. ◇ *vi* CULIN to simmer.

mi-journée [miʒurne] *nf*: **les informations de la** ~ the lunchtime news.

mil¹ [mij] *nm* millet.

mil² *adj* = **mille**.

milan [milã] *nm* kite (*bird*).

mildiou [mildju] *nm* mildew.

milice [milis] *nf* militia.

milicien, -ienne [milisjɛ̃, jɛn] *nm, f* militiaman (*f* militiawoman).

milieu, -x [miljø] *nm* -1. [centre] middle; **au ~ de** [au centre de] in the middle of; [parmi] among, surrounded by; **au beau** OU **en plein ~ de qqch** right in the middle of sthg. -2. [stade intermédiaire] middle course; **juste ~** happy medium. -3. BIOL & SOCIOL environment; **~ familial** family background; **dans les ~x autorisés** in official circles. -4. [pègre]: **le ~** the underworld. -5. FOOTBALL: **~ de terrain** midfielder.

militaire [militɛr] ◇ *nm* soldier; **~ de carrière** professional soldier. ◇ *adj* military.

militant, -e [militã, ãt] *adj & nm, f* militant.

militantisme [militãtism] *nm* militancy.

militariste [militarist] ◇ *nmf* militarist. ◇ *adj* militaristic.

militer [milite] [3] *vi* to be active; **~ pour** to militate in favor *Am* OU favour *Br* of; **~ contre** to militate against.

milk-shake [milkʃɛk] (*pl* **milk-shakes**) *nm* milk shake.

mille, mil [mil] ◇ *nm inv* -1. [unité] a OU one thousand. -2. [de cible] bull's-eye; **dans le ~** on target. -3. NAVIG: **~ marin** nautical mile. -4. *Can* [distance] mile. -5. *loc*: **des ~ et des cents** *fam* pots OU loads of money. ◇ *adj inv* thousand; **c'est ~ fois trop** it's far too much; **je lui ai dit ~ fois** I've told him/her a thousand times; *voir aussi* **six**.

mille-feuille [milfœj] (*pl* **mille-feuilles**) *nm* ≃ napoleon *Am*, ≃ vanilla slice *Br*.

millénaire [milenɛr] ◇ *nm* millennium, thousand years (*pl*). ◇ *adj* thousand-year-old (*avant n*).

mille-pattes [milpat] *nm inv* centipede, millipede.

millésime [milezim] *nm* -1. [de pièce] date. -2. [de vin] vintage, year.

millésimé, -e [milezime] *adj* [vin] vintage (*avant n*).

millet [mijɛ] *nm* millet.

milliard [miljar] *nm* billion *Am*, thousand million *Br*; **par ~s** *fig* in (their) millions.

milliardaire [miljardɛr] *nmf* billionaire *Am*, multimillionaire *Br*.

millième [miljɛm] *adj, nm & nmf* thousandth; *voir aussi* **sixième**.

millier [milje] *nm* thousand; **un ~ de francs/personnes** about a thousand francs/people; **des ~s de** thousands of; **par ~s** in (their) thousands.

milligramme [miligram] *nm* milligram, milligramme.

millilitre [mililitr] *nm* milliliter *Am*, millilitre *Br*.

millimètre [milimɛtr] *nm* millimeter *Am*, millimetre *Br*.

millimétrique [milimetrik] *adj*: **papier ~** graph paper.

million [miljɔ̃] *nm* million; **un ~ de francs** a million francs.

millionième [miljɔnjɛm] *adj, nm & nmf* millionth.

millionnaire [miljɔnɛr] *nmf* millionaire.

mime [mim] ◇ *nm* mime. ◇ *nmf* mime (artist).

mimer [mime] [3] *vt* -1. [exprimer sans parler] to mime. -2. [imiter] to mimic.

mimétisme [mimetism] *nm* mimicry.

mimique [mimik] *nf* -1. [grimace] face. -2. [geste] sign language (*U*).

mimosa [mimɔza] *nm* mimosa.

min (*abr de* **minute**) min.

min. (*abr de* **minimum**) min.

MIN (*abr de* **marché d'intérêt national**) *nm* wholesale market for agricultural produce.

minable [minabl] *adj fam* -1. [misérable] seedy, shabby. -2. [médiocre] pathetic.

minaret [minarɛ] *nm* minaret.

minauder [minode] [3] *vi* to simper.

mince [mɛ̃s] ◇ *adj* -1. [maigre - gén] thin; [- personne, taille] slender, slim. -2. *fig* [faible] small, meager *Am*, meagre *Br*. ◇ *interj fam*: **~ alors!** drat!

minceur [mɛ̃sœr] *nf* -1. [gén] thinness; [de personne] slenderness, slimness. -2. *fig* [insuffisance] meagerness *Am*, meagreness *Br*.

mincir [mɛ̃sir] [32] *vi* to get thinner OU slimmer.

mine [min] *nf* -1. [expression] look; **avoir bonne/mauvaise ~** to look well/ill; **avoir une ~ de déterré** *fam* to look like death warmed up; **faire grise ~** to look annoyed. -2. [apparence] appearance; **faire ~ de faire qqch** to make as if to do sthg; [faire semblant] to pretend to do sthg; **~ de rien, il est très costaud** *fam* he's very strong, though he doesn't look it; **ne pas payer de ~** to be not much to look at. -3. [gisement & *fig*] mine; [exploitation] mining; **~ de charbon** coalmine. -4. [explosif] mine. -5. [de crayon] lead.

miner [mine] [3] *vt* -1. MIL to mine. -2. [ronger] to undermine; *fig* to wear down.
♦ **se miner** *vp* to worry o.s. sick.

minerai [minrɛ] *nm* ore.

minéral, -e, -aux [mineral, o] *adj* **-1.** CHIM inorganic. **-2.** [eau, source] mineral (*avant n*).
◆ **minéral** *nm* mineral.

minéralisé, -e [mineralize] *adj* mineralized.

minéralogie [mineralɔʒi] *nf* mineralogy.

minéralogique [mineralɔʒik] *adj* **-1.** AUTOM: **numéro** ~ license number *Am*, registration number *Br*; **plaque** ~ license plate *Am*, numberplate *Br*. **-2.** GÉOL mineralogical.

minet, -ette [minɛ, ɛt] *nm, f fam* **-1.** [chat] pussycat, pussy. **-2.** [personne] trendy.

mineur, -e [minœr] ◇ *adj* minor. ◇ *nm, f* JUR minor.
◆ **mineur** *nm* [ouvrier] miner; ~ **de fond** face worker.

mini *abr de* **minimum**.

miniature [minjatyr] ◇ *nf* miniature; **en** ~ in miniature. ◇ *adj* miniature.

miniaturiser [minjatyrize] [3] *vt* to miniaturize.

minibus [minibys] *nm* minibus.

minichaîne [miniʃɛn] *nf* portable hi-fi.

minier, -ière [minje, jɛr] *adj* mining (*avant n*).

minijupe [miniʒyp] *nf* miniskirt.

minimal, -e, -aux [minimal, o] *adj* minimum.

minimalisme [minimalism] *nm* minimalism.

minime [minim] ◇ *nmf* SPORT ≃ junior. ◇ *adj* minimal.

minimiser [minimize] [3] *vt* to minimize.

minimum [minimɔm] (*pl* **minimums** OU **minima** [minima]) ◇ *nm* **-1.** [gén & MATHS] minimum; **au** ~ at least; **le strict** ~ the bare minimum; **le** ~ **vital** a living wage. **-2.** JUR minimum penalty. ◇ *adj* minimum.

mini-ordinateur [miniɔrdinatœr] (*pl* **mini-ordinateurs**) *nm* minicomputer.

ministère [ministɛr] *nm* **-1.** [département] department, ministry *Br*. **-2.** [cabinet] government. **-3.** RELIG ministry.
◆ **ministère public** *nm* ≃ District Attorney's office *Am*, ≃ Crown Prosecution Service *Br*.

ministériel, -ielle [ministerjɛl] *adj* **-1.** [du ministère] departmental, ministerial *Br*. **-2.** [pro-gouvernemental] pro-government.

ministre [ministr] *nm* secretary, minister *Br*; ~ **délégué à** secretary for, minister of *Br*; ~ **des Affaires étrangères** ≃ Secretary of State *Am*, ≃ Foreign Secretary *Br*; ~ **des Affaires sociales** ≃ Social Services Secretary; ~ **de l'Éducation nationale** ≃ Education Secretary; ~ **d'État** secretary of state, cabinet minister *Br*; ~ **des Finances** ≃ Secretary of the Treasury *Am*, ≃ Chancellor of the Exchequer *Br*; ~ **de l'Intérieur** ≃ Secretary of the Interior *Am*, ≃ Home Secretary *Br*; ~ **de la Santé** ≃ Health Secretary; **premier** ~ prime minister.

Minitel® [minitɛl] *nm French teletext system*.

MINITEL®:

The domestic viewdata service run by France Télécom has become a familiar part of French life. The basic monitor and keyboard are given free of charge, and the subscriber is charged for the services used on his or her ordinary telephone bill. The subscriber dials a four-figure number (typically 3615); a code word then gives access to the particular service required. Some Minitel® services are purely informative (the weather, road conditions, news etc); others are interactive (enabling users to carry out bank transactions, book tickets for travel or, on the 'Minitel Rose', to look for companionship, for example). The Minitel® also serves as an electronic telephone directory.

---

minitéliste [minitelist] *nmf* Minitel® user.

minois [minwa] *nm* sweet (little) face.

minorer [minɔre] [3] *vt* to reduce.

minoritaire [minɔritɛr] ◇ *nmf* member of a minority. ◇ *adj* minority (*avant n*); **être** ~ to be in the minority.

minorité [minɔrite] *nf* minority; **en** ~ in the minority; ~ **ethnique** ethnic minority.

Minorque [minɔrk] *n* Minorca; **à** ~ in Minorca.

minorquin, -e [minɔrkɛ̃, in] *adj* Minorcan.
◆ **Minorquin, -e** *nm, f* Minorcan.

minoterie [minɔtri] *nf* **-1.** [moulin] flourmill. **-2.** [industrie] (flour) milling industry.

minuit [minɥi] *nm* midnight.

minuscule [minyskyl] ◇ *nf* [lettre] small letter; **en** ~**s** in small letters. ◇ *adj* **-1.** [lettre] small. **-2.** [très petit] tiny, minuscule.

minutage [minytaʒ] *nm* (precise) timing.

minute [minyt] ◇ *nf* minute; **à la** ~ at once; **dans une** ~ in a minute; **d'une** ~ **à l'autre** in next to no time. ◇ *interj fam* hang on (a minute)!

minuter [minyte] [3] *vt* **-1.** [chronométrer] to time (precisely). **-2.** JUR to draw up.

minuterie [minytri] *nf* [d'éclairage] time switch, timer.

minuteur [minytœr] *nm* timer.

minutie [minysi] *nf* [soin] meticulousness; [précision] attention to detail; **avec** ~ [avec soin] meticulously; [dans le détail] in minute detail.

minutieusement [minysjøzmɑ̃] *adv* [avec soin] meticulously; [dans le détail] minutely, in minute detail.

minutieux, -ieuse [minysjø, jøz] *adj* [méticuleux] meticulous; [détaillé] minutely detailed; **un travail ~** a job requiring great attention to detail.

mioche [mjɔʃ] *nmf fam* kiddy.

mirabelle [mirabɛl] *nf* -1. [fruit] mirabelle (plum). -2. [alcool] plum brandy.

miracle [mirakl] *nm* miracle; **par ~** by some OU a miracle, miraculously; **croire aux ~s** to believe in miracles.

miraculé, -e [mirakyle] ◇ *adj* lucky to be alive. ◇ *nm, f person who is lucky to be alive.*

miraculeusement [mirakyløzmɑ̃] *adv* miraculously.

miraculeux, -euse [mirakylø, øz] *adj* miraculous.

mirador [miradɔr] *nm* MIL watchtower.

mirage [miraʒ] *nm* mirage.

mire [mir] *nf* -1. TÉLÉ test card. -2. [visée]: **ligne de ~** line of sight.

mirer [mire] [3] *vt* -1. [œuf] to candle. -2. *littéraire* [refléter] to reflect.

◆ **se mirer** *vp littéraire* -1. [se regarder] to gaze at o.s. -2. [se réfléter] to be reflected OU mirrored.

mirifique [mirifik] *adj* fabulous.

mirobolant, -e [mirɔbɔlɑ̃, ɑ̃t] *adj* fabulous, fantastic.

miroir [mirwar] *nm* mirror; **~ aux alouettes** *fig* lure; **~ de poche** handbag mirror.

miroiter [mirwate] [3] *vi* to sparkle, to gleam; **faire ~ qqch à qqn** to hold out the prospect of sthg to sb.

miroiterie [mirwatri] *nf* -1. [industrie] mirror manufacturing. -2. [atelier] mirror workshop.

miroton [mirɔtɔ̃] *nm boiled beef in an onion sauce.*

mis, mise [mi, miz] *pp* → **mettre**.

misaine [mizɛn] *nf* foresail.

misanthrope [mizɑ̃trɔp] ◇ *nmf* misanthropist, misanthrope. ◇ *adj* misanthropic.

mise [miz] *nf* -1. [action] putting; **~ en demeure** formal notice; **~ à jour** updating; **~ en liberté provisoire** JUR freeing on bail; **~ en page** making up, composing; **~ en plis** [coiffure] set; **~ au point** PHOT focusing; TECHNOL adjustment; *fig* clarification; **~ en scène** production; **~ en service** putting into operation. -2. [d'argent] stake; **sauver la ~ à qqn** *fig* to get sb out of a tight corner; **~ de fonds** capital investment. -3. [tenue]

clothing. -4. *loc*: **ne pas être de ~** to be unacceptable.

miser [mize] [3] ◇ *vt* to bet. ◇ *vi*: **~ sur** to bet on; *fig* to count on.

misérabilisme [mizerabilism] *nm* realism.

misérable [mizerabl] ◇ *nmf* -1. [pauvre] poor person. -2. [coquin] wretch. ◇ *adj* -1. [pauvre] poor, wretched. -2. [déplorable] pitiful. -3. [sans valeur] paltry, miserable.

misérablement [mizerabləmɑ̃] *adv* -1. [pauvrement] in poverty, wretchedly. -2. [pitoyablement] miserably.

misère [mizɛr] *nf* -1. [indigence] poverty; **~ noire** utter destitution. -2. [infortune] misery. -3. *fig* [bagatelle] trifle.

◆ **misères** *nfpl* [ennuis] woes (*pl*), miseries (*pl*); **faire des ~s à qqn** *fam* to put sb through it.

miséreux, -euse [mizerø, øz] ◇ *adj* poverty-stricken. ◇ *nm, f* down-and-out.

miséricorde [mizerikɔrd] ◇ *nf* [clémence] mercy. ◇ *interj* mercy (me)!

miséricordieux, -ieuse [mizerikɔrdjø, jøz] *adj* merciful.

misogyne [mizɔʒin] ◇ *nmf* misogynist. ◇ *adj* misogynous.

misogynie [mizɔʒini] *nf* misogyny.

missel [misɛl] *nm* missal.

missile [misil] *nm* missile; **~ balistique** ballistic missile.

mission [misjɔ̃] *nf* mission; **en ~** on a mission.

missionnaire [misjɔnɛr] ◇ *nmf* missionary. ◇ *adj* missionary (*avant n*).

missive [misiv] *nf* letter.

mistral [mistral] *nm* mistral.

mitaine [mitɛn] *nf* fingerless glove.

mite [mit] *nf* (clothes) moth.

mité, -e [mite] *adj* moth-eaten.

mi-temps [mitɑ̃] ◇ *nf inv* [SPORT - période] half; [- pause] half-time; **à la ~** at half-time; **première/seconde ~** first/second half. ◇ *nm* part-time work.

◆ **à mi-temps** *loc adj & loc adv* part-time.

miteux, -euse [mitø, øz] *fam* ◇ *adj* seedy, dingy. ◇ *nm, f* shabby person.

mitigé, -e [mitiʒe] *adj* -1. [tempéré] lukewarm. -2. *fam* [mélangé] mixed.

mitonner [mitɔne] [3] ◇ *vt* -1. [faire cuire] to simmer. -2. [préparer avec soin] to prepare lovingly. -3. *fig* [affaire] to plot, to cook up. ◇ *vi* CULIN to simmer.

◆ **se mitonner** *vp*: **se ~ qqch** to cook sthg up for o.s.

mitoyen, -enne [mitwajɛ̃, ɛn] *adj* party (*avant n*), common.

333

modicité

mitrailler [mitraje] [3] *vt* **-1.** MIL. to machinegun. **-2.** *fam* [photographier] to click away at. **-3.** *fig* [assaillir]: ~ **qqn (de)** to bombard sb (with).

mitraillette [mitrajɛt] *nf* submachine gun.

mitrailleur [mitrajœr] *nm* machinegunner.

mitrailleuse [mitrajøz] *nf* machinegun.

mitre [mitr] *nf* **-1.** [d'évêque] miter *Am*, mitre *Br*. **-2.** [de cheminée] cowl.

mi-voix [mivwa]
◆ **à mi-voix** *loc adv* in a low voice.

mixage [miksaʒ] *nm* CIN & RADIO (sound) mixing.

mixer¹, mixeur [miksœr] *nm* (food) mixer.

mixer² [mikse] [3] *vt* to mix.

mixité [miksite] *nf* coeducation.

mixte [mikst] *adj* mixed.

mixture [mikstyr] *nf* **-1.** CHIM & CULIN mixture. **-2.** *péj* [mélange] concoction.

MJC (*abr de* **maison des jeunes et de la culture**) *nf* youth and cultural centre.

ml (*abr de* **millilitre**) ml.

MLF (*abr de* **Mouvement de libération de la femme**) *nm* women's movement, ≃ NOW *Am*.

Mlle (*abr de* **Mademoiselle**) Miss.

mm (*abr de* **millimètre**) mm.

MM (*abr de* **Messieurs**) Messrs.

Mme (*abr de* **Madame**) Mrs.

mn (*abr de* **minute**) min.

mnémotechnique [mnemotɛknik] *adj* mnemonic.

MNS (*abr de* **maître nageur sauveteur**) *nm* lifeguard.

Mo (*abr de* **méga-octet**) Mb.

mobile [mɔbil] ◇ *nm* **-1.** [objet] mobile. **-2.** [motivation] motive. ◇ *adj* **-1.** [gén] movable, mobile; [partie, pièce] moving. **-2.** [population, main-d'œuvre] mobile. **-3.** [fête] movable; [échelle] sliding.

mobilier, -ière [mɔbilje, jɛr] *adj* JUR movable.
◆ **mobilier** *nm* furniture.

mobilisation [mɔbilizasjɔ̃] *nf* mobilization; ~ **générale** MIL general mobilization.

mobiliser [mɔbilize] [3] *vt* **-1.** [gén] to mobilize. **-2.** [moralement] to rally.
◆ **se mobiliser** *vp* to mobilize, to rally.

mobilité [mɔbilite] *nf* mobility.

Mobylette® [mɔbilɛt] *nf* moped.

mocassin [mɔkasɛ̃] *nm* moccasin.

moche [mɔʃ] *adj fam* **-1.** [laid] ugly. **-2.** [triste, méprisable] lousy, rotten.

modalité [mɔdalite] *nf* **-1.** [convention] form;

~s **de paiement** methods of payment. **-2.** JUR clause.

mode [mɔd] ◇ *nf* **-1.** [gén] fashion; **à la** ~ in fashion, fashionable; **lancer une** ~ to start a fashion; **lancer la** ~ **de qqch** to start the fashion for sthg; **passé de** ~ out of fashion. **-2.** [coutume] custom, style; **à la** ~ **de** in the style of. ◇ *nm* **-1.** [manière] mode, form; ~ **de vie** way of life. **-2.** [méthode] method; ~ **d'emploi** instructions (for use). **-3.** GRAM mood. **-4.** MUS mode.

modelage [mɔdlaʒ] *nm* [action] modelling.

modelé [mɔdle] *nm* **-1.** [de visage] contours (*pl*). **-2.** ART & GÉOGR relief.

modèle [mɔdɛl] *nm* **-1.** [gén] model; **sur le** ~ **de** on the model of; ~ **déposé** patented design; ~ **réduit** scale model. **-2.** (*en apposition*) [exemplaire] model (*avant n*).

modeler [mɔdle] [25] *vt* to shape; ~ **qqch sur qqch** *fig* to model sthg on sthg.
◆ **se modeler** *vp littéraire*: **se** ~ **sur** *fig* to model o.s. on.

modélisme [mɔdelism] *nm* modelling (*of scale models*).

modem [mɔdɛm] *nm* modem; ~ **d'appel** dial-in modem; ~ **fax** fax modem.

modérateur, -trice [mɔderatœr, tris] *adj* moderating.
◆ **modérateur** *nm* **-1.** [personne] moderator. **-2.** [mécanisme] regulator.

modération [mɔderasjɔ̃] *nf* moderation.

modéré, -e [mɔdere] *adj & nm, f* moderate.

modérément [mɔderemɑ̃] *adv* in moderation, moderately.

modérer [mɔdere] [18] *vt* to moderate.
◆ **se modérer** *vp* to restrain o.s., to control o.s.

moderne [mɔdɛrn] ◇ *nm*: **le** ~ modern things (*pl*), (the) modern style. ◇ *adj* modern; [mathématiques] new.

modernisation [mɔdɛrnizasjɔ̃] *nf* modernization.

moderniser [mɔdɛrnize] [3] *vt* to modernize.
◆ **se moderniser** *vp* to become (more) modern.

modernisme [mɔdɛrnism] *nm* [style] modernism.

modernité [mɔdɛrnite] *nf* modernity.

modeste [mɔdɛst] *adj* modest; [origine] humble.

modestement [mɔdɛstəmɑ̃] *adv* modestly.

modestie [mɔdɛsti] *nf* modesty; **fausse** ~ false modesty.

modicité [mɔdisite] *nf* [de prix, salaire] lowness, moderateness.

modifiable [mɔdifjabl] *adj* modifiable, alterable.

modification [mɔdifikasjɔ̃] *nf* alteration, modification.

modifier [mɔdifje] [9] *vt* to alter, to modify.
◆ **se modifier** *vp* to alter.

modique [mɔdik] *adj* modest.

modiste [mɔdist] *nf* milliner.

modulation [mɔdylasjɔ̃] *nf* modulation.

module [mɔdyl] *nm* module.

moduler [mɔdyle] [3] *vt* **-1.** [air] to warble. **-2.** [structure] to adjust. **-3.** RADIO to modulate.

modus vivendi [mɔdysvivẽdi] *nm inv* modus vivendi.

moelle [mwal] *nf* ANAT marrow; ~ **osseuse** bone marrow; **jusqu'à la** ~ *fig* to the core.
◆ **moelle épinière** *nf* spinal cord.

moelleux, -euse [mwalø, øz] *adj* **-1.** [canapé, tapis] soft. **-2.** [fromage, vin] mellow.

moellon [mwalɔ̃] *nm* rubble stone.

mœurs [mœr(s)] *nfpl* **-1.** [morale] morals. **-2.** [coutumes] customs, habits. **-3.** ZOOL behavior *(U) Am*, behaviour *(U) Br*.

mohair [mɔɛr] *nm* mohair.

moi [mwa] ◇ *pron pers* **-1.** [objet, après préposition, comparatif] me; **aide-**~ help me; **il me l'a dit, à** ~ he told ME; **c'est pour** ~ it's for me; **plus âgé que** ~ older than me OU than I (am). **-2.** [sujet] I; ~ **non plus, je n'en sais rien** I don't know anything about it either; **qui est là?** - (**c'est**) ~ who's there? - it's me; **je l'ai vu hier** - ~ **aussi** I saw him yesterday - me too; **c'est** ~ **qui lui ai dit de venir** I was the one who told him to come; ~, **je n'ai rien dit!** I didn't say anything! ◇ *nm*: **le** ~ the ego, the self.
◆ **moi-même** *pron pers* myself.

moignon [mwaɲɔ̃] *nm* stump.

moindre [mwẽdr] ◇ *adj superl*: **le/la** ~ the least; (*avec négation*) the least OU slightest; **les** ~**s détails** the smallest details; **sans la** ~ **difficulté** without the slightest problem; **c'est la** ~ **des choses** it's the least I/you *etc* could do. ◇ *adj compar* less; [prix] lower; **à un** ~ **degré** to a lesser extent.

moine [mwan] *nm* monk.

moineau, -x [mwano] *nm* sparrow.

moins [mwẽ] ◇ *adv* **-1.** [quantité] less; ~ **de** less (than); ~ **de lait** less milk; ~ **de gens** fewer people; ~ **de dix** less than ten; **il est un peu** ~ **de 10 heures** it's nearly 10 o'clock. **-2.** [comparatif]: ~ (**que**) less (than); **il est** ~ **vieux que ton frère** he's not as old as your brother, he's younger than your

brother; **il vient** ~ **souvent que Pierre** he doesn't come as often as Pierre, he comes less often than Pierre; **bien** ~ **grand que** much smaller than; ~ **il mange,** ~ **il travaille** the less he eats, the less he works. **-3.** [superlatif]: **le** ~ (the) least; **le** ~ **riche des hommes** the poorest man; **il est le** ~ **fort** he's the least strong, he's the weakest; **c'est lui qui vient le** ~ **souvent** he comes (the) least often; **c'est lui qui travaille le** ~ he works (the) least; **le** ~ **possible** as little as possible; **pas le** ~ **du monde** not in the least.
◇ *prép* **-1.** [gén] minus; **dix** ~ **huit font deux** ten minus eight is two, ten take away eight is two; **il fait** ~ **vingt** it's twenty below, it's minus twenty. **-2.** [servant à indiquer l'heure]: **il est 3 heures** ~ **le quart** it's quarter to 3; **il est** ~ **dix** it's ten to.
◇ *nm* **-1.** [signe] minus (sign). **-2.** *loc*: **le** ~ **qu'on puisse dire, c'est que ...** it's an understatement to say ....
◆ **à moins de** *loc prép*: **à** ~ **de battre le record** unless I/you beat the record.
◆ **à moins que** *loc conj* (+ *subjonctif*) unless.
◆ **au moins** *loc adv* at least.
◆ **de moins en moins** *loc adv* less and less.
◆ **du moins** *loc adv* at least.
◆ **en moins** *loc adv*: **il a une dent en** ~ he's missing OU minus a tooth; **c'était le paradis, les anges en** ~ it was heaven, minus the angels.
◆ **en moins de** *loc prép* in less than; **en** ~ **de rien** in less than no time.
◆ **on ne peut moins** *loc adv* far from.
◆ **pour le moins** *loc adv* at (the very) least.
◆ **tout au moins** *loc adv* at (the very) least.

moins-value [mwẽvaly] (*pl* **moins-values**) *nf* capital loss.

moire [mwar] *nf* [étoffe] moiré.

moiré, -e [mware] *adj* **-1.** [tissu] watered. **-2.** *littéraire* [reflet] shimmering.

mois [mwa] *nm* **-1.** [laps de temps] month. **-2.** [salaire] (monthly) salary; **le treizième** ~ extra month's salary. **-3.** *fam* [loyer] month's rent.

moïse [mɔiz] *nm* wicker cradle.

moisi, -e [mwazi] *adj* moldy *Am*, mouldy *Br*.
◆ **moisi** *nm* mold *Am*, mould *Br*.

moisir [mwazir] [32] *vi* **-1.** [pourrir] to go moldy *Am* OU mouldy *Br*. **-2.** *fig* [personne] to rot.

moisissure [mwazisyr] *nf* mold *Am*, mould *Br*.

moisson [mwasɔ̃] *nf* **-1.** [récolte] harvest; **faire la** ~ OU **les** ~**s** to harvest, to bring in the harvest. **-2.** *fig* [d'idées, de projets] wealth.

moissonner [mwasɔne] [3] *vt* to harvest, to gather (in); *fig* to collect, to gather.

moissonneur, -euse [mwasɔnœr, øz] *nm, f* [personne] harvester.
◆ **moissonneuse** *nf* [machine] harvester.

moissonneuse-batteuse [mwasɔnøzbatøz] (*pl* **moissonneuses-batteuses**) *nf* combine (harvester).

moite [mwat] *adj* [peau, mains] moist, sweaty; [atmosphère] muggy.

moiteur [mwatœr] *nf* [de peau, mains] moistness; [d'atmosphère] mugginess.

moitié [mwatje] *nf* **-1.** [gén] half; **à** ~ **vide** half-empty; **faire qqch à** ~ to half-do sthg; **la** ~ **du temps** half the time; **à la** ~ **de** **qqch** halfway through sthg; **faire** ~-~ to go halves. **-2.** [épouse, époux]: **ma/ta** ~ *fam hum* my/your better half.

moka [mɔka] *nm* **-1.** [café] mocha (coffee). **-2.** [gâteau] coffee cake.

mol → **mou**.

molaire [mɔlɛr] *nf* molar.

Moldavie [mɔldavi] *nf*: **la** ~ Moldavia.

mole [mɔl] *nf* CHIM mole.

môle [mol] *nm* [quai] jetty.

moléculaire [mɔlekylɛr] *adj* molecular.

molécule [mɔlekyl] *nf* molecule.

moleskine [mɔlɛskin] *nf* imitation leather.

molester [mɔlɛste] [3] *vt* to manhandle.

molette [mɔlɛt] *nf* **-1.** [de réglage] knurled wheel. **-2.** [outil] glasscutter.

mollasse [mɔlas] *adj fam* **-1.** [mou] flabby. **-2.** *fig* [personne] lethargic.

mollasson, -onne [mɔlasɔ̃, ɔn] *nm, f fam* (lazy) lump.

molle → **mou**.

mollement [mɔlmɑ̃] *adv* **-1.** [faiblement] weakly, feebly. **-2.** *littéraire* [paresseusement] sluggishly, lethargically.

mollesse [mɔlɛs] *nf* **-1.** [de chose] softness. **-2.** [de personne] lethargy.

mollet [mɔlɛ] ◇ *nm* calf. ◇ *adj* → **œuf**.

molletière [mɔltjɛr] *adj*: **bande** ~ puttee.

molleton [mɔltɔ̃] *nm* flannelette; [pour table] felt.

mollir [mɔlir] [32] *vi* **-1.** [physiquement, moralement] to give way. **-2.** [matière] to soften, to go soft. **-3.** [vent] to drop, to die down.

mollo [mɔlo] *adv fam* easy; **y aller** ~ to go easy, to take it easy.

mollusque [mɔlysk] *nm* **-1.** ZOOL mollusc. **-2.** *fam fig* [personne] (lazy) lump.

molosse [mɔlɔs] *nm* **-1.** [chien] *large ferocious dog.* **-2.** *fig & péj* [personne] hulking great brute OU fellow.

môme [mom] *fam* ◇ *nmf* [enfant] kid, youngster. ◇ *nf* [jeune fille] chick, bird *Br*.

moment [mɔmɑ̃] *nm* **-1.** [gén] moment; **au** ~ **de l'accident** at the time of the accident, when the accident happened; **au** ~ **de partir** just as we/you *etc* were leaving; **au** ~ **où** just as; **dans un** ~ in a moment; **d'un** ~ **à l'autre** (at) any moment, any moment now; **ne pas avoir un** ~ **à soi** not to have a moment to oneself; **à un** ~ **donné** at a given moment; **par** ~**s** at times, now and then; **sur le** ~ at the time; **à tout** ~ (at) any moment, any moment now; **en ce** ~ at the moment; **pour le** ~ for the moment. **-2.** [durée] (short) time; **avoir de bons** ~**s avec qqn** to have (some) good times with sb; **passer un mauvais** ~ to have a bad time. **-3.** [occasion] time; **ce n'est pas le** ~ **(de faire qqch)** this is not the time (to do sthg); **c'est le** ~ **ou jamais** it's now or never.
◆ **du moment que** *loc prép* since, as.

momentané, -e [mɔmɑ̃tane] *adj* temporary.

momentanément [mɔmɑ̃tanemɑ̃] *adv* temporarily.

momie [mɔmi] *nf* mummy.

mon [mɔ̃] (*f* **ma** [ma], *pl* **mes** [me]) *adj poss* my.

monacal, -e, -aux [mɔnakal, o] *adj* monastic.

Monaco [mɔnako] *n*: **(la principauté de)** ~ (the principality of) Monaco.

monarchie [mɔnarʃi] *nf* monarchy; ~ **absolue/constitutionnelle** absolute/constitutional monarchy.

monarchique [mɔnarʃik] *adj* monarchical.

monarchiste [mɔnarʃist] *nmf & adj* monarchist.

monarque [mɔnark] *nm* monarch.

monastère [mɔnastɛr] *nm* monastery.

monastique [mɔnastik] *adj* monastic.

monceau, -x [mɔ̃so] *nm* **-1.** [tas] heap. **-2.** *fig* [de fautes, de bêtises] mass.

mondain, -e [mɔ̃dɛ̃, ɛn] ◇ *adj* **-1.** [chronique, journaliste] society (*avant n*). **-2.** *péj* [futile] frivolous, superficial. ◇ *nm, f* socialite.

mondanités [mɔ̃danite] *nfpl* **-1.** [événements] society life (*U*). **-2.** [paroles] small talk (*U*); [comportements] formalities.

monde [mɔ̃d] *nm* **-1.** [gén] world; **le/la plus ... au** ~, **le/la plus ... du** ~ the most ... in the world; **pour rien au** ~ not for the world, not for all the tea in China; **mettre un enfant au** ~ to bring a child into the world; **venir au** ~ to come into the world; **en ce bas** ~ RELIG in this world; **l'autre** ~ RELIG the other world; **le quart** ~ the Fourth World. **-2.** [gens] people (*pl*); **beaucoup/peu de** ~ a lot of/not many people; **tout le** ~ everyone, everybody. **-3.** *loc:* **c'est un** ~! that's really the limit!; **se faire un** ~ **de qqch** to make too much of sthg; **se moquer du** ~ to have a nerve; **noir de** ~ packed with people; **tromper son** ~ not to be what one seems.

◆ **Monde** *nm*: **le Nouveau Monde** the New World.

mondial, -e, -iaux [mɔ̃djal, jo] *adj* world (*avant n*).

mondialement [mɔ̃djalmɑ̃] *adv* throughout OU all over the world.

monégasque [mɔnegask] *adj* of/from Monaco.

◆ **Monégasque** *nmf* native OU inhabitant of Monaco.

monétaire [mɔnetɛr] *adj* monetary.

monétarisme [mɔnetarism] *nm* monetarism.

mongol, -e [mɔ̃gɔl] *adj* Mongolian.

◆ **mongol** *nm* [langue] Mongolian.

◆ **Mongol, -e** *nm, f* Mongolian.

Mongolie [mɔ̃gɔli] *nf*: **la** ~ Mongolia; **la** ~**-Extérieure** Outer Mongolia; **la** ~**-Intérieure** Inner Mongolia.

mongolien, -ienne [mɔ̃gɔljɛ̃, jɛn] *vieilli* ◇ *adj* Mongol (*avant n*). ◇ *nm, f* Mongol.

mongolisme [mɔ̃gɔlism] *nm vieilli* Mongolism.

mongoloïde [mɔ̃gɔlɔid] *adj vieilli* Mongol (*avant n*).

moniteur, -trice [mɔnitœr, tris] *nm, f* **-1.** [enseignant] instructor, coach; ~ **d'auto-école** driving instructor; ~ **de ski** ski instructor. **-2.** [de colonie de vacances] supervisor, leader.

◆ **moniteur** *nm* [appareil & INFORM] monitor.

monnaie [mɔnɛ] *nf* **-1.** [moyen de paiement] money; **fausse** ~ forged currency, counterfeit money; ~ **d'échange** *fig* currency; **c'est** ~ **courante** *fig* it's commonplace, it's common practice. **-2.** [de pays] currency. **-3.** [pièces] change; **avoir de la** ~ to have change; **avoir la** ~ to have the change; **rendre la** ~ **à qqn** to give sb his/her change; **avoir la** ~ **de 100 francs** to have change of OU for 100 francs; **faire (de) la** ~

to get (some) change; **menue** ~ small OU loose change.

monnayable [mɔnejabl] *adj* convertible (into cash); *fig* valuable.

monnayer [mɔneje] [11] *vt* **-1.** [biens] to convert into cash. **-2.** *fig* [silence] to buy.

monnayeur [mɔnejœr] → **faux**.

monochrome [mɔnɔkrom] *adj* monochrome, monochromatic.

monocle [mɔnɔkl] *nm* monocle.

monocoque [mɔnɔkɔk] *nm & adj* [bateau] monohull.

monocorde [mɔnɔkɔrd] *adj* **-1.** MUS single-stringed. **-2.** [monotone] monotonous.

monoculture [mɔnɔkyltyr] *nf* monoculture.

monogame [mɔnɔgam] *adj* monogamous.

monogamie [mɔnɔgami] *nf* monogamy.

monogramme [mɔnɔgram] *nm* monogram.

monolingue [mɔnɔlɛ̃g] *adj* monolingual.

monolithique [mɔnɔlitik] *adj* monolithic.

monologue [mɔnɔlɔg] *nm* **-1.** THÉÂTRE soliloquy. **-2.** [discours individuel] monologue; ~ **intérieur** stream of consciousness.

monologuer [mɔnɔlɔge] [3] *vi* **-1.** THÉÂTRE to soliloquize. **-2.** *fig & péj* [parler] to talk away.

monôme [mɔnom] *nm* **-1.** MATHS monomial. **-2.** *arg scol* [procession] ≃ rag day procession.

mononucléose [mɔnɔnykleoz] *nf*: ~ **infectieuse** glandular fever.

monoparental, -e, -aux [mɔnɔparɑ̃tal, o] *adj* single-parent (*avant n*).

monophasé, -e [mɔnɔfaze] *adj* ÉLECTR single-phase.

◆ **monophasé** *nm* single-phase current.

monoplace [mɔnɔplas] ◇ *nm* single-seater (plane). ◇ *adj* single-seater (*avant n*).

monopole [mɔnɔpɔl] *nm* monopoly; **avoir le** ~ **de qqch** *litt & fig* to have a monopoly of OU on sthg; ~ **d'État** state monopoly.

monopoliser [mɔnɔpɔlize] [3] *vt* to monopolize.

monorail [mɔnɔraj] ◇ *nm* monorail. ◇ *adj inv* monorail (*avant n*).

monoski [mɔnɔski] *nm* **-1.** [objet] monoski. **-2.** SPORT monoskiing.

monosyllabe [mɔnɔsilab] ◇ *nm* monosyllable. ◇ *adj* monosyllabic.

monosyllabique [mɔnɔsilabik] *adj* monosyllabic.

monothéisme [mɔnɔteism] *nm* monotheism.

monotone [mɔnɔtɔn] *adj* monotonous.

monotonie [mɔnɔtɔni] *nf* monotony; **rompre la** ~ to break the monotony.

Monrovia [mɔ̃rɔvja] *n* Monrovia.

monseigneur [mɔ̃sɛɲœr] (*pl* **messeigneurs** [mɛsɛɲœr]) *nm* **-1.** [titre - d'évêque, de duc] His Grace; [- de cardinal] His Eminence; [- de prince] His (Royal) Highness. **-2.** [formule d'adresse - à évêque, à duc] Your Grace; [- à cardinal] Your Eminence; [- à prince] Your (Royal) Highness.

monsieur [məsjø] (*pl* **messieurs** [mesjø]) *nm* **-1.** [titre]: ~ X Mr X; **bonjour** ~ good morning; [dans hôtel, restaurant] good morning, sir; **bonjour messieurs** good morning (gentlemen); **Monsieur le Ministre n'est pas là** the Minister is out. **-2.** [homme quelconque] gentleman.

monstre [mɔ̃str] *nm* **-1.** [gén] monster; ~ **marin** sea monster; ~ **sacré** idol. **-2.** (*en apposition*) *fam* [énorme] colossal.

monstrueusement [mɔ̃stryøzmɑ̃] *adv* [gros, laid] monstrously; [intelligent] prodigiously.

monstrueux, -euse [mɔ̃stryø, øz] *adj* **-1.** [gén] monstrous. **-2.** *fig* [erreur] terrible.

monstruosité [mɔ̃stryozite] *nf* monstrosity.

mont [mɔ̃] *nm* **-1.** *littéraire* [montagne] mountain; **par** ~**s et par vaux** *fig* up hill and down dale; **promettre** ~**s et merveilles** to promise the earth. **-2.** GÉOGR Mount; **le** ~ **Blanc** Mont Blanc; **le** ~ **Cervin** the Matterhorn. **-3.** ANAT: ~ **de Vénus** mons veneris.

montage [mɔ̃taʒ] *nm* **-1.** [assemblage] assembly; [de bijou] setting. **-2.** PHOT photomontage. **-3.** CIN editing. **-4.** ÉLECTR wiring.

montagnard, -e [mɔ̃taɲar, ard] ◇ *adj* mountain (*avant n*). ◇ *nm, f* mountain dweller.

montagne [mɔ̃taɲ] *nf* **-1.** [gén] mountain; **les** ~**s Rocheuses** the Rocky Mountains. **-2.** [région]: **la** ~ the mountains (*pl*); **à la** ~ in the mountains; **en haute** ~ at high altitudes; **faire de la haute** ~ to go mountain climbing. **-3.** *loc*: **se faire une** ~ **de qqch** to make a great song and dance about sthg.
◆ **montagnes russes** *nfpl* big dipper (*sg*), roller coaster (*sg*).

montagneux, -euse [mɔ̃taɲø, øz] *adj* mountainous.

montant, -e [mɔ̃tɑ̃, ɑ̃t] *adj* **-1.** [mouvement] rising. **-2.** [vêtement] high-necked.
◆ **montant** *nm* **-1.** [pièce verticale] upright. **-2.** [somme] total (amount).

mont-blanc [mɔ̃blɑ̃] (*pl* **monts-blancs**) *nm* *pureed chestnuts with whipped cream.*

mont-de-piété [mɔ̃dpjete] (*pl* **monts-de-piété**) *nm* pawnshop.

monté, -e [mɔ̃te] *adj*: **être** ~ **en qqch** to be well off for sthg.

monte-charge [mɔ̃tʃarʒ] *nm inv* service elevator *Am*, goods lift *Br*.

montée [mɔ̃te] *nf* **-1.** [de montagne] climb, ascent. **-2.** [de prix] rise. **-3.** [relief] slope, gradient.

Monténégro [mɔ̃tenegro] *nm*: **le** ~ Montenegro.

monte-plats [mɔ̃tpla] *nm inv* dumbwaiter.

monter [mɔ̃te] [3] ◇ *vi* (*aux: être*) **-1.** [personne] to come/go up; [température, niveau] to rise; [route, avion] to climb; ~ **sur qqch** to climb onto sthg. **-2.** [passager] to get on; ~ **dans un bus** to get on a bus; ~ **dans une voiture** to get into a car. **-3.** [cavalier] to ride; ~ **à cheval** to ride; ~ **à cheval sur qqch** *fig* to straddle sthg. **-4.** [marée] to go/come in.
◇ *vt* (*aux: avoir*) **-1.** [escalier, côte] to climb, to come/go up; ~ **la rue en courant** to run up the street. **-2.** [chauffage, son] to turn up. **-3.** [valise] to take/bring up. **-4.** [meuble] to assemble; COUTURE to assemble, to put OU sew together; [tente] to put up. **-5.** CIN to edit, to cut (together). **-6.** [cheval] to mount. **-7.** [dispositif] to assemble. **-8.** THÉÂTRE to put on. **-9.** [société, club] to set up. **-10.** CULIN to beat, to whisk (up). **-11.** *loc*: ~ **qqn contre qqn** to set sb against sb.
◆ **se monter** *vp* **-1.** [s'assembler]: **se** ~ **facilement** to be easy to assemble. **-2.** [atteindre]: **se** ~ **à** to amount to, to add up to.

monteur, -euse [mɔ̃tœr, øz] *nm, f* **-1.** TECHNOL fitter. **-2.** CIN editor.

monticule [mɔ̃tikyl] *nm* mound; *Can* BASEBALL pitcher's mound.

montre [mɔ̃tr] *nf* watch; ~ **à quartz** quartz watch; ~ **en main** to the minute, exactly; **contre la** ~ [sport] time-trialling; [épreuve] time trial; **une course contre la** ~ *fig* a race against time.

Montréal [mɔ̃real] *n* Montreal.

montre-bracelet [mɔ̃trabraslɛ] (*pl* **montres-bracelets**) *nf* wristwatch.

montrer [mɔ̃tre] [3] *vt* **-1.** [gén] to show; ~ **qqch à qqn** to show sb sthg, to show sthg to sb. **-2.** [désigner] to show, to point out; ~ **qqch du doigt** to point at OU to sthg.
◆ **se montrer** *vp* **-1.** [se faire voir] to appear. **-2.** *fig* [se présenter] to show o.s. **-3.** *fig* [se révéler] to prove (to be).

montreur, -euse [mɔ̃trœr, øz] *nm, f*: ~ **de marionnettes** puppeteer.

monture [mɔ̃tyr] *nf* **-1.** [animal] mount. **-2.** [de lunettes] frame. **-3.** [de bijou] setting.

monument [mɔnymã] *nm* **-1.** [gén]: ~ (à) monument (to); ~ **aux morts** war memorial. **-2.** *fig* & *hum* [chef-d'œuvre] masterpiece.

monumental, -e, -aux [mɔnymãtal, o] *adj* monumental.

moquer [mɔke] [3]
◆ **se moquer** *vp*: **se** ~ **de** [plaisanter sur] to make fun of, to laugh at; [ne pas se soucier de] not to give a damn about; **ne vous moquez pas!** don't mock!, don't laugh!

moquerie [mɔkri] *nf* mockery (*U*), jibe.

moquette [mɔkɛt] *nf* (fitted) carpet.

moqueur, -euse [mɔkœr, øz] ◇ *adj* mocking. ◇ *nm, f* mocker.

moraine [mɔrɛn] *nf* moraine.

moral, -e, -aux [mɔral, o] *adj* moral.
◆ **moral** *nm* **-1.** [mental]: **au** ~ **comme au physique** mentally as well as physically. **-2.** [état d'esprit] morale, spirits (*pl*); **avoir/ ne pas avoir le** ~ to be in good/bad spirits; **remonter le** ~ **à qqn** to cheer sb up; **se remonter le** ~ to cheer (o.s.) up.
◆ **morale** *nf* **-1.** [science] moral philosophy, morals (*pl*). **-2.** [règle] morality. **-3.** [mœurs] morals (*pl*). **-4.** [leçon] moral; **faire la ~e à qqn** to preach at OU lecture sb.

moralement [mɔralmã] *adv* morally.

moralisateur, -trice [mɔralizatœr, tris] ◇ *adj* moralizing. ◇ *nm, f* moralizer.

moralisme [mɔralism] *nm* morality.

moraliste [mɔralist] ◇ *nmf* moralist. ◇ *adj* moralistic.

moralité [mɔralite] *nf* **-1.** [gén] morality. **-2.** [enseignement] moral.

moratoire [mɔratwar] *nm* moratorium.

morbide [mɔrbid] *adj* morbid.

morbidité [mɔrbidite] *nf* morbidity.

morceau, -x [mɔrso] *nm* **-1.** [gén] piece; **manger un** ~ *fam* to have a bite to eat; **mettre en ~x** to pull OU tear to pieces; **cracher le** ~ *fam fig* to spill the beans; **emporter le** ~ *fam* to carry it off. **-2.** [de poème, de film] passage; **un** ~ **de bravoure** a purple passage.

morceler [mɔrsəle] [24] *vt* to break up, to split up.
◆ **se morceler** *vp* to break up.

morcellement [mɔrsɛlmã] *nm* breaking up, splitting up.

mordant, -e [mɔrdã, ãt] *adj* biting.
◆ **mordant** *nm* [vivacité] keenness, bite.

mordicus [mɔrdikys] *adv fam* stubbornly, stoutly.

mordiller [mɔrdije] [3] *vt* to nibble.

mordoré, -e [mɔrdɔre] *adj* bronze.

mordre [mɔrdr] [76] ◇ *vt* **-1.** [blesser] to bite. **-2.** [dépasser] to go over. **-3.** *fig* [entamer, ronger] to eat into OU away. ◇ *vi* **-1.** [saisir avec les dents]: ~ **à** to bite. **-2.** [croquer]: ~ **dans qqch** to bite into sthg. **-3.** SPORT: ~ **sur la ligne** to step over the line.

mordu, -e [mɔrdy] ◇ *pp* → **mordre.** ◇ *adj* [amoureux] hooked. ◇ *nm, f*: ~ **de foot/ski** *etc* football/ski *etc* addict.

more = maure.

moresque = mauresque.

morfondre [mɔrfɔ̃dr] [75]
◆ **se morfondre** *vp* to mope.

morgue [mɔrg] *nf* **-1.** [attitude] pride. **-2.** [lieu] morgue.

moribond, -e [mɔribɔ̃, ɔ̃d] ◇ *adj* dying. ◇ *nm, f* dying person.

morigéner [mɔriʒene] [18] *vt littéraire* to rebuke.

morille [mɔrij] *nf* morel.

mormon, -e [mɔrmɔ̃, ɔn] *adj* & *nm, f* Mormon.

morne [mɔrn] *adj* [personne, visage] gloomy; [paysage, temps, ville] dismal, dreary.

Moroni [mɔroni] *n* Moroni.

morose [mɔroz] *adj* gloomy.

morosité [mɔrozite] *nf* gloominess.

morphine [mɔrfin] *nf* morphine.

morphologie [mɔrfɔlɔʒi] *nf* morphology.

morphologique [mɔrfɔlɔʒik] *adj* morphological.

morpion [mɔrpjɔ̃] *nm* **-1.** *fam* MÉD crab. **-2.** *fam* [enfant] brat. **-3.** [jeu] ≃ tick-tack-toe *Am*, ≃ noughts and crosses *Br*.

mors [mɔr] *nm* bit; **prendre le** ~ **aux dents** to get the bit between one's teeth.

morse [mɔrs] *nm* **-1.** ZOOL walrus. **-2.** [code] Morse (code).

morsure [mɔrsyr] *nf* bite.

mort, -e [mɔr, mɔrt] ◇ *pp* → **mourir.** ◇ *adj* dead; **raide** ~ stone dead; ~ **ou vif** dead or alive; ~ **de fatigue** *fig* dead tired; ~ **de peur** *fig* frightened to death. ◇ *nm, f* **-1.** [cadavre] corpse, dead body. **-2.** [défunt] dead person.
◆ **mort** ◇ *nm* **-1.** [victime] fatality. **-2.** CARTES dummy.
◇ *nf litt* & *fig* death; **de** ~ [silence] deathly; **condamner qqn à** ~ JUR to sentence sb to death; **se donner la** ~ to take one's own life, to commit suicide; **jusqu'à ce que** ~ **s'ensuive** to death; **en vouloir à** ~ **à qqn** to hate sb's guts; ~ **naturelle/violente** natural/violent death; **la** ~ **dans l'âme** sick at heart, with a heavy heart; **pâle comme la** ~ deathly pale.

mortadelle [mɔrtadɛl] *nf* mortadella.

mortalité [mɔrtalite] *nf* mortality, death rate; ~ **infantile** infant mortality.

mort-aux-rats [mɔrora] *nf inv* rat poison.

mortel, -elle [mɔrtɛl] ◇ *adj* **-1.** [humain] mortal. **-2.** [accident, maladie] fatal. **-3.** *fig* [ennuyeux] deadly (dull). ◇ *nm, f* mortal.

mortellement [mɔrtɛlmɑ̃] *adv* **-1.** [à mort] fatally. **-2.** [extrêmement] mortally, deeply; **s'ennuyer** ~ to be bored to death.

morte-saison [mɔrtsɛzɔ̃] (*pl* **mortes-saisons**) *nf* slack season, off-season.

mortier [mɔrtje] *nm* mortar.

mortifier [mɔrtifje] [9] *vt* to mortify.

mort-né, -e [mɔrne] (*mpl* **mort-nés**, *fpl* **mort-nées**) ◇ *adj* [enfant] still-born; *fig* [projet] abortive. ◇ *nm, f* still-born child.

mortuaire [mɔrtɥɛr] *adj* funeral (*avant n*).

morue [mɔry] *nf* **-1.** ZOOL cod. **-2.** *injurieux* [prostituée] whore.

morve [mɔrv] *nf* snot.

morveux, -euse [mɔrvø, øz] ◇ *adj* runny-nosed, snotty. ◇ *nm, f fam* brat.

mosaïque [mɔzaik] *nf litt* & *fig* mosaic.

Moscou [mɔsku] *n* Moscow.

moscovite [mɔskɔvit] *adj* of/from Moscow.

◆ **Moscovite** *nmf* Muscovite.

mosquée [mɔske] *nf* mosque.

mot [mo] *nm* **-1.** [gén] word; **avoir toujours le ~ pour rire** to be always able to raise a laugh; **au bas ~** at the lowest estimate; **à ~s couverts** in veiled terms; **le fin ~ de l'histoire** the real story; **~ d'esprit** witty remark; **~ d'excuse** SCOL note from one's parents; **gros ~** swearword; **~ d'ordre** watchword; **~ de passe** password; **~s croisés** crossword (puzzle) (*sg*); **~ à ~, ~ pour ~** word for word; **en un ~** in a word; **avoir son ~ à dire** to have one's say; **avoir des ~s avec qqn** to have words with sb; **avoir le dernier ~** to have the last word; **avoir deux ~s à dire à qqn** *fam* to give sb a piece of one's mind; **ne pas mâcher ses ~s** not to mince one's words; **prendre qqn au ~** to take sb at his/her word; **en toucher un ~ à qqn** *fam* to have a word with sb. **-2.** [message] note, message.

motard [mɔtar] *nm* **-1.** [motocycliste] motorcyclist. **-2.** [policier] motorcycle policeman.

motel [mɔtɛl] *nm* motel.

moteur, -trice [mɔtœr, tris] *adj* **-1.** [force, énergie] driving (*avant n*); **à quatre roues motrices** AUTOM with four-wheel drive. **-2.** [muscles, nerfs] motor (*avant n*).

◆ **moteur** *nm* TECHNOL motor, engine; *fig* driving force; ~ **électrique** electric motor;

~ **à explosion** combustion engine; ~ **à injection** fuel-injection engine; ~ **à réaction** jet engine.

◆ **motrice** *nf* RAIL motor car *Am*, motor coach *Br*.

motif [mɔtif] *nm* **-1.** [raison] motive, grounds (*pl*). **-2.** [dessin, impression] motif.

motion [mɔsjɔ̃] *nf* POLIT motion; ~ **de censure** motion of censure.

motivant, -e [mɔtivɑ̃, ɑ̃t] *adj* motivating.

motivation [mɔtivasjɔ̃] *nf* motivation.

motiver [mɔtive] [3] *vt* **-1.** [stimuler] to motivate. **-2.** [justifier] to justify.

moto [mɔto] *nf* motorbike.

motocross [mɔtokrɔs] *nm* motocross.

motoculteur [mɔtokyltœr] *nm* ≃ Rotavator®.

motocyclette [mɔtosiklɛt] *nf* motorcycle, motorbike.

motocyclisme [mɔtosiklism] *nm* motorcyle racing.

motocycliste [mɔtosiklist] *nmf* motorcyclist.

motomarine [mɔtomarin] *nf Can* jet ski, aquaskooter *Am*.

motoneige [mɔtonɛʒ] *nf Can* snowmobile.

motorisé, -e [mɔtorize] *adj* motorized; **être ~** *fam* to have a car, to have wheels.

motrice → **moteur**.

motricité [mɔtrisite] *nf* motor functions (*pl*).

motte [mɔt] *nf*: ~ **(de terre)** clod, lump of earth; ~ **de beurre** slab of butter.

motus [mɔtys] *interj* not a word!; ~ **et bouche cousue!** mum's the word!

mou, molle [mu, mɔl] *adj* (**mol** *devant voyelle ou h muet*) **-1.** [gén] soft. **-2.** [faible] weak. **-3.** [résistance, protestation] half-hearted. **-4.** *fam* [de caractère] wet, wimpy.

◆ **mou** *nm* **-1.** [de corde]: **avoir du ~** to be slack. **-2.** [abats] lungs (*pl*), lights (*pl*).

mouchard, -e [muʃar, ard] *nm, f fam* [personne] sneak.

◆ **mouchard** *nm fam* [dans camion, train] spy in the cab.

moucharder [muʃarde] [3] *vi fam* to sneak.

mouche [muʃ] *nf* **-1.** ZOOL fly; ~ **tsé-tsé** tsetse fly; **fine** ~ *fig* shrewd individual. **-2.** [accessoire féminin] beauty spot. **-3.** *loc*: **faire** ~ to hit the bull's eye.

moucher [muʃe] [3] *vt* **-1.** [nez] to wipe; ~ **un enfant** to wipe a child's nose. **-2.** [chandelle] to snuff out. **-3.** *fam fig* [personne]: ~ **qqn** to put sb in his/her place.

◆ **se moucher** *vp* to blow OU wipe one's nose.

moucheron [muʃrɔ̃] *nm* [insecte] gnat.

moucheté, -e [muʃte] *adj* **-1.** [laine] flecked. **-2.** [animal] spotted, speckled.

mouchoir [muʃwar] *nm* handkerchief; ~ **en papier** paper handkerchief, tissue; **grand comme un** ~ **de poche** *fig* no bigger than a pocket handkerchief.

moudre [mudr] [85] *vt* to grind.

mouds → **moudre**.

moue [mu] *nf* pout; **faire la** ~ to pull a face.

mouette [mwɛt] *nf* seagull.

moufle [mufl] *nf* mitten.

mouflet, -ette [mufle, ɛt] *nm, f fam* kid, brat.

mouflon [muflɔ̃] *nm* wild sheep.

mouillage [muja3] *nm* **-1.** [coupage] watering (down). **-2.** [NAVIG - emplacement] anchorage, moorings (*pl*); [- manœuvre] anchoring, mooring.

mouillé, -e [muje] *adj* wet.

mouiller [muje] [3] ◇ *vt* **-1.** [personne, objet] to wet; **se faire** ~ to get wet OU soaked. **-2.** [vin, lait] to water down; CULIN to add liquid to. **-3.** NAVIG: ~ **l'ancre** to drop anchor. **-4.** LING to palatalize. **-5.** *fam fig* [compromettre] to involve. ◇ *vi* NAVIG to anchor.

◆ **se mouiller** *vp* **-1.** [se tremper] to get wet. **-2.** *fam fig* [prendre des risques] to stick one's neck out.

mouillette [mujɛt] *nf* finger of bread, soldier.

mouise [mwiz] *nf*: **être dans la** ~ *fam* to be broke.

moulage [mula3] *nm* **-1.** [action] molding *Am*, moulding *Br*, casting. **-2.** [objet] cast.

moulant, -e [mulɑ̃, ɑ̃t] *adj* close-fitting.

moule [mul] ◇ *nm* mold *Am*, mould *Br*; ~ **à gâteau** cake pan *Am* OU tin *Br*; ~ **à gaufre** waffle-iron; ~ **à tarte** flan dish. ◇ *nf* ZOOL mussel; ~**s marinières** CULIN *mussels cooked in white wine*.

mouler [mule] [3] *vt* **-1.** [objet] to mold *Am*, to mould *Br*. **-2.** [forme] to make a cast of. **-3.** [corps] to hug.

moulin [mulɛ̃] *nm* mill; ~ **à café** coffee mill; ~ **à eau** watermill; ~ **à paroles** *fig* chatterbox; ~ **à poivre** peppermill; ~ **à scie** *Can* sawmill; ~ **à vent** windmill.

mouliner [muline] [3] *vt* [aliments] to put through a food mill.

moulinet [mulinɛ] *nm* **-1.** PÊCHE reel. **-2.** [mouvement]: **faire des** ~**s** to whirl one's arms around.

Moulinette® [mulinɛt] *nf* food mill; **passer qqn à la** ~ *fam fig* to tear sb to pieces.

moult [mult] *adv vieilli* many.

moulu, -e [muly] *adj* **-1.** [en poudre] ground. **-2.** *fig* [brisé]: **être** ~ **(de fatigue)** to be worn out.

moulure [mulyr] *nf* moulding.

mourais, mourions *etc* → **mourir**.

mourant, -e [murɑ̃, ɑ̃t] ◇ *adj* **-1.** [moribond] dying. **-2.** *fig* [voix] faint. ◇ *nm, f* dying person.

mourir [murir] [42] *vi* **-1.** [personne] to die; ~ **de froid/soif** *fig* to be dying of cold/thirst; **s'ennuyer à** ~ to be bored to death; **c'est à** ~ **de rire** it's a scream. **-2.** [civilisation] to die out. **-3.** [feu] to die down.

mouroir [murwar] *nm péj* old dears' home.

mouron [murɔ̃] *nm* BOT pimpernel; **se faire du** ~ *fam fig* to worry o.s. sick.

mourrai, mourras *etc* → **mourir**.

mousquetaire [muskətɛr] *nm* musketeer.

moussant, -e [musɑ̃, ɑ̃t] *adj* foaming.

mousse [mus] ◇ *nf* **-1.** BOT moss. **-2.** [substance] foam; ~ **carbonique** foam (*for extinguishing fires*); ~ **à raser** shaving foam. **-3.** CULIN mousse; ~ **au chocolat** chocolate mousse. **-4.** [matière plastique] foam rubber. ◇ *nm* NAVIG cabin boy.

mousseline [muslin] ◇ *nf* muslin. ◇ *adj inv* lightened with cream and milk.

mousser [muse] [3] *vi* to foam, to lather; **se faire** ~ *fam fig* to blow one's own trumpet.

mousseux, -euse [musø, øz] *adj* **-1.** [shampooing] foaming, frothy. **-2.** [vin, cidre] sparkling.

◆ **mousseux** *nm* sparkling wine.

mousson [musɔ̃] *nf* monsoon.

moussu, -e [musy] *adj* mossy.

moustache [mustaʃ] *nf* mustache *Am*, moustache *Br*.

◆ **moustaches** *nfpl* [d'animal] whiskers.

moustachu, -e [mustaʃy] *adj* with a mustache *Am* OU moustache *Br*.

◆ **moustachu** *nm* man with a moustache.

moustiquaire [mustiker] *nf* mosquito net.

moustique [mustik] *nm* mosquito.

moutard [mutar] *nm fam* kid.

moutarde [mutard] ◇ *nf* mustard; **la** ~ **me monte au nez** *fig* I'm losing my temper. ◇ *adj inv* mustard (*avant n*).

mouton [mutɔ̃] *nm* **-1.** ZOOL & *fig* sheep. **-2.** [viande] mutton. **-3.** *fam* [poussière] piece of fluff, fluff (*U*). **-4.** *loc*: **revenons à nos** ~**s** let's get back to the subject in hand.

◆ **moutons** *nmpl* [vagues] white horses.

mouture [mutyr] *nf* **-1.** [de céréales, de café] grinding. **-2.** [de thème, d'œuvre] rehash.

mouvance [muvɑ̃s] *nf* [domaine] sphere of influence.

mouvant, **-e** [muvɑ̃, ɑ̃t] *adj* **-1.** [terrain] unstable. **-2.** [situation] uncertain.

mouvement [muvmɑ̃] *nm* **-1.** [gén] movement; **en ~** on the move; **faux ~** clumsy OU awkward movement; **~ alternatif** TECHNOL reciprocating movement. **-2.** [de colère, d'indignation] burst, fit; **~ d'humeur** fit of bad temper.

mouvementé, **-e** [muvmɑ̃te] *adj* **-1.** [terrain] rough. **-2.** [réunion, soirée] eventful.

mouvoir [muvwar] [54] *vt* to move.
◆ **se mouvoir** *vp* to move.

moyen, **-enne** [mwajɛ̃, ɛn] *adj* **-1.** [intermédiaire] medium. **-2.** [médiocre, courant] average.
◆ **moyen** *nm* means (*sg*), way; **par tous les ~s** by any means possible; **y a-t-il ~ de ...?** is there any way of ...?; **~ de communication** means of communication; **~ d'expression** means of expression; **~ de locomotion** OU **transport** means of transport; **employer les grands ~s** to resort to extreme measures.
◆ **moyenne** *nf* average; **en moyenne** on average; **la moyenne** SCOL the passmark; **la moyenne d'âge** the average age.
◆ **moyens** *nmpl* **-1.** [ressources] means; **avoir les ~s** to be comfortably off; **avoir les ~s de faire qqch** to have the means to do sthg; **avec les ~s du bord** with the means at one's disposal. **-2.** [capacités] powers, ability; **faire qqch par ses propres ~s** to do sthg on one's own; **perdre tous ses ~s** to panic.
◆ **au moyen de** *loc prép* by means of.

Moyen Âge [mwajɛnaʒ] *nm*: **le ~** the Middle Ages (*pl*).

moyenâgeux, **-euse** [mwajɛnaʒø, øz] *adj* medieval.

moyen-courrier [mwajɛ̃kurje] (*pl* **moyens-courriers**) ◇ *nm* medium-haul aircraft. ◇ *adj* medium-haul (*avant n*).

moyennant [mwajɛnɑ̃] *prép* for, in return for.

moyennement [mwajɛnmɑ̃] *adv* moderately, fairly.

Moyen-Orient [mwajɛnɔrjɑ̃] *nm*: **le ~** Middle East; **au ~** in the Middle East.

moyen-oriental, **-e** [mwayɛnɔrjɑ̃tal] *adj* Middle Eastern.

moyeu, **-x** [mwajø] *nm* hub.

mozambicain, **-e** [mɔzɑ̃bikɛ̃, ɛn] *adj* Mozambican.
◆ **Mozambicain**, **-e** *nm*, *f* Mozambican.

Mozambique [mɔzɑ̃bik] *nm*: **le ~** Mozambique; **au ~** in Mozambique.

MRAP [mrap] (*abr de* **Mouvement contre le racisme, l'antisémitisme et pour la paix**) *nm* pacifist anti-racist organization.

MRG (*abr de* **Mouvement des radicaux de gauche**) *nm* centre-left political party.

ms (*abr de* **manuscrit**) ms.

MSF (*abr de* **Médecins sans frontières**) *nmpl* medical association for aid to third-world countries.

MST *nf* **-1.** (*abr de* **maladie sexuellement transmissible**) STD. **-2.** (*abr de* **maîtrise de sciences et techniques**) masters degree in science and technology.

MT (*abr de* **moyenne tension**) MT.

mû, **mue** [my] *pp* → **mouvoir**.

mucosité [mykozite] *nf* mucus (U).

mucus [mykys] *nm* mucus (U).

mue [my] *nf* **-1.** [de pelage] moulting. **-2.** [de serpent] skin, slough. **-3.** [de voix] breaking.

muer [mɥe] [7] *vi* **-1.** [mammifère] to moult. **-2.** [serpent] to slough its skin. **-3.** [voix] to break; [jeune homme]: **il mue** his voice is breaking.
◆ **se muer** *vp littéraire*: **se ~ en** to turn into.

muesli [mysli] *nm* muesli.

muet, **muette** [mɥe, ɛt] ◇ *adj* **-1.** MÉD dumb. **-2.** [silencieux] silent; **~ d'admiration/d'étonnement** speechless with admiration/surprise. **-3.** LING silent, mute. ◇ *nm*, *f* mute, dumb person.
◆ **muet** *nm*: **le ~** CIN silent films (*pl*).

muezzin [mɥedzin] *nm* muezzin.

mufle [myfl] *nm* **-1.** [d'animal] muzzle, snout. **-2.** *fig* [goujat] lout.

muflerie [myfləri] *nf* loutishness.

mufti, **muphti** [myfti] *nm* mufti.

mugir [myʒir] [32] *vi* **-1.** [vache] to moo. **-2.** [vent, sirène] to howl.

mugissement [myʒismɑ̃] *nm* **-1.** [de vache] mooing. **-2.** [de vent, sirène] howling.

muguet [mygɛ] *nm* **-1.** [fleur] lily of the valley. **-2.** MÉD thrush.

MUGUET:
On May Day in France, bunches of lily of the valley are sold in the streets and given as presents. The flowers are supposed to bring good luck

---

mulâtre, **mulâtresse** [mylatr, trɛs] *nm*, *f* mulatto.
◆ **mulâtre** *adj* mulatto.

mule [myl] *nf* mule.

mulet [mylɛ] *nm* **-1.** [âne] mule. **-2.** [poisson] mullet.

muletier, -ière [myltje, jɛr] *adj* mule (*avant n*).
◆ **muletier** *nm* muleteer.

mulot [mylo] *nm* field mouse.

multicolore [myltikɔlɔr] *adj* multicoloured.

multifonction [myltifɔ̃ksjɔ̃] *adj inv* multifunction.

multiforme [myltifɔrm] *adj* multiform.

multilatéral, -e, -aux [myltilateral, o] *adj* multilateral.

multi-media [myltimedja] *adj* INFORM multimedia.

multimillionnaire [myltimiljɔnɛr] *nmf & adj* multimillionaire.

multinational, -e, -aux [myltinasjɔnal, o] *adj* multinational.
◆ **multinationale** *nf* multinational (company).

multiple [myltipl] ◇ *nm* multiple. ◇ *adj* **-1.** [nombreux] multiple, numerous. **-2.** [divers] many, various.

multiplication [myltiplikasjɔ̃] *nf* multiplication.

multiplicité [myltiplisite] *nf* multiplicity.

multiplier [myltiplije] [10] *vt* **-1.** [accroître] to increase. **-2.** MATHS to multiply; **X multiplié par Y égale Z** X multiplied by OU times Y equals Z.
◆ **se multiplier** *vp* to multiply.

multipropriété [myltiprɔprijete] *nf* timeshare.

multiracial, -e, -iaux [myltirasjal, jo] *adj* multiracial.

multirisque [myltirisk] *adj* comprehensive.

multitude [myltityd] *nf*: ~ **(de)** multitude (of).

municipal, -e, -aux [mynisipal, o] *adj* municipal.
◆ **municipales** *nfpl*: **les** ~**es** the local government elections.

municipalité [mynisipalite] *nf* **-1.** [commune] municipality. **-2.** [conseil] town council.

munir [mynir] [32] *vt*: ~ **qqn/qqch de** to equip sb/sthg with.
◆ **se munir** *vp*: **se** ~ **de** to equip o.s. with.

munitions [mynisjɔ̃] *nfpl* ammunition (U), munitions.

munster [mœstɛr] *nm* strong semi-hard cheese.

muphti = **mufti**.

muqueuse [mykøz] *nf* mucous membrane.

mur [myr] *nm* **-1.** [gén] wall; ~ **antibruit** soundproof wall; ~ **mitoyen** party wall; **raser les** ~**s** to hug the walls; *fig* to tread

warily. **-2.** *fig* [obstacle] barrier, brick wall; ~ **du son** AÉRON sound barrier.

mûr, mûre [myr] *adj* ripe; [personne] mature; **après** ~**e réflexion** *fig* after careful consideration.
◆ **mûre** *nf* **-1.** [de mûrier] mulberry. **-2.** [de ronce] blackberry, bramble.

muraille [myraj] *nf* wall.

mural, -e, -aux [myral, o] *adj* wall (*avant n*).

mûrement [myrmɑ̃] *adv*: **après avoir** ~ **réfléchi** after careful consideration.

murène [myrɛn] *nf* moray eel.

murer [myre] [3] *vt* **-1.** [boucher] to wall up, to block up. **-2.** [enfermer] to wall in.
◆ **se murer** *vp* to shut o.s. up OU away; **se** ~ **dans** *fig* to retreat into.

muret [myrɛ] *nm* low wall.

mûrier [myrje] *nm* **-1.** [arbre] mulberry tree. **-2.** [ronce] blackberry bush, bramble bush.

mûrir [myrir] [32] *vi* **-1.** [fruits, légumes] to ripen. **-2.** *fig* [idée, projet] to develop. **-3.** [personne] to mature.

murmure [myrmyr] *nm* murmur.

murmurer [myrmyre] [3] *vt & vi* to murmur.

musaraigne [myzarɛɲ] *nf* shrew.

musarder [myzarde] [3] *vi fam* to dawdle.

musc [mysk] *nm* musk.

muscade [myskad] *nf* nutmeg.

muscadet [myskade] *nm dry white wine*.

muscat [myska] *nm* **-1.** [raisin] muscat grape. **-2.** [vin] *sweet wine*.

muscle [myskl] *nm* muscle; ~ **extenseur** extensor muscle.

musclé, -e [myskle] *adj* **-1.** [personne] muscular. **-2.** *fig* [mesure, décision] forceful.

muscler [myskle] [3] *vt*: ~ **son corps** to build up one's muscles.
◆ **se muscler** *vp* to build up one's muscles.

musculaire [myskylɛr] *adj* muscular.

musculation [myskylasjɔ̃] *nf*: **faire de la** ~ to do muscle-building exercises.

musculature [myskylatyr] *nf* musculature.

muse [myz] *nf* muse.

museau [myzo] *nm* **-1.** [d'animal] muzzle, snout. **-2.** *fam* [de personne] face.

musée [myze] *nm* museum; [d'art] art gallery.

museler [myzle] [24] *vt litt & fig* to muzzle.

muselière [myzəljɛr] *nf* muzzle.

musette [myzɛt] ◇ *nf* haversack; [d'écolier] satchel. ◇ *nm*: **le** ~ *dance music played on the accordion*.

muséum [myzeɔm] *nm* museum.

musical, -e, -aux [myzikal, o] *adj* **-1.** [son] musical. **-2.** [émission, critique] music (*avant n*).

music-hall [myzikol] (*pl* **music-halls**) *nm* music-hall.

musicien, -ienne [myzisjɛ̃, jɛn] ◇ *adj* musical. ◇ *nm, f* musician.

musicographie [myzikɔgrafi] *nf* musicography.

musicologue [myzikɔlɔg] *nmf* musicologist.

musique [myzik] *nf* music; **~ de chambre** chamber music; **~ de film** movie *Am* OU **film** *Br* score; **connaître la ~** *fam* *fig* to know the score.

musqué, -e [myske] *adj* **-1.** [parfum] musky. **-2.** [animal]: **rat ~** muskrat.

must [mœst] *nm fam* must.

musulman, -e [myzylmɑ̃, an] *adj & nm, f* Muslim.

mutant, -e [mytɑ̃, ɑ̃t] *adj & nm, f* mutant.

mutation [mytasjɔ̃] *nf* **-1.** BIOL mutation. **-2.** *fig* [changement] transformation; **en pleine ~** undergoing a (complete) transformation. **-3.** [de fonctionnaire] transfer.

muter [myte] [3] *vt* to transfer.

mutilation [mytilasjɔ̃] *nf* mutilation.

mutilé, -e [mytile] *nm, f* disabled person.

mutiler [mytile] [3] *vt* to mutilate; **il a été mutilé du bras droit** he lost his right arm.

mutin, -e [mytɛ̃, in] *adj littéraire* impish.
◆ **mutin** *nm* rebel; MIL & NAVIG mutineer.

mutiner [mytine] [3]
◆ **se mutiner** *vp* to rebel; MIL & NAVIG to mutiny.

mutinerie [mytinri] *nf* rebellion; MIL & NAVIG mutiny.

mutisme [mytism] *nm* silence.

mutualiste [mytɥalist] ◇ *nmf* mutualist. ◇ *adj*: **société ~** mutual insurance company.

mutualité [mytɥalite] *nf* [assurance] mutual insurance.

mutuel, -elle [mytɥɛl] *adj* mutual.
◆ **mutuelle** *nf* mutual insurance company.

mutuellement [mytɥɛlmɑ̃] *adv* mutually.

mycose [mikoz] *nf* mycosis, fungal infection.

myocarde [mjɔkard] *nm* myocardium.

myopathie [mjɔpati] *nf* myopathy.

myope [mjɔp] ◇ *nmf* shortsighted person. ◇ *adj* shortsighted, myopic.

myopie [mjɔpi] *nf* shortsightedness, myopia.

myosotis [mjozɔtis] *nm* forget-me-not.

myriade [mirjad] *nf*: **une ~ de** a myriad of.

myrtille [mirtij] *nf* blueberry *Am*, bilberry *Br*.

mystère [mistɛr] *nm* **-1.** [gén] mystery. **-2.** CULIN *ice cream covered in meringue and flaked almonds*.

mystérieusement [misterjøzmɑ̃] *adv* mysteriously.

mystérieux, -ieuse [misterjø, jøz] *adj* mysterious.

mysticisme [mistisism] *nm* mysticism.

mystification [mistifikasjɔ̃] *nf* [tromperie] hoax, practical joke.

mystifier [mistifje] [9] *vt* [duper] to take in.

mystique [mistik] ◇ *nmf* mystic. ◇ *adj* mystic, mystical.

mythe [mit] *nm* myth.

mythifier [mitifje] [9] *vt* to mythicize.

mythique [mitik] *adj* mythical.

mytho [mito] *adj fam*: **il est complètement ~** you can't believe anything he says.

mythologie [mitɔlɔʒi] *nf* mythology.

mythologique [mitɔlɔʒik] *adj* mythological.

mythomane [mitɔman] *nmf* pathological liar.

n, N [ɛn] *nm inv* [lettre] n, N.
◆ **N -1.** (*abr de* **newton**) N. **-2.** (*abr de* **nord**) N.

n° (*abr de* **numéro**) no.

nabot, -e [nabo, ɔt] *nm, f péj* midget.

nacelle [nasɛl] *nf* [de montgolfière] basket.

nacre [nakr] *nf* mother-of-pearl.

nacré, -e [nakre] *adj* pearly.

nage [naʒ] *nf* **-1.** [natation] swimming; **~ indienne** side stroke; **~ papillon** butterfly (stroke); **à la ~** CULIN *poached in wine and herbs*; **traverser à la ~** to swim across. **-2.** *loc*: **en ~** bathed in sweat.

nageoire [naʒwar] *nf* fin.

nager [naʒe] [17] ◇ *vi* **-1.** [se baigner] to swim. **-2.** [flotter] to float. **-3.** *fig* [dans vêtement]: **~ dans** to be lost in; **~ dans la joie** to be incredibly happy. ◇ *vt* to swim.

nageur, -euse [naʒœr, øz] *nm, f* swimmer.

naguère [nagɛr] *adv littéraire* a short time ago.

naïade [najad] *nf* water nymph.

naïf, naïve [naif, iv] ◇ *adj* **-1.** [ingénu, art] naive. **-2.** *péj* [crédule] gullible. ◇ *nm, f* **-1.** *péj* [niais] fool. **-2.** [peintre] naive painter.

nain, -e [nɛ̃, nɛn] ◇ *adj* dwarf (*avant n*). ◇ *nm, f* dwarf.

Nairobi [nɛrɔbi] *n* Nairobi.

naissais, naissions *etc* → **naître**.

naissance [nɛsɑ̃s] *nf* **-1.** [de personne] birth; **donner** ~ **à** to give birth to; **de** ~ [aveugle] from birth; **le contrôle des** ~**s** birth control. **-2.** [endroit] source; [du cou] nape. **-3.** *fig* [de science, nation] birth; **donner** ~ **à** to give rise to; **prendre** ~ **dans** to originate in.

naissant, -e [nɛsɑ̃, ɑ̃t] *adj* **-1.** [brise] rising; [jour] dawning. **-2.** [barbe] incipient.

naître [nɛtr] [92] *vi* **-1.** [enfant] to be born; **elle est née en 1965** she was born in 1965. **-2.** [espoir] to spring up; ~ **de** to arise from; **faire** ~ **qqch** to give rise to sthg.

naïvement [naivmɑ̃] *adv* naively.

naïveté [naivte] *nf* **-1.** [candeur] innocence. **-2.** *péj* [crédulité] gullibility.

naja [naʒa] *nm* cobra.

Namibie [namibi] *nf*: **la** ~ Namibia.

namibien, -ienne [namibjɛ̃, jɛn] *adj* Namibian.
◆ **Namibien, -ienne** *nm, f* Namibian.

nana [nana] *nf fam* [jeune fille] girl.

nanti, -e [nɑ̃ti] ◇ *adj* wealthy. ◇ *nm, f* wealthy person; **les** ~**s** the rich.

nantir [nɑ̃tir] [32] *vt littéraire*: ~ **qqn de** to provide sb with.
◆ **se nantir** *vp littéraire*: **se** ~ **de** to provide o.s. with.

NAP [nap] (*abr de* **Neuilly Auteuil Passy**) ◇ *adj* ≃ preppie *Am*, ≃ Sloany *Br*. ◇ *nf* ≃ preppie type *Am*, ≃ Sloane *Br*.

naphtaline [naftalin] *nf* mothballs (*pl*).

nappage [napaʒ] *nm* CULIN coating.

nappe [nap] *nf* **-1.** [de table] tablecloth, cloth. **-2.** *fig* [étendue - gén] sheet; [- de brouillard] blanket. **-3.** [couche] layer; ~ **de mazout** OU **pétrole** oil slick.

napper [nape] [3] *vt* CULIN to coat.

napperon [naprɔ̃] *nm* tablemat.

naquis, naquit *etc* → **naître**.

narcisse [narsis] *nm* BOT narcissus.

narcissique [narsisik] ◇ *nmf* narcissist. ◇ *adj* narcissistic.

narcissisme [narsisism] *nm* narcissism.

narcodollars [narkodɔlar] *nmpl* narcodollars.

narcotique [narkɔtik] *nm & adj* narcotic.

narguer [narge] [3] *vt* [danger] to flout; [personne] to scorn, to scoff at.

narine [narin] *nf* nostril.

narquois, -e [narkwa, az] *adj* sardonic.

narrateur, -trice [naratœr, tris] *nm, f* narrator.

narratif, -ive [naratif, iv] *adj* narrative.

narration [narasjɔ̃] *nf* **-1.** [récit] narration. **-2.** SCOL essay.

narrer [nare] [3] *vt littéraire* to narrate.

NASA, Nasa [naza] (*abr de* **National Aeronautics and Space Administration**) *nf* NASA.

nasal, -e, -aux [nazal, o] *adj* nasal.

nasaliser [nazalize] [3] *vt* to nasalize.

naseau, -x [nazo] *nm* nostril.

nasillard, -e [nazijar, ard] *adj* nasal.

nasiller [nazije] [3] *vi* **-1.** [personne] to speak through one's nose. **-2.** [machine] to whine.

nasse [nas] *nf* keep net.

natal, -e, -als [natal] *adj* [d'origine] native.

natalité [natalite] *nf* birth rate.

natation [natasjɔ̃] *nf* swimming; **faire de la** ~ to swim.

natif, -ive [natif, iv] ◇ *adj* **-1.** [originaire] native (*avant n*); ~ **de** native of. **-2.** [inné] innate. ◇ *nm, f* native.

nation [nasjɔ̃] *nf* nation.
◆ **Nations unies** *nfpl*: **les Nations unies** the United Nations.

national, -e, -aux [nasjɔnal, o] *adj* national.
◆ **nationale** *nf*: (**route**) ~**e** ≃ state highway *Am*, ≃ A road *Br*.

nationalisation [nasjɔnalizasjɔ̃] *nf* nationalization.

nationaliser [nasjɔnalize] [3] *vt* to nationalize.

nationalisme [nasjɔnalism] *nm* nationalism.

nationaliste [nasjɔnalist] *nmf & adj* nationalist.

nationalité [nasjɔnalite] *nf* nationality; **de** ~ **française** of French nationality; **double** ~ dual nationality.

nativité [nativite] *nf* nativity.

natte [nat] *nf* **-1.** [tresse] plait. **-2.** [tapis] mat.

natter [nate] [3] *vt* to plait.

naturalisation [natyralizasjɔ̃] *nf* **-1.** [de personne, de plante] naturalization. **-2.** [taxidermie] stuffing.

naturalisé, -e [natyralize] ◇ *adj* **-1.** [personne, plante] naturalized. **-2.** [empaillé] stuffed. ◇ *nm, f* naturalized person.

naturaliser [natyralize] [3] *vt* **-1.** [personne, plante] to naturalize; **se faire** ~ to become naturalized. **-2.** [empailler] to stuff.

naturaliste [natyralist] ◇ *nmf* **-1.** LITTÉRATURE & ZOOL naturalist. **-2.** [empailleur] taxidermist. ◇ *adj* naturalistic.

nature [natyr] ◇ *nf* nature; **par** ~ by nature; **payer en** ~ to pay in kind. ◇ *adj inv* **-1.** [simple] plain. **-2.** *fam* [spontané] natural. ◆ **nature morte** *nf* still life.

naturel, -elle [natyrɛl] *adj* natural. ◆ **naturel** *nm* **-1.** [tempérament] nature; **être d'un** ~ **affable/sensible** *etc* to be affable/sensitive *etc* by nature. **-2.** [aisance, spontanéité] naturalness. **-3.** CULIN: **thon au** ~ tuna in brine.

naturellement [natyrɛlmɑ̃] *adv* **-1.** [gén] naturally. **-2.** [logiquement] rationally.

naturisme [natyrism] *nm* naturism.

naturiste [natyrist] ◇ *nmf* naturist. ◇ *adj* naturist (*avant n*), nudist (*avant n*).

naufrage [nofraʒ] *nm* **-1.** [navire] shipwreck; **faire** ~ to be wrecked. **-2.** *fig* [effondrement] collapse.

naufragé, -e [nofraʒe] ◇ *adj* shipwrecked. ◇ *nm, f* shipwrecked person.

nauséabond, -e [nozeabɔ̃, ɔ̃d] *adj* nauseating.

nausée [noze] *nf* **-1.** MÉD nausea; **avoir la** ~ to feel nauseous OU sick; **donner la** ~ **à qqn** *litt* & *fig* to make sb (feel) sick. **-2.** [dégoût] disgust.

nautique [notik] *adj* nautical; [ski, sport] water (*avant n*).

nautisme [notism] *nm* water sports (*pl*).

naval, -e, -als [naval] *adj* naval.

navarin [navarɛ̃] *nm lamb stew*.

navet [navɛ] *nm* **-1.** BOT turnip. **-2.** *fam péj* [œuvre] load of rubbish.

navette [navɛt] *nf* shuttle; ~ **spatiale** AÉRON space shuttle; **faire la** ~ to shuttle.

navigable [navigabl] *adj* navigable.

navigant, -e [navigɑ̃, ɑ̃t] ◇ *adj* navigation (*avant n*). ◇ *nm, f*: **les** ~**s** the flight crew.

navigateur, -trice [navigatœr, tris] *nm, f* navigator.

navigation [navigasjɔ̃] *nf* navigation; COMM shipping; ~ **aérienne/spatiale** air/space travel.

naviguer [navige] [3] *vi* **-1.** [voguer] to sail. **-2.** *fam* [voyager] to travel. **-3.** [piloter] to navigate.

navire [navir] *nm* ship; ~ **de guerre** warship; ~ **marchand** merchant ship.

navrant, -e [navrɑ̃, ɑ̃t] *adj* **-1.** [triste] upsetting, distressing. **-2.** [regrettable, mauvais] unfortunate.

navrer [navre] [3] *vt* to upset; **être navré de qqch/de faire qqch** to be sorry about sthg/to do sthg.

nazi, -e [nazi] ◇ *adj* Nazi (*avant n*). ◇ *nm, f* Nazi.

nazisme [nazism] *nm* Nazism.

NB (*abr de* **Nota Bene**) NB.

NBC (*abr de* **nucléaire, bactériologique, chimique**) *adj* NBC.

nbreuses *abr de* **nombreuses**.

nbrx *abr de* **nombreux**.

n.c. -1. (*abr de* **non communiqué**) n.a. **-2.** (*abr de* **non connu**) n.a.

n.d. -1. (*abr de* **non daté**) n.d. **-2.** (*abr de* **non disponible**) n.a.

N-D (*abr de* **Notre-Dame**) OL.

NDA (*abr de* **note de l'auteur**) author's note.

N'Djamena [ndʒamena] *n* N'Djamena.

NDLR (*abr de* **note de la rédaction**) editor's note.

NDT (*abr de* **note du traducteur**) translator's note.

ne [nə], **n'** (*devant voyelle ou h muet*) *adv* **-1.** [négation] → **pas, plus, rien** *etc*. **-2.** [négation implicite]: **il se porte mieux que je** ~ **(le) croyais** he's in better health than I thought (he would be). **-3.** [avec verbes ou expressions marquant le doute, la crainte etc]: **je crains qu'il n'oublie** I'm afraid he'll forget; **j'ai peur qu'il n'en parle** I'm frightened he'll talk about it.

né, -e [ne] *adj* born; ~ **en 1965** born in 1965; ~ **le 17 juin** born on the 17th June; ~ **de** born to OU of; **Mme X,** ~**e Y** Mrs X née Y; **je ne suis pas** ~ **d'hier** I wasn't born yesterday.

néanmoins [neɑ̃mwɛ̃] *adv* nevertheless.

néant [neɑ̃] *nm* **-1.** [absence de valeur] worthlessness. **-2.** [absence d'existence] nothingness; **réduire à** ~ to reduce to nothing.

nébuleux, -euse [nebylø, øz] *adj* **-1.** [ciel] cloudy. **-2.** [idée, projet] nebulous. ◆ **nébuleuse** *nf* **-1.** ASTRON nebula. **-2.** *fig* [groupe] nebulous group.

nécessaire [nesesɛr] ◇ *adj* necessary; ~ **à** necessary for; **il est** ~ **de faire qqch** it is necessary to do sthg; **il est** ~ **que** (+ *subjonctif*): **il est** ~ **qu'elle vienne** she must come.

◇ *nm* **-1.** [biens] necessities (*pl*); **le strict ~** the bare essentials (*pl*). **-2.** [mesures]: **faire le ~** to do the necessary. **-3.** [trousse] bag; **~ de couture** sewing kit; **~ de toilette** toilet bag.

nécessairement [nesesɛrmɑ̃] *adv* **-1.** [fatalement] necessarily, of necessity. **-2.** [absolument] absolutely, positively.

nécessité [nesesite] *nf* **-1.** [obligation, situation] necessity; **être dans la ~ de faire qqch** to have no choice OU alternative but to do sthg. **-2.** [besoin] need.
◆ **nécessités** *nfpl* necessities.

nécessiter [nesesite] [3] *vt* to necessitate.

nec plus ultra [nɛkplyzyltra] *nm inv*: **le ~ de** the last word in.

nécrologie [nekrɔlɔʒi] *nf* [notice] obituary; [rubrique] deaths (*pl*).

nécrologique [nekrɔlɔʒik] *adj* obituary (*avant n*).

nécromancien, -ienne [nekrɔmɑ̃sjɛ̃, jɛn] *nm, f* necromancer.

nécrose [nekroz] *nf* necrosis.

nectar [nɛktar] *nm* nectar; **~ d'abricot/de pêche** apricot/peach nectar.

nectarine [nɛktarin] *nf* nectarine.

néerlandais, -e [neɛrlɑ̃dɛ, ɛz] *adj* Dutch.
◆ **néerlandais** *nm* [langue] Dutch.
◆ **Néerlandais, -e** *nm, f* Dutchman (*f* Dutchwoman); **les Néerlandais** the Dutch.

nef [nɛf] *nf* [d'église] nave.

néfaste [nefast] *adj* **-1.** [jour, événement] fateful. **-2.** [influence] harmful.

nèfle [nɛfl] *nf* medlar.

néflier [neflije] *nm* medlar tree.

négatif, -ive [negatif, iv] *adj* negative.
◆ **négatif** *nm* PHOT negative.
◆ **négative** *nf*: **répondre par la négative** to reply in the negative.

négation [negasjɔ̃] *nf* **-1.** [rejet] denial. **-2.** GRAM negative.

négativement [negativmɑ̃] *adv* negatively.

négligé, -e [negliʒe] *adj* **-1.** [travail, tenue] untidy. **-2.** [ami, jardin] neglected.
◆ **négligé** *nm* **-1.** [laisser-aller] untidiness. **-2.** [déshabillé] negligee.

négligeable [negliʒabl] *adj* negligible.

négligemment [negliʒamɑ̃] *adv* **-1.** [sans soin] carelessly. **-2.** [avec indifférence] casually.

négligence [negliʒɑ̃s] *nf* **-1.** [laisser-aller] carelessness. **-2.** [omission] negligence; **par ~** out of negligence.

négligent, -e [negliʒɑ̃, ɑ̃t] ◇ *adj* **-1.** [sans soin] careless. **-2.** [indifférent] casual. ◇ *nm, f* casual person.

négliger [negliʒe] [17] *vt* **-1.** [ami, jardin] to neglect; **~ de faire qqch** to fail to do sthg. **-2.** [avertissement] to ignore.
◆ **se négliger** *vp* to neglect o.s.

négoce [negɔs] *nm* business.

négociable [negɔsjabl] *adj* negotiable.

négociant, -e [negɔsjɑ̃, ɑ̃t] *nm, f* dealer.

négociateur, -trice [negɔsjatœr, tris] *nm, f* negotiator.

négociation [negɔsjasjɔ̃] *nf* negotiation; **~s de paix** peace negotiations; **~s au sommet** summit meeting (*sg*).

négocier [negɔsje] [9] *vt* to negotiate.

nègre, négresse [nɛgr, negrɛs] *nm, f* negro (*f* negress) (*beware: the terms 'nègre' and 'négresse' are considered racist*).
◆ **nègre** ◇ *nm fam* ghost writer. ◇ *adj* negro (*avant n*) (*beware: the term 'nègre' is considered racist*).

négrier [negrije] *nm* **-1.** [esclavagiste] slave trader. **-2.** *fig* [exploiteur] slave driver.

négro [negro] *nm* racist term used with reference to black people.

neige [nɛʒ] *nf* **-1.** [flocons] snow; **aller à la ~** ≃ to go skiing; **blanc comme ~** as white as snow; *fig* pure as the driven snow; **~ fabriquée** *Can* artificial snow. **-2.** *loc*: **battre en ~** CULIN to beat OU whip until stiff.
◆ **neige carbonique** *nf* dry ice.

neiger [neʒe] [23] *v impers*: **il neige** it is snowing.

neigeux, -euse [nɛʒø, øz] *adj* snowy.

nénuphar [nenyfar] *nm* water-lily.

néo-calédonien, -ienne [neɔkaledɔnjɛ̃, jɛn] (*mpl* **néo-calédoniens**, *fpl* **néo-calédoniennes**) *adj* New Caledonian.
◆ **Néo-Calédonien, -ienne** *nm, f* New Caledonian.

néo-colonialiste [neɔkɔlɔnjalist] (*pl* **néo-colonialistes**) *nmf & adj* neo-colonialist.

néologisme [neɔlɔʒism] *nm* neologism.

néon [neɔ̃] *nm* **-1.** [gaz] neon. **-2.** [enseigne] neon light.

néonatal, -e, -als [neɔnatal] *adj* neonatal.

néophyte [neɔfit] ◇ *nmf* novice. ◇ *adj* novice (*avant n*).

néo-zélandais, -e [neɔzelɑ̃dɛ, ɛz] (*mpl inv*, *fpl* **néo-zélandaises**) *adj* New Zealand (*avant n*).
◆ **Néo-Zélandais, -e** *nm, f* New Zealander.

Népal [nepal] *nm*: **le ~** Nepal; **au ~** in Nepal.

népalais, -e [nepalɛ, ɛz] *adj* Nepalese.

◆ **népalais** *nm* [langue] Nepali, Nepalese.
◆ **Népalais, -e** *nm, f* Nepalese (person); les Népalais the Nepalese.
néphrite [nefrit] *nf* nephritis.
népotisme [nepɔtism] *nm* nepotism.
nerf [nɛr] *nm* **-1.** ANAT nerve; ~ **optique/rachidien** optic/spinal nerve. **-2.** *fig* [vigueur] spirit.
◆ **nerfs** *nmpl* nerves; **avoir les ~s solides/d'acier** to have strong nerves/nerves of steel; **être à bout de ~s** to be at the end of one's tether; **être sur les ~s** to be tense; **taper sur les ~s de qqn** *fam* to get on sb's nerves.
nerveusement [nɛrvøzmɑ̃] *adv* nervously.
nerveux, -euse [nɛrvø, øz] ◇ *adj* **-1.** [gén] nervous. **-2.** [viande] stringy. **-3.** [style] vigorous; [voiture] nippy. ◇ *nm, f* nervous person.
nervosité [nɛrvozite] *nf* nervousness.
nervure [nɛrvyr] *nf* **-1.** [de feuille, d'aile] vein. **-2.** [de voûte] rib.
n'est-ce pas [nɛspa] *adv*: **vous me croyez, ~?** you believe me, don't you?; **c'est délicieux, ~?** it's delicious, isn't it?; **~ que vous vous êtes bien amusés?** you enjoyed yourselves, didn't you?
net, nette [nɛt] *adj* **-1.** [écriture, image, idée] clear. **-2.** [propre, rangé] clean, neat. **-3.** COMM & FIN net; **~ d'impôt** tax-exempt *Am*, tax-free *Br*. **-4.** [visible, manifeste] definite, distinct.
◆ **net** *adv* **-1.** [sur le coup] on the spot; **s'arrêter ~** to stop dead; **se casser ~** to break clean off. **-2.** [franchement - parler] plainly.
. **Net** [nɛt] *nm fam*: **le ~** the Net; **surfer sur le ~** to surf the Net.
nettement [nɛtmɑ̃] *adv* **-1.** [clairement] clearly. **-2.** [incontestablement] definitely; **~ mieux** definitely better; **~ plus/moins** much more/less.
netteté [nɛtte] *nf* clearness.
nettoie, nettoies *etc* → nettoyer.
nettoyage [netwajaʒ] *nm* [de vêtement] cleaning; **~ à sec** dry cleaning.
nettoyant [netwajɑ̃] *nm* cleaning fluid.
nettoyer [nɛtwaje] [13] *vt* **-1.** [gén] to clean. **-2.** [grenier] to clear out. **-3.** [suj: police, soldats] to clean up.
neuf¹, neuve [nœf, nœv] *adj* new; **flambant ~** brand new.
◆ **neuf** *nm*: **vêtu de ~** wearing new clothes; **quoi de ~?** what's new?; **rien de ~** nothing new; **refaire** OU **remettre à ~** to make as good as new, to refurbish.

neuf² [nœf] *adj num & nm* nine; *voir aussi* **six**.
neurasthénie [nørasteni] *nf* depression.
neurasthénique [nørastenik] *nmf & adj* depressive.
neurochirurgie [nørɔʃiryrʒi] *nf* neurosurgery.
neuroleptique [nørɔlɛptik] ◇ *nm* neuroleptic drug. ◇ *adj* neuroleptic.
neurologie [nørɔlɔʒi] *nf* neurology.
neurologique [nørɔlɔʒik] *adj* neurological.
neurologue [nørɔlɔg] *nmf* neurologist.
neurovégétatif, -ive [nøroveʒetatif, iv] *adj*: **système ~** nervous system.
neutralisation [nøtralizasjɔ̃] *nf* neutralization.
neutraliser [nøtralize] [3] *vt* to neutralize.
neutralité [nøtralite] *nf* neutrality.
neutre [nøtr] ◇ *nm* LING neuter. ◇ *adj* **-1.** [gén] neutral. **-2.** LING neuter.
neutron [nøtrɔ̃] *nm* neutron.
neuve → neuf.
neuvième [nœvjɛm] ◇ *adj num, nm & nmf* ninth; *voir aussi* **sixième**. ◇ *nf* SCOL ≃ third grade *Am*, ≃ first year OU form (*at junior school*) *Br*.
névé [neve] *nm* snowbank.
neveu, -x [nəvø] *nm* nephew.
névralgie [nevralʒi] *nf* **-1.** MÉD neuralgia. **-2.** [mal de tête] headache.
névralgique [nevralʒik] *adj* **-1.** [douloureux] neuralgic. **-2.** *fig* [sensible] sensitive.
névrose [nevroz] *nf* neurosis.
névrosé, -e [nevroze] *adj & nm, f* neurotic.
névrotique [nevrɔtik] *adj* neurotic.
New Delhi [njudeli] *n* New Delhi.
New York [njujɔrk] *n* **-1.** [ville] New York (City); **à ~** in New York (City). **-2.** [état] New York State; **dans l'État de ~** in New York State.
new-yorkais, -e [njujɔrkɛ, ɛz] (*mpl* new-yorkais, *fpl* new-yorkaises) *adj* from New York.
◆ **New-Yorkais, -e** *nm, f* New Yorker.
nez [ne] *nm* nose; **saigner du ~** to have a nosebleed; **~ aquilin** aquiline nose; **~ busqué** hooked nose; **~ camus** pug nose; **~ retroussé** snub nose; **avoir le ~ fin** to have a good sense of smell; *fig* to have foresight; **~ à ~** face to face; **ça lui pend au ~** *fam* he's got it coming to him; **faire qqch au ~ et à la barbe de qqn** to do sthg (right) under sb's nose; **mettre le ~ dehors** to put one's nose outside; **mettre le ~ à la fenêtre** to show one's face at the window; **raccro-**

cher au ~ **de qqn** to hang up on sb; **rire au** ~ **de qqn** to laugh in sb's face.

NF (*abr de* **Norme française**) *French industrial standard,* ≃ BS *Br.*

ni [ni] *conj:* **sans pull** ~ **écharpe** without a sweater or a scarf; **je ne peux** ~ **ne veux venir** I neither can nor want to come.

◆ **ni ... ni** *loc corrélative* neither ... nor; ~ **lui** ~ **moi** neither of us; ~ **l'un** ~ **l'autre** n'a parlé neither of them spoke; **je ne les aime** ~ **l'un** ~ **l'autre** I don't like either of them.

niable [njabl] *adj* deniable.

Niagara [njagara] *nm:* **les chutes du** ~ Niagara Falls.

niais, -e [njɛ, njɛz] ◇ *adj* silly, foolish. ◇ *nm, f* fool.

niaisement [njɛzmã] *adv* foolishly.

niaiserie [njɛzri] *nf* foolishness (*U*); **dire des** ~s to talk rubbish.

Niamey [njamɛ] *n* Niamey.

Nicaragua [nikaragwa] *nm:* **le** ~ Nicaragua; **au** ~ in Nicaragua.

nicaraguayen, -enne [nikaragwajɛ̃, jɛn] *adj* Nicaraguan.

◆ **Nicaraguayen, -enne** *nm, f* Nicaraguan.

niche [niʃ] *nf* **-1.** [de chien] kennel. **-2.** [de statue] niche. **-3.** *fam* [farce] trick.

nicher [niʃe] [3] *vi* **-1.** [oiseaux] to nest. **-2.** *fam* [personne] to live.

◆ **se nicher** *vp* to hide.

nickel [nikɛl] ◇ *nm* nickel. ◇ *adj inv fam* spotless, spick and span.

niçois, -e [niswa, az] *adj* of/from Nice; **salade** ~e *salad made out of lettuce, green peppers, tuna fish, tomatoes, anchovy and hard-boiled egg.*

◆ **Niçois, -e** *nm, f* native OU inhabitant of Nice.

Nicosie [nikɔzi] *n* Nicosia.

nicotine [nikɔtin] *nf* nicotine.

nid [ni] *nm* nest; ~-**d'abeilles** [tissu] waffle cloth; ~ **à poussière** *fig* dust trap.

◆ **nid de poule** *nm* pothole.

nièce [njɛs] *nf* niece.

nier [nje] [9] *vt* to deny.

nigaud, -e [nigo, od] ◇ *adj* silly. ◇ *nm, f* simpleton.

Niger [niʒɛr] *nm* **-1.** [fleuve]: **le** ~ the River Niger. **-2.** [État]: **le** ~ Niger; **au** ~ in Niger.

Nigeria [niʒɛrja] *nm:* **le** ~ Nigeria; **au** ~ in Nigeria.

nigérian, -e [niʒɛrjɑ̃, an] *adj* Nigerian.

◆ **Nigérian, -e** *nm, f* Nigerian.

nigérien, -ienne [niʒɛrjɛ̃, jɛn] *adj* Nigerien.

◆ **Nigérien, -ienne** *nm, f* Nigerien.

night-club [najtklœb] (*pl* **night-clubs**) *nm* nightclub.

Nil [nil] *nm:* **le** ~ the Nile; **le** ~ **Blanc** the White Nile; **le** ~ **Bleu** the Blue Nile.

n'importe → **importer**.

nippes [nip] *nfpl fam* gear (*U*).

nippon, -one [nipɔ̃, ɔn] *adj* Japanese.

◆ **Nippon, -one** *nm, f* Japanese (person); **les Nippons** the Japanese.

nirvana [nirvana] *nm* nirvana.

nitrate [nitrat] *nm* nitrate.

nitrique [nitrik] *adj* nitric.

nitroglycérine [nitrɔgliserin] *nf* nitroglycerine.

niveau, -x [nivo] *nm* **-1.** [gén] level; **de même** ~ *fig* of the same standard; ~ **à bulle** spirit level; **au-dessus du** ~ **de la mer** above sea level; ~ **scolaire** standard of education; ~ **de vie** standard of living; **au** ~ **de** at the level of; *fig* [en ce qui concerne] as regards. **-2.** LING: ~ **de langue** register.

niveler [nivle] [24] *vt* to level; *fig* to level out.

nivellement [nivɛlmã] *nm* levelling; *fig* levelling out; ~ **par le bas** levelling down.

NN (*abr de* **nouvelle norme**) *revised standard of hotel classification.*

noble [nɔbl] ◇ *nmf* nobleman (*f* noblewoman). ◇ *adj* noble.

noblement [nɔblǝmã] *adv* nobly.

noblesse [nɔblɛs] *nf* nobility.

noce [nɔs] *nf* **-1.** [mariage] wedding. **-2.** [invités] wedding party. **-3.** *loc:* **faire la** ~ *fam* to live it up.

◆ **noces** *nfpl* wedding (*sg*); **convoler en justes** ~s to be married; **elle l'a épousé en secondes** ~s he is her second husband; ~s **d'or/d'argent** golden/silver wedding (anniversary).

nocif, -ive [nɔsif, iv] *adj* **-1.** [produit, gaz] noxious. **-2.** *fig* [théorie, doctrine] harmful.

nocivité [nɔsivite] *nf* **-1.** [de produit, gaz] noxiousness. **-2.** *fig* [de théorie, doctrine] harmfulness.

noctambule [nɔktãbyl] *nmf* night bird.

nocturne [nɔktyrn] ◇ *nm* **-1.** MUS nocturne. **-2.** ZOOL night hunter. ◇ *nm ou nf* **-1.** [d'un magasin] late opening; **ouvert en** ~ open late. **-2.** SPORT: **match en** ~ evening game. ◇ *adj* **-1.** [émission, attaque] night (*avant n*). **-2.** [animal] nocturnal.

nodule [nɔdyl] *nm* nodule.

Noël [nɔɛl] *nm* Christmas; **joyeux** ~! happy OU merry Christmas!

nœud [nø] *nm* **-1.** [de fil, de bois] knot; ~ **coulant** slipknot; **double** ~ double knot. **-2.** NAVIG knot; **filer à X** ~**s** NAVIG to do X knots. **-3.** *fig* & *littéraire* [attachement] bond. **-4.** [de l'action, du problème] crux. **-5.** [ornement] bow; ~ **de cravate** knot (*in one's tie*); ~ **papillon** bow tie. **-6.** ANAT, ASTRON, ÉLECTR & RAIL node.

noie, **noies** *etc* → noyer.

noierai, **noieras** *etc* → noyer.

noir, **-e** [nwar] *adj* **-1.** [gén] black; ~ **de** [poussière, suie] black with. **-2.** [pièce, couloir] dark. **-3.** *fig* [pressentiment] somber *Am*, sombre *Br*. **-4.** *fig* [ivre] drunk.
◆ **Noir**, **-e** *nm, f* black.
◆ **noir** *nm* **-1.** [couleur] black; ~ **sur blanc** *fig* in black and white. **-2.** [obscurité] dark. **-3.** *loc*: **acheter qqch au** ~ to buy sthg on the black market; **broyer du** ~ to be down in the dumps; **travail au** ~ moonlighting; **travailler au** ~ to moonlight; **voir tout en** ~ to see the dark side of everything.
◆ **noire** *nf* quarter note *Am*, crotchet *Br*.

noirâtre [nwaratr] *adj* blackish.

noiraud, **-e** [nwaro, od] ◇ *adj* swarthy. ◇ *nm, f* swarthy person.

noirceur [nwarsœr] *nf* **-1.** *littéraire* [couleur] blackness. **-2.** *fig* [méchanceté] wickedness.

noircir [nwarsir] [32] ◇ *vi* to darken. ◇ *vt* *litt* & *fig* to blacken.
◆ **se noircir** *vp* [devenir noir] to darken.

Noire → mer.

noise [nwaz] *nf littéraire*: **chercher** ~ **à qqn** to pick a quarrel with sb.

noisetier [nwaztje] *nm* hazel tree.

noisette [nwazɛt] ◇ *nf* **-1.** [fruit] hazelnut. **-2.** [petite quantité]: **une** ~ **de beurre** a knob of butter. ◇ *adj inv* hazel.

noix [nwa] *nf* **-1.** [fruit] walnut; ~ **de cajou** cashew (nut); ~ **de coco** coconut; ~ **de muscade** nutmeg. **-2.** [de viande]: ~ **de veau** cushion of veal. **-3.** *loc*: **à la** ~ *fam* dreadful.

nom [nɔ̃] *nm* **-1.** [gén] name; **au** ~ **de** in the name of; ~ **de Dieu!** *tfam* God damn it!, bloody hell! *Br*; ~ **d'un chien** OU **d'une pipe!** *fam* drat!; **faux** ~ false name; ~ **déposé** trade name; ~ **d'emprunt** assumed name; ~ **de famille** surname; ~ **de fichier** INFORM filename; ~ **de jeune fille** maiden name; **traiter qqn de tous les** ~**s** to call sb all the names under the sun. **-2.** [prénom] (first) name. **-3.** GRAM noun; ~ **composé** compound noun; ~ **propre/commun** proper/common noun.

nomade [nɔmad] ◇ *nmf* nomad. ◇ *adj* nomadic.

nombre [nɔ̃br] *nm* number; **au** ~ **de** among; **bon** ~ **de** a large number of, a good many; **un bon** ~ **d'entre nous/eux** many of us/them; **venir en** ~ to come in large numbers; ~ **pair/impair** even/odd number.

nombreux, **-euse** [nɔ̃brø, øz] *adj* **-1.** [famille, foule] large. **-2.** [erreurs, occasions] numerous; **peu** ~ few.

nombril [nɔ̃bril] *nm* navel; **il se prend pour le** ~ **du monde** he thinks she's the world revolves around him.

nombrilisme [nɔ̃brilism] *nm fam péj* navel-gazing.

nomenclature [nɔmãklatyr] *nf* **-1.** [terminologie] nomenclature. **-2.** [liste] word list.

nominal, **-e**, **-aux** [nɔminal, o] *adj* **-1.** [liste] of names. **-2.** [valeur, autorité] nominal. **-3.** GRAM noun (*avant n*).

nominalement [nɔminalmã] *adv* **-1.** [désigner] by name. **-2.** GRAM nominally.

nominatif, **-ive** [nɔminatif, iv] *adj* [liste] of names.
◆ **nominatif** *nm* GRAM nominative.

nomination [nɔminasjɔ̃] *nf* nomination, appointment.

nommé, **-e** [nɔme] ◇ *adj* **-1.** [désigné] named. **-2.** [choisi] appointed. ◇ *nm, f* aforementioned.

nommément [nɔmemã] *adv* [citer] by name.

nommer [nɔme] [3] *vt* **-1.** [appeler] to name, to call. **-2.** [qualifier] to call. **-3.** [promouvoir] to appoint, to nominate. **-4.** [dénoncer, mentionner] to name.
◆ **se nommer** *vp* **-1.** [s'appeler] to be called. **-2.** [se désigner] to give one's name.

non [nɔ̃] ◇ *adv* **-1.** [réponse négative] no. **-2.** [se rapportant à une phrase précédente] not; **moi** ~ not me; **moi** ~ **plus** (and) neither am/do *etc* I; **elle ne travaille pas aujourd'hui, moi** ~ **plus** she's not working today and neither am I. **-3.** [sert à demander une confirmation]: **c'est une bonne idée,** ~**?** it's a good idea, isn't it? **-4.** [modifie un adjectif ou un adverbe] not; ~ **loin d'ici** not far from here; **une difficulté** ~ **négligeable** a not inconsiderable problem.
◇ *nm inv* no.
◆ **non moins** *loc adv* no less.
◆ **non (pas)** ... **mais** *loc corrélative* not ... but; ~ **pas maigre, mais mince** not skinny but slim.
◆ **non plus** ... **mais** *loc corrélative* no longer ... but.
◆ **non (pas) que** ... **mais** *loc corrélative* not that ... but.

◆ **non seulement ... mais (encore)** *loc corrélative* not only ... but also.

nonagénaire [nɔnaʒenɛr] *nmf & adj* nonagenarian.

non-agression [nɔnagresjɔ̃] *nf* non-aggression.

non-aligné, -e [nɔnaliɲe] *adj* non-aligned; **les pays ~s** the non-aligned countries.

nonante [nɔnɑ̃t] *adj num Belg & Helv* ninety.

non-assistance [nɔnasistɑ̃s] *nf* non-assistance; **~ à personne en danger** failure to give assistance to a person in danger.

nonchalance [nɔ̃ʃalɑ̃s] *nf* nonchalance, casualness.

nonchalant, -e [nɔ̃ʃalɑ̃, ɑ̃t] *adj* nonchalant, casual.

non-combattant, -e [nɔ̃kɔ̃batɑ̃, ɑ̃t] ◇ *adj* noncombatant. ◇ *nm, f* noncombatant.

non-conformiste [nɔ̃kɔ̃fɔrmist] ◇ *nmf* nonconformist. ◇ *adj* unconventional.

non-conformité [nɔ̃kɔ̃fɔrmite] *nf* nonconformity.

non-dit [nɔ̃di] *nm* unvoiced feeling.

non-fumeur, -euse [nɔ̃fymœr, øz] ◇ *nm, f* non-smoker. ◇ *adj* non-smoking (*avant n*).

non-ingérence [nɔnɛ̃ʒerɑ̃s] *nf* noninterference.

non-inscrit, -e [nɔnɛ̃skri, it] *adj & nm, f* POLIT independent.

non-intervention [nɔnɛ̃tɛrvɑ̃sjɔ̃] *nf* non-intervention.

non-lieu [nɔ̃ljø] (*pl* **non-lieux**) *nm* JUR dismissal through lack of evidence; **rendre un ~** to dismiss a case for lack of evidence.

nonne [nɔn] *nf* nun.

nonobstant [nɔnɔpstɑ̃] *sout* ◇ *prép* notwithstanding. ◇ *adv* nevertheless.

non-paiement [nɔ̃pemɑ̃] *nm* nonpayment.

non-recevoir [nɔ̃rəsəvwar]
◆ **fin de non-recevoir** *nf* JUR objection.

non-résident [nɔ̃rezidɑ̃] *nm* nonresident.

non-retour [nɔ̃rətur]
◆ **point de non-retour** *nm* point of no return.

non-sens [nɔ̃sɑ̃s] *nm inv* **-1.** [absurdité] nonsense. **-2.** [contresens] meaningless word.

non-stop [nɔnstɔp] *adj inv* non-stop.

non-violence [nɔ̃vjɔlɑ̃s] *nf* non-violence.

non-voyant, -e [nɔ̃vwajɑ̃, ɑ̃t] *nm, f* visually handicapped.

nord [nɔr] ◇ *nm* north; **un vent du ~** a northerly wind; **le vent du ~** the north wind; **au ~** in the north; **au ~ (de)** to the north (of); **le grand Nord** the frozen North;

perdre le ~ *fam fig* to lose one's head. ◇ *adj inv* north; [province, région] northern.

nord-africain, -e [nɔrafrikɛ̃, ɛn] (*mpl* **nord-africains**, *fpl* **nord-africaines**) *adj* North African.
◆ **Nord-Africain, -e** *nm, f* North African.

nord-américain, -e [nɔramerikɛ̃, ɛn] (*mpl* **nord-américains**, *fpl* **nord-américaines**) *adj* North American.
◆ **Nord-Américain, -e** *nm, f* North American.

nord-coréen, -enne [nɔrkɔreɛ̃, ɛn] *adj* (*mpl* **nord-coréens**, *fpl* **nord-coréennes**) North Korean.
◆ **Nord-Coréen, -enne** *nm, f* North Korean.

nord-est [nɔrɛst] *nm & adj inv* north-east.

nordicité [nɔrdisite] *nf Can* northerliness.

nordique [nɔrdik] *adj* Nordic, Scandinavian.
◆ **Nordique** *nmf* **-1.** [Scandinave] Scandinavian. **-2.** *Can* North Canadian.

nord-ouest [nɔrwɛst] *nm & adj inv* north-west.

normal, -e, -aux [nɔrmal, o] *adj* normal.
◆ **normale** *nf* **-1.** [moyenne]: **la ~e** the norm. **-2.** *Can* GOLF par.

normalement [nɔrmalmɑ̃] *adv* normally, usually; **~ il devrait déjà être arrivé** he should have arrived by now.

normalien, -ienne [nɔrmaljɛ̃, jɛn] *nm, f* student at teachers college *Am* OU teacher training college *Br*.

normalisation [nɔrmalizasjɔ̃] *nf* **-1.** [stabilisation] normalization. **-2.** [standardisation] standardization.

normaliser [nɔrmalize] [3] *vt* **-1.** [situation] to normalize. **-2.** [produit] to standardize.
◆ **se normaliser** *vp* to return to normal.

normalité [nɔrmalite] *nf* normality.

normand, -e [nɔrmɑ̃, ɑ̃d] *adj* Norman.
◆ **Normand, -e** *nm, f* Norman.

Normandie [nɔrmɑ̃di] *nf*: **la ~** Normandy.

normatif, -ive [nɔrmatif, iv] *adj* prescriptive.

norme [nɔrm] *nf* **-1.** [gén] standard, norm; **être hors ~s** to be non-standard. **-2.** [critère] criterion.

Norvège [nɔrvɛʒ] *nf*: **la ~** Norway.

norvégien, -ienne [nɔrveʒjɛ̃, jɛn] *adj* Norwegian.
◆ **norvégien** *nm* [langue] Norwegian.
◆ **Norvégien, -ienne** *nm, f* Norwegian.

nos → notre.

nostalgie [nɔstalʒi] *nf* nostalgia; **avoir la ~ de** to feel nostalgia for.

nostalgique [nɔstalʒik] *adj* nostalgic.

nota bene [nɔtabene] *nm inv* nota bene.

notable [nɔtabl] ◇ *adj* noteworthy, notable. ◇ *nm* notable.

notablement [nɔtabləmã] *adv* notably.

notaire [nɔtɛr] *nm* ≃ lawyer, ≃ solicitor *Br*.

notamment [nɔtamã] *adv* in particular.

notarial, -e, -iaux [nɔtarjal, jo] *adj* notarial.

notarié, -e [nɔtarje] *adj* ≃ drawn up by a lawyer OU solicitor *Br*.

notation [nɔtasjɔ̃] *nf* **-1.** [système] notation. **-2.** [remarque] note. **-3.** SCOL marking, grading *Am*.

note [nɔt] *nf* **-1.** [gén & MUS] note; **prendre des ~s** to take notes; **prendre qqch en ~** to make a note of sthg; **fausse ~** MUS false note; *fig* sour note; **~ de bas de page** footnote; **~ de service** memo. **-2.** SCOL & UNIV mark, grade *Am*; **avoir une bonne/mauvaise ~** to have a good/bad mark. **-3.** [facture] bill; **une ~ salée** *fam* a hefty OU steep bill.

noter [nɔte] [3] *vt* **-1.** [écrire] to note down. **-2.** [constater] to note, to notice. **-3.** SCOL & UNIV to mark, to grade *Am*. **-4.** [marquer] to mark.

notice [nɔtis] *nf* instructions (*pl*); **~ explicative** directions for use.

notification [nɔtifikasjɔ̃] *nf* notification.

notifier [nɔtifje] [9] *vt*: **~ qqch à qqn** to notify sb of sthg.

notion [nɔsjɔ̃] *nf* **-1.** [conscience, concept] notion, concept. **-2.** (*gén pl*) [rudiment] smattering (*U*).

notoire [nɔtwar] *adj* [fait] well-known; [criminel] notorious.

notoirement [nɔtwarmã] *adv* notoriously.

notoriété [nɔtɔrjete] *nf* **-1.** [de fait] notoriety; **être de ~ publique** to be common OU public knowledge. **-2.** [célébrité] fame.

notre [nɔtr] (*pl* **nos** [no]) *adj poss* our.

nôtre [nɔtr]
◆ **le nôtre** (*f* **la nôtre**, *pl* **les nôtres**) *pron poss* ours; **les ~s** our family (*sg*); **serez-vous des ~s demain?** will you be joining us tomorrow?; **il faut y mettre du ~** we'll all have to pull our weight.

Nouakchott [nuakʃɔt] *n* Nouakchott.

nouba [nuba] *nf*: **faire la ~** *fam* to paint the town red.

nouer [nwe] [6] *vt* **-1.** [corde, lacet] to tie; [bouquet] to tie up. **-2.** *fig* [gorge, estomac] to knot. **-3.** *sout* [alliance, amitié] to make, to form.
◆ **se nouer** *vp* **-1.** [gorge] to tighten up.

-2. [alliance, amitié] to be formed. **-3.** [intrigue] to start.

noueux, -euse [nwø, øz] *adj* [bois] knotty; [mains] gnarled.

nougat [nuga] *nm* nougat.

nouille [nuj] *nf fam péj* idiot.
◆ **nouilles** *nfpl* [pâtes] pasta (*U*), noodles (*pl*).

Nouméa [numea] *n* Nouméa.

nounou [nunu] *nf* nanny.

nourrice [nuris] *nf* **-1.** [garde d'enfants] nanny, child-minder; [qui allaite] wet nurse. **-2.** [réservoir] can *Am*, jerrycan *Br*.

nourrir [nurir] [32] *vt* **-1.** [gén] to feed; **nourri-logé-blanchi** board, lodging and laundry. **-2.** [sentiment, projet] to nurture. **-3.** [style, esprit] to improve.
◆ **se nourrir** *vp* to eat; **se ~ de qqch** *litt* & *fig* to live on sthg.

nourrissant, -e [nurisã, ãt] *adj* nutritious, nourishing.

nourrisson [nurisɔ̃] *nm* infant.

nourriture [nurityr] *nf* food.

nous [nu] *pron pers* **-1.** [sujet] we. **-2.** [objet] us.
◆ **nous-mêmes** *pron pers* ourselves.

nouveau, -elle, -x [nuvo, nuvɛl, nuvo] (**nouvel** *devant voyelle et h muet*) ◇ *adj* new; **~x mariés** newlyweds. ◇ *nm, f* new boy (*f* new girl).
◆ **nouveau** *nm*: **il y a du ~** there's something new.
◆ **nouvelle** *nf* **-1.** [information] (piece of) news (*U*). **-2.** [court récit] short story.
◆ **nouvelles** *nfpl* news; **les nouvelles** MÉDIA the news (*sg*); **il a donné de ses nouvelles** I/we *etc* have heard from him; **être sans nouvelles de qqn/qqch** to have no news of sb/sthg; **aux dernières nouvelles ...** the latest is ....
◆ **à nouveau** *loc adv* **-1.** [encore] again. **-2.** [de manière différente] afresh, anew.
◆ **de nouveau** *loc adv* again.

nouveau-né, -e [nuvone] (*mpl* **nouveau-nés**, *fpl* **nouveau-nées**) ◇ *adj* newborn. ◇ *nm, f* newborn baby.

nouveauté [nuvote] *nf* **-1.** [actualité] novelty. **-2.** [innovation] something new. **-3.** [ouvrage] new book/film *etc*.

nouvel, nouvelle → **nouveau**.

Nouvelle-Calédonie [nuvɛlkaledɔni] *nf*: **la ~** New Caledonia.

Nouvelle-Écosse [nuvɛlekɔs] *nf*: **la ~** Nova Scotia.

Nouvelle-Guinée [nuvɛlgine] *nf*: **la ~** New Guinea.

nouvellement

nouvellement [nuvɛlmɑ̃] *adv* recently.

Nouvelle-Orléans [nuvɛlɔrleɑ̃] *n*: **La ~** New Orleans.

Nouvelle-Zélande [nuvɛlzelɑ̃d] *nf*: **la ~** New Zealand.

novateur, -trice [nɔvatœr, tris] ◇ *adj* innovative. ◇ *nm, f* innovator.

novembre [nɔvɑ̃br] *nm* November; *voir aussi* **septembre.**

novice [nɔvis] ◇ *nmf* novice. ◇ *adj* inexperienced.

noyade [nwajad] *nf* drowning.

noyau, -x [nwajo] *nm* **-1.** [de fruit] stone, pit. **-2.** ASTRON, BIOL & PHYS nucleus. **-3.** *fig* [d'amis] group, circle; [d'opposants, de résistants] cell; **~ dur** hard core. **-4.** *fig* [centre] core.

noyauter [nwajote] [3] *vt* to infiltrate.

noyé, -e [nwaje] ◇ *adj* **-1.** [personne] drowned. **-2.** [inondé] flooded; **yeux ~s de larmes** eyes swimming with tears. ◇ *nm, f* drowned person.

noyer [nwaje] [13] *vt* **-1.** [animal, personne] to drown; **~ son chagrin** to drown one's sorrows. **-2.** [terre, moteur] to flood. **-3.** [estomper, diluer] to swamp; [contours] to blur. ◆ **se noyer** *vp* **-1.** [personne] to drown. **-2.** *fig* [se perdre]: **se ~ dans** to become bogged down in. **-3.** [s'estomper] to be swamped.

N/Réf (*abr de* **Notre référence**) O/Ref.

NRF (*abr de* **Nouvelle Revue Française**) *nf* **-1.** [revue] *literary review.* **-2.** [mouvement] *literary movement.*

nu, -e [ny] *adj* **-1.** [personne] naked. **-2.** [paysage, fil électrique] bare. **-3.** [style, vérité] plain. ◆ **nu** *nm* nude; **à ~** stripped, bare; **mettre à ~** to strip bare.

nuage [nɥaʒ] *nm* **-1.** [gén] cloud; **être dans les ~s** *fig* to have one's head in the clouds. **-2.** [petite quantité]: **un ~ de lait** a drop of milk. **-3.** *Can* [foulard] scarf.

nuageux, -euse [nɥaʒø, øz] *adj* **-1.** [temps, ciel] cloudy. **-2.** *fig* [esprit] hazy.

nuance [nɥɑ̃s] *nf* **-1.** [de couleur] shade; [de son, de sens] nuance; **tout en ~s** extremely subtle. **-2.** [touche]: **~ de** touch of, trace of.

nuancer [nɥɑ̃se] [16] *vt* **-1.** [couleurs] to shade. **-2.** [pensée] to qualify.

nubile [nybil] *adj* nubile.

nucléaire [nykleɛr] ◇ *nm* nuclear energy. ◇ *adj* nuclear.

nudisme [nydism] *nm* nudism, naturism.

nudiste [nydist] *nmf & adj* nudist.

nudité [nydite] *nf* **-1.** [de personne] nudity, nakedness. **-2.** [de lieu, style] bareness.

nuée [nɥe] *nf* **-1.** [multitude]: **une ~ de** a horde of. **-2.** *littéraire* [nuage] cloud.

nues [ny] *nfpl*: **tomber des ~** to be completely taken aback.

nui [nɥi] *pp inv* → **nuire.**

nuire [nɥir] [97] *vi*: **~ à** to harm, to injure. ◆ **se nuire** *vp* to harm o.s.

nuisais, nuisions *etc* → **nuire.**

nuisance [nɥizɑ̃s] *nf* nuisance (*U*), harm (*U*); **~s sonores** noise pollution.

nuise, nuises *etc* → **nuire.**

nuisette [nɥizɛt] *nf* short nightgown, babydoll nightgown.

nuisible [nɥizibl] *adj* harmful.

nuit [nɥi] *nf* **-1.** [laps de temps] night; **cette ~** [la nuit dernière] last night; [la nuit prochaine] tonight; **de ~** at night; **bateau/vol de ~** night ferry/flight; **passer la ~ à l'hôtel** to spend the night in a hotel; **~ blanche** sleepless night. **-2.** [obscurité] darkness, night; **il fait ~** it's dark; **perdu dans la ~ des temps** lost in the mists of time.

nuitamment [nɥitamɑ̃] *adv littéraire* by night.

nuitée [nɥite] *nf* overnight stay.

nul, nulle [nyl] ◇ *adj indéf (avant n) littéraire* no. ◇ *adj (après n)* **-1.** [égal à zéro] nil. **-2.** [sans valeur] useless, hopeless; **c'est ~!** *fam* it's rubbish! **-3.** [sans résultat]: **match ~** draw. **-4.** [caduc]: **~ et non avenu** JUR null and void. ◇ *nm, f péj* nonentity. ◇ *pron indéf* sout no one, nobody. ◆ **nulle part** *adv* no-place *Am,* nowhere *Br.*

nullement [nylmɑ̃] *adv* by no means.

nullité [nylite] *nf* **-1.** [médiocrité] incompetence. **-2.** *péj* [personne] nonentity. **-3.** JUR invalidity, nullity.

numéraire [nymerɛr] ◇ *nm* cash. ◇ *adj* [espèces] legal.

numéral, -e, -aux [nymeral, o] *adj* numeral. ◆ **numéral, -aux** *nm* numeral.

numérateur [nymeratœr] *nm* numerator.

numération [nymerasjɔ̃] *nf* **-1.** MATHS numeration. **-2.** MÉD: **~ globulaire** blood count.

numérique [nymerik] *adj* **-1.** [gén] numerical. **-2.** INFORM digital.

numériquement [nymerikmɑ̃] *adv* numerically.

numéro [nymero] *nm* **-1.** [gén] number; **composer** OU **faire un ~** to dial a number; **faire un faux ~** to dial a wrong number; **~ minéralogique** OU **d'immatriculation** license *Am* OU registration *Br* number; **~ azur** *telephone number for which calls are charged at the* *local rate irrespective of the actual distance covered*; ~ **de téléphone** telephone number; ~ **vert** ≃ freefone number; **tirer le mauvais ~** *fig* to get a raw deal. **-2.** [de spectacle] act, turn; **faire son** ~ *fig* to do one's little act. **-3.** *fam* [personne]: **quel ~!** what a character!

numéroter [nymerɔte] [3] *vt* to number.

numerus clausus [nymerysklɔzys] *nm* restricted intake of students.

numismatique [nymismatik] ◇ *nf* numismatics (U). ◇ *adj* numismatic.

nu-pieds [nypje] *nm inv* [sandale] sandal.

nuptial, -e, -iaux [nypsjal, jo] *adj* nuptial.

nuque [nyk] *nf* nape.

nurse [nœrs] *nf* children's nurse, nanny.

nutritif, -ive [nytritif, iv] *adj* nutritious.

nutritionniste [nytrisjɔnist] *nmf* nutritionist, dietician.

Nylon® [nilɔ̃] *nm* nylon.

nymphe [nɛ̃f] *nf* nymph.

nymphomane [nɛ̃fɔman] *nf & adj* nymphomaniac.

o, O [o] *nm inv* [lettre] o, O.
◆ **O** (*abr de* **Ouest**) W.

ô [o] *interj* oh!, O!

OACI (*abr de* **Organisation de l'aviation civile internationale**) *nf* ICAO.

OAS (*abr de* **Organisation de l'armée secrète**) *nf organization opposed to independence in Algeria in the 1960s.*

oasis [ɔazis] *nf* **-1.** [dans désert] oasis. **-2.** *fig* [de calme] haven, oasis.

obédience [ɔbedjɑ̃s] *nf* [appartenance] allegiance, persuasion; **être d'~ marxiste/catholique** to be a Marxist/Catholic.

obéir [ɔbeir] [32] *vi* **-1.** [personne]: ~ **à qqn/qqch** to obey sb/sthg. **-2.** [freins] to respond.

obéissance [ɔbeisɑ̃s] *nf* obedience; **devoir ~ à qqn** to owe sb allegiance.

obéissant, -e [ɔbeisɑ̃, ɑ̃t] *adj* obedient.

obélisque [ɔbelisk] *nm* obelisk.

obèse [ɔbɛz] ◇ *nmf* obese person. ◇ *adj* obese.

obésité [ɔbezite] *nf* obesity.

objecter [ɔbʒɛkte] [4] *vt* **-1.** [répliquer] to raise as an objection; ~ **que** to object that. **-2.** [prétexter]: ~ **qqch (à qqn)** to put forward sthg as an excuse (to sb).

objecteur [ɔbʒɛktœr] *nm* objector; ~ **de conscience** conscientious objector.

objectif, -ive [ɔbʒɛktif, iv] *adj* objective.
◆ **objectif** *nm* **-1.** PHOT lens. **-2.** [but, cible] objective, target.

objection [ɔbʒɛksjɔ̃] *nf* objection; **faire ~ à** to object to.

objectivement [ɔbʒɛktivmɑ̃] *adv* objectively.

objectivité [ɔbʒɛktivite] *nf* objectivity.

objet [ɔbʒɛ] *nm* **-1.** [chose] object; ~ **d'art** objet d'art; **~s trouvés** lost and found (office) *Am,* lost property office *Br.* **-2.** [sujet] subject; **être** OU **faire l'~ de** to be the subject of. **-3.** [but] aim, object; **cette réunion a pour ~ de ...** the aim of this meeting is to ...; **sans ~** pointless.

objurgations [ɔbʒyrgasjɔ̃] *nfpl* **-1.** [remontrances] objurgations. **-2.** [prières] pleas.

obligation [ɔbligasjɔ̃] *nf* **-1.** [gén] obligation; **être dans l'~ de faire qqch** to be obliged to do sthg; **sans ~ d'achat** COMM (with) no obligation to buy; **avoir une ~ envers qqn** to be under an obligation to sb. **-2.** FIN bond, debenture.
◆ **obligations** *nfpl* obligations, duties; **avoir des ~s** to have obligations, to have a duty; **~s militaires** military duties.

obligatoire [ɔbligatwar] *adj* **-1.** [imposé] compulsory, obligatory. **-2.** *fam* [inéluctable] inevitable.

obligeance [ɔbliʒɑ̃s] *nf sout* obligingness; **avoir l'~ de faire qqch** to be good OU kind enough to do sthg.

obligeant, -e [ɔbliʒɑ̃, ɑ̃t] *adj* helpful, obliging.

obliger [ɔbliʒe] [17] *vt* **-1.** [forcer]: ~ **qqn à qqch** to impose sthg on sb; ~ **qqn à faire qqch** to force sb to do sthg; **être obligé de faire qqch** to be obliged to do sthg. **-2.** JUR to bind. **-3.** [rendre service à] to oblige.
◆ **s'obliger** *vp*: **s'~ à qqch** to impose sthg on o.s.; **s'~ à faire qqch** to force o.s. to do sthg.

oblique [ɔblik] ◇ *adj* oblique; **en ~** diagonally. ◇ *nf* oblique line.

obliquer [ɔblike] [3] *vi* to turn off.

oblitérer [ɔblitere] [18] *vt* **-1.** [tamponner] to

cancel. **-2.** MÉD to obstruct. **-3.** [effacer] to obliterate.

oblong, oblongue [ɔblɔ̃, ɔ̃g] *adj* oblong.

obnubiler [ɔbnybile] [3] *vt* to obsess; **être obnubilé par** to be obsessed with OU by.

obole [ɔbɔl] *nf* small contribution.

obscène [ɔpsɛn] *adj* obscene.

obscénité [ɔpsenite] *nf* obscenity.

obscur, -e [ɔpskyr] *adj* **-1.** [sombre] dark. **-2.** [confus] vague. **-3.** [inconnu, douteux] obscure.

obscurantisme [ɔpskyrɑ̃tism] *nm* obscurantism.

obscurcir [ɔpskyrsir] [32] *vt* **-1.** [assombrir] to darken. **-2.** [embrouiller] to confuse.
◆ **s'obscurcir** *vp* **-1.** [s'assombrir] to grow dark. **-2.** [s'embrouiller] to become confused.

obscurément [ɔpskyremɑ̃] *adv* obscurely.

obscurité [ɔpskyrite] *nf* **-1.** [nuit] darkness. **-2.** [anonymat] obscurity. **-3.** [hermétisme] abstruseness.

obsédant, -e [ɔpsedɑ̃, ɑ̃t] *adj* haunting.

obsédé, -e [ɔpsede] ◇ *adj* obsessed. ◇ *nm, f* obsessive; **~ sexuel** sex maniac.

obséder [ɔpsede] [18] *vt* to obsess, to haunt.

obsèques [ɔpsɛk] *nfpl* funeral (*sg*).

obséquieux, -ieuse [ɔpsekjø, jøz] *adj* obsequious.

obséquiosité [ɔpsekjozite] *nf* obsequiousness.

observance [ɔpsɛrvɑ̃s] *nf* observance.

observateur, -trice [ɔpsɛrvatœr, tris] ◇ *adj* observant. ◇ *nm, f* observer.

observation [ɔpsɛrvasjɔ̃] *nf* **-1.** [gén] observation; **être en ~** MÉD to be under observation. **-2.** [critique] remark. **-3.** [conformité] observance.

observatoire [ɔpsɛrvatwar] *nm* **-1.** ASTRON observatory. **-2.** [lieu de surveillance] observation post.

observer [ɔpsɛrve] [3] *vt* **-1.** [regarder, remarquer, respecter] to observe. **-2.** [épier] to watch. **-3.** [constater] **~ que** to note that; **faire ~ qqch à qqn** to point sthg out to sb. **-4.** *sout* [attitude] to keep, to maintain.
◆ **s'observer** *vp* **-1.** [se surveiller] to be careful of one's behavior *Am* OU behaviour *Br*. **-2.** [s'épier] to watch each other.

obsession [ɔpsesjɔ̃] *nf* obsession.

obsessionnel, -elle [ɔpsesjɔnɛl] *adj* obsessional.

obsolète [ɔpsɔlɛt] *adj* obsolete.

obstacle [ɔpstakl] *nm* **-1.** [entrave] obstacle. **-2.** *fig* [difficulté] hindrance; **faire ~ à qqch/qqn** to hinder sthg/sb; **rencontrer un ~** to meet an obstacle.

obstétricien, -ienne [ɔpstetrisjɛ̃, jɛn] *nm, f* obstetrician.

obstétrique [ɔpstetrik] *nf* obstetrics (*U*).

obstination [ɔpstinasjɔ̃] *nf* stubbornness, obstinacy.

obstiné, -e [ɔpstine] ◇ *adj* **-1.** [entêté] stubborn, obstinate. **-2.** [acharné] dogged. ◇ *nm, f* stubborn OU obstinate person.

obstinément [ɔpstinemɑ̃] *adv* **-1.** [refuser] obstinately. **-2.** [travailler] doggedly.

obstiner [ɔpstine] [3]
◆ **s'obstiner** *vp* to insist; **s'~ à faire qqch** to persist stubbornly in doing sthg; **s'~ dans qqch** to cling stubbornly to sthg.

obstruction [ɔpstryksjɔ̃] *nf* **-1.** MÉD obstruction, blockage. **-2.** POLIT & SPORT obstruction.

obstructionniste [ɔpstryksjɔnist] *nmf & adj* POLIT obstructionist.

obstruer [ɔpstrye] [3] *vt* to block, to obstruct.
◆ **s'obstruer** *vp* to become blocked.

obtempérer [ɔptɑ̃pere] [18] *vi*: **~ à** to comply with.

obtenir [ɔptənir] [40] *vt* to get, to obtain; **~ qqch de qqn** to get sthg from sb; **~ de faire qqch** to get permission to do sthg; **~ qqch à OU pour qqn** to obtain sthg for sb.

obtention [ɔptɑ̃sjɔ̃] *nf* obtaining.

obtenu, -e [ɔptəny] *pp* → **obtenir.**

obtiendrai, obtiendras *etc* → **obtenir.**

obtienne, obtiennes *etc* → **obtenir.**

obturateur, -trice [ɔptyratœr, tris] *adj* closing (*avant n*).
◆ **obturateur** *nm* **-1.** [valve] stop valve. **-2.** PHOT shutter.

obturation [ɔptyrasjɔ̃] *nf* closing, sealing.

obturer [ɔptyre] [3] *vt* to close, to seal; [dent] to fill.

obtus, -e [ɔpty, yz] *adj* obtuse.

obus [ɔby] *nm* shell.

OC (*abr de* ondes courtes) SW.

occasion [ɔkazjɔ̃] *nf* **-1.** [possibilité, chance] opportunity, chance; **saisir l'~ (de faire qqch)** to seize OU grab the chance (to do sthg); **rater une ~ (de faire qqch)** to miss a chance (to do sthg); **être l'~ de** to give rise to; **à l'~** some time; [de temps en temps] sometimes, on occasion; **à la première ~** at the first opportunity. **-2.** [circonstance] occasion; **à l'~ de** on the occasion of; **dans les**

                             œil

grandes ~s on important occasions. **-3.** [bonne affaire] bargain.

◆ **d'occasion** *loc adv & loc adj* second-hand.

occasionnel, -elle [ɔkazjɔnɛl] *adj* [irrégulier - visite, problème] occasional; [- travail] casual.

occasionner [ɔkazjɔne] [3] *vt* to cause.

occident [ɔksidɑ̃] *nm* west.

◆ **Occident** *nm*: l'Occident the West.

occidental, -e, -aux [ɔksidɑ̃tal, o] *adj* western.

◆ **Occidental, -e, -aux** *nm, f* Westerner.

occiput [ɔksipyt] *nm* back of the head.

occitan, -e [ɔksitɑ̃, an] *adj* Provençal French.

◆ **occitan** *nm* [langue] Provençal French.

◆ **Occitan, -e** *nm, f* speaker of Provençal French.

occlusion [ɔklyzjɔ̃] *nf* **-1.** MÉD blockage, obstruction. **-2.** LING & CHIM occlusion.

occulte [ɔkylt] *adj* occult.

occulter [ɔkylte] [3] *vt* [sentiments] to conceal.

occupant, -e [ɔkypɑ̃, ɑ̃t] ◇ *adj* occupying. ◇ *nm, f* occupant, occupier.

◆ **occupant** *nm*: l'~ the occupying power OU forces (*pl*).

occupation [ɔkypasjɔ̃] *nf* **-1.** [activité] occupation, job; **vaquer à ses ~s** to go about one's business. **-2.** MIL occupation. **-3.** JUR occupancy.

◆ **Occupation** *nf*: l'Occupation the Occupation (of France).

occupé, -e [ɔkype] *adj* **-1.** [personne] busy; **être ~ à qqch** to be busy with sthg. **-2.** [appartement, zone] occupied. **-3.** [place] taken; [toilettes] engaged; **c'est ~** [téléphone] it's busy *Am* OU engaged *Br*.

occuper [ɔkype] [3] *vt* **-1.** [gén] to occupy. **-2.** [espace] to take up. **-3.** [fonction, poste] to hold. **-4.** [ouvriers] to employ.

◆ **s'occuper** *vp* **-1.** [s'activer] to keep o.s. busy; **s'~ à qqch/à faire qqch** to be busy with sthg/doing sthg. **-2.** **s'~ de qqch** [se charger de] to take care of sthg, to deal with sthg; [s'intéresser à] to take an interest in, to be interested in; **occupez-vous de vos affaires!** mind your own business! **-3.** [prendre soin]: **s'~ de qqn** to take care of sb, to look after sb.

occurrence [ɔkyrɑ̃s] *nf* **-1.** [circonstance]: **en l'~** in this case. **-2.** LING occurrence.

OCDE (*abr de* **Organisation de coopération et de développement économique**) *nf* OECD.

océan [ɔseɑ̃] *nm* ocean; l'~ **Antarctique** the Antarctic Ocean; l'~ **Arctique** the Arctic Ocean; l'~ **Atlantique** the Atlantic Ocean; l'~ **Indien** the Indian Ocean; l'~ **Pacifique** the Pacific Ocean.

Océanie [ɔseani] *nf*: l'~ Oceania.

océanien, -ienne [ɔseanjɛ̃, jɛn] *adj* Oceanian.

◆ **Océanien, -ienne** *nm, f* Oceanian.

océanique [ɔseanik] *adj* ocean (*avant n*).

océanographie [ɔseanɔgrafi] *nf* oceanography.

ocelot [ɔslo] *nm* ocelot.

ocre [ɔkr] *adj inv & nf* ocher *Am*, ochre *Br*.

octante [ɔktɑ̃t] *adj num Belg & Helv* eighty.

octave [ɔktav] *nf* octave.

octet [ɔktɛ] *nm* INFORM byte.

octobre [ɔktɔbr] *nm* October; *voir aussi* **septembre**.

octogénaire [ɔktɔʒenɛr] *nmf & adj* octogenarian.

octogone [ɔktɔgɔn] *nm* octagon.

octroie, octroies *etc* → **octroyer**.

octroyer [ɔktrwaje] [13] *vt*: ~ **qqch à qqn** to grant sb sthg, to grant sthg to sb.

◆ **s'octroyer** *vp* to grant o.s., to treat o.s. to.

oculaire [ɔkylɛr] ◇ *nm* eyepiece. ◇ *adj* ocular, eye (*avant n*); **témoin ~** eyewitness.

oculiste [ɔkylist] *nmf* ophthalmologist.

ode [ɔd] *nf* ode.

odeur [ɔdœr] *nf* smell; **ne pas être en ~ de sainteté (auprès de)** *fig* to be out of favor *Am* OU favour *Br* (with).

odieusement [ɔdjøzmɑ̃] *adv* abominably.

odieux, -euse [ɔdjø, jøz] *adj* **-1.** [crime] odious, abominable. **-2.** [personne, attitude] unbearable, obnoxious.

odorant, -e [ɔdɔrɑ̃, ɑ̃t] *adj* sweet-smelling, fragrant.

odorat [ɔdɔra] *nm* (sense of) smell.

odoriférant, -e [ɔdɔriferɑ̃, ɑ̃t] *adj* sweet-smelling, fragrant.

odyssée [ɔdise] *nf* odyssey.

OEA (*abr de* **Organisation des États américains**) *nf* OAS.

œdème [edɛm] *nm* oedema.

œil [œj] (*pl* **yeux** [jø]) *nm* **-1.** [gén] eye; **yeux bridés/exorbités/globuleux** slanting/bulging/protruding eyes; **avoir les yeux cernés** to have bags under one's eyes; **baisser/lever les yeux** to look down/up, to lower/raise one's eyes; **du coin de l'~** out of the corner of one's eye; **écarquiller les**

yeux to stare wide-eyed; **à l'~ nu** to the naked eye; **sous mes/tes** *etc* **yeux** before my/your *etc* very eyes; **à vue d'~** visibly. **-2.** [bulle de graisse] blob of grease OU fat. **-3.** *loc*: **avoir qqch/qqn à l'~** to have one's eye on sthg/sb; **avoir un ~ au beurre noir** to have a black eye; **n'avoir pas froid aux yeux** not to be afraid of anything, to have plenty of nerve; **avoir des yeux de lynx** to have eyes like a hawk; **ne pas avoir les yeux dans sa poche** to be very observant; **couver qqch/qqn des yeux** to look fondly at sthg/sb, to look lovingly at sthg/sb; **ça crève les yeux** it's staring you in the face, it's as plain as the nose on your face; **ne pas en croire ses yeux** not to believe one's eyes; **dévorer qqn/qqch des yeux** [avec insistance] to eye sb/sthg intently; [avec convoitise] to eye sb/sthg greedily; **faire de l'~ à qqn** *fam* to eye sb up; **faire les gros yeux à qqn** to glare at sb; **fermer les yeux sur qqch** to close one's eyes to sthg; **mon ~!** *fam* like hell!; **ouvrir l'~** to keep one's eyes open; **se rincer l'~** *fam* to get an eyeful; **cela saute aux yeux** it's obvious; **tourner de l'~** *fam* to pass out.

œil-de-bœuf [œjdəbœf] (*pl* **œils-de-bœuf**) *nm* bull's eye window.

œillade [œjad] *nf* wink; **lancer une ~ à qqn** to wink at sb.

œillère [œjɛr] *nf* eyebath.

◆ **œillères** *nfpl* blinders *Am*, blinkers *Br*; **avoir des ~s** *fam fig* to be blinkered.

œillet [œjɛ] *nm* **-1.** [fleur] carnation. **-2.** [de chaussure] eyelet.

œnologie [enɔlɔʒi] *nf* wine appreciation.

œnologue [enɔlɔg] *nmf* wine expert.

œsophage [ezɔfaʒ] *nm* esophagus *Am*, oesophagus *Br*.

œstrogène [ɛstrɔʒɛn] *nm* estrogen *Am*, œstrogen *Br*.

œuf [œf] *nm* egg; **~ à la coque/au plat/poché** boiled/fried/poached egg; **~ mollet/dur** soft-boiled/hard-boiled egg; **~ de Pâques** Easter egg; **~s brouillés** scrambled eggs; **~s en** OU **à la neige** whipped egg whites; **dans l'~** *fig* in the bud.

œuvre [œvr] ◇ *nf* **-1.** [travail] work; **être à l'~** to be working OU at work; **se mettre à l'~** to get down to work; **mettre qqch en ~** to make use of sthg; [loi, accord, projet] to implement sthg. **-2.** [d'artiste] work; [- ensemble de sa production] works (*pl*); **~ d'art** work of art. **-3.** [organisation] charity; **~ de bienfaisance** charity, charitable organization. ◇ *nm* **-1.** [d'artiste] works (*pl*), work. **-2.** [de bâtiment]: **le gros ~** the shell.

œuvrer [œvre] [5] *vi littéraire*: **~ (pour)** to work (for).

OFCE (*abr de* **Observatoire français des conjonctures économiques**) *nm* economic research institute.

off [ɔf] *adj inv* **-1.** CIN [voix, son] off. **-2.** [festival] fringe (*avant n*).

offensant, -e [ɔfɑ̃sɑ̃, ɑ̃t] *adj* offensive.

offense [ɔfɑ̃s] *nf* **-1.** [insulte] insult. **-2.** RELIG trespass.

offenser [ɔfɑ̃se] [3] *vt* **-1.** [personne] to offend. **-2.** [bon goût] to offend against.

◆ **s'offenser** *vp*: **s'~ de** to take offense *Am* OU offence *Br* at, to be offended by.

offenseur [ɔfɑ̃sœr] *nm* offender, offending party.

offensif, -ive [ɔfɑ̃sif, iv] *adj* offensive.

◆ **offensive** *nf* **-1.** MIL offensive; **passer à l'offensive** to go on the offensive; **prendre l'offensive** to take the offensive. **-2.** *fig* [du froid] (sudden) onset.

offert, -e [ɔfɛr, ɛrt] *pp* → **offrir**.

offertoire [ɔfɛrtwar] *nm* offertory.

office [ɔfis] *nm* **-1.** [bureau] office, agency; **~ du tourisme** tourist office. **-2.** [fonction]: **faire ~ de** to act as; **remplir son ~** to do its job, to fulfil its function. **-3.** RELIG service. **-4.** *loc*: **recourir aux ~s de qqn** to turn to sb for help.

◆ **d'office** *loc adv* automatically, as a matter of course; **commis d'~** officially appointed.

officialiser [ɔfisjalize] [3] *vt* to make official.

officiel, -ielle [ɔfisjɛl] *adj & nm, f* official.

officiellement [ɔfisjɛlmɑ̃] *adv* officially.

officier¹ [ɔfisje] [9] *vi* to officiate.

officier² [ɔfisje] *nm* officer; **~ d'ordonnance** aide-de-camp.

officieusement [ɔfisjøzmɑ̃] *adv* unofficially.

officieux, -ieuse [ɔfisjø, jøz] *adj* unofficial.

officine [ɔfisin] *nf* **-1.** [pharmacie] pharmacy. **-2.** *péj* [repaire] agency.

offrande [ɔfrɑ̃d] *nf* **-1.** [don] offering. **-2.** RELIG offertory.

offrant [ɔfrɑ̃] *nm*: **au plus ~** to the highest bidder.

offre [ɔfr] *nf* **-1.** [proposition] offer; [aux enchères] bid; [pour contrat] tender; **«~s d'emploi»** "situations vacant", "vacancies"; **~ d'essai** trial offer; **~ de lancement** introductory offer; **~ publique d'achat** takeover bid. **-2.** ÉCON supply; **la loi de l'~ et de la demande** the law of supply and demand.

offrir [ɔfrir] [34] *vt* **-1.** [faire cadeau]: **~ qqch à qqn** to give sb sthg, to give sthg to sb. **-2.** [proposer]: **~ qqch à qqn** to offer sb

sthg OU sthg to sb; ~ (à qqn) de faire qqch to offer to do sthg (for sb). **-3.** [présenter] to offer, to present; **son visage n'offrait rien d'accueillant** his/her face showed no sign of welcome.
◆ **s'offrir** *vp* **-1.** [croisière, livre] to treat o.s. to. **-2.** [se présenter] to present itself. **-3.** [s'exposer]: **s'**~ **à qqch** to expose o.s. to sthg. **-4.** [se proposer] to offer one's services, to offer o.s.; **s'**~ **à faire qqch** to offer to do sthg.

offset [ɔfsɛt] ◇ *adj inv* offset. ◇ *nm inv* offset (lithography). ◇ *nf inv* offset press.

offshore [ɔfʃɔr] ◇ *adj inv* **-1.** [exploitation] offshore. **-2.** SPORT speedboat (*avant n*); **bateau** ~ speedboat. ◇ *nm* SPORT speedboat racing.

offusquer [ɔfyske] [3] *vt* to offend.
◆ **s'offusquer** *vp*: **s'**~ **(de)** to take offense *Am* OU offence *Br* (at).

ogive [ɔʒiv] *nf* **-1.** ARCHIT ogive; **en** ~ ribbed. **-2.** MIL [d'obus] head; [de fusée] nosecone; ~ **nucléaire** nuclear warhead.

ogre, ogresse [ɔgr, ɔgrɛs] *nm, f* ogre (*f* ogress).

oh [o] ◇ *interj* oh!; ~ **la la!** dear oh dear! ◇ *nm inv*: **pousser des** ~ **et des ah** to ooh and ah.

ohé [ɔe] *interj* hey!

OHQ (*abr de* **ouvrier hautement qualifié**) *nm* highly skilled worker.

oie [wa] *nf* goose; ~ **blanche** *fig* innocent young girl.

oignon [ɔɲɔ̃] *nm* **-1.** [plante] onion; **mêle-toi de tes** ~**s** *fam fig* mind your own business; **soigner qqn aux petits** ~**s** *fam fig* to take care of sb's every need. **-2.** [bulbe] bulb. **-3.** MÉD bunion.

oindre [wɛ̃dr] [82] *vt littéraire* **-1.** [corps] to (rub with) oil. **-2.** RELIG to anoint.

oiseau, -x [wazo] *nm* **-1.** ZOOL bird; ~ **de proie** bird of prey. **-2.** *fam péj* [individu] character.

oiseau-mouche [wazomuʃ] (*pl* **oiseaux-mouches**) *nm* hummingbird.

oiseleur [wazlœr] *nm* bird-catcher.

oiseux, -euse [wazø, øz] *adj* pointless.

oisif, -ive [wazif, iv] ◇ *adj* idle. ◇ *nm, f* man of leisure (*f* woman of leisure).

oisillon [wazijɔ̃] *nm* fledgling.

oisiveté [wazivte] *nf* idleness.

oison [wazɔ̃] *nm* gosling.

OIT (*abr de* **Organisation internationale du travail**) *nf* ILO.

O.K. [ɔke] *interj fam* okay.

OL (*abr de* **ondes longues**) LW.

oléagineux, -euse [ɔleaʒinø, øz] *adj* oleaginous. ◆ **oléagineux** *nm* oleaginous plant.

oléoduc [ɔleɔdyk] *nm* (oil) pipeline.

olfactif, -ive [ɔlfaktif, iv] *adj* olfactory.

oligo-élément [ɔligɔelemɑ̃] (*pl* **oligo-éléments**) *nm* trace element.

olivâtre [ɔlivatr] *adj* [verdâtre] olive-colored *Am*, olive-coloured *Br*; [teint] sallow.

olive [ɔliv] ◇ *nf* olive. ◇ *adj inv* olive, olive-green.

oliveraie [ɔlivrɛ] *nf* olive grove.

olivier [ɔlivje] *nm* [arbre] olive tree; [bois] olive wood.

OLP (*abr de* **Organisation de libération de la Palestine**) *nf* PLO.

olympiade [ɔlɛ̃pjad] *nf* (*gén pl*) olympiad (*sg*).

olympien, -ienne [ɔlɛ̃pjɛ̃, jɛn] *adj* Olympian.

olympique [ɔlɛ̃pik] *adj* Olympic (*avant n*).

OM ◇ *nm* (*abr de* **Olympique de Marseille**) *Marseilles football team.* ◇ (*abr de* **ondes moyennes**) MW.

Oman [ɔman] *n* Oman; **le sultanat d'**~ the Sultanate of Oman.

ombilic [ɔ̃bilik] *nm* **-1.** [de personne] navel. **-2.** BOT navelwort.

ombilical, -e, -aux [ɔ̃bilikal, o] *adj* umbilical.

ombrage [ɔ̃braʒ] *nm* shade; **porter** ~ **à qqn** *fig* to offend sb; **prendre** ~ **de qqch** *fig* to take offense *Am* OU offence *Br* at sthg, to take umbrage at sthg.

ombragé, -e [ɔ̃braʒe] *adj* shady.

ombrageux, -euse [ɔ̃braʒø, øz] *adj* **-1.** [personne] touchy, prickly. **-2.** [cheval] nervous, skittish.

ombre [ɔ̃br] *nf* **-1.** [zone sombre] shade; **faire de l'**~ **à qqn** to get in sb's light; **à l'**~ **de** [arbre] in the shade of; [personne] in the shadow of; **rester dans l'**~ **de qqn** *fig* to live in sb's shadow; **laisser qqch dans l'**~ *fig* to deliberately ignore sthg; **vivre dans l'**~ *fig* to live in obscurity. **-2.** [forme, fantôme] shadow; ~**s chinoises** [spectacle] shadow play OU pantomime (*sg*); [jeu] Chinese shadows. **-3.** [trace] hint; **ça ne fait pas l'**~ **d'un doute** there's not the shadow of a doubt. **-4.** [cosmétique]: ~ **à paupières** eye shadow.

ombrelle [ɔ̃brɛl] *nf* parasol.

ombrer [ɔ̃bre] [3] *vt* **-1.** [paupières] to put eye shadow on. **-2.** [dessin] to shade (in).

omelette [ɔmlɛt] *nf* omelette; ~ **norvégienne** baked Alaska.

omets → **omettre**.

omettre [ɔmɛtr] [84] *vt* to omit; ~ **de faire qqch** to omit to do sthg.

OMI (*abr de* **Organisation maritime internationale**) *nf* IMO.

omis, -e [ɔmi, iz] *pp* → **omettre**.

omission [ɔmisjɔ̃] *nf* omission; **par** ~ by omission.

OMM (*abr de* **Organisation météorologique mondiale**) *nf* WMO.

omnibus [ɔmnibys] ◇ *nm* stopping OU local train. ◇ *adj inv*: **ce train est** ~ **pour ...** this train stops at all stations to ....

omnipotent, -e [ɔmnipɔtɑ̃, ɑ̃t] *adj* omnipotent.

omniprésence [ɔmniprezɑ̃s] *nf* omnipresence.

omniprésent, -e [ɔmniprezɑ̃, ɑ̃t] *adj* omnipresent.

omniscient, -e [ɔmnisjɑ̃, ɑ̃t] *adj* omniscient.

omnisports [ɔmnispɔr] *adj inv* sports (*avant n*).

omnivore [ɔmnivɔr] ◇ *nm* omnivore. ◇ *adj* omnivorous.

omoplate [ɔmɔplat] *nf* [os] shoulder blade; [épaule] shoulder.

OMS (*abr de* **Organisation mondiale de la santé**) *nf* WHO.

on [ɔ̃] *pron pers indéf* **-1.** [indéterminé] you, one; ~ **n'a pas le droit de fumer ici** you're not allowed OU one isn't allowed to smoke here, smoking isn't allowed here. **-2.** [les gens, l'espèce humaine] they, people; ~ **vit de plus en plus vieux en Europe** people in Europe are living longer and longer. **-3.** [quelqu'un] someone; ~ **vous a appelé au téléphone ce matin** there was a telephone call for you this morning. **-4.** *fam* [nous] we; ~ **s'en va** we're off, we're going.

onanisme [ɔnanism] *nm* onanism.

once [ɔ̃s] *nf*: **une** ~ **(de)** an ounce (of).

oncle [ɔ̃kl] *nm* uncle.

onction [ɔ̃ksjɔ̃] *nf* unction.

onctueux, -euse [ɔ̃ktɥø, øz] *adj* smooth.

onctuosité [ɔ̃ktɥozite] *nf* smoothness.

onde [ɔ̃d] *nf* **-1.** PHYS wave. **-2.** *littéraire* [eau]: **l'**~ the waters (*pl*).
◆ **ondes** *nfpl* [radio] air (*sg*).

ondée [ɔ̃de] *nf* shower (of rain).

on-dit [ɔ̃di] *nm inv* rumor *Am*, rumour *Br*, hearsay (*U*).

ondoyant, -e [ɔ̃dwajɑ̃, ɑ̃t] *adj* [ondulant] rippling; [démarche] swaying.

ondoyer [ɔ̃dwaje] [13] *vi* to ripple.

ondulant, -e [ɔ̃dylɑ̃, ɑ̃t] *adj* [ondoyant] undulating, wavy; [démarche] swaying.

ondulation [ɔ̃dylasjɔ̃] *nf* **-1.** [mouvement] rippling; [de sol, terrain] undúlation. **-2.** [de coiffure] wave.

ondulé, -e [ɔ̃dyle] *adj* [surface] undulating; [chevelure] wavy; [tôle, carton] corrugated.

onduler [ɔ̃dyle] [3] *vi* [drapeau] to ripple, to wave; [cheveux] to be wavy.

one-man-show [wanmanʃo] *nm inv* one-man show.

onéreux, -euse [ɔnerø, øz] *adj* costly.

ONF (*abr de* **Office national des forêts**) *nm French national forestry agency,* ≃ National Forestry Service *Am,* ≃ Forestry Commission *Br*.

ONG (*abr de* **organisation non gouvernementale**) *nf* NGO.

ongle [ɔ̃gl] *nm* **-1.** [de personne] fingernail, nail; **se faire les** ~**s** to do one's nails; **se ronger les** ~**s** to bite one's nails. **-2.** [d'animal] claw.

onglée [ɔ̃gle] *nf*: **j'ai l'**~ my fingers are numb with cold.

onglet [ɔ̃glɛ] *nm* **-1.** [de reliure] tab. **-2.** [de lame] thumbnail groove. **-3.** CULIN top skirt.

onguent [ɔ̃gɑ̃] *nm* ointment.

onirique [ɔnirik] *adj* [relatif au rêve] dream (*avant n*); [semblable au rêve] dreamlike.

onomastique [ɔnɔmastik] ◇ *nf* onomastics (*sg*). ◇ *adj* onomastic.

onomatopée [ɔnɔmatope] *nf* onomatopoeia.

ont → **avoir**.

ONU, Onu [ɔny] (*abr de* **Organisation des Nations unies**) *nf* UN, UNO.

ONUDI, Onudi [ɔnydi] (*abr de* **Organisation des Nations unies pour le développement industriel**) *nf* UNIDO.

onyx [ɔniks] *nm* onyx.

onze [ɔ̃z] ◇ *adj num* eleven; *voir aussi* **six**. ◇ *nm* [chiffre & SPORT] eleven; *voir aussi* **six**.

onzième [ɔ̃zjɛm] ◇ *adj num, nm & nmf* eleventh; *voir aussi* **sixième**. ◇ *nf* [classe] = first grade *Am,* ≃ second year OU form (*at primary school*) *Br*; *voir aussi* **sixième**.

OP (*abr de* **ouvrier professionnel**) *nm* skilled worker.

OPA (*abr de* **offre publique d'achat**) *nf* takeover bid.

opacité [ɔpasite] *nf* opacity.

opale [ɔpal] *nf & adj inv* opal.

opaline [ɔpalin] *nf* opaline.

opaque [ɔpak] *adj*: ~ **(à)** opaque (to).

op. cit. (*abr de* **opere citato**) op. cit.

OPE (*abr de* **offre publique d'échange**) *nf* take-over bid where bidder offers to exchange shares.

OPEP, Opep (*abr de* **Organisation des pays exportateurs de pétrole**) *nf* OPEC.

opéra [ɔpera] *nm* **-1.** MUS opera. **-2.** [théâtre] opera house; **l'Opéra Bastille** *opera house built on the site of the Bastille*; **l'Opéra de Paris** the Paris Opera (House).

opérable [ɔperabl] *adj* operable.

opéra-bouffe [ɔperabuf] (*pl* **opéras-bouffes**) *nm* comic opera.

opéra-comique [ɔperakɔmik] (*pl* **opéras-comiques**) *nm* light opera.

opérateur, -trice [ɔperatœr, tris] *nm, f* operator; **~ de saisie** keyboarder.

opération [ɔperasjɔ̃] *nf* **-1.** [gén] operation. **-2.** COMM deal, transaction.

opérationnel, -elle [ɔperasjɔnɛl] *adj* operational.

opératoire [ɔperatwar] *adj* MÉD operating (*avant n*); **choc ~** post-operative shock.

opérer [ɔpere] [18] ◇ *vt* **-1.** MÉD to operate on. **-2.** [exécuter] to carry out, to implement; [choix, tri] to make. ◇ *vi* [agir] to take effect; [personne] to operate, to proceed.

◆ **s'opérer** *vp* to come about, to take place.

opérette [ɔperɛt] *nf* operetta.

ophtalmique [ɔftalmik] *adj* ophthalmic.

ophtalmologiste [ɔftalmɔlɔʒist] *nmf* ophthalmologist.

Opinel® [ɔpinɛl] *nm* folding knife used especially for outdoor activities, scouting etc.

opiner [ɔpine] [3] *vi sout*: **~ à qqch** to give one's consent to sthg.

opiniâtre [ɔpinjatr] *adj* **-1.** [caractère, personne] stubborn, obstinate. **-2.** [effort] dogged; [travail] unrelenting; [fièvre, toux] persistent.

opiniâtreté [ɔpinjatrəte] *nf* [de caractère, personne] stubbornness, obstinacy.

opinion [ɔpinjɔ̃] *nf* opinion; **conforter** OU **renforcer qqn dans son ~** to confirm sb's opinion; **avoir (une) bonne/mauvaise ~ de** to have a good/bad opinion of; **l'~ publique** public opinion.

opium [ɔpjɔm] *nm* opium.

opportun, -e [ɔpɔrtœ̃, yn] *adj* opportune, timely.

opportunément [ɔpɔrtynemã] *adv* opportunely.

opportunisme [ɔpɔrtynism] *nm* opportunism.

opportuniste [ɔpɔrtynist] ◇ *nmf* opportunist. ◇ *adj* opportunistic.

opportunité [ɔpɔrtynite] *nf* **-1.** [à-propos] opportuneness, timeliness. **-2.** [occasion] opportunity.

opposant, -e [ɔposã, ãt] ◇ *adj* opposing. ◇ *nm, f*: **~ (à)** opponent (of).

opposé, -e [ɔpoze] *adj* **-1.** [direction, côté, angle] opposite. **-2.** [intérêts, opinions] conflicting; [forces] opposing. **-3.** [hostile]: **~ à** opposed to.

◆ **opposé** *nm*: **l'~** the opposite; **à l'~ de** in the opposite direction from; *fig* unlike, contrary to.

opposer [ɔpoze] [3] *vt* **-1.** [mettre en opposition - choses, notions]: **~ qqch (à)** to contrast sthg (with). **-2.** [mettre en présence - personnes, armées] to oppose; **~ deux équipes** to bring two teams together; **~ qqn à qqn** to pit OU set sb against sb. **-3.** [refus, protestation, objection] to put forward; **~ une objection à qqn** to raise an objection with sb, to put forward an objection to sb. **-4.** [diviser] to divide.

◆ **s'opposer** *vp* **-1.** [contraster] to contrast. **-2.** [entrer en conflit] to clash. **-3.** **s'~ à** [se dresser contre] to oppose, to be opposed to; **s'~ à ce que qqn fasse qqch** to be opposed to sb's doing sthg.

opposition [ɔpozisjɔ̃] *nf* **-1.** [gén] opposition; **faire ~ à** [décision, mariage] to oppose; [chèque] to stop; **entrer en ~ avec** to come into conflict with. **-2.** JUR: **~ (à)** objection (to). **-3.** [contraste] contrast; **par ~ à** in contrast with, as opposed to.

oppressant, -e [ɔpresã, ãt] *adj* oppressive.

oppresser [ɔprese] [4] *vt* **-1.** [étouffer] to suffocate, to stifle. **-2.** *fig* [tourmenter] to oppress.

oppresseur [ɔprɛsœr] ◇ *nm* oppressor. ◇ *adj* oppressive.

oppressif, -ive [ɔpresif, iv] *adj* oppressive.

oppression [ɔpresjɔ̃] *nf* **-1.** [asservissement] oppression. **-2.** [malaise] tightness of the chest.

opprimé, -e [ɔprime] ◇ *adj* oppressed. ◇ *nm, f* oppressed person.

opprimer [ɔprime] [3] *vt* **-1.** [asservir] to oppress. **-2.** [étouffer] to stifle.

opprobre [ɔprɔbr] *nm*: **jeter l'~ sur qqn** to cast opprobrium on sb.

opter [ɔpte] [3] *vi*: **~ pour** to opt for.

opticien, -ienne [ɔptisjɛ̃, jɛn] *nm, f* optician.

optimal, -e, -aux [ɔptimal, o] *adj* optimal.

optimiser [ɔptimize], **optimaliser** [ɔptimalize] [3] *vt* to optimize.

optimisme [ɔptimism] *nm* optimism.

optimiste [ɔptimist] ◇ *nmf* optimist. ◇ *adj* optimistic.

optimum [ɔptimɔm] (*pl* **optimums** OU **optima** [ɔptima]) *nm & adj* optimum.

option [ɔpsjɔ̃] *nf* **-1.** [gén] option; **prendre une ~ sur** FIN to take (out) an option on. **-2.** [accessoire] optional extra.

optionnel, -elle [ɔpsjɔnɛl] *adj* optional.

optique [ɔptik] ◇ *nf* **-1.** [science, technique] optics (*U*). **-2.** [perspective] viewpoint; **dans l'~ de faire qqch** with a mind OU view to doing sthg. ◇ *adj* [nerf] optic; [verre] optical.

opulence [ɔpylɑ̃s] *nf* **-1.** [richesse] opulence; **vivre** OU **nager dans l'~** to live a life of luxury. **-2.** [ampleur] fullness, ampleness.

opulent, -e [ɔpylɑ̃, ɑ̃t] *adj* **-1.** [riche] rich. **-2.** [gros] ample.

OQ (*abr de* **ouvrier qualifié**) *nm* skilled worker.

or¹ [ɔr] *nm* **-1.** [métal, couleur] gold; **en ~** [objet] gold (*avant n*); **une occasion en ~** a golden opportunity; **une affaire en ~** [achat] an excellent bargain; [commerce] a lucrative line of business; **j'ai une femme en ~** I've a wonderful wife; **~ blanc** white gold; **~ massif** solid gold; **~ noir** *fig* black gold; **pour tout l'~ du monde** *fig* for all the tea in China; **rouler sur l'~** *fig* to be rolling in it. **-2.** [dorure] gilding.

or² [ɔr] *conj* [au début d'une phrase] now; [pour introduire un contraste] well, but.

oracle [ɔrakl] *nm* oracle.

orage [ɔraʒ] *nm* **-1.** [tempête] storm; **il y a de l'~ dans l'air** *fig* there's a storm brewing. **-2.** *fig* [tumulte, revers] turmoil.

orageux, -euse [ɔraʒø, øz] *adj* stormy.

oraison [ɔrɛzɔ̃] *nf* prayer; **~ funèbre** funeral oration.

oral, -e, -aux [ɔral, o] *adj* oral.
◆ **oral** *nm* oral (examination); **~ de rattrapage** *oral examination taken after failing written exams.*

oralement [ɔralmɑ̃] *adv* orally.

orange [ɔrɑ̃ʒ] ◇ *nf* orange; **~ pressée** freshly squeezed orange juice. ◇ *nm & adj inv* [couleur] orange.

orangé, -e [ɔrɑ̃ʒe] *adj* orangey.
◆ **orangé** *nm* orangey color *Am* OU colour *Br.*

orangeade [ɔrɑ̃ʒad] *nf* orange squash.

oranger [ɔrɑ̃ʒe] *nm* orange tree.

orangeraie [ɔrɑ̃ʒrɛ] *nf* orange grove.

orang-outan(g) (*pl* **orangs-outan(g)s**) [ɔrɑ̃utɑ̃] *nm* orangutang.

orateur, -trice [ɔratœr, tris] *nm, f* **-1.** [conférencier] speaker. **-2.** [personne éloquente] orator.

orbital, -e, -aux [ɔrbital, o] *adj* [mouvement] orbital; [station] orbiting.

orbite [ɔrbit] *nf* **-1.** ANAT (eye) socket. **-2.** ASTRON & *fig* orbit; **mettre sur ~** AÉRON to put into orbit; *fig* to launch.

Orcades [ɔrkad] *nfpl*: **les ~** the Orkney Islands, the Orkneys.

orchestral, -e, -aux [ɔrkɛstral, o] *adj* orchestral.

orchestration [ɔrkɛstrasjɔ̃] *nf* orchestration.

orchestre [ɔrkɛstr] *nm* **-1.** MUS orchestra. **-2.** CIN & THÉÂTRE orchestra *Am*, stalls (*pl*) *Br*; **fauteuil d' ~** orchestra seat *Am*, seat in the stalls *Br.*

orchestrer [ɔrkɛstre] [3] *vt litt* & *fig* to orchestrate.

orchidée [ɔrkide] *nf* orchid.

ordinaire [ɔrdinɛr] ◇ *adj* **-1.** [usuel, standard] ordinary, normal. **-2.** *péj* [commun] ordinary, common. ◇ *nm* **-1.** [moyenne]: **l'~** the ordinary. **-2.** [alimentation] usual diet.
◆ **d'ordinaire** *loc adv* normally, usually.

ordinal, -e, -aux [ɔrdinal, o] *adj* ordinal.
◆ **ordinal, -aux** *nm* ordinal (number).

ordinateur [ɔrdinatœr] *nm* computer; **~ personnel** personal computer, PC.

ordonnance [ɔrdɔnɑ̃s] ◇ *nf* **-1.** MÉD prescription. **-2.** [de gouvernement, juge] order. ◇ *nm ou nf* MIL orderly.

ordonnateur, -trice [ɔrdɔnatœr, tris] *nm, f* organizer.

ordonné, -e [ɔrdɔne] *adj* [maison, élève] tidy.

ordonner [ɔrdɔne] [3] *vt* **-1.** [ranger] to organize, to put in order. **-2.** [enjoindre] to order, to tell; **~ à qqn de faire qqch** to order sb to do sthg. **-3.** MÉD: **~ qqch à qqn** to prescribe sthg to sb. **-4.** RELIG to ordain. **-5.** MATHS to arrange in order.
◆ **s'ordonner** *vp* to be arranged OU put in order.

ordre [ɔrdr] *nm* **-1.** [gén, MIL & RELIG] order; **par ~ alphabétique/chronologique/décroissant** in alphabetical/chronological/descending order; **par ~ d'entrée en scène** in order of appearance; **procéder par ~** to take one thing at a time; **rétablir l'~** to restore order; **rappeler qqn à l'~** to call sb to order; **donner un ~ à qqn** to give sb an order; **être aux ~s de qqn** to be at sb's disposal; **intimer à qqn l'~ de faire qqch** to order sb to do sthg; **jusqu'à nouvel ~** until further notice; **entrer dans les ~s** RELIG to take holy orders; **l'~ établi** the established

order; ~ **de mission** MIL orders (*pl*) (*for a particular mission*); **l'~ public** law and order; **troubler l'~ public** to disturb the peace. **-2.** [bonne organisation] tidiness, orderliness; **en ~ orderly**, tidy; **avoir de l'~** to be orderly OU tidy; **mettre en ~** to put in order, to tidy (up); **mettre bon ~ à** to sort out. **-3.** [catégorie]: **de premier/second ~** first-/second-rate; **d'~ privé/pratique** of a private/practical nature; **dans un tout autre ~ d'idées** in a quite different connection; **pouvez-vous me donner un ~ de grandeur?** can you give me some idea of the size/amount *etc*? **-4.** [corporation] professional association; **l'Ordre des médecins** ≃ the American Medical Association *Am*, ≃ the British Medical Association *Br*. **-5.** FIN: **à l'~ de** payable to.
◆ **ordre du jour** *nm* **-1.** [de réunion] agenda; **à l'~ du jour** [de réunion] on the agenda; *fig* topical. **-2.** MIL order of the day.

ordure [ɔrdyr] *nf* **-1.** *fig* [grossièreté] filth (*U*). **-2.** *péj* [personne] scum (*U*), bastard.
◆ **ordures** *nfpl* [déchets] garbage (*U*) *Am*, rubbish (*U*) *Br*.

ordurier, -ière [ɔrdyrje, jɛr] *adj* filthy, obscene.

orée [ɔre] *nf* edge.

oreille [ɔrɛj] *nf* **-1.** ANAT ear. **-2.** [ouïe] hearing; **avoir de l'~** to have a good ear (for music); **être dur d'~** to be hard of hearing. **-3.** [de fauteuil, écrou] wing; [de marmite, tasse] handle. **-4.** *loc*: **se boucher les ~s** to close one's ears; **dormir sur ses deux ~s** to rest easy; **dresser** OU **tendre l'~** to prick up one's ears; **écorcher les ~s** to grate on the ear; **écouter d'une ~ distraite, n'écouter que d'une ~** to only half-listen; **il ne l'entend pas de cette ~** he's dead (set) against it; **faire la sourde ~** to turn a deaf ear; **se faire tirer l'~** to need talking round; **prêter l'~ (à qqch)** to lend an ear (to sthg); **rebattre les ~s à qqn** *fam* to go on at sb.

oreiller [ɔreje] *nm* pillow.

oreillette [ɔrɛjɛt] *nf* **-1.** [du cœur] auricle. **-2.** [de casquette] earflap.

oreillons [ɔrɛjɔ̃] *nmpl* mumps (*sg*).

ores [ɔr]
◆ **d'ores et déjà** *loc adv* from now on.

orfèvre [ɔrfɛvr] *nm* goldsmith; [d'argent] silversmith; **être ~ en la matière** *fig* to be (an) expert on the subject.

orfèvrerie [ɔrfɛvrəri] *nf* **-1.** [art] goldsmith's art; [d'argent] silversmith's art. **-2.** [commerce] goldsmith's trade; [d'argent] silversmith's trade.

orfraie [ɔrfrɛ] *nf* sea eagle.

organdi [ɔrgɑ̃di] *nm* organdie.

organe [ɔrgan] *nm* **-1.** ANAT organ. **-2.** [institution] organ, body. **-3.** [mécanisme] mechanism, system; **~s de commande** controls. **-4.** *littéraire* [voix] voice. **-5.** *fig* [porte-parole] representative.

organigramme [ɔrganigram] *nm* **-1.** [hiérarchique] organization chart. **-2.** INFORM flow chart.

organique [ɔrganik] *adj* organic.

organisateur, -trice [ɔrganizatœr, tris] ◇ *adj* organizing (*avant n*). ◇ *nm, f* organizer.

organisation [ɔrganizasjɔ̃] *nf* organization; **avoir le sens de l'~** to be well-organized.

organisé, -e [ɔrganize] *adj* organized; **~ en qqch** organized in sthg.

organiser [ɔrganize] [3] *vt* to organize.
◆ **s'organiser** *vp* **-1.** [personne] to be OU get organized. **-2.** [prendre forme] to take shape.

organisme [ɔrganism] *nm* **-1.** BIOL & ZOOL organism. **-2.** [institution] body, organization.

organiste [ɔrganist] *nmf* organist.

orgasme [ɔrgasm] *nm* orgasm.

orge [ɔrʒ] *nf* barley.

orgeat [ɔrʒa] *nm*: **sirop d'~** barley water.

orgelet [ɔrʒəlɛ] *nm* stye.

orgie [ɔrʒi] *nf* orgy.

orgue [ɔrg] *nm* organ.
◆ **orgues** *nfpl* **-1.** MUS organ (*sg*). **-2.** GÉOL columns.

orgueil [ɔrgœj] *nm* pride.

orgueilleux, -euse [ɔrgœjø, øz] ◇ *adj* proud. ◇ *nm, f* proud person.

orient [ɔrjɑ̃] *nm* east.
◆ **Orient** *nm*: **l'Orient** the Orient, the East.

orientable [ɔrjɑ̃tabl] *adj* adjustable.

oriental, -e, -aux [ɔrjɑ̃tal, o] *adj* [région, frontière] eastern; [d'Extrême-Orient] oriental.
◆ **Oriental, -e, -aux** *nm, f* Oriental.

orientation [ɔrjɑ̃tasjɔ̃] *nf* **-1.** [direction] orientation; **avoir le sens de l'~** to have a good sense of direction. **-2.** SCOL career; **~ professionnelle** careers advice, vocational guidance. **-3.** [de maison] aspect. **-4.** *fig* [de politique, recherche] direction, trend.

orienté, -e [ɔrjɑ̃te] *adj* [tendancieux] biased.

orienter [ɔrjɑ̃te] [3] *vt* **-1.** [disposer] to position. **-2.** [voyageur, élève, recherches] to guide, to direct. **-3.** [navire] to steer; [voile] to trim.
◆ **s'orienter** *vp* **-1.** [se repérer] to find OU

get one's bearings. **-2.** *fig* [se diriger]: **s'~ vers** to move toward *Am* OU **towards** *Br*.

orifice [ɔrifis] *nm* orifice.

oriflamme [ɔriflam] *nf* banner.

origan [ɔrigɑ̃] *nm* oregano.

originaire [ɔriʒinɛr] *adj* **-1.** [natif]: **être ~ de** to originate from; [personne] to be a native of. **-2.** [premier] original.

original, -e, -aux [ɔriʒinal, o] ◇ *adj* **-1.** [premier, inédit] original. **-2.** [singulier] eccentric. ◇ *nm, f* [personne] (outlandish) character.

◆ **original, -aux** *nm* [œuvre, document] original.

originalité [ɔriʒinalite] *nf* **-1.** [nouveauté] originality; [caractéristique] original feature. **-2.** [excentricité] eccentricity.

origine [ɔriʒin] *nf* **-1.** [gén] origin; **d'~** [originel] original; [de départ] of origin; **pays d'~** country of origin; **d'~ anglaise** of English origin; **à l'~** originally. **-2.** [souche] origins (*pl*). **-3.** [provenance] source.

originel, -elle [ɔriʒinɛl] *adj* original.

orignal, -aux [ɔriɲal, o] *nm* moose.

oripeaux [ɔripo] *nmpl* rags.

ORL *nmf* (*abr de* **oto-rhino-laryngologiste**) ENT specialist.

orme [ɔrm] *nm* elm.

ormeau, -x [ɔrmo] *nm* young elm.

ornement [ɔrnəmɑ̃] *nm* **-1.** [gén & MUS] ornament; **d'~** [plante, arbre] ornamental. **-2.** ARCHIT embellishment.

ornemental, -e, -aux [ɔrnəmɑ̃tal, o] *adj* ornamental.

ornementation [ɔrnəmɑ̃tasjɔ̃] *nf* ornamentation.

ornementer [ɔrnəmɑ̃te] [3] *vt* to ornament.

orner [ɔrne] [3] *vt* **-1.** [décorer]: **~ (de)** to decorate (with). **-2.** [agrémenter] to adorn.

ornière [ɔrnjɛr] *nf* rut.

ornithologie [ɔrnitɔlɔʒi] *nf* ornithology.

orphelin, -e [ɔrfəlɛ̃, in] ◇ *adj* orphan (*avant n*), orphaned; **~ de père** fatherless; **~ de mère** motherless. ◇ *nm, f* orphan.

orphelinat [ɔrfəlina] *nm* orphanage.

Orsay [ɔrsɛ] *n*: **le musée d'~** art museum in Paris.

MUSÉE D'ORSAY:
This museum, a converted railway station on the banks of the Seine, houses works of art from the second half of the 19th century and the early 20th century

ORSEC, Orsec [ɔrsɛk] (*abr de* **Organisation**

des secours) *adj*: **le plan ~** disaster contingency plan.

LE PLAN ORSEC:
This plan is set in motion whenever there is a major disaster in France, such as flooding or forest fires

ORSECRAD, Orsecrad [ɔrsɛkrad] (*abr de* **Orsec en cas d'accident nucléaire**) *adj*: **plan ~** disaster contingency plan in case of nuclear accident.

orteil [ɔrtɛj] *nm* toe; **gros ~** big toe.

orthodontiste [ɔrtɔdɔ̃tist] *nmf* orthodontist.

orthodoxe [ɔrtɔdɔks] ◇ *adj* **-1.** RELIG Orthodox. **-2.** [conformiste] orthodox. ◇ *nmf* **-1.** RELIG Orthodox Christian. **-2.** POLIT conformist.

orthodoxie [ɔrtɔdɔksi] *nf* orthodoxy.

orthogonal, -e, -aux [ɔrtɔgɔnal, o] *adj* orthogonal.

orthographe [ɔrtɔgraf] *nf* spelling.

orthographier [ɔrtɔgrafje] [9] *vt* to spell; **mal ~** to misspell.

orthographique [ɔrtɔgrafik] *adj* orthographic.

orthopédique [ɔrtɔpedik] *adj* orthopaedic.

orthopédiste [ɔrtɔpedist] *nmf* orthopaedist.

orthophoniste [ɔrtɔfɔnist] *nmf* speech therapist.

ortie [ɔrti] *nf* nettle.

ortolan [ɔrtɔlɑ̃] *nm* ortolan.

orvet [ɔrvɛ] *nm* slowworm.

os [ɔs, *pl* o] *nm* **-1.** [gén] bone; **~ à moelle** marrowbone; **~ de seiche** cuttlebone. **-2.** *fam fig* [difficulté] snag, hitch.

OS (*abr de* **ouvrier spécialisé**) *nm* semi-skilled worker.

oscillation [ɔsilasjɔ̃] *nf* oscillation; [de navire] rocking.

oscillatoire [ɔsilatwar] *adj* swinging, oscillatory.

osciller [ɔsile] [3] *vi* **-1.** [se balancer] to swing; [navire] to rock. **-2.** [vaciller, hésiter] to waver.

osé, -e [oze] *adj* daring, audacious.

oseille [ozɛj] *nf* **-1.** BOT sorrel. **-2.** *fam* [argent] bread.

oser [oze] [3] *vt* to dare; **~ faire qqch** to dare (to) do sthg; **si j'ose dire** if I may say so.

osier [ozje] *nm* **-1.** BOT osier. **-2.** [fibre] wicker.

Oslo [ɔslo] *n* Oslo.

osmose [ɔsmoz] *nf* osmosis; **en ~** by osmosis.

ossature [ɔsatyr] *nf* **-1.** ANAT skeleton. **-2.** *fig* [structure] framework.

osselet [ɔslɛ] *nm* **-1.** ANAT ossicle. **-2.** [élément de jeu] jack; **jouer aux ~s** to play jacks.

ossements [ɔsmɑ̃] *nmpl* bones.

osseux, -euse [ɔsø, øz] *adj* **-1.** ANAT & MÉD bone (*avant n*). **-2.** [maigre] bony.

ossification [ɔsifikasjɔ̃] *nf* ossification.

ossuaire [ɔsɥɛr] *nm* ossuary.

ostensible [ɔstɑ̃sibl] *adj* conspicuous.

ostensiblement [ɔstɑ̃sibləmɑ̃] *adv* conspicuously.

ostensoir [ɔstɑ̃swar] *nm* monstrance.

ostentation [ɔstɑ̃tasjɔ̃] *nf* ostentation.

ostentatoire [ɔstɑ̃tatwar] *adj* ostentatious.

ostéopathe [ɔsteɔpat] *nmf* osteopath.

ostracisme [ɔstrasism] *nm* ostracism.

otage [ɔtaʒ] *nm* hostage; **prendre qqn en ~** to take sb hostage.

OTAN, Otan [ɔtɑ̃] (*abr de* **Organisation du traité de l'Atlantique Nord**) *nf* NATO.

otarie [ɔtari] *nf* sea lion.

OTASE [ɔtaz] (*abr de* **Organisation du traité de l'Asie du sud-est**) *nf* SEATO.

ôter [ote] [3] *vt* **-1.** [enlever] to take off. **-2.** [soustraire] to take away. **-3.** [retirer, prendre]: **~ qqch à qqn** to take sthg away from sb.
◆ **s'ôter** *vp fam*: **ôte-toi de là!** get out of the way!

otite [ɔtit] *nf* ear infection.

oto-rhino-laryngologie [ɔtɔrinɔlarɛ̃gɔlɔʒi] *nf* ear, nose and throat medicine, ENT.

Ottawa [ɔtawa] *n* Ottawa.

ou [u] *conj* **-1.** [indique une alternative, une approximation] or. **-2.** [sinon]: **~ (bien)** or (else).
◆ **ou (bien) ... ou (bien)** *loc corrélative* either ... or; **~ c'est elle, ~ c'est moi!** it's either her or me!

où [u] ◇ *pron rel* **-1.** [spatial] where; **le village ~ j'habite** the village where I live, the village I live in; **pose-le là ~ tu l'as trouvé** put it back where you found it; **partout ~ vous irez** wherever you go. **-2.** [temporel] that; **le jour ~ je suis venu** the day (that) I came.
◇ *adv* where; **je vais ~ je veux** I go where I please; **~ que vous alliez** wherever you go.
◇ *adv interrogatif* where?; **~ vas-tu?** where are you going?; **~ est la voiture?** where's the car?; **dites-moi ~ il est allé** tell me where he's gone.

◆ **d'où** *loc adv* [conséquence] hence; **d'~ on conclut que ...** from which it may be concluded that ....

OUA (*abr de* **Organisation de l'unité africaine**) *nf* OAU.

ouailles [waj] *nfpl* flock (*sg*).

ouais [wɛ] *interj fam* yeah!

ouananiche [wananiʃ] *nf Can* ouananiche (*type of freshwater salmon*).

ouaouaron [wawarɔ̃] *nm Can* bullfrog.

ouate [wat] *nf* **-1.** [pansement] cotton *Am*, cotton wool *Br*. **-2.** [rembourrage] (cotton) wadding.

ouaté, -e [wate] *adj* **-1.** [garni d'ouate] cotton *Am* (*avant n*), cotton wool *Br* (*avant n*); [vêtement] quilted. **-2.** *fig* [feutré] muffled.

oubli [ubli] *nm* **-1.** [acte d'oublier] forgetting. **-2.** [négligence] omission; [étourderie] oversight. **-3.** [abnégation]: **~ de soi** self-effacement. **-4.** [général] oblivion; **tomber dans l'~** to sink into oblivion.

oublier [ublije] [10] *vt* to forget; **~ de faire qqch** to forget to do sthg.
◆ **s'oublier** *vp* **-1.** [emploi passif] to be forgotten. **-2.** [emploi réfléchi] to forget o.s. **-3.** *euphémisme* [chat, enfant] to have an accident.

oubliettes [ublijɛt] *nfpl* dungeon (*sg*); **jeter qqch aux ~** *fam fig* to shelve sthg.

oublieux, -ieuse [ublijø, jøz] *adj* forgetful.

ouest [wɛst] ◇ *nm* west; **un vent d'~** a westerly wind; **le vent d'~** the west wind; **à l'~** in the west; **à l'~ (de)** to the west (of). ◇ *adj inv* [gén] west; [province, région] western.

ouest-allemand, -e [wɛstalmɑ̃, ɑ̃d] *adj* West German.

ouf [uf] *interj* phew!

Ouganda [ugɑ̃da] *nm*: **l'~** Uganda.

ougandais, -e [ugɑ̃dɛ, ɛz] *adj* Ugandan.
◆ **Ougandais, -e** *nm, f* Ugandan.

oui [wi] ◇ *adv* yes; **tu viens? - ~** are you coming? - yes (I am); **tu viens, ~ ou non?** are you coming or not?, are you coming or aren't you?; **je crois que ~** I think so; **faire signe que ~** to nod; **mais ~, bien sûr que ~** yes, of course. ◇ *nm inv* yes; **pour un ~ pour un non** for no apparent reason.

ouï-dire [widir] *nm inv*: **par ~** by OU from hearsay.

ouïe [wi] *nf* hearing; **avoir l'~ fine** to have excellent hearing.
◆ **ouïes** *nfpl* [de poisson] gills.

ouistiti [wistiti] *nm* **-1.** ZOOL marmoset. **-2.** *fam* [type] guy, bloke *Br*.

Oulan-Bator [ulanbatɔr] *n* Ulan Bator.

ouragan [uragã] *nm* **-1.** MÉTÉOR hurricane. **-2.** *fig* [tempête] storm.

ourdir [urdir] [32] *vt fig* & *littéraire* [complot] to hatch.

ourler [urle] [3] *vt* **-1.** COUTURE to hem. **-2.** *littéraire* [border] to edge.

ourlet [urlɛ] *nm* **-1.** COUTURE hem; **faire un** ~ **à** to hem. **-2.** [de l'oreille] helix.

ours [urs] *nm* bear; ~ **(en peluche)** teddy (bear); ~ **polaire** polar bear.

ourse [urs] *nf* she-bear.

◆ **Ourse** *nf*: **la Grande/Petite Ourse** the Great/Little Bear.

oursin [ursɛ̃] *nm* sea urchin.

ourson [ursɔ̃] *nm* bear cub.

oust, ouste [ust] *interj fam* [dehors!] clear off!; [vite!] get a move on!

outarde [utard] *nf* bustard.

outil [uti] *nm* tool.

outillage [utijaʒ] *nm* [équipement] tools (*pl*), equipment.

outrage [utraʒ] *nm* **-1.** *sout* [insulte] insult; **faire subir les derniers** ~**s à qqn** *littéraire* to ravish sb. **-2.** JUR: ~ **aux bonnes mœurs** affront to public decency; ~ **à magistrat** contempt of court; ~ **à la pudeur** indecent behavior (*U*) *Am* OU behaviour (*U*) *Br*.

outrageant, -e [utraʒã, ãt] *adj* insulting, offensive.

outrager [utraʒe] [17] *vt* **-1.** [offenser] to insult. **-2.** [contrevenir] to offend.

outrageusement [utraʒøzmã] *adv* outrageously.

outrance [utrãs] *nf* excess; **à** ~ excessively.

outrancier, -ière [utrãsje, jɛr] *adj* extravagant.

outre¹ [utr] *nf* wineskin.

outre² [utr] ◇ *prép* besides, as well as. ◇ *adv*: **passer** ~ to go on, to proceed further; **passer** ~ **à qqch** to disregard sthg.

◆ **en outre** *loc adv* moreover, besides.

◆ **outre que** *loc conj* apart from the fact that.

outre-Atlantique [utratlãtik] *loc adv* across the Atlantic.

outrecuidance [utrəkɥidãs] *nf littéraire* presumptuousness.

outrecuidant, -e [utrəkɥidã, ãt] *adj littéraire* presumptuous.

outre-Manche [utrəmãʃ] *loc adv* across the Channel.

outremer [utrəmɛr] ◇ *nm* [pierre] lapis lazuli; [couleur] ultramarine. ◇ *adj inv* ultramarine.

outre-mer [utrəmɛr] *loc adv* overseas; **d'**~ overseas.

outrepasser [utrəpase] [3] *vt* to exceed.

outrer [utre] [3] *vt* [personne] to outrage.

outre-Rhin [utrərɛ̃] *loc adv* across the Rhine.

outsider [awtsajdœr] *nm* outsider.

ouvert, -e [uvɛr, ɛrt] ◇ *pp* → **ouvrir**. ◇ *adj* **-1.** [gén] open; **grand** ~ wide open. **-2.** [robinet] on, running.

ouvertement [uvɛrtəmã] *adv* openly.

ouverture [uvɛrtyr] *nf* **-1.** [gén] opening; [d'hostilités] outbreak; **l'**~ **de la chasse** the start of the hunting season; ~ **d'esprit** open-mindedness. **-2.** MUS overture. **-3.** PHOT aperture.

◆ **ouvertures** *nfpl* [propositions] overtures.

ouvrable [uvrabl] *adj* working; **heures** ~**s** hours of business.

ouvrage [uvraʒ] *nm* **-1.** [travail] work (*U*), task; **se mettre à l'**~ to start work. **-2.** [objet produit] (piece of) work; COUTURE work (*U*). **-3.** [livre, écrit] work; ~ **de référence** reference work.

ouvragé, -e [uvraʒe] *adj* elaborate.

ouvrant, -e [uvrã, ãt] *adj*: **toit** ~ sunroof.

ouvré, -e [uvre] *adj*: **jour** ~ working day.

ouvre-boîtes [uvrəbwat] *nm inv* can opener, tin opener *Br*.

ouvre-bouteilles [uvrəbutɛj] *nm inv* bottle opener.

ouvreuse [uvrøz] *nf* usherette.

ouvrier, -ière [uvrije, jɛr] ◇ *adj* [quartier, enfance] working-class; [conflit] industrial; [questions, statut] labor (*avant n*) *Am*, labour (*avant n*) *Br*; **classe ouvrière** working class. ◇ *nm, f* worker; ~ **agricole** farm worker; ~ **qualifié** skilled worker; ~ **spécialisé** semi-skilled worker.

◆ **ouvrière** *nf* ZOOL worker.

ouvrir [uvrir] [34] ◇ *vt* **-1.** [gén] to open; ~ **qqch à qqn** to open sthg to sb. **-2.** [chemin, voie] to open up. **-3.** [gaz] to turn on. ◇ *vi* to open; ~ **par qqch** to open with sthg; ~ **sur qqch** to open onto sthg.

◆ **s'ouvrir** *vp* **-1.** [porte, fleur] to open. **-2.** [route, perspectives] to open up. **-3.** [personne]: **s'**~ **(à qqn)** to confide (in sb), to open up (to sb). **-4.** [se blesser]: **s'**~ **le genou** to cut one's knee open; **s'**~ **les veines** to slash OU cut one's wrists. **-5.** [se sensibiliser]: **s'**~ **à qqch** to start to take an interest in sthg.

ovaire [ɔvɛr] *nm* ovary.

ovale [ɔval] *adj* & *nm* oval.

ovation [ɔvasjɔ̃] *nf* ovation; **faire une ~ à qqn** to give sb an ovation.

ovationner [ɔvasjɔne] [3] *vt* to give an ovation to.

overdose [ɔvœrdoz] *nf* overdose.

ovin, -e [ɔvɛ̃, in] *adj* ovine.
◆ **ovin** *nm* sheep.

OVNI, Ovni [ɔvni] (*abr de* **objet volant non identifié**) *nm* UFO.

ovoïde [ɔvɔid] *adj* egg-shaped.

ovuler [ɔvyle] [3] *vi* to ovulate.

oxydable [ɔksidabl] *adj* liable to rust.

oxydation [ɔksidasjɔ̃] *nf* oxidation, oxidization.

oxyde [ɔksid] *nm* oxide; **~ de carbone** carbon monoxide.

oxyder [ɔkside] [3] *vt* to oxidize.
◆ **s'oxyder** *vp* to become oxidized.

oxygène [ɔksiʒɛn] *nm* oxygen; **ballon d'~** oxygen cylinder.

oxygéné, -e [ɔksiʒene] *adj* **-1.** CHIM oxygenated; → **eau. -2.** [cheveux] peroxideblond, bleached.

oxygéner [ɔksiʒene] [18] *vt* **-1.** CHIM to oxygenate. **-2.** [cheveux] to bleach, to peroxide.
◆ **s'oxygéner** *vp fam* to get some fresh air.

ozone [ozon] *nm* ozone.

P

p¹, P [pe] *nm inv* p, P.

p² **-1.** (*abr de* **pico**) p. **-2.** (*abr de* **page**) p. **-3.** (*abr de* **passable**) *fair grade (as assessment of schoolwork),* ≃ C. **-4.** *abr de* **pièce**.

Pa (*abr de* **pascal**) Pa.

PA (*abr de* **petites annonces**) *nfpl* small ads.

PAC, Pac [pak] (*abr de* **politique agricole commune**) *nf* CAP.

pacage [pakaʒ] *nm* pasture.

pacemaker [pɛsmekœr] *nm* pacemaker.

pacha [paʃa] *nm* pasha; **mener une vie de ~** *fam fig* to live a life of ease.

pachyderme [paʃidɛrm] *nm* pachyderm.

pacificateur, -trice [pasifikatœr, tris] ◇ *adj* pacifying. ◇ *nm, f* peacemaker.

pacification [pasifikasjɔ̃] *nf* pacification.

pacifier [pasifje] [9] *vt* to pacify.

pacifique [pasifik] *adj* peaceful.

Pacifique [pasifik] → **océan**.

pacifiquement [pasifikmɑ̃] *adv* peacefully.

pacifiste [pasifist] *nmf & adj* pacifist.

pack [pak] *nm* pack.

package [pakadʒ] *nm* INFORM package.

packaging [pakadʒiɲ] *nm* packaging.

pacotille [pakɔtij] *nf* shoddy goods (*pl*), rubbish; **de ~** cheap.

pacte [pakt] *nm* pact.

pactiser [paktize] [3] *vi*: **~ avec** [faire un pacte avec] to make a pact with; [transiger avec] to come to terms with.

pactole [paktɔl] *nm* gold mine *fig*.

paddock [padɔk] *nm* **-1.** [d'un hippodrome] paddock. **-2.** *tfam* [lit]: **se mettre au ~** to hit the sack.

paddy [padi] *nm* paddy (rice).

paella [paela] *nf* paella.

paf [paf] ◇ *interj* wham! ◇ *adj inv fam* [ivre] plastered.

PAF [paf] ◇ *nf* (*abr de* **Police de l'air et des frontières**) *police authority responsible for civil aviation etc*. ◇ *nm* (*abr de* **paysage audiovisuel français**) *French radio and television*.

pagaie [page] *nf* paddle.

pagaille, pagaye, pagaïe [pagaj] *nf fam* mess; **en ~** [en désordre] in a mess; **des fruits en ~** loads of fruit.

paganisme [paganism] *nm* paganism.

pagaye = **pagaille**.

pagayer [pageje] [11] *vi* to paddle.

pagayeur, -euse [pagejœr, øz] *nm, f* paddler.

page [paʒ] ◇ *nf* **-1.** [feuillet] page; **~ blanche** blank page; **mettre en ~s** TYPO to make up (into pages); **~ d'accueil** INFORM home page; **~ de garde** flyleaf. **-2.** *fig* [passage] passage; [événement] episode, page. **-3.** *loc*: **être à la ~** to be up-to-date; **tourner la ~** to turn the page. ◇ *nm* page (boy).

pagination [paʒinasjɔ̃] *nf* pagination.

pagne [paɲ] *nm* loincloth.

pagode [pagɔd] *nf* pagoda.

paie¹, paies *etc* → **payer**.

paie², paye [pɛ] *nf* pay (*U*), wages (*pl*).

paiement, payement [pɛmɑ̃] *nm* payment; **~ anticipé** advance payment.

païen, -ïenne [pajɛ̃, jɛn] *adj & nm, f* pagan, heathen.

paierai, paieras *etc* → **payer**.

paillard, -e [pajar, ard] ◇ *adj* bawdy. ◇ *nm, f* rake (*f* slut).

paillasse [pajas] ◇ *nf* **-1.** [matelas] straw mattress. **-2.** [d'évier] draining board. ◇ *nm* clown.

paillasson [pajasɔ̃] *nm* **-1.** [tapis] doormat. **-2.** AGRIC (roll of) matting.

paille [paj] *nf* **-1.** BOT straw; **être sur la ~ fam** *fig* to be down and out. **-2.** [pour boire] straw.
◆ **paille de fer** *nf* steel wool.

pailleté, -e [pajte] *adj* sequined.

paillette [pajɛt] *nf* (*gén pl*) **-1.** [sur vêtements] sequin, spangle. **-2.** [d'or] grain of gold dust. **-3.** [de lessive, savon] flake; **savon en ~s** soap flakes (*pl*).

pain [pɛ̃] *nm* **-1.** [aliment] bread; **un ~** a loaf; **petit ~** (bread) roll; **~ azyme** unleavened bread; **~ de campagne** farmhouse loaf; **~ au chocolat** *sweet roll with chocolate filling*; **~ complet** wholemeal bread; **~ d'épice** ≃ gingerbread; **~ au lait** sweet roll, bun; **~ de mie** sandwich loaf; **~ perdu** ≃ French toast; **~ de seigle** rye bread; **~ au son** wholemeal bread; **avoir du ~ sur la planche** *fam* *fig* to have a lot on one's plate; **ôter le ~ de la bouche de qqn** *fig* to take the bread out of sb's mouth. **-2.** [de savon, cire] bar. **-3.** *tfam* [coup] punch.

pair, -e [pɛr] *adj* even.
◆ **pair** *nm* peer.
◆ **paire** *nf* pair; **une ~e de** [lunettes, ciseaux, chaussures] a pair of; **c'est une autre ~e de manches** *fig* that's another story.
◆ **au pair** *loc adv* for one's keep; **jeune fille au ~** *au pair* (girl).
◆ **de pair** *loc adv*: **aller de ~ avec** to go hand in hand with.
◆ **hors pair** *loc adj* unrivaled *Am*, unrivalled *Br*.

paisible [pezibl] *adj* peaceful.

paisiblement [pezibləmɑ̃] *adv* peacefully.

paître [pɛtr] [91] ◇ *vi* to graze. ◇ *vt* to feed on.

paix [pɛ] *nf* peace; **en ~** [en harmonie] at peace; [tranquillement] in peace; **avoir la ~** to have peace and quiet; **faire la ~ avec qqn** to make peace with sb; **ficher la ~ à qqn** *fam* to stop hassling sb; **laisser qqn en ~** to leave sb alone OU in peace.

Pakistan [pakistɑ̃] *nm*: **le ~** Pakistan; **au ~** in Pakistan.

pakistanais, -e [pakistanɛ, ɛz] *adj* Pakistani.
◆ **Pakistanais, -e** *nm, f* Pakistani.

PAL, Pal [pal] (*abr de* **Phase Alternation Line**) *adj* PAL.

palabrer [palabre] [3] *vi* to have interminable discussions.

palabres [palabr] *nmpl ou nfpl* interminable discussions.

palace [palas] *nm* luxury hotel.

palais [palɛ] *nm* **-1.** [château] palace. **-2.** [grand édifice] center *Am*, centre *Br*; **~ des expositions** exhibition center *Am* OU centre *Br*; **le ~ Garnier** *the (old) Paris opera house*; **~ de justice** JUR law courts (*pl*); **le ~ du Luxembourg** *palace in Paris where the French Senate is situated*; **~ omnisports** (multipurpose) sports center *Am* OU centre *Br*; **le ~ des Papes** *the Papal Palace in Avignon*. **-3.** ANAT palate.

palan [palɑ̃] *nm* block and tackle, hoist.

pale [pal] *nf* [de rame, d'hélice] blade.

pâle [pal] *adj* pale.

palefrenier [palfrənje] *nm* groom.

paléographie [paleografi] *nf* paleography.

paléolithique [paleolitik] ◇ *nm*: **le ~** the Paleolithic (age). ◇ *adj* paleolithic.

paléontologie [paleɔ̃tɔlɔʒi] *nf* paleontology.

Palerme [palɛrm] *n* Palermo.

Palestine [palɛstin] *nf*: **la ~** Palestine.

palestinien, -ienne [palɛstinjɛ̃, jɛn] *adj* Palestinian.
◆ **Palestinien, -ienne** *nm, f* Palestinian.

palet [palɛ] *nm* HOCKEY puck.

paletot [palto] *nm* (short) overcoat.

palette [palɛt] *nf* **-1.** [de peintre] palette. **-2.** CULIN shoulder. **-3.** [de chariot élévateur] pallet.

palétuvier [paletyvje] *nm* mangrove.

pâleur [palœr] *nf* [de visage] pallor.

pâlichon, -onne [paliʃɔ̃, ɔn] *adj* *fam* pale, sickly-looking.

palier [palje] *nm* **-1.** [d'escalier] landing. **-2.** [étape] level. **-3.** TECHNOL bearing.

pâlir [palir] [32] ◇ *vt* to turn pale. ◇ *vi* [couleur, lumière] to fade; [personne] to turn OU go pale; **~ de** [angoisse] to turn OU go pale with; [jalousie] to turn OU go green with.

palissade [palisad] *nf* [clôture] fence; [de verdure] hedge.

palissandre [palisɑ̃dr] *nm* rosewood.

palliatif, -ive [paljatif, iv] *adj* palliative.
◆ **palliatif** *nm* **-1.** MÉD palliative. **-2.** *fig* stopgap measure.

pallier [palje] [9] *vt* to make up for.

Palma [palma] *n*: **~ (de Majorque)** Palma (de Majorca).

palmarès [palmarɛs] *nm* **-1.** [de lauréats] list of (medal) winners; SCOL list of prizewinners. **-2.** [de succès] record (of achievements).

palme [palm] *nf* **-1.** [de palmier] palm-leaf. **-2.** [de nageur] flipper. **-3.** [décoration, distinction]: **avec** ∼ MIL ≃ with bar; **la** ∼ **d'or** *award given to best film at the Cannes Film Festival;* ∼**s académiques** *decoration awarded for services to education.*

palmé, -e [palme] *adj* **-1.** BOT palmate. **-2.** ZOOL web-footed; [patte] webbed.

palmeraie [palmərɛ] *nf* palm grove.

palmier [palmje] *nm* **-1.** BOT palm tree. **-2.** CULIN *sweet pastry shaped like a palm leaf.*

palmipède [palmipɛd] ◇ *nm* web-footed bird. ◇ *adj* web-footed.

palombe [palɔ̃b] *nf* woodpigeon.

pâlot, -otte [palo, ɔt] *adj* pale, sickly-looking.

palourde [palurd] *nf* clam.

palpable [palpabl] *adj* palpable, tangible.

palper [palpe] [3] *vt* **-1.** [toucher] to feel, to finger; MÉD to palpate. **-2.** *fam* [de l'argent] to get.

palpitant, -e [palpitɑ̃, ɑ̃t] *adj* exciting, thrilling.

palpitation [palpitasjɔ̃] *nf* palpitation.

palpiter [palpite] [3] *vi* **-1.** [paupières] to flutter; [cœur] to pound. **-2.** [personne]: ∼ **de** to tremble OU quiver with. **-3.** *littéraire* [flamme] to tremble, to quiver.

palu [paly] *nm fam* malaria.

paludisme [palydism] *nm* malaria.

pâmer [pame] [3]
◆ **se pâmer** *vp* **-1.** *littéraire* [s'évanouir] to swoon (away). **-2.** *fig*: **se** ∼ **de** to be overcome with.

pâmoison [pamwazɔ̃] *nf littéraire* swoon.

pampa [pɑ̃pa] *nf* pampas (*pl*).

pamphlet [pɑ̃flɛ] *nm* satirical tract.

pamplemousse [pɑ̃pləmus] *nm* grapefruit.

pan [pɑ̃] ◇ *nm* **-1.** [de vêtement] tail. **-2.** [d'affiche] piece, bit; ∼ **de mur** section of wall. **-3.** [d'écrou] side. ◇ *interj* bang!

panacée [panase] *nf* panacea.

panachage [panaʃaʒ] *nm* **-1.** [mélange] mix. **-2.** POLIT *splitting one's vote.*

panache [panaʃ] *nm* **-1.** [de plumes, fumée] plume. **-2.** [éclat] panache.

panaché, -e [panaʃe] *adj* **-1.** [de plusieurs couleurs] multicolored *Am*, multicoloured *Br*. **-2.** [mélangé] mixed.
◆ **panaché** *nm* shandy.

panacher [panaʃe] [3] *vt* **-1.** [mélanger] to mix. **-2.** POLIT: ∼ **une liste électorale** to split one's vote among several candidates.

panafricanisme [panafrikanism] *nm* Pan-Africanism.

panama [panama] *nm* panama (hat).

Panama [panama] *nm* **-1.** [pays]: **le** ∼ Panama; **au** ∼ in Panama. **-2.** [ville] Panama City.

panaméen, -enne [panameɛ̃, ɛn], **panamien, -ienne** [panamjɛ̃, jɛn] *adj* Panamanian.
◆ **Panaméen, -enne, Panamien, -ienne** *nm, f* Panamanian.

panard [panar] *nm fam* foot.

panaris [panari] *nm* whitlow.

pancarte [pɑ̃kart] *nf* **-1.** [de manifestant] placard. **-2.** [de signalisation] sign.

pancréas [pɑ̃kreas] *nm* pancreas.

panda [pɑ̃da] *nm* panda.

pané, -e [pane] *adj* breaded, in breadcrumbs.

panégyrique [paneʒirik] *nm* panegyric.

panel [panɛl] *nm* [groupe] sample (group); [jury] panel.

paner [pane] [3] *vt* to coat with breadcrumbs.

panier [panje] *nm* basket; ∼ **à provisions** shopping basket; **c'est un** ∼ **de crabes** *fig* they're always at each other's throats; ∼ **à salade** CULIN salad shaker; *fig* police van; **mettre au** ∼ *fig* to throw out.

panier-repas [panjerəpa] (*pl* **paniers-repas**) *nm* packed lunch.

panique [panik] ◇ *nf* panic. ◇ *adj* panicky; **être pris d'une peur** ∼ to be panic-stricken.

paniquer [panike] [3] *vt & vi* to panic.
◆ **se paniquer** *vp fam* to panic.

panne [pan] *nf* [arrêt] breakdown; **tomber en** ∼ to break down; ∼ **de courant** OU **d'électricité** power failure; **tomber en** ∼ **d'essence** OU **en** ∼ **sèche** to run out of gas *Am* OU petrol *Br*; ∼ **de secteur** ÉLECTR mains failure.

panneau, -x [pano] *nm* **-1.** [pancarte] sign; ∼ **d'affichage** bulletin board *Am*, noticeboard *Br*; [pour publicité] billboard *Am*, (advertising) hoarding *Br*; ∼ **indicateur** signpost; ∼ **publicitaire** billboard *Am*, (advertising) hoarding *Br*; ∼ **de signalisation** road sign. **-2.** [élément] panel; ∼ **de commande** INFORM control panel.

panonceau, -x [panɔ̃so] *nm* **-1.** [plaque] plaque. **-2.** [enseigne] sign.

panoplie [panɔpli] *nf* **-1.** [jouet] outfit. **-2.** [d'armes] display. **-3.** *fig* [de mesures] package.

panorama [panɔrama] *nm* [vue] view, panorama; *fig* overview.

panoramique [panɔramik] ◇ *adj* panoramic. ◇ *nm* CIN pan, panning shot.

panse [pɑ̃s] *nf* **-1.** [d'estomac] first stomach, rumen. **-2.** *fam* [gros ventre] belly, paunch; **se remplir** OU **s'en mettre plein la ~** to stuff o.s. **-3.** [partie arrondie] bulge.

pansement [pɑ̃smɑ̃] *nm* dressing, bandage; **~ (adhésif)** Bandaid® *Am*, (sticking) plaster *Br*.

panser [pɑ̃se] [3] *vt* **-1.** [plaie] to dress, to bandage; [jambe] to put a dressing on, to bandage; [avec pansement adhésif] to put a Bandaid® *Am* OU plaster *Br* on. **-2.** [cheval] to groom.

pantagruélique [pɑ̃tagryelik] *adj* gargantuan.

pantalon [pɑ̃talɔ̃] *nm* pants (*pl*) *Am,* trousers (*pl*) *Br,* pair of pants *Am* OU trousers *Br.*

pantelant, -e [pɑ̃tlɑ̃, ɑ̃t] *adj* panting, gasping.

panthéisme [pɑ̃teism] *nm* pantheism.

panthéiste [pɑ̃teist] ◇ *nmf* pantheist. ◇ *adj* pantheistic.

panthéon [pɑ̃teɔ̃] *nm*: **le Panthéon** the Pantheon (*where famous Frenchmen and Frenchwomen are buried*).

panthère [pɑ̃tɛr] *nf* panther; **~ noire** black panther.

pantin [pɑ̃tɛ̃] *nm* **-1.** [jouet] jumping jack. **-2.** *péj* [personne] puppet.

pantois, -e [pɑ̃twa, az] *adj* astounded, dumbstruck; **rester ~** to be astounded OU dumbstruck.

pantomime [pɑ̃tɔmim] *nf* **-1.** [art, pièce] mime. **-2.** *fig* & *péj* [manège ridicule]: **qu'est-ce que c'est que cette ~?** what are you playing at?

pantouflard, -e [pɑ̃tuflar, ard] *fam adj* & *nm, f* stay-at-home.

pantoufle [pɑ̃tufl] *nf* slipper.

panure [panyr] *nf* breadcrumbs (*pl*), coating of breadcrumbs.

PAO (*abr de* **publication assistée par ordinateur**) *nf* DTP.

paon [pɑ̃] *nm* peacock; **fier comme un ~** (as) proud as a peacock.

papa [papa] *nm* dad, daddy; **~ gâteau** indulgent father.

papal, -e, -aux [papal, o] *adj* papal.

papauté [papote] *nf* papacy.

papaye [papaj] *nf* papaya, pawpaw.

pape [pap] *nm* **-1.** RELIG pope; **sérieux comme un ~** deadly serious. **-2.** *fig* [de mouvement] leading light.

papelard [paplar] *nm fam* [papier] bit of paper.

paperasse [papras] *nf péj* **-1.** [papier sans importance] papers (*pl*), bumf (*U*) *Br.* **-2.** [papiers administratifs] paperwork (*U*).

paperasserie [paprasri] *nf péj* paperwork.

papeterie [papɛtri] *nf* [magasin] stationer's; [fabrique] paper mill.

papetier, -ière [paptje, jɛr] *nm, f* [commerçant] stationer; [fabricant] paper manufacturer.

papi, papy [papi] *nm* grandpa, grandad.

papier [papje] *nm* **-1.** [matière, écrit] paper; **noircir du ~** to scribble; **~ alu** OU **aluminium** aluminum *Am* OU aluminium *Br* foil, tinfoil; **~ carbone** carbon paper; **~ continu** continuous stationery; **~ crépon** crêpe paper; **~ d'emballage** wrapping paper; **~ à en-tête** headed notepaper; **~ glacé** glazed paper; **~ hygiénique** toilet paper; **~ journal** newsprint; [vieux journaux] newspaper; **~ à lettres** writing paper, notepaper; **~ mâché** papier-mâché; **~ machine** typing paper; **~ millimétré** graph paper; **~ peint** wallpaper; **~ de soie** tissue paper; **~ thermique** thermal paper; **~ tue-mouches** fly paper; **~ de verre** glasspaper, sandpaper. **-2.** [article de journal] article.
◆ **papiers** *nmpl*: **~s (d'identité)** (identity) papers.

papier-calque [papjekalk] (*pl* **papiers-calque**) *nm* tracing paper.

papier-filtre [papjefiltr] (*pl* **papiers-filtres**) *nm* filter paper.

papier-monnaie [papjemɔnɛ] (*pl* **papiers-monnaies**) *nm* paper money.

papille [papij] *nf*: **~s gustatives** taste buds.

papillon [papijɔ̃] *nm* **-1.** ZOOL butterfly; **~ de nuit** moth. **-2.** [contravention] (parking) ticket. **-3.** [écrou] wing nut. **-4.** [nage] butterfly (stroke).

papillonner [papijɔne] [3] *vi* to flit about OU around.

papillote [papijɔt] *nf* **-1.** [de bonbon] candy paper *Am,* sweet paper OU wrapper *Br.* **-2.** [de cheveux] curl paper. **-3.** CULIN: **en ~s** *baked in tinfoil or greaseproof paper.*

papilloter [papijɔte] [3] *vi* [lumière] to twinkle; [yeux] to blink.

papoter [papɔte] [3] *vi fam* to chatter.

papou, -e [papu] *adj* Papuan.
◆ **papou** *nm* [langue] Papuan.
◆ **Papou, -e** *nm, f* Papuan.

Papouasie-Nouvelle-Guinée [papwazinyvɛlgine] *nf*: **la ~** Papua New Guinea.

paprika [paprika] *nm* paprika.

papy = **papi**.

papyrus [papirys] *nm* papyrus.

Pâque [pak] *nf*: **la ~** Passover; *voir aussi* **Pâques.**

paquebot [pakbo] *nm* liner.

pâquerette [pakrɛt] *nf* daisy.

Pâques [pak] *nfpl* Easter (*sg*); **joyeuses ~** Happy Easter; **île de ~** Easter Island.

PÂQUES:
In France, Easter is symbolized not only by eggs but also by bells; according to legend, church bells fly to Rome at Easter

paquet [pakɛ] *nm* **-1.** [colis] parcel. **-2.** [emballage] packet; **~-cadeau** gift-wrapped parcel. **-3.** *loc*: **mettre le ~** *fam* to pull out all the stops, to give it all one's got.

paquetage [pakta3] *nm* MIL kit.

par [par] *prép* **-1.** [spatial] through, by (way of); **passer ~ la Suède et le Danemark** to go via Sweden and Denmark; **regarder ~ la fenêtre** to look out of the window; **~ endroits** in places; **~ ici/là** this/that way; **mon cousin habite ~ ici** my cousin lives round here. **-2.** [temporel] on; **~ un beau jour d'été** on a lovely summer's day; **~ le passé** in the past. **-3.** [moyen, manière, cause] by; **~ bateau/train/avion** by boat/train/plane; **~ pitié** out of OU from pity; **~ accident** by accident, by chance. **-4.** [introduit le complément d'agent] by; **faire faire qqch ~ qqn** to have sthg done by sb. **-5.** [sens distributif] per, a; **une heure ~ jour** one hour a OU per day; **deux ~ deux** two at a time; **marcher deux ~ deux** to walk in twos.
◆ **par-ci par-là** *loc adv* here and there.

para [para] (*abr de* **parachutiste**) *nm* para.

parabole [parabɔl] *nf* **-1.** [récit] parable. **-2.** MATHS parabola.

parabolique [parabɔlik] *adj* parabolic; **antenne ~** dish OU parabolic aerial.

parachever [paraʃve] [19] *vt* to put the finishing touches to.

parachutage [paraʃyta3] *nm* parachuting, dropping by parachute.

parachute [paraʃyt] *nm* parachute; **~ ascensionnel** parachute (*for parascending*); **faire du ~ ascensionnel** to go parascending.

parachuter [paraʃyte] [3] *vt* to parachute, to drop by parachute; **ils l'ont parachuté directeur** *fig* he was unexpectedly given the job of manager.

parachutisme [paraʃytism] *nm* parachuting.

parachutiste [paraʃytist] *nmf* parachutist; MIL paratrooper.

parade [parad] *nf* **-1.** [spectacle] parade. **-2.** [défense] parry; *fig* riposte. **-3.** [étalage] show.

parader [parade] [3] *vi* to show off.

paradis [paradi] *nm* paradise; **le Paradis terrestre** BIBLE the Garden of Eden; *fig* heaven on earth.

paradisiaque [paradizjak] *adj* heavenly.

paradoxal, -e, -aux [paradɔksal, o] *adj* paradoxical.

paradoxalement [paradɔksalmɑ̃] *adv* paradoxically.

paradoxe [paradɔks] *nm* paradox.

parafe, paraphe [paraf] *nm* initials (*pl*).

parafer, parapher [parafe] [3] *vt* to initial.

paraffine [parafin] *nf* kerosene *Am*, paraffin *Br*; [solide] paraffin wax.

parages [para3] *nmpl* NAVIG waters; **être** OU **se trouver dans les ~** *fig* to be in the area OU vicinity.

paragraphe [paragraf] *nm* paragraph.

Paraguay [paragwɛ] *nm*: **le ~** Paraguay; **au ~** in Paraguay.

paraguayen, -enne [paragwejɛ̃, ɛn] *adj* Paraguayan.
◆ **Paraguayen, -enne** *nm, f* Paraguayan.

paraissais, paraissions *etc* → **paraître.**

paraître [parɛtr] [91] ◇ *v attr* to look, to seem, to appear. ◇ *vi* **-1.** [se montrer] to appear. **-2.** [être publié] to come out, to be published. **-3.** [se manifester] to show (through); **laisser ~** to show; **ne rien laisser ~** to let nothing show. **-4.** [briller] to be noticed. ◇ *v impers*: **il paraît/paraîtrait que** it appears/would appear that; **paraît-il** apparently, it seems.

parallèle [paralɛl] ◇ *nm* parallel; **mettre en ~** *fig* to compare; **établir un ~ entre** *fig* to draw a parallel between. ◇ *nf* parallel (line). ◇ *adj* **-1.** [action, en maths] parallel. **-2.** [marché] unofficial; [médecine, énergie] alternative.

parallèlement [paralɛlmɑ̃] *adv* in parallel; *fig* at the same time.

parallélépipède [paralelepipɛd] *nm* parallelepiped.

parallélisme [paralelism] *nm* parallelism; [de roues] alignment.

parallélogramme [paralelɔgram] *nm* parallelogram.

paralysant, -e [paralizɑ̃, ɑ̃t] *adj* paralysing.

paralyser [paralize] [3] *vt* to paralyse.

paralysie [paralizi] *nf* paralysis.

paralytique [paralitik] *adj & nmf* paralytic.

paramédical, -e, -aux [paramedikal, o] *adj* paramedical.

paramètre [paramɛtr] *nm* parameter.

paramilitaire [paramilitɛr] *adj* paramilitary.

parangon [parɑ̃gɔ̃] *nm littéraire* paragon.

parano [parano] *adj fam* paranoid.

paranoïa [paranɔja] *nf* paranoia.

paranoïaque [paranɔjak] ◇ *adj* paranoid. ◇ *nmf* paranoiac.

paranormal, -e, -aux [paranɔrmal, o] *adj* paranormal.

parapente [parapɑ̃t] *nm* paragliding.

parapet [parapɛ] *nm* parapet.

paraphe = **parafe**.

parapher = **parafer**.

paraphrase [parafraz] *nf* paraphrase.

paraphraser [parafraze] [3] *vt* to paraphrase.

paraplégique [parapleʒik] *nmf & adj* paraplegic.

parapluie [paraplɥi] *nm* umbrella; ~ **atomique** OU **nucléaire** nuclear umbrella.

parapsychologie [parapsikɔlɔʒi] *nf* parapsychology.

parascolaire [paraskɔlɛr] *adj* extracurricular.

parasite [parazit] ◇ *nm* parasite. ◇ *adj* parasitic; **bruits** ~**s** RADIO & TÉLÉ interference (U).

♦ **parasites** *nmpl* RADIO & TÉLÉ interference (U).

parasiter [parazite] [3] *vt* **-1.** [suj: ver, insecte] to live parasitically on, to parasitize. **-2.** [suj: personne] to leech OU live off. **-3.** RADIO & TÉLÉ to cause interference on.

parasol [parasɔl] *nm* parasol, sunshade.

paratonnerre [paratɔnɛr] *nm* lightning rod *Am* OU conductor *Br*.

paravent [paravɑ̃] *nm* screen.

parbleu [parblø] *interj* (but) of course!

parc [park] *nm* **-1.** [jardin] park; [de château] grounds (*pl*); ~ **d'attractions** amusement park; ~ **national** national park. **-2.** [pour l'élevage] pen; ~ **à huîtres** oyster bed. **-3.** [de bébé] playpen. **-4.** [de voitures] fleet; **le** ~ **automobile** the number of cars on the roads.

parcelle [parsɛl] *nf* **-1.** [petite partie] fragment, particle. **-2.** [terrain] parcel of land.

parce que [parsk(ə)] *loc conj* because.

parchemin [parʃəmɛ̃] *nm* parchment.

parcheminé, -e [parʃəmine] *adj* wrinkled.

parcimonie [parsimɔni] *nf* parsimoniousness; **avec** ~ sparingly, parsimoniously.

parcimonieusement [parsimɔnjøzmɑ̃] *adv* parsimoniously.

parcimonieux, -ieuse [parsimɔnjø, jøz] *adj* parsimonious.

parcmètre [parkmɛtr] *nm* parking meter.

parcourir [parkurir] [45] *vt* **-1.** [région, route] to cover. **-2.** [journal, dossier] to skim OU glance through, to scan.

parcourrai, parcourras *etc* → **parcourir**.

parcours¹, parcourt *etc* → **parcourir**.

parcours² [parkur] *nm* **-1.** [trajet, voyage] journey; [itinéraire] route; ~ **du combattant** assault course. **-2.** GOLF [terrain] course; [trajet] round.

parcouru, -e [parkury] *pp* → **parcourir**.

par-delà [pardəla] *prép* beyond.

par-derrière [parderjɛr] *adv* **-1.** [par le côté arrière] round the back. **-2.** [en cachette] behind one's back.

par-dessous [pardəsu] *prép & adv* under, underneath.

pardessus [pardəsy] *nm inv* overcoat.

par-dessus [pardəsy] ◇ *prép* over, over the top of; ~ **tout** above all. ◇ *adv* over, over the top.

par-devant [pardəvɑ̃] ◇ *prép* in front of. ◇ *adv* in front.

pardi [pardi] *interj fam* of course!

pardon [pardɔ̃] ◇ *nm* forgiveness; **demander** ~ **to say** (one is) sorry. ◇ *interj* [excuses] (I'm) sorry!; [pour attirer l'attention] excuse me!; ~**?** pardon me**?** *Am,* (I beg your) pardon**?** *Br.*

pardonnable [pardɔnabl] *adj* forgiveable.

pardonner [pardɔne] [3] ◇ *vt* to forgive; ~ **qqch à qqn** to forgive sb for sthg; ~ **à qqn d'avoir fait qqch** to forgive sb for doing sthg. ◇ *vi:* **ce genre d'erreur ne pardonne pas** this kind of mistake is fatal.

paré, -e [pare] *adj* [prêt] ready.

pare-balles [parbal] ◇ *nm inv* [gilet] bulletproof vest; [plaque] bullet-proof shield. ◇ *adj inv* bullet-proof.

pare-brise [parbriz] *nm inv* windshield *Am,* windscreen *Br.*

pare-chocs [parʃɔk] *nm inv* bumper.

pare-feu [parfø] *nm inv* [dispositif] fireguard; [en forêt] fire-break.

pareil, -eille [parej] ◇ *adj* **-1.** [semblable]: ~ **(à)** similar (to). **-2.** [tel] such; **un** ~ **film** such a film, a film like this; **de** ~**s films** such films, films like these. ◇ *nm, f:* **mes** ~**s** my equals; **sans** ~ matchless; **c'est du** ~ **au même** it comes to much the same thing; **rendre la pareille à qqn** to pay sb back in his/her own coin, to give sb a taste of his/her own medicine.

♦ **pareil** *adv fam* the same (way).

pareillement [parɛjmã] *adv* [de même] in the same way; [également, aussi] likewise, also.

parement [parmã] *nm* facing.

parent, -e [parã, ãt] ◇ *adj*: ~ **(de)** related (to). ◇ *nm, f* relative, relation; ~ **éloigné** distant relation OU relative.
♦ **parents** *nmpl* **-1.** [père et mère] parents, mother and father. **-2.** *littéraire* [ancêtres] forefathers.

parental, -e, -aux [parãtal, o] *adj* parental.

parenté [parãte] *nf* **-1.** [lien, affinité] relationship. **-2.** [famille] relatives (*pl*), relations (*pl*).

parenthèse [parãtɛz] *nf* **-1.** [digression] digression, parenthesis. **-2.** TYPO bracket, parenthesis; **entre ~s** in brackets; *fig* incidentally, by the way; **mettre entre ~s** to put in brackets, to bracket; *fig* to put to one side; **ouvrir/fermer la** ~ to open/close brackets.

paréo [pareo] *nm* pareo.

parer [pare] [3] ◇ *vt* **-1.** *sout* [orner] to adorn. **-2.** [vêtir]: ~ **qqn de qqch** to dress sb up in sthg, to deck sb out in sthg; *fig* to attribute sthg to sb. **-3.** [contrer] to ward off, to parry. ◇ *vi*: ~ **à** [faire face à] to deal with; [pourvoir à] to prepare for; ~ **au plus pressé** to see to what is most urgent.
♦ **se parer** *vp* to dress up, to put on all one's finery; **se ~ de** to adorn o.s. with; *fig* [titre] to assume.

pare-soleil [parsɔlɛj] *nm inv* sun visor.

paresse [parɛs] *nf* **-1.** [fainéantise] laziness, idleness. **-2.** MÉD sluggishness.

paresser [parɛse] [4] *vi* to laze about OU around.

paresseusement [parɛsøzmã] *adv* lazily, idly.

paresseux, -euse [parɛsø, øz] ◇ *adj* **-1.** [fainéant] lazy. **-2.** MÉD sluggish. ◇ *nm, f* [personne] lazy OU idle person.
♦ **paresseux** *nm* [animal] sloth.

parfaire [parfɛr] [109] *vt* to complete, to perfect.

parfait, -e [parfɛ, ɛt] *adj* perfect.
♦ **parfait** *nm* **-1.** CULIN parfait. **-2.** GRAM perfect (tense).

parfaitement [parfɛtmã] *adv* **-1.** [admirablement, très] perfectly. **-2.** [marque l'assentiment] absolutely.

parfois [parfwa] *adv* sometimes.

parfum [parfœ̃] *nm* **-1.** [de fleur] scent, fragrance. **-2.** [à base d'essences] perfume, scent. **-3.** [de glace] flavour. **-4.** *loc*: **être/mettre qqn au** ~ to be/put sb in the know.

parfumé, -e [parfyme] *adj* **-1.** [fleur] fragrant. **-2.** [mouchoir] perfumed. **-3.** [femme]: **elle est trop ~e** she's wearing too much perfume.

parfumer [parfyme] [3] *vt* **-1.** [suj: fleurs] to perfume. **-2.** [mouchoir] to perfume, to scent. **-3.** CULIN to flavour.
♦ **se parfumer** *vp* to put perfume on.

parfumerie [parfymri] *nf* perfumery.

parfumeur, -euse [parfymœr, øz] *nm, f* perfumer.

pari [pari] *nm* **-1.** [entre personnes] bet; **faire un** ~ to make OU lay a bet; **gagner/perdre son** ~ to win/lose one's bet. **-2.** [jeu] betting (U).

paria [parja] *nm* pariah.

parier [parje] [9] *vt*: ~ **(sur)** to bet (on); **je l'aurais parié!** *fig* I thought as much!

parieur [parjœr] *nm* punter.

parigot, -ote [parigo, ɔt] *adj fam* Parisian.
♦ **Parigot, -ote** *nm, f fam* Parisian.

Paris [pari] *n* Paris.

PARIS:
The name 'Paris' followed by a number or Roman numeral refers to a Paris university: 'Paris VII' (the science faculty at Jussieu), 'Paris IV' (the Sorbonne), 'Paris X' (Nanterre university) etc.
When 'Paris' is followed by an ordinal number, this refers to an 'arrondissement': 'Paris quinzième', 'Paris quatrième', etc

---

paris-brest [paribrɛst] *nm inv choux pastry ring with cream and almonds.*

parisianisme [parizjanism] *nm* [expression] Parisian idiom; [habitude] Parisian custom.

parisien, -ienne [parizjɛ̃, jɛn] *adj* [vie, société] Parisian; [métro, banlieue, région] Paris (*avant n*).
♦ **Parisien, -ienne** *nm, f* Parisian.

paritaire [paritɛr] *adj*: **commission** ~ joint commission (*with both sides equally represented*).

parité [parite] *nf* parity.

parjure [parʒyr] ◇ *nmf* [personne] perjurer. ◇ *nm* [faux serment] perjury.

parjurer [parʒyre] [3]
♦ **se parjurer** *vp* to perjure o.s.

parka [parka] *nm ou nf* parka.

parking [parkiŋ] *nm* [parc] parking lot *Am*, car park *Br*.

parlant, -e [parlã, ãt] *adj* **-1.** [qui parle]: **le cinéma** ~ talking pictures; **l'horloge** ~**e**

TÉLÉCOM the speaking clock. **-2.** *fig* [chiffres, données] eloquent; [portrait] vivid.

parlement [parləmɑ̃] *nm* parliament; **le Parlement européen** the European Parliament.

parlementaire [parləmɑ̃tɛr] ◇ *nmf* [député] member of parliament; [négociateur] negotiator. ◇ *adj* parliamentary.

parlementarisme [parləmɑ̃tarism] *nm* (system of) parliamentary government.

parlementer [parləmɑ̃te] [3] *vi* **-1.** [négocier] to negotiate, to parley. **-2.** [parler longtemps] to talk at length.

parler [parle] [3] ◇ *vi* **-1.** [gén] to talk, to speak; **les faits parlent d'eux-mêmes** the facts speak for themselves; ~ **à/avec qqn** to speak to/with sb, to talk to/with sb; ~ **de qqch à qqn** to speak OU talk to sb about sthg; ~ **de qqn/qqch** to talk about sb/sthg; ~ **de faire qqch** to talk about doing sthg; ~ **en français** to speak in French; ~ **tout seul** to talk to o.s.; **sans** ~ **de** apart from, not to mention; **à proprement** ~ strictly speaking; ~ **pour ne rien dire** to talk for the sake of talking; **tu parles!** *fam* you can say that again!; **n'en parlons plus** we'll say no more about it. **-2.** [avouer] to talk.
◇ *vt* [langue] to speak; ~ **(le) français** to speak French; ~ **politique/affaires** to talk politics/business. ◇ *nm* **-1.** [manière de parler] speech. **-2.** [patois] dialect.
◆ **se parler** *vp*: **ils ne se parlent pas** they're not on speaking terms.

parleur [parlœr] *nm*: **beau** ~ *péj* fine talker.

parloir [parlwar] *nm* parlor *Am*, parlour *Br*.

parlo(t)te [parlɔt] *nf* chat.

parme [parm] *nm & adj inv* violet.

parmesan [parməzɑ̃] *nm* Parmesan (cheese).

parmi [parmi] *prép* among.

parodie [parɔdi] *nf* parody.

parodier [parɔdje] [9] *vt* to parody.

paroi [parwa] *nf* **-1.** [mur] wall; [cloison] partition; ~ **rocheuse** rock face. **-2.** [de récipient] inner side.

paroisse [parwas] *nf* parish.

paroissial, -e, -iaux [parwasjal, jo] *adj* parish *(avant n)*.

paroissien, -ienne [parwasjɛ̃, jɛn] *nm, f* parishioner.

parole [parɔl] *nf* **-1.** [faculté de parler]: **la** ~ speech. **-2.** [propos, discours]: **adresser la** ~ **à qqn** to speak to sb; **couper la** ~ **à qqn** to cut sb off; **prendre la** ~ to speak; **donner** OU **passer la** ~ **à qqn** to hand over to sb. **-3.** [promesse, mot] word; **tenir** ~ to keep one's word; **donner sa** ~ **(d'honneur)** to give one's word (of honor *Am* OU honour

Br); **croire qqn sur** ~ to take sb's word for it; **libérer qqn sur** ~ to free sb on parole.
◆ **paroles** *nfpl* MUS words, lyrics.

parolier, -ière [parɔlje, jɛr] *nm, f* [de chanson] lyricist; [d'opéra] librettist.

paroxysme [parɔksism] *nm* height.

parpaing [parpɛ̃] *nm* breeze block.

parquer [parke] [3] *vt* **-1.** [animaux] to pen in OU up. **-2.** [prisonniers] to shut up OU in. **-3.** [voiture] to park.

parquet [parkɛ] *nm* **-1.** [plancher] parquet floor. **-2.** JUR ≃ District Attorney's office *Am*, ≃ Crown Prosecution Service *Br*.

parrain [parɛ̃] *nm* **-1.** [d'enfant] godfather. **-2.** [de festival, sportif] sponsor.

parrainage [parɛnaʒ] *nm* sponsorship.

parrainer [parɛne] [4] *vt* to sponsor, to back.

parricide [parisid] ◇ *nm* [crime] parricide. ◇ *adj* parricidal.

pars, part → **partir.**

parsemer [parsəme] [19] *vt*: ~ **(de)** to strew (with).

part [par] *nf* **-1.** [de tarte, gâteau] portion; [de bonheur, héritage] share; [partie] part; **réclamer sa** ~ to claim one's share; ~ **de marché** ÉCON market share; **se tailler la** ~ **du lion** *fig* to take the lion's share. **-2.** [participation]: **prendre** ~ **à qqch** to take part in sthg. **-3.** *loc*: **c'est de la** ~ **de qui?** [au téléphone] who's speaking OU calling?; **dites-lui de ma** ~ **que** ... tell him from me that ...; **ce serait bien aimable de votre** ~ it would be very kind of you; **pour ma** ~ as far as I'm concerned; **faire** ~ **à qqn de qqch** to inform sb of sthg; **faire la** ~ **des choses** to make allowances.
◆ **à part** ◇ *loc adv* aside, separately. ◇ *loc adj* exceptional. ◇ *loc prép* apart from.
◆ **autre part** *loc adv* someplace *Am* OU somewhere *Br* else.
◆ **d'autre part** *loc adv* besides, moreover.
◆ **de part en part** *loc adv* right through.
◆ **de part et d'autre** *loc adv* on both sides.
◆ **d'une part ..., d'autre part** *loc corrélative* on the one hand ..., on the other hand.
◆ **nulle part** *loc adv* no-place *Am*, nowhere *Br*.
◆ **quelque part** *loc adv* someplace *Am*, somewhere *Br*.

part. *abr de* **particulier.**

partage [partaʒ] *nm* **-1.** [action] sharing (out). **-2.** JUR distribution.

partager [partaʒe] [17] *vt* **-1.** [morceler] to divide (up); **être partagé** *fig* to be divided. **-2.** [mettre en commun]: ~ **qqch avec qqn** to share sthg with sb. **-3.** [prendre part à] to share (in).

◆ **se partager** *vp* **-1.** [se diviser] to be divided. **-2.** [partager son temps] to divide one's time. **-3.** [se répartir]: **se ~ qqch** to share sthg between themselves/ourselves *etc.*

partance [partɑ̃s] *nf*: **en ~** outward bound; **en ~ pour** bound for.

partant, -e [partɑ̃, ɑ̃t] *adj*: **être ~ pour** to be ready for.

◆ **partant** *nm* starter.

partenaire [partənɛr] *nmf* partner; **~s sociaux** labor *Am* OU labour *Br* and management.

partenariat [partənarja] *nm* partnership.

parterre [partɛr] *nm* **-1.** [de fleurs] (flower) bed. **-2.** THÉÂTRE orchestra *Am*, stalls (*pl*) *Br*.

parti, -e [parti] ◇ *pp* → **partir**. ◇ *adj fam* [ivre] tipsy.

◆ **parti** *nm* **-1.** POLIT party; **~ d'opposition** opposition party. **-2.** [choix, décision] course of action; **prendre ~** to make up one's mind; **prendre le ~ de faire qqch** to make up one's mind to do sthg; **en prendre son ~** to be resigned; **être de ~ pris** to be prejudiced OU biased; **tirer ~ de** to make (good) use of. **-3.** [personne à marier] match; **un beau ~** a good match.

◆ **partie** *nf* **-1.** [élément, portion] part; **en grande ~e** largely; **en majeure ~e** for the most part; **faire ~e (intégrante) de qqch** to be (an integral) part of sthg. **-2.** [domaine d'activité] field, subject. **-3.** SPORT game. **-4.** JUR party; **la ~e adverse** the opposing party. **-5.** *loc*: **prendre qqn à ~e** to attack sb.

◆ **parties** *nfpl fam* private parts, privates.

◆ **en partie** *loc adv* partly, in part.

partial, -e, -iaux [parsjal, jo] *adj* biased.

partialement [parsjalmɑ̃] *adv* in a biased way, with bias.

partialité [parsjalite] *nf* partiality, bias.

participant, -e [partisipɑ̃, ɑ̃t] ◇ *adj* participating. ◇ *nm, f* **-1.** [à réunion] participant. **-2.** SPORT competitor. **-3.** [à concours] entrant.

participatif, -ive [partisipatif, iv] *adj*: **prêt ~** participating capital loan.

participation [partisipasjɔ̃] *nf* **-1.** [collaboration] participation. **-2.** ÉCON interest; **~ aux frais** (financial) contribution; **~ aux bénéfices** profit-sharing; **~ majoritaire/minoritaire** majority/minority interest.

participe [partisip] *nm* participle; **~ passé/présent** past/present participle.

participer [partisipe] [3] *vi*: **~ à** [réunion, concours] to take part in; [frais] to con-

tribute to; [bénéfices] to share in; **~ de** *littéraire* to have some of the characteristics of.

particularisme [partikylarism] *nm* (sense of) identity.

particularité [partikylarite] *nf* distinctive feature.

particule [partikyl] *nf* **-1.** [gén & LING] particle. **-2.** [nobiliaire] nobiliary particle.

particulier, -ière [partikylje, jɛr] *adj* **-1.** [personnel, privé] private. **-2.** [spécial] particular, special; [propre] peculiar, characteristic; **~ à** peculiar to, characteristic of. **-3.** [remarquable] unusual, exceptional; **cas ~** special case. **-4.** [assez bizarre] peculiar.

◆ **particulier** *nm* [personne] private individual.

◆ **en particulier** *loc adv* **-1.** [seul à seul] in private. **-2.** [surtout] in particular, particularly. **-3.** [à part] separately.

particulièrement [partikyljɛrmɑ̃] *adv* particularly; **tout ~** especially.

partie → **parti**.

partiel, -ielle [parsjɛl] *adj* partial.

◆ **partiel** *nm* UNIV ≃ end-of-term exam.

partiellement [parsjɛlmɑ̃] *adv* partially, partly.

partir [partir] [43] *vi* **-1.** [personne] to go, to leave; **~ à** to go to; **~ pour** to leave for; **~ de** [bureau] to leave; [aéroport, gare] to leave from; [hypothèse, route] to start from; [date] to run from. **-2.** [voiture] to start; **c'est bien/mal parti** *fig* it got off on the right/wrong foot. **-3.** [coup de feu] to go off; [bouchon] to pop. **-4.** [tache] to come out.

◆ **à partir de** *loc prép* from.

partisan, -e [partizɑ̃, an] *adj* [partial] partisan; **être ~ de** to be in favor *Am* OU favour *Br* of.

◆ **partisan** *nm* **-1.** [adepte] supporter, advocate. **-2.** MIL partisan.

partitif, -ive [partitif, iv] *adj* partitive.

◆ **partitif** *nm* partitive.

partition [partisjɔ̃] *nf* **-1.** [séparation] partition. **-2.** MUS score.

partout [partu] *adv* everywhere; **~ ailleurs** everywhere else.

paru, -e [pary] *pp* → **paraître**.

parure [paryr] *nf* (matching) set.

parution [parysjɔ̃] *nf* publication.

parvenir [parvənir] [40] *vi*: **~ à** [atteindre] to reach; [obtenir] to achieve; **~ à faire qqch** to manage to do sthg; **faire ~ qqch à qqn** to send sthg to sb.

parvenu, -e [parvəny] ◇ *pp* → **parvenir**. ◇ *nm, f péj* parvenu, upstart.

parviendrai, parviendras *etc* → **parvenir**.

parvis [parvi] *nm* square (*in front of church*).

pas¹ [pɑ] *nm* **-1.** [gén] step; **allonger le ~ to** quicken one's pace; **marquer le ~** to mark time; **revenir sur ses ~** to retrace one's steps; **~ à ~** step by step; **au ~ cadencé** in quick time; **à ~ de loup** *fig* stealthily; **à ~ feutrés** *fig* with muffled footsteps. **-2.** TECH-NOL thread. **-3.** *loc*: **c'est à deux ~ (d'ici)** it's very near (here); **emboîter le ~ à qqn** to fall into step with sb; **faire les cent ~** to pace up and down; **faire un faux ~** to slip; *fig* to make a faux pas; **faire le premier ~** to make the first move; **franchir** OU **sauter le ~** to take the plunge; **(rouler) au ~** (to move) at a snail's pace; **sur le ~ de la porte** on the doorstep; **tirer qqn d'un mauvais ~** to get sb out of a tight spot.

pas² [pɑ] *adv* **-1.** [avec ne] not; **elle ne vient ~** she's not OU she isn't coming; **elle n'a ~ mangé** she hasn't eaten; **je ne le connais ~** I don't know him; **il n'y a ~ de vin** there's no wine, there isn't any wine; **je préférerais ne ~ le rencontrer** I would prefer not to meet him, I would rather not meet him. **-2.** [sans ne] not; **l'as-tu vu ou ~ ?** have you seen him or not?; **il est très satisfait, moi ~** he's very pleased, but I'm not; **sincère ou ~** (whether) sincere or not; **une histoire ~ drôle** a story which isn't funny; **~ encore** not yet; **~ du tout** not at all. **-3.** [avec pron indéf]: **~ un** [aucun] none, not one; **~ un d'eux n'est venu** none of them OU not one of them came.

pascal, -e [paskal] (*pl* **pascals** OU **pascaux**) *adj* Easter (*avant n*).

◆ **pascal** *nm* **-1.** INFORM Pascal. **-2.** PHYS pascal.

pas-de-porte [pɑdpɔrt] *nm inv* key money.

passable [pɑsabl] *adj* passable, fair.

passablement [pɑsabləmɑ̃] *adv* **-1.** [assez bien] fairly well. **-2.** [beaucoup] quite a bit.

passage [pɑsaʒ] *nm* **-1.** [action - de passer] going past; [- de traverser] crossing; **être de ~** to be passing through; **au ~** [en passant] as he/she *etc* goes by; *fig* in passing. **-2.** [endroit] passage, way; **se frayer un ~ à travers** OU **dans** to force a way through; **«~ interdit»** "no entry"; **~ clouté** pedestrian crossing; **~ à niveau** grade crossing *Am*, level crossing *Br*; **~ protégé** *priority given to traffic on the main road*; **~ souterrain** subway *Am*, underpass *Br*. **-3.** [changement d'état]: **~ de qqch à qqch** change OU transition from sth to sth; **~ à vide** dizzy spell; *fig* bad patch. **-4.** [extrait] passage.

passager, -ère [pɑsaʒe, ɛr] ◇ *adj* **-1.** [bonheur] fleeting, short-lived. **-2.** [hôte] short-stay (*avant n*); **oiseau ~** bird of passage. ◇ *nm, f* passenger; **~ clandestin** stowaway.

passant, -e [pɑsɑ̃, ɑ̃t] ◇ *adj* busy. ◇ *nm, f* passer-by.

◆ **passant** *nm* [de ceinture] (belt) loop.

passation [pɑsasjɔ̃] *nf* **-1.** [conclusion] signing. **-2.** [transmission] hand-over; **~ des pouvoirs** transfer of power.

passe [pɑs] ◇ *nm* passkey. ◇ *nf* **-1.** [au sport] pass. **-2.** NAVIG channel. **-3.** *fam* [prostitution]: **maison de ~** ≃ brothel. **-4.** *loc*: **être en ~ de faire qqch** to be on the way to doing sth; **être dans une mauvaise ~** to be in a fix.

passé, -e [pɑse] *adj* **-1.** [qui n'est plus] past; [précédent]: **la semaine ~e** last week; **au cours de la semaine ~e** in the last week; **il est trois heures ~es** it's after three, it's gone three *Br*. **-2.** [fané] faded.

◆ **passé** ◇ *nm* past; **~ composé** perfect tense; **~ simple** past historic. ◇ *prép* after.

passe-droit [pɑsdrwa] (*pl* **passe-droits**) *nm* privilege.

passementerie [pɑsmɑ̃tri] *nf* notions (*pl*) *Am*, haberdashery *Br*.

passe-montagne [pɑsmɔ̃taɲ] (*pl* **passe-montagnes**) *nm* Balaclava (helmet).

passe-partout [pɑspartu] *nm inv* **-1.** [clé] passkey. **-2.** (*en apposition*) [tenue] all-purpose; [phrase] stock (*avant n*).

passe-passe [pɑspas] *nm inv*: **tour de ~** [prestidigitation] conjuring trick; *fig* [tromperie] trick.

passe-plat [pɑspla] (*pl* **passe-plats**) *nm* serving hatch.

passeport [pɑspɔr] *nm* passport.

passer [pɑse] [3] ◇ *vi* (*aux*: être) **-1.** [se frayer un chemin] to pass, to get past. **-2.** [défiler] to go by OU past. **-3.** [aller] to go; **~ à** OU **au travers** OU **par** to come OU pass through; **~ chez qqn** to call on sb, to drop in on sb; **~ de qqch à qqch** [changer d'état] to go from sth to sth; [changer d'activité] to change from sth to sth; **~ devant** [bâtiment] to pass; [juge] to come before; **en passant** in passing; **ne faire que ~** to stay only a short while. **-4.** [venir - facteur] to come, to call. **-5.** SCOL to pass, to be admitted; **~ dans la classe supérieure** to move up, to be moved up (a class). **-6.** [être accepté] to be accepted; **qu'il soit toujours en retard, passe encore, mais ... it's** one thing OU it's all very well to be late all the time but .... **-7.** [fermer les yeux]: **~ sur qqch** to pass over sth. **-8.** [temps] to pass, to go by. **-9.** [disparaître - souvenir, couleur] to fade; [- douleur] to pass, to go away.

-10. CIN, TÉLÉ & THÉÂTRE to be on; ~ **à la radio/télévision** to be on the radio/television. **-11.** CARTES to pass. **-12.** [devenir]: ~ **président/directeur** to become president/director, to be appointed president/director. **-13.** *loc*: ~ **inaperçu** to pass OU go unnoticed; **passons ...** let's move on ...; ~ **pour** to be regarded as; **se faire ~ pour qqn** to pass o.s. off as sb; **il y est passé** *fam* [mort] he kicked the bucket; **tout son argent y passe** *fam* all his money goes on that.

◇ *vt* (*aux*: *avoir*) **-1.** [franchir - frontière, rivière] to cross; [- douane] to go through. **-2.** [soirée, vacances] to spend. **-3.** [sauter - ligne, tour] to miss. **-4.** [défauts]: ~ **qqch à qqn** to overlook sthg in sb. **-5.** [faire aller - bras] to pass, to put. **-6.** [peinture] to lay on, to spread. **-7.** [filtrer - huile] to strain; [- café] to filter. **-8.** [film, disque] to put on. **-9.** [vêtement] to slip on. **-10.** [vitesses] to change; ~ **la** OU **en troisième** to change into third (gear). **-11.** [donner]: ~ **qqch à qqn** to pass sb sthg; MÉD to give sb sthg. **-12.** [accord]: ~ **un contrat avec qqn** to have an agreement with sb. **-13.** SCOL & UNIV [examen] to sit, to take. **-14.** [au téléphone]: **je vous passe Mme Ledoux** [transmettre] I'll put you through to Mme Ledoux; [donner l'écouteur à] I'll hand you Mme Ledoux.

◆ **se passer** *vp* **-1.** [événement] to happen, to take place; **comment ça s'est passé?** how did it go?; **ça ne se passera pas comme ça!** I'm not putting up with that! **-2.** [s'enduire - crème] to put on. **-3.** [s'abstenir]: **se ~ de qqch/de faire qqch** to do without sthg/doing sthg.

passereau [pasro] *nm* sparrow.

passerelle [pasrɛl] *nf* **-1.** [pont] footbridge. **-2.** [passage mobile] gangway.

passe-temps [pastɑ̃] *nm inv* pastime.

passe-thé [paste] *nm inv* tea strainer.

passible [pasibl] *adj*: ~ **de** JUR liable to.

passif, -ive [pasif, iv] *adj* passive.
◆ **passif** *nm* **-1.** GRAM passive. **-2.** FIN liabilities (*pl*).

passion [pasjɔ̃] *nf* passion; **avoir la ~ de qqch** to have a passion for sthg.
◆ **Passion** *nf* MUS & RELIG Passion.

passionnant, -e [pasjɔnɑ̃, ɑ̃t] *adj* exciting, fascinating.

passionné, -e [pasjɔne] ◇ *adj* **-1.** [personne] passionate. **-2.** [récit, débat] impassioned. ◇ *nm, f* passionate person; ~ **de ski/d'échecs** *etc* skiing/chess *etc* fanatic.

passionnel, -elle [pasjɔnɛl] *adj* [crime] of passion.

passionnément [pasjɔnemɑ̃] *adv* passionately.

passionner [pasjɔne] [3] *vt* [personne] to grip, to fascinate.
◆ **se passionner** *vp*: **se ~ pour** to have a passion for.

passivement [pasivmɑ̃] *adv* passively.

passivité [pasivite] *nf* passivity.

passoire [paswar] *nf* [à liquide] sieve; [à légumes] colander.

pastel [pastɛl] ◇ *nm* pastel. ◇ *adj inv* [couleur] pastel (*avant n*).

pastèque [pastɛk] *nf* watermelon.

pasteur [pastœr] *nm* **-1.** *littéraire* [berger] shepherd. **-2.** RELIG pastor, minister.

pasteurisation [pastœrizasjɔ̃] *nf* pasteurization.

pasteuriser [pastœrize] [3] *vt* to pasteurize.

pastiche [pastiʃ] *nm* pastiche.

pastille [pastij] *nf* [bonbon] pastille, lozenge.

pastis [pastis] *nm* aniseed-flavoured aperitif.

pastoral, -e, -aux [pastɔral, o] *adj littéraire* pastoral.
◆ **pastorale** *nf* ART & LITTÉRATURE pastoral; MUS pastorale.

patagon, -one [patagɔ̃, ɔn] *adj* Patagonian.
◆ **Patagon, -one** *nm, f* Patagonian.

Patagonie [patagɔni] *nf*: **la ~** Patagonia.

patapouf [patapuf] *nm fam* fatty.

patate [patat] *nf* **-1.** *fam* [pomme de terre] spud. **-2.** *fam* [imbécile] fathead.
◆ **patate douce** *nf* sweet potato.

patati [patati] *interj*: **et ~ et patata** *fam* and so on and so forth.

patatras [patatra] *interj* crash!

pataud, -e [pato, od] ◇ *adj* clumsy. ◇ *nm, f* clumsy person.

pataugeoire [patoʒwar] *nf* paddling pool.

patauger [patoʒe] [17] *vi* **-1.** [barboter] to splash about. **-2.** *fam fig* [s'embrouiller] to flounder.

patchouli [patʃuli] *nm* patchouli.

patchwork [patʃwœrk] *nm* patchwork.

pâte [pat] *nf* **-1.** [à tarte] pastry; [à pain] dough; ~ **brisée** shortcrust pastry; ~ **feuilletée** puff pastry; ~ **à frire** batter; ~ **à pain** bread dough; ~ **à tarte** pastry. **-2.** [mélange] paste; ~ **d'amandes** almond paste; ~ **de fruits** jelly made from fruit paste; **une ~ de fruits** a fruit jelly (*sweet*); ~ **à modeler** modelling clay; ~ **à papier** paper pulp. **-3.** *loc*: **être bonne ~** to be easy-going.
◆ **pâtes** *nfpl* pasta (*sg*).

pâté [pate] *nm* -**1.** CULIN pâté; ~ **de campagne** farmhouse pâté; ~ **en croûte** *pâté baked in a pastry case*; ~ **de foie** liver pâté; ~ **impérial** spring roll. -**2.** [tache] ink blot. -**3.** [bloc]: ~ **de maisons** block (of houses).

pâtée [pate] *nf* mash, feed.

patelin [patlɛ̃] *nm fam* village, place.

patène [patɛn] *nf* paten.

patente [patɑ̃t] *nf* licence fee (*for traders and professionals*).

patenté, -e [patɑ̃te] *adj* -**1.** [commerçant] licensed. -**2.** *fam* [voleur, menteur] habitual.

patère [patɛr] *nf* [portemanteau] coat hook.

paternalisme [patɛrnalism] *nm* paternalism.

paternaliste [patɛrnalist] ◇ *nmf* paternalist. ◇ *adj* paternalistic.

paternel, -elle [patɛrnɛl] *adj* [devoir, autorité] paternal; [amour, ton] fatherly.

◆ **paternel** *nm fam* old man.

paternité [patɛrnite] *nf* paternity, fatherhood; *fig* authorship, paternity.

pâteux, -euse [patø, øz] *adj* -**1.** [aliment] doughy; [encre] thick. -**2.** [style] leaden.

pathétique [patetik] ◇ *nm littéraire* pathos. ◇ *adj* moving, pathetic.

pathologie [patɔlɔʒi] *nf* pathology.

pathologique [patɔlɔʒik] *adj* pathological.

pathos [patos] *nm littéraire* & *péj* pathos.

patibulaire [patibylɛr] *adj péj* sinister.

patiemment [pasjamɑ̃] *adv* patiently.

patience [pasjɑ̃s] *nf* -**1.** [gén] patience; **s'armer de** ~ to be patient, to have patience; **perdre** ~ to lose patience. -**2.** [jeu de cartes] solitaire *Am*, patience *Br*.

patient, -e [pasjɑ̃, ɑ̃t] ◇ *adj* patient. ◇ *nm, f* -**1.** [qui a de la patience] patient person. -**2.** MÉD patient.

patienter [pasjɑ̃te] [3] *vi* to wait; «**veuillez patienter**» "please wait".

patin [patɛ̃] *nm* -**1.** SPORT skate; ~ **à glace/à roulettes** ice/roller skate; **faire du** ~ **à glace/à roulettes** to go ice-/roller-skating. -**2.** [de feutre] *cloth pad used under shoes to protect wooden floor*.

patinage [patinaʒ] *nm* SPORT skating; ~ **artistique/de vitesse** figure/speed skating.

patine [patin] *nf* patina.

patiner [patine] [3] ◇ *vi* -**1.** SPORT to skate. -**2.** [véhicule] to skid. ◇ *vt* [objet] to give a patina to; [avec vernis] to varnish.

◆ **se patiner** *vp* to take on a patina.

patineur, -euse [patinœr, øz] *nm, f* skater.

patinoire [patinwar] *nf* ice OU skating rink.

patio [patjo, pasjo] *nm* patio.

pâtir [patir] [32] *vi*: ~ **de** to suffer the consequences of.

pâtisserie [patisri] *nf* -**1.** [gâteau] pastry. -**2.** [art, métier] pastry-making. -**3.** [commerce] ≃ cake shop.

pâtissier, -ière [patisje, jɛr] ◇ *adj*: **crème pâtissière** confectioner's custard. ◇ *nm, f* pastrycook.

patois, -e [patwa, az] *adj* patois (*avant n*).

◆ **patois** *nm* patois.

patraque [patrak] *adj fam* [personne] out of sorts.

patriarcal, -e, -aux [patrijarkal, o] *adj* patriarchal.

patriarcat [patrijarka] *nm* -**1.** RELIG patriarchate. -**2.** SOCIOL patriarchy.

patriarche [patrijarʃ] *nm* patriarch.

patrie [patri] *nf* country, homeland; ~ **d'adoption** country of adoption.

patrimoine [patrimwan] *nm* [familial] inheritance; [collectif] heritage.

patriote [patrijɔt] ◇ *nmf* patriot. ◇ *adj* patriotic.

patriotique [patrijɔtik] *adj* patriotic.

patriotisme [patrijɔtism] *nm* patriotism.

patron, -onne [patrɔ̃, ɔn] *nm, f* -**1.** [d'entreprise] head. -**2.** [chef] boss. -**3.** RELIG patron saint.

◆ **patron** *nm* [modèle] pattern.

patronage [patrɔnaʒ] *nm* -**1.** [protection] patronage; [de saint] protection. -**2.** [organisation] youth club.

patronal, -e, -aux [patrɔnal, o] *adj* [organisation, intérêts] employers' (*avant n*).

patronat [patrɔna] *nm* employers.

patronnesse [patrɔnɛs] *nf*: (**dame**) ~ *iron* patroness.

patronyme [patrɔnim] *nm* patronymic.

patronymique [patrɔnimik] *adj* patronymic.

patrouille [patruj] *nf* patrol.

patrouiller [patruje] [3] *vi* to patrol.

patte [pat] *nf* -**1.** [d'animal] paw; [d'oiseau] foot; **montrer** ~ **blanche** *fig* to give the password; **à quatre** ~**s** four-legged; *fig* on all fours, on one's hands and knees; **retomber sur ses** ~**s** *fig* to land on one's feet. -**2.** *fam* [jambe] leg; [pied] foot; [main] hand, paw; **graisser la** ~ **à qqn** to grease sb's palm. -**3.** [favori] sideburn. -**4.** [de poche, de portefeuille] fastening.

patte-d'oie [patdwa] (*pl* **pattes-d'oie**) *nf* crow's foot.

pattemouille [patmuj] *nf* damping cloth.

pâturage [patyraʒ] *nm* [lieu] pasture land.

pâture [patyr] *nf* [nourriture] food, fodder; *fig* intellectual nourishment; **donner qqn/ qqch en ~ à, offrir qqn/qqch en ~ à** to feed sb/sthg to.

paume [pom] *nf* **-1.** [de main] palm. **-2.** SPORT real tennis.

paumé, -e [pome] *fam* ◇ *adj* lost. ◇ *nm, f* down and out.

paumer [pome] [3] *fam vt* to lose.

◆ **se paumer** *vp* to get lost.

paupérisation [poperizasjɔ̃] *nf* pauperization.

paupière [popjɛr] *nf* eyelid.

paupiette [popjɛt] *nf thin slice of meat or fish stuffed and rolled*; **~s de veau** ≃ veal olives.

pause [poz] *nf* **-1.** [arrêt] break; **~-café** coffee-break. **-2.** MUS pause.

pauvre [povr] ◇ *nmf* poor person; **le/la ~!** the poor thing! ◇ *adj* poor; **~ en** low in; **~ d'esprit** feeble-minded.

pauvrement [povrəmɑ̃] *adv* poorly.

pauvreté [povrəte] *nf* poverty.

pavage [pavaʒ] *nm* paving.

pavaner [pavane] [3]

◆ **se pavaner** *vp* to strut.

pavé, -e [pave] *adj* cobbled.

◆ **pavé** *nm* **-1.** [chaussée]: **être sur le ~** *fig* to be out on the streets; **battre le ~** *fig* to walk the streets. **-2.** [de pierre] cobblestone, paving stone. **-3.** *fam* [livre] tome. **-4.** [de viande] slab. **-5.** INFORM: **~ numérique** numeric keypad.

paver [pave] [3] *vt* to pave.

pavillon [pavijɔ̃] *nm* **-1.** [bâtiment] detached house; **~ de banlieue** ≃ bungalow; **~ de chasse** hunting lodge. **-2.** [de trompette] bell. **-3.** [d'oreille] pinna, auricle. **-4.** [drapeau] flag.

pavoiser [pavwaze] [3] ◇ *vt* to decorate with flags. ◇ *vi fam* to crow.

pavot [pavo] *nm* poppy.

payable [pejabl] *adj* payable.

payant, -e [pejɑ̃, ɑ̃t] *adj* **-1.** [hôte] paying *(avant n)*. **-2.** [spectacle] with an admission charge. **-3.** *fam* [affaire] profitable.

paye = **paie**.

payement = **paiement**.

payer [peje] [11] ◇ *vt* **-1.** [gén] to pay; [achat] to pay for; **~ qqch à qqn** to buy sthg for sb, to buy sb sthg, to treat sb to sthg; **~ qqn de qqch** *fig* [efforts, peine] to reward sb for sthg. **-2.** [expier - crime, faute] to pay for; **il me le paiera!** he'll pay for this! ◇ *vi*: **~ (pour)** to pay (for); **~ de sa poche** to pay out of one's own pocket; **~ de sa personne** [s'exposer au danger] to put o.s. on

the line; [se donner du mal] to put in a lot of effort; **~ d'audace** to risk one's all.

◆ **se payer** *vp* [s'offrir]: **se ~ qqch** to buy o.s. sthg, to treat o.s. to sthg.

payeur, -euse [pejœr, øz] *adj* payments *(avant n)*.

◆ **payeur** *nm* payer; **mauvais ~** bad debtor.

pays [pei] *nm* **-1.** [gén] country; **~ d'adoption** country of adoption; **~ de cocagne** *fig* land of plenty; **les ~ de l'Est** the Eastern bloc (countries); **~ natal** native land, native country; **comme en ~ conquis** like the lord of the manor. **-2.** [région, province] region; **être du ~** to be a local. **-3.** [village] village.

◆ **pays de Galles** *nm*: **le ~ de Galles** Wales; **au ~ de Galles** in Wales.

paysage [peizaʒ] *nm* **-1.** [site, vue] landscape, scenery. **-2.** [tableau] landscape. **-3.** *fig* [contexte] scene.

paysager, -ère [peizaʒe, ɛr] *adj* landscaped.

paysagiste [peizaʒist] ◇ *nmf* **-1.** [peintre] landscape artist. **-2.** [concepteur de parcs] landscape gardener. ◇ *adj* landscape *(avant n)*.

paysan, -anne [peizɑ̃, an] ◇ *adj* [vie, coutume] country *(avant n)*, rural; [organisation, revendication] farmers' *(avant n)*; *péj* peasant *(avant n)*. ◇ *nm, f* **-1.** [agriculteur] (small) farmer. **-2.** *péj* [rustre] peasant.

paysannat [peizana] *nm* peasantry.

paysannerie [peizanri] *nf* peasantry, peasant class.

Pays-Bas [peiba] *nmpl*: **les ~** the Netherlands; **aux ~** in the Netherlands.

PC *nm* **-1.** (*abr de* **Parti communiste**) Communist Party. **-2.** (*abr de* **personal computer**) PC. **-3.** (*abr de* **prêt conventionné**) *special loan for house purchase*. **-4.** (*abr de* **permis de construire**) planning permission. **-5.** (*abr de* **poste de commandement**) HQ. **-6.** (*abr de* **Petite Ceinture**) *bus following the inner ring road in Paris*.

pcc (*abr de* **pour copie conforme**) certified accurate.

PCF (*abr de* **Parti communiste français**) *nm French Communist Party*.

PCV (*abr de* **à percevoir**) *nm* reverse charge call.

P-DG (*abr de* **président-directeur général**) *nm* Chairman and President *Am*, Chairman and Managing Director *Br*.

p.-ê. *abr de* peut-être.

PEA (*abr de* **plan d'épargne en actions**) *nm savings scheme*.

péage [peaʒ] *nm* toll.

peau [po] *nf* **-1.** [gén] skin; ~ **de banane** banana skin; ~ **d'orange** orange peel; MÉD ≃ cellulite; **n'avoir que la ~ sur les os** to be just skin and bones; **être bien/mal dans sa** ~ [en général] to feel great/terrible; **risquer sa** ~ to risk one's neck; **sauver sa** ~ to save one's skin. **-2.** [cuir] hide, leather (*U*); ~ **de vache** *fam* *fig* [homme] bastard; [femme] bitch.

peaufiner [pofine] [3] *vt* *litt* & *fig* to polish up.

peccadille [pekadij] *nf* peccadillo.

péché [peʃe] *nm* sin; **les sept ~s capitaux** the seven deadly sins; **le ~ originel** original sin; **un ~ mignon** a weakness.

pêche [pɛʃ] *nf* **-1.** [fruit] peach; ~ **Melba** peach Melba. **-2.** [activité] fishing; [poissons] catch; **aller à la** ~ to go fishing; ~ **à la dandinette** jigging; ~ **sous la glace** ice fishing; ~ **à la ligne** angling; ~ **sous-marine** underwater fishing. **-3.** *loc*: **avoir la** ~ *fam* to feel great.

pécher [peʃe] [18] *vi* to sin; ~ **par omission** *fig* to commit the sin of omission; **cet exposé pèche par manque d'exemples** *fig* this report falls down because it lacks examples.

pêcher¹ [peʃe] [4] *vt* **-1.** [poisson] to catch. **-2.** *fam* [trouver] to dig up.

pêcher² [peʃe] *nm* peach tree.

pêcherie [peʃri] *nf* fishery, fishing ground.

pêcheur, -eresse [peʃœr, peʃrɛs] ◇ *adj* sinful. ◇ *nm, f* sinner.

pêcheur, -euse [peʃœr, øz] *nm, f* fisherman (*f* fisherwoman).

pecnot = **péquenot**.

pectine [pɛktin] *nf* pectin.

pectoral, -e, -aux [pɛktɔral, o] *adj* **-1.** [muscle] pectoral. **-2.** [sirop] cough (*avant n*).
◆ **pectoraux** *nmpl* pectorals.

pécule [pekyl] *nm* [économies] savings (*pl*).

pécuniaire [pekynjɛr] *adj* financial.

pédagogie [pedagɔʒi] *nf* **-1.** [science] education, pedagogy. **-2.** [qualité] teaching ability.

pédagogique [pedagɔʒik] *adj* educational; [méthode] teaching (*avant n*).

pédagogue [pedagɔg] ◇ *nmf* teacher. ◇ *adj*: **être ~** to be a good teacher.

pédale [pedal] *nf* **-1.** [gén] pedal; **perdre les ~s** *fam* *fig* to lose one's head. **-2.** *fam* *inj* [homosexuel] queer.

pédaler [pedale] [3] *vi* [à bicyclette] to pedal; ~ **dans la choucroute** *fam* *fig* to be all at sea.

pédalier [pedalje] *nm* **-1.** [de vélo] (bicycle) drive. **-2.** [d'orgue] pedals (*pl*).

pédalo [pedalo] *nm* pedal boat.

pédant, -e [pedɑ̃, ɑ̃t] ◇ *adj* pedantic. ◇ *nm, f* pedant.

pédé [pede] *nm* *tfam* *péj* queer.

pédéraste [pederast] *nm* homosexual, pederast.

pédérastie [pederasti] *nf* homosexuality.

pédestre [pedɛstr] *adj*: **randonnée ~** hike, ramble; **chemin ~** footpath.

pédiatre [pedjatr] *nmf* pediatrician.

pédiatrie [pedjatri] *nf* pediatrics (*U*).

pédicule [pedikyl] *nm* BOT peduncle.

pédicure [pedikyr] *nmf* chiropodist.

pedigree [pedigre] *nm* pedigree.

pédophile [pedɔfil] ◇ *nm* pedophile. ◇ *adj* pedophiliac.

peeling [piliŋ] *nm* face scrub.

pègre [pɛgr] *nf* underworld.

peignais, peignions *etc* → **peindre**.

peigne [pɛɲ] *nm* **-1.** [démêloir, barrette] comb; **se donner un coup de ~** to run a comb through one's hair; **passer qqch au ~ fin** *fig* to go through sthg with a fine-tooth comb; **sale comme un ~** *fig* filthy dirty. **-2.** [de tissage] card.

peigner [peɲe] [4] *vt* **-1.** [cheveux] to comb. **-2.** [fibres] to card.
◆ **se peigner** *vp* to comb one's hair.

peignoir [peɲwar] *nm* robe *Am*, bathrobe *Am*, dressing gown *Br*; ~ **de bain** bathrobe.

peinard, -e, pénard, -e [penar, ard] *adj* *fam* [emploi] cushy; [personne] comfortable.

peindre [pɛ̃dr] [81] *vt* to paint; *fig* [décrire] to depict.
◆ **se peindre** *vp* [émotion] *fig*: **se ~ sur** to be written on.

peine [pɛn] *nf* **-1.** [châtiment] punishment, penalty; JUR sentence; **sous ~ de qqch** on pain of sthg; ~ **capitale** OU **de mort** capital punishment, death sentence; ~ **incompressible** sentence without remission. **-2.** [chagrin] sorrow, sadness (*U*); **avoir de la ~** to be sad; **faire de la ~ à qqn** to upset sb, to distress sb. **-3.** [effort] trouble; **se donner de la ~** to go to a lot of trouble; **c'est ~ perdue** it's a waste of effort; **prendre la ~ de faire qqch** to go to the trouble of doing sthg; **ça ne vaut pas** OU **ce n'est pas la ~** it's not worth it. **-4.** [difficulté] difficulty; **avoir de la ~ à faire qqch** to have difficulty OU trouble doing sthg; **à grand-~** with great difficulty; **sans ~** without difficulty, easily.

◆ **à peine** *loc adv* scarcely, hardly; **à ~ ... que** hardly ... than; **c'est à ~ si on se parle** we hardly speak (to each other).

peiner [pene] [4] ◇ *vt* [affliger] to distress, to sadden. ◇ *vi* **-1.** [travailler] to work hard. **-2.** [se fatiguer] to struggle, to labor *Am*, to labour *Br*.

peint, -e [pɛ̃, pɛ̃t] *pp* → **peindre**.

peintre [pɛ̃tr] *nm* painter; ~ **en bâtiment** painter and decorator.

peinture [pɛ̃tyr] *nf* **-1.** [gén] painting. **-2.** [produit] paint; «~ **fraîche**» "wet paint".

peinturlurer [pɛ̃tyrlyre] [3] *vt péj* to daub.
◆ **se peinturlurer** *vp péj* to plaster one's face with make-up.

péjoratif, -ive [peʒɔratif, iv] *adj* pejorative.

Pékin [pekɛ̃] *n* Peking, Beijing.

pékinois, -e [pekinwa, az] *adj* of/from Peking.
◆ **pékinois** *nm* **-1.** [langue] Mandarin. **-2.** [chien] pekinese.
◆ **Pékinois, -e** *nm, f* native OU inhabitant of Peking; **les Pékinois** the people of Peking.

PEL, Pel [pɛl] (*abr de* **plan d'épargne logement**) *nm savings scheme offering low-interest mortgages.*

pelage [pəlaʒ] *nm* coat, fur.

pelé, -e [pəle] *adj* **-1.** [crâne] bald. **-2.** *fig* [colline, paysage] bare.

pêle-mêle [pɛlmɛl] *adv* pell-mell.

peler [pəle] [25] *vt & vi* to peel.

pèlerin [pɛlrɛ̃] *nm* pilgrim.

pèlerinage [pɛlrinaʒ] *nm* **-1.** [voyage] pilgrimage; **en ~** on a pilgrimage. **-2.** [lieu] place of pilgrimage.

pèlerine [pɛlrin] *nf* cape.

pélican [pelikɑ̃] *nm* pelican.

pelisse [pəlis] *nf* pelisse.

pelle [pɛl] *nf* **-1.** [instrument] shovel; ~ **à tarte** pie server; **à la ~** *fam fig* by the bucketful. **-2.** [machine] digger.

pelletée [pɛlte] *nf* shovelful.

pelleter [pɛlte] [27] *vt* to shovel.

pelleteuse [pɛltøz] *nf* mechanical digger.

pellicule [pelikyl] *nf* film.
◆ **pellicules** *nfpl* dandruff (*U*).

pelote [pəlɔt] *nf* **-1.** [de laine, ficelle] ball. **-2.** COUTURE pin cushion.
◆ **pelote basque** *nf* pelota.

peloter [pəlɔte] [3] *vt fam* to paw.

peloton [pəlɔtɔ̃] *nm* **-1.** [de ficelle] small ball. **-2.** [de soldats] squad; ~ **d'exécution** firing squad. **-3.** [de concurrents] pack; **le ~ de tête** SPORT the leading group; *fig* the top few.

pelotonner [pəlɔtɔne] [3]
◆ **se pelotonner** *vp* to curl up; **se ~ contre** to snuggle up to.

pelouse [pəluz] *nf* **-1.** [de jardin] lawn. **-2.** [de champ de courses] public enclosure. **-3.** FOOTBALL & RUGBY field.

peluche [pəlyʃ] *nf* **-1.** [jouet] soft toy. **-2.** [tissu] plush. **-3.** [d'étoffe] piece of fluff.

pelucheux, -euse [pəlyʃø, øz] *adj* fluffy.

pelure [pəlyr] *nf* **-1.** [fruit] peel. **-2.** *fam péj* [habit] coat.

pénal, -e, -aux [penal, o] *adj* penal.

pénalisation [penalizasjɔ̃] *nf* penalty.

pénaliser [penalize] [3] *vt* to penalize.

pénalité [penalite] *nf* penalty.

penalty [penalti] (*pl* **penaltys** OU **penalties**) *nm* penalty.

pénard = **peinard**.

pénates [penat] *nmpl*: **regagner ses ~** *fam* to go home.

penaud, -e [pəno, od] *adj* sheepish.

penchant [pɑ̃ʃɑ̃] *nm* **-1.** [inclination] tendency. **-2.** [sympathie] ◇ **pour** liking for.

pencher [pɑ̃ʃe] [3] ◇ *vi* to lean; ~ **vers** *fig* to incline toward *Am* OU towards *Br*; **se ~ pour** to incline in favor *Am* OU favour *Br* of. ◇ *vt* to bend.
◆ **se pencher** *vp* [s'incliner] to lean over; [se baisser] to bend down; **se ~ sur qqn/qqch** to lean over sb/sthg; **se ~ sur qqch** *fig* [problème, cas] to look into sthg.

pendable [pɑ̃dabl] *adj*: **tour ~** dirty trick; **ce n'est pas un cas ~** it's not a hanging matter.

pendaison [pɑ̃dɛzɔ̃] *nf* hanging; ~ **de crémaillère** house-warming.

pendant¹, -e [pɑ̃dɑ̃, ɑ̃t] *adj* **-1.** [bras] hanging, dangling. **-2.** [question] pending.
◆ **pendant** *nm* **-1.** [bijou]: ~ **d'oreilles** (drop) earring. **-2.** [de paire] counterpart; **se faire ~** *fig* to make a pair.

pendant² [pɑ̃dɑ̃] *prép* during.
◆ **pendant que** *loc conj* while, whilst; ~ **que j'y suis, ...** while I'm at it, ...

pendeloque [pɑ̃dlɔk] *nf* **-1.** [bijou] pendant. **-2.** [de lustre] crystal.

pendentif [pɑ̃dɑ̃tif] *nm* pendant.

penderie [pɑ̃dri] *nf* wardrobe.

pendouiller [pɑ̃duje] [3] *vi fam* to dangle.

pendre [pɑ̃dr] [73] ◇ *vi* **-1.** [être fixé en haut]: ~ **(à)** to hang (from). **-2.** [descendre trop bas] to hang down. ◇ *vt* **-1.** [rideaux, tableau] to hang (up), to put up. **-2.** [personne] to hang.
◆ **se pendre** *vp* **-1.** [s'accrocher]: **se ~ à** to hang from. **-2.** [se suicider] to hang o.s.

pendu, **-e** [pɑ̃dy] ◇ *pp* → **pendre**. ◇ *adj*
-1. [objet] hung up, hanging up; *fig*: **il est
toujours ~ au téléphone** he's never off the
phone. **-2.** [personne] hanged. ◇ *nm, f*
hanged person.

pendule [pɑ̃dyl] ◇ *nm* pendulum. ◇ *nf*
clock.

pendulette [pɑ̃dylɛt] *nf* small clock.

pêne [pɛn] *nm* bolt.

pénétrant, **-e** [penetrɑ̃, ɑ̃t] *adj* penetrating;
[odeur] pervasive.

pénétration [penetrasjɔ̃] *nf* **-1.** [de projectile,
d'idée] penetration. **-2.** [sagacité] shrewdness.

pénétré, **-e** [penetre] *adj* earnest; **elle est
~e de son importance** she's full of her
own importance.

pénétrer [penetre] [18] ◇ *vi* to enter. ◇ *vt*
-1. [mur, vêtement] to penetrate. **-2.** *fig*
[mystère, secret] to fathom out.

◆ **se pénétrer** *vp* [s'imprégner]: **se ~ d'une
idée** to let an idea sink in.

pénible [penibl] *adj* **-1.** [travail] laborious.
-2. [nouvelle, maladie] painful. **-3.** *fam* [per-
sonne] tiresome.

péniblement [peniblǝmɑ̃] *adv* **-1.** [avec diffi-
culté] with difficulty, laboriously. **-2.** [cruel-
lement] painfully. **-3.** [à peine] just about.

péniche [peniʃ] *nf* barge.

pénicilline [penisilin] *nf* penicillin.

péninsule [penɛ̃syl] *nf* peninsula; **la ~
d'Arabie** the Arabian Peninsula; **la ~ Ibérique** the Iberian peninsula.

pénis [penis] *nm* penis.

pénitence [penitɑ̃s] *nf* **-1.** [repentir] peni-
tence. **-2.** [peine, punition] penance.

pénitencier [penitɑ̃sje] *nm* prison, penitentiary *Am*.

pénitent, **-e** [penitɑ̃, ɑ̃t] ◇ *adj* penitent. ◇
nm, f penitent.

pénitentiaire [penitɑ̃sjɛr] *adj* prison (*avant
n*).

penne [pɛn] *nf* ZOOL quill.

pénombre [penɔ̃br] *nf* half-light.

pensable [pɑ̃sabl] *adj*: **ce n'est pas ~** it's
unthinkable.

pensant, **-e** [pɑ̃sɑ̃, ɑ̃t] *adj* thinking.

pense-bête [pɑ̃sbɛt] (*pl* pense-bêtes) *nm* reminder.

pensée [pɑ̃se] *nf* **-1.** [idée, faculté] thought.
-2. [esprit] mind, thoughts (*pl*); **en/par la ~**
in one's mind OU thoughts. **-3.** [opinion]
thoughts (*pl*), feelings (*pl*). **-4.** [doctrine]
thought, thinking. **-5.** BOT pansy.

penser [pɑ̃se] [3] ◇ *vi* to think; **~ à qqn/
qqch** [avoir à l'esprit] to think of sb/sthg, to

think about sb/sthg; [se rappeler] to remember sb/sthg; **~ à faire qqch** [avoir à l'esprit]
to think of doing sthg; [se rappeler] to remember to do sthg; **qu'est-ce que tu en
penses?** what do you think (of it)?; **faire ~
à qqn/qqch** to make one think of sb/sthg;
faire ~ à qqn à faire qqch to remind sb to
do sthg; **sans ~ à mal** without meaning
any harm; **n'y pensons plus!** let's forget it!;
laisser OU **donner à ~ (que)** to make one
think (that); **même s'il ne dit rien, il n'en
pense pas moins** even if he doesn't say
anything, he's thinking it nonetheless.
◇ *vt* to think; **~ que ... to think (that) ...;**
je pense que oui I think so; **je pense que
non** I don't think so; **~ faire qqch** to be
planning to do sthg; **pensez-vous!** don't be
silly!

penseur [pɑ̃sœr] *nm* thinker.

pensif, **-ive** [pɑ̃sif, iv] *adj* pensive, thoughtful.

pension [pɑ̃sjɔ̃] *nf* **-1.** [allocation] pension;
~ alimentaire [dans un divorce] alimony. **-2.**
[hébergement] board and lodgings; **~
complète** full board; **demi-~** half board. **-3.**
[hôtel] guesthouse; **~ de famille** guesthouse, boarding house. **-4.** [prix de l'héber-
gement] ≃ rent, keep. **-5.** [internat] boarding
school.

pensionnaire [pɑ̃sjɔnɛr] *nmf* **-1.** [élève]
boarder. **-2.** [hôte payant] lodger.

pensionnat [pɑ̃sjɔna] *nm* **-1.** [internat]
boarding school. **-2.** [élèves] boarders (*pl*).

pensivement [pɑ̃sivmɑ̃] *adv* pensively,
thoughtfully.

pensum [pɛ̃sɔm] *nm* **-1.** [travail ennuyeux]
chore. **-2.** *vieilli* [punition] imposition.

pentagone [pɛ̃tagɔn] *nm* pentagon.

◆ **Pentagone** *nm*: **le Pentagone** the Pentagon.

pentathlon [pɛ̃tatlɔ̃] *nm* pentathlon.

pente [pɑ̃t] *nf* slope; **en ~** sloping, inclined; **être sur une mauvaise ~** *fig* to be
on a downward path; **remonter la ~** *fig* to
claw one's way back again.

pentecôte [pɑ̃tkot] *nf* [juive] Pentecost;
[chrétienne] Whitsun.

pénurie [penyri] *nf* shortage.

PEP, **Pep** [pɛp] (*abr de* **plan d'épargne populaire**) *nm* personal pension plan.

pépé [pepe] *nm* *fam* **-1.** [grand-père] grandad, grandpa. **-2.** [homme âgé] old man.

pépère [pepɛr] *fam* ◇ *nm* [grand-père]
grandad, grandpa. ◇ *adj* cushy.

pépier [pepje] [9] *vi* to chirp.

perfectionnisme

pépin [pepɛ̃] *nm* **-1.** [graine] pip. **-2.** *fam* [ennui] hitch. **-3.** *fam* [parapluie] umbrella, brolly *Br*.

pépinière [pepinjɛr] *nf* tree nursery; *fig* [école, établissement] nursery.

pépite [pepit] *nf* nugget.

péquenot [pekno] *nm*, **pecnot** [pekno] *nm*, **péquenaud, -e** [pekno, od] *nm, f fam péj* country bumpkin.

percale [pɛrkal] *nf* percale.

perçant, -e [pɛrsɑ̃, ɑ̃t] *adj* **-1.** [regard, son] piercing. **-2.** [froid] bitter, biting.

percée [pɛrse] *nf* **-1.** [trouée] opening. **-2.** MIL, SPORT & *fig* breakthrough.

percement [pɛrsəmɑ̃] *nm* opening (up); [d'oreilles] piercing.

perce-neige [pɛrsənɛʒ] *nm inv ou nf inv* snowdrop.

perce-oreille [pɛrsɔrɛj] (*pl* **perce-oreilles**) *nm* earwig.

percepteur [pɛrsɛptœr] *nm* tax collector.

perceptible [pɛrsɛptibl] *adj* perceptible.

perception [pɛrsɛpsjɔ̃] *nf* **-1.** [d'impôts] collection. **-2.** [bureau] tax office. **-3.** [sensation] perception.

percer [pɛrse] [16] ◇ *vt* **-1.** [mur, roche] to make a hole in; [coffre-fort] to crack. **-2.** [trou] to make; [avec perceuse] to drill. **-3.** [silence, oreille] to pierce. **-4.** [foule] to make one's way through. **-5.** *fig* [mystère] to penetrate. ◇ *vi* **-1.** [soleil] to break through. **-2.** [abcès] to burst; **avoir une dent qui perce** to be cutting a tooth. **-3.** [réussir] to make a name for o.s., to break through.

perceuse [pɛrsøz] *nf* drill.

percevoir [pɛrsəvwar] [52] *vt* **-1.** [intention, nuance] to perceive. **-2.** [retraite, indemnité] to receive. **-3.** [impôts] to collect.

perchaude [pɛrʃod] *nf Can* yellow OU lake perch.

perche [pɛrʃ] *nf* **-1.** [poisson] perch. **-2.** [de bois, métal] pole; **tendre la ~ à qqn** *fig* to throw sb a line.

percher [pɛrʃe] [3] ◇ *vi* **-1.** [oiseau] to perch. **-2.** *fam* [personne] to live. ◇ *vt* to perch.
◆ **se percher** *vp* to perch.

perchiste [pɛrʃist] *nmf* **-1.** SPORT pole vaulter. **-2.** CIN & TÉLÉ boom operator.

perchoir [pɛrʃwar] *nm* perch.

perclus, -e [pɛrkly, yz] *adj*: **~ de** [rhumatismes] crippled with.

perçois, perçoit *etc* → percevoir.

percolateur [pɛrkɔlatœr] *nm* percolator.

perçu, -e [pɛrsy] *pp* → percevoir.

percussion [pɛrkysjɔ̃] *nf* percussion.

percussionniste [pɛrkysjɔnist] *nmf* percussionist.

percutant, -e [pɛrkytɑ̃, ɑ̃t] *adj* **-1.** [obus] explosive. **-2.** *fig* [argument] forceful.

percuter [pɛrkyte] [3] ◇ *vt* to strike, to smash into. ◇ *vi* to explode.

perdant, -e [pɛrdɑ̃, ɑ̃t] ◇ *adj* losing. ◇ *nm, f* loser.

perdition [pɛrdisjɔ̃] *nf* **-1.** [ruine morale] perdition. **-2.** [détresse]: **en ~** in distress.

perdre [pɛrdr] [77] ◇ *vt* **-1.** [gén] to lose. **-2.** [temps] to waste; [occasion] to miss, to waste. **-3.** [suj: bonté, propos] to be the ruin of. **-4.** *loc*: **vous ne perdez rien pour attendre!** just wait until I get my hands on you! ◇ *vi* to lose.
◆ **se perdre** *vp* **-1.** [coutume] to die out, to become lost. **-2.** [personne] to get lost, to lose one's way; **se ~ dans les détails** *fig* to get bogged down in details.

perdreau, -x [pɛrdro] *nm* young partridge.

perdrix [pɛrdri] *nf* partridge.

perdu, -e [pɛrdy] ◇ *pp* → **perdre**.
◇ *adj* **-1.** [égaré] lost. **-2.** [endroit] out-of-the-way. **-3.** [balle] stray. **-4.** [emballage] non-returnable. **-5.** [temps, occasion] wasted. **-6.** [malade] dying. **-7.** [récolte, robe] spoilt, ruined.

perdurer [pɛrdyre] [3] *vi littéraire* to endure.

père [pɛr] *nm* **-1.** [gén] father; **mon ~** RELIG Father; **~ de famille** father; **de ~ en fils** from father to son. **-2.** [d'animal] sire. **-3.** *fam* [homme mûr]: **le ~ Martin** old Martin.
◆ **pères** *nmpl* [ancêtres] forefathers, ancestors.
◆ **père Noël** *nm*: **le ~ Noël** Father Christmas, Santa Claus.

pérégrination [peregrinasjɔ̃] *nf* (*gén pl*) wanderings (*pl*).

péremption [perɑ̃psjɔ̃] *nf* time limit; **date de ~** best-before date.

péremptoire [perɑ̃ptwar] *adj* peremptory.

pérennité [perenite] *nf* durability.

péréquation [perekwasjɔ̃] *nf* equalization.

perfectible [pɛrfɛktibl] *adj* perfectible.

perfection [pɛrfɛksjɔ̃] *nf* **-1.** [qualité] perfection; **à la ~** to perfection. **-2.** [chose parfaite] jewel, gem.

perfectionnement [pɛrfɛksjɔnmɑ̃] *nm* improvement.

perfectionner [pɛrfɛksjɔne] [3] *vt* to perfect.
◆ **se perfectionner** *vp* to improve.

perfectionnisme [pɛrfɛksjɔnism] *nm* perfectionism.

perfectionniste [pɛrfɛksjɔnist] *nmf & adj* perfectionist.

perfide [pɛrfid] *adj* perfidious.

perfidement [pɛrfidmɑ̃] *adv* perfidiously.

perfidie [pɛrfidi] *nf* perfidy.

perforateur, -trice [pɛrfɔratœr, tris] *adj* perforating.
◆ **perforateur** *nm* punch card operator.
◆ **perforatrice** *nf* [perceuse] drill; [de bureau] hole punch.

perforation [pɛrfɔrasjɔ̃] *nf* perforation.

perforer [pɛrfɔre] [3] *vt* to perforate.

performance [pɛrfɔrmɑ̃s] *nf* performance; les ~s d'une voiture a car's performance.

performant, -e [pɛrfɔrmɑ̃, ɑ̃t] *adj* **-1.** [personne] efficient. **-2.** [machine] high-performance (*avant n*).

perfusion [pɛrfyzjɔ̃] *nf* perfusion.

pergola [pɛrgɔla] *nf* pergola.

péricliter [periklite] [3] *vi* to collapse.

péridural, -e, -aux [peridyral, o] *adj* epidural.
◆ **péridurale** *nf* epidural.

péril [peril] *nm* peril; au ~ de ma vie at the risk of my life.

périlleux, -euse [perijø, øz] *adj* perilous.

périmé, -e [perime] *adj* out-of-date; *fig* [idées] outdated.

périmètre [perimetr] *nm* **-1.** [contour] perimeter. **-2.** [contenu] area.

périnatal, -e, -aux [perinatal, o] *adj* perinatal.

périnée [perine] *nm* perineum.

période [perjɔd] *nf* period.

périodique [perjɔdik] ◇ *nm* periodical. ◇ *adj* periodic.

périodiquement [perjɔdikmɑ̃] *adv* periodically.

péripatéticienne [peripatetisjɛn] *nf* streetwalker.

péripétie [peripesi] *nf* event.

périphérie [periferi] *nf* **-1.** [de ville] outskirts (*pl*). **-2.** [bord] periphery; [de cercle] circumference.

périphérique [periferik] ◇ *nm* **-1.** [route] beltway *Am*, ring road *Br*. **-2.** INFORM peripheral device. ◇ *adj* peripheral; boulevard ~ beltway *Am*, ring road *Br*.

périphrase [perifraz] *nf* periphrasis.

périple [peripl] *nm* **-1.** NAVIG voyage. **-2.** [voyage] trip.

périr [perir] [32] *vi* to perish.

périscolaire [periskɔlɛr] *adj* extracurricular.

périscope [periskɔp] *nm* periscope.

périssable [perisabl] *adj* **-1.** [denrée] perishable. **-2.** *littéraire* [sentiment] transient.

péristyle [peristil] *nm* peristyle.

péritonite [peritɔnit] *nf* peritonitis.

perle [pɛrl] *nf* **-1.** [de nacre] pearl. **-2.** [de bois, verre] bead. **-3.** [de sang, d'eau] drop. **-4.** [personne] gem. **-5.** *fam* [erreur] howler.

perlé, -e [pɛrle] *adj* beaded; grève ~e slow-down *Am*, go-slow *Br*.

perler [pɛrle] [3] *vi* to form beads.

perlimpinpin [pɛrlɛ̃pɛ̃pɛ̃] *nm*: poudre de ~ miracle cure.

permanence [pɛrmanɑ̃s] *nf* **-1.** [continuité] permanence; en ~ constantly. **-2.** [service]: être de ~ to be on duty. **-3.** SCOL: (salle de) ~ study room.

permanent, -e [pɛrmanɑ̃, ɑ̃t] ◇ *adj* permanent; [cinéma] with continuous showings; [comité] standing (*avant n*). ◇ *nm, f* official.
◆ **permanente** *nf* perm.

perméable [pɛrmeabl] *adj*: ~ (à) permeable (to); *fig* open (to), receptive (to).

permets → permettre.

permettais, permettions → permettre.

permettre [pɛrmetr] [84] *vt* to permit, to allow; vous permettez? may I?; ~ qqch à qqn to allow sb sthg; ~ à qqn de faire qqch to permit ou allow sb to do sthg.
◆ **se permettre** *vp*: se ~ qqch to allow o.s. sthg; [avoir les moyens de] to be able to afford sthg; se ~ de faire qqch to take the liberty of doing sthg.

permis, -e [pɛrmi, iz] *pp* → permettre.
◆ **permis** *nm* license *Am*, licence *Br*, permit; ~ de conduire driver's license *Am*, driving licence *Br*; ~ de construire building permit *Am*, planning permission *Br*; ~ de séjour residence permit; ~ de travail work permit.

permissif, -ive [pɛrmisif, iv] *adj* permissive.

permission [pɛrmisjɔ̃] *nf* **-1.** [autorisation] permission. **-2.** MIL leave.

permutable [pɛrmytabl] *adj* which can be changed round.

permutation [pɛrmytasjɔ̃] *nf* [de mots, figures] transposition; MATHS permutation.

permuter [pɛrmyte] [3] ◇ *vt* to change round; [mots, figures] to transpose. ◇ *vi* to change, to switch.

pernicieux, -ieuse [pɛrnisjø, jøz] *adj* **-1.** MÉD pernicious. **-2.** [conseil, habitude] harmful.

péroné [perɔne] *nm* fibula.

péroraison [perɔrezɔ̃] *nf* peroration.

pérorer [perɔre] [3] *vi péj* to hold forth.

Pérou [peru] *nm*: le ~ Peru; au ~ in Peru.

perpendiculaire [pɛrpɑ̃dikylɛr] ◇ *nf* perpendicular. ◇ *adj:* ~ (à) perpendicular (to).

perpendiculairement [pɛrpɑ̃dikylɛrmɑ̃] *adv* perpendicularly; ~ à perpendicular to.

perpète, perpette [pɛrpɛt]
◆ **à perpète** *loc adv fam* [loin] miles away; [longtemps] for ever.

perpétrer [pɛrpetre] [18] *vt* to perpetrate.

perpette = **perpète**.

perpétuel, -elle [pɛrpetɥɛl] *adj* **-1.** [fréquent, continu] perpetual. **-2.** [rente] life *(avant n)*; [secrétaire] permanent.

perpétuellement [pɛrpetɥɛlmɑ̃] *adv* perpetually.

perpétuer [pɛrpetɥe] [7] *vt* to perpetuate.
◆ **se perpétuer** *vp* to continue; [espèce] to perpetuate itself.

perpétuité [pɛrpetɥite] *nf* perpetuity; à ~ for life; **être condamné à** ~ to be sentenced to life imprisonment.

perplexe [pɛrplɛks] *adj* perplexed.

perplexité [pɛrplɛksite] *nf* perplexity.

perquisition [pɛrkizisjɔ̃] *nf* search.

perquisitionner [pɛrkizisjɔne] [3] ◇ *vi* to make a search. ◇ *vt* to search, to make a search of.

perron [pɛrɔ̃] *nm* steps (*pl*) *(at entrance to building)*.

perroquet [pɛrɔkɛ] *nm* [animal] parrot.

perruche [pɛryʃ] *nf* budgerigar.

perruque [pɛryk] *nf* wig.

pers [pɛr(s)] *adj littéraire* blue-green.

persan, -e [pɛrsɑ̃, an] *adj* Persian.
◆ **persan** *nm* **-1.** [langue] Persian. **-2.** [chat] Persian (cat).
◆ **Persan, -e** *nm, f* Persian.

persécuter [pɛrsekyte] [3] *vt* **-1.** [martyriser] to persecute. **-2.** [harceler] to harass.

persécuteur, -trice [pɛrsekytœr, tris] ◇ *adj* persecuting. ◇ *nm, f* persecutor.

persécution [pɛrsekysjɔ̃] *nf* persecution.

persévérance [pɛrseverɑ̃s] *nf* perseverance.

persévérant, -e [pɛrseverɑ̃, ɑ̃t] *adj* persevering.

persévérer [pɛrsevere] [18] *vi:* ~ (**dans**) to persevere (in).

persienne [pɛrsjɛn] *nf* shutter.

persiflage [pɛrsiflaʒ] *nm* mockery.

persifler [pɛrsifle] [3] *vt littéraire* to mock.

persifleur, -euse [pɛrsiflœr, øz] ◇ *adj* mocking. ◇ *nm, f* mocker.

persil [pɛrsi] *nm* parsley.

persillé, -e [pɛrsije] *adj* **-1.** [plat] with parsley. **-2.** [viande] marbled; [fromage] veined, blue-veined.

Persique [pɛrsik] → **golfe**.

persistance [pɛrsistɑ̃s] *nf* persistence.

persistant, -e [pɛrsistɑ̃, ɑ̃t] *adj* persistent; **arbre à feuillage** ~ evergreen (tree).

persister [pɛrsiste] [3] *vi* to persist; ~ à **faire qqch** to persist in doing sthg; ~ **dans qqch** to persist in sthg.

personnage [pɛrsɔnaʒ] *nm* **-1.** [dignitaire] figure. **-2.** THÉÂTRE character; ART figure. **-3.** [personnalité] image. **-4.** *péj* [individu] character, individual.

personnaliser [pɛrsɔnalize] [3] *vt* to personalize.

personnalité [pɛrsɔnalite] *nf* **-1.** [gén] personality. **-2.** JUR status.

personne [pɛrsɔn] ◇ *nf* person; ~s people; **en** ~ in person, personally; ~ **âgée** elderly person; ~ **morale** legal entity.
◇ *pron indéf* **-1.** [quelqu'un] anybody, anyone; **je me demande si** ~ **arrivera un jour à le convaincre** I wonder if anyone will ever convince him. **-2.** [aucune personne] nobody, no one; ~ **ne viendra** nobody will come; **il n'y a jamais** ~ there's never anybody there, nobody is ever there; ~ **d'autre** nobody OU no one else.

personnel, -elle [pɛrsɔnɛl] *adj* **-1.** [gén] personal. **-2.** [égoïste] self-centred.
◆ **personnel** *nm* staff, personnel; ~ **navigant** flight crew.

personnellement [pɛrsɔnɛlmɑ̃] *adv* personally.

personnification [pɛrsɔnifikasjɔ̃] *nf* personification.

personnifier [pɛrsɔnifje] [9] *vt* to personify.

perspective [pɛrspɛktiv] *nf* **-1.** [ART & point de vue] perspective. **-2.** [panorama] view. **-3.** [éventualité] prospect.

perspicace [pɛrspikas] *adj* perspicacious.

perspicacité [pɛrspikasite] *nf* perspicacity.

persuader [pɛrsɥade] [3] *vt:* ~ **qqn de qqch/de faire qqch** to persuade sb of sthg/to do sthg, to convince sb of sthg/to do sthg.
◆ **se persuader** *vp:* **se** ~ **que** to persuade OU convince o.s. (that); **se** ~ **de** to persuade OU convince o.s. of.

persuasif, -ive [pɛrsɥazif, iv] *adj* persuasive.

persuasion [pɛrsɥazjɔ̃] *nf* persuasion.

perte [pɛrt] *nf* **-1.** [gén] loss; **à** ~ COMM at a loss; ~ **sèche** dead loss. **-2.** [gaspillage - de temps] waste; **en pure** ~ for absolutely nothing. **-3.** [ruine, déchéance] ruin; **courir/ aller à sa** ~ to be on the road to ruin.
◆ **pertes** *nfpl* [morts] losses.

◆ **à perte de vue** *loc adv* as far as the eye can see.

pertinemment [pɛrtinamɑ̃] *adv* pertinently.

pertinence [pɛrtinɑ̃s] *nf* pertinence, relevance.

pertinent, -e [pɛrtinɑ̃, ɑ̃t] *adj* pertinent, relevant.

perturbateur, -trice [pɛrtyrbatœr, tris] ◇ *adj* disruptive. ◇ *nm, f* troublemaker.

perturbation [pɛrtyrbasjɔ̃] *nf* disruption; AS-TRON & MÉTÉOR disturbance.

perturber [pɛrtyrbe] [3] *vt* to disrupt; ~ l'ordre public to disturb the peace.

péruvien, -ienne [peryvjɛ̃, jɛn] *adj* Peruvian.

◆ **Péruvien, -ienne** *nm, f* Peruvian.

pervenche [pɛrvɑ̃ʃ] ◇ *nf* **-1.** BOT periwinkle. **-2.** *fam* [contractuelle] meter maid *Am,* traffic warden *Br.* ◇ *adj inv* (periwinkle) blue.

pervers, -e [pɛrvɛr, ɛrs] ◇ *adj* **-1.** [vicieux] perverted. **-2.** [effet] unwanted. ◇ *nm, f* pervert.

perversion [pɛrvɛrsjɔ̃] *nf* perversion.

perversité [pɛrvɛrsite] *nf* perversity.

pervertir [pɛrvɛrtir] [32] *vt* to pervert.

◆ **se pervertir** *vp* to become perverted.

pesage [pəzaʒ] *nm* **-1.** [pesée] weighing. **-2.** [de jockey] weigh-in.

pesamment [pəzamɑ̃] *adv* heavily.

pesant, -e [pəzɑ̃, ɑ̃t] *adj* **-1.** [lourd] heavy. **-2.** [style, architecture] ponderous.

◆ **pesant** *nm:* **valoir son ~ d'or** *fig* to be worth its/one's weight in gold.

pesanteur [pəzɑ̃tœr] *nf* **-1.** PHYS gravity. **-2.** [lourdeur] heaviness.

pesée [pəze] *nf* **-1.** [opération] weighing. **-2.** [quantité] weight. **-3.** [pression] pressure, force.

pèse-lettre [pɛzlɛtr] (*pl inv* OU **pèse-lettres**) *nm* letter-scales.

pèse-personne [pɛzpɛrsɔn] (*pl inv* OU **pèse-personnes**) *nm* scales (*pl*).

peser [pəze] [19] ◇ *vt* to weigh; **tout bien pesé** *fig* all things considered. ◇ *vi* **-1.** [avoir un certain poids] to weigh. **-2.** [être lourd] to be heavy; ~ **à qqn** *fig* to weigh on sb; ~ **sur** *fig* [accabler] to weigh heavy on; *fig* [influer sur] to influence. **-3.** [appuyer]: ~ **sur qqch** to press (down) on sthg.

◆ **se peser** *vp* to weigh o.s.

peseta [pezeta] *nf* peseta.

pessimisme [pesimism] *nm* pessimism.

pessimiste [pesimist] ◇ *nmf* pessimist. ◇ *adj* pessimistic.

peste [pɛst] *nf* **-1.** MÉD plague; **craindre qqn/qqch comme la ~** *fig* to be terrified of sb/sthg; **fuir qqn/qqch comme la ~** *fig* to avoid sb/sthg like the plague. **-2.** [personne] pest.

pester [pɛste] [3] *vi:* ~ **(contre qqn/qqch)** to curse (sb/sthg).

pesticide [pɛstisid] ◇ *nm* pesticide. ◇ *adj* pesticidal.

pestiféré, -e [pɛstifere] ◇ *adj* plague-stricken. ◇ *nm, f* plague victim.

pestilentiel, -ielle [pɛstilɑ̃sjɛl] *adj* pestilential.

pet [pɛ] *nm fam* fart.

pétale [petal] *nm* petal.

pétanque [petɑ̃k] *nf* ≃ bowls (*U*).

pétant, -e [petɑ̃, ɑ̃t] *adj fam* on the dot.

pétarader [petarade] [3] *vi* to backfire.

pétard [petar] *nm* **-1.** [petit explosif] firecracker, banger *Br.* **-2.** *fam* [revolver] gun. **-3.** *fam* [postérieur] butt *Am,* bum *Br.* **-4.** *fam* [haschich] joint.

pet-de-nonne [pɛdnɔn] (*pl* **pets-de-nonne**) *nm* very light fritter.

péter [pete] [18] ◇ *vi* **-1.** *tfam* [personne] to fart. **-2.** *fam* [câble, élastique] to snap. ◇ *vt fam* to bust.

pète-sec [pɛtsɛk] *adj inv fam* bossy.

pétillant, -e [petijɑ̃, ɑ̃t] *adj litt* & *fig* sparkling.

pétiller [petije] [3] *vi* **-1.** [vin, eau] to sparkle, to bubble. **-2.** [feu] to crackle. **-3.** *fig* [yeux] to sparkle; ~ **de** [personne] to bubble with; [yeux] to sparkle with.

petiot, -e [pətjo, ɔt] ◇ *adj* teeny. ◇ *nm, f* little one.

petit, -e [pəti, it] ◇ *adj* **-1.** [de taille, jeune] small, little; ~ **frère** little OU younger brother; ~**e sœur** little OU younger sister. **-2.** [voyage, visite] short, little. **-3.** [faible, infime - somme d'argent] small; [- bruit] faint, slight; **c'est une ~e nature** he/she is slightly built. **-4.** [de peu d'importance, de peu de valeur] minor. **-5.** [médiocre, mesquin] petty. **-6.** [de rang modeste - commerçant, propriétaire, pays] small; [- fonctionnaire] minor; **les ~es gens** people of modest means.
◇ *nm, f* **-1.** [personne de petite taille] small man (*f* woman). **-2.** [enfant] little one, child; **bonjour, mon ~/ma ~e** good morning, my dear; **pauvre ~!** poor little thing!; **la classe des ~s** SCOL the infant class.
◇ *nm* **-1.** [jeune animal] young (*U*); **faire des ~s** to have puppies/kittens *etc.* **-2.** (*gén pl*) [personne modeste] little man.

◆ **petit à petit** *loc adv* little by little, gradually.

petit-beurre [p(ə)tibœr] (*pl* **petits-beurre**) *nm small biscuit.*

petit-bourgeois, **petite-bourgeoise** [p(ə)tiburʒwa, p(ə)titburʒwaz] (*mpl* **petits-bourgeois**, *fpl* **petites-bourgeoises**) *péj* ◇ *adj* lower middle-class. ◇ *nm, f* lower middle-class person.

petit déjeuner [p(ə)tideʒøne] (*pl* **petits déjeuners**) *nm* breakfast.

petit-déjeuner [p(ə)tideʒøne] [5] *vi* to have breakfast, to breakfast.

petite-fille [p(ə)titfij] (*pl* **petites-filles**) *nf* granddaughter.

petitement [p(ə)titmã] *adv* -**1.** [être logé] in cramped conditions. -**2.** [chichement - vivre] poorly. -**3.** [mesquinement] pettily.

petitesse [p(ə)tites] *nf* -**1.** [de personne, de revenu] smallness. -**2.** [d'esprit] pettiness.

petit-fils [p(ə)tifis] (*pl* **petits-fils**) *nm* grandson.

petit-four [p(ə)tifur] (*pl* **petits-fours**) *nm* petit-four.

pétition [petisjɔ̃] *nf* petition.

pétitionner [petisjɔne] [3] *vi* to petition.

petit-lait [p(ə)tilɛ] (*pl* **petits-laits**) *nm* whey.

petit-nègre [p(ə)tinɛgr] *nm inv fam* pidgin French.

petits-enfants [p(ə)tizɑ̃fɑ̃] *nmpl* grandchildren.

petit-suisse [p(ə)tisɥis] (*pl* **petits-suisses**) *nm fresh soft cheese, eaten with sugar.*

peton [pətɔ̃] *nm fam* foot.

pétrifier [petrifje] [9] *vt litt* & *fig* to petrify.
◆ **se pétrifier** *vp* to become petrified.

pétrin [petrɛ̃] *nm* -**1.** [de boulanger] kneading machine. -**2.** *fam* [embarras] pickle; **se fourrer/être dans le** ~ to get into/to be in a pickle.

pétrir [petrir] [32] *vt* -**1.** [pâte, muscle] to knead. -**2.** *fig* & *littéraire* [personne] to mould; **pétri d'orgueil** filled with pride.

pétrochimie [petrɔʃimi] *nf* petrochemistry.

pétrochimique [petrɔʃimik] *adj* petrochemical.

pétrodollar [petrɔdɔlar] *nm* petrodollar.

pétrole [petrɔl] *nm* oil, petroleum; ~ **lampant** kerosene *Am*, paraffin (oil) *Br*.

pétrolier, -ière [petrɔlje, jɛr] *adj* oil (*avant n*), petroleum (*avant n*).
◆ **pétrolier** *nm* -**1.** [navire] oil tanker. -**2.** [personne] oil magnate.

pétrolifère [petrɔlifɛr] *adj* oil-bearing.

pétulant, -e [petylɑ̃, ɑ̃t] *adj* exuberant.

pétunia [petynja] *nm* petunia.

peu [pø] ◇ *adv* -**1.** (*avec verbe, adjectif, adverbe*): **il a** ~ **dormi** he didn't sleep much, he slept little; **c'est un livre** ~ **intéressant** it's not a very interesting book; ~ **souvent** not very often, rarely; **très** ~ very little. -**2.** ~ **de** (+ *nom sg*) little, not much; (+ *nom pl*) few, not many; **il a** ~ **de travail** he hasn't got much work, he has little work; **c'est (bien)** ~ **de chose** it's not much; **il reste** ~ **de jours** there aren't many days left; ~ **d'élèves l'ont compris** few OU not many students understood him; ~ **de gens le connaissent** few OU not many know him.
◇ *nm* -**1.** [petite quantité]: **le** ~ **de** (+ *nom sg*) the little; (+ *nom pl*) the few; **avec mon** ~ **de moyens** with the little I possess. -**2.** **un** ~ a little, a bit; **je le connais un** ~ I know him slightly OU a little; **un (tout) petit** ~ a little bit; **elle est un** ~ **sotte** she's a bit stupid; **tu parles un** ~ **fort** you're talking a little too loudly; **un** ~ **de** a little; **un** ~ **de vin/patience** a little wine/patience.
◆ **avant peu** *loc adv* soon, before long.
◆ **depuis peu** *loc adv* recently.
◆ **peu à peu** *loc adv* gradually, little by little.
◆ **pour peu que** *loc conj* (+ *subjonctif*) if ever, if only.
◆ **pour un peu** *loc adv* nearly, almost.
◆ **si peu que** *loc conj* (+ *subjonctif*) however little.
◆ **sous peu** *loc adv* soon, shortly.

peul, -e [pøl] *adj* Fulani.
◆ **peul** *nm* [langue] Fulani.
◆ **Peul, -e** *nm, f* Fulani.

peuplade [pœplad] *nf* tribe.

peuple [pœpl] *nm* -**1.** [gén] people; **le** ~ the (common) people. -**2.** *fam* [multitude]: **quel** ~**!** what a crowd!

peuplé, -e [pœple] *adj* populated.

peuplement [pœpləmɑ̃] *nm* -**1.** [action] populating. -**2.** [population] population.

peupler [pœple] [5] *vt* -**1.** [pourvoir d'habitants - région] to populate; [- bois, étang] to stock. -**2.** [habiter, occuper] to inhabit. -**3.** *fig* [remplir] to fill.
◆ **se peupler** *vp* -**1.** [région] to become populated. -**2.** [rue, salle] to be filled.

peuplier [pøplije] *nm* poplar.

peur [pœr] *nf* fear; **avoir** ~ **de qqn/qqch** to be afraid of sb/sthg; **avoir** ~ **de faire qqch** to be afraid of doing sthg; **avoir** ~ **que** (+ *subjonctif*) to be afraid that; **j'ai** ~ **qu'il ne vienne pas** I'm afraid he won't come; **faire** ~ **à qqn** to frighten sb; **par** OU **de** ~

de qqch for fear of sthg; **par** OU **de ~ de faire qqch** for fear of doing sthg; **il n'a pas ~ du ridicule** he doesn't mind making a fool of himself; **avoir une ~ bleue de** to be scared stiff of; **avoir plus de ~ que de mal** to be more frightened than hurt; **laid à faire ~** horribly ugly; **mourir de ~** to die of fright; **prendre ~** to take fright.

peureux, -euse [pœrø, øz] ◇ *adj* fearful, timid. ◇ *nm, f* fearful OU timid person.

peut → pouvoir.

peut-être [pøtɛtr] *adv* perhaps, maybe; **~ qu'ils ne viendront pas, ils ne viendront ~ pas** perhaps OU maybe they won't come; **~ pas** perhaps OU maybe not.

peux → pouvoir.

p. ex. (*abr de* par exemple) e.g.

pH (*abr de* potential of hydrogen) *nm* pH.

phalange [falɑ̃ʒ] *nf* **-1.** ANAT phalanx. **-2.** POLIT falange.

phallique [falik] *adj* phallic.

phallocrate [falɔkrat] ◇ *nm* male chauvinist. ◇ *adj* male chauvinist (*avant n*); [milieu] male-dominated.

phallus [falys] *nm* phallus.

pharaon [faraɔ̃] *nm* pharaoh.

phare [far] ◇ *nm* **-1.** [tour] lighthouse. **-2.** AUTOM headlight; **~ antibrouillard** fog lamp. ◇ *adj* landmark (*avant n*); **une industrie ~** flagship OU pioneering industry.

pharmaceutique [farmasøtik] *adj* pharmaceutical.

pharmacie [farmasi] *nf* **-1.** [science] pharmacology. **-2.** [magasin] drugstore *Am,* chemist's *Br.* **-3.** [meuble]: **(armoire à) ~** medicine cupboard.

pharmacien, -ienne [farmasjɛ̃, jɛn] *nm, f* druggist *Am,* chemist *Br.*

pharmacologie [farmakɔlɔʒi] *nf* pharmacology.

pharyngite [farɛ̃ʒit] *nf* pharyngitis (*U*).

pharynx [farɛ̃ks] *nm* pharynx.

phase [faz] *nf* phase; **être en ~ avec qqn** to be on the same wavelength as sb.

phénix [feniks] *nm* **-1.** MYTH phoenix. **-2.** [personne] paragon.

phénoménal, -e, -aux [fenɔmenal, o] *adj* phenomenal.

phénomène [fenɔmɛn] *nm* **-1.** [fait] phenomenon. **-2.** [être anormal] freak. **-3.** *fam* [excentrique] character.

philanthropie [filɑ̃trɔpi] *nf* philanthropy.

philanthropique [filɑ̃trɔpik] *adj* philanthropic.

philatélie [filateli] *nf* philately, stamp-collecting.

philatéliste [filatelist] *nmf* philatelist, stamp-collector.

philharmonique [filarmɔnik] *adj* philharmonic.

philippin, -e [filipɛ̃, in] *adj* Filipino.
◆ **Philippin, -e** *nm, f* Filipino.

Philippines [filipin] *nfpl:* **les ~** the Philippines; **aux ~** in the Philippines.

philistin [filistɛ̃] *nm* philistine.

philodendron [filɔdɛ̃drɔ̃] *nm* philodendron.

philologie [filɔlɔʒi] *nf* philology.

philosophe [filɔzɔf] ◇ *nmf* philosopher. ◇ *adj* philosophical.

philosopher [filɔzɔfe] [3] *vi* to philosophize.

philosophie [filɔzɔfi] *nf* philosophy.

philosophique [filɔzɔfik] *adj* philosophical.

philosophiquement [filɔzɔfikmɑ̃] *adv* philosophically.

philtre [filtr] *nm* love potion.

phlébite [flebit] *nf* phlebitis.

Phnom Penh [pnɔmpɛn] *n* Phnom Penh.

phobie [fɔbi] *nf* phobia.

phobique [fɔbik] *nmf & adj* phobic.

phonème [fɔnɛm] *nm* phoneme.

phonétique [fɔnetik] ◇ *nf* phonetics (*U*). ◇ *adj* phonetic.

phonétiquement [fɔnetikmɑ̃] *adv* phonetically.

phono [fɔno] *nm fam vieilli* phonograph *Am,* gramophone *Br.*

phonographe [fɔnɔgraf] *nm vieilli* phonograph *Am,* gramophone *Br.*

phoque [fɔk] *nm* seal.

phosphate [fɔsfat] *nm* phosphate.

phosphaté, -e [fɔsfate] *adj:* **engrais ~** phosphate fertilizer.

phosphore [fɔsfɔr] *nm* phosphorus.

phosphorescent, -e [fɔsfɔresɑ̃, ɑ̃t] *adj* phosphorescent.

photo [fɔto] ◇ *nf* **-1.** [technique] photography. **-2.** [image] photo, picture; **prendre qqn en ~** to take a photo of sb; **~ d'identité** passport photo; **~ noir et blanc** black and white photo; **~ couleur** color *Am* OU color *Br* photo. ◇ *adj inv:* **appareil ~** camera.

photocomposition [fɔtɔkɔ̃pozisjɔ̃] *nf* photocomposition *Am,* filmsetting *Br.*

photocopie [fɔtɔkɔpi] *nf* **-1.** [procédé] photocopying. **-2.** [document] photocopy.

photocopier [fɔtɔkɔpje] [9] *vt* to photocopy.

photocopieur [fɔtɔkɔpjœr] *nm,* **photocopieuse** [fɔtɔkɔpjøz] *nf* photocopier.

photoélectrique [fɔtɔelɛktrik] *adj* photoelectric.

photogénique [fɔtɔʒenik] *adj* photogenic.

photographe [fɔtɔgraf] *nmf* **-1.** [artiste, technicien] photographer. **-2.** [commerçant] camera dealer.

photographie [fɔtɔgrafi] *nf* **-1.** [technique] photography. **-2.** [cliché] photograph.

photographier [fɔtɔgrafje] [9] *vt* to photograph.

photographique [fɔtɔgrafik] *adj* photographic.

Photomaton® [fɔtɔmatɔ̃] *nm* photo booth.

photomontage [fɔtɔmɔ̃taʒ] *nm* photomontage.

photoreportage [fɔtɔrəpɔrtaʒ] *nm* PRESSE report (consisting mainly of photographs).

photosensible [fɔtɔsɑ̃sibl] *adj* photosensitive.

photothèque [fɔtɔtɛk] *nf* photograph library.

phrase [fraz] *nf* **-1.** LING sentence; ~ **toute faite** stock phrase. **-2.** MUS phrase.

phraséologie [frazeɔlɔʒi] *nf* phraseology; *péj* verbiage.

phraseur, -euse [frazœr, øz] *nm, f péj* verbose person.

phréatique [freatik] *adj*: **nappe** ~ water table.

phrygien, -ienne [friʒjɛ̃, jɛn] *adj* Phrygian.
◆ **Phrygien, -ienne** *nm, f* Phrygian.

phtisie [ftizi] *nf vieilli* consumption.

phylloxéra, phylloxera [filɔksera] *nm* phylloxera.

physicien, -ienne [fizisjɛ̃, jɛn] *nm, f* physicist.

physiologie [fizjɔlɔʒi] *nf* physiology.

physiologique [fizjɔlɔʒik] *adj* physiological.

physiologiquement [fizjɔlɔʒikmɑ̃] *adv* physiologically.

physionomie [fizjɔnɔmi] *nf* **-1.** [faciès] face. **-2.** [apparence] physiognomy.

physionomiste [fizjɔnɔmist] ◇ *nmf* person with a good memory for faces. ◇ *adj*: **être** ~ to have a good memory for faces.

physiothérapie [fizjɔterapi] *nf natural medicine based on treatment using water, air, light etc.*

physique [fizik] ◇ *adj* physical. ◇ *nf* SCIENCE physics (*U*). ◇ *nm* **-1.** [constitution] physical well-being. **-2.** [apparence] physique.

physiquement [fizikmɑ̃] *adv* physically.

phytothérapie [fitɔterapi] *nf* herbal medicine.

p.i. *abr de* par intérim.

piaf [pjaf] *nm fam* sparrow.

piaffer [pjafe] [3] *vi* **-1.** [cheval] to paw the ground. **-2.** [personne] to fidget.

piaillement [pjajmɑ̃] *nm* **-1.** [d'oiseau] cheeping. **-2.** [d'enfant] squawking.

piailler [pjaje] [3] *vi* **-1.** [oiseaux] to cheep. **-2.** [enfant] to squawk.

pianiste [pjanist] *nmf* pianist.

piano [pjano] ◇ *nm* piano; ~ **demi-queue** baby grand (piano); ~ **droit** upright (piano); ~ **mécanique** player piano; ~ **à queue** grand (piano). ◇ *adv* **-1.** MUS piano. **-2.** [doucement] gently.

pianoter [pjanɔte] [3] *vi* **-1.** [jouer du piano] to plunk away (on the piano). **-2.** [sur table] to drum one's fingers.

piaule [pjol] *nf fam* [hébergement] place; [chambre] room.

piauler [pjole] [3] *vi* **-1.** [oiseau] to cheep. **-2.** [enfant] to whimper.

PIB (*abr de* produit intérieur brut) *nm* GDP.

pic [pik] *nm* **-1.** [outil] pick, pickax *Am,* pickaxe *Br.* **-2.** [montagne] peak. **-3.** [oiseau] woodpecker.
◆ **à pic** *loc adv* **-1.** [verticalement] vertically; **couler à** ~ to sink like a stone. **-2.** *fam fig* [à point nommé] just at the right moment.

pichenette [piʃnɛt] *nf* flick (of the finger).

pichet [piʃɛ] *nm* jug.

pickpocket [pikpɔkɛt] *nm* pickpocket.

pick-up [pikœp] *nm inv* **-1.** *vieilli* [tournedisque] record player. **-2.** [camionnette] pick-up (truck).

picoler [pikɔle] [3] *vi fam* to booze.

picorer [pikɔre] [3] *vi & vt* to peck.

picotement [pikɔtmɑ̃] *nm* prickling (*U*), prickle.

picoter [pikɔte] [3] *vt* **-1.** [yeux] to make sting. **-2.** [pain] to peck (at).

pictogramme [piktɔgram] *nm* pictogram.

pictural, -e, -aux [piktyral, o] *adj* pictorial.

pic-vert = pivert.

pie [pi] ◇ *nf* **-1.** [oiseau] magpie. **-2.** [bavard] chatterbox. ◇ *adj inv* [cheval] piebald.

pièce [pjɛs] *nf* **-1.** [élément] piece; [de moteur] part; **mettre en** ~**s** [vêtement] to tear to pieces; [assiette, tasse] to smash to pieces; **en** ~**s détachées** in little bits OU pieces; ~ **de collection** collector's item; ~ **détachée** spare part; ~ **de musée** museum piece; **créer/inventer qqch de toutes** ~**s** to create/invent sthg from start to finish. **-2.**

[unité]: **quinze francs** ~ fifteen francs each OU apiece; **acheter/vendre qqch à la** ~ to buy/sell sthg singly, to buy/sell sthg separately; **travailler à la** ~ to do piece work. **-3.** [document] document, paper; ~ **à conviction** object produced as evidence, exhibit; ~ **d'identité** identification papers (*pl*); ~ **justificative** written proof (*U*), supporting document. **-4.** [œuvre littéraire ou musicale] piece; ~ **(de théâtre)** play. **-5.** [argent]: ~ **(de monnaie)** coin. **-6.** [de maison] room. **-7.** COUTURE patch.

◆ **pièce d'eau** *nf* large pond, ornamental lake.

◆ **pièce montée** *nf* tiered cake.

piécette [pjesɛt] *nf* small coin.

pied [pje] *nm* **-1.** [gén] foot; **à** ~ on foot; **avoir** ~ to be able to touch the bottom; **perdre** ~ *litt* & *fig* to be out of one's depth; **à** ~**s joints** with one's feet together; **être/marcher** ~**s nus** OU **nu-**~**s** to be/to go barefoot; ~ **bot** [handicap] clubfoot. **-2.** CULIN: ~ **de porc** pig's trotter. **-3.** [base - de montagne, table] foot; [- de verre] stem; [- de lampe] base. **-4.** [plant - de tomate] stalk; [- de vigne] stock. **-5.** *loc*: **attendre qqch/qqn de** ~ **ferme** to be ready for sb/sthg; **c'est le** ~ *fam* it's great; **casser les** ~**s à qqn** *fam* to get on sb's nerves; **comme un** ~ [chanter, conduire] *fam* terribly; **être au** ~ **du mur** to have one's back to the wall; **être sur** ~ to be (back) on one's feet, to be up and about; **être sur un** ~ **d'égalité (avec)** to be on an equal footing (with); **faire du** ~ **à** to play footsie with; **faire le** ~ **de grue** to wait about; **faire des** ~**s et des mains** to move heaven and earth, to do one's utmost; **faire un** ~ **de nez à qqn** to thumb one's nose at sb; **ça te fera les** ~**s!** *fam* it'll serve you right!; **fouler qqch aux** ~**s** to ride roughshod over sthg; **se lever du bon** ~/**du** ~ **gauche** to get out of bed on the right/wrong side; **mettre qqch sur** ~ to get sthg on its feet, to get sthg off the ground; **mettre qqn au** ~ **du mur** to drive sb to the wall; **mettre les** ~**s dans le plat** *fam* to put one's foot in it; **je n'ai jamais mis les** ~**s chez lui** I've never set foot in his house; **au** ~ **de la lettre** literally, to the letter; **de** ~ **en cap** from head to toe; **ne pas savoir sur quel** ~ **danser** not to know which way to turn; **ne pas se laisser marcher sur les** ~**s** not to let anyone tread on one's toes; **prendre son** ~ *fam* [sexuellement] to come; *fig* to be in seventh heaven; **retomber sur ses** ~**s** to land on one's feet.

◆ **en pied** *loc adj* [portrait] full-length.

pied-à-terre [pjetatɛr] *nm inv* pied-à-terre.

pied-de-biche [pjedbiʃ] (*pl* **pieds-de-biche**) *nm* **-1.** [outil] nail claw. **-2.** COUTURE presser foot.

pied-de-poule [pjedpul] (*pl* **pieds-de-poule**) ◇ *nm* houndstooth (material). ◇ *adj inv* houndstooth (*avant n*).

piédestal, -aux [pjedɛstal, o] *nm* pedestal.

piedmont = **piémont**.

pied-noir (*pl* **pieds-noirs**) [pjenwar] *nmf* *French settler in Algeria*.

piège [pjɛʒ] *nm* *litt* & *fig* trap; **être pris au** ~ to be trapped; **tendre un** ~ to set a trap.

piéger [pjeʒe] [22] *vt* **-1.** [animal, personne] to trap. **-2.** [colis, véhicule] to boobytrap.

piémont, piedmont [pjemɔ̃] *nm* piedmont glacier/plain.

pierraille [pjɛraj] *nf* loose stones (*pl*).

pierre [pjɛr] *nf* stone; ~ **d'achoppement** *fig* stumbling block; ~ **précieuse** precious stone; **poser la première** ~ CONSTR to lay the foundation stone; *fig* to lay the foundations; **faire d'une** ~ **deux coups** *fig* to kill two birds with one stone.

pierreries [pjɛrri] *nfpl* precious stones, jewels.

piété [pjete] *nf* piety.

piétiner [pjetine] [3] ◇ *vi* **-1.** [trépigner] to stamp (one's feet). **-2.** *fig* [ne pas avancer] to make no progress, to be at a standstill. ◇ *vt* **-1.** [personne, parterre] to trample. **-2.** *fig* [principes] to ride roughshod over.

piéton, -onne [pjetɔ̃, ɔn] ◇ *nm, f* pedestrian. ◇ *adj* pedestrian (*avant n*).

piétonnier, -ière [pjetɔnje, jɛr] *adj* pedestrian (*avant n*).

piètre [pjɛtr] *adj* poor.

pieu, -x [pjø] *nm* **-1.** [poteau] post, stake. **-2.** *fam* [lit] sack *Am*, pit *Br*.

pieusement [pjøzmɑ̃] *adv* **-1.** RELIG piously. **-2.** *fig* [conserver] religiously.

pieuter [pjøte] [3]

◆ **se pieuter** *vp* *fam* to hit the hay.

pieuvre [pjœvr] *nf* octopus; *fig* & *péj* leech.

pieux, pieuse [pjø, pjøz] *adj* **-1.** [personne, livre] pious. **-2.** [soins] devoted. **-3.** [silence] reverent.

pif [pif] *nm* *fam* conk, hooter *Br*; **au** ~ *fig* by guesswork.

pige [piʒ] *nf* **-1.** PRESSE: **travailler à la** ~ to work freelance. **-2.** *fam* [an]: **avoir 30** ~**s** to be 30 (years old).

pigeon [piʒɔ̃] *nm* **-1.** [oiseau] pigeon; ~ **voyageur** carrier pigeon, homing pigeon. **-2.** *fam* *péj* [personne] sucker.

pigeonnant, -e [piʒɔnɑ̃, ɑ̃t] *adj* [soutien-gorge] uplift (*avant n*); [poitrine] prominent.

389   **pingrerie**

pigeonner [piʒɔne] [3] *vt fam* to cheat.
pigeonnier [piʒɔnje] *nm* **-1.** [pour pigeons] pigeon loft, dovecote. **-2.** *fig & vieilli* [logement] garret.
piger [piʒe] [17] *fam* ◇ *vt* to understand. ◇ *vi* to catch on, to get it.
pigiste [piʒist] *nmf* freelance.
pigment [pigmã] *nm* pigment.
pigmentation [pigmãtasjɔ̃] *nf* pigmentation.
pignon [piɲɔ̃] *nm* **-1.** [de mur] gable; **avoir ~ sur rue** *fig* to be a person of substance. **-2.** [d'engrenage] gearwheel. **-3.** [de pomme de pin] pine kernel.
pilaf [pilaf] → **riz.**
pile [pil] ◇ *nf* **-1.** [de livres, journaux] pile. **-2.** ÉLECTR battery. **-3.** [de pièce]: **~ ou face** heads or tails. ◇ *adv fam* on the dot; **tomber/arriver ~** to come/to arrive at just the right time.
piler [pile] [3] ◇ *vt* **-1.** [amandes] to crush, to grind. **-2.** *fam fig* [adversaire] to thrash. ◇ *vi fam* AUTOM to jam on the brakes.
pileux, -euse [pilø, øz] *adj* hairy (*avant n*); **système ~** hair.
pilier [pilje] *nm* **-1.** [de construction] pillar. **-2.** *fig* [soutien] mainstay, pillar. **-3.** *fig & péj* [habitué]: **c'est un ~ de bar** he's always propping up the bar. **-4.** RUGBY prop (forward).
pillage [pijaʒ] *nm* looting.
pillard, -e [pijar, ard] ◇ *nm, f* looter. ◇ *adj* looting (*avant n*).
piller [pije] [3] *vt* **-1.** [ville, biens] to loot. **-2.** *fig* [ouvrage, auteur] to plagiarize.
pilon [pilɔ̃] *nm* **-1.** [instrument] pestle; **mettre au ~** to pulp. **-2.** [de poulet] drumstick. **-3.** [jambe de bois] wooden leg.
pilonner [pilɔne] [3] *vt* to pound.
pilori [pilɔri] *nm* pillory; **mettre** OU **clouer qqn au ~** *fig* to pillory sb.
pilotage [pilɔtaʒ] *nm* piloting; **~ automatique** automatic piloting.
pilote [pilɔt] ◇ *nm* **-1.** [d'avion] pilot; [de voiture] driver; **~ automatique** autopilot; **~ de chasse** fighter pilot; **~ de course** race *Am* OU racing *Br* driver; **~ d'essai** test pilot; **~ de ligne** airline pilot. **-2.** [poisson] pilot fish. ◇ *adj* pilot (*avant n*), experimental.
piloter [pilɔte] [3] *vt* **-1.** [avion] to pilot; [voiture] to drive. **-2.** [personne] to show around.
pilotis [pilɔti] *nm* pile.
pilule [pilyl] *nf* pill; **prendre la ~** to be on the pill; **dorer la ~ à qqn** *fig* to sugar the pill for sb.

pimbêche [pɛ̃bɛʃ] *péj* ◇ *nf* stuck-up woman, stuck-up girl. ◇ *adj* stuck-up.
piment [pimã] *nm* **-1.** [plante] pepper, capsicum; **~ rouge** chilli pepper, hot red pepper. **-2.** *fig* [piquant] spice; **donner du ~ à qqch** to spice sthg up.
pimenter [pimãte] [3] *vt* **-1.** [plat] to put chillis in. **-2.** *fig* [récit] to spice up.
pimpant, -e [pɛ̃pɑ̃, ɑ̃t] *adj* smart.
pin [pɛ̃] *nm* pine; **~ parasol** umbrella pine; **~ sylvestre** Scots pine.
pinacle [pinakl] *nm* ARCHIT pinnacle; **porter qqn au ~** *fig* to praise sb to the skies.
pinailler [pinaje] [3] *vi fam* to split hairs; **~ sur** to quibble about.
pinard [pinar] *nm fam* jug wine *Am*, plonk *Br*.
pince [pɛ̃s] *nf* **-1.** [grande] pliers (*pl*). **-2.** [petite]: **~ (à épiler)** tweezers (*pl*); **~ à linge** clothespin *Am*, clothes peg *Br*. **-3.** [de crabe] pincer. **-4.** *fam* [main] mitt. **-5.** *fam* [jambe]: **à ~s** on foot. **-6.** COUTURE dart.
pincé, -e [pɛ̃se] *adj* **-1.** [air, sourire] prim. **-2.** [nez] pinched.
pinceau, -x [pɛ̃so] *nm* **-1.** [pour peindre] brush. **-2.** *fam* [pied] foot.
pincée [pɛ̃se] *nf* pinch.
pincement [pɛ̃smã] *nm* pinching; **~ au cœur** *fig* pang of sorrow.
pince-monseigneur [pɛ̃smɔ̃sɛɲœr] (*pl* **pinces-monseigneur**) *nf* jimmy *Am*, jemmy *Br*.
pince-nez [pɛ̃sne] *nm inv* pince-nez.
pincer [pɛ̃se] [16] ◇ *vt* **-1.** [serrer] to pinch; MUS to pluck; [lèvres] to purse. **-2.** *fam fig* [arrêter] to catch, to nick *Br*; **se faire ~** to get caught, to get nicked *Br*. **-3.** [suj: froid] to nip. ◇ *vi fam* **-1.** [faire froid]: **ça pince!** it's a bit nippy! **-2.** *fig* [avoir le béguin]: **en ~ pour qqn** to be crazy about sb.
◆ **se pincer** *vp*: **se ~ le doigt** to jam OU catch one's finger; **se ~ le nez** to hold one's nose.
pince-sans-rire [pɛ̃ssɑ̃rir] *nmf inv* person with a deadpan face.
pincettes [pɛ̃sɛt] *nfpl* [ustensile] tongs; **il n'est pas à prendre avec des ~** *fig* he's like a bear with a sore head.
pinçon [pɛ̃sɔ̃] *nm* pinch mark.
pinède [pinɛd], **pineraie** [pinrɛ], **pinière** [pinjɛr] *nf* pine wood.
pingouin [pɛ̃gwɛ̃] *nm* penguin.
ping-pong [piŋpɔ̃g] (*pl* **ping-pongs**) *nm* ping pong, table tennis.
pingre [pɛ̃gr] *péj adj* stingy.
pingrerie [pɛ̃grəri] *nf péj* stinginess.

pinière = pinède.

pinson [pɛ̃sɔ̃] *nm* chaffinch; **gai comme un** ~ *fig* happy as a lark.

pintade [pɛ̃tad] *nf* guinea fowl.

pintadeau, -x [pɛ̃tado] *nm* young guinea fowl.

pinte [pɛ̃t] *nf* **-1.** [mesure anglo-saxonne] pint. **-2.** *vieilli* [mesure française] quart. **-3.** *Helv* [débit de boissons] drinking establishment.

pin-up [pinœp] *nf inv* pinup (girl).

pioche [pjɔʃ] *nf* **-1.** [outil] pick. **-2.** JEU pile.

piocher [pjɔʃe] [3] ◇ *vt* **-1.** [terre] to dig. **-2.** JEU to take. **-3.** *fig* [choisir] to pick at random. ◇ *vi* **-1.** [creuser] to dig. **-2.** JEU to pick up; ~ **dans** [tas] to delve into; [économies] to dip into.

piolet [pjɔlɛ] *nm* ice ax *Am* OU axe *Br*.

pion, pionne [pjɔ̃, pjɔn] *nm, f fam* SCOL *supervisor (often a student who does this as a part-time job).*
◆ **pion** *nm* [aux échecs] pawn; [aux dames] piece; **damer le** ~ **à qqn** *fig* to get the better of sb; **n'être qu'un** ~ *fig* to be just a pawn in the game.

pionnier, -ière [pjɔnje, jɛr] *nm, f* pioneer.

pipe [pip] *nf* pipe.

pipeline, pipe-line [pajplajn, piplin] (*pl* pipe-lines) *nm* pipeline.

piper [pipe] [3] *vt* **-1.** [cartes] to mark; [dés] to load. **-2.** *loc*: **ne pas** ~ **mot** not to breathe a word.

piperade [piperad] *nf* eggs cooked with tomatoes, peppers and onions.

pipette [pipɛt] *nf* pipette.

pipi [pipi] *nm fam* wee; **faire** ~ to have a wee.

piquant, -e [pikã, ãt] *adj* **-1.** [barbe, feuille] prickly. **-2.** [sauce] spicy, hot. **-3.** [froid] biting. **-4.** *fig* [détail] spicy, juicy.
◆ **piquant** *nm* **-1.** [d'animal] spine; [de végétal] thorn, prickle. **-2.** *fig* [d'histoire] spice.

pique [pik] ◇ *nf* **-1.** [arme] pike. **-2.** *fig* [mot blessant] barbed comment. ◇ *nm* [aux cartes] spade.

piqué, -e [pike] *adj* **-1.** [vin] sour, vinegary. **-2.** [meuble] worm-eaten. **-3.** [tissu] spotted, flecked. **-4.** *fam* [personne] loony.
◆ **piqué** *nm* **-1.** [tissu] piqué. **-2.** AÉRON dive.

pique-assiette [pikasjɛt] (*pl inv* OU **pique-assiettes**) *nmf péj* sponger.

pique-nique [piknik] (*pl* **pique-niques**) *nm* picnic.

pique-niquer [piknike] [3] *vi* to picnic.

piquer [pike] [3] ◇ *vt* **-1.** [suj: guêpe, méduse] to sting; [suj: serpent, moustique] to bite. **-2.** [avec pointe] to prick; ~ **qqch de** CULIN to stick sthg with. **-3.** MÉD to give an injection to; **se faire** ~ **contre** *fam* to have o.s. inoculated OU vaccinated against. **-4.** [animal] to put down. **-5.** [fleur]: ~ **qqch dans** to stick sthg into. **-6.** [suj: tissu, barbe] to prickle. **-7.** [suj: fumée, froid] to sting. **-8.** COUTURE to sew, to machine. **-9.** *fam* [voler] to pinch. **-10.** *fig* [curiosité] to excite, to arouse. **-11.** *fam* [voleur, escroc] to catch, to nick *Br*; **se faire** ~ to get caught, to get nicked *Br*.
◇ *vi* **-1.** [ronce] to prick; [ortie] to sting. **-2.** [guêpe, méduse] to sting; [serpent, moustique] to bite. **-3.** [épice] to burn. **-4.** COUTURE to machine. **-5.** *fam* [voler]: ~ **(dans)** to pinch (from). **-6.** [avion] to dive.
◆ **se piquer** *vp* **-1.** [avec épingle, dans ronces] to prick o.s. **-2.** [dans orties] to sting o.s. **-3.** *fam* [se droguer] to shoot up. **-4.** *littéraire* [se vexer] to become irritated. **-5.** *littéraire & péj* [avoir la prétention]: **se** ~ **de qqch/de faire qqch** to pride o.s. on one's knowledge of sthg/on one's ability to do sthg.

piquet [pikɛ] *nm* **-1.** [pieu] peg, stake. **-2.** JEU piquet.
◆ **piquet de grève** *nm* picket.

piqueter [pikte] [27] *vt* to dot, to spot.

piquette [pikɛt] *nf* **-1.** [vin] cheap wine OU plonk *Br*. **-2.** *fam* [défaite]: **prendre une** OU **la** ~ *fig* to get a hammering OU a thrashing.

piqûre [pikyr] *nf* **-1.** [de guêpe, méduse] sting; [de serpent, moustique] bite. **-2.** [d'ortie] sting. **-3.** [injection] shot, jab *Br*. **-4.** COUTURE stitching (*U*).

piranha [piraɲa], **piraya** [piraja] *nm* piranha.

piratage [pirataʒ] *nm* piracy; INFORM hacking.

pirate [pirat] ◇ *nm* **-1.** [corsaire] pirate; ~ **de l'air** hijacker, skyjacker. **-2.** *fig* [escroc] swindler. ◇ *adj* pirate (*avant n*).

pirater [pirate] [3] *vt* to pirate.

piraterie [piratri] *nf* **-1.** [flibuste] piracy (*U*). **-2.** [acte] act of piracy. **-3.** *fig* [escroquerie] swindling.

piraya = piranha.

pire [pir] ◇ *adj* **-1.** [comparatif relatif] worse. **-2.** [superlatif]: **le/la** ~ the worst. ◇ *nm*: **le** ~ **(de)** the worst (of); **s'attendre au** ~ to expect the worst.

Pirée [pire] *nm*: **Le** ~ Piraeus.

pirogue [pirɔg] *nf* dugout canoe.

pirouette [pirwɛt] *nf* **-1.** [saut] pirouette. **-2.** *fig* [faux-fuyant] prevarication, evasive answer; **répondre par une** ~ to answer evasively; **s'en tirer par une** ~ to evade the issue.

pis [pi] ◇ *adj littéraire* [pire] worse. ◇ *adv* worse; **de mal en** ~ from bad to worse; **de** ~ **en** ~ worse and worse. ◇ *nm* udder.

pis-aller [pizale] *nm inv* last resort.

pisciculture [pisikyltyr] *nf* fish farming.

piscine [pisin] *nf* swimming pool; ~ **couverte/découverte** indoor/open-air swimming pool.

Pise [piz] *n* Pisa; **la tour de** ~ the Leaning Tower of Pisa.

pisse [pis] *nf tfam* pee, piss.

pisse-froid [pisfrwa] *nm inv fam péj* wet-blanket.

pissenlit [pisɑ̃li] *nm* dandelion; **manger les** ~**s par la racine** *fig* to be pushing up daisies.

pisser [pise] [3] *fam* ◇ *vt* **-1.** [suj: personne]: ~ **du sang** to pass blood. **-2.** [suj: plaie]: **son genou pissait le sang** blood was gushing from his knee. ◇ *vi* to pee, to piss.

pissotière [pisɔtjɛr] *nf fam* public urinal.

pistache [pistaʃ] ◇ *nf* [fruit] pistachio (nut). ◇ *adj inv* [couleur] pistachio (green).

piste [pist] *nf* **-1.** [trace] trail; **suivre/perdre une** ~ to follow/to lose a trail; **brouiller les** ~**s** *fig* to cover one's tracks. **-2.** [zone aménagée]: ~ **d'atterrissage** runway; ~ **cyclable** cycle track; ~ **de danse** dance floor; ~ **de ski** ski run. **-3.** [chemin] path, track. **-4.** [d'enregistrement] track.

pister [piste] [3] *vt* [gibier] to track; [suspect] to tail.

pisteur [pistœr] *nm* ski patrol member.

pistil [pistil] *nm* pistil.

pistolet [pistɔlɛ] *nm* **-1.** [arme] pistol, gun. **-2.** [à peinture] spray gun.

pistolet-mitrailleur [pistɔlɛmitrajœr] (*pl* **pistolets-mitrailleurs**) *nm* submachine gun.

piston [pistɔ̃] *nm* **-1.** [de moteur] piston. **-2.** MUS [d'instrument] valve. **-3.** *fig* [appui] string-pulling; **avoir du** ~ to have friends in the right places.

pistonner [pistɔne] [3] *vt* to pull strings for; **se faire** ~ to have strings pulled for one.

pistou [pistu] *nm* dish of vegetables served with sauce made from basil.

pitance [pitɑ̃s] *nf péj & vieilli* sustenance.

piteux, -euse [pitø, øz] *adj* piteous.

pitié [pitje] *nf* pity; **avoir** ~ **de qqn** to have pity on sb, to pity sb; **sans** ~ pitiless, ruthless; **par** ~ for pity's sake.

piton [pitɔ̃] *nm* **-1.** [clou] piton. **-2.** [pic] peak.

pitoyable [pitwajabl] *adj* pitiful.

pitre [pitr] *nm* clown; **faire le** ~ to fool about.

pitrerie [pitrəri] *nf* tomfoolery.

pittoresque [pitɔrɛsk] ◇ *nm*: **le** ~ [de description] the vividness; [d'histoire] the amusing part. ◇ *adj* **-1.** [région] picturesque. **-2.** [détail] colorful *Am*, colourful *Br*, vivid.

pivert, pic-vert (*pl* **pic-verts**) [pivɛr] *nm* green woodpecker.

pivoine [pivwan] *nf* peony.

pivot [pivo] *nm* **-1.** [de machine, au basket] pivot. **-2.** [de dent] post. **-3.** [centre] *fig* mainspring.

pivotant, -e [pivɔtɑ̃, ɑ̃t] *adj* [fauteuil] swivel (*avant n*).

pivoter [pivɔte] [3] *vi* to pivot; [porte] to revolve; **faire** ~ **qqch** to swivel sthg around, to pivot sthg.

pizza [pidza] *nf* pizza.

pizzeria [pidzerja] *nf* pizzeria.

PJ ◇ *nf* (*abr de* **police judiciaire**) ≃ FBI *Am,* ≃ CID *Br.* ◇ (*abr de* **pièces jointes**) Encl.

Pl., pl. *abr de* **place.**

PL (*abr de* **poids lourd**) HGV.

placage [plakaʒ] *nm* [de bois] veneer.

placard [plakar] *nm* **-1.** [armoire] cupboard; **mettre qqn au** ~ *fam fig* to elbow sb out; **mettre qqch au** ~ *fam fig* to shelve sthg. **-2.** [affiche] poster, notice. **-3.** TYPO galley (proof).

placarder [plakarde] [3] *vt* [affiche] to put up, to stick up; [mur] to placard, to stick a notice on.

place [plas] *nf* **-1.** [espace] space, room; **prendre de la** ~ to take up (a lot of) space; **faire** ~ **à** [amour, haine] to give way to. **-2.** [emplacement, position] position; **changer qqch de** ~ to put sthg in a different place, to move sthg; **prendre la** ~ **de qqn** to take sb's place; **ne pas tenir** OU **rester en** ~ to be unable to stay still; **à la** ~ **de qqn** instead of sb, in sb's place; **à ta** ~ if I were you, in your place. **-3.** [siège] seat; **céder sa** ~ **à qqn** to give up one's seat to sb; **prendre** ~ to take a seat; ~ **assise** seat. **-4.** [rang] place. **-5.** [de ville] square. **-6.** [emploi] position, job; **perdre sa** ~ to lose one's job. **-7.** COMM market. **-8.** MIL [de garnison] garrison (town); ~ **forte** fortified town. **-9.** *loc*: **se mettre à la** ~ **de qqn** to put o.s. in sb's place OU shoes; **remettre qqn à sa** ~ to put sb in his/her place.

placebo [plasebo] *nm* placebo.

placement [plasmɑ̃] *nm* **-1.** [d'argent] investment. **-2.** [d'employé] placing.

placenta [plasɛ̃ta] *nm* ANAT placenta.

placer [plase] [16] *vt* **-1.** [gén] to put, to place; [invités, spectateurs] to seat; **être bien/mal placé** to have a good/bad seat; **être bien/mal placé pour faire qqch** *fig* to be in a position/in no position to do sthg; **être haut placé** *fig* to be highly placed. **-2.** [mot, anecdote] to put in, to get in. **-3.** [argent] to invest.

◆ **se placer** *vp* **-1.** [prendre place - debout] to stand; [- assis] to sit (down). **-2.** *fig* [dans situation] to put o.s. **-3.** [se classer] to come, to be.

placide [plasid] *adj* placid.

placidité [plasidite] *nf* placidity.

plafond [plafɔ̃] *nm litt* & *fig* ceiling; **faux ~** false ceiling.

plafonner [plafɔne] [3] ◇ *vt* to put a ceiling in. ◇ *vi* [prix, élève] to peak; [avion] to reach its ceiling.

plafonnier [plafɔnje] *nm* ceiling light.

plage [plaʒ] *nf* **-1.** [de sable] beach. **-2.** [ville balnéaire] resort. **-3.** [d'ombre, de prix] band; *fig* [de temps] slot. **-4.** [de disque] track. **-5.** [dans voiture]: **~ arrière** back shelf.

plagiaire [plaʒjɛr] *nmf* plagiarist.

plagiat [plaʒja] *nm* plagiarism.

plagier [plaʒje] [9] *vt* to plagiarize.

plagiste [plaʒist] *nm* beach attendant.

plaid [plɛd] *nm* car rug.

plaider [plede] [4] JUR ◇ *vt* to plead. ◇ *vi* to plead; **~ contre qqn** to plead against sb; **~ pour qqn** JUR to plead for sb; [justifier] to plead sb's cause.

plaideur, -euse [plɛdœr, øz] *nm, f* litigant.

plaidoirie [plɛdwari] *nf*, **plaidoyer** [plɛdwaje] *nm* JUR speech for the defense *Am* OU defence *Br*; *fig* plea.

plaie [plɛ] *nf* **-1.** *litt* & *fig* wound. **-2.** *fam* [personne] pest.

plaignais, plaignions *etc* → **plaindre**.

plaignant, -e [plɛɲɑ̃, ɑ̃t] JUR ◇ *adj* litigant (*avant n*). ◇ *nm, f* plaintiff.

plaindre [plɛ̃dr] [80] *vt* to pity; **ne pas être à ~** to be not to be pitied.

◆ **se plaindre** *vp* to complain; **se ~ de** [souffrir de] to complain of; [être mécontent de] to complain about.

plaine [plɛn] *nf* plain.

plain-pied [plɛ̃pje]

◆ **de plain-pied** *loc adv* **-1.** [pièce] on one floor; **de ~ avec** *litt* & *fig* on a level with. **-2.** *fig* [directement] straight.

plaint, -e [plɛ̃, plɛ̃t] *pp* → **plaindre**.

plainte [plɛ̃t] *nf* **-1.** [gémissement] moan, groan; *fig* & *litt* [du vent] moan. **-2.** [doléance & JUR] complaint; **porter ~** to lodge a complaint; **retirer sa ~** JUR to withdraw one's action OU suit; **~ contre X** ≃ complaint against person or persons unknown.

plaintif, -ive [plɛ̃tif, iv] *adj* plaintive.

plaire [plɛr] [110] *vi* to be liked; **il me plaît** I like him; **ça te plairait d'aller au cinéma?** would you like to go to the cinema?; **s'il vous/te plaît** please.

◆ **se plaire** *vp* **-1.** [s'aimer] to get on well together. **-2.** [prendre plaisir]: **se ~ à faire qqch** to take pleasure in doing sthg; **se ~ avec qqn** to enjoy being with sb; **se ~ à Paris** to enjoy being in Paris.

plaisance [plɛzɑ̃s]

◆ **de plaisance** *loc adj* sailing (*avant n*); **navigation de ~** sailing; **port de ~** marina.

plaisancier, -ière [plɛzɑ̃sje, jɛr] *nm, f* (amateur) sailor.

plaisant, -e [plɛzɑ̃, ɑ̃t] *adj* pleasant.

◆ **mauvais plaisant** *nm péj* hoaxer.

plaisanter [plɛzɑ̃te] [3] ◇ *vi* to joke; **~ avec qqch** to joke about sthg; **ne pas ~ avec** OU **sur qqch** to take sthg seriously; **tu plaisantes?** you must be joking! ◇ *vt sout* [personne] to tease.

plaisanterie [plɛzɑ̃tri] *nf* joke; **c'est une ~?** *iron* you must be joking!; **c'était une ~** *fig* it was child's play.

plaisantin [plɛzɑ̃tɛ̃] *nm* joker.

plaise → **plaire**.

plaisir [plezir] *nm* pleasure; **les ~s de la vie** life's pleasures; **avoir du/prendre ~ à faire qqch** to have/to take pleasure in doing sthg; **faire ~ à qqn** to please sb; **avec ~** with pleasure; **j'ai le ~ de vous annoncer que ...** I have the (great) pleasure of announcing that ...; **pour le** OU **son ~** for pleasure; **prendre un malin ~ à faire qqch** to take a malicious pleasure in doing sthg; **se faire un ~ de faire qqch** to be only too pleased to do sthg.

plan¹, -e [plɑ̃, plan] *adj* level, flat.

plan² [plɑ̃] *nm* **-1.** [dessin - de ville] map; [- de maison] plan. **-2.** [projet] plan; **faire des ~s** to make plans; **avoir son ~** to have something in mind. **-3.** [domaine]: **sur tous les ~s** in all respects; **sur le ~ affectif** emotionally; **sur le ~ familial** as far as the family is concerned. **-4.** [surface]: **~ d'eau** lake; **~ de travail** work surface, worktop. **-5.** GÉOM plane. **-6.** CINÉMA take; **gros ~** close-up.

◆ **à l'arrière-plan** *loc adv* in the background.

◆ **au premier plan** *loc adv* **-1.** [dans l'espace] in the foreground. **-2.** [dans un ordre]: **c'est au premier ~ de nos préoccupations** it's our chief concern, it's uppermost in our minds.

◆ **de tout premier plan** *loc adj* exceptional.

◆ **en plan** *loc adv*: **laisser qqn en ~** to leave sb stranded, to abandon sb; **il a tout laissé en ~** he dropped everything.

◆ **sur le même plan** *loc adj & loc adv* on the same level.

planche [plɑ̃ʃ] *nf* **-1.** [en bois] plank; **~ à dessin** drawing board; **~ à neige** snowboard; **~ à repasser** ironing board; **~ de salut** *fig* mainstay; **~ à voile** [planche] sailboard; [sport] windsurfing; **faire la ~** *fig* to float. **-2.** [d'illustration] plate.

◆ **planches** *nfpl* **-1.** *fig* THÉÂTRE boards; **monter sur les ~s** to go on the stage. **-2.** *fam* [skis] skis.

plancher¹ [plɑ̃ʃe] *nm* **-1.** [de maison, de voiture] floor; **débarrasser le ~** *fam fig* to clear off. **-2.** *fig* [limite] floor, lower limit.

plancher² [plɑ̃ʃe] [3] *vi* **-1.** *arg scol* to be given a test. **-2.** *fam fig* [travailler]: **~ (sur)** to work hard (at).

planchiste [plɑ̃ʃist] *nmf* windsurfer.

plancton [plɑ̃ktɔ̃] *nm* plankton.

planer [plane] [3] *vi* **-1.** [avion, oiseau] to glide. **-2.** [nuage, fumée, brouillard] to float. **-3.** *fig* [danger]: **~ sur qqn** to hang over sb. **-4.** *fam fig* [personne] to be out of touch with reality, to have one's head in the clouds; **~ au-dessus de qqch** to be above sthg.

planétaire [planetɛr] *adj* **-1.** ASTRON planetary. **-2.** [mondial] world (*avant n*).

planétarium [planetarjɔm] *nm* planetarium.

planète [planɛt] *nf* planet.

planeur [planœr] *nm* glider.

planificateur, -trice [planifikatœr, tris] ◇ *adj* planning (*avant n*). ◇ *nm, f* planner.

planification [planifikasjɔ̃] *nf* ÉCON planning.

planifier [planifje] [9] *vt* ÉCON to plan.

planisphère [planisfɛr] *nm* map of the world, planisphere.

planning [planiŋ] *nm* **-1.** [de fabrication] workflow schedule. **-2.** [agenda personnel] schedule; **~ familial** [contrôle] family planning; [organisme] family planning clinic.

planque [plɑ̃k] *nf fam* **-1.** [cachette] hideout. **-2.** *fig* [situation, travail] cushy number.

planquer [plɑ̃ke] [3] *vt fam* to hide.
◆ **se planquer** *vp fam* to hide.

plant [plɑ̃] *nm* **-1.** [plante] seedling. **-2.** [culture] bed, patch.

plantain [plɑ̃tɛ̃] *nm* plantain.

plantaire [plɑ̃tɛr] *adj* plantar.

plantation [plɑ̃tasjɔ̃] *nf* **-1.** [exploitation - d'arbres, de coton, de café] plantation; [- de légumes] patch. **-2.** [action] planting.

plante [plɑ̃t] *nf* **-1.** BOT plant; **~s médicinales** medicinal herbs; **~ verte** OU **d'appartement** OU **d'intérieur** house OU pot plant. **-2.** ANAT sole.

planté, -e [plɑ̃te] *adj fam* **-1.** [personne]: **rester ~** to be rooted to the spot. **-2.** [machine] broken-down.

planter [plɑ̃te] [3] *vt* **-1.** [arbre, terrain] to plant; **~ qqch de qqch** to plant sthg with sthg. **-2.** [clou] to hammer in, to drive in; [pieu] to drive in; [couteau, griffes] to stick in. **-3.** [tente] to pitch. **-4.** *fam fig* [laisser tomber] to dump; **tout ~ là** to drop everything. **-5.** *fig* [chapeau] to stick; [baiser] to plant; **~ son regard dans celui de qqn** to look sb right in the eyes.

◆ **se planter** *vp* **-1.** [se camper] to plant o.s. **-2.** *fam* [tomber] to go flying; [en voiture] to have a prang. **-3.** *fam* [se tromper] to be wrong.

planteur [plɑ̃tœr, øz] *nm* planter.

planton [plɑ̃tɔ̃] *nm* orderly.

plantureux, -euse [plɑ̃tyrø, øz] *adj* **-1.** [repas] lavish. **-2.** [femme] buxom. **-3.** [terre] fertile.

plaque [plak] *nf* **-1.** [de métal, de verre, de verglas] sheet; [de marbre] slab; **~ chauffante** OU **de cuisson** hotplate; **~ de chocolat** bar of chocolate. **-2.** [gravée] plaque; **~ d'immatriculation** OU **minéralogique** license plate *Am,* number plate *Br.* **-3.** [insigne] badge. **-4.** [sur la peau] patch. **-5.** [dentaire] plaque. **-6.** *loc:* **être à côté de la ~** to be wide of the mark.

◆ **plaque tournante** *nf* RAIL turntable; *fig* hub.

plaqué, -e [plake] *adj* **-1.** [métal] plated; **~ or/argent** gold-/silver-plated. **-2.** [bois] veneered.

◆ **plaqué** *nm* **-1.** [métal]: **du ~ or/argent** gold/silver plate. **-2.** [bois] veneered wood.

plaquer [plake] [3] *vt* **-1.** [métal] to plate. **-2.** [bois] to veneer. **-3.** [aplatir] to flatten; **~ qqn contre qqch** to pin sb against sthg; **~ qqch contre qqch** to stick sthg onto sthg. **-4.** RUGBY to tackle. **-5.** MUS [accord] to play. **-6.** *fam* [travail, personne] to chuck.

◆ **se plaquer** *vp*: **se ~ contre qqch** to flatten o.s. against sthg; **se ~ au sol** to lie flat on the ground; se ~ les cheveux to flatten (down) one's hair.

plaquette [plakɛt] *nf* **-1.** [de métal] plaque; [de marbre] tablet. **-2.** [de chocolat] bar; [de beurre] pat. **-3.** [de comprimés] packet, strip. **-4.** (*gén pl*) BIOL platelet. **-5.** [petit livre] slim volume. **-6.** AUTOM: ~ **de frein** brake pad.

plasma [plasma] *nm* plasma.

plastic [plastik] *nm* plastic explosive.

plasticage [plastikaʒ] *nm* [de coffre] blowing; **un ~ de la banque** a bomb attack on the bank.

plastifier [plastifje] [9] *vt* to coat with plastic, to plastic-coat.

plastique [plastik] ◇ *adj & nm* plastic. ◇ *nf* **-1.** [en sculpture] art of modelling. **-2.** [beauté] form. **-3.** [arts] plastic arts (*pl*).

plastiquer [plastike] [3] *vt* to blow up (*with plastic explosives*).

plastron [plastrɔ̃] *nm* [de chemise] shirt front.

plastronner [plastrɔne] [3] *vi* [parader] to swagger.

plat, -e [pla, plat] *adj* **-1.** [gén] flat. **-2.** [eau] still.

◆ **plat** *nm* **-1.** [partie plate] flat. **-2.** [récipient] dish; **mettre les petits ~s dans les grands** *fig* to go to town. **-3.** [mets] course; ~ **cuisiné** ready-cooked meal OU dish; ~ **du jour** today's special; ~ **de résistance** main course; **en faire tout un ~** *fig* to make a song and dance about it. **-4.** [plongeon] belly-flop.

◆ **à plat** *loc adv* **-1.** [horizontalement, dégonflé] flat. **-2.** *fam* [épuisé] exhausted.

platane [platan] *nm* plane tree.

plateau, -x [plato] *nm* **-1.** [de cuisine] tray; ~ **de/à fromages** cheese board. **-2.** [de balance] pan. **-3.** GÉOGR & *fig* plateau. **-4.** THÉÂTRE stage; CIN & TÉLÉ set. **-5.** [de vélo] chain wheel.

plateau-repas [platorəpa] (*pl* **plateaux-repas**) *nm* tray (of food).

plate-bande [platbɑ̃d] (*pl* **plates-bandes**) *nf* flower bed.

platée [plate] *nf* dishful, plateful.

plate-forme [platfɔrm] (*pl* **plates-formes**) *nf* **-1.** [gén] platform; ~ **de forage** drilling platform. **-2.** GÉOGR shelf.

platement [platmɑ̃] *adv* **-1.** [sans imagination] dully. **-2.** [servilement] humbly.

platine [platin] ◇ *adj inv* platinum. ◇ *nm* [métal] platinum. ◇ *nf* [de tourne-disque] deck; ~ **laser** OU **compact-disc** compact disc player.

platiné, -e [platine] *adj* platinum (*avant n*).

platitude [platityd] *nf* **-1.** [médiocrité] banality. **-2.** [propos sans intérêt] platitude; **débiter des ~s** to spout platitudes.

platonique [platɔnik] *adj* **-1.** [amour, amitié] platonic. **-2.** *littéraire* [protestation] ineffective.

plâtras [platra] *nm* [gravats] rubble.

plâtre [platr] *nm* **-1.** CONSTR & MÉD plaster; **essuyer les ~s** *fig* to be the first to suffer. **-2.** [sculpture] plaster cast. **-3.** *péj* [fromage]: **c'est du vrai ~** it's like sawdust.

plâtrer [platre] [3] *vt* **-1.** [mur] to plaster. **-2.** MÉD to put in plaster.

plâtrier [platrije] ◇ *nm* plasterer. ◇ *adj m*: **ouvrier ~** plasterer.

plausible [plozibl] *adj* plausible.

play-back [plɛbak] *nm inv* miming; **chanter en ~** to mime.

play-boy [plɛbɔj] (*pl* **play-boys**) *nm* play-boy.

plèbe [plɛb] *nf* **-1.** *péj* [populace]: **la ~** the plebs (*pl*). **-2.** HIST: **la ~** the plebeians (*pl*).

plébéien, -ienne [plebejɛ̃, jɛn] *adj* plebeian.

plébiscite [plebisit] *nm* plebiscite.

plébisciter [plebisite] [3] *vt* **-1.** POLIT to elect by plebiscite. **-2.** [approuver] to endorse overwhelmingly.

pléiade [plejad] *nf* pleiad.

plein, -e [plɛ̃, plɛn] *adj* **-1.** [rempli, complet] full; **c'est la ~e** forme I am/they are *etc* in top form; **en ~e nuit** in the middle of the night; **en ~ air** in the open air; ~ **à craquer** *fig* full to bursting. **-2.** [non creux] solid. **-3.** [femelle] pregnant. **-4.** *fam* [saoul] plastered.

◆ **plein** ◇ *adv fam*: **il a de l'encre ~ les doigts** he has ink all over his fingers; ~ **de** lots of; **en ~ dans/sur qqch** right in/on sthg. ◇ *nm* **-1.** [de réservoir] full tank; **le ~**, **s'il vous plaît** fill her up please; **faire le ~** to fill up. **-2.** *loc*: **battre son ~** to be at its height.

pleinement [plɛnmɑ̃] *adv* fully, totally.

plein-temps [plɛ̃tɑ̃] (*pl* **pleins-temps**) *nm* full-time work (*U*).

plénier, -ière [plenje, jɛr] *adj* plenary.

plénipotentiaire [plenipɔtɑ̃sjɛr] *nm & adj* plenipotentiary.

plénitude [plenityd] *nf* fullness.

pléonasme [pleɔnasm] *nm* pleonasm.

pléthorique [pletɔrik] *adj sout* [classe] overfull.

pleurer [plœre] [5] ◇ *vi* **-1.** [larmoyer] to cry; ~ **de joie** to weep for joy, to cry with

plume

joy. **-2.** *péj* [se plaindre] to whinge. **-3.** [réclamer]: ~ **après** to cry for. **-4.** [se lamenter]: ~ **sur** to lament. ◇ *vt* to mourn.

pleurésie [plœrezi] *nf* pleurisy.

pleureur, -euse [plœrœr, øz] ◇ *adj* whining. ◇ *nm, f* whinger.

◆ **pleureuse** *nf* professional mourner.

pleurnicher [plœrniʃe] [3] *vi* to whine, to whinge.

pleurnicheur, -euse [plœrniʃœr, øz] ◇ *adj* whining, whingeing. ◇ *nm, f* whinger.

pleurs [plœr] *nmpl*: **être en ~s** to be in tears.

pleut → **pleuvoir**.

pleutre [pløtr] *littéraire* ◇ *nm* coward. ◇ *adj* cowardly.

pleuvoir [pløvwar] [68] *v impers litt* & *fig* to rain; **il pleut** it is raining.

Plexiglas® [plɛksiglas] *nm* Plexiglass®.

plexus [plɛksys] *nm* plexus; ~ **solaire** solar plexus.

pli [pli] *nm* **-1.** [de tissu] pleat; [de pantalon] crease; **faux ~** crease. **-2.** [forme] shape; **prendre le ~ (de faire qqch)** *fig* to get into the habit (of doing sthg). **-3.** [du front] line; [du cou] fold. **-4.** [lettre] letter; [enveloppe] envelope; **sous ~ séparé** under separate cover. **-5.** CARTES trick. **-6.** GÉOL fold.

pliable [plijabl] *adj* pliable.

pliant, -e [plijɑ̃, ɑ̃t] *adj* folding *(avant n)*.

◆ **pliant** *nm* folding chair.

plier [plije] [10] ◇ *vt* **-1.** [papier, tissu] to fold. **-2.** [vêtement, vélo] to fold (up). **-3.** [branche, bras] to bend. **-4.** *fig* [personne]: **~ qqn à sa volonté** to bend sb to one's will; **~ qqn à la discipline** to impose discipline on sb. ◇ *vi* **-1.** [se courber] to bend. **-2.** *fig* [céder] to bow.

◆ **se plier** *vp* **-1.** [être pliable] to fold (up). **-2.** *fig* [se soumettre]: **se ~ à qqch** to bow to sthg.

plinthe [plɛ̃t] *nf* plinth.

plissé, -e [plise] *adj* **-1.** [jupe] pleated. **-2.** [peau] wrinkled.

◆ **plissé** *nm* pleats *(pl)*, pleating.

plissement [plismɑ̃] *nm* **-1.** [de front] creasing; [d'yeux] screwing up. **-2.** GÉOL fold.

plisser [plise] [3] ◇ *vt* **-1.** COUTURE to pleat. **-2.** [front] to crease; [lèvres] to pucker; [yeux] to screw up. ◇ *vi* [étoffe] to crease.

◆ **se plisser** *vp* **-1.** [étoffe] to crease. **-2.** [front] to crease.

pliure [plijyr] *nf* **-1.** [de tissu, de papier] fold. **-2.** [d'articulation] crook.

plomb [plɔ̃] *nm* **-1.** [métal, de vitrail] lead. **-2.** [de chasse] shot; **avoir du ~ dans l'aile**

fig to be in a bad way. **-3.** ÉLECTR fuse; **les ~s ont sauté** a fuse has blown OU gone. **-4.** [de pêche] sinker.

plombage [plɔ̃baʒ] *nm* **-1.** *fam* [de dent] filling. **-2.** [de ligne] weighting (with lead).

plombé, -e [plɔ̃be] *adj* **-1.** [dent] filled. **-2.** [ligne] weighted (with lead). **-3.** [teinte] leaden.

plomber [plɔ̃be] [3] *vt* **-1.** [ligne] to weight (with lead). **-2.** [dent] to fill.

◆ **se plomber** *vp* [ciel] to become leaden.

plomberie [plɔ̃bri] *nf* plumbing.

plombier [plɔ̃bje] *nm* plumber.

plonge [plɔ̃ʒ] *nf* dishwashing; **faire la ~** to wash dishes.

plongeant, -e [plɔ̃ʒɑ̃, ɑ̃t] *adj* **-1.** [vue] from above. **-2.** [décolleté] plunging.

plongée [plɔ̃ʒe] *nf* **-1.** [immersion] diving. **-2.** CIN & PHOT high-angle shot.

plongeoir [plɔ̃ʒwar] *nm* diving board.

plongeon [plɔ̃ʒɔ̃] *nm* [dans l'eau, au football] dive; **faire un ~** to plunge; **faire le ~** *fig* to hit rock bottom.

plonger [plɔ̃ʒe] [17] ◇ *vt* **-1.** [immerger, enfoncer] to plunge; **~ la tête sous l'eau** to put one's head under the water. **-2.** *fig* [précipiter]: **~ qqn dans qqch** to throw sb into sthg; **~ une pièce dans l'obscurité** to plunge a room into darkness. ◇ *vi* **-1.** [dans l'eau, gardien de but] to dive. **-2.** [avion, oiseau]: **~ sur** to dive (down) onto. **-3.** *fig* [se lancer] to dive OU jump in.

◆ **se plonger** *vp* **-1.** [s'immerger] to submerge. **-2.** *fig* [s'absorber]: **se ~ dans qqch** to immerse o.s. in sthg.

plongeur, -euse [plɔ̃ʒœr, øz] *nm, f* **-1.** [dans l'eau] diver. **-2.** [dans restaurant] dishwasher.

plot [plo] *nm* ÉLECTR contact.

plouc [pluk] *nmf* & *adj fam péj* country bumpkin.

plouf [pluf] *interj* splash!

ployer [plwaje] [13] *vt* & *vi litt* & *fig* to bend.

plu [ply] ◇ *pp inv* → **plaire**. ◇ *pp inv* → **pleuvoir**.

pluie [plɥi] *nf* **-1.** [averse] rain (*U*); **sous la ~** in the rain; **une ~ battante** driving rain; **des ~s diluviennes** torrential rain; **il fait la ~ et le beau temps** *fig* what he says goes; **ne pas être né de la dernière ~** *fig* not to be born yesterday. **-2.** *fig* [grande quantité]: **une ~ de** a shower of.

plumage [plymaʒ] *nm* plumage.

plumard [plymar] *nm fam* bed, sack *Am*.

plume [plym] ◇ *nf* **-1.** [d'oiseau] feather; **y laisser/perdre des ~s** *fig* to come off badly.

-2. [pour écrire - d'oiseau] quill pen; [- de sty-lo] nib; **un homme de ~** *fig* a man of letters. ◇ *nm fam* [plumard] bed, sack *Am*.

plumeau, -x [plymo] *nm* feather duster.

plumer [plyme] [3] *vt* **-1.** [volaille] to pluck. **-2.** *fam fig* & *péj* [personne] to fleece.

plumier [plymje] *nm* pencil box.

plupart [plypar] *nf*: **la ~ de** most of, the majority of; **la ~ du temps** most of the time, mostly; **pour la ~** mostly, for the most part.

pluralisme [plyralism] *nm* pluralism.

pluralité [plyralite] *nf* plurality.

pluridimensionnel, -elle [plyridimɑ̃sjɔnɛl] *adj* multidimensional.

pluridisciplinaire [plyridisipliner] *adj* multi-disciplinary.

pluriel, -ielle [plyrjɛl] *adj* **-1.** GRAM plural. **-2.** [société] pluralist.
◆ **pluriel** *nm* plural; **au ~** in the plural.

plus [ply(s)] ◇ *adv* **-1.** [quantité] more; **je ne peux vous en dire ~** I can't tell you anything more; **il a ~ de travail cette année** he has more work this year; **il en veut ~** he wants more (of it/them); **beaucoup ~ de** (+ *n sg*) a lot more, much more; (+ *n pl*) a lot more, many more; **un peu ~ de** (+ *n sg*) a little more; (+ *n pl*) a few more; **il y a (un peu) ~ de 15 ans** (a little) more than 15 years ago; **~ j'y pense, ~ je me dis que ...** the more I think about it, the more I'm sure .... **-2.** [comparaison] more; **c'est ~ court par là** it's shorter that way; **viens ~ souvent** come more often; **c'est un peu ~ loin** it's a (little) bit further; **~ jeune (que)** younger (than); **c'est ~ simple qu'on ne le croit** it's simpler than you think. **-3.** [superlatif]: **le ~** the most; **c'est lui qui travaille le ~** he's the hardest worker, he's the one who works (the) hardest; **un de ses tableaux les ~ connus** one of his best-known paintings; **le ~ souvent** the most often; **le ~ loin** the furthest; **le ~ souvent possible** as often as possible; **le ~ vite possible** as quickly as possible. **-4.** [négation] no more; **~ un mot!** not another word!; **ne ... ~** no longer, no more; **il n'a ~ d'amis** he no longer has any friends, he has no friends any more; **il ne vient ~ me voir** he doesn't come to see me any more, he no longer comes to see me.
◇ *nm* **-1.** [signe] plus (sign). **-2.** *fig* [atout] plus.
◇ *prép* plus; **trois ~ trois font six** three plus three is six, three and three are six.
◆ **au plus** *loc adv* at the most; **tout au ~** at the very most.

◆ **de plus** *loc adv* **-1.** [en supplément, en trop] more; **elle a cinq ans de ~ que moi** she's five years older than me. **-2.** [en outre] furthermore, what's more.
◆ **de plus en plus** *loc adv* more and more.
◆ **de plus en plus de** *loc prép* more and more.
◆ **en plus** *loc adv* **-1.** [en supplément] extra. **-2.** [d'ailleurs] moreover, what's more.
◆ **en plus de** *loc prép* in addition to.
◆ **ni plus ni moins** *loc adv* no more no less.
◆ **on ne peut plus** *loc adv*: **il est on ne peut ~ bête** he's as stupid as can be.
◆ **plus ou moins** *loc adv* more or less.
◆ **sans plus** *loc adv*: **elle est gentille, sans ~** she's nice, but no more than that.

plusieurs [plyzjœr] *adj indéf pl* & *pron indéf mfpl* several.

plus-que-parfait [plyskəparfɛ] *nm* GRAM pluperfect.

plus-value [plyvaly] (*pl* **plus-values**) *nf* **-1.** [d'investissement] appreciation. **-2.** [excédent] surplus. **-3.** [bénéfice] profit.

plutonium [plytɔnjɔm] *nm* plutonium.

plutôt [plyto] *adv* rather; **~ que de faire qqch** instead of doing sthg, rather than doing OU do sthg.

pluvial, -e, -iaux [plyvjal, jo] *adj*: **eau ~e** rainwater.

pluvieux, -ieuse [plyvjø, jøz] *adj* rainy.

pluviométrie [plyvjɔmetri] *nf* rainfall measurement.

pluviosité [plyvjozite] *nf* rainfall.

p.m. (*abr de* **pour mémoire**) p.m.

PM ◇ *nf* **-1.** (*abr de* **préparation militaire**) *training before military service*. **-2.** (*abr de* **police militaire**) MP. ◇ *nm abr de* **petit modèle**.

PMA ◇ *nf* (*abr de* **procréation médicalement assistée**) assisted reproduction. ◇ *nmpl* (*abr de* **pays les moins avancés**) LDCs.

PME (*abr de* **petite et moyenne entreprise**) *nf* SME.

PMI *nf* **-1.** (*abr de* **petite et moyenne industrie**) small industrial firm. **-2.** (*abr de* **protection maternelle et infantile**) *social service concerned with child welfare*.

PMU (*abr de* **Pari mutuel urbain**) *nm system for betting on horses*.

PNB (*abr de* **produit national brut**) *nm* GNP.

pneu, -x [pnø] *nm* **-1.** [de véhicule] tire *Am*, tyre *Br*; **~ avant** front tire *Am* OU tyre *Br*;

~ **arrière** rear tire *Am* OU tyre *Br*; ~ **à clous** studded tire *Am* OU tyre *Br*; ~ **d'hiver** winter tire *Am* OU tyre *Br*; ~ **quatre-saisons** all-season tire *Am* OU tyre *Br*. **-2.** *vieilli* [message] *letter sent by network of pneumatic tubes.*

pneumatique [pnømatik] ◇ *nf* PHYS pneumatics (*U*). ◇ *nm vieilli* **-1.** [d'un véhicule] tire *Am* OU tyre *Br*. **-2.** [message] *letter sent by network of pneumatic tubes.* ◇ *adj* **-1.** [fonctionnant à l'air] pneumatic. **-2.** [gonflé à l'air] inflatable.

pneumonie [pnømɔni] *nf* pneumonia.

PNUD, Pnud [pnyd] (*abr de* **Programme des Nations unies pour le développement**) *nm* UNDP.

PNUE, Pnue [pny] (*abr de* **Programme des Nations unies pour l'environnement**) *nm* UNEP.

PO (*abr de* **petites ondes**) MW.

poche [pɔʃ] *nf* **-1.** [de vêtement, de sac, d'air] pocket; **de ~** pocket (*avant n*); **~ revolver** back OU hip pocket; **c'est dans la ~** *fig* it's in the bag; **faire les ~s de qqn** *fig* to go through sb's pockets; **s'en mettre plein** OU **se remplir les ~s** *fig* to make a packet. **-2.** [sac, sous les yeux] bag.

pocher [pɔʃe] [3] *vt* **-1.** CULIN to poach. **-2.** [blesser]: **~ l'œil à qqn** to give sb a black eye.

pochette [pɔʃɛt] *nf* **-1.** [enveloppe] envelope; [d'allumettes] book; [de photos] packet. **-2.** [de disque] sleeve. **-3.** [mouchoir] (pocket) handkerchief.

pochette-surprise [pɔʃɛtsyrpriz] (*pl* **pochettes-surprises**) *nf* lucky bag.

pochoir [pɔʃwar] *nm* stencil.

podium [pɔdjɔm] *nm* podium.

podologue [pɔdɔlɔg] *nmf* chiropodist, podiatrist *Am*.

poêle [pwal] ◇ *nf* pan; **~ à frire** frying pan. ◇ *nm* stove.

poêlée [pwale] *nf* panful.

poêlon [pwalɔ̃] *nm* casserole.

poème [pɔɛm] *nm* poem.

poésie [pɔezi] *nf* **-1.** [genre, émotion] poetry. **-2.** [pièce écrite] poem.

poète [pɔɛt] ◇ *adj* poetic. ◇ *nm* **-1.** [écrivain] poet. **-2.** *fig & hum* [rêveur] dreamer.

poétique [pɔetik] *adj* poetic.

poétiquement [pɔetikmɑ̃] *adv* poetically.

pognon [pɔɲɔ̃] *nm tfam* dosh.

pogrom(e) [pɔgrɔm] *nm* pogrom.

poids [pwa] *nm* **-1.** [gén] weight; **quel ~ fait-il?** how heavy is it/he?; **perdre/prendre du ~** to lose/gain weight; **vendre au ~** to sell by weight; **avoir du ~** *fig* to carry a lot of weight; **donner du ~ à** *fig* to lend

weight to; **~ lourd** BOXE heavyweight; [camion] heavy goods vehicle; **~ plume** BOXE featherweight; **de ~** [argument] weighty; **il ne fait pas le ~** *fig* he's not up to it. **-2.** SPORT [lancer] shot.

poignant, -e [pwaɲɑ̃, ɑ̃t] *adj* poignant.

poignard [pwaɲar] *nm* dagger.

poignarder [pwaɲarde] [3] *vt* to stab.

poigne [pwaɲ] *nf* grip; *fig* authority; **avoir de la ~** to have a strong grip; *fig* to have authority.

poignée [pwaɲe] *nf* **-1.** [quantité, petit nombre] handful. **-2.** [manche] handle.
◆ **poignée de main** *nf* handshake.

poignet [pwaɲɛ] *nm* **-1.** ANAT wrist. **-2.** [de vêtement] cuff.

poil [pwal] *nm* **-1.** [du corps] hair; **à ~** *fam* [tout nu] starkers. **-2.** [d'animal] hair, coat; **de tout ~** *fig* of all kinds. **-3.** [de pinceau] bristle; [de tapis] strand. **-4.** *fam* [peu]: **il s'en est fallu d'un ~ que je réussisse** I came within a hair's breadth of succeeding. **-5.** *loc:* **être de bon/mauvais ~** *fam fig* to be in a good/bad mood; **reprendre du ~ de la bête** *fig* to regain strength.

poil-de-carotte [pwaldəkarɔt] *adj inv fam* [personne] red-headed; [cheveux] carroty.

poiler [pwale] [3]
◆ **se poiler** *vp fam* to kill o.s. (laughing).

poilu, -e [pwaly] *adj* hairy.
◆ **poilu** *nm fam* French First World War soldier.

poinçon [pwɛ̃sɔ̃] *nm* **-1.** [outil] awl. **-2.** [marque] hallmark.

poinçonner [pwɛ̃sɔne] [3] *vt* **-1.** [bijou] to hallmark. **-2.** [billet, tôle] to punch.

poinçonneuse [pwɛ̃sɔnøz] *nf* punch.

poindre [pwɛ̃dr] [82] *vi littéraire* **-1.** [jour] to break. **-2.** [plante] to come up. **-3.** *fig* [sentiment] to break through.

poing [pwɛ̃] *nm* fist; **dormir à ~s fermés** *fig* to sleep like a log.

point [pwɛ̃] ◇ *nm* **-1.** COUTURE & TRICOT stitch; **~s de suture** MÉD stitches. **-2.** [de ponctuation]: **~ (final)** period *Am*, full stop *Br*; **~ d'interrogation/d'exclamation** question/exclamation mark; **~s de suspension** suspension points; **mettre les ~s sur les i** *fig* to get things straight. **-3.** [petite tache] dot; **~ noir** [sur la peau] blackhead; *fig* [problème] problem. **-4.** [endroit] spot, point; *fig* point; **~ d'appui** [support] something to lean on; **~ chaud** POLIT key issue; [zone dangereuse] trouble spot, hot spot; **~ culminant** [en montagne] summit; *fig* climax; **~ d'eau** water supply point; **~ de mire** *fig* focal point; **~ névralgique** *fig* sensitive spot; **~**

de ralliement rallying point; ~ de repère [temporel] reference point; [spatial] landmark; ~ de vente point of sale, sale outlet; ~ de vue [panorama] viewpoint; *fig* [opinion, aspect] point of view; avoir un ~ commun avec qqn to have something in common with sb. **-5.** [degré] point; au ~ que, à tel ~ que to such an extent that; je ne pensais pas que cela le vexerait à ce ~ I didn't think it would make him so cross; être ... au ~ de faire qqch to be so ... as to do sthg. **-6.** *fig* [position] position; faire le ~ to take stock (of the situation). **-7.** [réglage]: mettre au ~ [machine] to adjust; [idée, projet] to finalize; à ~ [cuisson] just right; à ~ (nommé) just in time. **-8.** [question, détail] point, detail; ~ faible weak point. **-9.** [score] point; marquer un ~ SPORT & *fig* to score a point. **-10.** [douleur] pain; ~ de côté stitch. **-11.** [début]: être sur le ~ de faire qqch to be on the point of doing sthg, to be about to do sthg; au ~ du jour *sout* at daybreak. **-12.** AUTOM: au ~ mort in neutral. **-13.** GÉOGR: ~s cardinaux points of the compass.
◇ *adv vieilli*: ne ~ not (at all); ne vous en faites ~ don't worry.

pointage [pwɛtaʒ] *nm* **-1.** [au travail - d'entrée] clocking in; [- de sortie] clocking out. **-2.** [d'arme] aiming.

pointe [pwɛt] *nf* **-1.** [extrémité] point; [de nez] tip; se hausser sur la ~ des pieds to stand on tiptoe; en ~ pointed; tailler en ~ to taper; se terminer en ~ to taper; ~ d'asperge asparagus tip. **-2.** [clou] tack. **-3.** [sommet] peak, summit; à la ~ de *fig* at the peak of; à la ~ de la technique at the forefront OU leading edge of technology. **-4.** [accélération]: faire OU pousser une ~ (jusqu'à) to put on a spurt (and reach). **-5.** *fig* [trait d'esprit] witticism. **-6.** *fig* [petite quantité]: une ~ de a touch of.
◆ **pointes** *nfpl* DANSE points; faire des OU les ~s to dance on one's points.
◆ **de pointe** *loc adj* **-1.** [maximum] maximum, top. **-2.** [novateur] leading-edge.

pointer [pwɛte] [3] ◇ *vt* **-1.** [cocher] to tick (off). **-2.** [employés - à l'entrée] to check in; [- à la sortie] to check out. **-3.** [diriger]: ~ qqch vers to point sthg toward *Am* OU towards *Br*; ~ qqch sur to point sthg at. ◇ *vi* **-1.** [à l'usine - à l'entrée] to clock in; [- à la sortie] to clock out. **-2.** [à la pétanque] to get as close to the jack as possible. **-3.** [être en pointe] to stick up. **-4.** [jour] to break. **-5.** *fig* [sentiment] to show through.
◆ **se pointer** *vp fam* to turn up.

pointillé [pwɛtije] *nm* **-1.** [ligne] dotted line; en ~ [ligne] dotted; *fig* [par sous-entendus] obliquely. **-2.** [perforations] perforations (*pl*).

pointilleux, -euse [pwɛtijø, øz] *adj*: ~ (sur) particular (about).

pointu, -e [pwɛty] *adj* **-1.** [objet] pointed. **-2.** [voix, ton] sharp; **-3.** [étude, formation] specialized.

pointure [pwɛtyr] *nf* size.

point-virgule [pwɛvirgyl] (*pl* **points-virgules**) *nm* semi-colon.

poire [pwar] ◇ *nf* **-1.** [fruit] pear; ~ Belle-Hélène pear OU poire Belle-Hélène; couper la ~ en deux *fig* to compromise. **-2.** MÉD: ~ à injections syringe. **-3.** *fam* [visage] face. **-4.** *fam* [naïf] dope. ◇ *adj fam*: être ~ to be a sucker OU a mug *Br*.

poireau, -x [pwaro] *nm* leek; ~x vinaigrette leeks with vinaigrette dressing.

poireauter, poiroter [pwarote] [3] *vi fam* to hang around.

poirier [pwarje] *nm* pear tree; faire le ~ *fig* to do a headstand.

poiroter = poireauter.

pois [pwa] *nm* **-1.** BOT pea; ~ chiche chickpea; petits ~ garden peas, petits pois; ~ de senteur sweet pea. **-2.** *fig* [motif] dot, spot; à ~ spotted, polka-dot.

poison [pwazɔ̃] ◇ *nm* [substance] poison. ◇ *nmf fam fig* [personne] drag, pain; [enfant] brat.

poisse [pwas] *nf fam* bad luck; porter la ~ to be bad luck.

poisseux, -euse [pwasø, øz] *adj* sticky.

poisson [pwasɔ̃] *nm* fish; ~ d'avril [farce] April fool; [en papier] *paper fish pinned to someone's back as a prank on April Fools' Day*; ~-chat catfish; ~ rouge goldfish; noyer le ~ *fig* to confuse the issue.
◆ **Poissons** *nmpl* ASTROL Pisces (*sg*); être Poissons to be (a) Pisces.

poissonnerie [pwasɔnri] *nf* **-1.** [boutique] fish shop, fishmonger's (shop). **-2.** [métier] fish trade.

poissonneux, -euse [pwasɔnø, øz] *adj* full of fish.

poissonnier, -ière [pwasɔnje, jɛr] *nm, f* fishmonger.

poitevin, -e [pwatvɛ̃, in] *adj* [de Poitiers] of/from Poitiers; [du Poitou] of/from Poitou.
◆ **Poitevin, -e** *nm, f* [de Poitiers] person from Poitiers; [du Poitou] person from Poitou.

poitrail [pwatraj] *nm* breast, chest.

poitrinaire [pwatrinɛr] *nmf & adj* consumptive.

poitrine [pwatrin] *nf* **-1.** [thorax] chest; [de femme] chest, bust. **-2.** [viande] breast.

poivre [pwavr] *nm* pepper; ~ **blanc** white pepper; ~ **gris**, ~ **noir** black pepper; ~ **et sel** *fig* pepper-and-salt.

poivrer [pwavre] [3] *vt* to put pepper on.

poivrière [pwavrijɛr] *nf* pepperbox *Am*, pepper pot *Br*.

poivron [pwavrɔ̃] *nm* pepper, capsicum; ~ **rouge/vert** red/green pepper.

poivrot, -e [pwavro, ɔt] *nm, f fam* boozer.

poix [pwa] *nf* pitch.

poker [pɔkɛr] *nm* poker.

polaire [pɔlɛr] *adj* polar.

polar [pɔlar] *nm fam* thriller, whodunnit.

polariser [pɔlarize] [3] *vt* **-1.** TECHNOL to polarize. **-2.** *fig* [attention] to focus.
◆ **se polariser** *vp*: se ~ **sur** to be centred OU focussed on.

Polaroïd® [pɔlarɔid] *nm* Polaroid®.

polder [pɔldɛr] *nm* polder.

pôle [pol] *nm* pole; ~ **Nord/Sud** North/South Pole.

polémique [pɔlemik] ◇ *nf* controversy. ◇ *adj* [style, ton] polemical.

polémiquer [pɔlemike] [3] *vi* to engage in controversy.

poli, -e [pɔli] *adj* **-1.** [personne] polite. **-2.** [surface] polished.
◆ **poli** *nm* polish.

police [pɔlis] *nf* **-1.** [force de l'ordre] police; **être de** OU **dans la** ~ to be in the police; ~ **judiciaire** ≃ FBI *Am*, ≃ CID *Br*; ~ **secours** *emergency service provided by the police*; ~ **secrète** secret police. **-2.** [contrat] policy; ~ **d'assurance** insurance policy. **-3.** TYPO: ~ **(de caractères)** font.

policé, -e [pɔlise] *adj littéraire* civilized.

polichinelle [pɔliʃinɛl] *nm* **-1.** [personnage] Punch; **secret de** ~ *fig* open secret. **-2.** *fam fig* [guignol] buffoon.

policier, -ière [pɔlisje, jɛr] *adj* **-1.** [de la police] police (*avant n*). **-2.** [film, roman] detective (*avant n*).
◆ **policier** *nm* police officer.

policlinique [pɔliklinik] *nf* [partie d'hôpital] ≃ outpatients department.

poliment [pɔlimɑ̃] *adv* politely.

polio [pɔljo] *nf* polio.

poliomyélite [pɔljɔmjelit] *nf* poliomyelitis.

polir [pɔlir] [32] *vt* to polish.

polissage [pɔlisaʒ] *nm* polishing.

polisson, -onne [pɔlisɔ̃, ɔn] ◇ *adj* **-1.** [chanson, propos] lewd, suggestive. **-2.** [en-

fant] naughty. ◇ *nm, f* [enfant] naughty child.

politesse [pɔlitɛs] *nf* **-1.** [courtoisie] politeness. **-2.** [action] polite action; **se faire des** ~**s** *iron* to exchange favours.

politicard, -e [pɔlitikar, ard] *péj* ◇ *adj* politicking. ◇ *nm, f* (political) schemer, politico.

politicien, -ienne [pɔlitisjɛ̃, jɛn] ◇ *adj péj* politicking, politically unscrupulous. ◇ *nm, f* politician, politico.

politique [pɔlitik] ◇ *nf* **-1.** [de gouvernement, de personne] policy; ~ **étrangère/intérieure** foreign/domestic policy; **pratiquer la** ~ **de l'autruche** *fig* to bury one's head in the sand. **-2.** [affaires publiques] politics (*U*). ◇ *nm* politician. ◇ *adj* **-1.** [pouvoir, théorie] political. **-2.** *littéraire* [choix, réponse] politic.

politiquement [pɔlitikmɑ̃] *adv* politically.

politisation [pɔlitizasjɔ̃] *nf* politicization.

politiser [pɔlitize] [3] *vt* to politicize.

politologue [pɔlitɔlɔg] *nmf* political expert OU analyst.

polka [pɔlka] *nf* polka.

pollen [pɔlɛn] *nm* pollen.

polluant [pɔlɥɑ̃] *nm* pollutant.

polluer [pɔlɥe] [7] *vt* to pollute.

pollution [pɔlysjɔ̃] *nf* pollution.

polo [pɔlo] *nm* **-1.** [sport] polo. **-2.** [chemise] polo shirt.

polochon [pɔlɔʃɔ̃] *nm fam* bolster.

Pologne [pɔlɔɲ] *nf*: **la** ~ Poland.

polonais, -e [pɔlɔnɛ, ɛz] *adj* Polish.
◆ **polonais** *nm* [langue] Polish.
◆ **polonaise** *nf* **-1.** [danse] polonaise. **-2.** [gâteau] *brioche with an almond filling covered in meringue.*
◆ **Polonais, -e** *nm, f* Pole.

poltron, -onne [pɔltrɔ̃, ɔn] ◇ *nm, f* coward. ◇ *adj* cowardly.

polyamide [pɔliamid] *nm* polyamide.

polychrome [pɔlikrom] *adj* polychrome, polychromatic.

polyclinique [pɔliklinik] *nf* general hospital.

polycopie [pɔlikɔpi] *nf* duplicating.

polycopié, -e [pɔlikɔpje] *adj* duplicate (*avant n*).
◆ **polycopié** *nm* duplicated lecture notes.

polycopier [pɔlikɔpje] [9] *vt* to duplicate.

polyculture [pɔlikyltyr] *nf* mixed farming.

polyester [pɔliɛstɛr] *nm* polyester.

polygame [pɔligam] ◇ *nm* polygamist. ◇ *adj* polygamous.

polygamie [pɔligami] *nf* polygamy.

polyglotte [pɔlyglɔt] *nmf & adj* polyglot.

polygone [pɔligɔn] *nm* **-1.** MATHS polygon. **-2.** MIL: ~ **de tir** rifle range.

polymère [pɔlimɛr] ◇ *nm* polymer. ◇ *adj* polymeric.

polymorphe [pɔlimɔrf] *adj* polymorphous.

Polynésie [pɔlinezi] *nf*: **la** ~ Polynesia; **la** ~ **française** French Polynesia.

polynésien, **-ienne** [pɔlinezjɛ̃, jɛn] *adj* Polynesian.
◆ **polynésien** *nm* [langue] Polynesian.
◆ **Polynésien, -ienne** *nm, f* Polynesian.

polype [pɔlip] *nm* polyp.

polyphonie [pɔlifɔni] *nf* polyphony.

polysémique [pɔlisemik] *adj* polysemous, polysemic.

polystyrène [pɔlistirɛn] *nm* polystyrene.

polytechnicien, **-ienne** [pɔlitɛknisjɛ̃, jɛn] *nm, f* student or ex-student of the *École Polytechnique*.

Polytechnique [pɔlitɛknik] *n*: **l'École** ~ prestigious grande école for engineers.

POLYTECHNIQUE:

This prestigious engineering college in Palaiseau near Paris has close connections with the Ministry of Defence. It is popularly known as 'l'X'

---

polythéisme [pɔliteism] *nm* polytheism.

polythéiste [pɔliteist] ◇ *nmf* polytheist. ◇ *adj* polytheistic.

polyvalent, **-e** [pɔlivalɑ̃, ɑ̃t] *adj* **-1.** [salle] multi-purpose. **-2.** [professeur] non-specialized. **-3.** CHIM & MÉD polyvalent. **-4.** [personne] versatile.
◆ **polyvalent** *nm* tax inspector specializing in company taxation.

pomélo [pɔmelo] *nm* grapefruit.

pommade [pɔmad] *nf* [médicament] ointment.

pommader [pɔmade] [3] *vt* to pomade.

pomme [pɔm] *nf* **-1.** [fruit] apple; ~ **de pin** pine OU fir cone. **-2.** [pomme de terre]: ~**s allumettes** *very thin chips*; ~**s frites** (French) fries *Am*, chips *Br*; ~**s vapeur** steamed potatoes. **-3.** *loc*: ~ **de discorde** bone of contention; **tomber dans les** ~**s** *fam* to pass out, to faint.
◆ **pomme d'Adam** *nf* Adam's apple.

pommeau, **-x** [pɔmo] *nm* **-1.** [de parapluie, de canne] knob. **-2.** [de sabre] pommel.

pomme de terre [pɔmdətɛr] *nf* potato; ~**s de terre à l'eau** boiled potatoes; ~**s de terre au four** baked potatoes; ~**s de terre**

frites (French) fries *Am*, chips *Br*; ~**s de terre en robe des champs** jacket potatoes; ~**s de terre sautées** sauté potatoes.

pommelé, **-e** [pɔmle] *adj* dappled; **gris** ~ dapple gray *Am* OU grey *Br*.

pommette [pɔmɛt] *nf* cheekbone.

pommier [pɔmje] *nm* apple tree.

pompe [pɔ̃p] *nf* **-1.** [appareil] pump; ~ **à essence** gas pump *Am*, petrol pump *Br*; ~ **à incendie** fire truck *Am*, fire engine *Br*. **-2.** [magnificence] pomp, ceremony; **en grande** ~ with great ceremony. **-3.** *fam* [chaussure] shoe; **être à côté de ses** ~**s** *fam fig* to be completely out of it.
◆ **pompes funèbres** *nfpl* undertaker's (*sg*), mortician's (*sg*) *Am*, funeral director's (*sg*) *Br*.

Pompéi [pɔ̃pei] *n* Pompeii.

pomper [pɔ̃pe] [3] *vt* **-1.** [eau, air] to pump. **-2.** [avec éponge] to soak up. **-3.** *arg scol* [copier]: ~ **qqch (sur qqn)** to crib sthg (from sb).

pompette [pɔ̃pɛt] *adj fam* merry, tipsy.

pompeusement [pɔ̃pøzmɑ̃] *adv* pompously.

pompeux, **-euse** [pɔ̃pø, øz] *adj* pompous.

pompier, **-ière** [pɔ̃pje, jɛr] *adj* pretentious.
◆ **pompier** *nm* fire fighter *Am*, fireman *Br*.

pompiste [pɔ̃pist] *nmf* gas *Am* OU petrol *Br* pump attendant.

pompon [pɔ̃pɔ̃] *nm* pompom; **décrocher le** ~ *fam fig* to take the cake OU biscuit *Br*.

pomponner [pɔ̃pɔne] [3]
◆ **se pomponner** *vp* to get dressed up.

ponce [pɔ̃s] *adj*: **pierre** ~ pumice (stone).

poncer [pɔ̃se] [16] *vt* [bois] to sand (down).

ponceuse [pɔ̃søz] *nf* sander, sanding machine.

poncif [pɔ̃sif] *nm* [banalité] commonplace, cliché.

ponction [pɔ̃ksjɔ̃] *nf* **-1.** [MÉD - lombaire] puncture; [pulmonaire] tapping. **-2.** *fig* [prélèvement] withdrawal.

ponctionner [pɔ̃ksjɔne] [3] *vt* **-1.** [MÉD - région lombaire] to puncture; [poumon] to tap. **-2.** *fig* [contribuable] to take money from; [argent] to withdraw.

ponctualité [pɔ̃ktɥalite] *nf* punctuality.

ponctuation [pɔ̃ktɥasjɔ̃] *nf* punctuation.

ponctuel, **-elle** [pɔ̃ktɥɛl] *adj* **-1.** [action] specific, selective. **-2.** [personne] punctual.

ponctuellement [pɔ̃ktɥɛlmɑ̃] *adv* punctually.

ponctuer [pɔ̃ktɥe] [7] *vt* to punctuate; ~ **qqch de qqch** *fig* to punctuate sthg with sthg.

pondéral, -e, -aux [põderal, o] *adj* weight *(avant n)*.

pondération [põderasjõ] *nf* **-1.** [de personne] level-headedness. **-2.** ÉCON weighting.

pondéré, -e [põdere] *adj* **-1.** [personne] level-headed. **-2.** ÉCON weighted.

Pondichéry [põdiʃeri] *n* Pondicherry.

pondre [põdr] [75] *vt* **-1.** [œufs] to lay. **-2.** *fam fig* [projet, texte] to produce.

pondu, -e [põdy] *pp* → pondre.

poney [põnɛ] *nm* pony.

pongiste [põʒist] *nmf* table-tennis player.

pont [põ] *nm* **-1.** CONSTR bridge; ~s et chaussées ADMIN ≃ highways department. **-2.** [lien] link, connection; ~ aérien airlift; couper les ~s avec qqn *fig* to break with sb. **-3.** [congé] *day off granted by an employer to fill the gap between a national holiday and a weekend*; faire le ~ to have a long weekend. **-4.** [de navire] deck.

ponte [põt] ◇ *nf* [action] laying; [œufs] clutch. ◇ *nm* **-1.** JEU punter. **-2.** *fam* [autorité] big shot.

pontife [põtif] *nm* pontiff.

pontifical, -e, -aux [põtifikal, o] *adj* papal.

pontificat [põtifika] *nm* pontificate.

pontifier [põtifje] [9] *vi fam* to pontificate.

pont-levis [põləvi] *(pl* ponts-levis*)* *nm* drawbridge.

ponton [põtõ] *nm* **-1.** [plate-forme] pontoon. **-2.** [chaland] lighter, barge.

pool [pul] *nm* pool.

pop [pɔp] ◇ *nm* pop. ◇ *adj* pop *(avant n)*.

pop-corn [pɔpkɔrn] *nm inv* popcorn *(U)*.

pope [pɔp] *nm* priest *(in the Orthodox church)*.

popeline [pɔplin] *nf* poplin.

popote [pɔpɔt] *fam* ◇ *adj inv* homeloving. ◇ *nf*: faire la ~ to do the cooking; préparer la ~ to prepare the meal.

populace [pɔpylas] *nf péj* mob.

populaire [pɔpylɛr] *adj* **-1.** [du peuple - volonté] popular, of the people; [- quartier] working-class; [- art, chanson] folk. **-2.** [personne] popular.

populariser [pɔpylarize] [3] *vt* to popularize.

popularité [pɔpylarite] *nf* popularity.

population [pɔpylasjõ] *nf* population; ~ active working population.

populiste [pɔpylist] *nmf & adj* populist.

populo [pɔpylo] *nm fam* **-1.** [peuple] hoi polloi. **-2.** [foule] crowd.

porc [pɔr] *nm* **-1.** [animal] pig, hog *Am*. **-2.**

fig & péj [personne] pig, swine. **-3.** [viande] pork. **-4.** [peau] pigskin.

porcelaine [pɔrsəlɛn] *nf* **-1.** [matière] china, porcelain. **-2.** [objet] piece of china OU porcelain. **-3.** [mollusque] cowrie shell.

porcelet [pɔrsəlɛ] *nm* piglet.

porc-épic [pɔrkepik] *(pl* porcs-épics*)* *nm* porcupine.

porche [pɔrʃ] *nm* porch.

porcherie [pɔrʃəri] *nf litt & fig* pigsty.

porcin, -e [pɔrsɛ̃, in] *adj* **-1.** [élevage] pig *(avant n)*. **-2.** *fig & péj* [yeux] piggy.
◆ **porcin** *nm* pig.

pore [pɔr] *nm* pore.

poreux, -euse [pɔrø, øz] *adj* porous.

pornographie [pɔrnɔgrafi] *nf* pornography.

pornographique [pɔrnɔgrafik] *adj* pornographic.

porridge [pɔridʒ] *nm* porridge.

port [pɔr] *nm* **-1.** [lieu] port; arriver à bon ~ [personne] to arrive safe and sound; [chose] to arrive in good condition; ~ d'attache home port; ~ de commerce/pêche commercial/fishing port. **-2.** [fait de porter sur soi - d'objet] carrying; [- de vêtement, décoration] wearing; ~ d'armes carrying of weapons. **-3.** [transport] carriage; franco de ~ carriage paid. **-4.** [allure] bearing.

portable [pɔrtabl] ◇ *nm* [TV] portable; INFORM laptop, portable. ◇ *adj* **-1.** [vêtement] wearable. **-2.** [ordinateur, machine à écrire] portable, laptop.

portage [pɔrtaʒ] *nm Can* NAUT portage.

portail [pɔrtaj] *nm* portal.

portant, -e [pɔrtã, ãt] *adj*: être bien/mal ~ to be in good/poor health.
◆ **portant** *nm* upright.

portatif, -ive [pɔrtatif, iv] *adj* portable.

Port-au-Prince [pɔroprɛ̃s] *n* Port-au-Prince.

porte [pɔrt] *nf* **-1.** [de maison, voiture] door; claquer la ~ to slam the door; claquer/fermer la ~ au nez de qqn to slam/shut the door in sb's face; écouter aux ~s to listen at keyholes; être à la ~ to be locked out; ficher OU foutre qqn à la ~ *fam* to throw OU chuck sb out; mettre qqn à la ~ to throw sb out; ~ cochère carriage entrance; ~ de communication communicating door; ~ d'entrée front door; ~ de secours emergency exit; ~ vitrée glass door. **-2.** [AÉRON & SKI & de ville] gate; la ~ de Versailles *site of a large exhibition complex in Paris where major trade fairs take place*.

porte-à-faux [pɔrtafo] *nm inv* [roche] overhang; CONSTR cantilever; en ~ overhanging;

CONSTR cantilevered; *fig* in a delicate situation.

porte-à-porte [pɔrtapɔrt] *nm inv*: **faire du** ~ to sell from door to door.

porte-avions [pɔrtavjɔ̃] *nm inv* aircraft carrier.

porte-bagages [pɔrtbagaʒ] *nm inv* luggage rack; [de voiture] roof rack.

porte-bébé [pɔrtbebe] (*pl* **porte-bébés**) *nm* baby sling, papoose.

porte-bonheur [pɔrtbɔnœr] *nm inv* lucky charm.

porte-bouteilles [pɔrtbutɛj] *nm inv* [casier] wine rack.

porte-cartes, **porte-carte** [pɔrtəkart] *nm inv* card holder.

porte-cigarettes [pɔrtsigarɛt] *nm inv* cigarette case.

porte-clefs, **porte-clés** [pɔrtəkle] *nm inv* keyring.

porte-couteau [pɔrtkuto] (*pl* **porte-couteaux**) *nm* knife-rest.

porte-documents [pɔrtdɔkymã] *nm inv* attaché OU document case.

porte-drapeau [pɔrtdrapo] (*pl* **porte-drapeaux**) *nm* standard-bearer.

portée [pɔrte] *nf* **-1.** [de missile] range; **à** ~ **de** within range of; **à** ~ **de main** within reach; **à** ~ **de voix** within earshot; **à** ~ **de vue** in sight; **à la** ~ **de qqn** *fig* within sb's reach; **hors de la** ~ **de** out of reach of. **-2.** [d'événement] impact, significance. **-3.** MUS stave, staff. **-4.** [de femelle] litter.

porte-fenêtre [pɔrtfanɛtr] (*pl* **portes-fenêtres**) *nf* French window OU door *Am*.

portefeuille [pɔrtəfœj] *nm* **-1.** [pour billets] wallet. **-2.** FIN & POLIT portfolio.

porte-jarretelles [pɔrtʒartɛl] *nm inv* garter belt *Am*, suspender belt *Br*.

porte-malheur [pɔrtmalœr] *nm inv* jinx.

portemanteau, -x [pɔrtmãto] *nm* [au mur] coat-rack; [sur pied] coat stand.

portemine, **porte-mine** (*pl* **porte-mine** OU **porte-mines**) [pɔrtəmin] *nm* propelling pencil.

porte-monnaie [pɔrtmɔnɛ] *nm inv* purse.

porte-parapluies [pɔrtparaplɥi] *nm inv* umbrella stand.

porte-parole [pɔrtparɔl] *nm inv* spokesman (*f* spokeswoman); ~ **officiel du gouvernement** official government spokesman.

porte-plume [pɔrtəplym] *nm inv* penholder.

porter [pɔrte] [3] ◇ *vt* **-1.** [gén] to carry. **-2.** [vêtement, lunettes, montre] to wear; [barbe] to have. **-3.** [nom, date, inscription] to bear. **-4.** [apporter] to take. **-5.** [inciter]: ~ **qqn à**

faire qqch to lead sb to do sthg. **-6.** [inscrire] to put down, to write down; **porté disparu** reported missing.
◇ *vi* **-1.** [s'appuyer - balcon]: ~ **sur** to be supported by. **-2.** [traiter]: ~ **sur qqn/qqch** to be about sb/sthg. **-3.** [remarque] to strike home. **-4.** [voix, tir] to carry.

◆ **se porter** ◇ *vp* **-1.** [se sentir]: **se** ~ **bien/mal** to be well/unwell. **-2.** [se diriger]: **se** ~ **sur** [choix, regard] to fall on; [conversation] to turn to. **-3.** [se livrer]: **se** ~ **à** [violences] to carry out; **se** ~ **à des extrémités** to go to extremes. ◇ *v attr*: **se** ~ **garant de qqch** to guarantee sthg, to vouch for sthg; **se** ~ **candidat à** to run for *Am*, to stand for election to *Br*.

porte-savon [pɔrtsavɔ̃] (*pl inv* OU **porte-savons**) *nm* soap dish.

porte-serviettes [pɔrtsɛrvjɛt] *nm inv* towel rail.

porteur, -euse [pɔrtœr, øz] ◇ *adj*: **marché** ~ COMM growth market; **mère porteuse** surrogate mother; **mur** ~ load-bearing wall. ◇ *nm, f* **-1.** [de message, nouvelle] bringer, bearer. **-2.** [de bagages] porter. **-3.** [détenteur - de papiers, d'actions] holder; [- de chèque] bearer. **-4.** [de maladie] carrier.

porte-voix [pɔrtəvwa] *nm inv* megaphone, loud-hailer, bullhorn *Am*.

portier [pɔrtje] *nm* commissionaire.

portière [pɔrtjɛr] *nf* [de voiture, train] door.

portillon [pɔrtijɔ̃] *nm* barrier, gate.

portion [pɔrsjɔ̃] *nf* **-1.** [de gâteau] portion, helping. **-2.** [d'héritage] portion, part; **être réduit à la** ~ **congrue** *fig* to get the smallest share.

portique [pɔrtik] *nm* **-1.** ARCHIT portico. **-2.** SPORT crossbeam (*for hanging apparatus*).

Port-Louis [pɔrlwi] *n* Port Louis.

porto [pɔrto] *nm* port.

Porto-Novo [pɔrtonovo] *n* Porto Novo.

portoricain, -e [pɔrtɔrikɛ̃, ɛn] *adj* Puerto Rican.
◆ **Portoricain, -e** *nm, f* Puerto Rican.

Porto Rico [pɔrtoriko], **Puerto Rico** [pwɛrtoriko] *n* Puerto Rico.

portrait [pɔrtrɛ] *nm* portrait; PHOT photograph; **être tout le** ~ **de qqn** *fig* to be the spitting OU very image of sb; **faire le** ~ **de qqn** *fig* to describe sb.

portraitiste [pɔrtretist] *nmf* portrait painter.

portrait-robot [pɔrtrɛrɔbo] (*pl* **portraits-robots**) *nm* Photofit® picture, Identikit® picture.

portuaire [pɔrtɥer] *adj* port (*avant n*), harbor (*avant n*) *Am*, harbour (*avant n*) *Br*.

portugais, **-e** [pɔrtyge, ɛz] *adj* Portuguese.

◆ **portugais** *nm* [langue] Portuguese.

◆ **Portugais**, **-e** *nm, f* Portuguese (person); **les Portugais** the Portuguese.

Portugal [pɔrtygal] *nm*: **le ~** Portugal; **au ~** in Portugal.

POS, **Pos** [pɔs] (*abr de* **plan d'occupation des sols**) *nm* land use scheme.

pose [poz] *nf* **-1.** [de pierre, moquette] laying; [de papier peint, rideaux] hanging. **-2.** [position] pose; **prendre la ~** to pose. **-3.** PHOT exposure.

posé, **-e** [poze] *adj* sober, steady.

posément [pozemã] *adv* calmly.

poser [poze] [3] ◇ *vt* **-1.** [mettre] to put down; **~ qqch sur qqch** to put sthg on sthg. **-2.** [installer - rideaux, papier peint] to hang; [- étagère] to put up; [- moquette, carrelage] to lay. **-3.** [affirmer] to lay down, to set out. **-4.** [donner à résoudre - problème, difficulté] to pose; **~ une question** to ask a question; **~ sa candidature** to apply; POLIT to stand for election. ◇ *vi* to pose.

◆ **se poser** *vp* **-1.** [oiseau, avion] to land. **-2.** *fig* [choix, regard]: **se ~ sur** to fall on. **-3.** [question, problème] to arise, to come up. **-4.** [personne]: **se ~ en** to pose as.

poseur, **-euse** [pozœr, øz] *nm, f vieilli* show-off, poser.

positif, **-ive** [pozitif, iv] *adj* positive.

position [pozisjɔ̃] *nf* position; **prendre ~** *fig* to take up a position, to take a stand.

positionnement [pozisjɔnmã] *nm* positioning.

positionner [pozisjɔne] [3] *vt* to position.

◆ **se positionner** *vp* to position o.s.

positivement [pozitivmã] *adv* positively.

posologie [pozɔlɔʒi] *nf* dosage.

possédant, **-e** [pɔsedã, ãt] ◇ *adj* property-owning (*avant n*). ◇ *nm, f* person from the *property-owning classes*.

possédé, **-e** [pɔsede] ◇ *adj* possessed. ◇ *nm, f* person possessed.

posséder [pɔsede] [18] *vt* **-1.** [détenir - voiture, maison] to possess, to own; [- diplôme] to have; [- capacités, connaissances] to possess, to have. **-2.** [langue, art] to have mastered. **-3.** *fam* [personne] to have.

possesseur [pɔsesœr] *nm* **-1.** [de bien] possessor, owner. **-2.** [de secret, diplôme] holder.

possessif, **-ive** [pɔsesif, iv] *adj* possessive.

◆ **possessif** *nm* GRAM possessive.

possession [pɔsesjɔ̃] *nf* **-1.** [gén] possession; **être en ma/ta** *etc* **~** to be in my/your *etc* possession; **prendre ~ de** to take possession of; **être en ~ de** to be in possession of; **~ de soi** self-possession, composure. **-2.** [de langue] knowledge, command.

possibilité [pɔsibilite] *nf* **-1.** [gén] possibility. **-2.** [moyen] chance, opportunity.

◆ **possibilités** *nfpl* [capacités] potential (*sg*).

possible [pɔsibl] ◇ *adj* possible; **c'est/ce n'est pas ~** that's possible/impossible; **dès que** OU **aussitôt que ~** as soon as possible. ◇ *nm*: **faire tout son ~** to do one's utmost, to do everything possible; **dans la mesure du ~** as far as possible.

postal, **-e**, **-aux** [pɔstal, o] *adj* postal.

postdater [pɔstdate] [3] *vt* to postdate.

poste [pɔst] ◇ *nf* **-1.** [service] mail *Am*, post *Br*; **envoyer/recevoir qqch par la ~** to send/receive sthg by post; **~ aérienne** airmail. **-2.** [bureau] post office; **~ centrale** central post office; **~ restante** general delivery *Am*, poste restante *Br*. ◇ *nm* **-1.** [emplacement] post; **~ de police** police station; **~ de secours** first-aid post; **être fidèle au ~** *fig* to stay at one's post. **-2.** [emploi] position, post. **-3.** [appareil]: **~ émetteur** transmitter; **~ de radio** radio; **~ de télévision** television (set). **-4.** TÉLÉCOM extension.

poster[1] [pɔstɛr] *nm* poster.

poster[2] [pɔste] [3] *vt* **-1.** [lettre] to mail *Am*, to post *Br*. **-2.** [sentinelle] to post.

◆ **se poster** *vp* to position o.s., to station o.s.

postérieur, **-e** [pɔsterjœr] *adj* **-1.** [date] later, subsequent. **-2.** [membre] hind (*avant n*), back (*avant n*).

◆ **postérieur** *nm hum* posterior.

postérieurement [pɔsterjœrmã] *adv* subsequently.

posteriori [pɔsterjɔri]

◆ **a posteriori** *loc adv* a posteriori.

postérité [pɔsterite] *nf* **-1.** [générations à venir] posterity. **-2.** *littéraire* [descendance] descendants (*pl*).

postface [pɔstfas] *nf* postscript.

posthume [pɔstym] *adj* posthumous.

postiche [pɔstiʃ] ◇ *nm* hairpiece. ◇ *adj* false.

postier, **-ière** [pɔstje, jɛr] *nm, f* post-office worker.

postillon [pɔstijɔ̃] *nm* [salive] droplet of saliva.

postillonner [pɔstijɔne] [3] *vi* to splutter.

postindustriel, **-ielle** [pɔstɛ̃dystrijɛl] *adj* post-industrial.

postmoderne [pɔstmɔdɛrn] *adj* postmodern.

postnatal, -e [pɔstnatal] (*pl* **postnatals** OU **postnataux** [pɔstnato]) *adj* postnatal.

postopératoire [pɔstɔperatwar] *adj* postoperative.

post-scriptum [pɔstskriptɔm] *nm inv* postscript.

postsynchronisation [pɔstsɛ̃krɔnizasjɔ̃] *nf* dubbing.

postulant, -e [pɔstylɑ̃, ɑ̃t] *nm, f* **-1.** [pour emploi] applicant. **-2.** RELIG postulant.

postuler [pɔstyle] [3] *vt* **-1.** [emploi] to apply for. **-2.** PHILO to postulate.

posture [pɔstyr] *nf* posture; **être** OU **se trouver en mauvaise ~** *fig* to be in a difficult position.

pot [po] *nm* **-1.** [récipient] pot, jar; [à eau, à lait] jug; **~ de chambre** chamber pot; **~ de fleurs** flowerpot; **découvrir le ~ aux roses** to get to the bottom of something; **tourner autour du ~** *fam* to beat about the bush. **-2.** AUTOM: **~ catalytique** catalytic convertor; **~ d'échappement** exhaust (pipe); [silencieux] muffler *Am,* silencer *Br.* **-3.** *fam* [boisson] drink; **boire** OU **prendre un ~** to have a drink. **-4.** *fam* [chance]: **avoir du/manquer de ~** to be lucky/unlucky.

potable [pɔtabl] *adj* **-1.** [liquide] drinkable; **eau ~** drinking water. **-2.** *fam* [travail] acceptable.

potache [pɔtaʃ] *nm fam* schoolkid.

potage [pɔtaʒ] *nm* soup; **~ aux légumes** vegetable soup.

potager, -ère [pɔtaʒe, ɛr] *adj*: **jardin ~** vegetable garden; **plante potagère** vegetable.
◆ **potager** *nm* vegetable garden.

potasse [pɔtas] *nf* potash.

potasser [pɔtase] [3] *vt fam* [cours] to bone up on *Am,* to swot up *Br;* [examen] to bone up for *Am,* to swot up for *Br.*

potassium [pɔtasjɔm] *nm* potassium.

pot-au-feu [pɔtofø] *nm inv* **-1.** [plat] *boiled beef with vegetables.* **-2.** [viande] ≃ piece of stewbeef *Am* OU stewing steak *Br.*

pot-de-vin [podvɛ̃] (*pl* **pots-de-vin**) *nm* bribe.

pote [pɔt] *nm fam* buddy *Am,* mate *Br.*

poteau, -x [pɔto] *nm* post; **~ de but** goalpost; **~ indicateur** signpost; **~ télégraphique** telegraph pole; **coiffer qqn au ~** to pip sb at the post.

potée [pɔte] *nf pot-au-feu made with salt pork.*

potelé, -e [pɔtle] *adj* plump, chubby.

potence [pɔtɑ̃s] *nf* **-1.** CONSTR bracket. **-2.** [de pendaison] gallows (*sg*).

potentat [pɔtɑ̃ta] *nm* potentate.

potentiel, -ielle [pɔtɑ̃sjɛl] *adj* potential.
◆ **potentiel** *nm* potential.

potentiellement [pɔtɑ̃sjɛlmɑ̃] *adv* potentially.

poterie [pɔtri] *nf* **-1.** [art] pottery. **-2.** [objet] piece of pottery.

potiche [pɔtiʃ] *nf* **-1.** [vase] vase. **-2.** *fam* [personne] figurehead.

potier, -ière [pɔtje, jɛr] *nm, f* potter.

potin [pɔtɛ̃] *nm fam* [bruit] din.
◆ **potins** *nmpl fam* [ragots] gossip (*U*).

potion [posjɔ̃] *nf* potion.

potiron [pɔtirɔ̃] *nm* pumpkin.

pot-pourri [popuri] (*pl* **pots-pourris**) *nm* potpourri.

pou, -x [pu] *nm* louse.

pouah [pwa] *interj* ugh!

poubelle [pubɛl] *nf* trashcan *Am,* dustbin *Br.*

pouce [pus] *nm* **-1.** [de main] thumb; [de pied] big toe; **sucer son ~** to suck one's thumb; **manger sur le ~** to grab something to eat. **-2.** [mesure] inch; **ne pas bouger/céder d'un ~** not to move/give an inch.

poudre [pudr] *nf* powder; **prendre la ~ d'escampette** to make off.

poudrerie [pudrəri] *nf Can* snowdrift.

poudreux, -euse [pudrø, øz] *adj* powdery.
◆ **poudreuse** *nf* powder (snow).

poudrier [pudrije] *nm* **-1.** [boîte] powder compact. **-2.** [fabricant] explosives manufacturer.

poudre [pudrwaje] [13] *vi littéraire* to rise (up) in clouds.

pouf [puf] ◇ *nm* pouffe. ◇ *interj* thud!

pouffer [pufe] [3] *vi*: **~ (de rire)** to snigger.

pouilleux, -euse [pujø, øz] ◇ *adj* **-1.** [personne, animal] flea-ridden. **-2.** [endroit] squalid. ◇ *nm, f* **-1.** [couvert de poux] person with fleas. **-2.** [misérable] down-and-out.

poulailler [pulaje] *nm* **-1.** [de ferme] henhouse. **-2.** *fam* THÉÂTRE gods (*sg*).

poulain [pulɛ̃] *nm* foal; *fig* protégé.

poulamon [pulamɔ̃] *nm Can* tomcod.

poularde [pulard] *nf* fattened chicken.

poule [pul] *nf* **-1.** ZOOL hen; **la ~ aux œufs d'or** the goose that lays the golden egg; **~ mouillée** wimp, wet. **-2.** *fam péj* [femme] broad *Am,* bird *Br.* **-3.** SPORT [compétition] round robin; RUGBY [groupe] pool.

poulet [pulɛ] *nm* **-1.** ZOOL chicken; ~ **rôti** roast chicken; ~ **de grain** corn-fed chicken. **-2.** *fam* [policier] cop.

poulette [pulɛt] *nf* **-1.** ZOOL pullet. **-2.** *fam péj* [fille] broad *Am*, bird *Br*.

pouliche [puliʃ] *nf* filly.

poulie [puli] *nf* pulley.

poulpe [pulp] *nm* octopus.

pouls [pu] *nm* pulse.

poumon [pumɔ̃] *nm* lung; **à pleins** ~**s** deeply.

poupe [pup] *nf* stern.

poupée [pupe] *nf* **-1.** [jouet] doll. **-2.** [pansement] finger bandage.

poupin, -e [pupɛ̃, in] *adj* chubby.

poupon [pupɔ̃] *nm* **-1.** [bébé] little baby. **-2.** [jouet] baby doll.

pouponner [pupɔne] [3] *vi* to play mother.

pouponnière [pupɔnjɛr] *nf* nursery.

pour [pur] ◇ *prép* **-1.** [gén] for. **-2.** (+ *infinitif*): ~ **faire** in order to do, (so as) to do; **je suis venu** ~ **vous voir** I've come to see you; ~ **m'avoir aidé** for having helped me, for helping me. **-3.** [indique un rapport] for; **avancé** ~ **son âge** advanced for his/her age; ~ **moi** for my part, as far as I'm concerned; ~ **ce qui est de** as regards, with regard to. ◇ *adv*: **je suis** ~ I'm (all) for it. ◇ *nm*: **le** ~ **et le contre** the pros and cons (*pl*).
◆ **pour que** *loc conj* (+ *subjonctif*) so that, in order that.

pourboire [purbwar] *nm* tip.

pourceau, -x [purso] *nm littéraire* swine.

pourcentage [pursɑ̃taʒ] *nm* percentage.

pourfendeur, -euse [purfɑ̃dœr, øz] *nm, f littéraire*: ~ **d'abus** righter of wrongs.

pourparlers [purparle] *nmpl* talks.

pourpre [purpr] ◇ *nf* **-1.** [colorant] purple (dye). **-2.** [couleur] purple. ◇ *nm & adj* crimson.

pourquoi [purkwa] ◇ *adv* why; ~ **pas?** why not?; **c'est** ~ **...** that's why .... ◇ *nm inv*: **le** ~ **(de)** the reason (for); **les** ~ the questions; **le** ~ **et le comment** the whys and wherefores.

pourrai, pourras *etc* → **pouvoir**.

pourri, -e [puri] *adj* **-1.** [fruit] rotten. **-2.** [personne, milieu] corrupt. **-3.** [enfant] spoiled rotten, ruined.
◆ **pourri** *nm* **-1.** [de fruit] rotten part. **-2.** *fam* [personne] creep.

pourrir [purir] [32] ◇ *vt* **-1.** [matière, aliment] to rot, to spoil. **-2.** [enfant] to ruin, to spoil rotten. ◇ *vi* [matière] to rot; [fruit, aliment] to go rotten OU bad.

pourriture [purityr] *nf* **-1.** [d'aliment] rot. **-2.** *fig* [de personne, de milieu] corruption. **-3.** *injurieux* [personne] bastard.

poursuis, poursuit *etc* → **poursuivre**.

poursuite [pursɥit] *nf* **-1.** [de personne] chase; **se lancer à la** ~ **de** to set off after. **-2.** [de négociations] continuation.
◆ **poursuites** *nfpl* JUR (legal) proceedings; **engager des** ~**s judiciaires** to take legal action.

poursuivant, -e [pursɥivɑ̃, ɑ̃t] *nm, f* pursuer.

poursuivi, -e [pursɥivi] *pp* → **poursuivre**.

poursuivre [pursɥivr] [89] ◇ *vt* **-1.** [voleur] to pursue, to chase; [gibier] to hunt. **-2.** [rêve, vengeance] to pursue. **-3.** [enquête, travail] to carry on with, to continue. **-4.** JUR [criminel] to prosecute; [voisin] to sue. ◇ *vi* to go on, to carry on.

pourtant [purtɑ̃] *adv* nevertheless, even so.

pourtour [purtur] *nm* perimeter.

pourvoi [purvwa] *nm* JUR appeal; **présenter un** ~ **en cassation** to take one's case to the Appeal Court.

pourvoir [purvwar] [64] ◇ *vt*: ~ **qqn de** to provide sb with; ~ **qqch de** to equip OU fit sthg with. ◇ *vi*: ~ **à** to provide for.
◆ **se pourvoir** *vp* **-1.** [se munir]: **se** ~ **de** to provide o.s. with. **-2.** JUR to appeal.

pourvoirie [purvwari] *nf Can* outfitter (*for hunting and fishing*).

pourvoyeur, -euse [purvwajœr, øz] *nm, f* supplier.

pourvu, -e [purvy] *pp* → **pourvoir**.
◆ **pourvu que** *loc conj* (+ *subjonctif*) **-1.** [condition] providing, provided (that). **-2.** [souhait] let's hope (that).

pousse [pus] *nf* **-1.** [croissance] growth. **-2.** [bourgeon] shoot; ~**s de bambou** bamboo shoots.

poussé, -e [puse] *adj* **-1.** [travail] meticulous. **-2.** [moteur] souped-up.

pousse-café [puskafe] *nm inv fam* liqueur.

poussée [puse] *nf* **-1.** [pression] pressure. **-2.** [coup] push. **-3.** [de fièvre, inflation] rise.

pousse-pousse [puspus] *nm inv* **-1.** [voiture] rickshaw. **-2.** *Helv* [poussette] pushchair.

pousser [puse] [3] ◇ *vt* **-1.** [personne, objet] to push; ~ **qqn à bout** *fig* to push sb to breaking point. **-2.** [moteur, voiture] to drive hard. **-3.** [recherches, études] to carry on, to continue. **-4.** [cri, soupir] to give. **-5.** [inciter]: ~ **qqn à faire qqch** to urge sb to do sthg. **-6.** [au crime, au suicide]: ~ **qqn à** to drive sb to.

◇ *vi* **-1.** [exercer une pression] to push. **-2.** [croître] to grow. **-3.** [poursuivre son chemin] to push on. **-4.** *fam* [exagérer] to overdo it.
◆ **se pousser** *vp* to move up.

poussette [pusɛt] *nf* pushchair.

poussière [pusjɛr] *nf* **-1.** [gén] dust; **mordre la ~** to bite the dust; **réduire en ~** to reduce to dust; **et des ~s** *fam* and a bit. **-2.** *littéraire* [de mort] ashes (*pl*).

poussiéreux, -euse [pusjerø, øz] *adj* **-1.** [meuble] dusty. **-2.** [teint] dull. **-3.** *fig* [organisation] old-fashioned.

poussif, -ive [pusif, iv] *adj fam* wheezy.

poussin [pusɛ̃] *nm* **-1.** ZOOL chick. **-2.** SPORT under-11.

poussoir [puswar] *nm* push button.

poutre [putr] *nf* beam.

poutrelle [putrɛl] *nf* girder.

pouvoir [puvwar] [58] ◇ *nm* **-1.** [gén] power; **~ d'achat** purchasing power; **les ~s publics** the authorities. **-2.** JUR proxy, power of attorney.
◇ *vt* **-1.** [avoir la possibilité de, parvenir à]: **~ faire qqch** to be able to do sthg; **je ne peux pas venir ce soir** I can't come tonight; **pouvez-vous ...?** can you ...?, **could you ...?; je n'en peux plus** [exaspéré] I'm at the end of my tether; [fatigué] I'm exhausted; **je/tu n'y peux rien** there's nothing I/you can do about it; **tu aurais pu me le dire!** you might have told me!; **il est on ne peut plus bête/gentil** nobody could be stupider/kinder. **-2.** [avoir la permission de]: **je peux prendre la voiture?** can I borrow the car?; **aucun élève ne peut partir** no pupil may leave. **-3.** [indiquant l'éventualité]: **il peut pleuvoir** it may rain; **vous pourriez rater votre train** you could OU might miss your train.
◆ **se pouvoir** *v impers*: **il se peut que je me trompe** I may be mistaken; **cela se peut/pourrait bien** that's quite possible.

pp (*abr de* **pages**) pp.

p.p. (*abr de* **par procuration**) pp.

PQ ◇ *nm* (*abr de* **papier-cul**) *fam* bog paper. ◇ **-1.** (*abr de* **province de Québec**) PQ. **-2.** (*abr de* **premier quartier (de lune)**) first quarter.

Pr (*abr de* **professeur**) Prof.

PR ◇ *nm* (*abr de* **Parti républicain**) *French political party.* ◇ *nf* (*abr de* **poste restante**) PR.

pragmatique [pragmatik] *adj* pragmatic.

pragois, -e, praguois, -e [pragwa, az] *adj* of/from Prague.
◆ **Pragois, -e, Praguois, -e** *nm, f* native OU inhabitant of Prague.

Prague [prag] *n* Prague.

praguois, -e = **pragois**.

praire [prɛr] *nf* clam.

prairie [preri] *nf* meadow; [aux États-Unis] prairie.

praline [pralin] *nf* **-1.** [amande] sugared almond. **-2.** *Belg* [chocolat] chocolate.

praliné [praline] *nm almond-flavoured sponge covered with praline.*

praticable [pratikabl] ◇ *adj* **-1.** [route] passable. **-2.** [plan] feasible, practicable. ◇ *nm* [CIN & THÉÂTRE - plate-forme] (tray) dolly; [- élément de décor] prop.

praticien, -ienne [pratisjɛ̃, jɛn] *nm, f* practitioner; MÉD medical practitioner.

pratiquant, -e [pratikã, ãt] ◇ *adj* practising. ◇ *nm, f* practising Christian/Jew/Muslim *etc.*

pratique [pratik] ◇ *nf* **-1.** [expérience] practical experience. **-2.** [usage] practice; **mettre qqch en ~** to put sthg into practice. ◇ *adj* practical; [gadget, outil] handy.

pratiquement [pratikmã] *adv* **-1.** [en fait] in practice. **-2.** [quasiment] practically.

pratiquer [pratike] [3] ◇ *vt* **-1.** [métier] to practice *Am*, to practise *Br*; [méthode] to apply; **~ la pêche/le football** to be a keen fisherman/football player. **-2.** [ouverture] to make. ◇ *vi* RELIG to be a practising Christian/Jew/Muslim *etc.*
◆ **se pratiquer** *vp* **-1.** SPORT to be played. **-2.** [politique, tradition] to be the practice; [prix] to apply.

pré [pre] *nm* meadow.

préado [preado] *nmf fam* preadolescent.

préalable [prealabl] ◇ *adj* prior, previous; **~ à** prior to, preceding; **sans avis ~** without prior warning OU notice. ◇ *nm* precondition.
◆ **au préalable** *loc adv* first, beforehand.

préalablement [prealabləmã] *adv* first, beforehand; **~ à** prior to.

préambule [preãbyl] *nm* **-1.** [introduction, propos] preamble; **sans ~** immediately. **-2.** [prélude]: **~ de** prelude to.

préau, -x [preo] *nm* **-1.** [d'école] (covered) play area. **-2.** [de prison] (covered) exercise yard.

préavis [preavi] *nm inv* advance notice OU warning.

précaire [prekɛr] *adj* [incertain] precarious.

précancéreux, -euse [prekãserø, øz] *adj* precancerous.

précarité [prekarite] *nf* [instabilité] precariousness.

précaution [prekosjɔ̃] *nf* **-1.** [prévoyance] precaution; **par ~ as** a precaution; **prendre des ~s** to take precautions. **-2.** [prudence] caution.

précautionneux, -euse [prekosjɔnø, øz] *adj* cautious.

précédemment [presedamɑ̃] *adv* previously, before.

précédent, -e [presedɑ̃, ɑ̃t] *adj* previous.
◆ **précédent** *nm* precedent; **sans ~** unprecedented.

précéder [presede] [18] *vt* **-1.** [dans le temps - gén] to precede; [- suj: personne] to arrive before. **-2.** [marcher devant] to go in front of. **-3.** *fig* [devancer] to get ahead of.

précepte [presɛpt] *nm* precept.

précepteur, -trice [preseptœr, tris] *nm, f* (private) tutor.

préchauffer [preʃofe] [3] *vt* to preheat.

prêche [prɛʃ] *nm* sermon; *fig* lecture.

prêcher [preʃe] [4] *vt* & *vi* to preach.

prêcheur, -euse [prɛʃœr, øz] ◇ *adj* preaching, moralizing. ◇ *nm, f* **-1.** RELIG preacher. **-2.** *fig* [moralisateur] moralizer.

prêchi-prêcha [preʃipreʃa] *nm inv* preachifying.

précieusement [presjøzmɑ̃] *adv* preciously.

précieux, -ieuse [presjø, jøz] *adj* **-1.** [pierre, métal] precious; [objet] valuable; [collaborateur] invaluable, valued. **-2.** *péj* [style] precious, affected.

préciosité [presjozite] *nf péj* [affectation] preciosity, affectation.

précipice [presipis] *nm* precipice.

précipitamment [presipitamɑ̃] *adv* hastily.

précipitation [presipitasjɔ̃] *nf* **-1.** [hâte] haste. **-2.** CHIM precipitation.
◆ **précipitations** *nfpl* MÉTÉOR precipitation (*U*).

précipiter [presipite] [3] *vt* **-1.** [objet, personne] to throw, to hurl; **~ qqn/qqch du haut de** to throw sb/sthg off, to hurl sb/sthg off. **-2.** [départ] to hasten.
◆ **se précipiter** *vp* **-1.** [se jeter] to throw o.s., to hurl o.s. **-2.** [s'élancer]: **se ~ (vers qqn)** to rush (towards sb). **-3.** [s'accélérer - gén] to speed up; [- choses, événements] to move faster.

précis, -e [presi, iz] *adj* **-1.** [exact] precise, accurate. **-2.** [fixé] definite, precise.
◆ **précis** *nm* handbook.

précisément [presizemɑ̃] *adv* precisely, exactly.

préciser [presize] [3] *vt* **-1.** [heure, lieu] to specify. **-2.** [pensée] to clarify.
◆ **se préciser** *vp* to become clear.

précision [presizjɔ̃] *nf* **-1.** [de style, d'explication] precision. **-2.** [détail] detail; **apporter** OU **donner des ~s** to give further information.

précité, -e [presite] *adj* above-mentioned.

précoce [prekɔs] *adj* **-1.** [plante, fruit] early. **-2.** [enfant] precocious.

précocité [prekɔsite] *nf* **-1.** [de plante, de saison] earliness. **-2.** [d'enfant] precociousness.

préconçu, -e [prekɔ̃sy] *adj* preconceived.

préconiser [prekɔnize] [3] *vt* to recommend; **~ de faire qqch** to recommend doing sthg; **~ que** (+ *subjonctif*) to recommend that.

précuit, -e [prekɥi, it] *adj* precooked.

précurseur [prekyrsœr] ◇ *nm* precursor, forerunner. ◇ *adj* precursory.

prédateur, -trice [predatœr, tris] *adj* predatory.
◆ **prédateur** *nm* predator.

prédécesseur [predesesœr] *nm* predecessor.

prédécoupé, -e [predekupe] *adj* pre-cut.

prédestination [predɛstinasjɔ̃] *nf* predestination.

prédestiner [predɛstine] [3] *vt* to predestine; **être prédestiné à qqch/à faire qqch** to be predestined for sthg/to do sthg.

prédéterminer [predetɛrmine] [3] *vt* to predetermine.

prédicat [predika] *nm* predicate.

prédicateur, -trice [predikatœr, tris] *nm, f* preacher.

prédication [predikasjɔ̃] *nf* preaching; [discours] sermon.

prédiction [prediksjɔ̃] *nf* prediction.

prédilection [predilɛksjɔ̃] *nf* partiality, liking; **avoir une ~ pour** to have a partiality OU liking for; **de ~** favorite (*avant n*) *Am*, favourite (*avant n*) *Br*.

prédire [predir] [103] *vt* to predict.

prédisposer [predispoze] [3] *vt*: **~ qqn à qqch** to predispose sb to sthg.

prédisposition [predispozisjɔ̃] *nf*: **~ à** predisposition to.

prédit, -e [predi, it] *pp* → **prédire**.

prédominant, -e [predɔminɑ̃, ɑ̃t] *adj* predominant.

prédominer [predɔmine] [3] *vt* to predominate.

préélectoral, -e, -aux [preelɛktɔral, o] *adj* pre-election (*avant n*).

préemballé, -e [preɑ̃bale] *adj* prepacked.

prééminence [preeminɑ̃s] *nf* preeminence.

préemption [preɑ̃psjɔ̃] *nf* preemption.

préétabli, -e [preetabli] *adj* pre-established.

préexistant, -e [preɛgzistɑ̃, ɑ̃t] *adj* preexisting.

préfabriqué, -e [prefabrike] *adj* -1. [maison] prefabricated. -2. [accusation, sourire] false.
◆ **préfabriqué** *nm* prefabricated material.

préface [prefas] *nf* preface.

préfectoral, -e, -aux [prefɛktɔral, o] *adj* prefectorial.

préfecture [prefɛktyr] *nf* prefecture.

préférable [preferabl] *adj* preferable.

préféré, -e [prefere] *adj & nm, f* favorite *Am*, favourite *Br*.

préférence [preferɑ̃s] *nf* preference; **de ~** preferably.

préférentiel, -ielle [preferɑ̃sjɛl] *adj* preferential.

préférer [prefere] [18] *vt*: **~ qqn/qqch (à)** to prefer sb/sthg (to); **~ faire qqch** to prefer to do sthg; **je préfère rentrer** I would rather go home, I would prefer to go home; **je préfère ça!** I like that better!, I prefer that!

préfet [prefɛ] *nm* prefect.

préfigurer [prefigyre] [3] *vt* to prefigure.

préfixe [prefiks] *nm* prefix.

préhistoire [preistwar] *nf* prehistory.

préhistorique [preistɔrik] *adj* prehistoric.

préinscription [preɛ̃skripsjɔ̃] *nf* preregistration.

préjudice [preʒydis] *nm* harm (U), detriment (U); **porter ~ à qqn** to harm sb.

préjudiciable [preʒydisjabl] *adj*: **~ (à)** harmful (to), detrimental (to).

préjugé [preʒyʒe] *nm* prejudice.

prélasser [prelase] [3]
◆ **se prélasser** *vp* to lounge.

prélat [prela] *nm* prelate.

prélavage [prelavaʒ] *nm* pre-wash.

prélèvement [prelɛvmɑ̃] *nm* -1. MÉD removal; [de sang] sample. -2. FIN deduction; **~ automatique** direct debit; **~ mensuel** monthly standing order; **~s obligatoires** tax and social security contributions.

prélever [preləve] [19] *vt* -1. FIN: **~ de l'argent (sur)** to deduct money (from). -2. MÉD to remove; **~ du sang** to take a blood sample.

préliminaire [prelimina] *adj* preliminary.
◆ **préliminaires** *nmpl* -1. [de paix] preliminary talks. -2. [de discours] preliminaries.

prélude [prelyd] *nm*: **~ (à)** prelude (to).

préluder [prelyde] [3] *vi* -1. [marquer le début]: **~ à** to be a prelude to. -2. MUS to warm up.

prématuré, -e [prematyre] ◇ *adj* premature. ◇ *nm, f* premature baby.

prématurément [prematyremɑ̃] *adv* prematurely.

préméditation [premeditasjɔ̃] *nf* premeditation; **avec ~** [meurtre] premeditated.

préméditer [premedite] [3] *vt* to premeditate; **~ de faire qqch** to plan to do sthg.

prémices [premis] *nfpl sout* beginnings.

premier, -ière [prəmje, jɛr] ◇ *adj* -1. [gén] first; [étage] second *Am*, first *Br*. -2. [qualité] top. -3. [état] original. ◇ *nm, f* first; **être/sortir ~** to be/come first, to be/come top; **jeune ~** CIN leading man.
◆ **premier** *nm* [étage] second floor *Am*, first floor *Br*.
◆ **première** *nf* -1. CIN première; THÉÂTRE première, first night. -2. [exploit] first. -3. [première classe] first class. -4. SCOL ≃ eleventh grade *Am*, ≃ lower sixth year OU form *Br*. -5. AUTOM first (gear).
◆ **premier de l'an** *nm*: **le ~ de l'an** New Year's Day.
◆ **en premier** *loc adv* first, firstly.

premièrement [prəmjɛrmɑ̃] *adv* first, firstly.

premier-né, première-née [prəmjene, prəmjɛrne] (*mpl* **premiers-nés**, *fpl* **premières-nées**) *nm, f* first-born (child).

prémisse [premis] *nf* premise.

prémolaire [premɔlɛr] *nf* premolar.

prémonition [premɔnisjɔ̃] *nf* premonition.

prémonitoire [premɔnitwar] *adj* premonitory.

prémunir [premynir] [32] *vt*: **~ qqn (contre)** to protect sb (against).
◆ **se prémunir** *vp* to protect o.s.; **se ~ contre qqch** to guard against sthg.

prenais, prenions *etc* → **prendre**.

prenant, -e [prənɑ̃, ɑ̃t] ◇ *vb* → **prendre**. ◇ *adj* -1. [film, histoire] absorbing. -2. JUR: **partie ~e** payee.

prénatal, -e [prenatal] (*pl* **prénatals** OU **prénataux** [prenato]) *adj* antenatal; [allocation] maternity (*avant n*).

prendre [prɑ̃dr] [79] ◇ *vt* -1. [gén] to take. -2. [enlever] to take (away); **~ qqch à qqn** to take sthg from sb. -3. [aller chercher - objet] to get, to fetch; [- personne] to pick up. -4. [repas, boisson] to have; **vous prendrez quelque chose?** would you like something to eat/drink?. -5. [voleur] to catch; **se faire ~** to get caught. -6. [responsabilité] to take (on); **~ sur soi de faire qqch** to take it upon o.s. to do sthg. -7. [aborder - personne] to handle; [- problème] to tackle; **~ qqn par qqch** to win sb over by sthg; **~ qqn par surprise** to take sb by surprise; **à tout ~ on**

the whole, all things considered. **-8.** [réserver] to book; [louer] to rent, to take; [acheter] to buy. **-9.** [poids] to gain, to put on. **-10.** [embaucher] to take on.
◇ *vi* **-1.** [ciment, sauce] to set. **-2.** [plante, greffe] to take; [mode] to catch on. **-3.** [feu] to catch. **-4.** [se diriger]: ~ à droite to turn right.
◆ **se prendre** *vp* **-1.** [vêtement]: **se ~ à** to catch on. **-2.** [se considérer]: **pour qui se prend-il?** who does he think he is? **-3.** *loc*: **s'en ~ à qqn** [physiquement] to set about sb; [verbalement] to take it out on sb; **je sais comment m'y ~** I know how to do it OU go about it.

preneur, -euse [prənœr, øz] *nm, f* [locataire] lessee; [acheteur] purchaser.

prenne, prennes *etc* → **prendre**.

prénom [prenɔ̃] *nm* first name.

prénommer [prenɔme] [3] *vt* to name, to call.
◆ **se prénommer** *vp* to be called.

prénuptial, -e, -iaux [prenypsjal, jo] *adj* premarital.

préoccupant, -e [preɔkypɑ̃, ɑ̃t] *adj* preoccupying.

préoccupation [preɔkypasjɔ̃] *nf* preoccupation.

préoccupé, -e [preɔkype] *adj* preoccupied.

préoccuper [preɔkype] [3] *vt* to preoccupy.
◆ **se préoccuper** *vp*: **se ~ de qqch** to be worried about sthg.

préparateur, -trice [preparatœr, tris] *nm, f* lab OU laboratory assistant; **~ en pharmacie** druggist's assistant *Am*, chemist's assistant *Br*.

préparatifs [preparatif] *nmpl* preparations.

préparation [preparasjɔ̃] *nf* preparation.

préparatoire [preparatwar] *adj* preparatory.

préparer [prepare] [3] *vt* **-1.** [gén] to prepare; [plat, repas] to cook, to prepare; ~ **qqn à qqch** to prepare sb for sthg. **-2.** [réserver]: ~ **qqch à qqn** to have sthg in store for sb. **-3.** [congrès] to organize.
◆ **se préparer** *vp* **-1.** [personne]: **se ~ à qqch/à faire qqch** to prepare for sthg/to do sthg. **-2.** [tempête] to be brewing.

prépondérance [prepɔ̃derɑ̃s] *nf*: ~ **(sur)** dominance (over), supremacy (over).

prépondérant, -e [prepɔ̃derɑ̃, ɑ̃t] *adj* dominating.

préposé, -e [prepoze] *nm, f* (minor) official; [de vestiaire] attendant; [facteur] mailman (*f* mailwoman) *Am,* postman (*f* postwoman) *Br*; ~ **à qqch** person in charge of sthg.

préposer [prepoze] [3] *vt* to put in charge; **être préposé à qqch/à faire qqch** to be (put) in charge of sthg/of doing sthg.

préposition [prepozisjɔ̃] *nf* preposition.

prépuce [prepys] *nm* foreskin.

préréglé, -e [preregle] *adj* preset, preprogrammed.

préretraite [prerətrɛt] *nf* early retirement; [allocation] early retirement pension.

prérogative [prerɔgativ] *nf* prerogative.

près [prɛ] *adv* near, close.
◆ **de près** *loc adv* closely; **regarder qqch de ~** to watch sthg closely; **de plus/très ~** more/very closely.
◆ **près de** *loc prép* **-1.** [dans l'espace] near, close to. **-2.** [dans le temps] close to; **il est ~ de partir** he's about to leave. **-3.** [presque] nearly, almost.
◆ **à peu près** *loc adv* more or less, just about; **il est à peu ~ cinq heures** it's about five o'clock.
◆ **à peu de chose(s) près** *loc adv* more or less, approximately.
◆ **à ceci près que, à cela près que** *loc conj* except that, apart from the fact that.
◆ **à ... près** *loc adv*: **à dix centimètres ~** to within ten centimetres; **il n'en est pas à un ou deux jours ~** a day or two more or less won't make any difference.

présage [prezaʒ] *nm* omen.

présager [prezaʒe] [17] *vt* **-1.** [annoncer] to portend. **-2.** [prévoir] to predict; **laisser ~ de qqch** to hint at sthg.

pré-salé [presale] (*pl* **prés-salés**) *nm* lamb *reared on salt marshes*.

presbyte [prɛsbit] ◇ *nmf* farsighted person *Am*, longsighted person *Br*. ◇ *adj* farsighted *Am*, longsighted *Br*.

presbytère [prɛsbitɛr] *nm* presbytery.

presbytérien, -ienne [prɛsbiterjɛ̃, jɛn] *nm, f* & *adj* Presbyterian.

presbytie [prɛsbisi] *nf* farsightedness *Am*, longsightedness *Br*.

prescience [presjɑ̃s] *nf littéraire* foresight.

préscolaire [preskɔlɛr] *adj* preschool (*avant n*).

prescription [prɛskripsjɔ̃] *nf* **-1.** MÉD prescription. **-2.** JUR limitation.

prescrire [prɛskrir] [99] *vt* **-1.** [mesures, conditions] to lay down, to stipulate. **-2.** MÉD to prescribe.
◆ **se prescrire** *vp* MÉD to be prescribed.

prescrit, e [prɛskri, it] *pp* → **prescrire**.

prescrivais, prescrivions *etc* → **prescrire**.

préséance [preseɑ̃s] *nf* precedence.

présélection [preselɛksjɔ̃] *nf* preselection; [pour concours] making a list of finalists, short-listing *Br*.

présélectionner [preselɛksjɔne] [3] *vt* to preselect; [candidats] to put on a list of finalists, to short-list *Br*.

présence [prezɑ̃s] *nf* **-1.** [gén] presence; **en ~ face to face; honorer qqn de sa ~** to honour sb with one's presence; **en ~ de** in the presence of; **en sa** *etc* **~** in his/her *etc* presence. **-2.** [compagnie] company (*U*). **-3.** [assiduité] attendance; **feuille de ~** attendance sheet.
◆ **présence d'esprit** *nf* presence of mind.

présent, -e [prezɑ̃, ɑ̃t] *adj* **-1.** [gén] present; **le ~ ouvrage** this work; **la ~e loi** this law; **avoir qqch ~ à l'esprit** to remember sthg. **-2.** [actif] attentive, involved.
◆ **présent** *nm* **-1.** [gén] present; **faire ~ à qqn de qqch** *sout* to make sb a present of sthg; **à ~** at present; **à ~ que** now that; **jusqu'à ~** up to now, so far; **dès à ~** right away. **-2.** GRAM: **le ~** the present tense.
◆ **présente** *nf*: **je vous informe par la ~e que ...** I hereby inform you that ....

présentable [prezɑ̃tabl] *adj* [d'aspect] presentable.

présentateur, -trice [prezɑ̃tatœr, tris] *nm, f* presenter.

présentation [prezɑ̃tasjɔ̃] *nf* **-1.** [de personne]: **faire les ~s** to make the introductions. **-2.** [aspect extérieur] appearance; **avoir une bonne/mauvaise ~** to be of a pleasing/disagreeable appearance. **-3.** [de papiers, de produit, de film] presentation; **sur ~ de** on presentation of. **-4.** [de magazine] layout.

présentement [prezɑ̃tmɑ̃] *adv* at the moment, at present.

présenter [prezɑ̃te] [3] ◇ *vt* **-1.** [gén] to present; [projet] to present, to submit. **-2.** [invité] to introduce. **-3.** [condoléances, félicitations, avantages] to offer; [hommages] to pay; **~ qqch à qqn** to offer sb sthg. ◇ *vi fam*: **~ bien/mal** to make a good/bad impression.
◆ **se présenter** *vp* **-1.** [se faire connaître]: **se ~ (à)** to introduce o.s. (to). **-2.** [être candidat]: **se ~ à** [élection] to run in *Am*, to stand in *Br*; [examen] to take, to sit *Br*. **-3.** [paraître] to appear. **-4.** [occasion, situation] to arise, to present itself. **-5.** [affaire, contrat]: **se ~ bien/mal** to look good/bad.

présentoir [prezɑ̃twar] *nm* display stand.

préservatif [prezɛrvatif] *nm* condom.

préservation [prezɛrvasjɔ̃] *nf* preservation.

préserver [prezɛrve] [3] *vt* to preserve.

◆ **se préserver** *vp*: **se ~ de** to protect o.s. from.

présidence [prezidɑ̃s] *nf* **-1.** [de groupe] chairmanship. **-2.** [d'État] presidency. **-3.** [lieu] presidential residence OU palace.

président, -e [prezidɑ̃, ɑ̃t] *nm, f* **-1.** [d'assemblée] chairman (*f* chairwoman); **~ du conseil d'administration** chairman of the board. **-2.** [d'État] president; **Monsieur/ Madame le Président** Mr/Madam President; **~ de la République** President (of the Republic) of France. **-3.** JUR [de tribunal] presiding judge; [de jury] foreman (*f* forewoman).
◆ **présidente** *nf vieilli* president's wife.
◆ **président-directeur général** *nm* (chairman and) managing director.

présidentiel, -ielle [prezidɑ̃sjɛl] *adj* presidential; **régime ~** presidential system.

présider [prezide] [3] ◇ *vt* **-1.** [réunion] to chair. **-2.** [banquet, dîner] to preside over. ◇ *vi*: **~ à** to be in charge of; *fig* to govern, to preside at.

présomptif, -ive [prezɔ̃ptif, iv] *adj*: **héritier ~** heir apparent.

présomption [prezɔ̃psjɔ̃] *nf* **-1.** [hypothèse] presumption. **-2.** JUR presumption. **-3.** *littéraire* [prétention] presumptuousness.

présomptueux, -euse [prezɔ̃ptɥø, øz] ◇ *adj* presumptuous. ◇ *nm, f littéraire* presumptuous person.

presque [prɛsk] *adv* almost, nearly; **~ rien** next to nothing, scarcely anything; **~ jamais** hardly ever.

presqu'île [prɛskil] *nf* peninsula.

pressant, -e [prɛsɑ̃, ɑ̃t] *adj* pressing.

press-book [prɛsbuk] (*pl* press-books) *nm* portfolio.

presse [prɛs] *nf* press; **avoir bonne/ mauvaise ~** to have a good/bad press.

pressé, -e [prese] *adj* **-1.** [travail] urgent; **aller au plus ~** to do first things first. **-2.** [personne]: **être ~** to be in a hurry. **-3.** [citron, orange] freshly squeezed.

presse-citron [prɛssitrɔ̃] *nm inv* lemon squeezer.

pressentiment [presɑ̃timɑ̃] *nm* premonition.

pressentir [presɑ̃tir] [37] *vt* **-1.** [événement] to have a premonition of. **-2.** *sout* [personne] to sound out.

presse-papiers [prɛspapje] *nm inv* paperweight.

presse-purée [prɛspyre] *nm inv* potato masher.

411

presser [prese] [4] *vt* **-1.** [écraser - olives] to press; [- citron, orange] to squeeze. **-2.** [disque] to press. **-3.** [dans ses bras] to squeeze. **-4.** [bouton] to press, to push. **-5.** *sout* [harceler]: ~ **qqn de faire qqch** to press sb to do sthg; ~ **qqn de questions** to bombard sb with questions. **-6.** [accélérer] to speed up; ~ **le pas** to speed up, to walk faster.
◆ **se presser** *vp* **-1.** [se dépêcher] to hurry (up); **sans se** ~ without hurrying OU rushing. **-2.** [s'agglutiner]: **se** ~ **(autour de)** to crowd (around). **-3.** [se serrer] to huddle.

pressing [presiŋ] *nm* steam pressing; [établissement] dry cleaner's.

pression [presjɔ̃] *nf* **-1.** [gén] pressure; **exercer une** ~ **sur qqch** to exert pressure on sthg; **exercer une** ~ **sur qqn, faire** ~ **sur qqn** to put pressure on sb; **sous** ~ [liquide & *fig*] under pressure; [cabine] pressurized; ~ **artérielle** blood pressure; ~ **atmosphérique** atmospheric pressure. **-2.** [sur vêtement] snap fastener *Am*, press stud *Br*, popper *Br*. **-3.** [bière] draft *Am* OU draught beer *Br*.

pressoir [preswar] *nm* **-1.** [machine] press. **-2.** [lieu] press house.

pressurer [presyre] [3] *vt* **-1.** [objet] to press, to squeeze. **-2.** *fig* [contribuable] to squeeze.

pressurisation [presyrizasjɔ̃] *nf* pressurization.

pressuriser [presyrize] [3] *vt* to pressurize.

prestance [prestɑ̃s] *nf* bearing; **avoir de la** ~ to have presence.

prestataire [prestatɛr] *nmf* **-1.** [bénéficiaire] person in receipt of benefit, claimant. **-2.** [fournisseur] provider; ~ **de service** service provider.

prestation [prestasjɔ̃] *nf* **-1.** [allocation] benefit; ~ **en nature** payment in kind; ~**s familiales** ≃ family allowance. **-2.** [de comédien] performance. **-3.** [de serment] taking.

preste [prest] *adj littéraire* nimble.

prestement [prestəmɑ̃] *adv* nimbly.

prestidigitateur, -trice [prestidiʒitatœr, tris] *nm, f* conjurer.

prestidigitation [prestidiʒitasjɔ̃] *nf* conjuring.

prestige [prestiʒ] *nm* prestige.

prestigieux, -ieuse [prestiʒjø, jøz] *adj* **-1.** [magnifique] splendid. **-2.** [réputé] prestigious.

présumé, -e [prezyme] *adj* presumed.

présumer [prezyme] [3] ◇ *vt* to presume, to assume; ~ **que** to presume (that), to assume (that); **être présumé coupable/innocent** to be presumed guilty/innocent. ◇ *vi*: ~ **de qqch** to overestimate sthg.

présupposé [presypoze] *nm* presupposition.

présupposer [presypoze] [3] *vt* to presuppose.

présure [prezyr] *nf* rennet.

prêt, -e [prɛ, prɛt] *adj* ready; ~ **à qqch/à faire qqch** ready for sthg/to do sthg; ~ **à tout** ready for anything; ~**s? partez!** SPORT get set, go!
◆ **prêt** *nm* [action] lending (*U*); [somme] loan.

prêt-à-porter [prɛtaporte] (*pl* **prêts-à-porter**) *nm* ready-to-wear clothing (*U*).

prétendant, -e [pretɑ̃dɑ̃, ɑ̃t] *nm, f* claimant.
◆ **prétendant** *nm* **-1.** [au trône] pretender. **-2.** [amoureux] suitor.

prétendre [pretɑ̃dr] [73] ◇ *vt* **-1.** [affecter]: ~ **faire qqch** to claim to do sthg. **-2.** [affirmer]: ~ **que** to claim (that), to maintain (that). ◇ *vi* [aspirer]: ~ **à qqch** to aspire to sthg.
◆ **se prétendre** *vp*: **se** ~ **acteur/écrivain** to claim to be an actor/an author.

prétendu, -e [pretɑ̃dy] ◇ *pp* → **prétendre**. ◇ *adj* (*avant n*) so-called.

prétendument [pretɑ̃dymɑ̃] *adv* supposedly.

prête-nom [prɛtnɔ̃] (*pl* **prête-noms**) *nm* front man.

prétentieux, -ieuse [pretɑ̃sjø, jøz] ◇ *adj* pretentious. ◇ *nm, f* pretentious person.

prétention [pretɑ̃sjɔ̃] *nf* **-1.** [suffisance] pretentiousness. **-2.** [ambition] pretension, ambition; **avoir la** ~ **de faire qqch** to claim OU pretend to do sthg.

prêter [prete] [4] ◇ *vt* **-1.** [fournir]: ~ **qqch (à qqn)** [objet, argent] to lend (sb) sthg; *fig* [concours, appui] to lend (sb) sthg, to give (sb) sthg. **-2.** [attribuer]: ~ **qqch à qqn** to attribute sthg to sb. ◇ *vi*: ~ **à** to lead to, to generate.
◆ **se prêter** *vp*: **se** ~ **à** [participer à] to go along with; [convenir à] to fit, to suit.

prétérit [preterit] *nm* preterite.

prêteur, -euse [prɛtœr, øz] ◇ *adj* generous. ◇ *nm, f*: ~ **sur gages** pawnbroker.

prétexte [pretɛkst] *nm* pretext, excuse; **sous** ~ **de faire qqch/que** on the pretext of doing sthg/that, under the pretext of doing sthg/that; **sous aucun** ~ on no account.

prétexter [pretɛkste] [4] *vt* to give as an excuse.

Pretoria [pretɔrja] *n* Pretoria.

prêtre [prɛtr] *nm* priest.

prêtresse [prɛtrɛs] *nf* priestess.

preuve [prœv] *nf* -1. [gén] proof. -2. JUR evidence. -3. [témoignage] sign, token; **faire ~ de qqch** to show sthg; **faire ses ~s** to prove o.s./itself.

preux [prø] ◇ *nm* knight valiant. ◇ *adj m* valiant.

prévaloir [prevalwar] [61] *vi* [dominer]: **~ (sur)** to prevail (over).
◆ **se prévaloir** *vp*: **se ~ de** to boast about.

prévalu [prevaly] *pp inv* → **prévaloir**.

prévarication [prevarikasjɔ̃] *nf sout* breach of trust.

prévaut → **prévaloir**.

prévenance [prevnɑ̃s] *nf* **-1.** [attitude] thoughtfulness, consideration. -2. [action] considerate OU thoughtful act.

prévenant, -e [prevnɑ̃, ɑ̃t] *adj* considerate, attentive.

prévenir [prevnir] [40] *vt* **-1.** [employé, élève]: **~ qqn (de)** to warn sb (about). -2. [police] to inform. -3. [désirs] to anticipate. -4. [maladie] to prevent. -5. *littéraire* [prédisposer]: **~ qqn contre qqn** to prejudice sb against sb.

préventif, -ive [prevɑ̃tif, iv] *adj* -1. [mesure, médecine] preventive. -2. JUR: **être en détention préventive** to be on remand.

prévention [prevɑ̃sjɔ̃] *nf* -1. [protection]: **~ (contre)** prevention (of); **~ routière** road safety (measures). -2. JUR remand.

prévenu, -e [prevny] ◇ *pp* → **prévenir**. ◇ *nm, f* accused, defendant.

préviendrai, préviendras *etc* → **prévenir**.

prévisible [previzibl] *adj* foreseeable.

prévision [previzjɔ̃] *nf* forecast (*U*), prediction; [de coûts] estimate; ÉCON forecast; **les ~s météorologiques** the weather forecast.
◆ **en prévision de** *loc prép* in anticipation of.

prévisionnel, -elle [previzjɔnɛl] *adj* anticipatory; **budget ~** budget estimate.

prévoir [prevwar] [63] *vt* **-1.** [s'attendre à] to expect. -2. [prédire] to predict. -3. [anticiper] to foresee, to anticipate. -4. [programmer] to plan; **n'être pas prévu** to be unforeseen; **comme prévu** as planned, according to plan.

prévoyais, prévoyions *etc* → **prévoir**.

prévoyance [prevwajɑ̃s] *nf* [de personne] foresight; *voir aussi* **caisse**.

prévoyant, -e [prevwajɑ̃, ɑ̃t] *adj* provident.

prévu, e [prevy] *pp* → **prévoir**.

prie-Dieu [pridjø] *nm inv* prie-dieu.

prier [prije]. [10] ◇ *vt* **-1.** RELIG to pray to. -2. [implorer] to beg; **(ne pas) se faire ~ (pour faire qqch)** (not) to need to be persuaded (to do sthg); **je vous en prie** [de grâce] please, I beg you; [de rien] don't mention it, not at all. -3. *sout* [demander]: **~ qqn de faire qqch** to request sb to do sthg; **~ instamment qqn de faire qqch** to insist that sb does sthg; **vous êtes priés de** you are requested to. -4. *littéraire* [convier] to invite.
◇ *vi* RELIG to pray.

prière [prijɛr] *nf* **-1.** [RELIG - recueillement] prayer (*U*), praying (*U*); [- formule] prayer; [- office] prayers (*pl*). -2. *littéraire* [demande] entreaty; **~ de frapper avant d'entrer** please knock before entering.

prieuré [prijœre] *nm* priory.

primaire [primɛr] *adj* **-1.** [premier]: **couleur ~** primary color *Am* OU colour *Br*; **élection ~** primary (election); **ère ~** Palaeozoic era; **études ~s** primary education (*U*). -2. *péj* [primitif] limited.

primate [primat] *nm* **-1.** ZOOL primate. -2. *fam* [brute] gorilla.

primauté [primote] *nf* primacy.

prime [prim] ◇ *nf* **-1.** [d'employé] bonus; **~ d'intéressement** profit-related bonus; **~ d'objectif** incentive bonus. -2. [allocation - de déménagement, de transport] allowance; [- à l'exportation] incentive. -3. [d'assurance] premium. -4. [cadeau] free gift; **en ~** as a free gift; *fig* in addition. ◇ *adj* **-1.** [premier]: **de ~ abord** at first glance; **de ~ jeunesse** in the first flush of youth. -2. MATHS prime.

primer [prime] [3] ◇ *vi* to take precedence, to come first. ◇ *vt* **-1.** [être supérieur à] to take precedence over. -2. [récompenser] to award a prize to; **le film a été primé au festival** the film won an award at the festival.

primerose [primroz] *nf* hollyhock.

primesautier, -ière [primsotje, jɛr] *adj* impulsive.

primeur [primœr] *nf* immediacy; **avoir la ~ de qqch** to be the first to hear sthg.
◆ **primeurs** *nfpl* early produce (*U*).

primevère [primvɛr] *nf* primrose.

primitif, -ive [primitif, iv] ◇ *adj* **-1.** [gén] primitive. -2. [aspect] original. ◇ *nm, f* primitive.

primo [primo] *adv* firstly.

primordial, -e, -iaux [primɔrdjal, jo] *adj* essential.

prince [prɛ̃s] *nm* prince; **~ consort** prince consort.

prince-de-Galles [prɛ̃sdəgal] *nm inv & adj inv* Prince of Wales check.

princesse [prɛ̃sɛs] *nf* princess.

princier, -ière [prɛ̃sje, jɛr] *adj* princely.

principal, -e, -aux [prɛ̃sipal, o] ◇ *adj* **-1.** [gén] main, principal. **-2.** GRAM main. ◇ *nm, f* **-1.** [important]: **le ~** the main thing. **-2.** SCOL principal *Am*, headmaster (*f* headmistress) *Br*.

principalement [prɛ̃sipalmɑ̃] *adv* mainly, principally.

principauté [prɛ̃sipote] *nf* principality.

principe [prɛ̃sip] *nm* principle; **par ~** on principle.
◆ **en principe** *loc adv* theoretically, in principle.

printanier, -ière [prɛ̃tanje, jɛr] *adj* **-1.** [temps] spring-like. **-2.** *fig* [humeur] bright and cheerful.

printemps [prɛ̃tɑ̃] *nm* **-1.** [saison] spring. **-2.** *fig* [de la vie] springtime. **-3.** *fam* [année]: **avoir 20 ~** to be 20.

priori [priori]
◆ **a priori** ◇ *loc adv* in principle. ◇ *nm inv* initial reaction. ◇ *adj inv* a priori.

prioritaire [prijoritɛr] *adj* **-1.** [industrie, mesure] priority (*avant n*). **-2.** AUTOM with right of way.

priorité [prijorite] *nf* **-1.** [importance primordiale] priority; **en ~** first. **-2.** AUTOM right of way; **~ à droite** give way to the right.

pris, -e [pri, priz] ◇ *pp* → **prendre**. ◇ *adj* **-1.** [place] taken; [personne] busy; [mains] full. **-2.** [nez] blocked; [gorge] sore. **-3.** [envahi]: **~ de** seized with.
◆ **prise** *nf* **-1.** [sur barre, sur branche] grip, hold; **lâcher ~e** to let go; *fig* to give up; **avoir ~e sur qqch** to have hold of sthg; **avoir ~e sur qqn** *fig* to have a hold over sb; **être aux ~es avec** *fig* to grapple with. **-2.** [action de prendre - de ville] seizure, capture; **~e en charge** [par Sécurité sociale] (guaranteed) reimbursement; **~e d'otages** hostage taking; **~e de sang** blood test; **~e de vue** shot; **~e de vue** OU **vues** [action] filming, shooting. **-3.** [à la pêche] haul. **-4.** ÉLECTR: **~e (de courant)** [mâle] plug; [femelle] socket. **-5.** [de judo] hold; **faire une ~e à qqn** SPORT to get sb in a hold. **-6.** INFORM outlet.

priser [prize] [3] *vt* **-1.** *sout* [apprécier] to appreciate, to value. **-2.** [aspirer]: **~ du tabac** to take snuff.

prisme [prism] *nm* prism.

prison [prizɔ̃] *nf* **-1.** [établissement] prison. **-2.** [réclusion] imprisonment.

prisonnier, -ière [prizɔnje, jɛr] ◇ *nm, f* prisoner; **faire qqn ~** to take sb prisoner, to capture sb. ◇ *adj* imprisoned; *fig*

trapped; **être ~ de** to be the prisoner of; *fig* to be a prisoner of OU a slave to.

privatif, -ive [privatif, iv] *adj* **-1.** JUR private. **-2.** GRAM privative.

privation [privasjɔ̃] *nf* deprivation.
◆ **privations** *nfpl* privations, hardships.

privatisation [privatizasjɔ̃] *nf* privatization.

privatiser [privatize] [3] *vt* to privatize.

privé, -e [prive] *adj* private.
◆ **privé** *nm* **-1.** ÉCON private sector. **-2.** [détective] private eye. **-3.** [intimité]: **en ~** in private; **dans le ~** in private life.

priver [prive] [3] *vt*: **~ qqn (de)** to deprive sb (of).
◆ **se priver** *vp* **-1.** [s'abstenir]: **se ~ de** to go OU do without, to deprive o.s. of; **ne pas se ~ de faire qqch** not to hesitate to do sthg; **ne pas se ~ de qqch** to indulge in sthg. **-2.** (*emploi absolu*) [économiser] to do OU go without.

privilège [privilɛʒ] *nm* privilege.
◆ **privilèges** *nmpl*: **les ~s** *the privileges of the aristocracy, cities, corporations, guilds etc abolished in 1789.*

privilégié, -e [privileʒje] ◇ *adj* **-1.** [personne] privileged. **-2.** [climat, site] favored *Am*, favoured *Br*. ◇ *nm, f* privileged person.

privilégier [privileʒje] [9] *vt* to favor *Am*, to favour *Br*.

prix [pri] *nm* **-1.** [coût] price; **à** OU **au ~ coûtant** at cost (price); **~ d'achat** purchase price; **à aucun ~** on no account; **à ~ fixe** set-price (*avant n*); **au ~ fort** at a very high price; **hors de ~** too expensive; **à moitié ~** at half price; **à tout ~** at all costs; **~ d'ami** reduced price; **~ net** net (price); **~ de revient** cost price; **acheter** OU **payer qqch à ~ d'or** to pay through the nose for sthg; **mettre la tête de qqn à ~** to put a price on sb's head; **y mettre le ~** to pay a lot. **-2.** [importance] value. **-3.** [récompense] prize; **~ Nobel** Nobel prize; [lauréat] Nobel prize-winner.
◆ **Grand Prix** *nm* Grand Prix.

pro [pro] *nmf & adj fam* pro.

probabilité [prɔbabilite] *nf* **-1.** [chance] probability. **-2.** [vraisemblance] probability, likelihood; **selon toute ~** in all probability.

probable [prɔbabl] *adj* probable, likely; **il est ~ que** it is likely OU probable that.

probablement [prɔbabləmɑ̃] *adv* probably.

probant, -e [prɔbɑ̃, ɑ̃t] *adj* convincing, conclusive.

probatoire [prɔbatwar] *adj* [période] trial (*avant n*); [examen] qualifying.

probité [prɔbite] *nf* integrity.

problématique [prɔblematik] ◇ *nf* problems (*pl*). ◇ *adj* problematic.

problème [prɔblɛm] *nm* problem; **poser un ~** to cause OU pose a problem; **(il n'y a) pas de ~!** *fam* no problem!; **faux ~** imaginary problem; **ça ne lui pose aucun ~** *hum* that doesn't worry him/her.

procédé [prɔsede] *nm* **-1.** [méthode] process. **-2.** [conduite] behavior (*U*) *Am*, behaviour (*U*) *Br*.

procéder [prɔsede] [18] *vi* **-1.** [agir] to proceed. **-2.** [exécuter]: **~ à qqch** to set about sthg; **il sera procédé au démantèlement de l'entreprise** the company will be dismantled. **-3.** *sout* [provenir]: **~ de** to come from, to originate in.

procédure [prɔsedyr] *nf* procedure; [démarche] proceedings (*pl*).

procédurier, -ière [prɔsedyrje, jɛr] ◇ *adj* quibbling. ◇ *nm, f* quibbler.

procès [prɔsɛ] *nm* JUR trial; **intenter un ~ à qqn** to sue sb; **faire le ~ de** *fig* to make a case against.

processeur [prɔsesœr] *nm* processor.

procession [prɔsesjɔ̃] *nf* procession; **en ~** in procession.

processus [prɔsesys] *nm* process.

procès-verbal [prɔsɛvɛrbal] (*pl* **procès-verbaux** [prɔsɛvɛrbo]) *nm* **-1.** [contravention] (parking) ticket. **-2.** [compte-rendu] minutes.

prochain, -e [prɔʃɛ̃, ɛn] *adj* **-1.** [suivant] next; **à la ~e!** *fam* see you! **-2.** [imminent] impending.
◆ **prochain** *nm littéraire* [semblable] fellow man.

prochainement [prɔʃɛnmɑ̃] *adv* soon, shortly.

proche [prɔʃ] *adj* **-1.** [dans l'espace] near; **~ de** near, close to; [semblable à] very similar to, closely related to; **je me sens très ~ de ce qu'il dit** my feelings are very close OU similar to his. **-2.** [dans le temps] imminent, near; **dans un ~ avenir** in the immediate future. **-3.** [ami, parent] close.
◆ **proches** *nmpl*: **les ~s** the close family (*sg*).
◆ **de proche en proche** *loc adv sout* gradually.

Proche-Orient [prɔʃɔrjɑ̃] *nm*: **le ~** the Near East.

proclamation [prɔklamasjɔ̃] *nf* proclamation.

proclamer [prɔklame] [3] *vt* to proclaim, to declare.

procréation [prɔkreasjɔ̃] *nf* procreation; **~ artificielle** artificial reproduction.

procréer [prɔkree] [15] *vt littéraire* to procreate.

procuration [prɔkyrasjɔ̃] *nf* proxy; **par ~** by proxy.

procurer [prɔkyre] [3] *vt*: **~ qqch à qqn** [suj: personne] to obtain sthg for sb; [suj: chose] to give OU bring sb sthg.
◆ **se procurer** *vp*: **se ~ qqch** to obtain sthg.

procureur [prɔkyrœr] *nm*: **~ général** chief prosecutor; **Procureur de la République** ≃ Attorney General.

prodigalité [prɔdigalite] *nf* extravagance (*U*).

prodige [prɔdiʒ] *nm* **-1.** [miracle] miracle. **-2.** [tour de force] marvel, wonder; **c'est un ~ d'ingéniosité** it's incredibly ingenious. **-3.** [génie] prodigy.

prodigieusement [prɔdiʒjøzmɑ̃] *adv* fantastically, incredibly.

prodigieux, -ieuse [prɔdiʒjø, jøz] *adj* fantastic, incredible.

prodigue [prɔdig] *adj* [dépensier] extravagant; **~ de** *fig* lavish with.

prodiguer [prɔdige] [3] *vt littéraire* [soins, amitié]: **~ qqch (à)** to lavish sthg (on).

producteur, -trice [prɔdyktœr, tris] ◇ *nm, f* **-1.** [gén] producer. **-2.** AGRIC producer, grower. ◇ *adj*: **~ de pétrole** oil-producing (*avant n*); **~ d'emplois** which creates jobs.

productif, -ive [prɔdyktif, iv] *adj* productive.

production [prɔdyksjɔ̃] *nf* **-1.** [gén] production; **coût de ~** production cost; **la ~ littéraire d'un pays** the literature of a country. **-2.** [producteurs] producers (*pl*).

productivité [prɔdyktivite] *nf* productivity.

produire [prɔdɥir] [98] *vt* **-1.** [gén] to produce. **-2.** [provoquer] to cause.
◆ **se produire** *vp* **-1.** [arriver] to occur, to take place. **-2.** [acteur, chanteur] to appear.

produisais, produisions *etc* → **produire**.

produit, -e [prɔdɥi, ɥit] *pp* → **produire**.
◆ **produit** *nm* **-1.** [gén] product; **~ de beauté** cosmetic, beauty product; **~s chimiques** chemicals; **~ de consommation** consumer product; **~s d'entretien** cleaning products; **~ de grande consommation** mass consumption product. **-2.** [d'investissement] profit, income.

proéminent, -e [prɔeminɑ̃, ɑ̃t] *adj* prominent.

prof [prɔf] *nmf fam* teacher.

profanation [prɔfanasjɔ̃] *nf* desecration.

profane [prɔfan] ◇ *nmf* **-1.** [non religieux]

non-believer. **-2.** [novice] layman. ◇ *adj* **-1.** [laïc] secular. **-2.** [ignorant] ignorant.

profaner [prɔfane] [3] *vt* **-1.** [église] to desecrate. **-2.** *fig* [mémoire] to defile.

proférer [prɔfere] [18] *vt* to utter.

professer [prɔfese] [4] *vt* to profess.

professeur [prɔfesœr] *nm* **-1.** [enseignant] teacher. **-2.** [titre] professor.

profession [prɔfesjɔ̃] *nf* **-1.** [métier] occupation; **de ~** by trade/profession; **sans ~** unemployed; **~ libérale** profession. **-2.** [corps de métier - libéral] profession; [- manuel] trade.

◆ **profession de foi** *nf* **-1.** RELIG profession of faith. **-2.** [manifeste] manifesto.

professionnel, -elle [prɔfesjɔnɛl] ◇ *adj* **-1.** [gén] professional. **-2.** [école] technical. ◇ *nm, f* professional.

professionnellement [prɔfesjɔnɛlmɑ̃] *adv* professionally.

professoral, -e, -aux [prɔfesɔral, o] *adj* [ton, attitude] professorial; [corps] teaching (*avant n*).

professorat [prɔfesɔra] *nm* teaching.

profil [prɔfil] *nm* **-1.** [de personne, d'emploi] profile; [de bâtiment] outline; **de ~** [visage, corps] in profile; [objet] from the side. **-2.** [coupe] section.

profiler [prɔfile] [3] *vt* to shape.
◆ **se profiler** *vp* **-1.** [bâtiment, arbre] to stand out. **-2.** [solution] to emerge.

profit [prɔfi] *nm* **-1.** [avantage] benefit; **au ~ de** in aid of; **tirer ~ de** to profit from, to benefit from. **-2.** [gain] profit.

profitable [prɔfitabl] *adj* profitable; **être ~ à qqn** to benefit sb, to be beneficial to sb.

profiter [prɔfite] [3] *vi* **-1.** [tirer avantage]: **~ de** [vacances] to benefit from; [personne] to take advantage of; **~ de qqch pour faire qqch** to take advantage of sthg to do sthg; **en ~** to make the most of it; **en ~ pour faire qqch** to take the opportunity to do sthg. **-2.** [servir]: **~ à qqn** to be beneficial to sb.

profiteroles [prɔfitrɔl] *nfpl*: **~ au chocolat** chocolate profiteroles.

profiteur, -euse [prɔfitœr, øz] *nm, f péj* profiteer.

profond, -e [prɔfɔ̃, ɔ̃d] *adj* **-1.** [gén] deep. **-2.** [pensée] deep, profound. **-3.** PSYCHOL: **un débile ~** a profoundly subnormal person.
◆ **profond** ◇ *nm*: **au plus ~ de** in the depths of. ◇ *adv* deep.

profondément [prɔfɔ̃demɑ̃] *adv* **-1.** [enfoui] deep. **-2.** [intensément - aimer, intéresser] deeply; [- dormir] soundly; **être ~ endormi**

to be fast asleep. **-3.** [extrêmement - convaincu, ému] deeply, profoundly; [- différent] profoundly.

profondeur [prɔfɔ̃dœr] *nf* depth; **en ~** in depth; **~ de champ** CIN & PHOT depth of field.
◆ **profondeurs** *nfpl* depths.

profusion [prɔfyzjɔ̃] *nf*: **une ~ de** a profusion of; **à ~** in abundance, in profusion.

progéniture [prɔʒenityr] *nf* offspring.

progiciel [prɔʒisjɛl] *nm* software package.

programmable [prɔgramabl] *adj* programmable.

programmateur, -trice [prɔgramatœr, tris] *nm, f* program *Am* OU programme *Br* planner.
◆ **programmateur** *nm* automatic control unit.

programmation [prɔgramasjɔ̃] *nf* **-1.** INFORM programming; **faire de la ~** to program; **~ linéaire** linear programming. **-2.** RADIO & TÉLÉ program *Am* OU programme *Br* planning.

programme [prɔgram] *nm* **-1.** [gén] program *Am*, programme *Br*; **le ~ des réjouissances** *hum* the treats in store; **c'est tout un ~** it's quite an undertaking. **-2.** INFORM program. **-3.** [planning] schedule. **-4.** SCOL syllabus.

programmé, -e [prɔgrame] *adj* programmed.

programmer [prɔgrame] [3] *vt* **-1.** [organiser] to plan. **-2.** RADIO & TÉLÉ to schedule. **-3.** INFORM to program.

programmeur, -euse [prɔgramœr, øz] *nm, f* INFORM (computer) programmer.

progrès [prɔgrɛ] *nm* progress (*U*); **être en ~** to be making (good) progress; **faire des ~** to make progress.

progresser [prɔgrese] [4] *vi* **-1.** [avancer] to progress, to advance. **-2.** [maladie] to spread. **-3.** [élève] to make progress.

progressif, -ive [prɔgresif, iv] *adj* progressive; [difficulté] increasing.

progression [prɔgresjɔ̃] *nf* **-1.** [avancée] advance. **-2.** [de maladie, du nationalisme] spread.

progressiste [prɔgresist] *nmf & adj* progressive.

progressivement [prɔgresivmɑ̃] *adv* progressively.

prohiber [prɔibe] [3] *vt* to ban, to prohibit.

prohibitif, -ive [prɔibitif, iv] *adj* **-1.** [dissuasif] prohibitive. **-2.** JUR prohibitory.

prohibition [prɔibisjɔ̃] *nf* ban, prohibition.
◆ **Prohibition** *nf*: **la Prohibition** HIST Prohibition.

proie [prwa] *nf* prey; **être la ~ de qqn** *fig* to be the prey OU victim of sb; **être la ~ de qqch** *fig* to be the victim of sthg; **être en ~ à** [sentiment] to be prey to.

projecteur [prɔʒɛktœr] *nm* **-1.** [de lumière] floodlight; THÉATRE spotlight. **-2.** [d'images] projector.

projectile [prɔʒɛktil] *nm* missile.

projection [prɔʒɛksjɔ̃] *nf* **-1.** [gén] projection. **-2.** [jet] throwing.

projectionniste [prɔʒɛksjɔnist] *nmf* projectionist.

projet [prɔʒɛ] *nm* **-1.** [perspective] plan. **-2.** [étude, ébauche] draft; **~ de loi** bill.

projeter [prɔʃte] [27] *vt* **-1.** [envisager] to plan; **~ de faire qqch** to plan to do sthg. **-2.** [missile, pierre] to throw. **-3.** [film, diapositives] to show. **-4.** GÉOM & PSYCHOL to project.

◆ **se projeter** *vp* [ombre] to be cast.

prolétaire [prɔletɛr] *nmf & adj* proletarian.

prolétariat [prɔletarja] *nm* proletariat.

prolétarien, -ienne [prɔletarjɛ̃, jɛn] *adj* proletarian.

prolifération [prɔliferasjɔ̃] *nf* proliferation.

proliférer [prɔlifere] [18] *vi* to proliferate.

prolifique [prɔlifik] *adj* prolific.

prolixe [prɔliks] *adj sout* wordy, verbose.

prolo [prɔlo] *nmf fam* prole, pleb.

prologue [prɔlɔg] *nm* prologue.

prolongation [prɔlɔ̃gasjɔ̃] *nf* [extension] extension, prolongation.

◆ **prolongations** *nfpl* SPORT extra time (U); **jouer les ~s** to go into extra time.

prolongement [prɔlɔ̃ʒmɑ̃] *nm* [de mur, quai] extension; **être dans le ~ de** to be a continuation of.

◆ **prolongements** *nmpl* [conséquences] repercussions.

prolonger [prɔlɔ̃ʒe] [17] *vt* **-1.** [dans le temps]: **~ qqch (de)** to prolong sthg (by). **-2.** [dans l'espace]: **~ qqch (de)** to extend sthg (by).

◆ **se prolonger** *vp* **-1.** [événement] to go on, to last. **-2.** [route] to go on, to continue.

promenade [prɔmnad] *nf* **-1.** [balade] walk, stroll; *fig* trip, excursion; **~ en voiture** drive; **~ à vélo** (bike) ride; **faire une ~** to go for a walk. **-2.** [lieu] promenade.

promener [prɔmne] [19] *vt* **-1.** [personne] to take out (for a walk); [en voiture] to take for a drive. **-2.** *littéraire* [chagrin] to carry (about). **-3.** *fig* [regard, doigts]: **~ qqch sur** to run sthg over.

◆ **se promener** *vp* to go for a walk.

promeneur, -euse [prɔmnœr, øz] *nm, f* walker, stroller.

promesse [prɔmɛs] *nf* **-1.** [serment] promise; **manquer à sa ~** to break one's promise; **tenir sa ~** to keep one's promise; **~s en l'air** empty promises. **-2.** [engagement] undertaking; **~ d'achat/de vente** JUR agreement to purchase/to sell. **-3.** *fig* [espérance]: **être plein de ~s** to be very promising.

promets → **promettre**.

prometteur, -euse [prɔmɛtœr, øz] *adj* promising.

promettre [prɔmɛtr] [84] ◇ *vt* to promise; **~ qqch à qqn** to promise sb sthg; **~ de faire qqch** to promise to do sthg; **~ à qqn que** to promise sb that. ◇ *vi* to be promising; **ça promet!** *iron* that bodes well!

◆ **se promettre** *vp*: **se ~ de faire qqch** to resolve to do sthg.

promis, -e [prɔmi, iz] ◇ *pp* → **promettre**. ◇ *adj* promised; **~ à qqch** destined for sthg. ◇ *nm, f hum* intended.

promiscuité [prɔmiskɥite] *nf* overcrowding; **~ sexuelle** (sexual) promiscuity.

promontoire [prɔmɔ̃twar] *nm* promontory.

promoteur, -trice [prɔmɔtœr, tris] *nm, f* **-1.** [novateur] instigator. **-2.** [constructeur] property developer.

promotion [prɔmɔsjɔ̃] *nf* **-1.** [gén] promotion; **~ des ventes** sales promotion; **en ~** [produit] on special offer. **-2.** MIL & SCOL year.

promotionnel, -elle [prɔmɔsjɔnɛl] *adj* promotional.

promouvoir [prɔmuvwar] [56] *vt* to promote.

prompt, -e [prɔ̃, prɔ̃t] *adj sout*: **~ (à faire qqch)** swift (to do sthg).

promptitude [prɔ̃tityd] *nf sout* swiftness.

promu, -e [prɔmy] *pp* → **promouvoir**.

promulgation [prɔmylgasjɔ̃] *nf* promulgation.

promulguer [prɔmylge] [3] *vt* to promulgate.

prôner [prone] [3] *vt sout* to advocate.

pronom [prɔnɔ̃] *nm* pronoun; **~ personnel/possessif/relatif** personal/possessive/relative pronoun.

pronominal, -e, -aux [prɔnɔminal, o] *adj* pronominal.

prononcé, -e [prɔnɔ̃se] *adj* marked.

◆ **prononcé** *nm* [d'arrêt] delivery; [de sentence] passing.

prononcer [prɔnɔ̃se] [16] *vt* **-1.** JUR & LING to pronounce. **-2.** [dire] to utter.

◆ **se prononcer** *vp* **-1.** [se dire] to be pronounced; **comme ça se prononce** as it is pronounced. **-2.** [trancher - assemblée] to decide, to reach a decision; [- magistrat] to deliver a verdict; **se ~ sur** to give one's opinion of.

prononciation [prɔnɔ̃sjasjɔ̃] *nf* **-1.** LING pronunciation. **-2.** JUR pronouncement.

pronostic [prɔnɔstik] *nm* **-1.** (*gén pl*) [prévision] forecast. **-2.** MÉD prognosis.

pronostiquer [prɔnɔstike] [3] *vt* **-1.** [annoncer] to forecast. **-2.** MÉD to make a prognosis of.

pronostiqueur, **-euse** [prɔnɔstikœr, øz] *nm, f* forecaster.

propagande [prɔpagɑ̃d] *nf* **-1.** [endoctrinement] propaganda. **-2.** *fig* & *hum* [publicité]: **faire de la ~ pour qqch** to plug sthg.

propagation [prɔpagasjɔ̃] *nf* **-1.** [de flammes, de maladie & *fig*] spread, spreading. **-2.** BIOL & PHYS propagation.

propager [prɔpaʒe] [17] *vt* to spread.

◆ **se propager** *vp* to spread; BIOL to be propagated; PHYS to propagate.

propane [prɔpan] *nm* propane.

propension [prɔpɑ̃sjɔ̃] *nf*: **~ à qqch/à faire qqch** propensity for sthg/to do sthg.

prophète [prɔfɛt], **prophétesse** [prɔfetɛs] *nm, f* prophet (*f* prophetess).

◆ **Prophète** *nm*: **le Prophète** the Prophet.

prophétie [prɔfesi] *nf* prophecy.

prophétique [prɔfetik] *adj* prophetic.

prophétiser [prɔfetize] [3] *vt* to prophesy.

prophylactique [prɔfilaktik] *adj* prophylactic.

prophylaxie [prɔfilaksi] *nf* prophylaxis.

propice [prɔpis] *adj* favorable *Am*, favourable *Br*; **~ à** [changement] conducive to; [culture, élevage] good for.

proportion [prɔpɔrsjɔ̃] *nf* proportion; **en ~ de** in proportion to; **toutes ~s gardées** relatively speaking.

proportionné, **-e** [prɔpɔrsjɔne] *adj*: **bien/mal ~** well-/badly-proportioned; **~ à** proportionate to.

proportionnel, **-elle** [prɔpɔrsjɔnɛl] *adj*: **~ (à)** proportional (to).

◆ **proportionnelle** *nf*: **la ~le** proportional representation.

proportionnellement [prɔpɔrsjɔnɛlmɑ̃] *adv* proportionally.

propos [prɔpo] ◇ *nm* **-1.** [discours] talk. **-2.** [but] intention; **c'est à quel ~?** what is it about?; **de ~ délibéré** deliberately, on purpose; **hors de ~** at the wrong time. ◇ *nmpl* [paroles] talk (*U*), words; **tenir des ~ d'une**

extrême banalité to say extremely banal things.

◆ **à propos** ◇ *loc adv* **-1.** [opportunément] at (just) the right time. **-2.** [au fait] by the way. ◇ *loc adj* [opportun] opportune.

◆ **à propos de** *loc prép* about.

proposer [prɔpoze] [3] *vt* **-1.** [offrir] to offer, to propose; **~ qqch à qqn** to offer sb sthg, to offer sthg to sb; **~ à qqn de faire qqch** to offer to do sthg for sb. **-2.** [suggérer] to suggest, to propose; **~ de faire qqch** to suggest OU propose doing sthg. **-3.** [loi, candidat] to propose.

◆ **se proposer** *vp* **-1.** [offrir ses services] to offer one's services. **-2.** [décider]: **se ~ de faire qqch** to intend/to do sthg.

proposition [prɔpozisjɔ̃] *nf* **-1.** [offre] offer, proposal; **~ malhonnête** improper suggestion; **faire des ~s à qqn** to proposition sb. **-2.** [suggestion] suggestion, proposal. **-3.** GRAM clause.

◆ **proposition de loi** *nf* bill.

propre [prɔpr] ◇ *adj* **-1.** [nettoyé] clean. **-2.** [soigné] neat, tidy. **-3.** [éduqué - enfant] toilet-trained; [- animal] housebroken *Am*, house-trained *Br*. **-4.** [personnel] own. **-5.** [particulier]: **~ à** peculiar to. **-6.** [approprié]: **~ (à)** suitable (for), appropriate (for). **-7.** [de nature]: **~ à faire qqch** capable of doing sthg. **-8.** *fig* [honnête] respectable. **-9.** *loc*: **nous voilà ~s!** *hum* we're in a fine mess! ◇ *nm* **-1.** [propreté] cleanness, cleanliness; **recopier qqch au ~** to make a fair copy of sthg, to copy sthg up. **-2.** [particularité]: **le ~ de** the characteristic feature of; **avoir qqch en ~** JUR to be the sole owner of sthg.

◆ **au propre** *loc adv* LING literally.

propre-à-rien [prɔprarjɛ̃] (*pl* **propres-à-rien**) *nmf* good-for-nothing.

proprement [prɔprəmɑ̃] *adv* **-1.** [convenablement - habillé] neatly, tidily; [- se tenir] correctly. **-2.** [véritablement] completely; **à ~ parler** strictly OU properly speaking; **l'événement ~ dit** the event itself, the actual event. **-3.** [exclusivement] peculiarly.

propret, **-ette** [prɔprɛ, ɛt] *adj* neat and tidy.

propreté [prɔprəte] *nf* cleanness, cleanliness.

propriétaire [prɔprijetɛr] *nmf* **-1.** [possesseur] owner; **~ foncier** property owner; **~ terrien** landowner. **-2.** [dans l'immobilier] landlord.

propriété [prɔprijete] *nf* **-1.** [gén] property; **~ industrielle** JUR patent rights (*pl*); **~ privée** private property. **-2.** [droit] ownership.

-3. [terres] property (*U*). **-4.** [convenance] suitability.

propulser [prɔpylse] [3] *vt litt* & *fig* to propel.
◆ **se propulser** *vp* to move forward, to propel o.s. forward OU along; *fig* to shoot.

propulsion [prɔpylsjɔ̃] *nf* propulsion.

prorata [prɔrata]
◆ **au prorata de** *loc prép* in proportion to.

prorogation [prɔrɔgasjɔ̃] *nf* **-1.** JUR extension. **-2.** POLIT adjournment.

proroger [prɔrɔʒe] [17] *vt* **-1.** JUR to extend. **-2.** POLIT to adjourn.

prosaïque [prozaik] *adj* prosaic, mundane.

proscription [prɔskripsjɔ̃] *nf* [interdiction] banning, prohibition.

proscrire [prɔskrir] [99] *vt* **-1.** [interdire] to ban, to prohibit. **-2.** *littéraire* [chasser]: ~ qqn (de) to exile sb (from), to banish sb (from).

proscrit, -e [prɔskri, it] ◇ *pp* → **proscrire**. ◇ *adj* **-1.** [interdit] banned, prohibited. **-2.** *littéraire* [chassé] exiled. ◇ *nm, f littéraire* exile.

proscrivais, proscrivions *etc* → **proscrire**.

prose [proz] *nf* prose; **en** ~ in prose.

prosélyte [prɔzelit] *nmf* convert.

prosélytisme [prɔzelitism] *nm* proselytizing.

prospecter [prɔspɛkte] [4] *vt* **-1.** [pays, région] to prospect. **-2.** COMM to canvass.

prospecteur, -trice [prɔspɛktœr, tris] *nm, f* **-1.** [de ressources] prospector. **-2.** COMM canvasser.

prospectif, -ive [prɔspɛktif, iv] *adj:* **analyse prospective** COMM forecast.
◆ **prospective** *nf* futurology.

prospection [prɔspɛksjɔ̃] *nf* **-1.** [de ressources] prospecting. **-2.** COMM canvassing.

prospectus [prɔspɛktys] *nm* (advertising) leaflet.

prospère [prɔsper] *adj* **-1.** [commerce] prosperous. **-2.** [santé] blooming.

prospérer [prɔspere] [18] *vi* to prosper, to thrive; [plante, insecte] to thrive.

prospérité [prɔsperite] *nf* **-1.** [richesse] prosperity. **-2.** [bien-être] well-being.

prostate [prɔstat] *nf* prostate (gland).

prosterner [prɔstɛrne] [3]
◆ **se prosterner** *vp* to bow down; **se** ~ **devant** to bow down before; *fig* to kowtow to.

prostitué [prɔstitɥe] *nm* male prostitute.

prostituée [prɔstitɥe] *nf* prostitute.

prostituer [prɔstitɥe] [7] *vt* to prostitute.
◆ **se prostituer** *vp* to prostitute o.s.

prostitution [prɔstitysjɔ̃] *nf* prostitution.

prostration [prɔstrasjɔ̃] *nf* prostration.

prostré, -e [prɔstre] *adj* prostrate.

protagoniste [prɔtagɔnist] *nmf* protagonist, hero (*f* heroine).

protecteur, -trice [prɔtɛktœr, tris] ◇ *adj* protective. ◇ *nm, f* **-1.** [défenseur] protector. **-2.** [des arts] patron. **-3.** [souteneur] pimp. **-4.** *Can* POLIT: **le Protecteur du citoyen** the Ombudsman.

protection [prɔtɛksjɔ̃] *nf* **-1.** [défense] protection; ~ **contre** protection from OU against; **se mettre sous la** ~ **de qqn** to put o.s. under sb's protection; **prendre qqn sous sa** ~ to take sb under one's wing. **-2.** [des arts] patronage.

protectionnisme [prɔtɛksjɔnism] *nm* protectionism.

protectionniste [prɔtɛksjɔnist] *nmf* & *adj* protectionist.

protectorat [prɔtɛktɔra] *nm* protectorate.

protégé, -e [prɔteʒe] ◇ *adj* protected. ◇ *nm, f* protégé.

protège-cahier [prɔtɛʒkaje] (*pl* **protège-cahiers**) *nm* exercise book cover.

protéger [prɔteʒe] [22] *vt* **-1.** [gén] to protect. **-2.** [arts] to be a patron of.
◆ **se protéger** *vp* [mettre un préservatif] to use a condom.

protéine [prɔtein] *nf* protein.

protestant, -e [prɔtɛstɑ̃, ɑ̃t] *adj* & *nm, f* Protestant.

protestantisme [prɔtɛstɑ̃tism] *nm* Protestantism.

protestataire [prɔtɛstatɛr] ◇ *nmf* protestor. ◇ *adj sout* [vote, écrits] protest (*avant n*); [cri] of protest.

protestation [prɔtɛstasjɔ̃] *nf* **-1.** [contestation] protest. **-2.** *littéraire* [déclaration] protestation.

protester [prɔteste] [3] *vi* to protest; ~ **contre qqch** to protest against sthg, to protest sthg *Am*; ~ **de qqch** *littéraire* to protest sthg.

prothèse [prɔtɛz] *nf* prosthesis; ~ **dentaire** dentures (*pl*), false teeth (*pl*).

protide [prɔtid] *nm* protein.

protocolaire [prɔtɔkɔlɛr] *adj* [poli] conforming to etiquette.

protocole [prɔtɔkɔl] *nm* protocol.

proton [prɔtɔ̃] *nm* proton.

prototype [prɔtɔtip] *nm* prototype.

protubérance [prɔtyberɑ̃s] *nf* bulge, protuberance.

protubérant, -e [prɔtyberɑ̃, ɑ̃t] *adj* bulging, protruding.

proue [pru] *nf* bows (*pl*), prow.

prouesse [pruɛs] *nf* feat.

prouver [pruve] [3] *vt* **-1.** [établir] to prove. **-2.** [montrer] to demonstrate, to show.

◆ **se prouver** *vp* to prove to o.s.

provenance [prɔvnɑ̃s] *nf* origin; **en ~ de** from.

provençal, -e, -aux [prɔvɑ̃sal, o] *adj* **-1.** [de Provence] of/from Provence. **-2.** CULIN *with tomatoes, garlic and onions.*

◆ **provençal** *nm* [langue] Provençal.

◆ **Provençal, -e, -aux** *nm, f* native OU inhabitant of Provence.

◆ **à la provençale** *loc adv* CULIN *with tomatoes, garlic and onions.*

Provence [prɔvɑ̃s] *nf*: **la ~** Provence.

provenir [prɔvnir] [40] *vi*: **~ de** to come from; *fig* to be due to, to be caused by.

provenu, -e [prɔvny] *pp* → **provenir.**

proverbe [prɔvɛrb] *nm* proverb.

proverbial, -e, -iaux [prɔvɛrbjal, jo] *adj* proverbial.

providence [prɔvidɑ̃s] *nf* providence; *fig* guardian angel.

◆ **Providence** *nf* Providence.

providentiel, -ielle [prɔvidɑ̃sjɛl] *adj* providential.

proviendrai, proviendras *etc* → **provenir.**

proviens, provient *etc* → **provenir.**

province [prɔvɛ̃s] *nf* **-1.** [gén] province. **-2.** [campagne] provinces (*pl*).

provincial, -e, -iaux [prɔvɛ̃sjal, jo] *adj & nm, f* provincial.

proviseur [prɔvizœr] *nm* ≃ principal *Am,* ≃ head *Br,* ≃ headteacher *Br,* ≃ headmaster (*f* headmistress) *Br.*

provision [prɔvizjɔ̃] *nf* **-1.** [réserve] stock, supply; **faire ~ de qqch** to stock up on OU with sthg. **-2.** FIN retainer; *voir aussi* **chèque.**

◆ **provisions** *nfpl* provisions.

provisionnel, -elle [prɔvizjɔnɛl] *adj* provisional.

provisoire [prɔvizwar] ◇ *adj* temporary; JUR provisional. ◇ *nm*: **ce n'est que du ~** it's only a temporary arrangement.

provisoirement [prɔvizwarmɑ̃] *adv* temporarily.

provocant, -e [prɔvɔkɑ̃, ɑ̃t] *adj* provocative.

provocateur, -trice [prɔvɔkatœr, tris] ◇ *adj* provocative. ◇ *nm, f* agitator, troublemaker.

provocation [prɔvɔkasjɔ̃] *nf* provocation.

provoquer [prɔvɔke] [3] *vt* **-1.** [entraîner] to cause. **-2.** [personne] to provoke.

◆ **se provoquer** *vp* to provoke each other.

proxénète [prɔksenɛt] *nm* pimp.

proxénétisme [prɔksenetism] *nm* pimping, procuring.

proximité [prɔksimite] *nf* **-1.** [de lieu] proximity, nearness; **à ~ de** near. **-2.** [d'événement] closeness.

prude [pryd] ◇ *nf* prude. ◇ *adj* prudish.

prudemment [prydamɑ̃] *adv* cautiously.

prudence [prydɑ̃s] *nf* care, caution.

prudent, -e [prydɑ̃, ɑ̃t] *adj* careful, cautious; **sois ~!** be careful!

prud'homme [prydɔm] *nm* ≃ member of an industrial tribunal; **Conseil de ~s** ≃ industrial tribunal.

prune [pryn] ◇ *nf* plum; **compter pour des ~s** *fam* to count for nothing. ◇ *adj inv* plum-colored *Am,* plum-coloured *Br.*

pruneau, -x [pryno] *nm* **-1.** [fruit] prune. **-2.** *fam* [balle] slug.

prunelle [prynɛl] *nf* ANAT pupil; **j'y tiens comme à la ~ de mes yeux** it's the apple of my eye.

prunier [prynje] *nm* plum tree; **secouer qqn comme un ~** *fam* to shake sb until his/her teeth rattle.

Prusse [prys] *nf*: **la ~** Prussia.

prussien, -ienne [prysjɛ̃, jɛn] *adj* Prussian.

◆ **Prussien, -ienne** *nm, f* Prussian.

PS¹ (*abr de* **Parti socialiste**) *nm* French socialist party.

PS², P-S (*abr de* **post-scriptum**) *nm* PS.

psalmodie [psalmɔdi] *nf* chanting.

psalmodier [psalmɔdje] [9] ◇ *vt* to chant; *fig & péj* to drone. ◇ *vi* to drone.

psaume [psom] *nm* psalm.

pseudonyme [psødɔnim] *nm* pseudonym.

PS-G (*abr de* **Paris St-Germain**) *nm Paris football team.*

PSIG (*abr de* **Peloton de surveillance et d'intervention de la gendarmerie**) *nm gendarmerie commando squad.*

PSU (*abr de* **Parti socialiste unifié**) *nm* socialist party.

psy [psi] *fam* ◇ *nmf* (*abr de* **psychiatre**) shrink. ◇ *adj*: **elle est très ~** she's really into psychology.

psychanalyse [psikanaliz] *nf* psychoanalysis; **faire la ~ de qqn** to psychoanalyse sb.

psychanalyser [psikanalize] [3] *vt* to psychoanalyse.

psychanalyste [psikanalist] *nmf* psychoanalyst, analyst.

psychanalytique [psikanalitik] *adj* psychoanalytic, psychoanalytical.

psyché [psiʃe] *nf* cheval mirror.

psychédélique [psikedelik] *adj* psychedelic.

psychiatre [psikjatr] *nmf* psychiatrist.

psychiatrie [psikjatri] *nf* psychiatry.

psychiatrique [psikjatrik] *adj* psychiatric.

psychique [psiʃik] *adj* psychic; [maladie] psychosomatic.

psychisme [psiʃism] *nm* psyche, mind.

psychodrame [psikɔdram] *nm* psychodrama; *fig* melodrama.

psychologie [psikɔlɔʒi] *nf* psychology.

psychologique [psikɔlɔʒik] *adj* psychological.

psychologiquement [psikɔlɔʒikmɑ̃] *adv* psychologically.

psychologue [psikɔlɔg] ◇ *nmf* psychologist. ◇ *adj* psychological.

psychopathe [psikɔpat] *nmf* psychopath.

psychose [psikoz] *nf* **-1.** MÉD psychosis. **-2.** [crainte] obsessive fear.

psychosomatique [psikɔsɔmatik] *adj* psychosomatic.

psychothérapeute [psikɔterapøt] *nmf* psychotherapist.

psychothérapie [psikɔterapi] *nf* psychotherapy.

PTA (*abr de* **peseta**) Pta, P.

Pte -1. *abr de* **porte**. **-2.** *abr de* **pointe**.

PTT (*abr de* **Postes, télécommunications et télédiffusion**) *nfpl former French post office and telecommunications network.*

pu [py] *pp* → **pouvoir**.

puant, -e [pɥɑ̃, ɑ̃t] *adj* **-1.** [fétide] smelly, stinking. **-2.** *fam fig* [personne] bumptious, full of oneself.

puanteur [pɥɑ̃tœr] *nf* stink, stench.

pub¹ [pyb] *nf fam* ad, advert *Br*; [métier] advertising.

pub² [pœb] *nm* pub.

pubère [pybɛr] *adj* pubescent.

puberté [pybɛrte] *nf* puberty.

pubis [pybis] *nm* [zone] pubis.

public, -ique [pyblik] *adj* public.
◆ **public** *nm* **-1.** [auditoire] audience; **en ~** in public. **-2.** [population] public; **grand ~** general public.

publication [pyblikasjɔ̃] *nf* publication.

publicitaire [pyblisitɛr] *adj* [campagne] advertising (*avant n*); [film] promotional.

publicité [pyblisite] *nf* **-1.** [domaine] advertising; **~ comparative** comparative advertising; **~ institutionnelle** corporate advertising; **~ mensongère** misleading advertising, deceptive advertising; **~ sur le lieu de vente** point-of-sale advertising, POS advertising. **-2.** [réclame] advertisement, advert. **-3.** [autour d'une affaire] publicity (*U*).

publier [pyblije] [10] *vt* **-1.** [livre] to publish; [communiqué] to issue, to release. **-2.** [nouvelle] to make public.

publiquement [pyblikmɑ̃] *adv* publicly.

publireportage [pyblirəpɔrtaʒ] *nm* reading notice *Am,* free write-up *Br.*

puce [pys] *nf* **-1.** [animal] flea. **-2.** INFORM (silicon) chip. **-3.** *fig* [terme affectueux] pet, love. **-4.** *loc*: **mettre la ~ à l'oreille de qqn** to make sb suspicious; **secouer les ~s à qqn** *fam* to tear sb off a strip.
◆ **puces** *nfpl*: **les ~s** flea market (*sg*).

puceau, -elle, -x [pyso, ɛl, o] *nm, f & adj fam* virgin.

puceron [pysrɔ̃] *nm* aphid.

pudding [pudiŋ] *nm* plum OU Christmas pudding.

pudeur [pydœr] *nf* **-1.** [physique] modesty, decency. **-2.** [morale] restraint.

pudibond, -e [pydibɔ̃, ɔ̃d] *adj* prudish.

pudibonderie [pydibɔ̃dri] *nf littéraire* prudishness, primness.

pudique [pydik] *adj* **-1.** [physiquement] modest, decent. **-2.** [moralement] restrained.

pudiquement [pydikmɑ̃] *adv* modestly.

puer [pɥe] [7] ◇ *vi* to stink; **ça pue ici!** it stinks in here! ◇ *vt* to reek of, to stink of.

puéricultrice [pɥerikyltris] *nf* nursery nurse.

puériculture [pɥerikyltyr] *nf* childcare.

puéril, -e [pɥeril] *adj* childish.

puérilité [pɥerilite] *nf* childishness.

Puerto Rico = **Porto Rico**.

PUF, Puf [pyf] (*abr de* **Presses Universitaires de France**) *nfpl French publishing house.*

pugilat [pyʒila] *nm* fight.

pugnace [pygnas] *adj littéraire* pugnacious.

pugnacité [pygnasite] *nf littéraire* pugnacity.

puis [pɥi] *adv* then; **et ~** [d'ailleurs] and moreover OU besides; **et ~ quoi** OU **après?** *fam* so what?

puisard [pɥizar] *nm* cesspool.

puiser [pɥize] [3] *vt* [liquide] to draw; **~ qqch dans qqch** *fig* to draw OU take sthg from sthg.

puisque [pɥiskə] *conj* **-1.** [gén] since. **-2.** [renforce une affirmation]: **mais puisqu'il m'attend!** but he's waiting for me!

puissamment [pɥisamɑ̃] *adv* powerfully.

puissance [pɥisɑ̃s] *nf* power; **les grandes ~s** the great powers.
◆ **en puissance** *loc adj* potential.

puissant, -e [pɥisɑ̃, ɑ̃t] *adj* powerful.
◆ **puissant** *nm*: **les ~s** the powerful.

puisse, puisses *etc* → **pouvoir**.

puits [pɥi] *nm* **-1.** [d'eau] well. **-2.** [de gisement] shaft; **~ de mine** mine shaft; **~ de pétrole** oil well; **~ de sciences** *fig* fount of all knowledge.

pull [pyl], **pull-over** [pylɔvɛr] (*pl* **pull-overs**) *nm* sweater, jumper *Br*.

pulluler [pylyle] [3] *vi* to swarm.

pulmonaire [pylmɔnɛr] *adj* lung (*avant n*), pulmonary.

pulpe [pylp] *nf* pulp.

pulpeux, -euse [pylpø, øz] *adj* **-1.** [fruit] pulpy; [jus] containing pulp. **-2.** *fig* [femme] curvaceous.

pulsation [pylsasjɔ̃] *nf* beat, beating (*U*).

pulsion [pylsjɔ̃] *nf* impulse.

pulvérisateur [pylverizatœr] *nm* spray.

pulvérisation [pylverizasjɔ̃] *nf* **-1.** [d'insecticide] spraying. **-2.** MÉD spray; [traitement] spraying.

pulvériser [pylverize] [3] *vt* **-1.** [projeter] to spray. **-2.** [détruire] to pulverize; *fig* to smash.

puma [pyma] *nm* puma.

punaise [pynɛz] ◇ *nf* **-1.** [insecte] bug. **-2.** *fig* [femme] shrew. **-3.** [clou] thumbtack *Am*, drawing pin *Br*. ◇ *interj* good grief!

punch [pɔ̃ʃ] *nm* punch.

punching-ball [pœnʃiŋbol] (*pl* **punching-balls**) *nm* punchball.

puni, -e [pyni] *adj* punished.

punir [pynir] [32] *vt*: **~ qqn (de)** to punish sb (with).

punitif, -ive [pynitif, iv] *adj* punitive.

punition [pynisjɔ̃] *nf* punishment.

punk [pœnk] *nmf & adj inv* punk.

pupille [pypij] ◇ *nf* ANAT pupil. ◇ *nmf* [orphelin] ward; **~ de l'État** ≃ child in care; **~ de la Nation** war orphan (*in care*).

pupitre [pypitr] *nm* **-1.** [d'orateur] lectern; MUS stand. **-2.** TECHNOL console. **-3.** [d'écolier] desk.

pur, -e [pyr] *adj* **-1.** [gén] pure. **-2.** *fig* [absolu] pure, sheer; **~ et simple** pure and sim-

ple. **-3.** *littéraire* [intention] honorable *Am*, honourable *Br*. **-4.** [lignes] pure, clean.

purée [pyre] *nf* purée; **~ de pois** *fig* pea-souper; **~ de pommes de terre** mashed potatoes.

purement [pyrmɑ̃] *adv* purely; **~ et simplement** purely and simply.

pureté [pyrte] *nf* **-1.** [gén] purity. **-2.** [de sculpture, de diamant] perfection. **-3.** [d'intention] honourableness.

purgatif, -ive [pyrgatif, iv] *adj* purgative.
◆ **purgatif** *nm* purgative.

purgatoire [pyrgatwar] *nm* purgatory.

purge [pyrʒ] *nf* **-1.** MÉD & POLIT purge. **-2.** [de radiateur] bleeding.

purger [pyrʒe] [17] *vt* **-1.** MÉD & POLIT to purge. **-2.** [radiateur] to bleed. **-3.** [peine] to serve.
◆ **se purger** *vp* to take a purgative.

purificateur, -trice [pyrifikatœr, tris] *adj* purifying, cleansing.
◆ **purificateur** *nm* purifier.

purification [pyrifikasjɔ̃] *nf* purification.

purifier [pyrifje] [9] *vt* to purify.
◆ **se purifier** *vp* to become pure OU clean; *fig* to purify OU cleanse o.s.

purin [pyrɛ̃] *nm* slurry.

puriste [pyrist] *nmf & adj* purist.

puritain, -e [pyritɛ̃, ɛn] ◇ *adj* **-1.** [pudibond] puritanical. **-2.** RELIG Puritan (*avant n*). ◇ *nm, f* **-1.** [prude] puritan. **-2.** RELIG Puritan.

puritanisme [pyritanism] *nm* puritanism; RELIG Puritanism.

pur-sang [pyrsɑ̃] *nm inv* thoroughbred.

purulent, -e [pyrylɑ̃, ɑ̃t] *adj* purulent.

pus [py] *nm* pus.

pusillanime [pyzilanim] *adj* pusillanimous.

pusillanimité [pyzilanimite] *nf* pusillanimity.

pustule [pystyl] *nf* pustule.

putain [pytɛ̃] ◇ *nf vulg* **-1.** *péj* [prostituée] whore. **-2.** *péj* [femme facile] tart, slag. **-3.** *fig* [pour exprimer le mécontentement]: **(ce) ~ de ...** this/that goddam ... *Am*, this/that sodding ... *Br*. ◇ *interj* goddam! *Am*, sod it! *Br*, bugger! *Br*; [exprime l'étonnement] goddam it! *Am*, (well) bugger me! *Br*.

pute [pyt] *nf vulg péj* [prostituée] whore.

putois [pytwa] *nm* polecat.

putréfaction [pytrefaksjɔ̃] *nf* putrefaction; **en ~** rotting, putrefying.

putréfier [pytrefje] [9]
◆ **se putréfier** *vp* to putrefy, to rot.

putrescent, -e [pytrɛsɑ̃, ɑ̃t] *adj* putrescent, rotting.

putride [pytrid] *adj* **-1.** [corps] putrid. **-2.** [odeur, miasme] fetid, foul.

putsch [putʃ] *nm* uprising, coup.

putschiste [putʃist] *nmf* rebel.

puzzle [pœzl] *nm* jigsaw (puzzle).

P-V *nm abr de* **procès-verbal.**

PVC *(abr de* **polyvinyl chloride)** *nm* PVC.

PVD *(abr de* **pays en voie de développement)** *nm* developing country.

px *(abr de* **prix):** ~ **à déb.** offers.

pygmée [pigme] *adj* pygmy.
◆ **Pygmée** *nmf* Pygmy.

pyjama [piʒama] *nm* pyjamas *(pl).*

pylône [pilon] *nm* pylon.

pyramide [piramid] *nf* pyramid.

pyrénéen, -enne [pireneɛ̃, ɛn] *adj* Pyrenean.
◆ **Pyrénéen, -enne** *nm, f* Pyrenean.

Pyrénées [pirene] *nfpl:* **les ~** the Pyrenees.

Pyrex® [pirɛks] *nm* Pyrex®.

pyromane [pirɔman] *nmf* arsonist; MÉD pyromaniac.

pyrotechnique [pirɔtɛknik] *adj* firework *(avant n),* pyrotechnic.

python [pitɔ̃] *nm* python.

q¹, Q [ky] *nm inv* [lettre] q, Q.

q² *abr de* **quintal.**

Qatar, Katar [katar] *nm:* **le ~** Qatar.

QCM *(abr de* **questionnaire à choix multiple)** *nm* multiple choice questionnaire.

QG *(abr de* **quartier général)** *nm* HQ.

QHS *(abr de* **quartier de haute sécurité)** *nm* high-security wing.

QI *(abr de* **quotient intellectuel)** *nm* IQ.

Qom, Qum [kɔm] *n* Qom.

qqch *(abr de* **quelque chose)** sthg.

qqe *abr de* **quelque.**

qqes *abr de* **quelques.**

qqf *abr de* **quelquefois.**

qqn *(abr de* **quelqu'un)** s.o., sb.

quadragénaire [kwadraʒenɛr] ◇ *nmf* forty year old. ◇ *adj:* **être ~** to be in one's forties.

quadrangulaire [kwadrɑ̃gylɛr] *adj* quadrangular.

quadrature [kwadratyr] *nf* quadrature; **c'est la ~ du cercle** it's like trying to square the circle.

quadrichromie [kwadrikrɔmi] *nf* four-color *Am* OU four-colour *Br* printing.

quadrilatère [kwadrilatɛr] *nm* quadrilateral.

quadrillage [kadrijaʒ] *nm* **-1.** [de papier, de tissu] criss-cross pattern. **-2.** [policier] combing.

quadrille [kadrij] *nm* quadrille.

quadriller [kadrije] [3] *vt* **-1.** [papier] to mark with squares. **-2.** [ville - suj: rues] to criss-cross; [- suj: police] to comb.

quadrimoteur [kwadrimɔtœr] ◇ *nm* four-engined plane. ◇ *adj* four-engined.

quadriphonie [kwadrifɔni] *nf* quadraphony.

quadrupède [k(w)adrypɛd] *nm & adj* quadruped.

quadruple [k(w)adrypl] *nm & adj* quadruple.

quadruplés, -ées [k(w)adryple] *nm, f pl* quadruplets, quads.

quadrupler [k(w)adryple] [3] *vt & vi* to quadruple, to increase fourfold.

quai [kɛ] *nm* **-1.** [de gare] platform. **-2.** [de port] quay, wharf. **-3.** [de rivière] embankment.

QUAI:

Note that the names 'Quai d'Orsay' and 'Quai des Orfèvres' are often used to refer to the government departments situated on the streets of the same name: the foreign office and the police department respectively. 'Le quai de Conti' is sometimes used to refer to the Académie française

---

qualifiable [kalifjabl] *adj* [conduite, attitude]: **peu ~** indescribable.

qualificatif, -ive [kalifikatif, iv] *adj* qualifying.
◆ **qualificatif** *nm* term.

qualification [kalifikasjɔ̃] *nf* **-1.** [gén] qualification. **-2.** [désignation] designation.

qualifier [kalifje] [9] *vt* **-1.** [gén] to qualify; **être qualifié pour qqch/pour faire qqch** to be qualified for sthg/to do sthg. **-2.** [caractériser]: ~ **qqn/qqch de qqch** to describe sb/sthg as sthg, to call sb/sthg sthg.
◆ **se qualifier** *vp* to qualify.

qualitatif, -ive [kalitatif, iv] *adj* qualitative.

qualitativement [kalitativmɑ̃] *adv* qualitatively.

qualité [kalite] *nf* **-1.** [gén] quality; **de bonne/mauvaise ~ of** good/poor quality; **~ de la vie** quality of life. **-2.** [condition] position, capacity; **en ~ de** in my/his *etc* capacity as.

quand [kɑ̃] ◇ *conj* **-1.** [lorsque, alors que] when; **~ tu le verras, demande-lui de me téléphoner** when you see him, ask him to phone me; **pourquoi rester ici ~ on pourrait partir en week-end?** why stay here when we could go away for the weekend? **-2.** *sout* [introduit une hypothèse] even if. ◇ *adv interr* when; **~ arriveras-tu?** when will you arrive?; **je ne sais pas encore ~ je pars** I don't know yet when I'm leaving; **jusqu'à ~ restez-vous?** how long are you staying for?
◆ **quand même** ◇ *loc conj sout* even though, even if. ◇ *loc adv* all the same; **je pense qu'il ne viendra pas, mais je l'inviterai ~ même** I don't think he'll come but I'll invite him all the same; **tu pourrais faire attention ~ même!** you might at least be careful! ◇ *interj*: **~ même, à son âge!** really, at his/her age!
◆ **quand bien même** *loc conj sout* even though, even if.
◆ **n'importe quand** *loc adv* any time.

quant [kɑ̃]
◆ **quant à** *loc prép* as for.

quant-à-soi [kɑ̃taswa] *nm inv* reserve; **rester sur son ~** to remain aloof.

quantième [kɑ̃tjɛm] *nm* date.

quantifiable [kɑ̃tifjabl] *adj* quantifiable.

quantifier [kɑ̃tifje] [9] *vt* to quantify.

quantitatif, -ive [kɑ̃titatif, iv] *adj* quantitative.

quantitativement [kɑ̃titativmɑ̃] *adv* quantitatively.

quantité [kɑ̃tite] *nf* **-1.** [mesure] quantity, amount. **-2.** [abondance]: **(une) ~ de** a great many, a lot of; **en ~** in large numbers; **des exemplaires en ~** a large number of copies. **-3.** LING & SCIENCE quantity.

quarantaine [karɑ̃tɛn] *nf* **-1.** [nombre]: **une ~ de** about forty. **-2.** [âge]: **avoir la ~** to be in one's forties. **-3.** [isolement] quarantine; **mettre qqn en ~** *fig* to send sb to Coventry.

quarante [karɑ̃t] *adj num & nm* forty; *voir aussi* **six.**

quarantième [karɑ̃tjɛm] *adj num, nm & nmf* fortieth; *voir aussi* **sixième.**

quart [kar] *nm* **-1.** [fraction] quarter; **deux heures moins le ~** (a) quarter to two, (a) quarter of two *Am*; **deux heures et ~** (a) quarter past two, (a) quarter after two *Am*; **il est moins le ~** it's (a) quarter to; **démarrer au ~ de tour** to start first time; *fig* to fly off the handle; **un ~ d'heure** a quarter of an hour; **passer un mauvais ~ d'heure** to have a bad time of it. **-2.** NAVIG watch. **-3. ~ de finale** quarter final.

quart-arrière [kararjɛr] *nmf Can* SPORT quarterback.

quarté [karte] *nm system of betting involving the first four horses in a race.*

quartette [kwartɛt] *nm* jazz quartet.

quartier [kartje] *nm* **-1.** [de ville] area, district; **les beaux ~s** the smart areas; **~ résidentiel** residential area; **restaurant de ~** local restaurant. **-2.** [de fruit] piece; [de viande] quarter. **-3.** [héraldique, de lune] quarter. **-4.** (*gén pl*) MIL quarters (*pl*); **~ général** headquarters (*pl*); **avoir/donner ~ libre** to have/give permission to leave barracks; *fig* to have/give permission to go out.

quartier-maître [kartjemɛtr] (*pl* **quartiers-maîtres**) *nm* leading seaman.

quartz [kwarts] *nm* quartz; **montre à ~** quartz watch.

quasi [kazi] *adv* almost, nearly.

quasi- [kazi] *préfixe* near.

quasiment [kazimɑ̃] *adv fam* almost, nearly.

quatorze [katɔrz] *adj num & nm* fourteen; *voir aussi* **six.**

quatorzième [katɔrzjɛm] *adj num, nm & nmf* fourteenth; *voir aussi* **sixième.**

quatrain [katrɛ̃] *nm* quatrain.

quatre [katr] ◇ *adj num* four; **monter l'escalier ~ à ~** to take the stairs four at a time; **se mettre en ~ pour qqn** to bend over backwards for sb. ◇ *nm* four; *voir aussi* **six.**

quatre-quarts [katkar] *nm inv* pound cake.

quatre-vingt = **quatre-vingts.**

quatre-vingt-dix [katrəvɛ̃dis] *adj num & nm* ninety; *voir aussi* **six.**

quatre-vingt-dixième [katrəvɛ̃dizjɛm] *adj num, nm & nmf* ninetieth; *voir aussi* **sixième.**

quatre-vingtième [katrəvɛ̃tjɛm] *adj num, nm & nmf* eightieth; *voir aussi* **sixième.**

quatre-vingts, quatre-vingt [katrəvɛ̃] *adj num & nm* eighty; *voir aussi* **six.**

quatrième [katrijɛm] ◇ *adj num, nm & nmf* fourth; *voir aussi* **sixième.** ◇ *nf* **-1.** SCOL ≃ eighth grade *Am*, ≃ third year OU form *Br*. **-2.** [en danse] fourth position.

quatuor [kwatцɔr] *nm* quartet; *Can* GOLF foursome.

que [k(ə)] ◇ *conj* **-1.** [introduit une subordonnée] that; **je sais ~ tu mens** I know (that) you're lying; **il a dit qu'il viendrait** he said (that) he'd come; **il veut ~ tu viennes** he wants you to come. **-2.** [introduit une hypothèse] whether; **~ vous le vouliez ou non** whether you like it or not. **-3.** [reprend une autre conjonction]: **s'il fait beau et que nous avons le temps ...** if the weather is good and we have time .... **-4.** [indique un ordre, un souhait]: **qu'il entre!** let him come in!; **~ tout le monde sorte!** everybody out! **-5.** [après un présentatif]: **voilà/voici ~ ça recommence!** here we go again! **-6.** [comparatif - après moins, plus] than; [- après autant, aussi, même] as; **plus jeune ~ moi** younger than I (am) OU than me; **elle a la même robe ~ moi** she has the same dress as I do OU as me. **-7.** [seulement]: **ne ... ~** only; **je n'ai qu'une sœur** I've only got one sister.
◇ *pron relatif* [chose, animal] which, that; [personne] whom, that; **la femme ~ j'aime** the woman (whom OU that) I love; **le livre qu'il m'a prêté** the book (which OU that) he lent me.
◇ *pron interr* what; **~ savez-vous au juste?** what exactly do you know?; **~ faire?** what can I/we/one do?; **je me demande ~ faire** I wonder what I should do.
◇ *adv excl*: **qu'elle est belle!** how beautiful she is!; **~ de monde!** what a lot of people!
◆ **c'est que** *loc conj* it's because; **si je vais me coucher, c'est ~ j'ai sommeil** if I'm going to bed, it's because I'm tired.
◆ **qu'est-ce que** *pron interr* what; **qu'est-ce ~ tu veux encore?** what else do you want?
◆ **qu'est-ce qui** *pron interr* what; **qu'est-ce qui se passe?** what's going on?

Québec [kebɛk] *nm* **-1.** [province]: **le ~ Quebec; la province de OU du ~** Quebec State; **au ~** in Quebec. **-2.** [ville] Quebec; **à ~** in (the city of) Quebec.

québécois, -e [kebekwa, az] *adj* Quebec (*avant n*).
◆ **québécois** *nm* [langue] Quebec French.
◆ **Québécois, -e** *nm, f* Quebecker, Québecois.

quel [kɛl] (*f* **quelle**, *mpl* **quels**, *fpl* **quelles**) ◇ *adj interr* [personne] which; [chose] what, which; **~ homme?** which man?; **~ est cet homme?** who is this man?; **~ livre voulez-vous?** what OU which book do you want?; **de ~ côté es-tu?** what OU which side are you on?; **je ne sais ~s sont ses projets** I don't know what his plans are; **quelle heure est-il?** what time is it?, what's the time?

◇ *adj excl*: **~ idiot!** what an idiot!; **quelle honte!** the shame of it!; **~ beau temps!** what lovely weather!
◇ *adj indéf*: **~ que** (+ *subjonctif*) [chose, animal] whatever; [personne] whoever; **il se baigne, ~ que soit le temps** he goes swimming whatever the weather; **il refuse de voir les nouveaux arrivants, ~s qu'ils soient** he refuses to see new arrivals, whoever they may be.
◇ *pron interr* which (one); **de vous trois, ~ est le plus jeune?** which (one) of you three is the youngest?

quelconque [kɛlkɔ̃k] *adj* **-1.** [n'importe lequel] any; **donner un prétexte ~** to give any old excuse; **si pour une raison ~ ...** if for any reason ...; **une ~ observation** some remark or other. **-2.** (*après n*) *péj* [banal] ordinary, mediocre.

quelque [kɛlk(ə)] ◇ *adj indéf* some; **à ~ distance de là** some way away (from there); **j'ai ~s lettres à écrire** I have some OU a few letters to write; **vous n'avez pas ~s livres à me montrer?** don't you have any books to show me?; **les ~s fois où j'étais absent** the few times I wasn't there; **les ~s 200 francs qu'il m'a prêtés** the 200 francs or so (that) he lent me; **~ route que je prenne** whatever route I take; **~ peu** somewhat, rather.
◇ *adv* [environ] about; **200 francs et ~** some OU about 200 francs; **il est midi et ~** *fam* it's just after midday.

quelque chose [kɛlkəʃoz] *pron indéf* something; **~ de différent** something different; **~ d'autre** something else; **tu veux boire ~?** do you want something OU anything to drink?; **apporter un petit ~ à qqn** to give sb a little something; **c'est ~!** [ton admiratif] it's really something!; **cela m'a fait ~** I really felt it.

quelquefois [kɛlkəfwa] *adv* sometimes, occasionally.

quelque part [kɛlkəpar] *adv* someplace *Am*, somewhere *Br*; **l'as-tu vu ~?** did you see him anyplace *Am* OU anywhere *Br*?, have you seen him anyplace *Am* OU anywhere *Br*?

quelques-uns, quelques-unes [kɛlkəzœ̃, yn] *pron indéf* some, a few.

quelqu'un [kɛlkœ̃] *pron indéf m* someone, somebody; **c'est ~ d'ouvert/d'intelligent** he's/she's a frank/an intelligent person.

quémander [kemɑ̃de] [3] *vt* to beg for; **~ qqch à qqn** to beg sb for sthg.

qu'en-dira-t-on [kɑ̃diratɔ̃] *nm inv fam* tittle-tattle.

quenelle [kənɛl] *nf very finely chopped mixture of fish or chicken cooked in stock.*

quenotte [kənɔt] *nf fam* tooth.

querelle [kərɛl] *nf* quarrel; **chercher ~ à qqn** to pick a quarrel with sb.

quereller [kərele] [4] *vt littéraire* to take to task.

◆ **se quereller** *vp*: **se ~ (avec)** to quarrel (with).

querelleur, -euse [kərɛlœr, øz] ◇ *adj* quarrelsome. ◇ *nm, f* quarrelsome person.

quérir [kerir] *vt*: **faire ~ qqn** to summon sb; **aller ~ qqn** to go and fetch sb.

qu'est-ce que [kɛskə] → **que.**

qu'est-ce qui [kɛski] → **que.**

question [kɛstjɔ̃] *nf* question; **y a-t-il des ~s?** (are there) any questions?; **poser une ~ à qqn** to ask sb a question; **il est ~ de faire qqch** it's a question OU matter of doing sthg; **il n'en est pas ~** there is no question of it; **remettre qqn/qqch en ~ to** question sb/sthg, to challenge sb/sthg; **~ subsidiaire** tiebreaker.

questionnaire [kɛstjɔnɛr] *nm* questionnaire.

questionner [kɛstjɔne] [3] *vt* to question.

quête [kɛt] *nf* **-1.** *sout* [d'objet, de personne] quest; **se mettre en ~ de** to go in search of. **-2.** [d'aumône]: **faire la ~** to take a collection.

quêter [kete] [4] ◇ *vi* to collect. ◇ *vt fig* to seek, to look for.

quetsche [kwɛtʃ] *nf* **-1.** [fruit] variety of plum. **-2.** [eau-de-vie] *type of plum brandy.*

queue [kø] *nf* **-1.** [d'animal] tail; **faire une ~ de poisson à qqn** *fig & AUTOM* to cut sb up; **histoire sans ~ ni tête** *fig* cock-and-bull story. **-2.** [de fruit] stalk. **-3.** [de poêle] handle. **-4.** [de liste, de classe] bottom; [de file, peloton] rear. **-5.** [file] line *Am,* queue *Br;* **faire la ~** to stand in line *Am,* to queue *Br;* **à la ~ leu leu** in single file. **-6.** *vulg* [sexe masculin] dick.

queue-de-cheval [kødʃəval] (*pl* **queues-de-cheval**) *nf* ponytail.

queue-de-pie [kødpi] (*pl* **queues-de-pie**) *nf fam* tails (*pl*).

qui [ki] ◇ *pron rel* **-1.** (*sujet*) [personne] who; [chose] which, that; **l'homme ~ parle** the man who's talking; **je l'ai vu ~ passait** I saw him pass; **le chien ~ aboie** the barking dog, the dog which OU that is barking; **~ plus est** (and) what's more; **~ mieux est** even better, better still. **-2.** (*complément d'objet direct*) who; **tu vois ~ je veux dire** you see who I mean; **invite ~ tu veux in-**

vite whoever OU anyone you like. **-3.** (*après une préposition*) who, whom; **la personne à ~ je parle** the person I'm talking to, the person to whom I'm talking. **-4.** (*indéfini*): **~ que tu sois** whoever you are; **~ que ce soit** whoever it may be.

◇ *pron interr* **-1.** (*sujet*) who; **~ es-tu?** who are you?; **je voudrais savoir ~ est là** I would like to know who's there. **-2.** (*complément d'objet, après une préposition*) who, whom; **~ demandez-vous?** who do you want to see?; **dites-moi ~ vous demandez** tell me who you want to see; **à ~ vas-tu le donner?** who are you going to give it to?; **à ~** to whom are you going to give it?

◆ **qui est-ce qui** *pron interr* who.

◆ **qui est-ce que** *pron interr* who, whom.

quiche [kiʃ] *nf* quiche.

quiconque [kikɔ̃k] ◇ *pron indéf* anyone, anybody. ◇ *pron rel indéf sout* anyone who, whoever.

Quid [kwid] *n*: **le ~** *annually updated one-volume encyclopedia of facts and figures.*

quidam [kidam] *nm fam* guy *Am,* chap *Br.*

quiétude [kjetyd] *nf* tranquility *Am,* tranquillity *Br.*

quignon [kiɲɔ̃] *nm fam* hunk.

quille [kij] *nf* **-1.** [de bateau] keel. **-2.** *arg mil*: **la ~** discharge, demob *Br.*

◆ **quilles** *nfpl* **-1.** [jeu]: **(jeu de) ~s** skittles (*U*). **-2.** *fam* [jambes] pins.

quincaillerie [kɛ̃kajri] *nf* **-1.** [ustensiles] hardware, ironmongery *Br.* **-2.** [magasin] hardware shop, ironmonger's (shop) *Br.* **-3.** *fam fig* [bijoux] jewellery.

quincaillier, -ière [kɛ̃kaje, jɛr] *nm, f* hardware dealer, ironmonger *Br.*

quinconce [kɛ̃kɔ̃s] *nm*: **en ~** in a staggered arrangement.

quinine [kinin] *nf* quinine.

quinquagénaire [kɛ̃kaʒenɛr] ◇ *nmf* fifty year old. ◇ *adj*: **être ~** to be in one's fifties.

quinquennal, -e, -aux [kɛ̃kenal, o] *adj* [plan] five-year (*avant n*); [élection] five-yearly.

quintal, -aux [kɛ̃tal, o] *nm* quintal.

quinte [kɛ̃t] *nf MUS* fifth.

◆ **quinte de toux** *nf* coughing fit.

quintessence [kɛ̃tesɑ̃s] *nf* quintessence.

quintette [kɛ̃tɛt] *nm* quintet.

quintuple [kɛ̃typl] *nm & adj* quintuple.

quintupler [kɛ̃typle] [3] *vt & vi* to quintuple, to increase fivefold.

quinzaine [kɛ̃zɛn] *nf* **-1.** [nombre] fifteen (or so); **une ~ de** about fifteen. **-2.** [deux se-**

maines] two weeks (*pl*), fortnight *Br*; ~ **publicitaire/commerciale** two-week advertising campaign/sale.

quinze [kɛ̃z] ◇ *adj num* fifteen; **dans ~ jours** in two weeks, in a fortnight *Br*; *voir aussi* **six**. ◇ *nm* **-1.** [chiffre] fifteen. **-2.** RUGBY: **le Quinze de France** the French fifteen.

quinzième [kɛ̃zjɛm] *adj num, nm & nmf* fifteenth; *voir aussi* **sixième**.

quiproquo [kiprɔko] *nm* misunderstanding.

Quito [kito] *n* Quito.

quittance [kitɑ̃s] *nf* receipt.

quitte [kit] *adj* quits; **être ~ de qqch** to be clear of sthg; **en être ~ pour qqch/pour faire qqch** to get off with sthg/doing sthg; **~ à faire qqch** even if it means doing sthg; **~ ou double** double or quits.

quitter [kite] [3] *vt* **-1.** [gén] to leave; **ne quittez pas!** [au téléphone] hold the line, please! **-2.** [fonctions] to give up. **-3.** [vêtement] to take off.
◆ **se quitter** *vp* to part.

quitus [kitys] *nm* discharge.

qui-vive [kiviv] ◇ *interj* who goes there? ◇ *nm inv*: **être sur le ~** to be on the alert.

quoi [kwa] ◇ *pron rel* (*après prép*): **ce à ~ je me suis intéressée** what I was interested in; **c'est en ~ vous avez tort** that's where you're wrong; **après ~** after which; **avoir de ~ vivre** to have enough to live on; **avez-vous de ~ écrire?** have you got something to write with?; **merci — il n'y a pas de ~** thank you — don't mention it.
◇ *pron interr* what; **à ~ penses-tu?** what are you thinking about?; **je ne sais pas à ~ dire** I don't know what to say; **à ~ bon?** what's the point OU use?; **~ de neuf?** what's new?; **~ de plus?** what else?; **décide-toi, ~!** *fam* make your mind up, will you?; **tu viens ou ~?** *fam* are you coming or what?
◆ **quoi que** *loc conj* (+ *subjonctif*) whatever; **~ qu'il arrive** whatever happens; **~ qu'il dise** whatever he says; **~ qu'il en soit** be that as it may.

quoique [kwakə] *conj* although, though.

quolibet [kɔlibɛ] *nm sout* jeer, taunt.

quorum [k(w)ɔrɔm] *nm* quorum.

quota [k(w)ɔta] *nm* quota.

quote-part [kɔtpar] (*pl* **quotes-parts**) *nf* share.

quotidien, -ienne [kɔtidjɛ̃, jɛn] *adj* daily.
◆ **quotidien** *nm* **-1.** [routine] daily life; **au ~** on a day-to-day basis. **-2.** [journal] daily (newspaper).

quotidiennement [kɔtidjɛnmɑ̃] *adv* daily, every day.

quotient [kɔsjɑ̃] *nm* quotient; **~ intellectuel** intelligence quotient.

R

r¹, R [ɛr] *nm inv* [lettre] r, R.
◆ **R** (*abr de* **rand**) R.

r² *abr de* **rue**.

rab [rab] *nm fam* [portion] seconds (*pl*); [travail] overtime.

rabâchage [rabaʃaʒ] *nm fam* constant harping on (*U*).

rabâcher [rabaʃe] [3] ◇ *vi fam* to harp on. ◇ *vt* to go over (and over).

rabais [rabɛ] *nm* reduction, discount; **au ~** *péj* [artiste] third-rate; [travailler] for a pittance.

rabaisser [rabɛse] [4] *vt* **-1.** [réduire] to reduce; [orgueil] to humble. **-2.** [personne] to belittle.
◆ **se rabaisser** *vp* **-1.** [se déprécier] to belittle o.s. **-2.** [s'humilier]: **se ~ à faire qqch** to demean o.s. by doing sthg.

rabat [raba] *nm* **-1.** [partie rabattue] flap. **-2.** [de robe d'avocat] bands (*pl*).

Rabat [raba] *n* Rabat.

rabat-joie [rabaʒwa] ◇ *nm inv* killjoy. ◇ *adj inv*: **être ~** to be a killjoy.

rabatteur, -euse [rabatœr, øz] *nm, f* **-1.** [de gibier] beater. **-2.** *fig & péj* [de clientèle] tout.

rabattre [rabatr] [83] *vt* **-1.** [col] to turn down. **-2.** [siège] to tilt back; [couvercle] to shut. **-3.** [somme] to deduct. **-4.** [gibier] to drive. **-5.** *fam* [clients] to tout for. **-6.** *loc*: **en ~** to climb down.
◆ **se rabattre** *vp* **-1.** [siège] to tilt back; [couvercle] to shut. **-2.** [voiture, coureur] to cut in. **-3.** [se contenter]: **se ~ sur** to fall back on.

rabattu, -e [rabaty] *pp* → **rabattre**.

rabbin [rabɛ̃] *nm* rabbi.

rabibocher [rabibɔʃe] [3] *vt* **-1.** *fam* [époux] to reconcile, to get back together. **-2.** *vieilli* [voiture] to patch up.
◆ **se rabibocher** *vp fam* to make (it) up.

rabiot [rabjo] *nm fam* [portion] seconds (*pl*), more; [travail] overtime.

râble [rabl] *nm* [de lapin] back; CULIN saddle.

râblé, -e [rable] *adj* stocky.

rabot [rabo] *nm* plane.

raboter [rabɔte] [3] *vt* to plane.

raboteux, -euse [rabɔtø, øz] *adj* uneven, rugged.

◆ **raboteuse** *nf* planing machine.

rabougri, -e [rabugri] *adj* **-1.** [plante] stunted. **-2.** [personne] shrivelled, wizened.

rabrouer [rabrue] [3] *vt* to snub.

racaille [rakaj] *nf péj* riffraff.

raccommodage [rakɔmɔdaʒ] *nm* mending.

raccommoder [rakɔmɔde] [3] *vt* **-1.** [vêtement] to mend. **-2.** *fam fig* [personnes] to reconcile, to get back together.

◆ **se raccommoder** *vp fam* to make (it) up.

raccompagner [rakɔ̃paɲe] [3] *vt* to see home, to take home.

raccord [rakɔr] *nm* **-1.** [liaison] join. **-2.** [pièce] connector, coupling. **-3.** CIN link.

raccordement [rakɔrdəmɑ̃] *nm* connection, linking.

raccorder [rakɔrde] [3] *vt*: ~ **qqch (à)** to connect sthg (to), to join sthg (to).

◆ **se raccorder** *vp*: **se** ~ **par** to be connected OU joined by; **se** ~ **à** to be connected to; *fig* [faits] to tie in with.

raccourci [rakursi] *nm* shortcut; **en** ~ in miniature.

raccourcir [rakursir] [32] ◇ *vt* to shorten. ◇ *vi* to grow shorter.

raccroc [rakro]
◆ **par raccroc** *loc adv* by a fluke.

raccrocher [rakrɔʃe] [3] ◇ *vt* to hang back up. ◇ *vi* **-1.** [au téléphone]: ~ **(au nez de qqn)** to hang up (on sb), to put the phone down (on sb). **-2.** *fam* [coureur] to give up.

◆ **se raccrocher** *vp*: **se** ~ **à** to cling to, to hang on to.

race [ras] *nf* [humaine] race; [animale] breed; **de** ~ pedigree; [cheval] thoroughbred.

racé, -e [rase] *adj* **-1.** [animal] purebred. **-2.** [voiture] of distinction.

rachat [raʃa] *nm* **-1.** [transaction] repurchase. **-2.** *fig* [de péchés] atonement.

racheter [raʃte] [28] *vt* **-1.** [acheter en plus - gén] to buy another; [- pain, lait] to buy some more. **-2.** [acheter d'occasion] to buy. **-3.** [acheter après avoir vendu] to buy back. **-4.** *fig* [péché, faute] to atone for; [défaut, lapsus] to make up for. **-5.** [prisonnier] to ransom. **-6.** [honneur] to redeem. **-7.** COMM [société] to buy out.

◆ **se racheter** *vp fig* to redeem o.s.

rachitique [raʃitik] *adj* suffering from rickets.

rachitisme [raʃitism] *nm* rickets (*U*).

racial, -e, -iaux [rasjal, jo] *adj* racial.

racine [rasin] *nf* root; [de nez] base; ~ **carrée/cubique** MATHS square/cube root.

racisme [rasism] *nm* racism.

raciste [rasist] *nmf & adj* racist.

racket [rakɛt] *nm* racket.

racketter [rakɛte] [4] *vt*: ~ **qqn** to subject sb to a protection racket.

racketteur [rakɛtœr] *nm* racketeer.

raclée [rakle] *nf fam* hiding, thrashing.

racler [rakle] [3] *vt* to scrape; **ce vin racle le gosier** this wine is a bit rough.

◆ **se racler** *vp*: **se** ~ **la gorge** to clear one's throat.

raclette [raklɛt] *nf* **-1.** CULIN *melted cheese served with jacket potatoes*. **-2.** [outil] scraper.

racloir [raklwar] *nm* scraper.

racolage [rakɔlaʒ] *nm fam péj* [par commerçant] touting; [par prostituée] soliciting.

racoler [rakɔle] [3] *vt fam péj* [suj: commerçant] to tout for; [suj: prostituée] to solicit.

racoleur, -euse [rakɔlœr, øz] *adj fam péj* [air, sourire] come-hither; [publicité] strident.

◆ **racoleur** *nm fam péj* tout.

◆ **racoleuse** *nf fam péj* streetwalker.

racontar [rakɔ̃tar] *nm fam péj* piece of gossip.

◆ **racontars** *nmpl fam péj* tittle-tattle (*U*).

raconter [rakɔ̃te] [3] *vt* **-1.** [histoire] to tell, to relate; [événement] to relate, to tell about; ~ **qqch à qqn** to tell sb sthg, to relate sthg to sb. **-2.** [ragot, mensonge] to tell; **qu'est-ce que tu racontes?** what are you on about?

racornir [rakɔrnir] [32] *vt* to harden.

◆ **se racornir** *vp* to become hard.

radar [radar] *nm* radar; **marcher au** ~ *fam* to be on automatic pilot.

rade [rad] *nf* (natural) harbor *Am* OU harbour *Br*; **rester en** ~ *fam fig* to be left stranded.

radeau, -x [rado] *nm* **-1.** [embarcation] raft. **-2.** [train de bois] timber raft.

radial, -e, -iaux [radjal, jo] *adj* radial.

radiateur [radjatœr] *nm* radiator.

radiation [radjasjɔ̃] *nf* **-1.** PHYS radiation. **-2.** [de liste, du barreau] striking off.

radical, -e, -aux [radikal, o] *adj* radical.

◆ **radical** *nm* **-1.** [gén] radical. **-2.** LING stem.

radicalement [radikalmã] *adv* radically.

radier [radje] [9] *vt* to strike off.

radiesthésiste [radjɛstezist] *nmf* diviner (*by radiation*).

radieux, -ieuse [radjø, jøz] *adj* radiant; [soleil] dazzling.

radin, -e [radɛ̃, in] *fam péj* ◇ *adj* stingy. ◇ *nm, f* skinflint.

radiner [radine] [3]
◆ **se radiner** *vp fam* to get one's skates on, to get a move on.

radio [radjo] ◇ *nf* **-1.** [station, poste] radio; à la ~ on the radio; **allumer** OU **mettre la** ~ to switch on the radio; **éteindre la** ~ to switch off the radio; ~ **pirate** pirate radio. **-2.** MÉD: **passer une** ~ to have an x-ray, to be x-rayed. ◇ *nm* radio operator.

radioactif, -ive [radjoaktif, iv] *adj* radioactive.

radioactivité [radjoaktivite] *nf* radioactivity.

radioamateur [radjoamatœr] *nm* (radio) ham.

radiodiffuser [radjodifyze] [3] *vt* to broadcast.

radiodiffusion [radjodifyzjɔ̃] *nf* broadcasting.

radioélectrique [radjoelɛktrik] *adj* radio (*avant n*).

radiographie [radjografi] *nf* **-1.** [technique] radiography. **-2.** [image] x-ray.

radiographier [radjografje] [9] *vt* to x-ray.

radiologie [radjɔlɔʒi] *nf* radiology.

radiologue [radjɔlɔg], **radiologiste** [radjɔlɔʒist] *nmf* radiologist.

radiophonique [radjofɔnik] *adj* radio (*avant n*).

radioréveil (*pl* radioréveils), **radio-réveil** (*pl* radios-réveils) [radjɔrevɛj] *nm* radio alarm, clock radio.

radioscopie [radjɔskɔpi] *nf* radioscopy.

radio-taxi [radjɔtaksi] (*pl* radio-taxis) *nm* radio taxi, radio-cab.

radiotéléphone [radjɔtelefɔn] *nm* cordless telephone, portable telephone.

radiotélévisé, -e [radjɔtelevize] *adj* broadcast on both radio and television.

radiothérapie [radjɔterapi] *nf* radiotherapy.

radis [radi] *nm* radish; **n'avoir plus un** ~ *fig* not to have a cent *Am* OU penny *Br* (to one's name).

radium [radjɔm] *nm* radium.

radius [radjys] *nm* radius.

radotage [radɔtaʒ] *nm* rambling.

radoter [radɔte] [3] *vi* to ramble.

radouber [radube] [3] *vt* to repair.

radoucir [radusir] [32] *vt* to soften.
◆ **se radoucir** *vp* [temps] to become milder; [personne] to calm down.

radoucissement [radusismɑ̃] *nm* **-1.** [d'attitude] softening. **-2.** [de température] rise; **un** ~ **du temps** a spell of milder weather.

rafale [rafal] *nf* **-1.** [de vent] gust; **en** ~**s** in gusts OU bursts. **-2.** [de coups de feu, d'applaudissements] burst.

raffermir [rafermir] [32] *vt* **-1.** [muscle] to firm up. **-2.** *fig* [pouvoir] to strengthen.
◆ **se raffermir** *vp* **-1.** [muscle] to firm up. **-2.** *fig* [prix, autorité] to strengthen.

raffinage [rafinaʒ] *nm* refining.

raffiné, -e [rafine] *adj* refined.

raffinement [rafinmɑ̃] *nm* refinement.

raffiner [rafine] [3] ◇ *vt* to refine. ◇ *vi:* ~ **sur** to be meticulous about.

raffinerie [rafinri] *nf* refinery.

raffoler [rafɔle] [3] *vi:* ~ **de** qqn/qqch to adore sb/sthg.

raffut [rafy] *nm fam* row, racket.

rafiot, rafiau [rafjo] *nm fam péj* tub (*boat*).

rafistoler [rafistɔle] [3] *vt fam* to patch up.

rafle [rafl] *nf* raid.

rafler [rafle] [3] *vt* to swipe.

rafraîchir [rafreʃir] [32] ◇ *vt* **-1.** [nourriture, vin] to chill, to cool; [air] to cool. **-2.** [vêtement, appartement] to smarten up; *fig* [mémoire, idées] to refresh; [connaissances] to brush up. ◇ *vi* to cool (down).
◆ **se rafraîchir** *vp* **-1.** [se refroidir] to cool (down). **-2.** [en buvant] to have a drink.

rafraîchissant, -e [rafreʃisɑ̃, ɑ̃t] *adj* refreshing.

rafraîchissement [rafreʃismɑ̃] *nm* **-1.** [de climat] cooling. **-2.** [boisson] cold drink; **prendre un** ~ to have a drink. **-3.** [de vêtement, d'appartement] smartening up.

raft(ing) [raft(iŋ)] *nm* whitewater rafting.

ragaillardir [ragajardir] [32] *vt fam* to buck up, to perk up.

rage [raʒ] *nf* **-1.** [fureur] rage; **être ivre** OU **fou de** ~ to be mad with rage; **la** ~ **au ventre** OU **cœur** seething with rage; **faire** ~ [tempête] to rage. **-2.** [manie]: ~ **de faire** qqch mania for doing sthg. **-3.** [maladie] rabies (*U*).
◆ **rage de dents** *nf* (raging) toothache.

rageant, -e [raʒɑ̃, ɑ̃t] *adj fam* infuriating.

rager [raʒe] [17] *vi fam* to fume.

rageur, -euse [raʒœr, øz] *adj* bad-tempered.

rageusement [raʒøzmɑ̃] *adv* furiously.

raglan [raglɑ̃] ◇ *nm inv* raglan coat. ◇ *adj inv* raglan (*avant n*).

ragot [rago] *nm* (*gén pl*) *fam* (malicious) rumor *Am* OU rumour *Br*, tittle-tattle (*U*).

ragoût [ragu] *nm* stew.

ragoûtant, -e [ragutɑ̃, ɑ̃t] *adj*: **peu** OU **pas très** ~ *péj* [plat] not very appetizing; *fig* [idée] not very inviting.

rai [rɛ] *nm littéraire* [de soleil] ray.

raid [rɛd] *nm* -**1.** AÉRON, BOURSE & MIL raid; ~ **aérien** air raid. -**2.** SPORT long-distance rally.

raide [rɛd] ◇ *adj* -**1.** [cheveux] straight. -**2.** [tendu - corde] taut; [- membre] stiff. -**3.** [pente] steep. -**4.** [personne - attitude physique] stiff, starchy; [- caractère] inflexible. -**5.** *fam* [histoire] hard to swallow, far-fetched. -**6.** *fam* [chanson] rude, blue. -**7.** *fam* [sans le sou] broke. ◇ *adv* -**1.** [abruptement] steeply. -**2.** *loc*: **tomber** ~ **mort** to fall down dead.

raideur [rɛdœr] *nf* -**1.** [de membre] stiffness. -**2.** [de personne - attitude physique] stiffness, starchiness; [- caractère] inflexibility.

raidillon [rɛdijɔ̃] *nm* steep (section of) road.

raidir [rɛdir] [32] *vt* [muscle] to tense; [corde] to tighten, to tauten.
◆ **se raidir** *vp* -**1.** [se contracter] to grow stiff, to stiffen. -**2.** *fig* [résister]: **se** ~ **contre** to steel o.s. against.

raie [rɛ] *nf* -**1.** [rayure] stripe. -**2.** [dans les cheveux] part *Am*, parting *Br*. -**3.** [des fesses] crack. -**4.** [poisson] skate.

raifort [rɛfɔr] *nm* horseradish.

rail [raj] *nm* rail; **remettre qqn/qqch sur les** ~**s** to put sb/sthg back on the rails, to get sb/sthg back on the rails.

railler [raje] [3] *vt sout* to mock (at).
◆ **se railler** *vp*: **se** ~ **de** *sout* to mock (at).

raillerie [rajri] *nf sout* mockery (*U*).

railleur, -euse [rajœr, øz] *sout* ◇ *adj* mocking. ◇ *nm, f* scoffer.

rainette [rɛnɛt] *nf* tree frog.

rainure [rɛnyr] *nf* [longue] groove, channel; [courte] slot.

raisin [rɛzɛ̃] *nm* [fruit] grapes (*pl*); ~ **blanc/noir** white/black grapes; ~**s de Corinthe** currants; ~**s secs** raisins.

raison [rɛzɔ̃] *nf* -**1.** [gén] reason; **perdre la** ~ not to be in one's right mind; **recouvrer la** ~ to come to one's senses; **à plus forte** ~ all the more (so); **se faire une** ~ to resign o.s.; ~ **de plus pour faire qqch** all the more reason to do sthg. -**2.** [justesse, équité]: **avoir** ~ to be right; **avoir** ~ **de faire qqch** to be right to do sthg; **avoir** ~ **de**

qqn/qqch to get the better of sb/sthg; **donner** ~ **à qqn** to prove sb right.
◆ **à raison de** *loc prép* at (the rate of).
◆ **en raison de** *loc prép* owing to, because of.

raisonnable [rɛzɔnabl] *adj* reasonable.

raisonnablement [rɛzɔnabləmɑ̃] *adv* -**1.** [agir, parler] reasonably. -**2.** [manger, boire] in moderation.

raisonnement [rɛzɔnmɑ̃] *nm* -**1.** [faculté] reason, power of reasoning. -**2.** [argumentation] reasoning, argument.

raisonner [rɛzɔne] [3] ◇ *vt* [personne] to reason with. ◇ *vi* -**1.** [penser] to reason. -**2.** [discuter]: ~ **avec** to reason with.
◆ **se raisonner** *vp* [personne] to be reasonable.

raisonneur, -euse [rɛzɔnœr, øz] ◇ *adj* reasoning; *péj* argumentative. ◇ *nm, f* argumentative person.

rajeunir [raʒœnir] [32] ◇ *vt* -**1.** [suj: couleur, vêtement]: ~ **qqn** to make sb look younger. -**2.** [suj: personne]: ~ **qqn de trois ans** to take three years off sb's age. -**3.** [vêtement, canapé] to renovate, to do up; [meubles] to modernize. -**4.** *fig* [parti] to rejuvenate. ◇ *vi* -**1.** [personne] to look younger; [se sentir plus jeune] to feel younger OU rejuvenated. -**2.** [faubourg] to be modernized.
◆ **se rajeunir** *vp* to lie about one's age.

rajeunissement [raʒœnismɑ̃] *nm* [de population] drop in age.

rajout [raʒu] *nm* addition.

rajouter [raʒute] [3] *vt* to add; **en** ~ *fam* to exaggerate.

rajuster [raʒyste], **réajuster** [reaʒyste] [3] *vt* to adjust; [cravate] to straighten.
◆ **se rajuster** *vp* to straighten one's clothes.

râle [ral] *nm* moan; [de mort] death rattle.

ralenti, -e [ralɑ̃ti] *adj* slow.
◆ **ralenti** *nm* -**1.** AUTOM idling speed; **tourner au** ~ AUTOM to idle; *fig* to tick over *Br*; **vivre au** ~ *fig* to take things easy. -**2.** CIN slow motion.

ralentir [ralɑ̃tir] [32] ◇ *vt* -**1.** [allure, expansion] to slow (down). -**2.** [rythme] to slacken. ◇ *vi* to slow down OU up.
◆ **se ralentir** *vp* to slow down OU up.

ralentissement [ralɑ̃tismɑ̃] *nm* -**1.** [d'allure, d'expansion] slowing (down). -**2.** [de rythme] slackening. -**3.** [embouteillage] hold-up. -**4.** PHYS deceleration.

râler [rale] [3] *vi* -**1.** [malade] to breathe with difficulty. -**2.** *fam* [grogner] to moan.

râleur, -euse [ralœr, øz] *fam* ◇ *adj* moaning (*avant n*). ◇ *nm, f* grumbler, moaner.

ralliement [ralimɑ̃] *nm* rallying.

rallier [ralje] [9] *vt* **-1.** [poste, parti] to join. **-2.** [suffrages] to win. **-3.** [troupes] to rally.
◆ **se rallier** *vp* to rally; **se ~ à** [parti] to join; [cause] to rally to; [avis] to come round to.

rallonge [ralɔ̃ʒ] *nf* **-1.** [de table] leaf, extension. **-2.** [électrique] extension (lead). **-3.** *fam* [de crédit] extension (of credit).

rallonger [ralɔ̃ʒe] [17] ◇ *vt* to lengthen. ◇ *vi* to lengthen, to get longer.

rallumer [ralyme] [3] *vt* **-1.** [feu, cigarette] to relight; *fig* [querelle] to revive. **-2.** [appareil, lumière électrique] to switch (back) on again.
◆ **se rallumer** *vp* **-1.** [feu, guerre, colère] to flare up again. **-2.** [lumière électrique] to come on again.

rallye [rali] *nm* rally.

RAM, Ram [ram] (*abr de* **Random access memory**) *nf* RAM.

ramadan [ramadɑ̃] *nm* Ramadan.

ramage [ramaʒ] *nm littéraire* [d'oiseau] song.
◆ **ramages** *nmpl* leafy design, foliage (*U*).

ramassage [ramasaʒ] *nm* collection; **~ scolaire** [action] pick-up (of school children); [service] school bus.

ramasse-miettes [ramasmjɛt] *nm inv* crumb-brush and tray (set).

ramasser [ramase] [3] *vt* **-1.** [récolter, réunir] to gather, to collect; *fig* [forces] to gather. **-2.** [prendre] to pick up. **-3.** *fig* [pensée] to sum up. **-4.** *fam* [claque, rhume] to get.
◆ **se ramasser** *vp* **-1.** [se replier] to crouch. **-2.** *fam* [tomber, échouer] to come a cropper.

ramassis [ramasi] *nm péj*: **un ~ de** a collection of.

rambarde [rɑ̃bard] *nf* (guard) rail.

rame [ram] *nf* **-1.** [aviron] oar. **-2.** RAIL train; **~ de métro** subway *Am* OU underground *Br* train. **-3.** [de papier] ream. **-4.** [tuteur] stake, pole.

rameau, -x [ramo] *nm* branch.
◆ **Rameaux** *nmpl*: **les Rameaux** Palm Sunday.

ramener [ramne] [19] *vt* **-1.** [remmener] to take back. **-2.** [rapporter, restaurer] to bring back. **-3.** [remettre] to put back. **-4.** [réduire]: **~ qqch à qqch** to reduce sthg to sthg, to bring sthg down to sthg. **-5.** *loc*: **il ramène tout à lui** he sees things only in terms of how they affect him; **la ~** *fam* to stick one's oar in.
◆ **se ramener** *vp* **-1.** [problème]: **se ~ à** to come down to. **-2.** *fam* [arriver] to turn up.

ramequin [ramkɛ̃] *nm* ramekin.

ramer [rame] [3] *vi* **-1.** [rameur] to row. **-2.** *fam fig* [peiner] to slog.

rameur, -euse [ramœr, øz] *nm, f* rower.

rameuter [ramøte] [3] *vt* to round up.

ramier [ramje] *nm* wood pigeon.

ramification [ramifikasjɔ̃] *nf* **-1.** [division] branch. **-2.** (*gén pl*) *fig* [de complot] ramification.

ramifier [ramifje] [9]
◆ **se ramifier** *vp* to branch out.

ramolli, -e [ramɔli] ◇ *adj* soft; *fig* soft (in the head). ◇ *nm, f fam fig* thicko, half-wit.

ramollir [ramɔlir] [32] *vt* **-1.** [beurre] to soften. **-2.** *fam fig* [ardeurs] to cool.
◆ **se ramollir** *vp* **-1.** [beurre] to go soft, to soften. **-2.** *fam fig* [courage] to weaken.

ramonage [ramɔnaʒ] *nm* chimney sweeping.

ramoner [ramɔne] [3] *vt* to sweep.

ramoneur [ramɔnœr] *nm* (chimney) sweep.

rampant, -e [rɑ̃pɑ̃, ɑ̃t] *adj* **-1.** [animal] crawling. **-2.** [plante] creeping. **-3.** *fig* [attitude] grovelling.
◆ **rampants** *nmpl arg aéron* ground staff (*U*).

rampe [rɑ̃p] *nf* **-1.** [d'escalier] banister, handrail; **lâcher la ~** *fam* to kick the bucket. **-2.** [d'accès] ramp; **~ de lancement** launch pad. **-3.** THÉÂTRE: **la ~** the footlights (*pl*).

ramper [rɑ̃pe] [3] *vi* **-1.** [animal, soldat, enfant] to crawl. **-2.** [plante] to creep. **-3.** *fig* [personne]: **~ devant** to grovel to. **-4.** *fig* [inquiétude] to creep.

rancard, rencard [rɑ̃kar] *nm fam* [rendez-vous] date, meeting.

rancart, rencart [rɑ̃kar] *nm*: **mettre au ~** to chuck out.

rance [rɑ̃s] ◇ *nm*: **sentir le ~** to smell rancid. ◇ *adj* **-1.** [beurre] rancid. **-2.** *fig* [idéologie] stale.

ranch [rɑ̃tʃ] *nm* ranch.

rancir [rɑ̃sir] [32] *vi* to go rancid.

rancœur [rɑ̃kœr] *nf* rancor *Am*, rancour *Br*, resentment.

rançon [rɑ̃sɔ̃] *nf* ransom; *fig* price.

rancune [rɑ̃kyn] *nf* rancor *Am*, rancour *Br*, spite; **garder** OU **tenir ~ à qqn de qqch** to hold a grudge against sb for sthg; **sans ~!** no hard feelings!

rancunier, -ière [rɑ̃kynje, jɛr] ◇ *adj* vindictive, spiteful. ◇ *nm, f* vindictive OU spiteful person.

randonnée [rɑ̃dɔne] *nf* **-1.** [à pied] walk. **-2.** [à bicyclette] ride; [en voiture] drive. **-3.** [à skis] cross-country ski run.

randonneur, **-euse** [rɑ̃dɔnœr, øz] *nm, f* walker, rambler.

rang [rɑ̃] *nm* **-1.** [d'objets, de personnes] row; **se mettre en ~ par deux** to line up in twos; **en ~ d'oignons** *fig* in a row OU line. **-2.** MIL rank; **de haut ~** high-ranking; **se mettre sur les ~s** to be in the running; **grossir les ~s de** to swell the ranks of. **-3.** [position sociale] station. **-4.** *Can* [peuplement rural] rural district. **-5.** *Can* [chemin] country road.

rangé, **-e** [rɑ̃ʒe] *adj* [sérieux] well-ordered, well-behaved.

rangée [rɑ̃ʒe] *nf* row.

rangement [rɑ̃ʒmɑ̃] *nm* tidying up.

ranger [rɑ̃ʒe] [17] *vt* **-1.** [élèves, soldats] to line up. **-2.** [chambre] to tidy. **-3.** [objets] to arrange. **-4.** [voiture] to park. **-5.** *fig* [livre, auteur]: **~ parmi** to rank among.
◆ **se ranger** *vp* **-1.** [élèves, soldats] to line up. **-2.** [voiture] to pull in. **-3.** [piéton] to step aside. **-4.** [s'assagir] to settle down. **-5.** *fig* [se rallier]: **se ~ à** to go along with; **se ~ à côté de** to side with.

Rangoon [rɑ̃gun] *n* Rangoon.

ranimer [ranime] [3] *vt* **-1.** [personne] to revive, to bring round. **-2.** [feu] to rekindle. **-3.** *fig* [sentiment] to rekindle, to reawaken.
◆ **se ranimer** *vp* **-1.** [personne] to come round, to come to. **-2.** *fig* [haine, ressentiment] to reawaken, to be renewed; [volcan] to become active again.

rapace [rapas] ◇ *nm* bird of prey. ◇ *adj* [cupide] rapacious, grasping.

rapacité [rapasite] *nf* rapaciousness.

rapatrié, **-e** [rapatrije] ◇ *nm, f* repatriated settler. ◇ *adj* repatriated.

rapatriement [rapatrimɑ̃] *nm* repatriation.

rapatrier [rapatrije] [10] *vt* to repatriate.

râpe [rap] *nf* **-1.** [de cuisine] grater; **~ à fromage** cheese grater. **-2.** [de menuisier] rasp. **-3.** *Helv fam* [avare] miser, skinflint.

râpé, **-e** [rape] *adj* **-1.** CULIN grated. **-2.** [manteau] threadbare. **-3.** *fam* [raté]: **c'est ~!** we've had it!
◆ **râpé** *nm* grated Gruyère cheese.

râper [rape] [3] *vt* **-1.** CULIN to grate. **-2.** [bois, métal] to rasp.

rapetasser [raptase] [3] *vt fam péj* to patch up.

râpeux, **-euse** [rapø, øz] *adj* **-1.** [tissu] rough. **-2.** [vin] harsh.

raphia [rafja] *nm* raffia.

rapide [rapid] ◇ *adj* **-1.** [gén] rapid. **-2.** [train, coureur] fast. **-3.** [pente] steep. **-4.** [mu-

sique, intelligence] lively, quick. ◇ *nm* **-1.** [train] express (train). **-2.** [de fleuve] rapid.

rapidement [rapidmɑ̃] *adv* rapidly.

rapidité [rapidite] *nf* rapidity.

rapiécer [rapjese] [20] *vt* to patch.

rapière [rapjɛr] *nf* rapier.

rappel [rapɛl] *nm* **-1.** [de réservistes, d'ambassadeur] recall. **-2.** [souvenir] reminder; **~ à l'ordre** call to order. **-3.** [de paiement] back pay. **-4.** [de vaccination] booster. **-5.** [au spectacle] curtain call, encore. **-6.** SPORT abseiling; **descendre en ~** to abseil (down). **-7.** TECHNOL: **ressort de ~** return spring.

rappeler [raple] [24] *vt* **-1.** [gén] to call back; **~ qqn à qqch** *fig* to bring sb back to sthg. **-2.** [faire penser à]: **~ qqch à qqn** to remind sb of sthg; **ça rappelle les vacances** it reminds me of my holidays.
◆ **se rappeler** *vp* to remember.

rappelle, **rappelles** *etc* → **rappeler**.

rappliquer [raplike] [3] *vi fam* to turn up, to show up.

rapport [rapɔr] *nm* **-1.** [corrélation] link, connection; **~ de causalité** causal link; **je ne vois pas le ~** I don't see the connection. **-2.** [contact]: **se mettre en ~ avec qqn** to get in touch with sb. **-3.** [compte-rendu] report. **-4.** [profit] return, yield. **-5.** MATHS ratio; **un excellent ~ qualité-prix** excellent value for money.
◆ **rapports** *nmpl* **-1.** [relations] relations. **-2.** [sexuels]: **~s (sexuels)** intercourse (sg); **avoir des ~s (sexuels) avec qqn** to have sex with sb.
◆ **par rapport à** *loc prép* in comparison to, compared with.

rapporter [rapɔrte] [3] *vt* to bring back.
◆ **se rapporter** *vp*: **se ~ à** to refer OU relate to.

rapporteur, **-euse** [rapɔrtœr, øz] ◇ *adj* sneaky, telltale (*avant n*). ◇ *nm, f* sneak, telltale.
◆ **rapporteur** *nm* **-1.** [de commission] rapporteur. **-2.** GÉOM protractor.

rapprochement [raprɔʃmɑ̃] *nm* **-1.** [d'objets, de personnes] bringing together. **-2.** *fig* [entre événements] link, connection. **-3.** *fig* [de pays, de parti] rapprochement, coming together.

rapprocher [raprɔʃe] [3] *vt* **-1.** [mettre plus près]: **~ qqn/qqch de qqch** to bring sb/sthg nearer to sthg, to bring sb/sthg closer to sthg. **-2.** *fig* [personnes] to bring together. **-3.** *fig* [idée, texte]: **~ qqch (de)** to compare sthg (with).
◆ **se rapprocher** *vp* **-1.** [approcher]: **se ~ (de qqn/qqch)** to approach (sb/sthg). **-2.** [se

ressembler]: **se ~ de qqch** to be similar to sthg. **-3.** [se réconcilier]: **se ~ de qqn** to become closer to sb.

rapsodie = rhapsodie.

rapt [rapt] *nm* abduction.

raquette [rakɛt] *nf* **-1.** [de tennis, de squash] racket; [de ping-pong] bat. **-2.** [à neige] snowshoe.

rare [rar] *adj* **-1.** [peu commun, peu fréquent] rare; **ses ~s amis** his few friends. **-2.** [peu dense] sparse. **-3.** [surprenant] unusual, surprising.

raréfaction [rarefaksjɔ̃] *nf* scarcity; [d'air] rarefaction.

raréfier [rarefje] [9] *vt* to rarefy.
◆ **se raréfier** *vp* to become rarefied.

rarement [rarmɑ̃] *adv* rarely.

rareté [rarte] *nf* **-1.** [de denrées, de nouvelles] scarcity. **-2.** [de visites, de lettres] infrequency. **-3.** [objet précieux] rarity.

rarissime [rarisim] *adj* extremely rare.

ras, -e [ra, raz] *adj* **-1.** [herbe, poil] short. **-2.** [mesure] full.
◆ **ras** *adv* short; **à ~** short; **à ~ de** level with; **en avoir ~ le bol** *fam* to be fed up.
◆ **ras du cou, ras le cou** *loc adj* crewneck, round-neck.

RAS (*abr de* rien à signaler) nothing to report.

rasade [razad] *nf* glassful.

rasage [razaʒ] *nm* shaving.

rasant, -e [razɑ̃, ɑ̃t] *adj* **-1.** [lumière] low-angled. **-2.** *fam* [film, discours] boring.

rascasse [raskas] *nf* scorpion fish.

rase-mottes [razmɔt] *nm inv* hedge-hopping.

raser [raze] [3] *vt* **-1.** [barbe, cheveux] to shave off. **-2.** [mur, sol] to hug. **-3.** [village] to raze. **-4.** *fam* [personne] to bore.
◆ **se raser** *vp* **-1.** [avec rasoir] to shave. **-2.** *fam* [s'ennuyer] to be bored.

raseur, -euse [razœr, øz] ◇ *adj* boring. ◇ *nm, f* bore.

ras-le-bol [ralbɔl] *nm inv fam* discontent; **~!** *fam* that's enough!

rasoir [razwar] ◇ *nm* razor; **~ électrique** electric shaver; **~ mécanique** safety razor. ◇ *adj inv fam* boring.

rassasier [rasazje] [9] *vt* to satisfy.
◆ **se rassasier** *vp*: **se ~ de** to tire of, to have one's fill of.

rassemblement [rasɑ̃bləmɑ̃] *nm* **-1.** [d'objets] collecting, gathering. **-2.** [foule] crowd, gathering. **-3.** [union, parti] union. **-4.** MIL parade; **~!** fall in!

rassembler [rasɑ̃ble] [3] *vt* **-1.** [personnes, documents] to collect, to gather. **-2.** [courage] to summon up; [idées] to collect.
◆ **se rassembler** *vp* **-1.** [manifestants] to assemble. **-2.** [famille] to get together.

rasseoir [raswar] [65]
◆ **se rasseoir** *vp* to sit down again.

rasséréner [raserene] [18] *vt sout* to calm down.
◆ **se rasséréner** *vp sout* to recover one's serenity.

rassis, -e [rasi, iz] *adj* **-1.** [pain] stale. **-2.** *sout* [esprit] calm, sober.

rassurant, -e [rasyrɑ̃, ɑ̃t] *adj* reassuring.

rassuré, -e [rasyre] *adj* confident, at ease.

rassurer [rasyre] [3] *vt* to reassure.
◆ **se rassurer** *vp* to feel at ease OU reassured; **rassurez-vous** don't worry.

rat [ra] ◇ *nm* rat; **petit ~** *fig* young ballet pupil; **être fait comme un ~** to be cornered. ◇ *adj fam* [avare] mean, stingy.

ratage [rataʒ] *nm* bungling, messing up.

ratatiné, -e [ratatine] *adj* **-1.** [fruit, personne] shrivelled. **-2.** *fam fig* [vélo, bagnole] wrecked.

ratatiner [ratatine] [3] *vt* **-1.** [fruit, personne] to shrivel. **-2.** *fam* [démolir] to wreck.
◆ **se ratatiner** *vp* to shrivel up, to become wrinkled.

ratatouille [ratatuj] *nf* ratatouille.

rate [rat] *nf* **-1.** [animal] female rat. **-2.** [organe] spleen.

raté, -e [rate] *nm, f* [personne] failure.
◆ **raté** *nm* **-1.** (*gén pl*) AUTOM misfiring (*U*); **faire des ~s** to misfire. **-2.** *fig* [difficulté] problem.

râteau, -x [rato] *nm* rake.

râtelier [ratəlje] *nm* **-1.** [à fourrage, à outils] rack; **manger à tous les ~s** *fig* to have a finger in every pie. **-2.** *fam* [dentier] false teeth (*pl*).

rater [rate] [3] ◇ *vt* **-1.** [train, occasion] to miss. **-2.** [plat, affaire] to make a mess of; [examen] to fail. ◇ *vi* to go wrong.

ratification [ratifikasjɔ̃] *nf* ratification.

ratifier [ratifje] [9] *vt* to ratify.

ration [rasjɔ̃] *nf* [quantité] portion; *fig* share; **~ alimentaire** food intake.

rationalisation [rasjɔnalizasjɔ̃] *nf* rationalization.

rationaliser [rasjɔnalize] [3] *vt* to rationalize.

rationnel, -elle [rasjɔnɛl] *adj* rational.

rationnellement [rasjɔnɛlmɑ̃] *adv* rationally.

rationnement [rasjɔnmã] *nm* rationing; carte de ~ ration card.

rationner [rasjɔne] [3] *vt* to ration.
◆ **se rationner** *vp* to ration o.s.

ratissage [ratisaʒ] *nm* **-1.** [de jardin] raking. **-2.** [de quartier] search.

ratisser [ratise] [3] *vt* **-1.** [jardin] to rake. **-2.** [quartier] to search, to comb; ~ **large** to cast one's net wide. **-3.** *fam fig* [au jeu] to clean out. **-4.** RUGBY to heel.

raton [ratɔ̃] *nm* **-1.** ZOOL young rat. **-2.** *tfam* [Arabe] *racist term used with reference to North African Arabs.*
◆ **raton laveur** *nm* racoon.

raton(n)ade [ratɔnad] *nf tfam racist term used to describe an attack on North African Arab immigrants.*

RATP (*abr de* **Régie autonome des transports parisiens**) *nf Paris transport authority.*

rattachement [rataʃmã] *nm* uniting, joining.

rattacher [rataʃe] [3] *vt* **-1.** [attacher de nouveau] to do up, to fasten again. **-2.** [relier]: ~ **qqch** à to join sthg to; *fig* to link sthg with. **-3.** [unir]: ~ **qqn** à to bind sb to.
◆ **se rattacher** *vp*: se ~ à to be linked to.

rattrapage [ratrapaʒ] *nm* SCOL: **cours de** ~ remedial class.

rattraper [ratrape] [3] *vt* **-1.** [animal, prisonnier] to recapture. **-2.** [temps]: ~ **le temps perdu** to make up for lost time. **-3.** [rejoindre] to catch up with. **-4.** [bus] to catch. **-5.** [erreur] to correct. **-6.** [personne qui tombe] to catch.
◆ **se rattraper** *vp* **-1.** [se retenir]: se ~ à qqn/qqch to catch hold of sb/sthg. **-2.** [compenser] to catch up. **-3.** [se faire pardonner] to make amends.

rature [ratyr] *nf* alteration.

raturer [ratyre] [3] *vt* to alter.

rauque [rok] *adj* hoarse, husky.

ravagé, -e [ravaʒe] *adj fam* [fou]: **être** ~ to be off one's head.

ravager [ravaʒe] [17] *vt* [gén] to devastate, to ravage.

ravages [ravaʒ] *nmpl* [de troupes] ravages, devastation (*sg*); [d'inondation] devastation (*sg*); [du temps] ravages; **faire des** ~ *fig* to break hearts.

ravalement [ravalmã] *nm* cleaning, restoration.

ravaler [ravale] [3] *vt* **-1.** [façade] to clean, to restore. **-2.** [personne]: ~ **qqn au rang de** to lower sb to the level of. **-3.** [salive] to swallow. **-4.** *fig* [larmes, colère] to stifle, to hold back.

◆ **se ravaler** *vp* to debase o.s., to demean o.s.

ravaudage [ravodaʒ] *nm* mending, repairing.

ravauder [ravode] [3] *vt* to mend, to repair.

rave [rav] *nf* **-1.** BOT rape. **-2.** [fête] rave (party).

ravi, -e [ravi] *adj*: ~ **(de)** delighted (with); je suis ravi de l'avoir trouvé I'm delighted that I found it, I'm delighted to have found it; je suis ravi qu'il soit venu I'm delighted (that) he has come; ~ **de vous connaître** pleased to meet you.

ravier [ravje] *nm* small dish.

ravigotant, -e [ravigɔtã, ãt] *adj fam* refreshing, stimulating.

ravigote [ravigɔt] *nf sauce of mustard, gherkins and capers.*

ravigoter [ravigɔte] [3] *vt fam* to perk up, to buck up.

ravin [ravɛ̃] *nm* ravine, gully.

raviné, -e [ravine] *adj* [visage] furrowed.

raviner [ravine] [3] *vt* to gully.

raviolis [ravjɔli] *nmpl* ravioli (*U*).

ravir [ravir] [32] *vt* **-1.** [charmer] to delight; à ~ beautifully. **-2.** *littéraire* [arracher]: ~ **qqch** à qqn to rob sb of sthg.

raviser [ravize] [3]
◆ **se raviser** *vp* to change one's mind.

ravissant, -e [ravisã, ãt] *adj* delightful, beautiful.

ravissement [ravismã] *nm* **-1.** [enchantement] delight. **-2.** *littéraire* [rapt] rape, ravishing.

ravisseur, -euse [ravisœr, øz] *nm, f* abductor.

ravitaillement [ravitajmã] *nm* [en denrées] resupplying; [en carburant] refuelling.

ravitailler [ravitaje] [3] *vt* [en denrées] to resupply; [en carburant] to refuel.
◆ **se ravitailler** *vp* [en denrées] to get fresh supplies; [en carburant] to refuel.

raviver [ravive] [3] *vt* **-1.** [feu] to rekindle. **-2.** [couleurs] to brighten up. **-3.** *fig* [douleur] to revive. **-4.** [plaie] to reopen.

ravoir [ravwar] *vt* **-1.** [jouet, livre] to get back. **-2.** *fam* [linge] to get clean.

rayé, -e [rɛje] *adj* **-1.** [tissu] striped. **-2.** [disque, vitre] scratched. **-3.** [canon] rifled.

rayer [rɛje] [11] *vt* **-1.** [disque, vitre] to scratch. **-2.** [nom, mot] to cross out; ~ **qqn d'une liste** to cross sb's name off a list. **-3.** [canon] to rifle.

rayon [rɛjɔ̃] *nm* **-1.** [de lumière] beam, ray; *fig* [d'espoir] ray. **-2.** (*gén pl*) [radiation] radia-

tion (*U*); ~ **laser** laser beam; ~**s X** X-rays.
-3. [de roue] spoke. **-4.** GÉOM radius; **dans
un ~ de** *fig* within a radius of; ~ **d'action**
range. **-5.** [étagère] shelf. **-6.** [dans un maga-
sin] department.

rayonnage [rɛjɔnaʒ] *nm* shelving.

rayonnant, -e [rɛjɔnɑ̃, ɑ̃t] *adj litt* & *fig* radiant.

rayonne [rɛjɔn] *nf* rayon.

rayonnement [rɛjɔnmɑ̃] *nm* **-1.** [gén] radiance; [des arts] influence. **-2.** PHYS radiation.

rayonner [rɛjɔne] [3] *vi* **-1.** [soleil] to shine;
~ **de joie** *fig* to radiate happiness. **-2.** [cul-
ture] to be influential. **-3.** [avenues, lignes,
chaleur] to radiate. **-4.** [touriste] to tour
around (*from a base*).

rayure [rɛjyr] *nf* **-1.** [sur étoffe] stripe. **-2.**
[sur disque, sur meuble] scratch. **-3.** [de fusil]
groove.

raz [ra]
◆ **raz de marée** *nm* tidal wave; POLIT &
fig landslide.

razzia [razja] *nf fam* raid; **faire une ~ sur**
raid, to plunder.

razzier [razje] [9] *vt* to raid, to plunder.

RBE (*abr de* **revenu brut d'exploitation**) *nm*
gross profit.

RBL (*abr de* **rouble**) R, Rub.

R-C *abr de* **rez-de-chaussée.**

r.d. (*abr de* **rive droite**) *right (north) bank of
the Seine.*

R-D (*abr de* **recherche-développement**) *nf*
R & D.

RDA (*abr de* **République démocratique al-
lemande**) *nf* GDR.

RDB (*abr de* **revenu disponible brut**) *nm*
gross disposable income.

RdC *abr de* **rez-de-chaussée.**

ré [re] *nm inv* MUS D; [dans la gamme] re.

ré- [re] *préfixe* re-.

réabonnement [reabɔnmɑ̃] *nm* subscription
renewal.

réabonner [reabɔne] [3] *vt*: ~ **qqn à** to renew sb's subscription to.
◆ **se réabonner** *vp*: **se** ~ **à** to renew
one's subscription to.

réac [reak] *nmf* & *adj péj* reactionary.

réaccoutumer [reakutyme] [3] *vt* to reaccustom.
◆ **se réaccoutumer** *vp*: **se** ~ **à** to reaccustom o.s. to.

réacteur [reaktœr] *nm* [d'avion] jet engine;
~ **nucléaire** nuclear reactor.

réactif, -ive [reaktif, iv] *adj* reactive.

◆ **réactif** *nm* reagent.

réaction [reaksjɔ̃] *nf*: ~ **(à/contre)** reaction
(to/against); ~ **en chaîne** chain reaction.

réactionnaire [reaksjɔnɛr] *nmf* & *adj péj* reactionary.

réactiver [reaktive] [3] *vt* to reactivate.

réactualisation [reaktɥalizasjɔ̃] *nf* [moderni-
sation] updating, bringing up to date.

réactualiser [reaktɥalize] [3] *vt* [moderniser]
to update, to bring up to date.

réadaptation [readaptasjɔ̃] *nf* rehabilitation.

réadapter [readapte] [3] *vt* to readapt; [acci-
denté] to rehabilitate.
◆ **se réadapter** *vp*: **se** ~ **à** to readapt to.

réaffirmer [reafirme] [3] *vt* to reaffirm.

réagir [reaʒir] [32] *vi*: ~ **(à/contre)** to react
(to/against); ~ **sur** to affect.

réajustement [reaʒystəmɑ̃] *nm* adjustment.

réajuster = **rajuster.**

réalisable [realizabl] *adj* **-1.** [projet] feasible.
-2. FIN realizable.

réalisateur, -trice [realizatœr, tris] *nm, f* CIN
& TÉLÉ director.

réalisation [realizasjɔ̃] *nf* **-1.** [de projet] carrying out. **-2.** CIN & TÉLÉ production.

réaliser [realize] [3] *vt* **-1.** [projet] to carry
out; [ambitions, rêves] to achieve, to realize.
-2. CIN & TÉLÉ to produce. **-3.** [s'apercevoir de]
to realize.
◆ **se réaliser** *vp* **-1.** [ambition] to be realized; [rêve] to come true. **-2.** [personne] to
fulfil o.s.

réalisme [realism] *nm* realism.

réaliste [realist] ◇ *nmf* realist. ◇ *adj* **-1.**
[personne, objectif] realistic. **-2.** ART & LITTÉRA-
TURE realist.

réalité [realite] *nf* reality; **en** ~ in reality.

réaménagement [reamenaʒmɑ̃] *nm* **-1.** [de
projet] restructuring. **-2.** [de taux d'intérêt] re-
adjustment.

réamorcer [reamɔrse] [16] *vt* to start up
again.

réanimation [reanimasjɔ̃] *nf* resuscitation;
en ~ in intensive care.

réanimer [reanime] [3] *vt* to resuscitate.

réapparaître [reaparɛtr] [91] *vi* to reappear.

réapparition [reaparisjɔ̃] *nf* reappearance.

réapprendre [reaprɑ̃dr] [79] *vt* to relearn.

réarmement [rearməmɑ̃] *nm* rearmament.

réassort [reasɔr] *nm* **-1.** [action] restocking.
-2. [result] fresh stock.

réassurance [reasyrɑ̃s] *nf* reinsurance.

rébarbatif, -ive [rebarbatif, iv] *adj* **-1.** [per-
sonne, visage] forbidding. **-2.** [travail] daunting.

rebâtir [rəbatir] [32] *vt* to rebuild.

rebattre [rəbatr] [83] *vt* [cartes] to reshuffle.

rebattu, -e [rəbaty] ◇ *pp* → **rebattre**. ◇ *adj* overworked, hackneyed.

rebelle [rəbɛl] *adj* **-1.** [personne] rebellious; [troupes] rebel (*avant n*); ~ **à** [discipline] unamenable to. **-2.** [mèche, boucle] unruly.

rebeller [rəbele] [4]
◆ **se rebeller** *vp*: **se ~ (contre)** to rebel (against).

rébellion [rebeljɔ̃] *nf* rebellion.

rebiffer [rəbife] [3]
◆ **se rebiffer** *vp fam*: **se ~ (contre)** to rebel (against).

reblochon [rəbləʃɔ̃] *nm cow's-milk cheese from Haute-Savoie*.

reboiser [rəbwaze] [3] *vt* to reafforest.

rebond [rəbɔ̃] *nm* bounce.

rebondi, -e [rəbɔ̃di] *adj* rounded.

rebondir [rəbɔ̃dir] [32] *vi* **-1.** [objet] to bounce; [contre mur] to rebound. **-2.** *fig* [affaire] to come to life (again).

rebondissement [rəbɔ̃dismɑ̃] *nm* [d'affaire] new development.

rebord [rəbɔr] *nm* [de table] edge; [de fenêtre] sill, ledge.

reboucher [rəbuʃe] [3] *vt* [bouteille] to put the cork back in, to recork; [trou] to fill in.

rebours [rəbur]
◆ **à rebours** *loc adv* the wrong way; *fig* the wrong way round, back to front.

rebouteux, -euse [rəbutø, øz], **rebouteur, -euse** [rəbutœr, øz] *nm, f fam* bonesetter.

reboutonner [rəbutɔne] [3] *vt* to rebutton.

rebrousse-poil [rəbruspwal]
◆ **à rebrousse-poil** *loc adv* the wrong way; **prendre qqn à ~** *fig* to rub sb up the wrong way.

rebrousser [rəbruse] [3] *vt* to brush back; ~ **chemin** *fig* to retrace one's steps.

rebuffade [rəbyfad] *nf* rebuff; **essuyer une ~** to be rebuffed.

rébus [rebys] *nm* rebus.

rebut [rəby] *nm* scrap; **mettre qqch au ~** to get rid of sthg, to scrap sthg.

rebutant, -e [rəbytɑ̃, ɑ̃t] *adj* **-1.** [travail] disheartening. **-2.** [manières] disgusting.

rebuter [rəbyte] [3] *vt* **-1.** [suj: travail] to dishearten. **-2.** [suj: manières] to disgust.

récalcitrant, -e [rekalsitrɑ̃, ɑ̃t] ◇ *adj* recalcitrant, stubborn. ◇ *nm, f* recalcitrant.

recaler [rəkale] [3] *vt fam* to fail.

récapitulatif, -ive [rekapitylatif, iv] *adj* summary (*avant n*).
◆ **récapitulatif** *nm* summary.

récapitulation [rekapitylasjɔ̃] *nf* recapitulation, recap.

récapituler [rekapityle] [3] *vt* to recapitulate, to recap.

recel [rəsɛl] *nm* [action] receiving OU handling stolen goods; [délit] possession of stolen goods.

receler [rəsəle] [25] *vt* **-1.** [objet volé] to receive, to handle. **-2.** *fig* [secret, trésor] to contain.

receleur, -euse [rəsəlœr, øz] *nm, f* receiver (*of stolen goods*).

récemment [resamɑ̃] *adv* recently.

recensement [rəsɑ̃smɑ̃] *nm* **-1.** [de population] census. **-2.** [d'objets] inventory.

recenser [rəsɑ̃se] [3] *vt* **-1.** [population] to take a census of. **-2.** [objets] to take an inventory of.

récent, -e [resɑ̃, ɑ̃t] *adj* recent.

recentrer [rəsɑ̃tre] [3] *vt* to refocus.

récépissé [resepise] *nm* receipt.

réceptacle [reseptakl] *nm* [lieu] gathering place.

récepteur, -trice [reseptœr, tris] *adj* receiving.
◆ **récepteur** *nm* receiver.

réceptif, -ive [reseptif, iv] *adj* receptive.

réception [resepsjɔ̃] *nf* **-1.** [gén] reception; **donner une ~** to hold a reception. **-2.** [de marchandises] receipt. **-3.** [bureau] reception (desk). **-4.** SPORT [de sauteur, skieur] landing; [du ballon - avec la main] catch; [- avec le pied] **bonne ~ de X qui ...** X traps the ball and ....

réceptionnaire [resepsjɔnɛr] *nmf* **-1.** [de marchandises] receiving clerk. **-2.** [à l'hôtel] head of reception.

réceptionner [resepsjɔne] [3] *vt* **-1.** [marchandises] to take delivery of. **-2.** [SPORT - avec la main] to catch; [- avec le pied] to control.

réceptionniste [resepsjɔnist] *nmf* receptionist.

récessif, -ive [resesif, iv] *adj* recessive.

récession [resesjɔ̃] *nf* recession.

recette [rəsɛt] *nf* **-1.** COMM takings (*pl*); **faire ~** *fig* to be a success. **-2.** CULIN recipe; *fig* [méthode] recipe, formula.

recevable [rəsəvabl] *adj* **-1.** [excuse, offre] acceptable. **-2.** JUR admissible.

receveur, -euse [rəsəvœr, øz] *nm, f* **-1.** ADMIN: ~ **des impôts** tax collector; ~ **des postes** postmaster (*f* postmistress). **-2.** [de bus] conductor (*f* conductress). **-3.** [de greffe] recipient.

recevoir [rəsəvwar] [52] *vt* **-1.** [gén] to receive. **-2.** [coup] to get, to receive. **-3.** [invités] to entertain; [client] to see; ~ **qqn à dîner** to have sb to dinner. **-4.** SCOL & UNIV: **être reçu à un examen** to pass an exam.
◆ **se recevoir** *vp* SPORT to land.

rechange [rəʃɑ̃ʒ]
◆ **de rechange** *loc adj* spare; *fig* alternative.

réchapper [reʃape] [3] *vi*: ~ **de** to survive.

recharge [rəʃarʒ] *nf* **-1.** [cartouche] refill. **-2.** [action - de batterie] recharging.

rechargeable [rəʃarʒabl] *adj* [batterie] rechargeable; [briquet] refillable.

recharger [rəʃarʒe] [17] *vt* **-1.** [batterie] to recharge. **-2.** [stylo, briquet] to refill. **-3.** [arme, camion, appareil-photo] to reload.

réchaud [reʃo] *nm* (portable) stove.

réchauffé, -e [reʃofe] *adj* [plat] reheated; *fig* rehashed.

réchauffement [reʃofmɑ̃] *nm* warming (up).

réchauffer [reʃofe] [3] *vt* **-1.** [nourriture] to reheat. **-2.** [personne] to warm up.
◆ **se réchauffer** *vp* to warm up.

rêche [rɛʃ] *adj* rough.

recherche [rəʃɛrʃ] *nf* **-1.** [quête & INFORM] search; **être à la ~ de** to be in search of; **se mettre** OU **partir à la ~ de** to go in search of; **faire** OU **effectuer des ~s** to make inquiries. **-2.** SCIENCE research; **faire de la ~** to do research. **-3.** [raffinement] elegance.

recherché, -e [rəʃɛrʃe] *adj* **-1.** [ouvrage] sought-after. **-2.** [raffiné - vocabulaire] refined; [- mets] exquisite.

rechercher [rəʃɛrʃe] [3] *vt* **-1.** [objet, personne] to search for, to hunt for. **-2.** [compagnie] to seek out.

rechigner [rəʃiɲe] [3] *vi*: ~ **à** to balk at.

rechute [rəʃyt] *nf* relapse.

rechuter [rəʃyte] [3] *vi* to relapse.

récidive [residiv] *nf* **-1.** JUR repeat offense *Am* OU offence *Br*. **-2.** MÉD recurrence.

récidiver [residive] [3] *vi* **-1.** JUR to commit another offense *Am* OU offence *Br*. **-2.** MÉD to recur.

récidiviste [residivist] *nmf* repeat OU persistent offender.

récif [resif] *nm* reef; ~ **de corail** coral reef.

récipiendaire [resipjɑ̃dɛr] *nmf sout* **-1.** [dans assemblée] newly elected member. **-2.** [de diplôme] recipient.

récipient [resipjɑ̃] *nm* container.

réciproque [resiprɔk] ◇ *adj* reciprocal. ◇ *nf*: **la ~** the reverse.

réciproquement [resiprɔkmɑ̃] *adv* mutually; **et ~** and vice versa.

récit [resi] *nm* story.

récital, -als [resital] *nm* recital.

récitatif [resitatif] *nm* recitative.

récitation [resitasjɔ̃] *nf* recitation.

réciter [resite] [3] *vt* to recite.

réclamation [reklamasjɔ̃] *nf* complaint; **faire/déposer une ~** to make/lodge a complaint.

réclame [reklam] *nf* **-1.** [annonce] advert, advertisement. **-2.** [publicité]: **la ~** advertising. **-3.** [promotion]: **en ~** on special offer.

réclamer [reklame] [3] *vt* **-1.** [demander] to ask for, to request; [avec insistance] to demand. **-2.** [nécessiter] to require, to demand.
◆ **se réclamer** *vp*: **se ~ de** [mouvement] to identify with.

reclasser [rəklase] [3] *vt* **-1.** [dossiers] to refile. **-2.** [chômeur] to find a new job for. **-3.** ADMIN to regrade.

reclus, -e [rəkly, yz] ◇ *adj sout* reclusive. ◇ *nm, f* recluse.

réclusion [reklyzjɔ̃] *nf* imprisonment; ~ **à perpétuité** life imprisonment.

recoiffer [rəkwafe] [3] *vt*: ~ **qqn** to do sb's hair again.
◆ **se recoiffer** *vp* to do one's hair again.

recoin [rəkwɛ̃] *nm* nook.

reçois, reçoit *etc* → recevoir.

recoller [rəkɔle] [3] *vt* to stick back together.

récolte [rekɔlt] *nf* **-1.** [AGRIC - action] harvesting (*U*), gathering (*U*); [- produit] harvest, crop. **-2.** *fig* collection.

récolter [rekɔlte] [3] *vt* to harvest; *fig* to collect.

recommandable [rəkɔmɑ̃dabl] *adj* commendable; **peu ~** undesirable.

recommandation [rəkɔmɑ̃dasjɔ̃] *nf* recommendation.

recommandé, -e [rəkɔmɑ̃de] *adj* **-1.** [envoi] registered; **envoyer qqch en ~** to send sthg by registered mail *Am* OU post *Br*. **-2.** [conseillé] advisable; **ce n'est pas très ~** it's not really a good idea, it's not very advisable.

recommander [rəkɔmɑ̃de] [3] *vt* to recommend; ~ **à qqn de faire qqch** to advise sb to do sthg; ~ **qqn à qqn** to recommend sb to sb.
◆ **se recommander** *vp* **-1.** [se réclamer]: **se ~ de qqn** to use sb as a referee. **-2.** [invoquer la protection de]: **se ~ à qqn** to commend o.s. to sb. **-3.** *Helv* [insister] to be persistent.

recommencement [rəkɔmɑ̃smɑ̃] *nm* new beginning.

recommencer [rəkɔmɑ̃se] [16] ◇ *vt* [travail] to start OU begin again; [erreur] to make again; ~ à faire qqch to start OU begin doing sthg again. ◇ *vi* to start OU begin again; **ne recommence pas!** don't do that again!

récompense [rekɔ̃pɑ̃s] *nf* reward; **en ~ de** as a reward for.

récompenser [rekɔ̃pɑ̃se] [3] *vt* to reward.

recompter [rəkɔ̃te] [3] *vt* to recount.

réconciliation [rekɔ̃siljasjɔ̃] *nf* reconciliation.

réconcilier [rekɔ̃silje] [9] *vt* to reconcile.

◆ **se réconcilier** *vp*: se ~ avec to make it up with.

reconductible [rəkɔ̃dyktibl] *adj* renewable.

reconduction [rəkɔ̃dyksjɔ̃] *nf* renewal.

reconduire [rəkɔ̃dɥir] [98] *vt* -1. [personne] to accompany, to take. -2. [politique, bail] to renew.

reconduit, -e [rəkɔ̃dɥi, ɥit] *pp* → reconduire.

réconfort [rekɔ̃fɔr] *nm* comfort; **chercher ~ dans** to seek comfort OU solace in.

réconfortant, -e [rekɔ̃fɔrtɑ̃, ɑ̃t] *adj* comforting.

réconforter [rekɔ̃fɔrte] [3] *vt* to comfort.

reconnaissable [rəkɔnɛsabl] *adj* recognizable.

reconnaissance [rəkɔnɛsɑ̃s] *nf* -1. [gén] recognition; ~ vocale INFORM voice recognition. -2. [aveu] acknowledgment, admission; ~ de dette acknowledgment of a debt, IOU. -3. MIL reconnaissance; aller/partir en ~ to go out on reconnaissance. -4. [gratitude] gratitude; exprimer sa ~ à qqn to show OU express one's gratitude to sb.

reconnaissant, -e [rəkɔnɛsɑ̃, ɑ̃t] *adj* grateful; je vous en suis très ~ I am very grateful to you (for it); je vous serais ~ de m'aider I would be grateful if you would help me.

reconnaître [rəkɔnɛtr] [91] *vt* -1. [gén] to recognize. -2. [erreur] to admit, to acknowledge. -3. MIL to reconnoitre.

◆ **se reconnaître** *vp* -1. [s'identifier] to recognize o.s.; se ~ dans OU en qqn to see o.s. in sb. -2. [s'orienter] to know where one is, to get one's bearings. -3. [s'avouer]: se ~ coupable to admit one's guilt.

reconnu, -e [rəkɔny] ◇ *pp* → reconnaître. ◇ *adj* well-known.

reconquérir [rəkɔ̃kerir] [39] *vt* to reconquer.

reconquête [rəkɔ̃kɛt] *nf* reconquest.

reconquis, -e [rəkɔki, iz] *pp* → reconquérir.

reconquiers, reconquiert *etc* → reconquérir.

reconsidérer [rəkɔ̃sidere] [18] *vt* to reconsider.

reconstituant, -e [rəkɔ̃stitɥɑ̃, ɑ̃t] *adj* invigorating.

◆ **reconstituant** *nm* tonic.

reconstituer [rəkɔ̃stitɥe] [7] *vt* -1. [puzzle] to put together. -2. [crime, délit] to reconstruct.

reconstitution [rəkɔ̃stitysjɔ̃] *nf* -1. [de puzzle] putting together. -2. [de crime, délit] reconstruction; ~ historique CIN & TÉLÉ dramatic reconstruction.

reconstruction [rəkɔ̃stryksjɔ̃] *nf* reconstruction, rebuilding.

reconstruire [rəkɔ̃strɥir] [98] *vt* to reconstruct, to rebuild.

reconstruit, -e [rəkɔ̃strɥi, ɥit] *pp* → reconstruire.

reconversion [rəkɔ̃vɛrsjɔ̃] *nf* -1. [d'employé] redeployment. -2. [d'usine, de société] conversion; **opérer une ~** to restructure; ~ économique/technique economic/technical restructuring.

reconvertir [rəkɔ̃vɛrtir] [32] *vt* -1. [employé] to redeploy. -2. [économie] to restructure.

◆ **se reconvertir** *vp*: se ~ dans to move into.

recopier [rəkɔpje] [9] *vt* to copy out.

record [rəkɔr] ◇ *nm* record; **détenir/améliorer/battre un ~** to hold/improve/beat a record. ◇ *adj* record (*avant n*).

recordman [rəkɔrdman] (*pl* **recordmen** [-mɛn]) *nm* recordholder.

recoucher [rəkuʃe] [3] *vt* to put back to bed.

◆ **se recoucher** *vp* to go back to bed.

recoudre [rəkudr] [86] *vt* to sew (up) again.

recoupement [rəkupmɑ̃] *nm* cross-check; **par ~** by cross-checking.

recouper [rəkupe] [3] *vt* -1. [pain] to cut again. -2. COUTURE to recut. -3. *fig* [témoignages] to compare, to cross-check.

◆ **se recouper** *vp* -1. [lignes] to intersect. -2. [témoignages] to match up.

recourber [rəkurbe] [3] *vt* to bend (over).

recourir [rəkurir] [45] *vi*: ~ à [médecin, agence] to turn to; [force, mensonge] to resort to.

recours¹, recourt *etc* → recourir.

recours² [rǝkur] *nm* **-1.** [emploi]: ~ à use of; **avoir** ~ à [médecin, agence] to turn to; [force, mensonge] to resort to, to have recourse to. **-2.** [solution] solution, way out; **en dernier** ~ as a last resort. **-3.** JUR action; ~ **en cassation** appeal; ~ **en justice** legal action; **sans** ~ without appeal; *fig* final.

recouru [rǝkury] *pp inv* → **recourir**.

recourrai, recourras *etc* → **recourir**.

recouvert, -e [rǝkuvɛr, ɛrt] *pp* → **recouvrir**.

recouvrable [rǝkuvrabl] *adj* recoverable.

recouvrement [rǝkuvrǝmã] *nm* **-1.** [de surface] covering. **-2.** [de dettes, d'impôts] collection.

recouvrer [rǝkuvre] [3] *vt* **-1.** [vue, liberté] to regain. **-2.** [dettes, impôts] to collect.

recouvrir [rǝkuvrir] [34] *vt* **-1.** [gén] to cover; [fauteuil] to re-cover. **-2.** [personne] to cover (up).
◆ **se recouvrir** *vp* **-1.** [tuiles] to overlap. **-2.** [surface]: **se** ~ **(de)** to be covered (with).

recracher [rǝkraʃe] [3] *vt* to spit out.

récréatif, -ive [rekreatif, iv] *adj* entertaining.

récréation [rekreasjɔ̃] *nf* **-1.** [détente] relaxation, recreation. **-2.** SCOL break.

recréer [rǝkree] [15] *vt* to recreate.

récrier [rekrije] [10]
◆ **se récrier** *vp sout*: **se** ~ **(à)** to exclaim (at).

récrimination [rekriminasjɔ̃] *nf* complaint.

récriminer [rekrimine] [3] *vi* to complain.

récrire [rekrir], **réécrire** [reekrir] [99] *vt* to rewrite.

recroqueviller [rǝkrɔkvije] [3]
◆ **se recroqueviller** *vp* to curl up.

recru, -e [rǝkry] *adj*: ~ **de fatigue** *littéraire* exhausted.
◆ **recrue** *nf* recruit.

recrudescence [rǝkrydesãs] *nf* renewed outbreak.

recrutement [rǝkrytmã] *nm* recruitment.

recruter [rǝkryte] [3] *vt* to recruit.

rectal, -e, -aux [rɛktal, o] *adj* rectal.

rectangle [rɛktãgl] *nm* rectangle.

rectangulaire [rɛktãgylɛr] *adj* rectangular.

recteur [rɛktœr] *nm* SCOL *chief administrative officer of an education authority*.

rectificatif, -ive [rɛktifikatif, iv] *adj* correcting.
◆ **rectificatif** *nm* correction.

rectification [rɛktifikasjɔ̃] *nf* **-1.** [correction] correction. **-2.** [de tir] adjustment.

rectifier [rɛktifje] [9] *vt* **-1.** [tir] to adjust. **-2.**

[erreur] to rectify, to correct; [calcul] to correct.

rectiligne [rɛktiliɲ] *adj* rectilinear.

recto [rɛkto] *nm* right side; ~ **verso** on both sides.

rectorat [rɛktɔra] *nm* SCOL *offices of the education authority*, ≃ Education Offices *Br*.

rectum [rɛktɔm] *nm* rectum.

reçu, -e [rǝsy] *pp* → **recevoir**.
◆ **reçu** *nm* receipt.

recueil [rǝkœj] *nm* collection.

recueillement [rǝkœjmã] *nm* meditation.

recueillir [rǝkœjir] [41] *vt* **-1.** [fonds] to collect. **-2.** [suffrages] to win. **-3.** [enfant] to take in.
◆ **se recueillir** *vp* to meditate.

recul [rǝkyl] *nm* **-1.** [mouvement arrière] step backwards; MIL retreat. **-2.** [d'arme à feu] recoil. **-3.** [de civilisation] decline; [d'inflation, de chômage]: ~ **(de)** downturn (in). **-4.** *fig* [retrait]: **prendre du** ~ to stand back; **avec du** ~ with hindsight.

reculade [rǝkylad] *nf* retreat.

reculé, -e [rǝkyle] *adj* distant.

reculer [rǝkyle] [3] ◇ *vt* **-1.** [voiture] to back up. **-2.** [date] to put back, to postpone. ◇ *vi* **-1.** [aller en arrière] to move backwards; [voiture] to reverse; **ne** ~ **devant rien** *fig* to stop at nothing. **-2.** [maladie, pauvreté] to be brought under control.

reculons [rǝkylɔ̃]
◆ **à reculons** *adv* backwards.

récupération [rekyperasjɔ̃] *nf* [de déchets] salvage.

récupérer [rekypere] [18] ◇ *vt* **-1.** [objet] to get back. **-2.** [déchets] to salvage. **-3.** [idée] to pick up. **-4.** [journée] to make up. ◇ *vi* to recover, to recuperate.

récurer [rekyre] [3] *vt* to scour.

récurrent, -e [rekyrã, ãt] *adj* recurrent.

récuser [rekyze] [3] *vt* **-1.** JUR to challenge. **-2.** *sout* [refuser] to reject.
◆ **se récuser** *vp sout* to decline to give an opinion.

recyclage [rǝsiklaʒ] *nm* **-1.** [d'employé] retraining. **-2.** [de déchets] recycling.

recycler [rǝsikle] [3] *vt* **-1.** [employé] to retrain. **-2.** [déchets] to recycle.
◆ **se recycler** *vp* [employé] to retrain.

rédacteur, -trice [redaktœr, tris] *nm, f* [de journal] subeditor; [d'ouvrage de référence] editor; ~ **en chef** editor-in-chief.

rédaction [redaksjɔ̃] *nf* **-1.** [de texte] editing. **-2.** SCOL essay. **-3.** [personnel] editorial staff.

rédactionnel, -elle [redaksjɔnɛl] *adj* editorial.

reddition [redisjɔ̃] *nf* surrender.
redécouvrir [rədekuvrir] [34] *vt* to rediscover.
redéfinir [rədefinir] [32] *vt* to redefine.
redéfinition [rədefinisjɔ̃] *nf* redefinition.
redemander [rədəmɑ̃de] [3] *vt* to ask again for.
redémarrer [rədemare] [3] *vi* to start again; *fig* to get going again.
rédempteur, -trice [redɑ̃ptœr, tris] ⟡ *adj* redeeming. ⟡ *nm, f* redeemer.
rédemption [redɑ̃psjɔ̃] *nf* redemption.
redéploiement [rədeplwamɑ̃] *nm* redeployment.
redescendre [rədesɑ̃dr] [73] ⟡ *vt* (*aux: avoir*) -**1.** [escalier] to go/come down again. -**2.** [objet - d'une étagère] to take down again. ⟡ *vi* (*aux: être*) to go/come down again.
redevable [rədəvabl] *adj*: être ~ de 10 francs à qqn to owe sb 10 francs; être ~ à qqn de qqch [service] to be indebted to sb for sthg.
redevance [rədəvɑ̃s] *nf* [de radio, télévision] licence fee; [téléphonique] rental (fee).
redevenir [rədəvnir] [40] *vi* to become again.
rédhibitoire [redibitwar] *adj* [défaut] crippling; [prix] prohibitive.
rediffuser [rədifyze] [3] *vt* to broadcast again, to repeat.
rediffusion [rədifyzjɔ̃] *nf* repeat.
rédiger [rediʒe] [17] *vt* to write.
redingote [rədɛ̃ɡɔt] *nf* [de femme] coat; HIST frock coat.
redire [rədir] [102] *vt* to repeat; avoir OU trouver à ~ à qqch *fig* to find fault with sthg.
redistribuer [rədistribɥe] [7] *vt* to redistribute.
redistribution [rədistribysjɔ̃] *nf* redistribution.
redit, -e [rədi, it] *pp* → redire.
redite [rədit] *nf* repetition.
redondance [rədɔ̃dɑ̃s] *nf* redundancy.
redonner [rədɔne] [3] *vt* to give back; [confiance, forces] to restore.
redoublant, -e [rədublɑ̃, ɑ̃t] *nm, f* pupil who is repeating a year.
redoublé, -e [rəduble] *adj*: à coups ~s twice as hard.
redoubler [rəduble] [3] ⟡ *vt* -**1.** [syllabe] to reduplicate. -**2.** [efforts] to intensify. -**3.** SCOL to repeat. ⟡ *vi* to intensify; ~ d'efforts to redouble one's efforts; le vent re-

doubla de fureur the wind blew twice as hard.
redoutable [rədutabl] *adj* formidable.
redouter [rədute] [3] *vt* to fear.
redoux [rədu] *nm* thaw.
redressement [rədresmɑ̃] *nm* -**1.** [de pays, d'économie] recovery. -**2.** JUR: ~ fiscal payment of back taxes.
redresser [rədrese] [4] ⟡ *vt* -**1.** [poteau, arbre] to put OU set upright; ~ la tête to raise one's head; *fig* to hold up one's head. -**2.** [situation] to set right. ⟡ *vi* AUTOM to straighten up.
◆ **se redresser** *vp* -**1.** [personne] to stand OU sit straight. -**2.** [pays] to recover.
redresseur [rədresœr] *nm*: ~ de torts righter of wrongs.
réducteur, -trice [redyktœr, tris] *adj* -**1.** [de quantité] reducing. -**2.** [limitatif] simplistic.
◆ **réducteur** *nm* CHIM reducing agent.
réduction [redyksjɔ̃] *nf* -**1.** [gén] reduction; bénéficier d'une ~ to get a reduction. -**2.** MÉD setting.
réduire [redɥir] [98] ⟡ *vt* -**1.** [gén] to reduce; ~ en to reduce to; ~ qqn à qqch/à faire qqch to reduce sb to sthg/to doing sthg; être réduit à faire qqch to be reduced to doing sthg. -**2.** MÉD to set. -**3.** *Helv* [ranger] to put away. ⟡ *vi* CULIN to reduce.
◆ **se réduire** *vp* -**1.** [se restreindre] to cut down. -**2.** [se ramener]: se ~ à to come OU boil down to. -**3.** [se transformer]: se ~ en to be reduced to.
réduisais, réduisions *etc* → réduire.
réduit, -e [redɥi, ɥit] ⟡ *pp* → réduire. ⟡ *adj* reduced.
◆ **réduit** *nm* -**1.** [local] small room. -**2.** [renfoncement] recess.
rééchelonner [reeʃlɔne] [3] *vt* to reschedule.
réécrire = récrire.
rééditer [reedite] [3] *vt* -**1.** [œuvre, auteur] to republish. -**2.** *fam* [méfaits] to give a repeat performance of.
réédition [reedisjɔ̃] *nf* new edition.
rééducation [reedykasjɔ̃] *nf* -**1.** [de membre] re-education. -**2.** [de délinquant, malade] rehabilitation.
rééduquer [reedyke] [3] *vt* -**1.** [membre] to re-educate. -**2.** [délinquant, malade] to rehabilitate.
réel, réelle [reɛl] *adj* real.
◆ **réel** *nm*: le ~ reality.
réélection [reelɛksjɔ̃] *nf* re-election.
réélire [reelir] [106] *vt* to re-elect.
réellement [reɛlmɑ̃] *adv* really.

réembaucher [reɑ̃boʃe] [3] *vt* to take on again.

réemploi = remploi.

réemployer = remployer.

réengager = rengager.

rééquilibrer [reekilibre] [3] *vt* to balance (again).

réescompte [reɛskɔ̃t] *nm* rediscount.

réessayer [reeseje], **ressayer** [rɛseje] [11] *vt* to try again.

réévaluer [reevalɥe] [7] *vt* to revalue.

réexaminer [reɛgzamine] [3] *vt* to re-examine.

réexpédier [reɛkspedje] [9] *vt* to send back.

réexporter [reɛkspɔrte] [3] *vt* to re-export.

réf. (*abr de* **référence**) ref.

refaire [rəfɛr] [109] *vt* **-1.** [faire de nouveau - travail, devoir] to do again; [- voyage] to make again. **-2.** [mur, toit] to repair. **-3.** *fam* [personne] to take in.
◆ **se refaire** *vp* **-1.** [se rétablir]: **se ~ une santé** to recover (one's health). **-2.** [se réhabituer]: **se ~ à qqch** to get used to sthg again. **-3.** *fam* [au jeu] to make up OU win back one's losses.

refaisais, **refaisions** *etc* → refaire.

refait, **-e** [rəfɛ, ɛt] *pp* → refaire.

refasse, **refasses** *etc* → refaire.

réfection [refɛksjɔ̃] *nf* repair.

réfectoire [refɛktwar] *nm* refectory.

référé [refere] *nm* [procédure] special hearing; [arrêt] temporary ruling; [ordonnance] temporary injunction.

référence [referɑ̃s] *nf* reference; **faire ~ à** to refer to.
◆ **références** *nfpl* references.

référendum [referɛ̃dɔm] *nm* referendum.

référer [refere] [18] *vi*: **en ~ à qqn** to refer the matter to sb.
◆ **se référer** *vp*: **se ~ à** to refer to.

refermer [rəfɛrme] [3] *vt* to close OU shut again.

refiler [rəfile] [3] *vt fam*: **~ qqch à qqn** [objet] to palm sthg off on sb; [maladie] to give sthg to sb.

réfléchi, **-e** [refleʃi] *adj* **-1.** [action] considered; **c'est tout ~** I've made up my mind, I've decided. **-2.** [personne] thoughtful. **-3.** GRAM reflexive.

réfléchir [refleʃir] [32] ◇ *vt* **-1.** [refléter] to reflect. **-2.** [penser]: **~ que** to think OU reflect that. ◇ *vi* to think, to reflect; **~ à OU sur qqch** to think about sthg.
◆ **se réfléchir** *vp* to be reflected.

réfléchissant, **-e** [refleʃisɑ̃, ɑ̃t] *adj* reflective.

réflecteur [reflɛktœr] *nm* reflector.

reflet [rəflɛ] *nm* **-1.** [image] reflection. **-2.** [de lumière] glint.

refléter [rəflete] [18] *vt* to reflect.
◆ **se refléter** *vp* **-1.** [se réfléchir] to be reflected. **-2.** [transparaître] to be mirrored.

refleurir [rəflœrir] [32] *vi* **-1.** [fleurir à nouveau] to flower again. **-2.** *fig* [art] to flourish again.

reflex [reflɛks] ◇ *nm* reflex camera. ◇ *adj* reflex (*avant n*).

réflexe [reflɛks] ◇ *nm* reflex. ◇ *adj* reflex (*avant n*).

réflexion [reflɛksjɔ̃] *nf* **-1.** [de lumière, d'ondes] reflection. **-2.** [pensée] reflection, thought; **à la ~** on second thoughts; **~ faite** on reflection. **-3.** [remarque] remark.

refluer [rəflɥe] [3] *vi* **-1.** [liquide] to flow back. **-2.** [foule] to flow back; [avec violence] to surge back.

reflux [rəfly] *nm* **-1.** [d'eau] ebb. **-2.** [de personnes] backward surge.

refondre [rəfɔ̃dr] [75] *vt* **-1.** [métal] to remelt. **-2.** [ouvrage] to recast.

refonte [rəfɔ̃t] *nf* **-1.** [de métal] remelting. **-2.** [d'ouvrage] recasting. **-3.** [d'institution, de système] overhaul, reshaping.

reforestation [rəfɔrɛstasjɔ̃] *nf* reforestation.

réformateur, **-trice** [refɔrmatœr, tris] ◇ *adj* reforming. ◇ *nm, f* **-1.** [personne] reformer. **-2.** RELIG Reformer.

réforme [refɔrm] *nf* reform.

réformé, **-e** [reforme] *adj & nm, f* Protestant.
◆ **réformé** *nm* MIL *soldier who has been invalided out.*

reformer [rəfɔrme] [3] *vt* to reform.
◆ **se reformer** *vp* to reform.

réformer [reforme] [3] *vt* **-1.** [améliorer] to reform, to improve. **-2.** MIL to invalid out. **-3.** [matériel] to scrap.

réformisme [reformism] *nm* reformism.

réformiste [reformist] *adj & nmf* reformist.

refoulé, **-e** [rəfule] ◇ *adj* repressed, frustrated. ◇ *nm, f* repressed person.

refoulement [rəfulmɑ̃] *nm* **-1.** [de personnes] repelling. **-2.** PSYCHOL repression.

refouler [rəfule] [3] *vt* **-1.** [personnes] to repel, to repulse. **-2.** PSYCHOL to repress.

réfractaire [refraktɛr] ◇ *adj* **-1.** [rebelle] insubordinate; **~ à** resistant to; **être ~ à la loi** to flout the law. **-2.** HIST [prêtre] nonjuring. **-3.** [matière] refractory. ◇ *nmf* insubordinate.

refrain [rəfrɛ̃] *nm* MUS refrain, chorus; **c'est toujours le même ~** *fam fig* it's always the same old story.

refréner [rəfrene] [18] *vt* to check, to hold back.

◆ **se refréner** *vp* to control o.s.

réfrigérant, -e [refriʒerɑ̃, ɑ̃t] *adj* **-1.** [liquide] refrigerating, refrigerant. **-2.** *fam* [accueil] icy.

réfrigérateur [refriʒeratœr] *nm* refrigerator.

réfrigération [refriʒerasjɔ̃] *nf* refrigeration.

réfringent, -e [refrɛ̃ʒɑ̃, ɑ̃t] *adj* refractive.

refroidir [rəfrwadir] [32] ◇ *vt* **-1.** [plat] to cool. **-2.** [décourager] to discourage. **-3.** *fam* [tuer] to rub out, to do in. ◇ *vi* to cool.

◆ **se refroidir** *vp* **-1.** [temps] to get OU turn colder. **-2.** [ardeur] to cool.

refroidissement [rəfrwadismɑ̃] *nm* **-1.** [de température] drop, cooling. **-2.** [grippe] chill. **-3.** *fig* [de sentiment] cooling off.

refuge [rəfyʒ] *nm* **-1.** [abri] refuge; **chercher ~ auprès de qqn** to seek refuge with sb. **-2.** [de montagne] hut. **-3.** [sur chaussée] traffic island.

réfugié, -e [refyʒje] ◇ *adj* refugee *(avant n)*. ◇ *nm, f* refugee.

réfugier [refyʒje] [9]

◆ **se réfugier** *vp* to take refuge.

refus [rəfy] *nm inv* refusal; **ce n'est pas de ~** *fam* I wouldn't say no; **essuyer un ~** to meet with a refusal.

refuser [rəfyze] [3] *vt* **-1.** [repousser] to refuse; **~ de faire qqch** to refuse to do sthg. **-2.** [contester]: **~ qqch à qqn** to deny sb sthg. **-3.** [clients, spectateurs] to turn away. **-4.** [candidat]: **être refusé** to fail.

◆ **se refuser** *vp*: **se ~ à faire qqch** to refuse to do sthg; **se ~ à tout commentaire** to refuse to make any comment; **ne rien se ~** not to stint o.s.

réfutation [refytasjɔ̃] *nf* refutation.

réfuter [refyte] [3] *vt* to refute.

regagner [rəɡaɲe] [3] *vt* **-1.** [reprendre] to regain, to win back. **-2.** [revenir] to get back to.

regain [rəɡɛ̃] *nm* **-1.** [herbe] second crop. **-2.** [retour]: **un ~ de** a revival of, a renewal of; **un ~ de vie** a new lease of life.

régal, -als [reɡal] *nm* treat, delight.

régaler [reɡale] [3] *vt* to treat; **c'est moi qui régale!** it's my treat!

◆ **se régaler** *vp*: **je me régale** [nourriture] I'm thoroughly enjoying it; [activité] I'm having the time of my life.

regard [rəɡar] *nm* look; **soutenir le ~ de qqn** *fig* to be able to look sb straight in the eye; **fusiller** OU **foudroyer qqn du ~** *fig* to glare at sb, to look daggers at sb.

◆ **au regard de** *loc prép* in relation to, with regard to.

◆ **en regard de** *loc prép* compared with.

regardant, -e [rəɡardɑ̃, ɑ̃t] *adj* **-1.** *fam* [économe] mean. **-2.** [minutieux]: **être très/peu ~ sur qqch** to be very/not very particular about sthg.

regarder [rəɡarde] [3] ◇ *vt* **-1.** [observer, examiner, consulter] to look at; [télévision, spectacle] to watch; **regarder qqn faire qqch** to watch sb doing sthg; **~ les trains passer** to watch the trains go by. **-2.** [considérer] to consider, to regard; **~ qqn/qqch comme** to regard sb/sthg as, to consider sb/sthg as. **-3.** [concerner] to concern; **cela ne te regarde pas** it's none of your business.

◇ *vi* **-1.** [observer, examiner] to look. **-2.** [faire attention]: **sans ~ à la dépense** regardless of the expense; **y ~ à deux fois** to think twice about it.

◆ **se regarder** *vp* **-1.** [emploi réfléchi] to look at o.s. **-2.** [emploi réciproque] to look at one another.

regarnir [rəɡarnir] [32] *vt* to refill, to restock.

régate [reɡat] *nf (gén pl)* regatta.

régence [reʒɑ̃s] *nf* regency.

◆ **Régence** *nf* HIST: **la Régence** the Regency.

régénérer [reʒenere] [18] *vt* to regenerate.

◆ **se régénérer** *vp* to regenerate.

régent, -e [reʒɑ̃, ɑ̃t] *nm, f* regent.

régenter [reʒɑ̃te] [3] *vt*: **vouloir tout ~** *péj* to want to be the boss.

reggae [reɡe] *nm & adj* reggae.

régie [reʒi] *nf* **-1.** [entreprise] state-controlled company. **-2.** RADIO & TÉLÉ [pièce] control room; CIN, THÉÂTRE & TÉLÉ [équipe] production team.

regimber [rəʒɛ̃be] [3] *vi* to balk.

régime [reʒim] *nm* **-1.** [politique] regime; **l'Ancien Régime** the Ancien Regime. **-2.** [administratif] system; **~ carcéral** prison regime; **~ de Sécurité sociale** *subdivision of the French social security system applying to certain professional groups.* **-3.** [alimentaire] diet; **se mettre au/suivre un ~** to go on/to be on a diet; **~ amincissant** slimming diet. **-4.** [de moteur] speed. **-5.** [de fleuve, des pluies] cycle. **-6.** [de bananes, dattes] bunch.

RÉGIME DE LA SÉCURITÉ SOCIALE:

The French social security system is divided into the following types of 'régime': 1. 'Le régime général des salariés', which provides social security cover for people in paid employment; 2. 'Les régimes spéciaux', which provide tailor-made cover for certain socio-professional groups (civil servants, miners, students etc); 3. 'Les régimes particuliers', designed for the self-employed; 4. 'Les régimes complémentaires', which provide additional retirement cover for wage-earners

régiment [reʒimɑ̃] *nm* **-1.** MIL regiment. **-2.** *fam* [grande quantité]: **un ~ de** masses of, loads of.

région [reʒjɔ̃] *nf* region; **~ parisienne** Paris area OU region.

régional, -e, -aux [reʒjɔnal, o] *adj* regional.

régionalisation [reʒjɔnalizasjɔ̃] *nf* regionalization.

régionalisme [reʒjɔnalism] *nm* regionalism.

régionaliste [reʒjɔnalist] *nmf & adj* regionalist.

régir [reʒir] [32] *vt* to govern.

régisseur [reʒisœr] *nm* **-1.** [intendant] steward. **-2.** [de théâtre] stage manager.

registre [rəʒistr] *nm* [gén] register; **~ du commerce** trade register; **~ de comptabilité** ledger; **~s publics d'état civil** register (*sg*) of births, marriages and deaths.

réglable [reglabl] *adj* **-1.** [adaptable] adjustable. **-2.** [payable] payable.

réglage [reglaʒ] *nm* adjustment, setting.

règle [rɛgl] *nf* **-1.** [instrument] ruler; **~ graduée** graduated ruler. **-2.** [principe, loi] rule; **je suis en ~** my papers are in order; **mets-toi en ~** get your papers in order; **être de ~** to be the rule.
♦ **en règle générale** *loc adv* as a general rule.
♦ **règles** *nfpl* [menstruation] period (*sg*).

réglé, -e [regle] *adj* **-1.** [organisé] regular, well-ordered. **-2.** [papier] lined, ruled.

réglée [regle] *adj f*: **être ~** to have periods, to menstruate.

règlement [rɛgləmɑ̃] *nm* **-1.** [résolution] settling; **~ de comptes** *fig* settling of scores; **~ judiciaire** liquidation. **-2.** [règle] regulation; **observer le ~** to follow the rules OU regulations. **-3.** [paiement] settlement.

réglementaire [rɛgləmɑ̃tɛr] *adj* **-1.** [régulier] statutory. **-2.** [imposé] regulation (*avant n*).

réglementation [rɛgləmɑ̃tasjɔ̃] *nf* **-1.** [action] regulation. **-2.** [ensemble de règles] regulations (*pl*), rules (*pl*); **~ du travail/commerce** work/commercial regulations.

réglementer [rɛgləmɑ̃te] [3] *vt* to control, to regulate.

régler [regle] [18] *vt* **-1.** [affaire, conflit] to settle, to sort out. **-2.** [appareil] to adjust. **-3.** [payer - note] to settle, to pay; [commerçant] to pay.
♦ **se régler** *vp* **-1.** [suivre]: **se ~ sur qqn** to model o.s. on sb. **-2.** [affaire, conflit] to be sorted out, to be settled.

réglisse [reglis] *nf* liquorice.

réglo [reglo] *adj inv fam* straight.

régnant, -e [reɲɑ̃, ɑ̃t] *adj* [monarque] reigning.

règne [rɛɲ] *nm* **-1.** [de souverain] reign; **sous le ~ de** in the reign of. **-2.** [pouvoir] rule. **-3.** BIOL kingdom.

régner [reɲe] [18] *vi* **-1.** [souverain] to rule, to reign. **-2.** [silence] to reign.

regonfler [rəgɔ̃fle] [3] *vt* **-1.** [pneu, ballon] to blow up again, to reinflate. **-2.** *fam* [personne] to cheer up.

regorger [rəgɔrʒe] [17] *vi*: **~ de** to be abundant in.

régresser [regrese] [4] *vi* **-1.** [sentiment, douleur] to diminish. **-2.** [personne] to regress.

régressif, -ive [regresif, iv] *adj* regressive, backward.

régression [regresjɔ̃] *nf* **-1.** [recul] decline. **-2.** PSYCHOL regression.

regret [rəgrɛ] *nm*: **~ (de)** regret (for); **tous mes ~s** I'm very sorry; **à ~** with regret; **sans ~** with no regrets; **avoir le** OU **être au ~ d'informer qqn de** to be sorry OU to regret to inform sb of.

regrettable [rəgrɛtabl] *adj* regrettable.

regretter [rəgrɛte] [4] ◇ *vt* **-1.** [époque] to miss, to regret; [personne] to miss. **-2.** [faute] to regret; **~ d'avoir fait qqch** to regret having done sthg. **-3.** [déplorer]: **~ que** (+ *subjonctif*) to be sorry OU to regret that. ◇ *vi* to be sorry.

regroupement [rəgrupmɑ̃] *nm* **-1.** [action] gathering together. **-2.** [groupe] group, assembly.

regrouper [rəgrupe] [3] *vt* **-1.** [grouper à nouveau] to regroup, to reassemble. **-2.** [réunir] to group together.
♦ **se regrouper** *vp* to gather, to assemble.

régulariser [regylarize] [3] *vt* **-1.** [documents] to sort out, to put in order; [situation] to straighten out. **-2.** [circulation, fonctionnement] to regulate.

régularité [regylarite] *nf* **-1.** [gén] regularity. **-2.** [de travail, résultats] consistency.

régulateur, -trice [regylatœr, tris] *adj* regulating.
♦ **régulateur** *nm* regulator.

443 relancer

régulation [regylasjɔ̃] *nf* [contrôle] control, regulation; ~ **des naissances** birth control.

réguler [regyle] [3] *vt* to regulate.

régulier, -ière [regylje, jɛr] *adj* **-1.** [gén] regular. **-2.** [uniforme, constant] steady, regular. **-3.** [travail, résultats] consistent. **-4.** [légal] legal; **être en situation régulière** to have all the legally required documents. **-5.** *fam* [correct] straight, above board.

régulièrement [regyljɛrmɑ̃] *adv* **-1.** [gén] regularly. **-2.** [uniformément] steadily, regularly; [étalé, façonné] evenly.

réhabilitation [reabilitasjɔ̃] *nf* rehabilitation.

réhabiliter [reabilite] [3] *vt* **-1.** [accusé] to rehabilitate, to clear; *fig* [racheter] to restore to favor *Am* OU favour *Br*. **-2.** [rénover] to restore.

◆ **se réhabiliter** *vp* to redeem o.s.

réhabituer [reabitɥe] [7] *vt* to reaccustom.

◆ **se réhabituer** *vp*: **se ~ à qqch** to get used to sthg again.

rehausser [rɔose] [3] *vt* **-1.** [surélever] to heighten. **-2.** [mettre en valeur] to enhance.

réimporter [reɛ̃pɔrte] [3] *vt* to reimport.

réimposer [reɛ̃poze] [3] *vt* to retax.

réimpression [reɛ̃presjɔ̃] *nf* reprinting, reprint.

réimprimer [reɛ̃prime] [3] *vt* to reprint.

rein [rɛ̃] *nm* kidney; ~ **artificiel** dialysis OU kidney machine.

◆ **reins** *nmpl* small of the back (*sg*); **avoir mal aux ~s** to have backache; **avoir les ~s solides** *fam* [être résistant] to have a strong back; [être riche] not to be short of money.

réincarnation [reɛ̃karnasjɔ̃] *nf* reincarnation.

reine [rɛn] *nf* queen.

reine-claude [rɛnklod] (*pl* **reines-claudes**) *nf* greengage.

reinette [rɛnɛt] *nf variety of apple similar to pippin.*

réinscrire [reɛ̃skrir] [99] *vt*: ~ **qqn à** to re-enrol sb for.

◆ **se réinscrire** *vp*: **se ~ à** to re-enrol for.

réinsérer [reɛ̃sere] [18] *vt* to reinsert.

◆ **se réinsérer** *vp* to become reintegrated.

réinsertion [reɛ̃sɛrsjɔ̃] *nf* [de délinquant] rehabilitation; [dans vie professionnelle] reintegration.

réintégrer [reɛ̃tegre] [18] *vt* **-1.** [rejoindre] to return to. **-2.** JUR to reinstate.

réintroduire [reɛ̃trɔdɥir] [98] *vt* to reintroduce.

réitérer [reitere] [18] *vt* [promesse, demande] to repeat, to reiterate; [attaque] to repeat.

rejaillir [rəʒajir] [32] *vi* to splash up; ~ **sur qqn** *fig* to rebound on sb.

rejet [rəʒɛ] *nm* **-1.** [gén] rejection. **-2.** [pousse] shoot.

rejeter [rəʒte] [27] *vt* **-1.** [relancer] to throw back. **-2.** [expulser] to bring up, to vomit. **-3.** [offre, personne] to reject. **-4.** [partie du corps]: ~ **la tête/les bras en arrière** to throw back one's head/one's arms. **-5.** [imputer]: ~ **la responsabilité de qqch sur qqn** to lay the responsibility for sthg at sb's door.

◆ **se rejeter** *vp*: **se ~ la faute l'un sur l'autre** to blame one another for sthg; **se ~ la responsabilité (de qqch) l'un sur l'autre** to hold one another responsible (for sthg).

rejeton [rəʒtɔ̃] *nm* offspring (*U*).

rejette, rejettes *etc* → **rejeter**.

rejoindre [rəʒwɛ̃dr] [82] *vt* **-1.** [retrouver] to join. **-2.** [regagner] to return to. **-3.** [concorder avec] to agree with. **-4.** [rattraper] to catch up with.

◆ **se rejoindre** *vp* **-1.** [personnes, routes] to meet. **-2.** [opinions] to agree.

rejoignais, rejoignions *etc* → **rejoindre**.

rejoint, -e [rəʒwɛ̃, ɛ̃t] *pp* → **rejoindre**.

réjoui, -e [reʒwi] *adj* joyful.

réjouir [reʒwir] [32] *vt* to delight.

◆ **se réjouir** *vp* to be delighted; **se ~ de qqch** to be delighted at OU about sthg.

réjouissance [reʒwisɑ̃s] *nf* rejoicing.

◆ **réjouissances** *nfpl* festivities.

réjouissant, -e [reʒwisɑ̃, ɑ̃t] *adj* joyful, cheerful.

relâche [rəlaʃ] *nf* **-1.** [pause]: **sans ~** without respite OU a break. **-2.** THÉÂTRE: **demain c'est le jour de ~** we're closed tomorrow; **faire ~** to be closed.

relâché, -e [rəlaʃe] *adj* lax, loose.

relâchement [rəlaʃmɑ̃] *nm* relaxation.

relâcher [rəlaʃe] [3] *vt* **-1.** [étreinte, cordes] to loosen. **-2.** [discipline, effort] to relax, to slacken. **-3.** [prisonnier] to release.

◆ **se relâcher** *vp* **-1.** [se desserrer] to loosen. **-2.** [faiblir - discipline] to become lax; [- attention] to flag. **-3.** [se laisser aller] to slacken off.

relaie, relaies *etc* → **relayer**.

relais [rəlɛ] *nm* **-1.** [auberge] post house; ~**-restaurant** roadside restaurant. **-2.** SPORT & TÉLÉ: **prendre/passer le ~** to take/hand over.

relance [rəlɑ̃s] *nf* **-1.** [économique] revival, boost; [de projet] relaunch. **-2.** [au jeu] stake.

relancer [rəlɑ̃se] [16] *vt* **-1.** [renvoyer] to throw back. **-2.** [faire reprendre - économie] to boost; [- projet] to relaunch; [- moteur, machine] to restart.

relater [rəlate] [3] *vt littéraire* to relate.

relatif, -ive [rəlatif, iv] *adj* relative; ~ à relating to; **tout est ~** it's all relative.

◆ **relative** *nf* GRAM relative clause.

relation [rəlasjɔ̃] *nf* relationship; **mettre qqn en ~ avec qqn** to put sb in touch with sb.

◆ **relations** *nfpl* **-1.** [rapport] relationship (*sg*); **~s sexuelles** sexual relations, intercourse (*U*). **-2.** [connaissance] acquaintance; **avoir des ~s** to have connections. **-3.** [communication]: **~s internationales** international relations; **~s publiques** public relations.

relationnel, -elle [rəlasjɔnɛl] *adj* [problèmes] relationship (*avant n*).

relative → relatif.

relativement [rəlativmɑ̃] *adv* relatively.

relativiser [rəlativize] [3] *vt* to relativize.

relativité [rəlativite] *nf* relativity.

relax, relaxe [rəlaks] *adj fam* relaxed.

relaxation [rəlaksasjɔ̃] *nf* relaxation.

relaxe = relax.

relaxer [rəlakse] [3] *vt* **-1.** [reposer] to relax. **-2.** JUR to discharge.

◆ **se relaxer** *vp* to relax.

relayer [rəlɛje] [11] *vt* to relieve.

◆ **se relayer** *vp* to take over from one another.

relecture [rəlɛktyr] *nf* second reading, rereading.

reléguer [rəlege] [18] *vt* to relegate.

relent [rəlɑ̃] *nm* **-1.** [odeur] stink, stench. **-2.** *fig* [trace] whiff.

relevé, -e [rəlve] *adj* **-1.** [style] elevated. **-2.** CULIN spicy.

◆ **relevé** *nm* reading; **faire le ~ de qqch** to read sthg; **~ de compte** bank statement; **~ d'identité bancaire** bank account number.

relève [rəlɛv] *nf* relief; **prendre la ~** to take over.

relèvement [rəlɛvmɑ̃] *nm* **-1.** [redressement] rebuilding. **-2.** [hausse] raising. **-3.** [majoration] increase.

relever [rəlve] [19] ◇ *vt* **-1.** [redresser - personne] to help up; *fig* [pays, économie] to rebuild; [moral, niveau] to raise. **-2.** [ramasser] to collect. **-3.** [tête, col, store] to raise; [manches] to push up. **-4.** [CULIN - mettre en valeur] to bring out; [- pimenter] to season; *fig* [récit] to liven up, to spice up. **-5.** [noter] to note down; [compteur] to read. **-6.** [relayer] to take over from, to relieve. **-7.** [erreur] to note.

◇ *vi* **-1.** [se rétablir]: ~ de to recover from. **-2.** [être du domaine]: ~ de to come under.

◆ **se relever** *vp* **-1.** [se mettre debout] to stand up; [- du lit] to get up. **-2.** [se rétablir]: se ~ de qqch to recover from sthg, to get over sthg. **-3.** [se rehausser] to lift.

relief [rəljɛf] *nm* relief; **sans aucun ~** completely flat; **en ~** in relief, raised; **une carte en ~** relief map; **mettre en ~** *fig* to enhance, to bring out.

◆ **reliefs** *nmpl vieilli* remains.

relier [rəlje] [9] *vt* **-1.** [livre] to bind. **-2.** [attacher]: ~ qqch à qqch to link sthg to sthg. **-3.** [joindre] to connect. **-4.** *fig* [associer] to link up.

relieur, -ieuse [rəljœr, jøz] *nm, f* binder.

religieuse → religieux.

religieusement [rəliʒjøzmɑ̃] *adv* **-1.** [gén] religiously; [solennellement] reverently. **-2.** [se marier] in church.

religieux, -ieuse [rəliʒjø, jøz] *adj* **-1.** [vie, chant] religious; [mariage] religious, church (*avant n*). **-2.** [respectueux] reverent.

◆ **religieux** *nm* monk.

◆ **religieuse** *nf* **-1.** RELIG nun. **-2.** CULIN: ~ au café, ~ au chocolat choux pastry filled with coffee or chocolate confectioner's custard.

religion [rəliʒjɔ̃] *nf* **-1.** [culte] religion. **-2.** [foi] faith. **-3.** [croyance] religion, faith; **entrer en ~** to take one's vows.

reliquaire [rəliker] *nm* reliquary.

reliquat [rəlika] *nm* balance, remainder.

relique [rəlik] *nf* relic.

relire [rəlir] [106] *vt* to reread.

◆ **se relire** *vp* to read what one has written.

reliure [rəljyr] *nf* binding.

relogement [rələʒmɑ̃] *nm* rehousing.

reloger [rələʒe] [17] *vt* to rehouse.

relu, -e [rəly] *pp* → relire.

reluire [rəlɥir] [97] *vi* to shine, to gleam; **faire ~ qqch** to shine OU polish sthg.

reluisant, -e [rəlɥizɑ̃, ɑ̃t] *adj* shining, gleaming; **peu** OU **pas très ~** *fig* [avenir, situation] not all that brilliant; [personne] shady.

remâcher [rəmɑʃe] [3] *vt fig* to brood over.

remailler [rəmaje] [3] *vt* [filet] to mend; [tricot] to darn.

remake [rimɛjk] *nm* CIN remake.

rémanent, -e [remanɑ̃, ɑ̃t] *adj* residual.

remaniement [rəmanimɑ̃] *nm* restructuring; **~ ministériel** cabinet reshuffle.

remanier [rəmanje] [9] *vt* to restructure; [ministère] to reshuffle.

remarier [rəmarje] [9]

◆ **se remarier** *vp* to remarry.

remarquable [rəmarkabl] *adj* remarkable.

remarquablement [rəmarkabləmã] *adv* remarkably.

remarque [rəmark] *nf* **-1.** [observation] remark; [critique] critical remark. **-2.** [annotation] note.

remarquer [rəmarke] [3] ◇ *vt* **-1.** [apercevoir] to notice; **faire ~ qqch (à qqn)** to point sthg out (to sb); **se faire ~ *péj*** to draw attention to o.s. **-2.** [noter] to remark, to comment. ◇ *vi:* **ce n'est pas l'idéal, remarque!** it's not ideal, mind you!
◆ **se remarquer** *vp* to be noticeable.

remballer [rãbale] [3] *vt* [marchandise] to pack up.

rembarquer [rãbarke] [3] *vt* to reembark.
◆ **se rembarquer** *vp* to reembark.

rembarrer [rãbare] [3] *vt fam* to snub.

remblai [rãblɛ] *nm* embankment.

remblayer [rãbleje] [11] *vt* [hausser] to bank up; [combler] to fill up.

rembobiner [rãbɔbine] [3] *vt* to rewind.

rembourrage [rãburaʒ] *nm* stuffing, padding.

rembourrer [rãbure] [3] *vt* to stuff, to pad.

remboursable [rãbursabl] *adj* refundable.

remboursement [rãbursəmã] *nm* refund, repayment.

rembourser [rãburse] [3] *vt* **-1.** [dette] to pay back, to repay. **-2.** [personne] to pay back; **~ qqn de qqch** to reimburse sb for sthg.

rembrunir [rãbrynir] [32]
◆ **se rembrunir** *vp* to cloud over, to become gloomy.

remède [rəmɛd] *nm litt & fig* remedy, cure.

remédier [rəmedje] [9] *vi:* **~ à qqch** to put sthg right, to remedy sthg.

remembrement [rəmãbrəmã] *nm* land regrouping.

remémorer [rəmemɔre] [3]
◆ **se remémorer** *vp* to recollect.

remerciement [rəmɛrsimã] *nm* thanks (*pl*); **une lettre de ~** a thank-you letter; **avec tous mes ~s** with all my thanks, with many thanks.

remercier [rəmɛrsje] [9] *vt* **-1.** [dire merci à] to thank; **~ qqn de** OU **pour qqch** to thank sb for sthg; **non, je vous remercie** no, thank you. **-2.** [congédier] to dismiss.

remets → remettre.

remettre [rəmɛtr] [84] *vt* **-1.** [replacer] to put back; **~ en question** to call into question; **~ qqn à sa place** to put sb in his place. **-2.** [enfiler de nouveau] to put back on. **-3.** [réta-

blir · lumière, son] to put back on; **~ qqch en marche** to restart sthg; **~ de l'ordre dans qqch** to tidy sthg up; **~ une montre à l'heure** to put a watch right; **~ qqch en état de marche** to put sthg back in working order. **-4.** [donner]: **~ qqch à qqn** to hand sthg over to sb; [médaille, prix] to present sthg to sb. **-5.** [ajourner]: **~ qqch (à)** to put sthg off (until). **-6.** *fig* [reconnaître] to place. **-7.** MÉD: **~ qqn** to put sb back on his feet.
◆ **se remettre** *vp* **-1.** [recommencer]: **se ~ à qqch** to take up sthg again; **se ~ à fumer** to start smoking again. **-2.** [se rétablir] to get better; **se ~ de qqch** to get over sthg. **-3.** [redevenir]: **se ~ debout** to stand up again; **le temps s'est remis au beau** the weather has cleared up. **-4.** *loc:* **je m'en remets à toi** it's up to you, I'll leave it up to you.

réminiscence [reminisãs] *nf* reminiscence.

remis, -e [rəmi, iz] *pp* → remettre.

remise [rəmiz] *nf* **-1.** [action]: **~ en marche** restarting; **~ en place** putting back in place; **~ en jeu** throw-in; **~ en question** OU **cause** calling into question. **-2.** [de message, colis] handing over; [de médaille, prix] presentation. **-3.** [réduction] discount; **~ de peine** JUR remission. **-4.** [hangar] shed.

remiser [rəmize] [3] *vt* to put away.

rémission [remisjɔ̃] *nf* remission; **sans ~** [punir, juger] without mercy; [pleuvoir] unremittingly.

remmener [rãmne] [19] *vt* to take OU bring back.

remodeler [rəmɔdle] [25] *vt* **-1.** [forme] to remodel. **-2.** [remanier] to restructure.

rémois, -e [remwa, az] *adj* of/from Rheims.
◆ **Rémois, -e** *nm, f* native OU inhabitant of Rheims.

remontant, -e [rəmɔ̃tã, ãt] *adj* [tonique] invigorating.
◆ **remontant** *nm* tonic.

remontée [rəmɔ̃te] *nf* **-1.** [des eaux] rising. **-2.** [de pente, rivière] ascent. **-3.** SPORT recovery. **-4.** SKI: **~s mécaniques** ski-lifts. **-5.** [des mineurs] bringing to the surface.

remonte-pente [rəmɔ̃tpãt] (*pl* **remonte-pentes**) *nm* ski-tow.

remonter [rəmɔ̃te] [3] ◇ *vt (aux: avoir)* **-1.** [escalier, pente] to go/come back up. **-2.** [assembler] to put together again. **-3.** [manches] to turn up. **-4.** [horloge, montre] to wind up. **-5.** [ragaillardir] to put new life into, to cheer up.
◇ *vi (aux: être)* **-1.** [monter à nouveau - personne] to go/come back up; [- baromètre] to rise again; [- prix, température] to go up

again, to rise; [- sur vélo] to get back on; ~ **dans une voiture** to get back into a car. **-2.** [dater]: ~ **à** to date OU go back to.

remontoir [rəmɔ̃twar] *nm* winder.

remontrance [rəmɔ̃trɑ̃s] *nf* (*gén pl*) remonstrance, reprimand.

remontrer [rəmɔ̃tre] [3] *vt* to show again; **vouloir en** ~ **à qqn** to try to show sb up.

remords [rəmɔr] *nm* remorse; **être bourrelé de** ~ *fam* to be conscience-stricken.

remorque [rəmɔrk] *nf* trailer; **être en** ~ to be on tow; **être à la** ~ *fig* to drag behind.

remorquer [rəmɔrke] [3] *vt* **-1.** [voiture, bateau] to tow. **-2.** *fam* [personne] to drag along.

remorqueur [rəmɔrkœr] *nm* tug, tugboat.

rémoulade [remulad] *nf* remoulade (sauce).

rémouleur [remulœr] *nm* knife grinder.

remous [rəmu] ◇ *nm* [de bateau] wash, backwash; [de rivière] eddy. ◇ *nmpl fig* stir, upheaval.

rempailler [rɑ̃paje] [3] *vt* to re-cane.

rempart [rɑ̃par] *nm* (*gén pl*) rampart.

rempiler [rɑ̃pile] [3] ◇ *vt* to pile up again. ◇ *vi fam* MIL to sign on again.

remplaçable [rɑ̃plasabl] *adj* replaceable.

remplaçant, -e [rɑ̃plasɑ̃, ɑ̃t] *nm, f* [suppléant] stand-in; SPORT substitute.

remplacement [rɑ̃plasmɑ̃] *nm* **-1.** [changement] replacing, replacement. **-2.** [intérim] substitution; **faire des** ~s to stand in; [docteur] to act as a locum.

remplacer [rɑ̃plase] [16] *vt* **-1.** [gén] to replace. **-2.** [prendre la place de] to stand in for; SPORT to substitute.

remplir [rɑ̃plir] [32] *vt* **-1.** [gén] to fill; ~ **de** to fill with; ~ **qqn de joie/d'orgueil** to fill sb with happiness/pride. **-2.** [questionnaire] to fill in OU out. **-3.** [mission, fonction] to complete, to fulfil.
◆ **se remplir** *vp* to fill up.

remplissage [rɑ̃plisaʒ] *nm* **-1.** [de récipient] filling up. **-2.** *fig & péj* [de texte] padding out.

remploi [rɑ̃plwa], **réemploi** [reɑ̃plwa] *nm* re-use.

remployer [rɑ̃plwaje], **réemployer** [reɑ̃plwaje] [13] *vt* to re-use.

remplumer [rɑ̃plyme] [3]
◆ **se remplumer** *vp fam* **-1.** [financièrement] to get o.s. back in funds. **-2.** [se rétablir] to fill out again.

remporter [rɑ̃pɔrte] [3] *vt* **-1.** [repartir avec] to take away again. **-2.** [gagner] to win.

rempoter [rɑ̃pɔte] [3] *vt* to repot.

remuant, -e [rəmɥɑ̃, ɑ̃t] *adj* restless, overactive.

remue-ménage [rəmymenaʒ] *nm inv* commotion, confusion.

remuer [rəmɥe] [7] ◇ *vt* **-1.** [bouger, émouvoir] to move. **-2.** [café, thé] to stir; [salade] to toss. ◇ *vi* to move, to stir; **arrête de** ~ **comme ça** stop being so restless.
◆ **se remuer** *vp* **-1.** [se mouvoir] to move. **-2.** *fig* [réagir] to make an effort.

rémunérateur, -trice [remyneratœr, tris] *adj* profitable, lucrative.

rémunération [remynerasjɔ̃] *nf* remuneration.

rémunérer [remynere] [18] *vt* **-1.** [personne] to remunerate, to pay. **-2.** [activité] to pay for.

renâcler [rənakle] [3] *vi fam* to make a fuss; ~ **devant** OU **à qqch** to balk at sthg.

renaissance [rənesɑ̃s] *nf* rebirth.
◆ **Renaissance** *nf*: **la Renaissance** the Renaissance.

renaître [rənɛtr] [92] *vi* **-1.** [ressusciter] to come back to life, to come to life again; **se sentir** ~ to feel like a new person; **faire** ~ [passé, tradition] to revive; ~ **à la vie** to take on a new lease of life. **-2.** [revenir - sentiment, printemps] to return; [- économie] to revive, to recover.

rénal, -e, -aux [renal, o] *adj* renal, kidney (*avant n*).

renard [rənar] *nm* fox.

renardeau, -x [rənardo] *nm* fox cub.

rencard = **rancard**.

rencart = **rancart**.

renchérir [rɑ̃ʃerir] [32] *vi* **-1.** [augmenter] to become more expensive; [prix] to go up. **-2.** [surenchérir]: ~ **sur** to add to.

renchérissement [rɑ̃ʃerismɑ̃] *nm* increase in price; ~ **des prix** price increase.

rencontre [rɑ̃kɔ̃tr] *nf* **-1.** [gén] meeting; **faire une bonne** ~ to meet somebody interesting; **faire une mauvaise** ~ to meet an unpleasant person; **aller/venir à la** ~ **de qqn** to go/come to meet sb. **-2.** [choc, collision] collision.

rencontrer [rɑ̃kɔ̃tre] [3] *vt* **-1.** [gén] to meet. **-2.** [heurter] to strike.
◆ **se rencontrer** *vp* **-1.** [gén] to meet. **-2.** [opinions] to agree.

rendement [rɑ̃dmɑ̃] *nm* [de machine, travailleur] output; [de terre, placement] yield.

rendez-vous [rɑ̃devu] *nm inv* **-1.** [rencontre] appointment; [amoureux] date; **on a tous** ~ **au café** we're all meeting at the café; **lors de notre dernier** ~ at our last meeting;

prendre ~ avec qqn to make an appointment with sb; **donner ~ à qqn** to arrange to meet sb. **-2.** [lieu] meeting place.

rendormir [rɑ̃dɔrmir] [36] *vt* to put back to sleep.

◆ **se rendormir** *vp* to go back to sleep.

rendre [rɑ̃dr] [73] ◇ *vt* **-1.** [restituer]: **~ qqch à qqn** to give sthg back to sb, to return sthg to sb. **-2.** [donner en retour - invitation, coup] to return. **-3.** [JUR - jugement] to pronounce. **-4.** [produire - effet] to produce. **-5.** [vomir] to vomit, to cough up. **-6.** MIL [céder] to surrender; **~ les armes** to lay down one's arms. **-7.** (+ *adj*) [faire devenir] to make; **~ qqn fou** to drive sb mad. **-8.** [exprimer] to render.
◇ *vi* **-1.** [produire - champ] to yield. **-2.** [vomir] to vomit, to be sick.

◆ **se rendre** *vp* **-1.** [céder, capituler] to give in; **j'ai dû me ~ à l'évidence** I had to face facts. **-2.** [aller]: **se ~ à** to go to. **-3.** (+ *adj*) [se faire tel]: **se ~ utile/malade** to make o.s. useful/ill.

rêne [rɛn] *nf* rein.

renégat, -e [renega, at] *nm, f sout* renegade.

renégocier [renegɔsje] [9] *vt* to renegotiate.

reneiger [renɛʒe] [23] *vi* to snow again.

renfermé, -e [rɑ̃fɛrme] *adj* introverted, withdrawn.

◆ **renfermé** *nm*: **ça sent le ~** it smells stuffy in here.

renfermer [rɑ̃fɛrme] [3] *vt* [contenir] to contain.

◆ **se renfermer** *vp* to withdraw.

renfiler [rɑ̃file] [3] *vt* **-1.** [perles] to restring. **-2.** [aiguille] to rethread. **-3.** [vêtement] to slip on again.

renflé, -e [rɑ̃fle] *adj* bulging.

renflement [rɑ̃fləmɑ̃] *nm* bulge.

renflouer [rɑ̃flue] [3] *vt* **-1.** [bateau] to refloat. **-2.** *fig* [entreprise, personne] to bail out.
◆ **se renflouer** *vp fam fig* to get back on one's feet (financially).

renfoncement [rɑ̃fɔ̃smɑ̃] *nm* recess.

renfoncer [rɑ̃fɔ̃se] [16] *vt* to push (further) down.

renforcer [rɑ̃fɔrse] [16] *vt* to reinforce, to strengthen; **cela me renforce dans mon opinion** that confirms my opinion.

renfort [rɑ̃fɔr] *nm* reinforcement; **envoyer des ~s** to send reinforcements; **venir en ~** to come as reinforcements; **à grand ~ de** *fig* with the help of a lot of.

renfrogné, -e [rɑ̃frɔɲe] *adj* scowling.

renfrogner [rɑ̃frɔɲe] [3]

◆ **se renfrogner** *vp* to scowl, to pull a face.

rengager [rɑ̃gaʒe], **réengager** [reɑ̃gaʒe] [17] ◇ *vt* [personnel] to take on again. ◇ *vi* MIL to re-enlist, to join up again.

◆ **se rengager** *vp* MIL to re-enlist, to join up again.

rengaine [rɑ̃gɛn] *nf* **-1.** [formule répétée] (old) story. **-2.** [chanson] (old) song.

rengainer [rɑ̃gene] [4] *vt* **-1.** [épée] to sheathe; [pistolet] to put back in its holster. **-2.** *fam fig* [compliment] to withold.

rengorger [rɑ̃gɔrʒe] [17]

◆ **se rengorger** *vp fig* to puff o.s. up.

reniement [rənimɑ̃] *nm* renunciation.

renier [rənje] [9] *vt* **-1.** [famille, ami] to disown. **-2.** [foi, opinion] to renounce, to repudiate. **-3.** [signature] to refuse to acknowledge.

renifler [rənifle] [3] ◇ *vi* to sniff. ◇ *vt* to sniff; **~ quelque chose de louche** to smell a rat.

renne [rɛn] *nm* reindeer (*inv*).

renom [rənɔ̃] *nm* renown, fame; **de grand ~** of great renown, famous.

renommé, -e [rənɔme] *adj* renowned, famous.

◆ **renommée** *nf* renown, fame; **de ~ internationale** world-famous, internationally renowned.

renoncement [rənɔ̃smɑ̃] *nm*: **~ (à)** renunciation (of).

renoncer [rənɔ̃se] [16] *vi*: **~ à** to give up; **~ à comprendre qqch** to give up trying to understand sthg; **~ à voir qqn** to give up OU abandon the idea of seeing sb.

renoncule [rənɔ̃kyl] *nf* buttercup.

renouer [rənwe] [6] ◇ *vt* **-1.** [lacet, corde] to re-tie, to tie up again. **-2.** [contact, conversation] to resume. ◇ *vi*: **~ avec qqn** to take up with sb again; **~ avec sa famille** to make it up with one's family again.

renouveau, -x [rənuvo] *nm* **-1.** [transformation] revival. **-2.** [regain]: **un ~ de succès** renewed success.

renouvelable [rənuvlabl] *adj* renewable; [expérience] repeatable.

renouveler [rənuvle] [24] *vt* **-1.** [gén] to renew. **-2.** [rajeunir] to revive.

◆ **se renouveler** *vp* **-1.** [être remplacé] to be renewed. **-2.** [changer, innover] to have new ideas. **-3.** [se répéter] to be repeated, to recur.

renouvelle, renouvelles *etc* → **renouveler**.

renouvellement [rənuvɛlmɑ̃] *nm* renewal.

rénovation [renɔvasjɔ̃] *nf* renovation.

rénover [renɔve] [3] *vt* **-1.** [immeuble] to renovate, to restore. **-2.** [système, méthodes] to reform.

renseignement [rɑ̃sɛɲəmɑ̃] *nm* information (*U*); **un** ~ a piece of information; **prendre des** ~**s (sur)** to make enquiries (about).
◆ **renseignements** *nmpl* **-1.** [service d'information] enquiries, information; **appeler les** ~**s** TÉLÉC to call directory enquiries. **-2.** [sécurité] intelligence (*U*); **les** ~**s généraux** *police department responsible for political security*.

renseigner [rɑ̃seɲe] [4] *vt*: ~ **qqn (sur)** to give sb information (about), to inform sb (about).
◆ **se renseigner** *vp* **-1.** [s'enquérir] to make enquiries, to ask for information. **-2.** [s'informer] to find out.

rentabiliser [rɑ̃tabilize] [3] *vt* to make profitable.

rentabilité [rɑ̃tabilite] *nf* profitability; **seuil de** ~ break-even point.

rentable [rɑ̃tabl] *adj* **-1.** COMM profitable. **-2.** *fam* [qui en vaut la peine] worthwhile.

rente [rɑ̃t] *nf* **-1.** [d'un capital] revenue, income; **vivre de ses** ~**s** to have a private income. **-2.** [pension] pension, annuity; ~ **viagère** life annuity. **-3.** [emprunt d'État] government bond.

rentier, -ière [rɑ̃tje, jɛr] *nm, f* person of independent means; **mener une vie de** ~ *fig* to lead a life of leisure.

rentrée [rɑ̃tre] *nf* **-1.** [fait de rentrer] return. **-2.** [reprise des activités]: **la** ~ **parlementaire** the reopening of parliament; **la** ~ **des classes** the start of the new school year. **-3.** CIN & THÉÂTRE comeback; **faire sa** ~ to make one's comeback. **-4.** [recette] income; **avoir une** ~ **d'argent** to come into some money.

LA RENTRÉE:
The time of the year when children go back to school has considerable cultural significance in France; coming after the long summer break or 'grandes vacances', it is the time when academic, political, social and commercial activity begin again in earnest

rentrer [rɑ̃tre] [3] ◇ *vi (aux: être)* **-1.** [entrer de nouveau] to go/come back in. **-2.** [entrer] to go/come in. **-3.** [revenir chez soi] to go/come back, to go/come home. **-4.** [recouvrer, récupérer]: ~ **dans** to recover, to get back; ~ **dans ses frais** to cover one's costs, to break even. **-5.** [se jeter avec violence]: ~

dans to crash into. **-6.** [s'emboîter] to go in, to fit; ~ **les uns dans les autres** to fit together. **-7.** [être compris]: ~ **dans** to be included in. **-8.** [être perçu - fonds] to come in. ◇ *vt (aux: avoir)* **-1.** [mettre ou remettre à l'intérieur] to bring in. **-2.** [ventre] to pull in; [griffes] to retract, to draw in; [chemise] to tuck in. **-3.** *fig* [rage, larmes] to hold back.

renversant, -e [rɑ̃vɛrsɑ̃, ɑ̃t] *adj* staggering, astounding.

renverse [rɑ̃vɛrs] *nf*: **tomber à la** ~ to fall over backwards.

renversé, -e [rɑ̃vɛrse] *adj* **-1.** [à l'envers] upside down. **-2.** [qu'on a fait tomber] overturned. **-3.** [incliné en arrière] tilted back. **-4.** [stupéfait] staggered.

renversement [rɑ̃vɛrsəmɑ̃] *nm* **-1.** [inversion] turning upside down. **-2.** [de situation] reversal. **-3.** [de régime] overthrow. **-4.** [de tête, buste] tilting back.

renverser [rɑ̃vɛrse] [3] *vt* **-1.** [mettre à l'envers] to turn upside down. **-2.** [faire tomber] to knock over; [- piéton] to run over; [- liquide] to spill. **-3.** *fig* [obstacle] to overcome; [régime] to overthrow; [ministre] to throw out of office. **-4.** [tête, buste] to tilt back. **-5.** [étonner] to bowl over.
◆ **se renverser** *vp* **-1.** [incliner le corps en arrière] to lean back. **-2.** [tomber] to overturn.

renvoi [rɑ̃vwa] *nm* **-1.** [licenciement] dismissal; **notifier à qqn son** ~ to give sb his/her notice. **-2.** [de colis, lettre] return, sending back. **-3.** [ajournement] postponement. **-4.** [référence] cross-reference. **-5.** JUR referral. **-6.** [éructation] belch.

renvoie, renvoies *etc* → renvoyer.

renvoyer [rɑ̃vwaje] [30] *vt* **-1.** [faire retourner] to send back. **-2.** [congédier] to dismiss. **-3.** [colis, lettre] to send back, to return. **-4.** [balle] to throw back. **-5.** [réfléchir - lumière] to reflect; [- son] to echo. **-6.** [référer]: ~ **qqn à** to refer sb to. **-7.** [différer] to postpone, to put off.

réorganisation [reɔrganizasjɔ̃] *nf* reorganization.

réorganiser [reɔrganize] [3] *vt* to reorganize.

réorienter [reɔrjɑ̃te] [3] *vt* to reorient, to reorientate.

réouverture [reuvɛrtyr] *nf* reopening.

repaire [rəpɛr] *nm* den.

repaître [rəpɛtr] [91] *vt*: ~ **ses yeux (de)** to feast one's eyes (on).
◆ **se repaître** *vp*: **se** ~ **de** [se rassasier] to eat one's fill of; *fig* to revel in.

répandre [repɑ̃dr] [74] *vt* **-1.** [verser, renverser] to spill; [larmes] to shed. **-2.** [diffuser, dégager] to give off. **-3.** *fig* [bienfaits] to pour out; [effroi, terreur, nouvelle] to spread.

◆ **se répandre** *vp* **-1.** [gén] to spread. **-2.** [liquide] to spill. **-3.** [personne]: se ~ en injures to let out a stream of insults; se ~ en remerciements to give one's heartfelt thanks.

répandu, -e [repɑ̃dy] ◇ *pp* → répandre. ◇ *adj* [opinion, maladie] widespread.

réparable [reparabl] *adj* **-1.** [objet] repairable. **-2.** [erreur] that can be put right.

reparaître [rəpаrɛtr] [91] *vi* to reappear.

réparateur, -trice [reparatœr, tris] ◇ *adj* [sommeil] refreshing. ◇ *nm, f* repairer.

réparation [reparasjɔ̃] *nf* **-1.** [d'objet - action] repairing; [- résultat] repair; **en ~** under repair. **-2.** [de faute]: ~ **(de)** atonement (for). **-3.** [indemnité] reparation, compensation.

réparer [repare] [3] *vt* **-1.** [objet] to repair. **-2.** [faute, oubli] to make up for; ~ ses torts to make amends.

reparler [rəparle] [3] *vi*: ~ de qqn/qqch to talk about sb/sthg again; ~ à qqn to speak to sb again.

◆ **se reparler** *vp* to speak to each other again.

repartie [rəparti] *nf* retort; **avoir de la ~** to be good at repartee.

repartir [rəpartir] [43] *vi* **-1.** [retourner] to go back, to return. **-2.** [partir de nouveau] to set off again. **-3.** [recommencer] to start again.

répartir [repartir] [32] *vt* **-1.** [partager] to share out, to divide up. **-2.** [dans l'espace] to spread out, to distribute. **-3.** [échelonner] to spread out. **-4.** [classer] to divide OU split up.

◆ **se répartir** *vp* to divide up.

répartition [repartisjɔ̃] *nf* **-1.** [partage] sharing out; [de tâches] allocation. **-2.** [dans l'espace] distribution.

reparu [rəpary] *pp* → reparaître.

repas [rəpa] *nm* meal; **prendre son ~** to eat; ~ **d'affaires** business meal, working lunch/dinner.

repassage [rəpasaʒ] *nm* ironing.

repasser [rəpase] [3] ◇ *vi (aux: être)* [passer à nouveau] to go/come back; [film] to be on again. ◇ *vt (aux: avoir)* **-1.** [frontière, montagne] to cross again, to recross. **-2.** [examen] to resit. **-3.** [film] to show again. **-4.** *fam* [transmettre] to pass on. **-5.** [linge] to iron. **-6.** [leçon] to go over.

repasseuse [rəpasøz] *nf* **-1.** [ouvrière] ironer. **-2.** [machine] ironing machine.

repayer [rəpeje] [11] *vt* to pay again.

repêchage [rəpeʃaʒ] *nm* [de noyé, voiture] recovery.

repêcher [rəpeʃe] [4] *vt* **-1.** [noyé, voiture] to fish out. **-2.** *fam* [candidat] to let through.

repeindre [rəpɛ̃dr] [81] *vt* to repaint.

repeint, -e [rəpɛ̃, ɛ̃t] *pp* → repeindre.

repenser [rəpɑ̃se] [3] *vt* to rethink.

repentir [rəpɑ̃tir] [37] *nm* repentance.

◆ **se repentir** *vp* to repent; se ~ de qqch/d'avoir fait qqch to be sorry for sthg/for having done sthg.

repérable [rəperabl] *adj*: **difficilement ~** difficult to spot.

repérage [rəperaʒ] *nm* location.

répercussion [repɛrkysjɔ̃] *nf* repercussion.

répercuter [repɛrkyte] [3] *vt* **-1.** [lumière] to reflect; [son] to throw back. **-2.** [ordre, augmentation] to pass on.

◆ **se répercuter** *vp* **-1.** [lumière] to be reflected; [son] to echo. **-2.** [influer]: se ~ sur to have repercussions on.

repère [rəper] *nm* [marque] mark; [objet concret] landmark; **point de ~** point of reference.

repérer [rəpere] [18] *vt* **-1.** [situer] to locate, to pinpoint. **-2.** *fam* [remarquer] to spot; se faire ~ to be spotted.

◆ **se repérer** *vp fam* to find one's way around.

répertoire [repɛrtwar] *nm* **-1.** [agenda] thumb-indexed notebook. **-2.** [inventaire] catalog *Am*, catalogue *Br*, list. **-3.** [de théâtre, d'artiste] repertoire. **-4.** INFORM directory.

répertorier [repɛrtɔrje] [9] *vt* to make a list of.

répéter [repete] [18] ◇ *vt* **-1.** [gén] to repeat; **ne pas se le faire ~ deux fois** not to have to be told twice. **-2.** [leçon] to go over, to learn; [rôle] to rehearse. ◇ *vi* to rehearse.

◆ **se répéter** *vp* **-1.** [radoter] to repeat o.s. **-2.** [se reproduire] to be repeated; **que cela ne se répète pas!** don't let it happen again!

répétitif, -ive [repetitif, iv] *adj* repetitive.

répétition [repetisjɔ̃] *nf* **-1.** [réitération] repetition. **-2.** MUS & THÉÂTRE rehearsal.

repeupler [rəpœple] [5] *vt* **-1.** [région, ville] to repopulate. **-2.** [forêt] to replant; [étang] to restock.

repiquage [rəpikaʒ] *nm* **-1.** [plantation] planting out. **-2.** [enregistrement] re-recording.

repiquer [rəpike] [3] ◇ *vt* **-1.** [replanter] to plant out. **-2.** [disque, cassette] to tape. ◇ *vi fam*: ~ à qqch to take sthg up again; ~ au plat to have a second helping.

répit [repi] *nm* respite; **sans** ~ without respite.

replacer [rəplase] [16] *vt* **-1.** [remettre] to replace, to put back. **-2.** [situer] to place, to put.
◆ **se replacer** *vp* to find new employment.

replanter [rəplãte] [3] *vt* to replant.

replat [rəpla] *nm* ledge.

replâtrer [rəplatre] [3] *vt* **-1.** [mur, fissure] to replaster. **-2.** *fam fig* to patch up.

replet, -ète [rəplɛ, ɛt] *adj* chubby.

repli [rəpli] *nm* **-1.** [de tissu] fold; [de rivière] bend. **-2.** [de troupes] withdrawal.

replier [rəplije] [10] *vt* **-1.** [plier de nouveau] to fold up again. **-2.** [ramener en pliant] to fold back. **-3.** [armée] to withdraw.
◆ **se replier** *vp* **-1.** [armée] to withdraw. **-2.** [personne]: **se** ~ **sur soi-même** to withdraw into o.s. **-3.** [journal, carte] to fold.

réplique [replik] *nf* **-1.** [riposte] reply; **sans** ~ [argument] irrefutable. **-2.** [d'acteur] line; **donner la** ~ **à qqn** to play opposite sb. **-3.** [copie] replica; [sosie] double.

répliquer [replike] [3] ◇ *vt*: ~ **à qqn que** to reply to sb that. ◇ *vi* **-1.** [répondre] to reply; [avec impertinence] to answer back. **-2.** *fig* [riposter] to retaliate.

replonger [rəplɔ̃ʒe] [17] ◇ *vt* to plunge back. ◇ *vi* to dive back.
◆ **se replonger** *vp*: **se** ~ **dans qqch** to immerse o.s. in sthg again.

répondant, -e [repɔ̃dã, ãt] *nm, f* guarantor.
◆ **répondant** *nm fam*: **avoir du** ~ to have money behind one.

répondeur [repɔ̃dœr] *nm*: ~ **(téléphonique** OU **automatique** OU **-enregistreur)** answering machine.

répondre [repɔ̃dr] [75] ◇ *vi*: ~ **à qqn** [faire connaître sa pensée] to answer sb, to reply to sb; [riposter] to answer sb back; ~ **à qqch** [faire une réponse] to reply to sthg, to answer sthg; [en se défendant] to respond to sthg; ~ **au téléphone** to answer the telephone. ◇ *vt* to answer, to reply; ~ **que** to reply that, to answer that.
◆ **répondre à** *vt* **-1.** [correspondre à - besoin] to answer; [- conditions] to meet. **-2.** [ressembler à - description] to match.
◆ **répondre de** *vt* to answer for.

répondu, -e [repɔ̃dy] *pp* → **répondre**.

réponse [repɔ̃s] *nf* **-1.** [action de répondre] answer, reply; **en** ~ **à votre lettre** ... in reply OU in answer OU in response to your letter .... **-2.** [solution] answer. **-3.** [réaction] response.

report [rəpɔr] *nm* **-1.** [de réunion, rendez-vous] postponement. **-2.** COMM [d'écritures] carrying forward. **-3.** POLIT [de voix] transfer.

reportage [rəpɔrtaʒ] *nm* **-1.** [article, enquête] report. **-2.** [métier] reporting.

reporter¹ [rəpɔrtɛr] *nm* reporter.

reporter² [rəpɔrte] [3] *vt* **-1.** [rapporter] to take back. **-2.** [différer]: ~ **qqch à** to postpone sthg till, to put sthg off till. **-3.** [somme]: ~ **(sur)** to carry forward (to). **-4.** [transférer]: ~ **sur** to transfer to.
◆ **se reporter** *vp*: **se** ~ **à** [se référer à] to refer to; [se transporter en pensée à] to cast one's mind back to.

repos [rəpo] *nm* **-1.** [gén] rest; **prendre un jour de** ~ to take a day off. **-2.** [tranquillité] peace and quiet; **ce n'est pas de tout** ~ it's not exactly restful. **-3.** MIL: ~! at ease!

reposant, -e [rəpozã, ãt] *adj* restful.

reposé, -e [rəpoze] *adj* rested; **à tête** ~**e** with a clear head.

reposer [rəpoze] [3] ◇ *vt* **-1.** [poser à nouveau] to put down again, to put back down. **-2.** [remettre] to put back. **-3.** [poser de nouveau - question] to ask again. **-4.** [appuyer] to rest. **-5.** [délasser] to rest, to relax. ◇ *vi* **-1.** [pâte] to sit, to stand; [vin] to stand. **-2.** [mort]: **ici repose** ... here lies .... **-3.** [théorie]: ~ **sur** to rest on.
◆ **se reposer** *vp* **-1.** [se délasser] to rest. **-2.** [faire confiance]: **se** ~ **sur qqn** to rely on sb.

repositionner [rəpozisjɔne] [3] *vt* to reposition.
◆ **se repositionner** *vp* to reposition o.s.

repoussant, -e [rəpusã, ãt] *adj* repulsive.

repousser [rəpuse] [3] ◇ *vi* to grow again, to grow back. ◇ *vt* **-1.** [écarter] to push away, to push back; [l'ennemi] to repel, to drive back. **-2.** [éconduire] to reject. **-3.** [proposition] to reject, to turn down. **-4.** [différer] to put back, to postpone.
◆ **se repousser** *vp* [aimants] to repel one another.

repoussoir [rəpuswar] *nm*: **servir de** ~ **à qqn** to be a foil to sb.

répréhensible [repreãsibl] *adj* reprehensible.

reprenais, reprenions *etc* → **reprendre**.

reprendre [rəprãdr] [79] ◇ *vt* **-1.** [prendre de nouveau] to take again; **je passe te** ~ **dans une heure** I'll come by and pick you up again in an hour; ~ **la route** to take to the road again; ~ **haleine** to get one's breath back. **-2.** [récupérer - objet prêté] to take back; [- prisonnier, ville] to recapture. **-3.** COMM [entreprise, affaire] to take over; **ni re-**

pris ni échangé goods may not be returned or exchanged. **-4.** [se resservir]: ~ **un gâteau/de la viande** to take another cake/ some more meat. **-5.** [recommencer] to resume; «et ainsi» **reprit-il ...** "and so", he continued .... **-6.** [retoucher] to repair; [jupe] to alter. **-7.** [corriger] to correct.
◇ *vi* **-1.** [affaires, plante] to pick up. **-2.** [recommencer] to start again.
◆ **se reprendre** *vp* **-1.** [rectifier ce qu'on a dit] to correct o.s. **-2.** [recommencer]: **se ~ à espérer** to find new hope; **s'y ~ à plusieurs fois** to make several attempts. **-3.** [se ressaisir] to pull o.s. together.

repreneur [rəprənœr] *nm person who takes over a company with the aim of revitalizing it.*

représailles [rəprezaj] *nfpl* reprisals; **par ~** as a reprisal, in reprisal.

représentant, -e [rəprezātā, āt] *nm, f* representative.

représentatif, -ive [rəprezātatif, iv] *adj* representative.

représentation [rəprezātasjɔ̄] *nf* **-1.** [gén] representation. **-2.** [spectacle] performance. **-3.** [métier] commercial traveling *Am* OU travelling *Br*.

représentativité [rəprezātativite] *nf* representativeness.

représenter [rəprezāte] [3] *vt* to represent.
◆ **se représenter** *vp* **-1.** [s'imaginer]: **se ~ qqch** to visualize sthg. **-2.** [se présenter à nouveau]: **se ~ à** [élections] to stand again at; [examen] to resit, to represent.

répressif, -ive [represif, iv] *adj* repressive.

répression [represjɔ̄] *nf* **-1.** [de révolte] repression. **-2.** [de criminalité, d'injustices] suppression.

réprimande [reprimād] *nf* reprimand.

réprimander [reprimāde] [3] *vt* to reprimand.

réprimer [reprime] [3] *vt* **-1.** [émotion, rire] to repress, to check. **-2.** [révolte, crimes] to put down, to suppress.

repris, -e [rəpri, iz] *pp* → **reprendre**.
◆ **repris** *nm*: **~ de justice** habitual criminal.

reprisage [rəprizaʒ] *nm* mending.

reprise [rəpriz] *nf* **-1.** [recommencement - des hostilités] resumption, renewal; [- des affaires] revival, recovery; [- de pièce] revival; **à plusieurs ~s** on several occasions, several times. **-2.** BOXE round. **-3.** [accélération] acceleration. **-4.** [raccommodage] mending. **-5.** COMM trade-in, part exchange; [somme payée à un locataire] *sum paid for fixtures and fittings left by outgoing tenant.*

repriser [rəprize] [3] *vt* to mend.

réprobateur, -trice [reprɔbatœr, tris] *adj* reproachful.

réprobation [reprɔbasjɔ̄] *nf* disapproval.

reproche [rəprɔʃ] *nm* reproach; **faire des ~s à qqn** to reproach sb; **avec ~** reproachfully; **sans ~** blameless.

reprocher [rəprɔʃe] [3] *vt*: **~ qqch à qqn** to reproach sb for sthg; **je ne vous reproche rien** I don't reproach OU blame you for anything.
◆ **se reprocher** *vp*: **se ~ (qqch)** to blame o.s. (for sthg); **ne rien avoir à se ~** to have nothing to reproach o.s. for.

reproducteur, -trice [rəprɔdyktœr, tris] *adj* reproductive.

reproduction [rəprɔdyksjɔ̄] *nf* reproduction; **~ interdite** all rights (of reproduction) reserved.

reproduire [rəprɔdɥir] [98] *vt* to reproduce.
◆ **se reproduire** *vp* **-1.** BIOL to reproduce, to breed. **-2.** [se répéter] to recur.

reproduisais, reproduisions *etc* → **reproduire**.

reproduit, -e [rəprɔdɥi, ɥit] *pp* → **reproduire**.

reprogrammer [rəprɔgrame] [3] *vt* to reprogram.

reprographie [rəprɔgrafi] *nf* reproduction.

réprouvé, -e [repruve] ◇ *adj* rejected. ◇ *nm, f* outcast.

réprouver [repruve] [3] *vt* [blâmer] to reprove.

reptation [rɛptasjɔ̄] *nf* creeping.

reptile [rɛptil] *nm* reptile.

repu, -e [rəpy] ◇ *pp* → **repaître**. ◇ *adj* full, sated.

républicain, -e [repyblikɛ̄, ɛn] *adj & nm, f* republican.

république [repyblik] *nf* republic; **la République centrafricaine** Central African Republic; **la République populaire de Chine** the People's Republic of China.

répudiation [repydjasjɔ̄] *nf* repudiation.

répudier [repydje] [9] *vt* **-1.** [femme] to repudiate. **-2.** [principes, engagements] to renounce.

répugnance [repyɲās] *nf* **-1.** [horreur] repugnance. **-2.** [réticence] reluctance; **avoir** OU **éprouver de la ~ à faire qqch** to be reluctant to do sthg; **avec ~** reluctantly.

répugnant, -e [repyɲā, āt] *adj* repugnant.

répugner [repyɲe] [3] *vi*: **~ à qqn** to disgust sb, to fill sb with repugnance; **~ à faire qqch** to be reluctant to do sthg, to be loath to do sthg.

répulsion [repylsjɔ̄] *nf* repulsion.

réputation [repytasjɔ̃] *nf* reputation; **avoir une ~ de** to have a reputation for; **avoir la ~ d'être généreux** to have a reputation for being generous; **connaître qqn/qqch de ~** to know sb/sthg by reputation; **avoir bonne/mauvaise ~** to have a good/bad reputation.

réputé, -e [repyte] *adj* famous, well-known; **être ~ pour** to be famous OU well-known for.

requérir [rəkerir] [39] *vt* **-1.** [nécessiter] to require, to call for. **-2.** [solliciter] to solicit. **-3.** JUR [réclamer au nom de la loi] to demand.

requête [rəkɛt] *nf* **-1.** [prière] petition; **à** OU **sur la ~ de** at the request of. **-2.** JUR appeal. **-3.** INFORM query.

requiem [rekɥijɛm] *nm inv* requiem.

requiers, requiert *etc* → **requérir**.

requin [rəkɛ̃] *nm* shark.

requinquer [rəkɛ̃ke] [3] *vt fam* to perk up, to buck up.
◆ **se requinquer** *vp fam* to perk up, to buck up.

requis, -e [rəki, iz] ◇ *pp* → **requérir**. ◇ *adj* required, requisite.

réquisition [rekizisjɔ̃] *nf* **-1.** MIL requisition. **-2.** JUR closing speech for the prosecution.

réquisitionner [rekizisjɔne] [3] *vt* to requisition.

réquisitoire [rekizitwar] *nm* JUR closing speech for the prosecution; **~ (contre)** *fig* indictment (of).

RER (*abr de* **réseau express régional**) *nm* train service linking central Paris with its suburbs and airports.

rescapé, -e [rɛskape] ◇ *adj* rescued. ◇ *nm, f* survivor.

rescousse [rɛskus]
◆ **à la rescousse** *loc adv*: **venir à la ~ de qqn** to come to sb's rescue; **appeler qqn à la ~** to call on sb for help.

réseau, -x [rezo] *nm* network; **~ ferroviaire/routier** rail/road network.

réséda [rezeda] *nm* mignonette.

réservation [rezɛrvasjɔ̃] *nf* reservation.

réserve [rezɛrv] *nf* **-1.** [gén] reserve; **en ~** in reserve; **officier de ~** MIL reserve officer. **-2.** [restriction] reservation; **faire des ~s (sur)** to have reservations (about); **sous toute ~** OU **toutes ~s** subject to confirmation; **sous ~ de** subject to; **sans ~** unreservedly; **éloges sans ~** unreserved praise. **-3.** [territoire] reserve; **[- d'Indiens]** reservation; **~ faunique** *Can* wildlife reserve; **~ naturelle** nature reserve. **-4.** [local] storeroom.

réservé, -e [rezɛrve] *adj* reserved.

réserver [rezɛrve] [3] *vt* **-1.** [destiner]: **~ qqch (à qqn)** [chambre, place] to reserve OU book sthg (for sb); *fig* [surprise, désagrément] to have sthg in store (for sb). **-2.** [mettre de côté, garder]: **~ qqch (pour** OU **à)** to put sthg on one side (for), to keep sthg (for).
◆ **se réserver** *vp* **-1.** [s'accorder]: **se ~ qqch** to keep sthg for o.s.; **se ~ de faire qqch** to wait to do sthg; **se ~ le droit de faire qqch** to reserve the right to do sthg. **-2.** [se ménager] to save o.s.

réserviste [rezɛrvist] *nm* reservist.

réservoir [rezɛrvwar] *nm* **-1.** [cuve] tank. **-2.** [bassin] reservoir. **-3.** *fig* [de main-d'œuvre] reserve, pool; [d'idées] source.

résidant, -e [rezidɑ̃, ɑ̃t] *adj* resident.

résidence [rezidɑ̃s] *nf* **-1.** [habitation] residence; **~ principale** main residence OU home; **~ secondaire** second home; **~ universitaire** hall of residence. **-2.** [immeuble] luxury apartment block *Am*, block of luxury flats *Br*.
◆ **résidence surveillée** *nf*: **en ~** surveillée under house arrest.

résident, -e [rezidɑ̃, ɑ̃t] *nm, f* **-1.** [de pays]: **les ~s français en Écosse** French nationals resident in Scotland. **-2.** [habitant d'une résidence] resident.

résidentiel, -ielle [rezidɑ̃sjɛl] *adj* residential.

résider [rezide] [3] *vi* **-1.** [habiter]: **~ à/dans/en** to reside in. **-2.** [consister]: **~ dans** to lie in.

résidu [rezidy] *nm* [reste] residue; [déchet] waste.

résiduel, -elle [rezidɥɛl] *adj* residual.

résignation [reziɲasjɔ̃] *nf* resignation.

résigné, -e [reziɲe] ◇ *adj* resigned. ◇ *nm, f* resigned person.

résigner [reziɲe] [3]
◆ **se résigner** *vp*: **se ~ (à)** to resign o.s. (to).

résiliation [reziljasjɔ̃] *nf* cancellation, termination.

résilier [rezilje] [9] *vt* to cancel, to terminate.

résille [rezij] *nf* **-1.** [pour cheveux] hairnet. **-2.** **bas ~** fishnet stockings.

résine [rezin] *nf* resin.

résiné, -e [rezine] *adj* flavoured with resin.
◆ **résiné** *nm* retsina.

résineux, -euse [rezinø, øz] *adj* resinous.
◆ **résineux** *nm* conifer.

résistance [rezistɑ̃s] *nf* **-1.** [gén, ÉLECTR & PHYS] resistance; **manquer de ~** to lack stamina; **opposer une** ~ to put up resistance; ~ **passive** passive resistance. **-2.** [de radiateur, chaudière] element.

◆ **Résistance** *nf*: **la Résistance** HIST the Resistance.

résistant, -e [rezistã, ãt] ◇ *adj* [personne] tough; [tissu] hard-wearing, tough; **être ~ au froid/aux infections** to be resistant to the cold/to infection. ◇ *nm, f* [gén] resistance fighter; [de la Résistance] member of the Resistance.

résister [reziste] [3] *vi* to resist; ~ **à** [attaque, désir] to resist; [tempête, fatigue] to withstand; [personne] to stand up to, to oppose.

résolu, -e [rezɔly] ◇ *pp* → **résoudre**. ◇ *adj* resolute; **être bien ~ à faire qqch** to be determined to do sthg.

résolument [rezɔlymã] *adv* resolutely.

résolution [rezɔlysjɔ̃] *nf* **-1.** [décision] resolution; **prendre la ~ de faire qqch** to make a resolution to do sthg. **-2.** [détermination] resolve, determination. **-3.** [solution] solving.

résolvais, résolvions *etc* → **résoudre**.

résonance [rezɔnãs] *nf* **-1.** ÉLECTR & PHYS resonance. **-2.** *fig* [écho] echo.

résonner [rezɔne] [3] *vi* [retentir] to resound; [renvoyer le son] to echo; ~ **de** to resound with.

résorber [rezɔrbe] [3] *vt* **-1.** [déficit] to absorb. **-2.** MÉD to resorb.

◆ **se résorber** *vp* **-1.** [déficit] to be absorbed. **-2.** MÉD to be resorbed.

résoudre [rezudr] [88] *vt* **-1.** [problème] to solve, to resolve. **-2.** [décider]: ~ **qqn à faire qqch** to get sb to make up his/her mind to do sthg. **-3.** [décomposer]: ~ **en** to break up OU resolve into.

◆ **se résoudre** *vp*: **se ~ à faire qqch** to make up one's mind to do sthg, to decide OU resolve to do sthg.

respect [rɛspɛ] *nm* respect; **manquer de ~ à qqn** to be disrespectful to sb, to show disrespect for sb; **sauf votre ~** with all (due) respect; **avec tout le ~ que je vous dois** with all (due) respect, with the greatest of respect; **tenir qqn en ~** *fig* to keep sb at bay.

◆ **respects** *nmpl* respects, regards.

respectabilité [rɛspɛktabilite] *nf* respectability.

respectable [rɛspɛktabl] *adj* respectable.

respecter [rɛspɛkte] [4] *vt* to respect; **faire ~ la loi** to enforce the law.

◆ **se respecter** *vp*: **un professeur qui se respecte ne ferait pas cela** no self-respecting teacher would do that.

respectif, -ive [rɛspɛktif, iv] *adj* respective.

respectivement [rɛspɛktivmã] *adv* respectively.

respectueusement [rɛspɛktɥøzmã] *adv* respectfully.

respectueux, -euse [rɛspɛktɥø, øz] *adj* respectful; **être ~ de** to have respect for.

respirable [rɛspirabl] *adj*: **l'air n'est plus ~** the air is no longer breathable.

respiration [rɛspirasjɔ̃] *nf* breathing (*U*); **retenir sa ~** to hold one's breath; ~ **artificielle** artificial respiration.

respiratoire [rɛspiratwar] *adj* respiratory.

respirer [rɛspire] [3] ◇ *vi* **-1.** [inspirer-expirer] to breathe. **-2.** *fig* [se reposer] to get one's breath; [être soulagé] to be able to breathe again. ◇ *vt* **-1.** [aspirer] to breathe in. **-2.** *fig* [exprimer] to exude.

resplendir [rɛsplãdir] [32] *vi* **-1.** [lune] to shine. **-2.** *fig* [personne]: ~ **de joie/santé** to be radiant with joy/health.

resplendissant, -e [rɛsplãdisã, ãt] *adj* radiant.

responsabilisation [rɛspɔ̃sabilizasjɔ̃] *nf* making sb aware of his/her responsibilities.

responsabiliser [rɛspɔ̃sabilize] [3] *vt*: ~ **qqn** to make sb aware of his/her responsibilities.

responsabilité [rɛspɔ̃sabilite] *nf* **-1.** [morale] responsibility; **décliner toute ~** to disclaim all responsibility; **avoir la ~ de** to be responsible for, to have the responsibility of. **-2.** JUR liability; ~ **civile** civil liability; ~ **collective/pénale** collective/criminal responsibility.

responsable [rɛspɔ̃sabl] ◇ *adj* **-1.** [gén]: ~ **(de)** responsible (for); [légalement] liable (for); [chargé de] in charge (of), responsible (for). **-2.** [sérieux] responsible. ◇ *nmf* **-1.** [auteur, coupable] person responsible. **-2.** [dirigeant] official. **-3.** [personne compétente] person in charge.

resquille [rɛskij] *nf*, **resquillage** [rɛskijaʒ] *nm* **-1.** [au théâtre etc] sneaking in without paying. **-2.** [dans autobus etc] fare-dodging.

resquiller [rɛskije] [3] *vi* **-1.** [au théâtre etc] to sneak in without paying. **-2.** [dans autobus etc] to dodge paying the fare.

resquilleur, -euse [rɛskijœr, øz] *nm, f* **-1.** [au théâtre etc] person who sneaks in without paying. **-2.** [dans autobus etc] fare-dodger.

ressac [rəsak] *nm* undertow.

ressaisir [rəsezir] [32]
◆ **se ressaisir** *vp* to pull o.s. together.

ressasser [rəsase] [3] *vt* **-1.** [répéter] to keep churning out. **-2.** *fig* [mécontentement] to dwell on.

ressayer = **réessayer**.

ressemblance [rəsãblãs] *nf* [gén] resemblance, likeness; [trait] resemblance.

ressemblant, -e [rəsãblã, ãt] *adj* life-like.

ressembler [rəsãble] [3] *vi*: ~ à [physiquement] to resemble, to look like; [moralement] to be like, to resemble; **cela ne lui ressemble pas** that's not like him.
◆ **se ressembler** *vp* to look alike, to resemble each other; **qui se ressemble s'assemble** *proverbe* birds of a feather flock together *proverb*.

ressemeler [rəsəmle] [24] *vt* to resole.

ressentiment [rəsãtimã] *nm* resentment.

ressentir [rəsãtir] [37] *vt* to feel.
◆ **se ressentir** *vp*: se ~ de [suj: travail] to show the effects of; [suj: personne, pays] to feel the effects of.

resserre [rəsɛr] *nf* storeroom.

resserrer [rəsere] [4] *vt* **-1.** [ceinture, boulon] to tighten. **-2.** *fig* [lien] to strengthen.
◆ **se resserrer** *vp* **-1.** [route] to (become) narrow. **-2.** [nœud, étreinte] to tighten. **-3.** *fig* [relations] to grow stronger.

resservir [rəsɛrvir] [38] ◇ *vt* **-1.** [plat] to serve again; *fig* [histoire] to trot out. **-2.** [personne] to give another helping to. ◇ *vi* to be used again.
◆ **se resservir** *vp*: se ~ de qqch [ustensile] to use sthg again; [plat] to take another helping of sthg.

ressort [rəsɔr] *nm* **-1.** [mécanisme] spring. **-2.** *fig* [énergie] spirit. **-3.** *fig* [force] force. **-4.** *fig* [compétence]: **être du ~ de qqn** to be sb's area of responsibility, to come under sb's jurisdiction.
◆ **en dernier ressort** *loc adv* in the last resort, as a last resort.

ressortir[1] [rəsɔrtir] [43] ◇ *vi (aux: être)* **-1.** [personne] to go out again. **-2.** *fig* [couleur]: ~ **(sur)** to stand out (against); **faire** ~ to highlight. **-3.** *fig* [résulter de]: ~ **de** to emerge from. ◇ *vt (aux: avoir)* to take OU get OU bring out again.

ressortir[2] [rəsɔrtir] [32] *vi* [relever]: ~ à JUR to be in the province of; *sout* [domaine] to pertain to.

ressortissant, -e [rəsɔrtisã, ãt] *nm, f* national.

ressouder [rəsude] [3] *vt* to resolder; *fig* to cement.

ressource [rəsurs] *nf* resort; **votre seule** ~ **est de ...** the only course open to you is to ...; **avoir de la** ~ to be resourceful.
◆ **ressources** *nfpl* **-1.** [financières] means; **être sans** ~**s** to be without means. **-2.** [énergétiques, de langue] resources; ~**s naturelles** natural resources. **-3.** [de personne] resourcefulness (*U*).

ressourcer [rəsurse] [16]
◆ **se ressourcer** *vp* to recharge one's batteries.

ressouvenir [rəsuvnir] [40]
◆ **se ressouvenir** *vp littéraire*: se ~ de qqn/qqch to remember sb/sthg.

ressurgir [rəsyrʒir] [32] *vi* to reappear.

ressusciter [resysite] [3] ◇ *vi* to rise (from the dead); *fig* to revive. ◇ *vt* to bring back to life, to raise; *fig* to revive.

restant, -e [rɛstã, ãt] *adj* remaining, left.
◆ **restant** *nm* rest, remainder.

restaurant [rɛstɔrã] *nm* restaurant; **manger au** ~ to eat out; ~ **d'entreprise** staff canteen.

restaurateur, -trice [rɛstɔratœr, tris] *nm, f* **-1.** CULIN restaurant owner. **-2.** ART restorer.

restauration [rɛstɔrasjɔ̃] *nf* **-1.** CULIN restaurant business; ~ **rapide** fast food. **-2.** ART & POLIT restoration.
◆ **Restauration** *nf*: **la Restauration** the Restoration.

restaurer [rɛstɔre] [3] *vt* to restore.
◆ **se restaurer** *vp* to have something to eat.

reste [rɛst] *nm* **-1.** [de lait, temps]: **le** ~ **(de)** the rest (of). **-2.** MATHS remainder; **ne pas être en** ~ **(avec)** not to be outdone (by).
◆ **restes** *nmpl* **-1.** [de repas] leftovers. **-2.** [de mort] remains.
◆ **au reste, du reste** *loc adv* besides.
◆ **pour le reste** *loc adv* as for the rest.

rester [rɛste] [3] ◇ *vi* **-1.** [dans lieu, état] to stay, to remain; **restez calme!** stay OU keep calm!; ~ **sur** to retain. **-2.** [se perpétuer] to endure. **-3.** [subsister] to remain, to be left; **le seul bien qui me reste** the only thing I have left. **-4.** [s'arrêter]: **en** ~ **à qqch** to stop at sthg; **en** ~ **là** to finish there. **-5.** *loc*: **y** ~ *fam* [mourir] to pop one's clogs.
◇ *v impers*: **il en reste un peu** there's still a little left; **il te reste de l'argent?** do you still have some money left?; **il reste beaucoup à faire** there is still a lot to be done; **il reste que ..., il n'en reste pas moins que ...** the fact remains that ...; **reste à savoir si ...** it remains to be seen whether ....

restituer [rɛstitɥe] [7] *vt* **-1.** [argent, objet volé] to return, to restore. **-2.** [archives, texte] to reconstruct. **-3.** [énergie] to release. **-4.** [son] to reproduce.

restitution [rɛstitysjɔ̃] *nf* **-1.** [d'argent, objet volé] return. **-2.** [d'archives, de texte] reconstruction. **-3.** [d'énergie] release. **-4.** [de son] reproduction.

resto [rɛsto] *nm fam* restaurant; **les ~s du cœur** *charity food distribution centres*; **~-U** UNIV refectory.

Restoroute® [rɛstorut] *nm* highway restaurant *Am*, motorway cafe *Br*.

restreignais, restreignions *etc* → **restreindre**.

restreindre [rɛstrɛ̃dr] [81] *vt* to restrict.
◆ **se restreindre** *vp* **-1.** [domaine, champ] to narrow. **-2.** [personne] to cut back; **se ~ dans qqch** to restrict sthg.

restreint, -e [rɛstrɛ̃, ɛ̃t] *pp* → **restreindre**.

restrictif, -ive [rɛstriktif, iv] *adj* restrictive.

restriction [rɛstriksjɔ̃] *nf* **-1.** [condition] condition; **sans ~** unconditionally. **-2.** [limitation] restriction.
◆ **restrictions** *nfpl* [alimentaires] rationing (*U*).

restructurer [rəstryktyre] [3] *vt* to restructure.

résultant, -e [rezyltɑ̃, ɑ̃t] *adj* resulting.
◆ **résultante** *nf* **-1.** SCIENCE resultant. **-2.** [conséquence] consequence, outcome.

résultat [rezylta] *nm* result; [d'action] outcome.

résulter [rezylte] [3] ◇ *vi*: **~ de** to be the result of, to result from. ◇ *v impers*: **il en résulte que ...** as a result, ...

résumé [rezyme] *nm* summary, résumé; **en ~** [pour conclure] to sum up; [en bref] in brief, summarized.

résumer [rezyme] [3] *vt* to summarize.
◆ **se résumer** *vp* **-1.** [suj: personne] to sum up. **-2.** [se réduire]: **se ~ à qqch/à faire qqch** to come down to sthg/to doing sthg.

résurgence [rezyrʒɑ̃s] *nf* resurgence.

résurrection [rezyrɛksjɔ̃] *nf* resurrection.

rétablir [retablir] [32] *vt* **-1.** [gén] to restore; [malade] to restore (to health). **-2.** [communications, contact] to re-establish. **-3.** [dans emploi]: **~ qqn (dans)** to reinstate sb (in).
◆ **se rétablir** *vp* **-1.** [silence] to return, to be restored. **-2.** [malade] to recover. **-3.** GYM to pull o.s. up.

rétablissement [retablismɑ̃] *nm* **-1.** [d'ordre] restoration. **-2.** [de communications] re-establishment. **-3.** [de malade] recovery. **-4.**

[dans emploi] reinstatement. **-5.** GYM pull-up.

retaper [rətape] [3] *vt* **-1.** [maison, canapé] to do up. **-2.** [lettre] to retype. **-3.** *fam* [personne] to set up.
◆ **se retaper** *vp fam* [personne] to get back on one's feet.

retard [rətar] *nm* **-1.** [délai] delay; **être en ~** [sur heure] to be late; [sur échéance] to be behind; **avoir du ~** to be late OU delayed; **mettre en ~** to make o.s. late; **rattraper son ~** to make up lost time; **après bien des ~s** after much delay. **-2.** [de pays, peuple, personne] backwardness.

retardataire [rətardatɛr] ◇ *nmf* **-1.** [en retard] latecomer. **-2.** [enfant] backward OU retarded person. ◇ *adj* **-1.** [sur heure] late. **-2.** [idée, enfant] backward.

retardement [rətardəmɑ̃] *nm*: **à ~** belatedly; *voir aussi* **bombe**.

retarder [rətarde] [3] ◇ *vt* **-1.** [personne, train] to delay; [sur échéance] to put back; **~ qqn dans qqch** to delay sb in sthg. **-2.** [ajourner - rendez-vous] to put back OU off; [- départ] to put back OU off, to delay. **-3.** [montre] to put back. ◇ *vi* **-1.** [horloge] to be slow. **-2.** *fam* [ne pas être au courant] to be behind the times. **-3.** [être en décalage]: **~ sur** to be out of step OU tune with.

retendre [rətɑ̃dr] [73] *vt* to retighten.

retenir [rətənir] [40] *vt* **-1.** [physiquement - objet, personne, cri] to hold back; [- souffle] to hold; **~ qqn de faire qqch** to stop OU restrain sb from doing sthg. **-2.** [retarder] to keep, to detain; **~ qqn à dîner** to have sb stay for dinner. **-3.** [montant, impôt] to keep back, to withhold. **-4.** [chambre] to reserve. **-5.** [leçon, cours] to remember. **-6.** [projet] to accept, to adopt. **-7.** [eau, chaleur] to retain. **-8.** MATHS to carry. **-9.** [intérêt, attention] to hold.
◆ **se retenir** *vp* **-1.** [s'accrocher]: **se ~ à** to hold onto. **-2.** [se contenir] to hold on; **se ~ de faire qqch** to refrain from doing sthg.

rétention [retɑ̃sjɔ̃] *nf* MÉD retention.

retentir [rətɑ̃tir] [32] *vi* **-1.** [son] to ring (out). **-2.** [pièce, rue]: **~ de** to resound with. **-3.** *fig* [fatigue, blessure]: **~ sur** to have an effect on.

retentissant, -e [rətɑ̃tisɑ̃, ɑ̃t] *adj* resounding.

retentissement [rətɑ̃tismɑ̃] *nm* **-1.** [de mesure] repercussions (*pl*). **-2.** [de spectacle] effect.

retenu, -e [rətny] *pp* → **retenir**.

retenue [rətəny] *nf* **-1.** [prélèvement] deduction; **~ à la source** deduction at source. **-2.**

MATHS amount carried. **-3.** SCOL detention. **-4.** *fig* [de personne - dans relations] reticence; [- dans comportement] restraint; **sans ~** without restraint.

réticence [retisãs] *nf* [hésitation] hesitation, reluctance; **avec ~** hesitantly; **sans ~** without hesitation.

réticent, -e [retisã, ãt] *adj* hesitant, reluctant.

retiendrai, retiendras *etc* → retenir.

retienne, retiennes *etc* → retenir.

rétif, -ive [retif, iv] *adj* restive.

rétine [retin] *nf* retina.

retiré, -e [rətire] *adj* **-1.** [lieu] remote, isolated; [vie] quiet. **-2.** [personne] retired.

retirer [rətire] [3] *vt* **-1.** [vêtement, emballage] to take off, to remove; [permis, jouet] to take away; **~ qqch à qqn** to take sthg away from sb. **-2.** [plainte] to withdraw, to take back. **-3.** [sortir - personne] to remove, to extricate; [- casserole] to remove. **-4.** [métal] to extract. **-5.** [avantages, bénéfices]: **~ qqch de qqch** to get OU derive sthg from sthg. **-6.** [bagages, billet] to collect; [argent] to withdraw.
♦ **se retirer** *vp* **-1.** [s'isoler] to withdraw, to retreat. **-2.** [des affaires]: **se ~ (de)** to retire (from). **-3.** [refluer] to recede.

retombées [rətɔ̃be] *nfpl* repercussions, fallout *(sg)*; **~s radioactives** radioactive fallout.

retomber [rətɔ̃be] [3] *vi* **-1.** [gymnaste, chat] to land. **-2.** [redevenir]: **~ malade** to relapse. **-3.** [pluie] to fall again. **-4.** *fig* [colère] to die away. **-5.** [cheveux] to hang down. **-6.** *fig* [responsabilité]: **~ sur** to fall on.

retordre [rətɔrdr] [76] *vt* [linge] to wring (out) again.

rétorquer [retɔrke] [3] *vt* to retort; **~ à qqn que ...** to retort to sb that ....

retors, -e [rətɔr, ɔrs] *adj* wily.

rétorsion [retɔrsjɔ̃] *nf* retaliation; **mesures de ~** reprisals.

retouche [rətuʃ] *nf* **-1.** [de texte, vêtement] alteration. **-2.** ART & PHOT touching up.

retoucher [rətuʃe] [3] *vt* **-1.** [texte, vêtement] to alter. **-2.** ART & PHOT to touch up.

retour [rətur] *nm* **-1.** [gén] return; **à mon/ton ~** when I/you get back, on my/your return; **au ~ de** [étant arrivé] on my/his *etc* return from; [en cours de route] on the way back; **être de ~ (de)** to be back (from); **«~ à l'expéditeur** OU **l'envoyeur»** "return to sender"; **~ en arrière** flashback; **~ de chariot** carriage return; **~ de flamme** backfire; **~ de manivelle** OU **de bâton** *fam fig* kickback; **en ~** in return; **sans ~** for ever;

(être) **sur le ~** *fig* (to be) over the hill. **-2.** [trajet] journey back, return journey.

retournement [rəturnəmã] *nm* turnaround, turnabout; **~ de situation** reversal.

retourner [rəturne] [3] ◇ *vt (aux: avoir)* **-1.** [carte, matelas] to turn over; [terre] to turn (over). **-2.** [pull, poche] to turn inside out. **-3.** [compliment, objet prêté]: **~ qqch (à qqn)** to return sthg (to sb). **-4.** [lettre, colis] to send back, to return. **-5.** *fam fig* [personne] to shake up; **en être tout retourné** to be shaken up. ◇ *vi (aux: être)* to come/go back; **~ à** [personne] to go back OU return to; [objet] to be returned to; **~ en arrière** OU **sur ses pas** to retrace one's steps.
♦ **se retourner** *vp* **-1.** [basculer] to turn over. **-2.** [pivoter] to turn round. **-3.** *fam fig* [s'adapter] to sort o.s. out. **-4.** [rentrer]: **s'en ~** to go back (home). **-5.** *fig* [s'opposer]: **se ~ contre** to turn against.

retracer [rətrase] [16] *vt* **-1.** [ligne] to redraw. **-2.** [événement] to relate.

rétracter [retrakte] [3] *vt* to retract.
♦ **se rétracter** *vp* **-1.** [se contracter] to retract. **-2.** [se dédire] to back down.

retraduire [rətraduir] [98] *vt* to translate again.

retrait [rətrɛ] *nm* **-1.** [gén] withdrawal; **~ du permis** disqualification from driving. **-2.** [de bagages] collection. **-3.** [des eaux] ebbing.
♦ **en retrait** *loc adj* & *loc adv* **-1.** [maison] set back from the road; **rester en ~** *fig* to hang back. **-2.** [texte] indented.

retraite [rətrɛt] *nf* **-1.** [gén] retreat; **battre en ~** to beat a retreat. **-2.** [cessation d'activité] retirement; **être à la ~** to be retired; **prendre sa ~** to retire; **~ anticipée** early retirement. **-3.** [revenu] (retirement) pension.

retraité, -e [rətrete] ◇ *adj* **-1.** [personne] retired. **-2.** TECHNOL reprocessed. ◇ *nm, f* retired person, pensioner.

retranchement [rətrãʃmã] *nm* entrenchment; **poursuivre** OU **forcer qqn dans ses derniers ~s** *fig* to drive sb into a corner.

retrancher [rətrãʃe] [3] *vt* **-1.** [passage]: **~ qqch (de)** to cut sthg out (from), to remove sthg (from). **-2.** [montant]: **~ qqch (de)** to take sthg away (from), to deduct sthg (from).
♦ **se retrancher** *vp* to entrench o.s.; **se ~ derrière/dans** *fig* to take refuge behind/in.

retransmettre [rətrãsmɛtr] [84] *vt* to broadcast.

retransmis, -e [rətrãsmi, iz] *pp* → retransmettre.

retransmission [rətrãsmisjɔ̃] *nf* broadcast.

retravailler [rətravaje] [3] ◇ *vt:* ~ **qqch** to work on sthg again. ◇ *vi* to start work again.

rétrécir [retresir] [32] ◇ *vt* [tissu] to take in. ◇ *vi* [tissu] to shrink.

◆ **se rétrécir** *vp* [tissu] to shrink.

rétrécissement [retresismã] *nm* **-1.** [de vêtement] shrinkage. **-2.** MÉD stricture.

retremper [rətrãpe] [3] *vt* **-1.** [linge] to resoak. **-2.** [acier] to requench.

◆ **se retremper** *vp* to go back into the water; *fig* to reimmerse o.s.

rétribuer [retrib ɥe] [7] *vt* **-1.** [employé] to pay. **-2.** [travail] to pay for.

rétribution [retribysjɔ̃] *nf* remuneration.

rétro [retro] ◇ *nm* **-1.** [style] old style OU fashion. **-2.** *fam* [rétroviseur] rear-view mirror. ◇ *adj inv* old-style.

rétroactif, -ive [retrɔaktif, iv] *adj* retrospective.

rétroactivement [retrɔaktivmã] *adv* retrospectively.

rétrocéder [retrɔsede] [18] *vt* to retrocede.

rétrocession [retrɔsɛsjɔ̃] *nf* retrocession.

rétrograde [retrɔgrad] *adj péj* reactionary.

rétrograder [retrɔgrade] [3] ◇ *vt* to demote. ◇ *vi* **-1.** AUTOM to change down. **-2.** [dans hiérarchie] to move down.

rétroprojecteur [retroprɔʒɛktœr] *nm* overhead projector.

rétrospectif, -ive [retrɔspɛktif, iv] *adj* retrospective.

◆ **rétrospective** *nf* retrospective.

rétrospectivement [retrɔspɛktivmã] *adv* retrospectively.

retroussé, -e [rətruse] *adj* **-1.** [manches, pantalon] rolled up. **-2.** [nez] turned up.

retrousser [rətruse] [3] *vt* **-1.** [manches, pantalon] to roll up. **-2.** [lèvres] to curl.

retrouvailles [rətruvaj] *nfpl* reunion (*sg*).

retrouver [rətruve] [3] *vt* **-1.** [gén] to find; [appétit] to recover, to regain. **-2.** [reconnaître] to recognize. **-3.** [ami] to meet, to see.

◆ **se retrouver** *vp* **-1.** [entre amis] to meet (up) again; **on se retrouve au café?** shall we meet up OU see each other at the café? **-2.** [être de nouveau] to find o.s. again. **-3.** [s'orienter] to find one's way; **ne pas s'y** ~ [dans papiers] to be completely lost. **-4.** [erreur, style] to be found, to crop up. **-5.** [financièrement]: **s'y** ~ *fam* to break even.

rétroviseur [retrɔvizœr] *nm* rear-view mirror.

réunification [reynifikasjɔ̃] *nf* reunification.

réunifier [reynifje] [9] *vt* to reunify.

réunion [reynjɔ̃] *nf* **-1.** [séance] meeting. **-2.** [jonction] union, merging. **-3.** [d'amis, de famille] reunion. **-4.** [collection] collection.

Réunion [reynjɔ̃] *nf:* **(l'île de) la** ~ Réunion; **à la** ~ in Réunion.

réunionnais, -e [reynjɔnɛ, ɛz] *adj* of/from Réunion Island.

◆ **Réunionnais, -e** *nm, f* native OU inhabitant of Réunion.

réunir [reynir] [32] *vt* **-1.** [fonds] to collect. **-2.** [extrémités] to put together, to bring together. **-3.** [qualités] to combine. **-4.** [personnes] to bring together; [- après séparation] to reunite.

◆ **se réunir** *vp* **-1.** [personnes] to meet. **-2.** [entreprises] to combine; [états] to unite. **-3.** [fleuves, rues] to converge.

réussi, -e [reysi] *adj* successful; **c'est** ~! *fig* & *iron* congratulations!, well done!

réussir [reysir] [32] ◇ *vi* **-1.** [personne, affaire] to succeed, to be a success; ~ **à faire qqch** to succeed in doing sthg; ~ **un coup fumant** to pull off a master stroke. **-2.** [climat]: ~ **à** to agree with. ◇ *vt* **-1.** [portrait, plat] to make a success of. **-2.** [examen] to pass.

réussite [reysit] *nf* **-1.** [succès] success. **-2.** [jeu de cartes] solitaire *Am*, patience *Br*.

réutiliser [reytilize] [3] *vt* to reuse.

revaloir [rəvalwar] [60] *vt:* ~ **qqch à qqn** [avec reconnaissance] to repay sb for sthg; [avec hostilité] to get even with sb for sthg.

revalorisation [rəvalɔrizasjɔ̃] *nf* [de monnaie] revaluation; [de salaires] raising; *fig* [d'idée] rehabilitation.

revaloriser [rəvalɔrize] [3] *vt* [monnaie] to revalue; [salaires] to raise; *fig* [idée, doctrine] to rehabilitate.

revanchard, -e [rəvɑ̃ʃar, ard] *péj* ◇ *adj* of revenge. ◇ *nm, f* advocate of revenge.

revanche [rəvɑ̃ʃ] *nf* **-1.** [vengeance] revenge; **prendre sa** ~ to take one's revenge. **-2.** SPORT return (match).

◆ **en revanche** *loc adv* **-1.** [par contre] on the other hand. **-2.** [en contrepartie] in return.

rêvasser [rɛvase] [3] *vi* to daydream.

revaudrai, revaudras *etc* → **revaloir**.

rêve [rɛv] *nm* dream; **de** ~ *fig* dream (*avant n*).

rêvé, -e [rɛve] *adj* ideal.

revêche [rəvɛʃ] *adj* surly.

réveil [revɛj] *nm* **-1.** [de personne] waking (up); *fig* awakening; **au** ~ on waking (up). **-2.** [pendule] alarm clock. **-3.** [de volcan] reawakening.

réveiller [reveje] [4] *vt* **-1.** [personne] to wake up. **-2.** [courage] to revive.
◆ **se réveiller** *vp* **-1.** [personne] to wake (up). **-2.** [ambitions] to reawaken.

réveillon [revejɔ̃] *nm* **-1.** [jour - de Noël] Christmas Eve; [- de nouvel an] New Year's Eve. **-2.** [repas - de Noël] Christmas Eve meal; [- de nouvel an] New Year's Eve meal.

réveillonner [revɛjɔne] [3] *vi* to have a Christmas Eve/New Year's Eve meal.

révélateur, -trice [revelatœr, tris] *adj* revealing.
◆ **révélateur** *nm* PHOT developer; *fig* [ce qui révèle] indication.

révélation [revelasjɔ̃] *nf* **-1.** [gén] revelation. **-2.** [artiste] discovery.

révéler [revele] [18] *vt* **-1.** [gén] to reveal. **-2.** [artiste] to discover.
◆ **se révéler** *vp* **-1.** [apparaître] to be revealed. **-2.** [s'avérer] to prove to be.

revenant [rəvnɑ̃] *nm* **-1.** [fantôme] spirit, ghost. **-2.** *fam* [personne] stranger.

revendeur, -euse [rəvɑ̃dœr, øz] *nm, f* retailer.

revendication [rəvɑ̃dikasjɔ̃] *nf* claim, demand.

revendiquer [rəvɑ̃dike] [3] *vt* [dû, responsabilité] to claim; [avec force] to demand.

revendre [rəvɑ̃dr] [73] *vt* **-1.** [après utilisation] to resell. **-2.** [vendre plus de] to sell more of.

revendu, -e [rəvɑ̃dy] *pp* → **revendre**.

revenir [rəvnir] [40] *vi* **-1.** [gén] to come back, to return; ~ **de** to come back from, to return from; ~ **à** to come back to, to return to; ~ **sur** [sujet] to go over again; [décision] to go back on; ~ **à soi** to come to. **-2.** [mot, sujet] to crop up. **-3.** [à l'esprit]: ~ **à** to come back to. **-4.** [impliquer]: **cela revient au même/à dire que ...** it amounts to the same thing/to saying (that) .... **-5.** [coûter]: ~ **à** to come to, to amount to; ~ **cher** to be expensive. **-6.** [honneur, tâche]: ~ **à** to fall to; **c'est à lui qu'il revient de ...** it is up to him to .... **-7.** CULIN: **faire ~** to brown. **-8.** *loc*: **sa tête ne me revient pas** I don't like the look of him/her; **il n'en revenait pas** he couldn't get over it; ~ **de loin** to have been at death's door.

revente [rəvɑ̃t] *nf* resale.

revenu, -e [rəvny] *pp* → **revenir**.
◆ **revenu** *nm* [de pays] revenue; [de personne] income.

rêver [reve] [4] ◇ *vi* to dream; [rêvasser] to daydream; ~ **de/à** to dream of/about. ◇ *vt* to dream; ~ **que** to dream (that).

réverbération [revɛrberasjɔ̃] *nf* reverberation.

réverbère [revɛrbɛr] *nm* street lamp OU light.

réverbérer [revɛrbere] [18] *vt* to reverberate.

reverdir [rəvɛrdir] [32] *vi* to become green again.

révérence [reverɑ̃s] *nf* **-1.** [salut] bow. **-2.** *littéraire* [déférence] reverence.

révérencieux, -ieuse [reverɑ̃sjø, jøz] *adj* reverent.

révérend, -e [reverɑ̃, ɑ̃d] *adj* reverend.
◆ **révérend** *nm* reverend.

révérer [revere] [18] *vt* to revere.

rêverie [rɛvri] *nf* reverie.

revers [rəvɛr] *nm* **-1.** [de main] back; [de pièce] reverse; **prendre à ~** to capture from the rear OU from behind; **le ~ de la médaille** *fig* the other side of the coin. **-2.** [de veste] lapel; [de pantalon] cuff *Am*, turn-up *Br*. **-3.** TENNIS backhand. **-4.** *fig* [de fortune] reversal.

reverser [rəvɛrse] [3] *vt* **-1.** [liquide] to pour out more of. **-2.** FIN: ~ **qqch sur** to pay sthg into; ~ **qqch dans** to invest sthg in.

réversible [revɛrsibl] *adj* reversible.

revêtement [rəvɛtmɑ̃] *nm* surface.

revêtir [rəvɛtir] [44] *vt* **-1.** [mur, surface]: ~ **(de)** to cover (with). **-2.** [aspect] to take on, to assume. **-3.** [vêtement] to put on; [personne] to dress. **-4.** *sout* [de dignité, de pouvoir]: ~ **qqn de** to invest sb with.

revêts → **revêtir**.

revêtu, -e [rəvɛty] *pp* → **revêtir**.

rêveur, -euse [revœr, øz] ◇ *adj* dreamy. ◇ *nm, f* dreamer.

reviendrai, reviendras *etc* → **revenir**.

revient [rəvjɛ̃] → **prix**.

revigorer [rəvigɔre] [3] *vt* to invigorate.

revirement [rəvirmɑ̃] *nm* change.

révisable [revizabl] *adj* subject to review.

réviser [revize] [3] *vt* **-1.** [réexaminer, modifier] to revise, to review. **-2.** SCOL to revise. **-3.** [machine] to check.

révision [revizjɔ̃] *nf* **-1.** [réexamen, modification] revision, review. **-2.** SCOL revision. **-3.** [de machine] checkup.

révisionnisme [revizjɔnism] *nm* revisionism.

révisionniste [revizjɔnist] *nmf & adj* revisionist.

revisser [rəvise] [3] *vt* to screw back again.

revitaliser [rəvitalize] [3] *vt* to revitalize.

revivre [rəvivr] [90] ◇ *vi* [personne] to come back to life, to revive; *fig* [espoir] to be revived, to revive. ◇ *vt* to relive; **faire ~ to** revive; **faire ~ qqch à qqn** to bring sthg back to sb.

révocation [revɔkasjɔ̃] *nf* **-1.** [de loi] revocation. **-2.** [de fonctionnaire] dismissal.

revoici [rəvwasi] *prép*: **me ~!** it's me again!, I'm back!

revoir [rəvwar] [62] *vt* **-1.** [renouer avec] to see again. **-2.** [corriger, étudier] to review *Am*, to revise *Br*.
◆ **se revoir** *vp* [amis] to see each other again; [professionnellement] to meet again.
◆ **au revoir** *interj & nm* goodbye.

révoltant, -e [revɔltɑ̃, ɑ̃t] *adj* revolting.

révolte [revɔlt] *nf* revolt; **inciter** OU **pousser qqn à la ~** to incite sb to revolt; **être en ~ contre** to be in revolt against.

révolter [revɔlte] [3] *vt* to disgust.
◆ **se révolter** *vp*: **se ~ (contre)** to revolt (against).

révolu, -e [revɔly] *adj* past; **avoir 15 ans ~s** ADMIN to be over 15.

révolution [revɔlysjɔ̃] *nf* **-1.** [gén] revolution. **-2.** *fam* [effervescence] uproar; **en ~** in an uproar.

révolutionnaire [revɔlysjɔnɛr] *nmf & adj* revolutionary.

révolutionner [revɔlysjɔne] [3] *vt* **-1.** [transformer] to revolutionize. **-2.** [mettre en émoi] to stir up.

revolver [revɔlvɛr] *nm* revolver.

révoquer [revɔke] [3] *vt* **-1.** [fonctionnaire] to dismiss. **-2.** [loi] to revoke.

revue [rəvy] *nf* **-1.** [gén] review; **~ de presse** press review; **passer en ~** *fig* to review. **-2.** [défilé] march-past. **-3.** [magazine] magazine. **-4.** [spectacle] revue.

révulser [revylse] [3] *vt* to disgust.
◆ **se révulser** *vp* to contort.

rewriting [rərajtiŋ] *nm* rewriting.

Reykjavik [rɛkjavik] *n* Reykjavik.

rez-de-chaussée [redʃose] *nm inv* first floor *Am*, ground floor *Br*.

rez-de-jardin [redʒardɛ̃] *nm inv* garden level.

RF *abr de* **République française**.

RFA (*abr de* **République fédérale d'Allemagne**) *nf* FRG.

RFI (*abr de* **Radio France Internationale**) *nf* French world service radio station.

RFO (*abr de* **Radio-télévision française d'outre-mer**) *nf* French overseas broadcasting service.

r.g. (*abr de* **rive gauche**) *left (south) bank of the Seine*.

RG (*abr de* **Renseignements généraux**) *nmpl* *police department responsible for political security*.

Rh (*abr de* **Rhésus**) Rh.

rhabiller [rabije] [3] *vt* to dress again.
◆ **se rhabiller** *vp* to get dressed again; **aller se ~** *fam fig* to throw in the towel.

rhapsodie, rapsodie [rapsɔdi] *nf* rhapsody.

rhénan, -e [renɑ̃, an] *adj* of/from the Rhine, Rhine (*avant n*).

rhéostat [reɔsta] *nm* rheostat.

rhésus [rezys] *nm* rhesus (factor); **~ positif/négatif** rhesus positive/negative.

rhétorique [retɔrik] *nf* rhetoric.

Rhin [rɛ̃] *nm*: **le ~** the Rhine.

rhinite [rinit] *nf* rhinitis (*U*).

rhinocéros [rinɔserɔs] *nm* rhinoceros.

rhino-pharyngite [rinɔfarɛ̃ʒit] (*pl* **rhinopharyngites**) *nf* throat infection.

Rhodes [rɔd] *n* Rhodes; **le colosse de ~** the Colossus of Rhodes.

rhododendron [rɔdɔdɛ̃drɔ̃] *nm* rhododendron.

Rhône [ron] *nm*: **le ~** the (River) Rhone.

rhubarbe [rybarb] *nf* rhubarb.

rhum [rɔm] *nm* rum.

rhumatisant, -e [rymatizɑ̃, ɑ̃t] *adj & nm, f* rheumatic.

rhumatismal, -e, -aux [rymatismal, o] *adj* rheumatic.

rhumatisme [rymatism] *nm* rheumatism.

rhumatologue [rymatɔlɔg] *nmf* rheumatologist.

rhume [rym] *nm* cold; **attraper un ~** to catch a cold; **~ des foins** hay fever.

ri [ri] *pp inv* → **rire**.

RI ◇ *nm* (*abr de* **régiment d'infanterie**) infantry regiment. ◇ *nmpl* (*abr de* **Républicains indépendants**) *right-wing French political party*.

Riad = **Riyad**.

riant, -e [rijɑ̃, ɑ̃t] *adj* smiling; *fig* cheerful.

RIB, Rib [rib] (*abr de* **relevé d'identité bancaire**) *nm bank account identification slip*.

ribambelle [ribɑ̃bɛl] *nf*: **~ de** string of.

ricanement [rikanmɑ̃] *nm* snigger.

ricaner [rikane] [3] *vi* to snigger.

RICE, Rice [ris] (*abr de* **relevé d'identité de caisse d'épargne**) *nm savings bank account identification slip*.

richard, -e [riʃar, ard] *nm, f fam péj* moneybags (*sg*).

riche [riʃ] ◇ *nmf* rich person; **les ~s** the rich; **nouveau ~** nouveau riche. ◇ *adj* **-1.** [gén] rich; [personne, pays] rich, wealthy; **~ en** OU **de** rich in. **-2.** [habit] expensive. **-3.** [idée] great.

richement [riʃmɑ̃] *adv* richly.

richesse [riʃɛs] *nf* **-1.** [de personne, pays] wealth (*U*). **-2.** [d'appartement] sumptuousness (*U*). **-3.** [de faune, flore] abundance; **~ en vitamines** high vitamin content.

◆ **richesses** *nfpl* **-1.** [gén] wealth (*U*). **-2.** [de musée] riches.

richissime [riʃisim] *adj* super-rich.

ricin [risɛ̃] *nm* castor-oil plant; **huile de ~** castor oil.

ricocher [rikɔʃe] [3] *vi litt & fig* to rebound; [balle d'arme] to ricochet.

ricochet [rikɔʃe] *nm litt & fig* rebound; [de balle d'arme] ricochet; **par ~** in an indirect way.

rictus [riktys] *nm* rictus.

ride [rid] *nf* wrinkle; [de surface d'eau] ripple.

ridé, -e [ride] *adj* wrinkled.

rideau, -x [rido] *nm* curtain; **~ de fer** [frontière] Iron Curtain.

rider [ride] [3] *vt* **-1.** [peau] to wrinkle. **-2.** [surface] to ruffle.

◆ **se rider** *vp* to become wrinkled.

ridicule [ridikyl] ◇ *nm*: **le ~** ridicule; **se couvrir de ~** to make o.s. look ridiculous; **tourner qqn/qqch en ~** to ridicule sb/sthg. ◇ *adj* ridiculous.

ridiculement [ridikylmɑ̃] *adv* ridiculously.

ridiculiser [ridikylize] [3] *vt* to ridicule.

◆ **se ridiculiser** *vp* to make o.s. look ridiculous.

ridule [ridyl] *nf* little wrinkle.

rien [rjɛ̃] ◇ *pron indéf* **-1.** [en contexte négatif]: **ne ... rien** nothing, not ... anything; **je n'ai ~ fait** I've done nothing, I haven't done anything; **je n'en sais ~** I don't know (anything about it); **je ne savais ~ dessus** I know nothing about it; **~ ne m'intéresse** nothing interests me; **il n'y a plus ~ dans le réfrigérateur** there's nothing left in the fridge. **-2.** [aucune chose] nothing; **que fais-tu?** — **~** nothing; **que fais-tu? ─** what are you doing? ─ nothing; **~ de nouveau** nothing new; **~ d'autre** nothing else; **~ du tout** nothing at all; **~ à faire** it's no good; **de ~!** don't mention it!, not at all!; **pour ~** for nothing. **-3.** [quelque chose] anything; **sans ~ dire** without saying anything.

◇ *nm*: **pour un ~** [se fâcher, pleurer] for nothing, at the slightest thing; **perdre son temps à des ~s** to waste one's time with trivia; **en un ~ de temps** in no time at all.

◆ **rien que** *loc adv* only, just; **la vérité, ~ que la vérité** the truth and nothing but the truth; **~ que l'idée des vacances la comblait** just thinking about the holiday filled her with joy.

◆ **un rien** *loc adv* a bit, a shade; **sa robe est un ~ trop étroite** her dress is a bit too tight.

rieur, rieuse [rijœr, rijøz] *adj* cheerful.

Riga [riga] *n* Riga.

rigide [riʒid] *adj* rigid; [muscle] tense.

rigidité [riʒidite] *nf* rigidity; [de muscle] tenseness; [de principes, mœurs] strictness.

rigolade [rigɔlad] *nf fam* fun (*U*); **c'est de la ~** *fig* it's a walkover.

rigolard, -e [rigɔlar, ard] *adj fam* jokey, joking.

rigole [rigɔl] *nf* channel.

rigoler [rigɔle] [3] *vi fam* **-1.** [rire] to laugh. **-2.** [plaisanter]: **~ (de)** to joke (about).

rigolo, -ote [rigɔlo, ɔt] *fam* ◇ *adj* funny. ◇ *nm, f péj* phony *Am*, phoney *Br*.

rigoriste [rigɔrist] ◇ *nmf* puritan. ◇ *adj* austere, puritanical.

rigoureusement [rigurøzmɑ̃] *adv* **-1.** [punir] harshly. **-2.** [vrai, ponctuel] absolutely; **c'est ~ exact** it's the honest truth.

rigoureux, -euse [rigurø, øz] *adj* **-1.** [discipline, hiver] harsh. **-2.** [analyse] rigorous.

rigueur [rigœr] *nf* **-1.** [de punition] severity, harshness. **-2.** [de climat] harshness. **-3.** [d'analyse] rigor *Am*, rigour *Br*, exactness. **-4.** *loc*: **être de ~** to be obligatory; **tenir ~ de qqch à qqn** to hold sthg against sb.

◆ **à la rigueur** *loc adv* if necessary, if need be.

rillettes [rijɛt] *nfpl* pork cooked in its own fat and preserved.

rime [rim] *nf* rhyme; **sans ~ ni raison** *fig* without rhyme or reason.

rimer [rime] [3] *vi*: **~ (avec)** to rhyme (with); **ça ne rime à rien** *fig* that doesn't make sense.

Rimmel® [rimɛl] *nm* mascara.

rinçage [rɛ̃saʒ] *nm* rinsing.

rince-doigts [rɛ̃sdwa] *nm inv* finger bowl.

rincer [rɛ̃se] [16] *vt* [bouteille] to rinse out; [cheveux, linge] to rinse; **se faire ~** *fam fig* to get a soaking.

◆ **se rincer** *vp* to rinse o.s.; **se ~ la bouche** to rinse one's mouth.

ring [riŋ] *nm* **-1.** BOXE ring. **-2.** *Belg* [route] bypass.

ringard, -e [rɛ̃gar, ard] *fam* ◇ *adj* **-1.** [chanson] corny. **-2.** [décor] naff. **-3.** [acteur]

second-rate. **-4.** [personne] nerdy. ◇ *nm, f* nerd.

ringuette [rɛ̃gɛt] *nf* ringette (*women's sport similar to ice hockey*).

Rio de Janeiro [rjodedʒanɛro] *n* Rio de Janeiro.

ripaille [ripaj] *nf*: **faire ~** *fam vieilli* to have a feast.

riposte [ripɔst] *nf* **-1.** [réponse] retort, riposte. **-2.** [contre-attaque] counterattack.

riposter [ripɔste] [3] ◇ *vt*: **~ que** to retort OU riposte that. ◇ *vi* **-1.** [répondre] to riposte; **~ à** [personne] to answer back; [insulte] to reply to. **-2.** [contre-attaquer] to counter, to retaliate.

rire [rir] [95] ◇ *nm* laugh; **avoir un fou ~** to giggle; **éclater de ~** to burst out laughing. ◇ *vi* **-1.** [gén] to laugh; **~ de** to laugh at. **-2.** [plaisanter]: **tu veux/vous voulez ~?** you must be joking!; **pour ~** *fam* as a joke, for a laugh.

◆ **se rire** *vp sout*: **se ~ de** to laugh at.

ris [ri] *nm* **-1.** (*gén pl*) CULIN: **~ de veau** sweetbread. **-2.** NAVIG reef.

risée [rize] *nf* ridicule; **être la ~ de** to be the laughing stock of.

risette [rizɛt] *nf*: **faire (une) ~ à qqn** [enfant] to give sb a nice OU sweet smile.

risible [rizibl] *adj* [ridicule] ridiculous.

risotto [rizɔto] *nm* risotto.

risque [risk] *nm* risk; **courir un ~** to run a risk; **prendre des ~s** to take risks; **à tes/vos ~s et périls** at your own risk.

risqué, -e [riske] *adj* **-1.** [entreprise] risky, dangerous. **-2.** [plaisanterie] risqué, daring.

risquer [riske] [3] *vt* **-1.** [vie, prison] to risk; **~ de faire qqch** to be likely to do sthg; **je risque de perdre tout ce que j'ai** I'm running the risk of losing everything I have; **~ que** (+ *subjonctif*) to take a risk that; **cela ne risque rien** it will be all right; **~ gros** to take a big risk; **~ le tout pour le tout** *fig* to put everything on the line. **-2.** [tenter] to venture.

◆ **se risquer** *vp* to venture; **se ~ à faire qqch** to dare to do sthg.

rissoler [risɔle] [3] ◇ *vt* to brown. ◇ *vi* to brown; **faire ~** to brown.

ristourne [risturn] *nf* discount; **faire une ~ à qqn** to give sb a discount.

rite [rit] *nm* **-1.** RELIG rite. **-2.** [cérémonial & *fig*] ritual.

ritournelle [riturnɛl] *nf* **-1.** *fam fig* [rabâchage] old story, old song. **-2.** MUS ritornello.

rituel, -elle [rityɛl] *adj* ritual.

◆ **rituel** *nm* ritual.

rituellement [rityɛlmɑ̃] *adv* **-1.** [selon un rite] ritually, religiously. **-2.** *fig* [immuablement] unfailingly.

rivage [rivaʒ] *nm* shore.

rival, -e, -aux [rival, o] ◇ *adj* rival (*avant n*). ◇ *nm, f* rival.

rivaliser [rivalize] [3] *vi*: **avec** to compete with; **~ de** to vie in.

rivalité [rivalite] *nf* rivalry.

rive [riv] *nf* [de rivière] bank; **la Rive droite/ gauche** the Right/Left Bank.

RIVE DROITE, RIVE GAUCHE:
The Right (North) Bank of the Seine is traditionally associated with business and trade, and has a reputation for being more conservative than the Left Bank. The Left (South) Bank includes districts traditionally favoured by artists, students and intellectuals, and has a reputation for being bohemian and unconventional

river [rive] [3] *vt* **-1.** [fixer]: **~ qqch à qqch** to rivet sthg to sthg. **-2.** [clou] to clinch; **être rivé à** *fig* to be riveted OU glued to.

riverain, -e [rivrɛ̃, ɛn] ◇ *adj* riverside (*avant n*); [de rue] roadside (*avant n*). ◇ *nm, f* resident.

rivet [rivɛ] *nm* rivet.

rivière [rivjɛr] *nf* river.

◆ **rivière de diamants** *nf* diamond necklace (*with largest stone in the middle*).

rixe [riks] *nf* fight, brawl.

Riyad, Riad [rijad] *n* Riyadh.

riz [ri] *nm* rice; **~ au lait** rice pudding; **~ pilaf** pilau rice.

riziculture [rizikyltyr] *nf* rice-growing.

rizière [rizjɛr] *nf* paddy (field).

RMC (*abr de* **Radio Monte-Carlo**) *nf* independent radio station.

RMI (*abr de* **revenu minimum d'insertion**) *nm* minimum guaranteed income (*for people with no other source of income*).

RMiste [ɛrɛmist] *nmf* person receiving the 'RMI'.

RN (*abr de* **route nationale**) *nf* ≃ State highway *Am*, ≃ A road *Br*.

RNIS (*abr de* **réseau numérique à intégration de services**) *nm* ISDN.

ro *abr de* recto.

robe [rɔb] *nf* **-1.** [de femme] dress; **~ chasuble** pinafore dress; **~ de grossesse** maternity dress; **~ de mariée** wedding dress. **-2.** [peignoir]: **~ de chambre** dressing gown. **-3.**

[de magistrat] robe. **-4.** [de cheval] coat. **-5.** [de vin] color *Am*, colour *Br*.

robinet [rɔbinɛ] *nm* faucet *Am*, tap *Br*.

robinetterie [rɔbinɛtri] *nf* [installations] faucets (*pl*) *Am*, taps (*pl*) *Br*.

roboratif, -ive [rɔbɔratif, iv] *adj sout* bracing, invigorating.

robot [rɔbo] *nm* **-1.** [gén] robot. **-2.** [ménager] food processor.

robotique [rɔbɔtik] *nf* robotics (*U*).

robotisation [rɔbɔtizasjɔ̃] *nf* automation.

robotiser [rɔbɔtize] [3] *vt* to automate.

robuste [rɔbyst] *adj* **-1.** [personne, santé] robust. **-2.** [plante] hardy. **-3.** [voiture] sturdy.

robustesse [rɔbystɛs] *nf* **-1.** [de personne] robustness. **-2.** [de plante] hardiness. **-3.** [de voiture] sturdiness.

roc [rɔk] *nm* rock.

rocade [rɔkad] *nf* bypass.

rocaille [rɔkaj] ◇ *nf* **-1.** [cailloux] loose stones (*pl*). **-2.** [dans jardin] rock garden, rockery. ◇ *adj inv* rocaille.

rocailleux, -euse [rɔkajø, øz] *adj* **-1.** [terrain] rocky. **-2.** *fig* [voix] harsh.

rocambolesque [rɔkɑ̃bɔlɛsk] *adj* fantastic.

roche [rɔʃ] *nf* rock.

rocher [rɔʃe] *nm* rock; **le Rocher** *the town of Monaco*; **le ~ de Gibraltar** the Rock of Gibraltar.
◆ **rocher au chocolat** *nm* nut chocolate.

rocheux, -euse [rɔʃø, øz] *adj* rocky.
◆ **Rocheuses** *nfpl*: **les ~** the Rockies.

rock [rɔk] ◇ *nm* rock ('n' roll). ◇ *adj inv* rock.

rockeur, -euse [rɔkœr, øz] *nm, f* **-1.** [chanteur] rock singer. **-2.** [fan] rock fan.

rocking-chair [rɔkiŋtʃɛr] (*pl* rocking-chairs) *nm* rocking chair.

rodage [rɔdaʒ] *nm* **-1.** [de véhicule] running-in; **«en ~»** "running in". **-2.** *fig* [de méthode] running-in OU debugging period.

rodéo [rɔdeo] *nm* rodeo; *fig & iron* free-for-all.

roder [rɔde] [3] *vt* **-1.** [véhicule] to run in. **-2.** *fam* [méthode] to run in, to debug; [personne] to break in.

rôder [rode] [3] *vi* to prowl, to wander about.

rôdeur, -euse [rodœr, øz] *nm, f* prowler.

rodomontade [rɔdɔmɔ̃tad] *nf littéraire* boasting (*U*).

rogations [rɔgasjɔ̃] *nfpl* Rogations.

rogne [rɔɲ] *nf fam* bad temper; **être/se mettre en ~** to be in/to get into a bad mood, to be in/to get into a temper.

rogner [rɔɲe] [3] ◇ *vt* **-1.** [ongles] to trim. **-2.** [revenus] to eat into. ◇ *vi*: **~ sur qqch** to cut down on sthg.

rognon [rɔɲɔ̃] *nm* kidney.

rognures [rɔɲyr] *nfpl* clippings, trimmings.

rogue [rɔg] *adj littéraire* arrogant.

roi [rwa] *nm* king; **être plus royaliste que le ~** *fig* to be more Catholic than the Pope; **tirer les ~s** to celebrate Epiphany.
◆ **Rois mages** *nmpl*: **les Rois mages** RELIG the Three Wise Men.

TIRER LES ROIS:

The French traditionally celebrate Epiphany with a round, almond-flavoured pastry ('la galette des rois') containing a small porcelain figurine ('la fève' — originally a dried bean). The pastry is shared out and the person who finds the 'fève' is appointed 'king' or 'queen' and given a cardboard crown to wear

---

roitelet [rwatlɛ] *nm* **-1.** [oiseau] wren. **-2.** *péj & vieilli* [petit roi] kinglet.

Roland-Garros [rɔlɑ̃garos] *n tennis stadium in Paris where the French Open is held.*

rôle [rol] *nm* role, part; **jouer un ~** to play a role OU part; **avoir le beau ~** *fig* to come off best.

rôle-titre [roltitr] *nm* title role.

rollmops [rɔlmɔps] *nm* rollmop.

ROM, Rom [rɔm] (*abr de* **read only memory**) *nf* ROM.

romain, -e [rɔmɛ̃, ɛn] *adj* Roman.
◆ **romain** *nm* TYPO roman.
◆ **romaine** *nf* [salade] romaine (lettuce) *Am*, cos (lettuce) *Br*.
◆ **Romain, -e** *nm, f* Roman.

roman, -e [rɔmɑ̃, an] *adj* **-1.** [langue] Romance. **-2.** ARCHIT Romanesque.
◆ **roman** *nm* **-1.** LITTÉRATURE novel; **~ d'action** adventure novel; **~ d'anticipation** OU **de science fiction** science fiction novel; **~ noir** thriller. **-2.** *fig & iron* [exagération] story; [aventure] saga. **-3.** ARCHIT: **le ~** the Romanesque.

romance [rɔmɑ̃s] *nf* [chanson] love song.

romancer [rɔmɑ̃se] [16] *vt* to romanticize.

romanche [rɔmɑ̃ʃ] *nm & adj* Romansh.

romancier, -ière [rɔmɑ̃sje, jɛr] *nm, f* novelist.

romand, -e [rɔmɑ̃, ɑ̃d] *adj* of/from French-speaking Switzerland.
◆ **Romand, -e** *nm, f* French-speaking Swiss.

romanesque [rɔmanɛsk] *adj* **-1.** LITTÉRATURE novelistic. **-2.** [aventure] fabulous, story-book (*avant n*).

roman-feuilleton [rɔmɑ̃fœjtɔ̃] (*pl* **romans-feuilletons**) *nm* serial; *fig* soap opera.

roman-fleuve [rɔmɑ̃flœv] (*pl* **romans-fleuves**) *nm* saga.

romanichel, -elle [rɔmaniʃɛl] *nm, f* gipsy.

romaniste [rɔmanist] *nmf* Romanist.

roman-photo [rɔmɑ̃fɔto] (*pl* **romans-photos**) *nm* story told in photographs.

romantique [rɔmɑ̃tik] *nmf & adj* romantic.

romantisme [rɔmɑ̃tism] *nm* **-1.** ART Romantic movement. **-2.** [sensibilité] romanticism.

romarin [rɔmarɛ̃] *nm* rosemary.

rombière [rɔ̃bjɛr] *nf fam péj* old biddy.

Rome [rɔm] *n* Rome.

rompre [rɔ̃pr] [78] ◇ *vt* **-1.** *sout* [objet] to break. **-2.** [charme, marché] to break; [fiançailles, relations] to break off. **-3.** *sout* [exercer]: ~ **qqn à** to break sb into. ◇ *vi* to break; ~ **avec qqn** *fig* to break up with sb; ~ **avec qqch** *fig* to break with sthg.

◆ **se rompre** *vp* to break; **se ~ le cou/les reins** to break one's neck/back.

rompu, -e [rɔ̃py] ◇ *pp* → **rompre**. ◇ *adj* **-1.** [exténué] exhausted; ~ **de** exhausted by; ~ **de fatigue** exhausted. **-2.** [expérimenté]: ~ **à** experienced in.

romsteck = **rumsteck.**

ronce [rɔ̃s] *nf* [arbuste] bramble.

ronchon, -onne [rɔ̃ʃɔ̃, ɔn] *fam* ◇ *adj* grumpy. ◇ *nm, f* grumbler.

ronchonner [rɔ̃ʃɔne] [3] *vi fam*: ~ **(après)** to grumble (at).

rond, -e [rɔ̃, rɔ̃d] *adj* **-1.** [forme, chiffre] round. **-2.** [joue, ventre] chubby, plump. **-3.** *fam* [ivre] tight.

◆ **rond** ◇ *nm* **-1.** [cercle] circle; **en ~** in a circle OU ring; **tourner en ~** *fig* to go round in circles. **-2.** [anneau] ring; ~ **de serviette** napkin ring. **-3.** *fam* [argent]: **je n'ai pas un ~** I haven't got a penny OU bean. ◇ *adv*: **ça ne tourne pas ~** *fig* there's something up OU fishy.

rond-de-cuir [rɔ̃dkɥir] (*pl* **ronds-de-cuir**) *nm péj & vieilli* pen pusher.

ronde [rɔ̃d] *nf* **-1.** [de surveillance] rounds (*pl*); [de policier] beat. **-2.** [danse] round. **-3.** MUS whole note *Am*, semibreve *Br*.

◆ **à la ronde** *loc adv*: **à des kilomètres à la ~** for miles around.

rondelet, -ette [rɔ̃dlɛ, ɛt] *adj* **-1.** [grassouillet] plump. **-2.** *fig* [somme] goodish, tidy.

rondelle [rɔ̃dɛl] *nf* **-1.** [de saucisson] slice. **-2.** [de métal] washer. **-3.** *Can* HOCKEY puck.

rondement [rɔ̃dmɑ̃] *adv* [efficacement] efficiently, briskly.

rondeur [rɔ̃dœr] *nf* **-1.** [forme] roundness. **-2.** [partie charnue] curve. **-3.** [de caractère] openness.

rondin [rɔ̃dɛ̃] *nm* log.

rondouillard, -e [rɔ̃dujar, ard] *adj fam* tubby.

rond-point [rɔ̃pwɛ̃] (*pl* **ronds-points**) *nm* traffic circle *Am*, roundabout *Br*.

ronflant, -e [rɔ̃flɑ̃, ɑ̃t] *adj péj* grandiose.

ronflement [rɔ̃fləmɑ̃] *nm* **-1.** [de dormeur] snore. **-2.** [de poêle, moteur] hum, purr.

ronfler [rɔ̃fle] [3] *vi* **-1.** [dormeur] to snore. **-2.** [poêle, moteur] to hum, to purr. **-3.** *fam* [dormir] to be in a deep sleep.

ronger [rɔ̃ʒe] [17] *vt* [bois, os] to gnaw; [métal, falaise] to eat away at; *fig* to gnaw at, to eat away at.

◆ **se ronger** *vp* **-1.** [grignoter]: **se ~ les ongles** to bite one's nails. **-2.** *fig* [se tourmenter] to worry, to torture o.s.

rongeur, -euse [rɔ̃ʒœr, øz] *adj* gnawing, rodent (*avant n*).

◆ **rongeur** *nm* rodent.

ronron [rɔ̃rɔ̃] *nm* **-1.** [de chat] purr; [de moteur] purr, hum. **-2.** *fig & péj* [routine] humdrum existence.

ronronnement [rɔ̃rɔnmɑ̃] *nm* [de chat] purring; [de moteur] purring, humming.

ronronner [rɔ̃rɔne] [3] *vi* [chat] to purr; [moteur] to purr, to hum.

roquefort [rɔkfɔr] *nm* Roquefort (*French blue-veined cheese*).

roquer [rɔke] [3] *vi* ÉCHECS to castle.

roquet [rɔkɛ] *nm péj* **-1.** [chien] nasty little dog. **-2.** *fig* [personne] nasty little squirt.

roquette [rɔkɛt] *nf* rocket.

rosace [rozas] *nf* **-1.** [ornement] rose. **-2.** [vitrail] rose window. **-3.** [figure géométrique] rosette.

rosaire [rozɛr] *nm* rosary.

rosâtre [rozatr] *adj* pinkish.

rosbif [rɔzbif] *nm* **-1.** [viande] roast beef. **-2.** [Anglais] *pejorative term for a British person*.

rose [roz] ◇ *nf* rose; ~ **trémière** hollyhock; **frais comme une ~** fresh as a daisy; **envoyer qqn sur les ~s** *fam fig* to send sb packing. ◇ *nm* pink. ◇ *adj* pink; ~ **bonbon** bright pink.

◆ **rose des vents** *nf* compass card.

ROSE:

The symbol of the French socialists is a rose, and so this word is sometimes used to suggest socialist leanings ('ce maire est un peu moins rose que son prédécesseur').

The word 'rose' can also suggest soft pornography ('les messageries roses' and 'le Minitel® rose' refer to erotic call lines available on Minitel®).

'Les villes roses' (Albi, Montauban and Toulouse) are so called because they are largely built of pink stone.

'Le carnet rose' is the list of births and marriages in a newspaper

---

rosé, -e [roze] *adj* **-1.** [vin] rosé. **-2.** [teinte] rosy.
◆ **rosé** *nm* rosé.
◆ **rosée** *nf* dew.

roseau, -x [rozo] *nm* reed.

roseraie [rozrɛ] *nf* rose garden.

rosette [rozɛt] *nf* **-1.** [nœud] bow. **-2.** [insigne] rosette.
◆ **rosette de Lyon** *nf dry pork sausage.*

rosier [rozje] *nm* rose bush.

rosir [rozir] [32] *vt & vi* to turn pink.

rosse [rɔs] *péj* ◇ *nf* **-1.** *vieilli* [cheval] nag. **-2.** *fig* [femme] bitch, cow; [homme] bastard. ◇ *adj* nasty.

rosser [rɔse] [3] *vt* to thrash.

rosserie [rɔsri] *nf fam* nasty remark.

rossignol [rɔsiɲɔl] *nm* **-1.** [oiseau] nightingale. **-2.** *fam fig* [article invendable] piece of rubbish. **-3.** [passe-partout] picklock.

rot [ro] *nm* burp.

rotatif, -ive [rɔtatif, iv] *adj* rotary.
◆ **rotative** *nf* rotary press.

rotation [rɔtasjɔ̃] *nf* rotation.

roter [rote] [3] *vi fam* to burp.

rôti, -e [roti] *adj* roast.
◆ **rôti** *nm* roast, joint; ~ **de veau/porc** roast veal/pork.

rotin [rɔtɛ̃] *nm* rattan.

rôtir [rotir] [32] ◇ *vt* to roast. ◇ *vi* **-1.** CULIN to roast; **faire** ~ to roast. **-2.** *fam fig* [avoir chaud] to be roasting.
◆ **se rôtir** *vp*: **se** ~ **au soleil** *fig* to bask in the sunshine.

rôtisserie [rotisri] *nf* **-1.** [restaurant] ≃ steakhouse. **-2.** [magasin] *shop selling roast meat.*

rôtissoire [rotiswar] *nf* spit.

rotonde [rɔtɔ̃d] *nf* **-1.** [bâtiment] rotunda. **-2.** [d'autobus] back seat.

rotor [rɔtɔr] *nm* rotor.

rotule [rɔtyl] *nf* kneecap.

roturier, -ière [rɔtyrje, jɛr] ◇ *adj* **-1.** [non noble] common. **-2.** *péj* [commun] plebeian. ◇ *nm, f vieilli* commoner.

rouage [rwaʒ] *nm* cog, gearwheel; **les** ~**s de l'État** *fig* the wheels of State.

roublard, -e [rublar, ard] *fam* ◇ *adj* cunning, crafty. ◇ *nm, f* cunning OU crafty devil.

roublardise [rublardiz] *nf* **-1.** [caractère] cunning, craftiness. **-2.** *vieilli* [acte] cunning OU crafty trick.

rouble [rubl] *nm* rouble.

roucoulement [rukulmɑ̃] *nm* cooing; *fig* billing and cooing.

roucouler [rukule] [3] ◇ *vt* to warble; *fig* to coo. ◇ *vi* to coo; *fig* to bill and coo.

roue [ru] *nf* **-1.** [gén] wheel; **descendre en** ~ **libre** to freewheel downhill; ~ **arrière/ avant** back/front wheel; ~ **dentée** cogwheel; ~ **de secours** spare wheel; **un deux** ~**s** a two-wheeled vehicle. **-2.** [de paon]: **faire la** ~ to display. **-3.** GYM cartwheel.

rouer [rwe] [6] *vt*: ~ **qqn de coups** to thrash sb, to beat sb.

rouerie [ruri] *nf littéraire* **-1.** [caractère] cunning. **-2.** *vieilli* [action] cunning trick.

rouet [rwɛ] *nm* [à filer] spinning wheel.

rouge [ruʒ] *nm* **-1.** [couleur] red. **-2.** *fam* [vin] red (wine); **gros** ~ *fam* cheap red wine, plonk. **-3.** [fard] rouge, blusher; ~ **à lèvres** lipstick. **-4.** AUTOM: **passer au** ~ to turn red; [conducteur] tò go through a red light. ◇ *nmf* POLIT & *péj* Red. ◇ *adj* **-1.** [gén] red; ~ **de** red with. **-2.** [fer, tison] red-hot. **-3.** POLIT & *péj* Red. ◇ *adv*: **voir** ~ *fig* to see red.

rougeâtre [ruʒatr] *adj* reddish.

rougeaud, -e [ruʒo, od] ◇ *adj* red-faced. ◇ *nm, f* red-faced person.

rouge-gorge [ruʒgɔrʒ] (*pl* **rouges-gorges**) *nm* robin.

rougeoiement [ruʒwamɑ̃] *nm* reddening.

rougeole [ruʒɔl] *nf* measles (*sg*).

rougeoyer [ruʒwaje] [13] *vi* to turn red.

rouget [ruʒɛ] *nm* mullet.

rougeur [ruʒœr] *nf* **-1.** [teinte] redness. **-2.** [de visage, de chaleur, d'effort] flush; [- de gêne] blush. **-3.** [sur peau] red spot OU blotch.

rougir [ruʒir] [32] ◇ *vt* **-1.** [colorer] to turn red. **-2.** [chauffer] to make red-hot. ◇ *vi* **-1.** [devenir rouge] to turn red. **-2.** [d'émotion]: ~ **(de)** [de plaisir, colère] to flush (with); [de gêne] to blush (with). **-3.** *fig* [avoir honte]: ~ **de qqch** to be ashamed of sthg.

rougissant, -e [ruʒisɑ̃, ɑ̃t] *adj* reddening.

rouille [ruj] ◇ *nf* **-1.** [oxyde] rust. **-2.** CULIN *spicy garlic sauce for fish soup.* ◇ *adj inv* rust.

rouiller [ruje] [3] ◇ *vt* to rust, to make rusty. ◇ *vi* to rust.

◆ **se rouiller** *vp* to rust; *fig* to get rusty.

roulade [rulad] *nf* **-1.** [galipette] roll. **-2.** CULIN rolled meat.

roulant, -e [rulɑ̃, ɑ̃t] *adj* **-1.** [meuble] on wheels, on castors. **-2.** RAIL: **personnel** ~ train crew.

roulé, -e [rule] *adj* rolled; **bien** ~e *fam fig* curvy, shapely.

◆ **roulé** *nm* CULIN ≃ swiss roll.

rouleau, -x [rulo] *nm* **-1.** [gén & TECHNOL] roller; ~ **compresseur** steamroller; ~ **encreur** ink roller. **-2.** [de papier] roll. **-3.** [à pâtisserie] rolling pin.

roulé-boulé [rulebule] (*pl* **roulés-boulés**) *nm* roll.

roulement [rulmɑ̃] *nm* **-1.** [gén] rolling. **-2.** [de hanches] swaying. **-3.** [de personnel] rotation; **travailler par** ~ to work to a rota. **-4.** [de tambour, tonnerre] roll. **-5.** TECHNOL rolling bearing; ~ **à billes** ball bearing. **-6.** FIN circulation.

rouler [rule] [3] ◇ *vt* **-1.** [déplacer] to wheel. **-2.** [enrouler - tapis] to roll up; [- cigarette] to roll. **-3.** *fam* [balancer] to sway. **-4.** LING to roll. **-5.** [faire tourner sur soi] to roll. **-6.** *fam fig* [duper] to swindle, to do.

◇ *vi* **-1.** [ballon, bateau] to roll. **-2.** [véhicule] to go, to run; [suj: personne] to drive. **-3.** [tonnerre] to rumble. **-4.** [suj: conversation]: ~ **sur** to turn on. **-5.** *fam* [aller bien]: **ça roule** everything's OK OU going well.

◆ **se rouler** *vp* to roll about; **se** ~ **par terre** to roll on the ground; **se** ~ **en boule** to roll o.s. into a ball.

roulette [rulɛt] *nf* **-1.** [petite roue] castor; **comme sur des** ~s *fam fig* like clockwork. **-2.** [de dentiste] drill. **-3.** JEU roulette; ~ **russe** Russian roulette.

roulis [ruli] *nm* roll.

roulotte [rulɔt] *nf* [de gitan] caravan; [de tourisme] trailer *Am*, caravan *Br*.

roulure [rulyr] *nf fam péj* tart, whore.

roumain, -e [rumɛ̃, ɛn] *adj* Romanian.

◆ **roumain** *nm* [langue] Romanian.

◆ **Roumain, -e** *nm, f* Romanian.

Roumanie [rumani] *nf*: **la** ~ Romania.

round [rawnd] *nm* round.

roupiller [rupije] [3] *vi fam* to snooze.

roupillon [rupijɔ̃] *nm fam* snooze.

rouquin, -e [rukɛ̃, in] *fam* ◇ *adj* redheaded. ◇ *nm, f* redhead.

rouspéter [ruspete] [18] *vi fam* to grumble, to moan.

rousse → **roux**.

rousseur [rusœr] *nf* redness.

◆ **taches de rousseur** *nfpl* freckles.

roussi [rusi] *nm* burning; **ça sent le** ~ *fam fig* trouble's on its way.

roussir [rusir] [32] ◇ *vt* **-1.** [rendre roux] to turn brown; CULIN to brown. **-2.** [brûler légèrement] to singe. ◇ *vi* to turn brown; CULIN to brown.

routage [ruta ʒ] *nm* sorting and mailing.

routard, -e [rutar, ard] *nm, f fam* (hippie) traveler *Am* OU traveller *Br*.

route [rut] *nf* **-1.** [gén] road; ~ **à grande circulation** busy road; **faire de la** ~ to do a lot of mileage; **en** ~ on the way; **en** ~! let's go!; **mettre en** ~ [démarrer] to start up; *fig* to get under way; ~ **nationale** ≃ highway *Am*, ≃ A road *Br*; **tenir la** ~ AUTOM to hold the road; *fig* to hold water. **-2.** [itinéraire] route; **montrer la** ~ **à qqn** to show sb the way; **faire fausse** ~ to go the wrong way; *fig* to be on the wrong track. **-3.** *fig* [voie] path.

routier, -ière [rutje, jɛr] *adj* road (*avant n*).

◆ **routier** *nm* **-1.** [chauffeur] long-distance trucker *Am* OU lorry driver *Br*. **-2.** [restaurant] ≃ truck stop *Am*, ≃ transport cafe *Br*.

routine [rutin] *nf* routine.

routinier, -ière [rutinje, jɛr] *adj* routine.

rouvert, -e [ruvɛr, ɛrt] *pp* → **rouvrir**.

rouvrir [ruvrir] [34] *vt* to reopen, to open again.

◆ **se rouvrir** *vp* to reopen, to open again.

roux, rousse [ru, rus] ◇ *adj* **-1.** [cheveux] red. **-2.** [feuilles] russet, red-brown. **-3.** [sucre] brown. ◇ *nm, f* [personne] redhead.

◆ **roux** *nm* **-1.** [couleur] red, russet. **-2.** CULIN roux.

royal, -e, -aux [rwajal, o] *adj* **-1.** [de roi] royal. **-2.** [magnifique] princely.

royalement [rwajalmɑ̃] *adv* **-1.** [recevoir] royally; [vivre] like royalty. **-2.** *fig* [complètement]: **elle s'en moque** ~ she couldn't care less.

royaliste [rwajalist] *nmf & adj* royalist.

royalties [rwajalti] *nfpl* royalties.

royaume [rwajom] *nm* kingdom.

Royaume-Uni [rwajomyni] *nm*: **le** ~ the United Kingdom.

royauté [rwajɔte] *nf* **-1.** [fonction] kingship. **-2.** [régime] monarchy.

RP ◇ *nfpl* (*abr de* **relations publiques**) PR (*sg*). ◇ *nf* **-1.** (*abr de* **recette principale**) main post office. **-2.** *abr de* **région parisienne**.

R.P. (*abr de* **révérend père**) Holy Father.

RPR (*abr de* **Rassemblement pour la République**) *nm French political party to the right of the political spectrum.*

RSVP (*abr de* **répondez s'il vous plaît**) RSVP.

RTB (*abr de* **Radio-télévision belge**) *nf Belgian broadcasting company.*

rte *abr de* **route.**

RTL (*abr de* **Radio-télévision Luxembourg**) *nf Luxembourg broadcasting company.*

RU (*abr de* **restaurant universitaire**) *nm* refectory.

ruade [ryad] *nf* kick.

Ruanda, Rwanda [ryãnda] *nm*: **le** ~ Rwanda; **au** ~ in Rwanda.

ruandais, -e [ryãdɛ, ɛz] *adj* Rwandan.
◆ **ruandais** *nm* [langue] Rwandan.
◆ **Ruandais, -e** *nm, f* Rwandan.

ruban [rybã] *nm* ribbon; ~ **adhésif** adhesive tape.

rubéole [rybeɔl] *nf* German measles (*sg*), rubella.

rubicond, -e [rybikɔ̃, ɔ̃d] *adj* rubicund.

rubis [rybi] ◇ *nm* **-1.** [pierre précieuse] ruby. **-2.** [de montre] jewel. **-3.** *loc*: **payer** ~ **sur l'ongle** to pay cash on the nail. ◇ *adj inv* [couleur] ruby.

rubrique [rybrik] *nf* **-1.** [chronique] column. **-2.** [dans classement] heading.

ruche [ryʃ] *nf* **-1.** [abeilles] hive. **-2.** [abri] hive, beehive; *fig* hive of activity.

rucher [ryʃe] *nm* apiary.

rude [ryd] *adj* **-1.** [surface] rough. **-2.** [voix] harsh. **-3.** [personne, manières] rough, uncouth. **-4.** [hiver, épreuve] harsh, severe; [tâche, adversaire] tough. **-5.** [appétit] hearty.

rudement [rydmã] *adv* **-1.** [brutalement - tomber] hard; [- répondre] harshly. **-2.** *fam* [très] damn.

rudesse [rydɛs] *nf* harshness, severity.

rudimentaire [rydimãtɛr] *adj* rudimentary.

rudiments [rydimã] *nmpl* rudiments.

rudoie, rudoies *etc* → **rudoyer.**

rudoyer [rydwaje] [13] *vt* to treat harshly.

rue [ry] *nf* street; **descendre dans la** ~ to take to the streets; **jeter/mettre/être à la** ~ *fig* to throw/to put/to be out on the streets; **ne pas courir les** ~s *fig* not to grow on trees, to be thin on the ground.

ruée [rɥe] *nf* rush.

ruelle [rɥɛl] *nf* [rue] alley, lane.

ruer [rɥe] [7] *vi* to kick.
◆ **se ruer** *vp*: **se** ~ **sur** to pounce on.

rugby [rygbi] *nm* rugby; ~ **à treize/quinze** Rugby League/Union.

rugir [ryʒir] [32] ◇ *vt* to roar, to bellow. ◇ *vi* to roar; [vent] to howl; [personne]: ~ **de** to roar with.

rugissement [ryʒismã] *nm* roar, roaring (*U*); [de vent] howling.

rugosité [rygozite] *nf* **-1.** [de surface] roughness. **-2.** [aspérité] rough patch.

rugueux, -euse [rygø, øz] *adj* rough.

ruine [rɥin] *nf* **-1.** [gén] ruin; **tomber en** ~s to fall into ruins. **-2.** [effondrement] ruin, downfall. **-3.** [humaine] wreck. **-4.** [acquisition]: **c'est une vraie** ~ it costs me/you *etc* an arm and a leg.

ruiner [rɥine] [3] *vt* to ruin.
◆ **se ruiner** *vp* to ruin o.s., to bankrupt o.s.

ruineux, -euse [rɥinø, øz] *adj* ruinous.

ruisseau, -x [rɥiso] *nm* **-1.** [cours d'eau] stream; **des** ~x **de larmes** floods of tears. **-2.** *fig* & *péj* [caniveau] gutter.

ruisseler [rɥisle] [24] *vi*: ~ **(de)** to stream (with).

ruissellement [rɥisɛlmã] *nm* streaming.

rumba [rumba] *nf* rumba.

rumeur [rymœr] *nf* **-1.** [bruit] murmur. **-2.** [nouvelle] rumor *Am*, rumour *Br*.

ruminant, -e [ryminã, ãt] *adj* ruminant.
◆ **ruminant** *nm* ruminant.

ruminer [rymine] [3] *vt* to ruminate; *fig* to mull over.

rumsteck, romsteck [rɔmstɛk] *nm* rump steak.

rupestre [rypɛstr] *adj* **-1.** ART cave (*avant n*), rock (*avant n*). **-2.** BOT rock (*avant n*).

rupin, -e [rypɛ̃, in] *fam* ◇ *adj* plush. ◇ *nm, f* moneybags (*sg*).

rupture [ryptyr] *nf* **-1.** [cassure] breaking. **-2.** *fig* [changement] abrupt change; **en** ~ **de ban avec** *fig* at odds with. **-3.** [manque]: **être en** ~ **de stock** to be out of stock. **-4.** [de négociations, fiançailles] breaking off; [de contrat] breach. **-5.** [amoureuse] breakup, split.

rural, -e, -aux [ryral, o] ◇ *adj* country (*avant n*), rural. ◇ *nm, f* country-dweller.

ruse [ryz] *nf* **-1.** [habileté] cunning, craftiness. **-2.** [subterfuge] ruse.

rusé, -e [ryze] ◇ *adj* cunning, crafty. ◇ *nm, f* cunning OU crafty person.

ruser [ryze] [3] *vi* to use trickery.

rush [rœʃ] (*pl* **rushes** [rœʃ]) *nm* rush.

russe [rys] ◇ *adj* Russian. ◇ *nm* [langue] Russian.
◆ **Russe** *nmf* Russian.

Russie [rysi] *nf*: **la** ~ Russia.

rustine [rystin] *nf small rubber patch for repairing bicycle tyres.*

rustique [rystik] ◇ *nm* [style] rustic style. ◇ *adj* rustic.

rustre [rystr] *péj* ◇ *nmf* lout. ◇ *adj* loutish.

rut [ryt] *nm*: être en ~ [mâle] to be rutting; [femelle] to be on heat.

rutabaga [rytabaga] *nm* swede, rutabaga *Am.*

rutilant, -e [rytilɑ̃, ɑ̃t] *adj* [brillant] gleaming.

rutiler [rytile] [3] *vi* to gleam.

R-V (*abr de* **rendez-vous**).

Rwanda = **Ruanda**.

rythme [ritm] *nm* **-1.** MUS rhythm; en ~ in rhythm. **-2.** [de travail, production] pace, rate; au ~ **de** at the rate of; ~ **cardiaque** heart rate.

rythmer [ritme] [3] *vt* to give rhythm to.

rythmique [ritmik] ◇ *nf* rhythmics (*U*). ◇ *adj* rhythmical.

S

s¹, S [ɛs] *nm inv* **-1.** [lettre] s, S. **-2.** [forme] zigzag.

◆ **S** (*abr de* **Sud**) S.

s² (*abr de* **seconde**) s.

s' → **se**.

s/ *abr de* **sur**.

sa → **son**.

SA (*abr de* **société anonyme**) *nf* ≃ Inc. *Am*, ≃ Ltd *Br*.

S.A. (*abr de* **Son Altesse**) H.H.

sabayon [sabajɔ̃] *nm* zabaglione.

sabbat [saba] *nm* **-1.** RELIG Sabbath. **-2.** [de sorciers] sabbath.

sabbatique [sabatik] *adj* **-1.** RELIG Sabbath (*avant n*). **-2.** [congé] sabbatical.

sable [sabl] ◇ *nm* sand; de ~ [plage] sandy; [tempête] sand (*avant n*); ~s **mouvants** quicksand (*sg*), quicksands. ◇ *adj inv* [couleur] sandy.

sablé, -e [sable] *adj* **-1.** [route] sandy. **-2.** CULIN: gâteau ~ ≃ shortbread (*U*).

◆ **sablé** *nm* ≃ shortbread (*U*).

sabler [sable] [3] *vt* **-1.** [route] to sand. **-2.** [façade] to sandblast. **-3.** [boire]: ~ **le champagne** to crack a bottle of champagne.

sableux, -euse [sablø, øz] *adj* sandy.

◆ **sableuse** *nf* sandblaster.

sablier [sablije] *nm* hourglass.

sablière [sablijɛr] *nf* **-1.** [carrière] sand quarry. **-2.** [poutre] stringer.

sablonneux, -euse [sablɔnø, øz] *adj* sandy.

saborder [sabɔrde] [3] *vt* [navire] to scuttle; *fig* [entreprise] to wind up; *fig* [projet] to scupper.

◆ **se saborder** *vp* **-1.** [navire] to be scuttled. **-2.** *fig* [entreprise] to wind up.

sabot [sabo] *nm* **-1.** [chaussure] clog. **-2.** [de cheval] hoof. **-3.** AUTOM: ~ **de Denver** wheel clamp, Denver boot; ~ **de frein** brake shoe.

sabotage [sabɔtaʒ] *nm* **-1.** [volontaire] sabotage. **-2.** [bâclage] bungling.

saboter [sabɔte] [3] *vt* **-1.** [volontairement] to sabotage. **-2.** [bâcler] to bungle.

saboteur, -euse [sabɔtœr, øz] *nm, f* MIL & POLIT saboteur.

sabre [sabr] *nm* saber *Am*, sabre *Br*.

sabrer [sabre] [3] *vt* **-1.** *vieilli* [avec sabre] to cut down. **-2.** *fam* [biffer] to slash. **-3.** *fam* [critiquer] to slam. **-4.** *fam* [candidat] to fail.

sac [sak] *nm* **-1.** [gén] bag; [pour grains] sack; [contenu] bag, bagful, sack, sackful; ~ **de couchage** sleeping bag; ~ **à dos** rucksack; ~ **à main** handbag; ~ **de voyage** traveling *Am* OU travelling *Br* bag; vider son ~ *fig* to get it off one's chest. **-2.** *fam* [10 francs] 10 francs. **-3.** *littéraire* [pillage] sack; mettre à ~ [ville] to sack; [maison] to ransack.

saccade [sakad] *nf* jerk.

saccadé, -e [sakade] *adj* jerky.

saccage [sakaʒ] *nm* havoc.

saccager [sakaʒe] [17] *vt* **-1.** [piller] to sack. **-2.** [dévaster] to destroy.

saccharine [sakarin] *nf* saccharin.

SACEM, Sacem [sasɛm] (*abr de* **Société des auteurs, compositeurs et éditeurs de musique**) *nf society that safeguards the rights of French writers and musicians.*

sacerdoce [sasɛrdɔs] *nm* priesthood; *fig* vocation.

sacerdotal, -e, -aux [sasɛrdɔtal, o] *adj* priestly.

sachant *ppr* → **savoir**.

sache, saches *etc* → **savoir**.

sachet [saʃɛ] *nm* [de bonbons] bag; [de shampooing] sachet; ~ **de thé** teabag.

sacoche [sakɔʃ] *nf* **-1.** [de médecin, d'écolier] bag. **-2.** [de cycliste] saddlebag, pannier.

sac-poubelle [sakpubɛl] (*pl* **sacs-poubelle**) *nm* [petit] dustbin liner; [grand] garbage bag *Am*, rubbish bag *Br*.

sacquer, saquer [sake] [3] *vt fam* -**1.** [renvoyer] to fire, to sack *Br*. -**2.** [élève] to fail. -**3.** *loc*: **je ne peux pas le** ~ I can't stand OU stomach him.

sacraliser [sakralize] [3] *vt* to hold as sacred.

sacre [sakr] *nm* [de roi] coronation; [d'évêque] consecration.

sacré, -e [sakre] *adj* -**1.** [gén] sacred. -**2.** RELIG [ordres, écritures] holy. -**3.** (*avant n*) *fam* [maudit] goddam *Am* (*avant n*), bloody *Br* (*avant n*). -**4.** (*avant n*) [considérable]: **un** ~ ... a hell of a ....

sacrement [sakrəmɑ̃] *nm* sacrament; **les derniers** ~s the last rites.

sacrément [sakremɑ̃] *adv fam vieilli* dashed.

sacrer [sakre] [3] *vt* -**1.** [roi] to crown; [évêque] to consecrate. -**2.** *fig* [déclarer] to hail.

sacrifice [sakrifis] *nm* sacrifice; **faire un** ~/ **des** ~s *fig* to make a sacrifice/sacrifices.

sacrifié, -e [sakrifje] *adj* -**1.** [personne] sacrificed. -**2.** [prix] giveaway (*avant n*).

sacrifier [sakrifje] [9] ◇ *vt* [gén] to sacrifice; ~ **qqch pour qqn/qqch** to sacrifice sthg for sb/sthg; ~ **qqch pour faire qqch** to sacrifice sthg to do sthg; ~ **qqn/qqch à** to sacrifice sb/sthg to. ◇ *vi littéraire* [se conformer]: ~ **à** to conform to.
◆ **se sacrifier** *vp*: **se** ~ **à/pour** to sacrifice o.s. to/for.

sacrilège [sakrilɛʒ] ◇ *nm* sacrilege. ◇ *nmf* sacrilegious person. ◇ *adj* sacrilegious.

sacristain [sakristɛ̃] *nm* sacristan.

sacristie [sakristi] *nf* sacristy.

sacro-saint, -e [sakrɔsɛ̃, ɛt] *adj hum* sacrosanct.

sadique [sadik] ◇ *nmf* sadist. ◇ *adj* sadistic.

sadisme [sadism] *nm* sadism.

sadomasochiste [sadɔmazɔʃist] ◇ *nmf* sadomasochist. ◇ *adj* sadomasochistic.

safari [safari] *nm* safari; ~**-photo** photographic safari.

SAFER, Safer [safɛr] (*abr de* **Société d'aménagement foncier et d'établissement régional**) *nf agency entitled to buy land and earmark it for agricultural use.*

safran [safrɑ̃] ◇ *nm* -**1.** [épice] saffron. -**2.** NAVIG rudder blade. ◇ *adj inv* [couleur] saffron.

saga [saga] *nf* saga.

sagace [sagas] *adj* sagacious.

sagacité [sagasite] *nf* sagacity.

sagaie [sagɛ] *nf* assegai.

sage [saʒ] ◇ *adj* -**1.** [personne, conseil] wise, sensible. -**2.** [enfant, chien] good. -**3.** [goûts] modest; [propos, vêtement] sober. ◇ *nm* wise man, sage.

sage-femme [saʒfam] (*pl* **sages-femmes**) *nf* midwife.

sagement [saʒmɑ̃] *adv* -**1.** [avec bon sens] wisely, sensibly. -**2.** [docilement] like a good girl/boy.

sagesse [saʒɛs] *nf* -**1.** [bon sens] wisdom, good sense. -**2.** [docilité] good behavior *Am* OU behaviour *Br*.

Sagittaire [saʒitɛr] *nm* ASTROL Sagittarius; **être** ~ to be (a) Sagittarius.

sagouin, -e [sagwɛ̃, in] *nm, f fam* slob.
◆ **sagouin** *nm* ZOOL squirrel monkey.

Sahara [saara] *nm*: **le** ~ the Sahara; **au** ~ in the Sahara.

saharien, -ienne [saarjɛ̃, jɛn] *adj* Saharan.
◆ **saharienne** *nf* safari jacket.
◆ **Saharien, -ienne** *nm, f* Saharan.

saignant, -e [sɛɲɑ̃, ɑ̃t] *adj* -**1.** [blessure] bleeding. -**2.** [viande] rare, underdone. -**3.** *fam fig* [critique] hurtful.

saignée [seɲe] *nf* -**1.** *vieilli & MÉD* bloodletting, bleeding. -**2.** [pli du bras] crook of the arm. -**3.** [sillon - dans sol] ditch; [- dans mur] groove.

saignement [sɛɲmɑ̃] *nm* bleeding.

saigner [seɲe] [4] ◇ *vt* -**1.** [malade, animal] to bleed. -**2.** [financièrement]: ~ **qqn (à blanc)** to bleed sb (white). ◇ *vi* to bleed; **je saigne du nez** my nose is bleeding, I've got a nosebleed.
◆ **se saigner** *vp*: **se** ~ **pour qqn** *fig* to bleed o.s. white for sb.

saillant, -e [sajɑ̃, ɑ̃t] *adj* -**1.** [proéminent] projecting, protruding; [muscles] bulging; [pommettes] prominent. -**2.** *fig* [événement] salient, outstanding.

sailli, -e [saji] *pp* → **saillir¹, saillir².**

saillie [saji] *nf* -**1.** [avancée] projection; **en** ~ projecting. -**2.** ZOOL covering.

saillir¹ [sajir] [50] *vi* [balcon] to project, to protrude; [muscles] to bulge.

saillir² [sajir] [32] *vt* ZOOL to cover.

sain, -e [sɛ̃, sɛn] *adj* -**1.** [gén] healthy; ~ **et sauf** safe and sound. -**2.** [lecture] wholesome. -**3.** [fruit] fit to eat; [mur, gestion] sound.

saindoux [sɛ̃du] *nm* lard.

sainement [sɛnmɑ̃] *adv* -**1.** [vivre] healthily. -**2.** [raisonner] soundly.

saint, -e [sɛ̃, sɛ̃t] ◇ *adj* -**1.** [sacré] holy; **le Saint-Esprit** the Holy Spirit; **la Saint-Sylvestre** New Year's Eve; **la Sainte Vierge**

the Blessed Virgin. **-2.** [pieux] saintly. **-3.** [extrême]: **avoir une ~e horreur de qqch** to detest sthg. ◇ *nm, f* saint; **le ~ des ~s** *fig* the holy of holies.

saint-bernard [sɛbɛrnar] *nm inv* **-1.** [chien] St Bernard. **-2.** *fig* [personne] good Samaritan.

saintement [sɛ̃tmɑ̃] *adv*: **vivre ~** to lead a saintly life.

saint-émilion [sɛ̃temiljɔ̃] *nm inv* red wine *from the Bordeaux region.*

sainte-nitouche [sɛ̃tnituʃ] (*pl* **saintes-nitouches**) *nf péj*: **c'est une ~** butter wouldn't melt in her mouth.

sainteté [sɛ̃te] *nf* holiness.
◆ **Sainteté** *nf*: **Sa Sainteté** His Holiness.

saint-glinglin [sɛ̃glɛ̃glɛ̃]
◆ **à la saint-glinglin** *loc adv fam* till Doomsday.

saint-honoré [sɛ̃tɔnɔre] *nm inv choux pastry ring filled with confectioner's custard.*

Saint-Marin [sɛ̃marɛ̃] *n* San Marino; **à ~** in San Marino.

saint-marinais, -e [sɛ̃marinɛ, ɛz] *adj* of/from San Marino.
◆ **Saint-Marinais, -e** *nm, f* native OU inhabitant of San Marino.

Saint-Père [sɛ̃pɛr] *nm* Holy Father.

Saint-Pétersbourg [sɛ̃petɛrsbur] *n* Saint Petersburg.

saint-pierre [sɛ̃pjɛr] *nm inv* John Dory.

Saint-Pierre [sɛ̃pjɛr] *n*: **la basilique ~** Saint Peter's Basilica.

Saint-Siège [sɛ̃sjɛʒ] *nm*: **le ~** the Holy See.

sais, sait *etc* → **savoir**.

saisie [sezi] *nf* **-1.** FISC & JUR distraint, seizure. **-2.** INFORM input; **erreur de ~** input error; **~ de données** data capture.

saisir [sezir] [32] *vt* **-1.** [empoigner] to take hold of; [avec force] to seize; **~ qqn à la gorge** to seize OU grab sb by the throat. **-2.** FIN & JUR to seize, to distrain. **-3.** INFORM to capture. **-4.** [comprendre] to grasp. **-5.** [suj: sensation, émotion] to grip, to seize. **-6.** [surprendre]: **être saisi par** to be struck by. **-7.** CULIN to seal.
◆ **se saisir** *vp*: **se ~ de qqn/qqch** to seize sb/sthg, to grab sb/sthg.

saisissant, -e [sezisɑ̃, ɑ̃t] *adj* **-1.** [spectacle] gripping; [ressemblance] striking. **-2.** [froid] biting.

saisissement [sezismɑ̃] *nm* [émotion] emotion.

saison [sɛzɔ̃] *nf* season; **la belle ~** the summer months (*pl*); **c'est la bonne/mauvaise ~ pour** it's the right/wrong time of year

for; **la ~ des amours** the mating season; **en/hors ~** in/out of season; **la haute/basse/morte ~** the high/low/off season.

saisonnalité [sɛzɔnalite] *nf* seasonal nature.

saisonnier, -ière [sɛzɔnje, jɛr] ◇ *adj* seasonal. ◇ *nm, f* seasonal worker.

saké [sake] *nm* sake.

salace [salas] *adj* salacious.

salade [salad] *nf* **-1.** [plante] lettuce. **-2.** [plat] (green) salad; **~ de fruits** fruit salad; **~ niçoise** *salad containing anchovies and tuna.* **-3.** *fam fig* [méli-mélo] mess. **-4.** *fam fig* [baratin] story; **raconter des ~s** to tell stories; **vendre sa ~** to lay it on thick.

saladier [saladje] *nm* salad bowl.

salaire [salɛr] *nm* **-1.** [rémunération] salary, wage; **~ brut/net/de base** gross/net/basic salary, gross/net/basic wage. **-2.** *fig* [récompense] reward.

salaison [salɛzɔ̃] *nf* **-1.** [procédé] salting. **-2.** [aliment] salted food.

salamalecs [salamalɛk] *nmpl fam péj* bowing and scraping (U).

salamandre [salamɑ̃dr] *nf* [animal] salamander.

salami [salami] *nm* salami.

salant [salɑ̃] → **marais**.

salarial, -e, -iaux [salarjal, jo] *adj* wage (*avant n*).

salariat [salarja] *nm* **-1.** [système] paid employment. **-2.** [salariés] wage-earners (*pl*).

salarié, -e [salarje] ◇ *adj* **-1.** [personne] wage-earning. **-2.** [travail] paid. ◇ *nm, f* salaried employee.

salaud [salo] *vulg* ◇ *nm* bastard. ◇ *adj m* shitty.

sale [sal] *adj* **-1.** [linge, mains] dirty; [couleur] dirty, dingy. **-2.** (*avant n*) [type, gueule, coup] nasty; [tour, histoire] dirty; [bête, temps] filthy.

salé, -e [sale] *adj* **-1.** [eau, saveur] salty; [beurre] salted; [viande, poisson] salt (*avant n*), salted. **-2.** *fig* [histoire] spicy. **-3.** *fam fig* [addition, facture] steep.
◆ **salé** *nm* **-1.** [aliment salé] savory *Am* OU savoury *Br* food. **-2.** [porc] salt pork.

salement [salmɑ̃] *adv* **-1.** [malproprement] dirtily, disgustingly. **-2.** *fam* [très] damn, bloody *Br*.

saler [sale] [3] *vt* **-1.** [gén] to salt. **-2.** *fam fig* [note] to bump up.

saleté [salte] *nf* **-1.** [malpropreté] dirtiness, filthiness. **-2.** [crasse] dirt (U), filth (U); **faire des ~s** to make a mess. **-3.** *fam* [pacotille] junk (U), rubbish (U). **-4.** *fam* [maladie] bug. **-5.** [obscénité] dirty thing, obscenity; **il**

m'a dit des ~s he used obscenities to me. **-6.** [action] disgusting thing; **faire une ~ à qqn** to play a dirty trick on sb. **-7.** *fam péj* [personne] nasty piece of work.

salière [saljɛr] *nf* saltcellar; **~-poivrière** cruet.

salin, -e [salɛ̃, in] *adj* saline; [eau] salt (*avant n*).

salir [salir] [32] *vt* **-1.** [linge, mains] to (make) dirty, to soil. **-2.** *fig* [réputation] to sully.
♦ **se salir** *vp* to get dirty.

salissant, -e [salisɑ̃, ɑ̃t] *adj* **-1.** [tissu] easily soiled. **-2.** [travail] dirty, messy.

salissure [salisyr] *nf* stain.

salivaire [saliver] *adj* salivary.

salive [saliv] *nf* saliva; **dépenser beaucoup de ~** *fig* to talk nineteen to the dozen; **perdre sa ~** *fig* to waste one's breath.

saliver [salive] [3] *vi* to salivate.

salle [sal] *nf* **-1.** [pièce] room; **~ d'attente** waiting room; **~ de bains** bathroom; **~ de cinéma** cinema; **~ d'eau, ~ de douches** shower room; **~ d'embarquement** departure lounge; **~ des machines** engine room; **~ à manger** dining room; **~ non-fumeur** ≃ no smoking area; **~ d'opération** operating room *Am* OU theatre *Br*; **~ de séjour** living room; **~ de spectacle** theater *Am*, theatre *Br*; **~ des ventes** salesroom *Am*, saleroom *Br*. **-2.** [de spectacle] auditorium. **-3.** [public] audience, house; **jouer à ~ pleine** to play to a full house; **faire ~ comble** to have a full house.

salmigondis [salmigɔ̃di] *nm* hodgepodge *Am*, hotchpotch *Br*.

salmis [salmi] *nm* *half-roasted game or poultry finished in wine sauce.*

salmonellose [salmɔneloz] *nf* salmonella poisoning.

salon [salɔ̃] *nm* **-1.** [de maison] living room, lounge *Br*. **-2.** [commerce]: **~ de coiffure** hairdressing salon, hairdresser's; **~ de thé** tearoom. **-3.** [foire-exposition] show.

salopard [salɔpar] *nm* *tfam* bastard.

salope [salɔp] *nf* *vulg* bitch.

saloper [salɔpe] [3] *vt* *fam* to mess up.

saloperie [salɔpri] *nf* *fam* **-1.** [pacotille] rubbish (*U*). **-2.** [maladie] bug. **-3.** [saleté] junk (*U*), rubbish (*U*); **faire des ~s** to make a mess. **-4.** [action] dirty trick; **faire des ~s à qqn** to play dirty tricks on sb. **-5.** [propos] dirty comment.

salopette [salɔpɛt] *nf* [d'ouvrier] overalls (*pl*); [à bretelles] dungarees (*pl*).

salpêtre [salpɛtr] *nm* saltpeter *Am*, saltpetre *Br*.

salsa [salsa] *nf* salsa.

salsifis [salsifi] *nm* salsify.

SALT [salt] (*abr de* **Strategic Arms Limitation Talks**) SALT.

saltimbanque [saltɛ̃bɑ̃k] *nmf* acrobat.

salubre [salybr] *adj* healthy.

salubrité [salybrite] *nf* healthiness; **la ~ publique** public health.

saluer [salɥe] [7] *vt* **-1.** [accueillir] to greet. **-2.** [dire au revoir à] to take one's leave of. **-3.** MIL & *fig* to salute.
♦ **se saluer** *vp* to say hello/goodbye (to one another).

salut [saly] ◇ *nm* **-1.** [de la main] wave; [de la tête] nod; [propos] greeting. **-2.** MIL salute. **-3.** [d'acteur] bow. **-4.** [sauvegarde] safety. **-5.** RELIG salvation. ◇ *interj fam* [bonjour] hi!; [au revoir] bye!, see you!

salutaire [salytɛr] *adj* **-1.** [conseil, expérience] salutary. **-2.** [remède, repos] beneficial.

salutation [salytasjɔ̃] *nf* *littéraire* salutation, greeting.
♦ **salutations** *nfpl*: **veuillez agréer, Monsieur, mes ~s distinguées** OU **mes sincères ~s** *sout* yours faithfully, yours sincerely.

salutiste [salytist] *nmf & adj* Salvationist.

Salvador [salvadɔr] *nm*: **le ~** El Salvador; **au ~** in El Salvador.

salvadorien, -ienne [salvadɔrjɛ̃, jɛn] *adj* Salvadorian.
♦ **Salvadorien, -ienne** *nm, f* Salvadorian.

salve [salv] *nf* salvo.

Salzbourg [salzbur] *n* Salzburg.

samaritain, -e [samaritɛ̃, ɛn] *adj* Samaritan.
♦ **samaritain** *nm* *Helv* first-aid worker.

samba [sɑ̃ba] *nf* samba.

samedi [samdi] *nm* Saturday; **nous sommes partis ~** we left on Saturday; **~ 13 septembre** Saturday 13th September; **~ dernier/prochain** last/next Saturday; **~ matin/midi/après-midi/soir** Saturday morning/lunchtime/afternoon/evening; **de/du ~** Saturday (*avant n*); **le ~ d'avant** the Saturday before; **le ~ on** Saturdays; **~ en huit** a week on Saturday, Saturday week; **~ en quinze** two weeks on Saturday; **un ~ sur deux** every other Saturday; **nous sommes** OU **c'est ~** it's Saturday (today); **tous les ~s** every Saturday.

Samoa [samɔa] *n* Samoa; **à ~** in Samoa.

samoan, -e [samɔɑ̃, an] *adj* Samoan.
♦ **Samoan, -e** *nm, f* Samoan.

samouraï, samuraï [samuraj] *nm* samurai.

samovar [samɔvar] *nm* samovar.

SAMU, Samu [samy] (*abr de* **Service d'aide médicale d'urgence**) *nm* *French ambulance* *and emergency service,* ≃ Paramedics *Am,* ≃ Ambulance Brigade *Br.*

samuraï = samouraï.

sanatorium [sanatɔrjɔm] *nm* sanatorium.

sanctifier [sɑ̃ktifje] [9] *vt* **-1.** [rendre saint] to sanctify. **-2.** [révérer] to hallow.

sanction [sɑ̃ksjɔ̃] *nf* sanction; *fig* [conséquence] penalty, price; **prendre des ~s contre** to impose sanctions on.

sanctionner [sɑ̃ksjɔne] [3] *vt* to sanction.

sanctuaire [sɑ̃ktɥɛr] *nm* **-1.** [d'église] sanctuary. **-2.** [lieu saint] shrine.

sandale [sɑ̃dal] *nf* sandal.

sandalette [sɑ̃dalɛt] *nf* sandal.

Sandow® [sɑ̃do] *nm* **-1.** [attache] elastic cable (*for securing luggage etc*). **-2.** AÉRON catapult.

sandwich [sɑ̃dwitʃ] (*pl* **sandwiches** OU **sandwichs**) *nm* sandwich; **être pris en ~ entre** *fam* to be sandwiched between.

sang [sɑ̃] *nm* blood; **en ~** bleeding; **pur-~** thoroughbred; **dans le ~** *fig* in the blood; **se faire du mauvais ~** OU **un ~ d'encre** *fig* to get really worried OU upset; **suer ~ et eau** *fig* to sweat blood.

sang-froid [sɑ̃frwa] *nm inv* calm; **de ~** in cold blood; **perdre/garder son ~** to lose/to keep one's head.

sanglant, -e [sɑ̃glɑ̃, ɑ̃t] *adj* bloody.

sangle [sɑ̃gl] *nf* strap; [de selle] girth.
◆ **sangles** *nfpl* webbing (*U*).

sangler [sɑ̃gle] [3] *vt* [attacher] to strap; [cheval] to girth.

sanglier [sɑ̃glije] *nm* boar.

sanglot [sɑ̃glo] *nm* sob; **éclater en ~s** to burst into sobs.

sangloter [sɑ̃glɔte] [3] *vi* to sob.

sangria [sɑ̃grija] *nf* sangria.

sangsue [sɑ̃sy] *nf* leech; *fig* [personne] bloodsucker.

sanguin, -e [sɑ̃gɛ̃, in] *adj* **-1.** ANAT blood (*avant n*). **-2.** [rouge - visage] ruddy; [- orange] blood (*avant n*). **-3.** [emporté] quick-tempered.
◆ **sanguine** *nf* **-1.** [dessin] red chalk drawing. **-2.** [fruit] blood orange.

sanguinaire [sɑ̃giner] *adj* **-1.** [tyran] bloodthirsty. **-2.** [lutte] bloody.

sanguinolent, -e [sɑ̃ginɔlɑ̃, ɑ̃t] *adj* stained with blood.

Sanisette® [sanizɛt] *nf automatic public toilet*, superloo *Br.*

sanitaire [saniter] ◇ *nm* bathroom fittings and plumbing. ◇ *adj* **-1.** [service, mesure]

health (*avant n*). **-2.** [installation, appareil] bathroom (*avant n*).
◆ **sanitaires** *nmpl* toilets and showers.

sans [sɑ̃] ◇ *prép* without; **~ argent** without any money; **~ faire un effort** without making an effort. ◇ *adv*: **passe-moi mon manteau, je ne veux pas sortir ~** pass me my coat, I don't want to go out without it.
◆ **sans que** *loc conj*: **~ que vous le sachiez** without your knowing.

sans-abri [sɑ̃zabri] *nmf inv* homeless person.

San Salvador [sɑ̃salvadɔr] *n* San Salvador.

sanscrit [sɑ̃skri] *nm* Sanskrit.

sans-emploi [sɑ̃zɑ̃plwa] *nmf inv* unemployed person.

sans-gêne [sɑ̃ʒɛn] ◇ *nm inv* [qualité] rudeness, lack of consideration. ◇ *nmf inv* [personne] rude OU inconsiderate person. ◇ *adj inv* rude, inconsiderate.

sans-le-sou [sɑ̃lsu] *nmf inv fam* person who is broke OU hard up.

sans-logis [sɑ̃lɔʒi] *nmf inv* homeless person.

sansonnet [sɑ̃sɔnɛ] *nm* starling.

santal [sɑ̃tal] *nm* sandalwood.

santé [sɑ̃te] *nf* health; **recouvrer la ~** to get one's health back; **~ de fer** strong OU iron constitution; **à ta/votre ~!** cheers!, good health!; **boire à la ~ de qqn** to drink sb's health, to toast sb.

santiag [sɑ̃tjag] *nf* cowboy boot.

Santiago [sɑ̃tjago] *n* Santiago.

santon [sɑ̃tɔ̃] *nm figure placed in Christmas crib.*

Santorin [sɑ̃tɔrɛ̃] *n* Santorini.

São Paulo [saopolo] *n* **-1.** [ville] São Paulo. **-2.** [État]: **l'État de ~** São Paulo (State).

saoudien, -ienne [saudjɛ̃, jɛn] *adj* Saudi (Arabian).
◆ **Saoudien, -ienne** *nm, f* Saudi (Arabian).

saoul = soûl.

saouler = soûler.

saper [sape] [3] *vt* to undermine.
◆ **se saper** *vp fam* to dress o.s. up.

sapeur [sapœr] *nm* sapper.

sapeur-pompier [sapœrpɔ̃pje] (*pl* **sapeurs-pompiers**) *nm* fireman, fire fighter.

saphir [safir] *nm* sapphire.

sapin [sapɛ̃] *nm* **-1.** [arbre] fir, firtree; **~ de Noël** Christmas tree. **-2.** [bois] fir, deal *Br.*

sapinière [sapinjɛr] *nf* fir forest.

sapristi [sapristi] *interj fam* goodness me!, my goodness!

saquer = **sacquer**.

S.A.R. (*abr de* **Son Altesse royale**) H.R.H.

sarabande [sarabɑ̃d] *nf* **-1.** [danse] saraband. **-2.** *fam* [vacarme] din, racket.

Sarajevo [saraʒevo] *n* Sarajevo.

sarbacane [sarbakan] *nf* [arme] blowgun *Am*, blowpipe *Br*; [jouet] peashooter.

sarcasme [sarkasm] *nm* sarcasm.

sarcastique [sarkastik] *adj* sarcastic.

sarcler [sarkle] [3] *vt* to weed.

sarcloir [sarklwar] *nm* hoe.

sarcophage [sarkɔfaʒ] *nm* sarcophagus.

Sardaigne [sardɛɲ] *nf*: **la ~** Sardinia.

sarde [sard] *adj* Sardinian.
◆ **Sarde** *nmf* Sardinian.

sardine [sardin] *nf* sardine; **~s à l'huile** sardines in oil; **être serrés comme des ~s** *fam fig* to be packed like sardines.

sardinerie [sardinri] *nf* sardine cannery.

sardonique [sardɔnik] *adj* sardonic.

SARL, Sarl (*abr de* **société à responsabilité limitée**) *nf* limited liability company; **Leduc, ~** ≃ Leduc Ltd.

sarment [sarmɑ̃] *nm* **-1.** [de vigne] shoot. **-2.** [tige] stem.

sarrasin, -e [sarazɛ̃, in] *adj* Saracen.
◆ **sarrasin** *nm* buckwheat.
◆ **Sarrasin, -e** *nm, f* Saracen.

sarrau [saro] (*pl* **-s** OU **-x**) *nm* smock.

sarriette [sarjɛt] *nf* savory.

sas [sas] *nm* **-1.** AÉRON & NAVIG airlock. **-2.** [d'écluse] lock. **-3.** [tamis] sieve.

S.A.S. (*abr de* **Son Altesse Sérénissime**) H.S.H.

satané, -e [satane] *adj* (*avant n*) *fam* damned.

satanique [satanik] *adj* satanic.

satellisation [satelizasjɔ̃] *nf* **-1.** [de fusée] putting into orbit. **-2.** [de pays] becoming a satellite.

satelliser [satelize] [3] *vt* **-1.** [fusée] to put into orbit. **-2.** [pays] to make a satellite.

satellite [satelit] ◇ *nm* satellite; **par ~** by satellite; **~-relais** telecommunications satellite. ◇ *adj* satellite (*avant n*).

satiété [sasjete] *nf*: **à ~** [boire, manger] one's fill; [répéter] ad nauseam.

satin [satɛ̃] *nm* satin.

satiné, -e [satine] ◇ *adj* satin (*avant n*); [peau] satiny-smooth. ◇ *nm* satin-like quality.

satinette [satinɛt] *nf* **-1.** [coton et soie] satinet. **-2.** [coton seul] sateen.

satire [satir] *nf* satire.

satirique [satirik] *adj* satirical.

satisfaction [satisfaksjɔ̃] *nf* satisfaction.

satisfaire [satisfɛr] [109] *vt* to satisfy; **~ à** [condition, revendication] to meet, to satisfy; [engagement] to fulfil.
◆ **se satisfaire** *vp*: **se ~ de** to be satisfied with.

satisfaisait, satisfaisions *etc* → satisfaire.

satisfaisant, -e [satisfəzɑ̃, ɑ̃t] *adj* **-1.** [travail] satisfactory. **-2.** [expérience] satisfying.

satisfait, -e [satisfɛ, ɛt] ◇ *pp* → satisfaire.
◇ *adj* satisfied; **être ~ de** to be satisfied with; **«~ ou remboursé»** "satisfaction guaranteed or your money back".

satisfasse, satisfasses *etc* → satisfaire.

saturation [satyrasjɔ̃] *nf* saturation.

saturé, -e [satyre] *adj*: **~ (de)** saturated (with).

saturer [satyre] [3] *vt*: **~ qqch (de)** to saturate sthg (with).

saturne [satyrn] *nm vieilli* lead.
◆ **Saturne** *nf* ASTRON Saturn.

satyre [satir] *nm* satyr; *fig* sex maniac.

sauce [sos] *nf* **-1.** CULIN sauce; **en ~** in a sauce; **~ hollandaise** hollandaise sauce; **~ tartare** tartare sauce; **~ tomate/blanche/piquante** tomato/white/spicy sauce. **-2.** *fig* [accompagnement] presentation; **mettre qqn à toutes les ~s** to use sb as a dogsbody.

saucer [sose] [16] *vt* **-1.** [assiette] to wipe. **-2.** *fam* [personne]: **se faire ~** to get soaked.

saucière [sosjɛr] *nf* sauceboat.

saucisse [sosis] *nf* **-1.** CULIN sausage; **~ de Francfort** frankfurter; **~ sèche** dried sausage. **-2.** *fam* AÉRON & *vieilli* barrage balloon.

saucisson [sosisɔ̃] *nm* slicing sausage.

saucissonner [sosisɔne] [3] ◇ *vi fam* to have a picnic. ◇ *vt* **-1.** [colis] to truss up. **-2.** [baguette] to slice up.

sauf[1], sauve [sof, sov] *adj* [personne] safe, unharmed; *fig* [honneur] saved, intact.

sauf[2] [sof] *prép* **-1.** [à l'exclusion de] except, apart from. **-2.** [sous réserve de] barring; **~ que** except (that).

sauf-conduit [sofkɔ̃dɥi] (*pl* **sauf-conduits**) *nm* safe-conduct.

sauge [soʒ] *nf* **-1.** CULIN sage. **-2.** [plante ornementale] salvia.

saugrenu, -e [sogrəny] *adj* ridiculous, nonsensical.

saule [sol] *nm* willow; **~ pleureur** weeping willow.

saumâtre [somatr] *adj* **-1.** [eau] brackish. **-2.** *fig* [plaisanterie] distasteful.

saumon [somõ] ◇ *nm* salmon. ◇ *adj inv* salmon pink.

saumoné, -e [somɔne] *adj* salmon (*avant n*).

saumure [somyr] *nf* brine.

sauna [sona] *nm* sauna.

saupoudrer [sopudre] [3] *vt*: ~ qqch de to sprinkle sthg with.

saupoudreuse [sopudrøz] *nf* dredger.

saur [sɔr] → hareng.

saurai, sauras *etc* → savoir.

saurien [sɔrjɛ̃] *nm* saurian.

saut [so] *nm* [bond] leap, jump; ~ en hauteur SPORT high jump; ~ en longueur SPORT long jump, broad jump *Am*; ~ de page INFORM page break; faire un ~ chez qqn *fig* to pop in and see sb.

saute [sot] *nf* sudden change; avoir des ~s d'humeur to have mood swings, to be temperamental.

sauté, -e [sote] *adj* sautéed.

◆ **sauté** *nm*: ~ de veau sautéed veal.

saute-mouton [sotmutõ] *nm inv*: jouer à ~ to play leapfrog.

sauter [sote] [3] ◇ *vi* **-1.** [bondir] to jump, to leap; ~ à la corde to skip; ~ d'un sujet à l'autre *fig* to jump from one subject to another; ~ de joie *fig* to jump for joy; ~ au cou de qqn *fig* to throw one's arms around sb. **-2.** [exploser] to blow up; [fusible] to blow. **-3.** [partir - bouchon] to fly out; [- serrure] to burst off; [- bouton] to fly off; [- chaîne de vélo] to come off. **-4.** *fam* [employé] to get the sack. **-5.** [être annulé] to be cancelled. **-6.** CULIN: faire ~ qqch to sauté sthg. **-7.** *loc*: et que ça saute! *fam* and get a move on!

◇ *vt* **-1.** [fossé, obstacle] to jump OU leap over. **-2.** *fig* [page, repas] to skip. **-3.** *vulg* [personne]: ~ qqn to have it off with sb.

sauterelle [sotrɛl] *nf* **-1.** ZOOL grasshopper. **-2.** *fam fig* [personne] beanpole.

sauterie [sotri] *nf vieilli* do, party.

sauternes [sotern] *nm sweet dessert wine*.

sauteur, -euse [sotœr, øz] ◇ *adj* [insecte] jumping (*avant n*). ◇ *nm, f* [athlète] jumper.

◆ **sauteur** *nm* [cheval] jumper.

◆ **sauteuse** *nf* CULIN frying pan.

sautiller [sotije] [3] *vi* to hop.

sautoir [sotwar] *nm* **-1.** [bijou] chain; ~ de perles string of pearls; porter qqch en ~ to wear sthg on a chain round one's neck. **-2.** SPORT jumping area.

sauvage [sovaʒ] ◇ *nmf* **-1.** [solitaire] recluse. **-2.** *péj* [brute, indigène] savage. ◇ *adj* **-1.**

[plante, animal] wild. **-2.** [farouche - animal familier] shy, timid; [- personne] unsociable. **-3.** [conduite, haine] savage.

sauvagement [sovaʒmã] *adv* savagely.

sauvageon, -onne [sovaʒõ, ɔn] *nm, f* little savage.

sauvagerie [sovaʒri] *nf* **-1.** [férocité] brutality, savagery. **-2.** [insociabilité] unsociableness.

sauvagine [sovaʒin] *nf littéraire* wildfowl.

sauve → sauf.

sauvegarde [sovgard] *nf* **-1.** [protection] safeguard. **-2.** INFORM saving; [copie] back-up.

sauvegarder [sovgarde] [3] *vt* **-1.** [protéger] to safeguard. **-2.** INFORM to save; [copier] to back up.

sauve-qui-peut [sovkipø] ◇ *nm inv* [débandade] stampede. ◇ *interj* every man for himself!

sauver [sove] [3] *vt* **-1.** [gén] to save; ~ qqn/qqch de to save sb/sthg from, to rescue sb/sthg from; ~ qqn de MÉD to cure sb of. **-2.** [navire, biens] to salvage.

◆ **se sauver** *vp*: se ~ (de) to run away (from); [prisonnier] to escape (from).

sauvetage [sovtaʒ] *nm* **-1.** [de personne] rescue. **-2.** [de navire, biens] salvage.

sauveteur [sovtœr] *nm* rescuer.

sauvette [sovɛt]

◆ **à la sauvette** *loc adv* hurriedly, at great speed.

sauveur [sovœr] *nm* savior *Am*, saviour *Br*.

SAV [sav] (*abr de* service après-vente) *nm* after-sales service.

savamment [savamã] *adv* **-1.** [avec érudition] learnedly. **-2.** [avec habileté] skilfully, cleverly.

savane [savan] *nf* savanna.

savant, -e [savã, ãt] *adj* **-1.** [érudit] scholarly. **-2.** [habile] skilful, clever. **-3.** [animal] performing (*avant n*).

◆ **savant** *nm* scientist.

savarin [savarɛ̃] *nm ring-shaped cake containing rum*.

savate [savat] *nf* **-1.** [pantoufle] worn-out slipper; [soulier] worn-out shoe. **-2.** SPORT kick boxing. **-3.** *fam* [personne] clumsy oaf.

saveur [savœr] *nf* flavor *Am*, flavour *Br*; *fig* savor *Am*, savour *Br*.

savoir [savwar] [59] ◇ *vt* **-1.** [gén] to know; faire ~ qqch à qqn to tell sb sthg, to inform sb of sthg; si j'avais su ... had I but known ..., if I had only known ...; sans le ~ unconsciously, without being aware of it; en ~ long sur qqn/qqch to know a lot

about sb/sthg; **tu (ne) peux pas ~** *fam* you
have no idea; **pas que je sache** not as far
as I know; **(ne pas) ~ de quoi il retourne**
(not) to know what it's all about. **-2.** [être
capable de] to know how to; **sais-tu
conduire?** can you drive?
◇ *nm* learning.
◆ **à savoir** *loc conj* namely, that is.

savoir-faire [savwarfɛr] *nm inv* know-how,
expertise.

savoir-vivre [savwarvivr] *nm inv* good manners *(pl)*.

savon [savɔ̃] *nm* **-1.** [matière] soap; [pain]
cake OU bar of soap. **-2.** *fam* [réprimande]
telling-off; **passer un ~ à qqn** to give sb a
telling-off.

savonner [savɔne] [3] *vt* **-1.** [linge] to soap.
-2. *fam* [enfant] to tell off.
◆ **se savonner** *vp* to soap o.s.

savonnette [savɔnɛt] *nf* guest soap.

savonneux, -euse [savɔnø, øz] *adj* soapy.

savourer [savure] [3] *vt* to savor *Am*, to savour *Br*.

savoureux, -euse [savurø, øz] *adj* **-1.** [mets]
tasty. **-2.** *fig* [anecdote] juicy.

savoyard, -e [savwajar, ard] *adj* of/from Savoy.
◆ **Savoyard, -e** *nm, f* native OU inhabitant
of Savoy.

saxophone [saksɔfɔn] *nm* saxophone.

saxophoniste [saksɔfɔnist] *nmf* saxophonist, saxophone player.

saynète [sɛnɛt] *nf* playlet.

SBB (*abr de* **Schweizerische Bundesbahn**)
Swiss federal railways.

sbire [sbir] *nm péj* henchman, minion.

sc. (*abr de* **scène**) sc.

s/c (*abr de* **sous couvert de**) c/o.

scabreux, -euse [skabrø, øz] *adj* **-1.** [pro-
pos] shocking, indecent. **-2.** [entreprise]
risky.

scalp [skalp] *nm* **-1.** [action] scalping. **-2.**
[trophée] scalp.

scalpel [skalpɛl] *nm* scalpel.

scalper [skalpe] [3] *vt* to scalp.

scampi [skãpi] *nmpl* scampi (U).

scandale [skãdal] *nm* **-1.** [fait choquant]
scandal. **-2.** [indignation] disgust. **-3.** [tapage]
scene; **faire du** OU **un ~** to make a scene.

scandaleusement [skãdaløzmã] *adj* scan-
dalously, outrageously.

scandaleux, -euse [skãdalø, øz] *adj* scandalous, outrageous.

scandaliser [skãdalize] [3] *vt* to shock, to
scandalize.

◆ **se scandaliser** *vp* to be shocked, to be
scandalized.

scander [skãde] [3] *vt* **-1.** [vers] to scan. **-2.**
[slogan] to chant.

scandinave [skãdinav] *adj* Scandinavian.
◆ **Scandinave** *nmf* Scandinavian.

Scandinavie [skãdinavi] *nf*: **la ~** Scandinavia.

scanner¹ [skane] [4] *vt* to scan.

scanner² [skanɛr] *nm* scanner.

scaphandre [skafãdr] *nm* **-1.** [de plongeur]
diving suit; **~ autonome** aqualung. **-2.**
[d'astronaute] spacesuit.

scaphandrier [skafãdrije] *nm* deep-sea
diver.

scarabée [skarabe] *nm* beetle, scarab.

scarlatine [skarlatin] *nf* scarlet fever.

scarole [skarɔl] *nf* endive.

scatologique [skatɔlɔʒik] *adj* scatological.

sceau, -x [so] *nm* seal; *fig* stamp, hallmark;
sous le ~ du secret *fig* under the seal of secrecy.

scélérat, -e [selera, at] ◇ *adj* wicked. ◇
nm, f villain; *péj* rogue, rascal.

sceller [sele] [4] *vt* **-1.** [gén] to seal. **-2.**
CONSTR [fixer] to embed.

scellés [sele] *nmpl* seals; **sous ~** sealed.

scénario [senarjo] *nm* **-1.** [canevas] scenario. **-2.** [découpage, synopsis] screenplay,
script. **-3.** *fig* [rituel] pattern.

scénariste [senarist] *nmf* scriptwriter.

scène [sɛn] *nf* **-1.** [gén] scene; **~ de ménage**
domestic row. **-2.** [estrade] stage; **entrée en
~** THÉÂTRE entrance; *fig* appearance; **mettre
en ~** THÉÂTRE to stage; CIN to direct.

scénique [senik] *adj* theatrical.

scepticisme [sɛptisism] *nm* skepticism *Am*,
scepticism *Br*.

sceptique [sɛptik] ◇ *nmf* skeptic *Am*, sceptic *Br*. ◇ *adj* **-1.** [incrédule] skeptical *Am*,
sceptical *Br*. **-2.** PHILO skeptic *Am*, sceptic
Br.

sceptre [sɛptr] *nm* scepter *Am*, sceptre *Br*.

SCH (*abr de* **schilling**) S, Sch.

schah, shah [ʃa] *nm* shah.

schéma [ʃema] *nm* **-1.** [diagramme] diagram.
-2. [résumé] outline.

schématique [ʃematik] *adj* **-1.** [dessin] diagrammatic. **-2.** [interprétation, exposé] sim-
plified.

schématiquement [ʃematikmã] *adv* **-1.** [par
dessin] diagrammatically. **-2.** [en résumé]
briefly.

schématisation [ʃematizasjɔ̃] *nf* **-1.** [présen-
tation graphique] diagrammatic representa-

tion. -2. *péj* [généralisation] oversimplification.

schématiser [ʃematize] [3] *vt* **-1.** [présenter en schéma] to represent diagrammatically. **-2.** *péj* [généraliser] to oversimplify.

schisme [ʃism] *nm* **-1.** RELIG schism. **-2.** [d'opinion] split.

schiste [ʃist] *nm* shale.

schizo [skizo] *adj fam* schizophrenic.

schizoïde [skizɔid] *adj* schizoid.

schizophrène [skizɔfrɛn] *nmf & adj* schizophrenic.

schizophrénie [skizɔfreni] *nf* schizophrenia.

schizophrénique [skizɔfrenik] *adj* schizophrenic.

schlinguer, chlinguer [ʃlɛ̃ge] [3] *vi tfam* to stink.

schnock, chnoque [ʃnɔk] *nm fam*: **du ~!** dummy!, dimwit!

schuss [ʃus] ◇ *nm* schuss. ◇ *adv*: **descendre (tout) ~** to schuss down.

sciatique [sjatik] ◇ *nf* sciatica. ◇ *adj* sciatic.

scie [si] *nf* **-1.** [outil] saw; **~ à métaux** hacksaw; **~ sauteuse** jigsaw. **-2.** [rengaine] catchphrase. **-3.** *fam* [personne] bore.

sciemment [sjamɑ̃] *adv* knowingly.

science [sjɑ̃s] *nf* **-1.** [connaissances scientifiques] science; **~s humaines** OU **sociales** UNIV social sciences; **~s naturelles** SCOL biology (*sg*). **-2.** [érudition] knowledge; **avoir la ~ infuse** *fig* to know a lot. **-3.** [art] art.

science-fiction [sjɑ̃sfiksjɔ̃] *nf* science fiction.

sciences-po [sjɑ̃spo] *nfpl* UNIV political science (*sg*).

◆ **Sciences-Po** *n* grande école *for political science.*

scientifique [sjɑ̃tifik] ◇ *nmf* scientist. ◇ *adj* scientific.

scientifiquement [sjɑ̃tifikmɑ̃] *adv* scientifically.

scientisme [sjɑ̃tism] *nm* Christian Science.

scier [sje] [9] *vt* **-1.** [branche] to saw. **-2.** *fam* [personne] to stagger.

scierie [siri] *nf* sawmill.

scinder [sɛ̃de] [3] *vt*: **~ (en)** to split (into), to divide (into).

◆ **se scinder** *vp*: **se ~ (en)** to split (into), to divide (into).

scintillant, -e [sɛ̃tijɑ̃, ɑ̃t] *adj* sparkling.

scintillement [sɛ̃tijmɑ̃] *nm* sparkle.

scintiller [sɛ̃tije] [3] *vi* to sparkle.

scission [sisjɔ̃] *nf* split.

sciure [sjyr] *nf* sawdust.

sclérose [skleroz] *nf* sclerosis; *fig* ossification; **~ en plaques** multiple sclerosis.

sclérosé, -e [skleroze] ◇ *adj* sclerotic; *fig* ossified. ◇ *nm, f* person suffering from sclerosis; *fig* person set in his/her ways.

scléroser [skleroze] [3]

◆ **se scléroser** *vp* to become sclerotic; *fig* to become ossified.

scolaire [skɔlɛr] *adj* school (*avant n*); *péj* bookish.

scolarisable [skɔlarizabl] *adj* of school age.

scolarisation [skɔlarizasjɔ̃] *nf* schooling.

scolariser [skɔlarize] [3] *vt* to provide with schooling.

scolarité [skɔlarite] *nf* schooling; **prolonger la ~** to raise the school-leaving age; **frais de ~** SCOL school fees; UNIV tuition fees.

scolastique [skɔlastik] ◇ *nf* scholasticism. ◇ *adj* scholastic.

scoliose [skɔljoz] *nf* curvature of the spine.

scoop [skup] *nm* scoop.

scooter [skutœr] *nm* scooter; **~ des mers** jet ski; **~ des neiges** snowmobile.

scorbut [skɔrbyt] *nm* scurvy.

score [skɔr] *nm* **-1.** SPORT score. **-2.** POLIT result.

scorie [skɔri] *nf* **-1.** (*gén pl*) GÉOL scoria. **-2.** IND slag (*U*); *fig* dregs (*pl*).

scorpion [skɔrpjɔ̃] *nm* scorpion.

◆ **Scorpion** *nm* ASTROL Scorpio; **être Scorpion** to be (a) Scorpio.

scotch [skɔtʃ] *nm* [alcool] whisky, Scotch.

Scotch® [skɔtʃ] *nm* [adhésif] ≃ Scotch tape® *Am*, ≃ Sellotape® *Br*.

scotcher [skɔtʃe] [3] *vt* to scotch-tape *Am*, to sellotape *Br*.

scout, -e [skut] *adj* scout (*avant n*).

◆ **scout** *nm* scout.

scoutisme [skutism] *nm* scouting.

Scrabble® [skrabl] *nm* Scrabble®.

scribe [skrib] *nm* HIST scribe.

scribouillard, -e [skribujar, ard] *nm, f péj* pen pusher.

script [skript] *nm* **-1.** TYPO printing, print. **-2.** CIN & TÉLÉ script.

scripte [skript] *nmf* CIN & TÉLÉ continuity person.

scriptural, -e, -aux [skriptyral, o] *adj*: **monnaie ~e** substitute money.

scrotum [skrɔtɔm] *nm* scrotum.

scrupule [skrypyl] *nm* scruple; **avec ~** scrupulously; **sans ~s** [être] unscrupulous; [agir] unscrupulously.

scrupuleusement [skrypyløzmɑ̃] *adv* scrupulously.

scrupuleux, -euse [skrypylø, øz] *adj* scrupulous.

scrutateur, -trice [skrytatœr, tris] *adj* searching.
◆ **scrutateur** *nm* POLIT ≃ teller *Am*, ≃ scrutineer *Br*.

scruter [skryte] [3] *vt* to scrutinize.

scrutin [skrytɛ̃] *nm* **-1.** [vote] ballot; **dépouiller un ~** to count the votes. **-2.** [système] voting system; **~ majoritaire** first-past-the-post system; **~ proportionnel** proportional representation system.

sculpter [skylte] [3] *vt* to sculpt.

sculpteur [skyltœr] *nm* sculptor.

sculptural, -e, -aux [skyltyral, o] *adj* sculptural; *fig* statuesque.

sculpture [skyltyr] *nf* sculpture.

sdb *abr de* **salle de bains.**

SDF (*abr de* **sans domicile fixe**) *nmf*: **les ~** the homeless.

SDN (*abr de* **Société des Nations**) *nf* League of Nations.

se [sə], **s'** (*devant voyelle ou h muet*) *pron pers* **-1.** (*réfléchi*) [personne] oneself, himself (*f* herself), (*pl*) themselves; [chose, animal] itself, (*pl*) themselves; **elle ~ regarde dans le miroir** she looks at herself in the mirror. **-2.** (*réciproque*) each other, one another; **elles ~ sont parlé** they spoke to each other OU to one another; **ils ~ sont rencontrés hier** they met yesterday. **-3.** (*passif*): **ce produit ~ vend bien/partout** this product is selling well/is sold everywhere. **-4.** [remplace l'adjectif possessif]: **~ laver les mains** to wash one's hands; **~ couper le doigt** to cut one's finger.

S.E. (*abr de* **Son Excellence**) H.E.

séance [seɑ̃s] *nf* **-1.** [réunion] meeting, sitting, session; **lever la ~** *fig* to adjourn the meeting OU session; **~ extraordinaire** special session, extraordinary meeting. **-2.** [période] session; [de pose] sitting. **-3.** CIN & THÉÂTRE performance. **-4.** *fam* [scène] performance. **-5.** *loc*: **~ tenante** right away.

séant, -e [seɑ̃, ɑ̃t] *adj* fitting, seemly.
◆ **séant** *nm*: **se dresser** OU **se mettre sur son ~** *littéraire* to sit up.

seau, -x [so] *nm* **-1.** [récipient] bucket; **~ à glace** ice bucket. **-2.** [contenu] bucketful.

sébile [sebil] *nf* (begging) bowl.

sébum [sebɔm] *nm* sebum.

sec, sèche [sɛk, sɛʃ] *adj* **-1.** [gén] dry. **-2.** [fruits] dried. **-3.** [alcool] neat. **-4.** [personne - maigre] lean; [- austère] austere. **-5.** *fig* [cœur]

hard; [voix, ton] sharp. **-6.** *fam* [étudiant]: **être ~ sur un sujet** to have nothing to say on a subject.
◆ **sec** ◇ *adv* **-1.** [beaucoup]: **boire ~** to drink heavily. **-2.** [frapper] hard. **-3.** [démarrer] sharply. **-4.** *loc*: **aussi ~** *fam* right away; **être à ~** [puits] to be dry OU dried up; *fam* [personne] to be broke. ◇ *nm*: **tenir au ~** to keep in a dry place.

sécable [sekabl] *adj* divisible.

SECAM, Secam [sekam] (*abr de* **procédé séquentiel à mémoire**) *nm & adj French TV broadcasting system.*

sécateur [sekatœr] *nm* secateurs (*pl*).

sécession [sesesjɔ̃] *nf* secession; **faire ~ (de)** to secede (from).

séchage [seʃaʒ] *nm* drying.

sèche [sɛʃ] *nf fam* cigarette, fag *Br*.

sèche-cheveux [sɛʃʃəvø] *nm inv* hairdryer.

sèche-linge [sɛʃlɛ̃ʒ] *nm inv* tumble-dryer.

sécher [seʃe] [18] ◇ *vt* **-1.** [linge] to dry. **-2.** *arg scol* [cours] to skip, to skive off *Br*. ◇ *vi* **-1.** [linge] to dry. **-2.** [peau] to dry out; [rivière] to dry up. **-3.** *arg scol* [ne pas savoir répondre] to dry up.

sécheresse [sɛʃrɛs] *nf* **-1.** [de terre, climat, style] dryness. **-2.** [absence de pluie] drought. **-3.** [de réponse] curtness.

séchoir [seʃwar] *nm* **-1.** [local] drying shed. **-2.** [tringle] airer, clotheshorse. **-3.** [électrique] dryer; **~ à cheveux** hairdryer.

second, -e [səgɔ̃, ɔ̃d] ◇ *adj num* second; **dans un état ~** dazed; *voir aussi* **sixième.** ◇ *nm, f* second; *voir aussi* **sixième.**
◆ **second** *nm* [assistant] assistant.
◆ **seconde** *nf* **-1.** [unité de temps & MUS] second; **une ~e!** just a second! **-2.** SCOL ≃ tenth grade *Am*, ≃ fifth year OU form *Br*. **-3.** TRANSPORT second class.

secondaire [səgɔ̃dɛr] ◇ *nm*: **le ~** GÉOL the Mesozoic; SCOL secondary education; ÉCON **the secondary sector.** ◇ *adj* **-1.** [gén & SCOL] secondary; **effets ~s** MÉD side effects. **-2.** GÉOL Mesozoic.

seconder [səgɔ̃de] [3] *vt* to assist.

secouer [səkwe] [6] *vt* **-1.** [gén] to shake. **-2.** *fam* [réprimander] to shake up.
◆ **se secouer** *vp fam* to snap out of it.

secourable [səkurabl] *adj* helpful.

secourir [səkurir] [45] *vt* [blessé, miséreux] to help; [personne en danger] to rescue.

secourisme [səkurism] *nm* first aid.

secouriste [səkurist] *nmf* first-aid worker.

secourrai, secourras *etc* → **secourir.**

secours¹, secourt *etc* → **secourir.**

secours² [səkur] *nm* **-1.** [aide] help; **appeler au ~** to call for help; **au ~!** help!; **porter ~ à qqn** to help sb; **voler au ~ de qqn** *fig* to rush to sb's aid. **-2.** [dons] aid, relief. **-3.** [renfort] relief, reinforcements *(pl)*. **-4.** [soins] aid; **les premiers ~** first aid *(U)*.
◆ **de secours** *loc adj* **-1.** [trousse, poste] first-aid *(avant n)*. **-2.** [éclairage, issue] emergency *(avant n)*. **-3.** [roue] spare.

secouru, -e [səkury] *pp* → **secourir**.

secousse [səkus] *nf* **-1.** [mouvement] jerk, jolt. **-2.** *fig* [bouleversement] upheaval; [psychologique] shock. **-3.** [tremblement de terre] tremor.

secret, -ète [səkrɛ, ɛt] *adj* **-1.** [gén] secret. **-2.** [personne] reticent.
◆ **secret** *nm* **-1.** [gén] secret; **être/mettre qqn dans le ~ de** to be/let sb in on the secret of; **... dont il a le ~** ... which he alone knows; **~ d'alcôve** pillow talk *(U)*; **~ d'État** official secret, state secret; **~ professionnel** confidentiality. **-2.** [discrétion] secrecy; **dans le plus grand ~** in the utmost secrecy.
◆ **au secret** *loc adv* JUR in solitary confinement.

secrétaire [səkretɛr] ◇ *nmf* [personne] secretary; **~ de direction** executive secretary; **~ d'État** minister of state; **~ général** COMM company secretary; **~ de rédaction** subeditor. ◇ *nm* [meuble] writing desk, secretaire.

secrétariat [səkretarja] *nm* **-1.** [bureau] secretary's office; [d'organisation internationale] secretariat. **-2.** [personnel] secretarial staff; **assurer le ~ de qqn** to act as sb's secretary. **-3.** [métier] secretarial work.

secrètement [səkrɛtmɑ̃] *adv* secretly.

sécréter [sekrete] [18] *vt* to secrete; *fig* to exude.

sécrétion [sekresjɔ̃] *nf* secretion.

sectaire [sɛktɛr] *nmf & adj* sectarian.

sectarisme [sɛktarism] *nm* sectarianism.

secte [sɛkt] *nf* sect.

secteur [sɛktœr] *nm* **-1.** [zone] area; **se trouver dans le ~** *fam* to be someplace *Am* OU somewhere *Br* around. **-2.** ADMIN district. **-3.** ÉCON, GÉOM & MIL sector; **~ privé/public** private/public sector; **~ primaire/secondaire/tertiaire** primary/secondary/tertiary sector. **-4.** ÉLECTR mains; **sur ~** off OU from the mains.

section [sɛksjɔ̃] *nf* **-1.** [gén] section; [de parti] branch. **-2.** [action] cutting. **-3.** MIL platoon.

sectionnement [sɛksjɔnmɑ̃] *nm* **-1.** *fig* [division] division into sections. **-2.** [coupure] severing.

sectionner [sɛksjɔne] [3] *vt* **-1.** *fig* [diviser] to divide into sections. **-2.** [trancher] to sever.
◆ **se sectionner** *vp* to split, to be severed.

sectoriel, -ielle [sɛktɔrjɛl] *adj* sector *(avant n)*, sector-based.

sectorisation [sɛktɔrizasjɔ̃] *nf* division into sectors.

sectoriser [sɛktɔrize] [3] *vt* to divide into sectors.

Sécu [seky] *fam abr de* **Sécurité sociale**.

séculaire [sekylɛr] *adj* [ancien] age-old.

séculariser [sekylarize] [3] *vt* to secularize.

séculier, -ière [sekulje, jɛr] *adj* secular.

secundo [səgɔ̃do] *adv* in the second place, secondly.

sécurisant, -e [sekyrizɑ̃, ɑ̃t] *adj* [milieu] secure; [attitude] reassuring.

sécuriser [sekyrize] [3] *vt*: **~ qqn** to make sb feel secure.

sécurité [sekyrite] *nf* **-1.** [d'esprit] security. **-2.** [absence de danger] safety; **la ~ routière** road safety; **en toute ~** safe and sound. **-3.** [dispositif] safety catch. **-4.** [organisme]: **la Sécurité sociale** ≃ the Social Security *Am*, ≃ the DSS *Br*.

SÉCURITÉ SOCIALE:

The 'Sécu', as it is popularly known, created in 1945-46, provides public health benefits, pensions, maternity leave etc. These benefits are paid for by obligatory insurance contributions ('cotisations') made by employers ('cotisations patronales') and employees ('cotisations salariales'). Many French people have complementary health insurance provided by a 'mutuelle', which guarantees payment of all or part of the expenses not covered by the 'Sécurité sociale'

sédatif, -ive [sedatif, iv] *adj* sedative.
◆ **sédatif** *nm* sedative.

sédentaire [sedɑ̃tɛr] ◇ *nmf* sedentary person; [casanier] stay-at-home. ◇ *adj* [personne, métier] sedentary; [casanier] stay-at-home.

sédentarisation [sedɑ̃tarizasjɔ̃] *nf* settlement (process).

sédentariser [sedɑ̃tarize] [3]
◆ **se sédentariser** *vp* [tribu] to settle, to become settled.

sédentarité [sedɑ̃tarite] *nf* settled state.

sédiment [sedimɑ̃] *nm* sediment.

sédimentaire [sedimɑ̃tɛr] *adj* sedimentary.

sédimentation [sedimɑ̃tasjɔ̃] *nf* sedimentation.

séditieux, -ieuse [sedisjø, jøz] *littéraire* ◇
adj seditious. ◇ *nm, f* rebel.

sédition [sedisjɔ̃] *nf* sedition.

séducteur, -trice [sedyktœr, tris] ◇ *adj* seductive. ◇ *nm, f* seducer (*f* seductress).

séduction [sedyksjɔ̃] *nf* **-1.** [action] seduction. **-2.** [attrait] seductive power.

séduire [sedɥir] [98] *vt* **-1.** [plaire à] to attract, to appeal to. **-2.** [abuser de] to seduce.

séduisais, séduisions *etc* → **séduire**.

séduisant, -e [sedɥizɑ̃, ɑ̃t] *adj* attractive.

séduit, -e [sedɥi, ɥit] *pp* → **séduire**.

séfarade [sefarad] ◇ *nmf* Sephardi. ◇ *adj*
Sephardic.

segment [sɛgmɑ̃] *nm* **-1.** GÉOM segment. **-2.**
TECHNOL: ~ **de frein** brake shoe; ~ **de piston** piston ring. **-3.** COMM: ~ **de marché**
market segment.

segmentation [sɛgmɑ̃tasjɔ̃] *nf* segmentation.

segmenter [sɛgmɑ̃te] [3] *vt* to segment.

ségrégation [segregasjɔ̃] *nf* segregation.

ségrégationniste [segregasjɔnist] *nmf & adj*
segregationist.

seiche [sɛʃ] *nf* cuttlefish.

seigle [sɛgl] *nm* rye.

seigneur [sɛɲœr] *nm* lord; **faire le grand** ~
fig to throw money about; **vivre en grand**
~ *fig* to live like a lord.

◆ **Seigneur** *nm:* **le Seigneur** the Lord.

seigneurial, -e, -iaux [sɛɲœrjal, jo] *adj*
lordly; HIST seigneurial.

sein [sɛ̃] *nm* breast; *fig* bosom; **donner le** ~
(à un bébé) to breast-feed (a baby).

◆ **au sein de** *loc prép* within.

Seine [sɛn] *nf:* **la** ~ the (River) Seine.

séisme [seism] *nm* earthquake.

SEITA, Seita [sejta] *(abr de* **Société nationale d'exploitation industrielle des tabacs
et allumettes)** *nf French tobacco and match
manufacturer.*

seize [sɛz] *adj num & nm* sixteen; *voir aussi*
six.

seizième [sɛzjɛm] *adj num, nm & nmf* sixteenth; **le** ~ *wealthy district of Paris; voir aussi*
sixième.

LE SEIZIÈME:
This term often refers to an upper-class social background, lifestyle, way of dressing
etc

séjour [seʒur] *nm* **-1.** [durée] stay; **interdit
de** ~ ≃ banned; ~ **linguistique** stay abroad
(to develop language skills). **-2.** [pièce] living
room.

séjourner [seʒurne] [3] *vi* to stay.

sel [sɛl] *nm* salt; *fig* piquancy; **gros** ~
coarse salt.

◆ **sels** *nmpl* smelling salts; ~**s de bain**
bath salts.

sélect, -e [selɛkt] *adj fam* select.

sélecteur [selɛktœr] *nm* **-1.** [dispositif] selector; ~ **de température** thermostat. **-2.** [de
moto] gear-change lever.

sélectif, -ive [selɛktif, iv] *adj* selective.

sélection [selɛksjɔ̃] *nf* selection.

sélectionné, -e [selɛksjɔne] *adj* selected.

sélectionner [selɛksjɔne] [3] *vt* to select, to
pick.

sélectionneur, -euse [selɛksjɔnœr, øz] *nm,
f* selector.

sélectivement [selɛktivmɑ̃] *adv* selectively.

self [sɛlf] *nm fam* self-service (cafeteria).

self-control [sɛlfkɔ̃trol] *nm inv* self-control.

self-made-man [sɛlfmɛdman] *(pl* **self-
made-men** [sɛlfmɛdmɛn]*) nm* self-made
man.

self-service [sɛlfsɛrvis] *(pl* **self-services***) nm*
self-service cafeteria.

selle [sɛl] *nf* **-1.** [gén] saddle; **se mettre en**
~ to mount. **-2.** [toilettes]: **aller à la** ~ to
open one's bowels.

seller [sele] [4] *vt* to saddle.

sellerie [sɛlri] *nf* **-1.** [commerce] saddlery.
-2. [lieu] tack room.

sellette [sɛlɛt] *nf* hot seat; **mettre qqn/être
sur la** ~ *fig* to put sb/be in the hot seat.

sellier [selje] *nm* saddler.

selon [səlɔ̃] *prép* **-1.** [conformément à] in accordance with. **-2.** [d'après] according to;
c'est ~ *fam fig* that (all) depends.

◆ **selon que** *loc conj* depending on
whether.

S.Em *(abr de* **Son Eminence***)* H.E.

semailles [səmaj] *nfpl* **-1.** [action] sowing
(U). **-2.** [période] sowing season *(sg).*

semaine [səmɛn] *nf* **-1.** [période] week; **à la**
~ [être payé] by the week; **en** ~ during the
week; **la** ~ **sainte** Holy Week; **faire qqch à
la petite** ~ *fig* to do sthg on a short-term
basis. **-2.** [salaire] weekly wage.

semainier, -ière [səmenje, jɛr] *nm, f* person
on duty for the week.

◆ **semainier** *nm* **-1.** [bijou] seven-band
bracelet. **-2.** [meuble] *small chest of drawers.*
-3. [calendrier] desk diary.

sémantique [semɑ̃tik] ◇ *nf* semantics *(U).*
◇ *adj* semantic.

sémaphore [semafɔr] *nm* **-1.** NAVIG semaphore. **-2.** RAIL semaphore, semaphore signals (*pl*).

semblable [sɑ̃blabl] ◇ *nm* [prochain] fellow man; **il n'a pas son ~** there's nobody like him. ◇ *adj* **-1.** [analogue] similar; **~ à** like, similar to. **-2.** (*avant n*) [tel] such.

semblant [sɑ̃blɑ̃] *nm*: **un ~ de** a semblance of; **faire ~ (de faire qqch)** to pretend (to do sthg).

sembler [sɑ̃ble] [3] ◇ *vi* to seem. ◇ *v impers*: **il (me/te) semble que** it seems (to me/you) that.

semelle [səmɛl] *nf* **-1.** [de chaussure - dessous] sole; [- à l'intérieur] insole; **~s compensées** platform soles. **-2.** [de ski] underside. **-3.** CONSTR foundation; [de poutre] flange. **-4.** *loc*: **battre la ~** to stamp one's feet to keep warm; **ne pas quitter qqn d'une ~** to stick to sb like glue.

semence [səmɑ̃s] *nf* **-1.** [graine] seed. **-2.** [sperme] semen (*U*).

semer [səme] [19] *vt* **-1.** [planter & *fig*] to sow. **-2.** [répandre] to scatter; **~ qqch de** to scatter sthg with, to strew sthg with. **-3.** *fam* [se débarrasser de] to shake off. **-4.** *fam* [perdre] to lose.

semestre [səmɛstr] *nm* half year, six-month period; SCOL semester.

semestriel, -ielle [səmɛstrijɛl] *adj* **-1.** [qui a lieu tous les six mois] half-yearly, six-monthly. **-2.** [qui dure six mois] six months', six-month.

semeur, -euse [səmœr, øz] *nm, f* sower; *fig* disseminator.

semi-automatique [səmiotomatik] *adj* semiautomatic.

semi-fini, -e [səmifini] *adj* semi-finished.

semi-liberté [səmiliberte] (*pl* **semi-libertés**) *nf* temporary release from prison.

sémillant, -e [semijɑ̃, ɑ̃t] *adj* vivacious.

séminaire [seminɛr] *nm* **-1.** RELIG seminary. **-2.** [UNIV & colloque] seminar.

séminal, -e, -aux [seminal, o] *adj* seminal.

séminariste [seminarist] *nm* seminarist.

sémiologie [semjɔlɔʒi] *nf* semiology.

semi-public, -ique [səmipyblik] *adj* semipublic.

semi-remorque [səmirəmɔrk] (*pl* **semi-remorques**) *nm* semitrailer *Am*, articulated lorry *Br*.

semis [səmi] *nm* **-1.** [méthode] sowing broadcast. **-2.** [terrain] seedbed. **-3.** [plant] seedling.

sémite [semit] *adj* Semitic.
◆ **Semite** *nmf* Semite.

sémitique [semitik] *adj* Semitic.

semoir [səmwar] *nm* **-1.** [machine] drill. **-2.** [sac] seedbag.

semonce [səmɔ̃s] *nf* **-1.** [réprimande] reprimand. **-2.** MIL: **coup de ~** warning shot.

semoule [səmul] *nf* semolina.

sempiternel, -elle [sɑ̃pitɛrnɛl] *adj* eternal.

sénat [sena] *nm* senate; **le Sénat** the (French) Senate.

LE SÉNAT:
The Senate is the upper house of the French parliament. Its members are elected for a nine-year mandate by the Deputies of the Assemblée nationale and certain other government officials. The President of the Senate may deputize for the President of the Republic. The powers of the Senate are almost as extensive as those of the Assemblée nationale, although the latter is empowered to override the decisions of the Senate when the two houses disagree

sénateur [senatœr] *nm* senator.

Sénégal [senegal] *nm*: **le ~** Senegal; **au ~** in Senegal.

sénégalais, -e [senegalɛ, ɛz] *adj* Senegalese.
◆ **Sénégalais, -e** *nm, f* Senegalese person.

sénile [senil] *adj* senile.

sénilité [senilite] *nf* senility.

senior [senjɔr] SPORT ◇ *nmf* senior. ◇ *adj* senior.

sens¹, sent [sɑ̃] *etc* → **sentir**.

sens² [sɑ̃s] ◇ *nm* **-1.** [fonction, instinct, raison] sense; **avoir un sixième ~** to have sixth sense; **avoir le ~ de l'humour** to have a sense of humor *Am* OU humour *Br*; **avoir le ~ de l'orientation** to have a (good) sense of direction; **bon ~** good sense; **tomber sous le ~** *fig* to be perfectly obvious. **-2.** [opinion, avis]: **abonder dans le ~ de qqn** to agree completely with sb; **à mon ~** to my way of thinking, to my mind. **-3.** [direction] direction; **dans le ~ de la longueur** lengthways; **dans le ~ de la marche** in the direction of travel; **dans le ~ des aiguilles d'une montre** clockwise; **dans le ~ contraire des aiguilles d'une montre** counterclockwise *Am*, anticlockwise *Br*; **en ~ inverse** in the opposite direction; **~ dessus dessous** upside down; **~ giratoire** traffic circle *Am*, roundabout *Br*; **~ interdit** OU **unique** one-way street. **-4.** [signification] meaning; **cela n'a pas de ~!** it's nonsensical!; **dans** OU **en un ~** in one sense; **à double ~** with a double meaning; **au ~ strict du terme** strictly speaking; **vide de ~** meaningless;

en ce ~ que in the sense that; ~ **propre/ figuré** literal/figurative sense.
◇ *nmpl* senses.

sensation [sɑ̃sasjɔ̃] *nf* **-1.** [perception] sensation, feeling; **à ~** sensational; **faire ~ to** cause a sensation. **-2.** [impression] feeling.

sensationnel, -elle [sɑ̃sasjɔnɛl] *adj* sensational.

sensé, -e [sɑ̃se] *adj* sensible.

sensément [sɑ̃semɑ̃] *adv* sensibly.

sensibilisation [sɑ̃sibilizasjɔ̃] *nf* **-1.** MÉD & PHOT sensitization. **-2.** *fig* [du public] consciousness raising.

sensibiliser [sɑ̃sibilize] [3] *vt* **-1.** MÉD & PHOT to sensitize. **-2.** *fig* [public]: ~ **(à)** to make aware (of).

sensibilité [sɑ̃sibilite] *nf*: ~ **(à)** sensitivity (to).

sensible [sɑ̃sibl] *adj* **-1.** [gén]: ~ **(à)** sensitive (to); ~ **à la vue** visible; ~ **à l'ouïe** audible. **-2.** [notable] considerable, appreciable.

sensiblement [sɑ̃sibləmɑ̃] *adv* **-1.** [quasiment] more or less. **-2.** [notablement] appreciably, considerably.

sensiblerie [sɑ̃sibləri] *nf péj* [morale] sentimentality; [physique] squeamishness.

sensoriel, -ielle [sɑ̃sɔrjɛl] *adj* sensory.

sensualité [sɑ̃sɥalite] *nf* [lasciveté] sensuousness; [charnelle] sensuality.

sensuel, -elle [sɑ̃sɥɛl] *adj* **-1.** [charnel] sensual. **-2.** [lascif] sensuous.

sentence [sɑ̃tɑ̃s] *nf* **-1.** [jugement] sentence. **-2.** [maxime] adage.

sentencieux, -ieuse [sɑ̃tɑ̃sjø, jøz] *adj péj* sententious.

senteur [sɑ̃tœr] *nf littéraire* perfume.

senti, -e [sɑ̃ti] ◇ *pp* → **sentir.** ◇ *adj*: **bien ~** [mots] well-chosen.

sentier [sɑ̃tje] *nm* path; **sortir des ~s battus** *fig* to go off the beaten track.

sentiment [sɑ̃timɑ̃] *nm* feeling; **j'ai le ~ de l'avoir déjà vu** I have the feeling that I've seen him before; **plein de bons ~s** full of good intentions; **veuillez agréer, Monsieur, l'expression de mes ~s distingués/ cordiaux/les meilleurs** yours faithfully/ sincerely/truly.

sentimental, -e, -aux [sɑ̃timɑ̃tal, o] ◇ *adj* **-1.** [amoureux] love (*avant n*). **-2.** [sensible, romanesque] sentimental. ◇ *nm, f* sentimentalist.

sentimentalisme [sɑ̃timɑ̃talism] *nm* sentimentalism.

sentinelle [sɑ̃tinɛl] *nf* sentry.

sentir [sɑ̃tir] [37] ◇ *vt* **-1.** [percevoir - par l'odorat] to smell; [- par le goût] to taste; [- par le toucher] to feel. **-2.** [exhaler - odeur] to smell of. **-3.** [colère, tendresse] to feel. **-4.** [affectation, plagiat] to smack of. **-5.** [danger] to sense, to be aware of; ~ **que** to feel (that). **-6.** [beauté] to feel, to appreciate. **-7.** *loc*: **je ne peux pas le ~** *fam* I can't stand him; **le/la ~ passer** *fam* to really feel it.
◇ *vi*: ~ **bon/mauvais** to smell good/bad.
◆ **se sentir** ◇ *v attr*: **se ~ bien/fatigué** to feel well/tired; **se ~ la force de faire qqch** to feel strong enough to do sthg. ◇ *vp* [être perceptible]: **ça se sent!** you can really tell!

seoir [swar] [67] ◇ *vi sout* [aller bien]: ~ **à qqn** to become sb. ◇ *v impers*: **comme il sied** as is fitting.

Séoul [seul] *n* Seoul.

séparable [separabl] *adj* separable.

séparation [separasjɔ̃] *nf* separation.

séparatisme [separatism] *nm* separatism.

séparatiste [separatist] *nmf* separatist.

séparé, -e [separe] *adj* **-1.** [intérêts] separate. **-2.** [couple] separated.

séparément [separemɑ̃] *adv* separately.

séparer [separe] [3] *vt* **-1.** [gén]: ~ **(de)** to separate (from). **-2.** [suj: divergence] to divide. **-3.** [maison]: ~ **(en)** to divide (into).
◆ **se séparer** *vp* **-1.** [se défaire de]: **se ~ de** to part with. **-2.** [conjoints] to separate, to split up; **se ~ de** to separate from, to split up with. **-3.** [participants] to disperse. **-4.** [route]: **se ~ (en)** to split (into), to divide (into).

sépia [sepja] ◇ *nf* **-1.** [matière] sepia. **-2.** [dessin] sepia (drawing). ◇ *adj inv* sepia.

sept [sɛt] *adj num & nm* seven; *voir aussi* **six.**

septante [sɛptɑ̃t] *adj num & nm Belg & Helv* seventy.

septembre [sɛptɑ̃br] *nm* September; **de ~** September (*avant n*); **en ~, au mois de ~** in September; **début ~, au début du mois de ~** at the beginning of September; **fin ~, à la fin du mois de ~** at the end of September; **d'ici ~** by September; **(à la) mi-~** (in) mid-September; **le premier/deux/dix ~** the first/second/tenth of September.

septennat [sɛptena] *nm* seven-year term (of office).

septentrional, -e, -aux [sɛptɑ̃trijɔnal, o] *adj* northern.

septicémie [sɛptisemi] *nf* septicemia *Am*, septicaemia *Br*, blood poisoning.

septième [sɛtjɛm] ◇ *adj num, nm & nmf*

seventh; *voir aussi* **sixième**. ◇ *nf* SCOL ≈ fifth grade *Am*, third year OU form (*at junior school*) *Br*.

septièmement [sɛtjɛmmɑ̃] *adv* seventhly, in (the) seventh place.

septique [sɛptik] *adj* [infecté] septic.

septuagénaire [sɛptɥaʒenɛr] ◇ *nmf* 70-year-old. ◇ *adj*: **être ~ to** be in one's seventies.

sépulcral, -e, -aux [sepylkral, o] *adj* sepulchral.

sépulcre [sepylkr] *nm* sepulcher *Am*, sepulchre *Br*.

sépulture [sepyltyr] *nf* **-1.** [lieu] burial place. **-2.** [inhumation] burial.

séquelle [sekɛl] *nf* (*gén pl*) aftermath; MÉD aftereffect.

séquence [sekɑ̃s] *nf* sequence.

séquentiel, -ielle [sekɑ̃sjɛl] *adj* sequential.

séquestration [sekɛstrasjɔ̃] *nf* **-1.** [de personne] confinement. **-2.** [de biens] impoundment.

séquestre [sekɛstr] *nm* JUR pound; **mettre** OU **placer sous ~ to** impound.

séquestrer [sekɛstre] [3] *vt* **-1.** [personne] to confine. **-2.** [biens] to impound.

serai, seras *etc* → **être**.

sérail [seraj] *nm* seraglio.

serbe [sɛrb] *adj* Serbian.

◆ **Serbe** *nmf* Serb.

Serbie [sɛrbi] *nf*: **la ~** Serbia.

serbo-croate [sɛrbɔkrɔat] (*pl* **serbo-croates**) ◇ *nm* [langue] Serbo-Croat. ◇ *adj* Serbo-Croat, Serbo-Croatian.

◆ **Serbo-Croate** *nmf* Serbo-Croat speaker.

serein, -e [sərɛ̃, ɛn] *adj* **-1.** [calme] serene. **-2.** [impartial] calm, dispassionate.

sereinement [sərɛnmɑ̃] *adv* serenely, calmly.

sérénade [serenad] *nf* **-1.** MUS serenade. **-2.** *fam* [tapage] hullabaloo.

sérénité [serenite] *nf* serenity.

serf, serve [sɛrf, sɛrv] *nm, f* serf.

serge [sɛrʒ] *nf* serge.

sergent [sɛrʒɑ̃] *nm* sergeant.

sergent-chef [sɛrʒɑ̃ʃɛf] (*pl* **sergents-chefs**) *nm* staff sergeant.

sériciculture [serisikyltyr] *nf* silkworm farming.

série [seri] *nf* **-1.** [gén] series (*sg*); **~ B** CIN & TÉLÉ B movie. **-2.** SPORT rank; [au tennis] seeding. **-3.** COMM & IND: **produire qqch en ~ to** mass-produce sthg; **de ~** standard; **hors ~** custom-made.

◆ **série noire** *nf* **-1.** [roman]: **un roman de ~ noire** a detective novel; **c'est un vrai personnage de ~ noire** he's like something out of a detective novel. **-2.** [catastrophes] chapter of accidents.

sérier [serje] [9] *vt* to classify.

sérieusement [serjøzmɑ̃] *adv* seriously.

sérieux, -ieuse [serjø, jøz] *adj* **-1.** [grave] serious. **-2.** [digne de confiance] reliable; [client, offre] genuine. **-3.** [consciencieux] responsible; **ce n'est pas ~** it's irresponsible. **-4.** [considérable] considerable.

◆ **sérieux** *nm* **-1.** [application] sense of responsibility. **-2.** [gravité] seriousness; **garder son ~ to** keep a straight face; **prendre qqn/qqch au ~ to** take sb/sthg seriously; **se prendre au ~ to** take o.s. (too) seriously.

sérigraphie [serigrafi] *nf* silk-screen printing.

serin, -e [sərɛ̃, in] *nm, f* **-1.** [oiseau] canary. **-2.** *fam* [niais] idiot, twit *Br*.

seriner [sərine] [3] *vt fam* [rabâcher]: **~ qqch à qqn** to drum sthg into sb.

seringue [sərɛ̃g] *nf* syringe.

serment [sɛrmɑ̃] *nm* **-1.** [affirmation solennelle] oath; **prêter ~ to** take an oath; **sous ~** on OU under oath; **~ d'Hippocrate** Hippocratic oath. **-2.** [promesse] vow, pledge.

sermon [sɛrmɔ̃] *nm litt & fig* sermon.

sermonner [sɛrmɔne] [3] *vt* to lecture.

SERNAM, Sernam [sɛrnam] (*abr de* **Service national de messageries**) *nm* rail *delivery service*, ≈ Red Star® *Br*.

séronégatif, -ive [serɔnegatif, iv] *adj* HIV-negative.

séropositif, -ive [serɔpozitif, iv] *adj* HIV-positive.

séropositivité [serɔpozitivite] *nf* HIV infection.

serpe [sɛrp] *nf* billhook.

serpent [sɛrpɑ̃] *nm* ZOOL snake; **~ à sonnette** OU **sonnettes** rattlesnake.

◆ **serpent monétaire** *nm* (currency) snake.

serpenter [sɛrpɑ̃te] [3] *vi* to wind.

serpentin [sɛrpɑ̃tɛ̃] *nm* **-1.** [de papier] streamer. **-2.** [tuyau] coil.

serpillière [sɛrpijɛr] *nf* floor cloth.

serpolet [sɛrpɔlɛ] *nm* wild thyme.

serre [sɛr] *nf* [bâtiment] greenhouse, glasshouse.

◆ **serres** *nfpl* ZOOL talons, claws.

serré, -e [sere] *adj* **-1.** [écriture] cramped; [tissu] closely-woven; [rangs] serried. **-2.** [style] dense, concise. **-3.** [vêtement, chaussure] tight. **-4.** [discussion] closely argued; [match] close-fought. **-5.** [poing, dents] clenched; **la gorge** ~e with a lump in one's throat; **j'en avais le cœur** ~ *fig* it was heartbreaking. **-6.** [café] strong.

◆ **serré** *adv*: **jouer** ~ to be cautious.

serrement [sɛrmã] *nm* **-1.** [de main] handshake. **-2.** [de cœur] anguish. **-3.** [de gorge] tightening.

serrer [sere] [4] ◇ *vt* **-1.** [saisir] to grip, to hold tight; ~ **la main à qqn** to shake sb's hand; ~ **qqn dans ses bras** to hug sb. **-2.** *fig* [rapprocher] to bring together; ~ **les rangs** to close ranks. **-3.** [poing, dents] to clench; [lèvres] to purse; *fig* [cœur] to wring. **-4.** [suj: vêtement, chaussure] to be too tight for. **-5.** [vis, ceinture] to tighten. **-6.** [trottoir, bordure] to hug.
◇ *vi* AUTOM: ~ **à droite/gauche** to keep right/left.

◆ **se serrer** *vp* **-1.** [se blottir]: **se** ~ **contre** to huddle up to OU against; **se** ~ **autour de** to crowd OU press around. **-2.** [se rapprocher] to squeeze up. **-3.** [poing] to tighten.

serre-tête [sɛrtɛt] *nm inv* headband.

serrure [seryr] *nf* lock.

serrurerie [seryrri] *nf* **-1.** [métier] locksmith's trade. **-2.** [ouvrage] metalwork.

serrurier [seryrje] *nm* locksmith.

sers, sert *etc* → **servir**.

sertir [sertir] [32] *vt* **-1.** [pierre précieuse] to set. **-2.** TECHNOL [assujettir] to crimp.

sérum [serɔm] *nm* serum.

servage [sɛrvaʒ] *nm* serfdom; *fig* bondage.

servante [sɛrvãt] *nf* **-1.** [domestique] maidservant. **-2.** TECHNOL tool rest.

serve → **serf**.

serveur, -euse [sɛrvœr, øz] *nm, f* **-1.** [de restaurant] waiter (*f* waitress); [de bar] barman (*f* barmaid). **-2.** CARTES dealer. **-3.** TENNIS server.

◆ **serveur** *nm* INFORM server.

servi, -e [sɛrvi] *pp* → **servir**.

serviable [sɛrvjabl] *adj* helpful, obliging.

service [sɛrvis] *nm* **-1.** [gén] service; **être en** ~ to be in use, to be set up; **mettre en** ~ to set up; **hors** ~ out of order. **-2.** [travail] duty; **pendant le** ~ while on duty; **être de** ~ to be on duty. **-3.** [département] department; ~ **de réanimation** intensive care (unit); ~ **de renseignements** intelligence service; ~ **d'ordre** police and stewards (*at a demonstration*). **-4.** MIL: ~ **(militaire)** military OU national service. **-5.** [aide, assistance] favor *Am*, favour *Br*; **rendre un** ~ **à qqn** to do sb a favor *Am* OU favour *Br*; **rendre** ~ to be helpful; ~ **après-vente** after-sales service. **-6.** [à table]: **premier/deuxième** ~ first/second sitting. **-7.** [pourboire] service

(charge). **-8.** [assortiment - de porcelaine] service, set; [- de linge] set.

serviette [sɛrvjet] *nf* **-1.** [de table] serviette, napkin. **-2.** [de toilette] towel; ~ **de bain** bath towel. **-3.** [porte-documents] briefcase.

◆ **serviette hygiénique** *nf* sanitary napkin *Am*, sanitary towel *Br*.

serviette-éponge [sɛrvjetepɔ̃ʒ] (*pl* **serviettes-éponges**) *nf* terry towel.

servile [sɛrvil] *adj* **-1.** [gén] servile. **-2.** [traduction, imitation] slavish.

servir [sɛrvir] [38] ◇ *vt* **-1.** [gén] to serve; ~ **qqch à qqn** to serve sb sthg, to help sb to sthg; **qu'est-ce que je vous sers?** what can I get you? **-2.** [avantager] to serve (well), to help.
◇ *vi* **-1.** [avoir un usage] to be useful OU use; **ça peut toujours/encore** ~ it may/may still come in useful. **-2.** [être utile]: ~ **à qqch/à faire qqch** to be used for sthg/for doing sthg; **ça ne sert à rien** it's pointless. **-3.** [tenir lieu]: ~ **de** [personne] to act as; [chose] to serve as. **-4.** [domestique] to be in service. **-5.** MIL & SPORT to serve. **-6.** CARTES to deal.

◆ **se servir** *vp* **-1.** [prendre]: **se** ~ **(de)** to help o.s. (to); **servez-vous!** help yourself! **-2.** [utiliser]: **se** ~ **de qqn/qqch** to use sb/sthg.

serviteur [sɛrvitœr] *nm* servant.

servitude [sɛrvityd] *nf* **-1.** [esclavage] servitude. **-2.** (*gén pl*) *littéraire* [contrainte] constraint. **-3.** JUR easement.

ses → **son**.

sésame [sezam] *nm* **-1.** BOT sesame. **-2.** *fig* [formule magique]: ~ **ouvre-toi** open sesame.

session [sesjɔ̃] *nf* **-1.** [d'assemblée] session, sitting. **-2.** UNIV exam session. **-3.** INFORM: **ouvrir une** ~ to log in OU on; **fermer** OU **clore une** ~ to log out OU off.

set [sɛt] *nm* **-1.** TENNIS set. **-2.** [napperon]: ~ **(de table)** set of table OU place mats.

setter [setɛr] *nm* setter.

seuil [sœj] *nm litt* & *fig* threshold; ~ **de rentabilité** COMM breakeven point.

seul, -e [sœl] ◇ *adj* **-1.** [isolé] alone; ~ **à** ~ alone (together), privately. **-2.** [sans compagnie] alone, by o.s.; **parler tout** ~ to talk to o.s. **-3.** [sans aide] on one's own, by o.s. **-4.** [unique]: **le** ~ ... the only ...; **un** ~ ... a single ...; **pas un** ~ ... not one ..., not a single .... **-5.** [esseulé] lonely. ◇ *nm, f*: **le** ~ the only one; **un** ~ a single one, only one.

seulement [sœlmã] *adv* **-1.** [gén] only; [exclusivement] only, solely. **-2.** [même] even.

sève [sɛv] *nf* **-1.** BOT sap. **-2.** *fig* [vigueur] vigor *Am*, vigour *Br*.

sévère [sevɛr] *adj* severe.

sévèrement [sevɛrmã] *adv* severely.

sévérité [severite] *nf* severity.

sévices [sevis] *nmpl sout* ill treatment (*U*).

Séville [sevij] *n* Seville.

sévir [sevir] [32] *vi* **-1.** [gouvernement] to act ruthlessly OU severely. **-2.** [épidémie, guerre] to rage.

sevrage [səvraʒ] *nm* **-1.** [d'enfant] weaning. **-2.** [de toxicomane] withdrawal.

sevrer [səvre] [19] *vt* to wean; ~ **qqn de** *fig* to deprive sb of.

sexagénaire [sɛksaʒenɛr] ◇ *nmf* sixty-year-old. ◇ *adj*: **être** ~ to be in one's sixties.

sex-appeal [sɛksapil] *nm* sex appeal.

S.Exc (*abr de* **Son Excellence**) H.E.

sexe [sɛks] *nm* **-1.** [gén] sex; **le** ~ **fort/faible** *fam fig* the stronger/weaker sex. **-2.** [organe] genitals (*pl*).

sexisme [sɛksism] *nm* sexism.

sexiste [sɛksist] *nmf & adj* sexist.

sexologie [sɛksɔlɔʒi] *nf* sexology.

sexologue [sɛksɔlɔg] *nmf* sexologist.

sex-shop [sɛksʃɔp] (*pl* **sex-shops**) *nm* sex shop.

sextant [sɛkstã] *nm* sextant.

sextuple [sɛkstypl] ◇ *nm*: **le** ~ **de 3 6** times 3. ◇ *adj* sixfold.

sexualité [sɛksɥalite] *nf* sexuality.

sexuel, -elle [sɛksɥɛl] *adj* sexual.

sexuellement [sɛksɥelmã] *adv* sexually.

sexy [sɛksi] *adj inv fam* sexy.

seyais, seyait *etc* → **seoir**.

seyant, -e [sɛjã, ãt] *adj* becoming.

Seychelles [seʃɛl] *nfpl*: **les** ~ the Seychelles; **aux** ~ in the Seychelles.

SFIO (*abr de* **Section française de l'internationale ouvrière**) *nf former name of the French socialist party*.

SG *abr de* **secrétaire général**.

SGA *abr de* **secrétaire général adjoint**.

SGEN (*abr de* **Syndicat général de l'éducation nationale**) *nm teachers' trade union*.

shah = **schah**.

shaker [ʃɛkœr] *nm* cocktail shaker.

shampoing = **shampooing**.

shampooiner = **shampouiner**.

shampooineur = **shampouineur**.

shampooing [ʃãpwɛ̃] *nm* shampoo.

shampouiner, shampooiner [ʃãpwine] [3] *vt* to shampoo.

shampouineur, -euse, shampooineur, -euse [ʃãpwinœr, øz] *nm, f* shampooer.

Shanghai [ʃãgaj] *n* Shanghai.

shérif [ʃerif] *nm* sheriff.

sherry [ʃeri] *nm* sherry.

shetland [ʃɛtlãd] *nm* **-1.** [laine] Shetland wool. **-2.** [cheval] Shetland pony.

Shetland [ʃɛtlãd] *nfpl*: **les** ~ the Shetlands.

shooter [ʃute] [3] *vi* to shoot; ~ **dans qqch** *fam* to kick sthg.

◆ **se shooter** *vp fam arg drogue* to shoot up.

shopping [ʃɔpiŋ] *nm* shopping; **faire du** ~ to go (out) shopping.

short [ʃɔrt] *nm* shorts (*pl*), pair of shorts.

show [ʃo] *nm* show.

show-business [ʃobiznɛs] *nm inv* show business.

si[1] [si] *nm inv* MUS B; [dans la gamme] ti.

si[2] [si] ◇ *adv* **-1.** [tellement] so; **elle est** ~ **belle** she is so beautiful; **il roulait** ~ **vite qu'il a eu un accident** he was driving so fast (that) he had an accident; **ce n'est pas** ~ **facile que ça** it's not as easy as that; ~ **vieux qu'il soit** however old he may be, old as he is. **-2.** [oui] yes; **tu n'aimes pas le café?** — ~ don't you like coffee? — yes, I do.

◇ *conj* **-1.** [gén] if; ~ **tu veux, on y va** we'll go if you want; ~ **tu faisais cela, je te détesterais** I would hate you if you did that; ~ **seulement** if only. **-2.** [dans une question indirecte] if, whether; **dites-moi** ~ **vous venez** tell me if OU whether you're coming.

◇ *nm inv*: **il y a toujours des** ~ **et des mais** there are always ifs and buts.

◆ **si bien que** *loc conj* so that, with the result that.

◆ **si tant est que** *loc conj* (+ *subjonctif*) providing, provided (that).

SI *nm* **-1.** (*abr de* **syndicat d'initiative**) tourist office. **-2.** (*abr de* **système international**) SI.

siamois, -e [sjamwa, az] *adj* Siamese; **frères** ~, **sœurs** ~**es** MÉD Siamese twins; *fig* inseparable companions.

◆ **Siamois, -e** *nm, f vieilli* Siamese person.

Sibérie [siberi] *nf*: **la** ~ Siberia.

sibérien, -ienne [siberjɛ̃, jɛn] *adj* Siberian.

◆ **Sibérien, -ienne** *nm, f* Siberian.

sibyllin, -e [sibilɛ̃, in] *adj* enigmatic.

sic [sik] *adv* sic.

SICAV, Sicav [sikav] (*abr de* **société d'investissement à capital variable**) *nf* **-1.** [société] unit trust, mutual fund. **-2.** [action] share in a unit trust.

Sicile [sisil] *nf*: **la** ~ Sicily.

sicilien, -ienne [sisiljɛ̃, jɛn] *adj* Sicilian.

◆ **Sicilien, -ienne** *nm, f* Sicilian.

Sicob [sikɔb] (*abr de* **Salon des industries du commerce et de l'organisation du bureau** *nm*: **le** ~ *annual information technology fair in Paris.*

SIDA, Sida [sida] (*abr de* **syndrome immuno-déficitaire acquis**) *nm* AIDS.

side-car [sidkar] (*pl* **side-cars**) *nm* sidecar.

sidéen, -enne [sideɛ̃, ɛn] *nm, f* person with AIDS.

sidéral, -e, -aux [sideral, o] *adj* sidereal.

sidérant, -e [siderɑ̃, ɑ̃t] *adj fam* staggering.

sidérer [sidere] [18] *vt fam* to stagger.

sidérurgie [sideryrʒi] *nf* **-1.** [industrie] iron and steel industry. **-2.** [technique] iron and steel metallurgy.

sidérurgique [sideryrʒik] *adj* steel (*avant n*).

sidérurgiste [sideryrʒist] *nmf* steelworker.

sidologue [sidɔlɔg] *nmf* AIDS specialist.

siècle [sjɛkl] *nm* **-1.** [cent ans] century; **l'affaire du** ~ the bargain of the century. **-2.** [époque, âge] age; **le** ~ **des lumières** the (Age of) Enlightenment; **le** ~ **de l'atome** the atomic age. **-3.** (*gén pl*) *fam* [longue durée] ages (*pl*); **ça fait des** ~**s que ...** it's ages since ....

sied, siéra *etc* → **seoir**.

siège [sjɛʒ] *nm* **-1.** [meuble & POLIT] seat; ~ **avant/arrière** front/back seat; ~ **éjectable** ejector seat. **-2.** MIL siege; **lever le** ~ to lift the siege. **-3.** [d'organisme] headquarters, head office; ~ **social** registered office. **-4.** MÉD: **se présenter par le** ~ to be in the breech position. **-5.** JUR bench.

siéger [sjeʒe] [22] *vi* **-1.** [juge, assemblée] to sit. **-2.** *littéraire* [mal] to have its seat; [maladie] to be located.

sien [sjɛ̃]

◆ **le sien** (*f* **la sienne** [lasjɛn], *mpl* **les siens** [lesjɛ̃], *fpl* **les siennes** [lesjɛn]) *pron poss* [d'homme] his; [de femme] hers; [de chose, d'animal] its; **les** ~**s** his/her family; **faire des siennes** to be up to one's usual tricks.

sierra [sjera] *nf* sierra.

sieste [sjɛst] *nf* siesta.

sifflant, -e [siflɑ̃, ɑ̃t] *adj* [son] whistling; [voix] hissing; LING sibilant.

sifflement [sifləmɑ̃] *nm* [son] whistling; [de serpent] hissing.

siffler [sifle] [3] ◇ *vi* to whistle; [serpent] to hiss. ◇ *vt* **-1.** [air de musique] to whistle. **-2.** [femme] to whistle at. **-3.** [chien] to whistle (for). **-4.** [acteur] to boo, to hiss. **-5.** *fam* [verre] to knock back.

sifflet [siflɛ] *nm* whistle.

◆ **sifflets** *nmpl* hissing (U), boos.

sifflotement [siflɔtmɑ̃] *nm* whistling.

siffloter [siflɔte] [3] *vi & vt* to whistle.

sigle [sigl] *nm* acronym, (set of) initials.

signal, -aux [siɲal, o] *nm* **-1.** [geste, son] signal; ~ **d'alarme** alarm (signal); ~ **de détresse** distress signal; **donner le** ~ **(de)** to give the signal (for). **-2.** [panneau] sign.

signalement [siɲalmɑ̃] *nm* description.

signaler [siɲale] [3] ◇ *vt* **-1.** [fait] to point out; **rien à** ~ nothing to report. **-2.** [à la police] to denounce. ◇ *vi* [à train, navire]: ~ **à** to signal to.

◆ **se signaler** *vp*: **se** ~ **par** to become known for, to distinguish o.s. by.

signalétique [siɲaletik] *adj* identifying.

signalisation [siɲalizasjɔ̃] *nf* **-1.** [action] signposting. **-2.** [signaux] signs (*pl*); NAVIG signals (*pl*).

signataire [siɲatɛr] *nmf* signatory.

signature [siɲatyr] *nf* **-1.** [nom, marque] signature. **-2.** [acte] signing.

signe [siɲ] *nm* **-1.** [gén] sign; **être** ~ **de** to be a sign of; **en** ~ **de** as a sign of; **être né sous le** ~ **de** to be born under the sign of; **être placé sous le** ~ **de** *fig* [conférence, transaction] to be marked by; ~ **avant-coureur** advance indication; ~ **de ralliement** rallying symbol; ~ **de reconnaissance** means of recognition; ~**s extérieurs de richesse** outward signs of wealth; **c'est bon/mauvais** ~ it's a good/bad sign; **donner** ~ **de vie** to get in touch. **-2.** [trait] mark; ~ **distinctif** characteristic; ~ **particulier** distinguishing mark.

signer [siɲe] [3] *vt* to sign.

◆ **se signer** *vp* to cross o.s.

signet [siɲɛ] *nm* bookmark (*attached to spine of book*).

significatif, -ive [siɲifikatif, iv] *adj* significant.

signification [siɲifikasjɔ̃] *nf* **-1.** [sens] meaning. **-2.** JUR service (of documents).

signifier [siɲifje] [9] *vt* **-1.** [vouloir dire] to mean. **-2.** [faire connaître] to make known. **-3.** JUR to serve notice of.

silence [silɑ̃s] *nm* **-1.** [gén] silence; **garder le** ~ **(sur)** to remain silent (about); ~ **de glace** stony silence; ~ **de mort** deathly hush; **passer qqch sous** ~ *fig* to avoid mentioning sthg. **-2.** MUS rest.

silencieusement [silɑ̃sjøzmɑ̃] *adv* in silence, silently.

silencieux, -ieuse [silɑ̃sjø, jøz] *adj* [lieu, ap-

pareil] quiet; [personne - taciturne] quiet; [- muet] silent.
◆ **silencieux** *nm* silencer.

silex [silɛks] *nm* flint.

silhouette [silwɛt] *nf* **-1.** [de personne] silhouette; [de femme] figure; [d'objet] outline. **-2.** ART silhouette.

silice [silis] *nf* silica.

siliceux, **-euse** [silisø, øz] *adj* silicious, siliceous.

silicium [silisjɔm] *nm* silicon.

silicone [silikon] *nf* silicone.

sillage [sijaʒ] *nm* wake.

sillon [sijɔ̃] *nm* **-1.** [tranchée, ride] furrow. **-2.** [de disque] groove.

sillonner [sijɔne] [3] *vt* **-1.** [champ] to furrow. **-2.** [ciel] to crisscross.

silo [silo] *nm* silo.

simagrées [simagre] *nfpl péj*: **faire des** ~ to make a fuss.

simiesque [simjɛsk] *adj* simian.

similaire [similɛr] *adj* similar.

similarité [similarite] *nf* similarity.

simili [simili] ◇ *nm* **-1.** *fam* [imitation] imitation; **en** ~ imitation (*avant n*). **-2.** [de photogravure] halftone plate OU block. ◇ *nf fam* halftone illustration.

similicuir [similikɥir] *nm* imitation leather.

similitude [similityd] *nf* similarity.

simple [sɛ̃pl] ◇ *adj* **-1.** [gén] simple; ~ **d'esprit** simple-minded. **-2.** [ordinaire] ordinary. **-3.** [billet]: **un aller** ~ a single ticket. ◇ *nm* TENNIS singles (*sg*).
◆ **simples** *nmpl* medicinal plants OU herbs.

simplement [sɛ̃pləmɑ̃] *adv* simply.

simplet, **-ette** [sɛ̃plɛ, ɛt] *adj* **-1.** [personne] simple. **-2.** *péj* [raisonnement] simplistic.

simplicité [sɛ̃plisite] *nf* simplicity; **d'une** ~ **enfantine** childishly simple.

simplificateur, **-trice** [sɛ̃plifikatœr, tris] *adj* simplifying.

simplification [sɛ̃plifikasjɔ̃] *nf* simplification.

simplifier [sɛ̃plifje] [9] *vt* to simplify.

simplisme [sɛ̃plism] *nm péj* oversimplification.

simpliste [sɛ̃plist] *adj péj* simplistic.

simulacre [simylakr] *nm* **-1.** [semblant]: **un** ~ **de** a pretence of, a sham. **-2.** [action simulée] enactment.

simulateur, **-trice** [simylatœr, tris] *nm, f* pretender; [de maladie] malingerer.
◆ **simulateur** *nm* TECHNOL simulator.

simulation [simylasjɔ̃] *nf* **-1.** [gén] simulation. **-2.** [comédie] shamming, feigning; [de maladie] malingering.

simuler [simyle] [3] *vt* **-1.** [gén] to simulate. **-2.** [feindre] to feign, to sham.

simultané, **-e** [simyltane] *adj* simultaneous.

simultanéité [simyltaneite] *nf* simultaneousness.

simultanément [simyltanemɑ̃] *adv* simultaneously.

Sinaï [sinaj] *n*: **le** ~ Sinai.

sincère [sɛ̃sɛr] *adj* sincere.

sincèrement [sɛ̃sɛrmɑ̃] *adv* **-1.** [franchement] honestly, sincerely; ~ **vôtre** yours sincerely. **-2.** [vraiment] really, truly.

sincérité [sɛ̃serite] *nf* sincerity; **en toute** ~ in all sincerity.

sinécure [sinekyr] *nf* sinecure; **ce n'est pas une** ~ *fam fig* it's not exactly a cushy job.

sine qua non [sinekwanɔn] *adj*: **condition** ~ sine qua non.

Singapour [sɛ̃gapur] *n* Singapore; **à** ~ in Singapore.

singe [sɛ̃ʒ] *nm* ZOOL monkey; [de grande taille] ape.

singer [sɛ̃ʒe] [17] *vt* **-1.** [personne] to mimic, to ape. **-2.** [sentiment] to feign.

singerie [sɛ̃ʒri] *nf* **-1.** [grimace] face. **-2.** [manières] fuss (*U*).

singulariser [sɛ̃gylarize] [3] *vt* to draw OU call attention to.
◆ **se singulariser** *vp* to draw OU call attention to o.s.

singularité [sɛ̃gylarite] *nf* **-1.** *littéraire* [bizarrerie] strangeness. **-2.** [particularité] peculiarity.

singulier, **-ière** [sɛ̃gylje, jɛr] *adj* **-1.** *sout* [bizarre] strange; [spécial] uncommon. **-2.** GRAM singular. **-3.** [d'homme à homme]: **combat** ~ single combat.
◆ **singulier** *nm* GRAM singular.

singulièrement [sɛ̃gyljɛrmɑ̃] *adv* **-1.** *littéraire* [bizarrement] strangely. **-2.** [beaucoup, très] particularly.

sinistre [sinistr] ◇ *nm* **-1.** [catastrophe] disaster. **-2.** JUR damage (*U*). ◇ *adj* **-1.** [personne, regard] sinister; [maison, ambiance] gloomy. **-2.** (*avant n*) *péj* [crétin, imbécile] dreadful, terrible.

sinistré, **-e** [sinistre] ◇ *adj* [région] disaster (*avant n*), disaster-stricken; [famille] disaster-stricken. ◇ *nm, f* disaster victim.

sinistrose [sinistroz] *nf* pessimism.

sinologue [sinɔlɔg] *nmf* Sinologist, China-watcher.

sinon [sinɔ̃] *conj* **-1.** [autrement] or else, otherwise. **-2.** [sauf] except, apart from. **-3.** [si ce n'est] if not.

sinueux, -euse [sinɥø, øz] *adj* winding; *fig* tortuous.

sinuosité [sinɥozite] *nf* bend, twist.

sinus [sinys] *nm* **-1.** ANAT sinus. **-2.** MATHS sine.

sinusite [sinyzit] *nf* sinusitis (U).

sionisme [sjɔnism] *nm* Zionism.

sioniste [sjɔnist] *nmf & adj* Zionist.

siphon [sifɔ̃] *nm* **-1.** [tube] siphon. **-2.** [bouteille] soda siphon.

siphonné, -e [sifɔne] *adj fam* [fou] batty, crackers.

siphonner [sifɔne] [3] *vt* to siphon.

sire [sir] *nm* **-1.** HIST lord. **-2.** *loc*: **un triste ~** a sad character.

◆ **Sire** *nm* Sire.

sirène [sirɛn] *nf* siren.

siroc(c)o [sirɔko] *nm* sirocco.

sirop [siro] *nm* syrup; **~ d'érable** maple syrup; **~ de grenadine** (syrup of) grenadine; **~ de menthe** mint cordial; **~ d'orgeat** barley water; **~ contre la toux** cough mixture OU syrup.

siroter [sirɔte] [3] *vt fam* to sip.

SIRPA, Sirpa [sirpa] (*abr de* **Service d'information et de renseignement du public de l'armée**) *nm French army public information service.*

sirupeux, -euse [sirypø, øz] *adj* syrupy.

sis, -e [si, siz] *adj* JUR located.

sismique [sismik] *adj* seismic.

sismographe [sismɔgraf] *nm* seismograph.

sismologie [sismɔlɔʒi] *nf* seismology.

site [sit] *nm* **-1.** [emplacement] site; **~ archéologique/historique** archaeological/historic site; **~ naturel** unspoiled site. **-2.** [paysage] beauty spot. **-3.** INFORM: **~ Web** Web site.

sitôt [sito] *adv*: **~ après** immediately after; **pas de ~** not for some time, not for a while; **~ dit, ~ fait** no sooner said than done.

◆ **sitôt que** *loc conj* as soon as.

situation [sitɥasjɔ̃] *nf* **-1.** [position, emplacement] position, location. **-2.** [contexte, circonstance] situation; **~ de famille** marital status; **être en ~ de faire qqch** to be in a position to do sthg. **-3.** [emploi] job, position. **-4.** FIN financial statement.

situer [sitɥe] [7] *vt* **-1.** [maison] to site, to situate; **bien/mal situé** well/badly situated. **-2.** [sur carte] to locate. **-3.** *fam* [personne] to size up.

◆ **se situer** *vp* [scène] to be set; [dans classement] to be.

SIVOM, Sivom [sivɔm] (*abr de* **Syndicat intercommunal à vocation multiple**) *nm group of local authorities pooling public services.*

SIVP (*abr de* **stage d'insertion à la vie professionnelle**) *nm training scheme for unemployed young people.*

six [sis *en fin de phrase, si devant consonne ou h aspiré*, siz *devant voyelle ou h muet*] ◇ *adj num* six; **il a ~ ans** he is six (years old); **il est ~ heures** it's six (o'clock); **le ~ janvier** (on) the sixth of January; **daté du ~ septembre** dated the sixth of September; **Charles Six** Charles the Sixth; **page ~** page six. ◇ *nm inv* **-1.** [gén] six; **~ de pique** six of spades. **-2.** [adresse] (number) six. **-3.** SPORT: **le ~** number six. ◇ *pron* six; **ils étaient ~** there were six of them; **ils sont venus à ~** six (of them) came; **couper/partager en ~** to cut/divide into six; **~ par ~** six at a time; **~ d'entre eux/nous/vous** six of them/us/you; **cinq sur ~** five out of six.

sixième [sizjɛm] ◇ *adj num* sixth. ◇ *nmf* sixth; **arriver/se classer ~** to come (in)/to be placed sixth. ◇ *nf* SCOL ≃ sixth grade *Am*, ≃ first year OU form *Br*; **être en ~** to be in sixth grade *Am*, to be in the first year OU form *Br*; **entrer en ~** to go to secondary school. ◇ *nm* **-1.** [part]: **le/un ~ de** one/a sixth of; **cinq ~s** five sixths. **-2.** [arrondissement] sixth arrondissement. **-3.** [étage] seventh floor *Am*, sixth floor *Br*.

sixièmement [sizjɛmmɑ̃] *adv* sixthly, in (the) sixth place.

six-quatre-deux [siskatdø]

◆ **à la six-quatre-deux** *loc adv fam* in a slapdash way.

Skaï® [skaj] *nm inv* leatherette.

skateboard [skɛtbɔrd] *nm* skateboard.

sketch [skɛtʃ] (*pl* **sketches**) *nm* sketch (*in a revue etc*).

ski [ski] *nm* **-1.** [objet] ski. **-2.** [sport] skiing; **faire du ~** to ski; **~ acrobatique/alpin/de fond** freestyle/alpine/cross-country skiing; **~ nautique** water-skiing.

skier [skje] [10] *vi* to ski.

skieur, -ieuse [skjœr, jøz] *nm, f* skier.

skipper [skipœr] *nm* **-1.** [capitaine] skipper. **-2.** [barreur] helmsman.

slalom [slalɔm] *nm* **-1.** SKI slalom; **~ géant/spécial** giant/special slalom. **-2.** [zigzags]: **faire du ~** to zigzag.

slalomer [slalɔme] [3] *vi* **-1.** SKI to slalom. **-2.** [zigzaguer] to zigzag.

slave [slav] *adj* Slavonic.

◆ **Slave** *nmf* Slav.

slip [slip] *nm* briefs (*pl*); ~ **de bain** [d'homme] swimming trunks (*pl*); [de femme] bikini bottoms (*pl*).

s.l.n.d. (*abr de* **sans lieu ni date**) date and origin unknown.

sloche [slɔʃ] *nf Can* slush.

slogan [slɔgɑ̃] *nm* slogan.

slovaque [slɔvak] ◇ *adj* Slovak. ◇ *nm* [langue] Slovak.
◆ **Slovaque** *nmf* Slovak.

Slovaquie [slɔvaki] *nf*: **la** ~ Slovakia.

slovène [slɔvɛn] ◇ *adj* Slovenian. ◇ *nm* [langue] Slovenian.
◆ **Slovène** *nmf* Slovenian.

Slovénie [slɔveni] *nf*: **la** ~ Slovenia.

slow [slo] *nm* slow dance.

SM, S-M (*abr de* **sado-masochisme**) *nm* S & M.

S.M. (*abr de* **Sa Majesté**) H.M.

SMAG, Smag [smag] (*abr de* **salaire minimum agricole garanti**) *nm guaranteed minimum wage for agricultural workers.*

smala(h) [smala] *nf* **-1.** [de chef arabe] retinue. **-2.** *fam* [famille] brood.

smasher [smaʃe] [3] *vi* TENNIS to smash.

SME (*abr de* **Système monétaire européen**) *nm* EMS.

SMIC, Smic [smik] (*abr de* **salaire minimum interprofessionnel de croissance**) *nm index-linked guaranteed minimum wage.*

smicard, -e [smikar, ard] ◇ *adj minimum-wage-earning.* ◇ *nm, f minimum-wage earner.*

smocks [smɔk] *nmpl* smocking (*U*).

smoking [smɔkiŋ] *nm* dinner jacket, tuxedo *Am.*

SMUR, Smur [smyr] (*abr de* **Service médical d'urgence et de réanimation**) *nm French ambulance and emergency unit.*

SNC (*abr de* **service non compris**) service not included.

SNCB (*abr de* **Société nationale des chemins de fer belges**) *nf Belgian railways board,* ≃ BR *Br.*

SNCF (*abr de* **Société nationale des chemins de fer français**) *nf French railways board,* ≃ BR *Br.*

SNES, Snes [snɛs] (*abr de* **Syndicat national de l'enseignement secondaire**) *nm secondary school teachers' union.*

Sne-sup [snɛsyp] (*abr de* **Syndicat national de l'enseignement supérieur**) *nm university teachers' union.*

SNI (*abr de* **Syndicat national des instituteurs**) *nm primary school teachers' union.*

SNJ (*abr de* **Syndicat national des journalistes**) *nm national union of journalists.*

snob [snɔb] ◇ *nmf* snob. ◇ *adj* snobbish.

snober [snɔbe] [3] *vt* to snub, to cold-shoulder.

snobinard, -e [snɔbinar, ard] *fam péj* ◇ *adj* rather snobbish. ◇ *nm, f* a bit of a snob.

snobisme [snɔbism] *nm* snobbery, snobbishness.

SNSM (*abr de* **Société nationale de sauvetage en mer**) *nf national sea-rescue association.*

sobre [sɔbr] *adj* **-1.** [personne] temperate. **-2.** [style] sober; [décor, repas] simple.

sobrement [sɔbrəmɑ̃] *adv* **-1.** [boire] in moderation. **-2.** [se vêtir] soberly.

sobriété [sɔbrijete] *nf* sobriety.

sobriquet [sɔbrikɛ] *nm* nickname.

soc [sɔk] *nm* plowshare *Am*, ploughshare *Br.*

sociabilité [sɔsjabilite] *nf* sociability.

sociable [sɔsjabl] *adj* sociable.

social, -e, -iaux [sɔsjal, jo] *adj* **-1.** [rapports, classe, service] social. **-2.** COMM: **capital** ~ share capital; **raison** ~**e** company name.
◆ **social** *nm*: **le** ~ social affairs (*pl*).

social-démocrate, sociale-démocrate [sɔsjaldemɔkrat] (*mpl* **sociaux-démocrates** [sɔsjodemɔkrat], *fpl* **sociales-démocrates**) ◇ *nmf* social democrat. ◇ *adj* social democratic.

socialement [sɔsjalmɑ̃] *adv* socially.

socialisation [sɔsjalizasjɔ̃] *nf* **-1.** [développement social] socialization. **-2.** POLIT nationalization.

socialiser [sɔsjalize] [3] *vt* **-1.** [enfant] to socialize. **-2.** POLIT to nationalize.

socialisme [sɔsjalism] *nm* socialism.

socialiste [sɔsjalist] *nmf & adj* socialist.

sociétaire [sɔsjetɛr] *nmf* member.

société [sɔsjete] *nf* **-1.** [communauté, classe sociale, groupe] society; **en** ~ in society; **la haute** ~ high society; ~ **secrète** secret society. **-2.** SPORT club. **-3.** [présence] company, society. **-4.** COMM company, firm; ~ **de bourse** securities house, brokerage firm; ~ **mère** parent company; ~ **en participation** joint-venture company; ~ **de personnes** partnership, joint-stock company *Am.*

socioculturel, -elle [sɔsjɔkyltyrɛl] *adj* social and cultural.

socio-économique [sɔsjɔekɔnɔmik] *adj* socioeconomic.

sociologie [sɔsjɔlɔʒi] *nf* sociology.

sociologique [sɔsjɔlɔʒik] *adj* sociological.

sociologue [sɔsjɔlɔg] *nmf* sociologist.

socioprofessionnel, -elle [sɔsjoprofɛsjɔnɛl] *adj* socioprofessional.

socle [sɔkl] *nm* **-1.** [de statue] plinth, pedestal. **-2.** [de lampe] base. **-3.** GÉOGR: ~ **continental** continental shelf.

socquette [sɔkɛt] *nf* ankle OU short sock.

soda [sɔda] *nm* fizzy drink.

sodium [sɔdjɔm] *nm* sodium.

sodomie [sɔdɔmi] *nf* buggery, sodomy.

sodomiser [sɔdɔmize] [3] *vt* to sodomize.

sœur [sœr] *nf* **-1.** [gén] sister; **grande/petite** ~ big/little sister; ~ **de lait** foster sister. **-2.** RELIG nun, sister.

sofa [sɔfa] *nm* sofa.

Sofia [sɔfja] *n* Sofia.

SOFRES, Sofres [sɔfrɛs] (*abr de* **Société française d'enquête par sondages**) *nf French opinion poll company*.

software [sɔftwɛr] *nm* software.

soi [swa] *pron pers* oneself; **chacun pour** ~ every man for himself; **en** ~ in itself, per se; **cela va de** ~ that goes without saying; **il va de** ~ **que** it goes without saying that.

◆ **chez soi** *loc adv* at home; **se sentir chez** ~ to feel at home.

◆ **soi-même** *pron pers* oneself.

soi-disant [swadizɑ̃] ◇ *adj inv (avant n)* so-called. ◇ *adv fam* supposedly.

soie [swa] *nf* **-1.** [textile] silk; **en** ~ silk; ~ **grège** raw silk; ~ **sauvage** wild silk. **-2.** [poil] bristle.

soierie [swari] *nf* **-1.** (*gén pl*) [textile] silk. **-2.** [industrie] silk trade.

soif [swaf] *nf* thirst; ~ **(de)** *fig* thirst (for), craving (for); **avoir** ~ to be thirsty; **jusqu'à plus** ~ to excess; *fig* until one has had one's fill.

soigné, -e [swaɲe] *adj* **-1.** [travail] meticulous. **-2.** [personne] well-groomed; [jardin, mains] well-cared-for. **-3.** *fam fig* [cuite, raclée] awful, massive.

soigner [swaɲe] [3] *vt* **-1.** [suj: médecin] to treat; [suj: infirmière, parent] to nurse. **-2.** [invités, jardin, mains] to look after. **-3.** [travail, présentation] to take care over.

◆ **se soigner** *vp* to take care of o.s., to look after o.s.

soigneur [swaɲœr] *nm* SPORT trainer; BOXE second.

soigneusement [swaɲøzmɑ̃] *adv* carefully.

soigneux, -euse [swaɲø, øz] *adj* **-1.** [personne] tidy, neat. **-2.** [travail] careful; ~ **de** careful with.

soin [swɛ̃] *nm* **-1.** [attention] care; **avoir** OU **prendre** ~ **de** to take care of, to look after; **avoir** OU **prendre** ~ **de faire qqch** to be

sure to do sthg; **aux bons** ~**s de** in the care of, in the hands of; **avec** ~ carefully; **sans** ~ [procéder] carelessly; [travail] careless; **être aux petits** ~**s pour qqn** *fig* to wait on sb hand and foot. **-2.** [souci] concern.

◆ **soins** *nmpl* care (*U*); **les premiers** ~**s** first aid (*sg*).

soir [swar] *nm* evening; **demain** ~ tomorrow evening OU night; **le** ~ in the evening; **à ce** ~! see you tonight!

soirée [sware] *nf* **-1.** [soir] evening; **en** ~ CIN & THÉÂTRE evening (*avant n*). **-2.** [réception] party; **de** ~ evening (*avant n*).

sois → **être**.

soit¹ [swat] *adv* so be it.

soit² [swa] ◇ *vb* → **être**. ◇ *conj* **-1.** [c'est-à-dire] in other words, that is to say. **-2.** MATHS [étant donné]: ~ **une droite AB** given a straight line AB.

◆ **soit ... soit** *loc corrélative* either ... or.

◆ **soit que ... soit que** *loc corrélative* (+ *subjonctif*) whether ... or (whether).

soixantaine [swasɑ̃tɛn] *nf* **-1.** [nombre]: **une** ~ **(de)** about sixty, sixty-odd. **-2.** [âge]: **avoir la** ~ to be in one's sixties.

soixante [swasɑ̃t] ◇ *adj num* sixty; **les années** ~ the Sixties; *voir aussi* **six**. ◇ *nm* sixty; *voir aussi* **six**.

soixante-dix [swasɑ̃tdis] ◇ *adj num* seventy; **les années** ~ the Seventies; *voir aussi* **six**. ◇ *nm* seventy; *voir aussi* **six**.

soixante-dixième [swasɑ̃tdizjɛm] *adj num, nm & nmf* seventieth; *voir aussi* **sixième**.

soixante-huitard, -e [swasɑ̃tɥitar, ard] ◇ *adj* of May 1968. ◇ *nm, f person who participated in the events of May 1968*.

soixantième [swasɑ̃tjɛm] *adj num, nm & nmf* sixtieth; *voir aussi* **sixième**.

soja [sɔʒa] *nm* soya.

sol [sɔl] *nm* **-1.** [terre] ground. **-2.** [de maison] floor. **-3.** [territoire] soil. **-4.** MUS G; [chanté] so.

solaire [sɔlɛr] *adj* **-1.** [énergie, four] solar. **-2.** [crème] sun (*avant n*).

solarium [sɔlarjɔm] *nm* solarium.

soldat [sɔlda] *nm* **-1.** MIL soldier; [grade] private; **le** ~ **inconnu** the Unknown Soldier. **-2.** [jouet] (toy) soldier; ~ **de plomb** tin soldier, toy soldier.

solde [sɔld] ◇ *nm* **-1.** [de compte, facture] balance; ~ **créditeur/débiteur** credit/debit balance. **-2.** [rabais]: **en** ~ [acheter] in a sale. ◇ *nf* MIL pay; **à la** ~ **de qqn** *fig* in the pay of sb.

◆ **soldes** *nmpl* sales.

solder [sɔlde] [3] *vt* **-1.** [compte] to close. **-2.** [marchandises] to sell off.
◆ **se solder** *vp*: se ~ par FIN to show; *fig* [aboutir] to end in.

soldeur, -euse [sɔldœr, øz] *nm, f buyer and seller of discount goods.*

sole [sɔl] *nf* sole; ~ **meunière** *sole coated with flour and fried in butter.*

solécisme [sɔlesism] *nm* solecism.

soleil [sɔlɛj] *nm* **-1.** [astre, motif] sun; ~ **couchant/levant** setting/rising sun; **sous un** ~ **de plomb** *fig* in the blazing sun. **-2.** [lumière, chaleur] sun, sunlight; **au** ~ in the sun; **en plein** ~ right in the sun. **-3.** [tournesol] sunflower.

solennel, -elle [sɔlanɛl] *adj* **-1.** [cérémonieux] ceremonial. **-2.** [grave] solemn. **-3.** *péj* [pompeux] pompous.

solennellement [sɔlanɛlmã] *adv* **-1.** [avec importance] ceremonially. **-2.** [avec sérieux] solemnly.

solennité [sɔlanite] *nf* **-1.** [gravité] solemnity. **-2.** [raideur] stiffness, formality. **-3.** [fête] special occasion.

Solex® [sɔlɛks] *nm* ≃ moped.

solfège [sɔlfɛʒ] *nm*: **apprendre le** ~ to learn the rudiments of music.

solfier [sɔlfje] [9] *vt* to sol-fa.

solidaire [sɔlidɛr] *adj* **-1.** [lié]: **être** ~ **de qqn** to be behind sb, to show solidarity with sb. **-2.** [relié] interdependent, integral.

solidariser [sɔlidarize] [3]
◆ **se solidariser** *vp*: se ~ **(avec)** to show solidarity (with).

solidarité [sɔlidarite] *nf* [entraide] solidarity; **par** ~ [se mettre en grève] in sympathy.

solide [sɔlid] ◇ *adj* **-1.** [état, corps] solid. **-2.** [construction] solid, sturdy. **-3.** [personne] sturdy, robust; ~ **sur ses jambes** steady on one's feet. **-4.** [argument] solid, sound. **-5.** [relation] stable, strong. ◇ *nm* solid; **il nous faut du** ~ *fig* we need something solid OU concrete.

solidement [sɔlidmã] *adv* **-1.** [gén] firmly. **-2.** [attaché] firmly, securely.

solidifier [sɔlidifje] [9] *vt* **-1.** [ciment, eau] to solidify. **-2.** [structure] to reinforce.
◆ **se solidifier** *vp* to solidify.

solidité [sɔlidite] *nf* **-1.** [de matière, construction] solidity. **-2.** [de mariage] stability, strength. **-3.** [de raisonnement, d'argument] soundness.

soliloque [sɔlilɔk] *nm sout* soliloquy.

soliste [sɔlist] *nmf* soloist.

solitaire [sɔlitɛr] ◇ *adj* **-1.** [de caractère] solitary. **-2.** [esseulé, retiré] lonely. ◇ *nmf*

[personne] loner, recluse. ◇ *nm* [jeu, diamant] solitaire.

solitude [sɔlityd] *nf* **-1.** [isolement] loneliness. **-2.** [retraite] solitude.

solive [sɔliv] *nf* joist.

sollicitation [sɔlisitasjɔ̃] *nf* (*gén pl*) entreaty.

solliciter [sɔlisite] [3] *vt* **-1.** [demander - entretien, audience] to request; [- attention, intérêt] to seek; ~ **qqch de qqn** to ask sb for sthg, to seek sthg from sb. **-2.** [s'intéresser à]: **être sollicité** to be in demand. **-3.** [faire appel à]: ~ **qqn pour faire qqch** to appeal to sb to do sthg.

sollicitude [sɔlisityd] *nf* solicitude, concern.

solo [sɔlo] ◇ *nm* solo; **en** ~ solo. ◇ *adj* solo (*avant n*).

solstice [sɔlstis] *nm*: ~ **d'été/d'hiver** summer/winter solstice.

solubilité [sɔlybilite] *nf* solubility.

soluble [sɔlybl] *adj* **-1.** [matière] soluble; [café] instant. **-2.** *fig* [problème] solvable.

soluté [sɔlyte] *nm* solution.

solution [sɔlysjɔ̃] *nf* **-1.** [résolution] solution, answer; **chercher/trouver la** ~ to seek/to find the solution, to seek/to find the answer; ~ **de facilité** easy answer, easy way out. **-2.** [liquide] solution.
◆ **solution de continuité** *nf* break; **sans** ~ **de continuité** without a break.

solutionner [sɔlysjɔne] [3] *vt* to solve.

solvabilité [sɔlvabilite] *nf* solvency.

solvable [sɔlvabl] *adj* solvent, creditworthy.

solvant [sɔlvã] *nm* solvent.

somali = somalien.

Somalie [sɔmali] *nf*: **la** ~ Somalia.

somalien, -ienne [sɔmaljɛ̃, jɛn], **somali, -e** [sɔmali] *adj* Somali.
◆ **Somalien, -ienne, Somali, -e** *nm, f* Somali.

sombre [sɔ̃br] *adj* **-1.** [couleur, costume, pièce] dark. **-2.** *fig* [pensées, avenir] dark, gloomy. **-3.** *fig* [complot] murky. **-4.** (*avant n*) *fam* [profond]: **c'est un** ~ **crétin** he's a prize idiot.

sombrer [sɔ̃bre] [3] *vi* to sink; ~ **dans** *fig* to sink into.

sommaire [sɔmɛr] ◇ *adj* **-1.** [explication] brief. **-2.** [exécution] summary. **-3.** [installation] basic. ◇ *nm* summary.

sommairement [sɔmɛrmã] *adv* **-1.** [expliquer] briefly. **-2.** [délibérer] summarily. **-3.** [peu - vêtu] scantily; [- meublé] basically.

sommation [sɔmasjɔ̃] *nf* **-1.** [assignation] summons (*sg*). **-2.** [ordre - de payer] demand; [- de se rendre] warning.

somme [sɔm] ◇ nf **-1.** [addition] total, sum; **faire la ~ de plusieurs choses** to add up several things. **-2.** [d'argent] sum, amount. **-3.** [ouvrage] overview. ◇ nm nap.
◆ **en somme** loc adv in short.
◆ **somme toute** loc adv when all's said and done.

sommeil [sɔmɛj] nm sleep; **avoir ~** to be sleepy; **tomber de ~** to be asleep on one's feet; **dormir d'un ~ de plomb** fig to be in a deep sleep.

sommeiller [sɔmeje] [4] vi **-1.** [personne] to doze. **-2.** fig [qualité] to be dormant.

sommelier, -ière [sɔmǝlje, jɛr] nm, f wine waiter (f wine waitress).

sommer [sɔme] [3] vt: **~ qqn de faire qqch** sout to charge sb to do sthg.

sommes → être.

sommet [sɔmɛ] nm **-1.** [de montagne] summit, top. **-2.** fig [de hiérarchie] top; [de perfection] height; **conférence au ~** summit (meeting OU conference). **-3.** GÉOM apex.

sommier [sɔmje] nm base, bed base.

sommité [sɔmite] nf **-1.** [personne] leading light. **-2.** BOT head.

somnambule [sɔmnɑ̃byl] ◇ nmf sleepwalker. ◇ adj: **être ~** to be a sleepwalker.

somnifère [sɔmnifɛr] nm sleeping pill.

somnolence [sɔmnɔlɑ̃s] nf sleepiness, drowsiness.

somnolent, -e [sɔmnɔlɑ̃, ɑ̃t] adj [personne] sleepy, drowsy; fig [vie] dull; fig [économie] sluggish.

somnoler [sɔmnɔle] [3] vi to doze.

somptueusement [sɔ̃ptɥøzmɑ̃] adv sumptuously, lavishly.

somptueux, -euse [sɔ̃ptɥø, øz] adj sumptuous, lavish.

somptuosité [sɔ̃ptɥozite] nf lavishness (U).

son¹ [sɔ̃] nm **-1.** [bruit] sound; **au ~ de** to the sound of; **~ et lumière** son et lumière. **-2.** [céréale] bran.

son², sa [sɔ̃, sa], pl **ses** [se]) adj poss **-1.** [possesseur défini - homme] his; [- femme] her; [- chose, animal] its; **il aime ~ père** he loves his father; **elle aime ses parents** she loves her parents; **la ville a perdu ~ charme** the town has lost its charm. **-2.** [possesseur indéfini] one's; [- après «chacun», «tout le monde» etc] his/her, their.

sonar [sɔnar] nm sonar.

sonate [sɔnat] nf sonata.

sondage [sɔ̃daʒ] nm **-1.** [enquête] poll, survey; **~ d'opinion** opinion poll. **-2.** TECHNOL drilling. **-3.** MÉD probing.

sonde [sɔ̃d] nf **-1.** MÉTÉOR sonde; [spatiale] probe. **-2.** MÉD probe. **-3.** NAVIG sounding line. **-4.** TECHNOL drill.

sondé, -e [sɔ̃de] nm, f poll respondent.

sonder [sɔ̃de] [3] vt **-1.** MÉD & NAVIG to sound. **-2.** [terrain] to drill. **-3.** fig [opinion, personne] to sound out.

sondeur, -euse [sɔ̃dœr, øz] nm, f pollster.
◆ **sondeur** nm TECHNOL sounder.

songe [sɔ̃ʒ] nm littéraire dream; **en ~** in a dream.

songer [sɔ̃ʒe] [17] ◇ vt: **~ que** to consider that. ◇ vi: **~ à** to think about.

songeur, -euse [sɔ̃ʒœr, øz] adj pensive, thoughtful.

sonnant, -e [sɔnɑ̃, ɑ̃t] adj: **à six heures ~es** at six o'clock sharp.

sonné, -e [sɔne] adj **-1.** [passé]: **il est trois heures ~es** it's gone three o'clock; **il a quarante ans bien ~s** fam fig he's the wrong side of forty. **-2.** fig [étourdi] groggy. **-3.** fam fig [fou] cracked.

sonner [sɔne] [3] ◇ vt **-1.** [cloche] to ring. **-2.** [retraite, alarme] to sound. **-3.** [domestique] to ring for. **-4.** fam fig [siffler]: **je ne t'ai pas sonné!** who asked you! ◇ vi **-1.** [gén] to ring; **~ chez qqn** to ring sb's bell; **~ faux** to be out of tune; fig to ring false. **-2.** [jouer]: **~ de** to sound.

sonnerie [sɔnri] nf **-1.** [bruit] ringing. **-2.** [mécanisme] striking mechanism. **-3.** [signal] call.

sonnet [sɔnɛ] nm sonnet.

sonnette [sɔnɛt] nf bell.

sono [sɔno] nf fam [de salle] P.A. (system); [de discothèque] sound system.

sonore [sɔnɔr] adj **-1.** CIN & PHYS sound (avant n). **-2.** [voix, rire] ringing, resonant. **-3.** [salle] resonant.

sonorisation [sɔnɔrizasjɔ̃] nf **-1.** [action - de film] addition of the soundtrack; [- de salle] wiring for sound. **-2.** [matériel - de salle] public address system, P.A. (system); [- de discothèque] sound system.

sonoriser [sɔnɔrize] [3] vt **-1.** [film] to add the soundtrack to. **-2.** [salle] to wire for sound.

sonorité [sɔnɔrite] nf **-1.** [de piano, voix] tone. **-2.** [de salle] acoustics (pl).

sont → être.

sophisme [sɔfism] nm sophism.

sophistication [sɔfistikasjɔ̃] nf sophistication.

sophistiqué, -e [sɔfistike] adj sophisticated.

soporifique [sɔpɔrifik] ◇ adj soporific. ◇ nm sleeping drug, soporific.

soprano [sɔprano] (*pl* **sopranos** OU **soprani** [sɔprani]) *nm & nmf* soprano.

sorbet [sɔrbɛ] *nm* sorbet.

sorbetière [sɔrbətjɛr] *nf* ice-cream maker.

sorbier [sɔrbje] *nm* sorb, service tree.

Sorbonne [sɔrbɔn] *nf*: **la** ~ the Sorbonne.

LA SORBONNE:
The Sorbonne is the oldest university in Paris. It includes the arts and law faculties. It is also known as 'Paris IV'. The term 'la Sorbonne nouvelle' refers to the arts faculty at Censier, also known as 'Paris III'

---

sorcellerie [sɔrsɛlri] *nf* witchcraft, sorcery.

sorcier, -ière [sɔrsje, jɛr] ◇ *nm, f* sorcerer (*f* witch). ◇ *adj*: **ce n'est pas** ~ *fig* there's no magic involved.

sordide [sɔrdid] *adj* squalid; *fig* sordid.

Sorlingues [sɔrlɛ̃g] *nfpl*: **les (îles)** ~ the Scilly Isles.

sornettes [sɔrnɛt] *nfpl* nonsense (U).

sors → sortir.

sort [sɔr] *nm* **-1.** [maléfice] spell; **jeter un** ~ **(à qqn)** to cast a spell (on sb). **-2.** [destinée] fate; **faire un** ~ **à qqch** *fam fig* to polish sthg off. **-3.** [condition] lot. **-4.** [hasard]: **le** ~ fate; **tirer au** ~ to draw lots.

sortable [sɔrtabl] *adj* presentable; **tu n'es pas** ~! I can't take you anywhere!

sortant, -e [sɔrtɑ̃, ɑ̃t] *adj* **-1.** [numéro] winning. **-2.** [président, directeur] outgoing (*avant n*).

sorte [sɔrt] ◇ *nf* sort, kind; **une** ~ **de** a sort of, of a kind; **toutes** ~**s de** all kinds of, all sorts of; **de la** ~ in that way, in that manner; **de telle** ~ **que** so that, in such a way that; **en quelque** ~ in a way, as it were; **faire en** ~ **que** to see to it that. ◇ *vb* → sortir.

sortie [sɔrti] *nf* **-1.** [issue] exit, way out; [d'eau, d'air] outlet; ~ **de secours** emergency exit. **-2.** [départ]: **c'est la** ~ **de l'école** it's home-time; **à la** ~ **du travail** when work finishes, after work. **-3.** [de produit] launch, launching; [de disque] release; [de livre] publication. **-4.** (*gén pl*) [dépense] outgoings (*pl*), expenditure (U). **-5.** [excursion] outing. **-6.** MIL sortie. **-7.** [écoulement - de liquide, gaz] escape. **-8.** INFORM: ~ **imprimante** printout; ~ **papier** hard copy.

sortie-de-bain [sɔrtidbɛ̃] (*pl* **sorties-de-bain**) *nf* bathrobe.

sortilège [sɔrtilɛʒ] *nm* spell.

sortir [sɔrtir] [43] ◇ *vi* (*aux: être*) **-1.** [de la maison, du bureau etc] to leave, to go/come

out; ~ **de** to go/come out of, to leave. **-2.** [pour se distraire] to go out. **-3.** *fig* [quitter]: ~ **de** [réserve, préjugés] to shed. **-4.** *fig* [de maladie]: ~ **de** to get over, to recover from; [coma] to come out of. **-5.** [film, livre, produit] to come out; [disque] to be released. **-6.** [au jeu - carte, numéro] to come up. **-7.** [s'écarter de]: ~ **de** [sujet] to get away from; [légalité, compétence] to be outside. **-8.** *loc*: ~ **de l'ordinaire** to be out of the ordinary; **ça m'est complètement sorti de la tête** it went clean out of my mind; **d'où il sort, celui-là?** where did HE spring from?
◇ *vt* (*aux: avoir*) **-1.** [gén]: ~ **qqch (de)** to take sthg out (of). **-2.** [de situation difficile] to get out, to extract. **-3.** [produit] to launch; [disque] to bring out, to release; [livre] to bring out, to publish. **-4.** *fam* [bêtise] to come out with.
◆ **se sortir** *vp fig* [de pétrin] to get out; **s'en** ~ [en réchapper] to come out of it; [y arriver] to get through it.

S.O.S. *nm* S.O.S.; **lancer un** ~ to send out an S.O.S.

sosie [sɔzi] *nm* double.

sot, sotte [so, sɔt] ◇ *adj* silly, foolish. ◇ *nm, f* fool.

sottement [sɔtmɑ̃] *adv* stupidly, foolishly.

sottise [sɔtiz] *nf* stupidity (U), foolishness (U); **dire/faire une** ~ to say/do something stupid.

sottisier [sɔtizje] *nm collection of howlers*.

sou [su] *nm*: **être sans le** ~ to be penniless; **je n'ai pas le premier** ~ **pour acheter une voiture** I really can't afford a car.
◆ **sous** *nmpl fam* money (U); **être près de ses** ~**s** to be tightfisted.

souahéli = swahili.

soubassement [subasmɑ̃] *nm* base.

soubresaut [subrəso] *nm* **-1.** [de voiture] jolt. **-2.** [de personne] start.

soubrette [subrɛt] *nf* maid.

souche [suʃ] *nf* **-1.** [d'arbre] stump; **dormir comme une** ~ *fig* to sleep like a log. **-2.** [de carnet] counterfoil, stub. **-3.** [de famille] founder; **de vieille** ~ of old stock. **-4.** LING root.

souci [susi] *nm* **-1.** [tracas] worry; **se faire du** ~ to worry. **-2.** [préoccupation] concern; **c'est le dernier** OU **le cadet de mes** ~**s** that's the least of my worries. **-3.** [fleur] marigold.

soucier [susje] [9]
◆ **se soucier** *vp*: **se** ~ **de** to care about.

soucieux, -ieuse [susjø, jøz] *adj* **-1.** [préoccupé] worried, concerned. **-2.** [concerné]:

être ~ **de qqch/de faire qqch** to be concerned about sthg/about doing sthg.

soucoupe [sukup] *nf* **-1.** [assiette] saucer. **-2.** [vaisseau]: ~ **volante** flying saucer.

soudain, -e [sudɛ̃, ɛn] *adj* sudden.
◆ **soudain** *adv* suddenly, all of a sudden.

soudainement [sudɛnmɑ̃] *adv* suddenly.

Soudan [sudɑ̃] *nm*: **le** ~ the Sudan; **au** ~ in the Sudan.

soudanais, -e [sudanɛ, ɛz] *adj* Sudanese.
◆ **Soudanais, -e** *nm, f* Sudanese person.

soude [sud] *nf* soda; ~ **caustique** caustic soda.

souder [sude] [3] *vt* **-1.** TECHNOL to weld, to solder. **-2.** MÉD to knit. **-3.** *fig* [unir] to bind together.

soudeur, -euse [sudœr, øz] *nm, f* [personne] welder, solderer.
◆ **soudeuse** *nf* [machine] welding machine.

soudoyer [sudwaje] [13] *vt* to bribe.

soudure [sudyr] *nf* **-1.** TECHNOL welding; [résultat] weld; **faire la** ~ *fig* to bridge the gap. **-2.** MÉD knitting.

souffert, -e [sufɛr, ɛrt] *pp* → **souffrir**.

souffle [sufl] *nm* **-1.** [respiration] breathing; [expiration] puff, breath; **un** ~ **d'air** *fig* a breath of air, a puff of wind. **-2.** *fig* [inspiration] inspiration. **-3.** [d'explosion] blast. **-4.** MÉD: ~ **au cœur** heart murmur. **-5.** *loc*: **avoir le** ~ **coupé** to have one's breath taken away; **retenir son** ~ to hold one's breath.

soufflé, -e [sufle] *adj* **-1.** CULIN soufflé (*avant n*). **-2.** *fam fig* [étonné] flabbergasted.
◆ **soufflé** *nm* soufflé; ~ **au fromage** cheese soufflé.

souffler [sufle] [3] ◇ *vt* **-1.** [bougie, vitre] to blow out. **-2.** [verre] to blow. **-3.** [chuchoter]: ~ **qqch à qqn** to whisper sthg to sb. **-4.** *fam* [prendre]: ~ **qqch à qqn** to pinch sthg from sb. ◇ *vi* **-1.** [gén] to blow. **-2.** [respirer] to puff, to pant.

soufflerie [sufləri] *nf* **-1.** [d'orgue] bellows (*sg*). **-2.** AÉRON wind tunnel.

soufflet [suflɛ] *nm* **-1.** [instrument] bellows (*sg*). **-2.** [de train] connecting corridor, concertina vestibule. **-3.** COUTURE gusset. **-4.** *littéraire* [claque] slap.

souffleur, -euse [suflœr, øz] *nm, f* THÉÂTRE prompt.
◆ **souffleur** *nm* [de verre] blower.
◆ **souffleuse** *nf*: **souffleuse (à neige)** snowblower.

souffrance [sufrɑ̃s] *nf* suffering.

souffrant, -e [sufrɑ̃, ɑ̃t] *adj* poorly.

souffre-douleur [sufrədulœr] *nm inv* whipping boy.

souffreteux, -euse [sufrətø, øz] *adj* sickly.

souffrir [sufrir] [34] ◇ *vi* to suffer; ~ **de** to suffer from; ~ **du dos/cœur** to have back/heart problems. ◇ *vt* **-1.** [ressentir] to suffer. **-2.** *littéraire* [supporter] to stand, to bear.

soufi [sufi] *adj inv* Sufic.
◆ **Soufi** *nm* Sufi.

soufisme [sufism] *nm* Sufism.

soufre [sufr] *nm* sulfur *Am*, sulphur *Br*; **sentir le** ~ *fig* to smack of heresy.

souhait [swɛ] *nm* wish; **tous nos ~s de** our best wishes for; **à** ~ to perfection; **à tes/vos ~s!** bless you!

souhaitable [swɛtabl] *adj* desirable; **il est** ~ **que** (+ *subjonctif*) it is desirable that ....

souhaiter [swete] [4] *vt*: ~ **qqch** to wish for sthg; ~ **faire qqch** to hope to do sthg; ~ **qqch à qqn** to wish sb sthg; ~ **à qqn de faire qqch** to hope that sb does sthg; **souhaiter que ...** (+ *subjonctif*) to hope that ....

souiller [suje] [3] *vt littéraire* [salir] to soil; *fig & sout* to sully.

souillon [sujɔ̃] *nf péj* slut.

souillure [sujyr] *nf littéraire* **-1.** (*gén pl*) [déchet] waste (*U*). **-2.** *fig* [morale] stain.

souk [suk] *nm* souk; *fam fig* chaos.

soul [sul] *nf inv & adj inv* MUS soul.

soûl, -e, saoul, -e [su, sul] *adj* drunk; **être** ~ **de** *fig* to be drunk on.
◆ **soûl** *nm*: **tout mon/son** ~ *fig* to my/his/her heart's content.

soulagement [sulaʒmɑ̃] *nm* relief.

soulager [sulaʒe] [17] *vt* **-1.** [gén] to relieve. **-2.** [véhicule] to lighten.
◆ **se soulager** *vp* **-1.** [se libérer] to find relief. **-2.** [satisfaire un besoin naturel] to relieve o.s.

soûler, saouler [sule] [3] *vt* **-1.** *fam* [enivrer]: ~ **qqn** to get sb drunk; *fig* to intoxicate sb. **-2.** *fig & péj* [de plaintes]: ~ **qqn** to bore sb silly.
◆ **se soûler** *vp fam* to get drunk.

soûlerie [sulri] *nf* drinking spree.

soulèvement [sulɛvmɑ̃] *nm* uprising.

soulever [sulve] [19] *vt* **-1.** [fardeau, poids] to lift; [rideau] to raise. **-2.** *fig* [question] to raise, to bring up. **-3.** *fig* [enthousiasme] to generate, to arouse; [tollé] to stir up; ~ **qqn contre** to stir sb up against. **-4.** [foule] to stir.
◆ **se soulever** *vp* **-1.** [s'élever] to raise o.s., to lift o.s. **-2.** [se révolter] to rise up.

soulier [sulje] *nm* shoe; **être dans ses petits ~s** *fig* to feel awkward.

souligner [suliɲe] [3] *vt* **-1.** [par un trait] to underline. **-2.** *fig* [insister sur] to underline, to emphasize. **-3.** [mettre en valeur] to emphasize.

soumets → soumettre.

soumettre [sumɛtr] [84] *vt* **-1.** [astreindre]: ~ qqn à to subject sb to. **-2.** [ennemi, peuple] to subjugate. **-3.** [projet, problème]: ~ qqch (à) to submit sthg (to).
◆ **se soumettre** *vp*: se ~ (à) to submit (to).

soumis, -e [sumi, iz] ◇ *pp* → soumettre. ◇ *adj* submissive.

soumission [sumisjɔ̃] *nf* submission.

soupape [supap] *nf* valve; ~ de sûreté safety valve.

soupçon [supsɔ̃] *nm* **-1.** [suspicion, intuition] suspicion; être au-dessus/à l'abri de tout ~ to be above/free from all suspicion. **-2.** *fig* [quantité]: un ~ de a hint of.

soupçonner [supsɔne] [3] *vt* [suspecter] to suspect; ~ qqn de qqch/de faire qqch to suspect sb of sthg/of doing sthg; ~ que (+ *subjonctif*) to suspect that.

soupçonneux, -euse [supsɔnø, øz] *adj* suspicious.

soupe [sup] *nf* **-1.** CULIN soup; ~ à l'oignon onion soup; ~ populaire soup kitchen; être ~ au lait *fig* to have a quick temper; cracher dans la ~ *fig* to bite the hand that feeds. **-2.** *fam fig* [neige] slush.

soupente [supɑ̃t] *nf* cupboard under the stairs.

souper [supe] [3] ◇ *nm* supper. ◇ *vi* to have supper; en avoir soupé de qqch/de faire qqch *fam fig* to be sick and tired of sthg/of doing sthg.

soupeser [supəze] [19] *vt* **-1.** [poids] to feel the weight of. **-2.** *fig* [évaluer] to weigh up.

soupière [supjɛr] *nf* tureen.

soupir [supir] *nm* **-1.** [souffle] sigh; pousser un ~ to let out OU give a sigh; rendre le dernier ~ to breathe one's last. **-2.** MUS quarter-note rest *Am*, crotchet rest *Br*.

soupirail, -aux [supiraj, o] *nm* barred basement window *(for ventilation purposes)*.

soupirant [supirɑ̃] *nm* suitor.

soupirer [supire] [3] ◇ *vt* to sigh. ◇ *vi* **-1.** [souffler] to sigh. **-2.** *fig* & *littéraire* [rechercher]: ~ après qqch to sigh for sthg, to yearn after sthg.

souple [supl] *adj* **-1.** [gymnaste] supple. **-2.** [pas] lithe. **-3.** [paquet, col] soft. **-4.** [tissu, cheveux] flowing. **-5.** [tuyau, horaire, caractère] flexible.

souplesse [suplɛs] *nf* **-1.** [de gymnaste] suppleness. **-2.** [flexibilité - de tuyau] pliability, flexibility; [- de matière] suppleness. **-3.** [de personne] flexibility.

sourate = surate.

source [surs] *nf* **-1.** [gén] source; tenir de bonne ~ OU de ~ sûre to have sthg on good authority OU from a reliable source; puiser à la ~ *fig* to go to the source; ça coule de ~ *fig* it's obvious. **-2.** [d'eau] spring; prendre sa ~ à to rise in.

sourcier, -ière [sursje, jɛr] *nm, f* water diviner.

sourcil [sursi] *nm* eyebrow; froncer les ~s to frown.

sourcilière [sursiljɛr] → arcade.

sourciller [sursije] [3] *vi*: sans ~ without batting an eyelid.

sourcilleux, -euse [sursijø, øz] *adj* fussy, finicky.

sourd¹, -e [sur, surd] ◇ *adj* **-1.** [personne] deaf; être/rester ~ à qqch *fig* to be/to remain deaf to sthg. **-2.** [bruit, voix] muffled. **-3.** [douleur] dull. **-4.** [lutte, hostilité] silent. ◇ *nm, f* deaf person.

sourd², **sourdait** *etc* → sourdre.

sourdement [surdəmɑ̃] *adv* **-1.** [avec un bruit sourd] dully. **-2.** *fig* [secrètement] silently.

sourdine [surdin] *nf* mute; en ~ [sans bruit] softly; [secrètement] in secret; mettre une ~ à qqch to tone sthg down.

sourd-muet, sourde-muette [surmɥɛ, surdmɥɛt] *(mpl* sourds-muets, *fpl* sourdes-muettes*)* ◇ *adj* deaf-mute, deaf and dumb. ◇ *nm, f* deaf-mute, deaf and dumb person.

sourdre [surdr] [73] *vi* to well up.

souriant, -e [surjɑ̃, ɑ̃t] *adj* smiling, cheerful.

souriceau [suriso] *nm* baby mouse.

souricière [surisjɛr] *nf* mousetrap; *fig* trap.

sourire [surir] [95] ◇ *vi* to smile; ~ à qqn to smile at sb; *fig* [campagne] to appeal to sb; [destin, chance] to smile on sb; ~ de qqn/qqch [être amusé par] to smile at sb/sthg. ◇ *nm* smile; garder le ~ to keep smiling.

souris [suri] *nf* **-1.** INFORM & ZOOL mouse. **-2.** [viande] knuckle. **-3.** *fam fig* [fille] chick *Am*, bird *Br*.

sournois, -e [surnwa, az] ◇ *adj* **-1.** [personne] underhand. **-2.** *fig* [maladie, phénomène] unpredictable. ◇ *nm, f* underhanded person.

sournoisement [surnwazmɑ̃] *adv* in an underhand way.

sous [su] *prép* **-1.** [gén] under; **nager** ~ **l'eau** to swim underwater; ~ **la pluie** in the rain; ~ **cet aspect** OU **angle** from that point of view. **-2.** [dans un délai de] within; ~ **huit jours** within a week.

sous-alimentation [suzalimɑ̃tasjɔ̃] *nf* malnutrition, undernourishment.

sous-alimenté, -e [suzalimɑ̃te] *adj* malnourished, underfed.

sous-bois [subwa] *nm inv* undergrowth.

sous-chef [suʃɛf] (*pl* **sous-chefs**) *nm* second-in-command.

souscripteur, -trice [suskriptœr, tris] *nm, f* subscriber.

souscription [suskripsjɔ̃] *nf* subscription.

souscrire [suskrir] [99] ◇ *vt* to sign. ◇ *vi*: ~ **à** to subscribe to.

sous-cutané, -e [sukytane] *adj* MÉD subcutaneous.

sous-développé, -e [sudevlɔpe] *adj* ÉCON underdeveloped; *fig* & *péj* backward.

sous-directeur, -trice [sudirɛktœr, tris] (*mpl* **sous-directeurs**, *fpl* **sous-directrices**) *nm, f* assistant manager (*f* assistant manageress).

sous-employé, -e [suzɑ̃plwaje] *adj* underemployed.

sous-ensemble [suzɑ̃sɑ̃bl] (*pl* **sous-ensembles**) *nm* subset.

sous-entendre [suzɑ̃tɑ̃dr] [73] *vt* to imply.

sous-entendu [suzɑ̃tɑ̃dy] (*pl* **sous-entendus**) *nm* insinuation.

sous-équipé, -e [suzekipe] *adj* underequipped.

sous-estimer [suzɛstime] [3] *vt* to underestimate, to underrate.

◆ **se sous-estimer** *vp* to underrate o.s.

sous-évaluer [suzevalye] [7] *vt* to underestimate.

sous-exploiter [suzɛksplwate] [3] *vt* to underexploit.

sous-exposer [suzɛkspoze] [3] *vt* to underexpose.

sous-fifre [sufifr] (*pl* **sous-fifres**) *nm fam* underling.

sous-jacent, -e [suʒasɑ̃, ɑ̃t] *adj* underlying.

sous-lieutenant [suljøtnɑ̃] (*pl* **sous-lieutenants**) *nm* MIL sub-lieutenant.

sous-location [sulɔkasjɔ̃] (*pl* **sous-locations**) *nf* subletting.

sous-louer [sulwe] [6] *vt* to sublet.

sous-main [sumɛ̃] *nm inv* desk blotter.

sous-marin, -e [sumarɛ̃, in] *adj* underwater (*avant n*).

◆ **sous-marin** (*pl* **sous-marins**) *nm* submarine.

sous-œuvre [suzœvr]

◆ **en sous-œuvre** *loc adv*: **reprise en** ~ underpinning.

sous-officier [suzɔfisje] (*pl* **sous-officiers**) *nm* non-commissioned officer.

sous-ordre [suzɔrdr] (*pl* **sous-ordres**) *nm* **-1.** [personne] subordinate. **-2.** [espèce] suborder.

sous-payer [supeje] [11] *vt* to underpay.

sous-peuplé, -e [supœple] *adj* underpopulated.

sous-préfecture [suprefɛktyr] (*pl* **sous-préfectures**) *nf* sub-prefecture.

sous-préfet [suprefɛ] (*pl* **sous-préfets**) *nm* sub-prefect.

sous-produit [suprɔdɥi] (*pl* **sous-produits**) *nm* **-1.** [objet] by-product. **-2.** *fig* [imitation] pale imitation.

sous-secrétaire [susəkretɛr] (*pl* **sous-secrétaires**) *nm*: ~ **d'État** Under-Secretary of State.

soussigné, -e [susiɲe] ◇ *adj*: **je** ~ I the undersigned; **nous** ~s we the undersigned. ◇ *nm, f* undersigned.

sous-sol [susɔl] (*pl* **sous-sols**) *nm* **-1.** [de bâtiment] basement. **-2.** [naturel] subsoil.

sous-tasse [sutas] (*pl* **sous-tasses**) *nf* saucer.

sous-tendre [sutɑ̃dr] [73] *vt* to underpin.

sous-titre [sutitr] (*pl* **sous-titres**) *nm* subtitle.

sous-titrer [sutitre] [3] *vt* to subtitle.

soustraction [sustraksjɔ̃] *nf* MATHS subtraction.

soustraire [sustrer] [112] *vt* **-1.** [retrancher]: ~ **qqch de** to subtract sthg from. **-2.** *sout* [voler]: ~ **qqch de qqch** to remove sthg from sthg; ~ **qqch à qqn** to take sthg away from sb. **-3.** [faire échapper]: ~ **qqn à qqch** to shield sb from sthg.

◆ **se soustraire** *vp*: **se** ~ **à** to escape from.

sous-traitance [sutretɑ̃s] (*pl* **sous-traitances**) *nf* subcontracting; **donner qqch en** ~ to subcontract sthg.

sous-traitant, -e [sutretɑ̃, ɑ̃t] *adj* subcontracting.

◆ **sous-traitant** (*pl* **sous-traitants**) *nm* subcontractor.

sous-traiter [sutrete] [4] *vt* to subcontract.

soustrayais, soustrayions *etc* → **soustraire**.

sous-verre [suver] *nm inv* picture or document

framed between a sheet of glass and a rigid backing.

sous-vêtement [suvɛtmɑ̃] (*pl* **sous-vêtements**) *nm* undergarment; **~s** underwear (*U*), underclothes.

soutane [sutan] *nf* cassock.

soute [sut] *nf* hold.

soutenable [sutnabl] *adj* **-1.** [défendable] tenable. **-2.** [supportable] bearable.

soutenance [sutnɑ̃s] *nf* viva.

souteneur [sutnœr] *nm* procurer.

soutenir [sutnir] [40] *vt* **-1.** [immeuble, personne] to support, to hold up. **-2.** [effort, intérêt] to sustain. **-3.** [encourager] to support; POLIT to back, to support. **-4.** [affirmer]: ~ **que** to maintain (that). **-5.** [résister à] to withstand; [regard, comparaison] to bear.
◆ **se soutenir** *vp* **-1.** [se maintenir] to hold o.s. up, to support o.s. **-2.** [s'aider] to support each other, to back each other (up).

soutenu, -e [sutny] *adj* **-1.** [style, langage] elevated. **-2.** [attention, rythme] sustained. **-3.** [couleur] vivid.

souterrain, -e [sutɛrɛ̃, ɛn] *adj* underground.
◆ **souterrain** *nm* underground passage.

soutien [sutjɛ̃] *nm* support; **apporter son ~ à** to give one's support to; **~ de famille** breadwinner.

soutien-gorge [sutjɛ̃gɔrʒ] (*pl* **soutiens-gorge**) *nm* bra.

soutirer [sutire] [3] *vt* **-1.** [liquide] to decant. **-2.** *fig* [tirer]: **~ qqch à qqn** to extract sthg from sb.

souvenance [suvnɑ̃s] *nf littéraire* recollection.

souvenir [suvnir] [40] *nm* **-1.** [réminiscence, mémoire] memory; **en ~ de** in memory of; **rappeler qqn au bon ~ de qqn** to remember sb to sb; **avec mes meilleurs ~s** with kind regards. **-2.** [objet] souvenir.
◆ **se souvenir** *vp* [ne pas oublier]: **se ~ de qqch/de qqn** to remember sthg/sb; **se ~ que** to remember (that).

souvent [suvɑ̃] *adv* often; **le plus ~** more often than not.

souvenu, -e [suvny] *pp* → **souvenir**.

souverain, -e [suvrɛ̃, ɛn] ◇ *adj* **-1.** [remède, état] sovereign. **-2.** [indifférence] supreme. ◇ *nm, f* [monarque] sovereign, monarch.

souverainement [suvrɛnmɑ̃] *adv* **-1.** [extrêmement] intensely. **-2.** [avec autorité] regally. **-3.** [absolument - bon] supremely; [- parfait] absolutely.

souveraineté [suvrɛnte] *nf* sovereignty.

souviendrai, souviendras *etc* → **souvenir**.

souvienne, souviennes *etc* → **souvenir**.

souviens, souvient *etc* → **souvenir**.

soviet [sɔvjɛt] *nm* soviet; **Soviet suprême** Supreme Soviet.

soviétique [sɔvjetik] *adj* Soviet.
◆ **Soviétique** *nmf* Soviet (citizen).

soviétologue [sɔvjetɔlɔg] *nmf* Kremlinologist.

soyeux, -euse [swajø, øz] *adj* silky.

soyez [swaje] → **être**.

SPA (*abr de* **Société protectrice des animaux**) *nf French society for the protection of animals,* ≃ SPCA *Am,* ≃ RSPCA *Br.*

spacieux, -ieuse [spasjø, jøz] *adj* spacious.

spaghettis [spageti] *nmpl* spaghetti (*U*).

sparadrap [sparadra] *nm* sticking plaster.

spartiate [sparsjat] *adj* [austère] Spartan; **à la ~** *fig* in a Spartan fashion.
◆ **spartiates** *nfpl* [sandales] Roman sandals.

spasme [spasm] *nm* spasm.

spasmodique [spasmɔdik] *adj* spasmodic.

spasmophilie [spasmɔfili] *nf* spasmophilia.

spatial, -e, -iaux [spasjal, jo] *adj* space (*avant n*).

spatio-temporel, -elle [spasjɔtɑ̃pɔrɛl] *adj* spatio-temporal.

spatule [spatyl] *nf* **-1.** [ustensile] spatula. **-2.** [de ski] tip.

speaker, speakerine [spikœr, spikrin] *nm, f* announcer.

spécial, -e, -iaux [spesjal, jo] *adj* **-1.** [particulier] special; **~ à** special to. **-2.** *fam* [bizarre] peculiar.

spécialement [spesjalmɑ̃] *adv* **-1.** [exprès] specially. **-2.** [particulièrement] particularly, especially; **pas ~** *fam* not particularly, not specially.

spécialisation [spesjalizasjɔ̃] *nf* specialization.

spécialiser [spesjalize] [3] *vt* to specialize.
◆ **se spécialiser** *vp*: **se ~ (dans)** to specialize (in).

spécialiste [spesjalist] *nmf* specialist.

spécialité [spesjalite] *nf* speciality.

spécieux, -ieuse [spesjø, jøz] *adj littéraire* specious.

spécification [spesifikasjɔ̃] *nf* specification.

spécificité [spesifisite] *nf* specificity.

spécifier [spesifje] [9] *vt* to specify.

spécifique [spesifik] *adj* specific.

spécifiquement [spesifikmɑ̃] *adv* specifically.

spécimen [spesimɛn] *nm* **-1.** [représentant] specimen. **-2.** [exemplaire] sample.

spectacle [spɛktakl] *nm* **-1.** [représentation] show. **-2.** [domaine] show business, entertainment. **-3.** [tableau] spectacle, sight; **se donner en ~** *fig* to make a spectacle OU an exhibition of o.s.

spectaculaire [spɛktakylɛr] *adj* spectacular.

spectateur, -trice [spɛktatœr, tris] *nm, f* **-1.** [témoin] witness. **-2.** [de spectacle] spectator.

spectre [spɛktr] *nm* **-1.** [fantôme] specter *Am*, spectre *Br*. **-2.** PHYS spectrum.

spéculateur, -trice [spekylatœr, tris] *nm, f* speculator.

spéculatif, -ive [spekylatif, iv] *adj* speculative.

spéculation [spekylasjɔ̃] *nf* speculation.

spéculer [spekyle] [3] *vi*: **~ sur** FIN to speculate in; *fig* [miser] to count on.

speech [spitʃ] (*pl* **speeches**) *nm* speech.

spéléologie [speleɔlɔʒi] *nf* [exploration] potholing; [science] speleology.

spéléologue [speleɔlɔg] *nmf* [explorateur] potholer; [scientifique] speleologist.

spencer [spɛnsɛr] *nm* short fitted jacket or coat.

spermatozoïde [spɛrmatɔzɔid] *nm* sperm, spermatozoon.

sperme [spɛrm] *nm* sperm, semen.

sphère [sfɛr] *nf* sphere; **les hautes ~s de** the higher reaches of; **~ d'influence** sphere of influence.

sphérique [sferik] *adj* spherical.

sphincter [sfɛ̃ktɛr] *nm* sphincter.

sphinx [sfɛ̃ks] *nm inv* **-1.** MYTH & *fig* sphinx. **-2.** ZOOL hawk moth.

spirale [spiral] *nf* spiral; **en ~** spiral.

spiritisme [spiritism] *nm* spiritualism.

spiritualité [spiritɥalite] *nf* spirituality.

spirituel, -elle [spiritɥel] *adj* **-1.** [de l'âme, moral] spiritual. **-2.** [vivant, drôle] witty.

spirituellement [spiritɥelmɑ̃] *adv* **-1.** [moralement] spiritually. **-2.** [avec humour] wittily.

spiritueux [spiritɥø] *nm* spirit.

spleen [splin] *nm littéraire* spleen.

splendeur [splɑ̃dœr] *nf* **-1.** [beauté, prospérité] splendor *Am*, splendour *Br*. **-2.** [merveille]: **c'est une ~!** it's magnificent!

splendide [splɑ̃did] *adj* magnificent, splendid.

spolier [spɔlje] [9] *vt* to despoil.

spongieux, -ieuse [spɔ̃ʒjø, jøz] *adj* spongy.

sponsor [spɔ̃sɔr] *nm* sponsor.

sponsoring [spɔ̃sɔriŋ] *nm* sponsoring.

sponsorisation [spɔ̃sɔrizasjɔ̃] *nf* sponsoring, sponsorship.

sponsoriser [spɔ̃sɔrize] [3] *vt* to sponsor.

spontané, -e [spɔ̃tane] *adj* spontaneous.

spontanéité [spɔ̃taneite] *nf* spontaneity.

spontanément [spɔ̃tanemɑ̃] *adv* spontaneously.

sporadique [spɔradik] *adj* sporadic.

sporadiquement [spɔradikmɑ̃] *adv* sporadically.

sport [spɔr] ◇ *nm* sport; **de ~** sports (*avant n*); **~ d'équipe/de combat** team/combat sport; **~s d'hiver** winter sports; **aller aux ~s d'hiver** to go on a skiing holiday. ◇ *adj inv* **-1.** [vêtement] sports (*avant n*). **-2.** [fair play] sporting.

sportif, -ive [spɔrtif, iv] ◇ *adj* **-1.** [association, résultats] sports (*avant n*). **-2.** [personne, physique] sporty, athletic. **-3.** [fair play] sportsmanlike, sporting. ◇ *nm, f* sportsman (*f* sportswoman).

spot [spɔt] *nm* **-1.** [lampe] spot, spotlight. **-2.** [publicité]: **~ (publicitaire)** commercial, advert.

SPOT, Spot [spɔt] (*abr de* **satellite pour l'observation de la terre**) *nm* earth observation satellite.

sprint [sprint] *nm* [SPORT - accélération] spurt; [- course] sprint; **piquer un ~** *fam* to put on a spurt.

sprinter[1] [sprinte] [3] *vi* to sprint.

sprinter[2] [sprintœr] *nm* sprinter.

squale [skwal] *nm* dogfish.

square [skwar] *nm* small public garden.

squash [skwaʃ] *nm* squash.

squat [skwat] *nm* squat.

squatter[1] [skwatœr] *nm* squatter.

squatter[2] [skwate] [3] ◇ *vt* to squat in. ◇ *vi* to squat.

squelette [skəlɛt] *nm* skeleton.

squelettique [skəletik] *adj* **-1.** [corps] emaciated. **-2.** [exposé] sketchy, skeletal.

Sri Lanka [ʃrilɑ̃ka] *nm*: **le ~** Sri Lanka; **au ~** in Sri Lanka.

sri lankais, -e [ʃrilɑ̃kɛ, ɛz] *adj* Sri Lankan. ◆ **Sri Lankais, -e** *nm, f* Sri Lankan.

SS ◇ *nf* **-1.** (*abr de* **Sécurité sociale**) ≃ SSA *Am*, ≃ DSS *Br*. **-2.** (*abr de* **SchutzStaffel**) SS; **un ~** a member of the SS. ◇ (*abr de* **steamship**) SS.

S.S. (*abr de* **Sa Sainteté**) H.H.

SSR (*abr de* **Société suisse romande**) *nf* French-language Swiss broadcasting company.

St (*abr de* **saint**) St.

stabilisateur, **-trice** [stabilizatœr, tris] *adj* stabilizing.

stabilisation [stabilizasjɔ̃] *nf* stabilization.

stabiliser [stabilize] [3] *vt* **-1.** [gén] to stabilize; [meuble] to steady. **-2.** [terrain] to make firm.

◆ **se stabiliser** *vp* **-1.** [véhicule, prix, situation] to stabilize. **-2.** [personne] to settle down.

stabilité [stabilite] *nf* stability.

stable [stabl] *adj* **-1.** [gén] stable. **-2.** [meuble] steady, stable.

stade [stad] *nm* **-1.** [terrain] stadium. **-2.** [étape & MÉD] stage; **en être au ~ de/où to** reach the stage of/at which.

staff [staf] *nm* staff.

stage [staʒ] *nm* SCOL work placement; [sur le temps de travail] in-service training; **faire un ~** [cours] to go on a training course; [expérience professionnelle] to go on a work placement.

stagiaire [staʒjɛr] ◇ *nmf* trainee. ◇ *adj* trainee (*avant n*).

stagnant, -e [stagnɑ̃, ɑ̃t] *adj* stagnant.

stagnation [stagnasjɔ̃] *nf* stagnation.

stagner [stagne] [3] *vi* to stagnate.

stakhanoviste [stakanɔvist] *nmf & adj* Stakhanovite, hard worker.

stalactite [stalaktit] *nf* stalactite.

stalagmite [stalagmit] *nf* stalagmite.

stalle [stal] *nf* stall.

stand [stɑ̃d] *nm* **-1.** [d'exposition] stand. **-2.** [de fête] stall; **~ de tir** shooting range, firing range.

standard [stɑ̃dar] ◇ *adj inv* standard. ◇ *nm* **-1.** [norme] standard. **-2.** [téléphonique] switchboard.

standardisation [stɑ̃dardizasjɔ̃] *nf* standardization.

standardiser [stɑ̃dardize] [3] *vt* to standardize.

standardiste [stɑ̃dardist] *nmf* switchboard operator.

standing [stɑ̃diŋ] *nm* standing; **immeuble de grand ~** prestigious block of flats.

staphylocoque [stafilɔkɔk] *nm* staphylococcus.

star [star] *nf* CIN star.

starlette [starlɛt] *nf* starlet.

starter [startɛr] *nm* AUTOM choke; **mettre le ~ to** pull the choke out.

starting-block [startiŋblɔk] (*pl* **starting-blocks**) *nm* starting-block.

station [stasjɔ̃] *nf* **-1.** [arrêt - de bus] stop; [- de métro] station; **à quelle ~ dois-je des-**cendre? which stop do I get off at?; **~ de taxis** taxi stand. **-2.** [installations] station; **~ d'épuration** sewage treatment plant. **-3.** [ville] resort; **~ balnéaire** seaside resort; **~ de ski/de sports d'hiver** ski/winter sports resort; **~ thermale** spa (town). **-4.** [position] position; **~ debout** standing position. **-5.** INFORM: **~ de travail** work station.

stationnaire [stasjɔnɛr] *adj* stationary.

stationnement [stasjɔnmɑ̃] *nm* parking; **«~ interdit»** "no parking"; **~ en épi** angle OU angled parking.

stationner [stasjɔne] [3] *vi* to park.

station-service [stasjɔ̃sɛrvis] (*pl* **stations-service**) *nf* service station, gas station *Am*, petrol station *Br*.

statique [statik] *adj* static.

statisticien, -ienne [statistisjɛ̃, jɛn] *nm, f* statistician.

statistique [statistik] ◇ *adj* statistical. ◇ *nf* **-1.** [science] statistics (*U*). **-2.** [donnée] statistic.

statistiquement [statistikmɑ̃] *adv* statistically.

statuaire [statɥɛr] *nf & adj* statuary.

statue [staty] *nf* statue.

statuer [statɥe] [7] *vi*: **~ sur** to give a decision on.

statuette [statɥɛt] *nf* statuette.

statu quo [statykwo] *nm inv* status quo.

stature [statyr] *nf* stature.

statut [staty] *nm* status.

◆ **statuts** *nmpl* statutes.

statutaire [statytɛr] *adj* statutory.

Ste (*abr de* **sainte**) St.

Sté (*abr de* **société**) Co.

steak [stɛk] *nm* steak; **~ frites** steak and chips; **~ haché** mince; **~ tartare** steak tartare.

stèle [stɛl] *nf* stele.

stellaire [stelɛr] *adj* stellar.

stencil [stɛnsil] *nm* stencil.

sténo [steno] ◇ *nmf* stenographer. ◇ *nf* shorthand.

sténodactylo [stenɔdaktilo] *nmf* shorthand typist.

sténodactylographie [stenɔdaktilɔgrafi] *nf* shorthand typing.

sténographe [stenɔgraf] *nmf* stenographer.

sténographie [stenɔgrafi] *nf* shorthand.

sténographier [stenɔgrafje] [9] *vt* to take down in shorthand.

sténographique [stenɔgrafik] *adj* shorthand (*avant n*).

sténotypiste [stenɔtipist] *nmf* stenotypist.

stentor [stɑ̃tɔr] → **voix**.

steppe [stɛp] *nf* steppe.

stéréo [stereo] ◇ *adj inv* stereo. ◇ *nf* stereo; **en ~** in stereo.

stéréotype [stereɔtip] *nm* stereotype.

stéréotypé, -e [stereɔtipe] *adj* stereotyped.

stérile [steril] *adj* -1. [personne] sterile, infertile; [terre] barren. -2. *fig* [inutile - discussion] sterile; [- efforts] futile. -3. MÉD sterile.

stérilet [sterilɛ] *nm* IUD, intra-uterine device.

stérilisateur [sterilizatœr] *nm* sterilizer.

stérilisation [sterilizasjɔ̃] *nf* sterilization.

stériliser [sterilize] [3] *vt* to sterilize.

stérilité [sterilite] *nf litt* & *fig* sterility; [d'efforts] futility.

sternum [stɛrnɔm] *nm* breastbone, sternum.

stéthoscope [stetɔskɔp] *nm* stethoscope.

steward [stiwart] *nm* steward.

stick [stik] *nm* [tube] stick; **de la colle en ~** a stick of glue; **un déodorant en ~** a stick deodorant.

stigmate [stigmat] *nm* (*gén pl*) mark, scar.
◆ **stigmates** *nmpl* RELIG stigmata.

stigmatiser [stigmatize] [3] *vt littéraire* [dénoncer] to denounce.

stimulant, -e [stimylɑ̃, ɑ̃t] *adj* stimulating.
◆ **stimulant** *nm* -1. [remontant] stimulant. -2. [motivation] incentive, stimulus.

stimulateur [stimylatœr] *nm*: **~ cardiaque** pacemaker.

stimulation [stimylasjɔ̃] *nf* stimulation.

stimuler [stimyle] [3] *vt* to stimulate.

stipuler [stipyle] [3] *vt*: **~ que** to stipulate (that).

stock [stɔk] *nm* stock; **en ~** in stock; **tout un ~ de** *fig* & *iron* a whole stock of, plenty of.

stockage [stɔkaʒ] *nm* -1. [de marchandises] stocking. -2. INFORM storage.

stocker [stɔke] [3] *vt* -1. [marchandises] to stock. -2. INFORM to store.

Stockholm [stɔkɔlm] *n* Stockholm.

stoïcisme [stɔisism] *nm* -1. PHILO Stoicism. -2. *fig* [courage] stoicism.

stoïque [stɔik] ◇ *nmf* Stoic. ◇ *adj* stoical.

stoïquement [stɔikmɑ̃] *adv* stoically.

stomacal, -e, -aux [stɔmakal, o] *adj* stomach (*avant n*).

stomatologie [stɔmatɔlɔʒi] *nf* stomatology.

stomatologiste [stɔmatɔlɔʒist], **stomatologue** [stɔmatɔlɔg] *nmf* stomatologist.

stop [stɔp] ◇ *interj* stop!; **dis-moi ~!** say when! ◇ *nm* -1. [feu] brake-light. -2. [panneau] stop sign. -3. [auto-stop] hitch-hiking, hitching; **faire du ~** to hitch, to hitch-hike; **on y est allé en ~** we hitch-hiked OU hitched there.

stopper [stɔpe] [3] ◇ *vt* -1. [arrêter] to stop, to halt. -2. COUTURE to repair by invisible mending. ◇ *vi* to stop.

store [stɔr] *nm* -1. [de fenêtre] blind. -2. [de magasin] awning.

strabisme [strabism] *nm* squint; **être atteint de ~** to (have a) squint.

strangulation [strɑ̃gylasjɔ̃] *nf* strangulation.

strapontin [strapɔ̃tɛ̃] *nm* -1. [siège] pulldown seat. -2. *fig* [position] minor role.

strass [stras] *nm* paste.

stratagème [strataʒɛm] *nm* stratagem.

strate [strat] *nf* stratum.

stratège [stratɛʒ] *nm* strategist.

stratégie [strateʒi] *nf* strategy.

stratégique [strateʒik] *adj* strategic.

stratifié, -e [stratifje] *adj* -1. GÉOL stratified. -2. TECHNOL laminated.

stratosphère [stratɔsfɛr] *nf* stratosphere.

stress [strɛs] *nm* stress.

stressant, -e [strɛsɑ̃, ɑ̃t] *adj* stressful.

stressé, -e [strɛse] *adj* stressed.

stresser [strɛse] [4] ◇ *vt*: **~ qqn** to cause sb stress, to put sb under stress. ◇ *vi* to be stressed.

Stretch® [strɛtʃ] *nm inv* stretch material.

stretching [strɛtʃiŋ] *nm* SPORT stretching, stretching exercises (*pl*).

strict, -e [strikt] *adj* -1. [personne, règlement] strict. -2. [sobre] plain. -3. [absolu - minimum] bare, absolute; [- vérité] absolute; **dans la plus ~e intimité** strictly in private; **au sens ~ du terme** in the strict sense of the word.

strictement [striktəmɑ̃] *adv* -1. [rigoureusement] strictly. -2. [sobrement] plainly, soberly.

strident, -e [stridɑ̃, ɑ̃t] *adj* strident, shrill.

stridulation [stridylasjɔ̃] *nf* chirping.

strie [stri] *nf* (*gén pl*) -1. [sillon] groove; [en relief] ridge. -2. [rayure] streak.

strié, -e [strije] *adj* -1. [rayé] striped. -2. GÉOL striated.

strier [strije] [10] *vt* to streak.

string [striŋ] *nm* G-string.

strip-tease [striptiz] (*pl* strip-teases) *nm* striptease.

strip-teaseuse [striptizøz] (*pl* strip-teaseuses) *nf* stripper.

striure [strijyr] *nf* -1. [sillons] grooves (*pl*); [en relief] ridges (*pl*). -2. [rayures] streaks (*pl*).

strophe [strɔf] *nf* verse.

structural, -e, -aux [stryktyral, o] *adj* structural.

structuralisme [stryktyralism] *nm* structuralism.

structure [stryktyr] *nf* structure; ~ OU ~s d'accueil reception facilities.

structurel, -elle [stryktyrɛl] *adj* structural.

structurer [stryktyre] [3] *vt* to structure.
◆ **se structurer** *vp* to be/become structured.

strychnine [strikin] *nf* strychnine.

stuc [styk] *nm* stucco.

studieusement [stydjøzmɑ̃] *adv* studiously.

studieux, -ieuse [stydjø, jøz] *adj* -1. [personne] studious. -2. [vacances] study (*avant n*).

studio [stydjo] *nm* -1. CIN, PHOT & TÉLÉ studio. -2. [appartement] studio apartment *Am*, studio flat *Br*.

stupéfaction [stypefaksjɔ̃] *nf* astonishment, stupefaction.

stupéfait, -e [stypefɛ, ɛt] *adj* astounded, stupefied.

stupéfiant, -e [stypefjɑ̃, ɑ̃t] *adj* astounding, stunning.
◆ **stupéfiant** *nm* narcotic, drug.

stupéfier [stypefje] [9] *vt* to astonish, to stupefy.

stupeur [stypœr] *nf* -1. [stupéfaction] astonishment. -2. MÉD stupor.

stupide [stypid] *adj* -1. *péj* [abruti] stupid. -2. [insensé - mort] senseless; [- accident] stupid. -3. *littéraire* [interdit] stunned.

stupidement [stypidmɑ̃] *adv* stupidly.

stupidité [stypidite] *nf* stupidity; faire/dire des ~s to do/say something stupid.

style [stil] *nm* -1. [gén] style; de ~ period (*avant n*); ~ Empire/Louis XIII Empire/Louis XIII Style; ~ de vie lifestyle. -2. GRAM: ~ direct/indirect direct/indirect speech.

styliser [stilize] [3] *vt* to stylize.

stylisme [stilism] *nm* COUTURE design, designing.

styliste [stilist] *nmf* COUTURE designer.

stylistique [stilistik] ◇ *adj* stylistic. ◇ *nf* stylistics (*U*).

stylo [stilo] *nm* pen; ~ bille ballpoint (pen); ~ plume fountain pen.

stylo-feutre [stiloføtr] (*pl* stylos-feutres) *nm* felt-tip pen.

su, -e [sy] *pp* → savoir.
◆ **au su et au vu de** *loc prép* under the eyes of.

suave [sɥav] *adj* [voix] smooth; [parfum] sweet.

suavité [sɥavite] *nf* pleasantness.

subalpin, -e [sybalpɛ̃, in] *adj* subalpine.

subalterne [sybaltɛrn] ◇ *nmf* subordinate, junior. ◇ *adj* [rôle] subordinate; [employé] junior.

subaquatique [sybakwatik] *adj* underwater.

subconscient, -e [sybkɔ̃sjɑ̃, ɑ̃t] *adj* subconscious.
◆ **subconscient** *nm* subconscious.

subdiviser [sybdivize] [3] *vt* to subdivide.
◆ **se subdiviser** *vp* to be subdivided.

subdivision [sybdivizjɔ̃] *nf* subdivision.

subir [sybir] [32] *vt* -1. [conséquences, colère] to suffer; [personne] to put up with. -2. [opération, épreuve, examen] to undergo. -3. [dommages, pertes] to sustain, to suffer; ~ une hausse to be increased.

subit, -e [sybi, it] *adj* sudden.

subitement [sybitmɑ̃] *adv* suddenly.

subjectif, -ive [sybʒɛktif, iv] *adj* -1. [personnel, partial] subjective. -2. MÉD: troubles ~s symptoms.

subjectivité [sybʒɛktivite] *nf* subjectivity.

subjonctif [sybʒɔ̃ktif] *nm* subjunctive.

subjuguer [sybʒyge] [3] *vt* to captivate.

sublimation [syblimasjɔ̃] *nf* sublimation.

sublime [syblim] *adj* sublime.

sublimer [syblime] [3] *vt* to sublimate.

submerger [sybmɛrʒe] [17] *vt* -1. [inonder] to flood. -2. [envahir] to overcome, to overwhelm. -3. [déborder] to overwhelm; être submergé de travail to be swamped with work.

submersible [sybmɛrsibl] *nm* & *adj* submersible.

subodorer [sybɔdɔre] [3] *vt fam* to smell, to scent.

subordination [sybɔrdinasjɔ̃] *nf* subordination.

subordonné, -e [sybɔrdɔne] ◇ *adj* GRAM subordinate, dependent. ◇ *nm, f* subordinate.
◆ **subordonnée** *nf* GRAM subordinate clause.

subordonner [sybɔrdɔne] [3] *vt* -1. [chose]: ~ qqch à qqch to make sthg dependent on sthg. -2. [personne]: ~ qqn à qqn to subordinate sb to sb.

subornation [sybɔrnasjɔ̃] *nf* bribing, subornation.

suborner [sybɔrne] [3] *vt* -1. *littéraire* [séduire] to lead astray. **-2.** JUR to bribe, to suborn.

subreptice [sybreptis] *adj* surreptitious.

subrepticement [sybreptismã] *adv* surreptitiously.

subroger [sybrɔʒe] [17] *vt* JUR to substitute.

subséquent, -e [sypsekã, ãt] *adj sout* subsequent.

subside [sypsid] *nm* (*gén pl*) grant, subsidy.

subsidiaire [sybzidjer] *adj* subsidiary.

subsistance [sybzistãs] *nf* subsistence; **pourvoir à la ~ de sa famille** to support one's family.

subsister [sybziste] [3] *vi* **-1.** [chose] to remain. **-2.** [personne] to live, to subsist.

subsonique [sypsɔnik] *adj* subsonic.

substance [sypstãs] *nf* **-1.** [matière] substance. **-2.** [essence] gist; **en ~** in substance.

substantiel, -ielle [sypstãsjel] *adj* substantial.

substantif, -ive [sypstãtif, iv] *adj* noun (*avant n*).
◆ **substantif** *nm* noun.

substituer [sypstitɥe] [7] *vt*: **~ qqch à qqch** to substitute sthg for sthg.
◆ **se substituer** *vp*: **se ~ à** [personne] to stand in for, to substitute for; [chose] to take the place of.

substitut [sypstity] *nm* **-1.** [remplacement] substitute. **-2.** JUR deputy public prosecutor.

substitution [sypstitysjɔ̃] *nf* substitution.

substrat [sypstra] *nm* **-1.** [de récit, réflexion] basis. **-2.** GÉOL & LING substratum. **-3.** CHIM substrate.

subterfuge [sypterfyʒ] *nm* subterfuge.

subtil, -e [syptil] *adj* subtle.

subtilement [syptilmã] *adv* subtly.

subtiliser [syptilize] [3] *vt* to steal.

subtilité [syptilite] *nf* subtlety.

subtropical, -e, -aux [syptrɔpikal, o] *adj* subtropical.

suburbain, -e [sybyrbɛ̃, ɛn] *adj* suburban.

subvenir [sybvənir] [40] *vi*: **~ à** to meet, to cover; **~ aux besoins de qqn** to meet sb's needs.

subvention [sybvãsjɔ̃] *nf* grant, subsidy.

subventionner [sybvãsjɔne] [3] *vt* to give a grant to, to subsidize.

subvenu, -e [sybvəny] *pp* → **subvenir**.

subversif, -ive [sybversif, iv] *adj* subversive.

subversion [sybversjɔ̃] *nf* subversion.

subviendrai, subviendras *etc* → **subvenir**.

subviens, subvient *etc* → **subvenir**.

suc [syk] *nm* **-1.** [d'arbre] sap; [de fruit, viande] juice; **~ gastrique** gastric juices (*pl*). **-2.** *littéraire* [quintessence] essence.

succédané [syksedane] *nm* substitute.

succéder [syksede] [18] *vt*: **~ à** [suivre] to follow; [remplacer] to succeed, to take over from.
◆ **se succéder** *vp* to follow one another.

succès [syksɛ] *nm* **-1.** [gén] success; **avoir du ~** to be very successful; **avoir un ~ fou (auprès de)** to be very successful (with); **à ~ hit** (*avant n*); **sans ~** [essai] unsuccessful; [essayer] unsuccessfully; **avec ~** [essai] successful; [essayer] successfully; **se tailler un franc ~** *fig* to be a great OU huge success. **-2.** [chanson, pièce] hit. **-3.** [conquête] conquest.

successeur [syksesœr] *nm* **-1.** [gén] successor. **-2.** JUR successor, heir.

successif, -ive [syksesif, iv] *adj* successive.

succession [syksesjɔ̃] *nf* **-1.** [gén] succession; **une ~ de** a succession of; **prendre la ~ de qqn** to take over from sb, to succeed sb. **-2.** JUR succession, inheritance; **droits de ~** death duties.

successivement [syksesivmã] *adv* successively.

succinct, -e [syksɛ̃, ɛ̃t] *adj* **-1.** [résumé] succinct. **-2.** [repas] frugal.

succinctement [syksɛ̃tmã] *adv* **-1.** [résumer] succinctly. **-2.** [manger] frugally.

succion [syksjɔ̃, sysjɔ̃] *nf* suction, sucking.

succomber [sykɔ̃be] [3] *vi*: **~ (à)** to succumb (to).

succulent, -e [sykylã, ãt] *adj* delicious.

succursale [sykyrsal] *nf* branch.

sucer [syse] [16] *vt* to suck.

sucette [sysɛt] *nf* [friandise] lollipop, lolly *Br*; **~ au caramel** caramel lollipop.

suçon [sysɔ̃] *nm* lovebite, hickey *Am*.

sucre [sykr] *nm* sugar; **~ cristallisé** granulated sugar; **~ glace** confectioner's sugar *Am*, icing sugar *Br*; **~ en morceaux** lump sugar; **~ d'orge** barley sugar; **~ en poudre**, **~ semoule** caster sugar; **casser du ~ sur le dos de qqn** *fam fig* to talk about sb behind his/her back.

sucré, -e [sykre] *adj* [goût] sweet.

sucrer [sykre] [3] *vt* **-1.** [café, thé] to sweeten, to sugar. **-2.** *fam* [permission] to withdraw; [passage, réplique] to cut; **~ qqch à qqn** to take sthg away from sb.

◆ **se sucrer** *vp fam* **-1.** [se servir en sucre] to take some sugar. **-2.** [s'octroyer une part] to line one's pockets.

sucrerie [sykrəri] *nf* **-1.** [usine] sugar refinery. **-2.** [friandise] candy *Am*, sweet *Br*.

sucrette [sykrɛt] *nf* sweetener.

sucrier, -ière [sykrije, jɛr] *adj* sugar *(avant n)*.

◆ **sucrier** *nm* sugar bowl.

sud [syd] ◇ *nm* south; **un vent du** ~ a southerly wind; **le vent du** ~ the south wind; **au** ~ in the south; **au** ~ **(de)** to the south (of). ◇ *adj inv* [gén] south; [province, région] southern.

sud-africain, -e [sydafrikɛ̃, ɛn] *(mpl* **sud-africains**, *fpl* **sud-africaines)** *adj* South African.

◆ **Sud-Africain, -e** *nm, f* South African.

sud-américain, -e [sydamerikɛ̃, ɛn] *(mpl* **sud-américains**, *fpl* **sud-américaines)** *adj* South American.

◆ **Sud-Américain, -e** *nm, f* South American.

sudation [sydasjɔ̃] *nf* sweating.

sud-coréen, -enne [sydkɔreɛ̃, ɛn] *(mpl* **sud-coréens**, *fpl* **sud-coréennes)** *adj* South Ko- rean.

◆ **Sud-Coréen, -enne** *nm, f* South Korean.

sud-est [sydɛst] *nm & adj inv* southeast.

sud-ouest [sydwɛst] *nm & adj inv* southwest.

Suède [sɥɛd] *nf*: **la** ~ Sweden.

suédois, -e [sɥedwa, az] *adj* Swedish.

◆ **suédois** *nm* [langue] Swedish.

◆ **Suédois, -e** *nm, f* Swede.

suée [sɥe] *nf fam* sweat.

suer [sɥe] [7] ◇ *vi* [personne] to sweat; **faire** ~ **qqn** *fam fig* to give sb a hard time; **se faire** ~ *fam fig* to be bored to tears. ◇ *vt* to exude.

sueur [sɥœr] *nf* sweat; **être en** ~ to be sweating; **avoir des** ~s **froides** *fig* to be in a cold sweat.

Suez [sɥɛz] *n*: **le canal de** ~ the Suez Canal.

suffi [syfi] *pp inv* → **suffire**.

suffire [syfir] [100] ◇ *vi* **-1.** [être assez]: ~ **pour qqch/pour faire qqch** to be enough for sthg/to do sthg, to be sufficient for sthg/to do sthg; **ça suffit!** that's enough! **-2.** [satisfaire]: ~ **à** to be enough for. ◇ *v impers*: **il suffit de ...** all that is necessary is ..., all that you have to do is ...; **il suffit d'un moment d'inattention pour que ...** it only takes a moment of carelessness

for ...; **il lui suffit de donner sa démission** all he has to do is resign; **il suffit que** (+ *subjonctif*): **il suffit que vous lui écriviez** all (that) you need do is write to him.

◆ **se suffire** *vp*: **se** ~ **à soi-même** to be self-sufficient.

suffisais → **suffire**.

suffisamment [syfizamɑ̃] *adv* sufficiently.

suffisance [syfizɑ̃s] *nf* [vanité] self-importance.

suffisant, -e [syfizɑ̃, ɑ̃t] *adj* **-1.** [satisfaisant] sufficient. **-2.** [vaniteux] self-important.

suffise → **suffire**.

suffixe [syfiks] *nm* suffix.

suffocant, -e [syfɔkɑ̃, ɑ̃t] *adj* **-1.** [chaleur, fumée] suffocating. **-2.** *fig* [nouvelle, révélation] astonishing, incredible.

suffocation [syfɔkasjɔ̃] *nf* suffocation.

suffoquer [syfɔke] [3] ◇ *vt* **-1.** [suj: chaleur, fumée] to suffocate. **-2.** *fig* [suj: colère] to choke; [suj: nouvelle, révélation] to astonish, to stun. ◇ *vi* to choke; ~ **de** *fig* to choke with.

suffrage [syfraʒ] *nm* vote; **rallier tous les** ~s to win all the votes; **recueillir des** ~s to win votes; ~ **indirect/restreint/universel** indirect/restricted/universal suffrage.

suffragette [syfraʒɛt] *nf* suffragette.

suggérer [sygʒere] [18] *vt* **-1.** [proposer] to suggest; ~ **qqch à qqn** to suggest sthg to sb; ~ **à qqn de faire qqch** to suggest that sb (should) do sthg. **-2.** [faire penser à] to evoke.

suggestif, -ive [sygʒestif, iv] *adj* **-1.** [musique] evocative. **-2.** [pose, photo] suggestive.

suggestion [sygʒestjɔ̃] *nf* suggestion.

suicidaire [sɥisidɛr] *adj* suicidal.

suicide [sɥisid] ◇ *nm* suicide. ◇ *adj* suicide *(avant n)*.

suicider [sɥiside] [3]

◆ **se suicider** *vp* to commit suicide, to kill o.s.

suie [sɥi] *nf* soot.

suif [sɥif] *nm* tallow.

suintant, -e [sɥɛ̃tɑ̃, ɑ̃t] *adj* [mur] sweating; [plaie] weeping.

suintement [sɥɛ̃tmɑ̃] *nm* **-1.** [de mur] sweating; [de plaie] weeping. **-2.** [d'eau] seeping, oozing.

suinter [sɥɛ̃te] [3] *vi* **-1.** [eau, sang] to ooze, to seep. **-2.** [surface, mur] to sweat; [plaie] to weep.

suis¹ → **être**.

suis², **suit** *etc* → **suivre**.

suisse [sɥis] ◇ *adj* Swiss. ◇ *nm* RELIG ver-ger.

◆ **Suisse** ◇ *nf* [pays]: **la ~** Switzerland; **la ~ allemande/italienne/romande** German-/Italian-/French-speaking Switzerland. ◇ *nmf* [personne] Swiss (person); **les Suisses** the Swiss.

◆ **en suisse** *loc adv fam* alone, on one's own.

Suissesse [sɥises] *nf* Swiss woman.

suite [sɥit] *nf* **-1.** [de liste, feuilleton] continuation. **-2.** [série]: **une ~ de** [de maisons, de succès] series; [d'événements] sequence. **-3.** [succession]: **prendre la ~ de** [personne] to succeed, to take over from; [affaire] to take over; **à la ~** one after the other; **à la ~ de** *fig* following. **-4.** [escorte] retinue. **-5.** MUS suite. **-6.** [appartement] suite.

◆ **suites** *nfpl* consequences.

◆ **de suite** *loc adv* **-1.** [l'un après l'autre] in succession. **-2.** [immédiatement] immediately.

◆ **par suite de** *loc prép* owing to, because of.

suivais, suivions *etc* → **suivre**.

suivant, -e [sɥivɑ̃, ɑ̃t] ◇ *adj* next, following. ◇ *nm, f* next OU following one; **au ~!** next!

◆ **suivant** *prép* according to; **~ que** according to whether.

suiveur [sɥivœr] *nm* follower.

suivi, -e [sɥivi] ◇ *pp* → **suivre**. ◇ *adj* **-1.** [visites] regular; [travail] sustained; [qualité] consistent. **-2.** [raisonnement] coherent.

◆ **suivi** *nm* follow-up.

suivre [sɥivr] [89] ◇ *vt* **-1.** [gén] to follow; «faire ~» "please forward"; **à ~** to be continued. **-2.** [suj: médecin] to treat. ◇ *vi* **-1.** SCOL to keep up. **-2.** [venir après] to follow.

◆ **se suivre** *vp* to follow one another.

sujet, -ette [syʒɛ, ɛt] ◇ *adj*: **être ~ à qqch** to be subject OU prone to sthg; **être ~ à faire qqch** to be apt OU liable to do sthg; **être ~ à caution** *fig* to be unconfirmed. ◇ *nm, f* [de souverain] subject.

◆ **sujet** *nm* **-1.** [gén] subject; **c'est à quel ~?** what is it about?; **~ de conversation** topic of conversation; **au ~ de** about, concerning. **-2.** [motif]: **~ de** cause for, reason for.

sulfate [sylfat] *nm* sulfate *Am*, sulphate *Br*.

sulfure [sylfyr] *nm* sulfide *Am*, sulphide *Br*.

sulfureux, -euse [sylfyrø, øz] *adj* sulfurous *Am*, sulphurous *Br*.

sulfurique [sylfyrik] *adj* sulfuric *Am*, sulphuric *Br*.

sulfurisé, -e [sylfyrize] *adj*: **papier ~** greaseproof paper.

sultan, -e [syltɑ̃, an] *nm, f* sultan (*f* sultana).

sultanat [syltana] *nm* sultanate.

Sumatra [symatra] *n* Sumatra; **à ~** in Sumatra.

summum [sɔmɔm] *nm* summit, height.

super [sypɛr] *fam* ◇ *adj inv* super, great. ◇ *nm* premium *Am*, four star (petrol) *Br*.

superbe [sypɛrb] ◇ *adj* superb; [enfant, femme] beautiful. ◇ *nf* pride, arrogance.

superbement [sypɛrbəmɑ̃] *adv* superbly.

supercarburant [sypɛrkarbyrɑ̃] *nm* high-octane gasoline *Am* OU petrol *Br*.

supercherie [sypɛrʃəri] *nf* deception, trickery.

superfétatoire [sypɛrfetatwar] *adj littéraire* superfluous.

superficie [sypɛrfisi] *nf* **-1.** [surface] area. **-2.** *fig* [aspect superficiel] surface.

superficiel, -ielle [sypɛrfisjɛl] *adj* superficial.

superficiellement [sypɛrfisjɛlmɑ̃] *adv* superficially.

superflu, -e [sypɛrfly] *adj* superfluous.

◆ **superflu** *nm* superfluity.

superforme [sypɛrfɔrm] *nf fam* top form, top shape.

super-huit [sypɛrɥit] *nm inv* super-eight.

supérieur, -e [sypɛrjœr] ◇ *adj* **-1.** [étage] upper. **-2.** [intelligence, qualité] superior; **~ à** superior to; [température] higher than, above. **-3.** [dominant - équipe] superior; [- cadre] senior. **-4.** [SCOL - classe] upper, senior; [- enseignement] higher. **-5.** *péj* [air] superior. ◇ *nm, f* superior.

supériorité [sypɛrjɔrite] *nf* superiority.

superlatif [sypɛrlatif] *nm* superlative.

supermarché [sypɛrmarʃe] *nm* supermarket.

superposable [sypɛrpozabl] *adj* stacking (*avant n*).

superposer [sypɛrpoze] [3] *vt* to stack.

◆ **se superposer** *vp* to be stacked; GÉOL to be superposed.

superposition [sypɛrpozisjɔ̃] *nf* **-1.** [action - d'objets] stacking. **-2.** [état] superposition. **-3.** *fig* [d'influences] combination.

superproduction [sypɛrprɔdyksjɔ̃] *nf* spectacular.

superpuissance [sypɛrpɥisɑ̃s] *nf* superpower.

supersonique [sypɛrsɔnik] *adj* supersonic.

superstar [sypɛrstar] *nf fam* superstar.

superstitieux, -ieuse [sypɛrstisjø, jøz] ◇ *adj* superstitious. ◇ *nm, f* superstitious person.

superstition [sypɛrstisjɔ̃] *nf* **-1.** [croyance] superstition. **-2.** [obsession] obsessive attachment.

superviser [sypɛrvize] [3] *vt* to supervise.

supervision [sypɛrvizjɔ̃] *nf* supervision.

supplanter [syplɑ̃te] [3] *vt* to supplant.

suppléance [sypleɑ̃s] *nf* substitute post *Am*, supply post *Br*.

suppléant, -e [sypleɑ̃, ɑ̃t] ◇ *adj* acting (*avant n*), temporary. ◇ *nm, f* substitute, deputy.

suppléer [syplee] [15] ◇ *vt* **-1.** *littéraire* [carence] to compensate for. **-2.** [personne] to stand in for. ◇ *vi*: ~ à to compensate for, to make up for.

supplément [syplemɑ̃] *nm* **-1.** [surplus]: **un** ~ **de détails** additional details, extra details. **-2.** PRESSE supplement. **-3.** [de billet] extra charge; **en** ~ extra.

supplémentaire [syplemɑ̃tɛr] *adj* extra, additional.

supplication [syplikasjɔ̃] *nf* plea.

supplice [syplis] *nm* torture; *fig* [souffrance] torture, agony; **être un** ~ to be agony; **être au** ~ to be in agony OU torment; **mettre qqn au** ~ to torture sb; ~ **de Tantale** torture.

supplicié, -e [syplisje] *nm, f* victim of torture.

supplier [syplije] [10] *vt*: ~ **qqn de faire qqch** to beg OU implore sb to do sthg; **je t'en** OU **vous en supplie** I beg OU implore you.

supplique [syplik] *nf* petition.

support [sypɔr] *nm* **-1.** [socle] support, base. **-2.** *fig* [de communication] medium; **~s audiovisuels** audiovisual aids; ~ **publicitaire** advertising medium.

supportable [sypɔrtabl] *adj* **-1.** [douleur] bearable. **-2.** [conduite] tolerable, acceptable.

supporter¹ [sypɔrte] [3] *vt* **-1.** [soutenir, encourager] to support. **-2.** [endurer] to bear, to stand; ~ **que** (+ *subjonctif*): **il ne supporte pas qu'on le contredise** he cannot bear being contradicted. **-3.** [résister à] to withstand.

◆ **se supporter** *vp* [se tolérer] to bear OU stand each other.

supporter² [sypɔrtɛr] *nm* supporter.

supposé, -e [sypoze] *adj* [montant] estimated; [criminel] alleged.

supposer [sypoze] [3] *vt* **-1.** [imaginer] to suppose, to assure; **en supposant que, à** ~ **que** supposing (that). **-2.** [impliquer] to imply, to presuppose.

supposition [sypozisjɔ̃] *nf* supposition, assumption.

suppositoire [sypozitwar] *nm* suppository.

suppôt [sypo] *nm littéraire* henchman; ~ **du diable** OU **de satan** fiend.

suppression [sypresjɔ̃] *nf* **-1.** [de permis de conduire] withdrawal; [de document] suppression. **-2.** [de mot, passage] deletion. **-3.** [de loi, poste] abolition.

supprimer [syprime] [3] *vt* **-1.** [document] to suppress; [obstacle, difficulté] to remove. **-2.** [mot, passage] to delete. **-3.** [loi, poste] to abolish. **-4.** [témoin] to do away with, to eliminate. **-5.** [permis de conduire, revenus]: ~ **qqch à qqn** to take sthg away from sb. **-6.** [douleur] to take away, to suppress.

suppurer [sypyre] [3] *vi* to suppurate.

supputation [sypytasjɔ̃] *nf* calculation, computation.

supputer [sypyte] [3] *vt littéraire* to calculate, to compute.

supranational, -e, -aux [sypranasjɔnal, o] *adj* supranational.

suprématie [sypremasi] *nf* supremacy.

suprême [syprɛm] ◇ *adj* **-1.** [gén] supreme. **-2.** *sout* [dernier - moment, pensée] last. ◇ *nm fillets in a cream sauce.*

suprêmement [sypremmɑ̃] *adv* supremely.

sur [syr] *prép* **-1.** [position] on; [- au-dessus de] above, over; ~ **la table** on the table. **-2.** [direction] toward *Am*, towards *Br*; ~ **la droite/gauche** on the right/left, to the right/left. **-3.** [distance]: **travaux** ~ **10 kilomètres** roadworks for 10 kilometres *Am* OU kilometres *Br*. **-4.** [d'après] by; **juger qqn** ~ **sa mine** to judge sb by his/her appearance. **-5.** [grâce à] on; **il vit** ~ **les revenus de ses parents** he lives on OU off his parents' income. **-6.** [au sujet de] on, about. **-7.** [proportion] out of; [mesure] by; **9** ~ **10** 9 out of 10; **un mètre** ~ **deux** one meter *Am* OU metre *Br* by two; **un jour** ~ **deux** every other day; **une fois** ~ **deux** every other time.

◆ **sur ce** *loc adv* whereupon.

sûr, -e [syr] *adj* **-1.** [sans danger] safe. **-2.** [digne de confiance - personne] reliable, trustworthy; [- goût] reliable, sound; [- investissement] sound. **-3.** [certain] sure, certain; ~ **de** sure of; ~ **et certain** absolutely certain; ~ **de soi** self-confident.

surabondance [syrabɔ̃dɑ̃s] *nf* overabundance.

surabondant, -e [syrabɔ̃dɑ̃, ɑ̃t] *adj* overabundant.

surabonder [syrabɔ̃de] [3] *vi littéraire* to overabound.

suractivité [syraktivite] *nf* hyperactivity.

suraigu, -ë [syregy] *adj* high-pitched, shrill.

surajouter [syraʒute] [3] *vt* to add (on top).
◆ **se surajouter** *vp* to be added (on top).

suralimenter [syralimɑ̃te] [3] *vt* **-1.** [personne] to overfeed. **-2.** [moteur] to supercharge.

suranné, -e [syrane] *adj littéraire* oldfashioned, outdated.

surate [syrat], **sourate** [surat] *nf* sura.

surcharge [syrʃarʒ] *nf* **-1.** [excès de poids] excess load; [- de bagages] excess weight. **-2.** *fig* [surcroît]: **une ~ de travail** extra work. **-3.** [surabondance] surfeit. **-4.** [de document] alteration. **-5.** [de timbre] surcharge.

surcharger [syrʃarʒe] [17] *vt* **-1.** [véhicule, personne]: **~ (de)** to overload (with). **-2.** [texte] to alter extensively. **-3.** [timbre] to surcharge.

surchauffe [syrʃof] *nf* overheating.

surchauffer [syrʃofe] [3] *vt* to overheat.

surclasser [syrklase] [3] *vt* to outclass.

surconsommation [syrkɔ̃sɔmasjɔ̃] *nf* overconsumption.

surcroît [syrkrwa] *nm*: **un ~ de travail/ d'inquiétude** *etc* additional work/anxiety *etc*; **de** OU **par ~** moreover, what is more.

surdi-mutité [syrdimytite] *nf* deafmuteness.

surdité [syrdite] *nf* deafness.

surdose [syrdoz] *nf* overdose.

surdoué, -e [syrdwe] *adj* exceptionally OU highly gifted.

sureau, -x [syro] *nm* elder.

sureffectif [syrefɛktif] *nm* overmanning, overstaffing.

surélever [syrɛlve] [19] *vt* to raise, to heighten.

sûrement [syrmɑ̃] *adv* **-1.** [certainement] certainly; **~ pas!** *fam* no way!, definitely not! **-2.** [sans doute] certainly, surely. **-3.** [sans risque] surely, safely.

surenchère [syrɑ̃ʃɛr] *nf* higher bid; *fig* overstatement, exaggeration; **faire de la ~** *fig* to try to go one better.

surenchérir [syrɑ̃ʃerir] [32] *vi* to bid higher; *fig* to try to go one better.

surendetté, -e [syrɑ̃dete] *adj* overindebted.

surendettement [syrɑ̃dɛtmɑ̃] *nm* overindebtedness.

surestimer [syrɛstime] [3] *vt* **-1.** [exagérer] to overestimate. **-2.** [surévaluer] to overvalue.
◆ **se surestimer** *vp* to overestimate o.s.

sûreté [syrte] *nf* **-1.** [sécurité] safety; **en ~** safe; **de ~** safety (*avant n*). **-2.** [fiabilité] reliability. **-3.** JUR surety.
◆ **Sûreté** *nf*: **la Sûreté** ≃ ˙ F.B.I. *Am*, ≃ C.I.D. *Br*.

surexcitation [syrɛksitasjɔ̃] *nf* overexcitement.

surexciter [syrɛksite] [3] *vt* to overexcite.

surexposer [syrɛkspoze] [3] *vt* to overexpose.

surf [sœrf] *nm* surfing.

surface [syrfas] *nf* **-1.** [extérieur, apparence] surface; **faire ~** *litt* & *fig* to surface; **en ~** superficially. **-2.** [superficie] surface area.
◆ **grande surface** *nf* hypermarket.
◆ **moyenne surface** *nf* high-street store.

surfait, -e [syrfɛ, ɛt] *adj* overrated.

surfer [sœrfe] [3] *vi* to go surfing.

surfeur, -euse [sœrfœr, øz] *nm, f* surfer.

surfiler [syrfile] [3] *vt* to oversew.

surfin, -e [syrfɛ̃, in] *adj* superfine, extra fine.

surgelé, -e [syrʒəle] *adj* frozen.
◆ **surgelé** *nm* frozen food.

surgeler [syrʒəle] [25] *vt* to freeze.

surgir [syrʒir] [32] *vi* to appear suddenly; *fig* [difficulté] to arise, to come up.

surhomme [syrɔm] *nm* superman.

surhumain, -e [syrymɛ̃, ɛn] *adj* superhuman.

surimposer [syrɛ̃poze] [3] *vt* to overtax (*financially*).

surimpression [syrɛ̃presjɔ̃] *nf* double exposure.

Surinam(e) [syrinam] *nm*: **le ~** Surinam; **au ~** in Surinam.

surinfection [syrɛ̃fɛksjɔ̃] *nf* secondary infection.

surjet [syrʒɛ] *nm* overcasting stitch.

sur-le-champ [syrləʃɑ̃] *loc adv* immediately, straightaway.

surlendemain [syrlɑ̃dmɛ̃] *nm*: **le ~** two days later; **le ~ de mon départ** two days after I left.

surligner [syrliɲe] [3] *vt* to highlight.

surligneur [syrliɲœr] *nm* highlighter (pen).

surmenage [syrmənaʒ] *nm* overwork.

surmener [syrməne] [19] *vt* to overwork.
◆ **se surmener** *vp* to overwork.

surmontable [syrmɔ̃tabl] *adj* surmountable.

surmonter [syrmɔ̃te] [3] *vt* **-1.** [obstacle, peur] to overcome, to surmount. **-2.** [suj: statue, croix] to surmount, to top.

surnager [syrnaʒe] [17] *vi* **-1.** [flotter] to

float (on the surface). **-2.** *fig* [subsister] to remain, to survive.

surnaturel, -elle [syrnatyrɛl] *adj* supernatural.

◆ **surnaturel** *nm*: **le ~** the supernatural.

surnom [syrnɔ̃] *nm* nickname.

surnombre [syrnɔ̃br]

◆ **en surnombre** *loc adv* too many.

surnommer [syrnɔme] [3] *vt* to nickname.

surpasser [syrpase] [3] *vt* to surpass, to outdo.

◆ **se surpasser** *vp* to surpass OU excel o.s.

surpayer [syrpeje] [11] *vt* [personne] to overpay; [article] to pay too much for.

surpeuplé, -e [syrpœple] *adj* overpopulated.

surpeuplement [syrpœpləmɑ̃] *nm* overpopulation.

surplace [syrplas] *nm*: **faire du ~** [voiture] to be stuck (in traffic).

surplis [syrpli] *nm* surplice.

surplomb [syrplɔ̃]

◆ **en surplomb** *loc adj* overhanging.

surplomber [syrplɔ̃be] [3] ◇ *vt* to overhang. ◇ *vi* to be out of plumb.

surplus [syrply] *nm* **-1.** [excédent] surplus. **-2.** [magasin] army surplus store.

◆ **au surplus** *loc adv* besides, what is more.

surpopulation [syrpɔpylasjɔ̃] *nf* overpopulation.

surprenant, -e [syrprənɑ̃, ɑ̃t] *adj* surprising, amazing.

surprendrai, surprendras *etc* → **surprendre.**

surprendre [syrprɑ̃dr] [79] *vt* **-1.** [voleur] to catch (in the act). **-2.** [secret] to overhear. **-3.** [prendre à l'improviste] to surprise, to catch unawares. **-4.** [étonner] to surprise, to amaze.

◆ **se surprendre** *vp*: **se ~ à faire qqch** to catch o.s. doing sthg.

surpris, -e [syrpri, iz] *pp* → **surprendre.**

surprise [syrpriz] ◇ *nf* surprise; **par ~** by surprise; **faire une ~ à qqn** to give sb a surprise. ◇ *adj* [inattendu] surprise (*avant n*); **grève ~** lightning strike.

surproduction [syrprɔdyksjɔ̃] *nf* overproduction.

surréalisme [syrrealism] *nm* surrealism.

surréel, -elle [syrreɛl] *adj littéraire* surreal.

sursaut [syrso] *nm* **-1.** [de personne] jump, start; **en ~** with a start. **-2.** [d'énergie] burst, surge.

sursauter [syrsote] [3] *vi* to start, to give a start.

surseoir [syrswar] [66] *vi*: **~ à qqch** to postpone OU defer sthg.

sursis [syrsi] *nm* JUR & *fig* reprieve; **six mois avec ~** six months' suspended sentence; **en ~** in remission.

sursitaire [syrsitɛr] *nmf* MIL *person whose call-up has been deferred.*

surtaxe [syrtaks] *nf* surcharge.

surtension [syrtɑ̃sjɔ̃] *nf* INFORM power surge.

surtout [syrtu] *adv* **-1.** [avant tout] above all. **-2.** [spécialement] especially, particularly; **~ pas** certainly not.

◆ **surtout que** *loc conj fam* especially as.

survécu [syrveky] *pp* → **survivre.**

surveillance [syrvɛjɑ̃s] *nf* supervision; [de la police, de militaire] surveillance; **être sous ~** to be under surveillance; **Direction de la ~ du territoire** counterespionage section.

surveillant, -e [syrvɛjɑ̃, ɑ̃t] *nm, f* supervisor; [de prison] guard, warder *Br.*

surveiller [syrveje] [4] *vt* **-1.** [enfant] to watch, to keep an eye on; [suspect] to keep a watch on. **-2.** [travaux] to supervise; [examen] to invigilate. **-3.** [ligne, langage] to watch.

◆ **se surveiller** *vp* to watch o.s.

survenir [syrvənir] [40] *vi* **-1.** [personne] to arrive unexpectedly. **-2.** [incident] to occur.

survenu, -e [syrvəny] *pp* → **survenir.**

survêtement [syrvɛtmɑ̃] *nm* tracksuit.

survie [syrvi] *nf* [de personne] survival.

surviendrai, surviendras *etc* → **survenir.**

survient → **survenir.**

survivant, -e [syrvivɑ̃, ɑ̃t] *nm, f* survivor.

survivre [syrvivr] [90] *vi* to survive; **~ à** [personne] to outlive, to survive; [accident, malheur] to survive.

survol [syrvɔl] *nm* **-1.** [de territoire] flying over. **-2.** [de texte] skimming through.

survoler [syrvɔle] [3] *vt* **-1.** [territoire] to fly over. **-2.** [texte] to skim (through).

sus [sy(s)] *interj*: **~ à l'ennemi!** at the enemy!

◆ **en sus** *loc adv* moreover, in addition; **en ~ de** over and above, in addition to.

susceptibilité [sysɛptibilite] *nf* touchiness, sensitivity.

susceptible [sysɛptibl] *adj* **-1.** [ombrageux] touchy, sensitive. **-2.** [en mesure de]: **~ de faire qqch** liable OU likely to do sthg; **~ d'amélioration, ~ d'être amélioré** open to improvement.

susciter [sysite] [3] *vt* -1. [admiration, curiosité] to arouse. -2. [ennuis, problèmes] to create; ~ **qqch à qqn** *sout* to make OU cause sthg for sb.

susdit, **-e** [sysdi, it] ◇ *adj* above-mentioned. ◇ *nm, f* above-mentioned (person).

susnommé, **-e** [sysnɔme] ◇ *adj* above-named. ◇ *nm, f* above-named (person).

suspect, **-e** [syspɛ, ɛkt] ◇ *adj* -1. [personne] suspicious; ~ **de qqch** suspected of sthg. -2. [douteux] suspect. ◇ *nm, f* suspect.

suspecter [syspɛkte] [4] *vt* to suspect, to have one's suspicions about; ~ **qqn de qqch/de faire qqch** to suspect sb of sthg/of doing sthg.

suspendre [syspãdr] [73] *vt* -1. [lustre, tableau] to hang (up); ~ **au plafond/au mur** to hang from the ceiling/on the wall. -2. [pourparlers] to suspend; [séance] to adjourn; [journal] to suspend publication of. -3. [fonctionnaire, constitution] to suspend. -4. [jugement] to postpone, to defer.
◆ **se suspendre** *vp*: **se ~ à** to hang from.

suspendu, **-e** [syspãdy] ◇ *pp* → **suspendre**. ◇ *adj* -1. [fonctionnaire] suspended. -2. [séance] adjourned. -3. [lustre, tableau]: ~ **au plafond/au mur** hanging from the ceiling/on the wall. -4. [véhicule]: **bien/mal ~** with good/bad suspension.

suspens [syspã]
◆ **en suspens** *loc adv* in abeyance.

suspense [syspãs, syspɛns] *nm* suspense.

suspension [syspãsjɔ̃] *nf* -1. [gén] suspension; **en ~** in suspension, suspended. -2. [de combat] halt; [d'audience] adjournment. -3. [lustre] light fitting.

suspicieux, **-ieuse** [syspisjø, jøz] *adj* suspicious.

suspicion [syspisjɔ̃] *nf* suspicion.

sustentation [systãtasjɔ̃] *nf* AÉRON lift.

sustenter [systãte] [3]
◆ **se sustenter** *vp hum & sout* to take sustenance.

susurrer [sysyre] [3] *vt & vi* to murmur.

suture [sytyr] *nf* suture.

suzeraineté [syzrɛnte] *nf* suzerainty.

svastika [zvastika], **swastika** [swastika] *nm* swastika.

svelte [zvɛlt] *adj* slender.

sveltesse [zvɛltɛs] *nf* slenderness.

SVP *abr de* **s'il vous plaît**.

swahili, **-e** [swaili], **souahéli**, **-e** [swaeli] *adj* Swahili.
◆ **swahili**, **souahéli** *nm* [langue] Swahili.

swastika = **svastika**.

Swaziland [swazilãd] *nm*: **le ~** Swaziland.

sweat-shirt [switʃœrt] (*pl* **sweat-shirts**) *nm* sweatshirt.

Sydney [sidnɛ] *n* Sydney.

syllabe [silab] *nf* syllable.

sylphide [silfid] *nf* sylph.

sylvestre [silvɛstr] *adj littéraire* forest (*avant n*); → **pin**.

sylviculture [silvikyltyr] *nf* forestry.

symbiose [sɛ̃bjoz] *nf* symbiosis.

symbole [sɛ̃bɔl] *nm* symbol.

symbolique [sɛ̃bɔlik] ◇ *adj* -1. [figure] symbolic. -2. [geste, contribution] token (*avant n*). -3. [rémunération] nominal. ◇ *nf* -1. [système] system of symbols. -2. [interprétation] interpretation.

symboliquement [sɛ̃bɔlikmã] *adv* symbolically.

symboliser [sɛ̃bɔlize] [3] *vt* to symbolize.

symbolisme [sɛ̃bɔlism] *nm* symbolism.

symétrie [simetri] *nf* symmetry.

symétrique [simetrik] *adj* symmetrical.

symétriquement [simetrikmã] *adv* symmetrically.

sympa [sɛ̃pa] *adj fam* [personne] likeable, nice; [soirée, maison] pleasant, nice; [ambiance] friendly.

sympathie [sɛ̃pati] *nf* -1. [pour personne, projet] liking; **avoir de la ~ pour qqn** to have a liking for sb, to be fond of sb; **accueillir un projet avec ~** to look sympathetically on a project. -2. [condoléances] sympathy.

sympathique [sɛ̃patik] *adj* -1. [personne] likeable, nice; [soirée, maison] pleasant, nice; [ambiance] friendly. -2. ANAT & MÉD sympathetic.

sympathisant, **-e** [sɛ̃patizã, ãt] ◇ *adj* sympathizing. ◇ *nm, f* sympathizer.

sympathiser [sɛ̃patize] [3] *vi* to get on well; ~ **avec qqn** to get on well with sb.

symphonie [sɛ̃fɔni] *nf* symphony.

symphonique [sɛ̃fɔnik] *adj* [musique] symphonic; [concert, orchestre] symphony (*avant n*).

symposium [sɛ̃pozjɔm] *nm* symposium.

symptomatique [sɛ̃ptɔmatik] *adj* symptomatic.

symptôme [sɛ̃ptom] *nm* symptom.

synagogue [sinagɔg] *nf* synagogue.

synchrone [sɛ̃krɔn] *adj* synchronous.

synchronique [sɛ̃krɔnik] *adj* synchronic.

synchronisation [sɛ̃krɔnizasjɔ̃] *nf* synchronization.

synchroniser [sɛ̃krɔnize] [3] *vt* to synchronize.

syncope [sɛ̃kɔp] *nf* **-1.** [évanouissement] blackout; **tomber en ~** to faint. **-2.** MUS syncopation.

syncopé, -e [sɛ̃kɔpe] *adj* syncopated.

syndic [sɛ̃dik] *nm* [de copropriété] representative.

syndical, -e, -aux [sɛ̃dikal, o] *adj* **-1.** [délégué, revendication] (trade) union (*avant n*). **-2.** [patronal]: **chambre ~e** employers' association.

syndicalisme [sɛ̃dikalism] *nm* **-1.** [mouvement] trade unionism. **-2.** [activité] (trade) union activity.

syndicaliste [sɛ̃dikalist] ◇ *nmf* trade unionist. ◇ *adj* (trade) union (*avant n*).

syndicat [sɛ̃dika] *nm* [d'employés, d'agriculteurs] (trade) union; [d'employeurs, de propriétaires] association.
◆ **syndicat d'initiative** *nm* tourist office.

syndiqué, -e [sɛ̃dike] ◇ *adj* unionized. ◇ *nm, f* (trade) union member, trade unionist.

syndiquer [sɛ̃dike] [3] *vt* to unionize.
◆ **se syndiquer** *vp* **-1.** [personne] to join a (trade) union. **-2.** [groupe] to form a (trade) union.

syndrome [sɛ̃drom] *nm* syndrome.

synergie [sinɛrʒi] *nf* synergy, synergism.

synode [sinɔd] *nm* synod; **le saint-~** the holy synod.

synonyme [sinɔnim] ◇ *nm* synonym. ◇ *adj* synonymous.

synoptique [sinɔptik] *adj* synoptic.

synovie [sinɔvi] → **épanchement**.

syntagme [sɛ̃tagm] *nm* phrase.

syntaxe [sɛ̃taks] *nf* syntax.

synthé [sɛ̃te] *nm fam* synth.

synthèse [sɛ̃tɛz] *nf* **-1.** [opération & CHIM] synthesis. **-2.** [exposé] overview.

synthétique [sɛ̃tetik] *adj* **-1.** [vue] overall. **-2.** [produit] synthetic. **-3.** [personne]: **avoir l'esprit ~** to have a gift for summing things up.

synthétiser [sɛ̃tetize] [3] *vt* to synthesize.

synthétiseur [sɛ̃tetizœr] *nm* synthesizer.

syphilis [sifilis] *nf* syphilis.

Syrie [siri] *nf*: **la ~** Syria.

syrien, -ienne [sirjɛ̃, jɛn] *adj* Syrian.
◆ **Syrien, -ienne** *nm, f* Syrian.

systématique [sistematik] *adj* systematic.

systématiquement [sistematikmɑ̃] *adv* systematically.

systématiser [sistematize] [3] *vt* to systematize.

◆ **se systématiser** *vp* to be/become systematic.

système [sistɛm] *nm* system; **~ expert** INFORM expert system; **~ d'exploitation** INFORM operating system; **le ~ D** resourcefulness; **~ nerveux** nervous system; **~ solaire** solar system.

t, T [te] *nm inv* t, T.

ta → **ton**.

TAA (*abr de* **train autos accompagnées**) *nm* car-sleeper train, ≃ Motorail® *Br*.

tabac [taba] *nm* **-1.** [plante, produit] tobacco; **~ blond** mild OU Virginia tobacco; **~ brun** dark tobacco; **~ gris** shag; **~ à priser** snuff. **-2.** [magasin] tobacconist's. **-3.** *loc*: **faire un ~** to be a huge hit; **passer à ~** *fam* to beat up, to do over.

tabagie [tabaʒi] *nf* **-1.** [pièce] smoke-filled room. **-2.** *Can* [bureau de tabac] tobacconist's.

tabagisme [tabaʒism] *nm* **-1.** [intoxication] nicotine addiction. **-2.** [habitude] smoking.

tabasser [tabase] [3] *vt fam* to beat up, to do over.

tabatière [tabatjɛr] *nf* snuffbox.

tabernacle [tabɛrnakl] *nm* tabernacle.

table [tabl] *nf* **-1.** [meuble] table; **à ~!** lunch/dinner *etc* is ready!; **être à ~** to be at table, to be having a meal; **se mettre à ~** to sit down to eat; *fig* to come clean; **dresser** OU **mettre la ~** to lay the table; **quitter la ~** to leave the table; **~ de chevet** OU **de nuit** bedside table; **~ basse** coffee table; **~ gigogne** nest of tables; **~ de jeu** OU **à jouer** gaming table; **~ d'opération** operating table; **~ roulante** trolley; **~ de travail** desk. **-2.** [nourriture]: **les plaisirs de la ~** good food.
◆ **table des matières** *nf* contents (*pl*), table of contents.
◆ **table de multiplication** *nf* (multiplication) table.
◆ **table ronde** *nf* [conférence] round table.

tableau, -x [tablo] *nm* **-1.** [peinture] painting, picture; *fig* [description] picture; **~ de**

maître old master; **noircir le** ~ *fig* to paint a gloomy picture. **-2.** THÉÂTRE scene. **-3.** [panneau] board; ~ **d'affichage** bulletin board *Am*, notice board *Br*; ~ **de bord** AÉRON instrument panel; AUTOM dashboard; ~ **noir** blackboard. **-4.** [liste] register; ~ **de chasse** bag; ~ **d'honneur** honours board. **-5.** [de données] table.

tablée [table] *nf* table.

tabler [table] [3] *vi*: ~ **sur** to count OU bank on.

tablette [tablɛt] *nf* **-1.** [planchette] shelf. **-2.** [de chewing-gum] stick; [de chocolat] bar.

tableur [tablœr] *nm* INFORM spreadsheet.

tablier [tablije] *nm* **-1.** [de cuisinière] apron; [d'écolier] smock. **-2.** [de magasin] shutter; [de cheminée] flue-shutter. **-3.** [de pont] roadway, deck.

tabloïd(e) [tablɔid] *nm* tabloid.

tabou, -e [tabu] *adj* taboo.
◆ **tabou** *nm* taboo.

taboulé [tabule] *nm Lebanese dish of bulgur wheat, onions, tomatoes and herbs.*

tabouret [taburɛ] *nm* stool; ~ **de bar/de cuisine/de piano** bar/kitchen/piano stool.

tabulateur [tabylatœr] *nm* tabulator, tab.

tac [tak] *nm*: **du** ~ **au** ~ tit for tat.

TAC (*abr de* **train auto-couchettes**) *nm* car-sleeper train, ≃ Motorail® *Br*.

tache [taʃ] *nf* **-1.** [de pelage] marking; [de peau] mark; ~ **de rousseur** OU **de son** freckle. **-2.** [de couleur, lumière] spot, patch. **-3.** [sur nappe, vêtement] stain; **faire** ~ **d'huile** *fig* to gain ground. **-4.** *littéraire* [morale] blemish.

tâche [taʃ] *nf* task; **travailler à la** ~ to do piecework; **faciliter la** ~ **de qqn** to make sb's task easier; **se tuer à la** ~ *fig* to work o.s. to death.

tacher [taʃe] [3] *vt* **-1.** [nappe, vêtement] to stain, to mark. **-2.** *fig* [réputation] to tarnish.
◆ **se tacher** *vp* **-1.** [enfant] to get one's clothes dirty. **-2.** [nappe] to stain, to mark.

tâcher [taʃe] [3] ◇ *vt*: **tâche que ça soit parfait** try to make sure it's perfect. ◇ *vi*: ~ **de faire qqch** to try to do sthg.

tâcheron [taʃrɔ̃] [3] *nm péj* drudge.

tacheter [taʃte] [27] *vt* to spot, to speckle.

tachycardie [takikardi] *nf* tachycardia.

tacite [tasit] *adj* tacit.

tacitement [tasitmɑ̃] *adv* tacitly.

taciturne [tasityrn] *adj* taciturn.

tacot [tako] *nm fam* jalopy, heap.

tact [takt] *nm* [délicatesse] tact; **avoir du** ~ to be tactful; **manquer de** ~ to be tactless.

tacticien, -ienne [taktisjɛ̃, jɛn] *nm, f* tactician.

tactile [taktil] *adj* tactile.

tactique [taktik] ◇ *adj* tactical. ◇ *nf* tactics (*pl*).

tænia = **ténia**.

taffetas [tafta] *nm* **-1.** [tissu] taffeta. **-2.** [sparadrap] plaster.

tag [tag] *nm identifying name written with a spray can on walls, the sides of trains etc.*

tagine = **tajine**.

tagliatelles [taljatɛl] *nfpl* tagliatelle (*U*).

tagueur, -euse [tagœr, øz] *nm, f person who sprays their "tag" on walls, the sides of trains etc.*

Tahiti [taiti] *n* Tahiti; **à** ~ in Tahiti.

tahitien, -ienne [taisjɛ̃, jɛn] *adj* Tahitian.
◆ **tahitien** *nm* [langue] Tahitian.
◆ **Tahitien, -ienne** *nm, f* Tahitian.

taïaut, tayaut [tajo] *interj* tally-ho.

Taibei [tajbɛ], **T'ai-pei** [tajpɛ] *n* Taipei.

taie [tɛ] *nf* **-1.** [enveloppe]: ~ **(d'oreiller)** pillowcase, pillow slip. **-2.** [sur œil] leucoma, opaque spot.

taïga [tajga] *nf* taiga.

taillader [tajade] [3] *vt* to gash.

taille [taj] *nf* **-1.** [action - de pierre, diamant] cutting; [- d'arbre, haie] pruning. **-2.** [stature] height; **être de** ~ **à faire qqch** *fig* to be capable of doing sthg. **-3.** [mesure, dimensions] size; **vous faites quelle** ~? what size are you?, what size do you take?; **ce n'est pas à ma** ~ it doesn't fit me; **de** ~ sizeable, considerable. **-4.** [milieu du corps] waist; **avoir une** ~ **de guêpe** *fig* to be wasp-waisted.

taille-crayon [tajkrejɔ̃] (*pl* **taille-crayons**) *nm* pencil sharpener.

tailler [taje] [3] *vt* **-1.** [couper - chair, pierre, diamant] to cut; [- arbre, haie] to prune; [- crayon] to sharpen; [- bois] to carve. **-2.** [vêtement] to cut out.
◆ **se tailler** *vp* **-1.** [obtenir] to achieve. **-2.** *fam* [se sauver] to beat it, to clear off.

tailleur [tajœr] *nm* **-1.** [couturier] tailor. **-2.** [vêtement] (lady's) suit. **-3.** [de diamants, pierre] cutter. **-4.** *loc*: **s'asseoir en** ~ to sit cross-legged.

tailleur-pantalon [tajœrpɑ̃talɔ̃] (*pl* **tailleurs-pantalons**) *nm* pantsuit *Am*, trouser suit *Br*.

taillis [taji] *nm* coppice, copse.

tain [tɛ̃] *nm* silvering; **miroir sans** ~ two-way mirror.

taire [tɛr] [111] *vt* to conceal.

◆ **se taire** *vp* **-1.** [rester silencieux] to be silent OU quiet. **-2.** [cesser de s'exprimer] to fall silent; **faire se ~ qqn** to make sb be quiet; **tais-toi!** shut up! **-3.** [orchestre] to fall silent; [cris] to cease.

taisais, taisions *etc* → taire.

taise, taises *etc* → taire.

Taiwan [tajwan] *n* Taiwan; **à ~** in Taiwan.

taiwanais, -e [tajwanɛ, ɛz] *adj* Taiwanese.

◆ **Taiwanais, -e** *nm, f* Taiwanese.

tajine, tagine [taʒin] *nm North African stew of mutton steamed with a variety of vegetables.*

talc [talk] *nm* talcum powder.

talent [talɑ̃] *nm* talent; **avoir du ~** to be talented, to have talent; **les jeunes ~s** young talent (*U*).

talentueux, -euse [talɑ̃tɥø, øz] *adj* talented.

talion [taljɔ̃] *nm*: **la loi du ~** an eye for an eye (and a tooth for a tooth).

talisman [talismɑ̃] *nm* talisman.

talkie-walkie [tɔkiwɔki] (*pl* **talkies-walkies**) *nm* walkie-talkie.

taloche [talɔʃ] *nf fam* [gifle] slap.

talon [talɔ̃] *nm* **-1.** [gén] heel; **~s aiguilles/ hauts** stiletto/high heels; **~s plats** low OU flat heels; **~ d'Achille** Achilles' heel; **être/ marcher sur les ~s de qqn** *fig* to be/to follow hard on sb's heels; **tourner les ~s** *fig* to turn on one's heel. **-2.** [de chèque] counterfoil, stub. **-3.** CARTES stock.

talonner [talɔne] [3] *vt* **-1.** [suj: poursuivant] to be hard on the heels of. **-2.** [suj: créancier] to harry, to hound.

talonnette [talɔnɛt] *nf* **-1.** [de chaussure] heel cushion, heel-pad. **-2.** [de pantalon] binding (*to reinforce trouser bottoms*).

talquer [talke] [3] *vt* to put talcum powder on.

talus [taly] *nm* embankment.

tamarin [tamarɛ̃] *nm* [fruit] tamarind.

tamarinier [tamarinje] *nm* tamarind tree.

tamaris [tamaris], **tamarix** [tamariks] *nm* tamarisk.

tambouille [tɑ̃buj] *nf fam* **-1.** [plat] grub. **-2.** [cuisine] cooking.

tambour [tɑ̃bur] *nm* **-1.** [instrument, cylindre] drum; **sans ~ ni trompette** *fig* without any fuss; **~ battant** *fig* briskly. **-2.** [musicien] drummer. **-3.** [porte à tourniquet] revolving door. **-4.** [à broder] embroidery hoop.

tambourin [tɑ̃burɛ̃] *nm* **-1.** [à grelots] tambourine. **-2.** [tambour] tambourin.

tambouriner [tɑ̃burine] [3] ◇ *vt* to drum. ◇ *vi*: **~ sur** OU **à** to drum on; **~ contre** to drum against.

tamis [tami] *nm* **-1.** [crible] sieve. **-2.** [de raquette] strings (*pl*).

Tamise [tamiz] *nf*: **la ~** the Thames.

tamisé, -e [tamize] *adj* [éclairage] subdued.

tamiser [tamize] [3] *vt* **-1.** [farine] to sieve. **-2.** [lumière] to filter.

tampon [tɑ̃pɔ̃] *nm* **-1.** [bouchon] stopper, plug. **-2.** [éponge] pad; **~ à récurer** scourer. **-3.** [de coton, d'ouate] pad; **~ hygiénique** OU **périodique** tampon. **-4.** [cachet] stamp; **~ encreur** inking pad. **-5.** *litt & fig* [amortisseur] buffer.

tamponner [tɑ̃pɔne] [3] *vt* **-1.** [document] to stamp. **-2.** [plaie] to dab.

◆ **se tamponner** *vp* to crash into each other.

tamponneuse [tɑ̃pɔnøz] → auto.

tam-tam [tamtam] (*pl* **tam-tams**) *nm* tomtom.

tancer [tɑ̃se] [16] *vt littéraire* to rebuke.

tanche [tɑ̃ʃ] *nf* tench.

tandem [tɑ̃dɛm] *nm* **-1.** [vélo] tandem. **-2.** [duo] pair; **en ~** together, in tandem.

tandis [tɑ̃di]

◆ **tandis que** *loc conj* **-1.** [pendant que] while. **-2.** [alors que] while, whereas.

tangage [tɑ̃gaʒ] *nm* pitching, pitch.

tangent, -e [tɑ̃ʒɑ̃, ɑ̃t] *adj*: **~ à** MATHS tangent to, tangential to; **c'était ~** *fig* it was close, it was touch and go.

◆ **tangente** *nf* tangent.

tangible [tɑ̃ʒibl] *adj* tangible.

tango [tɑ̃go] *nm* tango.

tanguer [tɑ̃ge] [3] *vi* to pitch.

tanière [tanjer] *nf* den, lair.

tanin [tanɛ̃], **tannin** [tanɛ̃] *nm* tannin.

tank [tɑ̃k] *nm* tank.

tannage [tanaʒ] *nm* tanning.

tannant, -e [tanɑ̃, ɑ̃t] *adj fam* [assommant] irritating, maddening.

tanner [tane] [3] *vt* **-1.** [peau] to tan. **-2.** *fam* [personne] to pester, to annoy.

tannerie [tanri] *nf* **-1.** [usine] tannery. **-2.** [opération] tanning.

tanneur [tanœr] *nm* **-1.** [ouvrier] tanner. **-2.** [commerçant] leather merchant.

tannin = tanin.

tant [tɑ̃] *adv* **-1.** [quantité]: **~ de** so much; **~ de travail** so much work. **-2.** [nombre]: **~ de** so many; **~ de livres/d'élèves** so many books/pupils. **-3.** [tellement] such a lot, so much; **il l'aime ~** he loves her so much. **-4.** [quantité indéfinie] so much; **ça coûte ~** it costs so much; **à ~ pour cent** at so many per cent. **-5.** [un jour indéfini]: **votre lettre**

du ~ your letter of such-and-such a date.
-6. [comparatif]: ~ **que** as much as. **-7.** [valeur temporelle]: ~ **que** [aussi longtemps que] as long as; [pendant que] while.

◆ **en tant que** *loc conj* as; **en** ~ **que tel** as such.

◆ **tant bien que mal** *loc adv* after a fashion, somehow or other.

◆ **tant mieux** *loc adv* so much the better; ~ **mieux pour lui** good for him.

◆ **tant pis** *loc adv* too bad; ~ **pis pour lui** too bad for him.

◆ **(un) tant soit peu** *loc adv* the slightest bit.

Tantale [tɑ̃tal] → **supplice**.

tante [tɑ̃t] *nf* **-1.** [parente] aunt. **-2.** *tfam péj* [homosexuel] fairy, poof *Br*.

tantinet [tɑ̃tinɛ] *nm*: **un** ~ **exagéré/trop long** a bit exaggerated/too long.

tantôt [tɑ̃to] *adv* **-1.** [parfois] sometimes. **-2.** *vieilli* [après-midi] this afternoon.

Tanzanie [tɑ̃zani] *nf*: **la** ~ Tanzania.

tanzanien, -ienne [tɑ̃zanjɛ̃, jɛn] *adj* Tanzanian.

◆ **Tanzanien, -ienne** *nm, f* Tanzanian.

TAO (*abr de* **traduction assistée par ordinateur**) *nf* CAT.

taoïsme [taɔism] *nm* Taoism.

taon [tɑ̃] *nm* horsefly.

tapage [tapaʒ] *nm* **-1.** [bruit] row; ~ **nocturne** ≃ disturbance of the peace. **-2.** *fig* [battage] fuss (*U*).

tapageur, -euse [tapaʒœr, øz] *adj* **-1.** [hôte, enfant] rowdy. **-2.** [style] flashy. **-3.** [liaison, publicité] blatant.

tapant, -e [tapɑ̃, ɑ̃t] *adj*: **à six heures** ~ OU ~**es** at six sharp OU on the dot.

tape [tap] *nf* slap.

tape-à-l'œil [tapalœj] ◇ *adj inv* flashy. ◇ *nm inv* show.

tapenade [tapənad] *nf pounded anchovies with capers, olives and tuna fish.*

taper [tape] [3] ◇ *vt* **-1.** [personne, cuisse] to slap; ~ **(un coup) à la porte** to knock at the door. **-2.** [à la machine] to type. **-3.** *fam* [demander de l'argent à]: ~ **qqn de** to touch sb for.

◇ *vi* **-1.** [frapper] to hit; ~ **du poing sur** to bang one's fist on; ~ **dans ses mains** to clap. **-2.** [à la machine] to type. **-3.** *fam* [soleil] to beat down. **-4.** *fig* [critiquer]: ~ **sur qqn** to knock sb. **-5.** *fam* [puiser]: ~ **dans** to dip into.

◆ **se taper** *vp fam* **-1.** [chocolat, vin] to put away. **-2.** [corvée] to be landed with.

tapette [tapɛt] *nf* **-1.** [à tapis] carpet beater. **-2.** [à mouches] flyswatter. **-3.** *tfam péj* [homosexuel] fairy, poof *Br*.

tapinois [tapinwa]

◆ **en tapinois** *loc adv* furtively.

tapioca [tapjɔka] *nm* tapioca.

tapir¹ [tapir] *nm* ZOOL tapir.

tapir² [tapir] [32]

◆ **se tapir** *vp* **-1.** [se blottir] to crouch; *fig* [sentiment] to be hidden; **une maison tapie au creux de la vallée** *fig* a house hidden away in the valley. **-2.** [se cacher] to retreat.

tapis [tapi] *nm* **-1.** [gén] carpet; [de gymnase] mat; ~ **roulant** [pour bagages] conveyor belt; [pour personnes] travolator; ~ **de sol** groundsheet; **mettre un sujet sur le** ~ *fig* to bring up a subject. **-2.** INFORM: ~ **de souris** mouse mat.

tapis-brosse [tapibrɔs] (*pl* **tapis-brosses**) *nm* doormat.

tapisser [tapise] [3] *vt*: ~ **(de)** to cover (with).

tapisserie [tapisri] *nf* tapestry; **faire** ~ *fig* to be a wallflower.

tapissier, -ière [tapisje, jɛr] *nm, f* **-1.** [artisan] tapestry maker. **-2.** [décorateur] (interior) decorator. **-3.** [commerçant] upholsterer.

tapotement [tapɔtmɑ̃] *nm* tapping.

tapoter [tapɔte] [3] ◇ *vt* to tap; [joue] to pat. ◇ *vi*: ~ **sur** to tap on.

tapuscrit [tapyskri] *nm* typescript.

taquet [takɛ] *nm* **-1.** [butée] stop, catch. **-2.** [loquet] latch.

taquin, -e [takɛ̃, in] ◇ *adj* teasing. ◇ *nm, f* tease.

taquiner [takine] [3] *vt* **-1.** [suj: personne] to tease. **-2.** [suj: douleur] to worry.

taquinerie [takinri] *nf* teasing.

tarabiscoté, -e [tarabiskɔte] *adj* elaborate.

tarabuster [tarabyste] [3] *vt* **-1.** [suj: personne] to badger. **-2.** [suj: idée] to niggle at.

tarama [tarama] *nm* taramasalata.

tarauder [tarode] [3] *vt* to tap; *fig* to torment.

tard [tar] *adv* late; **plus** ~ later; **au plus** ~ at the latest; **sur le** ~ [en fin de journée] late in the day; [dans la vie] late in life.

tarder [tarde] [3] ◇ *vi*: ~ **à faire qqch** [attendre pour] to delay OU put off doing sthg; [être lent à] to take a long time to do sthg; **ne pas** ~ **à faire qqch** not to take long to do sthg; **le feu ne va pas** ~ **à s'éteindre** it won't be long before the fire goes out; **elle ne devrait plus** ~ **maintenant** she should be here any time now.

◇ *v impers*: **il me tarde de te revoir/qu'il**

vienne I am longing to see you again/for him to come.

tardif, -ive [tardif, iv] *adj* **-1.** [heure] late. **-2.** [excuse] belated.

tardivement [tardivmɑ̃] *adv* [arriver] late; [s'excuser] belatedly.

tare [tar] *nf* **-1.** [défaut] defect. **-2.** [de balance] tare. **-3.** *fam péj* [personne] cretin.

taré, -e [tare] ◇ *adj* **-1.** [héréditairement] tainted; *fig* flawed. **-2.** *fam péj* [idiot] cracked. ◇ *nm, f* **-1.** [héréditaire] degenerate. **-2.** *fam péj* [idiot] cretin.

tarentule [tarɑ̃tyl] *nf* tarantula.

targette [tarʒɛt] *nf* bolt.

targuer [targe] [3]
◆ **se targuer** *vp sout*: se ~ de qqch/de faire qqch to boast about sthg/about doing sthg.

tarif [tarif] *nm* **-1.** [prix - de restaurant, café] price; [- de service] rate, price; [douanier] tariff; ~s postaux postage rates; demi-~ half rate OU price; plein ~ full rate OU price; ~ dégressif decreasing rate; ~ préférentiel preferential rate. **-2.** [tableau] price list.

tarifaire [tarifɛr] *adj* tariff (*avant n*).

tarifer [tarife] [3] *vt* to fix the price OU rate for.

tarification [tarifikasjɔ̃] *nf* fixing of the price OU rate.

tarir [tarir] [32] ◇ *vt* to dry up. ◇ *vi* to dry up; elle ne tarit pas d'éloges sur son professeur she never stops praising her teacher.
◆ **se tarir** *vp* to dry up.

tarot [taro] *nm* tarot.
◆ **tarots** *nmpl* tarot cards.

tartare [tartar] *adj* Tartar; sauce ~ tartare sauce; (steak) ~ steak tartare.
◆ **Tartare** *nmf* Tartar.

tarte [tart] ◇ *nf* **-1.** [gâteau] tart; ~ aux pommes apple tart; ~ tatin ≃ upside-down apple cake. **-2.** *fam fig* [gifle] slap. **-3.** *loc*: c'est pas de la ~ ! *fam* it's no joke OU picnic!; ~ à la crème CIN custard pie; [sujet, propos] hackneyed. ◇ *adj* (*avec ou sans accord*) *fam* [idiot] stupid.

tartelette [tartəlɛt] *nf* tartlet.

tartine [tartin] *nf* **-1.** [de pain] piece of bread and butter; ~ de confiture piece of bread and jam; ~ grillée piece of toast. **-2.** *fam fig* [laïus]: en mettre une ~ OU des ~s to write reams.

tartiner [tartine] [3] *vt* **-1.** [pain] to spread; chocolat/fromage à ~ chocolate/cheese spread. **-2.** *fam fig* [pages] to cover.

tartre [tartr] *nm* **-1.** [de dents, vin] tartar. **-2.** [de chaudière] fur, scale.

tartuf(f)e [tartyf] *nm* hypocrite.

tas [ta] *nm* heap; un ~ de a lot of; apprendre sur le ~ *fig* to learn on the job.

tasse [tas] *nf* cup; ~ à café/à thé coffee/tea cup; ~ de café/de thé cup of coffee/tea; boire la ~ *fig* to get a mouthful of water.

tasseau, -x [taso] *nm* bracket.

tassement [tasmɑ̃] *nm* **-1.** [de neige] compression; [de fondations] settling. **-2.** *fig* [diminution] decline.

tasser [tase] [3] *vt* **-1.** [neige] to compress, to pack down. **-2.** [vêtements, personnes]: ~ qqn/qqch dans to stuff sb/sthg into.
◆ **se tasser** *vp* **-1.** [fondations] to settle. **-2.** *fig* [vieillard] to shrink. **-3.** [personnes] to squeeze up. **-4.** *fam fig* [situation] to settle down.

taste-vin [tastəvɛ̃], **tâte-vin** [tatvɛ̃] *nm inv* tasting cup.

tata [tata] *nf* auntie.

tâter [tate] [3] ◇ *vt* to feel; *fig* to sound out. ◇ *vi*: ~ de to have a taste of.
◆ **se tâter** *vp fam fig* [hésiter] to be in two minds.

tâte-vin = taste-vin.

tatillon, -onne [tatijɔ̃, ɔn] ◇ *adj* finicky. ◇ *nm, f* finicky person.

tâtonnement [tatɔnmɑ̃] *nm* **-1.** [action] groping. **-2.** (*gén pl*) [tentative] trial and error (*U*).

tâtonner [tatɔne] [3] *vi* to grope around.

tâtons [tatɔ̃]
◆ **à tâtons** *loc adv*: marcher/procéder à ~ to feel one's way.

tatou [tatu] *nm* armadillo.

tatouage [tatwaʒ] *nm* **-1.** [action] tattooing. **-2.** [dessin] tattoo.

tatouer [tatwe] [6] *vt* to tattoo.

taudis [todi] *nm* slum.

taulard = tôlard.

taule = tôle.

taulier = tôlier.

taupe [top] *nf litt* & *fig* mole; être myope comme une ~ *fig* to be as blind as a bat.

taupinière [topinjɛr] *nf* molehill.

taureau, -x [tɔro] *nm* [animal] bull; prendre le ~ par les cornes to take the bull by the horns.
◆ **Taureau** *nm* ASTROL Taurus; être Taureau to be (a) Taurus.

tauromachie [tɔromaʃi] *nf* bullfighting.

taux [to] *nm* rate; [de cholestérol, d'alcool] level; ~ de change exchange rate; ~

d'escompte rate of discount; ~ d'intérêt interest rate; ~ de natalité birth rate.

taverne [tavɛrn] *nf* tavern.

taxation [taksasjɔ̃] *nf* taxation.

taxe [taks] *nf* tax; **hors** ~ COMM exclusive of tax, before tax; [boutique, achat] duty-free; **toutes** ~s **comprises** inclusive of tax; ~ **sur la valeur ajoutée** value added tax.

taxer [takse] [3] *vt* -1. [imposer] to tax. -2. [fixer]: ~ **le prix de qqch à** to fix the price of sthg at. -3. *fam* [traiter]: ~ **qqn de qqch** to call sb sthg. -4. [accuser]: ~ **qqn de qqch** to accuse sb of sthg. -5. *fam* [prendre]: ~ **qqch à qqn** to cadge sthg off OU from sb.

taxi [taksi] *nm* -1. [voiture] taxi. -2. [chauffeur] taxi driver.

taxidermiste [taksidɛrmist] *nmf* taxidermist.

taximètre [taksimɛtr] *nm* meter.

taxinomie [taksinɔmi] *nf* taxonomy.

Taxiphone® [taksifɔn] *nm* pay phone.

tayaut = **taïaut**.

TB, **tb** (*abr de* **très bien**) VG.

TBE, **tbe** (*abr de* **très bon état**) vgc.

TCA (*abr de* **taxe sur le chiffre d'affaires**) *nf* tax on turnover.

TCF (*abr de* **Touring Club de France**) *nm* French motorists' club, ≃ AAA *Am*, ≃ AA *Br*.

Tchad [tʃad] *nm*: **le** ~ Chad; **au** ~ in Chad.

tchadien, **-ienne** [tʃadjɛ̃, jɛn] *adj* of/from Chad.
◆ **tchadien** *nm* [langue] Chadic.
◆ **Tchadien**, **-ienne** *nm, f* person from Chad.

tchador [tʃadɔr] *nm* chador.

tchécoslovaque [tʃekɔslɔvak] *adj* Czechoslovakian.
◆ **Tchécoslovaque** *nmf* Czechoslovak.

Tchécoslovaquie [tʃekɔslɔvaki] *nf*: **la** ~ Czechoslovakia.

tchèque [tʃɛk] ◇ *adj* Czech. ◇ *nm* [langue] Czech.
◆ **Tchèque** *nmf* Czech.

TCS (*abr de* **Touring Club de Suisse**) *nm* Swiss motorists' club, ≃ AAA *Am*, ≃ AA *Br*.

TD (*abr de* **travaux dirigés**) *nmpl* supervised practical work.

TdF (*abr de* **Télévision de France**) *nf* French broadcasting authority.

te [tə], **t'** *pron pers* -1. [complément d'objet direct] you. -2. [complément d'objet indirect] (to) you. -3. [réfléchi] yourself. -4. [avec un présentatif]: ~ **voici!** here you are!

té [te] *nm* T-square.

technicien, **-ienne** [tɛknisjɛ̃, jɛn] *nm, f* -1. [professionnel] technician. -2. [spécialiste]: ~ **(de)** expert (in).

technicité [tɛknisite] *nf* -1. [de produit] technical nature. -2. [avance technologique] technological sophistication. -3. [savoir-faire] skill.

technico-commercial, **-e** [tɛknikokɔmɛrsjal] (*mpl* **technico-commerciaux**, *fpl* **technico-commerciales**) ◇ *adj* sales engineer (*avant n*). ◇ *nm, f* sales engineer.

Technicolor® [tɛknikɔlɔr] *nm* Technicolor®.

technique [tɛknik] ◇ *adj* technical. ◇ *nf* technique.

techniquement [tɛknikmɑ̃] *adv* technically.

technocrate [tɛknɔkrat] *nmf* technocrat.

technologie [tɛknɔlɔʒi] *nf* technology; **de haute** ~ high-tech.

technologique [tɛknɔlɔʒik] *adj* technological.

technologue [tɛknɔlɔg], **technologiste** [tɛknɔlɔʒist] *nmf* technologist.

teck, **tek** [tɛk] *nm* teak.

teckel [tekɛl] *nm* dachshund.

tectonique [tɛktɔnik] ◇ *adj* tectonic. ◇ *nf* tectonics (*U*); **la** ~ **des plaques** plate tectonics.

TEE (*abr de* **Trans-Europ-Express**) *nm* TEE.

teen-ager [tined͡ʒœr] (*pl* **teen-agers**) *nmf* teenager.

tee-shirt (*pl* **tee-shirts**), **T-shirt** (*pl* **T-shirts**) [tiʃœrt] *nm* T-shirt.

Téflon® [teflɔ̃] *nm* Teflon®.

TEG (*abr de* **taux effectif garanti**) *nm* APR.

Téhéran [teerɑ̃] *n* Tehran.

teignais, **teignions** *etc* → **teindre**.

teigne [tɛɲ] *nf* -1. [mite] moth. -2. MÉD ringworm. -3. *fam fig* & *péj* [femme] cow; [homme] bastard.

teigneux, **-euse** [tɛɲø, øz] *fam fig* & *péj* ◇ *adj*: **être teigneuse** [femme] to be a cow; **être** ~ [homme] to be a bastard. ◇ *nm, f* [femme] cow; [homme] bastard.

teindre [tɛ̃dr] [81] *vt* to dye.
◆ **se teindre** *vp*: **se** ~ **les cheveux** to dye one's hair.

teint, **-e** [tɛ̃, tɛ̃t] ◇ *pp* → **teindre**. ◇ *adj* dyed.
◆ **teint** *nm* -1. [carnation] complexion. -2. [couleur]: **tissu bon** OU **grand** ~ colorfast *Am* OU colourfast *Br* material; **bon** ~ *fig* staunch, dyed-in-the-wool.
◆ **teinte** *nf* color *Am*, colour *Br*; **une** ~ **de** *fig* a hint of.

teinté, -e [tɛ̃te] *adj* tinted; ~ **de** *fig* tinged with.

teinter [tɛ̃te] [3] *vt* to stain.
◆ **se teinter** *vp*: **se** ~ **de** to become tinged with.

teinture [tɛ̃tyr] *nf* **-1.** [action] dyeing. **-2.** [produit] dye.
◆ **teinture d'iode** *nf* tincture of iodine.

teinturerie [tɛ̃tyrri] *nf* **-1.** [pressing] dry cleaner's. **-2.** [métier] dyeing.

teinturier, -ière [tɛ̃tyrje, jɛr] *nm, f* **-1.** [de pressing] dry cleaner. **-2.** [technicien] dyer.

tek = **teck**.

tel [tɛl] (*f* **telle**, *mpl* **tels**, *fpl* **telles**) ◇ *adj* **-1.** [valeur indéterminée] such-and-such a; ~ **et** ~ such-and-such a. **-2.** [semblable] such; **un** ~ **homme** such a man; **une telle générosité** such generosity; **de telles gens** such people; **je n'ai rien dit de** ~ I never said anything of the sort. **-3.** [valeur emphatique ou intensive] such; **un** ~ **génie** such a genius; **un** ~ **bonheur** such happiness. **-4.** [introduit un exemple ou une énumération]: ~ **(que)** such as, like. **-5.** [introduit une comparaison] like; **il est** ~ **que je l'avais toujours rêvé** he's just like I always dreamt he would be; ~ **quel** as it is/was *etc*.
◇ *pron indéf*: ~ **veut marcher, tandis que** ~ **autre veut courir** one will want to walk, while another will want to run; **une telle m'a dit qu'il était parti** someone or other told me he'd left.
◆ **à tel point que** *loc conj* to such an extent that.
◆ **de telle manière que** *loc conj* in such a way that.
◆ **de telle sorte que** *loc conj* with the result that, so that.

tél. (*abr de* **téléphone**) tel.

télé [tele] *nf fam* TV, telly *Br*.

téléachat [teleaʃa] *nm* teleshopping.

téléacteur, -trice [teleaktœr, -tris] *nm, f* telesalesperson.

télébenne [telebɛn], **télécabine** [telekabin] *nf* cablecar.

télécarte [telekart] *nf* phonecard.

télécharger [teleʃarge] [17] *vt* to download.

télécommande [telekɔmɑ̃d] *nf* remote control.

télécommander [telekɔmɑ̃de] [3] *vt* to operate by remote control; *fig* to mastermind.

télécommunication [telekɔmynikasjɔ̃] *nf* telecommunications (*pl*).

téléconférence [telekɔ̃ferɑ̃s] *nf* teleconference.

télécopie [telekɔpi] *nf* fax.

télécopieur [telekɔpjœr] *nm* fax (machine).

télédiffuser [teledifyze] [3] *vt* to televise.

télédiffusion [teledifyzjɔ̃] *nf* televising.

télédistribution [teledistribysjɔ̃] *nf* cable television.

télé-enseignement [teleɑ̃sɛɲmɑ̃] (*pl* **télé-enseignements**) *nm* distance learning.

téléfilm [telefilm] *nm* film made for television.

télégramme [telegram] *nm* telegram.

télégraphe [telegraf] *nm* telegraph.

télégraphie [telegrafi] *nf* telegraphy.

télégraphier [telegrafje] [9] *vt* to telegraph.

télégraphique [telegrafik] *adj* [fil, poteau] telegraph (*avant n*); **en style** ~ in telegraphic style, in telegraphese.

télégraphiste [telegrafist] *nmf* **-1.** [technicien] telegraphist. **-2.** [employé] telegraph boy (*f* telegraph girl).

téléguidage [telegidaʒ] *nm* remote control.

téléguider [telegide] [3] *vt* to operate by remote control; *fig* to mastermind.

téléinformatique [teleɛ̃fɔrmatik] *nf* INFORM data communication.

téléobjectif [teleɔbʒɛktif] *nm* telephoto lens (*sg*).

télépathie [telepati] *nf* telepathy.

télépathique [telepatik] *adj* telepathic.

téléphérique [teleferik] *nm* cableway.

téléphone [telefɔn] *nm* telephone; ~ **cellulaire** cellular telephone; ~ **sans fil** cordless telephone; ~ **rouge** hotline; ~ **de voiture** carphone.

téléphoner [telefɔne] [3] ◇ *vt* to telephone, to phone. ◇ *vi* to telephone, to phone; ~ **à qqn** to telephone sb, to phone sb (up).

téléphonique [telefɔnik] *adj* telephone (*avant n*), phone (*avant n*).

téléphoniste [telefɔnist] *nmf* (telephone) operator, telephonist *Br*.

téléprospection [teleprɔspɛksjɔ̃] *nf* telemarketing.

télescopage [teleskɔpaʒ] *nm* **-1.** [de véhicules] concertinaing. **-2.** *fig* [d'idées] cross-fertilization.

télescope [teleskɔp] *nm* telescope.

télescoper [teleskɔpe] [3] *vt* [véhicule] to crash into.
◆ **se télescoper** *vp* **-1.** [véhicules] to concertina. **-2.** *fig* [idées] to influence each other.

télescopique [teleskɔpik] *adj* **-1.** [antenne] telescopic. **-2.** [planète] visible only by telescope.

téléscripteur [teleskriptœr] *nm* teletypewriter *Am*, teleprinter *Br*.

télésiège [telesjεʒ] *nm* chairlift.

téléski [teleski] *nm* ski tow.

téléspectateur, -trice [telespεktatœr, tris] *nm, f* (television) viewer.

télésurveillance [telesyrvejãs] *nf* remote surveillance.

Télétex® [teletεks] *nm* teletex.

Télétype® [teletip] *nm* Teletype®.

téléviser [televize] [3] *vt* to televise.

téléviseur [televizœr] *nm* television (set).

télévision [televizjɔ̃] *nf* television; **à la ~** on television; **~ câblée** cable television.

télévisuel, -elle [televizɥεl] *adj* television *(avant n)*.

télex [telεks] *nm inv* telex.

télexer [telekse] [4] *vt* to telex.

tellement [tεlmã] *adv* **-1.** [si, à ce point] so (+ *comparatif*) so much; **~ plus jeune que** so much younger than; **pas ~** not especially, not particularly; **ce n'est plus ~ frais/populaire** it's no longer all that fresh/popular. **-2.** [autant]: **~ de** [personnes, objets] so many; [gentillesse, travail] so much. **-3.** [tant] so much; **elle a ~ changé** she's changed so much; **je ne comprends rien ~ il parle vite** he talks so quickly that I can't understand a word.

téloche [telɔʃ] *nf fam* telly.

téméraire [temerεr] ◇ *adj* **-1.** [audacieux] bold. **-2.** [imprudent] rash. ◇ *nmf* hothead.

témérité [temerite] *nf* **-1.** [audace] boldness. **-2.** [imprudence] rashness.

témoignage [temwaɲaʒ] *nm* **-1.** JUR testimony, evidence *(U)*; **faux ~** perjury. **-2.** [gage] token, expression; **en ~ de** as a token of. **-3.** [récit] account.

témoigner [temwaɲe] [3] ◇ *vt* **-1.** [manifester] to show, to display. **-2.** JUR: **~ que** to testify that. ◇ *vi* **-1.** JUR to testify; **~ contre** to testify against; **~ en faveur de qqn** to testify in sb's favor *Am* OU favour *Br*. **-2. ~ de** [être le signe de] to show; [certifier] to testify (as) to.

témoin [temwɛ̃] ◇ *nm* **-1.** [gén] witness; **être ~ de qqch** to be a witness to sthg, to witness sthg; **prendre qqn à ~ (de)** to call on sb as a witness (of); **~ à charge** JUR witness for the prosecution; **~ oculaire** eyewitness. **-2.** INFORM indicator. **-3.** *littéraire* [marque]: **~ de** evidence *(U)* of. **-4.** SPORT baton. ◇ *adj* [appartement] show *(avant n)*.

tempe [tãp] *nf* temple.

tempérament [tãperamã] *nm* temperament; **avoir du ~** to be hot-blooded.

tempérance [tãperãs] *nf* temperance, moderation.

tempérant, -e [tãperã, ãt] *adj* temperate.

température [tãperatyr] *nf* temperature; **avoir de la ~** to have a temperature; **prendre sa ~** to take one's temperature.

tempéré, -e [tãpere] *adj* **-1.** [climat] temperate. **-2.** [personne] even-tempered.

tempérer [tãpere] [18] *vt* **-1.** [adoucir] to temper; *fig* [enthousiasme, ardeur] to moderate. **-2.** *fig* & *littéraire* [douleur, peine] to attenuate, to soothe.

tempête [tãpεt] *nf* storm; **une ~ de** *fig* a storm of; **~ de sable** sandstorm.

tempêter [tãpete] [4] *vi* to rage.

tempétueux, -euse [tãpetɥø, øz] *adj littéraire* stormy; *fig* tempestuous.

temple [tãpl] *nm* **-1.** HIST temple. **-2.** [protestant] church.

tempo [tεmpo] *nm* tempo.

temporaire [tãpɔrεr] *adj* temporary.

temporairement [tãpɔrεrmã] *adv* temporarily.

temporel, -elle [tãpɔrεl] *adj* **-1.** [défini dans le temps] time *(avant n)*. **-2.** [terrestre] temporal.

temporisateur, -trice [tãpɔrizatœr, tris] ◇ *adj* **-1.** [stratégie] delaying *(avant n)*. **-2.** [personne] who stalls OU delays. ◇ *nm, f* person who stalls OU delays.

temporiser [tãpɔrize] [3] *vi* to play for time, to stall.

temps [tã] *nm* **-1.** [gén] time; **à plein ~** full-time; **à mi-~** half-time; **à ~ partiel** part-time; **en un ~ record** in record time; **au** OU **du ~ où** (in the days) when; **de mon ~** in my day; **sa prend un certain ~** it takes some time; **ces ~-ci, ces derniers ~** these days; **pendant ce ~** meanwhile; **les premiers ~** at the beginning; **en ~ utile** in due course; **en ~ de guerre/paix** in wartime/peacetime; **il est grand ~ que** it is high time that; **il est grand ~ de partir** it is high time that we left; **il était ~!** *iron* and about time too!; **avoir le ~ de faire qqch** to have time to do sthg; **gagner du ~** to save time; **passer le ~ à** to pass the time; **~ libre** free time; **~ mort** SPORT stoppage time, injury time; *fig* break, pause; **à ~** in time; **de ~ à autre** now and then OU again; **de ~ en ~** from time to time; **en même ~** at the same time; **tout le ~** all the time; **tuer le ~** to kill time; **avoir tout son ~** to have all the time in the world; **ne pas laisser à qqn le ~ de se retourner** not to give sb the time to catch his/her breath; **rattraper le ~ perdu** to make up for lost time; **par**

les ~ **qui courent** in this day and age. **-2.** MUS beat. **-3.** GRAM tense. **-4.** MÉTÉOR weather; **gros** ~ rough weather OU conditions; **un** ~ **de chien** foul weather.

tenable [tənabl] *adj* bearable.

tenace [tənas] *adj* **-1.** [gén] stubborn. **-2.** *fig* [odeur, rhume] lingering. **-3.** [colle] strong.

ténacité [tenasite] *nf* **-1.** [d'odeur] lingering nature. **-2.** [de préjugé, personne] stubbornness.

tenailler [tənaje] [3] *vt* to torment.

tenailles [tənaj] *nfpl* pincers.

tenancier, -ière [tənāsje, jɛr] *nm, f* manager (*f* manageress).

tenant [tənā] *nm* **-1.** (*gén pl*) [d'opinion] supporter. **-2.** SPORT holder. **-3.** *loc:* **d'un seul** ~ in one piece, intact.

tendance [tādās] *nf* **-1.** [disposition] tendency; **avoir** ~ **à qqch/à faire qqch** to have a tendency to sthg/to do sthg, to be inclined to sthg/to do sthg. **-2.** [économique, de mode] trend.

tendancieusement [tādāsjøzmā] *adv* tendentiously.

tendancieux, -ieuse [tādāsjø, jøz] *adj* tendentious.

tendeur [tādœr] *nm* **-1.** [sangle] elastic strap (*for fastening luggage etc*). **-2.** [appareil] wire-strainer. **-3.** [de bicyclette] chain-adjuster. **-4.** [de tente] runner.

tendinite [tādinit] *nf* tendinitis.

tendon [tādɔ̃] *nm* tendon; ~ **d'Achille** Achilles' tendon.

tendre¹ [tādr] ◇ *adj* **-1.** [gén] tender. **-2.** [matériau] soft. **-3.** [couleur] delicate. ◇ *nmf* tender-hearted person.

tendre² [tādr] [73] ◇ *vt* **-1.** [corde] to tighten. **-2.** [muscle] to tense. **-3.** [objet, main]: ~ **qqch à qqn** to hold out sthg to sb. **-4.** [bâche] to hang. **-5.** [piège] to set (up). ◇ *vi*: ~ **à qqch/à faire qqch** to tend to; ~ **vers** [viser à] to aim at.

◆ **se tendre** *vp* to tighten; *fig* [relations] to become strained.

tendrement [tādrəmā] *adv* tenderly.

tendresse [tādrɛs] *nf* **-1.** [affection] tenderness. **-2.** [indulgence] sympathy.

◆ **tendresses** *nfpl*: **se faire des** ~s to be loving with each other.

tendron [tādrɔ̃] *nm part of veal rib*.

tendu, -e [tādy] ◇ *pp* → **tendre**. ◇ *adj* **-1.** [fil, corde] taut. **-2.** [pièce]: ~ **de** [velours] hung with; [papier peint] covered with. **-3.** [personne] tense. **-4.** [atmosphère, rapports] strained. **-5.** [main] outstretched.

ténèbres [tenɛbr] *nfpl* darkness (*sg*), shadows; *fig* depths.

ténébreux, -euse [tenebrø, øz] *adj* **-1.** *littéraire* [forêt] dark, shadowy. **-2.** *fig* [dessein, affaire] mysterious. **-3.** [personne] serious, solemn.

teneur [tənœr] *nf* content; [de traité] terms (*pl*); ~ **en alcool/cuivre** alcohol/copper content.

ténia, tænia [tenja] *nm* tapeworm.

tenir [tənir] [40] ◇ *vt* **-1.** [objet, personne, solution] to hold. **-2.** [garder, conserver, respecter] to keep. **-3.** [gérer - boutique] to keep, to run. **-4.** [apprendre]: ~ **qqch de qqn** to have sthg from sb. **-5.** [considérer]: ~ **qqn pour** to regard sb as. ◇ *vi* **-1.** [être solide] to stay up, to hold together. **-2.** [durer] to last. **-3.** [pouvoir être contenu] to fit. **-4.** [être attaché]: ~ **à** [personne] to care about; [privilèges] to value. **-5.** [vouloir absolument]: ~ **à faire qqch** to insist on doing sthg. **-6.** [ressembler]: ~ **de** to take after. **-7.** [relever de]: ~ **de** to have something of. **-8.** [dépendre de]: **il ne tient qu'à toi de ...** it's entirely up to you to .... **-9.** *loc:* ~ **bon** to stand firm; **qu'à cela ne tienne** it OU that doesn't matter; **tiens!** [en donnant] here!; [surprise] well, well!; [pour attirer attention] look!

◆ **se tenir** *vp* **-1.** [réunion] to be held. **-2.** [personnes] to hold one another; **se** ~ **par la main** to hold hands. **-3.** [être présent] to be. **-4.** [être cohérent] to make sense. **-5.** [se conduire] to behave (o.s.). **-6.** [se retenir]: **se** ~ **(à)** to hold on (to). **-7.** [se borner]: **s'en** ~ **à** to stick to.

tennis [tenis] ◇ *nm* **-1.** [sport] tennis. **-2.** [terrain] tennis court. ◇ *nmpl* tennis shoes.

tennisman [tenisman] (*pl* **tennismen** [tenismen]) *nm* tennis player.

ténor [tenɔr] ◇ *adj* [instrument de musique] tenor (*avant n*). ◇ *nm* **-1.** [chanteur] tenor. **-2.** *fig* [vedette]: **un** ~ **de la politique** a political star performer.

tensioactif, -ive [tāsjɔaktif, iv] *adj* surface-active.

tension [tāsjɔ̃] *nf* **-1.** [contraction, désaccord] tension. **-2.** MÉD pressure; **avoir de la** ~ to have high blood pressure; ~ **artérielle** blood pressure. **-3.** ÉLECTR voltage; **haute/basse** ~ high/low voltage.

tentaculaire [tātakylɛr] *adj fig* sprawling.

tentacule [tātakyl] *nm* tentacle.

tentant, -e [tātā, āt] *adj* tempting.

tentateur, -trice [tātatœr, tris] ◇ *adj* tempting. ◇ *nm, f* tempter (*f* temptress).

tentation [tātasjɔ̃] *nf* temptation.

tentative [tãtativ] *nf* attempt; ~ **d'homicide** attempted murder; ~ **de suicide** suicide attempt.

tente [tãt] *nf* tent.
◆ **tente à oxygène** *nf* oxygen tent.

tenter [tãte] [3] *vt* **-1.** [entreprendre]: ~ **qqch/de faire qqch** to attempt sthg/to do sthg. **-2.** [plaire] to tempt; **être tenté par qqch/de faire qqch** to be tempted by sthg/to do sthg.

tenture [tãtyr] *nf* hanging.

tenu, -e [tǝny] ◇ *pp* → **tenir**. ◇ *adj* **-1.** [obligé]: **être ~ à qqch** to be bound by sthg; **être ~ de faire qqch** to be required OU obliged to do sthg. **-2.** [en ordre]: **bien/mal** ~ [maison] well/badly kept.
badly turned out.

ténu, -e [teny] *adj* **-1.** [fil] fine; *fig* [distinction] tenuous. **-2.** [voix] thin.

tenue [tǝny] *nf* **-1.** [entretien] running; ~ **de la comptabilité** bookkeeping. **-2.** [manières] good manners (*pl*). **-3.** [maintien du corps] posture. **-4.** [costume] dress; ~ **réglementaire** regulation uniform; ~ **de soirée** evening dress; **être en petite ~** to be scantily dressed.
◆ **tenue de route** *nf* roadholding.

tequila [tekila] *nf* tequila.

ter [tɛr] ◇ *adv* MUS three times. ◇ *adj*: **12** ~ **12B**.

térébenthine [terebãtin] *nf* turpentine.

Tergal® [tɛrgal] *nm* ≃ Terylene®.

tergiversation [tɛrʒivɛrsasjɔ̃] *nf* shilly-shallying (*U*).

tergiverser [tɛrʒivɛrse] [3] *vi* to shillyshally.

terme [tɛrm] *nm* **-1.** [fin] end; **mettre un ~ à** to put an end to. **-2.** [de grossesse] term; **mener une grossesse à ~** to go full term; **avant ~** prematurely. **-3.** [échéance] time limit; [de loyer] rent day; **à ~** FIN forward (*avant n*); **à court/moyen/long ~** [calculer] in the short/medium/long term; [projet] short-/medium-/long-term. **-4.** [mot, élément] term.
◆ **termes** *nmpl* **-1.** [expressions] words; **en d'autres ~s** in other words. **-2.** [de contrat] terms. **-3.** [relations]: **être en bons/mauvais ~s avec qqn** to be on good/bad terms with sb.

terminaison [tɛrminɛzɔ̃] *nf* GRAM ending.
◆ **terminaison nerveuse** *nf* nerve ending.

terminal, -e, -aux [tɛrminal, o] *adj* **-1.** [au bout] final. **-2.** MÉD [phase] terminal.
◆ **terminal, -aux** *nm* terminal.
◆ **terminale** *nf* SCOL ≃ twelfth grade *Am*, ≃ upper sixth year OU form *Br*.

terminer [tɛrmine] [3] *vt* to end; to finish; [travail, repas] to finish; ~ **qqch par** to finish sthg with.
◆ **se terminer** *vp* to end, to finish; **se ~ par** to end OU finish with; **se ~ en** to end in.

terminologie [tɛrminɔlɔʒi] *nf* terminology.

terminus [tɛrminys] *nm* terminus.

termite [tɛrmit] *nm* termite.

ternaire [tɛrnɛr] *adj* CHIM & MATHS ternary; LITTÉRATURE & MUS triple.

terne [tɛrn] *adj* dull.

ternir [tɛrnir] [32] *vt* to dirty; [métal, réputation] to tarnish.
◆ **se ternir** *vp* to get dirty; [métal, réputation] to tarnish.

terrain [tɛrɛ̃] *nm* **-1.** [sol] soil; **tout ~ all-terrain**; **vélo tout ~** mountain bike. **-2.** [surface] piece of land; ~ **vague** waste ground (*U*) OU land (*U*). **-3.** [emplacement - de football, rugby] pitch; [- de golf] course; ~ **d'aviation** airfield; ~ **de camping** campsite. **-4.** MIL terrain. **-5.** *fig* [domaine] ground; **en ~ glissant** *fig* on shaky ground. **-6.** *loc*: **céder du ~ à qqn** to give ground to sb; **déblayer le ~** *fig* to clear the ground; **gagner du ~** to gain ground; **gagner du ~ sur qqn** to gain on sb; **sur le ~** in the field.

terrasse [tɛras] *nf* terrace.

terrassement [tɛrasmã] *nm* [action] excavation.

terrasser [tɛrase] [3] *vt* [suj: personne] to bring down; [suj: émotion] to overwhelm; [suj: maladie] to conquer.

terrassier [tɛrasje] *nm* laborer *Am*, labourer *Br*.

terre [tɛr] *nf* **-1.** [monde] world. **-2.** [sol] ground; **par ~** on the ground; **sous ~** underground; ~ **à ~** *fig* down-to-earth. **-3.** [matière] earth, soil; ~ **cuite** terracotta; ~ **glaise** clay. **-4.** [propriété] land (*U*). **-5.** [territoire, continent] land; **sur la ~ ferme** on dry land; ~ **natale** native land. **-6.** ÉLECTR ground *Am*, earth *Br*.
◆ **Terre** *nf*: **la Terre** Earth; **la Terre promise** the Promised Land; **la Terre Sainte** the Holy Land.

terreau [tɛro] *nm* compost.

terre-neuve [tɛrnœv] *nm inv* Newfoundland (dog).

Terre-Neuve [tɛrnœv] *nf* Newfoundland; **à ~** in Newfoundland.

terre-plein [tɛrplɛ̃] (*pl* **terre-pleins**) *nm* platform.

terrer [tɛre] [4]
◆ **se terrer** *vp* to go to earth.

terrestre [tɛrɛstr] *adj* **-1.** [croûte, atmosphère] of the earth. **-2.** [animal, transport] land (*avant n*). **-3.** [plaisir, paradis] earthly. **-4.** [considérations] worldly.

terreur [tɛrœr] *nf* terror.

terreux, -euse [tɛrø, øz] *adj* **-1.** [substance, goût] earthy. **-2.** [mains, teint] muddy.

terri = **terril**.

terrible [tɛribl] *adj* **-1.** [gén] terrible. **-2.** [appétit, soif] terrific, enormous; **avoir un travail ~** to have a terrific OU an enormous amount of work. **-3.** *fam* [excellent] brilliant.

terriblement [tɛribləmɑ̃] *adv* terribly.

terrien, -ienne [tɛrjɛ̃, jɛn] ◇ *adj* **-1.** [foncier]: **propriétaire ~** landowner. **-2.** [vertu] rural. ◇ *nm, f* [habitant de la Terre] earthling.

terrier [tɛrje] *nm* **-1.** [tanière] burrow. **-2.** [chien] terrier.

terrifier [tɛrifje] [9] *vt* to terrify.

terril [tɛril], **terri** [tɛri] *nm* slag heap.

terrine [tɛrin] *nf* terrine.

territoire [tɛritwar] *nm* **-1.** [pays, zone] territory. **-2.** ADMIN area.

◆ **territoire d'outre-mer** *nm* (French) overseas territory.

territorial, -e, -iaux [tɛritɔrjal, jo] *adj* territorial.

terroir [tɛrwar] *nm* **-1.** [sol] soil. **-2.** [région rurale] country; **du ~** rural.

terroriser [tɛrɔrize] [3] *vt* to terrorize.

terrorisme [tɛrɔrism] *nm* terrorism.

terroriste [tɛrɔrist] ◇ *nmf* terrorist. ◇ *adj* terrorist (*avant n*).

tertiaire [tɛrsjɛr] ◇ *nm* tertiary sector. ◇ *adj* tertiary.

tertio [tɛrsjo] *adv* third, thirdly.

tes → **ton**.

tesson [tɛsɔ̃] *nm* piece of broken glass.

test [tɛst] *nm* test; **~ de grossesse** pregnancy test.

testament [tɛstamɑ̃] *nm* will; *fig* legacy.

◆ **Testament** *nm*: **Ancien/Nouveau Testament** Old/New Testament.

testamentaire [tɛstamɑ̃tɛr] *adj* of a will.

tester [tɛste] [3] ◇ *vt* to test. ◇ *vi* to make a will.

testicule [tɛstikyl] *nm* testicle.

tétaniser [tetanize] [3] *vt* to cause to go into spasm; *fig* to paralyze *Am*, to paralyse *Br*.

tétanos [tetanos] *nm* tetanus.

têtard [tɛtar] *nm* tadpole.

tête [tɛt] *nf* **-1.** [gén] head; **de la ~ aux pieds** from head to foot OU toe; **la ~ en bas** head down; **la ~ la première** head first; **calculer qqch de ~** to calculate sthg in one's head; **50 francs par ~** 50 francs a head OU each; **~ chercheuse** homing head; **~ d'écriture** INFORM write head; **~ de lecture** INFORM read head; **~ de liste** POLIT main candidate; **~ de mort** death's head; **piquer une ~** *fam* to have OU go for a dip; **se casser la ~ pour faire qqch** *fam fig* to kill o.s. doing sthg; **se laver la ~** to wash one's hair; **se payer la ~ de qqn** *fam* to make fun of sb, to take the mickey out of sb; **avoir la grosse ~** *fam* to be big-headed; **être ~ en l'air** to have one's head in the clouds; **avoir la ~ sur les épaules** to have a good head on one's shoulders; **faire la ~** to sulk; **garder la ~ froide** to keep a cool head; **perdre la ~** to lose one's head; **tenir ~ à qqn** to stand up to sb. **-2.** [visage] face. **-3.** [devant - de cortège, peloton] head, front; **de ~** [voiture] front (*avant n*); *fig* [personne] high-powered; **en ~** SPORT in the lead.

tête-à-queue [tɛtakø] *nm inv* spin.

tête-à-tête [tɛtatɛt] *nm inv* tête-à-tête; **en ~** alone.

tête-bêche [tɛtbɛʃ] *loc adv* head to tail.

tête-de-nègre [tɛtdənɛgr] *adj inv* dark brown.

tétée [tete] *nf* feed.

tétine [tetin] *nf* **-1.** [de biberon, mamelle] teat. **-2.** [sucette] pacifier *Am*, dummy *Br*.

téton [tetɔ̃] *nm* **-1.** *fam* [sein] breast. **-2.** TECHNOL nipple.

tétralogie [tetralɔʒi] *nf* tetralogy.

tétraplégique [tetrapleʒik] *adj* quadriplegic.

têtu, -e [tety] *adj* stubborn.

teuf-teuf [tœftœf] *nm inv* old banger.

teuton, -onne [tøtɔ̃, ɔn] *péj* ◇ *adj* Teutonic. ◇ *nm, f* Teuton.

texte [tɛkst] *nm* **-1.** [écrit] wording; **dans le ~** in the original; **~ intégral** unabridged text; **~ de loi** legal text. **-2.** [imprimé] text. **-3.** [extrait] passage.

textile [tɛkstil] ◇ *adj* textile (*avant n*). ◇ *nm* **-1.** [matière] textile. **-2.** [industrie]: **le ~** textiles (*pl*), the textile industry.

textuel, -elle [tɛkstɥɛl] *adj* **-1.** [analyse] textual; [citation] exact; **il a dit ça, ~** those were his very OU exact words. **-2.** [traduction] literal.

textuellement [tɛkstɥɛlmɑ̃] *adv* verbatim.

texture [tɛkstyr] *nf* texture.

TF1 (*abr de* **Télévision Française 1**) *nf* *French independent television company.*

TG (*abr de* **Trésorerie générale**) *nf* *local finance office.*

TGI *abr de* **tribunal de grande instance.**

TGV (*abr de* **train à grande vitesse**) *nm*
French high-speed train linking major cities.

thaï [taj] *nm & adj inv* Thai.
◆ **Thaï** *nm, f* Thai.

thaïlandais, -e [tajlɑ̃dɛ, ɛz] *adj* Thai.
◆ **Thaïlandais, -e** *nm, f* Thai.

Thaïlande [tajlɑ̃d] *nf*: **la** ~ Thailand.

thalasso(thérapie) [talasɔ(terapi)] *nf* sea-water therapy.

thaumaturge [tomatyrʒ] *nm littéraire* miracle worker.

thé [te] *nm* tea; ~ **au citron/lait** tea with lemon/milk; ~ **nature** tea without milk, black tea.

théâtral, -e, -aux [teatral, o] *adj* **-1.** [saison] theatre (*avant n*). **-2.** [ton] theatrical.

théâtralement [teatralmɑ̃] *adv* theatrically.

théâtre [teatr] *nm* **-1.** [bâtiment, représentation] theatre. **-2.** [troupe] theatre company. **-3.** [art]: **faire du** ~ to be on the stage; **adapté pour le** ~ adapted for the stage. **-4.** [œuvre] plays (*pl*). **-5.** [lieu] scene; ~ **d'opérations** MIL theatre of operations.

théière [tejɛr] *nf* teapot.

théine [tein] *nf* caffeine.

thématique [tematik] ◇ *adj* thematic. ◇ *nf* themes (*pl*).

thème [tɛm] *nm* **-1.** [sujet & MUS] theme. **-2.** SCOL prose.
◆ **thème astral** *nm* birth chart.

théocratie [teɔkrasi] *nf* theocracy.

théologie [teɔlɔʒi] *nf* theology.

théologien, -ienne [teɔlɔʒjɛ̃, jɛn] *nm, f* theologian.

théologique [teɔlɔʒik] *adj* theological.

théorème [teɔrɛm] *nm* theorem.

théoricien, -ienne [teɔrisjɛ̃, jɛn] *nm, f* theoretician.

théorie [teɔri] *nf* theory; **en** ~ in theory.

théorique [teɔrik] *adj* theoretical.

théoriquement [teɔrikmɑ̃] *adv* theoretically.

théoriser [teɔrize] [3] ◇ *vt* to theorize about. ◇ *vi*: ~ **(sur)** to theorize (about).

thérapeute [terapøt] *nmf* therapist.

thérapeutique [terapøtik] ◇ *adj* therapeutic. ◇ *nf* therapy.

thérapie [terapi] *nf* therapy.

thermal, -e, -aux [tɛrmal, o] *adj* thermal.

thermalisme [tɛrmalism] *nm* ≃ hydrotherapy.

thermes [tɛrm] *nmpl* thermal baths.

thermique [tɛrmik] *adj* thermal.

thermodynamique [tɛrmɔdinamik] ◇ *adj*

thermodynamic. ◇ *nf* thermodynamics (U).

thermomètre [tɛrmɔmɛtr] *nm* [instrument] thermometer.

thermonucléaire [tɛrmɔnykleɛr] *adj* thermonuclear.

Thermos® [tɛrmos] *nm ou nf* Thermos® (flask).

thermostat [tɛrmɔsta] *nm* thermostat.

thésard, -e [tezar, ard] *nm, f fam* PhD student.

thésauriser [tezɔrize] [3] ◇ *vt* to hoard. ◇ *vi* to hoard money.

thésaurus, thesaurus [tezɔrys] *nm inv* thesaurus.

thèse [tɛz] *nf* **-1.** [opinion] argument; **pièce/roman à** ~ drama/novel of ideas. **-2.** PHILO & UNIV thesis; ~ **de doctorat** doctorate. **-3.** [théorie] theory.

thon [tɔ̃] *nm* tuna.

thoracique [tɔrasik] *adj* thoracic; → **cage.**

thorax [tɔraks] *nm* thorax.

thriller [srilœr, trilœr] *nm* thriller.

thrombose [trɔ̃boz] *nf* thrombosis.

thune, tune [tyn] *nf fam* cash (U), dough (U).

thym [tɛ̃] *nm* thyme.

thyroïde [tirɔid] *nf* thyroid (gland).

TI *abr de* **tribunal d'instance.**

Tibet [tibɛ] *nm*: **le** ~ Tibet; **au** ~ in Tibet.

tibétain, -e [tibetɛ̃, ɛn] *adj* Tibetan.
◆ **Tibétain, -e** *nm, f* Tibetan.

tibia [tibja] *nm* tibia.

tic [tic] *nm* tic.

ticket [tikɛ] *nm* ticket; ~ **de caisse** (till) receipt; ~ **modérateur** *proportion of medical expenses payable by the patient*; ~ **de rationnement** ration coupon; ~**-repas** ≃ luncheon voucher; **avoir un** ~ **avec qqn** *fam fig* to have made a hit with sb.

tic-tac [tiktak] ◇ *interj* tick-tock! ◇ *nm inv* tick-tock.

tiédasse [tjedas] *adj péj* tepid.

tiède [tjed] ◇ *adj* **-1.** [boisson, eau] tepid, lukewarm. **-2.** [vent] mild. **-3.** *fig* [accueil] lukewarm. ◇ *adv*: **à boire** ~ serve lukewarm.

tièdement [tjedmɑ̃] *adv* half-heartedly.

tiédeur [tjedœr] *nf* **-1.** [chaleur modérée] tepidness. **-2.** *fig* [de climat] mildness. **-3.** *fig* [indifférence] half-heartedness.

tiédir [tjedir] [32] ◇ *vt* to warm. ◇ *vi* to become warm; **faire** ~ **qqch** to warm sthg.

tien [tjɛ̃]

◆ **le tien** (*f* **la tienne** [latjɛn], *mpl* **les tiens** [letjɛ̃], *fpl* **les tiennes** [letjɛn]) *pron poss* yours; **les ~s** your family; **mets-y du ~**! make an effort!; **à la tienne!** cheers!; **tu as encore fais des tiennes!** you've been up to your tricks again!

tiendrai, tiendras *etc* → **tenir**.

tienne ◇ *vb* → **tenir**. ◇ *pron poss* → **tien**.

tiens, tient *etc* → **tenir**.

tierce [tjɛrs] ◇ *nf* **-1.** MUS third. **-2.** CARTES & ESCRIME tierce. **-3.** TYPO final proof. ◇ *adj* → **tiers**.

tiercé [tjɛrse] *nm system of betting involving the first three horses in a race.*

tiers, tierce [tjɛr, tjɛrs] *adj*: **une tierce personne** a third party.

◆ **tiers** *nm* **-1.** [étranger] outsider, stranger. **-2.** [tierce personne] third party; **assurance au ~** third-party insurance. **-3.** [de fraction]: **le ~ de** one-third of; **~ provisionnel** *thrice-yearly income tax payment based on estimated tax due for the previous year.*

tiers-monde [tjɛrmɔ̃d] *nm*: **le ~** the Third World.

tiers-mondisation [tjɛrmɔ̃dizasjɔ̃] *nf*: **la ~ de ce pays** this country's economic degeneration to Third World levels.

tiers-mondiste [tjɛrmɔ̃dist] ◇ *adj* favouring the Third World. ◇ *nmf* champion of the Third World.

tiers-payant [tjɛrpejɑ̃] *nm system by which a proportion of the fee for medical treatment is paid directly to the hospital, doctor or pharmacist by the patient's insurer.*

tifs [tif] *nmpl fam* hair (*U*).

TIG (*abr de* **travail d'intérêt général**) *nm* community service.

tige [tiʒ] *nf* **-1.** [de plante] stem, stalk. **-2.** [de bois, métal] rod.

tignasse [tiɲas] *nf fam* mop (of hair).

tigre [tigr] *nm* tiger; **jaloux comme un ~** *fig* fiercely jealous.

tigré, -e [tigre] *adj* **-1.** [rayé] striped; [chat] tabby (*avant n*). **-2.** [tacheté] spotted; [cheval] piebald.

tigresse [tigrɛs] *nf* tigress.

tilleul [tijœl] *nm* lime (tree).

tilt [tilt] *nm*: **faire ~** *fam fig* to ring a bell.

timbale [tɛ̃bal] *nf* **-1.** [gobelet] (metal) cup; **décrocher la ~** *fig* to hit the jackpot. **-2.** CULIN timbale. **-3.** MUS kettledrum.

timbrage [tɛ̃braʒ] *nm* postmarking.

timbre [tɛ̃br] *nm* **-1.** [gén] stamp. **-2.** [de voix] timbre. **-3.** [de bicyclette] bell.

timbré, -e [tɛ̃bre] ◇ *adj* **-1.** [papier, enve-loppe] stamped. **-2.** [voix] resonant. **-3.** *fam* [fou] barmy, doolally. ◇ *nm, f fam* loony.

timbrer [tɛ̃bre] [3] *vt* to stamp.

timide [timid] ◇ *adj* **-1.** [personne] shy. **-2.** [protestation, essai] timid. **-3.** [soleil] uncertain. ◇ *nmf* shy person.

timidement [timidmɑ̃] *adv* shyly; [protester] timidly.

timidité [timidite] *nf* **-1.** [de personne] shyness. **-2.** [de protestation] timidness.

timing [tajmiŋ] *nm* **-1.** [emploi du temps] schedule. **-2.** [organisation] timing.

timonier [timɔnje] *nm* helmsman.

timoré, -e [timɔre] *adj* fearful, timorous.

tintamarre [tɛ̃tamar] *nm fam* racket.

tintement [tɛ̃tmɑ̃] *nm* [de cloche, d'horloge] chiming; [de pièces] jingling.

tinter [tɛ̃te] [3] *vi* **-1.** [cloche, horloge] to chime. **-2.** [pièces] to jingle.

tintin [tɛ̃tɛ̃] *interj fam* no way!, not a chance!

tintouin [tɛ̃twɛ̃] *nm fam* **-1.** [vacarme] racket. **-2.** [souci] worry.

TIP [tip] (*abr de* **titre interbancaire de paiement**) *nm payment slip for bills,* ≃ bank giro payment slip *Br.*

tique [tik] *nf* tick.

tiquer [tike] [3] *vi fam*: **~ (sur)** to wince (at).

tir [tir] *nm* **-1.** [SPORT - activité] shooting; [- lieu] **(centre de) ~** shooting range; **~ à l'arc** archery; **~ au pigeon** clay pigeon shooting. **-2.** [trajectoire] shot. **-3.** [salve] fire (*U*). **-4.** [manière, action de tirer] firing.

TIR (*abr de* **transports internationaux routiers**) *international road transport agreement allowing lorries to avoid customs until they reach their destination.*

tirade [tirad] *nf* **-1.** THÉÂTRE soliloquy. **-2.** [laïus] tirade.

tirage [tiraʒ] *nm* **-1.** [de journal] circulation; [de livre] print run; **à grand ~** mass circulation; **~ limité** limited edition. **-2.** [du loto] draw; **~ au sort** drawing lots. **-3.** [de cheminée] draft *Am*, draught *Br.* **-4.** [de vin] drawing off. **-5.** *loc*: **il y a du tirage** *fam fig* there is some friction.

tiraillement [tirajmɑ̃] *nm* (*gén pl*) **-1.** [crampe] cramp. **-2.** *fig* [conflit] conflict.

tirailler [tiraje] [3] ◇ *vt* **-1.** [tirer sur] to tug (at). **-2.** *fig* [écarteler]: **être tiraillé par/entre qqch** to be torn by/between sthg. ◇ *vi* to fire wildly.

tirailleur [tirajœr] *nm* skirmisher.

Tirana [tirana] *n* Tirane.

tire [tir] *nf* **-1.** *fam* [voiture] wheels (*pl*). **-2.** *loc*: **vol à la ~** *fam* pickpocketing; **voleur à la ~** *fam* pickpocket.

tiré, -e [tire] *adj* [fatigué]: **avoir les traits ~s** OU **le visage ~** to look drawn.

tire-au-flanc [tiroflã] *nm inv fam* shirker, skiver *Br*.

tire-botte [tirbɔt] (*pl* **tire-bottes**) *nm* bootjack.

tire-bouchon [tirbuʃɔ̃] (*pl* **tire-bouchons**) *nm* corkscrew.
◆ **en tire-bouchon** *loc adv* corkscrew (*avant n*).

tire-bouchonner [tirbuʃɔne] [3] ◇ *vt* to twiddle. ◇ *vi* to get OU become twisted.

tire-d'aile [tirdɛl]
◆ **à tire d'aile** *loc adv* as quickly as possible.

tire-fesses [tirfɛs] *nm inv fam* ski-tow.

tire-lait [tirlɛ] *nm inv* breast pump.

tire-larigot [tirlarigo]
◆ **à tire-larigot** *loc adv fam* to one's heart's content.

tirelire [tirlir] *nf* moneybox.

tirer [tire] [3] ◇ *vt* **-1.** [gén] to pull; [rideaux] to draw; [tiroir] to pull open. **-2.** [tracer - trait] to draw. **-3.** [revue, livre] to print. **-4.** [avec arme] to fire. **-5.** [faire sortir - vin] to draw off; **~ qqn de** *litt* & *fig* to help OU get sb out of; **~ un revolver/un mouchoir de sa poche** to pull a gun/a handkerchief out of one's pocket; **~ la langue** to stick out one's tongue. **-6.** [aux cartes, au loto] to draw. **-7.** [plaisir, profit] to derive. **-8.** [déduire - conclusion] to draw; [- leçon] to learn. **-9.** *loc*: **~ qqch au clair** to shed light on sthg.
◇ *vi* **-1.** [tendre]: **~ sur** to pull on OU at. **-2.** [aspirer]: **~ sur** [pipe] to draw OU pull on. **-3.** [couleur]: **bleu tirant sur le vert** greenish blue. **-4.** [cheminée] to draw. **-5.** [avec arme] to fire, to shoot. **-6.** SPORT to shoot.
◆ **se tirer** *vp* **-1.** *fam* [s'en aller] to push off. **-2.** [se sortir]: **se ~ de** to get o.s. out of; **s'en ~** *fam* to escape.

tiret [tirɛ] *nm* dash.

tirette [tirɛt] *nf* **-1.** [planchette] leaf. **-2.** *Belg* [fermeture] zipper *Am*, zip *Br*. **-3.** [commande] lever.

tireur, -euse [tirœr, øz] *nm, f* [avec arme] gunman; **~ d'élite** marksman (*f* markswoman).
◆ **tireur** *nm* [de chèque] drawer.
◆ **tireuse** *nf*: **tireuse de cartes** fortune teller.

tiroir [tirwar] *nm* drawer.

tiroir-caisse [tirwarkɛs] (*pl* **tiroirs-caisses**) *nm* till.

tisane [tizan] *nf* herb tea.

tison [tizɔ̃] *nm* ember.

tisonnier [tizɔnje] *nm* poker.

tissage [tisaʒ] *nm* weaving.

tisser [tise] [3] *vt litt* & *fig* to weave; [suj: araignée] to spin.

tisserand, -e [tisrã, ãd] *nm, f* weaver.

tissu [tisy] *nm* **-1.** [étoffe] cloth, material. **-2.** BIOL tissue; **~ adipeux** adipose tissue; **~ conjonctif** connective tissue.

tissu-éponge [tisyepɔ̃ʒ] (*pl* **tissus-éponges**) *nm* toweling (*U*) *Am*, towelling (*U*) *Br*.

titan [titã] *nm* Titan; **de ~** *fig* titanic.

titiller [titije] [3] *vt* to titillate.

titrage [titraʒ] *nm* **-1.** [d'œuvre, de film] titling. **-2.** [de liquide] titration.

titre [titr] *nm* **-1.** [gén] title. **-2.** [de presse] headline; **gros ~** headline. **-3.** [universitaire] diploma, qualification. **-4.** JUR title; **~ de propriété** title deed. **-5.** FIN security. **-6.** [de monnaie] fineness. **-7.** *loc*: **à ~ gracieux** OU **gratuit** free of charge; **à ~ indicatif** for information; **à aucun ~** on any account, in any way; **à juste ~** with just cause, justifiably so.
◆ **titre de transport** *nm* ticket.
◆ **à titre de** *loc prép*: **à ~ d'exemple** by way of example; **à ~ d'information** for information.
◆ **au même titre que** *loc prép* in the same way that.
◆ **en titre** *loc adj* **-1.** [titulaire] titular. **-2.** [attitré] official.

titrer [titre] [3] *vt* **-1.** [œuvre] to title. **-2.** [liquide] to titrate.

tituber [titybe] [3] *vi* to totter.

titulaire [titylɛr] ◇ *adj* [employé] permanent; UNIV with tenure. ◇ *nmf* [de passeport, permis] holder; [de poste, chaire] occupant.

titulariser [titylarize] [3] *vt* to give tenure to.

TNT (*abr de* **trinitrotoluène**) *nm* TNT.

toast [tost] *nm* **-1.** [pain grillé] toast (*U*). **-2.** [discours] toast; **porter un ~ à** to drink a toast to.

toasteur [tɔstœr] *nm* toaster.

toboggan [tɔbɔgã] *nm* **-1.** [traîneau] toboggan. **-2.** [de terrain de jeu] slide; [de piscine] chute. **-3.** AUTOM overpass *Am*, flyover *Br*.

toc [tɔk] ◇ *interj*: **et ~!** so there! ◇ *nm fam*: **c'est du ~** it's fake; **en ~** fake (*avant n*). ◇ *adj inv* rubbishy.

tocsin [tɔksɛ̃] *nm* alarm bell.

Togo [tɔgo] *nm*: **le ~** Togo; **au ~** in Togo.

togolais, -e [tɔgɔlɛ, ɛz] *adj* Togolese.

◆ **Togolais**, **-e** *nm, f* Togolese person; **les Togolais** the Togolese.

tohu-bohu [tɔybɔy] *nm* commotion.

toi [twa] *pron pers* you.

◆ **toi-même** *pron pers* yourself.

toile [twal] *nf* **-1.** [étoffe] cloth; [de lin] linen; ~ **cirée** oilcloth. **-2.** [tableau] canvas, picture. **-3.** NAVIG [voilure] sails (*pl*).

◆ **toile d'araignée** *nf* spider's web.

◆ **toile de fond** *nf* backdrop.

toilettage [twalɛtaʒ] *nm* grooming.

toilette [twalɛt] *nf* **-1.** [de personne, d'animal] washing; **faire sa** ~ to (have a) wash. **-2.** [parure, vêtements] outfit, clothes (*pl*). **-3.** [de monument, voiture] **cleaning. -4.** [de texte] tidying up.

◆ **toilettes** *nfpl* toilet (*sg*), toilets.

toise [twaz] *nf* height gauge.

toiser [twaze] [3] *vt* to eye (up and down).

◆ **se toiser** *vp* to eye each other up and down.

toison [twazɔ̃] *nf* **-1.** [pelage] fleece. **-2.** [chevelure] mop (of hair).

toit [twa] *nm* roof; ~ **ouvrant** sunroof.

toiture [twatyr] *nf* roof, roofing.

Tokyo [tɔkjo] *n* Tokyo.

tôlard, **-e**, **taulard**, **-e** [tolar, ard] *nm, f tfam* jailbird, con.

tôle [tol] *nf* **-1.** [de métal] sheet metal; ~ **ondulée** corrugated iron. **-2.** *tfam* [prison] clink, nick *Br*.

tolérable [tɔlerabl] *adj* **-1.** [comportement] excusable. **-2.** [douleur] bearable, tolerable.

tolérance [tɔlerɑ̃s] *nf* **-1.** [gén] tolerance. **-2.** [liberté] concession.

tolérant, **-e** [tɔlerɑ̃, ɑ̃t] *adj* **-1.** [large d'esprit] tolerant. **-2.** [indulgent] liberal.

tolérer [tɔlere] [18] *vt* to tolerate.

◆ **se tolérer** *vp* to put up with OU tolerate each other.

tôlier, **-ière**, **taulier**, **-ière** [tolje, ɛr] *nm, f tfam* [propriétaire] hotel owner.

tollé [tɔle] *nm* protest; **soulever un** ~ **général** *fig* to cause a general outcry.

tomate [tɔmat] *nf* tomato; ~**s à la provençale** *baked or fried tomatoes with herbs, breadcrumbs and garlic.*

tombal, **-e**, **-aux** [tɔ̃bal, o] *adj*: **pierre** ~**e** gravestone.

tombant, **-e** [tɔ̃bɑ̃, ɑ̃t] *adj* [moustaches] drooping; [épaules] sloping.

tombe [tɔ̃b] *nf* **-1.** [fosse] grave, tomb. **-2.** [pierre] gravestone, tombstone.

tombeau, **-x** [tɔ̃bo] *nm* tomb; **rouler à** ~ **ouvert** *fig* to drive at breakneck speed.

tombée [tɔ̃be] *nf* fall; **à la** ~ **du jour** OU **de la nuit** at nightfall.

tomber [tɔ̃be] [3] ◇ *vi* (*aux: être*) **-1.** [gén] to fall; **faire** ~ **qqn** to knock sb over OU down; ~ **raide mort** to drop down dead; **je suis tombé de haut** *fig* you could have knocked me down with a feather; ~ **bien** [robe] to hang well; *fig* [visite, personne] to come at a good time. **-2.** [cheveux] to fall out. **-3.** [nouvelle] to break. **-4.** [diminuer - prix] to drop, to fall; [- fièvre, vent] to drop; [- jour] to come to an end; [- colère] to die down. **-5.** [devenir brusquement]: ~ **malade** to fall ill; ~ **amoureux** to fall in love; **être bien/mal tombé** to be lucky/unlucky. **-6.** [trouver]: ~ **sur** to come across. **-7.** [attaquer]: ~ **sur** to set about. **-8.** [se placer]: ~ **sous** [loi, juridiction] to come OU fall under; ~ **sous la main** to come to hand. **-9.** [date, événement] to fall on.

◇ *vt* (*aux: avoir*) *fam* [séduire] to lay.

tombeur [tɔ̃bœr] *nm fam fig* womanizer, Casanova.

tombola [tɔ̃bɔla] *nf* raffle.

tome [tɔm] *nm* volume.

tomme [tɔm] *nf*: ~ **(de Savoie)** *semi-hard cow's milk cheese from Savoy*.

tommette [tɔmɛt] *nf* terracotta floor tile.

ton¹ [tɔ̃] *nm* **-1.** [de voix] tone; **hausser/baisser le** ~ to raise/lower one's voice. **-2.** MUS key; **donner le** ~ to give the chord; *fig* to set the tone.

ton² [tɔ̃] (*f* **ta** [ta], *pl* **tes** [te]) *adj poss* your.

tonalité [tɔnalite] *nf* **-1.** MUS tonality. **-2.** *fig* [impression] tone. **-3.** [au téléphone] dialling tone.

tondeuse [tɔ̃døz] *nf* [à cheveux] clippers (*pl*); ~ **(à gazon)** mower, lawnmower.

tondre [tɔ̃dr] [75] *vt* [gazon] to mow; [mouton] to shear; [caniche, cheveux] to clip; **se laisser** OU **se faire** ~ **par qqn** *fig* to be fleeced by sb.

tondu, **-e** [tɔ̃dy] *adj* [caniche, cheveux] clipped; [pelouse] mown.

tonicité [tɔnisite] *nf* [des muscles] tone.

tonifiant, **-e** [tɔnifjɑ̃, ɑ̃t] *adj* [climat] invigorating, bracing; [lecture] stimulating.

tonifier [tɔnifje] [9] *vt* [peau] to tone; [esprit] to stimulate.

tonique [tɔnik] ◇ *adj* **-1.** [boisson] tonic (*avant n*); [froid] bracing; [lotion] toning. **-2.** LING & MUS tonic. ◇ *nm* MÉD tonic. ◇ *nf* MUS tonic, keynote.

tonitruant, **-e** [tɔnitryɑ̃, ɑ̃t] *adj* booming.

tonnage [tɔnaʒ] *nm* tonnage.

tonnant, **-e** [tɔnɑ̃, ɑ̃t] *adj* thundering.

tonne [tɔn] *nf* **-1.** [1000 kg] tonne. **-2.** [grande quantité]: **des ~s de tons** OU **loads of. -3.** [tonneau] tun.

tonneau, -x [tɔno] *nm* **-1.** [baril] barrel, cask. **-2.** [de voiture] roll. **-3.** NAVIG ton.

tonnelet [tɔnlɛ] *nm* keg, small cask.

tonnelle [tɔnɛl] *nf* bower, arbour.

tonner [tɔne] [3] *vi* to thunder.

tonnerre [tɔnɛr] *nm* thunder; **coup de ~** thunderclap; *fig* bombshell; **du ~** *fam fig* terrific, great.

tonsure [tɔ̃syr] *nf* tonsure.

tonte [tɔ̃t] *nf* [de mouton] shearing; [de gazon] mowing; [de caniche, cheveux] clipping.

tonton [tɔ̃tɔ̃] *nm* uncle.

tonus [tɔnys] *nm* **-1.** [dynamisme] energy. **-2.** [de muscle] tone.

top [tɔp] ◇ *nm* [signal] beep. ◇ *adj*: **être au ~ niveau** to be at the top (level).
◆ **top secret** *adj inv* top secret.

topaze [tɔpaz] *nf* topaz.

toper [tɔpe] [3] *vi*: **tope-là!** right, you're on!

topinambour [tɔpinɑ̃bur] *nm* Jerusalem artichoke.

topique [tɔpik] ◇ *adj* pertinent. ◇ *nm* topical OU local remedy.

topo [tɔpo] *nm fam* spiel; **c'est toujours le même ~** *fig* it's always the same old story.

topographie [tɔpɔgrafi] *nf* topography.

topographique [tɔpɔgrafik] *adj* topographical.

toponymie [tɔpɔnimi] *nf* toponymy.

toquade [tɔkad] *nf*: **~ (pour)** [personne] crush (on); [style, mode] craze (for).

toque [tɔk] *nf* [de juge, de jockey] cap; [de cuisinier] hat.

toqué, -e [tɔke] *fam* ◇ *adj*: **~ (de)** crazy (about), nuts (about). ◇ *nm, f* nutter, nutcase.

torche [tɔrʃ] *nf* torch; **~ électrique** flashlight *Am*, (electric) torch *Br*.

torcher [tɔrʃe] [3] *vt fam* **-1.** [assiette, fesses] to wipe. **-2.** [travail] to dash off. **-3.** [bouteille] to polish off.
◆ **se torcher** *vp tfam* to wipe one's bottom.

torchis [tɔrʃi] *nm* daub (*building material*).

torchon [tɔrʃɔ̃] *nm* **-1.** [serviette] cloth. **-2.** *fam* [travail] mess. **-3.** *fam* [journal] rag.

tordant, -e [tɔrdɑ̃, ɑ̃t] *adj fam* hilarious.

tord-boyaux [tɔrbwajo] *nm inv fam* gutrot.

tordre [tɔrdr] [76] *vt* **-1.** [gén] to twist. **-2.** [linge] to wring (out).
◆ **se tordre** *vp*: **se ~ la cheville** to twist one's ankle; **se ~ de douleur** *fig* to be

racked with pain; **se ~ de rire** *fam fig* to double up with laughter.

tordu, -e [tɔrdy] ◇ *pp* → **tordre.** ◇ *adj fam* [bizarre, fou] crazy; [esprit] warped. ◇ *nm, f fam* nutcase.

toréador [tɔreadɔr], **torero** [tɔrero] *nm* bullfighter.

tornade [tɔrnad] *nf* tornado.

torpeur [tɔrpœr] *nf* torpor.

torpille [tɔrpij] *nf* **-1.** MIL torpedo. **-2.** [poisson] torpedo, electric ray.

torpiller [tɔrpije] [3] *vt* to torpedo.

torpilleur [tɔrpijœr] *nm* torpedo boat.

torréfaction [tɔrefaksjɔ̃] *nf* roasting.

torréfier [tɔrefje] [9] *vt* to roast.

torrent [tɔrɑ̃] *nm* torrent; **pleuvoir à ~s** *fig* to pour down; **un ~ de** *fig* [injures] a stream of; [lumière, larmes] a flood of.

torrentiel, -ielle [tɔrɑ̃sjɛl] *adj* torrential.

torride [tɔrid] *adj* torrid.

tors, -e [tɔr, tɔrs] *adj* twisted.
◆ **torse** *nm* chest; **bomber le ~** to puff OU throw out one's chest; *fig* to puff up (with pride).

torsade [tɔrsad] *nf* **-1.** [de cheveux] twist, coil. **-2.** [de pull] cable.

torsader [tɔrsade] [3] *vt* to twist.

torsion [tɔrsjɔ̃] *nf* twisting; PHYS torsion.

tort [tɔr] *nm* **-1.** [erreur] fault; **avoir ~** to be wrong; **avoir ~ de faire qqch** to be wrong to do sthg; **parler à ~ et à travers** to talk nonsense; **être dans son ~** OU **en ~** to be in the wrong; **reconnaître ses ~s** to acknowledge one's faults; **à ~** wrongly; **à ~ ou à raison** rightly or wrongly. **-2.** [préjudice] wrong; **causer** OU **faire du ~ à qqn** to wrong sb.

torticolis [tɔrtikɔli] *nm* stiff neck.

tortillement [tɔrtijmɑ̃] *nm* wriggling, writhing.

tortiller [tɔrtije] [3] ◇ *vt* [enrouler] to twist; [moustache] to twirl. ◇ *vi*: **~ des hanches** to swing one's hips; **il n'y a pas à ~** *fig* there's no getting out of it.
◆ **se tortiller** *vp* to writhe, to wriggle.

tortionnaire [tɔrsjɔnɛr] ◇ *nmf* torturer. ◇ *adj* given to torture.

tortue [tɔrty] *nf* tortoise; *fig* slowpoke *Am*, slowcoach *Br*.

tortueux, -euse [tɔrtɥø, øz] *adj* winding, twisting; *fig* tortuous.

torture [tɔrtyr] *nf* torture.

torturer [tɔrtyre] [3] *vt* to torture.
◆ **se torturer** *vp* to torment o.s.; **se ~ pour** to agonize over.

torve [tɔrv] *adj*: œil OU regard ~ threatening look.

tôt [to] *adv* **-1.** [de bonne heure] early. **-2.** [vite] soon, early; **ce n'est pas trop ~!** *fam* and about time too!; ~ **ou tard** sooner or later.

◆ **au plus tôt** *loc adv* at the earliest.

total, -e, -aux [tɔtal, o] *adj* total.

◆ **total** *nm* total; **au ~** in total; *fig* on the whole, all in all.

totalement [tɔtalmã] *adv* totally.

totaliser [tɔtalize] [3] *vt* **-1.** [additionner] to add up, to total. **-2.** [réunir] to have a total of.

totalitaire [tɔtalitɛr] *adj* totalitarian.

totalitarisme [tɔtalitarism] *nm* totalitarianism.

totalité [tɔtalite] *nf* whole; **la ~ de** [inscrits] all (of); [classe] the whole of the, the entire; **en ~** entirely.

totem [tɔtɛm] *nm* totem.

touareg, -ègue [twarɛg] *adj* Tuareg.

◆ **touareg** *nm* [langue] Tuareg.

◆ **Touareg, -ègue** *nm, f* Tuareg.

toubib [tubib] *nmf fam* doc.

toucan [tukã] *nm* toucan.

touchant, -e [tuʃã, ãt] *adj* touching.

touche [tuʃ] *nf* **-1.** [de clavier] key; ~ **alphanumérique** alphanumeric key; ~ **de fonction** function key. **-2.** [de peinture] stroke. **-3.** *fig* [note]: **une ~ de** a touch of. **-4.** *fam* [allure] appearance, look. **-5.** PÊCHE bite; **faire une ~** *fig* to make a hit. **-6.** [FOOTBALL - ligne] touch line; [- remise en jeu] throw-in; [RUGBY - ligne] touch (line); [- remise en jeu] line-out; **être mis/rester sur la ~** *fig* to be left/to stay on the sidelines. **-7.** ESCRIME hit.

touche-à-tout [tuʃatu] *nmf inv* [adulte] dabbler; [enfant]: **c'est un petit ~** he's into everything.

toucher [tuʃe] [3] ◇ *nm*: **le ~** the (sense of) touch; **au ~** to the touch.

◇ *vt* **-1.** [palper, émouvoir] to touch. **-2.** [rivage, correspondant] to reach; [cible] to hit. **-3.** [salaire] to get, to be paid; [chèque] to cash; [gros lot] to win. **-4.** [concerner] to affect, to concern.

◇ *vi*: ~ **à** to touch; [problème] to touch on; [inconscience, folie] to border OU verge on; [maison] to adjoin; ~ **à sa fin** to draw to a close.

◆ **se toucher** *vp* [maisons] to be adjacent (to each other), to adjoin (each other).

touffe [tuf] *nf* tuft.

touffu, -e [tufy] *adj* [forêt] dense; [barbe] bushy.

touiller [tuje] [3] *vt fam* [mélanger] to stir; [salade] to toss.

toujours [tuʒur] *adv* **-1.** [continuité, répétition] always; **ils s'aimeront ~** they will always love one another, they will love one another forever; ~ **plus** more and more; ~ **moins** less and less. **-2.** [encore] still. **-3.** [de toute façon] anyway, anyhow.

◆ **de toujours** *loc adj*: **ce sont des amis de ~** they are lifelong friends.

◆ **pour toujours** *loc adv* forever, for good.

◆ **toujours est-il que** *loc conj* the fact remains that.

toundra [tundra] *nf* tundra.

toupet [tupɛ] *nm* **-1.** [de cheveux] tuft of hair, quiff *Br*. **-2.** *fam fig* [aplomb] cheek; **avoir du ~, ne pas manquer de ~** *fam* to have a cheek.

toupie [tupi] *nf* (spinning) top.

tour [tur] ◇ *nm* **-1.** [périmètre] circumference; **faire le ~ de** to go round; **faire un ~** to go for a walk/drive *etc*; **faire le ~ du propriétaire** to go on a tour of inspection; ~ **d'horizon** survey; ~ **de piste** SPORT lap; ~ **de taille** waist measurement. **-2.** [rotation] turn; **fermer à double ~** to double-lock; **à ~ de bras** *fig* non-stop; **en un ~ de main** *fig* in the twinkling of an eye. **-3.** [plaisanterie] trick; **jouer un bon/mauvais ~ à qqn** to play a joke/dirty trick on sb; ~ **de force** amazing feat. **-4.** [succession] turn; **j'ai fait la cuisine/la vaisselle** *etc* **plus souvent qu'à mon ~** I've done more than my fair share of cooking/washing-up *etc*; ~ **de scrutin** ballot, round of voting; **à ~ de rôle** in turn; ~ **à ~** alternately, in turn. **-5.** [d'événements] turn. **-6.** [de potier] wheel.

◇ *nf* **-1.** [monument, de château] tower; [immeuble] high-rise *Am*, tower-block *Br*. **-2.** ÉCHECS rook, castle.

◆ **tour de contrôle** *nf* control tower.

tourbe [turb] *nf* peat.

tourbière [turbjɛr] *nf* peat bog.

tourbillon [turbijɔ̃] *nm* **-1.** [de vent] whirlwind; **un ~ de** a whirl of. **-2.** [de poussière, fumée] swirl. **-3.** [d'eau] whirlpool. **-4.** *fig* [agitation] hurly-burly.

tourbillonnant, -e [turbijɔnã, ãt] *adj* swirling, whirling.

tourbillonner [turbijɔne] [3] *vi* to whirl, to swirl; *fig* to whirl (round).

tourelle [turɛl] *nf* turret.

tourisme [turism] *nm* tourism.

tourista [turista] *nf* traveler's *Am* OU traveller's *Br* tummy.

touriste [turist] ◇ *nmf* tourist; **en ~** as a tourist. ◇ *adj* tourist (*avant n*).

touristique [turistik] *adj* tourist (*avant n*).

tourment [turmɑ̃] *nm sout* torment.

tourmente [turmɑ̃t] *nf* **-1.** *littéraire* [tempête] storm, tempest. **-2.** *fig* turmoil.

tourmenter [turmɑ̃te] [3] *vt* to torment.

◆ **se tourmenter** *vp* to worry o.s., to fret.

tournage [turnaʒ] *nm* CIN shooting.

tournailler [turnaje] [3] *vi fam* to prowl about; ~ **autour de qqn/qqch** to hover around sb/sthg.

tournant, -e [turnɑ̃, ɑ̃t] *adj* [porte] revolving; [fauteuil] swivel (*avant n*); [pont] swing (*avant n*).

◆ **tournant** *nm* bend; *fig* turning point; **je l'attends au** ~ *fam fig* I'll get even with him/her.

tourné, -e [turne] *adj* **-1.** [lait] sour, off. **-2.** *loc*: **bien** ~ [lettre] well-worded; [personne] shapely; **mal** ~ [lettre] badly-worded; [personne] unattractive; [esprit] warped.

tournebroche [turnəbrɔʃ] *nm* spit.

tourne-disque [turnədisk] (*pl* **tourne-disques**) *nm* record player.

tournedos [turnədo] *nm steak taken from the thickest part of the fillet.*

tournée [turne] *nf* **-1.** [voyage] tour. **-2.** *fam* [consommations] round. **-3.** *fam* [correction] thrashing, beating.

tourner [turne] [3] ◇ *vt* **-1.** [gén] to turn. **-2.** [pas, pensées] to turn, to direct. **-3.** [obstacle, loi] to get round. **-4.** CIN to shoot. **-5.** *fig* [formuler]: **bien** ~ **qqch** to put sthg well. ◇ *vi* **-1.** [gén] to turn; [moteur] to turn over; [planète] to revolve; ~ **autour de qqn** *fig* to hang around sb; ~ **autour du pot** OU **du sujet** *fig* to beat about the bush; «**tournez s'il vous plaît**» "please turn over". **-2.** *fam* [entreprise] to tick over. **-3.** [lait] to go off.

◆ **se tourner** *vp* to turn (right) round; **se** ~ **vers** to turn toward *Am* OU towards *Br*.

tournesol [turnəsɔl] *nm* **-1.** [plante] sunflower. **-2.** [colorant] litmus.

tourneur, -euse [turnœr, øz] *nm, f* turner, lathe operator.

tournevis [turnəvis] *nm* screwdriver.

tournicoter [turnikɔte] [3] *vi fam* to wander up and down.

tourniquet [turnikɛ] *nm* **-1.** [entrée] turnstile. **-2.** MÉD tourniquet.

tournis [turni] *nm fam*: **avoir le** ~ to feel dizzy OU giddy; **donner le** ~ **à qqn** to make sb dizzy OU giddy.

tournoi [turnwa] *nm* tournament.

tournoiement [turnwamɑ̃] *nm* wheeling, whirling.

tournoyer [turnwaje] [13] *vi* to wheel, to whirl.

tournure [turnyr] *nf* **-1.** [apparence] turn; **prendre** ~ to take shape. **-2.** [formulation] form; ~ **de phrase** turn of phrase.

tour-opérateur [turɔperatœr] (*pl* **tour-opérateurs**) *nm* tour operator.

tourte [turt] *nf* pie.

tourteau, -x [turto] *nm* **-1.** [crabe] crab. **-2.** [pour bétail] oil cake.

tourtereau [turtəro] *nm* young turtledove.

◆ **tourtereaux** *nmpl fam fig* [amoureux] lovebirds.

tourterelle [turtərɛl] *nf* turtledove.

tourtière [turtjɛr] *nf* pie-dish.

tous → **tout**.

Toussaint [tusɛ̃] *nf*: **la** ~ All Saints' Day.

tousser [tuse] [3] *vi* to cough.

toussotement [tusɔtmɑ̃] *nm* coughing.

toussoter [tusɔte] [3] *vi* to cough.

tout [tu] (*f* **toute** [tut], *mpl* **tous** [tus], *fpl* **toutes** [tut]) ◇ *adj qualificatif* **-1.** [avec substantif singulier déterminé] all; ~ **le vin** all the wine; ~ **un gâteau** a whole cake; **toute la journée/la nuit** all day/night, the whole day/night; **toute sa famille** all his family, his whole family. **-2.** [avec pron dém]: ~ **ceci/cela** all this/that; ~ **ce que je sais** all I know.

◇ *adj indéf* **-1.** [exprime la totalité] all; **tous les gâteaux** all the cakes; **toutes les femmes** all the women; **tous les deux** both of us/them *etc*; **tous les trois** all three of us/them *etc*. **-2.** [chaque] every; **tous les jours** every day; **tous les deux ans** every two years. **-3.** [n'importe quel] any; **à toute heure** at any time.

◇ *pron indéf* everything, all; **je t'ai** ~ **dit** I've told you everything; **ils voulaient tous la voir** they all wanted to see her; **c'est** ~ that's all.

◆ **tout** ◇ *adv* **-1.** [entièrement, tout à fait] very, quite; ~ **jeune/près** very young/near; **ils étaient** ~ **seuls** they were all alone; ~ **en haut** right at the top; ~ **à côté de moi** right next to me. **-2.** [avec un gérondif]: ~ **en marchant** while walking. ◇ *nm*: **un** ~ a whole; **le** ~ **est de ...** the main thing is to ...; **risquer le** ~ **pour le** ~ to risk everything.

◆ **du tout au tout** *loc adv* completely, entirely.

◆ **pas du tout** *loc adv* not at all.

◆ **tout à fait** *loc adv* **-1.** [complètement] quite, entirely. **-2.** [exactement] exactly.

◆ **tout à l'heure** *loc adv* **-1.** [futur] in a little while, shortly; **à** ~ **à l'heure!** see you later! **-2.** [passé] a little while ago.

◆ **tout de suite** *loc adv* immediately, at once.

tout-à-l'égout [tutalegu] *nm inv* mains drainage.

toutefois [tutfwa] *adv* however.

toutou [tutu] *nm fam* doggie.

tout-petit [tup(ə)ti] (*pl* **tout-petits**) *nm* toddler, tot.

tout-puissant, **toute-puissante** [tupɥisɑ̃, tutpɥisɑ̃t] (*mpl* **tout-puissants**, *fpl* **toutes-puissantes**) *adj* omnipotent, all-powerful.
◆ **Tout-Puissant** *nm*: le **Tout-Puissant** the Almighty.

tout-venant [tuvnɑ̃] *nm inv*: le ~ ordinary people (*pl*).

toux [tu] *nf* cough.

toxicité [tɔksisite] *nf* toxicity.

toxicologie [tɔksikɔlɔʒi] *nf* toxicology.

toxicomane [tɔksikɔman] *nmf* drug addict.

toxicomanie [tɔksikɔmani] *nf* drug addiction.

toxine [tɔksin] *nf* toxin.

toxique [tɔksik] *adj* toxic.

TP ◇ *nmpl* (*abr de* **travaux publics**) civil engineering. ◇ *nm* (*abr de* **Trésor public**) *public revenue office.*

TPG (*abr de* **trésorier payeur général**) *nm* paymaster.

tps *abr de* **temps**.

trac [trak] *nm* nerves (*pl*); THÉÂTRE stage fright; **avoir le** ~ to get nervous; THÉÂTRE to get stage fright.

tracas [traka] *nm* worry.

tracasser [trakase] [3] *vt* to worry, to bother.
◆ **se tracasser** *vp* to worry.

tracasserie [trakasri] *nf* annoyance.

tracassier, **-ière** [trakasje, jɛr] *adj* irksome.

trace [tras] *nf* **-1.** [d'animal] track. **-2.** [de brûlure, fatigue] mark. **-3.** (*gén pl*) [vestige] trace. **-4.** [très petite quantité]: **une** ~ **de** a trace of. **-5.** SKI trail; ~ **directe** direct descent.

tracé [trase] *nm* [lignes] plan, drawing; [de parcours] line.

tracer [trase] [16] ◇ *vt* **-1.** [dessiner, dépeindre] to draw. **-2.** [route, piste] to mark out; ~ **la voie/le chemin à qqn** *fig* to show sb the way. ◇ *vi fam* to belt along.

traceur [trasœr] *nm* INFORM plotter.

trachée-artère [traʃeartɛr] (*pl* **trachées-artères**) *nf* windpipe, trachea.

trachéite [trakeit] *nf* throat infection.

tract [trakt] *nm* leaflet.

tractations [traktasjɔ̃] *nfpl* negotiations, dealings.

tracter [trakte] [3] *vt* to tow.

tracteur [traktœr] *nm* tractor.

traction [traksjɔ̃] *nf* **-1.** [action de tirer] towing, pulling; ~ **avant/arrière** front-/rear-wheel drive. **-2.** TECHNOL tensile stress. **-3.** [SPORT - au sol] push-up *Am*, press-up *Br*; [- à la barre] pull-up.

tradition [tradisjɔ̃] *nf* tradition; **renouer avec la** ~ to revive a tradition.

traditionaliste [tradisjɔnalist] *nmf & adj* traditionalist.

traditionnel, **-elle** [tradisjɔnɛl] *adj* **-1.** [de tradition] traditional. **-2.** [habituel] usual.

traditionnellement [tradisjɔnɛlmɑ̃] *adv* traditionally.

traducteur, **-trice** [tradyktœr, tris] *nm, f* translator.
◆ **traducteur** *nm* INFORM translator.

traduction [tradyksjɔ̃] *nf* **-1.** [gén] translation. **-2.** *littéraire* [expression] rendering.

traduire [tradɥir] [98] *vt* **-1.** [texte] to translate; ~ **qqch en français/anglais** to translate sthg into French/English. **-2.** [révéler - crise] to reveal, to betray; [- sentiments, pensée] to render, to express. **-3.** JUR: ~ **qqn en justice** to bring sb before the courts.

traduisible [tradɥizibl] *adj* translatable.

trafic [trafik] *nm* **-1.** [de marchandises] traffic, trafficking. **-2.** [circulation] traffic.
◆ **trafic d'influence** *nm* corruption, taking bribes.

trafiquant, **-e** [trafikɑ̃, ɑ̃t] *nm, f* trafficker, dealer.

trafiquer [trafike] [3] ◇ *vt* **-1.** [falsifier] to tamper with. **-2.** *fam* [manigancer]: **qu'est-ce que tu trafiques?** what are you up to?. ◇ *vi* to be involved in trafficking; ~ **de qqch** to traffic in sthg.

tragédie [traʒedi] *nf* tragedy.

tragédien, **-ienne** [traʒedjɛ̃, jɛn] *nm, f* tragedian (*f* tragedienne), tragic actor (*f* actress).

tragi-comédie [traʒikɔmedi] (*pl* **tragi-comédies**) *nf* tragicomedy.

tragi-comique [traʒikɔmik] *adj* tragicomic, tragicomical.

tragique [traʒik] ◇ *adj* tragic. ◇ *nm* **-1.** [auteur] tragedian. **-2.** [caractère]: **le** ~ tragedy; **prendre qqch au** ~ to act as if sthg were a tragedy; **tourner au** ~ to take a tragic turn.

tragiquement [traʒikmɑ̃] *adv* tragically.

trahir [trair] [32] *vt* **-1.** [pays, conjoint] to betray. **-2.** [suj: moteur] to let down; [suj: forces] to fail. **-3.** [secret] to betray, to give away. **-4.** [pensée] to misrepresent.

◆ **se trahir** *vp* to give o.s. away.

trahison [traizɔ̃] *nf* **-1.** [gén] betrayal. **-2.** JUR treason.

train [trɛ̃] *nm* **-1.** TRANSPORT train; ~ **corail** express; ~ **(à) grande vitesse** high-speed train. **-2.** AÉRON : ~ **d'atterrissage** landing gear. **-3.** [allure] pace. **-4.** [série] : **un** ~ **de** a series of. **-5.** *fam* [postérieur] backside, butt *Am*. **-6.** *loc* : **être en** ~ *fig* to be on form.

◆ **train de vie** *nm* lifestyle.

◆ **en train de** *loc prép* : **être en** ~ **de lire/ travailler** *etc* to be reading/working *etc*.

traînailler [trɛnaje], **traînasser** [trɛnase] [3] *vi fam* **-1.** [vagabonder] to loaf about. **-2.** [être lent] to dawdle.

traînant, -e [trɛnɑ̃, ɑ̃t] *adj* **-1.** [robe] trailing. **-2.** [voix] drawling; [démarche] dragging.

traînard, -e [trɛnar, ard] *nm, f fam* straggler; *fig* slowpoke *Am*, slowcoach *Br*.

traînasser = **traînailler**.

traîne [trɛn] *nf* **-1.** [de robe] train. **-2.** PÊCHE dragnet. **-3.** *Can* : ~ **sauvage** toboggan. **-4.** *loc* : **être à la** ~ to lag behind.

traîneau, -x [trɛno] *nm* sleigh, sledge.

traînée [trɛne] *nf* **-1.** [trace] trail; **se répandre comme une** ~ **de poudre** *fig* to spread like wildfire. **-2.** *tfam péj* [prostituée] tart, whore.

traîner [trene] [4] ◇ *vt* **-1.** [tirer, emmener] to drag. **-2.** [trimbaler] to lug around, to cart around. **-3.** [maladie] to be unable to shake off. ◇ *vi* **-1.** [personne] to dawdle. **-2.** [maladie, affaire] to drag on; ~ **en longueur** to drag. **-3.** [robe] to trail. **-4.** [vêtements, livres] to lie around OU about.

◆ **se traîner** *vp* **-1.** [personne] to drag o.s. along. **-2.** [jour, semaine] to drag.

training [trenin] *nm* **-1.** [entraînement] training. **-2.** [survêtement] tracksuit top.

train-train [trɛ̃trɛ̃] *nm fam* routine, daily grind.

traire [trɛr] [112] *vt* **-1.** [vache] to milk. **-2.** [lait] to draw.

trait [trɛ] *nm* **-1.** [ligne] line, stroke; ~ **d'union** hyphen; **tirer un** ~ **sur qqch** *fig* to put sthg behind one. **-2.** (*gén pl*) [de visage] feature; **ressembler à qqn** ~ **pour** ~ to be the spitting image of sb, to be exactly like sb. **-3.** [caractéristique] trait, feature; ~ **de caractère** character trait. **-4.** [acte] act; ~ **de génie** brainwave. **-5.** *loc* : **avoir** ~ **à** to be to do with, to concern.

◆ **d'un trait** *loc adv* [boire, lire] in one go.

traitant, -e [trɛtɑ̃, ɑ̃t] *adj* [shampooing, crème] medicated; → **médecin**.

traite [trɛt] *nf* **-1.** [de vache] milking. **-2.** COMM bill, draft. **-3.** [d'esclaves] : **la** ~ **des noirs** the slave trade; **la** ~ **des blanches** the white slave trade.

◆ **d'une seule traite** *loc adv* without stopping, in one go.

traité [trete] *nm* **-1.** [ouvrage] treatise. **-2.** POLIT treaty.

traitement [trɛtmɑ̃] *nm* **-1.** [gén & MÉD] treatment; **mauvais** ~ ill-treatment; ~ **de faveur** special treatment. **-2.** [rémunération] wage. **-3.** IND & INFORM processing; ~ **anti-rouille** rustproofing; ~ **de texte** word processing. **-4.** [de problème] handling.

traiter [trete] [4] ◇ *vt* **-1.** [gén & MÉD] to treat; **se faire** ~ MÉD to be treated; **bien/ mal** ~ **qqn** to treat sb well/badly. **-2.** [qualifier] : ~ **qqn d'imbécile/de lâche** *etc* to call sb an imbecile/a coward *etc*. **-3.** [question, thème] to deal with. **-4.** IND & INFORM to process. ◇ *vi* **-1.** [négocier] to negotiate. **-2.** [livre] : ~ **de** to deal with.

traiteur [trɛtœr] *nm* caterer.

traître, -esse [trɛtr, ɛs] *nm, f* traitor.

traîtreusement [trɛtrøzmɑ̃] *adv* treacherously.

traîtrise [trɛtriz] *nf* **-1.** [déloyauté] treachery. **-2.** [acte] act of treachery.

trajectoire [traʒɛktwar] *nf* trajectory, path; *fig* path.

trajet [traʒɛ] *nm* **-1.** [distance] distance. **-2.** [itinéraire] route. **-3.** [voyage] journey.

trame [tram] *nf* weft; *fig* framework.

tramer [trame] [3] *vt sout* to plot.

◆ **se tramer** ◇ *vp* to be plotted. ◇ *v impers* : **il se trame quelque chose** there's something afoot.

trampoline [trɑ̃pɔlin] *nm* trampoline.

tram(way) [tram(wɛ)] *nm* streetcar *Am*, tram *Br*.

tranchant, -e [trɑ̃ʃɑ̃, ɑ̃t] *adj* **-1.** [instrument] sharp. **-2.** [personne] assertive. **-3.** [ton] curt.

◆ **tranchant** *nm* edge; **à double** ~ *fig* two-edged.

tranche [trɑ̃ʃ] *nf* **-1.** [de gâteau, jambon] slice; ~ **d'âge** *fig* age bracket; ~ **de vie** *fig* slice of life. **-2.** [de livre, pièce] edge. **-3.** [période] part, section; ~ **horaire** time-slot. **-4.** [de revenus] portion; [de paiement] install-ment *Am*, instalment *Br*; [fiscale] bracket.

tranchée [trɑ̃ʃe] *nf* MIL trench.

trancher [trɑ̃ʃe] [3] ◇ *vt* [couper] to cut; [pain, jambon] to slice; *fig* : ~ **la question** to settle the question. ◇ *vi* **-1.** *fig* [décider] to decide. **-2.** [contraster] : ~ **avec** OU **sur** to contrast with.

tranchoir [trɑ̃ʃwar] *nm* **-1.** [couteau] chopper. **-2.** [planche] chopping board.

tranquille [trɑ̃kil] *adj* **-1.** [endroit, vie] quiet; **laisser qqn/qqch ~** to leave sb/sthg alone; **se tenir/rester ~** to keep/remain quiet. **-2.** [rassuré] at ease, easy; **soyez ~** don't worry.

tranquillement [trɑ̃kilmɑ̃] *adv* **-1.** [sans s'agiter] quietly. **-2.** [sans s'inquiéter] calmly.

tranquillisant, -e [trɑ̃kilizɑ̃, ɑ̃t] *adj* **-1.** [nouvelle] reassuring. **-2.** [médicament] tranquilizing *Am*, tranquillizing *Br*.
◆ **tranquillisant** *nm* tranquilizer *Am*, tranquillizer *Br*.

tranquilliser [trɑ̃kilize] [3] *vt* to reassure.
◆ **se tranquilliser** *vp* to set one's mind at rest.

tranquillité [trɑ̃kilite] *nf* **-1.** [calme] peacefulness, quietness. **-2.** [sérénité] peace, tranquility *Am*, tranquillity *Br*; **~ d'esprit** peace of mind.

transaction [trɑ̃zaksjɔ̃] *nf* transaction.

transactionnel, -elle [trɑ̃zaksjɔnɛl] *adj* **-1.** PSYCHOL transactional. **-2.** JUR compromise *(avant n)*.

transalpin, -e [trɑ̃zalpɛ̃, in] *adj* transalpine.

transat [trɑ̃zat] ◇ *nm* deckchair. ◇ *nf* transatlantic race.

transatlantique [trɑ̃zatlɑ̃tik] ◇ *adj* transatlantic. ◇ *nm* transatlantic liner. ◇ *nf* transatlantic race.

transbahuter [trɑ̃sbayte] [3] *vt fam* to hump OU lug along.

transbordement [trɑ̃sbɔrdəmɑ̃] *nm* transfer.

transcendant, -e [trɑ̃sɑ̃dɑ̃, ɑ̃t] *adj fam* [extraordinaire] special, great.

transcender [trɑ̃sɑ̃de] [3] *vt* to transcend.
◆ **se transcender** *vp* to surpass o.s.

transcoder [trɑ̃skɔde] [3] *vt* to transcribe.

transcription [trɑ̃skripsjɔ̃] *nf* [de document & MUS] transcription; [dans un autre alphabet] transliteration.

transcrire [trɑ̃skrir] [99] *vt* [document & MUS] to transcribe; [dans un autre alphabet] to transliterate.

transcrit, -e [trɑ̃skri, it] *pp* → transcrire.

transe [trɑ̃s] *nf*: **être en ~** *fig* to be beside o.s.
◆ **transes** *nfpl sout* agony *(U)*.

transférer [trɑ̃sfere] [18] *vt* to transfer.

transfert [trɑ̃sfɛr] *nm* transfer.

transfigurer [trɑ̃sfigyre] [3] *vt* to transfigure.

transformable [trɑ̃sfɔrmabl] *adj* convertible.

transformateur, -trice [trɑ̃sfɔrmatœr, tris]

adj **-1.** IND processing *(avant n)*. **-2.** *fig* [pouvoir, action] for change.
◆ **transformateur** *nm* transformer.

transformation [trɑ̃sfɔrmasjɔ̃] *nf* **-1.** [de pays, personne] transformation. **-2.** IND processing. **-3.** RUGBY conversion.

transformer [trɑ̃sfɔrme] [3] *vt* **-1.** [gén] to transform; [magasin] to convert; **~ qqch en** to turn sthg into. **-2.** IND & RUGBY to convert.
◆ **se transformer** *vp*: **se ~ en monstre/papillon** to turn into a monster/butterfly.

transfuge [trɑ̃sfyʒ] *nmf* renegade.

transfuser [trɑ̃sfyze] [3] *vt* [sang] to transfuse.

transfusion [trɑ̃sfyzjɔ̃] *nf*: **~ (sanguine)** (blood) transfusion.

transgresser [trɑ̃sgrese] [4] *vt* [loi] to infringe; [ordre] to disobey.

transgression [trɑ̃sgresjɔ̃] *nf* infringement, transgression.

transhumance [trɑ̃zymɑ̃s] *nf* transhumance.

transi, -e [trɑ̃zi] *adj*: **être ~ de** to be paralyzed *Am* OU paralysed *Br*, to be transfixed with; **être ~ de froid** to be chilled to the bone.

transiger [trɑ̃ziʒe] [17] *vi*: **~ (sur)** to compromise (on).

transistor [trɑ̃zistɔr] [3] *nm* transistor.

transit [trɑ̃zit] *nm* transit; **en ~** in transit.

transitaire [trɑ̃zitɛr] *nm* forwarding agent.

transiter [trɑ̃zite] [3] ◇ *vt* to forward. ◇ *vi* to pass in transit; **~ par** to pass through.

transitif, -ive [trɑ̃zitif, iv] *adj* transitive.

transition [trɑ̃zisjɔ̃] *nf* transition; **sans ~** with no transition, abruptly.

transitivité [trɑ̃zitivite] *nf* transitivity.

transitoire [trɑ̃zitwar] *adj* [passager] transitory.

translucide [trɑ̃slysid] *adj* translucent.

transmettre [trɑ̃smɛtr] [84] *vt* **-1.** [message, salutations]: **~ qqch (à)** to pass sthg on (to). **-2.** [tradition, propriété]: **~ qqch (à)** to hand sthg down (to). **-3.** [fonction, pouvoir]: **~ qqch (à)** to hand sthg over (to). **-4.** [maladie]: **~ qqch (à)** to transmit sthg (to), to pass sthg on (to). **-5.** [concert, émission] to broadcast.
◆ **se transmettre** *vp* **-1.** [maladie] to be passed on, to be transmitted. **-2.** [nouvelle] to be passed on. **-3.** [courant, onde] to be transmitted. **-4.** [tradition] to be handed down.

transmis, -e [trɑ̃smi, iz] *pp* → transmettre.

transmissible [trɑ̃smisibl] *adj* **-1.** [patrimoine] transferable. **-2.** [maladie] transmissible.

transmission [trãsmisjɔ̃] *nf* **-1.** [de biens] transfer. **-2.** [de maladie] transmission. **-3.** [de message] passing on. **-4.** [de tradition] handing down.

transocéanique [trãzɔseanik] *adj* transoceanic.

transparaître [trãsparɛtr] [91] *vi* to show.

transparence [trãsparãs] *nf* transparency; **par** ~ against the light.

transparent, -e [trãsparã, ãt] *adj* transparent.

◆ **transparent** *nm* transparency.

transpercer [trãspɛrse] [16] *vt* to pierce; *fig* [suj: froid, pluie] to go right through.

transpiration [trãspirasjɔ̃] *nf* [sueur] perspiration.

transpirer [trãspire] [3] *vi* **-1.** [suer] to perspire. **-2.** *fig* [se divulguer] to leak out.

transplant [trãsplã] *nm* MÉD transplant.

transplantation [trãsplãtasjɔ̃] *nf* **-1.** [d'arbre, de population] transplanting. **-2.** MÉD transplant.

transplanter [trãsplãte] [3] *vt* to transplant.

transport [trãspɔr] *nm* transport (*U*); ~ **aérien** air transport; ~ **ferroviaire** rail transport; ~ **maritime** sea transport; ~**s en commun** public transport (*sg*).

transportable [trãspɔrtabl] *adj* [marchandise] transportable; [blessé] fit to be moved.

transporter [trãspɔrte] [3] *vt* **-1.** [marchandises, personnes] to transport. **-2.** *fig* [enthousiasmer] to delight; **être transporté de joie/bonheur** to be beside o.s. with joy/happiness.

transporteur [trãspɔrtœr] *nm* **-1.** [personne] carrier; ~ **routier** road hauler *Am* OU haulier *Br*. **-2.** [machine] conveyor.

transposer [trãspoze] [3] *vt* **-1.** [déplacer] to transpose. **-2.** [adapter]: ~ **qqch (à)** to adapt sthg (for).

transposition [trãspozisjɔ̃] *nf* **-1.** [déplacement] transposition. **-2.** [adaptation]: ~ **(à)** adaptation (for).

transsexuel, -elle [trãssɛksɥɛl] *adj & nm, f* transsexual.

transvaser [trãsvaze] [3] *vt* to decant.

transversal, -e, -aux [trãsvɛrsal, o] *adj* **-1.** [coupe] cross (*avant n*). **-2.** [chemin] running at right angles, cross (*avant n*) *Am*. **-3.** [vallée] transverse.

trapèze [trapɛz] *nm* **-1.** GÉOM trapezium. **-2.** GYM trapeze. **-3.** ANAT trapezius.

trapéziste [trapezist] *nmf* trapeze artist.

trappage [trapaʒ] *nm Can* trapping.

trappe [trap] *nf* **-1.** [ouverture] trapdoor. **-2.** [piège] trap.

trappeur [trapœr] *nm* trapper.

trapu, -e [trapy] *adj* **-1.** [personne] stocky, solidly built. **-2.** [édifice] squat.

traquenard [traknar] *nm* trap; *fig* pitfall.

traquer [trake] [3] *vt* [animal] to track; [personne, faute] to track OU hunt down.

traumatisant, -e [tromatizã, ãt] *adj* traumatizing.

traumatiser [tromatize] [3] *vt* to traumatize.

traumatisme [tromatism] *nm* traumatism.

traumatologie [tromatɔlɔʒi] *nf* ≈ casualty department.

travail [travaj] *nm* **-1.** [gén] work (*U*); **se mettre au** ~ to get down to work; **demander du** ~ [projet] to require some work; **abattre du** ~ *fig* to get through a lot of work; **mâcher le** ~ **à qqn** *fig* to spoon-feed sb. **-2.** [tâche, emploi] job; ~ **intérimaire** temporary work; ~ **au noir** moonlighting; ~ **précaire** casual labor *Am* OU labour *Br*. **-3.** [du métal, du bois] working. **-4.** [de la mémoire] workings (*pl*). **-5.** [phénomène - du bois] warping; [- du temps, fermentation] action. **-6.** MÉD: **être en** ~ to be in labor *Am* OU labour *Br*; **entrer en** ~ to go into labor *Am* OU labour *Br*.

◆ **travaux** *nmpl* **-1.** [d'aménagement] work (*U*); [routiers] roadworks; **travaux publics** civil engineering (*sg*). **-2.** SCOL: **travaux dirigés** class work; **travaux manuels** arts and crafts; **travaux pratiques** practical work (*U*).

◆ **travaux d'approche** *nmpl* preliminary work (*U*).

travaillé, -e [travaje] *adj* **-1.** [matériau] wrought, worked. **-2.** [style] labored *Am*, laboured *Br*. **-3.** [tourmenté]: **être** ~ **par** to be tormented by.

travailler [travaje] [3] ◇ *vi* **-1.** [gén] to work; ~ **chez/dans** to work at/in; ~ **à qqch** to work on sthg. **-2.** [métal, bois] to warp. ◇ *vt* **-1.** [étudier] to work at OU on; [piano] to practise. **-2.** [essayer de convaincre] to work on. **-3.** [suj: idée, remords] to torment. **-4.** [matière] to work, to fashion.

travailleur, -euse [travajœr, øz] ◇ *adj* hard-working. ◇ *nm, f* worker; ~ **à domicile** homeworker; ~ **émigré** migrant worker; ~ **indépendant** self-employed person.

travailliste [travajist] ◇ *nmf* member of the Labour Party. ◇ *adj* Labour (*avant n*).

travée [trave] *nf* **-1.** [de bâtiment] bay. **-2.** [de sièges] row.

traveller [travlœr] *nm inv* traveler's check *Am*, traveller's cheque *Br*.

travelling [travliŋ] *nm* [mouvement] traveling *Am* OU travelling *Br* shot.

travelo [travlo] *nm* tʃam drag queen.

travers [travɛr] *nm* failing, fault.

◆ **à travers** *loc adv & loc prép* through.

◆ **au travers** *loc adv* through; **passer au ~** *fig* to escape.

◆ **au travers de** *loc prép* through.

◆ **de travers** *loc adv* **-1.** [irrégulièrement - écrire] unevenly; **marcher de ~** to stagger. **-2.** [nez, escalier] crooked. **-3.** [obliquement] sideways; **regarder qqn de ~** *fig* to look askance at sb. **-4.** [mal] wrong; **aller de ~** to go wrong; **comprendre qqch de ~** to misunderstand sthg; **prendre qqch de ~** to take sthg the wrong way.

◆ **en travers** *loc adv* crosswise.

◆ **en travers de** *loc prép* across.

traverse [travɛrs] *nf* **-1.** [de chemin de fer] sleeper, tie *Am*. **-2.** [chemin] short cut.

traversée [travɛrse] *nf* crossing.

traverser [travɛrse] [3] *vt* **-1.** [rue, mer, montagne] to cross; [ville] to go through. **-2.** [peau, mur] to go through, to pierce. **-3.** [crise, période] to go through.

traversin [travɛrsɛ̃] *nm* bolster.

travestir [travɛstir] [32] *vt* **-1.** [déguiser] to dress up. **-2.** *fig* [vérité, idée] to distort.

◆ **se travestir** *vp* **-1.** [pour bal] to wear fancy dress. **-2.** [en femme] to put on drag.

travestissement [travɛstismã] *nm* **-1.** [pour bal] wearing fancy dress. **-2.** [en femme] putting on drag. **-3.** *fig* [de vérité] distortion.

trayeuse [trɛjøz] *nf* milking machine.

trébucher [trebyʃe] [3] *vi*: **~ (sur/contre)** to stumble (over/against).

trèfle [trɛfl] *nm* **-1.** [plante] clover; **~ à quatre feuilles** four-leaved clover. **-2.** [carte] club; [famille] clubs (*pl*).

tréfonds [tref5] *nm littéraire* depths (*pl*).

treillage [trɛjaʒ] *nm* [clôture] trellis (fencing).

treille [trɛj] *nf* **-1.** [vigne] climbing vine. **-2.** [tonnelle] trellised vines (*pl*), vine arbour.

treillis [trɛji] *nm* **-1.** [clôture] trellis (fencing). **-2.** [toile] canvas. **-3.** MIL combat uniform.

treize [trɛz] *adj num & nm* thirteen; *voir aussi* **six**.

treizième [trɛzjɛm] *adj num, nm & nmf* thirteenth; *voir aussi* **sixième**; **~ mois** *bonus corresponding to an extra month's salary which is paid annually*.

trekking [trɛkiŋ] *nm* trek.

tréma [trema] *nm* dieresis *Am*, diaeresis *Br*.

tremblant, -e [trɑ̃blɑ̃, ɑ̃t] *adj* **-1.** [personne - de froid] shivering; [- d'émotion] trembling, shaking; **être tout ~** to be trembling OU shaking. **-2.** [voix] quavering. **-3.** [lumière] flickering.

tremble [trɑ̃bl] *nm* aspen.

tremblement [trɑ̃bləmɑ̃] *nm* **-1.** [de corps] trembling. **-2.** [de voix] quavering. **-3.** [de feuilles] fluttering.

◆ **tremblement de terre** *nm* earthquake.

trembler [trɑ̃ble] [3] *vi* **-1.** [personne - de froid] to shiver; [- d'émotion] to tremble, to shake. **-2.** *fig & sout* [avoir peur] to fear; **~ que** (+ *subjonctif*) to fear (that); **~ de faire qqch** to be scared to do sthg. **-3.** [voix] to quaver. **-4.** [lumière] to flicker. **-5.** [terre] to shake.

tremblotant, -e [trɑ̃blɔtɑ̃, ɑ̃t] *adj* **-1.** [personne] trembling. **-2.** [voix] quavering. **-3.** [lumière] flickering.

trembloter [trɑ̃blɔte] [3] *vi* **-1.** [personne] to tremble. **-2.** [voix] to quaver. **-3.** [lumière] to flicker.

trémière [tremjɛr] → **rose**.

trémolo [tremɔlo] *nm* tremolo; **avoir des ~s dans la voix** *hum* to have a quaver in one's voice.

trémousser [tremuse] [3]

◆ **se trémousser** *vp* to jig up and down.

trempe [trɑ̃p] *nf* **-1.** [envergure] calibre; **de sa ~** of his/her calibre. **-2.** *fam* [coups] thrashing.

tremper [trɑ̃pe] [3] ◇ *vt* **-1.** [mouiller] to soak; **faire ~** to soak. **-2.** [plonger]: **~ qqch dans** to dip sthg into. **-3.** [métal] to harden, to quench. ◇ *vi* **-1.** [linge] to soak. **-2.** [se compromettre]: **~ dans** to be involved in.

◆ **se tremper** *vp* **-1.** [se mouiller] to get soaking wet. **-2.** [se plonger] to have a quick dip.

trempette [trɑ̃pɛt] *nf*: **faire ~** [se baigner] to go for a dip; [avec biscuit] to dunk.

tremplin [trɑ̃plɛ̃] *nm litt & fig* springboard; SKI ski jump.

trench-coat [trɛnʃkot] (*pl* trench-coats) *nm* trench coat.

trentaine [trɑ̃tɛn] *nf* **-1.** [nombre]: **une ~ de** about thirty. **-2.** [âge]: **avoir la ~** to be in one's thirties.

trente [trɑ̃t] ◇ *adj num* thirty; **~-trois tours** LP, long-playing record. ◇ *nm* thirty; **être/se mettre sur son ~ et un** *fig* to be in/to put on one's Sunday best; *voir aussi* **six**.

trentième [trɑ̃tjɛm] *adj num, nm & nmf* thirtieth; *voir aussi* **sixième**.

trépaner [trepane] [3] *vt* MÉD to trepan.

trépas

530

trépas [trepa] *nm littéraire* demise.

trépasser [trepase] [3] *vi littéraire* to pass away.

trépidant, -e [trepidɑ̃, ɑ̃t] *adj* [vie] hectic.

trépidation [trepidasjɔ̃] *nf* [vibration] vibration.

trépied [trepje] *nm* **-1.** [support] tripod. **-2.** [meuble] three-legged stool/table.

trépignement [trepiɲmɑ̃] *nm* stamping.

trépigner [trepiɲe] [3] *vi* to stamp one's feet.

très [trɛ] *adv* very; ~ **malade** very ill; ~ **bien** very well; **être** ~ **aimé** to be much OU greatly liked; **avoir** ~ **peur/faim** to be very frightened/hungry; **j'ai** ~ **envie de ...** I'd very much like to ....

trésor [trezɔr] *nm* treasure; **mon** ~ *fig* my precious.
◆ **Trésor** *nm*: **le Trésor public** the public revenue department.
◆ **trésors** *nmpl* riches, treasures; **des** ~**s de** *fig* a wealth (*sg*) of.

trésorerie [trezɔrri] *nf* **-1.** [service] accounts department. **-2.** [gestion] accounts (*pl*). **-3.** [fonds] finances (*pl*), funds (*pl*).

trésorier, -ière [trezɔrje, jɛr] *nm, f* treasurer.

tressaillement [tresajmɑ̃] *nm* [de joie] thrill; [de douleur] wince.

tressaillir [tresajir] [47] *vi* **-1.** [de joie] to thrill; [de douleur] to wince. **-2.** [sursauter] to start, to jump.

tressauter [tresote] [3] *vi* [sursauter] to jump, to start; [dans véhicule] to be tossed about; **faire** ~ to toss OU jolt about.

tresse [trɛs] *nf* **-1.** [de cheveux] plait. **-2.** [de rubans] braid.

tresser [trese] [4] *vt* **-1.** [cheveux] to plait. **-2.** [osier] to braid. **-3.** [panier, guirlande] to weave.

tréteau, -x [treto] *nm* trestle.

treuil [trœj] *nm* winch, windlass.

trêve [trɛv] *nf* **-1.** [cessez-le-feu] truce. **-2.** *fig* [répit] rest, respite; ~ **de plaisanteries/de sottises** that's enough joking/nonsense.
◆ **sans trêve** *loc adv* relentlessly.

tri [tri] *nm* [de lettres] sorting; [de candidats] selection; **faire le** ~ **dans qqch** *fig* to sort sthg out.

triage [trijaʒ] *nm* [de lettres] sorting; [de candidats] selection.

triangle [trijɑ̃gl] *nm* triangle; ~ **isocèle** isosceles triangle; ~ **rectangle** right-angled triangle.

triangulaire [trijɑ̃gylɛr] *adj* triangular.

triathlon [trijatlɔ̃] *nm* triathlon.

tribal, -e, -aux [tribal, o] *adj* tribal.

tribord [tribɔr] *nm* starboard; **à** ~ on the starboard side, to starboard.

tribu [triby] *nf* tribe.

tribulations [tribylasjɔ̃] *nfpl* tribulations, trials.

tribun [tribœ̃] *nm* **-1.** HIST tribune. **-2.** [orateur] popular orator.

tribunal, -aux [tribynal, o] *nm* **-1.** JUR court; ~ **correctionnel** ≃ County court *Am*, ≃ Magistrates' Court *Br*; ~ **pour enfants** juvenile court; ~ **d'exception** special court; ~ **de grande instance** ≃ Circuit court *Am*, ≃ Crown Court *Br*; ~ **d'instance** ≃ County court *Am*, ≃ Magistrates' Court *Br*; ~ **de police** police court. **-2.** *fig & littéraire* [jugement] judgment.

tribune [tribyn] *nf* **-1.** [d'orateur] platform. **-2.** (*gén pl*) [de stade] stand. **-3.** *fig* [lieu d'expression] forum; ~ **libre** PRESSE opinion column.

tribut [triby] *nm littéraire* tribute.

tributaire [tribytɛr] *adj*: **être** ~ **de** to depend OU be dependent on.

tricentenaire [trisɑ̃tnɛr] *nm* tricentennial.

triceps [trisɛps] *nm* triceps.

triche [triʃ] *nf fam* cheating.

tricher [triʃe] [3] *vi* **-1.** [au jeu, à examen] to cheat. **-2.** [mentir]: ~ **sur** to lie about.

tricherie [triʃri] *nf* cheating.

tricheur, -euse [triʃœr, øz] *nm, f* cheat.

tricolore [trikɔlɔr] *adj* **-1.** [à trois couleurs] three-colored *Am*, three-coloured *Br*. **-2.** [français] French.

tricot [triko] *nm* **-1.** [vêtement] sweater, jumper *Br*; ~ **de corps** undershirt *Am*, vest *Br*. **-2.** [ouvrage] knitting; **faire du** ~ to knit. **-3.** [étoffe] knitted fabric, jersey.

tricoter [trikɔte] [3] *vi & vt* to knit.

tricycle [trisikl] *nm* tricycle.

trident [tridɑ̃] *nm* **-1.** MYTH trident. **-2.** [fourche] pitchfork.

tridimensionnel, -elle [tridimɑ̃sjɔnɛl] *adj* three-dimensional.

triennal, -e, -aux [trienal, o] *adj* **-1.** [mandat] three-year. **-2.** [élection] three-yearly.

trier [trije] [10] *vt* **-1.** [classer] to sort out. **-2.** [sélectionner] to select.

trifouiller [trifuje] [3] *vi fam* to rummage around.

trigonométrie [trigɔnɔmetri] *nf* trigonometry.

trilingue [trilɛ̃g] ◇ *nmf* person who is trilingual. ◇ *adj* trilingual.

trille [trij] *nm* trill.

trilogie [trilɔʒi] *nf* trilogy.

trim. -1. (*abr de* **trimestre**) quarter. **-2.** (*abr de* **trimestriel**) quarterly.

trimaran [trimarɑ̃] *nm* trimaran.

trimbaler [trɛ̃bale] [3] *vt fam* [personne] to trail around; [chose] to cart around.

◆ **se trimbaler** *vp fam* to trail around.

trimer [trime] [3] *vi fam* to slave away.

trimestre [trimɛstr] *nm* **-1.** [période] term. **-2.** [loyer] quarter's rent; [rente] quarter's income.

trimestriel, -ielle [trimɛstrijɛl] *adj* [loyer, magazine] quarterly; SCOL end-of-term (*avant n*).

trimoteur [trimɔtœr] ◇ *nm* three-engined plane. ◇ *adj* three-engined.

tringle [trɛ̃gl] *nf* rod; ~ **à rideaux** curtain rod.

trinité [trinite] *nf littéraire* trinity.

◆ **Trinité** *nf*: **la Trinité** the Trinity.

trinquer [trɛ̃ke] [3] *vi* **-1.** [boire] to toast, to clink glasses; ~ **à** to drink to. **-2.** *fam* [personne] to get the worst of it; [voiture] to be damaged.

trio [trijo] *nm* trio.

triomphal, -e, -aux [trijɔ̃fal, o] *adj* [succès] triumphal; [accueil] triumphant.

triomphalement [trijɔ̃falmɑ̃] *adv* **-1.** [en triomphe] in triumph. **-2.** [fièrement] triumphantly.

triomphalisme [trijɔ̃falism] *nm* triumphalism.

triomphant, -e [trijɔ̃fɑ̃, ɑ̃t] *adj* [équipe] winning; [air] triumphant.

triomphateur, -trice [trijɔ̃fatœr, tris] ◇ *adj* triumphant. ◇ *nm, f* victor.

triomphe [trijɔ̃f] *nm* triumph.

triompher [trijɔ̃fe] [3] *vi* **-1.** [gén] to triumph; ~ **de** to triumph over; **faire ~ qqch** to ensure the success of sthg. **-2.** [crier victoire] to rejoice.

trip [trip] *nm arg drogue* trip.

triparti, -e [triparti], **tripartite** [tripartit] *adj* tripartite.

tripatouiller [tripatuje] [3] *vt fam* **-1.** [fruits] to paw. **-2.** [texte, compte] to fiddle with.

tripes [trip] *nfpl* **-1.** [d'animal, de personne] guts; **prendre qqn aux** ~ *fam fig* to get sb in the guts. **-2.** CULIN tripe (*sg*).

triperie [tripri] *nf* **-1.** [commerce] tripe trade. **-2.** [boutique] tripe shop. **-3.** [aliments] tripe.

tripier, -ière [tripje, jɛr] *nm, f* tripe butcher.

triple [tripl] ◇ *adj* triple. ◇ *nm*: **le ~ (de)** three times as much (as).

triplé [triple] *nm* [au turf] bet on three horses winning in three different races.

◆ **triplés, -ées** *nm, f pl* triplets.

triplement [triplǝmɑ̃] ◇ *adv* trebly. ◇ *nm* threefold increase, tripling.

tripler [triple] [3] *vt & vi* to triple.

triporteur [tripɔrtœr] *nm* tricycle (*used for deliveries*).

tripot [tripo] *nm péj* gambling-den.

tripotage [tripɔtaʒ] *nm* (*gén pl*) *fam* [manigances] fiddling (*U*).

tripoter [tripɔte] [3] ◇ *vt* **-1.** *fam* [stylo, montre] to play with. **-2.** *vulg* [femme] to feel up. ◇ *vi fam*: ~ **dans** [fouiller dans] to rummage about in; [trafiquer] to dabble in.

tripous, tripoux [tripu] *nmpl stuffed tripe*.

triptyque [triptik] *nm* triptych.

trique [trik] *nf* cudgel.

triste [trist] *adj* **-1.** [personne, nouvelle] sad; **être ~ de qqch/de faire qqch** to be sad about sthg/about doing sthg. **-2.** [paysage, temps] gloomy; [couleur] dull. **-3.** (*avant n*) [lamentable] sorry.

tristement [tristǝmɑ̃] *adv* **-1.** [d'un air triste] sadly. **-2.** [lugubrement] gloomily. **-3.** [de façon regrettable] sadly, regrettably; ~ **célèbre** notorious.

tristesse [tristɛs] *nf* **-1.** [de personne, nouvelle] sadness. **-2.** [de paysage, temps] gloominess.

tristounet, -ette [tristunɛ, ɛt] *adj fam* **-1.** [personne] sad. **-2.** *péj* [humeur] gloomy.

triton [tritɔ̃] *nm* triton.

triturer [trityre] [3] *vt* **-1.** [sel] to grind. **-2.** *fam* [mouchoir] to knead.

◆ **se triturer** *vp fam*: **se ~ l'esprit** OU **les méninges** to rack one's brains.

trivial, -e, -iaux [trivjal, jo] *adj* **-1.** [banal] trivial. **-2.** *péj* [vulgaire] crude, coarse.

trivialité [trivjalite] *nf* **-1.** [banalité] triviality. **-2.** *péj* [vulgarité] vulgar OU coarse expression.

tr/mn, tr/min (*abr de* **tour par minute**) r/min, rpm.

troc [trɔk] *nm* **-1.** [échange] exchange. **-2.** [système économique] barter.

troène [trɔɛn] *nm* privet.

troglodyte [trɔglɔdit] *nm* cave dweller, troglodyte.

trogne [trɔɲ] *nf fam* [visage] mug.

trognon [trɔɲɔ̃] *nm* [de fruit] core.

troïka [trɔika] *nf* troika.

trois [trwa] ◇ *nm* three; *voir aussi* **six**. ◇ *adj num* three; **les ~-huit** shift work; ~ **fois rien** *fig* nothing at all; **les ~ jours** MIL *induction course preceding military service (now lasting one day)*; *voir aussi* **six**.

trois-étoiles [trwazetwal] ◇ *adj* three-star (*avant n*). ◇ *nm* three-star hotel/restaurant.

troisième [trwazjɛm] ◇ *adj num & nmf* third. ◇ *nm* third; [étage] fourth floor *Am*, third floor *Br*. ◇ *nf* **-1.** SCOL ≃ ninth grade *Am*, ≃ fourth year OU form *Br*. **-2.** [vitesse] third (gear); *voir aussi* **sixième**.

troisièmement [trwazjɛmmɑ̃] *adv* thirdly.

trois-mâts [trwama] *nm inv* three-master.

trois-quarts [trwakar] *nm inv* RUGBY three-quarter.

trolley(bus) [trɔlɛ(bys)] *nm* trolleybus.

trombe [trɔ̃b] *nf* water spout; **passer en ~** *fig* to zoom past, to speed past; **des ~s d'eau** torrential rain (*U*).

trombone [trɔ̃bɔn] *nm* **-1.** [agrafe] paper clip. **-2.** [instrument] trombone; **~ à coulisse** slide trombone. **-3.** [joueur] trombone player, trombonist.

trompe [trɔ̃p] *nf* **-1.** [instrument] trumpet. **-2.** [d'éléphant] trunk. **-3.** [d'insecte] proboscis. **-4.** ANAT tube.

trompe-l'œil [trɔ̃plœj] *nm inv* **-1.** [peinture] trompe-l'oeil; **en ~** done in trompe-l'oeil. **-2.** [apparence] deception.

tromper [trɔ̃pe] [3] *vt* **-1.** [personne] to deceive; [époux] to be unfaithful to. **-2.** [vigilance] to elude. **-3.** *littéraire* [espoirs] to fall short of. **-4.** [faim] to stave off.

◆ **se tromper** *vp* to make a mistake, to be mistaken; **se ~ de jour/maison** to get the wrong day/house.

tromperie [trɔ̃pri] *nf* deception.

trompette [trɔ̃pɛt] *nf* trumpet.

trompettiste [trɔ̃petist] *nmf* trumpeter.

trompeur, -euse [trɔ̃pœr, øz] ◇ *adj* **-1.** [personne] deceitful. **-2.** [calme, apparence] deceptive. ◇ *nm, f* deceitful person.

trompeusement [trɔ̃pøzmɑ̃] *adv* **-1.** [hypocritement] deceitfully. **-2.** [apparemment] deceptively.

tronc [trɔ̃] *nm* **-1.** [d'arbre, de personne] trunk. **-2.** [d'église] collection box. **-3.** [de veine, nerf] stem.

◆ **tronc commun** *nm* [de programmes] common element OU feature; SCOL core syllabus.

tronche [trɔ̃ʃ] *nf fam péj* [visage] mug.

tronçon [trɔ̃sɔ̃] *nm* **-1.** [morceau] piece, length. **-2.** [de route, de chemin de fer] section.

tronçonner [trɔ̃sɔne] [3] *vt* to cut into pieces.

tronçonneuse [trɔ̃sɔnøz] *nf* chain saw.

trône [tron] *nm* throne.

trôner [trone] [3] *vi* **-1.** [personne] to sit enthroned; [objet] to have pride of place. **-2.** *hum* [faire l'important] to lord it.

tronquer [trɔ̃ke] [3] *vt* to truncate.

trop [tro] *adv* **-1.** (*devant adj, adv*) too; **vieux/loin** too old/far; **nous étions ~ nombreux** there were too many of us; **avoir ~ chaud/froid/peur** to be too hot/cold/frightened. **-2.** (*avec verbe*) too much; **il mange ~** he eats too much; **nous étions ~** there were too many of us; **je n'aime pas ~ le chocolat** I don't like chocolate very much; **on ne se voit plus ~** we don't really see each other any more; **sans ~ savoir pourquoi** without really knowing why. **-3.** (*avec complément*): **~ de** (*quantité*) too much; (*nombre*) too many.

◆ **en trop, de trop** *loc adv* too much/many; **10 francs de** OU **en ~** 10 francs too much; **une personne de** OU **en ~** one person too many; **être de ~** [personne] to be in the way, to be unwelcome.

trophée [trɔfe] *nm* trophy.

tropical, -e, -aux [trɔpikal, o] *adj* tropical.

tropique [trɔpik] *nm* tropic; **~ du Cancer/du Capricorne** Tropic of Cancer/Capricorn.

◆ **tropiques** *nmpl* tropics.

trop-perçu [trɔpɛrsy] (*pl* trop-perçus) *nm* excess payment.

trop-plein [trɔplɛ̃] (*pl* trop-pleins) *nm* **-1.** [excès] excess; *fig* excess, surplus. **-2.** [déversoir] overflow.

troquer [trɔke] [3] *vt*: **~ qqch (contre)** to barter sthg (for); *fig* to swap sthg (for).

troquet [trɔkɛ] *nm fam* (small) café.

trot [tro] *nm* trot; **au ~** at a trot; **au ~!** *fam fig* at the double!

trotter [trɔte] [3] *vi* **-1.** [cheval] to trot. **-2.** [personne] to run around.

trotteur, -euse [trɔtœr, øz] *nm, f* trotter.

◆ **trotteuse** *nf* second hand.

trottiner [trɔtine] [3] *vi* to trot.

trottinette [trɔtinɛt] *nf* child's scooter.

trottoir [trɔtwar] *nm* sidewalk *Am*, pavement *Br*; **faire le ~** *fam fig* to walk the streets.

trou [tru] *nm* **-1.** [gén] hole; **~ d'aération** air vent; **~ d'air** air pocket; **~ de serrure** keyhole. **-2.** [manque, espace vide] gap; **~ de mémoire** memory lapse. **-3.** *fam* [prison] clink, nick *Br*.

troublant, -e [trublɑ̃, ɑ̃t] *adj* disturbing.

trouble [trubl] ◇ *adj* **-1.** [eau] cloudy. **-2.** [image, vue] blurred. **-3.** [affaire] shady. ◇ *nm* **-1.** [désordre] trouble, discord. **-2.** [gêne] confusion; [émoi] agitation. **-3.** (*gén pl*) [dé-règlement] disorder; ~s **moteurs** motor disorders; ~s **respiratoires** respiratory disorders.

◆ **troubles** *nmpl* [sociaux] unrest (*U*).

trouble-fête [trubləfɛt] *nmf inv* spoilsport.

troubler [truble] [3] *vt* **-1.** [eau] to cloud, to make cloudy. **-2.** [image, vue] to blur. **-3.** [sommeil, événement] to disrupt, to disturb. **-4.** [esprit, raison] to cloud. **-5.** [inquiéter, émouvoir] to disturb. **-6.** [rendre perplexe] to trouble.

◆ **se troubler** *vp* **-1.** [eau] to become cloudy. **-2.** [personne] to become flustered.

trouée [true] *nf* gap; MIL breach.

trouer [true] [3] *vt* **-1.** [chaussette] to make a hole in. **-2.** *fig* [silence] to disturb.

troufion [trufjɔ̃] *nm fam* soldier.

trouillard, -e [trujar, ard] *fam* ◇ *adj* yellow, chicken. ◇ *nm, f* chicken.

trouille [truj] *nf fam* fear, terror.

troupe [trup] *nf* **-1.** MIL troop. **-2.** [d'amis] group, band; [- de singes] troop. **-3.** THÉÂTRE theatre group.

troupeau, -x [trupo] *nm* [de vaches, d'éléphants] herd; [de moutons, d'oies] flock; *péj* [de personnes] herd.

trousse [trus] *nf* case, bag; ~ **de secours** first-aid kit; ~ **de toilette** toilet bag.

◆ **trousses** *nfpl*: **avoir qqn à ses** ~s *fig* to have sb hot on one's heels; **être aux** ~s **de qqn** *fig* to be hot on the heels of sb.

trousseau, -x [truso] *nm* **-1.** [de mariée] trousseau. **-2.** [de clefs] bunch.

trousser [truse] [3] *vt* **-1.** [manches] to roll up; [jupe] to hitch up. **-2.** CULIN to truss.

trouvaille [truvaj] *nf* **-1.** [découverte] find, discovery. **-2.** [invention] new idea.

trouver [truve] [3] ◇ *vt* to find; ~ **que** to feel (that); ~ **qqch à qqn** to think sb has sthg; ~ **bon/mauvais que ...** to think (that) it is right/wrong that ...; ~ **qqch à faire/à dire** *etc* to find sthg to do/say *etc*; ~ **à s'occuper** to find something to do. ◇ *v impers*: **il se trouve que ...** the fact is that ....

◆ **se trouver** *vp* **-1.** [dans un endroit] to be. **-2.** [dans un état] to find o.s. **-3.** [se sentir] to feel; **se** ~ **mal** [s'évanouir] to faint.

truand [tryɑ̃] *nm* crook.

truander [tryɑ̃de] [3] *vt fam* to rip off.

trublion [tryblijɔ̃] *nm* troublemaker.

truc [tryk] *nm* **-1.** [combine] trick. **-2.** *fam* [chose] thing, thingamajig; **ce n'est pas son** ~ it's not his thing.

trucage = **truquage**.

truchement [tryʃmɑ̃] *nm*: **par le** ~ **de qqn** through sb.

trucider [tryside] [3] *vt fam* to bump off.

truculence [trykylɑ̃s] *nf* vividness, colorfulness *Am*, colourfulness *Br*.

truculent, -e [trykylɑ̃, ɑ̃t] *adj* colorful *Am*, colourful *Br*.

truelle [tryɛl] *nf* trowel.

truffe [tryf] *nf* **-1.** [champignon] truffle; ~ **en chocolat** chocolate truffle. **-2.** [museau] muzzle.

truffer [tryfe] [3] *vt* **-1.** [volaille] to garnish with truffles. **-2.** *fig* [discours]: ~ **de** to stuff with.

truie [tryi] *nf* sow.

truite [tryit] *nf* trout.

truquage, trucage [trykaʒ] *nm* **-1.** [d'élections] rigging; [de dés] loading. **-2.** CIN (special) effect.

truquer [tryke] [3] *vt* **-1.** [élections] to rig; [dés] to load. **-2.** CIN to use special effects in.

trust [trœst] *nm* **-1.** [groupement] trust. **-2.** [entreprise] corporation.

ts *abr de* **tous.**

tsar, tzar [tzar] *nm* tsar.

tsé-tsé [tsetse] → **mouche.**

tsigane = **tzigane.**

TSVP (*abr de* **tournez s'il vous plaît**) PTO.

tt *abr de* **tout.**

TT, TTA (*abr de* **transit temporaire (autorisé)**) *registration for vehicles bought in France for tax-free export by non-residents.*

tt conf. *abr de* **tout confort.**

ttes *abr de* **toutes.**

TTX (*abr de* **traitement de texte**) WP.

tu¹, -e [ty] *pp* → **taire.**

tu² [ty] *pron pers* you; **dire** ~ **à qqn** to use the "tu" form to sb.

TU (*abr de* **temps universel**) *nm* UT, GMT.

tuant, -e [tɥɑ̃, ɑ̃t] *adj* **-1.** [épuisant] exhausting. **-2.** [énervant] tiresome.

tuba [tyba] *nm* **-1.** MUS tuba. **-2.** [de plongée] snorkel.

tube [tyb] *nm* **-1.** [gén] tube; ~ **cathodique** cathode ray tube; **à pleins** ~s *fig* [chanter, crier] at the top of one's voice; [mettre la musique] at full blast. **-2.** *fam* [chanson] hit.

◆ **tube digestif** *nm* digestive tract.

tubercule [tybɛrkyl] *nm* **-1.** BOT tuber. **-2.** ANAT tubercle.

tuberculeux, -euse [tybɛrkylø, øz] ◇ *adj* tubercular. ◇ *nm, f* tuberculosis sufferer.

tuberculose [tybɛrkyloz] *nf* tuberculosis.

tubulaire [tybylɛr] *adj* tubular.

TUC, **Tuc** [tyk] (*abr de* **travail d'utilité collective**) *nm community work scheme for unemployed young people.*

tue-mouches [tymuʃ] → **papier.**

tuer [tɥe] [7] *vt* to kill.

◆ **se tuer** *vp* **-1.** [se suicider] to kill o.s. **-2.** [par accident] to die. **-3.** *fig* [s'épuiser]: **se ~ à faire qqch** to wear o.s. out doing sthg.

tuerie [tyri] *nf* slaughter.

tue-tête [tytɛt]
◆ **à tue-tête** *loc adv* at the top of one's voice.

tueur, -euse [tɥœr, øz] *nm, f* **-1.** [meurtrier] killer; **~ à gages** hit man. **-2.** [dans abattoir] slaughterer.

tuile [tɥil] *nf* **-1.** [de toit] tile. **-2.** *fam* [désagrément] blow.

tulipe [tylip] *nf* tulip.

tulle [tyl] *nm* tulle.

tuméfié, -e [tymefje] *adj* swollen.

tumeur [tymœr] *nf* tumor *Am*, tumour *Br*.

tumoral, -e, -aux [tymɔral, o] *adj* tumorous.

tumulte [tymylt] *nm* [désordre] hubbub.

tumultueux, -euse [tymyltɥø, øz] *adj* stormy.

tune = **thune.**

tuner [tynɛr] *nm* tuner.

tungstène [tœˌkstɛn] *nm* tungsten.

tunique [tynik] *nf* tunic.

Tunis [tynis] *n* Tunis.

Tunisie [tynizi] *nf*: **la ~** Tunisia.

tunisien, -ienne [tynizjɛ̃, jɛn] *adj* Tunisian.
◆ **Tunisien, -ienne** *nm, f* Tunisian.

tunnel [tynɛl] *nm* tunnel.

TUP [typ] (*abr de* **titre universel de paiement**) *nm payment slip formerly used to settle bills.*

tuque [tyk] *nf Can* wool hat, tuque *Can*.

turban [tyrbɑ̃] *nm* turban.

turbin [tyrbɛ̃] *nm fam*: **aller au ~** to go to work.

turbine [tyrbin] *nf* turbine.

turbo [tyrbo] *nm & nf* turbo.

turboréacteur [tyrbɔreaktœr] *nm* turbojet.

turbot [tyrbo] *nm* turbot.

turbotrain [tyrbɔtrɛ̃] *nm* turbotrain.

turbulence [tyrbylɑ̃s] *nf* **-1.** [de personne] boisterousness. **-2.** MÉTÉOR turbulence.

turbulent, -e [tyrbylɑ̃, ɑ̃t] *adj* boisterous.

turc, turque [tyrk] *adj* Turkish.
◆ **turc** *nm* [langue] Turkish.
◆ **Turc, Turque** *nm, f* Turk.

turf [tœrf] *nm* [activité]: **le ~** racing.

turfiste [tœrfist] *nmf* racegoer.

turkmène [tyrkmɛn] ◇ *adj* Turkmen. ◇ *nm* [langue] Turkmen.
◆ **Turkmène** *nmf* Turkoman.

turlupiner [tyrlypine] [3] *vt fam* to nag.

turnover [tœrnɔvœr] *nm* turnover.

turpitude [tyrpityd] *nf littéraire* turpitude.

turque → **turc.**

Turquie [tyrki] *nf*: **la ~** Turkey.

turquoise [tyrkwaz] *nf & adj inv* turquoise.

tutelle [tytɛl] *nf* **-1.** JUR guardianship. **-2.** [dépendance] supervision; **sous la ~ des Nations unies** under United Nations supervision. **-3.** [protection] protection.

tuteur, -trice [tytœr, tris] *nm, f* guardian.
◆ **tuteur** *nm* [pour plante] stake.

tutoiement [tytwamɑ̃] *nm* use of "tu".

tutoyer [tytwaje] [13] *vt*: **~ qqn** to use the "tu" form to sb.

tutu [tyty] *nm* tutu.

tuyau, -x [tɥijo] *nm* **-1.** [conduit] pipe; **~ d'arrosage** hosepipe. **-2.** *fam* [renseignement] tip.

tuyauter [tɥijote] [3] *vt fam* to give a tip to.

tuyauterie [tɥijotri] *nf* piping (*U*), pipes (*pl*).

TV (*abr de* **télévision**) *nf* TV.

TVA (*abr de* **taxe à la valeur ajoutée**) *nf* ≃ VAT.

TVHD (*abr de* **télévision haute définition**) *nf* HDTV.

tweed [twid] *nm* tweed.

twin-set [twinsɛt] (*pl* **twin-sets**) *nm* sweater set *Am*, twin set *Br*.

tympan [tɛ̃pɑ̃] *nm* **-1.** ANAT eardrum. **-2.** ARCHIT tympanum.

type [tip] ◇ *nm* **-1.** [exemple caractéristique] perfect example; **il est le ~ parfait du professeur** he's the classic example of a teacher. **-2.** [genre] type; **avoir le ~ nordique/méditerranéen** to have Nordic/Mediterranean features. **-3.** *fam* [individu] guy, bloke. ◇ *adj inv* [caractéristique] typical.

typé, -e [tipe] *adj*: **il est bien** OU **très ~** he has all the characteristic features.

typhoïde [tifɔid] ◇ *nf* typhoid. ◇ *adj*: **fièvre ~** typhoid fever.

typhon [tifɔ̃] *nm* typhoon.

typhus [tifys] *nm* typhus.

typique [tipik] *adj* typical.

typiquement [tipikmɑ̃] *adv* typically.

typographe [tipɔgraf] *nmf* typographer.

typographie [tipɔgrafi] *nf* typography.

typographique [tipɔgrafik] *adj* typographical.

typologie [tipɔlɔʒi] *nf* typology.

tyran [tirɑ̃] *nm* tyrant.

tyrannie [tirani] *nf* tyranny.

tyrannique [tiranik] *adj* tyrannical.

tyranniser [tiranize] [3] *vt* to tyrannize.

tyrolien, -ienne [tirɔljɛ̃, jɛn] *adj* Tyrolean.
◆ **tyrolienne** *nf* [air] Tyrolienne.
◆ **Tyrolien, -ienne** *nm, f* Tyrolean.

tzar = tsar.

tzigane, tsigane [tsigan] ◇ *nmf* gipsy. ◇ *adj* gipsy (*avant n*).

U

u, U [y] *nm inv* u, U.

ubiquité [ybikqite] *nf* ubiquity; **je n'ai pas le don d'~** I can't be everywhere (at once).

UDF (*abr de* **Union pour la démocratie française**) *nf French political party to the right of the political spectrum.*

UEFA (*abr de* **Union of European Football Associations**) *nf* UEFA.

UEO (*abr de* **Union de l'Europe occidentale**) *nf* WEU.

UER *nf* **-1.** (*abr de* **unité d'enseignement et de recherche**) *former name for a university department.* **-2.** (*abr de* **Union européenne de radiodiffusion**) EBU.

UFC (*abr de* **Union fédérale des consommateurs**) *nf French consumers' association.*

UFR (*abr de* **unité de formation et de recherche**) *nf* university department.

UHF (*abr de* **ultra-haute fréquence**) *nf* UHF.

UHT (*abr de* **ultra-haute température**) *nf* UHT.

Ukraine [ykrɛn] *nf*: **l'~** the Ukraine.

ukrainien, -ienne [ykrɛnjɛ̃, jɛn] *adj* Ukrainian.
◆ **ukrainien** *nm* [langue] Ukrainian.
◆ **Ukrainien, -ienne** *nm, f* Ukrainian.

ulcère [ylsɛr] *nm* ulcer.

ulcérer [ylsere] [18] *vt* **-1.** MÉD to ulcerate. **-2.** *sout* [mettre en colère] to enrage.
◆ **s'ulcérer** *vp* to ulcerate, to fester.

ulcéreux, -euse [ylserø, øz] *adj* [plaie] ulcerous; [organe] ulcerated.

ULM (*abr de* **ultra léger motorisé**) *nm* microlight.

Ulster [ylstɛr] *nm*: **l'~** Ulster.

ultérieur, -ieure [ylterjœr] *adj* later, subsequent.

ultérieurement [ylterjœrmɑ̃] *adv* later, subsequently.

ultimatum [yltimatɔm] *nm* ultimatum.

ultime [yltim] *adj* ultimate, final.

ultramoderne [yltramɔdɛrn] *adj* ultramodern.

ultrasensible [yltrasɑ̃sibl] *adj* [personne] ultra-sensitive; [pellicule] high-speed.

ultrason [yltrasɔ̃] *nm* ultrasound (*U*).

ultraviolet, -ette [yltravjɔlɛ, ɛt] *adj* ultraviolet.
◆ **ultraviolet** *nm* ultraviolet.

ululement, hululement [ylylmɑ̃] *nm* hoot, hooting (*U*).

ululer, hululer [ylyle] [3] *vi* to hoot.

un [œ̃] (*f* **une** [yn]) ◇ *art indéf* a, an (*devant voyelle*); **~ homme** a man; **~ livre** a book; **une femme** a woman; **une pomme** an apple.
◇ *pron indéf* one; **l'~ de mes amis** one of my friends; **l'~ l'autre** each other; **les ~s les autres** one another; **l'~ ..., l'autre** one ..., the other; **les ~s ..., les autres** some ..., others; **l'~ et l'autre** both (of them); **l'~ ou l'autre** either (of them); **ni l'~ ni l'autre** neither one nor the other, neither (of them).
◇ *adj num* one; **une personne à la fois** one person at a time.
◇ *nm* one; *voir aussi* **six.**
◆ **une** *nf*: **faire la/être à la une** PRESSE to make the/to be on the front page; **ne faire ni une ni deux** not to think twice.

unanime [ynanim] *adj* unanimous.

unanimement [ynanimmɑ̃] *adv* unanimously.

unanimité [ynanimite] *nf* unanimity; **faire l'~** to be unanimously approved; **à l'~** unanimously.

underground [œndœrgraɔnd] ◇ *nm inv* underground. ◇ *adj inv* underground (*avant n*).

UNEF, Unef [ynɛf] (*abr de* **Union nationale des étudiants de France**) *nf students' union,* ≃ NUS *Br.*

UNESCO, Unesco [ynɛsko] (*abr de* **United Nations Educational, Scientific and Cultural Organization**) *nf* UNESCO.

uni, -e [yni] *adj* **-1.** [joint, réuni] united. **-2.** [famille, couple] close. **-3.** [surface, mer] smooth; [route] even. **-4.** [étoffe, robe] self-colored *Am*, self-coloured *Br.*

UNICEF, Unicef [ynisɛf] (*abr de* **United**

Nations International Children's Emergency Fund) *nm* UNICEF.

unicité [ynisite] *nf littéraire* uniqueness.

unième [ynjɛm] *adj num*: **cinquante et ~** fifty-first.

unificateur, -trice [ynifikatœr, tris] *adj* unifying.

unification [ynifikasjɔ̃] *nf* unification.

unifier [ynifje] [9] *vt* **-1.** [régions, parti] to unify. **-2.** [programmes] to standardize.

◆ **s'unifier** *vp* to unite, to unify.

uniforme [yniform] ◇ *adj* uniform; [régulier] regular. ◇ *nm* uniform.

uniformément [yniformemɑ̃] *adv* uniformly.

uniformisation [yniformizasjɔ̃] *nf* standardization.

uniformiser [yniformize] [3] *vt* **-1.** [couleur] to make uniform. **-2.** [programmes, lois] to standardize.

uniformité [yniformite] *nf* **-1.** [gén] uniformity; [de mouvement] regularity. **-2.** [monotonie] monotony.

unijambiste [yniʒɑ̃bist] ◇ *adj* one-legged. ◇ *nmf* one-legged person.

unilatéral, -e, -aux [ynilateral, o] *adj* unilateral; **stationnement ~** parking on only one side of the street.

unilatéralement [ynilateralmɑ̃] *adv* unilaterally.

union [ynjɔ̃] *nf* **-1.** [de couleurs] blending. **-2.** [mariage] union; **~ conjugale** marriage; **~ libre** cohabitation. **-3.** [de pays] union; [de syndicats] confederation; **~ douanière** customs union. **-4.** [entente] unity.

◆ **Union soviétique** *nf*: **l'(ex-)Union soviétique** the (former) Soviet Union.

unique [ynik] *adj* **-1.** [seul - enfant, veston] only; [- préoccupation] sole. **-2.** [principe, prix] single. **-3.** [exceptionnel] unique; **tu es vraiment ~!** *iron* you're priceless!

uniquement [ynikmɑ̃] *adv* **-1.** [exclusivement] only, solely. **-2.** [seulement] only, just.

unir [ynir] [32] *vt* **-1.** [assembler - mots, qualités] to put together, to combine; [- pays] to unite; **~ qqch à** [pays] to unite sthg with; [mot, qualité] to combine sthg with. **-2.** [réunir - partis, familles] to unite. **-3.** [marier] to unite, to join in marriage.

◆ **s'unir** *vp* **-1.** [s'associer] to unite, to join together. **-2.** [se joindre - rivières] to merge; [- couleurs] to go together. **-3.** [se marier] to be joined in marriage.

unisexe [ynisɛks] *adj* unisex.

unisson [ynisɔ̃] *nm* unison; **à l'~** in unison.

unitaire [ynitɛr] *adj* **-1.** [à l'unité]: **prix ~** unit price. **-2.** [manifestation, politique] joint (*avant n*).

unité [ynite] *nf* **-1.** [cohésion] unity. **-2.** COMM, MATHS & MIL unit; **à l'~** COMM unit (*avant n*).

◆ **unité centrale** *nf* INFORM central processing unit.

◆ **unité de valeur** *nf university course unit*, ≃ credit.

univers [yniver] *nm* universe; *fig* world.

universaliser [yniversalize] [3] *vt* to universalize, to make universal.

◆ **s'universaliser** *vp* to become universal.

universalité [yniversalite] *nf* universality.

universel, -elle [yniversɛl] *adj* universal.

universellement [yniverselmɑ̃] *adv* universally.

universitaire [yniversitɛr] ◇ *adj* university (*avant n*). ◇ *nmf* academic.

université [yniversite] *nf* university.

univoque [ynivɔk] *adj* **-1.** [mot, tournure] unambiguous. **-2.** [relation] one-on-one *Am*, one-to-one *Br*.

uppercut [ypɛrkyt] *nm* uppercut.

uranium [yranjɔm] *nm* uranium.

urbain, -e [yrbɛ̃, ɛn] *adj* **-1.** [de la ville] urban. **-2.** *littéraire* [affable] urbane.

urbanisation [yrbanizasjɔ̃] *nf* urbanization.

urbaniser [yrbanize] [3] *vt* to urbanize.

◆ **s'urbaniser** *vp* to become urbanized.

urbanisme [yrbanism] *nm* town planning.

urbanité [yrbanite] *nf* urbanity.

urée [yre] *nf* urea.

urgence [yrʒɑ̃s] *nf* **-1.** [de mission] urgency. **-2.** MÉD emergency; **les ~s** the casualty department (*sg*).

◆ **d'urgence** *loc adv* immediately.

urgent, -e [yrʒɑ̃, ɑ̃t] *adj* urgent.

urinaire [yrinɛr] *adj* urinary.

urine [yrin] *nf* urine.

uriner [yrine] [3] *vi* to urinate.

urinoir [yrinwar] *nm* urinal.

urne [yrn] *nf* **-1.** [vase] urn. **-2.** [de vote] ballot box; **aller aux ~s** to go to the polls.

urologie [yrɔlɔʒi] *nf* urology.

URSS (*abr de* **Union des républiques socialistes soviétiques**) *nf*: **l'(ex-)~** the (former) USSR.

URSSAF, Urssaf [yrsaf] (*abr de* **Union pour le recouvrement des cotisations de la sécurité sociale et des allocations familiales**) *nf administrative body responsible for collecting social security funds.*

urticaire [yrtikɛr] *nf* urticaria, hives.

Uruguay [yrygwε] *nm*: **l'~** Uruguay.

uruguayen, -enne [yrygwejε̃, εn] *adj* Uruguayan.

◆ **Uruguayen, -enne** *nm, f* Uruguayan.

us [ys] *nmpl*: **les ~ et coutumes** the ways and customs.

USA (*abr de* **United States of America**) *nmpl* USA.

usage [yzaʒ] *nm* **-1.** [gén] use; **faire ~ de qqch** to use sthg; **en ~** in use; **à l'~** [à l'emploi] with use; [vêtement] with wear; **à l'~ de qqn** for (the use of) sb; **à ~ externe/interne** for external/internal use; **hors d'~** out of action. **-2.** [coutume] custom; **d'~** customary. **-3.** LING usage.

usagé, -e [yzaʒe] *adj* worn, old.

usager [yzaʒe] *nm* user; **les ~s de la route** road-users.

usé, -e [yze] *adj* **-1.** [détérioré] worn; **eaux ~es** waste water (*sg*). **-2.** [personne] worn-out. **-3.** [plaisanterie] hackneyed, well-worn.

user [yze] [3] ◇ *vt* **-1.** [consommer] to use. **-2.** [vêtement] to wear out. **-3.** [forces] to use up; [santé] to ruin; [personne] to wear out. ◇ *vi* **-1.** [se servir]: **~ de** [charme] to use; [droit, privilège] to exercise. **-2.** [traiter]: **en ~ bien avec qqn** *littéraire* to treat sb well.

◆ **s'user** *vp* **-1.** [chaussure] to wear out. **-2.** [personne] to wear o.s. out. **-3.** [amour] to burn itself out.

usinage [yzinaʒ] *nm* **-1.** [façonnage] machining. **-2.** [fabrication] manufacturing.

usine [yzin] *nf* factory.

usiner [yzine] [3] *vt* **-1.** [façonner] to machine. **-2.** [fabriquer] to manufacture.

usité, -e [yzite] *adj* in common use; **très/peu ~** commonly/rarely used.

ustensile [ystãsil] *nm* implement, tool; **~s de cuisine** kitchen utensils.

usuel, -elle [yzɥεl] *adj* common, usual.

usuellement [yzɥεlmã] *adv* usually, ordinarily.

usufruit [yzyfrɥi] *nm* usufruct.

usuraire [yzyrεr] *adj* usurious.

usure [yzyr] *nf* **-1.** [de vêtement, meuble] wear; [de forces] wearing down; **avoir qqn à l'~** *fam* to wear sb down; **obtenir qqch à l'~** to get sthg through sheer persistence. **-2.** [intérêt] usury.

usurier, -ière [yzyrje, jεr] *nm, f* usurer.

usurpateur, -trice [yzyrpatœr, tris] ◇ *adj* usurping (*avant n*). ◇ *nm, f* usurper.

usurpation [yzyrpasjɔ̃] [3] *nf* usurpation.

usurper [yzyrpe] [3] *vt* to usurp.

ut [yt] *nm inv* C.

UTA (*abr de* **Union des transporteurs aériens**) *nf French airline company.*

utérin, -ine [yterε̃, in] *adj* uterine.

utérus [yterys] *nm* uterus, womb.

utile [ytil] *adj* useful; **être ~ à qqn** to be useful OU of help to sb, to help sb.

utilement [ytilmã] *adv* usefully, profitably.

utilisable [ytilizabl] *adj* usable.

utilisateur, -trice [ytilizatœr, tris] *nm, f* user; **~ étranger** INFORM unauthorized user.

utilisation [ytilizasjɔ̃] *nf* use.

utiliser [ytilize] [3] *vt* to use.

utilitaire [ytilitεr] ◇ *adj* **-1.** [pratique] utilitarian; [véhicule] commercial. **-2.** *péj* [préoccupations] material; [caractère] materialistic. ◇ *nm* INFORM utility (program).

utilité [ytilite] *nf* **-1.** [usage] usefulness. **-2.** JUR: **entreprise d'~ publique** public utility; **organisme d'~ publique** registered charity. **-3.** *loc*: **jouer les ~s** THÉÂTRE to play bit parts; *fig* to play second fiddle.

utopie [ytɔpi] *nf* **-1.** [idéal] utopia. **-2.** [projet irréalisable] unrealistic idea.

utopique [ytɔpik] *adj* utopian.

utopiste [ytɔpist] *nmf* utopian.

UV ◇ *nf* (*abr de* **unité de valeur**) *university course unit,* ≃ credit. ◇ (*abr de* **ultra-violet**) UV.

v, V [ve] *nm inv* v, V; **pull en v** V-neck sweater.

v.¹ -1. (*abr de* **vers**) LITTÉRATURE v. **-2.** (*abr de* **verset**) v. **-3.** (*abr de* **vers**) [environ] approx.

v.², V. *abr de* **voir**.

va [va] *interj*: **courage, ~!** come on, cheer up!; **~ donc!** come on!; **~ pour 50 francs/demain** OK, let's say 50 francs/tomorrow.

VA (*abr de* **voltampère**) VA.

vacance [vakãs] *nf* vacancy; **~ du pouvoir** power vacuum.

◆ **vacances** *nfpl* vacation *Am* (*sg*), holiday *Br* (*sg*); **bonnes ~s!** have a good holiday!; **les grandes ~s** the summer holidays.

vacancier, -ière [vakãsje, jεr] *nm, f* vacationer *Am*, holiday-maker *Br*.

vacant, -e [vakɑ̃, ɑ̃t] *adj* [poste] vacant; [logement] vacant, unoccupied.

vacarme [vakarm] *nm* racket, din.

vacataire [vakatɛr] ◇ *adj* [employé] temporary. ◇ *nmf* temporary worker.

vacation [vakasjɔ̃] *nf* [d'expert] session.

vaccin [vaksɛ̃] *nm* vaccine; ~ **antirabique** rabies vaccine.

vaccination [vaksinasjɔ̃] *nf* vaccination.

vacciner [vaksine] [3] *vt*: ~ **qqn (contre)** MÉD to vaccinate sb (against); *fam fig* to make sb immune (to).

vache [vaʃ] ◇ *nf* **-1.** ZOOL cow. **-2.** [cuir] cowhide. **-3.** *fam péj* [femme] cow; [homme] pig. **-4.** *loc*: **la ~!** hell! ◇ *adj fam* rotten.

vachement [vaʃmɑ̃] *adv fam* real *Am*, bloody *Br*, dead *Br*.

vacherie [vaʃri] *nf fam* nastiness; **faire/dire une ~** to do/say something nasty.

vacherin [vaʃrɛ̃] *nm* [dessert] *meringue filled with ice-cream and fruit.*

vachette [vaʃɛt] *nf* **-1.** [jeune vache] calf. **-2.** [cuir] calfskin.

vacillant, -e [vasijɑ̃, ɑ̃t] *adj* **-1.** [jambes, fondations] unsteady; [lumière] flickering. **-2.** [mémoire, santé] failing; [caractère] wavering, indecisive.

vaciller [vasije] [3] *vi* **-1.** [jambes, fondations] to shake; [lumière] to flicker; ~ **sur ses jambes** to be unsteady on one's legs. **-2.** [mémoire, santé] to fail.

vacuité [vakɥite] *nf sout* [de propos] emptiness, vacuousness.

vade-mecum [vademekɔm] *nm inv* vade mecum.

vadrouille [vadruj] *nf fam*: **être/partir en ~** to be/to go off gallivanting.

va-et-vient [vaevjɛ̃] *nm inv* **-1.** [de personnes] comings and goings (*pl*), toing and froing. **-2.** [de balancier] to-and-fro movement. **-3. (porte)** ~ swing door. **-4.** ÉLECTR two way switch.

vagabond, -e [vagabɔ̃, ɔ̃d] ◇ *adj* **-1.** [chien] stray; [vie] vagabond (*avant n*). **-2.** [humeur] restless. ◇ *nm, f* [rôdeur] vagrant, tramp; *littéraire* [voyageur] wanderer.

vagabondage [vagabɔ̃daʒ] *nm* [délit] vagrancy; [errance] wandering, roaming.

vagabonder [vagabɔ̃de] [3] *vi* **-1.** [personne] to wander, to roam. **-2.** [esprit, imagination] to wander.

vagin [vaʒɛ̃] *nm* vagina.

vaginal, -e, -aux [vaʒinal, o] *adj* vaginal.

vaginite [vaʒinit] *nf* vaginitis.

vagir [vaʒir] [32] *vi* to cry, to wail.

vagissement [vaʒismɑ̃] *nm* cry, wail.

vague [vag] ◇ *adj* **-1.** [idée, promesse] vague. **-2.** [vêtement] loose-fitting. **-3.** (*avant n*) [quelconque]: **il a un ~ travail dans un bureau** he has some job or other in an office. ◇ *nf* wave; **une ~ de** [touristes, immigrants] a wave of; [d'enthousiasme] a surge of; **une ~ de froid** a cold spell; **la nouvelle ~** the new wave; **~ de chaleur** heatwave. ◇ *nm*: **rester dans le ~** *fig* to remain vague; **avoir du ~ à l'âme** *fig* to be wistful.

vaguelette [vaglɛt] *nf* ripple, wave.

vaguement [vagmɑ̃] *adv* vaguely.

vahiné [vaine] *nf* Tahitian woman.

vaillamment [vajamɑ̃] *adv* bravely, valiantly.

vaillance [vajɑ̃s] *nf littéraire* bravery, courage; MIL valor *Am*, valour *Br*.

vaillant, -e [vajɑ̃, ɑ̃t] *adj* **-1.** [enfant, vieillard] hale and hearty. **-2.** *littéraire* [héros] valiant.

vain, -e [vɛ̃, vɛn] *adj* **-1.** [inutile] vain, useless; **en ~** in vain, to no avail. **-2.** *littéraire* [vaniteux] vain.

vaincre [vɛ̃kr] [114] *vt* **-1.** [ennemi] to defeat. **-2.** [obstacle, peur] to overcome.

vaincu, -e [vɛ̃ky] ◇ *pp* → **vaincre.** ◇ *adj* defeated; **s'avouer ~** to admit defeat. ◇ *nm, f* defeated person.

vainement [vɛnmɑ̃] *adv* vainly.

vainqueur [vɛ̃kœr] ◇ *nm* **-1.** [de combat] conqueror, victor. **-2.** SPORT winner. ◇ *adj m* victorious, conquering.

vairon [verɔ̃] ◇ *adj m* **-1.** [yeux] of different colours. **-2.** [cheval] wall-eyed. ◇ *nm* minnow.

vais → **aller.**

vaisseau, -x [veso] *nm* **-1.** NAVIG vessel, ship; ~ **spatial** AÉRON spaceship. **-2.** ANAT vessel. **-3.** ARCHIT nave.

vaisselier [vesəlje] *nm* dresser.

vaisselle [vesel] *nf* crockery; **faire** OU **laver la ~** to do the dishes, to wash up.

val [val] (*pl* **vals** OU **vaux** [vo]) *nm* valley.

valable [valabl] *adj* **-1.** [passeport] valid. **-2.** [raison, excuse] valid, legitimate. **-3.** [œuvre] good, worthwhile.

valériane [valerjan] *nf* valerian.

valet [valɛ] *nm* **-1.** [serviteur] servant; ~ **de chambre** manservant, valet; ~ **de pied** footman. **-2.** *fig & péj* [homme servile] lackey. **-3.** CARTES jack, knave.

valeur [valœr] *nf* **-1.** [gén & MUS] value; **avoir de la ~** to be valuable; **prendre de la ~** to increase in value; **perdre de sa ~** to lose its value; **mettre en ~** [talents] to bring out; [terre] to exploit; ~ **absolue** absolute

value; ~ **ajoutée** ÉCON added value; **de
(grande)** ~ [chose] **(very) valuable;** [personne] of (great) worth OU merit. **-2.** (*gén
pl*) BOURSE stocks and shares (*pl*), securities
(*pl*). **-3.** [mérite] worth, merit. **-4.** *fig* [importance] value, importance. **-5.** [équivalent]: **la
~ de** the equivalent of.
◆ **valeurs** *nfpl* [critères de référence] values.

valeureusement [valœrøzmɑ̃] *adv* valorously.

valeureux, -euse [valœrø, øz] *adj* valorous.

validation [validasjɔ̃] *nf* validation, authentication.

valide [valid] *adj* **-1.** [personne] spry. **-2.**
[contrat] valid.

valider [valide] [3] *vt* to validate, to authenticate.

validité [validite] *nf* validity.

valise [valiz] *nf* case, suitcase; **faire sa** ~/
ses ~**s** to pack one's case/cases; *fam fig*
[partir] to pack one's bags; ~ **diplomatique**
diplomatic bag.

vallée [vale] *nf* valley.

vallon [valɔ̃] *nm* small valley.

vallonné, -e [valɔne] *adj* undulating.

valoir [valwar] [60] ◇ *vi* **-1.** [gén] to be
worth; **que vaut ce film?** is this film any
good?; **ne rien** ~ not to be any good, to be
worthless; **ça vaut mieux** *fam* that's best;
ça ne vaut pas la peine it's not worth it;
faire ~ [vues] to assert; [talent] to show. **-2.**
[règle]: ~ **pour** to apply to, to hold good
for.
◇ *vt* [médaille, gloire] to bring, to earn.
◇ *v impers*: **il vaudrait mieux que nous partions** it would be better if we left, we'd
better leave.
◆ **se valoir** *vp* to be equally good/bad.

valorisant, -e [valɔrizɑ̃, ɑ̃t] *adj* good for
one's image.

valorisation [valɔrizasjɔ̃] *nf* [d'immeuble, de
région] development; ~ **de soi** good self-image.

valoriser [valɔrize] [3] *vt* [immeuble, région]
to develop; [individu, société] to improve the
image of.

valse [vals] *nf* waltz; *fam fig* [de personnel]
reshuffle.

valser [valse] [3] *vi* to waltz; **envoyer** ~
qqch *fam fig* to send sthg flying; **envoyer** ~
qqn *fam fig* [employé] to give sb the elbow.

valseur, -euse [valsœr, øz] *nm, f* [danseur]
waltzer.

valu [valy] *pp inv* → **valoir**.

valve [valv] *nf* valve.

vamp [vɑ̃p] *nf* vamp.

vamper [vɑ̃pe] [3] *vt fam* to vamp.

vampire [vɑ̃pir] *nm* **-1.** [fantôme] vampire.
-2. *fig* [personne avide] vulture. **-3.** ZOOL
vampire bat.

vampiriser [vɑ̃pirize] [3] *vt fig* to control.

van [vɑ̃] *nm* [fourgon] horsecar *Am*, horsebox *Br*.

vandale [vɑ̃dal] *nmf* vandal.

vandalisme [vɑ̃dalism] *nm* vandalism.

vanille [vanij] *nf* vanilla.

vanillé, -e [vanije] *adj* vanilla (*avant n*).

vanité [vanite] *nf* vanity.

vaniteux, -euse [vanitø, øz] ◇ *adj* vain,
conceited. ◇ *nm, f* vain OU conceited person.

vanity-case [vanitikez] (*pl* **vanity-cases**) *nm*
vanity case.

vanne [van] *nf* **-1.** [d'écluse] lockgate. **-2.**
fam [remarque] gibe.

vanné, -e [vane] *adj fam* [personne] dead
beat.

vanner [vane] [3] *vt* **-1.** [grain] to winnow.
-2. *fam* [fatiguer] to wear out. **-3.** *fam* [se
moquer de] to have a go at.

vannerie [vanri] *nf* basketwork, wickerwork.

vannier [vanje] *nm* basket maker.

vantail, -aux [vɑ̃taj, o] *nm* [de porte] leaf;
[d'armoire] door.

vantard, -e [vɑ̃tar, ard] ◇ *adj* bragging,
boastful. ◇ *nm, f* boaster.

vantardise [vɑ̃tardiz] *nf* boasting (*U*), bragging (*U*).

vanter [vɑ̃te] [3] *vt* to vaunt.
◆ **se vanter** *vp* to boast, to brag; **se** ~ **de
qqch** to boast OU brag about sthg; **se** ~ **de
faire qqch** to boast OU brag about doing
sthg.

Vanuatu [vanwaty] *nm* Vanuatu.

va-nu-pieds [vanypje] *nmf inv fam* beggar.

vapes [vap] *nfpl fam*: **être dans les** ~ to
have one's head in the clouds; **tomber
dans les** ~ to pass out.

vapeur [vapœr] ◇ *nf* **-1.** [d'eau] steam; **à la**
~ steamed; **renverser la** ~ NAVIG to reverse
engines; *fig* to backpedal. **-2.** [émanation]
vapor *Am*, vapour *Br*. ◇ *nm* steamer.
◆ **vapeurs** *nfpl* **-1.** [malaise]: **avoir ses** ~**s**
to have the vapors *Am* OU vapours *Br*. **-2.**
[émanations] fumes.

vapocuiseur [vapokɥizœr] *nm* pressure
cooker.

vaporeux, -euse [vapɔrø, øz] *adj* **-1.** littéraire [ciel, lumière] hazy. **-2.** [tissu] filmy.

vaporisateur [vapɔrizatœr] *nm* **-1.** [atomiseur] spray, atomizer. **-2.** IND vaporizer.

vaporisation [vapɔrizasjɔ̃] *nf* **-1.** [de parfum, déodorant] spraying. **-2.** PHYS vaporization.

vaporiser [vapɔrize] [3] *vt* **-1.** [parfum, déodorant] to spray. **-2.** PHYS to vaporize.

◆ **se vaporiser** *vp* to vaporize.

vaquer [vake] [3] *vi*: ~ à to see to, to attend to.

varappe [varap] *nf* rock climbing.

varappeur, -euse [varapœr, øz] *nm, f* (rock) climber.

varech [varɛk] *nm* kelp.

vareuse [varøz] *nf* **-1.** [veste] loose-fitting jacket. **-2.** [de marin] pea jacket. **-3.** [d'uniforme] tunic.

variable [varjabl] ◇ *adj* **-1.** [temps] changeable. **-2.** [distance, résultats] varied, varying. **-3.** [température] variable. ◇ *nf* variable.

variante [varjɑ̃t] *nf* variant.

variateur [varjatœr] *nm* ÉLECTR dimmer switch.

variation [varjasjɔ̃] *nf* variation.

varice [varis] *nf* varicose vein.

varicelle [varisɛl] *nf* chickenpox.

varié, -e [varje] *adj* **-1.** [divers] various. **-2.** [non monotone] varied, varying.

varier [varje] [9] *vt & vi* to vary.

variété [varjete] *nf* variety.

◆ **variétés** *nfpl* variety show (*sg*).

variole [varjɔl] *nf* smallpox.

variqueux, -euse [varikø, øz] *adj* varicose.

Varsovie [varsɔvi] *n* Warsaw; **le pacte de** ~ the Warsaw Pact.

vasculaire [vaskylɛr] *adj* vascular.

vase [vaz] ◇ *nm* vase; **en** ~ **clos** *fig* in a vacuum. ◇ *nf* mud, silt.

vasectomie [vazɛktɔmi] *nf* vasectomy.

vaseline [vazlin] *nf* Vaseline®, petroleum jelly.

vaseux, -euse [vazø, øz] *adj* **-1.** [fond] muddy, silty. **-2.** *fam* [personne] under the weather. **-3.** *fam* [raisonnement, article] woolly.

vasistas [vazistas] *nm* fanlight.

vasque [vask] *nf* **-1.** [de fontaine] basin. **-2.** [coupe] bowl.

vassal, -e, -aux [vasal, o] *nm, f* vassal.

vaste [vast] *adj* vast, immense.

Vatican [vatikɑ̃] *nm*: **le** ~ the Vatican; **l'État de la cité du** ~ Vatican City; **au** ~ in Vatican City.

va-tout [vatu] *nm inv*: **jouer son** ~ *fig* to stake one's all.

vaudeville [vodvil] *nm* vaudeville.

vaudevillesque [vodvilɛsk] *adj* ludicrous.

vaudou [vodu] *nm* voodoo.

vaudrait → valoir.

vau-l'eau [volo]

◆ **à vau-l'eau** *loc adv littéraire* with the flow; **aller à** ~ *fig* to go down the drain.

vaurien, -ienne [vorjɛ̃, jɛn] *nm, f* good-for-nothing.

vaut → valoir.

vautour [votur] *nm* vulture.

vautrer [votre] [3]

◆ **se vautrer** *vp* [dans boue, dans débauche] to wallow; [sur l'herbe, dans fauteuil] to sprawl.

va-vite [vavit]

◆ **à la va-vite** *loc adv fam* in a rush.

vd *abr de* vend.

VDQS (*abr de* **vin délimité de qualité supérieure**) *nm label indicating quality of wine.*

vds *abr de* vends.

veau [vo] *nm* **-1.** [animal] calf; **le Veau d'or** the golden calf. **-2.** [viande] veal. **-3.** [peau] calfskin. **-4.** *péj* [personne] lump.

vecteur [vɛktœr] *nm* **-1.** GÉOM vector. **-2.** [intermédiaire] vehicle; MÉD carrier.

vécu, -e [veky] ◇ *pp* → vivre. ◇ *adj* real.

vedettariat [vədetarja] *nm* stardom.

vedette [vədet] *nf* **-1.** NAVIG patrol boat. **-2.** [star] star; **mettre en** ~ *fig* to turn the spotlight on.

végétal, -e, -aux [veʒetal, o] *adj* [huile] vegetable (*avant n*); [cellule, fibre] plant (*avant n*).

végétalien, -ienne [veʒetaljɛ̃, jɛn] *adj & nm, f* vegan.

végétarien, -ienne [veʒetarjɛ̃, jɛn] *adj & nm, f* vegetarian.

végétarisme [veʒetarism] *nm* vegetarianism.

végétatif, -tive [veʒetatif, iv] *adj* vegetative; *fig & péj* vegetable-like.

végétation [veʒetasjɔ̃] *nf* vegetation.

◆ **végétations** *nfpl* adenoids.

végéter [veʒete] [18] *vi* to vegetate.

véhémence [veemɑ̃s] *nf* vehemence.

véhément, -e [veemɑ̃, ɑ̃t] *adj* vehement.

véhicule [veikyl] *nm* vehicle; ~ **banalisé** unmarked vehicle.

véhiculer [veikyle] [3] *vt* to transport; *fig* to convey.

veille [vɛj] *nf* **-1.** [jour précédent] day before, eve; **la** ~ **au soir** the previous evening, the evening before; **la** ~ **de mon anniversaire** the day before my birthday; **à la** ~ **de** *fig* on the eve of. **-2.** [éveil] wakefulness; [privation de sommeil] sleeplessness. **-3.** [garde]: **être de** ~ to be on night duty.

veillée [veje] *nf* **-1.** [soirée] evening. **-2.** [de mort] watch.

veiller [veje] [4] ◇ *vi* **-1.** [rester éveillé] to stay up. **-2.** [rester vigilant]: ~ **à qqch** to look after sthg; ~ **à faire qqch** to see that sthg is done; ~ **sur** to watch over. ◇ *vt* to sit up with.

veilleur [vejœr] *nm*: ~ **de nuit** night watchman.

veilleuse [vejøz] *nf* **-1.** [lampe] nightlight. **-2.** AUTOM sidelight. **-3.** [de chauffe-eau] pilot light.

veinard, -e [vɛnar, ard] *fam* ◇ *adj* lucky. ◇ *nm, f* lucky devil.

veine [vɛn] *nf* **-1.** [gén] vein; **en** ~ **de** in the mood for; **s'ouvrir les** ~**s** to slash one's wrists; **se saigner aux quatre** ~**s** *fig* to bleed o.s. white. **-2.** [de marbre] vein; [de bois] grain. **-3.** [filon] seam, vein. **-4.** *fam* [chance] luck; **avoir de la** ~ to be lucky; **avoir une** ~ **de cocu** *fig* to have the luck of the devil.

veiné, -e [vene] *adj* [marbre] veined; [bois] grained.

veineux, -euse [vɛnø, øz] *adj* **-1.** ANAT venous. **-2.** [marbre] veined; [bois] grainy.

veinule [venyl] *nf* venule.

Velcro® [vɛlkro] *nm* Velcro®.

vêler [vele] [4] *vi* to calve.

vélin [velɛ̃] *nm* vellum.

véliplanchiste [veliplɑ̃ʃist] *nmf* windsurfer.

velléitaire [veleitɛr] ◇ *nmf* indecisive person. ◇ *adj* indecisive.

velléité [veleite] *nf* whim.

vélo [velo] *nm fam* bike; **faire du** ~ to go cycling.

véloce [velɔs] *adj* swift.

vélocité [velɔsite] *nf* swiftness, speed.

vélodrome [velɔdrom] *nm* velodrome.

vélomoteur [velɔmɔtœr] *nm* light motorcycle.

velours [vəlur] *nm* velvet.

velouté, -e [vəlute] *adj* velvety.
◆ **velouté** *nm* **-1.** [de peau] velvetiness. **-2.** [potage] cream soup; ~ **d'asperges** cream of asparagus soup.

velu, -e [vəly] *adj* hairy.

venaison [vənɛzɔ̃] *nf* venison.

vénal, -e, -aux [venal, o] *adj* venal.

vénalité [venalite] *nf* venality.

venant [vənɑ̃]
◆ **à tout venant** *loc adv* to all comers.

vendange [vɑ̃dɑ̃ʒ] *nf* **-1.** [récolte] grape harvest, wine harvest. **-2.** [raisins] grape crop. **-3.** [période]: **les** ~**s** (grape) harvest time (*sg*).

vendanger [vɑ̃dɑ̃ʒe] [17] ◇ *vt* to harvest grapes from. ◇ *vi* to harvest the grapes.

vendangeur, -euse [vɑ̃dɑ̃ʒœr, øz] *nm, f* grape-picker.

vendetta [vɑ̃deta] *nf* vendetta.

vendeur, -euse [vɑ̃dœr, øz] *nm, f* salesman (*f* saleswoman).

vendre [vɑ̃dr] [73] *vt* to sell; **«à** ~**»** "for sale".
◆ **se vendre** *vp* **-1.** [maison, produit] to be sold. **-2.** *péj* [se laisser corrompre] to sell o.s. **-3.** [se trahir] to give o.s. away.

vendredi [vɑ̃drədi] *nm* Friday; **Vendredi Saint** Good Friday; *voir aussi* **samedi**.

vendu, -e [vɑ̃dy] ◇ *pp* → **vendre**. ◇ *adj* **-1.** [cédé] sold. **-2.** [corrompu] corrupt. ◇ *nm, f* traitor.

venelle [vənɛl] *nf* alley.

vénéneux, -euse [venenø, øz] *adj* poisonous.

vénérable [venerabl] *adj* venerable.

vénération [venerasjɔ̃] *nf* veneration, reverence.

vénérer [venere] [18] *vt* to venerate, to revere.

vénerie [vɛnri] *nf* hunting.

vénérien, -ienne [venerjɛ̃, jɛn] *adj* venereal.

Venezuela [venezɥela] *nm*: **le** ~ Venezuela; **au** ~ in Venezuela.

vénézuélien, -ienne [venezɥeljɛ̃, jɛn] *adj* Venezuelan.
◆ **Vénézuélien, -ienne** *nm, f* Venezuelan.

vengeance [vɑ̃ʒɑ̃s] *nf* vengeance.

venger [vɑ̃ʒe] [17] *vt* to avenge.
◆ **se venger** *vp* to get one's revenge; **se** ~ **de qqn** to take revenge on sb; **se** ~ **de qqch** to take revenge for sthg; **se** ~ **sur** to take it out on.

vengeur, vengeresse [vɑ̃ʒœr, vɑ̃ʒrɛs] ◇ *adj* vengeful. ◇ *nm, f* avenger.

véniel, -ielle [venjɛl] *adj* venial.

venimeux, -euse [vənimø, øz] *adj* venomous.

venin [vənɛ̃] *nm* venom.

venir [vənir] [40] *vi* to come; [plante, arbre] to come on; ~ **de** [personne, mot] to come from; [échec] to be due to; ~ **à** [maturité] to reach; [question, sujet] to come to; **il lui vient à l'épaule** he comes up to his/her shoulder; ~ **de faire qqch** to have just done sthg; **je viens de la voir** I've just seen her; **s'il venait à mourir ...** if he was to die

...; **où veux-tu en ~?** what are you getting at?.
◆ **s'en venir** *vp littéraire* to come (along).

Venise [vəniz] *n* Venice.

vénitien, -ienne [venisjɛ̃, jɛn] *adj* Venetian.
◆ **Vénitien, -ienne** *nm, f* Venetian.

vent [vɑ̃] *nm* wind; **~ contraire** headwind; **dans le ~** trendy; **avoir ~ de** *fig* to get wind of; **bon ~!** *fig* good riddance!; **contre ~s et marées** *fig* come hell or high water.

vente [vɑ̃t] *nf* **-1.** [cession, transaction] sale; **en ~** on sale; **en ~ libre** available over the counter; **~ de charité** (charity) bazaar; **~ par correspondance** mail order; **~ à la criée** sale by auction; **~ en demi-gros** cash-and-carry; **~ au détail** retail sales; **~ directe** direct selling; **~ aux enchères** auction; **~ en gros** wholesale sales. **-2.** [service] sales (department). **-3.** [technique] selling.

venteux, -euse [vɑ̃tø, øz] *adj* windy.

ventilateur [vɑ̃tilatœr] *nm* fan.

ventilation [vɑ̃tilasjɔ̃] *nf* **-1.** [de pièce] ventilation. **-2.** FIN breakdown.

ventiler [vɑ̃tile] [3] *vt* **-1.** [pièce] to ventilate. **-2.** FIN to break down.

ventouse [vɑ̃tuz] *nf* **-1.** [de caoutchouc] suction pad; [d'animal] sucker. **-2.** MÉD cupping glass. **-3.** TECHNOL air vent.

ventral, -e, -aux [vɑ̃tral, o] *adj* ventral.

ventre [vɑ̃tr] *nm* [de personne] stomach; **avoir/prendre du ~** to have/be getting (a bit of) a paunch; **avoir mal au ~** to have (a) stomach ache; **avoir le ~ ballonné** to have a bloated stomach; **à plat ~** flat on one's stomach; **~ à terre** *fig* flat out; **avoir quelque chose dans le ~** *fig* to have guts.

ventricule [vɑ̃trikyl] *nm* ventricle.

ventriloque [vɑ̃trilɔk] *nmf* ventriloquist.

ventripotent, -e [vɑ̃tripɔtɑ̃, ɑ̃t] *adj fam* pot-bellied.

ventru, -e [vɑ̃try] *adj* **-1.** *fam* [personne] pot-bellied. **-2.** [cruche] round; [commode] bow-fronted.

venu, -e [vəny] ◇ *pp* → **venir**. ◇ *adj*: **bien ~** welcome; **mal ~** unwelcome; **il serait mal ~ de faire cela** it would be improper to do that. ◇ *nm, f*: **nouveau ~** newcomer.
◆ **venue** *nf* coming, arrival.

vêpres [vɛpr] *nfpl* vespers.

ver [vɛr] *nm* worm; **~ luisant** glow-worm; **~ à soie** silkworm; **~ solitaire** tapeworm; **~ de terre** earthworm; **nu comme un ~** *fig* stark naked; **tirer les ~s du nez à qqn** *fig* to worm information out of sb.

véracité [verasite] *nf* truthfulness.

véranda [verɑ̃da] *nf* veranda.

verbal, -e, -aux [vɛrbal, o] *adj* **-1.** [promesse, violence] verbal. **-2.** GRAM verb (*avant n*).

verbalement [vɛrbalmɑ̃] *adv* verbally.

verbaliser [vɛrbalize] [3] ◇ *vt* to verbalize. ◇ *vi* to make out a report.

verbe [vɛrb] *nm* **-1.** GRAM verb; **~ impersonnel** impersonal verb. **-2.** *littéraire* [langage] words (*pl*), language.

verbeux, -euse [vɛrbø, øz] *adj* wordy, verbose.

verbiage [vɛrbjaʒ] *nm* verbiage.

verdâtre [vɛrdatr] *adj* greenish.

verdeur [vɛrdœr] *nf* **-1.** [de personne] vigor *Am*, vigour *Br*, vitality. **-2.** [de langage] crudeness. **-3.** [de fruit] tartness; [de vin] acidity. **-4.** [de bois] greenness.

verdict [vɛrdikt] *nm* verdict.

verdir [vɛrdir] [32] *vt & vi* to turn green.

verdoyant, -e [vɛrdwajɑ̃, ɑ̃t] *adj* green.

verdoyer [vɛrdwaje] [13] *vi* to turn green.

verdure [vɛrdyr] *nf* **-1.** [végétation] greenery. **-2.** [couleur] greenness. **-3.** [légumes verts] green vegetables (*pl*), greens (*pl*).

véreux, -euse [verø, øz] *adj* worm-eaten, maggoty; *fig* shady.

verge [vɛrʒ] *nf* **-1.** ANAT penis. **-2.** *littéraire* [baguette] rod, stick.

verger [vɛrʒe] *nm* orchard.

vergeture [vɛrʒətyr] *nf* stretchmark.

verglacé, -e [vɛrglase] *adj* icy.

verglas [vɛrgla] *nm* (black) ice.

vergogne [vɛrgɔɲ]
◆ **sans vergogne** *loc adv* shamelessly.

vergue [vɛrg] *nf* yard.

véridique [veridik] *adj* truthful.

vérifiable [verifjabl] *adj* verifiable.

vérificateur, -trice [verifikatœr, tris] ◇ *adj*: **comptable ~** auditor. ◇ *nm, f* inspector.

vérification [verifikasjɔ̃] *nf* **-1.** [contrôle] check, checking. **-2.** [confirmation] proof, confirmation.

vérifier [verifje] [9] *vt* **-1.** [contrôler] to check. **-2.** [confirmer] to prove, to confirm.
◆ **se vérifier** *vp* to prove accurate.

vérin [verɛ̃] *nm* jack.

véritable [veritabl] *adj* real; [ami] true; **du cuir/de l'or ~** real leather/gold.

véritablement [veritabləmɑ̃] *adv* really.

vérité [verite] *nf* **-1.** [chose vraie, réalité, principe] truth (*U*); **dire ses quatre ~s à qqn** *fam* to tell sb a few home truths. **-2.** [sincérité] sincerity. **-3.** [ressemblance - de reproduction] accuracy; [- de personnage, portrait] trueness to life.

◆ **en vérité** *loc adv* actually, really.

verlan [vɛʀlɑ̃] *nm* back slang.

vermeil, -eille [vɛʀmɛj] *adj* scarlet.

◆ **vermeil** *nm* silver-gilt.

vermicelle [vɛʀmisɛl] *nm* vermicelli (*U*).

vermifuge [vɛʀmifyʒ] *nm* [pour chat, chien] worm tablet.

vermillon [vɛʀmijɔ̃] *nm & adj inv* vermilion.

vermine [vɛʀmin] *nf* **-1.** [parasites] vermin. **-2.** *fig* [canaille] rat.

vermisseau, -x [vɛʀmiso] *nm* **-1.** [ver] small worm. **-2.** *fig* [être chétif] runt.

vermoulu, -e [vɛʀmuly] *adj* riddled with woodworm; *fig* moth-eaten.

vermouth [vɛʀmut] *nm* vermouth.

vernaculaire [vɛʀnakylɛʀ] *adj* vernacular.

verni, -e [vɛʀni] *adj* **-1.** [souliers]: **chaussures ~es** patent-leather shoes. **-2.** [chanceux] *fam* lucky.

vernir [vɛʀniʀ] [32] *vt* to varnish.

vernis [vɛʀni] *nm* varnish; *fig* veneer; **~ à ongles** nail polish OU varnish.

vernissage [vɛʀnisaʒ] *nm* **-1.** [de meuble] varnishing. **-2.** [d'exposition] private viewing.

vérole [veʀɔl] *nf* MÉD: **petite ~** smallpox.

verrat [veʀa] *nm* boar.

verre [vɛʀ] *nm* **-1.** [matière, récipient] glass; [quantité] glassful, glass; **~ dépoli** frosted glass; **~ ballon** brandy glass; **~ à dents** tooth mug OU glass; **~ à moutarde** mustard jar; **~ à pied** long-stemmed glass; **~ à vin** wine glass. **-2.** [optique] lens; **porter des ~s** to wear glasses; **~s antireflet** anti-glare coated lenses; **~s de contact** contact lenses; **~ grossissant** magnifying glass. **-3.** [boisson] drink; **boire un ~** to have a drink.

verrerie [vɛʀʀi] *nf* **-1.** [fabrication] glass-making. **-2.** [usine] glassworks (*sg*). **-3.** [objets] glassware.

verrier [vɛʀje] *nm* glass-maker.

verrière [vɛʀjɛʀ] *nf* **-1.** [pièce] conservatory. **-2.** [toit] glass roof.

verroterie [vɛʀɔtʀi] *nf* (colored *Am* OU coloured *Br*) glass beads (*pl*).

verrou [vɛʀu] *nm* bolt; **mettre qqn/être sous les ~s** to put sb/to be behind bars.

verrouillage [vɛʀujaʒ] *nm* AUTOM: **~ central** central locking.

verrouiller [vɛʀuje] [3] *vt* **-1.** [porte] to bolt. **-2.** [personne] to lock up.

◆ **se verrouiller** *vp* to lock o.s. in.

verrue [vɛʀy] *nf* wart; **~ plantaire** verruca.

vers¹ [vɛʀ] ◇ *nm* line. ◇ *nmpl*: **en ~** in verse; **faire des ~** to write poetry.

vers² [vɛʀ] *prép* **-1.** [dans la direction de] toward *Am*, towards *Br*. **-2.** [aux environs de - temporel] around, about; [- spatial] near; **~ la fin du mois** toward *Am* OU towards *Br* the end of the month.

Versailles [vɛʀsaj] *n* Versailles; **le château de ~** (the Palace of) Versailles.

versant [vɛʀsɑ̃] *nm* side.

versatile [vɛʀsatil] *adj* changeable, fickle.

verse [vɛʀs]

◆ **à verse** *loc adv*: **pleuvoir à ~** to pour down.

versé, -e [vɛʀse] *adj*: **être ~ dans** to be versed OU well-versed in.

Verseau [vɛʀso] *nm* ASTROL Aquarius; **être ~** to be (an) Aquarius.

versement [vɛʀsəmɑ̃] *nm* payment.

verser [vɛʀse] [3] ◇ *vt* **-1.** [eau] to pour; [larmes, sang] to shed. **-2.** [argent] to pay. ◇ *vi* to overturn, to tip over; **~ dans** *fig* to lapse into.

verset [vɛʀsɛ] *nm* verse.

verseur, -euse [vɛʀsœʀ, øz] *adj* pouring (*avant n*).

◆ **verseur** *nm* pourer.

◆ **verseuse** *nf* pot, jug (*for coffee maker*).

versification [vɛʀsifikasjɔ̃] *nf* versification.

version [vɛʀsjɔ̃] *nf* **-1.** [gén] version; **~ française/originale** French/original version. **-2.** [traduction] translation (*into mother tongue*).

verso [vɛʀso] *nm* back.

versus [vɛʀsys] *prép* versus.

vert, -e [vɛʀ, vɛʀt] *adj* **-1.** [couleur, fruit, bois] green. **-2.** *fig* [vieillard] spry, sprightly. **-3.** [réprimande] sharp. **-4.** *fam* [histoire] smutty; **(en entendre) des ~es et des pas mûres** (to hear) all sorts of awful things.

◆ **vert** *nm* **-1.** [couleur] green; **~ bouteille/d'eau/pomme/tendre** bottle/sea/apple/soft green. **-2.** [verdure]: **se mettre au ~** to take a break in the country.

◆ **Verts** *nmpl*: **les Verts** POLIT the Greens.

vert-de-gris [vɛʀdəgʀi] ◇ *nm* verdigris. ◇ *adj* gray-green *Am*, grey-green *Br*.

vertébral, -e, -aux [vɛʀtebʀal, o] *adj* vertebral.

vertèbre [vɛʀtɛbʀ] *nf* vertebra.

vertébré, -e [vɛʀtebʀe] *adj & nm* vertebrate.

vertement [vɛʀtəmɑ̃] *adv* sharply.

vertical, -e, -aux [vɛʀtikal, o] *adj* vertical.

◆ **verticale** *nf* vertical; **à la ~** [descente] vertical; [descendre] vertically.

verticalement [vɛʀtikalmɑ̃] *adv* vertically.

vertige [vɛrtiʒ] *nm* **-1.** [peur du vide] vertigo; **donner le ~ à qqn** to make sb dizzy. **-2.** [étourdissement] dizziness; *fig* intoxication; **avoir des ~s** to suffer from OU have dizzy spells.

vertigineux, -euse [vɛrtiʒinø, øz] *adj* **-1.** *fig* [vue, vitesse] breathtaking. **-2.** [hauteur] dizzy.

vertu [vɛrty] *nf* **-1.** [morale, chasteté] virtue; **de petite ~** of easy virtue. **-2.** *littéraire* [pouvoir] properties (*pl*), power.
◆ **en vertu de** *loc prép* in accordance with.

vertueusement [vɛrtɥøzmɑ̃] *adv* virtuously.

vertueux, -euse [vɛrtɥø, øz] *adj* virtuous.

verve [vɛrv] *nf* eloquence; **être en ~** to be particularly eloquent.

verveine [vɛrvɛn] *nf* **-1.** [plante] verbena. **-2.** [infusion] verbena tea.

vésicule [vezikyl] *nf* vesicle; **~ biliaire** gall bladder.

Vespa® [vɛspa] *nf* scooter.

vespasienne [vɛspazjɛn] *nf* public urinal.

vespéral, -e, -aux [vɛsperal, o] *adj littéraire* evening (*avant n*).

vessie [vesi] *nf* bladder.

veste [vɛst] *nf* **-1.** [vêtement] jacket; **~ croisée/droite** double-/single-breasted jacket; **retourner sa ~** *fam fig* to change one's colours. **-2.** *fam* [échec]: **ramasser** OU **prendre une ~** to come a cropper.

vestiaire [vɛstjɛr] *nm* **-1.** [au théâtre] cloakroom. **-2.** (*gén pl*) SPORT changing-room, locker-room.

vestibule [vɛstibyl] *nm* [pièce] hall, vestibule.

vestige [vɛstiʒ] *nm* (*gén pl*) [de ville] remains (*pl*); *fig* [de civilisation, grandeur] vestiges, relic.

vestimentaire [vɛstimɑ̃tɛr] *adj* [industrie] clothing (*avant n*); [dépense] on clothes; **détail ~** accessory.

veston [vɛstɔ̃] *nm* jacket.

vêtement [vɛtmɑ̃] *nm* garment, article of clothing; **~s** clothing (*U*), clothes.

vétéran [veterɑ̃] *nm* veteran.

vétérinaire [veterinɛr] ◇ *adj* veterinary (*avant n*). ◇ *nmf* vet, veterinary surgeon.

vétille [vetij] *nf* triviality.

vêtir [vetir] [44] *vt* to dress.
◆ **se vêtir** *vp* to dress, to get dressed.

vétiver [vetivɛr] *nm* vetiver.

veto [veto] *nm inv* veto; **mettre son ~ à qqch** to veto sthg.

vêtu, -e [vɛty] ◇ *pp* → **vêtir**. ◇ *adj*: **~ (de)** dressed (in); **à demi-~** half-dressed.

vétuste [vetyst] *adj* dilapidated.

vétusté [vetyste] *nf* dilapidation.

veuf, veuve [vœf, vœv] ◇ *adj* widowed. ◇ *nm, f* widower (*f* widow).

veuille *etc* → **vouloir**.

veule [vøl] *adj* spineless.

veulerie [vølri] *nf* spinelessness.

veuvage [vœvaʒ] *nm* [de femme] widowhood; [d'homme] widowerhood.

veuve → **veuf**.

vexant, -e [vɛksɑ̃, ɑ̃t] *adj* **-1.** [contrariant] annoying, vexing. **-2.** [blessant] hurtful.

vexation [vɛksasjɔ̃] *nf* [humiliation] insult.

vexatoire [vɛksatwar] *adj* offensive.

vexer [vɛkse] [4] *vt* to offend.
◆ **se vexer** *vp* to take offense *Am* OU offence *Br*.

VF (*abr de* **version française**) *nf indicates that a film has been dubbed into French*.

VHF (*abr de* **very high frequency**) *nf* VHF.

via [vja] *prép* via.

viabiliser [vjabilize] [3] *vt* to service.

viabilité [vjabilite] *nf* **-1.** [de route] passable state. **-2.** [d'entreprise, organisme] viability.

viable [vjabl] *adj* viable.

viaduc [vjadyk] *nm* viaduct.

viager, -ère [vjaʒe, ɛr] *adj* life (*avant n*).
◆ **viager** *nm* life annuity; **mettre qqch en ~** to sell sthg in return for a life annuity.

viande [vjɑ̃d] *nf* meat; **~ blanche** white meat; **~ froide** cold meat; **~ rouge** red meat.

viatique [vjatik] *nm* **-1.** RELIG: **recevoir le ~** to receive the last rites (*pl*). **-2.** *littéraire* [soutien] lifeline.

vibrant, -e [vibrɑ̃, ɑ̃t] *adj* **-1.** [corde] vibrating. **-2.** *fig* [discours] stirring.

vibraphone [vibrafɔn] *nm* vibraphone.

vibration [vibrasjɔ̃] *nf* vibration.

vibratoire [vibratwar] *adj* vibratory.

vibrer [vibre] [3] *vi* **-1.** [trembler] to vibrate. **-2.** [être ému]: **~ (de)** to be stirred (with).

vibromasseur [vibromasœr] *nm* vibrator.

vicaire [vikɛr] *nm* curate.

vice [vis] *nm* **-1.** [de personne] vice. **-2.** [d'objet] fault, defect; **~ caché** hidden flaw; **~ de forme** JUR flaw.

vice-consul [viskɔ̃syl] (*pl* **vice-consuls**) *nm* vice-consul.

vice-présidence [visprezidɑ̃s] (*pl* **vice-présidences**) *nf* POLIT vice-presidency; [de société] vice-chairmanship.

vice-président, -e [visprezidɑ̃, ɑ̃t] *(mpl* **vice-présidents,** *fpl* **vice-présidentes)** *nm, f* POLIT vice-president; [de société] vice-chairman (*f* vice-chairwoman).

vice versa [visvɛrsa] *loc adv* vice versa.

vichy [viʃi] *nm* **-1.** [étoffe] gingham. **-2.** [eau] vichy (water).

vicié, -e [visje] *adj* [air] polluted, tainted.

vicier [visje] [9] *vt* **-1.** [air] to pollute, to taint. **-2.** JUR to invalidate.

vicieux, -ieuse [visjø, jøz] *adj* **-1.** [personne, conduite] perverted, depraved. **-2.** [animal] restive. **-3.** [attaque] underhand. **-4.** *sout* [prononciation, locution] incorrect.

vicinal, -e, -aux [visinal, o] → **chemin.**

vicissitudes [visisityd] *nfpl* vicissitudes.

vicomte, vicomtesse [vikɔ̃t, vikɔ̃tɛs] *nm, f* viscount (*f* viscountess).

victime [viktim] *nf* victim; [blessé] casualty.

victoire [viktwar] *nf* MIL victory; POLIT & SPORT win, victory; **chanter** OU **crier** ~ to boast of one's success.

victorieux, -ieuse [viktɔrjø, jøz] *adj* **-1.** MIL victorious; POLIT & SPORT winning (*avant n*), victorious. **-2.** [air] triumphant.

victuailles [viktɥaj] *nfpl* provisions.

vidange [vidɑ̃ʒ] *nf* **-1.** [action] emptying, draining. **-2.** AUTOM oil change. **-3.** [mécanisme] waste outlet.
◆ **vidanges** *nfpl* sewage (*U*).

vidanger [vidɑ̃ʒe] [17] *vt* to empty, to drain.

vide [vid] ◇ *nm* **-1.** [espace] void; *fig* [néant, manque] emptiness. **-2.** [absence d'air] vacuum; **conditionné sous** ~ vacuum-packed. **-3.** [ouverture] gap, space. **-4.** *loc:* **faire le** ~ [se détendre] to have some time on one's own; **parler dans le** ~ [sans objet] to talk aimlessly; [sans auditeur] to talk to a brick wall OU to o.s.; **regarder dans le** ~ to stare into space.
◇ *adj* empty; ~ **de** *fig* devoid of.
◆ **à vide** *loc adj & loc adv* empty.

vidéo [video] ◇ *nf* video. ◇ *adj inv* video (*avant n*).

vidéocassette [videokasɛt] *nf* video cassette.

vidéodisque [videodisk] *nm* videodisc.

vide-ordures [vidɔrdyr] *nm inv* rubbish chute.

vidéothèque [videotɛk] *nf* video library.

vidéotransmission [videotrɑ̃smisjɔ̃] *nf* video transmission.

vide-poches [vidpɔʃ] *nm inv* **-1.** [chez soi] tidy. **-2.** [de voiture] glove compartment.

vide-pomme [vidpɔm] *(pl inv* OU **vide-pommes)** *nm* apple corer.

vider [vide] [3] *vt* **-1.** [rendre vide] to empty. **-2.** [évacuer]: ~ **les lieux** to vacate the premises. **-3.** [poulet] to clean. **-4.** *fam* [personne - épuiser] to drain; [- expulser] to chuck out.
◆ **se vider** *vp* **-1.** [eaux]: **se** ~ **dans** to empty into, to drain into. **-2.** [baignoire, salle] to empty.

videur [vidœr] *nm* bouncer.

vie [vi] *nf* **-1.** [gén] life; **attenter à la** ~ **de qqn** to make an attempt on sb's life; **coûter la** ~ **à qqn** to cost sb his/her life; **sauver la** ~ **à qqn** to save sb's life; **être en** ~ to be alive; **être entre la** ~ **et la mort** to be at death's door; **sa** ~ **durant** for one's entire life; **à** ~ for life; **une** ~ **de chien** *fam* a dog's life; **mener la** ~ **dure à qqn** to make sb's life hell; **prendre la** ~ **du bon côté** to look on the bright side of life; **voir la** ~ **en rose** to see life through rose-colored *Am* OU rose-coloured *Br* spectacles; **enterrer sa** ~ **de garçon** to have a stag party OU night. **-2.** [subsistance] cost of living; **gagner sa** ~ to earn one's living.

vieil → **vieux.**

vieillard [vjejar] *nm* old man.

vieille → **vieux.**

vieillerie [vjejri] *nf* [objet] old thing.

vieillesse [vjejɛs] *nf* **-1.** [fin de la vie] old age. **-2.** [vieillards]: **la** ~ old people (*pl*).

vieilli, -e [vjeji] *adj* [mode, attitude] dated.

vieillir [vjejir] [32] ◇ *vi* **-1.** [personne] to grow old, to age; ~ **bien/mal** to age well/badly. **-2.** CULIN to mature, to age. **-3.** [tradition, idée] to become dated OU outdated. ◇ *vt* **-1.** [suj: coiffure, vêtement]: ~ **qqn** to make sb look older. **-2.** [suj: personne]: **ils m'ont vieilli de cinq ans** they said I was five years older than I actually am.
◆ **se vieillir** *vp* [d'apparence] to make o.s. look older; [dans les propos] to say one is older than one really is.

vieillissement [vjejismɑ̃] *nm* **-1.** [de personne] ageing. **-2.** [de mot, d'idée] obsolescence. **-3.** [de vin, fromage] maturing, ageing.

vieillot, -otte [vjejo, ɔt] *adj* old-fashioned.

vielle [vjɛl] *nf* hurdy-gurdy.

Vienne [vjɛn] *n* **-1.** [en France] Vienne. **-2.** [en Autriche] Vienna.

viennois, -e [vjɛnwa, az] *adj* Viennese; **pain** ~ Vienna loaf.
◆ **Viennois, -e** *nm, f* Viennese.

vierge [vjɛrʒ] ◇ *nf* virgin; **la (Sainte) Vierge** the Virgin (Mary). ◇ *adj* **-1.** [personne] virgin. -2. [terre] virgin; [page] blank; [casier judiciaire] clean; ~ de unsullied by.

◆ **Vierge** *nf* ASTROL Virgo; être Vierge to be (a) Virgo.

Viêt-Nam [vjɛtnam] *nm*: le ~ Vietnam; au ~ in Vietnam; le Nord ~ North Vietnam; le Sud ~ South Vietnam.

vietnamien, -ienne [vjɛtnamjɛ̃, jɛn] *adj* Vietnamese.

◆ **vietnamien** *nm* [langue] Vietnamese.

◆ **Vietnamien, -ienne** *nm, f* Vietnamese person.

vieux, vieille [vjø, vjɛj] ◇ *adj* (**vieil** *devant voyelle ou h muet*) old; **se faire** ~ to get old; ~ **jeu** old-fashioned. ◇ *nm, f* -1. [personne âgée] old man (*f* woman); **les** ~ the old; **un petit** ~ a little old man. -2. *fam* [ami]: **mon** ~ old buddy *Am*, old chap OU boy *Br*; **ma vieille** old girl. -3. *tfam* [parent] old man (*f* woman); **ses** ~ his folks. ◇ *nm* [meubles] antique furniture.

vif, vive [vif, viv] *adj* -1. [preste - enfant] lively; [- imagination] vivid. -2. [couleur, œil] bright; **rouge/jaune** ~ bright red/yellow. -3. [reproche] sharp; [discussion] bitter. -4. *sout* [vivant] alive. -5. [douleur, déception] acute; [intérêt] keen; [amour, haine] intense, deep.

◆ **vif** *nm* -1. JUR living person. -2. PÊCHE live bait. -3. *loc*: **entrer dans le** ~ **du sujet** to get to the heart of the matter; **piquer au** ~ to touch a raw nerve; **prendre qqn sur le** ~ to catch sb red-handed; **une photo prise sur le** ~ an action photograph.

◆ **à vif** *loc adj* [plaie] open; **j'ai les nerfs à** ~ *fig* my nerves are frayed.

vif-argent [vifarʒɑ̃] *nm inv* quicksilver; *fig* [personne] live wire.

vigie [viʒi] *nf* -1. [NAVIG - personne] lookout; [- poste] crow's nest. -2. RAIL observation box.

vigilance [viʒilɑ̃s] *nf* vigilance.

vigilant, -e [viʒilɑ̃, ɑ̃t] *adj* vigilant, watchful.

vigile [viʒil] *nm* watchman.

vigne [viɲ] *nf* -1. [plante] vine, grapevine. -2. [plantation] vineyard.

◆ **vigne vierge** *nf* Virginia creeper.

vigneron, -onne [viɲrɔ̃, ɔn] *nm, f* wine grower.

vignette [viɲɛt] *nf* -1. [timbre] label; [de médicament] price sticker (*for reimbursement by the social security services*); AUTOM license sticker *Am*, tax disc *Br*. -2. [motif] vignette.

vignoble [viɲɔbl] *nm* -1. [plantation] vineyard. -2. [vignes] vineyards (*pl*).

vigoureusement [vigurøzmɑ̃] *adv* vigorously.

vigoureux, -euse [vigurø, øz] *adj* [corps, personne] vigorous; [bras, sentiment] strong.

vigueur [vigœr] *nf* vigor *Am*, vigour *Br*.

◆ **en vigueur** *loc adj* in force.

vil, -e [vil] *adj* vile, base.

vilain, -e [vilɛ̃, ɛn] *adj* -1. [gén] nasty. -2. [laid] ugly.

◆ **vilain** *nm* -1. HIST villein. -2. *fam* [grabuge]: **il y aura du** ~ there's going to be trouble.

vilebrequin [vilbrəkɛ̃] *nm* -1. [outil] brace and bit. -2. AUTOM crankshaft.

vilenie [vileni] *nf* -1. [caractère] vileness, baseness. -2. [action] vile deed; [parole] vile comment.

vilipender [vilipɑ̃de] [3] *vt littéraire* to vilify.

villa [vila] *nf* villa.

village [vilaʒ] *nm* village; ~ **de vacances** vacation village *Am*, holiday village *Br*.

villageois, -e [vilaʒwa, az] ◇ *adj* rustic. ◇ *nm, f* villager.

ville [vil] *nf* [petite, moyenne] town; [importante] city; **aller en** ~ to go into town; **habiter en** ~ to live in town; ~ **champignon** town which has mushroomed; ~ **dortoir/nouvelle** dormitory/new town.

villégiature [vileʒjatyr] *nf* holiday.

Villette [vilɛt] *nf*: **la** ~ *a cultural complex in north Paris (science museum, theatre and park)*.

Vilnious [vilnjus] *n* Vilnius.

vin [vɛ̃] *nm* wine; ~ **blanc/rosé/rouge** white/rosé/red wine; ~ **champagnisé** champagne-style wine; ~ **résiné** retsina; ~ **de table** table wine.

◆ **vin d'honneur** *nm* reception.

vinaigre [vinɛgr] *nm* vinegar; ~ **de framboise/de vin** raspberry/wine vinegar; ~ **balsamique** balsamic vinegar; **tourner au** ~ *fig* to turn sour.

vinaigrer [vinegre] [4] *vt* to put vinegar on.

vinaigrette [vinɛgrɛt] *nf* oil and vinegar dressing.

vinasse [vinas] *nf péj* plonk.

vindicatif, -ive [vɛ̃dikatif, iv] *adj* vindictive.

vindicte [vɛ̃dikt] *nf*: ~ **publique** JUR justice.

vingt [vɛ̃] *adj num & nm* twenty; *voir aussi* **six**.

vingtaine [vɛ̃tɛn] *nf*: **une** ~ **de** about twenty.

vingtième [vɛ̃tjɛm] *adj num, nm & nmf* twentieth; *voir aussi* **sixième**.

vinicole [vinikɔl] *adj* wine-growing, wine-producing.

vinification [vinifikasjɔ̃] *nf* wine-making.

viol [vjɔl] *nm* **-1.** [de femme] rape; **au ~!** rape! **-2.** [de sépulture] desecration; [de sanctuaire] violation.

violacé, -e [vjɔlase] *adj* purplish.

violation [vjɔlasjɔ̃] *nf* violation, breach; **~ de domicile** unauthorized entry.

viole [vjɔl] *nf* viol.

violemment [vjɔlamɑ̃] *adv* **-1.** [frapper] violently. **-2.** [rétorquer] sharply.

violence [vjɔlɑ̃s] *nf* violence; **se faire ~** to force o.s.

violent, -e [vjɔlɑ̃, ɑ̃t] *adj* **-1.** [personne, tempête] violent. **-2.** *fig* [douleur, angoisse, chagrin] acute; [haine, passion] violent. **-3.** *fam* [excessif] annoying.

violenter [vjɔlɑ̃te] [3] *vt* to assault sexually.

violer [vjɔle] [3] *vt* **-1.** -[femme] to rape. **-2.** [loi, traité] to break. **-3.** [sépulture] to desecrate; [sanctuaire] to violate.

violet, -ette [vjɔlɛ, ɛt] *adj* purple; [pâle] violet.

◆ **violet** *nm* purple; [pâle] violet.

violette [vjɔlɛt] *nf* violet.

violeur [vjɔlœr] *nm* rapist.

violon [vjɔlɔ̃] *nm* **-1.** [instrument] violin; **accorder ses ~s** *fig* to come to an agreement. **-2.** [musicien] violin (player). **-3.** *fam* [prison] clink, nick *Br*.

◆ **violon d'Ingres** *nm* hobby.

violoncelle [vjɔlɔ̃sɛl] *nm* **-1.** [instrument] cello. **-2.** [musicien] cello (player).

violoncelliste [vjɔlɔ̃selist] *nmf* cellist.

violoneux [vjɔlɔnø] *nm* fiddler.

violoniste [vjɔlɔnist] *nmf* violinist.

VIP (*abr de* **very important person**) *nm* VIP.

vipère [viper] *nf* viper.

virage [viraʒ] *nm* **-1.** [sur route] bend; **négocier un ~** to negotiate a bend; **prendre un ~** to take a bend; **~ sans visibilité** blind corner; **~ en épingle à cheveux** hairpin bend. **-2.** [changement] turn. **-3.** CHIM color *Am* OU colour *Br* change. **-4.** MÉD positive reaction.

viral, -e, -aux [viral, o] *adj* viral.

virée [vire] *nf fam*: **faire une ~** [en voiture] to go for a spin; [dans bars] ≈ to go on a pub crawl.

virement [virmɑ̃] *nm* **-1.** FIN transfer; **~ bancaire/postal** bank/giro transfer. **-2.** NAVIG: **~ (de bord)** tacking.

virer [vire] [3] ◇ *vi* **-1.** [tourner]: **~ à droite/à gauche** to turn right/left. **-2.** [étoffe] to change color *Am* OU colour *Br*; **~ au blanc/jaune** to go white/yellow. **-3.** PHOT to tone. **-4.** MÉD to react positively. ◇

◇ *vt* **-1.** FIN to transfer. **-2.** *fam* [renvoyer] to kick out.

virevolte [virvɔlt] *nf* **-1.** [mouvement] twirl. **-2.** *fig* [volte-face] about-turn, U-turn.

virevolter [virvɔlte] [3] *vi* **-1.** [tourner] to twirl OU spin round. **-2.** *fig* [changer de sujet] to flit from one subject to another.

virginal, -e, -aux [virʒinal, o] *adj* virginal.

virginité [virʒinite] *nf* **-1.** [de personne] virginity. **-2.** [de sentiment] purity.

virgule [virgyl] *nf* [entre mots] comma; [entre chiffres] (decimal) point.

viril, -e [viril] *adj* virile.

virilité [virilite] *nf* virility.

virtuel, -elle [virtɥɛl] *adj* potential.

virtuellement [virtɥɛlmɑ̃] *adv* **-1.** [potentiellement] potentially. **-2.** [pratiquement] virtually.

virtuose [virtɥoz] *nmf* virtuoso.

virtuosité [virtɥozite] *nf* virtuosity.

virulence [virylɑ̃s] *nf* virulence.

virulent, -e [virylɑ̃, ɑ̃t] *adj* virulent.

virus [virys] *nm* INFORM & MÉD virus; *fig* bug.

vis [vis] *nf* screw; **serrer la ~ à qqn** *fig* to put the screws on sb.

visa [viza] *nm* visa; **~ de censure** censor's certificate.

visage [vizaʒ] *nm* face; **à ~ découvert** *fig* openly.

visagiste [vizaʒist] *nmf* beautician.

vis-à-vis [vizavi] *nm* **-1.** [personne] person sitting opposite. **-2.** [tête-à-tête] encounter. **-3.** [immeuble]: **avoir un ~** to have a building opposite.

◆ **vis-à-vis de** *loc prép* **-1.** [en face de] opposite. **-2.** [en comparaison de] beside, compared with. **-3.** [à l'égard de] toward *Am*, towards *Br*.

viscéral, -e, -aux [viseral, o] *adj* **-1.** ANAT visceral. **-2.** *fam* [réaction] gut (*avant n*); [haine, peur] deep-seated.

viscère [viser] *nm* (*gén pl*) innards (*pl*).

viscose [viskoz] *nf* viscose.

viscosité [viskozite] *nf* **-1.** [de liquide] viscosity. **-2.** [de surface] stickiness.

visé, -e [vize] *adj* **-1.** [concerné] concerned. **-2.** [vérifié] stamped.

visée [vize] *nf* **-1.** [avec arme] aiming. **-2.** (*gén pl*) *fig* [intention, dessein] aim.

viser [vize] [3] ◇ *vt* **-1.** [cible] to aim at. **-2.** *fig* [poste] to aspire to, to aim for; [personne] to be directed OU aimed at. **-3.** *fam* [fille, voiture] to get a load of. **-4.** [document] to check, to stamp. ◇ *vi* to aim, to take aim; **~ à** to aim at; **~ à faire qqch** to aim to do sthg, to be intended to do sthg; ~ **haut** *fig* to aim high; **ne pas** ~ **juste** not to aim accurately, to aim wide.

viseur [vizœr] *nm* **-1.** [d'arme] sights (*pl*). **-2.** PHOT viewfinder.

visibilité [vizibilite] *nf* visibility.

visible [vizibl] *adj* **-1.** [gén] visible. **-2.** [personne]: **il n'est pas** ~ he's not seeing visitors.

visiblement [vizibləmã] *adv* visibly.

visière [vizjɛr] *nf* **-1.** [de casque] visor. **-2.** [de casquette] peak. **-3.** [de protection] eyeshade.

vision [vizjɔ̃] *nf* **-1.** [faculté] eyesight, vision. **-2.** [représentation] view, vision. **-3.** [mirage] vision.

visionnaire [vizjɔnɛr] *nmf & adj* visionary.

visionner [vizjɔne] [3] *vt* to view.

visionneuse [vizjɔnøz] *nf* viewer.

visite [vizit] *nf* **-1.** [chez ami, officielle] visit; **avoir de la** ~ OU **une** ~ to have visitors; **rendre** ~ **à qqn** to pay sb a visit. **-2.** [MÉD - à l'extérieur] call, visit; [- dans hôpital] rounds (*pl*); **passer une** ~ **médicale** to have a medical. **-3.** [de monument] tour. **-4.** [d'expert] inspection.

visiter [vizite] [3] *vt* **-1.** [en touriste] to tour. **-2.** [malade, prisonnier] to visit.

visiteur, -euse [vizitœr, øz] *nm, f* visitor.

vison [vizɔ̃] *nm* mink.

visqueux, -euse [viskø, øz] *adj* **-1.** [liquide] viscous. **-2.** [surface] sticky. **-3.** *péj* [personne, manières] slimy, smarmy.

visser [vise] [3] *vt* **-1.** [planches] to screw together. **-2.** [couvercle] to screw down. **-3.** [bouchon] to screw in; [écrou] to screw on. **-4.** *fam fig* [enfant] to keep a tight rein on.

visualisation [vizyalizasjɔ̃] *nf* INFORM display mode.

visualiser [vizyalize] [3] *vt* **-1.** [gén] to visualize. **-2.** INFORM to display; TECHNOL to make visible.

visuel, -elle [vizyɛl] *adj* visual.

visuellement [vizyɛlmã] *adv* visually.

vital, -e, -aux [vital, o] *adj* vital.

vitalité [vitalite] *nf* vitality.

vitamine [vitamin] *nf* vitamin.

vitaminé, -e [vitamine] *adj* with added vitamins, vitamin-enriched.

vite [vit] *adv* **-1.** [rapidement] quickly, fast; **fais** ~! hurry up!; **avoir** ~ **fait de faire qqch** to have been quick to do sthg. **-2.** [tôt] soon.

vitesse [vitɛs] *nf* **-1.** [gén] speed; **prendre de la** ~ to pick up OU gather speed; **pren-**

dre **qqn de** ~ *fig* to outstrip sb; **à toute** ~ at top speed; ~ **de croisière** cruising speed. **-2.** AUTOM gear; **changer de** ~ to change gear; **en quatrième** ~ *fam fig* at the double.

viticole [vitikɔl] *adj* wine-growing.

viticulteur, -trice [vitikyltœr, tris] *nm, f* wine-grower.

viticulture [vitikyltyr] *nf* wine-growing.

vitrage [vitraʒ] *nm* **-1.** [vitres] windows (*pl*). **-2.** [toit] glass roof.

vitrail, -aux [vitraj, o] *nm* stained-glass window.

vitre [vitr] *nf* **-1.** [de fenêtre] pane of glass, window pane. **-2.** [de voiture, train] window.

vitré, -e [vitre] *adj* glass (*avant n*).

vitrer [vitre] [3] *vt* to glaze.

vitreux, -euse [vitrø, øz] *adj* **-1.** [roche] vitreous. **-2.** [œil, regard] glassy, glazed.

vitrier [vitrije] *nm* glazier.

vitrification [vitrifikasjɔ̃] *nf* **-1.** [de parquet] sealing and varnishing. **-2.** [d'émail] vitrification.

vitrifier [vitrifje] [9] *vt* **-1.** [parquet] to seal and varnish. **-2.** [émail] to vitrify.

vitrine [vitrin] *nf* **-1.** [de boutique] (shop) window; *fig* showcase; **lécher les** ~s to go window-shopping. **-2.** [meuble] display cabinet.

vitriol [vitrijɔl] *nm* vitriol.

vitupération [vityperasjɔ̃] *nf* vituperation.

vitupérer [vitypere] [18] *vt* to rail against.

vivable [vivabl] *adj* [appartement] livable-in; [situation] bearable, tolerable; [personne]: **il n'est pas** ~ he's impossible to live with.

vivace [vivas] *adj* **-1.** [plante] perennial; [arbre] hardy. **-2.** *fig* [haine, ressentiment] deep-rooted, entrenched; [souvenir] enduring.

vivacité [vivasite] *nf* **-1.** [promptitude - de personne] liveliness, vivacity; ~ **d'esprit** quick-wittedness. **-2.** [de coloris, teint] intensity, brightness. **-3.** [de propos] sharpness.

vivant, -e [vivã, ãt] *adj* **-1.** [en vie] alive, living. **-2.** [enfant, quartier] lively. **-3.** [souvenir] still fresh. **-4.** *fig* [preuve] living.

◆ **vivant** *nm* **-1.** [vie]: **du** ~ **de qqn** in sb's lifetime. **-2.** [personne]: **les** ~s the living; **un bon** ~ *fig* a person who enjoys (the good things in) life.

vivarium [vivarjɔm] *nm* vivarium.

vivats [viva] *nmpl* cheers, cheering (*sg*).

vive[1] [viv] *nf* [poisson] weever.

vive[2] [viv] *interj* three cheers for; ~ **le roi!** long live the King!

vivement [vivmɑ̃] ◇ *adv* **-1.** [agir] quickly. **-2.** [répondre] sharply. **-3.** [affecter] deeply. ◇ *interj*: ~ **les vacances!** roll on the holidays!; ~ **que l'été arrive** I'll be glad when summer comes, summer can't come quick enough.

vivier [vivje] *nm* **-1.** [de poissons] fish pond; [dans restaurant] fish tank. **-2.** *fig* [concentration] breeding-ground.

vivifiant, -e [vivifjɑ̃, ɑ̃t] *adj* invigorating, bracing.

vivifier [vivifje] [9] *vt* to invigorate.

vivipare [vivipar] *adj* viviparous.

vivisection [vivisɛksjɔ̃] *nf* vivisection.

vivoter [vivɔte] [3] *vi* **-1.** [personne] to live from hand to mouth. **-2.** [affaire, commerce] to struggle to survive.

vivre [vivr] [90] ◇ *vi* to live; [être en vie] to be alive; ~ **de** to live on; **faire** ~ **sa famille** to support one's family; **être difficile/facile à** ~ to be hard/easy to get on with; **avoir vécu** to have seen life. ◇ *vt* **-1.** [passer] to spend. **-2.** [éprouver] to experience. ◇ *nm*: **le** ~ **et le couvert** board and lodging.
◆ **vivres** *nmpl* provisions; **couper les** ~**s à qqn** *fig* to cut off sb's livelihood.

vivrier, -ière [vivrije, jɛr] *adj*: **culture vivrière** food crops (*pl*).

vizir [vizir] *nm* vizier.

VL (*abr de* **véhicule lourd**) *nm* HGV.

vlan [vlɑ̃] *interj* wham!, bang!

vo *abr de* **verso**.

VO (*abr de* **version originale**) *nf* indicates that a film has not been dubbed.

vocable [vɔkabl] *nm* term.

vocabulaire [vɔkabylɛr] *nm* **-1.** [gén] vocabulary. **-2.** [livre] lexicon, glossary.

vocal, -e, -aux [vɔkal, o] *adj*: **ensemble** ~ choir; → **corde**.

vocalise [vɔkaliz] *nf*: **faire des** ~**s** to do singing exercises.

vocaliser [vɔkalize] [3] *vi* to do singing exercises.

vocatif [vɔkatif] *nm* vocative (case).

vocation [vɔkasjɔ̃] *nf* **-1.** [gén] vocation. **-2.** [d'organisation] mission.

vocifération [vɔsiferasjɔ̃] *nf* shout, scream.

vociférer [vɔsifere] [18] *vt* to shout, to scream.

vodka [vɔdka] *nf* vodka.

vœu, -x [vø] *nm* **-1.** [RELIG & résolution] vow; **faire le** ~ **de faire qqch** to vow to do sthg; **faire** ~ **de silence** to take a vow of silence. **-2.** [souhait, requête] wish.
◆ **vœux** *nmpl* greetings; **meilleurs** ~**x** best

wishes; **tous nos** ~**x de bonheur** our best wishes for your future happiness.

vogue [vɔg] *nf* vogue, fashion; **en** ~ fashionable, in vogue.

voguer [vɔge] [3] *vi littéraire* to sail.

voici [vwasi] *prép* **-1.** [pour désigner, introduire] here is/are; **le** ~ here he/it is; **les** ~ here they are; **vous cherchiez des allumettes?** — **en** ~ were you looking for matches? — there are some here; **l'homme que** ~ this man (here); ~ **ce qui s'est passé** this is what happened. **-2.** [il y a]: ~ **trois mois** three months ago; ~ **quelques années que je ne l'ai pas vu** I haven't seen him for some years (now), it's been some years since I last saw him.

voie [vwa] *nf* **-1.** [route] road; **route à deux** ~**s** two-lane road; **la** ~ **publique** the public highway; ~ **navigable** waterway. **-2.** RAIL track, line; ~ **ferrée** railroad line *Am*, railway line *Br*; ~ **de garage** siding; *fig* dead-end job. **-3.** [mode de transport] route; **par la** ~ **maritime/aérienne** by sea/air. **-4.** ANAT passage, tract; **par** ~ **buccale** OU **orale** orally, by mouth; **par** ~ **rectale** by rectum; ~ **respiratoire** respiratory tract. **-5.** *fig* [chemin] way; **être en bonne** ~ to be going well; **être sur la bonne/mauvaise** ~ to be on the right/wrong track; **mettre qqn sur la** ~ to put sb on the right track; **ouvrir la** ~ to pave the way; **la** ~ **royale** *fig* the high road (to success); **trouver sa** ~ to find one's feet. **-6.** [filière, moyen] means (*pl*); **suivre la** ~ **hiérarchique** to go through the official channels (*pl*).
◆ **voie de fait** *nf* assault.
◆ **Voie lactée** *nf*: **la Voie lactée** the Milky Way.
◆ **en voie de** *loc prép* on the way OU road to; **en** ~ **de développement** developing.

voilà [vwala] *prép* **-1.** [pour désigner] there is/are; **le** ~ there he/it is; **les** ~ there they are; **me** ~ that's me, there I am; **le** ~ **qui arrive** (look) he's here; **vous cherchiez de l'encre** — **en** ~ you were looking for ink — there is some (over) there; **la maison que** ~ that house (there); **nous** ~ **arrivés** we've arrived. **-2.** [reprend ce dont on a parlé] that is; [introduit ce dont on va parler] this is; ~ **ce que j'en pense** this is/that is what I think; ~ **tout** that's all; et ~! there we are! **-3.** [il y a]: ~ **dix jours** ten days ago; ~ **dix ans que je le connais** I've known him for ten years (now).

voilage [vwalaʒ] *nm* **-1.** [rideau] net curtain. **-2.** [garniture] veil.

voile [vwal] ◇ *nf* **-1.** [de bateau] sail; **mettre les** ~**s** *fam fig* to do a bunk, to scarper. **-2.**

[activité] sailing. ◇ *nm* **-1.** [textile] voile. **-2.** [coiffure] veil; **lever le ~ sur** *fig* to lift the veil on. **-3.** [de brume] mist. **-4.** PHOT fogging (*U*). **-5.** MÉD shadow.

voilé, -e [vwale] *adj* **-1.** [visage, allusion] veiled. **-2.** [ciel, regard] dull. **-3.** [roue] buckled. **-4.** PHOT fogged. **-5.** [son, voix] muffled.

voiler [vwale] [3] *vt* **-1.** [visage] to veil. **-2.** [vérité, sentiment] to hide. **-3.** [suj: brouillard, nuages] to cover. **-4.** [roue] to buckle.

◆ **se voiler** *vp* **-1.** [femme] to wear a veil. **-2.** [ciel] to cloud over; [yeux] to mist over. **-3.** [roue] to buckle.

voilette [vwalɛt] *nf* veil.

voilier [vwalje] *nm* [bateau] sailing boat, sailboat *Am*.

voilure [vwalyr] *nf* **-1.** [de bateau] sails (*pl*). **-2.** [d'avion] wings (*pl*). **-3.** [de parachute] canopy.

voir [vwar] [62] ◇ *vt* **-1.** [gén] to see; **je l'ai vu tomber** I saw him fall; **faire ~ qqch à qqn** to show sb sthg; **avoir assez vu qqn** *fam* to be fed up with sb; **ne rien avoir à ~ avec** *fig* to have nothing to do with; **je te vois bien papa!** I can just see you as a father!; **essaie un peu, pour ~!** go on, just try it!; **voyons, ...** [en réfléchissant] let's see, ...; **ni vu ni connu** *fam* without anyone being any the wiser. **-2.** [dossier, affaire] to look at OU into, to go over.

◇ *vi* to see.

◆ **se voir** *vp* **-1.** [se regarder] to see o.s., to watch o.s. **-2.** [se rencontrer] to see one another OU each other. **-3.** [se remarquer] to be obvious, to show; **ça se voit!** you can tell!

voire [vwar] *adv* even.

voirie [vwari] *nf* **-1.** ADMIN ≃ Department of Transport. **-2.** [décharge] garbage dump *Am*, rubbish dump *Br*.

voisin, -e [vwazɛ̃, in] ◇ *adj* **-1.** [pays, ville] neighboring *Am*, neighbouring *Br*; [maison] next-door. **-2.** [idée] similar. ◇ *nm, f* neighbor *Am*, neighbour *Br*; **~ de palier** next-door neighbor *Am* OU neighbour *Br* (*in a flat*).

voisinage [vwazinaʒ] *nm* **-1.** [quartier] neighborhood *Am*, neighbourhood *Br*. **-2.** [relations] neighborliness *Am*, neighbourliness *Br*. **-3.** [environs] vicinity.

voisiner [vwazine] [3] *vi*: **~ avec** to be next to.

voiture [vwatyr] *nf* **-1.** [automobile] car; **~ de fonction** company car; **~ de location** hire car; **~ d'occasion/de sport** second-hand/sports car. **-2.** [de train] carriage.

◆ **voiture d'enfant** *nf* baby carriage *Am*, pram *Br*.

voix [vwa] *nf* **-1.** [gén] voice; **~ caverneuse** hollow voice; **~ de fausset** falsetto voice; **~ de stentor** stentorian voice; **~ de ténor** tenor voice; **~ off** voice-over; **à mi-~** in an undertone; **à ~ basse** in a low voice, quietly; **à ~ haute** [parler] in a loud voice; [lire] aloud; **de vive ~** in person; **avoir ~ au chapitre** to have a say in the matter. **-2.** [suffrage] vote; **recueillir des ~** to win votes.

Vojvodine [vojvodin] *nf*: **la ~** Vojvodina.

vol [vɔl] *nm* **-1.** [d'oiseau, avion] flight; **attraper qqch au ~** to catch sthg in mid-air; **~ à voile** gliding; **à ~ d'oiseau** as the crow flies; **en plein ~** in flight. **-2.** [groupe d'oiseaux] flight, flock. **-3.** [délit] theft; **~ avec effraction** breaking and entering; **~ à l'étalage** shoplifting.

vol. (*abr de* volume) vol.

volage [vɔlaʒ] *adj littéraire* fickle.

volaille [vɔlaj] *nf*: **la ~** poultry, (domestic) fowl.

volant, -e [vɔlã, ãt] *adj* **-1.** [qui vole] flying; **personnel ~** aircrew. **-2.** [mobile]: **feuille ~e** loose sheet.

◆ **volant** *nm* **-1.** [de voiture] steering wheel. **-2.** [de robe] flounce. **-3.** [de badminton] shuttlecock.

volatil, -e [vɔlatil] *adj* volatile.

◆ **volatile** *nm* (domestic) fowl.

volatiliser [vɔlatilize] [3]

◆ **se volatiliser** *vp* to volatilize; *fig* to vanish into thin air.

vol-au-vent [vɔlovã] *nm inv* vol-au-vent.

volcan [vɔlkã] *nm* volcano; *fig* spitfire; **être assis sur un ~** *fig* to be sitting on the edge of a volcano.

volcanique [vɔlkanik] *adj* volcanic; *fig* [tempérament] fiery.

volcanologue = vulcanologue.

volée [vɔle] *nf* **-1.** [d'oiseau] flight. **-2.** [de flèches] volley; **une ~ de coups** a hail of blows. **-3.** FOOTBALL & TENNIS volley. **-4.** *fam* [gifle] thrashing, hiding.

voler [vɔle] [3] ◇ *vi* to fly. ◇ *vt* [personne] to rob; [chose] to steal; **~ qqch à qqn** to steal sthg from sb.

volet [vɔlɛ] *nm* **-1.** [de maison] shutter. **-2.** [de dépliant] leaf; [d'émission] part. **-3.** INFORM drive door.

voleter [vɔlte] [27] *vi* **-1.** [papillon] to flit OU flutter about. **-2.** [robe] to flutter.

voleur, -euse [vɔlœr, øz] ◇ *adj* thieving. ◇ *nm, f* thief; **au ~!** stop thief!

volière [vɔljɛr] *nf* aviary.

volley-ball [vɔlɛbol] (*pl* **volley-balls**) *nm* volleyball.

volleyeur, -euse [vɔlɛjœr, øz] *nm, f* volleyball player.

volontaire [vɔlɔ̃tɛr] ◇ *nmf* volunteer. ◇ *adj* **-1.** [omission] deliberate; [activité] voluntary. **-2.** [enfant] strong-willed.

volontairement [vɔlɔ̃tɛrmɑ̃] *adv* deliberately; [offrir] voluntarily.

volontariat [vɔlɔ̃tarja] *nm* voluntary service (*in armed forces*).

volontariste [vɔlɔ̃tarist] *nmf & adj* volontarist.

volonté [vɔlɔ̃te] *nf* **-1.** [vouloir] will; à ~ unlimited, as much as you like; **les dernières** ~**s** last wishes; **faire les quatre** ~**s de qqn** *fam fig* to obey sb's every whim. **-2.** [disposition]: **bonne** ~ willingness, good will; **mauvaise** ~ unwillingness. **-3.** [détermination] willpower.

volontiers [vɔlɔ̃tje] *adv* **-1.** [avec plaisir] with pleasure, gladly, willingly. **-2.** [affable, bavard] naturally.

volt [vɔlt] *nm* volt.

voltage [vɔltaʒ] *nm* voltage.

volte [vɔlt] *nf* **-1.** [de cheval] volt, volte. **-2.** *littéraire* [pirouette] pirouette.

volte-face [vɔltəfas] *nf inv* about-face *Am*, about-turn *Br*; *fig* U-turn, about-face *Am*, about-turn *Br*.

voltige [vɔltiʒ] *nf* **-1.** [au trapèze] trapeze work; **haute** ~ flying trapeze act; *fam fig* mental gymnastics (*U*). **-2.** [à cheval] circus riding. **-3.** [en avion] aerobatics (*U*).

voltiger [vɔltiʒe] [17] *vi* **-1.** [acrobate] to perform on a flying trapeze. **-2.** [insecte, oiseau] to flit OU flutter about. **-3.** [feuilles] to flutter about.

voltigeur [vɔltiʒœr] *nm* **-1.** [acrobate] trapeze artist. **-2.** MIL light infantryman. **-3.** *Can* BASE-BALL: ~ **gauche/droit** left/right fielder; ~ **du centre** centre fielder.

volubile [vɔlybil] *adj* voluble.

volubilis [vɔlybilis] *nm* morning glory.

volubilité [vɔlybilite] *nf* volubility.

volume [vɔlym] *nm* volume.

volumineux, -euse [vɔlyminø, øz] *adj* voluminous, bulky.

volupté [vɔlypte] *nf* [sensuelle] sensual OU voluptuous pleasure; [morale, esthétique] delight.

voluptueusement [vɔlyptɥøzmɑ̃] *adv* voluptuously.

voluptueux, -euse [vɔlyptɥø, øz] *adj* voluptuous.

volute [vɔlyt] *nf* **-1.** [de fumée] wreath. **-2.** ARCHIT volute, helix.

vomi [vɔmi] *nm fam* vomit.

vomir [vɔmir] [32] *vt* **-1.** [aliments] to bring up. **-2.** [fumées] to belch, to spew (out); [injures] to spit out.

vomissement [vɔmismɑ̃] *nm* **-1.** [action] vomiting. **-2.** [vomissure] vomit.

vomitif, -ive [vɔmitif, iv] *adj* emetic; *fam fig* revolting, sickening.
◆ **vomitif** *nm* emetic.

vorace [vɔras] *adj* voracious.

voracement [vɔrasmɑ̃] *adv* voraciously.

voracité [vɔrasite] *nf* voracity.

vos → votre.

votant, -e [vɔtɑ̃, ɑ̃t] *nm, f* voter.

vote [vɔt] *nm* vote; ~ **à main levée** (ballot by) show of hands; ~ **secret,** ~ **à bulletins secrets** secret ballot.

voter [vɔte] [3] ◇ *vi* to vote. ◇ *vt* POLIT to vote for; [crédits] to vote; [loi] to pass.

votre [vɔtr] (*pl* **vos** [vo]) *adj poss* your.

vôtre [votr]
◆ **le vôtre** (*f* **la vôtre,** *pl* **les vôtres**) *pron poss* yours; **les** ~**s** your family; **vous et les** ~**s** people like you; **je suis des** ~**s** I'm on your side; **vous devriez y mettre du** ~ you ought to pull your weight; **à la** ~! your good health!

vouer [vwe] [6] *vt* **-1.** [promettre, jurer]: ~ **qqch à qqn** to swear OU vow sthg to sb. **-2.** [consacrer] to devote. **-3.** [condamner]: **être voué à** to be doomed to.
◆ **se vouer** *vp*: **se** ~ **à** to dedicate OU devote o.s. to.

vouloir [vulwar] [57] ◇ *vt* **-1.** [gén] to want; **voulez-vous boire quelque chose?** would you like something to drink?; **veux-tu te taire!** will you be quiet!; **je voudrais savoir** I would like to know; ~ **que** (+ *subjonctif*): **je veux qu'il parte** I want him to leave; ~ **qqch de qqn/qqch** to want sthg from sb/sthg; **combien en voulez-vous?** how much do you want for it?; **ne pas** ~ **de qqn/qqch** not to want sb/sthg; **je veux bien** I don't mind; **si tu veux** if you like, if you want; **comme tu veux!** as you like!; **veuillez vous asseoir** please take a seat; **sans le** ~ without meaning OU wishing to, unintentionally. **-2.** [suj: coutume] to demand. **-3.** [s'attendre à] to expect; **que voulez-vous que j'y fasse?** what do you want me to do about it? **-4.** *loc:* ~ **dire** to mean; **si on veut** more or less, if you like; **en** ~ to be a real go-getter; **en** ~ **à qqn** to have a grudge against sb; **tu l'auras voulu!** on your own head (be it)!
◇ *nm:* **le bon** ~ **de qqn** sb's good will.

◆ **se vouloir** *vp*: **elle se veut différente** she thinks she's different; **s'en ~ de faire qqch** to be cross with o.s. for doing sthg.

voulu, -e [vuly] ◇ *pp* → **vouloir**. ◇ *adj* **-1.** [requis] requisite. **-2.** [délibéré] intentional.

vous [vu] *pron pers* **-1.** [sujet, objet direct] you; **dire ~ à qqn** to use the "vous" form to sb. **-2.** [objet indirect] (to) you. **-3.** [après préposition, comparatif] you. **-4.** [réfléchi] yourself, (*pl*) yourselves.
◆ **vous-même** *pron pers* yourself.
◆ **vous-mêmes** *pron pers* yourselves.

voûte [vut] *nf* **-1.** ARCHIT vault; *fig* arch; **la ~ céleste** the sky. **-2.** ANAT: **~ du palais** roof of the mouth; **~ plantaire** arch (of the foot).

voûter [vute] [3] *vt* to arch over, to vault.
◆ **se voûter** *vp* to be OU become stooped.

vouvoiement [vuvwamã] *nm* use of the "vous" form.

vouvoyer [vuvwaje] [13] *vt*: **~ qqn** to use the "vous" form to sb.

voyage [vwaʒaʒ] *nm* journey, trip; **les ~s** travel (*sg*), traveling (*U*) *Am*, travelling (*U*) *Br*; **bon ~!** have a good OU safe journey!; **partir en ~** to go away, to go on a trip; **~ d'affaires** business trip; **~ organisé** package tour; **~ de noces** honeymoon.

voyager [vwajaʒe] [17] *vi* to travel.

voyageur, -euse [vwajaʒœr, øz] *nm, f* traveler *Am* OU traveller *Br*; **~ de commerce** commercial traveler *Am* OU traveller *Br*.

voyagiste [vwajaʒist] *nm* tour operator.

voyance [vwajãs] *nf* clairvoyance.

voyant, -e [vwajã, ãt] ◇ *adj* loud, gaudy. ◇ *nm, f* [devin] seer; **~e extralucide** clairvoyant.
◆ **voyant** *nm* [lampe] light; AUTOM indicator (light); **~ d'essence/d'huile** petrol/oil warning light.

voyelle [vwajɛl] *nf* vowel.

voyeur, -euse [vwajœr, øz] *nm, f* voyeur, Peeping Tom.

voyeurisme [vwajœrism] *nm* voyeurism.

voyou [vwaju] *nm* **-1.** [garnement] urchin. **-2.** [loubard] lout.

VPC (*abr de* **vente par correspondance**) *nf* mail order sales.

vrac [vrak]
◆ **en vrac** *loc adv* **-1.** [sans emballage] loose. **-2.** [en désordre] higgledy-piggledy. **-3.** [au poids] in bulk.

vrai, -e [vrɛ] *adj* **-1.** [histoire] true; **c'est OU il est ~ que ...** it's true that ...; **c'est pas ~!** *fam* never!, I don't believe it! **-2.** [or, perle,

nom] real. **-3.** [personne] natural. **-4.** [ami, raison] real, true.
◆ **vrai** *nm*: **le ~** truth; **être dans le ~** to be right; **à ~ dire, à dire ~** to tell the truth.

vraiment [vrɛmã] *adv* really.

vraisemblable [vrɛsãblabl] *adj* likely, probable; [excuse] plausible.

vraisemblablement [vrɛsãblabləmã] *adv* probably, in all probability.

vraisemblance [vrɛsãblãs] *nf* likelihood, probability; [d'excuse] plausibility; **contre toute ~** implausibly; **selon toute ~** in all probability.

V/Réf (*abr de* **Votre référence**) your ref.

vrille [vrij] *nf* **-1.** BOT tendril. **-2.** [outil] gimlet. **-3.** [spirale] spiral.

vriller [vrije] [3] ◇ *vi* **-1.** [avion] to spin. **-2.** [parachute] to twist. ◇ *vt* to bore into.

vrombir [vrɔ̃bir] [32] *vi* to hum.

vrombissement [vrɔ̃bismã] *nm* humming (*U*).

VRP (*abr de* **voyageur, représentant, placier**) *nm* rep.

VTT (*abr de* **vélo tout terrain**) *nm* mountain bike.

vu, -e [vy] ◇ *pp* → **voir**. ◇ *adj* **-1.** [perçu]: **être bien/mal ~** to be acceptable/unacceptable. **-2.** [compris] clear.
◆ **vu** *prép* given, in view of.
◆ **vue** *nf* **-1.** [sens, vision] sight, eyesight. **-2.** [regard] gaze; **à première ~e** at first sight; **à ~e on** sight; **de ~e** by sight; **en ~e** [vedette] in the public eye; **à ~e de nez** at a rough guess; **à ~e d'œil** visibly; **en mettre plein la ~e à qqn** *fam fig* to dazzle sb; **perdre qqn de ~e** to lose touch with sb. **-3.** [panorama, idée] view; **~e d'ensemble** *fig* overview; **avoir qqn/qqch en ~e** to have sb/sthg in mind; **~e panoramique** panoramic view. **-4.** CIN → **prise**.
◆ **vues** *nfpl* plans; **avoir des ~es sur** to have designs on, to have one's eye on.
◆ **en vue de** *loc prép* with a view to.
◆ **vu que** *loc conj* given that, seeing that.

vulcaniser [vylkanize] [3] *vt* to vulcanize.

vulcanologue [vylkanɔlɔg], **volcanologue** [vɔlkanɔlɔg] *nmf* vulcanologist, volcanologist.

vulgaire [vylgɛr] *adj* **-1.** [grossier] vulgar, coarse. **-2.** (*avant n*) *péj* [quelconque] common. **-3.** [courant] common, popular.

vulgairement [vylgɛrmã] *adv* **-1.** [grossièrement] vulgarly, coarsely. **-2.** [couramment] commonly, popularly.

vulgarisation [vylgarizasjɔ̃] *nf* popularization.

vulgariser [vylgarize] [3] *vt* to popularize.

vulgarité [vylgarite] *nf* vulgarity, coarseness.

vulnérabilité [vylnerabilite] *nf* vulnerability.

vulnérable [vylnerabl] *adj* vulnerable.

vulve [vylv] *nf* vulva.

VVF (*abr de* **village vacances famille**) *nm* state-subsidized holiday village.

vx *abr de* **vieux**.

western [wɛstɛrn] *nm* western.

Wh (*abr de* **wattheure**) Wh.

whisky [wiski] (*pl* **whiskies**) *nm* whisky; ~ **sec** straight OU neat whisky.

whist [wist] *nm* whist.

white-spirit [wajtspirit] (*pl* **white-spirits**) *nm* white spirit.

WYSIWYG [wiziwig] (*abr de* **what you see is what you get**) WYSIWYG.

w, W [dubləve] *nm inv* w, W.

wagon [vagɔ̃] *nm* carriage; ~ **fumeurs** smoking carriage; ~ **de marchandises** goods wagon OU truck; ~ **non-fumeurs** non-smoking carriage; ~ **de première/ seconde classe** first-class/second-class carriage.

wagon-citerne [vagɔ̃sitɛrn] (*pl* **wagons-citernes**) *nm* tank wagon.

wagon-lit [vagɔ̃li] (*pl* **wagons-lits**) *nm* sleeping car, sleeper.

wagonnet [vagɔnɛ] *nm* small truck.

wagon-restaurant [vagɔ̃rɛstɔrɑ̃] (*pl* **wagons-restaurants**) *nm* restaurant OU dining car.

Walkman® [wɔkman] *nm* personal stereo, Walkman®.

wallon, -onne [walɔ̃, ɔn] *adj* Walloon.
◆ **wallon** *nm* [langue] Walloon.
◆ **Wallon, -onne** *nm, f* Walloon.

Wallonie [walɔni] *nf*: **la** ~ Southern Belgium (*where French and Walloon are spoken*).

wapiti [wapiti] *nm* wapiti.

Washington [waʃiɲtɔn] *n* **-1.** [ville] Washington D.C. **-2.** [État] Washington State.

water-polo [watɛrpɔlo] *nm* water polo.

watt [wat] *nm* watt.

Wb *abr de* **weber**.

W.-C. [vese] (*abr de* **water closet**) *nmpl* WC (*sg*), toilets.

week-end [wikɛnd] (*pl* **week-ends**) *nm* weekend; **bon** ~! have a good OU nice weekend!; **partir en** ~ to go away for the weekend.

Wellington [wɛliɲtɔn] *n* Wellington.

x, X [iks] *nm inv* x, X; **l'X** *prestigious engineering college in Paris*.

xénophobe [gzenɔfɔb] ◇ *nmf* xenophobe.
◇ *adj* xenophobic.

xénophobie [gzenɔfɔbi] *nf* xenophobia.

xérès [gzerɛs, kserɛs] *nm* sherry.

xylophone [ksilɔfɔn] *nm* xylophone.

y¹, Y [igrɛk] *nm inv* y, Y.

y² [i] ◇ *adv* [lieu] there; **j'y vais demain** I'm going there tomorrow; **mets-y du sel** put some salt in it; **va voir sur la table si les clefs y sont** go and see if the keys are on the table; **on ne peut pas couper cet arbre, des oiseaux y ont fait leur nid** you can't cut down that tree, some birds have built their nest there OU in it; **ils ont ramené des vases anciens et y ont fait pousser des fleurs exotiques** they brought back some antique vases and grew exotic flowers in them.
◇ *pron* (*la traduction varie selon la préposition utilisée avec le verbe en question*): **pensez-y** think about it; **n'y comptez pas** don't count on it; **j'y suis!** I've got it!; *voir aussi* **aller, avoir** *etc*.

yacht [jɔt] *nm* yacht.
yacht-club [jɔtklœb] (*pl* **yacht-clubs**) *nm* yacht club.
Yaoundé [jaunde] *n* Yaoundé.
yaourt [jaurt], **yogourt, yoghourt** [jɔgurt] *nm* yoghurt; ~ **aux fruits/nature** fruit/plain yoghurt.
yaourtière [jaurtjɛr] *nf* yoghurt maker.
Yémen [jemɛn] *nm*: **le** ~ Yemen; **au** ~ in Yemen; **le** ~ **du Nord** North Yemen; **le** ~ **du Sud** South Yemen.
yéménite [jemenit] *adj* Yemeni.
◆ **Yéménite** *nmf* Yemeni.
yen [jɛn] *nm* yen.
yeux → œil.
yé-yé [jeje] *vieilli* ◇ *nmf inv* pop fan. ◇ *adj inv* pop (*avant n*).
yiddish [jidiʃ] *nm inv & adj inv* Yiddish.
yoga [jɔga] *nm* yoga.
yoghourt = yaourt.
yogi [jɔgi] *nm* yogi.
yogourt = yaourt.
yougoslave [jugɔslav] *adj* Yugoslav, Yugoslavian.
◆ **Yougoslave** *nmf* Yugoslav, Yugoslavian.
Yougoslavie [jugɔslavi] *nf*: **la** ~ Yugoslavia.
youpi [jupi] *interj* yippee!
youyou [juju] *nm* dinghy.
Yo-yo® [jɔjɔ] *nm inv* yo-yo.
yucca [juka] *nm* yucca.

Z

z, Z [zɛd] *nm inv* z, Z.
ZAC, Zac [zak] (*abr de* **zone d'aménagement concerté**) *nf* area earmarked for local government planning project.
ZAD, Zad [zad] (*abr de* **zone d'aménagement différé**) *nf* area earmarked for future development.
Zagreb [zagrɛb] *n* Zagreb.
Zaïre [zair] *nm*: **le** ~ Zaïre; **au** ~ in Zaïre.
zaïrois, -e [zairwa, az] *adj* Zairian.
◆ **Zaïrois, -e** *nm, f* Zairian.
zakouski [zakuski] *nmpl* zakuski, zakouski.

Zambie [zãbi] *nf*: **la** ~ Zambia.
zambien, -ienne [zãbjɛ̃, jɛn] *adj* Zambian.
◆ **Zambien, -ienne** *nm, f* Zambian.
zapper [zape] [3] *vi* to zap, to channel-hop.
zappeur, -euse *nm, f* channel hopper, zapper.
zapping [zapiŋ] *nm* zapping, channel-hopping.
zèbre [zɛbr] *nm* zebra; **un drôle de** ~ *fam fig* an oddball.
zébrer [zebre] [18] *vt* to streak, to stripe.
zébrure [zebryr] *nf* **-1.** [de pelage] stripe. **-2.** [marque] weal.
zébu [zeby] *nm* zebu.
ZEC [zɛk] (*abr de* **zone d'exploitation contrôlée**) *nf Can* controlled harvesting zone.
zèle [zɛl] *nm* zeal; **faire du** ~ *péj* to be over-zealous.
zélé, -e [zele] *adj* zealous.
zen [zɛn] *adj inv & nm* Zen.
zénith [zenit] *nm* zenith; **être au** ~ **de** *fig* to be at the height OU peak of.
ZEP, Zep [zɛp] (*abr de* **zone d'éducation prioritaire**) *nf* designated area with special educational needs.
zéro [zero] ◇ *nm* **-1.** [chiffre] zero, nought; [dans numéro de téléphone] zero *Am*, O *Br*. **-2.** [nombre] nought, nothing; **deux buts à** ~ two goals to nil. **-3.** [de graduation] freezing point, zero; **au-dessus/au-dessous de** ~ above/below (zero); **avoir le moral à** ~ *fig* to be OU feel down; **repartir à** OU **de** ~ to start again from scratch. **-4.** *fam* [personne] dead loss. ◇ *adj*: ~ **faute** no mistakes.
zeste [zɛst] *nm* peel, zest; ~ **de citron** lemon peel OU zest.
zézaiement [zezɛmã] *nm* lisp.
zézayer [zezeje] [11] *vi* to lisp.
ZI *abr de* **zone industrielle**.
zibeline [ziblin] *nf* sable.
zieuter, zyeuter [zjøte] [3] *vt fam* to get an eyeful of.
ZIF, Zif [zif] (*abr de* **zone d'intervention foncière**) *nf* area earmarked for local government planning project.
zigoto [zigɔto] *nm fam*: **un drôle de** ~ an oddball.
zigouiller [ziguje] [3] *vt fam* to bump off.
zigzag [zigzag] *nm* zigzag; **en** ~ winding.
zigzaguer [zigzage] [3] *vi* to zigzag (along).
Zimbabwe [zimbabwe] *nm*: **le** ~ Zimbabwe; **au** ~ in Zimbabwe.
zimbabwéen, -enne [zimbabweɛ̃, ɛn] *adj* Zimbabwean.

◆ **Zimbabwéen**, **-enne** *nm, f* Zimbabwean.

zinc [zɛ̃g] *nm* **-1.** [matière] zinc. **-2.** *fam* [comptoir] bar. **-3.** *fam* [avion] crate.

zinzin [zɛ̃zɛ̃] *adj fam* cracked.

Zip® [zip] *nm* zipper *Am*, zip *Br*.

zipper [zipe] [3] *vt* to zip up.

zizanie [zizani] *nf:* **semer la** ~ *fig* to sow discord.

zizi [zizi] *nm fam* peter *Am*, willy *Br*.

zodiacal, **-e**, **-aux** [zɔdjakal, o] *adj* [signe] of the zodiac; [position] in the zodiac.

zodiaque [zɔdjak] *nm* zodiac.

zombi [zɔ̃bi] *nm fam* zombie.

zona [zona] *nm* shingles (*U*).

zone [zon] *nf* **-1.** [région] zone, area; ~ **d'action** area of operations; ~ **bleue** restricted parking zone; ~ **érogène** erogenous zone; ~ **franche** free zone; ~ **industrielle** industrial park *Am* OU estate Br. **-2.** *fam* [faubourg]: **la** ~ the slum belt.

zoner [zone] [3] *vi* to hang about, to hang around.

zoo [zo(o)] *nm* zoo.

zoologie [zɔɔlɔʒi] *nf* zoology.

zoologiste [zɔɔlɔʒist] *nmf* zoologist.

zoom [zum] *nm* **-1.** [objectif] zoom (lens). **-2.** [gros plan] zoom.

zoophile [zɔɔfil] ◇ *nmf* person who practises bestiality. ◇ *adj* of OU relating to bestiality.

zoulou, **-e** [zulu] *adj* Zulu.

◆ **Zoulou**, **-e** *nm, f:* **les Zoulous** the Zulus.

zozo [zozo] *nm fam* mug.

zozoter [zɔzɔte] [3] *vi* to lisp.

ZUP, **Zup** [zyp] (*abr de* **zone à urbaniser en priorité**) *nf area earmarked for urgent urban development.*

Zurich [zyrik] *n* Zürich.

zut [zyt] *interj fam* damn!

zyeuter = **zieuter.**

zygomatique [zigɔmatik] *adj* zygomatic.

Vivre au Royaume-Uni et aux États-Unis

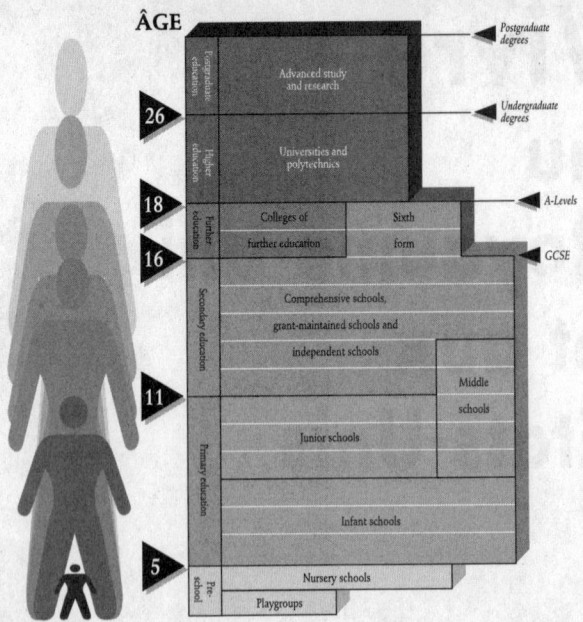

Au Royaume-Uni, l'enseignement est obligatoire pour les enfants âgés de 5 à 16 ans. Le système éducatif est très décentralisé et pris en charge en grande partie par l'administration régionale. Il s'organise de la façon suivante :

Enseignement préscolaire (jusqu'à 5 ans) Cette première étape n'est pas obligatoire, mais il est possible d'inscrire les enfants, à partir de 2 ans, dans une *nursery school* publique ou privée. Beaucoup d'enfants vont aussi dans des *playgroups* (garderies) animés par les parents eux-mêmes.

Enseignement primaire (5-11 ans) Il est dispensé dans les *primary schools*, qui se divisent normalement en *infant schools* (5-7 ans) et *junior schools* (7-11 ans), souvent dans les mêmes locaux. Dans certaines régions, il existe des *middle schools* pour les enfants de 8 à 14 ans, qui vont ensuite dans une *upper secondary school*. Certaines écoles primaires privées reçoivent le nom de *prep schools* ou *preparatory schools*.

Enseignement secondaire (11-16/18 ans) Il se fait dans des établissements publics ou privés de plusieurs types :

▶ *comprehensive schools* Il s'agit d'écoles financées par l'État et généralement mixtes. La majorité des jeunes Britanniques sont inscrits dans ces *comprehensive schools*.

▶ *independent schools* Ces établissements privés, financés par des droits de scolarité, sont communément appelés *private schools* ou *public schools*. Ils accueillent une petite proportion du nombre total d'élèves (environ 6 %) ; on trouve parmi eux des écoles prestigieuses telles qu'Eton ou Harrow.

▶ **grant-maintained schools** Ce sont les écoles qui ont choisi d'assurer leur propre gestion en sortant du système chapeauté par les autorités régionales. Elles sont financées directement par l'État.

Programmes Pendant les cinq premières années du secondaire, la plupart des élèves suivent un programme national *(national curriculum)* prescrit par le gouvernement. Vers l'âge de 16 ans, la majorité des élèves passent l'examen du *General Certificate of Secondary Education (GCSE)*, à l'issue duquel, qu'ils l'aient réussi ou pas, la moitié d'entre eux environ arrêtent leurs études.

▶ **A-levels** Ceux qui souhaitent entrer dans l'enseignement supérieur doivent faire encore deux ans d'études et préparer l'examen du *GCE Advanced Level* (ou *A-levels* en Angleterre, au pays de Galles et en Irlande du Nord), le plus souvent dans trois matières de leur choix. En Écosse, où le système éducatif est différent, on passe un examen appelé *Highers*.

Further education (16-18 ans) Ce terme désigne les années d'études postérieures à la fin de l'enseignement obligatoire. Ceux qui préparent les *A-levels* peuvent rester dans le même établissement, dans une classe appelée *sixth form,* ou bien s'inscrire dans un autre établissement. Ces études sont très souvent à caractère professionnel ; elles se font dans des *colleges of further education,* des écoles des beaux-arts, des établissements agricoles, etc.

Oxbridge

Les universités d'Oxford et de Cambridge (connues sous le nom collectif d'*Oxbridge*), fondées toutes deux au XIIe siècle, se distinguent en cela des autres universités britanniques, issues de l'expansion de l'enseignement supérieur dans les années 1960 —ce sont ce que l'on appelle les *redbrick universities*— ou de la promotion au statut d'université au début des années 1990, des ex-*polytechnics,* spécialisées dans les filières techniques. Bien qu'aujourd'hui la moitié environ des étudiants d'Oxford et de Cambridge viennent de lycées publics, les diplômés de ces deux établissements sont toujours considérés comme des privilégiés, en raison de leur surreprésentation dans certains milieux professionnels influents tels que la finance, la politique, les médias et les professions juridiques.

Enseignement supérieur (18-26 ans) Les universités délivrent des *undergraduate degrees* (licence ou maîtrise) en lettres, sciences, sciences humaines, droit et médecine. Pour entrer à l'université, il faut avoir obtenu à l'examen des *A-levels* de bonne notes dans un nombre minimal de matières. Le nombre total de places dans les universités étant limité, la concurrence est féroce. Il existe un système de bourses accordées par les autorités régionales jusqu'au niveau licence, mais elles sont parfois insuffisantes et doivent être complétées par une contribution des parents ou un emprunt étudiant à taux réduit. Les *undergraduate degrees* durent en moyenne trois ans. Les étudiants ayant réussi leurs examens finals reçoivent leur diplôme lors de la cérémonie de *graduation*. Ceux qui souhaitent faire un troisième cycle deviennent des *postgraduates* et entreprennent un cursus de recherche conduisant à l'obtention d'un *higher degree* ou d'un *doctorate* (doctorat).

Cours pour adultes Ils sont dispensés par les *further education colleges* et les départements de formation continue des universités. Les adultes peuvent également s'inscrire aux cours par correspondance de l'*Open University,* fondée en 1969, et obtenir un diplôme d'*undergraduate* ou de *postgraduate,* même sans qualification préalable.

ADMINISTRATION 4

L e terme «Royaume-Uni» est en fait l'abréviation de «Royaume-Uni de Grande-Bretagne et d'Irlande du Nord» *(United Kingdom of Great Britain and Northern Ireland)*. La Grande-Bretagne se compose

Région	Superficie (kilomètres carrés)	Population
■ Angleterre	130 400	46 161 000
■ Pays de Galles	20 800	2 798 000
■ Écosse	78 800	4 957 000
■ Irlande du Nord	14 000	1 583 000

de l'Angleterre, du pays de Galles et de l'Écosse. Quant à l'expression «îles Britanniques», elle désigne le groupe d'îles composé de la Grande-Bretagne, de l'Irlande et de dépendances telles que les îles Anglo-Normandes et l'île de Man. Les quatre régions qui forment le Royaume-Uni ont un gouvernement commun, bien qu'il existe un Parlement écossais et une Assemblée galloise qui gèrent les affaires intérieures dans ces deux régions. Chacune de ces nations a une identité culturelle à part. Le pays de Galles possède sa propre langue, le gallois, d'origine celte, même si l'anglais reste la langue dominante. L'Écosse jouit d'une plus grande autonomie que le pays de Galles, avec un système éducatif et un système judiciaire indépendants. Le gaélique, langue écossaise elle aussi d'origine celte, est moins répandu que le gallois. L'Irlande est coupée en deux politiquement, et la population d'Irlande du Nord est majoritairement protestante, alors que celle de la république d'Irlande, ou *Éire* en gaélique, est majoritairement catholique.

Géographie Le Royaume-Uni est environ deux fois plus petit que la France. Il y a à peu près 1 000 km entre la côte sud de l'Angleterre et l'extrémité nord de l'Écosse (hors îles), et moins de 500 km d'est en ouest au point le plus large. En Angleterre, l'intérieur des terres est plat et de faible altitude, alors que le relief est nettement plus élevé en Écosse et au pays de Galles. L'Irlande du Nord et l'Écosse ne sont éloignées l'une de l'autre, en leur point le plus proche, que d'une vingtaine de kilomètres. Les paysages d'Irlande du Nord se caractérisent par des montagnes peu élevées et des champs vallonnés. Quatre-vingt-dix pour cent de la population britannique sont concentrés dans les agglomérations urbaines comprises entre Londres et Manchester.

Administration régionale Le Royaume-Uni se divise en unités administratives appelées *counties* (ou *regions* en Écosse), elles-mêmes divisées en *districts* :

❑ L'Angleterre et le pays de Galles possèdent 6 *metropolitan counties* qui couvrent les principales agglomérations urbaines (Greater Manchester, Merseyside, South Yorkshire, Tyne and Wear, West Midlands et West Yorkshire) et sont eux-mêmes découpés en 36 *metropolitan districts*. Il existe également 39 *non-metropolitan counties* (zones rurales) divisés en 296 *non-metropolitan districts*.

❑ Greater London (Londres et banlieue) est composé de 32 *boroughs* plus la *Corporation of the City of London,* qui correspond au quartier d'affaires de Londres.

❑ L'Écosse a un système de *unitary authorities,* au nombre de 29, plus 3 *island councils* (Orcades, Shetland et îles de l'Ouest).

❑ L'Irlande du Nord possède 26 *district councils,* sans autre subdivision administrative.

La plupart des *counties, regions, districts* et *boroughs* disposent d'un conseil de représentants élu au niveau local, renouvelé tous les quatre ans.

La plupart des Britanniques citent, parmi leurs activités favorites, les soirées passées chez soi avec des amis, les sorties au restaurant, au cinéma ou au pub. Le théâtre et les boîtes de nuit sont également très appréciés. Depuis quelques années, l'aérobic et la gymnastique connaissent un énorme succès. Pour bien des gens, la sortie traditionnelle du dimanche, en voiture et en famille, reste la conclusion idéale du week-end.

Jours fériés Ils sont parfois appelés *bank holidays,* car les banques sont fermées ces jours-là.

▶ **Noël** est la période de vacances la plus importante. Les cadeaux sont échangés le jour de Noël, autour de l'arbre ; le dîner typique se compose d'une dinde farcie, de pommes de terre au four et de légumes. Le 26 décembre, ou *Boxing Day,* est une journée que l'on passe à regarder la télévision ou à rendre visite aux parents et amis.

▶ le **Nouvel An** est célébré de façon systématique. À minuit, il est de rigueur de chanter *Auld Lang Syne.*

▶ les **pantomimes**, ou *pantos,* sont des spectacles comiques inspirés de

Jours fériés	
1ᵉʳ janvier	New Year's Day
2 janvier	New Year Bank Holiday (Écosse)
17 mars	St Patrick's Day (Irlande du Nord)
mars/avril	Good Friday (Vendredi saint ; sauf Écosse)
1ᵉʳ lundi de mai	May Day
dernier lundi de mai	Spring Bank Holiday (sauf Écosse)
12 juillet	Battle of the Boyne (Irlande du Nord)
1ᵉʳ lundi d'août	Summer Bank Holiday (Écosse)
dernier lundi d'août	Summer Bank Holiday (sauf Écosse)
25 décembre	Christmas Day
26 décembre	Boxing Day

contes traditionnels (*Cendrillon, Jack et le haricot magique,* etc.) qui attirent petits et grands durant la période des fêtes. Il est fréquent que des vedettes du petit écran s'y produisent.

▶ **Pâques** est, avec Noël, la seule fête religieuse célébrée au Royaume-Uni mais est avant tout synonyme de jour férié. Le dimanche de Pâques, les enfants reçoivent des œufs en chocolat.

Pubs Le pub *(public house)* est une composante essentielle de la vie sociale. Les pubs traditionnels sont souvent divisés en *public bar* (où les places assises sont rares) et *lounge bar,* plus confortables. En général, on commande les consommations au comptoir et on règle tout de suite. On ne donne pas de pourboire aux serveurs. De nombreux établissements proposent des divertissements tels que fléchettes, billard, karaoké ou musique en direct.

Off-licences Ce terme désigne les magasins de vins et spiritueux, dont la plupart sont ouverts de 10 h à 22 h, du lundi au samedi.

Restaurants On trouve au Royaume-Uni de nombreux restaurants et cafés où la cuisine, qu'elle soit britannique ou étrangère, est de qualité. Quant aux plats à emporter, la préférence de bien des gens va toujours au traditionnel *fish and chips* (poisson et frites). Les repas proposés dans les pubs sont généralement d'un bon rapport qualité-prix. L'addition comporte parfois une majoration d'environ 10 % pour le service ; dans le cas contraire, on laisse un pourboire compris entre 10 et 15 %.

L a télévision est de loin le loisir le plus populaire au Royaume-Uni, et la plupart des foyers possèdent au moins un téléviseur couleur. La télévision et la radio britanniques sont renommées pour leur neutralité politique.

Chaînes de télévision Il existe cinq chaînes de télévision à diffusion nationale.

▶ la **BBC** *(British Broadcasting Corporation)* émet sur deux canaux nationaux, *BBC1* et *BBC2*. *BBC1* produit des émissions grand public de qualité, avec des dramatiques, du sport, de l'actualité, des films et des émissions comiques. *BBC2* est orientée vers une production plus culturelle et plus thématique ; elle diffuse par exemple des émissions éducatives, dont celles de l'*Open University*.

▶ **ITV** *(Independent Television,* également appelée *Channel 3)* chapeaute 15 chaînes régionales privées. La programmation d'*ITV* est plus ou moins semblable à celle de *BBC1*.

▶ **Channel 4** est une chaîne privée nationale (sauf au pays de Galles) dont la vocation est de produire des émissions à contenu spécialisé, pour des groupes plus restreints. Son équivalent au pays de Galles est la chaîne *S4C Welsh Fourth Channel* qui émet en gallois.

▶ **Channel 5** est une chaîne privée dont l'image est plus jeune et plus dynamique que celle de ses rivales.

Satellite et câble La télévision par satellite est dominée par *British Sky Broadcasting (BskyB),* qui retransmet des manifestations sportives, des films, des émissions d'actualité, de téléachat et des jeux. D'autres sociétés proposent une programmation du même type, sur des chaînes gratuites ou à péage, ainsi que des services plus pointus tels que films à la carte, télévision interactive et accès à Internet. La télévision hertzienne continue d'attirer la grande majorité des spectateurs, mais les sociétés de satellite et de câble cherchent à augmenter leur part de marché en introduisant progressivement la diffusion numérique.

Télétexte Ce système d'information électronique sur écran de télévision permet, par l'intermédiaire de la télécommande, de visualiser des bulletins d'information ainsi que des nouvelles sportives, des informations sur l'état des routes, la météo et les programmes télévisés. Le système de la *BBC* s'appelle *Ceefax*® et celui d'*ITV Teletext*®.

Radio Il existe cinq stations de radio à diffusion nationale qui dépendent de la *BBC,* parallèlement à des services propres à l'Écosse, au pays de Galles et à l'Irlande du Nord. Il existe aussi deux stations nationales privées : *Classic FM* et *Virgin Radio 1215 AM*. La *BBC* possède 39 antennes régionales en Angleterre et dans les îles Anglo-Normandes, et on compte plus de 100 stations régionales privées.

Stations nationales du réseau BBC

■ **Radio 1** (1053/1089 kHz OM; 97.6–99.8 MHz FM) Musique pop et rock ; actualité et état des routes. Tous les jours de 5 h à 2 h.

■ **Radio 2** (88–90.2 MHz FM) Variétés, divertissements, émissions humoristiques et art. Bulletins d'information. 24 heures sur 24.

■ **Radio 3** (1215 kHz OM; 90.2–92.4 MHz FM) Musique classique, dramatiques, reportages, cricket. De 7 h à 2 h 30.

■ **Radio 4** (198 kHz GO; 92.4–94.6 MHz FM) Principale station non musicale. Actualité, reportages, dramatiques et divertissements. De 6 h à 0 h 30.

■ **Radio 5 Live** (693/909 kHz OM) Actualité et sport 24 heures sur 24.

Presse Quelque 56 % des Britanniques achètent un quotidien. Outre les quotidiens et journaux du dimanche nationaux, certaines villes ont un journal du soir, et il existe de nombreux quotidiens régionaux tels que *The Scotsman* (Édimbourg), le *South Wales Echo* (Cardiff) ou *The Belfast Telegraph*. Aux divers quotidiens viennent s'ajouter des centaines de publications hebdomadaires ou bimensuelles. Il est courant de se faire livrer un quotidien tôt le matin par son vendeur de journaux habituel.

Presse nationale et tirages

Quotidiens – presse populaire			Jounaux du dimanche – presse populaire		
The Sun (1964)	D	3 952 000 T	News of the World (1843)	D	4 550 000 T
Daily Mirror (1903)	G	2 432 000 T	The Sunday Mirror (1963)	D	2 440 000 T
Daily Mail (1896)	D	1 802 000 T	The People (1881)	D	1 996 000 T
Daily Express (1900)	D	1 245 000 T	The Mail on Sunday (1982)	D	1 963 000 T
Daily Record (1895)	C/G	742 000 T	The Sunday Express (1918)	D	1 343 000 GF
Daily Star (1978)	D	656 000 T	Sunday Sport (1988)	D	301 000 T
Quotidiens – presse de qualité			**Jounaux du dimanche – presse de qualité**		
Daily Telegraph (1855)	D	1 024 000 GF	The Sunday Times (1822)	D	1 134 000 GF
The Times (1785)	D	629 000 GF	Sunday Telegraph (1961)	D	651 000 GF
The Guardian (1821)	G	365 000 GF	The Observer (1791)	G	427 000 GF
The Independent (1986)	C/G	275 000 GF	The Independent on Sunday		
Financial Times (1888)	C	168 000 GF	(1990)	C/G	297 000 GF

entre parenthèses = date de fondation •Tendance politique : D = droite G = gauche
C = centre •T = tabloïd GF = grand format

▶ la presse britannique se divise en deux catégories : tabloïds et journaux grand format. Les journaux dits «de qualité» *(quality)* sont publiés en grand format *(broadsheet),* bien que certains d'entre eux, *The Times* par exemple, comportent des cahiers au format tabloïd, en général consacrés à des sujets autres que l'actualité. Ces quotidiens traitent de l'actualité nationale et internationale, des nouvelles financières, des arts, de la culture et du sport. Les journaux populaires portent le nom de *tabloids* en raison de leur format plus réduit. Les articles de fond y sont remplacés par des faits divers abondamment illustrés, où la vie privée des personnalités côtoie les crimes les plus sordides. Les tabloïds ont des ventes beaucoup plus importantes que la presse grand format.

▶ la **politique** est un sujet qui n'apparaît pas du tout dans les colonnes des journaux les plus populaires, mais on peut dire que la majorité des journaux britanniques sont de droite. La relation entre les tendances politiques des lecteurs et celles de leur journal favori n'est pourtant pas systématique.

▶ les **journaux du dimanche** sont d'un format plus imposant que les quotidiens, car ils comportent souvent deux ou trois cahiers différents ainsi qu'un magazine sur papier glacé couleur appelé *colour supplement*.

Magazines Il en existe un large éventail, du très sérieux magazine d'actualité *The Economist* à l'album de bandes dessinées *Viz*. Les magazines les plus vendus sont les programmes télé, *Reader's Digest, Computer Shopper, What Car* et *National Geographic*. Les revues féminines bon marché telles que *Woman's Own, Best* ou *Prima* se vendent aussi à des millions d'exemplaires.

Dans les industries de transformation, la semaine de travail officielle est de 38 à 40 heures, et dans les bureaux, de 35 à 38 heures. Pour désigner la semaine de 35 heures on parle souvent de *9 to 5*. Toutefois, dans certains secteurs tels que les hôpitaux, l'industrie hôtelière ou la restauration, la moyenne hebdomadaire peut atteindre 50 à 60 heures.

▶ **horaires flexibles** Ce système est utilisé notamment dans les bureaux. Les employés sont tenus d'être présents pendant certaines plages fixes *(core time)*, par exemple de 9 h à 11 h 30 et de 13 h 30 à 16 h. Pour compléter leur emploi du temps, ils peuvent commencer plus tôt leur journée, travailler pendant l'heure du déjeuner ou finir plus tard.

▶ **heures supplémentaires** Le tarif normal est en général majoré de 25 % pour les jours de semaine et les samedis, et de 50 % pour les dimanches.

Congés La plupart des Britanniques ont 4 à 6 semaines de congés payés par an. Aux congés annuels viennent s'ajouter les jours fériés.

Salaires Les salariés reçoivent un salaire mensuel et se voient remettre un bulletin de salaire *(wage slip)* portant le détail de la somme brute et des prélèvements, par exemple, impôt sur le revenu, sécurité sociale et parfois caisse de retraite de l'entreprise. Les travailleurs manuels et les travailleurs temporaires reçoivent souvent une paie hebdomadaire en liquide, qui leur est généralement remise le vendredi, dans un *pay packet* qui comprend le détail de la rémunération et des prélèvements.

Impôt sur le revenu Le fisc britannique *(Inland Revenue)* recouvre l'impôt sur l'ensemble des revenus annuels du contribuable. L'année fiscale va du 6 avril au 5 avril de l'année suivante. La plupart des contribuables n'ont pas à remplir de déclaration, l'impôt étant prélevé à la source par l'employeur selon le système du *Pay-As-You-Earn (PAYE)*. Les travailleurs indépendants, en revanche, paient l'impôt rétroactivement sur la base des informations fournies dans leur déclaration de revenus et étayées par des relevés de comptes.

National Insurance Le système public de prestations sociales est financé en partie par les cotisations dites *National Insurance (NI) contributions,* qui donnent droit à une retraite, et généralement aux allocations chômage et autres prestations. Les cotisations sont obligatoires pour la plupart des personnes résidant au Royaume-Uni et sont le plus souvent prélevées à la source.

Chômage Pour percevoir les allocations, il faut avoir payé les cotisations de sécurité sociale en entier pendant un certain temps. Les personnes n'ayant pas droit aux allocations chômage peuvent demander à percevoir d'autres prestations telles que l'*Income Support*. Les *Jobcentres* affichent quelques offres d'emploi, conseillent les demandeurs dans leurs recherches, les aident à remplir les formulaires de demande de prestations et à se préparer pour les entretiens d'embauche.

Les États-Unis d'Amérique couvrent 9 364 000 km² (avec l'Alaska et Hawaii), ce qui en fait le quatrième plus grand pays du monde. Avec 252 177 000 habitants, sa population est la troisième du monde après celles de la Chine et de l'Inde. L'Alaska et les îles Hawaii dépendent des États-Unis, tout comme certaines îles ou groupes d'îles du Pacifique et de la mer des Antilles, telles que Porto Rico, Guam, les îles Vierges et les Samoa.

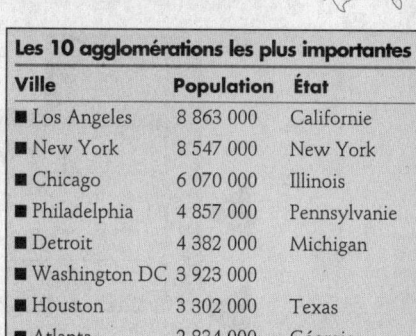

Les 10 agglomérations les plus importantes		
Ville	**Population**	**État**
■ Los Angeles	8 863 000	Californie
■ New York	8 547 000	New York
■ Chicago	6 070 000	Illinois
■ Philadelphia	4 857 000	Pennsylvanie
■ Detroit	4 382 000	Michigan
■ Washington DC	3 923 000	
■ Houston	3 302 000	Texas
■ Atlanta	2 834 000	Géorgie
■ Riverside-San Bernadino	2 589 000	Californie
■ Dallas	2 553 000	Texas

Régions On en distingue quatre:

❑ *le Nord-Est* – Delaware, Nouvelle-Angleterre (Connecticut, New Hampshire, Maine, Massachusetts, Rhode Island et Vermont), New Jersey, New York, Pennsylvanie, Maryland et Washington DC.

❑ *le Midwest* – Dakota du Nord, Dakota du Sud, Illinois, Indiana, Iowa, Kansas, Michigan, Minnesota, Missouri, Nebraska, Ohio et Wisconsin.

❑ *le Sud* – Alabama, Arkansas, Caroline du Nord, Caroline du Sud, Floride, Géorgie, Kentucky, Louisiane, Mississippi, Oklahoma, Tennessee, Texas, Virginie et Virginie-Occidentale.

❑ *l'Ouest* – Alaska, Arizona, Californie, Colorado, Hawaii, Idaho, Montana, Nevada, Nouveau-Mexique, Oregon, Utah, Washington et Wyoming.

Gouvernement fédéral et gouvernement de l'État Les États-Unis sont une république fédérale composée de 50 États plus le *District of Columbia,* zone située à l'intérieur de l'État du Maryland mais devenue le territoire de la capitale, Washington DC.

❑ *Le gouvernement fédéral* se compose du président d'un Parlement bicaméral, le Congrès (*Congress* comprenant la *House of Representatives* et le *Senate*) et de la Cour suprême *(Supreme Court)*. Il est responsable des questions de défense, des affaires étrangères, de l'émission de monnaie et de la réglementation du commerce entre les États.

❑ *Les gouvernements des États* sont semblables au gouvernement fédéral. Ils ont à leur tête un gouverneur *(Governor)* et un Congrès *(State Congress)* bicaméral. Ils sont compétents en matière de fiscalité, de santé, d'éducation et de législation civile et criminelle.

❑ *Les États* sont découpés administrativement en *counties,* eux-mêmes divisés en *municipalities* (p. ex. villes, *boroughs*). La plupart des villes sont gérées par un maire élu et un conseil municipal *(city council)*.

ÂGE

Postdoctors	Advanced study and research
Postgraduates	Doctor's degree study
	Master's degree study
Higher education	Colleges and universities
	Junior and community colleges	Vocational and technical colleges

Master of arts or sciences
Bachelor of arts or sciences
Associate in arts or sciences
High-school diploma

22

18

XII	Regular high school programs	Technical and vocational high schools
XI		Senior high schools	
X	Traditional high schools	Combined junior and senior high schools	
IX			
VIII		Junior high schools	
VII		
VI		
V		
IV	Elementary schools
III	
II	
I	

14

6

Kindergartens

Nursery schools

Le gouvernement fédéral américain n'exerce qu'un contrôle très réduit sur le système éducatif, dont la structure diffère selon les régions. En règle générale, la plupart des établissements primaires, secondaires et de niveau universitaire sont mixtes et publics, mais 25 % environ des écoles et 45 % environ des *colleges* sont aux mains de groupes privés ou d'institutions religieuses. Dans la plupart des États, l'enseignement est gratuit pendant douze ans à partir du *kindergarten* (c'est-à-dire à partir de l'âge de 4 ou 5 ans). L'enseignement est le plus souvent obligatoire, de l'âge de 5 ou 6 ans jusqu'à 16 ou 18 ans. Les grandes lignes du système éducatif américain sont les suivantes :

Enseignement préscolaire (jusqu'à 5 ans) Environ 35 % des
enfants de 3 et 4 ans vont à la *nursery school,* et pratiquement tous ceux de 4 et 5 ans vont au *kindergarten.*

Enseignement primaire (6-13 ans) et secondaire (jusqu'à 18 ans) Le nombre d'années passées dans chacun de ces cycles varie d'un État à l'autre. Les cas de figure les plus courants sont les suivants :

❏ six ans d'*elementary school,* puis trois ans de *junior high school* et trois ans de *senior high school.*

❏ huit ans d'*elementary school* puis quatre ans de *high school.*

❏ quatre ou cinq ans d'*elementary school* puis quatre ans de *middle school* et quatre ans de *high school.*

Programmes Il n'y a pas de programme national officiel. La plupart des élèves de *high school* suivent un tronc commun auquel ils peuvent, dans les années supérieures, ajouter des options *(electives)* dans des matières classiques ou plus techniques, selon l'orientation choisie.

Examens Les deux dernières années de *high school* sont sanctionnées par des examens, mais ceux-ci n'ont pas autant d'importance que dans certains autres pays, car les élèves sont soumis à un contrôle continu durant toute leur scolarité, portant sur le travail de l'année, les débats et les devoirs sur table ; une moyenne appelée *Grades Point Average (GPA)* est ainsi obtenue. Ceux qui désirent faire des études universitaires peuvent passer des examens nationaux tels que l'*American College Test (ACT)* ou le *Scholastic Aptitude Test (SAT)*, organisés par des institutions privées comme le *College Entrance Examination Board* et l'*Educational Testing Service*. Les résultats de ces examens plus le *GPA* servent à sélectionner les étudiants pour l'entrée dans les *colleges,* les *graduate schools* et les écoles professionnelles.

Écoles privées Environ 12 % des enfants américains vont dans une école primaire ou secondaire privée et payante. Les années sont structurées de la même façon que dans le système public, mais les programmes sont établis de telle sorte que le plus grand nombre possible d'étudiants soient admis dans les universités et les *colleges* les plus prestigieux, comme ceux de l'*Ivy League* ou des *Seven Sisters*.

Terminologie			
	High School		**College**
	âge	année	âge
■ freshman	14–15	9e	18
■ sophomore	15–16	10e	19
■ junior	16–17	11e	20
■ senior	17–18	12e	21

Graduation La douzième année d'études se termine par une cérémonie de remise des diplômes *(graduation* ou *commencement)*, pour laquelle les étudiants portent une toque et une toge.

Enseignement supérieur (18-26 ans) Plus de la moitié des diplômés des *high schools* entrent dans l'enseignement supérieur. Il existe trois niveaux d'études : *undergraduate* (licence), *graduate* (maîtrise) et *postgraduate* (troisième cycle). De nombreux établissements publics et privés proposent ces formations : *colleges* publics, *community* ou *junior colleges* (deux années d'études), *undergraduate colleges* (quatre années), instituts techniques, ainsi que les prestigieuses universités et *graduate schools*.

Établissements les plus prestigieux	
Universités	**Colleges**
Ivy League	*Seven Sisters*
Brown	Barnard
Columbia	Bryn Mawr
Cornell	Mount
Holyoke	
Dartmouth	Radcliffe
Harvard	Smith
Univ. of Pennsylvania	Vassar
Princeton	Wellesley
Yale	

Cours pour adultes Ce terme désigne aussi bien les cours d'alphabétisation que les études universitaires ou professionnelles. Des millions d'adultes suivent des cours, à temps partiel ou à temps plein, dans des universités ou des *colleges* (où 40 % des étudiants ont plus de 25 ans), des écoles techniques, professionnelles, etc.

Les États-Unis détiennent le record du nombre de téléviseurs par habitant. Pratiquement chaque foyer possède au moins un poste, et 70 % en possèdent au moins deux. La famille moyenne regarde la télévision sept heures par jour. Le prime time, de 19 h à 23 h, attire quelque 85 millions de téléspectateurs.

Chaînes de télévision
Il existe quatre réseaux nationaux commerciaux :

- ❏ *American Broadcasting Company (ABC)*
- ❏ *Columbia Broadcasting Service (CBS)*
- ❏ *National Broadcasting Company (NBC)*
- ❏ *Fox TV*

Ces réseaux récoltent environ 70 % des chiffres d'audience en prime time. Le nombre total de chaînes commerciales est de 1 300, et il existe aussi 400 chaînes non commerciales, dont certaines à caractère éducatif. La plus grande partie des chaînes commerciales dépendent d'un réseau national et diffusent ses émissions. Ce n'est pas le cas des quelque 400 chaînes indépendantes, souvent thématiques. La plupart des chaînes américaines émettent 24 heures sur 24.

Programmation des réseaux
Il s'agit avant tout de jeux, de talk-shows, de sitcoms, de téléfilms et de classiques du cinéma. Les seules retransmissions en direct sont les bulletins d'information locaux et les grands événements sportifs tels que la finale du Super Bowl (football américain).

Publicité et chiffres d'audience
Le système des réseaux se fonde avant tout sur la publicité (jusqu'à 15 minutes par heure). Le facteur déterminant de leur fonctionnement est l'audience, mesurée chaque jour. En effet, toute chute des chiffres d'audience effraie les annonceurs et entraîne une chute des revenus de la publicité.

Câble et satellite
Environ 60 % des foyers américains sont câblés. Dans chaque grande ville, il existe en moyenne 35 chaînes câblées en plus des réseaux nationaux et de *PBS*. Contrairement aux réseaux, la télévision par câble n'est pas soumise à la réglementation fédérale, ce qui fait que le contenu des émissions est parfois dérangeant, notamment sur les chaînes «à accès public». Les chaînes câblées sont généralement thématiques (sport, films, religion, actualité – p. ex. *CNN* –, téléachat, musique – p. ex. *MTV*). Le territoire américain est couvert par une vingtaine de satellites, chacun pouvant transmettre jusqu'à 24 chaînes (le plus souvent câblées). Les hôtels, bars et boîtes de nuit sont souvent équipés d'une antenne parabolique pour la retransmission d'événements sportifs en direct.

Public Broadcasting Service
PBS est un réseau non commercial financé par le gouvernement fédéral et des sociétés privées. Les émissions de *PBS* sont de meilleure qualité que celles des chaînes commerciales, notamment les dramatiques et les émissions pour enfants.

Radio
Il existe aux États-Unis plus de 10 000 stations de radio. Dans les grandes villes, on compte parfois jusqu'à 100 stations différentes. Beaucoup de stations dépendent de réseaux nationaux tels qu'*ABC, NBC* ou *CBS*. Ce système existe également au niveau régional, avec plus de 100 réseaux, souvent très spécialisés, qui émettent par exemple en langue étrangère. Les

réseaux non commerciaux *National Public Radio* (*NPR,* consacré à l'actualité) et *American Public Radio* (*APR,* consacré aux divertissements) diffusent des émissions «sérieuses». Comme *PBS,* ces deux réseaux sont financés par des subventions et des participations privées.

Presse   Il se publie aux États-Unis environ 1 700 quotidiens et 850 journaux du dimanche, dont le tirage cumulé dépasse 68 millions d'exemplaires ; s'y ajoutent quelque 7 500 hebdomadaires et bimensuels. Les minorités ethniques ont également leurs propres journaux. La plupart des Américains achètent les journaux pour les bandes dessinées *(funnies),* le sport, la mode, les faits divers et les nouvelles locales.

> **Sigles radio**
>
> Les stations de radio sont désignées par un sigle de quatre lettres, p. ex. **KLMN** ou **SBNS**. Les noms de stations de l'est du Mississippi et des Rocheuses commencent par un W, et celles de l'ouest par un K. Le sigle est généralement suivi de **AM** ou **FM** selon le cas, p. ex. **WBNS FM**.

▶ **y a-t-il une presse nationale ?**   La plus grande partie de la presse américaine est de type régional, à l'exception du *Christian Science Monitor, USA Today* et du *Wall Street Journal,* de certains quotidiens régionaux tels que le *New York Times,* le *Washington Post* ou le *Los Angeles Times,* qui ont des éditions nationales. *USA Today* est le principal quotidien grand public, avec ses photos en couleurs et sa couverture exhaustive des événements sportifs ; il est vendu chaque jour à plus de 5 millions d'exemplaires. Le *Wall Street Journal* publie quatre éditions régionales ; principal journal financier, il a le plus gros tirage de toute la presse américaine. Parmi les journaux régionaux de qualité, on peut citer également le *Boston Globe,* le *Chicago Tribune* ou le *San Francisco Herald.*

> **Où acheter son journal**
>
> Un tiers des Américains se font livrer leur journal à domicile. Les journaux sont également vendus dans les kiosques et dans les distributeurs, les galeries marchandes, les gares ferroviaires et routières. C'est un système basé sur la confiance, l'acheteur étant censé n'emporter qu'un exemplaire après avoir inséré le montant requis.

▶ **tabloïds et journaux grand format**   Les lecteurs ont le choix entre grand format «sérieux» et tabloïds très illustrés. La plupart des villes américaines ont leur tabloïd : Boston a son *Herald,* Chicago son *Sun Times,* New York son *Daily News.* Les deux hebdomadaires les plus pittoresques sont le *National Enquirer* et le *National Examiner* ; ils ont une prédilection pour la vie privée des célébrités, les régimes alimentaires fantaisistes, etc.

▶ **les journaux du dimanche** coûtent jusqu'à trois fois plus cher que les éditions de la semaine. La plupart des quotidiens ont une édition dominicale avec de nombreux suppléments.

Magazines   Les newsmagazines hebdomadaires tels que *Newsweek, Time* ou *US News and World Report,* qui traitent en profondeur l'actualité nationale et internationale, se vendent très bien.

Newsletters   Ces bulletins, disponibles sur abonnement, s'adressent à un lectorat ciblé. Les sujets traités vont des informations boursières aux bonnes affaires, en passant par les potins du monde de l'industrie, l'astrologie, les voyages, etc. Ce sont probablement les publications les plus lues.

L a plupart des employés travaillent 40 à 45 heures par semaine et jusqu'à 53 heures dans les industries de transformation. Habituellement, les horaires vont de 8 h à 17 h, avec une heure de pause-déjeuner.

▶ **horaires flexibles** Ce système est moins fréquent qu'au Royaume-Uni.

▶ **heures supplémentaires** Le tarif horaire est majoré de 50 % lorsqu'il y a dépassement des 40 heures hebdomadaires normales. Pour beaucoup d'employés de bureau, il n'existe aucune législation en la matière.

Congés La norme est une ou deux semaines de congés payés par an. Le total annuel augmente avec l'ancienneté.

Impôt sur le revenu Il en existe en fait deux : l'impôt fédéral et l'impôt au niveau de chaque État. Ils sont recouvrés par l'*Internal Revenue Service (IRS)*. La fraude fiscale est considérée comme un délit grave. L'employeur déduit l'impôt directement sur le salaire de l'employé ; c'est le *withholding*. La somme retenue est ensuite déduite du total réellement dû, calculé à la remise de la déclaration d'impôts. Les contribuables bénéficient également de certains dégrèvements *(tax breaks)*. Le montant de l'impôt varie selon les États, certains n'en prélevant pas du tout. Il est en général plus bas que l'impôt fédéral.

> ### Permis de séjour
>
> Tous les étrangers ne résidant pas aux États-Unis et désirant entrer dans le pays doivent demander un visa. Il en existe deux catégories : *immigrant visa* (de résidence permanente) et *non-immigrant visa* (de résidence temporaire). Les détenteurs d'un *immigrant visa* se voient délivrer une *Alien Registration Receipt Card,* communément appelée *Green Card.* On peut obtenir celle-ci par mariage, parce que l'on est parent proche d'un citoyen américain, ou par son travail. Son détenteur a le droit de vivre et de travailler de façon permanente aux États-Unis et il peut demander la citoyenneté américaine au bout de cinq ans. Les résidents permanents n'ont pas le droit de vote, n'ont pas accès au haut fonctionnariat, ni à certaines professions.

Sécurité sociale La *Social Security* couvre la retraite, le veuvage, l'invalidité et les soins médicaux Une carte de Sécurité sociale avec un numéro d'immatriculation à neuf chiffres est délivrée à chaque citoyen américain et à chaque résident étranger. Pour avoir droit aux prestations, il faut avoir eu un emploi pendant une certaine durée. Les contributions sont payées par l'employeur et l'employé à raison d'un certain pourcentage du salaire brut ; elles sont le plus souvent déduites à la source par l'employeur. Les travailleurs indépendants paient leurs cotisations une fois par an, en même temps que leurs impôts sur le revenu.

Chômage Une caisse d'assurance administrée par le gouvernement fédéral et les États verse aux demandeurs d'emploi des allocations hebdomadaires pendant une période limitée, en général 26 semaines. Le montant des allocations dépend des revenus obtenus précédemment.

Jours fériés Outre ceux de la fédération tout entière, de nombreux États ont leurs propres jours fériés.

▶ **Noël et le Nouvel An** Il est fréquent d'organiser des soirées pour Noël, et durant toute la période des fêtes beaucoup d'Américains reçoivent parents et amis.

▶ **Pâques**, pour les enfants, est associé à l'*Easter bunny* (petit lapin de Pâques), qui dépose chez eux, le matin de Pâques, des paniers plein de friandises et d'œufs en chocolat.

▶ **Thanksgiving** commémore la première récolte des colons de Plymouth, en 1621, après un hiver d'épreuves et de famine. C'est l'occasion, pour les familles américaines, de se retrouver pour le tra-

Jours fériés nationaux	
1er janvier	New Year's Day
3e lundi de janvier	Martin Luther King Day
3e lundi de février	Presidents' Day (anniversaires de Lincoln, 12 février, et de Washington, 22 février)
Dernier lundi de mai	Memorial Day (victimes de la guerre)
4 juillet	Independence Day
1er lundi de septembre	Labour Day
2e lundi d'octobre	Columbus Day
11 novembre	Veterans' Day
4e jeudi de novembre	Thanksgiving
25 décembre	Christmas Day

ditionnel dîner composé de dinde farcie accompagnée de patates douces, de sauce aux airelles et de courges, suivi d'une tarte au potiron et aux pommes.

Clubs et associations Ils sont nombreux et constituent, avec les activités à caractère confessionnel, l'essentiel de la vie sociale et de la vie de l'entreprise. On trouve parmi eux l'*American Legion* (anciens combattants), les *country clubs* (complexes sportifs et de loisirs), les francs-maçons, les *Shriners* (hauts responsables francs-maçons), les *Jaycees* (de «JC», *Junior Chamber of Commerce,* ou chambre de commerce des jeunes).

Bars Il en existe de nombreux types, selon le style et la clientèle. Les Américains aiment, en règle générale, la musique à fort volume et le karaoké. Les endroits où se produisent des groupes font parfois payer un droit d'entrée. Il est d'usage de laisser un pourboire d'environ 15 à 20 % du montant de l'addition.

Restaurants On trouve de multiples restaurants, du prestigieux établissement gastronomique à l'humble relais routier en passant par toutes sortes de restaurants ethniques et exotiques. La famille moyenne y laisse 40 % de son budget annuel. Les portions sont très généreuses. En règle générale, le service n'est pas compris dans l'addition et il est d'usage de laisser un pourboire d'environ 15 à 20 % du montant hors taxes.

Sport Les Américains sont de grands amateurs de sport, qu'ils en pratiquent un eux-mêmes ou qu'ils soient simples spectateurs. Les activités les plus répandues sont la natation, le cyclisme, le ski, la pêche, le jogging, la randonnée et l'aérobic. Les sports qui attirent le plus de spectateurs sont le base-ball, sport national, le football américain et le basket-ball.

CONVERTISSEUR

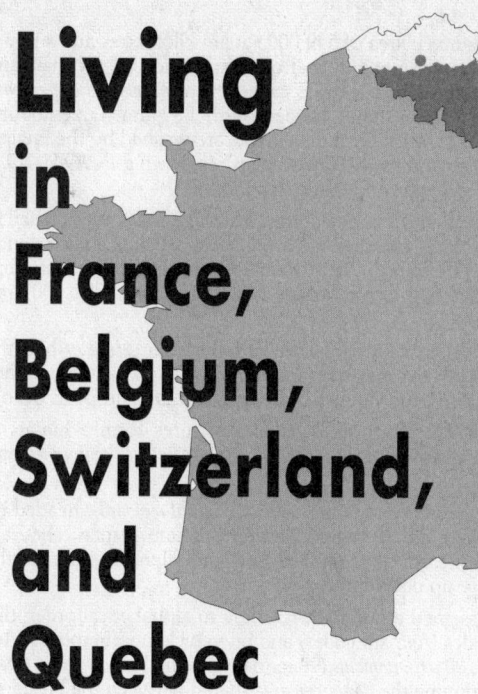

Living
in
France,
Belgium,
Switzerland,
and
Quebec

CONTENTS

FRANCE France has a surface area of 549 000 square kilometres and a population of 59 million. This includes not only metropolitan France, i.e. the mainland plus Corsica, but also the overseas territories called the *départements et territoires d'outre-mer (DOM-TOM)*. France shares borders with Belgium, Luxembourg, Germany, Switzerland, Italy and Spain and its coasts are washed by the English Channel, the Atlantic Ocean and the Mediterranean Sea. With the *DOM-TOM* it also has a presence in the Pacific and the Indian Oceans.

Administration is centralized in the capital, Paris. Although a law was passed in 1983 to increase power at local and regional level, there remains a clear divide between Paris and the rest of France. With 11 million people living in Paris and its suburbs, the capital dwarfs the next-largest cities, Marseilles (801 000) and Lyons (415 000).

In 1958 the current Constitution established the Fifth Republic, under which the independence of the executive, legislature and judiciary is guaranteed. France belongs to the United Nations, the Council of Europe and the European Union.

Division of Power French administrative structures form a hierarchy made up of (in descending order of size) *régions, départements, communes* and *arrondissements*.

▶ **Régions** are administered by a regional council *(conseil régional)*, headed by a president *(président)*. There are 22 regions in metropolitan France. They are responsible for the economic, social, health, cultural and scientific affairs of the region, and may also draw up development plans.

▶ **Départements** are assigned a number according to alphabetical order; this number is used in postcodes *(Am:* zip codes) and on vehicle numberplates *(Am:* license plates). There are 100 *départements* (96 in metropolitan France and 4 overseas). Responsibility for running the *département* is shared between the President of the General Council *(président du conseil général),* the body managing the *département's* affairs, and the Prefect *(préfet),* who is appointed by the Cabinet to be the Government's representative within the *département*. The town where administrative power is centred is known as the *chef-lieu*. The mandate of the *conseil général* ranges from the upkeep of museums and monuments, managing schools, keeping up the artistic life of the *département* and providing social security, to maintaining the road network.

▶ **Communes** form the basic administrative unit. There are 36 000 in all, and they vary greatly in size. Each is administered by a mayor, his or her staff and town councillors elected by local residents for a period of six years. They are responsible for the upkeep of the museums and monuments of the *commune,* issue building permits and oversee nursery and primary schools. Paris, Lyons and Marseilles, which are *communes* in their own right, are subdivided into *arrondissements*.

The Executive

▶ **The President of the Republic *(président de la République)*** is the French head of state and is elected by the people for a period of seven years. He appoints the Prime Minister *(Premier ministre)* and chairs cabinet meetings every Wednesday in the Élysée Palace. He is head of the armed forces and has the power to call a referendum and dissolve the National Assembly *(see below)*.

▶ **The French Government** *(Am:* Cabinet) is made up of the Prime Minister, with his or her ministers and Secretaries of State. The Prime Minister may give certain members of the Government the title of *ministre d'État,* which means that they take precedence over the other ministers, even though they are not in charge of any specific department.

▶ **The Prime Minister** is appointed by the President of the Republic and is always a member of the majority party in the National Assembly. As well as having overall responsibility for government affairs, he is in charge of defence and has the power to propose new laws.

French Institutions and their Locations	
■ residence of the President of the Republic	palais de l'Élysée
■ residence of the Prime Minister	hôtel Matignon
■ Ministry of the Interior	place Beauvau
■ Ministry of Foreign Affairs	quai d'Orsay
■ Justice Ministry	place Vendôme
■ National Assembly	palais Bourbon
■ Senate	palais du Luxembourg

The Legislature The French Parliament is made up of a lower house, the National Assembly *(Assemblée nationale),* and an upper house, the Senate *(Sénat).*

▶ **The National Assembly** has 577 members, known as *députés,* who are elected by universal suffrage for a period of five years. They sit every Wednesday during the parliamentary session, which runs from October to June.

▶ **The Senate** has 319 members, known as *sénateurs,* who are elected by an electoral college of *députés* and members of the *conseil général* of each *département.* They are elected for a period of nine years; every three years, however, one-third of the *sénateurs* come up for re-election. The President of the Senate *(président du Sénat)* stands in for the President of the Republic if he is unable to fulfil his duties.

▶ **The role of Parliament** is to pass laws and vote on the national budget. Members debate the performance of the Government and, like the Prime Minister, may propose new laws.

▶ **The Constitutional Council (Conseil constitutionnel)** consists of nine members who serve for a period of nine years. It is responsible for ensuring that the Constitution is respected.

Main Political Parties	
■ *Parti communiste* (Communist party)	PC
■ *Parti socialiste* (left of centre)	PS
■ *Génération écologie* (green party)	
■ *Les Verts* (green party)	
■ *Union pour la démocratie française* (right of centre)	UDF
■ *Rassemblement pour la République* (right of centre)	RPR
■ *Front national* (far right)	FN

Elections To be eligible to vote in France, and thus receive a voter's card *(carte d'électeur),* you must be a French national, be over 18 years of age, and not have a criminal record.

▶ **The first-past-the-post system** usually involves two rounds of voting. If a candidate does not achieve an absolute majority in the first round, i.e. more than 50% of the votes, then a second round is held. In this second round, the candidate who gains the most votes wins. This form of ballot is used in presidential and general elections.

▶ **Proportional representation** means that seats are allocated in proportion to the number of votes obtained. This form of ballot is used in particular in regional and European elections.

▶ **Local elections** use different systems depending on the size of the commune: first-past-the-post in small *communes*, and proportional representation in larger ones.

The Judiciary The Justice Minister *(ministre de la Justice)* also has the title Guardian of the Seals *(garde des Sceaux)*. The French Constitution guarantees the independence of a public and free legal system in which every defendant has the right to a lawyer, irrespective of his or her means. Any case can go to appeal and be retried in the Appeal Court *(Cour d'appel)*.

▶ **Civil courts** hear disputes between private individuals. Cases are dealt with by a *tribunal d'instance* or, if they are more complicated, by a *tribunal de grande instance*. There are also special courts such as the *tribunaux de commerce* which deal with industrial disputes, *tribunaux des baux ruraux* which rule on agricultural disputes, *tribunaux des affaires de la Sécurité sociale* for social security matters, and *conseils de prud'hommes*, which are local industrial tribunals.

▶ **Criminal courts** differ according to the offence being tried. The legal system distinguishes between *crimes* (crimes such as treason, murder, manslaughter and robbery with violence) and *délits* (offences such as fraud, resisting arrest and forgery). *Délits* are ruled on by *tribunaux de police* or *tribunaux correctionnels*, which can impose fines and prison sentences. *Crimes* are dealt with by *Cours d'assises*, which sit in the main town of each *département*. They can acquit defendants or impose punishments ranging from fines to life imprisonment.

▶ **The High Court (Haute cour de justice)** sits in cases where the President or members of the Government *(Am:* Cabinet*)* are impeached.

▶ **Tribunaux administratifs** are bodies to which individuals may appeal if they feel aggrieved by a decision of the French civil service, or if they believe the law has been violated. There are 30 of these courts. Appeals against rulings made here may be taken to the *Conseil d'État*.

▶ **A criminal record (casier judiciaire)** disqualifies you from working in the civil service, banking or insurance, and from voting.

BELGIUM Belgium has a surface area of 30 518 square kilometres and a population of approximately 10 million. Its capital, Brussels, houses the headquarters of the European Parliament. The Belgian Constitution states that the country is made up of three linguistic and cultural communities (French, Flemish and German) and three regions (Flanders in the north, Wallonia in the south, and the area around Brussels). Belgium has a complex institutional structure in which the Government devolves a lot of power to federal bodies. It is a constitutional and parliamentary monarchy.

The Executive The executive consists of the King and the Government *(Am:* Cabinet*)*, headed by a Prime Minister appointed by the monarch. The Government must have majority support in both chambers of the Belgian Parliament. To ensure equality, there are equal numbers of French-speaking and Dutch-speaking ministers.

The Legislature The Belgian Parliament consists of an upper and a lower chamber, the Senate *(Sénat)* and the House of Representatives *(Chambre des* *représentants),* which together with the King have the power to pass laws.

The Judiciary The Belgian legal system is quite similar to that of France. Magistrates are appointed by the King.

SWITZERLAND

The Swiss Confederation has a surface area of 41 293 square kilometres and a population of 7 million. It can be divided into a German-speaking part including the capital Bern; a French-speaking part; and the canton of Ticino, where Italian is spoken. Romansch is the official language in the canton of Graubünden (Grisons). Switzerland is a parliamentary republic divided into 23 self-governing districts known as *cantons*, three of which are themselves divided into *demi-cantons*.

The Executive Executive power is exercised by the Federal Council *(Conseil fédéral),* made up of seven members elected by the representatives of the two chambers of the Swiss Parliament. From within its ranks a President is elected for a period of one year to represent Switzerland at home and abroad.

The Legislature The Swiss Parliament, the Federal Assembly *(Assemblée fédérale),* consists of two chambers: the *Conseil des États* and the *Conseil national.*

Referenda In Switzerland referenda are widely used to amend laws and even the Constitution itself.

QUEBEC

Quebec is the largest of the ten Canadian provinces, occupying 1 540 680 square kilometres. The population is just under 7 million but only 2.5% of the land is inhabited. The official language is French. Although the capital, Quebec City, is the administrative centre, the business and cultural heart of the province beats in Montreal. In 1995 the pro-independence movement lost a referendum on independence from Canada by a tiny margin.

National Administration The head of state is the British Queen, represented by the Governor-General, a Canadian appointed by the monarch on the advice of the Canadian Prime Minister. Parliament consists of the Queen, the Senate *(Sénat)* and the House of Commons *(Chambre des communes).*

▶ **The Senate** has 104 members, 24 from Quebec. Senators are appointed by the Prime Minister and the Cabinet. The Senate can introduce, amend or reject a law as long as it does not relate to the budget.

▶ **The House of Commons** has 282 members, 75 from Quebec. They are elected by universal suffrage in a one-round first-past-the-post system *(see p4).*

▶ **The Prime Minister** chooses his or her ministers and has the power to dismiss them. Usually an MP, he is the leader of the party with the most seats and, together with his Cabinet, is responsible for.drawing up laws. His Government *(Am:* administration) is responsible to the House of Commons and must resign if a vote of no confidence is passed or if his party loses its majority.

Provincial Administration Quebec is ruled by a Legislative Assembly and has its own Constitution. All bills receive sanction by the Lieutenant Governor, who represents the Queen, before becoming law. The Assembly devolves power to city, town, village and district authorities. Executive power lies with the *Conseil exécutif,* or Council of Ministers, presided over by the Prime Minister of Quebec.

The Legal System The Canadian legal system is independent. Almost all the courts are administered by the individual provinces, but judges are appointed by the national Government.

FRANCE France has a centralized education system, controlled by the *ministère de l'Éducation nationale* (Ministry for National Education), which has the highest budget of all the ministries. A department of the Ministry called the *secrétariat d'État aux Universités* is responsible for higher education. Five different levels of education can be identified: *école maternelle* (nursery school), *école primaire* or *élémentaire* (primary school), *collège* (between the ages of 11 and 15), *lycée* (between 15 and 18), and *le supérieur* (higher education).

Centralization The curriculum is drawn up by the Government and is handed down to schools in an official publication called *le Bulletin officiel de l'Éducation nationale*. The country is divided into 28 educational areas known as *académies*, each presided over by a *recteur*. The dates of school terms are set by the Ministry. Christmas holidays (*Am*: vacations) and the two months of summer holidays are the same throughout the country. There are also breaks in February, in spring and around 1 November (*la Toussaint* or All Saints' Day). The exact dates of these holidays depend on which part of France you live in: for these purposes the country is split into three zones, and the order in which each zone takes its holidays changes every year.

School Year	
■ term one	September to December
■ term two	January to March
■ term three	April to June

Public and Private Education Education in France is public, non-denominational and free from *maternelle* to *lycée*. Attendance is obligatory between the ages of 6 and 16. Nursery and primary schools are run by a head teacher known as a *maître-directeur*, and are managed by the local town councils. The head teacher of a *collège* is known as a *principal* and his or her school is the responsibility of the *département*. In *lycées* the head teacher is called a *proviseur* and these schools receive their funding from the region. All teachers and administrative staff are civil servants paid by the State.

Running in parallel to the state system there are private schools, which are said to be *sous contrat* ('under contract'). This means that the teachers are paid by the State and teach the national curriculum. Some private schools are denominational and are owned by religious orders. A small number of private schools are *hors contrat*. These establishments own their premises, recruit and pay staff themselves and are not obliged to teach the national curriculum.

▶ **The carte scolaire** is a list of state schools divided by region. Students are assigned a school depending on where they live.

▶ **Grants** are awarded to students for all types of school if their parents have low incomes.

The Recruitment of Teachers Teachers are recruited after graduating from university (three years' study) and studying for two years at a teacher training college called an *IUFM (institut universitaire de formation des maîtres)*. All prospective teachers follow a core curriculum and then sit an exam depending on their intended career. The different types of teacher are:

❏ *professeurs d'écoles* (at nursery and primary school level)

❏ *professeurs de collège* and *professeurs de lycée* (at secondary school level), who have to pass the *CAPES* teaching diploma or hold an *agrégation*, the highest qualification of all, and specialize in one subject

❑ *maîtres auxiliaires* (supply (*Am*: substitute) teachers), who are not government employees and have less strict training requirements.

From Nursery to *Lycée*

▶ **Nursery school (2–6)** is optional, but almost all children attend.

▶ **Primary school (6–11)** is structured in five levels: *le cours préparatoire* (*CP*), *cours élémentaires 1* and *2* (*CE1* and *CE2*), and *cours moyens 1* and *2* (*CM1* and *CM2*). Here pupils acquire reading, writing and arithmetic skills.

▶ *Collège* **(11–15)** involves four years' study culminating in the first national exam taken by students, the *brevet national des collèges*. After the exam, students choose which subject area they want to specialize in and hence which type of *lycée* they attend.

▶ *Lycée* **(15–18)** leads after three years' study to the school-leaving certificate (*Am*: high-school diploma), the *baccalauréat* (or *bac*, as it is commonly known), whatever type of *lycée* students opt for. A *lycée professionnel* prepares students for specific vocational

Grades at *Baccalauréat*	
■ *mention passable*	10–12 out of 20
■ *mention assez bien*	12–14 out of 20
■ *mention bien*	14–16 out of 20
■ *mention très bien*	more than 16 out of 20

bac courses, a *lycée général* offers general and vocational courses, and a *lycée technologique* specializes in technical subjects. There are two parts to the exam: the first, which consists of written and oral French tests, is taken at the end of the second year of *lycée*; and in the second part, taken at the end of the final year (called *la terminale*), students take oral and written exams in their other subjects. Successful completion of the *bac* qualifies students to enter university. There are 12 types of *bac*: three general (literature, *série L;* science, *série S;* and economics and social studies, *série ES*) and nine technical. *Lycées professionnels* offer other courses leading to vocational diplomas called the *CAP (certificat d'aptitude professionnelle)* and the *BEP (brevet d'études professionnelles),* which are completed earlier than the *bac.*

Higher Education

▶ **BTS (brevets de technicien supérieur)** are vocational diplomas awarded after two years' study at a *lycée* or a private school.

▶ **Universities and IUTs (instituts universitaires de technologie)** are open to all holders of a general or technical *baccalauréat*. Students pay no course fees (*Am*: tuition), and degrees are nationally recognized. After two years students take an exam, and if they pass they receive the *DEUG (diplôme d'études universitaires générales)* and may go on to take a *licence* (one year's study) or a *maîtrise* (two years' study). Those students who are interested in going on to do research, and possibly a doctorate, may then take one of two courses, the *DEA (diplôme d'études approfondies)* or the *DESS (diplôme d'études supérieures spécialisées).* The final qualification from an *IUT* is known as the *DUT (diplôme universitaire de technologie).* Establishments called *IUPs (instituts universitaires professionnels)* have been set up in an attempt to forge closer links between higher education and local businesses. The most illustrious French university remains the Sorbonne in Paris.

▶ *Classes préparatoires* are two years of study available in some lycées after the *bac* which prepare students to take entrance exams for the *grandes écoles (see below)*. The first year of the literature course is known as the *lettres supérieures*, or more colloquially the *hypokhâgne*, and the second as the *première supérieure* or *khâgne*. There are also science classes and mathematics courses, *mathématiques supérieures* and *mathématiques spéciales*.

▶ **The grandes écoles** are prestigious establishments whose students are selected by competitive examination after the *classes préparatoires*. Graduates

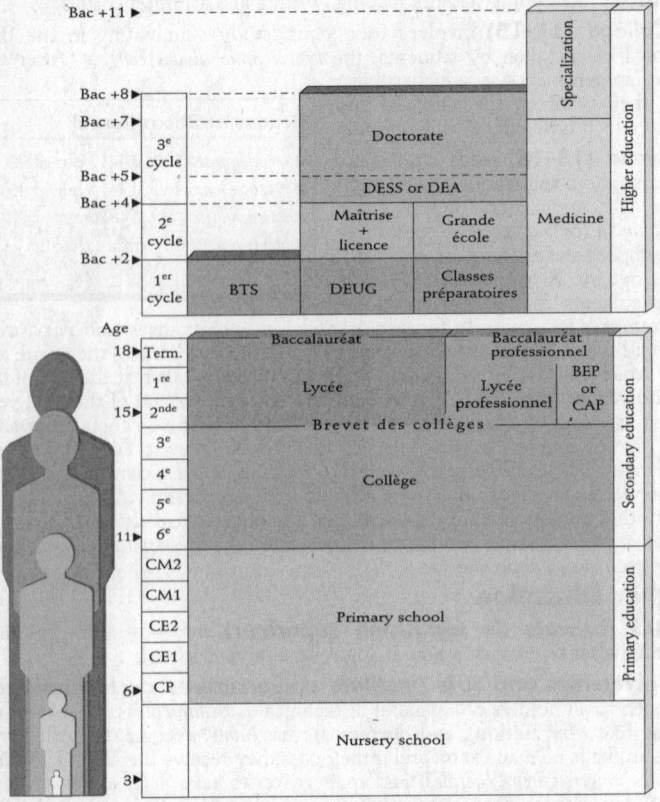

become senior civil servants, politicians, directors of large companies, engineers and academics. The most famous schools are the *Polytechnique*, the *Centrale*, the *Mines* and the *Arts et Métiers*, which all specialize in engineering; the *ENA (École nationale d'administration)*, which trains senior civil servants; and the *ENS (École normale supérieure)*, which trains high-ranking teachers and researchers. They are public and free, and students are in some cases paid a salary.

▶ **The CNED (Centre national d'enseignement à distance)** administers distance-learning, running correspondence courses at all levels.

BELGIUM Each linguistic community organizes and funds its own education system.

Full-time and Part-time Learning School attendance is obligatory between the ages of 6 and 18. During the last two years of this period students can study part-time while they complete an apprenticeship. Those students who want to go on to higher education, however, must study full-time in an *athénée*, the Belgian equivalent of a *lycée*, from the ages of 16 to 18 and take the university entrance exam, the *DAES (diplôme d'aptitude à accéder à l'enseignement supérieur)*.

Higher Education There are three universities in the French-speaking part of Belgium, plus one with courses in a limited number of subjects. In addition to the universities, there are seven other types of establishment running specialized vocational courses, e.g. in agriculture, nursing etc.

SWITZERLAND Each Swiss *canton* is responsible for its own education system.

Compulsory Schooling This lasts for nine years. The length of time spent in primary schools varies from four to six years depending on the *canton*. Students then go on to enter the *degré secondaire I*. German classes are compulsory from primary school.

Further Education Depending on their ability, students may choose either to follow a vocational course or to enter the *degré secondaire II*. The latter option is more popular in the French-speaking part of the country. Vocational courses all involve work placements in addition to studies at college. The *degré secondaire II* is followed either at secondary schools called *gymnases*, which prepare students to take the *maturité*, the Swiss equivalent of the *baccalauréat*, or at *écoles de degré diplôme (EDD)* where students follow a two- or three-year vocational course.

Higher Education As well as the universities, *écoles supérieures* offer courses in technical subjects, tourism or art, and *hautes écoles* run courses with a high research component.

QUEBEC In Canada each province is responsible for its own education system. As 80% of the population of Quebec is French-speaking, most classes are in French.

Compulsory Schooling At primary level school is compulsory for six years, and at secondary level for five years.

Pre-university Education After these 11 years, students may leave school or enter a *collège d'enseignement général et professionnel (cégep)* where they take either a two-year general course leading to university entrance, or a three-year vocational course leading to the job market.

Universities In Quebec universities enjoy a high degree of independence and award their own degrees. There are four French-speaking universities and three English-speaking ones. Successful students receive a qualification called a *baccalauréat* after three years. They may then study for a further two years, leading to a specialized master's degree *(maîtrise),* and continue for three years more to gain a doctorate.

FRANCE France is the fourth largest economic power in the world and belongs to the G7 (the group of the seven most industrialized countries). Its annual gross national product (GNP) is approximately $18 000 per person.

The System in Action The working population of France represents 43% of all inhabitants.

▶ **The primary sector** consists mostly of agriculture, and employs only 6% of the working population. Cereals are grown mostly in the Paris Basin and Picardy, and the biggest wine-producing areas are the region around Bordeaux, the Rhône valley and Burgundy.

▶ **The secondary sector**, which includes industry and construction, employs about 30% of the labour force. Nuclear power now accounts for 74% of electricity production. Most successful are the telecommunications, railway rolling stock and aerospace industries.

▶ **The tertiary sector** is continually expanding and covers banks, commerce, transport, administration and service industries.

▶ **International trade** is mainly with the European Union, Japan and the USA. France is the fourth largest exporter in the world; its main exports are machinery, cars, foodstuffs, clothing and luxury goods. Its main imports are oil, gas, machinery, cars, motorcycles, hi-fi equipment and optical instruments.

The World of Work Employment law in France is determined by the Constitution, the *code du travail* and international agreements and treaties.

▶ **Working hours** are fixed by law at 39 hours per week, with a daily maximum of 10 hours. Employees may work an extra 130 hours per year, paid at a higher rate. Paid annual holiday is 30 working days.

▶ **Salaries** are paid monthly. Many companies offer an annual bonus, known as the *treizième mois* as it is equal to an extra month's salary, and a holiday (*Am*: vacation) bonus. There is a minimum wage, the *SMIC (salaire minimum interprofessionnel de croissance)*, which is adjusted annually on 1 July.

▶ **Workers who are made redundant** (*Am*: laid off) are entitled to claim benefit (*Am*: unemployment) for six months; this is provided jointly by the employer, the Government and the *ASSEDIC (Association pour l'emploi dans l'industrie et le commerce* – an association

Public Holidays	
■ 1 January	
■ Easter Monday	
■ 1 May	Labour Day
■ 8 May	Armistice Day 1945
■ Ascension Day	
■ Whit Monday	
■ 14 July	Bastille Day
■ 15 August	the Assumption
■ 1 November	All Saints' Day
■ 11 November	Armistice Day 1918
■ 25 December	Christmas

providing insurance against unemployment). People no longer able to claim unemployment benefit from the *ASSEDIC* are entitled to the *RMI (revenu minimum d'insertion)*, an allowance from the State providing claimants with a guaranteed minimum income.

▶ **Strikes** are legal in France for all employees, including civil servants. However, 'lockouts' (temporary closure of a company by an employer to impose certain working conditions or salary levels) are illegal.

Banking Banks in France are as a rule open from 9 a.m. to 5 p.m., with a break from noon to 2 p.m. They close during long weekends.

Currency The French unit of currency is the franc (F). One franc equals 100 centimes (c). There are coins to the value of 5c, 10c, 20c, 50c, 1F, 2F, 5F, 10F and 20F, and notes to the value of 20F, 50F, 100F, 200F and 500F.

BELGIUM Although a small country with a small population, Belgium is rich. Its annual GNP is $15 000 per person.

Agriculture In Belgium agriculture consists mainly of pig- and cattle-breeding. Belgian farmers are making a net loss.

Industry The once dominant coal industry in Belgium is in decline. A total of 63% of the country's energy comes from nuclear power. The automobile industry is flourishing, as many multinationals have set up in the country.

Banking Banks are as a rule open between 9 a.m. and 3 or 3.30 p.m., Monday to Friday, although some branches also open on Saturday mornings. Paying by cheque is still the most common means of payment.

Currency The unit of currency is the Belgian franc (FB). One Belgian franc equals 100 centimes (c).

SWITZERLAND With an annual GNP of $36 000 per person, this tiny country is one of the richest in the world. Its wealth comes from industry and, in particular, the many banks established there.

Agriculture Four times more land is used for cattle-breeding than for crops, with dairy farming predominating, but Swiss farmers still make a net loss.

Industry This consists mainly of chemicals, precision instruments and watchmaking. Switzerland exports mostly to Germany, France and Italy.

Banking Zürich, in the German-speaking part of Switzerland, is considered one of the biggest financial centres in the world. Switzerland owes its wealth to its stable currency, its highly developed banking infrastructure and the discretion for which its banks are famous.

Currency The unit of currency is the Swiss franc (FS). One Swiss franc equals 100 centimes (c).

QUEBEC Quebec is twentieth in the list of world economies, and eleventh in terms of standard of living. Although it has 63.5% of its population in employment, this is still lower than the national average.

Agriculture Just 4% of the working population is employed in agriculture, but farming is very productive and technologically advanced. Quebec meets 65% of its food requirements and also exports a lot, in particular cereals.

Industry Industry accounts for 19.3% of the working population. The most dynamic sectors are electrical and electronic goods, timber, papermaking, metal processing and plastics.

Banking The province's financial centre and stock market are based in Montreal. Banks are open from 10 a.m. to 3 p.m., Monday to Wednesday; from 10 a.m. to 6 p.m., Thursdays and Fridays; and are closed at weekends.

Currency The unit of currency is the Canadian dollar ($). One Canadian dollar equals 100 cents (c).

FRANCE The French enjoy freedom of the press. Most of the news which appears in the French media is gathered by the news agency *Agence France-Presse (AF-P)*.

The Press Newspapers are sold in kiosks, newsagents' (both *tabacs* and *maisons de la presse*) and some bookshops. It is also possible to subscribe.

▶ **The national press** is distributed throughout the country. Some newspapers like *Le Monde* appear in the evening, and others like *Le Figaro* or *Libération* in the morning. *Le Monde* also publishes monthly supplements on specific subject areas such as education, music and diplomacy.

▶ **The regional press** devotes many of its pages to local news, as well as covering national and international events.

▶ **Magazines** covering current affairs, such as the weeklies *Le Point*, *L'Express* and *Le Nouvel Observateur*, are particularly favoured by the French. Other well-known magazines such as *Paris Match* specialize in stories about celebrities. On Saturdays *Le Figaro* publishes three colour supplements (a current affairs magazine, a women's magazine and a TV magazine). Women's magazines, such as *Elle* and *Marie-Claire*, also have large circulations. There is a growing number of specialist magazines on a wide range of subjects such as cars (e.g. *L'Action automoto*), sport (e.g. *France-Football*, *Tennis Magazine*), food (e.g. *Gault-Millau Magazine*) and interior decoration (e.g. *Art et Décoration*, *Maisons Côté Sud*).

▶ **Press consortiums** now own many French newspapers. Some of the biggest groups are *Hachette–Filipacchi*, *Hersant*, *Prisma Presse* and *Bayard Presse*.

Radio and Television French radio and television are financed by a licence fee, advertising revenue and a sponsorship system. Although radio and TV are state monopolies, there are many independent channels existing alongside the publicly owned ones.

▶ **State-owned radio stations** are part of *Radio France*. The national station with the most listeners is *France-Inter*, which broadcasts a mix of light entertainment and news. Other stations include *France Info*, a round-the-clock news station; *France-Culture*, which specializes in documentaries and arts programmes; and

Frequencies (Long Wave) of Main Radio Stations	
■ *France-Inter*	162 kHz
■ *Europe 1*	183 kHz
■ *RTL*	216 kHz
■ *RMC*	234 kHz

FIP, which broadcasts uninterrupted music and short news bulletins from its 47 regional studios. *Radio France Internationale (RFI)*, which broadcasts worldwide in French and foreign languages, and *RFO*, which serves the *DOM-TOM*, are both state-owned but independent from *Radio France*.

▶ *Radios périphériques* are independent stations broadcasting programmes in French from outside the country, e.g. from Germany or Luxembourg. The most popular are *Europe 1*, *RTL* and *Radio Monte-Carlo (RMC)*.

▶ **Independent radio stations** include *Europe 2* and *NRJ*, which are targeted at teenagers, and stations catering for specific communities such as *Radio Beur* (for North Africans living in France).

▶ **Public television** is run by two channels in France: *France 2* and *France 3*.

France 2 broadcasts mostly news and drama, while *France 3* specializes in arts programmes relayed from regional studios.

▶ **Arte and La Cinquième** share a television frequency. *Arte* is a Franco-German arts channel. Its programmes start at 7 p.m, and when *Arte* is off the air, an educational channel called *La Cinquième* broadcasts instead.

▶ **Independent channels** are headed in popularity by *TF1*, which broadcasts news, sport, films and light entertainment. Other channels include *M6*, which shows American series, soap operas and music videos, and *Canal +*. In order to receive *Canal +*, viewers must pay a subscription, in return for which they are given a decoder which unscrambles the signal.

> **French Television Channels**
>
> ■ *TF1*
> ■ *France 2*
> ■ *France 3*
> ■ *M6*
> ■ *Canal +*
> ■ *La Cinquième/Arte*

▶ **The *Conseil supérieur de l'audiovisuel* (CSA)** is an independent body whose function is to guarantee the independence of the public sector, to encourage competition and to ensure programme quality.

BELGIUM There are about 20 French-language daily newspapers in Belgium, including *Le Soir, La Lanterne* and *La Gazette de Liège*, plus a large number of weeklies and magazines.

The public French-language broadcasting body is *Radio Télévision belge francophone (RTBF)*, which gets 80% of its funding from the State but also receives advertising revenue. It has two channels. Belgians may subscribe to the Belgian version of *Canal +, Canal + Belgique*, and there are also cable television networks.

SWITZERLAND The multilingual nature of Switzerland is reflected in its media. Of the 103 daily newspapers available in the country, 80 are in German, 18 in French and 5 in Italian. The most widely read papers in Geneva are *La Suisse, La Tribune de Genève* and *Le Journal de Genève*, while in Lausanne *Le Matin* is the most popular.

The Swiss national broadcasting company has three German channels, three French and one Italian.

QUEBEC

The Press Of the 559 magazines and newspapers available in Quebec, 72.6% are in French, 13.4% are in English and 10.3% are bilingual. The most popular French-language daily papers in Montreal are *La Presse, Le Devoir* and *Le Journal de Montréal*, and in Quebec City *Le Soleil* and *Le Journal de Québec*.

Radio There are 116 radio stations in Quebec, 104 of which broadcast in French. Most of them are privately owned.

Television Of the 35 channels in Quebec, 17 are private companies and 18 are state-owned. *Radio Québec*, the main French-language network, has three channels, *les Téléviseurs Associés (TVA)* has ten, and Radio Canada nine. Montreal and much of Quebec City have a cable network, via which viewers have access to a number of foreign programmes, as well as round-the-clock information services (on, for example, traffic conditions and the weather).

FRANCE The French spend about 10.5% of their income on entertainment.

Sport Just 10% of French people play sport on a regular basis, although this percentage is higher among teenagers, who enjoy football (*Am*: soccer), tennis and judo.

▶ **Motor racing** is watched by a large number of French people, both on television and live at circuits like Le Mans.

▶ **Cycling** too is popular. The best-known cycle race, perhaps in the world, is the Tour de France, which takes place every year in July.

▶ **Football** (*Am*: soccer) enjoys a high standing in France, where almost every town and village have their own team. The national league has two divisions. The best-supported French teams are *Paris-Saint-Germain*, also known as *PSG*, Nantes, Monaco and *Olympique de Marseille*, usually referred to as *OM*.

▶ **Horse racing** and betting on horse races are very popular in France. The most famous race courses are at Saint-Cloud, Maisons-Laffitte, Longchamp and Chantilly.

▶ **Rugby**'s heartland is the southwest, where Toulouse, Agen and Lourdes all have successful teams. The highlight of the international season is the Five Nations Championship, which France contests with England, Scotland, Wales and Ireland.

▶ **Skiing** is enjoyed by 9.5% of French people, who make use of the excellent opportunities for winter sports offered in the Alps and the Pyrenees.

▶ **Tennis** is a well-established sport in France, with over 10 000 clubs. The French Open, *les Internationaux de France*, is held every year in June at the Roland Garros stadium in Paris and is one of the major world tournaments.

▶ **Yachting** has been made popular by famous French sailors such as Éric Tabarly, Olivier de Kersauson and Florence Arthaud. There is now a lot of interest in transatlantic and single-handed round-the-world races.

▶ **Regional sports** like *pétanque*, which originated in the South of France, and pelota *(pelote basque)* from the Basque Country are minority sports, but have become a part of French culture. *Pétanque* is played with metal bowls and a small wooden ball called a *cochonnet* (the jack); the object is to throw the bowls as close to the jack as possible. The most common version of pelota is played with a ball called a *pelote* which is thrown against a wall.

Arts

▶ **Music** is particularly enjoyed by French teenagers, 50% of whom play a musical instrument, the piano and guitar being the most popular. Paris is home to large concert halls such as Pleyel and Gaveau, and music hall theatres such as Olympia. Jazz festivals are usually held in the South of France in places like Antibes and Juan-les-Pins. Most French cities have an opera house; indeed, Paris has two, the Palais Garnier and the Bastille. During the *fête de la Musique*, which takes place every year on 21 June, both amateur and professional musicians take to the streets to give free concerts.

▶ **The largest ballet school in France** is also housed in the Palais Garnier. Students of this school are commonly referred to as *les petits rats de l'Opéra*. Ballets from the repertory are performed every year.

▶ **Theatre** companies like the independent *Comédie-Française* (the national theatre company), *Théâtre de l'Europe* (also known as *l'Odéon*), *Chaillot* and *TEP (Théâtre de l'Est parisien)* are based in Paris. Strasbourg, however, is also home to a national theatre company, the *TNS (Théâtre national de Strasbourg)*. Members of the *Comédie-Française* are often former students of the Paris music school, the *Conservatoire de Paris*. Two of the highlights of the theatrical year are the *Festival d'Avignon* in July and the *Festival d'automne* held in Paris. There is an annual awards ceremony, *les Molières*, at which the best plays and actors of the year are rewarded.

▶ **Cinema** is highly regarded in France. The most famous film festival takes place every year in Cannes, where the *palme d'or* (golden palm) is given to the best film. The *festival d'Avoriaz*, held in a ski resort in the Alps, is dedicated to science fiction; the *festival de Cognac* to detective films; and the *festival de Deauville* to American films. The French equivalent of the American Oscars ceremony is called *les Césars*.

▶ **Architecture** was a particular concern of the late President Mitterrand. A major programme was initiated 20 years ago to erect modern public buildings in Paris and the rest of France. The most notable results include the futuristic office block *l'Arche de la Défense*, the opera house *l'Opéra de la Bastille*, the pyramid outside the *Louvre* and the *Institut du monde arabe*.

▶ **Museums** number 1400, 34 of which are national. As well as permanent collections, they also house temporary exhibitions. Some museums, like the Grand Palais, are devoted entirely to special exhibitions.

▶ **The price of books** in France is regulated by the Government in an attempt to encourage people to buy them. The most prestigious annual literary prize is the *prix Goncourt*, judged by a jury of ten authors. The *Académie française* is the body responsible for setting models for use of the French language and for producing the definitive reference work, *le Dictionnaire de l'Académie française*.

Tourism

▶ **Annual holidays** (*Am*: vacations) are taken by two-thirds of French people, usually in summer, although there is a growing trend towards taking a skiing holiday.

Most Popular Tourist Attractions
■ Pompidou Centre
■ Eiffel Tower
■ Louvre
■ Cité des sciences de la Villette
■ Versailles

▶ **The theme parks** *Euro Disneyland* and *Parc Astérix* outside Paris have had huge amounts of money poured into them, but investment has not paid off as well as had been hoped. *Futuroscope* near Poitiers draws large numbers to its more educationally orientated attractions.

▶ **Hotels** in France are assessed by the Ministry of Tourism *(ministère du Tourisme)* and awarded a number of stars from 1 to 4, depending on the level of comfort they afford. The best hotels are classified as four-star *luxe*. Times are hard for small, traditional, family-run hotels which are facing stiff competition from inexpensive alternatives like *chambres d'hôtes* (bed and breakfast accommodation in someone's house) and *gîtes ruraux* (converted farmhouses or outbuildings which can be rented).

▶ **Restaurants** must display their menu and prices always include a service charge. Different systems (stars, forks, chefs' hats) are used to categorize restaurants by different specialist guides, the most illustrious and authoritative of which is the *Guide Michelin*.

BELGIUM Cycling is the biggest sport in Belgium. The use of bicycles is encouraged by the large number of cycle lanes and paths. Hiking on the 4500 kilometres of waymarked (*Am*: marked) paths throughout the country, and skiing in winter in the Ardennes are also popular. Many of the cartoons *(bandes dessinées)* enjoyed around the world are of Belgian origin, e.g. Tintin, Lucky Luke and Gaston Lagaffe. Tourist attractions in Belgium include carnivals, and the many traditional celebrations, often with a historical or religious theme, that take place between March and September. Belgium is renowned throughout the world for its chocolates but it also exports beer, notably that brewed by Trappist monks and *gueuze* (a strong beer that has been brewed twice), Spa mineral water and fruit cordials. The archetypal Belgian dish is *moules-frites* (mussels and chips, *Am*: fries).

SWITZERLAND The most popular sports in Switzerland are mountaineering and winter sports. The big ski resorts are in the German-speaking part of the country. Lakeland regions have, however, done much to develop water sports and have succeeded in attracting a large number of tourists. In the arts, one of the highlights of the year is the jazz festival in Montreux which draws top musicians from all over the world. The most famous Swiss foods are cheeses such as *Emmental* and *Vacherin*, and chocolate.

QUEBEC

Sport Most sports clubs in Quebec belong to the *Regroupement Loisir Québec*. Winter sports predominate, and include Alpine skiing (there are 1170 runs in the province); cross-country skiing in the national parks or at special centres; and snowmobiling, which is particularly popular and accessible as there are 30 000 kilometres of marked tracks. In summer, water sports like canoeing, whitewater rafting, sailing and jet-skiing are widely practised on the many lakes and rivers. Cycling is gaining in popularity year by year, helped by a network of 1600 kilometres of cycle lanes and paths.

Parks and Nature Reserves There are 19 nature reserves (three of which are managed by the Canadian Government) where hunting is banned, and 18 wildlife reserves where fishing is permitted and hunting is regulated. Camping is allowed and there are chalets which can be rented.

Arts Many music and drama festivals are held in the province, such as the classical music festival in Lanaudière and the famous *Festival du Théâtre des Amériques*. 'Barn theater' (plays put on in villages) is also popular. Montreal has an internationally renowned symphony orchestra, and mention should also be made of the many singer-songwriters who sing in French. Quebec has a lively film industry but suffers from small audiences and is in constant need of government aid. Film dubbing is a growth sector.

Tourism Hotels in Quebec are classified according to a star system by a national body called Canada Select. Staying in a *gîte du passant* (bed and breakfast accommodation at somebody's house) is also popular.

Cuisine The Québecois use different words from the French to talk about mealtimes: *déjeuner* for breakfast, *dîner* for lunch and *souper* for dinner. Maple syrup is probably the most typical food product and is widely used.

a¹ (*pl* as OR **a's**), **A** (*pl* **As** OR **A's**) [eɪ] *n* [letter] a *m inv*, A *m inv*; **to get from A to B** aller d'un point à un autre; **from A to Z** de A à Z, depuis A jusqu'à Z.
◆ **A** *n* -**1.** MUS la *m inv*. -**2.** SCH [mark] A *m inv*.

a² [*stressed* eɪ, *unstressed* ə] (*before vowel or silent 'h'* **an** [*stressed* æn, *unstressed* ən]) *indef art* -**1.** [gen] un (une); **a boy** un garçon; **a table** une table; **an orange** une orange. -**2.** [referring to occupation]: **to be a doctor/lawyer/plumber** être médecin/avocat/plombier. -**3.** [instead of the number one] un (une); **a hundred/thousand pounds** cent/mille livres. -**4.** [to express prices, ratios etc]: **20p a kilo** 20p le kilo; **£10 a person** 10 livres par personne; **twice a week/month** deux fois par semaine/mois; **50 km an hour** 50 km à l'heure. -**5.** [preceding person's name] un certain (une certaine); **a Mr Jones** un certain M. Jones.

a. *abbr of* **acre**.

A-1 *adj inf* excellent(e).

A4 *n Br* format *m* A4.

AA ◇ *adj abbr of* **anti-aircraft**. ◇ *n* -**1.** (*abbr of* **Automobile Association**) *automobile club britannique*, ≃ ACF *m*, ≃ TCF *m*. -**2.** (*abbr of* **Associate in Arts**) *diplôme universitaire américain de lettres*. -**3.** (*abbr of* **Alcoholics Anonymous**) Alcooliques Anonymes *mpl*.

AAA *n* -**1.** (*abbr of* **Amateur Athletics Association**) *fédération britannique d'athlétisme*. -**2.** (*abbr of* **American Automobile Association**) *automobile club américain*, ≃ ACF *m*, ≃ TCF *m*.

AAUP (*abbr of* **American Association of University Professors**) *n syndicat universitaire américain des professeurs d'université*.

AB ◇ *n Am abbr of* **Bachelor of Arts**. ◇ *abbr of* **Alberta**.

aback [ə'bæk] *adv*: **to be taken ~** être décontenancé(e).

abacus ['æbəkəs] (*pl* -**cuses** OR -**ci** ['æbəsaɪ]) *n* boulier *m*, abaque *m*.

abandon [ə'bændən] ◇ *vt* abandonner. ◇ *n*: **with ~** avec abandon.

abandoned [ə'bændənd] *adj* abandonné(e).

abashed [ə'bæʃt] *adj* confus(e).

abate [ə'beɪt] *vi* [storm, fear] se calmer; [noise] faiblir.

abattoir ['æbətwɑːr] *n* abattoir *m*.

abbess ['æbes] *n* abbesse *f*.

abbey ['æbɪ] *n* abbaye *f*.

abbot ['æbət] *n* abbé *m*.

abbreviate [ə'briːvɪeɪt] *vt* abréger.

abbreviation [ə,briːvɪ'eɪʃn] *n* abréviation *f*.

ABC *n* -**1.** [alphabet] alphabet *m*. -**2.** *fig* [basics] B.A.-Ba *m*, abc *m*. -**3.** (*abbr of* **American Broadcasting Company**) *chaîne de télévision américaine*.

abdicate ['æbdɪkeɪt] *vt & vi* abdiquer.

abdication [,æbdɪ'keɪʃn] *n* abdication *f*.

abdomen ['æbdəmen] *n* abdomen *m*.

abdominal [æb'dɒmɪnl] *adj* abdominal(e).

abduct [əb'dʌkt] *vt* enlever.

abduction [æb'dʌkʃn] *n* enlèvement *m*.

aberration [,æbə'reɪʃn] *n* aberration *f*.

abet [ə'bet] (*pt & pp* -**ted**, *cont* -**ting**) *vt* → **aid**.

abeyance [ə'beɪəns] *n*: **in ~** en attente.

abhor [əb'hɔːr] (*pt & pp* -**red**, *cont* -**ring**) *vt* exécrer, abhorrer.

abhorrent [əb'hɒrənt] *adj* répugnant(e).

abide [ə'baɪd] *vt* supporter, souffrir.

◆ **abide by** vt fus respecter, se soumettre à.

abiding [ə'baɪdɪŋ] adj [lasting - feeling, interest] constant(e); [memory] éternel(elle), impérissable.

ability [ə'bɪlətɪ] (pl -ies) n -1. [capacity, capability] aptitude f; to do sthg to the best of one's ~ faire qqch de son mieux. -2. [skill] talent m.

abject ['æbdʒekt] adj -1. [poverty] noir(e). -2. [person] pitoyable; [apology] servile.

ablaze [ə'bleɪz] adj -1. [on fire] en feu. -2. fig [bright]: to be ~ with être resplendissant(e) de.

able ['eɪbl] adj -1. [capable]: to be ~ to do sthg pouvoir faire qqch. -2. [accomplished] compétent(e).

able-bodied [-,bɒdɪd] adj en bonne santé, valide.

ablutions [ə'bluːʃnz] npl fml ablutions fpl.

ably ['eɪblɪ] adv avec compétence, habilement.

ABM (abbr of anti-ballistic missile) n ABM m.

abnormal [æb'nɔːml] adj anormal(e).

abnormality [,æbnɔː'mælətɪ] (pl -ies) n -1. [gen] anomalie f. -2. MED malformation f.

abnormally [æb'nɔːməlɪ] adv anormalement.

aboard [ə'bɔːd] ◇ adv à bord. ◇ prep [ship, plane] à bord; [bus, train] dans.

abode [ə'bəʊd] n fml: of no fixed ~ sans domicile fixe.

abolish [ə'bɒlɪʃ] vt abolir.

abolition [,æbə'lɪʃn] n abolition f.

A-bomb (abbr of atom bomb) n bombe f atomique.

abominable [ə'bɒmɪnəbl] adj abominable.

abominable snowman n: the ~ l'abominable homme m des neiges.

abominably [ə'bɒmɪnəblɪ] adv abominablement.

aborigine [,æbə'rɪdʒənɪ] n aborigène mf d'Australie.

abort [ə'bɔːt] ◇ vt -1. [pregnancy] interrompre. -2. fig [plan, project] abandonner, faire avorter. -3. COMPUT abandonner. ◇ vi COMPUT abandonner.

abortion [ə'bɔːʃn] n avortement m, interruption f (volontaire) de grossesse; to have an ~ se faire avorter.

abortive [ə'bɔːtɪv] adj manqué(e).

abound [ə'baʊnd] vi -1. [be plentiful] abonder. -2. [be full]: to ~ with OR in abonder en.

about [ə'baʊt] ◇ adv -1. [approximately] environ, à peu près; ~ fifty/a hundred/a thousand environ cinquante/cent/mille; at ~ five o'clock vers cinq heures; I'm just ~ ready je suis presque prêt. -2. [referring to place]: to run ~ courir çà et là; to leave things lying ~ laisser traîner des affaires; to walk ~ aller et venir, se promener. -3. [on the point of]: to be ~ to do sthg être sur le point de faire qqch.
◇ prep -1. [relating to, concerning] au sujet de; a film ~ Paris un film sur Paris; what is it ~? de quoi s'agit-il?; to talk ~ sthg parler de qqch. -2. [referring to place]: his belongings were scattered ~ the room ses affaires étaient éparpillées dans toute la pièce; to wander ~ the streets errer de par les rues.

about-turn, about-face n MIL demi-tour m; fig volte-face f inv.

above [ə'bʌv] ◇ adv -1. [on top, higher up] au-dessus. -2. [in text] ci-dessus, plus haut. -3. [more, over] plus; children aged 5 and ~ les enfants âgés de 5 ans et plus OR de plus de 5 ans. ◇ prep -1. [on top of, higher up than] au-dessus de. -2. [more than] plus de. -3. [too good for]: to be ~ doing sthg ne pas s'abaisser à faire qqch.

◆ **above all** adv avant tout.

aboveboard [ə,bʌv'bɔːd] adj honnête.

abracadabra [,æbrəkə'dæbrə] excl abracadabra!

abrasion [ə'breɪʒn] n fml [on skin] écorchure f, égratignure f.

abrasive [ə'breɪsɪv] ◇ adj [substance] abrasif(ive); fig caustique, acerbe. ◇ n abrasif m.

abreast [ə'brest] adv de front, côte à côte.

◆ **abreast of** prep: to keep ~ of se tenir au courant de.

abridged [ə'brɪdʒd] adj abrégé(e).

abroad [ə'brɔːd] adv à l'étranger.

abrupt [ə'brʌpt] adj -1. [sudden] soudain(e), brusque. -2. [brusque] abrupt(e).

abruptly [ə'brʌptlɪ] adv -1. [suddenly] brusquement. -2. [brusquely] abruptement.

ABS (abbr of Antiblockiersystem) n ABS m.

abscess ['æbsɪs] n abcès m.

abscond [əb'skɒnd] vi s'enfuir.

abseil ['æbseɪl] vi descendre en rappel.

absence ['æbsəns] n absence f; in the ~ of [thing] faute de; [person] en l'absence de.

absent ['æbsənt] adj: ~ (from) absent(e)

(de); **to be ~ without leave** MIL être en absence irrégulière.

absentee [,æbsən'tiː] *n* absent *m*, -e *f*.

absenteeism [,æbsən'tiːɪzm] *n* absentéisme *m*.

absent-minded [-'maɪndɪd] *adj* distrait(e).

absent-mindedly [-'maɪndɪdlɪ] *adv* distraitement.

absinth(e) ['æbsɪnθ] *n* absinthe *f*.

absolute ['æbsəluːt] *adj* **-1.** [complete - fool, disgrace] complet(ète). **-2.** [totalitarian - ruler, power] absolu(e).

absolutely ['æbsəluːtlɪ] *adv* absolument.

absolute majority *n* majorité *f* absolue.

absolution [,æbsə'luːʃn] *n* absolution *f*.

absolve [əb'zɒlv] *vt*: **to ~ sb (from)** absoudre qqn (de).

absorb [əb'sɔːb] *vt* absorber; [information] retenir, assimiler; **to be ~ed in sthg** être absorbé dans qqch.

absorbent [əb'sɔːbənt] *adj* absorbant(e).

absorbing [əb'sɔːbɪŋ] *adj* captivant(e).

absorption [əb'sɔːpʃn] *n* absorption *f*.

abstain [əb'steɪn] *vi*: **to ~ (from)** s'abstenir (de).

abstemious [æb'stiːmjəs] *adj fml* frugal(e), sobre.

abstention [əb'stenʃn] *n* abstention *f*.

abstinence ['æbstɪnəns] *n* abstinence *f*.

abstract [*adj & n* 'æbstrækt, *vb* æb'strækt] ◇ *adj* abstrait(e). ◇ *n* [summary] résumé *m*, abrégé *m*. ◇ *vt* [summarize] résumer.

abstraction [æb'strækʃn] *n* **-1.** [distractedness] distraction *f*. **-2.** [abstract idea] abstraction *f*.

abstruse [æb'struːs] *adj* abstrus(e).

absurd [əb'sɜːd] *adj* absurde.

absurdity [əb'sɜːdətɪ] (*pl* **-ies**) *n* absurdité *f*.

absurdly [əb'sɜːdlɪ] *adv* absurdement.

ABTA ['æbtə] (*abbr of* **Association of British Travel Agents**) *n association des agences de voyage britanniques.*

Abu Dhabi [,æbuː'dɑːbɪ] *n* Abou Dhabi.

abundance [ə'bʌndəns] *n* abondance *f*; **in ~** en abondance.

abundant [ə'bʌndənt] *adj* abondant(e).

abundantly [ə'bʌndəntlɪ] *adv* **-1.** [clear, obvious] parfaitement, tout à fait. **-2.** [exist, grow] en abondance.

abuse [*n* ə'bjuːs, *vb* ə'bjuːz] ◇ *n* (*U*) **-1.** [offensive remarks] insultes *fpl*, injures *fpl*. **-2.** [maltreatment] mauvais traitement *m*; **child ~** mauvais traitements infligés aux enfants; **physical ~** sévices *mpl* corporels; **sexual ~** abus *mpl* sexuels. **-3.** [of power, drugs etc]

abus *m*. ◇ *vt* **-1.** [insult] insulter, injurier. **-2.** [maltreat] maltraiter. **-3.** [power, drugs etc] abuser de.

abusive [ə'bjuːsɪv] *adj* grossier(ière), injurieux(ieuse).

abut [ə'bʌt] (*pt & pp* **-ted**, *cont* **-ting**) *vi* [adjoin]: **to ~ on** to être contigu(ë) à.

abysmal [ə'bɪzml] *adj* épouvantable, abominable.

abysmally [ə'bɪzməlɪ] *adv* abominablement.

abyss [ə'bɪs] *n* abîme *m*, gouffre *m*.

Abyssinia [,æbɪ'sɪnjə] *n* Abyssinie *f*; **in ~** en Abyssinie.

Abyssinian [,æbɪ'sɪnɪən] ◇ *adj* abyssinien(ienne). ◇ *n* Abyssinien *m*, -ienne *f*.

a/c (*abbr of* **account (current)**) cc.

AC *n* **-1.** (*abbr of* **athletics club**) *club britannique d'athlétisme.* **-2.** (*abbr of* **alternating current**) courant *m* alternatif.

acacia [ə'keɪʃə] *n* acacia *m*.

academic [,ækə'demɪk] ◇ *adj* **-1.** [of college, university] universitaire. **-2.** [person] intellectuel(elle). **-3.** [question, discussion] théorique. ◇ *n* universitaire *mf*.

academic year *n* année *f* scolaire OR universitaire.

academy [ə'kædəmɪ] (*pl* **-ies**) *n* **-1.** [school, college] école *f*; **~ of music** conservatoire *m*. **-2.** [institution, society] académie *f*.

ACAS ['eɪkæs] (*abbr of* **Advisory Conciliation and Arbitration Service**) *n organisme britannique de conciliation des conflits du travail.*

accede [æk'siːd] *vi* **-1.** [agree]: **to ~ to** agréer, donner suite à. **-2.** [monarch]: **to ~ to the throne** monter sur le trône.

accelerate [ək'seləreɪt] *vi* **-1.** [car, driver] accélérer. **-2.** [inflation, growth] s'accélérer.

acceleration [ək,selə'reɪʃn] *n* accélération *f*.

accelerator [ək'seləreɪtər] *n* accélérateur *m*.

accelerator board, accelerator card *n* COMPUT carte *f* accélérateur OR accélératrice.

accent ['æksent] *n* accent *m*.

accentuate [æk'sentjʊeɪt] *vt* accentuer.

accept [ək'sept] *vt* **-1.** [gen] accepter; [for job, as member of club] recevoir, admettre. **-2.** [agree]: **to ~ that ...** admettre que ....

acceptable [ək'septəbl] *adj* acceptable.

acceptably [ək'septəblɪ] *adv* convenablement.

acceptance [ək'septəns] *n* **-1.** [gen] acceptation *f*. **-2.** [for job, as member of club] admission *f*.

accepted [ək'septɪd] *adj* [ideas, fact] reconnu(e).

access ['ækses] ◇ *n* **-1.** [entry, way in] accès *m*; **to gain ~ to** avoir accès à. **-2.** [opportunity to use, see]: **to have ~ to sthg** avoir qqch à sa disposition, disposer de qqch. ◇ *vt* COMPUT avoir accès à.

accessibility [ək,sesə'bɪlətɪ] *n* **-1.** [of place] accessibilité *f*. **-2.** [availability] accès *m*.

accessible [ək'sesəbl] *adj* **-1.** [reachable - place] accessible. **-2.** [available] disponible.

accession [æk'seʃn] *n* [of monarch] accession *f*.

accessory [ək'sesərɪ] (*pl* **-ies**) *n* **-1.** [of car, vacuum cleaner] accessoire *m*. **-2.** JUR complice *mf*.

◆ **accessories** *npl* accessoires *mpl*.

access road *n Br* [to motorway] bretelle *f* de raccordement OR d'accès.

access time *n* COMPUT temps *m* d'accès.

accident ['æksɪdənt] *n* accident *m*; **by ~** par hasard, par accident.

accidental [,æksɪ'dentl] *adj* accidentel(elle).

accidentally [,æksɪ'dentəlɪ] *adv* **-1.** [drop, break] par mégarde. **-2.** [meet] par hasard.

accident-prone *adj* prédisposé(e) aux accidents.

acclaim [ə'kleɪm] ◇ *n* (*U*) éloges *mpl*. ◇ *vt* louer.

acclamation [,æklə'meɪʃn] *n* (*U*) acclamation *f*.

acclimatize, -ise [ə'klaɪmətaɪz], **acclimate** *Am* ['ækləmeɪt] *vi*: **to ~ (to)** s'acclimater (à).

accolade ['ækəleɪd] *n* accolade *f*; **the ultimate ~** la consécration suprême.

accommodate [ə'kɒmədeɪt] *vt* **-1.** [provide room for] loger. **-2.** [oblige - person, wishes] satisfaire.

accommodating [ə'kɒmədeɪtɪŋ] *adj* obligeant(e).

accommodation *Br* [ə,kɒmə'deɪʃn] *n*, **accommodations** *Am* [ə,kɒmə'deɪʃnz] *npl* logement *m*; **office ~** bureaux *mpl*.

accompaniment [ə'kʌmpənɪmənt] *n* MUS accompagnement *m*.

accompanist [ə'kʌmpənɪst] *n* MUS accompagnateur *m*, -trice *f*.

accompany [ə'kʌmpənɪ] (*pt* & *pp* **-ied**) *vt* **-1.** [gen] accompagner. **-2.** MUS: **to ~ sb (on)** accompagner qqn (à).

accomplice [ə'kʌmplɪs] *n* complice *mf*.

accomplish [ə'kʌmplɪʃ] *vt* accomplir.

accomplished [ə'kʌmplɪʃt] *adj* accompli(e).

accomplishment [ə'kʌmplɪʃmənt] *n* **-1.** [action] accomplissement *m*. **-2.** [achievement] réussite *f*.

◆ **accomplishments** *npl* talents *mpl*.

accord [ə'kɔːd] *n*: **to do sthg of one's own ~** faire qqch de son propre chef OR de soi-même; **to be in ~ with** être d'accord avec; **with one ~** d'un commun accord.

accordance [ə'kɔːdəns] *n*: **in ~ with** conformément à.

according [ə'kɔːdɪŋ]

◆ **according to** *prep* **-1.** [as stated or shown by] d'après; **to go ~ to plan** se passer comme prévu. **-2.** [with regard to] suivant, en fonction de.

accordingly [ə'kɔːdɪŋlɪ] *adv* **-1.** [appropriately] en conséquence. **-2.** [consequently] par conséquent.

accordion [ə'kɔːdjən] *n* accordéon *m*.

accordionist [ə'kɔːdjənɪst] *n* accordéoniste *mf*.

accost [ə'kɒst] *vt* accoster.

account [ə'kaʊnt] *n* **-1.** [with bank, shop, company] compte *m*. **-2.** [report] compte-rendu *m*. **-3.** *phr*: **to call sb to ~** demander des comptes à qqn; **to give a good ~ of o.s.** faire bonne impression; **to take ~ of sthg, to take sthg into ~** prendre qqch en compte; **to be of no ~** n'avoir aucune importance; **on no ~** sous aucun prétexte, en aucun cas.

◆ **accounts** *npl* [of business] comptabilité *f*, comptes *mpl*; **to do the ~s** faire les comptes.

◆ **by all accounts** *adv* d'après ce que l'on dit, au dire de tous.

◆ **on account of** *prep* à cause de.

◆ **account for** *vt fus* **-1.** [explain] justifier, expliquer; **has everyone been ~ed for?** personne n'a été oublié? **-2.** [represent] représenter.

accountability [ə,kaʊntə'bɪlətɪ] *n* (*U*) responsabilité *f*.

accountable [ə'kaʊntəbl] *adj* **-1.** [responsible]: **~ (for)** responsable (de). **-2.** [answerable]: **to be ~ to** rendre compte à, rendre des comptes à.

accountancy [ə'kaʊntənsɪ] *n* comptabilité *f*.

accountant [ə'kaʊntənt] *n* comptable *mf*.

accounting [ə'kaʊntɪŋ] *n* comptabilité *f*.

accoutrements *Br* [ə'kuːtrəmənts], **accouterments** *Am* [ə'kuːtərmənts] *npl fml* attirail *m*.

accredited [ə'kredɪtɪd] *adj* attitré(e).

accrue [ə'kruː] *vi* [money] fructifier; [interest] courir.

accumulate [ə'kjuːmjʊleɪt] ◇ *vt* accumuler, amasser. ◇ *vi* s'accumuler.

accumulation [ə,kjuːmjʊ'leɪʃn] *n* **-1.** (*U*)

[act of accumulating] **accumulation** *f.* **-2.** [things accumulated] **amas** *m.*

accuracy ['ækjʊrəsɪ] *n* **-1.** [of description, report] **exactitude** *f.* **-2.** [of weapon, typist, figures] **précision** *f.*

accurate ['ækjʊrət] *adj* **-1.** [description, report] **exact(e).** **-2.** [weapon, typist, figures] **précis(e).**

accurately ['ækjʊrətlɪ] *adv* **-1.** [truthfully - describe, report] **fidèlement.** **-2.** [precisely - aim] **avec précision;** [- type] **sans faute.**

accusation [,ækju:'zeɪʃn] *n* accusation *f.*

accuse [ə'kju:z] *vt*: **to ~ sb of sthg/of doing sthg** accuser qqn de qqch/de faire qqch.

accused [ə'kju:zd] (*pl inv*) *n* JUR: **the ~** l'accusé *m*, -e *f.*

accusing [ə'kju:zɪŋ] *adj* accusateur(trice).

accusingly [ə'kju:zɪŋlɪ] *adv* d'une manière accusatrice.

accustomed [ə'kʌstəmd] *adj*: **to be ~ to sthg/to doing sthg** avoir l'habitude de qqch/de faire qqch.

ace [eɪs] ◇ *n* as *m*; **to be within an ~ of** *fig* être à deux doigts de. ◇ *adj* [top-class] de haut niveau.

acerbic [ə'sɜ:bɪk] *adj* acerbe.

acetate ['æsɪteɪt] *n* acétate *m.*

acetic acid [ə'si:tɪk] *n* acide *m* acétique.

acetone ['æsɪtəʊn] *n* acétone *f.*

acetylene [ə'setɪli:n] *n* acétylène *m.*

ACGB (*abbr of* **Arts Council of Great Britain**) *n* organisme public britannique d'aide à la création artistique.

ache [eɪk] ◇ *n* douleur *f.* ◇ *vi* **-1.** [back, limb] faire mal; **my head ~s** j'ai mal à la tête. **-2.** *fig* [want]: **to be aching for sthg/to do sthg** mourir d'envie de qqch/de faire qqch.

achieve [ə'tʃi:v] *vt* [success, victory] obtenir, remporter; [goal] atteindre; [ambition] réaliser; [fame] parvenir à.

achievement [ə'tʃi:vmənt] *n* **-1.** [success] réussite *f.* **-2.** [of goal, objective] réalisation *f.*

Achilles' heel [ə'kɪliːz-] *n* talon *m* d'Achille.

Achilles' tendon [ə'kɪliːz-] *n* tendon *m* d'Achille.

acid ['æsɪd] ◇ *adj lit & fig* acide. ◇ *n* acide *m.*

acidic [ə'sɪdɪk] *adj* acide.

acidity [ə'sɪdətɪ] *n* acidité *f.*

acid rain *n* (*U*) pluies *fpl* acides.

acid test *n fig* épreuve *f* décisive.

acknowledge [ək'nɒlɪdʒ] *vt* **-1.** [fact, situation, person] reconnaître. **-2.** [of letter]: **to ~**

(receipt of) accuser réception de. **-3.** [greet] saluer.

acknowledg(e)ment [ək'nɒlɪdʒmənt] *n* **-1.** [gen] reconnaissance *f.* **-2.** [letter] accusé *m* de réception.

◆ **acknowledg(e)ments** *npl* [in book] remerciements *mpl.*

ACLU (*abbr of* **American Civil Liberties Union**) *n* ligue américaine des droits du citoyen.

acme ['ækmɪ] *n* apogée *m.*

acne ['æknɪ] *n* acné *f.*

acorn ['eɪkɔ:n] *n* gland *m.*

acoustic [ə'ku:stɪk] *adj* acoustique.

◆ **acoustics** *npl* [of room] acoustique *f.*

acoustic guitar *n* guitare *f* sèche.

ACPO ['ækpəʊ] (*abbr of* **Association of Chief Police Officers**) *n* syndicat d'officiers supérieurs de la police britannique.

acquaint [ə'kweɪnt] *vt*: **to ~ sb with sthg** mettre qqn au courant de qqch; **to be ~ed with sb** connaître qqn.

acquaintance [ə'kweɪntəns] *n* **-1.** [person] connaissance *f.* **-2.** [with person]: **to make sb's ~** faire la connaissance de qqn.

acquiesce [,ækwɪ'es] *vi*: **to ~ (to** OR **in sthg)** donner son accord (à qqch).

acquiescence [,ækwɪ'esns] *n* consentement *m.*

acquire [ə'kwaɪə[r]] *vt* acquérir.

acquired taste [ə'kwaɪəd-] *n*: **it's an ~** on finit par aimer ça.

acquisition [,ækwɪ'zɪʃn] *n* acquisition *f.*

acquisitive [ə'kwɪzɪtɪv] *adj* avide de possessions.

acquit [ə'kwɪt] (*pt & pp* **-ted,** *cont* **-ting**) *vt* **-1.** JUR acquitter. **-2.** [perform]: **to ~ o.s. well/badly** bien/mal se comporter.

acquittal [ə'kwɪtl] *n* acquittement *m.*

acre ['eɪkə[r]] *n* = 4046,9 *m²*, ≃ demi-hectare *m.*

acreage ['eɪkərɪdʒ] *n* superficie *f,* aire *f.*

acrid ['ækrɪd] *adj* [taste, smell] âcre; *fig* acerbe.

acrimonious [,ækrɪ'məʊnjəs] *adj* acrimonieux(ieuse).

acrobat ['ækrəbæt] *n* acrobate *mf.*

acrobatic [,ækrə'bætɪk] *adj* acrobatique.

◆ **acrobatics** *npl* acrobatie *f.*

acronym ['ækrənɪm] *n* acronyme *m.*

across [ə'krɒs] ◇ *adv* **-1.** [from one side to the other] en travers; **to run ~** traverser en courant. **-2.** [in measurements]: **the river is 2 km ~** la rivière mesure 2 km de large. **-3.** [in crossword]: **21 ~** 21 horizontalement. **-4.** *phr*: **to get sthg ~ (to sb)** faire comprendre qqch (à qqn).

◇ *prep* **-1.** [from one side to the other] d'un côté à l'autre de, en travers de; **to walk ∼ the road** traverser la route; **to run ∼ the road** traverser la route en courant; **there's a bridge ∼ the river** il y a un pont sur la rivière. **-2.** [on the other side of] de l'autre côté de; **the house ∼ the road** la maison d'en face.

◆ **across from** *prep* en face de.

across-the-board *adj* général(e).

acrylic [ə'krɪlɪk] ◇ *adj* acrylique. ◇ *n* acrylique *m*.

act [ækt] ◇ *n* **-1.** [action, deed] acte *m*; **to catch sb in the ∼** prendre qqn sur le fait; **to catch sb in the ∼ of doing sthg** surprendre qqn en train de faire qqch. **-2.** JUR loi *f*. **-3.** [of play, opera] acte *m*; [in cabaret etc] numéro *m*; *fig* [pretence]: **to put on an ∼** jouer la comédie. **-4.** *phr*: **to get in on the ∼** s'y mettre; **to get one's ∼ together** se reprendre en main.
◇ *vi* **-1.** [gen] agir. **-2.** [behave] se comporter; **to ∼ as if** se conduire comme si, se comporter comme si; **to ∼ like** se conduire comme, se comporter comme. **-3.** [in play, film] jouer; *fig* [pretend] jouer la comédie. **-4.** [function]: **to ∼ as** [person] être; [object] servir de; **to ∼ for sb**, **to ∼ on behalf of sb** représenter qqn.
◇ *vt* [part] jouer; **to ∼ the fool** faire l'imbécile; **∼ your age!** ce n'est plus de ton âge!

◆ **act out** *vt sep* **-1.** [feelings, thoughts] exprimer. **-2.** [event] mimer.

◆ **act up** *vi* faire des siennes.

ACT (*abbr of* **American College Test**) *n* examen américain de fin d'études secondaires.

acting ['æktɪŋ] ◇ *adj* par intérim, provisoire. ◇ *n* [in play, film] interprétation *f*.

action ['ækʃn] *n* **-1.** [gen] action *f*; **to take ∼** agir, prendre des mesures; **to put sthg into ∼** mettre qqch à exécution; **in ∼** [person] en action; [machine] en marche; **out of ∼** [person] hors de combat; [machine] hors service, hors d'usage; **to be killed in ∼** mourir au combat. **-2.** JUR procès *m*, action *f*; **to bring an ∼ against sb** intenter un procès à OR contre qqn, intenter une action contre qqn.

action group *n* groupe *m* de pression.

action replay *n* répétition *f* immédiate (au ralenti).

activate ['æktɪveɪt] *vt* mettre en marche.

active ['æktɪv] *adj* **-1.** [gen] actif(ive); [encouragement] vif (vive). **-2.** [volcano] en activité.

actively ['æktɪvlɪ] *adv* activement.

active service *n*: **to be killed on ∼** mourir au champ d'honneur.

activist ['æktɪvɪst] *n* activiste *mf*.

activity [æk'tɪvətɪ] (*pl* **-ies**) *n* activité *f*.

act of God *n* catastrophe *f* naturelle.

actor ['æktər] *n* acteur *m*.

actress ['æktrɪs] *n* actrice *f*.

actual ['æktʃuəl] *adj* réel(elle); **the ∼ ceremony starts at ten** am la cérémonie proprement dite commence à dix heures.

actuality [,æktʃu'ælətɪ] *n*: **in ∼** en fait.

actually ['æktʃuəlɪ] *adv* **-1.** [really, in truth] vraiment. **-2.** [by the way] au fait.

actuary ['æktjuərɪ] (*pl* **-ies**) *n* actuaire *mf*.

actuate ['æktjueɪt] *vt* mettre en marche.

acuity [ə'kju:ətɪ] *n* acuité *f*.

acumen ['ækjumen] *n* flair *m*; **business ∼ le** sens des affaires.

acupuncture ['ækjupʌŋktʃər] *n* acuponcture *f*.

acute [ə'kju:t] *adj* **-1.** [severe - pain, illness] aigu(ë); [- danger] sérieux(ieuse), grave. **-2.** [perceptive - person, mind] perspicace. **-3.** [keen - eyesight] perçant(e); [- hearing] fin(e); [- sense of smell] développé(e). **-4.** MATH: **∼ angle** angle *m* aigu. **-5.** LING: **e ∼** e accent aigu.

acute accent *n* accent *m* aigu.

acutely [ə'kju:tlɪ] *adv* [extremely] extrêmement.

ad [æd] (*abbr of* **advertisement**) *n* *inf* [in newspaper] annonce *f*; [on TV] pub *f*.

AD (*abbr of* **Anno Domini**) ap. J.-C.

adage ['ædɪdʒ] *n* adage *m*.

adamant ['ædəmənt] *adj*: **to be ∼** être inflexible.

Adam's apple ['ædəmz-] *n* pomme *f* d'Adam.

adapt [ə'dæpt] ◇ *vt* adapter. ◇ *vi*: **to ∼ (to)** s'adapter (à).

adaptability [ə,dæptə'bɪlətɪ] *n* souplesse *f*.

adaptable [ə'dæptəbl] *adj* [person] souple.

adaptation [,ædæp'teɪʃn] *n* [of book, play] adaptation *f*.

adapter, adaptor [ə'dæptər] *n* [ELEC - for several devices] prise *f* multiple; [- for foreign plug] adaptateur *m*.

ADC *n* **-1.** *abbr of* **aide-de-camp. -2.** (*abbr of* **Aid to Dependent Children**) *aux États-Unis, aide pour enfants assistés*. **-3.** (*abbr of* **analogue-digital converter**) CAN *m*.

add [æd] *vt* **-1.** [gen]: **to ∼ sthg (to)** ajouter qqch (à). **-2.** [numbers] additionner.

◆ **add in** *vt sep* ajouter.

◆ **add on** *vt sep*: **to ~ sthg on (to)** ajouter qqch (à); [charge, tax] rajouter qqch (à).

◆ **add to** *vt fus* ajouter à, augmenter.

◆ **add up** ◇ *vt sep* additionner. ◇ *vi inf* [make sense]: **it doesn't ~ up** c'est pas logique.

◆ **add up to** *vt fus* se monter à, s'élever à.

addendum [ə'dendəm] (*pl* **-da** [-də]) *n* addenda *m inv*.

adder ['ædə'] *n* vipère *f*.

addict [æ'dɪkt] *n lit* & *fig* drogué *m*, -e *f*; **drug ~** drogué.

addicted [ə'dɪktɪd] *adj*: **~ (to)** drogué(e) (à); *fig* passionné(e) (de).

addiction [ə'dɪkʃn] *n*: **~ (to)** dépendance *f* (à); *fig* penchant *m* (pour).

addictive [ə'dɪktɪv] *adj* qui rend dépendant(e).

Addis Ababa ['ædɪs 'æbəbə] *n* Addis-Ababa, Addis-Abeba.

addition [ə'dɪʃn] *n* addition *f*; **in ~ (to)** en plus (de).

additional [ə'dɪʃənl] *adj* supplémentaire.

additive ['ædɪtɪv] *n* additif *m*.

addled ['ædld] *adj* **-1.** [egg] pourri(e). **-2.** [brain] embrouillé(e).

add-on COMPUT ◇ *adj* supplémentaire. ◇ *n* dispositif *m* supplémentaire.

address [ə'dres] ◇ *n* **-1.** [place] adresse *f*. **-2.** [speech] discours *m*. ◇ *vt* **-1.** [gen] adresser. **-2.** [meeting, conference] prendre la parole à. **-3.** [problem, issue] aborder, examiner; **to ~ o.s. to** s'attaquer à.

address book *n* carnet *m* d'adresses.

addressee [,ædre'si:] *n* destinataire *mf*.

Aden ['eɪdn] *n* Aden.

adenoids ['ædɪnɔɪdz] *npl* végétations *fpl*.

adept ['ædept] *adj*: **~ (at)** doué(e) (pour).

adequacy ['ædɪkwəsɪ] *n* **-1.** [of amount] quantité *f* nécessaire. **-2.** [of person] compétence *f*.

adequate ['ædɪkwət] *adj* adéquat(e).

adequately ['ædɪkwətlɪ] *adv* **-1.** [sufficiently] suffisamment. **-2.** [well enough] de façon satisfaisante OR adéquate.

adhere [əd'hɪə'] *vi* **-1.** [stick]: **to ~ (to)** adhérer (à). **-2.** [observe]: **to ~ to** obéir à. **-3.** [keep]: **to ~ to** adhérer à.

adherence [əd'hɪərəns] *n*: **~ to** adhésion *f* à.

adhesive [əd'hi:sɪv] ◇ *adj* adhésif(ive). ◇ *n* adhésif *m*.

adhesive tape *n* ruban *m* adhésif.

ad hoc [,æd'hɒk] *adj* ad hoc.

ad infinitum [,ædɪnfɪ'naɪtəm] *adv* à l'infini.

adjacent [ə'dʒeɪsənt] *adj*: **~ (to)** adjacent(e) (à), contigu(ë) (à).

adjective ['ædʒɪktɪv] *n* adjectif *m*.

adjoin [ə'dʒɔɪn] *vt* être contigu(ë) à, toucher.

adjoining [ə'dʒɔɪnɪŋ] ◇ *adj* voisin(e). ◇ *prep* attenant à.

adjourn [ə'dʒɜ:n] ◇ *vt* ajourner. ◇ *vi* suspendre la séance.

adjournment [ə'dʒɜ:nmənt] *n* ajournement *m*.

Adjt (*abbr of* **adjutant**) adjt.

adjudge [ə'dʒʌdʒ] *vt* déclarer.

adjudicate [ə'dʒu:dɪkeɪt] ◇ *vt* juger, décider. ◇ *vi*: **to ~ (on** OR **upon)** se prononcer (sur).

adjudication [ə,dʒu:dɪ'keɪʃn] *n* jugement *m*.

adjunct ['ædʒʌŋkt] *n* complément *m*.

adjust [ə'dʒʌst] ◇ *vt* ajuster, régler. ◇ *vi*: **to ~ (to)** s'adapter (à).

adjustable [ə'dʒʌstəbl] *adj* réglable.

adjustable spanner *n* clé *f* universelle.

adjusted [ə'dʒʌstɪd] *adj*: **to be well ~** être (bien) équilibré(e).

adjustment [ə'dʒʌstmənt] *n* **-1.** [modification] ajustement *m*; TECH réglage *m*; **to make an ~ to** apporter une modification à; TECH faire (un) réglage à. **-2.** [change in attitude]: **~ (to)** adaptation *f* (à).

adjutant ['ædʒʊtənt] *n* adjudant *m*.

ad lib [,æd'lɪb] (*pt* & *pp* **ad-libbed**, *cont* **ad-libbing**) ◇ *adj* improvisé(e). ◇ *adv* à volonté. ◇ *n* improvisation *f*.

◆ **ad-lib** *vi* improviser.

adman ['ædmæn] (*pl* **-men** [-men]) *n* publicitaire *m*.

admin ['ædmɪn] (*abbr of* **administration**) *n Br inf* administration *f*.

administer [əd'mɪnɪstə'] *vt* **-1.** [company, business] administrer, gérer. **-2.** [justice, punishment] dispenser. **-3.** [drug, medication] administrer.

administration [əd,mɪnɪ'streɪʃn] *n* administration *f*.

◆ **Administration** *n Am*: **the Administration** le gouvernement.

administrative [əd'mɪnɪstrətɪv] *adj* administratif(ive).

administrator [əd'mɪnɪstreɪtə'] *n* administrateur *m*, -trice *f*.

admirable ['ædmərəbl] *adj* admirable.

admirably ['ædmərəblɪ] *adv* admirablement.

admiral ['ædmərəl] *n* amiral *m*.

Admiralty ['ædmərəltɪ] *n Br*: **the** ~ le ministère de la Marine.

admiration [,ædmə'reɪʃn] *n* admiration *f.*

admire [əd'maɪəʳ] *vt* admirer.

admirer [əd'maɪərəʳ] *n* admirateur *m*, -trice *f.*

admiring [əd'maɪərɪŋ] *adj* admiratif(ive).

admiringly [əd'maɪərɪŋlɪ] *adv* avec admiration.

admissible [əd'mɪsəbl] *adj* JUR recevable.

admission [əd'mɪʃn] *n* **-1.** [permission to enter] admission *f.* **-2.** [to museum etc] entrée *f.* **-3.** [confession] confession *f*, aveu *m*; **by his/her** *etc* **own** ~ de son propre aveu.

admit [əd'mɪt] (*pt & pp* **-ted**, *cont* **-ting**) ◇ *vt* **-1.** [confess] reconnaître; **to** ~ **(that)** ... reconnaître que ...; **to** ~ **doing sthg** reconnaître avoir fait qqch; **to** ~ **defeat** *fig* s'avouer vaincu(e). **-2.** [allow to enter, join] admettre; ~**s two** [on ticket] valable pour deux personnes; **to be admitted to hospital** *Br* OR **to the hospital** *Am* être admis(e) à l'hôpital. ◇ *vi*: **to** ~ **to** admettre, reconnaître.

admittance [əd'mɪtəns] *n* admission *f*; **to gain** ~ **to** parvenir à, entrer dans; **"no** ~**"** «entrée interdite».

admittedly [əd'mɪtɪdlɪ] *adv* de l'aveu général.

admixture [æd'mɪkstʃəʳ] *n* mélange *m.*

admonish [əd'mɒnɪʃ] *vt* réprimander.

ad nauseam [,æd'nɔːzɪæm] *adv* [talk] à n'en plus finir.

ado [ə'duː] *n*: **without further** OR **more** ~ sans plus de cérémonie.

adolescence [,ædə'lesns] *n* adolescence *f.*

adolescent [,ædə'lesnt] ◇ *adj* adolescent(e); *pej* puéril(e). ◇ *n* adolescent *m*, -e *f.*

adopt [ə'dɒpt] *vt* adopter.

adoption [ə'dɒpʃn] *n* adoption *f.*

adoptive [ə'dɒptɪv] *adj* adoptif(ive).

adorable [ə'dɔːrəbl] *adj* adorable.

adoration [,ædə'reɪʃn] *n* adoration *f.*

adore [ə'dɔːʳ] *vt* adorer.

adoring [ə'dɔːrɪŋ] *adj* [person] adorateur(trice); [look] d'adoration.

adorn [ə'dɔːn] *vt* orner.

adornment [ə'dɔːnmənt] *n* décoration *f.*

ADP (*abbr of* **automatic data processing**) *n* traitement automatique de données.

adrenalin [ə'drenəlɪn] *n* adrénaline *f.*

Adriatic [eɪdrɪ'ætɪk] *n*: **the** ~ **(Sea)** l'Adriatique *f*, la mer Adriatique.

adrift [ə'drɪft] ◇ *adj* à la dérive. ◇ *adv*: **to go** ~ *fig* aller à la dérive.

adroit [ə'drɔɪt] *adj* adroit(e).

ADT (*abbr of* **Atlantic Daylight Time**) *n* heure d'été de la côte est des États-Unis.

adulation [,ædjʊ'leɪʃn] *n* adulation *f.*

adult ['ædʌlt] ◇ *adj* **-1.** [gen] adulte. **-2.** [films, literature] pour adultes. ◇ *n* adulte *mf.*

adult education *n* enseignement *m* pour adultes.

adulterate [ə'dʌltəreɪt] *vt* frelater.

adulteration [ə,dʌltə'reɪʃn] *n* frelatage *m.*

adulterer [ə'dʌltərəʳ] *n* personne *f* adultère.

adultery [ə'dʌltərɪ] *n* adultère *m.*

adulthood ['ædʌlthʊd] *n* âge *m* adulte.

advance [əd'vɑːns] ◇ *n* **-1.** [gen] avance *f.* **-2.** [progress] progrès *m.* ◇ *comp* à l'avance. ◇ *vt* **-1.** [gen] avancer. **-2.** [improve] faire progresser OR avancer. ◇ *vi* **-1.** [gen] avancer. **-2.** [improve] progresser.
◆ **advances** *npl*: **to make** ~**s to sb** [sexual] faire des avances à qqn; [business] faire des propositions à qqn.
◆ **in advance** *adv* à l'avance.
◆ **in advance of** *prep* **-1.** [in front of] en avance sur. **-2.** [prior to] en avance de, avant.

advanced [əd'vɑːnst] *adj* avancé(e); ~ **in years** *euphemism* d'un âge avancé.

advancement [əd'vɑːnsmənt] *n* **-1.** [promotion] avancement *m.* **-2.** [progress] progrès *m.*

advantage [əd'vɑːntɪdʒ] *n*: ~ **(over)** avantage *m* (sur); **to be to one's** ~ être à son avantage; **to take** ~ **of sthg** profiter de qqch; **to take** ~ **of sb** exploiter qqn.

advantageous [,ædvən'teɪdʒəs] *adj* avantageux(euse).

advent ['ædvənt] *n* avènement *m.*
◆ **Advent** *n* RELIG Avent *m.*

Advent calendar *n* calendrier *m* de l'Avent.

adventure [əd'ventʃəʳ] *n* aventure *f.*

adventure holiday *n* vacances *organisées avec des activités sportives.*

adventure playground *n* terrain *m* d'aventures.

adventurer [əd'ventʃərəʳ] *n* aventurier *m*, -ière *f.*

adventurous [əd'ventʃərəs] *adj* aventureux(euse).

adverb ['ædvɜːb] *n* adverbe *m.*

adversary ['ædvəsərɪ] (*pl* **-ies**) *n* adversaire *mf.*

adverse ['ædvɜːs] *adj* défavorable.

adversely ['ædvɜːslɪ] *adv* de façon défavorable.

adversity [əd'vɜːsətɪ] *n* adversité *f*.

advert [əd'vɜːt] *Br* = **advertisement**.

advertise ['ædvətaɪz] ◇ *vt* COMM faire de la publicité pour; [event] annoncer. ◇ *vi* faire de la publicité; **to ~ for sb/sthg** chercher qqn/qqch par voie d'annonce.

advertisement [əd'vɜːtɪsmənt] *n* [in newspaper] annonce *f*; COMM & *fig* publicité *f*.

advertiser ['ædvətaɪzər] *n* annonceur *m*.

advertising ['ædvətaɪzɪŋ] *n* (*U*) publicité *f*.

advertising agency *n* agence *f* de publicité.

advertising campaign *n* campagne *f* de publicité.

advice [əd'vaɪs] *n* (*U*) conseils *mpl*; **a piece of ~** un conseil; **to give sb ~** donner des conseils à qqn; **to take sb's ~** suivre les conseils de qqn.

advice note *n* avis *m*.

advisability [əd,vaɪzə'bɪlətɪ] *n* bien-fondé *m*.

advisable [əd'vaɪzəbl] *adj* conseillé(e), recommandé(e).

advise [əd'vaɪz] ◇ *vt* **-1.** [give advice to]: **to ~ sb to do sthg** conseiller à qqn de faire qqch; **to ~ sb against sthg** déconseiller qqch à qqn; **to ~ sb against doing sthg** déconseiller à qqn de faire qqch. **-2.** [professionally]: **to ~ sb on sthg** conseiller qqn sur qqch. **-3.** [inform]: **to ~ sb (of sthg)** aviser qqn (de qqch). ◇ *vi* **-1.** [give advice]: **to ~ against sthg/against doing sthg** déconseiller qqch/de faire qqch. **-2.** [professionally]: **to ~ on sthg** conseiller sur qqch.

advisedly [əd'vaɪzɪdlɪ] *adv* en connaissance de cause, délibérément.

adviser *Br*, **advisor** *Am* [əd'vaɪzər] *n* conseiller *m*, -ère *f*.

advisory [əd'vaɪzərɪ] *adj* consultatif(ive); **in an ~ capacity** OR **role** à titre consultatif.

advocacy ['ædvəkəsɪ] *n* plaidoyer *m*.

advocate [*n* 'ædvəkət, *vb* 'ædvəkeɪt] ◇ *n* **-1.** JUR avocat *m*, -e *f*. **-2.** [supporter] partisan *m*. ◇ *vt* préconiser, recommander.

advt. *abbr of* **advertisement**.

AEA (*abbr of* **Atomic Energy Authority**) *n commission britannique à l'énergie nucléaire,* ≃ CEA *f*.

AEC (*abbr of* **Atomic Energy Commission**) *n commission américaine à l'énergie nucléaire,* ≃ CEA *f*.

AEEU (*abbr of* **Amalgamated Engineering and Electrical Union**) *n syndicat britannique d'ingénieurs et d'électriciens.*

Aegean [iː'dʒiːən] *n*: **the ~ (Sea)** la mer Égée.

aegis ['iːdʒɪs] *n*: **under the ~ of** sous l'égide de.

Aeolian Islands [iː'əʊljən-] *npl*: **the ~** les îles *fpl* Éoliennes.

aeon *Br*, **eon** *Am* ['iːən] *n fig* éternité *f*.

aerial ['eərɪəl] ◇ *adj* aérien(ienne). ◇ *n Br* antenne *f*.

aerobatics [,eərəʊ'bætɪks] *n* (*U*) acrobatie *f* aérienne.

aerobics [eə'rəʊbɪks] *n* (*U*) aérobic *m*.

aerodrome ['eərədrəʊm] *n* aérodrome *m*.

aerodynamic [,eərəʊdaɪ'næmɪk] *adj* aérodynamique.
◆ **aerodynamics** ◇ *n* (*U*) aérodynamique *f*. ◇ *npl* [aerodynamic qualities] aérodynamisme *m*.

aerogramme ['eərəgræm] *n* aérogramme *m*.

aeronautics [,eərə'nɔːtɪks] *n* (*U*) aéronautique *f*.

aeroplane ['eərəpleɪn] *n Br* avion *m*.

aerosol ['eərəsɒl] *n* aérosol *m*.

aerospace ['eərəʊspeɪs] *n*: **the ~ industry** l'industrie *f* aérospatiale.

aesthete, esthete *Am* ['iːsθiːt] *n* esthète *mf*.

aesthetic, esthetic *Am* [iːs'θetɪk] *adj* esthétique.

aesthetically, esthetically *Am* [iːs'θetɪklɪ] *adv* esthétiquement.

aesthetics, esthetics *Am* [iːs'θetɪks] *n* (*U*) esthétique *f*.

afar [ə'fɑːr] *adv*: **from ~** de loin.

AFB (*abbr of* **Air Force Base**) *n Am* base de l'armée de l'air.

AFDC (*abbr of* **Aid to Families with Dependent Children**) *n aux États-Unis, aide pour les familles d'enfants assistés.*

affable ['æfəbl] *adj* affable.

affair [ə'feər] *n* **-1.** [gen] affaire *f*. **-2.** [extramarital relationship] liaison *f*.
◆ **affairs** *npl* affaires *fpl*.

affect [ə'fekt] *vt* **-1.** [influence] avoir un effet OR des conséquences sur. **-2.** [emotionally] affecter, émouvoir. **-3.** [put on] affecter.

affectation [,æfek'teɪʃn] *n* affectation *f*.

affected [ə'fektɪd] *adj* affecté(e).

affection [ə'fekʃn] *n* affection *f*.

affectionate [ə'fekʃnət] *adj* affectueux(euse).

affectionately [ə'fekʃnətlɪ] *adv* affectueusement.

affidavit [,æfɪ'deɪvɪt] *n* déclaration écrite sous serment.

affiliate [n ə'fɪlɪət, vb ə'fɪlɪeɪt] ◇ n affilié m, -e f. ◇ vt: **to be ~d to** OR **with** être affilié(e) à.

affiliation [ə,fɪlɪ'eɪʃn] n affiliation f.

affinity [ə'fɪnətɪ] (pl -ies) n affinité f; **to have an ~ with sb** avoir des affinités avec qqn.

affirm [ə'fɜːm] vt **-1.** [declare] affirmer. **-2.** [confirm] confirmer.

affirmation [,æfə'meɪʃn] n **-1.** [declaration] affirmation f. **-2.** [confirmation] confirmation f.

affirmative [ə'fɜːmətɪv] ◇ adj affirmatif(ive). ◇ n: **in the ~** par l'affirmative.

affix [ə'fɪks] vt [stamp] coller.

afflict [ə'flɪkt] vt affliger; **to be ~ed with** souffrir de.

affliction [ə'flɪkʃn] n affliction f.

affluence ['æfluəns] n prospérité f.

affluent ['æfluənt] adj riche.

affluent society n société f d'abondance.

afford [ə'fɔːd] vt **-1.** [buy, pay for]: **to be able to ~ sthg** avoir les moyens d'acheter qqch. **-2.** [spare]: **to be able to ~ the time (to do sthg)** avoir le temps (de faire qqch). **-3.** [harmful, embarrassing thing]: **to be able to ~ sthg** pouvoir se permettre qqch. **-4.** [provide, give] procurer.

affordable [ə'fɔːdəbl] adj que l'on peut se permettre.

afforestation [æ,fɒrɪ'steɪʃn] n boisement m.

affray [ə'freɪ] n Br bagarre f.

affront [ə'frʌnt] ◇ n affront m, insulte f. ◇ vt insulter, faire un affront à.

Afghan ['æfgæn], **Afghani** [æf'gænɪ] ◇ adj afghan(e). ◇ n Afghan m, -e f.

Afghan hound n lévrier m afghan.

Afghani = Afghan.

Afghanistan [æf'gænɪstæn] n Afghanistan m; **in ~** en Afghanistan.

afield [ə'fɪəld] adv: **far ~** loin.

AFL-CIO (abbr of **American Federation of Labor and Congress of Industrial Organizations**) n confédération syndicale américaine.

afloat [ə'fləʊt] adj lit & fig à flot.

afoot [ə'fʊt] adj en préparation.

aforementioned [ə,fɔː'menʃənd], **aforesaid** [ə'fɔːsed] adj susmentionné(e).

afraid [ə'freɪd] adj **-1.** [frightened]: **to be ~ (of)** avoir peur (de); **to be ~ of doing** OR **to do sthg** avoir peur de faire qqch. **-2.** [reluctant, apprehensive]: **to be ~ of** craindre. **-3.** [in apologies]: **to be ~ (that)** ... regretter que ...; **I'm ~ so/not** j'ai bien peur que oui/non.

afresh [ə'freʃ] adv de nouveau.

Africa ['æfrɪkə] n Afrique f; **in ~** en Afrique.

African ['æfrɪkən] ◇ adj africain(e). ◇ n Africain m, -e f.

African American n Noir américain m, Noire américaine f.

Afrikaans [,æfrɪ'kɑːns] n afrikaans m.

Afrikaner [,æfrɪ'kɑːnə'] n Afrikaner mf.

aft [ɑːft] adv sur OR à l'arrière.

AFT (abbr of **American Federation of Teachers**) n syndicat américain d'enseignants.

after ['ɑːftə'] ◇ prep **-1.** [gen] après; **~ you!** après vous!; **to shout ~ sb** crier à qqn; **to be ~ sb/sthg** inf [in search of] chercher qqn/qqch; **to name sb ~ sb** Br donner à qqn le nom de qqn. **-2.** Am [telling the time]: **it's twenty ~ three** il est trois heures vingt. ◇ adv après. ◇ conj après que.

◆ **afters** npl Br inf dessert m.

◆ **after all** adv après tout.

afterbirth ['ɑːftəbɜːθ] n placenta m.

aftercare ['ɑːftəkeə'] n postcure f.

aftereffects ['ɑːftərɪ,fekts] npl suites fpl, répercussions fpl.

afterlife ['ɑːftəlaɪf] (pl -lives [-laɪvz]) n vie f future.

aftermath ['ɑːftəmæθ] n conséquences fpl, suites fpl.

afternoon [,ɑːftə'nuːn] n après-midi m inv; **in the ~** l'après-midi; **good ~** bonjour.

◆ **afternoons** adv l'après-midi.

aftershave ['ɑːftəʃeɪv] n après-rasage m.

aftershock ['ɑːftəʃɒk] n réplique f.

aftertaste ['ɑːftəteɪst] n lit & fig arrière-goût m.

afterthought ['ɑːftəθɔːt] n pensée f OR réflexion f après coup.

afterward(s) ['ɑːftəwəd(z)] adv après.

again [ə'gen] adv encore une fois, de nouveau; **to do ~** refaire; **to say ~** répéter; **to start ~** recommencer; **~ and ~** à plusieurs reprises; **all over ~** une fois de plus; **time and ~** maintes et maintes fois; **half as much ~** à moitié autant; **(twice) as much ~** deux fois autant; **come ~?** inf comment?, pardon?; **then** OR **there ~** d'autre part.

against [ə'genst] prep & adv contre; **(as) ~** contre.

age [eɪdʒ] (cont **ageing** OR **aging**) ◇ n **-1.** [gen] âge m; **she's 20 years of ~** elle a 20 ans; **what ~ are you?** quel âge avez-vous?; **to be of ~** Am avoir l'âge légal pour consommer de l'alcool dans un lieu public; **to be under ~** être mineur; **to come of ~** atteindre sa majorité. **-2.** [old age] vieillesse f. **-3.** [in history] époque f. ◇ vt & vi vieillir.

ahead

◆ **ages** *npl:* ~s ago il y a une éternité; I haven't seen him for ~s je ne l'ai pas vu depuis une éternité.

aged [*adj sense 1* eɪdʒd, *adj sense 2 & npl* 'eɪdʒɪd] ◇ *adj* **-1.** [of stated age]: ~ **15** âgé(e) de 15 ans. **-2.** [very old] âgé(e), vieux (vieille). ◇ *npl:* **the** ~ les personnes *fpl* âgées.

age group *n* tranche *f* d'âge.

ageing ['eɪdʒɪŋ] ◇ *adj* vieillissant(e). ◇ *n* vieillissement *m*.

ageless ['eɪdʒlɪs] *adj* sans âge.

agency ['eɪdʒənsɪ] (*pl* **-ies**) *n* **-1.** [business] agence *f*; **employment** ~ agence OR bureau *m* de placement; **travel** ~ agence de voyages. **-2.** [organization] organisme *m*.

agenda [ə'dʒendə] (*pl* **-s**) *n* ordre *m* du jour.

agent ['eɪdʒənt] *n* agent *m*.

age-old *adj* antique.

aggravate ['ægrəveɪt] *vt* **-1.** [make worse] aggraver. **-2.** [annoy] agacer.

aggravating ['ægrəveɪtɪŋ] *adj* [annoying] agaçant(e).

aggravation [,ægrə'veɪʃn] *n* **-1.** (*U*) [trouble] agacements *mpl.* **-2.** [annoying thing] agacement *m*.

aggregate ['ægrɪgət] ◇ *adj* total(e). ◇ *n* **-1.** [total] total *m*. **-2.** [material] agrégat *m*.

aggression [ə'greʃn] *n* agression *f*.

aggressive [ə'gresɪv] *adj* agressif(ive).

aggressively [ə'gresɪvlɪ] *adv* d'une manière agressive.

aggressor [ə'gresər] *n* agresseur *m*.

aggrieved [ə'griːvd] *adj* blessé(e), froissé(e).

aggro ['ægrəʊ] *n Br inf* enquiquinement *m*.

aghast [ə'gɑːst] *adj:* ~ **(at sthg)** atterré(e) (par qqch).

agile [*Br* 'ædʒaɪl, *Am* 'ædʒəl] *adj* agile.

agility [ə'dʒɪlətɪ] *n* agilité *f*.

aging ['eɪdʒɪŋ] = ageing.

agitate ['ædʒɪteɪt] ◇ *vt* **-1.** [disturb] inquiéter. **-2.** [shake] agiter. ◇ *vi:* **to** ~ **for/against** faire campagne pour/contre.

agitated ['ædʒɪteɪtɪd] *adj* agité(e).

agitation [,ædʒɪ'teɪʃn] *n* **-1.** [anxiety] agitation *f*. **-2.** POL campagne *f*.

agitator ['ædʒɪteɪtər] *n* agitateur *m*, -trice *f*.

AGM (*abbr of* **annual general meeting**) *n Br* AGA *f*.

agnostic [æg'nɒstɪk] ◇ *adj* agnostique. ◇ *n* agnostique *mf*.

ago [ə'gəʊ] *adv:* **a long time** ~ il y a longtemps; **three days** ~ il y a trois jours.

agog [ə'gɒg] *adj:* **to be** ~ **(with)** être en ébullition (à propos de).

agonize, -ise ['ægənaɪz] *vi:* **to** ~ **over** OR **about sthg** se tourmenter au sujet de qqch.

agonized ['ægənaɪzd] *adj* atroce.

agonizing ['ægənaɪzɪŋ] *adj* déchirant(e).

agonizingly ['ægənaɪzɪŋlɪ] *adv* [difficult etc] extrêmement.

agony ['ægənɪ] (*pl* **-ies**) *n* **-1.** [physical pain] douleur *f* atroce; **to be in** ~ souffrir le martyre. **-2.** [mental pain] angoisse *f*; **to be in** ~ être angoissé, être rempli d'angoisse.

agony aunt *n Br inf* personne qui tient la rubrique du courrier du cœur.

agony column *n Br inf* courrier *m* du cœur.

agoraphobia [,ægərə'fəʊbjə] *n* agoraphobie *f*.

agree [ə'griː] ◇ *vi* **-1.** [concur]: **to** ~ **(with/about)** être d'accord (avec/au sujet de); **to** ~ **on** [price, terms] convenir de. **-2.** [consent]: **to** ~ **(to sthg)** donner son consentement (à qqch). **-3.** [be consistent] concorder. **-4.** [food]: **to** ~ **with** être bon (bonne) pour, réussir à. **-5.** GRAMM: **to** ~ **(with)** s'accorder (avec).
◇ *vt* **-1.** [price, conditions] accepter, convenir de. **-2.** [concur, concede]: **to** ~ **(that)** ... admettre que .... **-3.** [arrange]: **to** ~ **to do sthg** se mettre d'accord pour faire qqch.

agreeable [ə'grɪəbl] *adj* **-1.** [pleasant] agréable. **-2.** [willing]: **to be** ~ consentir à.

agreeably [ə'grɪəblɪ] *adv* agréablement.

agreed [ə'griːd] *adj:* **to be** ~ **(on sthg)** être d'accord (à propos de qqch).

agreement [ə'griːmənt] *n* **-1.** [gen] accord *m*; **to be in** ~ **(with)** être d'accord (avec); **to reach an** ~ parvenir à un accord. **-2.** [consistency] concordance *f*.

agricultural [,ægrɪ'kʌltʃərəl] *adj* agricole.

agriculture ['ægrɪkʌltʃər] *n* agriculture *f*.

aground [ə'graʊnd] *adv:* **to run** ~ s'échouer.

ah [ɑː] *excl* ah!

aha [ɑː'hɑː] *excl* ah, ah!

ahead [ə'hed] *adv* **-1.** [in front] devant, en avant; **to go/be sent on** ~ partir/être envoyé en avant; **right** ~, **straight** ~ droit devant. **-2.** [in better position] en avance; **Scotland are** ~ **by two goals to one** l'Écosse mène par deux à un; **to get** ~ [be successful] réussir. **-3.** [in time] à l'avance; **the months** ~ les mois à venir.
◆ **ahead of** *prep* **-1.** [in front of] devant. **-2.** [in time] avant; ~ **of schedule** [work] en avance sur le planning; ~ **of time** en avance.

ahoy [əˈhɔɪ] *excl* NAUT ohé!; **ship ~!** ohé du bateau!

AI *n* **-1.** (*abbr of* **Amnesty International**) AI *m*. **-2.** (*abbr of* **artificial intelligence**) IA *f*. **-3.** *abbr of* **artificial insemination**.

AIB (*abbr of* **Accident Investigation Bureau**) *n commission d'enquête sur les accidents en Grande-Bretagne.*

aid [eɪd] ◇ *n* aide *f*; **with the ~ of** [person] avec l'aide de; [thing] à l'aide de; **to go to sb's ~** aller à l'aide de qqn; **in ~ of** au profit de. ◇ *vt* **-1.** [help] aider. **-2.** JUR: **to ~ and abet** être complice de.

AID *n* **-1.** (*abbr of* **artificial insemination by donor**) IAD *f*. **-2.** (*abbr of* **Agency for International Development**) AID *f*.

aide [eɪd] *n* POL aide *mf*.

aide-de-camp [ˌeɪddəˈkɑ̃ː] (*pl* **aides-de-camp** [ˌeɪdz-]) *n* aide de camp.

AIDS, Aids [eɪdz] (*abbr of* **acquired immune deficiency syndrome**) ◇ *n* SIDA *m*, Sida *m*. ◇ *comp*: **~ specialist** sidologue *mf*; **~ patient** sidéen *m*, -enne *f*.

AIH (*abbr of* **artificial insemination by husband**) *n* IAC *f*.

ail [eɪl] *vi* souffrir.

ailing [ˈeɪlɪŋ] *adj* **-1.** [ill] souffrant(e). **-2.** *fig* [economy, industry] dans une mauvaise passe.

ailment [ˈeɪlmənt] *n* maladie *f*.

aim [eɪm] ◇ *n* **-1.** [objective] but *m*, objectif *m*. **-2.** [in firing gun, arrow]: **to take ~ at** viser. ◇ *vt* **-1.** [gun, camera]: **to ~ sthg at** braquer qqch sur. **-2.** *fig*: **to be ~ed at** [plan, campaign etc] être destiné(e) à, viser; [criticism] être dirigé(e) contre. ◇ *vi*: **to ~ (at)** viser; **to ~ at** OR **for** *fig* viser; **to ~ to do sthg** viser à faire qqch.

aimless [ˈeɪmlɪs] *adj* [person] désœuvré(e); [life] sans but.

aimlessly [ˈeɪmlɪslɪ] *adv* sans but.

ain't [eɪnt] *inf* = **am not, are not, is not, have not, has not**.

air [eəʳ] ◇ *n* **-1.** [gen] air *m*; **to throw sthg into the ~** jeter qqch en l'air; **by ~** [travel] par avion; **to be (up) in the ~** *fig* [plans] être vague; **to clear the ~** *fig* dissiper les malentendus. **-2.** RADIO & TV: **on the ~** à l'antenne. ◇ *comp* [transport] aérien(ienne). ◇ *vt* **-1.** [gen] aérer. **-2.** [make publicly known] faire connaître OR communiquer. **-3.** [broadcast] diffuser. ◇ *vi* sécher.

◆ **airs** *npl*: **~s and graces** manières *fpl*; **to give o.s. ~s, to put on ~s** prendre de grands airs.

airbag [ˈeəbæg] *n* AUT coussin *m* pneumatique (de sécurité).

airbase [ˈeəbeɪs] *n* base *f* aérienne.

airbed [ˈeəbed] *n* Br matelas *m* pneumatique.

airborne [ˈeəbɔːn] *adj* **-1.** [troops etc] aéroporté(e); [seeds] emporté(e) par le vent. **-2.** [plane] qui a décollé.

airbrake [ˈeəbreɪk] *n* frein *m* à air comprimé.

airbus [ˈeəbʌs] *n* airbus *m*.

air-conditioned [-kənˈdɪʃnd] *adj* climatisé(e), à air conditionné.

air-conditioning [-kənˈdɪʃnɪŋ] *n* climatisation *f*.

aircraft [ˈeəkrɑːft] (*pl inv*) *n* avion *m*.

aircraft carrier *n* porte-avions *m inv*.

air cushion *n* coussin *m* pneumatique OR gonflable.

airfield [ˈeəfiːld] *n* terrain *m* d'aviation.

airforce [ˈeəfɔːs] ◇ *n* armée *f* de l'air. ◇ *comp* aérien(ienne).

air freight *n* fret *m* aérien.

airgun [ˈeəgʌn] *n* carabine *f* OR fusil *m* à air comprimé.

airhostess [ˈeəˌhəʊstɪs] *n* hôtesse *f* de l'air.

airily [ˈeərəlɪ] *adv* à la légère.

airing [ˈeərɪŋ] *n*: **to give sthg an ~** aérer qqch; *fig* [opinions] exposer qqch.

airing cupboard *n* Br placard *m* séchoir.

airkiss [ˈeəkɪs] *vi se faire la bise sans se toucher.*

airlane [ˈeəleɪn] *n* couloir *m* aérien.

airless [ˈeəlɪs] *adj* [room] qui sent le renfermé.

airletter [ˈeəletəʳ] *n* lettre *f* par avion.

airlift [ˈeəlɪft] ◇ *n* pont *m* aérien. ◇ *vt* transporter par pont aérien.

airline [ˈeəlaɪn] *n* compagnie *f* aérienne.

airliner [ˈeəlaɪnəʳ] *n* [short-distance] (avion *m*) moyen-courrier *m*; [long-distance] (avion *m*) long-courrier *m*.

airlock [ˈeəlɒk] *n* **-1.** [in tube, pipe] poche *f* d'air. **-2.** [airtight chamber] sas *m*.

airmail [ˈeəmeɪl] *n* poste *f* aérienne; **by ~** par avion.

airman [ˈeəmən] (*pl* **-men** [-mən]) *n* [aviator] aviateur *m*.

air mattress *n* matelas *m* pneumatique.

airplane [ˈeəpleɪn] *n* Am avion *m*.

airplay [ˈeəpleɪ] *n* RADIO: **to get a lot of ~** passer beaucoup à la radio.

airpocket [ˈeəpɒkɪt] *n* trou *m* d'air.

airport [ˈeəpɔːt] ◇ *n* aéroport *m*. ◇ *comp* de l'aéroport.

air raid *n* raid *m* aérien, attaque *f* aérienne.

air-raid shelter *n* abri *m* antiaérien.

air rifle *n* carabine *f* à air comprimé.

airship ['eəʃɪp] *n* (ballon *m*) dirigeable *m*.

airsick ['eəsɪk] *adj*: **to be** ~ avoir le mal de l'air.

airspace ['eəspeɪs] *n* espace *m* aérien.

airspeed ['eəspiːd] *n* vitesse *f* vraie (*d'un avion*).

air steward *n* steward *m*.

air stewardess *n* hôtesse *f* de l'air.

airstrip ['eəstrɪp] *n* piste *f*.

air terminal *n* aérogare *f*.

airtight ['eətaɪt] *adj* hermétique.

airtime ['eətaɪm] *n* temps *m* d'antenne.

air-to-air *adj* [missile, rocket] air-air (*inv*).

air-traffic control *n* contrôle *m* du trafic (aérien).

air-traffic controller *n* aiguilleur *m* (du ciel).

air travel *n* déplacement *m* OR voyage *m* par avion.

airwaves ['eəweɪvz] *npl* ondes *fpl* (hertziennes).

airy ['eərɪ] (*compar* **-ier**, *superl* **-iest**) *adj* **-1.** [room] aéré(e). **-2.** [notions, promises] chimérique. **-3.** [nonchalant] nonchalant(e).

aisle [aɪl] *n* allée *f*; [in plane] couloir *m*.

ajar [ə'dʒɑːr] *adj* entrouvert(e).

AK *abbr of* **Alaska**.

aka (*abbr of* **also known as**) alias.

akin [ə'kɪn] *adj*: **to be** ~ **to** être semblable à.

AL *abbr of* **Alabama**.

Alabama [ˌæləˈbæmə] *n* Alabama *m*; **in** ~ dans l'Alabama.

alabaster [ˌæləˈbɑːstər] *n* albâtre *m*.

alacrity [əˈlækrətɪ] *n* empressement *m*.

alarm [ə'lɑːm] ◇ *n* **-1.** [fear] alarme *f*, inquiétude *f*. **-2.** [device] alarme *f*; **fire** ~ sirène *f* d'incendie; **to raise** OR **sound the** ~ donner OR sonner l'alarme. ◇ *vt* alarmer, alerter.

alarm clock *n* réveil *m*, réveille-matin *m inv*.

alarming [ə'lɑːmɪŋ] *adj* alarmant(e), inquiétant(e).

alarmingly [ə'lɑːmɪŋlɪ] *adv* d'une manière alarmante OR inquiétante.

alarmist [ə'lɑːmɪst] *adj* alarmiste.

alas [ə'læs] *excl* hélas!

Alaska [ə'læskə] *n* Alaska *m*; **in** ~ en Alaska.

Albania [ælˈbeɪnjə] *n* Albanie *f*; **in** ~ en Albanie.

Albanian [ælˈbeɪnjən] ◇ *adj* albanais(e). ◇ *n* **-1.** [person] Albanais *m*, -e *f*. **-2.** [language] albanais *m*.

albatross ['ælbətrɒs] (*pl inv* OR **-es**) *n* albatros *m*.

albeit [ɔːl'biːɪt] *conj* bien que (+ *subjunctive*).

Alberta [ælˈbɜːtə] *n* Alberta *f*.

Albert Hall ['ælbət-] *n*: **the** ~ *salle de concert à Londres*.

THE ALBERT HALL:
Grande salle londonienne accueillant concerts et manifestations diverses, y compris sportives; elle a été nommée en l'honneur du prince Albert, époux de la reine Victoria

---

albino [æl'biːnəʊ] (*pl* **-s**) ◇ *n* albinos *mf*. ◇ *comp* albinos (*inv*).

album ['ælbəm] *n* album *m*.

albumen ['ælbjʊmɪn] *n* [of egg] albumen *m*.

alchemy ['ælkəmɪ] *n* alchimie *f*.

alcohol ['ælkəhɒl] *n* alcool *m*.

alcoholic [ˌælkəˈhɒlɪk] ◇ *adj* [person] alcoolique; [drink] alcoolisé(e). ◇ *n* alcoolique *mf*.

alcoholism ['ælkəhɒlɪzm] *n* alcoolisme *m*.

alcopop ['ælkəʊpɒp] *n* boisson gazeuse faiblement alcoolisée.

alcove ['ælkəʊv] *n* alcôve *f*.

alderman ['ɔːldəmən] (*pl* **-men** [-mən]) *n* conseiller *m* municipal.

ale [eɪl] *n* bière *f*.

alert [ə'lɜːt] ◇ *adj* **-1.** [vigilant] vigilant(e). **-2.** [perceptive] vif (vive), éveillé(e). **-3.** [aware]: **to be** ~ **to** être conscient(e) de. ◇ *n* [warning] alerte *f*; **on the** ~ [watchful] sur le qui-vive; MIL en état d'alerte. ◇ *vt* alerter; **to** ~ **sb to sthg** avertir qqn de qqch.

Aleutian Islands [ə'luːʃən-] *npl*: **the** ~ les îles *fpl* Aléoutiennes.

A-level (*abbr of* **Advanced level**) *n examen de fin d'études secondaires en Grande-Bretagne.*

A-LEVEL:
Cet examen, qui ouvre l'accès aux études supérieures en Grande-Bretagne, est beaucoup plus spécialisé que le baccalauréat français; il ne comprend que deux ou trois matières (exceptionnellement quatre). D'autre part, les mentions sont très importantes pour pouvoir choisir l'université où l'on souhaite faire ses études

Alexandria [ˌælɪgˈzɑːndrɪə] n Alexandrie.

alfalfa [ælˈfælfə] n luzerne f.

alfresco [ælˈfreskəʊ] adj & adv en plein air.

algae [ˈældʒiː] npl algues fpl.

Algarve [ælˈgɑːv] n: **the ~** l'Algarve f.

algebra [ˈældʒɪbrə] n algèbre f.

Algeria [ælˈdʒɪərɪə] n Algérie f; **in ~** en Algérie.

Algerian [ælˈdʒɪərɪən] ◇ adj algérien(ienne). ◇ n Algérien m, -ienne f.

Algiers [ælˈdʒɪəz] n Alger.

algorithm [ˈælgərɪðm] n algorithme m.

alias [ˈeɪlɪəs] (pl -es) ◇ adv alias. ◇ n faux nom m, nom d'emprunt.

alibi [ˈælɪbaɪ] n alibi m.

alien [ˈeɪljən] ◇ adj -1. [gen] étranger(ère). -2. [from outer space] extraterrestre. ◇ n -1. [from outer space] extraterrestre mf. -2. JUR [foreigner] étranger m, -ère f.

alienate [ˈeɪljəneɪt] vt aliéner.

alienation [ˌeɪljəˈneɪʃn] n PSYCH aliénation f.

alight [əˈlaɪt] (pt & pp **-ed** OR **alit**) ◇ adj allumé(e), en feu. ◇ vi -1. [bird etc] se poser. -2. [from bus, train]: **to ~ from** descendre de.

align [əˈlaɪn] vt -1. [line up] aligner. -2. [ally]: **to ~ o.s. with sb** s'aligner sur qqn.

alignment [əˈlaɪnmənt] n alignement m.

alike [əˈlaɪk] ◇ adj semblable. ◇ adv de la même façon; **to look ~** se ressembler.

alimentary canal [ˌælɪˈmentərɪ-] n tube m digestif.

alimony [ˈælɪmənɪ] n pension f alimentaire.

A-line adj trapèze (inv).

alit [əˈlɪt] pt & pp → **alight**.

alive [əˈlaɪv] adj -1. [living] vivant(e), en vie. -2. [practice, tradition] vivace; **to keep ~** préserver. -3. [lively] plein(e) de vitalité; **to come ~** [story, description] prendre vie; [person, place] s'animer. -4. [aware]: **to be ~ to sthg** être conscient(e) de qqch. -5. [full of]: **to be ~ with sthg** grouiller de, pulluler de.

alkali [ˈælkəlaɪ] (pl -s OR -es) n alcali m.

alkaline [ˈælkəlaɪn] adj alcalin(e).

all [ɔːl] ◇ adj -1. (with sg noun) tout (toute); **~ day/night/evening** toute la journée/la nuit/la soirée; **~ the drink** toute la boisson; **~ the time** tout le temps. -2. (with pl noun) tous (toutes); **~ the boxes** toutes les boîtes; **~ men** tous les hommes; **~ three died** ils sont morts tous les trois, tous les trois sont morts.

◇ pron -1. (sg) [the whole amount] tout m; **she drank it ~**, **she drank ~ of it** elle a tout bu. -2. (pl) [everybody, everything] tous (toutes); **~ of them came**, **they ~ came** ils sont tous venus. -3. (with superl): **... of ~ ...** de tous (toutes); **I like this one best of ~** je préfère celui-ci entre tous; **hers was the best/worst essay of ~** sa dissertation était la meilleure/la pire de toutes. -4. **above ~** → above; **after ~** → after; **at ~** → at.

◇ adv -1. [entirely] complètement; **I'd forgotten ~ about that** j'avais complètement oublié cela; **~ alone** tout seul (toute seule); **that's ~ very well, but ...** tout cela est bien beau, mais .... -2. [in sport, competitions]: **the score is five ~** le score est cinq partout. -3. (with compar): **to run ~ the faster** courir d'autant plus vite; **~ the better** d'autant mieux.

◆ **all but** adv presque, pratiquement.

◆ **all in all** adv dans l'ensemble.

◆ **all that** adv si ... que ça; **it's not ~ that interesting** ce n'est pas si intéressant que ça.

◆ **for all** ◇ prep malgré; **for ~ his money ...** malgré tout son argent .... ◇ conj: **for ~ I know** pour autant que je sache.

◆ **in all** adv en tout.

Allah [ˈælə] n Allah m.

all-around Am = all-round.

allay [əˈleɪ] vt [fears, anger] apaiser, calmer; [doubts] dissiper.

all clear n signal m de fin d'alerte; fig feu m vert.

allegation [ˌælɪˈgeɪʃn] n allégation f; **to make ~s (about)** faire des allégations (sur).

allege [əˈledʒ] vt prétendre, alléguer; **to ~ (that) ...** prétendre que ..., alléguer que ...; **she is ~d to have done it** on prétend qu'elle l'a fait.

alleged [əˈledʒd] adj prétendu(e).

allegedly [əˈledʒɪdlɪ] adv prétendument.

allegiance [əˈliːdʒəns] n allégeance f.

allegorical [ˌælɪˈgɒrɪkl] adj allégorique.

allegory [ˈælɪgərɪ] (pl -ies) n allégorie f.

alleluia [ˌælɪˈluːjə] excl alléluia!

allergic [əˈlɜːdʒɪk] adj: **~ (to)** allergique (à); **to be ~ to hard work** hum être allergique au travail.

allergy [ˈælədʒɪ] (pl -ies) n allergie f; **to have an ~ to sthg** être allergique à qqch.

alleviate [əˈliːvɪeɪt] vt apaiser, soulager.

alley(way) [ˈælɪ(weɪ)] n [street] ruelle f; [in garden] allée f.

alliance [əˈlaɪəns] n alliance f.

allied ['ælaɪd] *adj* **-1.** MIL allié(e). **-2.** [related] connexe.

alligator ['ælɪgeɪtər] (*pl inv* OR **-s**) *n* alligator *m*.

all-important *adj* capital(e), crucial(e).

all-in *adj Br* [price] global(e).
◆ **all in** ◇ *adv* [inclusive] tout compris. ◇ *adj inf* [tired] crevé(e).

all-in wrestling *n* lutte *f* libre.

alliteration [ə,lɪtə'reɪʃn] *n* allitération *f*.

all-night *adj* [party etc] qui dure toute la nuit; [bar etc] ouvert(e) toute la nuit.

allocate ['æləkeɪt] *vt* [money, resources]: **to ~ sthg (to sb)** attribuer qqch (à qqn).

allocation [,ælə'keɪʃn] *n* **-1.** [gen] attribution *f*. **-2.** [share of money] somme *f* allouée.

allot [ə'lɒt] (*pt & pp* **-ted**, *cont* **-ting**) *vt* [job] assigner; [money, resources] attribuer; [time] allouer.

allotment [ə'lɒtmənt] *n* **-1.** *Br* [garden] jardin *m* ouvrier (*loué par la commune*). **-2.** [sharing out] attribution *f*. **-3.** [share] part *f*.

all-out *adj* [effort] maximum (*inv*); [war] total(e).

allow [ə'laʊ] *vt* **-1.** [permit - activity, behaviour] autoriser, permettre; **to ~ sb to do sthg** permettre à qqn de faire qqch, autoriser qqn à faire qqch; **~ me** permettez-moi. **-2.** [set aside - money, time] prévoir. **-3.** [officially accept] accepter. **-4.** [concede]: **to ~ that ...** admettre que ....
◆ **allow for** *vt fus* tenir compte de.

allowable [ə'laʊəbl] *adj* admissible.

allowance [ə'laʊəns] *n* **-1.** [money received] indemnité *f*; **maternity ~** allocation *f* de maternité. **-2.** *Am* [pocket money] argent *m* de poche. **-3.** FIN: **tax ~** ≈ abattement *m* fiscal. **-4.** [excuse]: **to make ~s for sb** faire preuve d'indulgence envers qqn; **to make ~s for sthg** prendre qqch en considération.

alloy ['ælɔɪ] *n* alliage *m*.

all-powerful *adj* tout-puissant (toute-puissante).

all right ◇ *adv* bien; [in answer - yes] d'accord; **~, let's go!** bon, on y va؟ ◇ *adj* **-1.** [healthy] en bonne santé; [unharmed] sain et sauf (saine et sauve). **-2.** *inf* [acceptable, satisfactory]: **it was ~** c'était pas mal; **that's ~** [never mind] ce n'est pas grave. **-3.** [allowable]: **is it ~ if ...؟** ça ne vous dérange pas si ...؟

all-round *Br*, **all-around** *Am adj* **-1.** [multi-skilled] doué(e) dans tous les domaines. **-2.** [comprehensive] complet(ète).

all-rounder [-'raʊndər] *n* **-1.** [versatile person]: **to be an ~** être bon (bonne) en tout.

-2. SPORT sportif complet *m*, sportive complète *f*.

all-time *adj* [record] sans précédent.

allude [ə'lu:d] *vi*: **to ~ to** faire allusion à.

allure [ə'ljʊər] *n* charme *m*.

alluring [ə'ljʊərɪŋ] *adj* séduisant(e).

allusion [ə'lu:ʒn] *n* allusion *f*.

ally [*n* 'ælaɪ, *vb* ə'laɪ] (*pl* **-ies**, *pt & pp* **-ied**) ◇ *n* allié *m*, -e *f*. ◇ *vt*: **to ~ o.s. with** s'allier à.

almanac ['ɔ:lmənæk] *n* almanach *m*.

almighty [ɔ:l'maɪtɪ] *adj inf* [noise] terrible.
◆ **Almighty** *n*: **the Almighty** le Tout-Puissant.

almond ['ɑ:mənd] *n* [nut] amande *f*; **~ (tree)** amandier *m*.

almond paste *n* pâte *f* d'amande.

almost ['ɔ:lməʊst] *adv* presque; **I ~ missed the bus** j'ai failli rater le bus.

alms [ɑ:mz] *npl dated* aumône *f*.

aloft [ə'lɒft] *adv* **-1.** [in the air] en l'air. **-2.** NAUT dans la mâture.

alone [ə'ləʊn] ◇ *adj* seul(e); **all ~** tout seul (toute seule). ◇ *adv* seul; **to leave sthg ~** ne pas toucher à qqch; **leave me ~!** laisse-moi tranquille!; **to go it ~** faire cavalier seul.
◆ **let alone** *conj* encore moins.

along [ə'lɒŋ] ◇ *adv*: **to walk ~** se promener; **to move ~** avancer; **can I come ~ (with you)؟** est-ce que je peux venir (avec vous)؟ ◇ *prep* le long de; **to run/walk ~ the street** courir/marcher le long de la rue.
◆ **all along** *adv* depuis le début.
◆ **along with** *prep* ainsi que.

alongside [ə,lɒŋ'saɪd] ◇ *prep* le long de, à côté de; [person] à côté de. ◇ *adv* bord à bord.

aloof [ə'lu:f] ◇ *adj* distant(e). ◇ *adv*: **to remain ~ (from)** garder ses distances (vis-à-vis de).

aloud [ə'laʊd] *adv* à voix haute, tout haut.

alpaca [æl'pækə] *n* alpaga *m*.

alphabet ['ælfəbet] *n* alphabet *m*.

alphabetical [,ælfə'betɪkl] *adj* alphabétique; **in ~ order** par ordre alphabétique.

alphabetically [,ælfə'betɪklɪ] *adv* par ordre alphabétique.

alphabetize, **-ise** ['ælfəbətaɪz] *vt* classer par ordre alphabétique.

alphanumeric [,ælfənju:'merɪk] *adj* alphanumérique.

alphanumeric key *n* COMPUT touche *f* alphanumérique.

alpine ['ælpaɪn] *adj* alpin(e).

Alps [ælps] *npl*: **the ~** les Alpes *fpl*.
already [ɔːlˈredɪ] *adv* déjà.
alright [ˌɔːlˈraɪt] = **all right**.
Alsace [ælˈsæs] *n* Alsace *f*; **in ~** en Alsace.
Alsatian [ælˈseɪʃn] ◇ *adj* alsacien(ienne). ◇ *n* **-1.** [person] Alsacien *m*, -ienne *f*. **-2.** [dog] berger *m* allemand.
also [ˈɔːlsəʊ] *adv* aussi.
also-ran *n* [person] perdant *m*, -e *f*.
Alta. *abbr of* **Alberta**.
altar [ˈɔːltər] *n* autel *m*.
alter [ˈɔːltər] ◇ *vt* changer, modifier; **to have a dress/suit ~ed** faire retoucher une robe/un costume. ◇ *vi* changer.
alteration [ˌɔːltəˈreɪʃn] *n* modification *f*, changement *m*; **to make an ~** OR **~s to sthg** changer OR modifier qqch.
altercation [ˌɔːltəˈkeɪʃn] *n* altercation *f*.
alter ego [ˈɔːltər-] (*pl* **-s**) *n* alter ego *m*.
alternate [*adj Br* ɔːlˈtɜːnət, *Am* ˈɒːltərnət, *vb* ˈɔːltərneɪt] ◇ *adj* alterné(e), alternatif(ive); **~ days** tous les deux jours, un jour sur deux. ◇ *vt* faire alterner. ◇ *vi*: **to ~ (with)** alterner (avec); **to ~ between sthg and sthg** passer de qqch à qqch.
alternately [ɔːlˈtɜːnətlɪ] *adv* alternativement.
alternating current [ˈɔːltəneɪtɪŋ-] *n* courant *m* alternatif.
alternation [ˌɔːltəˈneɪʃn] *n* alternance *f*.
alternative [ɔːlˈtɜːnətɪv] ◇ *adj* **-1.** [different] autre. **-2.** [non-traditional - society] parallèle; [- art, energy] alternatif(ive). ◇ *n* **-1.** [between two solutions] alternative *f*. **-2.** [other possibility]: **~ (to)** solution *f* de remplacement (à); **to have no ~** ne pas avoir le choix; **to have no ~ but to do sthg** ne pas avoir d'autre choix que de faire qqch.
alternatively [ɔːlˈtɜːnətɪvlɪ] *adv* ou bien.
alternative medicine *n* médecine *f* parallèle OR douce.
alternator [ˈɔːltəneɪtər] *n* ELEC alternateur *m*.
although [ɔːlˈðəʊ] *conj* bien que (+ *subjunctive*).
altitude [ˈæltɪtjuːd] *n* altitude *f*.
alto [ˈæltəʊ] (*pl* **-s**) ◇ *n* **-1.** [male voice] haute-contre *f*. **-2.** [female voice] contralto *m*. ◇ *comp* alto.
altogether [ˌɔːltəˈɡeðər] *adv* **-1.** [completely] entièrement, tout à fait. **-2.** [considering all things] tout compte fait. **-3.** [in all] en tout.
altruism [ˈæltruɪzm] *n* altruisme *m*.
altruistic [ˌæltruˈɪstɪk] *adj* altruiste.
aluminium *Br* [ˌæljʊˈmɪnɪəm], **aluminum**

Am [əˈluːmɪnəm] ◇ *n* aluminium *m*. ◇ *comp* en aluminium; **~ foil** papier *m* aluminium.
alumnus [əˈlʌmnəs] (*pl* **-ni** [-naɪ]) *n* ancien étudiant *m*, ancienne étudiante *f* (*d'une université*).
always [ˈɔːlweɪz] *adv* toujours.
am [æm] → **be**.
a.m. (*abbr of* **ante meridiem**): **at 3 ~** à 3h (du matin).
AM (*abbr of* **amplitude modulation**) *n* AM *f*.
AMA (*abbr of* **American Medical Association**) *n* ordre américain des médecins.
amalgam [əˈmælɡəm] *n* amalgame *m*.
amalgamate [əˈmælɡəmeɪt] *vt & vi* [unite] fusionner.
amalgamation [ə,mælɡəˈmeɪʃn] *n* [of companies] fusion *f*.
amass [əˈmæs] *vt* amasser.
amateur [ˈæmətər] ◇ *adj* amateur (*inv*); *pej* d'amateur. ◇ *n* amateur *m*.
amateurish [ˌæməˈtɜːrɪʃ] *adj* d'amateur.
amaze [əˈmeɪz] *vt* étonner, stupéfier.
amazed [əˈmeɪzd] *adj* stupéfait(e).
amazement [əˈmeɪzmənt] *n* stupéfaction *f*.
amazing [əˈmeɪzɪŋ] *adj* **-1.** [surprising] étonnant(e), ahurissant(e). **-2.** [wonderful] excellent(e).
amazingly [əˈmeɪzɪŋlɪ] *adv* étonnamment.
Amazon [ˈæməzn] *n* **-1.** [river]: **the ~** l'Amazone *f*. **-2.** [region]: **the ~ (Basin)** l'Amazonie *f*; **in the ~** en Amazonie; **the ~ rainforest** la forêt amazonienne.
Amazonian [ˌæməˈzəʊnjən] *adj* amazonien(ienne).
ambassador [æmˈbæsədər] *n* ambassadeur *m*, -drice *f*.
amber [ˈæmbər] ◇ *adj* **-1.** [amber-coloured] ambré(e). **-2.** *Br* [traffic light] orange (*inv*). ◇ *n* **-1.** [substance] ambre *m*. **-2.** [colour - of traffic light] orange *m*. ◇ *comp* [made of amber] d'ambre.
ambiance [ˈæmbɪəns] = **ambience**.
ambidextrous [ˌæmbɪˈdekstrəs] *adj* ambidextre.
ambience [ˈæmbɪəns] *n* ambiance *f*.
ambiguity [ˌæmbɪˈɡjuːətɪ] (*pl* **-ies**) *n* ambiguïté *f*.
ambiguous [æmˈbɪɡjʊəs] *adj* ambigu(ë).
ambiguously [æmˈbɪɡjʊəslɪ] *adv* de façon ambiguë.
ambition [æmˈbɪʃn] *n* ambition *f*.
ambitious [æmˈbɪʃəs] *adj* ambitieux(ieuse).
ambivalence [æmˈbɪvələns] *n* ambivalence *f*.

ambivalent [æm'bɪvələnt] *adj* ambivalent(e).

amble ['æmbl] *vi* déambuler.

ambulance ['æmbjʊləns] ◇ *n* ambulance *f*. ◇ *comp*: ~ **man** ambulancier *m*; ~ **woman** ambulancière *f*.

ambush ['æmbʊʃ] ◇ *n* embuscade *f*. ◇ *vt* tendre une embuscade à.

ameba *Am* = amoeba.

ameliorate [ə'miːljəreɪt] *fml* ◇ *vt* améliorer. ◇ *vi* s'améliorer.

amen [ˌɑː'men] *excl* amen!

amenable [ə'miːnəbl] *adj*: ~ **(to)** ouvert(e) (à).

amend [ə'mend] *vt* modifier; [law] amender.
◆ **amends** *npl*: **to make ~s (for)** se racheter (pour).

amendment [ə'mendmənt] *n* modification *f*; [to law] amendement *m*.

amenities [ə'miːnətɪz] *npl* aménagements *mpl*, équipements *mpl*.

America [ə'merɪkə] *n* Amérique *f*; **in** ~ en Amérique.
◆ **Americas** *npl*: **the ~s** les Amériques.

American [ə'merɪkn] ◇ *adj* américain(e). ◇ *n* Américain *m*, -e *f*.

American Indian *n* Indien *m*, -ienne *f* d'Amérique, Amérindien *m*, -ienne *f*.

Americanism [ə'merɪkənɪzm] *n* américanisme *m*.

americanize, -ise [ə'merɪkənaɪz] *vt* américaniser.

amethyst ['æmɪθɪst] *n* améthyste *f*.

Amex ['æmeks] *n* **-1.** (*abbr of* **American Stock Exchange**) *deuxième place boursière des États-Unis*. **-2.** *abbr of* **American Express**.

amiable ['eɪmjəbl] *adj* aimable.

amiably ['eɪmjəblɪ] *adv* aimablement.

amicable ['æmɪkəbl] *adj* amical(e).

amicably ['æmɪkəblɪ] *adv* amicalement.

amid(st) [ə'mɪd(st)] *prep* au milieu de, parmi.

amino acid [ə'miːnəʊ-] *n* acide *m* aminé.

amiss [ə'mɪs] ◇ *adj*: **is there anything ~?** y a-t-il quelque chose qui ne va pas? ◇ *adv*: **to take sthg ~** prendre qqch de travers.

Amman [ə'mɑːn] *n* Amman.

ammo ['æməʊ] *n* (*U*) *inf* munitions *fpl*.

ammonia [ə'məʊnjə] *n* [liquid] ammoniaque *f*.

ammunition [ˌæmjʊ'nɪʃn] *n* (*U*) **-1.** MIL munitions *fpl*. **-2.** *fig* [argument] argument *m*.

ammunition dump *n* dépôt *m* de munitions.

amnesia [æm'niːzjə] *n* amnésie *f*.

amnesty ['æmnəstɪ] (*pl* **-ies**) *n* amnistie *f*.

Amnesty International *n* Amnesty International *f*.

amoeba [ə'miːbə] (*pl* **-bas** OR **-bae** [-biː]), **ameba** *Am* (*pl* **-bas** OR **-bae** [-biː]) amibe *f*.

amok [ə'mɒk] *adv*: **to run** ~ être pris(e) d'une crise de folie furieuse.

among(st) [ə'mʌŋ(st)] *prep* parmi, entre; ~ **other things** entre autres (choses).

amoral [ˌeɪ'mɒrəl] *adj* amoral(e).

amorous ['æmərəs] *adj* amoureux(euse).

amorphous [ə'mɔːfəs] *adj* informe.

amortize [ə'mɔːtaɪz] *vt* FIN amortir.

amount [ə'maʊnt] *n* **-1.** [quantity] quantité *f*; **a great** ~ **of** beaucoup de. **-2.** [sum of money] somme *f*, montant *m*.
◆ **amount to** *vt fus* **-1.** [total] se monter à, s'élever à. **-2.** [be equivalent to] revenir à, équivaloir à.

amp [æmp] *n* **-1.** *abbr of* **ampere. -2.** *inf* (*abbr of* **amplifier**) ampli *m*.

amperage ['æmpərɪdʒ] *n* intensité *f* de courant.

ampere ['æmpeəʳ] *n* ampère *m*.

ampersand ['æmpəsænd] *n* esperluette *f*.

amphetamine [æm'fetəmiːn] *n* amphétamine *f*.

amphibian [æm'fɪbɪən] *n* batracien *m*.

amphibious [æm'fɪbɪəs] *adj* amphibie.

amphitheatre *Br*, **amphitheater** *Am* ['æmfɪˌθɪətəʳ] *n* amphithéâtre *m*.

ample ['æmpl] *adj* **-1.** [enough] suffisamment de, assez de. **-2.** [large] ample.

amplification [ˌæmplɪfɪ'keɪʃn] *n* **-1.** [of sound] amplification *f*. **-2.** [of idea, statement] développement *m*.

amplifier ['æmplɪfaɪəʳ] *n* amplificateur *m*.

amplify ['æmplɪfaɪ] (*pt* & *pp* **-ied**) ◇ *vt* **-1.** [sound] amplifier. **-2.** [idea, statement] développer. ◇ *vi*: **to** ~ **on sthg** développer qqch.

amply ['æmplɪ] *adv* **-1.** [sufficiently] amplement. **-2.** [considerably] largement.

ampoule *Br*, **ampule** *Am* ['æmpuːl] *n* ampoule *f*.

amputate ['æmpjuteɪt] *vt* & *vi* amputer.

amputation [ˌæmpju'teɪʃn] *n* amputation *f*.

Amsterdam [ˌæmstə'dæm] *n* Amsterdam.

amt *abbr of* **amount**.

Amtrak ['æmtræk] *n* société nationale de chemins de fer aux États-Unis.

amuck [ə'mʌk] = amok.

amulet ['æmjʊlɪt] *n* amulette *f*.

amuse [ə'mjuːz] *vt* **-1.** [make laugh] amuser, faire rire. **-2.** [entertain] divertir, distraire; **to**

~ **o.s. (by doing** sthg**)** s'occuper (à faire qqch).

amused [ə'mjuːzd] *adj* **-1.** [laughing] amusé(e); **to be** ~ **at** OR **by** sthg trouver qqch amusant. **-2.** [entertained]: **to keep o.s.** ~ s'occuper.

amusement [ə'mjuːzmənt] *n* **-1.** [laughter] amusement *m*. **-2.** [diversion, game] distraction *f*.

amusement arcade *n* galerie *f* de jeux.

amusement park *n* parc *m* d'attractions.

amusing [ə'mjuːzɪŋ] *adj* amusant(e).

an [*stressed* æn, *unstressed* ən] → **a.**

ANA *n* **-1.** (*abbr of* **American Newspaper Association**) *syndicat américain de la presse écrite*. **-2.** (*abbr of* **American Nurses Association**) *syndicat américain d'infirmiers*.

anabolic steroid [ˌænə'bɒlɪk-] *n* (stéroïde *m*) anabolisant *m*.

anachronism [ə'nækrənɪzm] *n* anachronisme *m*.

anachronistic [ə,nækrə'nɪstɪk] *adj* anachronique.

anaemia *Br*, **anemia** *Am* [ə'niːmjə] *n* anémie *f*.

anaemic *Br*, **anemic** *Am* [ə'niːmɪk] *adj* anémique; *fig* & *pej* fade, plat(e).

anaesthesia *Br*, **anesthesia** *Am* [ˌænɪs'θiːzjə] *n* anesthésie *f*.

anaesthetic *Br*, **anesthetic** *Am* [ˌænɪs'θetɪk] *n* anesthésique *m*; **under** ~ sous anesthésie; **local/general** ~ anesthésie *f* locale/générale.

anaesthetist *Br*, **anesthetist** *Am* [æ'niːsθətɪst] *n* anesthésiste *mf*.

anaesthetize *Br*, **-ise** *Br*, **anesthetize** *Am* [æ'niːsθətaɪz] *vt* anesthésier.

anagram ['ænəgræm] *n* anagramme *f*.

anal ['eɪnl] *adj* anal(e).

analgesic [ˌænæl'dʒiːsɪk] ◇ *adj* analgésique. ◇ *n* analgésique *m*.

analog *Am* = **analogue.**

analogous [ə'næləgəs] *adj*: ~ **(to)** analogue (à).

analogue *Br*, **analog** *Am* ['ænəlɒg] ◇ *adj* [watch, clock] analogique. ◇ *n* analogue *m*.

analogy [ə'nælədʒɪ] (*pl* **-ies**) *n* analogie *f*; **to draw an** ~ **with/between** faire une comparaison avec/entre; **by** ~ par analogie.

analyse *Br*, **analyze** *Am* ['ænəlaɪz] *vt* analyser.

analysis [ə'næləsɪs] (*pl* **analyses** [ə'næləsiːz]) *n* analyse *f*; **in the final** OR **last** ~ en dernière analyse.

analyst ['ænəlɪst] *n* analyste *mf*.

analytic(al) [ˌænə'lɪtɪk(l)] *adj* analytique.

analyze *Am* = **analyse.**

anarchic [æ'nɑːkɪk] *adj* anarchique.

anarchist ['ænəkɪst] *n* anarchiste *mf*.

anarchy ['ænəkɪ] *n* anarchie *f*.

anathema [ə'næθəmə] *n* anathème *m*.

anatomical [ˌænə'tɒmɪkl] *adj* anatomique.

anatomy [ə'nætəmɪ] (*pl* **-ies**) *n* anatomie *f*.

ANC (*abbr of* **African National Congress**) *n* ANC *m*.

ancestor ['ænsestəʳ] *n lit* & *fig* ancêtre *m*.

ancestral home [æn'sestrəl-] *n* demeure *f* ancestrale.

ancestry ['ænsestrɪ] (*pl* **-ies**) *n* **-1.** [past] ascendance *f*. **-2.** (*U*) [ancestors] ancêtres *mpl*.

anchor ['æŋkəʳ] ◇ *n* ancre *f*; **to drop/weigh** ~ jeter/lever l'ancre. ◇ *vt* **-1.** [secure] ancrer. **-2.** TV présenter. ◇ *vi* NAUT jeter l'ancre.

anchorage ['æŋkərɪdʒ] *n* **-1.** NAUT mouillage *m*. **-2.** [means of securing] ancrage *m*.

anchorman ['æŋkəmæn] (*pl* **-men** [-men]) *n* TV présentateur *m*.

anchorwoman ['æŋkə,wʊmən] (*pl* **-women** [-,wɪmɪn]) *n* TV présentatrice *f*.

anchovy ['æntʃəvɪ] (*pl inv* OR **-ies**) *n* anchois *m*.

ancient ['eɪnʃənt] *adj* **-1.** [monument etc] historique; [custom] ancien(ienne). **-2.** *hum* [car etc] antique; [person] vieux (vieille).

ancillary [æn'sɪlərɪ] *adj* auxiliaire.

and [*strong form* ænd, *weak form* ənd, ən] *conj* **-1.** [as well as, plus] et. **-2.** [in numbers]: **one hundred** ~ **eighty** cent quatre-vingts; **six** ~ **a half** six et demi. **-3.** [to]: **come** ~ **see!** venez voir!; **try** ~ **come** essayez de venir; **wait** ~ **see** vous verrez bien.

◆ **and so on, and so forth** *adv* et ainsi de suite.

Andes ['ændiːz] *npl*: **the** ~ les Andes *fpl*.

Andorra [æn'dɔːrə] *n* Andorre *f*; **in** ~ en Andorre.

androgynous [æn'drɒdʒɪnəs] *adj* androgyne.

android ['ændrɔɪd] *n* androïde *m*.

anecdote ['ænɪkdəʊt] *n* anecdote *f*.

anemia *Am* = **anaemia.**

anemic *Am* = **anaemic.**

anemone [ə'nemənɪ] *n* anémone *f*.

anesthesia *etc Am* = **anaesthesia** *etc*.

anew [ə'njuː] *adv*: **to start** ~ recommencer (à zéro).

angel ['eɪndʒəl] *n* ange *m*.

Angeleno [ˌændʒə'liːnəʊ] *n habitant de Los Angeles*.

angelic [æn'dʒelɪk] *adj* angélique.

anger ['æŋgə'] ◇ *n* colère *f.* ◇ *vt* fâcher, irriter.

angina [æn'dʒaɪnə] *n* angine *f* de poitrine.

angle ['æŋgl] ◇ *n* **-1.** [gen] angle *m*; **at an ~** de travers, en biais. **-2.** [point of view] point *m* de vue, angle *m*. ◇ *vi* pêcher (à la ligne); **to ~ for** *fig* [invitation, compliments] chercher à obtenir, quêter.

angler ['æŋglə'] *n* pêcheur *m* (à la ligne).

Anglican ['æŋglɪkən] ◇ *adj* anglican(e). ◇ *n* anglican *m*, -e *f.*

anglicism ['æŋglɪsɪzm] *n* anglicisme *m.*

angling ['æŋglɪŋ] *n* pêche *f* à la ligne.

Anglo- ['æŋgləʊ] *prefix* anglo-.

Anglo-Saxon ◇ *adj* anglo-saxon(onne). ◇ *n* **-1.** [person] Anglo-saxon *m*, -onne *f.* **-2.** [language] anglo-saxon *m.*

Angola [æŋ'gəʊlə] *n* Angola *m*; **in ~** en Angola.

Angolan [æŋ'gəʊlən] ◇ *adj* angolais(e). ◇ *n* Angolais *m*, -e *f.*

angora [æŋ'gɔːrə] *n* angora *m.*

angrily ['æŋgrəlɪ] *adv* avec colère.

angry ['æŋgrɪ] (*compar* **-ier**, *superl* **-iest**) *adj* [person] en colère, fâché(e); [words, quarrel] violent(e); **to be ~ with** OR **at sb** être en colère OR fâché contre qqn; **to get ~** se mettre en colère, se fâcher.

angst [æŋst] *n* anxiété *f.*

anguish ['æŋgwɪʃ] *n* angoisse *f.*

anguished ['æŋgwɪʃt] *adj* angoissé(e).

angular ['æŋgjʊlə'] *adj* anguleux(euse).

animal ['ænɪml] ◇ *n* animal *m*; *pej* brute *f.* ◇ *adj* animal(e).

animate ['ænɪmət] *adj* animé(e), vivant(e).

animated ['ænɪmeɪtɪd] *adj* animé(e).

animated cartoon *n* dessin *m* animé.

animation [,ænɪ'meɪʃn] *n* animation *f.*

animosity [,ænɪ'mɒsətɪ] (*pl* **-ies**) *n* animosité *f.*

aniseed ['ænɪsiːd] *n* anis *m.*

ankle ['æŋkl] ◇ *n* cheville *f.* ◇ *comp*: **~ socks** socquettes *fpl*; **~ boots** bottines *fpl.*

annals ['ænlz] *npl* annales *fpl.*

annex(e) ['æneks] ◇ *n* [building] annexe *f.* ◇ *vt* annexer.

annexation [,ænek'seɪʃn] *n* annexion *f.*

annihilate [ə'naɪəleɪt] *vt* anéantir, annihiler.

annihilation [ə,naɪə'leɪʃn] *n* anéantissement *m.*

anniversary [,ænɪ'vɜːsərɪ] (*pl* **-ies**) *n* anniversaire *m.*

annotate ['ænəteɪt] *vt* annoter.

announce [ə'naʊns] *vt* annoncer.

announcement [ə'naʊnsmənt] *n* **-1.** [statement] déclaration *f*; [in newspaper] avis *m.* **-2.** (*U*) [act of stating] annonce *f.*

announcer [ə'naʊnsə'] *n* RADIO & TV speaker *m*, speakerine *f.*

annoy [ə'nɔɪ] *vt* agacer, contrarier.

annoyance [ə'nɔɪəns] *n* contrariété *f.*

annoyed [ə'nɔɪd] *adj* mécontent(e), agacé(e); **to get ~** se fâcher; **to be ~ at sthg** être contrarié par qqch; **to be ~ with sb** être fâché contre qqn.

annoying [ə'nɔɪɪŋ] *adj* agaçant(e), énervant(e).

annual ['ænjʊəl] ◇ *adj* annuel(elle). ◇ *n* **-1.** [plant] plante *f* annuelle. **-2.** [book - gen] publication *f* annuelle; [- for children] album *m.*

annual general meeting *n* assemblée *f* générale annuelle.

annually ['ænjʊəlɪ] *adv* annuellement.

annuity [ə'njuːɪtɪ] (*pl* **-ies**) *n* rente *f.*

annul [ə'nʌl] (*pt* & *pp* **-led**, *cont* **-ling**) *vt* annuler; [law] abroger.

annulment [ə'nʌlmənt] *n* annulation *f*; [of law] abrogation *f.*

annum ['ænəm] *n*: **per ~** par an.

Annunciation [ə,nʌnsɪ'eɪʃn] *n*: **the ~** l'Annonciation *f.*

anode ['ænəʊd] *n* anode *f.*

anoint [ə'nɔɪnt] *vt* oindre.

anomalous [ə'nɒmələs] *adj* anormal(e).

anomaly [ə'nɒməlɪ] (*pl* **-ies**) *n* anomalie *f.*

anon. [ə'nɒn] (*abbr of* **anonymous**) anon.

anonymity [,ænə'nɪmətɪ] *n* anonymat *m.*

anonymous [ə'nɒnɪməs] *adj* anonyme.

anonymously [ə'nɒnɪməslɪ] *adv* anonymement.

anorak ['ænəræk] *n* anorak *m.*

anorexia (nervosa) [,ænə'reksɪə(nɜː'vəʊsə)] *n* anorexie *f* mentale.

anorexic [,ænə'reksɪk] ◇ *adj* anorexique. ◇ *n* anorexique *mf.*

another [ə'nʌðə'] ◇ *adj* **-1.** [additional]: **~ apple** encore une pomme, une pomme de plus, une autre pomme; **in ~ few minutes** dans quelques minutes; **(would you like) ~ drink?** encore un verre? **-2.** [different]: **~ job** un autre travail.
◇ *pron* **-1.** [additional one] un autre (une autre), encore un (encore une); **one after ~** l'un après l'autre (l'une après l'autre). **-2.** [different one] un autre (une autre); **one ~** l'un l'autre (l'une l'autre).

ANSI (*abbr of* **American National Standards Institute**) *n* association *américaine de normalisation.*

answer ['ɑːnsəʳ] ◇ *n* **-1.** [gen] réponse *f*; **in ~ to** en réponse à. **-2.** [to problem] solution *f*. ◇ *vt* répondre à; **to ~ the door** aller ouvrir la porte; **to ~ the phone** répondre au téléphone. ◇ *vi* [reply] répondre.
◆ **answer back** ◇ *vt sep* répondre à. ◇ *vi* répondre.
◆ **answer for** *vt fus* être responsable de, répondre de.

answerable ['ɑːnsərəbl] *adj*: **~ to sb/for sthg** responsable devant qqn/de qqch.

answering machine ['ɑːnsərɪŋ-] *n* répondeur *m*.

ant [ænt] *n* fourmi *f*.

antacid [,ænt'æsɪd] *n* (médicament *m*) alcalin *m*.

antagonism [æn'tægənɪzm] *n* antagonisme *m*, hostilité *f*.

antagonist [æn'tægənɪst] *n* antagoniste *mf*, adversaire *mf*.

antagonistic [æn,tægə'nɪstɪk] *adj* [hostile] hostile.

antagonize, -ise [æn'tægənaɪz] *vt* éveiller l'hostilité de.

Antarctic [æn'tɑːktɪk] ◇ *n*: **the ~** l'Antarctique *m*; **in the ~** dans l'Antarctique. ◇ *adj* antarctique.

Antarctica [æn'tɑːktɪkə] *n* Antarctique *m*, le continent *m* antarctique.

Antarctic Circle *n*: **the ~** le cercle polaire antarctique.

Antarctic Ocean *n*: **the ~** l'océan *m* Antarctique, l'océan Austral.

ante ['æntɪ] *n inf fig*: **to up** OR **raise the ~** faire monter les enchères.

anteater ['ænt,iːtəʳ] *n* tamanoir *m*, fourmilier *m*.

antecedent [,æntɪ'siːdənt] *n* antécédent *m*.

antediluvian [,æntɪdɪ'luːvjən] *adj* antédiluvien(ienne).

antelope ['æntɪləʊp] (*pl inv* OR **-s**) *n* antilope *f*.

antenatal [,æntɪ'neɪtl] *adj* prénatal(e).

antenatal clinic *n* service *m* de consultation prénatale.

antenna [æn'tenə] (*pl sense 1* **-nae** [-niː], *pl sense 2* **-s**) *n* **-1.** [of insect] antenne *f*. **-2.** *Am* [for TV, radio] antenne *f*.

anteroom ['æntɪrʊm] *n* antichambre *f*.

anthem ['ænθəm] *n* hymne *m*.

anthill ['ænthɪl] *n* fourmilière *f*.

anthology [æn'θɒlədʒɪ] (*pl* **-ies**) *n* anthologie *f*.

anthrax ['ænθræks] *n* charbon *m*.

anthropologist [,ænθrə'pɒlədʒɪst] *n* anthropologue *mf*.

anthropology [,ænθrə'pɒlədʒɪ] *n* anthropologie *f*.

anti- ['æntɪ] *prefix* anti-.

antiaircraft [,æntɪ'eəkrɑːft] *adj* antiaérien(ienne).

antiapartheid [,æntɪə'pɑːtheɪt] *adj* antiapartheid (*inv*).

antiballistic missile [,æntɪbə'lɪstɪk-] *n* missile *m* antibalistique.

antibiotic [,æntɪbaɪ'ɒtɪk] *n* antibiotique *m*.

antibody ['æntɪ,bɒdɪ] (*pl* **-ies**) *n* anticorps *m*.

anticipate [æn'tɪsɪpeɪt] *vt* **-1.** [expect] s'attendre à, prévoir. **-2.** [request, movement] anticiper; [competitor] prendre de l'avance sur. **-3.** [look forward to] savourer à l'avance.

anticipation [æn,tɪsɪ'peɪʃn] *n*, [expectation] attente *f*; [eagerness] impatience *f*; **in ~** avec impatience; **in ~ of** en prévision de; **thanking you in ~** en vous remerciant d'avance.

anticlimax [,æntɪ'klaɪmæks] *n* déception *f*.

anticlockwise [,æntɪ'klɒkwaɪz] *adj & adv Br* dans le sens inverse des aiguilles d'une montre.

antics ['æntɪks] *npl* **-1.** [of children, animals] gambades *fpl*. **-2.** *pej* [of politicians etc] bouffonneries *fpl*.

anticyclone [,æntɪ'saɪkləʊn] *n* anticyclone *m*.

antidepressant [,æntɪdə'presnt] *n* antidépresseur *m*.

antidote ['æntɪdəʊt] *n lit & fig*: **~ (to)** antidote *m* (contre).

antifreeze ['æntɪfriːz] *n* antigel *m*.

Antigua [æn'tiːgə] *n* Antigua.

antihero ['æntɪ,hɪərəʊ] (*pl* **-es**) *n* antihéros *m*.

antihistamine [,æntɪ'hɪstəmɪn] *n* antihistaminique *m*.

antinuclear [,æntɪ'njuːklɪəʳ] *adj* antinucléaire.

antipathy [æn'tɪpəθɪ] *n*: **~ (to** OR **towards)** antipathie *f* (pour).

antipersonnel ['æntɪ,pɜːsə'nel] *adj* MIL antipersonnel (*inv*).

antiperspirant [,æntɪ'pɜːspərənt] *n* déodorant *m*.

Antipodes [æn'tɪpədiːz] *npl*: **the ~** l'Australie *f* et la Nouvelle-Zélande.

antiquarian [,æntɪ'kweərɪən] ◇ *adj*: **~ bookshop** librairie *f* spécialisée dans les vieilles éditions. ◇ *n* amateur *m* d'antiquités.

antiquated ['æntɪkweɪtɪd] *adj* dépassé(e).

antique [æn'tiːk] ◇ *adj* ancien(ienne). ◇ *n* [object] objet *m* ancien; [piece of furniture] meuble *m* ancien.

antique dealer *n* antiquaire *mf*.

antique shop *n* magasin *m* d'antiquités.

antiquity [æn'tɪkwətɪ] (*pl* **-ies**) *n* antiquité *f*.

anti-Semitic [-sɪ'mɪtɪk] *adj* antisémite.

anti-Semitism [-'semɪtɪzəm] *n* antisémitisme *m*.

antiseptic [ˌæntɪ'septɪk] ◇ *adj* antiseptique. ◇ *n* désinfectant *m*.

antisocial [ˌæntɪ'səʊʃl] *adj* **-1.** [against society] antisocial(e). **-2.** [unsociable] peu sociable, sauvage.

antistatic [ˌæntɪ'stætɪk] *adj* antistatique.

antitank [ˌæntɪ'tæŋk] *adj* antichar (*inv*).

antithesis [æn'tɪθəsɪs] (*pl* **-theses** [-θisiːz]) *n* opposé *m*, antithèse *f*.

antlers ['æntləz] *npl* bois *mpl*.

antonym ['æntənɪm] *n* antonyme *m*.

Antwerp ['æntwɔːp] *n* Anvers.

anus ['eɪnəs] *n* anus *m*.

anvil ['ænvɪl] *n* enclume *f*.

anxiety [æŋ'zaɪətɪ] (*pl* **-ies**) *n* **-1.** [worry] anxiété *f*. **-2.** [cause of worry] souci *m*. **-3.** [keenness] désir *m* farouche.

anxious ['æŋkʃəs] *adj* **-1.** [worried] anxieux(ieuse), très inquiet(iète); **to be ~ about** se faire du souci au sujet de. **-2.** [keen]: **to be ~ to do sthg** tenir à faire qqch; **to be ~ that** tenir à ce que (+ *subjunctive*).

anxiously ['æŋkʃəslɪ] *adv* avec anxiété.

any ['enɪ] ◇ *adj* **-1.** (*with negative*) de, d'; **I haven't got ~ money/tickets** je n'ai pas d'argent/de billets; **he never does ~ work** il ne travaille jamais. **-2.** [some - *with sg noun*] du, de l', de la; [- *with pl noun*] des; **have you got ~ money/milk/cousins?** est-ce que vous avez de l'argent/du lait/des cousins? **-3.** [no matter which] n'importe quel (n'importe quelle); **~ box will do** n'importe quelle boîte fera l'affaire; *see also* **case, day, moment, rate.**
◇ *pron* **-1.** (*with negative*) en; **I didn't buy ~** (of them) je n'en ai pas acheté; **I didn't know ~ of the guests** je ne connaissais aucun des invités. **-2.** [some] en; **do you have ~?** est-ce que vous en avez?; **can ~ of you change a tyre?** est-ce que l'un d'entre vous sait changer un pneu?; **if ~** si tant est qu'il y en ait; **few, if ~, are likely to be successful** il y en a très peu, si tant est qu'il y en

ait, qui ont une chance de réussir. **-3.** [no matter which one or ones] n'importe lequel (n'importe laquelle); **take ~ you like** prenez n'importe lequel/laquelle, prenez celui/celle que vous voulez.
◇ *adv* **-1.** (*with negative*): **I can't see it ~ more** je ne le vois plus; **I can't stand it ~ longer** je ne peux plus le supporter. **-2.** [some, a little] un peu; **do you want ~ more potatoes?** voulez-vous encore des pommes de terre?; **are you finding the course ~ easier now?** est-ce que tu trouves le cours un peu plus facile maintenant?; **is that ~ better/different?** est-ce que c'est mieux/différent comme ça?

anybody ['enɪˌbɒdɪ] = **anyone.**

anyhow ['enɪhaʊ] *adv* **-1.** [in spite of that] quand même, néanmoins. **-2.** [carelessly] n'importe comment. **-3.** [in any case] de toute façon.

anyone ['enɪwʌn] *pron* **-1.** (*in negative sentences*): **I didn't see ~** je n'ai vu personne. **-2.** (*in questions*) quelqu'un. **-3.** [any person] n'importe qui.

anyplace *Am* = **anywhere.**

anything ['enɪθɪŋ] *pron* **-1.** (*in negative sentences*): **I didn't see ~** je n'ai rien vu. **-2.** (*in questions*) quelque chose. **-3.** [any object, event] n'importe quoi; **if ~ happens ...** s'il arrive quoi que ce soit ....
◆ **anything but** *adv* pas du tout.

anyway ['enɪweɪ] *adv* [in any case] de toute façon.

anywhere ['enɪweəʳ], **anyplace** *Am* ['enɪpleɪs] *adv* **-1.** (*in negative sentences*): **I haven't seen him ~** je ne l'ai vu nulle part. **-2.** (*in questions*) quelque part. **-3.** [any place] n'importe où. **-4.** [any amount, number]: **~ between 5,000 and 10,000** quelque chose entre 5 000 et 10 000.

Anzac ['ænzæk] (*abbr of* **Australia-New Zealand Army Corps**) *n* soldat *australien ou néo-zélandais*.

AOB, a.o.b. (*abbr of* **any other business**) divers.

Apache [ə'pætʃɪ] *n* Apache *mf*.

apart [ə'pɑːt] *adv* **-1.** [separated] séparé(e), éloigné(e); **to keep ~** séparer; **we're living ~** nous sommes séparés. **-2.** [to one side] à l'écart. **-3.** [in several parts]: **to take sthg ~** démonter qqch; **to fall ~** tomber en morceaux. **-4.** [aside]: **joking ~** sans plaisanter, plaisanterie à part.
◆ **apart from** *prep* **-1.** [except for] à part, sauf. **-2.** [as well as] en plus de, outre.

apartheid [ə'pɑːtheɪt] *n* apartheid *m*.

apartment [ə'pɑːtmənt] *n* appartement *m*.

apartment building *n Am* immeuble *m* d'habitation.

apathetic [,æpə'θetɪk] *adj* apathique.

apathy ['æpəθɪ] *n* apathie *f.*

APB (*abbr of* **all points bulletin**) *n* message radio diffusé par la police concernant une personne recherchée.

ape [eɪp] ◇ *n* singe *m.* ◇ *vt* singer.

Apennines ['æpɪnaɪnz] *npl*: **the** ~ l'Apennin *m,* les Apennins *mpl.*

aperitif [əperə'tiːf] *n* apéritif *m.*

aperture ['æpə,tjʊəʳ] *n* -1. [hole, opening] orifice *m,* ouverture *f.* -2. PHOT ouverture *f.*

apex ['eɪpeks] (*pl* **-es** OR **apices**) *n* sommet *m.*

APEX ['eɪpeks] (*abbr of* **advance purchase excursion**) *n Br*: ~ **ticket** billet *m* APEX.

aphid ['eɪfɪd] *n* puceron *m.*

aphorism ['æfərɪzm] *n* aphorisme *m.*

aphrodisiac [,æfrə'dɪzɪæk] *n* aphrodisiaque *m.*

apices ['eɪpɪsiːz] *pl* → **apex.**

apiece [ə'piːs] *adv* [for each person] chacun(e), par personne; [for each thing] chacun(e), pièce (*inv*).

aplomb [ə'plɒm] *n* aplomb *m,* assurance *f.*

APO (*abbr of* **Army Post Office**) *n* service postal de l'armée.

apocalypse [ə'pɒkəlɪps] *n* apocalypse *f.*

apocalyptic [ə,pɒkə'lɪptɪk] *adj* apocalyptique.

apogee ['æpədʒiː] *n* apogée *m.*

apolitical [,eɪpə'lɪtɪkəl] *adj* apolitique.

apologetic [ə,pɒlə'dʒetɪk] *adj* [letter etc] d'excuse; **to be** ~ **about sthg** s'excuser de qqch.

apologetically [ə,pɒlə'dʒetɪklɪ] *adv* en s'excusant, pour s'excuser.

apologize, -ise [ə'pɒlədʒaɪz] *vi* s'excuser; **to** ~ **to sb (for sthg)** faire des excuses à qqn (pour qqch).

apology [ə'pɒlədʒɪ] (*pl* **-ies**) *n* excuses *fpl.*

apoplectic [,æpə'plektɪk] *adj* -1. MED apoplectique. -2. *inf* [very angry] hors de soi.

apoplexy ['æpəpleksɪ] *n* apoplexie *f.*

apostle [ə'pɒsl] *n* RELIG apôtre *m.*

apostrophe [ə'pɒstrəfɪ] *n* apostrophe *f.*

appal *Br* (*pt & pp* **-led,** *cont* **-ling**), **appall** *Am* [ə'pɔːl] *vt* horrifier.

Appalachian [,æpə'leɪtʃən] *n*: **the** ~**s, the** ~ **Mountains** les (monts) Appalaches *mpl.*

appall *Am* = **appal.**

appalled [ə'pɔːld] *adj* horrifié(e).

appalling [ə'pɔːlɪŋ] *adj* épouvantable.

appallingly [ə'pɔːlɪŋlɪ] *adv* épouvantablement.

apparatus [,æpə'reɪtəs] (*pl inv* OR **-es**) *n* -1. [device] appareil *m,* dispositif *m.* -2. (*U*) [in gym] agrès *mpl.* -3. [system, organization] appareil *m.*

apparel [ə'pærəl] *n Am* habillement *m.*

apparent [ə'pærənt] *adj* -1. [evident] évident(e); **for no** ~ **reason** sans raison particulière. -2. [seeming] apparent(e).

apparently [ə'pærəntlɪ] *adv* -1. [it seems] à ce qu'il paraît. -2. [seemingly] apparemment, en apparence.

apparition [,æpə'rɪʃn] *n* apparition *f.*

appeal [ə'piːl] ◇ *vi* -1. [request]: **to** ~ **(to sb for sthg)** lancer un appel (à qqn pour obtenir qqch). -2. [make a plea]: **to** ~ **to** faire appel à. -3. JUR: **to** ~ **(against)** faire appel (de). -4. [attract, interest]: **to** ~ **to sb** plaire à qqn; **it** ~**s to me** ça me plaît. ◇ *n* -1. [request] appel *m.* -2. JUR appel *m.* -3. [charm, interest] intérêt *m,* attrait *m.*

appealing [ə'piːlɪŋ] *adj* -1. [attractive] attirant(e), sympathique. -2. [pleading] suppliant(e).

appear [ə'pɪəʳ] *vi* -1. [gen] apparaître; [book] sortir, paraître. -2. [seem] sembler, paraître; **to** ~ **to be/do** sembler être/faire; **it would** ~ **(that)** ... il semblerait que .... -3. [in play, film etc] jouer. -4. JUR comparaître.

appearance [ə'pɪərəns] *n* -1. [gen] apparition *f*; **to make an** ~ se montrer; **to put in an** ~ faire acte de présence. -2. [look] apparence *f,* aspect *m*; **by** OR **to all** ~**s** selon toute apparence; **to keep up** ~**s** sauver les apparences.

appease [ə'piːz] *vt* apaiser.

appeasement [ə'piːzmənt] *n* apaisement *m.*

append [ə'pend] *vt* ajouter; [signature] apposer.

appendage [ə'pendɪdʒ] *n* appendice *m.*

appendices [ə'pendɪsiːz] *pl* → **appendix.**

appendicitis [ə,pendɪ'saɪtɪs] *n* (*U*) appendicite *f.*

appendix [ə'pendɪks] (*pl* **-dixes** OR **-dices**) *n* appendice *m*; **to have one's** ~ **out** OR **removed** se faire opérer de l'appendicite.

appertain [,æpə'teɪn] *vi fml*: **to** ~ **to** se rapporter à.

appetite ['æpɪtaɪt] *n* -1. [for food]: ~ **(for)** appétit *m* (pour). -2. *fig* [enthusiasm]: ~ **(for)** goût *m* (de OR pour).

appetizer, -iser ['æpɪtaɪzəʳ] *n* [food] amuse-gueule *m inv*; [drink] apéritif *m.*

appetizing, -ising ['æpɪtaɪzɪŋ] *adj* [food] appétissant(e).

applaud [ə'plɔːd] ◇ *vt* **-1.** [clap] applaudir. **-2.** [approve] approuver, applaudir à. ◇ *vi* applaudir.

applause [ə'plɔːz] *n* (U) applaudissements *mpl*.

apple ['æpl] *n* pomme *f*; **she's the ~ of her father's eye** *inf* son père tient à elle comme à la prunelle de ses yeux.

apple pie *n* tourte *f* aux pommes.

appliance [ə'plaɪəns] *n* [device] appareil *m*; **domestic ~** appareil ménager.

applicable [ə'plɪkəbl] *adj*: **~ (to)** applicable (à).

applicant ['æplɪkənt] *n*: **~ (for)** [job] candidat *m*, -e *f* (à); [state benefit] demandeur *m*, -euse *f* (de).

application [,æplɪ'keɪʃn] *n* **-1.** [gen] application *f*. **-2.** [for job etc]: **~ (for)** demande *f* (de). **-3.** COMPUT: **~ (program)** programme *m* d'application.

application form *n* formulaire *m* de demande.

applicator ['æplɪkeɪtər] *n* [for lotion, glue etc] applicateur *m*.

applied [ə'plaɪd] *adj* [science] appliqué(e).

appliqué [ə'pliːkeɪ] *n* application *f*.

apply [ə'plaɪ] (*pt* & *pp* **-ied**) ◇ *vt* appliquer; **to ~ o.s. (to sthg)** s'appliquer (à qqch); **to ~ one's mind (to sthg)** s'appliquer (à qqch); **to ~ the brakes** freiner. ◇ *vi* **-1.** [for work, grant]: **to ~ (for)** faire une demande (de); **to ~ for a job** faire une demande d'emploi; **to ~ to sb (for sthg)** s'adresser à qqn (pour obtenir qqch). **-2.** [be relevant]: **to ~ (to)** s'appliquer (à), concerner.

appoint [ə'pɔɪnt] *vt* **-1.** [to job, position]: **to ~ sb (as sthg)** nommer qqn (qqch); **to ~ sb to sthg** nommer qqn à qqch. **-2.** [time, place] fixer.

appointment [ə'pɔɪntmənt] *n* **-1.** [to job, position] nomination *f*, désignation *f*; **"by ~ to Her Majesty the Queen"** «fournisseur de sa Majesté la Reine». **-2.** [job, position] poste *m*, emploi *m*. **-3.** [arrangement to meet] rendez-vous *m*; **to make an ~** prendre un rendez-vous; **by ~** sur rendez-vous.

apportion [ə'pɔːʃn] *vt* répartir.

apposite ['æpəzɪt] *adj* pertinent(e), approprié(e).

appraisal [ə'preɪzl] *n* évaluation *f*.

appraise [ə'preɪz] *vt* évaluer.

appreciable [ə'priːʃəbl] *adj* [difference] sensible; [amount] appréciable.

appreciably [ə'priːʃəblɪ] *adv* sensiblement.

appreciate [ə'priːʃɪeɪt] ◇ *vt* **-1.** [value, like] apprécier, aimer. **-2.** [recognize, understand] comprendre, se rendre compte de. **-3.** [be grateful for] être reconnaissant(e) de. ◇ *vi* FIN prendre de la valeur.

appreciation [ə,priːʃɪ'eɪʃn] *n* **-1.** [liking] contentement *m*. **-2.** [understanding] compréhension *f*. **-3.** [gratitude] reconnaissance *f*. **-4.** FIN augmentation *f* de valeur. **-5.** [of novel, play etc] critique *f*.

appreciative [ə'priːʃjətɪv] *adj* [person] reconnaissant(e); [remark] élogieux(ieuse).

apprehend [,æprɪ'hend] *vt* *fml* [arrest] appréhender, arrêter.

apprehension [,æprɪ'henʃn] *n* [anxiety] appréhension *f*, crainte *f*.

apprehensive [,æprɪ'hensɪv] *adj* inquiet(iète); **to be ~ about sthg** appréhender OR craindre qqch.

apprehensively [,æprɪ'hensɪvlɪ] *adv* avec appréhension.

apprentice [ə'prentɪs] ◇ *n* apprenti *m*, -e *f*. ◇ *vt*: **to be ~d to sb** être apprenti(e) chez qqn.

apprenticeship [ə'prentɪʃɪp] *n* apprentissage *m*.

appro. ['æprəʊ] (*abbr of* **approval**) *n* *inf*: **on ~** à condition, à l'essai.

approach [ə'prəʊtʃ] ◇ *n* **-1.** [gen] approche *f*. **-2.** [method] démarche *f*, approche *f*. **-3.** [to person]: **to make an ~ to sb** faire une proposition à qqn. ◇ *vt* **-1.** [come near to - place, person, thing] s'approcher de. **-2.** [ask]: **to ~ sb about sthg** aborder qqch avec qqn; COMM entrer en contact avec qqn au sujet de qqch. **-3.** [tackle - problem] aborder. ◇ *vi* s'approcher.

approachable [ə'prəʊtʃəbl] *adj* accessible.

approaching [ə'prəʊtʃɪŋ] *adj* qui approche.

approbation [,æprə'beɪʃn] *n* approbation *f*.

appropriate [*adj* ə'prəʊprɪət, *vb* ə'prəʊprɪeɪt] ◇ *adj* [clothing] convenable; [action] approprié(e); [moment] opportun(e). ◇ *vt* **-1.** JUR s'approprier. **-2.** [allocate] affecter.

appropriately [ə'prəʊprɪətlɪ] *adv* [dress] convenablement; [behave] de manière appropriée.

appropriation [ə,prəʊprɪ'eɪʃn] *n* **-1.** [taking] appropriation *f*. **-2.** [allocation] affectation *f*.

approval [ə'pruːvl] *n* approbation *f*; **on ~** COMM à condition, à l'essai.

approve [ə'pruːv] ◇ *vi*: **to ~ (of sthg)** approuver (qqch); **I don't ~ of him** il me déplaît. ◇ *vt* [ratify] approuver, ratifier.

approved [ə'pruːvd] *adj* approuvé(e), agréé(e).

approving [ə'pruːvɪŋ] *adj* approbateur(trice).

approx. [əˈprɒks] (*abbr of* **approximately**) approx., env.

approximate [*adj* əˈprɒksɪmət, *vb* əˈprɒksɪmeɪt] ◇ *adj* approximatif(ive). ◇ *vi:* **to ~ to** se rapprocher de.

approximately [əˈprɒksɪmətlɪ] *adv* à peu près, environ.

approximation [ə,prɒksɪˈmeɪʃn] *n:* **~ (to)** approximation *f* (de).

Apr. (*abbr of* **April**) avr.

APR *n* **-1.** (*abbr of* **annualized percentage rate**) TEG *m*. **-2.** (*abbr of* **annual purchase rate**) taux *m* annuel.

après-ski [,æpreɪˈskiː] *n* (*U*) activités *fpl* après-ski.

apricot [ˈeɪprɪkɒt] ◇ *n* abricot *m*. ◇ *comp* à l'abricot.

April [ˈeɪprəl] *n* avril *m; see also* **September**.

April Fools' Day *n* le premier avril.

APRIL FOOLS' DAY:
En Grande-Bretagne, le premier avril est l'occasion de canulars en tous genres; par contre, la tradition du poisson en papier n'existe pas

apron [ˈeɪprən] *n* **-1.** [clothing] tablier *m*; **to be tied to sb's ~ strings** *inf* être toujours dans les jupes de qqn. **-2.** AERON aire *f* de stationnement.

apropos [ˈæprəpəʊ] ◇ *adj* pertinent(e), à propos. ◇ *prep:* **~ (of)** à propos (de).

apt [æpt] *adj* **-1.** [pertinent] pertinent(e), approprié(e). **-2.** [likely]: **to be ~ to do sthg** avoir tendance à faire qqch.

Apt. (*abbr of* **apartment**) appt.

APT (*abbr of* **advanced passenger train**) *n* ≃ TGV *m*.

aptitude [ˈæptɪtjuːd] *n* aptitude *f,* disposition *f*; **to have an ~ for** avoir des dispositions pour.

aptitude test *n* test *m* d'aptitude.

aptly [ˈæptlɪ] *adv* avec justesse, à propos.

aqualung [ˈækwəlʌŋ] *n* scaphandre *m* autonome.

aquamarine [,ækwəməˈriːn] *n* [colour] bleu vert *m*.

aquaplane [ˈækwəpleɪn] *vi Br* AUT faire de l'aquaplaning.

aquarium [əˈkweərɪəm] (*pl* **-riums** OR **-ria** [-rɪə]) *n* aquarium *m*.

Aquarius [əˈkweərɪəs] *n* Verseau *m*; **to be (an) ~** être Verseau.

aquatic [əˈkwætɪk] *adj* **-1.** [animal, plant] aquatique. **-2.** [sport] nautique.

aqueduct [ˈækwɪdʌkt] *n* aqueduc *m*.

AR *abbr of* **Arkansas**.

ARA (*abbr of* **Associate of the Royal Academy**) *n* membre associé de la RA.

Arab [ˈærəb] ◇ *adj* arabe. ◇ *n* **-1.** [person] Arabe *mf*. **-2.** [horse] pur-sang *m* arabe.

Arabia [əˈreɪbjə] *n* Arabie *f*.

Arabian [əˈreɪbjən] *adj* d'Arabie, arabe.

Arabian desert *n:* **the ~** le désert d'Arabie.

Arabian Peninsula *n:* **the ~** la péninsule d'Arabie.

Arabian Sea *n:* **the ~** la mer d'Arabie, la mer d'Oman.

Arabic [ˈærəbɪk] ◇ *adj* arabe. ◇ *n* arabe *m*.

Arabic numeral *n* chiffre *m* arabe.

arable [ˈærəbl] *adj* arable.

ARAM (*abbr of* **Associate of the Royal Academy of Music**) *n* membre associé de l'académie britannique de musique.

arbiter [ˈɑːbɪtəʳ] *n fml* arbitre *m*.

arbitrary [ˈɑːbɪtrərɪ] *adj* arbitraire.

arbitrate [ˈɑːbɪtreɪt] *vi* arbitrer.

arbitration [,ɑːbɪˈtreɪʃn] *n* arbitrage *m*; **to go to ~** recourir à l'arbitrage.

arc [ɑːk] *n* arc *m*.

ARC (*abbr of* **AIDS-related complex**) *n* ARC *m*.

arcade [ɑːˈkeɪd] *n* **-1.** [for shopping] galerie *f* marchande. **-2.** [covered passage] arcades *fpl*.

arch [ɑːtʃ] ◇ *adj* malicieux(ieuse), espiègle. ◇ *n* **-1.** ARCHIT arc *m,* voûte *f*. **-2.** [of foot] voûte *f* plantaire, cambrure *f*. ◇ *vt* cambrer, arquer. ◇ *vi* former une voûte.

arch- [ɑːtʃ] *prefix* grand(e), principal(e).

archaeological [,ɑːkɪəˈlɒdʒɪkl] *adj* archéologique.

archaeologist [,ɑːkɪˈɒlədʒɪst] *n* archéologue *mf*.

archaeology [,ɑːkɪˈɒlədʒɪ] *n* archéologie *f*.

archaic [ɑːˈkeɪɪk] *adj* archaïque.

archangel [ˈɑːk,eɪndʒəl] *n* archange *m*.

archbishop [,ɑːtʃˈbɪʃəp] *n* archevêque *m*.

archduchess [,ɑːtʃˈdʌtʃɪs] *n* archiduchesse *f*.

archduke [,ɑːtʃˈdjuːk] *n* archiduc *m*.

arched [ɑːtʃt] *adj* **-1.** ARCHIT cintré(e), courbé(e). **-2.** [curved] arqué(e), cambré(e).

archenemy [,ɑːtʃˈenɪmɪ] (*pl* **-ies**) *n* ennemi *m* numéro un.

archeology [,ɑːkɪˈɒlədʒɪ] *etc* = **archaeology** *etc*.

archer [ˈɑːtʃəʳ] *n* archer *m*.

archery [ˈɑːtʃərɪ] *n* tir *m* à l'arc.

archetypal [,ɑːkɪˈtaɪpl] *adj* typique.

archetype ['ɑːkɪtaɪp] *n* archétype *m*.

archipelago [ˌɑːkɪ'pelɪgəʊ] (*pl* -es OR -s) *n* archipel *m*.

architect ['ɑːkɪtekt] *n lit* & *fig* architecte *m*.

architectural [ˌɑːkɪ'tektʃərəl] *adj* architectural(e).

architecture ['ɑːkɪtektʃəʳ] *n* [gen & COMPUT] architecture *f*.

archive file ['ɑːkaɪv-] *n* COMPUT fichier *m* archives.

archives ['ɑːkaɪvz] *npl* archives *fpl*.

archivist ['ɑːkɪvɪst] *n* archiviste *mf*.

archway ['ɑːtʃweɪ] *n* passage *m* voûté.

ARCM (*abbr of* **Associate of the Royal College of Music**) *n* membre associé du conservatoire de musique britannique.

Arctic ['ɑːktɪk] ◇ *adj* **-1.** GEOGR arctique. **-2.** *inf* [very cold] glacial(e). ◇ *n*: **the ~** l'Arctique *m*; **in the ~** dans l'Arctique. ◇ *adj* arctique.

Arctic Circle *n*: **the ~** le cercle arctique.

Arctic Ocean *n*: **the ~** l'océan *m* Arctique.

ardent ['ɑːdənt] *adj* fervent(e), passionné(e).

ardour *Br*, **ardor** *Am* ['ɑːdəʳ] *n* ardeur *f*, ferveur *f*.

arduous ['ɑːdjʊəs] *adj* ardu(e).

are [*weak form* əʳ, *strong form* ɑːʳ] → **be**.

area ['eərɪə] *n* **-1.** [region] région *f*; **landing ~** aire *f* d'atterrissage; **parking ~** aire de stationnement; **in the ~** dans la région; **in the ~ of** [approximately] environ, à peu près. **-2.** [surface size] aire *f*, superficie *f*. **-3.** [of knowledge, interest etc] domaine *m*.

area code *n* indicatif *m* de zone.

arena [ə'riːnə] *n lit* & *fig* arène *f*.

aren't ['ɑːnt] = are not.

Argentina [ˌɑːdʒən'tiːnə] *n* Argentine *f*; **in ~** en Argentine.

Argentine ['ɑːdʒəntaɪn], **Argentinian** [ˌɑːdʒən'tɪnɪən] ◇ *adj* argentin(ine). ◇ *n* Argentin *m*, -ine *f*.

arguable ['ɑːgjʊəbl] *adj* discutable, contestable.

arguably ['ɑːgjʊəblɪ] *adv*: **she's ~ the best** on peut soutenir qu'elle est la meilleure.

argue ['ɑːgjuː] ◇ *vi* **-1.** [quarrel]: **to ~ (with sb about sthg)** se disputer (avec qqn à propos de qqch). **-2.** [reason]: **to ~ (for/against)** argumenter (pour/contre). ◇ *vt* débattre de, discuter de; **to ~ that** soutenir OR maintenir que.

argument ['ɑːgjʊmənt] *n* **-1.** [quarrel] dispute *f*; **to have an ~ (with sb)** se disputer

(avec qqn). **-2.** [reason] argument *m*. **-3.** (*U*) [reasoning] discussion *f*, débat *m*.

argumentative [ˌɑːgjʊ'mentətɪv] *adj* querelleur(euse), batailleur(euse).

aria ['ɑːrɪə] *n* aria *f*.

arid ['ærɪd] *adj lit* & *fig* aride.

Aries ['eəriːz] *n* Bélier *m*; **to be (an) ~** être Bélier.

arise [ə'raɪz] (*pt* **arose**, *pp* **arisen** [ə'rɪzn]) *vi* [appear] surgir, survenir; **to ~ from** résulter de, provenir de; **if the need ~s** si le besoin se fait sentir.

aristocracy [ˌærɪ'stɒkrəsɪ] (*pl* -ies) *n* aristocratie *f*.

aristocrat [*Br* 'ærɪstəkræt, *Am* ə'rɪstəkræt] *n* aristocrate *mf*.

aristocratic [*Br* ˌærɪstə'krætɪk, *Am* ə,rɪstə'krætɪk] *adj* aristocratique.

arithmetic [ə'rɪθmətɪk] *n* arithmétique *f*.

Arizona [ˌærɪ'zəʊnə] *n* Arizona *m*; **in ~** dans l'Arizona.

ark [ɑːk] *n* arche *f*.

Arkansas ['ɑːkənsɔː] *n* Arkansas *m*; **in ~** dans l'Arkansas.

arm [ɑːm] ◇ *n* **-1.** [of person, chair] bras *m*; **~ in ~** bras dessus bras dessous; **to chance one's ~** *fig* tenter le coup; **to keep sb at ~'s length** *fig* tenir qqn à distance; **to twist sb's ~** *fig* forcer la main à qqn. **-2.** [of garment] manche *f*. **-3.** [of organization] section *f*, aile *f*. ◇ *vt* armer.

◆ **arms** *npl* armes *fpl*; **to take up ~s** prendre les armes; **to be up in ~s about sthg** s'élever contre qqch.

armada [ɑː'mɑːdə] *n* armada *f*.

armadillo [ˌɑːmə'dɪləʊ] (*pl* -s) *n* tatou *m*.

Armageddon [ˌɑːmə'gedn] *n* Armageddon *m*.

armaments ['ɑːməmənts] *npl* [weapons] matériel *m* de guerre, armements *mpl*.

armchair ['ɑːmtʃeəʳ] *n* fauteuil *m*.

armed [ɑːmd] *adj lit* & *fig*: **~ (with)** armé(e) (de).

armed forces *npl* forces *fpl* armées.

Armenia [ɑː'miːnjə] *n* Arménie *f*; **in ~** en Arménie.

Armenian [ɑː'miːnjən] ◇ *adj* arménien(ienne). ◇ *n* **-1.** [person] Arménien *m*, -ienne *f*. **-2.** [language] arménien *m*.

armhole ['ɑːmhəʊl] *n* emmanchure *f*.

armistice ['ɑːmɪstɪs] *n* armistice *m*.

armour *Br*, **armor** *Am* ['ɑːməʳ] *n* **-1.** [for person] armure *f*. **-2.** [for military vehicle] blindage *m*.

armoured *Br*, **armored** *Am* ['ɑːməd] *adj* MIL blindé(e).

armoured car *n* voiture *f* blindée.

armour-plated [-pleɪtɪd] *adj* blindé(e).

armoury *Br* (*pl* **-ies**), **armory** *Am* (*pl* **-ies**) ['ɑːmərɪ] arsenal *m*.

armpit ['ɑːmpɪt] *n* aisselle *f*.

armrest ['ɑːmrəst] *n* accoudoir *m*.

arms control ['ɑːmz-] *n* contrôle *m* des armements.

army ['ɑːmɪ] (*pl* **-ies**) *n lit* & *fig* armée *f*.

A road *n Br* route *f* nationale.

aroma [ə'rəʊmə] *n* arôme *m*.

aromatherapy [ərəʊmə'θerəpɪ] *n* aromathérapie *f*.

aromatic [,ærə'mætɪk] *adj* aromatique.

arose [ə'rəʊz] *pt* → **arise**.

around [ə'raʊnd] ◇ *adv* **-1.** [about, round]: **to walk** ~ marcher par-ci par-là, errer; **to lie** ~ [clothes etc] traîner. **-2.** [on all sides] (tout) autour. **-3.** [near] dans les parages. **-4.** [in circular movement]: **to turn** ~ se retourner. **-5.** *phr:* **he has been** ~ *inf* il n'est pas né d'hier, il a de l'expérience. ◇ *prep* **-1.** [gen] autour de; **to walk** ~ **a garden/town** faire le tour d'un jardin/d'une ville; **all** ~ **the country** dans tout le pays. **-2.** [near]: ~ **here** par ici. **-3.** [approximately] environ, à peu près.

arousal [ə'raʊzl] *n* éveil *m*.

arouse [ə'raʊz] *vt* **-1.** [excite - feeling] éveiller, susciter; [- person] exciter. **-2.** [wake] réveiller.

arrange [ə'reɪndʒ] *vt* **-1.** [flowers, books, furniture] arranger, disposer. **-2.** [event, meeting etc] organiser, fixer; **to** ~ **to do sthg** convenir de faire qqch; **she** ~**d for him to come to Edinburgh** elle a fait le nécessaire pour qu'il vienne à Édimbourg. **-3.** MUS arranger.

arranged marriage [ə'reɪndʒd-] *n* mariage *m* arrangé.

arrangement [ə'reɪndʒmənt] *n* **-1.** [agreement] accord *m*, arrangement *m*; **to come to an** ~ s'entendre, s'arranger. **-2.** [of furniture, books] arrangement *m*; **flower** ~ composition *f* florale. **-3.** MUS arrangement *m*.
◆ **arrangements** *npl* dispositions *fpl*, préparatifs *mpl*; **to make** ~**s** prendre des mesures OR dispositions.

array [ə'reɪ] ◇ *n* **-1.** [of objects] étalage *m*. **-2.** COMPUT tableau *m*. ◇ *vt* [ornaments etc] disposer.

arrears [ə'rɪəz] *npl* [money owed] arriéré *m*; **to be in** ~ [late] être en retard; [owing money] avoir des arriérés.

arrest [ə'rest] ◇ *n* [by police] arrestation *f*; **under** ~ en état d'arrestation. ◇ *vt* **-1.** [gen] arrêter. **-2.** *fml* [sb's attention] attirer, retenir.

arresting [ə'restɪŋ] *adj* [striking] frappant(e), saisissant(e).

arrival [ə'raɪvl] *n* **-1.** [gen] arrivée *f*; **late** ~ [of train etc] retard *m*. **-2.** [person - at airport, hotel] arrivant *m*, -e *f*; **new** ~ [person] nouveau venu *m*, nouvelle venue *f*; [baby] nouveau-né *m*, nouveau-née *f*.

arrive [ə'raɪv] *vi* arriver; [baby] être né(e); **to** ~ **at** [conclusion, decision] arriver à.

arrogance ['ærəgəns] *n* arrogance *f*.

arrogant ['ærəgənt] *adj* arrogant(e).

arrogantly ['ærəgəntlɪ] *adv* avec arrogance.

arrow ['ærəʊ] *n* flèche *f*.

arrowroot ['ærəʊruːt] *n* arrow-root *m*.

arse *Br* [ɑːs], **ass** *Am* [æs] *n v inf* cul *m*.

arsenal ['ɑːsənl] *n* arsenal *m*.

arsenic ['ɑːsnɪk] *n* arsenic *m*.

arson ['ɑːsn] *n* incendie *m* criminel OR volontaire.

arsonist ['ɑːsənɪst] *n* incendiaire *mf*.

art [ɑːt] ◇ *n* art *m*. ◇ *comp* [exhibition] d'art; [college] des beaux-arts; ~ **student** étudiant *m*, -e *f* d'une école des beaux-arts.
◆ **arts** ◇ *npl* **-1.** SCH & UNIV lettres *fpl*. **-2.** [fine arts]: **the** ~**s** les arts *mpl*. ◇ *comp* SCH & UNIV de lettres; ~**s student** étudiant *m*, -e *f* en lettres.

art deco [-'dekəʊ] *n* art *m* déco.

artefact ['ɑːtɪfækt] = **artifact**.

arterial [ɑː'tɪərɪəl] *adj* **-1.** [blood] artériel(ielle). **-2.** [road] à grande circulation.

arteriosclerosis [ɑː,tɪərɪəʊskdlɪ'rəʊsɪs] *n* artériosclérose *f*.

artery ['ɑːtərɪ] (*pl* **-ies**) *n* artère *f*.

artful ['ɑːtfʊl] *adj* rusé(e), malin(igne).

art gallery *n* [public] musée *m* d'art; [for selling paintings] galerie *f* d'art.

arthritic [ɑː'θrɪtɪk] *adj* arthritique.

arthritis [ɑː'θraɪtɪs] *n* arthrite *f*.

artic [ɑː'tɪk] (*abbr of* **articulated lorry**) *n Br inf* semi-remorque *m*.

artichoke ['ɑːtɪtʃəʊk] *n* artichaut *m*.

article ['ɑːtɪkl] *n* article *m*; ~ **of clothing** vêtement *m*.

articled clerk ['ɑːtɪkld-] *n Br* avocat *m* stagiaire.

articles of association ['ɑːtɪklz-] *npl* statuts *mpl* d'une société.

articulate [*adj* ɑː'tɪkjʊlət, *vb* ɑː'tɪkjʊleɪt] ◇ *adj* [person] qui sait s'exprimer; [speech] net (nette), distinct(e). ◇ *vt* [thought, wish] formuler.

articulated lorry [ɑːˈtɪkjʊleɪtɪd-] *n Br* semi-remorque *m*.

articulation [ɑːˌtɪkjʊˈleɪʃn] *n* articulation *f*.

artifact [ˈɑːtɪfækt] *n* objet *m* fabriqué.

artifice [ˈɑːtɪfɪs] *n* **-1.** [trick] artifice *m*, ruse *f*. **-2.** [trickery] ingéniosité *f*, habileté *f*.

artificial [ˌɑːtɪˈfɪʃl] *adj* **-1.** [not natural] artificiel(ielle). **-2.** [insincere] affecté(e).

artificial insemination *n* insémination *f* artificielle.

artificial intelligence *n* intelligence *f* artificielle.

artificially [ˌɑːtɪˈfɪʃəlɪ] *adv* artificiellement.

artificial respiration *n* respiration *f* artificielle.

artillery [ɑːˈtɪlərɪ] *n* artillerie *f*.

artisan [ˌɑːtɪˈzæn] *n* artisan *m*.

artist [ˈɑːtɪst] *n* artiste *mf*.

artiste [ɑːˈtiːst] *n* artiste *mf*.

artistic [ɑːˈtɪstɪk] *adj* [person] artiste; [style etc] artistique.

artistically [ɑːˈtɪstɪklɪ] *adv* avec art, de façon artistique.

artistry [ˈɑːtɪstrɪ] *n* art *m*, talent *m* artistique.

artless [ˈɑːtlɪs] *adj* naturel(elle), ingénu(e).

art nouveau [ˌɑːnuːˈvəʊ] *n* art *m* nouveau.

ARV (*abbr of* **American Revised Version**) *n* traduction américaine de la Bible.

as [*unstressed* əz, *stressed* æz] ◇ *conj* **-1.** [referring to time] comme, alors que; **she rang (just) ~ I was leaving** elle m'a téléphoné au moment même où OR juste comme je partais; **~ time goes by** à mesure que le temps passe, avec le temps. **-2.** [referring to manner, way] comme; **do ~ I say** fais ce que je (te) dis; **~ it is déjà; she's working too hard ~ it is** elle travaille déjà assez dur comme ça; **~ it turns out** finalement, en fin de compte; **~ things stand** les choses étant ce qu'elles sont. **-3.** [introducing a statement] comme; **~ you see, ...** comme tu le vois, ...; **~ you know, ...** comme tu le sais, ... **-4.** [because] comme.
◇ *prep* **-1.** [referring to function, characteristic] en, comme, en tant que; **I'm speaking ~ your friend** je te parle en ami; **he made a name ~ an actor** il s'est fait un nom comme acteur; **she works ~ a nurse** elle est infirmière. **-2.** [referring to attitude, reaction]: **it came ~ a shock** cela nous a fait un choc; **she treats it ~ a game** elle prend ça à la rigolade.

◇ *adv* (*in comparisons*): **~ rich ~** aussi riche que; **~ red ~ a tomato** rouge comme une tomate; **he's ~ tall ~ I am** il est aussi grand que moi; **twice ~ big ~** deux fois plus gros que; **~ much/many ~** autant que; **~ much wine/many chocolates ~** autant de vin/de chocolats que.

◆ **as it were** *adv* pour ainsi dire.

◆ **as for** *prep* quant à.

◆ **as from, as of** *prep* dès, à partir de.

◆ **as if, as though** *conj* comme si; **it looks ~ if** OR **~ though it will rain** on dirait qu'il va pleuvoir.

◆ **as to** *prep* **-1.** [concerning] en ce qui concerne, au sujet de. **-2. = as for**.

AS ◇ *n* (*abbr of* **Associate in/of Science**) *diplôme en sciences*. ◇ *abbr of* **American Samoa**.

ASA (*abbr of* **American Standards Association**) *n association américaine de normalisation*, ≃ AFNOR *f*.

a.s.a.p. (*abbr of* **as soon as possible**) d'urgence, dans les meilleurs délais.

asbestos [æsˈbestəs] *n* asbeste *m*, amiante *m*.

asbestosis [ˌæsbesˈtəʊsɪs] *n* asbestose *f*.

ascend [əˈsend] *vt & vi* monter; **to ~ the throne** monter sur le trône.

ascendancy [əˈsendənsɪ] *n* ascendant *m*.

ascendant [əˈsendənt] *n*: **to be in the ~** avoir le dessus.

ascendency [əˈsendənsɪ] = **ascendancy**.

ascending [əˈsendɪŋ] *adj* croissant(e); **in ~ order** en ordre croissant.

ascension [əˈsenʃn] *n* ascension *f*.

◆ **Ascension** *n* RELIG l'Ascension *f*.

Ascension Island *n* île *f* de l'Ascension.

ascent [əˈsent] *n lit & fig* ascension *f*.

ascertain [ˌæsəˈteɪn] *vt* établir.

ascetic [əˈsetɪk] ◇ *adj* ascétique. ◇ *n* ascète *mf*.

ASCII [ˈæskɪ] (*abbr of* **American Standard Code for Information**) *n* ASCII *m*.

ascorbic acid [əˈskɔːbɪk-] *n* acide *m* ascorbique.

ascribe [əˈskraɪb] *vt*: **to ~ sthg to** attribuer qqch à; [blame] imputer qqch à.

ASCU (*abbr of* **Association of State Colleges and Universities**) *n association des établissements universitaires d'État aux États-Unis*.

ASE (*abbr of* **American Stock Exchange**) *n la Bourse américaine*.

aseptic [ˌeɪˈseptɪk] *adj* aseptique.

asexual [ˌeɪˈseksjʊəl] *adj* asexué(e).

ash [æʃ] *n* **-1.** [from cigarette, fire] cendre *f*. **-2.** [tree] frêne *m*.

◆ **ashes** *npl* cendres *fpl*.

ASH [æʃ] (*abbr of* **Action on Smoking and Health**) *n* ligue antitabac britannique.

ashamed [ə'ʃeɪmd] *adj* honteux(euse), confus(e); **to be ~ of** avoir honte de; **to be ~ to do sthg** avoir honte de faire qqch.

ashcan ['æʃkæn] *n Am* poubelle *f*.

ashen-faced ['æʃn,feɪst] *adj* blême.

ashore [ə'ʃɔːr] *adv* à terre.

ashtray ['æʃtreɪ] *n* cendrier *m*.

Ash Wednesday *n* le mercredi des Cendres.

Asia [*Br* 'eɪʃə, *Am* 'eɪʒə] *n* Asie *f*; **in ~** en Asie.

Asia Minor *n* Asie *f* Mineure.

Asian [*Br* 'eɪʃn, *Am* 'eɪʒn] ◇ *adj* asiatique. ◇ *n* [person] Asiatique *mf*.

Asiatic [*Br* ,eɪʃɪ'ætɪk, *Am* ,eɪʒɪ'ætɪk] *adj* asiatique.

aside [ə'saɪd] ◇ *adv* **-1.** [to one side] de côté; **to move ~** s'écarter; **to take sb ~** prendre qqn à part; **to brush** OR **sweep sthg ~** balayer OR repousser qqch. **-2.** [apart] à part; **~ from** à l'exception de. ◇ *n* **-1.** [in play] aparté *m*. **-2.** [remark] réflexion *f*, commentaire *m*.

ask [ɑːsk] ◇ *vt* **-1.** [gen] demander; **to ~ sb sthg** demander qqch à qqn; **he ~ed me my name** il m'a demandé mon nom; **to ~ sb for sthg** demander qqch à qqn; **to ~ sb to do sthg** demander à qqn de faire qqch; **if you ~ me ...** si tu veux mon avis .... **-2.** [put - question] poser. **-3.** [invite] inviter. ◇ *vi* demander.

◆ **ask after** *vt fus* demander des nouvelles de.

◆ **ask for** *vt fus* **-1.** [person] demander à voir. **-2.** [thing] demander.

askance [ə'skæns] *adv*: **to look ~ at sb** regarder qqn d'un air désapprobateur.

askew [ə'skjuː] *adj* [not straight] de travers.

asking price ['ɑːskɪŋ-] *n* prix *m* demandé.

asleep [ə'sliːp] *adj* endormi(e); **to fall ~** s'endormir; **to be fast** OR **sound ~** dormir profondément OR à poings fermés.

ASLEF ['æzlef] (*abbr of* **Associated Society of Locomotive Engineers and Firemen**) *n* syndicat des cheminots en Grande-Bretagne.

ASM (*abbr of* **air-to-surface missile**) *n* ASM *m*.

asparagus [ə'spærəgəs] *n* (*U*) asperges *fpl*.

aspartame [*Br* ə'spɑːteɪm, *Am* 'æspərteɪm] *n* aspartame *m*.

ASPCA (*abbr of* **American Society for the Prevention of Cruelty to Animals**) *n* société américaine protectrice des animaux.

aspect ['æspekt] *n* **-1.** [gen] aspect *m*. **-2.** [of building] orientation *f*.

aspen ['æspən] *n* tremble *m*.

aspersions [ə'spɜːʃnz] *npl*: **to cast ~ on** jeter le discrédit sur.

asphalt ['æsfælt] *n* asphalte *m*.

asphyxiate [əs'fɪksɪeɪt] *vt* asphyxier.

aspic ['æspɪk] *n* aspic *m*.

aspirate ['æspərət] *adj* LING aspiré(e).

aspiration [,æspə'reɪʃn] *n* aspiration *f*.

aspire [ə'spaɪər] *vi*: **to ~ to sthg/to do sthg** aspirer à qqch/à faire qqch.

aspirin ['æsprɪn] *n* aspirine *f*.

aspiring [ə'spaɪərɪŋ] *adj*: **she was an ~ writer** elle avait pour ambition de devenir écrivain.

ass [æs] *n* **-1.** [donkey] âne *m*. **-2.** *Br inf* [idiot] imbécile *mf*, idiot *m*, -e *f*. **-3.** *Am v inf* = **arse**.

assail [ə'seɪl] *vt* assaillir.

assailant [ə'seɪlənt] *n* assaillant *m*, -e *f*.

assassin [ə'sæsɪn] *n* assassin *m*.

assassinate [ə'sæsɪneɪt] *vt* assassiner.

assassination [ə,sæsɪ'neɪʃn] *n* assassinat *m*.

assault [ə'sɔːlt] ◇ *n* **-1.** MIL: **~ (on)** assaut *m* (de), attaque *f* (de). **-2.** [physical attack]: **~ (on sb)** agression *f* (contre qqn); **~ and battery** JUR coups *mpl* et blessures. ◇ *vt* [attack - physically] agresser; [- sexually] violenter.

assault course *n* parcours *m* du combattant.

assemble [ə'sembl] ◇ *vt* **-1.** [gather] réunir. **-2.** [fit together] assembler, monter. ◇ *vi* se réunir, s'assembler.

assembly [ə'semblɪ] (*pl* -ies) *n* **-1.** [gen] assemblée *f*. **-2.** [fitting together] assemblage *m*.

assembly language *n* COMPUT langage *m* d'assemblage.

assembly line *n* chaîne *f* de montage.

assent [ə'sent] ◇ *n* consentement *m*, assentiment *m*. ◇ *vi*: **to ~ (to)** donner son consentement OR assentiment (à).

assert [ə'sɜːt] *vt* **-1.** [fact, belief] affirmer, soutenir. **-2.** [authority] imposer; **to ~ o.s.** s'imposer.

assertion [ə'sɜːʃn] *n* [claim] assertion *f*, affirmation *f*.

assertive [ə'sɜːtɪv] *adj* assuré(e).

assess [ə'ses] *vt* évaluer, estimer.

assessment [ə'sesmənt] *n* **-1.** [opinion] opinion *f*. **-2.** [calculation] évaluation *f*, estimation *f*.

assessor [ə'sesər] *n* [of tax] contrôleur *m* (des impôts).

asset ['æset] *n* avantage *m,* atout *m;* **she will be an ~ to the company** sa compétence sera un atout pour la société.
◆ **assets** *npl* COMM actif *m.*

asset-stripping [-,strɪpɪŋ] *n* rachat d'une société pour en récupérer l'actif.

assiduous [ə'sɪdjʊəs] *adj* assidu(e).

assiduously [ə'sɪdjʊəslɪ] *adv* assidûment.

assign [ə'saɪn] *vt* **-1.** [allot]: **to ~ sthg (to)** assigner qqch (à). **-2.** [give task to]: **to ~ sb (to sthg/to do sthg)** nommer qqn (à qqch/ pour faire qqch).

assignation [,æsɪg'neɪʃn] *n* rendez-vous *m* (amoureux).

assignment [ə'saɪnmənt] *n* **-1.** [task] mission *f;* SCH devoir *m.* **-2.** [act of assigning] attribution *f.*

assimilate [ə'sɪmɪleɪt] *vt* assimiler.

assimilation [ə,sɪmɪ'leɪʃn] *n* assimilation *f.*

assist [ə'sɪst] *vt*: **to ~ sb (with sthg/in doing sthg)** aider qqn (dans qqch/à faire qqch); [professionally] assister qqn (dans qqch/pour faire qqch).

assistance [ə'sɪstəns] *n* aide *f;* **to be of ~ (to)** être utile (à).

assistant [ə'sɪstənt] ◇ *n* assistant *m,* -e *f;* **(shop) ~** vendeur *m,* -euse *f.* ◇ *comp:* **~ editor** rédacteur en chef adjoint *m,* rédactrice en chef adjointe *f;* **~ manager** sousdirecteur *m,* -trice *f.*

associate [*adj & n* ə'səʊʃɪət, *vb* ə'səʊʃɪeɪt] ◇ *adj* associé(e). ◇ *n* associé *m,* -e *f.* ◇ *vt*: **to ~ sb/sthg (with)** associer qqn/qqch (à); **to be ~d with** être associé(e) à. ◇ *vi*: **to ~ with sb** fréquenter qqn.

association [ə,səʊsɪ'eɪʃn] *n* association *f;* **in ~ with** avec la collaboration de.

assonance ['æsənəns] *n* assonance *f.*

assorted [ə'sɔːtɪd] *adj* varié(e).

assortment [ə'sɔːtmənt] *n* mélange *m.*

Asst. *abbr of* **assistant.**

assuage [ə'sweɪdʒ] *vt* [thirst, hunger] assouvir; [grief] soulager.

assume [ə'sjuːm] *vt* **-1.** [suppose] supposer, présumer. **-2.** [power, responsibility] assumer. **-3.** [appearance, attitude] adopter.

assumed name [ə'sjuːmd-] *n* nom *m* d'emprunt.

assuming [ə'sjuːmɪŋ] *conj* en supposant que.

assumption [ə'sʌmpʃn] *n* **-1.** [supposition] supposition *f.* **-2.** [of power] prise *f.*
◆ **Assumption** *n* RELIG: **the Assumption** l'Assomption *f.*

assurance [ə'ʃɔːrəns] *n* **-1.** [gen] assurance *f.* **-2.** [promise] garantie *f,* promesse *f.*

assure [ə'ʃɔːr] *vt*: **to ~ sb (of)** assurer qqn (de).

assured [ə'ʃɔːd] *adj* assuré(e).

AST (*abbr of* **Atlantic Standard Time**) *n* heure d'hiver de la côte est des États-Unis.

asterisk ['æstərɪsk] *n* astérisque *m.*

astern [ə'stɜːn] *adv* NAUT en poupe.

asteroid ['æstərɔɪd] *n* astéroïde *m.*

asthma ['æsmə] *n* asthme *m.*

asthmatic [æs'mætɪk] ◇ *adj* asthmatique.
◇ *n* asthmatique *mf.*

astigmatism [ə'stɪgmətɪzm] *n* astigmatisme *m.*

astonish [ə'stɒnɪʃ] *vt* étonner.

astonishing [ə'stɒnɪʃɪŋ] *adj* étonnant(e).

astonishment [ə'stɒnɪʃmənt] *n* étonnement *m.*

astound [ə'staʊnd] *vt* stupéfier.

astounding [ə'staʊndɪŋ] *adj* stupéfiant(e).

astrakhan [,æstrə'kæn] *n* astrakan *m.*

astray [ə'streɪ] *adv*: **to go ~** [become lost] s'égarer; **to lead sb ~** détourner qqn du droit chemin.

astride [ə'straɪd] ◇ *adv* à cheval, à califourchon. ◇ *prep* à cheval OR califourchon sur.

astringent [ə'strɪndʒənt] ◇ *adj* astringent(e). ◇ *n* astringent *m.*

astrologer [ə'strɒlədʒər] *n* astrologue *mf.*

astrological [,æstrə'lɒdʒɪkl] *adj* astrologique.

astrologist [ə'strɒlədʒɪst] = **astrologer.**

astrology [ə'strɒlədʒɪ] *n* astrologie *f.*

astronaut ['æstrənɔːt] *n* astronaute *mf.*

astronomer [ə'strɒnəmər] *n* astronome *mf.*

astronomical [,æstrə'nɒmɪkl] *adj* astronomique.

astronomy [ə'strɒnəmɪ] *n* astronomie *f.*

astrophysics [,æstrəʊ'fɪzɪks] *n* astrophysique *f.*

astute [ə'stjuːt] *adj* malin(igne).

asunder [ə'sʌndər] *adv literary*: **to tear ~** déchirer en deux.

ASV (*abbr of* **American Standard Version**) *n* traduction américaine de la Bible.

asylum [ə'saɪləm] *n* asile *m.*

asymmetrical [,eɪsɪ'metrɪkl] *adj* asymétrique.

at [*unstressed* ət, *stressed* æt] *prep* **-1.** [indicating place, position] à; **they arrived ~ the airport** ils sont arrivés à l'aéroport; **~ my father's** chez mon père; **~ home** à la maison, chez soi; **~ school** à l'école; **~ work** au travail. **-2.** [indicating direction] vers; **to look ~ sb** regarder qqn; **to smile ~ sb** sourire à qqn; **to shoot ~ sb** tirer sur qqn. **-3.**

[indicating a particular time] à; ~ **midnight/noon/eleven o'clock** à minuit/midi/onze heures; ~ **night** la nuit; ~ **Christmas/Easter** à Noël/Pâques. **-4.** [indicating age, speed, rate] à; ~ **52 (years of age)** à 52 ans; ~ **100 mph** à 160 km/h. **-5.** [indicating price]: ~ **£50 a pair** 50 livres la paire. **-6.** [indicating particular state, condition] en; ~ **peace/war** en paix/guerre; **to be** ~ **lunch/dinner** être en train de déjeuner/dîner. **-7.** [indicating tentativeness, noncompletion]: **to snatch** ~ **sthg** essayer de saisir qqch; **to nibble** ~ **sthg** grignoter qqch. **-8.** (after adjectives): **amused/appalled/puzzled** ~ **sthg** diverti/effaré/intrigué par qqch; **delighted** ~ **sthg** ravi de qqch; **to be bad/good** ~ **sthg** être mauvais/bon en qqch.
◆ **at all** adv ◇ **-1.** (with negative): **not** ~ **all** [when thanked] je vous en prie; [when answering a question] pas du tout; **she's not** ~ **all happy** elle n'est pas du tout contente. **-2.** [in the slightest]: **anything** ~ **all will do** n'importe quoi fera l'affaire; **do you know her** ~ **all?** est-ce que vous la connaissez?

ATC (abbr of **Air Training Corps**) n unité de formation de l'armée de l'air britannique.

ate [Br et, Am eit] pt → **eat**.

atheism ['eiθiizm] n athéisme m.

atheist ['eiθiist] n athée mf.

Athenian [ə'θi:njən] ◇ adj athénien(ienne). ◇ n Athénien m, -ienne f.

Athens ['æθinz] n Athènes.

athlete ['æθli:t] n athlète mf.

athlete's foot n (U) mycose f.

athletic [æθ'letik] adj athlétique.
◆ **athletics** npl athlétisme m.

Atlantic [ət'læntik] ◇ adj atlantique. ◇ n: **the** ~ **(ocean)** l'océan m Atlantique, l'Atlantique m.

Atlantis [ət'læntis] n Atlantide f.

atlas ['ætləs] n atlas m.

Atlas ['ætləs] n: **the** ~ **Mountains** l'Atlas m.

atm. (abbr of **atmosphere**) atm.

ATM (abbr of **automatic teller machine**) n Am GAB m.

atmosphere ['ætmə,sfiə'] n atmosphère f.

atmospheric [,ætməs'ferik] adj **-1.** [pressure, pollution etc] atmosphérique. **-2.** [film, music etc] d'ambiance.

atoll ['ætɒl] n atoll m.

atom ['ætəm] n **-1.** TECH atome m. **-2.** fig [tiny amount] grain m, parcelle f.

atom bomb n bombe f atomique.

atomic [ə'tɒmik] adj atomique.

atomic bomb = **atom bomb**.

atomic energy n énergie f atomique.

atomic number n nombre m OR numéro m atomique.

atomizer, -iser ['ætəmaizə'] n atomiseur m, vaporisateur m.

atone [ə'təun] vi: **to** ~ **for** racheter.

atonement [ə'təunmənt] n: ~ **(for)** réparation f (de).

A to Z n plan m de ville.

ATP (abbr of **Association of Tennis Professionals**) n ATP f.

atrocious [ə'trəuʃəs] adj [very bad] atroce, affreux(euse).

atrocity [ə'trɒsəti] (pl **-ies**) n [terrible act] atrocité f.

attach [ə'tætʃ] vt **-1.** [gen]: **to** ~ **sthg (to)** attacher qqch (à). **-2.** [letter etc] joindre.

attaché [ə'tæʃei] n attaché m, -e f.

attaché case n attaché-case m.

attached [ə'tætʃt] adj **-1.** [fastened on] attaché(e). **-2.** [letter etc] joint(e). **-3.** [for work, job]: ~ **to** rattaché(e) à. **-4.** [fond]: ~ **to** attaché(e) à.

attachment [ə'tætʃmənt] n **-1.** [device] accessoire m. **-2.** [fondness]: ~ **(to)** attachement m (à).

attack [ə'tæk] ◇ n **-1.** [physical, verbal]: ~ **(on)** attaque f (contre). **-2.** [of illness] crise f. ◇ vt **-1.** [gen] attaquer. **-2.** [job, problem] s'attaquer à. ◇ vi attaquer.

attacker [ə'tækə'] n **-1.** [assailant] agresseur m. **-2.** SPORT attaquant m, -e f.

attain [ə'tein] vt atteindre, parvenir à.

attainment [ə'teinmənt] n **-1.** [of success, aims etc] réalisation f. **-2.** [skill] talent m.

attempt [ə'tempt] ◇ n: ~ **(at)** tentative f (de); ~ **on sb's life** tentative d'assassinat. ◇ vt tenter, essayer; **to** ~ **to do sthg** essayer OR tenter de faire qqch.

attend [ə'tend] ◇ vt **-1.** [meeting, party] assister à. **-2.** [school, church] aller à. ◇ vi **-1.** [be present] être présent(e). **-2.** [pay attention]: **to** ~ **(to)** prêter attention (à).
◆ **attend to** vt fus **-1.** [deal with] s'occuper de, régler. **-2.** [look after - customer] s'occuper de; [- patient] soigner.

attendance [ə'tendəns] n **-1.** [number present] assistance f, public m. **-2.** [presence] présence f.

attendant [ə'tendənt] ◇ adj [problems] qui en découle. ◇ n [at museum, car park] gardien m, -ienne f; [at petrol station] pompiste mf; **swimming-pool** ~ maître-nageur m, -euse f.

attention [ə'tenʃn] ◇ n (U) **-1.** [gen] attention f; **to bring sthg to sb's** ~, **to draw sb's** ~ **to sthg** attirer l'attention de qqn sur qqch; **to attract** OR **catch sb's** ~ attirer l'attention de qqn; **to pay** ~ **to** prêter attention à; **for the** ~ **of** COMM à l'attention de. **-2.** [care] soins *mpl*, attentions *fpl*. **-3.** MIL: **to stand to** ~ se mettre au garde-à-vous. ◇ *excl* MIL garde-à-vous!

attentive [ə'tentɪv] *adj* attentif(ive).

attentively [ə'tentɪvlɪ] *adv* attentivement.

attenuate [ə'tenjʊeɪt] ◇ *vt* atténuer. ◇ *vi* s'atténuer.

attest [ə'test] ◇ *vt* attester, certifier. ◇ *vi*: **to** ~ **to** témoigner de.

attic ['ætɪk] *n* grenier *m*.

attire [ə'taɪər] *n* (*U*) *fml* tenue *f*.

attitude ['ætɪtjuːd] *n* **-1.** [gen]: ~ **(to** OR **towards)** attitude *f* (envers). **-2.** [posture] pose *f*.

attn. (*abbr of* **for the attention of**) à l'attention de.

attorney [ə'tɜːnɪ] *n Am* avocat *m*, -e *f*.

attorney general (*pl* **attorneys general**) *n* ministre *m* de la Justice.

attract [ə'trækt] *vt* attirer; **to be** ~**ed to** être attiré par.

attraction [ə'trækʃn] *n* **-1.** [gen] attraction *f*; ~ **to sb** attirance *f* envers qqn. **-2.** [of thing] attrait *m*.

attractive [ə'træktɪv] *adj* [person] attirant(e), séduisant(e); [thing, idea] attrayant(e), séduisant; [investment] intéressant(e).

attractively [ə'træktɪvlɪ] *adv* [decorated, arranged] de manière attrayante; [smile, dressed] de manière séduisante.

attributable [ə'trɪbjʊtəbl] *adj*: ~ **to** dû (due) à, attribuable à.

attribute [*vb* ə'trɪbjuːt, *n* 'ætrɪbjuːt] ◇ *vt*: **to** ~ **sthg to** attribuer qqch à. ◇ *n* attribut *m*.

attribution [,ætrɪ'bjuːʃn] *n*: ~ **(to)** attribution *f* (à).

attrition [ə'trɪʃn] *n* usure *f*; **war of** ~ guerre *f* d'usure.

attuned [ə'tjuːnd] *adj*: ~ **to** accoutumé(e) à; [ears] habitué(e) à.

Atty. Gen. *abbr of* **Attorney General**.

ATV *n* **-1.** (*abbr of* **Associated Television**) société britannique de télévision. **-2.** (*abbr of* **all terrain vehicle**) véhicule tout-terrain.

atypical [,eɪ'tɪpɪkl] *adj* atypique.

atypically [,eɪ'tɪpɪklɪ] *adv* pas typiquement.

aubergine ['əʊbəʒiːn] *n Br* aubergine *f*.

auburn ['ɔːbən] *adj* auburn (*inv*).

auction ['ɔːkʃn] ◇ *n* vente *f* aux enchères; **at** OR **by** ~ aux enchères; **to put sthg up for** ~ mettre qqch (dans une vente) aux enchères. ◇ *vt* vendre aux enchères.

◆ **auction off** *vt sep* vendre aux enchères.

auctioneer [,ɔːkʃə'nɪər] *n* commissaire-priseur *m*.

audacious [ɔː'deɪʃəs] *adj* audacieux(ieuse).

audacity [ɔː'dæsətɪ] *n* audace *f*.

audible ['ɔːdəbl] *adj* audible.

audience ['ɔːdjəns] *n* **-1.** [of play, film] public *m*, spectateurs *mpl*; [of TV programme] téléspectateurs *mpl*. **-2.** [formal meeting] audience *f*.

audio ['ɔːdɪəʊ] *adj* audio (*inv*).

audio frequency *n* audiofréquence *f*.

audiotyping ['ɔːdɪəʊ,taɪpɪŋ] *n* audiotypie *f*.

audiotypist ['ɔːdɪəʊ,taɪpɪst] *n* audiotypiste *mf*.

audio-visual *adj* audiovisuel(elle).

audit ['ɔːdɪt] ◇ *n* audit *m*, vérification *f* des comptes. ◇ *vt* vérifier, apurer.

audition [ɔː'dɪʃn] ◇ *n* THEATRE audition *f*; CINEMA bout *m* d'essai. ◇ *vi*: **to** ~ **for** passer une audition pour.

auditor ['ɔːdɪtər] *n* auditeur *m*, -trice *f*.

auditorium [,ɔːdɪ'tɔːrɪəm] (*pl* **-riums** OR **-ria** [-rɪə]) *n* salle *f*.

au fait [,əʊ'feɪ] *adj*: **to be** ~ **with sthg** être au fait de qqch, connaître qqch.

Aug. *abbr of* **August**.

augment [ɔːg'ment] *vt* augmenter, accroître.

augur ['ɔːgər] *vi*: **to** ~ **well/badly** être de bon/mauvais augure.

august [ɔː'gʌst] *adj* auguste, noble.

August ['ɔːgəst] *n* août *m*; *see also* **September**.

Auld Lang Syne [,ɔːldlæŋ'saɪn] *n* chant traditionnel britannique correspondant à «ce n'est qu'un au revoir, mes frères».

aunt [ɑːnt] *n* tante *f*.

auntie, aunty ['ɑːntɪ] (*pl* **-ies**) *n inf* tata *f*, tantine *f*.

au pair [,əʊ'peər] *n* jeune fille *f* au pair.

aura ['ɔːrə] *n* atmosphère *f*.

aural ['ɔːrəl] *adj* auditif(ive).

aurally ['ɔːrəlɪ] *adv*: ~ **handicapped** mal entendant(e).

auspices ['ɔːspɪsɪz] *npl*: **under the** ~ **of** sous les auspices de.

auspicious [ɔː'spɪʃəs] *adj* prometteur(euse).

Aussie ['ɒzɪ] *inf* ◇ *adj* australien(ienne). ◇ *n* Australien *m*, -ienne *f*.

austere [ɒ'stɪər] *adj* austère.

austerity [ɒ'sterətɪ] *n* austérité *f*.

austerity measures *npl* restrictions *fpl*.

Australasia [,ɒstrə'leɪʒə] *n* Australasie *f*.

Australia [ɒ'streɪljə] *n* Australie *f*; **in ~** en Australie.

Australian [ɒ'streɪljən] ◇ *adj* australien(ienne). ◇ *n* Australien *m*, -ienne *f*.

Austria ['ɒstrɪə] *n* Autriche *f*; **in ~** en Autriche.

Austrian ['ɒstrɪən] ◇ *adj* autrichien(ienne). ◇ *n* Autrichien *m*, -ienne *f*.

AUT (*abbr of* **Association of University Teachers**) *n syndicat britannique d'enseignants universitaires.*

authentic [ɔː'θentɪk] *adj* authentique.

authenticate [ɔː'θentɪkeɪt] *vt* établir l'authenticité de.

authentication [ɔːˌθentɪ'keɪʃn] *n* authentification *f*.

authenticity [ˌɔːθen'tɪsətɪ] *n* authenticité *f*.

author ['ɔːθəʳ] *n* auteur *m*.

authoritarian [ɔːˌθɒrɪ'teərɪən] *adj* autoritaire.

authoritative [ɔː'θɒrɪtətɪv] *adj* **-1.** [person, voice] autoritaire. **-2.** [study] qui fait autorité.

authority [ɔː'θɒrətɪ] (*pl* **-ies**) *n* **-1.** [organization, power] autorité *f*; **to be in ~** être le/la responsable. **-2.** [permission] autorisation *f*. **-3.** [expert]: **~ (on sthg)** expert *m*, -e *f* (en qqch). **-4.** *phr:* **to have it on good ~** le tenir de bonne source OR de source sûre.

◆ **authorities** *npl:* **the authorities** les autorités *fpl*.

authorize, -ise ['ɔːθəraɪz] *vt:* **to ~ sb (to do sthg)** autoriser qqn (à faire qqch).

Authorized Version ['ɔːθəraɪzd-] *n:* **the ~** la Bible de 1611.

authorship ['ɔːθəʃɪp] *n* paternité *f*.

autistic [ɔː'tɪstɪk] *adj* [child] autiste; [behaviour] autistique.

auto ['ɔːtəʊ] (*pl* **-s**) *n Am* auto *f*, voiture *f*.

autobiographical ['ɔːtəˌbaɪə'græfɪkl] *adj* autobiographique.

autobiography [ˌɔːtəbaɪ'ɒgrəfɪ] (*pl* **-ies**) *n* autobiographie *f*.

autocrat ['ɔːtəkræt] *n* autocrate *m*.

autocratic [ˌɔːtə'krætɪk] *adj* autocratique.

autocross ['ɔːtəʊkrɒs] *n Br* auto-cross *m*.

Autocue® ['ɔːtəʊkjuː] *n Br* téléprompteur *m*.

autograph ['ɔːtəgrɑːf] ◇ *n* autographe *m*. ◇ *vt* signer.

Automat® ['ɔːtəmæt] *n Am restaurant où les plats sont vendus dans des distributeurs automatiques.*

automata [ɔː'tɒmətə] *pl* → **automaton**.

automate ['ɔːtəmeɪt] *vt* automatiser.

automatic [ˌɔːtə'mætɪk] ◇ *adj* **-1.** [gen] automatique. **-2.** [gesture] machinal(e). ◇ *n* **-1.** [car] voiture *f* à transmission automatique. **-2.** [gun] automatique *m*. **-3.** [washing machine] lave-linge *m* automatique.

automatically [ˌɔːtə'mætɪklɪ] *adv* **-1.** [gen] automatiquement. **-2.** [move, reply] machinalement.

automatic pilot *n lit* & *fig* pilote *m* automatique.

automation [ˌɔːtə'meɪʃn] *n* automatisation *f*, automation *f*.

automaton [ɔː'tɒmətən] (*pl* **-tons** OR **-ta**) *n lit* & *fig* automate *m*.

automobile ['ɔːtəməbiːl] *n Am* automobile *f*.

automotive [ˌɔːtə'məʊtɪv] *adj* automobile.

autonomous [ɔː'tɒnəməs] *adj* autonome.

autonomy [ɔː'tɒnəmɪ] *n* autonomie *f*.

autopilot ['ɔːtəʊpaɪlət] = **automatic pilot**.

autopsy ['ɔːtɒpsɪ] (*pl* **-ies**) *n* autopsie *f*.

autumn ['ɔːtəm] ◇ *n* automne *m*; **in ~** en automne. ◇ *comp* d'automne.

autumnal [ɔː'tʌmnəl] *adj* automnal(e).

auxiliary [ɔːg'zɪljərɪ] (*pl* **-ies**) ◇ *adj* auxiliaire. ◇ *n* auxiliaire *mf*.

Av. (*abbr of* **avenue**) av.

AV ◇ *n abbr of* **Authorized Version**. ◇ *abbr of* **audiovisual**.

avail [ə'veɪl] ◇ *n:* **to no ~** en vain, sans résultat. ◇ *vt:* **to ~ o.s. of** profiter de.

availability [əˌveɪlə'bɪlətɪ] *n* disponibilité *f*.

available [ə'veɪləbl] *adj* disponible.

avalanche ['ævəlɑːnʃ] *n lit* & *fig* avalanche *f*.

avant-garde [ˌævɒŋ'gɑːd] *adj* d'avant-garde.

avarice ['ævərɪs] *n* avarice *f*.

avaricious [ˌævə'rɪʃəs] *adj* avare.

avdp. (*abbr of* **avoirdupois**) *système avoirdupois.*

Ave. (*abbr of* **avenue**) av.

avenge [ə'vendʒ] *vt* venger.

avenue ['ævənjuː] *n* avenue *f*.

average ['ævərɪdʒ] ◇ *adj* moyen(enne). ◇ *n* moyenne *f*; **on ~** en moyenne. ◇ *vt:* **the cars were averaging 90 mph** les voitures roulaient en moyenne à 150 km/h.

◆ **average out** ◇ *vt sep* établir la moyenne de. ◇ *vi:* **to ~ out at** donner la moyenne de.

averse [ə'vɜːs] *adj:* **I'm not ~ to the occasional drink** *hum* je ne dis pas non à un verre de temps en temps.

aversion [ə'vɜːʃn] n: ~ **(to)** aversion f (pour).

avert [ə'vɜːt] vt **-1.** [avoid] écarter; [accident] empêcher. **-2.** [eyes, glance] détourner.

aviary ['eɪvjərɪ] (pl **-ies**) n volière f.

aviation [ˌeɪvɪ'eɪʃn] n aviation f.

aviator ['eɪvɪeɪtər] n dated aviateur m, -trice f.

avid ['ævɪd] adj: ~ **(for)** avide (de).

avocado [ˌævə'kɑːdəʊ] (pl **-s** OR **-es**) n: ~ (pear) avocat m.

avoid [ə'vɔɪd] vt éviter; **to ~ doing sthg** éviter de faire qqch.

avoidable [ə'vɔɪdəbl] adj qui peut être évité(e).

avoidance [ə'vɔɪdəns] n → tax avoidance.

avowed [ə'vaʊd] adj **-1.** [supporter, opponent] déclaré(e). **-2.** [aim, belief] avoué(e).

AVP (abbr of **assistant vice-president**) n vice-président adjoint.

AWACS ['eɪwæks] (abbr of **airborne warning and control system**) n AWACS m.

await [ə'weɪt] vt attendre.

awake [ə'weɪk] (pt **awoke** OR **awaked**, pp **awoken**) ◇ adj **-1.** [not sleeping] réveillé(e); **are you ~?** tu dors?; **to be wide ~** être complètement réveillé. **-2.** fig [aware]: ~ **to** conscient(e) de. ◇ vt **-1.** [wake up] réveiller. **-2.** fig [feeling] éveiller. ◇ vi **-1.** [wake up] se réveiller. **-2.** fig [feeling] s'éveiller.

awakening [ə'weɪknɪŋ] n **-1.** [from sleep] réveil m; **a rude ~** un réveil brutal. **-2.** fig [of feeling] éveil m.

award [ə'wɔːd] ◇ n **-1.** [prize] prix m. **-2.** [compensation] dommages-intérêts mpl. ◇ vt: **to ~ sb sthg, to ~ sthg to sb** [prize] décerner qqch à qqn; [compensation, free kick] accorder qqch à qqn.

aware [ə'weər] adj: **to be ~ of sthg** se rendre compte de qqch, être conscient(e) de qqch; **to be ~ that** se rendre compte que, être conscient que; **politically ~** politisé(e).

awareness [ə'weənɪs] n (U) conscience f.

awash [ə'wɒʃ] adj lit & fig: ~ **(with)** inondé(e) (de).

away [ə'weɪ] ◇ adv **-1.** [in opposite direction]: **to move** OR **walk ~ (from)** s'éloigner (de); **to look ~** détourner le regard; **to turn ~** se détourner. **-2.** [in distance]: **we live 4 miles ~ (from here)** nous habitons à 6 kilomètres (d'ici); **to keep sb ~** empêcher qqn de s'approcher. **-3.** [in time]: **the elections are a month ~** les élections se dérouleront dans un mois. **-4.** [absent] absent(e); **she's ~ on holiday** elle est partie en vacances. **-5.** [in safe place]: **to put sthg ~** ranger

qqch. **-6.** [so as to be gone or used up]: **to fade ~** disparaître; **to give sthg ~** donner qqch, faire don de qqch; **to take sthg ~** emporter qqch. **-7.** [continuously]: **to be working ~** travailler sans arrêt.
◇ adj SPORT [team, fans] de l'équipe des visiteurs; ~ **game** match m à l'extérieur.

awe [ɔː] n respect m mêlé de crainte; **to be in ~ of sb** être impressionné par qqn.

awesome ['ɔːsəm] adj impressionnant(e).

awestruck ['ɔːstrʌk] adj impressionné(e).

awful ['ɔːfʊl] adj **-1.** [terrible] affreux(euse). **-2.** inf [very great]: **an ~ lot (of)** énormément (de).

awfully ['ɔːflɪ] adv inf [bad, difficult] affreusement; [nice, good] extrêmement.

awhile [ə'waɪl] adv un moment.

awkward ['ɔːkwəd] adj **-1.** [clumsy] gauche, maladroit(e). **-2.** [embarrassed] mal à l'aise, gêné(e). **-3.** [difficult - person, problem, task] difficile. **-4.** [inconvenient] incommode. **-5.** [embarrassing] embarrassant(e), gênant(e).

awkwardly ['ɔːkwədlɪ] adv **-1.** [move etc] gauchement, maladroitement. **-2.** [with embarrassment] avec gêne OR embarras.

awkwardness ['ɔːkwədnɪs] n **-1.** [of person, movement] gaucherie f, maladresse f. **-2.** [embarrassment] gêne f, embarras m.

awl [ɔːl] n poinçon m, alêne f.

awning ['ɔːnɪŋ] n **-1.** [of tent] auvent m. **-2.** [of shop] banne f.

awoke [ə'wəʊk] pt → awake.

awoken [ə'wəʊkn] pp → awake.

AWOL ['eɪwɒl] (abbr of **absent without leave**): **to be/go ~** MIL être/partir en absence irrégulière.

awry [ə'raɪ] ◇ adj de travers. ◇ adv: **to go ~** aller de travers, mal tourner.

axe Br, **ax** Am [æks] ◇ n hache f; **to have an ~ to grind** prêcher pour sa paroisse. ◇ vt [project] abandonner; [jobs] supprimer.

axes ['æksiːz] pl → axis.

axiom ['æksɪəm] n axiome m.

axis ['æksɪs] (pl **axes**) n axe m.

axle ['æksl] n essieu m.

ayatollah [ˌaɪə'tɒlə] n ayatollah m.

aye [aɪ] ◇ adv oui. ◇ n voix f pour.

AYH (abbr of **American Youth Hostels**) n association américaine des auberges de jeunesse.

AZ abbr of **Arizona**.

azalea [ə'zeɪljə] n azalée f.

Azerbaijan [ˌæzəbaɪ'dʒɑːn] n Azerbaïdjan m.

Azerbaijani [ˌæzəbaɪ'dʒɑːnɪ] ◇ adj azerbaïdjanais(e). ◇ n Azerbaïdjanais m, -e f.

Azeri [ə'zerɪ] ◇ *adj* azeri(e). ◇ *n* Azeri *mf*.
Azores [ə'zɔːz] *npl*: **the ~** les Açores *fpl*; **in the ~** aux Açores.
AZT (*abbr of* **azidothymidine**) *n* AZT *f*.
Aztec ['æztek] ◇ *adj* aztèque. ◇ *n* Aztèque *mf*.
azure ['æʒəʳ] *adj* azuré(e), bleu(e) d'azur.

B

b (*pl* **b's** OR **bs**), **B** (*pl* **B's** OR **Bs**) [biː] *n* [letter] b *m inv*, B *m inv*.
◆ **B** *n* **-1.** MUS si *m*. **-2.** SCH [mark] B *m inv*.
b. *abbr of* **born**.
BA *n* **-1.** *abbr of* **Bachelor of Arts**. **-2.** (*abbr of* **British Academy**) *organisme public d'aide à la recherche dans le domaine des lettres*. **-3.** (*abbr of* **British Airways**) *compagnie aérienne britannique*.
BAA (*abbr of* **British Airports' Authority**) *n organisme autonome responsable des aéroports en Grande-Bretagne*.
babble ['bæbl] ◇ *n* [of voices] murmure *m*, rumeur *f*. ◇ *vi* [person] babiller.
babe [beɪb] *n* **-1.** *literary* [baby] bébé *m*. **-2.** *Am inf* [term of affection] chéri *m*, -e *f*.
baboon [bə'buːn] *n* babouin *m*.
baby ['beɪbɪ] (*pl* **-ies**) *n* **-1.** [child] bébé *m*. **-2.** *inf* [darling] chéri *m*, -e *f*.
baby boomer [-,buːməʳ] *n Am personne née lors du baby boom d'après-guerre.*
baby buggy *n* **-1.** *Br* [foldable pushchair] poussette *f*. **-2.** *Am* = **baby carriage**.
baby carriage *n Am* landau *m*.
babyish ['beɪbɪɪʃ] *adj* puéril(e), enfantin(e).
baby-minder *n Br* nourrice *f*.
baby-sit *vi* faire du baby-sitting.
baby-sitter *n* baby-sitter *mf*.
bachelor ['bætʃələʳ] *n* célibataire *m*.
Bachelor of Arts *n* licencié *m*, -e *f* en OR ès Lettres.
Bachelor of Science *n* licencié *m*, -e *f* en OR ès Sciences.
bachelor's degree *n* ≃ licence *f*.
back [bæk] ◇ *adv* **-1.** [backwards] en arrière; **to step/move ~** reculer; **to push ~** repousser; **to tie one's hair ~** attacher ses

cheveux en arrière. **-2.** [to former position or state]: **I'll be ~ at five** je rentrerai OR serai de retour à dix-sept heures; **I'd like my money ~** [in shop] je voudrais me faire rembourser; **to go ~** retourner; **to come ~** revenir, rentrer; **to go ~ to sleep** se rendormir; **to go ~ and forth** [person] faire des allées et venues; **to be ~ (in fashion)** revenir à la mode. **-3.** [in time]: **to think ~ (to)** se souvenir (de). **-4.** [in return]: **to phone** OR **call ~** rappeler; **to write ~** répondre; **to pay sb ~** rembourser qqn.
◇ *n* **-1.** [of person, animal] dos *m*; **to break the ~ of a job** faire le plus gros d'un travail; **behind sb's ~** *fig* derrière le dos de qqn; **to stab sb in the ~** *fig* poignarder qqn dans le dos; **to put sb's ~ up** casser les pieds de qqn; **to turn one's ~ on sb/sthg** ignorer qqn/qqch. **-2.** [of door, book, hand] dos *m*; [of head] derrière *m*; [of envelope, cheque] revers *m*; [of page] verso *m*; [of chair] dossier *m*; **to know somewhere like the ~ of one's hand** connaître un endroit comme sa poche. **-3.** [of room, fridge] fond *m*; [of car] arrière *m*; **it's the ~ of beyond** *Br* c'est un trou perdu. **-4.** SPORT arrière *m*.
◇ *adj* (*in compounds*) **-1.** [at the back] de derrière; [seat, wheel] arrière (*inv*); [page] dernier(ière). **-2.** [overdue]: **~ rent** arriéré *m* de loyer.
◇ *vt* **-1.** [reverse] reculer. **-2.** [support] appuyer, soutenir. **-3.** [bet on] parier sur, miser sur.
◇ *vi* reculer.
◆ **back to back** *adv* **-1.** [stand] dos à dos. **-2.** [happen] l'un après l'autre.
◆ **back to front** *adv* à l'envers.
◆ **back away** *vi* reculer.
◆ **back down** *vi* céder.
◆ **back off** *vi* reculer.
◆ **back onto** *vt Br*: **the house ~s onto the park** la maison donne sur le parc par derrière.
◆ **back out** *vi* [of promise etc] se dédire.
◆ **back up** ◇ *vt sep* **-1.** [support - claim] appuyer, soutenir; [- person] épauler, soutenir. **-2.** [reverse] reculer. **-3.** COMPUT sauvegarder, faire une copie de sauvegarde de. ◇ *vi* [reverse] reculer.
backache ['bækeɪk] *n*: **to have ~** avoir mal aux reins OR au dos.
backbencher [,bæk'bentʃəʳ] *n Br* POL *député qui n'a aucune position officielle au gouvernement ni dans aucun parti.*
backbenches [,bæk'bentʃɪz] *npl Br* POL bancs *mpl* des députés sans portefeuille.
backbiting ['bækbaɪtɪŋ] *n* médisance *f*.

backbone ['bækbəʊn] *n* épine *f* dorsale, colonne *f* vertébrale; *fig* [main support] pivot *m*.

backbreaking ['bæk,breɪkɪŋ] *adj* éreintant(e).

back burner *n*: **to put sthg on the ~** mettre qqch en veilleuse.

backchat *Br* ['bæktʃæt], **backtalk** *Am* ['bæktɔːk] *n inf* insolence *f*.

backcloth ['bækklɒθ] *Br* = **backdrop**.

backcomb ['bækkəʊm] *vt Br* crêper.

back copy *n* vieux numéro *m*.

backdate [,bæk'deɪt] *vt* antidater.

back door *n* porte *f* de derrière; **to get a job through** OR **by the ~** *fig* obtenir un emploi par relations.

backdrop ['bækdrɒp] *n lit* & *fig* toile *f* de fond.

backer ['bækər] *n* commanditaire *m*, bailleur *m* de fonds.

backfire [,bæk'faɪər] *vi* **-1.** AUT pétarader. **-2.** [plan]: **to ~ (on sb)** se retourner (contre qqn).

backgammon ['bæk,gæmən] *n* backgammon *m*, ≃ jacquet *m*.

background ['bækgraʊnd] ◇ *n* **-1.** [in picture, view] arrière-plan *m*; **in the ~** dans le fond, à l'arrière-plan; *fig* au second plan. **-2.** [of event, situation] contexte *m*. **-3.** [upbringing] milieu *m*. ◇ *comp* [music, noise] de fond; **~ reading/information** lectures/informations générales (*pour un certain sujet*).

backhand ['bækhænd] *n* revers *m*.

backhanded ['bækhændɪd] *adj fig* ambigu(ë), équivoque.

backhander ['bækhændər] *n Br inf* pot-de-vin *m*.

backing ['bækɪŋ] *n* **-1.** [support] soutien *m*. **-2.** [lining] doublage *m*. **-3.** MUS accompagnement *m*.

back issue = **back number**.

backlash ['bæklæʃ] *n* contrecoup *m*, choc *m* en retour.

backless ['bæklɪs] *adj* [dress etc] décolleté(e) dans le dos.

backlog ['bæklɒg] *n*: **~ (of work)** arriéré *m* de travail, travail *m* en retard.

back number *n* vieux numéro *m*.

backpack ['bækpæk] *n* sac *m* à dos.

backpacker ['bækpækər] *n* randonneur *m*, -euse *f* (*avec sac à dos*).

backpacking ['bækpækɪŋ] *n*: **to go ~** faire de la randonnée (*avec sac à dos*).

back passage *n euphemism* rectum *m*.

back pay *n* rappel *m* de salaire.

backpedal [,bæk'pedl] (*Br pt* & *pp* **-led**, *cont* **-ling**, *Am pt* & *pp* **-ed**, *cont* **-ing**) *vi fig*: **to ~ (on)** faire marche OR machine arrière (sur).

back seat *n* [in car] siège *m* OR banquette *f* arrière; **to take a ~** *fig* jouer un rôle secondaire.

back-seat driver *n personne qui n'arrête pas de donner des conseils au conducteur.*

backside [,bæk'saɪd] *n inf* postérieur *m*, derrière *m*.

backslash ['bækslæʃ] *n* COMPUT barre *f* oblique inversée.

backslide [,bæk'slaɪd] (*pt* & *pp* **-slid** [-'slɪd]) *vi* rechuter, récidiver.

backspace ['bækspeɪs] ◇ *n* [key] touche *f* de retour en arrière. ◇ *vi* [in typing] reculer d'un espace.

backstage [,bæk'steɪdʒ] *adv* dans les coulisses.

back street *n* petite rue *f*.

back-street abortion *n* avortement *m* clandestin.

backstroke ['bækstrəʊk] *n* dos *m* crawlé.

backtalk *Am* = **backchat**.

backtrack ['bæktræk] = **backpedal**.

backup ['bækʌp] ◇ *adj* **-1.** [plan, team] de secours, de remplacement. **-2.** COMPUT de sauvegarde. ◇ *n* **-1.** [gen] aide *f*, soutien *m*. **-2.** COMPUT (copie *f* de) sauvegarde *f*.

backward ['bækwəd] ◇ *adj* **-1.** [movement, look] en arrière. **-2.** [country] arriéré(e); [person] arriéré, attardé(e). ◇ *adv Am* = **backwards**.

backward-looking [-,lʊkɪŋ] *adj pej* rétrograde.

backwards ['bækwədz], **backward** *Am* ['bækwəd] *adv* [move, go] en arrière, à reculons; [read list] à rebours, à l'envers; **~ and forwards** [movement] de va-et-vient, d'avant en arrière et d'arrière en avant; **to walk ~ and forwards** aller et venir.

backwash ['bækwɒʃ] *n* remous *m*.

backwater ['bæk,wɔːtər] *n fig* désert *m*.

backwoods ['bækwʊdz] *npl fig*: **to live in the ~ of France** habiter la France profonde.

backyard [,bæk'jɑːd] *n* **-1.** *Br* [yard] arrière-cour *f*. **-2.** *Am* [garden] jardin *m* de derrière.

bacon ['beɪkən] *n* bacon *m*.

bacteria [bæk'tɪərɪə] *npl* bactéries *fpl*.

bacteriology [bæk,tɪər'ɒlədʒɪ] *n* bactériologie *f*.

bad [bæd] (*compar* **worse**, *superl* **worst**) ◇ *adj* **-1.** [not good] mauvais(e); **to be ~ at sthg** être mauvais en qqch; **to go from ~ to worse** aller de mal en pis, empirer; **too ~!** dommage!; **not ~** pas mal. **-2.** [un-

healthy] malade; **smoking is** ~ **for you** fumer est mauvais pour la santé; **I'm feeling** ~ je ne suis pas dans mon assiette. **-3.** [serious]: **a** ~ **cold** un gros rhume. **-4.** [rotten] pourri(e), gâté(e); **to go** ~ se gâter, s'avarier. **-5.** [guilty]: **to feel** ~ **about sthg** se sentir coupable de qqch. **-6.** [naughty] méchant(e).
◇ *adv Am* = **badly**.

bad blood *n* ressentiment *m*, rancune *f*.

bad cheque *n* chèque *m* sans provision.

bad debt *n* créance *f* irrécouvrable.

bade [bæd] *pt* → **bid**.

bad feeling *n* (*U*) rancœur *f*.

badge [bædʒ] *n* **-1.** [metal, plastic] badge *m*. **-2.** [sewn-on] écusson *m*.

badger ['bædʒə'] ◇ *n* blaireau *m*. ◇ *vt*: **to** ~ **sb (to do sthg)** harceler qqn (pour qu'il fasse qqch).

badly ['bædlɪ] (*compar* **worse**, *superl* **worst**) *adv* **-1.** [not well] mal; **to think** ~ **of sb** penser du mal de qqn. **-2.** [seriously - wounded] grièvement; [- affected] gravement, sérieusement; **to be** ~ **in need of sthg** avoir vraiment OR absolument besoin de qqch.

badly-off *adj* **-1.** [poor] pauvre, dans le besoin. **-2.** [lacking]: **to be** ~ **for sthg** manquer de qqch.

bad-mannered [-'mænəd] *adj* [child] mal élevé(e); [shop assistant] impoli(e).

badminton ['bædmɪntən] *n* badminton *m*.

bad-mouth *vt inf* casser du sucre sur le dos de.

badness ['bædnɪs] *n* [of behaviour] méchanceté *f*.

bad-tempered *adj* **-1.** [by nature] qui a mauvais caractère. **-2.** [in a bad mood] de mauvaise humeur.

baffle ['bæfl] *vt* déconcerter, confondre.

baffling ['bæflɪŋ] *adj* déconcertant(e).

bag [bæg] (*pt* & *pp* **-ged**, *cont* **-ging**) ◇ *n* **-1.** [gen] sac *m*; **she's a** ~ **of bones** elle n'a que la peau sur les os; **it's in the** ~ *inf* c'est dans la poche, l'affaire est dans le sac; **to pack one's** ~**s** *fig* plier bagage. **-2.** [handbag] sac *m* à main. ◇ *vt* **-1.** [put into bags] mettre en sac, ensacher. **-2.** *Br inf* [reserve] garder.
◆ **bags** *npl* **-1.** [under eyes] poches *fpl*. **-2.** *inf* [lots]: ~**s of** plein OR beaucoup de.

bagel ['beɪgəl] *n* petit pain en couronne.

baggage ['bægɪdʒ] *n* (*U*) bagages *mpl*.

baggage car *n Am* fourgon *m* (*d'un train*).

baggage reclaim *n* retrait *m* des bagages.

baggage room *n Am* consigne *f*.

baggy ['bægɪ] (*compar* **-ier**, *superl* **-iest**) *adj* ample.

Baghdad [bæg'dæd] *n* Bagdad.

bag lady *n inf* clocharde *f*.

bagpipes ['bægpaɪps] *npl* cornemuse *f*.

bagsnatcher ['bægsnætʃə'] *n* voleur *m*, -euse *f* à la tire.

bah [bɑː] *excl* bah!

Bahamas [bə'hɑːməz] *npl*: **the** ~ les Bahamas *fpl*; **in the** ~ aux Bahamas.

Bahrain, **Bahrein** [bɑː'reɪn] *n* Bahreïn *m*, Bahrayn *m*; **in** ~ au Bahreïn.

Bahraini, **Bahreini** [bɑː'reɪnɪ] ◇ *adj* bahreïni(e). ◇ *n* Bahreïni *m*, -e *f*.

Bahrein = **Bahrain**.

bail [beɪl] *n* (*U*) caution *f*; **on** ~ sous caution.
◆ **bail out** ◇ *vt sep* **-1.** [pay bail for] se porter garant de. **-2.** *fig* [rescue] tirer d'affaire. ◇ *vi* [from plane] sauter (en parachute).

bailiff ['beɪlɪf] *n* huissier *m*.

bait [beɪt] ◇ *n* appât *m*; **to rise to** OR **take the** ~ *fig* mordre à l'hameçon. ◇ *vt* **-1.** [put bait on] appâter. **-2.** [tease] tourmenter, tarabuster.

baize [beɪz] *n* feutrine *f*.

bake [beɪk] ◇ *vt* **-1.** CULIN faire cuire au four. **-2.** [clay, bricks] cuire. ◇ *vi* [food] cuire au four.

baked beans [beɪkt-] *npl* haricots *mpl* blancs à la tomate.

baked potato [beɪkt-] *n* pomme *f* de terre en robe de chambre.

Bakelite® ['beɪkəlaɪt] *n* Bakélite® *f*.

baker ['beɪkə'] *n* boulanger *m*, -ère *f*; ~**'s (shop)** boulangerie *f*.

bakery ['beɪkərɪ] (*pl* **-ies**) *n* boulangerie *f*.

baking ['beɪkɪŋ] ◇ *adj inf*: **it's a** ~ **hot day!** on cuit aujourd'hui! ◇ *n* cuisson *f*.

baking powder *n* levure *f* (chimique).

baking tin *n* [for cakes] moule *m* à gâteau; [for meat] plat *m* à rôtir.

balaclava (helmet) [bælə'klɑːvə-] *n Br* passe-montagne *m*.

balance ['bæləns] ◇ *n* **-1.** [equilibrium] équilibre *m*; **to keep/lose one's** ~ garder/perdre l'équilibre; **off** ~ déséquilibré(e). **-2.** *fig* [counterweight] contrepoids *m*; [of evidence] poids *m*, force *f*. **-3.** [scales] balance *f*; **to be** OR **hang in the** ~ *fig* être en balance. **-4.** FIN solde *m*.
◇ *vt* **-1.** [keep in balance] maintenir en équilibre. **-2.** [compare]: **to** ~ **sthg against sthg** mettre qqch et qqch en balance. **-3.** [in accounting]: **to** ~ **a budget** équilibrer un bud-

get; **to ~ the books** clôturer les comptes, dresser le bilan.
◇ *vi* **-1.** [maintain equilibrium] se tenir en équilibre. **-2.** [budget, accounts] s'équilibrer.
◆ **on balance** *adv* tout bien considéré.

balanced ['bælənst] *adj* [fair] juste, impartial(e).

balanced diet *n* alimentation *f* équilibrée.

balance of payments *n* balance *f* des paiements.

balance of power *n* équilibre *m* OR balance *f* des forces.

balance of trade *n* balance *f* commerciale.

balance sheet *n* bilan *m*.

balancing act ['bælənsıŋ-] *n fig* acrobaties *fpl*.

balcony ['bælkənı] (*pl* **-ies**) *n* balcon *m*.

bald [bɔːld] *adj* **-1.** [head, man] chauve. **-2.** [tyre] lisse. **-3.** *fig* [blunt] direct(e).

bald eagle *n* aigle *m* à tête blanche (*cet oiseau est le symbole des États-Unis*).

balding ['bɔːldıŋ] *adj* qui devient chauve.

baldness ['bɔːldnıs] *n* calvitie *f*.

bale [beıl] *n* balle *f*.
◆ **bale out** *Br* ◇ *vt sep* [boat] écoper, vider. ◇ *vi* [from plane] sauter en parachute.

Balearic Islands [,bælı'ærık-], **Balearics** [,bælı'ærıks] *npl*: **the ~** les Baléares *fpl*; **in the ~** aux Baléares.

baleful ['beılful] *adj* sinistre.

Bali ['bɑːlı] *n* Bali *m*; **in ~** à Bali.

balk [bɔːk] *vi*: **to ~ (at)** hésiter OR reculer (devant).

Balkan ['bɔːlkən] *adj* balkanique.

Balkans ['bɔːlkənz], **Balkan States** *npl*: **the ~** les Balkans *mpl*, les États *mpl* balkaniques; **in the ~** dans les Balkans.

ball [bɔːl] *n* **-1.** [round shape] boule *f*; [in game] balle *f*; [football] ballon *m*; **to be on the ~** *fig* connaître son affaire, s'y connaître; **to play ~ with sb** *fig* coopérer avec qqn; **to start the ~ rolling** *fig* lancer la discussion. **-2.** [of foot] plante *f*. **-3.** [dance] bal *m*; **to have a ~** *fig* bien s'amuser.
◆ **balls** *v inf* ◇ *npl* [testicles] couilles *fpl*. ◇ *n* (*U*) [nonsense] conneries *fpl*.

ballad ['bæləd] *n* ballade *f*.

ball-and-socket joint *n* TECH rotule *f*.

ballast ['bæləst] *n* lest *m*.

ball bearing *n* roulement *m* à billes.

ball boy *n* ramasseur *m* de balles.

ballcock ['bɔːlkɒk] *n* (robinet *m* à) flotteur *m*.

ballerina [,bælə'riːnə] *n* ballerine *f*.

ballet ['bæleı] *n* **-1.** (*U*) [art of dance] danse *f*. **-2.** [work] ballet *m*.

ballet dancer *n* danseur *m*, -euse *f* de ballet.

ball game *n* **-1.** *Am* [baseball match] match *m* de base-ball. **-2.** *inf* [situation]: **it's a whole new ~** c'est une autre paire de manches.

ball girl *n* ramasseuse *f* de balles.

ballistic missile [bə'lıstık-] *n* missile *m* balistique.

ballistics [bə'lıstıks] *n* (*U*) balistique *f*.

ballocks ['bɒləks] = **bollocks**.

balloon [bə'luːn] ◇ *n* **-1.** [gen] ballon *m*. **-2.** [in cartoon] bulle *f*. ◇ *vi* [swell] gonfler.

ballooning [bə'luːnıŋ] *n*: **to go ~** monter en ballon.

ballot ['bælət] ◇ *n* **-1.** [voting paper] bulletin *m* de vote. **-2.** [voting process] scrutin *m*. ◇ *vt* appeler à voter. ◇ *vi*: **to ~ for sthg** voter pour qqch.

ballot box *n* **-1.** [container] urne *f*. **-2.** [voting process] scrutin *m*.

ballot paper *n* bulletin *m* de vote.

ball park *n Am* terrain *m* de base-ball.

ball-park figure *n inf* chiffre *m* approximatif.

ballpoint (pen) ['bɔːlpɔınt-] *n* stylo *m* à bille.

ballroom ['bɔːlrum] *n* salle *f* de bal.

ballroom dancing *n* (*U*) danse *f* de salon.

balls-up *Br*, **ball-up** *Am n v inf*: **to make a ~ of sthg** saloper qqch.

balm [bɑːm] *n* baume *m*.

balmy ['bɑːmı] (*compar* **-ier**, *superl* **-iest**) *adj* doux (douce).

baloney [bə'ləunı] *n* (*U*) *inf* foutaises *fpl*, bêtises *fpl*.

balsa(wood) ['bɒlsə(wud)] *n* balsa *m*.

balsam ['bɔːlsəm] *n* baume *m*.

balsamic vinegar [bɔːl'sæmık-] *n* vinaigre *m* balsamique.

balti ['bɔːltı] *n* [pan] *récipient métallique utilisé dans la cuisine indienne*; [food] *plat épicé préparé dans un 'balti'.*

Baltic ['bɔːltık] ◇ *adj* [port, coast] de la Baltique. ◇ *n*: **the ~ (Sea)** la Baltique.

Baltic Republic *n*: **the ~s** les républiques *fpl* baltes.

Baltic State *n*: **the ~s** les pays *mpl* baltes.

balustrade [,bæləs'treıd] *n* balustrade *f*.

bamboo [bæm'buː] *n* bambou *m*.

bamboozle [bæm'buːzl] *vt inf* embobiner.

ban [bæn] (*pt & pp* **-ned**, *cont* **-ning**) ◇ *n* interdiction *f*; **there is a ~ on smoking** il est interdit de fumer. ◇ *vt* interdire; **to ~ sb**

from **doing** sthg interdire à qqn de faire qqch.

banal [bə'nɑːl] *adj pej* banal(e), ordinaire.

banana [bə'nɑːnə] *n* banane *f*.

banana republic *n* république *f* bananière.

banana split *n* banana split *m*.

band [bænd] *n* **-1.** [MUS - rock] groupe *m*; [- military] fanfare *f*; [- jazz] orchestre *m*. **-2.** [group, strip] bande *f*. **-3.** [stripe] rayure *f*. **-4.** [range] tranche *f*.
◆ **band together** *vi* se grouper, s'unir.

bandage ['bændɪdʒ] ◇ *n* bandage *m*, bande *f*. ◇ *vt* mettre un pansement OR un bandage sur.

Band-Aid® *n* pansement *m* adhésif.

bandan(n)a [bæn'dænə] *n* bandana *m*.

b and b, B and B *n abbr of* **bed and breakfast**.

bandeau ['bændəʊ] (*pl* **-x** [-z]) *n* bandeau *m*.

bandit ['bændɪt] *n* bandit *m*.

bandmaster ['bænd,mɑːstər] *n* chef *m* d'orchestre.

band saw *n* scie *f* à ruban.

bandsman ['bændzmən] (*pl* **-men** [-mən]) *n* musicien *m* (d'orchestre).

bandstand ['bændstænd] *n* kiosque *m* à musique.

bandwagon ['bændwægən] *n*: **to jump on the** ~ suivre le mouvement.

bandy ['bændɪ] (*compar* **-ier**, *superl* **-iest**, *pt* & *pp* **-ied**) *adj* qui a les jambes arquées.
◆ **bandy about, bandy around** *vt sep* répandre, faire circuler.

bandy-legged [-'legɪd] *adj* = **bandy**.

bane [beɪn] *n*: **he's the** ~ **of my life** c'est le fléau de ma vie.

bang [bæŋ] ◇ *adv* **-1.** [exactly]: ~ **in the middle** en plein milieu; **to be** ~ **on time** être pile à l'heure. **-2.** *inf* [away]: ~ **goes my holiday!** mes vacances sont tombées dans le lac OR à l'eau!
◇ *n* **-1.** [blow] coup *m* violent. **-2.** [of gun etc] détonation *f*; [of door] claquement *m*; **to go with a** ~ *inf fig* être du tonnerre.
◇ *vt* frapper violemment; [door] claquer; **to** ~ **one's head/knee** se cogner la tête/le genou.
◇ *vi* **-1.** [knock]: **to** ~ **on** frapper à. **-2.** [make a loud noise - gun etc] détoner; [- door] claquer. **-3.** [crash]: **to** ~ **into** se cogner contre.
◇ *excl* boum!
◆ **bangs** *npl Am* frange *f*.
◆ **bang down** *vt sep* poser violemment.

banger ['bæŋər] *n Br* **-1.** *inf* [sausage] sau-

cisse *f*. **-2.** *inf* [old car] vieille guimbarde *f*, vieux tacot *m*. **-3.** [firework] pétard *m*.

Bangkok [,bæŋ'kɒk] *n* Bangkok.

Bangladesh [,bæŋglə'deʃ] *n* Bangladesh *m*; **in** ~ au Bangladesh.

Bangladeshi [,bæŋglə'deʃɪ] ◇ *adj* bangladais(e), bangladeshi. ◇ *n* Bangladais *m*, -e *f*, Bangladeshi *mf*.

bangle ['bæŋgl] *n* bracelet *m*.

banish ['bænɪʃ] *vt* bannir.

banister ['bænɪstər] *n*, **banisters** ['bænɪstəz] *npl* rampe *f*.

banjo ['bændʒəʊ] (*pl* **-s** OR **-es**) *n* banjo *m*.

bank [bæŋk] ◇ *n* **-1.** FIN & *fig* banque *f*. **-2.** [of river, lake] rive *f*, bord *m*. **-3.** [of earth] talus *m*. **-4.** [of clouds] masse *f*; [of fog] nappe *f*. ◇ *vt* FIN mettre OR déposer à la banque.
◇ *vi* **-1.** FIN: **to** ~ **with** avoir un compte à. **-2.** [plane] tourner.
◆ **bank on** *vt fus* compter sur.

bank account *n* compte *m* en banque.

bank balance *n* solde *m* bancaire.

bankbook ['bæŋkbʊk] *n* livret *m* de banque.

bank card = **banker's card**.

bank charges *npl* frais *mpl* bancaires.

bank draft *n* traite *f* bancaire.

banker ['bæŋkər] *n* banquier *m*.

banker's card *n Br* carte *f* d'identité bancaire.

banker's order *n Br* prélèvement *m* automatique.

bank holiday *n Br* jour *m* férié.

banking ['bæŋkɪŋ] *n*: **to go into** ~ travailler dans la banque.

banking house *n* banque *f*, établissement *m* bancaire.

bank loan *n* emprunt *m* (bancaire).

bank manager *n* directeur *m* de banque.

bank note *n* billet *m* de banque.

bank rate *n* taux *m* d'escompte.

bankrupt ['bæŋkrʌpt] ◇ *adj* failli(e); **to go** ~ faire faillite. ◇ *n* failli *m*, -e *f*. ◇ *vt* mettre en faillite.

bankruptcy ['bæŋkrəptsɪ] (*pl* **-ies**) *n* **-1.** [gen] faillite *f*. **-2.** *fig* [lack]: **moral** ~ manque *m* de crédibilité.

bank statement *n* relevé *m* de compte.

banner ['bænər] *n* banderole *f*.

bannister(s) ['bænɪstə(z)] = **banister(s)**.

banns [bænz] *npl*: **to publish the** ~ publier les bans.

banquet ['bæŋkwɪt] *n* banquet *m*.

bantam ['bæntəm] *n* poule *f* naine.

barn owl

bantamweight ['bæntəmweɪt] n poids m coq.

banter ['bæntər] ◇ n (U) plaisanterie f, badinage m. ◇ vi plaisanter, badiner.

BAOR (abbr of **British Army of the Rhine**) n forces britanniques en Allemagne.

bap [bæp] n Br petit pain m.

baptism ['bæptɪzm] n baptême m; ~ of fire baptême du feu.

Baptist ['bæptɪst] n baptiste mf.

baptize, **-ise** [Br bæp'taɪz, Am 'bæptaɪz] vt baptiser.

bar [bɑː] (pt & pp **-red**, cont **-ring**) ◇ n **-1.** [piece - of gold] lingot m; [- of chocolate] tablette f; **a ~ of soap** une savonnette. **-2.** [length of wood, metal] barre f; **to be behind ~s** être derrière les barreaux OR sous les verrous. **-3.** fig [obstacle] obstacle m. **-4.** [pub] bar m. **-5.** [counter of pub] comptoir m, zinc m. **-6.** MUS mesure f.
◇ vt **-1.** [door, road] barrer; [window] mettre des barreaux à; **to ~ sb's way** barrer la route OR le passage à qqn. **-2.** [ban] interdire, défendre; **to ~ sb (from)** interdire à qqn (de).
◇ prep sauf, excepté; ~ **none** sans exception.
◆ **Bar** n JUR: **the Bar** Br le barreau; Am les avocats mpl.

Barbados [bɑː'beɪdɒs] n Barbade f; **in ~** à la Barbade.

barbarian [bɑː'beərɪən] n barbare mf.

barbaric [bɑː'bærɪk] adj barbare.

barbarous ['bɑːbərəs] adj barbare.

barbecue ['bɑːbɪkjuː] ◇ n barbecue m. ◇ vt griller sur un barbecue.

barbed ['bɑːbd] adj barbelé(e); fig [comment] acerbe, acide.

barbed wire n (U) fil m de fer barbelé.

barber ['bɑːbər] n coiffeur m (pour hommes); ~'s **(shop)** salon m de coiffure (pour hommes); **to go to the ~'s** aller chez le coiffeur.

barbiturate [bɑː'bɪtjʊrət] n barbiturique m.

Barcelona [ˌbɑːsɪ'ləʊnə] n Barcelone.

bar chart, **bar graph** Am n diagramme m en bâtons.

bar code n code m (à) barres.

bare [beər] ◇ adj **-1.** [feet, arms etc] nu(e); [trees, hills etc] dénudé(e). **-2.** [absolute, minimum]: **the ~ facts** les simples faits; **the ~ minimum** le strict minimum; **the ~ essentials** le strict nécessaire. **-3.** [empty] vide. **-4.** [mere]: **it cost us a ~ £10** cela nous a coûté simplement 10 livres. ◇ vt découvrir; **to ~ one's teeth** montrer les dents.

bareback ['beəbæk] ◇ adj qui monte à cru OR à nu. ◇ adv à cru, à nu.

barefaced ['beəfeɪst] adj éhonté(e).

barefoot(ed) [ˌbeə'fʊt(ɪd)] ◇ adj aux pieds nus. ◇ adv nu-pieds, pieds nus.

bareheaded [ˌbeə'hedɪd] ◇ adj nu-tête (inv). ◇ adv nu-tête.

barelegged [ˌbeə'legd] ◇ adj aux jambes nues. ◇ adv les jambes nues.

barely ['beəlɪ] adv [scarcely] à peine, tout juste.

Barents Sea ['bærənts-] n: **the ~** la mer de Barents.

bargain ['bɑːgɪn] ◇ n **-1.** [agreement] marché m; **into the ~** en plus, par-dessus le marché. **-2.** [good buy] affaire f, occasion f.
◇ vi négocier; **to ~ with sb for sthg** négocier qqch avec qqn.
◆ **bargain for**, **bargain on** vt fus compter sur, prévoir.

bargaining ['bɑːgɪnɪŋ] n (U) négociations fpl.

bargaining power n influence f sur les négociations.

barge [bɑːdʒ] ◇ n péniche f. ◇ vi inf: **to ~ past sb** bousculer qqn; **to ~ into sb** rentrer dans qqn.
◆ **barge in** vi inf: **to ~ in (on)** interrompre.

barge pole n: **I wouldn't touch it with a ~** inf je ne m'y frotterais pas.

bar graph Am = **bar chart**.

baritone ['bærɪtəʊn] n baryton m.

barium meal ['beərɪəm-] n Br baryte f.

bark [bɑːk] ◇ n **-1.** [of dog] aboiement m; **his ~ is worse than his bite** inf il n'est pas si terrible qu'il en a l'air. **-2.** [on tree] écorce f. ◇ vt [subj: person] aboyer. ◇ vi [dog]: **to ~ (at)** aboyer (après).

barking ['bɑːkɪŋ] n (U) aboiement m.

barley ['bɑːlɪ] n orge f.

barley sugar n Br sucre m d'orge.

barley water n Br orgeat m.

barmaid ['bɑːmeɪd] n barmaid f, serveuse f de bar.

barman ['bɑːmən] (pl **-men** [-mən]) n barman m, serveur m de bar.

barmy ['bɑːmɪ] (compar **-ier**, superl **-iest**) adj Br inf toqué(e), timbré(e).

barn [bɑːn] n grange f.

barnacle ['bɑːnəkl] n anatife m, bernache f.

barn dance n **-1.** [occasion] soirée f de danse campagnarde. **-2.** Br [type of dance] danse f campagnarde.

barn owl n chouette f.

barometer [bə'rɒmɪtə'] n lit & fig baromètre m.

baron ['bærən] n baron m; **press/oil** ~ fig baron m de la presse/du pétrole, magnat m de la presse/du pétrole.

baroness ['bærənɪs] n baronne f.

baronet ['bærənɪt] n baronnet m.

baroque [bə'rɒk] adj baroque.

barrack ['bærək] vt Br huer, conspuer.
◆ **barracks** npl caserne f.

barracking ['bærəkɪŋ] n Br chahut m, huée f.

barracuda [,bærə'ku:də] n barracuda m.

barrage ['bærɑ:ʒ] n -1. [of firing] barrage m. -2. [of questions etc] avalanche f, déluge m. -3. Br [dam] barrage m.

barred [bɑ:d] adj [window] à barreaux.

barrel ['bærəl] n -1. [for beer, wine] tonneau m, fût m. -2. [for oil] baril m. -3. [of gun] canon m.

barrel organ n orgue m de Barbarie.

barren ['bærən] adj stérile.

barrette [bə'ret] n Am barrette f.

barricade [,bærɪ'keɪd] ◇ n barricade f. ◇ vt barricader; **to** ~ **o.s. in** se barricader.

barrier ['bærɪə'] n lit & fig barrière f.

barrier cream n Br crème f protectrice.

barring ['bɑ:rɪŋ] prep sauf.

barrister ['bærɪstə'] n Br avocat m, -e f.

barroom ['bɑ:rʊm] n Am bar m.

barrow ['bærəʊ] n brouette f.

bar stool n tabouret m de bar.

Bart. abbr of **baronet**.

bartender ['bɑ:tendə'] n Am barman m.

barter ['bɑ:tə'] ◇ n troc m. ◇ vt: **to** ~ **sthg (for)** troquer OR échanger qqch (contre). ◇ vi faire du troc.

base [beɪs] ◇ n base f. ◇ vt baser; **to** ~ **sthg on** OR **upon** baser OR fonder qqch sur. ◇ adj indigne, ignoble.

baseball ['beɪsbɔ:l] n base-ball m.

baseball cap n casquette f de base-ball.

base camp n camp m de base.

Basel ['bɑ:zl] n Bâle.

baseless ['beɪslɪs] adj sans fondement.

baseline ['beɪslaɪn] n ligne f de fond.

basement ['beɪsmənt] n sous-sol m.

base metal n dated métal m vil.

base rate n taux m de base.

bases ['beɪsi:z] pl → **basis**.

bash [bæʃ] inf ◇ n -1. [painful blow] coup m. -2. [attempt]: **to have a** ~ tenter le coup. -3. [party] fête f, boum f. ◇ vt -1. [hit - gen]

frapper, cogner; [- car] percuter. **-2.** [criticize] critiquer, attaquer.

bashful ['bæʃfʊl] adj timide.

basic ['beɪsɪk] adj fondamental(e); [vocabulary, salary] de base.
◆ **basics** npl **-1.** [rudiments] éléments mpl, bases fpl. **-2.** [essential foodstuffs] aliments mpl de première nécessité.

BASIC ['beɪsɪk] (abbr of **Beginner's All-purpose Symbolic Instruction Code**) n basic m.

basically ['beɪsɪklɪ] adv **-1.** [essentially] au fond, fondamentalement. **-2.** [really] en fait.

basic rate n Br taux m de base.

basic wage n salaire m de base.

basil ['bæzl] n basilic m.

basin ['beɪsn] n **-1.** Br [bowl - for cooking] terrine f; [- for washing] cuvette f. **-2.** [in bathroom] lavabo m. **-3.** GEOGR bassin m.

basis ['beɪsɪs] (pl **-ses**) n base f; **on the** ~ **of** sur la base de; **on a regular** ~ de façon régulière; **to be paid on a weekly/monthly** ~ toucher un salaire hebdomadaire/mensuel.

bask [bɑ:sk] vi: **to** ~ **in the sun** se chauffer au soleil; **to** ~ **in sb's approval** fig jouir de la faveur de qqn.

basket ['bɑ:skɪt] n corbeille f; [with handle] panier m.

basketball ['bɑ:skɪtbɔ:l] ◇ n basket-ball m, basket m. ◇ comp de basket.

basketwork ['bɑ:skɪtwɜ:k] n vannerie f.

basking shark ['bɑ:skɪŋ-] n requin m pèlerin.

Basle [bɑ:l] = **Basel**.

Basque [bɑ:sk] ◇ adj basque. ◇ n **-1.** [person] Basque mf. **-2.** [language] basque m.

bass[1] [beɪs] ◇ adj bas (basse). ◇ n **-1.** [singer] basse f. **-2.** [double bass] contrebasse f. **-3.** = **bass guitar**.

bass[2] [bæs] (pl inv OR **-es**) n [fish] perche f.

bass clef [beɪs-] n clef f de fa.

bass drum [beɪs-] n grosse caisse f.

basset (hound) ['bæsɪt-] n basset m.

bass guitar [beɪs-] n basse f.

bassoon [bə'su:n] n basson m.

bastard ['bɑ:stəd] n **-1.** [illegitimate child] bâtard m, -e f, enfant naturel m, enfant naturelle f. **-2.** v inf [unpleasant person] salaud m, saligaud m.

baste [beɪst] vt arroser.

bastion ['bæstɪən] n bastion m.

BASW (abbr of **British Association of Social Workers**) n syndicat britannique des travailleurs sociaux.

bat [bæt] (*pt* & *pp* **-ted**, *cont* **-ting**) ◇ *n* **-1.** [animal] chauve-souris *f*. **-2.** [for cricket, baseball] batte *f*; [for table-tennis] raquette *f*. **-3.** *phr*: **to do sthg off one's own ~** faire qqch de son propre chef. ◇ *vt* [ball] frapper (avec la batte). ◇ *vi* manier la batte.

batch [bætʃ] *n* **-1.** [of papers] tas *m*, liasse *f*; [of letters, applicants] série *f*. **-2.** [of products] lot *m*.

batch file *n* COMPUT fichier *m* de commandes.

batch processing *n* COMPUT traitement *m* par lots.

bated ['beɪtɪd] *adj*: **with ~ breath** en retenant son souffle.

bath [bɑ:θ] ◇ *n* **-1.** [bathtub] baignoire *f*. **-2.** [act of washing] bain *m*; **to have** OR **take a bath** prendre un bain. ◇ *vt* baigner, donner un bain à.
◆ **baths** *npl Br* piscine *f*.

bath chair *n* fauteuil *m* roulant.

bath cube *n* sels *mpl* de bain (en forme de cube).

bathe [beɪð] ◇ *vt* **-1.** [wound] laver. **-2.** [subj: light, sunshine]: **to be ~d in** OR **with** être baigné(e) de. ◇ *vi* **-1.** [swim] se baigner. **-2.** *Am* [take a bath] prendre un bain.

bather ['beɪðər] *n* baigneur *m*, -euse *f*.

bathing ['beɪðɪŋ] *n* (*U*) baignade *f*.

bathing cap *n* bonnet *m* de bain.

bathing costume, **bathing suit** *n* maillot *m* de bain.

bathing trunks *npl* slip *m* OR caleçon *m* de bain.

bath mat *n* tapis *m* de bain.

bath oil *n* huile *f* de bain.

bathrobe ['bɑ:θrəʊb] *n* [made of towelling] sortie *f* de bain; [dressing gown] peignoir *m*.

bathroom ['bɑ:θrʊm] *n* **-1.** [room with bath] salle *f* de bains. **-2.** *Am* [toilet] toilettes *fpl*.

bath salts *npl* sels *mpl* de bain.

bath towel *n* serviette *f* de bain.

bathtub ['bɑ:θtʌb] *n* baignoire *f*.

batik [bə'ti:k] *n* batik *m*.

baton ['bætən] *n* **-1.** [of conductor] baguette *f*. **-2.** [in relay race] témoin *m*. **-3.** *Br* [of policeman] bâton *m*, matraque *f*.

baton charge *n Br* [by police] charge *f* à la matraque.

batsman ['bætsmən] (*pl* **-men** [-mən]) *n* batteur *m*.

battalion [bə'tæljən] *n* bataillon *m*.

batten ['bætn] *n* planche *f*, latte *f*.

◆ **batten down** *vt fus*: **to ~ down the hatches** fermer les écoutilles.

batter ['bætər] ◇ *n* (*U*) pâte *f*. ◇ *vt* battre.
◆ **batter down** *vt sep* [door] abattre.

battered ['bætəd] *adj* **-1.** [child, woman] battu(e). **-2.** [car, hat] cabossé(e).

battering ['bætərɪŋ] *n*: **to take a ~** *fig* être ébranlé(e).

battering ram *n* bélier *m*.

battery ['bætərɪ] (*pl* **-ies**) *n* batterie *f*; [of calculator, toy] pile *f*.

battery charger *n* chargeur *m*.

battery hen *n* poulet *m* de batterie.

battle ['bætl] ◇ *n* **-1.** [in war] bataille *f*. **-2.** [struggle]: **~ (for/against/with)** lutte *f* (pour/contre/avec), combat *m* (pour/contre/avec); **~ of wits** joute *f* d'esprit; **that's half the ~** le plus dur est fait; **to be fighting a losing ~** mener un combat perdu d'avance. ◇ *vi*: **to ~ (for/against/with)** se battre (pour/contre/avec), lutter (pour/contre/avec).

battledress ['bætldres] *n Br* tenue *f* de combat.

battlefield ['bætlfi:ld], **battleground** ['bætlgraʊnd] *n* **-1.** MIL champ *m* de bataille. **-2.** *fig* [controversial subject] polémique *f*.

battlements ['bætlmənts] *npl* remparts *mpl*.

battleship ['bætlʃɪp] *n* cuirassé *m*.

bauble ['bɔːbl] *n* babiole *f*, colifichet *m*.

baud [bɔːd] *n* COMPUT baud *m*.

baud rate *n* COMPUT vitesse *f* de transmission.

baulk [bɔːk] = **balk**.

Bavaria [bə'veərɪə] *n* Bavière *f*; **in ~** en Bavière.

Bavarian [bə'veərɪən] ◇ *adj* bavarois(e). ◇ *n* Bavarois *m*, -e *f*.

bawdy ['bɔːdɪ] (*compar* **-ier**, *superl* **-iest**) *adj* grivois(e), salé(e).

bawl [bɔːl] *vt* & *vi* brailler.

bay [beɪ] ◇ *n* **-1.** GEOGR baie *f*. **-2.** [for loading] aire *f* (de chargement). **-3.** [for parking] place *f* (de stationnement). **-4.** [horse] cheval *m* bai. **-5.** *phr*: **to keep sb/sthg at ~** tenir qqn/qqch à distance, tenir qqn/qqch en échec. ◇ *vi* hurler.

bay leaf *n* feuille *f* de laurier.

bayonet ['beɪənɪt] *n* baïonnette *f*.

bay tree *n* laurier *m*.

bay window *n* fenêtre *f* en saillie.

bazaar [bə'zɑːr] *n* **-1.** [market] bazar *m*. **-2.** *Br* [charity sale] vente *f* de charité.

bazooka [bə'zuːkə] *n* bazooka *m*.

BB (*abbr of* **Boys' Brigade**) *n mouvement chrétien de jeunesse en Grande-Bretagne.*

B & B *n abbr of* **bed and breakfast.**

BBB (*abbr of* **Better Business Bureau**) *n organisme de défense de la déontologie professionnelle dans le secteur tertiaire.*

BBC (*abbr of* **British Broadcasting Corporation**) *n office national britannique de radiodiffusion.*

BC -1. (*abbr of* **before Christ**) av. J.-C. **-2.** *abbr of* **British Columbia.**

BCG (*abbr of* **Bacillus Calmette-Guérin**) *n* BCG *m.*

BD (*abbr of* **Bachelor of Divinity**) *n (titulaire d'une) licence de théologie.*

BDS (*abbr of* **Bachelor of Dental Science**) *n (titulaire d'une) licence de chirurgie dentaire.*

be [biː] (*pt* **was** OR **were**, *pp* **been**) ◇ *aux vb* **-1.** (*in combination with pres part: to form cont tense*): **what is he doing?** qu'est-ce qu'il fait?; **it's snowing** il neige; **they've been promising reform for years** ça fait des années qu'ils nous promettent des réformes. **-2.** (*in combination with pp: to form passive*) être; **to ~ loved** être aimé(e); **there was no one to ~ seen** il n'y avait personne. **-3.** (*in question tags*): **she's pretty, isn't she?** elle est jolie, n'est-ce pas?; **the meal was delicious, wasn't it?** le repas était délicieux, non? OR vous n'avez pas trouvé? **-4.** (*followed by "to" + infin*): **the firm is to ~ sold** on va vendre la société; **I'm to ~ promoted** je vais avoir de l'avancement; **you're not to tell anyone** ne le dis à personne.
◇ *copulative vb* **-1.** (*with adj, n*) être; **to ~ a doctor/lawyer/plumber** être médecin/avocat/plombier; **she's intelligent/attractive** elle est intelligente/jolie; **I'm hot/cold** j'ai chaud/froid; **~ quiet!** tais-toi!; **1 and 1 are 2** 1 et 1 font 2. **-2.** (*referring to health*) aller, se porter; **to ~ seriously ill** être gravement malade; **she's better now** elle va mieux maintenant; **how are you?** comment allez-vous? **-3.** (*referring to age*): **how old are you?** quel âge avez-vous?; **I'm 20 (years old)** j'ai 20 ans. **-4.** [cost] coûter, faire; **how much was it?** combien cela a-t-il coûté?, combien ça faisait?; **that will ~ £10, please** cela fait 10 livres, s'il vous plaît.
◇ *vi* **-1.** [exist] être, exister; **~ that as it may** quoi qu'il en soit. **-2.** (*referring to place*) être; **Toulouse is in France** Toulouse se trouve OR est en France; **he will ~ here tomorrow** il sera là demain. **-3.** (*referring to movement*) aller, être; **I've been to the cinema** j'ai été OR je suis allé au cinéma.
◇ *v impers* **-1.** (*referring to time, dates, distance*) être; **it's two o'clock** il est deux heu-

res; **it's 3 km to the next town** la ville voisine est à 3 km. **-2.** [referring to the weather] faire; **it's hot/cold** il fait chaud/froid; **it's windy** il fait du vent, il y a du vent. **-3.** [for emphasis]: **it's me/Paul/the milkman** c'est moi/Paul/le laitier.

B/E *abbr of* **bill of exchange.**

beach [biːtʃ] ◇ *n* plage *f.* ◇ *vt* échouer.

beach ball *n* ballon *m* de plage.

beach buggy *n* buggy *m.*

beachcomber ['biːtʃ,kəʊmər] *n ramasseur d'objets trouvés sur la plage.*

beachhead ['biːtʃhed] *n* MIL tête *f* de pont.

beachwear ['biːtʃweər] *n* (*U*) tenue *f* de plage.

beacon ['biːkən] *n* **-1.** [warning fire] feu *m,* fanal *m.* **-2.** [lighthouse] phare *m.* **-3.** [radio beacon] radiophare *m.*

bead [biːd] *n* **-1.** [of wood, glass] perle *f.* **-2.** [of sweat] goutte *f.*

beaded ['biːdɪd] *adj* orné(e) de perles.

beading ['biːdɪŋ] *n* (*U*) baguette *f* de recouvrement.

beady ['biːdɪ] (*compar* **-ier**, *superl* **-iest**) *adj*: **~ eyes** petits yeux perçants.

beagle ['biːgl] *n* beagle *m.*

beak [biːk] *n* bec *m.*

beaker ['biːkər] *n* gobelet *m.*

be-all *n*: **the ~ and end-all** la seule chose qui compte.

beam [biːm] ◇ *n* **-1.** [of wood, concrete] poutre *f.* **-2.** [of light] rayon *m.* ◇ *vt* [signal, news] transmettre. ◇ *vi* **-1.** [smile] faire un sourire radieux. **-2.** [shine] rayonner.

beaming ['biːmɪŋ] *adj* **-1.** [smiling] radieux(ieuse). **-2.** [shining] rayonnant(e).

bean [biːn] *n* [gen] haricot *m*; [of coffee] grain *m*; **to be full of ~s** *inf* péter le feu; **to spill the ~s** *inf* manger le morceau.

beanbag ['biːnbæg] *n* [chair] sacco *m.*

beanshoot ['biːnʃuːt], **beansprout** ['biːnspraʊt] *n* germe *m* OR pousse *f* de soja.

bear [beər] (*pt* **bore**, *pp* **borne**) ◇ *n* **-1.** [animal] ours *m.* **-2.** ST EX baissier *m.*
◇ *vt* **-1.** [carry] porter. **-2.** [support, tolerate] supporter; **I can't ~ Christmas** je n'aime pas Noël; **to ~ responsibility (for)** assumer OR prendre la responsabilité (de). **-3.** [child] donner naissance à. **-4.** [feeling]: **to ~ sb a grudge** garder rancune à qqn. **-5.** FIN [interest] rapporter.
◇ *vi*: **to ~ left/right** se diriger vers la gauche/la droite; **to bring pressure/influence to ~ on sb** exercer une pression/une influence sur qqn.

◆ **bear down** *vi*: to ~ down on sb/sthg s'approcher de qqn/qqch de façon menaçante.

◆ **bear out** *vt sep* confirmer, corroborer.

◆ **bear up** *vi* tenir le coup.

◆ **bear with** *vt fus* être patient(e) avec.

bearable ['beərəbl] *adj* [tolerable] supportable.

beard [biəd] *n* barbe *f*.

bearded ['biədid] *adj* barbu(e).

bearer ['beərə'] *n* **-1.** [gen] porteur *m*, -euse *f*. **-2.** [of passport] titulaire *mf*.

bear hug *n inf*: to give sb a ~ serrer qqn très fort.

bearing ['beəriŋ] *n* **-1.** [connection]: ~ (on) rapport *m* (avec). **-2.** [deportment] allure *f*, maintien *m*. **-3.** TECH [for shaft] palier *m*; **rolling** ~ roulement *m*. **-4.** [on compass] orientation *f*; **to get one's** ~**s** s'orienter, se repérer.

bear market *n* ST EX marché *m* à la baisse.

bearskin ['beəskin] *n* **-1.** [fur] peau *f* d'ours. **-2.** [hat] bonnet *m* à poil.

beast [biːst] *n* **-1.** [animal] bête *f*. **-2.** *inf pej* [person] brute *f*.

beastly ['biːstli] (*compar* **-ier**, *superl* **-iest**) *adj dated* [person] malveillant(e), cruel(elle); [headache, weather] épouvantable.

beat [biːt] (*pt* beat, *pp* beaten) ◇ *n* **-1.** [of heart, drum, wings] battement *m*. **-2.** MUS [rhythm] mesure *f*, temps *m*. **-3.** [of policeman] ronde *f*. ◇ *adj inf* crevé(e). ◇ *vt* **-1.** [gen] battre; **it** ~**s me** *inf* ça me dépasse. **-2.** [reach ahead of]: **they** ~ **us to it** ils nous ont devancés, ils sont arrivés avant nous. **-3.** [be better than] être bien mieux que, valoir mieux que. **-4.** *phr*: ~ **it!** *inf* décampe!, fiche le camp! ◇ *vi* battre.

◆ **beat down** ◇ *vi* **-1.** [sun] taper, cogner. **-2.** [rain] s'abattre. ◇ *vt sep* [seller] faire baisser son prix à.

◆ **beat off** *vt sep* [resist] repousser.

◆ **beat up** *vt sep inf* tabasser, passer à tabac.

beaten ['biːtn] *adj* battu(e).

beater ['biːtə'] *n* **-1.** [for eggs] batteur *m*, fouet *m*. **-2.** [for carpet] tapette *f*. **-3.** [of wife, child] bourreau *m*.

beating ['biːtiŋ] *n* **-1.** [blows] raclée *f*, rossée *f*. **-2.** [defeat] défaite *f*; **that will take some** ~! *inf* on ne pourra sans doute jamais faire mieux.

beating up (*pl* beatings up) *n inf* passage *m* à tabac.

beatnik ['biːtnik] *n* beatnik *mf*.

beat-up *adj inf* déglingué(e).

beautician [bjuːˈtiʃn] *n* esthéticien *m*, -ienne *f*.

beautiful ['bjuːtiful] *adj* **-1.** [gen] beau (belle). **-2.** *inf* [very good] joli(e).

beautifully ['bjuːtəfli] *adv* **-1.** [attractively - dressed] élégamment; [- decorated] avec goût. **-2.** *inf* [very well] parfaitement, à la perfection.

beauty ['bjuːti] (*pl* **-ies**) ◇ *n* **-1.** [gen] beauté *f*. **-2.** *inf* [very good thing] merveille *f*. ◇ *comp* [products etc] de beauté.

beauty contest *n* concours *m* de beauté.

beauty parlour *n* institut *m* de beauté.

beauty queen *n* reine *f* de beauté.

beauty salon = beauty parlour.

beauty spot *n* **-1.** [picturesque place] site *m* pittoresque. **-2.** [on skin] grain *m* de beauté.

beaver ['biːvə'] *n* castor *m*.

◆ **beaver away** *vi* travailler d'arrache-pied.

becalmed [biˈkɑːmd] *adj* [ship] encalminé(e).

became [biˈkeim] *pt* → become.

because [biˈkɒz] *conj* parce que.

◆ **because of** *prep* à cause de.

béchamel sauce [ˌbeiʃəˈmel-] *n* sauce *f* béchamel, béchamel *f*.

beck [bek] *n*: to be at sb's ~ and call être aux ordres OR à la disposition de qqn.

beckon ['bekən] ◇ *vt* **-1.** [signal to] faire signe à. **-2.** *fig* [draw, attract] séduire. ◇ *vi* [signal]: to ~ to sb faire signe à qqn.

become [biˈkʌm] (*pt* became, *pp* become) *vi* devenir; **to** ~ **quieter** se calmer; **to** ~ **irritated** s'énerver; **what has** ~ **of them?** que sont-ils devenus?

becoming [biˈkʌmiŋ] *adj* **-1.** [attractive] seyant(e), qui va bien. **-2.** [appropriate] convenable.

BECTU ['bektu] (*abbr of* **Broadcasting, Entertainment, Cinematograph and Theatre Union**) *n syndicat britannique des techniciens des médias audiovisuels.*

bed [bed] (*pt & pp* **-ded**, *cont* **-ding**) *n* **-1.** [to sleep on] lit *m*; **to go to** ~ se coucher; **to go to** ~ **with sb** *euphemism* coucher avec qqn; **to make the** ~ faire le lit. **-2.** [flowerbed] parterre *m*; **it's not a** ~ **of roses** *fig* ce n'est pas tout rose. **-3.** [of sea, river] lit *m*, fond *m*.

◆ **bed down** *vi* coucher, se coucher.

BEd [ˌbiːˈed] (*abbr of* **Bachelor of Education**) *n* (*titulaire d'une*) *licence f de sciences de l'éducation.*

bed and breakfast *n* ≃ chambre *f* d'hôte.

bed-bath *n* toilette *f* d'un malade.

bedbug ['bedbʌg] *n* punaise *f*.

bedclothes ['bedkləʊðz] *npl* draps *mpl* et couvertures *fpl*.

bedcover ['bed,kʌvəʳ] *n* couvre-lit *m*, dessus-de-lit *m*.

bedding ['bedɪŋ] *n* (*U*) = **bedclothes**.

bedding plant *n* plant *m* à repiquer.

bedeck [bɪ'dek] *vt*: **to ~ sthg with** parer OR orner qqch de.

bedevil [bɪ'devl] (*Br pt* & *pp* **-led**, *cont* **-ling**, *Am pt* & *pp* **-ed**, *cont* **-ing**) *vt*: **to be bedevilled with** être surchargé(e) de.

bedfellow ['bed,feləʊ] *n fig* partenaire *mf*.

bedlam ['bedləm] *n* pagaille *f*.

bed linen *n* (*U*) draps *mpl* et taies *fpl*.

Bedouin, Beduin ['beduɪn] ◇ *adj* bédouin(e). ◇ *n* Bédouin *m*, -e *f*.

bedpan ['bedpæn] *n* bassin *m*.

bedraggled [bɪ'drægld] *adj* [person] débraillé(e); [hair] embroussaillé(e).

bedridden ['bed,rɪdn] *adj* grabataire.

bedrock ['bedrɒk] *n* (*U*) **-1.** GEOL soubassement *m*. **-2.** *fig* [basis] base *f*, fondement *m*.

bedroom ['bedrʊm] *n* chambre *f* (à coucher).

Beds [bedz] (*abbr of* **Bedfordshire**) comté anglais.

bedside ['bedsaɪd] *n* chevet *m*.

bedside manner *n* [of doctor] comportement *m* envers les malades.

bed-sit(ter) *n Br* chambre *f* meublée.

bedsore ['bedsɔːʳ] *n* escarre *f*.

bedspread ['bedspred] *n* couvre-lit *m*, dessus-de-lit *m*.

bedtime ['bedtaɪm] *n* heure *f* du coucher.

Beduin = **Bedouin**.

bed-wetting [-wetɪŋ] *n* énurésie *f*, incontinence *f* nocturne.

bee [biː] *n* abeille *f*; **to have a ~ in one's bonnet (about)** avoir une idée fixe (à propos de).

Beeb [biːb] *n Br inf*: **the ~** la BBC.

beech [biːtʃ] *n* hêtre *m*.

beef [biːf] *n* bœuf *m*.
◆ **beef up** *vt sep inf* [strengthen] renforcer; [story] corser.

beefburger ['biːf,bɜːgəʳ] *n* hamburger *m*.

Beefeater ['biːf,iːtə] *n* hallebardier *m* (de la Tour de Londres).

beefsteak [,biːf'steɪk] *n* bifteck *m*.

beehive ['biːhaɪv] *n* **-1.** [for bees] ruche *f*. **-2.** [hairstyle] coiffure *f* en forme de dôme.

beekeeper ['biː,kiːpəʳ] *n* apiculteur *m*, -trice *f*.

beeline ['biːlaɪn] *n*: **to make a ~ for** *inf* aller tout droit OR directement vers.

been [biːn] *pp* → **be**.

beep [biːp] *inf* ◇ *n* bip *m*. ◇ *vi* faire bip.

beer [bɪəʳ] *n* bière *f*.

beer garden *n* terrasse *f*, jardin *m* (à l'arrière).

beeswax ['biːzwæks] *n* cire *f* d'abeille.

beet [biːt] *n* betterave *f*.

beetle ['biːtl] *n* scarabée *m*.

beetroot ['biːtruːt] *n* betterave *f*.

befall [bɪ'fɔːl] (*pt* **befell** [-'fel], *pp* **befallen** [-fɔːlən]) *literary* ◇ *vt* advenir à. ◇ *vi* arriver, survenir.

befit [bɪ'fɪt] (*pt* & *pp* **-ted**, *cont* **-ting**) *vt* seoir à.

before [bɪ'fɔːʳ] ◇ *adv* auparavant, avant; **I've never been there ~** je n'y suis jamais allé; **I've seen it ~** je l'ai déjà vu; **the year ~** l'année d'avant OR précédente. ◇ *prep* **-1.** [in time] avant. **-2.** [in space] devant. ◇ *conj* avant de (+ *infin*), avant que (+ *subjunctive*); **~ leaving** avant de partir; **~ you leave** avant que vous ne partiez.

beforehand [bɪ'fɔːhænd] *adv* à l'avance.

befriend [bɪ'frend] *vt* prendre en amitié.

befuddled [bɪ'fʌdld] *adj* [confused] embrouillé(e).

beg [beg] (*pt* & *pp* **-ged**, *cont* **-ging**) ◇ *vt* **-1.** [money, food] mendier. **-2.** [favour] solliciter, quémander; [forgiveness] demander; **to ~ sb to do sthg** prier OR supplier qqn de faire qqch; **to ~ sb for sthg** implorer qqch de qqn. ◇ *vi* **-1.** [for money, food]: **to ~ (for sthg)** mendier (qqch). **-2.** [plead] supplier; **to ~ for** [forgiveness etc] demander.

began [bɪ'gæn] *pt* → **begin**.

beggar ['begəʳ] *n* mendiant *m*, -e *f*.

begin [bɪ'gɪn] (*pt* **began**, *pp* **begun**, *cont* **-ning**) ◇ *vt* commencer; **to ~ doing** OR **to do sthg** commencer OR se mettre à faire qqch. ◇ *vi* commencer; **to ~ with** pour commencer, premièrement.

beginner [bɪ'gɪnəʳ] *n* débutant *m*, -e *f*.

beginning [bɪ'gɪnɪŋ] *n* début *m*, commencement *m*.

begonia [bɪ'gəʊnjə] *n* bégonia *m*.

begrudge [bɪ'grʌdʒ] *vt* **-1.** [envy]: **to ~ sb sthg** envier qqch à qqn. **-2.** [do unwillingly]: **to ~ doing sthg** rechigner à faire qqch.

beguile [bɪ'gaɪl] *vt* [charm] séduire.

beguiling [bɪ'gaɪlɪŋ] *adj* [charming] séduisant(e).

begun [bɪ'gʌn] *pp* → **begin**.

behalf [bɪ'hɑːf] n: **on ~ of** Br, **in ~ of** Am de la part de, au nom de.

behave [bɪ'heɪv] ◇ vt: **to ~ o.s.** se conduire OR se comporter bien. ◇ vi **-1.** [in a particular way] se conduire, se comporter. **-2.** [acceptably] se tenir bien.

behaviour Br, **behavior** Am [bɪ'heɪvjər] n conduite f, comportement m.

behaviourism Br, **behaviorism** Am [bɪ'heɪvjərɪzm] n béhaviorisme m.

behead [bɪ'hed] vt décapiter.

beheld [bɪ'held] pt & pp → behold.

behind [bɪ'haɪnd] ◇ prep **-1.** [gen] derrière. **-2.** [in time] en retard sur; **they arrived two hours ~ us** ils sont arrivés deux heures après nous. ◇ adv **-1.** [gen] derrière. **-2.** [in time] en retard; **to leave sthg ~** oublier qqch; **to stay ~** rester; **to be ~ with sthg** être en retard dans qqch. ◇ n inf derrière m, postérieur m.

behold [bɪ'həʊld] (pt & pp beheld) vt literary voir, regarder.

beige [beɪʒ] ◇ adj beige. ◇ n beige m; **in ~** en beige.

Beijing [,beɪ'dʒɪŋ] n Beijing.

being ['biːɪŋ] n **-1.** [creature] être m. **-2.** [existence]: **in ~** existant(e); **to come into ~** voir le jour, prendre naissance.

Beirut [,beɪ'ruːt] n Beyrouth; **East ~** Beyrouth-Est; **West ~** Beyrouth-Ouest.

belated [bɪ'leɪtɪd] adj tardif(ive).

belatedly [bɪ'leɪtɪdlɪ] adv tardivement.

belch [beltʃ] ◇ n renvoi m, rot m. ◇ vt [smoke, fire] vomir, cracher. ◇ vi **-1.** [person] éructer, roter. **-2.** [smoke, fire] cracher, vomir.

beleaguered [bɪ'liːgəd] adj assiégé(e); fig harcelé(e), tracassé(e).

belfry ['belfrɪ] (pl **-ies**) n beffroi m, clocher m.

Belgian ['beldʒən] ◇ adj belge. ◇ n Belge mf.

Belgium ['beldʒəm] n Belgique f; **in ~** en Belgique.

Belgrade [,bel'greɪd] n Belgrade.

belie [bɪ'laɪ] (cont **belying**) vt **-1.** [disprove] démentir. **-2.** [give false idea of] donner une fausse idée de.

belief [bɪ'liːf] n **-1.** [faith, certainty]: **~ (in)** croyance f (en); **beyond ~** incroyable. **-2.** [principle, opinion] opinion f, conviction f; **in the ~ that** persuadé OR convaincu que.

believable [bɪ'liːvəbl] adj croyable.

believe [bɪ'liːv] ◇ vt croire; **~ it or not** tu ne me croiras peut-être pas. ◇ vi croire; **to ~ in sb** croire en qqn; **to ~ in sthg** croire à qqch.

believer [bɪ'liːvər] n **-1.** RELIG croyant m, -e f. **-2.** [in idea, action]: **~ in** partisan m, -e f de.

Belisha beacon [bɪ'liːʃə-] n Br globe lumineux indiquant un passage clouté.

belittle [bɪ'lɪtl] vt dénigrer, rabaisser.

Belize [be'liːz] n Belize m; **in ~** au Belize.

bell [bel] n [of church] cloche f; [handbell] clochette f; [on door] sonnette f; [on bike] timbre m; **the name rings a ~** ce nom me dit quelque chose.

bell-bottoms npl pantalon m à pattes d'éléphant.

bellhop ['belhɒp] n Am groum m, chasseur m.

belligerence [bɪ'lɪdʒərəns] n belligérance f.

belligerent [bɪ'lɪdʒərənt] adj **-1.** [at war] belligérant(e). **-2.** [aggressive] belliqueux(euse).

bellow ['beləʊ] ◇ vt [order] hurler, brailler. ◇ vi **-1.** [person] brailler, beugler. **-2.** [bull] beugler.

bellows ['beləʊz] npl soufflet m.

bell push n Br bouton m de sonnette.

bell-ringer n carillonneur m, -euse f.

belly ['belɪ] (pl **-ies**) n [of person] ventre m; [of animal] panse f.

bellyache ['belɪeɪk] ◇ n mal m de ventre. ◇ vi inf râler, rouspéter.

belly button n inf nombril m.

belly dancer n danseuse f orientale.

belong [bɪ'lɒŋ] vi **-1.** [be property]: **to ~ to sb** appartenir OR être à qqn. **-2.** [be member]: **to ~ to sthg** être membre de qqch. **-3.** [be in right place] être à sa place; **that chair ~s here** ce fauteuil va ici.

belongings [bɪ'lɒŋɪŋz] npl affaires fpl.

Belorussia [,beləʊ'rʌʃə] n Biélorussie f; **in ~** en Biélorussie.

beloved [bɪ'lʌvd] ◇ adj bien-aimé(e). ◇ n bien-aimé m, -e f.

below [bɪ'ləʊ] ◇ adv **-1.** [lower] en dessous, en bas. **-2.** [in text] ci-dessous. **-3.** NAUT en bas. ◇ prep sous, au-dessous de; **to be ~ sb in rank** occuper un rang inférieur à qqn.

belt [belt] ◇ n **-1.** [for clothing] ceinture f; **that was below the ~** inf c'était un coup bas; **to tighten one's ~** fig se serrer la ceinture; **under one's ~** fig à son actif. **-2.** TECH courroie f. **-3.** [of land, sea] région f. ◇ vt inf flanquer une raclée à. ◇ vi Br inf [car] rouler à toute allure OR à pleins gaz; [person] foncer.

◆ **belt out** vt sep inf [song] beugler.

◆ **belt up** vi Br inf la fermer, la boucler.

beltway ['belt,weɪ] *n Am* route *f* périphérique.

bemused [bɪ'mjuːzd] *adj* perplexe.

bench [bentʃ] *n* -1. [gen & POL] banc *m*. -2. [in lab, workshop] établi *m*.

bend [bend] (*pt & pp* bent) ◇ *n* -1. [in road] courbe *f*, virage *m*. -2. [in pipe, river] coude *m*. -3. *phr*: round the ~ *inf* dingue, fou (folle). ◇ *vt* -1. [arm, leg] plier. -2. [wire, fork etc] tordre, courber. ◇ *vi* [person] se baisser, se courber; [tree, rod] plier; to ~ over backwards for sb se mettre en quatre pour qqn. ◆ bends *npl*: the ~s la maladie des caissons.

bendy ['bendɪ] (*compar* -ier, *superl* -iest) *adj Br* flexible.

beneath [bɪ'niːθ] ◇ *adv* dessous, en bas. ◇ *prep* -1. [under] sous. -2. [unworthy of] indigne de.

benediction [,benɪ'dɪkʃn] *n* bénédiction *f*.

benefactor ['benɪfæktə'] *n* bienfaiteur *m*.

benefactress ['benɪfæktrɪs] *n* bienfaitrice *f*.

beneficial [,benɪ'fɪʃl] *adj*: ~ (to sb) salutaire (à qqn); ~ (to sthg) utile (à qqch).

beneficiary [,benɪ'fɪʃərɪ] (*pl* -ies) *n* bénéficiaire *mf*.

benefit ['benɪfɪt] ◇ *n* -1. [advantage] avantage *m*; for the ~ of dans l'intérêt de; to be to sb's ~, to be of ~ to sb être dans l'intérêt de qqn. -2. ADMIN [allowance of money] allocation *f*, prestation *f*. ◇ *comp*: ~ performance représentation *f* de bienfaisance. ◇ *vt* profiter à, être avantageux pour. ◇ *vi*: to ~ from tirer avantage de, profiter de.

Benelux ['benɪlʌks] *n* Bénélux *m*; the ~ countries les pays du Bénélux.

benevolent [bɪ'nevələnt] *adj* bienveillant(e).

BEng [,biː'endʒ] (*abbr of* Bachelor of Engineering) *n* (titulaire d'une) licence de mécanique.

Bengal [,beŋ'gɔːl] *n* Bengale *m*; in ~ au Bengale; the Bay of ~ le golfe du Bengale.

benign [bɪ'naɪn] *adj* -1. [person] gentil(ille), bienveillant(e). -2. MED bénin(igne).

Benin [be'nɪn] *n* Bénin *m*; in ~ au Bénin.

bent [bent] ◇ *pt & pp* → bend. ◇ *adj* -1. [wire, bar] tordu(e). -2. [person, body] courbé(e), voûté(e). -3. *Br inf* [dishonest] véreux(euse). -4. [determined]: to be ~ on doing sthg être décidé(e) à faire qqch. ◇ *n*: ~ (for) penchant *m* (pour).

bequeath [bɪ'kwiːð] *vt lit & fig* léguer.

bequest [bɪ'kwest] *n* legs *m*.

berate [bɪ'reɪt] *vt* réprimander.

Berber ['bɜːbə'] ◇ *adj* berbère. ◇ *n* -1. [person] Berbère *mf*. -2. [language] berbère *m*.

bereaved [bɪ'riːvd] (*pl inv*) ◇ *adj* endeuillé(e), affligé(e). ◇ *n*: the ~ la famille du défunt.

bereavement [bɪ'riːvmənt] *n* deuil *m*.

bereft [bɪ'reft] *adj literary*: ~ of privé(e) de.

beret ['bereɪ] *n* béret *m*.

Bering Sea ['berɪŋ-] *n*: the ~ la mer de Béring.

Bering Strait ['berɪŋ-] *n*: the ~ le détroit de Béring.

berk [bɜːk] *n Br inf* idiot *m*, -e *f*, andouille *f*.

Berks [bɑːks] (*abbr of* Berkshire) *comté anglais*.

Berlin [bɜː'lɪn] *n* Berlin; **East** ~ Berlin-Est; **West** ~ Berlin-Ouest; the ~ **Wall** le mur de Berlin.

Berliner [bɜː'lɪnə] *n* Berlinois *m*, -e *f*.

berm [bɜːm] *n Am* bas-côté *m*.

Bermuda [bə'mjuːdə] *n* Bermudes *fpl*; in ~ aux Bermudes.

Bermuda shorts *npl* bermuda *m*.

Bern [bɜːn] *n* Berne.

berry ['berɪ] (*pl* -ies) *n* baie *f*.

berserk [bə'zɜːk] *adj*: to go ~ devenir fou furieux (folle furieuse).

berth [bɜːθ] ◇ *n* -1. [in harbour] poste *m* d'amarrage, mouillage *m*. -2. [in ship, train] couchette *f*. -3. *phr*: to give sb a wide ~ éviter qqn. ◇ *vt* [ship] amener à quai. ◇ *vi* [ship] accoster, se ranger à quai.

beseech [bɪ'siːtʃ] (*pt & pp* besought OR beseeched) *vt literary*: to ~ sb (to do sthg) implorer OR supplier qqn (de faire qqch).

beset [bɪ'set] (*pt & pp* beset, *cont* -ting) ◇ *adj*: ~ with OR by [doubts etc] assailli(e) de; the plan is ~ with risks ce plan comporte une multitude de risques. ◇ *vt* assaillir.

beside [bɪ'saɪd] *prep* -1. [next to] à côté de, auprès de. -2. [compared with] comparé(e) à, à côté de. -3. *phr*: to be ~ o.s. with anger être hors de soi; to be ~ o.s. with joy être fou (folle) de joie.

besides [bɪ'saɪdz] ◇ *adv* en outre, en plus. ◇ *prep* en plus de.

besiege [bɪ'siːdʒ] *vt* -1. [town, fortress] assiéger. -2. *fig* [trouble, annoy] assaillir, harceler; to be ~d with être assailli OR harcelé de.

besotted [bɪ'sɒtɪd] *adj*: ~ (with sb) entiché(e) (de qqn).

besought [bɪ'sɔːt] *pt & pp* → beseech.

bespectacled [bɪ'spektəkld] *adj* qui porte des lunettes, à lunettes.

bespoke [bɪ'spəʊk] *adj Br* [clothes] fait(e) sur mesure; [tailor] à façon.

best [best] ◇ *adj* le meilleur (la meilleure). ◇ *adv* le mieux. ◇ *n* le mieux; **to do one's ~** faire de son mieux; **all the ~!** meilleurs souhaits!; **to be for the ~** être pour le mieux; **to make the ~ of sthg** s'accommoder de qqch, prendre son parti de qqch; **he wants the ~ of both worlds** il veut le beurre et l'argent du beurre.
◆ **at best** *adv* au mieux.

bestial ['bestjəl] *adj* bestial(e).

best man *n* garçon *m* d'honneur.

BEST MAN:
Dans les pays anglo-saxons, le garçon d'honneur présente l'alliance au marié et prononce un discours lors de la réception de mariage

bestow [bɪ'stəʊ] *vt fml*: **to ~ sthg on sb** conférer qqch à qqn.

best-seller *n* [book] best-seller *m*.

best-selling *adj* à succès.

bet [bet] (*pt* & *pp* **bet** OR **-ted**, *cont* **-ting**) ◇ *n* pari *m*; **it's a safe ~ that ...** *fig* il est certain que ...; **to hedge one's ~s** se couvrir. ◇ *vt* parier. ◇ *vi* parier; **I wouldn't ~ on it** *fig* je n'en suis pas si sûr; **you ~!** *inf* un peu!, et comment!

beta-blocker ['biːtə,blɒkəʳ] *n* bêtabloquant *m*.

Bethlehem ['beθlɪhem] *n* Bethléem.

betray [bɪ'treɪ] *vt* trahir.

betrayal [bɪ'treɪəl] *n* -**1.** [of person] trahison *f*. -**2.** ~ **of trust** abus *m* de confiance. -**3.** [of secret] révélation *f*.

betrothed [bɪ'trəʊðd] *adj dated*: ~ **(to)** fiancé(e) (à).

better ['betəʳ] ◇ *adj* (*compar of good*) meilleur(e); **to get ~** s'améliorer; [after illness] se remettre, se rétablir. ◇ *adv* (*compar of well*) mieux; **I'd ~ leave** il faut que je parte, je dois partir; **you'd ~ let your mother know** tu ferais mieux de le dire à ta mère. ◇ *n* meilleur *m*, -e *f*; **to get the ~ of sb** avoir raison de qqn. ◇ *vt* améliorer; **to ~ o.s.** s'élever.

better half *n inf* moitié *f*.

better off *adj* -**1.** [financially] plus à son aise. -**2.** [in better situation] mieux.
◆ **better-off** *npl*: **the ~** les gens riches OR aisés.

betting ['betɪŋ] *n* (*U*) paris *mpl*.

betting shop *n Br* ≃ bureau *m* de P.M.U.

between [bɪ'twiːn] ◇ *prep* entre; **he sat (in) ~ Paul and Anne** il s'est assis entre Paul et Anne. ◇ *adv*: **(in)** ~ [in space] au milieu; [in time] dans l'intervalle.

bevelled *Br*, **beveled** *Am* ['bevld] *adj* biseauté(e).

beverage ['bevərɪdʒ] *n fml* boisson *f*.

bevy ['bevɪ] (*pl* **-ies**) *n* bande *f*, troupe *f*.

beware [bɪ'weəʳ] *vi*: **to ~ (of)** prendre garde (à), se méfier (de); ~ **of ...** attention à ,...

bewildered [bɪ'wɪldəd] *adj* déconcerté(e), perplexe.

bewildering [bɪ'wɪldərɪŋ] *adj* déconcertant(e), déroutant(e).

bewitched [bɪ'wɪtʃt] *adj* ensorcelé(e), enchanté(e).

bewitching [bɪ'wɪtʃɪŋ] *adj* charmeur(euse), ensorcelant(e).

beyond [bɪ'jɒnd] ◇ *prep* -**1.** [in space] au-delà de. -**2.** [in time] après, plus tard que. -**3.** [exceeding] au-dessus de; **it's ~ my control** je n'y peux rien; **it's ~ my responsibility** cela n'entre pas dans le cadre de mes responsabilités. ◇ *adv* au-delà.

b/f *abbr of* **brought forward**.

bhp *abbr of* **brake horsepower**.

bi- [baɪ] *prefix* bi-.

biannual [baɪ'ænjʊəl] *adj* semestriel(ielle).

bias ['baɪəs] *n* -**1.** [prejudice] préjugé *m*, parti *m* pris. -**2.** [tendency] tendance *f*.

biased ['baɪəst] *adj* partial(e); **to be ~ towards sb/sthg** favoriser qqn/qqch; **to be ~ against sb/sthg** défavoriser qqn/qqch.

bib [bɪb] *n* [for baby] bavoir *m*, bavette *f*.

Bible ['baɪbl] *n*: **the ~** la Bible.
◆ **bible** *n* bible *f*.

biblical ['bɪblɪkl] *adj* biblique.

bibliography [,bɪblɪ'ɒgrəfɪ] (*pl* **-ies**) *n* bibliographie *f*.

bicarbonate of soda [baɪ'kɑːbənət-] *n* bicarbonate *m* de soude.

bicentenary *Br* [,baɪsen'tiːnərɪ] (*pl* **-ies**), **bicentennial** *Am* [,baɪsen'tenjəl] *n* bicentenaire *m*.

biceps ['baɪseps] (*pl inv*) *n* biceps *m*.

bicker ['bɪkəʳ] *vi* se chamailler.

bickering ['bɪkərɪŋ] *n* (*U*) chamailleries *fpl*.

bicycle ['baɪsɪkl] ◇ *n* bicyclette *f*, vélo *m*. ◇ *vi* aller en bicyclette OR vélo.

bicycle path *n* piste *f* cyclable.

bicycle pump *n* pompe *f* à vélo.

bid [bɪd] (*pt* & *pp* *vt sense 1* & *vi* **bid**, *cont* **bidding**, *pt* & *pp vt senses 2* & *3* **bid** OR **bade**, *pp vt senses 2* & *3* **bid** OR **bidden** ['bɪdn], *cont* **bidding**) ◇ *n* -**1.** [attempt] tentative *f*. -**2.** [at auction] enchère *f*. -**3.** COMM offre *f*. ◇ *vt* -**1.**

[at auction] faire une enchère de. **-2.** *literary* [request]: **to ~ sb do sthg** prier qqn de faire qqch. **-3.** *fml* [say]: **to ~ sb good morning** souhaiter le bonjour à qqn. ◇ *vi* **-1.** [at auction]: **to ~ (for)** faire une enchère (pour). **-2.** [attempt]: **to ~ for sthg** briguer.

bidder ['bɪdər] *n* enchérisseur *m*, -euse *f*.

bidding ['bɪdɪŋ] *n* (*U*) enchères *fpl*.

bide [baɪd] *vt*: **to ~ one's time** attendre son heure OR le bon moment.

bidet ['biːdeɪ] *n* bidet *m*.

biennial [baɪ'enɪəl] ◇ *adj* biennal(e). ◇ *n* plante *f* bisannuelle.

bier [bɪər] *n* bière *f*.

bifocals [,baɪ'fəʊklz] *npl* lunettes *fpl* bifocales.

BIFU ['bɪfuː] (*abbr of* **The Banking, Insurance and Finance Union**) *n syndicat britannique des employés du secteur financier.*

big [bɪg] (*compar* -**ger**, *superl* -**gest**) *adj* **-1.** [gen] grand(e). **-2.** [in amount, bulk - box, problem, book] gros (grosse). **-3.** *phr*: **to do things in a ~ way** faire les choses en grand.

bigamist ['bɪgəmɪst] *n* bigame *mf*.

bigamy ['bɪgəmɪ] *n* bigamie *f*.

Big Apple *n*: **the ~** surnom de New York.

Big Ben [-'ben] *n* Big Ben.

big business *n* (*U*) les grandes entreprises *fpl*.

big cat *n* fauve *m*.

big deal *inf* ◇ *n*: **it's no ~** ce n'est pas dramatique; **what's the ~?** où est le problème? ◇ *excl* tu parles!, et alors?

Big Dipper [-'dɪpər] *n* **-1.** *Br* [rollercoaster] montagnes *fpl* russes. **-2.** *Am* ASTRON: **the ~** la Grande Ourse.

big end *n* tête *f* de bielle.

big fish *n inf fig* huile *f*, gros bonnet *m*.

big game *n* gros gibier *m*.

big hand *n* **-1.** [on clock] grande aiguille *f*. **-2.** *inf* [applause]: **let's give him a ~** applaudissons-le bien fort.

bighead ['bɪghed] *n inf* crâneur *m*, -euse *f*.

bigheaded [,bɪg'hedɪd] *adj inf* crâneur(euse).

big-hearted [-'hɑːtɪd] *adj* qui a du cœur.

big money *n inf*: **to make ~** se faire du pognon.

big mouth *n inf* grande gueule *f*; **she's got a ~** elle ne sait pas tenir sa langue.

big name *n inf* personne *f* connue, célébrité *f*.

bigot ['bɪgət] *n* sectaire *mf*.

bigoted ['bɪgətɪd] *adj* sectaire.

bigotry ['bɪgətrɪ] *n* sectarisme *m*.

big shot *n inf* huile *f*, grosse légume *f*.

big time *n inf*: **to make the ~** réussir, arriver en haut de l'échelle.

big toe *n* gros orteil *m*.

big top *n* chapiteau *m*.

big wheel *n* **-1.** *Br* [at fairground] grande roue *f*. **-2.** *inf* [big shot] huile *f*, grosse légume *f*.

bigwig ['bɪgwɪg] *n inf* huile *f*, gros bonnet *m*.

bike [baɪk] *n inf* **-1.** [bicycle] vélo *m*, bécane *f*. **-2.** [motorcycle] bécane *f*, moto *f*.

bikeway ['baɪkweɪ] *n Am* piste *f* cyclable.

bikini [bɪ'kiːnɪ] *n* bikini *m*.

bilateral [,baɪ'lætərəl] *adj* bilatéral(e).

bilberry ['bɪlbərɪ] (*pl* -**ies**) *n* myrtille *f*.

bile [baɪl] *n* **-1.** [fluid] bile *f*. **-2.** [anger] mauvaise humeur *f*.

bilingual [baɪ'lɪŋgwəl] *adj* bilingue.

bilious ['bɪljəs] *adj* **-1.** [sickening] écœurant(e). **-2.** [nauseous] qui a envie de vomir.

bill [bɪl] ◇ *n* **-1.** [statement of cost]: **~ (for)** note *f* OR facture *f* (de); [in restaurant] addition *f* (de). **-2.** [in parliament] projet *m* de loi. **-3.** [of show, concert] programme *m*. **-4.** *Am* [banknote] billet *m* de banque. **-5.** [poster]: **"post no stick no ~s"** «défense d'afficher». **-6.** [beak] bec *m*. **-7.** *phr*: **to be given a clean ~ of health** être déclaré en parfait état de santé. ◇ *vt* [invoice]: **to ~ sb (for)** envoyer une facture à qqn (pour).

billboard ['bɪlbɔːd] *n* panneau *m* d'affichage.

billet ['bɪlɪt] ◇ *n* logement *m* (chez l'habitant). ◇ *vt* loger, cantonner.

billfold ['bɪlfəʊld] *n Am* portefeuille *m*.

billiards ['bɪljədz] *n* billard *m*.

billion ['bɪljən] *num* **-1.** *Am* [thousand million] milliard *m*. **-2.** *Br* [million million] billion *m*.

billionaire [,bɪljə'neər] *n* milliardaire *mf*.

bill of exchange *n* effet *m* OR lettre *f* de change.

bill of lading [-'leɪdɪŋ] *n* connaissement *m*.

Bill of Rights *n*: **the ~** *les dix premiers amendements à la Constitution américaine.*

BILL OF RIGHTS:
Ces amendements garantissent, entre autres droits, la liberté d'expression, de religion, et de réunion

bill of sale *n* acte *m* de vente.

billow ['bɪləʊ] ◇ *n* nuage *m*, volute *f*. ◇ *vi* [smoke, steam] tournoyer; [skirt, sail] se gonfler.

billycan ['bɪlɪkæn] *n* gamelle *f*.

billy goat ['bɪlɪ-] *n* bouc *m*.

bimbo ['bɪmbəʊ] (*pl* -s OR -es) *n inf pej*: she's a bit of a ~ c'est le genre 'pin-up'.

bimonthly [,baɪ'mʌnθlɪ] ◇ *adj* -1. [every two months] bimestriel(ielle). -2. [twice a month] bimensuel(elle). ◇ *adv* -1. [every two months] tous les deux mois. -2. [twice a month] deux fois par mois.

bin [bɪn] ◇ *n* -1. *Br* [for rubbish] poubelle *f*. -2. [for grain, coal] coffre *m*. -3. [for bread] huche *f*, boîte *f*. ◇ *vt inf* balancer.

binary ['baɪnərɪ] *adj* binaire.

bind [baɪnd] (*pt & pp* bound) ◇ *vt* -1. [tie up] attacher, lier. -2. [unite - people] lier. -3. [bandage] panser. -4. [book] relier. -5. [constrain] contraindre, forcer. ◇ *n inf* -1. *Br* [nuisance] corvée *f*. -2. [difficult situation]: to be in a bit of a ~ être dans le pétrin.
◆ **bind over** *vt sep*: to be bound over être sommé(e) d'observer une bonne conduite.

binder ['baɪndər] *n* -1. [machine] lieuse *f*. -2. [person] relieur *m*, -ieuse *f*. -3. [cover] classeur *m*.

binding ['baɪndɪŋ] ◇ *adj* qui lie OR engage; [agreement] irrévocable. ◇ *n* -1. [on book] reliure *f*. -2. [on dress, tablecloth] liséré *m*.

binge [bɪndʒ] *inf* ◇ *n*: to go on a ~ prendre une cuite. ◇ *vi*: to ~ on sthg se gaver OR se bourrer de qqch.

bingo ['bɪŋgəʊ] *n* bingo *m*, ≃ loto *m*.

BINGO:
Ce jeu d'argent très populaire en Grande-Bretagne consiste à cocher des chiffres sur une carte jusqu'à ce qu'elle soit remplie; il est souvent pratiqué dans d'anciens cinémas ou des salles municipales

bin-liner *n Br* sac *m* (à) poubelle.

binoculars [bɪ'nɒkjʊləz] *npl* jumelles *fpl*.

biochemistry [,baɪəʊ'kemɪstrɪ] *n* biochimie *f*.

biodegradable [,baɪəʊdɪ'greɪdəbl] *adj* biodégradable.

biodiversity [,baɪəʊdaɪ'vɜːsətɪ] *n* biodiversité *f*.

biographer [baɪ'ɒgrəfər] *n* biographe *mf*.

biographic(al) [,baɪə'græfɪk(l)] *adj* biographique.

biography [baɪ'ɒgrəfɪ] (*pl* -ies) *n* biographie *f*.

biological [,baɪə'lɒdʒɪkl] *adj* biologique; [washing powder] aux enzymes.

biological weapon *n* arme *f* biologique.

biologist [baɪ'ɒlədʒɪst] *n* biologiste *mf*.

biology [baɪ'ɒlədʒɪ] *n* biologie *f*.

biopic ['baɪəʊpɪk] *n inf* film *m* biographique.

biopsy ['baɪɒpsɪ] (*pl* -ies) *n* biopsie *f*.

bipartite [,baɪ'pɑːtaɪt] *adj* bipartite.

biplane ['baɪpleɪn] *n* biplan *m*.

birch [bɜːtʃ] *n* -1. [tree] bouleau *m*. -2. [stick]: the ~ la verge, le fouet.

bird [bɜːd] *n* -1. [creature] oiseau *m*; to kill two ~s with one stone faire d'une pierre deux coups. -2. *inf* [woman] gonzesse *f*.

birdcage ['bɜːdkeɪdʒ] *n* cage *f* à oiseaux.

birdie ['bɜːdɪ] *n* -1. [bird] petit oiseau *m*. -2. GOLF birdie *m*.

bird of paradise *n* paradisier *m*, oiseau *m* de paradis.

bird of prey *n* oiseau *m* de proie.

birdseed ['bɜːdsiːd] *n* graine *f* pour oiseaux.

bird's-eye view *n* vue *f* aérienne.

bird-watcher [-,wɒtʃər] *n* observateur *m*, -trice *f* d'oiseaux.

Biro® ['baɪərəʊ] *n* stylo *m* à bille.

birth [bɜːθ] *n lit & fig* naissance *f*; to give ~ (to) donner naissance (à).

birth certificate *n* acte *m* OR extrait *m* de naissance.

birth control *n* (*U*) régulation *f* OR contrôle *m* des naissances.

birthday ['bɜːθdeɪ] ◇ *n* anniversaire *m*. ◇ *comp* [party, present etc] d'anniversaire.

birthmark ['bɜːθmɑːk] *n* tache *f* de vin.

birthplace ['bɜːθpleɪs] *n* lieu *m* de naissance.

birthrate ['bɜːθreɪt] *n* (taux *m* de) natalité *f*.

birthright ['bɜːθraɪt] *n* droit *m* de naissance OR du sang.

Biscay ['bɪskeɪ] *n*: the Bay of ~ le golfe de Gascogne.

biscuit ['bɪskɪt] *n Br* gâteau *m* sec, biscuit *m*; *Am* scone *m*.

bisect [baɪ'sekt] *vt* couper OR diviser en deux.

bisexual [,baɪ'sekʃʊəl] ◇ *adj* bisexuel(elle). ◇ *n* bisexuel *m*, -elle *f*.

bishop ['bɪʃəp] *n* -1. RELIG évêque *m*. -2. [in chess] fou *m*.

bison ['baɪsn] (*pl inv* OR -s) *n* bison *m*.

bistro ['biːstrəʊ] (*pl* -s) *n* bistro *m*.

bit [bɪt] ◇ *pt* → **bite**.

◇ *n* **-1.** [small piece - of paper, cheese etc] morceau *m,* bout *m;* [- of book, film] passage *m;* **I just want a ~** je ne veux qu'un petit peu; **~s and pieces** *Br* petites affaires *fpl* OR choses *fpl;* **to fall to ~s** tomber en morceaux; **to take sthg to ~s** démonter qqch. **-2.** [amount]: **a ~ of** un peu de; **a ~ of shopping** quelques courses; **it's a ~ of a nuisance** c'est un peu embêtant; **a ~ of trouble** un petit problème; **quite a ~ of** pas mal de, beaucoup de. **-3.** [short time]: **for a ~** pendant quelque temps. **-4.** [of drill] mèche *f.* **-5.** [of bridle] mors *m.* **-6.** COMPUT bit *m.* **-7.** *phr:* **to do one's ~** *Br* faire son sucre sur le dos de qqn; **every ~ as ... as** tout aussi ... que; **it's all a ~ much** [overwhelming] c'en est trop; **it's a ~ much** c'est un peu fort; **not a ~** [not at all] pas du tout.
◆ **a bit** *adv* un peu; **I'm a ~ tired** je suis un peu fatigué.
◆ **bit by bit** *adv* petit à petit, peu à peu.

bitch [bɪtʃ] ◇ *n* **-1.** [female dog] chienne *f.* **-2.** *v inf pej* [woman] salope *f,* garce *f.* ◇ *vi inf* rouspéter, râler; **to ~ about sb** casser du sucre sur le dos de qqn.

bitchy ['bɪtʃɪ] (*compar* **-ier,** *superl* **-iest**) *adj inf* vache, rosse.

bite [baɪt] (*pt* **bit,** *pp* **bitten**) ◇ *n* **-1.** [act of biting] morsure *f,* coup *m* de dent. **-2.** *inf* [food]: **to have a ~** (**to eat**) manger un morceau. **-3.** [wound] piqûre *f.* **-4.** *Br* [sharp flavour] piquant *m.*
◇ *vt* **-1.** [subj: person, animal] mordre. **-2.** [subj: insect, snake] piquer, mordre.
◇ *vi* **-1.** [animal, person]: **to ~** (**into**) mordre (dans); **to ~ off sthg** arracher qqch d'un coup de dents; **to ~ off more than one can chew** *fig* avoir les yeux plus gros que le ventre. **-2.** [insect, snake] mordre, piquer. **-3.** [grip] adhérer, mordre. **-4.** *fig* [take effect] se faire sentir.

biting ['baɪtɪŋ] *adj* **-1.** [very cold] cinglant(e), piquant(e). **-2.** [humour, comment] mordant(e), caustique.

bit part *n* petit rôle *m,* utilités *fpl.*

bitten ['bɪtn] *pp* → **bite.**

bitter ['bɪtər] ◇ *adj* **-1.** [gen] amer(ère); **to the ~ end** jusqu'au bout. **-2.** [icy] glacial(e). **-3.** [argument] violent(e). ◇ *n Br* bière relativement amère, à forte teneur en houblon.

bitter lemon *n* Schweppes® *m* au citron.

bitterly ['bɪtəlɪ] *adv* **-1.** [of weather]: **it's ~ cold** il fait un froid de canard. **-2.** [disappointed] cruellement; [cry, complain] amèrement; [criticize] âprement, violemment.

bitterness ['bɪtənɪs] *n* **-1.** [gen] amertume *f.* **-2.** [of wind, weather] âpreté *f.*

bittersweet ['bɪtəswiːt] *adj* [taste] aigre-doux (-douce); [memory] doux-amer (-amère).

bitty ['bɪtɪ] (*compar* **-ier,** *superl* **-iest**) *adj Br inf* décousu(e).

bitumen ['bɪtjʊmɪn] *n* bitume *m.*

bivouac ['bɪvʊæk] (*pt* & *pp* **-ked,** *cont* **-king**) ◇ *n* bivouac *m.* ◇ *vi* bivouaquer.

biweekly [ˌbaɪ'wiːklɪ] ◇ *adj* **-1.** [every two weeks] bimensuel(elle). **-2.** [twice a week] bi-hebdomadaire. ◇ *adv* **-1.** [every two weeks] tous les quinze jours. **-2.** [twice a week] deux fois par semaine.

bizarre [bɪ'zɑːr] *adj* bizarre.

bk -1. *abbr of* **bank. -2.** *abbr of* **book.**

bl *abbr of* **bill of lading.**

BL *n* **-1.** (*abbr of* **Bachelor of Law(s)**) (*titulaire d'une*) *licence de droit.* **-2.** (*abbr of* **Bachelor of Letters**) (*titulaire d'une*) *licence de lettres.* **-3.** (*abbr of* **Bachelor of Literature**) (*titulaire d'une*) *licence de littérature.*

blab [blæb] (*pt* & *pp* **-bed,** *cont* **-bing**) *vi inf* lâcher le morceau.

black [blæk] ◇ *adj* noir(e); **~ and blue** [person, body] couvert de bleus; **~ and white** [films, photos] noir et blanc. ◇ *n* **-1.** [colour] noir *m.* **-2.** [person] noir *m,* -e *f.* **-3.** *phr:* **in ~ and white** [in writing] noir sur blanc, par écrit; **in the ~** [financially solvent] solvable, sans dettes. ◇ *vt Br* [boycott] boycotter.
◆ **black out** ◇ *vt sep* **-1.** [city etc] faire le black-out dans. **-2.** [TV programme] faire le black-out sur. ◇ *vi* [faint] s'évanouir.

blackball ['blækbɔːl] *vt* blackbouler.

black belt *n* ceinture *f* noire.

blackberry ['blækbərɪ] (*pl* **-ies**) *n* mûre *f.*

blackbird ['blækbɜːd] *n* merle *m.*

blackboard ['blækbɔːd] *n* tableau *m* (noir).

black box *n* [flight recorder] boîte *f* noire.

black comedy *n* comédie *f* d'humour noir.

blackcurrant [ˌblæk'kʌrənt] *n* cassis *m.*

black economy *n* économie *f* parallèle.

blacken ['blækn] ◇ *vt* **-1.** [make dark] noircir. **-2.** *fig* [reputation] ternir. ◇ *vi* s'assombrir.

black eye *n* oeil *m* poché OR au beurre noir.

blackhead ['blækhed] *n* point *m* noir.

black hole *n* trou *m* noir.

black ice *n* verglas *m.*

blackjack ['blækdʒæk] *n* **-1.** [card game] vingt-et-un *m.* **-2.** *Am* [weapon] matraque *f.*

blackleg ['blækleg] *n pej* jaune *m.*

blacklist ['blæklɪst] ◇ *n* liste *f* noire. ◇ *vt* mettre sur la liste noire.

black magic *n* magie *f* noire.

blackmail ['blækmeɪl] ◇ *n* lit & *fig* chantage *m*. ◇ *vt* **-1.** [for money] faire chanter. **-2.** *fig* [emotionally] faire du chantage à.

blackmailer ['blækmeɪlə'] *n* maître-chanteur *m*.

Black Maria [-mə'raɪə] *n inf* panier *m* à salade.

black mark *n fig* mauvais point *m*.

black market *n* marché *m* noir.

blackout ['blækaʊt] *n* **-1.** MIL & PRESS blackout *m*. **-2.** [power cut] panne *f* d'électricité. **-3.** [fainting fit] évanouissement *m*.

Black Power *n* mouvement séparatiste noir né dans les années 60 aux États-Unis.

black pudding *n Br* boudin *m*.

Black Sea *n*: the ~ la mer Noire.

black sheep *n* brebis *f* galeuse.

blacksmith ['blæksmɪθ] *n* forgeron *m*; [for horses] maréchal-ferrant *m*.

black spot *n* AUT point *m* noir.

black-tie *adj* [dinner] habillé(e), en smoking.

bladder ['blædə'] *n* vessie *f*.

blade [bleɪd] *n* **-1.** [of knife, saw] lame *f*. **-2.** [of propeller] pale *f*. **-3.** [of grass] brin *m*.

blame [bleɪm] ◇ *n* responsabilité *f*, faute *f*; to take the ~ for sthg endosser la responsabilité de qqch. ◇ *vt* blâmer, condamner; to ~ sthg on rejeter la responsabilité de qqch sur, imputer qqch à; to ~ sb/sthg for sthg reprocher qqch à qqn/qqch; to be to ~ for sthg être responsable de qqch.

blameless ['bleɪmlɪs] *adj* [person] innocent(e); [life] irréprochable.

blanch [blɑːntʃ] ◇ *vt* blanchir. ◇ *vi* blêmir, pâlir.

blancmange [blə'mɒndʒ] *n* blanc-manger *m*.

bland [blænd] *adj* **-1.** [person] terne. **-2.** [food] fade, insipide. **-3.** [music, style] insipide.

blank [blæŋk] ◇ *adj* **-1.** [sheet of paper] blanc (blanche); [wall] nu(e). **-2.** *fig* [look] vide, sans expression. ◇ *n* **-1.** [empty space] blanc *m*. **-2.** [cartridge] cartouche *f* à blanc. **-3.** *phr*: to draw a ~ faire chou blanc.

blank cheque *n* chèque *m* en blanc; *fig* carte *f* blanche.

blanket ['blæŋkɪt] ◇ *adj* global(e), général(e). ◇ *n* **-1.** [for bed] couverture *f*. **-2.** [of snow] couche *f*, manteau *m*; [of fog] nappe *f*. ◇ *vt* recouvrir.

blanket bath *n Br* toilette *f* d'un malade.

blankly ['blæŋklɪ] *adv* [stare] avec les yeux vides.

blank verse *n* (U) vers *mpl* blancs OR non rimés.

blare [bleə'] *vi* hurler; [radio] beugler.
◆ **blare out** *vi* hurler, beugler.

blasé [*Br* 'blɑːzeɪ, *Am* ,blɑː'zeɪ] *adj* blasé(e).

blasphemous ['blæsfəməs] *adj* [words] blasphématoire; [person] blasphémateur(trice).

blasphemy ['blæsfəmɪ] (*pl* -ies) *n* blasphème *m*.

blast [blɑːst] ◇ *n* **-1.** [explosion] explosion *f*. **-2.** [of air, from bomb] souffle *m*. ◇ *vt* [hole, tunnel] creuser à la dynamite. ◇ *excl Br inf* zut!, mince!
◆ **(at) full blast** *adv* [play music etc] à pleins gaz OR tubes; [work] d'arrache-pied.
◆ **blast off** *vi* SPACE être mis à feu, décoller.

blasted ['blɑːstɪd] *adj inf* fichu(e), maudit(e).

blast furnace *n* haut fourneau *m*.

blast-off *n* SPACE mise *f* à feu, lancement *m*.

blatant ['bleɪtənt] *adj* criant(e), flagrant(e).

blatantly ['bleɪtəntlɪ] *adv* d'une manière flagrante.

blaze [bleɪz] ◇ *n* **-1.** [fire] incendie *m*. **-2.** *fig* [of colour, light] éclat *m*, flamboiement *m*; in a ~ of publicity à grand renfort de publicité. ◇ *vi* **-1.** [fire] flamber. **-2.** *fig* [with colour] flamboyer.

blazer ['bleɪzə'] *n* blazer *m*.

blazing ['bleɪzɪŋ] *adj* **-1.** [sun, heat] ardent(e); ~ hot torride, brûlant. **-2.** [row] violent(e).

bleach [bliːtʃ] ◇ *n* eau *f* de Javel. ◇ *vt* [hair] décolorer; [clothes] blanchir.

bleached [bliːtʃt] *adj* décoloré(e).

bleachers ['bliːtʃəz] *npl Am* SPORT gradins *mpl*.

bleak [bliːk] *adj* **-1.** [future] sombre. **-2.** [place, weather, face] lugubre, triste.

bleary ['blɪərɪ] (*compar* -ier, *superl* -iest) *adj* [eyes] trouble, voilé(e).

bleary-eyed [-'aɪd] *adj* aux yeux troubles OR voilés.

bleat [bliːt] ◇ *n* bêlement *m*. ◇ *vi* bêler; *fig* [person] se plaindre, geindre.

bleed [bliːd] (*pt* & *pp* bled [bled]) ◇ *vt* [radiator etc] purger. ◇ *vi* saigner.

bleep [bliːp] ◇ *n* bip *m*, bip-bip *m*. ◇ *vt* appeler avec un bip, biper. ◇ *vi* faire bip-bip.

bleeper ['bliːpə'] *n* bip *m*, bip-bip *m*.

blemish ['blemɪʃ] ◇ *n lit* & *fig* défaut *m*. ◇ *vt* [reputation] souiller, tacher.

blend [blend] ◇ *n* mélange *m*. ◇ *vt*: to ~ sthg (with) mélanger qqch (avec OR à). ◇ *vi*: to ~ (with) se mêler (à OR avec).
◆ **blend in** *vi* se fondre.
◆ **blend into** *vt fus* se fondre dans.

blender ['blendə'] *n* mixer *m*.

bless [bles] (*pt* & *pp* **-ed** OR **blest**) *vt* bénir; to be ~ed with [talent etc] être doué de; [children] avoir la chance OR le bonheur d'avoir; ~ you! [after sneezing] à vos souhaits!; [thank you] merci mille fois.

blessed ['blesɪd] *adj* **-1.** RELIG saint(e), béni(e). **-2.** [relief, silence] merveilleux(euse). **-3.** *inf* [blasted] fichu(e), maudit(e).

blessing ['blesɪŋ] *n lit* & *fig* bénédiction *f*; a ~ in disguise une bonne chose en fin de compte; to count one's ~s s'estimer heureux de ce que l'on a; a mixed ~ quelque chose qui a du bon et du mauvais.

blest [blest] *pt* & *pp* → **bless**.

blew [bluː] *pt* → **blow**.

blight [blaɪt] ◇ *n* **-1.** [plant disease] rouille *f*, charbon *m*. **-2.** *fig* [scourge] fléau *m*, calamité *f*. ◇ *vt* gâcher, briser.

blimey ['blaɪmɪ] *excl Br inf* zut alors!, mince alors!

blind [blaɪnd] ◇ *adj* **-1.** *lit* & *fig* aveugle; to be ~ to sthg ne pas voir qqch. **-2.** *Br inf* [for emphasis]: it doesn't make a ~ bit of difference ne me cela m'est complètement égal. ◇ *adv*: ~ drunk complètement rond(e), bourré(e). ◇ *n* [for window] store *m*. ◇ *npl*: the ~ les aveugles *mpl*. ◇ *vt* aveugler; to ~ sb to sthg *fig* cacher qqch à qqn.

blind alley *n lit* & *fig* impasse *f*.

blind corner *n* virage *m* sans visibilité.

blind date *n* rendez-vous *avec quelqu'un qu'on ne connaît pas*.

blinders ['blaɪndəz] *npl Am* œillères *fpl*.

blindfold ['blaɪndfəʊld] ◇ *adv* les yeux bandés. ◇ *n* bandeau *m*. ◇ *vt* bander les yeux à.

blinding ['blaɪndɪŋ] *adj* **-1.** [light] aveuglant(e). **-2.** [obvious] évident(e), manifeste.

blindly ['blaɪndlɪ] *adv lit* & *fig* à l'aveuglette, aveuglément.

blindness ['blaɪndnɪs] *n* cécité *f*; ~ (to) *fig* aveuglement *m* (devant).

blind spot *n* **-1.** AUT angle *m* mort. **-2.** *fig* [inability to understand] blocage *m*.

blink [blɪŋk] ◇ *n* **-1.** [of eyes] clignement *m*. **-2.** [of light] clignotement *m*. **-3.** *phr*: on the ~ [machine] détraqué(e). ◇ *vt* **-1.** [eyes] cli-

gner. **-2.** *Am* AUT: to ~ one's lights faire un appel de phares. ◇ *vi* **-1.** [person] cligner des yeux. **-2.** [light] clignoter.

blinkered ['blɪŋkəd] *adj*: to be ~ *lit* & *fig* avoir des œillères.

blinkers ['blɪŋkəz] *npl Br* œillères *fpl*.

blinking ['blɪŋkɪŋ] *adj Br inf* sacré(e), fichu(e).

blip [blɪp] *n* **-1.** [sound] bip *m*. **-2.** [on radar] spot *m*. **-3.** *fig* [temporary problem] problème *m* passager.

bliss [blɪs] *n* bonheur *m* suprême, félicité *f*.

blissful ['blɪsfʊl] *adj* [day, silence] merveilleux(euse), divin(e); [ignorance] total(e).

blissfully ['blɪsfʊlɪ] *adv* [smile] d'un air heureux; [happy, unaware] parfaitement.

blister ['blɪstə'] ◇ *n* [on skin] ampoule *f*, cloque *f*. ◇ *vi* **-1.** [skin] se couvrir d'ampoules. **-2.** [paint] cloquer, se boursoufler.

blistering ['blɪstərɪŋ] *adj* [sun] brûlant(e), ardent(e); [attack] caustique, cinglant(e).

blister pack *n* blister *m*.

blithe [blaɪð] *adj* **-1.** [unworried] insouciant(e). **-2.** *dated* [cheerful] joyeux(euse), gai(e).

blithely ['blaɪðlɪ] *adv* gaiement, joyeusement.

BLitt [ˌbiːˈlɪt] (*abbr of* Bachelor of Letters (Baccalaureus Litterarum)) *n* (*titulaire d'une*) *licence de lettres*.

blitz [blɪts] *n* **-1.** MIL bombardement *m* aérien. **-2.** *Br fig*: to have a ~ on sthg s'attaquer à qqch.

blizzard ['blɪzəd] *n* tempête *f* de neige.

BLM (*abbr of* Bureau of Land Management) *n service de l'aménagement du territoire aux États-Unis*.

bloated ['bləʊtɪd] *adj* **-1.** [face] bouffi(e), boursouflé(e). **-2.** [with food] ballonné(e).

blob [blɒb] *n* **-1.** [drop] goutte *f*. **-2.** [indistinct shape] forme *f*; a ~ of colour une tache de couleur.

bloc [blɒk] *n* bloc *m*.

block [blɒk] ◇ *n* **-1.** [building]: office ~ immeuble *m* de bureaux; ~ of flats *Br* immeuble *m*. **-2.** *Am* [of buildings] pâté *m* de maisons; it's five ~s from here c'est cinq rues plus loin. **-3.** [of stone, ice] bloc *m*. **-4.** [obstruction] blocage *m*. **-5.** ~ and tackle palan *m*, moufle *f*. ◇ *vt* **-1.** [road, pipe, view] boucher. **-2.** [prevent] bloquer, empêcher.
◆ **block off** *vt sep* [road] barrer; [pipe, entrance] boucher.
◆ **block out** *vt sep* **-1.** [from mind] chasser. **-2.** [light] empêcher d'entrer.

◆ **block up** ◇ *vt sep* boucher. ◇ *vi* se boucher.

blockade [blɒ'keɪd] ◇ *n* blocus *m*. ◇ *vt* faire le blocus de.

blockage ['blɒkɪdʒ] *n* obstruction *f*.

block booking *n* location *f* en bloc.

blockbuster ['blɒk,bʌstər] *n inf* [book] best-seller *m*; [film] film *m* à succès, superproduction *f*.

block capitals *npl* majuscules *fpl* d'imprimerie.

blockhead ['blɒkhed] *n inf* crétin *m*, -e *f*, imbécile *mf*.

block letters *npl* majuscules *fpl* d'imprimerie.

block release *n Br* stage de formation de plusieurs semaines.

block vote *n Br* vote *m* groupé.

bloke [bləʊk] *n Br inf* type *m*.

blond [blɒnd] *adj* blond(e).

blonde [blɒnd] ◇ *adj* blond(e). ◇ *n* [woman] blonde *f*.

blood [blʌd] *n* sang *m*; **in cold ~** de sang-froid; **it made my ~ boil** cela m'a mis dans une colère noire; **it made my ~ run cold** cela m'a glacé le sang; **it's in his ~** *fig* il a cela dans le sang; **new** OR **fresh ~** *fig* sang frais.

blood bank *n* banque *f* de sang.

bloodbath ['blʌdbɑ:θ, *pl* -bɑ:ðz] *n* bain *m* de sang, massacre *m*.

blood brother *n* frère *m* de sang.

blood cell *n* globule *m*.

blood count *n* numération *f* globulaire.

bloodcurdling ['blʌd,kɜ:dlɪŋ] *adj* à vous glacer le sang.

blood donor *n* donneur *m*, -euse *f* de sang.

blood group *n* groupe *m* sanguin.

bloodhound ['blʌdhaʊnd] *n* limier *m*.

bloodless ['blʌdlɪs] *adj* **-1.** [face, lips] exsangue, pâle. **-2.** [coup, victory] sans effusion de sang.

bloodletting ['blʌd,letɪŋ] *n* [killing] tuerie *f*.

blood money *n* prix *m* du sang.

blood orange *n* orange *f* sanguine.

blood poisoning *n* septicémie *f*.

blood pressure *n* tension *f* artérielle; **to have high ~** faire de l'hypertension.

blood relation, blood relative *n* parent *m*, -e *f* par le sang.

bloodshed ['blʌdʃed] *n* carnage *m*.

bloodshot ['blʌdʃɒt] *adj* [eyes] injecté(e) de sang.

blood sports *npl* la chasse.

bloodstained ['blʌdsteɪnd] *adj* taché(e) de sang, ensanglanté(e).

bloodstream ['blʌdstri:m] *n* sang *m*.

blood test *n* prise *f* de sang, examen *m* du sang.

bloodthirsty ['blʌd,θɜ:stɪ] *adj* sanguinaire.

blood transfusion *n* transfusion *f* sanguine.

blood type *n* groupe *m* sanguin.

blood vessel *n* vaisseau *m* sanguin.

bloody ['blʌdɪ] (*compar* **-ier**, *superl* **-iest**) ◇ *adj* **-1.** [gen] sanglant(e). **-2.** *Br v inf* foutu(e); **you ~ idiot!** espèce de con! ◇ *adv Br v inf* vachement.

bloody-minded [-'maɪndɪd] *adj Br inf* contrariant(e).

bloom [blu:m] ◇ *n* fleur *f*. ◇ *vi* fleurir.

blooming ['blu:mɪŋ] ◇ *adj* **-1.** *Br inf* [to show annoyance] sacré(e), fichu(e). **-2.** [person] éclatant(e), resplendissant(e). ◇ *adv Br inf* sacrément.

blossom ['blɒsəm] ◇ *n* [of tree] fleurs *fpl*; **in ~** en fleur OR fleurs. ◇ *vi* **-1.** [tree] fleurir. **-2.** *fig* [person] s'épanouir.

blot [blɒt] (*pt & pp* **-ted**, *cont* **-ting**) ◇ *n lit & fig* tache *f*. ◇ *vt* **-1.** [paper] faire des pâtés sur. **-2.** [ink] sécher.

◆ **blot out** *vt sep* voiler, cacher; [memories] effacer.

blotchy ['blɒtʃɪ] (*compar* **-ier**, *superl* **-iest**) *adj* couvert(e) de marbrures OR taches.

blotting paper ['blɒtɪŋ-] *n* (*U*) (papier *m*) buvard *m*.

blouse [blaʊz] *n* chemisier *m*.

blouson ['blu:zɒn] *n Br* blouson *m*.

blow [bləʊ] (*pt* **blew**, *pp* **blown**) ◇ *vi* **-1.** [gen] souffler. **-2.** [in wind]: **to ~ off** s'envoler; **the door blew open** la porte s'ouvrit à la volée; **the door blew shut** la porte a claqué. **-3.** [fuse] sauter.
◇ *vt* **-1.** [subj: wind] faire voler, chasser. **-2.** [clear]: **to ~ one's nose** se moucher. **-3.** [trumpet] jouer de, souffler dans; **to ~ a whistle** donner un coup de sifflet, siffler. **-4.** [bubbles] faire. **-5.** *inf* [money] claquer.
◇ *n* [hit] coup *m*; **to come to ~s** en venir aux mains; **to soften the ~** *fig* adoucir le coup; **to strike a ~ for** *fig* servir la cause de.

◆ **blow out** ◇ *vt sep* souffler. ◇ *vi* **-1.** [candle] s'éteindre. **-2.** [tyre] éclater.

◆ **blow over** *vi* se calmer.

◆ **blow up** ◇ *vt sep* **-1.** [inflate] gonfler. **-2.** [with bomb] faire sauter. **-3.** [photograph] agrandir. ◇ *vi* exploser.

blow-by-blow *adj fig* détaillé(e).

blow-dry ◇ *n* brushing *m*. ◇ *vt* faire un brushing à.

blowfly ['bləʊflaɪ] (*pl* **-flies**) *n* mouche *f* bleue, mouche de la viande.

blowgun *Am* = **blowpipe**.

blowlamp *Br* ['bləʊlæmp], **blowtorch** ['bləʊtɔːtʃ] *n* chalumeau *m*, lampe *f* à souder.

blown [bləʊn] *pp* → **blow**.

blowout ['bləʊaʊt] *n* **-1.** [of tyre] éclatement *m*. **-2.** *inf* [big meal] grande bouffe *f*, gueuleton *m*.

blowpipe *Br* ['bləʊpaɪp], **blowgun** *Am* ['bləʊgʌn] *n* sarbacane *f*.

blowtorch = **blowlamp**.

blowzy ['blaʊzɪ] *adj Br* négligé(e).

BLS (*abbr of* **Bureau of Labor Statistics**) *n* institut de statistiques du travail aux États-Unis.

blubber ['blʌbər] ◇ *n* graisse *f* de baleine. ◇ *vi pej* chialer, pleurer comme un veau.

bludgeon ['blʌdʒən] *vt* matraquer.

blue [bluː] ◇ *adj* **-1.** [colour] bleu(e). **-2.** *inf* [sad] triste, cafardeux(euse). **-3.** [pornographic] porno (*inv*). ◇ *n* bleu *m*; **in ~** en bleu; **out of the ~** [happen] subitement; [arrive] à l'improviste.
◆ **blues** *npl*: **the ~s** MUS le blues; *inf* [sad feeling] le blues, le cafard.

blue baby *n* enfant *m* bleu.

bluebell ['bluːbel] *n* jacinthe *f* des bois.

blueberry ['bluːbərɪ] *n* myrtille *f*.

bluebird ['bluːbɜːd] *n* oiseau *m* bleu.

blue-black *adj* bleu noir (*inv*).

blue-blooded [-'blʌdɪd] *adj* de sang noble, qui a du sang bleu.

bluebottle ['bluːˌbɒtl] *n* mouche *f* bleue, mouche de la viande.

blue cheese *n* (fromage *m*) bleu *m*.

blue chip *n* ST EX valeur *f* sûre, titre *m* de premier ordre.
◆ **blue-chip** *comp* de premier ordre.

blue-collar *adj* manuel(elle).

blue-eyed boy [-aɪd-] *n inf* chouchou *m*.

blue jeans *npl Am* blue-jean *m*, jean *m*.

blue moon *n*: **once in a ~** tous les trente-six du mois.

blueprint ['bluːprɪnt] *n* photocalque *m*; *fig* plan *m*, projet *m*.

bluestocking ['bluːˌstɒkɪŋ] *n pej* bas-bleu *m*.

blue tit *n Br* mésange *f* bleue.

bluff [blʌf] ◇ *adj* franc (franche). ◇ *n* **-1.** [deception] bluff *m*; **to call sb's ~** prendre qqn au mot. **-2.** [cliff] falaise *f* à pic. ◇ *vt*

bluffer, donner le change à. ◇ *vi* faire du bluff, bluffer.

blunder ['blʌndər] ◇ *n* gaffe *f*, bévue *f*. ◇ *vi* **-1.** [make mistake] faire une gaffe, commettre une bévue. **-2.** [move clumsily] avancer d'un pas maladroit.

blundering ['blʌndərɪŋ] *adj* maladroit(e).

blunt [blʌnt] ◇ *adj* **-1.** [knife] émoussé(e); [pencil] épointé(e); [object, instrument] contondant(e). **-2.** [person, manner] direct(e), carré(e). ◇ *vt lit & fig* émousser.

bluntly ['blʌntlɪ] *adv* carrément, brutalement.

bluntness ['blʌntnɪs] *n* brusquerie *f*.

blur [blɜːr] (*pt & pp* **-red**, *cont* **-ring**) ◇ *n* forme *f* confuse, tache *f* floue. ◇ *vt* **-1.** [vision] troubler, brouiller. **-2.** [distinction] rendre moins net (nette).

blurb [blɜːb] *n* texte *m* publicitaire.

blurred [blɜːd] *adj* **-1.** [photograph] flou(e). **-2.** [vision] trouble. **-3.** [distinction] peu net (nette), vague.

blurt [blɜːt]
◆ **blurt out** *vt sep* laisser échapper.

blush [blʌʃ] ◇ *n* rougeur *f*. ◇ *vi* rougir.

blusher ['blʌʃər] *n* fard *m* à joues, blush *m*.

bluster ['blʌstər] ◇ *n* (U) propos *mpl* coléreux. ◇ *vi* tempêter.

blustery ['blʌstərɪ] *adj* venteux(euse).

Blvd (*abbr of* **Boulevard**) bd, boul.

BM *n* **-1.** (*abbr of* **Bachelor of Medicine**) (titulaire d'une) licence de médecine. **-2.** (*abbr of* **British Museum**) grand musée et bibliothèque célèbre, situés à Londres.

BMA (*abbr of* **British Medical Association**) *n* ordre britannique des médecins.

BMJ (*abbr of* **British Medical Journal**) *n* organe de la BMA.

BMus (*abbr of* **Bachelor of Music**) *n* (titulaire d'une) licence de musique.

BMX (*abbr of* **bicycle motorcross**) *n* bicross *m*.

BO *abbr of* **body odour**.

boa constrictor ['bəʊəkən'strɪktər] *n* boa *m* constricteur.

boar [bɔːr] *n* **-1.** [male pig] verrat *m*. **-2.** [wild pig] sanglier *m*.

board [bɔːd] ◇ *n* **-1.** [plank] planche *f*. **-2.** [for notices] panneau *m* d'affichage. **-3.** [for games - gen] tableau *m*; [- for chess] échiquier *m*. **-4.** [blackboard] tableau *m* (noir). **-5.** [of company]: **~ (of directors)** conseil *m* d'administration. **-6.** [committee] comité *m*, conseil *m*. **-7.** *Br* [at hotel, guesthouse] pension *f*; **~ and lodging** pension; **full ~** pension complète; **half ~** demi-pension *f*. **-8.**

on ~ [on ship, plane, bus, train] à bord. **-9.**
phr: **to take sthg on** ~ [knowledge] assimiler
qqch; [advice] accepter qqch; **above** ~ régu-
lier(ière), dans les règles; **across the** ~
[agreement etc] général(e); [apply] de façon
générale; **to go by the** ~ aller à vau-l'eau,
être abandonné(e); **to sweep the** ~ tout rafler OR gagner.
◇ *vt* [ship, aeroplane] monter à bord de;
[train, bus] monter dans.

boarder ['bɔːdəʳ] *n* **-1.** [lodger] pensionnaire *mf*. **-2.** [at school] interne *mf*, pensionnaire *mf*.

board game *n* jeu *m* de société.

boarding card ['bɔːdɪŋ-] *n* carte *f* d'embarquement.

boardinghouse ['bɔːdɪŋhaʊs, *pl* -haʊzɪz] *n*
pension *f* de famille.

boarding school ['bɔːdɪŋ-] *n* pensionnat
m, internat *m*.

board meeting *n* réunion *f* du conseil
d'administration.

Board of Trade *n* Br: **the** ~ ≃ le ministère *m* du Commerce.

boardroom ['bɔːdrʊm] *n* salle *f* du conseil
(d'administration).

boardwalk ['bɔːdwɔːk] *n* Am trottoir *m* en
planches.

boast [bəʊst] ◇ *n* vantardise *f*, fanfaronnade *f*. ◇ *vt* [special feature] s'enorgueillir
de. ◇ *vi*: **to** ~ **(about)** se vanter (de).

boastful ['bəʊstfʊl] *adj* vantard(e), fanfa-
ron(onne).

boat [bəʊt] *n* [large] bateau *m*; [small] canot
m, embarcation *f*; **by** ~ en bateau; **to rock
the** ~ semer le trouble; **to be in the same**
~ être logé à la même enseigne.

boater ['bəʊtəʳ] *n* [hat] canotier *m*.

boating ['bəʊtɪŋ] *n* canotage *m*.

boatswain ['bəʊsn] *n* maître *m* d'équipage.

boat train *n* train qui assure la correspondance
avec le bateau.

bob [bɒb] (*pt* & *pp* -bed, *cont* -bing) ◇ *n* **-1.**
[hairstyle] coupe *f* au carré. **-2.** Br inf dated
[shilling] shilling *m*. **-3.** = **bobsleigh.** ◇ *vi*
[boat, ship] tanguer.

bobbin ['bɒbɪn] *n* bobine *f*.

bobble ['bɒbl] *n* pompon *m*.

bobby ['bɒbɪ] (*pl* -ies) *n* Br inf agent *m* de
police.

bobby pin *n* Am pince *f* à cheveux.

bobby socks, bobby sox *npl* Am socquettes *fpl* (de fille).

bobsleigh ['bɒbsleɪ] *n* bobsleigh *m*.

bode [bəʊd] *vi* literary: **to** ~ **ill/well (for)**
être de mauvais/bon augure (pour).

bodice ['bɒdɪs] *n* corsage *m*.

bodily ['bɒdɪlɪ] ◇ *adj* [needs] matériel(ielle);
[pain] physique. ◇ *adv* [lift, move] à bras-le-
corps.

body ['bɒdɪ] (*pl* -ies) *n* **-1.** [of person] corps
m; **to keep** ~ **and soul together** subsister.
-2. [corpse] corps *m*, cadavre *m*; **over my
dead** ~! il faudra d'abord me passer sur le
corps! **-3.** [organization] organisme *m*, organisation *f*. **-4.** [of car] carrosserie *f*; [of plane]
fuselage *m*. **-5.** (*U*) [of wine] corps *m*. **-6.**
(*U*) [of hair] volume *m*. **-7.** [garment] body
m.

body building *n* culturisme *m*.

bodyguard ['bɒdɪgɑːd] *n* garde *m* du corps.

body odour *n* odeur *f* corporelle.

body search *n* fouille *f* corporelle.

body shop *n* **-1.** [garage] atelier *m*. **-2.** Am
inf [gym] club *m* de gym.

body stocking *n* justaucorps *m*.

bodywork ['bɒdɪwɜːk] *n* carrosserie *f*.

boffin ['bɒfɪn] *n* Br inf savant *m*.

bog [bɒg] *n* **-1.** [marsh] marécage *m*. **-2.** Br v
inf [toilet] chiottes *fpl*.

bogey ['bəʊgɪ] *n* GOLF bogey *m*.

bogged down [bɒgd-] *adj* **-1.** *fig* [in work]:
~ **(in)** submergé(e) (de). **-2.** [car etc]: ~ **(in)**
enlisé(e) (dans).

boggle ['bɒgl] *vi*: **the mind** ~s! ce n'est pas
croyable!, on croit rêver!

boggy ['bɒgɪ] *adj* marécageux(euse).

bogie ['bəʊgɪ] *n* RAIL bogie *m*.

Bogotá [,bɒgə'tɑː] *n* Bogotá.

bogus ['bəʊgəs] *adj* faux (fausse), bidon
(*inv*).

Bohemia [bəʊ'hiːmjə] *n* Bohême *f*; **in** ~ en
Bohême.

bohemian [bəʊ'hiːmɪən] ◇ *adj* [person] bohème; [lifestyle] de bohème. ◇ *n* bohème
mf.
◆ **Bohemian** ◇ *adj* bohémien(ienne). ◇ *n*
Bohémien *m*, -ienne *f*.

boil [bɔɪl] ◇ *n* **-1.** MED furoncle *m*. **-2.** [boil-
ing point]: **to bring sthg to the** ~ porter
qqch à ébullition; **to come to the** ~ venir à
ébullition. ◇ *vt* **-1.** [water, food] faire bouillir. **-2.** [kettle] mettre sur le feu. ◇ *vi* [water]
bouillir.
◆ **boil away** *vi* [evaporate] s'évaporer.
◆ **boil down to** *vt fus fig* revenir à, se résumer à.
◆ **boil over** *vi* **-1.** [liquid] déborder. **-2.** *fig*
[feelings] exploser.

boiled ['bɔɪld] *adj* bouilli(e); ~ **egg** œuf *m* à
la coque; ~ **sweet** Br bonbon *m* (dur).

boiler ['bɔɪləʳ] *n* chaudière *f*.

boiler suit n Br bleu m de travail.

boiling ['bɔɪlɪŋ] adj -1. [liquid] bouillant(e). -2. inf [weather] très chaud(e), torride; [person]: **I'm ~ (hot)!** je crève de chaleur! -3. [angry]: **~ with rage** en rage, écumant(e) de rage.

boiling point n point m d'ébullition.

boisterous ['bɔɪstərəs] adj turbulent(e), remuant(e).

bold [bəʊld] adj -1. [confident] hardi(e), audacieux(ieuse). -2. [lines, design] hardi(e); [colour] vif (vive), éclatant(e). -3. TYPO: **~ type** OR **print** caractères mpl gras.

boldly ['bəʊldlɪ] adv hardiment, avec audace.

Bolivia [bə'lɪvɪə] n Bolivie f; **in ~** en Bolivie.

Bolivian [bə'lɪvɪən] ◇ adj bolivien(ienne). ◇ n Bolivien m, -ienne f.

bollard ['bɒlɑːd] n [on road] borne f.

bollocks ['bɒləks] Br v inf ◇ npl couilles fpl. ◇ excl quelles conneries!

Bolshevik ['bɒlʃɪvɪk] ◇ adj bolchevique. ◇ n bolchevique mf.

bolster ['bəʊlstər] ◇ n [pillow] traversin m. ◇ vt renforcer, affirmer.
◆ **bolster up** vt fus soutenir, appuyer.

bolt [bəʊlt] ◇ n -1. [on door, window] verrou m. -2. [type of screw] boulon m. ◇ adv: **~ upright** droit(e) comme un piquet. ◇ vt -1. [fasten together] boulonner. -2. [close - door, window] verrouiller, fermer au verrou. -3. [food] engouffrer, engloutir. ◇ vi [run] détaler.

bomb [bɒm] ◇ n bombe f. ◇ vt bombarder.

bombard [bɒm'bɑːd] vt MIL. & fig: **to ~ (with)** bombarder (de).

bombardment [bɒm'bɑːdmənt] n bombardement m.

bombastic [bɒm'bæstɪk] adj pompeux(euse).

bomb disposal squad n équipe f de déminage.

bomber ['bɒmər] n -1. [plane] bombardier m. -2. [person] plastiqueur m.

bomber jacket n blouson m d'aviateur.

bombing ['bɒmɪŋ] n bombardement m.

bombproof ['bɒmpruːf] adj à l'épreuve des bombes.

bombshell ['bɒmʃel] n fig bombe f.

bombsite ['bɒmsaɪt] n lieu m bombardé.

bona fide ['bəʊnə'faɪdɪ] adj véritable, authentique; [offer] sérieux(ieuse).

bonanza [bə'nænzə] n aubaine f, filon m.

bond [bɒnd] ◇ n -1. [between people] lien m. -2. [promise] engagement m. -3. FIN bon m, titre m. ◇ vt -1. [glue]: **to ~ sthg to sthg** coller qqch sur qqch. -2. fig [people] unir. ◇ vi -1. [stick together]: **to ~ (together)** être collé(e) (ensemble). -2. fig [people] établir des liens.

bondage ['bɒndɪdʒ] n servitude f, esclavage m.

bonded warehouse ['bɒndɪd-] n entrepôt m de douane.

bone [bəʊn] ◇ n os m; [of fish] arête f; **~ of contention** pomme f de discorde; **to feel** OR **know sthg in one's ~s** avoir le pressentiment de qqch; **to make no ~s about sthg** ne pas cacher qqch. ◇ vt [meat] désosser; [fish] enlever les arêtes de.

bone china n porcelaine f tendre.

bone-dry adj tout à fait sec (sèche).

bone-idle adj paresseux(euse) comme une couleuvre OR un lézard.

boneless ['bəʊnlɪs] adj [meat] sans os; [fish] sans arêtes.

bone marrow n moelle f osseuse.

bonfire ['bɒn,faɪər] n [for fun] feu m de joie; [to burn rubbish] feu.

bonfire night n Br le 5 novembre (commémoration de la tentative de Guy Fawkes de faire sauter le Parlement en 1605).

bongo ['bɒŋgəʊ] (pl -s OR -es) n: **~ (drum)** bongo m.

Bonn [bɒn] n Bonn.

bonnet ['bɒnɪt] n -1. Br [of car] capot m. -2. [hat] bonnet m.

bonny ['bɒnɪ] (compar -ier, superl -iest) adj Scot beau (belle), joli(e).

bonus ['bəʊnəs] (pl -es) n -1. [extra money] prime f, gratification f. -2. fig [added advantage] plus m.

bonus issue n Br FIN émission f d'actions gratuites.

bony ['bəʊnɪ] (compar -ier, superl -iest) adj -1. [person, hand, face] maigre, osseux(euse). -2. [meat] plein(e) d'os; [fish] plein d'arêtes.

boo [buː] (pl -s) ◇ excl hou! ◇ n huée f. ◇ vt & vi huer.

boob [buːb] n inf [mistake] gaffe f, bourde f.
◆ **boobs** npl Br v inf nichons mpl.

boob tube n -1. Br [garment] bustier m. -2. Am inf télé f.

booby prize ['buːbɪ-] n prix m de consolation.

booby trap ['buːbɪ-] n -1. [bomb] objet m piégé. -2. [practical joke] farce f.
◆ **booby-trap** vt piéger.

boogie ['buːgɪ] *inf* ◇ *n*: to have a ~ danser. ◇ *vi* danser.

book [buk] ◇ *n* **-1.** [for reading] livre *m*; **to do sthg by the ~** faire qqch selon les règles; **to throw the ~ at sb** passer un savon à qqn. **-2.** [of stamps, tickets, cheques] carnet *m*; [of matches] pochette *f*. ◇ *vt* **-1.** [reserve - gen] réserver; [- performer] engager; **to be fully ~ed** être complet. **-2.** *inf* [subj: police] coller un PV à. **-3.** *Br* FTBL prendre le nom de. ◇ *vi* réserver.

◆ **books** *npl* COMM livres *mpl* de comptes; **to do the ~s** tenir les livres; **to be in sb's bad ~s** être mal vu de qqn; **to be in sb's good ~s** être dans les petits papiers de qqn.

◆ **book in** ◇ *vt sep* réserver une chambre à. ◇ *vi* [at hotel] prendre une chambre.

◆ **book up** *vt sep* réserver, retenir.

bookable ['bukəbl] *adj* **-1.** [seats, tickets] qu'on peut réserver OR louer. **-2.** FTBL [offence] pour laquelle l'arbitre donne un carton jaune.

bookbinding ['buk,baɪndɪŋ] *n* reliure *f*.

bookcase ['bukkeɪs] *n* bibliothèque *f*.

book club *n* club *m* de livres.

bookends ['bukendz] *npl* serre-livres *m inv*, presse-livres *m inv*.

bookie ['bukɪ] *n inf* bookmaker *m*, book *m*.

booking ['bukɪŋ] *n* **-1.** [reservation] réservation *f*. **-2.** *Br* FTBL: **to get a ~** recevoir un carton jaune.

booking clerk *n* préposé *m*, -e *f* à la location OR la vente des billets.

booking office *n* bureau *m* de réservation OR location.

bookish ['bukɪʃ] *adj* toujours plongé(e) dans ses livres.

bookkeeper ['buk,kiːpəʳ] *n* comptable *mf*.

bookkeeping ['buk,kiːpɪŋ] *n* comptabilité *f*.

booklet ['buklɪt] *n* brochure *f*.

bookmaker ['buk,meɪkəʳ] *n* bookmaker *m*.

bookmark ['bukmɑːk] *n* signet *m*.

bookseller ['buk,seləʳ] *n* libraire *mf*.

bookshelf ['bukʃelf] (*pl* **-shelves**) *n* rayon *m* OR étagère *f* à livres.

bookshop *Br* ['bukʃɒp], **bookstore** *Am* ['bukstɔːʳ] *n* librairie *f*.

bookstall ['bukstɔːl] *n Br* kiosque *m* (à journaux).

bookstore = **bookshop**.

book token *n* chèque-livre *m*.

bookworm ['bukwɜːm] *n* rat *m* de bibliothèque.

boom [buːm] ◇ *n* **-1.** [loud noise] grondement *m*. **-2.** [in business, trade] boom *m*. **-3.**

NAUT bôme *f*. **-4.** [for TV camera, microphone] girafe *f*, perche *f*. ◇ *vi* **-1.** [make noise] gronder. **-2.** [business, trade] être en plein essor OR en hausse.

boomerang ['buːməræŋ] *n* boomerang *m*.

boon [buːn] *n* avantage *m*, bénédiction *f*.

boor [buəʳ] *n* butor *m*, rustre *m*.

boorish ['buərɪʃ] *adj* rustre, grossier(ière).

boost [buːst] ◇ *n* [to production, sales] augmentation *f*; [to economy] croissance *f*; **to give a ~ to** stimuler. ◇ *vt* **-1.** [production, sales] accroître, stimuler. **-2.** [popularity] accroître, renforcer; **to ~ sb's spirits** OR **morale** remonter le moral à qqn.

booster ['buːstəʳ] *n* MED rappel *m*.

booster seat *n* AUT (siège *m*) rehausseur *m*.

boot [buːt] ◇ *n* **-1.** [for walking, sport] chaussure *f*. **-2.** [fashion item] botte *f*. **-3.** *Br* [of car] coffre *m*. ◇ *vt inf* flanquer des coups de pied à.

◆ **to boot** *adv* par-dessus le marché, en plus.

◆ **boot out** *vt sep inf* flanquer à la porte.

booth [buːð] *n* **-1.** [at fair] baraque *f* foraine. **-2.** [telephone booth] cabine *f*. **-3.** [voting booth] isoloir *m*.

bootleg ['buːtleg] *adj inf* [recording] pirate; [whisky etc] de contrebande.

bootlegger ['buːt,legəʳ] *n inf* contrebandier *m* d'alcool.

booty ['buːtɪ] *n* butin *m*.

booze [buːz] *inf* ◇ *n* (U) alcool *m*, boisson *f* alcoolisée. ◇ *vi* picoler, lever le coude.

boozer ['buːzəʳ] *n inf* **-1.** [person] picoleur *m*, -euse *f*. **-2.** *Br* [pub] pub *m*.

bop [bɒp] (*pt* & *pp* **-ped**, *cont* **-ping**) *inf* ◇ *n* **-1.** [hit] coup *m*. **-2.** [disco, dance] boum *f*. ◇ *vt* [hit] taper, donner un coup à. ◇ *vi* [dance] danser.

border ['bɔːdəʳ] ◇ *n* **-1.** [between countries] frontière *f*. **-2.** [edge] bord *m*. **-3.** [in garden] bordure *f*. ◇ *vt* **-1.** [country] toucher à, être limitrophe de. **-2.** [edge] border.

◆ **border on** *vt fus* friser, être voisin(e) de.

borderline ['bɔːdəlaɪn] ◇ *adj*: ~ **case** cas *m* limite. ◇ *n fig* limite *f*, ligne *f* de démarcation.

bore [bɔːʳ] ◇ *pt* → **bear**. ◇ *n* **-1.** [person] raseur *m*, -euse *f*; [situation, event] corvée *f*. **-2.** [of gun] calibre *m*. ◇ *vt* **-1.** [not interest] ennuyer, raser; **to ~ sb stiff** OR **to tears** OR **to death** ennuyer qqn à mourir. **-2.** [drill] forer, percer.

bored [bɔːd] *adj* [person] qui s'ennuie; [look] d'ennui; **to be ~ with** en avoir assez de; **I'm ~ with this book** ce livre m'ennuie.

boredom ['bɔːdəm] *n* (U) ennui *m*.

boring ['bɔːrɪŋ] *adj* ennuyeux(euse), assommant(e).

born [bɔːn] *adj* né(e); **to be ~** naître; **I was ~ in 1965** je suis né en 1965; **when were you ~?** quelle est ta date de naissance?; **~ and bred** né et élevé.

born-again *adj* [Christian] régénéré(e).

borne [bɔːn] *pp* → **bear**.

Borneo ['bɔːnɪəʊ] *n* Bornéo *m*; **in ~** à Bornéo.

borough ['bʌrə] *n* municipalité *f*.

borrow ['bɒrəʊ] *vt* emprunter; **to ~ sthg (from sb)** emprunter qqch (à qqn).

borrower ['bɒrəʊə] *n* emprunteur *m*, -euse *f*.

borrowing ['bɒrəʊɪŋ] *n* (U) emprunt *m*.

borstal ['bɔːstl] *n* Br maison *f* de redressement.

Bosnia ['bɒznɪə] *n* Bosnie *f*; **in ~** en Bosnie.

Bosnia-Herzegovina [-,hɜːtsəgə'viːnə] *n* Bosnie-Herzégovine *f*.

Bosnian ['bɒznɪən] ◇ *adj* bosniaque. ◇ *n* Bosniaque *mf*.

bosom ['bʊzəm] *n* poitrine *f*, seins *mpl*; *fig* sein *m*; **~ friend** ami *m* intime.

Bosporus ['bɒspərəs], **Bosphorus** ['bɒsfərəs] *n*: **the ~** le Bosphore.

boss [bɒs] ◇ *n* patron *m*, -onne *f*, chef *m*; **to be one's own ~** travailler à son compte. ◇ *vt pej* donner des ordres à, régenter.
◆ **boss about**, **boss around** *vt sep pej* donner des ordres à, régenter.

bossy ['bɒsɪ] (*compar* -ier, *superl* -iest) *adj* autoritaire.

bosun ['bəʊsn] = **boatswain**.

botanic(al) [bə'tænɪk(l)] *adj* botanique.

botanical garden *n* jardin *m* botanique.

botanist ['bɒtənɪst] *n* botaniste *mf*.

botany ['bɒtənɪ] *n* botanique *f*.

botch [bɒtʃ]
◆ **botch up** *vt sep inf* bousiller, saboter.

both [bəʊθ] ◇ *adj* les deux. ◇ *pron*: **~ (of them)** (tous) les deux ((toutes) les deux); **~ of us are coming** on vient tous les deux. ◇ *adv*: **she is ~ intelligent and amusing** elle est à la fois intelligente et drôle.

bother ['bɒðə] ◇ *vt* -1. [worry] ennuyer, inquiéter; **to ~ o.s. (about)** se tracasser (au sujet de); **I can't be ~ed to do it** je n'ai vraiment pas envie de le faire. -2. [pester, annoy] embêter; **I'm sorry to ~ you** excusez-moi de vous déranger.

◇ *vi*: **to ~ about sthg** s'inquiéter de qqch; **don't ~ (to do it)** ce n'est pas la peine (de le faire); **don't ~ getting up** ne vous donnez pas la peine de vous lever.
◇ *n* (U) embêtement *m*; **I hope I'm not putting you to any ~** j'espère que je ne vous cause pas trop de dérangement; **it's no ~ at all** cela ne me dérange OR m'ennuie pas du tout.

bothered ['bɒðəd] *adj* inquiet(iète).

Botswana [bɒ'tswɑːnə] *n* Botswana *m*; **in ~** au Botswana.

bottle ['bɒtl] ◇ *n* -1. [gen] bouteille *f*; [for medicine, perfume] flacon *m*; [for baby] biberon *m*. -2. (U) Br inf [courage] cran *m*, culot *m*. ◇ *vt* [wine etc] mettre en bouteilles; [fruit] mettre en bocal.
◆ **bottle out** *vi Br inf* se dégonfler.
◆ **bottle up** *vt sep* [feelings] refouler, contenir.

bottle bank *n* container *m* pour verre usagé.

bottled ['bɒtld] *adj* en bouteille.

bottle-feed *vt* nourrir au biberon.

bottleneck ['bɒtlnek] *n* -1. [in traffic] bouchon *m*, embouteillage *m*. -2. [in production] goulet *m* d'étranglement.

bottle-opener *n* ouvre-bouteilles *m inv*, décapsuleur *m*.

bottle party *n* soirée *f* (*où chacun apporte quelque chose à boire*).

bottom ['bɒtəm] ◇ *adj* -1. [lowest] du bas. -2. [in class] dernier(ière). ◇ *n* -1. [of bottle, lake, garden] fond *m*; [of page, ladder, street] bas *m*; [of hill] pied *m*. -2. [of scale] bas *m*; [of class] dernier *m*, -ière *f*. -3. [buttocks] derrière *m*. -4. [cause]: **what's at the ~ of it?** qu'est-ce qui en est la cause?; **to get to the ~ of sthg** aller au fond de qqch, découvrir la cause de qqch.
◆ **bottom out** *vi* atteindre son niveau le plus bas.

bottomless ['bɒtəmlɪs] *adj* -1. [very deep] sans fond. -2. [endless] inépuisable.

bottom line *n fig*: **the ~** l'essentiel *m*.

botulism ['bɒtjʊlɪzm] *n* botulisme *m*.

bough [baʊ] *n* branche *f*.

bought [bɔːt] *pt & pp* → **buy**.

boulder ['bəʊldə] *n* rocher *m*.

boulevard ['buːləvɑːd] *n* boulevard *m*.

bounce [baʊns] ◇ *vi* -1. [ball] rebondir; [person] sauter. -2. [light] être réfléchi(e); [sound] être renvoyé(e). -3. *inf* [cheque] être sans provision. ◇ *vt* [ball] faire rebondir. ◇ *n* rebond *m*.
◆ **bounce back** *vi fig* se remettre vite.

bouncer ['baʊnsə'] *n inf* videur *m*.

bouncy ['baʊnsɪ] (*compar* **-ier**, *superl* **-iest**) *adj* **-1.** [lively] dynamique. **-2.** [ball] qui rebondit; [bed] élastique, souple.

bound [baʊnd] ◇ *pt & pp* → **bind**.
◇ *adj* **-1.** [certain]: **he's ~ to win** il va sûrement gagner; **she's ~ to see it** elle ne peut pas manquer de le voir. **-2.** [obliged]: **to be ~ to do sthg** être obligé(e) OR tenu(e) de faire qqch; **I'm ~ to say/admit** je dois dire/reconnaître. **-3.** [for place]: **to be ~ for** [subj: person] être en route pour; [subj: plane, train] être à destination de.
◇ *n* [leap] bond *m*, saut *m*.
◇ *vt*: **to be ~ed by** [subj: field] être limité(e) OR délimité(e) par; [subj: country] être limitrophe de.
◇ *vi* [leap] bondir, sauter.
◆ **bounds** *npl* limites *fpl*; **out of ~s** interdit, défendu.

boundary ['baʊndərɪ] (*pl* **-ies**) *n* [gen] frontière *f*; [of property] limite *f*, borne *f*.

boundless ['baʊndlɪs] *adj* illimité(e), sans bornes.

bountiful ['baʊntɪfʊl] *adj literary* [ample] abondant(e).

bounty ['baʊntɪ] *n literary* [generosity] générosité *f*, libéralité *f*.

bouquet [bʊ'keɪ] *n* bouquet *m*.

bourbon ['bɜːbən] *n* bourbon *m*.

bourgeois ['bɔːʒwɑː] *adj pej* bourgeois(e).

bout [baʊt] *n* **-1.** [of illness] accès *m*; **a ~ of flu** une grippe. **-2.** [session] période *f*; **a ~ of drinking** une beuverie. **-3.** [boxing match] combat *m*.

boutique [bu:'ti:k] *n* boutique *f*.

bow¹ [baʊ] ◇ *n* **-1.** [in greeting] révérence *f*. **-2.** [of ship] proue *f*, avant *m*. ◇ *vt* [head] baisser, incliner. ◇ *vi* **-1.** [make a bow] saluer. **-2.** [defer]: **to ~ to** s'incliner devant.
◆ **bow down** *vi* s'incliner.
◆ **bow out** *vi* tirer sa révérence.

bow² [bəʊ] *n* **-1.** [weapon] arc *m*. **-2.** MUS archet *m*. **-3.** [knot] nœud *m*.

bowels ['baʊəlz] *npl* intestins *mpl*; *fig* entrailles *fpl*.

bowl [bəʊl] ◇ *n* **-1.** [container - gen] jatte *f*, saladier *m*; [- small] bol *m*; [- for washing up] cuvette *f*; **sugar ~** sucrier *m*. **-2.** [of toilet, sink] cuvette *f*; [of pipe] fourneau *m*. ◇ *vt* CRICKET lancer. ◇ *vi* CRICKET lancer la balle.
◆ **bowls** *n* (*U*) boules *fpl* (*sur herbe*).
◆ **bowl over** *vt sep lit* & *fig* renverser.

bow-legged [,bəʊ'legɪd] *adj* aux jambes arquées.

bowler ['bəʊlə'] *n* **-1.** CRICKET lanceur *m*. **-2.** **~ (hat)** chapeau *m* melon.

bowling ['bəʊlɪŋ] *n* (*U*) bowling *m*.

bowling alley *n* [building] bowling *m*; [alley] piste *f* de bowling.

bowling green *n* terrain *m* de boules (*sur herbe*).

bow tie [bəʊ-] *n* nœud *m* papillon.

bow window [bəʊ-] *n* fenêtre *f* en saillie.

box [bɒks] ◇ *n* **-1.** [gen] boîte *f*. **-2.** THEATRE loge *f*. **-3.** *Br inf* [television]: **the ~** la télé. ◇ *vi* boxer, faire de la boxe.
◆ **box in** *vt sep* **-1.** [trap] coincer. **-2.** [enclose - pipes etc] encastrer.

boxed [bɒkst] *adj* en boîte, en coffret.

boxer ['bɒksə'] *n* **-1.** [fighter] boxeur *m*. **-2.** [dog] boxer *m*.

boxer shorts *npl* caleçon *m*.

boxing ['bɒksɪŋ] *n* boxe *f*.

Boxing Day *n* jour des étrennes en Grande-Bretagne (*le 26 décembre*).

boxing glove *n* gant *m* de boxe.

boxing ring *n* ring *m*.

box junction *n Br* carrefour *m* à l'accès réglementé.

box number *n* numéro *m* d'annonce, référence *f*.

box office *n* bureau *m* de location.

boxroom ['bɒksrʊm] *n Br* débarras *m*.

boy [bɔɪ] ◇ *n* **-1.** [male child] garçon *m*. **-2.** *inf* [male friend]: **I'm going out with the ~s tonight** je sors avec mes potes ce soir. ◇ *excl inf*: **(oh) ~!** ben, mon vieux!, ben, dis-donc!

boycott ['bɔɪkɒt] ◇ *n* boycott *m*, boycottage *m*. ◇ *vt* boycotter.

boyfriend ['bɔɪfrend] *n* copain *m*, petit ami *m*.

boyish ['bɔɪɪʃ] *adj* [appearance - of man] gamin(e); [- of woman] de garçon; [behaviour] garçonnier(ière).

boy scout *n* scout *m*, éclaireur *m*.

Bp (*abbr of* **Bishop**) Mgr.

Br (*abbr of* **brother**) RELIG F.

BR (*abbr of* **British Rail**) *n* ≃ SNCF *f*.

bra [brɑː] *n* soutien-gorge *m*.

brace [breɪs] ◇ *n* **-1.** [on teeth] appareil *m* (dentaire). **-2.** [on leg] appareil *m* orthopédique. **-3.** [pair] paire *f*, couple *m*. ◇ *vt* **-1.** [steady] soutenir, consolider; **to ~ o.s.** s'accrocher, se cramponner. **-2.** *fig* [prepare]: **to ~ o.s. (for sthg)** se préparer (à qqch).
◆ **braces** *npl Br* bretelles *fpl*.

bracelet ['breɪslɪt] *n* bracelet *m*.

bracing ['breɪsɪŋ] *adj* vivifiant(e).

bracken ['brækn] *n* fougère *f*.

bracket ['brækɪt] ◇ *n* -1. [support] support *m*. -2. [parenthesis - round] parenthèse *f*; [- square] crochet *m*; **in ~s** entre parenthèses/crochets. -3. [group]: **age/income ~** tranche *f* d'âge/de revenus. ◇ *vt* -1. [enclose in brackets] mettre entre parenthèses/crochets. -2. [group]: **to ~ sb/sthg (together) with** mettre qqn/qqch dans le même groupe que.

brackish ['brækɪʃ] *adj* saumâtre.

brag [bræg] (*pt* & *pp* -ged, *cont* -ging) *vi* se vanter.

braid [breɪd] ◇ *n* -1. [on uniform] galon *m*. -2. [of hair] tresse *f*, natte *f*. ◇ *vt* [hair] tresser, natter.

braille [breɪl] *n* braille *m*.

brain [breɪn] *n* cerveau *m*; **he's got money on the ~** il ne pense qu'à l'argent.
◆ **brains** *npl* [intelligence] intelligence *f*; **to pick sb's ~s** faire appel aux lumières de qqn; **to rack** *Br* OR **cudgel** *Am* **one's ~s** se creuser la tête OR la cervelle.

brainchild ['breɪntʃaɪld] *n inf* idée *f* personnelle, invention *f* personnelle.

brain death *n* mort *f* cérébrale, coma *m* dépassé.

brain drain *n* fuite *f* OR exode *m* des cerveaux.

brainless ['breɪnlɪs] *adj* stupide.

brainstorm ['breɪnstɔːm] *n* -1. *Br* [mental aberration] moment *m* d'aberration. -2. *Am* [brilliant idea] idée *f* géniale OR de génie.

brainstorming ['breɪnstɔːmɪŋ] *n* brainstorming *m*.

brainteaser ['breɪnˌtiːzər] *n* colle *f*.

brainwash ['breɪnwɒʃ] *vt* faire un lavage de cerveau à.

brainwave ['breɪnweɪv] *n* idée *f* géniale OR de génie.

brainy ['breɪnɪ] (*compar* -ier, *superl* -iest) *adj inf* intelligent(e).

braise [breɪz] *vt* braiser.

brake [breɪk] ◇ *n lit* & *fig* frein *m*. ◇ *vi* freiner.

brake horsepower *n* puissance *f* de freinage.

brake light *n* stop *m*, feu *m* arrière.

brake lining *n* garniture *f* de frein.

brake pedal *n* (pédale *f* de) frein *m*.

brake shoe *n* sabot *m* OR patin *m* de frein.

bramble ['bræmbl] *n* [bush] ronce *f*; [fruit] mûre *f*.

bran [bræn] *n* son *m*.

branch [brɑːntʃ] ◇ *n* -1. [of tree, subject] branche *f*. -2. [of railway] bifurcation *f*, embranchement *m*. -3. [of company] filiale *f*, succursale *f*; [of bank] agence *f*. ◇ *vi* bifurquer.
◆ **branch off** *vi* bifurquer.
◆ **branch out** *vi* [person, company] étendre ses activités, se diversifier.

branch line *n* RAIL ligne *f* secondaire.

brand [brænd] ◇ *n* -1. COMM marque *f*. -2. *fig* [type, style] type *m*, genre *m*. ◇ *vt* -1. [cattle] marquer au fer rouge. -2. *fig* [classify]: **to ~ sb (as) sthg** étiqueter qqn comme qqch, coller à qqn l'étiquette de qqch.

brandish ['brændɪʃ] *vt* brandir.

brand leader *n* marque *f* dominante.

brand name *n* marque *f*.

brand-new *adj* flambant neuf (flambant neuve), tout neuf (toute neuve).

brandy ['brændɪ] (*pl* -ies) *n* cognac *m*.

brash [bræʃ] *adj* effronté(e).

Brasilia [brə'zɪljə] *n* Brasilia.

brass [brɑːs] *n* -1. [metal] laiton *m*, cuivre *m* jaune. -2. MUS: **the ~** les cuivres *mpl*.

brass band *n* fanfare *f*.

brasserie ['bræsərɪ] *n* brasserie *f*.

brassiere [*Br* 'bræsɪər, *Am* brə'zɪr] *n* soutien-gorge *m*.

brass knuckles *npl Am* coup-de-poing *m* américain.

brass tacks *npl inf*: **to get down to ~** en venir aux choses sérieuses.

brat [bræt] *n inf pej* sale gosse *m*.

bravado [brə'vɑːdəʊ] *n* bravade *f*.

brave [breɪv] ◇ *adj* courageux(euse), brave. ◇ *n* guerrier *m* indien, brave *m*. ◇ *vt* braver, affronter.

bravely ['breɪvlɪ] *adv* courageusement, vaillamment.

bravery ['breɪvərɪ] *n* courage *m*, bravoure *f*.

bravo [ˌbrɑː'vəʊ] *excl* bravo!

brawl [brɔːl] *n* bagarre *f*, rixe *f*.

brawn [brɔːn] *n* (U) -1. [muscle] muscle *m*. -2. *Br* [meat] fromage *m* de tête.

brawny ['brɔːnɪ] (*compar* -ier, *superl* -iest) *adj* musclé(e).

bray [breɪ] *vi* [donkey] braire.

brazen ['breɪzn] *adj* [person] effronté(e), impudent(e); [lie] éhonté(e).
◆ **brazen out** *vt sep*: **to ~ it out** crâner.

brazier ['breɪzjər] *n* brasero *m*.

Brazil [brə'zɪl] *n* Brésil *m*; **in ~** au Brésil.

Brazilian [brə'zɪljən] ◇ *adj* brésilien(ienne). ◇ *n* Brésilien *m*, -ienne *f*.

brazil nut *n* noix *f* du Brésil.

breach [briːtʃ] ◇ *n* **-1.** [of law, agreement] infraction *f,* violation *f;* [of promise] rupture *f;* to be in ~ of sthg enfreindre OR violer qqch; ~ of confidence abus *m* de confiance; ~ of contract rupture *f* de contrat. **-2.** [opening, gap] trou *m,* brèche *f;* to step into the ~ remplacer quelqu'un au pied levé. **-3.** [in friendship, marriage] brouille *f.* ◇ *vt* **-1.** [agreement, contract] rompre. **-2.** [make hole in] faire une brèche dans.

breach of the peace *n* atteinte *f* à l'ordre public.

bread [bred] *n* pain *m;* ~ and butter tartine *f* beurrée, pain beurré; *fig* gagne-pain *m.*

bread bin *Br,* **bread box** *Am n* boîte *f* à pain.

breadboard ['bredbɔːd] *n* planche *f* à pain.

bread box *Am* = **bread bin**.

breadcrumbs ['bredkrʌmz] *npl* chapelure *f.*

breaded ['bredɪd] *adj* pané(e).

breadline ['bredlaɪn] *n*: to be on the ~ être sans ressources OR sans le sou.

breadth [bretθ] *n* **-1.** [width] largeur *f.* **-2.** *fig* [scope] ampleur *f,* étendue *f.*

breadwinner ['bred,wɪnəʳ] *n* soutien *m* de famille.

break [breɪk] (*pt* broke, *pp* broken) ◇ *n* **-1.** [gap]: ~ (in) trouée *f* (dans). **-2.** [fracture] fracture *f.* **-3.** [change]: a ~ with tradition une rupture d'avec les traditions. **-4.** [pause - gen] pause *f;* [- at school] récréation *f;* to take a ~ [short] faire une pause; [longer] prendre des jours de congé; without a ~ sans interruption; to have a ~ from doing sthg arrêter de faire qqch. **-5.** *inf* [luck]: (lucky) ~ chance *f,* veine *f.* **-6.** *literary* [of day]: at ~ of day au point du jour, à l'aube. **-7.** COMPUT [key] break *m.*
◇ *vt* **-1.** [gen] casser, briser; to ~ one's arm/leg se casser le bras/la jambe; the river broke its banks la rivière est sortie de son lit; to ~ a habit se défaire d'une (mauvaise) habitude; to ~ sb's hold se dégager de l'étreinte de qqn; to ~ a record battre un record; to ~ a strike briser une grève. **-2.** [interrupt - journey] interrompre; [- contact, silence] rompre. **-3.** [not keep - law, rule] enfreindre, violer; [- promise] manquer à. **-4.** [tell]: to ~ the news (of sthg to sb) annoncer la nouvelle (de qqch à qqn). **-5.** TENNIS to ~ sb's serve prendre le service de qqn.
◇ *vi* **-1.** [gen] se casser, se briser; to ~ loose OR free se dégager, s'échapper. **-2.** [pause] s'arrêter, faire une pause. **-3.** [day] poindre, se lever. **-4.** [weather] se gâter. **-5.** [wave] se briser. **-6.** [voice - with emotion] se briser; [- at puberty] muer. **-7.** [news] se répandre, éclater. **-8.** *phr*: to ~ even rentrer dans ses frais.

◆ **break away** *vi* **-1.** [escape] s'échapper. **-2.** [end relationship]: to ~ away (from sb) abandonner (qqn), quitter (qqn).

◆ **break down** ◇ *vt sep* **-1.** [destroy - barrier] démolir; [- door] enfoncer. **-2.** [analyse] analyser. **-3.** [substance] décomposer. ◇ *vi* **-1.** [car, machine] tomber en panne; [resistance] céder; [negotiations] échouer. **-2.** [emotionally] fondre en larmes, éclater en sanglots. **-3.** [decompose] se décomposer.

◆ **break in** ◇ *vi* **-1.** [burglar] entrer par effraction. **-2.** [interrupt]: to ~ in (on sb/sthg) interrompre (qqn/qqch). ◇ *vt sep* **-1.** [horse] dresser; [person] rompre, accoutumer. **-2.** [shoes] faire.

◆ **break into** *vt fus* **-1.** [subj: burglar] entrer par effraction dans. **-2.** [begin]: to ~ into song/applause se mettre à chanter/applaudir. **-3.** [become involved in]: to ~ into a market pénétrer un marché; to ~ into the music business percer dans la chanson.

◆ **break off** ◇ *vt sep* **-1.** [detach] détacher. **-2.** [talks, relationship] rompre; [holiday] interrompre. ◇ *vi* **-1.** [become detached] se casser, se détacher. **-2.** [stop talking] s'interrompre, se taire. **-3.** [stop working] faire une pause, s'arrêter de travailler.

◆ **break out** *vi* **-1.** [begin - fire] se déclarer; [- fighting] éclater. **-2.** [skin, person]: to ~ out in spots se couvrir de boutons. **-3.** [escape]: to ~ out (of) s'échapper (de), s'évader (de).

◆ **break through** *vt fus* [subj: sun] percer; she broke through the crowd elle se fraya un chemin à travers la foule. ◇ *vi* [sun] percer.

◆ **break up** ◇ *vt sep* **-1.** [into smaller pieces] mettre en morceaux. **-2.** [end - marriage, relationship] détruire; [- fight, party] mettre fin à. ◇ *vi* **-1.** [into smaller pieces - gen] se casser en morceaux; [- ship] se briser. **-2.** [end - marriage, relationship] se briser; [- talks, party] prendre fin; [- school] finir, fermer; to ~ up (with sb) rompre (avec qqn). **-3.** [crowd] se disperser.

◆ **break with** *vt fus* rompre avec.

breakable ['breɪkəbl] *adj* cassable, fragile.

breakage ['breɪkɪdʒ] *n* bris *m.*

breakaway ['breɪkəweɪ] *adj* [faction etc] dissident(e).

break dancing *n* smurf *m.*

breakdown ['breɪkdaʊn] *n* **-1.** [of vehicle, machine] panne *f;* [of negotiations] échec *m;* [in communications] rupture *f;* nervous ~ dépression *f* nerveuse. **-2.** [analysis] détail *m.*

breaker ['breɪkə*] n [wave] brisant m.

breakeven [,breɪk'iːvn] n seuil m de rentabilité.

breakfast ['brekfəst] ◇ n petit déjeuner m. ◇ vi: to ~ (on) déjeuner (de).

breakfast cereal n céréales fpl.

breakfast television n Br télévision f du matin.

break-in n cambriolage m.

breaking ['breɪkɪŋ] n: ~ and entering JUR entrée f par effraction.

breaking point n limite f.

breakneck ['breɪknek] adj: at ~ speed à fond de train.

breakthrough ['breɪkθruː] n percée f.

breakup ['breɪkʌp] n [of marriage, relationship] rupture f.

breakup value n COMM valeur f liquidative.

bream [briːm] (pl inv OR -s) n brème f.

breast [brest] n -1. [of woman] sein m; [of man] poitrine f. -2. [meat of bird] blanc m. -3. phr: to make a clean ~ of it tout avouer.

breast-feed vt & vi allaiter.

breast pocket n poche f de poitrine.

breaststroke ['breststrəʊk] n brasse f.

breath [breθ] n souffle m, haleine f; to take a deep ~ inspirer profondément; to go out for a ~ of (fresh) air sortir prendre l'air; she/it was a ~ of fresh air elle représentait/c'était une véritable bouffée d'oxygène; out of ~ hors d'haleine, à bout de souffle; to get one's ~ back reprendre haleine OR son souffle; to hold one's ~ lit & fig retenir son souffle; it took my ~ away cela m'a coupé le souffle.

breathable ['briːðəbl] adj respirable.

breathalyse Br, **-yze** Am ['breθəlaɪz] vt faire subir l'Alcootest® à.

Breathalyser® Br, **-yzer®** Am ['breθəlaɪzə*] n Alcootest® m.

breathe [briːð] ◇ vi respirer; I can ~ more easily now fig je respire maintenant. ◇ vt -1. [inhale] respirer. -2. [exhale - smell] souffler des relents de.
♦ **breathe in** ◇ vi inspirer. ◇ vt sep aspirer.
♦ **breathe out** vi expirer.

breather ['briːðə*] n inf moment m de repos OR répit.

breathing ['briːðɪŋ] n respiration f, souffle m.

breathing space n fig répit m.

breathless ['breθlɪs] adj -1. [out of breath] hors d'haleine, essoufflé(e). -2. [with excitement] fébrile, fiévreux(euse).

breathtaking ['breθ,teɪkɪŋ] adj à vous couper le souffle.

breath test n Alcootest® m.

breed [briːd] (pt & pp bred [bred]) ◇ n lit & fig race f, espèce f. ◇ vt -1. [animals, plants] élever. -2. fig [suspicion, contempt] faire naître, engendrer. ◇ vi se reproduire.

breeder ['briːdə*] n éleveur m, -euse f.

breeder reactor n surgénérateur m.

breeding ['briːdɪŋ] n (U) -1. [of animals, plants] élevage m. -2. [manners] bonnes manières fpl, savoir-vivre m.

breeding-ground n fig terrain m propice.

breeze [briːz] ◇ n brise f. ◇ vi: to ~ in/out [quickly] entrer/sortir en coup de vent; [casually] entrer/sortir d'un air désinvolte.

breezeblock ['briːzblɒk] n Br parpaing m.

breezy ['briːzɪ] (compar -ier, superl -iest) adj -1. [windy] venteux(euse). -2. [cheerful] jovial(e), enjoué(e).

Breton ['bretn] ◇ adj breton(onne). ◇ n -1. [person] Breton m, -onne f. -2. [language] breton m.

brevity ['brevɪtɪ] n brièveté f.

brew [bruː] ◇ vt [beer] brasser; [tea] faire infuser; [coffee] préparer, faire. ◇ vi -1. [tea] infuser; [coffee] se faire. -2. fig [trouble, storm] se préparer, couver.

brewer ['bruːə*] n brasseur m.

brewery ['bruːərɪ] (pl -ies) n brasserie f.

briar ['braɪə*] n églantier m.

bribe [braɪb] ◇ n pot-de-vin m. ◇ vt: to ~ sb (to do sthg) soudoyer qqn (pour qu'il fasse qqch).

bribery ['braɪbərɪ] n corruption f.

bric-a-brac ['brɪkəbræk] n bric-à-brac m.

brick [brɪk] n brique f.
♦ **brick up** vt sep murer.

bricklayer ['brɪk,leɪə*] n maçon m.

brickwork ['brɪkwɜːk] n briquetage m.

bridal ['braɪdl] adj [dress] de mariée; [suite etc] nuptial(e).

bride [braɪd] n mariée f.

bridegroom ['braɪdgrʊm] n marié m.

bridesmaid ['braɪdzmeɪd] n demoiselle f d'honneur.

bridge [brɪdʒ] ◇ n -1. [gen] pont m; I'll cross that ~ when I come to it chaque chose en son temps. -2. [on ship] passerelle f. -3. [of nose] arête f. -4. [card game, for teeth] bridge m. ◇ vt fig [gap] réduire.

bridging loan ['brɪdʒɪŋ-] *n Br* crédit-relais *m*.

bridle ['braɪdl] ◇ *n* bride *f*. ◇ *vt* mettre la bride à, brider. ◇ *vi*: **to ~ (at sthg)** se rebiffer (contre qqch).

bridle path *n* piste *f* cavalière.

brief [briːf] ◇ *adj* -1. [short] bref (brève), court(e); **in ~** en bref, en deux mots. -2. [revealing] très court(e). ◇ *n* -1. JUR affaire *f*, dossier *m*. -2. *Br* [instructions] instructions *fpl*. ◇ *vt*: **to ~ sb (on)** [bring up to date] mettre qqn au courant (de); [instruct] briefer qqn (sur).

◆ **briefs** *npl* slip *m*.

briefcase ['briːfkeɪs] *n* serviette *f*.

briefing ['briːfɪŋ] *n* instructions *fpl*, briefing *m*.

briefly ['briːflɪ] *adv* -1. [for a short time] un instant. -2. [concisely] brièvement.

Brig. *abbr of* **brigadier**.

brigade [brɪ'geɪd] *n* brigade *f*; **fire ~** pompiers *mpl*.

brigadier [ˌbrɪgə'dɪəʳ] *n* général *m* de brigade.

bright [braɪt] *adj* -1. [room] clair(e); [light, colour] vif (vive); [sunlight] éclatant(e); [eyes, future] brillant(e). -2. [intelligent] intelligent(e).

◆ **brights** *npl Am inf* feux *mpl* de route, phares *mpl*.

◆ **bright and early** *adv* de bon matin.

brighten ['braɪtn] *vi* -1. [become lighter] s'éclaircir. -2. [face, mood] s'éclairer.

◆ **brighten up** ◇ *vt sep* égayer. ◇ *vi* -1. [person] s'égayer, s'animer. -2. [weather] se dégager, s'éclaircir.

brightly ['braɪtlɪ] *adv* -1. [shine] avec éclat. -2. [coloured] vivement. -3. [cheerfully] gaiement.

brightness ['braɪtnɪs] *n* [of light, colour] éclat *m*; [of TV] intensité *f*.

brilliance ['brɪljəns] *n* -1. [cleverness] intelligence *f*. -2. [of colour, light] éclat *m*.

brilliant ['brɪljənt] *adj* -1. [gen] brillant(e). -2. [colour] éclatant(e). -3. *inf* [wonderful] super (*inv*), génial(e).

brilliantly ['brɪljəntlɪ] *adv* -1. [cleverly] brillamment. -2. [coloured] vivement. -3. [shine] avec éclat.

Brillo pad® ['brɪləʊ-] *n* ≃ tampon *m* Jex®.

brim [brɪm] (*pt & pp* **-med**, *cont* **-ming**) ◇ *n* bord *m*. ◇ *vi*: **to ~ with** *lit & fig* être plein(e) de.

◆ **brim over** *vi*: **to ~ over (with)** *lit & fig* déborder (de).

brine [braɪn] *n* saumure *f*.

bring [brɪŋ] (*pt & pp* **brought**) *vt* -1. [person] amener; [object] apporter. -2. [cause - happiness, shame] entraîner, causer; **to ~ sthg to an end** mettre fin à qqch. -3. JUR: **to ~ charges against sb** porter plainte contre qqn; **to be brought to trial** comparaître en justice. -4. *phr*: **I couldn't ~ myself to do it** je ne pouvais me résoudre à le faire.

◆ **bring about** *vt sep* causer, provoquer.

◆ **bring along** *vt sep* [person] amener; [object] apporter.

◆ **bring around** *vt sep* [make conscious] ranimer.

◆ **bring back** *vt sep* -1. [object] rapporter; [person] ramener. -2. [memories] rappeler. -3. [reinstate] rétablir.

◆ **bring down** *vt sep* -1. [plane] abattre; [government] renverser. -2. [prices] faire baisser.

◆ **bring forward** *vt sep* -1. [gen] avancer. -2. [in bookkeeping] reporter.

◆ **bring in** *vt sep* -1. [law] introduire. -2. [money - subj: person] gagner; [- subj: deal] rapporter. -3. JUR [verdict] rendre.

◆ **bring off** *vt sep* [plan] réaliser, réussir; [deal] conclure, mener à bien.

◆ **bring on** *vt sep* [cause] provoquer, causer; **you've brought it on yourself** tu l'as cherché.

◆ **bring out** *vt sep* -1. [product] lancer; [book] publier, faire paraître. -2. [cause to appear] faire ressortir.

◆ **bring round, bring to** = **bring around**.

◆ **bring up** *vt sep* -1. [raise - children] élever. -2. [mention] mentionner. -3. [vomit] rendre, vomir.

brink [brɪŋk] *n*: **on the ~ of** au bord de, à la veille de.

brisk [brɪsk] *adj* -1. [quick] vif (vive), rapide. -2. [busy]: **business is ~** les affaires marchent bien. -3. [manner, tone] déterminé(e). -4. [wind] frais (fraîche).

brisket ['brɪskɪt] *n* poitrine *f* de bœuf.

briskly ['brɪsklɪ] *adv* -1. [quickly] d'un bon pas. -2. [efficiently, confidently] avec détermination.

bristle ['brɪsl] ◇ *n* poil *m*. ◇ *vi lit & fig* se hérisser.

◆ **bristle with** *vt fus* grouiller de.

bristly ['brɪslɪ] (*compar* **-ier**, *superl* **-iest**) *adj* aux poils raides.

Brit [brɪt] (*abbr of* **Briton**) *n inf* Britannique *mf*.

Britain ['brɪtn] *n* Grande-Bretagne *f*; **in ~** en Grande-Bretagne.

British ['brɪtɪʃ] ◇ *adj* britannique. ◇ *npl*: **the ~** les Britanniques *mpl*.

British Columbia *n* Colombie-Britannique *f*; **in ~** en Colombie-Britannique.
British Council *n*: **the ~** *organisme culturel public.*

BRITISH COUNCIL:
Le British Council est chargé de promouvoir la langue et la culture anglaises, et de renforcer les liens culturels avec les autres pays

Britisher ['brɪtɪʃə'] *n Am* Britannique *mf.*
British Isles *npl*: **the ~** les îles *fpl* Britanniques.
British Rail *n société des chemins de fer britanniques,* ≃ SNCF *f.*
British Summer Time *n* heure *f* d'été (*en Grande-Bretagne*).
British Telecom [-'telɪkɒm] *n société britannique de télécommunications.*
Briton ['brɪtn] *n* Britannique *mf.*
Brittany ['brɪtənɪ] *n* Bretagne *f*; **in ~** en Bretagne.
brittle ['brɪtl] *adj* fragile.
Britpop ['brɪtpɒp] *n tendance musicale des années 1990 en Grande-Bretagne.*
Bro = **Br.**
broach [brəʊtʃ] *vt* [subject] aborder.
broad [brɔːd] *adj* **-1.** [wide] large; [- range, interests] divers(e), varié(e). **-2.** [description] général(e). **-3.** [hint] transparent(e); [accent] prononcé(e).
◆ **in broad daylight** *adv* en plein jour.
B road ['biːrəʊd] *n Br* route *f* départementale.
broad bean *n* fève *f*, gourgane *f Can.*
broadcast ['brɔːdkɑːst] (*pt & pp* **broadcast**) ◇ *n* RADIO & TV émission *f.* ◇ *vt* RADIO radiodiffuser, diffuser; TV téléviser.
broadcaster ['brɔːdkɑːstə'] *n* personnalité *f* de la télévision/de la radio.
broadcasting ['brɔːdkɑːstɪŋ] *n* (*U*) RADIO radiodiffusion *f*; TV télévision *f.*
broaden ['brɔːdn] ◇ *vt* élargir. ◇ *vi* s'élargir.
◆ **broaden out** ◇ *vt sep* élargir. ◇ *vi* s'élargir, s'étendre.
broadly ['brɔːdlɪ] *adv* **-1.** [generally] généralement; **~ speaking** généralement parlant. **-2.** [smile] jusqu'aux oreilles.
broadly-based [-'beɪst] *adj* varié(e), divers(e).
broadminded [ˌbrɔːd'maɪndɪd] *adj* large d'esprit.
broadsheet ['brɔːdʃiːt] *n* journal *m* de qualité.

BROADSHEET:
Les principaux journaux nationaux de qualité en Grande-Bretagne sont les suivants:
The Guardian (tendance centre-gauche)
The Independent
The Daily Telegraph (tendance conservatrice)
The Times (tendance centre-droite)
The Financial Times

brocade [brə'keɪd] *n* brocart *m.*
broccoli ['brɒkəlɪ] *n* brocoli *m.*
brochure ['brəʊʃə'] *n* brochure *f*, prospectus *m.*
brogues [brəʊgz] *npl chaussures lourdes souvent ornées de petits trous.*
broil [brɔɪl] *vt Am* griller, faire cuire au gril.
broiler ['brɔɪlə'] *n* **-1.** [young chicken] poulet *m* (à rôtir). **-2.** *Am* [pan] gril *m.*
broke [brəʊk] ◇ *pt →* **break.** ◇ *adj inf* fauché(e); **to go ~** [company] faire faillite; **to go for ~** risquer le tout pour le tout.
broken ['brəʊkn] ◇ *pp →* **break.** ◇ *adj* **-1.** [gen] cassé(e); **to have a ~ leg** avoir la jambe cassée. **-2.** [interrupted - journey, sleep] interrompu(e); [- line] brisé(e). **-3.** [promise] non respecté(e). **-4.** [marriage] brisé(e), détruit(e); [home] désuni(e). **-5.** [hesitant]: **to speak in ~ English** parler un anglais hésitant.
broken-down *adj* **-1.** [not working] en panne. **-2.** [dilapidated] délabré(e).
broker ['brəʊkə'] *n* courtier *m*; **(insurance) ~** assureur *m*, courtier *m* d'assurances.
brokerage ['brəʊkərɪdʒ] *n* courtage *m.*
brolly ['brɒlɪ] (*pl* **-ies**) *n Br inf* pépin *m.*
bronchitis [brɒŋ'kaɪtɪs] *n* (*U*) bronchite *f.*
bronze [brɒnz] ◇ *adj* [colour] (couleur) bronze (*inv*). ◇ *n* **-1.** [gen] bronze *m.* **-2.** = **bronze medal.** ◇ *comp* en bronze.
bronzed [brɒnzd] *adj* bronzé(e).
bronze medal *n* médaille *f* de bronze.
brooch [brəʊtʃ] *n* broche *f.*
brood [bruːd] ◇ *n* **-1.** [of animals] couvée *f.* **-2.** *fig* [of children] nichée *f*, marmaille *f.* ◇ *vi*: **to ~ (over** OR **about sthg)** ressasser (qqch), remâcher (qqch).
broody ['bruːdɪ] (*compar* **-ier**, *superl* **-iest**) *adj* **-1.** [sad] triste, cafardeux(euse). **-2.** [hen] couveuse.
brook [brʊk] ◇ *n* ruisseau *m.* ◇ *vt fml* tolérer, souffrir.
broom [bruːm] *n* balai *m.*
broomstick ['bruːmstɪk] *n* manche *m* à balai.
Bros, bros (*abbr of* **brothers**) Frères.

broth [brɒθ] *n* bouillon *m*.

brothel ['brɒθl] *n* bordel *m*.

brother ['brʌðəʳ] ◇ *n* frère *m*. ◇ *excl Am inf* ben, dis-donc!

brotherhood ['brʌðəhʊd] *n* **-1.** [companionship] fraternité *f.* **-2.** [organization] confrérie *f,* société *f.*

brother-in-law (*pl* brothers-in-law) *n* beau-frère *m*.

brotherly ['brʌðəlɪ] *adj* fraternel(elle).

brought [brɔːt] *pt & pp* → bring.

brow [braʊ] *n* **-1.** [forehead] front *m*. **-2.** [eyebrow] sourcil *m*; **to knit one's ~s** froncer les sourcils. **-3.** [of hill] sommet *m*.

browbeat ['braʊbiːt] (*pt* browbeat, *pp* -en) *vt* rudoyer, brutaliser.

browbeaten ['braʊbiːtn] *adj* opprimé(e), tyrannisé(e).

brown [braʊn] ◇ *adj* **-1.** [colour] brun(e), marron (*inv*); **~ bread** pain *m* bis. **-2.** [tanned] bronzé(e), hâlé(e). ◇ *n* [colour] marron *m,* brun *m*; **in ~** en marron. ◇ *vt* [food] faire dorer.

Brownie (Guide) ['braʊnɪ-] *n* ≃ jeannette *f.*

Brownie point *n* bon point *m*.

brown paper *n* papier *m* d'emballage, papier kraft.

brown rice *n* riz *m* complet.

brown sugar *n* sucre *m* roux.

browse [braʊz] *vi* **-1.** [look]: **I'm just browsing** [in shop] je ne fais que regarder; **to ~ through** [magazines etc] feuilleter. **-2.** [animal] brouter.

bruise [bruːz] ◇ *n* bleu *m*. ◇ *vt* **-1.** [skin, arm] se faire un bleu à; [fruit] taler. **-2.** *fig* [pride] meurtrir, blesser. ◇ *vi* [person] se faire un bleu; [fruit] se taler.

bruised [bruːzd] *adj* **-1.** [skin, arm] qui a des bleus; [fruit] talé(e). **-2.** *fig* [pride] meurtri(e), blessé(e).

Brum [brʌm] *n Br inf* surnom donné à la ville de Birmingham.

Brummie, Brummy ['brʌmɪ] *n Br inf* habitant de Birmingham.

brunch [brʌntʃ] *n* brunch *m*.

Brunei ['bruːnaɪ] *n* Brunei *m*; **in ~** au Brunei.

brunette [bruː'net] *n* brunette *f.*

brunt [brʌnt] *n*: **to bear** OR **take the ~ of** subir le plus gros de.

brush [brʌʃ] ◇ *n* **-1.** [gen] brosse *f*; [of painter] pinceau *m*. **-2.** [encounter]: **to have a ~ with the police** avoir des ennuis avec la police. ◇ *vt* **-1.** [clean with brush] brosser.

-2. [move with hand]: **he ~ed away some crumbs** il a enlevé quelques miettes (avec sa main). **-3.** [touch lightly] effleurer.

◆ **brush aside** *vt sep fig* écarter, repousser.

◆ **brush off** *vt sep* [dismiss] envoyer promener.

◆ **brush up** ◇ *vt sep* [revise] réviser. ◇ *vi*: **to ~ up on sthg** réviser qqch.

brushed [brʌʃt] *adj* [metal] poli(e); [cotton, nylon] peigné(e).

brush-off *n inf*: **to give sb the ~** envoyer promener qqn.

brush-up *n inf*: **to have a wash and ~** se donner un coup de peigne.

brushwood ['brʌʃwʊd] *n* (*U*) brindilles *fpl.*

brushwork ['brʌʃwɜːk] *n* [of painter] touche *f.*

brusque [bruːsk] *adj* brusque.

Brussels ['brʌslz] *n* Bruxelles.

brussels sprout *n* chou *m* de Bruxelles.

brutal ['bruːtl] *adj* brutal(e).

brutality [bruː'tælətɪ] (*pl* -ies) *n* brutalité *f.*

brutalize, -ise ['bruːtəlaɪz] *vt* brutaliser.

brute [bruːt] ◇ *adj* [force] brutal(e). ◇ *n* brute *f.*

bs *abbr of* bill of sale.

BS (*abbr of* **Bachelor of Science**) *n* (*titulaire d'une*) *licence de sciences.*

BSA (*abbr of* **Boy Scouts of America**) *n* association américaine de scouts.

BSc (*abbr of* **Bachelor of Science**) *n* (*titulaire d'une*) *licence de sciences.*

BSE (*abbr of* **bovine spongiform encephalopathy**) *n* EBS *f.*

BSI (*abbr of* **British Standards Institution**) *n* association britannique de normalisation, ≃ AFNOR *f.*

B-side *n* face *f* B.

BST -1. (*abbr of* **British Summer Time**) *heure d'été britannique.* **-2.** (*abbr of* **British Standard Time**) *heure officielle britannique.*

Bt. *abbr of* baronet.

BT (*abbr of* **British Telecom**) *n* société britannique de télécommunications.

btu (*abbr of* **British thermal unit**) *n* unité de chaleur (1055 joules).

bubble ['bʌbl] ◇ *n* bulle *f.* ◇ *vi* **-1.** [liquid] faire des bulles, bouillonner. **-2.** *fig* [person]: **to ~ with** déborder de.

bubble bath *n* bain *m* moussant.

bubble gum *n* bubble-gum *m*.

bubblejet printer ['bʌbl,dʒet-] *n* imprimante *f* à bulle d'encre.

bubbly ['bʌblɪ] (*compar* **-ier**, *superl* **-iest**) ◇ *adj* **-1.** [water] pétillant(e). **-2.** *fig* [lively] plein(e) de vie. ◇ *n inf* champagne *m*.

Bucharest [ˌbuːkəˈrest] *n* Bucarest.

buck [bʌk] ◇ *n* **-1.** [male animal] mâle *m*. **-2.** *inf* [dollar] dollar *m*; **to make a fast ~** gagner facilement du fric. **-3.** *inf* [responsibility]: **the ~ stops here** maintenant, j'en prends la responsabilité; **to pass the ~** refiler la responsabilité. ◇ *vt* **-1.** [subj: horse] désarçonner d'une ruade. **-2.** *inf* [trend]: **to ~ the trend** aller à contre-courant. ◇ *vi* [horse] ruer.

◆ **buck up** *inf* ◇ *vt sep* **-1.** [improve]: **~ your ideas up!** reprenez-vous! **-2.** [cheer up]: **to ~ sb up** remonter le moral à qqn. ◇ *vi* **-1.** [hurry up] se remuer, se dépêcher. **-2.** [cheer up] ne pas se laisser abattre.

bucket ['bʌkɪt] *n* **-1.** [gen] seau *m*. **-2.** *inf fig* [lots]: **~s of rain** des trombes d'eau; **he has ~s of charm** il a énormément de charme; **she has ~s of money** elle est pleine aux as.

Buckingham Palace ['bʌkɪŋəm-] *n* le palais de Buckingham (*résidence officielle du souverain britannique*).

buckle ['bʌkl] ◇ *n* boucle *f*. ◇ *vt* **-1.** [fasten] boucler. **-2.** [bend] voiler. ◇ *vi* [wheel] se voiler; [knees, legs] se plier.

◆ **buckle down** *vi*: **to ~ down (to)** s'atteler (à).

Bucks [bʌks] (*abbr of* **Buckinghamshire**) *comté anglais*.

buckshot ['bʌkʃɒt] *n* chevrotine *f*.

buckskin ['bʌkskɪn] *n* (U) peau *f* de daim.

buckteeth [ˌbʌkˈtiːθ] *npl* dents *fpl* en avant.

buckwheat ['bʌkwiːt] *n* blé *m* noir.

bud [bʌd] (*pt* & *pp* **-ded**, *cont* **-ding**) ◇ *n* bourgeon *m*; **to nip sthg in the ~** *fig* écraser OR étouffer qqch dans l'œuf. ◇ *vi* bourgeonner.

Budapest [ˌbjuːdəˈpest] *n* Budapest.

Buddha ['bʊdə] *n* Bouddha *m*.

Buddhism ['bʊdɪzm] *n* bouddhisme *m*.

Buddhist ['bʊdɪst] ◇ *adj* bouddhiste. ◇ *n* bouddhiste *mf*.

budding ['bʌdɪŋ] *adj* [writer, artist] en herbe.

buddy ['bʌdɪ] (*pl* **-ies**) *n inf* pote *m*.

budge [bʌdʒ] ◇ *vt* faire bouger. ◇ *vi* bouger.

budgerigar ['bʌdʒərɪgɑːr] *n* perruche *f*.

budget ['bʌdʒɪt] ◇ *adj* [holiday, price] pour petits budgets. ◇ *n* budget *m*; **the Budget** *Br* le budget. ◇ *vt* budgétiser. ◇ *vi* préparer un budget.

◆ **budget for** *vt fus* prévoir.

budget account *n Br* compte-crédit *m*.

budgetary ['bʌdʒɪtrɪ] *adj* budgétaire.

budgie ['bʌdʒɪ] *n inf* perruche *f*.

Buenos Aires [ˌbwenəsˈaɪrɪz] *n* Buenos Aires.

buff [bʌf] ◇ *adj* [brown] chamois (*inv*). ◇ *n inf* [expert] mordu *m*, -e *f*.

buffalo ['bʌfələʊ] (*pl inv* OR **-es** OR **-s**) *n* buffle *m*.

buffer ['bʌfər] *n* **-1.** [gen] tampon *m*. **-2.** COMPUT mémoire *f* tampon.

buffer state *n* État *m* tampon.

buffet[1] [*Br* 'bʊfeɪ, *Am* bəˈfeɪ] *n* [food, cafeteria] buffet *m*.

buffet[2] ['bʌfɪt] *vt* [physically] frapper.

buffet car ['bʊfeɪ-] *n* wagon-restaurant *m*.

buffoon [bəˈfuːn] *n* bouffon *m*.

bug [bʌg] (*pt* & *pp* **-ged**, *cont* **-ging**) ◇ *n* **-1.** [insect] punaise *f*. **-2.** *inf* [germ] microbe *m*. **-3.** *inf* [listening device] micro *m*. **-4.** COMPUT défaut *m*, bug *m*. **-5.** [enthusiasm]: **the travel ~** le virus des voyages. ◇ *vt* **-1.** *inf* [telephone] mettre sur table d'écoute; [room] cacher des micros dans. **-2.** *inf* [annoy] embêter.

bugbear ['bʌgbeər] *n* cauchemar *m*.

bugger ['bʌgər] *Br v inf* ◇ *n* **-1.** [person] con *m*, conne *f*. **-2.** [job]: **this job's a real ~!** ce travail est vraiment chiant! ◇ *excl* merde! ◇ *vt*: **~ it!** merde alors!

◆ **bugger off** *vi*: **~ off!** fous le camp!

buggy ['bʌgɪ] (*pl* **-ies**) *n* **-1.** [carriage] boghei *m*. **-2.** [pushchair] poussette *f*; *Am* [pram] landau *m*.

bugle ['bjuːgl] *n* clairon *m*.

build [bɪld] (*pt* & *pp* **built**) ◇ *vt lit* & *fig* construire, bâtir. ◇ *n* carrure *f*.

◆ **build into** *vt sep* **-1.** CONSTR encastrer. **-2.** [include in] inclure dans.

◆ **build on**, **build upon** ◇ *vt fus* [success] tirer avantage de. ◇ *vt sep* [base on] baser sur.

◆ **build up** ◇ *vt sep* [business] développer; [reputation] bâtir; **to ~ up one's strength** reprendre des forces. ◇ *vi* [clouds] s'amonceler; [traffic] augmenter.

builder ['bɪldər] *n* entrepreneur *m*.

building ['bɪldɪŋ] *n* bâtiment *m*.

building and loan association *n Am* ≃ société *f* d'épargne et de financement immobilier.

building block *n* **-1.** [toy] cube *m*. **-2.** *fig* [element] élément *m*, composante *f*.

building contractor *n* entrepreneur *m*.

building site *n* chantier *m*.

building society *n Br* ≃ société *f* d'épargne et de financement immobilier.

bunch

Les 'building societies' fonctionnent comme des banques, mais n'ont pas de système de compensation. Établissements consentant des prêts immobiliers aux particuliers, elles jouent un rôle important dans la vie en Grande-Bretagne

buildup ['bɪldʌp] *n* [increase] accroissement *m*.

built [bɪlt] ◇ *pt & pp* → **build**. ◇ *adj* [person] bâti(e).

built-in *adj* -1. CONSTR encastré(e). -2. [inherent] inné(e).

built-up *adj*: ~ **area** agglomération *f*.

bulb [bʌlb] *n* -1. ELEC ampoule *f*. -2. BOT oignon *m*. -3. [of thermometer] cuvette *f*.

bulbous ['bʌlbəs] *adj* bulbeux(euse).

Bulgaria [bʌl'geərɪə] *n* Bulgarie *f*; **in** ~ en Bulgarie.

Bulgarian [bʌl'geərɪən] ◇ *adj* bulgare. ◇ *n* -1. [person] Bulgare *mf*. -2. [language] bulgare *m*.

bulge [bʌldʒ] ◇ *n* -1. [lump] bosse *f*. -2. [in sales etc] croissance *f* soudaine. ◇ *vi*: **to** ~ **(with)** être gonflé (de).

bulging ['bʌldʒɪŋ] *adj* [pocket, bag] bourré(e), plein(e) à craquer; [muscles] gonflé(e).

bulimia (nervosa) [bjʊ'lɪmɪə-] *n* boulimie *f*.

bulk [bʌlk] ◇ *n* -1. [mass] volume *m*. -2. [of person] corpulence *f*. -3. COMM: **in** ~ en gros. -4. [majority]: **the** ~ **of** le plus gros de. ◇ *adj* en gros.

bulk buying [-'baɪɪŋ] *n* (*U*) achat *m* en gros.

bulkhead ['bʌlkhed] *n* cloison *f*.

bulky ['bʌlkɪ] (*compar* **-ier**, *superl* **-iest**) *adj* volumineux(euse).

bull [bʊl] *n* -1. [male cow] taureau *m*; [male elephant, seal] mâle *m*. -2. ST EX haussier *m*. -3. (*U*) *v inf* [nonsense] conneries *fpl*.

bulldog ['bʊldɒg] *n* bouledogue *m*.

bulldog clip *n* pince *f* à dessin.

bulldoze ['bʊldəʊz] *vt* -1. CONSTR passer au bulldozer. -2. *fig* [force]: **to** ~ **one's way** forcer son chemin; **to** ~ **sb into doing sthg** contraindre OR forcer qqn à faire qqch.

bulldozer ['bʊldəʊzəʳ] *n* bulldozer *m*.

bullet ['bʊlɪt] *n* [for gun] balle *f*.

bulletin ['bʊlətɪn] *n* bulletin *m*.

bulletin board *n* tableau *m* d'affichage.

bullet-proof *adj* pare-balles (*inv*).

bullfight ['bʊlfaɪt] *n* corrida *f*.

bullfighter ['bʊl,faɪtəʳ] *n* toréador *m*.

bullfighting ['bʊl,faɪtɪŋ] *n* (*U*) courses *fpl* de taureaux; [art] tauromachie *f*.

bullfinch ['bʊlfɪntʃ] *n* bouvreuil *m*.

bullion ['bʊljən] *n* (*U*): **gold** ~ **or** *m* en barres.

bullish ['bʊlɪʃ] *adj* ST EX à la hausse.

bull market *n* ST EX marché *m* à la hausse.

bullock ['bʊlək] *n* bœuf *m*.

bullring ['bʊlrɪŋ] *n* arène *f*.

bullrush ['bʊlrʌʃ] = **bulrush**.

bull's-eye *n* centre *m*.

bullshit ['bʊlʃɪt] (*pt & pp* **-ted**, *cont* **-ting**) *vulg* ◇ *n* (*U*) conneries *fpl*. ◇ *vi* dire des conneries.

bull terrier *n* bull-terrier *m*.

bully ['bʊlɪ] (*pl* **-ies**, *pt & pp* **-ied**) ◇ *n* tyran *m*. ◇ *vt* tyranniser, brutaliser; **to** ~ **sb into doing sthg** forcer OR obliger qqn à faire qqch.

bullying ['bʊlɪɪŋ] *n* (*U*) brimades *fpl*.

bulrush ['bʊlrʌʃ] *n* jonc *m*.

bum [bʌm] (*pt & pp* **-med**, *cont* **-ming**) *n* -1. *v inf* [bottom] derrière *m*. -2. *inf pej* [tramp] clochard *m*. -3. *inf* [idler] bon à rien *m*.

◆ **bum around** *vi inf* -1. [waste time] perdre son temps. -2. [travel aimlessly] se balader.

bumblebee ['bʌmblbiː] *n* bourdon *m*.

bumbling ['bʌmblɪŋ] *adj inf* empoté(e).

bumf [bʌmf] *n* (*U*) *Br inf* paperasses *fpl*.

bump [bʌmp] ◇ *n* -1. [lump] bosse *f*. -2. [knock, blow] choc *m*. -3. [noise] bruit *m* sourd. ◇ *vt* [head etc] cogner; [car] heurter. ◇ *vi* [car]: **to** ~ **along** cahoter.

◆ **bump into** *vt fus* [meet by chance] rencontrer par hasard.

◆ **bump off** *vt sep inf* liquider.

◆ **bump up** *vt sep inf* faire grimper.

bumper ['bʌmpəʳ] ◇ *adj* [harvest, edition] exceptionnel(elle). ◇ *n* -1. AUT pare-chocs *m*. -2. *Am* RAIL tampon *m*.

bumper-to-bumper *adj* pare-chocs contre pare-chocs.

bumph [bʌmf] = **bumf**.

bumptious ['bʌmpʃəs] *adj* suffisant(e).

bumpy ['bʌmpɪ] (*compar* **-ier**, *superl* **-iest**) *adj* -1. [surface] défoncé(e). -2. [ride] cahoteux(euse); [sea crossing] agité(e).

bun [bʌn] *n* -1. [cake] petit pain *m* aux raisins; [bread roll] petit pain au lait. -2. [hairstyle] chignon *m*.

bunch [bʌntʃ] ◇ *n* [of people] groupe *m*; [of flowers] bouquet *m*; [of grapes] grappe *f*; [of bananas] régime *m*; [of keys] trousseau *m*. ◇ *vt* grouper. ◇ *vi* se grouper.

◆ **bunches** *npl* [hairstyle] couettes *fpl*.

bundle ['bʌndl] ◇ *n* [of clothes] paquet *m*; [of notes, newspapers] liasse *f*; [of wood] fagot *m*. ◇ *vt* [put roughly - person] entasser; [- clothes] fourrer, entasser.

◆ **bundle off** *vt sep* [person] envoyer en hâte.

◆ **bundle up** *vt sep* [clothes] mettre en tas; [newspapers] mettre en liasse; [wood] mettre en fagot.

bundled software ['bʌndld-] *n* (*U*) COMPUT logiciel *m* inclus à l'achat d'un ordinateur.

bung [bʌŋ] ◇ *n* bonde *f*. ◇ *vt* *Br inf* envoyer.

bungalow ['bʌŋgələu] *n* bungalow *m*.

bunged up [bʌŋd-] *adj* bouché(e).

bungee-jumping ['bʌndʒɪ-] *n* saut *m* à l'élastique.

bungle ['bʌŋgl] *vt* gâcher, bâcler.

bunion ['bʌnjən] *n* oignon *m*.

bunk [bʌŋk] *n* **-1.** [bed] couchette *f*. **-2.** (*U*) *inf* [nonsense] foutaises *fpl*. **-3.** *phr*: to do a ~ *inf* mettre les voiles.

bunk bed *n* lit *m* superposé.

bunker ['bʌŋkər] *n* **-1.** GOLF & MIL bunker *m*. **-2.** [for coal] coffre *m*.

bunkhouse ['bʌŋkhaus, *pl* -hauzɪz] *n* dortoir *m*.

bunny ['bʌnɪ] (*pl* -ies) *n*: ~ (**rabbit**) lapin *m*.

bunny hill *n* *Am* SKI piste *f* pour débutants.

Bunsen burner ['bʌnsn-] *n* bec *m* Bunsen.

bunting ['bʌntɪŋ] *n* (*U*) guirlandes *fpl* (de drapeaux).

buoy [*Br* bɔɪ, *Am* 'bu:ɪ] *n* bouée *f*.

◆ **buoy up** *vt sep* [encourage] soutenir.

buoyancy ['bɔɪənsɪ] *n* **-1.** [ability to float] flottabilité *f*. **-2.** *fig* [optimism] entrain *m*.

buoyant ['bɔɪənt] *adj* **-1.** [able to float] qui flotte. **-2.** *fig* [person] enjoué(e); [economy] florissant(e); [market] ferme.

burden ['bɜːdn] ◇ *n* *lit* & *fig*: ~ (**on**) charge *f* (pour), fardeau *m* (pour). ◇ *vt*: to ~ **sb with** [responsibilities, worries] accabler qqn de.

bureau ['bjuərəu] (*pl* -x) *n* **-1.** *Br* [desk] bureau *m*; *Am* [chest of drawers] commode *f*. **-2.** [office] bureau *m*. **-3.** *Am* POL service *m* (gouvernemental).

bureaucracy [bjuə'rɒkrəsɪ] (*pl* -ies) *n* bureaucratie *f*.

bureaucrat ['bjuərəkræt] *n* bureaucrate *mf*.

bureaucratic [ˌbjuərə'krætɪk] *adj* bureaucratique.

bureaux ['bjuərəuz] *pl* → **bureau**.

burger ['bɜːgər] *n* hamburger *m*.

burglar ['bɜːglər] *n* cambrioleur *m*, -euse *f*.

burglar alarm *n* système *m* d'alarme.

burglarize *Am* = **burgle**.

burglary ['bɜːglərɪ] (*pl* -ies) *n* cambriolage *m*.

burgle ['bɜːgl], **burglarize** *Am* ['bɜːgləraɪz] *vt* cambrioler.

Burgundy ['bɜːgəndɪ] *n* Bourgogne *f*; **in ~** en Bourgogne.

burial ['berɪəl] *n* enterrement *m*.

burial ground *n* cimetière *m*.

burk [bɜːk] *n* *Br inf* idiot *m*, -e *f*.

Burkina Faso [bɜːˌkiːnə'fæsəu] *n* Burkina *m*; **in ~** au Burkina.

burly ['bɜːlɪ] (*compar* -ier, *superl* -iest) *adj* bien charpenté(e).

Burma ['bɜːmə] *n* Birmanie *f*.

Burmese [ˌbɜː'miːz] ◇ *adj* birman(e). ◇ *n* **-1.** [person] Birman *m*, -e *f*. **-2.** [language] birman *m*.

burn [bɜːn] (*pt* & *pp* **burnt** OR **-ed**) ◇ *vt* brûler; to ~ **o.s.** se brûler; I've ~**ed my hand** je me suis brûlé la main. ◇ *vi* brûler; **my skin** ~**s easily** j'attrape facilement des coups de soleil; to ~ **with** *fig* brûler de. ◇ *n* brûlure *f*.

◆ **burn down** ◇ *vt sep* [building, town] incendier. ◇ *vi* **-1.** [building] brûler complètement. **-2.** [fire] baisser d'intensité.

◆ **burn out** ◇ *vt sep* [exhaust]: to ~ **o.s. out** s'user. ◇ *vi* [fire] s'éteindre.

◆ **burn up** ◇ *vt sep* [fuel] brûler. ◇ *vi* [satellite] se désintégrer (sous l'effet de la chaleur).

burner ['bɜːnər] *n* brûleur *m*.

burning ['bɜːnɪŋ] *adj* **-1.** [on fire] en flammes. **-2.** [very hot] brûlant(e); [cheeks, face] en feu. **-3.** [passion, desire] ardent(e); [interest] passionné(e); ~ **question** question *f* brûlante.

burnish ['bɜːnɪʃ] *vt* astiquer, polir.

Burns' Night *n* fête célébrée en l'honneur du poète écossais Robert Burns, le 25 janvier.

burnt [bɜːnt] *pt* & *pp* → **burn**.

burnt-out *adj* **-1.** [building, car etc] détruit(e) (par le feu). **-2.** *fig* [person] usé(e).

burp [bɜːp] *inf* ◇ *n* rot *m*. ◇ *vi* roter.

burrow ['bʌrəu] ◇ *n* terrier *m*. ◇ *vi* **-1.** [dig] creuser un terrier. **-2.** *fig* [search] fouiller.

bursar ['bɜːsər] *n* intendant *m*, -e *f*.

bursary ['bɜːsərɪ] (*pl* -ies) *n* *Br* [scholarship, grant] bourse *f*.

burst [bɜːst] (*pt* & *pp* **burst**) ◇ *vi* **-1.** [gen] éclater. **-2.** [door, lid]: to ~ **open** ouvrir violemment. ◇ *vt* faire éclater. ◇ *n* [of gunfire] rafale *f*; [of enthusiasm] élan *m*; a ~ of applause un tonnerre d'applaudissements.

◆ **burst into** *vt fus* **-1.** [room] faire irruption dans. **-2.** [begin suddenly]: **to ~ into tears** fondre en larmes; **to ~ into song** se mettre tout d'un coup à chanter; **to ~ into flames** prendre feu.

◆ **burst out** *vt fus* [say suddenly] s'exclamer; **to ~ out laughing** éclater de rire; **to ~ out crying** fondre en larmes.

bursting ['bɜ:stɪŋ] *adj* **-1.** [full] plein(e), bourré(e). **-2.** [with emotion]: ~ **with** débordé(e) de. **-3.** [eager]: **to be ~ to do sthg** mourir d'envie de faire qqch.

Burundi [bʊ'rʊndɪ] *n* Burundi *m*; **in ~** au Burundi.

bury ['berɪ] (*pt* & *pp* **-ied**) *vt* **-1.** [in ground] enterrer; **to ~ o.s. in sthg** *fig* se plonger dans qqch. **-2.** [hide] cacher, enfouir.

bus [bʌs] *n* autobus *m*, bus *m*; [long-distance] car *m*; **by ~** en autobus/car.

bus conductor *n* receveur *m*, -euse *f* d'autobus.

bus driver *n* conducteur *m*, -trice *f* d'autobus.

bush [bʊʃ] *n* **-1.** [plant] buisson *m*. **-2.** [open country]: **the ~** la brousse. **-3.** *phr*: **she doesn't beat about the ~** elle n'y va pas par quatre chemins.

bushel ['bʊʃl] *n* boisseau *m*.

bushy ['bʊʃɪ] (*compar* **-ier**, *superl* **-iest**) *adj* touffu(e).

business ['bɪznɪs] ◇ *n* **-1.** (*U*) [commerce] affaires *fpl*; **we do a lot of ~ with them** nous travaillons beaucoup avec eux; **she's in the publishing ~** elle est dans l'édition; **on ~** pour affaires; **to mean ~** *inf* ne pas plaisanter; **to go out of ~** fermer, faire faillite. **-2.** [company, duty] affaire *f*; **he had no ~ to tell you that** ce n'était pas à lui de vous le dire; **mind your own ~!** *inf* occupe-toi de tes oignons! **-3.** [affair, matter] histoire *f*, affaire *f*. ◇ *comp* [meeting] d'affaires; ~ **hours** heures *fpl* ouvrables.

business address *n* adresse *f* de travail.

business card *n* carte *f* de visite.

business class *n* classe *f* affaires.

businesslike ['bɪznɪslaɪk] *adj* efficace.

businessman ['bɪznɪsmæn] (*pl* **-men** [-men]) *n* homme *m* d'affaires.

business school *n* école *f* de commerce.

business trip *n* voyage *m* d'affaires.

businesswoman ['bɪznɪs,wʊmən] (*pl* **-women** [-,wɪmɪn]) *n* femme *f* d'affaires.

busker ['bʌskər] *n Br* chanteur *m*, -euse *f* des rues.

bus lane *n* voie *f* des bus.

bus shelter *n* Abribus® *m*.

bus station *n* gare *f* routière.

bus stop *n* arrêt *m* de bus.

bust [bʌst] (*pt* & *pp* **bust** OR **-ed**) ◇ *adj inf* **-1.** [broken] foutu(e). **-2.** [bankrupt]: **to go ~** faire faillite. ◇ *n* **-1.** [bosom] poitrine *f*. **-2.** [statue] buste *m*. **-3.** *police sl* [raid] descente *f*. ◇ *vt* **-1.** *inf* [break] péter. **-2.** *police sl* [arrest] arrêter; [raid] faire une descente à.

bustle ['bʌsl] ◇ *n* (*U*) [activity] remue-ménage *m*. ◇ *vi* s'affairer.

bustling ['bʌslɪŋ] *adj* [place] qui bourdonne d'activité.

bust-up *n inf* **-1.** [quarrel] engueulade *f*. **-2.** [of marriage, relationship] rupture *f*.

busy ['bɪzɪ] (*compar* **-ier**, *superl* **-iest**) ◇ *adj* **-1.** [gen] occupé(e); **to be ~ doing sthg** être occupé à faire qqch. **-2.** [life, week] chargé(e); [town, office] animé(e). **-3.** TELEC [engaged] occupé(e). ◇ *vt*: **to ~ o.s. (doing sthg)** s'occuper (à faire qqch).

busybody ['bɪzɪ,bɒdɪ] (*pl* **-ies**) *n pej* mouche *f* du coche.

busy signal *n Am* TELEC tonalité *f* «occupé».

but [bʌt] ◇ *conj* mais; **I'm sorry, ~ I don't agree** je suis désolé, mais je ne suis pas d'accord; ~ **now let's talk about you** mais parlons plutôt de toi.
◇ *prep* sauf, excepté; **everyone was at the party ~ Jane** tout le monde était à la soirée sauf Jane; **he has no one ~ himself to blame** il ne peut s'en prendre qu'à lui-même.
◇ *adv fml* seulement, ne ... que; **had I ~ known!** si j'avais su!; **we can ~ try** on peut toujours essayer; **she has ~ recently joined the firm** elle n'est entrée dans la société que depuis peu.

◆ **but for** *prep* sans; ~ **for her** sans elle.

◆ **but then** *adv* mais; **... ~ then I've known him for years** ... mais il faut dire OR il est vrai que je le connais depuis des années.

butane ['bju:teɪn] *n* butane *m*.

butch [bʊtʃ] *adj inf* [woman] hommasse.

butcher ['bʊtʃər] ◇ *n* boucher *m*; ~'**s (shop)** boucherie *f*. ◇ *vt* **-1.** [animal] abattre. **-2.** *fig* [massacre] massacrer.

butchery ['bʊtʃərɪ] *n lit* & *fig* boucherie *f*.

butler ['bʌtlər] *n* maître *m* d'hôtel (*chez un particulier*).

butt [bʌt] ◇ *n* **-1.** [of cigarette, cigar] mégot *m*. **-2.** [of rifle] crosse *f*. **-3.** [for water] tonneau *m*. **-4.** [of joke, criticism] cible *f*. ◇ *vt* donner un coup de tête à.

◆ **butt in** *vi* [interrupt]: **to ~ in on sb** interrompre qqn; **to ~ in on sthg** s'immiscer OR s'imposer dans qqch.

butter ['bʌtər] ◇ *n* beurre *m*; **~ wouldn't melt in her mouth** *inf* on lui donnerait le bon Dieu sans confession. ◇ *vt* beurrer.

◆ **butter up** *vt sep inf* passer de la pommade à.

butter bean *n* haricot *m* beurre.

buttercup ['bʌtəkʌp] *n* bouton *m* d'or.

butter dish *n* beurrier *m*.

buttered ['bʌtəd] *adj* [bread] beurré(e).

butterfingers ['bʌtə,fɪŋgəz] (*pl inv*) *n inf* maladroit *m*, -e *f*.

butterfly ['bʌtəflaɪ] (*pl* -ies) *n* SWIMMING & ZOOL papillon *m*; **to have butterflies in one's stomach** *inf* avoir le trac.

buttermilk ['bʌtəmɪlk] *n* babeurre *m*.

butterscotch ['bʌtəskɒtʃ] *n* caramel *m* dur.

buttocks ['bʌtəks] *npl* fesses *fpl*.

button ['bʌtn] ◇ *n* **-1.** [gen] bouton *m*. **-2.** *Am* [badge] badge *m*. ◇ *vt* = **button up**.

◆ **button up** *vt sep* boutonner.

buttonhole ['bʌtnhəʊl] ◇ *n* **-1.** [hole] boutonnière *f*. **-2.** *Br* [flower] fleur *f* à la boutonnière. ◇ *vt inf* coincer.

button mushroom *n* champignon *m* de Paris.

buttress ['bʌtrɪs] ◇ *n* contrefort *m*. ◇ *vt* [wall] soutenir, étayer.

buxom ['bʌksəm] *adj* bien en chair.

buy [baɪ] (*pt & pp* bought) ◇ *vt* acheter. ◇ *n*: **a good ~** une bonne affaire.

◆ **buy in** *vt sep Br* stocker.

◆ **buy into** *vt fus* acquérir des parts dans.

◆ **buy off** *vt sep*: **to ~ sb off** acheter le silence de qqn.

◆ **buy out** *vt sep* **-1.** COMM racheter la part de. **-2.** [from army]: **to ~ o.s. out** se racheter.

◆ **buy up** *vt sep* acheter en masse.

buyer ['baɪər] *n* acheteur *m*, -euse *f*.

buyer's market *n* marché *m* acheteur.

buyout ['baɪaʊt] *n* rachat *m*.

buzz [bʌz] ◇ *n* **-1.** [of insect] bourdonnement *m*. **-2.** *inf* [telephone call]: **to give sb a ~** passer un coup de fil à qqn. ◇ *vi*: **to ~ (with)** bourdonner (de). ◇ *vt* [on intercom] appeler.

◆ **buzz off** *vi Br inf*: **~ off!** file!, fous le camp!

buzzard ['bʌzəd] *n* **-1.** *Br* [hawk] buse *f*. **-2.** *Am* [vulture] urubu *m*.

buzzer ['bʌzər] *n* sonnerie *f*.

buzzing ['bʌzɪŋ] *n* [of insect] bourdonnement *m*; [of machine] ronronnement *m*.

buzzword ['bʌzwɜːd] *n inf* mot *m* à la mode.

by [baɪ] ◇ *prep* **-1.** [indicating cause, agent] par; **caused/written/killed ~** causé/écrit/tué par. **-2.** [indicating means, method, manner]: **to dine ~ candlelight** dîner aux chandelles; **to pay ~ cheque** payer par chèque; **to travel ~ bus/train/plane/ship** voyager en bus/par le train/en avion/en bateau; **he's a lawyer ~ profession** il est avocat de son métier; **~ doing sthg** en faisant qqch; **~ nature** de nature, de tempérament. **-3.** [to explain a word or expression] par; **what do you mean ~ "all right"?** qu'est-ce que tu veux dire par «très bien»? **-4.** [beside, close to] près de; **~ the sea** au bord de la mer; **I sat ~ her bed** j'étais assis à son chevet. **-5.** [past]: **to pass ~ sb/sthg** passer devant qqn/qqch; **to drive by sb/sthg** passer en voiture devant qqn/qqch. **-6.** [via, through] par; **come in ~ the back door** entrez par la porte de derrière. **-7.** [at or before a particular time] avant, pas plus tard que; **I'll be there ~ eight** j'y serai avant huit heures; **~ 1914 it was all over** en 1914 c'était fini; **~ now** déjà. **-8.** [during]: **~ day** le OR de jour; **~ night** la OR de nuit. **-9.** [according to] selon, suivant; **~ law** conformément à la loi. **-10.** [in arithmetic] par; **divide/multiply 20 ~ 2** divisez/multipliez 20 par 2. **-11.** [in measurements]: **2 metres ~ 4** 2 mètres sur 4. **-12.** [in quantities, amounts] à; **~ the yard** au mètre; **~ the thousands** par milliers; **paid ~ the day/week/month** payé à la journée/à la semaine/au mois; **to cut prices ~ 50%** réduire les prix de 50%. **-13.** [indicating gradual change]: **week ~ week** de semaine en semaine; **day ~ day** jour après jour, de jour en jour; **one ~ one** un à un, un par un. **-14.** *phr*: **(all) ~ oneself** (tout) seul ((toute) seule); **I'm all ~ myself today** je suis tout seul aujourd'hui.
◇ *adv* → **go, pass** *etc.*

bye(-bye) [baɪ(-baɪ)] *excl inf* au revoir!, salut!

bye-election = **by-election**.

byelaw ['baɪlɔː] = **bylaw**.

by-election *n* élection *f* partielle.

Byelorussia [bɪ,eləʊ'rʌʃə] = **Belorussia**.

bygone ['baɪɡɒn] *adj* d'autrefois.

◆ **bygones** *npl*: **to let ~s be ~s** oublier le passé.

bylaw ['baɪlɔː] *n* arrêté *m*.

by-line *n* PRESS signature *f*.

bypass ['baɪpɑːs] ◇ *n* **-1.** [road] route *f* de contournement. **-2.** MED: ~ **(operation)** pontage *m*. ◇ *vt* [town, difficulty] contourner; [subject] éviter.

by-product *n* **-1.** [product] dérivé *m*. **-2.** *fig* [consequence] conséquence *f*.

bystander ['baɪ,stændə'] *n* spectateur *m*, -trice *f*.

byte [baɪt] *n* COMPUT octet *m*.

byword ['baɪwɜːd] *n* [symbol]: **to be a ~ for** être synonyme de.

C

c¹ (*pl* **c's** OR **cs**), **C** (*pl* **C's** OR **Cs**) [siː] *n* [letter] c *m inv*, C *m inv*.
◆ **C** *n* **-1.** MUS do *m*. **-2.** SCH [mark] C *m inv*. **-3.** (*abbr of* **celsius, centigrade**) C.

c² [siː] **-1.** (*abbr of* **century**) s. **-2.** (*abbr of* **cent(s)**) ct.

c., ca. *abbr of* **circa**.

c/a -1. *abbr of* **credit account**. **-2.** *abbr of* **current account**.

CA ◇ *n* **-1.** *abbr of* **chartered accountant**. **-2.** (*abbr of* **Consumers' Association**) union de défense des consommateurs. ◇ **-1.** *abbr of* **Central America**. **-2.** *abbr of* **California**.

CAA *n* **-1.** (*abbr of* **Civil Aviation Authority**) direction britannique de l'aviation civile. **-2.** (*abbr of* **Civil Aeronautics Authority**) direction américaine de l'aviation civile.

cab [kæb] *n* **-1.** [taxi] taxi *m*. **-2.** [of lorry] cabine *f*.

CAB (*abbr of* **Citizens' Advice Bureau**) *n* service britannique d'information et d'aide au consommateur.

cabaret ['kæbəreɪ] *n* cabaret *m*,

cabbage ['kæbɪdʒ] *n* [vegetable] chou *m*.

cabbie, cabby ['kæbɪ] *n inf* chauffeur *m* de taxi.

caber ['keɪbə'] *n Scot*: **tossing the ~** lancement d'un tronc d'arbre (épreuve des 'Highland Games').

cabin ['kæbɪn] *n* **-1.** [on ship, plane] cabine *f*. **-2.** [house] cabane *f*.

cabin class *n* seconde classe *f*.

cabin cruiser *n* bateau *m* de croisière.

cabinet ['kæbɪnɪt] *n* **-1.** [cupboard] meuble *m*. **-2.** POL cabinet *m*.

cabinet-maker *n* ébéniste *m*.

cabinet minister *n* ministre *m*.

cable ['keɪbl] ◇ *n* câble *m*. ◇ *vt* [news] câbler; [person] câbler à.

cable car *n* téléphérique *m*.

cablegram ['keɪblgræm] *n* câblogramme *m*.

cable railway *n* funiculaire *m*.

cable television, cable TV *n* télévision *f* par câble.

caboodle [kə'buːdl] *n inf*: **the whole ~** et tout le tremblement.

cache [kæʃ] ◇ *n* **-1.** [store] cache *f*. **-2.** COMPUT mémoire-cache *f*, antémémoire *f*. ◇ *vt* COMPUT stocker dans la mémoire-cache.

cachet ['kæʃeɪ] *n* cachet *m*.

cackle ['kækl] ◇ *n* **-1.** [of hen] caquet *m*. **-2.** [of person] jacassement *m*. ◇ *vi* **-1.** [hen] caqueter. **-2.** [person] jacasser.

cacophony [kæ'kɒfənɪ] *n* cacophonie *f*.

cactus ['kæktəs] (*pl* **-tuses** OR **-ti** ['kæktaɪ]) *n* cactus *m*.

CAD (*abbr of* **computer-aided design**) *n* CAO *f*.

caddie ['kædɪ] ◇ *n* caddie *m*. ◇ *vi*: **to ~ for sb** servir de caddie à qqn.

caddy ['kædɪ] (*pl* **-ies**) *n* boîte *f* à thé.

cadence ['keɪdəns] *n* [of voice] intonation *f*.

cadet [kə'det] *n* élève *m* officier.

cadge [kædʒ] *Br inf* ◇ *vt*: **to ~ sthg off** OR **from sb** taper qqn de qqch. ◇ *vi*: **to ~ off** OR **from sb** taper qqn.

Cadiz [kə'dɪz] *n* Cadix.

Caesar ['siːzə'] *n* César *m*.

caesarean (section) *Br*, **cesarean (section)** *Am* [sɪ'zeərɪən-] *n* césarienne *f*.

CAF (*abbr of* **cost and freight**) C et F.

cafe, café ['kæfeɪ] *n* café *m*.

cafeteria [,kæfɪ'tɪərɪə] *n* cafétéria *f*.

caffeine ['kæfiːn] *n* caféine *f*.

cage [keɪdʒ] *n* [for animal] cage *f*.

caged [keɪdʒd] *adj* en cage.

cagey ['keɪdʒɪ] (*compar* **-ier**, *superl* **-iest**) *adj inf* discret(ète).

cagoule [kə'guːl] *n Br* K-way® *m inv*.

cahoots [kə'huːts] *n inf*: **to be in ~ (with)** être de mèche (avec).

CAI (*abbr of* **computer-aided instruction**) *n* EAO *m*.

cairn [keən] *n* [pile of rocks] cairn *m*.

Cairo ['kaɪrəʊ] *n* Le Caire.

cajole [kə'dʒəʊl] *vt*: **to ~ sb (into doing sthg)** enjôler qqn (pour qu'il fasse qqch).

cake ['keɪk] *n* **-1.** CULIN gâteau *m*; [of fish, potato] croquette *f*; **it's a piece of** ~ *inf fig* c'est du gâteau; **to sell like hot** ~s se vendre comme des petits pains; **you can't have your** ~ **and eat it** on ne peut pas avoir le beurre et l'argent du beurre. **-2.** [of soap] pain *m*.

caked ['keɪkt] *adj*: ~ **with mud** recouvert(e) de boue séchée.

cake tin *Br*, **cake pan** *Am n* moule *m* à gâteau.

cal [kæl] (*abbr of* **calorie**) *n* cal.

calamine lotion ['kæləmaɪn-] *n* (*U*) lotion *f* à la calamine.

calamitous [kə'læmɪtəs] *adj* catastrophique.

calamity [kə'læmətɪ] (*pl* **-ies**) *n* calamité *f*.

calcium ['kælsɪəm] *n* calcium *m*.

calculate ['kælkjuleɪt] *vt* **-1.** [result, number] calculer; [consequences] évaluer. **-2.** [plan]: **to be** ~**d to do sthg** être calculé(e) pour faire qqch.

◆ **calculate on** *vi*: **to** ~ **on sthg** compter sur qqch; **to** ~ **on doing sthg** compter faire qqch.

calculated ['kælkjuleɪtɪd] *adj* calculé(e).

calculating ['kælkjuleɪtɪŋ] *adj pej* calculateur(trice).

calculation [ˌkælkju'leɪʃn] *n* calcul *m*.

calculator ['kælkjuleɪtər] *n* calculatrice *f*.

calculus ['kælkjuləs] *n* calcul *m*.

calendar ['kælɪndər] *n* calendrier *m*.

calendar month *n* mois *m* (de calendrier).

calendar year *n* année *f* civile.

calf [kɑːf] (*pl* **calves**) *n* **-1.** [of cow, leather] veau *m*; [of elephant] éléphanteau *m*; [of seal] bébé *m* phoque. **-2.** ANAT mollet *m*.

caliber *Am* = **calibre**.

calibrate ['kælɪbreɪt] *vt* [scale] étalonner; [gun] calibrer.

calibre, caliber *Am* ['kælɪbər] *n* calibre *m*.

calico ['kælɪkəʊ] *n* calicot *m*.

California [ˌkælɪ'fɔːnjə] *n* Californie *f*; **in** ~ en Californie.

Californian [ˌkælɪ'fɔːnjən] ◇ *adj* californien(ienne). ◇ *n* Californien *m*, -ienne *f*.

calipers *Am* = **callipers**.

call [kɔːl] ◇ *n* **-1.** [cry] appel *m*, cri *m*. **-2.** TELEC appel *m* (téléphonique); **I'll give you a** ~ je t'appellerai. **-3.** [summons, invitation] appel *m*; **to be on** ~ [doctor etc] être de garde. **-4.** [visit] visite *f*; **to pay a** ~ **on sb** rendre visite à qqn. **-5.** [demand]: ~ (**for**) demande *f* (de). ◇ *vt* **-1.** [name, summon, phone] appeler; **what's this thing** ~**ed?** comment ça s'appelle ce truc?; **she's** ~**ed**

Joan elle s'appelle Joan; **let's** ~ **it £10** disons 10 livres. **-2.** [label]: **he** ~**ed me a liar** il m'a traité de menteur. **-3.** [shout] appeler, crier. **-4.** [announce - meeting] convoquer; [- strike] lancer; [- flight] appeler; [- election] annoncer. ◇ *vi* **-1.** [shout - person] crier; [- animal, bird] pousser un cri/des cris. **-2.** TELEC appeler; **who's** ~**ing?** qui est à l'appareil? **-3.** [visit] passer.

◆ **call back** ◇ *vt sep* rappeler. ◇ *vi* **-1.** TELEC rappeler. **-2.** [visit again] repasser.

◆ **call by** *vi inf* passer.

◆ **call for** *vt fus* **-1.** [collect - person] passer prendre; [- package, goods] passer chercher. **-2.** [demand] demander.

◆ **call in** ◇ *vt sep* **-1.** [expert, police etc] faire venir. **-2.** COMM [goods] rappeler; FIN [loan] exiger le remboursement de. ◇ *vi* passer.

◆ **call off** *vt sep* **-1.** [cancel] annuler; **to** ~ **off a strike** rapporter un ordre de grève. **-2.** [dog] rappeler.

◆ **call on** *vt fus* **-1.** [visit] passer voir. **-2.** [ask]: **to** ~ **on sb to do sthg** demander à qqn de faire qqch.

◆ **call out** ◇ *vt sep* **-1.** [police, doctor] appeler. **-2.** [order to strike]: **they** ~**ed the workers out** ils ont donné la consigne de grève aux ouvriers. **-3.** [cry out] crier. ◇ *vi* [cry out] crier.

◆ **call round** *vi* passer.

◆ **call up** *vt sep* **-1.** MIL & TELEC appeler. **-2.** COMPUT rappeler.

call box *n Br* cabine *f* (téléphonique).

caller ['kɔːlər] *n* **-1.** [visitor] visiteur *m*, -euse *f*. **-2.** TELEC demandeur *m*.

call girl *n* call-girl *f*.

calligraphy [kə'lɪgrəfɪ] *n* calligraphie *f*.

call-in *n Am* RADIO & TV programme *m* à ligne ouverte.

calling ['kɔːlɪŋ] *n* **-1.** [profession] métier *m*. **-2.** [vocation] vocation *f*.

calling card *n Am* carte *f* de visite.

callipers *Br*, **calipers** *Am* ['kælɪpəz] *npl* **-1.** MATH compas *m*. **-2.** MED appareil *m* orthopédique.

callous ['kæləs] *adj* dur(e).

callously ['kæləslɪ] *adv* durement.

callousness ['kæləsnɪs] *n* dureté *f*.

call-up *n Br* ordre *m* de mobilisation.

callus ['kæləs] (*pl* **-es**) *n* cal *m*, durillon *m*.

calm [kɑːm] ◇ *adj* calme. ◇ *n* calme *m*. ◇ *vt* calmer.

◆ **calm down** ◇ *vt sep* calmer. ◇ *vi* se calmer.

calmly ['kɑːmlɪ] *adv* calmement.

calmness ['kɑːmnɪs] *n* calme *m*.

Calor gas® ['kælə-] n Br butane m.

calorie ['kælərı] n calorie f.

calorific [ˌkælə'rıfık] adj calorifique.

calve [kɑːv] vi vêler.

calves [kɑːvz] pl → calf.

cam [kæm] n came f.

CAM (abbr of computer-aided manufacturing) n FAO f.

camaraderie [ˌkæmə'rɑːdərı] n camaraderie f.

camber ['kæmbə'] n [of road] bombement m.

Cambodia [kæm'bəʊdjə] n Cambodge m; in ~ au Cambodge.

Cambodian [kæm'bəʊdjən] ◇ adj cambodgien(ienne). ◇ n Cambodgien m, -ienne f.

Cambs (abbr of Cambridgeshire) comté anglais.

camcorder ['kæm,kɔːdə'] n Caméscope® m.

came [keɪm] pt → come.

camel ['kæml] ◇ adj ocre (inv). ◇ n chameau m.

camellia [kə'miːljə] n camélia m.

cameo ['kæmɪəʊ] (pl -s) n -1. [jewellery] camée m. -2. CINEMA & THEATRE courte apparition f (d'une grande vedette).

camera ['kæmərə] n PHOT appareil-photo m; CINEMA & TV caméra f; video ~ caméra vidéo.

◆ **in camera** adv à huis clos.

cameraman ['kæmərəmæn] (pl -men [-men]) n cameraman m.

Cameroon [ˌkæmə'ruːn] n Cameroun m; in ~ au Cameroun.

Cameroonian [ˌkæmə'ruːnɪən] ◇ adj camerounais(e). ◇ n Camerounais m, -e f.

camisole ['kæmɪsəʊl] n camisole f.

camomile ['kæməmaɪl] ◇ n camomille f. ◇ comp: ~ **tea** infusion f de camomille.

camouflage ['kæməflɑːʒ] ◇ n camouflage m. ◇ vt camoufler.

camp [kæmp] ◇ n camp m. ◇ vi camper.

◆ **camp out** vi camper.

campaign [kæm'peɪn] ◇ n campagne f. ◇ vi: **to** ~ **(for/against)** mener une campagne (pour/contre).

campaigner [kæm'peɪnə'] n militant m, -e f.

camp bed n lit m de camp.

camper ['kæmpə'] n -1. [person] campeur m, -euse f. -2. [vehicle]: ~ **(van)** camping-car m.

campground ['kæmpgraʊnd] n Am terrain m de camping.

camphor ['kæmfə'] n camphre m.

camping ['kæmpɪŋ] n camping m; **to go** ~ faire du camping.

camping site, **campsite** ['kæmpsaɪt] n (terrain m de) camping m.

campus ['kæmpəs] (pl -es) n campus m.

camshaft ['kæmʃɑːft] n arbre m à cames.

can[1] [kæn] (pt & pp -ned, cont -ning) ◇ n [of drink, food] boîte f; [of oil] bidon m; [of paint] pot m. ◇ vt mettre en boîte.

can[2] [weak form kən, strong form kæn] (pt & conditional could, negative cannot OR can't) modal vb -1. [be able to] pouvoir; ~ **you come to lunch?** tu peux venir déjeuner?; **she couldn't come** elle n'a pas pu venir; I ~'t OR **cannot afford it** je ne peux pas me le payer; ~ **you see/hear/smell something?** tu vois/entends/sens quelque chose? -2. [know how to] savoir; I ~ **play the piano** je sais jouer du piano; ~ **you drive/cook?** tu sais conduire/cuisiner?; I ~ **speak French** je parle le français. -3. [indicating permission, in polite requests] pouvoir; **you** ~ **use my car if you like** tu peux prendre ma voiture si tu veux; **we** ~'t **wear jeans to work** on ne peut pas aller au travail en jeans; ~ I **speak to John, please?** est-ce que je pourrais parler à John, s'il vous plaît? -4. [indicating disbelief, puzzlement] pouvoir; **what** ~ **she have done with it?** qu'est-ce qu'elle a bien pu en faire?; **we** ~'t **just leave him here** on ne peut tout de même pas le laisser ici; **you** ~'t **be serious!** tu ne parles pas sérieusement! -5. [indicating possibility]: I **could see you tomorrow** je pourrais vous voir demain; **the train could have been cancelled** peut-être que le train a été annulé. -6. [indicating usual state or behaviour]: **she** ~ **be a bit difficult sometimes** elle peut parfois être (un peu) difficile; **Edinburgh** ~ **be very chilly** il peut faire très froid à Édimbourg, il arrive qu'il fasse très froid à Édimbourg.

Canada ['kænədə] n Canada m; in ~ au Canada.

Canadian [kə'neɪdjən] ◇ adj canadien(ienne). ◇ n Canadien m, -ienne f.

canal [kə'næl] n canal m.

Canaries [kə'neərız] npl: **the** ~ les Canaries fpl.

canary [kə'neərı] (pl -ies) n canari m.

Canary Islands npl: **the** ~ les îles fpl Canaries; **in the** ~ aux Canaries.

cancan ['kænkæn] n cancan m.

cancel ['kænsl] (Br pt & pp -led, cont -ling, Am pt & pp -ed, cont -ing) vt -1. [gen] annuler; [appointment, delivery] décommander. -2. [stamp] oblitérer; [cheque] faire opposition à.

◆ **cancel out** *vt sep* annuler; **to ~ each other out** s'annuler.

cancellation [ˌkænsə'leɪʃn] *n* annulation *f.*

cancer ['kænsər] ◇ *n* cancer *m.* ◇ *comp:* ~ **patient** cancéreux *m,* -euse *f;* ~ **research** lutte *f* contre le cancer; ~ **ward** service *m* de cancérologie.

◆ **Cancer** *n* Cancer *m;* **to be (a) Cancer** être Cancer.

cancerous ['kænsərəs] *adj* cancéreux(euse).

candelabra [ˌkændɪ'lɑːbrə] *n* candélabre *m.*

C and F, C & F (*abbr of* **cost and freight**) C et F.

candid ['kændɪd] *adj* franc (franche).

candidacy ['kændɪdəsɪ] *n* candidature *f.*

candidate ['kændɪdət] *n:* ~ **(for)** candidat *m,* -e *f* (pour).

candidature ['kændɪdətʃər] *n* candidature *f.*

candidly ['kændɪdlɪ] *adv* franchement.

candidness ['kændɪdnɪs] = **candour.**

candied ['kændɪd] *adj* confit(e).

candle ['kændl] *n* bougie *f,* chandelle *f;* **to burn the ~ at both ends** *inf* brûler la chandelle par les deux bouts.

candlelight ['kændllaɪt] *n* lueur *f* d'une bougie OR d'une chandelle.

candlelit ['kændlɪt] *adj* aux chandelles.

candlestick ['kændlstɪk] *n* bougeoir *m.*

candour *Br,* **candor** *Am* ['kændər] *n* franchise *f.*

candy ['kændɪ] (*pl* -ies) *n* -1. (U) [confectionery] confiserie *f.* -2. [sweet] bonbon *m.*

candyfloss *Br* ['kændɪflɒs] *n* barbe *f* à papa.

cane [keɪn] ◇ *n* -1. (U) [for furniture] rotin *m.* -2. [walking stick] canne *f.* -3. [for punishment]: **the ~** la verge. -4. [for supporting plant] tuteur *m.* ◇ *comp* en rotin. ◇ *vt* fouetter.

cane sugar *n* sucre *m* de canne.

canine ['keɪnaɪn] ◇ *adj* canin(e). ◇ *n:* ~ **(tooth)** canine *f.*

canister ['kænɪstər] *n* [for film, tea] boîte *f;* [for gas, smoke] bombe *f.*

cannabis ['kænəbɪs] *n* cannabis *m.*

canned [kænd] *adj* -1. [food, drink] en boîte. -2. *inf fig* [music] enregistré(e); [laughter] préenregistré(e).

cannelloni [ˌkænɪ'ləʊnɪ] *n* cannelloni *m.*

cannery ['kænərɪ] (*pl* -ies) *n* conserverie *f.*

cannibal ['kænɪbl] *n* cannibale *mf.*

cannibalize, -ise ['kænɪbəlaɪz] *vt* cannibaliser.

cannon ['kænən] (*pl inv* OR -s) *n* canon *m.*

◆ **cannon into** *vt fus Br* percuter.

cannonball ['kænənbɔːl] *n* boulet *m* de canon.

cannot ['kænɒt] *fml* → **can.**

canny ['kænɪ] (*compar* -ier, *superl* -iest) *adj* [shrewd] adroit(e).

canoe [kə'nuː] (*pt* & *pp* -d, *cont* **canoeing**) ◇ *n* canoë *m,* kayak *m.* ◇ *vi* faire du canoë.

canoeing [kə'nuːɪŋ] *n* (U) canoë-kayak *m.*

canon ['kænən] *n* canon *m.*

canonize, -ise ['kænənaɪz] *vt* canoniser.

canoodle [kə'nuːdl] *vi Br inf* se faire des mamours.

can opener *n* ouvre-boîtes *m inv.*

canopy ['kænəpɪ] (*pl* -ies) *n* -1. [over bed] ciel *m* de lit, baldaquin *m;* [over seat] dais *m.* -2. [of trees, branches] voûte *f.*

cant [kænt] *n* (U) paroles *fpl* hypocrites.

can't [kɑːnt] = **cannot.**

Cantab. [kæn'tæb] (*abbr of* **cantabrigiensis**) *de l'université de Cambridge.*

Cantabrian Mountains [kæn'teɪbrɪən-] *npl:* **the ~** les monts *mpl* Cantabriques.

cantaloup *Br,* **cantaloupe** *Am* ['kæntəluːp] *n* cantaloup *m.*

cantankerous [kæn'tæŋkərəs] *adj* hargneux(euse).

canteen [kæn'tiːn] *n* -1. [restaurant] cantine *f.* -2. [box of cutlery] ménagère *f.*

canter ['kæntər] ◇ *n* petit galop *m.* ◇ *vi* aller au petit galop.

Canterbury ['kæntəbrɪ] *n* Cantorbéry.

cantilever ['kæntɪliːvər] *n* cantilever *m.*

Canton [kæn'tɒn] *n* Canton.

Cantonese [ˌkæntə'niːz] ◇ *adj* cantonais(e). ◇ *n* [language] cantonais *m.*

canvas ['kænvəs] *n* toile *f;* **under ~** [in a tent] sous la tente.

canvass ['kænvəs] ◇ *vt* -1. POL [person] solliciter la voix de. -2. [opinion] sonder. ◇ *vi* POL solliciter des voix.

canvasser ['kænvəsər] *n* -1. POL agent *m* électoral. -2. [for opinion poll] sondeur *m,* -euse *f.*

canvassing ['kænvəsɪŋ] *n* -1. POL démarchage *m* électoral. -2. [for opinion poll] sondage *m.*

canyon ['kænjən] *n* cañon *m.*

cap [kæp] (*pt* & *pp* -ped, *cont* -ping) ◇ *n* -1. [hat - gen] casquette *f;* **swimming ~** bonnet *m* de bain; **to go ~ in hand to sb** se présenter humblement devant qqn. -2. [of pen] capuchon *m;* [of bottle] capsule *f;* [of lipstick] bouchon *m.* -3. *Br* [contraceptive device] diaphragme *m.* ◇ *vt* -1. [top]: **to be capped**

with être coiffé(e) de. **-2.** [outdo]: **to ~ it all** pour couronner le tout.

CAP [kæp, siːeɪˈpiː] (*abbr of* **Common Agricultural Policy**) *n* PAC *f*.

capability [ˌkeɪpəˈbɪləti] (*pl* **-ies**) *n* capacité *f*.

capable [ˈkeɪpəbl] *adj*: **~ (of)** capable (de).

capably [ˈkeɪpəblɪ] *adv* avec compétence.

capacious [kəˈpeɪʃəs] *adj fml* vaste.

capacitor [kəˈpæsɪtə] *n* condensateur *m*.

capacity [kəˈpæsɪti] (*pl* **-ies**) ◇ *n* **-1.** (*U*) [limit] capacité *f*, contenance *f*; **full to ~** plein, comble; **to work at full ~** [factory] travailler à plein rendement; **seating ~** nombre *m* de places (assises). **-2.** [ability]: **~ (for)** aptitude *f* (à). **-3.** [role] qualité *f*; **in my ~ as ...** en ma qualité de ...; **in an advisory ~** en tant que conseiller. ◇ *comp*: **~ audience** salle *f* comble.

cape [keɪp] *n* **-1.** GEOGR cap *m*. **-2.** [cloak] cape *f*.

Cape Canaveral [-kəˈnævərəl] *n* le cap Canaveral.

Cape Cod *n* le cap Cod.

Cape Horn *n* le cap Horn.

Cape of Good Hope *n*: **the ~** le cap de Bonne-Espérance.

caper [ˈkeɪpə] ◇ *n* **-1.** CULIN câpre *f*. **-2.** *inf* [dishonest activity] coup *m*, combine *f*. ◇ *vi* gambader.

Cape Town *n* Le Cap.

Cape Verde [-ˈvɜːd] *n*: **the ~ Islands** les îles *fpl* du Cap-Vert; **in ~** au Cap-Vert.

capillary [kəˈpɪləri] (*pl* **-ies**) *n* capillaire *m*.

capita → per capita.

capital [ˈkæpɪtl] ◇ *adj* **-1.** [letter] majuscule. **-2.** [offence] capital(e). ◇ *n* **-1.** [of country]: **~ (city)** capitale *f*. **-2.** TYPO: **~ (letter)** majuscule *f*; **in ~s** en lettres majuscules. **-3.** (*U*) [money] capital *m*; **to make ~ (out) of** *fig* tirer profit de.

capital allowance *n* amortissement *m* fiscal pour investissement.

capital assets *npl* actif *m* immobilisé, immobilisations *fpl*.

capital expenditure *n* (*U*) dépenses *fpl* d'investissement.

capital gains tax *n* impôt *m* sur les plus-values.

capital goods *npl* biens *mpl* d'équipement.

capital-intensive *adj* à fort coefficient de capitaux.

capitalism [ˈkæpɪtəlɪzm] *n* capitalisme *m*.

capitalist [ˈkæpɪtəlɪst] ◇ *adj* capitaliste. ◇ *n* capitaliste *mf*.

capitalize, -ise [ˈkæpɪtəlaɪz] *vi*: **to ~ on** tirer parti de.

capital punishment *n* peine *f* capitale OR de mort.

capital stock *n* capital *m* social.

capital transfer tax *n* droits *mpl* de mutation.

Capitol [ˈkæpɪtl] *n*: **the ~** le Capitole.

Capitol Hill *n* siège du *Congrès à Washington*.

capitulate [kəˈpɪtjuleɪt] *vi* capituler.

capitulation [kəˌpɪtjuˈleɪʃn] *n* capitulation *f*.

cappuccino [ˌkæpuˈtʃiːnəu] (*pl* **-s**) *n* cappuccino *m*.

capricious [kəˈprɪʃəs] *adj* capricieux(ieuse).

Capricorn [ˈkæprɪkɔːn] *n* Capricorne *m*; **to be (a) ~** être Capricorne.

caps [kæps] (*abbr of* **capital letters**) *npl* cap.

capsicum [ˈkæpsɪkəm] *n* poivron *m*.

capsize [kæpˈsaɪz] ◇ *vt* faire chavirer. ◇ *vi* chavirer.

capsule [ˈkæpsjuːl] *n* **-1.** [gen] capsule *f*. **-2.** MED gélule *f*.

Capt. (*abbr of* **captain**) cap.

captain [ˈkæptɪn] ◇ *n* capitaine *m*. ◇ *vt* **-1.** [ship] commander. **-2.** [sports team] être le capitaine de.

caption [ˈkæpʃn] *n* légende *f*.

captivate [ˈkæptɪveɪt] *vt* captiver.

captivating [ˈkæptɪveɪtɪŋ] *adj* captivant(e).

captive [ˈkæptɪv] ◇ *adj* captif(ive). ◇ *n* captif *m*, -ive *f*.

captivity [kæpˈtɪvəti] *n* (*U*): **in ~** en captivité *f*.

captor [ˈkæptə] *n* ravisseur *m*, -euse *f*.

capture [ˈkæptʃə] ◇ *vt* **-1.** [person, animal] capturer; [city] prendre; [market] conquérir. **-2.** [attention, imagination] captiver. **-3.** [subj: painting, photo] rendre. **-4.** COMPUT saisir. ◇ *n* [of person, animal] capture *f*; [of city] prise *f*.

car [kɑː] ◇ *n* **-1.** AUT voiture *f*. **-2.** RAIL wagon *m*, voiture *f*. ◇ *comp* [door, accident] de voiture; [industry] automobile.

Caracas [kəˈrækəs] *n* Caracas.

carafe [kəˈræf] *n* carafe *f*.

caramel [ˈkærəmel] *n* caramel *m*.

caramelize, -ise [ˈkærəməlaɪz] *vi* se caraméliser.

carat [ˈkærət] *n* Br carat *m*; **24-~ gold** or à 24 carats.

caravan [ˈkærəvæn] ◇ *n* [gen] caravane *f*; [towed by horse] roulotte *f*. ◇ *comp* [holiday] en caravane.

caravanning ['kærəvænıŋ] *n* Br caravaning *m*.

caravan site *n* Br camping *m* pour caravanes.

caraway seed ['kærəweı-] *n* graine *f* de carvi.

carbohydrate [,kɑːbəʊ'haıdreıt] *n* CHEM hydrate *m* de carbone.

◆ **carbohydrates** *npl* [in food] glucides *mpl*.

carbon ['kɑːbən] *n* -1. [element] carbone *m*. -2. = carbon copy. -3. = carbon paper.

carbonated ['kɑːbəneıtıd] *adj* [mineral water] gazeux(euse).

carbon copy *n* -1. [document] carbone *m*. -2. *fig* [exact copy] réplique *f*.

carbon dating [-'deıtıŋ] *n* datation *f* au carbone 14.

carbon dioxide [-daı'ɒksaıd] *n* gaz *m* carbonique.

carbon fibre *n* fibre *f* de carbone.

carbon monoxide *n* oxyde *m* de carbone.

carbon paper *n* (U) (papier *m*) carbone *m*.

car-boot sale *n* Br brocante *en plein air où les coffres des voitures servent d'étal*.

carburettor Br, **carburetor** Am [,kɑːbə'retə] *n* carburateur *m*.

carcass ['kɑːkəs] *n* [of animal] carcasse *f*.

carcinogenic [,kɑːsınə'dʒenık] *adj* carcinogène.

card [kɑːd] *n* -1. [gen] carte *f*; **to play one's ~s right** *fig* bien jouer son jeu; **to put** OR **lay one's ~s on the table** *fig* jouer cartes sur table. -2. (U) [cardboard] carton *m*.

◆ **cards** *npl*: **to play** ~ jouer aux cartes.

◆ **on the cards** Br, **in the cards** Am *adv inf*: **it's on the ~s that ...** il y a de grandes chances pour que ....

cardamom ['kɑːdəməm] *n* cardamome *f*.

cardboard ['kɑːdbɔːd] ◇ *n* (U) carton *m*. ◇ *comp* en carton.

cardboard box *n* boîte *f* en carton.

card-carrying [-'kærıŋ] *adj*: ~ **member** membre *m*.

card catalog *n* Am fichier *m*.

cardiac ['kɑːdıæk] *adj* cardiaque.

cardiac arrest *n* arrêt *m* du cœur.

cardigan ['kɑːdıgən] *n* cardigan *m*.

cardinal ['kɑːdınl] ◇ *adj* cardinal(e). ◇ *n* RELIG cardinal *m*.

cardinal number, cardinal numeral *n* nombre *m* cardinal.

card index *n* Br fichier *m*.

cardiograph ['kɑːdıəgrɑːf] *n* cardiographe *m*.

cardiology [,kɑːdı'ɒlədʒı] *n* cardiologie *f*.

cardiovascular [,kɑːdıəʊ'væskjʊlə] *adj* cardiovasculaire.

cardsharp ['kɑːd,ʃɑːp] *n* tricheur professionnel *m*, tricheuse professionnelle *f*.

card table *n* table *f* de jeu.

card vote *n* Br vote *m* par carte (*chaque carte comptant pour le nombre de voix d'adhérents représentés*).

care [keə] ◇ *n* -1. (U) [protection, attention] soin *m*, attention *f*; **to be in** ~ Br être à l'Assistance publique; **to take** ~ **of** [look after] s'occuper de; **to take** ~ **(to do sthg)** prendre soin (de faire qqch); **take** ~! faites bien attention à vous! -2. [cause of worry] souci *m*.
◇ *vi* -1. [be concerned] se sentir concerné(e); **to** ~ **about** se soucier de. -2. [mind]: **I don't** ~ ça m'est égal; **who** ~**s?** qu'est-ce que ça peut faire?; **I couldn't** ~ **less** *inf* je m'en moque pas mal.

◆ **care of** *prep* chez.

◆ **care for** *vt fus dated* [like] aimer.

CARE [keə] (*abbr of* **Cooperative for American Relief Everywhere**) *n organisation humanitaire américaine*.

career [kə'rıə] ◇ *n* carrière *f*. ◇ *comp* de carrière. ◇ *vi* aller à toute vitesse.

careerist [kə'rıərıst] *n pej* carriériste *mf*.

careers [kə'rıəz] *comp* [office, teacher] d'orientation.

careers adviser *n* conseiller *m*, -ère *f* d'orientation.

career woman *n* femme *f* qui poursuit une carrière.

carefree ['keəfriː] *adj* insouciant(e).

careful ['keəfʊl] *adj* -1. [cautious] prudent(e); **to be** ~ **to do sthg** prendre soin de faire qqch, faire attention à faire qqch; **be** ~! fais attention!; **to be** ~ **with one's money** regarder à la dépense. -2. [work] soigné(e); [worker] consciencieux(ieuse).

carefully ['keəflı] *adv* -1. [cautiously] prudemment. -2. [thoroughly] soigneusement.

careless ['keəlıs] *adj* -1. [work] peu soigné(e); [driver] négligent(e). -2. [unconcerned] insouciant(e).

carelessly ['keəlıslı] *adv* -1. [inattentively] sans faire attention. -2. [unconcernedly] avec insouciance.

carelessness ['keəlısnıs] *n* -1. [inattention] manque *m* d'attention. -2. [lack of concern] insouciance *f*.

carer ['keərə] *n personne qui s'occupe d'un parent malade ou handicapé*.

caress [kə'res] ◇ *n* caresse *f*. ◇ *vt* caresser.

caretaker ['keə,teɪkər] *n Br* gardien *m*, -ienne *f*.

caretaker government *n* gouvernement *m* intérimaire.

car ferry *n* ferry *m*.

cargo ['kɑːgəʊ] (*pl* -es OR -s) ◇ *n* cargaison *f*. ◇ *comp*: ~ **ship** cargo *m*.

car hire *n Br* location *f* de voitures.

Carib ['kærɪb] *n* Caraïbe *mf*.

Caribbean [*Br* kærɪ'biːən, *Am* kə'rɪbɪən] ◇ *adj* caraïbe. ◇ *n*: **the ~ (Sea)** la mer des Caraïbes OR des Antilles; **in the ~** dans les Caraïbes.

caribou ['kærɪbuː] (*pl inv* OR -s) *n* caribou *m*.

caricature ['kærɪkə,tjʊər] ◇ *n* -1. [cartoon] caricature *f*. -2. [travesty] parodie *f*. ◇ *vt* caricaturer.

caries ['keəriːz] *n* carie *f*.

caring ['keərɪŋ] *adj* bienveillant(e).

caring professions *npl*: **the ~** les professions *fpl* de santé.

carnage ['kɑːnɪdʒ] *n* carnage *m*.

carnal ['kɑːnl] *adj literary* charnel(elle).

carnation [kɑː'neɪʃn] *n* œillet *m*.

carnival ['kɑːnɪvl] *n* carnaval *m*.

carnivore ['kɑːnɪvɔːr] *n* carnivore *mf*.

carnivorous [kɑː'nɪvərəs] *adj* carnivore.

carol ['kærəl] *n*: **(Christmas) ~** chant *m* de Noël.

carouse [kə'raʊz] *vi* faire la fête.

carousel [,kærə'sel] *n* -1. [at fair] manège *m*. -2. [at airport] carrousel *m*.

carp [kɑːp] (*pl inv* OR -s) ◇ *n* carpe *f*. ◇ *vi*: **to ~ (about sthg)** critiquer (qqch).

car park *n Br* parking *m*.

Carpathians [kɑː'peɪθɪənz] *npl*: **the ~** les Carpates *fpl*; **in the ~** dans les Carpates.

carpenter ['kɑːpəntər] *n* [on building site, in shipyard] charpentier *m*; [furniture-maker] menuisier *m*.

carpentry ['kɑːpəntrɪ] *n* [on building site, in shipyard] charpenterie *f*; [furniture-making] menuiserie *f*.

carpet ['kɑːpɪt] ◇ *n lit* & *fig* tapis *m*; **(fitted) ~** moquette *f*; **to sweep sthg under the ~** *fig* tirer le rideau sur qqch. ◇ *vt* [floor] recouvrir d'un tapis; [with fitted carpet] recouvrir de moquette, moquetter; **~ed with snow** *fig* recouvert d'un tapis de neige.

carpet slipper *n* pantoufle *f*.

carpet sweeper *n* balai *m* mécanique.

car phone *n* téléphone *m* pour automobile.

car pool *n Br* [fleet of cars] parc *m* de voitures.

carport ['kɑː,pɔːt] *n* appentis *m* (pour voitures).

car rental *n Am* location *f* de voitures.

carriage ['kærɪdʒ] *n* -1. [of train, horsedrawn] voiture *f*. -2. (*U*) [transport of goods] transport *m*; **~ paid** OR **free** *Br* franco de port; **~ forward** *Br* en port dû. -3. [on typewriter] chariot *m*. -4. (*U*) *literary* [bearing] port *m*.

carriage clock *n* pendule *f* de voyage (*décorative*).

carriage return *n* retour *m* chariot.

carriageway ['kærɪdʒweɪ] *n Br* chaussée *f*.

carrier ['kærɪər] *n* -1. COMM transporteur *m*. -2. [of disease] porteur *m*, -euse *f*. -3. MIL: (aircraft) ~ porte-avions *m inv*. -4. [on bicycle] porte-bagages *m inv*. -5. = **carrier bag**.

carrier bag *n* sac *m* (en plastique).

carrier pigeon *n* pigeon *m* voyageur.

carrion ['kærɪən] *n* (*U*) charogne *f*.

carrot ['kærət] *n* carotte *f*.

carry ['kærɪ] (*pt* & *pp* -ied) ◇ *vt* -1. [subj: person, wind, water] porter; [- subj: vehicle] transporter. -2. [disease] transmettre. -3. [responsibility] impliquer; [consequences] entraîner; **this offence carries a fine of £50** ce délit entraînera une amende de 50 livres. -4. [motion, proposal] voter. -5. [baby] attendre. -6. MATH retenir. ◇ *vi* [sound] porter.

◆ **carry away** *vt fus*: **to get carried away** s'enthousiasmer.

◆ **carry forward** *vt sep* FIN reporter.

◆ **carry off** *vt sep* -1. [plan] mener à bien. -2. [prize] remporter.

◆ **carry on** ◇ *vt fus* continuer; **to ~ on doing sthg** continuer à OR de faire qqch. ◇ *vi* -1. [continue] continuer; **to ~ on with sthg** continuer qqch. -2. *inf* [make a fuss] faire des histoires. -3. *inf* [have a love affair]: **to ~ on with sb** avoir une liaison avec qqn.

◆ **carry out** *vt fus* [task] remplir; [plan, order] exécuter; [experiment] effectuer; [investigation] mener.

◆ **carry through** *vt sep* [accomplish] réaliser.

carryall ['kærɪɔːl] *n Am* fourre-tout *m inv*.

carrycot ['kærɪkɒt] *n* couffin *m*.

carry-on *n Br inf*: **what a ~!** quelle histoire!

carry-out *n* plat *m* à emporter.

carsick ['kɑː,sɪk] *adj*: **to be ~** être malade en voiture.

cart [kɑːt] ◇ *n* charrette *f*. ◇ *vt inf* traîner.

carte blanche [,kɑːt'blɑ̃ʃ] n carte f blanche.

cartel [kɑː'tel] n cartel m.

cartilage ['kɑːtɪlɪdʒ] n cartilage m.

carton ['kɑːtn] n -1. [box] boîte f en carton. -2. [of cream, yoghurt] pot m; [of milk] carton m.

cartoon [kɑː'tuːn] n -1. [satirical drawing] dessin m humoristique. -2. [comic strip] bande f dessinée. -3. [film] dessin m animé.

cartoonist [kɑː'tuːnɪst] n -1. [of satirical drawings] dessinateur m, -trice f humoristique. -2. [of comic strips] dessinateur m, -trice f de bandes dessinées.

cartridge ['kɑːtrɪdʒ] n -1. [for gun, pen] cartouche f. -2. [for camera] chargeur m. -3. [for record player] tête f de lecture.

cartridge paper n papier-cartouche m.

cartwheel ['kɑːtwiːl] n [movement] roue f.

carve [kɑːv] ◇ vt -1. [wood, stone] sculpter; [design, name] graver. -2. [slice - meat] découper. ◇ vi découper.

◆ **carve out** vt sep fig se tailler.

◆ **carve up** vt sep fig diviser.

carving ['kɑːvɪŋ] n [of wood] sculpture f; [of stone] ciselure f.

carving knife n couteau m à découper.

car wash n [process] lavage m de voitures; [place] station f de lavage de voitures.

Casablanca [,kæsə'blæŋkə] n Casablanca.

cascade [kæ'skeɪd] ◇ n [waterfall] cascade f. ◇ vi [water] tomber en cascade.

case [keɪs] n -1. [gen] cas m; **to be the ~** être le cas; **in ~ of** en cas de; **in that ~** dans ce cas; **in which ~** auquel cas; **as OR whatever the ~ may be** selon le cas; **a ~ in point** un bon exemple. -2. [argument]: **~ (for/against)** arguments mpl (pour/contre). -3. JUR affaire f, procès m. -4. [container - gen] caisse f; [- for glasses etc] étui m. -5. Br [suitcase] valise f.

◆ **in any case** adv quoi qu'il en soit, de toute façon.

◆ **in case** ◇ conj au cas où. ◇ adv: **(just) in ~** à tout hasard.

case-hardened [-'hɑːdnd] adj [person] endurci(e).

case history n MED antécédents mpl.

case study n étude f de cas.

cash [kæʃ] ◇ n (U) -1. [notes and coins] liquide m; **to pay (in) ~** payer comptant OR en espèces. -2. inf [money] sous mpl, fric m. -3. [payment]: **~ in advance** paiement m à l'avance; **~ on delivery** paiement à la livraison. ◇ vt encaisser.

◆ **cash in** vi inf: **to ~ in on** tirer profit de.

cash and carry n libre-service m de gros, cash-and-carry m.

cashbook ['kæʃbʊk] n livre m de caisse.

cash box n caisse f.

cash card n carte f de retrait.

cash crop n culture f de rapport.

cash desk n Br caisse f.

cash discount n remise f OR rabais m au comptant.

cash dispenser n distributeur m automatique de billets.

cashew (nut) ['kæʃuː-] n noix f de cajou.

cash flow n marge f d'auto-financement, cash-flow m.

cashier [kæ'ʃɪə˞] n caissier m, -ière f.

cash machine n distributeur m de billets.

cashmere [kæʃ'mɪə˞] ◇ n cachemire m. ◇ comp en OR de cachemire.

cash payment n paiement m comptant, versement m en espèces.

cash price n prix m comptant.

cash register n caisse f enregistreuse.

cash sale n vente f au comptant.

casing ['keɪsɪŋ] n revêtement m; TECH boîtier m.

casino [kə'siːnəʊ] (pl -s) n casino m.

cask [kɑːsk] n tonneau m.

casket ['kɑːskɪt] n -1. [for jewels] coffret m. -2. Am [coffin] cercueil m.

Caspian Sea ['kæspɪən-] n: **the ~** la (mer) Caspienne.

casserole ['kæsərəʊl] n -1. [stew] ragoût m. -2. [pan] cocotte f.

cassette [kæ'set] n [of magnetic tape] cassette f; PHOT recharge f.

cassette deck n platine f à cassettes.

cassette player n lecteur m de cassettes.

cassette recorder n magnétophone m à cassettes.

cassock ['kæsək] n soutane f.

cast [kɑːst] (pt & pp cast) ◇ n -1. [CINEMA & THEATRE - actors] acteurs mpl; [- list of actors] distribution f. ◇ vt -1. [throw] jeter; **to ~ doubt on sthg** jeter le doute sur qqch; **to ~ a spell (on)** jeter un sort (à). -2. CINEMA & THEATRE donner un rôle à. -3. [vote]: **to ~ one's vote** voter. -4. [metal] couler; [statue] mouler.

◆ **cast about, cast around** vi: **to ~ about for sthg** chercher qqch.

◆ **cast aside** vt sep fig écarter, rejeter.

◆ **cast off** ◇ vt sep [old practices] se défaire de. ◇ vi NAUT larguer les amarres.

castanets [,kæstə'nets] npl castagnettes fpl.

castaway ['kɑːstəweɪ] n naufragé m, -e f.

caste [kɑːst] n caste f.

caster ['kɑːstəʳ] n [wheel] roulette f.

caster sugar n Br sucre m en poudre.

castigate ['kæstɪgeɪt] vt fml châtier, punir.

casting ['kɑːstɪŋ] n [for film, play] distribution f.

casting vote n voix f prépondérante.

cast iron n fonte f.

◆ cast-iron adj -1. [made of cast iron] en OR de fonte. -2. [will] de fer; [alibi] en béton.

castle ['kɑːsl] n -1. [building] château m. -2. CHESS tour f.

castoffs ['kɑːstɒfs] npl vieilles frusques fpl.

castor ['kɑːstəʳ] = caster.

castor oil n huile f de ricin.

castor sugar = caster sugar.

castrate [kæ'streɪt] vt châtrer.

castration [kæ'streɪʃn] n castration f.

casual ['kæʒʊəl] adj -1. [relaxed, indifferent] désinvolte. -2. [offhand] sans-gêne. -3. [chance] fortuit(e). -4. [clothes] décontracté(e), sport (inv). -5. [work, worker] temporaire.

casually ['kæʒʊəlɪ] adv [in a relaxed manner] avec désinvolture; ~ dressed habillé simplement.

casualty ['kæʒjʊəltɪ] (pl -ies) n -1. [dead person] mort m, -e f, victime f; [injured person] blessé m, -e f; [of road accident] accidenté m, -e f. -2. = casualty department.

casualty department n service m des urgences.

cat [kæt] n -1. [domestic] chat m; to be like a ~ on hot bricks Br OR on a hot tin roof Am être sur des charbons ardents; to let the ~ out of the bag vendre la mèche; to put the ~ among the pigeons Br jeter un pavé dans la mare; to rain ~s and dogs pleuvoir des cordes; the ~'s whiskers Br le nombril du monde. -2. [wild] fauve m.

cataclysmic [,kætə'klɪzmɪk] adj catastrophique.

catacombs ['kætəkuːmz] npl catacombes fpl.

Catalan ['kætə,læn] ◇ adj catalan(e). ◇ n -1. [person] Catalan m, -e f. -2. [language] catalan m.

catalogue Br, catalog Am ['kætəlɒg] ◇ n [gen] catalogue m; [in library] fichier m. ◇ vt cataloguer.

Catalonia [,kætə'ləʊnɪə] n Catalogne f; in ~ en Catalogne.

Catalonian [,kætə'ləʊnɪən] ◇ adj catalan(e). ◇ n [person] Catalan m, -e f.

catalyst ['kætəlɪst] n lit & fig catalyseur m.

catalytic convertor [,kætə'lɪtɪkkən'vɜːtəʳ] n pot m catalytique.

catamaran [,kætəmə'ræn] n catamaran m.

catapult ['kætəpʌlt] Br ◇ n -1. [hand-held] lance-pierres m inv. -2. HISTORY [machine] catapulte f. ◇ vt lit & fig catapulter.

cataract ['kætərækt] n cataracte f.

catarrh [kə'tɑːʳ] n catarrhe m.

catastrophe [kə'tæstrəfɪ] n catastrophe f.

catastrophic [,kætə'strɒfɪk] adj catastrophique.

cat burglar n Br monte-en-l'air m inv.

catcall ['kætkɔːl] n sifflet m.

catch [kætʃ] (pt & pp caught) ◇ vt -1. [gen] attraper; to ~ sight OR a glimpse of apercevoir; to ~ sb's attention attirer l'attention de qqn; to ~ sb's imagination séduire qqn; to ~ the post Br arriver à temps pour la levée. -2. [discover, surprise] prendre, surprendre; to ~ sb doing sthg surprendre qqn à faire qqch. -3. [hear clearly] saisir, comprendre. -4. [trap]: I caught my finger in the door je me suis pris le doigt dans la porte. -5. [strike] frapper.
◇ vi -1. [become hooked, get stuck] se prendre. -2. [fire] prendre, partir.
◇ n -1. [of ball, thing caught] prise f. -2. [fastener - of box] fermoir m; [- of window] loqueteau m; [- of door] loquet m. -3. [snag] hic m, entourloupette f.

◆ catch at vt fus attraper, essayer d'attraper.

◆ catch on vi -1. [become popular] prendre. -2. inf [understand]: to ~ on (to sthg) piger (qqch).

◆ catch out vt sep [trick] prendre en défaut, coincer.

◆ catch up ◇ vt sep rattraper. ◇ vi: to ~ up on sthg rattraper qqch.

◆ catch up with vt fus rattraper.

catch-22 [-twentɪ'tuː] n: it's a ~ situation on ne peut pas s'en sortir.

catch-all adj fourre-tout (inv).

catching ['kætʃɪŋ] adj contagieux(ieuse).

catchment area ['kætʃmənt-] n Br [of school] secteur m de recrutement scolaire; [of hospital] circonscription f hospitalière.

catchphrase ['kætʃfreɪz] n rengaine f, scie f.

catchword ['kætʃwɜːd] n slogan m.

catchy ['kætʃɪ] (compar -ier, superl -iest) adj facile à retenir, entraînant(e).

catechism ['kætəkɪzm] n catéchisme m.

categorical [,kætɪ'gɒrɪkl] adj catégorique.

categorically [ˌkætɪˈgɒrɪklɪ] *adv* catégoriquement.

categorize, -ise [ˈkætəgəraɪz] *vt* [classify]: **to ~ sb (as sthg)** cataloguer qqn (en tant que OR comme).

category [ˈkætəgərɪ] (*pl* **-ies**) *n* catégorie *f*.

cater [ˈkeɪtər] *vi* [provide food] s'occuper de la nourriture, prévoir les repas.
♦ **cater for** *vt fus Br* **-1.** [tastes, needs] pourvoir à, satisfaire; [customers] s'adresser à. **-2.** [anticipate] prévoir.
♦ **cater to** *vt fus* satisfaire.

caterer [ˈkeɪtərər] *n* traiteur *m*.

catering [ˈkeɪtərɪŋ] *n* [trade] restauration *f*.

caterpillar [ˈkætəpɪlər] *n* chenille *f*.

caterpillar tracks *npl* chenille *f*.

cat flap *n Br* chatière *f*.

cathedral [kəˈθiːdrəl] *n* cathédrale *f*.

catheter [ˈkæθɪtər] *n* cathéter *m*.

cathode ray tube [ˈkæθəʊd-] *n* tube *m* cathodique.

Catholic [ˈkæθlɪk] ◇ *adj* catholique. ◇ *n* catholique *mf*.
♦ **catholic** *adj* [tastes] éclectique.

Catholicism [kəˈθɒlɪsɪzm] *n* catholicisme *m*.

catkin [ˈkætkɪn] *n* chaton *m*.

Catseyes® [ˈkætsaɪz] *npl Br* catadioptres *mpl*.

catsuit [ˈkætsuːt] *n Br* combinaison-pantalon *f*.

catsup [ˈkætsəp] *n Am* ketchup *m*.

cattle [ˈkætl] *npl* bétail *m*.

cattle grid *n Br* grille incluse dans le sol empêchant le bétail mais non les véhicules de passer.

catty [ˈkætɪ] (*compar* **-ier**, *superl* **-iest**) *adj inf pej* [spiteful] rosse, vache.

catwalk [ˈkætwɔːk] *n* passerelle *f*.

Caucasian [kɔːˈkeɪzjən] ◇ *adj* caucasien(ienne). ◇ *n* **-1.** GEOGR Caucasien *m*, -ienne *f*. **-2.** [white person] Blanc *m*, Blanche *f*.

Caucasus [ˈkɔːkəsəs] *n*: **the ~** le Caucase.

caucus [ˈkɔːkəs] *n* **-1.** *Am* POL comité *m* électoral (*d'un parti*). **-2.** *Br* POL comité *m* (*d'un parti*).

CAUCUS:
Les Caucuses aux États-Unis sont d'immenses rassemblements politiques, au cours desquels les deux partis nationaux américains choisissent leurs candidats et définissent leurs objectifs

caught [kɔːt] *pt & pp* → **catch**.

cauliflower [ˈkɒlɪˌflaʊər] *n* chou-fleur *m*.

causal [ˈkɔːzl] *adj* causal(e).

cause [kɔːz] ◇ *n* cause *f*; **I have no ~ for complaint** je n'ai pas à me plaindre, je n'ai pas lieu de me plaindre; **to have ~ to do sthg** avoir lieu OR des raisons de faire qqch. ◇ *vt* causer; **to ~ sb to do sthg** faire faire qqch à qqn; **to ~ sthg to be done** faire faire qqch; **to ~ a sensation** faire sensation.

causeway [ˈkɔːzweɪ] *n* chaussée *f*.

caustic [ˈkɔːstɪk] *adj* caustique.

caustic soda *n* soude *f* caustique.

cauterize, -ise [ˈkɔːtəraɪz] *vt* MED cautériser.

caution [ˈkɔːʃn] ◇ *n* **-1.** (*U*) [care] précaution *f*, prudence *f*. **-2.** [warning] avertissement *m*. **-3.** *Br* JUR réprimande *f*. ◇ *vt* **-1.** [warn]: **to ~ sb against doing sthg** déconseiller à qqn de faire qqch. **-2.** *Br* [subj: policeman] *informer un suspect que tout ce qu'il dira peut être retenu contre lui*; **to ~ sb for sthg** réprimander qqn pour qqch.

cautionary [ˈkɔːʃənərɪ] *adj* [tale] édifiant(e).

cautious [ˈkɔːʃəs] *adj* prudent(e).

cautiously [ˈkɔːʃəslɪ] *adv* avec prudence, prudemment.

cautiousness [ˈkɔːʃəsnɪs] *n* prudence *f*, circonspection *f*.

cavalier [ˌkævəˈlɪər] *adj* [offhand] cavalier(ière).

cavalry [ˈkævlrɪ] *n* cavalerie *f*.

cave [keɪv] *n* caverne *f*, grotte *f*.
♦ **cave in** *vi* **-1.** [roof, ceiling] s'affaisser. **-2.** [yield]: **to ~ in (to sthg)** capituler OR céder (devant qqch).

caveman [ˈkeɪvmæn] (*pl* **-men** [-men]) *n* homme *m* des cavernes.

cavern [ˈkævən] *n* caverne *f*.

cavernous [ˈkævənəs] *adj* [room, building] immense.

caviar(e) [ˈkævɪɑːr] *n* caviar *m*.

caving [ˈkeɪvɪŋ] *n Br* spéléologie *f*; **to go ~** faire de la spéléologie.

cavity [ˈkævətɪ] (*pl* **-ies**) *n* cavité *f*.

cavity wall insulation *n Br* isolation *f* des murs creux.

cavort [kəˈvɔːt] *vi* gambader.

cayenne (pepper) [keɪˈen-] *n* poivre *m* de cayenne.

CB *n* **-1.** (*abbr of* **citizens' band**) CB *f*. **-2.** (*abbr of* **Companion of (the Order of) the Bath**) *distinction honorifique britannique*.

CBC (*abbr of* **Canadian Broadcasting Cor-**

poration) *n office national canadien de radiodiffusion.*

CBE (*abbr of* **Companion of (the Order of) the British Empire**) *n distinction honorifique britannique.*

CBI *n abbr of* **Confederation of British Industry.**

CBS (*abbr of* **Columbia Broadcasting System**) *n chaîne de télévision américaine.*

cc ◇ *n* (*abbr of* **cubic centimetre**) cm³. ◇ (*abbr of* **carbon copy**) pcc.

CC *n abbr of* **county council.**

CCTV *n abbr of* **closed-circuit television.**

CD ◇ *n* (*abbr of* **compact disc**) CD *m*. ◇ **-1.** *abbr of* **civil defence. -2.** (*abbr of* **Corps Diplomatique**) CD.

CDI (*abbr of* **compact disc interactive**) *n* CDI *m*.

CD player *n* lecteur *m* de CD.

Cdr. *abbr of* **commander.**

CD-ROM [,siːdiːˈrɒm] (*abbr of* **compact disc read only memory**) *n* CD-ROM *m*, CD-Rom *m*.

CDT (*abbr of* **Central Daylight Time**) *n heure d'été du centre des États-Unis.*

CDV (*abbr of* **compact disc video**) *n* CD vidéo *m*.

CDW *abbr of* **collision damage waiver.**

CE *abbr of* **Church of England.**

cease [siːs] *fml* ◇ *vt* cesser; **to ~ doing** OR **to do sthg** cesser de faire qqch. ◇ *vi* cesser.

cease-fire *n* cessez-le-feu *m inv.*

ceaseless [ˈsiːslɪs] *adj fml* incessant(e), continuel(elle).

ceaselessly [ˈsiːslɪslɪ] *adv fml* sans arrêt OR cesse, continuellement.

cedar (tree) [ˈsiːdə-] *n* cèdre *m.*

cede [siːd] *vt* céder.

cedilla [sɪˈdɪlə] *n* cédille *f.*

CEEB (*abbr of* **College Entry Examination Board**) *n commission d'admission dans l'enseignement supérieur aux États-Unis.*

Ceefax® [ˈsiːfæks] *n Br* télétexte *m* de la BBC.

ceilidh [ˈkeɪlɪ] *n manifestations informelles avec chants, contes et danses en Écosse et en Irlande.*

ceiling [ˈsiːlɪŋ] *n lit & fig* plafond *m.*

celebrate [ˈselɪbreɪt] ◇ *vt* **-1.** [gen] célébrer, fêter. **-2.** RELIG célébrer. ◇ *vi* faire la fête.

celebrated [ˈselɪbreɪtɪd] *adj* célèbre.

celebration [,selɪˈbreɪʃn] *n* **-1.** (*U*) [activity, feeling] fête *f*, festivités *fpl*. **-2.** [event] festivités *fpl.*

celebrity [sɪˈlebrətɪ] (*pl* -ies) *n* célébrité *f.*

celeriac [sɪˈlerɪæk] *n* céleri-rave *m.*

celery [ˈselərɪ] *n* céleri *m* (en branches).

celestial [sɪˈlestjəl] *adj* céleste.

celibacy [ˈselɪbəsɪ] *n* célibat *m.*

celibate [ˈselɪbət] *adj* célibataire.

cell [sel] *n* [gen & COMPUT] cellule *f.*

cellar [ˈselə] *n* cave *f.*

cellist [ˈtʃelɪst] *n* violoncelliste *mf.*

cello [ˈtʃeləʊ] (*pl* -s) *n* violoncelle *m.*

Cellophane® [ˈseləfeɪn] *n* cellophane® *f.*

cellphone [selfəʊn], **cellular phone** [ˈseljʊlə-] *n* téléphone *m* cellulaire.

cellulite [ˈseljʊlaɪt] *n* cellulite *f.*

Celluloid® [ˈseljʊlɔɪd] *n* celluloïd® *m.*

cellulose [ˈseljʊləʊs] *n* cellulose *f.*

Celsius [ˈselsɪəs] *adj* Celsius (*inv*).

Celt [kelt] *n* Celte *mf.*

Celtic [ˈkeltɪk] ◇ *adj* celte. ◇ *n* [language] celte *m.*

cement [sɪˈment] ◇ *n* ciment *m.* ◇ *vt lit & fig* cimenter.

cement mixer *n* bétonnière *f.*

cemetery [ˈsemɪtrɪ] (*pl* -ies) *n* cimetière *m.*

cenotaph [ˈsenətɑːf] *n* cénotaphe *m.*

censor [ˈsensə] ◇ *n* censeur *m.* ◇ *vt* censurer.

censorship [ˈsensəʃɪp] *n* censure *f.*

censure [ˈsenʃə] ◇ *n* blâme *m*, critique *f.* ◇ *vt* blâmer, critiquer.

census [ˈsensəs] (*pl* **censuses**) *n* recensement *m.*

cent [sent] *n* cent *m.*

centenary [senˈtiːnərɪ] *Br* (*pl* -ies), **centennial** *Am* [senˈtenjəl] *n* centenaire *m.*

center *Am* = **centre.**

centigrade [ˈsentɪgreɪd] *adj* centigrade.

centigram(me) [ˈsentɪgræm] *n* centigramme *m.*

centilitre *Br*, **centiliter** *Am* [ˈsentɪ,liːtə] *n* centilitre *m.*

centimetre *Br*, **centimeter** *Am* [ˈsentɪ,miːtə] *n* centimètre *m.*

centipede [ˈsentɪpiːd] *n* mille-pattes *m inv.*

central [ˈsentrəl] *adj* central(e); **~ to** essentiel(ielle) à; **Central Europe** Europe *f* centrale.

Central African ◇ *adj* centrafricain(e). ◇ *n* Centrafricain *m*, -e *f.*

Central African Republic *n*: **the ~** la République centrafricaine; **in the ~** en République centrafricaine.

Central America *n* Amérique *f* centrale; **in ~** en Amérique centrale.

Central American ◇ *adj* centraméricain(e). ◇ *n* Centraméricain *m*, -e *f*.

Central Asia *n* Asie *f* centrale; **in** ~ en Asie centrale.

central government *n* l'État *m* (*par opposition aux pouvoirs régionaux*).

central heating *n* chauffage *m* central.

centralization [,sentrəlaɪ'zeɪʃn] *n* centralisation *f*.

centralize, -ise ['sentrəlaɪz] *vt* centraliser.

centralized ['sentrəlaɪzd] *adj* centralisé(e).

central locking [-'lɒkɪŋ] *n* AUT verrouillage *m* centralisé.

centrally ['sentrəlɪ] *adv* centralement.

centrally heated *adj* équipé(e) du chauffage central.

central nervous system *n* système *m* nerveux central.

central processing unit *n* COMPUT unité *f* centrale (de traitement).

central reservation *n* Br AUT terre-plein *m* central.

centre Br, **center** Am ['sentər] ◇ *n* centre *m*; ~ **of attention** centre d'attraction, point *m* de mire; ~ **of gravity** centre de gravité. ◇ *adj* -**1.** [middle] central(e); **a** ~ **parting** une raie au milieu. -**2.** POL du centre, centriste. ◇ *vt* centrer.
♦ **centre around, centre on** *vt fus* se concentrer sur.

centre back *n* FTBL arrière *m* central.

centre-fold *n* [poster] photo *f* de pin-up.

centre forward *n* FTBL avant-centre *m inv*.

centre half *n* FTBL arrière *m* central.

centrepiece Br, **centerpiece** Am ['sentəpiːs] *n* -**1.** [decoration] milieu *m* de table. -**2.** *fig* [principal element] élément *m* principal.

centre-spread *n* double page *f* centrale.

centrifugal force [sentrɪ'fjuːgl-] *n* force *f* centrifuge.

century ['sentʃʊrɪ] (*pl* -ies) *n* siècle *m*.

CEO (*abbr of* **chief executive officer**) *n* Am directeur-général.

ceramic [sɪ'ræmɪk] *adj* en céramique.
♦ **ceramics** *npl* [objects] objets *mpl* en céramique.

cereal ['sɪərɪəl] *n* céréale *f*.

cerebral ['serɪbrəl] *adj* cérébral(e).

cerebral palsy ['serɪbrəl-] *n* paralysie *f* cérébrale.

ceremonial [,serɪ'məʊnjəl] ◇ *adj* [dress] de cérémonie; [duties] honorifique. ◇ *n* cérémonial *m*.

ceremonious [,serɪ'məʊnjəs] *adj* solennel(elle).

ceremony ['serɪmənɪ] (*pl* -ies) *n* -**1.** [event] cérémonie *f*. -**2.** (*U*) [pomp, formality] cérémonies *fpl*; **without** ~ sans cérémonie; **to stand on** ~ faire des cérémonies.

cert [sɜːt] *n* Br inf: **it's a (dead)** ~ c'est tout ce qu'il y a de sûr, c'est couru.

cert. *abbr of* **certificate**.

certain ['sɜːtn] *adj* -**1.** [gen] certain(e); **he is** ~ **to be late** il est certain qu'il sera en retard, il sera certainement en retard; **to be** ~ **of sthg/of doing sthg** être assuré de qqch/de faire qqch, être sûr de qqch/de faire qqch; **to make** ~ vérifier; **to make** ~ **of s'assurer de; I know for** ~ **that ...** je suis sûr OR certain que ...; **to a** ~ **extent** jusqu'à un certain point, dans une certaine mesure. -**2.** [named person]: **a** ~ ... un certain (une certaine) ....

certainly ['sɜːtnlɪ] *adv* certainement.

certainty ['sɜːtntɪ] (*pl* -ies) *n* certitude *f*.

CertEd [sɜːt'ed] (*abbr of* **Certificate in Education**) *n diplôme universitaire en sciences de l'éducation*.

certifiable [,sɜːtɪ'faɪəbl] *adj* [mad] bon (bonne) à enfermer.

certificate [sə'tɪfɪkət] *n* certificat *m*.

certification [,sɜːtɪfɪ'keɪʃn] *n* certification *f*.

certified ['sɜːtɪfaɪd] *adj* [teacher] diplômé(e); [document] certifié(e).

certified mail *n* Am envoi *m* recommandé.

certified public accountant *n* Am expert-comptable *m*.

certify ['sɜːtɪfaɪ] (*pt* & *pp* -ied) *vt* -**1.** [declare true]: **to** ~ **(that)** certifier OR attester que. -**2.** [give certificate to] diplômer. -**3.** [declare insane] déclarer mentalement aliéné(e); **you should be certified!** on devrait t'enfermer!

cervical [sə'vaɪkl] *adj* [cancer] du col de l'utérus.

cervical smear *n* frottis *m* vaginal.

cervix ['sɜːvɪks] (*pl* -ices [-ɪsiːz]) *n* col *m* de l'utérus.

cesarean (section) = **caesarean (section)**.

cessation [se'seɪʃn] *n* cessation *f*.

cesspit ['sespɪt], **cesspool** ['sespuːl] *n* fosse *f* d'aisance.

CET (*abbr of* **Central European Time**) *n heure d'Europe centrale*.

cf. (*abbr of* **confer**) cf.

c/f *abbr of* **carried forward**.

CFC (*abbr of* **chlorofluorocarbon**) *n* CFC *m*.

cg (*abbr of* **centigram**) cg.

CG *n abbr of* **coastguard**.

C & G (*abbr of* **City and Guilds**) *n* diplôme britannique d'enseignement technique.

CGA (*abbr of* **colour graphics adapter**) *n* adaptateur *m* graphique couleur CGA.

CGT *n abbr of* **capital gains tax.**

ch (*abbr of* **central heating**) ch. cent.

ch. (*abbr of* **chapter**) chap.

CH (*abbr of* **Companion of Honour**) *n* distinction honorifique britannique.

Chad [tʃæd] *n* Tchad *m*; **in** ~ au Tchad.

chafe [tʃeɪf] ◇ *vt* [rub] irriter. ◇ *vi* **-1.** [skin] être irrité(e). **-2.** [person]: **to** ~ **at** s'irriter OR s'énerver de.

chaff [tʃɑːf] *n* (U) balle *f.*

chaffinch ['tʃæfɪntʃ] *n* pinson *m.*

chain [tʃeɪn] ◇ *n* chaîne *f*; ~ **of events** suite *f* OR série *f* d'événements; ~ **of office** chaîne *f* (*insigne de la fonction de maire*). ◇ *vt* [person, animal] enchaîner; [object] attacher avec une chaîne.

chain letter *n* chaîne *f.*

chain reaction *n* réaction *f* en chaîne.

chain saw *n* tronçonneuse *f.*

chain-smoke *vi* fumer cigarette sur cigarette.

chain-smoker *n* grand fumeur *m*, grande fumeuse *f.*

chain store *n* grand magasin *m* (*à succursales multiples*).

chair [tʃeəʳ] ◇ *n* **-1.** [gen] chaise *f*; [armchair] fauteuil *m.* **-2.** [university post] chaire *f.* **-3.** [of meeting] présidence *f*; **to take the** ~ présider. ◇ *vt* [meeting] présider; [discussion] diriger.

chair lift *n* télésiège *m.*

chairman ['tʃeəmən] (*pl* **-men** [-mən]) *n* président *m.*

chairmanship ['tʃeəmənʃɪp] *n* présidence *f.*

chairperson ['tʃeə,pɜːsn] (*pl* **-s**) *n* président *m*, -e *f.*

chairwoman ['tʃeə,wʊmən] (*pl* **-women** [-,wɪmɪn]) *n* présidente *f.*

chaise longue [ʃeɪz'lɒŋ] (*pl* **chaises longues**) *n* méridienne *f.*

chalet ['ʃæleɪ] *n* chalet *m.*

chalice ['tʃælɪs] *n* calice *m.*

chalk [tʃɔːk] *n* craie *f.*

◆ **by a long chalk** *adv* de loin.

◆ **not by a long chalk** *adv* loin s'en faut, loin de là.

◆ **chalk up** *vt sep* [victory, success] remporter.

chalkboard ['tʃɔːkbɔːd] *n* Am tableau *m* (noir).

challenge ['tʃælɪndʒ] ◇ *n* défi *m.* ◇ *vt* **-1.** [to fight, competition]: **she** ~**d me to a race/a game of chess** elle m'a défié à la course/aux échecs; **to** ~ **sb to do sthg** défier qqn de faire qqch. **-2.** [question] mettre en question OR en doute.

challenger ['tʃælɪndʒəʳ] *n* challenger *m.*

challenging ['tʃælɪndʒɪŋ] *adj* **-1.** [task, job] stimulant(e). **-2.** [look, tone of voice] provocateur(trice).

chamber ['tʃeɪmbəʳ] *n* [gen] chambre *f.*

◆ **chambers** *npl* [of barrister, judge] cabinet *m.*

chambermaid ['tʃeɪmbəmeɪd] *n* femme *f* de chambre.

chamber music *n* musique *f* de chambre.

chamber of commerce *n* chambre *f* de commerce.

chamber orchestra *n* orchestre *m* de chambre.

chameleon [kə'miːljən] *n* caméléon *m.*

chamois[1] ['ʃæmwɑː] (*pl inv*) *n* [animal] chamois *m.*

chamois[2] ['ʃæmɪ] *n*: ~ **(leather)** peau *f* de chamois.

champ [tʃæmp] ◇ *n inf* champion *m*, -ionne *f.* ◇ *vi* [horse] ronger, mâchonner.

champagne [,ʃæm'peɪn] *n* champagne *m.*

champion ['tʃæmpjən] *n* champion *m*, -ionne *f.*

championship ['tʃæmpjənʃɪp] *n* championnat *m.*

chance [tʃɑːns] ◇ *n* **-1.** (U) [luck] hasard *m*; **by** ~ par hasard; **if by any** ~ si par hasard. **-2.** [likelihood] chance *f*; **she didn't stand a** ~ **(of doing sthg)** elle n'avait aucune chance (de faire qqch); **on the off** ~ à tout hasard. **-3.** [opportunity] occasion *f.* **-4.** [risk] risque *m*; **to take a** ~ risquer le coup; **to take a** ~ **on doing sthg** se risquer à faire qqch. ◇ *adj* fortuit(e), accidentel(elle). ◇ *vt* **-1.** [risk] risquer; **to** ~ **it** tenter sa chance. **-2.** *literary* [happen]: **to** ~ **to do sthg** faire qqch par hasard.

chancellor ['tʃɑːnsələʳ] *n* **-1.** [chief minister] chancelier *m.* **-2.** UNIV président *m*, -e *f* honoraire.

Chancellor of the Exchequer *n* Br Chancelier *m* de l'Échiquier, ≃ ministre *m* des Finances.

chancy ['tʃɑːnsɪ] (*compar* **-ier**, *superl* **-iest**) *adj inf* [risky] risqué(e).

chandelier [,ʃændə'lɪəʳ] *n* lustre *m.*

change [tʃeɪndʒ] ◇ *n* **-1.** [gen]: ~ **(in sb/in sthg)** changement *m* (en qqn/de qqch); ~

of clothes vêtements *mpl* de rechange; **to make a ~** changer un peu; **for a ~** pour changer (un peu). **-2.** [money] monnaie *f*.
◇ *vt* **-1.** [gen] changer; **to ~ sthg into sthg** changer OR transformer qqch en qqch; **to ~ one's mind** changer d'avis. **-2.** [jobs, trains, sides] changer de; **to ~ hands** COMM changer de main. **-3.** [money - into smaller units] faire la monnaie de; [- into different currency] changer.
◇ *vi* **-1.** [gen] changer. **-2.** [change clothes] se changer; **to ~ into another pair of trousers** changer de pantalon. **-3.** [be transformed]: **to ~ into** se changer en.
◆ **change over** *vi* [convert] passer.

changeable ['tʃeɪndʒəbəl] *adj* [mood] changeable; [weather] variable.

changed [tʃeɪndʒd] *adj* changé(e).

change machine *n* distributeur *m* de monnaie.

change of life *n*: **the ~** le retour *m* d'âge.

changeover ['tʃeɪndʒ,əʊvər] *n*: **~ (to)** passage *m* (à), changement *m* (pour).

change purse *n Am* porte-monnaie *m inv*.

changing ['tʃeɪndʒɪŋ] *adj* changeant(e).

changing room *n* SPORT vestiaire *m*; [in shop] cabine *f* d'essayage.

channel ['tʃænl] (*Br pt & pp* **-led**, *cont* **-ling**, *Am pt & pp* **-ed**, *cont* **-ing**) ◇ *n* **-1.** TV chaîne *f*; RADIO station *f*. **-2.** [for irrigation] canal *m*; [duct] conduit *m*. **-3.** [on river, sea] chenal *m*. ◇ *vt lit & fig* canaliser.
◆ **Channel** *n*: **the (English) Channel** la Manche.
◆ **channels** *npl*: **to go through the proper ~s** suivre OR passer la filière.

Channel Islands *npl*: **the ~** les îles *fpl* Anglo-Normandes; **in the ~** dans les îles Anglo-Normandes.

Channel tunnel *n*: **the ~** le tunnel sous la Manche.

chant [tʃɑːnt] ◇ *n* chant *m*. ◇ *vt* **-1.** RELIG chanter. **-2.** [words, slogan] scander. ◇ *vi* **-1.** RELIG chanter. **-2.** [repeat words] scander des mots/des slogans.

chaos ['keɪɒs] *n* chaos *m*.

chaotic [keɪ'ɒtɪk] *adj* chaotique.

chap [tʃæp] *n Br inf* [man] type *m*.

chapat(t)i [tʃə'pætɪ] *n* galette *f* de pain indienne.

chapel ['tʃæpl] *n* chapelle *f*.

chaperon(e) ['ʃæpərəʊn] ◇ *n* chaperon *m*. ◇ *vt* chaperonner.

chaplain ['tʃæplɪn] *n* aumônier *m*.

chapped [tʃæpt] *adj* [skin, lips] gercé(e).

chapter ['tʃæptər] *n* chapitre *m*.

char [tʃɑːr] (*pt & pp* **-red**, *cont* **-ring**) ◇ *n Br* [cleaner] femme *f* de ménage. ◇ *vt* [burn] calciner. ◇ *vi* [work as cleaner] faire des ménages.

character ['kærəktər] *n* **-1.** [gen] caractère *m*; **her behaviour is out of ~** ce comportement ne lui ressemble pas. **-2.** [in film, book, play] personnage *m*. **-3.** *inf* [eccentric] phénomène *m*, original *m*.

character code *n* COMPUT code *m* de caractère.

characteristic [,kærəktə'rɪstɪk] ◇ *adj* caractéristique. ◇ *n* caractéristique *f*.

characteristically [,kærəktə'rɪstɪklɪ] *adv* de façon caractéristique.

characterization [,kærəktərɑɪ'zeɪʃn] *n* caractérisation *f*.

characterize, -ise ['kærəktərɑɪz] *vt* caractériser.

charade [ʃə'rɑːd] *n* farce *f*.
◆ **charades** *n* charades *fpl*.

charcoal ['tʃɑːkəʊl] *n* [for drawing] charbon *m*; [for burning] charbon de bois.

chard [tʃɑːd] *n* bette *f*, blette *f*.

charge [tʃɑːdʒ] ◇ *n* **-1.** [cost] prix *m*; **free of ~** gratuit; **admission ~** prix d'entrée; **delivery ~** frais *mpl* de port. **-2.** JUR accusation *f*, inculpation *f*. **-3.** [responsibility]: **to take ~ of** se charger de; **to be in ~ of, to have ~ of** être responsable de, s'occuper de; **in ~** responsable. **-4.** ELEC & MIL charge *f*.
◇ *vt* **-1.** [customer, sum] faire payer; **they ~ £5 for admission** le prix d'entrée est 5 livres; **how much do you ~?** vous prenez combien?; **to ~ sthg to sb** mettre qqch sur le compte de qqn. **-2.** [suspect, criminal]: **to ~ sb (with)** accuser qqn (de). **-3.** ELEC & MIL charger.
◇ *vi* **-1.** [ask in payment]: **they don't ~ for delivery** ils livrent gratuitement. **-2.** [rush] se précipiter, foncer.

chargeable ['tʃɑːdʒəbl] *adj* **-1.** [costs]: **~ to** à la charge de. **-2.** [offence] qui entraîne une inculpation.

charge account *n* compte *m* crédit.

charge card *n* carte *f* de compte crédit (*auprès d'un magasin*).

charged [tʃɑːdʒd] *adj* [emotional] chargé(e).

charge hand *n Br* chef *m* d'équipe.

charge nurse *n Br* infirmier *m* en chef.

charger ['tʃɑːdʒər] *n* **-1.** [for batteries] chargeur *m*. **-2.** *literary* [soldier's horse] cheval *m* de bataille.

charge sheet *n Br* procès-verbal *m*.

chariot ['tʃærɪət] *n* char *m*.

charisma [kəˈrɪzmə] *n* charisme *m*.

charismatic [ˌkærɪzˈmætɪk] *adj* charismatique.

charitable [ˈtʃærətəbl] *adj* **-1.** [person, remark] charitable. **-2.** [organization] de charité.

charity [ˈtʃærətɪ] (*pl* **-ies**) *n* charité *f*.

charlatan [ˈʃɑːlətən] *n* charlatan *m*.

charm [tʃɑːm] ◇ *n* charme *m*. ◇ *vt* charmer.

charm bracelet *n* bracelet *m* à breloques.

charmer [ˈtʃɑːmə] *n* charmeur *m*, -euse *f*.

charming [ˈtʃɑːmɪŋ] *adj* charmant(e).

charmingly [ˈtʃɑːmɪŋlɪ] *adv* [attractive etc] de façon charmante; [smile, dressed] avec charme.

charred [tʃɑːd] *adj* calciné(e).

chart [tʃɑːt] ◇ *n* **-1.** [diagram] graphique *m*, diagramme *m*. **-2.** [map] carte *f*; **weather ~** carte *f* météorologique. ◇ *vt* **-1.** [plot, map] porter sur une carte. **-2.** *fig* [record] retracer.

◆ **charts** *npl*: **the ~s** le hit-parade.

charter [ˈtʃɑːtə] ◇ *n* [document] charte *f*. ◇ *vt* [plane, boat] affréter.

chartered accountant [ˈtʃɑːtəd-] *n* *Br* expert-comptable *m*.

charter flight *n* vol *m* charter.

chart-topping *adj* *Br* qui est en tête du hit-parade.

chary [ˈtʃeərɪ] (*compar* **-ier**, *superl* **-iest**) *adj*: **to be ~ of doing sthg** hésiter à faire qqch.

chase [tʃeɪs] ◇ *n* [pursuit] poursuite *f*, chasse *f*; **to give ~** poursuivre. ◇ *vt* **-1.** [pursue] poursuivre. **-2.** [drive away] chasser. **-3.** *fig* [money, jobs] faire la chasse à. ◇ *vi*: **to ~ after sb/sthg** courir après qqn/qqch.

◆ **chase up** *vt sep* *Br* [person, information] rechercher, faire la chasse à.

chaser [ˈtʃeɪsə] *n* [drink] verre *d'alcool qu'on prend après une bière.*

chasm [ˈkæzm] *n* *lit* & *fig* abîme *m*.

chassis [ˈʃæsɪ] (*pl inv*) *n* châssis *m*.

chaste [tʃeɪst] *adj* chaste.

chasten [ˈtʃeɪsn] *vt* châtier.

chastise [tʃæˈstaɪz] *vt* *fml* [scold] punir, châtier.

chastity [ˈtʃæstətɪ] *n* chasteté *f*.

chat [tʃæt] (*pt* & *pp* **-ted**, *cont* **-ting**) ◇ *n* causerie *f*, bavardage *m*; **to have a ~** causer, bavarder. ◇ *vi* causer, bavarder.

◆ **chat up** *vt sep* *Br* *inf* baratiner.

chat show *n* *Br* talk-show *m*.

chatter [ˈtʃætə] ◇ *n* **-1.** [of person] bavardage *m*. **-2.** [of animal, bird] caquetage *m*. ◇

vi **-1.** [person] bavarder. **-2.** [animal, bird] jacasser, caqueter. **-3.** [teeth]: **his teeth were ~ing** il claquait des dents.

chatterbox [ˈtʃætəbɒks] *n* *inf* moulin *m* à paroles.

chatty [ˈtʃætɪ] (*compar* **-ier**, *superl* **-iest**) *adj* [person] bavard(e); [letter] plein(e) de bavardages.

chauffeur [ˈʃəʊfə] ◇ *n* chauffeur *m*. ◇ *vt* conduire.

chauvinist [ˈʃəʊvɪnɪst] *n* **-1.** [sexist] macho *m*. **-2.** [nationalist] chauvin *m*, -e *f*.

chauvinistic [ˌʃəʊvɪˈnɪstɪk] *adj* **-1.** [sexist] macho, machiste. **-2.** [nationalistic] chauvin(e).

cheap [tʃiːp] ◇ *adj* **-1.** [inexpensive] pas cher (chère), bon marché (*inv*). **-2.** [at a reduced price - fare, rate] réduit(e); [- ticket] à prix réduit. **-3.** [low-quality] de mauvaise qualité. **-4.** [joke, comment] facile. ◇ *adv* (à) bon marché. ◇ *n*: **on the ~** pour pas cher.

cheapen [ˈtʃiːpn] *vt* [degrade] rabaisser.

cheaply [ˈtʃiːplɪ] *adv* à bon marché, pour pas cher.

cheapness [ˈtʃiːpnɪs] *n* **-1.** [low cost] bas prix *m*. **-2.** [low quality] mauvaise qualité *f*. **-3.** [of joke, comment] facilité *f*.

cheapskate [ˈtʃiːpskeɪt] *n* *inf* grigou *m*.

cheat [tʃiːt] ◇ *n* tricheur *m*, -euse *f*. ◇ *vt* tromper; **to ~ sb out of sthg** escroquer qqch à qqn; **to feel ~ed** se sentir lésé OR frustré. ◇ *vi* **-1.** [in game, exam] tricher. **-2.** *inf* [be unfaithful]: **to ~ on sb** tromper qqn.

cheating [ˈtʃiːtɪŋ] *n* tricherie *f*.

check [tʃek] ◇ *n* **-1.** [inspection, test]: **~ (on)** contrôle *m* (de). **-2.** [restraint]: **~ (on)** frein *m* (à), restriction *f* (sur); **to put a ~ on sthg** freiner qqch; **to keep** OR **hold sthg in ~** [emotions] maîtriser qqch. **-3.** *Am* [bill] note *f*. **-4.** [pattern] carreaux *mpl*. **-5.** *Am* = **cheque**.

◇ *vt* **-1.** [test, verify] vérifier; [passport, ticket] contrôler. **-2.** [restrain, stop] enrayer, arrêter. ◇ *vi*: **to ~ (for sthg)** vérifier (qqch); **to ~ on sthg** vérifier OR contrôler qqch.

◆ **check in** ◇ *vt sep* [luggage, coat] enregistrer. ◇ *vi* **-1.** [at hotel] signer le registre. **-2.** [at airport] se présenter à l'enregistrement.

◆ **check off** *vt sep* pointer, cocher.

◆ **check out** ◇ *vt sep* **-1.** [luggage, coat] retirer. **-2.** [investigate] vérifier. ◇ *vi* [from hotel] régler sa note.

◆ **check up** *vi*: **to ~ up on sb** prendre des renseignements sur qqn; **to ~ up (on sthg)** vérifier (qqch).

checkbook *Am* = **chequebook**.

checked [tʃekt] *adj* à carreaux.

checkered *Am* = **chequered**.

checkers ['tʃekəz] *n* (*U*) *Am* jeu *m* de dames.

check guarantee card *n Am* carte *f* bancaire.

check-in *n* enregistrement *m*.

checking account ['tʃekɪŋ-] *n Am* compte *m* courant.

checklist ['tʃeklɪst] *n* liste *f* de contrôle.

checkmate ['tʃekmeɪt] *n* échec et mat *m*.

checkout ['tʃekaʊt] *n* [in supermarket] caisse *f*.

checkpoint ['tʃekpɔɪnt] *n* [place] (poste *m* de) contrôle *m*.

checkup ['tʃekʌp] *n* MED bilan *m* de santé, check-up *m*.

Cheddar (cheese) ['tʃedə-] *n* (fromage *m* de) cheddar *m*.

cheek [tʃiːk] ⬦ *n* -1. [of face] joue *f*. -2. *inf* [impudence] culot *m*. ⬦ *vt inf* être insolent(e) avec.

cheekbone ['tʃiːkbəʊn] *n* pommette *f*.

cheekily ['tʃiːkɪlɪ] *adv* avec insolence.

cheekiness ['tʃiːkɪnɪs] *n* insolence *f*.

cheeky ['tʃiːkɪ] (*compar* -ier, *superl* -iest) *adj* insolent(e), effronté(e).

cheer [tʃɪəʳ] ⬦ *n* [shout] acclamation *f*. ⬦ *vt* -1. [shout for] acclamer. -2. [gladden] réjouir. ⬦ *vi* applaudir.

◆ **cheers** *excl* -1. [said before drinking] santé! -2. *inf* [goodbye] salut!, ciao!, tchao! -3. *inf* [thank you] merci.

◆ **cheer on** *vt sep* encourager.

◆ **cheer up** ⬦ *vt sep* remonter le moral à. ⬦ *vi* s'égayer.

cheerful ['tʃɪəfʊl] *adj* joyeux(euse), gai(e).

cheerfully ['tʃɪəfʊlɪ] *adv* -1. [joyfully] joyeusement, gaiement. -2. [willingly] de bon gré OR cœur.

cheerfulness ['tʃɪəfʊlnɪs] *n* gaieté *f*.

cheering ['tʃɪərɪŋ] ⬦ *adj* [news, story] réconfortant(e). ⬦ *n* (*U*) acclamations *fpl*.

cheerio [,tʃɪərɪ'əʊ] *excl inf* au revoir!, salut!

cheerleader ['tʃɪə,liːdəʳ] *n* meneur *m*, -euse *f*.

cheerless ['tʃɪəlɪs] *adj* morne, triste.

cheery ['tʃɪərɪ] (*compar* -ier, *superl* -iest) *adj* joyeux(euse).

cheese [tʃiːz] *n* fromage *m*.

cheeseboard ['tʃiːzbɔːd] *n* plateau *m* à fromage.

cheeseburger ['tʃiːz,bɜːgəʳ] *n* cheeseburger *m*, hamburger *m* au fromage.

cheesecake ['tʃiːzkeɪk] *n* CULIN gâteau *m* au fromage blanc, cheesecake *m*.

cheesy ['tʃiːzɪ] (*compar* -ier, *superl* -iest) *adj* [tasting of cheese] au goût de fromage.

cheetah ['tʃiːtə] *n* guépard *m*.

chef [ʃef] *n* chef *m*.

chemical ['kemɪkl] ⬦ *adj* chimique. ⬦ *n* produit *m* chimique.

chemically ['kemɪklɪ] *adv* chimiquement.

chemical weapons *npl* armes *fpl* chimiques.

chemist ['kemɪst] *n* -1. *Br* [pharmacist] pharmacien *m*, -ienne *f*; ~'s **(shop)** pharmacie *f*. -2. [scientist] chimiste *mf*.

chemistry ['kemɪstrɪ] *n* chimie *f*.

chemotherapy [,kiːməʊ'θerəpɪ] *n* chimiothérapie *f*.

cheque *Br*, **check** *Am* [tʃek] *n* chèque *m*; to pay by ~ payer par chèque.

cheque account *n* compte *m* chèques.

chequebook *Br*, **checkbook** *Am* ['tʃekbʊk] *n* chéquier *m*, carnet *m* de chèques.

cheque card *n Br* carte *f* bancaire.

chequered *Br* ['tʃekəd], **checkered** *Am* ['tʃekərd] *adj* -1. [patterned] à carreaux. -2. *fig* [career, life] mouvementé(e).

Chequers ['tʃekəz] *n* résidence secondaire officielle du Premier ministre britannique.

cherish ['tʃerɪʃ] *vt* chérir; [hope] nourrir, caresser.

cherished ['tʃerɪʃt] *adj* cher (chère).

cherry ['tʃerɪ] (*pl* -ies) *n* [fruit] cerise *f*; ~ **(tree)** cerisier *m*.

cherub ['tʃerəb] (*pl* -s OR **-im** [-ɪm]) *n* chérubin *m*.

chervil ['tʃɜːvɪl] *n* cerfeuil *m*.

Ches. (*abbr of* **Cheshire**) *comté anglais*.

chess [tʃes] *n* échecs *mpl*.

chessboard ['tʃesbɔːd] *n* échiquier *m*.

chessman ['tʃesmæn] (*pl* **-men** [-men]) *n* pièce *f*.

chest [tʃest] *n* -1. ANAT poitrine *f*; to get sthg off one's ~ *inf* déballer ce qu'on a sur le cœur. -2. [box] coffre *m*.

chesterfield ['tʃestəfiːld] *n* canapé *m*.

chestnut ['tʃesnʌt] ⬦ *adj* [colour] châtain (*inv*). ⬦ *n* [nut] châtaigne *f*; ~ **(tree)** châtaignier *m*.

chest of drawers (*pl* **chests of drawers**) *n* commode *f*.

chesty ['tʃestɪ] (*compar* -ier, *superl* -iest) *adj* [cough] de poitrine.

chevron ['ʃevrən] *n* chevron *m*.

chew [tʃuː] ⬦ *n* [sweet] bonbon *m* (à mâcher). ⬦ *vt* mâcher.

◆ **chew over** *vt sep fig* [think over] ruminer, remâcher.

◆ **chew up** vt sep mâchouiller.

chewing gum ['tʃuːɪŋ-] n chewing-gum m.

chewy [tʃuːɪ] (compar -ier, superl -iest) adj [food] difficile à mâcher.

chic [ʃiːk] ◇ adj chic (inv). ◇ n chic m.

chicanery [ʃɪ'keɪnərɪ] n (U) chicane f.

chick [tʃɪk] n [baby bird] oisillon m.

chicken ['tʃɪkɪn] ◇ adj inf [cowardly] froussard(e). ◇ n -1. [bird, food] poulet m; **it's a ~ and egg situation** c'est l'histoire de la poule et de l'œuf. -2. inf [coward] froussard m, -e f.

◆ **chicken out** vi inf se dégonfler.

chickenfeed ['tʃɪkɪnfiːd] n (U) fig bagatelle f.

chickenpox ['tʃɪkɪnpɒks] n (U) varicelle f.

chicken wire n grillage m.

chickpea ['tʃɪkpiː] n pois m chiche.

chicory ['tʃɪkərɪ] n [vegetable] endive f.

chide [tʃaɪd] (pt chided OR chid [tʃɪd], pp chid OR chidden ['tʃɪdn]) vt literary: **to ~ sb (for sthg)** réprimander qqn (à propos de qqch).

chief [tʃiːf] ◇ adj -1. [main - aim, problem] principal(e). -2. [head] en chef. ◇ n chef m.

chief constable n Br commissaire m de police divisionnaire.

chief executive n directeur général m, directrice générale f.

◆ **Chief Executive** n Am: **the Chief Executive** le président des États-Unis.

chief justice n président m de la Cour Suprême (des États-Unis).

chiefly ['tʃiːflɪ] adv -1. [mainly] principalement. -2. [above all] surtout.

chief of staff n chef m d'état-major.

chief superintendent n Br commissaire m de police principal.

chieftain ['tʃiːftən] n chef m.

chiffon ['ʃɪfɒn] n mousseline f.

chihuahua [tʃɪ'wɑːwə] n chihuahua m.

chilblain ['tʃɪlbleɪn] n engelure f.

child [tʃaɪld] (pl children) n enfant mf.

childbearing ['tʃaɪld,beərɪŋ] n maternité f.

child benefit n (U) Br ≃ allocations fpl familiales.

childbirth ['tʃaɪldbɜːθ] n (U) accouchement m.

childhood ['tʃaɪldhʊd] n enfance f.

childish ['tʃaɪldɪʃ] adj pej puéril(e), enfantin(e).

childishly ['tʃaɪldɪʃlɪ] adv pej de façon puérile.

childless ['tʃaɪldlɪs] adj sans enfants.

childlike ['tʃaɪldlaɪk] adj enfantin(e), d'enfant.

childminder ['tʃaɪld,maɪndər] n Br gardienne f d'enfants, nourrice f.

child prodigy n enfant mf prodige.

childproof ['tʃaɪldpruːf] adj [container] qui ne peut pas être ouvert par les enfants; **~ lock** verrouillage m de sécurité pour enfants.

children ['tʃɪldrən] pl → child.

children's home n maison f d'enfants.

Chile ['tʃɪlɪ] n Chili m; **in ~** au Chili.

Chilean ['tʃɪlɪən] ◇ adj chilien(ienne). ◇ n Chilien m, -ienne f.

chili ['tʃɪlɪ] = chilli.

chill [tʃɪl] ◇ adj frais (fraîche). ◇ n -1. [illness] coup m de froid. -2. [in temperature]: **there's a ~ in the air** le fond de l'air est frais. -3. [feeling of fear] frisson m. ◇ vt -1. [drink, food] mettre au frais. -2. [person] faire frissonner. ◇ vi [drink, food] rafraîchir.

chilli ['tʃɪlɪ] (pl -ies) n [vegetable] piment m.

chilling ['tʃɪlɪŋ] adj -1. [very cold] glacial(e). -2. [frightening] qui glace le sang.

chilli powder n poudre f de piment.

chilly ['tʃɪlɪ] (compar -ier, superl -iest) adj froid(e); **to feel ~** avoir froid; **it's ~** il fait froid.

chime [tʃaɪm] ◇ n [of bell, clock] carillon m. ◇ vt [time] sonner. ◇ vi [bell, clock] carillonner.

chimney ['tʃɪmnɪ] n cheminée f.

chimneypot ['tʃɪmnɪpɒt] n mitre f de cheminée.

chimneysweep ['tʃɪmnɪswiːp] n ramoneur m.

chimp(anzee) ['tʃɪmp(ən'ziː)] n chimpanzé m.

chin [tʃɪn] n menton m.

china ['tʃaɪnə] ◇ n porcelaine f. ◇ comp en porcelaine.

China ['tʃaɪnə] n Chine f; **in ~** en Chine; **the People's Republic of ~** la République populaire de Chine.

china clay n kaolin m.

China Sea n: **the ~** la mer de Chine.

Chinatown ['tʃaɪnətaʊn] n quartier m chinois.

chinchilla [tʃɪn'tʃɪlə] n chinchilla m.

Chinese [,tʃaɪ'niːz] ◇ adj chinois(e). ◇ n [language] chinois m. ◇ npl: **the ~** les Chinois mpl.

Chinese cabbage n chou m chinois.

Chinese lantern n lanterne f vénitienne.

Chinese leaves npl Br = Chinese cabbage.

chink [tʃɪŋk] ◇ n -1. [narrow opening] fente f. -2. [sound] tintement m. ◇ vi tinter.

chinos [ˈtʃiːnəʊz] npl pantalon de grosse toile beige porté à l'origine par les militaires de l'armée de l'air américaine.

chintz [tʃɪnts] ◇ n chintz m. ◇ comp de chintz.

chinwag [ˈtʃɪnwæg] n inf: **to have a ~** tailler une bavette.

chip [tʃɪp] (pt & pp **-ped**, cont **-ping**) ◇ n -1. Br [fried potato] frite f; Am [potato crisp] chip m. -2. [of glass, metal] éclat m; [of wood] copeau m. -3. [flaw] ébréchure f. -4. [microchip] puce f. -5. [for gambling] jeton m. -6. phr: **when the ~s are down** en cas de coup dur; **to have a ~ on one's shoulder** en avoir gros sur le cœur. ◇ vt [cup, glass] ébrécher.
◆ **chip in** inf ◇ vt fus [contribute] contribuer. ◇ vi -1. [contribute] contribuer. -2. [interrupt] mettre son grain de sel.
◆ **chip off** vt sep enlever petit morceau par petit morceau.

chip-based adj COMPUT à puce.

chipboard [ˈtʃɪpbɔːd] n aggloméré m.

chipmunk [ˈtʃɪpmʌŋk] n tamia m.

chipolata [ˌtʃɪpəˈlɑːtə] n chipolata f.

chipped [tʃɪpt] adj [flawed] ébréché(e).

chippings [ˈtʃɪpɪŋz] npl [on road] gravillons mpl; [of wood] copeaux mpl; "**loose ~**" «attention, gravillons».

chip shop n Br friterie f.

chiropodist [kɪˈrɒpədɪst] n pédicure mf.

chiropody [kɪˈrɒpədɪ] n podologie f.

chirp [tʃɜːp] vi [bird] pépier; [cricket] chanter.

chirpy [ˈtʃɜːpɪ] (compar **-ier**, superl **-iest**) adj gai(e).

chisel [ˈtʃɪzl] (Br pt & pp **-led**, cont **-ling**, Am pt & pp **-ed**, cont **-ing**) ◇ n [for wood] ciseau m; [for metal, rock] burin m. ◇ vt ciseler.

chit [tʃɪt] n [note] note f, reçu m.

chitchat [ˈtʃɪttʃæt] n (U) inf bavardage m.

chivalrous [ˈʃɪvlrəs] adj chevaleresque.

chivalry [ˈʃɪvlrɪ] n (U) -1. literary [of knights] chevalerie f. -2. [good manners] galanterie f.

chives [tʃaɪvz] npl ciboulette f.

chivvy (pt & pp **-ied**), **chivy** (pt & pp **-ied**) [ˈtʃɪvɪ] vt inf harceler; **to ~ sb along** faire se dépêcher qqn.

chloride [ˈklɔːraɪd] n chlorure m.

chlorinated [ˈklɔːrɪneɪtɪd] adj chloré(e).

chlorine [ˈklɔːriːn] n chlore m.

chlorofluorocarbon [ˈklɔːrəʊˌflɔːrəʊˈkɑːbən] n chlorofluorocarbone m.

chloroform [ˈklɒrəfɔːm] n chloroforme m.

choc-ice [ˈtʃɒkaɪs] n Br Esquimau® m.

chock [tʃɒk] n cale f.

chock-a-block, **chock-full** adj inf: **~ (with)** plein(e) à craquer (de).

chocolate [ˈtʃɒkələt] ◇ n chocolat m. ◇ comp au chocolat.

choice [tʃɔɪs] ◇ n choix m; **we had no ~ but to accept** nous ne pouvions pas faire autrement que d'accepter; **by** OR **from ~** par choix. ◇ adj de choix.

choir [ˈkwaɪəʳ] n chœur m.

choirboy [ˈkwaɪəbɔɪ] n jeune choriste m.

choke [tʃəʊk] ◇ n AUT starter m. ◇ vt -1. [strangle] étrangler, étouffer. -2. [block] obstruer, boucher. ◇ vi s'étrangler.
◆ **choke back** vt fus [anger] étouffer; [tears] refouler.

cholera [ˈkɒlərə] n choléra m.

cholesterol [kəˈlestərɒl] n cholestérol m.

choose [tʃuːz] (pt **chose**, pp **chosen**) ◇ vt -1. [select] choisir; **there's little** OR **not much to ~ between them** ils se valent. -2. [decide]: **to ~ to do sthg** décider OR choisir de faire qqch. ◇ vi [select]: **to ~ (from)** choisir (parmi OR entre).

choos(e)y [ˈtʃuːzɪ] (compar **-ier**, superl **-iest**) adj difficile.

chop [tʃɒp] (pt & pp **-ped**, cont **-ping**) ◇ n -1. CULIN côtelette f. -2. [blow] coup m (de hache etc); **he's for the ~** fig il va sûrement se faire saquer. ◇ vt -1. [wood] couper; [vegetables] hacher. -2. inf fig [funding, budget] réduire. -3. phr: **to ~ and change** changer sans cesse d'avis.
◆ **chops** npl inf babines fpl.
◆ **chop down** vt sep [tree] abattre.
◆ **chop up** vt sep couper en morceaux.

chopper [ˈtʃɒpəʳ] n -1. [axe] couperet m. -2. inf [helicopter] hélico m.

chopping board [ˈtʃɒpɪŋ-] n hachoir m.

choppy [ˈtʃɒpɪ] (compar **-ier**, superl **-iest**) adj [sea] agité(e).

chopsticks [ˈtʃɒpstɪks] npl baguettes fpl.

choral [ˈkɔːrəl] adj choral(e).

chord [kɔːd] n MUS accord m; **to strike a ~ with sb** toucher qqn.

chore [tʃɔːʳ] n corvée f; **household ~s** travaux mpl ménagers.

choreographer [ˌkɒrɪˈɒgrəfəʳ] n chorégraphe mf.

choreography [ˌkɒrɪˈɒgrəfɪ] n chorégraphie f.

chortle [ˈtʃɔːtl] vi glousser.

chorus ['kɔːrəs] ◇ *n* **-1.** [part of song] refrain *m*. **-2.** [singers] chœur *m*. **-3.** *fig* [of praise, complaints] concert *m*. ◇ *vt* répondre en chœur.

chose [tʃəʊz] *pt* → **choose**.

chosen ['tʃəʊzn] *pp* → **choose**.

choux pastry [ʃuː-] *n* pâte *f* à choux.

chow [tʃaʊ] *n* [dog] chow-chow *m*.

chowder ['tʃaʊdər] *n* [of fish] soupe *f* aux poissons; [of seafood] soupe aux fruits de mer.

Christ [kraɪst] ◇ *n* Christ *m*. ◇ *excl* Seigneur!, bon Dieu!

christen ['krɪsn] *vt* **-1.** [baby] baptiser. **-2.** [name] nommer.

christening ['krɪsnɪŋ] ◇ *n* baptême *m*. ◇ *comp* de baptême.

Christian ['krɪstʃən] ◇ *adj* **-1.** RELIG chrétien(ienne). **-2.** [kind] charitable. ◇ *n* chrétien *m*, -ienne *f*.

Christianity [ˌkrɪstɪˈænətɪ] *n* christianisme *m*.

Christian name *n* prénom *m*.

Christmas ['krɪsməs] ◇ *n* Noël *m*; **happy** OR **merry ~!** joyeux Noël! ◇ *comp* de Noël.

Christmas cake *n Br* gâteau *m* de Noël.

Christmas card *n* carte *f* de Noël.

Christmas cracker *n Br* diablotin *m*.

Christmas Day *n* jour *m* de Noël.

Christmas Eve *n* veille *f* de Noël.

Christmas Island *n* l'île *f* Christmas; **on ~** à l'île Christmas.

Christmas pudding *n Br* pudding *m* (de Noël).

Christmas stocking *n* ≃ soulier *m* de Noël.

Christmastime ['krɪsməstaɪm] *n*: **at ~** à Noël.

Christmas tree *n* arbre *m* de Noël.

chrome [krəʊm], **chromium** ['krəʊmɪəm] ◇ *n* chrome *m*. ◇ *comp* chromé(e).

chromosome ['krəʊməsəʊm] *n* chromosome *m*.

chronic ['krɒnɪk] *adj* [illness, unemployment] chronique; [liar, alcoholic] invétéré(e).

chronically ['krɒnɪklɪ] *adv* de façon chronique.

chronicle ['krɒnɪkl] ◇ *n* chronique *f*. ◇ *vt* faire la chronique de.

chronological [ˌkrɒnəˈlɒdʒɪkl] *adj* chronologique.

chronologically [ˌkrɒnəˈlɒdʒɪklɪ] *adv* chronologiquement.

chronology [krəˈnɒlədʒɪ] *n* chronologie *f*.

chrysalis ['krɪsəlɪs] (*pl* **-lises** [-lɪsiːz]) *n* chrysalide *f*.

chrysanthemum [krɪˈsænθəməm] (*pl* **-s**) *n* chrysanthème *m*.

chubbiness ['tʃʌbɪnɪs] *n* rondeur *f*.

chubby ['tʃʌbɪ] (*compar* **-bier**, *superl* **-biest**) *adj* [cheeks, face] joufflu(e); [person, hands] potelé(e).

chuck [tʃʌk] *vt inf* **-1.** [throw] lancer, envoyer. **-2.** [job, boyfriend] laisser tomber.
♦ **chuck away**, **chuck out** *vt sep inf* jeter, balancer.

chuckle ['tʃʌkl] ◇ *n* petit rire *m*. ◇ *vi* glousser.

chuffed [tʃʌft] *adj Br inf*: **~ (with sthg/to do sthg)** ravi(e) (de qqch/de faire qqch).

chug [tʃʌg] (*pt* & *pp* **-ged**, *cont* **-ging**) *vi* [train] faire teuf-teuf.

chum [tʃʌm] *n inf* copain *m*, copine *f*.

chummy ['tʃʌmɪ] (*compar* **-mier**, *superl* **-miest**) *adj inf*: **to be ~ with sb** être copain (copine) avec qqn.

chump [tʃʌmp] *n inf* imbécile *mf*.

chunk [tʃʌŋk] *n* gros morceau *m*.

chunky ['tʃʌŋkɪ] (*compar* **-ier**, *superl* **-iest**) *adj* [person, furniture] trapu(e); [sweater, jewellery] gros (grosse).

church [tʃɜːtʃ] *n* **-1.** [building] église *f*; **to go to ~** aller à l'église; [Catholics] aller à la messe. **-2.** [organization] Église *f*.

churchgoer ['tʃɜːtʃˌgəʊər] *n* pratiquant *m*, -e *f*.

churchman ['tʃɜːtʃmən] (*pl* **-men** [-mən]) *n* membre *m* du clergé, ecclésiastique *m*.

Church of England *n*: **the ~** l'Église *f* d'Angleterre.

THE CHURCH OF ENGLAND:

L'Église d'Angleterre (de confession anglicane) est l'Église officielle de la Grande-Bretagne; son chef laïc est le souverain, son chef spirituel l'archevêque de Cantorbéry

---

Church of Scotland *n*: **the ~** l'Église *f* d'Écosse.

churchyard ['tʃɜːtʃjɑːd] *n* cimetière *m*.

churlish ['tʃɜːlɪʃ] *adj* grossier(ière).

churn [tʃɜːn] ◇ *n* **-1.** [for making butter] baratte *f*. **-2.** [for milk] bidon *m*. ◇ *vt* [stir up] battre. ◇ *vi*: **my stomach was ~ing** j'avais l'estomac tout retourné.
♦ **churn out** *vt sep inf* produire en série.
♦ **churn up** *vt sep* battre.

chute [ʃuːt] *n* glissière *f*; **rubbish ~** vide-ordures *m inv*.

chutney ['tʃʌtnɪ] *n* chutney *m*.

CI *abbr of* **Channel Islands.**

CIA (*abbr of* **Central Intelligence Agency**) *n* CIA *f.*

CIB (*abbr of* **Criminal Investigation Branch**) *n la police judiciaire américaine.*

cicada [sɪ'kɑːdə] *n* cigale *f.*

CID (*abbr of* **Criminal Investigation Department**) *n la police judiciaire britannique.*

cider ['saɪdər] *n* cidre *m.*

CIF (*abbr of* **cost, insurance and freight**) CAF, caf.

cigar [sɪ'gɑːr] *n* cigare *m.*

cigarette [ˌsɪgə'ret] *n* cigarette *f.*

cigarette butt *n* mégot *m.*

cigarette end *Br* = **cigarette butt.**

cigarette holder *n* fume-cigarette *m inv.*

cigarette lighter *n* briquet *m.*

cigarette paper *n* papier *m* à cigarettes.

C-in-C *n abbr of* **commander-in-chief.**

cinch [sɪntʃ] *n inf*: it's a ~ c'est un jeu d'enfants.

cinder ['sɪndər] *n* cendre *f.*

cinderblock ['sɪndəblɒk] *n Am* parpaing *m.*

Cinderella [ˌsɪndə'relə] *n* Cendrillon *f.*

cine-camera ['sɪnɪˌkæmərə] *n* caméra *f.*

cine-film ['sɪnɪ-] *n* film *m.*

cinema ['sɪnəmə] *n* cinéma *m.*

cinematic [ˌsɪnɪ'mætɪk] *adj* cinématographique.

cinnamon ['sɪnəmən] *n* cannelle *f.*

cipher ['saɪfər] *n* [secret writing] code *m.*

circa ['sɜːkə] *prep* environ.

circle ['sɜːkl] ◇ *n* -1. [gen] cercle *m*; to come full ~ revenir à son point de départ; to go round in ~s *fig* tourner en rond. -2. [in theatre, cinema] balcon *m.* ◇ *vt* -1. [draw a circle round] entourer (d'un cercle). -2. [move round] faire le tour de. ◇ *vi* [plane] tourner en rond.

circuit ['sɜːkɪt] *n* -1. [gen & ELEC] circuit *m.* -2. [lap] tour *m*; [movement round] révolution *f.*

circuit board *n* plaquette *f* (de circuits imprimés).

circuit breaker *n* disjoncteur *m.*

circuitous [sə'kjuːɪtəs] *adj* indirect(e).

circular ['sɜːkjʊlər] ◇ *adj* -1. [gen] circulaire. -2. [argument] qui tourne en rond. ◇ *n* [letter] circulaire *f*; [advertisement] prospectus *m.*

circulate ['sɜːkjʊleɪt] ◇ *vi* -1. [gen] circuler. -2. [socialize] se mêler aux invités. ◇ *vt* [rumour] propager; [document] faire circuler.

circulation [ˌsɜːkjʊ'leɪʃn] *n* -1. [gen] circulation *f.* -2. PRESS tirage *m.*

circumcise ['sɜːkəmsaɪz] *vt* circoncire.

circumcision [ˌsɜːkəm'sɪʒn] *n* circoncision *f.*

circumference [sə'kʌmfərəns] *n* circonférence *f.*

circumflex ['sɜːkəmfleks] *n*: ~ (**accent**) accent *m* circonflexe.

circumnavigate [ˌsɜːkəm'nævɪgeɪt] *vt*: to ~ the world faire le tour du monde en bateau.

circumscribe ['sɜːkəmskraɪb] *vt fml* [restrict] limiter.

circumspect ['sɜːkəmspekt] *adj* circonspect(e).

circumstances ['sɜːkəmstənsɪz] *npl* circonstances *fpl*; **under** OR **in no** ~ en aucun cas; **under** OR **in the** ~ en de telles circonstances.

circumstantial [ˌsɜːkəm'stænʃl] *adj fml*: ~ **evidence** preuve *f* indirecte.

circumvent [ˌsɜːkəm'vent] *vt fml* [law, rule] tourner.

circus ['sɜːkəs] *n* cirque *m.*

cirrhosis [sɪ'rəʊsɪs] *n* cirrhose *f.*

CIS (*abbr of* **Commonwealth of Independent States**) *n* CEI *f.*

cissy ['sɪsɪ] (*pl* -**ies**) *n Br inf* femmelette *f.*

cistern ['sɪstən] *n* -1. *Br* [inside roof] réservoir *m* d'eau. -2. [in toilet] réservoir *m* de chasse d'eau.

citation [saɪ'teɪʃn] *n* citation *f.*

cite [saɪt] *vt* citer.

citizen ['sɪtɪzn] *n* -1. [of country] citoyen *m*, -enne *f.* -2. [of town] habitant *m*, -e *f.*

Citizens' Band *n fréquence radio réservée au public,* citizen band *f.*

citizenship ['sɪtɪznʃɪp] *n* citoyenneté *f.*

citric acid ['sɪtrɪk-] *n* acide *m* citrique.

citrus fruit ['sɪtrəs-] *n* agrume *m.*

city ['sɪtɪ] (*pl* -**ies**) *n* ville *f*, cité *f.*
◆ **City** *n Br*: **the City** la City.

THE CITY:

La City, quartier financier de la capitale, est une circonscription administrative autonome de Londres ayant sa propre police. Le terme 'the City' est souvent employé pour désigner le monde britannique de la finance

city centre *n* centre-ville *m.*

city hall *n Am* ≃ mairie *f*, ≃ hôtel *m* de ville.

city technology college *n* Br *établissement d'enseignement technique du secondaire subventionné par les entreprises.*

civic ['sɪvɪk] *adj* [leader, event] municipal(e); [duty, pride] civique.

civic centre *n* Br centre *m* administratif municipal.

civil ['sɪvl] *adj* -1. [public] civil(e). -2. [polite] courtois(e), poli(e).

civil defence *n* protection *f* civile.

civil disobedience *n* résistance *f* passive à la loi.

civil engineer *n* ingénieur *m* des travaux publics.

civil engineering *n* génie *m* civil.

civilian [sɪ'vɪljən] ◇ *n* civil *m*, -e *f*. ◇ *comp* civil(e).

civility [sɪ'vɪlətɪ] *n* politesse *f*.

civilization [ˌsɪvɪlaɪ'zeɪʃn] *n* civilisation *f*.

civilize, -ise ['sɪvɪlaɪz] *vt* civiliser.

civilized ['sɪvɪlaɪzd] *adj* civilisé(e).

civil law *n* droit *m* civil.

civil liberties *npl* libertés *fpl* civiques.

civil list *n* Br liste *f* civile (*allouée à la famille royale par le Parlement britannique*).

civil rights *npl* droits *mpl* civils.

civil servant *n* fonctionnaire *mf*.

civil service *n* fonction *f* publique.

civil war *n* guerre *f* civile.

CJD *n* abbr of **Creutzfeldt-Jakob disease.**

cl (*abbr of* **centilitre**) cl.

clad [klæd] *adj* [dressed]: ~ **in** vêtu(e) de.

cladding ['klædɪŋ] *n* Br revêtement *m*.

claim [kleɪm] ◇ *n* -1. [for pay etc] revendication *f*; [for expenses, insurance] demande *f*. -2. [right] droit *m*; **to lay** ~ **to sthg** revendiquer qqch. -3. [assertion] affirmation *f*. ◇ *vt* -1. [ask for] réclamer. -2. [responsibility, credit] revendiquer. -3. [maintain] prétendre. ◇ *vi*: **to** ~ **for sthg** faire une demande d'indemnité pour qqch; **to** ~ **(on one's insurance)** faire une déclaration de sinistre.

claimant ['kleɪmənt] *n* [to throne] prétendant *m*, -e *f*; [of state benefit] demandeur *m*, -eresse *f*, requérant *m*, -e *f*.

claim form *n* [for expenses] note *f* de frais; [for insurance] formulaire *m* de déclaration de sinistre.

clairvoyant [kleə'vɔɪənt] ◇ *adj* [person] qui a des dons de double vue. ◇ *n* voyant *m*, -e *f*.

clam [klæm] (*pt & pp* **-med**, *cont* **-ming**) *n* palourde *f*.

◆ **clam up** *vi* *inf* la boucler.

clamber ['klæmbər] *vi* grimper.

clammy ['klæmɪ] (*compar* **-mier**, *superl* **-miest**) *adj* [skin] moite; [weather] lourd et humide.

clamor Am = **clamour.**

clamorous ['klæmərəs] *adj* bruyant(e).

clamour Br, **clamor** Am ['klæmər] ◇ *n* (U) -1. [noise] cris *mpl*. -2. [demand] revendication *f* bruyante. ◇ *vi*: **to** ~ **for sthg** demander qqch à cor et à cri.

clamp [klæmp] ◇ *n* [gen] pince *f*, agrafe *f*; [for carpentry] serre-joint *m*; MED clamp *m*. ◇ *vt* -1. [gen] serrer. -2. AUT poser un sabot de Denver à.

◆ **clamp down** *vi*: **to** ~ **down (on)** sévir (contre).

clampdown ['klæmpdaʊn] *n*: ~ **(on)** répression *f* (contre).

clan [klæn] *n* clan *m*.

clandestine [klæn'destɪn] *adj* clandestin(e).

clang [klæŋ] ◇ *n* bruit *m* métallique. ◇ *vi* émettre un bruit métallique.

clanger ['klæŋər] *n* Br *inf* gaffe *f*.

clank [klæŋk] ◇ *n* cliquetis *m*. ◇ *vi* cliqueter.

clap [klæp] (*pt & pp* **-ped**, *cont* **-ping**) ◇ *n* -1. [of hands] applaudissement *m*, battement *m* (de main). -2. [of thunder] coup *m*. ◇ *vt* -1. [hands]: **to** ~ **one's hands** applaudir, taper des mains. -2. *inf* [place] mettre; **to** ~ **eyes on sb** apercevoir qqn. ◇ *vi* applaudir, taper des mains.

clapboard ['klæpbɔːd] *n* Am bardeau *m*.

clapped-out [klæpt-] *adj* Br *inf* déglingué(e).

clapperboard ['klæpəbɔːd] *n* claquette *f*.

clapping ['klæpɪŋ] *n* (U) applaudissements *mpl*.

claptrap ['klæptræp] *n* (U) *inf* sottises *fpl*.

claret ['klærət] *n* -1. [wine] bordeaux *m* rouge. -2. [colour] bordeaux *m inv*.

clarification [ˌklærɪfɪ'keɪʃn] *n* [explanation] éclaircissement *m*, clarification *f*.

clarify ['klærɪfaɪ] (*pt & pp* **-ied**) *vt* [explain] éclaircir, clarifier.

clarinet [ˌklærə'net] *n* clarinette *f*.

clarity ['klærətɪ] *n* clarté *f*.

clash [klæʃ] ◇ *n* -1. [of interests, personalities] conflit *m*. -2. [fight, disagreement] heurt *m*, affrontement *m*. -3. [noise] fracas *m*. ◇ *vi* -1. [fight, disagree] se heurter. -2. [differ, conflict] entrer en conflit. -3. [coincide]: **to** ~ **(with sthg)** tomber en même temps (que qqch). -4. [colours] jurer. -5. [cymbals etc] résonner.

clasp [klɑːsp] ◇ *n* [on necklace etc] fermoir

m; [on belt] **boucle** *f.* ◇ *vt* [hold tight] **serrer;**
to ~ hands se serrer la main.

class [klɑːs] ◇ *n* **-1.** [gen] **classe** *f.* **-2.** [les-
son] **cours** *m*, **classe** *f.* **-3.** [category] **catégorie** *f*; **to be in a ~ of one's own** être d'une
tout autre classe. ◇ *comp* **de classe.** ◇ *vt*
classer.

class-conscious *adj pej* **snob** (*inv*).

classic ['klæsɪk] ◇ *adj* **classique.** ◇ *n* **classique** *m*.

◆ **classics** *npl* **humanités** *fpl*.

classical ['klæsɪkl] *adj* **classique.**

classical music *n* **musique** *f* **classique.**

classification [,klæsɪfɪ'keɪʃn] *n* **classification** *f*.

classified ['klæsɪfaɪd] *adj* [information, docu-
ment] **classé secret** (**classée secrète**).

classified ad *n* **petite annonce** *f*.

classify ['klæsɪfaɪ] (*pt & pp* **-ied**) *vt* **classi-
fier, classer.**

classless ['klɑːslɪs] *adj* **sans distinctions sociales.**

classmate ['klɑːsmeɪt] *n* **camarade** *mf* **de
classe.**

classroom ['klɑːsrʊm] *n* (**salle** *f* **de**) **classe** *f*.

classy ['klɑːsɪ] (*compar* **-ier**, *superl* **-iest**) *adj*
inf **chic** (*inv*).

clatter ['klætər] ◇ *n* **cliquetis** *m*; [louder] **fracas** *m*. ◇ *vi* [metal object] **cliqueter.**

clause [klɔːz] *n* **-1.** [in document] **clause** *f*.
-2. GRAMM **proposition** *f*.

claustrophobia [,klɔːstrə'fəʊbjə] *n* **claustrophobie** *f*.

claustrophobic [,klɔːstrə'fəʊbɪk] *adj* **-1.** [at-
mosphere] **qui rend claustrophobe. -2.** [per-
son] **claustrophobe.**

claw [klɔː] ◇ *n* **-1.** [of cat, bird] **griffe** *f*. **-2.**
[of crab, lobster] **pince** *f*. ◇ *vt* **griffer.** ◇ *vi*
[person]: **to ~ at** s'agripper à.

◆ **claw back** *vt sep Br* [money] **récupérer.**

clay [kleɪ] *n* **argile** *f*.

clay pigeon shooting *n* **ball-trap** *m*.

clean [kliːn] ◇ *adj* **-1.** [not dirty] **propre. -2.**
[sheet of paper, driving licence] **vierge;** [reputa-
tion] **sans tache; to come ~ about sthg** *inf*
confesser qqch. -3. [joke] **de bon goût. -4.**
[smooth] **net (nette).**
◇ *adv*: **I ~ forgot** j'ai complètement oublié.
◇ *vt* **nettoyer; to ~ one's teeth** se brosser
OR **laver les dents.**
◇ *vi* **faire le ménage.**
◇ *n*: **to give sthg a ~** nettoyer qqch.

◆ **clean out** *vt sep* **-1.** [room, drawer] **nettoyer à fond. -2.** *inf fig* [person] **nettoyer.**

◆ **clean up** ◇ *vt sep* [clear up] **nettoyer.** ◇
vi inf [make a profit] **ramasser de l'argent.**

cleaner ['kliːnər] *n* **-1.** [person] **personne** *f*
qui fait le ménage; window ~ laveur *m*,
-euse *f* **de vitres. -2.** [substance] **produit** *m*
d'entretien. -3. [machine] **appareil** *m* **de nettoyage. -4.** [shop]: **~'s pressing** *m*.

cleaning ['kliːnɪŋ] *n* **nettoyage** *m*.

cleaning lady *n* **femme** *f* **de ménage.**

cleanliness ['klenlɪnɪs] *n* **propreté** *f*.

cleanly ['kliːnlɪ] *adv* [cut] **nettement.**

cleanness ['kliːnnɪs] *n* **propreté** *f*.

cleanse [klenz] *vt* **-1.** [skin, wound] **nettoyer. -2.** *fig* [make pure] **purifier; to ~ sb/
sthg of** délivrer qqn/qqch de.

cleanser ['klenzər] *n* [detergent] **détergent** *m*;
[for skin] **démaquillant** *m*.

clean-shaven *adj* **rasé(e) de près.**

cleanup ['kliːnʌp] *n* **nettoyage** *m*.

clear [klɪər] ◇ *adj* **-1.** [gen] **clair(e);** [glass,
plastic] **transparent(e);** [difference] **net
(nette); to make sthg ~ (to sb)** expliquer
qqch clairement (à qqn); **to make it ~ that**
préciser que; **to make o.s. ~** bien se faire
comprendre. **-2.** [voice, sound] **qui s'entend
nettement. -3.** [road, space] **libre, dégagé(e);
we have two ~ days to get there** on a
deux jours entiers pour y aller. **-4.** [not guil-
ty]: **to have a ~ conscience** avoir la
conscience tranquille.
◇ *adv*: **to stand ~** s'écarter; **to stay ~ of
sb/sthg, to steer ~ of sb/sthg** éviter qqn/
qqch.
◇ *n*: **in the ~** [out of danger] **hors de danger;** [free from suspicion] **au-dessus de tout
soupçon.**
◇ *vt* **-1.** [road, path] **dégager;** [table] **débarrasser; to ~ one's throat** s'éclaircir la voix.
-2. [obstacle, fallen tree] **enlever. -3.** [jump]
sauter, franchir. -4. [debt] **s'acquitter de.**
-5. [authorize] **donner le feu vert à. -6.** JUR
innocenter. -7. [cheque] **compenser.**
◇ *vi* [fog, smoke] **se dissiper;** [weather, sky]
s'éclaircir.

◆ **clear away** *vt sep* [plates] **débarrasser;**
[books] **enlever.**

◆ **clear off** *vi Br inf* **dégager.**

◆ **clear out** ◇ *vt sep* [cupboard] **vider;**
[room] **ranger.** ◇ *vi inf* [leave] **dégager.**

◆ **clear up** ◇ *vt sep* **-1.** [tidy] **ranger. -2.**
[mystery, misunderstanding] **éclaircir.** ◇ *vi* **-1.**
[weather] **s'éclaircir. -2.** [tidy up] **tout ranger.**

clearance ['klɪərəns] *n* **-1.** [of rubbish] **enlèvement** *m*; [of land] **déblaiement** *m*. **-2.** [per-
mission] **autorisation** *f*. **-3.** [free space] **dégagement** *m*.

clearance sale *n* **soldes** *mpl*.

clear-cut *adj* **net (nette).**

clear-headed [-'hedɪd] *adj* **lucide.**

clearing ['klɪərɪŋ] *n* [in wood] clairière *f.*

clearing bank *n* Br banque *f* de clearing.

clearing house *n* -1. [organization] bureau *m* central. -2. [bank] chambre *f* de compensation.

clearing up *n* rangement *m.*

clearly ['klɪəlɪ] *adv* -1. [distinctly, lucidly] clairement. -2. [obviously] manifestement.

clearout ['klɪəraʊt] *n inf* (grand) nettoyage *m.*

clear-sighted [-'saɪtɪd] *adj* qui voit juste.

clearway ['klɪəweɪ] *n* Br route où le stationnement n'est autorisé qu'en cas d'urgence.

cleavage ['kliːvɪdʒ] *n* -1. [between breasts] décolleté *m.* -2. [division] division *f.*

cleaver ['kliːvə] *n* couperet *m.*

clef [klef] *n* clef *f.*

cleft [kleft] *n* fente *f.*

cleft palate *n* fente *f* de la voûte du palais.

clematis ['klemətɪs] *n* clématite *f.*

clemency ['klemənsɪ] *n* clémence *f.*

clementine ['kleməntaɪn] *n* clémentine *f.*

clench [klentʃ] *vt* serrer.

clergy ['klɜːdʒɪ] *npl*: **the** ~ le clergé.

clergyman ['klɜːdʒɪmən] (*pl* **-men** [-mən]) *n* membre *m* du clergé.

cleric ['klerɪk] *n* membre *m* du clergé.

clerical ['klerɪkl] *adj* -1. ADMIN de bureau. -2. RELIG clérical(e).

clerk [Br klɑːk, Am klɜːrk] *n* -1. [in office] employé *m,* -e *f* de bureau. -2. JUR clerc *m.* -3. Am [shop assistant] vendeur *m,* -euse *f.*

clever ['klevə] *adj* -1. [intelligent - person] intelligent(e); [- idea] ingénieux(ieuse). -2. [skilful] habile, adroit(e).

cleverly ['klevəlɪ] *adv* -1. [intelligently] intelligemment. -2. [skilfully] habilement.

cleverness ['klevənɪs] *n* -1. [intelligence] intelligence *f.* -2. [skill] habileté *f.*

cliché ['kliːʃeɪ] *n* cliché *m.*

click [klɪk] ◇ *n* [of lock] déclic *m*; [of tongue, heels] claquement *m.* ◇ *vt* faire claquer. ◇ *vi* -1. [heels] claquer; [camera] faire un déclic. -2. *inf fig* [become clear]: **it** ~**ed** cela a fait tilt. -3. COMPUT cliquer.

client ['klaɪənt] *n* client *m,* -e *f.*

clientele [,kliːən'tel] *n* clientèle *f.*

cliff [klɪf] *n* falaise *f.*

cliffhanger ['klɪf,hæŋə] *n inf* épisode *m* à suspense.

climactic [klaɪ'mæktɪk] *adj* [point] culminant(e).

climate ['klaɪmɪt] *n* climat *m.*

climatic [klaɪ'mætɪk] *adj* climatique.

climax ['klaɪmæks] *n* [culmination] apogée *m.*

climb [klaɪm] ◇ *n* ascension *f,* montée *f.* ◇ *vt* [tree, rope] monter à; [stairs] monter; [wall, hill] escalader. ◇ *vi* -1. [person] monter, grimper; **they** ~**ed over the fence** ils passèrent par-dessus la barrière. -2. [plant] grimper; [road] monter; [plane] prendre de l'altitude. -3. [increase] augmenter.

◆ **climb down** *vi fig* reconnaître qu'on a tort.

climb-down *n* reculade *f.*

climber ['klaɪmə] *n* -1. [person] alpiniste *mf,* grimpeur *m,* -euse *f.* -2. [plant] plante *f* grimpante.

climbing ['klaɪmɪŋ] *n* [rock climbing] varappe *f*; [mountain climbing] alpinisme *m.*

climbing frame *n* Br cage *f* à poules.

climes [klaɪmz] *npl*: **in sunnier** ~ sous des cieux plus cléments.

clinch [klɪntʃ] *vt* [deal] conclure.

cling [klɪŋ] (*pt* & *pp* **clung**) *vi* -1. [hold tightly]: **to** ~ **(to)** s'accrocher (à), se cramponner (à). -2. [clothes]: **to** ~ **(to)** coller (à).

clingfilm ['klɪŋfɪlm] *n* Br film *m* alimentaire transparent.

clinging ['klɪŋɪŋ] *adj lit* & *fig* collant(e).

clinic ['klɪnɪk] *n* [building] centre *m* médical, clinique *f.*

clinical ['klɪnɪkl] *adj* -1. MED clinique. -2. *fig* [attitude] froid(e).

clinically ['klɪnɪklɪ] *adv* MED cliniquement.

clink [klɪŋk] ◇ *n* cliquetis *m.* ◇ *vi* tinter.

clip [klɪp] (*pt* & *pp* **-ped**, *cont* **-ping**) ◇ *n* -1. [for paper] trombone *m*; [for hair] pince *f*; [of earring] clip *m*; TECH collier *m.* -2. [excerpt] extrait *m.* ◇ *vt* -1. [fasten] attacher. -2. [nails] couper; [hedge] tailler; [newspaper cutting] découper. -3. *inf* [hit]: **to** ~ **sb round the ear** flanquer une gifle à qqn.

clipboard ['klɪpbɔːd] *n* écritoire *f* à pince, clipboard *m.*

clip-on *adj* [badge etc] à pince; ~ **earrings** clips *mpl.*

clipped [klɪpt] *adj* [voice] saccadé(e).

clippers ['klɪpəz] *npl* [for hair] tondeuse *f*; [for nails] pince *f* à ongles; [for hedge] cisaille *f* à haie; [for pruning] sécateur *m.*

clipping ['klɪpɪŋ] *n* [from newspaper] coupure *f.*

clique [kliːk] *n* clique *f.*

cloak [kləʊk] ◇ *n* -1. [garment] cape *f.* -2. *fig* [for secret] couverture *f.* ◇ *vt*: **to be** ~**ed in** être entouré(e) de.

cloak-and-dagger *adj* [story] de cape et d'épée.

cloakroom ['kləukrum] *n* **-1.** [for clothes] vestiaire *m*. **-2.** *Br* [toilets] toilettes *fpl*.

clobber ['klɒbə'] *inf* ◇ *n* (*U*) *Br* **-1.** [belongings] affaires *fpl*. **-2.** [clothes] vêtements *mpl*. ◇ *vt* [hit] frapper, tabasser.

clock [klɒk] *n* **-1.** [large] horloge *f*; [small] pendule *f*; **round the ~** [work, be open] 24 heures sur 24; **to put the ~ back** retarder l'horloge; *fig* revenir en arrière; **to put the ~ forward** avancer l'horloge. **-2.** AUT [milometer] compteur *m*.
◆ **clock in, clock on** *vi Br* [at work] pointer (*à l'arrivée*).
◆ **clock off, clock out** *vi Br* [at work] pointer (*à la sortie*).
◆ **clock on** = clock in.
◆ **clock up** *vt fus* [miles] faire, avaler.

clockwise ['klɒkwaɪz] *adj & adv* dans le sens des aiguilles d'une montre.

clockwork ['klɒkwɜːk] ◇ *n*: **to go like ~** *fig* aller OR marcher comme sur des roulettes. ◇ *comp* [toy] mécanique.

clod [klɒd] *n* [of earth] motte *f*.

clog [klɒg] (*pt & pp* **-ged,** *cont* **-ging**) *vt* boucher.
◆ **clogs** *npl* sabots *mpl*.
◆ **clog up** ◇ *vt sep* boucher. ◇ *vi* se boucher.

clogged [klɒgd] *adj* bouché(e).

cloister ['klɔɪstə'] *n* [passage] cloître *m*.

cloistered ['klɔɪstəd] *adj* cloîtré(e).

clone [kləun] ◇ *n* [gen & COMPUT] clone *m*. ◇ *vt* cloner.

close¹ [kləus] ◇ *adj* **-1.** [near]: **~ (to)** proche (de), près (de); **a ~ friend** un ami intime (une amie intime); **~ to tears** au bord des larmes; **~ up, ~ to** de près; **~ by, ~ at hand** tout près; **that was a ~ shave** OR **thing** OR **call** on l'a échappé belle. **-2.** [link, resemblance] fort(e); [cooperation, connection] étroit(e). **-3.** [questioning] serré(e); [examination] minutieux(ieuse); **to keep a ~ watch on sb/sthg** surveiller qqn/qqch de près; **to pay ~ attention** faire très attention; **to have a ~ look at sb/sthg** regarder qqn/qqch de près. **-4.** [weather] lourd(e); [air in room] renfermé(e), serré(e). **-5.** [result, contest, race] serré(e).
◇ *adv*: **~ (to)** près (de); **to come ~r (together)** se rapprocher.
◇ *n* [street] cul-de-sac *m*.
◆ **close on, close to** *prep* [almost] près de.

close² [kləuz] ◇ *vt* **-1.** [gen] fermer; **to ~ one's eyes** fermer les yeux. **-2.** [end] clore. ◇ *vi* **-1.** [shop, bank] fermer; [door, lid] (se) fermer. **-2.** [end] se terminer, finir. ◇ *n* fin *f*; **to bring sthg to a ~** mettre fin à qqch.

◆ **close down** *vt sep & vi* fermer.
◆ **close in** *vi* [night, fog] descendre; [person]: **to ~ in (on)** approcher OR se rapprocher (de).
◆ **close off** *vt fus* [road] barrer.

close-cropped [kləus-] *adj* ras(e).

closed [kləuzd] *adj* fermé(e).

closed circuit television *n* télévision *f* en circuit fermé.

closedown ['kləuzdaun] *n* **-1.** *Br* RADIO & TV fin *f* (des émissions). **-2.** [of factory] fermeture *f*.

closed shop *n* atelier qui n'embauche que du personnel syndiqué.

close-fitting [kləus-] *adj* près du corps.

close-knit [kləus-] *adj* (très) uni(e).

closely ['kləuslɪ] *adv* [listen, examine, watch] de près; [resemble] beaucoup; **to be ~ related to** OR **with** être proche parent de; **to work ~ with sb** travailler en étroite collaboration avec qqn.

closeness ['kləusnɪs] *n* **-1.** [nearness] proximité *f*. **-2.** [intimacy] intimité *f*.

closeout ['kləuzaut] *n Am* liquidation *f*.

close quarters [kləus-] *npl*: **at ~** de près.

close season [kləus-] *n Br* fermeture *f* de la chasse OR de la pêche.

closet ['klɒzɪt] ◇ *n Am* [cupboard] placard *m*. ◇ *adj inf* non avoué(e). ◇ *vt*: **to be ~ed with sb** être enfermé(e) avec qqn.

close-up [kləus-] *n* gros plan *m*.

closing ['kləuzɪŋ] *adj* [stages, remarks] final(e); [speech] de clôture.

closing price *n* prix *m* de clôture.

closing time *n* heure *f* de fermeture.

closure ['kləuʒə'] *n* fermeture *f*.

clot [klɒt] (*pt & pp* **-ted,** *cont* **-ting**) ◇ *n* **-1.** [of blood, milk] caillot *m*. **-2.** *Br inf* [fool] empoté *m*, -e *f*. ◇ *vi* [blood] coaguler.

cloth [klɒθ] *n* **-1.** (*U*) [fabric] tissu *m*. **-2.** [duster] chiffon *m*; [for drying] torchon *m*.

clothe [kləuð] *vt fml* [dress] habiller; **~d in** habillé(e) de.

clothes [kləuðz] *npl* vêtements *mpl*, habits *mpl*; **to put one's ~ on** s'habiller; **to take one's ~ off** se déshabiller.

clothes basket *n* panier *m* à linge.

clothes brush *n* brosse *f* à habits.

clotheshorse ['kləuðhɔːs] *n* séchoir *m* à linge.

clothesline ['kləuðzlaɪn] *n* corde *f* à linge.

clothes peg *Br*, **clothespin** *Am* ['kləuðzpɪn] *n* pince *f* à linge.

clothing ['kləuðɪŋ] *n* (*U*) vêtements *mpl*, habits *mpl*.

95

coarse

clotted cream ['klɒtɪd-] *n Br* crème épaisse, spécialité de la Cornouailles.

cloud [klaʊd] ◇ *n* nuage *m*; **to be under a ~** être mal vu. ◇ *vt* **-1.** [mirror] embuer. **-2.** *fig* [memory, happiness] gâcher; **to ~ the issue** brouiller les cartes.

◆ **cloud over** *vi* **-1.** [sky] se couvrir. **-2.** [face] s'assombrir.

cloudburst ['klaʊdbɜːst] *n* trombe *f* d'eau.

cloudless ['klaʊdlɪs] *adj* sans nuages.

cloudy ['klaʊdɪ] (*compar* **-ier**, *superl* **-iest**) *adj* **-1.** [sky, day] nuageux(euse). **-2.** [liquid] trouble.

clout [klaʊt] *inf* ◇ *n* **-1.** [blow] coup *m*. **-2.** (U) [influence] poids *m*, influence *f*. ◇ *vt* donner un coup à.

clove [kləʊv] *n*: **a ~ of garlic** une gousse d'ail.

◆ **cloves** *npl* [spice] clous *mpl* de girofle.

clover ['kləʊvə'] *n* trèfle *m*.

cloverleaf ['kləʊvəliːf] (*pl* **-leaves** [-liːvz]) *n* [plant] feuille *f* de trèfle.

clown [klaʊn] ◇ *n* **-1.** [performer] clown *m*. **-2.** [fool] pitre *m*. ◇ *vi* faire le pitre.

cloying ['klɔɪɪŋ] *adj* **-1.** [smell] écœurant(e). **-2.** [sentimentality] à l'eau de rose.

club [klʌb] (*pt & pp* **-bed**, *cont* **-bing**) ◇ *n* **-1.** [organization, place] club *m*. **-2.** [weapon] massue *f*. **-3.** (**golf**) ~ **club** *m*. **-4.** [playing card] trèfle *m*. ◇ *comp* [member, fees] du club. ◇ *vt* matraquer.

◆ **clubs** *npl* CARDS trèfle *m*; **the six of ~s** le six de trèfle.

◆ **club together** *vi* se cotiser.

club car *n Am* RAIL wagon-restaurant *m*.

clubhouse ['klʌbhaʊs, *pl* -haʊzɪz] *n* club *m*, pavillon *m*.

cluck [klʌk] *vi* glousser.

clue [kluː] *n* **-1.** [in crime] indice *m*; **I haven't (got) a ~ (about)** je n'ai aucune idée (sur). **-2.** [answer]: **the ~ to sthg** la solution de qqch. **-3.** [in crossword] définition *f*.

clued-up [kluːd-] *adj Br inf* calé(e).

clueless ['kluːlɪs] *adj Br inf* qui n'a aucune idée.

clump [klʌmp] ◇ *n* **-1.** [of trees, bushes] massif *m*, bouquet *m*. **-2.** [sound] bruit *m* sourd. ◇ *vi*: **to ~ about** marcher d'un pas lourd.

clumsily ['klʌmzɪlɪ] *adv* **-1.** [ungracefully] gauchement, maladroitement. **-2.** [tactlessly] sans tact.

clumsy ['klʌmzɪ] (*compar* **-ier**, *superl* **-iest**) *adj* **-1.** [ungraceful] gauche, maladroit(e). **-2.**

[tool, object] peu pratique. **-3.** [tactless] sans tact.

clung [klʌŋ] *pt & pp* → **cling**.

cluster ['klʌstə'] ◇ *n* [group] groupe *m*. ◇ *vi* [people] se rassembler; [buildings etc] être regroupé(e).

clutch [klʌtʃ] ◇ *n* AUT embrayage *m*. ◇ *vt* agripper. ◇ *vi*: **to ~ at** s'agripper à.

◆ **clutches** *npl*: **in the ~es of** dans les griffes de.

clutch bag *n* pochette *f*.

clutter ['klʌtə'] ◇ *n* désordre *m*; **in a ~** en désordre. ◇ *vt* mettre en désordre.

cm (*abbr of* **centimetre**) *n* cm.

CNAA (*abbr of* **Council for National Academic Awards**) *n* organisme non universitaire délivrant des diplômes en Grande-Bretagne.

CND (*abbr of* **Campaign for Nuclear Disarmament**) *n* mouvement pour le désarmement nucléaire.

c/o (*abbr of* **care of**) a/s.

co- [kəʊ] *prefix* co-.

Co. -1. (*abbr of* **Company**) Cie. **-2.** *abbr of* **County**.

CO ◇ *n* **-1.** *abbr of* **commanding officer**. **-2.** (*abbr of* **Commonwealth Office**) secrétariat d'État au Commonwealth. **-3.** *abbr of* **conscientious objector**. ◇ *abbr of* **Colorado**.

coach [kəʊtʃ] ◇ *n* **-1.** [bus] car *m*, autocar *m*. **-2.** RAIL voiture *f*. **-3.** [horsedrawn] carrosse *m*. **-4.** SPORT entraîneur *m*. **-5.** [tutor] répétiteur *m*, -trice *f*. ◇ *vt* **-1.** SPORT entraîner. **-2.** [tutor] donner des leçons (particulières) à.

coaching ['kəʊtʃɪŋ] *n* (U) **-1.** SPORT entraînement *m*. **-2.** [tutoring] leçons *fpl* particulières.

coach trip *n Br* excursion *f* en autocar.

coagulate [kəʊˈægjʊleɪt] *vi* coaguler.

coal [kəʊl] *n* charbon *m*.

coalesce [ˌkəʊəˈles] *vi* s'unir.

coalface ['kəʊlfeɪs] *n* front *m* de taille.

coalfield ['kəʊlfiːld] *n* bassin *m* houiller.

coal gas *n* gaz *m*.

coalition [ˌkəʊəˈlɪʃn] *n* coalition *f*.

coalman ['kəʊlmæn] (*pl* **-men** [-men]) *n Br* charbonnier *m*.

coalmine ['kəʊlmaɪn] *n* mine *f* de charbon.

coalminer ['kəʊlˌmaɪnə'] *n* mineur *m*.

coalmining ['kəʊlˌmaɪnɪŋ] *n* charbonnage *m*.

coarse [kɔːs] *adj* **-1.** [rough - cloth] grossier(ière); [- hair] épais(aisse); [- skin] granuleux(euse). **-2.** [vulgar] grossier(ière).

coarse fishing n Br pêche f en eau douce (à l'exclusion du saumon).

coarsen ['kɔːsn] ◇ vt rendre grossier(ière). ◇ vi devenir grossier(ière).

coast [kəʊst] ◇ n côte f. ◇ vi [in car, on bike] avancer en roue libre.

coastal ['kəʊstl] adj côtier(ière).

coaster ['kəʊstər] n [small mat] dessous m de verre.

coastguard ['kəʊstɡɑːd] n -1. [person] garde-côte m. -2. [organization]: **the ~** la gendarmerie maritime.

coastline ['kəʊstlaɪn] n côte f.

coat [kəʊt] ◇ n -1. [garment] manteau m. -2. [of animal] pelage m. -3. [layer] couche f. ◇ vt: **to ~ sthg (with)** recouvrir qqch (de); [with paint etc] enduire qqch (de).

coat hanger n cintre m.

coating ['kəʊtɪŋ] n couche f; CULIN glaçage m.

coat of arms (pl coats of arms) n blason m.

coauthor [kəʊ'ɔːθər] n co-auteur m.

coax [kəʊks] vt: **to ~ sb (to do OR into doing sthg)** persuader qqn (de faire qqch) à force de cajoleries.

coaxial cable [,kəʊ'æksɪəl-] n COMPUT câble m co-axial.

cob [kɒb] n → corn.

cobalt ['kəʊbɔːlt] n cobalt m.

cobble ['kɒbl]
◆ **cobble together** vt sep [agreement, book] bricoler; [speech] improviser.

cobbled ['kɒbld] adj pavé(e).

cobbler ['kɒblər] n cordonnier m.

cobbles ['kɒblz], **cobblestones** ['kɒblstəʊnz] npl pavés mpl.

Cobol ['kəʊbɒl] (abbr of Common Business Oriented Language) n COBOL m.

cobra ['kəʊbrə] n cobra m.

cobweb ['kɒbweb] n toile f d'araignée.

Coca-Cola® [,kəʊkə'kəʊlə] n Coca-Cola® m inv.

cocaine [kəʊ'keɪn] n cocaïne f.

cock [kɒk] ◇ n -1. [male chicken] coq m. -2. [male bird] mâle m. ◇ vt -1. [gun] armer. -2. [head] incliner.
◆ **cock up** vt sep Br v inf faire merder.

cock-a-hoop adj inf ravi(e).

cockatoo [,kɒkə'tuː] (pl -s) n cacatoès m.

cockerel ['kɒkrəl] n jeune coq m.

cocker spaniel [,kɒkə'spænjəl] n cocker m.

cockeyed ['kɒkaɪd] adj inf -1. [lopsided] de travers. -2. [foolish] complètement fou (folle).

cockfight ['kɒkfaɪt] n combat m de coqs.

cockle ['kɒkl] n [shellfish] coque f.

Cockney ['kɒknɪ] (pl Cockneys) ◇ n -1. [person] Cockney mf (personne issue des quartiers populaires de l'est de Londres). -2. [dialect, accent] cockney m. ◇ comp cockney (inv).

cockpit ['kɒkpɪt] n [in plane] cockpit m.

cockroach ['kɒkrəʊtʃ] n cafard m.

cocksure [,kɒk'ʃɔːr] adj trop sûr(e) de soi.

cocktail ['kɒkteɪl] n cocktail m.

cocktail dress n robe f de soirée.

cocktail shaker [-,ʃeɪkər] n shaker m.

cocktail stick n bâtonnet m à apéritif.

cock-up n v inf: **to make a ~** se planter.

cocky ['kɒkɪ] (compar -ier, superl -iest) adj inf suffisant(e).

cocoa ['kəʊkəʊ] n cacao m.

coconut ['kəʊkənʌt] n noix f de coco.

cocoon [kə'kuːn] ◇ n lit & fig cocon m. ◇ vt fig [person] couver.

cod [kɒd] (pl inv) n morue f.

COD -1. abbr of cash on delivery. -2. abbr of collect on delivery.

code [kəʊd] ◇ n code m. ◇ vt coder.

coded ['kəʊdɪd] adj codé(e).

codeine ['kəʊdiːn] n codéine f.

code name n nom m de code.

code of practice n déontologie f.

cod-liver oil n huile f de foie de morue.

codswallop ['kɒdz,wɒləp] n (U) Br inf bêtises fpl.

co-ed [kəʊ'ed] ◇ adj abbr of coeducational. ◇ n -1. (abbr of coeducational student) étudiante d'une université mixte américaine. -2. (abbr of coeducational school) école mixte britannique.

coeducational [,kəʊedjuː'keɪʃənl] adj mixte.

coefficient [,kəʊɪ'fɪʃnt] n coefficient m.

coerce [kəʊ'ɜːs] vt: **to ~ sb (into doing sthg)** contraindre qqn (à faire qqch).

coercion [kəʊ'ɜːʃn] n coercition f.

coexist [,kəʊɪɡ'zɪst] vi coexister.

coexistence [,kəʊɪɡ'zɪstəns] n coexistence f.

C. of C. (abbr of chamber of commerce) n CC f.

C of E abbr of Church of England.

coffee ['kɒfɪ] n café m.

coffee bar n Br café m.

coffee beans npl grains mpl de café.

coffee break n pause-café f.

coffee cup n tasse f à café.

coffee mill n moulin m à café.

coffee morning n Br réunion matinale pour prendre le café.

coffeepot ['kɒfɪpɒt] *n* cafetière *f*.

coffee shop *n* **-1.** *Br* [shop] café *m*. **-2.** *Am* [restaurant] ≃ café-restaurant *m*.

coffee table *n* table *f* basse.

coffee-table book *n* beau livre *m*.

coffers ['kɒfəz] *npl* coffres *mpl*.

coffin ['kɒfɪn] *n* cercueil *m*.

cog [kɒg] *n* [tooth on wheel] dent *f*; [wheel] roue *f* dentée; **a ~ in the machine** *fig* un simple rouage.

cogent ['kəʊdʒənt] *adj* convaincant(e).

cogitate ['kɒdʒɪteɪt] *vi fml* réfléchir.

cognac ['kɒnjæk] *n* cognac *m*.

cognitive ['kɒgnɪtɪv] *adj* cognitif(ive).

cogwheel ['kɒgwiːl] *n* roue *f* dentée.

cohabit [ˌkəʊ'hæbɪt] *vi fml* cohabiter.

coherent [kəʊ'hɪərənt] *adj* cohérent(e).

coherently [kəʊ'hɪərəntlɪ] *adv* de façon cohérente.

cohesion [kəʊ'hiːʒn] *n* cohésion *f*.

cohesive [kəʊ'hiːsɪv] *adj* cohésif(ive).

cohort ['kəʊhɔːt] *n* cohorte *f*.

COHSE ['kəʊzɪ] (*abbr of* **Confederation of Health Service Employees**) *n* ancien syndicat britannique des employés des services de santé.

COI (*abbr of* **Central Office of Information**) *n* service public britannique d'information en Grande-Bretagne.

coil [kɔɪl] ◇ *n* **-1.** [of rope etc] rouleau *m*; [one loop] boucle *f*. **-2.** ELEC bobine *f*. **-3.** *Br* [contraceptive device] stérilet *m*. ◇ *vt* enrouler. ◇ *vi* s'enrouler.

◆ **coil up** *vt sep* enrouler.

coiled [kɔɪld] *adj* enroulé(e).

coin [kɔɪn] ◇ *n* pièce *f* (de monnaie). ◇ *vt* [word] inventer; **to ~ a phrase** pour employer un lieu commun.

coinage ['kɔɪnɪdʒ] *n* **-1.** (*U*) [currency] monnaie *f*. **-2.** [new word] néologisme *m*.

coin-box *n Br* cabine *f* (publique) à pièces.

coincide [ˌkəʊɪn'saɪd] *vi* coïncider.

coincidence [kəʊ'ɪnsɪdəns] *n* coïncidence *f*.

coincidental [kəʊˌɪnsɪ'dentl] *adj* de coïncidence.

coincidentally [kəʊˌɪnsɪ'dentəlɪ] *adv* par hasard.

coin-operated [-'ɒpəˌreɪtɪd] *adj* automatique.

coitus ['kəʊɪtəs] *n* coït *m*.

coke [kəʊk] *n* **-1.** [fuel] coke *m*. **-2.** *drugs sl* coco *f*.

Coke® [kəʊk] *n* Coca® *m*.

Col. (*abbr of* **colonel**) Col.

cola ['kəʊlə] *n* cola *m*.

COLA (*abbr of* **cost-of-living adjustment**) *n* actualisation des salaires, indemnités etc en fonction du coût de la vie.

colander ['kʌləndər] *n* passoire *f*.

cold [kəʊld] ◇ *adj* froid(e); **it's ~** il fait froid; **to be ~** avoir froid; **to get ~** [person] avoir froid; [hot food] refroidir. ◇ *n* **-1.** [illness] rhume *m*; **to catch (a) ~** attraper un rhume, s'enrhumer. **-2.** [low temperature] froid *m*.

cold-blooded [-'blʌdɪd] *adj* **-1.** [animal] à sang-froid. **-2.** *fig* [killer] sans pitié; [murder] de sang-froid.

cold cream *n* cold-cream *m*.

cold cuts *npl* assiette *f* anglaise.

cold feet *npl*: **to have** OR **get ~** *inf* avoir la trouille.

cold-hearted [-'hɑːtɪd] *adj* insensible.

coldly ['kəʊldlɪ] *adv* froidement.

coldness ['kəʊldnɪs] *n* froideur *f*.

cold shoulder *n*: **to give sb the ~** *inf* être froid(e) avec qqn.

cold sore *n* bouton *m* de fièvre.

cold storage *n*: **to put sthg into ~** [food] mettre qqch en chambre froide.

cold sweat *n* sueur *f* froide.

cold war *n*: **the ~** la guerre froide.

coleslaw ['kəʊlslɔː] *n* chou *m* cru mayonnaise.

colic ['kɒlɪk] *n* colique *f*.

collaborate [kə'læbəreɪt] *vi* collaborer.

collaboration [kəˌlæbə'reɪʃn] *n* collaboration *f*.

collaborative [kə'læbərətɪv] *adj* fait(e) en collaboration OR en commun.

collaborator [kə'læbəreɪtər] *n* collaborateur *m*, -trice *f*.

collage ['kɒlɑːʒ] *n* collage *m*.

collagen ['kɒlədʒən] *n* collagène *m*.

collapse [kə'læps] ◇ *n* [gen] écroulement *m*, effondrement *m*; [of marriage] échec *m*. ◇ *vi* **-1.** [building, person] s'effondrer, s'écrouler; [marriage] échouer. **-2.** [fold up] être pliant(e).

collapsible [kə'læpsəbl] *adj* pliant(e).

collar ['kɒlər] ◇ *n* **-1.** [on clothes] col *m*. **-2.** [for dog] collier *m*. **-3.** TECH collier *m*, bague *f*. ◇ *vt inf* [detain] coincer.

collarbone ['kɒləbəʊn] *n* clavicule *f*.

collate [kə'leɪt] *vt* collationner.

collateral [kɒ'lætərəl] *n* (*U*) nantissement *m*.

collation [kə'leɪʃn] *n* collation *f*.

colleague ['kɒliːg] *n* collègue *mf*.

collect [kə'lekt] ◇ *vt* **-1.** [gather together - gen] rassembler, recueillir; [- wood etc] ramasser; **to ~ o.s.** se reprendre. **-2.** [as a hobby] collectionner. **-3.** [go to get] aller chercher, passer prendre. **-4.** [money] recueillir; [taxes] percevoir; **~ on delivery** *Am* paiement à la livraison. ◇ *vi* **-1.** [crowd, people] se rassembler. **-2.** [dust, leaves, dirt] s'amasser, s'accumuler. **-3.** [for charity, gift] faire la quête.
◇ *adv Am* TELEC: **to call (sb) ~** téléphoner (à qqn) en PCV.
◆ **collect up** *vt sep* ramasser.

collectable [kə'lektəbl] ◇ *adj* prisé(e) (par les collectionneurs). ◇ *n* objet *m* prisé par les collectionneurs.

collected [kə'lektɪd] *adj* **-1.** [calm] posé(e), maître de soi. **-2.** LITERATURE: **~ works** œuvres *fpl* complètes.

collecting [kə'lektɪŋ] *n* (*U*) [hobby] fait *m* de collectionner.

collection [kə'lekʃn] *n* **-1.** [of objects] collection *f*. **-2.** LITERATURE recueil *m*. **-3.** [of rubbish] ramassage *m*; [of taxes] perception *f*. **-4.** [of money] quête *f*. **-5.** [of mail] levée *f*.

collective [kə'lektɪv] ◇ *adj* collectif(ive). ◇ *n* coopérative *f*.

collective bargaining *n* (*U*) *négociations de convention collective*.

collectively [kə'lektɪvlɪ] *adv* collectivement.

collective ownership *n* propriété *f* collective.

collector [kə'lektə^r] *n* **-1.** [as a hobby] collectionneur *m*, -euse *f*. **-2.** [of debts, rent] encaisseur *m*; **~ of taxes** percepteur *m*.

collector's item *n* pièce *f* de collection.

college ['kɒlɪdʒ] *n* **-1.** [gen] ≃ école *f* d'enseignement (technique) supérieur. **-2.** [of university] *maison communautaire d'étudiants sur un campus universitaire.*

college of education *n* ≃ institut *m* de formation de maîtres.

collide [kə'laɪd] *vi*: **to ~ (with)** entrer en collision (avec).

collie ['kɒlɪ] *n* colley *m*.

colliery ['kɒljərɪ] (*pl* -ies) *n* mine *f*.

collision [kə'lɪʒn] *n* **-1.** [crash]: **~ (with/between)** collision *f* (avec/entre); **to be on a ~ course (with)** *fig* aller au-devant de l'affrontement (avec). **-2.** *fig* [conflict] conflit *m*.

collision damage waiver *n* rachat *m* de franchise.

colloquial [kə'ləʊkwɪəl] *adj* familier(ière).

collude [kə'luːd] *vi*: **to ~ with sb** comploter avec qqn.

collusion [kə'luːʒn] *n*: **in ~ with** de connivence *f* avec.

cologne [kə'ləʊn] *n* eau *f* de cologne.

Colombia [kə'lʌmbɪə] *n* Colombie *f*; **in ~** en Colombie.

Colombian [kə'lɒmbɪən] ◇ *adj* colombien(ienne). ◇ *n* Colombien *m*, -ienne *f*.

Colombo [kə'lʌmbəʊ] *n* Colombo.

colon ['kəʊlən] *n* **-1.** ANAT côlon *m*. **-2.** [punctuation mark] deux-points *m inv*.

colonel ['kɜːnl] *n* colonel *m*.

colonial [kə'ləʊnjəl] *adj* colonial(e).

colonialism [kə'ləʊnjəlɪzm] *n* colonialisme *m*.

colonist ['kɒlənɪst] *n* colon *m*.

colonize, -ise ['kɒlənaɪz] *vt* coloniser.

colonnade [ˌkɒlə'neɪd] *n* colonnade *f*.

colony ['kɒlənɪ] (*pl* -ies) *n* colonie *f*.

color *etc Am* = **colour** *etc*.

Colorado [ˌkɒlə'rɑːdəʊ] *n* Colorado *m*; **in ~** dans le Colorado.

colorado beetle *n* doryphore *m*.

colossal [kə'lɒsl] *adj* colossal(e).

colostomy [kə'lɒstəmɪ] (*pl* -ies) *n* colostomie *f*.

colour *Br*, **color** *Am* ['kʌlə^r] ◇ *n* couleur *f*; **in ~** en couleur. ◇ *adj* en couleur. ◇ *vt* **-1.** [food, liquid etc] colorer; [with pen, crayon] colorier. **-2.** [dye] teindre. **-3.** *fig* [judgment] fausser. ◇ *vi* rougir.
◆ **colours** *npl* [flag, of team] couleurs *fpl*.
◆ **colour in** *vt sep* colorier.

colour bar *n* discrimination *f* raciale.

colour-blind *adj* daltonien(ienne).

colour-coded *adj* codé(e) par couleur.

coloured *Br*, **colored** *Am* ['kʌləd] *adj* de couleur; **brightly ~** de couleur vive.

colourfast *Br*, **colorfast** *Am* ['kʌləfɑːst] *adj* grand teint (*inv*).

colourful *Br*, **colorful** *Am* ['kʌləfʊl] *adj* **-1.** [gen] coloré(e). **-2.** [person, area] haut(e) en couleur (*inv*).

colouring *Br*, **coloring** *Am* ['kʌlərɪŋ] *n* **-1.** [dye] colorant *m*. **-2.** (*U*) [complexion] teint *m*.

colourless *Br*, **colorless** *Am* ['kʌlələs] *adj* **-1.** [not coloured] sans couleur, incolore. **-2.** *fig* [uninteresting] terne.

colour scheme *n* combinaison *f* de couleurs.

colour supplement *n Br* supplément *m* illustré.

colt [kəʊlt] *n* [young horse] poulain *m*.

column ['kɒləm] *n* **-1.** [gen] colonne *f*. **-2.** PRESS [article] rubrique *f*.

columnist ['kɒləmnɪst] *n* chroniqueur *m*.

coma ['kəumə] *n* coma *m*.

comatose ['kəumətəus] *adj* comateux(euse).

comb [kəum] ◇ *n* [for hair] peigne *m*. ◇ *vt* -1. [hair] peigner. -2. [search] ratisser.

combat ['kɒmbæt] ◇ *n* combat *m*. ◇ *vt* combattre.

combative ['kɒmbətɪv] *adj* combatif(ive).

combination [ˌkɒmbɪ'neɪʃn] *n* combinaison *f*.

combination lock *n* serrure *f* à combinaison.

combine [*vb* kəm'baɪn, *n* 'kɒmbaɪn] ◇ *vt* [gen] rassembler; [pieces] combiner; **to ~ sthg with sthg** [two substances] mélanger qqch avec OR à qqch; *fig* allier qqch à qqch. ◇ *vi* COMM & POL: **to ~ (with)** fusionner (avec). ◇ *n* -1. [group] cartel *m*. -2. = **combine harvester**.

combine harvester [-'hɑːvɪstər] *n* moissonneuse-batteuse *f*.

combustible [kəm'bʌstəbl] *adj* combustible.

combustion [kəm'bʌstʃn] *n* combustion *f*.

come [kʌm] (*pt* came, *pp* come) *vi* -1. [move] venir; [arrive] arriver, venir; **the news came as a shock** la nouvelle m'a/lui a *etc* fait un choc; **coming!** j'arrive!; **the time has ~ le moment est venu; he doesn't know whether he's coming or going** *fig* il ne sait plus où il en est. -2. [reach]: **to ~ up to** arriver à, monter jusqu'à; **the water came up to my knees** l'eau m'arrivait aux genoux; **to ~ down to** descendre OR tomber jusqu'à. -3. [happen] arriver, se produire; **~ what may** quoi qu'il arrive; **how did you ~ to fail your exam?** comment as-tu fait pour échouer à ton examen? -4. [become]: **to ~ true** se réaliser; **to ~ undone** se défaire; **to ~ unstuck** se décoller. -5. [begin gradually]: **to ~ to do sthg** en arriver à OR en venir à faire qqch. -6. [be placed in order] venir, être placé(e); **P ~s before Q** P vient avant Q, P précède Q; **who came first?** qui a été placé premier?; **she came second in the exam** elle était deuxième à l'examen. -7. *v inf* [sexually] jouir. -8. *phr*: **~ to think of it** maintenant que j'y pense, réflexion faite.

◆ **to come** *adv* à venir; **in (the) days/years to ~** dans les jours/années à venir.

◆ **come about** *vi* [happen] arriver, se produire.

◆ **come across** ◇ *vt fus* tomber sur, trouver par hasard. ◇ *vi* [speaker, message] faire de l'effet; **you don't ~ across very well** tu présentes mal; **to ~ across as being sincere** donner l'impression d'être sincère.

◆ **come along** *vi* -1. [arrive by chance] arriver. -2. [improve - work] avancer; [- student] faire des progrès; **the project is coming along nicely** le projet avance bien. -3. *phr*: **~ along!** [expressing encouragement] allez!; [hurry up] allez, dépêche-toi!

◆ **come apart** *vi* -1. [fall to pieces] tomber en morceaux. -2. [come off] se détacher.

◆ **come at** *vt fus* [attack] attaquer.

◆ **come back** *vi* -1. [in talk, writing]: **to ~ back to sthg** revenir à qqch. -2. [memory]: **to ~ back (to sb)** revenir (à qqn). -3. [become fashionable again] redevenir à la mode.

◆ **come by** *vt fus* -1. [get, obtain] trouver, dénicher. -2. *Am* [visit, drop in on]: **they came by the house** ils sont passés à la maison.

◆ **come down** *vi* -1. [decrease] baisser. -2. [descend] descendre.

◆ **come down to** *vt fus* se résumer à, se réduire à.

◆ **come down with** *vt fus* [cold, flu] attraper.

◆ **come forward** *vi* se présenter.

◆ **come from** *vt fus* venir de.

◆ **come in** *vi* -1. [enter] entrer. -2. [arrive, be received] arriver. -3. [be involved] jouer un rôle; **I don't see where I ~ in** je ne vois pas quel rôle je vais jouer.

◆ **come in for** *vt fus* [criticism] être l'objet de.

◆ **come into** *vt fus* -1. [inherit] hériter de. -2. [begin to be]: **to ~ into being** prendre naissance, voir le jour; **to ~ into sight** apparaître.

◆ **come of** *vt fus* [result from] résulter de.

◆ **come off** *vi* -1. [button, label] se détacher; [stain] s'enlever. -2. [joke, attempt] réussir. -3. [person]: **to ~ off well/badly** bien/mal s'en tirer. -4. *phr*: **~ off it!** *inf* et puis quoi encore!, mais non mais sans blague!

◆ **come on** *vi* -1. [start] commencer, apparaître. -2. [start working - light, heating] s'allumer. -3. [progress, improve] avancer, faire des progrès. -4. *phr*: **~ on!** [expressing encouragement] allez!; [hurry up] allez, dépêche-toi!; [expressing disbelief] allons donc!

◆ **come out** *vi* -1. [become known] être découvert(e). -2. [appear - product, book, film] sortir, paraître; [- sun, moon, stars] paraître. -3. [in exam, race etc] finir, se classer. -4. [go on strike] faire grève. -5. [declare publicly]: **to ~ out for/against sthg** se déclarer pour/contre qqch. -6. [photograph] réussir.

◆ **come out in** *vt fus*: **to ~ out in spots** avoir une éruption.

◆ **come over** *vt fus* [subj: sensation, emotion] envahir; **I don't know what's ~ over** her je ne sais pas ce qui lui a pris.

◆ **come round** *vi* -1. [change opinion] changer d'avis. -2. [regain consciousness] reprendre connaissance, revenir à soi. -3. [happen] venir, revenir.

◆ **come through** ◇ *vt fus* survivre à. ◇ *vi* -1. [arrive] arriver. -2. [survive] s'en tirer.

◆ **come to** ◇ *vt fus* -1. [reach]: to ~ to an end se terminer, prendre fin; to ~ to power arriver au pouvoir; to ~ to a decision arriver à OR prendre une décision. -2. [amount to] s'élever à. ◇ *vi* [regain consciousness] revenir à soi, reprendre connaissance.

◆ **come under** *vt fus* -1. [be governed by] être soumis(e) à. -2. [heading] se trouver sous. -3. [suffer]: to ~ under attack (from) être en butte aux attaques (de).

◆ **come up** *vi* -1. [be mentioned] survenir. -2. [be imminent] approcher. -3. [happen unexpectedly] se présenter. -4. [sun] se lever.

◆ **come up against** *vt fus* se heurter à.

◆ **come upon** *vt fus* [find] tomber sur.

◆ **come up to** *vt fus* -1. [approach - in space] s'approcher de; [- in time]: **we're coming up to Christmas** Noël approche. -2. [equal] répondre à.

◆ **come up with** *vt fus* [answer, idea] proposer.

comeback ['kʌmbæk] *n* come-back *m*; to make a ~ [fashion] revenir à la mode; [actor etc] revenir à la scène.

Comecon ['kɒmɪkɒn] (*abbr of* **Council for Mutual Economic Aid**) *n* Comecon *m*.

comedian [kə'miːdjən] *n* [comic] comique *m*; THEATRE comédien *m*.

comedienne [kə,miːdɪ'en] *n* [comic] actrice *f* comique; THEATRE comédienne *f*.

comedown ['kʌmdaʊn] *n inf*: **it was a ~ for her** elle est tombée bien bas pour faire ça.

comedy ['kɒmədɪ] (*pl* -ies) *n* comédie *f*.

comely ['kʌmlɪ] *adj literary* attrayant(e).

come-on *n*: to give sb the ~ *inf* essayer d'aguicher qqn.

comet ['kɒmɪt] *n* comète *f*.

come-uppance [,kʌm'ʌpəns] *n*: to get one's ~ *inf* recevoir ce qu'on mérite.

comfort ['kʌmfət] ◇ *n* -1. (*U*) [ease] confort *m*; **that was too close for ~** c'était moins cinq. -2. [luxury] commodité *f*. -3. [solace] réconfort *m*, consolation *f*. ◇ *vt* réconforter, consoler.

comfortable ['kʌmftəbl] *adj* -1. [gen] confortable. -2. *fig* [person - at ease, financially] à l'aise. -3. [after operation, accident]: **he's ~** son état est stationnaire.

comfortably ['kʌmftəblɪ] *adv* -1. [sit, sleep] confortablement. -2. [without financial diffi-

culty] à l'aise; ~ **off** à l'aise. -3. [win] aisément.

comforter ['kʌmfətəʳ] *n* -1. [person] soutien *m* moral. -2. *Am* [quilt] édredon *m*.

comforting ['kʌmfətɪŋ] *adj* [thought, words] réconfortant(e).

comfort station *n Am* toilettes *fpl* publiques.

comfy ['kʌmfɪ] (*compar* -ier, *superl* -iest) *adj inf* confortable.

comic ['kɒmɪk] ◇ *adj* comique, amusant(e). ◇ *n* -1. [comedian] comique *m*, actrice *f* comique. -2. [magazine] bande *f* dessinée.

◆ **comics** *npl Am* [in newspaper] bandes *fpl* dessinées.

comical ['kɒmɪkl] *adj* comique, drôle.

comic strip *n* bande *f* dessinée.

coming ['kʌmɪŋ] ◇ *adj* [future] à venir, futur(e). ◇ *n*: ~**s and goings** allées et venues *fpl*.

comma ['kɒmə] *n* virgule *f*.

command [kə'mɑːnd] ◇ *n* -1. [order] ordre *m*. -2. (*U*) [control] commandement *m*; **in ~ of** MIL à la tête de; *fig* en possession de. -3. [of language, subject] maîtrise *f*; **to have at one's ~** [language] maîtriser; [resources] avoir à sa disposition. -4. COMPUT commande *f*. ◇ *vt* -1. [order]: to ~ sb to do sthg ordonner OR commander à qqn de faire qqch. -2. MIL [control] commander. -3. [deserve - respect] inspirer; [- attention, high price] mériter.

commandant [,kɒmən'dænt] *n* commandant *m*.

commandeer [,kɒmən'dɪəʳ] *vt* réquisitionner.

commander [kə'mɑːndəʳ] *n* -1. [in army] commandant *m*. -2. [in navy] capitaine *m* de frégate.

commander in chief (*pl* **commanders in chief**) *n* commandant *m* en chef.

commanding [kə'mɑːndɪŋ] *adj* -1. [lead, position] dominant(e). -2. [voice, manner] impérieux(ieuse).

commanding officer *n* commandant *m*.

commandment [kə'mɑːndmənt] *n* RELIG commandement *m*.

command module *n* module *m* de commande.

commando [kə'mɑːndəʊ] (*pl* -s OR -es) *n* commando *m*.

command performance *n* représentation de gala organisée à la demande d'un chef d'État.

commemorate [kə'meməreɪt] *vt* commémorer.

commemoration [kə,memə'reɪʃn] *n* commémoration *f*.

commemorative [kə'memərətɪv] *adj* commémoratif(ive).

commence [kə'mens] *fml* ◇ *vt* commencer, entamer; **to ~ doing sthg** commencer à faire qqch. ◇ *vi* commencer.

commencement [kə'mensmənt] *n* *fml* commencement *m*, début *m*.

commend [kə'mend] *vt* **-1.** [praise]: **to ~ sb (on OR for)** féliciter qqn (de). **-2.** [recommend]: **to ~ sthg (to sb)** recommander qqch (à qqn).

commendable [kə'mendəbl] *adj* louable.

commendation [,kɒmen'deɪʃn] *n*: **to get a ~ for sthg** être récompensé(e) pour qqch.

commensurate [kə'menʃərət] *adj* *fml*: **~ with** correspondant(e) à.

comment ['kɒment] ◇ *n* commentaire *m*, remarque *f*; **no ~!** sans commentaire! ◇ *vt*: **to ~ that** remarquer que. ◇ *vi*: **to ~ (on)** faire des commentaires OR remarques (sur).

commentary ['kɒməntrɪ] (*pl* **-ies**) *n* commentaire *m*.

commentate ['kɒmənteɪt] *vi* RADIO & TV: **to ~ (on)** faire un reportage (sur).

commentator ['kɒmənteɪtəʳ] *n* commentateur *m*, -trice *f*.

commerce ['kɒmɜːs] *n* (*U*) commerce *m*, affaires *fpl*.

commercial [kə'mɜːʃl] ◇ *adj* commercial(e). ◇ *n* publicité *f*, spot *m* publicitaire.

commercial bank *n* banque *f* commerciale OR de commerce.

commercial break *n* publicités *fpl*.

commercial college *n* école *f* de secrétariat.

commercialism [kə'mɜːʃəlɪzm] *n* mercantilisme *m*.

commercialize, -ise [kə'mɜːʃəlaɪz] *vt* commercialiser.

commercialized [kə'mɜːʃəlaɪzd] *adj* commercial(e).

commercially [kə'mɜːʃəlɪ] *adv* commercialement.

commercial television *n* *Br* chaînes *fpl* (de télévision) privées OR commerciales.

commercial traveller *n* *Br* *dated* voyageur *m* OR représentant *m* de commerce.

commercial vehicle *n* *Br* véhicule *m* utilitaire.

commie ['kɒmɪ] *inf* *pej* ◇ *adj* coco. ◇ *n* coco *mf*.

commiserate [kə'mɪzəreɪt] *vi*: **to ~ with sb** témoigner de la compassion pour qqn.

commiseration [kə,mɪzə'reɪʃn] *n* compassion *f*.

commission [kə'mɪʃn] ◇ *n* **-1.** [money, investigative body] commission *f*. **-2.** [order for work] commande *f*. ◇ *vt* [work] commander; **to ~ sb to do sthg** charger qqn de faire qqch.

commissionaire [kə,mɪʃə'neəʳ] *n* *Br* chasseur *m*.

commissioned officer [kə'mɪʃənd-] *n* officier *m*.

commissioner [kə'mɪʃnəʳ] *n* **-1.** [in police] commissaire *m*. **-2.** [commission member] membre *m* d'une commission.

commit [kə'mɪt] (*pt* & *pp* **-ted**, *cont* **-ting**) *vt* **-1.** [crime, sin etc] commettre; **to ~ suicide** se suicider. **-2.** [promise - money, resources] allouer; **to ~ o.s. (to sthg/to doing sthg)** s'engager (à qqch/à faire qqch). **-3.** [consign]: **to ~ sb to prison** faire incarcérer qqn; **to ~ sthg to memory** apprendre qqch par cœur.

commitment [kə'mɪtmənt] *n* **-1.** (*U*) [dedication] engagement *m*. **-2.** [responsibility] obligation *f*.

committed [kə'mɪtɪd] *adj* [writer, politician] engagé(e); [Christian] convaincu(e); **he's ~ to his work** il fait preuve d'engagement dans son travail.

committee [kə'mɪtɪ] *n* commission *f*, comité *m*.

commode [kə'məʊd] *n* [with chamber pot] chaise *f* percée.

commodity [kə'mɒdətɪ] (*pl* **-ies**) *n* marchandise *f*.

commodity exchange *n* bourse *f* des matières premières.

common ['kɒmən] ◇ *adj* **-1.** [frequent] courant(e). **-2.** [shared]: **~ (to)** commun(e) (à). **-3.** [ordinary] banal(e); **the ~ man** Monsieur *m* tout-le-monde. **-4.** *Br* *pej* [vulgar] vulgaire. ◇ *n* [land] terrain *m* communal.

◆ **in common** *adv* en commun.

commoner ['kɒmənəʳ] *n* roturier *m*, -ière *f*.

common good *n*: **for the ~** dans l'intérêt général.

common ground *n* *fig* terrain *m* d'entente.

common knowledge *n*: **it is ~ that ...** il est de notoriété publique que ....

common land *n* (*U*) terrain *m* communal.

common law *n* droit *m* coutumier.

◆ **common-law** *adj*: **common-law wife** concubine *f*.

commonly ['kɒmənlɪ] *adv* [generally] **d'une manière générale, généralement.**

Common Market *n*: **the** ~ le Marché commun.

commonplace ['kɒmənpleɪs] *adj* banal(e), ordinaire.

common room *n* [staffroom] salle *f* des professeurs; [for students] salle commune.

Commons ['kɒmənz] *npl Br*: **the** ~ les Communes *fpl*, la Chambre des Communes.

common sense *n* (*U*) bon sens *m*.

Commonwealth ['kɒmənwelθ] *n*: **the** ~ le Commonwealth.

Commonwealth of Independent States *n*: **the** ~ la Communauté des États Indépendants.

commotion [kə'məʊʃn] *n* remue-ménage *m*.

communal ['kɒmjʊnl] *adj* [kitchen, garden] commun(e); [life etc] communautaire, collectif(ive).

commune [*n* 'kɒmjuːn, *vb* kə'mjuːn] ◇ *n* communauté *f*. ◇ *vi*: **to** ~ **with** communier avec.

communicate [kə'mjuːnɪkeɪt] *vt & vi* communiquer.

communicating [kə'mjuːnɪkeɪtɪŋ] *adj* [rooms] communicant(e); ~ **door** porte *f* de communication.

communication [kə,mjuːnɪ'keɪʃn] *n* contact *m*; TELEC communication *f*.
◆ **communications** *npl* moyens *mpl* de communication.

communication cord *n Br* sonnette *f* d'alarme.

communications satellite *n* satellite *m* de communication.

communicative [kə'mjuːnɪkətɪv] *adj* [talkative] communicatif(ive).

communicator [kə'mjuːnɪkeɪtər] *n*: **to be a good** ~ avoir le don de la communication; **to be a bad** ~ avoir des difficultés de communication.

communion [kə'mjuːnjən] *n* communion *f*.
◆ **Communion** *n* (*U*) RELIG communion *f*.

communiqué [kə'mjuːnɪkeɪ] *n* communiqué *m*.

Communism ['kɒmjʊnɪzm] *n* communisme *m*.

Communist ['kɒmjʊnɪst] ◇ *adj* communiste. ◇ *n* communiste *mf*.

community [kə'mjuːnətɪ] (*pl* -ies) *n* communauté *f*.

community centre *n* foyer *m* municipal.

community charge *n Br* ≃ impôts *mpl* locaux.

community home *n Br* centre *m* d'éducation surveillée.

community policing *n* ≃ îlotage *m*.

community service *n* (*U*) travail *m* d'intérêt général.

community spirit *n* esprit *m* de communauté.

commutable [kə'mjuːtəbl] *adj* JUR commuable.

commutation ticket [,kɒmjuː'teɪʃn-] *n Am* carte *f* de transport.

commute [kə'mjuːt] ◇ *vt* JUR commuer. ◇ *vi* [to work] faire la navette pour se rendre à son travail.

commuter [kə'mjuːtər] *n personne qui fait tous les jours la navette de banlieue en ville pour se rendre à son travail*.

commy ['kɒmɪ] (*pl* -ies) = **commie**.

Comoro Islands ['kɒmərəʊ-] *npl*: **the** ~ les îles *fpl* Comores; **in the** ~ aux îles Comores.

compact [*adj & vb* kəm'pækt, *n* 'kɒmpækt] ◇ *adj* compact(e). ◇ *n* **-1.** [for face powder] poudrier *m*. **-2.** *Am* AUT: ~ **(car)** petite voiture *f*. ◇ *vt* tasser, rendre compact.

compact disc *n* compact *m* (disc *m*), disque *m* compact.

compact disc player *n* lecteur *m* de disques compacts.

companion [kəm'pænjən] *n* [person] camarade *mf*; **travelling** ~ compagnon *m*, compagne *f* de voyage.

companionable [kəm'pænjənəbl] *adj* sociable.

companionship [kəm'pænjənʃɪp] *n* compagnie *f*.

company ['kʌmpənɪ] (*pl* -ies) *n* **-1.** [COMM - gen] société *f*; [- insurance, airline, shipping company] compagnie *f*. **-2.** [companionship] compagnie *f*; **to keep sb** ~ tenir compagnie à qqn; **to part** ~ **(with)** se séparer (de). **-3.** [of actors] troupe *f*.

company car *n* voiture *f* de fonction.

company director *n* directeur *m*, -trice *f*.

company secretary *n* secrétaire général *m*, secrétaire générale *f*.

comparable ['kɒmprəbl] *adj*: ~ **(to** OR **with)** comparable (à).

comparative [kəm'pærətɪv] *adj* **-1.** [relative] relatif(ive). **-2.** [study, in grammar] comparatif(ive).

comparatively [kəm'pærətɪvlɪ] *adv* [relatively] relativement.

compare [kəm'peər] ◇ *vt*: **to** ~ **sb/sthg (with), to** ~ **sb/sthg (to)** comparer qqn/qqch (avec), comparer qqn/qqch (à); ~**d**

with OR to par rapport à. ◇ *vi*: to ~ (with) être comparable (à); to ~ favourably/ unfavourably with supporter/ne pas supporter la comparaison avec.

comparison [kəm'pærɪsn] *n* comparaison *f*; in ~ with OR to en comparaison de, par rapport à.

compartment [kəm'pɑːtmənt] *n* compartiment *m*.

compartmentalize, **-ise** [ˌkɒmpɑːt 'mentəlaɪz] *vt* compartimenter.

compass ['kʌmpəs] *n* -1. [magnetic] boussole *f*. -2. *fml* [scope - of person] compétences *fpl*; [- of report] limites *fpl*.
◆ **compasses** *npl*: (a pair of) ~es un compas.

compassion [kəm'pæʃn] *n* compassion *f*.

compassionate [kəm'pæʃənət] *adj* compatissant(e).

compatibility [kəm,pætə'bɪlətɪ] *n* [gen & COMPUT]: ~ (with) compatibilité *f* (avec).

compatible [kəm'pætəbl] *adj* [gen & COMPUT]: ~ (with) compatible (avec).

compatriot [kəm'pætrɪət] *n* compatriote *mf*.

compel [kəm'pel] (*pt* & *pp* -led, *cont* -ling) *vt* -1. [force]: to ~ sb (to do sthg) contraindre OR obliger qqn (à faire qqch). -2. [cause - sympathy, attention etc] susciter.

compelling [kəm'pelɪŋ] *adj* [forceful] irrésistible.

compendium [kəm'pendɪəm] (*pl* -diums OR -dia [-dɪə]) *n* [book] abrégé *m*.

compensate ['kɒmpenseɪt] ◇ *vt*: to ~ sb for sthg [financially] dédommager OR indemniser qqn de qqch. ◇ *vi*: to ~ for sthg compenser qqch.

compensation [ˌkɒmpen'seɪʃn] *n* -1. [money]: ~ (for) dédommagement *m* (pour). -2. [way of compensating]: ~ (for) compensation *f* (pour).

compere ['kɒmpeər] *Br* ◇ *n* animateur *m*, -trice *f*. ◇ *vt* présenter, animer.

compete [kəm'piːt] *vi* -1. [vie - people]: to ~ with sb for sthg disputer qqch à qqn; to ~ for sthg se disputer qqch. -2. COMM: to ~ (with) être en concurrence (avec); to ~ for sthg se faire concurrence pour qqch. -3. [take part] être en compétition.

competence ['kɒmpɪtəns] *n* (U) [proficiency] compétence *f*, capacité *f*.

competent ['kɒmpɪtənt] *adj* compétent(e).

competently ['kɒmpɪtəntlɪ] *adv* avec compétence.

competing [kəm'piːtɪŋ] *adj* [theories etc] opposé(e).

competition [ˌkɒmpɪ'tɪʃn] *n* -1. (U) [rivalry] rivalité *f*, concurrence *f*. -2. (U) COMM concurrence *f*. -3. [race, contest] concours *m*, compétition *f*.

competitive [kəm'petətɪv] *adj* -1. [person] qui a l'esprit de compétition; [match, sport] de compétition; ~ examination concours *m*. -2. [COMM - goods] compétitif(ive); [- manufacturer] concurrentiel(ielle).

competitively [kəm'petətɪvlɪ] *adv* -1. [play] dans un esprit de compétition. -2. COMM: ~ priced à un prix compétitif.

competitor [kəm'petɪtər] *n* concurrent *m*, -e *f*.

compilation [ˌkɒmpɪ'leɪʃn] *n* compilation *f*.

compile [kəm'paɪl] *vt* rédiger.

complacency [kəm'pleɪsnsɪ] *n* autosatisfaction *f*.

complacent [kəm'pleɪsnt] *adj* content(e) de soi.

complacently [kəm'pleɪsntlɪ] *adv* d'une manière hautaine; [say] d'un ton hautain.

complain [kəm'pleɪn] *vi* -1. [moan]: to ~ (about) se plaindre (de). -2. MED: to ~ of se plaindre de.

complaining [kəm'pleɪnɪŋ] *adj* [customer] mécontent(e).

complaint [kəm'pleɪnt] *n* -1. [gen] plainte *f*; [in shop] réclamation *f*. -2. MED affection *f*, maladie *f*.

complement [*n* 'kɒmplɪmənt, *vb* 'kɒmplɪˌment] ◇ *n* -1. [accompaniment] accompagnement *m*. -2. [number] effectif *m*; full ~ effectif complet. -3. GRAMM complément *m*. ◇ *vt* aller bien avec.

complementary [ˌkɒmplɪ'mentərɪ] *adj* complémentaire.

complete [kəm'pliːt] ◇ *adj* -1. [gen] complet(ète); ~ with doté(e) de, muni(e) de. -2. [finished] achevé(e). ◇ *vt* -1. [make whole] compléter. -2. [finish] achever, terminer. -3. [questionnaire, form] remplir.

completely [kəm'pliːtlɪ] *adv* complètement.

completion [kəm'pliːʃn] *n* achèvement *m*.

complex ['kɒmpleks] ◇ *adj* complexe. ◇ *n* [mental, of buildings] complexe *m*.

complexion [kəm'plekʃn] *n* teint *m*; of all ~s *fig* de tous bords.

complexity [kəm'pleksətɪ] (*pl* -ies) *n* complexité *f*.

compliance [kəm'plaɪəns] *n*: ~ (with) conformité *f* (à).

compliant [kəm'plaɪənt] *adj* docile.

complicate ['kɒmplɪkeɪt] *vt* compliquer.

complicated ['kɒmplɪkeɪtɪd] *adj* compliqué(e).

complication [ˌkɒmplɪ'keɪʃn] *n* complication *f*.

complicity [kəm'plɪsətɪ] *n*: ~ **(in)** complicité *f* (dans).

compliment [*n* 'kɒmplɪmənt, *vb* 'kɒmplɪˌment] ◇ *n* compliment *m*. ◇ *vt*: **to ~ sb (on)** féliciter qqn (de).
◆ **compliments** *npl fml* compliments *mpl*.

complimentary [ˌkɒmplɪ'mentərɪ] *adj* **-1.** [admiring] flatteur(euse). **-2.** [free] gratuit(e).

complimentary ticket *n* billet *m* de faveur.

compliments slip *n* papillon *m* (*joint à un envoi etc*).

comply [kəm'plaɪ] (*pt* & *pp* **-ied**) *vi*: **to ~ with** se conformer à.

component [kəm'pəʊnənt] *n* composant *m*.

compose [kəm'pəʊz] *vt* **-1.** [gen] composer; **to be ~d of** se composer de, être composé de. **-2.** [calm]: **to ~ o.s.** se calmer.

composed [kəm'pəʊzd] *adj* [calm] calme.

composer [kəm'pəʊzəʳ] ·*n·* compositeur *m*, -trice *f*.

composite ['kɒmpəzɪt] ◇ *adj* composite. ◇ *n* composite *m*.

composition [ˌkɒmpə'zɪʃn] *n* composition *f*.

compost [*Br* 'kɒmpɒst, *Am* 'kɒmpəʊst] *n* compost *m*.

composure [kəm'pəʊʒəʳ] *n* sang-froid *m*, calme *m*.

compound [*adj & n* 'kɒmpaʊnd, *vb* kəm'paʊnd] ◇ *adj* composé(e). ◇ *n* **-1.** CHEM & LING composé *m*. **-2.** [enclosed area] enceinte *f*. ◇ *vt* **-1.** [mixture, substance]: **to be ~ed of** se composer de, être composé(e) de. **-2.** [difficulties] aggraver.

compound fracture *n* fracture *f* multiple.

compound interest *n* intérêt *m* composé.

comprehend [ˌkɒmprɪ'hend] *vt* [understand] comprendre.

comprehension [ˌkɒmprɪ'henʃn] *n* compréhension *f*.

comprehensive [ˌkɒmprɪ'hensɪv] ◇ *adj* **-1.** [account, report] exhaustif(ive), détaillé(e). **-2.** [insurance] tous-risques (*inv*). ◇ *n* = **comprehensive school.**

comprehensively [ˌkɒmprɪ'hensɪvlɪ] *adv* [study, cover] exhaustivement.

comprehensive school *n établissement secondaire britannique d'enseignement général.*

compress [kəm'pres] *vt* **-1.** [squeeze, press] comprimer. **-2.** [shorten - text] condenser.

compression [kəm'preʃn] *n* **-1.** [of air] compression *f*. **-2.** [of text] condensation *f*.

comprise [kəm'praɪz] *vt* comprendre; **to be ~d of** consister en, comprendre.

compromise ['kɒmprəmaɪz] ◇ *n* compromis *m*. ◇ *vt* compromettre; **to ~ o.s.** se compromettre. ◇ *vi* transiger.

compromising ['kɒmprəmaɪzɪŋ] *adj* compromettant(e).

compulsion [kəm'pʌlʃn] *n* **-1.** [strong desire]: **to have a ~ to do sthg** ne pas pouvoir s'empêcher de faire qqch. **-2.** (*U*) [obligation] obligation *f*.

compulsive [kəm'pʌlsɪv] *adj* **-1.** [smoker, liar etc] invétéré(e). **-2.** [book, TV programme] captivant(e).

compulsory [kəm'pʌlsərɪ] *adj* obligatoire.

compulsory purchase *n Br* expropriation *f* (*pour cause d'utilité publique*).

compunction [kəm'pʌŋkʃn] *n* (*U*) scrupule *m*, remords *m*.

computation [ˌkɒmpjuː'teɪʃn] *n* calcul *m*.

compute [kəm'pjuːt] *vt* calculer.

computer [kəm'pjuːtəʳ] ◇ *n* ordinateur *m*. ◇ *comp*: ~ **graphics** infographie *f*; ~ **program** programme *m* informatique.

computer dating [-'deɪtɪŋ] *n* (*U*) ≃ rencontres *fpl* par minitel.

computer game *n* jeu *m* électronique.

computerization [kəmˌpjuːtəraɪ'zeɪʃn] *n* informatisation *f*.

computerize, -ise [kəm'pjuːtəraɪz] *vt* informatiser.

computerized [kəm'pjuːtəraɪzd] *adj* informatisé(e).

computer language *n* langage *m* de programmation.

computer-literate *adj* qui a des connaissances en informatique.

computing [kəm'pjuːtɪŋ], **computer science** *n* informatique *f*.

comrade ['kɒmreɪd] *n* camarade *mf*.

comradeship ['kɒmreɪdʃɪp] *n* camaraderie *f*.

comsat ['kɒmsæt] *abbr of* **communications satellite.**

con [kɒn] (*pt* & *pp* **-ned**, *cont* **-ning**) *inf* ◇ *n* **-1.** [trick] escroquerie *f*. **-2.** *prison sl* taulard *m*. ◇ *vt* [trick]: **to ~ sb (out of)** escroquer qqn (de); **to ~ sb into doing sthg** persuader qqn de faire qqch (en lui mentant).

concave [ˌkɒn'keɪv] *adj* concave.

conceal [kən'siːl] *vt* cacher, dissimuler; **to ~ sthg from sb** cacher qqch à qqn.

concede [kən'siːd] ◇ *vt* concéder. ◇ *vi* céder.

conceit [kən'siːt] *n* [arrogance] vanité *f*.

conceited [kən'siːtɪd] *adj* vaniteux(euse).

conceivable [kən'siːvəbl] *adj* concevable.

conceivably [ken'siːvəblɪ] *adv*: **they might ~ win** il se peut qu'ils gagnent; **I can't ~ do that** il n'est pas question que je fasse ça.

conceive [kən'siːv] ◇ *vt* concevoir. ◇ *vi* **-1.** MED concevoir. **-2.** [imagine]: **to ~ of** concevoir.

concentrate ['kɒnsəntreɪt] ◇ *vt* concentrer. ◇ *vi*: **to ~ (on)** se concentrer (sur).

concentrated ['kɒnsəntreɪtɪd] *adj* concentré(e); [effort] intense.

concentration [,kɒnsən'treɪʃn] *n* concentration *f*.

concentration camp *n* camp *m* de concentration.

concentric [kən'sentrɪk] *adj* concentrique.

concept ['kɒnsept] *n* concept *m*.

conception [kən'sepʃn] *n* [gen & MED] conception *f*.

conceptualize, -ise [kən'septʃʊəlaɪz] *vt* conceptualiser.

concern [kən'sɜːn] ◇ *n* **-1.** [worry, anxiety] souci *m*, inquiétude *f*; **to show ~ for** s'inquiéter de. **-2.** [matter of interest]: **it's no ~ of mine** cela ne me regarde pas. **-3.** COMM [company] affaire *f*. ◇ *vt* **-1.** [worry] inquiéter; **to be ~ed (about)** s'inquiéter (de). **-2.** [involve] concerner, intéresser; **as far as I'm ~ed** en ce qui me concerne; **to be ~ed with** [subj: person] s'intéresser à; **to ~ o.s. with sthg** s'intéresser à, s'occuper de. **-3.** [subj: book, film] traiter de.

concerning [kən'sɜːnɪŋ] *prep* en ce qui concerne.

concert ['kɒnsət] *n* concert *m*.

◆ **in concert** *adv* **-1.** MUS à l'unisson. **-2.** *fml* [acting as one] de concert.

concerted [kən'sɜːtɪd] *adj* [effort] concerté(e).

concertgoer ['kɒnsət,gəʊə'] *n* amateur *m* de concerts.

concert hall *n* salle *f* de concert.

concertina [,kɒnsə'tiːnə] (*pt* & *pp* **-ed**, *cont* **-ing**) ◇ *n* concertina *m*. ◇ *vi* [cars] s'écraser en accordéon.

concerto [kən'tʃeətəʊ] (*pl* **-s**) *n* concerto *m*.

concession [kən'seʃn] *n* **-1.** [gen] concession *f*. **-2.** [special price] réduction *f*.

concessionaire [kən,seʃə'neə'] *n* concessionnaire *mf*.

concessionary [kən'seʃnərɪ] *adj* [fare] à prix réduit.

conciliation [kən,sɪlɪ'eɪʃn] *n* conciliation *f*.

conciliatory [kən'sɪlɪətrɪ] *adj* conciliant(e).

concise [kən'saɪs] *adj* concis(e).

concisely [kən'saɪslɪ] *adv* de façon concise, avec concision.

conclave ['kɒŋkleɪv] *n* conclave *m*.

conclude [kən'kluːd] ◇ *vt* conclure. ◇ *vi* [meeting] prendre fin; [speaker] conclure.

conclusion [kən'kluːʒn] *n* conclusion *f*; **it was a foregone ~** c'était à prévoir; **to jump to the wrong ~** tirer des conclusions trop hâtives.

conclusive [kən'kluːsɪv] *adj* concluant(e).

concoct [kən'kɒkt] *vt* préparer; *fig* concocter.

concoction [kən'kɒkʃn] *n* préparation *f*.

concord ['kɒŋkɔːd] *n* [harmony] concorde *f*.

concourse ['kɒŋkɔːs] *n* [hall] hall *m*.

concrete ['kɒŋkriːt] ◇ *adj* [definite] concret(ète). ◇ *n* (*U*) béton *m*. ◇ *comp* [made of concrete] en béton. ◇ *vt* bétonner.

concrete mixer *n* bétonnière *f*.

concubine ['kɒŋkjʊbaɪn] *n* maîtresse *f*.

concur [kən'kɜːʳ] (*pt* & *pp* **-red**, *cont* **-ring**) *vi* [agree]: **to ~ (with)** être d'accord (avec).

concurrently [kən'kʌrəntlɪ] *adv* simultanément.

concussed [kən'kʌst] *adj* commotionné(e).

concussion [kən'kʌʃn] *n* commotion *f*.

condemn [kən'dem] *vt* condamner.

condemnation [,kɒndem'neɪʃn] *n* condamnation *f*.

condemned [kən'demd] *adj* condamné(e).

condensation [,kɒnden'seɪʃn] *n* condensation *f*.

condense [kən'dens] ◇ *vt* condenser. ◇ *vi* se condenser.

condensed milk [kən'denst-] *n* lait *m* condensé.

condescend [,kɒndɪ'send] *vi* **-1.** [talk down]: **to ~ to sb** se montrer condescendant(e) envers qqn. **-2.** [deign]: **to ~ to do sthg** daigner faire qqch, condescendre à faire qqch.

condescending [,kɒndɪ'sendɪŋ] *adj* condescendant(e).

condiment ['kɒndɪmənt] *n* condiment *m*.

condition [kən'dɪʃn] ◇ *n* **-1.** [gen] condition *f*; **in (a) good/bad ~** en bon/mauvais état; **out of ~** pas en forme. **-2.** MED maladie *f*. ◇ *vt* **-1.** [gen] conditionner. **-2.** [hair]: **to ~ one's hair** mettre de l'après-shampooing.

◆ **conditions** *npl* conditions *fpl*.

conditional [kən'dɪʃənl] *adj* conditionnel(elle); **to be ~ on** OR **upon** dépendre de.

conditionally [kən'dɪʃnəlɪ] *adv* condition-nellement.

conditioner [kən'dɪʃnə'] *n* **-1.** [for hair] après-shampooing *m*. **-2.** [for clothes] assou-plissant *m*.

conditioning [kən'dɪʃnɪŋ] *n* PSYCH condi-tionnement *m*.

condo ['kɒndəʊ] *n inf abbr of* **condominium**.

condolences [kən'dəʊlənsɪz] *npl* condo-léances *fpl*.

condom ['kɒndəm] *n* préservatif *m*.

condominium [,kɒndə'mɪnɪəm] *n Am* **-1.** [apartment] appartement *m* dans un immeu-ble en copropriété. **-2.** [apartment block] im-meuble *m* en copropriété.

condone [kən'dəʊn] *vt* excuser.

condor ['kɒndɔː'] *n* condor *m*.

conducive [kən'djuːsɪv] *adj*: **to be ~ to sthg/to doing sthg** inciter à qqch/à faire qqch.

conduct [*n* 'kɒndʌkt, *vb* kən'dʌkt] ◇ *n* conduite *f*. ◇ *vt* **-1.** [carry out, transmit] conduire. **-2.** [behave]: **to ~ o.s. well/badly** se conduire bien/mal. **-3.** MUS diriger. ◇ *vi* MUS diriger.

conducted tour [kən'dʌktɪd-] *n* visite *f* gui-dée.

conductor [kən'dʌktə'] *n* **-1.** MUS chef *m* d'orchestre. **-2.** [on bus] receveur *m*. **-3.** *Am* [on train] chef *m* de train.

conductress [kən'dʌktrɪs] *n* [on bus] rece-veuse *f*.

conduit ['kɒndɪt] *n* conduit *m*.

cone [kəʊn] *n* **-1.** [shape] cône *m*. **-2.** [for ice cream] cornet *m*. **-3.** [from tree] pomme *f* de pin.
♦ **cone off** *vt sep Br* [road, lane] fermer à la circulation.

confectioner [kən'fekʃnə'] *n* confiseur *m*; **~'s (shop)** confiserie *f*.

confectionery [kən'fekʃnərɪ] *n* confiserie *f*.

confederation [kən,fedə'reɪʃn] *n* confédéra-tion *f*.

Confederation of British Industry *n*: **the ~ ≃** le conseil du patronat.

confer [kən'fɜː'] (*pt & pp* **-red**, *cont* **-ring**) ◇ *vt*: **to ~ sthg (on sb)** conférer qqch (à qqn). ◇ *vi*: **to ~ (with sb on OR about sthg)** s'en-tretenir (avec qqn de qqch).

conference ['kɒnfərəns] *n* conférence *f*; **in ~** en conférence.

conference call *n* audioconférence *f*.

conference centre *n* centre *m* de confé-rences.

conference hall *n* salle *f* de conférence.

conferencing ['kɒnfərənsɪŋ] *n* (*U*) audio-conférence *f*.

confess [kən'fes] ◇ *vt* **-1.** [admit] avouer, confesser. **-2.** RELIG confesser. ◇ *vi*: **to ~ (to sthg)** avouer (qqch).

confession [kən'feʃn] *n* confession *f*; **I've a ~ to make** j'ai un aveu à vous faire.

confessional [kən'feʃənl] *n* confessionnal *m*.

confetti [kən'fetɪ] *n* (*U*) confettis *mpl*.

confidant [,kɒnfɪ'dænt] *n* confident *m*.

confidante [,kɒnfɪ'dænt] *n* confidente *f*.

confide [kən'faɪd] ◇ *vt* confier. ◇ *vi*: **to ~ in sb** se confier à qqn.

confidence ['kɒnfɪdəns] *n* **-1.** [self-assurance] confiance *f* en soi, assurance *f*. **-2.** [trust] confiance *f*; **to have ~ in** avoir confiance en. **-3.** [secrecy]: **in ~** en confidence. **-4.** [se-cret] confidence *f*.

confidence trick *n* abus *m* de confiance.

confident ['kɒnfɪdənt] *adj* **-1.** [self-assured]: **to be ~** avoir confiance en soi. **-2.** [sure] sûr(e).

confidential [,kɒnfɪ'denʃl] *adj* confiden-tiel(ielle).

confidentiality ['kɒnfɪ,denʃɪ'ælətɪ] *n* confi-dentialité *f*.

confidentially [,kɒnfɪ'denʃəlɪ] *adv* confiden-tiellement.

confidently ['kɒnfɪdəntlɪ] *adv* [speak, predict] avec assurance.

configuration [kən,fɪgə'reɪʃn] *n* [gen & COM-PUT] configuration *f*.

confine [*vb* kən'faɪn, *npl* 'kɒnfaɪnz] *vt* **-1.** [limit] limiter; **to ~ o.s. to** se limiter à. **-2.** [shut up] enfermer, confiner.
♦ **confines** *npl* confins *mpl*.

confined [kən'faɪnd] *adj* [space, area] res-treint(e).

confinement [kən'faɪnmənt] *n* **-1.** [imprison-ment] emprisonnement *m*. **-2.** *dated* MED couches *fpl*.

confirm [kən'fɜːm] *vt* confirmer.

confirmation [,kɒnfə'meɪʃn] *n* confirmation *f*.

confirmed [kən'fɜːmd] *adj* [habitual] invété-ré(e); [bachelor, spinster] endurci(e).

confiscate ['kɒnfɪskeɪt] *vt* confisquer.

confiscation [,kɒnfɪ'skeɪʃn] *n* confiscation *f*.

conflagration [,kɒnflə'greɪʃn] *n* conflagra-tion *f*.

conflict [*n* 'kɒnflɪkt, *vb* kən'flɪkt] ◇ *n* conflit *m*. ◇ *vi*: **to ~ (with)** s'opposer (à), être en conflit (avec).

conflicting [kən'flɪktɪŋ] *adj* contradictoire.

conform [kən'fɔːm] *vi*: **to ~ (to** OR **with)** se conformer (à).

conformist [kən'fɔːmɪst] ◇ *adj* conformiste. ◇ *n* conformiste *mf*.

conformity [kən'fɔːmətɪ] *n*: **~ (to** OR **with)** conformité *f* (à).

confound [kən'faʊnd] *vt* [confuse, defeat] déconcerter.

confounded [kən'faʊndɪd] *adj inf* sacré(e).

confront [kən'frʌnt] *vt* **-1.** [problem, enemy] affronter. **-2.** [challenge]: **to ~ sb (with)** confronter qqn (avec).

confrontation [,kɒnfrʌn'teɪʃn] *n* affrontement *m*.

confuse [kən'fjuːz] *vt* **-1.** [disconcert] troubler; **to ~ the issue** brouiller les cartes. **-2.** [mix up] confondre.

confused [kən'fjuːzd] *adj* **-1.** [not clear] compliqué(e). **-2.** [disconcerted] troublé(e), désorienté(e); **I'm ~** je n'y comprends rien.

confusing [kən'fjuːzɪŋ] *adj* pas clair(e).

confusion [kən'fjuːʒn] *n* confusion *f*.

conga ['kɒŋgə] *n*: **the ~** la conga.

congeal [kən'dʒiːl] *vi* [blood] se coaguler.

congenial [kən'dʒiːnjəl] *adj* sympathique, agréable.

congenital [kən'dʒenɪtl] *adj* MED congénital(e).

conger eel ['kɒŋgə-] *n* congre *m*.

congested [kən'dʒestɪd] *adj* **-1.** [street, area] encombré(e). **-2.** MED congestionné(e).

congestion [kən'dʒestʃn] *n* **-1.** [of traffic] encombrement *m*. **-2.** MED congestion *f*.

conglomerate [kən'glɒmərət] *n* COMM conglomérat *m*.

conglomeration [kən,glɒmə'reɪʃn] *n* conglomération *f*.

Congo ['kɒŋgəʊ] *n* **-1.** [country]: **the ~** le Congo; **in the ~** au Congo. **-2.** [river]: **the ~** le fleuve Zaïre.

Congolese [,kɒŋgə'liːz] ◇ *adj* congolais(e). ◇ *n* Congolais *m*, -e *f*.

congratulate [kən'grætʃʊleɪt] *vt*: **to ~ sb (on sthg/on doing sthg)** féliciter qqn (de qqch/d'avoir fait qqch).

congratulations [kən,grætʃʊ'leɪʃənz] *npl* félicitations *fpl*.

congratulatory [kən'grætʃʊlətrɪ] *adj* de félicitations.

congregate ['kɒŋgrɪgeɪt] *vi* se rassembler.

congregation [,kɒŋgrɪ'geɪʃn] *n* assemblée *f* des fidèles.

congress ['kɒŋgres] *n* [meeting] congrès *m*.

◆ **Congress** *n Am* POL le Congrès.

CONGRESS:
Le Congrès, organe législatif américain, est constitué du Sénat et de la Chambre des représentants; une proposition de loi doit obligatoirement être approuvée séparément par ces deux chambres

congressional [kən'greʃənl] *adj Am* POL du Congrès.

congressman ['kɒŋgresmən] (*pl* -men [-mən]) *n Am* POL membre *m* du Congrès.

congresswoman ['kɒŋgres,wʊmən] (*pl* -women [-,wɪmɪn]) *n Am* POL membre *m* (féminin) du Congrès.

conical ['kɒnɪkl] *adj* conique.

conifer ['kɒnɪfə] *n* conifère *m*.

coniferous [kə'nɪfərəs] *adj* [tree] conifère; [forest] de conifères.

conjecture [kən'dʒektʃə] ◇ *n* conjecture *f*. ◇ *vt & vi* conjecturer.

conjugal ['kɒndʒʊgl] *adj* conjugal(e).

conjugation [,kɒndʒʊ'geɪʃn] *n* GRAMM conjugaison *f*.

conjunction [kən'dʒʌŋkʃn] *n* **-1.** GRAMM conjonction *f*. **-2.** [combination] combinaison *f*, mélange *m*; **in ~** conjointement avec.

conjunctivitis [kən,dʒʌŋktɪ'vaɪtɪs] *n* conjonctivite *f*.

conjure [*vi* 'kʌndʒə, *vt* kən'dʒʊə] ◇ *vt fml* supplier. ◇ *vi* [by magic] faire des tours de prestidigitation.

◆ **conjure up** *vt sep* évoquer.

conjurer ['kʌndʒərə] *n* prestidigitateur *m*, -trice *f*.

conjuring trick ['kʌndʒərɪŋ-] *n* tour *m* de prestidigitation.

conjuror ['kʌndʒərə] = **conjurer**.

conk [kɒŋk] *n inf* pif *m*.

◆ **conk out** *vi inf* tomber en panne.

conker ['kɒŋkə] *n Br* marron *m*.

conman ['kɒnmæn] (*pl* -men [-men]) *n* escroc *m*.

connect [kə'nekt] ◇ *vt* **-1.** [join]: **to ~ sthg (to)** relier qqch (à). **-2.** [on telephone] mettre en communication. **-3.** [associate] associer; **to ~ sb/sthg to, to ~ sb/sthg with** associer qqn/qqch à. **-4.** ELEC [to power supply]: **to ~ sthg to** brancher qqch à. ◇ *vi* [train, plane, bus]: **to ~ (with)** assurer la correspondance (avec).

connected [kə'nektɪd] *adj* [related]: **to be ~ with** avoir un rapport avec; **they are not ~** il n'y a aucun rapport entre eux.

Connecticut [kə'netɪkət] *n* Connecticut *m*; **in** ~ dans le Connecticut.

connecting [kə'nektɪŋ] *adj*: ~ **flight/train** correspondance *f*.

connection [kə'nekʃn] *n* **-1.** [relationship]: ~ **(between/with)** rapport *m* (entre/avec); **in** ~ **with** à propos de. **-2.** ELEC branchement *m*, connexion *f*. **-3.** [on telephone] communication *f*; **it's a bad** ~ la ligne est mauvaise. **-4.** [plane, train, bus] correspondance *f*. **-5.** [professional acquaintance] relation *f*.

connective tissue [kə'nektɪv-] *n* tissu *m* conjonctif.

connexion [kə'nekʃn] *Br* = **connection**.

connive [kə'naɪv] *vi* **-1.** [plot] comploter; **to** ~ **with sb** être de connivence avec qqn. **-2.** [allow to happen]: **to** ~ **at sthg** fermer les yeux sur qqch.

conniving [kə'naɪvɪŋ] *adj*: **you** ~ **wretch!** espèce de sale comploteur!

connoisseur [ˌkɒnə'sɜːr] *n* connaisseur *m*, -euse *f*.

connotation [ˌkɒnə'teɪʃn] *n* connotation *f*.

conquer ['kɒŋkər] *vt* **-1.** [country, people etc] conquérir. **-2.** [fears, inflation etc] vaincre.

conqueror ['kɒŋkərər] *n* conquérant *m*, -e *f*.

conquest ['kɒŋkwest] *n* conquête *f*.

cons [kɒnz] *npl* **-1.** *Br inf*: **all mod** ~ tout confort. **-2.** → **pro**.

Cons. *abbr of* **Conservative**.

conscience ['kɒnʃəns] *n* conscience *f*; **to have a guilty** ~ avoir mauvaise conscience; **in all** ~ en mon/votre *etc* âme et conscience.

conscientious [ˌkɒnʃɪ'enʃəs] *adj* consciencieux(ieuse).

conscientiously [ˌkɒnʃɪ'enʃəslɪ] *adv* consciencieusement.

conscientiousness [ˌkɒnʃɪ'enʃəsnɪs] *n* conscience *f*.

conscientious objector *n* objecteur *m* de conscience.

conscious ['kɒnʃəs] *adj* **-1.** [not unconscious] conscient(e). **-2.** [aware]: ~ **of sthg** conscient(e) de qqch; **fashion-**~ qui suit la mode; **money-**~ qui fait attention à ses dépenses. **-3.** [intentional - insult] délibéré(e), intentionnel(elle); [- effort] conscient(e).

consciously ['kɒnʃəslɪ] *adv* intentionnellement.

consciousness ['kɒnʃəsnɪs] *n* conscience *f*.

conscript [*n* 'kɒnskrɪpt, *vb* kən'skrɪpt] MIL ◇ *n* conscrit *m*. ◇ *vt* appeler sous les drapeaux.

conscription [kən'skrɪpʃn] *n* conscription *f*.

consecrate ['kɒnsɪkreɪt] *vt* consacrer.

consecration [ˌkɒnsɪ'kreɪʃn] *n* consécration *f*.

consecutive [kən'sekjʊtɪv] *adj* consécutif(ive).

consecutively [kən'sekjʊtɪvlɪ] *adv* consécutivement.

consensus [kən'sensəs] *n* consensus *m*.

consent [kən'sent] ◇ *n* (*U*) **-1.** [permission] consentement *m*. **-2.** [agreement] accord *m*. ◇ *vi*: **to** ~ **(to)** consentir (à).

consenting [kən'sentɪŋ] *adj*: ~ **adults** adultes consentants.

consequence ['kɒnsɪkwəns] *n* **-1.** [result] conséquence *f*; **in** ~ par conséquent. **-2.** [importance] importance *f*.

consequent ['kɒnsɪkwənt] *adj fml* consécutif(ive); [resulting] résultant(e).

consequently ['kɒnsɪkwəntlɪ] *adv* par conséquent.

conservation [ˌkɒnsə'veɪʃn] *n* [of nature] protection *f*; [of buildings] conservation *f*; [of energy, water] économie *f*.

conservation area *n* secteur *m* sauvegardé.

conservationist [ˌkɒnsə'veɪʃənɪst] *n* écologiste *mf*.

conservatism [kən'sɜːvətɪzm] *n* conservatisme *m*.

◆ **Conservatism** *n* POL conservatisme *m*.

conservative [kən'sɜːvətɪv] ◇ *adj* **-1.** [not modern] traditionnel(elle). **-2.** [cautious] prudent(e). ◇ *n* traditionaliste *mf*.

◆ **Conservative** POL ◇ *adj* conservateur(trice). ◇ *n* conservateur *m*, -trice *f*.

Conservative Party *n*: **the** ~ le parti conservateur.

conservatory [kən'sɜːvətrɪ] (*pl* **-ies**) *n* [of house] véranda *f*.

conserve [*n* 'kɒnsɜːv, *vb* kən'sɜːv] ◇ *n* confiture *f*. ◇ *vt* [energy, supplies] économiser; [nature, wildlife] protéger.

consider [kən'sɪdər] *vt* **-1.** [think about] examiner. **-2.** [take into account] prendre en compte; **all things** ~**ed** tout compte fait. **-3.** [judge] considérer.

considerable [kən'sɪdrəbl] *adj* considérable.

considerably [kən'sɪdrəblɪ] *adv* considérablement.

considerate [kən'sɪdərət] *adj* prévenant(e); **that's very** ~ **of you** c'est très gentil à vous OR de votre part.

consideration [kən,sɪdə'reɪʃn] *n* **-1.** (*U*) [careful thought] réflexion *f*; **to take sthg into** ~ tenir compte de qqch, prendre qqch en considération; **under** ~ à l'étude. **-2.** (*U*) [care] attention *f*. **-3.** [factor] facteur *m*.

109

constitutional

considered [kənˈsɪdəd] *adj*: it's my ~ opinion that ... après mûre réflexion je pense que ....

considering [kənˈsɪdərɪŋ] ◇ *prep* étant donné. ◇ *conj* étant donné que.

consign [kənˈsaɪn] *vt*: to ~ sb/sthg to reléguer qqn/qqch à.

consignee [ˌkɒnsaɪˈniː] *n* destinataire *mf*.

consignment [kənˈsaɪnmənt] *n* [load] expédition *f*.

consignment note *n* bordereau *m* d'expédition.

consignor [kənˈsaɪnər] *n* expéditeur *m*, -trice *f*.

consist [kənˈsɪst]
◆ **consist in** *vt fus*: to ~ in sthg consister dans qqch; to ~ in doing sthg consister à faire qqch.
◆ **consist of** *vt fus* consister en.

consistency [kənˈsɪstənsɪ] (*pl* -ies) *n* -1. [coherence] cohérence *f*. -2. [texture] consistance *f*.

consistent [kənˈsɪstənt] *adj* -1. [regular - behaviour] conséquent(e); [- improvement] régulier(ière); [- supporter] constant(e). -2. [coherent] cohérent(e); to be ~ with [with one's position] être compatible avec; [with the facts] correspondre avec.

consistently [kənˈsɪstəntlɪ] *adv* -1. [without exception] invariablement. -2. [argue, reason] de manière cohérente.

consolation [ˌkɒnsəˈleɪʃn] *n* réconfort *m*.

consolation prize *n* prix *m* de consolation.

console [*n* ˈkɒnsəʊl, *vt* kənˈsəʊl] ◇ *n* tableau *m* de commande; MUS console *f*. ◇ *vt* consoler; he had to ~ himself with second place il a dû se contenter de la deuxième place.

consolidate [kənˈsɒlɪdeɪt] ◇ *vt* -1. [strengthen] consolider. -2. [merge] fusionner. ◇ *vi* fusionner.

consolidation [kənˌsɒlɪˈdeɪʃn] *n* (*U*) -1. [strengthening] affermissement *m*. -2. [merging] fusion *f*.

consols [ˈkɒnsəlz] *npl Br* fonds *mpl* consolidés.

consommé [*Br* kənˈsɒmeɪ, *Am* ˌkɒnsəˈmeɪ] *n* consommé *m*.

consonant [ˈkɒnsənənt] *n* consonne *f*.

consort [*vb* kənˈsɔːt, *n* ˈkɒnsɔːt] ◇ *vi fml*: to ~ with sb fréquenter qqn. ◇ *n*: prince ~ prince *m* consort.

consortium [kənˈsɔːtjəm] (*pl* -tiums OR -tia [-tjə]) *n* consortium *m*.

conspicuous [kənˈspɪkjuəs] *adj* voyant(e), qui se remarque.

conspicuously [kənˈspɪkjuəslɪ] *adv* [dressed] de manière voyante; [wealthy] ostensiblement.

conspiracy [kənˈspɪrəsɪ] (*pl* -ies) *n* conspiration *f*, complot *m*.

conspirator [kənˈspɪrətər] *n* conspirateur *m*, -trice *f*.

conspiratorial [kənˌspɪrəˈtɔːrɪəl] *adj* de conspirateur.

conspire [kənˈspaɪər] ◇ *vt*: to ~ to do sthg comploter de faire qqch; [subj: events] contribuer à faire qqch. ◇ *vi*: to ~ against/with sb conspirer contre/avec qqn.

constable [ˈkʌnstəbl] *n Br* [policeman] agent *m* de police.

constabulary [kənˈstæbjʊlərɪ] (*pl* -ies) *n* police *f*.

constancy [ˈkɒnstənsɪ] *n* constance *f*.

constant [ˈkɒnstənt] *adj* -1. [unvarying] constant(e). -2. [recurring] continuel(elle). -3. *literary* [faithful] fidèle.

constantly [ˈkɒnstəntlɪ] *adv* constamment.

constellation [ˌkɒnstəˈleɪʃn] *n* constellation *f*.

consternation [ˌkɒnstəˈneɪʃn] *n* consternation *f*.

constipated [ˈkɒnstɪpeɪtɪd] *adj* constipé(e).

constipation [ˌkɒnstɪˈpeɪʃn] *n* constipation *f*.

constituency [kənˈstɪtjʊənsɪ] (*pl* -ies) *n* [area] circonscription *f* électorale.

constituency party *n Br* section *f* locale du parti.

constituent [kənˈstɪtjʊənt] ◇ *adj* constituant(e). ◇ *n* -1. [voter] électeur *m*, -trice *f*. -2. [element] composant *m*.

constitute [ˈkɒnstɪtjuːt] *vt* -1. [form, represent] représenter, constituer. -2. [establish, set up] constituer.

constitution [ˌkɒnstɪˈtjuːʃn] *n* constitution *f*.
◆ **Constitution** *n*: the (United States) Constitution la Constitution américaine.

CONSTITUTION:
Il est à noter que la Constitution britannique, à la différence de la Constitution américaine (texte écrit et définitif), n'est pas un document en soi, mais le résultat virtuel de la succession des lois dans le temps, fonctionnant sur le principe de la jurisprudence

---

constitutional [ˌkɒnstɪˈtjuːʃənl] *adj* constitutionnel(elle).

constrain [kən'streɪn] vt -1. [coerce] forcer, contraindre; **to ~ sb to do sthg** forcer qqn à faire qqch. -2. [restrict] limiter.

constrained [kən'streɪnd] adj [inhibited] contraint(e).

constraint [kən'streɪnt] n -1. [restriction]: ~ **(on)** limitation f (à). -2. (U) [self-control] retenue f, réserve f. -3. [coercion] contrainte f.

constrict [kən'strɪkt] vt -1. [compress] serrer. -2. [limit] limiter.

constricting [kən'strɪktɪŋ] adj -1. [clothes] qui entrave les mouvements. -2. [circumstances, lifestyle] contraignant(e).

construct [vb kən'strʌkt, n 'kɒnstrʌkt] ◇ vt construire. ◇ n fml [concept] concept m.

construction [kən'strʌkʃn] ◇ n construction f; **under ~** en construction. ◇ comp [worker] du bâtiment; **~ site** chantier m.

construction industry n industrie f du bâtiment.

constructive [kən'strʌktɪv] adj constructif(ive).

constructively [kən'strʌktɪvlɪ] adv d'une manière constructive.

construe [kən'struː] vt fml [interpret]: **to ~ sthg as** interpréter qqch comme.

consul ['kɒnsəl] n consul m.

consular ['kɒnsjʊləʳ] adj consulaire.

consulate ['kɒnsjʊlət] n consulat m.

consult [kən'sʌlt] ◇ vt consulter. ◇ vi: **to ~ with sb** s'entretenir avec qqn.

consultancy [kən'sʌltənsɪ] (pl -ies) n [company] cabinet m d'expert-conseil.

consultancy fee n honoraires mpl d'expert.

consultant [kən'sʌltənt] n -1. [expert] expert-conseil m. -2. Br [hospital doctor] spécialiste mf.

consultation [,kɒnsəl'teɪʃn] n -1. [meeting, discussion] entretien m. -2. [reference] consultation f.

consulting room [kən'sʌltɪŋ-] n cabinet m de consultation.

consume [kən'sjuːm] vt -1. [food, fuel etc] consommer. -2. literary [fill]: **to be ~d by hatred/passion** être consumé(e) par la haine/la passion.

consumer [kən'sjuːməʳ] ◇ n consommateur m, -trice f. ◇ comp du consommateur.

consumer credit n (U) crédit m à la consommation.

consumer durables npl biens mpl de consommation durables.

consumer goods npl biens mpl de consommation.

consumerism [kən'sjuːmərɪzm] n (U) -1. [buying] (règne m de la) société f de consommation. -2. [protection of rights] consumérisme m.

consumer society n société f de consommation.

consumer spending n (U) dépenses fpl de consommation.

consummate [adj kən'sʌmət, vb 'kɒnsəmeɪt] ◇ adj consommé(e); [liar] fieffé(e). ◇ vt consommer.

consummation [,kɒnsə'meɪʃn] n -1. [of marriage] consommation f. -2. [culmination] apogée m.

consumption [kən'sʌmpʃn] n -1. [use] consommation f. -2. dated [tuberculosis] phtisie f.

cont. abbr of **continued**.

contact ['kɒntækt] ◇ n -1. (U) [touch, communication] contact m; **in ~ (with sb)** en rapport OR contact (avec qqn); **to lose ~ with sb** perdre le contact avec qqn; **to make ~ with sb** prendre contact OR entrer en contact avec qqn. -2. [person] relation f, contact m. ◇ vt contacter, prendre contact avec; [by phone] joindre, contacter.

contact lens n verre m de contact, lentille f (cornéenne).

contact number n: **do you have a ~?** tu as un numéro où on peut te joindre?

contagious [kən'teɪdʒəs] adj contagieux(ieuse).

contain [kən'teɪn] vt -1. [hold, include] contenir, renfermer. -2. fml [control] contenir; [epidemic] circonscrire.

contained [kən'teɪnd] adj [person] maître (maîtresse) de soi.

container [kən'teɪnəʳ] n -1. [box, bottle etc] récipient m. -2. [for transporting goods] conteneur m, container m.

containerize, **-ise** [kən'teɪnəraɪz] vt COMM [goods] conteneuriser; [port] convertir à la conteneurisation.

container ship n porte-conteneurs m.

containment [kən'teɪnmənt] n (U) -1. [limitation]: **our efforts at the ~ of this violence** nos efforts pour contenir cette violence. -2. POL: **policy of ~** politique f d'endiguement.

contaminate [kən'tæmɪneɪt] vt contaminer.

contaminated [kən'tæmɪneɪtɪd] adj contaminé(e).

contamination [kən,tæmɪ'neɪʃn] n contamination f.

cont'd abbr of **continued**.

contemplate ['kɒntempleɪt] ⬦ *vt* **-1.** [consider] envisager; **to ~ doing sthg** envisager de faire qqch. **-2.** *fml* [look at] contempler. ⬦ *vi* [consider] méditer.

contemplation [,kɒntem'pleɪʃn] *n* contemplation *f*.

contemplative [kən'templətɪv] *adj* contemplatif(ive).

contemporary [kən'tempərərɪ] (*pl* -ies) ⬦ *adj* contemporain(e). ⬦ *n* contemporain *m*, -e *f*.

contempt [kən'tempt] *n* **-1.** [scorn]: **~ (for)** mépris *m* (pour); **to hold sb in ~** mépriser qqn. **-2.** JUR: **~ (of court)** outrage *m* à la cour.

contemptible [kən'temptəbl] *adj* méprisable.

contemptuous [kən'temptʃʊəs] *adj* méprisant(e); **~ of sthg** dédaigneux(euse) de qqch.

contend [kən'tend] ⬦ *vi* **-1.** [deal]: **to ~ with sthg** faire face à qqch; **I've got enough to ~ with** j'ai assez de problèmes comme ça. **-2.** [compete]: **to ~ for** [subj: several people] se disputer; [subj: one person] se battre pour; **to ~ against** lutter contre. ⬦ *vt fml* [claim]: **to ~ that ...** soutenir OR prétendre que ....

contender [kən'tendə*r*] *n* [in election] candidat *m*, -e *f*; [in competition] concurrent *m*, -e *f*; [in boxing etc] prétendant *m*, -e *f*.

content [*n* 'kɒntent, *adj & vb* kən'tent] ⬦ *adj*: **~ (with)** satisfait(e) (de), content(e) (de); **to be ~ to do sthg** ne pas demander mieux que de faire qqch. ⬦ *n* **-1.** [amount] teneur *f*; **it has a high fibre ~** c'est riche en fibres. **-2.** [subject matter] contenu *m*. ⬦ *vt*: **to ~ o.s. with sthg/with doing sthg** se contenter de qqch/de faire qqch.
◆ **contents** *npl* **-1.** [of container, document] contenu *m*. **-2.** [at front of book] table *f* des matières.

contented [kən'tentɪd] *adj* satisfait(e).

contentedly [kən'tentɪdlɪ] *adv* avec contentement.

contention [kən'tenʃn] *n fml* **-1.** [argument, assertion] assertion *f*, affirmation *f*. **-2.** (U) [disagreement] dispute *f*, contestation *f*. **-3.** [competition]: **to be in ~** être en lice.

contentious [kən'tenʃəs] *adj* contentieux(ieuse), contesté(e).

contentment [kən'tentmənt] *n* contentement *m*.

contest [*n* 'kɒntest, *vb* kən'test] ⬦ *n* **-1.** [competition] concours *m*. **-2.** [for power, control] combat *m*, lutte *f*. ⬦ *vt* **-1.** [compete for] disputer. **-2.** [dispute] contester.

contestant [kən'testənt] *n* concurrent *m*, -e *f*.

context ['kɒntekst] *n* contexte *m*; **out of ~** [word] hors contexte; [remark] hors de son contexte.

continent ['kɒntɪnənt] *n* continent *m*.
◆ **Continent** *n Br*: **the Continent** l'Europe *f* continentale.

continental [,kɒntɪ'nentl] ⬦ *adj* **-1.** GEOGR continental(e). **-2.** *Br* [European - food] d'Europe continentale; [- holidays] en Europe continentale. ⬦ *n Br* Européen continental *m*, Européenne continentale *f*.

continental breakfast *n* petit déjeuner *m* (*par opposition à 'English breakfast'*).

CONTINENTAL BREAKFAST:
Ce terme désigne un petit déjeuner léger, par opposition à un 'English breakfast', beaucoup plus copieux et comportant parfois un plat chaud

continental climate *n* climat *m* continental.

continental quilt *n Br* couette *f*.

contingency [kən'tɪndʒənsɪ] (*pl* -ies) *n* éventualité *f*.

contingency plan *n* plan *m* d'urgence.

contingent [kən'tɪndʒənt] ⬦ *adj fml*: **to be ~ on** OR **upon** dépendre de. ⬦ *n* contingent *m*.

continual [kən'tɪnjʊəl] *adj* continuel(elle).

continually [kən'tɪnjʊəlɪ] *adv* continuellement.

continuation [kən,tɪnjʊ'eɪʃn] *n* **-1.** (U) [act] continuation *f*. **-2.** [sequel] suite *f*.

continue [kən'tɪnjuː] ⬦ *vt* **-1.** [carry on] continuer, poursuivre; **to ~ doing** OR **to do sthg** continuer à OR de faire qqch. **-2.** [after an interruption] reprendre. ⬦ *vi* **-1.** [carry on] continuer; **to ~ with sthg** poursuivre qqch, continuer qqch. **-2.** [after an interruption] reprendre, se poursuivre.

continuity [,kɒntɪ'njuːətɪ] ⬦ *n* continuité *f*.

continuous [kən'tɪnjʊəs] *adj* continu(e).

continuous assessment *n* contrôle *m* continu des connaissances.

continuously [kən'tɪnjʊəslɪ] *adv* sans arrêt, continuellement.

contort [kən'tɔːt] ⬦ *vt* tordre. ⬦ *vi* se tordre.

contortion [kən'tɔːʃn] *n* **-1.** (U) [twisting] torsion *f*. **-2.** [position] contorsion *f*.

contour ['kɒn,tʊə*r*] ⬦ *n* **-1.** [outline] contour *m*. **-2.** [on map] courbe *f* de niveau. ⬦ *comp*

[map] avec courbes de niveau; ~ **line** courbe *f* de niveau.

contraband ['kɒntrəbænd] ◇ *adj* de contrebande. ◇ *n* contrebande *f*.

contraception [ˌkɒntrə'sepʃn] *n* contraception *f*.

contraceptive [ˌkɒntrə'septɪv] ◇ *adj* [method, device] anticonceptionnel(elle), contraceptif(ive); [advice] sur la contraception. ◇ *n* contraceptif *m*.

contraceptive pill *n* pilule *f* anticonceptionnelle OR contraceptive.

contract [*n* 'kɒntrækt, *vb* kən'trækt] ◇ *n* contrat *m*. ◇ *vt* **-1.** [gen] contracter. **-2.** COMM: **to ~ sb (to do sthg)** passer un contrat avec qqn (pour faire qqch); **to ~ to do sthg** s'engager par contrat à faire qqch. ◇ *vi* [decrease in size, length] se contracter.
◆ **contract in** *vi* s'engager par contrat.
◆ **contract out** ◇ *vt sep* donner en sous-traitance à. ◇ *vi*: **to ~ out (of)** se dégager (de).

contraction [kən'trækʃn] *n* contraction *f*.

contractor [kən'træktər] *n* entrepreneur *m*.

contractual [kən'træktʃʊəl] *adj* contractuel(elle).

contradict [ˌkɒntrə'dɪkt] *vt* contredire.

contradiction [ˌkɒntrə'dɪkʃn] *n* contradiction *f*; **~ in terms** contradiction dans les termes.

contradictory [ˌkɒntrə'dɪktəri] *adj* contradictoire; [behaviour] incohérent(e).

contraflow ['kɒntrəfləʊ] *n* circulation *f* à contre-sens.

contralto [kən'træltəʊ] (*pl* **-s**) *n* contralto *m*.

contraption [kən'træpʃn] *n* machin *m*, truc *m*.

contrary ['kɒntrəri, *adj sense 2* kən'treəri] ◇ *adj* **-1.** [opposite]: **~ (to)** contraire (à), opposé(e) (à). **-2.** [awkward] contrariant(e). ◇ *n* contraire *m*; **on the ~** au contraire; **evidence to the ~** preuves tendant à démontrer le contraire; **his statements to the ~** ses propos soutenant le contraire.
◆ **contrary to** *prep* contrairement à.

contrast [*n* 'kɒntrɑːst, *vb* kən'trɑːst] ◇ *n* contraste *m*; **by** OR **in ~** par contraste; **in ~ with** OR **to sthg** par contraste avec qqch. ◇ *vt* contraster. ◇ *vi*: **to ~ (with)** faire contraste (avec).

contrasting [kən'trɑːstɪŋ] *adj* [colours] contrasté(e); [personalities, views] opposé(e), contraire.

contravene [ˌkɒntrə'viːn] *vt* enfreindre, transgresser.

contravention [ˌkɒntrə'venʃn] *n* infraction *f*, contravention *f*.

contribute [kən'trɪbjuːt] ◇ *vt* **-1.** [money] apporter; [help, advice, ideas] donner, apporter. **-2.** [write]: **to ~ an article to a magazine** écrire un article pour un magazine. ◇ *vi* **-1.** [gen]: **to ~ (to)** contribuer (à). **-2.** [write material]: **to ~ to** collaborer à.

contributing [kən'trɪbjuːtɪŋ] *adj*: **to be a ~ factor in** contribuer à.

contribution [ˌkɒntrɪ'bjuːʃn] *n* **-1.** [of money]: **~ (to)** cotisation *f* (à), contribution *f* (à). **-2.** [to debate]: **his ~ to the discussion** ce qu'il a apporté à la discussion. **-3.** [article] article *m*.

contributor [kən'trɪbjuːtər] *n* **-1.** [of money] donateur *m*, -trice *f*. **-2.** [to magazine, newspaper] collaborateur *m*, -trice *f*.

contributory [kən'trɪbjʊtəri] *adj*: **to be a ~ factor in** contribuer à.

contributory pension scheme *n* système *m* de retraite par répartition.

contrite ['kɒntraɪt] *adj literary* contrit(e), pénitent(e).

contrition [kən'trɪʃn] *n literary* contrition *f*, pénitence *f*.

contrivance [kən'traɪvns] *n* [contraption] machine *f*, appareil *m*.

contrive [kən'traɪv] *vt fml* **-1.** [engineer] combiner. **-2.** [manage]: **to ~ to do sthg** se débrouiller pour faire qqch, trouver moyen de faire qqch.

contrived [kən'traɪvd] *adj* tiré(e) par les cheveux.

control [kən'trəʊl] (*pt* & *pp* **-led**, *cont* **-ling**) ◇ *n* **-1.** [gen] contrôle *m*; [of traffic] régulation *f*; **to gain** OR **take ~ (of)** prendre le contrôle (de); **beyond** OR **outside sb's ~** indépendant de la volonté de qqn; **to get sb/sthg under ~** maîtriser qqn/qqch; **to be in ~ of sthg** [subj: boss, government] diriger qqch; [subj: army] avoir le contrôle de qqch; [of emotions, situation] maîtriser qqch; **to get out of ~** [subj: crowd] devenir impossible à contrôler; **his car went out of ~** il a perdu le contrôle de sa voiture; **to lose ~** [of emotions] perdre le contrôle. **-2.** [in experiment] témoin *m*.
◇ *vt* **-1.** [company, country] être à la tête de, diriger. **-2.** [operate] commander, faire fonctionner. **-3.** [restrict, restrain - disease] enrayer, juguler; [- inflation] mettre un frein à, contenir; [- children] tenir; [- crowd] contenir; [- traffic] régler; [- emotions] maîtriser, contenir; **to ~ o.s.** se maîtriser, se contrôler.
◇ *comp* de commande.

◆ **controls** *npl* [of machine, vehicle] commandes *fpl*.

control code *n* COMPUT code *m* de commande.

control group *n* groupe *m* témoin.

control key *n* COMPUT touche *f* «control».

controlled [kən'trəʊld] *adj* -1. [person] maître (maîtresse) de soi. -2. ECON dirigé(e).

controller [kən'trəʊlə'] *n* [person] contrôleur *m*.

controlling [kən'trəʊlɪŋ] *adj* [factor] déterminant(e).

controlling interest *n* participation *f* majoritaire.

control panel *n* tableau *m* de bord.

control tower *n* tour *f* de contrôle.

controversial [,kɒntrə'vɜːʃl] *adj* [writer, theory etc] controversé(e); **to be ~** donner matière à controverse.

controversy ['kɒntrəvɜːsɪ, *Br* kən'trɒvəsɪ] (*pl* **-ies**) *n* controverse *f*, polémique *f*.

conundrum [kə'nʌndrəm] (*pl* **-s**) *n* énigme *f*.

conurbation [,kɒnɜː'beɪʃn] *n* conurbation *f*.

convalesce [,kɒnvə'les] *vi* se remettre d'une maladie, relever de maladie.

convalescence [,kɒnvə'lesns] *n* convalescence *f*.

convalescent [,kɒnvə'lesnt] ◇ *adj* de convalescence. ◇ *n* convalescent *m*, -e *f*.

convection [kən'vekʃn] *n* convection *f*.

convector [kən'vektə'] *n* radiateur *m* à convection.

convene [kən'viːn] ◇ *vt* convoquer, réunir. ◇ *vi* se réunir, s'assembler.

convener [kən'viːnə'] *n Br* président *m*, -e *f* (*d'une commission*).

convenience [kən'viːnjəns] *n* -1. [usefulness] commodité *f*. -2. [personal comfort, advantage] agrément *m*, confort *m*; **at your earliest ~** *fml* dès que possible. -3. [facility] confort *m*.

convenience food *n* aliment *m* tout préparé.

convenience store *n Am* petit supermarché de quartier.

convenient [kən'viːnjənt] *adj* -1. [suitable] qui convient. -2. [handy] pratique, commode.

conveniently [kən'viːnjəntlɪ] *adv* d'une manière commode; **~ situated** bien situé.

convent ['kɒnvənt] *n* couvent *m*.

convention [kən'venʃn] *n* -1. [agreement, assembly] convention *f*. -2. [practice] usage *m*, convention *f*.

conventional [kən'venʃənl] *adj* conventionnel(elle); **it's ~ to ...** l'usage veut que ....

conventionally [kən'venʃnəlɪ] *adv* d'une manière conventionnelle.

convent school *n* couvent *m*.

converge [kən'vɜːdʒ] *vi*: **to ~ (on)** converger (sur).

conversant [kən'vɜːsənt] *adj fml*: **~ with** sthg familiarisé(e) avec qqch, qui connaît bien qqch.

conversation [,kɒnvə'seɪʃn] *n* conversation *f*; **to make ~** faire la conversation.

conversational [,kɒnvə'seɪʃənl] *adj* de la conversation.

conversationalist [,kɒnvə'seɪʃnəlɪst] *n* causeur *m*, -euse *f*.

converse [*adj & n* 'kɒnvɜːs, *vb* kən'vɜːs] ◇ *adj fml* opposé(e), contraire. ◇ *n* [opposite]: **the ~** le contraire, l'inverse *m*. ◇ *vi fml* converser.

conversely [kən'vɜːslɪ] *adv fml* inversement.

conversion [kən'vɜːʃn] *n* -1. [changing, in religious beliefs] conversion *f*. -2. [in building] aménagement *m*, transformation *f*. -3. RUGBY transformation *f*.

conversion table *n* table *f* de conversion.

convert [*vb* kən'vɜːt, *n* 'kɒnvɜːt] ◇ *vt* -1. [change]: **to ~ sthg to** OR **into** convertir qqch en; **to ~ sb (to)** RELIG convertir qqn (à). -2. [building, ship]: **to ~ sthg to** OR **into** transformer qqch en, aménager qqch en. -3. RUGBY transformer. ◇ *vi*: **to ~ from sthg to sthg** passer de qqch à qqch. ◇ *n* converti *m*, -e *f*.

converted [kən'vɜːtɪd] *adj* -1. [building, ship] aménagé(e). -2. RELIG converti(e).

convertible [kən'vɜːtəbl] ◇ *adj* -1. [bed, sofa] transformable, convertible. -2. [currency] convertible. -3. [car] décapotable. ◇ *n* (voiture) décapotable *f*.

convex [kɒn'veks] *adj* convexe.

convey [kən'veɪ] *vt* -1. *fml* [transport] transporter. -2. [express]: **to ~ sthg (to sb)** communiquer qqch (à qqn).

conveyancing [kən'veɪənsɪŋ] *n* (*U*) procédure *f* translative de propriété.

conveyer belt [kən'veɪə'-] *n* convoyeur *m*, tapis *m* roulant.

convict [*n* 'kɒnvɪkt, *vb* kən'vɪkt] ◇ *n* détenu *m*. ◇ *vt*: **to ~ sb of sthg** reconnaître qqn coupable de qqch.

convicted [kən'vɪktɪd] *adj*: **he's a ~ murderer** il a été reconnu coupable d'un meurtre.

conviction [kən'vɪkʃn] *n* **-1.** [belief, fervour] conviction *f.* **-2.** JUR [of criminal] condamnation *f.*

convince [kən'vɪns] *vt* convaincre, persuader; **to ~ sb of sthg/to do sthg** convaincre qqn de qqch/de faire qqch, persuader qqn de qqch/de faire qqch.

convinced [kən'vɪnst] *adj*: **~ (of)** persuadé(e) (de), convaincu(e) (de).

convincing [kən'vɪnsɪŋ] *adj* **-1.** [persuasive] convaincant(e). **-2.** [resounding - victory] retentissant(e), éclatant(e).

convivial [kən'vɪvɪəl] *adj* convivial(e), joyeux(euse).

convoluted ['kɒnvəluːtɪd] *adj* [tortuous] compliqué(e).

convoy ['kɒnvɔɪ] *n* convoi *m*; **in ~** en convoi.

convulse [kən'vʌls] *vt* [person]: **to be ~d with** se tordre de.

convulsion [kən'vʌlʃn] *n* MED convulsion *f.*

convulsive [kən'vʌlsɪv] *adj* convulsif(ive).

coo [kuː] *vi* roucouler.

cook [kʊk] ◇ *n* cuisinier *m*, -ière *f*; **she's a good ~** elle fait bien la cuisine. ◇ *vt* **-1.** [food] faire cuire; [meal] préparer. **-2.** *inf* [falsify] maquiller. ◇ *vi* [person] cuisiner, faire la cuisine; [food] cuire.
◆ **cook up** *vt sep* [plan] combiner; [excuse] inventer.

cookbook ['kʊk‚bʊk] = **cookery book**.

cooked [kʊkt] *adj* cuit(e).

cooker ['kʊkə'] *n* [stove] cuisinière *f.*

cookery ['kʊkərɪ] *n* cuisine *f.*

cookery book *n* livre *m* de cuisine.

cookie ['kʊkɪ] *n Am* [biscuit] biscuit *m*, gâteau *m* sec.

cooking ['kʊkɪŋ] ◇ *n* cuisine *f*; **do you like ~?** tu aimes faire la cuisine? ◇ *comp* de cuisine; [chocolate] à cuire; **~ oil** huile *f* de friture.

cooking apple *n* pomme *f* à cuire.

cookout ['kʊkaʊt] *n Am* barbecue *m.*

cool [kuːl] ◇ *adj* **-1.** [not warm] frais (fraîche); [dress] léger(ère). **-2.** [calm] calme. **-3.** [unfriendly] froid(e). **-4.** *inf* [excellent] génial(e); [trendy] branché(e). ◇ *vt* faire refroidir. ◇ *vi* **-1.** [become less warm] refroidir. **-2.** [abate] se calmer. ◇ *n* [calm]: **to keep/lose one's ~** garder/perdre son sang-froid, garder/perdre son calme.
◆ **cool down** ◇ *vt sep* **-1.** [make less warm - food etc] faire refroidir; [- person] rafraîchir. **-2.** [make less angry] calmer, apaiser. ◇ *vi* **-1.** [become less warm - food, engine] re-

froidir; [- person] se rafraîchir. **-2.** [become less angry] se calmer.
◆ **cool off** *vi* **-1.** [become less warm] refroidir; [person] se rafraîchir. **-2.** [become less angry] se calmer.

coolant ['kuːlənt] *n* agent *m* de refroidissement.

cool box *n* glacière *f.*

cool-headed [-'hedɪd] *adj* calme.

cooling-off period ['kuːlɪŋ-] *n* délai *m* de réflexion.

cooling tower ['kuːlɪŋ-] *n* refroidisseur *m.*

coolly ['kuːlɪ] *adv* **-1.** [calmly] calmement. **-2.** [in unfriendly way] froidement.

coolness ['kuːlnɪs] *n* **-1.** [in temperature] fraîcheur *f.* **-2.** [unfriendliness] froideur *f.*

coop [kuːp] *n* poulailler *m.*
◆ **coop up** *vt sep inf* confiner.

Co-op ['kəʊ‚ɒp] (*abbr of* **co-operative society**) *n* Coop *f.*

cooperate [kəʊ'ɒpəreɪt] *vi*: **to ~ (with sb/sthg)** coopérer (avec qqn/à qqch), collaborer (avec qqn/à qqch).

cooperation [kəʊ‚ɒpə'reɪʃn] *n* (U) **-1.** [collaboration] coopération *f*, collaboration *f.* **-2.** [assistance] aide *f*, concours *m.*

cooperative [kəʊ'ɒpərətɪv] ◇ *adj* coopératif(ive). ◇ *n* coopérative *f.*

co-opt *vt*: **to ~ sb (into** OR **onto)** coopter qqn (à).

coordinate [*n* kəʊ'ɔːdɪnət, *vt* kəʊ'ɔːdɪneɪt] ◇ *n* [on map, graph] coordonnée *f.* ◇ *vt* coordonner.
◆ **coordinates** *npl* [clothes] coordonnés *mpl.*

coordination [kəʊ‚ɔːdɪ'neɪʃn] *n* coordination *f.*

co-ownership *n* copropriété *f.*

cop [kɒp] (*pt & pp* **-ped**, *cont* **-ping**) *n inf* flic *m.*
◆ **cop out** *vi inf*: **to ~ out (of sthg)** se défiler OR se dérober (à qqch).

cope [kəʊp] *vi* se débrouiller; **to ~ with** faire face à.

Copenhagen [‚kəʊpən'heɪgən] *n* Copenhague.

copier ['kɒpɪə'] *n* copieur *m*, photocopieur *m.*

copilot ['kəʊ‚paɪlət] *n* copilote *mf.*

copious ['kəʊpjəs] *adj* [notes] copieux(ieuse); [supply] abondant(e).

cop-out *n inf* dérobade *f*, échappatoire *f.*

copper ['kɒpə'] *n* **-1.** [metal] cuivre *m.* **-2.** *Br inf* [policeman] flic *m.*

115

coppice ['kɒpɪs], **copse** [kɒps] *n* taillis *m*, hallier *m*.

copulate ['kɒpjʊleɪt] *vi*: **to ~ (with)** s'accoupler (à OR avec).

copulation [ˌkɒpjʊ'leɪʃn] *n* copulation *f*.

copy ['kɒpɪ] (*pt* & *pp* **-ied**) ◇ *n* **-1.** [imitation] copie *f*, reproduction *f*. **-2.** [duplicate] copie *f*. **-3.** [of book] exemplaire *m*; [of magazine] numéro *m*. ◇ *vt* **-1.** [imitate] copier, imiter. **-2.** [photocopy] photocopier. ◇ *vi* copier.

◆ **copy down** *vt sep* prendre des notes de.
◆ **copy out** *vt sep* recopier.

copycat ['kɒpɪkæt] ◇ *n inf* copieur *m*, -ieuse *f*. ◇ *comp* inspiré(e) par un autre (une autre).

copy protect *vt* protéger contre la copie.

copyright ['kɒpɪraɪt] *n* copyright *m*, droit *m* d'auteur.

copy typist *n Br* dactylo *f*, dactylographe *f*.

copywriter ['kɒpɪˌraɪtər] *n* concepteur-rédacteur publicitaire *m*, conceptrice-rédactrice publicitaire *f*.

coral ['kɒrəl] ◇ *n* corail *m*. ◇ *comp* de corail.

coral reef *n* récif *m* de corail.

Coral Sea *n*: **the ~** la mer de Corail.

cord [kɔːd] ◇ *n* **-1.** [string] ficelle *f*; [rope] corde *f*. **-2.** [electric] fil *m*, cordon *m*. **-3.** [fabric] velours *m* côtelé. ◇ *comp* en velours côtelé.

◆ **cords** *npl* pantalon *m* en velours côtelé.

cordial ['kɔːdjəl] ◇ *adj* cordial(e), chaleureux(euse). ◇ *n* cordial *m*.

cordially ['kɔːdɪəlɪ] *adv* cordialement.

cordless ['kɔːdlɪs] *adj* [telephone] sans fil; [shaver] à piles.

Cordoba ['kɔːdəbə] *n* Cordoue.

cordon ['kɔːdn] *n* cordon *m*.

◆ **cordon off** *vt sep* barrer (par un cordon de police).

cordon bleu [-blɜː] *adj* cordon bleu.

corduroy ['kɔːdərɔɪ] ◇ *n* velours *m* côtelé. ◇ *comp* en velours côtelé.

core [kɔːr] ◇ *n* **-1.** [of apple etc] trognon *m*, cœur *m*. **-2.** [of cable, Earth] noyau *m*; [of nuclear reactor] cœur *m*. **-3.** *fig* [of people] noyau *m*; [of problem, policy] essentiel *m*. ◇ *vt* enlever le cœur de.

CORE [kɔːr] (*abbr of* **Congress on Racial Equality**) *n* ligue américaine contre le racisme.

corer ['kɔːrər] *n* vide-pomme *m inv*.

corespondent [ˌkəʊrɪ'spɒndənt] *n* JUR codéfendeur *m*, -eresse *f*.

core time *n Br* plage *f* fixe.

Corfu [kɔː'fuː] *n* Corfou; **in ~** à Corfou.

corgi ['kɔːgɪ] (*pl* **-s**) *n* corgi *m*.

coriander [ˌkɒrɪ'ændər] *n* coriandre *f*.

cork [kɔːk] *n* **-1.** [material] liège *m*. **-2.** [stopper] bouchon *m*.

corkage ['kɔːkɪdʒ] *n* droit de débouchage sur un vin apporté par le consommateur.

corked [kɔːkt] *adj* [wine] qui a le goût de bouchon.

corkscrew ['kɔːkskruː] *n* tire-bouchon *m*.

cormorant ['kɔːmərənt] *n* cormoran *m*.

corn [kɔːn] ◇ *n* **-1.** *Br* [wheat] grain *m*; *Am* [maize] maïs *m*; **~ on the cob** épi *m* de maïs cuit. **-2.** [on foot] cor *m*. ◇ *comp*: **~ bread** pain *m* de farine de maïs; **~ oil** huile *f* de maïs.

Corn (*abbr of* **Cornwall**) *comté anglais*.

cornea ['kɔːnɪə] (*pl* **-s**) *n* cornée *f*.

corned beef [kɔːnd-] *n* corned-beef *m inv*.

corner ['kɔːnər] ◇ *n* **-1.** [angle] coin *m*, angle *m*; **to cut ~s** *fig* brûler les étapes. **-2.** [bend in road] virage *m*, tournant *m*. **-3.** FTBL corner *m*. ◇ *vt* **-1.** [person, animal] acculer. **-2.** [market] accaparer.

corner flag *n* piquet *m* de coin.

corner kick *n* FTBL = **corner**.

corner shop *n* magasin *m* du coin OR du quartier.

cornerstone ['kɔːnəstəʊn] *n fig* pierre *f* angulaire.

cornet ['kɔːnɪt] *n* **-1.** [instrument] cornet *m* à pistons. **-2.** *Br* [ice-cream cone] cornet *m* de glace.

cornfield ['kɔːnfiːld] *n* **-1.** *Br* [of wheat] champ *m* de blé. **-2.** *Am* [of maize] champ *m* de maïs.

cornflakes ['kɔːnfleɪks] *npl* corn-flakes *mpl*.

cornflour *Br* ['kɔːnflaʊər], **cornstarch** *Am* ['kɔːnstɑːtʃ] *n* ≃ Maïzena® *f*, fécule *f* de maïs.

cornice ['kɔːnɪs] *n* corniche *f*.

Cornish ['kɔːnɪʃ] ◇ *adj* de Cornouailles, cornouaillais(e). ◇ *npl*: **the ~** les Cornouaillais *mpl*.

Cornishman ['kɔːnɪʃmən] (*pl* **-men** [-mən]) *n* Cornouaillais *m*.

Cornishwoman ['kɔːnɪʃˌwʊmən] (*pl* **-women** [-wɪmɪn]) *n* Cornouaillaise *f*.

cornstarch *Am* = **cornflour**.

cornucopia [ˌkɔːnjʊ'kəʊpjə] *n literary* corne *f* d'abondance.

Cornwall ['kɔːnwɔːl] *n* Cornouailles *f*; **in ~** en Cornouailles.

corny ['kɔːnɪ] (*compar* **-ier**, *superl* **-iest**) *adj inf* [joke] peu original(e); [story, film] à l'eau de rose.

corollary [kə'rɒləri] (*pl* **-ies**) *n* corollaire *m*.

coronary ['kɒrənri] (*pl* **-ies**), **coronary thrombosis** (*pl* **coronary thromboses**) *n* infarctus *m* du myocarde.

coronation [,kɒrə'neiʃn] *n* couronnement *m*.

coroner ['kɒrənəʳ] *n* coroner *m*.

Corp. (*abbr of* **corporation**) Cie.

corpora ['kɔːpərə] *pl* → **corpus**.

corporal ['kɔːpərəl] *n* [gen] caporal *m*; [in artillery] brigadier *m*.

corporal punishment *n* châtiment *m* corporel.

corporate ['kɔːpərət] *adj* **-1.** [business] corporatif(ive), de société. **-2.** [collective] collectif(ive).

corporate hospitality *n* (U) *réceptions données par une société pour ses clients.*

corporate identity, **corporate image** *n* image *f* de marque de la société.

corporation [,kɔːpə'reiʃn] *n* **-1.** [town council] conseil *m* municipal. **-2.** [large company] compagnie *f*, société *f* enregistrée.

corporation tax *n* Br impôt *m* sur les sociétés.

corps [kɔːʳ] (*pl inv*) *n* corps *m*; **the press** ~ la presse.

corpse [kɔːps] *n* cadavre *m*.

corpulent ['kɔːpjʊlənt] *adj* corpulent(e).

corpus ['kɔːpəs] (*pl* **-pora** OR **-puses**) *n* corpus *m*, recueil *m*.

corpuscle ['kɔːpʌsl] *n* globule *m*.

corral [kɒ'rɑːl] *n* corral *m*.

correct [kə'rekt] ◇ *adj* **-1.** [accurate] correct(e), exact(e); **you're quite** ~ tu as parfaitement raison. **-2.** [proper, socially acceptable] correct(e), convenable. ◇ *vt* corriger.

correction [kə'rekʃn] *n* correction *f*.

correctly [kə'rektli] *adv* **-1.** [accurately] correctement, exactement. **-2.** [properly, acceptably] correctement, comme il faut.

correlate ['kɒrəleit] ◇ *vt* mettre en corrélation, corréler. ◇ *vi*: to ~ **(with)** correspondre (à), être en corrélation (avec).

correlation [,kɒrə'leiʃn] *n* corrélation *f*.

correspond [,kɒrɪ'spɒnd] *vi* **-1.** [gen]: to ~ **(with** OR **to)** correspondre (à). **-2.** [write letters]: to ~ **(with sb)** correspondre (avec qqn).

correspondence [,kɒrɪ'spɒndəns] *n*: ~ **(with)** correspondance *f* (avec).

correspondence course *n* cours *m* par correspondance.

correspondent [,kɒrɪ'spɒndənt] *n* correspondant *m*, -e *f*.

corresponding [,kɒrɪ'spɒndɪŋ] *adj* correspondant(e).

corridor ['kɒrɪdɔːʳ] *n* [in building] couloir *m*, corridor *m*.

corroborate [kə'rɒbəreit] *vt* corroborer, confirmer.

corroboration [kə,rɒbə'reiʃən] *n* corroboration *f*, confirmation *f*.

corrode [kə'rəud] ◇ *vt* corroder, attaquer. ◇ *vi* se corroder.

corrosion [kə'rəuʒn] *n* corrosion *f*.

corrosive [kə'rəusiv] *adj* corrosif(ive).

corrugated ['kɒrəgeitid] *adj* ondulé(e).

corrugated iron *n* tôle *f* ondulée.

corrupt [kə'rʌpt] ◇ *adj* [gen & COMPUT] corrompu(e). ◇ *vt* corrompre, dépraver.

corruption [kə'rʌpʃn] *n* corruption *f*.

corsage [kɔː'sɑːʒ] *n* petit bouquet *m* de fleurs (*porté au corsage*).

corset ['kɔːsit] *n* corset *m*.

Corsica ['kɔːsikə] *n* Corse *f*; **in** ~ en Corse.

Corsican ['kɔːsikən] ◇ *adj* corse. ◇ *n* **-1.** [person] Corse *mf*. **-2.** [language] corse *m*.

cortege, **cortège** [kɔː'teiʒ] *n* cortège *m*.

cortisone ['kɔːtizəun] *n* cortisone *f*.

cos[1] [kɒz] Br *inf* = **because**.

cos[2] [kɒs] = **cos lettuce**.

c.o.s. (*abbr of* **cash on shipment**) paiement à l'expédition.

cosh [kɒʃ] ◇ *n* matraque *f*, gourdin *m*. ◇ *vt* frapper, matraquer.

cosignatory [,kəu'signətri] (*pl* **-ies**) *n* cosignataire *mf*.

cosine ['kəusain] *n* cosinus *m*.

cos lettuce [kɒs-] *n* Br romaine *f*.

cosmetic [kɒz'metik] ◇ *n* cosmétique *m*, produit *m* de beauté. ◇ *adj* *fig* superficiel(ielle).

cosmetic surgery *n* chirurgie *f* plastique OR esthétique.

cosmic ['kɒzmik] *adj* cosmique.

cosmonaut ['kɒzmənɔːt] *n* cosmonaute *mf*.

cosmopolitan [kɒzmə'pɒlitn] *adj* cosmopolite.

cosmos ['kɒzmɒs] *n*: **the** ~ le cosmos.

Cossack ['kɒsæk] *n* cosaque *m*.

cosset ['kɒsit] *vt* dorloter, choyer.

cost [kɒst] (*pt* & *pp* **cost** OR **-ed**) ◇ *n* lit & *fig* coût *m*; **at all** ~**s** à tout prix, coûte que coûte. ◇ *vt* **-1.** lit & *fig* coûter; **it** ~ **me £10** ça m'a coûté 10 livres; **it** ~ **us a lot of time and effort** ça nous a demandé beaucoup de temps et de travail. **-2.** COMM [estimate] évaluer le coût de. ◇ *vi* coûter; **how much**

does it ~? combien ça coûte?, combien cela coûte-t-il?
◆ **costs** npl JUR dépens mpl, frais mpl judiciaires.

cost accountant n responsable m de la comptabilité analytique.

co-star ['kəʊ-] ◇ n partenaire mf. ◇ vt [subj: film] avoir comme vedettes. ◇ vi: **to ~ with** partager la vedette avec.

Costa Rica [,kɒstə'riːkə] n Costa Rica m; **in ~** au Costa Rica.

Costa Rican [,kɒstə'riːkən] ◇ adj costaricien(ienne). ◇ n Costaricien m, -ienne f.

cost-benefit analysis n analyse f coûts-bénéfices.

cost-effective adj rentable.

cost-effectiveness n rentabilité f.

costing ['kɒstɪŋ] n évaluation f du coût.

costly ['kɒstlɪ] (compar -ier, superl -iest) adj lit & fig coûteux(euse).

cost of living n: **the ~** le coût de la vie.

cost-of-living index n indice m du coût de la vie.

cost price n prix m coûtant.

costume ['kɒstjuːm] n **-1.** [gen] costume m. **-2.** [swimming costume] maillot m (de bain).

costume jewellery n (U) bijoux mpl fantaisie.

cosy Br (compar -ier, superl -iest, pl -ies), **cozy** Am (compar -ier, superl -iest, pl -ies) ['kəʊzɪ] ◇ adj **-1.** [house, room] douillet(ette); [atmosphere] chaleureux(euse); **to feel ~** se sentir bien au chaud. **-2.** [intimate] intime. ◇ n cosy m.

cot [kɒt] n **-1.** Br [for child] lit m d'enfant, petit lit. **-2.** Am [folding bed] lit m de camp.

cot death n mort f subite du nourrisson.

cottage ['kɒtɪdʒ] n cottage m, petite maison f (de campagne).

cottage cheese n fromage m blanc.

cottage hospital n Br petit hôpital m (en zone rurale).

cottage industry n industrie f artisanale.

cottage pie n Br ≃ hachis m parmentier.

cotton ['kɒtn] ◇ n **-1.** [gen] coton m. **-2.** [thread] fil m de coton. ◇ comp de coton.
◆ **cotton on** vi inf: **to ~ on (to sthg)** piger (qqch), comprendre (qqch).

cotton bud Br, **cotton swab** Am n coton-tige m.

cotton candy n Am barbe f à papa.

cotton swab Am = **cotton bud**.

cotton wool n ouate f, coton m hydrophile.

couch [kaʊtʃ] ◇ n **-1.** [sofa] canapé m. **-2.** [in doctor's surgery] lit m. ◇ vt exprimer, formuler.

couchette [kuː'ʃet] n Br couchette f.

couch potato n inf flemmard m, -e f (qui passe son temps devant la télé).

cougar ['kuːgər] (pl inv OR -s) n cougouar m, couguar m.

cough [kɒf] ◇ n toux f; **I've got a ~** je tousse. ◇ vi tousser. ◇ vt [blood] cracher (en toussant).
◆ **cough up** vt sep **-1.** [bring up] cracher (en toussant). **-2.** v inf [pay up] casquer, cracher.

coughing ['kɒfɪŋ] n (U) toux f.

cough mixture n Br sirop m pour la toux.

cough sweet n Br pastille f pour la toux.

cough syrup = **cough mixture**.

could [kʊd] pt → **can²**.

couldn't ['kʊdnt] = **could not**.

could've ['kʊdəv] = **could have**.

council ['kaʊnsl] ◇ n conseil m municipal. ◇ comp du conseil.

council estate n quartier m de logements sociaux.

council house n Br maison f qui appartient à la municipalité, ≃ H.L.M. m or f.

councillor ['kaʊnsələr] n conseiller municipal m, conseillère municipale f.

Council of Europe n conseil m de l'Europe.

council of war n conseil m de guerre.

council tax n Br ≃ impôts mpl locaux.

counsel ['kaʊnsəl] (Br pt & pp -led, cont -ling, Am pt & pp -ed, cont -ing) ◇ n **-1.** (U) fml [advice] conseil m. **-2.** [lawyer] avocat m, -e f. ◇ vt: **to ~ sb to do sthg** fml conseiller à qqn de faire qqch.

counselling Br, **counseling** Am ['kaʊnsəlɪŋ] n (U) conseils mpl.

counsellor Br, **counselor** Am ['kaʊnsələr] n **-1.** [gen] conseiller m, -ère f. **-2.** Am [lawyer] avocat m.

count [kaʊnt] ◇ n **-1.** [total] total m; **to keep ~ of** tenir le compte de; **to lose ~ of sthg** ne pas savoir qqch, ne pas se rappeler qqch. **-2.** [point]: **I disagree with him on two ~s** je ne suis pas d'accord avec lui sur deux points. **-3.** JUR [charge] chef m d'accusation. **-4.** [aristocrat] comte m.
◇ vt **-1.** [gen] compter; **there are five people, not ~ing me** sans moi, on est cinq. **-2.** [consider]: **to ~ sb as sthg** considérer qqn comme qqch.
◇ vi **-1.** [gen] compter; **to ~ (up) to** comp-

ter jusqu'à. **-2.** [be considered]: **to ~ as** être considéré(e) comme.

◆ **count against** *vt fus* jouer contre.

◆ **count in** *vt sep inf*: **~ me in!** je suis de la partie!

◆ **count (up)on** *vt fus* **-1.** [rely on] compter sur. **-2.** [expect] s'attendre à, prévoir.

◆ **count out** *vt sep* **-1.** [money] compter. **-2.** *inf* [leave out]: **~ me out!** ne comptez pas sur moi!

◆ **count up** *vt fus* compter.

countdown ['kauntdaun] *n* compte *m* à rebours.

countenance ['kauntənəns] ◇ *n literary* [face] visage *m*. ◇ *vt* approuver, admettre.

counter ['kauntər] ◇ *n* **-1.** [in shop, bank] comptoir *m*. **-2.** [in board game] pion *m*. ◇ *vt*: **to ~ sthg (with)** [criticism etc] riposter à qqch (par); **to ~ sthg by doing sthg** s'opposer à qqch en faisant qqch. ◇ *vi*: **to ~ with sthg/by doing sthg** riposter par qqch/en faisant qqch.

◆ **counter to** *adv* contrairement à; **to run ~ to** aller à l'encontre de.

counteract [,kauntə'rækt] *vt* contrebalancer, compenser.

counterattack [,kauntərə'tæk] ◇ *n* contre-attaque *f*. ◇ *vt & vi* contre-attaquer.

counterbalance [,kauntə'bæləns] *vt fig* contrebalancer, compenser.

counterclaim ['kauntəkleim] *n* demande *f* reconventionnelle.

counterclockwise [,kauntə'klɒkwaiz] *adj & adv Am* dans le sens inverse des aiguilles d'une montre.

counterespionage [,kauntər'espɪənɑːʒ] *n* contre-espionnage *m*.

counterfeit ['kauntəfit] ◇ *adj* faux (fausse). ◇ *vt* contrefaire.

counterfoil ['kauntəfɔil] *n* talon *m*, souche *f*.

counterintelligence [,kauntərɪn'telɪdʒəns] *n* contre-espionnage *m*.

countermand [,kauntə'mɑːnd] *vt* annuler.

countermeasure [,kauntə'meʒər] *n* contre-mesure *f*.

counteroffensive [,kauntərə'fensiv] *n* contre-offensive *f*.

counterpane ['kauntəpein] *n* couvre-lit *m*, dessus-de-lit *m inv*.

counterpart ['kauntəpɑːt] *n* [person] homologue *mf*; [thing] équivalent *m*, -e *f*.

counterpoint ['kauntəpɔint] *n* MUS contrepoint *m*.

counterproductive [,kauntəprə'dʌktiv] *adj* qui a l'effet inverse.

counter-revolution *n* contre-révolution *f*.

countersank ['kauntəsæŋk] *pt* → **countersink**.

countersign ['kauntəsain] *vt* contresigner.

countersink ['kauntəsiŋk] (*pt* **-sank**, *pp* **-sunk** [-sʌŋk]) *vt* [hole] fraiser; [screw] noyer.

countess ['kauntis] *n* comtesse *f*.

countless ['kauntlis] *adj* innombrable.

countrified ['kʌntrɪfaid] *adj pej* campagnard(e), rustique.

country ['kʌntri] (*pl* **-ies**) ◇ *n* **-1.** [nation] pays *m*. **-2.** [countryside]: **the ~** la campagne; **in the ~** à la campagne. **-3.** [region] région *f*; [terrain] terrain *m*. ◇ *comp* de la campagne, campagnard(e).

country and western ◇ *n* country *m*. ◇ *comp* country (*inv*).

country club *n* club *m* de loisirs (à la campagne).

country dancing *n* (*U*) danse *f* folklorique.

country house *n* manoir *m*.

countryman ['kʌntrɪmən] (*pl* **-men** [-mən]) *n* [from same country] compatriote *m*.

country music *n* = **country and western**.

country park *n Br* parc *m* naturel.

countryside ['kʌntrɪsaid] *n* campagne *f*.

countrywoman ['kʌntrɪ,wumən] (*pl* **-women** [-,wɪmɪn]) *n* [from same country] compatriote *f*.

county ['kaunti] (*pl* **-ies**) *n* comté *m*.

county council *n Br* conseil *m* général.

county court *n Br* ≃ tribunal *m* de grande instance.

county town *Br*, **county seat** *Am n* chef-lieu *m*.

coup [kuː] *n* **-1.** [rebellion]: **~ (d'état)** coup *m* d'État. **-2.** [success] coup *m* (de maître), beau coup *m*.

coupé ['kuːpei] *n* coupé *m*.

couple ['kʌpl] ◇ *n* **-1.** [in relationship] couple *m*. **-2.** [small number]: **a ~ (of)** [two] deux; [a few] quelques, deux ou trois. ◇ *vt* **-1.** [join]: **to ~ sthg (to)** atteler qqch (à). **-2.** *fig* [associate]: **to ~ sthg with** associer qqch à; **~d with** ajouté OR joint à.

couplet ['kʌplɪt] *n* couplet *m*.

coupling ['kʌplɪŋ] *n* RAIL attelage *m*.

coupon ['kuːpɒn] *n* **-1.** [voucher] bon *m*. **-2.** [form] coupon *m*.

courage ['kʌrɪdʒ] *n* courage *m*; **to take ~ (from sthg)** être encouragé (par qqch); **to have the ~ of one's convictions** avoir le courage de ses opinions.

courageous [kə'reɪdʒəs] *adj* coura-
geux(euse).

courageously [kə'reɪdʒəslɪ] *adv* courageusement, avec courage.

courgette [kɔː'ʒet] *n Br* courgette *f*.

courier ['kʊrɪəʳ] *n* **-1.** [on holiday] guide *m*,
accompagnateur *m*, -trice *f*. **-2.** [to deliver
letters, packages] courrier *m*, messager *m*.

course [kɔːs] ◇ *n* **-1.** [gen & SCH] cours *m*;
to take a ~ (in) suivre un cours (de); **~ of
action** ligne *f* de conduite; **in the ~ of au**
cours de; **to run** OR **take its ~** [illness, event]
suivre son cours. **-2.** MED [of injections] série
f; **~ of treatment** traitement *m*. **-3.** [of ship,
plane] route *f*; **to be on ~** suivre le cap fixé;
fig [on target] être dans la bonne voie; **to be
off ~** faire fausse route. **-4.** [of meal]
plat *m*. **-5.** SPORT terrain *m*. ◇ *vi literary*
[flow] couler.
◆ **of course** *adv* **-1.** [inevitably, not surpris-
ingly] évidemment, naturellement. **-2.** [cer-
tainly] bien sûr; **of ~ not** bien sûr que non.

coursebook ['kɔːsbʊk] *n* livre *m* de cours.

coursework ['kɔːswɜːk] *n* (*U*) travail *m*
personnel.

court [kɔːt] ◇ *n* **-1.** [JUR - building, room]
cour *f*, tribunal *m*; [- judge, jury etc]: **the ~** la
justice; **to appear in ~** comparaître devant
un tribunal; **to go to ~** aller en justice; **to
take sb to ~** faire un procès à qqn. **-2.**
[SPORT - gen] court *m*; [- for basketball, volley-
ball] terrain *m*; **on ~** sur le court. **-3.** [court-
yard, of monarch] cour *f*.
◇ *vt* [danger, disaster] braver, aller au-devant
de; [favour] rechercher.
◇ *vi dated* sortir ensemble, se fréquenter.

court circular *n Br* bulletin *m* quotidien
de la cour.

courteous ['kɜːtjəs] *adj* courtois(e), poli(e).

courtesan [ˌkɔːtɪ'zæn] *n* courtisane *f*.

courtesy ['kɜːtɪsɪ] *n* courtoisie *f*, politesse *f*.
◆ **(by) courtesy of** *prep* avec la permission de.

courtesy car *n* voiture *f* mise gratuitement à la disposition du client.

courtesy coach *n* car *m* servant au transport des clients.

courthouse ['kɔːthaʊs, *pl* -haʊzɪz] *n Am* palais *m* de justice, tribunal *m*.

courtier ['kɔːtjəʳ] *n* courtisan *m*.

court-martial (*pl* **court-martials** OR
courts-martial, *Br pt* & *pp* **-led**, *cont* **-ling**,
Am pt & *pp* **-ed**, *cont* **-ing**) ◇ *n* cour *f* martiale. ◇ *vt* traduire en cour *f* martiale.

court of appeal *Br*, **court of appeals** *Am*
n cour *f* d'appel.

court of inquiry *n* commission *f* d'enquête.

court of law *n* tribunal *m*, cour *f* de justice.

courtroom ['kɔːtrʊm] *n* salle *f* de tribunal.

courtship ['kɔːtʃɪp] *n* **-1.** [of people] cour *f*.
-2. [of animals] parade *f*.

court shoe *n* escarpin *m*.

courtyard ['kɔːtjɑːd] *n* cour *f*.

cousin ['kʌzn] *n* cousin *m*, -e *f*.

couture [kuː'tʊəʳ] *n* haute couture *f*.

cove [kəʊv] *n* [bay] crique *f*.

coven ['kʌvən] *n* réunion *f* de sorcières.

covenant ['kʌvənənt] *n* **-1.** [of money] engagement *m* contractuel. **-2.** [agreement]
convention *f*, contrat *m*.

Covent Garden ['kɒvənt-] *n* Covent Garden.

COVENT GARDEN:
'Covent Garden', jadis le marché aux fruits,
légumes et fleurs du centre de Londres, est
aujourd'hui une importante galerie marchande; ce nom désigne également la 'Royal
Opera House', située près de l'ancien marché

Coventry ['kɒvəntrɪ] *n*: **to send sb to ~**
mettre qqn en quarantaine.

cover ['kʌvəʳ] ◇ *n* **-1.** [covering - of furniture]
housse *f*; [- of pan] couvercle *m*; [- of book,
magazine] couverture *f*. **-2.** [blanket] couverture *f*; **bed ~** couvre-lit *m*. **-3.** [protection,
shelter] abri *m*; **to take ~** s'abriter, se mettre
à l'abri; **under ~** à l'abri, à couvert; **under
~ of darkness** à la faveur de la nuit; **to
break ~** [person] sortir à découvert OR de sa
cachette. **-4.** [concealment] couverture *f*. **-5.**
[insurance] couverture *f*, garantie *f*.
◇ *vt* **-1.** [gen]: **to ~ sthg (with)** couvrir
qqch (de). **-2.** [insure]: **to ~ sb against** couvrir qqn en cas de. **-3.** [include] englober,
comprendre.
◆ **cover up** *vt sep* **-1.** [person, object, face]
couvrir. **-2.** *fig* [scandal etc] dissimuler, cacher.

coverage ['kʌvərɪdʒ] *n* [of news] reportage
m.

coveralls ['kʌvərɔːlz] *npl Am* bleu *m* de travail.

cover charge *n* couvert *m*.

cover girl *n* cover-girl *f*.

covering ['kʌvərɪŋ] *n* [of floor etc] revêtement *m*; [of snow, dust] couche *f*.

covering letter *Br*, **cover letter** *Am n* lettre *f* explicative OR d'accompagnement.

cover note *n Br* lettre *f* de couverture, attestation *f* provisoire d'assurance.

cover price *n* [of magazine etc] prix *m*.

covert ['kʌvət] *adj* [activity] clandestin(e); [look, glance] furtif(ive).

cover-up *n* étouffement *m*, dissimulation *f*.

cover version *n* reprise *f*.

covet ['kʌvɪt] *vt* convoiter.

cow [kau] ◇ *n* -1. [female type of cattle] vache *f*. -2. [female elephant etc] femelle *f*. -3. *Br inf pej* [woman] vache *f*, chameau *m*. ◇ *vt* intimider, effrayer.

coward ['kauəd] *n* lâche *mf*, poltron *m*, -onne *f*.

cowardice ['kauədɪs] *n* lâcheté.

cowardly ['kauədlɪ] *adj* lâche.

cowboy ['kaubɔɪ] ◇ *n* -1. [cattlehand] cowboy *m*. -2. *Br inf* [dishonest workman] fumiste *m*. ◇ *comp* de cow-boys.

cower ['kauə'] *vi* se recroqueviller.

cowhide ['kauhaɪd] *n* peau *f* de vache.

cowl neck [kaul-] *n* col *m* capuche.

cowpat ['kaupæt] *n* bouse *f* de vache.

cowshed ['kaufed] *n* étable *f*.

cox [kɒks], **coxswain** ['kɒksən] *n* barreur *m*.

coy [kɔɪ] *adj* qui fait le/la timide.

coyly ['kɔɪlɪ] *adv* en faisant le/la timide.

coyote [kɔɪ'əutɪ] *n* coyote *m*.

cozy *Am* = cosy.

cp. (*abbr of* **compare**) cf.

c/p (*abbr of* **carriage paid**) pp.

CP (*abbr of* **Communist Party**) *n* PC *m*.

CPA *n abbr of* **certified public accountant**.

CPI (*abbr of* **Consumer Price Index**) *n* IPC *m*.

Cpl. (*abbr of* **corporal**) C.

CP/M (*abbr of* **control program for microcomputers**) *n* CP/M *m*.

c.p.s. (*abbr of* **characters per second**) cps.

CPS (*abbr of* **Crown Prosecution Service**) *n* ≃ ministère *m* public.

CPSA (*abbr of* **Civil and Public Services Association**) *n syndicat britannique de la fonction publique.*

CPU *n abbr of* **central processing unit**.

cr. -1. *abbr of* **credit**. -2. *abbr of* **creditor**.

crab [kræb] *n* crabe *m*.

crab apple *n* pomme *f* sauvage.

crack [kræk] ◇ *n* -1. [in glass, pottery] fêlure *f*; [in wall, wood, ground] fissure *f*; [in skin] gerçure *f*. -2. [gap - in door] entrebâillement *m*; [- in curtains] interstice *m*; **at the ~ of dawn** au point du jour. -3. [noise - of whip]

claquement *m*; [- of twigs] craquement *m*. -4. [joke] plaisanterie *f*. -5. *inf* [attempt]: **to have a ~ at sthg** tenter qqch, essayer de faire qqch. -6. *drugs sl* crack *m*.
◇ *adj* [troops etc] de première classe; ~ **shot** tireur *m*, -euse *f* d'élite.
◇ *vt* -1. [glass, plate] fêler; [wood, wall] fissurer. -2. [egg, nut] casser. -3. [whip] faire claquer. -4. [bang, hit sharply]: **to ~ one's head** se cogner la tête. -5. *inf* [bottle]: **to ~ (open) a bottle** ouvrir une bouteille. -6. [solve - problem] résoudre; [- code] déchiffrer. -7. *inf* [make - joke] faire.
◇ *vi* -1. [glass, pottery] se fêler; [ground, wood, wall] se fissurer; [skin] se crevasser, se gercer. -2. [whip] claquer; [twigs] craquer. -3. [break down - person] craquer, s'effondrer; [- system, empire] s'écrouler; [- resistance] se briser. -4. *Br inf* [act quickly]: **to get ~ing** s'y mettre.

◆ **crack down** *vi*: **to ~ down (on)** sévir (contre).

◆ **crack up** *vi* craquer.

crackdown ['krækdaun] *n*: ~ **(on)** mesures *fpl* énergiques (contre).

cracked [krækt] *adj* -1. [vase, glass] fêlé(e); [wall] fissuré(e); [paint, varnish] craquelé(e). -2. [voice] fêlé(e). -3. *inf* [mad] cinglé(e), toqué(e).

cracker ['krækə'] *n* -1. [biscuit] cracker *m*, craquelin *m*. -2. *Br* [for Christmas] diablotin *m*.

crackers ['krækəz] *adj Br inf* dingue, cinglé(e).

cracking ['krækɪŋ] *adj inf*: **to walk at a ~ pace** marcher à toute allure.

crackle ['krækl] ◇ *n* [of fire] crépitement *m*; [of cooking] grésillement *m*; [on phone, radio] friture *f*. ◇ *vi* [frying food] grésiller; [fire] crépiter; [radio etc] crachoter.

crackling ['krækliŋ] *n* (*U*) -1. [on phone, radio] friture *f*; [of fire] crépitement *m*; [of cooking] grésillement *m*. -2. [pork skin] couenne *f* rissolée.

crackpot ['krækpɒt] *inf* ◇ *adj* fou (folle). ◇ *n* cinglé *m*, -e *f*, tordu *m*, -e *f*.

cradle ['kreɪdl] ◇ *n* berceau *m*; TECH nacelle *f*. ◇ *vt* [baby] bercer; [object] tenir délicatement.

craft [krɑːft] (*pl sense 2 inv*) *n* -1. [trade, skill] métier *m*. -2. [boat] embarcation *f*.

craftsman ['krɑːftsmən] (*pl* -**men** [-mən]) *n* artisan *m*, homme *m* de métier.

craftsmanship ['krɑːftsmənʃɪp] *n* (*U*) -1. [skill] dextérité *f*, art *m*. -2. [skilled work] travail *m*, exécution *f*.

craftsmen *pl* → craftsman.

crafty ['krɑːftɪ] (*compar* **-ier**, *superl* **-iest**) *adj* rusé(e).

crag [kræg] *n* rocher *m* escarpé.

craggy ['krægɪ] (*compar* **-ier**, *superl* **-iest**) *adj* **-1.** [rock] escarpé(e). **-2.** [face] anguleux(euse).

Crakow ['krækau] *n* Cracovie.

cram [kræm] (*pt* & *pp* **-med**, *cont* **-ming**) ◇ *vt* **-1.** [stuff] fourrer. **-2.** [overfill]: **to ~ sthg with** bourrer qqch de. ◇ *vi* bachoter.

cramming ['kræmɪŋ] *n* bachotage *m*.

cramp [kræmp] ◇ *n* crampe *f*. ◇ *vt* gêner, entraver.

cramped [kræmpt] *adj* [room] exigu(ë); **it's a bit ~ in here** on est un peu à l'étroit ici.

crampon ['kræmpən] *n* crampon *m*.

cranberry ['krænbərɪ] (*pl* **-ies**) *n* canneberge *f*.

crane [kreɪn] ◇ *n* grue *f*. ◇ *vt*: **to ~ one's neck** tendre le cou. ◇ *vi* tendre le cou.

crane fly *n* tipule *f*.

cranium ['kreɪnjəm] (*pl* **-niums** OR **-nia** [-njə]) *n* crâne *m*.

crank [kræŋk] ◇ *n* **-1.** TECH manivelle *f*. **-2.** *inf* [person] excentrique *mf*. ◇ *vt* **-1.** [wind - handle] tourner; [- mechanism] remonter (à la manivelle). **-2.** AUT faire démarrer à la manivelle.

crankshaft ['kræŋkʃɑːft] *n* vilebrequin *m*.

cranky ['kræŋkɪ] (*compar* **-ier**, *superl* **-iest**) *adj inf* **-1.** [odd] excentrique. **-2.** *Am* [bad-tempered] grognon(onne).

cranny ['krænɪ] (*pl* **-ies**) *n* → **nook**.

crap [kræp] *n* (U) *v inf* merde *f*; **it's a load of ~** tout ça, c'est des conneries.

crappy ['kræpɪ] (*compar* **-ier**, *superl* **-iest**) *adj v inf* merdique.

crash [kræʃ] ◇ *n* **-1.** [accident] accident *m*. **-2.** [noise] fracas *m*. **-3.** FIN krach *m*. ◇ *vt*: **I ~ed the car** j'ai eu un accident avec la voiture. ◇ *vi* **-1.** [cars, trains] se percuter, se rentrer dedans; [car, train] avoir un accident; [plane] s'écraser; **to ~ into** [wall] rentrer dans, emboutir. **-2.** [plate] se fracasser. **-3.** [FIN - business, company] faire faillite; [- stockmarket] s'effondrer. **-4.** COMPUT tomber en panne.

crash barrier *n* glissière *f* de sécurité.

crash course *n* cours *m* intensif.

crash diet *n* régime *m* intensif.

crash-dive *vi* faire une plongée rapide.

crash helmet *n* casque *m* de protection.

crash-land ◇ *vt* faire atterrir en catastrophe. ◇ *vi* atterrir en catastrophe.

crash landing *n* atterrissage *m* en catastrophe.

crass [kræs] *adj* grossier(ière).

crate [kreɪt] *n* cageot *m*, caisse *f*.

crater ['kreɪtər] *n* cratère *m*.

cravat [krə'væt] *n* cravate *f*.

crave [kreɪv] ◇ *vt* [affection, luxury] avoir soif de; [cigarette, chocolate] avoir un besoin fou OR maladif de. ◇ *vi*: **to ~ for** [affection, luxury] avoir soif de; [cigarette, chocolate] avoir un besoin fou OR maladif de.

craving ['kreɪvɪŋ] *n*: **~ for** [affection, luxury] soif *f* de; [cigarette, chocolate] besoin *m* fou OR maladif de.

crawl [krɔːl] ◇ *vi* **-1.** [baby] marcher à quatre pattes; [person] se traîner. **-2.** [insect] ramper. **-3.** [vehicle, traffic] avancer au pas. **-4.** *inf* [place, floor]: **to be ~ing with** grouiller de. **-5.** *inf* [grovel]: **to ~ (to sb)** ramper (devant qqn). ◇ *n* **-1.** [slow pace]: **at a ~** au pas, au ralenti. **-2.** [swimming stroke]: **the ~** le crawl.

crawler lane ['krɔːlər-] *n Br* voie *f* pour véhicules lents.

crayfish ['kreɪfɪʃ] (*pl inv* OR **-es**) *n* écrevisse *f*.

crayon ['kreɪɒn] *n* crayon *m* de couleur.

craze [kreɪz] *n* engouement *m*.

crazed [kreɪzd] *adj*: **~ (with)** rendu fou (rendue folle) (de).

crazy ['kreɪzɪ] (*compar* **-ier**, *superl* **-iest**) *adj inf* **-1.** [mad] fou (folle). **-2.** [enthusiastic]: **to be ~ about sb/sthg** être fou (folle) de qqn/qqch.

crazy paving *n Br* dallage *m* irrégulier.

creak [kriːk] ◇ *n* [of door, handle] craquement *m*. ◇ *vi* [door, handle] craquer; [floorboard, bed] grincer.

creaky ['kriːkɪ] (*compar* **-ier**, *superl* **-iest**) *adj* [door, handle] qui craque; [floorboard, bed] qui grince.

cream [kriːm] ◇ *adj* [in colour] crème (*inv*). ◇ *n* **-1.** [gen] crème *f*. **-2.** [colour] crème *m*. ◇ *vt* [potatoes] mettre en purée.

◆ **cream off** *vt sep fig* écrémer.

cream cake *n Br* gâteau *m* à la crème.

cream cheese *n* fromage *m* frais.

cream cracker *n Br* biscuit *m* salé (*souvent mangé avec du fromage*).

cream of tartar *n* crème *f* de tartre.

cream tea *n Br* goûter se composant de thé et de scones servis avec de la crème et de la confiture.

creamy ['kriːmɪ] (*compar* **-ier**, *superl* **-iest**) *adj* **-1.** [taste, texture] crémeux(euse). **-2.** [colour] crème (*inv*).

crease [kriːs] ◇ n [in fabric - deliberate] pli m; [- accidental] (faux) pli. ◇ vt froisser. ◇ vi -1. [fabric] se froisser. -2. [face, forehead] se plisser.

creased [kriːst] adj -1. [fabric] froissé(e). -2. [face] plissé(e).

crease-resistant adj infroissable.

create [kriːˈeɪt] vt créer.

creation [kriːˈeɪʃn] n création f.

creative [kriːˈeɪtɪv] adj créatif(ive).

creativity [ˌkriːeɪˈtɪvəti] n créativité f.

creator [kriːˈeɪtər] n créateur m, -trice f.

creature [ˈkriːtʃər] n créature f.

crèche [kreʃ] n Br crèche f.

credence [ˈkriːdns] n: to give OR lend ~ to sthg ajouter foi à qqch.

credentials [krɪˈdenʃlz] npl -1. [papers] pièce f d'identité; fig [qualifications] capacités fpl. -2. [references] références fpl.

credibility [ˌkredəˈbɪləti] n crédibilité f.

credible [ˈkredəbl] adj crédible.

credit [ˈkredɪt] ◇ n -1. FIN crédit m; to be in ~ [person] avoir un compte approvisionné; [account] être approvisionné; on ~ à crédit. -2. (U) [praise] honneur m, mérite m; to be to sb's ~ [successfully completed] être à l'actif de qqn; [account] être à l'honneur de qqn; to do sb ~ faire honneur à qqn; to give sb ~ for sthg reconnaître que qqn a fait qqch. -3. UNIV unité f de valeur. ◇ vt -1. FIN: to ~ £10 to an account, to ~ an account with £10 créditer un compte de 10 livres. -2. inf [believe] croire. -3. [give the credit to]: to ~ sb with sthg accorder OR attribuer qqch à qqn; he's ~ed with inventing ... il a, dit-on, inventé ....
◆ **credits** npl CINEMA générique m.

creditable [ˈkredɪtəbl] adj honorable.

credit account n Br compte m créditeur.

credit broker n courtier m en crédits OR en prêts.

credit card n carte f de crédit.

credit control n [on spending] encadrement m du crédit; [debt recovery] recouvrement m de créances.

credit facilities npl facilités fpl de paiement OR de crédit.

credit limit Br, **credit line** Am n limite f de crédit.

credit note n avoir m; FIN note f de crédit.

creditor [ˈkredɪtər] n créancier m, -ière f.

credit rating n degré m de solvabilité.

credit squeeze n restriction f de crédit.

credit transfer n virement m de crédits.

creditworthy [ˈkredɪtˌwɜːði] adj solvable.

credulity [krɪˈdjuːləti] n crédulité f.

credulous [ˈkredjʊləs] adj crédule.

creed [kriːd] n -1. [belief] principes mpl. -2. RELIG croyance f.

creek [kriːk] n -1. [inlet] crique f. -2. Am [stream] ruisseau m.

creep [kriːp] (pt & pp crept) ◇ vi -1. [insect] ramper; [traffic] avancer au pas. -2. [move stealthily] se glisser. -3. inf [grovel]: to ~ (to sb) ramper (devant qqn). ◇ n inf [nasty person] sale type m.
◆ **creeps** npl: to give sb the ~s inf donner la chair de poule à qqn.
◆ **creep in** vi [appear] apparaître.
◆ **creep up on** vt surprendre.

creeper [ˈkriːpər] n [plant] plante f grimpante.
◆ **creepers** npl chaussures fpl à semelles de crêpe.

creepy [ˈkriːpi] (compar -ier, superl -iest) adj inf qui donne la chair de poule.

creepy-crawly [-ˈkrɔːli] (pl creepy-crawlies) n inf bestiole f qui rampe.

cremate [krɪˈmeɪt] vt incinérer.

cremation [krɪˈmeɪʃn] n incinération f.

crematorium Br [ˌkreməˈtɔːrɪəm] (pl -riums OR -ria [-rɪə]), **crematory** Am [ˈkremətrɪ] (pl -ies) n crématorium m.

creosote [ˈkrɪəsəʊt] n créosote f.

crepe [kreɪp] n -1. [cloth, rubber] crêpe m. -2. [pancake] crêpe f.

crepe bandage n Br bande f Velpeau®.

crepe paper n (U) papier m crépon.

crepe-soled shoes [-səʊld-] npl Br chaussures fpl à semelles de crêpe.

crept [krept] pt & pp → creep.

Cres. abbr of **Crescent**.

crescendo [krɪˈʃendəʊ] (pl -s) n crescendo m.

crescent [ˈkresnt] ◇ adj en forme de croissant; ~ **moon** croissant m de lune. ◇ n -1. [shape] croissant m. -2. [street] rue f en demi-cercle.

cress [kres] n cresson m.

crest [krest] n -1. [of bird, hill] crête f. -2. [on coat of arms] timbre m.

crestfallen [ˈkrestˌfɔːln] adj découragé(e).

Crete [kriːt] n Crète f; **in** ~ en Crète.

cretin [ˈkretɪn] n inf [idiot] crétin m, -e f.

Creutzfeldt-Jakob disease [ˌkrɔɪtsfelt-ˈjækɒb-] n maladie f de Creutzfeldt-Jakob.

crevasse [krɪˈvæs] n crevasse f.

crevice [ˈkrevɪs] n fissure f.

crew [kruː] n -1. [of ship, plane] équipage m. -2. [team] équipe f; **ambulance** ~ ambulanciers mpl.

crew cut *n* coupe *f* en brosse.

crewman ['kru:mæn] (*pl* **-men** [-men]) *n* membre *m* d'équipage.

crew-neck(ed) [-nek(t)] *adj* ras du cou.

crib [krɪb] (*pt* & *pp* **-bed**, *cont* **-bing**) ◇ *n* [cot] lit *m* d'enfant. ◇ *vt inf* [copy]: **to ~ sthg off** OR **from sb** copier qqch sur qqn.

cribbage ['krɪbɪdʒ] *n* jeu de cartes dans lequel les points sont comptabilisés sur une tablette.

crick [krɪk] ◇ *n* [in neck] torticolis *m*. ◇ *vt*: **to ~ one's neck** attraper un torticolis; **to ~ one's back** se faire un tour de reins.

cricket ['krɪkɪt] ◇ *n* **-1.** [game] cricket *m*. **-2.** [insect] grillon *m*. ◇ *comp* de cricket.

cricketer ['krɪkɪtər] *n* joueur *m* de cricket.

crikey ['kraɪkɪ] *excl Br inf dated* zut alors!

crime [kraɪm] ◇ *n* crime *m*. ◇ *comp*: **~ novel** policier *m*; **~ prevention** lutte *f* contre le crime.

Crimea [kraɪ'mɪə] *n*: **the ~** la Crimée; **in the ~** en Crimée.

crime wave *n* vague *f* de criminalité.

criminal ['krɪmɪnl] ◇ *adj* criminel(elle); **~ lawyer** avocat *m* pénaliste. ◇ *n* criminel *m*, -elle *f*.

criminalize, -ise ['krɪmɪnəlaɪz] *vt* criminaliser.

criminal law *n* droit *m* pénal.

criminology [ˌkrɪmɪ'nɒlədʒɪ] *n* criminologie *f*.

crimp [krɪmp] *vt* [hair] crêper.

crimson ['krɪmzn] ◇ *adj* [in colour] rouge foncé (*inv*); [with embarrassment] cramoisi(e). ◇ *n* cramoisi *m*.

cringe [krɪndʒ] *vi* **-1.** [in fear] avoir un mouvement de recul (par peur). **-2.** *inf* [with embarrassment]: **to ~ (at sthg)** ne plus savoir où se mettre (devant qqch).

crinkle ['krɪŋkl] ◇ *n* [in paper] pli *m*; [in cloth] **(faux)** pli. ◇ *vt* [clothes] froisser. ◇ *vi* [clothes] se froisser.

cripple ['krɪpl] ◇ *n dated & offensive* infirme *mf*. ◇ *vt* **-1.** MED [disable] estropier. **-2.** [country] paralyser; [ship, plane] endommager.

crippling ['krɪplɪŋ] *adj* **-1.** MED [disease] qui rend infirme. **-2.** [taxes, debts] écrasant(e).

crisis ['kraɪsɪs] (*pl* **crises** ['kraɪsiːz]) *n* crise *f*.

crisp [krɪsp] *adj* **-1.** [pastry] croustillant(e); [apple, vegetables] croquant(e); [snow] craquant(e). **-2.** [weather, manner] vif (vive).
♦ **crisps** *npl Br* chips *fpl*.

crispbread ['krɪspbred] *n* pain *m* suédois.

crispy ['krɪspɪ] (*compar* **-ier**, *superl* **-iest**) *adj*

[pastry] croustillant(e); [apple, vegetables] croquant(e).

crisscross ['krɪskrɒs] ◇ *adj* entrecroisé(e). ◇ *vt* entrecroiser. ◇ *vi* s'entrecroiser.

criterion [kraɪ'tɪərɪən] (*pl* **-rions** OR **-ria** [-rɪə]) *n* critère *m*.

critic ['krɪtɪk] *n* **-1.** [reviewer] critique *m*. **-2.** [detractor] détracteur *m*, -trice *f*.

critical ['krɪtɪkl] *adj* critique; **to be ~ of sb/ sthg** critiquer qqn/qqch.

critically ['krɪtɪklɪ] *adv* **-1.** [ill] gravement; **~ important** d'une importance capitale. **-2.** [analytically] de façon critique.

criticism ['krɪtɪsɪzm] *n* critique *f*.

criticize, -ise ['krɪtɪsaɪz] *vt & vi* critiquer.

critique [krɪ'tiːk] *n* critique *f*.

croak [krəʊk] ◇ *n* **-1.** [of frog] coassement *m*; [of raven] croassement *m*. **-2.** [hoarse voice] voix *f* rauque. ◇ *vi* **-1.** [frog] coasser; [raven] croasser. **-2.** [person] parler d'une voix rauque.

Croat ['krəʊæt], **Croatian** [krəʊ'eɪʃn] ◇ *adj* croate. ◇ *n* **-1.** [person] Croate *mf*. **-2.** [language] croate *m*.

Croatia [krəʊ'eɪʃə] *n* Croatie *f*; **in ~** en Croatie.

Croatian = Croat.

crochet ['krəʊʃeɪ] ◇ *n* crochet *m*. ◇ *vt* faire au crochet.

crockery ['krɒkərɪ] *n* vaisselle *f*.

crocodile ['krɒkədaɪl] (*pl inv* OR **-s**) *n* crocodile *m*.

crocus ['krəʊkəs] (*pl* **-cuses**) *n* crocus *m*.

croft [krɒft] *n Br* petite ferme *f* (*particulièrement en Écosse*).

croissant ['krwæsɑ̃] *n* croissant *m*.

crony ['krəʊnɪ] (*pl* **-ies**) *n inf* copain *m*, copine *f*.

crook [krʊk] ◇ *n* **-1.** [criminal] escroc *m*. **-2.** [of arm, elbow] pliure *f*. **-3.** [shepherd's staff] houlette *f*. ◇ *vt* [finger, arm] plier.

crooked ['krʊkɪd] *adj* **-1.** [bent] courbé(e). **-2.** [teeth, tie] de travers. **-3.** *inf* [dishonest] malhonnête.

croon [kruːn] *vt & vi* chantonner.

crop [krɒp] (*pt & pp* **-ped**, *cont* **-ping**) ◇ *n* **-1.** [kind of plant] culture *f*. **-2.** [harvested produce] récolte *f*. **-3.** [whip] cravache *f*. ◇ *vt* **-1.** [hair] couper très court. **-2.** [subj: cows, sheep] brouter.
♦ **crop up** *vi* survenir.

cropper ['krɒpər] *n inf*: **to come a ~** [fall over] se casser la figure; [make mistake] se planter.

crop spraying [-ˌspreɪɪŋ] *n* pulvérisation *f* des cultures.

croquet ['krəʊkeɪ] *n* croquet *m*.

croquette [krɒ'ket] *n* croquette *f*.

cross [krɒs] ◇ *adj* [person] fâché(e); [look] méchant(e); **to get ~ (with sb)** se fâcher (contre qqn). ◇ *n* -**1.** [gen] croix *f*. -**2.** [hybrid] croisement *m*. ◇ *vt* -**1.** [gen] traverser. -**2.** [arms, legs] croiser. -**3.** RELIG: **to ~ o.s.** faire le signe de croix, se signer. -**4.** Br [cheque] barrer. ◇ *vi* -**1.** [intersect] se croiser. -**2.** [traverse - boat] faire la traversée.
◆ **cross off, cross out** *vt sep* rayer.

crossbar ['krɒsbɑːʳ] *n* -**1.** SPORT barre *f* transversale. -**2.** [on bicycle] barre *f*.

crossbow ['krɒsbəʊ] *n* arbalète *f*.

crossbreed ['krɒsbriːd] *n* hybride *m*.

cross-Channel *adj* transManche.

cross-check *n* contre-vérification *f*.
◆ **crosscheck** *vt* faire une contre-vérification de.

cross-country ◇ *adj*: **~ running** cross *m*; **~ skiing** ski *m* de fond. ◇ *adv* à travers champs. ◇ *n* cross-country *m*, cross *m*.

cross-cultural *adj* interculturel(elle).

cross-dressing *n* travestisme *m*.

crossed line [krɒst-] *n* TELEC: **we've got a ~** il y a des interférences.

cross-examination *n* JUR contre-interrogatoire *m*.

cross-examine *vt* JUR faire subir un contre-interrogatoire à; *fig* questionner de près.

cross-eyed ['krɒsaɪd] *adj* qui louche.

cross-fertilize *vt* [plants] croiser.

crossfire ['krɒsˌfaɪəʳ] *n* (U) feu *m* croisé.

crosshead ['krɒsˌhed] *adj*: **~ screw** vis *m* cruciforme; **~ screwdriver** tournevis *m* cruciforme.

crossing ['krɒsɪŋ] *n* -**1.** [on road] passage *m* clouté; [on railway line] passage à niveau. -**2.** [sea journey] traversée *f*.

cross-legged ['krɒslegd] *adv* en tailleur.

crossly ['krɒslɪ] *adv* [say] d'un air fâché.

crossply ['krɒsplaɪ] (*pl* -**ies**) ◇ *adj* [tyre] à carcasse diagonale. ◇ *n* pneu *m* à carcasse diagonale.

cross-purposes *npl*: **to talk at ~** ne pas parler de la même chose; **to be at ~** ne pas être sur la même longueur d'ondes.

cross-question *vt* faire subir un contre-interrogatoire à.

cross-refer *vt & vi* renvoyer.

cross-reference *n* renvoi *m*.

crossroads ['krɒsrəʊdz] (*pl inv*) *n* croisement *m*; **to be at a ~** *fig* se trouver à un point critique.

cross-section *n* -**1.** [drawing] coupe *f* transversale. -**2.** [sample] échantillon *m*.

crosswalk ['krɒswɔːk] *n* Am passage *m* clouté, passage pour piétons.

crossways ['krɒsweɪz] = **crosswise**.

crosswind ['krɒswɪnd] *n* vent *m* de travers.

crosswise ['krɒswaɪz] *adv* en travers.

crossword (puzzle) ['krɒswɜːd-] *n* mots croisés *mpl*.

crotch [krɒtʃ] *n* entrejambe *m*.

crotchet ['krɒtʃɪt] *n* noire *f*.

crotchety ['krɒtʃɪtɪ] *adj* Br *inf* grognon(onne).

crouch [krautʃ] *vi* s'accroupir.

croup [kruːp] *n* -**1.** [illness] croup *m*. -**2.** [of horse] croupe *f*.

croupier ['kruːpɪəʳ] *n* croupier *m*.

crouton ['kruːtɒn] *n* croûton *m*.

crow [krəʊ] ◇ *n* corbeau *m*; **as the ~ flies** à vol d'oiseau. ◇ *vi* -**1.** [cock] chanter. -**2.** *inf* [person] frimer.

crowbar ['krəʊbɑːʳ] *n* pied-de-biche *m*.

crowd [kraud] ◇ *n* -**1.** [mass of people] foule *f*. -**2.** [particular group] bande *f*, groupe *m*. ◇ *vi* s'amasser. ◇ *vt* -**1.** [streets, town] remplir. -**2.** [force into small space] entasser.

crowded ['kraudɪd] *adj*: **~ (with)** bondé(e) (de), plein(e) (de).

crown [kraun] ◇ *n* -**1.** [of king, on tooth] couronne *f*. -**2.** [of head, hill] sommet *m*; [of hat] fond *m*. ◇ *vt* couronner.
◆ **Crown** ◇ *n*: **the Crown** [monarchy] la Couronne. ◇ *comp* de la Couronne.

crown court *n* tribunal *m* de grande instance.

crowning ['kraunɪŋ] *adj* *fig* suprême; **the ~ glory of her career** le plus grand triomphe de sa carrière.

crown jewels *npl* joyaux *mpl* de la Couronne.

crown prince *n* prince *m* héritier.

crow's feet *npl* pattes *fpl* d'oie.

crow's nest *n* nid *m* de pie.

crucial ['kruːʃl] *adj* crucial(e).

crucially ['kruːʃlɪ] *adv* de façon cruciale; **~ important** d'une importance cruciale.

crucible ['kruːsɪbl] *n* creuset *m*.

crucifix ['kruːsɪfɪks] *n* crucifix *m*.

Crucifixion [ˌkruːsɪ'fɪkʃn] *n*: **the ~** la Crucifixion.

crucify ['kruːsɪfaɪ] (*pt & pp* -**ied**) *vt* crucifier.

crude [kruːd] ◇ *adj* **-1.** [material] brut(e). **-2.** [joke, drawing] grossier(ière). ◇ *n* (U): ~ (oil) brut *m*.

crudely ['kruːdlɪ] *adv* **-1.** [joke, remark] grossièrement, crûment. **-2.** [draw, sketch] grossièrement, sommairement.

crude oil *n* (U) brut *m*.

cruel [kruəl] (*compar* **-ler**, *superl* **-lest**) *adj* cruel(elle).

cruelly ['kruəlɪ] *adv* cruellement.

cruelty ['kruəltɪ] *n* (U) cruauté *f*.

cruet ['kruːɪt] *n* service *m* à condiments.

cruise [kruːz] ◇ *n* croisière *f*. ◇ *vi* **-1.** [sail] croiser. **-2.** [car] rouler; [plane] voler.

cruise missile *n* missile *m* de croisière.

cruiser ['kruːzər] *n* **-1.** [warship] croiseur *m*. **-2.** [cabin cruiser] yacht *m* de croisière.

crumb [krʌm] *n* **-1.** [of food] miette *f*. **-2.** *fig* [of information] bribe *f*.

crumble ['krʌmbl] ◇ *n* crumble *m* (aux fruits). ◇ *vt* émietter. ◇ *vi* **-1.** [bread, cheese] s'émietter; [building, wall] s'écrouler; [cliff] s'ébouler; [plaster] s'effriter. **-2.** *fig* [society, relationship] s'effondrer.

crumbly ['krʌmblɪ] (*compar* **-ler**, *superl* **-lest**) *adj* friable.

crummy ['krʌmɪ] (*compar* **-mier**, *superl* **-miest**) *adj inf* minable.

crumpet ['krʌmpɪt] *n* CULIN petite crêpe *f* épaisse.

crumple ['krʌmpl] ◇ *vt* [crease] froisser. ◇ *vi* [clothes] se froisser; [car, bodywork] se mettre en accordéon.
◆ **crumple up** *vt sep* chiffonner.

crunch [krʌntʃ] ◇ *n* crissement *m*; **when it comes to the** ~ *inf* au moment crucial OR décisif; **if it comes to the** ~ *inf* s'il le faut. ◇ *vt* **-1.** [with teeth] croquer. **-2.** [underfoot] crisser. ◇ *vi* [feet, tyres] crisser.

crunchy ['krʌntʃɪ] (*compar* **-ier**, *superl* **-iest**) *adj* **-1.** [food] croquant(e). **-2.** [snow, gravel] qui crisse.

crusade [kruː'seɪd] ◇ *n lit* & *fig* croisade *f*. ◇ *vi*: **to** ~ **for/against** faire campagne pour/contre.

crusader [kruː'seɪdər] *n* **-1.** HISTORY croisé *m*. **-2.** [campaigner] militant *m*, **-e** *f*.

crush [krʌʃ] ◇ *n* **-1.** [crowd] foule *f*. **-2.** *inf* [infatuation]: **to have a** ~ **on sb** avoir le béguin pour qqn. **-3.** *Br* [drink]: **orange** ~ orange *f* pressée. ◇ *vt* **-1.** [gen] écraser; [seeds, grain] broyer; [ice] piler. **-2.** *fig* [hopes] anéantir.

crush barrier *n Br* barrière *f* de sécurité.

crushing ['krʌʃɪŋ] *adj* **-1.** [defeat, blow] écrasant(e). **-2.** [remark] humiliant(e).

crust [krʌst] *n* croûte *f*.

crustacean [krʌ'steɪʃn] *n* crustacé *m*.

crusty ['krʌstɪ] (*compar* **-ier**, *superl* **-iest**) *adj* **-1.** [food] croustillant(e). **-2.** [person] grincheux(euse).

crutch [krʌtʃ] *n* **-1.** [stick] béquille *f*; *fig* soutien *m*. **-2.** [crotch] entrejambe *m*.

crux [krʌks] *n* nœud *m*.

cry [kraɪ] (*pt* & *pp* **cried**, *pl* **cries**) ◇ *n* **-1.** [weep]: **to have a good** ~ pleurer un bon coup. **-2.** [of person, bird] cri *m*; **a far** ~ **from** loin de. ◇ *vt* [tears] pleurer; **to** ~ **o.s. to sleep** s'endormir à force de pleurer. ◇ *vi* **-1.** [weep] pleurer. **-2.** [shout] crier.
◆ **cry off** *vi* se dédire.
◆ **cry out** ◇ *vt* crier. ◇ *vi* crier; [in pain, dismay] pousser un cri.
◆ **cry out for** *vt fus* [demand] réclamer à grands cris; **the room is crying out for ...** la pièce a bien besoin de ....

crybaby ['kraɪ,beɪbɪ] (*pl* **-ies**) *n inf pej* pleurnicheur *m*, **-euse** *f*.

crying ['kraɪɪŋ] ◇ *adj inf*: **it's a** ~ **shame** c'est scandaleux; **a** ~ **need for sthg** un grand besoin de qqch, un besoin urgent de qqch. ◇ *n* (U) pleurs *mpl*.

crypt [krɪpt] *n* crypte *f*.

cryptic ['krɪptɪk] *adj* mystérieux(ieuse), énigmatique.

crypto- [krɪptəu] *prefix* crypto-.

crystal ['krɪstl] ◇ *n* cristal *m*. ◇ *comp* en cristal.

crystal ball *n* boule *f* de cristal.

crystal clear *adj* **-1.** [transparent] de cristal. **-2.** [obvious] clair(e) comme de l'eau de roche.

crystallize, -ise ['krɪstəlaɪz] ◇ *vi lit* & *fig* se cristalliser. ◇ *vt* **-1.** [make clear] cristalliser, concrétiser. **-2.** [preserve in sugar]: ~**d fruit** fruits *mpl* confits.

CSC (*abbr of* **Civil Service Commission**) *n* commission de recrutement des fonctionnaires.

CSE (*abbr of* **Certificate of Secondary Education**) *n* ancien brevet de l'enseignement secondaire en Grande-Bretagne.

CS gas *n* (U) gaz *m* lacrymogène.

CST (*abbr of* **Central Standard Time**) *n* heure du centre des États-Unis.

CSU (*abbr of* **Civil Service Union**) *n* syndicat de la fonction publique.

ct *abbr of* **carat**.

CT *abbr of* **Connecticut**.

CTC *abbr of* **city technology college**.

cu. *abbr of* **cubic**.

cub [kʌb] *n* **-1.** [young animal] petit *m*. **-2.** [boy scout] louveteau *m*.

Cuba ['kjuːbə] *n* Cuba; **in ~** à Cuba.

Cuban ['kjuːbən] ◇ *adj* cubain(e). ◇ *n* Cubain *m*, -e *f*.

cubbyhole ['kʌbɪhəʊl] *n* cagibi *m*.

cube [kjuːb] ◇ *n* cube *m*. ◇ *vt* MATH élever au cube.

cube root *n* racine *f* cubique.

cubic ['kjuːbɪk] *adj* cubique.

cubicle ['kjuːbɪkl] *n* cabine *f*.

cubism ['kjuːbɪzm] *n* cubisme *m*.

cubist ['kjuːbɪst] *n* cubiste *mf*.

cub reporter *n* jeune reporter *m*.

Cub Scout *n* louveteau *m*.

cuckoo ['kʊkuː] *n* coucou *m*.

cuckoo clock *n* coucou *m*.

cucumber ['kjuːkʌmbəʳ] *n* concombre *m*.

cud [kʌd] *n*: **to chew the ~** *lit* & *fig* ruminer.

cuddle ['kʌdl] ◇ *n* caresse *f*, câlin *m*. ◇ *vt* caresser, câliner. ◇ *vi* s'enlacer.

◆ **cuddle up** *vi*: **to ~ up (to sb)** se pelotonner (contre qqn).

cuddly ['kʌdlɪ] (*compar* **-ier**, *superl* **-iest**) *adj* [person] câlin(e).

cuddly toy *n* jouet *m* en peluche.

cudgel ['kʌdʒəl] (*Br pt* & *pp* **-led**, *cont* **-ling**, *Am pt* & *pp* **-ed**, *cont* **-ing**) ◇ *n* trique *f*; **to take up the ~s for sb/sthg** prendre fait et cause pour qqn/qqch. ◇ *vt* frapper à coups de trique.

cue [kjuː] *n* **-1.** RADIO, THEATRE & TV signal *m*; **on ~** au bon moment; **to take one's ~ from sb** emboîter le pas à qqn. **-2.** *fig* [stimulus] signe *m*; **this could be the ~ for a recovery** cela pourrait marquer le début d'une amélioration. **-3.** [in snooker, pool] queue *f* (de billard).

cuff [kʌf] ◇ *n* **-1.** [of sleeve] poignet *m*; **off the ~** au pied levé. **-2.** *Am* [of trouser] revers *m inv*. **-3.** [blow] gifle *f*. ◇ *vt* gifler.

cuff link *n* bouton *m* de manchette.

cu. in. *abbr of* cubic inch(es).

cuisine [kwɪ'ziːn] *n* cuisine *f*.

cul-de-sac ['kʌldəsæk] *n* cul-de-sac *m*.

culinary ['kʌlɪnərɪ] *adj* culinaire.

cull [kʌl] ◇ *n* massacre *m*. ◇ *vt* **-1.** [kill] massacrer. **-2.** [gather] recueillir.

culminate ['kʌlmɪneɪt] *vi*: **to ~ in sthg** se terminer par qqch, aboutir à qqch.

culmination [,kʌlmɪ'neɪʃn] *n* apogée *m*.

culottes [kjuː'lɒts] *npl* jupe-culotte *f*.

culpable ['kʌlpəbl] *adj* coupable.

culprit ['kʌlprɪt] *n* coupable *mf*.

cult [kʌlt] ◇ *n* culte *m*. ◇ *comp* culte.

cultivate ['kʌltɪveɪt] *vt* cultiver.

cultivated ['kʌltɪveɪtɪd] *adj* cultivé(e).

cultivation [,kʌltɪ'veɪʃn] *n* (*U*) [farming] culture *f*.

cultural ['kʌltʃərəl] *adj* culturel(elle).

culture ['kʌltʃəʳ] *n* culture *f*.

cultured ['kʌltʃəd] *adj* [educated] cultivé(e).

cultured pearl *n* perle *f* de culture.

culture shock *n* choc *m* culturel.

culture vulture *n inf hum* fana *mf* de culture.

culvert ['kʌlvət] *n* conduit *m*.

cumbersome ['kʌmbəsəm] *adj* **-1.** [object] encombrant(e). **-2.** [system] lourd(e).

cumin ['kʌmɪn] *n* cumin *m*.

cumulative ['kjuːmjʊlətɪv] *adj* cumulatif(ive).

cunning ['kʌnɪŋ] ◇ *adj* [person] rusé(e); [plan, method, device] astucieux(ieuse). ◇ *n* (*U*) [of person] ruse *f*; [of plan, method, device] astuce *f*.

cup [kʌp] (*pt* & *pp* **-ped**, *cont* **-ping**) ◇ *n* **-1.** [container, unit of measurement] tasse *f*. **-2.** [prize, competition] coupe *f*. **-3.** [of bra] bonnet *m*. ◇ *vt* [hands] mettre en coupe.

cupboard ['kʌbəd] *n* placard *m*.

Cup Final *n*: **the ~** la finale de la coupe.

cup holder *n* SPORT détenteur *m* de la coupe.

cupid ['kjuːpɪd] *n* [figure] amour *m*.

cupola ['kjuːpələ] (*pl* **-s**) *n* coupole *f*.

cup tie *n Br* match *m* de coupe.

curable ['kjʊərəbl] *adj* curable, guérissable.

curate ['kjʊərət] *n* vicaire *m*.

curator [,kjʊə'reɪtəʳ] *n* conservateur *m*.

curb [kɜːb] ◇ *n* **-1.** [control]: **~ (on)** frein *m* (à). **-2.** *Am* [of road] bord *m* du trottoir. ◇ *vt* mettre un frein à.

curd cheese [kɜːd-] *n Br* ≃ fromage *m* blanc.

curdle ['kɜːdl] *vi* cailler.

cure [kjʊəʳ] ◇ *n*: **~ (for)** MED remède *m* (contre); *fig* remède (à). ◇ *vt* **-1.** MED guérir. **-2.** [solve - problem] éliminer. **-3.** [rid]: **to ~ sb of sthg** guérir qqn de qqch, faire perdre l'habitude de qqch à qqn. **-4.** [preserve - by smoking] fumer; [- by salting] saler; [- tobacco, hide] sécher.

cure-all *n* panacée *f*.

curfew ['kɜːfjuː] *n* couvre-feu *m*.

curio ['kjʊərɪəʊ] (*pl* **-s**) *n* bibelot *m*.

curiosity [,kjʊərɪ'ɒsətɪ] *n* curiosité *f*.

curious ['kjʊərɪəs] *adj*: **~ (about)** curieux(ieuse) (à propos de).

127   cut

curiously ['kjʊərɪəslɪ] *adv* **-1.** [inquisitively] avec curiosité. **-2.** [strangely] curieusement; **~ enough** curieusement, chose curieuse.

curl [kɜːl] ◇ *n* **-1.** [of hair] boucle *f*. **-2.** [of smoke] volute *f*. ◇ *vt* **-1.** [hair] boucler. **-2.** [roll up] enrouler. ◇ *vi* **-1.** [hair] boucler. **-2.** [roll up] s'enrouler; **to ~ into a ball** se mettre en boule.

◆ **curl up** *vi* [person, animal] se mettre en boule, se pelotonner.

curler ['kɜːlə'] *n* bigoudi *m*.

curling ['kɜːlɪŋ] *n* curling *m*.

curling tongs *npl* fer *m* à friser.

curly ['kɜːlɪ] (*compar* -ier, *superl* -iest) *adj* [hair] bouclé(e).

currant ['kʌrənt] *n* [dried grape] raisin *m* de Corinthe, raisin sec.

currency ['kʌrənsɪ] (*pl* -ies) *n* **-1.** [type of money] monnaie *f*. **-2.** (*U*) [money] devise *f*. **-3.** *fml* [acceptability]: **to gain ~** s'accréditer.

current ['kʌrənt] ◇ *adj* [price, method] actuel(elle); [year, week] en cours; [boyfriend, girlfriend] du moment; **~ issue** dernier numéro. ◇ *n* **-1.** [of water, air, electricity] courant *m*. **-2.** [trend] tendance *f*.

current account *n Br* compte *m* courant.

current affairs *npl* actualité *f*, questions *fpl* d'actualité.

current assets *npl* actif *m* circulant.

current liabilities *npl* passif *m* exigible à court terme.

currently ['kʌrəntlɪ] *adv* actuellement.

curricular [kə'rɪkjələ'] *adj* au programme.

curriculum [kə'rɪkjələm] (*pl* -lums OR -la [-lə]) *n* programme *m* d'études.

curriculum vitae [-'viːtaɪ] (*pl* curricula vitae) *n* curriculum vitae *m*.

curried ['kʌrɪd] *adj* au curry.

curry ['kʌrɪ] (*pl* -ies) *n* curry *m*.

curry powder *n* poudre *f* de curry.

curse [kɜːs] ◇ *n* **-1.** [evil spell] malédiction *f*; *fig* fléau *m*. **-2.** [swearword] juron *m*. ◇ *vt* maudire. ◇ *vi* jurer.

cursor ['kɜːsə'] *n* COMPUT curseur *m*.

cursory ['kɜːsərɪ] *adj* superficiel(ielle).

curt [kɜːt] *adj* brusque.

curtail [kɜː'teɪl] *vt* **-1.** [visit] écourter. **-2.** [rights, expenditure] réduire.

curtailment [kɜː'teɪlmənt] *n* [of rights, expenditure] réduction *f*.

curtain ['kɜːtn] *n* rideau *m*.

◆ **curtain off** *vt sep* [bed] cacher derrière un rideau; [room] diviser par un rideau.

curtain call *n* rappel *m*.

curtain raiser *n fig* lever *m* de rideau.

curts(e)y ['kɜːtsɪ] (*pt & pp* curtsied) ◇ *n* révérence *f*. ◇ *vi* faire une révérence.

curvaceous [kɜː'veɪʃəs] *adj inf* bien roulé(e).

curvature ['kɜːvətʃə'] *n* courbure *f*; MED [of spine] déviation *f*.

curve [kɜːv] ◇ *n* courbe *f*. ◇ *vi* faire une courbe.

curved [kɜːvd] *adj* courbe.

curvy ['kɜːvɪ] (*compar* -ier, *superl* -iest) *adj* [line] courbé(e); [woman] bien roulée.

cushion ['kʊʃn] ◇ *n* coussin *m*. ◇ *vt* [fall, blow, effects] amortir; **to be ~ed against** [inflation, reality] être paré contre.

cushy ['kʊʃɪ] (*compar* -ier, *superl* -iest) *adj inf* pépère, peinard(e).

custard ['kʌstəd] *n* crème *f* anglaise.

custard pie *n* tarte *f* à la crème.

custard powder *n* crème *f* anglaise instantanée en poudre.

custodian [kʌ'stəʊdjən] *n* [of building] gardien *m*, -ienne *f*; [of museum] conservateur *m*.

custody ['kʌstədɪ] *n* **-1.** [of child] garde *f*. **-2.** JUR: **in ~** en garde à vue.

custom ['kʌstəm] *n* **-1.** [tradition, habit] coutume *f*. **-2.** COMM clientèle *f*; **thank you for your ~** merci de nous avoir honorés de votre commande.

◆ **customs** *n* [place] douane *f*; **to go through ~s** passer (à) la douane.

customary ['kʌstəmrɪ] *adj* [behaviour] coutumier(ière); [way, time] habituel(elle).

custom-built *adj* fait(e) sur commande OR mesure.

customer ['kʌstəmə'] *n* **-1.** [client] client *m*, -e *f*. **-2.** *inf* [person] type *m*.

customer services *npl* service *m* (à la) clientèle.

customize, -ise ['kʌstəmaɪz] *vt* [make] fabriquer OR assembler sur commande; [modify] modifier sur commande.

custom-made *adj* fait(e) sur mesure.

Customs and Excise *n Br* ≃ service *m* des contributions indirectes.

customs duty *n* droit *m* de douane.

customs officer *n* douanier *m*, -ière *f*.

cut [kʌt] (*pt & pp* cut, *cont* -ting) ◇ *n* **-1.** [in wood etc] entaille *f*; [in skin] coupure *f*. **-2.** [of meat] morceau *m*. **-3.** [reduction]: **~ (in)** [taxes, salary, personnel] réduction *f* (de); [film, article] coupure *f* (dans). **-4.** *inf* [share] part *f*. **-5.** [of suit, hair] coupe *f*. **-6.** *phr*: **a ~ above (the rest)** *inf* supérieur(e) aux autres. ◇ *vt* **-1.** [gen] couper; [taxes, costs, workforce] réduire; **to ~ one's finger** se couper le doigt. **-2.** [subj: baby]: **he's cutting a tooth** il fait ses dents. **-3.** *inf* [lecture, class] sécher. ◇ *vi* **-1.** [gen] couper. **-2.** [intersect] se couper.

◆ **cut across** *vt fus* **-1.** [as short cut] couper à travers. **-2.** [transcend] ne pas tenir compte de.

◆ **cut back** ◇ *vt sep* **-1.** [prune] tailler. **-2.** [reduce] réduire. ◇ *vi*: **to ~ back on** réduire, diminuer.

◆ **cut down** ◇ *vt sep* **-1.** [chop down] couper. **-2.** [reduce] réduire, diminuer. ◇ *vi*: **to ~ down on smoking/eating/spending** fumer/manger/dépenser moins.

◆ **cut in** *vi* **-1.** [interrupt]: **to ~ in (on sb)** interrompre (qqn). **-2.** AUT se rabattre.

◆ **cut off** *vt sep* **-1.** [piece, crust] couper; [finger, leg - subj: surgeon] amputer. **-2.** [power, telephone, funding] couper. **-3.** [separate]: **to be ~ off (from)** [person] être coupé(e) (de); [village] être isolé(e) (de).

◆ **cut out** ◇ *vt sep* **-1.** [photo, article] découper; [sewing pattern] couper; [dress] tailler; **to be ~ out for sthg** *fig* [person] être fait pour qqch. **-2.** [stop]: **to ~ out smoking/chocolates** arrêter de fumer/de manger des chocolats; **~ it out!** *inf* ça suffit! **-3.** [exclude] exclure. ◇ *vi* [stall] caler.

◆ **cut up** *vt sep* [chop up] couper, hacher.

cut-and-dried *adj* tout fait (toute faite).

cut and paste *vt & vi* COMPUT couper-coller.

cutback ['kʌtbæk] *n*: **~ (in)** réduction *f* (de).

cute [kjuːt] *adj* [appealing] mignon(onne).

cut glass *n* cristal *m* taillé.

cuticle ['kjuːtɪkl] *n* envie *f*.

cutlery ['kʌtlərɪ] *n* (*U*) couverts *mpl*.

cutlet ['kʌtlɪt] *n* côtelette *f*.

cutoff (point) ['kʌtɒf-] *n* [limit] point *m* de limite.

cutout ['kʌtaʊt] *n* **-1.** [on machine] disjoncteur *m*. **-2.** [shape] découpage *m*.

cut-price, cut-rate *Am adj* à prix réduit.

cutter ['kʌtər] *n* [tool] coupoir *m*.

cutthroat ['kʌtθrəʊt] *adj* [ruthless] acharné(e).

cutting ['kʌtɪŋ] ◇ *adj* [sarcastic - remark] cinglant(e); [- wit] acerbe. ◇ *n* **-1.** [of plant] bouture *f*. **-2.** [from newspaper] coupure *f*. **-3.** *Br* [for road, railway] tranchée *f*.

cuttlefish ['kʌtlfɪʃ] (*pl inv*) *n* seiche *f*.

cut up *adj Br inf* [upset] affligé(e).

CV (*abbr of* **curriculum vitae**) *n* CV *m*.

C & W *abbr of* **country and western**.

cwo (*abbr of* **cash with order**) *payable à la commande*.

cwt. *abbr of* **hundredweight**.

cyanide ['saɪənaɪd] *n* cyanure *m*.

cybercafe ['saɪbə,kæfeɪ] *n* cybercafé *m*.

cybernetics [,saɪbə'netɪks] *n* (*U*) cybernétique *f*.

cyberspace ['saɪbəspeɪs] *n* cyberespace *m*.

cyclamen ['sɪkləmən] (*pl inv*) *n* cyclamen *m*.

cycle ['saɪkl] ◇ *n* **-1.** [of events, songs] cycle *m*. **-2.** [bicycle] bicyclette *f*. ◇ *comp* [path, track] cyclable; [race] cycliste; [shop] de cycles. ◇ *vi* faire de la bicyclette.

cyclic(al) ['saɪklɪk(l)] *adj* cyclique.

cycling ['saɪklɪŋ] *n* cyclisme *m*.

cyclist ['saɪklɪst] *n* cycliste *mf*.

cyclone ['saɪkləʊn] *n* cyclone *m*.

cygnet ['sɪgnɪt] *n* jeune cygne *m*.

cylinder ['sɪlɪndər] *n* cylindre *m*.

cylinder block *n* bloc-cylindres *m*.

cylinder head *n* culasse *f*.

cylinder-head gasket *n* joint *m* de culasse.

cylindrical [sɪ'lɪndrɪkl] *adj* cylindrique.

cymbals ['sɪmblz] *npl* cymbales *fpl*.

cynic ['sɪnɪk] *n* cynique *mf*.

cynical ['sɪnɪkl] *adj* cynique.

cynically ['sɪnɪklɪ] *adv* cyniquement.

cynicism ['sɪnɪsɪzm] *n* cynisme *m*.

CYO (*abbr of* **Catholic Youth Association**) *n aux États-Unis, association de jeunes catholiques.*

cypher ['saɪfər] = **cipher**.

cypress ['saɪprəs] *n* cyprès *m*.

Cypriot ['sɪprɪət] ◇ *adj* chypriote. ◇ *n* Chypriote *mf*; **Greek/Turkish ~** Chypriote grec (grecque)/turc (turque).

Cyprus ['saɪprəs] *n* Chypre *f*; **in ~** à Chypre.

cyst [sɪst] *n* kyste *m*.

cystic fibrosis [,sɪstɪkfaɪ'brəʊsɪs] *n* mucoviscidose *f*.

cystitis [sɪs'taɪtɪs] *n* cystite *f*.

cytology [saɪ'tɒlədʒɪ] *n* cytologie *f*.

CZ (*abbr of* **canal zone**) *zone du canal de Panama.*

czar [zɑːr] *n* tsar *m*.

Czech [tʃek] ◇ *adj* tchèque. ◇ *n* **-1.** [person] Tchèque *mf*. **-2.** [language] tchèque *m*.

Czechoslovak [,tʃekə'sləʊvæk] = **Czechoslovakian**.

Czechoslovakia [,tʃekəslə'vækɪə] *n* Tchécoslovaquie *f*; **in ~** en Tchécoslovaquie.

Czechoslovakian [,tʃekəslə'vækɪən] ◇ *adj* tchécoslovaque. ◇ *n* Tchécoslovaque *mf*.

D

d¹ (*pl* **d's** OR **ds**), **D** (*pl* **D's** OR **Ds**) [diː] *n* [letter] d *m inv*, D *m inv*.
◆ **D** ◇ *n* **-1.** MUS ré *m*. **-2.** SCH [mark] D *m inv*. ◇ *Am abbr of* **Democrat(ic)**.

d² [diː] (*abbr of* **penny**) *symbole du penny anglais jusqu'en 1971*.

d. (*abbr of* **died**): ~ **1913** mort en 1913.

DA *abbr of* **district attorney**.

dab [dæb] (*pt & pp* **-bed**, *cont* **-bing**) ◇ *n* [of cream, powder, ointment] petit peu *m*; [of paint] touche *f*. ◇ *vt* **-1.** [skin, wound] tamponner. **-2.** [apply - cream, ointment] **to ~ sthg on** OR **onto** appliquer qqch sur. ◇ *vi*: **to ~ at sthg** tamponner qqch.

dabble ['dæbl] ◇ *vt* tremper dans l'eau. ◇ *vi*: **to ~ in** toucher un peu à.

dab hand *n Br*: **to be a ~ (at sthg)** être doué(e) (pour qqch).

Dacca ['dækə] *n* Dacca.

dachshund ['dækshund] *n* teckel *m*.

dad [dæd], **daddy** ['dædɪ] (*pl* **-ies**) *n inf* papa *m*.

daddy longlegs [-'lɒŋlegz] (*pl inv*) *n* faucheur *m*.

daffodil ['dæfədɪl] *n* jonquille *f*.

daft [dɑːft] *adj inf* stupide, idiot(e).

dagger ['dægə˟] *n* poignard *m*.

dahlia ['deɪljə] *n* dahlia *m*.

daily ['deɪlɪ] (*pl* **-ies**) ◇ *adj* **-1.** [newspaper, occurrence] quotidien(ienne). **-2.** [rate, output] journalier(ière). ◇ *adv* [happen, write] quotidiennement; **twice ~** deux fois par jour. ◇ *n* **-1.** [newspaper] quotidien *m*. **-2.** [cleaning woman] femme *f* de ménage.

daintily ['deɪntɪlɪ] *adv* [made, eat, walk] délicatement; [dressed] coquettement.

dainty ['deɪntɪ] (*compar* **-ier**, *superl* **-iest**) *adj* délicat(e).

dairy ['deərɪ] (*pl* **-ies**) *n* **-1.** [on farm] laiterie *f*. **-2.** [shop] crémerie *f*.

dairy cattle *npl* vaches *fpl* laitières.

dairy farm *n* ferme *f* laitière.

dairy products *npl* produits *mpl* laitiers.

dais ['deɪɪs] *n* estrade *f*.

daisy ['deɪzɪ] (*pl* **-ies**) *n* [weed] pâquerette *f*; [cultivated] marguerite *f*.

daisy wheel *n* marguerite *f*.

daisy-wheel printer *n* imprimante *f* à marguerite.

Dakar ['dækɑː] *n* Dakar.

Dakota [də'kəutə] *n* Dakota *m*; **in ~** dans le Dakota.

dal [dɑːl] = **dhal**.

dale [deɪl] *n* vallée *f*.

dalmatian [dæl'meɪʃn] *n* [dog] dalmatien *m*.

dam [dæm] (*pt & pp* **-med**, *cont* **-ming**) ◇ *n* [across river] barrage *m*. ◇ *vt* construire un barrage sur.
◆ **dam up** *vt sep* endiguer.

damage ['dæmɪdʒ] ◇ *n* **-1.** [physical harm] dommage *m*, dégât *m*. **-2.** [harmful effect] tort *m*. ◇ *vt* **-1.** [harm physically] endommager, abîmer. **-2.** [have harmful effect on] nuire à.
◆ **damages** *npl* JUR dommages et intérêts *mpl*.

damaging ['dæmɪdʒɪŋ] *adj*: ~ **(to)** préjudiciable (à).

Damascus [də'mæskəs] *n* Damas.

Dame [deɪm] *n Br* *titre accordé aux femmes titulaires de certaines décorations*.

damn [dæm] ◇ *adj inf* fichu(e), sacré(e). ◇ *adv inf* sacrément. ◇ *n inf*: **not to give** OR **care a ~ (about sthg)** se ficher pas mal (de qqch). ◇ *vt* **-1.** RELIG [condemn] damner. **-2.** *inf* [curse]: ~ **you!** va au diable!; ~ **it!** zut! ◇ *excl inf* zut!

damnable ['dæmnəbl] *adj dated* [appalling] détestable.

damnation [dæm'neɪʃn] *n* RELIG damnation *f*.

damned [dæmd] *inf* ◇ *adj* fichu(e), sacré(e); **I'm ~ if ...** si tu crois que ...; **well I'll be** OR **I'm ~!** c'est trop fort!, elle est bien bonne celle-là! ◇ *adv* sacrément.

damning ['dæmɪŋ] *adj* accablant(e).

damp [dæmp] ◇ *adj* humide. ◇ *n* humidité *f*. ◇ *vt* [make wet] humecter.
◆ **damp down** *vt sep* [restrain - unrest, violence] contenir, maîtriser; [- enthusiasm] refroidir.

damp course *n Br* couche *f* d'isolation.

dampen ['dæmpən] *vt* **-1.** [make wet] humecter. **-2.** *fig* [emotion] abattre.

damper ['dæmpə˟] *n* **-1.** MUS étouffoir *m*. **-2.** [for fire] registre *m*. **-3.** *phr*: **to put a ~ on sthg** jeter un froid sur qqch.

dampness ['dæmpnɪs] *n* humidité *f*.

damson ['dæmzn] *n* prune *f* de Damas.

dance [dɑːns] ◇ n -1. [gen] danse f. -2. [social event] bal m. ◇ vi danser.

dance floor n piste f de danse.

dancer ['dɑːnsər] n danseur m, -euse f.

dancing ['dɑːnsɪŋ] n (U) danse f.

D and C (abbr of **dilation and curettage**) n dilation et curetage.

dandelion ['dændɪlaɪən] n pissenlit m.

dandruff ['dændrʌf] n (U) pellicules fpl.

dandy ['dændɪ] (pl -ies) n dandy m.

Dane [deɪn] n Danois m, -e f.

danger ['deɪndʒər] n -1. (U) [possibility of harm] danger m; **in ~** en danger; **out of ~** hors de danger. -2. [hazard, risk]: **~ (to)** risque m (pour); **to be in ~ of doing sthg** risquer de faire qqch.

danger list n Br: **to be on the ~** être dans un état critique.

danger money n (U) Br prime f de risque.

dangerous ['deɪndʒərəs] adj dangereux(euse).

dangerous driving n JUR conduite f dangereuse.

dangerously ['deɪndʒərəslɪ] adv dangereusement; **~ ill** gravement malade.

danger zone n zone f dangereuse.

dangle ['dæŋgl] ◇ vt laisser pendre. ◇ vi pendre.

Danish ['deɪnɪʃ] ◇ adj danois(e). ◇ n -1. [language] danois m. -2. Am = **Danish pastry**. ◇ npl: **the ~** les Danois mpl.

Danish blue n bleu m danois.

Danish pastry n gâteau feuilleté fourré aux fruits.

dank [dæŋk] adj humide et froid(e).

Danube ['dænjuːb] n: **the ~** le Danube.

dapper ['dæpər] adj pimpant(e).

dappled ['dæpld] adj -1. [light] tacheté(e). -2. [horse] pommelé(e).

Dardanelles [,dɑːdə'nelz] npl: **the ~** les Dardanelles fpl.

dare [deər] ◇ vt -1. [be brave enough]: **to ~ to do sthg** oser faire qqch. -2. [challenge]: **to ~ sb to do sthg** défier qqn de faire qqch. -3. phr: **I ~ say** je suppose, sans doute. ◇ vi oser; **how ~ you!** comment osez-vous! ◇ n défi m; **to do sthg for a ~** faire qqch par défi.

daredevil ['deə,devl] n casse-cou m inv.

daren't [deənt] = **dare not**.

Dar es-Salaam [,dɑːressə'lɑːm] n Dar es-Salaam.

daring ['deərɪŋ] ◇ adj audacieux(ieuse). ◇ n audace f.

dark [dɑːk] ◇ adj -1. [room, night] sombre; **it's getting ~** il commence à faire nuit. -2. [in colour] foncé(e). -3. [dark-haired] brun(e); [dark-skinned] basané(e). -4. fig [days, thoughts] sombre, triste; [look] noir(e). ◇ n -1. [darkness]: **the ~** l'obscurité f; **to be afraid of the ~** avoir peur du noir; **to be in the ~ about sthg** ignorer tout de qqch. -2. [night]: **before/after ~** avant/après la tombée de la nuit.

Dark Ages npl: **the ~** le haut Moyen Âge.

darken ['dɑːkn] ◇ vt assombrir. ◇ vi s'assombrir.

dark glasses npl lunettes fpl noires.

dark horse n fig quantité f inconnue.

darkness ['dɑːknɪs] n obscurité f.

darkroom ['dɑːkrʊm] n chambre f noire.

darling ['dɑːlɪŋ] ◇ adj -1. [dear] chéri(e). -2. inf [cute] adorable. ◇ n -1. [loved person, term of address] chéri m, -e f. -2. [idol] chouchou m, idole f.

darn [dɑːn] ◇ n reprise f. ◇ vt repriser. ◇ adj inf sacré(e), satané(e). ◇ adv inf sacrément. ◇ excl inf zut!

darning ['dɑːnɪŋ] n [work] reprisage m.

darning needle n aiguille f à repriser.

dart [dɑːt] ◇ n -1. [arrow] fléchette f. -2. SEWING pince f. ◇ vt darder. ◇ vi se précipiter.

◆ **darts** n [game] jeu m de fléchettes.

dartboard ['dɑːtbɔːd] n cible f de jeu de fléchettes.

dash [dæʃ] ◇ n -1. [of milk, wine] goutte f; [of cream] soupçon m; [of salt] pincée f; [of colour, paint] touche f. -2. [in punctuation] tiret m. -3. AUT tableau m de bord. -4. [rush]: **to make a ~ for** se ruer vers. ◇ vt -1. [throw] jeter avec violence. -2. [hopes] anéantir. ◇ vi se précipiter; **I must ~!** je dois me sauver!

◆ **dash off** vt sep [write quickly] écrire en vitesse.

dashboard ['dæʃbɔːd] n tableau m de bord.

dashing ['dæʃɪŋ] adj fringant(e).

dastardly ['dæstədlɪ] adj dated lâche.

DAT [dæt] (abbr of **digital audio tape**) n DAT m.

data ['deɪtə] n (U) données fpl.

databank ['deɪtəbæŋk] n banque f de données.

database ['deɪtəbeɪs] n base f de données.

data capture n saisie f de données.

data processing n traitement m de données.

data transmission n transmission f de données.

date [deɪt] ◇ n -1. [in time] date f; **to ~ à ce jour. -2.** [appointment] rendez-vous m. **-3.** [person] petit ami m, petite amie f. **-4.** [fruit] datte f. ◇ vt -1. [gen] dater. **-2.** [go out with] sortir avec. ◇ vi [go out of fashion] dater.

◆ **date back to, date from** vt fus dater de.

dated ['deɪtɪd] adj qui date.

date line n ligne f de changement de date.

date of birth n date f de naissance.

date stamp n cachet m.

daub [dɔːb] vt: **to ~ sthg with sthg** barbouiller qqch de qqch.

daughter ['dɔːtər] n fille f.

daughter-in-law (pl **daughters-in-law**) n belle-fille f.

daunt [dɔːnt] vt intimider.

daunting ['dɔːntɪŋ] adj intimidant(e).

dawdle ['dɔːdl] vi flâner.

dawn [dɔːn] ◇ n lit & fig aube f; **at ~ à l'aube; from ~ to dusk** du matin au soir. ◇ vi -1. [day] poindre. **-2.** [era, period] naître.

◆ **dawn (up)on** vt fus venir à l'esprit de.

dawn chorus n concert m des oiseaux à l'aube.

day [deɪ] n jour m; [duration] journée f; **the ~ before** la veille; **the ~ after** le lendemain; **the ~ before yesterday** avant-hier; **the ~ after tomorrow** après-demain; **any ~ now** d'un jour à l'autre; **one ~, some ~, one of these ~s** un jour (ou l'autre), un de ces jours; **~ and night** jour et nuit; **in my ~** de mon temps; **in this ~ and age** de nos jours; **to call it a ~** laisser tomber; **to make sb's ~** réchauffer le cœur de qqn; **his ~s are numbered** ses jours sont comptés; **to save sthg for a rainy ~** garder qqch pour les longues soirées d'hiver; **to save money for a rainy ~** mettre de l'argent de côté en cas de besoin; **it's early ~s yet** ce n'est que le début.

◆ **days** adv le jour.

dayboy ['deɪbɔɪ] n Br SCH externe m.

daybreak ['deɪbreɪk] n aube f; **at ~ à l'aube.

day-care centre n garderie f.

daycentre ['deɪsentər] n Br [for children] garderie f; [for elderly people] centre de jour pour les personnes du troisième âge.

daydream ['deɪdriːm] ◇ n rêverie f. ◇ vi rêvasser.

daygirl ['deɪgɜːl] n Br SCH externe f.

Day-Glo® ['deɪgləʊ] adj fluorescent(e).

daylight ['deɪlaɪt] n -1. [light] lumière f du jour. **-2.** [dawn] aube f. **-3.** phr: **to scare the**

(living) **~s out of sb** inf faire une peur bleue à qqn.

daylight robbery n: **that's ~** inf c'est du vol manifeste.

daylight saving time n heure f d'été.

day nursery n garderie f, crèche f.

day off (pl **days off**) n jour m de congé.

day pupil n Br SCH externe mf.

day release n Br jour de formation.

day return n Br billet aller et retour valable pour une journée.

dayroom ['deɪruːm] n salle f de détente.

day school n externat m.

day shift n équipe f de jour.

daytime ['deɪtaɪm] ◇ n jour m, journée f. ◇ comp [television] pendant la journée; [job, flight] de jour.

day-to-day adj [routine, life] journalier(ière); **on a ~ basis** au jour le jour.

day trip n excursion f d'une journée.

day-tripper n Br excursionniste mf.

daze [deɪz] ◇ n: **in a ~** hébété(e), ahuri(e). ◇ vt -1. [subj: blow] étourdir. **-2.** fig [subj: shock, event] abasourdir, sidérer.

dazed [deɪzd] adj -1. [by blow] étourdi(e). **-2.** fig [by shock, event] abasourdi(e), sidéré(e).

dazzle ['dæzl] ◇ n (U) éblouissement m. ◇ vt éblouir.

dazzling ['dæzlɪŋ] adj éblouissant(e).

DBE (abbr of **Dame Commander of the Order of the British Empire**) n distinction honorifique britannique pour les femmes.

DBS (abbr of **direct broadcasting by satellite**) n télédiffusion directe par satellite.

DC ◇ n (abbr of **direct current**) courant m continu. ◇ abbr of **District of Columbia**.

dd. abbr of **delivered**.

DD (abbr of **Doctor of Divinity**) n docteur en théologie.

D/D abbr of **direct debit**.

D-day ['diːdeɪ] n le jour J.

DDS (abbr of **Doctor of Dental Science**) n docteur en dentisterie.

DDT (abbr of **dichlorodiphenyltrichloroethane**) n DDT m.

DE abbr of **Delaware**.

DEA (abbr of **Drug Enforcement Administration**) n agence américaine de lutte contre la drogue.

deacon ['diːkn] n diacre m.

deaconess [ˌdiːkə'nes] n diaconesse f.

deactivate [ˌdiː'æktɪveɪt] vt désamorcer.

dead [ded] ◇ *adj* **-1.** [not alive, not lively] mort(e); **to shoot sb ~** abattre qqn; **he wouldn't be seen ~ doing that** il ne ferait cela pour rien au monde. **-2.** [numb] engourdi(e). **-3.** [not operating - battery] à plat; **the telephone's ~** il n'y a pas de tonalité. **-4.** [complete - silence] de mort; **to come to a ~ stop** s'arrêter pile. ◇ *adv* **-1.** [directly, precisely]: **~ ahead** droit devant soi; **~ on time** pile à l'heure. **-2.** *inf* [completely] tout à fait; **to be ~ set against sthg** être tout à fait opposé à qqch; **to be ~ set on sthg** vouloir faire qqch à tout prix. **-3.** [suddenly]: **to stop ~** s'arrêter net. ◇ *n*: **in the ~ of night/winter** au cœur de la nuit/de l'hiver. ◇ *npl*: **the ~** les morts *mpl*.

deadbeat ['dedbiːt] *n Am inf* flemmard *m*, -e *f*.

dead centre *n* plein milieu *m*.

dead duck *n*: **it's a ~** *inf* c'est foutu, c'est fichu.

deaden ['dedn] *vt* [sound] assourdir; [pain] calmer.

dead end *n* impasse *f*.

dead-end job *n* travail *m* sans débouchés.

deadhead ['dedhed] *vt* enlever les fleurs fanées de.

dead heat *n* arrivée *f* ex-aequo.

dead letter *n fig* [rule, law] lettre *f* morte.

deadline ['dedlaɪn] *n* dernière limite *f*.

deadlock ['dedlɒk] *n* impasse *f*.

deadlocked ['dedlɒkt] *adj* dans une impasse.

dead loss *n inf*: **to be a ~** [person] être bon (bonne) à rien; [object] ne rien valoir.

deadly ['dedlɪ] (*compar* **-ier**, *superl* **-iest**) ◇ *adj* **-1.** [poison, enemy] mortel(elle). **-2.** [accuracy] imparable. ◇ *adv* [boring, serious] tout à fait; **~ pale** d'une pâleur mortelle.

deadly nightshade [-'naɪtʃeɪd] *n* belladone *f*.

deadpan ['dedpæn] ◇ *adj* pince-sans-rire (*inv*). ◇ *adv* impassiblement.

Dead Sea *n*: **the ~** la mer Morte.

dead wood *Br*, **deadwood** *Am* ['dedwʊd] *n* (*U*) *fig* [people] personnes *fpl* improductives; [things, material] choses *fpl* inutiles.

deaf [def] ◇ *adj* sourd(e); **to be ~ to sthg** être sourd à qqch. ◇ *npl*: **the ~** les sourds *mpl*.

deaf-aid *n Br* appareil *m* acoustique.

deaf-and-dumb *adj* sourd-muet (sourde-muette).

deafen ['defn] *vt* assourdir.

deafening ['defnɪŋ] *adj* assourdissant(e).

deaf-mute ◇ *adj* sourd-muet (sourde-muette). ◇ *n* sourd-muet *m*, sourde-muette *f*.

deafness ['defnɪs] *n* surdité *f*.

deal [diːl] (*pt* & *pp* **dealt**) ◇ *n* **-1.** [quantity]: **a good OR great ~** beaucoup; **a good OR great ~ of** beaucoup de, bien de/des. **-2.** [business agreement] marché *m*, affaire *f*; **to do OR strike a ~ with sb** conclure un marché avec qqn. **-3.** *inf* [treatment]: **to get a bad ~** ne pas faire une affaire; **big ~!** et alors!, tu parles! ◇ *vt* **-1.** [strike]: **to ~ sb/sthg a blow, to ~ a blow to sb/sthg** porter un coup à qqn/qqch. **-2.** [cards] donner, distribuer. ◇ *vi* **-1.** [at cards] donner, distribuer. **-2.** [in drugs] faire le trafic (de drogues).
◆ **deal in** *vt fus* COMM faire le commerce de.
◆ **deal out** *vt sep* distribuer.
◆ **deal with** *vt fus* **-1.** [handle] s'occuper de. **-2.** [be about] traiter de. **-3.** [be faced with] avoir affaire à.

dealer ['diːlə] *n* **-1.** [trader] négociant *m*; [in drugs] trafiquant *m*. **-2.** [cards] donneur *m*.

dealership ['diːləʃɪp] *n* concession *f*.

dealing ['diːlɪŋ] *n* commerce *m*.
◆ **dealings** *npl* relations *fpl*, rapports *mpl*.

dealt [delt] *pt* & *pp* → **deal**.

dean [diːn] *n* doyen *m*.

dear [dɪə] ◇ *adj*: **~ (to)** cher (chère) (à); **Dear Sir** [in letter] Cher Monsieur; **Dear Madam** Chère Madame. ◇ *n* chéri *m*, -e *f*. ◇ *excl*: **oh ~!** mon Dieu!

dearly ['dɪəlɪ] *adv* [love, wish] de tout son cœur.

dearth [dɜːθ] *n* pénurie *f*.

death [deθ] *n* mort *f*; **to be put to ~** être mis à mort, être exécuté; **to frighten sb to ~** faire une peur bleue à qqn; **to worry sb to ~** rendre qqn fou d'inquiétude; **to be sick to ~ of sthg/of doing sthg** en avoir marre de qqch/de faire qqch; **to be at ~'s door** être à l'article de la mort.

deathbed ['deθbed] *n* lit *m* de mort.

death certificate *n* acte *m* de décès.

death duty *Br*, **death tax** *Am* *n* droits *mpl* de succession.

death knell *n* glas *m*.

deathly ['deθlɪ] (*compar* **-ier**, *superl* **-iest**) ◇ *adj* de mort. ◇ *adv* comme la mort.

death penalty *n* peine *f* de mort.

death rate *n* taux *m* de mortalité.

death row *n Am* quartier *m* des condamnés à mort.

death sentence *n* condamnation *f* à mort.

death squad *n* escadron *m* de la mort.

death tax *Am* = **death duty.**

death toll *n* nombre *m* de morts.

death trap *n* *inf* véhicule *m*/bâtiment *m* dangereux.

Death Valley *n* la Vallée de la Mort.

deathwatch beetle ['deθwɒtʃ-] *n* vrillette *f*.

death wish *n* désir *m* de mort.

deb [deb] *n* *Br* *inf* débutante *f*.

débâcle [de'bɑːkl] *n* débâcle *f*.

debar [diː'bɑː] (*pt* & *pp* **-red,** *cont* **-ring**) *vt*: to ~ **sb** (**from**) [place] exclure qqn (de); to ~ **sb from doing sthg** interdire à qqn de faire qqch.

debase [dɪ'beɪs] *vt* dégrader; to ~ **o.s.** s'avilir.

debasement [dɪ'beɪsmənt] *n* dégradation *f*; [of person] avilissement *m*.

debatable [dɪ'beɪtəbl] *adj* discutable, contestable.

debate [dɪ'beɪt] ◇ *n* débat *m*; **open to** ~ discutable. ◇ *vt* débattre, discuter; **to** ~ **whether** s'interroger pour savoir si. ◇ *vi* débattre.

debating society [dɪ'beɪtɪŋ-] *n* club *m* de débats.

debauched [dɪ'bɔːtʃt] *adj* débauché(e).

debauchery [dɪ'bɔːtʃərɪ] *n* débauche *f*.

debenture [dɪ'bentʃər] *n* obligation *f* (sans garantie).

debenture stock *n* *Br* capital *m* obligations.

debilitate [dɪ'bɪlɪteɪt] *vt* débiliter, affaiblir.

debilitating [dɪ'bɪlɪteɪtɪŋ] *adj* débilitant(e).

debility [dɪ'bɪlətɪ] *n* débilité *f*, faiblesse *f*.

debit ['debɪt] ◇ *n* débit *m*. ◇ *vt* débiter.

debit note *n* note *f* de débit.

debonair [,debə'neər] *adj* fringant(e).

debrief [,diː'briːf] *vt* faire faire un compte-rendu de mission à.

debriefing [,diː'briːfɪŋ] *n* compte-rendu *m* (de mission).

debris ['deɪbriː] *n* (*U*) débris *mpl*.

debt [det] *n* dette *f*; **to be in** ~ avoir des dettes, être endetté(e); **to be in sb's** ~ être redevable à qqn.

debt collector *n* agent *m* de recouvrements.

debtor ['detər] *n* débiteur *m*, -trice *f*.

debug [,diː'bʌg] (*pt* & *pp* **-ged,** *cont* **-ging**) *vt* **-1.** [room] enlever les micros cachés dans. **-2.** COMPUT [program] mettre au point, déboguer.

debunk [,diː'bʌŋk] *vt* démentir.

debut ['deɪbjuː] *n* débuts *mpl*.

debutante ['debjutɑːnt] *n* débutante *f*.

Dec. (*abbr of* **December**) déc.

decade ['dekeɪd] *n* décennie *f*.

decadence ['dekədəns] *n* décadence *f*.

decadent ['dekədənt] *adj* décadent(e).

decaff ['diːkæf] *n* *inf* déca *m*.

decaffeinated [dɪ'kæfɪneɪtɪd] *adj* décaféiné(e).

decal ['diːkæl] *n* *Am* décalcomanie *f*.

decamp [dɪ'kæmp] *vi* *inf* décamper, filer.

decant [dɪ'kænt] *vt* décanter.

decanter [dɪ'kæntər] *n* carafe *f*.

decapitate [dɪ'kæpɪteɪt] *vt* décapiter.

decathlete [dɪ'kæθliːt] *n* décathlonien *m*.

decathlon [dɪ'kæθlɒn] *n* décathlon *m*.

decay [dɪ'keɪ] ◇ *n* **-1.** [of body, plant] pourriture *f*, putréfaction *f*; [of tooth] carie *f*. **-2.** *fig* [of building] délabrement *m*; [of society] décadence *f*. ◇ *vi* **-1.** [rot] pourrir; [tooth] se carier. **-2.** *fig* [building] se délabrer, tomber en ruines; [society] tomber en décadence.

deceased [dɪ'siːst] (*pl inv*) ◇ *adj* décédé(e). ◇ *n*: **the** ~ le défunt, la défunte.

deceit [dɪ'siːt] *n* tromperie *f*, supercherie *f*.

deceitful [dɪ'siːtful] *adj* trompeur(euse), fourbe.

deceive [dɪ'siːv] *vt* [person] tromper, duper; [subj: memory, eyes] jouer des tours à; **to** ~ **o.s.** se leurrer, s'abuser.

decelerate [,diː'seləreɪt] *vi* ralentir.

December [dɪ'sembər] *n* décembre *m*; *see also* **September.**

decency ['diːsnsɪ] *n* décence *f*, bienséance *f*; **to have the** ~ **to do sthg** avoir la décence de faire qqch.

decent ['diːsnt] *adj* **-1.** [behaviour, dress] décent(e). **-2.** [wage, meal] correct(e), décent(e). **-3.** [person] gentil(ille), brave.

decently ['diːsntlɪ] *adv* **-1.** [properly] décemment, convenablement. **-2.** [adequately] correctement.

decentralization [diː,sentrəlaɪ'zeɪʃn] *n* décentralisation *f*.

decentralize, -ise [,diː'sentrəlaɪz] *vt* décentraliser.

deception [dɪ'sepʃn] *n* **-1.** [lie, pretence] tromperie *f*, duperie *f*. **-2.** (*U*) [act of lying] supercherie *f*.

deceptive [dɪ'septɪv] *adj* trompeur(euse).

deceptively [dɪ'septɪvlɪ] *adv* en apparence.

decibel ['desɪbel] *n* décibel *m*.

decide [dɪ'saɪd] ◇ *vt* décider; **to** ~ **to do sthg** décider de faire qqch. ◇ *vi* se décider.

◆ **decide (up)on** *vt fus* se décider pour, choisir.

decided [dɪ'saɪdɪd] *adj* **-1.** [definite] certain(e), incontestable. **-2.** [resolute] décidé(e), résolu(e).

decidedly [dɪ'saɪdɪdlɪ] *adv* **-1.** [clearly] manifestement, incontestablement. **-2.** [resolutely] résolument.

deciding [dɪ'saɪdɪŋ] *adj*: ~ **vote** vote *m* décisif.

deciduous [dɪ'sɪdjʊəs] *adj* à feuilles caduques.

decimal ['desɪml] ◇ *adj* décimal(e). ◇ *n* décimale *f*.

decimal currency *n* monnaie *f* décimale.

decimalize, -ise ['desɪməlaɪz] *vt Br* décimaliser.

decimal place *n* décimale *f*.

decimal point *n* virgule *f*.

decimate ['desɪmeɪt] *vt* décimer.

decimation [,desɪ'meɪʃn] *n* décimation *f*.

decipher [dɪ'saɪfər] *vt* déchiffrer.

decision [dɪ'sɪʒn] *n* décision *f*; **to make a** ~ prendre une décision.

decision-making *n* prise *f* de décisions.

decisive [dɪ'saɪsɪv] *adj* **-1.** [person] déterminé(e), résolu(e). **-2.** [factor, event] décisif(ive).

decisively [dɪ'saɪsɪvlɪ] *adv* **-1.** [speak] d'un ton décidé; [act] avec décision. **-2.** [considerably, definitely] nettement, bien.

decisiveness [dɪ'saɪsɪvnɪs] *n* fermeté *f*, résolution *f*.

deck [dek] ◇ *n* **-1.** [of ship] pont *m*. **-2.** [of bus] impériale *f*. **-3.** [of cards] jeu *m*. **-4.** *Am* [of house] véranda *f*. ◇ *vt* [decorate]: **to ~ sthg with** parer OR orner qqch de.

◆ **deck out** *vt sep* agrémenter, parer.

deckchair ['dektʃeər] *n* chaise longue *f*, transat *m*.

deckhand ['dekhænd] *n* matelot *m*.

declaration [,deklə'reɪʃn] *n* déclaration *f*.

Declaration of Independence *n*: **the** ~ la Déclaration d'Indépendance des États-Unis d'Amérique (1776).

declare [dɪ'kleər] *vt* déclarer.

declared [dɪ'kleəd] *adj* [intention, supporter] avoué(e), déclaré(e).

declassify [,diː'klæsɪfaɪ] (*pt & pp* **-ied**) *vt* rayer de la liste des documents secrets.

decline [dɪ'klaɪn] ◇ *n* déclin *m*; **to be in** ~ être en déclin; **on the** ~ en baisse. ◇ *vt* décliner; **to ~ to do sthg** refuser de faire qqch. ◇ *vi* **-1.** [deteriorate] décliner. **-2.** [refuse] refuser.

declutch [dɪ'klʌtʃ] *vi* débrayer.

decode [,diː'kəʊd] *vt* décoder.

decoder [,diː'kəʊdər] *n* décodeur *m*.

decommission [,diːkə'mɪʃn] *vt* mettre hors service.

decompose [,diːkəm'pəʊz] *vi* se décomposer.

decomposition [,diːkɒmpə'zɪʃn] *n* décomposition *f*.

decompression chamber [,diːkəm'preʃn-] *n* caisson *m* de décompression.

decompression sickness [,diːkəm'preʃn-] *n* maladie *f* des caissons.

decongestant [,diːkən'dʒestənt] *n* décongestionnant *m*.

decontaminate [,diːkən'tæmɪneɪt] *vt* décontaminer.

décor ['deɪkɔːr] *n* décor *m*.

decorate ['dekəreɪt] *vt* décorer.

decoration [,dekə'reɪʃn] *n* décoration *f*.

decorative ['dekərətɪv] *adj* décoratif(ive).

decorator ['dekəreɪtər] *n* décorateur *m*, -trice *f*.

decorous ['dekərəs] *adj* bienséant(e), convenable.

decorum [dɪ'kɔːrəm] *n* décorum *m*.

decoy [*n* 'diːkɔɪ, *vt* dɪ'kɔɪ] ◇ *n* [for hunting] appât *m*, leurre *m*; [person] compère *m*. ◇ *vt* attirer dans un piège.

decrease [*n* 'diːkriːs, *vb* dɪ'kriːs] ◇ *n*: ~ **(in)** diminution *f* (de), baisse *f* (de). ◇ *vt* diminuer, réduire. ◇ *vi* diminuer, décroître.

decreasing [diː'kriːsɪŋ] *adj* qui diminue, décroissant(e).

decree [dɪ'kriː] ◇ *n* **-1.** [order, decision] décret *m*. **-2.** *Am* JUR arrêt *m*, jugement *m*. ◇ *vt* décréter, ordonner.

decree absolute (*pl* decrees absolute) *n Br* jugement *m* définitif.

decree nisi [-'naɪsaɪ] (*pl* decrees nisi) *n Br* jugement *m* provisoire.

decrepit [dɪ'krepɪt] *adj* [person] décrépit(e); [house] délabré(e).

decry [dɪ'kraɪ] (*pt & pp* **-ied**) *vt* décrier, dénigrer.

dedicate ['dedɪkeɪt] *vt* **-1.** [book etc] dédier. **-2.** [life, career] consacrer; **to ~ o.s. to sthg** se consacrer à qqch.

dedicated ['dedɪkeɪtɪd] *adj* **-1.** [person] dévoué(e). **-2.** COMPUT spécialisé(e).

dedication [,dedɪ'keɪʃn] *n* **-1.** [commitment] dévouement *m*. **-2.** [in book] dédicace *f*.

deduce [dɪ'djuːs] *vt* déduire, conclure.

deduct [dɪ'dʌkt] *vt* déduire, retrancher.

deduction [dɪ'dʌkʃn] *n* déduction *f*.

deed [diːd] *n* **-1.** [action] action *f,* acte *m.* **-2.** JUR acte *m* notarié.

deed poll (*pl* **deed polls** OR **deeds poll**) *n* *Br:* **to change one's name by ~** changer de nom légalement OR officiellement.

deem [diːm] *vt* juger, considérer; **to ~ it wise to do sthg** juger prudent de faire qqch.

deep [diːp] ◇ *adj* profond(e); **to be thrown in at the ~ end** *fig* recevoir le baptême du feu. ◇ *adv* profondément; **feelings were running ~** les sentiments se sont exacerbés; **~ down** [fundamentally] au fond; **to be ~ in thought** être perdu(e) dans ses pensées.

deepen ['diːpn] ◇ *vt* [hole, channel] creuser. ◇ *vi* **-1.** [river, sea] devenir profond(e). **-2.** [crisis, recession, feeling] s'aggraver. **-3.** [darkness] augmenter.

deepening ['diːpnɪŋ] *adj* [crisis, recession] qui s'aggrave.

deep freeze *n* congélateur *m.*
◆ **deep-freeze** *vt* congeler.

deep fry *vt* faire frire.

deeply ['diːplɪ] *adv* profondément.

deep-rooted *adj* [prejudice] ancré(e), enraciné(e); [hatred] vivace, tenace; [affection] profond(e).

deep-sea *adj:* **~ diving** plongée *f* sousmarine; **~ fishing** pêche *f* hauturière.

deep-seated *adj* [belief, fear] profond(e), enraciné(e).

deep-set *adj* [eyes] enfoncé(e).

deer [dɪəʳ] (*pl inv*) *n* cerf *m.*

deerstalker ['dɪəˌstɔːkəʳ] *n* [hat] casquette *f* de chasse.

de-escalate [ˌdiːˈeskəleɪt] ◇ *vt* faire diminuer. ◇ *vi* diminuer.

deface [dɪˈfeɪs] *vt* barbouiller.

defamation [ˌdefəˈmeɪʃn] *n* diffamation *f.*

defamatory [dɪˈfæmətrɪ] *adj* diffamatoire, diffamant(e).

default [dɪˈfɔːlt] ◇ *n* **-1.** [failure] défaillance *f;* **by ~** par défaut. **-2.** COMPUT valeur *f* par défaut. ◇ *comp* COMPUT implicite, par défaut. ◇ *vi* manquer à ses engagements; **to ~ on** manquer à.

defaulter [dɪˈfɔːltəʳ] *n* partie *f* défaillante.

default value *n* COMPUT valeur *f* par défaut.

defeat [dɪˈfiːt] ◇ *n* défaite *f;* **to admit ~** s'avouer battu(e) OR vaincu(e). ◇ *vt* **-1.** [team, opponent] vaincre, battre. **-2.** [motion, proposal] rejeter. **-3.** [plans] faire échouer.

defeatism [dɪˈfiːtɪzm] *n* défaitisme *m.*

defeatist [dɪˈfiːtɪst] ◇ *adj* défaitiste. ◇ *n* défaitiste *mf.*

defecate ['defəkeɪt] *vi* déféquer.

defect [*n* ˈdiːfekt, *vi* dɪˈfekt] ◇ *n* défaut *m.* ◇ *vi:* **to ~ to** passer à.

defection [dɪˈfekʃn] *n* défection *f.*

defective [dɪˈfektɪv] *adj* défectueux(euse).

defector [dɪˈfektəʳ] *n* transfuge *mf.*

defence *Br,* **defense** *Am* [dɪˈfens] *n* **-1.** [gen] défense *f.* **-2.** [protective device, system] protection *f.* **-3.** JUR: **the ~** la défense; **he said in ~ that ...** il a répondu pour sa défense que ....
◆ **defences** *npl* [of country] moyens *mpl* de défense.

defenceless *Br,* **defenseless** *Am* [dɪˈfenslɪs] *adj* sans défense.

defend [dɪˈfend] ◇ *vt* défendre; **to ~ o.s.** se défendre. ◇ *vi* SPORT défendre.

defendant [dɪˈfendənt] *n* défendeur *m,* -eresse *f.*

defender [dɪˈfendəʳ] *n* défenseur *m.*

defense *Am* = **defence**.

defensive [dɪˈfensɪv] ◇ *adj* défensif(ive). ◇ *n:* **on the ~** sur la défensive.

defer [dɪˈfɜːʳ] (*pt* & *pp* **-red,** *cont* **-ring**) ◇ *vt* différer. ◇ *vi:* **to ~ to sb** s'en remettre à (l'opinion de) qqn.

deference ['defərəns] *n* déférence *f.*

deferential [ˌdefəˈrenʃl] *adj* respectueux(euse).

defiance [dɪˈfaɪəns] *n* défi *m;* **in ~ of** au mépris de.

defiant [dɪˈfaɪənt] *adj* [person] intraitable, intransigeant(e); [action] de défi.

defiantly [dɪˈfaɪəntlɪ] *adv* [say] d'un ton de défi.

deficiency [dɪˈfɪʃnsɪ] (*pl* **-ies**) *n* **-1.** [lack] manque *m;* [of vitamins etc] carence *f.* **-2.** [inadequacy] imperfection *f,* défaut *m.*

deficient [dɪˈfɪʃnt] *adj* **-1.** [lacking]: **to be ~ in** manquer de. **-2.** [inadequate] insuffisant(e), médiocre.

deficit ['defɪsɪt] *n* déficit *m.*

defile [dɪˈfaɪl] *vt* souiller, salir.

define [dɪˈfaɪn] *vt* définir.

definite ['defɪnɪt] *adj* **-1.** [plan] bien déterminé(e); [date] certain(e). **-2.** [improvement, difference] net (nette), marqué(e). **-3.** [answer] précis(e), catégorique. **-4.** [confident - person] assuré(e).

definitely ['defɪnɪtlɪ] *adv* **-1.** [without doubt] sans aucun doute, certainement. **-2.** [for emphasis] catégoriquement.

definition [defɪ'nɪʃn] n -1. [gen] définition f. -2. [clarity] clarté f, précision f.

definitive [dɪ'fɪnɪtɪv] adj définitif(ive).

deflate [dɪ'fleɪt] ◇ vt -1. [balloon, tyre] dégonfler. -2. fig [person] rabaisser, humilier. -3. ECON provoquer la déflation de. ◇ vi [balloon, tyre] se dégonfler.

deflation [dɪ'fleɪʃn] n ECON déflation f.

deflationary [dɪ'fleɪʃnərɪ] adj [policy] de déflation; [measure] déflationniste.

deflect [dɪ'flekt] vt [ball, bullet] dévier; [stream] détourner, dériver; [criticism] détourner.

deflection [dɪ'flekʃn] n [of ball, bullet] déviation f; [of stream] dérivation f, détournement m.

defog [ˌdiː'fɒg] vt Am AUT désembuer.

defogger [ˌdiː'fɒgə˞] n Am AUT dispositif m antibuée.

deforest [ˌdiː'fɒrɪst] vt déboiser.

deforestation [diːˌfɒrɪ'steɪʃn] n déforestation f, déboisement m.

deform [dɪ'fɔːm] vt déformer.

deformed [dɪ'fɔːmd] adj difforme.

deformity [dɪ'fɔːmətɪ] (pl -ies) n difformité f, malformation f.

defraud [dɪ'frɔːd] vt [person] escroquer; [Inland Revenue etc] frauder.

defray [dɪ'freɪ] vt [costs] couvrir; [expenses] rembourser.

defrost [ˌdiː'frɒst] ◇ vt -1. [fridge] dégivrer; [frozen food] décongeler. -2. Am [AUT - de-ice] dégivrer; [- demist] désembuer. ◇ vi [fridge] dégivrer; [frozen food] se décongeler.

deft [deft] adj adroit(e).

deftly ['deftlɪ] adv adroitement.

defunct [dɪ'fʌŋkt] adj qui n'existe plus; [person] défunt(e).

defuse [ˌdiː'fjuːz] vt Br désamorcer.

defy [dɪ'faɪ] (pt & pp -ied) vt -1. [gen] défier; to ~ sb to do sthg mettre qqn au défi de faire qqch. -2. [efforts] résister à, faire échouer.

degenerate [adj & n dɪ'dʒenərət, vb dɪ'dʒenəreɪt] ◇ adj dégénéré(e). ◇ n dégénéré m, -e f. ◇ vi: to ~ (into) dégénérer (en).

degradation [ˌdegrə'deɪʃn] n [of person] déchéance f; [of place] dégradation f.

degrade [dɪ'greɪd] vt [person] avilir.

degrading [dɪ'greɪdɪŋ] adj dégradant(e), avilissant(e).

degree [dɪ'griː] n -1. [measurement] degré m. -2. UNIV diplôme m universitaire; to have/take a ~ (in) avoir/faire une licence (de).

-3. [amount]: to a certain ~ jusqu'à un certain point, dans une certaine mesure; a ~ of risk un certain risque; a ~ of truth une certaine part de vérité; by ~s progressivement, petit à petit.

dehumanize, -ise [diː'hjuːmənaɪz] vt déshumaniser.

dehydrated [ˌdiːhaɪ'dreɪtɪd] adj déshydraté(e).

dehydration [ˌdiːhaɪ'dreɪʃn] n déshydratation f.

de-ice [diː'aɪs] vt dégivrer.

de-icer [diː'aɪsə˞] n dégivreur m.

deign [deɪn] vi: to ~ to do sthg daigner faire qqch.

deity ['diːɪtɪ] (pl -ies) n dieu m, déesse f, divinité f.

déjà vu [ˌdeʒɑː'vjuː] n déjà vu m.

dejected [dɪ'dʒektɪd] adj abattu(e), découragé(e).

dejection [dɪ'dʒekʃn] n abattement m, découragement m.

del. (abbr of delete) [on keyboard] suppr.

Del. abbr of Delaware.

Delaware ['deləweə˞] n Delaware m; in ~ dans le Delaware.

delay [dɪ'leɪ] ◇ n retard m, délai m; without ~ sans délai. ◇ vt -1. [cause to be late] retarder. -2. [defer] différer; to ~ doing sthg tarder à faire qqch. ◇ vi: to ~ (in doing sthg) tarder (à faire qqch).

delayed-action [dɪ'leɪd-] adj [response] après coup; ~ shutter PHOT dispositif m à retardement.

delectable [dɪ'lektəbl] adj délicieux(ieuse).

delegate [n 'delɪgət, vb 'delɪgeɪt] ◇ n délégué m, -e f. ◇ vt déléguer; to ~ sb to do sthg déléguer qqn pour faire qqch; to ~ sthg to sb déléguer qqch à qqn. ◇ vi déléguer.

delegation [ˌdelɪ'geɪʃn] n délégation f.

delete [dɪ'liːt] vt supprimer, effacer.

deletion [dɪ'liːʃn] n suppression f, effacement m.

Delhi ['delɪ] n Delhi.

deli ['delɪ] n inf abbr of delicatessen.

deliberate [adj dɪ'lɪbərət, vb dɪ'lɪbəreɪt] ◇ adj -1. [intentional] voulu(e), délibéré(e). -2. [slow] lent(e), sans hâte. ◇ vi délibérer.

deliberately [dɪ'lɪbərətlɪ] adv -1. [on purpose] exprès, à dessein. -2. [slowly] posément, sans se presser.

deliberation [dɪˌlɪbə'reɪʃn] n -1. [consideration] délibération f. -2. [slowness] mesure f.

◆ **deliberations** *npl* délibérations *fpl*, discussions *fpl*.

delicacy ['delɪkəsɪ] (*pl* **-ies**) *n* -1. [gen] délicatesse *f*. -2. [food] mets *m* délicat.

delicate ['delɪkət] *adj* délicat(e); [movement] gracieux(ieuse).

delicately ['delɪkətlɪ] *adv* -1. [gen] délicatement; [move] gracieusement, avec grâce. -2. [tactfully] avec délicatesse, subtilement.

delicatessen [,delɪkə'tesn] *n* épicerie *f* fine.

delicious [dɪ'lɪʃəs] *adj* délicieux(ieuse).

delight [dɪ'laɪt] ◇ *n* -1. [great pleasure] délice *m*; **to take ~ in doing sthg** prendre grand plaisir à faire qqch. -2. [wonderful thing, person]: **she's a ~ to work with** c'est un plaisir de travailler avec elle; **a ~ to the eyes** un régal pour les yeux. ◇ *vt* enchanter, charmer. ◇ *vi*: **to ~ in sthg/in doing sthg** prendre grand plaisir à qqch/à faire qqch.

delighted [dɪ'laɪtɪd] *adj*: ~ **(by** OR **with)** enchanté(e) (de), ravi(e) (de); **to be ~ that** être enchanté OR ravi que; **to be ~ to do sthg** être enchanté OR ravi de faire qqch.

delightful [dɪ'laɪtful] *adj* ravissant(e), charmant(e); [meal] délicieux(ieuse).

delightfully [dɪ'laɪtfulɪ] *adv* d'une façon charmante.

delimit [diː'lɪmɪt] *vt* délimiter.

delineate [dɪ'lɪnɪeɪt] *vt* exposer, énoncer.

delinquency [dɪ'lɪŋkwənsɪ] *n* délinquance *f*.

delinquent [dɪ'lɪŋkwənt] ◇ *adj* délinquant(e). ◇ *n* délinquant *m*, -e *f*.

delirious [dɪ'lɪrɪəs] *adj lit* & *fig* délirant(e).

delirium [dɪ'lɪrɪəm] *n* délire *m*.

deliver [dɪ'lɪvəʳ] ◇ *vt* -1. [distribute]: **to ~ sthg (to sb)** [mail, newspaper] distribuer qqch (à qqn); COMM livrer qqch (à qqn). -2. [speech] faire; [warning] donner; [message] remettre; [blow, kick] donner, porter. -3. [baby] mettre au monde. -4. [free] délivrer. -5. *Am* POL [votes] obtenir. ◇ *vi* -1. COMM livrer. -2. [fulfil promise] tenir sa promesse.

deliverance [dɪ'lɪvərəns] *n* délivrance *f*.

delivery [dɪ'lɪvərɪ] (*pl* **-ies**) *n* -1. COMM livraison *f*. -2. [way of speaking] élocution *f*. -3. [birth] accouchement *m*.

delivery note *n* bulletin *m* de livraison.

delivery van *Br*, **delivery truck** *Am n* camionnette *f* de livraison.

delphinium [del'fɪnɪəm] (*pl* **-s**) *n* delphinium *m*, pied-d'alouette *m*.

delta ['deltə] (*pl* **-s**) *n* delta *m*.

delude [dɪ'luːd] *vt* tromper, induire en erreur; **to ~ o.s.** se faire des illusions.

deluge ['deljuːdʒ] ◇ *n* déluge *m*; *fig* avalanche *f*. ◇ *vt*: **to be ~d with** être débordé(e) OR submergé(e) de.

delusion [dɪ'luːʒn] *n* illusion *f*; ~**s of grandeur** folie *f* des grandeurs.

de luxe [də'lʌks] *adj* de luxe.

delve [delv] *vi*: **to ~ into** [past] fouiller; [bag etc] fouiller dans.

Dem. *abbr of* **Democrat(ic)**.

demagogue ['deməgɒg] *n* démagogue *m*.

demand [dɪ'mɑːnd] ◇ *n* -1. [claim, firm request] revendication *f*, exigence *f*; **wage ~** revendication salariale; **on ~** sur demande. -2. [need]: ~ **(for)** demande *f* (de); **in ~** demandé(e), recherché(e). ◇ *vt* -1. [ask for justice, money] réclamer; [- explanation, apology] exiger; **to ~ to do sthg** exiger de faire qqch. -2. [require] demander, exiger.

demanding [dɪ'mɑːndɪŋ] *adj* -1. [exhausting] astreignant(e). -2. [not easily satisfied] exigeant(e).

demarcation [,diːmɑː'keɪʃn] *n* démarcation *f*.

demarcation dispute *n* conflit *m* de compétence.

dematerialize, -ise [diːmə'tɪərɪəlaɪz] *vi* se volatiliser.

demean [dɪ'miːn] *vt* avilir, déshonorer; **to ~ o.s.** s'abaisser.

demeaning [dɪ'miːnɪŋ] *adj* avilissant(e), dégradant(e).

demeanour *Br*, **demeanor** *Am* [dɪ'miːnəʳ] *n* (U) *fml* comportement *m*.

demented [dɪ'mentɪd] *adj* fou (folle), dément(e).

dementia [dɪ'menʃə] *n* démence *f*.

demerara sugar [,demə'reərə-] *n Br* cassonade *f*.

demigod ['demɪgɒd] *n* demi-dieu *m*.

demijohn ['demɪdʒɒn] *n* dame-jeanne *f*, bonbonne *f*.

demilitarized zone, demilitarised zone [,diː'mɪlɪtəraɪzd-] *n* zone *f* démilitarisée.

demise [dɪ'maɪz] *n* (U) décès *m*; *fig* mort *f*, fin *f*.

demist [,diː'mɪst] *vt Br* désembuer.

demister [,diː'mɪstəʳ] *n Br* dispositif *m* antibuée (*inv*).

demo ['deməu] (*abbr of* **demonstration**) *n inf* manif *f*.

demobilize, -ise [,diː'məubɪlaɪz] *vt* démobiliser.

democracy [dɪ'mɒkrəsɪ] (*pl* **-ies**) *n* démocratie *f*.

democrat ['deməkræt] *n* démocrate *mf*.

◆ **Democrat** *n Am* démocrate *mf*.

democratic [ˌdeməˈkrætɪk] *adj* démocratique.

◆ **Democratic** *adj Am*: démocrate.

democratically [ˌdeməˈkrætɪklɪ] *adv* démocratiquement.

Democratic Party *n Am*: the ~ le Parti démocrate.

democratize, -ise [dɪˈmɒkrətaɪz] *vt* démocratiser.

demographic [ˌdeməˈgræfɪk] *adj* démographique.

demolish [dɪˈmɒlɪʃ] *vt* **-1.** [destroy] démolir. **-2.** *inf* [eat] engloutir, engouffrer.

demolition [ˌdeməˈlɪʃn] *n* démolition *f*.

demon [ˈdiːmən] ◇ *n* [evil spirit] démon *m*. ◇ *comp inf*: ~ **driver/chess player** as du volant/des échecs.

demonstrable [dɪˈmɒnstrəbl] *adj* démontrable.

demonstrably [dɪˈmɒnstrəblɪ] *adv* manifestement.

demonstrate [ˈdemənstreɪt] ◇ *vt* **-1.** [prove] démontrer, prouver. **-2.** [machine, computer] faire une démonstration de. ◇ *vi*: **to ~ (for/against)** manifester (pour/contre).

demonstration [ˌdemənˈstreɪʃn] *n* **-1.** [of machine, emotions] démonstration *f*. **-2.** [public meeting] manifestation *f*.

demonstrative [dɪˈmɒnstrətɪv] *adj* expansif(ive), démonstratif(ive).

demonstrator [ˈdemənstreɪtər] *n* **-1.** [in march] manifestant *m*, -e *f*. **-2.** [of machine, product] démonstrateur *m*, -trice *f*.

demoralize, -ise [dɪˈmɒrəlaɪz] *vt* démoraliser.

demoralized [dɪˈmɒrəlaɪzd] *adj* démoralisé(e).

demote [ˌdiːˈməʊt] *vt* rétrograder.

demotion [ˌdiːˈməʊʃn] *n* rétrogradation *f*.

demotivate [ˌdiːˈməʊtɪveɪt] *vt* démotiver.

demure [dɪˈmjʊər] *adj* modeste, réservé(e).

demystify [ˌdiːˈmɪstɪfaɪ] (*pt* & *pp* **-ied**) *vt* démystifier.

den [den] *n* [of animal] antre *m*, tanière *f*.

denationalization [ˈdiːˌnæʃnəlaɪˈzeɪʃn] *n* dénationalisation *f*.

denationalize, -ise [ˌdiːˈnæʃnəlaɪz] *vt* dénationaliser.

denial [dɪˈnaɪəl] *n* [of rights, facts, truth] dénégation *f*; [of accusation] démenti *m*.

denier [ˈdenɪə] *n* denier *m*.

denigrate [ˈdenɪgreɪt] *vt* dénigrer.

denim [ˈdenɪm] *n* jean *m*.

◆ **denims** *npl*: **a pair of ~s** un jean.

denim jacket *n* veste *f* en jean.

denizen [ˈdenɪzn] *n literary or hum* habitant *m*, -e *f*.

Denmark [ˈdenmɑːk] *n* Danemark *m*; **in ~** au Danemark.

denomination [dɪˌnɒmɪˈneɪʃn] *n* **-1.** RELIG confession *f*. **-2.** [money] valeur *f*.

denominator [dɪˈnɒmɪneɪtər] *n* dénominateur *m*.

denote [dɪˈnəʊt] *vt* dénoter.

denounce [dɪˈnaʊns] *vt* dénoncer.

dense [dens] *adj* **-1.** [crowd, forest] dense; [fog] dense, épais(aisse). **-2.** *inf* [stupid] bouché(e).

densely [ˈdenslɪ] *adv*: ~ **packed** [hall etc] complètement bondé(e); ~ **populated** très peuplé(e); ~ **wooded** couvert(e) de forêts épaisses.

density [ˈdensətɪ] (*pl* **-ies**) *n* densité *f*.

dent [dent] ◇ *n* bosse *f*. ◇ *vt* cabosser.

dental [ˈdentl] *adj* dentaire; ~ **appointment** rendez-vous *m* chez le dentiste.

dental floss *n* fil *m* dentaire.

dental plate *n* prothèse *f* dentaire.

dental surgeon *n* chirurgien-dentiste *m*.

dental treatment *n* traitement *m* dentaire.

dented [ˈdentɪd] *adj* cabossé(e).

dentist [ˈdentɪst] *n* dentiste *mf*.

dentistry [ˈdentɪstrɪ] *n* dentisterie *f*.

dentures [ˈdentʃəz] *npl* dentier *m*.

denude [dɪˈnjuːd] *vt fml*: **to ~ sthg (of)** dépouiller qqch (de).

denunciation [dɪˌnʌnsɪˈeɪʃn] *n* dénonciation *f*.

deny [dɪˈnaɪ] (*pt* & *pp* **-ied**) *vt* **-1.** [refute] nier. **-2.** *fml* [refuse] nier, refuser; **to ~ sb sthg** refuser qqch à qqn.

deodorant [diːˈəʊdərənt] *n* déodorant *m*.

depart [dɪˈpɑːt] *vi fml* **-1.** [leave]: **to ~ (from)** partir de. **-2.** [differ]: **to ~ from sthg** s'écarter de qqch.

department [dɪˈpɑːtmənt] *n* **-1.** [in organization] service *m*. **-2.** [in shop] rayon *m*. **-3.** SCH & UNIV département *m*. **-4.** [in government] département *m*, ministère *m*.

departmental [ˌdiːpɑːtˈmentl] *adj* de service.

department store *n* grand magasin *m*.

departure [dɪˈpɑːtʃər] *n* **-1.** [leaving] départ *m*. **-2.** [change] nouveau départ *m*; **a ~ from tradition** un écart par rapport à la tradition.

departure lounge *n* salle *f* d'embarquement.

depend [dɪ'pend] *vi*: **to ~ on** [be dependent on] dépendre de; [rely on] compter sur; [emotionally] se reposer sur; **it ~s on you/ the weather** cela dépend de vous/du temps; **it ~s** cela dépend; **~ing on** selon.

dependable [dɪ'pendəbl] *adj* [person] sur qui on peut compter; [source of income] sûr(e); [car] fiable.

dependant [dɪ'pendənt] *n* personne *f* à charge.

dependence [dɪ'pendəns] *n*: **~ (on)** dépendance *f* (de).

dependent [dɪ'pendənt] *adj* **-1.** [reliant]: **~ (on)** dépendant(e) (de); **to be ~ on sb/sthg** dépendre de qqn/qqch; **the economy is ~ on oil** l'économie repose sur le pétrole. **-2.** [addicted] dépendant(e), accro. **-3.** [contingent]: **to be ~ on** dépendre de.

depict [dɪ'pɪkt] *vt* **-1.** [show in picture] représenter. **-2.** [describe]: **to ~ sb/sthg as** dépeindre qqn/qqch comme.

depilatory [dɪ'pɪlətrɪ] *adj* dépilatoire.

deplete [dɪ'pliːt] *vt* épuiser.

depletion [dɪ'pliːʃn] *n* épuisement *m*.

deplorable [dɪ'plɔːrəbl] *adj* déplorable.

deplore [dɪ'plɔːr] *vt* déplorer.

deploy [dɪ'plɔɪ] *vt* déployer.

deployment [dɪ'plɔɪmənt] *n* déploiement *m*.

depopulated [,diː'pɒpjʊleɪtɪd] *adj* dépeuplé(e).

depopulation [diː,pɒpjʊ'leɪʃn] *n* dépeuplement *m*.

deport [dɪ'pɔːt] *vt* expulser.

deportation [,diːpɔː'teɪʃn] *n* expulsion *f*.

deportation order *n* arrêt *m* d'expulsion.

depose [dɪ'pəʊz] *vt* déposer.

deposit [dɪ'pɒzɪt] ◇ *n* **-1.** [gen] dépôt *m*; **to make a ~** [into bank account] déposer de l'argent. **-2.** [payment - as guarantee] caution *f*; [- as instalment] acompte *m*; [- on bottle] consigne *f*. ◇ *vt* déposer.

deposit account *n Br* compte *m* sur livret.

depositor [də'pɒzɪtər] *n* déposant *m*, -e *f*.

depot ['depəʊ] *n* **-1.** [gen] dépôt *m*. **-2.** *Am* [station] gare.

depraved [dɪ'preɪvd] *adj* dépravé(e).

depravity [dɪ'prævətɪ] *n* dépravation *f*.

deprecate ['deprɪkeɪt] *vt fml* désapprouver.

deprecating ['deprɪkeɪtɪŋ] *adj* désapprobateur(trice).

depreciate [dɪ'priːʃɪeɪt] *vi* se déprécier.

depreciation [dɪ,priːʃɪ'eɪʃn] *n* dépréciation *f*.

depress [dɪ'pres] *vt* **-1.** [sadden, discourage] déprimer. **-2.** [weaken - economy] affaiblir; [- prices] faire baisser.

depressant [dɪ'presənt] *n* dépresseur *m*.

depressed [dɪ'prest] *adj* **-1.** [sad] déprimé(e). **-2.** [run-down - area] en déclin.

depressing [dɪ'presɪŋ] *adj* déprimant(e).

depression [dɪ'preʃn] *n* **-1.** [gen] dépression *f*. **-2.** [sadness] tristesse *f*.
◆ **Depression** *n* ECON: **the (Great) Depression** la crise (économique) de 1929.

depressive [dɪ'presɪv] *adj* dépressif(ive).

deprivation [,deprɪ'veɪʃn] *n* privation *f*.

deprive [dɪ'praɪv] *vt*: **to ~ sb of sthg** priver qqn de qqch.

deprived [dɪ'praɪvd] *adj* défavorisé(e).

dept. *abbr of* **department**.

depth [depθ] *n* profondeur *f*; **in ~** [study, analyse] en profondeur; **to be out of one's ~** [in water] ne pas avoir pied; *fig* avoir perdu pied, être dépassé.
◆ **depths** *npl*: **the ~s** [of seas] les profondeurs *fpl*; [of memory, archives] le fin fond; **in the ~s of winter** au cœur de l'hiver; **to be in the ~s of despair** toucher le fond du désespoir.

depth charge *n* grenade *f* sous-marine.

deputation [,depjʊ'teɪʃn] *n* délégation *f*.

deputize, -ise ['depjʊtaɪz] *vi*: **to ~ for sb** assurer les fonctions de qqn, remplacer qqn.

deputy ['depjʊtɪ] (*pl* **-ies**) ◇ *adj* adjoint(e); **~ chairman** vice-président *m*; **~ head** SCH directeur *m* adjoint; **~ leader** POL vice-président *m*. ◇ *n* **-1.** [second-in-command] adjoint *m*, -e *f*. **-2.** *Am* [deputy sheriff] shérif *m* adjoint.

derail [dɪ'reɪl] *vt* [train] faire dérailler.

derailment [dɪ'reɪlmənt] *n* déraillement *m*.

deranged [dɪ'reɪndʒd] *adj* dérangé(e).

derby [*Br* 'dɑːbɪ, *Am* 'dɜːbɪ] (*pl* **-ies**) *n* **-1.** SPORT derby *m*. **-2.** *Am* [hat] chapeau *m* melon.

deregulate [,diː'regjʊleɪt] *vt* déréglementer.

deregulation [,diːregjʊ'leɪʃn] *n* déréglementation *f*.

derelict ['derəlɪkt] *adj* en ruines.

deride [dɪ'raɪd] *vt* railler.

derision [dɪ'rɪʒn] *n* dérision *f*.

derisive [dɪ'raɪsɪv] *adj* moqueur(euse).

derisory [də'raɪzərɪ] *adj* **-1.** [puny, trivial] dérisoire. **-2.** [derisive] moqueur(euse).

derivation [,derɪ'veɪʃn] *n* [of word] dérivation *f*.

derivative [dɪ'rɪvətɪv] ◇ adj pej pas original(e). ◇ n dérivé m.

derive [dɪ'raɪv] ◇ vt -1. [draw, gain]: to ~ sthg from sthg tirer qqch de qqch. -2. [originate]: to be ~d from venir de. ◇ vi: to ~ from venir de.

dermatitis [,dɜːmə'taɪtɪs] n dermatite f.

dermatologist [,dɜːmə'tɒlədʒɪst] n dermatologue mf.

dermatology [,dɜːmə'tɒlədʒɪ] n dermatologie f.

derogatory [dɪ'rɒgətrɪ] adj désobligeant(e).

derrick ['derɪk] n -1. [crane] mât m de charge. -2. [over oil well] derrick m.

derv [dɜːv] n Br gas-oil m.

desalination [diː,sælɪ'neɪʃn] n dessalement m, dessalaison f.

descant ['deskænt] n [tune] déchant m.

descend [dɪ'send] ◇ vt fml [go down] descendre. ◇ vi -1. fml [go down] descendre. -2. [fall]: to ~ (on) [enemy] s'abattre (sur); [subj: silence, gloom] tomber (sur). -3. [arrive]: to ~ on [a town] arriver en nombre dans, envahir; [subj: in-laws etc] arriver à l'improviste chez. -4. [stoop]: to ~ to sthg/to doing sthg s'abaisser à qqch/à faire qqch.

descendant [dɪ'sendənt] n descendant m, -e f.

descended [dɪ'sendɪd] adj: to be ~ from sb descendre de qqn.

descending [dɪ'sendɪŋ] adj: in ~ order en ordre décroissant.

descent [dɪ'sent] n -1. [downwards movement] descente f. -2. (U) [origin] origine f.

describe [dɪ'skraɪb] vt décrire.

description [dɪ'skrɪpʃn] n -1. [account] description f. -2. [type] sorte f, genre m.

descriptive [dɪ'skrɪptɪv] adj descriptif(ive).

desecrate ['desɪkreɪt] vt profaner.

desecration [,desɪ'kreɪʃn] n profanation f.

desegregate [,diː'segrɪgeɪt] vt pratiquer la déségrégation dans.

deselect [,diːsɪ'lekt] vt Br ne pas resélectionner pour une réélection.

desert [n 'dezət, vb & npl dɪ'zɜːt] ◇ n désert m. ◇ vt -1. [place] déserter. -2. [person, group] déserter, abandonner. ◇ vi MIL déserter.
◆ **deserts** npl: to get one's just ~s recevoir ce que l'on mérite.

deserted [dɪ'zɜːtɪd] adj désert(e).

deserter [dɪ'zɜːtə'] n déserteur m.

desertion [dɪ'zɜːʃn] n -1. MIL désertion f. -2. [of person] abandon m.

desert island ['dezət-] n île f déserte.

deserve [dɪ'zɜːv] vt mériter; to ~ to do sthg mériter de faire qqch.

deserved [dɪ'zɜːvd] adj mérité(e).

deservedly [dɪ'zɜːvɪdlɪ] adv à juste titre.

deserving [dɪ'zɜːvɪŋ] adj [person] méritant(e); [cause, charity] méritoire; to be ~ of sthg fml mériter qqch.

desiccated ['desɪkeɪtɪd] adj séché(e).

design [dɪ'zaɪn] ◇ n -1. [plan, drawing] plan m, étude f. -2. (U) [art] design m. -3. [pattern] motif m, dessin m. -4. [shape] ligne f; [of dress] style m. -5. fml [intention] dessein m; by ~ à dessein; to have ~s on sb/sthg avoir des desseins sur qqn/qqch.
◇ vt -1. [draw plans for - building, car] faire les plans de, dessiner; [- dress] créer. -2. [plan] concevoir, mettre au point; to be ~ed for sthg/to do sthg être conçu pour qqch/pour faire qqch.

designate [adj 'dezɪgnət, vb 'dezɪgneɪt] ◇ adj désigné(e). ◇ vt désigner; to ~ sb as sthg/to do sthg désigner qqn à qqch/pour faire qqch.

designation [,dezɪg'neɪʃn] n fml [name] appellation f.

designer [dɪ'zaɪnə'] ◇ adj de marque. ◇ n INDUSTRY concepteur m, -trice f; ARCHIT dessinateur m, -trice f; [of dresses etc] styliste mf; THEATRE décorateur m, -trice f.

desirable [dɪ'zaɪərəbl] adj -1. [enviable, attractive] désirable. -2. fml [appropriate] désirable, souhaitable.

desire [dɪ'zaɪə'] ◇ n désir m; ~ for sthg/to do sthg désir de qqch/de faire qqch. ◇ vt désirer; it leaves a lot to be ~d ça laisse beaucoup à désirer.

desirous [dɪ'zaɪərəs] adj fml: ~ of sthg/of doing sthg désireux(euse) de qqch/de faire qqch.

desist [dɪ'zɪst] vi fml: to ~ (from doing sthg) cesser (de faire qqch).

desk [desk] n bureau m; reception ~ réception f; information ~ bureau m de renseignements.

desk clerk n Am réceptionniste mf.

desk lamp n lampe f de bureau.

desktop ['desk,tɒp] adj [computer] de bureau.

desktop publishing n publication f assistée par ordinateur, PAO f.

desolate ['desələt] adj -1. [place] abandonné(e). -2. [person] désespéré(e), désolé(e).

desolation [,desə'leɪʃn] n désolation f.

despair [dɪ'speə'] ◇ n (U) désespoir m; to be in ~ être au désespoir. ◇ vi désespérer;

141

to ~ of désespérer de; to ~ of doing sthg désespérer de faire qqch.

despairing [dɪ'speərɪŋ] *adj* de désespoir.

despairingly [dɪ'speərɪŋlɪ] *adv* avec désespoir.

despatch [dɪ'spætʃ] = **dispatch**.

desperate ['desprət] *adj* désespéré(e); **to be ~ for sthg** avoir absolument besoin de qqch.

desperately ['desprətlɪ] *adv* désespérément; **~ ill** gravement malade.

desperation [,despə'reɪʃn] *n* désespoir *m*; **in ~** de désespoir.

despicable [dɪ'spɪkəbl] *adj* ignoble.

despise [dɪ'spaɪz] *vt* [person] mépriser; [racism] exécrer.

despite [dɪ'spaɪt] *prep* malgré.

despondent [dɪ'spɒndənt] *adj* découragé(e).

despot ['despɒt] *n* despote *m*.

despotic [de'spɒtɪk] *adj* despotique.

dessert [dɪ'zɜːt] *n* dessert *m*.

dessertspoon [dɪ'zɜːtspuːn] *n* **-1.** [spoon] cuillère *f* à dessert. **-2.** [spoonful] cuillerée *f* à dessert.

dessert wine *n* vin *m* doux.

destabilize, -ise [,diː'steɪbɪlaɪz] *vt* déstabiliser.

destination [,destɪ'neɪʃn] *n* destination *f*.

destined ['destɪnd] *adj* **-1.** [intended]: **~ for** destiné(e) à; **~ to do sthg** destiné à faire qqch. **-2.** [bound]: **~ for** à destination de.

destiny ['destɪnɪ] (*pl* **-ies**) *n* destinée *f*.

destitute ['destɪtjuːt] *adj* indigent(e).

destroy [dɪ'strɔɪ] *vt* **-1.** [ruin] détruire. **-2.** [put down - animal] faire piquer.

destroyer [dɪ'strɔɪər] *n* **-1.** [ship] destroyer *m*. **-2.** [person, thing] destructeur *m*, -trice *f*.

destruction [dɪ'strʌkʃn] *n* destruction *f*.

destructive [dɪ'strʌktɪv] *adj* [harmful] destructeur(trice).

destructively [dɪ'strʌktɪvlɪ] *adv* de façon destructrice.

desultory ['desəltrɪ] *adj fml* [conversation] décousu(e); [attempt] peu enthousiaste.

Det. *abbr of* **Detective**.

detach [dɪ'tætʃ] *vt* **-1.** [pull off] détacher; **~ sthg from sthg** détacher qqch de qqch. **-2.** [dissociate]: **to ~ o.s. from sthg** [from reality] se détacher de qqch; [from proceedings, discussions] s'écarter de qqch.

detachable [dɪ'tætʃəbl] *adj* détachable, amovible.

detached [dɪ'tætʃt] *adj* [unemotional] détaché(e).

detached house *n* maison *f* individuelle.

detachment [dɪ'tætʃmənt] *n* détachement *m*.

detail ['diːteɪl] ◇ *n* **-1.** [small point] détail *m*; **to go into ~** entrer dans les détails; **in ~** en détail. **-2.** MIL détachement *m*. ◇ *vt* [list] détailler.

◆ **details** *npl* [personal information] coordonnées *fpl*.

detailed ['diːteɪld] *adj* détaillé(e).

detain [dɪ'teɪn] *vt* **-1.** [in police station] détenir; [in hospital] garder. **-2.** [delay] retenir.

detainee [,diːteɪ'niː] *n* détenu *m*, -e *f*.

detect [dɪ'tekt] *vt* **-1.** [subj: person] déceler. **-2.** [subj: machine] détecter.

detection [dɪ'tekʃn] *n* (*U*) **-1.** [of crime] dépistage *m*. **-2.** [of aircraft, submarine] détection *f*.

detective [dɪ'tektɪv] *n* détective *m*.

detective novel *n* roman *m* policier.

detector [dɪ'tektər] *n* détecteur *m*.

détente [deɪ'tɒnt] *n* POL détente *f*.

detention [dɪ'tenʃn] *n* **-1.** [of suspect, criminal] détention *f*; **in ~** en détention. **-2.** SCH retenue *f*; **in ~** en retenue.

detention centre *n Br* centre *m* de détention.

deter [dɪ'tɜːr] (*pt* & *pp* **-red**, *cont* **-ring**) *vt* dissuader; **to ~ sb from doing sthg** dissuader qqn de faire qqch.

detergent [dɪ'tɜːdʒənt] *n* détergent *m*.

deteriorate [dɪ'tɪərɪəreɪt] *vi* se détériorer.

deterioration [dɪ,tɪərɪə'reɪʃn] *n* détérioration *f*.

determination [dɪ,tɜːmɪ'neɪʃn] *n* détermination *f*.

determine [dɪ'tɜːmɪn] *vt* **-1.** [establish, control] déterminer. **-2.** *fml* [decide]: **to ~ to do sthg** décider de faire qqch.

determined [dɪ'tɜːmɪnd] *adj* **-1.** [person] déterminé(e); **~ to do sthg** déterminé à faire qqch. **-2.** [effort] obstiné(e).

deterrent [dɪ'terənt] ◇ *adj* de dissuasion, dissuasif(ive). ◇ *n* moyen *m* de dissuasion.

detest [dɪ'test] *vt* détester.

detestable [dɪ'testəbl] *adj* détestable.

dethrone [dɪ'θrəʊn] *vt* détrôner.

detonate ['detəneɪt] ◇ *vt* faire détoner. ◇ *vi* détoner.

detonator ['detəneɪtər] *n* détonateur *m*.

detour ['diː,tʊər] *n* détour *m*.

detract [dɪ'trækt] *vi*: **to ~ from** diminuer.

detractor [dɪ'træktər] *n* détracteur *m*, -trice *f*.

detriment ['detrɪmənt] *n*: **to the ~ of** au détriment de.

detrimental [,detrɪ'mentl] *adj* préjudiciable.
detritus [dɪ'traɪtəs] *n* (*U*) détritus *m*.
deuce [djuːs] *n* TENNIS égalité *f*.
Deutschmark ['dɔɪtʃ,mɑːk] *n* mark *m* allemand.
devaluation [,diːvælju'eɪʃn] *n* dévaluation *f*.
devalue [,diː'væljuː] *vt* dévaluer.
devastate ['devəsteɪt] *vt* -1. [destroy - area, city] dévaster. -2. *fig* [person] anéantir.
devastated ['devəsteɪtɪd] *adj* -1. [area, city] dévasté(e). -2. *fig* [person] accablé(e).
devastating ['devəsteɪtɪŋ] *adj* -1. [hurricane, remark] dévastateur(trice). -2. [upsetting] accablant(e). -3. [attractive] irrésistible.
devastation [,devə'steɪʃn] *n* dévastation *f*.
develop [dɪ'veləp] ◇ *vt* -1. [gen] développer. -2. [land, area] aménager, développer. -3. [illness, fault, habit] contracter. -4. [resources] développer, exploiter. ◇ *vi* -1. [grow, advance] se développer. -2. [appear - problem, trouble] se déclarer.
developer [dɪ'veləpər] *n* -1. [of land] promoteur *m* immobilier. -2. [person]: **to be an early/a late ~** être en avance/en retard sur son âge. -3. PHOT [chemical] développateur *m*, révélateur *m*.
developing country [dɪ'veləpɪŋ-] *n* pays *m* en voie de développement.
development [dɪ'veləpmənt] *n* -1. [gen] développement *m*. -2. (*U*) [of land, area] exploitation *f*. -3. [land being developed] zone *f* d'aménagement; [developed area] zone aménagée. -4. (*U*) [of illness, fault] évolution *f*.
development area *n* Br zone *f* d'aménagement.
deviant ['diːvjənt] ◇ *adj* déviant(e). ◇ *n* déviant *m*, -e *f*.
deviate ['diːvɪeɪt] *vi*: **to ~ (from)** dévier (de), s'écarter (de).
deviation [,diːvɪ'eɪʃn] *n* -1. [abnormality] déviance *f*. -2. [departure - from rule, plan] écart *m*; *pej* déviation *f*.
device [dɪ'vaɪs] *n* -1. [apparatus] appareil *m*, dispositif *m*. -2. [plan, method] moyen *m*; **to leave sb to their own ~s** laisser qqn se débrouiller tout seul.
devil ['devl] *n* -1. [evil spirit] diable *m*. -2. *inf* [person] type *m*; **poor ~!** pauvre diable! -3. [for emphasis]: **who/where/why the ~ ...?** qui/où/pourquoi diable ...?
◆ **Devil** *n* [Satan]: **the Devil** le Diable.
devilish ['devlɪʃ] *adj* diabolique.
devil-may-care *adj* insouciant(e).
devil's advocate *n* avocat *m* du diable.
devious ['diːvjəs] *adj* -1. [dishonest - person] retors(e), à l'esprit tortueux; [- scheme,

means] détourné(e). -2. [tortuous] tortueux(euse).
deviousness ['diːvjəsnɪs] *n* [dishonesty] sournoiserie *f*.
devise [dɪ'vaɪz] *vt* concevoir.
devoid [dɪ'vɔɪd] *adj fml*: **~ of** dépourvu(e) de, dénué(e) de.
devolution [,diːvə'luːʃn] *n* POL décentralisation *f*.
devolve [dɪ'vɒlv] *vi fml*: **to ~ on** OR **upon sb** incomber à qqn.
devote [dɪ'vəʊt] *vt*: **to ~ sthg to sthg** consacrer qqch à qqch; **to ~ o.s. to sthg** se vouer OR se consacrer à qqch.
devoted [dɪ'vəʊtɪd] *adj* dévoué(e); **a ~ mother** une mère dévouée à ses enfants.
devotee [,devə'tiː] *n* [fan] passionné *m*, -e *f*.
devotion [dɪ'vəʊʃn] *n* -1. [commitment]: **~ (to)** dévouement *m* (à). -2. RELIG dévotion *f*.
devour [dɪ'vaʊər] *vt lit* & *fig* dévorer.
devout [dɪ'vaʊt] *adj* dévot(e).
dew [djuː] *n* rosée *f*.
dexterity [dek'sterətɪ] *n* dextérité *f*.
dextrose ['dekstrəʊs] *n* dextrose *m*.
dext(e)rous ['dekstrəs] *adj* habile.
DFE (*abbr of* **Department for Education**) *n* ministère britannique de l'éducation nationale.
dhal [dɑːl] *n* dal *m*.
DHSS (*abbr of* **Department of Health and Social Security**) *n* ancien nom du ministère britannique de la santé et de la sécurité sociale.
diabetes [,daɪə'biːtiːz] *n* diabète *m*.
diabetic [,daɪə'betɪk] ◇ *adj* -1. [person] diabétique. -2. [jam, chocolate] pour diabétiques. ◇ *n* diabétique *mf*.
diabolic(al) [,daɪə'bɒlɪk(l)] *adj* -1. [evil] diabolique. -2. *inf* [very bad] atroce.
diaeresis Br (*pl* **-eses** [-iːsiːz]), **dieresis** Am (*pl* **-eses** [daɪ'erɪsɪs] *n* tréma *m*.
diagnose ['daɪəgnəʊz] *vt* diagnostiquer.
diagnosis [,daɪəg'nəʊsɪs] (*pl* **-oses** [-əʊsiːz]) *n* diagnostic *m*.
diagnostic [,daɪəg'nɒstɪk] *adj* diagnostique.
diagonal [daɪ'ægənl] ◇ *adj* [line] diagonal(e). ◇ *n* diagonale *f*.
diagonally [daɪ'ægənəlɪ] *adv* en diagonale.
diagram ['daɪəgræm] *n* diagramme *m*.
diagrammatic [,daɪəgrə'mætɪk] *adj* en forme de diagramme.
dial ['daɪəl] (*Br pt* & *pp* **-led**, *cont* **-ling**, *Am pt* & *pp* **-ed**, *cont* **-ing**) ◇ *n* cadran *m*; [of radio] cadran de fréquences. ◇ *vt* [number] composer.
dialect ['daɪəlekt] *n* dialecte *m*.
dialling code ['daɪəlɪŋ-] *n* Br indicatif *m*.

dialling tone ['daɪəlɪŋ-] *Br*, **dial tone** *Am n* tonalité *f*.

dialogue *Br*, **dialog** *Am* ['daɪəlɒg] *n* dialogue *m*.

dial tone *Am* = **dialling tone**.

dialysis [daɪˈælɪsɪs] *n* dialyse *f*.

diamanté [dɪəˈmɒnteɪ] *adj* diamanté(e).

diameter [daɪˈæmɪtə*] *n* diamètre *m*.

diametrically [ˌdaɪəˈmetrɪklɪ] *adv*: ~ **opposed** diamétralement opposé(e).

diamond ['daɪəmənd] *n* **-1.** [gem] diamant *m*. **-2.** [shape] losange *m*. **-3.** [playing card] carreau *m*.
◆ **diamonds** *npl* carreau *m*; **the six of** ~**s** le six de carreau.

diamond wedding *n* noces *fpl* de diamant.

diaper ['daɪəpə*] *n Am* couche *f*.

diaphanous [daɪˈæfənəs] *adj* diaphane.

diaphragm ['daɪəfræm] *n* diaphragme *m*.

diarrh(o)ea [ˌdaɪəˈrɪə] *n* diarrhée *f*.

diary ['daɪərɪ] (*pl* **-ies**) *n* **-1.** [appointment book] agenda *m*. **-2.** [journal] journal *m*.

diatribe ['daɪətraɪb] *n* diatribe *f*.

dice [daɪs] (*pl inv*) ◇ *n* [for games] dé *m*; **no** ~ *Am inf* pas question. ◇ *vt* couper en dés.

dicey ['daɪsɪ] (*compar* **-ier**, *superl* **-iest**) *adj inf* risqué(e).

dichotomy [daɪˈkɒtəmɪ] (*pl* **-ies**) *n* dichotomie *f*.

dickens ['dɪkɪnz] *n Br inf dated*: **who/what/where the** ~ ...? qui/que/où diable ...?

Dictaphone® ['dɪktəfəʊn] *n* Dictaphone® *m*.

dictate [*vb* dɪkˈteɪt, *n* 'dɪkteɪt] ◇ *vt* dicter; **to** ~ **sthg to sb** dicter qqch à qqn. ◇ *vi* **-1.** [read aloud]: **to** ~ **to sb** dicter à qqn. **-2.** [give orders]: **to** ~ **to sb** commander à qqn, donner des ordres à qqn. ◇ *n* ordre *m*.

dictation [dɪkˈteɪʃn] *n* dictée *f*.

dictator [dɪkˈteɪtə*] *n* dictateur *m*.

dictatorship [dɪkˈteɪtəʃɪp] *n* dictature *f*.

diction ['dɪkʃn] *n* diction *f*.

dictionary ['dɪkʃənrɪ] (*pl* **-ies**) *n* dictionnaire *m*.

did [dɪd] *pt* → **do**.

didactic [dɪˈdæktɪk] *adj* didactique.

diddle ['dɪdl] *vt inf* escroquer, rouler.

didn't ['dɪdnt] = **did not**.

die [daɪ] (*pl sense 2 only* **dice**, *pt* & *pp* **died**, *cont* **dying**) ◇ *vi* mourir; **to be dying** se mourir; **to be dying to do sthg** mourir d'envie de faire qqch; **to be dying for a drink/cigarette** mourir d'envie de boire un verre/de fumer une cigarette. ◇ *n* **-1.** [for shaping metal] matrice *f*. **-2.** [dice] dé *m*.
◆ **die away** *vi* [sound] s'éteindre; [wind] tomber.
◆ **die down** *vi* [sound] s'affaiblir; [wind] tomber; [fire] baisser.
◆ **die out** *vi* s'éteindre, disparaître.

diehard ['daɪhɑːd] *n*: **to be a** ~ être coriace; [reactionary] être réactionnaire.

dieresis *Am* = **diaeresis**.

diesel ['diːzl] *n* diesel *m*.

diesel engine *n* AUT moteur *m* diesel; RAIL locomotive *f* diesel.

diesel fuel, diesel oil *n* diesel *m*.

diet ['daɪət] ◇ *n* **-1.** [eating pattern] alimentation *f*. **-2.** [to lose weight] régime *m*; **to be on a** ~ être au régime, faire un régime. ◇ *comp* [low-calorie] de régime. ◇ *vi* suivre un régime.

dietary ['daɪətrɪ] *adj* diététique.

dietary fibre *n* (*U*) fibres *fpl* alimentaires.

dieter ['daɪətə*] *n* personne *f* qui suit un régime.

dietician [ˌdaɪəˈtɪʃn] *n* diététicien *m*, **-ienne** *f*.

differ ['dɪfə*] *vi* **-1.** [be different] être différent(e), différer; [people] être différent; **to** ~ **from** être différent de. **-2.** [disagree]: **to** ~ **with sb (about sthg)** ne pas être d'accord avec qqn (à propos de qqch).

difference ['dɪfrəns] *n* différence *f*; **it doesn't make any** ~ cela ne change rien; **to make all the** ~ faire toute la différence.

different ['dɪfrənt] *adj*: ~ **(from)** différent(e) (de).

differential [ˌdɪfəˈrenʃl] ◇ *adj* différentiel(ielle). ◇ *n* **-1.** [between pay scales] écart *m*. **-2.** TECH différentielle *f*.

differentiate [ˌdɪfəˈrenʃɪeɪt] ◇ *vt*: **to** ~ **sthg from sthg** différencier qqch de qqch, faire la différence entre qqch et qqch. ◇ *vi*: **to** ~ **(between)** faire la différence (entre).

differently ['dɪfrəntlɪ] *adv* différemment, autrement; **to think** ~ ne pas être d'accord.

difficult ['dɪfɪkəlt] *adj* difficile.

difficulty ['dɪfɪkəltɪ] (*pl* **-ies**) *n* difficulté *f*; **to have** ~ **in doing sthg** avoir de la difficulté OR du mal à faire qqch.

diffidence ['dɪfɪdəns] *n* manque *m* d'assurance.

diffident ['dɪfɪdənt] *adj* [person] qui manque d'assurance; [manner, voice, approach] hésitant(e).

diffuse [*adj* dɪˈfjuːs, *vb* dɪˈfjuːz] ◇ *adj* **-1.** [vague] diffus(e). **-2.** [spread out - city] étendu(e); [- company] éparpillée(e). ◇ *vt* diffuser, répandre. ◇ *vi* -1. [light] se diffuser, se répandre. -2. [information] se répandre.

diffusion [dɪˈfjuːʒn] *n* diffusion *f*.

dig [dɪg] (*pt* & *pp* dug, *cont* digging) ◇ *vi* -1. [in ground] creuser. -2. [subj: belt, strap]: **his elbow was digging into my side** son coude me rentrait dans les côtes; **to ~ into sb** couper qqn. ◇ *n* -1. *fig* [unkind remark] pique *f*. -2. ARCHÉOL **fouilles** *fpl*. ◇ *vt* -1. [hole] creuser. -2. [garden] bêcher. -3. [press]: **to ~ sthg into sthg** enfoncer qqch dans qqch.

◆ **dig out** *vt sep* -1. [rescue] dégager. -2. *inf* [find] dénicher.

◆ **dig up** *vt sep* -1. [from ground] déterrer; [potatoes] arracher. -2. *inf* [information] dénicher.

digest [*n* ˈdaɪdʒest, *vb* dɪˈdʒest] ◇ *n* résumé *m*, digest *m*. ◇ *vt lit* & *fig* digérer.

digestible [dɪˈdʒestəbl] *adj* digeste.

digestion [dɪˈdʒestʃn] *n* digestion *f*.

digestive [dɪˈdʒestɪv] *adj* digestif(ive).

digestive biscuit *n Br* ≃ sablé *m* (à la farine complète).

digit [ˈdɪdʒɪt] *n* -1. [figure] chiffre *m*. -2. [finger] doigt *m*; [toe] orteil *m*.

digital [ˈdɪdʒɪtl] *adj* numérique, digital(e).

digital recording *n* enregistrement *m* numérique.

digital watch *n* montre *f* à affichage digital.

digitize, -ise [ˈdɪdʒɪtaɪz] digitaliser.

dignified [ˈdɪgnɪfaɪd] *adj* digne, plein(e) de dignité.

dignify [ˈdɪgnɪfaɪ] (*pt* & *pp* -ied) *vt* [place, appearance] donner de la grandeur à.

dignitary [ˈdɪgnɪtrɪ] (*pl* -ies) *n* dignitaire *m*.

dignity [ˈdɪgnətɪ] *n* dignité *f*.

digress [daɪˈgres] *vi*: **to ~ (from)** s'écarter (de).

digression [daɪˈgreʃn] *n* digression *f*.

digs [dɪgz] *npl Br inf* piaule *f*.

dike [daɪk] *n* -1. [wall, bank] digue *f*. -2. *inf pej* [lesbian] gouine *f*.

diktat [ˈdɪktɑːt] *n* diktat *m*.

dilapidated [dɪˈlæpɪdeɪtɪd] *adj* délabré(e).

dilate [daɪˈleɪt] ◇ *vt* dilater. ◇ *vi* se dilater.

dilated [daɪˈleɪtɪd] *adj* dilaté(e).

dilemma [dɪˈlemə] *n* dilemme *m*.

dilettante [ˌdɪlɪˈtæntɪ] (*pl* -tes OR -ti [-tɪ]) *n* dilettante *mf*.

diligence [ˈdɪlɪdʒəns] *n* application *f*.

diligent [ˈdɪlɪdʒənt] *adj* appliqué(e).

dill [dɪl] *n* aneth *m*.

dillydally [ˈdɪlɪdælɪ] (*pt* & *pp* -ied) *vi inf* lambiner.

dilute [daɪˈljuːt] ◇ *adj* dilué(e). ◇ *vt*: **to ~ sthg (with)** diluer qqch (avec).

dilution [daɪˈluːʃn] *n* dilution *f*.

dim [dɪm] (*compar* -mer, *superl* -mest, *pt* & *pp* -med, *cont* -ming) ◇ *adj* -1. [dark - light] faible; [- room] sombre. -2. [indistinct - memory, outline] vague. -3. [weak - eyesight] faible. -4. *inf* [stupid] borné(e). ◇ *vt* & *vi* baisser.

dime [daɪm] *n Am* (pièce de) dix cents *mpl*; **they're a ~ a dozen** [common] il y en a à la pelle.

dimension [dɪˈmenʃn] *n* dimension *f*.

-dimensional [dɪˈmenʃənl] *suffix* -dimensionnel(elle).

diminish [dɪˈmɪnɪʃ] *vt* & *vi* diminuer.

diminished [dɪˈmɪnɪʃt] *adj* réduit(e).

diminished responsibility *n* JUR responsabilité *f* atténuée.

diminishing returns [dɪˈmɪnɪʃɪŋ-] *npl* rendements *mpl* décroissants.

diminutive [dɪˈmɪnjutɪv] *fml* ◇ *adj* minuscule. ◇ *n* GRAMM diminutif *m*.

dimly [ˈdɪmlɪ] *adv* [lit] faiblement; [remember] vaguement.

dimmers [ˈdɪməz] *npl Am* [dipped headlights] phares *mpl* code *inv*; [parking lights] feux *mpl* de position.

dimmer (switch) [ˈdɪmə-] *n* variateur *m* de lumière.

dimple [ˈdɪmpl] *n* fossette *f*.

dimwit [ˈdɪmwɪt] *n inf* crétin *m*, -e *f*.

dim-witted [-ˈwɪtɪd] *adj inf* crétin(e).

din [dɪn] *n inf* barouf *m*.

dine [daɪn] *vi fml* dîner.

◆ **dine out** *vi* dîner dehors.

diner [ˈdaɪnə-] *n* -1. [person] dîneur *m*, -euse *f*. -2. *Am* [café] ≃ resto *m* routier.

dingdong [ˌdɪŋˈdɒŋ] ◇ *adj* *inf* [battle, argument] acharné(e). ◇ *n* [of bell] ding dong *m*.

dinghy [ˈdɪŋgɪ] (*pl* -ies) *n* [for sailing] dériveur *m*; [for rowing] (petit) canot *m*.

dingo [ˈdɪŋgəʊ] (*pl* -es) *n* dingo *m*, chien *m* sauvage.

dingy [ˈdɪndʒɪ] (*compar* -ier, *superl* -iest) *adj* miteux(euse), crasseux(euse).

dining car [ˈdaɪnɪŋ-] *n* wagon-restaurant *m*.

dining room [ˈdaɪnɪŋ-] *n* -1. [in house] salle *f* à manger. -2. [in hotel] restaurant *m*.

dining table [ˈdaɪnɪŋ-] *n* table *f* (*de salle à manger*).

dinner [ˈdɪnə-] *n* dîner *m*.

dinner dance *n* dîner *m* dansant.

dinner jacket *n* smoking *m*.

dinner party *n* dîner *m*.

dinner service *n* service *m* de table.

dinner table *n* table *f* (de salle à manger).

dinnertime ['dɪnətaɪm] *n* heure *f* du dîner.

dinosaur ['daɪnəsɔːʳ] *n* dinosaure *m*.

dint [dɪnt] *n fml*: **by ~ of** à force de.

diocese ['daɪəsɪs] *n* diocèse *m*.

diode ['daɪəʊd] *n* diode *f*.

dip [dɪp] (*pt & pp* **-ped,** *cont* **-ping**) ◇ *n* **-1.** [in road, ground] **déclivité** *f.* **-2.** [sauce] sauce *f,* dip *m.* **-3.** [swim] baignade *f* (rapide); **to go for a ~** aller se baigner en vitesse, aller faire trempette. ◇ *vt* **-1.** [into liquid]: **to ~ sthg in** OR **into** tremper OR plonger qqch dans. **-2.** *Br* AUT: **to ~ one's headlights** se mettre en code. ◇ *vi* **-1.** [sun] baisser, descendre à l'horizon; [wing] plonger. **-2.** [road, ground] descendre.

Dip. *Br abbr of* **diploma.**

diphtheria [dɪf'θɪərɪə] *n* diphtérie *f*.

diphthong ['dɪfθɒŋ] *n* diphtongue *f*.

diploma [dɪ'pləʊmə] (*pl* **-s**) *n* diplôme *m*.

diplomacy [dɪ'pləʊməsɪ] *n* diplomatie *f*.

diplomat ['dɪpləmæt] *n* diplomate *m*.

diplomatic [ˌdɪplə'mætɪk] *adj* **-1.** [service, corps] diplomatique. **-2.** [tactful] diplomate.

diplomatic bag *n* valise *f* diplomatique.

diplomatic corps *n* corps *m* diplomatique.

diplomatic immunity *n* immunité *f* diplomatique.

diplomatic relations *npl* relations *fpl* diplomatiques.

dipsomaniac [ˌdɪpsə'meɪnɪæk] *n* dipsomane *mf.*

dipstick ['dɪpstɪk] *n* AUT jauge *f* (*de niveau d'huile*).

dipswitch ['dɪpswɪtʃ] *n Br* AUT manette *f* des codes.

dire ['daɪəʳ] *adj* [need, consequences] extrême; [warning] funeste.

direct [dɪ'rekt] ◇ *adj* direct(e); [challenge] manifeste. ◇ *vt* **-1.** [gen] diriger. **-2.** [aim]: **to ~ sthg at sb** [question, remark] adresser qqch à qqn; **the campaign is ~ed at teenagers** cette campagne vise les adolescents. **-3.** [order]: **to ~ sb to do sthg** ordonner à qqn de faire qqch. ◇ *adv* directement.

direct action *n* action *f* directe.

direct current *n* courant *m* continu.

direct debit *n Br* prélèvement *m* automatique.

direct dialling [-'daɪəlɪŋ] *n* automatique *m*.

direct hit *n* coup *m* au but OR de plein fouet.

direction [dɪ'rekʃn] *n* direction *f;* **under the ~ of** sous la direction de.

◆ **directions** *npl* **-1.** [to find a place] indications *fpl*. **-2.** [for use] instructions *fpl*.

directive [dɪ'rektɪv] *n* directive *f*.

directly [dɪ'rektlɪ] *adv* **-1.** [in straight line] directement. **-2.** [honestly, clearly] sans détours. **-3.** [exactly - behind, above] exactement. **-4.** [immediately] immédiatement. **-5.** [very soon] tout de suite.

direct mail *n* publipostage *m*.

director [dɪ'rektəʳ] *n* **-1.** [of company] directeur *m,* -trice *f.* **-2.** THEATRE metteur *m* en scène; CINEMA & TV réalisateur *m,* -trice *f*.

directorate [dɪ'rektərət] *n* conseil *m* d'administration.

director-general (*pl* **directors-general** OR **director-generals**) *n* directeur général *m*.

Director of Public Prosecutions *n Br* ≃ procureur *m* général.

directorship [dɪ'rektəʃɪp] *n* **-1.** [position] poste *m* de directeur. **-2.** [period] direction *f*.

directory [dɪ'rektərɪ] (*pl* **-ies**) *n* **-1.** [annual publication] annuaire *m.* **-2.** COMPUT répertoire *m*.

directory enquiries *n Br* renseignements *mpl* (téléphoniques).

direct rule *n* centralisation *f* de pouvoir.

direct selling *n* (U) vente *f* directe.

direct speech *n* discours *m* direct.

direct taxation *n* imposition *f* directe.

dire straits *npl*: **in ~** dans une situation désespérée.

dirge [dɜːdʒ] *n* chant *m* funèbre.

dirt [dɜːt] *n* (U) **-1.** [mud, dust] saleté *f.* **-2.** [earth] terre *f*.

dirt cheap *inf* ◇ *adj* très bon marché, donné(e). ◇ *adv* pour trois fois rien.

dirt track *n* chemin *m* de terre.

dirty ['dɜːtɪ] (*compar* **-ier,** *superl* **-iest,** *pt & pp* **-ied**) ◇ *adj* **-1.** [not clean, not fair] sale. **-2.** [smutty - language, person] grossier(ère); [- book, joke] cochon(onne). ◇ *vt* salir.

disability [ˌdɪsə'bɪlətɪ] (*pl* **-ies**) *n* infirmité *f*.

disable [dɪs'eɪbl] *vt* **-1.** [injure] rendre infirme. **-2.** [put out of action - guns, vehicle] mettre hors d'action.

disabled [dɪs'eɪbld] ◇ *adj* [person] handicapé(e), infirme. ◇ *npl*: **the ~** les handicapés, les infirmes.

disablement [dɪs'eɪblmənt] *n* invalidité *f*.

disabuse [ˌdɪsə'bjuːz] *vt fml*: **to ~ sb (of)** détromper qqn (sur).

disadvantage [,dɪsəd'vɑːntɪdʒ] *n* désavantage *m,* inconvénient *m;* **to be at a ~** être désavantagé; **to be to sb's ~** être au désavantage de qqn.

disadvantaged [,dɪsəd'vɑːntɪdʒd] *adj* défavorisé(e).

disadvantageous [,dɪsædvɑːn'teɪdʒəs] *adj* désavantageux(euse).

disaffected [,dɪsə'fektɪd] *adj* mécontent(e).

disaffection [,dɪsə'fekʃn] *n* mécontentement *m.*

disagree [,dɪsə'griː] *vi* **-1.** [have different opinions]: **to ~ (with)** ne pas être d'accord (avec). **-2.** [differ] ne pas concorder. **-3.** [subj: food, drink]: **to ~ with sb** ne pas réussir à qqn.

disagreeable [,dɪsə'griəbl] *adj* désagréable.

disagreement [,dɪsə'griːmənt] *n* **-1.** [in opinion] désaccord *m.* **-2.** [argument] différend *m.* **-3.** [dissimilarity] différence *f.*

disallow [,dɪsə'laʊ] *vt* **-1.** *fml* [appeal, claim] rejeter. **-2.** [goal] refuser.

disappear [,dɪsə'pɪəʳ] *vi* disparaître.

disappearance [,dɪsə'pɪərəns] *n* disparition *f.*

disappoint [,dɪsə'pɔɪnt] *vt* décevoir.

disappointed [,dɪsə'pɔɪntɪd] *adj:* **~ (in** OR **with)** déçu(e) (par).

disappointing [,dɪsə'pɔɪntɪŋ] *adj* décevant(e).

disappointment [,dɪsə'pɔɪntmənt] *n* déception *f.*

disapproval [,dɪsə'pruːvl] *n* désapprobation *f.*

disapprove [,dɪsə'pruːv] *vi:* **to ~ of sb/sthg** désapprouver qqn/qqch; **do you ~?** est-ce que tu as quelque chose contre?

disapproving [,dɪsə'pruːvɪŋ] *adj* désapprobateur(trice).

disarm [dɪs'ɑːm] *vt & vi lit & fig* désarmer.

disarmament [dɪs'ɑːməmənt] *n* désarmement *m.*

disarming [dɪs'ɑːmɪŋ] *adj* désarmant(e).

disarray [,dɪsə'reɪ] *n:* **in ~** en désordre; [government] en pleine confusion.

disassociate [,dɪsə'səʊʃɪeɪt] *vt:* **to ~ o.s. from** se dissocier de.

disaster [dɪ'zɑːstəʳ] *n* **-1.** [damaging event] catastrophe *f.* **-2.** (*U*) [misfortune] échec *m,* désastre *m.* **-3.** *inf* [failure] désastre *m.*

disaster area *n* [after natural disaster] zone *f* sinistrée.

disastrous [dɪ'zɑːstrəs] *adj* désastreux(euse).

disastrously [dɪ'zɑːstrəslɪ] *adv* de façon désastreuse.

disband [dɪs'bænd] ◇ *vt* dissoudre. ◇ *vi* se dissoudre.

disbelief [,dɪsbɪ'liːf] *n:* **in** OR **with ~** avec incrédulité.

disbelieve [,dɪsbɪ'liːv] *vt* ne pas croire.

disc *Br,* **disk** *Am* [dɪsk] *n* disque *m.*

disc. *abbr of* **discount.**

discard [dɪ'skɑːd] *vt* mettre au rebut.

discarded [dɪ'skɑːdɪd] *adj* mis(e) au rebut.

disc brake *n* frein *m* à disque.

discern [dɪ'sɜːn] *vt* discerner, distinguer.

discernible [dɪ'sɜːnəbl] *adj* **-1.** [visible] visible. **-2.** [noticeable] sensible.

discerning [dɪ'sɜːnɪŋ] *adj* judicieux(ieuse).

discharge [*n* 'dɪstʃɑːdʒ, *vt* dɪs'tʃɑːdʒ] ◇ *n* **-1.** [of patient] autorisation *f* de sortie, décharge *f;* JUR relaxe *f;* **to get one's ~** MIL être rendu à la vie civile. **-2.** *fml* [fulfilment - of duties] accomplissement *m.* **-3.** [emission - of smoke] émission *f;* [- of sewage] déversement *m;* MED écoulement *m.* **-4.** [payment] acquittement *m.*
◇ *vt* **-1.** [allow to leave - patient] signer la décharge de; [- prisoner, defendant] relaxer; [- soldier] rendre à la vie civile. **-2.** *fml* [fulfil] assumer. **-3.** [emit - smoke] émettre; [- sewage, chemicals] déverser. **-4.** [pay] acquitter, régler.

discharged bankrupt [dɪs'tʃɑːdʒd-] *n* failli *m* réhabilité.

disciple [dɪ'saɪpl] *n* disciple *m.*

disciplinarian [,dɪsɪplɪ'neərɪən] *n* personne impitoyable en matière de discipline.

disciplinary ['dɪsɪplɪnərɪ] *adj* disciplinaire; **to take ~ action against sb** prendre des mesures disciplinaires contre qqn.

discipline ['dɪsɪplɪn] ◇ *n* discipline *f.* ◇ *vt* **-1.** [control] discipliner. **-2.** [punish] punir.

disciplined ['dɪsɪplɪnd] *adj* discipliné(e).

disc jockey *n* disc-jockey *m.*

disclaim [dɪs'kleɪm] *vt fml* nier.

disclaimer [dɪs'kleɪməʳ] *n* dénégation *f,* désaveu *m.*

disclose [dɪs'kləʊz] *vt* révéler, divulguer.

disclosure [dɪs'kləʊʒəʳ] *n* révélation *f,* divulgation *f.*

disco ['dɪskəʊ] (*pl* -s) (*abbr of* **discotheque**) *n* discothèque *f.*

discoloration [dɪs,kʌlə'reɪʃn] *n* décoloration *f.*

discolour *Br,* **discolor** *Am* [dɪs'kʌləʳ] ◇ *vt* décolorer; [teeth] jaunir. ◇ *vi* se décolorer; [teeth] jaunir.

discoloured *Br*, **discolored** *Am* [dɪs'kʌləd] *adj* décoloré(e); [teeth] jauni(e).

discomfort [dɪs'kʌmfət] *n* -1. (*U*) [physical pain] douleur *f*; **to be in some ~** ne pas se sentir très bien; **to cause sb ~** gêner qqn. -2. (*U*) [anxiety, embarrassment] malaise *m*. -3. [uncomfortable condition] inconfort *m*.

disconcert [,dɪskən'sɜːt] *vt* déconcerter.

disconcerting [,dɪskən'sɜːtɪŋ] *adj* déconcertant(e).

disconnect [,dɪskə'nekt] *vt* -1. [detach] détacher. -2. [from gas, electricity - appliance] débrancher; [- house] couper. -3. TELEC couper.

disconnected [,dɪskə'nektɪd] *adj* [thoughts] sans suite; [events] sans rapport.

disconsolate [dɪs'kɒnsələt] *adj* inconsolable.

discontent [,dɪskən'tent] *n*: **~ (with)** mécontentement *m* (à propos de).

discontented [,dɪskən'tentɪd] *adj* mécontent(e).

discontentment [,dɪskən'tentmənt] *n*: **~ (with)** mécontentement *m* (à propos de).

discontinue [,dɪskən'tɪnjuː] *vt* cesser, interrompre.

discontinued line [,dɪskən'tɪnjuːd-] *n* COMM fin *f* de série.

discord ['dɪskɔːd] *n* -1. (*U*) [disagreement] discorde *f*, désaccord *m*. -2. MUS dissonance *f*.

discordant [dɪ'skɔːdənt] *adj* -1. [conflicting] discordant(e); [relationship] plein(e) de discordance. -2. MUS dissonant(e).

discotheque ['dɪskəʊtek] *n* discothèque *f*.

discount [*n* 'dɪskaʊnt, *vb Br* dɪs'kaʊnt, *Am* 'dɪskaʊnt] ◇ *n* remise *f*. ◇ *vt* [report, claim] ne pas tenir compte de.

discount house *n* -1. FIN maison *f* d'escompte. -2. [store] magasin *m* de vente au rabais.

discount rate *n* taux *m* d'escompte.

discount store *n* COMM magasin *m* de vente au rabais.

discourage [dɪs'kʌrɪdʒ] *vt* décourager; **to ~ sb from doing sthg** dissuader qqn de faire qqch.

discouraging [dɪ'skʌrɪdʒɪŋ] *adj* décourageant(e).

discourse ['dɪskɔːs] *n fml*: **~ (on)** discours *m* (sur).

discourteous [dɪs'kɜːtjəs] *adj* discourtois(e).

discourtesy [dɪs'kɜːtɪsɪ] *n* manque *m* de courtoisie.

discover [dɪ'skʌvə^r] *vt* découvrir.

discoverer [dɪ'skʌvərə^r] *n*: **the ~ of sthg** la personne qui a découvert qqch.

discovery [dɪ'skʌvərɪ] (*pl* -ies) *n* découverte *f*.

discredit [dɪs'kredɪt] ◇ *n* discrédit *m*. ◇ *vt* discréditer.

discredited [dɪs'kredɪtɪd] *adj* discrédité(e).

discreet [dɪ'skriːt] *adj* discret(ète).

discreetly [dɪ'skriːtlɪ] *adv* discrètement.

discrepancy [dɪ'skrepənsɪ] (*pl* -ies) *n*: **~ (in/between)** divergence *f* (entre).

discrete [dɪ'skriːt] *adj fml* séparé(e), bien distinct(e).

discretion [dɪ'skreʃn] *n* (*U*) -1. [tact] discrétion *f*. -2. [judgment] jugement *m*, discernement *m*; **use your own ~** à vous de juger; **at the ~ of** avec l'autorisation de.

discretionary [dɪ'skreʃənrɪ] *adj* discrétionnaire.

discriminate [dɪ'skrɪmɪneɪt] *vi* -1. [distinguish] différencier, distinguer; **to ~ between** faire la distinction entre. -2. [be prejudiced]: **to ~ against sb** faire de la discrimination envers qqn.

discriminating [dɪ'skrɪmɪneɪtɪŋ] *adj* avisé(e).

discrimination [dɪ,skrɪmɪ'neɪʃn] *n* -1. [prejudice] discrimination *f*. -2. [judgment] discernement *m*, jugement *m*.

discus ['dɪskəs] (*pl* -es) *n* disque *m*.

discuss [dɪ'skʌs] *vt* discuter (de); **to ~ sthg with sb** discuter de qqch avec qqn.

discussion [dɪ'skʌʃn] *n* discussion *f*; **under ~** en discussion.

disdain [dɪs'deɪn] ◇ *n*: **~ (for)** dédain *m* (pour). ◇ *vt* dédaigner; **to ~ to do sthg** dédaigner de faire qqch.

disdainful [dɪs'deɪnfʊl] *adj* dédaigneux(euse).

disease [dɪ'ziːz] *n* -1. [illness] maladie *f*. -2. *fig* [unhealthy attitude, habit] mal *m*.

diseased [dɪ'ziːzd] *adj* [plant, body] malade.

disembark [,dɪsɪm'bɑːk] *vi* débarquer.

disembarkation [,dɪsembɑː'keɪʃn] *n* débarquement *m*.

disembodied [,dɪsɪm'bɒdɪd] *adj* désincarné(e).

disembowel [,dɪsɪm'baʊəl] (*Br pt & pp* -led, *cont* -ling, *Am pt & pp* -ed, *cont* -ing) *vt* éviscérer.

disenchanted [,dɪsɪn'tʃɑːntɪd] *adj*: **~ (with)** désenchanté(e) (de).

disenchantment [,dɪsɪn'tʃɑːntmənt] *n* désillusion *f*, désenchantement *m*.

disenfranchise [,dɪsɪn'fræntʃaɪz] = **dis-franchise**.

disengage [,dɪsɪn'geɪdʒ] vt -1. [release]: to ~ sthg (from) libérer OR dégager qqch (de); to ~ o.s. from se libérer OR se dégager de. -2. TECH déclencher; to ~ the gears débrayer.

disengagement [,dɪsɪn'geɪdʒmənt] n désengagement m.

disentangle [,dɪsɪn'tæŋgl] vt: to ~ sthg from enlever qqch de; to ~ o.s. from se dégager de.

disfavour Br, **disfavor** Am [,dɪs'feɪvər] n -1. [dislike, disapproval] désapprobation f. -2. [state of disapproval]: to be in ~ with sb être mal vu de qqn.

disfigure [dɪs'fɪgər] vt défigurer.

disfranchise [,dɪs'fræntʃaɪz] vt priver du droit électoral.

disgorge [dɪs'gɔːdʒ] vt -1. [from stomach] vomir. -2. [emit] déverser.

disgrace [dɪs'greɪs] ◇ n -1. [shame] honte f; to bring ~ on sb jeter la honte sur qqn; in ~ en défaveur. -2. [cause of shame - thing] honte f, scandale m; [- person] honte f. ◇ vt faire honte à; to ~ o.s. se couvrir de honte.

disgraceful [dɪs'greɪsful] adj honteux(euse), scandaleux(euse).

disgruntled [dɪs'grʌntld] adj mécontent(e).

disguise [dɪs'gaɪz] ◇ n déguisement m; in ~ déguisé(e). ◇ vt -1. [person, voice] déguiser; to ~ o.s. as se déguiser en. -2. [hide - fact, feelings] dissimuler.

disgust [dɪs'gʌst] ◇ n: ~ (at) [behaviour, violence etc] dégoût m (pour); [decision] dégoût (devant); in ~ dégoûté(e), écœuré(e). ◇ vt dégoûter, écœurer.

disgusting [dɪs'gʌstɪŋ] adj dégoûtant(e).

dish [dɪʃ] n plat m; Am [plate] assiette f.
♦ **dishes** npl vaisselle f; to do OR wash the ~es faire la vaisselle.
♦ **dish out** vt sep inf distribuer.
♦ **dish up** vt sep inf servir.

dish aerial Br, **dish antenna** Am n antenne f parabolique.

disharmony [,dɪs'hɑːmənɪ] n désaccord m, mésentente f.

dishcloth ['dɪʃklɒθ] n lavette f.

disheartened [dɪs'hɑːtnd] adj découragé(e).

disheartening [dɪs'hɑːtnɪŋ] adj décourageant(e).

dishevelled Br, **disheveled** Am [dɪ'ʃevəld] adj [person] échevelé(e); [hair] en désordre.

dishonest [dɪs'ɒnɪst] adj malhonnête.

dishonesty [dɪs'ɒnɪstɪ] n malhonnêteté f.

dishonorable Am = **dishonourable**.

dishonour Br, **dishonor** Am [dɪs'ɒnər] ◇ n déshonneur m. ◇ vt déshonorer.

dishonourable Br, **dishonorable** Am [dɪs'ɒnərəbl] adj [person] peu honorable; [behaviour] déshonorant(e).

dish soap n Am liquide m pour la vaisselle.

dish towel n Am torchon m.

dishwasher ['dɪʃ,wɒʃər] n [machine] lave-vaisselle m inv.

dishy ['dɪʃɪ] (compar -ier, superl -iest) adj Br inf mignon(onne), sexy (inv).

disillusioned [,dɪsɪ'luːʒnd] adj désillusionné(e), désenchanté(e); to become ~ perdre ses illusions; to be ~ with ne plus avoir d'illusions sur.

disillusionment [,dɪsɪ'luːʒnmənt] n: ~ (with) désillusion f OR désenchantement m (en ce qui concerne).

disincentive [,dɪsɪn'sentɪv] n: to be a ~ avoir un effet dissuasif; [in work context] être démotivant(e).

disinclined [,dɪsɪn'klaɪnd] adj: to be ~ to do sthg être peu disposé(e) à faire qqch.

disinfect [,dɪsɪn'fekt] vt désinfecter.

disinfectant [,dɪsɪn'fektənt] n désinfectant m.

disinformation [,dɪsɪnfə'meɪʃn] n désinformation f.

disingenuous [,dɪsɪn'dʒenjuəs] adj peu sincère.

disinherit [,dɪsɪn'herɪt] vt déshériter.

disintegrate [dɪs'ɪntɪgreɪt] vi -1. [object] se désintégrer, se désagréger. -2. fig [project] s'écrouler; [marriage] se désagréger.

disintegration [dɪs,ɪntɪ'greɪʃn] n -1. [of object] désintégration f, désagrégation f. -2. fig [of project, marriage] effondrement m.

disinterested [dɪs'ɪntrəstɪd] adj -1. [objective] désintéressé(e). -2. inf [uninterested]: ~ (in) indifférent(e) (à).

disinvestment [,dɪsɪn'vestmənt] n désinvestissement m.

disjointed [dɪs'dʒɔɪntɪd] adj décousu(e).

disk [dɪsk] n -1. COMPUT disque m, disquette f. -2. Am = **disc**.

disk drive Br, **diskette drive** Am n COMPUT lecteur m de disques OR de disquettes.

diskette [dɪsk'et] n COMPUT disquette f.

diskette drive n Am = **disk drive**.

disk operating system [-ɒpəreɪtɪŋ-] n COMPUT système m d'exploitation (à disques).

dislike [dɪs'laɪk] ◇ n: ~ (of) aversion f (pour); her likes and ~s ce qu'elle aime et ce qu'elle n'aime pas; to take a ~ to sb/

sthg prendre qqn/qqch en grippe. ◇ *vt* ne pas aimer.

dislocate ['dısləkeıt] *vt* **-1.** MED se démettre. **-2.** [disrupt] désorganiser.

dislodge [dıs'lodʒ] *vt*: **to ~ sthg (from)** déplacer qqch (de); [free] décoincer qqch (de); **to ~ sb from a position** déloger qqn d'un poste.

disloyal [ˌdıs'lɔıəl] *adj*: **~ (to)** déloyal(e) (envers).

dismal ['dızml] *adj* **-1.** [gloomy, depressing] lugubre. **-2.** [unsuccessful - attempt] infructueux(euse); [- failure] lamentable.

dismantle [dıs'mæntl] *vt* démanteler.

dismay [dıs'meı] ◇ *n* consternation *f*; **to sb's ~** à la consternation de qqn. ◇ *vt* consterner.

dismember [dıs'membər] *vt* démembrer.

dismiss [dıs'mıs] *vt* **-1.** [from job]: **to ~ sb (from)** congédier qqn (de). **-2.** [refuse to take seriously - idea, person] écarter; [- plan, challenge] rejeter. **-3.** [allow to leave - class] laisser sortir; [- troops] faire rompre les rangs à.

dismissal [dıs'mısl] *n* **-1.** [from job] licenciement *m*, renvoi *m*. **-2.** [refusal to take seriously] rejet *m*.

dismissive [dıs'mısıv] *adj* méprisant(e); **to be ~ of** ne faire aucun cas de.

dismount [ˌdıs'maunt] *vi*: **to ~ (from)** descendre (de).

disobedience [ˌdısə'biːdjəns] *n* désobéissance *f*.

disobedient [ˌdısə'biːdjənt] *adj* désobéissant(e).

disobey [ˌdısə'beı] ◇ *vt* désobéir à. ◇ *vi* désobéir.

disorder [dıs'ɔːdər] *n* **-1.** [disarray]: **in ~** en désordre. **-2.** (U) [rioting] troubles *mpl*. **-3.** MED trouble *m*.

disordered [dıs'ɔːdəd] *adj* **-1.** [in disarray] en désordre. **-2.** MED: **mentally ~** déséquilibré(e).

disorderly [dıs'ɔːdəlı] *adj* **-1.** [untidy - room] en désordre; [- appearance] désordonné(e). **-2.** [unruly] indiscipliné(e).

disorderly conduct *n* JUR trouble *m* de l'ordre public.

disorganized, -ised [dıs'ɔːgənaızd] *adj* [person] désordonné(e), brouillon(onne); [system] mal conçu(e).

disorientated [dıs'ɔːrıənteıtıd] Br, **disoriented** [dıs'ɔːrıəntıd] Am *adj* désorienté(e).

disown [dıs'əun] *vt* désavouer.

disparage [dı'spærıdʒ] *vt* dénigrer.

disparaging [dı'spærıdʒıŋ] *adj* désobligeant(e).

disparate ['dıspərət] *adj* disparate.

disparity [dı'spærətı] (*pl* **-ies**) *n*: **~ (between** OR **in)** disparité *f* (entre).

dispassionate [dı'spæʃnət] *adj* impartial(e).

dispatch [dı'spætʃ] ◇ *n* [message] dépêche *f*. ◇ *vt* [send] envoyer, expédier.

dispatch box *n* Br POL [box] valise *f* officielle; [in House of Commons] *tribune d'où parlent les membres du gouvernement et leurs homologues du cabinet fantôme.*

dispatch rider *n* MIL estafette *f*; [courier] coursier *m*.

dispel [dı'spel] (*pt* & *pp* **-led**, *cont* **-ling**) *vt* [feeling] dissiper, chasser.

dispensable [dı'spensəbl] *adj* [person] dont on peut se passer; [expenses, luxury] superflu(e).

dispensary [dı'spensərı] (*pl* **-ies**) *n* officine *f*.

dispensation [ˌdıspen'seıʃn] *n* [permission] dispense *f*.

dispense [dı'spens] *vt* [justice, medicine] administrer.

◆ **dispense with** *vt fus* **-1.** [do without] se passer de. **-2.** [make unnecessary] rendre superflu(e); **to ~ with the need for sthg** rendre qqch superflu.

dispenser [dı'spensər] *n* distributeur *m*.

dispensing chemist Br, **dispensing pharmacist** Am [dı'spensıŋ-] *n* pharmacien *m*, -ienne *f*.

dispersal [dı'spɜːsl] *n* dispersion *f*.

disperse [dı'spɜːs] ◇ *vt* **-1.** [crowd] disperser. **-2.** [knowledge, news] répandre, propager. ◇ *vi* se disperser.

dispirited [dı'spırıtıd] *adj* découragé(e), abattu(e).

dispiriting [dı'spırıtıŋ] *adj* décourageant(e).

displace [dıs'pleıs] *vt* **-1.** [cause to move] déplacer. **-2.** [supplant] supplanter.

displaced person [dıs'pleıst-] *n* personne *f* déplacée.

displacement [dıs'pleısmənt] *n* déplacement *m*.

display [dı'spleı] ◇ *n* **-1.** [arrangement] exposition *f*; **on ~** exposé. **-2.** [demonstration] manifestation *f*. **-3.** [public event] spectacle *m*. **-4.** [COMPUT - device] écran *m*; [- information displayed] affichage *m*, visualisation *f*. ◇ *vt* **-1.** [arrange] exposer. **-2.** [show] faire preuve de, montrer.

display advertising *n* (U) placards *mpl* publicitaires.

displease [dɪs'pliːz] *vt* déplaire à, mécontenter; **to be ~d with** être mécontent(e) de.

displeasure [dɪs'pleʒəʳ] *n* mécontentement *m*.

disposable [dɪ'spəʊzəbl] *adj* **-1.** [throwaway] jetable. **-2.** [income] disponible.

disposal [dɪ'spəʊzl] *n* **-1.** [removal] enlèvement *m*. **-2.** [availability]: **at sb's ~** à la disposition de qqn.

dispose [dɪ'spəʊz]

◆ **dispose of** *vt fus* [get rid of] se débarrasser de; [problem] résoudre.

disposed [dɪ'spəʊzd] *adj* **-1.** [willing]: **to be ~ to do sthg** être disposé(e) à faire qqch. **-2.** [friendly]: **to be well ~ to** OR **towards sb** être bien disposé(e) envers qqn.

disposition [ˌdɪspə'zɪʃn] *n* **-1.** [temperament] caractère *m*, tempérament *m*. **-2.** [tendency]: **~ to do sthg** tendance *f* à faire qqch.

dispossess [ˌdɪspə'zes] *vt fml*: **to ~ sb of sthg** déposséder qqn de qqch.

disproportion [ˌdɪsprə'pɔːʃn] *n* disproportion *f*.

disproportionate [ˌdɪsprə'pɔːʃnət] *adj*: **~ (to)** disproportionné(e) (à).

disprove [ˌdɪs'pruːv] *vt* réfuter.

dispute [dɪ'spjuːt] ◇ *n* **-1.** [quarrel] dispute *f*. **-2.** (*U*) [disagreement] désaccord *m*; **in ~** [people] en désaccord; [matter] en discussion. **-3.** INDUSTRY conflit *m*. ◇ *vt* contester.

disqualification [dɪsˌkwɒlɪfɪ'keɪʃn] *n* disqualification *f*.

disqualify [ˌdɪs'kwɒlɪfaɪ] (*pt* & *pp* **-ied**) *vt* **-1.** [subj: authority]: **to ~ sb (from doing sthg)** interdire à qqn (de faire qqch); **to ~ sb from driving** *Br* retirer le permis de conduire à qqn. **-2.** [subj: illness, criminal record]: **to ~ sb (from doing sthg)** rendre qqn incapable (de faire qqch). **-3.** SPORT disqualifier.

disquiet [dɪs'kwaɪət] *n* inquiétude *f*.

disregard [ˌdɪsrɪ'gɑːd] ◇ *n* (*U*): **~ (for)** [money, danger] mépris *m* (pour); [feelings] indifférence *f* (à). ◇ *vt* [fact] ignorer; [danger] mépriser; [warning] ne pas tenir compte de.

disrepair [ˌdɪsrɪ'peəʳ] *n* délabrement *m*; **to fall into ~** tomber en ruines.

disreputable [dɪs'repjʊtəbl] *adj* peu respectable.

disrepute [ˌdɪsrɪ'pjuːt] *n*: **to bring sthg into ~** discréditer qqch; **to fall into ~** acquérir une mauvaise réputation.

disrespectful [ˌdɪsrɪ'spektful] *adj* irrespectueux(euse).

disrupt [dɪs'rʌpt] *vt* perturber.

disruption [dɪs'rʌpʃn] *n* perturbation *f*.

disruptive [dɪs'rʌptɪv] *adj* perturbateur(trice).

dissatisfaction ['dɪsˌsætɪs'fækʃn] *n* mécontentement *m*.

dissatisfied [ˌdɪs'sætɪsfaɪd] *adj*: **~ (with)** mécontent(e) (de), pas satisfait(e) (de).

dissect [dɪ'sekt] *vt lit* & *fig* disséquer.

dissection [dɪ'sekʃn] *n lit* & *fig* dissection *f*.

disseminate [dɪ'semɪneɪt] *vt* disséminer.

dissemination [dɪˌsemɪ'neɪʃn] *n* dissémination *f*.

dissension [dɪ'senʃn] *n* discorde *f*, dissension *f*.

dissent [dɪ'sent] ◇ *n* dissentiment *m*. ◇ *vi*: **to ~ (from)** être en désaccord (avec).

dissenter [dɪ'sentəʳ] *n* dissident *m*, -e *f*.

dissenting [dɪ'sentɪŋ] *adj*: **~ voice** opinion *f* contraire.

dissertation [ˌdɪsə'teɪʃn] *n* dissertation *f*.

disservice [ˌdɪs'sɜːvɪs] *n*: **to do sb a ~** rendre un mauvais service à qqn.

dissident ['dɪsɪdənt] *n* dissident *m*, -e *f*.

dissimilar [ˌdɪ'sɪmɪləʳ] *adj*: **~ (to)** différent(e) (de).

dissipate ['dɪsɪpeɪt] ◇ *vt* **-1.** [heat] dissiper. **-2.** [efforts, money] gaspiller. ◇ *vi* se dissiper.

dissipated ['dɪsɪpeɪtɪd] *adj* [person, life] dissolu(e).

dissociate [dɪ'səʊʃɪeɪt] *vt* dissocier; **to ~ o.s. from** se désolidariser de.

dissolute ['dɪsəluːt] *adj* dissolu(e).

dissolution [ˌdɪsə'luːʃn] *n* dissolution *f*.

dissolve [dɪ'zɒlv] ◇ *vt* dissoudre. ◇ *vi* **-1.** [substance] se dissoudre. **-2.** *fig* [disappear] disparaître.

◆ **dissolve in(to)** *vt fus*: **to ~ into tears** fondre en larmes.

dissuade [dɪ'sweɪd] *vt*: **to ~ sb (from)** dissuader qqn (de).

distance ['dɪstəns] ◇ *n* distance *f*; **at a ~** assez loin; **from a ~** de loin; **in the ~** au loin. ◇ *vt*: **to ~ o.s. from** se distancier de.

distant ['dɪstənt] *adj* **-1.** [gen]: **~ (from)** éloigné(e) (de). **-2.** [reserved - person, manner] distant(e).

distaste [dɪs'teɪst] *n*: **~ (for)** dégoût *m* (pour).

distasteful [dɪs'teɪstful] *adj* répugnant(e), déplaisant(e).

Dist. Atty *abbr of* **district attorney**.

distemper [dɪ'stempəʳ] *n* (*U*) **-1.** [paint] détrempe *f*. **-2.** [disease] maladie *f* de Carré.

distended [dɪ'stendɪd] *adj* [stomach] disten-du(e).

distil *Br* (*pt* & *pp* **-led**, *cont* **-ling**), **distill** *Am* [dɪ'stɪl] *vt* **-1.** [liquid] distiller. **-2.** *fig* [information] tirer.

distiller [dɪ'stɪlər] *n* distillateur *m*.

distillery [dɪ'stɪlərɪ] (*pl* **-ies**) *n* distillerie *f*.

distinct [dɪ'stɪŋkt] *adj* **-1.** [different]: ~ (**from**) distinct(e) (de), différent(e) (de); **as ~ from** par opposition à. **-2.** [definite - improvement] net (nette); **a ~ possibility** une forte chance.

distinction [dɪ'stɪŋkʃn] *n* **-1.** [difference] distinction *f*, différence *f*; **to draw** OR **make a ~ between** faire une distinction entre. **-2.** (*U*) [excellence] distinction *f*. **-3.** [exam result] mention *f* très bien.

distinctive [dɪ'stɪŋktɪv] *adj* caractéristique.

distinctly [dɪ'stɪŋktlɪ] *adv* [see, remember] clairement.

distinguish [dɪ'stɪŋgwɪʃ] *vt* **-1.** [tell apart]: **to ~ sthg from sthg** distinguer qqch de qqch, faire la différence entre qqch et qqch. **-2.** [perceive] distinguer. **-3.** [characterize] caractériser. **-4.** [excel]: **to ~ o.s.** se distinguer.

distinguished [dɪ'stɪŋgwɪʃt] *adj* distingué(e).

distinguishing [dɪ'stɪŋgwɪʃɪŋ] *adj* [feature, mark] caractéristique.

distort [dɪ'stɔːt] *vt* déformer.

distorted [dɪ'stɔːtɪd] *adj* déformé(e).

distortion [dɪ'stɔːʃn] *n* déformation *f*.

distract [dɪ'strækt] *vt*: **to ~ sb (from)** distraire qqn (de).

distracted [dɪ'stræktɪd] *adj* [preoccupied] soucieux(ieuse).

distraction [dɪ'strækʃn] *n* **-1.** [interruption, diversion] distraction *f*. **-2.** [state of mind] confusion *f*; **to drive sb to ~** rendre qqn fou.

distraught [dɪ'strɔːt] *adj* éperdu(e).

distress [dɪ'stres] ◇ *n* [anxiety] détresse *f*; [pain] douleur *f*, souffrance *f*. ◇ *vt* affliger.

distressed [dɪ'strest] *adj* [anxious, upset] affligé(e).

distressing [dɪ'stresɪŋ] *adj* [news, image] pénible.

distress signal *n* signal *m* de détresse.

distribute [dɪ'strɪbjuːt] *vt* **-1.** [gen] distribuer. **-2.** [spread out] répartir.

distribution [,dɪstrɪ'bjuːʃn] *n* **-1.** [gen] distribution *f*. **-2.** [spreading out] répartition *f*.

distributor [dɪ'strɪbjutər] *n* AUT & COMM distributeur *m*.

district ['dɪstrɪkt] *n* **-1.** [area - of country] région *f*; [- of town] quartier *m*. **-2.** ADMIN district *m*.

district attorney *n Am* ≃ procureur *m* de la République.

district council *n Br* ≃ conseil *m* général.

district nurse *n Br* infirmière *f* visiteuse OR à domicile.

District of Columbia *n* district *m* de Columbia.

distrust [dɪs'trʌst] ◇ *n* méfiance *f*. ◇ *vt* se méfier de.

distrustful [dɪs'trʌstful] *adj* méfiant(e).

disturb [dɪ'stɜːb] *vt* **-1.** [interrupt] déranger. **-2.** [upset, worry] inquiéter. **-3.** [sleep, surface] troubler.

disturbance [dɪ'stɜːbəns] *n* **-1.** POL troubles *mpl*; [fight] tapage *m*; **~ of the peace** JUR trouble *m* de l'ordre public. **-2.** [interruption] dérangement *m*. **-3.** [of mind, emotions] trouble *m*.

disturbed [dɪ'stɜːbd] *adj* **-1.** [emotionally, mentally] perturbé(e). **-2.** [worried] inquiet(iète).

disturbing [dɪ'stɜːbɪŋ] *adj* [image] bouleversant(e); [news] inquiétant(e).

disunity [,dɪs'juːnətɪ] *n* désunion *f*.

disuse [,dɪs'juːs] *n*: **to fall into ~** [factory] être à l'abandon; [regulation] tomber en désuétude.

disused [,dɪs'juːzd] *adj* désaffecté(e).

ditch [dɪtʃ] ◇ *n* fossé *m*. ◇ *vt inf* [boyfriend, girlfriend] plaquer; [old car, clothes] se débarrasser de; [plan] abandonner.

dither ['dɪðər] *vi* hésiter.

ditto ['dɪtəʊ] *adv* idem.

diuretic [,daɪjʊ'retɪk] *n* diurétique *m*.

diva ['diːvə] (*pl* **-s**) *n* diva *f*.

divan [dɪ'væn] *n* divan *m*.

divan bed *n* divan-lit *m*.

dive [daɪv] (*Br pt* & *pp* **-d**, *Am pt* & *pp* **-d** OR **dove**) ◇ *vi* plonger; [bird, plane] piquer; **she ~d into the crowd** elle se jeta dans la foule. ◇ *n* **-1.** [gen] plongeon *m*. **-2.** [of plane] piqué *m*. **-3.** *inf pej* [bar, restaurant] bouge *m*.

dive-bomb *vt* bombarder en piqué.

diver ['daɪvər] *n* plongeur *m*, **-euse** *f*.

diverge [daɪ'vɜːdʒ] *vi*: **to ~ (from)** diverger (de).

divergence [daɪ'vɜːdʒəns] *n* divergence *f*.

divergent [daɪ'vɜːdʒənt] *adj* divergent(e).

diverse [daɪ'vɜːs] *adj* divers(e).

diversification [daɪ,vɜːsɪfɪ'keɪʃn] *n* diversification *f*.

diversify [daɪ'vɜːsɪfaɪ] (pt & pp -ied) ◇ vt diversifier. ◇ vi se diversifier.

diversion [daɪ'vɜːʃn] n -1. [amusement] distraction f; [tactical] diversion f. -2. [of traffic] déviation f. -3. [of river, funds] détournement m.

diversionary [daɪ'vɜːʃnrɪ] adj [tactics] de diversion.

diversity [daɪ'vɜːsətɪ] n diversité f.

divert [daɪ'vɜːt] vt -1. [traffic] dévier. -2. [river, funds] détourner. -3. [person - amuse] distraire; [- tactically] détourner.

divest [daɪ'vest] vt fml: to ~ sb of dépouiller qqn de; to ~ o.s. of se défaire de.

divide [dɪ'vaɪd] ◇ vt -1. [separate] séparer. -2. [share out] diviser, partager; to ~ sthg **between** OR **among** partager qqch entre. -3. [split up]: to ~ sthg (into) diviser qqch (en). -4. MATH: 89 ~d by 3 89 divisé par 3. -5. [people - in disagreement] diviser. ◇ vi se diviser. ◇ n [difference] division f.
◆ **divide up** vt sep -1. [split up] diviser. -2. [share out] partager.

divided [dɪ'vaɪdɪd] adj [nation] divisé(e); [opinions, loyalties] partagé(e).

dividend ['dɪvɪdend] n dividende m; to pay ~s fig porter ses fruits.

dividers [dɪ'vaɪdəz] npl compas m à pointes sèches.

dividing line [dɪ'vaɪdɪŋ-] n ligne f de démarcation.

divine [dɪ'vaɪn] ◇ adj divin(e). ◇ vt -1. [truth, meaning] deviner; [future] prédire. -2. [water] découvrir, détecter.

diving ['daɪvɪŋ] n (U) plongeon m; [with breathing apparatus] plongée f (sous-marine).

divingboard ['daɪvɪŋbɔːd] n plongeoir m.

diving suit n combinaison f de plongée.

divinity [dɪ'vɪnətɪ] (pl -ies) n -1. [godliness, god] divinité f. -2. [study] théologie f.

divisible [dɪ'vɪzəbl] adj: ~ (by) divisible (par).

division [dɪ'vɪʒn] n -1. [gen] division f. -2. [separation] séparation f.

division sign n signe m de division.

divisive [dɪ'vaɪsɪv] adj qui sème la division OR la discorde.

divorce [dɪ'vɔːs] ◇ n divorce m. ◇ vt -1. [husband, wife] divorcer. -2. [separate]: to ~ sthg from séparer qqch de.

divorced [dɪ'vɔːst] adj divorcé(e).

divorcee [dɪvɔː'siː] n divorcé m, -e f.

divulge [daɪ'vʌldʒ] vt divulguer.

DIY (abbr of **do-it-yourself**) n Br bricolage m.

dizziness ['dɪzɪnɪs] n vertige m.

dizzy ['dɪzɪ] (compar -ier, superl -iest) adj -1. [giddy]: to feel ~ avoir la tête qui tourne. -2. fig [height] vertigineux(euse).

DJ n -1. (abbr of **disc jockey**) disc-jockey m. -2. (abbr of **dinner jacket**) smoking m.

Djakarta [dʒə'kɑːtə] → Jakarta.

DJIA (abbr of **Dow Jones Industrial Average**) n Am indice Dow Jones.

Djibouti [dʒɪ'buːtɪ] n Djibouti; **in** ~ à Djibouti.

dl (abbr of **decilitre**) dl.

DLit(t) [,diː'lɪt] (abbr of **Doctor of Letters**) n docteur ès lettres.

DLO (abbr of **dead-letter office**) n centre de recherche du courrier.

dm (abbr of **decimetre**) dm.

DM (abbr of **Deutsche Mark**) DM.

DMA (abbr of **direct memory access**) n accès direct à la mémoire.

DMus ['diː'mjuːz] (abbr of **Doctor of Music**) n docteur en musique.

DMZ (abbr of **demilitarized zone**) n zone démilitarisée.

DNA (abbr of **deoxyribonucleic acid**) n ADN m.

D-notice n Br censure imposée à la presse pour sécurité d'État.

do¹ [duː] (pt did, pp done, pl dos OR do's) ◇ aux vb -1. (in negatives): **don't leave it there** ne le laisse pas là; **I didn't want to see him** je ne voulais pas le voir. -2. (in questions): **what did he want?** qu'est-ce qu'il voulait?; ~ **you think she'll come?** tu crois qu'elle viendra? -3. (referring back to previous verb): **she reads more than I** ~ elle lit plus que moi; **I like reading — so** ~ **I** j'aime lire — moi aussi. -4. (in question tags): **you know her, don't you?** tu la connais, n'est-ce pas?; **I upset you, didn't I?** je t'ai fait de la peine, n'est-ce pas?; **so you think you can dance,** ~ **you?** alors tu t'imagines que tu sais danser, c'est ça? -5. [for emphasis]: **I did tell you but you've forgotten** je te l'avais bien dit, mais tu l'as oublié; ~ **come in** entrez donc.
◇ vt -1. [perform an activity, a service] faire; **to** ~ **aerobics/gymnastics** faire de l'aérobic/de la gymnastique; **they** ~ **gourmet dinners** ils font OR préparent des repas gastronomiques; **to** ~ **the cooking/housework** faire la cuisine/le ménage; **to** ~ **one's hair** se coiffer; **to** ~ **one's teeth** se laver OR se brosser les dents. -2. [take action] faire; **to** ~ **something about sthg** trouver une solution pour qqch; **I don't know what to** ~ **with him!** je ne sais vraiment

pas que faire de lui! **-3.** [have particular effect] faire; **to ~ more harm than good** faire plus de mal que de bien. **-4.** [referring to job]: **what do you ~?** qu'est-ce que vous faites dans la vie? **-5.** [study] faire; **I did physics at school** j'ai fait de la physique à l'école. **-6.** [travel at a particular speed] faire, rouler; **the car can ~ 110 mph** ≃ la voiture peut faire du 180 à l'heure. **-7.** [be good enough for]: **that'll ~ me nicely** cela m'ira très bien, cela fera très bien mon affaire. ◇ *vi* **-1.** [act] faire; **~ as I tell you** fais comme je te dis; **you would ~ well to reconsider** tu ferais bien de reconsidérer la question. **-2.** [perform in a particular way]: **they're ~ing really well** leurs affaires marchent bien; **he could ~ better** il pourrait mieux faire; **how did you ~ in the exam?** comment ça a marché à l'examen? **-3.** [be good enough, be sufficient] suffire, aller; **will £6 ~?** est-ce que 6 livres suffiront?, 6 livres, ça ira?; **that will ~** ça suffit. ◇ *n* [party] fête *f*, soirée *f*.
◆ **dos** *npl*: **~s and don'ts** ce qu'il faut faire et ne pas faire.
◆ **do away with** *vt fus* supprimer.
◆ **do down** *vt sep inf* dire du mal de.
◆ **do for** *vt fus inf*: **these kids will ~ for me** ces gosses vont me tuer; **I'm done for** je suis fichu OR foutu.
◆ **do in** *vt sep inf* supprimer, assassiner.
◆ **do out of** *vt sep inf*: **to ~ sb out of sthg** escroquer OR carotter qqch à qqn.
◆ **do up** *vt sep* **-1.** [fasten - shoelaces, shoes] attacher; [- buttons, coat] boutonner; **your shirt's not done up** ta chemise est déboutonnée. **-2.** [decorate - room, house] refaire. **-3.** [wrap up] emballer.
◆ **do with** *vt fus* **-1.** [need] avoir besoin de. **-2.** [have connection with]: **that has nothing to ~ with it** ça n'a rien à voir, ça n'a aucun rapport; **what's that got to ~ with it?** et alors, quel rapport?, qu'est-ce que ça a à voir?; **I had nothing to ~ with it** je n'y étais pour rien.
◆ **do without** ◇ *vt fus* se passer de. ◇ *vi* s'en passer.

do² (*abbr of* ditto) do.

DOA (*abbr of* dead on arrival) *adj* mort(e) pendant son transport à l'hôpital.

doable ['duːəbl] *adj inf* faisable.

dob *abbr of* date of birth.

Doberman ['dəubəmən] (*pl* -s) *n*: **~ (pinscher)** doberman *m*.

docile [*Br* 'dəusaɪl, *Am* 'dɒsəl] *adj* docile.

dock [dɒk] ◇ *n* **-1.** [in harbour] docks *mpl*. **-2.** JUR banc *m* des accusés. ◇ *vt* [wages] faire une retenue sur. ◇ *vi* [ship] arriver à quai.

docker ['dɒkə'] *n* docker *m*.

docket ['dɒkɪt] *n Br* fiche *f* (descriptive).

docklands ['dɒkləndz] *npl Br* docks *mpl*.

dockworker ['dɒkwɜːkə'] = docker.

dockyard ['dɒkjɑːd] *n* chantier *m* naval.

doctor ['dɒktə'] ◇ *n* **-1.** MED docteur *m*, médecin *m*; **to go to the ~'s** aller chez le docteur. **-2.** UNIV docteur *m*. ◇ *vt* **-1.** [results, report] falsifier; [text, food] altérer. **-2.** *Br* [cat] châtrer.

doctorate ['dɒktərət], **doctor's degree** *n* doctorat *m*.

doctrinaire [,dɒktrɪ'neə'] *adj* doctrinaire.

doctrine ['dɒktrɪn] *n* doctrine *f*.

docudrama [,dɒkju'drɑːmə] (*pl* -s) *n* docudrame *m*.

document [*n* 'dɒkjumənt, *vt* 'dɒkjument] ◇ *n* document *m*. ◇ *vt* documenter.

documentary [,dɒkju'mentərɪ] (*pl* -ies) ◇ *adj* documentaire. ◇ *n* documentaire *m*.

documentation [,dɒkjumen'teɪʃn] *n* documentation *f*.

DOD (*abbr of* Department of Defense) *n ministère américain de la défense.*

doddering ['dɒdərɪŋ], **doddery** ['dɒdərɪ] *adj inf* branlant(e).

doddle ['dɒdl] *n Br inf*: **it was a ~** c'était du gâteau.

Dodecanese [,dəudɪkə'niːz] *npl*: **the ~** le Dodécanèse; **in the ~** dans le Dodécanèse.

dodge [dɒdʒ] ◇ *n inf* combine *f*. ◇ *vt* éviter, esquiver. ◇ *vi* s'esquiver.

Dodgems® ['dɒdʒəmz] *npl Br* autos *fpl* tamponneuses.

dodgy ['dɒdʒɪ] *adj Br inf* [plan, deal] douteux(euse).

doe [dəu] *n* **-1.** [deer] biche *f*. **-2.** [rabbit] lapine *f*.

DOE *n* **-1.** (*abbr of* Department of the Environment) *ministère britannique de l'environnement.* **-2.** (*abbr of* Department of Energy) *ministère américain de l'énergie.*

doer ['duːə'] *n inf* personne *f* dynamique.

does [weak form dəz, strong form dʌz] → do.

doesn't ['dʌznt] = does not.

dog [dɒg] (*pt & pp* -ged, *cont* -ging) ◇ *n* **-1.** [animal] chien *m*, chienne *f*; **it's a ~'s life** c'est une vie de chien; **this country is going to the ~s** *inf* ce pays va à vau-l'eau. **-2.** *Am* [hot dog] hot dog *m*. ◇ *vt* **-1.** [subj: person - follow] suivre de près. **-2.** [subj: problems, bad luck] poursuivre.

dog biscuit *n* biscuit *m* pour chien.

dog collar *n* **-1.** [of dog] collier *m* de chien. **-2.** [of priest] col *m* d'ecclésiastique.

dog-eared [-ɪəd] *adj* écorné(e).

dog-eat-dog *adj*: it's ~ c'est la loi de la jungle.

dog-end *n inf* [of cigarette] mégot *m*.

dogfight ['dɒgfaɪt] *n* **-1.** [between dogs] combat *m* de chiens. **-2.** [between aircraft] combat *m* aérien.

dog food *n* nourriture *f* pour chiens.

dogged ['dɒgɪd] *adj* opiniâtre.

doggone ['dɒgɒn], **doggoned** ['dɒgɒnd] *adj Am inf* fichu(e).

doggy ['dɒgɪ] (*pl* -ies) *n* toutou *m*.

doggy bag *n* sac en plastique pour emporter les restes d'un repas.

dogma ['dɒgmə] *n* dogme *m*.

dogmatic [dɒg'mætɪk] *adj* dogmatique.

do-gooder [-'gudə'] *n pej* bonne âme *f*.

dog paddle *n* nage *f* du chien.

dogsbody ['dɒgz,bɒdɪ] (*pl* -ies) *n Br inf* [woman] bonne *f* à tout faire; [man] factotum *m*.

dog tag *n* plaque *f* d'identification.

doing ['duːɪŋ] *n*: is this your ~? c'est toi qui es cause de tout cela? ◆ **doings** *npl* actions *fpl*.

do-it-yourself *n* (*U*) bricolage *m*.

doldrums ['dɒldrəmz] *npl*: to be in the ~ *fig* être dans le marasme.

dole [dəʊl] *n Br* [unemployment benefit] allocation *f* de chômage; to be on the ~ être au chômage. ◆ **dole out** *vt sep* [food, money] distribuer au compte-gouttes.

doleful ['dəʊlful] *adj* morne.

doll [dɒl] *n* poupée *f*.

dollar ['dɒlə'] *n* dollar *m*.

dolled up [dɒld-] *adj inf* pomponné(e).

dollhouse *Am* = **doll's house**.

dollop ['dɒləp] *n inf* bonne cuillerée *f*.

doll's house *Br*, **dollhouse** [dɒlhaʊs] *Am n* maison *f* de poupée.

dolly ['dɒlɪ] (*pl* -ies) *n* **-1.** [doll] poupée *f*. **-2.** [for TV or film camera] travelling *m*.

dolly bird *n Br inf dated* poupée *f*.

Dolomites ['dɒləmaɪts] *npl*: the ~ les Dolomites *fpl*.

dolphin ['dɒlfɪn] *n* dauphin *m*.

domain [də'meɪn] *n lit & fig* domaine *m*.

dome [dəʊm] *n* dôme *m*.

domestic [də'mestɪk] ◆ *adj* **-1.** [policy, politics, flight] intérieur(e). **-2.** [chores, animal] domestique. **-3.** [home-loving] casanier(ière). ◆ *n* domestique *mf*.

domestic appliance *n* appareil *m* ménager.

domesticated [də'mestɪkeɪtɪd] *adj* **-1.** [animal] domestiqué(e). **-2.** *hum* [person] popote (*inv*).

domesticity [,dəʊme'stɪsətɪ] *n* (*U*) vie *f* de famille.

domicile ['dɒmɪsaɪl] *n* domicile *m*.

dominance ['dɒmɪnəns] *n* prédominance *f*; [of person] supériorité *f*.

dominant ['dɒmɪnənt] *adj* dominant(e); [personality, group] dominateur(trice).

dominate ['dɒmɪneɪt] *vt* dominer.

dominating ['dɒmɪneɪtɪŋ] *adj* [person] dominateur(trice).

domination [,dɒmɪ'neɪʃn] *n* domination *f*.

domineering [,dɒmɪ'nɪərɪŋ] *adj* autoritaire.

Dominica [də'mɪnɪkə] *n* la Dominique; in ~ à la Dominique.

Dominican Republic [də'mɪnɪkən-] *n*: the ~ la République Dominicaine; in the ~ en République Dominicaine.

dominion [də'mɪnjən] *n* **-1.** (*U*) [power] domination *f*. **-2.** [land] territoire *m*.

domino [dɒ'mɪnəʊ] (*pl* -es) *n* domino *m*. ◆ **dominoes** *npl* dominos *mpl*.

domino effect *n* réaction *f* en chaîne.

don [dɒn] (*pt & pp* -ned, *cont* -ning) ◇ *n Br* UNIV professeur *m* d'université. ◇ *vt* [clothing] revêtir.

donate [də'neɪt] *vt* faire don de.

donation [də'neɪʃn] *n* don *m*.

done [dʌn] ◇ *pp* → **do**. ◇ *adj* **-1.** [job, work] achevé(e); I'm nearly ~ j'ai presque fini. **-2.** [cooked] cuit(e). **-3.** [socially acceptable]: that's not the ~ thing ça ne se fait pas. ◇ *excl* [to conclude deal] tope!

donkey ['dɒŋkɪ] (*pl* donkeys) *n* âne *m*, ânesse *f*.

donkey jacket *n Br* grosse veste *f*.

donkeywork ['dɒŋkɪwɜːk] *n Br inf*: to do the ~ faire le sale boulot.

donor ['dəʊnə'] *n* **-1.** MED donneur *m*, -euse *f*. **-2.** [to charity] donateur *m*, -trice *f*.

donor card *n* carte *f* de donneur.

don't [dəʊnt] = **do not**.

doodle ['duːdl] ◇ *n* griffonnage *m*. ◇ *vi* griffonner.

doom [duːm] *n* [fate] destin *m*.

doomed [duːmd] *adj* condamné(e); they were ~ to die ils étaient condamnés à mourir; the plan was ~ to failure le plan était voué à l'échec.

door [dɔːr] *n* porte *f*; [of vehicle] portière *f*;

to open the ~ to sthg *fig* ouvrir la voie à qqch.

doorbell ['dɔːbel] *n* sonnette *f*.

doorhandle ['dɔːhændl] *n* poignée *f* de porte.

doorknob ['dɔːnɒb] *n* bouton *m* de porte.

doorknocker ['dɔːˌnɒkəʳ] *n* heurtoir *m*.

doorman ['dɔːmən] (*pl* **-men** [-mən]) *n* portier *m*.

doormat ['dɔːmæt] *n lit* & *fig* paillasson *m*.

doorstep ['dɔːstep] *n* pas *m* de la porte.

doorstop ['dɔːstɒp] *n* butoir *m* de porte.

door-to-door *adj* [salesman, selling] à domicile.

doorway ['dɔːweɪ] *n* embrasure *f* de la porte.

dope [dəup] ◇ *n inf* **-1.** *drugs sl* dope *f*. **-2.** [for athlete, horse] dopant *m*. **-3.** *inf* [fool] imbécile *mf*. ◇ *vt* [horse] doper.

dope test *n* contrôle *m* anti-dopage.

dopey [dəupɪ] (*compar* **-ier**, *superl* **-iest**) *adj inf* abruti(e).

dormant ['dɔːmənt] *adj* **-1.** [volcano] endormi(e). **-2.** [law] inappliqué(e).

dormer (window) ['dɔːməʳ-] *n* lucarne *f*.

dormice ['dɔːmaɪs] *pl* → **dormouse**.

dormitory ['dɔːmɪtrɪ] (*pl* **-ies**) *n* **-1.** [gen] dortoir *m*. **-2.** *Am* [in university] ≃ cité *f* universitaire.

Dormobile® ['dɔːməˌbiːl] *n Br* camping-car *m*.

dormouse ['dɔːmaʊs] (*pl* **-mice**) *n* loir *m*.

Dors (*abbr of* **Dorset**) *comté anglais*.

DOS [dɒs] (*abbr of* **disk operating system**) *n* DOS *m*.

dosage ['dəusɪdʒ] *n* dosage *m*.

dose [dəus] ◇ *n* **-1.** MED dose *f*. **-2.** *fig* [amount]: **a ~ of the measles** la rougeole. ◇ *vt*: **to ~ sb with sthg** administrer qqch à qqn.

doss [dɒs]

◆ **doss down** *vi Br inf* crécher.

dosser ['dɒsəʳ] *n Br inf* clochard *m*, -e *f*.

dosshouse ['dɒshaus] *n Br inf* asile *m* de nuit.

dossier ['dɒsɪeɪ] *n* dossier *m*.

dot [dɒt] (*pt* & *pp* **-ted**, *cont* **-ting**) ◇ *n* point *m*; **on the ~** à l'heure pile. ◇ *vt*: **dotted with** parsemé(e) de.

DOT (*abbr of* **Department of Transportation**) *n ministère américain du transport*.

dotage ['dəutɪdʒ] *n*: **to be in one's ~** être gâteux(euse).

dote [dəut]

◆ **dote (up)on** *vt fus* adorer.

doting ['dəutɪŋ] *adj*: **she has a ~ grandfather** elle a un grand-père qui l'adore.

dot-matrix printer *n* imprimante *f* matricielle.

dotted line ['dɒtɪd-] *n* ligne *f* pointillée; **to sign on the ~** *fig* donner formellement son accord.

dotty ['dɒtɪ] (*compar* **-ier**, *superl* **-iest**) *adj inf* toqué(e).

double ['dʌbl] ◇ *adj* double; **~ doors** porte *f* à deux battants; **"ally" is spelt "a", ~ "l", "y"** «ally» s'écrit «a», deux «l», «y». ◇ *adv* **-1.** [twice]: **~ the amount** deux fois plus; **to see ~** voir double. **-2.** [in two] en deux; **to bend ~** se plier en deux. ◇ *n* **-1.** [twice as much]: **I earn ~ what I used to** je gagne le double de ce que je gagnais auparavant. **-2.** [drink, look-alike] double *m*. **-3.** CINEMA doublure *f*. ◇ *vt* doubler. ◇ *vi* **-1.** [increase twofold] doubler. **-2.** [have second purpose]: **to ~ as** faire office de.

◆ **doubles** *npl* TENNIS double *m*.

◆ **double up** ◇ *vt sep*: **to be ~d up** être plié(e) en deux. ◇ *vi* [bend over] se plier en deux.

double act *n* duo *m*.

double agent *n* agent *m* double.

double-barrelled *Br*, **double-barreled** *Am* [-'bærəld] *adj* **-1.** [shotgun] à deux coups. **-2.** [name] à rallonge.

double bass [-beɪs] *n* contrebasse *f*.

double bed *n* lit *m* pour deux personnes, grand lit.

double-breasted [-'brestɪd] *adj* [jacket] croisé(e).

double-check *vt* & *vi* revérifier.

double chin *n* double menton *m*.

double cream *n Br* crème *f* fraîche épaisse.

double-cross *vt* trahir.

double-dealer *n*: **to be a ~** jouer double jeu.

double-decker [-dekəʳ] *n* [bus] autobus *m* à impériale.

double-declutch [-diː'klʌtʃ] *vi Br* AUT faire un double débrayage.

double-density *adj* COMPUT [disk] double-densité (*inv*).

double-dutch *n Br* charabia *m*.

double-edged [-'edʒd] *adj lit* & *fig* à double tranchant.

double entendre [ˌduːblɑ̃'tɑ̃dr] *n* allusion *f* grivoise.

double figures *npl*: **to be in ~** être au-dessus de dix.

double-glazing [-'gleɪzɪŋ] *n* double vitrage *m*.

double-jointed [-'dʒɔɪntɪd] *adj* désarticulé(e).

double-park *vi* se garer en double file.

double-quick *adj & adv inf* en deux temps trois mouvements.

double room *n* chambre *f* pour deux personnes.

double-sided *adj* COMPUT [disk] double-face.

double standards *npl*: to have ~ avoir deux poids, deux mesures.

double take *n*: to do a ~ marquer un temps d'arrêt.

double-talk *n* (U) propos *mpl* ambigus.

double time *n* tarif *m* double.

double vision *n* vue *f* double.

double whammy [-'wæmɪ] *n* double malédiction *f*.

doubly ['dʌblɪ] *adv* doublement.

doubt [daʊt] ◇ *n* doute *m*; there is no ~ that il n'y a aucun doute que; without (a) ~ sans aucun doute; beyond all ~ indubitablement; to be in ~ [person] ne pas être sûr(e); [outcome] être incertain(e); to cast ~ on sthg mettre qqch en doute; no ~ sans aucun doute. ◇ *vt* douter; to ~ whether OR if douter que.

doubtful ['daʊtful] *adj* -1. [decision, future] incertain(e). -2. [unsure] to be ~ about OR of douter de. -3. [person, value] douteux(euse).

doubtless ['daʊtlɪs] *adv* sans aucun doute.

dough [dəʊ] *n* (U) -1. CULIN pâte *f*. -2. *v inf* [money] fric *m*.

doughnut ['dəʊnʌt] *n* beignet *m*.

dour [dʊəʳ] *adj* austère.

douse [daʊs] *vt* -1. [fire, flames] éteindre. -2. [drench] tremper.

dove¹ [dʌv] *n* [bird] colombe *f*.

dove² [dəʊv] *Am pt* → **dive**.

dovecot(e) ['dʌvkɒt] *n* colombier *m*.

Dover ['dəʊvəʳ] *n* Douvres.

dovetail ['dʌvteɪl] *fig* ◇ *vt* faire coïncider. ◇ *vi* coïncider.

dovetail joint *n* assemblage *m* à queue d'aronde.

dowager ['daʊədʒəʳ] *n* douairière *f*.

dowdy ['daʊdɪ] (*compar* -ier, *superl* -iest) *adj* sans chic.

Dow-Jones average [,daʊ'dʒəʊnz-] *n*: the ~ le Dow-Jones, l'indice *m* Dow-Jones.

down [daʊn] ◇ *adv* -1. [downwards] en bas, vers le bas; to bend ~ se pencher; to climb

~ descendre; to fall ~ tomber (par terre); to pull ~ tirer vers le bas. -2. [along]: we went ~ to have a look on est allé jeter un coup d'œil; I'm going ~ to the shop je vais au magasin. -3. [southwards]: we travelled ~ to London on est descendu à Londres. -4. [lower in amount]: prices are coming ~ les prix baissent; ~ to the last detail jusqu'au moindre détail. -5. [in written form]: to write sthg ~ noter qqch. ◇ *prep* -1. [downwards]: they ran ~ the hill/stairs ils ont descendu la colline/l'escalier en courant. -2. [along]: to walk ~ the street descendre la rue. ◇ *adj* -1. *inf* [depressed]: to feel ~ avoir le cafard. -2. [behind]: they're two goals ~ ils perdent de deux buts. -3. [lower in amount]: prices are ~ again les prix ont encore baissé. -4. [computer, telephones] en panne. ◇ *n* (U) duvet *m*. ◇ *vt* -1. [knock over] abattre. -2. [drink] avaler d'un trait.

◆ **downs** *npl* Br collines *fpl*.

down-and-out ◇ *adj* indigent(e). ◇ *n* personne dans le besoin.

down-at-heel *adj* déguenillé(e).

downbeat ['daʊnbiːt] *adj inf* pessimiste.

downcast ['daʊnkɑːst] *adj* -1. [sad] démoralisé(e). -2. [eyes] baissé(e).

downer ['daʊnəʳ] *n inf* -1. [drug] tranquillisant *m*. -2. [depressing event or person]: he's/it's a real ~ il est/c'est flippant.

downfall ['daʊnfɔːl] *n* (U) ruine *f*.

downgrade ['daʊngreɪd] *vt* [job] déclasser; [employee] rétrograder.

downhearted [,daʊn'hɑːtɪd] *adj* découragé(e).

downhill [,daʊn'hɪl] ◇ *adj* -1. [downward] en pente; it's ~ all the way now *fig* ça va être du gâteau maintenant. -2. SKIING: ~ skier descendeur *m*, -euse *f*. ◇ *n* SKIING [race] descente *f*. ◇ *adv*: to walk ~ descendre la côte; her career is going ~ *fig* sa carrière est sur le déclin.

Downing Street ['daʊnɪŋ-] *n* rue du centre de Londres.

DOWNING STREET:
C'est à Downing Street que se trouvent les résidences officielles du Premier ministre, au n° 10, et du ministre des Finances, au n° 11. Le terme 'Downing Street' est souvent employé pour désigner le gouvernement

download [,daʊn'ləʊd] *vt* COMPUT transférer.

down-market *adj* [area] populaire, pas très chic (*inv*); [product] bas de gamme (*inv*).

drainage

down payment n acompte m.

downplay ['daʊnpleɪ] vt minimiser.

downpour ['daʊnpɔːr] n pluie f torrentielle.

downright ['daʊnraɪt] ◇ adj franc (franche); [lie] effronté(e). ◇ adv franchement.

downside ['daʊnsaɪd] n désavantage m.

Down's syndrome n trisomie f 21.

downstairs [,daʊn'steəz] ◇ adj du bas; [on floor below] à l'étage en-dessous. ◇ adv en bas; [on floor below] à l'étage en-dessous; **to come** OR **go** ~ descendre.

downstream [,daʊn'striːm] adv en aval.

downtime ['daʊntaɪm] n temps m improductif.

down-to-earth adj pragmatique, terre-à-terre (inv).

downtown [,daʊn'taʊn] ◇ adj: ~ **New York** le centre de New York. ◇ adv en ville.

downtrodden ['daʊn,trɒdn] adj opprimé(e).

downturn ['daʊntɜːn] n: ~ **(in)** baisse f (de).

down under adv en Australie/Nouvelle-Zélande.

downward ['daʊnwəd] ◇ adj -1. [towards ground] vers le bas. -2. [trend] à la baisse. ◇ adv Am = **downwards**.

downwards ['daʊnwədz] adv -1. [look, move] vers le bas. -2. [in hierarchy]: **from the president** ~ du président jusqu'au bas de la hiérarchie.

downwind [,daʊn'wɪnd] adv dans le sens du vent.

dowry ['daʊərɪ] (pl -ies) n dot f.

doz. (abbr of **dozen**) douz.

doze [dəʊz] ◇ n somme m. ◇ vi sommeiller.

◆ **doze off** vi s'assoupir.

dozen ['dʌzn] ◇ num adj: **a** ~ **eggs** une douzaine d'œufs. ◇ n douzaine f; **50p a** ~ 50p la douzaine; **~s of** inf des centaines de.

dozy ['dəʊzɪ] (compar -ier, superl -iest) adj -1. [sleepy] somnolent(e). -2. Br inf [stupid] lent(e).

DP (abbr of **data processing**) n informatique f.

DPh, DPhil [,diː'fɪl] (abbr of **Doctor of Philosophy**) n docteur en philosophie.

DPP abbr of **Director of Public Prosecutions**.

DPT (abbr of **diphtheria, pertussis, tetanus**) n DCT m.

DPW (abbr of **Department of Public Works**) n ministère de l'équipement.

dr abbr of **debtor**.

Dr. -1. (abbr of **Drive**) av. **-2.** (abbr of **Doctor**) Dr.

drab [dræb] (compar -ber, superl -best) adj terne.

draconian [drə'kəʊnjən] adj draconien(ienne).

draft [drɑːft] ◇ n -1. [early version] premier jet m, ébauche f; [of letter] brouillon m. -2. [money order] traite f. -3. Am MIL: **the** ~ la conscription f. -4. Am = **draught**. ◇ vt -1. [speech] ébaucher, faire le plan de; [letter] faire le brouillon de. -2. Am MIL appeler. -3. [staff] muter.

draft dodger [-dɒdʒər] n Am insoumis m.

draftee [,drɑː'tiː] n Am appelé m.

draftsman Am = **draughtsman**.

draftsmanship Am = **draughtsmanship**.

drafty Am = **draughty**.

drag [dræg] (pt & pp -ged, cont -ging) ◇ vt -1. [gen] traîner. -2. [lake, river] draguer. ◇ vi -1. [dress, coat] traîner. -2. fig [time, action] traîner en longueur. ◇ n -1. inf [bore] plaie f. -2. inf [on cigarette] bouffée f. -3. [wind resistance] coefficient m de pénétration (dans l'air). -4. [cross-dressing]: **in** ~ en travesti.

◆ **drag down** vt sep fig: **they dragged him down with them** ils l'ont entraîné dans leur chute.

◆ **drag in** vt sep [include - person] mêler; [- subject] faire allusion à.

◆ **drag on** vi [meeting, time] s'éterniser, traîner en longueur.

◆ **drag out** vt sep -1. [protract] prolonger, faire traîner. -2. [facts] tirer, arracher; **to** ~ **sthg out of sb** soutirer qqch à qqn.

dragnet ['drægnet] n -1. [net] drège f. -2. fig [to catch criminal] piège m.

dragon ['drægən] n lit & fig dragon m.

dragonfly ['drægnflaɪ] (pl -ies) n libellule f.

dragoon [drə'guːn] ◇ n dragon m. ◇ vt: **to** ~ **sb into doing sthg** contraindre qqn à faire qqch.

drag racing n course f de dragster.

dragster ['drægstər] n dragster m.

drain [dreɪn] ◇ n -1. [pipe] égout m; **down the** ~ [money] jeté par les fenêtres. -2. [depletion - of resources, funds] ~ **on** épuisement m de. ◇ vt -1. [vegetables] égoutter; [land] assécher, drainer. -2. [strength, resources] épuiser; **to feel ~ed** être vidé(e). -3. [drink, glass] boire. ◇ vi [dishes] égoutter; **the blood ~ed from his face** il blêmit.

drainage ['dreɪnɪdʒ] n -1. [pipes, ditches] (système m du) tout-à-l'égout m. -2. [draining - of land] drainage m.

draining board ['dreɪnɪŋ-] *Br*, **drainboard** ['dreɪnbɔːrd] *Am n* égouttoir *m*.

drainpipe ['dreɪnpaɪp] *n* tuyau *m* d'écoulement.

drainpipes, drainpipe trousers *npl Br* pantalon-cigarette *m*.

drake [dreɪk] *n* canard *m*.

dram [dræm] *n* goutte *f* (de whisky).

drama ['drɑːmə] ◇ *n* -1. [play, excitement] drame *m*. -2. (*U*) [art] théâtre *m*. ◇ *comp* [school] d'art dramatique; [critic] dramatique.

dramatic [drə'mætɪk] *adj* -1. [gen] dramatique. -2. [sudden, noticeable] spectaculaire.

dramatically [drə'mætɪklɪ] *adv* -1. [noticeably] de façon spectaculaire. -2. [theatrically] de façon théâtrale.

dramatist ['dræmətɪst] *n* dramaturge *mf*.

dramatization [ˌdræmətaɪ'zeɪʃn] *n* adaptation *f* pour la télévision/la scène/l'écran.

dramatize, -ise ['dræmətaɪz] *vt* -1. [rewrite as play, film] adapter pour la télévision/la scène/l'écran. -2. *pej* [make exciting] dramatiser.

drank [dræŋk] *pt* → **drink**.

drape [dreɪp] *vt* draper; **to be ~d with** OR **in** être drapé(e) de.

◆ **drapes** *npl Am* rideaux *mpl*.

draper ['dreɪpər] *n* marchand *m*, -e *f* de tissus.

drastic ['dræstɪk] *adj* -1. [measures] drastique, radical(e). -2. [improvement, decline] spectaculaire.

drastically ['dræstɪklɪ] *adv* [change, decline] de façon spectaculaire.

draught *Br*, **draft** *Am* [drɑːft] *n* -1. [air current] courant *m* d'air. -2. *literary* [gulp] gorgée *f*. -3. [from barrel]: **on ~** [beer] à la pression.

◆ **draughts** *n Br* jeu *m* de dames.

draught beer *n Br* bière *f* à la pression.

draughtboard ['drɑːftbɔːd] *n Br* damier *m*.

draughtsman *Br* (*pl* **-men** [-mən]), **draftsman** *Am* (*pl* **-men** [-mən]) ['drɑːftsmən] *n* dessinateur *m*, -trice *f*.

draughtsmanship *Br*, **draftsmanship** *Am* ['drɑːftsmənʃɪp] *n* [skill] talent *m* de dessinateur.

draughty *Br* (*compar* **-ier**, *superl* **-iest**), **drafty** *Am* (*compar* **-ier**, *superl* **-iest**) ['drɑːftɪ] *adj* plein(e) de courants d'air.

draw [drɔː] (*pt* **drew**, *pp* **drawn**) ◇ *vt* -1. [gen] tirer; **to ~ breath** *fig* souffler. -2. [sketch] dessiner. -3. [comparison, distinction] établir, faire. -4. [attract] attirer, entraîner; **to ~ sb's attention to** attirer l'attention de

qqn sur; **to be** OR **feel drawn to** être OR se sentir attiré(e) par.

◇ *vi* -1. [sketch] dessiner. -2. [move]: **to ~ near** [person] s'approcher; [time] approcher; **to ~ away** reculer; **to ~ to an end** OR **a close** tirer à sa fin. -3. SPORT faire match nul; **to be ~ing** être à égalité.

◇ *n* -1. SPORT [result] match *m* nul. -2. [lottery] tirage *m*. -3. [attraction] attraction *f*.

◆ **draw in** *vi* [days] raccourcir.

◆ **draw into** *vt sep*: **to ~ sb into sthg** mêler qqn à qqch.

◆ **draw on** *vt fus* -1. = **draw upon**. -2. [cigarette] tirer sur.

◆ **draw out** *vt sep* -1. [encourage - person] faire sortir de sa coquille. -2. [prolong] prolonger. -3. [money] faire un retrait de, retirer.

◆ **draw up** ◇ *vt sep* [contract, plan] établir, dresser. ◇ *vi* [vehicle] s'arrêter.

◆ **draw upon** *vt fus* [information] utiliser, se servir de; [reserves, resources] puiser dans.

drawback ['drɔːbæk] *n* inconvénient *m*, désavantage *m*.

drawbridge ['drɔːbrɪdʒ] *n* pont-levis *m*.

drawer [drɔːr] *n* [in desk, chest] tiroir *m*.

drawing ['drɔːɪŋ] *n* dessin *m*.

drawing board *n* planche *f* à dessin; **back to the ~** *inf* retour à la case départ.

drawing pin *n Br* punaise *f*.

drawing room *n* salon *m*.

drawl [drɔːl] ◇ *n* voix *f* traînante. ◇ *vt* dire d'une voix traînante.

drawn [drɔːn] ◇ *pp* → **draw**. ◇ *adj* -1. [curtains] tiré(e). -2. [face] fatigué(e), tiré(e).

drawn-out *adj* prolongé(e).

drawstring ['drɔːstrɪŋ] *n* cordon *m*.

dread [dred] ◇ *n* (*U*) épouvante *f*. ◇ *vt* appréhender; **to ~ doing sthg** appréhender de faire qqch; **I ~ to think** je n'ose pas imaginer.

dreaded ['dredɪd] *adj* redouté(e).

dreadful ['dredful] *adj* affreux(euse), épouvantable.

dreadfully ['dredfulɪ] *adv* -1. [badly] terriblement. -2. [extremely] extrêmement; **I'm ~ sorry** je regrette infiniment.

dreadlocks ['dredlɒks] *npl* coiffure *f* rasta.

dream [driːm] (*pt* & *pp* **-ed** OR **dreamt**) ◇ *n* rêve *m*. ◇ *adj* de rêve. ◇ *vt*: **to ~ (that)** ... rêver que ...; **I never ~ed this would happen** je n'aurais jamais pensé que cela puisse arriver. ◇ *vi*: **to ~ (of** OR **about)** rêver (de); **I wouldn't ~ of it** cela ne me viendrait même pas à l'idée.

◆ **dream up** *vt sep* inventer.

dreamer ['driːmər] *n* [unrealistic person] uto-piste *mf*.

dreamily ['driːmɪlɪ] *adv* rêveusement.

dreamlike ['driːmlaɪk] *adj* comme dans un rêve.

dreamt [dremt] *pp* → **dream**.

dream world *n* monde *m* imaginaire.

dreamy ['driːmɪ] (*compar* **-ier**, *superl* **-iest**) *adj* **-1.** [distracted] rêveur(euse). **-2.** [dream-like] de rêve.

dreary ['drɪərɪ] (*compar* **-ier**, *superl* **-iest**) *adj* **-1.** [weather] morne. **-2.** [dull, boring] en-nuyeux(euse).

dredge [dredʒ] *vt* draguer.
♦ **dredge up** *vt sep* **-1.** [with dredger] dra-guer. **-2.** *fig* [from past] déterrer.

dredger ['dredʒər] *n* [ship] dragueur *m*; [machine] drague *f*.

dregs [dregz] *npl lit* & *fig* lie *f*.

drench [drentʃ] *vt* tremper; **to be ~ed in** OR **with** être inondé(e) de.

Dresden ['drezdən] *n* Dresde.

dress [dres] ◇ *n* **-1.** [woman's garment] robe *f*. **-2.** (*U*) [clothing] costume *m*, tenue *f*. ◇ *vt* **-1.** [clothe] habiller; **to be ~ed** être habil-lé(e); **to be ~ed in** être vêtu(e) de; **to get ~ed** s'habiller. **-2.** [bandage] panser. **-3.** CU-LIN [salad] assaisonner. ◇ *vi* s'habiller.
♦ **dress up** ◇ *vt sep* [facts] maquiller. ◇ *vi* **-1.** [in costume] se déguiser. **-2.** [in best clothes] s'habiller (élégamment).

dressage ['dresɑːʒ] *n* dressage *m*.

dress circle *n* premier balcon *m*.

dresser ['dresər] *n* **-1.** [for dishes] vaisselier *m*. **-2.** *Am* [chest of drawers] commode *f*. **-3.** [person]: **a smart ~** une personne qui s'ha-bille avec chic.

dressing ['dresɪŋ] *n* **-1.** [bandage] panse-ment *m*. **-2.** [for salad] assaisonnement *m*. **-3.** *Am* [for turkey etc] farce *f*.

dressing gown *n* robe *f* de chambre.

dressing room *n* **-1.** THEATRE loge *f*. **-2.** SPORT vestiaire *m*.

dressing table *n* coiffeuse *f*.

dressmaker ['dres,meɪkər] *n* couturier *m*, -ière *f*.

dressmaking ['dres,meɪkɪŋ] *n* couture *f*.

dress rehearsal *n* générale *f*.

dress shirt *n* chemise *f* de soirée.

dressy ['dresɪ] (*compar* **-ier**, *superl* **-iest**) *adj* habillé(e).

drew [druː] *pt* → **draw**.

dribble ['drɪbl] ◇ *n* **-1.** [saliva] bave *f*. **-2.** [trickle] traînée *f*. ◇ *vt* SPORT dribbler. ◇ *vi*

-1. [drool] baver. **-2.** [liquid] tomber goutte à goutte, couler.

dribs [drɪbz] *npl*: **in ~ and drabs** peu à peu, petit à petit.

dried [draɪd] ◇ *pp* → **dry**. ◇ *adj* [milk, eggs] en poudre; [fruit] sec (sèche); [flowers] sé-ché(e).

dried fruit *n* (*U*) fruits *mpl* secs.

dried-up *adj* asséché(e).

drier ['draɪər] = **dryer**.

drift [drɪft] ◇ *n* **-1.** [movement] mouvement *m*; [direction] direction *f*, sens *m*. **-2.** [mean-ing] sens *m* général; **I get your ~** je vois ce que vous voulez dire. **-3.** [of snow] congère *f*; [of sand, leaves] amoncellement *m*, entas-sement *m*.
◇ *vi* **-1.** [boat] dériver. **-2.** [snow, sand, leaves] s'amasser, s'amonceler. **-3.** [person] errer; **to ~ into sthg** se retrouver dans qqch; **to ~ apart** se détacher l'un de l'au-tre.
♦ **drift off** *vi* [person] s'assoupir.

drifter ['drɪftər] *n* [person] personne *f* sans but dans la vie.

driftwood ['drɪftwʊd] *n* bois *m* flottant.

drill [drɪl] ◇ *n* **-1.** [tool] perceuse *f*; [den-tist's] fraise *f*; [in mine etc] perforatrice *f*. **-2.** [exercise, training] exercice *m*. ◇ *vt* **-1.** [wood, hole] percer; [tooth] fraiser; [well] forer. **-2.** [soldiers] entraîner; **to ~ sthg into sb** faire rentrer qqch dans la tête de qqn. ◇ *vi* **-1.** [bore]: **to ~ into** [wood] percer dans; [tooth] fraiser dans. **-2.** [excavate]: **to ~ for oil** forer à la recherche de pétrole.

drilling platform ['drɪlɪŋ-] *n* plate-forme *f* pétrolière OR de forage.

drily ['draɪlɪ] = **dryly**.

drink [drɪŋk] (*pt* **drank**, *pp* **drunk**) ◇ *n* **-1.** [gen] boisson *f*; **to have a ~** boire un verre. **-2.** (*U*) [alcohol] alcool *m*. ◇ *vt* boire. ◇ *vi* boire; **to ~ to sb/to sb's success** boire à qqn/à la réussite de qqn.

drinkable ['drɪŋkəbl] *adj* **-1.** [water] potable. **-2.** [palatable] buvable.

drink-driving *Br*, **drunk-driving** *Am n* conduite *f* en état d'ivresse.

drinker ['drɪŋkər] *n* buveur *m*, -euse *f*.

drinking ['drɪŋkɪŋ] ◇ *adj*: **I'm not a ~ man** je ne bois pas. ◇ *n* (*U*) boisson *f*.

drinking fountain *n* fontaine *f* d'eau po-table.

drinking-up time *n Br période pendant la-quelle les clients d'un pub doivent terminer leur verre avant la fermeture.*

drinking water *n* eau *f* potable.

drip [drɪp] (*pt* & *pp* **-ped**, *cont* **-ping**) ◇ *n* **-1.** [drop] goutte *f*. **-2.** MED goutte-à-goutte *m inv*. **-3.** *inf* [wimp] femmelette *f*. ◇ *vt* laisser tomber goutte à goutte. ◇ *vi* **-1.** [gen] goutter, tomber goutte à goutte. **-2.** [person]: **to be dripping with** *lit* & *fig* être ruisselant(e) de.

drip-dry *adj* qui ne se repasse pas.

drip-feed ◇ *n* goutte-à-goutte *m inv*. ◇ *vt* alimenter par perfusion.

dripping ['drɪpɪŋ] ◇ *adj*: ~ **(wet)** dégoulinant(e). ◇ *n* (*U*) graisse *f*.

drive [draɪv] (*pt* **drove**, *pp* **driven**) ◇ *n* **-1.** [in car] trajet *m* (en voiture); **to go for a ~** faire une promenade (en voiture). **-2.** [urge] désir *m*, besoin *m*. **-3.** [campaign] campagne *f*. **-4.** (*U*) [energy] dynamisme *m*, énergie *f*. **-5.** [road to house] allée *f*. **-6.** SPORT drive *m*. ◇ *vt* **-1.** [vehicle, passenger] conduire. **-2.** TECH entraîner, actionner. **-3.** [animals, people] pousser. **-4.** [motivate] pousser. **-5.** [force]: **to ~ sb to sthg/to do sthg** pousser qqn à qqch/à faire qqch, conduire qqn à qqch/à faire qqch; **to ~ sb mad** OR **crazy** rendre qqn fou. **-6.** [nail, stake] enfoncer. **-7.** SPORT driver. ◇ *vi* [driver] conduire; [travel by car] aller en voiture.
◆ **drive at** *vt fus*: **what are you driving at?** où voulez-vous en venir?

drive-in ◇ *n* drive-in *m*. ◇ *adj* drive-in (*inv*).

drivel ['drɪvl] *n* (*U*) *inf* foutaises *fpl*, idioties *fpl*.

driven ['drɪvn] *pp* → **drive**.

driver ['draɪvər] *n* **-1.** [of vehicle - gen] conducteur *m*, -trice *f*; [- of taxi] chauffeur *m*. **-2.** COMPUT logiciel *m* de commande de périphérique.

driver's license *Am* = **driving licence**.

drive shaft *n* arbre *m* de transmission.

driveway ['draɪvweɪ] *n* allée *f*.

driving ['draɪvɪŋ] ◇ *adj* [rain] battant(e); [wind] cinglant(e). ◇ *n* (*U*) conduite *f*.

driving force *n* force *f* motrice.

driving instructor *n* moniteur *m*, -trice *f* d'auto-école.

driving lesson *n* leçon *f* de conduite.

driving licence *Br*, **driver's license** *Am n* permis *m* de conduire.

driving mirror *n* rétroviseur *m*.

driving school *n* auto-école *f*.

driving test *n* (examen *m* du) permis *m* de conduire.

drizzle ['drɪzl] ◇ *n* bruine *f*. ◇ *v impers* bruiner.

drizzly ['drɪzlɪ] (*compar* **-ier**, *superl* **-iest**) *adj* bruineux(euse).

droll [drəʊl] *adj* drôle.

dromedary ['drɒmədrɪ] (*pl* **-ies**) *n* dromadaire *m*.

drone [drəʊn] ◇ *n* **-1.** [of traffic, voices] ronronnement *m*; [of insect] bourdonnement *m*. **-2.** [male bee] abeille *f* mâle, faux-bourdon *m*. ◇ *vi* [engine] ronronner; [insect] bourdonner.
◆ **drone on** *vi* parler d'une voix monotone; **to ~ on about sthg** rabâcher qqch.

drool [druːl] *vi* baver; **to ~ over** *fig* baver (d'admiration) devant.

droop [druːp] *vi* **-1.** [head] pencher; [shoulders, eyelids] tomber. **-2.** *fig* [spirits] faiblir.

drop [drɒp] (*pt* & *pp* **-ped**, *cont* **-ping**) ◇ *n* **-1.** [of liquid] goutte *f*. **-2.** [sweet] pastille *f*. **-3.** [decrease]: ~ **(in)** baisse *f* (de). **-4.** [distance down] dénivellation *f*; **sheer ~** à-pic *m inv*.
◇ *vt* **-1.** [let fall] laisser tomber. **-2.** [voice, speed, price] baisser. **-3.** [abandon] abandonner; [player] exclure. **-4.** [let out of car] déposer. **-5.** [utter]: **to ~ a hint that** laisser entendre que. **-6.** TENNIS [game, set] perdre. **-7.** [write]: **to ~ sb a note** OR **line** écrire un petit mot à qqn.
◇ *vi* **-1.** [fall] tomber. **-2.** [temperature, demand] baisser; [voice, wind] tomber.
◆ **drops** *npl* MED gouttes *fpl*.
◆ **drop by** *vi inf* passer.
◆ **drop in** *vi inf*: **to ~ in (on sb)** passer (chez qqn).
◆ **drop off** ◇ *vt sep* déposer. ◇ *vi* **-1.** [fall asleep] s'endormir. **-2.** [interest, sales] baisser.
◆ **drop out** *vi*: **to ~ out (of** OR **from sthg)** abandonner (qqch); **to ~ out of society** vivre en marge de la société.

drop-in centre *n* centre d'assistance sociale permanente.

droplet ['drɒplɪt] *n* gouttelette *f*.

dropout ['drɒpaʊt] *n* [from society] marginal *m*, -e *f*; [from college] étudiant *m*, -e *f* qui abandonne ses études.

dropper ['drɒpər] *n* compte-gouttes *m inv*.

droppings ['drɒpɪŋz] *npl* [of bird] fiente *f*; [of animal] crottes *fpl*.

drop shot *n* amorti *m*.

dross [drɒs] *n* (*U*) déchets *mpl*; *fig* rebut *m*.

drought [draʊt] *n* sécheresse *f*.

drove [drəʊv] ◇ *pt* → **drive**. ◇ *n* [of people] foule *f*.

drown [draʊn] ◇ *vt* **-1.** [in water] noyer. **-2.** [sound]: **to ~ (out)** couvrir. ◇ *vi* se noyer.

drowsy ['draʊzɪ] (*compar* -ier, *superl* -iest) *adj* assoupi(e), somnolent(e).

drudge [drʌdʒ] *n* homme *m* de peine, femme *f* de peine.

drudgery ['drʌdʒərɪ] *n* (*U*) corvée *f*.

drug [drʌg] (*pt* & *pp* -ged, *cont* -ging) ◇ *n* -1. [medicine] médicament *m*. -2. [narcotic] drogue *f*. ◇ *vt* droguer.

drug abuse *n* usage *m* de stupéfiants.

drug addict *n* drogué *m*, -e *f*.

drug addiction *n* toxicomanie *f*.

druggist ['drʌgɪst] *n* Am pharmacien *m*, -ienne *f*.

drug pedlar *n* revendeur *m*, -euse *f* de drogue.

drugstore ['drʌgstɔːr] *n* Am drugstore *m*.

druid ['druːɪd] *n* druide *m*.

drum [drʌm] (*pt* & *pp* -med, *cont* -ming) ◇ *n* -1. MUS tambour *m*. -2. [container] bidon *m*. ◇ *vt* & *vi* tambouriner.

◆ **drums** *npl* batterie *f*.

◆ **drum into** *vt sep*: to ~ sthg into sb enfoncer qqch dans la tête de qqn.

◆ **drum up** *vt sep* [support, business] rechercher, solliciter.

drumbeat ['drʌmbiːt] *n* roulement *m* de tambour.

drum brake *n* frein *m* à tambour.

drummer ['drʌmər] *n* [gen] (joueur *m*, -euse *f* de) tambour *m*; [in pop group] batteur *m*, -euse *f*.

drumming ['drʌmɪŋ] *n* [of rain, fingers] tambourinage *m*.

drum roll *n* roulement *m* de tambour.

drumstick ['drʌmstɪk] *n* -1. [for drum] baguette *f* de tambour. -2. [of chicken] pilon *m*.

drunk [drʌŋk] ◇ *pp* → **drink**. ◇ *adj* -1. [on alcohol] ivre, soûl(e); to get ~ se soûler, s'enivrer; ~ and disorderly en état d'ivresse sur la voie publique. -2. *fig* [excited, carried away]: to be ~ with OR on être enivré(e) OR grisé(e) par. ◇ *n* soûlard *m*, -e *f*.

drunkard ['drʌŋkəd] *n* alcoolique *mf*.

drunk-driving Am = **drink-driving**.

drunken ['drʌŋkn] *adj* [person] ivre; [quarrel] d'ivrognes.

drunken driving = **drink-driving**.

drunkenness ['drʌŋkənɪs] *n* ivresse *f*.

dry [draɪ] (*compar* -ier, *superl* -iest, *pt* & *pp* **dried**) ◇ *adj* -1. [gen] sec (sèche). -2. [river, earth] asséché(e). -3. [wry] pince-sans-rire (*inv*). -4. [dull] aride. ◇ *vt* [gen] sécher; [with cloth] essuyer. ◇ *vi* sécher.

◆ **dry out** *vt sep* & *vi* sécher.

◆ **dry up** ◇ *vt sep* [dishes] essuyer. ◇ *vi* -1. [river, lake] s'assécher. -2. [supply] se tarir. -3. [actor, speaker] avoir un trou, sécher. -4. [dry dishes] essuyer.

dry battery *n* batterie *f* sèche.

dry-clean *vt* nettoyer à sec.

dry cleaner *n*: ~'s pressing *m*.

dry-cleaning *n* nettoyage *m* à sec.

dry dock *n* cale *f* sèche.

dryer ['draɪər] *n* [for clothes] séchoir *m*.

dry ginger *n* boisson gazeuse au gingembre.

dry goods *npl* mercerie *f*.

dry ice *n* neige *f* carbonique.

dry land *n* terre *f* ferme.

dryly ['draɪlɪ] *adv* [wryly] sèchement.

dryness ['draɪnɪs] *n* (*U*) -1. [of ground] sécheresse *f*; [of humour] causticité *f*. -2. [dullness] aridité *f*.

dry rot *n* pourriture *f* sèche.

dry run *n* répétition *f*.

dry ski slope *n* piste *f* de ski artificielle.

dry-stone wall *n* mur *m* de pierres sèches.

DSc (*abbr of* **Doctor of Science**) *n* docteur ès sciences.

DSS (*abbr of* **Department of Social Security**) *n* ministère britannique de la sécurité sociale.

DST (*abbr of* **daylight saving time**) heure d'été aux États-Unis.

DT *abbr of* **data transmission**.

DTI (*abbr of* **Department of Trade and Industry**) *n* ministère britannique du commerce et de l'industrie.

DTP (*abbr of* **desktop publishing**) *n* PAO *f*.

DT's [ˌdiːˈtiːz] (*abbr of* **delirium tremens**) *npl inf*: to have the ~ avoir une crise de délirium tremens.

dual ['djuːəl] *adj* double.

dual carriageway *n* Br route *f* à quatre voies.

dual control *n* double commande *f*.

dual nationality *n* double nationalité *f*.

dual-purpose *adj* à double emploi.

Dubai [ˌduːˈbaɪ] *n* Dubayy.

dubbed [dʌbd] *adj* -1. CINEMA doublé(e). -2. [nicknamed] surnommé(e).

dubious ['djuːbjəs] *adj* -1. [suspect] douteux(euse). -2. [uncertain] hésitant(e), incertain(e); to be ~ about doing sthg hésiter à faire qqch.

Dublin ['dʌblɪn] *n* Dublin.

Dubliner ['dʌblɪnər] *n* Dublinois *m*, -e *f*.

duchess ['dʌtʃɪs] *n* duchesse *f*.

duchy ['dʌtʃɪ] (*pl* -ies) *n* duché *m*.

duck [dʌk] ◇ *n* canard *m*; **she took to it like a ~ to water** elle était comme un poisson dans l'eau. ◇ *vt* -**1.** [head] baisser. -**2.** [responsibility] esquiver, se dérober à. -**3.** [submerge]: **to ~ sb** mettre la tête de qqn sous l'eau. ◇ *vi* -**1.** [lower head] se baisser. -**2.** [dive]: **he ~ed behind the wall** il se cacha derrière le mur.
◆ **duck out** *vi*: **to ~ out (of sthg)** se soustraire (à qqch).

duckling ['dʌklɪŋ] *n* caneton *m*.

duct [dʌkt] *n* -**1.** [pipe] canalisation *f.* -**2.** ANAT canal *m*.

dud [dʌd] ◇ *adj* [bomb] non éclaté(e); [cheque] sans provision, en bois. ◇ *n* obus *m* non éclaté.

dude [djuːd] *n Am inf* [man] gars *m*, type *m*.

dude ranch *n* aux États-Unis, ranch qui propose des activités touristiques.

due [djuː] ◇ *adj* -**1.** [expected]: **the book is ~ out in May** le livre doit sortir en mai; **she's ~ back shortly** elle devrait rentrer sous peu; **when is the train ~?** à quelle heure le train doit-il arriver? -**2.** [appropriate] dû (due), qui convient; **in ~ course** [at the appropriate time] en temps voulu; [eventually] à la longue. -**3.** [owed, owing] dû (due): **she's ~ a pay rise** elle devrait recevoir une augmentation.
◇ *adv*: **~ west** droit vers l'ouest.
◇ *n* dû *m*; **to give him his ~** il faut lui rendre cette justice.
◆ **dues** *npl* cotisation *f*.
◆ **due to** *prep* [owing to] dû à; [because of] provoqué par, à cause de.

due date *n* jour *m* de l'échéance.

duel ['djuːəl] (*Br pt* & *pp* -**led**, *cont* -**ling**, *Am pt* & *pp* -**ed**, *cont* -**ing**) ◇ *n* duel *m*. ◇ *vi* se battre en duel.

duet [djuːˈet] *n* duo *m*.

duff [dʌf] *adj Br inf* [useless] nul (nulle).
◆ **duff up** *vt sep Br inf* tabasser.

duffel bag ['dʌfl-] *n* sac *m* marin.

duffel coat ['dʌfl-] *n* duffel-coat *m*.

duffle bag = **duffel bag**.

duffle coat = **duffel coat**.

dug [dʌg] *pt* & *pp* → **dig**.

dugout ['dʌgaut] *n* -**1.** [canoe] pirogue *f.* -**2.** SPORT abri *m* de touche.

duke [djuːk] *n* duc *m*.

dull [dʌl] ◇ *adj* -**1.** [boring - book, conversation] ennuyeux(euse); [- person] terne. -**2.** [colour, light] terne. -**3.** [weather] maussade. -**4.** [sound, ache] sourd(e). ◇ *vt* -**1.** [pain] atténuer; [senses] émousser. -**2.** [make less bright] ternir.

duly ['djuːlɪ] *adv* -**1.** [properly] dûment. -**2.** [as expected] comme prévu.

dumb [dʌm] *adj* -**1.** [unable to speak] muet(ette). -**2.** *inf* [stupid] idiot(e).

dumbbell ['dʌmbel] *n* [weight] haltère *m*.

dumbfound [dʌmˈfaund] *vt* stupéfier, abasourdir; **to be ~ed** ne pas en revenir.

dumbstruck ['dʌmstrʌk] *adj* muet(ette) de stupeur.

dumbwaiter [ˌdʌmˈweɪtər] *n* [lift] monteplats *m inv*.

dumdum (bullet) ['dʌmdʌm-] *n* dum-dum *f*.

dummy ['dʌmɪ] (*pl* -**ies**) ◇ *adj* faux (fausse). ◇ *n* -**1.** [of tailor] mannequin *m*. -**2.** [copy] maquette *f.* -**3.** *Br* [for baby] sucette *f*, tétine *f.* -**4.** SPORT feinte *f.* ◇ *vt* & *vi* SPORT feinter.

dummy run *n* essai *m*.

dump [dʌmp] ◇ *n* -**1.** [for rubbish] décharge *f.* -**2.** MIL dépôt *m.* -**3.** *inf* [ugly place] taudis *m.* ◇ *vt* -**1.** [put down] déposer. -**2.** [dispose of] jeter. -**3.** COMPUT vider. -**4.** *inf* [boyfriend, girlfriend] laisser tomber, plaquer.
◆ **dumps** *npl*: **to be (down) in the ~s** avoir le cafard.

dumper (truck) ['dʌmpər-] *Br*, **dump truck** *Am n* tombereau *m*, dumper *m*.

dumping ['dʌmpɪŋ] *n* décharge *f*; "**no ~**" «décharge interdite».

dumping ground *n* décharge *f*.

dumpling ['dʌmplɪŋ] *n* boulette *f* de pâte.

dump truck *Am* = **dumper (truck)**.

dumpy ['dʌmpɪ] (*compar* -**ier**, *superl* -**iest**) *adj inf* boulot(otte).

dunce [dʌns] *n* cancre *m*.

dune [djuːn] *n* dune *f*.

dung [dʌŋ] *n* fumier *m*.

dungarees [ˌdʌŋgəˈriːz] *npl* -**1.** *Br* [for work] bleu *m* de travail; [fashion garment] salopette *f.* -**2.** *Am* [heavy jeans] jean *m* épais.

dungeon ['dʌndʒən] *n* cachot *m*.

dunk [dʌŋk] *vt inf* tremper.

Dunkirk [dʌnˈkɜːk] *n* Dunkerque *m*.

duo ['djuːəu] *n* duo *m*.

duodenal ulcer [ˌdjuːəuˈdiːnl-] *n* ulcère *m* duodénal.

dupe [djuːp] ◇ *n* dupe *f.* ◇ *vt* [trick] duper; **to ~ sb into doing sthg** amener qqn à faire qqch en le dupant.

duplex ['djuːpleks] *n Am* -**1.** [apartment] duplex *m.* -**2.** [house] maison *f* jumelée.

duplicate [*adj* & *n* 'djuːplɪkət, *vb* 'djuːplɪkeɪt] ◇ *adj* [key, document] en double. ◇ *n* double *m*; **in ~** en double. ◇ *vt* -**1.** [copy - gen] faire un double de; [- on photocopier] photocopier. **-2.** [repeat]: **to ~ work** faire double emploi.

duplication [ˌdjuːplɪˈkeɪʃn] *n* (*U*) **-1.** [copying] copie *f.* **-2.** [repetition] répétition *f.*

duplicity [djuːˈplɪsətɪ] *n* duplicité *f.*

Dur (*abbr of* **Durham**) *comté anglais.*

durability [ˌdjʊərəˈbɪlətɪ] *n* [of product] solidité *f.*

durable [ˈdjʊərəbl] *adj* solide, résistant(e).

duration [djʊˈreɪʃn] *n* durée *f*; **for the ~ of** jusqu'à la fin de.

duress [djʊˈres] *n*: **under ~** sous la contrainte.

Durex® [ˈdjʊəreks] *n* préservatif *m.*

during [ˈdjʊərɪŋ] *prep* pendant, au cours de.

dusk [dʌsk] *n* crépuscule *m.*

dusky [ˈdʌskɪ] (*compar* **-ier**, *superl* **-iest**) *adj literary* mordoré(e).

dust [dʌst] ◇ *n* (*U*) poussière *f*; **to gather ~** [get dusty] se couvrir de poussière; *fig* tomber dans l'oubli. ◇ *vt* **-1.** [clean] épousseter. **-2.** [cover with powder]: **to ~ sthg (with)** saupoudrer qqch (de). ◇ *vi* faire la poussière.
◆ **dust off** *vt sep* épousseter; *fig* dépoussiérer.

dustbin [ˈdʌstbɪn] *n Br* poubelle *f.*

dustbowl [ˈdʌstbəʊl] *n* désert *m* de poussière.

dustcart [ˈdʌstkɑːt] *n Br* camion *m* des boueux.

dust cover *n* [on book] jaquette *f.*

duster [ˈdʌstəʳ] *n* **-1.** [cloth] chiffon *m* (à poussière). **-2.** *Am* [overall] blouse *f*, tablier *m.*

dust jacket *n* [on book] jaquette *f.*

dustman [ˈdʌstmən] (*pl* **-men** [-mən]) *n Br* éboueur *m.*

dustpan [ˈdʌstpæn] *n* pelle *f* à poussière.

dustsheet [ˈdʌstʃiːt] *n Br* housse *f.*

dust storm *n* tempête *f* de poussière.

dustup [ˈdʌstʌp] *n inf* bagarre *f.*

dusty [ˈdʌstɪ] (*compar* **-ier**, *superl* **-iest**) *adj* poussiéreux(euse).

Dutch [dʌtʃ] ◇ *adj* néerlandais(e), hollandais(e). ◇ *n* [language] néerlandais *m*, hollandais *m.* ◇ *npl*: **the ~** les Néerlandais, les Hollandais. ◇ *adv*: **to go ~** partager les frais.

Dutch auction *n Br* enchères *fpl* au rabais.

Dutch barn *n Br* hangar *m* à récoltes.

Dutch cap *n Br* diaphragme *m.*

Dutch courage *n*: **he had a drink to give himself some ~** il but un verre pour se donner du courage.

Dutch elm disease *n* maladie *f* des ormes.

Dutchman [ˈdʌtʃmən] (*pl* **-men** [-mən]) *n* Néerlandais *m*, Hollandais *m.*

Dutchwoman [ˈdʌtʃˌwʊmən] (*pl* **-women** [-ˌwɪmɪn]) *n* Néerlandaise *f*, Hollandaise *f.*

dutiable [ˈdjuːtjəbl] *adj* [goods] taxable.

dutiful [ˈdjuːtɪfʊl] *adj* obéissant(e).

duty [ˈdjuːtɪ] (*pl* **-ies**) *n* **-1.** (*U*) [responsibility] devoir *m*; **to do one's ~** faire son devoir. **-2.** [work]: **to be on/off ~** être/ne pas être de service. **-3.** [tax] droit *m.*
◆ **duties** *npl* fonctions *fpl.*

duty bound *adj*: **to be ~ (to do sthg)** être tenu(e) (de faire qqch).

duty-free *adj* hors taxe.

duty-free shop *n* boutique *f* hors taxe.

duty officer *n* préposé *m*, -e *f* de service.

duvet [ˈduːveɪ] *n Br* couette *f.*

duvet cover *n Br* housse *f* de couette.

DVLC (*abbr of* **Driver and Vehicle Licensing Centre**) *n service des immatriculations et des permis de conduire en Grande-Bretagne.*

DVM (*abbr of* **Doctor of Veterinary Medicine**) *n docteur vétérinaire.*

dwarf [dwɔːf] (*pl* **-s** OR **dwarves** [dwɔːvz]) ◇ *adj* [plant, animal] nain(e). ◇ *n* nain *m*, -e *f.* ◇ *vt* [tower over] écraser.

dwell [dwel] (*pt & pp* **dwelt** OR **-ed**) *vi literary* habiter.
◆ **dwell on** *vt fus* s'étendre sur.

-dweller [ˈdwelər] *suffix*: **city~** habitant *m*, -e *f* de la ville.

dwelling [ˈdwelɪŋ] *n literary* habitation *f.*

dwelt [dwelt] *pt & pp* → **dwell.**

dwindle [ˈdwɪndl] *vi* diminuer.

dwindling [ˈdwɪndlɪŋ] *adj* en diminution.

dye [daɪ] ◇ *n* teinture *f.* ◇ *vt* teindre.

dyed [daɪd] *adj* teint(e).

dying [ˈdaɪɪŋ] ◇ *cont* → **die.** ◇ *adj* [person] mourant(e), moribond(e); [plant, language, industry] moribond. ◇ *npl*: **the ~** les mourants *mpl.*

dyke [daɪk] = **dike.**

dynamic [daɪˈnæmɪk] *adj* dynamique.
◆ **dynamics** *npl* dynamique *f.*

dynamism [ˈdaɪnəmɪzm] *n* dynamisme *m.*

dynamite [ˈdaɪnəmaɪt] ◇ *n* (*U*) *lit & fig* dynamite *f.* ◇ *vt* dynamiter, faire sauter.

dynamo [ˈdaɪnəməʊ] (*pl* **-s**) *n* dynamo *f.*

dynasty [*Br* ˈdɪnəstɪ, *Am* ˈdaɪnəstɪ] (*pl* **-ies**) *n* dynastie *f.*

dysentery [ˈdɪsntrɪ] *n* dysenterie *f.*

dyslexia [dɪsˈleksɪə] *n* dyslexie *f.*

dyslexic [dɪsˈleksɪk] *adj* dyslexique.

dyspepsia [dɪsˈpepsɪə] *n* dyspepsie *f*.
dystrophy [ˈdɪstrəfɪ] *n* → **muscular dystrophy**.

E

e (*pl* **e's** OR **es**), **E** (*pl* **E's** OR **Es**) [iː] *n* [letter] e *m inv*, E *m inv*.
◆ **E** *n* **-1.** MUS mi *m*. **-2.** (*abbr of* **east**) E.

each [iːtʃ] ◇ *adj* chaque. ◇ *pron* chacun(e); **the books cost £10.99 ~** les livres coûtent 10,99 livres (la) pièce; **~ other** l'un l'autre (l'une l'autre), les uns les autres (les unes les autres); **they love ~ other** ils s'aiment; **we've known ~ other for years** nous nous connaissons depuis des années.

eager [ˈiːgəʳ] *adj* passionné(e), avide; **to be ~ for** être avide de; **to be ~ to do sthg** être impatient de faire qqch.

eagerly [ˈiːgəlɪ] *adv* [talk, plan] avec passion, avidement; [wait] avec impatience.

eagle [ˈiːgl] *n* [bird] aigle *m*.

eagle-eyed [-aɪd] *adj* qui a des yeux d'aigle.

eaglet [ˈiːglɪt] *n* aiglon *m*, -onne *f*.

E and OE (*abbr of* **errors and omissions excepted**) s. e & o.

ear [ɪəʳ] *n* **-1.** [gen] oreille *f*; **by ~** MUS à l'oreille; **to have an ~ for** [music, languages] avoir (de) l'oreille pour; **to go in one ~ and out the other** *inf* entrer par une oreille et ressortir par l'autre; **to have** OR **keep one's ~ to the ground** *inf* être aux écoutes; **to play it by ~** *fig* improviser, voir sur le moment. **-2.** [of corn] épi *m*.

earache [ˈɪəreɪk] *n*: **to have ~** avoir mal à l'oreille.

eardrum [ˈɪədrʌm] *n* tympan *m*.

earl [ɜːl] *n* comte *m*.

earlier [ˈɜːlɪəʳ] ◇ *adj* [previous] précédent(e); [more early] plus tôt. ◇ *adv* plus tôt; **as I mentioned ~** comme je l'ai signalé tout à l'heure; **~ on** plus tôt.

earliest [ˈɜːlɪəst] ◇ *adj* [first] premier(ière); [most early] le plus tôt. ◇ *n*: **at the ~** au plus tôt.

earlobe [ˈɪələʊb] *n* lobe *m* de l'oreille.

early [ˈɜːlɪ] (*compar* **-ier**, *superl* **-iest**) ◇ *adj* **-1.** [before expected time] en avance. **-2.** [in day] de bonne heure; **the ~ train** le premier train; **to make an ~ start** partir de bonne heure. **-3.** [at beginning]: **in the ~ sixties** au début des années soixante; **the ~ chapters** les premiers chapitres.
◇ *adv* **-1.** [before expected time] en avance; **I was ten minutes ~** j'étais en avance de dix minutes. **-2.** [in day] tôt, de bonne heure; **as ~ as** dès; **~ on** tôt. **-3.** [at beginning]: **~ in her life** dans sa jeunesse.

early retirement *n* retraite *f* anticipée.

early warning system *n* système *m* de première alerte.

earmark [ˈɪəmɑːk] *vt*: **to be ~ed for** être réservé(e) à.

earmuffs [ˈɪəmʌfs] *npl* cache-oreilles *m inv*.

earn [ɜːn] *vt* **-1.** [as salary] gagner. **-2.** COMM rapporter. **-3.** *fig* [respect, praise] gagner, mériter.

earned income [ɜːnd-] *n* revenus *mpl* salariaux.

earner [ˈɜːnəʳ] *n* **-1.** [person] salarié *m*, -e *f*. **-2.** *Br inf* [deal]: **a nice little ~** une affaire juteuse.

earnest [ˈɜːnɪst] *adj* sérieux(ieuse).
◆ **in earnest** ◇ *adj* sérieux(ieuse). ◇ *adv* pour de bon, sérieusement.

earnestly [ˈɜːnɪstlɪ] *adv* sérieusement.

earnings [ˈɜːnɪŋz] *npl* [of person] salaire *m*, gains *mpl*; [of company] bénéfices *mpl*.

earnings-related *adj* [pension, payment] proportionnel(elle) au salaire.

ear, nose and throat specialist *n* otorhino-laryngologiste *mf*, oto-rhino *mf*.

earphones [ˈɪəfəʊnz] *npl* casque *m*.

earplugs [ˈɪəplʌgz] *npl* boules *fpl* Quiès®.

earring [ˈɪərɪŋ] *n* boucle *f* d'oreille.

earshot [ˈɪəʃɒt] *n*: **within ~** à portée de voix; **out of ~** hors de portée de voix.

ear-splitting *adj* assourdissant(e).

earth [ɜːθ] ◇ *n* [gen & ELEC] terre *f*; **how/what/where/why on ~ ...?** mais comment/que/où/pourquoi donc ...?; **to cost the ~** *Br* coûter les yeux de la tête. ◇ *vt Br*: **to be ~ed** être à la masse.

earthenware [ˈɜːθnweəʳ] ◇ *adj* en terre cuite. ◇ *n* (U) poteries *fpl*.

earthling [ˈɜːθlɪŋ] *n* terrien *m*, -ienne *f*.

earthly [ˈɜːθlɪ] *adj* terrestre; **what ~ reason could she have for doing that?** *inf* pourquoi diable a-t-elle fait ça?

earthquake [ˈɜːθkweɪk] *n* tremblement *m* de terre.

earthshattering [ˈɜːθˌʃætərɪŋ] *adj Br inf* [news] renversant(e).

earth tremor *n* secousse *f* sismique.

earthward(s) ['ɜːθwəd(z)] *adv* vers la terre.

earthworks ['ɜːθwɜːks] *npl* ARCHEOL fortifications *fpl* en terre.

earthworm ['ɜːθwɜːm] *n* ver *m* de terre.

earthy ['ɜːθɪ] (*compar* **-ier**, *superl* **-iest**) *adj* **-1.** *fig* [humour, person] truculent(e). **-2.** [taste, smell] de terre, terreux(euse).

earwax ['ɪəwæks] *n* cérumen *m*.

earwig ['ɪəwɪg] *n* perce-oreille *m*.

ease [iːz] ◇ *n* (*U*) **-1.** [lack of difficulty] facilité *f*; **to do sthg with** ~ faire qqch sans difficulté OR facilement. **-2.** [comfort]: **a life of** ~ une vie facile; **at** ~ à l'aise; **ill at** ~ mal à l'aise. ◇ *vt* **-1.** [pain] calmer; [restrictions] modérer. **-2.** [move carefully]: **to** ~ **sthg in/out** faire entrer/sortir qqch délicatement. ◇ *vi* [problem] s'arranger; [pain] s'atténuer; [rain] diminuer.
◆ **ease off** *vi* [pain] s'atténuer; [rain] diminuer.
◆ **ease up** *vi* **-1.** [rain] diminuer. **-2.** [relax] se détendre.

easel ['iːzl] *n* chevalet *m*.

easily ['iːzɪlɪ] *adv* **-1.** [without difficulty] facilement. **-2.** [without doubt] de loin. **-3.** [in a relaxed manner] tranquillement.

easiness ['iːzɪnɪs] *n* [lack of difficulty] facilité *f*.

east [iːst] ◇ *n* **-1.** [direction] est *m*. **-2.** [region]: **the** ~ l'est *m*. ◇ *adj* est (*inv*); [wind] d'est. ◇ *adv* à l'est, vers l'est; ~ **of** à l'est de.
◆ **East** *n*: **the East** [gen & POL] l'Est *m*; [Asia] l'Orient *m*.

eastbound ['iːstbaund] *adj* en direction de l'est.

East End *n*: **the** ~ les quartiers est de Londres.

Easter ['iːstər] *n* Pâques *m*.

Easter egg *n* œuf *m* de Pâques.

Easter Island *n* l'île *f* de Pâques; **in** OR **on** ~ à l'île de Pâques.

easterly ['iːstəlɪ] *adj* à l'est, de l'est; [wind] de l'est; **in an** ~ **direction** vers l'est.

eastern ['iːstən] *adj* de l'est.
◆ **Eastern** *adj* [gen & POL] de l'Est; [from Asia] oriental(e).

Eastern bloc [-blɒk] *n*: **the** ~ le bloc de l'Est.

Easterner ['iːstənər] *n* personne qui vient de l'est.

Easter Sunday *n* dimanche *m* de Pâques.

East German ◇ *adj* d'Allemagne de l'Est. ◇ *n* Allemand *m*, -e *f* de l'Est.

East Germany *n*: (former) ~ (l'ex-) Allemagne *f* de l'Est; **in** ~ en Allemagne de l'Est.

eastward ['iːstwəd] ◇ *adj* à l'est, vers l'est. ◇ *adv* = **eastwards**.

eastwards ['iːstwədz] *adv* vers l'est.

easy ['iːzɪ] (*compar* **-ier**, *superl* **-iest**) ◇ *adj* **-1.** [not difficult, comfortable] facile. **-2.** [relaxed - manner] naturel(elle). ◇ *adv*: **to go** ~ **on** *inf* y aller doucement avec; **to take it** OR **things** ~ *inf* ne pas se fatiguer.

easy-care *adj* Br [garment] d'entretien facile.

easy chair *n* fauteuil *m*.

easygoing ['iːzɪ'gəuɪŋ] *adj* [person] facile à vivre; [manner] complaisant(e).

eat [iːt] (*pt* **ate**, *pp* **eaten**) *vt* & *vi* manger.
◆ **eat away, eat into** *vt fus* **-1.** [subj: acid, rust] ronger. **-2.** [deplete] grignoter.
◆ **eat out** *vi* manger au restaurant.
◆ **eat up** *vt sep* **-1.** [food] manger. **-2.** *fig* [use up]: **to** ~ **up money** revenir très cher; **to** ~ **up time** demander beaucoup de temps.

eatable ['iːtəbl] *adj* [palatable] mangeable.

eaten ['iːtn] *pp* → **eat**.

eater ['iːtər] *n* mangeur *m*, -euse *f*.

eatery ['iːtərɪ] *n* Am restaurant *m*.

eating apple ['iːtɪŋ-] *n* pomme *f* à couteau.

eau de cologne [,əudəkə'ləun] *n* eau *f* de Cologne.

eaves ['iːvz] *npl* avant-toit *m*.

eavesdrop ['iːvzdrɒp] (*pt* & *pp* **-ped**, *cont* **-ping**) *vi*: **to** ~ **(on sb)** écouter (qqn) de façon indiscrète.

ebb [eb] ◇ *n* reflux *m*; **the** ~ **and flow** *fig* les hauts et les bas; **to be at a low** ~ *fig* aller mal. ◇ *vi* **-1.** [tide, sea] se retirer, refluer. **-2.** *literary* [strength]: **to** ~ **(away)** décliner.

ebb tide *n* marée *f* descendante.

ebony ['ebənɪ] ◇ *adj* [colour] noir(e) d'ébène. ◇ *n* ébène *f*.

ebullient [ɪ'buljənt] *adj* exubérant(e).

EC (*abbr of* **European Community**) *n* CE *f*.

eccentric [ɪk'sentrɪk] ◇ *adj* [odd] excentrique, bizarre. ◇ *n* [person] excentrique *mf*.

eccentricity [,eksen'trɪsətɪ] (*pl* **-ies**) *n* [oddity] excentricité *f*, bizarrerie *f*.

ecclesiastic(al) [ɪ,kliːzɪ'æstɪk(l)] *adj* ecclésiastique.

ECG *n* **-1.** (*abbr of* **electrocardiogram**) ECG *m*. **-2.** (*abbr of* **electrocardiograph**) ECG *m*.

ECGD (*abbr of* **Export Credits Guarantee Department**) *n* organisme d'assurance pour le commerce extérieur, ≃ COFACE *f*.

ECH *Br* (*abbr of* **electric central heating**) *chauffage central électrique.*

echelon ['eʃəlɒn] *n* échelon *m.*

echo ['ekəʊ] (*pl* **-es**, *pt & pp* **-ed**, *cont* **-ing**) ◇ *n* écho *m.* ◇ *vt* [words] répéter; [opinion] faire écho à. ◇ *vi* retentir, résonner.

éclair [eɪ'kleəʳ] *n* [cake] éclair *m.*

eclectic [e'klektɪk] *adj* éclectique.

eclipse [ɪ'klɪps] ◇ *n lit & fig* éclipse *f.* ◇ *vt fig* éclipser.

ECM *Am* (*abbr of* **European Common Market**) *n Marché commun européen.*

ecological [ˌiːkə'lɒdʒɪkl] *adj* écologique.

ecologically [ˌiːkə'lɒdʒɪklɪ] *adv* du point de vue écologique.

ecologist [ɪ'kɒlədʒɪst] *n* écologiste *mf.*

ecology [ɪ'kɒlədʒɪ] *n* écologie *f.*

economic [ˌiːkə'nɒmɪk] *adj* **-1.** ECON économique. **-2.** [profitable] rentable.

economical [ˌiːkə'nɒmɪkl] *adj* **-1.** [cheap] économique. **-2.** [person] économe.

economics [ˌiːkə'nɒmɪks] ◇ *n* (*U*) économie *f* politique, économique *f.* ◇ *npl* [of plan, business] aspect *m* financier.

economist [ɪ'kɒnəmɪst] *n* économiste *mf.*

economize, -ise [ɪ'kɒnəmaɪz] *vi* économiser.

economy [ɪ'kɒnəmɪ] (*pl* **-ies**) *n* économie *f*; **economies of scale** économies d'échelle.

economy class *n* classe *f* touriste.

economy drive *n* campagne *f* de restrictions.

economy-size(d) *adj* [pack, jar] taille économique (*inv*).

ecosystem ['iːkəʊˌsɪstəm] *n* écosystème *m.*

ECSC (*abbr of* **European Coal & Steel Community**) *n* CECA *f.*

ecstasy ['ekstəsɪ] (*pl* **-ies**) *n* **-1.** [pleasure] extase *f*, ravissement *m*; **to go into ecstasies about sthg** s'extasier sur qqch. **-2.** [drug] ecstasy *m.*

ecstatic [ek'stætɪk] *adj* [person] en extase; [feeling] extatique.

ecstatically [ek'stætɪklɪ] *adv* [say, shout] d'un air extasié; **to be ~ happy** être au comble du bonheur.

ECT (*abbr of* **electroconvulsive therapy**) *n* électrochocs *mpl.*

ectoplasm ['ektəplæzm] *n* ectoplasme *m.*

ECU, Ecu ['ekjuː] (*abbr of* **European Currency Unit**) *n* ECU *m*, écu *m.*

Ecuador ['ekwədɔːʳ] *n* Équateur *m*; **in ~** en Équateur.

Ecuadoran [ˌekwə'dɔːrən], **Ecuadorian** [ˌekwə'dɔːrɪən] ◇ *adj* équatorien(ienne). ◇ *n* Équatorien *m*, -ienne *f.*

ecumenical [iːkjuː'menɪkl] *adj* œcuménique.

eczema ['eksɪmə] *n* eczéma *m.*

ed. -1. (*abbr of* **edited**) sous la dir. de, coll. **-2.** *abbr of* **edition. -3.** *abbr of* **editor.**

eddy ['edɪ] (*pl* **-ies**, *pt & pp* **-ied**) ◇ *n* tourbillon *m.* ◇ *vi* tourbillonner.

Eden ['iːdn] *n*: **(the Garden of) ~** le jardin *m* d'Éden, l'Éden *m.*

edge [edʒ] ◇ *n* **-1.** [gen] bord *m*; [of coin, book] tranche *f*; [of knife] tranchant *m*; **to be on the ~ of** *fig* être à deux doigts de. **-2.** [advantage]: **to have an ~ over** OR **the ~ on** avoir un léger avantage sur. **-3.** *fig* [in voice] note *f* tranchante. ◇ *vi*: **to ~ forward** avancer tout doucement.

◆ **on edge** *adj* contracté(e), tendu(e).

edged [edʒd] *adj*: **~ with** bordé(e) de.

edgeways ['edʒweɪz], **edgewise** ['edʒwaɪz] *adv* latéralement, de côté.

edging ['edʒɪŋ] *n* [of cloth] liseré *m*; [of paper] bordure *f.*

edgy ['edʒɪ] (*compar* **-ier**, *superl* **-iest**) *adj* contracté(e), tendu(e).

edible ['edɪbl] *adj* [safe to eat] comestible.

edict ['iːdɪkt] *n* décret *m.*

edifice ['edɪfɪs] *n* édifice *m.*

edify ['edɪfaɪ] (*pt & pp* **-ied**) *vt* édifier (intellectuellement).

edifying ['edɪfaɪɪŋ] *adj* édifiant(e).

Edinburgh ['edɪnbrə] *n* Édimbourg.

Edinburgh Festival *n*: **the ~** le Festival d'Édimbourg.

EDINBURGH FESTIVAL:
Le Festival international d'Édimbourg, créé en 1947, est aujourd'hui un des plus grands festivals de théâtre, de musique et de cinéma au monde; il se tient chaque année en août et en septembre. Le festival "off" (the Fringe) est une grande rencontre de théâtre expérimental

---

edit ['edɪt] *vt* **-1.** [correct - text] corriger. **-2.** CINEMA monter; RADIO & TV réaliser. **-3.** [magazine] diriger; [newspaper] être le rédacteur en chef de.

◆ **edit out** *vt sep* couper.

edition [ɪ'dɪʃn] *n* édition *f.*

editor ['edɪtəʳ] *n* **-1.** [of magazine] directeur *m*, -trice *f*; [of newspaper] rédacteur *m*, -trice *f* en chef. **-2.** [of text] correcteur *m*, -trice *f.* **-3.** CINEMA monteur *m*, -euse *f*; RADIO & TV réalisateur *m*, -trice *f.*

editorial [,edɪ'tɔːrɪəl] ◇ *adj* [department, staff] de la rédaction; [style, policy] éditorial(e). ◇ *n* éditorial *m*.

EDP (*abbr of* **electronic data processing**) *n* traitement électronique de données.

EDT (*abbr of* **Eastern Daylight Time**) *n* heure d'été de l'Est des États-Unis.

educate ['edʒʊkeɪt] *vt* **-1.** SCH & UNIV instruire. **-2.** [inform] informer, éduquer.

educated ['edʒʊkeɪtɪd] *adj* [cultured] cultivé(e).

education [,edʒʊ'keɪʃn] *n* **-1.** [gen] éducation *f*. **-2.** [teaching] enseignement *m*, instruction *f*.

educational [,edʒʊ'keɪʃənl] *adj* **-1.** [establishment, policy] pédagogique. **-2.** [toy, experience] éducatif(ive).

educationalist [,edʒʊ'keɪʃnəlɪst] *n* pédagogue *mf*.

educative ['edʒʊkətɪv] *adj* éducatif(ive).

educator ['edʒʊkeɪtər] *n* éducateur *m*, -trice *f*.

edutainment [edʒʊ'teɪnmənt] *n* ludoéducatif *m*.

Edwardian [ed'wɔːdɪən] *adj* de l'époque 1900.

EEC (*abbr of* **European Economic Community**) *n ancien nom de la Communauté Européenne.*

EEG *n* **-1.** (*abbr of* **electroencephalogram**) EEG *m*. **-2.** (*abbr of* **electroencephalograph**) EEG *m*.

eel [iːl] *n* anguille *f*.

EENT (*abbr of* **eye, ear, nose and throat**) *n* ophtalmologie *f* et ORL *f*.

eerie ['ɪərɪ] *adj* inquiétant(e), sinistre.

EET (*abbr of* **Eastern European Time**) *n* heure d'Europe orientale.

efface [ɪ'feɪs] *vt* effacer.

effect [ɪ'fekt] ◇ *n* **-1.** [gen] effet *m*; **to have an ~ on** produire un effet sur; **for ~** pour attirer l'attention, pour se faire remarquer; **to take ~** [law] prendre effet, entrer en vigueur; **to put sthg into ~** [policy, law] mettre qqch en application. **-2.** [meaning]: **a statement to the ~ that ...** une déclaration selon laquelle ...; **or words to that ~** ou quelque chose de ce genre. ◇ *vt* [repairs, change] effectuer; [reconciliation] amener.

◆ **effects** *npl*: **(special) ~s** effets *mpl* spéciaux.

effective [ɪ'fektɪv] *adj* **-1.** [successful] efficace. **-2.** [actual, real] effectif(ive).

effectively [ɪ'fektɪvlɪ] *adv* **-1.** [successfully] efficacement. **-2.** [in fact] effectivement.

effectiveness [ɪ'fektɪvnɪs] *n* efficacité *f*.

effeminate [ɪ'femɪnət] *adj* efféminé(e).

effervesce [,efə'ves] *vi* pétiller.

effervescent [,efə'vesənt] *adj* [liquid] effervescent(e); [drink] gazeux(euse).

effete [ɪ'fiːt] *adj* [person, gesture] veule.

efficacious [efɪ'keɪʃəs] *adj fml* efficace.

efficacy ['efɪkəsɪ] *n* efficacité *f*.

efficiency [ɪ'fɪʃənsɪ] *n* [of person, method] efficacité *f*; [of factory, system] rendement *m*.

efficient [ɪ'fɪʃənt] *adj* efficace.

efficiently [ɪ'fɪʃəntlɪ] *adv* efficacement.

effigy ['efɪdʒɪ] (*pl* **-ies**) *n* effigie *f*.

effluent ['efluənt] *n* effluent *m*.

effort ['efət] *n* effort *m*; **to be worth the ~** valoir la peine; **with ~** avec peine; **to make the ~ to do sthg** s'efforcer de faire qqch; **to make an/no ~ to do sthg** faire un effort/ne faire aucun effort pour faire qqch.

effortless ['efətlɪs] *adj* [easy] facile; [natural] aisé(e).

effortlessly ['efətlɪslɪ] *adv* sans effort, facilement.

effrontery [ɪ'frʌntərɪ] *n* effronterie *f*.

effusive [ɪ'fjuːsɪv] *adj* [person] démonstratif(ive); [welcome] plein(e) d'effusions.

effusively [ɪ'fjuːsɪvlɪ] *adv* avec effusion.

EFL ['efəl] (*abbr of* **English as a foreign language**) *n* anglais langue étrangère.

EFTA ['eftə] (*abbr of* **European Free Trade Association**) *n* AELE *f*, AEL-E *f*.

EFTS [efts] (*abbr of* **electronic funds transfer system**) *n* système électronique de transferts de fonds.

e.g. (*abbr of* **exempli gratia**) *adv* par exemple.

EGA (*abbr of* **enhanced graphics adapter**) *n* adapteur *m* graphique couleur EGA.

egalitarian [ɪ,gælɪ'teərɪən] *adj* égalitaire.

egg [eg] *n* œuf *m*.

◆ **egg on** *vt sep* pousser, inciter.

eggcup ['egkʌp] *n* coquetier *m*.

eggplant ['egplɑːnt] *n Am* aubergine *f*.

eggshell ['egʃel] *n* coquille *f* d'œuf.

egg timer *n* [with sand] sablier *m*; [mechanical] minuteur *m*.

egg whisk *n* fouet *m*.

egg white *n* blanc *m* d'œuf.

egg yolk *n* jaune *m* d'œuf.

ego ['iːgəʊ] (*pl* **-s**) *n* moi *m*.

egocentric [,iːgəʊ'sentrɪk] *adj* égocentrique.

egoism ['iːgəʊɪzm] *n* égoïsme *m*.

egoist ['iːgəʊɪst] *n* égoïste *mf*.

egoistic [ˌiːgəʊ'ɪstɪk] *adj* égoïste.

egotism ['iːgətɪzm] *n* égotisme *m*.

egotist ['iːgətɪst] *n* égotiste *mf*.

egotistic(al) [ˌiːgə'tɪstɪk(l)] *adj* égotiste.

ego trip *n inf*: **she's just on an ~** c'est par vanité qu'elle le fait.

Egypt ['iːdʒɪpt] *n* Égypte *f*; **in ~** en Égypte.

Egyptian [ɪ'dʒɪpʃn] ◇ *adj* égyptien(ienne). ◇ *n* Égyptien *m*, -ienne *f*.

eh [eɪ] *excl Br inf* hein?

eiderdown ['aɪdədaʊn] *n* [bed cover] édredon *m*.

eight [eɪt] *num* huit; *see also* **six**.

eighteen [ˌeɪ'tiːn] *num* dix-huit; *see also* **six**.

eighteenth [ˌeɪ'tiːnθ] *num* dix-huitième; *see also* **sixth**.

eighth [eɪtθ] *num* huitième; *see also* **sixth**.

eightieth ['eɪtɪɪθ] *num* quatre-vingtième; *see also* **sixth**.

eighty ['eɪtɪ] (*pl* -ies) *num* quatre-vingts; *see also* **sixty**.

Eire ['eərə] *n* République *f* d'Irlande.

EIS (*abbr of* **Educational Institute of Scotland**) *n syndicat écossais d'enseignants*.

either ['aɪðər, 'iːðər] ◇ *adj* **-1.** [one or the other] l'un ou l'autre (l'une ou l'autre) (des deux); **she couldn't find ~ jumper** elle ne trouva ni l'un ni l'autre des pulls; **~ way** de toute façon. **-2.** [each] chaque; **on ~ side** de chaque côté. ◇ *pron*: **~ (of them)** l'un ou l'autre *m*, l'une ou l'autre *f*; **I don't like ~ (of them)** je n'aime aucun des deux, je n'aime ni l'un ni l'autre. ◇ *adv* (*in negatives*) non plus; **I don't ~** moi non plus. ◇ *conj*: **~ ... or** soit ... soit, ou ... ou; **I'm not fond of ~ him or his wife** je ne les aime ni lui ni sa femme.

ejaculate [ɪ'dʒækjʊleɪt] ◇ *vt* [exclaim] s'écrier. ◇ *vi* [have orgasm] éjaculer.

eject [ɪ'dʒekt] *vt* **-1.** [object] éjecter, émettre. **-2.** [person] éjecter, expulser.

ejector seat *Br* [ɪ'dʒektə-], **ejection seat** *Am* [ɪ'dʒekʃn-] *n* siège *m* éjectable.

eke [iːk]
◆ **eke out** *vt sep* [money, food] économiser, faire durer. ◇ *vt fus*: **to ~ out a living** subsister.

EKG (*abbr of* **electrocardiogram**) *n Am* ECG *m*.

el [el] (*abbr of* **elevated railroad**) *n Am inf* chemin *m* de fer aérien.

elaborate [*adj* ɪ'læbrət, *vb* ɪ'læbəreɪt] ◇ *adj* [ceremony, procedure] complexe; [explanation, plan] détaillé(e), minutieux(ieuse). ◇ *vi*: **to ~ (on)** donner des précisions (sur).

elaborately [ɪ'læbərətlɪ] *adv* [planned] minutieusement; [decorated] avec recherche.

elapse [ɪ'læps] *vi* s'écouler.

elastic [ɪ'læstɪk] ◇ *adj lit* & *fig* élastique. ◇ *n* (*U*) élastique *m*.

elasticated [ɪ'læstɪkeɪtɪd] *adj* élastique.

elastic band *n Br* élastique *m*, caoutchouc *m*.

elasticity [ˌelæ'stɪsətɪ] *n* élasticité *f*.

elated [ɪ'leɪtɪd] *adj* transporté(e) (de joie).

elation [ɪ'leɪʃn] *n* exultation *f*, joie *f*.

elbow ['elbəʊ] ◇ *n* coude *m*. ◇ *vt*: **to ~ sb aside** écarter qqn du coude.

elbow grease *n inf* huile *f* de coude.

elbowroom ['elbəʊrʊm] *n inf*: **to have some ~** avoir ses coudées franches.

elder ['eldər] ◇ *adj* aîné(e). ◇ *n* **-1.** [older person] aîné *m*, -e *f*. **-2.** [of tribe, church] ancien *m*. **-3. ~ (tree)** sureau *m*.

elderberry ['eldəˌberɪ] (*pl* -ies) *n* [fruit] baie *f* de sureau; [tree] sureau *m*.

elderly ['eldəlɪ] ◇ *adj* âgé(e). ◇ *npl*: **the ~** les personnes *fpl* âgées.

elder statesman *n* vétéran *m* de la politique.

eldest ['eldɪst] *adj* aîné(e).

Eldorado [ˌeldɒ'rɑːdəʊ] *n* Eldorado *m*.

elect [ɪ'lekt] ◇ *adj* élu(e). ◇ *vt* **-1.** [by voting] élire. **-2.** *fml* [choose]: **to ~ to do sthg** choisir de faire qqch.

elected [ɪ'lektɪd] *adj* élu(e).

election [ɪ'lekʃn] *n* élection *f*; **to have OR hold an ~** procéder à une élection; **local ~s** élections locales.

election campaign *n* campagne *f* électorale.

electioneering [ɪˌlekʃə'nɪərɪŋ] *n* (*U*) *usu pej* propagande *f* électorale.

elective [ɪ'lektɪv] *n Am* SCH cours *m* facultatif.

elector [ɪ'lektər] *n* électeur *m*, -trice *f*.

electoral [ɪ'lektərəl] *adj* électoral(e).

electoral college *n* collège *m* électoral.

electoral register, **electoral roll** *n*: **the ~** la liste électorale.

electorate [ɪ'lektərət] *n*: **the ~** l'électorat *m*.

electric [ɪ'lektrɪk] *adj lit* & *fig* électrique.
◆ **electrics** *npl Br inf* [in car, machine] installation *f* électrique.

electrical [ɪ'lektrɪkl] *adj* électrique.

electrical engineer *n* ingénieur *m* électricien.

electrical engineering *n* électrotechnique *f*.

electrically [ɪ'lektrɪklɪ] *adv* [heated] à l'électricité; [charged, powered] électriquement.

electrical shock *Am* = electric shock.

electric blanket *n* couverture *f* chauffante.

electric chair *n*: **the ~** la chaise électrique.

electric cooker *n* cuisinière *f* électrique.

electric current *n* courant *m* électrique.

electric fire *n* radiateur *m* électrique.

electric guitar *n* guitare *f* électrique.

electrician [ˌɪlek'trɪʃn] *n* électricien *m*, -ienne *f*.

electricity [ˌɪlek'trɪsətɪ] *n* électricité *f*.

electric light *n* lumière *f* électrique.

electric shock *Br*, **electrical shock** *Am* *n* décharge *f* électrique.

electric shock therapy *n* (*U*) électrochocs *mpl*.

electric storm *n* orage *m* magnétique.

electrify [ɪ'lektrɪfaɪ] (*pt* & *pp* **-ied**) *vt* **-1.** TECH électrifier. **-2.** *fig* [excite] galvaniser, électriser.

electrifying [ɪ'lektrɪfaɪŋ] *adj* [exciting] galvanisant(e), électrisant(e).

electro- [ɪ'lektrəʊ] *prefix* électro-.

electrocardiograph [ɪ,lektrəʊ'kɑːdɪəɡrɑːf] *n* électrocardiographe *m*.

electrocute [ɪ'lektrəkjuːt] *vt* électrocuter.

electrode [ɪ'lektrəʊd] *n* électrode *f*.

electroencephalograph [ɪ,lektrəʊen-'sefələɡrɑːf] *n* électroencéphalographie *f*.

electrolysis [ˌɪlek'trɒləsɪs] *n* électrolyse *f*.

electromagnet [ɪ,lektrəʊ'mæɡnɪt] *n* électro-aimant *m*.

electromagnetic [ɪ,lektrəʊmæɡ'netɪk] *adj* électromagnétique.

electron [ɪ'lektrɒn] *n* électron *m*.

electronic [ˌɪlek'trɒnɪk] *adj* électronique.

electronic data processing *n* traitement *m* électronique de données.

electronic mail *n* courrier *m* électronique.

electronics [ˌɪlek'trɒnɪks] ⋄ *n* (*U*) [technology, science] électronique *f*. ⋄ *npl* [equipment] (équipement *m*) électronique *f*.

electron microscope *n* microscope *m* électronique.

electroplated [ɪ'lektrəʊpleɪtɪd] *adj* métallisé(e) par galvanoplastie.

elegance ['elɪɡəns] *n* élégance *f*.

elegant ['elɪɡənt] *adj* élégant(e).

elegantly ['elɪɡəntlɪ] *adv* élégamment.

elegy ['elɪdʒɪ] (*pl* **-ies**) *n* élégie *f*.

element ['elɪmənt] ⋄ *n* **-1.** [gen] élément *m*; **an ~ of truth** une part de vérité. **-2.** [in heater, kettle] résistance *f*. **-3.** *phr*: **to be in one's ~** être dans son élément.

◆ **elements** *npl* **-1.** [basics] rudiments *mpl*. **-2.** [weather]: **the ~s** les éléments *mpl*.

elementary [ˌelɪ'mentərɪ] *adj* élémentaire.

elementary school *n* *Am* école *f* primaire.

elephant ['elɪfənt] (*pl inv* OR **-s**) *n* éléphant *m*.

elevate ['elɪveɪt] *vt* **-1.** [give importance to]: **to ~ sb/sthg (to)** élever qqn/qqch (à). **-2.** [raise] soulever.

elevated ['elɪveɪtɪd] *adj* **-1.** [important] important(e). **-2.** [lofty] élevé(e). **-3.** [raised] surélevé(e).

elevation [ˌelɪ'veɪʃn] *n* **-1.** [promotion] élévation *f*. **-2.** [height] hauteur *f*.

elevator ['elɪveɪtə] *n* *Am* ascenseur *m*.

eleven [ɪ'levn] *num* onze; *see also* **six**.

elevenses [ɪ'levnzɪz] *n* (*U*) *Br* ≃ pause-café *f*.

eleventh [ɪ'levnθ] *num* onzième; *see also* **sixth**.

eleventh hour *n* *fig*: **the ~** la onzième heure, la dernière minute.

elf [elf] (*pl* **elves**) *n* elfe *m*, lutin *m*.

elicit [ɪ'lɪsɪt] *vt* *fml*: **to ~ sthg (from sb)** arracher qqch (à qqn).

eligibility [ˌelɪdʒə'bɪlətɪ] *n* **-1.** [suitability] admissibilité *f*. **-2.** *dated* [of bachelor] acceptabilité *f*.

eligible ['elɪdʒəbl] *adj* **-1.** [suitable, qualified] admissible; **to be ~ for sthg** avoir droit à qqch; **to be ~ to do sthg** avoir le droit de faire qqch. **-2.** *dated* [bachelor]: **to be ~** être un bon parti.

eliminate [ɪ'lɪmɪneɪt] *vt*: **to ~ sb/sthg (from)** éliminer qqn/qqch (de).

elimination [ɪ,lɪmɪ'neɪʃn] *n* élimination *f*.

elite [ɪ'liːt] ⋄ *adj* d'élite. ⋄ *n* élite *f*.

elitism [ɪ'liːtɪzm] *n* élitisme *m*.

elitist [ɪ'liːtɪst] ⋄ *adj* élitiste. ⋄ *n* élitiste *mf*.

elixir [ɪ'lɪksər] *n* **-1.** [magic drink] élixir *m*. **-2.** *fig* [magic cure] panacée *f*.

Elizabethan [ɪ,lɪzə'biːθn] ⋄ *adj* élisabéthain(e). ⋄ *n* Élisabéthain *m*, -e *f*.

elk [elk] (*pl inv* OR **-s**) *n* élan *m*.

ellipse [ɪ'lɪps] *n* ellipse *f*.

elliptical [ɪ'lɪptɪkl] *adj* **-1.** [in shape] en ellipse. **-2.** *fml* [indirect, cryptic] elliptique.

elm [elm] *n*: **~ (tree)** orme *m*.

elocution [ˌeləˈkjuːʃn] n élocution f, diction f.

elongated [ˈiːlɒŋgeɪtɪd] adj allongé(e); [fingers] long (longue).

elope [ɪˈləʊp] vi: to ~ (with) s'enfuir (avec).

elopement [ɪˈləʊpmənt] n fugue f (amoureuse).

eloquence [ˈeləkwəns] n éloquence f.

eloquent [ˈeləkwənt] adj éloquent(e).

eloquently [ˈeləkwəntlɪ] adv avec éloquence.

El Salvador [ˌelˈsælvədɔːr] n Salvador m; **in ~** au Salvador.

else [els] adv: **anything ~** n'importe quoi d'autre; **anything ~?** [in shop] et avec ça?, ce sera tout?; **he doesn't need anything ~** il n'a besoin de rien d'autre; **everyone ~** tous les autres; **nothing ~** rien d'autre; **someone ~** quelqu'un d'autre; **something ~** quelque chose d'autre; **somewhere ~** autre part; **who/what ~?** qui/quoi d'autre?; **where ~?** (à) quel autre endroit?
◆ **or else** conj **-1.** [or if not] sinon, sans quoi. **-2.** [as threat] ou alors ...!, sinon ...!

elsewhere [elsˈweər] adv ailleurs, autre part.

ELT (abbr of **English language teaching**) n enseignement de l'anglais.

elucidate [ɪˈluːsɪdeɪt] fml ◇ vt élucider. ◇ vi s'éclaircir.

elude [ɪˈluːd] vt échapper à.

elusive [ɪˈluːsɪv] adj insaisissable; [success] qui échappe.

elves [elvz] pl → elf.

'em [əm] pron inf = them.

emaciated [ɪˈmeɪʃɪeɪtɪd] adj [face] émacié(e); [person, limb] décharné(e).

E-mail (abbr of **electronic mail**) n BAL f.

emanate [ˈeməneɪt] fml ◇ vt dégager. ◇ vi: to ~ from émaner de.

emancipate [ɪˈmænsɪpeɪt] vt: to ~ sb (from) affranchir OR émanciper qqn (de).

emancipation [ɪˌmænsɪˈpeɪʃn] n affranchissement m, émancipation f.

emasculate [ɪˈmæskjʊleɪt] vt [weaken] émasculer.

emasculation [ɪˌmæskjʊˈleɪʃn] n [weakening] émasculation f.

embalm [ɪmˈbɑːm] vt embaumer.

embankment [ɪmˈbæŋkmənt] n [of river] berge f; [of railway] remblai m; [of road] banquette f.

embargo [emˈbɑːgəʊ] (pl -es, pt & pp -ed, cont -ing) ◇ n: ~ (on) embargo m (sur). ◇ vt mettre l'embargo sur.

embark [ɪmˈbɑːk] vi **-1.** [board ship]: to ~ (on) embarquer (sur). **-2.** [start]: to ~ on OR upon sthg s'embarquer dans qqch.

embarkation [ˌembɑːˈkeɪʃn] n embarquement m.

embarkation card n Br carte f d'embarquement.

embarrass [ɪmˈbærəs] vt embarrasser.

embarrassed [ɪmˈbærəst] adj embarrassé(e).

embarrassing [ɪmˈbærəsɪŋ] adj embarrassant(e).

embarrassment [ɪmˈbærəsmənt] n embarras m; **to be an ~** [person] causer de l'embarras; [thing] être embarrassant.

embassy [ˈembəsɪ] (pl -ies) n ambassade f.

embattled [ɪmˈbætld] adj [troubled] en difficulté.

embedded [ɪmˈbedɪd] adj **-1.** [buried]: ~ in [in rock, wood] incrusté(e) dans; [in mud] noyé(e) dans. **-2.** [ingrained] enraciné(e).

embellish [ɪmˈbelɪʃ] vt **-1.** [decorate]: to ~ sthg (with) [room, house] décorer qqch (de); [dress] orner qqch (de). **-2.** [story] enjoliver.

embers [ˈembəz] npl braises fpl.

embezzle [ɪmˈbezl] vt détourner.

embezzlement [ɪmˈbezlmənt] n détournement m de fonds.

embezzler [ɪmˈbezlər] n escroc m.

embittered [ɪmˈbɪtəd] adj aigri(e).

emblazoned [ɪmˈbleɪznd] adj **-1.** [design, emblem]: ~ (on) blasonné(e) (sur). **-2.** [flag, garment]: ~ with arborant l'insigne OR le blason de.

emblem [ˈembləm] n emblème m.

embodiment [ɪmˈbɒdɪmənt] n incarnation f.

embody [ɪmˈbɒdɪ] (pt & pp -ied) vt incarner; **to be embodied in sthg** être exprimé dans qqch.

embolism [ˈembəlɪzm] n embolie f.

embossed [ɪmˈbɒst] adj **-1.** [heading, design]: ~ (on) inscrit(e) (sur), gravé(e) en relief (sur). **-2.** [wallpaper] gaufré(e); [leather] frappé(e).

embrace [ɪmˈbreɪs] ◇ n étreinte f. ◇ vt embrasser. ◇ vi s'embrasser, s'étreindre.

embrocation [ˌembrəˈkeɪʃn] n embrocation f.

embroider [ɪmˈbrɔɪdər] ◇ vt **-1.** SEWING broder. **-2.** pej [embellish] enjoliver. ◇ vi SEWING broder.

embroidered [ɪmˈbrɔɪdəd] adj SEWING brodé(e).

embroidery [ɪmˈbrɔɪdərɪ] n (U) broderie f.

embroil [ɪm'brɔɪl] *vt*: **to be ~ed (in)** être mêlé(e) (à).

embryo ['embrɪəʊ] (*pl* **-s**) *n* embryon *m*; **in ~ fig** à l'état embryonnaire.

embryonic [,embrɪ'ɒnɪk] *adj* embryonnaire.

emcee [,em'siː] *Am abbr of* **master of ceremonies.**

emend [ɪ'mend] *vt* corriger.

emerald ['emərəld] ◇ *adj* [colour] émeraude (*inv*). ◇ *n* [stone] émeraude *f.*

emerge [ɪ'mɜːdʒ] ◇ *vi* **-1.** [come out]: **to ~ (from)** émerger (de). **-2.** [from experience, situation]: **to ~ from** sortir de. **-3.** [become known] apparaître. **-4.** [come into existence - poet, artist] percer; [- movement, organization] émerger. ◇ *vt*: **it ~s that ...** il ressort OR il apparaît que ....

emergence [ɪ'mɜːdʒəns] *n* émergence *f.*

emergency [ɪ'mɜːdʒənsɪ] (*pl* **-ies**) ◇ *adj* d'urgence. ◇ *n* urgence *f*; **in an ~, in emergencies** en cas d'urgence.

emergency exit *n* sortie *f* de secours.

emergency landing *n* atterrissage *m* forcé.

emergency services *npl* ≃ police-secours *f.*

emergency stop *n* arrêt *m* d'urgence.

emergent [ɪ'mɜːdʒənt] *adj* qui émerge.

emery board ['emərɪ-] *n* lime *f* à ongles.

emetic [ɪ'metɪk] ◇ *adj* émétique. ◇ *n* émétique *m.*

emigrant ['emɪɡrənt] *n* émigré *m*, -e *f.*

emigrate ['emɪɡreɪt] *vi*: **to ~ (to)** émigrer (en/à).

emigration [,emɪ'ɡreɪʃn] *n* émigration *f.*

émigré ['emɪɡreɪ] *n* émigré *m*, -e *f.*

eminence ['emɪnəns] *n* (*U*) [prominence] renom *m.*

eminent ['emɪnənt] *adj* éminent(e).

eminently ['emɪnəntlɪ] *adv fml* éminemment.

emir [e'mɪə^r] *n* émir *m.*

emirate ['emərət] *n* émirat *m.*

emissary ['emɪsərɪ] (*pl* **-ies**) *n* émissaire *m.*

emission [ɪ'mɪʃn] *n* émission *f.*

emit [ɪ'mɪt] (*pt* & *pp* **-ted**, *cont* **-ting**) *vt* émettre.

emollient [ɪ'mɒlɪənt] *n fml* émollient *m.*

emolument [ɪ'mɒljʊmənt] *n fml* émoluments *mpl.*

emotion [ɪ'məʊʃn] *n* **-1.** (*U*) [strength of feeling] émotion *f.* **-2.** [particular feeling] sentiment *m.*

emotional [ɪ'məʊʃənl] *adj* **-1.** [sensitive, demonstrative] émotif(ive). **-2.** [moving] émouvant(e). **-3.** [psychological] émotionnel(elle).

emotionally [ɪ'məʊʃnəlɪ] *adv* **-1.** [with strong feeling] avec émotion. **-2.** [psychologically] émotionnellement.

emotionless [ɪ'məʊʃnlɪs] *adj* impassible.

emotive [ɪ'məʊtɪv] *adj* qui enflamme l'esprit.

empathy ['empəθɪ] *n* (*U*): **~ (with)** empathie *f* (avec), communion *f* de sentiments (avec).

emperor ['empərə^r] *n* empereur *m.*

emphasis ['emfəsɪs] (*pl* **-ases** [-əsiːz]) *n*: **~ (on)** accent *m* (sur); **with great ~** avec insistance; **to lay** OR **place ~ on sthg** insister sur OR souligner qqch.

emphasize, -ise ['emfəsaɪz] *vt* insister sur.

emphatic [ɪm'fætɪk] *adj* [forceful] catégorique.

emphatically [ɪm'fætɪklɪ] *adv* **-1.** [with emphasis] catégoriquement. **-2.** [certainly] absolument.

emphysema [,emfɪ'siːmə] *n* emphysème *m.*

empire ['empaɪə^r] *n* empire *m.*

empire building *n* édification *f* d'empires.

empirical [ɪm'pɪrɪkl] *adj* empirique.

empiricism [ɪm'pɪrɪsɪzm] *n* empirisme *m.*

employ [ɪm'plɔɪ] *vt* employer; **to be ~ed as** être employé comme; **to ~ sthg as sthg/to do sthg** employer qqch comme qqch/pour faire qqch.

employable [ɪm'plɔɪəbl] *adj* qui peut être employé(e).

employee [ɪm'plɔɪiː] *n* employé *m*, -e *f.*

employer [ɪm'plɔɪə^r] *n* employeur *m*, -euse *f.*

employment [ɪm'plɔɪmənt] *n* emploi *m*, travail *m.*

employment agency *n* bureau *m* OR agence *f* de placement.

employment office *n* ≃ Agence *f* Nationale pour l'Emploi.

emporium [em'pɔːrɪəm] *n* [shop] grand magasin *m.*

empower [ɪm'paʊə^r] *vt fml*: **to be ~ed to do sthg** être habilité(e) à faire qqch.

empress ['emprɪs] *n* impératrice *f.*

emptiness ['emptɪnɪs] *n* (*U*) vide *m.*

empty ['emptɪ] (*compar* **-ier**, *superl* **-iest**, *pt* & *pp* **-ied**, *pl* **-ies**) ◇ *adj* **-1.** [containing nothing] vide. **-2.** *pej* [meaningless] vain(e). **-3.** *literary* [tedious] morne. ◇ *vt*: **to ~ sthg into/out of** vider qqch dans/de. ◇ *vi* se vider. ◇ *n inf* bouteille *f* vide.

empty-handed [-'hændɪd] *adv* les mains vides.

empty-headed [-'hedɪd] *adj* sans cervelle.

EMS (*abbr of* **European Monetary System**) *n* SME *m*.

EMT (*abbr of* **emergency medical technician**) *n* technicien médical des services d'urgence.

emu ['iːmjuː] (*pl inv* OR **-s**) *n* émeu *m*.

emulate ['emjʊleɪt] *vt* imiter.

emulsion [ɪ'mʌlʃn] ◇ *n* **-1.** ~ **(paint)** peinture *f* mate OR à émulsion. **-2.** PHOT émulsion *f*. ◇ *vt Br* peindre.

enable [ɪ'neɪbl] *vt*: **to ~ sb to do sthg** permettre à qqn de faire qqch.

enact [ɪ'nækt] *vt* **-1.** JUR promulguer. **-2.** THEATRE jouer.

enactment [ɪ'næktmənt] *n* JUR promulgation *f*.

enamel [ɪ'næml] *n* **-1.** [material] émail *m*. **-2.** [paint] peinture *f* laquée.

enamelled *Br*, **enameled** *Am* [ɪ'næmld] *adj* en émail.

enamel paint *n* peinture *f* laquée.

enamoured *Br*, **enamored** *Am* [ɪ'næməd] *adj*: ~ **of** amoureux(euse) de.

en bloc [ɑ̃'blɒk] *adv* en bloc.

enc. -1. *abbr of* **enclosure. -2.** *abbr of* **enclosed.**

encamp [ɪn'kæmp] *vi* camper.

encampment [ɪn'kæmpmənt] *n* campement *m*.

encapsulate [ɪn'kæpsjʊleɪt] *vt*: **to ~ sthg (in)** résumer qqch (en).

encase [ɪn'keɪs] *vt*: **to be ~d in** [armour] être enfermé(e) dans; [leather] être bardé(e) de.

encash [ɪn'kæʃ] *vt Br* encaisser.

enchanted [ɪn'tʃɑːntɪd] *adj*: ~ **(by/with)** enchanté(e) (par/de).

enchanting [ɪn'tʃɑːntɪŋ] *adj* enchanteur(eresse).

encircle [ɪn'sɜːkl] *vt* entourer; [subj: troops] encercler.

enclave ['enkleɪv] *n* enclave *f*.

enclose [ɪn'kləʊz] *vt* **-1.** [surround, contain] entourer. **-2.** [put in envelope] joindre; **please find ~d ...** veuillez trouver ci-joint ....

enclosure [ɪn'kləʊʒər] *n* **-1.** [place] enceinte *f*. **-2.** [in letter] pièce *f* jointe.

encompass [ɪn'kʌmpəs] *vt fml* **-1.** [include] contenir. **-2.** [surround] entourer; [subj: troops] encercler.

encore ['ɒŋkɔːr] ◇ *n* rappel *m*. ◇ *excl* bis!

encounter [ɪn'kaʊntər] ◇ *n* rencontre *f*. ◇ *vt fml* rencontrer.

encourage [ɪn'kʌrɪdʒ] *vt* **-1.** [give confidence to]: **to ~ sb (to do sthg)** encourager qqn (à faire qqch). **-2.** [promote] encourager, favoriser.

encouragement [ɪn'kʌrɪdʒmənt] *n* encouragement *m*.

encouraging [ɪn'kʌrɪdʒɪŋ] *adj* encourageant(e).

encroach [ɪn'krəʊtʃ] *vi*: **to ~ on** OR **upon** empiéter sur.

encrusted [ɪn'krʌstɪd] *adj*: ~ **with** incrusté(e) de; [with mud] encroûté(e) de.

encumber [ɪn'kʌmbər] *vt fml*: **to be ~ed with** être encombré(e) de; [with debts] être grevé(e) de.

encyclop(a)edia [ɪn,saɪklə'piːdjə] *n* encyclopédie *f*.

encyclop(a)edic [ɪn,saɪkləʊ'piːdɪk] *adj* encyclopédique.

end [end] ◇ *n* **-1.** [gen] fin *f*; **at an ~** terminé, fini; **to come to an ~** se terminer, s'arrêter; **to put an ~ to sthg** mettre fin à qqch; **at the ~ of the day** *fig* en fin de compte; **in the ~** [finally] finalement; **an ~ in itself** une fin en soi. **-2.** [of rope, path, garden, table etc] bout *m*, extrémité *f*; [of box] côté *m*; ~ **to ~** bout à bout. **-3.** [leftover part - of cigarette] mégot *m*; [- of pencil] bout *m*. ◇ *vt* mettre fin à; [day] finir; **to ~ sthg with** terminer OR finir qqch par. ◇ *vi* se terminer; **to ~ in** se terminer par; **to ~ with** se terminer par OR avec.

◆ **on end** *adv* **-1.** [upright] debout. **-2.** [continuously] d'affilée.

◆ **no end** *adv inf* [pleased, worried] vachement.

◆ **no end of** *prep inf* énormément de.

◆ **end up** *vi* finir; **to ~ up doing sthg** finir par faire qqch.

endanger [ɪn'deɪndʒər] *vt* mettre en danger.

endangered species [ɪn'deɪndʒəd-] *n* espèce *f* en voie de disparition.

endear [ɪn'dɪər] *vt*: **to ~ sb to sb** faire aimer OR apprécier qqn de qqn; **to ~ o.s. to sb** se faire aimer de qqn, plaire à qqn.

endearing [ɪn'dɪərɪŋ] *adj* engageant(e).

endearment [ɪn'dɪəmənt] *n* paroles *fpl* affectueuses.

endeavour *Br*, **endeavor** *Am* [ɪn'devər] *fml* ◇ *n* effort *m*, tentative *f*. ◇ *vt*: **to ~ to do sthg** s'efforcer OR tenter de faire qqch.

endemic [en'demɪk] *adj* endémique.

ending ['endɪŋ] *n* fin *f*, dénouement *m*.

endive ['endaɪv] *n* -1. [salad vegetable] endive *f*. -2. [chicory] chicorée *f*.

endless ['endlɪs] *adj* -1. [unending] interminable; [patience, possibilities] infini(e); [resources] inépuisable. -2. [vast] infini(e).

endlessly ['endlɪslɪ] *adv* sans arrêt, continuellement; [stretch] à perte de vue; ~ **patient/kind** d'une patience/gentillesse infinie.

endorse [ɪn'dɔːs] *vt* -1. [approve] approuver. -2. [cheque] endosser. -3. *Br* [driving licence] porter une contravention à.

endorsement [ɪn'dɔːsmənt] *n* -1. [approval] approbation *f*. -2. [of cheque] endossement *m*. -3. *Br* [on driving licence] *contravention portée au permis de conduire*.

endow [ɪn'dau] *vt* -1. [equip]: **to be ~ed with sthg** être doté(e) de qqch. -2. [donate money to] faire des dons à.

endowment [ɪn'daumənt] *n* -1. *fml* [ability] capacité *f*, qualité *f*. -2. [donation] don *m*.

endowment insurance *n* assurance *f* à capital différé.

endowment mortgage *n prêt-logement lié à une assurance-vie*.

end product *n* produit *m* fini.

end result *n* résultat *m* final.

endurable [ɪn'djuərəbl] *adj* supportable.

endurance [ɪn'djuərəns] *n* endurance *f*.

endurance test *n* épreuve *f* d'endurance.

endure [ɪn'djuər] ◇ *vt* supporter, endurer. ◇ *vi* perdurer.

enduring [ɪn'djuərɪŋ] *adj* durable.

end user *n* utilisateur final *m*, utilisatrice finale *f*.

endways *Br* ['endweɪz], **endwise** *Am* ['endwaɪz] *adv* -1. [not sideways] en long. -2. [with ends touching] bout à bout.

enema ['enɪmə] *n* lavement *m*.

enemy ['enɪmɪ] (*pl* -ies) ◇ *n* ennemi *m*, -e *f*. ◇ *comp* ennemi(e).

energetic [ˌenə'dʒetɪk] *adj* énergique; [person] plein(e) d'entrain.

energy ['enədʒɪ] (*pl* -ies) *n* énergie *f*.

energy-saving *adj* d'économie d'énergie.

enervate ['enəveɪt] *vt fml* affaiblir.

enervating ['enəveɪtɪŋ] *adj fml* débilitant(e).

enfold [ɪn'fəuld] *vt literary* -1. [embrace]: **to ~ sb/sthg (in)** envelopper qqn/qqch (dans); **to ~ sb in one's arms** étreindre qqn. -2. [engulf] envelopper.

enforce [ɪn'fɔːs] *vt* appliquer, faire respecter.

enforceable [ɪn'fɔːsəbl] *adj* applicable.

enforced [ɪn'fɔːst] *adj* forcé(e).

enforcement [ɪn'fɔːsmənt] *n* application *f*.

enfranchise [ɪn'fræntʃaɪz] *vt* -1. [give vote to] accorder le droit de vote à. -2. [set free] affranchir.

engage [ɪn'geɪdʒ] ◇ *vt* -1. [attention, interest] susciter, éveiller; **to ~ sb in conversation** engager la conversation avec qqn. -2. TECH engager. -3. *fml* [employ] engager; **to be ~d in OR on sthg** prendre part à qqch. ◇ *vi* [be involved]: **to ~ in** s'occuper de.

engaged [ɪn'geɪdʒd] *adj* -1. [to be married]: ~ **(to sb)** fiancé(e) (à qqn); **to get ~** se fiancer. -2. [busy] occupé(e); ~ **in sthg** engagé dans qqch. -3. [telephone, toilet] occupé(e).

engaged tone *n Br* tonalité *f* «occupé».

engagement [ɪn'geɪdʒmənt] *n* -1. [to be married] fiançailles *fpl*. -2. [appointment] rendez-vous *m inv*.

engagement ring *n* bague *f* de fiançailles.

engaging [ɪn'geɪdʒɪŋ] *adj* engageant(e); [personality] attirant(e).

engender [ɪn'dʒendər] *vt fml* engendrer, susciter.

engine ['endʒɪn] *n* -1. [of vehicle] moteur *m*. -2. RAIL locomotive *f*.

engine driver *n Br* mécanicien *m*.

engineer [ˌendʒɪ'nɪər] ◇ *n* -1. [of roads] ingénieur *m*; [of machinery, on ship] mécanicien *m*; [of electrical equipment] technicien *m*. -2. *Am* [engine driver] mécanicien *m*. ◇ *vt* -1. [construct] construire. -2. [contrive] manigancer.

engineering [ˌendʒɪ'nɪərɪŋ] *n* ingénierie *f*.

England ['ɪŋglənd] *n* Angleterre *f*; **in ~** en Angleterre.

English ['ɪŋglɪʃ] ◇ *adj* anglais(e). ◇ *n* [language] anglais *m*. ◇ *npl*: **the ~** les Anglais.

English breakfast *n* petit déjeuner *m* anglais traditionnel.

ENGLISH BREAKFAST:
Le petit déjeuner anglais traditionnel se compose d'un plat chaud (des œufs au bacon, par exemple), de céréales ou de porridge, et de toasts à la marmelade d'oranges, le tout accompagné de café ou de thé; aujourd'hui il est généralement remplacé par une collation plus légère

English Channel *n*: **the ~** la Manche.

Englishman ['ɪŋglɪʃmən] (*pl* -men [-mən]) *n* Anglais *m*.

English muffin *n Am sorte de gaufre*.

Englishwoman ['ɪŋglɪʃ,wʊmən] (pl **-women** [-wɪmɪn]) n Anglaise f.

engrave [ɪn'greɪv] vt: **to ~ sthg (on stone/in one's memory)** graver qqch (sur la pierre/ dans sa mémoire).

engraver [ɪn'greɪvə'] n graveur m.

engraving [ɪn'greɪvɪŋ] n gravure f.

engrossed [ɪn'grəʊst] adj: **to be ~ (in sthg)** être absorbé(e) (par qqch).

engrossing [ɪn'grəʊsɪŋ] adj captivant(e).

engulf [ɪn'gʌlf] vt engloutir.

enhance [ɪn'hɑːns] vt accroître.

enhancement [ɪn'hɑːnsmənt] n amélioration f.

enigma [ɪ'nɪgmə] n énigme f.

enigmatic [,enɪg'mætɪk] adj énigmatique.

enjoy [ɪn'dʒɔɪ] ◇ vt **-1.** [like] aimer; **to ~ doing sthg** avoir plaisir à OR aimer faire qqch; **to ~ o.s.** s'amuser. **-2.** fml [possess] jouir de. ◇ vi Am: **~!** [enjoy yourself] amuse-toi bien!; [before meal] bon appétit!

enjoyable [ɪn'dʒɔɪəbl] adj agréable.

enjoyment [ɪn'dʒɔɪmənt] n **-1.** [gen] plaisir m. **-2.** fml [possession] jouissance f.

enlarge [ɪn'lɑːdʒ] vt agrandir.

◆ **enlarge (up)on** vt fus développer.

enlargement [ɪn'lɑːdʒmənt] n **-1.** [expansion] extension f. **-2.** PHOT agrandissement m.

enlighten [ɪn'laɪtn] vt éclairer.

enlightened [ɪn'laɪtnd] adj éclairé(e).

enlightening [ɪn'laɪtnɪŋ] adj édifiant(e).

enlightenment [ɪn'laɪtnmənt] n (U) éclaircissement m.

◆ **Enlightenment** n: **the Enlightenment** le siècle des Lumières.

enlist [ɪn'lɪst] ◇ vt **-1.** MIL enrôler. **-2.** [recruit] recruter. **-3.** [obtain] s'assurer. ◇ vi MIL: **to ~ (in)** s'enrôler (dans).

enlisted man [ɪn'lɪstɪd-] n Am simple soldat m.

enliven [ɪn'laɪvn] vt animer; [book, film] égayer.

en masse [,ɒn'mæs] adv en masse, massivement.

enmeshed [ɪn'meʃt] adj: **~ in** empêtré(e) dans.

enmity ['enmətɪ] (pl **-ies**) n hostilité f.

ennoble [ɪ'nəʊbl] vt **-1.** [elevate to nobility] anoblir. **-2.** [dignify] ennoblir.

enormity [ɪ'nɔːmətɪ] n [extent] étendue f.

enormous [ɪ'nɔːməs] adj énorme; [patience, success] immense.

enormously [ɪ'nɔːməslɪ] adv énormément; [long, pleased] immensément.

enough [ɪ'nʌf] ◇ adj assez de; **~ money/ time** assez d'argent/de temps.
◇ pron assez; **more than ~** largement, bien assez; **~ is ~** trop c'est trop; **that's ~ (of that)!** ça suffit maintenant!; **to have had ~ (of sthg)** en avoir assez (de qqch).
◇ adv **-1.** [sufficiently] assez; **to be good ~ to do sthg** fml être assez gentil pour OR de faire qqch, être assez aimable pour OR de faire qqch. **-2.** [rather] plutôt; **strangely ~** bizarrement, c'est bizarre.

enquire [ɪn'kwaɪə'] ◇ vt: **to ~ when/ whether/how ...** demander quand/si/ comment .... ◇ vi: **to ~ (about)** se renseigner (sur).

enquiry [ɪn'kwaɪərɪ] (pl **-ies**) n **-1.** [question] demande f de renseignements; **"Enquiries"** «renseignements». **-2.** [investigation] enquête f.

enraged [ɪn'reɪdʒd] adj déchaîné(e); [animal] enragé(e).

enrich [ɪn'rɪtʃ] vt enrichir.

enrol (pt & pp **-led**, cont **-ling**), **enroll** Am [ɪn'rəʊl] ◇ vt inscrire. ◇ vi: **to ~ (in)** s'inscrire (à).

enrolment Br, **enrollment** Am [ɪn'rəʊlmənt] n **-1.** (U) [registration] inscription f. **-2.** [person enrolled] inscrit m.

en route [ɒn'ruːt] adv: **~ (to)** en route (vers); **~ from** en provenance de.

ensconced [ɪn'skɒnst] adj hum: **~ in** bien installé(e) (dans).

enshrine [ɪn'ʃraɪn] vt: **to be ~d in** être garanti(e) par.

ensign ['ensaɪn] n **-1.** [flag] pavillon m. **-2.** Am [sailor] enseigne m.

enslave [ɪn'sleɪv] vt asservir.

ensue [ɪn'sjuː] vi s'ensuivre.

ensuing [ɪn'sjuːɪŋ] adj qui s'ensuit.

ensure [ɪn'ʃʊə'] vt assurer; **to ~ (that) ...** s'assurer que ....

ENT (abbr of **Ear, Nose & Throat**) n ORL f.

entail [ɪn'teɪl] vt entraîner; **what does the work ~?** en quoi consiste le travail?

entangled [ɪn'tæŋgld] adj **-1.** [caught]: **to be ~ in** être emmêlé(e) OR enchevêtré(e) dans. **-2.** [in problem, difficult situation]: **to be ~ in** être empêtré(e) dans. **-3.** fig [with person]: **to be ~ with** avoir une liaison avec.

entanglement [ɪn'tæŋglmənt] n liaison f (amoureuse).

enter ['entə'] ◇ vt **-1.** [room, vehicle] entrer dans. **-2.** [university, army] entrer à; [school] s'inscrire à, s'inscrire dans. **-3.** [competition, race] s'inscrire à; [politics] se lancer dans.

-4. [register]: **to ~ sb/sthg for sthg** inscrire qqn/qqch à qqch. **-5.** [write down] inscrire. **-6.** COMPUT entrer. ◇ *vi* **-1.** [come or go in] entrer. **-2.** [register]: **to ~ (for)** s'inscrire (à). ◆ **enter into** *vt fus* [negotiations, correspondence] entamer.

enteritis [,entə'raɪtɪs] *n* entérite *f*.

enter key *n* COMPUT (touche *f*) entrée *f*.

enterprise ['entəpraɪz] *n* entreprise *f*.

enterprise culture *n* culture *f* d'entreprise.

enterprise zone *n* zone dans une région défavorisée qui bénéficie de subsides de l'État.

enterprising ['entəpraɪzɪŋ] *adj* qui fait preuve d'initiative.

entertain [,entə'teɪn] ◇ *vt* **-1.** [amuse] divertir. **-2.** [invite - guests] recevoir. **-3.** *fml* [thought, proposal] considérer. **-4.** *fml* [hopes] nourrir. ◇ *vi* **-1.** [amuse] se divertir. **-2.** [have guests] recevoir.

entertainer [,entə'teɪnər] *n* fantaisiste *mf*.

entertaining [,entə'teɪnɪŋ] ◇ *adj* divertissant(e). ◇ *n*: **to do a lot of ~** recevoir beaucoup.

entertainment [,entə'teɪnmənt] ◇ *n* **-1.** (*U*) [amusement] divertissement *m*. **-2.** [show] spectacle *m*. ◇ *comp* du spectacle.

entertainment allowance *n* frais *mpl* de représentation.

enthral (*pt* & *pp* **-led**, *cont* **-ling**), **enthrall** *Am* [ɪn'θrɔːl] *vt* captiver.

enthralling [ɪn'θrɔːlɪŋ] *adj* captivant(e).

enthuse [ɪn'θjuːz] *vi*: **to ~ (about)** s'enthousiasmer (pour).

enthusiasm [ɪn'θjuːzɪæzm] *n* **-1.** [passion, eagerness]: **~ (for)** enthousiasme *m* (pour). **-2.** [interest] passion *f*.

enthusiast [ɪn'θjuːzɪæst] *n* amateur *m*, -trice *f*.

enthusiastic [ɪn,θjuːzɪ'æstɪk] *adj* enthousiaste.

enthusiastically [ɪn,θjuːzɪ'æstɪklɪ] *adv* avec enthousiasme.

entice [ɪn'taɪs] *vt* entraîner.

enticing [ɪn'taɪsɪŋ] *adj* alléchant(e); [smile] séduisant(e).

entire [ɪn'taɪər] *adj* entier(ière).

entirely [ɪn'taɪəlɪ] *adv* totalement.

entirety [ɪn'taɪrətɪ] *n*: **in its ~** en entier.

entitle [ɪn'taɪtl] *vt* [allow]: **to ~ sb to sthg** donner droit à qqch à qqn; **to ~ sb to do sthg** autoriser qqn à faire qqch.

entitled [ɪn'taɪtld] *adj* **-1.** [allowed] autorisé(e); **to be ~ to sthg** avoir droit à qqch; **to**

be ~ **to do sthg** avoir le droit de faire qqch. **-2.** [called] intitulé(e).

entitlement [ɪn'taɪtlmənt] *n* droit *m*.

entity ['entətɪ] (*pl* **-ies**) *n* entité *f*.

entomology [,entə'mɒlədʒɪ] *n* entomologie *f*.

entourage [,ɒntu'rɑːʒ] *n* entourage *m*.

entrails ['entreɪlz] *npl* entrailles *fpl*.

entrance [*n* 'entrəns, *vt* ɪn'trɑːns] ◇ *n* **-1.** [way in]: **~ (to)** entrée *f* (de). **-2.** [arrival] entrée *f*. **-3.** [entry]: **to gain ~ to** [building] obtenir l'accès à; [society, university] être admis(e) dans. ◇ *vt* ravir, enivrer.

entrance examination *n* examen *m* d'entrée.

entrance fee *n* **-1.** [to cinema, museum] droit *m* d'entrée. **-2.** [for club] droit *m* d'inscription.

entrancing [ɪn'trɑːnsɪŋ] *adj* épatant(e).

entrant ['entrənt] *n* [in race, competition] concurrent *m*, -e *f*.

entreat [ɪn'triːt] *vt*: **to ~ sb (to do sthg)** supplier qqn (de faire qqch).

entreaty [ɪn'triːtɪ] (*pl* **-ies**) *n* prière *f*, supplication *f*.

entrenched [ɪn'trentʃt] *adj* ancré(e).

entrepreneur [,ɒntrəprə'nɜːr] *n* entrepreneur *m*.

entrepreneurial [,ɒntrəprə'nɜːrɪəl] *adj* [person] qui a l'esprit d'entreprise; [skill] d'entrepreneur.

entrust [ɪn'trʌst] *vt*: **to ~ sthg to sb**, **to ~ sb with sthg** confier qqch à qqn.

entry ['entrɪ] (*pl* **-ies**) *n* **-1.** [gen] entrée *f*; **to gain ~ to** avoir accès à; **"no ~"** «défense d'entrer»; AUT «sens interdit». **-2.** [in competition] inscription *f*. **-3.** [in dictionary] entrée *f*; [in diary, ledger] inscription *f*.

entry fee *n* entrée *f*.

entry form *n* formulaire *m* OR feuille *f* d'inscription.

entry phone *n* portier *m* électronique.

entryway ['entrɪ,weɪ] *n Am* entrée *f*.

entwine [ɪn'twaɪn] ◇ *vt* entrelacer. ◇ *vi* s'entrelacer.

E number *n* additif *m* E.

enumerate [ɪ'njuːməreɪt] *vt* énumérer.

enunciate [ɪ'nʌnsɪeɪt] ◇ *vt* **-1.** [word] articuler. **-2.** [idea, plan] énoncer, exposer. ◇ *vi* articuler.

envelop [ɪn'veləp] *vt* envelopper.

envelope ['envələup] *n* enveloppe *f*.

enviable ['envɪəbl] *adj* enviable.

envious ['envɪəs] *adj* envieux(ieuse).

enviously ['envɪəslɪ] *adv* avec envie.

environment [ɪnˈvaɪərənmənt] n **-1.** [surroundings] milieu m, cadre m. **-2.** [natural world]: **the ~** l'environnement m; **Department of the Environment** Br ≃ ministère m de l'Environnement. **-3.** COMPUT environnement m.

environmental [ɪnˌvaɪərənˈmentl] adj [pollution, awareness] de l'environnement; [impact] sur l'environnement.

environmentalist [ɪnˌvaɪərənˈmentəlɪst] n écologiste mf, environnementaliste mf.

environmentally [ɪnˌvaɪərənˈmentəlɪ] adv [damaging] pour l'environnement; **to be ~ aware** être sensible aux problèmes de l'environnement; **~ friendly** qui préserve l'environnement.

Environmental Protection Agency n Am ≃ ministère m de l'Environnement.

environs [ɪnˈvaɪərənz] npl environs mpl.

envisage [ɪnˈvɪzɪdʒ], **envision** Am [ɪnˈvɪʒn] vt envisager.

envoy [ˈenvɔɪ] n émissaire m.

envy [ˈenvɪ] (pt & pp **-ied**) ◇ n envie f, jalousie f; **to be the ~ of** faire envie à; **to be green with ~** être malade de jalousie. ◇ vt envier; **to ~ sb sthg** envier qqch à qqn.

enzyme [ˈenzaɪm] n enzyme f.

EOC abbr of **Equal Opportunities Commission.**

eon Am = **aeon.**

EPA (abbr of **Environmental Protection Agency**) n agence américaine pour la protection de l'environnement.

epaulet(te) [ˈepəlet] n épaulette f.

ephemeral [ɪˈfemərəl] adj éphémère.

epic [ˈepɪk] ◇ adj épique. ◇ n épopée f.

epicentre Br, **epicenter** Am [ˈepɪsentər] n épicentre m.

epidemic [ˌepɪˈdemɪk] n épidémie f.

epidural [ˌepɪˈdjʊərəl] n péridurale f.

epigram [ˈepɪgræm] n épigramme f.

epilepsy [ˈepɪlepsɪ] n épilepsie f.

epileptic [ˌepɪˈleptɪk] ◇ adj épileptique. ◇ n épileptique mf.

epilogue Br, **epilog** Am [ˈepɪlɒg] n épilogue m.

Epiphany [ɪˈpɪfənɪ] n Épiphanie f.

episcopal [ɪˈpɪskəpl] adj épiscopal(e).

episode [ˈepɪsəʊd] n épisode m.

episodic [ˌepɪˈsɒdɪk] adj [story, play] en épisodes.

epistle [ɪˈpɪsl] n épître f.

epitaph [ˈepɪtɑːf] n épitaphe f.

epithet [ˈepɪθet] n épithète f.

epitome [ɪˈpɪtəmɪ] n: **the ~ of** le modèle de.

epitomize, -ise [ɪˈpɪtəmaɪz] vt incarner.

epoch [ˈiːpɒk] n époque f.

epoch-making [-ˈmeɪkɪŋ] adj qui fait date.

eponymous [ɪˈpɒnɪməs] adj éponyme.

EPOS [ˈiːpɒs] (abbr of **electronic point of sale**) n point de vente électronique.

equable [ˈekwəbl] adj égal(e), constant(e).

equal [ˈiːkwəl] (Br pt & pp **-led**, cont **-ling**, Am pt & pp **-ed**, cont **-ing**) ◇ adj **-1.** [gen]: **~ (to)** égal(e) (à); **on ~ terms** d'égal à égal. **-2.** [capable]: **~ to sthg** à la hauteur de qqch. ◇ n égal m, -e f. ◇ vt égaler.

equality [iːˈkwɒlətɪ] n égalité f.

equalize, -ise [ˈiːkwəlaɪz] ◇ vt niveler. ◇ vi SPORT égaliser.

equalizer [ˈiːkwəlaɪzər] n SPORT but m égalisateur.

equally [ˈiːkwəlɪ] adv **-1.** [important, stupid etc] tout aussi; **I like them ~** je les apprécie de la même façon. **-2.** [in amount] en parts égales. **-3.** [also] en même temps.

equal opportunities npl égalité f des chances.

Equal Opportunities Commission n commission britannique pour l'égalité des chances dans le travail.

equal(s) sign n le signe m d'égalité.

equanimity [ˌekwəˈnɪmətɪ] n sérénité f, égalité f d'âme.

equate [ɪˈkweɪt] vt: **to ~ sthg with** assimiler qqch à.

equation [ɪˈkweɪʒn] n équation f.

equator [ɪˈkweɪtər] n: **the ~** l'équateur m.

equatorial [ˌekwəˈtɔːrɪəl] adj équatorial(e).

Equatorial Guinea n Guinée f équatoriale.

equestrian [ɪˈkwestrɪən] adj équestre.

equidistant [ˌiːkwɪˈdɪstənt] adj: **~ (from)** équidistant(e) (de).

equilateral triangle [ˌiːkwɪˈlætərəl-] triangle m équilatéral.

equilibrium [ˌiːkwɪˈlɪbrɪəm] n équilibre m.

equine [ˈekwaɪn] adj chevalin(e).

equinox [ˈiːkwɪnɒks] n équinoxe m.

equip [ɪˈkwɪp] (pt & pp **-ped**, cont **-ping**) vt équiper; **to ~ sb/sthg with** équiper qqn/qqch de, munir qqn/qqch de; **he's well equipped for the job** il est bien préparé pour ce travail.

equipment [ɪˈkwɪpmənt] n (U) équipement m, matériel m.

equitable [ˈekwɪtəbl] adj équitable.

equities ['ekwǝtɪz] *npl* ST EX actions *fpl* ordinaires.

equivalent [ɪ'kwɪvǝlǝnt] ◇ *adj* équivalent(e); **to be ~ to** être équivalent à, équivaloir à. ◇ *n* équivalent *m*.

equivocal [ɪ'kwɪvǝkl] *adj* équivoque.

equivocate [ɪ'kwɪvǝkeɪt] *vi* parler de façon équivoque.

er [ɜːʳ] *excl* euh!

ER (*abbr of* **Elizabeth Regina**) emblème de la reine Elizabeth.

era ['ɪǝrǝ] (*pl* **-s**) *n* ère *f*, période *f*.

ERA ['ɪǝrǝ] (*abbr of* **Equal Rights Amendment**) *n* loi américaine sur l'égalité des droits des femmes.

eradicate [ɪ'rædɪkeɪt] *vt* éradiquer.

eradication [ɪ,rædɪ'keɪʃn] *n* éradication *f*.

erase [ɪ'reɪz] *vt* **-1.** [rub out] gommer. **-2.** *fig* [memory] effacer; [hunger, poverty] éliminer.

eraser [ɪ'reɪzǝʳ] *n* gomme *f*.

erect [ɪ'rekt] ◇ *adj* **-1.** [person, posture] droit(e). **-2.** [penis] en érection. ◇ *vt* **-1.** [statue] ériger; [building] construire. **-2.** [tent] dresser.

erection [ɪ'rekʃn] *n* **-1.** (*U*) [of statue] érection *f*; [of building] construction *f*. **-2.** [erect penis] érection *f*.

ergonomics [,ɜːgǝ'nɒmɪks] *n* ergonomie *f*.

ERISA [ǝ'riːsǝ] (*abbr of* **Employee Retirement Income Security Act**) *n* loi américaine sur les pensions de retraite.

Eritrea [,erɪ'treɪǝ] *n* Érythrée *f*; **in ~** en Érythrée.

Eritrean [,erɪ'treɪǝn] ◇ *adj* érythréen(enne). ◇ *n* Érythréen *m*, -enne *f*.

ERM (*abbr of* **Exchange Rate Mechanism**) *n* mécanisme *m* des changes (du SME).

ermine ['ɜːmɪn] *n* [fur] hermine *f*.

ERNIE ['ɜːnɪ] (*abbr of* **Electronic Random Number Indicator Equipment**) *n* dispositif de tirage des numéros gagnants des 'Premium Bonds'.

erode [ɪ'rǝʊd] ◇ *vt* **-1.** [rock, soil] éroder. **-2.** *fig* [confidence, rights] réduire. ◇ *vi* **-1.** [rock, soil] s'éroder. **-2.** *fig* [confidence] diminuer; [rights] se réduire.

erogenous zone [ɪ'rɒdʒɪnǝs-] *n* zone *f* érogène.

erosion [ɪ'rǝʊʒn] *n* **-1.** [of rock, soil] érosion *f*. **-2.** *fig* [of confidence] baisse *f*; [of rights] diminution *f*.

erotic [ɪ'rɒtɪk] *adj* érotique.

eroticism [ɪ'rɒtɪsɪzm] *n* érotisme *m*.

err [ɜːʳ] *vi* se tromper; **to ~ is human** l'er-

reur est humaine; **to ~ on the side of** pécher par excès de.

errand ['erǝnd] *n* course *f*, commission *f*; **to go on** OR **run an ~** faire une course.

errand boy *n* garçon *m* de courses.

erratic [ɪ'rætɪk] *adj* irrégulier(ière).

erroneous [ɪ'rǝʊnjǝs] *adj* *fml* erroné(e).

error ['erǝʳ] *n* erreur *f*; **a spelling/typing ~** une faute d'orthographe/de frappe; **an ~ of judgment** une erreur de jugement; **in ~** par erreur.

error message *n* COMPUT message *m* d'erreur.

erstwhile ['ɜːstwaɪl] *adj* *literary* d'autrefois.

erudite ['eruːdaɪt] *adj* savant(e).

erupt [ɪ'rʌpt] *vi* **-1.** [volcano] entrer en éruption. **-2.** *fig* [violence, war] éclater.

eruption [ɪ'rʌpʃn] *n* **-1.** [of volcano] éruption *f*. **-2.** [of violence] explosion *f*; [of war] déclenchement *m*.

ESA (*abbr of* **European Space Agency**) *n* ESA *f*, ASE *f*.

escalate ['eskǝleɪt] *vi* **-1.** [conflict] s'intensifier. **-2.** [costs] monter en flèche.

escalation [,eskǝ'leɪʃn] *n* **-1.** [of conflict, violence] intensification *f*. **-2.** [of costs] montée *f* en flèche.

escalator ['eskǝleɪtǝʳ] *n* escalier *m* roulant.

escalator clause *n* clause *f* d'indexation.

escapade [,eskǝ'peɪd] *n* aventure *f*, exploit *m*.

escape [ɪ'skeɪp] ◇ *n* **-1.** [gen] fuite *f*, évasion *f*; **to make one's ~** s'échapper; **to have a lucky ~** l'échapper belle. **-2.** [leakage - of gas, water] fuite *f*. ◇ *vt* échapper à; **to ~ notice** échapper à l'attention. ◇ *vi* **-1.** [gen] s'échapper, fuir; [from prison] s'évader; **to ~ from** [place] s'échapper de; [danger, person] échapper à. **-2.** [survive] s'en tirer.

escape clause *n* clause *f* échappatoire.

escape key *n* COMPUT touche *f* d'échappement.

escape route *n* **-1.** [from prison] moyen *m* d'évasion. **-2.** [from fire] itinéraire d'évacuation en cas d'incendie.

escapism [ɪ'skeɪpɪzm] *n* (*U*) évasion *f* (de la réalité).

escapist [ɪ'skeɪpɪst] *adj* [literature, film] d'évasion.

escapologist [,eskǝ'pɒlǝdʒɪst] *n* virtuose *mf* de l'évasion.

escarpment [ɪ'skɑːpmǝnt] *n* escarpement *m*.

eschew [ɪs'tʃuː] *vt* *fml* s'abstenir de.

escort [*n* 'eskɔːt, *vb* ɪ'skɔːt] ◇ *n* **-1.** [guard] escorte *f*; **under ~** sous escorte. **-2.** [companion - male] cavalier *m*; [- female] hôtesse *f*. ◇ *vt* escorter, accompagner.

escort agency *n* agence *f* d'hôtesses.

Eskimo ['eskɪməʊ] (*pl* -s) ◇ *adj* esquimau(aude). ◇ *n* **-1.** [person] Esquimau *m*, -aude *f* (*attention: le terme 'Eskimo', comme son équivalent français, est souvent considéré comme injurieux en Amérique du Nord. On préférera le terme 'Inuit'*. **-2.** [language] esquimau *m*.

ESL (*abbr of* **English as a Second Language**) *n* anglais deuxième langue.

esophagus *Am* = **oesophagus**.

esoteric [,esə'terɪk] *adj* ésotérique.

esp. *abbr of* **especially**.

ESP *n* (*abbr of* **extrasensory perception**) perception *f* extrasensorielle.

espadrille [,espə'drɪl] *n* espadrille *f*.

especial [ɪ'speʃl] *adj* spécial(e), particulier(ière).

especially [ɪ'speʃəlɪ] *adv* **-1.** [in particular] surtout. **-2.** [more than usually] particulièrement. **-3.** [specifically] spécialement.

Esperanto [,espə'ræntəʊ] *n* espéranto *m*.

espionage ['espɪə,nɑːʒ] *n* espionnage *m*.

esplanade [,esplə'neɪd] *n* esplanade *f*.

espouse [ɪ'spaʊz] *vt* épouser.

espresso [e'spresəʊ] (*pl* -s) *n* express *m inv*.

Esq. *abbr of* **Esquire**.

Esquire [ɪ'skwaɪəʳ] *n*: **G. Curry ~** Monsieur G. Curry.

essay ['eseɪ] *n* **-1.** SCH & UNIV dissertation *f*. **-2.** LITERATURE essai *m*.

essayist ['eseɪɪst] *n* essayiste *mf*.

essence ['esns] *n* **-1.** [nature] essence *f*, nature *f*; **in ~** par essence. **-2.** CULIN extrait *m*.

essential [ɪ'senʃl] *adj* **-1.** [absolutely necessary]: **~ (to** OR **for)** indispensable (à). **-2.** [basic] essentiel(ielle), de base.

◆ **essentials** *npl* **-1.** [basic commodities] produits *mpl* de première nécessité. **-2.** [most important elements] essentiel *m*.

essentially [ɪ'senʃəlɪ] *adv* fondamentalement, avant tout.

est. -1. *abbr of* **established. -2.** *abbr of* **estimated**.

EST (*abbr of* **Eastern Standard Time**) *n* heure d'été de la côte est des États-Unis.

establish [ɪ'stæblɪʃ] *vt* **-1.** [gen] établir; **to ~ contact with** établir le contact avec. **-2.** [organization, business] fonder, créer.

established [ɪ'stæblɪʃt] *adj* **-1.** [custom] établi(e). **-2.** [business, company] fondé(e).

establishment [ɪ'stæblɪʃmənt] *n* **-1.** [gen] établissement *m*. **-2.** [of organization, business] fondation *f*, création *f*.

◆ **Establishment** *n* [status quo]: **the Establishment** l'ordre *m* établi, l'Establishment *m*.

estate [ɪ'steɪt] *n* **-1.** [land, property] propriété *f*, domaine *m*. **-2.** **(housing) ~** lotissement *m*. **-3.** **(industrial) ~** zone *f* industrielle. **-4.** JUR [inheritance] biens *mpl*.

estate agency *n Br* agence *f* immobilière.

estate agent *n Br* agent *m* immobilier.

estate car *n Br* break *m*.

estd., est'd. *abbr of* **established**.

esteem [ɪ'stiːm] ◇ *n* estime *f*; **to hold sb/sthg in high ~** tenir qqn/qqch en haute estime. ◇ *vt* estimer.

esthete *etc Am* = **aesthete** *etc*.

estimate [*n* 'estɪmət, *vb* 'estɪmeɪt] ◇ *n* **-1.** [calculation, judgment] estimation *f*, évaluation *f*. **-2.** COMM devis *m*. ◇ *vt* estimer, évaluer. ◇ *vi* COMM: **to ~ for** faire OR établir un devis pour.

estimated ['estɪmeɪtɪd] *adj* estimé(e).

estimation [,estɪ'meɪʃn] *n* **-1.** [opinion] opinion *f*. **-2.** [calculation] estimation *f*, évaluation *f*.

Estonia [e'stəʊnɪə] *n* Estonie *f*; **in ~** en Estonie.

Estonian [e'stəʊnɪən] ◇ *adj* estonien(ienne). ◇ *n* **-1.** [person] Estonien *m*, -ienne *f*. **-2.** [language] estonien *m*.

estranged [ɪ'streɪndʒd] *adj* [couple] séparé(e); [husband, wife] dont on s'est séparé.

estrogen *Am* = **oestrogen**.

estuary ['estjʊərɪ] (*pl* -ies) *n* estuaire *m*.

ETA (*abbr of* **estimated time of arrival**) *n* HPA *f*.

et al. ['etæl] (*abbr of* **et alii**) et coll., et al.

etc. (*abbr of* **et cetera**) etc.

etcetera [ɪt'setərə] *adv* et cetera.

etch [etʃ] *vt* graver à l'eau forte; **to be ~ed on sb's memory** être gravé dans la mémoire de qqn.

etching ['etʃɪŋ] *n* gravure *f* à l'eau forte.

ETD (*abbr of* **estimated time of departure**) *n* HPD *f*.

eternal [ɪ'tɜːnl] *adj* **-1.** [life] éternel(elle). **-2.** *fig* [complaints, whining] sempiternel(elle). **-3.** [truth, value] immuable.

eternally [ɪ'tɜːnəlɪ] *adv* éternellement.

eternity [ɪ'tɜːnətɪ] *n* éternité *f*.

eternity ring *n Br* bague *f* de fidélité.

ether ['iːθəʳ] *n* éther *m*.

ethereal [iː'θɪərɪəl] *adj* éthéré(e).

ethic ['eθɪk] *n* éthique *f*, morale *f*.

◆ **ethics** ◇ *n* (*U*) [study] éthique *f*, morale *f*. ◇ *npl* [morals] morale *f*.

ethical ['eθɪkl] *adj* moral(e).

Ethiopia [ˌiːθɪ'əʊpɪə] *n* Éthiopie *f*; **in** ~ en Éthiopie.

Ethiopian [ˌiːθɪ'əʊpɪən] ◇ *adj* éthiopien(ienne). ◇ *n* Éthiopien *m*, -ienne *f*.

ethnic ['eθnɪk] *adj* **-1.** [traditions, groups] ethnique. **-2.** [clothes] folklorique.

ethnic cleansing [-'klenzɪŋ] *n* purification *f* ethnique.

ethnic minority *n* minorité *f* ethnique.

ethnology [eθ'nɒlədʒɪ] *n* ethnologie *f*.

ethos ['iːθɒs] *n* génie *m* (d'un peuple/d'une civilisation).

etiquette ['etɪket] *n* convenances *fpl*, étiquette *f*.

ETU (*abbr of* **Electrical Trades Union**) *n* syndicat d'électriciens.

ETV (*abbr of* **educational television**) *n* télévision scolaire.

etymology [ˌetɪ'mɒlədʒɪ] (*pl* **-ies**) *n* étymologie *f*.

eucalyptus [ˌjuːkə'lɪptəs] *n* eucalyptus *m*.

eulogize, -ise ['juːlədʒaɪz] *vt* faire le panégyrique de.

eulogy ['juːlədʒɪ] (*pl* **-ies**) *n* panégyrique *m*.

eunuch ['juːnək] *n* eunuque *m*.

euphemism ['juːfəmɪzm] *n* euphémisme *m*.

euphemistic [ˌjuːfə'mɪstɪk] *adj* euphémique.

euphoria [juː'fɔːrɪə] *n* euphorie *f*.

euphoric [juː'fɒrɪk] *adj* euphorique.

Eurasia [jʊə'reɪʒə] *n* Eurasie *f*.

Eurasian [jʊə'reɪʒən] ◇ *adj* eurasien(ienne). ◇ *n* Eurasien *m*, -ienne *f*.

eureka [jʊə'riːkə] *excl* eurêka!

Euro- ['jʊərəʊ] *prefix* euro-.

Eurocheque ['jʊərəʊ,tʃek] *n* eurochèque *m*.

Eurocrat ['jʊərə,kræt] *n* eurocrate *mf*.

Eurocurrency ['jʊːrəʊ,kʌrənsɪ] (*pl* **-ies**) *n* eurodevise *f*.

Eurodollar ['jʊərəʊ,dɒlə'] *n* eurodollar *m*.

Euro MP *n* député *m* européen.

Europe ['jʊərəp] *n* Europe *f*.

European [ˌjʊərə'piːən] ◇ *adj* européen(enne). ◇ *n* Européen *m*, -enne *f*.

European Community *n*: **the** ~ la Communauté européenne.

European Court of Human Rights *n*: **the** ~ la Cour européenne des droits de l'homme.

European Court of Justice *n*: **the** ~ la Cour européenne de justice.

European Currency Unit *n* Unité *f* monétaire européenne.

Europeanism [ˌjʊərə'piːənɪzm] *n* européanisme *m*.

Europeanize, -ise [ˌjʊərə'piːənaɪz] *vt* européaniser.

European Monetary System *n*: **the** ~ le Système monétaire européen.

European Parliament *n*: **the** ~ le Parlement européen.

euthanasia [ˌjuːθə'neɪzjə] *n* euthanasie *f*.

evacuate [ɪ'vækjʊeɪt] *vt* évacuer.

evacuation [ɪ,vækjʊ'eɪʃn] *n* évacuation *f*.

evacuee [ɪ,vækjuː'iː] *n* évacué *m*, -e *f*.

evade [ɪ'veɪd] *vt* **-1.** [gen] échapper à. **-2.** [issue, question] esquiver, éluder.

evaluate [ɪ'væljʊeɪt] *vt* évaluer.

evaluation [ɪ,væljʊ'eɪʃn] *n* évaluation *f*.

evangelical [ˌiːvæn'dʒelɪkl] *adj* évangélique.

evangelism [ɪ'vændʒəlɪzm] *n* évangélisation *f*.

evangelist [ɪ'vændʒəlɪst] *n* évangéliste *mf*.

evangelize, -ise [ɪ'vændʒəlaɪz] *vt* évangéliser.

evaporate [ɪ'væpəreɪt] *vi* **-1.** [liquid] s'évaporer. **-2.** *fig* [hopes, fears] s'envoler; [confidence] disparaître.

evaporated milk [ɪ'væpəreɪtɪd-] *n* lait *m* condensé (non sucré).

evaporation [ɪ,væpə'reɪʃn] *n* évaporation *f*.

evasion [ɪ'veɪʒn] *n* **-1.** [of responsibility] dérobade *f*; **tax** ~ évasion *f* fiscale. **-2.** [lie] faux-fuyant *m*.

evasive [ɪ'veɪsɪv] *adj* évasif(ive); **to take** ~ **action** faire une manœuvre d'évitement.

evasiveness [ɪ'veɪsɪvnɪs] *n* caractère *m* évasif.

eve [iːv] *n* veille *f*.

even ['iːvn] ◇ *adj* **-1.** [speed, rate] régulier(ière); [temperature, temperament] égal(e). **-2.** [flat, level] plat(e), régulier(ière). **-3.** [equal - contest] équilibré(e); [- teams, players] de la même force; [- scores] à égalité; **to get** ~ **with sb** se venger de qqn. **-4.** [not odd - number] pair(e).
◇ *adv* **-1.** [gen] même; ~ **now** encore maintenant; ~ **then** même alors. **-2.** [in comparisons]: ~ **bigger/better/more stupid** encore plus grand/mieux/plus bête.
◆ **even as** *conj* au moment même où.
◆ **even if** *conj* même si.
◆ **even so** *adv* quand même.
◆ **even though** *conj* bien que (+ *subjunctive*).
◆ **even out** ◇ *vt sep* égaliser. ◇ *vi* s'égaliser.

even-handed [-'hændɪd] *adj* impartial(e).

evening ['iːvnɪŋ] *n* soir *m*; [duration, entertainment] soirée *f*; **in the ~** le soir.

◆ **evenings** *adv Am* le soir.

evening class *n* cours *m* du soir.

evening dress *n* [worn by man] habit *m* de soirée; [worn by woman] robe *f* du soir.

evening star *n*: **the ~** l'étoile *f* du berger.

evenly ['iːvnlɪ] *adv* **-1.** [breathe, distributed] régulièrement. **-2.** [equally - divided] également; **to be ~ matched** être de la même force. **-3.** [calmly] calmement, sur un ton égal.

evenness ['iːvnnɪs] *n* **-1.** [of breathing] régularité *f*. **-2.** [equality] bon équilibre *m*.

evensong ['iːvnsɒŋ] *n* vêpres *fpl*.

event [ɪ'vent] *n* **-1.** [happening] événement *m*. **-2.** SPORT épreuve *f*. **-3.** [case]: **in the ~ of** en cas de; **in the ~ that** au cas où.

◆ **in any event** *adv* en tout cas, de toute façon.

◆ **in the event** *adv Br* en l'occurrence, en réalité.

even-tempered [-'tempəd] *adj* d'humeur égale.

eventful [ɪ'ventfʊl] *adj* mouvementé(e).

eventide home ['iːvntaɪd-] *n Br euphemism* hospice *m* de vieillards.

eventing [ɪ'ventɪŋ] *n Br* SPORT: **(three-day) ~** concours *m* complet.

eventual [ɪ'ventʃʊəl] *adj* final(e); **the ~ winner was X** finalement, le vainqueur a été X.

eventuality [ɪ,ventʃʊ'ælətɪ] (*pl* **-ies**) *n* éventualité *f*.

eventually [ɪ'ventʃʊəlɪ] *adv* finalement, en fin de compte.

ever ['evər] *adv* **-1.** [at any time] jamais; **have you ~ been to Paris?** êtes-vous déjà allé à Paris?; **I hardly ~ see him** je ne le vois presque jamais; **if ~** si jamais. **-2.** [all the time] toujours; **as ~** comme toujours; **for ~** pour toujours. **-3.** [for emphasis]: **~ so** tellement; **~ such** vraiment; **why/how ~?** pourquoi/comment donc?

◆ **ever since** ◇ *adv* depuis (ce moment-là). ◇ *conj* depuis que. ◇ *prep* depuis.

Everest ['evərɪst] *n* l'Everest *m*.

Everglades ['evə,gleɪdz] *npl*: **the ~** les Everglades *mpl*.

evergreen ['evəgriːn] ◇ *adj* à feuilles persistantes. ◇ *n* arbre *m* à feuilles persistantes.

everlasting [,evə'lɑːstɪŋ] *adj* éternel(elle).

every ['evrɪ] *adj* chaque; **~ morning** chaque matin, tous les matins; **there's ~ chance she'll pass the exam** elle a toutes les chances de réussir à son examen.

◆ **every now and then**, **every so often** *adv* de temps en temps, de temps à autre.

◆ **every other** *adj*: **~ day** tous les deux jours, un jour sur deux; **~ other street** une rue sur deux.

◆ **every which way** *adv Am* partout, de tous côtés.

everybody ['evrɪ,bɒdɪ] = **everyone**.

everyday ['evrɪdeɪ] *adj* quotidien(ienne).

everyone ['evrɪwʌn] *pron* chacun, tout le monde.

everyplace *Am* = **everywhere**.

everything ['evrɪθɪŋ] *pron* tout.

everywhere ['evrɪweər], **everyplace** *Am* ['evrɪ,pleɪs] *adv* partout.

evict [ɪ'vɪkt] *vt* expulser.

eviction [ɪ'vɪkʃn] *n* expulsion *f*.

eviction notice *n* avis *m* d'expulsion.

evidence ['evɪdəns] *n* (*U*) **-1.** [proof] preuve *f*. **-2.** JUR [of witness] témoignage *m*; **to give ~** témoigner.

◆ **in evidence** *adj* [noticeable] en évidence.

evident ['evɪdənt] *adj* évident(e), manifeste.

evidently ['evɪdəntlɪ] *adv* **-1.** [seemingly] apparemment. **-2.** [obviously] de toute évidence, manifestement.

evil ['iːvl] ◇ *adj* [person] mauvais(e), malveillant(e). ◇ *n* mal *m*.

evil-minded [-'maɪndɪd] *adj* malveillant(e), malintentionné(e).

evince [ɪ'vɪns] *vt fml* faire montre de.

evocation [,evəʊ'keɪʃn] *n* évocation *f*.

evocative [ɪ'vɒkətɪv] *adj* évocateur(trice).

evoke [ɪ'vəʊk] *vt* [memory] évoquer; [emotion, response] susciter.

evolution [,iːvə'luːʃn] *n* évolution *f*.

evolve [ɪ'vɒlv] ◇ *vt* développer. ◇ *vi*: **to ~ (into/from)** se développer (en/à partir de).

ewe [juː] *n* brebis *f*.

ex- [eks] *prefix* ex-.

exacerbate [ɪg'zæsəbeɪt] *vt* [feeling] exacerber; [problems] aggraver.

exact [ɪg'zækt] ◇ *adj* exact(e), précis(e); **to be ~** pour être exact OR précis, exactement. ◇ *vt*: **to ~ sthg (from)** exiger qqch (de).

exacting [ɪg'zæktɪŋ] *adj* [job, standards] astreignant(e); [person] exigeant(e).

exactitude [ɪg'zæktɪtjuːd] *n* exactitude *f*.

exactly [ɪg'zæktlɪ] ◇ *adv* exactement; **it's not ~ what I expected** ce n'est pas tout à fait ce que j'attendais. ◇ *excl* exactement!, parfaitement!

exaggerate [ɪgˈzædʒəreɪt] *vt & vi* exagérer.

exaggerated [ɪgˈzædʒəreɪtɪd] *adj* [sigh, smile] forcé(e).

exaggeration [ɪg,zædʒəˈreɪʃn] *n* exagération *f*.

exalted [ɪgˈzɔːltɪd] *adj* haut placé(e).

exam [ɪgˈzæm] *n* examen *m*; **to take** OR **sit an ~** passer un examen.

examination [ɪg,zæmɪˈneɪʃn] *n* examen *m*.

examination board *n* comité *m* d'examen.

examination paper *n Br* [test] sujet *m* (d'examen); [answers] copie *f*.

examine [ɪgˈzæmɪn] *vt* **-1.** [gen] examiner; [passport] contrôler. **-2.** JUR, SCH & UNIV interroger.

examiner [ɪgˈzæmɪnər] *n* examinateur *m*, -trice *f*; **internal/external ~** UNIV examinateur *m* de l'établissement/de l'extérieur.

example [ɪgˈzɑːmpl] *n* exemple *m*; **for ~** par exemple; **to follow sb's ~** suivre l'exemple de qqn; **to make an ~ of sb** punir qqn pour l'exemple.

exasperate [ɪgˈzæspəreɪt] *vt* exaspérer.

exasperating [ɪgˈzæspəreɪtɪŋ] *adj* énervant(e), exaspérant(e).

exasperation [ɪg,zæspəˈreɪʃn] *n* exaspération *f*.

excavate [ˈekskəveɪt] *vt* **-1.** [land] creuser. **-2.** [object] déterrer.

excavation [,ekskəˈveɪʃn] *n* **-1.** [gen] excavation *f*. **-2.** ARCHEOL fouilles *fpl*.

excavator [ˈekskə,veɪtər] *n Br* [machine] pelleteuse *f*.

exceed [ɪkˈsiːd] *vt* **-1.** [amount, number] excéder. **-2.** [limit, expectations] dépasser.

exceedingly [ɪkˈsiːdɪŋlɪ] *adv* extrêmement.

excel [ɪkˈsel] (*pt & pp* **-led**, *cont* **-ling**) *vi*: **to ~ (in** OR **at)** exceller (dans); **to ~ o.s.** *Br* se surpasser.

excellence [ˈeksələns] *n* excellence *f*, supériorité *f*.

Excellency [ˈeksələnsɪ] (*pl* **-ies**) *n* Excellence *f*.

excellent [ˈeksələnt] *adj* excellent(e).

except [ɪkˈsept] ◇ *prep & conj*: **~ (for)** à part, sauf. ◇ *vt*: **to ~ sb (from)** exclure qqn (de).

excepted [ɪkˈseptɪd] *adj* à part, excepté(e).

excepting [ɪkˈseptɪŋ] *prep & conj* = **except**.

exception [ɪkˈsepʃn] *n* **-1.** [exclusion]: **~ (to)** exception *f* (à); **with the ~ of** à l'exception de; **without ~** sans exception. **-2.** [offence]: **to take ~ to** s'offenser de, se froisser de.

exceptional [ɪkˈsepʃənl] *adj* exceptionnel(elle).

exceptionally [ɪkˈsepʃnəlɪ] *adv* exceptionnellement.

excerpt [ˈeksɜːpt] *n*: **~ (from)** extrait *m* (de), passage *m* (de).

excess [ɪkˈses, *before nouns* ˈekses] ◇ *adj* excédentaire. ◇ *n* excès *m*; **to be in ~ of** dépasser; **to ~** à l'excès.

excess baggage *n* excédent *m* de bagages.

excess fare *n Br* supplément *m*.

excessive [ɪkˈsesɪv] *adj* excessif(ive).

excess luggage = **excess baggage**.

exchange [ɪksˈtʃeɪndʒ] ◇ *n* **-1.** [gen] échange *m*; **in ~ (for)** en échange (de). **-2.** TELEC: **(telephone) ~ central** *m* (téléphonique). ◇ *vt* [swap] échanger; **to ~ sthg for sthg** échanger qqch contre qqch; **to ~ sthg with sb** échanger qqch avec qqn.

exchange rate *n* FIN taux *m* de change.

Exchequer [ɪksˈtʃekər] *n Br*: **the ~ ≈** le ministère des Finances.

excise [ˈeksaɪz] ◇ *n* (*U*) contributions *fpl* indirectes. ◇ *vt fml* [tumour] exciser; [passage from book] supprimer.

excise duties *npl* droits *mpl* de régie.

excitable [ɪkˈsaɪtəbl] *adj* excitable.

excite [ɪkˈsaɪt] *vt* exciter.

excited [ɪkˈsaɪtɪd] *adj* excité(e).

excitement [ɪkˈsaɪtmənt] *n* **-1.** [state] excitation *f*. **-2.** [exciting thing] sensation *f*, émotion *f*.

exciting [ɪkˈsaɪtɪŋ] *adj* passionnant(e); [prospect] excitant(e).

excl. (*abbr of* **excluding**): **~ taxes** HT.

exclaim [ɪkˈskleɪm] ◇ *vt* s'écrier. ◇ *vi* s'exclamer.

exclamation [,eksкləˈmeɪʃn] *n* exclamation *f*.

exclamation mark *Br*, **exclamation point** *Am n* point *m* d'exclamation.

exclude [ɪkˈskluːd] *vt*: **to ~ sb/sthg (from)** exclure qqn/qqch (de).

excluding [ɪkˈskluːdɪŋ] *prep* sans compter, à l'exclusion de.

exclusion [ɪkˈskluːʒn] *n*: **~ (from)** exclusion *f* (de); **to the ~ of** à l'exclusion de.

exclusion clause *n* clause *f* d'exclusion.

exclusive [ɪkˈskluːsɪv] ◇ *adj* **-1.** [high-class] fermé(e). **-2.** [unique - use, news story] exclusif(ive). ◇ *n* PRESS exclusivité *f*.

♦ **exclusive of** *prep*: **~ of interest** intérêts non compris.

exclusively [ɪkˈskluːsɪvlɪ] *adv* exclusivement.

excommunicate [ˌekskə'mjuːnɪkeɪt] *vt* excommunier.

excommunication ['ekskə,mjuːnɪ'keɪʃn] *n* excommunication *f.*

excrement ['ekskrɪmənt] *n* excrément *m.*

excrete [ɪk'skriːt] *vt* excréter.

excruciating [ɪk'skruːʃɪeɪtɪŋ] *adj* atroce.

excursion [ɪk'skɜːʃn] *n* [trip] excursion *f.*

excusable [ɪk'skjuːzəbl] *adj* excusable.

excuse [*n* ɪk'skjuːs, *vb* ɪk'skjuːz] ◇ *n* excuse *f.* ◇ *vt* -**1.** [gen] excuser; **to ~ sb for sthg/for doing sthg** excuser qqn de qqch/de faire qqch; **to ~ o.s. (for doing sthg)** s'excuser (de faire qqch); **~ me** [to attract attention] excusez-moi; [forgive me] pardon, excusez-moi; *Am* [sorry] pardon. -**2.** [let off]: **to ~ sb (from)** dispenser qqn (de).

ex-directory *adj Br* qui est sur la liste rouge.

exec [ɪg'zek] *abbr of* **executive**.

execrable ['eksɪkrəbl] *adj* exécrable.

execute ['eksɪkjuːt] *vt* exécuter.

execution [ˌeksɪ'kjuːʃn] *n* exécution *f.*

executioner [ˌeksɪ'kjuːʃnəʳ] *n* bourreau *m.*

executive [ɪg'zekjutɪv] ◇ *adj* -**1.** [power, board] exécutif(ive). -**2.** [desk, chair] de cadre, spécial(e) cadre; [washroom] de la direction. ◇ *n* -**1.** COMM cadre *m.* -**2.** [of government] exécutif *m;* [of political party] comité *m* central, bureau, *m.*

executive director *n* cadre *m* supérieur.

executive toy *n* gadget *m* pour cadres.

executor [ɪg'zekjutəʳ] *n* exécuteur *m* testamentaire.

exemplary [ɪg'zemplərɪ] *adj* exemplaire.

exemplify [ɪg'zemplɪfaɪ] (*pt* & *pp* -**ied**) *vt* -**1.** [typify] exemplifier. -**2.** [give example of] exemplifier, illustrer.

exempt [ɪg'zempt] ◇ *adj*: **~ (from)** exempt(e) (de). ◇ *vt*: **to ~ sb (from)** exempter qqn (de).

exemption [ɪg'zempʃn] *n* exemption *f.*

exercise ['eksəsaɪz] ◇ *n* exercice *m;* **to take ~** prendre de l'exercice. ◇ *vt* -**1.** [gen] exercer. -**2.** [trouble]: **to ~ sb's mind** préoccuper qqn. ◇ *vi* prendre de l'exercice.

exercise bike *n* vélo *m* d'appartement.

exercise book *n* [notebook] cahier *m* d'exercices; [published book] livre *m* d'exercices.

exert [ɪg'zɜːt] *vt* exercer; [strength] employer; **to ~ o.s.** se donner du mal.

exertion [ɪg'zɜːʃn] *n* effort *m.*

ex gratia [eks'greɪʃə] *adj Br* [payment] à titre gracieux.

exhale [eks'heɪl] ◇ *vt* exhaler. ◇ *vi* expirer.

exhaust [ɪg'zɔːst] ◇ *n* -**1.** (*U*) [fumes] gaz *mpl* d'échappement. -**2.** **~ (pipe)** pot *m* d'échappement. ◇ *vt* épuiser.

exhausted [ɪg'zɔːstɪd] *adj* épuisé(e).

exhausting [ɪg'zɔːstɪŋ] *adj* épuisant(e).

exhaustion [ɪg'zɔːstʃn] *n* épuisement *m.*

exhaustive [ɪg'zɔːstɪv] *adj* complet(ète), exhaustif(ive).

exhibit [ɪg'zɪbɪt] ◇ *n* -**1.** ART objet *m* exposé. -**2.** JUR pièce *f* à conviction. ◇ *vt* -**1.** [demonstrate - feeling] montrer; [- skill] faire preuve de. -**2.** ART exposer. ◇ *vi* ART exposer.

exhibition [ˌeksɪ'bɪʃn] *n* -**1.** ART exposition *f.* -**2.** [of feeling] démonstration *f.* -**3.** *phr*: **to make an ~ of o.s.** *Br* se donner en spectacle.

exhibitionist [ˌeksɪ'bɪʃnɪst] *n* exhibitionniste *mf.*

exhibitor [ɪg'zɪbɪtəʳ] *n* exposant *m,* -e *f.*

exhilarating [ɪg'zɪləreɪtɪŋ] *adj* [experience] grisant(e); [walk] vivifiant(e).

exhort [ɪg'zɔːt] *vt*: **to ~ sb to do sthg** exhorter qqn à faire qqch.

exhume [eks'hjuːm] *vt* exhumer.

exile ['eksaɪl] ◇ *n* -**1.** [condition] exil *m;* **in ~** en exil. -**2.** [person] exilé *m,* -e *f.* ◇ *vt*: **to ~ sb (from/to)** exiler qqn (de/vers).

exiled ['eksaɪld] *adj* exilé(e).

exist [ɪg'zɪst] *vi* exister.

existence [ɪg'zɪstəns] *n* existence *f;* **in ~** qui existe, existant(e); **to come into ~** naître.

existentialism [ˌegzɪ'stenʃəlɪzm] *n* existentialisme *m.*

existentialist [ˌegzɪ'stenʃəlɪst] ◇ *adj* existentialiste. ◇ *n* existentialiste *mf.*

existing [ɪg'zɪstɪŋ] *adj* existant(e).

exit ['eksɪt] ◇ *n* sortie *f;* **to make one's ~** sortir; THEATRE faire sa sortie. ◇ *vi* sortir.

exit poll *n Br* sondage *effectué après que les électeurs aient voté.*

exit visa *n* visa *m* de sortie.

exodus ['eksədəs] *n* exode *m.*

ex officio [eksə'fɪʃɪəʊ] *adj & adv* ex officio.

exonerate [ɪg'zɒnəreɪt] *vt*: **to ~ sb (from)** disculper qqn (de).

exorbitant [ɪg'zɔːbɪtənt] *adj* exorbitant(e).

exorcist ['eksɔːsɪst] *n* exorciste *mf.*

exorcize, -ise ['eksɔːsaɪz] *vt* exorciser.

exotic [ɪg'zɒtɪk] *adj* exotique.

expand [ɪk'spænd] ◇ *vt* [production, influence] accroître; [business, department, area] développer. ◇ *vi* [population, influence] s'ac-

croître; [business, department, market] se développer; [metal] se dilater.
◆ **expand (up)on** *vt fus* développer.

expanse [ɪk'spæns] *n* étendue *f*.

expansion [ɪk'spænʃn] *n* [of production, population] accroissement *m*; [of business, department, area] développement *m*; [of metal] dilatation *f*.

expansion card *n* COMPUT carte *f* d'extension.

expansionism [ɪk'spænʃənɪzm] *n* expansionnisme *m*.

expansionist [ɪk'spænʃənɪst] *adj* expansionniste.

expansion slot *n* COMPUT créneau *m* pour carte d'extension.

expansive [ɪk'spænsɪv] *adj* expansif(ive).

expatriate [eks'pætrɪət] ◇ *adj* expatrié(e). ◇ *n* expatrié *m*, -e *f*.

expect [ɪk'spekt] ◇ *vt* **-1.** [anticipate] s'attendre à; [event, letter, baby] attendre; **when do you ~ it to be ready?** quand pensez-vous que cela sera prêt?; **to ~ sb to do sthg** s'attendre à ce que qqn fasse qqch. **-2.** [count on] compter sur. **-3.** [demand] exiger, demander; **to ~ sb to do sthg** attendre de qqn qu'il fasse qqch; **to ~ sthg from sb** exiger qqch de qqn. **-4.** [suppose] supposer; **I ~ so** je crois que oui.
◇ *vi* **-1.** [anticipate]: **to ~ to do sthg** compter faire qqch. **-2.** [be pregnant]: **to be ~ing** être enceinte, attendre un bébé.

expectancy → **life expectancy**.

expectant [ɪk'spektənt] *adj* qui est dans l'expectative.

expectantly [ɪk'spektəntlɪ] *adv* dans l'expectative.

expectant mother *n* femme *f* enceinte.

expectation [,ekspek'teɪʃn] *n* **-1.** [hope] espoir *m*, attente *f*. **-2.** [belief]: **it's my ~ that ...** à mon avis, ...; **against all ~** OR **~s, contrary to all ~** OR **~s** contre toute attente.

expectorant [ɪk'spektərənt] *n* expectorant *m*.

expedient [ɪk'spiːdjənt] *fml* ◇ *adj* indiqué(e). ◇ *n* expédient *m*.

expedite ['ekspɪdaɪt] *vt fml* accélérer; [arrival, departure] hâter.

expedition [,ekspɪ'dɪʃn] *n* expédition *f*.

expeditionary force ['ekspɪ'dɪʃnərɪ-] *n* corps *m* expéditionnaire.

expel [ɪk'spel] (*pt* & *pp* **-led**, *cont* **-ling**) *vt* **-1.** [gen] expulser. **-2.** SCH renvoyer.

expend [ɪk'spend] *vt*: **to ~ time/money (on)** consacrer du temps/de l'argent (à).

expendable [ɪk'spendəbl] *adj* dont on peut se passer, qui n'est pas indispensable.

expenditure [ɪk'spendɪtʃəʳ] *n* (*U*) dépense *f*.

expense [ɪk'spens] *n* **-1.** [amount spent] dépense *f*. **-2.** (*U*) [cost] frais *mpl*; **to go to great ~ (to do sthg)** faire beaucoup de frais (pour faire qqch); **at the ~ of** au prix de; **at sb's ~** [financial] aux frais de qqn; *fig* aux dépens de qqn.
◆ **expenses** *npl* COMM frais *mpl*; **on ~s** sur la note de frais.

expense account *n* frais *mpl* de représentation.

expensive [ɪk'spensɪv] *adj* **-1.** [financially - gen] cher (chère), coûteux(euse); [- tastes] dispendieux(ieuse). **-2.** [mistake] qui coûte cher.

experience [ɪk'spɪərɪəns] ◇ *n* expérience *f*. ◇ *vt* [difficulty] connaître; [disappointment] éprouver, ressentir; [loss, change] subir.

experienced [ɪk'spɪərɪənst] *adj* expérimenté(e); **to be ~ at** OR **in sthg** avoir de l'expérience en OR en matière de qqch.

experiment [ɪk'sperɪmənt] ◇ *n* expérience *f*; **to carry out an ~** faire une expérience. ◇ *vi*: **to ~ (with sthg)** expérimenter (qqch); **to ~ on** faire une expérience sur.

experimental [ɪk,sperɪ'mentl] *adj* expérimental(e).

expert ['ekspɜːt] ◇ *adj* expert(e); [advice] d'expert; **~ at sthg/at doing sthg** expert en qqch/à faire qqch. ◇ *n* expert *m*, -e *f*.

expertise [,ekspɜː'tiːz] *n* (*U*) compétence *f*.

expert system *n* COMPUT système *m* expert.

expiate ['ekspɪeɪt] *vt* expier.

expire [ɪk'spaɪəʳ] *vi* expirer.

expiry [ɪk'spaɪərɪ] *n* expiration *f*.

expiry date *n* date *f* de péremption.

explain [ɪk'spleɪn] ◇ *vt* expliquer; **to ~ sthg to sb** expliquer qqch à qqn. ◇ *vi* s'expliquer; **to ~ to sb (about sthg)** expliquer (qqch) à qqn.
◆ **explain away** *vt sep* justifier.

explanation [,eksplə'neɪʃn] *n*: **~ (for)** explication *f* (de).

explanatory [ɪk'splænətrɪ] *adj* explicatif(ive).

expletive [ɪk'spliːtɪv] *n fml* juron *m*.

explicit [ɪk'splɪsɪt] *adj* explicite; **sexually ~** à teneur sexuelle explicite.

explode [ɪk'spləʊd] ◇ *vt* **-1.** [bomb] faire exploser. **-2.** *fig* [theory] discréditer. ◇ *vi lit* & *fig* exploser.

exploit [*n* 'eksplɔɪt, *vb* ɪk'splɔɪt] ◇ *n* exploit *m*. ◇ *vt* exploiter.

exploitation [ˌeksplɔɪ'teɪʃn] *n* (U) exploitation *f*.

exploration [ˌeksplə'reɪʃn] *n* exploration *f*.

exploratory [ɪk'splɒrətrɪ] *adj* exploratoire.

explore [ɪk'splɔːr] *vt* & *vi* explorer.

explorer [ɪk'splɔːrər] *n* explorateur *m*, -trice *f*.

explosion [ɪk'spləʊʒn] *n* explosion *f*; [of interest] débordement *m*.

explosive [ɪk'spləʊsɪv] ◇ *adj* *lit* & *fig* explosif(ive). ◇ *n* explosif *m*.

explosive device *n* engin *m* explosif.

exponent [ɪk'spəʊnənt] *n* [of theory] défenseur *m*.

exponential [ˌekspə'nenʃl] *adj* exponentiel(ielle).

export [*n* & *comp* 'ekspɔːt, *vb* ɪk'spɔːt] ◇ *n* exportation *f*. ◇ *comp* d'exportation. ◇ *vt* exporter.

◆ **exports** *npl* exportations *fpl*.

exportable [ɪk'spɔːtəbl] *adj* exportable.

exportation [ˌekspɔː'teɪʃn] *n* exportation *f*.

exporter [ek'spɔːtər] *n* exportateur *m*, -trice *f*.

export licence *n* *Br* permis *m* d'exportation.

expose [ɪk'spəʊz] *vt* -1. [uncover] exposer, découvrir; **to be ~d to sthg** être exposé à qqch. -2. [unmask - corruption] révéler; [- person] démasquer.

exposé [eks'pəʊzeɪ] *n* exposé *m*.

exposed [ɪk'spəʊzd] *adj* [land, house, position] exposé(e).

exposition [ˌekspə'zɪʃn] *n* -1. *fml* [explanation] exposé *m*. -2. [exhibition] exposition *f*.

exposure [ɪk'spəʊʒər] *n* -1. [to light, radiation] exposition *f*. -2. MED: **to die of ~** mourir de froid. -3. [unmasking - of corruption] révélation *f*; [- of person] dénonciation *f*. -4. [PHOT - time] temps *m* de pose; [- photograph] pose *f*. -5. (U) [publicity] publicité *f*; [coverage] couverture *f*.

exposure meter *n* posemètre *m*.

expound [ɪk'spaʊnd] *fml* ◇ *vt* exposer. ◇ *vi*: **to ~ on** faire un exposé sur.

express [ɪk'spres] ◇ *adj* -1. *Br* [letter, delivery] exprès (*inv*). -2. [train, coach] express (*inv*). -3. *fml* [specific] exprès(esse). ◇ *adv* exprès. ◇ *n* [train] rapide *m*, express *m*. ◇ *vt* exprimer; **to ~ o.s.** s'exprimer.

expression [ɪk'spreʃn] *n* expression *f*.

expressionism [ɪk'spreʃənɪzm] *n* expressionnisme *m*.

expressionist [ɪk'spreʃənɪst] ◇ *adj* expressionniste. ◇ *n* expressionniste *mf*.

expressionless [ɪk'spreʃənlɪs] *adj* [voice] sans expression; [face] impassible.

expressive [ɪk'spresɪv] *adj* expressif(ive).

expressively [ɪk'spresɪvlɪ] *adv* de façon expressive.

expressly [ɪk'spreslɪ] *adv* expressément.

expressway [ɪk'spresweɪ] *n* *Am* voie *f* express.

expropriate [eks'prəʊprɪeɪt] *vt* exproprier.

expropriation [eksˌprəʊprɪ'eɪʃn] *n* expropriation *f*.

expulsion [ɪk'spʌlʃn] *n* -1. [gen] expulsion *f*. -2. SCH renvoi *m*.

exquisite [ɪk'skwɪzɪt] *adj* exquis(e).

exquisitely [ɪk'skwɪzɪtlɪ] *adv* de façon exquise.

ex-serviceman *n* *Br* ancien combattant *m*.

ex-servicewoman *n* *Br* ancienne combattante *f*.

ext., extn. (*abbr of* **extension**): ~ 4174 p. 4174.

extant [ek'stænt] *adj* qui existe encore.

extemporize, -ise [ɪk'stempəraɪz] *vi* *fml* improviser.

extend [ɪk'stend] ◇ *vt* -1. [enlarge - building] agrandir. -2. [make longer - gen] prolonger; [- visa] proroger; [- deadline] repousser. -3. [expand - rules, law] étendre (la portée de); [- power] accroître. -4. [stretch out - arm, hand] étendre. -5. [offer - help] apporter, offrir; [- credit] accorder; **to ~ a welcome to sb** souhaiter la bienvenue à qqn.
◇ *vi* -1. [stretch - in space] s'étendre; [- in time] continuer. -2. [rule, law]: **to ~ to sb/sthg** inclure qqn/qqch.

extendable [ɪk'stendəbl] *adj* [contract] qui peut être prolongé(e).

extended-play [ɪk'stendɪd-] *adj* [record] double-durée.

extension [ɪk'stenʃn] *n* -1. [to building] agrandissement *m*. -2. [lengthening - gen] prolongement *m*; [- of visit] prolongation *f*; [- of visa] prorogation *f*; [- of deadline] report *m*. -3. [of power] accroissement *m*; [of law] élargissement *m*. -4. TELEC poste *m*. -5. ELEC prolongateur *m*. -6. COMPUT: **filename ~** extension *m* de nom de fichier.

extension cable *n* rallonge *f*.

extensive [ɪk'stensɪv] *adj* -1. [in amount] considérable. -2. [in area] vaste. -3. [in range - discussions] approfondi(e); [- changes, use] considérable.

extensively [ɪk'stensɪvlɪ] *adv* -1. [in amount]

considérablement. **-2.** [in range] abondamment, largement.

extent [ɪk'stent] *n* **-1.** [of land, area] étendue *f*, superficie *f*; [of problem, damage] étendue. **-2.** [degree]: **to what ~ ...?** dans quelle mesure ...?; **to the ~ that** [in so far as] dans la mesure où; [to the point where] au point que; **to a certain ~** jusqu'à un certain point; **to a large** OR **great ~** en grande partie; **to some ~** en partie.

extenuating circumstances [ɪk'stenjʊeɪtɪŋ-] *npl* circonstances *fpl* atténuantes.

exterior [ɪk'stɪərɪər] ◇ *adj* extérieur(e). ◇ *n* **-1.** [of house, car] extérieur *m*. **-2.** [of person] dehors *m*, extérieur *m*.

exterminate [ɪk'stɜːmɪneɪt] *vt* exterminer.

extermination [ɪk,stɜːmɪ'neɪʃn] *n* extermination *f*.

external [ɪk'stɜːnl] *adj* externe.

◆ **externals** *npl* apparences *fpl*.

externally [ɪk'stɜːnəlɪ] *adv* extérieurement.

extinct [ɪk'stɪŋkt] *adj* **-1.** [species] disparu(e). **-2.** [volcano] éteint(e).

extinction [ɪk'stɪŋkʃn] *n* [of species] extinction *f*, disparition *f*.

extinguish [ɪk'stɪŋgwɪʃ] *vt* **-1.** [fire, cigarette] éteindre. **-2.** *fig* [memory, feeling] anéantir.

extinguisher [ɪk'stɪŋgwɪʃər] *n* extincteur *m*.

extn. = **ext.**

extol (*pt* & *pp* **-led**, *cont* **-ling**), **extoll** *Am* [ɪk'stəʊl] *vt* louer.

extort [ɪk'stɔːt] *vt*: **to ~ sthg from sb** extorquer qqch à qqn.

extortion [ɪk'stɔːʃn] *n* extorsion *f*.

extortionate [ɪk'stɔːʃnət] *adj* exorbitant(e).

extra ['ekstrə] ◇ *adj* supplémentaire. ◇ *n* **-1.** [addition] supplément *m*; **optional ~** option *f*. **-2.** CINEMA & THEATRE figurant *m*, -e *f*. ◇ *adv* [hard, big etc] extra; [pay, charge etc] en plus.

extra- ['ekstrə] *prefix* extra-.

extract [*n* 'ekstrækt, *vb* ɪk'strækt] ◇ *n* extrait *m*. ◇ *vt* **-1.** [take out - tooth] arracher; **to ~ sthg from** tirer qqch de. **-2.** [confession, information]: **to ~ sthg (from sb)** arracher qqch (à qqn), tirer qqch (de qqn). **-3.** [coal, oil] extraire.

extraction [ɪk'strækʃn] *n* (*U*) **-1.** [origin] origine *f*. **-2.** [of coal, tooth] extraction *f*.

extractor (fan) [ɪk'stræktər-] *n Br* ventilateur *m*.

extracurricular [,ekstrəkə'rɪkjʊlər] *adj* en dehors du programme.

extradite ['ekstrədaɪt] *vt*: **to ~ sb (from/to)** extrader qqn (de/vers).

extradition [,ekstrə'dɪʃn] ◇ *n* extradition *f*. ◇ *comp* d'extradition.

extramarital [,ekstrə'mærɪtl] *adj* extraconjugal(e).

extramural [,ekstrə'mjʊərəl] *adj* UNIV hors faculté.

extraneous [ɪk'streɪnjəs] *adj* **-1.** [irrelevant] superflu(e). **-2.** [outside] extérieur(e).

extraordinary [ɪk'strɔːdnrɪ] *adj* extraordinaire.

extraordinary general meeting *n* assemblée *f* générale extraordinaire.

extrapolate [ɪk'stræpəleɪt] *vt* & *vi* extrapoler.

extrasensory perception [,ekstrə'sensərɪ-] *n* perception *f* extrasensorielle.

extraterrestrial [,ekstrətə'restrɪəl] *adj* extraterrestre.

extra time *n Br* SPORT prolongation *f*.

extravagance [ɪk'strævəgəns] *n* **-1.** (*U*) [excessive spending] gaspillage *m*, prodigalités *fpl*. **-2.** [luxury] extravagance *f*, folie *f*.

extravagant [ɪk'strævəgənt] *adj* **-1.** [wasteful - person] dépensier(ière); [- use, tastes] dispendieux(ieuse). **-2.** [elaborate, exaggerated] extravagant(e).

extravaganza [ɪk,strævə'gænzə] *n* folie *f*, fantaisie *f*.

extreme [ɪk'striːm] ◇ *adj* extrême. ◇ *n* extrême *m*; **to ~s** à l'extrême; **to take sthg to ~s** mener qqch à l'extrême; **in the ~** à l'extrême.

extremely [ɪk'striːmlɪ] *adv* extrêmement.

extremism [ɪk'striːmɪzm] *n* extrémisme *m*.

extremist [ɪk'striːmɪst] ◇ *adj* extrémiste. ◇ *n* extrémiste *mf*.

extremity [ɪk'stremətɪ] (*pl* **-ies**) *n* extrémité *f*.

extricate ['ekstrɪkeɪt] *vt*: **to ~ sthg (from)** dégager qqch (de); **to ~ o.s. (from)** [from seat belt etc] s'extirper (de); [from difficult situation] se tirer (de).

extrovert ['ekstrəvɜːt] ◇ *adj* extraverti(e). ◇ *n* extraverti *m*, -e *f*.

extruded [ɪk'struːdɪd] *adj* extrudé(e).

exuberance [ɪg'zjuːbərəns] *n* exubérance *f*.

exuberant [ɪg'zjuːbərənt] *adj* exubérant(e).

exude [ɪg'zjuːd] *vt* **-1.** [liquid, smell] exsuder. **-2.** *fig* [confidence] respirer; [charm] déborder de.

exult [ɪg'zʌlt] *vi* exulter; **to ~ at** OR **in** se réjouir de.

exultant [ɪg'zʌltənt] *adj* triomphant(e).

eye [aɪ] (*cont* **eyeing** OR **eying**) ◇ *n* **-1.** [gen] œil *m*; **before my** *etc* **(very) ~s** juste sous

mes *etc* yeux; **to cast** OR **run one's ~ over sthg** jeter un coup d'œil sur qqch; **to catch one's ~** attirer le regard; **to catch sb's ~** attirer l'attention de qqn; **to clap** OR **lay** OR **set ~s on sb** poser les yeux sur qqn; **to cry one's ~s out** pleurer toutes les larmes de son corps; **to feast one's ~s on sthg** se délecter à regarder qqch; **to have an ~ for sthg** avoir le coup d'œil pour qqch, s'y connaître en qqch; **to have one's ~ on sb** avoir qqn à l'œil; **to have one's ~ on sthg** avoir repéré qqch, garder l'œil sur qqch; **in my** *etc* **~s** à mes *etc* yeux; **to keep one's ~s open** avoir l'œil; **to keep one's ~s open for sthg** [try to find] essayer de repérer qqch; **to keep an ~ on sthg** surveiller qqch, garder l'œil sur qqch; **there is more to this than meets the ~** ce n'est pas aussi simple que cela OR qu'il y paraît; **to open sb's ~s (to sthg)** ouvrir les yeux de qqn (sur qqch); **not to see ~ to ~ with sb** ne pas partager la même opinion que qqn; **to close** OR **shut one's ~s to sthg** fermer les yeux sur qqch; **to turn a blind ~ to sthg** ignorer qqch; **I'm up to my ~s in work** *Br* j'ai du travail jusque par-dessus la tête. **-2.** [of needle] chas *m*.
◇ *vt* regarder, reluquer.
◆ **eye up** *vt sep Br* reluquer.

eyeball ['aɪbɔːl] ◇ *n* globe *m* oculaire. ◇ *vt Am inf* fixer.

eyebath ['aɪbɑːθ] *n* œillère *f* (*pour bains d'œil*).

eyebrow ['aɪbrau] *n* sourcil *m*; **to raise one's ~s** tiquer, sourciller.

eyebrow pencil *n* crayon *m* à sourcils.

eye-catching *adj* voyant(e).

eye contact *n*: **to make ~ with sb** regarder qqn dans les yeux; **to avoid ~ with sb** éviter le regard de qqn.

eyelash ['aɪlæʃ] *n* cil *m*.

eyelet ['aɪlɪt] *n* œillet *m*.

eye-level *adj* qui est au niveau OR à la hauteur de l'œil.

eyelid ['aɪlɪd] *n* paupière *f*; **she didn't bat an ~** *inf* elle n'a pas sourcillé OR bronché.

eyeliner ['aɪˌlaɪnə] *n* eye-liner *m*.

eye-opener *n inf* révélation *f*.

eyepatch ['aɪpætʃ] *n* cache *m*.

eye shadow *n* fard *m* à paupières.

eyesight ['aɪsaɪt] *n* vue *f*.

eyesore ['aɪsɔːr] *n* horreur *f*.

eyestrain ['aɪstreɪn] *n* fatigue *f* des yeux.

eyetooth ['aɪtuːθ] (*pl* -teeth) *n*: **to give one's eyeteeth for sthg/to do sthg** donner n'importe quoi pour qqch/pour faire qqch.

eyewash ['aɪwɒʃ] *n* (*U*) *inf* [nonsense] fadaises *fpl*.

eyewitness [ˌaɪ'wɪtnɪs] *n* témoin *m* oculaire.

eyrie ['aɪərɪ] *n* aire *f* (*d'un aigle*).

F

f (*pl* **f's** OR **fs**), **F** (*pl* **F's** OR **Fs**) [ef] *n* [letter] f *m inv*, F *m inv*.
◆ **F** *n* **-1.** MUS fa *m*. **-2.** (*abbr of* **Fahrenheit**) F.

FA (*abbr of* **Football Association**) *n* fédération britannique de football.

FAA (*abbr of* **Federal Aviation Administration**) *n* direction fédérale de l'aviation civile américaine.

fable ['feɪbl] *n* fable *f*.

fabled ['feɪbld] *adj* fabuleux(euse), légendaire.

fabric ['fæbrɪk] *n* **-1.** [cloth] tissu *m*. **-2.** [of building, society] structure *f*.

fabricate ['fæbrɪkeɪt] *vt* fabriquer.

fabrication [ˌfæbrɪ'keɪʃn] *n* **-1.** [lie, lying] fabrication *f*, invention *f*. **-2.** [manufacture] fabrication *f*.

fabulous ['fæbjuləs] *adj* **-1.** [gen] fabuleux(euse). **-2.** *inf* [excellent] sensationnel(elle), fabuleux(euse).

fabulously ['fæbjuləslɪ] *adv* fabuleusement.

façade [fə'sɑːd] *n* façade *f*.

face [feɪs] ◇ *n* **-1.** [of person] visage *m*, figure *f*; **~ to ~** face à face; **to look sb in the ~** regarder qqn dans les yeux; **to say sthg to sb's ~** dire qqch à qqn en face; **to show one's ~** se montrer. **-2.** [expression] visage *m*, mine *f*; **to make** OR **pull a ~** faire la grimace; **her ~ fell** son visage s'est assombri. **-3.** [of cliff, mountain] face *f*, paroi *f*; [of building] façade *f*; [of clock, watch] cadran *m*; [of coin, shape] face *f*. **-4.** [surface - of planet] surface *f*; **on the ~ of it** à première vue. **-5.** [respect]: **to save/lose ~** sauver/perdre la face. **-6.** *phr*: **to fly in the ~ of sthg** être en contradiction avec qqch; **it flies in the ~ of logic** ce n'est pas logique.
◇ *vt* **-1.** [look towards - subj: person] faire face à; **the house ~s the sea/south** la mai-

son donne sur la mer/est orientée vers le sud. **-2.** [decision, crisis] être confronté(e) à; [problem, danger] faire face à. **-3.** [facts, truth] faire face à, admettre. **-4.** *inf* [cope with] affronter.

◆ **face down** *adv* [person] face contre terre; [object] à l'envers; [card] face en dessous.

◆ **face up** *adv* [person] sur le dos; [object] à l'endroit; [card] face en dessus.

◆ **in the face of** *prep* devant.

◆ **face up to** *vt fus* faire face à.

facecloth ['feɪsklɒθ] *n Br* gant *m* de toilette.

face cream *n* crème *f* pour le visage.

faceless ['feɪslɪs] *adj* anonyme.

face-lift *n* lifting *m*; *fig* restauration *f*, rénovation *f*.

face pack *n* masque *m* de beauté.

face powder *n* poudre *f* de riz, poudre pour le visage.

face-saving [-'seɪvɪŋ] *adj* qui sauve la face.

facet ['fæsɪt] *n* facette *f*.

facetious [fə'siːʃəs] *adj* facétieux(ieuse).

facetiously [fə'siːʃəslɪ] *adv* facétieusement.

face-to-face *adj* face à face.

face value *n* [of coin, stamp] valeur *f* nominale; **to take sthg at ~** prendre qqch au pied de la lettre.

facial ['feɪʃl] ◇ *adj* facial(e). ◇ *n* nettoyage *m* de peau.

facile [*Br* 'fæsaɪl, *Am* fæsl] *adj pej* facile.

facilitate [fə'sɪlɪteɪt] *vt* faciliter.

facility [fə'sɪlətɪ] (*pl* **-ies**) *n* **-1.** [ability]: **to have a ~ for sthg** avoir de la facilité OR de l'aptitude pour qqch. **-2.** [feature] fonction *f*.

◆ **facilities** *npl* [amenities] équipement *m*, aménagement *m*.

facing ['feɪsɪŋ] *adj* d'en face; [sides] opposé(e).

facsimile [fæk'sɪmɪlɪ] *n* **-1.** [fax] télécopie *f*, fax *m*. **-2.** [copy] fac-similé *m*.

facsimile machine *fml* = **fax machine.**

fact [fækt] *n* **-1.** [true piece of information] fait *m*; **the ~ is the fact est; the ~ remains that ...** toujours est-il que ...; **to know sthg for a ~** savoir pertinemment qqch. **-2.** (U) [truth] faits *mpl*, réalité *f*.

◆ **in fact** ◇ *adv* de fait, effectivement. ◇ *conj* en fait.

fact-finding [-'faɪndɪŋ] *adj* d'enquête.

faction ['fækʃn] *n* faction *f*.

factional ['fækʃənl] *adj* [dispute] de factions.

fact of life *n* fait *m*, réalité *f*; **the facts of life** *euphemism* les choses *fpl* de la vie.

factor ['fæktər] *n* facteur *m*.

factory ['fæktərɪ] (*pl* **-ies**) *n* fabrique *f*, usine *f*.

factory farming *n* élevage *m* industriel.

factory ship *n* navire-usine *m*.

factotum [fæk'təʊtəm] (*pl* **-s**) *n* factotum *m*, intendant *m*, -e *f*.

fact sheet *n Br* résumé *m*, brochure *f*.

factual ['fæktʃʊəl] *adj* factuel(elle), basé(e) sur les faits.

faculty ['fæklṭɪ] (*pl* **-ies**) *n* **-1.** [gen] faculté *f*. **-2.** *Am* [in college]: **the ~** le corps enseignant.

FA Cup *n* en Angleterre, championnat de football dont la finale se joue à Wembley.

fad [fæd] *n* engouement *m*, mode *f*; [personal] marotte *f*.

faddy ['fædɪ] (*compar* **-ier**, *superl* **-iest**) *adj inf pej* capricieux(ieuse).

fade [feɪd] ◇ *vt* [jeans, curtains, paint] décolorer. ◇ *vi* **-1.** [jeans, curtains, paint] se décolorer; [colour] passer; [flower] se flétrir, faner. **-2.** [light] baisser, diminuer. **-3.** [sound] diminuer, s'affaiblir. **-4.** [memory] s'effacer; [feeling, interest] diminuer. **-5.** [smile] s'effacer, s'évanouir.

◆ **fade away, fade out** *vi* [sound, anger] diminuer; [image] s'effacer.

faded ['feɪdɪd] *adj* passé(e).

faeces *Br*, **feces** *Am* ['fiːsiːz] *npl* fèces *fpl*.

Faeroe, Faroe ['feərəʊ] *n*: **the ~ Islands, the ~s** les îles *fpl* Féroé; **in the ~ Islands** aux îles Féroé.

faff [fæf]

◆ **faff about, faff around** *vi Br inf* glander.

fag [fæg] *n inf* **-1.** *Br* [cigarette] clope *m*. **-2.** *Br* [chore] corvée *f*. **-3.** *Am pej* [homosexual] pédé *m*.

fag end *n Br inf* mégot *m*.

fagged out [fægd-] *adj Br inf* crevé(e).

faggot, fagot *Am* ['fægət] *n* **-1.** *Br* CULIN crépinette *f*. **-2.** *Am inf pej* [homosexual] pédé *m*.

Fahrenheit ['færənhaɪt] *adj* Fahrenheit (*inv*).

fail [feɪl] ◇ *vt* **-1.** [exam, test] rater, échouer à. **-2.** [not succeed]: **to ~ to do sthg** ne pas arriver à faire qqch. **-3.** [neglect]: **to ~ to do sthg** manquer OR omettre de faire qqch. **-4.** [candidate] refuser. **-5.** [subj: courage] manquer à; [subj: friend, memory] lâcher. ◇ *vi* **-1.** [not succeed] ne pas réussir OR y arriver. **-2.** [not pass exam] échouer. **-3.** [stop functioning] lâcher. **-4.** [weaken - health, daylight] décliner; [- eyesight] baisser.

failed [feɪld] *adj* [singer, writer etc] raté(e).

failing ['feɪlɪŋ] ◇ *n* [weakness] défaut *m*, point *m* faible. ◇ *prep* à moins de; ~ **that** à défaut.

fail-safe *adj* [device etc] à sûreté intégrée.

failure ['feɪljəʳ] *n* -**1.** [lack of success, unsuccessful thing] échec *m*; **her** ~ **to attend** le fait qu'elle ne soit pas venue. -**2.** [person] raté *m*, -e *f*. -**3.** [of engine, brake etc] défaillance *f*; [of crop] perte *f*; **heart** ~ arrêt *m* cardiaque.

faint [feɪnt] ◇ *adj* -**1.** [smell] léger(ère); [memory] **vague**; [sound, hope] **faible**. -**2.** [slight - chance] petit(e), faible. -**3.** [dizzy]: **I'm feeling a bit** ~ je ne me sens pas bien. ◇ *vi* s'évanouir.

faint-hearted [-'hɑːtɪd] *adj* timoré(e), timide.

faintly ['feɪntlɪ] *adv* -**1.** [recall] **vaguement**; [shine] **faiblement**; [smile - indifferently] **vaguement**; [- sadly] **faiblement**. -**2.** [rather, slightly] **légèrement**.

faintness ['feɪntnɪs] *n* -**1.** [dizziness] étourdissement *m*, étourdissements *mpl*. -**2.** [of image] flou *m*. -**3.** [of smell, sound, hope] faiblesse *f*; [of memory] imprécision *f*.

fair [feəʳ] ◇ *adj* -**1.** [just] juste, équitable; **it's not ~!** ce n'est pas juste!; **to be** ~ ... il faut dire que .... -**2.** [quite large] grand(e), important(e). -**3.** [quite good] assez bon (assez bonne); **to have a** ~ **idea of sthg** avoir sa petite idée sur qqch. -**4.** [hair] blond(e). -**5.** [skin, complexion] clair(e). -**6.** [weather] beau (belle).
◇ *n* -**1.** *Br* [funfair] fête *f* foraine. -**2.** [trade fair] foire *f*.
◇ *adv* [fairly] loyalement.
♦ **fair enough** *adv Br inf* OK, d'accord.

fair copy *n* copie *f* au propre.

fair game *n* proie *f* rêvée.

fairground ['feəɡraʊnd] *n* champ *m* de foire.

fair-haired [-'heəd] *adj* [person] blond(e).

fairly ['feəlɪ] *adv* -**1.** [rather] **assez**; ~ **certain** presque sûr. -**2.** [justly] **équitablement**; [describe] **avec impartialité**; [fight, play] **loyalement**.

fair-minded [-'maɪndɪd] *adj* impartial(e), équitable.

fairness ['feənɪs] *n* [justness] équité *f*; **in** ~ **(to sb)** pour être juste (envers qqn).

fair play *n* fair-play *m*.

fairway ['feəweɪ] *n* fairway *m*, allée *f Can*.

fairy ['feərɪ] (*pl* -**ies**) *n* [imaginary creature] fée *f*.

fairy lights *npl Br* guirlande *f* électrique.

fairy tale *n* conte *m* de fées.

fait accompli [ˌfeɪtə'kɒmpliː] (*pl* **faits accomplis**) *n* fait *m* accompli.

faith [feɪθ] *n* -**1.** [belief] foi *f*, confiance *f*; ~ **in sb/sthg** confiance en qqn/qqch; **in bad** ~ de mauvaise foi; **in good** ~ en toute bonne foi. -**2.** RELIG foi *f*.

faithful ['feɪθfʊl] ◇ *adj* fidèle. ◇ *npl* RELIG: **the** ~ les fidèles *mpl*.

faithfully ['feɪθfʊlɪ] *adv* [loyally] **fidèlement**; **to promise** ~ **that** ... donner sa parole que ...; **Yours** ~ *Br* [in letter] je vous prie d'agréer mes salutations distinguées.

faithfulness ['feɪθfʊlnɪs] *n* -**1.** [loyalty] fidélité *f*. -**2.** [truth - of account, translation] exactitude *f*.

faith healer *n* guérisseur *m*, -euse *f*.

faithless ['feɪθlɪs] *adj* déloyal(e).

fake [feɪk] ◇ *adj* faux (fausse). ◇ *n* -**1.** [object, painting] faux *m*. -**2.** [person] imposteur *m*. ◇ *vt* -**1.** [results] falsifier; [signature] imiter. -**2.** [illness, emotions] simuler. ◇ *vi* [pretend] simuler, faire semblant.

falcon ['fɔːlkən] *n* faucon *m*.

Falkland Islands ['fɔːklənd-], **Falklands** ['fɔːkləndz] *npl*: **the** ~ les îles *fpl* Falkland, les Malouines *fpl*; **in the** ~ aux îles Falkland, aux Malouines.

fall [fɔːl] (*pt* **fell**, *pp* **fallen**) ◇ *vi* -**1.** [gen] tomber; **to** ~ **flat** [joke] tomber à plat. -**2.** [decrease] baisser. -**3.** [become]: **to** ~ **asleep** s'endormir; **to** ~ **ill** tomber malade; **to** ~ **in love** tomber amoureux(euse); **to** ~ **open** s'ouvrir; **to** ~ **silent** se taire; **to** ~ **vacant** se libérer. -**4.** [belong, be classed]: **to** ~ **into two groups** se diviser en deux groupes; **the matter** ~**s under our jurisdiction** cette question relève de notre juridiction. -**5.** [disintegrate]: **to** ~ **to bits** OR **pieces** tomber en morceaux. -**6.** [be captured - city] **to** ~ **(to sb)** tomber (aux mains de qqn). -**7.** *Br* POL [constituency]: **to** ~ **to sb** passer à qqn.
◇ *n* -**1.** [gen]: ~ **(in)** chute (de). -**2.** *Am* [autumn] automne *m*.
♦ **falls** *npl* chutes *fpl*.
♦ **fall about** *vi Br inf*: **to** ~ **about (laughing)** se tordre (de rire).
♦ **fall apart** *vi* -**1.** [disintegrate - book, chair] tomber en morceaux. -**2.** *fig* [country] tomber en ruine; [person] s'effondrer.
♦ **fall away** *vi* [land] descendre, s'abaisser.
♦ **fall back** *vi* [person, crowd] reculer.
♦ **fall back on** *vt fus* [resort to] se rabattre sur.
♦ **fall behind** *vi* -**1.** [in race] se faire distancer. -**2.** [with rent] être en retard; **to** ~ **behind with one's work** avoir du retard dans son travail.

◆ **fall down** *vi* [fail] échouer; **the plan ~s down on three points** ce plan pèche sur trois points.

◆ **fall for** *vt fus* **-1.** *inf* [fall in love with] tomber amoureux(euse) de. **-2.** [trick, lie] se laisser prendre à; **to ~ for it** tomber dans le panneau.

◆ **fall in** *vi* **-1.** [roof, ceiling] s'écrouler, s'affaisser. **-2.** MIL former les rangs.

◆ **fall in with** *vt fus* [go along with] accepter.

◆ **fall off** *vi* **-1.** [branch, handle] se détacher, tomber. **-2.** [demand, numbers] baisser, diminuer.

◆ **fall on** *vt fus* **-1.** [subj: eyes, gaze] tomber sur. **-2.** [attack] se jeter sur.

◆ **fall out** *vi* **-1.** [hair, tooth] tomber. **-2.** [friends] se brouiller. **-3.** MIL rompre les rangs.

◆ **fall over** ◇ *vt fus*: **to ~ over sthg** trébucher sur qqch et tomber; **to be ~ing over o.s. to do sthg** *inf* se mettre en quatre pour faire qqch. ◇ *vi* [person, chair etc] tomber.

◆ **fall through** *vi* [plan, deal] échouer.

◆ **fall to** *vt fus* [subj: duty] incomber à, revenir à; **it ~s to me to ...** c'est à moi de ....

fallacious [fə'leɪʃəs] *adj fml* fallacieux(ieuse).

fallacy ['fæləsɪ] (*pl* **-ies**) *n* erreur *f*, idée *f* fausse.

fallen ['fɔːln] *pp* → **fall**.

fall guy *n Am inf* [scapegoat] bouc *m* émissaire.

fallible ['fæləbl] *adj* faillible.

falling ['fɔːlɪŋ] *adj* [decreasing] en baisse.

Fallopian tube [fə'ləʊpɪən-] *n* trompe *f* de Fallope.

fallout ['fɔːlaʊt] *n* (*U*) [radiation] retombées *fpl*.

fallout shelter *n* abri *m* antiatomique.

fallow ['fæləʊ] *adj*: **to lie ~** être en jachère.

false [fɔːls] *adj* faux (fausse).

false alarm *n* fausse alerte *f*.

falsehood ['fɔːlshʊd] *n fml* **-1.** [lie] mensonge *m*. **-2.** (*U*) [lack of truth] fausseté *f*.

falsely ['fɔːlslɪ] *adv* à tort; [smile, laugh] faussement.

false start *n lit* & *fig* faux départ *m*.

false teeth *npl* dentier *m*.

falsetto [fɔːl'setəʊ] (*pl* **-s**) ◇ *n* [singer] fausset *m*. ◇ *adv* [sing] en fausset.

falsify ['fɔːlsɪfaɪ] (*pt* & *pp* **-ied**) *vt* falsifier.

falter ['fɔːltə'] *vi* **-1.** [move unsteadily] chanceler. **-2.** [steps, voice] devenir hésitant(e). **-3.** [hesitate, lose confidence] **hésiter**.

faltering ['fɔːltərɪŋ] *adj* [steps, voice] hésitant(e).

fame [feɪm] *n* gloire *f*, renommée *f*.

familiar [fə'mɪljə'] *adj* familier(ière); **~ to sb** connu de qqn; **~ with sthg** familiarisé(e) avec qqch; **to be on ~ terms with sb** être en termes familiers avec qqn.

familiarity [fə,mɪlɪ'ærətɪ] *n* (*U*) **-1.** [knowledge]: **~ with sthg** connaissance *f* de qqch, familiarité *f* avec qqch. **-2.** [normality] caractère *m* familier. **-3.** *pej* [excessive informality] familiarité *f*.

familiarize, -ise [fə'mɪljəraɪz] *vt*: **to ~ o.s. with sthg** se familiariser avec qqch; **to ~ sb with sthg** familiariser qqn avec qqch.

family ['fæmlɪ] (*pl* **-ies**) ◇ *n* famille *f*. ◇ *comp* **-1.** [belonging to family] de famille. **-2.** [suitable for all ages] familial(e).

family business *n* entreprise *f* familiale.

family credit *n* (*U*) *Br* ≃ complément *m* familial.

family doctor *n* médecin *m* de famille.

family life *n* vie *f* de famille.

family planning *n* planning *m* familial; **~ clinic** centre *m* de planning familial.

family tree *n* arbre *m* généalogique.

famine ['fæmɪn] *n* famine *f*.

famished ['fæmɪʃt] *adj inf* [very hungry] affamé(e); **I'm ~!** je meurs de faim!

famous ['feɪməs] *adj*: **~ (for)** célèbre (pour).

famously ['feɪməslɪ] *adv dated*: **to get on** OR **along ~** s'entendre comme larrons en foire.

fan [fæn] (*pt* & *pp* **-ned**, *cont* **-ning**) ◇ *n* **-1.** [of paper, silk] éventail *m*. **-2.** [electric or mechanical] ventilateur *m*. **-3.** [enthusiast] fan *mf*. ◇ *vt* **-1.** [face] éventer; **to ~ o.s.** s'éventer. **-2.** [fire, feelings] attiser.

◆ **fan out** *vi* se déployer.

fanatic [fə'nætɪk] *n* fanatique *mf*.

fanatical [fə'nætɪkl] *adj* fanatique.

fanaticism [fə'nætɪsɪzm] *n* fanatisme *m*.

fan belt *n* courroie *f* de ventilateur.

fanciful ['fænsɪfʊl] *adj* **-1.** [odd] bizarre, fantasque. **-2.** [elaborate] extravagant(e).

fan club *n* fan-club *m*.

fancy ['fænsɪ] (*compar* **-ier**, *superl* **-iest**, *pl* **-ies**, *pt* & *pp* **-ied**) ◇ *adj* **-1.** [elaborate - hat, clothes] extravagant(e); [- food, cakes] raffiné(e). **-2.** [expensive - restaurant, hotel] de luxe; [- prices] fantaisiste.

◇ *n* **-1.** [desire, liking] envie *f*, lubie *f*; **to take a ~ to sb** se prendre d'affection pour qqn; **to take a ~ to sthg** se mettre à aimer qqch; **to take sb's ~** faire envie à qqn, plaire à qqn. **-2.** [fantasy] rêve *m*.

◇ *vt* **-1.** *inf* [want] avoir envie de; **to ~ doing sthg** avoir envie de faire qqch. **-2.** *inf* [like]: **I ~ her** elle me plaît; **to ~ o.s.** ne pas se prendre pour rien; **to ~ o.s. as sthg** se prendre pour qqch. **-3.** [imagine]: **~ meeting you here!** tiens, c'est toi! Je n'aurais jamais pensé te rencontrer ici!; **~ that!** ça alors! **-4.** *dated* [think] penser.

fancy dress *n* (*U*) déguisement *m*.

fancy-dress party *n* bal *m* costumé.

fancy goods *npl* articles *mpl* fantaisie.

fanfare ['fænfeə^r] *n* fanfare *f*.

fang [fæŋ] *n* [of wolf] croc *m*; [of snake] crochet *m*.

fan heater *n* radiateur *m* soufflant.

fanlight ['fænlaɪt] *n* Br imposte *f*.

fan mail *n* courrier *m* de fans.

fanny ['fænɪ] *n* Am *inf* [buttocks] fesses *fpl*.

fanny pack *n* Am banane *f* (*sac*).

fantasize, -ise ['fæntəsaɪz] *vi*: **to ~ (about sthg/about doing sthg)** fantasmer (sur qqch/sur le fait de faire qqch).

fantastic [fæn'tæstɪk] *adj* **-1.** *inf* [wonderful] fantastique, formidable. **-2.** [incredible] extraordinaire. **-3.** [exotic] fabuleux(euse).

fantastically [fæn'tæstɪklɪ] *adv* **-1.** [extremely] extrêmement. **-2.** [exotically] fabuleusement, extraordinairement.

fantasy ['fæntəsɪ] (*pl* **-ies**) ◇ *n* **-1.** [dream, imaginary event] rêve *m*, fantasme *m*. **-2.** (*U*) [fiction] fiction *f*. **-3.** [imagination] fantaisie *f*. ◇ *comp* imaginaire.

fantasy football *n* jeu où chaque participant se constitue une équipe virtuelle avec les noms de footballeurs réels, chaque but marqué par ceux-ci dans la réalité valant un point dans le jeu.

fanzine ['fænziːn] *n* fanzine *m*.

fao (*abbr of* **for the attention of**) à l'attention de.

FAO (*abbr of* **Food and Agriculture Organization**) *n* FAO *f*.

FAQ (*abbr of* **free alongside quay**) FLQ.

far [fɑː^r] (*compar* **farther** OR **further**, *superl* **farthest** OR **furthest**) ◇ *adv* **-1.** [in distance] loin; **how ~ is it?** c'est à quelle distance?, (est-ce que) c'est loin?; **have you come ~?** vous venez de loin?; **~ away** OR **off** loin; **~ and wide** partout; **as ~ as** jusqu'à. **-2.** [in time]: **~ away** OR **off** loin; **as ~ back as** [be founded etc] dès; [remember, go etc] jusqu'à; **so ~** jusqu'à maintenant, jusqu'ici. **-3.** [in degree or extent] bien; **I wouldn't trust him very ~** je ne lui ferais pas tellement confiance; **he's not ~ wrong** OR **out** OR **off** il n'est pas loin; **as ~ as** autant que; **as ~ as I'm concerned** en ce qui me concerne; **as ~ as possible** autant que possible, dans la mesure du possible; **~ and away, by ~** de loin; **~ from it** loin de là, au contraire; **so ~ so good** jusqu'ici tout va bien; **to go so ~ as to do sthg** aller jusqu'à faire qqch; **to go too ~** aller trop loin. ◇ *adj* **-1.** [extreme]: **the ~ end of the street** l'autre bout de la rue; **the ~ right of the party** l'extrême droite du parti; **the door on the ~ left** la porte la plus à gauche. **-2.** *literary* [remote] lointain(e).

faraway ['fɑːrəweɪ] *adj* lointain(e).

farce [fɑːs] *n* **-1.** THEATRE farce *f*. **-2.** *fig* [disaster] pagaille *f*, vaste rigolade *f*.

farcical ['fɑːsɪkl] *adj* grotesque.

fare [feə^r] ◇ *n* **-1.** [payment] prix *m*, tarif *m*. **-2.** *dated* [food] nourriture *f*. ◇ *vi* [manage]: **to ~ well/badly** bien/mal se débrouiller.

Far East *n*: **the ~** l'Extrême-Orient *m*.

fare stage *n* Br section *f*.

farewell [ˌfeə'wel] ◇ *n* adieu *m*. ◇ *excl literary* adieu!

farfetched [ˌfɑː'fetʃt] *adj* tiré(e) par les cheveux.

farm [fɑːm] ◇ *n* ferme *f*. ◇ *vt* cultiver. ◇ *vi* être cultivateur.

◆ **farm out** *vt sep* confier en sous-traitance.

farmer ['fɑːmə^r] *n* fermier *m*.

farmhand ['fɑːmhænd] *n* ouvrier *m*, -ière *f* agricole.

farmhouse ['fɑːmhaʊs] *n* ferme *f*.

farming ['fɑːmɪŋ] *n* (*U*) agriculture *f*; [of animals] élevage *m*.

farm labourer = **farmhand**.

farmland ['fɑːmlænd] *n* (*U*) terres *fpl* cultivées OR arables.

farmstead ['fɑːmsted] *n* Am ferme *f*.

farm worker = **farmhand**.

farmyard ['fɑːmjɑːd] *n* cour *f* de ferme.

Faroe = **Faeroe**.

far-off *adj* **-1.** [days] lointain(e); [time] reculé(e). **-2.** [in distance] lointain(e).

far-reaching [-'riːtʃɪŋ] *adj* d'une grande portée.

farsighted [ˌfɑː'saɪtɪd] *adj* **-1.** [person] prévoyant(e); [plan] élaboré(e) avec clairvoyance. **-2.** Am [longsighted] hypermétrope.

fart [fɑːt] *v inf* ◇ *n* **-1.** [air] pet *m*. **-2.** [person] con *m*, conne *f*. ◇ *vi* péter.

farther ['fɑːðə^r] *compar* → **far**.

farthest ['fɑːðəst] *superl* → **far**.

FAS (*abbr of* **free alongside ship**) FLB.

fascia ['feɪʃə] *n* [on shop] enseigne *f*; [in car] tableau *m* de bord.

fascinate ['fæsɪneɪt] *vt* fasciner.

fascinating ['fæsɪneɪtɪŋ] *adj* [person, country] fascinant(e); [job] passionnant(e); [idea, thought] très intéressant(e).

fascination [ˌfæsɪ'neɪʃn] *n* fascination *f*.

fascism ['fæʃɪzm] *n* fascisme *m*.

fascist ['fæʃɪst] ◇ *adj* fasciste. ◇ *n* fasciste *mf*.

fashion ['fæʃn] ◇ *n* **-1.** [clothing, style] mode *f*; **to be in/out of** ~ être/ne plus être à la mode; ~ **model** mannequin *m* (de mode). **-2.** [manner] manière *f*. ◇ *vt fml* façonner, fabriquer.

fashionable ['fæʃnəbl] *adj* à la mode.

fashion-conscious *adj* qui suit la mode.

fashion designer *n* styliste *mf*.

fashion show *n* défilé *m* de mode.

fast [fɑːst] ◇ *adj* **-1.** [rapid] rapide. **-2.** [clock, watch] qui avance. ◇ *adv* **-1.** [rapidly] vite; **how** ~ **does this car go?** à quelle vitesse va cette voiture? **-2.** [firmly] solidement; **to hold** ~ **to sthg** *lit* & *fig* s'accrocher à qqch; ~ **asleep** profondément endormi. ◇ *n* jeûne *m*. ◇ *vi* jeûner.

fast breeder reactor *n* surrégénérateur *m*.

fasten ['fɑːsn] ◇ *vt* [jacket, bag] fermer; [seat belt] attacher; **to** ~ **sthg to sthg** attacher qqch à qqch. ◇ *vi*: **to** ~ **on to sb/sthg** se cramponner à qqn/qqch.

fastener ['fɑːsnə] *n* [of bag, necklace] fermoir *m*; [of dress] fermeture *f*.

fastening ['fɑːsnɪŋ] *n* fermeture *f*.

fast food *n* fast food *m*.

fast-forward ◇ *n* avance *f* rapide. ◇ *vt* mettre en avance rapide. ◇ *vi* mettre la bande en avance rapide.

fastidious [fə'stɪdɪəs] *adj* [fussy] méticuleux(euse).

fast lane *n* [on motorway] voie *f* rapide; **life in the** ~ *fig* la vie à cent à l'heure.

fat [fæt] (*compar* -ter, *superl* -test) ◇ *adj* **-1.** [overweight] gros (grosse), gras (grasse); **to get** ~ grossir. **-2.** [not lean - meat] gras (grasse). **-3.** [thick - file, wallet] gros (grosse), épais(aisse). **-4.** [large - profit, cheque] gros (grosse). **-5.** *iro* [small]: **a** ~ **lot of good that did you!** ça t'a bien avancé! ◇ *n* **-1.** [flesh, on meat, in food] graisse *f*. **-2.** (*U*) [for cooking] matière *f* grasse; **pork** ~ saindoux *m*.

fatal ['feɪtl] *adj* **-1.** [serious - mistake] fatal(e); [- decision, words] fatidique. **-2.** [accident, illness] mortel(elle).

fatalism ['feɪtəlɪzm] *n* fatalisme *m*.

fatalistic [ˌfeɪtə'lɪstɪk] *adj* fataliste.

fatality [fə'tælətɪ] (*pl* -ies) *n* **-1.** [accident victim] mort *m*. **-2.** = fatalism.

fatally ['feɪtəlɪ] *adv* **-1.** [seriously] sérieusement, gravement. **-2.** [wounded] mortellement; ~ **ill** dans un état désespéré.

fate [feɪt] *n* **-1.** [destiny] destin *m*; **to tempt** ~ tenter le diable. **-2.** [result, end] sort *m*.

fated ['feɪtɪd] *adj* fatal(e), marqué(e) par le destin; **to be** ~ **to do sthg** être voué OR destiné à faire qqch.

fateful ['feɪtful] *adj* fatidique.

fathead ['fæthed] *n inf* imbécile *mf*, patate *f*.

father ['fɑːðə] ◇ *n* père *m*. ◇ *vt* engendrer.

◆ **Father** *n* **-1.** [priest] Père *m*. **-2.** [God] Dieu le Père *m*; **Our Father** notre Père.

Father Christmas *n Br* le Père Noël.

fatherhood ['fɑːðəhud] *n* (*U*) paternité *f*.

father-in-law (*pl* **father-in-laws** OR **fathers-in-law**) *n* beau-père *m*.

fatherly ['fɑːðəlɪ] *adj* paternel(elle).

Father's Day *n* fête *f* des Pères.

fathom ['fæðəm] ◇ *n* brasse *f*. ◇ *vt*: **to** ~ **sb/sthg (out)** comprendre qqn/qqch.

fatigue [fə'tiːg] ◇ *n* **-1.** [exhaustion] épuisement *m*. **-2.** [in metal] fatigue *f*. ◇ *vt* épuiser.

◆ **fatigues** *npl* tenue *f* de corvée, treillis *m*.

fatless ['fætlɪs] *adj* sans matières grasses.

fatness ['fætnɪs] *n* [of person] embonpoint *m*.

fatten ['fætn] *vt* engraisser.

◆ **fatten up** *vt sep* engraisser.

fattening ['fætnɪŋ] *adj* qui fait grossir.

fatty ['fætɪ] (*compar* -ier, *superl* -iest, *pl* -ies) ◇ *adj* gras (grasse). ◇ *n inf pej* gros *m*, grosse *f*.

fatuous ['fætjuəs] *adj* stupide, niais(e).

fatuously ['fætjuəslɪ] *adv* stupidement, niaisement.

faucet ['fɔːsɪt] *n Am* robinet *m*.

fault ['fɔːlt] ◇ *n* **-1.** [responsibility, in tennis] faute *f*; **it's my** ~ c'est de ma faute. **-2.** [mistake, imperfection] défaut *m*; **to find** ~ **with sb/sthg** critiquer qqn/qqch; **at** ~ fautif(ive). **-3.** GEOL faille *f*. ◇ *vt*: **to** ~ **sb (on sthg)** prendre qqn en défaut (sur qqch).

faultless ['fɔːltlɪs] *adj* impeccable.

faulty ['fɔːltɪ] (*compar* -ier, *superl* -iest) *adj* défectueux(euse).

fauna ['fɔːnə] *n* faune *f*.

faux pas [ˌfəu'pɑː] (*pl inv*) *n* faux-pas *m*.

favour *Br*, **favor** *Am* ['feɪvə] ◇ *n* **-1.** [approval] faveur *f*, approbation *f*; **to look with** ~ **on sb** considérer qqn favorablement; **in**

sb's ~ en faveur de qqn; **to be in/out of ~ with sb** avoir/ne pas avoir les faveurs de qqn, avoir/ne pas avoir la cote avec qqn; **to curry ~ with sb** chercher à gagner la faveur de qqn. **-2.** [kind act] service *m*; **to do sb a ~** rendre (un) service à qqn. **-3.** [favouritism] favoritisme *m*. **-4.** [advantage]: **to rule in sb's ~** décider en faveur de qqn. ◇ *vt* **-1.** [prefer] préférer, privilégier. **-2.** [treat better, help] favoriser. **-3.** *iro* [honour]: **to ~ sb with sthg** faire à qqn l'honneur de qqch.
◆ **in favour** *adv* [in agreement] pour, d'accord.
◆ **in favour of** *prep* **-1.** [in preference to] au profit de. **-2.** [in agreement with]: **to be in ~ of sthg/of doing sthg** être partisan(e) de qqch/de faire qqch.

favourable *Br*, **favorable** *Am* ['feɪvrəbl] *adj* [positive] favorable.

favourably *Br*, **favorably** *Am* ['feɪvrəblɪ] *adv* favorablement; [placed] bien.

favoured *Br*, **favored** *Am* ['feɪvəd] *adj* favorisé(e).

favourite *Br*, **favorite** *Am* ['feɪvrɪt] ◇ *adj* favori(ite). ◇ *n* favori *m*, -ite *f*.

favouritism *Br*, **favoritism** *Am* ['feɪvrɪtɪzm] *n* favoritisme *m*.

fawn [fɔːn] ◇ *adj* fauve (*inv*). ◇ *n* [animal] faon *m*. ◇ *vi*: **to ~ on sb** flatter qqn servilement.

fax [fæks] ◇ *n* fax *m*, télécopie *f*. ◇ *vt* **-1.** [person] envoyer un fax à. **-2.** [document] envoyer en fax.

fax machine *n* fax *m*, télécopieur *m*.

fax modem *n* modem *m* fax.

fax number *n* numéro *m* de fax.

faze [feɪz] *vt inf* démonter, déconcerter.

FBI (*abbr of* **Federal Bureau of Investigation**) *n* FBI *m*.

FCC (*abbr of* **Federal Communications Commission**) *n* conseil fédéral de l'audiovisuel aux États-Unis, ≃ CSA *m*.

FCO (*abbr of* **Foreign and Commonwealth Office**) *n* ministère britannique des affaires étrangères et du Commonwealth.

FD (*abbr of* **Fire Department**) *n* sapeurs-pompiers.

FDA *n* **-1.** (*abbr of* **Food and Drug Administration**) administration délivrant l'autorisation de mise sur le marché des médicaments et des produits alimentaires aux États-Unis. **-2.** (*abbr of* **Association of First Division Civil Servants**) syndicat britannique des hauts fonctionnaires.

FE *n abbr of* **Further Education**.

fear [fɪər] ◇ *n* **-1.** (*U*) [feeling] peur *f*. **-2.** [object of fear] crainte *f*. **-3.** [risk] risque *m*; **for ~ of** de peur de (+ *infin*), de peur que (+ *subjunctive*). ◇ *vt* **-1.** [be afraid of] craindre, avoir peur de. **-2.** [anticipate] craindre; **to ~ (that)** ... craindre que ..., avoir peur que .... ◇ *vi* [be afraid]: **to ~ for sb/sthg** avoir peur pour qqn/qqch, craindre pour qqn/qqch.

fearful ['fɪəfʊl] *adj* **-1.** *fml* [frightened] peureux(euse); **to be ~ of sthg** avoir peur de qqch. **-2.** [frightening] effrayant(e).

fearless ['fɪəlɪs] *adj* intrépide.

fearlessly ['fɪəlɪslɪ] *adv* courageusement.

fearsome ['fɪəsəm] *adj* [temper] effroyable.

feasibility [ˌfiːzə'bɪlətɪ] *n* (*U*) possibilité *f*.

feasibility study *n* étude *f* de faisabilité.

feasible ['fiːzəbl] *adj* faisable, possible.

feast [fiːst] ◇ *n* [meal] festin *m*, banquet *m*. ◇ *vi*: **to ~ on** OR **off sthg** se régaler de qqch.

feat [fiːt] *n* exploit *m*, prouesse *f*.

feather ['feðər] *n* plume *f*.

feather bed *n* lit *m* de plume.

featherbrained ['feðəbreɪnd] *adj* [person] écervelé(e); [idea, scheme] inconsidéré(e).

featherweight ['feðəweɪt] *n* [boxer] poids *m* plume.

feature ['fiːtʃər] ◇ *n* **-1.** [characteristic] caractéristique *f*. **-2.** GEOGR particularité *f*. **-3.** [article] article *m* de fond. **-4.** RADIO & TV émission *f* spéciale, spécial *m*. **-5.** CINEMA long métrage *m*. ◇ *vt* **-1.** [subj: film, exhibition] mettre en vedette; **featuring James Dean** avec, dans le rôle principal, James Dean. **-2.** [comprise] présenter, comporter. ◇ *vi*: **to ~ (in)** figurer en vedette (dans).
◆ **features** *npl* [of face] traits *mpl*.

feature film *n* long métrage *m*.

featureless ['fiːtʃəlɪs] *adj* sans trait distinctif.

Feb. [feb] (*abbr of* **February**) févr.

February ['februərɪ] *n* février *m*; *see also* **September**.

feces *Am* = **faeces**.

feckless ['feklɪs] *adj* inepte.

fed [fed] *pt & pp* → **feed**.

Fed [fed] ◇ *n inf* (*abbr of* **Federal Reserve Board**) organe de contrôle de la Banque centrale américaine. ◇ **-1.** *abbr of* **federal**. **-2.** *abbr of* **federation**.

federal ['fedrəl] *adj* fédéral(e).

Federal Bureau of Investigation *n* FBI *m*, ≃ police *f* judiciaire.

federalism ['fedrəlɪzm] *n* fédéralisme *m*.

federation [ˌfedəˈreɪʃn] *n* fédération *f*.

fed up *adj*: **to be ~ (with)** en avoir marre (de).

fee [fiː] *n* [of school] frais *mpl*; [of doctor] honoraires *mpl*; [for membership] cotisation *f*; [for entrance] tarif *m*, prix *m*.

feeble [ˈfiːbəl] *adj* faible.

feebleminded [ˈfiːblˈmaɪndɪd] *adj* débile.

feebleness [ˈfiːblnɪs] *n* faiblesse *f*.

feebly [ˈfiːblɪ] *adv* faiblement.

feed [fiːd] (*pt* & *pp* **fed**) ◇ *vt* **-1.** [give food to] nourrir. **-2.** [fire, fears etc] alimenter. **-3.** [put, insert]: **to ~ sthg into sthg** mettre OR insérer qqch dans qqch. ◇ *vi* **-1.** [take food]: **to ~ (on** OR **off)** se nourrir (de). **-2.** [be strengthened]: **to ~ on** OR **off** s'appuyer sur. ◇ *n* **-1.** [for baby] repas *m*. **-2.** [animal food] nourriture *f*.

feedback [ˈfiːdbæk] *n* (*U*) **-1.** [reaction] réactions *fpl*. **-2.** ELEC réaction *f*, rétroaction *f*.

feedbag [ˈfiːdbæg] *n Am* musette *f* (mangeoire).

feeder [ˈfiːdər] ◇ *n* [eater] mangeur *m*, -euse *f*. ◇ *comp* [road, railway line] secondaire.

feeding bottle [ˈfiːdɪŋ-] *n Br* biberon *m*.

feel [fiːl] (*pt* & *pp* **felt**) ◇ *vt* **-1.** [touch] toucher. **-2.** [sense, experience, notice] sentir; [emotion] ressentir; **to ~ o.s. doing sthg** se sentir faire qqch. **-3.** [believe]: **to ~ (that)** ... croire que ..., penser que .... **-4.** *phr*: **I'm not ~ing myself today** je ne suis pas dans mon assiette aujourd'hui.
◇ *vi* **-1.** [have sensation]: **to ~ cold/hot/sleepy** avoir froid/chaud/sommeil; **to ~ safe** se sentir en sécurité; **to ~ like sthg/like doing sthg** [be in mood for] avoir envie de qqch/de faire qqch. **-2.** [have emotion] se sentir; **to ~ angry** être en colère. **-3.** [seem] sembler; **it ~s strange** ça fait drôle; **it ~s like leather** on dirait du cuir. **-4.** [by touch]: **to ~ for sthg** chercher qqch.
◇ *n* **-1.** [sensation, touch] toucher *m*, sensation *f*. **-2.** [atmosphere] atmosphère *f*. **-3.** *phr*: **to have a ~ for sthg** avoir l'instinct pour qqch.

feeler [ˈfiːlər] *n* antenne *f*.

feeling [ˈfiːlɪŋ] *n* **-1.** [emotion] sentiment *m*; **I know the ~** je sais ce que c'est; **bad ~** animosité *f*, hostilité *f*. **-2.** [physical sensation] sensation *f*. **-3.** [intuition, sense] sentiment *m*, impression *f*. **-4.** [understanding] sensibilité *f*; **to have a ~ for sthg** comprendre OR apprécier qqch.
◆ **feelings** *npl* sentiments *mpl*; **to hurt sb's ~s** blesser (la sensibilité de) qqn; **no hard ~s!** sans rancune!

fee-paying [-ˈpeɪɪŋ] *adj Br* [pupil] d'un établissement privé; [school] privé(e).

feet [fiːt] *pl* → **foot**.

feign [feɪn] *vt fml* feindre.

feint [feɪnt] ◇ *n* feinte *f*. ◇ *vi* feinter.

feisty [ˈfaɪstɪ] (*compar* **-ier**, *superl* **-iest**) *adj inf* [lively] plein(e) d'entrain; [combative] qui a du cran.

felicitous [fɪˈlɪsɪtəs] *adj fml* heureux(euse).

feline [ˈfiːlaɪn] ◇ *adj* félin(e). ◇ *n* félin *m*.

fell [fel] ◇ *pt* → **fall**. ◇ *vt* [tree, person] abattre.
◆ **fells** *npl* GEOGR lande *f*.

fellow [ˈfeləʊ] ◇ *n* **-1.** *dated* [man] homme *m*. **-2.** [comrade, peer] camarade *m*, compagnon *m*. **-3.** [of society, college] membre *m*, associé *m*. ◇ *adj*: **one's ~ men** ses semblables; **~ feeling** sympathie *f*; **~ passenger** compagnon *m*, compagne *f* (de voyage); **~ student** camarade *mf* (d'études).

fellowship [ˈfeləʊʃɪp] *n* **-1.** [comradeship] amitié *f*, camaraderie *f*. **-2.** [society] association *f*, corporation *f*. **-3.** [of society, college] titre *m* de membre OR d'associé.

felony [ˈfelənɪ] (*pl* **-ies**) *n* JUR crime *m*, forfait *m*.

felt [felt] ◇ *pt* & *pp* → **feel**. ◇ *n* (*U*) feutre *m*.

felt-tip pen *n* stylo-feutre *m*.

female [ˈfiːmeɪl] ◇ *adj* [person] de sexe féminin; [animal, plant] femelle; [sex, figure] féminin(e); **~ student** étudiante *f*; **~ worker** travailleuse *f*, ouvrière *f*. ◇ *n* femelle *f*.

feminine [ˈfemɪnɪn] ◇ *adj* féminin(e). ◇ *n* GRAMM féminin *m*.

femininity [femɪˈnɪnətɪ] *n* (*U*) féminité *f*.

feminism [ˈfemɪnɪzm] *n* féminisme *m*.

feminist [ˈfemɪnɪst] *n* féministe *mf*.

fence [fens] ◇ *n* [barrier] clôture *f*; **to sit on the ~** *fig* ménager la chèvre et le chou. ◇ *vt* clôturer, entourer d'une clôture.
◆ **fence off** *vt sep* séparer par une clôture.

fencing [ˈfensɪŋ] *n* **-1.** SPORT escrime *f*. **-2.** [material] clôture *f*.

fend [fend] *vi*: **to ~ for o.s.** se débrouiller tout seul.
◆ **fend off** *vt sep* [blows] parer; [questions, reporters] écarter.

fender [ˈfendər] *n* **-1.** [round fireplace] pare-feu *m inv*. **-2.** [on boat] pare-battage *m inv*. **-3.** *Am* [on car] aile *f*.

fennel [ˈfenl] *n* fenouil *m*.

fens [fenz] *npl Br* marais *mpl*.

feral [ˈfɪərəl] *adj* sauvage.

ferment [*n* 'fɜːment, *vb* fə'ment] ◇ *n* (*U*) [unrest] **agitation** *f*, effervescence *f*; **in ~** en effervescence. ◇ *vi* [wine, beer] fermenter.

fermentation [ˌfɜːmən'teɪʃn] *n* fermentation *f*.

fermented [fə'mentɪd] *adj* fermenté(e).

fern [fɜːn] *n* fougère *f*.

ferocious [fə'rəʊʃəs] *adj* féroce.

ferociously [fə'rəʊʃəslɪ] *adv* férocement, avec férocité.

ferocity [fə'rɒsətɪ] *n* férocité *f*.

ferret ['ferɪt] *n* furet *m*.
◆ **ferret about**, **ferret around** *vi inf* fureter un peu partout.
◆ **ferret out** *vt sep inf* dénicher.

ferris wheel ['ferɪs-] *n* grande roue *f*.

ferry ['ferɪ] ◇ *n* ferry *m*, ferry-boat *m*; [smaller] bac *m*. ◇ *vt* transporter.

ferryboat ['ferɪbəʊt] *n* = **ferry**.

ferryman ['ferɪmən] (*pl* -**men** [-mən]) *n* passeur *m*.

fertile ['fɜːtaɪl] *adj* -**1.** [land, imagination] fertile, fécond(e). -**2.** [woman] féconde.

fertility [fɜː'tɪlətɪ] *n* -**1.** [of land, imagination] fertilité *f*. -**2.** [of woman] fécondité *f*.

fertility drug *n* traitement *m* contre la stérilité.

fertilization [ˌfɜːtɪlaɪ'zeɪʃn] *n* -**1.** [of soil] fertilisation *f*. -**2.** [of egg] fécondation *f*.

fertilize, **-ise** ['fɜːtɪlaɪz] *vt* -**1.** [soil] fertiliser, amender. -**2.** [egg] féconder.

fertilizer ['fɜːtɪlaɪzə*'*] *n* engrais *m*.

fervent ['fɜːvənt] *adj* fervent(e).

fervour *Br*, **fervor** *Am* ['fɜːvə*'*] *n* ferveur *f*.

fester ['festə*'*] *vi* -**1.** [wound, sore] suppurer. -**2.** [emotion, quarrel] s'aigrir.

festival ['festəvl] *n* -**1.** [event, celebration] festival *m*. -**2.** [holiday] fête *f*.

festive ['festɪv] *adj* de fête.

festive season *n*: **the ~** la période des fêtes.

festivities [fes'tɪvətɪz] *npl* réjouissances *fpl*.

festoon [fe'stuːn] *vt* décorer de guirlandes; **to be ~ed with** être décoré de.

fetal ['fiːtl] = **foetal**.

fetch [fetʃ] *vt* -**1.** [go and get] aller chercher. -**2.** [raise - money] rapporter.

fetching ['fetʃɪŋ] *adj* séduisant(e).

fete, **fête** [feɪt] ◇ *n* fête *f*, kermesse *f*. ◇ *vt* fêter, faire fête à.

FETE:
Les 'village fêtes' en Grande-Bretagne, où l'on vend en plein air des produits faits maison et où l'on organise des manifestations sportives et des jeux pour enfants, sont généralement destinées à réunir des fonds pour une œuvre de charité

---

fetid ['fetɪd] *adj* fétide.

fetish ['fetɪʃ] *n* -**1.** [sexual obsession] objet *m* de fétichisme. -**2.** [mania] manie *f*, obsession *f*.

fetishism ['fetɪʃɪzm] *n* fétichisme *m*.

fetlock ['fetlɒk] *n* boulet *m*.

fetter ['fetə*'*] *vt* [person] enchaîner; [movements] entraver.
◆ **fetters** *npl* fers *mpl*, chaînes *fpl*.

fettle ['fetl] *n*: **in fine ~** en pleine forme.

fetus ['fiːtəs] = **foetus**.

feud [fjuːd] ◇ *n* querelle *f*. ◇ *vi* se quereller.

feudal ['fjuːdl] *adj* féodal(e).

fever ['fiːvə*'*] *n* fièvre *f*.

fevered ['fiːvəd] *adj* fiévreux(euse).

feverish ['fiːvərɪʃ] *adj* fiévreux(euse).

fever pitch *n* comble *m*.

few [fjuː] ◇ *adj* peu de; **the first ~** **pages** les toutes premières pages; **quite a ~**, **a good ~** pas mal de, un bon nombre de; **~ and far between** rares. ◇ *pron* peu; **a ~** quelques-uns *mpl*, quelques-unes *fpl*.

fewer ['fjuːə*'*] ◇ *adj* moins (de); **no ~ than** pas moins de. ◇ *pron* moins.

fewest ['fjuːəst] *adj* le moins (de).

FH *Br abbr of* **fire hydrant**.

FHA (*abbr of* **Federal Housing Administration**) *n organisme de gestion des logements sociaux aux États-Unis.*

fiancé [fɪ'ɒnseɪ] *n* fiancé *m*.

fiancée [fɪ'ɒnseɪ] *n* fiancée *f*.

fiasco [fɪ'æskəʊ] (*Br pl* -**s**, *Am pl* -**es**) *n* fiasco *m*.

fib [fɪb] (*pt* & *pp* -**bed**, *cont* -**bing**) *inf* ◇ *n* bobard *m*, blague *f*. ◇ *vi* raconter des bobards OR des blagues.

fibber ['fɪbə*'*] *n inf* menteur *m*, -euse *f*.

fibre *Br*, **fiber** *Am* ['faɪbə*'*] *n* fibre *f*.

fibreboard *Br*, **fiberboard** *Am* ['faɪbəbɔːd] *n* (*U*) panneau *m* de fibres.

fibreglass *Br*, **fiberglass** *Am* ['faɪbəglɑːs] ◇ *n* (*U*) fibre *f* de verre. ◇ *comp* en fibre de verre.

fibre optics *n* (*U*) fibre *f* optique.

fibroid ['faɪbrɔɪd] *n* fibrome *m*.

fibrositis [ˌfaɪbrə'saɪtɪs] *n* fibrosite *f*.

FICA (*abbr of* **Federal Insurance Contributions Act**) *n loi américaine régissant les cotisations sociales.*

fickle ['fɪkl] *adj* versatile.

fiction ['fɪkʃn] *n* fiction *f*.

fictional ['fɪkʃənl] *adj* fictif(ive).

fictionalize, -ise ['fɪkʃənəlaɪz] *vt* romancer.

fictitious [fɪk'tɪʃəs] *adj* [false] fictif(ive).

fiddle ['fɪdl] ◇ *vi* [play around]: **to ~ with sthg** tripoter qqch. ◇ *vt Br inf* truquer. ◇ *n* **-1.** [violin] violon *m*; **to be (as) fit as a ~** se porter comme un charme; **to play second ~ (to sb)** jouer un rôle secondaire (auprès de qqn), passer au second plan (auprès de qqn). **-2.** *Br inf* [fraud] combine *f*, escroquerie *f*.

◆ **fiddle about, fiddle around** *vi* **-1.** [fidget] ne pas se tenir tranquille, s'agiter; **to ~ about with sthg** tripoter qqch. **-2.** [waste time] perdre son temps.

fiddler ['fɪdlər] *n* joueur *m*, -euse *f* de violon.

fiddly ['fɪdlɪ] (*compar* -ier, *superl* -iest) *adj Br inf* délicat(e).

fidelity [fɪ'delətɪ] *n* **-1.** [loyalty] fidélité *f*. **-2.** [accuracy - of report] fidélité *f*.

fidget ['fɪdʒɪt] *vi* remuer.

fidgety ['fɪdʒɪtɪ] *adj inf* remuant(e).

fiduciary [fɪ'duːʃjərɪ] (*pl* -ies) ◇ *adj* fiduciaire. ◇ *n* fiduciaire *mf*.

field [fiːld] ◇ *n* **-1.** [gen & COMPUT] champ *m*; **~ of vision** champ de vision. **-2.** [for sports] terrain *m*. **-3.** [of knowledge] domaine *m*. **-4.** [real environment]: **in the ~** sur le terrain. ◇ *vi* tenir le champ.

field day *n*: **to have a ~** s'en donner à cœur joie.

fielder ['fiːldər] *n* joueur *m* qui tient le champ.

field event *n* compétition *f* d'athlétisme (*hormis la course*).

field glasses *npl* jumelles *fpl*.

field marshal *n* ≃ maréchal *m* (de France).

field mouse *n* mulot *m*.

field trip *n* voyage *m* d'étude.

fieldwork ['fiːldwɜːk] *n* (*U*) recherches *fpl* sur le terrain.

fieldworker ['fiːldwɜːkər] *n* chercheur *m*, -euse *f* OR enquêteur *m*, -trice *f* sur le terrain.

fiend [fiːnd] *n* **-1.** [cruel person] monstre *m*. **-2.** *inf* [fanatic] fou *m*, folle *f*, mordu *m*, -e *f*.

fiendish ['fiːndɪʃ] *adj* **-1.** [evil] abominable. **-2.** *inf* [very difficult, complex] compliqué(e), complexe.

fierce [fɪəs] *adj* féroce; [heat] torride; [storm, temper] violent(e).

fiercely ['fɪəslɪ] *adv* férocement; [attack] violemment; [defend] avec acharnement.

fiery ['faɪərɪ] (*compar* -ier, *superl* -iest) *adj* **-1.** [burning] ardent(e). **-2.** [spicy] très piquant(e). **-3.** [volatile - speech] enflammé(e); [- temper, person] fougueux(euse).

FIFA ['fiːfə] (*abbr of* **Fédération Internationale de Football Association**) *n* FIFA *f*.

fifteen [fɪf'tiːn] *num* quinze; *see also* **six**.

fifteenth [,fɪf'tiːnθ] *num* quinzième; *see also* **sixth**.

fifth [fɪfθ] *num* cinquième; *see also* **sixth**.

Fifth Amendment *n*: **the ~** le Cinquième Amendement (*qui garantit les droits des inculpés, aux États-Unis*).

fifth column *n* cinquième colonne *f*.

fiftieth ['fɪftɪəθ] *num* cinquantième; *see also* **sixth**.

fifty ['fɪftɪ] *num* cinquante; *see also* **sixty**.

fifty-fifty ◇ *adj* moitié-moitié, fifty-fifty; **to have a ~ chance** avoir cinquante pour cent de chances. ◇ *adv* moitié-moitié, fifty-fifty.

fig [fɪg] *n* figue *f*.

fight [faɪt] (*pt* & *pp* **fought**) ◇ *n* **-1.** [physical] bagarre *f*; **to have a ~ (with sb)** se battre (avec qqn), se bagarrer (avec qqn); **to put up a ~** se battre, se défendre. **-2.** *fig* [battle, struggle] lutte *f*, combat *m*. **-3.** [argument] dispute *f*; **to have a ~ (with sb)** se disputer (avec qqn).

◇ *vt* **-1.** [physically] se battre contre OR avec. **-2.** [conduct - war] mener. **-3.** [enemy, racism] combattre.

◇ *vi* **-1.** [in war, punch-up] se battre. **-2.** *fig* [struggle]: **to ~ for/against sthg** lutter pour/contre qqch. **-3.** [argue]: **to ~ (about OR over)** se battre OR se disputer (à propos de).

◆ **fight back** ◇ *vt fus* refouler. ◇ *vi* riposter.

◆ **fight off** *vt sep* **-1.** [attacker] repousser. **-2.** [illness, desire] venir à bout de.

◆ **fight out** *vt sep*: **leave them to ~ it out** laisse-les se bagarrer et régler cela entre eux.

fighter ['faɪtər] *n* **-1.** [plane] avion *m* de chasse, chasseur *m*. **-2.** [soldier] combattant *m*. **-3.** [combative person] battant *m*, -e *f*.

fighting ['faɪtɪŋ] *n* (*U*) [punch-up] bagarres *fpl*; [in war] conflits *mpl*.

fighting chance *n*: **to have a ~** avoir une petite chance.

figment ['fɪgmənt] *n*: **a ~ of sb's imagination** le fruit de l'imagination de qqn.

figurative ['fɪgərətɪv] *adj* figuratif(ive).

figuratively ['fɪgərətɪvlɪ] *adv* au figuré.

figure

196

figure [*Br* 'fɪgəʳ, *Am* 'fɪgjər] ⋄ *n* **-1.** [statistic, number] chiffre *m*; **to put a ~ on sthg** chiffrer qqch. **-2.** [human shape, outline] silhouette *f*, forme *f*. **-3.** [personality, diagram] figure *f*. **-4.** [shape of body] ligne *f*. ⋄ *vt* [suppose] penser, supposer. ⋄ *vi* [feature] figurer, apparaître.
◆ **figure out** *vt sep* [understand] comprendre; [find] trouver.

figurehead ['fɪgəhed] *n* **-1.** [on ship] figure *f* de proue. **-2.** *fig* & *pej* [leader] homme *m* de paille.

figure of eight *Br*, **figure eight** *Am n* huit *m inv*.

figure of speech *n* figure *f* de rhétorique.

figure skating *n* patinage *m* artistique.

figurine [*Br* 'fɪgəriːn, *Am* ˌfɪgjə'riːn] *n* figurine *f*.

Fiji ['fiːdʒiː] *n* Fidji *fpl*; **in ~ à** Fidji.

Fijian [ˌfiːdʒiːən] ⋄ *adj* fidjien(ienne). ⋄ *n* Fidjien *m*, -ienne *f*.

filament ['fɪləmənt] *n* [in light bulb] filament *m*.

filch [fɪltʃ] *vt inf* chiper.

file [faɪl] ⋄ *n* **-1.** [folder, report] dossier *m*; **on ~, on the ~s** répertorié dans les dossiers. **-2.** COMPUT fichier *m*. **-3.** [tool] lime *f*. **-4.** [line]: **in single ~** en file indienne. ⋄ *vt* **-1.** [document] classer. **-2.** JUR - accusation, complaint] porter, déposer; [- lawsuit] intenter. **-3.** [fingernails, wood] limer. ⋄ *vi* **-1.** [walk in single file] marcher en file indienne. **-2.** JUR: **to ~ for divorce** demander le divorce.

file clerk *Am* = **filing clerk**.

filename ['faɪlˌneɪm] *n* COMPUT nom *m* de fichier.

filet *Am* = **fillet**.

filibuster ['fɪlɪbʌstəʳ] *vi* POL faire de l'obstruction parlementaire.

filigree ['fɪlɪgriː] ⋄ *adj* en filigrane. ⋄ *n* filigrane *m*.

filing cabinet ['faɪlɪŋ-] *n* classeur *m*, fichier *m*.

filing clerk ['faɪlɪŋ-] *n Br* documentaliste *mf*.

Filipino [ˌfɪlɪ'piːnəʊ] (*pl* -s) ⋄ *adj* philippin(e). ⋄ *n* Philippin *m*, -e *f*.

fill [fɪl] ⋄ *vt* **-1.** [gen] remplir; **to ~ sthg with sthg** remplir qqch de qqch. **-2.** [gap, hole] boucher. **-3.** [vacancy - subj: employer] pourvoir à; [- subj: employee] prendre. ⋄ *n*: **to eat one's ~** manger à sa faim; **to have had one's ~ of sthg** en avoir assez de qqch.

◆ **fill in** ⋄ *vt sep* **-1.** [form] remplir. **-2.** [inform]: **to ~ sb in (on)** mettre qqn au courant (de). ⋄ *vt fus*: **I'm just ~ing in time** je fais ça en attendant. ⋄ *vi* [substitute]: **to ~ in for sb** remplacer qqn.
◆ **fill out** ⋄ *vt sep* [form] remplir. ⋄ *vi* [get fatter] prendre de l'embonpoint.
◆ **fill up** ⋄ *vt sep* remplir. ⋄ *vi* se remplir.

filled [fɪld] *adj* **-1.** [roll] garni(e). **-2.** [with emotion]: **~ (with)** plein(e) (de).

filler ['fɪləʳ] *n* [for cracks] mastic *m*.

filler cap *n Br* bouchon *m* du réservoir d'essence.

fillet *Br*, **filet** *Am* ['fɪlɪt] *n* filet *m*.

fillet steak *n* filet *m* de bœuf.

fill-in *n inf* pis-aller *m inv*.

filling ['fɪlɪŋ] ⋄ *adj* très nourrissant(e). ⋄ *n* **-1.** [in tooth] plombage *m*. **-2.** [in cake, sandwich] garniture *f*.

filling station *n* station-service *f*.

fillip ['fɪlɪp] *n* coup *m* de fouet.

filly ['fɪlɪ] (*pl* -ies) *n* pouliche *f*.

film [fɪlm] ⋄ *n* **-1.** [movie] film *m*. **-2.** [layer, for camera] pellicule *f*. **-3.** [footage] images *fpl*. ⋄ *vt* & *vi* filmer.

filming ['fɪlmɪŋ] *n* (*U*) tournage *m*.

film star *n* vedette *f* de cinéma.

filmstrip ['fɪlmstrɪp] *n* film *m* fixe.

film studio *n* studio *m* (de cinéma).

Filofax® ['faɪləʊfæks] *n* Filofax®.

filter ['fɪltəʳ] ⋄ *n* filtre *m*. ⋄ *vt* [coffee] passer; [water, oil, air] filtrer. ⋄ *vi* [people]: **to ~ in** entrer par petits groupes.
◆ **filter out** *vt sep* filtrer.
◆ **filter through** *vi* filtrer.

filter coffee *n* café *m* filtre.

filter lane *n Br* ≃ voie *f* de droite.

filter paper *n* papier *m* filtre.

filter-tipped [-'tɪpt] *adj* à bout filtre.

filth [fɪlθ] *n* (*U*) **-1.** [dirt] saleté *f*, crasse *f*. **-2.** [obscenity] obscénités *fpl*.

filthy ['fɪlθɪ] (*compar* -ier, *superl* -iest) *adj* **-1.** [very dirty] dégoûtant(e), répugnant(e). **-2.** [obscene] obscène.

filtration plant [fɪl'treɪʃn-] *n* station *f* d'épuration.

Fimbra ['fɪmbrə] (*abbr of* **Financial Intermediaries, Managers and Brokers Regulatory Association**) *n organisme britannique contrôlant les activités des courtiers d'assurances*.

fin [fɪn] *n* **-1.** [of fish] nageoire *f*. **-2.** *Am* [for swimmer] palme *f*.

final ['faɪnl] ⋄ *adj* **-1.** [last] dernier(ière). **-2.** [at end] final(e). **-3.** [definitive] définitif(ive). ⋄ *n* finale *f*.

◆ **finals** *npl* UNIV examens *mpl* de dernière année.

final demand *n* dernier avertissement *m*.

finale [fɪ'nɑːlɪ] *n* finale *m*.

finalist ['faɪnəlɪst] *n* finaliste *mf*.

finalize, -ise ['faɪnəlaɪz] *vt* mettre au point.

finally ['faɪnəlɪ] *adv* enfin.

finance [*n* 'faɪnæns, *vb* faɪ'næns] ◇ *n* (U) finance *f*. ◇ *vt* financer.

◆ **finances** *npl* finances *fpl*.

financial [fɪ'nænʃl] *adj* financier(ière).

financial adviser *n* conseiller financier *m*, conseillère financière *f*.

financially [fɪ'nænʃəlɪ] *adv* financièrement.

financial services *npl* services *mpl* financiers.

financial year *Br*, **fiscal year** *Am n* exercice *m*.

financier [fɪ'nænsɪəʳ] *n Br* financier *m*.

finch [fɪntʃ] *n* fringillidé *m*.

find [faɪnd] (*pt* & *pp* **found**) ◇ *vt* **-1.** [gen] trouver; **to ~ one's way** trouver son chemin. **-2.** [realize]: **to ~ (that)** ... s'apercevoir que .... **-3.** JUR: **to be found guilty/not guilty (of)** être déclaré(e) coupable/non coupable (de). ◇ *n* trouvaille *f*.

◆ **find out** ◇ *vi* se renseigner. ◇ *vt fus* découvrir, apprendre. ◇ *vt sep* démasquer.

findings ['faɪndɪŋz] *npl* conclusions *fpl*.

fine [faɪn] ◇ *adj* **-1.** [good - work] excellent(e); [- building, weather] beau (belle). **-2.** [perfectly satisfactory] très bien; **I'm ~** ça va bien. **-3.** [thin, smooth] fin(e). **-4.** [minute - detail, distinction] subtil(e); [- adjustment, tuning] délicat(e). ◇ *adv* [very well] très bien. ◇ *n* amende *f*. ◇ *vt* condamner à une amende.

fine arts *npl* beaux-arts *mpl*.

finely ['faɪnlɪ] *adv* **-1.** [chopped, ground] fin. **-2.** [tuned, balanced] délicatement.

finery ['faɪnərɪ] *n* (U) parure *f*.

finesse [fɪ'nes] *n* finesse *f*.

fine-tooth comb *n*: **to go over sthg with a ~** passer qqch au peigne fin.

fine-tune *vt* [mechanism] régler au quart de tour; *fig* régler minutieusement.

finger ['fɪŋgəʳ] ◇ *n* doigt *m*; **to keep one's ~s crossed** croiser les doigts; **she didn't lay a ~ on him** elle n'a pas touché un cheveu de sa tête; **he didn't lift a ~ to help** il n'a pas levé le petit doigt; **to point a** OR **the ~ at sb** [accuse] accuser qqn; **to put one's ~ on sthg** mettre le doigt sur qqch; **to twist sb round one's little ~** faire ce qu'on veut de qqn. ◇ *vt* [feel] palper.

fingermark ['fɪŋgəmɑːk] *n* trace *f* de doigt.

fingernail ['fɪŋgəneɪl] *n* ongle *m* (*de la main*).

fingerprint ['fɪŋgəprɪnt] *n* empreinte *f* (digitale); **to take sb's ~s** prendre les empreintes de qqn.

fingertip ['fɪŋgətɪp] *n* bout *m* du doigt; **at one's ~s** sur le bout des doigts.

finicky ['fɪnɪkɪ] *adj pej* [eater, task] difficile; [person] tatillon(onne).

finish ['fɪnɪʃ] ◇ *n* **-1.** [end] fin *f*; [of race] arrivée *f*. **-2.** [texture] finition *f*. ◇ *vt* finir, terminer; **to ~ doing sthg** finir OR terminer de faire qqch. ◇ *vi* finir, terminer; [school, film] se terminer.

◆ **finish off** *vt sep* finir, terminer.

◆ **finish up** *vi* finir.

◆ **finish with** *vt fus* [friend] en finir avec; [boyfriend, girlfriend] rompre avec.

finished ['fɪnɪʃt] *adj* **-1.** [ready, done, over] fini(e), terminé(e). **-2.** [no longer interested]: **to be ~ with sthg** en avoir fini avec qqch. **-3.** *inf* [done for] fichu(e).

finishing line ['fɪnɪʃɪŋ-] *n* ligne *f* d'arrivée.

finishing school ['fɪnɪʃɪŋ-] *n* école privée pour jeunes filles surtout axée sur l'enseignement de bonnes manières.

finite ['faɪnaɪt] *adj* fini(e).

Finland ['fɪnlənd] *n* Finlande *f*; **in ~** en Finlande.

Finn [fɪn] *n* Finlandais *m*, -e *f*.

Finnish ['fɪnɪʃ] ◇ *adj* finlandais(e), finnois(e). ◇ *n* [language] finnois *m*.

fiord [fjɔːd] = **fjord**.

fir [fɜːʳ] *n* sapin *m*.

fire ['faɪəʳ] ◇ *n* **-1.** [gen] feu *m*; **on ~** en feu; **to catch ~** prendre feu; **to set ~ to sthg** mettre le feu à qqch. **-2.** [out of control] incendie *m*. **-3.** *Br* [heater] appareil *m* de chauffage. **-4.** (U) [shooting] coups *mpl* de feu; **to open ~ (on)** ouvrir le feu (sur). ◇ *vt* **-1.** [shoot] tirer. **-2.** *fig* [questions, accusations] lancer. **-3.** [dismiss] renvoyer. ◇ *vi*: **to ~ (on** OR **at)** faire feu (sur), tirer (sur).

fire alarm *n* avertisseur *m* d'incendie.

firearm ['faɪərɑːm] *n* arme *f* à feu.

fireball ['faɪəbɔːl] *n* boule *f* de feu.

firebomb ['faɪəbɒm] ◇ *n* bombe *f* incendiaire. ◇ *vt* lancer des bombes incendiaires à.

firebreak ['faɪəbreɪk] *n* pare-feu *m inv*.

fire brigade *Br*, **fire department** *Am n* sapeurs-pompiers *mpl*.

fire chief *Am* = **fire master**.

firecracker ['faɪəˌkrækəʳ] *n* pétard *m*.

fire-damaged *adj* endommagé(e) par le feu.

fire department *Am* = **fire brigade**.

fire door *n* porte *f* coupe-feu.

fire drill *n* exercice *m* d'évacuation en cas d'incendie.

fire-eater *n* [performer] avaleur *m* de feu.

fire engine *n* voiture *f* de pompiers.

fire escape *n* escalier *m* de secours.

fire extinguisher *n* extincteur *m* d'incendie.

fire fighter *n* pompier *m*.

fireguard ['faɪəgɑːd] *n* garde-feu *m inv*.

fire hazard *n*: **to be a ~** présenter un risque d'incendie.

fire hydrant [-'haɪdrənt], **fireplug** *Am* ['faɪəplʌg] *n* bouche *f* d'incendie.

firelight ['faɪəlaɪt] *n* (*U*) lueur *f* du feu.

firelighter ['faɪəlaɪtər] *n* allume-feu *m inv*.

fireman ['faɪəmən] (*pl* **-men** [-mən]) *n* pompier *m*.

fire master *Br*, **fire chief** *Am* *n* capitaine *m* des pompiers.

fireplace ['faɪəpleɪs] *n* cheminée *f*.

fireplug *Am* = **fire hydrant**.

firepower ['faɪə,pauər] *n* puissance *f* de feu.

fireproof ['faɪəpruːf] *adj* ignifugé(e).

fire-raiser [-,reɪzər] *n Br* pyromane *mf*.

fire regulations *npl* consignes *fpl* en cas d'incendie.

fire service *n Br* sapeurs-pompiers *mpl*.

fireside ['faɪəsaɪd] *n*: **by the ~** au coin du feu.

fire station *n* caserne *f* des pompiers.

firewood ['faɪəwʊd] *n* bois *m* de chauffage.

firework ['faɪəwɜːk] *n* fusée *f* de feu d'artifice.

◆ **fireworks** *npl* [outburst of anger] étincelles *fpl*.

firework display *n* feu *m* d'artifice.

firing ['faɪərɪŋ] *n* (*U*) MIL tir *m*, fusillade *f*.

firing squad *n* peloton *m* d'exécution.

firm [fɜːm] ◇ *adj* **-1.** [gen] ferme; **to stand ~** tenir bon. **-2.** [support, structure] solide. **-3.** [evidence, news] certain(e). ◇ *n* firme *f*, société *f*.

◆ **firm up** ◇ *vt sep* **-1.** [prices, trade] renforcer. **-2.** [agreement] rendre définitif(ive). ◇ *vi* [prices, trade] se renforcer.

firmly ['fɜːmlɪ] *adv* fermement.

firmness ['fɜːmnɪs] *n* **-1.** [gen] fermeté *f*. **-2.** [discipline] rigueur *f*. **-3.** [of beliefs] force *f*.

first [fɜːst] ◇ *adj* premier(ière); **for the ~ time** pour la première fois; **~ thing in the morning** tôt le matin; **~ things ~** commençons par le plus important; **I don't know the ~ thing about it** je ne sais absolument rien là-dessus, je n'y connais rien du tout. ◇ *adv* **-1.** [before anyone else] en premier. **-2.** [before anything else] d'abord; **~ of all** tout d'abord. **-3.** [for the first time] **(pour) la première fois**. ◇ *n* **-1.** [person] premier *m*, -ière *f*. **-2.** [unprecedented event] première *f*. **-3.** *Br* UNIV diplôme universitaire avec mention très bien.

◆ **at first** *adv* d'abord.

◆ **at first hand** *adv* de première main.

first aid *n* (*U*) premiers secours *mpl*.

first-aider [-'eɪdər] *n* secouriste *mf*.

first-aid kit *n* trousse *f* de premiers secours.

first-class *adj* **-1.** [excellent] excellent(e). **-2.** *Br* UNIV avec mention très bien. **-3.** [ticket, compartment] de première classe; [stamp, letter] tarif normal.

first-class mail *n* courrier *m* tarif normal.

first cousin *n* cousin germain *m*, cousine germaine *f*.

first day cover *n* émission *f* du premier jour.

first-degree *adj* **-1.** MED: **~ burn** brûlure *f* au premier degré. **-2.** *Am* JUR: **~ murder** ≃ homicide *m* volontaire.

first floor *n Br* premier étage *m*; *Am* rez-de-chaussée *m inv*.

firsthand [fɜːst'hænd] *adj & adv* de première main.

first lady *n* première dame *f* du pays, femme *f* du Président.

first language *n* langue *f* maternelle.

first lieutenant *n* lieutenant *m*.

firstly ['fɜːstlɪ] *adv* premièrement.

first mate *n* second *m*.

first name *n* prénom *m*.

◆ **first-name** *adj*: **to be on first-name terms with sb** appeler qqn par son prénom.

first night *n* première *f*.

first offender *n* délinquant *m* primaire.

first officer = **first mate**.

first-past-the-post system *n Br* système *m* majoritaire simple.

first-rate *adj* excellent(e).

first refusal *n* priorité *f*.

First World War *n*: **the ~** la Première Guerre Mondiale.

firtree ['fɜːtriː] = **fir**.

FIS (*abbr of* **Family Income Supplement**) *n complément familial en Grande-Bretagne*.

fiscal ['fɪskl] *adj* fiscal(e).

fiscal year *Am* = financial year.

fish [fɪʃ] (*pl inv*) ◇ *n* poisson *m*. ◇ *vt* [river, sea] pêcher dans. ◇ *vi* **-1.** [fisherman]: **to ~ (for sthg)** pêcher (qqch). **-2.** [try to obtain]: **to ~ for** [compliments] essayer de s'attirer; [information] essayer d'obtenir.
◆ **fish out** *vt sep inf* sortir, extirper.

fish and chips *npl Br* poisson *m* frit avec frites.

fish and chip shop *n Br* endroit où l'on vend du poisson frit et des frites.

fishbowl ['fɪʃbəʊl] *n* bocal *m* (à poissons).

fishcake ['fɪʃkeɪk] *n* croquette *f* de poisson.

fisherman ['fɪʃəmən] (*pl* **-men** [-mən]) *n* pêcheur *m*.

fishery ['fɪʃərɪ] (*pl* **-ies**) *n* pêcherie *f*.

fish-eye lens *n* objectif *m* ultra-grand angle.

fish factory *n* usine *f* piscicole.

fish farm *n* centre *m* de pisciculture.

fish fingers *Br*, **fish sticks** *Am npl* bâtonnets *mpl* de poisson panés.

fishhook ['fɪʃ,hʊk] *n* hameçon *m*.

fishing ['fɪʃɪŋ] *n* pêche *f*; **to go ~** aller à la pêche.

fishing boat *n* bateau *m* de pêche.

fishing line *n* ligne *f*.

fishing rod *n* canne *f* à pêche.

fishmonger ['fɪʃ,mʌŋgəʳ] *n* poissonnier *m*, -ière *f*; **~'s (shop)** poissonnerie *f*.

fishnet ['fɪʃnet] *n* **-1.** [for fishing] filet *m*. **-2.** [material]: **~ stockings/tights** bas *mpl*/collant *m* résille.

fish slice *n Br* pelle *f* à poisson.

fish sticks *Am* = fish fingers.

fishwife ['fɪʃwaɪf] (*pl* **-wives** [-waɪvz]) *n pej* mégère *f*.

fishy ['fɪʃɪ] (*compar* **-ier**, *superl* **-iest**) *adj* **-1.** [smell, taste] de poisson. **-2.** [suspicious] louche.

fission ['fɪʃn] *n* fission *f*.

fissure ['fɪʃəʳ] *n* fissure *f*.

fist [fɪst] *n* poing *m*.

fit [fɪt] (*pt & pp* **-ted**, *cont* **-ting**) ◇ *adj* **-1.** [suitable] convenable; **to be ~ for sthg** être bon (bonne) à qqch; **to be ~ to do sthg** être apte à faire qqch; **to see** OR **think ~ (to do sthg)** juger bon (de faire qqch). **-2.** [healthy] en forme; **to keep ~** se maintenir en forme.
◇ *n* **-1.** [of clothes, shoes etc] ajustement *m*; **it's a tight ~** c'est un peu juste; **it's a good ~** c'est la bonne taille. **-2.** [epileptic seizure] crise *f*; **to have a ~** avoir une crise; *fig* pi-

quer une crise. **-3.** [bout - of crying] crise *f*; [- of rage] accès *m*; [- of sneezing] suite *f*; **in ~s and starts** par à-coups.
◇ *vt* **-1.** [be correct size for] aller à. **-2.** [place]: **to ~ sthg into sthg** insérer qqch dans qqch. **-3.** [provide]: **to ~ sthg with sthg** équiper OR munir qqch de qqch. **-4.** [be suitable for] correspondre à. **-5.** [for clothes]: **to be fitted for** essayer.
◇ *vi* **-1.** [be correct size, go] aller; [into container] entrer.
◆ **fit in** ◇ *vt sep* [accommodate] prendre. ◇ *vi* s'intégrer; **to ~ in with sthg** correspondre à qqch; **to ~ in with sb** s'accorder à qqn.

fitful ['fɪtfʊl] *adj* [sleep] agité(e); [wind, showers] intermittent(e).

fitment ['fɪtmənt] *n* meuble *m* encastré.

fitness ['fɪtnɪs] *n* (*U*) **-1.** [health] forme *f*. **-2.** [suitability]: **~ (for)** aptitude *f* (pour).

fitted ['fɪtəd] *adj* **-1.** [suited]: **~ for** OR **to** apte à; **to be ~ to do sthg** être apte à faire qqch. **-2.** [tailored - shirt, jacket] ajusté(e); **~ carpet** moquette *f*; **~ sheet** drap-housse *m*. **-3.** *Br* [built-in] encastré(e).

fitted kitchen *n Br* cuisine *f* intégrée.

fitter ['fɪtəʳ] *n* [mechanic] monteur *m*.

fitting ['fɪtɪŋ] ◇ *adj fml* approprié(e). ◇ *n* **-1.** [part] appareil *m*. **-2.** [for clothing] essayage *m*.
◆ **fittings** *npl* installations *fpl*.

fitting room *n* cabine *f* d'essayage.

five [faɪv] *num* cinq; *see also* **six**.

five-day week *n* semaine *f* de cinq jours.

fiver ['faɪvəʳ] *n inf* **-1.** *Br* [amount] cinq livres *fpl*; [note] billet *m* de cinq livres. **-2.** *Am* [amount] cinq dollars *mpl*; [note] billet *m* de cinq dollars.

five-star *adj* [hotel] cinq étoiles; [treatment] exceptionnel(elle).

fix [fɪks] ◇ *vt* **-1.** [gen] fixer; **to ~ sthg to sthg** fixer qqch à qqch. **-2.** [in memory] graver. **-3.** [repair] réparer. **-4.** *inf* [rig] truquer. **-5.** [food, drink] préparer. ◇ *n* **-1.** *inf* [difficult situation]: **to be in a ~** être dans le pétrin. **-2.** *drugs sl* piqûre *f*.
◆ **fix up** *vt sep* **-1.** [provide]: **to ~ sb up with sthg** obtenir qqch pour qqn. **-2.** [arrange] arranger.

fixation [fɪk'seɪʃn] *n*: **~ (on** OR **about)** obsession *f* (de).

fixed [fɪkst] *adj* **-1.** [attached] fixé(e). **-2.** [set, unchanging] fixe; [smile] figé(e).

fixed assets *npl* immobilisations *fpl*.

fixture ['fɪkstʃəʳ] *n* **-1.** [furniture] **installation**

f. **-2.** [permanent feature] tradition *f* bien établie. **-3.** SPORT rencontre *f* (sportive).

fizz [fɪz] ◇ *vi* [lemonade, champagne] pétiller; [fireworks] crépiter. ◇ *n* [sound] pétillement *m*.

fizzle ['fɪzl]
◆ **fizzle out** *vi* [fire] s'éteindre; [firework] se terminer; [interest, enthusiasm] se dissiper.

fizzy ['fɪzɪ] (*compar* **-ier**, *superl* **-iest**) *adj* pétillant(e).

fjord [fjɔːd] *n* fjord *m*.

FL *abbr of* **Florida**.

flab [flæb] *n* graisse *f*.

flabbergasted ['flæbəgɑːstɪd] *adj* sidéré(e).

flabby ['flæbɪ] (*compar* **-ier**, *superl* **-iest**) *adj* mou (molle).

flaccid ['flæsɪd] *adj* flasque.

flag [flæg] (*pt* & *pp* **-ged**, *cont* **-ging**) ◇ *n* drapeau *m*. ◇ *vi* [person, enthusiasm, energy] faiblir; [conversation] traîner.
◆ **flag down** *vt sep* [taxi] héler; **to ~ sb down** faire signe à qqn de s'arrêter.

Flag Day *n* [in US] *le 14 juin, jour férié qui commémore la création du drapeau américain.*

flag of convenience *n* pavillon *m* de complaisance.

flagon ['flægən] *n* **-1.** [bottle] bonbonne *f*. **-2.** [jug] cruche *f*.

flagpole ['flægpəʊl] *n* mât *m*.

flagrant ['fleɪgrənt] *adj* flagrant(e).

flagship ['flægʃɪp] *n* **-1.** [ship] vaisseau *m* amiral. **-2.** *fig* [product] produit *m* vedette; [company] fleuron *m*.

flagstone ['flægstəʊn] *n* dalle *f*.

flail [fleɪl] *vi* battre l'air.

flair [fleəʳ] *n* **-1.** [talent] don *m*; **to have a ~ for sthg** avoir un don pour qqch. **-2.** (*U*) [stylishness] style *m*.

flak [flæk] *n* (*U*) **-1.** [gunfire] tir *m* antiaérien. **-2.** *inf* [criticism] critiques *fpl* sévères.

flake [fleɪk] ◇ *n* [of paint, plaster] écaille *f*; [of snow] flocon *m*; [of skin] petit lambeau *m*. ◇ *vi* [paint, plaster] s'écailler; [skin] peler.
◆ **flake out** *vi inf* s'écrouler de fatigue.

flaky ['fleɪkɪ] (*compar* **-ier**, *superl* **-iest**) *adj* **-1.** [flaking - skin] qui pèle; [- paintwork] écaillé(e); [- texture] floconneux(euse). **-2.** *Am inf* [person] barjo.

flaky pastry *n* (*U*) pâte *f* feuilletée.

flambé ['flɑːmbeɪ] (*pt* & *pp* **-ed**, *cont* **-ing**) ◇ *adj* flambé(e). ◇ *vt* flamber.

flamboyant [flæm'bɔɪənt] *adj* **-1.** [showy, confident] extravagant(e). **-2.** [brightly coloured] flamboyant(e).

flame [fleɪm] ◇ *n* flamme *f*; **in ~s** en flammes; **to burst into ~s** s'enflammer; **old ~** ancien béguin *m*. ◇ *vi* **-1.** [be on fire] flamber. **-2.** [redden] s'empourprer.

flameproof ['fleɪmpruːf] *adj* [dish] allant au feu.

flame-retardant [-rɪ'tɑːdənt] *adj* qui ralentit la propagation des flammes.

flame-thrower [-ˌθrəʊəʳ] *n* lance-flammes *m inv*.

flaming ['fleɪmɪŋ] *adj* **-1.** [fire-coloured] flamboyant(e). **-2.** *Br* [very angry] furibond(e). **-3.** *Br inf* [expressing annoyance] foutu(e), fichu(e).

flamingo [flə'mɪŋgəʊ] (*pl* **-s** OR **-es**) *n* flamant *m* rose.

flammable ['flæməbl] *adj* inflammable.

flan [flæn] *n* tarte *f*.

Flanders ['flɑːndəz] *n* Flandre *f*, Flandres *fpl*.

flange [flændʒ] *n* bride *f*.

flank [flæŋk] ◇ *n* flanc *m*. ◇ *vt*: **to be ~ed by** être flanqué(e) de.

flannel ['flænl] *n* **-1.** [fabric] flanelle *f*. **-2.** *Br* [facecloth] gant *m* de toilette.
◆ **flannels** *npl* pantalon *m* de flanelle.

flannelette [flænə'let] *n* pilou *m*.

flap [flæp] (*pt* & *pp* **-ped**, *cont* **-ping**) ◇ *n* **-1.** [of envelope, pocket] rabat *m*; [of skin] lambeau *m*. **-2.** *inf* [panic]: **in a ~** paniqué(e). ◇ *vt* & *vi* battre.

flapjack ['flæpdʒæk] *n* **-1.** *Br* [biscuit] biscuit *m* à l'avoine. **-2.** *Am* [pancake] crêpe *f* épaisse.

flare [fleəʳ] ◇ *n* [distress signal] fusée *f* éclairante. ◇ *vi* **-1.** [burn brightly]: **to ~ (up)** s'embraser. **-2.** [intensify]: **to ~ (up)** [war, revolution] s'intensifier soudainement; [person] s'emporter. **-3.** [widen - trousers, skirt] s'évaser; [- nostrils] se dilater.
◆ **flares** *npl Br* pantalon *m* à pattes d'éléphant.

flared [fleəd] *adj* [trousers] à pattes d'éléphant; [skirt] évasé(e).

flash [flæʃ] ◇ *adj* **-1.** PHOT au flash. **-2.** *inf* [expensive-looking] tape-à-l'œil (*inv*).
◇ *n* **-1.** [of light, colour] éclat *m*; **~ of lightning** éclair *m*. **-2.** PHOT flash *m*. **-3.** [sudden moment] éclair *m*; **in a ~** en un rien de temps; **quick as a ~** rapide comme l'éclair.
◇ *vt* **-1.** [shine] projeter; **to ~ one's headlights** faire un appel de phares. **-2.** [send out - signal, smile] envoyer; [- look] jeter. **-3.** [show] montrer.
◇ *vi* **-1.** [torch] briller. **-2.** [light - on and off] clignoter; [eyes] jeter des éclairs. **-3.** [rush]:

to ~ **by** OR **past** passer comme un éclair. **-4.** [thought]: **to ~ into one's mind** venir soudainement à l'esprit. **-5.** [appear] surgir.

flashback ['flæʃbæk] *n* flashback *m*, retour *m* en arrière.

flashbulb ['flæʃbʌlb] *n* ampoule *f* de flash.

flash card *n* carte portant un mot, une image etc utilisée comme aide à l'apprentissage.

flashcube ['flæʃkjuːb] *n* flash *m* en forme de cube.

flasher ['flæʃə'] *n* **-1.** *Br* [light] clignotant *m*. **-2.** *Br inf* [man] exhibitionniste *m*.

flash flood *n* crue *f* subite.

flashgun ['flæʃgʌn] *n* flash *m*.

flashlight ['flæʃlaɪt] *n* [torch] lampe *f* électrique.

flash point *n* **-1.** [moment] moment *m* critique. **-2.** [place] point *m* chaud.

flashy ['flæʃɪ] (*compar* **-ier**, *superl* **-iest**) *adj inf* tape-à-l'œil (*inv*).

flask [flɑːsk] *n* **-1.** [Thermos flask] Thermos® *m* or *f*. **-2.** CHEM ballon *m*. **-3.** [hip flask] flasque *f*.

flat [flæt] (*compar* **-ter**, *superl* **-test**) ◇ *adj* **-1.** [gen] plat(e). **-2.** [tyre] crevé(e). **-3.** [refusal, denial] catégorique. **-4.** [business, trade] calme. **-5.** [dull - voice, tone] monotone; [- performance, writing] terne. **-6.** [MUS - person] qui chante trop grave; [- note] bémol. **-7.** [fare, price] fixe. **-8.** [beer, lemonade] éventé(e). **-9.** [battery] à plat.
◇ *adv* **-1.** [level] à plat. **-2.** [absolutely]: ~ **broke** complètement fauché(e). **-3.** [exactly]: **two hours** ~ deux heures pile. **-4.** MUS faux.
◇ *n* **-1.** *Br* [apartment] appartement *m*. **-2.** MUS bémol *m*.
◆ **flat out** *adv* [work] d'arrache-pied; [travel - subj: vehicle] le plus vite possible.

flat cap *n Br* casquette *f*.

flat-chested [-'tʃestɪd] *adj* plate comme une limande.

flatfish ['flætfɪʃ] (*pl inv*) *n* poisson *m* plat.

flat-footed [-'futɪd] *adj* aux pieds plats.

flatlet ['flætlɪt] *n Br* studio *m*.

flatly ['flætlɪ] *adv* **-1.** [absolutely] catégoriquement. **-2.** [dully - say] avec monotonie; [- answer] de façon terne.

flatmate ['flætmeɪt] *n Br* personne avec laquelle on partage un appartement.

flat racing *n* (*U*) courses *fpl* de plat.

flat rate *n* tarif *m* forfaitaire.

flatten ['flætn] *vt* **-1.** [make flat - steel, paper] aplatir; [- wrinkles, bumps] aplanir; **to ~ o.s. against sthg** s'aplatir contre qqch. **-2.** [destroy] raser. **-3.** *inf* [knock out] assommer.

◆ **flatten out** ◇ *vi* s'aplanir. ◇ *vt sep* aplanir.

flatter ['flætə'] *vt* flatter; **to ~ o.s. (that)** se flatter (de + *infin*).

flatterer ['flætərə'] *n* flatteur *m*, -euse *f*.

flattering ['flætərɪŋ] *adj* **-1.** [complimentary] flatteur(euse). **-2.** [clothes] seyant(e).

flattery ['flætərɪ] *n* flatterie *f*.

flatulence ['flætjʊləns] *n* flatulence *f*.

flatware ['flætweə'] *n* (*U*) *Am* couverts *mpl*.

flaunt [flɔːnt] *vt* faire étalage de.

flautist *Br* ['flɔːtɪst], **flutist** *Am* ['fluːtɪst] *n* flûtiste *mf*.

flavour *Br*, **flavor** *Am* ['fleɪvə'] ◇ *n* **-1.** [of food] goût *m*; [of ice cream, yoghurt] parfum *m*. **-2.** *fig* [atmosphere] atmosphère *f*. ◇ *vt* parfumer.

flavouring *Br*, **flavoring** *Am* ['fleɪvərɪŋ] *n* (*U*) parfum *m*.

flaw [flɔː] *n* [in material, character] défaut *m*; [in plan, argument] faille *f*.

flawed [flɔːd] *adj* [material, character] qui présente des défauts; [plan, argument] qui présente des failles.

flawless ['flɔːlɪs] *adj* parfait(e).

flax [flæks] *n* lin *m*.

flay [fleɪ] *vt* [skin] écorcher.

flea [fliː] *n* puce *f*; **to send sb away with a ~ in his/her ear** envoyer promener qqn.

flea market *n* marché *m* aux puces.

fleck [flek] ◇ *n* moucheture *f*, petite tache *f*. ◇ *vt*: ~**ed with** moucheté(e) de.

fled [fled] *pt & pp* → **flee**.

fledg(e)ling ['fledʒlɪŋ] ◇ *adj* [industry] nouveau(elle); [doctor, democracy] jeune. ◇ *n* oisillon *m*.

flee [fliː] (*pt & pp* **fled**) *vt & vi* fuir.

fleece [fliːs] ◇ *n* toison *f*. ◇ *vt inf* escroquer.

fleet [fliːt] *n* **-1.** [of ships] flotte *f*. **-2.** [of cars, buses] parc *m*.

fleeting ['fliːtɪŋ] *adj* [moment] bref (brève); [look] fugitif(ive); [visit] éclair (*inv*).

Fleet Street *n rue de Londres*.

FLEET STREET:
Cette rue de la City est traditionnellement celle des journaux. Aujourd'hui, beaucoup de journaux ont établi leur siège dans d'autres quartiers, notamment les Docklands. Cependant, le terme 'Fleet Street' est encore employé pour désigner la presse et le monde du journalisme

---

Fleming ['flemɪŋ] *n* Flamand *m*, -e *f*.

Flemish ['flemɪʃ] ◇ *adj* flamand(e). ◇ *n* [language] flamand *m*. ◇ *npl*: **the ~** les Flamands *mpl*.

flesh [fleʃ] *n* chair *f*; **his/her ~ and blood** [family] les siens; **in the ~** en chair et en os.

◆ **flesh out** *vt sep* étoffer.

flesh wound *n* blessure *f* superficielle.

fleshy ['fleʃɪ] (*compar* -ier, *superl* -iest) *adj* [arms] charnu(e); [person] bien en chair; [cheeks] joufflu(e).

flew [fluː] *pt* → **fly**.

flex [fleks] ◇ *n* ELEC fil *m*. ◇ *vt* [bend] fléchir.

flexibility ['fleksə'bɪlətɪ] *n* flexibilité *f*.

flexible ['fleksəbl] *adj* flexible.

flexitime ['fleksɪtaɪm] *n* (*U*) horaire *m* à la carte OR flexible.

flick [flɪk] ◇ *n* -1. [of whip, towel] petit coup *m*. -2. [with finger] chiquenaude *f*. ◇ *vt* -1. [whip, towel] donner un petit coup de. -2. [with finger - remove] enlever d'une chiquenaude; [- throw] envoyer d'une chiquenaude. -3. [switch] appuyer sur.

◆ **flicks** *npl inf*: **the ~s** le ciné.

◆ **flick through** *vt fus* feuilleter.

flicker ['flɪkər] ◇ *n* -1. [of light, candle] vacillement *m*. -2. [of hope, interest] lueur *f*. ◇ *vi* -1. [candle, light] vaciller. -2. [shadow] trembler; [eyelids] ciller.

flick knife *n Br* couteau *m* à cran d'arrêt.

flier ['flaɪər] *n* -1. [pilot] aviateur *m*, -trice *f*. -2. [advertising leaflet] prospectus *m*.

flight [flaɪt] *n* -1. [gen] vol *m*; **~ of fancy** OR **of the imagination** envolée *f* de l'imagination. -2. [of steps, stairs] volée *f*. -3. [escape] fuite *f*.

flight attendant *n* steward *m*, hôtesse *f* de l'air.

flight crew *n* équipage *m*.

flight deck *n* -1. [of aircraft carrier] pont *m* d'envol. -2. [of plane] cabine *f* de pilotage.

flight path *n* trajectoire *f*.

flight recorder *n* enregistreur *m* de vol.

flighty ['flaɪtɪ] (*compar* -ier, *superl* -iest) *adj* frivole.

flimsy ['flɪmzɪ] (*compar* -ier, *superl* -iest) *adj* [dress, material] léger(ère); [building, bookcase] peu solide; [excuse] piètre.

flinch [flɪntʃ] *vi* tressaillir; **to ~ from sthg/from doing sthg** reculer devant qqch/à l'idée de faire qqch.

fling [flɪŋ] (*pt* & *pp* flung) ◇ *n* [affair] aventure *f*, affaire *f*. ◇ *vt* lancer; **to ~ o.s. into an armchair/onto the ground** se jeter dans un fauteuil/par terre.

flint [flɪnt] *n* -1. [rock] silex *m*. -2. [in lighter] pierre *f*.

flip [flɪp] (*pt* & *pp* -ped, *cont* -ping) ◇ *vt* -1. [turn - pancake] faire sauter; [- record] tourner. -2. [switch] appuyer sur. -3. [flick] envoyer d'une chiquenaude; **to ~ a coin** jouer à pile ou face. ◇ *vi inf* [become angry] piquer une colère. ◇ *n* -1. [flick] chiquenaude *f*. -2. [somersault] saut *m* périlleux.

◆ **flip through** *vt fus* feuilleter.

flip-flop *n* [shoe] tong *f*.

flippant ['flɪpənt] *adj* désinvolte.

flippantly ['flɪpəntlɪ] *adv* avec désinvolture.

flipper ['flɪpər] *n* -1. [of animal] nageoire *f*. -2. [for swimmer, diver] palme *f*.

flipping ['flɪpɪŋ] *Br inf* ◇ *adj* fichu(e). ◇ *adv* sacrément.

flip side *n* [of record] face *f* B.

flirt [flɜːt] ◇ *n* flirt *m*. ◇ *vi* -1. [with person]: **to ~ (with sb)** flirter (avec qqn). -2. [with idea]: **to ~ with sthg** caresser qqch.

flirtation [flɜː'teɪʃn] *n* -1. [gen] flirt *m*. -2. [brief interest]: **to have a ~ with sthg** caresser qqch.

flirtatious [flɜː'teɪʃəs] *adj* flirteur(euse).

flit [flɪt] (*pt* & *pp* -ted, *cont* -ting) *vi* -1. [bird] voleter. -2. [expression, idea]: **to ~ across** traverser.

float [fləʊt] ◇ *n* -1. [for buoyancy] flotteur *m*. -2. [in procession] char *m*. -3. [money] petite caisse *f*. ◇ *vt* -1. [on water] faire flotter. -2. [idea, project] lancer. ◇ *vi* [on water] flotter; [through air] glisser.

floating ['fləʊtɪŋ] *adj* -1. [on water] flottant(e). -2. [transitory] instable.

floating voter *n Br* électeur indécis *m*, électrice indécise *f*.

flock [flɒk] ◇ *n* -1. [of birds] vol *m*; [of sheep] troupeau *m*. -2. *fig* [of people] foule *f*. ◇ *vi*: **to ~ to** aller en masse à.

floe [fləʊ] *n* banquise *f*.

flog [flɒg] (*pt* & *pp* -ged, *cont* -ging) *vt* -1. [whip] flageller. -2. *Br inf* [sell] refiler.

flood [flʌd] ◇ *n* -1. [of water] inondation *f*. -2. [great amount] déluge *m*, avalanche *f*. ◇ *vt* -1. [with water, light] inonder. -2. [overwhelm]: **to ~ sthg (with)** inonder qqch (de); **to ~ the market** inonder le marché. ◇ *vi* -1. [river] déborder. -2. [street, land] être inondé(e). -3. [arrive in great amounts]: **applications have ~ed in** on a été inondé de demandes; **to ~ back** revenir en foule.

◆ **floods** *npl* -1. [of water] inondations *fpl*. -2. *fig* [of tears] torrents *mpl*.

floodgates ['flʌdgeɪts] *npl*: **to open the ~** ouvrir les vannes.

flooding ['flʌdɪŋ] *n* (*U*) inondations *fpl*.

floodlight ['flʌdlaɪt] *n* projecteur *m*.

floodlit ['flʌdlɪt] *adj* [match, ground] éclairé(e) (*avec des projecteurs*); [building] illuminé(e).

flood tide *n* marée *f* haute.

floor [flɔːʳ] ⋄ *n* **-1.** [of room] sol *m*; [of club, disco] piste *f*. **-2.** [of valley, sea, forest] fond *m*. **-3.** [storey] étage *m*. **-4.** [at meeting, debate] auditoire *m*. **-5.** ST EX corbeille *f*. ⋄ *vt* **-1.** [knock down] terrasser. **-2.** [baffle] dérouter.

floorboard ['flɔːbɔːd] *n* plancher *m*.

floor cloth *n* Br serpillière *f*.

flooring ['flɔːrɪŋ] *n* planchéiage *m*.

floor lamp *n* Am lampadaire *m*.

floor show *n* spectacle *m* de cabaret.

floorwalker ['flɔːˌwɔːkəʳ] *n* surveillant *m*, -e *f* de magasin.

floozy ['fluːzɪ] (*pl* -ies) *n* dated & pej pouffiasse *f*.

flop [flɒp] (*pt* & *pp* -ped, *cont* -ping) *inf* ⋄ *n* [failure] fiasco *m*. ⋄ *vi* **-1.** [fail] être un fiasco. **-2.** [fall - subj: person] s'affaler.

floppy ['flɒpɪ] (*compar* -ier, *superl* -iest) *adj* [flower] flasque; [collar] lâche.

floppy (disk) *n* disquette *f*, disque *m* souple.

flora ['flɔːrə] *n* flore *f*; ~ **and fauna** la flore et la faune.

floral ['flɔːrəl] *adj* floral(e); [pattern, dress] à fleurs.

Florence ['flɒrəns] *n* Florence.

floret ['flɒrɪt] *n* [of cauliflower, broccoli] bouquet *m*.

florid ['flɒrɪd] *adj* **-1.** [red] rougeaud(e). **-2.** [extravagant] fleuri(e).

Florida ['flɒrɪdə] *n* Floride *f*; **in** ~ en Floride.

florist ['flɒrɪst] *n* fleuriste *mf*; ~'s **(shop)** magasin *m* de fleuriste.

floss [flɒs] ⋄ *n* (*U*) **-1.** [silk] bourre *f* de soie. **-2.** [dental floss] fil *m* dentaire. ⋄ *vt*: **to** ~ **one's teeth** se nettoyer les dents au fil dentaire.

flotation [fləʊˈteɪʃn] *n* COMM lancement *m*.

flotilla [fləˈtɪlə] *n* flottille *f*.

flotsam ['flɒtsəm] *n* (*U*): ~ **and jetsam** débris *mpl*; *fig* épaves *fpl*.

flounce [flaʊns] ⋄ *n* volant *m*. ⋄ *vi*: **to** ~ **out/off** sortir/partir dans un mouvement d'humeur.

flounder ['flaʊndəʳ] (*pl inv* OR -s) ⋄ *n* flet *m*. ⋄ *vi* **-1.** [in water, mud, snow] patauger. **-2.** [in conversation] bredouiller.

flour ['flaʊəʳ] *n* farine *f*.

flourish ['flʌrɪʃ] ⋄ *vi* [plant, flower] bien pousser; [children] être en pleine santé; [company, business] prospérer; [arts] s'épanouir. ⋄ *vt* brandir. ⋄ *n* grand geste *m*.

flourishing ['flʌrɪʃɪŋ] *adj* [plant, garden] florissant(e); [children] resplendissant(e), de santé; [company, arts] prospère.

flout [flaʊt] *vt* bafouer.

flow [fləʊ] ⋄ *n* **-1.** [movement - of water, information] circulation *f*; [- of funds] mouvement *m*; [- of words] flot *m*. **-2.** [of tide] flux *m*. ⋄ *vi* **-1.** [gen] couler. **-2.** [traffic, days, weeks] s'écouler. **-3.** [tide] monter. **-4.** [hair, clothes] flotter. **-5.** [result]: **to** ~ **from** découler de.

flow chart, flow diagram *n* organigramme *m*.

flower ['flaʊəʳ] ⋄ *n* fleur *f*. ⋄ *comp* [arrangement, pattern] floral(e). ⋄ *vi* **-1.** [bloom] fleurir. **-2.** *fig* [flourish] s'épanouir.

flowerbed ['flaʊəbed] *n* parterre *m*.

flowered ['flaʊəd] *adj* à fleurs.

flowering ['flaʊərɪŋ] ⋄ *adj* à fleurs. ⋄ *n* épanouissement *m*.

flowerpot ['flaʊəpɒt] *n* pot *m* de fleurs.

flowery ['flaʊərɪ] (*compar* -ier, *superl* -iest) *adj* **-1.** [dress, material] à fleurs. **-2.** *pej* [style] fleuri(e).

flowing ['fləʊɪŋ] *adj* [water, writing] coulant(e); [hair, robes] flottant(e).

flown [fləʊn] *pp* → **fly**.

fl. oz. *abbr of* **fluid ounce**.

flu [fluː] *n* (*U*) grippe *f*; **to have** ~ avoir la grippe.

fluctuate ['flʌktʃʊeɪt] *vi* fluctuer.

fluctuation [ˌflʌktʃʊˈeɪʃn] *n* fluctuation *f*.

flue [fluː] *n* conduit *m*, tuyau *m*.

fluency ['fluːənsɪ] *n* aisance *f*; ~ **in French** aisance à s'exprimer en français.

fluent ['fluːənt] *adj* **-1.** [in foreign language]: **to speak** ~ **French** parler couramment le français; **to be** ~ **(in French)** parler couramment (le français). **-2.** [writing, style] coulant(e), aisé(e).

fluently ['fluːəntlɪ] *adv* **-1.** [speak - in foreign language] couramment. **-2.** [read, speak, write] avec aisance.

fluff [flʌf] ⋄ *n* (*U*) **-1.** [down] duvet *m*. **-2.** [dust] moutons *mpl*. ⋄ *vt* **-1.** [puff up] faire bouffer. **-2.** *inf* [do badly] rater.

fluffy ['flʌfɪ] (*compar* -ier, *superl* -iest) *adj* duveteux(euse); [toy] en peluche.

fluid ['fluːɪd] ⋄ *n* fluide *m*; [in diet, for cleaning] liquide *m*. ⋄ *adj* **-1.** [flowing] fluide. **-2.** [unfixed] changeant(e).

fluid ounce *n* = 0,03 *litre*.

fluke [flu:k] *n inf* [chance] coup *m* de bol.

flummox ['flʌməks] *vt inf* désarçonner.

flung [flʌŋ] *pt & pp* → **fling**.

flunk [flʌŋk] *inf* ◇ *vt* **-1.** [exam, test] rater. **-2.** [student] recaler. ◇ *vi* se faire recaler.

fluorescent [fluə'resənt] *adj* fluorescent(e).

fluorescent light *n* lumière *f* fluorescente.

fluoridate ['fluərideit] *vt* fluorurer.

fluoride ['fluəraid] *n* fluorure *m*.

fluorine ['fluəri:n] *n* fluor *m*.

flurry ['flʌri] (*pl* -ies) *n* **-1.** [of snow] rafale *f*, averse *f*. **-2.** *fig* [of objections] concert *m*; [of activity, excitement] débordement *m*.

flush [flʌʃ] ◇ *adj* **-1.** [level]: ~ **with** de niveau avec. **-2.** *inf* [rich] plein(e) aux as. ◇ *n* **-1.** [in lavatory] chasse *f* d'eau. **-2.** [blush] rougeur *f*. **-3.** [sudden feeling] accès *m*; **in the first** ~ **of sthg** *literary* dans la première ivresse de qqch. ◇ *vt* **-1.** [toilet]: **to** ~ **the toilet** tirer la chasse d'eau; **to** ~ **sthg down the toilet** faire partir qqch en tirant la chasse d'eau. **-2.** [force out of hiding]: **to** ~ **sb out** déloger qqn. ◇ *vi* [blush] rougir.

flushed [flʌʃt] *adj* **-1.** [red-faced] rouge. **-2.** [excited]: ~ **with** exalté(e) par.

fluster ['flʌstər] ◇ *n* trouble *m*. ◇ *vt* troubler.

flustered ['flʌstəd] *adj* troublé(e).

flute [flu:t] *n* MUS flûte *f*.

fluted ['flu:tid] *adj* cannelé(e).

flutist *Am* = **flautist**.

flutter ['flʌtər] ◇ *n* **-1.** [of wings] battement *m*. **-2.** [of heart] palpitation *f*. **-3.** *inf* [of excitement] émoi *m*. ◇ *vt* battre. ◇ *vi* **-1.** [bird, insect] voleter; [wings] battre. **-2.** [flag, dress] flotter. **-3.** [heart] palpiter.

flux [flʌks] *n* [change]: **to be in a state of** ~ être en proie à des changements permanents.

fly [flai] (*pl* **flies**, *pt* **flew**, *pp* **flown**) ◇ *n* **-1.** [insect] mouche *f*; **a** ~ **in the ointment** *fig* un ennui, un hic. **-2.** [of trousers] braguette *f*. ◇ *vt* **-1.** [kite, plane] faire voler. **-2.** [passengers, supplies] transporter par avion. **-3.** [flag] faire flotter. ◇ *vi* **-1.** [bird, insect, plane] voler. **-2.** [pilot] faire voler un avion. **-3.** [passenger] voyager en avion. **-4.** [move fast, pass quickly] filer; **time flies** comme le temps passe. **-5.** [rumours, stories] se répandre comme une traînée de poudre. **-6.** [attack]: **to** ~ **at sb** sauter sur qqn. **-7.** [flag] flotter.

◆ **fly away** *vi* s'envoler.

◆ **fly in** ◇ *vt sep* envoyer par avion. ◇ *vi* [plane] arriver; [person] arriver par avion.

◆ **fly into** *vt fus*: **to** ~ **into a rage/temper** s'emporter.

◆ **fly out** ◇ *vt sep* envoyer par avion. ◇ *vi* [plane] partir; [person] partir en avion.

flyby ['flai,bai] *Am* = **flypast**.

fly-fishing *n* pêche *f* à la mouche.

fly half *n Br* demi *m* d'ouverture.

flying ['flaiiŋ] ◇ *adj* volant(e). ◇ *n* aviation *f*; **to like** ~ aimer prendre l'avion.

flying colours *npl*: **to pass (sthg) with** ~ réussir (qqch) haut la main.

flying doctor *n* médecin *m* volant.

flying officer *n Br* lieutenant *m* de l'armée de l'air.

flying picket *n* piquet *m* de grève volant.

flying saucer *n* soucoupe *f* volante.

flying squad *n Br* force d'intervention rapide de la police.

flying start *n*: **to get off to a** ~ prendre un départ sur les chapeaux de roue.

flying visit *n* visite *f* éclair.

flyleaf ['flaili:f] (*pl* -leaves) *n* page *f* de garde.

flyover ['flai,əuvər] *n Br* autopont *m*.

flypast ['flai,pɑ:st] *n Br* défilé *m* aérien.

flysheet ['flaiʃi:t] *n* auvent *m*.

fly spray *n* insecticide *m*.

flyweight ['flaiweit] *n* poids *m* mouche.

flywheel ['flaiwi:l] *n* volant *m*.

FM *n* **-1.** (*abbr of* **frequency modulation**) FM *f*. **-2.** *abbr of* **field marshal**.

FMB (*abbr of* **Federal Maritime Board**) *n* conseil supérieur de la marine marchande américaine.

FMCS (*abbr of* **Federal Mediation and Conciliation Services**) *n* organisme américain de conciliation des conflits du travail.

FO (*abbr of* **Foreign Office**) *n* ministère britannique des affaires étrangères.

foal [fəul] *n* poulain *m*.

foam [fəum] ◇ *n* (*U*) **-1.** [bubbles] mousse *f*. **-2.** ~ **(rubber)** caoutchouc *m* mousse. ◇ *vi* [water, champagne] mousser.

foamy ['fəumi] (*compar* -**ier**, *superl* -**iest**) *adj* [with bubbles] mousseux(euse).

fob [fɒb] (*pt & pp* -**bed**, *cont* -**bing**)

◆ **fob off** *vt sep* repousser; **to** ~ **sthg off on sb** refiler qqch à qqn; **to** ~ **sb off with sthg** se débarrasser de qqn à l'aide de qqch.

FOB, f.o.b. (*abbr of* **free on board**) FOB.

fob watch *n* montre *f* de gousset.

foc (*abbr of* **free of charge**) Fco.

focal ['fəʊkl] *adj lit & fig* focal(e).

focal point *n* foyer *m*; *fig* point *m* central.

focus ['fəʊkəs] (*pl* **-cuses** OR **-ci** [-kaɪ]) ◇ *n* **-1.** PHOT mise *f* au point; **in** ~ net; **out of** ~ flou. **-2.** [centre - of rays] foyer *m*; [- of earthquake] centre *m*; ~ **of attention** centre d'attention.
◇ *vt* [lens, camera] mettre au point; **to** ~ **sthg on** [lens, camera, eyes] ajuster qqch sur; [attention] concentrer qqch sur.
◇ *vi* **-1.** [with camera, lens] se fixer; [eyes] accommoder; **to** ~ **on sthg** [with camera, lens] se fixer sur qqch; [with eyes] fixer qqch. **-2.** [attention]: **to** ~ **on sthg** se concentrer sur qqch.

fodder ['fɒdəʳ] *n* (*U*) fourrage *m*.

foe [fəʊ] *n literary* ennemi *m*.

FOE *n* **-1.** (*abbr of* **Friends of the Earth**) AT *mpl*. **-2.** (*abbr of* **Fraternal Order of Eagles**) *organisation caritative américaine.*

foetal ['fiːtl] *adj* [position] fœtal(e); [death] du fœtus.

foetus ['fiːtəs] *n* fœtus *m*.

fog [fɒg] *n* (*U*) brouillard *m*.

fogbound ['fɒgbaʊnd] *adj* bloqué(e) par le brouillard.

fogey ['fəʊgɪ] = **fogy**.

foggiest ['fɒgɪəst] *n inf*: **I haven't the** ~ je n'en ai pas la moindre idée.

foggy ['fɒgɪ] (*compar* **-ier**, *superl* **-iest**) *adj* [misty] brumeux(euse).

foghorn ['fɒghɔːn] *n* sirène *f* de brume.

fog lamp *n* feu *m* de brouillard.

fogy ['fəʊgɪ] (*pl* **-ies**) *n inf*: **old** ~ vieux machin *m*.

foible ['fɔɪbl] *n* marotte *f*.

foil [fɔɪl] ◇ *n* **-1.** (*U*) [metal sheet - of tin, silver] feuille *f*; [- CULIN] papier *m* d'aluminium. **-2.** [contrast]: **to be a** ~ **to** OR **for** servir de repoussoir *m* à. ◇ *vt* déjouer.

foist [fɔɪst] *vt*: **to** ~ **sthg on sb** imposer qqch à qqn.

fold [fəʊld] ◇ *vt* **-1.** [bend, close up] plier; **to** ~ **one's arms** croiser les bras. **-2.** [wrap] envelopper. ◇ *vi* **-1.** [close up - table, chair] se plier; [- petals, leaves] se refermer. **-2.** *inf* [company, project] échouer; THEATRE quitter l'affiche. ◇ *n* **-1.** [in material, paper] pli *m*. **-2.** [for animals] parc *m*. **-3.** *fig* [spiritual home]: **the** ~ le bercail.
◆ **fold up** ◇ *vt sep* plier. ◇ *vi* **-1.** [close up - table, map] se plier; [- petals, leaves] se refermer. **-2.** [company, project] échouer.

foldaway ['fəʊldəˌweɪ] *adj* pliant(e).

folder ['fəʊldəʳ] *n* **-1.** [for papers - wallet] chemise *f*; [- binder] classeur *m*. **-2.** COMPUT classeur *m*.

folding ['fəʊldɪŋ] *adj* [table, umbrella] pliant(e); [doors] en accordéon.

foliage ['fəʊlɪɪdʒ] *n* feuillage *m*.

folk [fəʊk] ◇ *adj* [art, dancing] folklorique; [medicine] populaire. ◇ *npl* [people] gens *mpl*. ◇ *n* [music] musique *f* folk.
◆ **folks** *npl inf* **-1.** [relatives] famille *f*. **-2.** [everyone]: **hi there** ~**s!** bonjour tout le monde!

folklore ['fəʊklɔːʳ] *n* folklore *m*.

folk music *n* musique *f* folk.

folk singer *n* chanteur *m*, -euse *f* folk.

folk song *n* chanson *f* folk.

folksy ['fəʊksɪ] (*compar* **-ier**, *superl* **-iest**) *adj* *Am inf* sympa (*inv*), décontract (*inv*).

follicle ['fɒlɪkl] *n* follicule *m*.

follow ['fɒləʊ] ◇ *vt* suivre; **(to be)** ~**ed by** **sthg** (être) suivi de qqch. ◇ *vi* **-1.** [gen] suivre; **as** ~**s** comme suit. **-2.** [be logical] tenir debout; **it** ~**s that** ... il s'ensuit que ....
◆ **follow up** *vt sep* **-1.** [pursue - idea, suggestion] prendre en considération; [- advertisement] donner suite à. **-2.** [complete]: **to** ~ **sthg up with** faire suivre qqch de.

follower ['fɒləʊəʳ] *n* [believer] disciple *mf*.

following ['fɒləʊɪŋ] ◇ *adj* suivant(e). ◇ *n* groupe *m* d'admirateurs. ◇ *prep* après.

follow-up ◇ *adj* complémentaire. ◇ *n* suite *f*.

folly ['fɒlɪ] *n* (*U*) [foolishness] folie *f*.

foment [fəʊ'ment] *vt fml* fomenter.

fond [fɒnd] *adj* **-1.** [affectionate] affectueux(euse); **to be** ~ **of** aimer beaucoup. **-2.** *literary* [hope, wish] naïf (naïve).

fondle ['fɒndl] *vt* caresser.

fondly ['fɒndlɪ] *adv* **-1.** [affectionately - gaze, smile] affectueusement; [- remember] avec tendresse. **-2.** *literary* [believe, wish] naïvement.

fondness ['fɒndnɪs] *n* [for person] affection *f*; [for thing] penchant *m*.

fondue ['fɒndjuː] *n* fondue *f*.

font [fɒnt] *n* **-1.** [in church] fonts *mpl* baptismaux. **-2.** COMPUT & TYPO police *f* (de caractères).

food [fuːd] *n* nourriture *f*; **that's** ~ **for thought** cela donne à réfléchir.

food chain *n* chaîne *f* alimentaire.

food mixer *n* mixer *m*.

food poisoning [-ˌpɔɪznɪŋ] *n* intoxication *f* alimentaire.

food processor *n* robot *m* ménager.

food stamp *n Am* bon *m* alimentaire (*accordé aux personnes sans ressources*).

foodstuffs ['fuːdstʌfs] *npl* denrées *fpl* alimentaires.

fool [fuːl] ◇ *n* -1. [idiot] idiot *m*, -e *f*; **to make a ~ of sb** tourner qqn en ridicule; **to make a ~ of o.s.** se rendre ridicule; **to act** OR **play the ~** faire l'imbécile. -2. *Br* [dessert] ≃ mousse *f*. ◇ *vt* duper; **to ~ sb into doing sthg** amener qqn à faire qqch en le dupant. ◇ *vi* faire l'imbécile.
♦ **fool about, fool around** *vi* -1. [behave foolishly] faire l'imbécile. -2. [be unfaithful] être infidèle.

foolhardy ['fuːl,hɑːdɪ] *adj* téméraire.

foolish ['fuːlɪʃ] *adj* idiot(e), stupide.

foolishly ['fuːlɪʃlɪ] *adv* stupidement, bêtement.

foolishness ['fuːlɪʃnɪs] *n* (*U*) bêtise *f*.

foolproof ['fuːlpruːf] *adj* infaillible.

foolscap ['fuːlzkæp] *n* (*U*) papier *m* ministre.

foot [fut] (*pl sense 1* feet, *pl sense 2* inv OR feet) ◇ *n* -1. [gen] pied *m*; [of animal] patte *f*; [of page, stairs] bas *m*; **to be on one's feet** être debout; **to get to one's feet** se mettre debout, se lever; **on ~** à pied; **to be back on one's feet** être remis (d'une maladie); **to have itchy feet** avoir la bougeotte; **to put one's ~ down** mettre le holà; **to put one's ~ in it** mettre les pieds dans le plat; **to put one's feet up** se reposer; **to be rushed off one's feet** ne pas avoir le temps de souffler; **to set ~ in** mettre le pied en; **to stand on one's own two feet** se débrouiller (par soi-même). -2. [unit of measurement] ≃ 30,48cm, ≃ pied *m*.
◇ *vt inf*: **to ~ the bill** payer la note.

footage ['fʊtɪdʒ] *n* (*U*) séquences *fpl*.

foot-and-mouth disease *n* fièvre *f* aphteuse.

football ['fʊtbɔːl] *n* -1. [game - soccer] football *m*, foot *m*; [- American football] football américain. -2. [ball] ballon *m* de football OR foot.

football club *n Br* club *m* de football.

footballer ['fʊtbɔːlər] *n Br* joueur *m*, -euse *f* de football, footballeur *m*, -euse *f*.

football field *n Am* terrain *m* de football américain.

football game *n Am* match *m* de football américain.

football ground *n Br* terrain *m* de football.

football match *n Br* match *m* de football.

football player = footballer.

football pools *npl Br* ≃ loto *m* sportif.

football supporter *n* supporter *m* (de football).

footbrake ['fʊtbreɪk] *n* frein *m* (à pied).

footbridge ['fʊtbrɪdʒ] *n* passerelle *f*.

foot fault *n* faute *f* de pied.

foothills ['fʊthɪlz] *npl* contreforts *mpl*.

foothold ['fʊthəʊld] *n* prise *f* (de pied); **to get a ~** trouver une prise (de pied); *fig* prendre pied, s'imposer.

footing ['fʊtɪŋ] *n* -1. [foothold] prise *f*; **to lose one's ~** trébucher. -2. *fig* [basis] position *f*; **on an equal ~ (with)** sur un pied d'égalité (avec).

footlights ['fʊtlaɪts] *npl* rampe *f*.

footling ['fʊtlɪŋ] *adj dated* & *pej* futile.

footman ['fʊtmən] (*pl* -men [-mən]) *n* valet *m* de pied.

footmark ['fʊtmɑːk] = footprint.

footnote ['fʊtnəʊt] *n* note *f* en bas de page.

footpath ['fʊtpɑːθ] *n* sentier *m*.

footprint ['fʊtprɪnt] *n* empreinte *f* (de pied), trace *f* (de pas).

footsore ['fʊtsɔːr] *adj*: **to be ~** avoir mal aux pieds.

footstep ['fʊtstep] *n* -1. [sound] bruit *m* de pas. -2. [footprint] empreinte *f* (de pied); **to follow in sb's ~s** marcher sur OR suivre les traces de qqn.

footwear ['fʊtweər] *n* (*U*) chaussures *fpl*.

footwork ['fʊtwɜːk] *n* (*U*) SPORT jeu *m* de jambes.

for [fɔːr] *prep* -1. [referring to intention, destination, purpose] pour; **this is ~ you** c'est pour vous; **the plane ~ Paris** l'avion à destination de Paris; **I'm going ~ the papers** je vais prendre OR acheter les journaux; **let's meet ~ a drink** retrouvons-nous pour prendre un verre; **we did it ~ a laugh** OR **~ fun** on l'a fait pour rire; **what's it ~?** ça sert à quoi? -2. [representing, on behalf of] pour; **the MP ~ Barnsley** le député de Barnsley; **let me do that ~ you** laissez-moi faire, je vais vous le faire. -3. [because of] pour, en raison de; **~ various reasons** pour plusieurs raisons; **the town is famous ~ its cathedral** la ville est célèbre pour sa cathédrale; **a prize ~ swimming** un prix de natation; **~ fear of being ridiculed** de OR par peur d'être ridiculisé. -4. [with regard to] pour; **to be ready ~ sthg** être prêt à OR pour qqch; **it's not ~ me to say** ce n'est pas à moi à le dire; **to be young ~ one's age** être jeune pour son âge; **to feel sorry ~ sb** plaindre qqn. -5. [indicating amount of time, space]: **there's no time ~ that now** on

n'a pas le temps de faire cela OR de s'occuper de cela maintenant; **there's room ~ another person** il y a de la place pour encore une personne. **-6.** [indicating period of time]: **she'll be away ~ a month** elle sera absente (pendant) un mois; **we talked ~ hours** on a parlé pendant des heures; **I've lived here ~ 3 years** j'habite ici depuis 3 ans, cela fait 3 ans que j'habite ici; **I can do it for you ~ tomorrow** je peux vous le faire pour demain. **-7.** [indicating distance] pendant, sur; **~ 50 kilometres** pendant OR sur 50 kilomètres; **I walked ~ miles** j'ai marché (pendant) des kilomètres. **-8.** [indicating particular occasion] pour; **~ Christmas** pour Noël; **the meeting scheduled ~ the 30th** la réunion prévue pour le 30. **-9.** [indicating amount of money, price]: **they're 50p ~ ten** cela coûte 50p les dix; **I bought/sold it ~ £10** je l'ai acheté/vendu 10 livres. **-10.** [in favour of, in support of] pour; **to vote ~ sthg** voter pour qqch; **to be all ~ sthg** être tout à fait pour OR en faveur de qqch. **-11.** [in ratios] pour. **-12.** [indicating meaning]: **P ~ Peter** P comme Peter; **what's the Greek ~ "mother"?** comment dit-on «mère» en grec?
◇ *conj fml* [as, since] car.
◆ **for all** ◇ *prep* malgré. ◇ *conj* bien que (+ *subjunctive*); **~ all I know** pour ce que j'en sais.

FOR (*abbr of* **free on rail**) franco wagon.

forage ['forɪdʒ] *vi*: **to ~ (for)** fouiller (pour trouver).

foray ['foreɪ] *n*: **~ (into)** *lit* & *fig* incursion *f* (dans).

forbad [fə'bæd], **forbade** [fə'beɪd] *pt* → **forbid**.

forbearing [fɔː'beərɪŋ] *adj* tolérant(e).

forbid [fə'bɪd] (*pt* **-bade** OR **-bad**, *pp* **forbid** OR **-bidden**, *cont* **-bidding**) *vt* interdire, défendre; **to ~ sb to do sthg** interdire OR défendre à qqn de faire qqch; **God** OR **Heaven ~!** pourvu que non!

forbidden [fə'bɪdn] ◇ *pp* → **forbid**. ◇ *adj* interdit(e), défendu(e).

forbidding [fə'bɪdɪŋ] *adj* [severe, unfriendly] austère; [threatening] sinistre.

force [fɔːs] ◇ *n* **-1.** [gen] force *f*; **~ of habit** force de l'habitude; **by ~** de force. **-2.** [group]: **sales ~** représentants *mpl* de commerce; **security ~s** forces *fpl* de sécurité; **in ~** en force. **-3.** [effect]: **to be in/to come into ~** être/entrer en vigueur.
◇ *vt* **-1.** [gen] forcer; **to ~ sb to do sthg** forcer qqn à faire qqch; **to ~ sthg open** forcer qqch (pour l'ouvrir); **to ~ one's way**

through se frayer un chemin à travers; **to ~ one's way into** entrer de force dans. **-2.** [press]: **to ~ sthg on sb** imposer qqch à qqn.
◆ **forces** *npl*: **the ~s** les forces *fpl* armées; **to join ~s** joindre ses efforts.
◆ **by force of** *prep* à force de.
◆ **force back** *vt sep* [crowd etc] repousser; [emotion, tears] refouler.
◆ **force down** *vt sep* **-1.** [food] se forcer à manger. **-2.** [aeroplane] forcer à atterrir.

forced [fɔːst] *adj* forcé(e).

forced landing *n* atterrissage *m* forcé.

force-feed *vt* nourrir de force.

forceful ['fɔːsful] *adj* [person] énergique; [speech] vigoureux(euse).

forcefully ['fɔːsfulɪ] *adv* avec force.

forcemeat ['fɔːsmiːt] *n* farce *f*.

forceps ['fɔːseps] *npl* forceps *m*.

forcible ['fɔːsəbl] *adj* **-1.** [using physical force] par (la) force. **-2.** [powerful] fort(e).

forcibly ['fɔːsəblɪ] *adv* **-1.** [using physical force] de force. **-2.** [powerfully] avec vigueur.

ford [fɔːd] ◇ *n* gué *m*. ◇ *vt* traverser à gué.

fore [fɔːr] ◇ *adj* NAUT à l'avant. ◇ *n*: **to come to the ~** s'imposer.

forearm ['fɔːrɑːm] *n* avant-bras *m inv*.

forebears ['fɔːbeəz] *npl* aïeux *mpl*.

foreboding [fɔː'bəʊdɪŋ] *n* pressentiment *m*.

forecast ['fɔːkɑːst] (*pt* & *pp* **forecast** OR **-ed**) ◇ *n* prévision *f*; (weather) **~** prévisions météorologiques. ◇ *vt* prévoir.

forecaster ['fɔːkɑːstər] *n* **-1.** [analyst] prévisionniste *mf*. **-2.** [of weather] présentateur *m*, -trice *f* de la météo.

foreclose [fɔː'kləʊz] ◇ *vt* saisir. ◇ *vi*: **to ~ on sb** saisir qqn.

foreclosure [fɔː'kləʊʒər] *n* saisie *f*.

forecourt ['fɔːkɔːt] *n* [of petrol station] devant *m*; [of building] avant-cour *f*.

forefathers ['fɔː,fɑːðəz] = **forebears**.

forefinger ['fɔː,fɪŋgər] *n* index *m*.

forefront ['fɔːfrʌnt] *n*: **in** OR **at the ~ of** au premier plan de.

forego [fɔː'gəʊ] = **forgo**.

foregoing [fɔː'gəʊɪŋ] ◇ *adj* précédent(e). ◇ *n fml*: **the ~** ce qui précède.

foregone conclusion ['fɔːgɒn-] *n*: **it's a ~** c'est couru.

foreground ['fɔːgraʊnd] *n* premier plan *m*; **in the ~** au premier plan.

forehand ['fɔːhænd] *n* TENNIS coup *m* droit.

forehead ['fɔːhed] *n* front *m*.

foreign ['forən] *adj* **-1.** [gen] étranger(ère);

[correspondent] à l'étranger. **-2.** [policy, trade] extérieur(e).

foreign affairs *npl* affaires *fpl* étrangères.

foreign aid *n* aide *f* extérieure.

foreign body *n* corps *m* étranger.

foreign competition *n* concurrence *f* étrangère.

foreign currency *n* (*U*) devises *fpl* étrangères.

foreigner ['fɒrənə'] *n* étranger *m*, -ère *f*.

foreign exchange *n* change *m*; ~ **markets** marchés *mpl* des devises; ~ **rates** taux *mpl* de change.

foreign investment *n* (*U*) investissement *m* étranger.

foreign minister *n* ministre *m* des Affaires étrangères.

Foreign Office *n Br*: the ~ ≃ le ministère des Affaires étrangères.

Foreign Secretary *n Br* ≃ ministre *m* des Affaires étrangères.

foreleg ['fɔːleg] *n* [of horse] membre *m* antérieur; [of other animals] patte *f* de devant.

foreman ['fɔːmən] (*pl* -men [-mən]) *n* **-1.** [of workers] contremaître *m*. **-2.** JUR président *m* du jury.

foremost ['fɔːməʊst] <> *adj* principal(e). <> *adv*: **first and** ~ tout d'abord.

forename ['fɔːneɪm] *n* prénom *m*.

forensic [fə'rensɪk] *adj* [department, investigation] médico-légal(e).

forensic medicine, forensic science *n* médecine *f* légale.

forerunner ['fɔː,rʌnə'] *n* précurseur *m*.

foresee [fɔː'siː] (*pt* -saw [-'sɔː], *pp* -seen) *vt* prévoir.

foreseeable [fɔː'siːəbl] *adj* prévisible; **for the** ~ **future** pour tous les jours/mois *etc* à venir; **in the** ~ **future** dans un futur proche.

foreseen [fɔː'siːn] *pp* → foresee.

foreshadow [fɔː'ʃædəʊ] *vt* présager.

foreshortened [fɔː'ʃɔːtnd] *adj* raccourci(e).

foresight ['fɔːsaɪt] *n* (*U*) prévoyance *f*.

foreskin ['fɔːskɪn] *n* prépuce *m*.

forest ['fɒrɪst] *n* forêt *f*.

forestall [fɔː'stɔːl] *vt* [attempt, discussion] prévenir; [person] devancer.

forestry ['fɒrɪstrɪ] *n* sylviculture *f*.

Forestry Commission *n Br*: the ~ ≃ les Eaux *fpl* et Forêts.

foretaste ['fɔːteɪst] *n* avant-goût *m*.

foretell [fɔː'tel] (*pt & pp* -told) *vt* prédire.

forethought ['fɔːθɔːt] *n* prévoyance *f*.

foretold [fɔː'təʊld] *pt & pp* → foretell.

forever [fə'revə'] *adv* **-1.** [eternally] (pour) toujours. **-2.** *inf* [long time]: **don't take** ~ **about it!** et ne mets pas des heures!

forewarn [fɔː'wɔːn] *vt* avertir.

foreword ['fɔːwɜːd] *n* avant-propos *m inv*.

forfeit ['fɔːfɪt] <> *n* amende *f*; [in game] gage *m*. <> *vt* perdre.

forgave [fə'geɪv] *pt* → forgive.

forge [fɔːdʒ] <> *n* forge *f*. <> *vt* **-1.** INDUSTRY & *fig* forger. **-2.** [signature, money] contrefaire; [passport] falsifier.
◆ **forge ahead** *vi* prendre de l'avance.

forger ['fɔːdʒə'] *n* faussaire *mf*.

forgery ['fɔːdʒərɪ] (*pl* -ies) *n* **-1.** (*U*) [crime] contrefaçon *f*. **-2.** [forged article] faux *m*.

forget [fə'get] (*pt* -got, *pp* -gotten, *cont* -getting) <> *vt* oublier; **let's** ~ **the whole business** n'en parlons plus; **to** ~ **to do sthg** oublier de faire qqch; **to** ~ **it!** laisse tomber!; **to** ~ **o.s.** perdre le contrôle de soi. <> *vi*: **to** ~ (**about sthg**) oublier (qqch).

forgetful [fə'getful] *adj* distrait(e), étourdi(e).

forgetfulness [fə'getfulnɪs] *n* étourderie *f*.

forget-me-not *n* myosotis *m*.

forgive [fə'gɪv] (*pt* -gave, *pp* -given [-'gɪvən]) *vt* pardonner; **to** ~ **sb for sthg/for doing sthg** pardonner qqch à qqn/à qqn d'avoir fait qqch.

forgiveness [fə'gɪvnɪs] *n* (*U*) pardon *m*.

forgiving [fə'gɪvɪŋ] *adj* indulgent(e).

forgo [fɔː'gəʊ] (*pt* -went, *pp* -gone [-'gɒn]) *vt* renoncer à.

forgot [fə'gɒt] *pt* → forget.

forgotten [fə'gɒtn] *pp* → forget.

fork [fɔːk] <> *n* **-1.** [for eating] fourchette *f*. **-2.** [for gardening] fourche *f*. **-3.** [in road] bifurcation *f*; [of river] embranchement *m*. <> *vi* bifurquer.
◆ **fork out** *inf* <> *vt fus* allonger, débourser; **to** ~ **out money on** OR **for** allonger OR débourser de l'argent pour. <> *vi*: **to** ~ **out (for)** casquer (pour).

forklift truck ['fɔːklɪft-] *n* chariot *m* élévateur.

forlorn [fə'lɔːn] *adj* **-1.** [person, face] malheureux(euse), triste. **-2.** [place, landscape] désolé(e). **-3.** [hope, attempt] désespéré(e).

form [fɔːm] <> *n* **-1.** [shape, fitness, type] forme *f*; **on** ~ *Br*, **in** ~ *Am* en forme; **off** ~ pas en forme; **in the** ~ **of** sous forme de; **to take the** ~ **of** prendre la forme de. **-2.** [questionnaire] formulaire *m*. **-3.** *Br* SCH classe *f*. **-4.** [usual behaviour]: **true to** ~ typiquement. <> *vt* former. <> *vi* se former.

formal ['fɔːml] *adj* -1. [person] formaliste; [language] soutenu(e). -2. [dinner party, announcement] officiel(ielle); [dress] de cérémonie.

formality [fɔːˈmælətɪ] (*pl* -ies) *n* formalité *f*.

formalize, -ise ['fɔːməlaɪz] *vt* organiser de façon formelle.

formally ['fɔːməlɪ] *adv* -1. [correctly, seriously] de façon correcte. -2. [not casually]: **to be ~ dressed** être en tenue de cérémonie. -3. [officially] officiellement.

format ['fɔːmæt] (*pt* & *pp* -ted, *cont* -ting) ◇ *n* [gen & COMPUT] format *m*. ◇ *vt* COMPUT formater.

formation [fɔːˈmeɪʃn] *n* -1. [gen] formation *f*. -2. [of idea, plan] élaboration *f*.

formative ['fɔːmətɪv] *adj* formateur(trice).

former ['fɔːmər] ◇ *adj* -1. [previous] ancien(ienne); **~ husband** ex-mari *m*; **~ pupil** ancien élève *m*, ancienne élève *f*. -2. [first of two] premier(ière). ◇ *n*: **the ~** le premier (la première), celui-là (celle-là).

formerly ['fɔːməlɪ] *adv* autrefois.

form feed *n* changement *m* de page.

Formica® [fɔːˈmaɪkə] *n* Formica® *m*.

formidable ['fɔːmɪdəbl] *adj* impressionnant(e).

formless ['fɔːmlɪs] *adj* informe.

Formosa [fɔːˈməʊsə] *n* Formose; **in ~** à Formose.

formula ['fɔːmjʊlə] (*pl* -as OR -ae [-iː]) *n* formule *f*.

formulate ['fɔːmjʊleɪt] *vt* formuler.

formulation [ˌfɔːmjʊˈleɪʃn] *n* formulation *f*.

fornicate ['fɔːnɪkeɪt] *vi fml* forniquer.

forsake [fəˈseɪk] (*pt* forsook, *pp* forsaken) *vt literary* [person] abandonner; [habit] renoncer à.

forsaken [fəˈseɪkn] *adj* abandonné(e).

forsook [fəˈsʊk] *pt* → forsake.

forsythia [fɔːˈsaɪθɪə] *n* forsythia *m*.

fort [fɔːt] *n* fort *m*; **to hold the ~** [at office, shop] garder la boutique.

forte ['fɔːtɪ] *n* point *m* fort.

forth [fɔːθ] *adv literary* en avant; **from that day ~** dorénavant.

forthcoming [fɔːθˈkʌmɪŋ] *adj* -1. [imminent] à venir. -2. [available]: **no answer was ~** on n'a pas eu de réponse. -3. [helpful] communicatif(ive).

forthright ['fɔːθraɪt] *adj* franc (franche), direct(e).

forthwith [ˌfɔːθˈwɪθ] *adv fml* aussitôt.

fortieth ['fɔːtɪθ] *num* quarantième; *see also* sixth.

fortification [ˌfɔːtɪfɪˈkeɪʃn] *n* fortification *f*.

fortified wine ['fɔːtɪfaɪd-] *n* vin *m* de liqueur.

fortify ['fɔːtɪfaɪ] (*pt* & *pp* -ied) *vt* -1. MIL fortifier. -2. *fig* [resolve etc] renforcer.

fortitude ['fɔːtɪtjuːd] *n* courage *m*.

fortnight ['fɔːtnaɪt] *n* quinze jours *mpl*, quinzaine *f*.

fortnightly ['fɔːtˌnaɪtlɪ] ◇ *adj* bimensuel(elle). ◇ *adv* tous les quinze jours.

fortress ['fɔːtrɪs] *n* forteresse *f*.

fortuitous [fɔːˈtjuːɪtəs] *adj* fortuit(e).

fortunate ['fɔːtʃnət] *adj* heureux(euse); **to be ~** avoir de la chance.

fortunately ['fɔːtʃnətlɪ] *adv* heureusement.

fortune ['fɔːtʃuːn] *n* -1. [wealth] fortune *f*. -2. [luck] fortune *f*, chance *f*. -3. [future]: **to tell sb's ~** dire la bonne aventure à qqn. ◆ **fortunes** *npl* fortune *f*.

fortune-teller *n* diseuse *f* de bonne aventure.

forty ['fɔːtɪ] *num* quarante; *see also* sixty.

forum ['fɔːrəm] (*pl* -s) *n* -1. [gen] forum *m*, tribune *f*. -2. COMPUT [on Internet] forum *m*.

forward ['fɔːwəd] ◇ *adj* -1. [movement] en avant. -2. [planning] à long terme. -3. [impudent] effronté(e). ◇ *adv* -1. [ahead] en avant; **to go** OR **move ~** avancer. -2. [in time]: **to bring a meeting ~** avancer la date d'une réunion; **to put a watch ~** avancer une montre. ◇ *n* SPORT avant *m*. ◇ *vt* -1. [letter] faire suivre; [goods] expédier. -2. [career] faire avancer.

forwarding address ['fɔːwədɪŋ-] *n* adresse *f* où faire suivre le courrier.

forward-looking [-ˈlʊkɪŋ] *adj* tourné(e) vers le futur.

forwardness ['fɔːwədnɪs] *n* [boldness] effronterie *f*.

forwards ['fɔːwədz] *adv* = forward.

forwent [fɔːˈwent] *pt* → forgo.

fossil ['fɒsl] *n* fossile *m*.

fossil fuel *n* combustible *m* fossile.

fossilized, -ised ['fɒsɪlaɪzd] *adj* fossilisé(e).

foster ['fɒstər] ◇ *adj* [family] d'accueil. ◇ *vt* -1. [child] accueillir. -2. *fig* [nurture] nourrir.

foster child *n* enfant *m* placé en famille d'accueil.

foster parent *n* parent *m* nourricier.

fought [fɔːt] *pt* & *pp* → fight.

foul [faʊl] ◇ *adj* -1. [gen] infect(e); [water] croupi(e); **to fall ~ of sb** se mettre qqn à dos. -2. [language] ordurier(ière). ◇ *n* SPORT faute *f*. ◇ *vt* -1. [make dirty] souiller, salir.

-2. SPORT commettre une faute contre. **-3.** [mechanism, propeller] entraver.

◆ **foul up** *vt sep inf* gâcher.

foul-mouthed [-'mauðd] *adj* au langage grossier.

foul play *n* (*U*) **-1.** SPORT antijeu *m*. **-2.** [crime] acte *m* malveillant.

found [faund] ◇ *pt & pp* → find. ◇ *vt* **-1.** [hospital, town] fonder. **-2.** [base]: **to ~ sthg on** fonder OR baser qqch sur.

foundation [faun'deɪʃn] *n* **-1.** [creation, organization] fondation *f*. **-2.** [basis] fondement *m*, base *f*. **-3. ~ (cream)** fond *m* de teint.

◆ **foundations** *npl* CONSTR fondations *fpl*.

foundation stone *n* première pierre *f*.

founder ['faundə*ʳ*] ◇ *n* fondateur *m*, -trice *f*. ◇ *vi* **-1.** [ship] sombrer. **-2.** *fig* [plan, hopes] s'effondrer, s'écrouler.

founder member *n* membre *m* fondateur.

founding ['faundɪŋ] *n* [of hospital etc] fondation *f*, création *f*.

founding father *n* père *m* fondateur.

foundry ['faundrɪ] (*pl* -ies) *n* fonderie *f*.

fount [faunt] *n* [origin] source *f*.

fountain ['fauntɪn] *n* fontaine *f*.

fountain pen *n* stylo *m* à encre.

four [fɔːʳ] *num* quatre; **on all ~s** à quatre pattes; *see also* **six**.

four-leaved clover [-liːvd-] *n* trèfle *m* à quatre feuilles.

four-letter word *n* mot *m* grossier.

four-poster (bed) *n* lit *m* à baldaquin.

foursome ['fɔːsəm] *n* groupe *m* de quatre.

four-star *adj* [hotel] quatre étoiles.

fourteen [,fɔː'tiːn] *num* quatorze; *see also* **six**.

fourteenth [,fɔː'tiːnθ] *num* quatorzième; *see also* **sixth**.

fourth [fɔːθ] *num* quatrième; *see also* **sixth**.

Fourth of July *n*: **the ~** Fête de l'Indépendance américaine.

four-way stop *n Am* carrefour *m* à quatre stops.

four-wheel drive *n*: **with ~** à quatre roues motrices.

fowl [faul] (*pl inv* OR -s) *n* volaille *f*.

fox [fɒks] ◇ *n* renard *m*. ◇ *vt* laisser perplexe.

foxglove ['fɒksglʌv] *n* digitale *f*.

foxhole ['fɒkshəul] *n* terrier *m* de renard.

foxhound ['fɒkshaund] *n* fox-hound *m*.

foxhunt ['fɒkshʌnt] *n* chasse *f* au renard.

foxhunting ['fɒks,hʌntɪŋ] *n* (*U*) chasse *f* au renard.

foxy ['fɒksɪ] *adj inf* [sexy] sexy (*inv*).

foyer ['fɔɪeɪ] *n* **-1.** [of hotel, theatre] foyer *m*. **-2.** *Am* [of house] hall *m* d'entrée.

FP *n* **-1.** *abbr of* **former pupil**. **-2.** *abbr of* **fireplug**.

FPA (*abbr of* **Family Planning Association**) *n* association britannique pour le planning familial.

fr. (*abbr of* **franc**) F.

Fr. (*abbr of* **father**) P.

fracas ['frækɑː, *Am* 'freɪkəs] (*Br pl inv*, *Am pl* -cases) *n* bagarre *f*.

fraction ['frækʃn] *n* fraction *f*; **a ~ too big** légèrement OR un petit peu trop grand.

fractionally ['frækʃnəlɪ] *adv* un tout petit peu.

fractious ['frækʃəs] *adj* grincheux(euse).

fracture ['fræktʃəʳ] ◇ *n* fracture *f*. ◇ *vt* fracturer.

fragile ['frædʒaɪl] *adj* fragile.

fragility [frə'dʒɪlətɪ] *n* fragilité *f*.

fragment [*n* 'frægmənt, *vb* fræg'ment] ◇ *n* fragment *m*. ◇ *vi* se fragmenter.

fragmentary ['frægməntrɪ] *adj* fragmentaire.

fragmented [fræg'mentɪd] *adj* fragmenté(e).

fragrance ['freɪgrəns] *n* parfum *m*.

fragrant ['freɪgrənt] *adj* parfumé(e).

frail [freɪl] *adj* fragile.

frailty ['freɪltɪ] (*pl* -ies) *n* **-1.** [gen] fragilité *f*. **-2.** [moral weakness] faiblesse *f*.

frame [freɪm] ◇ *n* **-1.** [gen] cadre *m*; [of glasses] monture *f*; [of door, window] encadrement *m*; [of boat] carcasse *f*. **-2.** [physique] charpente *f*. ◇ *vt* **-1.** [gen] encadrer. **-2.** [express] formuler. **-3.** *inf* [set up] monter un coup contre.

frame of mind *n* état *m* d'esprit.

framework ['freɪmwɜːk] *n* **-1.** [structure] armature *f*, carcasse *f*. **-2.** *fig* [basis] structure *f*, cadre *m*.

France [frɑːns] *n* France *f*; **in ~** en France.

franchise ['fræntʃaɪz] *n* **-1.** POL droit *m* de vote. **-2.** COMM franchise *f*.

franchisee [,fræntʃaɪ'ziː] *n* franchisé *m*.

franchisor ['fræntʃaɪzəʳ] *n* franchiseur *m*.

frank [fræŋk] ◇ *adj* franc (franche). ◇ *vt* affranchir.

Frankfurt ['fræŋkfət] *n*: **~ (am Main)** Francfort(-sur-le-Main).

frankfurter ['fræŋkfɜːtəʳ] *n* saucisse *f* de Francfort.

frankincense ['fræŋkɪnsens] *n* encens *m*.

franking machine ['fræŋkɪŋ-] *n* machine *f* à affranchir.

frankly ['fræŋklɪ] *adv* franchement.

frankness ['fræŋknɪs] *n* franchise *f*.

frantic ['fræntɪk] *adj* frénétique; **to be ~ (with worry)** être fou (folle) d'inquiétude.

frantically ['fræntɪklɪ] *adv* frénétiquement, avec frénésie.

fraternal [frə'tɜːnl] *adj* fraternel(elle).

fraternity [frə'tɜːnətɪ] (*pl* **-ies**) *n* **-1.** [community] confrérie *f*. **-2.** (*U*) [friendship] fraternité *f*. **-3.** *Am* [of students] club *m* d'étudiants.

fraternize, -ise ['frætənaɪz] *vi* fraterniser.

fraud [frɔːd] *n* **-1.** (*U*) [crime] fraude *f*. **-2.** *pej* [impostor] imposteur *m*.

fraudulent ['frɔːdjʊlənt] *adj* frauduleux(euse).

fraught [frɔːt] *adj* **-1.** [full]: **~ with** plein(e) de. **-2.** *Br* [person] tendu(e); [time, situation] difficile.

fray [freɪ] ◇ *vt fig*: **my nerves were ~ed** j'étais extrêmement tendu(e), j'étais à bout de nerfs. ◇ *vi* [material, sleeves] s'user; **tempers ~ed** *fig* l'atmosphère était tendue OR électrique. ◇ *n literary* bagarre *f*.

frayed [freɪd] *adj* [jeans, collar] élimé(e).

frazzled ['fræzld] *adj inf* éreinté(e).

FRB (*abbr of* **Federal Reserve Board**) *n organe de contrôle de la Banque centrale américaine*.

FRCP (*abbr of* **Fellow of the Royal College of Physicians**) *membre de l'académie de médecine britannique*.

FRCS (*abbr of* **Fellow of the Royal College of Surgeons**) *membre de l'académie de chirurgie britannique*.

freak [friːk] ◇ *adj* bizarre, insolite. ◇ *n* **-1.** [strange creature] monstre *m*, phénomène *m*. **-2.** [unusual event] accident *m* bizarre. **-3.** *inf* [fanatic] fana *mf*.
◆ **freak out** *inf* ◇ *vi* [get angry] exploser (de colère); [panic] paniquer. ◇ *vt sep*: **to ~ sb out** faire sauter qqn au plafond.

freakish ['friːkɪʃ] *adj* bizarre, insolite.

freckle ['frekl] *n* tache *f* de rousseur.

free [friː] (*compar* **freer**, *superl* **freest**, *pt* & *pp* **freed**) ◇ *adj* **-1.** [gen] libre; **to be ~ to do sthg** être libre de faire qqch; **feel ~!** je t'en prie!; **to set ~** libérer; **~ from** OR **of worry** sans souci. **-2.** [not paid for] gratuit(e); **~ of charge** gratuitement. **-3.** [generous]: **to be ~ with money** dépenser sans compter.
◇ *adv* **-1.** [without payment] gratuitement; **for ~** gratuitement. **-2.** [run, live] librement.
◇ *vt* **-1.** [gen] libérer. **-2.** [trapped person, object] dégager.

-free [friː] *suffix* sans.

freebie ['friːbɪ] *n inf* faveur *f*.

freedom ['friːdəm] *n* **-1.** [gen] liberté *f*; **~ of speech** liberté d'expression. **-2.** [exception]: **~ (from)** exemption *f* (de).

freedom fighter *n* partisan *m*, -e *f*.

free enterprise *n* (*U*) libre entreprise *f*.

free-fall *n* (*U*) chute *f* libre.

freefone ['friːfəʊn] *n* (*U*) *Br* ≃ numéro *m* vert.

free-for-all *n* mêlée *f* générale.

free gift *n* prime *f*.

freehand ['friːhænd] *adj* & *adv* à main levée.

freehold ['friːhəʊld] ◇ *adv* en propriété inaliénable. ◇ *n* propriété *f* foncière inaliénable.

freeholder ['friːhəʊldər] *n* propriétaire foncier *m*, propriétaire foncière *f*.

free house *n* pub *m* en gérance libre.

free kick *n* coup *m* franc.

freelance ['friːlɑːns] ◇ *adj* indépendant(e), free-lance (*inv*). ◇ *adv* en free-lance. ◇ *n* indépendant *m*, -e *f*, free-lance *mf*. ◇ *vi* travailler en indépendant OR en free-lance.

freeloader ['friːləʊdər] *n inf* parasite *m*.

freely ['friːlɪ] *adv* **-1.** [gen] librement. **-2.** [generously] sans compter.

freeman ['friːmən] (*pl* **-men**) *n* citoyen *m*, -enne *f* d'honneur.

free-market economy *n* économie *f* de marché libre.

Freemason ['friː,meɪsn] *n* franc-maçon *m*.

Freemasonry ['friː,meɪsnrɪ] *n* franc-maçonnerie *f*.

freemen ['friːmən] *pl* → freeman.

freephone ['friːfəʊn] = freefone.

freepost ['friːpəʊst] *n* port *m* payé.

free-range *adj* de ferme.

free sample *n* échantillon *m* gratuit.

freesia ['friːzjə] *n* freesia *m*.

free speech *n* liberté *f* d'expression.

freestanding [,friː'stændɪŋ] *adj* [furniture] non-encastré(e).

freestyle ['friːstaɪl] *n* SWIMMING nage *f* libre.

freethinker [friː'θɪŋkər] *n* libre-penseur *m*, -euse *f*.

Freetown ['friːtaʊn] *n* Freetown.

free trade *n* (*U*) libre-échange *m*.

freeway ['friːweɪ] *n Am* autoroute *f*.

freewheel [,friː'wiːl] *vi* [on bicycle] rouler en roue libre; [in car] rouler au point mort.

freewheeling [,friː'wiːlɪŋ] *adj inf* sans contrainte.

free will *n* (*U*) libre arbitre *m*; **to do sthg of one's own ~** faire qqch de son propre gré.

free world *n*: **the ~** les pays *mpl* non-communistes.

freeze [fri:z] (*pt* **froze**, *pp* **frozen**) ◇ *vt* **-1.** [gen] geler; [food] congeler. **-2.** [wages, prices] bloquer. ◇ *vi* **-1.** [gen] geler. **-2.** [stop moving] s'arrêter. ◇ *n* **-1.** [cold weather] gel *m*. **-2.** [of wages, prices] blocage *m*.
◆ **freeze over** *vi* geler.
◆ **freeze up** *vi* geler.

freeze-dried [-'draɪd] *adj* lyophilisé(e).

freeze frame *n* [on video] arrêt *m* sur image.

freezer ['fri:zər] *n* congélateur *m*.

freezing ['fri:zɪŋ] ◇ *adj* glacé(e); **I'm ~** je gèle. ◇ *n* = **freezing point**.

freezing point *n* point *m* de congélation.

freight [freɪt] *n* [goods] fret *m*.

freight train *n* train *m* de marchandises.

French [frentʃ] ◇ *adj* français(e). ◇ *n* [language] français *m*. ◇ *npl*: **the ~** les Français *mpl*.

French bean *n* haricot *m* vert.

French bread *n* (*U*) baguette *f*.

French Canadian ◇ *adj* canadien français (canadienne française). ◇ *n* Canadien français *m*, Canadienne française *f*.

French chalk *n* (*U*) craie *f* de tailleur.

French doors = **French windows**.

French dressing *n* [in UK] vinaigrette *f*; [in US] sauce-salade à base de mayonnaise et de ketchup.

French fries *npl* frites *fpl*.

Frenchman ['frentʃmən] (*pl* **-men** [-mən]) *n* Français *m*.

French polish *n* (*U*) vernis *m* à l'alcool.

French Riviera *n*: **the ~** la Côte d'Azur.

French stick *n* Br baguette *f*.

French toast *n* pain *m* perdu.

French windows *npl* porte-fenêtre *f*.

Frenchwoman ['frentʃ,wʊmən] (*pl* **-women** [-,wɪmɪn]) *n* Française *f*.

frenetic [frə'netɪk] *adj* frénétique.

frenzied ['frenzɪd] *adj* [haste, activity] frénétique; [attack] déchaîné(e); [mob] en délire.

frenzy ['frenzɪ] (*pl* **-ies**) *n* frénésie *f*.

frequency ['fri:kwənsɪ] (*pl* **-ies**) *n* fréquence *f*.

frequency modulation *n* modulation *f* de fréquence.

frequent [*adj* 'fri:kwənt, *vb* frɪ'kwent] ◇ *adj* fréquent(e). ◇ *vt* fréquenter.

frequently ['fri:kwəntlɪ] *adv* fréquemment.

fresco ['freskəʊ] (*pl* **-es** OR **-s**) *n* fresque *f*.

fresh [freʃ] ◇ *adj* **-1.** [gen] frais (fraîche); **~ from** [the oven] qui sort de; [university] frais émoulu (fraîche émoulue) de. **-2.** [not salty] doux (douce). **-3.** [new - drink, piece of paper] autre; [- look, approach] nouveau(elle); **to make a ~ start** repartir à zéro. **-4.** *inf dated* [cheeky] familier(ière); **to get ~ with sb** se montrer osé avec qqn.
◇ *adv*: **~-ground/made** qui vient juste d'être moulu/fait; **to be ~ out of sthg** *inf* ne plus avoir de qqch.

freshen ['freʃn] ◇ *vt* rafraîchir. ◇ *vi* [wind] devenir plus fort.
◆ **freshen up** ◇ *vt sep* **-1.** [wash]: **to ~ o.s. up** faire un brin de toilette. **-2.** [smarten up] rafraîchir. ◇ *vi* faire un brin de toilette.

fresher ['freʃər] *n* Br inf bleu *m*, -e *f*.

freshly ['freʃlɪ] *adv* [squeezed, ironed] fraîchement.

freshman ['freʃmən] (*pl* **-men** [-mən]) *n* étudiant *m*, -e *f* de première année.

freshness ['freʃnɪs] *n* (*U*) **-1.** [gen] fraîcheur *f*. **-2.** [originality] nouveauté *f*.

freshwater ['freʃ,wɔːtər] *adj* d'eau douce.

fret [fret] (*pt* & *pp* **-ted**, *cont* **-ting**) *vi* [worry] s'inquiéter.

fretful ['fretfʊl] *adj* [baby] grognon(onne); [night, sleep] agité(e).

fretsaw ['fretsɔː] *n* scie *f* à découper.

Freudian slip ['frɔɪdɪən-] *n* lapsus *m*.

FRG (*abbr of* **Federal Republic of Germany**) *n* RFA *f*.

Fri. (*abbr of* **Friday**) ven.

friar ['fraɪər] *n* frère *m*.

friction ['frɪkʃn] *n* (*U*) friction *f*.

Friday ['fraɪdɪ] *n* vendredi *m*; *see also* **Saturday**.

fridge [frɪdʒ] *n* frigo *m*.

fridge-freezer *n* Br réfrigérateur-congélateur *m*.

fried [fraɪd] ◇ *pt* & *pp* → **fry**. ◇ *adj* frit(e); **~ egg** œuf *m* au plat.

friend [frend] *n* ami *m*, -e *f*; **to be ~s** être amis; **to be ~s with sb** être ami avec qqn; **to make ~s (with sb)** se lier d'amitié (avec qqn).

friendless ['frendlɪs] *adj* sans amis.

friendly ['frendlɪ] (*compar* **-ier**, *superl* **-iest**, *pl* **-ies**) ◇ *adj* [person, manner, match] amical(e); [nation] ami(e); [argument] sans conséquence; **to be ~ with sb** être ami avec qqn. ◇ *n* match *m* amical.

friendly society *n* Br mutuelle *f*.

friendship ['frendʃɪp] *n* amitié *f*.

fries [fraɪz] = French fries.
Friesian (cow) ['friːzjən-] n (vache f) frisonne f.
frieze [friːz] n frise f.
frigate ['frɪɡət] n frégate f.
fright [fraɪt] n peur f; **to give sb a** ~ faire peur à qqn; **to take** ~ prendre peur.
frighten ['fraɪtn] vt faire peur à, effrayer; **to** ~ **sb into doing sthg** forcer qqn à faire qqch sous la menace.
◆ **frighten away** vt sep chasser en faisant peur à.
◆ **frighten off** vt sep chasser en faisant peur à.
frightened ['fraɪtnd] adj apeuré(e); **to be** ~ **of sthg/of doing sthg** avoir peur de qqch/de faire qqch.
frightening ['fraɪtnɪŋ] adj effrayant(e).
frightful ['fraɪtfʊl] adj dated effroyable.
frigid ['frɪdʒɪd] adj [sexually] frigide.
frill [frɪl] n -1. [decoration] volant m. -2. inf [extra] supplément m.
frilly ['frɪlɪ] (compar -ier, superl -iest) adj à fanfreluches.
fringe [frɪndʒ] ◇ n -1. [gen] frange f. -2. [edge - of village] bordure f; [- of wood, forest] lisière f. ◇ vt [edge] border.
fringe benefit n avantage m extrasalarial.
fringe group n groupe m marginal.
fringe theatre n Br théâtre m d'avant-garde.
Frisbee® ['frɪzbɪ] n Frisbee m inv.
Frisian Islands ['frɪʒən-] npl: **the** ~ l'archipel m frison.
frisk [frɪsk] ◇ vt fouiller. ◇ vi gambader.
frisky ['frɪskɪ] (compar -ier, superl -iest) adj inf vif (vive).
fritter ['frɪtər] n beignet m.
◆ **fritter away** vt sep gaspiller; **to** ~ **money/time away on sthg** gaspiller son argent/son temps en qqch.
frivolity [frɪ'vɒlətɪ] (pl -ies) n frivolité f.
frivolous ['frɪvələs] adj frivole.
frizzy ['frɪzɪ] (compar -ier, superl -iest) adj crépu(e).
fro [frəʊ] → **to**.
frock [frɒk] n dated robe f.
frog [frɒɡ] n [animal] grenouille f; **to have a** ~ **in one's throat** avoir un chat dans la gorge.
frogman ['frɒɡmən] (pl -men) n homme-grenouille m.
frogmarch ['frɒɡmɑːtʃ] vt emmener quelqu'un de force en lui tenant les bras dans le dos.
frogmen ['frɒɡmən] pl → **frogman**.

frogspawn ['frɒɡspɔːn] n (U) œufs mpl de grenouille.
frolic ['frɒlɪk] (pt & pp -ked, cont -king) ◇ n ébats mpl. ◇ vi folâtrer.
from [weak form frəm, strong form frɒm] prep -1. [indicating source, origin, removal] de; **where are you** ~? d'où venez-vous?, d'où êtes-vous?; **I got a letter** ~ **her today** j'ai reçu une lettre d'elle aujourd'hui; **a flight** ~ **Paris** un vol en provenance de Paris; **to translate** ~ **Spanish into English** traduire d'espagnol en anglais; **to drink** ~ **a glass** boire dans un verre; **he's not back** ~ **work yet** il n'est pas encore rentré de son travail; **he took a notebook** ~ **his pocket** il a sorti un carnet de sa poche; **to take sthg (away)** ~ **sb** prendre qqch à qqn. -2. [indicating a deduction] de; **to deduct sthg** ~ **sthg** retrancher qqch de qqch. -3. [indicating escape, separation] de; **he ran away** ~ **home** il a fait une fugue, il s'est sauvé de chez lui. -4. [indicating position] de; **seen** ~ **above/below** vu d'en haut/d'en bas. -5. [indicating distance] de; **it's 60 km** ~ **here** c'est à 60 km d'ici; **how far is it** ~ **Paris to Lyons?** combien y a-t-il de Paris à Lyon? -6. [indicating material object is made out of] en; **it's made** ~ **wood/plastic** c'est en bois/plastique. -7. [starting at a particular time] de; ~ **2 pm to** OR **till 6 pm** de 14 h à 18 h; ~ **birth** de naissance; ~ **the moment I saw him** dès que OR dès l'instant où je l'ai vu. -8. [indicating difference] de; **to be different** ~ **sb/sthg** être différent de qqn/qqch. -9. [indicating change]: ~ ... **to** de ... à; **the price went up** ~ **£100 to £150** le prix est passé OR monté de 100 livres à 150 livres. -10. [because of, as a result of] de; **to suffer** ~ **cold/hunger** souffrir du froid/de la faim. -11. [on the evidence of] d'après, à; **to speak** ~ **personal experience** parler par expérience OR d'après son expérience personnelle; ~ **what you're saying ...** d'après ce que vous dites .... -12. [indicating lowest amount] depuis, à partir de; **prices start** ~ **£50** le premier prix est de 50 livres.

frond [frɒnd] n fronde f.

front [frʌnt] ◇ n -1. [most forward part - gen] avant m; [- of dress, envelope, house] devant m; [- of class] premier rang m. -2. METEOR & MIL front m. -3. [issue, area] plan m; **on the domestic/employment** ~ sur le plan intérieur/du travail. -4. **(sea)** ~ front m de mer. -5. [outward appearance - of person] contenance f; pej [- of business] façade f. ◇ adj [tooth, garden] de devant; [row, page] premier(ière); ~ **cover** couverture f.

◇ *vt* **-1.** [be opposite] être en face de. **-2.** [TV programme] présenter.
◇ *vi*: **to ~ onto sthg** donner sur qqch.
◆ **in front** *adv* **-1.** [further forward - walk, push] devant; [- people] à l'avant. **-2.** [winning]: **to be in ~** mener.
◆ **in front of** *prep* devant.

frontage ['frʌntɪdʒ] *n* [of house] façade *f*; [of shop] devanture *f*.

frontal ['frʌntl] *adj* **-1.** [attack] de front. **-2.** [view] de face.

frontbench [ˌfrʌnt'bentʃ] *n* à la chambre des Communes, bancs occupés respectivement par les ministres du gouvernement en exercice et ceux du gouvernement fantôme.

front desk *n* réception *f*.

front door *n* porte *f* d'entrée.

frontier ['frʌntɪər, *Am* frʌn'tɪər] *n* [border] frontière *f*; *fig* limite *f*.

frontispiece ['frʌntɪspiːs] *n* frontispice *m*.

front line *n*: **the ~** le front.

front man *n* **-1.** [of company, organization] porte-parole *m inv*. **-2.** TV présentateur *m*.

front-page *adj* [article] de première page.

front room *n* salon *m*.

front-runner *n* favori *m*, -ite *f*.

front-wheel drive *n* traction *f* avant.

frost [frɒst] ◇ *n* gel *m*. ◇ *vi*: **to ~ over** OR **up** geler.

frostbite ['frɒstbaɪt] *n* (*U*) gelure *f*.

frostbitten ['frɒstˌbɪtn] *adj* [toe, finger] gelé(e).

frosted ['frɒstɪd] *adj* **-1.** [glass] dépoli(e). **-2.** *Am* CULIN glacé(e).

frosting ['frɒstɪŋ] *n Am* (*U*) glaçage *m*.

frosty ['frɒstɪ] (*compar* **-ier**, *superl* **-iest**) *adj* **-1.** [weather, welcome] glacial(e). **-2.** [field, window] gelé(e).

froth [frɒθ] ◇ *n* [on beer] mousse *f*; [on sea] écume *f*. ◇ *vi* [beer] mousser; [sea] écumer.

frothy ['frɒθɪ] (*compar* **-ier**, *superl* **-iest**) *adj* [beer] mousseux(euse); [sea] écumeux(euse).

frown [fraʊn] ◇ *n* froncement *m* de sourcils. ◇ *vi* froncer les sourcils.
◆ **frown (up)on** *vt fus* désapprouver.

froze [frəʊz] *pt* → **freeze**.

frozen [frəʊzn] ◇ *pp* → **freeze**. ◇ *adj* gelé(e); [food] congelé(e); **~ with fear** *fig* mort(e) de peur.

FRS *n* **-1.** (*abbr of* **Fellow of the Royal Society**) *membre de l'académie des sciences britannique*. **-2.** (*abbr of* **Federal Reserve System**) *banque centrale américaine*.

frugal ['fruːgl] *adj* **-1.** [meal] frugal(e). **-2.** [person, life] économe.

fruit [fruːt] (*pl inv* OR **fruits**) ◇ *n* fruit *m*; **to bear ~** *fig* porter ses fruits. ◇ *comp* [flan] aux fruits; **~ tree** arbre *m* fruitier. ◇ *vi* donner des fruits.

fruitcake ['fruːtkeɪk] *n* cake *m*.

fruiterer ['fruːtərə'] *n Br* fruitier *m*.

fruitful ['fruːtfʊl] *adj* [successful] fructueux(euse).

fruition [fruː'ɪʃn] *n*: **to come to ~** se réaliser.

fruit juice *n* jus *m* de fruits.

fruitless ['fruːtlɪs] *adj* vain(e).

fruit machine *n Br* machine *f* à sous.

fruit salad *n* salade *f* de fruits.

frumpy ['frʌmpɪ] (*compar* **-ier**, *superl* **-iest**) *adj* mal attifé(e), mal fagoté(e).

frustrate [frʌ'streɪt] *vt* **-1.** [annoy, disappoint] frustrer. **-2.** [prevent] faire échouer.

frustrated [frʌ'streɪtɪd] *adj* **-1.** [person, artist] frustré(e). **-2.** [effort, love] vain(e).

frustrating [frʌ'streɪtɪŋ] *adj* frustrant(e).

frustration [frʌ'streɪʃn] *n* frustration *f*.

fry [fraɪ] (*pt & pp* **fried**) *vt & vi* frire.

frying pan ['fraɪŋ-] *n* poêle *f* à frire; **to jump out of the ~ into the fire** tomber de Charybde en Scylla.

ft. *abbr of* **foot, feet**.

FT (*abbr of* **Financial Times**) *n quotidien britannique d'information financière*; **the ~ index** l'indice *m* boursier du FT, ≃ le Cac 40.

FTC (*abbr of* **Federal Trade Commission**) *n organisme américain chargé de faire respecter les lois anti-trust*.

fuchsia ['fjuːʃə] *n* fuchsia *m*.

fuck [fʌk] *vulg* ◇ *vt & vi* baiser. ◇ *excl* putain de merde!
◆ **fuck off** *vi vulg* foutre le camp; **~ off!** fous le camp!

fucking ['fʌkɪŋ] *adj vulg* putain de.

fuddled ['fʌdld] *adj* confus(e).

fuddy-duddy ['fʌdɪˌdʌdɪ] (*pl* **-ies**) *n inf* personne *f* vieux jeu.

fudge [fʌdʒ] ◇ *n* (*U*) [sweet] caramel *m* (mou). ◇ *vt inf* [figures] truquer; [issue] esquiver.

fuel [fjʊəl] (*Br pt & pp* **-led**, *cont* **-ling**, *Am pt & pp* **-ed**, *cont* **-ing**) ◇ *n* combustible *m*; [for engine] carburant *m*; **to add ~ to** *fig* alimenter. ◇ *vt* **-1.** [supply with fuel] alimenter (en combustible/carburant). **-2.** *fig* [speculation] nourrir.

fuel pump *n* pompe *f* d'alimentation.

fuel tank *n* réservoir *m* à carburant.

fugitive ['fjuːdʒətɪv] *n* fugitif *m*, -ive *f*.

fugue [fjuːg] *n* fugue *f*.

fulcrum ['fʊlkrəm] (*pl* **-crums** OR **-cra** [-krə]) *n* pivot *m*.

fulfil (*pt* & *pp* **-led**, *cont* **-ling**), **fulfill** *Am* [fʊl'fɪl] *vt* **-1.** [duty, role] remplir; [hope] répondre à; [ambition, prophecy] réaliser. **-2.** [satisfy - need] satisfaire; **to ~ o.s.** s'épanouir.

fulfilling [fʊl'fɪlɪŋ] *adj* épanouissant(e).

fulfilment, **fulfillment** *Am* [fʊl'fɪlmənt] *n* (*U*) **-1.** [satisfaction] grande satisfaction *f*. **-2.** [of ambition, dream] réalisation *f*; [of role, promise] exécution *f*; [of need] satisfaction *f*.

full [fʊl] ⋄ *adj* **-1.** [gen] plein(e); [bus, car park] complet(ète); [with food] gavé(e), repu(e). **-2.** [complete - recovery, control] total(e); [- explanation, day] entier(ière); [- volume] maximum. **-3.** [busy - life] rempli(e); [- timetable, day] chargé(e). **-4.** [flavour] riche. **-5.** [plump - figure] rondelet(ette); [- mouth] charnu(e). **-6.** [skirt, sleeve] ample. ⋄ *adv* **-1.** [directly]: **~ in the face** en plein (dans le) visage. **-2.** [very]: **you know ~ well that ...** tu sais très bien que .... **-3.** [at maximum] au maximum. ⋄ *n*: **in ~** complètement, entièrement; **to the ~** pleinement.

fullback ['fʊlbæk] *n* arrière *m*.

full-blooded [-'blʌdɪd] *adj* **-1.** [pure-blooded] de race pure. **-2.** [strong, complete] robuste.

full-blown [-'bləʊn] *adj* général(e); **to have ~ AIDS** avoir le Sida avéré.

full board *n* pension *f* complète.

full-bodied [-'bɒdɪd] *adj* qui a du corps.

full dress *n* (*U*) tenue *f* de cérémonie.

full-face *adj* de face.

full-fashioned *Am* = fully-fashioned.

full-fledged *Am* = fully-fledged.

full-frontal *adj* de face.

full-grown [-'grəʊn] *adj* adulte.

full house *n* [at show, event] représentation *f* à bureaux fermés.

full-length ⋄ *adj* **-1.** [portrait, mirror] en pied. **-2.** [dress, novel] long (longue); **~ film** long métrage. ⋄ *adv* de tout son long.

full moon *n* pleine lune *f*.

fullness ['fʊlnɪs] *n* [of voice] ampleur *f*; [of life] richesse *f*; **in the ~ of time** avec le temps.

full-page *adj* sur toute une page.

full-scale *adj* **-1.** [life-size] grandeur nature (*inv*). **-2.** [complete] de grande envergure.

full-size(d) *adj* **-1.** [life-size] grandeur nature (*inv*). **-2.** [adult] adulte. **-3.** *Am* AUT: **~ car** grande berline *f*.

full stop ⋄ *n* point *m*. ⋄ *adv Br* un point c'est tout.

full time *n Br* SPORT fin *f* de match.
◆ **full-time** *adj* & *adv* [work, worker] à temps plein.

full up *adj* [bus, train] complet (complète); [with food] gavé(e), repu(e).

fully ['fʊlɪ] *adv* [understand, satisfy] tout à fait; [trained, describe] entièrement.

fully-fashioned *Br*, **full-fashioned** *Am* [-'fæʃnd] *adj* moulant(e).

fully-fledged *Br*, **full-fledged** *Am* [-'fledʒd] *adj* diplômé(e).

fulness ['fʊlnɪs] = fullness.

fulsome ['fʊlsəm] *adj* excessif(ive).

fumble ['fʌmbl] ⋄ *vt* [catch] mal attraper. ⋄ *vi* fouiller, tâtonner; **to ~ for** fouiller pour trouver.

fume [fjuːm] *vi* [with anger] rager.
◆ **fumes** *npl* [from paint] émanations *fpl*; [from smoke] fumées *fpl*; [from car] gaz *mpl* d'échappement.

fumigate ['fjuːmɪgeɪt] *vt* fumiger.

fun [fʌn] ⋄ *n* (*U*) **-1.** [pleasure, amusement]: **the game is great ~** ce jeu est très amusant; **to have ~** s'amuser; **for ~**, **for the ~ of it** pour s'amuser. **-2.** [playfulness]: **to be full of ~** être plein d'entrain. **-3.** [ridicule]: **to make ~ of** OR **poke ~ at sb** se moquer de qqn. ⋄ *adj* amusant(e).

function ['fʌŋkʃn] ⋄ *n* **-1.** [gen] fonction *f*. **-2.** [formal social event] réception *f* officielle. ⋄ *vi* fonctionner; **to ~ as** servir de.

functional ['fʌŋkʃnəl] *adj* **-1.** [practical] fonctionnel(elle). **-2.** [operational] en état de marche.

functionary ['fʌŋkʃnərɪ] (*pl* **-ies**) *n* fonctionnaire *mf*.

function key *n* COMPUT touche *f* de fonction.

fund [fʌnd] ⋄ *n* fonds *m*; *fig* [of knowledge] puits *m*. ⋄ *vt* financer.
◆ **funds** *npl* fonds *mpl*.

fundamental [ˌfʌndə'mentl] *adj*: **~ (to)** fondamental(e) (à).
◆ **fundamentals** *npl* principes *mpl* de base.

fundamentalism [ˌfʌndə'mentəlɪzm] *n* fondamentalisme *m*.

fundamentally [ˌfʌndə'mentəlɪ] *adv* fondamentalement.

funding ['fʌndɪŋ] *n* (*U*) financement *m*.

fund-raising [-ˌreɪzɪŋ] ⋄ *n* (*U*) collecte *f* de fonds. ⋄ *comp* [event, campaign] organisé(e) pour collecter des fonds.

funeral ['fjuːnərəl] *n* obsèques *fpl*.

funeral director n entrepreneur m de pompes funèbres.

funeral parlour n entreprise f de pompes funèbres.

funeral service n service m funèbre.

funereal [fjuːˈnɪərɪəl] adj funèbre.

funfair [ˈfʌnfeəʳ] n fête f foraine.

fungus [ˈfʌŋgəs] (pl -gi [-gaɪ] OR -guses) n champignon m.

funk [fʌŋk] n (U) -1. MUS funk m. -2. dated [fear] frayeur f.

funky [ˈfʌŋkɪ] (compar -ier, superl -iest) adj MUS funky (inv).

funnel [ˈfʌnl] (Br pt & pp -led, cont -ling, Am pt & pp -ed, cont -ing) ◇ n -1. [tube] entonnoir m. -2. [of ship] cheminée f. ◇ vt [crowd] canaliser; [money, food] diriger. ◇ vi se diriger.

funnily [ˈfʌnɪlɪ] adv [strangely] bizarrement; ~ enough chose curieuse.

funny [ˈfʌnɪ] (compar -ier, superl -iest) adj -1. [amusing, odd] drôle. -2. [ill] tout drôle (toute drôle).

funny bone n petit juif m.

funny farm n inf hum maison f de fous.

fun run n course à pied organisée pour collecter des fonds.

fur [fɜːʳ] n fourrure f.

fur coat n (manteau m de) fourrure f.

furious [ˈfjuərɪəs] adj -1. [very angry] furieux(ieuse). -2. [wild - effort, battle] acharné(e); [- temper] déchaîné(e).

furiously [ˈfjuərɪəslɪ] adv -1. [angrily] furieusement. -2. [wildly - fight, try] avec acharnement; [- run] à une allure folle.

furled [fɜːld] adj [umbrella, flag] roulé(e); [sail] serré(e).

furlong [ˈfɜːlɒŋ] n = 201,17 mètres.

furnace [ˈfɜːnɪs] n [fire] fournaise f.

furnish [ˈfɜːnɪʃ] vt -1. [fit out] meubler. -2. fml [provide] fournir; to ~ sb with sthg fournir qqch à qqn.

furnished [ˈfɜːnɪʃt] adj meublé(e).

furnishings [ˈfɜːnɪʃɪŋz] npl mobilier m.

furniture [ˈfɜːnɪtʃəʳ] n (U) meubles mpl; a piece of ~ un meuble.

furniture polish n encaustique m, produit m d'entretien des meubles.

furore Br [ˈfjuərɔːrɪ], **furor** Am [ˈfjuərɔːr] n scandale m.

furrier [ˈfʌrɪəʳ] n fourreur m.

furrow [ˈfʌrəu] n -1. [in field] sillon m. -2. [on forehead] ride f.

furrowed [ˈfʌrəud] adj -1. [field, land] labouré(e). -2. [brow] ridé(e).

furry [ˈfɜːrɪ] (compar -ier, superl -iest) adj -1. [animal] à fourrure. -2. [material] recouvert(e) de fourrure.

further [ˈfɜːðəʳ] ◇ compar → far.
◇ adv -1. [gen] plus loin; how much ~ is it? combien de kilomètres y a-t-il?; ~ on plus loin; this mustn't go any ~ ceci doit rester entre nous. -2. [more - complicate, develop] davantage; [- enquire] plus avant. -3. [in addition] de plus.
◇ adj nouveau(elle), supplémentaire; until ~ notice jusqu'à nouvel ordre.
◇ vt [career, aims] faire avancer; [cause] encourager.
◆ **further to** prep fml suite à.

further education n Br éducation f postscolaire.

furthermore [ˌfɜːðəˈmɔː] adv de plus.

furthermost [ˈfɜːðəməust] adj le plus éloigné (la plus éloignée).

furthest [ˈfɜːðɪst] ◇ superl → far. ◇ adj le plus éloigné (la plus éloignée). ◇ adv le plus loin.

furtive [ˈfɜːtɪv] adj [person] sournois(e); [glance] furtif(ive).

furtively [ˈfɜːtɪvlɪ] adv furtivement.

fury [ˈfjuərɪ] n fureur f; in a ~ en fureur.

fuse, **fuze** Am [fjuːz] ◇ n -1. ELEC fusible m, plomb m. -2. [of bomb] détonateur m; [of firework] amorce f. ◇ vt -1. [join by heat] réunir par la fusion. -2. [combine] fusionner. ◇ vi -1. ELEC: the lights have ~d les plombs ont sauté. -2. [join by heat] fondre. -3. [combine] fusionner.

fuse-box n boîte f à fusibles.

fused [fjuːzd] adj [plug] avec fusible incorporé.

fuselage [ˈfjuːzəlɑːʒ] n fuselage m.

fuse wire n fusible m.

fusillade [ˌfjuːzəˈleɪd] n fusillade f.

fusion [ˈfjuːʒn] n fusion f.

fuss [fʌs] ◇ n -1. [excitement, anxiety] agitation f; to make a ~ faire des histoires. -2. (U) [complaints] protestations fpl. -3. phr: to make a ~ of sb Br être aux petits soins pour qqn. ◇ vi faire des histoires.
◆ **fuss over** vt fus être aux petits soins pour.

fusspot [ˈfʌspɒt] n inf tatillon m, -onne f.

fussy [ˈfʌsɪ] (compar -ier, superl -iest) adj -1. [fastidious - person] tatillon(onne); [- eater] difficile. -2. [over-decorated] tarabiscoté(e).

fusty [ˈfʌstɪ] (compar -ier, superl -iest) adj -1. [not fresh] qui sent le renfermé. -2. [old-fashioned] vieillot(otte).

futile [ˈfjuːtaɪl] adj vain(e).

futility [fjuːˈtɪlətɪ] *n* futilité *f*.
futon [ˈfuːtɒn] *n* futon *m*.
future [ˈfjuːtʃəʳ] ◇ *n* **-1.** [gen] avenir *m*; **in ~** à l'avenir; **in the ~** dans le futur, à l'avenir. **-2.** GRAMM: **~ (tense)** futur *m*. ◇ *adj* futur(e).
◆ **futures** *npl* FIN transactions *fpl* à terme.
futuristic [ˌfjuːtʃəˈrɪstɪk] *adj* futuriste.
fuze *Am* = **fuse**.
fuzz [fʌz] *n* **-1.** [hair] cheveux *mpl* crépus. **-2.** *inf* [police]: **the ~** les flics *mpl*.
fuzzy [ˈfʌzɪ] (*compar* **-ier**, *superl* **-iest**) *adj* **-1.** [hair] crépu(e). **-2.** [photo, image] flou(e). **-3.** [thoughts, mind] confus(e).
fwd. *abbr of* **forward**.
fwy *abbr of* **freeway**.
FY *n abbr of* **fiscal year**.
FYI *abbr of* **for your information**.

G

g¹ (*pl* **g's** OR **gs**), **G** (*pl* **G's** OR **Gs**) [dʒiː] *n* [letter] g *m inv*, G *m inv*.
◆ **G** ◇ *n* MUS sol *m*. ◇ **-1.** (*abbr of* **good**) B. **-2.** (*abbr of* **general (audience)**) *tous publics*.
g² **-1.** (*abbr of* **gram**) g. **-2.** (*abbr of* **gravity**) g.
GA *abbr of* **Georgia**.
gab [gæb] → **gift**.
gabardine [ˌgæbəˈdiːn] *n* gabardine *f*.
gabble [ˈgæbl] ◇ *vt & vi* baragouiner. ◇ *n* charabia *m*.
gable [ˈgeɪbl] *n* pignon *m*.
Gabon [gæˈbɒn] *n* Gabon *m*; **in ~** au Gabon.
Gabonese [ˌgæbʊˈniːz] ◇ *adj* gabonais(e). ◇ *npl*: **the ~** les Gabonais.
gad [gæd] (*pt & pp* **-ded**, *cont* **-ding**)
◆ **gad about** *vi inf* partir en vadrouille.
gadget [ˈgædʒɪt] *n* gadget *m*.
gadgetry [ˈgædʒɪtrɪ] *n* (*U*) gadgets *mpl*.
Gaelic [ˈgeɪlɪk] ◇ *adj* gaélique. ◇ *n* gaélique *m*.
gaffe [gæf] *n* gaffe *f*.
gaffer [ˈgæfəʳ] *n Br inf* [boss] patron *m*.
gag [gæg] (*pt & pp* **-ged**, *cont* **-ging**) ◇ *n* **-1.** [for mouth] bâillon *m*. **-2.** *inf* [joke] blague *f*,

gag *m*. ◇ *vt* [put gag on] bâillonner. ◇ *vi* [choke] s'étrangler.
gage *Am* = **gauge**.
gaiety [ˈgeɪətɪ] *n* gaieté *f*.
gaily [ˈgeɪlɪ] *adv* **-1.** [cheerfully] gaiement. **-2.** [thoughtlessly] allègrement.
gain [geɪn] ◇ *n* **-1.** [gen] profit *m*. **-2.** [improvement] augmentation *f*. ◇ *vt* **-1.** [acquire] gagner. **-2.** [increase in - speed, weight] prendre; [- confidence] gagner en. **-3.** [subj: watch, clock]: **to ~ 10 minutes** avancer de 10 minutes. ◇ *vi* **-1.** [advance]: **to ~ in sthg** gagner en qqch. **-2.** [benefit]: **to ~ from** OR **by sthg** tirer un avantage de qqch. **-3.** [watch, clock] avancer.
◆ **gain on** *vt fus* rattraper.
gainful [ˈgeɪnfʊl] *adj fml* lucratif(ive).
gainfully [ˈgeɪnfʊlɪ] *adv fml* lucrativement.
gainsay [ˌgeɪnˈseɪ] (*pt & pp* **-said**) *vt fml* contredire.
gait [geɪt] *n* démarche *f*.
gaiters [ˈgeɪtəz] *npl* guêtres *fpl*.
gal. *abbr of* **gallon**.
gala [ˈgɑːlə] ◇ *n* [celebration] gala *m*. ◇ *comp* de gala.
Galapagos Islands [gəˈlæpəgəs-] *npl*: **the ~** les (îles *fpl*) Galapagos; **in the ~** aux (îles) Galapagos.
galaxy [ˈgæləksɪ] (*pl* **-ies**) *n* galaxie *f*.
gale [geɪl] *n* [wind] grand vent *m*.
Galicia [gəˈlɪʃɪə] *n* **-1.** [in Central Europe] Galicie *f*; **in ~** en Galicie. **-2.** [in Spain] Galice *f*; **in ~** en Galice.
gall [gɔːl] ◇ *n* [nerve]: **to have the ~ to do sthg** avoir le toupet de faire qqch. ◇ *vt* contrarier.
gall. *abbr of* **gallon**.
gallant [*sense 1* ˈgælənt, *sense 2* gəˈlænt, ˈgælənt] *adj* **-1.** [courageous] courageux(euse). **-2.** [polite to women] galant.
gallantry [ˈgæləntrɪ] *n* **-1.** [courage] bravoure *f*. **-2.** [politeness to women] galanterie *f*.
gall bladder *n* vésicule *f* biliaire.
galleon [ˈgælɪən] *n* galion *m*.
gallery [ˈgælərɪ] (*pl* **-ies**) *n* **-1.** [gen] galerie *f*. **-2.** [for displaying art] musée *m*. **-3.** [in theatre] paradis *m*.
galley [ˈgælɪ] (*pl* **galleys**) *n* **-1.** [ship] galère *f*. **-2.** [kitchen] coquerie *f*.
Gallic [ˈgælɪk] *adj* français(e).
galling [ˈgɔːlɪŋ] *adj* humiliant(e).
gallivant [ˌgælɪˈvænt] *vi inf* mener une vie de patachon.
gallon [ˈgælən] *n* = 4,546 litres, gallon *m*.

gallop ['gæləp] ◇ n galop m. ◇ vi galoper.

galloping ['gæləpɪŋ] adj [inflation] galopant(e).

gallows ['gæləuz] (pl inv) n gibet m.

gallstone ['gɔːlstəun] n calcul m biliaire.

Gallup poll ['gæləp-] n Br sondage m d'opinion.

galore [gə'lɔːr] adj en abondance.

galoshes [gə'lɒʃɪz] npl caoutchoucs mpl, claques fpl Can.

galvanize, -ise ['gælvənaɪz] vt **-1.** TECH galvaniser. **-2.** [impel]: **to ~ sb into action** pousser qqn à agir.

Gambia ['gæmbɪə] n: **(the) ~ Gambie** f; **in (the) ~** en Gambie.

Gambian ['gæmbɪən] ◇ adj gambien(ienne). ◇ n Gambien m, -ienne f.

gambit ['gæmbɪt] n entrée f en matière.

gamble ['gæmbl] ◇ n [calculated risk] risque m; **to take a ~** prendre un risque. ◇ vi **-1.** [bet] jouer; **to ~ on** jouer de l'argent sur. **-2.** [take risk]: **to ~ on** miser sur.

gambler ['gæmblər] n joueur m, -euse f.

gambling ['gæmblɪŋ] n (U) jeu m.

gambol ['gæmbl] (Br pt & pp **-led**, cont **-ling**, Am pt & pp **-ed**, cont **-ing**) vi gambader.

game [geɪm] ◇ n **-1.** [gen] jeu m; **what's your ~‽** inf à quoi joues-tu‽ **-2.** [match] match m. **-3.** (U) [hunted animals] gibier m. **-4.** phr: **to beat sb at their own ~** battre qqn sur son propre terrain; **the ~'s up** tout est perdu; **to give the ~ away** vendre la mèche. ◇ adj **-1.** [brave] courageux(euse). **-2.** [willing]: **~ (for sthg/to do sthg)** partant(e) (pour qqch/pour faire qqch).
◆ **games** ◇ n SCH éducation f physique. ◇ npl [sporting contest] jeux mpl.

gamekeeper ['geɪm,kiːpər] n garde-chasse m.

gamely ['geɪmlɪ] adv **-1.** [bravely] courageusement. **-2.** [willingly] volontairement.

game reserve n réserve f (de chasse).

gamesmanship ['geɪmzmənʃɪp] n art de gagner habilement.

gamma rays ['gæmə-] npl rayons mpl gamma.

gammon ['gæmən] n jambon m fumé.

gammy ['gæmɪ] (compar **-ier**, superl **-iest**) adj Br inf boiteux(euse).

gamut ['gæmət] n gamme f; **to run the ~ of** passer par toute la gamme de.

gander ['gændər] n [male goose] jars m.

gang [gæŋ] n **-1.** [of criminals] gang m. **-2.** [of young people] bande f.

◆ **gang up** vi inf: **to ~ up (on)** se liguer (contre).

Ganges ['gændʒiːz] n: **the (River) ~** le Gange.

gangland ['gæŋlænd] n (U) milieu m.

gangling ['gæŋglɪŋ], **gangly** ['gæŋglɪ] (compar **-ier**, superl **-iest**) adj dégingandé(e).

gangplank ['gæŋplæŋk] n passerelle f.

gangrene ['gæŋgriːn] n gangrène f.

gangrenous ['gæŋgrɪnəs] adj gangreneux(euse).

gangster ['gæŋstər] n gangster m.

gangway ['gæŋweɪ] n **-1.** Br [aisle] allée f. **-2.** [gangplank] passerelle f.

gannet ['gænɪt] (pl inv OR **-s**) n [bird] fou m (de Bassan).

gantry ['gæntrɪ] (pl **-ies**) n portique m.

GAO (abbr of General Accounting Office) n Cour des comptes américaine.

gaol [dʒeɪl] Br = **jail**.

gap [gæp] n **-1.** [empty space] trou m; [in text] blanc m; fig [in knowledge, report] lacune f. **-2.** [interval of time] période f. **-3.** fig [great difference] fossé m.

gape [geɪp] vi **-1.** [person] rester bouche bée. **-2.** [hole, shirt] bâiller.

gaping ['geɪpɪŋ] adj **-1.** [open-mouthed] bouche bée (inv). **-2.** [wide-open] béant(e); [shirt] grand ouvert (grande ouverte).

garage [Br 'gærɑːʒ, 'gærɪdʒ, Am gə'rɑːʒ] n **-1.** [gen] garage m. **-2.** Br [for fuel] station-service f.

garb [gɑːb] n (U) fml tenue f.

garbage ['gɑːbɪdʒ] n (U) **-1.** [refuse] détritus mpl. **-2.** inf [nonsense] idioties fpl.

garbage can n Am poubelle f.

garbage collector n Am éboueur m.

garbage truck n Am camion-poubelle m.

garbled ['gɑːbld] adj confus(e).

garden ['gɑːdn] ◇ n jardin m. ◇ comp de jardin. ◇ vi jardiner.
◆ **gardens** npl jardins mpl (publics).

garden centre n jardinerie f, garden centre m.

garden city n Br cité-jardin f.

gardener ['gɑːdnər] n [professional] jardinier m, -ière f; [amateur] personne f qui aime jardiner, amateur m de jardinage.

gardenia [gɑː'diːnjə] n gardénia m.

gardening ['gɑːdnɪŋ] ◇ n jardinage m. ◇ comp [gloves, equipment, book] de jardinage; [expert] en jardinage.

garden party n garden-party f.

gargantuan [gɑː'gæntjuən] adj gargantuesque.

gargle ['gɑːgl] *vi* se gargariser.

gargoyle ['gɑːgɔɪl] *n* gargouille *f.*

garish ['geərɪʃ] *adj* criard(e).

garland ['gɑːlənd] *n* guirlande *f* de fleurs.

garlic ['gɑːlɪk] *n* ail *m.*

garlic bread *n* pain *m* à l'ail.

garlicky ['gɑːlɪkɪ] *adj inf* qui sent l'ail.

garment ['gɑːmənt] *n* vêtement *m.*

garner ['gɑːnəʳ] *vt fml* recueillir.

garnet ['gɑːnɪt] *n* [red stone] grenat *m.*

garnish ['gɑːnɪʃ] ◇ *n* garniture *f.* ◇ *vt* garnir.

garret ['gærət] *n* mansarde *f.*

garrison ['gærɪsn] ◇ *n* [soldiers] garnison *f.* ◇ *vt* tenir en garnison.

garrulous ['gærələs] *adj* volubile.

garter ['gɑːtəʳ] *n* -1. [for socks] support-chaussette *m*; [for stockings] jarretière *f.* -2. *Am* [suspender] jarretelle *f.*

gas [gæs] (*pl* -es OR -ses, *pt & pp* -sed, *cont* -sing) ◇ *n* -1. [gen] gaz *m inv.* -2. *Am* [for vehicle] essence *f.* ◇ *vt* gazer.

gas chamber *n* chambre *f* à gaz.

Gascony ['gæskənɪ] *n* Gascogne *f*; **in ~** en Gascogne.

gas cooker *n Br* cuisinière *f* à gaz.

gas cylinder *n* bouteille *f* de gaz.

gaseous ['gæsjəs] *adj* gazeux(euse).

gas fire *n Br* appareil *m* de chauffage à gaz.

gas fitter *n* ajusteur *m* gazier.

gas gauge *n Am* jauge *f* d'essence.

gash [gæʃ] ◇ *n* entaille *f.* ◇ *vt* entailler.

gasket ['gæskɪt] *n* joint *m* d'étanchéité.

gasman ['gæsmæn] (*pl* -men [-men]) *n* [who reads meter] employé *m* du gaz; [for repairs] installateur *m* de gaz.

gas mask *n* masque *m* à gaz.

gas meter *n* compteur *m* à gaz.

gasoline ['gæsəliːn] *n Am* essence *f.*

gasometer [gæ'sɒmɪtəʳ] *n* réservoir *m* collecteur de gaz.

gas oven *n* -1. [for cooking] four *m* à gaz. -2. [gas chamber] chambre *f* à gaz.

gasp [gɑːsp] ◇ *n* halètement *m.* ◇ *vi* -1. [breathe quickly] haleter. -2. [in shock, surprise] avoir le souffle coupé.

gas pedal *n Am* accélérateur *m.*

gasping ['gɑːspɪŋ] *adj Br inf* mort(e) de soif.

gas station *n Am* station-service *f.*

gas stove = gas cooker.

gassy ['gæsɪ] (*compar* -ier, *superl* -iest) *adj pej* gazeux(euse).

gas tank *n Am* réservoir *m.*

gas tap *n* [for mains supply] robinet *m* de gaz; [on gas fire] prise *f* de gaz.

gastric ['gæstrɪk] *adj* gastrique.

gastric ulcer *n* ulcère *m* gastrique.

gastritis [gæs'traɪtɪs] *n* gastrite *f.*

gastroenteritis ['gæstrəʊ,entə'raɪtɪs] *n* gastro-entérite *f.*

gastronomic [,gæstrə'nɒmɪk] *adj* gastronomique.

gastronomy [gæs'trɒnəmɪ] *n* gastronomie *f.*

gasworks ['gæswɜːks] (*pl inv*) *n* usine *f* à gaz.

gate [geɪt] *n* [of garden, farm] barrière *f*; [of town, at airport] porte *f*; [of park] grille *f.*

gâteau ['gætəʊ] (*pl* -x [-z]) *n Br* gâteau *m.*

gatecrash ['geɪtkræʃ] *inf vt & vi* prendre part à une réunion, une réception sans y avoir été convié.

gatecrasher ['geɪt,kræʃəʳ] *n inf* intrus *m*, -e *f.*

gatehouse ['geɪthaʊs] *n* loge *f* du gardien.

gatekeeper ['geɪt,kiːpəʳ] *n* gardien *m*, -ienne *f.*

gatepost ['geɪtpəʊst] *n* montant *m* de barrière.

gateway ['geɪtweɪ] *n* -1. [entrance] entrée *f.* -2. [means of access]: **~ to** porte *f* de; *fig* clé *f* de.

gather ['gæðəʳ] ◇ *vt* -1. [collect] ramasser; [flowers] cueillir; [information] recueillir; [courage, strength] rassembler; **to ~ together** rassembler. -2. [increase - speed, force] prendre. -3. [understand]: **to ~ (that) ...** croire comprendre que .... -4. [cloth - into folds] plisser. ◇ *vi* [come together] se rassembler; [clouds] s'amonceler.
◆ **gather up** *vt sep* rassembler.

gathering ['gæðərɪŋ] *n* [meeting] rassemblement *m.*

GATT [gæt] (*abbr of* **General Agreement on Tariffs and Trade**) *n* GATT *m.*

gauche [gəʊʃ] *adj* gauche.

gaudy ['gɔːdɪ] (*compar* -ier, *superl* -iest) *adj* voyant(e).

gauge, gage *Am* [geɪdʒ] ◇ *n* -1. [for rain] pluviomètre *m*; [for fuel] jauge *f* (d'essence); [for tyre pressure] manomètre *m.* -2. [of gun, wire] calibre *m.* -3. RAIL écartement *m.* ◇ *vt* -1. [measure] mesurer. -2. [evaluate] jauger.

Gaul [gɔːl] *n* -1. [country] Gaule *f.* -2. [person] Gaulois *m*, -e *f.*

gaunt [gɔːnt] *adj* -1. [thin] hâve. -2. [bare, grim] désolé(e).

gauntlet ['gɔːntlɪt] *n* gant *m* (de protection); **to run the ~ of sthg** endurer qqch;

to throw down the ~ (to sb) jeter le gant (à qqn).

gauze [gɔːz] *n* gaze *f*.

gave [geɪv] *pt* → **give**.

gawky ['gɔːkɪ] (*compar* **-ier**, *superl* **-iest**) *adj* [person] dégingandé(e); [movement] désordonné(e).

gawp [gɔːp] *vi*: **to ~ (at)** rester bouche bée (devant).

gay [geɪ] ◇ *adj* **-1.** [gen] gai(e). **-2.** [homosexual] homo (*inv*), gay (*inv*). ◇ *n* homo *mf*, gay *mf*.

Gaza Strip ['gɑːzə-] *n*: **the ~** la bande de Gaza.

gaze [geɪz] ◇ *n* regard *m* (fixe). ◇ *vi*: **to ~ at sb/sthg** regarder qqn/qqch (fixement).

gazebo [gə'ziːbəʊ] (*pl inv* OR **-s**) *n* belvédère *m*.

gazelle [gə'zel] (*pl inv* OR **-s**) *n* gazelle *f*.

gazette [gə'zet] *n* [newspaper] gazette *f*.

gazetteer [ˌgæzɪ'tɪəʳ] *n* index *m* géographique.

gazump [gə'zʌmp] *vt Br inf*: **to be ~ed** être victime d'une suroffre.

GB (*abbr of* **Great Britain**) *n* G-B *f*.

GBH (*abbr of* **grievous bodily harm**) *n* coups *mpl* et blessures.

GC (*abbr of* **George Cross**) *n* distinction honorifique britannique.

GCE (*abbr of* **General Certificate of Education**) *n* certificat de fin d'études secondaires en Grande-Bretagne.

GCH *Br* (*abbr of* **gas central heating**) chauffage central à gaz.

GCHQ (*abbr of* **Government Communications Headquarters**) *n en Grande-Bretagne, centre d'interception des télécommunications étrangères.*

GCSE (*abbr of* **General Certificate of Secondary Education**) *n examen de fin d'études secondaires en Grande-Bretagne.*

Gdns *abbr of* **Gardens**.

GDP (*abbr of* **gross domestic product**) *n* PIB *m*.

GDR (*abbr of* **German Democratic Republic**) *n* RDA *f*.

gear [gɪəʳ] ◇ *n* **-1.** TECH [mechanism] embrayage *m*. **-2.** [speed - of car, bicycle] vitesse *f*; **to be in/out of ~** être en prise/au point mort. **-3.** (*U*) [equipment, clothes] équipement *m*. ◇ *vt*: **to ~ sthg to sb/sthg** destiner qqch à qqn/qqch.

◆ **gear up** *vi*: **to ~ up for sthg/to do sthg** se préparer pour qqch/à faire qqch.

gearbox ['gɪəbɒks] *n* boîte *f* de vitesses.

gearing ['gɪərɪŋ] *n* TECH engrenage *m*.

gear lever, gear stick *Br*, **gear shift** *Am* *n* levier *m* de changement de vitesse.

gear wheel *n* pignon *m*, roue *f* d'engrenage.

gee [dʒiː] *excl* **-1.** [to horse]: **~ up!** hue! **-2.** *Am inf* [expressing surprise, excitement]: **~ (whiz)!** ça alors!

geese [giːs] *pl* → **goose**.

Geiger counter ['gaɪgəʳ-] *n* compteur *m* Geiger.

geisha (girl) ['geɪʃə-] *n* geisha *f*.

gel [dʒel] (*pt* & *pp* **-led**, *cont* **-ling**) ◇ *n* [for hair] gel *m*. ◇ *vi* **-1.** [thicken] prendre. **-2.** *fig* [take shape] prendre tournure.

gelatin ['dʒelətɪn], **gelatine** [ˌdʒelə'tiːn] *n* gélatine *f*.

gelding ['geldɪŋ] *n* hongre *m*.

gelignite ['dʒelɪgnaɪt] *n* gélignite *f*.

gem [dʒem] *n* **-1.** [jewel] pierre *f* précieuse, gemme *f*. **-2.** *fig* [person, thing] perle *f*.

Gemini ['dʒemɪnaɪ] *n* Gémeaux *mpl*; **to be (a) ~** être Gémeaux.

gemstone ['dʒemstəʊn] *n* pierre *f* précieuse.

gen [dʒen] (*pt* & *pp* **-ned**, *cont* **-ning**) *n* (*U*) *Br inf* info *f*.

◆ **gen up** *vi*: **to ~ up (on sthg)** se rancarder (sur qqch).

gen. (*abbr of* **general, generally**) gén.

Gen. (*abbr of* **General**) Gal.

gender ['dʒendəʳ] *n* **-1.** [sex] sexe *m*. **-2.** GRAMM genre *m*.

gene [dʒiːn] *n* gène *m*.

genealogist [ˌdʒiːnɪ'ælədʒɪst] *n* généalogiste *mf*.

genealogy [ˌdʒiːnɪ'ælədʒɪ] (*pl* **-ies**) *n* généalogie *f*.

genera ['dʒenərə] *pl* → **genus**.

general ['dʒenərəl] ◇ *adj* général(e). ◇ *n* général *m*.

◆ **in general** *adv* en général.

general anaesthetic *n* anesthésie *f* générale.

general delivery *n Am* poste *f* restante.

general election *n* élection *f* générale.

generality [ˌdʒenə'rælətɪ] (*pl* **-ies**) *n* généralité *f*.

generalization [ˌdʒenərəlaɪ'zeɪʃn] *n* généralisation *f*.

generalize, -ise ['dʒenərəlaɪz] *vi*: **to ~ (about)** généraliser (au sujet de OR sur).

general knowledge *n* culture *f* générale.

generally ['dʒenərəlɪ] *adv* **-1.** [usually, in most cases] généralement. **-2.** [unspecifically] en général; [describe] en gros.

general manager n directeur général m, directrice générale f.

general practice n **-1.** [work] médecine f générale. **-2.** [place] cabinet m de généraliste.

general practitioner n (médecin m) généraliste m.

general public n: **the ~** le grand public.

general-purpose adj polyvalent(e).

general strike n grève f générale.

generate ['dʒenəreɪt] vt [energy, jobs] générer; [electricity, heat] produire; [interest, excitement] susciter.

generation [,dʒenə'reɪʃn] n **-1.** [gen] génération f; **first/second ~** première/deuxième génération. **-2.** [creation - of jobs] création f; [- of interest, excitement] induction f; [- of electricity] production f.

generation gap n fossé m des générations.

generator ['dʒenəreɪtə'] n générateur m; ELEC génératrice f, générateur.

generic [dʒɪ'nerɪk] adj générique.

generosity [,dʒenə'rɒsətɪ] n générosité f.

generous ['dʒenərəs] adj généreux(euse).

generously ['dʒenərəslɪ] adv généreusement.

genesis ['dʒenəsɪs] (pl **-eses** [-əsiːz]) n [origin] genèse f.

genetic [dʒɪ'netɪk] adj génétique.

genetic engineering n (U) manipulation f génétique.

genetic fingerprinting [-'fɪŋgəprɪntɪŋ] n identification génétique à l'aide des empreintes digitales.

genetics [dʒɪ'netɪks] n (U) génétique f.

Geneva [dʒɪ'niːvə] n Genève.

Geneva convention n: **the ~** la Convention de Genève.

genial ['dʒiːnjəl] adj affable.

genie ['dʒiːnɪ] (pl **genies** OR **genii** ['dʒiːnɪaɪ]) n génie m.

genitals ['dʒenɪtlz] npl organes mpl génitaux.

genius ['dʒiːnjəs] (pl **-es**) n génie m; **~ for sthg/for doing sthg** génie de qqch/pour faire qqch.

Genoa ['dʒenəʊə] n Gênes.

genocide ['dʒenəsaɪd] n génocide m.

genre ['ʒɑ̃rə] n genre m.

gent [dʒent] n Br inf gentleman m.
◆ **gents** n Br [toilets] toilettes fpl pour hommes; [sign on door] messieurs.

genteel [dʒen'tiːl] adj raffiné(e).

gentile ['dʒentaɪl] ◇ adj gentil(ille). ◇ n gentil m, -ille f.

gentle ['dʒentl] adj doux (douce); [hint] discret(ète); [telling-off] léger(ère).

gentleman ['dʒentlmən] (pl **-men** [-mən]) n **-1.** [well-behaved man] gentleman m; **~'s agreement** accord m qui repose sur l'honneur. **-2.** [man] monsieur m.

gentlemanly ['dʒentlmənlɪ] adj courtois(e).

gentleness ['dʒentlnɪs] n douceur f.

gently ['dʒentlɪ] adv [gen] doucement; [speak, smile] avec douceur.

gentry ['dʒentrɪ] n petite noblesse.

genuflect ['dʒenjuːflekt] vi fml faire une génuflexion.

genuine ['dʒenjuɪn] adj authentique; [interest, customer] sérieux(ieuse); [person, concern] sincère.

genuinely ['dʒenjuɪnlɪ] adv réellement.

genus ['dʒiːnəs] (pl **genera** ['dʒenərə]) n genre m.

geographer [dʒɪ'ɒgrəfə'] n géographe mf.

geographical [dʒɪə'græfɪkl] adj géographique.

geography [dʒɪ'ɒgrəfɪ] n géographie f.

geological [,dʒɪə'lɒdʒɪkl] adj géologique.

geologist [dʒɪ'ɒlədʒɪst] n géologue mf.

geology [dʒɪ'ɒlədʒɪ] n géologie f.

geometric(al) [,dʒɪə'metrɪk(l)] adj géométrique.

geometry [dʒɪ'ɒmətrɪ] n géométrie f.

geophysics [,dʒiːəʊ'fɪzɪks] n géophysique f.

Geordie ['dʒɔːdɪ] n personne originaire de Tyneside.

George Cross ['dʒɔːdʒ-] n Br décoration décernée pour actes de bravoure.

Georgia ['dʒɔːdʒə] n [in US, in CIS] Géorgie f; **in ~** en Géorgie.

Georgian ['dʒɔːdʒən] ◇ adj **-1.** Br [house, furniture] ≃ style XVIIIe (siècle). **-2.** GEOGR géorgien(ienne). ◇ n Géorgien m, -ienne f.

geranium [dʒɪ'reɪnjəm] (pl **-s**) n géranium m.

gerbil ['dʒɜːbɪl] n gerbille f.

geriatric [,dʒerɪ'ætrɪk] adj **-1.** MED gériatrique. **-2.** pej [person] décrépit(e); [object] vétuste.

germ [dʒɜːm] n **-1.** [bacterium] germe m. **-2.** fig [of idea, plan] embryon m.

German ['dʒɜːmən] ◇ adj allemand(e). ◇ n **-1.** [person] Allemand m, -e f. **-2.** [language] allemand m.

Germanic [dʒɜː'mænɪk] adj germanique.

German measles n (U) rubéole f.

German shepherd (dog) *n* berger *m* allemand.

Germany ['dʒɜːmənɪ] (*pl* **-ies**) *n* Allemagne *f*; **in ~** en Allemagne.

germicide ['dʒɜːmɪsaɪd] *n* germicide *m*.

germinate ['dʒɜːmɪneɪt] ◇ *vt* **-1.** [seed] faire germer. **-2.** *fig* [idea, feeling] faire naître. ◇ *vi lit* & *fig* germer.

germination [,dʒɜːmɪ'neɪʃn] *n* **-1.** [of seed] germination *f*. **-2.** *fig* [of idea, feeling] développement *m*.

germ warfare *n* (*U*) guerre *f* bactériologique.

gerrymandering ['dʒerɪmændərɪŋ] *n* (*U*) charcutage *m* électoral.

gerund ['dʒerənd] *n* gérondif *m*.

gestation [dʒe'steɪʃn] *n* gestation *f*.

gestation period *n lit* & *fig* période *f* de gestation.

gesticulate [dʒes'tɪkjʊleɪt] *vi* gesticuler.

gesticulation [dʒe,stɪkjʊ'leɪʃn] *n* gesticulation *f*.

gesture ['dʒestʃər] ◇ *n* geste *m*. ◇ *vi*: **to ~ to** OR **towards sb** faire signe à qqn.

get [get] (*Br pt* & *pp* **got**, *cont* **-ting**, *Am pt* **got**, *pp* **gotten**, *cont* **-ting**) ◇ *vt* **-1.** [cause to do]: **to ~ sb to do sthg** faire faire qqch à qqn; **I'll ~ my sister to help** je vais demander à ma sœur de nous aider. **-2.** [cause to be done]: **to ~ sthg done** faire faire qqch; **I got the car fixed** j'ai fait réparer la voiture. **-3.** [cause to become]: **to ~ sb pregnant** rendre qqn enceinte; **I can't ~ the car started** je n'arrive pas à mettre la voiture en marche; **to ~ things going** faire avancer les choses. **-4.** [cause to move]: **to ~ sb/sthg through** faire passer qqn/qqch par qqch; **to ~ sb/sthg out of sthg** faire sortir qqn/qqch de qqch. **-5.** [bring, fetch] aller chercher; **can I ~ you something to eat/drink?** est-ce que je peux vous offrir quelque chose à manger/boire?; **I'll ~ my coat** je vais chercher mon manteau. **-6.** [obtain - gen] obtenir; [- job, house] trouver. **-7.** [receive] recevoir, avoir; **what did you ~ for your birthday?** qu'est-ce que tu as eu pour ton anniversaire?; **she ~s a good salary** elle touche un bon traitement; **when did you ~ the news?** quand as-tu reçu la nouvelle? **-8.** [experience a sensation] avoir; **do you ~ the feeling he doesn't like us?** tu n'as pas l'impression qu'il ne nous aime pas?; **I ~ a real thrill out of driving fast** cela me donne des sensations fortes de conduire vite. **-9.** [be infected with, suffer from] avoir, attraper; **to ~ a cold** attraper un rhume. **-10.** [understand] comprendre, saisir; **I don't ~ it** *inf* je

ne comprends pas, je ne saisis pas; **he didn't seem to ~ the point** il ne semblait pas comprendre OR piger. **-11.** [catch - bus, train, plane] prendre. **-12.** [capture] prendre, attraper. **-13.** *inf* [annoy]: **what really ~s me is his smugness** c'est sa suffisance qui m'agace OR qui m'énerve. **-14.** [find]: **you ~ a lot of artists here** on trouve OR il y a beaucoup d'artistes ici; *see also* **have**.
◇ *vi* **-1.** [become] devenir; **to ~ suspicious** devenir méfiant; **I'm getting cold/bored** je commence à avoir froid/à m'ennuyer; **it's getting late** il se fait tard. **-2.** [arrive] arriver; **he never got there** il n'est jamais arrivé; **I only got back yesterday** je suis rentré hier seulement. **-3.** [eventually succeed in]: **to ~ to do sthg** parvenir à OR finir par faire qqch; **did you ~ to see him?** est-ce que tu as réussi à le voir?; **she got to enjoy the classes** elle a fini par aimer les cours; **I never got to visit Beijing** je n'ai jamais pu aller à Beijing. **-4.** [progress]: **how far have you got?** où en es-tu?; **we got as far as buying the paint** on est allé jusqu'à acheter la peinture; **I got to the point where I didn't care any more** j'en suis arrivé à m'en ficher complètement; **now we're getting somewhere** enfin on avance; **we're getting nowhere** on n'arrive à rien.
◇ *aux vb*: **to ~ excited** s'exciter; **to ~ hurt** se faire mal; **to ~ beaten up** se faire tabasser; **let's ~ going** OR **moving** allons-y; *see also* **have**.

◆ **get about, get around** *vi* **-1.** [move from place to place] se déplacer. **-2.** [circulate - news, rumour] circuler, se répandre; *see also* **get around**.

◆ **get across** *vt sep* [idea, policy] communiquer; **to ~ one's message across** se faire comprendre.

◆ **get ahead** *vi* avancer.

◆ **get along** *vi* **-1.** [manage] se débrouiller. **-2.** [progress] avancer, faire des progrès. **-3.** [have a good relationship] s'entendre.

◆ **get around, get round** ◇ *vt fus* [overcome] venir à bout de, surmonter. ◇ *vi* **-1.** [circulate] circuler, se répandre. **-2.** [eventually do]: **to ~ around to (doing) sthg** trouver le temps de faire qqch; *see also* **get about**.

◆ **get at** *vt fus* **-1.** [reach] parvenir à. **-2.** [imply] vouloir dire; **what are you getting at?** où veux-tu en venir? **-3.** *inf* [criticize] critiquer, dénigrer.

◆ **get away** *vi* **-1.** [leave] partir, s'en aller. **-2.** [go on holiday] partir en vacances; **to ~ away from it all** partir se détendre loin de tout. **-3.** [escape] s'échapper, s'évader.

◆ **get away with** *vt fus*: **to let sb ~ away**

with sthg passer qqch à qqn; **she just lets him ~ away with it** elle le laisse tout faire, elle lui passe tout.

◆ **get back** ◇ *vt sep* [recover, regain] retrouver, récupérer. ◇ *vi* **-1.** [return] rentrer. **-2.** [move away] s'écarter.

◆ **get back to** *vt fus* **-1.** [return to previous state, activity] revenir à; **to ~ back to sleep** se rendormir; **things are getting back to normal** la situation redevient normale; **to ~ back to work** [after pause] se remettre au travail; [after illness] reprendre son travail. **-2.** *inf* [phone back] rappeler; **I'll ~ back to you on that** je te reparlerai de ça plus tard.

◆ **get by** *vi* se débrouiller, s'en sortir.

◆ **get down** *vt sep* **-1.** [depress] déprimer. **-2.** [fetch from higher level] descendre.

◆ **get down to** *vt fus* s'attaquer à; **to ~ down to doing sthg** se mettre à faire qqch; **to ~ down to work** se mettre au travail.

◆ **get in** ◇ *vi* **-1.** [enter - gen] entrer; [- referring to vehicle] monter. **-2.** [arrive] arriver; [arrive home] rentrer. **-3.** [be elected] être élu(e). ◇ *vt sep* **-1.** [bring in] rentrer. **-2.** [interject]: **to ~ a word in** placer un mot.

◆ **get in on** *vt fus* se mêler de, participer à.

◆ **get into** *vt fus* **-1.** [car] monter dans. **-2.** [become involved in] se lancer dans; **to ~ into an argument with sb** se disputer avec qqn. **-3.** [enter into a particular situation, state]: **to ~ into a panic** s'affoler; **to ~ into trouble** s'attirer des ennuis; **to ~ into the habit of doing sthg** prendre l'habitude de faire qqch. **-4.** [be accepted as a student at] être admis(e) à. **-5.** *inf* [affect]: **what's got into you?** qu'est-ce qui te prend?

◆ **get off** ◇ *vt sep* [remove] enlever. ◇ *vt fus* **-1.** [go away from] partir de. **-2.** [train, bus etc] descendre de. ◇ *vi* **-1.** [leave bus, train] descendre. **-2.** [escape punishment] s'en tirer; **he got off lightly** il s'en est tiré à bon compte. **-3.** [depart] partir.

◆ **get off with** *vt fus Br inf* avoir la touche avec.

◆ **get on** ◇ *vt sep* [put on] mettre. ◇ *vt fus* **-1.** [bus, train, plane] monter dans. **-2.** [horse] monter sur. ◇ *vi* **-1.** [enter bus, train] monter. **-2.** [have good relationship] s'entendre, s'accorder. **-3.** [progress] avancer, progresser. **-4.** [proceed]: **to ~ on (with sthg)** continuer (qqch), poursuivre (qqch). **-5.** [be successful professionally] réussir. **-6.** [grow old]: **to be getting on** se faire vieux (vieille).

◆ **get on for** *vt fus inf* [be approximately]: **to be getting on for** approcher de; **there were getting on for 5,000 people at the concert** il y avait près de 5 000 personnes au concert.

◆ **get on to** *vt fus* **-1.** [talk about] se mettre

à parler de. **-2.** [contact] contacter.

◆ **get out** ◇ *vt sep* **-1.** [take out] sortir. **-2.** [remove] enlever. ◇ *vi* **-1.** [from car, bus, train] descendre. **-2.** [news] s'ébruiter.

◆ **get out of** ◇ *vt fus* **-1.** [car etc] descendre de. **-2.** [escape from] s'évader de, s'échapper de. **-3.** [avoid] éviter, se dérober à; **to ~ out of doing sthg** se dispenser de faire qqch. ◇ *vt sep* [cause to escape from]: **to ~ sb out of jail** faire sortir qqn de prison.

◆ **get over** *vt fus* **-1.** [recover from] se remettre de. **-2.** [overcome] surmonter, venir à bout de. **-3.** [communicate] communiquer.

◆ **get over with** *vt sep*: **to ~ sthg over with** en finir avec qqch.

◆ **get round** = get around.

◆ **get through** ◇ *vt fus* **-1.** [job, task] arriver au bout de. **-2.** [exam] réussir à. **-3.** [food, drink] consommer. **-4.** [unpleasant situation] endurer, supporter. ◇ *vi* **-1.** [make o.s. understood]: **to ~ through (to sb)** se faire comprendre (de qqn). **-2.** TELEC obtenir la communication.

◆ **get to** *vt fus inf* [annoy] taper sur les nerfs à.

◆ **get together** ◇ *vt sep* [organize - team, belongings] rassembler; [- project, report] préparer. ◇ *vi* se réunir.

◆ **get up** ◇ *vi* se lever. ◇ *vt fus* [petition, demonstration] organiser.

◆ **get up to** *vt fus inf* faire; **I wonder what they're getting up to** je me demande ce qu'ils fabriquent OR ce qu'ils sont en train de faire encore.

getaway ['getəweɪ] *n* fuite *f*.

getaway car *n* voiture qui sert à la fuite des gangsters.

get-together *n inf* réunion *f*.

getup ['getʌp] *n inf* accoutrement *m*.

get-up-and-go *n* (U) *inf* tonus *m*.

get-well card *n* carte *f* de vœux de prompt rétablissement.

geyser ['giːzər] *n* **-1.** [hot spring] geyser *m*. **-2.** *Br* [water heater] chauffe-eau *m inv*.

Ghana ['gɑːnə] *n* Ghana *m*; **in ~** au Ghana.

Ghan(a)ian [gɑːˈneɪən] ◇ *adj* ghanéen(enne). ◇ *n* Ghanéen *m*, -enne *f*.

ghastly ['gɑːstlɪ] (*compar* **-ier**, *superl* **-iest**) *adj* **-1.** *inf* [very bad, unpleasant] épouvantable; **to feel/look ~** être dans un état/avoir une mine épouvantable. **-2.** [horrifying, macabre] effroyable.

gherkin ['gɜːkɪn] *n* cornichon *m*.

ghetto ['getəʊ] (*pl* **-s** OR **-es**) *n* ghetto *m*.

ghetto blaster [-ˌblɑːstər] *n inf* grand radiocassette *m* portatif.

ghost [gəʊst] ◇ n [spirit] spectre m; **he doesn't have a ~ of a chance** il n'a pas l'ombre d'une chance. ◇ vt = **ghostwrite**.

ghostly ['gəʊstlɪ] (compar -ier, superl -iest) adj spectral(e).

ghost town n ville f fantôme.

ghostwrite ['gəʊstraɪt] (pt -wrote, pp -written) vt écrire à la place de l'auteur.

ghostwriter ['gəʊst,raɪtə*] n nègre m.

ghostwritten ['gəʊst,rɪtn] pp → ghostwrite.

ghostwrote ['gəʊstrəʊt] pt → ghostwrite.

ghoul [guːl] n -1. [spirit] goule f. -2. pej [ghoulish person] personne f macabre.

ghoulish ['guːlɪʃ] adj macabre.

GHQ (abbr of general headquarters) n GQG m.

GI (abbr of government issue) n GI m.

giant ['dʒaɪənt] ◇ adj géant(e). ◇ n géant m.

giant-size(d) adj géant(e).

gibber ['dʒɪbə*] vi bredouiller.

gibberish ['dʒɪbərɪʃ] n (U) charabia m, inepties fpl.

gibbon ['gɪbən] n gibbon m.

gibe [dʒaɪb] ◇ n insulte f. ◇ vi: **to ~ at sb/sthg** insulter qqn/qqch.

giblets ['dʒɪblɪts] npl abats mpl.

Gibraltar [dʒɪ'brɔːltə*] n Gibraltar m; **in ~** à Gibraltar; **the Rock of ~** le rocher de Gibraltar.

giddy ['gɪdɪ] (compar -ier, superl -iest) adj [dizzy]: **to feel ~** avoir la tête qui tourne.

gift [gɪft] n -1. [present] cadeau m. -2. [talent] don m; **to have a ~ for sthg/for doing sthg** avoir un don pour qqch/pour faire qqch; **the ~ of the gab** le bagou.

GIFT [gɪft] (abbr of gamete in fallopian transfer) n fivete f.

gift certificate Am = gift token.

gifted ['gɪftɪd] adj doué(e).

gift token, gift voucher n Br chèque-cadeau m.

gift-wrapped [-ræpt] adj sous emballage-cadeau.

gig [gɪg] n inf [concert] concert m.

gigabyte ['gaɪgəbaɪt] n COMPUT giga-octet m.

gigantic [dʒaɪ'gæntɪk] adj énorme, gigantesque.

giggle ['gɪgl] ◇ n -1. [laugh] gloussement m. -2. Br inf [fun]: **to be a ~** être marrant(e) OR tordant(e); **to have a ~** bien s'amuser. ◇ vi [laugh] glousser.

giggly ['gɪglɪ] (compar -ier, superl -iest) adj qui pouffe.

GIGO ['gaɪgəʊ] (abbr of garbage in, garbage out) COMPUT qualité à l'entrée = qualité à la sortie.

gigolo ['ʒɪgələʊ] (pl -s) n pej gigolo m.

gigot ['ʒiːgəʊ] n gigot m.

gilded ['gɪldɪd] adj = gilt.

gill [dʒɪl] n [unit of measurement] = 0,142 litre, quart m de pinte.

gills [gɪlz] npl [of fish] branchies fpl.

gilt [gɪlt] ◇ adj [covered in gold] doré(e). ◇ n (U) [gold layer] dorure f.

◆ **gilts** npl FIN valeurs fpl de père de famille.

gilt-edged [-edʒd] adj FIN de père de famille.

gimme ['gɪmɪ] inf = give me.

gimmick ['gɪmɪk] n pej artifice m.

gin [dʒɪn] n gin m; **~ and tonic** gin tonic.

ginger ['dʒɪndʒə*] ◇ n -1. [root] gingembre m. -2. [powder] gingembre m en poudre. ◇ adj Br [colour] roux (rousse).

ginger ale n boisson gazeuse au gingembre.

ginger beer n boisson non-alcoolisée au gingembre.

gingerbread ['dʒɪndʒəbred] n pain m d'épice.

ginger group n Br groupe m de pression.

ginger-haired [-heəd] adj roux (rousse).

gingerly ['dʒɪndʒəlɪ] adv avec précaution.

gingham ['gɪŋəm] n [cloth] vichy m.

gingivitis [,dʒɪndʒɪ'vaɪtɪs] n gingivite f.

ginseng ['dʒɪnseŋ] n ginseng m.

gipsy ['dʒɪpsɪ] (pl -ies) ◇ adj gitan(e). ◇ n gitan m, -e f; Br pej bohémien m, -ienne f.

giraffe [dʒɪ'rɑːf] (pl inv OR -s) n girafe f.

gird [gɜːd] (pt & pp -ed OR girt) vt → loin.

girder ['gɜːdə*] n poutrelle f.

girdle ['gɜːdl] n [corset] gaine f.

girl [gɜːl] n -1. [gen] fille f. -2. [girlfriend] petite amie f.

girl Friday n aide f.

girlfriend ['gɜːlfrend] n -1. [female lover] petite amie f. -2. [female friend] amie f.

girl guide Br, **girl scout** Am n éclaireuse f, guide f.

◆ **Girl Guides** n: **the Girl Guides** les Guides fpl.

girlie magazine ['gɜːlɪ-] n inf magazine m érotique OR déshabillé.

girlish ['gɜːlɪʃ] adj de petite fille.

girl scout Am = girl guide.

giro ['dʒaɪrəʊ] n Br -1. (U) [system] virement m postal. -2. **~ (cheque)** chèque m d'indemnisation f (chômage OR maladie).

girt [gɜːt] *pt & pp* → **gird**.

girth [gɜːθ] *n* **-1.** [circumference - of tree] circonférence *f*; [- of person] tour *m* de taille. **-2.** [of horse] **sangle** *f*.

gist [dʒɪst] *n* **substance** *f*; **to get the ~ of** sth comprendre OR saisir l'essentiel de qqch.

give [gɪv] (*pt* gave, *pp* given) ◇ *vt* **-1.** [gen] donner; [message] transmettre; [attention, time] consacrer; **to ~ sb/sth sth** donner qqch à qqn/qqch; **to ~ sb pleasure/a fright/a smile** faire plaisir/peur/un sourire à qqn; **to ~ sb a look** jeter un regard à qqn; **to ~ a shrug** hausser les épaules; **to ~ a sigh** pousser un soupir; **to ~ a speech** faire un discours. **-2.** [as present]: **to ~ sb sth, to ~ sth to sb** donner qqch à qqn, offrir qqch à qqn. **-3.** [pay]: **how much did you ~ for it?** combien l'avez-vous payé? **-4.** *phr*: **I was given to believe** OR **understand that ...** *fml* on m'a fait comprendre que ...; **I'd ~ anything** OR **my right arm to do that** je donnerais n'importe quoi OR très cher pour faire ça. ◇ *vi* [collapse, break] **céder, s'affaisser.** ◇ *n* [elasticity] **élasticité** *f*, **souplesse** *f*.
◆ **give or take** *prep*: **~ or take a day/£10** à un jour/10 livres près.
◆ **give away** *vt sep* **-1.** [get rid of] **donner.** **-2.** [reveal] **révéler.**
◆ **give back** *vt sep* [return] **rendre.**
◆ **give in** *vi* **-1.** [admit defeat] **abandonner, se rendre. -2.** [agree unwillingly]: **to ~ in to** sth **céder à qqch.**
◆ **give off** *vt fus* [smell] **exhaler**; [smoke] **faire**; [heat] **produire.**
◆ **give out** ◇ *vt sep* [distribute] **distribuer.** ◇ *vi* [supplies] **s'épuiser**; [car] **lâcher.**
◆ **give over** ◇ *vt sep* [dedicate]: **to be given over to** [subj: time] **être consacré(e) à**; [subj: building] **être réservé(e) à.** ◇ *vi Br inf* [stop]: **~ over!** arrête!
◆ **give up** ◇ *vt sep* **-1.** [stop] **renoncer à**; **to ~ up drinking/smoking** arrêter de boire/de fumer. **-2.** [surrender]: **to ~ o.s. up (to sb)** se rendre (à qqn). ◇ *vi* **abandonner, se rendre.**
◆ **give up on** *vt fus* [abandon] **laisser tomber.**

give-and-take *n* (U) [compromise] **concessions** *fpl* **de part et d'autre.**

giveaway ['gɪvə,weɪ] ◇ *adj* **-1.** [tell-tale] **révélateur(trice). -2.** [very cheap] **dérisoire.** ◇ *n* [tell-tale sign] **signe** *m* **révélateur.**

given ['gɪvn] ◇ *pp* → **give.** ◇ *adj* **-1.** [set, fixed] **convenu(e), fixé(e)**; **at any ~ time** à un moment donné. **-2.** [prone]: **to be ~ to** sth/to doing sth **être enclin(e) à qqch/à**

faire qqch. ◇ *prep* **étant donné**; **~ that** étant donné que.

given name *n Am* **prénom** *m*.

giver ['gɪvə] *n* **donneur** *m*, **-euse** *f*.

glacé cherry ['glæseɪ-] *n* **cerise** *f* **confite.**

glacial ['gleɪsjəl] *adj* **-1.** [of glacier] **glaciaire. -2.** [unfriendly] **glacial(e).**

glacier ['glæsjə] *n* **glacier** *m*.

glad [glæd] (*compar* -der, *superl* -dest) *adj* **-1.** [happy, pleased] **content(e)**; **to be ~about** sth **être content de qqch**; **to be ~ that** **être content que. -2.** [willing]: **to be ~ to do** sth **faire qqch volontiers** OR **avec plaisir. -3.** [grateful]: **to be ~ of** sth **être content(e) de qqch.**

gladden ['glædn] *vt literary* **réjouir.**

glade [gleɪd] *n literary* **clairière** *f*.

gladiator ['glædɪeɪtə] *n* **gladiateur** *m*.

gladioli [,glædɪ'əʊlaɪ] *npl* **glaïeuls** *mpl*.

gladly ['glædlɪ] *adv* **-1.** [happily, eagerly] **avec joie. -2.** [willingly] **avec plaisir.**

glamor *Am* = **glamour.**

glamorize, -ise ['glæməraɪz] *vt* **faire apparaître sous un jour séduisant.**

glamorous ['glæmərəs] *adj* [person] **séduisant(e)**; [appearance] **élégant(e)**; [job, place] **prestigieux(ieuse).**

glamour *Br*, **glamor** *Am* ['glæmə] *n* [of person] **charme** *m*; [of appearance] **élégance** *f*, **chic** *m*; [of job, place] **prestige** *m*.

glance [glɑːns] ◇ *n* [quick look] **regard** *m*, **coup d'œil** *m*; **to cast** OR **take a ~ at** sth **jeter un coup d'œil à qqch**; **at a ~** d'un coup d'œil; **at first ~** au premier coup d'œil. ◇ *vi* [look quickly]: **to ~ at sb/sth** jeter un coup d'œil à qqn/qqch; **to ~ at** OR **through** sth **jeter un coup d'œil à** OR **sur qqch.**
◆ **glance off** *vt fus* [subj: ball, bullet] **ricocher sur.**

glancing ['glɑːnsɪŋ] *adj* **de côté, oblique.**

gland [glænd] *n* **glande** *f*.

glandular fever ['glændjʊlə-] *n* **mononucléose** *f* **infectieuse.**

glare [gleə] ◇ *n* **-1.** [scowl] **regard** *m* **mauvais. -2.** (U) [of headlights, publicity] **lumière** *f* **aveuglante.** ◇ *vi* **-1.** [scowl] **jeter un regard mauvais**; **to ~ at sb/sth** **regarder qqn/qqch d'un œil mauvais. -2.** [sun, lamp] **briller d'une lumière éblouissante.**

glaring ['gleərɪŋ] *adj* **-1.** [very obvious] **flagrant(e). -2.** [blazing, dazzling] **aveuglant(e).**

glasnost ['glæznɒst] *n* **glasnost** *f*, **transparence** *f*.

glass [glɑːs] ◇ *n* **-1.** [gen] **verre** *m*. **-2.** (U) [glassware] **verrerie** f. ◇ *comp* [bottle, jar] en OR de verre; [door, partition] vitré(e).

◆ **glasses** *npl* [spectacles] **lunettes** *fpl*.

glassblowing ['glɑːs,bləʊɪŋ] *n* soufflage *m* du verre.

glass fibre *n* (*U*) *Br* fibre *f* de verre.

glasshouse ['glɑːshaʊs, *pl* -haʊzɪz] *n Br* serre *f*.

glassware ['glɑːsweəʳ] *n* (*U*) verrerie *f*.

glassy ['glɑːsɪ] (*compar* -ier, *superl* -iest) *adj* -1. [smooth, shiny] lisse comme un miroir. -2. [blank, lifeless] vitreux(euse).

Glaswegian [glæz'wiːdʒən] ◇ *adj* de Glasgow. ◇ *n* -1. habitant *m*, -e *f* de Glasgow. -2. [dialect] dialecte *m* de Glasgow.

glaucoma [glɔː'kəʊmə] *n* glaucome *m*.

glaze [gleɪz] ◇ *n* [on pottery] vernis *m*; [on pastry, flan] glaçage *m*. ◇ *vt* [pottery, tiles, bricks] vernisser; [pastry, flan] glacer.

◆ **glaze over** *vi* devenir terne OR vitreux(euse).

glazed [gleɪzd] *adj* -1. [dull, bored] terne, vitreux(euse). -2. [covered with shiny layer - pottery] vernissé(e); [- pastry, flan] glacé(e). -3. [with glass] vitré(e).

glazier ['gleɪzjəʳ] *n* vitrier *m*.

GLC (*abbr of* **Greater London Council**) *n ancien organe administratif du grand Londres.*

gleam [gliːm] ◇ *n* [of gold] reflet *m*; [of fire, sunset, disapproval] lueur *f*. ◇ *vi* -1. [surface, object] luire. -2. [light, eyes] briller.

gleaming ['gliːmɪŋ] *adj* brillant(e).

glean [gliːn] *vt* [gather] glaner.

glee [gliː] *n* (*U*) [joy] joie *f*, jubilation *f*.

gleeful ['gliːfʊl] *adj* joyeux(euse).

glen [glen] *n Scot* vallée *f*.

glib [glɪb] (*compar* -ber, *superl* -best) *adj pej* [salesman, politician] qui a du bagout; [promise, excuse] facile.

glibly ['glɪblɪ] *adv pej* trop facilement.

glide [glaɪd] *vi* -1. [move smoothly - dancer, boat] glisser sans effort; [- person] se mouvoir sans effort. -2. [fly] planer.

glider ['glaɪdəʳ] *n* [plane] planeur *m*.

gliding ['glaɪdɪŋ] *n* [sport] vol *m* à voile.

glimmer ['glɪməʳ] ◇ *n* [faint light] faible lueur *f*; *fig* signe *m*, lueur; **a ~ of hope** une lueur d'espoir. ◇ *vi* luire OR briller faiblement.

glimpse [glɪmps] ◇ *n* -1. [look, sight] aperçu *m*; **to catch a ~ of sb/sthg** apercevoir qqn/qqch, entrevoir qqn/qqch. -2. [idea, perception] idée *f*. ◇ *vt* -1. [catch sight of] apercevoir, entrevoir. -2. [perceive] pressentir.

glint [glɪnt] ◇ *n* -1. [flash] reflet *m*. -2. [in eyes] éclair *m*. ◇ *vi* étinceler.

glisten ['glɪsn] *vi* briller.

glitch [glɪtʃ] *n Am inf* [in plan] pépin *m*.

glitter ['glɪtəʳ] ◇ *n* (*U*) scintillement *m*. ◇ *vi* -1. [object, light] scintiller. -2. [eyes] briller.

glittering ['glɪtərɪŋ] *adj* brillant(e).

glitzy ['glɪtsɪ] (*compar* -ier, *superl* -iest) *adj inf* [glamorous] chic.

gloat [gləʊt] *vi*: **to ~ (over sthg)** se réjouir (de qqch).

global ['gləʊbl] *adj* [worldwide] mondial(e).

globally ['gləʊbəlɪ] *adv* à l'échelle mondiale, mondialement.

global warming [-'wɔːmɪŋ] *n* réchauffement *m* de la planète.

globe [gləʊb] *n* -1. [Earth]: **the ~** la terre. -2. [spherical map] globe *m* terrestre. -3. [spherical object] globe *m*.

globetrotter ['gləʊb,trɒtəʳ] *n inf* globetrotter *m*.

globule ['glɒbjuːl] *n* gouttelette *f*.

gloom [gluːm] *n* (*U*) -1. [darkness] obscurité *f*. -2. [unhappiness] tristesse *f*.

gloomy ['gluːmɪ] (*compar* -ier, *superl* -iest) *adj* -1. [room, sky, prospects] sombre. -2. [person, atmosphere, mood] triste, lugubre.

glorification [,glɔːrɪfɪ'keɪʃn] *n* glorification *f*.

glorified ['glɔːrɪfaɪd] *adj pej*: **it's just a ~ swimming pool** il ne s'agit que d'une vulgaire piscine.

glorify ['glɔːrɪfaɪ] (*pt* & *pp* -ied) *vt* exalter.

glorious ['glɔːrɪəs] *adj* -1. [beautiful, splendid] splendide. -2. [very enjoyable] formidable. -3. [successful, impressive] magnifique.

glory ['glɔːrɪ] (*pl* -ies) *n* -1. (*U*) [fame, admiration] gloire *f*. -2. (*U*) [beauty] splendeur *f*. -3. [best feature] merveille *f*.

◆ **glories** *npl* [triumphs] triomphes *mpl*.

◆ **glory in** *vt fus* [relish] savourer.

Glos (*abbr of* **Gloucestershire**) *comté anglais.*

gloss [glɒs] *n* -1. (*U*) [shine] brillant *m*, lustre *m*. -2. **~ (paint)** peinture *f* brillante.

◆ **gloss over** *vt fus* passer sur.

glossary ['glɒsərɪ] (*pl* -ies) *n* glossaire *m*.

glossy ['glɒsɪ] (*compar* -ier, *superl* -iest) *adj* -1. [hair, surface] brillant(e). -2. [book, photo] sur papier glacé.

glossy magazine *n* magazine *m* de luxe.

glove [glʌv] *n* gant *m*.

glove compartment *n* boîte *f* à gants.

glove puppet *n Br* marionnette *f*.

glow [gləʊ] ◇ n (U) **-1.** [of fire, light, sunset] lueur f. **-2.** [of skin - because of heat, exercise] rougeur f; [- because of health] teint m rose et frais. **-3.** [feeling - of pride] sensation f; [- of anger] élan m; [- of shame, pleasure] sentiment m. ◇ vi **-1.** [shine out - fire] rougeoyer; [light, stars, eyes] flamboyer. **-2.** [shine in light] briller. **-3.** [with colour] flamboyer. **-4.** [flush]: to ~ (with) [heat] être rouge (de); [pleasure, health] rayonner (de).

glower ['glaʊə'] vi: to ~ (at) lancer des regards noirs (à).

glowing ['gləʊɪŋ] adj [very favourable] dithyrambique.

glow-worm n ver m luisant.

glucose ['glu:kəʊs] n glucose m.

glue [glu:] (cont **glueing** OR **gluing**) ◇ n (U) colle f. ◇ vt [stick with glue] coller; to ~ sthg to sthg coller qqch à OR avec qqch; to be ~d to the TV fig être rivé à la télé.

glue-sniffing [-ˌsnɪfɪŋ] n intoxication f à la colle.

glum [glʌm] (compar -mer, superl -mest) adj [unhappy] morne.

glut [glʌt] n surplus m.

gluten ['glu:tən] n gluten m.

glutinous ['glu:tɪnəs] adj glutineux(euse).

glutton ['glʌtn] n [greedy person] glouton m, -onne f; to be a ~ for punishment être maso, être masochiste.

gluttony ['glʌtənɪ] n gloutonnerie f.

glycerin ['glɪsərɪn], **glycerine** ['glɪsəri:n] n glycérine f.

gm (abbr of **gram**) g.

GMAT (abbr of **Graduate Management Admissions Test**) n test d'admission dans le 2e cycle de l'enseignement supérieur aux États-Unis.

GMB n important syndicat ouvrier britannique.

GMT (abbr of **Greenwich Mean Time**) n GMT m.

gnarled [nɑ:ld] adj [tree, hands] noueux(euse).

gnash [næʃ] vt: to ~ one's teeth grincer des dents.

gnat [næt] n moucheron m.

gnaw [nɔ:] ◇ vt [chew] ronger. ◇ vi [worry]: to ~ (away) at sb ronger qqn.

gnome [nəʊm] n gnome m, lutin m.

GNP (abbr of **gross national product**) n PNB m.

gnu [nu:] (pl inv OR -s) n gnou m.

go [gəʊ] (pt **went**, pp **gone**, pl **goes**) ◇ vi **-1.** [move, travel] aller; where are you ~ing? où vas-tu?; he's gone to Portugal il est allé au Portugal; we went by bus/train nous sommes allés en bus/par le train; where does this path ~? où mène ce chemin?; to ~ and do sthg aller faire qqch; to ~ swimming/shopping/jogging aller nager/faire les courses/faire du jogging; to ~ for a walk aller se promener, faire une promenade; to ~ to church/school/university aller à l'église/l'école/l'université; to ~ to work aller travailler OR à son travail; where do we ~ from here? fig qu'est-ce qu'on fait maintenant? **-2.** [depart] partir, s'en aller; I must ~, I have to ~ il faut que je m'en aille; what time does the bus ~? à quelle heure part le bus?; let's ~! allons-y! **-3.** [be or remain in a particular state]: to ~ hungry souffrir de la faim; we went in fear of our lives nous craignions pour notre vie; to ~ unpunished rester impuni. **-4.** [become] devenir; to ~ grey grisonner, devenir gris; to ~ mad devenir fou. **-5.** [pass - time] passer; the time went slowly/quickly le temps a passé lentement/a vite passé. **-6.** [progress] marcher, se dérouler; the conference went very smoothly la conférence s'est déroulée sans problème OR s'est très bien passée; to ~ well/badly aller bien/mal; how's it ~ing? inf comment ça va? **-7.** [function, work] marcher; the clock's stopped ~ing la pendule s'est arrêtée; the car won't ~ la voiture ne veut pas démarrer. **-8.** [indicating intention, expectation]: to be ~ing to do sthg aller faire qqch; what are you ~ing to do now? qu'est-ce que tu vas faire maintenant?; he said he was ~ing to be late il a prévenu qu'il allait arriver en retard; we're ~ing (to ~) to America in June on va (aller) en Amérique en juin; it's ~ing to rain/snow il va pleuvoir/neiger; she's ~ing to have a baby elle attend un bébé; it's not ~ing to be easy cela ne va pas être facile. **-9.** [bell, alarm] sonner. **-10.** [be spent] passer, partir; all my money goes on food and rent tout mon argent est passé OR parti en nourriture et en loyer. **-11.** [be given]: to ~ to aller à, être donné(e) à. **-12.** [be disposed of]: he'll have to ~ il va falloir le congédier OR le mettre à la porte; everything must ~ tout doit disparaître. **-13.** [stop working, break - light bulb, fuse] sauter; [- rope] céder. **-14.** [deteriorate - hearing, sight etc] baisser. **-15.** [match, be compatible]: to ~ (with) aller (avec); this blouse goes well with the skirt ce chemisier va bien avec la jupe; those colours don't really ~ ces couleurs ne vont pas bien ensemble; red wine goes well with meat le vin rouge se marie bien avec la viande. **-16.** [fit] aller; that goes at the bottom ça va au fond. **-17.** [belong] aller, se mettre; the plates ~ **in the cupboard** les assiettes vont OR se mettent dans le placard. **-18.** [in division]: **three into two won't** ~ deux divisé par trois n'y va pas. **-19.** [when referring to saying, story or song]: **how does that tune/song** ~? c'est quoi déjà l'air/la chanson ?; **as the saying goes** comme on dit, comme dit le proverbe. **-20.** *inf* [with negative - in giving advice] **now, don't** ~ **catching cold** ne va pas attraper froid surtout. **-21.** *inf* [expressing irritation, surprise]: **now what's he gone and done?** qu'est-ce qu'il a fait encore?; **she's gone and bought a new car!** elle a été s'acheter une nouvelle voiture!; **you've gone and done it now!** eh bien cette fois-ci, on peut dire que tu en as fait une belle! **-22.** *phr*: **it just goes to show** c'est bien vrai, vous voyez bien; **it just goes to show that none of us is perfect** cela prouve bien que personne n'est parfait. ◇ *vt* [make noise of] faire; **the dog went "woof"** le chien a fait «oua-oua». ◇ *n* **-1.** [turn] tour *m*; **it's my** ~ c'est à moi (de jouer). **-2.** *inf* [attempt]: **to have a** ~ **(at sthg)** essayer (de faire qqch); **have a** ~! tente le coup!, vas-y! **-3.** *inf* [success]: **to make a** ~ **of sthg** réussir qqch. **-4.** *phr*: **to have a** ~ **at sb** *inf* s'en prendre à qqn, engueuler qqn; **to be on the** ~ *inf* être sur la brèche.

◆ **to go** *adv* **-1.** [remaining]: **there are only three days to** ~ il ne reste que trois jours. **-2.** *Am* [to take away] à emporter.

◆ **go about** ◇ *vt fus* **-1.** [perform]: **to** ~ **about one's business** vaquer à ses occupations. **-2.** [tackle]: **how do you intend** ~**ing about it?** comment comptes-tu faire OR t'y prendre? ◇ *vi* = **go around**.

◆ **go after** *vt fus* [person] courir après; [prize] viser; [job] essayer d'obtenir.

◆ **go against** *vt fus* **-1.** [conflict with] heurter, aller à l'encontre de. **-2.** [act contrary to] contrarier, s'opposer à. **-3.** [decision, public opinion] être défavorable à.

◆ **go ahead** *vi* **-1.** [proceed]: **to** ~ **ahead with sthg** mettre qqch à exécution; ~ **ahead!** allez-y! **-2.** [take place] avoir lieu.

◆ **go along** *vi* [proceed] avancer; **as you** ~ **along** au fur et à mesure; **he makes it up as he goes along** il invente au fur et à mesure.

◆ **go along with** *vt fus* [suggestion, idea] appuyer, soutenir; [person] suivre.

◆ **go around** *vi* **-1.** [behave in a certain way]: **she goes around putting everyone's back up** elle n'arrête pas de prendre les gens à rebrousse-poil; **there's no need to** ~ **around telling everyone** tu n'as pas besoin

d'aller le crier sur les toits. **-2.** [frequent]: **to** ~ **around with sb** fréquenter qqn. **-3.** [spread] circuler, courir; **there's a rumour** ~**ing around about her** il court un bruit sur elle.

◆ **go back on** *vt fus* [one's word, promise] revenir sur.

◆ **go back to** *vt fus* **-1.** [return to activity] reprendre, se remettre à; **to** ~ **back to sleep** se rendormir. **-2.** [return to previous topic] revenir à. **-3.** [date from] remonter à, dater de.

◆ **go before** *vi*: **her new paintings were unlike anything that had gone before** ses nouveaux tableaux étaient complètement différents de ses précédents; **we wanted to forget what had gone before** nous voulions oublier ce qui s'était passé avant.

◆ **go by** ◇ *vi* [time] s'écouler, passer. ◇ *vt fus* **-1.** [be guided by] suivre. **-2.** [judge from] juger d'après.

◆ **go down** ◇ *vi* **-1.** [get lower - prices etc] baisser. **-2.** [be accepted] être accepté(e); **to** ~ **down well /badly** être bien/mal accueilli. **-3.** [sun] se coucher. **-4.** [tyre, balloon] se dégonfler. ◇ *vt fus* descendre.

◆ **go down with** *vt fus* [illness] attraper.

◆ **go for** *vt fus* **-1.** [choose] choisir. **-2.** [be attracted to] être attiré(e) par. **-3.** [attack] tomber sur, attaquer. **-4.** [try to obtain - job, record] essayer d'obtenir. **-5.** [be valid] s'appliquer à; **does that** ~ **for me too?** est-ce que cela vaut pour OR s'applique à moi aussi?

◆ **go in** *vi* entrer.

◆ **go in for** *vt fus* **-1.** [competition] prendre part à; [exam] se présenter à. **-2.** [take up as a profession] entrer dans. **-3.** [activity - enjoy] aimer; [- participate in] faire, s'adonner à.

◆ **go into** *vt fus* **-1.** [discuss, describe in detail]: **I'd rather not** ~ **into that now** je préférerais ne pas en parler pour le moment; **to** ~ **into detail** OR **details** entrer dans le détail OR les détails. **-2.** [investigate] étudier, examiner. **-3.** [take up as a profession] entrer dans. **-4.** [be put into]: **a lot of hard work went into that book** ce livre a demandé OR nécessité beaucoup de travail. **-5.** [begin]: **to** ~ **into a rage** se mettre en rage; **to** ~ **into a spin** [plane] tomber en vrille.

◆ **go off** ◇ *vi* **-1.** [explode] exploser. **-2.** [alarm] sonner. **-3.** [go bad - food] se gâter. **-4.** [lights, heating] s'éteindre. **-5.** [happen] se passer, se dérouler. ◇ *vt fus* [lose interest in] ne plus aimer.

◆ **go off with** *vt fus* prendre.

◆ **go on** ◇ *vi* **-1.** [take place, happen] se passer. **-2.** [heating etc] se mettre en marche. **-3.** [continue]: **to** ~ **on (doing)** conti-

nuer (à faire); **I can't ~ on!** je n'en peux plus!; **~ on** [continue talking] allez-y. **-4.** [proceed to further activity]: **to ~ on to sthg** passer à qqch; **to ~ on to do sthg** faire qqch après. **-5.** [proceed to another place]: **are you ~ing on to Richard's?** vous allez chez Richard après? **-6.** [go in advance] partir devant. **-7.** [talk for too long] parler à n'en plus finir; **to ~ on about sthg** ne pas arrêter de parler de qqch. **-8.** [pass - time] passer. ◇ *vt fus* [be guided by] se fonder sur. ◇ *excl* allez; **~ on, treat yourself** allez, fais-toi plaisir.
◆ **go on at** *vt fus* [nag] harceler.
◆ **go out** *vi* **-1.** [leave] sortir. **-2.** [for amusement]: **to ~ out (with sb)** sortir (avec qqn). **-3.** [light, fire, cigarette] s'éteindre. **-4.** [stop being fashionable] passer de mode.
◆ **go over** *vt fus* **-1.** [examine] examiner, vérifier. **-2.** [repeat, review] repasser.
◆ **go over to** *vt fus* **-1.** [change to] adopter, passer à. **-2.** [change sides to] passer à; **to ~ over to the other side** changer de parti. **-3.** RADIO & TV passer l'antenne à.
◆ **go round** *vi* **-1.** [be enough for everyone] suffire; **there's just enough to ~ round** il y en a juste assez pour tout le monde. **-2.** [revolve] tourner; *see also* **go around**.
◆ **go through** ◇ *vt fus* **-1.** [experience] subir, souffrir. **-2.** [spend] dépenser. **-3.** [study, search through] examiner; **she went through his pockets** elle lui a fait les poches, elle a fouillé dans ses poches. **-4.** [a list - reading] lire; [- speaking] lire à haute voix. ◇ *vi* [be approved] passer, être accepté(e).
◆ **go through with** *vt fus* [action, threat] aller jusqu'au bout de.
◆ **go towards** *vt fus* contribuer à.
◆ **go under** *vi lit & fig* couler.
◆ **go up** ◇ *vi* **-1.** [gen] monter. **-2.** [prices] augmenter. **-3.** [be built] se construire. **-4.** [explode] exploser, sauter. **-5.** [burst into flames]: **to ~ up (in flames)** prendre feu, s'enflammer. **-6.** [be uttered]: **a cheer went up** on a applaudi. ◇ *vt fus* monter.
◆ **go with** *vt fus* aller avec.
◆ **go without** ◇ *vt fus* se passer de. ◇ *vi* s'en passer.

goad [gəʊd] *vt* [provoke] talonner; **to ~ sb into doing sthg** talonner qqn jusqu'à ce qu'il fasse qqch.

go-ahead ◇ *adj* [dynamic] dynamique. ◇ *n* (*U*) [permission] feu *m* vert; **to give sb the ~ (for sthg)** donner à qqn le feu vert (pour qqch).

goal [gəʊl] *n* but *m*; **to score a ~** SPORT marquer un but.

goalie ['gəʊlɪ] *n inf* gardien *m* (de but).

goalkeeper ['gəʊl,kiːpə[r]] *n* gardien *m* de but.

goalless ['gəʊllɪs] *adj*: **~ draw** match *m* sans but marqué.

goalmouth ['gəʊlmaʊθ *pl* -maʊðz] *n* but *m*.

goalpost ['gəʊlpəʊst] *n* poteau *m* de but.

goat [gəʊt] *n* chèvre *f*; **to act the ~** *Br inf* faire l'imbécile.

gob [gɒb] (*pt & pp* -**bed**, *cont* -**bing**) *v inf* ◇ *n Br* [mouth] gueule *f*. ◇ *vi* [spit] mollarder.

gobble ['gɒbl] *vt* engloutir.
◆ **gobble down, gobble up** *vt sep* engloutir.

gobbledygook ['gɒbldɪguːk] *n* **-1.** [pompous official language] jargon *m*. **-2.** *inf* [nonsense] charabia *m*.

go-between *n* intermédiaire *mf*.

Gobi ['gəʊbɪ] *n*: **the ~ Desert** le désert de Gobi.

goblet ['gɒblɪt] *n* verre *m* à pied.

goblin ['gɒblɪn] *n* lutin *m*, farfadet *m*.

gobsmacked ['gɒbsmækt] *adj Br inf* bouche bée (*inv*).

go-cart = **go-kart**.

god [gɒd] *n* dieu *m*, divinité *f*.
◆ **God** ◇ *n* Dieu *m*; **God knows** Dieu seul le sait; **for God's sake** pour l'amour de Dieu; **thank God** Dieu merci. ◇ *excl*: **(my) God!** mon Dieu!
◆ **gods** *npl Br inf* [in theatre]: **the ~s** le poulailler.

godchild ['gɒdtʃaɪld] (*pl* -**children** [-,tʃɪldrən]) *n* filleul *m*, -e *f*.

goddam(n) ['gɒdæm] *inf* ◇ *adj* foutu(e). ◇ *excl* bordel!

goddaughter ['gɒd,dɔːtə[r]] *n* filleule *f*.

goddess ['gɒdɪs] *n* déesse *f*.

godfather ['gɒd,fɑːðə[r]] *n* parrain *m*.

godforsaken ['gɒdfə,seɪkn] *adj* morne, désolé(e).

godmother ['gɒd,mʌðə[r]] *n* marraine *f*.

godparents ['gɒd,peərənts] *npl* parrain et marraine *mpl*.

godsend ['gɒdsend] *n* aubaine *f*.

godson ['gɒdsʌn] *n* filleul *m*.

goes [gəʊz] → **go**.

gofer ['gəʊfə[r]] *n Am inf* larbin *m*.

go-getter [-'getə[r]] *n* battant *m*, -e *f*.

goggle ['gɒgl] *vi*: **to ~ (at sb/sthg)** regarder (qqn/qqch) avec des yeux ronds.
◆ **goggles** *npl* lunettes *fpl*.

go-go dancer *n* danseuse *f* de cabaret.

going ['gəʊɪŋ] ◇ *n* (*U*) **-1.** [rate of advance] allure *f*; **that was good ~** ça a été vite. **-2.** [travel conditions] conditions *fpl*. ◇ *adj* **-1.** *Br* [available] disponible; **you've got a lot ~ for you** vous avez beaucoup d'atouts. **-2.** [rate, salary] en vigueur.

going concern *n* affaire *f* qui marche.

goings-on *npl* événements *mpl*, histoires *fpl*.

go-kart [-kɑːt] *n* kart *m*.

Golan Heights ['gəʊ,læn-] *npl*: **the ~** le plateau du Golan.

gold [gəʊld] ◇ *n* **-1.** (*U*) [metal, jewellery] or *m*; **to be as good as ~** être sage comme une image, être mignon tout plein. **-2.** [medal] médaille *f* d'or. ◇ *comp* [made of gold] en or. ◇ *adj* [gold-coloured] doré(e).

golden ['gəʊldən] *adj* **-1.** [made of gold] en or. **-2.** [gold-coloured] doré(e).

golden age *n* âge *m* d'or.

golden eagle *n* aigle *m* royal.

golden handshake *n* prime *f* de départ.

golden opportunity *n* occasion *f* en or.

golden retriever *n* (golden) retriever *m*.

golden rule *n* règle *f* d'or.

golden wedding *n* noces *fpl* d'or.

goldfish ['gəʊldfɪʃ] (*pl inv*) *n* poisson *m* rouge.

goldfish bowl *n* bocal *m* (à poissons).

gold leaf *n* (*U*) feuille *f* d'or.

gold medal *n* médaille *f* d'or.

goldmine ['gəʊldmaɪn] *n* *lit & fig* mine *f* d'or.

gold-plated [-'pleɪtɪd] *adj* plaqué(e) or.

goldsmith ['gəʊldsmɪθ] *n* orfèvre *m*.

gold standard *n*: **the ~** l'étalon-or *m*.

golf [gɒlf] *n* golf *m*.

golf ball *n* **-1.** [for golf] balle *f* de golf. **-2.** [for typewriter] boule *f*.

golf club *n* [stick, place] club *m* de golf.

golf course *n* terrain *m* de golf.

golfer ['gɒlfə^r] *n* golfeur *m*, -euse *f*.

golly ['gɒlɪ] *excl inf dated* mince!

gondola ['gɒndələ] *n* [boat] gondole *f*.

gondolier [,gɒndə'lɪə^r] *n* gondolier *m*.

gone [gɒn] ◇ *pp* → **go**. ◇ *adj* [no longer here] parti(e). ◇ *prep*: **it's ~ ten (o'clock)** il est dix heures passées.

gong [gɒŋ] *n* gong *m*.

gonna ['gɒnə] *inf* = **going to**.

gonorrh(o)ea [,gɒnə'rɪə] *n* blennorragie *f*.

goo [guː] *n* (*U*) *inf* truc *m* poisseux.

good [gʊd] (*compar* **better**, *superl* **best**) ◇ *adj* **-1.** [gen] bon (bonne); **it's ~ to see you again** ça fait plaisir de te revoir; **it feels ~ to be outside** ça fait du bien d'être dehors; **to be ~ at sthg** être bon en qqch; **to be ~**

with [animals, children] savoir y faire avec; [one's hands] être habile de; **it's ~ for you** c'est bon pour toi OR pour la santé; **to feel ~** [person] se sentir bien; **it's ~ that ...** c'est bien que ...; **~!** très bien! **-2.** [kind - person] gentil(ille); **to be ~ to sb** être très attentionné envers qqn; **to be ~ enough to do sthg** avoir l'amabilité de faire qqch. **-3.** [well-behaved - child] sage; [- behaviour] correct(e); **be ~!** sois sage, tiens-toi tranquille. **-4.** [attractive - legs, figure] joli(e). **-5.** *phr*: **it's a ~ job** OR **thing (that) ...** c'est très bien que ..., c'est une bonne chose que ...; **~ for you!** très bien!; **to give as ~ as one gets** rendre la pareille; **to make sthg ~** réparer qqch.

◇ *n* **-1.** (*U*) [benefit] bien *m*; **for the ~ of** pour le bien de; **for your own ~** pour ton/votre bien; **it will do him ~** ça lui fera du bien. **-2.** [use] utilité *f*; **what's the ~ of doing that?** à quoi bon faire ça?; **it's no ~** ça ne sert à rien; **it's no ~ crying/worrying** ça ne sert à rien de pleurer/de s'en faire; **will this be any ~?** cela peut-il faire l'affaire? **-3.** (*U*) [morally correct behaviour] bien *m*; **to be up to no ~** préparer un sale coup.

◆ **goods** *npl* [merchandise] marchandises *fpl*, articles *mpl*; **to come up with** OR **deliver the ~s** *Br inf* tenir ses promesses.

◆ **as good as** *adv* pratiquement, pour ainsi dire.

◆ **for good** *adv* [forever] pour de bon, définitivement.

◆ **good afternoon** *excl* bonjour!

◆ **good day** *excl* bonjour!

◆ **good evening** *excl* bonsoir!

◆ **good morning** *excl* bonjour!

◆ **good night** *excl* bonsoir!; [at bedtime] bonne nuit!

goodbye [,gʊd'baɪ] ◇ *excl* au revoir! ◇ *n* au revoir *m*.

good-for-nothing ◇ *adj* bon (bonne) à rien. ◇ *n* bon *m*, bonne *f* à rien.

Good Friday *n* vendredi *m* saint.

good-humoured [-'hjuːməd] *adj* [person] de bonne humeur; [smile, rivalry] bon enfant.

good-looking [-'lʊkɪŋ] *adj* [person] beau (belle).

good-natured [-'neɪtʃəd] *adj* [person] d'un naturel aimable; [rivalry, argument] bon enfant.

goodness ['gʊdnɪs] ◇ *n* (*U*) **-1.** [kindness] bonté *f*. **-2.** [nutritive quality] valeur *f* nutritive. ◇ *excl*: **(my) ~!** mon Dieu!, Seigneur!; **for ~' sake!** par pitié!, pour l'amour de Dieu!; **thank ~!** grâce à Dieu!

goods train *n Br* train *m* de marchandises.

good-tempered [-'tempəd] *adj* [meeting, discussion] agréable; [person] qui a bon caractère.

good turn *n*: to do sb a ~ rendre un service à qqn.

goodwill [ˌgʊd'wɪl] *n* bienveillance *f*.

goody ['gʊdɪ] (*pl* **-ies**) *inf* ◇ *n* [person] bon *m*. ◇ *excl* chouette!

♦ **goodies** *npl inf* **-1.** [delicious food] friandises *fpl*. **-2.** [desirable objects] merveilles *fpl*, trésors *mpl*.

gooey ['guːɪ] (*compar* **gooier**, *superl* **gooiest**) *adj inf* [sticky] qui colle; *pej* poisseux(euse).

goof [guːf] *Am inf* ◇ *n* [mistake] gaffe *f*. ◇ *vi* faire une gaffe.

♦ **goof off** *vi Am inf* tirer au flanc.

goofy ['guːfɪ] (*compar* **-ier**, *superl* **-iest**) *adj inf* [silly] dingue.

goose [guːs] (*pl* **geese**) *n* [bird] oie *f*.

gooseberry ['gʊzbərɪ] (*pl* **-ies**) *n* **-1.** [fruit] groseille *f* à maquereau. **-2.** *Br inf* [third person]: to play ~ tenir la chandelle.

gooseflesh ['guːsfleʃ] *n*, **goose pimples** *Br*, **goosebumps** *Am* ['guːsbʌmps] *npl* chair *f* de poule.

goosestep ['guːsˌstep] (*pt* & *pp* **-ped**, *cont* **-ping**) ◇ *n* pas *m* de l'oie. ◇ *vi* faire le pas de l'oie.

GOP (*abbr of* **Grand Old Party**) *n le parti républicain aux États-Unis.*

gopher ['gəʊfər] *n* geomys *m*.

gore [gɔːr] ◇ *n* (U) *literary* [blood] sang *m*. ◇ *vt* encorner.

gorge [gɔːdʒ] ◇ *n* gorge *f*, défilé *m*. ◇ *vt*: to ~ o.s. on OR with sthg se bourrer OR se goinfrer de qqch. ◇ *vi* se goinfrer.

gorgeous ['gɔːdʒəs] *adj* divin(e); *inf* [good-looking] magnifique, splendide.

gorilla [gə'rɪlə] *n* gorille *m*.

gormless ['gɔːmlɪs] *adj Br inf* bêta (bêtasse).

gorse [gɔːs] *n* (U) ajonc *m*.

gory ['gɔːrɪ] (*compar* **-ier**, *superl* **-iest**) *adj* sanglant(e).

gosh [gɒʃ] *excl inf* ça alors!

go-slow *n Br* grève *f* du zèle.

gospel ['gɒspl] ◇ *n* [doctrine] évangile *m*; ~ (truth) parole *f* d'évangile. ◇ *comp* [singer] de gospel; ~ songs OR music gospel *m*.

♦ **Gospel** *n* Évangile *m*.

gossamer ['gɒsəmər] *n* (U) **-1.** [spider's thread] fils *mpl* de la Vierge. **-2.** [material] étoffe *f* légère.

gossip ['gɒsɪp] ◇ *n* **-1.** [conversation] bavardage *m*; *pej* commérage *m*. **-2.** [person] commère *f*. ◇ *vi* [talk] bavarder, papoter; *pej* cancaner.

gossip column *n* échos *mpl*.

got [gɒt] *pt* & *pp* → **get**.

Gothic ['gɒθɪk] *adj* gothique.

gotta ['gɒtə] *inf* = **got to**.

gotten ['gɒtn] *Am pp* → **get**.

gouge [gaʊdʒ]

♦ **gouge out** *vt sep* [hole] creuser; [eyes] arracher.

goulash ['guːlæʃ] *n* goulache *m*, goulasch *m*.

gourd [gʊəd] *n* gourde *f*.

gourmet ['gʊəmeɪ] ◇ *n* gourmet *m*. ◇ *comp* [food, restaurant] gastronomique; [cook] gastronome.

gout [gaʊt] *n* (U) goutte *f*.

govern ['gʌvən] ◇ *vt* **-1.** [gen] gouverner. **-2.** [control] régir. ◇ *vi* POL gouverner.

governable ['gʌvnəbl] *adj* gouvernable.

governess ['gʌvənɪs] *n* gouvernante *f*.

governing ['gʌvnɪŋ] *adj* gouvernant(e).

governing body *n* conseil *m* d'administration.

government ['gʌvnmənt] ◇ *n* gouvernement *m*; the art of ~ l'art de gouverner. ◇ *comp* du gouvernement.

governmental [ˌgʌvn'mentl] *adj* gouvernemental(e).

government stock *n* (U) fonds *mpl* publics OR d'État.

governor ['gʌvənər] *n* **-1.** POL gouverneur *m*. **-2.** [of school] ≃ membre *m* du conseil d'établissement; [of bank] gouverneur *m*. **-3.** [of prison] directeur *m*.

governor-general (*pl* **governor-generals** OR **governors-general**) *n* gouverneur *m* général.

govt (*abbr of* **government**) gvt.

gown [gaʊn] *n* **-1.** [for woman] robe *f*. **-2.** [for surgeon] blouse *f*; [for judge, academic] robe *f*, toge *f*.

GP *n abbr of* **general practitioner**.

GPMU (*abbr of* **Graphical, Paper and Media Union**) *n syndicat britannique des ouvriers du livre.*

GPO (*abbr of* **General Post Office**) *n* **-1.** [in UK] *ancien nom des services postaux britanniques*. **-2.** [in US] *les services postaux américains*.

gr. *abbr of* **gross**.

grab [græb] (*pt* & *pp* **-bed**, *cont* **-bing**) ◇ *vt* **-1.** [seize] saisir. **-2.** *inf* [sandwich] avaler en vitesse; to ~ a few hours' sleep dormir quelques heures. **-3.** *inf* [appeal to] emballer. ◇ *vi*: to ~ at sthg faire un geste pour attraper qqch. ◇ *n*: to make a ~ at OR for sthg faire un geste pour attraper qqch.

grace [greɪs] ◇ *n* **-1.** [elegance] grâce *f*. **-2.** [graciousness]: **to do sthg with good ~** faire qqch de bonne grâce; **to have the ~ to do sthg** avoir la bonne grâce de faire qqch. **-3.** (*U*) [extra time] répit *m*. **-4.** [prayer] grâces *fpl*. ◇ *vt fml* **-1.** [honour] honorer de sa présence. **-2.** [decorate] orner, décorer.

graceful ['greɪsfʊl] *adj* gracieux(ieuse), élégant(e).

graceless ['greɪslɪs] *adj* **-1.** [ugly] sans attrait. **-2.** [ill-mannered] grossier(ière), peu élégant(e).

gracious ['greɪʃəs] ◇ *adj* **-1.** [polite] courtois(e). **-2.** [elegant] élégant(e). ◇ *excl*: **(good) ~!** juste ciel!

graciously ['greɪʃəslɪ] *adv* [politely] poliment.

gradation [grə'deɪʃn] *n* gradation *f*.

grade [greɪd] ◇ *n* **-1.** [quality - of worker] catégorie *f*; [- of wool, paper] qualité *f*; [- of petrol] type *m*; [- of eggs] calibre *m*; **to make the ~** y arriver, être à la hauteur. **-2.** *Am* [class] classe *f*. **-3.** [mark] note *f*. ◇ *vt* **-1.** [classify] classer. **-2.** [mark, assess] noter.

grade crossing *n Am* passage *m* à niveau.

grade school *n Am* école *f* primaire.

gradient ['greɪdjənt] *n* pente *f*, inclinaison *f*.

gradual ['grædʒʊəl] *adj* graduel(elle), progressif(ive).

gradually ['grædʒʊəlɪ] *adv* graduellement, petit à petit.

graduate [*n* 'grædʒʊət, *vb* 'grædʒʊeɪt] ◇ *n* **-1.** [from university] diplômé *m*, -e *f*. **-2.** *Am* [of high school] ≃ titulaire *mf* du baccalauréat. ◇ *comp Am* [postgraduate] de troisième cycle. ◇ *vi* **-1.** [from university]: **to ~ (from)** ≃ obtenir son diplôme (à). **-2.** *Am* [from high school]: **to ~ (from)** ≃ obtenir son baccalauréat (à). **-3.** [progress]: **to ~ from sthg (to sthg)** passer de qqch (à qqch).

graduated ['grædʒʊeɪtɪd] *adj* [ruler etc] gradué(e); [tax] progressif(ive); **~ pension scheme** régime *m* de retraite proportionnelle.

graduate school *n Am* troisième cycle *m* d'université.

graduation [,grædʒʊ'eɪʃn] *n* (*U*) **-1.** [ceremony] remise *f* des diplômes. **-2.** [completion of course] obtention *f* de son diplôme.

graffiti [grə'fiːtɪ] *n* (*U*) graffiti *mpl*.

graft [grɑːft] ◇ *n* **-1.** [from plant] greffe *f*, greffon *m*. **-2.** MED greffe *f*. **-3.** *Br* [hard work] boulot *m*. **-4.** *Am inf* [corruption] graissage *m* de patte. ◇ *vt* **-1.** [plant, skin] greffer; **to ~ sthg onto sthg** greffer qqch sur qqch. **-2.** *fig* [idea, system] incorporer, inté-

grer; **to ~ sthg onto sthg** incorporer qqch à qqch, intégrer qqch dans qqch.

grain [greɪn] *n* **-1.** [gen] grain *m*. **-2.** (*U*) [crops] céréales *fpl*. **-3.** (*U*) [pattern - in wood] fil *m*; [- in material] grain *m*; [- in stone, marble] veines *fpl*; **it goes against the ~ (for me)** cela va à l'encontre de mes principes.

gram [græm] *n* gramme *m*.

grammar ['græmər] *n* grammaire *f*.

grammar school *n* [in UK] ≃ lycée *m*; [in US] école *f* primaire.

GRAMMAR SCHOOL:
En Grande-Bretagne, le terme 'grammar school' désigne une école secondaire recevant une aide de l'État mais pouvant être privée, réputée dispenser un enseignement de qualité de type traditionnel et préparant aux études supérieures. L'admission se fait sur concours ou sur dossier. Moins de cinq pour cent des élèves du pays fréquentent ce type d'école

grammatical [grə'mætɪkl] *adj* grammatical(e).

gramme [græm] *Br* = **gram**.

gramophone ['græməfəʊn] *n dated* gramophone *m*, phonographe *m*.

gran [græn] *n Br inf* mamie *f*, mémé *f*.

Granada [grə'nɑːdə] *n* Grenade.

granary ['grænərɪ] (*pl* **-ies**) *n* grenier *m* (à grain).

grand [grænd] ◇ *adj* **-1.** [impressive] grandiose, imposant(e). **-2.** [ambitious] grand(e). **-3.** [important] important(e); [socially] distingué(e). **-4.** *inf dated* [excellent] sensationnel(elle), formidable. ◇ *n inf* [thousand pounds] mille livres *fpl*; [thousand dollars] mille dollars *mpl*.

grand(d)ad ['grændæd] *n inf* papi *m*, pépé *m*.

Grand Canyon *n*: **the ~** le Grand Canyon.

grandchild ['græntʃaɪld] (*pl* **-children** [-,tʃɪldrən]) *n* [boy] petit-fils *m*; [girl] petite-fille *f*.

◆ **grandchildren** *npl* petits-enfants *mpl*.

granddaughter ['græn,dɔːtər] *n* petite-fille *f*.

grand duke *n* grand duc *m*.

grandeur ['grændʒər] *n* **-1.** [splendour] splendeur *f*, magnificence *f*. **-2.** [status] éminence *f*.

grandfather ['grænd,fɑːðər] *n* grand-père *m*.

grandfather clock n horloge f, pendule f de parquet.

grandiose ['grændɪəʊz] adj pej [building] prétentieux(ieuse); [plan] extravagant(e).

grand jury n Am tribunal m d'accusation.

grandma ['grænmɑː] n inf mamie f, mémé f.

grand master n grand maître m.

grandmother ['græn,mʌðəʳ] n grand-mère f.

Grand National n: the ~ la plus importante course d'obstacles de Grande-Bretagne, se déroulant à Aintree dans la banlieue de Liverpool.

grandpa ['grænpɑː] n inf papi m, pépé m.

grandparents ['græn,peərnts] npl grands-parents mpl.

grand piano n piano m à queue.

grand prix [,grɒn'priː] (pl **grands prix** [,grɒn'priː]) n grand prix m.

grand slam n SPORT grand chelem m.

grandson ['grænsʌn] n petit-fils m.

grandstand ['grændstænd] n tribune f.

grand total n somme f globale, total m général.

granite ['grænɪt] n granit m.

granny ['grænɪ] (pl **-ies**) n inf mamie f, mémé f.

granny flat n Br appartement indépendant dans une maison, pour y loger un parent âgé.

granola [grə'nəʊlə] n Am müesli m.

grant [grɑːnt] ◇ n subvention f; [for study] bourse f.
◇ vt **-1.** [wish, appeal] accorder; [request] accéder à. **-2.** [admit] admettre, reconnaître; **I ~ (that) ...** je reconnais OR j'admets que .... **-3.** [give] accorder; **to take sb for ~ed** [not appreciate sb's help] penser que tout ce que qqn fait va de soi; [not value sb's presence] penser que qqn fait partie des meubles; **to take sthg for ~ed** [result, sb's agreement] considérer qqch comme acquis; **it is taken for ~ed that ...** cela semble aller de soi que ..., cela paraît normal OR tout naturel que ....

granulated sugar ['grænjʊleɪtɪd-] n sucre m cristallisé.

granule ['grænjuːl] n granule m; [of sugar] grain m.

grape [greɪp] n (grain m de) raisin m; **some ~s** du raisin; **a bunch of ~s** une grappe de raisin.

grapefruit ['greɪpfruːt] (pl inv OR **-s**) n pamplemousse m.

grape picking [-'pɪkɪŋ] n (U) vendange f, vendanges fpl.

grapevine ['greɪpvaɪn] n vigne f; **on the ~** fig par le téléphone arabe.

graph [grɑːf] n graphique m.

graphic ['græfɪk] adj **-1.** [vivid] vivant(e). **-2.** ART graphique.
◆ **graphics** npl graphique f; **computer ~s** infographie f.

graphic design n design m graphique.

graphic designer n graphiste mf.

graphic equalizer n égaliseur m graphique.

graphics card n COMPUT carte f graphique.

graphite ['græfaɪt] n (U) graphite m, mine f de plomb.

graphology [græ'fɒlədʒɪ] n graphologie f.

graph paper n (U) papier m millimétré.

grapple ['græpl]
◆ **grapple with** vt fus **-1.** [person, animal] lutter avec. **-2.** [problem] se débattre avec, se colleter avec.

grappling iron ['græplɪŋ-] n grappin m.

grasp [grɑːsp] ◇ n **-1.** [grip] prise f; **in OR within one's ~** fig à portée de la main. **-2.** [understanding] compréhension f; **to have a good ~ of sthg** avoir une bonne connaissance de qqch. ◇ vt **-1.** [grip, seize] saisir, empoigner. **-2.** [understand] saisir, comprendre. **-3.** [opportunity] saisir.

grasping ['grɑːspɪŋ] adj pej avide, cupide.

grass [grɑːs] ◇ n BOT & drugs sl herbe f. ◇ vi Br crime sl moucharder; **to ~ on sb** dénoncer qqn.

grasshopper ['grɑːs,hɒpəʳ] n sauterelle f.

grassland ['grɑːslænd] n prairie f.

grass roots ◇ npl fig base f. ◇ comp du peuple.

grass snake n couleuvre f.

grassy ['grɑːsɪ] (compar **-ier**, superl **-iest**) adj herbeux(euse), herbu(e).

grate [greɪt] ◇ n grille f de foyer. ◇ vt râper. ◇ vi grincer, crisser; **to ~ on sb's nerves** taper sur les nerfs de qqn.

grateful ['greɪtfʊl] adj: **to be ~ to sb (for sthg)** être reconnaissant(e) à qqn (de qqch).

gratefully ['greɪtfʊlɪ] adv avec reconnaissance.

grater ['greɪtəʳ] n râpe f.

gratification [,grætɪfɪ'keɪʃn] n **-1.** [pleasure] plaisir m, satisfaction f. **-2.** [satisfaction - of wish] assouvissement m, satisfaction f.

gratify ['grætɪfaɪ] (pt & pp **-ied**) vt **-1.** [please - person]: **to be gratified** être content(e), être satisfait(e). **-2.** [satisfy - wish] satisfaire, assouvir.

gratifying ['grætɪfaɪɪŋ] *adj* gratifiant(e).

grating ['greɪtɪŋ] ◇ *adj* grinçant(e); [voix] de crécelle. ◇ *n* [grille] grille *f*.

gratitude ['grætɪtjuːd] *n* (*U*): ~ **(to sb for sthg)** gratitude *f* OR reconnaissance *f* (envers qqn de qqch).

gratuitous [grə'tjuːɪtəs] *adj fml* gratuit(e).

gratuity [grə'tjuːɪtɪ] (*pl* **-ies**) *n fml* [tip] pourboire *m*, gratification *f*.

grave[1] [greɪv] ◇ *adj* grave; [concern] sérieux(ieuse). ◇ *n* tombe *f*; **to turn in one's** ~ se retourner dans sa tombe.

grave[2] [grɑːv] *adj* LING: **e** ~ **e** *m* accent grave.

grave accent [grɑːv-] *n* accent *m* grave.

gravedigger ['greɪv,dɪgər] *n* fossoyeur *m*.

gravel ['grævl] ◇ *n* (*U*) gravier *m*. ◇ *comp* de gravier.

gravelled *Br*, **graveled** *Am* ['grævld] *adj* couvert(e) de gravier.

gravestone ['greɪvstəʊn] *n* pierre *f* tombale.

graveyard ['greɪvjɑːd] *n* cimetière *m*.

gravitate ['grævɪteɪt] *vi*: **to** ~ **towards** être attiré(e) par.

gravity ['grævɪtɪ] *n* **-1.** [force] gravité *f*, pesanteur *f*. **-2.** [seriousness] gravité *f*.

gravy ['greɪvɪ] *n* **-1.** (*U*) [meat juice] jus *m* de viande. **-2.** *Am v inf* [easy money] bénef *m*.

gravy boat *n* saucière *f*.

gravy train *n inf*: **the** ~ le fromage, l'assiette *f* au beurre.

gray *Am* = **grey**.

grayscale *Am* = **greyscale**.

graze [greɪz] ◇ *vt* **-1.** [subj: cows, sheep] brouter, paître. **-2.** [subj: farmer] faire paître. **-3.** [skin] écorcher, égratigner. **-4.** [touch lightly] frôler, effleurer. ◇ *vi* brouter, paître. ◇ *n* écorchure *f*, égratignure *f*.

grease [griːs] ◇ *n* graisse *f*; ~ **stains** des traces de gras. ◇ *vt* graisser.

grease gun *n* pistolet *m* graisseur.

greasepaint ['griːspeɪnt] *n* fard *m* gras.

greaseproof paper ['griːspruːf-] *n* (*U*) *Br* papier *m* sulfurisé.

greasy ['griːzɪ] (*compar* **-ier**, *superl* **-iest**) *adj* **-1.** [covered in grease] graisseux(euse); [clothes] taché(e) de graisse. **-2.** [food, skin, hair] gras (grasse).

great [greɪt] ◇ *adj* **-1.** [gen] grand(e); ~ **big** énorme; **a** ~ **big coward/layabout** un gros lâche/fainéant. **-2.** *inf* [splendid] génial(e), formidable; **to feel** ~ se sentir en pleine forme; ~! super!, génial! ◇ *n* grand *m*, -e *f*.

Great Barrier Reef *n*: **the** ~ la Grande Barrière.

Great Bear *n*: **the** ~ la Grande Ourse.

Great Britain *n* Grande-Bretagne *f*; **in** ~ en Grande-Bretagne.

greatcoat ['greɪtkəʊt] *n* pardessus *m*.

Great Dane *n* danois *m*.

Greater ['greɪtər] *adj*: ~ **Manchester/New York** l'agglomération *f* de Manchester/New York.

great-grandchild *n* [boy] arrière-petit-fils *m*; [girl] arrière-petite-fille *f*.

◆ **great-grandchildren** *npl* arrière-petits-enfants *mpl*.

great-grandfather *n* arrière-grand-père *m*.

great-grandmother *n* arrière-grand-mère *f*.

Great Lakes *npl*: **the** ~ les Grands Lacs *mpl*.

greatly ['greɪtlɪ] *adv* beaucoup; [different] très.

greatness ['greɪtnɪs] *n* grandeur *f*.

Great Wall of China *n*: **the** ~ la Grande Muraille (de Chine).

Great War *n*: **the** ~ la Grande Guerre, la guerre de 1914-18.

Grecian ['griːʃn] *adj* grec (grecque).

Greece [griːs] *n* Grèce *f*; **in** ~ en Grèce.

greed [griːd] *n* (*U*) **-1.** [for food] gloutonnerie *f*. **-2.** *fig* [for money, power]: ~ **(for)** avidité *f* (de).

greedily ['griːdɪlɪ] *adv* gloutonnement; [look at food] avec gourmandise.

greedy ['griːdɪ] (*compar* **-ier**, *superl* **-iest**) *adj* **-1.** [for food] glouton(onne). **-2.** [for money, power]: ~ **for sthg** avide de qqch.

Greek [griːk] ◇ *adj* grec (grecque); **the** ~ **Islands** les îles *fpl* grecques. ◇ *n* **-1.** [person] Grec *m*, Grecque *f*. **-2.** [language] grec *m*.

green [griːn] ◇ *adj* **-1.** [in colour, unripe] vert(e). **-2.** [ecological - issue, politics] écologique; [- person] vert(e). **-3.** *inf* [inexperienced] inexpérimenté(e), jeune. **-4.** *inf* [jealous]: ~ **(with envy)** malade de jalousie. ◇ *n* **-1.** [colour] vert *m*; **in** ~ en vert. **-2.** GOLF green *m*. **-3.** **village** ~ pelouse *f* communale.

◆ **Green** *n* POL vert *m*, -e *f*, écologiste *mf*; **the Greens** les Verts, les Écologistes.

◆ **greens** *npl* [vegetables] légumes *mpl* verts.

greenback ['griːnbæk] *n Am inf* billet *m* vert.

green bean *n* haricot *m* vert.

green belt *n Br* ceinture *f* verte.

Green Beret *n Am inf*: the ~s les bérets *mpl* verts.

green card *n* -1. *Br* [for vehicle] carte *f* verte. -2. *Am* [residence permit] carte *f* de séjour.

Green Cross Code *n Br* code de sécurité routière destiné aux enfants.

greenery ['gri:nəri] *n* verdure *f*.

greenfinch ['gri:nfɪntʃ] *n* verdier *m*.

green fingers *npl Br*: to have ~ avoir la main verte.

greenfly ['gri:nflaɪ] (*pl inv* OR -**ies**) *n* puceron *m*.

greengage ['gri:ngeɪdʒ] *n* reine-claude *f*.

greengrocer ['gri:n,grəusər] *n* marchand *m*, -e *f* de légumes; ~'s (**shop**) magasin *m* de fruits et légumes.

greenhorn ['gri:nhɔ:n] *n Am* -1. [newcomer] immigrant *m*, -e *f*. -2. [novice] novice *mf*.

greenhouse ['gri:nhaus, *pl* -hauzɪz] *n* serre *f*.

greenhouse effect *n*: the ~ l'effet *m* de serre.

greenish ['gri:nɪʃ] *adj* verdâtre, qui tire sur le vert.

greenkeeper ['gri:n,ki:pər] *n* personne chargée de l'entretien d'un terrain de golf ou de bowling.

Greenland ['gri:nlənd] *n* Groenland *m*; **in** ~ au Groenland.

Greenlander ['gri:nləndər] *n* Groenlandais *m*, -e *f*.

green light *n fig*: to give sb/sthg the ~ donner le feu vert à qqn/qqch.

green paper *n* POL ≃ livre *m* blanc.

Green Party *n*: the ~ le Parti écologiste.

green salad *n* salade *f* verte.

green thumb *n Am*: to have a ~ avoir la main verte.

greet [gri:t] *vt* -1. [say hello to] saluer. -2. [receive] accueillir. -3. [subj: sight, smell] s'offrir à.

greeting ['gri:tɪŋ] *n* salutation *f*, salut *m*.
◆ **greetings** *npl*: Christmas/birthday ~s vœux *mpl* de Noël/d'anniversaire.

greetings card *Br*, **greeting card** *Am n* carte *f* de vœux.

gregarious [grɪ'geərɪəs] *adj* sociable.

gremlin ['gremlɪn] *n inf* lutin *m*.

Grenada [grə'neɪdə] *n* Grenade *f*; **in** ~ à la Grenade.

grenade [grə'neɪd] *n*: (**hand**) ~ grenade *f* (à main).

Grenadian [grə'neɪdɪən] ◇ *adj* grenadin(ine). ◇ *n* Grenadin *m*, -ine *f*.

grenadier [,grenə'dɪər] *n* grenadier *m*.

grenadine ['grenədi:n] *n* grenadine *f*.

grew [gru:] *pt* → **grow**.

grey *Br*, **gray** *Am* [greɪ] ◇ *adj* -1. [in colour] gris(e). -2. [grey-haired]: to go ~ grisonner. -3. [unhealthily pale] blême. -4. [dull, gloomy] morne, triste. ◇ *n* gris *m*; **in** ~ en gris.

grey area *n* zone *f* d'ombre.

grey-haired [-heəd] *adj* aux cheveux gris.

greyhound ['greɪhaund] *n* lévrier *m*.

greying *Br*, **graying** *Am* ['greɪɪŋ] *adj* grisonnant(e).

grey matter *n* matière *f* grise.

greyscale *Br*, **grayscale** *Am* ['greɪskeɪl] *n* COMPUT échelle *f* de gris.

grey squirrel *n* écureuil *m* gris.

grid [grɪd] *n* -1. [grating] grille *f*. -2. [system of squares] quadrillage *m*.

griddle ['grɪdl] *n* plaque *f* à cuire.

gridiron ['grɪd,aɪən] *n* -1. [in cooking] gril *m*. -2. *Am* [game] football *m* américain; [field] terrain *m* de football américain.

gridlock ['grɪdlɒk] *n Am* embouteillage *m*.

grief [gri:f] *n* (*U*) -1. [sorrow] chagrin *m*, peine *f*. -2. *inf* [trouble] ennuis *mpl*. -3. *phr*: to come to ~ avoir de gros problèmes; good ~! Dieu du ciel!, mon Dieu!

grief-stricken *adj* accablé(e) de douleur.

grievance ['gri:vns] *n* grief *m*, doléance *f*.

grieve [gri:v] ◇ *vt fml*: it ~s me to ... cela me peine OR me consterne de .... ◇ *vi* [at death] être en deuil; to ~ for sb/sthg pleurer qqn/qqch.

grieving [gri:vɪŋ] *n* deuil *m*.

grievous ['gri:vəs] *adj fml* grave; [shock] cruel(elle).

grievous bodily harm *n* (*U*) coups *mpl* et blessures *fpl*.

grievously ['gri:vəslɪ] *adv fml* gravement; [wounded] grièvement.

grill [grɪl] ◇ *n* -1. [on cooker, fire] gril *m*. -2. [food] grillade *f*. ◇ *vt* -1. [cook on grill] griller, faire griller. -2. *inf* [interrogate] cuisiner.

grille [grɪl] *n* grille *f*.

grim [grɪm] (*compar* -**mer**, *superl* -**mest**) *adj* -1. [stern - face, expression] sévère; [- determination] inflexible. -2. [cheerless - truth, news] sinistre; [- room, walls] lugubre; [- day] morne, triste.

grimace [grɪ'meɪs] ◇ *n* grimace *f*. ◇ *vi* grimacer, faire la grimace.

grime [graɪm] *n* (*U*) crasse *f*, saleté *f*.

grimly ['grɪmlɪ] *adv* sévèrement.

grimy ['graɪmɪ] (*compar* -**ier**, *superl* -**iest**) *adj* sale, encrassé(e).

grin [grɪn] (*pt* & *pp* **-ned**, *cont* **-ning**) ◇ *n* (large) sourire *m*. ◇ *vi*: to ~ (at sb/sthg) adresser un large sourire (à qqn/qqch); to ~ **and bear it** en prendre son parti.

grind [graɪnd] (*pt* & *pp* **ground**) ◇ *vt* -1. [crush] moudre. -2. [press]: to ~ **sthg into sthg** enfoncer qqch dans qqch; [ash, cigarette] écraser qqch dans qqch. ◇ *vi* [scrape] grincer. ◇ *n* -1. [hard, boring work] corvée *f*; **the daily** ~ le train-train quotidien. -2. *Am inf* [hard worker] bûcheur *m*, -euse *f*, bosseur *m*, -euse *f*.
◆ **grind down** *vt sep* [oppress] opprimer.
◆ **grind up** *vt sep* pulvériser.

grinder ['graɪndər] *n* moulin *m*.

grinding ['graɪndɪŋ] *adj* écrasant(e); ~ **poverty** misère *f* noire.

grinning ['grɪnɪŋ] *adj* souriant(e).

grip [grɪp] (*pt* & *pp* **-ped**, *cont* **-ping**) ◇ *n* -1. [grasp, hold] prise *f*; **to release one's** ~ **on sb/sthg** lâcher qqn/qqch; **to have a good** ~ **on sb/sthg** bien tenir qqn/qqch. -2. [control] contrôle *m*; **he's got a good** ~ **on the situation** il a la situation bien en main; **in the** ~ **of sthg** en proie à qqch; **to get to** ~**s with sthg** s'attaquer à qqch; **to get a** ~ **on o.s.** se ressaisir; **to lose one's** ~ *fig* perdre les pédales. -3. [adhesion] adhérence *f*. -4. [handle] poignée *f*. -5. [bag] sac *m* (de voyage).
◇ *vt* -1. [grasp] saisir; [subj: tyres] adhérer à. -2. *fig* [imagination, country] captiver.

gripe [graɪp] *inf* ◇ *n* [complaint] plainte *f*. ◇ *vi*: to ~ (**about sthg**) râler OR rouspéter (contre qqch).

gripping ['grɪpɪŋ] *adj* passionnant(e).

grisly ['grɪzlɪ] (*compar* **-ier**, *superl* **-iest**) *adj* [horrible, macabre] macabre.

grist [grɪst] *n*: **it's all** ~ **to the mill for him** cela apporte de l'eau à son moulin.

gristle ['grɪsl] *n* (*U*) nerfs *mpl*.

gristly ['grɪslɪ] (*compar* **-ier**, *superl* **-iest**) *adj* nerveux(euse).

grit [grɪt] (*pt* & *pp* **-ted**, *cont* **-ting**) ◇ *n* (*U*) -1. [stones] gravillon *m*; [in eye] poussière *f*. -2. *inf* [courage] cran *m*. ◇ *vt* sabler.
◆ **grits** *npl Am* gruau *m* de maïs.

gritter ['grɪtər] *n* camion *m* de sablage.

gritty ['grɪtɪ] (*compar* **-ier**, *superl* **-iest**) *adj* -1. [stony] couvert(e) de gravillon. -2. *inf* [brave - person] qui a du cran; [- performance, determination] courageux(euse).

grizzled ['grɪzld] *adj* grisonnant(e).

grizzly ['grɪzlɪ] (*pl* **-ies**) *n*: ~ (**bear**) ours *m* gris, grizzli *m*.

groan [grəʊn] ◇ *n* gémissement *m*. ◇ *vi* -1. [moan] gémir. -2. [creak] grincer, gémir.

grocer ['grəʊsər] *n* épicier *m*, -ière *f*; ~'s (**shop**) épicerie *f*.

groceries ['grəʊsərɪz] *npl* [foods] provisions *fpl*.

grocery ['grəʊsərɪ] (*pl* **-ies**) *n* [shop] épicerie *f*.

groggy ['grɒgɪ] (*compar* **-ier**, *superl* **-iest**) *adj* groggy (*inv*).

groin [grɔɪn] *n* aine *f*.

groom [gruːm] ◇ *n* -1. [of horses] palefrenier *m*, garçon *m* d'écurie. -2. [bridegroom] marié *m*. ◇ *vt* -1. [brush] panser. -2. *fig* [prepare]: **to** ~ **sb (for sthg)** préparer OR former qqn (pour qqch).

groove [gruːv] *n* [in metal, wood] rainure *f*; [in record] sillon *m*.

grope [grəʊp] ◇ *vt* -1. [woman] peloter. -2. [try to find]: **to** ~ **one's way** avancer à tâtons. ◇ *vi*: **to** ~ (**about**) **for sthg** chercher qqch à tâtons.

gross [grəʊs] (*pl inv* OR **-es**) ◇ *adj* -1. [total] brut(e). -2. *fml* [serious - negligence] coupable; [- misconduct] choquant(e); [- inequality] flagrant(e). -3. [coarse, vulgar] grossier(ière). -4. *inf* [obese] obèse, énorme. ◇ *n* grosse *f*, douze douzaines *fpl*. ◇ *vt* gagner brut, faire une recette brute de.

gross domestic product *n* produit *m* intérieur brut.

grossly ['grəʊslɪ] *adv* [seriously] extrêmement, énormément; ~ **overweight** obèse; ~ **unjust** d'une injustice criante.

gross national product *n* produit *m* national brut.

gross profit *n* bénéfice *m* brut.

grotesque [grəʊ'tesk] *adj* grotesque.

grotto ['grɒtəʊ] (*pl* **-es** OR **-s**) *n* grotte *f*.

grotty ['grɒtɪ] (*compar* **-ier**, *superl* **-iest**) *adj Br inf* minable.

grouchy ['graʊtʃɪ] (*compar* **-ier**, *superl* **-iest**) *adj inf* grognon(onne), maussade.

ground [graʊnd] ◇ *pt* & *pp* → **grind**.
◇ *n* -1. (*U*) [surface of earth] sol *m*, terre *f*; **above** ~ en surface; **below** ~ sous terre; **on the** ~ par terre, au sol; **to be thin on the** ~ être rare; **to get sthg off the** ~ *fig* faire démarrer qqch; **to break fresh** OR **new** ~ innover, faire œuvre de pionnier. -2. (*U*) [area of land] terrain *m*. -3. [for sport etc] terrain *m*. -4. [advantage]: **to gain/lose** ~ gagner/perdre du terrain. -5. *phr*: **to cut the** ~ **from under sb's feet** couper l'herbe sous les pieds de qqn; **to go to** ~ se terrer; **to run sb/sthg to** ~ traquer qqn/qqch; **to**

stand one's ~ tenir bon, rester sur ses positions.

◇ *vt* **-1.** [base]: **to be** ~**ed on** OR **in sthg** être fondé(e) sur qqch. **-2.** [aircraft, pilot] interdire de vol. **-3.** *inf* [child] priver de sortie. **-4.** *Am* ELEC: **to be** ~**ed** être à la masse.

◆ **grounds** *npl* **-1.** [reason] motif *m,* raison *f*; **on the** ~**s** OR **for** raison de; **on the** ~**s that** en raison du fait que; ~**s for sthg** motifs de qqch.; ~**s for doing sthg** raisons de faire qqch. **-2.** [land round building] parc *m.* **-3.** [area]: **hunting** ~**s** terrain *m* de chasse; **fishing** ~**s** lieux *mpl* de pêche.

ground control *n* contrôle *m* au sol.

ground cover *n* (*U*) sous-bois *mpl.*

ground crew *n* personnel *m* au sol.

ground floor *n* rez-de-chaussée *m inv.*

ground-in *adj* [dirt] incrusté(e).

grounding ['graʊndɪŋ] *n*: ~ **(in)** connaissances *fpl* de base (en).

groundless ['graʊndlɪs] *adj* sans fondement.

ground level *n*: **at** ~ au rez-de-chaussée, au niveau du sol.

groundnut ['graʊndnʌt] *n* arachide *f.*

ground plan *n* [of building] plan *m* horizontal.

ground rent *n* redevance *f* foncière.

ground rules *npl* règles *fpl* de base.

groundsheet ['graʊndʃiːt] *n* tapis *m* de sol.

groundsman ['graʊndzmən] (*pl* **-men** [-mən]) *n Br* personne *f* chargée de l'entretien d'un terrain de sport.

ground staff *n* **-1.** [at sports ground] personnel *m* d'entretien (*d'un terrain de sport*). **-2.** *Br* = **ground crew.**

groundswell ['graʊndswel] *n* vague *f* de fond.

groundwork ['graʊndwɜːk] *n* (*U*) travail *m* préparatoire.

group [gruːp] ◇ *n* groupe *m.* ◇ *vt* grouper, réunir. ◇ *vi*: **to** ~ **(together)** se grouper.

group captain *n Br* colonel *m* de l'armée de l'air.

groupie ['gruːpɪ] *n inf* groupie *f.*

group practice *n* cabinet *m* de groupe.

group therapy *n* thérapie *f* de groupe.

grouse [graʊs] (*pl inv* OR **-s**) ◇ *n* **-1.** [bird] grouse *f,* coq *m* de bruyère. **-2.** *inf* [complaint] plainte *f.* ◇ *vi inf* râler, rouspéter.

grove [grəʊv] *n* [group of trees] bosquet *m*; **orange** ~ orangerie *f.*

grovel ['grɒvl] (*Br pt* & *pp* **-led,** *cont* **-ling,** *Am pt* & *pp* **-ed,** *cont* **-ing**) *vi*: **to** ~ **(to sb)** ramper (devant qqn).

grow [grəʊ] (*pt* **grew,** *pp* **grown**) ◇ *vi* **-1.** [gen] pousser; [person, animal] grandir; [company, city] s'agrandir; [fears, influence, traffic] augmenter, s'accroître; [problem, idea, plan] prendre de l'ampleur; [economy] se développer. **-2.** [become] devenir; **to** ~ **old** vieillir; **to** ~ **tired of sthg** se fatiguer de qqch. **-3.** [do eventually]: **to** ~ **to like sb/sthg** finir par aimer qqn/qqch.; **to** ~ **to hate sb/sthg** finir par détester qqn/qqch. ◇ *vt* **-1.** [plants] faire pousser. **-2.** [hair, beard] laisser pousser.

◆ **grow apart** *vi* [friends] s'éloigner; [family] se défaire.

◆ **grow into** *vt fus* [clothes, shoes] devenir assez grand pour mettre.

◆ **grow on** *vt fus inf* plaire de plus en plus à; **it'll** ~ **on you** cela finira par te plaire.

◆ **grow out** *vi* [perm, dye] disparaître.

◆ **grow out of** *vt fus* **-1.** [clothes, shoes] devenir trop grand pour. **-2.** [habit] perdre.

◆ **grow up** *vi* **-1.** [become adult] grandir, devenir adulte; ~ **up!** ne fais pas l'enfant. **-2.** [develop] se développer.

grower ['grəʊə*r*] *n* cultivateur *m,* -trice *f.*

growl [graʊl] ◇ *n* [of animal, engine] grondement *m*; [of person] grognement *m.* ◇ *vi* [animal] grogner, gronder; [engine] vrombir, gronder; [person] grogner.

grown [grəʊn] ◇ *pp* → **grow.** ◇ *adj* adulte.

grown-up ◇ *adj* **-1.** [fully grown] adulte, grand(e). **-2.** [mature] mûr(e). ◇ *n* adulte *mf,* grande personne *f.*

growth [grəʊθ] *n* **-1.** [increase - gen] croissance *f*; [- of opposition, company] développement *m*; [- of population] augmentation *f,* accroissement *m.* **-2.** MED [lump] tumeur *f,* excroissance *f.*

growth rate *n* taux *m* de croissance.

GRSM (*abbr of* **Graduate of the Royal Schools of Music**) *n* diplômé du conservatoire de musique britannique.

grub [grʌb] *n* **-1.** [insect] larve *f.* **-2.** *inf* [food] bouffe *f.*

grubby ['grʌbɪ] (*compar* **-ier,** *superl* **-iest**) *adj* sale, malpropre.

grudge [grʌdʒ] ◇ *n* rancune *f*; **to bear sb a** ~, **to bear a** ~ **against sb** garder rancune à qqn. ◇ *vt*: **to** ~ **sb sthg** donner qqch à qqn à contrecœur; [success] en vouloir à qqn à cause de qqch.; **to** ~ **doing sthg** faire qqch à contrecœur.

grudging ['grʌdʒɪŋ] *adj* peu enthousiaste.

grudgingly ['grʌdʒɪŋlɪ] *adv* à contrecœur, de mauvaise grâce.

gruelling *Br,* **grueling** *Am* ['grʊəlɪŋ] *adj* épuisant(e), exténuant(e).

gruesome ['gruːsəm] *adj* horrible, effroyable.

gruff [grʌf] *adj* **-1.** [hoarse] gros (grosse). **-2.** [rough, unfriendly] brusque, bourru(e).

grumble ['grʌmbl] ◇ *n* **-1.** [complaint] ronchonnement *m*, grognement *m*. **-2.** [rumble - of thunder, train] grondement *m*; [- of stomach] gargouillement *m*. ◇ *vi* **-1.** [complain]: **to ~ about sthg** rouspéter OR grommeler contre qqch. **-2.** [rumble - thunder, train] gronder; [- stomach] gargouiller.

grumbling ['grʌmblɪŋ] *n* **-1.** [complaining] rouspétance *f*. **-2.** [rumbling] grondement *m*.

grumpy ['grʌmpɪ] (*compar* -ier, *superl* -iest) *adj inf* renfrogné(e).

grunt [grʌnt] ◇ *n* grognement *m*. ◇ *vi* grogner.

G-string *n* cache-sexe *m inv*.

GU *abbr of* **Guam**.

Guadeloupe [ˌgwɑːdəˈluːp] *n* la Guadeloupe *f*; **in ~** à la Guadeloupe.

Guam [gwɑːm] *n* Guam *f*.

guarantee [ˌgærənˈtiː] ◇ *n* garantie *f*; **there's no ~ that he'll arrive on time** ce n'est pas sûr OR certain qu'il arrivera à l'heure; **under ~** sous garantie. ◇ *vt* garantir.

guarantor [ˌgærənˈtɔːr] *n* garant *m*, -e *f*, caution *f*.

guard [gɑːd] ◇ *n* **-1.** [person] garde *m*; [in prison] gardien *m*. **-2.** [group of guards] garde *f*. **-3.** [defensive operation] garde *f*; **to stand ~** monter la garde; **to be on ~** être de garde OR de faction; **to be on (one's) ~ (against)** se tenir OR être sur ses gardes (contre); **to catch sb off ~** prendre qqn au dépourvu. **-4.** *Br* RAIL chef *m* de train. **-5.** [protective device - for body] protection *f*; [- for fire] garde-feu *m inv*.
◇ *vt* **-1.** [protect - building] protéger, garder; [- person] protéger. **-2.** [prisoner] garder, surveiller. **-3.** [hide - secret] garder.
◆ **guard against** *vt fus* se protéger contre.

guard dog *n* chien *m* de garde.

guarded ['gɑːdɪd] *adj* prudent(e); **he's always very ~** il surveille toujours ses paroles.

guardian ['gɑːdjən] *n* **-1.** [of child] tuteur *m*, -trice *f*. **-2.** [protector] gardien *m*, -ienne *f*, protecteur *m*, -trice *f*.

guardian angel *n* ange *m* gardien.

guardianship ['gɑːdjənʃɪp] *n* tutelle *f*.

guardrail ['gɑːdreɪl] *n Am* [on road] barrière *f* de sécurité.

guardsman ['gɑːdzmən] (*pl* -men [-mən]) *n* soldat *m* de la garde royale.

guard's van *n Br* wagon *m* du chef de train.

Guatemala [ˌgwɑːtəˈmɑːlə] *n* Guatemala *m*; **in ~** au Guatemala.

Guatemalan [ˌgwɑːtəˈmɑːlən] ◇ *adj* guatémaltèque. ◇ *n* Guatémaltèque *mf*.

guava ['gwɑːvə] [fruit] goyave *f*; [tree] goyavier *m*.

guerilla [gəˈrɪlə] = **guerrilla**.

Guernsey ['gɜːnzɪ] *n* **-1.** [place] Guernesey *f*; **in ~** à Guernesey. **-2.** [sweater] jersey *m*. **-3.** [cow] vache *f* de Guernesey.

guerrilla [gəˈrɪlə] *n* guérillero *m*; **urban ~** guérillero *m* des villes.

guerrilla warfare *n* (*U*) guérilla *f*.

guess [ges] ◇ *n* conjecture *f*; **to take a ~** essayer de deviner; **it's anybody's ~** Dieu seul le sait, qui sait? ◇ *vt* deviner; **~ what?** tu sais quoi? ◇ *vi* **-1.** [conjecture] deviner; **to ~ at sthg** deviner qqch; **to keep sb ~ing** laisser qqn dans l'ignorance. **-2.** [suppose]: **I ~ (so)** je suppose (que oui).

guesstimate ['gestɪmət] *n inf* calcul *m* au pif.

guesswork ['geswɜːk] *n* (*U*) conjectures *fpl*, hypothèses *fpl*.

guest [gest] *n* **-1.** [gen] invité *m*, -e *f*. **-2.** [at hotel] client *m*, -e *f*. **-3.** *phr*: **be my ~!** je t'en prie!

guesthouse ['gesthaʊs, *pl* -haʊzɪz] *n* pension *f* de famille.

guest of honour *n* invité *m*, -e *f* d'honneur.

guestroom ['gestrʊm] *n* chambre *f* d'amis.

guest star *n* invité-vedette *m*, invitée-vedette *f*.

guffaw [gʌˈfɔː] ◇ *n* gros rire *m*. ◇ *vi* rire bruyamment.

Guiana [gaɪˈænə] *n* Guyane *f*.

guidance ['gaɪdəns] *n* (*U*) **-1.** [help] conseils *mpl*. **-2.** [leadership] direction *f*; **under the ~ of** sous la houlette de.

guide [gaɪd] ◇ *n* **-1.** [person, book] guide *m*. **-2.** [indication] indication *f*. ◇ *vt* **-1.** [show by leading] guider. **-2.** [control] diriger. **-3.** [influence]: **to be ~d by sb/sthg** se laisser guider par qqn/qqch.
◆ **Guide** *n* = Girl Guide.

guide book *n* guide *m*.

guided missile ['gaɪdɪd-] *n* missile *m* guidé.

guide dog *n* chien *m* d'aveugle.

guidelines ['gaɪdlaɪnz] *npl* directives *fpl*, lignes *fpl* directrices.

guiding ['gaɪdɪŋ] *adj* qui sert de guide; [principle] directeur(trice).

guild [gɪld] *n* -1. HISTORY corporation *f*, guilde *f*. -2. [association] association *f*.

guildhall ['gɪldhɔːl] *n* salle *f* de réunion d'une corporation.

guile [gaɪl] *n* (*U*) *literary* ruse *f*, astuce *f*.

guileless ['gaɪllɪs] *adj literary* franc (franche).

guillemot ['gɪlɪmɒt] *n* guillemot *m*.

guillotine ['gɪlə,tiːn] ◇ *n* -1. [for executions] guillotine *f*. -2. [for paper] massicot *m*. -3. *Br* POL limite de temps fixée pour le vote d'une loi au Parlement. ◇ *vt* [execute] guillotiner.

guilt [gɪlt] *n* culpabilité *f*.

guiltily ['gɪltɪlɪ] *adv* d'un air coupable; [behave] d'une façon coupable.

guilty ['gɪltɪ] (*compar* -ier, *superl* -iest) *adj* coupable; **to be ~ of** sthg être coupable de qqch; **to be found ~/not ~** JUR être reconnu coupable/non coupable; **to have a ~ conscience** avoir mauvaise conscience.

guinea ['gɪnɪ] *n* guinée *f*.

Guinea ['gɪnɪ] *n* Guinée *f*; **in ~** en Guinée.

Guinea-Bissau [-bɪ'saʊ] *n* Guinée-Bissau *f*.

guinea fowl *n* pintade *f*.

guinea pig *n* cobaye *m*.

guise [gaɪz] *n fml* apparence *f*, aspect *m*.

guitar [gɪ'tɑːr] *n* guitare *f*.

guitarist [gɪ'tɑːrɪst] *n* guitariste *mf*.

gulch [gʌltʃ] *n Am* ravin *m*.

gulf [gʌlf] *n* -1. [sea] golfe *m*. -2. [breach, chasm]: ~ **(between)** abîme *m* (entre).

◆ **Gulf** *n*: **the Gulf** le Golfe.

Gulf States *npl*: **the ~** [in US] les États du golfe du Mexique; [around Persian Gulf] les États du Golfe.

Gulf Stream *n*: **the ~** le Gulf Stream.

gull [gʌl] *n* mouette *f*.

gullet ['gʌlɪt] *n* œsophage *m*; [of bird] gosier *m*.

gullible ['gʌləbl] *adj* crédule.

gully ['gʌlɪ] (*pl* -ies) *n* -1. [valley] ravine *f*. -2. [ditch] rigole *f*.

gulp [gʌlp] ◇ *n* [of drink] grande gorgée *f*; [of food] grosse bouchée *f*. ◇ *vt* avaler. ◇ *vi* avoir la gorge nouée.

◆ **gulp down** *vt sep* avaler.

gum [gʌm] (*pt* & *pp* -med, *cont* -ming) ◇ *n* -1. [chewing gum] chewing-gum *m*. -2. [adhesive] colle *f*, gomme *f*. -3. ANAT gencive *f*. ◇ *vt* coller.

gumboil ['gʌmbɔɪl] *n* abcès *m* à la gencive.

gumboots ['gʌmbuːts] *npl Br* bottes *fpl* de caoutchouc.

gumption ['gʌmpʃn] *n inf* -1. [common sense] jugeote *f*. -2. [determination] cran *m*.

gumshoe ['gʌmʃuː] *n Am crime sl* privé *m*.

gun [gʌn] (*pt* & *pp* -ned, *cont* -ning) *n* -1. [weapon - small] revolver *m*; [- rifle] fusil *m*; **to stick to one's ~s** tenir bon, ne pas en démordre. -2. [starting pistol] pistolet *m*; **to jump the ~** agir prématurément. -3. [tool] pistolet *m*; [for staples] agrafeuse *f*.

◆ **gun down** *vt sep* abattre.

gunboat ['gʌnbəʊt] *n* canonnière *f*.

gundog ['gʌndɒg] *n* chien *m* de chasse.

gunfire ['gʌnfaɪər] *n* (*U*) coups *mpl* de feu.

gunge [gʌndʒ] *n* (*U*) *Br inf* matière *f* poisseuse.

gung-ho [,gʌŋ'həʊ] *adj inf* trop enthousiaste.

gunk [gʌŋk] *n inf* matière *f* poisseuse.

gunman ['gʌnmən] (*pl* -men [-mən]) *n* personne *f* armée.

gunner ['gʌnər] *n* artilleur *m*.

gunpoint ['gʌnpɔɪnt] *n*: **at ~** sous la menace d'un fusil OR pistolet.

gunpowder ['gʌn,paʊdər] *n* poudre *f* à canon.

gunrunning ['gʌn,rʌnɪŋ] *n* trafic *m* d'armes.

gunshot ['gʌnʃɒt] *n* [firing of gun] coup *m* de feu.

gunsmith ['gʌnsmɪθ] *n* armurier *m*.

gurgle ['gɜːgl] ◇ *vi* -1. [water] glouglouter. -2. [baby] gazouiller. ◇ *n* -1. [of water] glouglou *m*. -2. [of baby] gazouillis *m*.

guru ['guruː] *n* gourou *m*, guru *m*.

gush [gʌʃ] ◇ *n* jaillissement *m*. ◇ *vt* [blood] pisser; [oil] cracher. ◇ *vi* -1. [flow out] jaillir. -2. *pej* [enthuse] s'exprimer de façon exubérante.

gushing ['gʌʃɪŋ] *adj pej* trop exubérant(e).

gusset ['gʌsɪt] *n* gousset *m*.

gust [gʌst] ◇ *n* rafale *f*, coup *m* de vent. ◇ *vi* souffler par rafales.

gusto ['gʌstəʊ] *n*: **with ~** avec enthousiasme.

gusty ['gʌstɪ] (*compar* -ier, *superl* -iest) *adj* venteux(euse), de grand vent; [wind] qui souffle par rafales.

gut [gʌt] (*pt* & *pp* -ted, *cont* -ting) ◇ *n* MED intestin *m*. ◇ *vt* -1. [remove organs from] vider. -2. [destroy] éventrer.

◆ **guts** *npl inf* -1. [intestines] intestins *mpl*; **to hate sb's ~s** ne pas pouvoir piffer qqn, ne pas pouvoir voir qqn en peinture. -2. [courage] cran *m*; **to have ~s** avoir du cran.

gut reaction *n* réaction *f* viscérale.

gutter ['gʌtər] *n* -1. [ditch] rigole *f*. -2. [on roof] gouttière *f*.

guttering ['gʌtərɪŋ] *n* (*U*) gouttières *fpl*.

gutter press *n* presse *f* à sensation.

guttural ['gʌtərəl] *adj* guttural(e).

guv [gʌv] *n Br inf* chef *m*.

guy [gaɪ] *n* -1. *inf* [man] type *m*. -2. [person] copain *m*, copine *f*. -3. *Br* [dummy] *effigie de Guy Fawkes*.

Guyana [gaɪ'ænə] *n* Guyana *m*; **in** ~ au Guyana.

Guy Fawkes' Night [-'fɔːks-] *n fête célébrée le 5 novembre en commémoration de la Conspiration des Poudres*.

GUY FAWKES' NIGHT:
Cette fête familiale se déroule en plein air autour d'un grand feu de joie sur lequel on brûle une effigie ('the Guy') censée représenter Guy Fawkes, l'instigateur de la Conspiration des Poudres. C'est également l'occasion d'un feu d'artifice

guy rope *n* corde *f* de tente.

guzzle ['gʌzl] ◇ *vt* bâfrer; [drink] lamper. ◇ *vi* s'empiffrer.

gym [dʒɪm] *n inf* -1. [gymnasium] gymnase *m*. -2. [exercises] gym *f*.

gymkhana [dʒɪm'kɑːnə] *n* gymkhana *m*.

gymnasium [dʒɪm'neɪzjəm] (*pl* -iums OR -ia [-jə]) *n* gymnase *m*.

gymnast ['dʒɪmnæst] *n* gymnaste *mf*.

gymnastics [dʒɪm'næstɪks] *n* (*U*) gymnastique *f*.

gym shoes *npl* (chaussures *fpl* de) tennis *mpl*.

gymslip ['dʒɪm,slɪp] *n Br* tunique *f*.

gynaecological *Br*, **gynecological** *Am* [,gaɪnəkə'lɒdʒɪkl] *adj* gynécologique.

gynaecologist *Br*, **gynecologist** *Am* [,gaɪnə'kɒlədʒɪst] *n* gynécologue *mf*.

gynaecology *Br*, **gynecology** *Am* [,gaɪnə'kɒlədʒɪ] *n* gynécologie *f*.

gyp [dʒɪp] *Am* ◇ *vt* escroquer. ◇ *n* escroc.

gypsy ['dʒɪpsɪ] (*pl* -ies) = gipsy.

gyrate [dʒaɪ'reɪt] *vi* tournoyer.

gyration [dʒaɪ'reɪʃn] *n* mouvement *m* giratoire.

gyroscope ['dʒaɪrəskəʊp] *n* gyroscope *m*.

h (*pl* **h's** OR **hs**), **H** (*pl* **H's** OR **Hs**) [eɪtʃ] *n* [letter] h *m inv*, H *m inv*.

ha [hɑː] *excl* ha!

habeas corpus [,heɪbjəs'kɔːpəs] *n* habeas corpus *m*.

haberdashery ['hæbədæʃərɪ] (*pl* -ies) *n* mercerie *f*.

habit ['hæbɪt] *n* -1. [customary practice] habitude *f*; **out of** ~ par habitude; **to be in/get into the** ~ **of doing sthg** avoir/prendre l'habitude de faire qqch; **to make a** ~ **of doing sthg** avoir l'habitude de faire qqch. -2. [garment] habit *m*.

habitable ['hæbɪtəbl] *adj* habitable.

habitat ['hæbɪtæt] *n* habitat *m*.

habitation [hæbɪ'teɪʃn] *n* habitation *f*.

habit-forming [-,fɔːmɪŋ] *adj* qui crée une accoutumance.

habitual [hə'bɪtʃuəl] *adj* -1. [usual, characteristic] habituel(elle). -2. [regular] invétéré(e).

habitually [hə'bɪtʃuəlɪ] *adv* habituellement.

hack [hæk] ◇ *n* -1. [writer] écrivailleur *m*, -euse *f*. -2. *Am inf* [taxi] taxi *m*. ◇ *vt* -1. [cut] tailler. -3. COMPUT pirater. ◇ *vi* [cut] taillader.
◆ **hack into** *vt fus* COMPUT pirater.
◆ **hack through** *vt fus* [jungle etc]: **to** ~ **through sthg** se frayer un chemin dans qqch à coups de hache.

hacker ['hækər] *n*: (**computer**) ~ pirate *m* informatique.

hackie ['hækɪ] *n Am inf* chauffeur *m* de taxi.

hacking ['hækɪŋ] *n* COMPUT piratage *f* informatique.

hacking cough *n* toux *f* sèche et douloureuse.

hackles ['hæklz] *npl* [on animal] plumes *fpl* du cou; **to make sb's** ~ **rise** hérisser qqn.

hackney cab, hackney carriage ['hæknɪ-] *n fml* [taxi] taxi *m*.

hackneyed ['hæknɪd] *adj* rebattu(e).

hacksaw ['hæksɔː] *n* scie *f* à métaux.

had [*weak form* həd, *strong form* hæd] *pt & pp* → have.

haddock ['hædək] (*pl inv*) *n* églefin *m*, aiglefin *m*.

hadn't ['hædnt] = **had not**.

haematology [ˌhiːmə'tɒlədʒɪ] = **hematology**.

haemoglobin [ˌhiːmə'gləʊbɪn] = **hemoglobin**.

haemophilia [ˌhiːmə'fɪlɪə] = **hemophilia**.

haemophiliac [ˌhiːmə'fɪlɪæk] = **hemophiliac**.

haemorrhage ['hemərɪdʒ] = **hemorrhage**.

haemorrhoids ['hemərɔɪdz] = **hemorrhoids**.

hag [hæg] *n* vieille sorcière *f*.

haggard ['hægəd] *adj* [face] défait(e); [person] abattu(e).

haggis ['hægɪs] *n* plat typique écossais fait d'une panse de brebis farcie, le plus souvent servie avec des navets et des pommes de terre.

haggle ['hægl] *vi* marchander; **to ~ over** OR **about sthg** marchander qqch; **to ~ with sb** marchander avec qqn.

haggling ['hæglɪŋ] *n* marchandage *m*.

Hague [heɪg] *n*: **The ~** La Haye.

hail [heɪl] ◇ *n* grêle *f*; *fig* pluie *f*. ◇ *vt* **-1.** [call] héler. **-2.** [acclaim]: **to ~ sb/sthg as sthg** acclamer qqn/qqch comme qqch. ◇ *v impers* grêler.

hailstone ['heɪlstəʊn] *n* grêlon *m*.

hair [heəʳ] *n* **-1.** (*U*) [on human head] cheveux *mpl*; **to do one's ~** se coiffer; **to let one's ~ down** se défouler; **to make sb's ~ stand on end** faire dresser les cheveux sur la tête à qqn. **-2.** (*U*) [on animal, human skin] poils *mpl*. **-3.** [individual hair - on head] cheveu *m*; [- on skin] poil *m*; **to split ~s** couper les cheveux en quatre.

hairbrush ['heəbrʌʃ] *n* brosse *f* à cheveux.

haircut ['heəkʌt] *n* coupe *f* de cheveux.

hairdo ['heəduː] (*pl* -s) *n inf* coiffure *f*.

hairdresser ['heəˌdresəʳ] *n* coiffeur *m*, -euse *f*; **~'s (salon)** salon *m* de coiffure.

hairdressing ['heəˌdresɪŋ] ◇ *n* coiffure *f*. ◇ *comp* de coiffure.

hairdryer ['heəˌdraɪəʳ] *n* [handheld] sèche-cheveux *m inv*; [with hood] casque *m*.

hair gel *n* gel *m* coiffant.

hairgrip ['heəgrɪp] *n Br* pince *f* à cheveux.

hairline ['heəlaɪn] *n* naissance *f* des cheveux.

hairline fracture *n* fêlure *f*.

hairnet ['heənet] *n* filet *m* à cheveux.

hairpiece ['heəpiːs] *n* postiche *m*.

hairpin ['heəpɪn] *n* épingle *f* à cheveux.

hairpin bend *n* virage *m* en épingle à cheveux.

hair-raising [-ˌreɪzɪŋ] *adj* à faire dresser les cheveux sur la tête; [journey] effrayant(e).

hair remover *n* (crème *f*) dépilatoire *m*.

hair-restorer *n* lotion *f* capillaire régénératrice.

hair's breadth *n*: **by a ~** d'un cheveu, de justesse.

hair slide *n Br* barrette *f*.

hair-splitting *n* ergotage *m*.

hairspray ['heəspreɪ] *n* laque *f*.

hairstyle ['heəstaɪl] *n* coiffure *f*.

hairstylist ['heəˌstaɪlɪst] *n* coiffeur *m*, -euse *f*.

hairy ['heərɪ] (*compar* -ier, *superl* -iest) *adj* **-1.** [covered in hair] velu(e), poilu(e). **-2.** *inf* [frightening] à faire dresser les cheveux sur la tête.

Haiti ['heɪtɪ] *n* Haïti. **in ~** à Haïti.

Haitian ['heɪʃn] ◇ *adj* haïtien(ienne). ◇ *n* Haïtien *m*, -ienne *f*.

hake [heɪk] (*pl inv* OR **-s**) *n* colin *m*, merluche *f*.

halal [hə'lɑːl] ◇ *adj* hallal (*inv*). ◇ *n* viande *f* hallal.

halcyon ['hælsɪən] *adj* paradisiaque.

hale [heɪl] *adj*: **~ and hearty** en pleine forme.

half [*Br* hɑːf, *Am* hæf] (*pl senses 1 and 2* **halves**, *pl senses 3, 4 and 5* **halves** OR **halfs**) ◇ *adj* demi(e); **~ a dozen** une demi-douzaine; **~ an hour** une demi-heure; **~ a pound** une demi-livre; **~ English** à moitié anglais; **~ my life** la moitié de ma vie. ◇ *adv* **-1.** [gen] à moitié; **~-and-~** moitié-moitié; **not ~!** *Br inf* tu parles! **-2.** [by half] de moitié. **-3.** [in telling the time]: **~ past ten** *Br*, **~ after ten** *Am* dix heures et demie; **it's ~ past** il est la demie. ◇ *n* **-1.** [gen] moitié *f*; **by ~** de moitié; **in ~** en deux; **to be too clever by ~** être un peu trop malin; **he doesn't do things by halves** il ne fait pas les choses à moitié; **to go halves (with sb)** partager (avec qqn). **-2.** SPORT [of match] mi-temps *f*. **-3.** SPORT [halfback] demi *m*. **-4.** [of beer] demi *m*. **-5.** [child's ticket] demi-tarif *m*, tarif *m* enfant. ◇ *pron* la moitié; **~ of them** la moitié d'entre eux; **I wrote ~ of it** j'en ai écrit la moitié.

halfback ['hɑːfbæk] *n* demi *m*.

half-baked [-'beɪkt] *adj* à la noix.

half board *n* demi-pension *f*.

half-breed ◇ *adj* métis(isse). ◇ *n* métis *m*,

-isse f (*attention: le terme 'half-breed' est considéré raciste*).

half-brother n demi-frère m.

half-caste ◇ adj métis(isse). ◇ n métis m, -isse f (*attention: le terme 'half-caste' est considéré raciste*).

half cock n: **to go off (at)** ~ mal partir.

half-day n demi-journée f.

half-hearted [-'hɑːtɪd] adj sans enthousiasme.

half-heartedly [-'hɑːtɪdlɪ] adv sans enthousiasme.

half hour n demi-heure f.
◆ **half-hour** adj = half-hourly.

half-hourly adj (de) toutes les demi-heures.

half-length adj [coat, jacket] court(e).

half-light n pénombre f.

half-mast n: **at** ~ [flag] en berne.

half measure n demi-mesure f.

half moon n demi-lune f.

half note n Am MUS blanche f.

halfpenny ['heɪpnɪ] (pl **-pennies** OR **-pence**) n demi-penny m.

half-price adj à moitié prix.
◆ **half price** adv moitié prix.

half-sister n demi-sœur f.

half step n Am MUS demi-ton m.

half term n Br congé m de mi-trimestre.

half time n (U) mi-temps f.

half tone n Am MUS demi-ton m.

half-truth n demi-vérité f.

halfway [hɑːf'weɪ] ◇ adj à mi-chemin. ◇ adv **-1.** [in space] à mi-chemin. **-2.** [in time] à la moitié. **-3.** phr: **to meet sb** ~ arriver à un compromis avec qqn.

half-wit n faible mf d'esprit.

half-yearly adj semestriel(ielle).
◆ **half yearly** adv tous les six mois.

halibut ['hælɪbət] (pl inv OR **-s**) n flétan m.

halitosis [,hælɪ'təʊsɪs] n mauvaise haleine f.

hall [hɔːl] n **-1.** [in house] vestibule m, entrée f. **-2.** [meeting room, building] salle f. **-3.** Br UNIV [hall of residence] résidence f universitaire; **to live in** ~ loger en cité universitaire. **-4.** [country house] manoir m.

halleluja [,hælɪ'luːjə] excl alléluia!

hallmark ['hɔːlmɑːk] n **-1.** [typical feature] marque f. **-2.** [on metal] poinçon m.

hallo [hə'ləʊ] = hello.

hall of residence (pl **halls of residence**) n Br UNIV résidence f universitaire.

hallowed ['hæləʊd] adj [respected] consacré(e).

Hallowe'en [,hæləʊ'iːn] n Halloween f (*fête des sorcières et des fantômes*).

HALLOWE'EN:

Fête célébrée le 31 octobre au cours de laquelle les enfants déguisés en sorcières et en fantômes présentent des paniers pour qu'on y dépose des friandises

---

hallucinate [hə'luːsɪneɪt] vi avoir des hallucinations.

hallucination [,həluːsɪ'neɪʃn] n hallucination f.

hallucinogenic [hə,luːsɪnə'dʒenɪk] adj hallucinogène.

hallway ['hɔːlweɪ] n vestibule m.

halo ['heɪləʊ] (pl **-es** OR **-s**) n nimbe m; ASTRON halo m.

halogen ['hælədʒen] ◇ n halogène m. ◇ comp halogène.

halt [hɔːlt] ◇ n [stop]: **to come to a** ~ [vehicle] s'arrêter, s'immobiliser; [activity] s'interrompre; **to grind to a** ~ [stop moving] s'arrêter; [stop working] péricliter; **to call a** ~ **to sthg** mettre fin à qqch. ◇ vt arrêter. ◇ vi s'arrêter.

halter ['hɔːltə'] n [for horse] licou m.

halterneck ['hɔːltənek] adj dos nu (inv).

halting ['hɔːltɪŋ] adj hésitant(e).

halve [Br hɑːv, Am hæv] vt **-1.** [reduce by half] réduire de moitié. **-2.** [divide] couper en deux.

halves [Br hɑːvz, Am hævz] pl → half.

ham [hæm] (pt & pp **-med**, cont **-ming**) ◇ n **-1.** [meat] jambon m. **-2.** pej [actor] cabotin m. **-3.** [radio fanatic]: **(radio)** ~ radioamateur m. ◇ comp au jambon. ◇ vt: **to** ~ **it up** cabotiner.

Hamburg ['hæmbɜːg] n Hambourg.

hamburger ['hæmbɜːgə'] n **-1.** [burger] hamburger m. **-2.** (U) Am [mince] viande f hachée.

ham-fisted [-'fɪstɪd] adj maladroit(e).

hamlet ['hæmlɪt] n hameau m.

hammer ['hæmə'] ◇ n marteau m. ◇ vt **-1.** [with tool] marteler; [nail] enfoncer à coups de marteau. **-2.** [with fist] marteler du poing. **-3.** inf [defeat] battre à plates coutures. ◇ vi **-1.** [with tool] frapper au marteau. **-2.** [with fist]: **to** ~ **(on)** cogner du poing (à). **-3.** fig: **to** ~ **away at** [task] s'acharner à.

◆ **hammer into** vt sep: **to** ~ **sthg into sb** faire entrer qqch dans la tête de qqn.

◆ **hammer out** ◇ vt fus [agreement, solu-

tion] parvenir finalement à. ◇ *vt sep* [dent]
enlever à coups de marteau.

hammock ['hæmək] *n* hamac *m*.

hammy ['hæmɪ] (*compar* -ier, *superl* -iest) *adj*
inf cabotin(e).

hamper ['hæmpəʳ] ◇ *n* -1. [for food] panier
m d'osier. -2. *Am* [for laundry] coffre *m* à
linge. ◇ *vt* gêner.

hamster ['hæmstəʳ] *n* hamster *m*.

hamstring ['hæmstrɪŋ] ◇ *n* tendon *m* du
jarret. ◇ *vt* paralyser.

hand [hænd] ◇ *n* -1. [part of body] main *f*;
to hold ~s se tenir la main; ~ in ~ [people]
main dans la main; ~s up! haut les mains!;
by ~ à la main; at the ~s of aux mains de;
with one's bare ~s à mains nues; to
change ~s [car, house etc] changer de propriétaire; to force sb's ~ forcer la main à
qqn; to get OR lay one's ~s on mettre la
main sur; to get out of ~ échapper à tout
contrôle; to give sb a free ~ donner carte
blanche à qqn; to go ~ in ~ [things] aller
de pair; to have a ~ in sthg être impliqué
dans qqch; to have a ~ in doing sthg
contribuer à faire qqch; to have a situation
in ~ avoir une situation en main; to have
one's ~s full avoir du pain sur la planche;
to have time in ~ avoir du temps libre; to
take sb in ~ prendre qqn en main; to try
one's ~ at sthg s'essayer à qqch; to wait
on sb ~ and foot être aux petits soins pour
qqn; to wash one's ~s of sthg se laver les
mains de qqch. -2. [help] coup *m* de main;
to give OR lend sb a ~ (with sthg) donner
un coup de main à qqn (pour faire qqch).
-3. [worker] ouvrier *m*, -ière *f*. -4. [of clock,
watch] aiguille *f*. -5. [handwriting] écriture *f*.
-6. [of cards] jeu *m*, main *f*; to overplay
one's ~ *fig* trop présumer de ses capacités.
◇ *vt*: to ~ sthg to sb, to ~ sb sthg passer
qqch à qqn.
◆ **(close) at hand** *adv* proche.
◆ **on hand** *adv* disponible.
◆ **on the other hand** *conj* d'autre part.
◆ **out of hand** *adv* [completely] d'emblée.
◆ **to hand** *adv* à portée de la main, sous
la main.
◆ **hand down** *vt sep* transmettre.
◆ **hand in** *vt sep* remettre.
◆ **hand on** *vt sep* transmettre.
◆ **hand out** *vt sep* distribuer.
◆ **hand over** ◇ *vt sep* -1. [baton, money]
remettre. -2. [responsibility, power] transmettre. ◇ *vi*: to ~ over (to) passer le relais
(à).

handbag ['hændbæg] *n* sac *m* à main.

handball ['hændbɔːl] *n* [game] handball *m*.

handbill ['hændbɪl] *n* prospectus *m*.

handbook ['hændbuk] *n* manuel *m*; [for
tourist] guide *m*.

handbrake ['hændbreɪk] *n* frein *m* à main.

handclap ['hændklæp] *n*: **to give the slow
~** taper des mains lentement pour manifester sa
désapprobation.

handcrafted ['hændkrɑːftɪd] *adj* fait(e) (à la)
main.

handcuff ['hændkʌf] *vt* mettre OR passer
les menottes à.
◆ **handcuffs** *npl* menottes *fpl*.

handful ['hændful] *n* -1. [of sand, grass,
people] poignée *f*. -2. *inf* [person]: **to be a ~**
être difficile.

handgun ['hændgʌn] *n* revolver *m*, pistolet
m.

handicap ['hændɪkæp] (*pt & pp* -ped, *cont*
-ping) ◇ *n* handicap *m*. ◇ *vt* handicaper;
[progress, work] entraver.

handicapped ['hændɪkæpt] ◇ *adj* handica-
pé(e). ◇ *npl*: **the ~** les handicapés *mpl*.

handicraft ['hændɪkrɑːft] *n* activité *f* artisanale.

handiwork ['hændɪwɜːk] *n* (*U*) ouvrage *m*.

handkerchief ['hæŋkətʃɪf] (*pl* -chiefs OR
-chieves [-tʃiːvz]) *n* mouchoir *m*.

handle ['hændl] ◇ *n* poignée *f*; [of jug, cup]
anse *f*; [of knife, pan] manche *m*; **to fly off
the ~** sortir de ses gonds. ◇ *vt* -1. [with
hands] manipuler; [without permission] toucher à. -2. [deal with, be responsible for] s'occuper de; [difficult situation] faire face à. -3.
[treat] traiter, s'y prendre avec. ◇ *vi* [car]: **to
~ well/badly** être maniable/peu maniable.

handlebars ['hændlbɑːz] *npl* guidon *m*.

handler ['hændləʳ] *n* -1. [of dog] maître-
chien *m*. -2. [at airport]: **(baggage) ~** bagagiste *m*.

handling charges ['hændlɪŋ-] *npl* [at bank]
frais *mpl* de gestion.

hand lotion *n* lotion *f* pour les mains.

hand luggage *n* (*U*) *Br* bagages *mpl* à
main.

handmade [,hænd'meɪd] *adj* fait(e) (à la)
main.

hand-me-down *n inf* vêtement *m* usagé.

handout ['hændaut] *n* -1. [gift] don *m*. -2.
[leaflet] prospectus *m*.

handover ['hændəuvəʳ] *n* remise *f*; [of
power] passation *f*; [in relay race] passage *m*.

handpicked [,hænd'pɪkt] *adj* trié(e) sur le
volet.

handrail ['hændreɪl] *n* rampe *f*.

handset ['hændset] *n* combiné *m*.

handshake ['hændʃeɪk] *n* serrement *m* OR poignée *f* de main.

hands-off *adj* non-interventionniste.

handsome ['hænsəm] *adj* -1. [good-looking] beau (belle). -2. [reward, profit] beau (belle); [gift] généreux(euse).

handsomely ['hænsəmlɪ] *adv* généreusement.

hands-on *adj* [training] pratique; [manager] qui s'implique.

handstand ['hændstænd] *n* équilibre *m* (*sur les mains*).

hand-to-mouth *adj* précaire.

◆ **hand to mouth** *adv* au jour le jour.

handwriting ['hænd,raɪtɪŋ] *n* écriture *f*.

handwritten ['hænd,rɪtn] *adj* écrit(e) à la main, manuscrit(e).

handy ['hændɪ] (*compar* -ier, *superl* -iest) *adj inf* -1. [useful] pratique; **to come in** ~ être utile. -2. [skilful] adroit(e). -3. [near] tout près, à deux pas; **to keep sthg** ~ garder qqch à portée de la main.

handyman ['hændɪmæn] (*pl* -men [-mən]) *n* bricoleur *m*.

hang [hæŋ] (*pt* & *pp sense 1* hung, *pt* & *pp sense 2* hung OR hanged) ◇ *vt* -1. [fasten] suspendre. -2. [execute] pendre. ◇ *vi* -1. [be fastened] pendre, être accroché(e). -2. [be executed] être pendu(e). ◇ *n*: **to get the** ~ **of sthg** *inf* saisir le truc OR attraper le coup pour faire qqch.

◆ **hang about, hang around** *vi* traîner.

◆ **hang on** ◇ *vt fus* [depend on] dépendre de. ◇ *vi* -1. [keep hold]: **to** ~ **on (to)** s'accrocher OR se cramponner (à). -2. *inf* [continue waiting] attendre. -3. [persevere] tenir bon.

◆ **hang onto** *vt fus* -1. [keep hold of] se cramponner à, s'accrocher à. -2. [keep] garder.

◆ **hang out** ◇ *vt sep* [washing] étendre. ◇ *vi inf* [spend time] traîner.

◆ **hang round** = hang about.

◆ **hang together** *vi* [alibi, argument] se tenir.

◆ **hang up** ◇ *vt sep* pendre. ◇ *vi* -1. [on telephone] raccrocher. -2. [hang] être accroché(e), pendre.

◆ **hang up on** *vt fus* TELEC raccrocher au nez de.

hangar ['hæŋə'] *n* hangar *m*.

hangdog ['hæŋdɒg] *adj* de chien battu.

hanger ['hæŋə'] *n* cintre *m*.

hanger-on (*pl* hangers-on) *n* parasite *m*.

hang glider *n* [apparatus] deltaplane *m*.

hang gliding *n* deltaplane *m*, vol *m* libre.

hanging ['hæŋɪŋ] *n* -1. [execution] pendaison *f*. -2. [drapery] tenture *f*.

hangman ['hæŋmən] (*pl* -men [-mən]) *n* bourreau *m*.

hangover ['hæŋ,əʊvə'] *n* -1. [from drinking] gueule *f* de bois. -2. [from past]: ~ **(from)** reliquat *m* (de).

hang-up *n inf* complexe *m*.

hank [hæŋk] *n* écheveau *m*.

hanker ['hæŋkə']

◆ **hanker after, hanker for** *vt fus* convoiter.

hankering ['hæŋkərɪŋ] *n*: ~ **after** OR **for** envie *f* de.

hankie, hanky ['hæŋkɪ] (*pl* -ies) (*abbr of* handkerchief) *n inf* mouchoir *m*.

Hanoi [hæ'nɔɪ] *n* Hanoi.

Hansard ['hænsɑːd] *n* compte-rendu officiel des débats parlementaires en Grande-Bretagne.

Hants [hænts] (*abbr of* Hampshire) comté anglais.

haphazard [,hæp'hæzəd] *adj* fait(e) au hasard.

haphazardly [,hæp'hæzədlɪ] *adv* au hasard.

hapless ['hæplɪs] *adj literary* infortuné(e).

happen ['hæpən] *vi* -1. [occur] arriver, se passer; **to** ~ **to sb** arriver à qqn. -2. [chance]: **I just** ~**ed to meet him** je l'ai rencontré par hasard; **it** ~**s to be right** il se trouve que c'est juste; **as it** ~**s** en fait.

happening ['hæpənɪŋ] *n* événement *m*.

happily ['hæpɪlɪ] *adv* -1. [with pleasure] de bon cœur. -2. [contentedly]: **to be** ~ **doing sthg** être bien tranquillement en train de faire qqch. -3. [fortunately] heureusement.

happiness ['hæpɪnɪs] *n* bonheur *m*.

happy ['hæpɪ] (*compar* -ier, *superl* -iest) *adj* -1. [gen] heureux(euse); **to be** ~ **to do sthg** être heureux de faire qqch; ~ **Christmas/birthday!** joyeux Noël/anniversaire!; ~ **New Year!** bonne année! -2. [satisfied] heureux(euse), content(e); **to be** ~ **with** OR **about sthg** être heureux de qqch.

happy event *n* heureux événement *m*.

happy-go-lucky *adj* décontracté(e).

happy hour *n inf* moment dans la journée où les boissons sont vendues moins cher dans les bars.

happy medium *n* juste milieu *m*.

harangue [hə'ræŋ] ◇ *n* harangue *f*. ◇ *vt* haranguer.

Harare [hə'rɑːrɪ] *n* Harare.

harass ['hærəs] *vt* harceler.

harassed ['hærəst] *adj* harcelé(e), tourmenté(e).

harassment ['hærəsmənt] *n* harcèlement *m*.

harbinger ['hɑːbɪndʒəʳ] *n literary* signe *m* avant-coureur.

harbour *Br*, **harbor** *Am* ['hɑːbəʳ] ◇ *n* port *m*. ◇ *vt* **-1.** [feeling] entretenir; [doubt, grudge] garder. **-2.** [person] héberger.

harbour master *n* capitaine *m* de port.

hard [hɑːd] ◇ *adj* **-1.** [gen] dur(e); **to be ~ on sb/sthg** être dur avec qqn/pour qqch. **-2.** [winter, frost] rude. **-3.** [water] calcaire. **-4.** [fact] concret(ète); [news] sûr(e), vérifié(e). **-5.** *Br* POL: **~ left/right** extrême gauche/droite.
◇ *adv* **-1.** [strenuously - work] dur; [- listen, concentrate] avec effort; **to try ~ (to do sthg)** faire de son mieux (pour faire qqch). **-2.** [forcefully] fort. **-3.** [heavily - rain] à verse; [- snow] dru. **-4.** *phr*: **to be ~ pushed** OR **put** OR **pressed to do** avoir bien de la peine à faire; **to feel ~ done by** avoir l'impression d'avoir été traité injustement.

hard-and-fast *adj* [rule] absolu(e).

hardback ['hɑːdbæk] ◇ *adj* relié(e). ◇ *n* livre *m* relié.

hard-bitten *adj* dur(e) à cuire.

hardboard ['hɑːdbɔːd] *n* contreplaqué *m*.

hard-boiled *adj* **-1.** CULIN: **~ egg** œuf *m* dur. **-2.** [person] dur(e) à cuire.

hard cash *n* (U) espèces *fpl*.

hard cider *n Am* cidre *m*.

hard copy *n* COMPUT sortie *f* papier.

hard-core *adj* **-1.** [criminal] endurci(e). **-2.** [pornography] hard (*inv*).

◆ **hard core** *n* [of group] noyau *m* (dur).

hard court *n* court *m* en dur.

hard currency *n* devise *f* forte.

hard disk *n* COMPUT disque *m* dur.

hard drugs *npl* drogues *fpl* dures.

harden ['hɑːdn] ◇ *vt* durcir; [steel] tremper. ◇ *vi* **-1.** [glue, concrete] durcir. **-2.** [person] s'endurcir. **-3.** [attitude, opposition] se durcir.

hardened ['hɑːdnd] *adj* [criminal] endurci(e).

hardening ['hɑːdnɪŋ] *n* durcissement *m*.

hard hat *n* casque *m*.

hard-headed [-'hedɪd] *adj* [decision] pragmatique; **to be ~** [person] avoir la tête froide.

hard-hearted [-'hɑːtɪd] *adj* insensible, impitoyable.

hard-hitting [-'hɪtɪŋ] *adj* [report] sans indulgence.

hard labour *n* (U) travaux *mpl* forcés.

hard line *n*: **to take a ~ on sthg** adopter une position ferme vis-à-vis de qqch.

◆ **hard-line** *adj* convaincu(e).

◆ **hard lines** *npl Br inf*: **~s!** pas de chance!

hard-liner *n* partisan *m* de la manière forte.

hardly ['hɑːdlɪ] *adv* **-1.** [scarcely] à peine, ne ... guère; **this is ~ the time for complaints** ce n'est guère le moment de se plaindre; **~ ever/anything** presque jamais/rien; **I can ~ move/wait** je peux à peine bouger/attendre. **-2.** [only just] à peine.

hardness ['hɑːdnɪs] *n* **-1.** [firmness] dureté *f*. **-2.** [difficulty] difficulté *f*.

hard-nosed [-nəʊzd] *adj* [businessman] à la tête froide; [approach] pragmatique.

hard sell *n* vente *f* agressive; **to give sb the ~** y aller à la vente agressive avec qqn.

hardship ['hɑːdʃɪp] *n* **-1.** (U) [difficult conditions] épreuves *fpl*. **-2.** [difficult circumstance] épreuve *f*.

hard shoulder *n Br* AUT bande *f* d'arrêt d'urgence.

hard up *adj inf* fauché(e).

hardware ['hɑːdweəʳ] *n* (U) **-1.** [tools, equipment] quincaillerie *f*. **-2.** COMPUT hardware *m*, matériel *m*.

hardware shop *n* quincaillerie *f*.

hardwearing [ˌhɑːd'weərɪŋ] *adj Br* résistant(e).

hardwood ['hɑːdwʊd] *n* bois *m* dur.

hardworking [ˌhɑːd'wɜːkɪŋ] *adj* travailleur(euse).

hardy ['hɑːdɪ] (*compar* -ier, *superl* -iest) *adj* **-1.** [person, animal] vigoureux(euse), robuste. **-2.** [plant] résistant(e), vivace.

hare [heəʳ] ◇ *n* lièvre *m*. ◇ *vi Br inf*: **to ~ off** partir à fond de train.

harebrained ['heəˌbreɪnd] *adj inf* [person] écervelé(e); [scheme, idea] insensé(e).

harelip [ˌheə'lɪp] *n* bec-de-lièvre *m*.

harem [*Br* hɑːˈriːm, *Am* ˈhærəm] *n* harem *m*.

haricot (bean) ['hærɪkəʊ] *n* haricot *m* blanc.

hark [hɑːk]

◆ **hark back** *vi*: **to ~ back to** revenir à.

harlequin ['hɑːlɪkwɪn] *n* arlequin *m*.

Harley Street ['hɑːlɪ-] *n* rue du centre de Londres célèbre pour ses spécialistes en médecine.

harm [hɑːm] ◇ *n* **-1.** [injury] mal *m*. **-2.** [damage - to clothes, plant] dommage *m*; [- to reputation] tort *m*; **to do ~ to sb, to do sb ~** faire du tort à qqn; **to do ~ to sthg, to do sthg ~** endommager qqch; **to mean no ~ by sthg** ne pas faire qqch méchamment; **there's no ~ in it** il n'y a pas de mal à cela; **to be out of ~'s way** [person] être en sûreté

OR lieu sûr; [thing] être en lieu sûr; **she/it came to no ~** il ne lui est rien arrivé. ◇ *vt* **-1.** [injure] faire du mal à. **-2.** [damage - clothes, plant] **endommager;** [- reputation] faire du tort à.

harmful ['hɑːmful] *adj* nuisible, nocif(ive).

harmless ['hɑːmlɪs] *adj* **-1.** [not dangerous] inoffensif(ive). **-2.** [inoffensive] innocent(e).

harmlessly ['hɑːmlɪslɪ] *adv* sans faire de mal; [explode] sans faire de dégâts.

harmonic [hɑːˈmɒnɪk] *adj* harmonique.

harmonica [hɑːˈmɒnɪkə] *n* harmonica *m*.

harmonious [hɑːˈməʊnjəs] *adj* harmonieux(ieuse).

harmonium [hɑːˈməʊnjəm] (*pl* **-s**) *n* harmonium *m*.

harmonize, -ise ['hɑːmənaɪz] ◇ *vt* harmoniser. ◇ *vi* s'harmoniser.

harmony ['hɑːmənɪ] (*pl* **-ies**) *n* harmonie *f*; **in ~ with** [in agreement] en harmonie OR en accord avec.

harness ['hɑːnɪs] ◇ *n* [for horse, child] harnais *m*. ◇ *vt* **-1.** [horse] harnacher. **-2.** [energy, resources] exploiter.

harp [hɑːp] *n* harpe *f*.
◆ **harp on** *vi*: **to ~ on (about sthg)** rabâcher (qqch).

harpist ['hɑːpɪst] *n* harpiste *mf*.

harpoon [hɑːˈpuːn] ◇ *n* harpon *m*. ◇ *vt* harponner.

harpsichord ['hɑːpsɪkɔːd] *n* clavecin *m*.

harrowing ['hærəʊɪŋ] *adj* [experience] éprouvant(e); [report, film] déchirant(e).

harry ['hærɪ] (*pt* & *pp* **-ied**) *vt*: **to ~ sb (for sthg)** harceler qqn (pour obtenir qqch).

harsh [hɑːʃ] *adj* **-1.** [life, conditions] rude; [criticism, treatment] sévère. **-2.** [to senses - sound] discordant(e); [- light, voice] criard(e); [- surface] rugueux(euse), rêche; [- taste] âpre.

harshly ['hɑːʃlɪ] *adv* **-1.** [punish, treat, criticize] sévèrement; [speak] durement. **-2.** [to senses - shine] de façon criarde.

harshness ['hɑːʃnɪs] *n* **-1.** [of life, conditions] rigueur *f*; [of criticism, treatment] sévérité *f*, dureté *f*. **-2.** [to senses - of sound] discordance *f*; [- of texture] rugosité *f*, dureté *f*; [- of light, colour] aspect *m* criard.

harvest ['hɑːvɪst] ◇ *n* [of cereal crops] moisson *f*; [of fruit] récolte *f*; [of grapes] vendange *f*, vendanges *fpl*. ◇ *vt* [cereals] moissonner; [fruit] récolter; [grapes] vendanger.

harvest festival *n* fête *f* de la moisson.

has [weak form həz, strong form hæz] → **have**.

has-been *n inf pej* ringard *m*, -e *f*.

hash [hæʃ] *n* **-1.** [meat] hachis *m*. **-2.** *inf* [mess]: **to make a ~ of sthg** faire un beau gâchis de qqch. **-3.** *drugs sl* hasch *m*.
◆ **hash up** *vt sep Br inf* faire un beau gâchis de.

hash browns *npl Am* pommes de terre *fpl* sautées.

hashish ['hæʃiːʃ] *n* haschich *m*.

hasn't ['hæznt] = **has not**.

hassle ['hæsl] *inf* ◇ *n* [annoyance] tracas *m*, embêtement *m*; **it can be a real ~** ça peut être vraiment l'horreur. ◇ *vt* tracasser.

haste [heɪst] *n* hâte *f*; **to do sthg in ~** faire qqch à la hâte; **to make ~** *dated* se hâter.

hasten ['heɪsn] *fml* ◇ *vt* hâter, accélérer. ◇ *vi* se hâter, se dépêcher; **to ~ to do sthg** s'empresser de faire qqch.

hastily ['heɪstɪlɪ] *adv* **-1.** [quickly] à la hâte. **-2.** [rashly] sans réfléchir.

hasty ['heɪstɪ] (*compar* **-ier**, *superl* **-iest**) *adj* **-1.** [quick] hâtif(ive). **-2.** [rash] irréfléchi(e).

hat [hæt] *n* chapeau *m*; **keep it under your ~** gardez-le pour vous; **to be talking through one's ~** dire n'importe quoi; **old ~** vieux jeu, dépassé.

hatbox ['hætbɒks] *n* carton *m* à chapeau.

hatch [hætʃ] ◇ *vt* **-1.** [chick] faire éclore; [egg] couver. **-2.** *fig* [scheme, plot] tramer. ◇ *vi* [chick, egg] éclore. ◇ *n* [for serving food] passe-plats *m inv*.

hatchback ['hætʃ,bæk] *n* voiture *f* avec hayon.

hatchet ['hætʃɪt] *n* hachette *f*; **to bury the ~** enterrer la hache de guerre.

hatchet job *n inf*: **to do a ~ on sb** démolir qqn.

hatchway ['hætʃ,weɪ] *n* passe-plats *m inv*, guichet *m*.

hate [heɪt] ◇ *n* (*U*) haine *f*. ◇ *vt* **-1.** [detest] haïr. **-2.** [dislike] détester; **I ~ to bother you, but ...** je suis désolé de vous déranger, mais ...; **to ~ doing sthg** avoir horreur de faire qqch.

hateful ['heɪtful] *adj* odieux(ieuse).

hatred ['heɪtrɪd] *n* (*U*) haine *f*.

hat trick *n* SPORT: **to score a ~** marquer trois buts.

haughty ['hɔːtɪ] (*compar* **-ier**, *superl* **-iest**) *adj* hautain(e).

haul [hɔːl] ◇ *n* **-1.** [of drugs, stolen goods] prise *f*, butin *m*. **-2.** [distance]: **long ~** long voyage *m* OR trajet *m*. ◇ *vt* **-1.** [pull] traîner, tirer. **-2.** [transport by lorry] camionner.

haulage ['hɔːlɪdʒ] *n* transport *m* routier, camionnage *m*.

haulage contractor *n* entrepreneur *m* de transports routiers.

haulier *Br* ['hɔːlɪər], **hauler** *Am* ['hɔːlər] *n* entrepreneur *m* de transports routiers.

haunch [hɔːntʃ] *n* [of person] hanche *f*; [of animal] derrière *m*, arrière-train *m*; a ~ of venison un cuissot de chevreuil.

haunt [hɔːnt] ◇ *n* repaire *m*. ◇ *vt* hanter.

haunted ['hɔːntɪd] *adj* -1. [house, castle] hanté(e). -2. [look] égaré(e).

haunting ['hɔːntɪŋ] *adj* obsédant(e).

Havana [hə'vænə] *n* La Havane.

have [hæv] (*pt & pp* had) ◇ *aux vb* (*to form perfect tenses - gen*) avoir; (- *with many intransitive verbs*) être; to ~ eaten avoir mangé; to ~ left être parti(e); I've been on holiday j'étais en vacances; she hasn't gone yet, has she? elle n'est pas encore partie, si?; no, she hasn't non; yes, she has oui; I was out of breath, having run all the way j'étais essoufflé d'avoir couru tout le long du chemin.
◇ *vt* -1. [possess, receive]: to ~ (got) avoir; I ~ no money, I haven't got any money je n'ai pas d'argent; she's got loads of imagination elle a plein d'imagination; I've got things to do j'ai (des choses) à faire. -2. [experience illness]: avoir; to ~ flu avoir la grippe. -3. [referring to an action, instead of another verb]: to ~ a read lire; to ~ a swim nager; to ~ a bath/shower prendre un bain/une douche; to ~ a cigarette fumer une cigarette; to ~ a meeting tenir une réunion; to ~ a bad day passer une mauvaise journée. -4. [give birth to] avoir; to ~ a baby avoir un bébé. -5. [cause to be done]: to ~ sb do sthg faire faire qqch à qqn; to ~ sthg done faire faire qqch; I'm having the house decorated je fais décorer la maison; to ~ one's hair cut se faire couper les cheveux. -6. [be treated in a certain way]: I had my car stolen je me suis fait voler ma voiture, on m'a volé ma voiture. -7. *inf* [cheat]: to be had se faire avoir. -8. *phr*: to ~ it in for sb en avoir après qqn, en vouloir à qqn; to ~ had it [car, machine, clothes] avoir fait son temps; I've had it! je n'en peux plus!
◇ *modal vb* [be obliged]: to ~ (got) to do sthg devoir faire qqch, être obligé(e) de faire qqch; do you ~ to go?, ~ you got to go? est-ce que tu dois partir?, est-ce que tu es obligé de partir?; I've got to go to work il faut que j'aille travailler.
◆ **haves** *npl*: the ~s and the ~ nots les riches et les pauvres.
◆ **have on** *vt sep* -1. [be wearing] porter; to ~ nothing on être tout nu. -2. [tease] faire

marcher. -3. [have to do]: to ~ (got) a lot on être très pris(e).
◆ **have out** *vt sep* -1. [have removed]: to have one's appendix/tonsils out se faire opérer de l'appendicite/des amygdales; to ~ a tooth out se faire arracher une dent. -2. [discuss frankly]: to ~ it out with sb s'expliquer avec qqn.
◆ **have up** *vt sep Br inf*: to ~ sb up for sthg traduire qqn en justice pour qqch.

haven ['heɪvn] *n* havre *m*.

haven't ['hævnt] = have not.

haversack ['hævəsæk] *n* sac *m* à dos.

havoc ['hævək] *n* (*U*) dégâts *mpl*; to play ~ with [gen] abîmer; [with health] détraquer; [with plans] ruiner.

Hawaii [hə'waɪiː] *n* Hawaii *m*; in ~ à Hawaii.

Hawaiian [hə'waɪjən] ◇ *adj* hawaiien(ienne). ◇ *n* Hawaiien *m*, -ienne *f*.

hawk [hɔːk] ◇ *n* faucon *m*; to watch sb like a ~ ne pas lâcher qqn des yeux. ◇ *vt* colporter.

hawker ['hɔːkər] *n* colporteur *m*.

hawthorn ['hɔːθɔːn] *n* aubépine *f*.

hay [heɪ] *n* foin *m*.

hay fever *n* (*U*) rhume *m* des foins.

haymaking ['heɪ,meɪkɪŋ] *n* fenaison *f*.

haystack ['heɪ,stæk] *n* meule *f* de foin.

haywire ['heɪ,waɪər] *adj inf*: to go ~ [person] perdre la tête; [machine] se détraquer.

hazard ['hæzəd] ◇ *n* hasard *m*. ◇ *vt* hasarder.

hazardous ['hæzədəs] *adj* hasardeux(euse).

hazard warning lights *npl Br* AUT feux *mpl* de détresse.

haze ['heɪz] *n* brume *f*.

hazel ['heɪzl] ◇ *adj* noisette (*inv*). ◇ *n* [tree] noisetier *m*.

hazelnut ['heɪzl,nʌt] *n* noisette *f*.

hazy ['heɪzɪ] (*compar* -ier, *superl* -iest) *adj* -1. [misty] brumeux(euse). -2. [memory, ideas] flou(e), vague.

H-bomb *n* bombe *f* H.

h & c *abbr of* hot and cold (water).

he [hiː] ◇ *pers pron* -1. (*unstressed*) il; ~'s tall il est grand; ~ who *fml* (celui) qui; there ~ is le voilà. -2. (*stressed*) lui; HE can't do it lui ne peut pas le faire. ◇ *n inf* [referring to animal, baby]: it's a ~ [animal] c'est un mâle; [baby] c'est un garçon. ◇ *comp* mâle; ~-goat bouc *m*.

HE -1. *abbr of* high explosive. -2. (*abbr of* His (or Her) Excellency) S.Exc., S.E.

head [hed] ◇ n -1. [of person, animal] tête f; a OR per ~ par tête, par personne; **off the top of my ~, I'd say** ... comme ça je dirais ...; **I couldn't make ~ nor tail of it** je n'y comprenais rien; **on your own ~ be it** à vos risques et périls; **I'm banging my ~ against a brick wall** je me tape la tête contre les murs; **to bite** OR **snap sb's ~ off** rembarrer qqn; **to laugh one's ~ off** rire à gorge déployée; **to sing/shout one's ~ off** chanter/crier à tue-tête; **to be off one's ~** *Br*, **to be out of one's ~** *Am* être dingue; **to be soft in the ~** être débile; **to go to one's ~** [alcohol, praise] monter à la tête; **to keep one's ~** garder son sang-froid; **to lose one's ~** perdre la tête; **we put our ~s together** nous avons conjugué nos efforts. **-2.** [of table, bed, hammer] tête f; [of stairs, page] haut m. **-3.** [of flower] tête f; [of cabbage] pomme f. **-4.** [leader] chef m. **-5.** [head teacher] directeur m, -trice f. **-6.** *phr*: **to come to a ~** atteindre un point critique. ◇ vt -1. [procession, list] être en tête de. **-2.** [be in charge of] être à la tête de. **-3.** FTBL: **to ~ the ball** faire une tête. ◇ vi: **where are you ~ing?** où allez-vous? ◆ **heads** npl [on coin] face f; **~s or tails?** pile ou face? ◆ **head for** vt fus -1. [place] se diriger vers. **-2.** fig [trouble, disaster] aller au devant de. ◆ **head off** vt sep -1. [intercept] intercepter. **-2.** fig [threat, disaster] parer à.

headache ['hedeɪk] n mal m de tête; **to have a ~** avoir mal à la tête.

headband ['hedbænd] n bandeau m.

headboard ['hed,bɔːd] n dosseret m.

head boy n *Br* élève chargé de la discipline et qui siège aux conseils de son école.

head cold n rhume m de cerveau.

head count n compte m.

headdress ['hed,dres] n coiffe f.

header ['hedəʳ] n FTBL tête f.

headfirst [,hed'fɜːst] adv (la) tête la première.

headgear ['hed,gɪəʳ] n (U) couvre-chef m.

head girl n *Br* élève chargée de la discipline et qui siège aux conseils de son école.

headhunt ['hedhʌnt] vt recruter (chez la concurrence).

headhunter ['hed,hʌntəʳ] n chasseur m de têtes.

heading ['hedɪŋ] n titre m, intitulé m.

headlamp ['hedlæmp] n *Br* phare m.

headland ['hedlənd] n cap m.

headlight ['hedlaɪt] n phare m.

headline ['hedlaɪn] n [in newspaper] gros titre m; TV & RADIO grand titre m.

headlong ['hedlɒŋ] ◇ adv -1. [quickly] à toute allure. **-2.** [unthinkingly] tête baissée. **-3.** [headfirst] (la) tête la première. ◇ adj [unthinking] irréfléchi(e).

headmaster [,hed'mɑːstəʳ] n directeur m (d'une école).

headmistress [,hed'mɪstrɪs] n directrice f (d'une école).

head office n siège m social.

head-on ◇ adj [collision] de plein fouet; [confrontation] de front. ◇ adv de plein fouet.

headphones ['hedfəʊnz] npl casque m.

headquarters [,hed'kwɔːtəz] npl [of business, organization] siège m; [of armed forces] quartier m général.

headrest ['hedrest] n appui-tête m.

headroom ['hedrʊm] n (U) hauteur f.

headscarf ['hedskɑːf] (pl -scarves [-skɑːvz] OR -scarfs) n foulard m.

headset ['hedset] n casque m.

headship ['hedʃɪp] n direction f (d'une école).

headstand ['hedstænd] n poirier m.

head start n avantage m au départ; **~ on** OR **over** avantage sur.

headstone ['hedstəʊn] n pierre f tombale.

headstrong ['hedstrɒŋ] adj volontaire, têtu(e).

head teacher n directeur m, -trice f (d'une école).

head waiter n maître m d'hôtel.

headway ['hedweɪ] n: **to make ~** faire des progrès.

headwind ['hedwɪnd] n vent m contraire.

heady ['hedɪ] (compar -ier, superl -iest) adj -1. [exciting] grisant(e). **-2.** [causing giddiness] capiteux(euse).

heal [hiːl] ◇ vt -1. [cure] guérir. **-2.** fig [troubles, discord] apaiser. ◇ vi se guérir. ◆ **heal up** vi se cicatriser, se refermer.

healing ['hiːlɪŋ] ◇ adj curatif(ive). ◇ n (U) guérison f.

health [helθ] n santé f; **to be in good/poor ~** être en bonne/mauvaise santé; **to drink (to) sb's ~** boire à la santé de qqn.

health centre n ≃ centre m médico-social.

health-conscious adj soucieux(ieuse) de sa santé.

health farm n établissement m de cure.

health food n produits mpl diététiques OR naturels.

health food shop *n* magasin *m* de produits diététiques.

health hazard *n* danger *m* OR risque *m* pour la santé.

health service *n* ≃ Sécurité *f* Sociale.

health visitor *n* Br infirmière *f* visiteuse.

healthy ['helθɪ] (*compar* **-ier**, *superl* **-iest**) *adj* **-1.** [gen] sain(e). **-2.** [well] en bonne santé, bien portant(e). **-3.** *fig* [economy, company] qui se porte bien. **-4.** [profit] bon (bonne).

heap [hiːp] ◇ *n* tas *m*; **in a ~** en tas. ◇ *vt* **-1.** [pile up] entasser. **-2.** *fig* [give]: **to ~ gifts on sb** couvrir qqn de cadeaux; **to ~ praise on sb** combler qqn d'éloges; **to ~ scorn on sb** accabler qqn de mépris.
◆ **heaps** *npl inf*: **~s of** [people, objects] des tas de; [time, money] énormément de.

hear [hɪəʳ] (*pt* & *pp* **heard** [hɜːd]) ◇ *vt* **-1.** [gen & JUR] entendre. **-2.** [learn of] apprendre; **to ~ (that) ...** apprendre que ....
◇ *vi* **-1.** [perceive sound] entendre. **-2.** [know]: **to ~ about** entendre parler de; **did you ~ about her husband?** tu es au courant, pour son mari? **-3.** [receive news]: **to ~ about** avoir des nouvelles de; **have you heard about your blood test yet?** as-tu déjà reçu des nouvelles à propos de ta prise de sang?; **to ~ from sb** recevoir des nouvelles de qqn. **-4.** *phr*: **to have heard of** avoir entendu parler de; **I won't ~ of it!** je ne veux pas en entendre parler!
◆ **hear out** *vt sep* écouter jusqu'au bout.

hearing ['hɪərɪŋ] *n* **-1.** [sense] ouïe *f*; **Joe was in** OR **within Jim's ~** Jim était à portée de voix de Joe; **hard of ~** dur(e) d'oreille. **-2.** [trial] audience *f*; **to get a fair ~** pouvoir défendre sa cause; JUR être jugé équitablement.

hearing aid *n* audiophone *m*.

hearsay ['hɪəseɪ] *n* ouï-dire *m*.

hearse [hɜːs] *n* corbillard *m*.

heart [hɑːt] *n lit* & *fig* cœur *m*; **from the ~** du fond du cœur; **to lose ~** perdre courage; **my ~ leapt** j'ai bondi de joie; **my ~ sank** je me suis senti abattu; **it's a subject close to my ~** c'est un sujet qui me tient à cœur; **from the bottom of my ~** du fond du cœur; **his ~ isn't in it** il n'a pas le cœur à cela; **in one's ~ of ~s** au plus profond de son cœur; **to do sthg to one's ~'s content** faire qqch à souhait; **to break sb's ~** briser le cœur à qqn; **to set one's ~ on sthg/on doing sthg** désirer absolument qqch/faire qqch, vouloir à tout prix qqch/faire qqch; **to take sthg to ~** prendre qqch à cœur; **to have a ~ of gold** avoir un cœur d'or.

◆ **hearts** *npl* cœur *m*; **the six of ~s** le six de cœur.
◆ **at heart** *adv* au fond (de soi).
◆ **by heart** *adv* par cœur.

heartache ['hɑːteɪk] *n* peine *f* de cœur.

heart attack *n* crise *f* cardiaque.

heartbeat ['hɑːtbiːt] *n* battement *m* de cœur.

heartbreaking ['hɑːt,breɪkɪŋ] *adj* à fendre le cœur.

heartbroken ['hɑːt,brəʊkn] *adj* qui a le cœur brisé.

heartburn ['hɑːtbɜːn] *n* (*U*) brûlures *fpl* d'estomac.

heart disease *n* maladie *f* de cœur.

heartening ['hɑːtnɪŋ] *adj* encourageant(e).

heart failure *n* arrêt *m* cardiaque.

heartfelt ['hɑːtfelt] *adj* sincère.

hearth [hɑːθ] *n* foyer *m*.

heartland ['hɑːtlænd] *n* centre *m*, cœur *m*.

heartless ['hɑːtlɪs] *adj* sans cœur.

heartrending ['hɑːt,rendɪŋ] *adj* déchirant(e), qui fend le cœur.

heart-searching *n*: **after a lot of ~** après s'être beaucoup interrogé.

heartthrob ['hɑːtθrɒb] *n inf* idole *f*, coqueluche *f*.

heart-to-heart ◇ *adj* à cœur ouvert. ◇ *n* conversation *f* à cœur ouvert.

heart transplant *n* greffe *f* du cœur.

heartwarming ['hɑːt,wɔːmɪŋ] *adj* réconfortant(e).

hearty ['hɑːtɪ] (*compar* **-ier**, *superl* **-iest**) *adj* **-1.** [greeting, person] cordial(e). **-2.** [substantial - meal] copieux(ieuse); [- appetite] gros (grosse).

heat [hiːt] ◇ *n* **-1.** (*U*) [warmth] chaleur *f*. **-2.** (*U*) *fig* [pressure] pression *f*. **-3.** [eliminating round] éliminatoire *f*. **-4.** ZOOL: **on** Br OR **in ~** en chaleur. ◇ *vt* chauffer.
◆ **heat up** ◇ *vt sep* réchauffer. ◇ *vi* chauffer.

heated ['hiːtɪd] *adj* [argument, discussion, person] animé(e); [issue] chaud(e).

heater ['hiːtəʳ] *n* appareil *m* de chauffage.

heath [hiːθ] *n* lande *f*.

heathen ['hiːðn] ◇ *adj* païen(enne). ◇ *n* païen *m*, -enne *f*.

heather ['heðəʳ] *n* bruyère *f*.

heating ['hiːtɪŋ] *n* chauffage *m*.

heat rash *n* boutons *mpl* de chaleur.

heat-resistant *adj* résistant(e) à la chaleur.

heat-seeking [-,siːkɪŋ] *adj* guidé(e) par la chaleur.

heatstroke ['hiːtstrəʊk] *n* (*U*) coup *m* de chaleur.

heat wave *n* canicule *f,* vague *f* de chaleur.

heave [hiːv] ◇ *vt* -1. [pull] tirer (avec effort); [push] pousser (avec effort). -2. *inf* [throw] lancer. ◇ *vi* -1. [pull] tirer. -2. [rise and fall] se soulever. -3. [retch] avoir des haut-le-cœur. ◇ *n:* **to give sthg a ~** [pull/push] tirer/pousser qqch (avec effort).

heaven ['hevn] *n* paradis *m;* **it was ~** *fig* c'était divin OR merveilleux; **~ (alone) knows!** Dieu seul le sait!
◆ **heavens** ◇ *npl:* **the ~s** *literary* les cieux *mpl.* ◇ *excl:* **(good) ~s!** juste ciel!

heavenly ['hevnlɪ] *adj* -1. *inf* [delightful] délicieux(ieuse), merveilleux(euse). -2. *literary* [of the skies] céleste.

heavily ['hevɪlɪ] *adv* -1. [booked, in debt] lourdement; [rain, smoke, drink] énormément. -2. [solidly - built] solidement. -3. [breathe, sigh] péniblement, bruyamment. -4. [fall, sit down] lourdement.

heaviness ['hevɪnɪs] *n* -1. [gen] lourdeur *f.* -2. [intensity] intensité *f.*

heavy ['hevɪ] (*compar* **-ier,** *superl* **-iest**) *adj* -1. [gen] lourd(e); **how ~ is it?** ça pèse combien?; **with a ~ heart** [sad] le cœur gros. -2. [traffic] dense; [rain] battant(e); [fighting] acharné(e); [casualties, corrections] nombreux(euses); [smoker, drinker] gros (grosse); **to be ~ on petrol** consommer beaucoup (d'essence). -3. [noisy - breathing] bruyant(e). -4. [schedule] chargé(e). -5. [physically exacting - work, job] pénible.

heavy cream *n Am* crème *f* fraîche épaisse.

heavy-duty *adj* solide, robuste.

heavy goods vehicle *n Br* poids lourd *m.*

heavy-handed [-'hændɪd] *adj* maladroit(e).

heavy industry *n* industrie *f* lourde.

heavy metal *n* MUS heavy metal *m.*

heavyweight ['hevɪweɪt] SPORT ◇ *adj* poids lourd. ◇ *n* poids lourd *m.*

Hebrew ['hiːbruː] ◇ *adj* hébreu, hébraïque. ◇ *n* -1. [person] Hébreu *m,* Israélite *mf.* -2. [language] hébreu *m.*

Hebrides ['hebrɪdiːz] *npl:* **the ~** les (îles *fpl*) Hébrides; **in the ~** aux Hébrides.

heck [hek] *excl inf:* **what/where/why the ~ ...?** que/où/pourquoi diable ...?; **a ~ of a nice guy** un type vachement sympa; **a ~ of a lot of people** un tas de gens.

heckle ['hekl] ◇ *vt* interpeller, interrompre. ◇ *vi* interrompre bruyamment.

heckler ['heklər] *n* perturbateur *m,* -trice *f.*

hectare ['hekteər] *n* hectare *m.*

hectic ['hektɪk] *adj* [meeting, day] agité(e), mouvementé(e).

hector ['hektər] ◇ *vt* rudoyer. ◇ *vi* agir de façon autoritaire.

he'd [hiːd] = **he had, he would**.

hedge [hedʒ] ◇ *n* haie *f.* ◇ *vi* [prevaricate] répondre de façon détournée.

hedgehog ['hedʒhɒg] *n* hérisson *m.*

hedgerow ['hedʒrəʊ] *n* bordure *f* d'arbres.

hedonism ['hiːdənɪzm] *n* hédonisme *m.*

hedonist ['hiːdənɪst] *n* hédoniste *mf.*

heed [hiːd] ◇ *n:* **to pay ~ to sb** prêter attention à qqn; **to take ~ of sthg** tenir compte de qqch. ◇ *vt fml* tenir compte de.

heedless ['hiːdlɪs] *adj:* **~ of sthg** qui ne tient pas compte de qqch.

heel [hiːl] *n* talon *m;* **to dig one's ~s in** *fig* se buter; **to follow hard on the ~s of sb** être sur les talons de qqn; **to follow hard on the ~s of sthg** arriver immédiatement après qqch; **to take to one's ~s** prendre ses jambes à son cou; **to turn on one's ~** tourner les talons.

hefty ['heftɪ] (*compar* **-ier,** *superl* **-iest**) *adj* -1. [well-built] costaud(e). -2. [large] gros (grosse).

heifer ['hefər] *n* génisse *f.*

height [haɪt] *n* -1. [of building, mountain] hauteur *f;* [of person] taille *f;* **5 metres in ~** 5 mètres de haut; **what ~ is it?** ça fait quelle hauteur?; **what ~ are you?** combien mesurez-vous? -2. [above ground - of aircraft] altitude *f;* **to gain/lose ~** gagner/perdre de l'altitude; **at shoulder ~** à hauteur de l'épaule. -3. [zenith]: **at the ~ of the summer/season** au cœur de l'été/de la saison; **at the ~ of his fame** au sommet de sa gloire.
◆ **heights** *npl* [high places] hauteurs *fpl;* **to be afraid of ~s** avoir le vertige.

heighten ['haɪtn] *vt & vi* augmenter.

heinous ['heɪnəs] *adj fml* odieux(ieuse).

heir [eər] *n* héritier *m.*

heir apparent (*pl* **heirs apparent**) *n* héritier *m* présomptif.

heiress ['eərɪs] *n* héritière *f.*

heirloom ['eəluːm] *n* meuble *m*/bijou *m* de famille.

heist [haɪst] *n inf* casse *m.*

held [held] *pt & pp* → **hold**.

helices ['heliːsiːz] *pl* → **helix**.

helicopter ['helɪkɒptər] *n* hélicoptère *m.*

heliport ['helɪpɔːt] *n* héliport *m.*

helium ['hiːlɪəm] *n* hélium *m.*

helix ['hiːlɪks] (*pl* **-es** OR **helices**) *n* hélice *f*.

hell [hel] ◇ *n* **-1**. *lit* & *fig* enfer *m*. **-2**. *inf* [for emphasis]: **he's a ~ of a nice guy** c'est un type vachement sympa; **what/where/why the ~ ...?** que/où/pourquoi ..., bon sang?; **a ~ of a mess** un sacré bazar; **to hurt like ~** faire vachement mal; **like ~ you will!** il n'y a pas de danger!; **to get the ~ out (of)** foutre le camp (de). **-3**. *phr*: **all ~ broke loose** *inf* il y a eu de l'orage; **to do sthg for the ~ of it** *inf* faire qqch pour le plaisir, faire qqch juste comme ça; **to give sb ~** *inf* [verbally] engueuler qqn; **go to ~!** *v inf* va te faire foutre!; **to play ~ with sthg** *inf* foutre qqch en l'air; **to ~ with him!** *inf* il peut aller se faire voir!; **to ~ with the expense!** *inf* au diable l'avarice! ◇ *excl inf* merde!, zut!

he'll [hiːl] = **he will**.

hell-bent *adj*: **to be ~ on sthg/on doing sthg** vouloir à tout prix qqch/faire qqch.

hellish ['helɪʃ] *adj inf* infernal(e).

hello [hə'ləʊ] *excl* **-1**. [as greeting] bonjour!; [on phone] allô! **-2**. [to attract attention] hé!

helm [helm] *n lit* & *fig* barre *f*; **at the ~** à la barre.

helmet ['helmɪt] *n* casque *m*.

helmsman ['helmzmən] (*pl* **-men**) *n* NAUT timonier *m*.

help [help] ◇ *n* **-1**. (*U*) [assistance] aide *f*; **he gave me a lot of ~** il m'a beaucoup aidé; **with the ~ of sthg** à l'aide de qqch; **with sb's ~** avec l'aide de qqn; **to be of ~** rendre service. **-2**. (*U*) [emergency aid] secours *m*. **-3**. [useful person or object]: **to be a ~** aider, rendre service.
◇ *vi* aider.
◇ *vt* **-1**. [assist] aider; **to ~ sb (to) do sthg** aider qqn à faire qqch; **to ~ sb with sthg** aider qqn à faire qqch; **can I ~ you?** que désirez-vous? **-2**. [avoid]: **I can't ~ it** je n'y peux rien; **I can't ~ feeling sad about it** je n'y peux rien, cela me rend triste; **I couldn't ~ laughing** je ne pouvais pas m'empêcher de rire. **-3**. *phr*: **to ~ o.s. (to sthg)** se servir (de qqch).
◇ *excl* au secours!, à l'aide!

◆ **help out** *vt sep* & *vi* aider.

helper ['helpər] *n* **-1**. [gen] aide *mf*. **-2**. *Am* [to do housework] femme *f* de ménage.

helpful ['helpfʊl] *adj* **-1**. [person] serviable; **you've been very ~** vous (nous) avez bien rendu service. **-2**. [advice, suggestion] utile.

helping ['helpɪŋ] *n* portion *f*; [of cake, tart] part *f*.

helping hand *n* coup *m* de main.

helpless ['helplɪs] *adj* impuissant(e); [look, gesture] d'impuissance.

helplessly ['helplɪslɪ] *adv* **-1**. [stand by, watch] sans rien pouvoir faire. **-2**. [uncontrollably]: **to laugh ~** avoir le fou rire.

helpline ['helplaɪn] *n* ligne *f* d'assistance téléphonique.

Helsinki ['helsɪŋkɪ] *n* Helsinki.

helter-skelter ['heltə'skeltə'] *Br* ◇ *n* toboggan *m*. ◇ *adv* pêle-mêle.

hem [hem] (*pt* & *pp* **-med**, *cont* **-ming**) ◇ *n* ourlet *m*. ◇ *vt* ourler.

◆ **hem in** *vt sep* encercler.

he-man *n inf hum* vrai mâle *m*.

hematology [,hiːmə'tɒlədʒɪ] *n* hématologie *f*.

hemisphere ['hemɪˌsfɪər] *n* hémisphère *m*.

hemline ['hemlaɪn] *n* ourlet *m*.

hemoglobin [,hiːmə'gləʊbɪn] *n* hémoglobine *f*.

hemophilia [,hiːmə'fɪlɪə] *n* hémophilie *f*.

hemophiliac [,hiːmə'fɪlɪæk] *n* hémophile *mf*.

hemorrhage ['hemərɪdʒ] ◇ *n* hémorragie *f*. ◇ *vi* faire une hémorragie.

hemorrhoids ['hemərɔɪdz] *npl* hémorroïdes *fpl*.

hemp [hemp] *n* [plant, fibre] chanvre *m*.

hen [hen] *n* **-1**. [female chicken] poule *f*. **-2**. [female bird] femelle *f*.

hence [hens] *adv fml* **-1**. [therefore] d'où. **-2**. [from now] d'ici.

henceforth [,hens'fɔːθ] *adv fml* dorénavant.

henchman ['hentʃmən] (*pl* **-men** [-mən]) *n pej* acolyte *m*.

henna ['henə] ◇ *n* henné *m*. ◇ *vt* [hair] appliquer du henné sur.

hen party *n* soirée *f* entre femmes; [before wedding] *soirée où une future mariée enterre sa vie de célibataire avec ses amies*.

henpecked ['henpekt] *adj pej* dominé par sa femme.

hepatitis [,hepə'taɪtɪs] *n* hépatite *f*.

her [hɜːr] ◇ *pers pron* **-1**. (*direct - unstressed*) la, l' (+ *vowel or silent* 'h'); (- *stressed*) elle; **I know/like ~** je la connais/l'aime; **it's ~** c'est elle; **if I were** OR **was ~** si j'étais elle, à sa place; **you can't expect** HER **to do it** tu ne peux pas exiger que ce soit elle qui le fasse. **-2**. (*referring to animal, car, ship etc*) *follow the gender of your translation*. **-3**. (*indirect*) lui; **we spoke to ~** nous lui avons parlé; **he sent ~ a letter** il lui a envoyé une lettre. **-4**. (*after prep, in comparisons etc*) elle; **I'm shorter than ~** je suis plus petit qu'elle.

◇ *poss adj* son (sa), ses (*pl*); ~ **coat** son manteau; ~ **bedroom** sa chambre; ~ **children** ses enfants; ~ **name is Sarah** elle s'appelle Sarah; **it was** HER **fault** c'était de sa faute à elle.

herald ['herəld] ◇ *vt fml* annoncer. ◇ *n* **-1.** [messenger] héraut *m*. **-2.** [sign] signe *m*.

heraldry ['herəldrɪ] *n* héraldique *f*.

herb [hɜːb] *n* herbe *f*.

herbaceous [hɜːˈbeɪʃəs] *adj* herbacé(e).

herbal ['hɜːbl] *adj* à base de plantes.

herbicide ['hɜːbɪsaɪd] *n* herbicide *m*.

herbivore ['hɜːbɪvɔːʳ] *n* herbivore *m*.

herb tea *n* tisane *f*.

herd [hɜːd] ◇ *n* troupeau *m*. ◇ *vt* **-1.** [cattle, sheep] mener. **-2.** *fig* [people] conduire, mener; [into confined space] parquer.

herdsman ['hɜːdzmən] (*pl* **-men** [-mən]) *n* gardien *m* de troupeau.

here [hɪəʳ] *adv* **-1.** [in this place] ici; ~ **he is/they are** le/les voici; ~ **it is** le/la voici; ~ **is/are** voici; ~ **and there** çà et là. **-2.** [present] là; **he's not** ~ **today** il n'est pas là aujourd'hui. **-3.** [in toasts]: ~**'s to** à la santé de.

hereabouts *Br* [ˌhɪərəˈbaʊts], **hereabout** *Am* [ˌhɪərəˈbaʊt] *adv* par ici.

hereafter [ˌhɪərˈɑːftəʳ] ◇ *adv fml* ci-après. ◇ *n*: **the** ~ l'au-delà *m*.

hereby [ˌhɪəˈbaɪ] *adv fml* par la présente.

hereditary [hɪˈredɪtrɪ] *adj* héréditaire.

heredity [hɪˈredətɪ] *n* hérédité *f*.

heresy ['herəsɪ] (*pl* **-ies**) *n* hérésie *f*.

heretic ['herətɪk] *n* hérétique *mf*.

herewith [ˌhɪəˈwɪð] *adv fml* [with letter] ci-joint, ci-inclus.

heritage ['herɪtɪdʒ] *n* héritage *m*, patrimoine *m*.

heritage centre *n* musée *m*.

hermaphrodite [hɜːˈmæfrədaɪt] ◇ *adj* hermaphrodite. ◇ *n* hermaphrodite *m*.

hermetic [hɜːˈmetɪk] *adj* hermétique.

hermetically [hɜːˈmetɪklɪ] *adv*: ~ **sealed** fermé(e) hermétiquement.

hermit ['hɜːmɪt] *n* ermite *m*.

hernia ['hɜːnjə] *n* hernie *f*.

hero ['hɪərəʊ] (*pl* **-es**) *n* héros *m*.

heroic [hɪˈrəʊɪk] *adj* héroïque.

heroin ['herəʊɪn] *n* héroïne *f*.

heroine ['herəʊɪn] *n* héroïne *f*.

heroism ['herəʊɪzm] *n* héroïsme *m*.

heron ['herən] (*pl inv* OR **-s**) *n* héron *m*.

hero worship *n* culte *m* du héros.

herpes ['hɜːpiːz] *n* herpès *m*.

herring ['herɪŋ] (*pl inv* OR **-s**) *n* hareng *m*.

herringbone ['herɪŋbəʊn] *n* [pattern] chevrons *mpl*.

hers [hɜːz] *poss pron* le sien (la sienne), les siens (les siennes) (*pl*); **that money is** ~ cet argent est à elle OR est le sien; **it wasn't his fault, it was** HERS ce n'était pas de sa faute à lui, c'était de sa faute à elle; **a friend of** ~ un ami à elle, un de ses amis.

herself [hɜːˈself] *pron* **-1.** (*reflexive*) se; (*after prep*) elle. **-2.** (*for emphasis*) elle-même; **she did it** ~ elle l'a fait toute seule.

Herts [hɑːts] (*abbr of* **Hertfordshire**) *comté anglais*.

he's [hiːz] = **he is**, **he has**.

hesitant ['hezɪtənt] *adj* hésitant(e); **to be** ~ **about doing sthg** hésiter à faire qqch.

hesitate ['hezɪteɪt] *vi* hésiter; **to** ~ **to do sthg** hésiter à faire qqch.

hesitation [ˌhezɪˈteɪʃn] *n* hésitation *f*; **to have no** ~ **in doing sthg** ne pas hésiter à faire qqch.

hessian ['hesɪən] *n Br* jute *m*.

heterogeneous [ˌhetərəˈdʒiːnjəs] *adj fml* hétérogène.

heterosexual [ˌhetərəʊˈsekʃʊəl] ◇ *adj* hétérosexuel(elle). ◇ *n* hétérosexuel *m*, -elle *f*.

het up [het-] *adj inf* excité(e), énervé(e).

hew [hjuː] (*pt* **-ed**, *pp* **-ed** OR **hewn** [hjuːn]) *vt literary* [stone] tailler; [wood] couper.

HEW (*abbr of* (**Department of**) **Health, Education and Welfare**) *n ministère américain de l'éducation et de la santé publique*.

hex [heks] *n* [curse] sort *m*.

hexagon ['heksəgən] *n* hexagone *m*.

hexagonal [hekˈsægənl] *adj* hexagonal(e).

hey [heɪ] *excl* hé!

heyday ['heɪdeɪ] *n* âge *m* d'or.

hey presto [-ˈprestəʊ] *excl* passez muscade!

HF (*abbr of* **high frequency**) HF.

HGV (*abbr of* **heavy goods vehicle**) *n* PL *m*; **an** ~ **licence** un permis PL.

hi [haɪ] *excl inf* salut!

HI *abbr of* **Hawaii**.

hiatus [haɪˈeɪtəs] (*pl* **-es**) *n fml* pause *f*.

hiatus hernia *n* hernie *f* hiatale.

hibernate ['haɪbəneɪt] *vi* hiberner.

hibernation [ˌhaɪbəˈneɪʃn] *n* hibernation *f*.

hiccough, **hiccup** ['hɪkʌp] (*pt* & *pp* **-ped**, *cont* **-ping**) ◇ *n* hoquet *m*; *fig* [difficulty] accroc *m*; **to have** ~**s** avoir le hoquet. ◇ *vi* hoqueter.

hick [hɪk] *n inf pej* péquenaud *m*, -e *f*.

hid [hɪd] *pt* → **hide**.

hidden ['hɪdn] ◇ *pp* → **hide**. ◇ *adj* caché(e).

hide [haɪd] (*pt* hid, *pp* hidden) ◇ *vt*: to ~ sthg (from sb) cacher qqch (à qqn); [information] taire qqch (à qqn). ◇ *vi* se cacher. ◇ *n* **-1.** [animal skin] peau *f*. **-2.** [for watching birds, animals] cachette *f*.

hide-and-seek *n* cache-cache *m*.

hideaway ['haɪdəweɪ] *n* cachette *f*.

hidebound ['haɪdbaʊnd] *adj pej* [person] borné(e); [institution] rigide.

hideous ['hɪdɪəs] *adj* hideux(euse); [error, conditions] abominable.

hideout ['haɪdaʊt] *n* cachette *f*.

hiding ['haɪdɪŋ] *n* **-1.** [concealment]: to be in ~ se tenir caché(e). **-2.** *inf* [beating]: to give sb a (good) ~ donner une (bonne) raclée OR correction à qqn.

hiding place *n* cachette *f*.

hierarchical [ˌhaɪəˈrɑːkɪkl] *adj* hiérarchique.

hierarchy ['haɪərɑːkɪ] (*pl* -ies) *n* hiérarchie *f*.

hieroglyphics [ˌhaɪərəˈglɪfɪks] *npl* hiéroglyphes *mpl*.

hi-fi ['haɪfaɪ] *n* hi-fi *f*.

higgledy-piggledy [ˌhɪgldɪˈpɪgldɪ] *inf* ◇ *adj* pêle-mêle (*inv*). ◇ *adv* pêle-mêle.

high [haɪ] ◇ *adj* **-1.** [gen] haut(e); it's 3 feet/6 metres ~ cela fait 3 pieds/6 mètres de haut; how ~ is it? cela fait combien de haut?; to have a ~ opinion of sb/sthg avoir une haute opinion de qqn/qqch. **-2.** [speed, figure, altitude, office] élevé(e). **-3.** [high-pitched] aigu(uë). **-4.** *drugs sl* qui plane, défoncé(e). **-5.** *inf* [drunk] bourré(e). ◇ *adv* haut. ◇ *n* [highest point] maximum *m*; to reach a new ~ atteindre un nouveau record OR maximum.

highball ['haɪbɔːl] *n Am* whisky *m* à l'eau avec de la glace.

highbrow ['haɪbraʊ] *adj* intellectuel(elle).

high chair *n* chaise *f* haute (*d'enfant*).

high-class *adj* de premier ordre; [hotel, restaurant] de grande classe.

high command *n* haut commandement *m*.

high commissioner *n* haut commissaire *m*.

High Court *n Br* JUR Cour *f* Suprême.

high-density *adj* COMPUT haute densité (*inv*).

higher ['haɪər] *adj* [exam, qualification] supérieur(e).

◆ **Higher** *n*: Higher (Grade) SCH *examen de fin d'études secondaires en Écosse*.

higher education *n* (*U*) études *fpl* supérieures.

high explosive *n* explosif *m* puissant.

high-fidelity *adj* haute-fidélité (*inv*).

high-flier *n* ambitieux *m*, -ieuse *f*.

high-flying *adj* [ambitious] ambitieux(ieuse).

high-handed [-ˈhændɪd] *adj* despotique.

high-heeled [-ˈhiːld] *adj* à talons hauts.

high horse *n inf*: to get on one's ~ monter sur ses grands chevaux.

high jump *n* saut *m* en hauteur; to be for the ~ *Br inf* être bon pour une engueulade.

Highland Games ['haɪlənd-] *npl* jeux *mpl* écossais.

HIGHLAND GAMES:

En Écosse, sorte de kermesse locale en plein air où se déroulent simultanément toutes sortes de concours (danse, cornemuse) et d'épreuves sportives (courses, lancer du marteau, mais aussi 'tossing the caber', 'tug of war' etc). Certaines épreuves sont ouvertes à tous, d'autres sont réservées à la population locale

Highlands ['haɪləndz] *npl*: the ~ [of Scotland] les Highlands *fpl* (*région montagneuse du nord de l'Écosse*).

high-level *adj* [talks, discussions] à haut niveau; [diplomats, officials] de haut niveau.

high life *n*: the ~ la grande vie.

highlight ['haɪlaɪt] ◇ *n* [of event, occasion] moment *m* OR point *m* fort. ◇ *vt* souligner; [with highlighter] surligner.

◆ **highlights** *npl* [in hair] reflets *mpl*, mèches *fpl*.

highlighter (pen) ['haɪlaɪtər] *n* surligneur *m*.

highly ['haɪlɪ] *adv* **-1.** [very] extrêmement, très. **-2.** [in important position]: ~ placed haut placé(e). **-3.** [favourably]: to think ~ of sb/sthg penser du bien de qqn/qqch; to speak ~ of sb/sthg dire du bien de qqn/qqch.

highly-strung *adj* nerveux(euse).

high mass *n* grand-messe *f*.

high-minded [-ˈmaɪndɪd] *adj* au caractère noble.

Highness ['haɪnɪs] *n*: His/Her/Your (Royal) ~ Son/Votre Altesse (Royale); their (Royal) ~es leurs Altesses (Royales).

high-octane *adj* à indice d'octane élevé.

high-pitched *adj* aigu(uë).

high point *n* [of occasion] point *m* fort.

high-powered [-'paʊəd] *adj* **-1.** [powerful] de forte puissance. **-2.** [prestigious - activity, place] de haut niveau; [- job, person] très important(e).

high-pressure *adj* **-1.** [air, gas] à haute pression; ~ **area** METEOR zone *f* de hautes pressions. **-2.** [selling] agressif(ive).

high priest *n* RELIG grand prêtre *m*.

high-ranking *adj* de haut rang.

high resolution *n* COMPUT haute résolution *f*.

high-rise *adj*: ~ **block of flats** tour *f*.

high-risk *adj* à haut risque.

high school *n Br* lycée *m*; *Am* établissement *m* d'enseignement supérieur.

high seas *npl*: **the** ~ la haute mer *f*.

high season *n* haute saison *f*.

high-speed *adj* **-1.** [train] à grande vitesse. **-2.** PHOT à obturation rapide.

high-spirited *adj* [person] plein(e) d'entrain.

high spot *n* point *m* fort.

high street *n Br* rue *f* principale.

hightail ['haɪteɪl] *vt inf*: **to** ~ **it** filer.

high tea *n Br* repas tenant lieu de goûter et de dîner, pris en fin d'après-midi.

high-tech [-'tek] *adj* [method, industry] de pointe.

high technology *n* technologie *f* de pointe.

high-tension *adj* à haute tension.

high tide *n* marée *f* haute.

high treason *n* haute trahison *f*.

high water *n* (*U*) marée *f* haute.

highway ['haɪweɪ] *n* **-1.** *Am* [motorway] autoroute *f*. **-2.** [main road] grande route *f*.

Highway Code *n Br*: **the** ~ le code de la route.

high wire *n* corde *f* raide.

hijack ['haɪdʒæk] ◇ *n* détournement *m*. ◇ *vt* détourner.

hijacker ['haɪdʒækər] *n* [of aircraft] pirate *m* de l'air; [of vehicle] pirate *m* de la route.

hike [haɪk] ◇ *n* [long walk] randonnée *f*. ◇ *vi* faire une randonnée.

hiker ['haɪkər] *n* randonneur *m*, -euse *f*.

hiking ['haɪkɪŋ] *n* marche *f*.

hilarious [hɪ'leərɪəs] *adj* hilarant(e).

hilarity [hɪ'lærətɪ] *n* hilarité *f*.

hill [hɪl] *n* **-1.** [mound] colline *f*. **-2.** [slope] côte *f*.

hillbilly ['hɪl,bɪlɪ] (*pl* **-ies**) *n Am inf pej* péquenaud *m*, -e *f*.

hillock ['hɪlək] *n* petite colline *f*; [smaller] petite élévation *f*.

hillside ['hɪlsaɪd] *n* coteau *m*.

hill start *n* démarrage *m* en côte.

hilltop ['hɪltɒp] ◇ *adj* au sommet de la colline. ◇ *n* sommet *m*.

hilly ['hɪlɪ] (*compar* **-ier**, *superl* **-iest**) *adj* vallonné(e).

hilt [hɪlt] *n* garde *f*; **to the** ~ jusqu'au cou; **to support/defend sb to the** ~ soutenir/ défendre qqn à fond.

him [hɪm] *pers pron* **-1.** (*direct - unstressed*) le, l' (+ *vowel or silent 'h'*); (- *stressed*) lui; **I know/like** ~ je le connais/l'aime; **it's** ~ c'est lui; **if I were** OR **was** ~ si j'étais lui, à sa place; **you can't expect** HIM **to do it** tu ne peux pas exiger que ce soit lui qui le fasse. **-2.** (*indirect*) lui; **we spoke to** ~ nous lui avons parlé; **she sent** ~ **a letter** elle lui a envoyé une lettre. **-3.** (*after prep, in comparisons etc*) lui; **I'm shorter than** ~ je suis plus petit que lui.

Himalayan [,hɪmə'leɪən] *adj* himalayen(enne).

Himalayas [,hɪmə'leɪəz] *npl*: **the** ~ l'Himalaya *m*; **in the** ~ dans l'Himalaya.

himself [hɪm'self] *pron* **-1.** (*reflexive*) se; (*after prep*) lui. **-2.** (*for emphasis*) lui-même; **he did it** ~ il l'a fait tout seul.

hind [haɪnd] (*pl inv* OR **-s**) ◇ *adj* de derrière. ◇ *n* biche *f*.

hinder ['hɪndər] *vt* gêner, entraver.

Hindi ['hɪndɪ] *n* hindi *m*.

hindmost ['haɪndməʊst] *adj* arrière.

hindquarters ['haɪndkwɔːtəz] *npl* arrière-train *m*.

hindrance ['hɪndrəns] *n* obstacle *m*.

hindsight ['haɪndsaɪt] *n*: **with the benefit of** ~ avec du recul.

Hindu ['hɪnduː] (*pl* **-s**) ◇ *adj* hindou(e). ◇ *n* Hindou *m*, -e *f*.

Hinduism ['hɪnduːɪzm] *n* hindouisme *m*.

hinge [hɪndʒ] (*cont* **hingeing**) *n* [whole fitting] charnière *f*; [pin] gond *m*.
◆ **hinge (up)on** *vt fus* [depend on] dépendre de.

hint [hɪnt] ◇ *n* **-1.** [indication] allusion *f*; **to drop a** ~ faire une allusion; **to take the** ~ saisir l'allusion. **-2.** [piece of advice] conseil *m*, indication *f*. **-3.** [small amount] soupçon *m*. ◇ *vi*: **to** ~ **at sthg** faire allusion à qqch. ◇ *vt*: **to** ~ **that** ... insinuer que ....

hinterland ['hɪntəlænd] *n* arrière-pays *m*.

hip [hɪp] *n* hanche *f*.

hipbath ['hɪpbɑːθ] *n* bain *m* de siège.

hipbone ['hɪpbəʊn] *n* os *m* de la hanche, os *m* iliaque.

hip flask *n* flasque *f*.

hip-hop *n* [music] hip-hop *m*.

hippie ['hɪpɪ] = **hippy**.

hippo ['hɪpəʊ] (*pl* -s) *n* hippopotame *m*.

hippopotamus [ˌhɪpə'pɒtəməs] (*pl* -muses OR -mi [-maɪ]) *n* hippopotame *m*.

hippy ['hɪpɪ] (*pl* -ies) *n* hippie *mf*.

hire ['haɪəʳ] ◇ *n* (U) [of car, equipment] location *f*; for ~ [bicycles etc] à louer; [taxi] libre; on ~ en location. ◇ *vt* -1. [rent] louer. -2. [employ] employer les services de.

◆ **hire out** *vt sep* louer.

hire car *n Br* voiture *f* de location.

hire purchase *n* (U) *Br* achat *m* à crédit OR à tempérament; **to buy sthg on** ~ acheter qqch à crédit OR à tempérament.

his [hɪz] ◇ *poss adj* son (sa), ses (*pl*); ~ **house** sa maison; ~ **money** son argent; ~ **children** ses enfants; ~ **name** is Joe il s'appelle Joe; **it wasn't** HIS **fault** ce n'était pas de sa faute à lui.
◇ *poss pron* le sien (la sienne), les siens (les siennes) (*pl*); **that money is** ~ cet argent est à lui OR est le sien; **it wasn't her fault, it was** HIS ce n'était pas de sa faute à elle, c'était de sa faute à lui; **a friend of** ~ un ami à lui, un de ses amis.

Hispanic [hɪ'spænɪk] ◇ *adj* hispanique. ◇ *n* Hispano-américain *m*, -e *f*.

hiss [hɪs] ◇ *n* [of animal, gas etc] sifflement *m*; [of crowd] sifflet *m*. ◇ *vt* [speaker, speech] siffler. ◇ *vi* [animal, gas etc] siffler.

histogram ['hɪstəgræm] *n* histogramme *m*.

historian [hɪ'stɔːrɪən] *n* historien *m*, -ienne *f*.

historic [hɪ'stɒrɪk] *adj* historique.

historical [hɪ'stɒrɪkəl] *adj* historique.

history ['hɪstərɪ] (*pl* -ies) *n* -1. [gen] histoire *f*; **to go down in** ~ entrer dans l'histoire; **to make** ~ faire l'histoire. -2. [past record] antécédents *mpl*; **medical** ~ passé *m* médical.

histrionics [ˌhɪstrɪ'ɒnɪks] *npl pej* drame *m*.

hit [hɪt] (*pt & pp* **hit**, *cont* -ting) ◇ *n* -1. [blow] coup *m*. -2. [successful strike] coup *m* OR tir *m* réussi; [in fencing] touche *f*; **to score a** ~ **on sthg** toucher qqch. -3. [success] succès *m*; **to be a** ~ **with** plaire à. ◇ *comp* à succès.
◇ *vt* -1. [strike] frapper; [nail] taper sur. -2. [crash into] heurter, percuter. -3. [reach] atteindre. -4. [affect badly] toucher, affecter. -5. *phr*: **to** ~ **it off (with sb)** bien s'entendre (avec qqn).

◆ **hit back** *vi*: **to** ~ **back (at)** répondre (à).

◆ **hit on** *vt fus* -1. = **hit upon**. -2. *Am inf* [chat up] draguer.

◆ **hit out** *vi*: **to** ~ **out at** [physically] envoyer un coup à; [criticize] attaquer.

◆ **hit upon** *vt fus* [think of] trouver.

hit-and-miss = **hit-or-miss**.

hit-and-run *adj* [accident] avec délit de fuite; ~ **driver** chauffard *m* (*qui a commis un délit de fuite*).

hitch [hɪtʃ] ◇ *n* [problem, snag] ennui *m*. ◇ *vt* -1. [catch]: **to** ~ **a lift** faire du stop. -2. [fasten]: **to** ~ **sthg on** OR **onto** accrocher OR attacher qqch à. ◇ *vi* [hitchhike] faire du stop.

◆ **hitch up** *vt sep* [pull up] remonter.

hitchhike ['hɪtʃhaɪk] *vi* faire de l'auto-stop.

hitchhiker ['hɪtʃhaɪkəʳ] *n* auto-stoppeur *m*, -euse *f*.

hi-tech [ˌhaɪ'tek] = **high-tech**.

hither ['hɪðəʳ] *adv literary* ici; ~ **and thither** çà et là.

hitherto [ˌhɪðə'tuː] *adv fml* jusqu'ici.

hit list *n* liste *f* noire.

hit man *n* tueur *m* (*à gages*).

hit-or-miss *adj* aléatoire.

hit parade *n dated* hit-parade *m*.

HIV (*abbr of* **human immunodeficiency virus**) *n* VIH *m*, HIV *m*; **to be** ~-**positive** être séropositif.

hive [haɪv] *n* ruche *f*; **a** ~ **of activity** une véritable ruche.

◆ **hive off** *vt sep* [assets] séparer.

hl (*abbr of* **hectolitre**) hl.

HM (*abbr of* **His (or Her) Majesty**) SM.

HMG (*abbr of* **His (or Her) Majesty's Government**) *expression utilisée sur des documents officiels en Grande-Bretagne.*

HMI (*abbr of* **His (or Her) Majesty's Inspector**) *n* inspecteur de l'éducation nationale en Grande-Bretagne.*

HMO (*abbr of* **health maintenance organization**) *n organisme américain pour la santé publique.*

HMS (*abbr of* **His (or Her) Majesty's Ship**) *expression précédant le nom d'un bâtiment de la marine britannique.*

HMSO (*abbr of* **His (or Her) Majesty's Stationery Office**) *n service officiel des publications en Grande-Bretagne,* ≃ Imprimerie *f* nationale.

HNC (*abbr of* **Higher National Certificate**) *n brevet de technicien en Grande-Bretagne.*

HND (*abbr of* **Higher National Diploma**) *n brevet de technicien supérieur en Grande-Bretagne.*

hoard [hɔːd] ◇ *n* [store] réserves *fpl*; [of useless items] tas *m*. ◇ *vt* amasser; [food, petrol] faire des provisions de.

hoarding ['hɔːdɪŋ] *n Br* [for advertisements] panneau *m* d'affichage publicitaire.

hoarfrost [,hɔː'frɒst] *n* gelée *f* blanche.

hoarse [hɔːs] *adj* [person, voice] enroué(e); [shout, whisper] rauque.

hoax [həʊks] *n* canular *m*.

hoaxer ['həʊksər] *n* mauvais plaisant *m*.

hob [hɒb] *n Br* [on cooker] rond *m*, plaque *f*.

hobble ['hɒbl] *vi* [limp] boitiller.

hobby ['hɒbɪ] (*pl* -ies) *n* passe-temps *m inv*, hobby *m*.

hobbyhorse ['hɒbɪhɔːs] *n* -1. [toy] cheval *m* à bascule. -2. *fig* [favourite topic] dada *m*.

hobnob ['hɒbnɒb] (*pt* & *pp* -bed, *cont* -bing) *vi*: to ~ with sb frayer avec qqn.

hobo ['həʊbəʊ] (*pl* -es OR -s) *n Am* clochard *m*, -e *f*.

Ho Chi Minh City ['həʊ,tʃiː'mɪn-] *n* Hô Chi Minh-Ville.

hock [hɒk] *n* [wine] vin *m* du Rhin.

hockey ['hɒkɪ] *n* -1. [on grass] hockey *m*. -2. *Am* [ice hockey] hockey *m* sur glace.

hocus-pocus ['həʊkəs'pəʊkəs] *n* [trickery] supercherie *f*, tromperie *f*.

hod [hɒd] *n* hotte *f*.

hodgepodge = hotchpotch.

hoe [həʊ] ◇ *n* houe *f*. ◇ *vt* biner.

hog [hɒg] (*pt* & *pp* -ged, *cont* -ging) ◇ *n* -1. *Am* [pig] cochon *m*. -2. *inf* [greedy person] goinfre *m*. -3. *phr*: to go the whole ~ aller jusqu'au bout. ◇ *vt inf* [monopolize] accaparer, monopoliser.

Hogmanay ['hɒgməneɪ] *n* la Saint-Sylvestre en Écosse.

hoist [hɔɪst] ◇ *n* [device] treuil *m*. ◇ *vt* hisser.

hokum ['həʊkəm] *n* (*U*) *Am inf* niaiseries *fpl*.

hold [həʊld] (*pt* & *pp* held) ◇ *vt* -1. [gen] tenir. -2. [keep in position] maintenir. -3. [as prisoner] détenir; to ~ sb prisoner/hostage détenir qqn prisonnier/comme otage. -4. [have, possess] avoir. -5. *fml* [consider] considérer, estimer; to ~ (that) ... considérer que ..., estimer que ...; to ~ sb responsible for sthg rendre qqn responsable de qqch, tenir qqn pour responsable de qqch; to ~ sthg dear tenir à qqch. -6. [on telephone]: please ~ the line ne quittez pas, je vous prie. -7. [keep, maintain] retenir. -8. [sustain, support] supporter. -9. [contain] contenir; the main hall ~s 500 on peut tenir à 500 dans la grande salle; what does the future

~ for him? que lui réserve l'avenir? -10. *phr*: ~ it!, ~ everything! attendez!, arrêtez!; to ~ one's own se défendre.

◇ *vi* -1. [remain unchanged - gen] tenir; [- luck] persister; [- weather] se maintenir; to ~ still OR steady ne pas bouger, rester tranquille. -2. [on phone] attendre.

◇ *n* -1. [grasp, grip] prise *f*, étreinte *f*; to take OR lay ~ of sthg saisir qqch; to get ~ of sthg [obtain] se procurer qqch; to get ~ of sb [find] joindre. -2. [of ship, aircraft] cale *f*. -3. [control, influence] prise *f*; to take ~ [fire] prendre.

◆ **hold against** *vt sep*: to ~ sthg against sb *fig* en vouloir à qqn de qqch.

◆ **hold back** ◇ *vi* [hesitate] se retenir; to ~ back from doing sthg se retenir de faire qqch. ◇ *vt sep* -1. [restrain, prevent] retenir; [anger] réprimer; to ~ sb back from doing sthg retenir qqn de faire qqch. -2. [keep secret] cacher.

◆ **hold down** *vt sep* [job] garder.

◆ **hold off** ◇ *vt sep* [fend off] tenir à distance. ◇ *vi*: the rain held off il n'a pas plu.

◆ **hold on** *vi* -1. [wait] attendre; [on phone] ne pas quitter. -2. [grip]: to ~ on (to sthg) se tenir (à qqch).

◆ **hold onto** *vt fus* [power, job] garder.

◆ **hold out** ◇ *vt sep* [hand, arms] tendre. ◇ *vi* -1. [last] durer. -2. [resist]: to ~ out (against sb/sthg) résister (à qqn/qqch).

◆ **hold out for** *vt fus* continuer à réclamer.

◆ **hold up** *vt sep* -1. [raise] lever. -2. [delay] retarder. -3. *inf* [rob] faire un hold-up dans.

◆ **hold with** *vt fus* [approve of] approuver.

holdall ['həʊldɔːl] *n Br* fourre-tout *m*.

holder ['həʊldər] *n* -1. [for cigarette] porte-cigarettes *m*. -2. [owner] détenteur *m*, -trice *f*; [of position, title] titulaire *mf*.

holding ['həʊldɪŋ] ◇ *n* -1. [investment] effets *mpl* en portefeuille. -2. [farm] ferme *f*. ◇ *adj* [action, operation] mené en vue de maintenir le statu quo.

holding company *n* holding *m*.

holdup ['həʊldʌp] *n* -1. [robbery] hold-up *m*. -2. [delay] retard *m*.

hole [həʊl] *n* -1. [gen] trou *m*; GOLF: ~ in one trou réussi en un coup; to pick ~s in sthg [criticize] trouver à redire à qqch. -2. *inf* [predicament] pétrin *m*.

◆ **hole up** *vi* [hide, take shelter] se terrer.

holiday ['hɒlɪdeɪ] *n* -1. [vacation] vacances *fpl*; to be/go on ~ être/partir en vacances. -2. [public holiday] jour *m* férié.

holiday camp *n Br* camp *m* de vacances.

holidaymaker ['hɒlɪdɪ,meɪkə'] *n Br* vacancier *m*, -ière *f*.

holiday pay *n Br salaire payé pendant les vacances.*

holiday resort *n Br* lieu *m* de vacances.

holiday season *n Br* période *f* des vacances.

holiness ['həʊlɪnɪs] *n* [holy quality] sainteté *f*.

◆ **Holiness** *n* [in titles]: **His/Your Holiness** Sa/Votre Sainteté.

holistic [həʊ'lɪstɪk] *adj* holistique.

Holland ['hɒlənd] *n* Hollande *f*; **in ~** en Hollande.

hollandaise sauce [,hɒlən'deɪz-] *n* sauce *f* hollandaise.

holler ['hɒlə'] *vi & vt inf* gueuler, brailler.

hollow ['hɒləʊ] ◇ *adj* creux (creuse); [eyes] cave; [promise, victory] faux (fausse); [laugh] qui sonne faux. ◇ *n* creux *m*.

◆ **hollow out** *vt sep* creuser, évider.

holly ['hɒlɪ] *n* houx *m*.

Hollywood ['hɒlɪwʊd] ◇ *n* [film industry] Hollywood. ◇ *comp* hollywoodien(ienne).

holocaust ['hɒləkɔːst] *n* [destruction] destruction *f*, holocauste *m*.

◆ **Holocaust** *n*: **the Holocaust** l'holocauste *m*.

hologram ['hɒləgræm] *n* hologramme *m*.

hols [hɒlz] *npl Br inf* vacances *fpl*.

holster ['həʊlstə'] *n* étui *m*.

holy ['həʊlɪ] (*compar* **-ier**, *superl* **-iest**) *adj* saint(e); [ground] sacré(e).

Holy Communion *n* Sainte Communion *f*.

Holy Ghost *n*: **the ~** le Saint-Esprit.

Holy Grail [-'greɪl] *n*: **the ~** le Saint-Graal.

Holy Land *n*: **the ~** la Terre sainte.

holy orders *npl* ordres *mpl* sacrés.

Holy Spirit *n*: **the ~** le Saint-Esprit.

homage ['hɒmɪdʒ] *n* (*U*) *fml* hommage *m*; **to pay ~ to sb/sthg** rendre hommage à qqn/qqch.

home [həʊm] ◇ *n* **-1.** [house, institution] maison *f*; **to make one's ~** s'établir, s'installer; **it's a ~ from ~** *Br* OR **~ away from ~** *Am* on est ici comme chez soi. **-2.** [own country] patrie *f*; [city] ville *f* natale. **-3.** [one's family] foyer *m*; **to leave ~** quitter la maison. **-4.** *fig* [place of origin] berceau *m*. ◇ *adj* **-1.** [not foreign] intérieur(e); [- product] national(e). **-2.** [in one's own home - cooking] familial(e); [- life] de famille; [- improvements] domestique. **-3.** [SPORT - game] sur son propre terrain; [- team] qui reçoit.

◇ *adv* **-1.** [to or at one's house] chez soi, à la maison. **-2.** *phr*: **to bring sthg ~ (to sb)** faire prendre conscience de qqch (à qqn); **to drive** OR **hammer sthg ~ to sb** enfoncer OR faire rentrer qqch dans la tête de qqn.

◆ **at home** *adv* **-1.** [in one's house, flat] chez soi, à la maison. **-2.** [comfortable] à l'aise; **at ~ with sthg** à l'aise dans qqch; **to make o.s. at ~** faire comme chez soi. **-3.** [in one's own country] chez nous. **-4.** SPORT: **to play at ~** jouer sur son propre terrain.

◆ **home in** *vi*: **to ~ in on sthg** viser qqch, se diriger vers qqch; *fig* pointer sur qqch.

home address *n* adresse *f* du domicile.

home banking *n opérations bancaires effectuées à domicile par ordinateur.*

home brew *n* (*U*) [beer] bière *f* faite à la maison.

homecoming ['həʊm,kʌmɪŋ] *n* **-1.** [return] retour *m* au foyer OR à la maison. **-2.** *Am* SCH & UNIV *fête donnée en l'honneur de l'équipe de football et à laquelle sont invités les anciens élèves.*

home computer *n* ordinateur *m* domestique.

Home Counties *npl*: **the ~** *les comtés entourant Londres.*

home economics *n* (*U*) économie *f* domestique.

home fries *npl Am* pommes de terre *fpl* sautées.

home ground *n* **-1.** [familiar territory]: **to be on ~** *lit & fig* être sur son terrain. **-2.** SPORT terrain *m* du club.

homegrown [,həʊm'grəʊn] *adj* du jardin.

home help *n Br* aide *f* ménagère.

homeland ['həʊmlænd] *n* **-1.** [country of birth] patrie *f*. **-2.** [in South Africa] homeland *m*, bantoustan *m*.

homeless ['həʊmlɪs] ◇ *adj* sans abri. ◇ *npl*: **the ~** les sans-abri *mpl*.

homelessness ['həʊmlɪsnəs] *n fait d'être sans abri.*

home loan *n* prêt *m* d'accession à la propriété.

homely ['həʊmlɪ] *adj* **-1.** [simple] simple. **-2.** [unattractive] ordinaire.

homemade [,həʊm'meɪd] *adj* fait(e) à la maison.

home movie *n* film *m* amateur.

Home Office *n Br*: **the ~** ≃ le ministère de l'Intérieur.

homeopathic [,həʊmɪəʊ'pæθɪk] *adj* homéopathique.

homeopathy [,həʊmɪ'ɒpəθɪ] *n* homéopathie *f*.

homeowner ['həum,əunə'] *n* propriétaire *mf* (d'une maison/d'un appartement).

home page *n* COMPUT [on Internet] page *f* d'accueil.

home rule *n* autonomie *f*.

home run *n Am inf* coup *m* de circuit.

Home Secretary *n Br* ≃ ministre *m* de l'Intérieur.

homesick ['həumsɪk] *adj* qui a le mal du pays.

homesickness ['həum,sɪknɪs] *n* mal *m* du pays.

homespun ['həumspʌn] *adj fig* simple.

homestead ['həumsted] *n Am* ferme *f* (avec dépendances).

home straight *n*: **the ~** [of race] la dernière ligne droite; [of task] le dernier stade.

hometown ['həumtaun] *n* ville *f* natale.

home truth *n*: **to tell sb a few ~s** dire ses quatre vérités à qqn.

homeward ['həumwəd] ◇ *adj* de retour. ◇ *adv* = **homewards**.

homewards ['həumwədz] *adv* vers la maison.

homework ['həumwɜːk] *n* (U) **-1.** SCH devoirs *mpl*. **-2.** *inf* [preparation] boulot *m*.

homey, **homy** ['həumɪ] *adj Am* confortable, agréable.

homicidal ['hɒmɪsaɪdl] *adj* homicide.

homicide ['hɒmɪsaɪd] *n* homicide *m*.

homily ['hɒmɪlɪ] (*pl* -ies) *n* [lecture] homélie *f*.

homing ['həumɪŋ] *adj* de retour au gîte; MIL: **~ device** tête *f* chercheuse.

homing pigeon *n* pigeon *m* voyageur.

homoeopathy [,həumɪ'ɒpəθɪ] *etc* = **homeopathy** *etc*.

homogeneous [,hɒmə'dʒiːnjəs] *adj* homogène.

homogenize, -ise [hə'mɒdʒənaɪz] *vt Br* homogénéiser.

homosexual [,hɒmə'sekʃuəl] ◇ *adj* homosexuel(elle). ◇ *n* homosexuel *m*, -elle *f*.

homosexuality [,hɒmə,sekʃu'ælətɪ] *n* homosexualité *f*.

homy = **homey**.

Hon. **-1.** *abbr of* **Honourable**. **-2.** *abbr of* **Honorary**.

Honduran [hɒn'djuərən] ◇ *adj* hondurien(ienne). ◇ *n* Hondurien *m*, -ienne *f*.

Honduras [hɒn'djuərəs] *n* Honduras *m*; **in ~** au Honduras.

hone [həun] *vt* aiguiser.

honest ['ɒnɪst] ◇ *adj* **-1.** [trustworthy] honnête, probe. **-2.** [frank] franc (franche), sincère; **to be ~ ...** pour dire la vérité, à dire vrai. **-3.** [legal] légitime. ◇ *adv inf* = **honestly 2**.

honestly ['ɒnɪstlɪ] ◇ *adv* **-1.** [truthfully] honnêtement. **-2.** [expressing sincerity] je vous assure. ◇ *excl* [expressing impatience, disapproval] franchement!

honesty ['ɒnɪstɪ] *n* honnêteté *f*, probité *f*.

honey ['hʌnɪ] *n* **-1.** [food] miel *m*. **-2.** [dear] chéri *m*, -e *f*.

honeybee ['hʌnɪbiː] *n* abeille *f*.

honeycomb ['hʌnɪkəum] *n* gâteau *m* de miel.

honeymoon ['hʌnɪmuːn] ◇ *n lit* & *fig* lune *f* de miel. ◇ *vi* aller en voyage de noces, passer sa lune de miel.

honeysuckle ['hʌnɪ,sʌkl] *n* chèvrefeuille *m*.

Hong Kong [,hɒŋ'kɒŋ] *n* Hong Kong, Hongkong; **in ~** à Hongkong.

honk [hɒŋk] ◇ *vi* **-1.** [motorist] klaxonner. **-2.** [goose] cacarder. ◇ *vt*: **to ~ the horn** klaxonner. ◇ *n* **-1.** [of horn] coup *m* de klaxon. **-2.** [of goose] cri *m*.

honky ['hɒŋkɪ] (*pl* -ies) *n Am v inf* terme injurieux désignant un Blanc.

Honolulu [,hɒnə'luːluː] *n* Honolulu.

honor *etc Am* = **honour** *etc*.

honorary [*Br* 'ɒnərərɪ, *Am* ɒnə'reərɪ] *adj* honoraire.

honor roll *n Am* tableau *m* d'honneur.

honour *Br*, **honor** *Am* ['ɒnə'] ◇ *n* honneur *m*; **in ~ of sb/sthg** en l'honneur de qqn/qqch. ◇ *vt* honorer.

♦ **Honour** *n*: **His/Your Honour** Son/Votre Honneur.

♦ **honours** *npl* **-1.** [tokens of respect] honneurs *mpl*. **-2.** [of university degree] ≃ licence *f*. **-3.** *phr*: **to do the ~s** [serve food] servir; [introduce people] faire les présentations.

honourable *Br*, **honorable** *Am* ['ɒnrəbl] *adj* honorable.

♦ **Honourable** *adj* [in titles]: **the Honourable ...** l'honorable ....

honourably *Br*, **honorably** *Am* ['ɒnrəblɪ] *adv* honorablement.

honour bound *adj*: **to be ~ to do sthg** être tenu(e) par l'honneur de faire qqch.

honours list *n Br* liste *f* des personnes qui doivent recevoir des titres honorifiques (conférés par la reine).

Hons. (*abbr of* **honours degree**) licence.

hooch [huːtʃ] *n inf* [drink] gnôle *f*.

hood [hud] *n* **-1.** [on cloak, jacket] capuchon *m*. **-2.** [of cooker] hotte *f*. **-3.** [of pram, convertible car] capote *f*. **-4.** *Am* [car bonnet] capot *m*.

hooded ['hʊdɪd] *adj* **-1.** [wearing a hood] encapuchonné(e). **-2.** [eyes] aux paupières tombantes.

hoodlum ['huːdləm] *n Am inf* gangster *m*, truand *m*.

hoodwink ['hʊdwɪŋk] *vt* tromper, berner.

hooey ['huːɪ] *n* (*U*) *Am inf* salades *fpl*.

hoof [huːf, hʊf] (*pl* -s OR **hooves**) *n* sabot *m*.

hook [hʊk] ◇ *n* **-1.** [for hanging things on] crochet *m*. **-2.** [for catching fish] hameçon *m*. **-3.** [fastener] agrafe *f*. **-4.** [of telephone]: **off the ~** décroché. **-5.** *phr*: **to get sb off the ~** tirer qqn d'affaire. ◇ *vt* **-1.** [attach with hook] accrocher. **-2.** [catch with hook] prendre. **-3.** [arm, leg]: **to ~ one's arm round sthg** passer son bras autour de qqch.
◆ **hook up** *vt sep*: **to ~ sthg up to sthg** connecter qqch à qqch.

hook and eye (*pl* hooks and eyes) *n* agrafe *f*.

hooked [hʊkt] *adj* **-1.** [shaped like a hook] crochu(e). **-2.** *inf* [addicted]: **to be ~ (on)** être accro (à); [music, art] être mordu(e) (de).

hooker ['hʊkər] *n Am inf* putain *f*.

hook(e)y ['hʊkɪ] *n Am inf*: **to play ~** faire l'école buissonnière.

hooligan ['huːlɪgən] *n* hooligan *m*, vandale *m*.

hooliganism ['huːlɪgənɪzm] *n* hooliganisme *m*, vandalisme *m*.

hoop [huːp] *n* **-1.** [circular band] cercle *m*. **-2.** [toy] cerceau *m*.

hoop-la ['huːplɑː] *n* (*U*) [game] jeu *m* d'anneaux.

hooray [hʊ'reɪ] = **hurray**.

hoot [huːt] ◇ *n* **-1.** [of owl] hululement *m*. **-2.** [of horn] coup *m* de klaxon. **-3.** [of person]: **a ~ of laughter** un hurlement de rire. **-4.** *Br inf* [something amusing]: **to be a ~** être tordant(e). ◇ *vi* **-1.** [owl] hululer. **-2.** [horn] klaxonner. **-3.** *inf* [person]: **to ~ with laughter** hurler de rire, rire aux éclats. ◇ *vt*: **to ~ the horn** klaxonner.

hooter ['huːtər] *n* **-1.** [horn] klaxon *m*. **-2.** *Br inf* [nose] pif *m*.

Hoover® *Br* ['huːvər] *n* aspirateur *m*.
◆ **hoover** ◇ *vt* [room] passer l'aspirateur dans; [carpet] passer à l'aspirateur. ◇ *vi* passer l'aspirateur.

hooves [huːvz] *pl* → **hoof**.

hop [hɒp] (*pt* & *pp* -ped, *cont* -ping) ◇ *n* saut *m*; [on one leg] saut à cloche-pied. ◇ *vi* sauter; [on one leg] sauter à cloche-pied; [bird] sautiller. ◇ *vt Am inf* [bus, train] sauter dans.

◆ **hops** *npl* houblon *m*.

hope [həʊp] ◇ *vi* espérer; **to ~ for sthg** espérer qqch; **I ~ so** j'espère bien; **I ~ not** j'espère bien que non; **to ~ for the best** espérer que tout aille pour le mieux.
◇ *vt*: **to ~ (that)** espérer que; **to ~ to do sthg** espérer faire qqch.
◇ *n* espoir *m*; **in the ~ of** dans l'espoir de; **I don't hold out much ~** je n'ai pas beaucoup d'espoir, je n'y compte pas trop; **to pin one's ~s on sthg** mettre tous ses espoirs dans qqch; **to raise sb's ~s** donner de l'espoir à qqn.

hope chest *n Am* trousseau *m*.

hopeful ['həʊpfʊl] ◇ *adj* **-1.** [optimistic] plein(e) d'espoir; **to be ~ of doing sthg** avoir l'espoir de faire qqch; **to be ~ of sthg** espérer qqch. **-2.** [promising] encourageant(e), qui promet. ◇ *n* espoir *m*.

hopefully ['həʊpfəlɪ] *adv* **-1.** [in a hopeful way] avec bon espoir, avec optimisme. **-2.** [with luck]: **~, ... espérons que ....**

hopeless ['həʊplɪs] *adj* **-1.** [gen] désespéré(e); [tears] de désespoir. **-2.** *inf* [useless] nul (nulle).

hopelessly ['həʊplɪslɪ] *adv* **-1.** [despairingly] avec désespoir. **-2.** [completely] complètement.

hopper ['hɒpər] *n* [funnel] trémie *f*.

hopping ['hɒpɪŋ] *adv*: **to be ~ mad** être fou (folle) de colère.

hopscotch ['hɒpskɒtʃ] *n* marelle *f*.

horde [hɔːd] *n* horde *f*, foule *f*.
◆ **hordes** *npl*: **~s of** une foule de.

horizon [hə'raɪzn] *n* horizon *m*; **on the ~** *lit* & *fig* à l'horizon.
◆ **horizons** *npl* horizons *mpl*.

horizontal [,hɒrɪ'zɒntl] ◇ *adj* horizontal(e). ◇ *n*: **the ~** l'horizontale *f*.

hormone ['hɔːməʊn] *n* hormone *f*.

hormone replacement therapy *n* traitement *m* hormonal substitutif.

horn [hɔːn] *n* **-1.** [of animal] corne *f*. **-2.** MUS [instrument] cor *m*. **-3.** [on car] klaxon *m*; [on ship] sirène *f*.

hornet ['hɔːnɪt] *n* frelon *m*.

horn-rimmed [-'rɪmd] *adj* à monture d'écaille.

horny ['hɔːnɪ] (*compar* -ier, *superl* -iest) *adj* **-1.** [hard] corné(e); [hand] calleux(euse). **-2.** *v inf* [sexually excited] excité(e) (sexuellement).

horoscope ['hɒrəskəʊp] *n* horoscope *m*.

horrendous [hɒ'rendəs] *adj* horrible.

horrible ['hɒrəbl] *adj* horrible.

horribly ['hɒrəblɪ] *adv* horriblement.

horrid ['hɒrɪd] *adj* [unpleasant] horrible.

horrific [hɒ'rɪfɪk] *adj* horrible.

horrify ['hɒrɪfaɪ] (*pt* & *pp* **-ied**) *vt* horrifier.

horrifying ['hɒrɪfaɪɪŋ] *adj* horrifiant(e).

horror ['hɒrəʳ] *n* horreur *f*; **to have a ~ of** **sthg** avoir horreur de qqch; **to my/his ~ à** ma/sa grande horreur.

horror film *n* film *m* d'épouvante.

horror-struck *adj* frappé(e) d'horreur.

hors d'oeuvre [ɔː'dɜːvr] (*pl* **hors d'oeuvres**) *n* hors-d'œuvre *m inv*.

horse [hɔːs] *n* [animal] cheval *m*.

horseback ['hɔːsbæk] ◇ *adj* à cheval; **~ riding** *Am* équitation *f*. ◇ *n*: **on ~** à cheval.

horsebox *Br* ['hɔːsbɒks], **horsecar** *Am* ['hɔːskɑːʳ] *n* van *m*.

horse chestnut *n* [nut] marron *m* d'Inde; **~ (tree)** marronnier *m* d'Inde.

horse-drawn *adj* tiré(e) par des chevaux.

horsefly ['hɔːsflaɪ] (*pl* **-flies**) *n* taon *m*.

horsehair ['hɔːsheəʳ] *n* crin *m*.

horseman ['hɔːsmən] (*pl* **-men** [-mən]) *n* cavalier *m*.

horse opera *n Am hum* western *m*.

horseplay ['hɔːspleɪ] *n* chahut *m*.

horsepower ['hɔːs,paʊəʳ] *n* puissance *f* en chevaux.

horse racing *n* (*U*) courses *fpl* de chevaux.

horseradish ['hɔːs,rædɪʃ] *n* [plant] raifort *m*.

horse riding *n* équitation *f*.

horseshoe ['hɔːsʃuː] *n* fer *m* à cheval.

horse show *n* concours *m* hippique.

horse-trading *n fig* & *pej* maquignonnage *m*.

horse trials *npl* concours *m* hippique.

horsewhip ['hɔːswɪp] (*pt* & *pp* **-ped**, *cont* **-ping**) *vt* cravacher.

horsewoman ['hɔːs,wʊmən] (*pl* **-women** [-,wɪmɪn]) *n* cavalière *f*.

horticultural [,hɔːtɪ'kʌltʃərəl] *adj* d'horticulture.

horticulture ['hɔːtɪkʌltʃəʳ] *n* horticulture *f*.

hose [həʊz] ◇ *n* [hosepipe] tuyau *m*. ◇ *vt* arroser au jet.
◆ **hose down** *vt sep* laver au jet.

hosepipe ['həʊzpaɪp] *n* = **hose**.

hosiery ['həʊzɪərɪ] *n* bonneterie *f*.

hospice ['hɒspɪs] *n* hospice *m*.

hospitable [hɒ'spɪtəbl] *adj* hospitalier(ière), accueillant(e).

hospital ['hɒspɪtl] *n* hôpital *m*.

hospitality [,hɒspɪ'tælətɪ] *n* hospitalité *f*.

hospitality suite *n salon privé où sont offerts des rafraîchissements* (*lors d'une conférence etc*).

hospitalize, -ise ['hɒspɪtəlaɪz] *vt* hospitaliser.

host [həʊst] ◇ *n* **-1.** [gen] hôte *m*; **~ city/ country** ville *f*/pays *m* d'accueil. **-2.** [compere] animateur *m*, **-trice** *f*. **-3.** [large number]: **a ~ of** une foule de. ◇ *vt* présenter, animer.

hostage ['hɒstɪdʒ] *n* otage *m*; **to be taken ~** être pris en otage; **to be held ~** être détenu comme otage.

hostel ['hɒstl] *n* **-1.** [basic accommodation] foyer *m*. **-2.** [youth hostel] auberge *f* de jeunesse.

hostelry ['hɒstəlrɪ] (*pl* **-ries**) *n hum* hostellerie *f*.

hostess ['həʊstes] *n* hôtesse *f*.

hostile [*Br* 'hɒstaɪl, *Am* 'hɒstl] *adj*: **~ (to)** hostile (à).

hostility [hɒ'stɪlətɪ] *n* [antagonism, unfriendliness] hostilité *f*.
◆ **hostilities** *npl* hostilités *fpl*.

hot [hɒt] (*compar* **-ter**, *superl* **-test**, *pt* & *pp* **-ted**, *cont* **-ting**) *adj* **-1.** [gen] chaud(e); **I'm ~** j'ai chaud; **it's ~** il fait chaud. **-2.** [spicy] épicé(e). **-3.** *inf* [expert] fort(e), calé(e); **to be ~ on** OR **at sthg** être fort OR calé en qqch. **-4.** [recent] de dernière heure OR minute. **-5.** [temper] colérique.
◆ **hot up** *vi inf* chauffer.

hot-air balloon *n* montgolfière *f*.

hotbed ['hɒtbed] *n* foyer *m*.

hotchpotch *Br* ['hɒtʃpɒtʃ], **hodgepodge** *Am* ['hɒdʒpɒdʒ] *n inf* fouillis *m*, méli-mélo *m*.

hot-cross bun *n petit pain sucré que l'on mange le Vendredi saint*.

hot dog *n* hot dog *m*.

hotel [həʊ'tel] ◇ *n* hôtel *m*. ◇ *comp* d'hôtel.

hotelier [həʊ'telɪəʳ] *n* hôtelier *m*, **-ière** *f*.

hot flush *Br*, **hot flash** *Am n* bouffée *f* de chaleur.

hotfoot ['hɒt,fʊt] *adv* à toute vitesse.

hotheaded [,hɒt'hedɪd] *adj* impulsif(ive).

hothouse ['hɒthaʊs, *pl* -haʊzɪz] ◇ *n* [greenhouse] serre *f*. ◇ *comp* de serre.

hot line *n* **-1.** [between government heads] téléphone *m* rouge. **-2.** [special line] *ligne ouverte 24 heures sur 24*.

hotly ['hɒtlɪ] *adv* **-1.** [passionately] avec véhémence. **-2.** [closely] de près.

hotplate ['hɒtpleɪt] *n* plaque *f* chauffante.

hotpot ['hɒtpɒt] *n Br type de ragoût*.

hot potato *n inf fig* affaire *f* brûlante.

hot rod *n* voiture *f* gonflée.

hot seat *n inf*: to be in the ~ être sur la sellette.

hot spot *n* **-1.** [exciting place] endroit *m* à la mode. **-2.** [politically unsettled area] point *m* chaud.

hot-tempered *adj* colérique.

hot water *n fig*: to get into ~ s'attirer des ennuis; to be in ~ être dans le pétrin.

hot-water bottle *n* bouillotte *f*.

hot-wire *vt inf faire démarrer en court-circuitant l'allumage.*

hound [haʊnd] ◇ *n* [dog] chien *m*. ◇ *vt* **-1.** [persecute] poursuivre, pourchasser. **-2.** [drive]: to ~ sb out (of) chasser qqn (de).

hour ['aʊəʳ] *n* heure *f*; half an ~ une demi-heure; 70 miles per OR an ~ 110km à l'heure; on the ~ à l'heure juste; in the small ~s au petit matin OR jour.

◆ **hours** *npl* **-1.** [of business] heures *fpl* d'ouverture; after ~s après l'heure de fermeture, après la fermeture. **-2.** [routine]: to keep late ~s se coucher très tard; to keep regular ~s avoir une vie réglée.

hourly ['aʊəlɪ] *adj* **-1.** [happening every hour] toutes les heures. **-2.** [per hour] à l'heure ◇ *adv* **-1.** [every hour] toutes les heures. **-2.** [per hour] à l'heure. **-3.** *fig* [constantly] sans cesse, constamment.

house [*n* haʊs, *pl* 'haʊzɪz, *vb* haʊz] ◇ *n* **-1.** [gen] maison *f*; on the ~ aux frais de la maison; to put OR set one's ~ in order balayer devant sa porte. **-2.** POL chambre *f*. **-3.** [in debates] assistance *f*. **-4.** THEATRE [audience] auditoire *m*, salle *f*; to bring the ~ down *inf* faire crouler la salle sous les applaudissements.
◇ *vt* [accommodate] loger, héberger; [department, store] abriter.
◇ *adj* **-1.** [within business] d'entreprise; [style] de la maison. **-2.** [wine] maison *(inv)*.

house arrest *n*: under ~ en résidence surveillée.

houseboat ['haʊsbəʊt] *n* péniche *f* aménagée.

housebound ['haʊsbaʊnd] *adj* confiné(e) chez soi.

housebreaking ['haʊs,breɪkɪŋ] *n* (*U*) cambriolage *m*.

housebroken ['haʊs,brəʊkn] *adj Am* [pet] propre.

housecoat ['haʊskəʊt] *n* peignoir *m*.

household ['haʊshəʊld] ◇ *adj* **-1.** [domestic] ménager(ère). **-2.** [word, name] connu(e) de tous. ◇ *n* maison *f*, ménage *m*.

householder ['haʊs,həʊldəʳ] *n* propriétaire *mf* (*d'une maison*).

househunting ['haʊs,hʌntɪŋ] *n* recherche *f* d'une maison (à acheter OR louer).

house husband *n* homme *m* au foyer.

housekeeper ['haʊs,kiːpəʳ] *n* gouvernante *f*.

housekeeping ['haʊs,kiːpɪŋ] *n* (*U*) **-1.** [work] ménage *m*. **-2.** ~ (money) argent *m* du ménage.

houseman ['haʊsmən] (*pl* -men) *n Br* ≃ interne *m*.

housemen ['haʊsmən] *pl* → houseman.

house music *n* house music *f*.

House of Commons *n Br*: the ~ la Chambre des communes.

HOUSE OF COMMONS:
La Chambre des communes est composée de 650 députés ('MPs') élus pour 5 ans et qui siègent environ 175 jours par an

House of Lords *n Br*: the ~ la Chambre des lords.

HOUSE OF LORDS:
La Chambre des lords est composée de pairs et d'hommes d'Église. Il s'agit de la plus haute cour au Royaume-Uni (en excluant l'Écosse). Elle a le pouvoir d'amender certains projets de loi qui ont été votés par la Chambre des communes

House of Representatives *n Am*: the ~ la Chambre des représentants.

HOUSE OF REPRESENTATIVES:
La Chambre des représentants constitue, avec le Sénat, l'organe législatif américain; ses membres sont élus par le peuple en proportion de la population de chaque État

house-owner *n* propriétaire *mf* d'une maison.

houseplant ['haʊsplɑːnt] *n* plante *f* d'appartement.

house-proud *adj* qui a la manie d'astiquer.

Houses of Parliament *npl*: the ~ le Parlement britannique (*où se réunissent la Chambre des communes et la Chambre des lords*).

house-to-house *adj* de porte en porte, maison par maison.

house-train *vt Br* [animal] dresser à être propre.

housewarming (party) ['haʊs,wɔːmɪŋ] *n* pendaison *f* de crémaillère.

housewife ['haʊswaɪf] (*pl* **-wives** [-waɪvz]) *n* femme *f* au foyer.

housework ['haʊswɜːk] *n* (*U*) ménage *m*.

housing ['haʊzɪŋ] *n* **-1.** (*U*) [accommodation] logement *m*. **-2.** [TECH - gen] boîtier *m*; [- of engine] coquille *f*. ◇ *comp* [policy] du logement; [conditions] de logement; [shortage] de logements.

housing association *n Br* association *f* d'aide au logement.

housing benefit *n Br* (*U*) allocation *f* logement.

housing development *n* ensemble *m* immobilier.

housing estate *Br*, **housing project** *Am n* cité *f*.

hovel ['hɒvl] *n* masure *f*, taudis *m*.

hover ['hɒvər] *vi* **-1.** [fly] planer. **-2.** [person]: **to ~ round sb** tourner OR rôder autour de qqn. **-3.** [hesitate] hésiter.

hovercraft ['hɒvəkrɑːft] (*pl inv* OR **-s**) *n* aéroglisseur *m*, hovercraft *m*.

hoverport ['hɒvəpɔːt] *n* hoverport *m*.

how [haʊ] *adv* **-1.** [gen] comment; **~ do you do it?** comment fait-on?; **~ are you?** comment allez-vous?; **~ do you do?** enchanté(e) (de faire votre connaissance). **-2.** [referring to degree, amount]: **~ high is it?** combien cela fait-il de haut?, quelle en est la hauteur?; **~ long have you been waiting?** cela fait combien de temps que vous attendez?; **~ many people came?** combien de personnes sont venues?; **~ old are you?** quel âge as-tu? **-3.** [in exclamations]: **~ nice!** que c'est bien!; **~ awful!** quelle horreur!; **~ pretty you look!** que tu es jolie! **-4.** [expressing surprise]: **~ can you be so rude?** comment peux-tu être aussi grossier?

◆ **how about** *adv*: **~ about a drink?** si on prenait un verre?; **~ about you?** et toi?

◆ **how much** ◇ *pron* combien; **~ much does it cost?** combien ça coûte? ◇ *adj* combien de; **~ much bread?** combien de pain?

howdy ['haʊdɪ] *excl Am inf* salut!

however [haʊ'evər] ◇ *adv* **-1.** [nevertheless] cependant, toutefois. **-2.** [no matter how] quelque ... que (+ *subjunctive*), si ... que (+ *subjunctive*); **~ many/much** peu importe la quantité de. **-3.** [how] comment. ◇ *conj* [in whatever way] de quelque manière que (+ *subjunctive*).

howl [haʊl] ◇ *n* hurlement *m*; [of laughter] éclat *m*. ◇ *vi* hurler; [with laughter] rire aux éclats.

howler ['haʊlər] *n inf* bourde *f*, gaffe *f*.

howling ['haʊlɪŋ] *adj inf* [success] fou (folle).

hp (*abbr of* **horsepower**) *n* CV *m*.

HP *n* **-1.** (*abbr of* **hire purchase**) *Br*: **to buy sthg on ~** acheter qqch à crédit. **-2.** = **hp**.

HQ (*abbr of* **headquarters**) *n* QG *m*.

hr (*abbr of* **hour**) h.

HRH (*abbr of* **His (or Her) Royal Highness**) SAR.

HS *abbr of* **high school**.

HST (*abbr of* **Hawaiian Standard Time**) *heure de Hawaii*.

ht (*abbr of* **height**) haut.

HT (*abbr of* **high tension**) HT.

HTML (*abbr of* **hypertext markup language**) *n* COMPUT HTML *m*.

hub [hʌb] *n* **-1.** [of wheel] moyeu *m*. **-2.** [of activity] centre *m*.

hub airport *n Am* aéroport *m* important.

hubbub ['hʌbʌb] *n* vacarme *m*, brouhaha *m*.

hubcap ['hʌbkæp] *n* enjoliveur *m*.

HUD (*abbr of* **Department of Housing and Urban Development**) *n ancien ministère américain de l'urbanisme et du logement*.

huddle ['hʌdl] ◇ *vi* se blottir. ◇ *n* petit groupe *m*.

hue [hjuː] *n* [colour] teinte *f*, nuance *f*.

huff [hʌf] ◇ *n*: **in a ~** froissé(e). ◇ *vi*: **to ~ and puff** souffler et haleter.

huffy ['hʌfɪ] (*compar* **-ier**, *superl* **-iest**) *adj inf* **-1.** [offended] froissé(e). **-2.** [touchy] susceptible.

hug [hʌg] (*pt* & *pp* **-ged**, *cont* **-ging**) ◇ *n* étreinte *f*; **to give sb a ~** serrer qqn dans ses bras. ◇ *vt* **-1.** [embrace] étreindre, serrer dans ses bras. **-2.** [hold] tenir; **to ~ sthg to o.s.** serrer qqch contre soi. **-3.** [stay close to] serrer.

huge [hjuːdʒ] *adj* énorme; [subject] vaste; [success] fou (folle).

huh [hʌ] *excl* **-1.** [gen] hein? **-2.** [expressing scorn] berk!

hulk [hʌlk] *n* **-1.** [of ship] carcasse *f*. **-2.** [person] malabar *m*, mastodonte *m*.

hulking ['hʌlkɪŋ] *adj* énorme.

hull [hʌl] *n* coque *f*.

hullabaloo [,hʌləbə'luː] *n inf* tintamarre *m*.

hullo [hə'ləʊ] *excl* = **hello**.

hum [hʌm] (*pt* & *pp* **-med**, *cont* **-ming**) ◇ *vi* **-1.** [buzz] bourdonner; [machine] vrombir, ronfler. **-2.** [sing] fredonner, chantonner. **-3.** [be busy] être en pleine activité. **-4.** *phr*: **to ~ and haw** bredouiller, bafouiller. ◇ *vt* fredonner, chantonner. ◇ *n* (*U*) bourdonnement *m*; [of machine] vrombissement *m*, ronflement *m*; [of conversation] brouhaha *m*.

human ['hjuːmən] ◇ *adj* humain(e). ◇ *n*: ~ (being) être *m* humain.

humane [hjuːˈmeɪn] *adj* humain(e).

humanely [hjuːˈmeɪnlɪ] *adv* humainement.

human error *n* erreur *f* humaine.

humanist ['hjuːmənɪst] *n* humaniste *mf*.

humanitarian [hjuː,mænɪ'teərɪən] ◇ *adj* humanitaire. ◇ *n* humanitaire *mf*.

humanity [hjuːˈmænətɪ] *n* humanité *f*.
◆ **humanities** *npl*: **the** ~ les humanités *fpl*, les sciences *fpl* humaines.

humanly ['hjuːmənlɪ] *adv*: ~ **possible** humainement possible.

human nature *n* nature *f* humaine.

human race *n*: **the** ~ la race humaine.

human resources *npl* ressources *fpl* humaines.

human rights *npl* droits *mpl* de l'homme.

humble ['hʌmbl] ◇ *adj* humble; [origins, employee] modeste. ◇ *vt* humilier; **to** ~ **o.s.** s'abaisser, s'humilier.

humbly ['hʌmblɪ] *adv* **-1.** [not proudly] humblement. **-2.** [live, begin] modestement.

humbug ['hʌmbʌg] *n* **-1.** *dated* [hypocrisy] hypocrisie *f*. **-2.** *Br* [sweet] *type de bonbon dur*.

humdrum ['hʌmdrʌm] *adj* monotone.

humid ['hjuːmɪd] *adj* humide.

humidity [hjuːˈmɪdətɪ] *n* humidité *f*.

humiliate [hjuːˈmɪlɪeɪt] *vt* humilier.

humiliating [hjuːˈmɪlɪeɪtɪŋ] *adj* humiliant(e).

humiliation [hjuː,mɪlɪ'eɪʃn] *n* humiliation *f*.

humility [hjuːˈmɪlətɪ] *n* humilité *f*.

hummingbird ['hʌmɪŋbɜːd] *n* colibri *m*, oiseau-mouche *m*.

humor *Am* = humour.

humorist ['hjuːmərɪst] *n* humoriste *mf*.

humorous ['hjuːmərəs] *adj* humoristique; [person] plein(e) d'humour.

humour *Br*, **humor** *Am* ['hjuːməʳ] ◇ *n* **-1.** [sense of fun] humour *m*. **-2.** [of situation, remark] côté *m* comique. **-3.** *dated* [mood] humeur *f*. ◇ *vt* se montrer conciliant(e) envers.

hump [hʌmp] ◇ *n* bosse *f*. ◇ *vt* *inf* [carry] porter, coltiner.

humpbacked bridge ['hʌmpbækt-] *n* pont *m* en dos d'âne.

humus ['hjuːməs] *n* humus *m*.

hunch [hʌntʃ] ◇ *n* *inf* pressentiment *m*, intuition *f*. ◇ *vt* voûter. ◇ *vi* se pencher.

hunchback ['hʌntʃbæk] *n* bossu *m*, -e *f*.

hunched [hʌntʃt] *adj* voûté(e).

hundred ['hʌndrəd] *num* cent; **a** OR **one** ~ cent; **about a** ~ **pupils** une centaine d'élèves; *see also* **six**.
◆ **hundreds** *npl* des centaines.

hundredth ['hʌndrətθ] *num* centième; *see also* **sixth**.

hundredweight ['hʌndrədweɪt] *n* [in UK] poids *m* de 112 livres, = *50,8 kg*; [in US] poids *m* de 100 livres, = *45,3 kg*.

hung [hʌŋ] ◇ *pt* & *pp* → **hang**. ◇ *adj* [parliament, jury] sans majorité.

Hungarian [hʌŋˈgeərɪən] ◇ *adj* hongrois(e). ◇ *n* **-1.** [person] Hongrois *m*, -e *f*. **-2.** [language] hongrois *m*.

Hungary ['hʌŋgərɪ] *n* Hongrie *f*; **in** ~ en Hongrie.

hunger ['hʌŋgəʳ] *n* **-1.** [gen] faim *f*. **-2.** [strong desire] soif *f*.
◆ **hunger after, hunger for** *vt fus* avoir faim de, avoir soif de.

hunger strike *n* grève *f* de la faim.

hung over *adj inf*: **to be** ~ avoir la gueule de bois.

hungry ['hʌŋgrɪ] (*compar* **-ier**, *superl* **-iest**) *adj* **-1.** [for food]: **to be** ~ avoir faim; [starving] être affamé(e); **to go** ~ souffrir de la faim. **-2.** [eager]: **to be** ~ **for** être avide de.

hung up *adj inf*: **to be** ~ (**on** OR **about**) être obsédé(e) (par).

hunk [hʌŋk] *n* **-1.** [large piece] gros morceau *m*. **-2.** *inf* [man] beau mec *m*.

hunky-dory [,hʌŋkɪ'dɔːrɪ] *adj inf* au poil.

hunt [hʌnt] ◇ *n* chasse *f*; [for missing person] recherches *fpl*. ◇ *vi* **-1.** [chase animals, birds] chasser. **-2.** *Br* [chase foxes] chasser le renard. **-3.** [search]: **to** ~ (**for sthg**) chercher partout (qqch). ◇ *vt* **-1.** [animals, birds] chasser. **-2.** [person] poursuivre, pourchasser.
◆ **hunt down** *vt sep* traquer.

hunter ['hʌntəʳ] *n* **-1.** [of animals, birds] chasseur *m*. **-2.** [of things]: **bargain** ~ dénicheur *m*, -euse *f* d'occasions; **autograph** ~ collectionneur *m*, -euse *f* d'autographes.

hunting ['hʌntɪŋ] ◇ *n* **-1.** [of animals] chasse *f*. **-2.** *Br* [of foxes] chasse *f* au renard. ◇ *comp* de chasse.

huntsman ['hʌntsmən] (*pl* **-men** [-mən]) *n* chasseur *m*.

hurdle ['hɜːdl] ◇ *n* **-1.** [in race] haie *f*. **-2.** [obstacle] obstacle *m*. ◇ *vt* [jump over] sauter.

hurl [hɜːl] *vt* **-1.** [throw] lancer avec violence. **-2.** [shout] lancer.

hurrah [hʊˈrɑː] *excl dated* hourra!

hurray [hʊˈreɪ] *excl* hourra!

hurricane ['hʌrɪkən] *n* ouragan *m*.

hurried ['hʌrɪd] *adj* [hasty] précipité(e).

hurriedly ['hʌrɪdlɪ] *adv* précipitamment; [eat, write] vite, en toute hâte.

hurry ['hʌrɪ] (*pt* & *pp* -**ied**) ◇ *vt* [person] faire se dépêcher; [process] hâter; **to ~ to do sthg** se dépêcher OR se presser de faire qqch. ◇ *vi* se dépêcher, se presser. ◇ *n* hâte *f*, précipitation *f*; **to be in a ~** être pressé; **to be in a ~ to do sthg** être pressé; **to be in a ~** faire qqch à la hâte; **to be in no ~ to do sthg** [unwilling] ne pas être pressé de faire qqch.
◆ **hurry up** ◇ *vi* se dépêcher. ◇ *vt sep* faire se dépêcher.

hurt [hɜːt] (*pt* & *pp* **hurt**) ◇ *vt* -**1.** [physically, emotionally] blesser; [one's leg, arm] se faire mal à; **to ~ o.s.** se faire mal. -**2.** *fig* [harm] faire du mal à. ◇ *vi* -**1.** [gen] faire mal; **my leg ~s** ma jambe me fait mal. -**2.** *fig* [do harm] faire du mal. ◇ *adj* blessé(e); [voice] offensé(e). ◇ *n* (*U*) [emotional pain] peine *f*.

hurtful ['hɜːtfʊl] *adj* blessant(e).

hurtle ['hɜːtl] *vi* aller à toute allure.

husband ['hʌzbənd] *n* mari *m*.

husbandry ['hʌzbəndrɪ] *n fml* agriculture *f*.

hush [hʌʃ] ◇ *n* silence *m*. ◇ *excl* silence!, chut!

hush money *n* (*U*) *inf* pot-de-vin *m* (*pour acheter le silence de qqn*).

husk [hʌsk] *n* [of seed, grain] enveloppe *f*.

husky ['hʌskɪ] (*compar* -**ier**, *superl* -**iest**) ◇ *adj* [hoarse] rauque. ◇ *n* chien *m* esquimau.

hustings ['hʌstɪŋz] *npl Br* plate-forme *f* électorale.

hustle ['hʌsl] ◇ *vt* -**1.** [hurry] pousser, bousculer. -**2.** *Am* [persuade]: **to ~ sb into doing sthg** forcer la main à qqn pour qu'il fasse qqch. ◇ *n* agitation *f*.

hut [hʌt] *n* -**1.** [rough house] hutte *f*. -**2.** [shed] cabane *f*.

hutch [hʌtʃ] *n* clapier *m*.

hyacinth ['haɪəsɪnθ] *n* jacinthe *f*.

hybrid ['haɪbrɪd] ◇ *adj* hybride. ◇ *n* -**1.** [plant, animal] hybride *m*. -**2.** [mixture] entité *f* hybride.

hydrangea [haɪ'dreɪndʒə] *n* hortensia *m*.

hydrant ['haɪdrənt] *n* bouche *f* d'incendie.

hydraulic [haɪ'drɔːlɪk] *adj* hydraulique.
◆ **hydraulics** *n* hydraulique *f*.

hydrocarbon [ˌhaɪdrə'kɑːbən] *n* hydrocarbure *m*.

hydrochloric acid [ˌhaɪdrə'klɒrɪk-] *n* acide *m* chlorhydrique.

hydroelectric [ˌhaɪdrəʊɪ'lektrɪk] *adj* hydro-électrique.

hydroelectricity [ˌhaɪdrəʊɪlek'trɪsətɪ] *n* hydro-électricité *f*.

hydrofoil ['haɪdrəfɔɪl] *n* hydrofoil *m*.

hydrogen ['haɪdrədʒən] *n* hydrogène *m*.

hydrogen bomb *n* bombe *f* à hydrogène.

hydrophobia [ˌhaɪdrə'fəʊbjə] *n* hydrophobie *f*.

hydroplane ['haɪdrəpleɪn] *n* -**1.** [speedboat] hydroglisseur *m*. -**2.** [hydrofoil] hydrofoil *m*.

hyena [haɪ'iːnə] *n* hyène *f*.

hygiene ['haɪdʒiːn] *n* hygiène *f*.

hygienic [haɪ'dʒiːnɪk] *adj* hygiénique.

hygienist [haɪ'dʒiːnɪst] *n personne qui se charge du détartrage des dents*.

hymn [hɪm] *n* hymne *m*, cantique *m*.

hymn book *n* livre *m* de cantiques.

hype [haɪp] *inf* ◇ *n* (*U*) battage *m* publicitaire. ◇ *vt* faire un battage publicitaire autour de.

hyped up [haɪpt-] *adj inf* [person] excité(e).

hyper ['haɪpər] *adj inf* qui a la bougeotte.

hyperactive [ˌhaɪpər'æktɪv] *adj* hyperactif(ive).

hyperbole [haɪ'pɜːbəlɪ] *n* hyperbole *f*.

hyperinflation [ˌhaɪpərɪn'fleɪʃn] *n* hyperinflation *f*.

hypermarket ['haɪpəˌmɑːkɪt] *n* hypermarché *m*.

hypersensitive [ˌhaɪpə'sensɪtɪv] *adj* hypersensible.

hypertension [ˌhaɪpə'tenʃn] *n* hypertension *f*.

hypertext ['haɪpətekst] ◇ *n* COMPUT hypertexte *m*. ◇ *comp*: **~ link** lien *m* hypertexte.

hyperventilate [ˌhaɪpə'ventɪleɪt] *vi* faire de l'hyperventilation.

hyphen ['haɪfn] *n* trait *m* d'union.

hyphenate ['haɪfəneɪt] *vt* mettre un trait d'union à.

hypnosis [hɪp'nəʊsɪs] *n* hypnose *f*; **under ~** sous hypnose, en état d'hypnose.

hypnotic [hɪp'nɒtɪk] *adj* hypnotique.

hypnotism ['hɪpnətɪzm] *n* hypnotisme *m*.

hypnotist ['hɪpnətɪst] *n* hypnotiseur *m*.

hypnotize, -ise ['hɪpnətaɪz] *vt* hypnotiser.

hypoallergenic ['haɪpəʊˌælə'dʒenɪk] *adj* hypoallergénique.

hypochondriac [ˌhaɪpə'kɒndriæk] *n* hypochondriaque *mf*.

hypocrisy [hɪ'pɒkrəsɪ] *n* hypocrisie *f*.

hypocrite ['hɪpəkrɪt] *n* hypocrite *mf*.

hypocritical [ˌhɪpə'krɪtɪkl] *adj* hypocrite.

hypodermic needle [,haɪpə'dɜːmɪk-] *n* aiguille *f* hypodermique.

hypodermic syringe [,haɪpə'dɜːmɪk-] *n* seringue *f* hypodermique.

hypothermia [,haɪpəʊ'θɜːmɪə] *n* hypothermie *f*.

hypothesis [haɪ'pɒθɪsɪs] (*pl* -**theses** [-θɪsiːz]) *n* hypothèse *f*.

hypothesize, -ise [haɪ'pɒθɪsaɪz] ◇ *vt* émettre une hypothèse OR des hypothèses sur. ◇ *vi* émettre une hypothèse OR des hypothèses.

hypothetical [,haɪpə'θetɪkl] *adj* hypothétique.

hysterectomy [,hɪstə'rektəmɪ] (*pl* -**ies**) *n* hystérectomie *f*.

hysteria [hɪs'tɪərɪə] *n* hystérie *f*.

hysterical [hɪs'terɪkl] *adj* -**1**. [gen] hystérique. -**2**. *inf* [very funny] désopilant(e).

hysterics [hɪs'terɪks] *npl* -**1**. [panic, excitement] crise *f* de nerfs. -**2**. *inf* [laughter] fou rire *m*.

HZ (*abbr of* **hertz**) Hz.

I

i (*pl* **i's** OR **is**), **I** (*pl* **I's** OR **Is**) [aɪ] *n* [letter] i *m inv*, I *m inv*.

I[1] [aɪ] *pers pron* -**1**. (*unstressed*) je, j' (*before vowel or silent 'h'*); **he and I are leaving for Paris** lui et moi (nous) partons pour Paris; **it is I** *fml* c'est moi. -**2**. (*stressed*) moi; **I can't do it** moi je ne peux pas le faire.

I[2] *abbr of* **Island, Isle.**

IA *abbr of* **Iowa.**

IAEA (*abbr of* **International Atomic Energy Agency**) *n* AIEA *f*.

IBA (*abbr of* **Independent Broadcasting Authority**) *n* organisme d'agrément et de coordination des stations de radio et chaînes de télévision du secteur privé en Grande-Bretagne.

Iberian [aɪ'bɪərɪən] ◇ *adj* ibérique. ◇ *n* Ibère *mf*.

Iberian peninsula *n*: **the ~** la péninsule ibérique.

ibid (*abbr of* **ibidem**) ibid.

i/c *abbr of* **in charge.**

ICA (*abbr of* **Institute of Contemporary Art**) *n* centre d'art moderne à Londres.

ICBM (*abbr of* **intercontinental ballistic missile**) *n* ICBM *m*.

ICC *n* -**1**. (*abbr of* **International Chamber of Commerce**) CCI *f*. -**2**. (*abbr of* **Interstate Commerce Commission**) *commission fédérale américaine réglementant le commerce entre les États.*

ice [aɪs] ◇ *n* -**1**. [frozen water, ice cream] glace *f*; **to break the ~** *fig* rompre OR briser la glace. -**2**. (*U*) [on road] verglas *m*. -**3**. (*U*) [ice cubes] glaçons *mpl*. ◇ *vt Br* glacer.
♦ **ice over, ice up** *vi* [lake, pond] geler; [window, windscreen] givrer; [road] se couvrir de verglas.

ice age *n* période *f* glaciaire.

iceberg ['aɪsbɜːg] *n* iceberg *m*.

iceberg lettuce *n* laitue *f* iceberg.

icebox ['aɪsbɒks] *n* -**1**. *Br* [in refrigerator] freezer *m*. -**2**. *Am* [refrigerator] réfrigérateur *m*.

icebreaker ['aɪs,breɪkər] *n* [ship] brise-glace *m*, brise-glaces *m*.

ice bucket *n* seau *m* à glace.

ice cap *n* calotte *f* glaciaire.

ice-cold *adj* glacé(e).

ice cream *n* glace *f*.

ice cream van *n Br* camionnette *f* de vendeur de glaces.

ICE CREAM VAN:
La petite camionnette du vendeur de glaces est très caractéristique; elle se reconnaît au carillon qui annonce son arrivée dans un quartier

---

ice cube *n* glaçon *m*.

iced [aɪst] *adj* glacé(e).

ice floe *n* banc *m* de glace, glaciel *m Can*.

ice hockey *n* hockey *m* sur glace.

Iceland ['aɪslənd] *n* Islande *f*; **in ~** en Islande.

Icelander ['aɪsləndər] *n* Islandais *m*, -e *f*.

Icelandic [aɪs'lændɪk] ◇ *adj* islandais(e). ◇ *n* [language] islandais *m*.

ice lolly *n Br* sucette *f* glacée.

ice pick *n* pic *m* à glace.

ice rink *n* patinoire *f*.

ice skate *n* patin *m* à glace.
♦ **ice-skate** *vi* faire du patin (à glace).

ice-skater *n* patineur *m*, -euse *f*.

ice-skating *n* patinage *m* (sur glace).

icicle ['aɪsɪkl] *n* glaçon *m* (naturel).

icily ['aɪsɪlɪ] *adv* [in unfriendly way] d'une manière glaciale; [say, reply] d'un ton glacial.

icing ['aɪsɪŋ] *n* (U) glaçage *m*, glace *f*; **the ~ on the cake** *fig* un plus, la cerise sur le gâteau.

icing sugar *n Br* sucre *m* glace.

ICJ (*abbr of* **International Court of Justice**) *n* CIJ *f*.

icon ['aɪkɒn] *n* [gen & COMPUT] icône *f*.

iconoclast [aɪ'kɒnəklæst] *n* iconoclaste *mf*.

ICR (*abbr of* **Institute for Cancer Research**) *n* institut de recherche contre le cancer.

ICU (*abbr of* **intensive care unit**) *n* unité de réanimation.

icy ['aɪsɪ] (*compar* **-ier**, *superl* **-iest**) *adj* **-1.** [weather, manner] glacial(e). **-2.** [covered in ice] verglacé(e).

id [ɪd] *n* ça *m*.

I'd [aɪd] = **I would, I had**.

ID ◇ *n* (*abbr of* **identification**) (U) papiers *mpl*. ◇ *abbr of* **Idaho**.

Idaho ['aɪdə,həʊ] *n* Idaho *m*; **in ~** dans l'Idaho.

ID card = **identity card**.

IDD (*abbr of* **international direct dialling**) *n* automatique *m* international.

idea [aɪ'dɪə] *n* idée *f*; [intention] intention *f*; **to have an ~ of** avoir une idée de; **to have an ~ (that)** ... avoir idée que ...; **to have no ~** n'avoir aucune idée; **to get the ~** *inf* piger; **don't get the ~ (that)** ... ne va pas croire OR t'imaginer que ...; **the ~ is to** ... l'idée est de ..., l'intention est de ....

ideal [aɪ'dɪəl] ◇ *adj* idéal(e); **to be ~ for** être idéal OR parfait pour. ◇ *n* idéal *m*.

idealism [aɪ'dɪəlɪzm] *n* idéalisme *m*.

idealist [aɪ'dɪəlɪst] *n* idéaliste *mf*.

idealize, -ise [aɪ'dɪəlaɪz] *vt* idéaliser.

ideally [aɪ'dɪəlɪ] *adv* idéalement; [suited] parfaitement.

identical [aɪ'dentɪkl] *adj* identique.

identical twins *npl* vrais jumeaux *mpl*, vraies jumelles *fpl*.

identifiable [aɪ'dentɪfaɪəbl] *adj* identifiable, reconnaissable.

identification [aɪ,dentɪfɪ'keɪʃn] *n* (U) **-1.** [gen]: **~ (with)** identification *f* (à). **-2.** [documentation] pièce *f* d'identité.

identify [aɪ'dentɪfaɪ] (*pt & pp* **-ied**) ◇ *vt* **-1.** [recognize] identifier. **-2.** [subj: document, card] permettre de reconnaître. **-3.** [associate]: **to ~ sb with sthg** associer qqn à qqch. ◇ *vi* [empathize]: **to ~ with** s'identifier à.

Identikit picture® [aɪ'dentɪkɪt-] *n* portrait-robot *m*.

identity [aɪ'dentətɪ] (*pl* **-ies**) *n* identité *f*.

identity card *n* carte *f* d'identité.

identity parade *n* séance d'identification d'un suspect dans un échantillon de plusieurs personnes.

ideological [,aɪdɪə'lɒdʒɪkl] *adj* idéologique.

ideology [,aɪdɪ'ɒlədʒɪ] (*pl* **-ies**) *n* idéologie *f*.

idiom ['ɪdɪəm] *n* **-1.** [phrase] expression *f* idiomatique. **-2.** *fml* [style] langue *f*.

idiomatic [,ɪdɪə'mætɪk] *adj* idiomatique.

idiosyncrasy [,ɪdɪə'sɪŋkrəsɪ] (*pl* **-ies**) *n* particularité *f*, caractéristique *f*.

idiot ['ɪdɪət] *n* idiot *m*, -e *f*, imbécile *mf*.

idiotic [,ɪdɪ'ɒtɪk] *adj* idiot(e).

idle ['aɪdl] ◇ *adj* **-1.** [lazy] oisif(ive), désœuvré(e). **-2.** [not working - machine, factory] arrêté(e); [- worker] qui chôme, en chômage. **-3.** [threat] vain(e). **-4.** [curiosity] simple, pur(e). ◇ *vi* tourner au ralenti.
◆ **idle away** *vt sep* [time] perdre à ne rien faire.

idleness ['aɪdlnɪs] *n* oisiveté *f*, désœuvrement *m*.

idler ['aɪdlə'] *n* paresseux *m*, -euse *f*.

idly ['aɪdlɪ] *adv* **-1.** [lazily] paresseusement. **-2.** [without purpose] négligemment.

idol ['aɪdl] *n* idole *f*.

idolize, -ise ['aɪdəlaɪz] *vt* idolâtrer, adorer.

idyll(l) ['ɪdɪl] *n* idylle *f*.

idyllic [ɪ'dɪlɪk] *adj* idyllique.

i.e. (*abbr of* **id est**) c-à-d.

if [ɪf] ◇ *conj* **-1.** [gen] si; **~ I were you** à ta place, si j'étais toi. **-2.** [though] bien que. **-3.** [that] que. ◇ *n*: **~s and buts** les si et les mais *mpl*.
◆ **if not** *conj* sinon.
◆ **if only** ◇ *conj* **-1.** [naming a reason] ne serait-ce que. **-2.** [expressing regret] si seulement. ◇ *excl* si seulement!

iffy ['ɪfɪ] (*compar* **-ier**, *superl* **-iest**) *adj inf* incertain(e).

igloo ['ɪɡluː] (*pl* **-s**) *n* igloo *m*, iglou *m*.

ignite [ɪɡ'naɪt] ◇ *vt* mettre le feu à, enflammer; [firework] tirer. ◇ *vi* prendre feu, s'enflammer.

ignition [ɪɡ'nɪʃn] *n* **-1.** [act of igniting] ignition *f*. **-2.** AUT allumage *m*.

ignition key *n* clef *f* de contact.

ignoble [ɪɡ'nəʊbl] *adj fml* infâme.

ignominious [,ɪɡnə'mɪnɪəs] *adj* ignominieux(ieuse).

ignominy ['ɪɡnəmɪnɪ] *n* ignominie *f*.

ignoramus [ˌɪgnəˈreɪməs] (*pl* **-es**) *n* ignare *mf*.

ignorance [ˈɪgnərəns] *n* ignorance *f*.

ignorant [ˈɪgnərənt] *adj* **-1.** [uneducated, unaware] ignorant(e); **to be ~ of sthg** être ignorant de qqch. **-2.** [rude] mal élevé(e).

ignore [ɪgˈnɔːr] *vt* [advice, facts] ne pas tenir compte de; [person] faire semblant de ne pas voir.

iguana [ɪˈgwɑːnə] (*pl inv* OR **-s**) *n* iguane *m*.

ikon [ˈaɪkɒn] = **icon**.

Ill. *abbr of* **Illinois**.

ILEA [ˈɪliə] (*abbr of* **Inner London Education Authority**) *n anciens services londoniens de l'enseignement.*

ileum [ˈɪlɪəm] (*pl* **ilea** [ˈɪlɪə]) *n* iléon *m*.

ilk [ɪlk] *n*: **of that ~** [of that sort] de cet acabit, de ce genre.

ill [ɪl] ◇ *adj* **-1.** [unwell] malade; **to feel ~** se sentir malade OR souffrant; **to be taken ~**, **to fall ~** tomber malade. **-2.** [bad] mauvais(e); **~ luck** malchance *f*. ◇ *adv* mal; **to speak/think ~ of sb** dire/penser du mal de qqn.
◆ **ills** *npl* maux *mpl*, malheurs *mpl*.

ill. (*abbr of* **illustration**) ill.

I'll [aɪl] = **I will, I shall**.

ill-advised [-ədˈvaɪzd] *adj* [remark, action] peu judicieux(ieuse); [person] malavisé(e); **to be ~ to do sthg** être malavisé de faire qqch.

ill at ease *adj* mal à l'aise.

ill-bred *adj* mal élevé(e).

ill-considered *adj* irréfléchi(e).

ill-disposed *adj*: **to be ~ towards sb** être mal disposé(e) OR malintentionné(e) envers qqn.

illegal [ɪˈliːgl] *adj* illégal(e); [immigrant] en situation irrégulière.

illegally [ɪˈliːgəlɪ] *adv* illégalement, d'une manière illégale.

illegible [ɪˈledʒəbl] *adj* illisible.

illegitimate [ˌɪlɪˈdʒɪtɪmət] *adj* illégitime.

ill-equipped *adj*: **to be ~ to do sthg** être mal placé(e) pour faire qqch.

ill-fated *adj* fatal(e), funeste.

ill feeling *n* animosité *f*.

ill-founded [-ˈfaʊndɪd] *adj* [confidence, trust] mal fondé(e); [doubts] sans fondement.

ill-gotten gains [-ˈgɒtən-] *npl hum* biens *mpl* mal acquis.

ill health *n* mauvaise santé *f*.

illicit [ɪˈlɪsɪt] *adj* illicite.

illicitly [ɪˈlɪsɪtlɪ] *adv* illicitement.

ill-informed *adj* mal renseigné(e).

Illinois [ˌɪlɪˈnɔɪ] *n* Illinois *m*; **in ~** dans l'Illinois.

illiteracy [ɪˈlɪtərəsɪ] *n* analphabétisme *m*, illettrisme *m*.

illiterate [ɪˈlɪtərət] ◇ *adj* analphabète, illettré(e). ◇ *n* analphabète *mf*, illettré *m*, -e *f*.

ill-mannered *adj* mal élevé(e); [behaviour] grossier(ière).

illness [ˈɪlnɪs] *n* maladie *f*.

illogical [ɪˈlɒdʒɪkl] *adj* illogique.

ill-suited *adj* mal assorti(e); **to be ~ for sthg** être inapte à qqch.

ill-tempered *adj* qui a mauvais caractère.

ill-timed [-ˈtaɪmd] *adj* déplacé(e), mal à propos.

ill-treat *vt* maltraiter.

ill-treatment *n* mauvais traitement *m*.

illuminate [ɪˈluːmɪneɪt] *vt* éclairer.

illuminated [ɪˈluːmɪneɪtɪd] *adj* **-1.** [lit up] lumineux(euse). **-2.** [book, manuscript] enluminé(e).

illuminating [ɪˈluːmɪneɪtɪŋ] *adj* éclairant(e).

illumination [ɪˌluːmɪˈneɪʃn] *n* [lighting] éclairage *m*.
◆ **illuminations** *npl Br* illuminations *fpl*.

illusion [ɪˈluːʒn] *n* illusion *f*; **to have no ~s about** ne se faire OR n'avoir aucune illusion sur; **to be under the ~ that** croire OR s'imaginer que, avoir l'illusion que.

illusionist [ɪˈluːʒənɪst] *n* prestidigitateur *m*, -euse *f*, illusionniste *mf*.

illusory [ɪˈluːsərɪ] *adj* illusoire.

illustrate [ˈɪləstreɪt] *vt* illustrer.

illustration [ˌɪləˈstreɪʃn] *n* illustration *f*.

illustrator [ˈɪləstreɪtər] *n* illustrateur *m*, -trice *f*.

illustrious [ɪˈlʌstrɪəs] *adj* illustre, célèbre.

ill will *n* animosité *f*.

ill wind *n*: **it's an ~ (that blows nobody any good)** *proverb* à quelque chose malheur est bon.

ILO (*abbr of* **International Labour Organization**) *n* OIT *f*.

ILWU (*abbr of* **International Longshoremen's and Warehousemen's Union**) *n syndicat international de dockers et de magasiniers.*

I'm [aɪm] = **I am**.

image [ˈɪmɪdʒ] *n* **-1.** [gen] image *f*; **to be the ~ of sb** *fig* être tout le portrait de qqn, être qqn tout craché. **-2.** [of company, politician] image *f* de marque.

imagery [ˈɪmɪdʒrɪ] *n* (*U*) images *fpl*.

imaginable [ɪˈmædʒɪnəbl] *adj* imaginable.

imaginary [ɪˈmædʒɪnrɪ] *adj* imaginaire.

imagination [ɪ,mædʒɪ'neɪʃn] n **-1.** [ability] imagination f. **-2.** [fantasy] invention f.

imaginative [ɪ'mædʒɪnətɪv] adj imaginatif(ive); [solution] plein(e) d'imagination.

imagine [ɪ'mædʒɪn] vt imaginer; **to ~ doing sthg** s'imaginer OR se voir faisant qqch; **~ (that)!** tu t'imagines!

imaginings [ɪ'mædʒɪnɪŋz] npl imaginations fpl.

imbalance [,ɪm'bæləns] n déséquilibre m.

imbecile ['ɪmbɪsiːl] n imbécile mf, idiot m, -e f.

imbue [ɪm'bjuː] vt: **to be ~d with** être imbu(e) de.

IMF (abbr of **International Monetary Fund**) n FMI m.

imitate ['ɪmɪteɪt] vt imiter.

imitation [,ɪmɪ'teɪʃn] ◇ n imitation f. ◇ adj [leather] imitation (before n); [jewellery] en toc.

imitator ['ɪmɪteɪtə'] n imitateur m, -trice f.

immaculate [ɪ'mækjʊlət] adj impeccable.

immaculately [ɪ'mækjʊlətlɪ] adv impeccablement.

immaterial [,ɪmə'tɪərɪəl] adj [unimportant] sans importance.

immature [,ɪmə'tjʊə'] adj **-1.** [lacking judgment] qui manque de maturité. **-2.** [not fully grown] jeune, immature.

immaturity [,ɪmə'tjʊərətɪ] n immaturité f.

immeasurable [ɪ'meʒrəbl] adj incommensurable.

immediacy [ɪ'miːdjəsɪ] n caractère m immédiat.

immediate [ɪ'miːdjət] adj **-1.** [urgent] immédiat(e); [problem, meeting] urgent(e). **-2.** [very near] immédiat(e); [family] le plus proche.

immediately [ɪ'miːdjətlɪ] ◇ adv **-1.** [at once] immédiatement. **-2.** [directly] directement. ◇ conj dès que.

immemorial [,ɪmɪ'mɔːrɪəl] adj immémorial(e); **from time ~** de temps immémorial.

immense [ɪ'mens] adj immense; [improvement, change] énorme.

immensely [ɪ'menslɪ] adv extrêmement, immensément.

immensity [ɪ'mensətɪ] n immensité f.

immerse [ɪ'mɜːs] vt: **to ~ sthg in sthg** immerger OR plonger qqch dans qqch; **to ~ o.s. in sthg** fig se plonger dans qqch.

immersion heater [ɪ'mɜːʃn] n chauffe-eau m électrique.

immigrant ['ɪmɪgrənt] ◇ n immigré m, -e f. ◇ comp d'immigrés.

immigration [,ɪmɪ'greɪʃn] ◇ n immigration f. ◇ comp de l'immigration.

imminence ['ɪmɪnəns] n imminence f.

imminent ['ɪmɪnənt] adj imminent(e).

immobile [ɪ'məʊbaɪl] adj immobile.

immobilization [ɪ,məʊbɪlaɪ'zeɪʃn] n immobilisation f.

immobilize, -ise [ɪ'məʊbɪlaɪz] vt immobiliser.

immodest [ɪ'mɒdɪst] adj **-1.** [vain] vaniteux(euse), présomptueux(euse). **-2.** [indecent] impudique.

immoral [ɪ'mɒrəl] adj immoral(e).

immorality [,ɪmə'rælətɪ] n immoralité f.

immortal [ɪ'mɔːtl] ◇ adj immortel(elle). ◇ n immortel m, -elle f.

immortality [,ɪmɔː'tælətɪ] n immortalité f.

immortalize, -ise [ɪ'mɔːtəlaɪz] vt immortaliser.

immovable [ɪ'muːvəbl] adj **-1.** [fixed] fixe. **-2.** [determined] inébranlable.

immune [ɪ'mjuːn] adj **-1.** MED: **~ (to)** immunisé(e) (contre). **-2.** fig [protected]: **to be ~ to** OR **from** être à l'abri de.

immune system n système m immunitaire.

immunity [ɪ'mjuːnətɪ] n **-1.** MED: **~ (to)** immunité f (contre). **-2.** fig [protection]: **~ to** OR **from** immunité f contre.

immunization [,ɪmjuːnaɪ'zeɪʃn] n immunisation f.

immunize, -ise ['ɪmjuːnaɪz] vt: **to ~ sb (against)** immuniser qqn (contre).

immunodeficiency [,ɪmjuːnəʊdɪ'fɪʃənsɪ] n immunodéficience f.

immunology [,ɪmjuːn'ɒlədʒɪ] n immunologie f.

immutable [ɪ'mjuːtəbl] adj immuable.

imp [ɪmp] n **-1.** [creature] lutin m. **-2.** [naughty child] petit diable m, coquin m, -e f.

impact [n 'ɪmpækt, vb ɪm'pækt] ◇ n impact m; **to make an ~ on** OR **upon sb** faire une forte impression sur qqn; **to make an ~ on** OR **upon sthg** avoir un impact sur qqch; **on ~** au moment de l'impact. ◇ vt **-1.** [collide with] entrer en collision avec. **-2.** [influence] avoir un impact sur.

impair [ɪm'peə'] vt affaiblir, abîmer; [efficiency] réduire.

impaired [ɪm'peəd] adj affaibli(e); [efficiency] réduit(e).

impale [ɪm'peɪl] vt: **to ~ sb/sthg (on)** empaler qqn/qqch (sur).

impart [ɪm'pɑːt] vt fml **-1.** [information]: **to ~ sthg (to sb)** communiquer OR transmet-

269 impolite

tre qqch (à qqn). **-2.** [feeling, quality]: **to ~ sthg (to)** donner qqch (à).

impartial [ɪmˈpɑːʃl] *adj* impartial(e).

impartiality [ɪmˌpɑːʃɪˈælətɪ] *n* impartialité *f*.

impassable [ɪmˈpɑːsəbl] *adj* impraticable.

impasse [æmˈpɑːs] *n* impasse *f*; **to reach an ~** aboutir à une impasse.

impassioned [ɪmˈpæʃnd] *adj* passionné(e).

impassive [ɪmˈpæsɪv] *adj* impassible.

impatience [ɪmˈpeɪʃns] *n* **-1.** [gen] impatience *f*. **-2.** [irritability] irritation *f*.

impatient [ɪmˈpeɪʃnt] *adj* **-1.** [gen] impatient(e); **to be ~ to do sthg** être impatient de faire qqch; **to be ~ for sthg** attendre qqch avec impatience. **-2.** [irritable]: **to become** OR **get ~** s'impatienter.

impatiently [ɪmˈpeɪʃntlɪ] *adv* avec impatience.

impeach [ɪmˈpiːtʃ] *vt* [official] mettre en accusation; [president] entamer la procédure d'impeachment contre.

impeachment [ɪmˈpiːtʃmənt] *n* [of president] procédure *f* d'impeachment.

impeccable [ɪmˈpekəbl] *adj* impeccable.

impeccably [ɪmˈpekəblɪ] *adv* impeccablement.

impecunious [ˌɪmpɪˈkjuːnjəs] *adj* impécunieux(ieuse).

impede [ɪmˈpiːd] *vt* entraver, empêcher; [person] gêner.

impediment [ɪmˈpedɪmənt] *n* **-1.** [obstacle] obstacle *m*. **-2.** [disability] défaut *m*.

impel [ɪmˈpel] (*pt* & *pp* **-led**, *cont* **-ling**) *vt*: **to ~ sb to do sthg** inciter qqn à faire qqch.

impending [ɪmˈpendɪŋ] *adj* imminent(e).

impenetrable [ɪmˈpenɪtrəbl] *adj* impénétrable.

imperative [ɪmˈperətɪv] ◇ *adj* [essential] impératif(ive), essentiel(ielle). ◇ *n* impératif *m*.

imperceptible [ˌɪmpəˈseptəbl] *adj* imperceptible.

imperfect [ɪmˈpɜːfɪkt] ◇ *adj* imparfait(e). ◇ *n* GRAMM: **~ (tense)** imparfait *m*.

imperfection [ˌɪmpəˈfekʃn] *n* **-1.** [gen] imperfection *f*. **-2.** [failing] défaut *m*.

imperial [ɪmˈpɪərɪəl] *adj* **-1.** [of empire] impérial(e). **-2.** [system of measurement] *qui a cours légal dans le Royaume-Uni.*

imperialism [ɪmˈpɪərɪəlɪzm] *n* impérialisme *m*.

imperialist [ɪmˈpɪərɪəlɪst] ◇ *adj* impérialiste. ◇ *n* impérialiste *mf*.

imperil [ɪmˈperɪl] (*Br pt* & *pp* **-led**, *cont* **-ling**, *Am pt* & *pp* **-ed**, *cont* **-ing**) *vt* mettre en péril OR en danger; [project] compromettre.

imperious [ɪmˈpɪərɪəs] *adj* impérieux(ieuse).

impersonal [ɪmˈpɜːsnl] *adj* impersonnel(elle).

impersonate [ɪmˈpɜːsəneɪt] *vt* se faire passer pour.

impersonation [ɪmˌpɜːsəˈneɪʃn] *n* usurpation *f* d'identité; [by mimic] imitation *f*.

impersonator [ɪmˈpɜːsəneɪtər] *n* imitateur *m*, -trice *f*.

impertinence [ɪmˈpɜːtɪnəns] *n* impertinence *f*.

impertinent [ɪmˈpɜːtɪnənt] *adj* impertinent(e).

imperturbable [ˌɪmpəˈtɜːbəbl] *adj* imperturbable.

impervious [ɪmˈpɜːvjəs] *adj* [not influenced]: **~ to** indifférent(e) à.

impetuous [ɪmˈpetʃʊəs] *adj* impétueux(euse).

impetus [ˈɪmpɪtəs] *n* (*U*) **-1.** [momentum] élan *m*. **-2.** [stimulus] impulsion *f*.

impinge [ɪmˈpɪndʒ] *vi*: **to ~ on sb/sthg** affecter qqn/qqch.

impish [ˈɪmpɪʃ] *adj* espiègle.

implacable [ɪmˈplækəbl] *adj* implacable.

implant [*n* ˈɪmplɑːnt, *vb* ɪmˈplɑːnt] ◇ *n* implant *m*. ◇ *vt*: **to ~ sthg in** OR **into sb** planter qqch dans qqn.

implausible [ɪmˈplɔːzəbl] *adj* peu plausible.

implement [*n* ˈɪmplɪmənt, *vt* ˈɪmplɪment] ◇ *n* outil *m*, instrument *m*. ◇ *vt* exécuter, appliquer.

implementation [ˌɪmplɪmenˈteɪʃn] *n* application *f*, exécution *f*.

implicate [ˈɪmplɪkeɪt] *vt*: **to ~ sb in sthg** impliquer qqn dans qqch.

implication [ˌɪmplɪˈkeɪʃn] *n* implication *f*; **by ~** par voie de conséquence.

implicit [ɪmˈplɪsɪt] *adj* **-1.** [inferred] implicite. **-2.** [belief, faith] absolu(e).

implicitly [ɪmˈplɪsɪtlɪ] *adv* **-1.** [by inference] implicitement. **-2.** [believe] absolument.

implied [ɪmˈplaɪd] *adj* implicite.

implode [ɪmˈpləʊd] *vi* imploser.

implore [ɪmˈplɔːr] *vt*: **to ~ sb (to do sthg)** implorer qqn (de faire qqch).

imply [ɪmˈplaɪ] (*pt* & *pp* **-ied**) *vt* **-1.** [suggest] sous-entendre, laisser supposer OR entendre. **-2.** [involve] impliquer.

impolite [ˌɪmpəˈlaɪt] *adj* impoli(e).

imponderable [ɪm'pɒndrəbl] *adj* impondérable.

◆ **imponderables** *npl* impondérables *mpl*.

import [*n* 'ɪmpɔːt, *vt* ɪm'pɔːt] ◇ *n* -1. [product, action] importation *f*. -2. *fml* [meaning] teneur *f*. -3. *fml* [importance] importance *f*. ◇ *vt* [gen & COMPUT] importer.

importance [ɪm'pɔːtns] *n* importance *f*.

important [ɪm'pɔːtnt] *adj* important(e); **to be ~ to sb** importer à qqn.

importantly [ɪm'pɔːtntlɪ] *adv*: **more ~** ce qui est plus important.

importation [ˌɪmpɔː'teɪʃn] *n* importation *f*.

imported [ɪm'pɔːtɪd] *adj* importé(e).

importer [ɪm'pɔːtər] *n* importateur *m*, -trice *f*.

impose [ɪm'pəʊz] ◇ *vt* [force]: **to ~ sthg (on)** imposer qqch (à). ◇ *vi* [cause trouble]: **to ~ (on sb)** abuser (de la gentillesse de qqn).

imposing [ɪm'pəʊzɪŋ] *adj* imposant(e).

imposition [ˌɪmpə'zɪʃn] *n* -1. [of tax, limitations etc] imposition *f*. -2. [cause of trouble]: **it's an ~** c'est abuser de ma/notre gentillesse.

impossibility [ɪmˌpɒsə'bɪlətɪ] (*pl* -ies) *n* impossibilité *f*.

impossible [ɪm'pɒsəbl] ◇ *adj* impossible. ◇ *n*: **to do the ~** faire l'impossible.

impostor, **imposter** *Am* [ɪm'pɒstər] *n* imposteur *m*.

impotence ['ɪmpətəns] *n* impuissance *f*.

impotent ['ɪmpətənt] *adj* impuissant(e).

impound [ɪm'paʊnd] *vt* confisquer.

impoverished [ɪm'pɒvərɪʃt] *adj* appauvri(e).

impracticable [ɪm'præktɪkəbl] *adj* irréalisable.

impractical [ɪm'præktɪkl] *adj* pas pratique.

imprecation [ˌɪmprɪ'keɪʃn] *n* imprécation *f*.

imprecise [ɪmprɪ'saɪs] *adj* imprécis(e).

impregnable [ɪm'pregnəbl] *adj* -1. [fortress, defences] imprenable. -2. *fig* [person] inattaquable.

impregnate ['ɪmpregneɪt] *vt* -1. [introduce substance into]: **to ~ sthg with** imprégner qqch de. -2. *fml* [fertilize] féconder.

impresario [ˌɪmprɪ'sɑːrɪəʊ] (*pl* -s) *n* impresario *m*.

impress [ɪm'pres] *vt* -1. [person] impressionner. -2. [stress]: **to ~ sthg on sb** faire bien comprendre qqch à qqn.

impression [ɪm'preʃn] *n* -1. [gen] impression *f*; **to be under the ~ (that)** ... avoir l'impression que ...; **to make an ~** faire impression. -2. [by mimic] imitation *f*. -3. [of stamp, book] impression *f*, empreinte *f*.

impressionable [ɪm'preʃnəbl] *adj* impressionnable.

Impressionism [ɪm'preʃənɪzm] *n* impressionnisme *m*.

impressionist [ɪm'preʃənɪst] *n* imitateur *m*, -trice *f*.

◆ **Impressionist** ◇ *adj* impressionniste. ◇ *n* impressionniste *mf*.

impressive [ɪm'presɪv] *adj* impressionnant(e).

imprint [*n* 'ɪmprɪnt, *vt* ɪm'prɪnt] *n* -1. [mark] empreinte *f*. -2. [publisher's name] nom *m* de l'éditeur.

imprinted [ɪm'prɪntɪd] *adj* imprimé(e).

imprison [ɪm'prɪzn] *vt* emprisonner.

imprisonment [ɪm'prɪznmənt] *n* emprisonnement *m*.

improbable [ɪm'prɒbəbl] *adj* -1. [story, excuse] improbable. -2. [hat, contraption] bizarre.

impromptu [ɪm'prɒmptjuː] *adj* impromptu(e).

improper [ɪm'prɒpər] *adj* -1. [unsuitable] impropre. -2. [incorrect, illegal] incorrect(e). -3. [rude] indécent(e).

impropriety [ɪmprə'praɪətɪ] *n* inconvenance *f*.

improve [ɪm'pruːv] ◇ *vi* s'améliorer; [patient] aller mieux; **to ~ on** OR **upon sthg** améliorer qqch. ◇ *vt* améliorer.

improved [ɪm'pruːvd] *adj* amélioré(e).

improvement [ɪm'pruːvmənt] *n*: **~ (in/on)** amélioration *f* (de/par rapport à).

improvisation [ˌɪmprəvaɪ'zeɪʃn] *n* improvisation *f*.

improvise ['ɪmprəvaɪz] *vt* & *vi* improviser.

imprudent [ɪm'pruːdnt] *adj* imprudent(e).

impudent ['ɪmpjʊdənt] *adj* impudent(e).

impugn [ɪm'pjuːn] *vt* *fml* contester.

impulse ['ɪmpʌls] *n* impulsion *f*; **on ~** par impulsion.

impulse buying [-'baɪɪŋ] *n* (*U*) achats *mpl* impulsifs.

impulsive [ɪm'pʌlsɪv] *adj* impulsif(ive).

impunity [ɪm'pjuːnətɪ] *n*: **with ~** avec impunité.

impure [ɪm'pjʊər] *adj* impur(e).

impurity [ɪm'pjʊərətɪ] (*pl* -ies) *n* impureté *f*.

IMRO ['ɪmrəʊ] (*abbr of* **Investment Management Regulatory Organization**) *organisme britannique contrôlant les activités de banques d'affaires et de gestionnaires de fonds de retraite.*

in [ɪn] ◇ *prep* **-1.** [indicating place, position] dans; ~ **a box/bag/drawer** dans une boîte/un sac/un tiroir; ~ **the room/garden/lake** dans la pièce/le jardin/le lac; ~ **Paris** à Paris; ~ **Belgium** en Belgique; ~ **Canada** au Canada; ~ **the United States** aux États-Unis; ~ **the country** à la campagne; **to be** ~ **hospital/prison** être à l'hôpital/en prison; ~ **here** ici; ~ **there** là. **-2.** [wearing] en; **she was still** ~ **her nightclothes** elle était encore en chemise de nuit; **dressed** ~ **a suit** vêtu d'un costume. **-3.** [appearing in, included in] dans; **there's a mistake** ~ **this paragraph** il y a une erreur dans ce paragraphe; ~ **chapter six** au sixième chapitre. **-4.** [at a particular time, season]: ~ **1994** en 1994; ~ **April** en avril; ~ **(the) spring** au printemps; ~ **(the) winter** en hiver; **at two o'clock** ~ **the afternoon** à deux heures de l'après-midi. **-5.** [period of time - within] en; [- after] dans; **he learned to type** ~ **two weeks** il a appris à taper à la machine en deux semaines; **I'll be ready** ~ **five minutes** je serai prêt dans 5 minutes. **-6.** [during]: **it's my first decent meal** ~ **weeks** c'est mon premier repas correct depuis des semaines. **-7.** [indicating situation, circumstances]: ~ **the sun** au soleil; ~ **the rain** sous la pluie; ~ **these circumstances** dans ces circonstances, en de telles circonstances; **a rise** ~ **prices** une augmentation des prix; **to live/die** ~ **poverty** vivre/mourir dans la misère; ~ **danger/difficulty** en danger/difficulté. **-8.** [indicating manner, condition]: ~ **a loud/soft voice** d'une voix forte/douce; **to write** ~ **pencil/ink** écrire au crayon/à l'encre; **to speak** ~ **English/French** parler (en) anglais/français. **-9.** [indicating emotional state]: ~ **anger** sous le coup de la colère; ~ **joy/delight** avec joie/plaisir; **he looked at me** ~ **amazement/horror** il me regarda stupéfait/horrifié. **-10.** [specifying area of activity] dans; **he's** ~ **computers** il est dans l'informatique; **advances** ~ **science** des progrès en science. **-11.** [referring to quantity, numbers, age]: ~ **large/small quantities** en grande/petite quantité; ~ **(their) thousands** par milliers; **she's** ~ **her sixties** elle a la soixantaine. **-12.** [describing arrangement]: ~ **twos** par deux; ~ **a line/row/circle en** ligne/rang/cercle. **-13.** [as regards]: **to be three metres** ~ **length/width** faire trois mètres de long/large; **a change** ~ **direction** un changement de direction. **-14.** [in ratios]: **5 pence** ~ **the pound** 5 pence par livre sterling; **one** ~ **ten** un sur dix. **-15.** (*after superl*) de; **the longest river** ~ **the world** le fleuve le plus long du monde. **-16.** (+ *present participle*): ~ **doing sthg** en faisant qqch.

◇ *adv* **-1.** [inside] dedans, à l'intérieur; **put the clothes** ~ mets les vêtements dedans; **do come** ~! entrez donc! **-2.** [at home, work] là; **I'm staying** ~ **tonight** je reste à la maison OR chez moi ce soir; **is Judith** ~? est-ce que Judith est là? **-3.** [of train, boat, plane]: **to be** ~ être arrivé(e). **-4.** [of tide]: **the tide's** ~ c'est la marée haute. **-5.** *phr*: **we're** ~ **for some bad weather** nous allons avoir du mauvais temps; **you're** ~ **for a shock** tu vas avoir un choc; **to be** ~ **on sthg** être au courant de qqch.

◇ *adj inf* à la mode; **short skirts are** ~ **this year** les jupes courtes sont à la mode cette année.

◆ **ins** *npl*: **the ~s and outs** les tenants et les aboutissants *mpl*.

◆ **in that** *conj* étant donné que.

in. *abbr of* **inch**.

IN *abbr of* **Indiana**.

inability [ˌɪnəˈbɪlətɪ] *n*: ~ **(to do sthg)** incapacité *f* (à faire qqch).

inaccessible [ˌɪnəkˈsesəbl] *adj* inaccessible.

inaccuracy [ɪnˈækjurəsɪ] (*pl* **-ies**) *n* inexactitude *f*.

inaccurate [ɪnˈækjurət] *adj* inexact(e).

inaction [ɪnˈækʃn] *n* inaction *f*.

inactive [ɪnˈæktɪv] *adj* inactif(ive).

inactivity [ˌɪnækˈtɪvətɪ] *n* inactivité *f*.

inadequacy [ɪnˈædɪkwəsɪ] (*pl* **-ies**) *n* insuffisance *f*.

inadequate [ɪnˈædɪkwət] *adj* insuffisant(e).

inadmissible [ˌɪnədˈmɪsəbl] *adj* inadmissible; [evidence] irrecevable.

inadvertent [ˌɪnədˈvɜːtnt] *adj* commis(e) par inadvertance.

inadvertently [ˌɪnədˈvɜːtəntlɪ] *adv* par inadvertance.

inadvisable [ˌɪnədˈvaɪzəbl] *adj* déconseillé(e).

inalienable [ɪnˈeɪljənəbl] *adj* inaliénable.

inane [ɪˈneɪn] *adj* inepte; [person] stupide.

inanely [ɪˈneɪnlɪ] *adv* stupidement.

inanimate [ɪnˈænɪmət] *adj* inanimé(e).

inanity [ɪˈnænətɪ] *n* ineptie *f*; [of person] stupidité *f*.

inapplicable [ɪnˈæplɪkəbl] *adj* inapplicable.

inappropriate [ˌɪnəˈprəupriət] *adj* inopportun(e); [expression, word] impropre; [clothing] peu approprié(e).

inarticulate [ˌɪnɑːˈtɪkjulət] *adj* inarticulé(e), indistinct(e); [person] qui s'exprime avec difficulté; [explanation] mal exprimé(e).

inasmuch [ˌɪnəzˈmʌtʃ]

◆ **inasmuch as** *conj fml* attendu que.

inattention [ˌɪnəˈtenʃn] *n*: ~ **(to)** inattention *f* (à).

inattentive [ˌɪnəˈtentɪv] *adj*: ~ **(to)** inattentif(ive) (à).

inaudible [ɪˈnɔːdɪbl] *adj* inaudible.

inaugural [ɪˈnɔːgjʊrəl] *adj* inaugural(e).

inaugurate [ɪˈnɔːgjʊreɪt] *vt* [leader, president] investir; [building, system] inaugurer.

inauguration [ɪˌnɔːgjʊˈreɪʃn] *n* [of leader, president] investiture *f*; [of building, system] inauguration *f*.

inauspicious [ˌɪnɔːˈspɪʃəs] *adj* peu propice.

in-between *adj* intermédiaire.

inboard [ˈɪnbɔːd] *adj* in-bord (*inv*).

inborn [ˌɪnˈbɔːn] *adj* inné(e).

inbound [ˈɪnbaʊnd] *adj* Am qui arrive.

inbred [ˌɪnˈbred] *adj* -1. [closely related] consanguin(e); [animal] croisé(e). -2. [inborn] inné(e).

inbreeding [ˈɪnˌbriːdɪŋ] *n* consanguinité *f*; [of animals] croisement *m*.

inbuilt [ˈɪnbɪlt] *adj* [inborn] inné(e).

inc. (*abbr of* **inclusive**): **12-15 April** ~ du 12 au 15 avril inclus.

Inc. [ɪŋk] (*abbr of* **incorporated**) ≃ SARL.

Inca [ˈɪŋkə] *n* Inca *mf*.

incalculable [ɪnˈkælkjʊləbl] *adj* incalculable.

incandescent [ˌɪnkænˈdesnt] *adj* incandescent(e).

incantation [ˌɪnkænˈteɪʃn] *n* incantation *f*.

incapable [ɪnˈkeɪpəbl] *adj* incapable; **to be ~ of sthg/of doing sthg** être incapable de qqch/de faire qqch.

incapacitate [ˌɪnkəˈpæsɪteɪt] *vt* rendre inapte physiquement.

incapacitated [ˌɪnkəˈpæsɪteɪtɪd] *adj* inapte physiquement; ~ **for work** mis(e) dans l'incapacité de travailler.

incapacity [ˌɪnkəˈpæsəti] *n*: ~ **(for)** incapacité *f* (eu égard à).

incarcerate [ɪnˈkɑːsəreɪt] *vt* incarcérer.

incarceration [ɪnˌkɑːsəˈreɪʃn] *n* incarcération *f*.

incarnate [ɪnˈkɑːneɪt] *adj* incarné(e).

incarnation [ˌɪnkɑːˈneɪʃn] *n* incarnation *f*.

incendiary device [ɪnˈsendjərɪ-] *n* dispositif *m* incendiaire.

incense [*n* ˈɪnsens, *vt* ɪnˈsens] ◇ *n* encens *m*. ◇ *vt* [anger] mettre en colère.

incentive [ɪnˈsentɪv] *n* -1. [encouragement] motivation *f*. -2. COMM récompense *f*, prime *f*.

incentive scheme *n* programme *m* d'encouragement.

inception [ɪnˈsepʃn] *n fml* commencement *m*.

incessant [ɪnˈsesnt] *adj* incessant(e).

incessantly [ɪnˈsesntlɪ] *adv* sans cesse.

incest [ˈɪnsest] *n* inceste *m*.

incestuous [ɪnˈsestjʊəs] *adj* -1. [sexual] incestueux(euse). -2. *fig* [too close] très fermé(e); [relationship] en vase clos.

inch [ɪntʃ] ◇ *n* = 2.5 cm, ≃ pouce *m*. ◇ *vi*: **to ~ forward** avancer petit à petit.

incidence [ˈɪnsɪdəns] *n* [of disease, theft] fréquence *f*.

incident [ˈɪnsɪdənt] *n* incident *m*.

incidental [ˌɪnsɪˈdentl] *adj* accessoire.

incidentally [ˌɪnsɪˈdentəlɪ] *adv* à propos.

incidental music *n* musique *f* de fond.

incinerate [ɪnˈsɪnəreɪt] *vt* incinérer.

incinerator [ɪnˈsɪnəreɪtər] *n* incinérateur *m*.

incipient [ɪnˈsɪpɪənt] *adj fml* naissant(e).

incision [ɪnˈsɪʒn] *n* incision *f*.

incisive [ɪnˈsaɪsɪv] *adj* incisif(ive).

incisor [ɪnˈsaɪzər] *n* incisive *f*.

incite [ɪnˈsaɪt] *vt* inciter; **to ~ sb to do sthg** inciter qqn à faire qqch.

incitement [ɪnˈsaɪtmənt] *n* (*U*): ~ **(to sthg/to do sthg)** incitation *f* (à qqch/à faire qqch).

incl. *abbr of* **including, inclusive**.

inclement [ɪnˈklemənt] *adj* inclément(e).

inclination [ˌɪnklɪˈneɪʃn] *n* -1. (*U*) [liking, preference] inclination *f*, goût *m*. -2. [tendency]: ~ **to do sthg** inclination *f* à faire qqch.

incline [*n* ˈɪnklaɪn, *vt* ɪnˈklaɪn] ◇ *n* inclinaison *f*. ◇ *vt* [head] incliner.

inclined [ɪnˈklaɪnd] *adj* -1. [tending]: **to be ~ to sthg/to do sthg** avoir tendance à qqch/à faire qqch. -2. [wanting]: **to be ~ to do sthg** être enclin(e) à faire qqch. -3. [sloping] incliné(e).

include [ɪnˈkluːd] *vt* inclure.

included [ɪnˈkluːdɪd] *adj* inclus(e).

including [ɪnˈkluːdɪŋ] *prep* y compris.

inclusion [ɪnˈkluːʒn] *n* inclusion *f*.

inclusive [ɪnˈkluːsɪv] *adj* inclus(e); [including all costs] tout compris; ~ **of VAT** TVA incluse OR comprise.

incognito [ˌɪnkɒgˈniːtəʊ] *adv* incognito.

incoherent [ˌɪnkəʊˈhɪərənt] *adj* incohérent(e).

income [ˈɪŋkʌm] *n* revenu *m*.

incomes policy *n* Br politique *f* des revenus OR salariale.

273   **indecisive**

income support *n Br allocations supplémentaires accordées aux personnes ayant un faible revenu.*

income tax *n* impôt *m* sur le revenu.

incoming ['ɪn,kʌmɪŋ] *adj* **-1.** [tide, wave] montant(e). **-2.** [plane, passengers, mail] qui arrive; [phone call] de l'extérieur. **-3.** [government, official] nouveau (nouvelle).

incommunicado [,ɪnkəmjuːnɪˈkɑːdəʊ] *adv*: to be held ~ être tenu(e) au secret.

incomparable [ɪnˈkɒmpərəbl] *adj* incomparable.

incompatible [,ɪnkəmˈpætɪbl] *adj*: ~ **(with)** incompatible (avec).

incompetence [ɪnˈkɒmpɪtəns] *n* incompétence *f*.

incompetent [ɪnˈkɒmpɪtənt] *adj* incompétent(e).

incomplete [,ɪnkəmˈpliːt] *adj* incomplet(ète).

incomprehensible [ɪn,kɒmprɪˈhensəbl] *adj* incompréhensible.

inconceivable [,ɪnkənˈsiːvəbl] *adj* inconcevable.

inconclusive [,ɪnkənˈkluːsɪv] *adj* peu concluant(e).

incongruous [ɪnˈkɒŋɡruəs] *adj* incongru(e).

inconsequential [,ɪnkɒnsɪˈkwenʃl] *adj* sans importance.

inconsiderable [,ɪnkənˈsɪdərəbl] *adj*: not ~ non négligeable.

inconsiderate [,ɪnkənˈsɪdərət] *adj* inconsidéré(e); [person] qui manque de considération.

inconsistency [,ɪnkənˈsɪstənsɪ] (*pl* -ies) *n* inconsistance *f*.

inconsistent [,ɪnkənˈsɪstənt] *adj* **-1.** [not agreeing, contradictory] contradictoire; [person] inconséquent(e); ~ **with sthg** en contradiction avec qqch. **-2.** [erratic] inconsistant(e).

inconsolable [,ɪnkənˈsəʊləbl] *adj* inconsolable.

inconspicuous [,ɪnkənˈspɪkjuəs] *adj* qui passe inaperçu(e).

incontinence [ɪnˈkɒntɪnəns] *n* incontinence *f*.

incontinent [ɪnˈkɒntɪnənt] *adj* incontinent(e).

incontrovertible [,ɪnkɒntrəˈvɜːtəbl] *adj* indéniable, irréfutable.

inconvenience [,ɪnkənˈviːnjəns] ◇ *n* désagrément *m*. ◇ *vt* déranger.

inconvenient [,ɪnkənˈviːnjənt] *adj* inopportun(e).

incorporate [ɪnˈkɔːpəreɪt] *vt* **-1.** [integrate]: to ~ **sb/sthg (into)** incorporer qqn/qqch (dans). **-2.** [comprise] contenir, comprendre.

incorporated [ɪnˈkɔːpəreɪtɪd] *adj* COMM constitué(e) en société commerciale.

incorporation [ɪn,kɔːpəˈreɪʃn] *n* **-1.** [integration] incorporation *f*. **-2.** COMM [of company] constitution *f* en société commerciale.

incorrect [,ɪnkəˈrekt] *adj* incorrect(e).

incorrigible [ɪnˈkɒrɪdʒəbl] *adj* incorrigible.

incorruptible [,ɪnkəˈrʌptəbl] *adj* incorruptible.

increase [*n* 'ɪnkriːs, *vb* ɪnˈkriːs] ◇ *n*: ~ **(in)** augmentation *f* (de); to be on the ~ aller en augmentant. ◇ *vt & vi* augmenter.

increased [ɪnˈkriːst] *adj* accru(e).

increasing [ɪnˈkriːsɪŋ] *adj* croissant(e).

increasingly [ɪnˈkriːsɪŋlɪ] *adv* de plus en plus.

incredible [ɪnˈkredəbl] *adj* incroyable.

incredulous [ɪnˈkredjuləs] *adj* incrédule.

increment ['ɪnkrɪmənt] *n* augmentation *f*.

incriminate [ɪnˈkrɪmɪneɪt] *vt* incriminer; to ~ **o.s.** se compromettre.

incriminating [ɪnˈkrɪmɪneɪtɪŋ] *adj* compromettant(e).

incrust [ɪnˈkrʌst] = **encrust**.

incubate ['ɪnkjubeɪt] ◇ *vt* incuber. ◇ *vi* être en incubation.

incubation [,ɪnkjuˈbeɪʃn] *n* incubation *f*.

incubator ['ɪnkjubeɪtər] *n* [for baby] incubateur *m*, couveuse *f*.

inculcate ['ɪnkʌlkeɪt] *vt*: to ~ **sthg in** OR **into sb** inculquer qqch à qqn.

incumbent [ɪnˈkʌmbənt] *fml* ◇ *adj*: to be ~ on OR upon sb to do sthg incomber à qqn de faire qqch. ◇ *n* [of post] titulaire *m*.

incur [ɪnˈkɜːr] (*pt & pp* -red, *cont* -ring) *vt* encourir.

incurable [ɪnˈkjuərəbl] *adj* [disease] incurable.

incursion [*Br* ɪnˈkɜːʃn, *Am* ɪnˈkɜːʒn] *n* incursion *f*.

indebted [ɪnˈdetɪd] *adj* [grateful]: ~ **to sb** redevable à qqn.

indecency [ɪnˈdiːsnsɪ] *n* indécence *f*.

indecent [ɪnˈdiːsnt] *adj* **-1.** [improper] indécent(e). **-2.** [unreasonable] malséant(e).

indecent assault *n* attentat *m* à la pudeur.

indecent exposure *n* outrage *m* public à la pudeur.

indecipherable [,ɪndɪˈsaɪfərəbl] *adj* indéchiffrable.

indecision [,ɪndɪˈsɪʒn] *n* indécision *f*.

indecisive [,ɪndɪˈsaɪsɪv] *adj* indécis(e).

indeed [ɪn'diːd] *adv* -1. [certainly, to express surprise] vraiment; ~ **I am, yes** ~ certainement. -2. [in fact] en effet. -3. [for emphasis]: **very big/bad** ~ extrêmement grand/mauvais, vraiment grand/mauvais.

indefatigable [,ɪndɪ'fætɪgəbl] *adj* infatigable.

indefensible [,ɪndɪ'fensəbl] *adj* indéfendable.

indefinable [,ɪndɪ'faɪnəbl] *adj* indéfinissable.

indefinite [ɪn'defɪnɪt] *adj* -1. [not fixed] indéfini(e). -2. [imprecise] vague.

indefinitely [ɪn'defɪnətlɪ] *adv* -1. [for unfixed period] indéfiniment. -2. [imprecisely] vaguement.

indelible [ɪn'deləbl] *adj* indélébile.

indelicate [ɪn'delɪkət] *adj* indélicat(e).

indemnify [ɪn'demnɪfaɪ] (*pt* & *pp* -ied) *vt*: to ~ **sb for** OR **against sthg** indemniser qqn de qqch.

indemnity [ɪn'demnətɪ] *n* indemnité *f*.

indent [ɪn'dent] *vt* -1. [dent] entailler. -2. [text] mettre en retrait.

indentation [,ɪnden'teɪʃn] *n* -1. [dent] découpure *f*, entaille *f*. -2. [in text] alinéa *m*.

indenture [ɪn'dentʃə] *n* contrat *m* d'apprentissage.

independence [,ɪndɪ'pendəns] *n* indépendance *f*.

Independence Day *n* fête de l'indépendance américaine, le 4 juillet.

independent [,ɪndɪ'pendənt] *adj*: ~ **(of)** indépendant(e) (de).

independently [,ɪndɪ'pendəntlɪ] *adv* de façon indépendante; ~ **of sb/sthg** indépendamment de qqn/qqch.

independent school *n Br* école *f* privée.

in-depth *adj* approfondi(e).

indescribable [,ɪndɪ'skraɪbəbl] *adj* indescriptible.

indestructible [,ɪndɪ'strʌktəbl] *adj* indestructible.

indeterminate [,ɪndɪ'tɜːmɪnət] *adj* indéterminé(e).

index ['ɪndeks] (*pl senses 1 and 2* -es, *sense 3* -es OR **indices**) ◇ *n* -1. [of book] index *m*. -2. [in library] répertoire *m*, fichier *m*. -3. ECON indice *m*. ◇ *vt* [book] faire l'index de.

index card *n* fiche *f*.

index finger *n* index *m*.

index-linked *adj* indexé(e).

India ['ɪndjə] *n* Inde *f*; **in** ~ en Inde.

India ink *Am* = **Indian ink**.

Indian ['ɪndjən] ◇ *adj* indien(ienne). ◇ *n* Indien *m*, -ienne *f*.

Indiana [,ɪndɪ'ænə] *n* Indiana *m*; **in** ~ dans l'Indiana.

Indian ink *Br*, **India ink** *Am n* encre *f* de Chine.

Indian Ocean *n*: the ~ l'océan *m* Indien.

Indian summer *n* été *m* indien.

india rubber *n* caoutchouc *m*.

indicate ['ɪndɪkeɪt] ◇ *vt* indiquer. ◇ *vi* AUT mettre son clignotant.

indication [,ɪndɪ'keɪʃn] *n* -1. [suggestion] indication *f*. -2. [sign] signe *m*.

indicative [ɪn'dɪkətɪv] ◇ *adj*: ~ **of** indicatif(ive) de. ◇ *n* GRAMM indicatif *m*.

indicator ['ɪndɪkeɪtə] *n* -1. [sign] indicateur *m*. -2. AUT clignotant *m*.

indices ['ɪndɪsiːz] *pl* → **index**.

indict [ɪn'daɪt] *vt*: to ~ **sb (for)** accuser qqn (de).

indictable [ɪn'daɪtəbl] *adj* [person] qui peut être traduit(e) en justice; [offence] punissable.

indictment [ɪn'daɪtmənt] *n* -1. JUR acte *m* d'accusation. -2. [criticism] mise *f* en accusation.

indie ['ɪndɪ] *adj Br inf* indépendant(e).

indifference [ɪn'dɪfrəns] *n* indifférence *f*.

indifferent [ɪn'dɪfrənt] *adj* -1. [uninterested]: ~ **(to)** indifférent(e) (à). -2. [mediocre] médiocre.

indigenous [ɪn'dɪdʒɪnəs] *adj* indigène.

indigestible [,ɪndɪ'dʒestəbl] *adj* indigeste.

indigestion [,ɪndɪ'dʒestʃn] *n* (*U*) indigestion *f*.

indignant [ɪn'dɪgnənt] *adj*: ~ **(at)** indigné(e) (de).

indignantly [ɪn'dɪgnəntlɪ] *adv* avec indignation.

indignation [,ɪndɪg'neɪʃn] *n* indignation *f*.

indignity [ɪn'dɪgnətɪ] (*pl* -ies) *n* indignité *f*.

indigo ['ɪndɪgəʊ] ◇ *adj* indigo (*inv*). ◇ *n* indigo *m*.

indirect [,ɪndɪ'rekt] *adj* indirect(e).

indirect costs *npl* frais *mpl* généraux.

indirect lighting *n* éclairage *m* indirect.

indirectly [,ɪndɪ'rektlɪ] *adv* indirectement.

indirect speech *n* discours *m* indirect.

indirect taxation *n* (*U*) contributions *fpl* indirectes, impôts *mpl* indirects.

indiscreet [,ɪndɪ'skriːt] *adj* indiscret(ète).

indiscretion [,ɪndɪ'skreʃn] *n* indiscrétion *f*.

indiscriminate [,ɪndɪ'skrɪmɪnət] *adj* [person]

qui manque de discernement; [treatment] sans distinction; [killing] commis au hasard.

indiscriminately [ˌɪndɪˈskrɪmɪnətlɪ] adv [admire] aveuglément; [treat] sans faire de distinction; [kill] au hasard.

indispensable [ˌɪndɪˈspensəbl] adj indispensable.

indisposed [ˌɪndɪˈspəʊzd] adj fml [unwell] indisposé(e).

indisputable [ˌɪndɪˈspjuːtəbl] adj indiscutable.

indistinct [ˌɪndɪˈstɪŋkt] adj indistinct(e); [memory] vague.

indistinguishable [ˌɪndɪˈstɪŋgwɪʃəbl] adj: ~ (from) que l'on ne peut distinguer (de).

individual [ˌɪndɪˈvɪdʒʊəl] ◇ adj -1. [separate, for one person] individuel(elle). -2. [distinctive] personnel(elle). ◇ n individu m.

individualist [ˌɪndɪˈvɪdʒʊəlɪst] n individualiste mf.

individualistic [ˈɪndɪˌvɪdʒʊəˈlɪstɪk] adj individualiste.

individuality [ˈɪndɪˌvɪdʒʊˈælətɪ] n individualité f.

individually [ˌɪndɪˈvɪdʒʊəlɪ] adv individuellement.

indivisible [ˌɪndɪˈvɪzəbl] adj indivisible.

Indochina [ˌɪndəʊˈtʃaɪnə] n Indochine f; in ~ en Indochine.

indoctrinate [ɪnˈdɒktrɪneɪt] vt endoctriner.

indoctrination [ɪnˌdɒktrɪˈneɪʃn] n endoctrinement m.

indolent [ˈɪndələnt] adj indolent(e).

indomitable [ɪnˈdɒmɪtəbl] adj indomptable.

Indonesia [ˌɪndəˈniːzjə] n Indonésie f; in ~ en Indonésie.

Indonesian [ˌɪndəˈniːzjən] ◇ adj indonésien(ienne). ◇ n -1. [person] Indonésien m, -ienne f. -2. [language] indonésien m.

indoor [ˈɪndɔːʳ] adj d'intérieur; [swimming pool] couvert(e); [sports] en salle.

indoors [ˌɪnˈdɔːz] adv à l'intérieur.

indubitably [ɪnˈdjuːbɪtəblɪ] adv indubitablement.

induce [ɪnˈdjuːs] vt -1. [persuade]: to ~ sb to do sthg inciter OR pousser qqn à faire qqch. -2. MED [labour] provoquer; [woman] provoquer l'accouchement de. -3. [bring about] provoquer.

inducement [ɪnˈdjuːsmənt] n [incentive] incitation f, encouragement m.

induction [ɪnˈdʌkʃn] n -1. [into official position]: ~ (into) installation f (à). -2. [introduction to job] introduction f. -3. ELEC induction f.

induction course n stage m d'initiation.

indulge [ɪnˈdʌldʒ] ◇ vt -1. [whim, passion] céder à. -2. [child, person] gâter; to ~ o.s. se faire plaisir. ◇ vi: to ~ in sthg se permettre qqch.

indulgence [ɪnˈdʌldʒəns] n -1. [act of indulging] indulgence f. -2. [special treat] gâterie f.

indulgent [ɪnˈdʌldʒənt] adj indulgent(e).

Indus [ˈɪndəs] n: the (River) ~ l'Indus m.

industrial [ɪnˈdʌstrɪəl] adj industriel(ielle).

industrial action n: to take ~ se mettre en grève.

industrial estate Br, **industrial park** Am n zone f industrielle.

industrial injury n accident m du travail.

industrialist [ɪnˈdʌstrɪəlɪst] n industriel m.

industrialization [ɪnˌdʌstrɪəlaɪˈzeɪʃn] n industrialisation f.

industrialize, -ise [ɪnˈdʌstrɪəlaɪz] ◇ vt industrialiser. ◇ vi s'industrialiser.

industrial park Am = industrial estate.

industrial relations npl relations fpl patronat-syndicats.

industrial revolution n révolution f industrielle.

industrial tribunal n ≃ conseil m de prud'hommes.

industrious [ɪnˈdʌstrɪəs] adj industrieux(ieuse).

industry [ˈɪndəstrɪ] (pl -ies) n -1. [gen] industrie f. -2. (U) [hard work] assiduité f, application f.

inebriated [ɪˈniːbrɪeɪtɪd] adj fml ivre.

inedible [ɪnˈedɪbl] adj -1. [meal, food] immangeable. -2. [plant, mushroom] non comestible.

ineffective [ˌɪnɪˈfektɪv] adj inefficace.

ineffectual [ˌɪnɪˈfektʃʊəl] adj inefficace; [person] incapable, incompétent(e).

inefficiency [ˌɪnɪˈfɪʃnsɪ] n inefficacité f; [of person] incapacité f, incompétence f.

inefficient [ˌɪnɪˈfɪʃnt] adj inefficace; [person] incapable, incompétent(e).

inelegant [ɪnˈelɪgənt] adj inélégant(e), sans élégance.

ineligible [ɪnˈelɪdʒəbl] adj inéligible; to be ~ for sthg ne pas avoir droit à qqch.

inept [ɪˈnept] adj inepte; [person] stupide.

ineptitude [ɪˈneptɪtjuːd] n ineptie f; [of person] stupidité f.

inequality [ˌɪnɪˈkwɒlətɪ] (pl -ies) n inégalité f.

inequitable [ɪnˈekwɪtəbl] adj fml inéquitable.

ineradicable [ˌɪnɪˈrædɪkəbl] *adj fml* tenace, dont on ne peut se débarrasser.

inert [ɪˈnɜːt] *adj* inerte.

inertia [ɪˈnɜːʃə] *n* inertie *f*.

inertia-reel seat belt *n* ceinture *f* de sécurité à enrouleur.

inescapable [ˌɪnɪˈskeɪpəbl] *adj* inéluctable.

inessential [ˌɪnɪˈsenʃl] *adj* superflu(e).

inestimable [ɪnˈestɪməbl] *adj* inestimable.

inevitable [ɪnˈevɪtəbl] ◇ *adj* inévitable. ◇ *n*: **the ~** l'inévitable *m*.

inevitably [ɪnˈevɪtəblɪ] *adv* inévitablement.

inexact [ˌɪnɪgˈzækt] *adj* inexact(e).

inexcusable [ˌɪnɪkˈskjuːzəbl] *adj* inexcusable, impardonnable.

inexhaustible [ˌɪnɪgˈzɔːstəbl] *adj* inépuisable.

inexorable [ɪnˈeksərəbl] *adj* inexorable.

inexorably [ɪnˈeksərəblɪ] *adv* inexorablement.

inexpensive [ˌɪnɪkˈspensɪv] *adj* bon marché (*inv*), pas cher (chère).

inexperience [ˌɪnɪkˈspɪərɪəns] *n* inexpérience *f*.

inexperienced [ˌɪnɪkˈspɪərɪənst] *adj* inexpérimenté(e), qui manque d'expérience.

inexpert [ɪnˈekspɜːt] *adj* inexpert(e).

inexplicable [ˌɪnɪkˈsplɪkəbl] *adj* inexplicable.

inexplicably [ˌɪnɪkˈsplɪkəblɪ] *adv* inexplicablement.

inextricably [ˌɪnɪkˈstrɪkəblɪ] *adv* inextricablement.

infallible [ɪnˈfæləbl] *adj* infaillible.

infamous [ˈɪnfəməs] *adj* infâme.

infamy [ˈɪnfəmɪ] *n* infamie *f*.

infancy [ˈɪnfənsɪ] *n* petite enfance *f*; **in its ~** *fig* à ses débuts.

infant [ˈɪnfənt] *n* **-1.** [baby] nouveau-né *m*, nouveau-née *f*, nourrisson *m*. **-2.** [young child] enfant *mf* en bas âge.

infantile [ˈɪnfəntaɪl] *adj lit & pej* infantile.

infant mortality *n* mortalité *f* infantile.

infantry [ˈɪnfəntrɪ] *n* infanterie *f*.

infantryman [ˈɪnfəntrɪmən] (*pl* **-men** [-mən]) *n* fantassin *m*.

infant school *n Br* école *f* maternelle (*de 5 à 7 ans*).

infatuated [ɪnˈfætjʊeɪtɪd] *adj*: **~ (with)** entiché(e) (de).

infatuation [ɪnˌfætjʊˈeɪʃn] *n*: **~ (with)** béguin *m* (pour).

infect [ɪnˈfekt] *vt* **-1.** MED infecter. **-2.** *fig* [subj: enthusiasm etc] se propager à.

infected [ɪnˈfektɪd] *adj*: **~ (with)** infecté(e) (par).

infection [ɪnˈfekʃn] *n* infection *f*.

infectious [ɪnˈfekʃəs] *adj* **-1.** [disease] infectieux(ieuse). **-2.** *fig* [feeling, laugh] contagieux(ieuse).

infer [ɪnˈfɜːʳ] (*pt & pp* **-red**, *cont* **-ring**) *vt* [deduce]: **to ~ sthg (from)** déduire qqch (de).

inference [ˈɪnfrəns] *n* **-1.** [conclusion] conclusion *f*. **-2.** [process of deduction]: **by ~** par déduction.

inferior [ɪnˈfɪərɪəʳ] ◇ *adj* **-1.** [in status] inférieur(e). **-2.** [product] de qualité inférieure; [work] médiocre. ◇ *n* [in status] subalterne *mf*.

inferiority [ɪnˌfɪərɪˈɒrətɪ] *n* infériorité *f*.

inferiority complex *n* complexe *m* d'infériorité.

infernal [ɪnˈfɜːnl] *adj inf dated* infernal(e).

inferno [ɪnˈfɜːnəʊ] (*pl* **-s**) *n* brasier *m*.

infertile [ɪnˈfɜːtaɪl] *adj* **-1.** [woman] stérile. **-2.** [soil] infertile.

infertility [ˌɪnfəˈtɪlətɪ] *n* **-1.** [of woman] stérilité *f*. **-2.** [of soil] infertilité *f*.

infestation [ˌɪnfeˈsteɪʃn] *n* infestation *f*.

infested [ɪnˈfestɪd] *adj*: **~ with** infesté(e) de.

infidelity [ˌɪnfɪˈdelətɪ] *n* infidélité *f*.

infighting [ˈɪnˌfaɪtɪŋ] *n* (*U*) querelles *fpl* intestines.

infiltrate [ˈɪnfɪltreɪt] ◇ *vt* infiltrer. ◇ *vi*: **~ into** s'infiltrer dans.

infinite [ˈɪnfɪnət] *adj* infini(e).

infinitely [ˈɪnfɪnətlɪ] *adv* infiniment.

infinitesimal [ˌɪnfɪnɪˈtesɪml] *adj* infinitésimal(e).

infinitive [ɪnˈfɪnɪtɪv] *n* infinitif *m*.

infinity [ɪnˈfɪnətɪ] *n* infini *m*.

infirm [ɪnˈfɜːm] ◇ *adj* infirme. ◇ *npl*: **the ~** les infirmes *mpl*.

infirmary [ɪnˈfɜːmərɪ] (*pl* **-ies**) *n* [hospital] hôpital *m*.

infirmity [ɪnˈfɜːmətɪ] (*pl* **-ies**) *n* infirmité *f*.

inflamed [ɪnˈfleɪmd] *adj* MED enflammé(e).

inflammable [ɪnˈflæməbl] *adj* inflammable.

inflammation [ˌɪnfləˈmeɪʃn] *n* MED inflammation *f*.

inflammatory [ɪnˈflæmətrɪ] *adj* inflammatoire.

inflatable [ɪnˈfleɪtəbl] *adj* gonflable.

inflate [ɪnˈfleɪt] *vt* **-1.** [tyre, life jacket etc] gonfler. **-2.** ECON [prices, salaries] hausser, gonfler.

inflated [ɪnˈfleɪtɪd] *adj* **-1.** [tyre, life jacket etc] gonflé(e). **-2.** *pej* [exaggerated]: **he has an**

~ **opinion of himself** il a une haute opinion de lui-même. **-3.** ECON [salary, prices] exagéré(e), gonflé(e).

inflation [ɪn'fleɪʃn] *n* ECON inflation *f*.

inflationary [ɪn'fleɪʃnrɪ] *adj* ECON inflationniste.

inflationary spiral *n* spirale *f* inflationniste.

inflation-proof *adj* protégé(e) contre les effets de l'inflation.

inflexible [ɪn'fleksəbl] *adj* **-1.** [material] rigide. **-2.** [person, arrangement] inflexible.

inflict [ɪn'flɪkt] *vt*: **to ~ sthg on sb** infliger qqch à qqn.

in-flight *adj* en vol (*inv*).

inflow ['ɪnfləʊ] *n* afflux *m*.

influence ['ɪnfluəns] ◇ *n* influence *f*; **under the ~ of** [person, group] sous l'influence de; [alcohol, drugs] sous l'effet OR l'empire de. ◇ *vt* influencer.

influential [,ɪnflʊ'enʃl] *adj* influent(e).

influenza [,ɪnflʊ'enzə] *n* (*U*) grippe *f*.

influx ['ɪnflʌks] *n* afflux *m*.

info ['ɪnfəʊ] *n* (*U*) *inf* info *f*.

inform [ɪn'fɔ:m] *vt*: **to ~ sb (of)** informer qqn (de); **to ~ sb about** renseigner qqn sur.

◆ **inform on** *vt fus* dénoncer.

informal [ɪn'fɔ:ml] *adj* **-1.** [party, person] simple; [clothes] de tous les jours. **-2.** [negotiations, visit] officieux(ieuse); [meeting] informel(elle).

informally [ɪn'fɔ:məlɪ] *adv* **-1.** [talk, dress] simplement. **-2.** [meet, agree] officieusement.

informant [ɪn'fɔ:mənt] *n* informateur *m*, -trice *f*.

information [,ɪnfə'meɪʃn] *n* (*U*): **~ (on** OR **about)** renseignements *mpl* OR informations *fpl* (sur); **a piece of ~** un renseignement; **for your ~** *fml* à titre d'information.

information desk *n* bureau *m* de renseignements.

information office *n* bureau *m* de renseignements.

information retrieval *n* recherche *f* documentaire sur ordinateur.

information technology *n* informatique *f*.

informative [ɪn'fɔ:mətɪv] *adj* informatif(ive).

informed [ɪn'fɔ:md] *adj*: **well/badly ~** bien/mal renseigné(e); **he made an ~ guess** il a essayé de deviner en s'aidant de ce qu'il savait.

informer [ɪn'fɔ:mər] *n* indicateur *m*, -trice *f*.

infra dig [,ɪnfrə-] *adj* dégradant(e).

infrared [,ɪnfrə'red] *adj* infrarouge.

infrastructure ['ɪnfrə,strʌktʃər] *n* infrastructure *f*.

infrequent [ɪn'fri:kwənt] *adj* peu fréquent(e).

infringe [ɪn'frɪndʒ] (*cont* **infringeing**) ◇ *vt* **-1.** [right] empiéter sur. **-2.** [law, agreement] enfreindre. ◇ *vi* **-1.** [on right]: **to ~ on** empiéter sur. **-2.** [on law, agreement]: **to ~ on** enfreindre.

infringement [ɪn'frɪndʒmənt] *n* **-1.** [of right]: **~ (of)** atteinte *f* (à). **-2.** [of law, agreement] transgression *f*.

infuriate [ɪn'fjʊərɪeɪt] *vt* rendre furieux(ieuse).

infuriating [ɪn'fjʊərɪeɪtɪŋ] *adj* exaspérant(e).

infuse [ɪn'fju:z] ◇ *vt*: **to ~ sb with sthg** *fig* insuffler qqch à qqn. ◇ *vi* [tea] infuser.

infusion [ɪn'fju:ʒn] *n* **-1.** [of enthusiasm, ideas] fait *m* d'insuffler; [of money] injection *f*. **-2.** [of tea, herbs] infusion *f*.

ingenious [ɪn'dʒi:njəs] *adj* ingénieux(ieuse).

ingenuity [,ɪndʒɪ'nju:ətɪ] *n* ingéniosité *f*.

ingenuous [ɪn'dʒenjʊəs] *adj* ingénu(e), naïf (naïve).

ingest [ɪn'dʒest] *vt* ingérer.

ingot ['ɪŋgət] *n* lingot *m*.

ingrained [,ɪn'greɪnd] *adj* **-1.** [dirt] incrusté(e). **-2.** *fig* [belief, hatred] enraciné(e).

ingratiate [ɪn'greɪʃɪeɪt] *vt*: **to ~ o.s. with sb** se faire bien voir de qqn.

ingratiating [ɪn'greɪʃɪeɪtɪŋ] *adj* doucereux(euse), mielleux(euse).

ingratitude [ɪn'grætɪtju:d] *n* ingratitude *f*.

ingredient [ɪn'gri:djənt] *n* ingrédient *m*; *fig* élément *m*.

ingrowing ['ɪn,grəʊɪŋ], **ingrown** ['ɪn,grəʊn] *adj*: **~ toenail** ongle *m* incarné.

inhabit [ɪn'hæbɪt] *vt* habiter.

inhabitant [ɪn'hæbɪtənt] *n* habitant *m*, -e *f*.

inhalation [,ɪnhə'leɪʃn] *n* inhalation *f*.

inhale [ɪn'heɪl] ◇ *vt* inhaler, respirer. ◇ *vi* [breathe in] respirer.

inhaler [ɪn'heɪlər] *n* MED inhalateur *m*.

inherent [ɪn'hɪərənt, ɪn'herənt] *adj*: **~ (in)** inhérent(e) (à).

inherently [ɪn'hɪərəntlɪ, ɪn'herəntlɪ] *adv* fondamentalement, en soi.

inherit [ɪn'herɪt] ◇ *vt*: **to ~ sthg (from sb)** hériter qqch (de qqn). ◇ *vi* hériter.

inheritance [ɪn'herɪtəns] *n* héritage *m*.

inheritor [ɪn'herɪtər] *n* héritier *m*, -ière *f*.

inhibit [ɪnˈhɪbɪt] vt -**1.** [prevent] empêcher. -**2.** PSYCH inhiber.

inhibited [ɪnˈhɪbɪtɪd] adj [person] inhibé(e).

inhibition [ˌɪnhɪˈbɪʃn] n inhibition f.

inhospitable [ˌɪnhɒˈspɪtəbl] adj inhospitalier(ière).

in-house ◇ adj interne; [staff] de la maison. ◇ adv [produce, work] sur place.

inhuman [ɪnˈhjuːmən] adj inhumain(e).

inhumane [ˌɪnhjuːˈmeɪn] adj inhumain(e).

inimitable [ɪˈnɪmɪtəbl] adj inimitable.

iniquitous [ɪˈnɪkwɪtəs] adj inique.

iniquity [ɪˈnɪkwətɪ] (pl -ies) n iniquité f.

initial [ɪˈnɪʃl] (Br pt & pp -led, cont -ling, Am pt & pp -ed, cont -ing) ◇ adj initial(e), premier(ière); ~ **letter** initiale f. ◇ vt parapher.

◆ **initials** npl initiales fpl.

initialize, -ise [ɪˈnɪʃəlaɪz] vt COMPUT initialiser.

initially [ɪˈnɪʃəlɪ] adv initialement, au début.

initiate [ɪˈnɪʃɪeɪt] ◇ vt -**1.** [talks] engager; [scheme] ébaucher, inaugurer. -**2.** [teach]: to ~ **sb into sthg** initier qqn à qqch. ◇ n initié m, -e f.

initiation [ɪˌnɪʃɪˈeɪʃn] n -**1.** [of talks] commencement m, début m; [of scheme] ébauche f, inauguration f. -**2.** [teaching] initiation f.

initiative [ɪˈnɪʃətɪv] n -**1.** [gen] initiative f; **on one's own** ~ de sa propre initiative; to **take the** ~ prendre l'initiative; to **use one's** ~ faire preuve d'initiative. -**2.** [advantage]: to **have the** ~ avoir l'avantage m.

inject [ɪnˈdʒekt] vt -**1.** MED: to ~ **sb with sthg**, to ~ **sthg into sb** injecter qqch à qqn. -**2.** fig [excitement] insuffler; [money] injecter.

injection [ɪnˈdʒekʃn] n lit & fig injection f.

injudicious [ˌɪndʒuːˈdɪʃəs] adj peu judicieux(ieuse).

injunction [ɪnˈdʒʌŋkʃn] n JUR injonction f.

injure [ˈɪndʒə] vt -**1.** [limb, person] blesser; to ~ **o.s.** se blesser; to ~ **one's arm** se blesser au bras. -**2.** fig [reputation, chances] compromettre.

injured [ɪnˈdʒəd] ◇ adj -**1.** [limb, person] blessé(e). -**2.** fig [reputation] compromis(e); [pride] froissé(e). ◇ npl: **the** ~ les blessés mpl.

injurious [ɪnˈdʒʊərɪəs] adj fml: ~ **(to)** nuisible (à), néfaste (à).

injury [ˈɪndʒərɪ] (pl -ies) n -**1.** [to limb, person] blessure f; to **do o.s. an** ~ se blesser. -**2.** fig [to reputation] coup m, atteinte f.

injury time n (U) arrêts mpl de jeu.

injustice [ɪnˈdʒʌstɪs] n injustice f; to **do sb an** ~ se montrer injuste envers qqn.

ink [ɪŋk] ◇ n encre f. ◇ comp [pen] à encre; [stain, blot] d'encre.

◆ **ink in** vt sep repasser à l'encre.

ink-jet printer n COMPUT imprimante f à jet d'encre.

inkling [ˈɪŋklɪŋ] n: to **have an** ~ **of** avoir une petite idée de.

inkpad [ˈɪŋkpæd] n tampon m encreur.

inkwell [ˈɪŋkwel] n encrier m.

inlaid [ˌɪnˈleɪd] adj: ~ **(with)** incrusté(e) (de).

inland [adj ˈɪnlənd, adv ɪnˈlænd] ◇ adj intérieur(e). ◇ adv à l'intérieur.

Inland Revenue n Br: **the** ~ ≃ le fisc.

in-laws npl inf beaux-parents mpl.

inlet [ˈɪnlet] n -**1.** [of lake, sea] avancée f. -**2.** TECH arrivée f.

inmate [ˈɪnmeɪt] n [of prison] détenu m, -e f; [of mental hospital] interné m, -e f.

inmost [ˈɪnməʊst] adj literary [secrets, thoughts] le plus profond (la plus profonde), le plus secret (la plus secrète).

inn [ɪn] n auberge f.

innards [ˈɪnədz] npl entrailles fpl.

innate [ˌɪˈneɪt] adj inné(e).

inner [ˈɪnə] adj -**1.** [on inside] interne, intérieur(e). -**2.** [feelings] intime.

inner city ◇ n: **the** ~ les quartiers mpl pauvres. ◇ comp des quartiers pauvres.

innermost [ˈɪnəməʊst] adj = inmost.

inner tube n chambre f à air.

innings [ˈɪnɪŋz] (pl inv) n Br CRICKET tour m de batte; to **have had a good** ~ fig avoir bien profité de l'existence.

innocence [ˈɪnəsəns] n innocence f.

innocent [ˈɪnəsənt] ◇ adj innocent(e); ~ **of** [crime] non coupable de. ◇ n innocent m, -e f.

innocuous [ɪˈnɒkjʊəs] adj inoffensif(ive).

innovation [ˌɪnəˈveɪʃn] n innovation f.

innovative [ˈɪnəvətɪv] adj -**1.** [idea, design] innovateur(trice). -**2.** [person, company] novateur(trice).

innovator [ˈɪnəveɪtə] n innovateur m, -trice f.

innuendo [ˌɪnjuːˈendəʊ] (pl -es OR -s) n insinuation f.

innumerable [ɪˈnjuːmərəbl] adj innombrable.

inoculate [ɪˈnɒkjʊleɪt] vt: to ~ **sb (with sthg)** inoculer (qqch à) qqn; to ~ **sb (against sthg)** vacciner qqn (contre).

inoculation [ɪ,nɒkjʊ'leɪʃn] *n* inoculation *f*.

inoffensive [,ɪnə'fensɪv] *adj* inoffensif(ive).

inoperable [ɪn'ɒprəbl] *adj* **-1.** MED inopérable. **-2.** [method] impossible à mettre en œuvre.

inoperative [ɪn'ɒprətɪv] *adj* **-1.** [rule, tax] inopérant(e). **-2.** [machine] qui ne marche pas.

inopportune [ɪn'ɒpətjuːn] *adj* inopportun(e).

inordinate [ɪ'nɔːdɪnət] *adj* excessif(ive), démesuré(e).

inordinately [ɪ'nɔːdɪnətlɪ] *adv* excessivement.

inorganic [,ɪnɔː'gænɪk] *adj* inorganique.

in-patient *n* malade hospitalisé *m*, malade hospitalisée *f*.

input ['ɪnpʊt] (*pt* & *pp* **input** OR **-ted**, *cont* **-ting**) ◇ *n* **-1.** [contribution] contribution *f*, concours *m*. **-2.** COMPUT & ELEC entrée *f*. ◇ *vt* COMPUT entrer.

input/output *n* COMPUT entrée-sortie *f*.

inquest ['ɪnkwest] *n* enquête *f*.

inquire [ɪn'kwaɪəʳ] ◇ *vt*: **to ~ when/whether/how ...** demander quand/si/comment .... ◇ *vi*: **to ~ (about)** se renseigner (sur).
◆ **inquire after** *vt fus* s'enquérir de.
◆ **inquire into** *vt fus* enquêter sur.

inquiring [ɪn'kwaɪərɪŋ] *adj* **-1.** [person, mind] curieux(ieuse). **-2.** [look, tone] interrogateur(trice).

inquiry [*Br* ɪn'kwaɪərɪ, *Am* 'ɪnkwərɪ] (*pl* **-ies**) *n* **-1.** [question] demande *f* de renseignements; **"Inquiries"** «renseignements». **-2.** [investigation] enquête *f*.

inquiry desk *n* bureau *m* de renseignements.

inquisition [,ɪnkwɪ'zɪʃn] *n* inquisition *f*.
◆ **Inquisition** *n*: **the Inquisition** l'Inquisition *f*.

inquisitive [ɪn'kwɪzətɪv] *adj* inquisiteur(trice).

inroads ['ɪnrəʊdz] *npl*: **to make ~ into** [savings] entamer.

insane [ɪn'seɪn] ◇ *adj* fou (folle). ◇ *npl*: **the ~** les malades *mpl* mentaux.

insanitary [ɪn'sænɪtrɪ] *adj* insalubre.

insanity [ɪn'sænətɪ] *n* folie *f*.

insatiable [ɪn'seɪʃəbl] *adj* insatiable.

inscribe [ɪn'skraɪb] *vt* **-1.** [engrave] graver. **-2.** [write] inscrire.

inscription [ɪn'skrɪpʃn] *n* **-1.** [engraved] inscription *f*. **-2.** [written] dédicace *f*.

inscrutable [ɪn'skruːtəbl] *adj* impénétrable.

insect ['ɪnsekt] *n* insecte *m*.

insect bite *n* piqûre *f* d'insecte.

insecticide [ɪn'sektɪsaɪd] *n* insecticide *m*.

insect repellent *n* crème *f* anti-insectes.

insecure [,ɪnsɪ'kjʊəʳ] *adj* **-1.** [person] anxieux(euse). **-2.** [job, investment] incertain(e).

insecurity [,ɪnsɪ'kjʊərətɪ] *n* insécurité *f*.

insensible [ɪn'sensəbl] *adj* **-1.** [unconscious] inconscient(e). **-2.** [unaware, not feeling]: **~ of/to** insensible à.

insensitive [ɪn'sensətɪv] *adj*: **~ (to)** insensible (à).

insensitivity [ɪn,sensə'tɪvətɪ] *n* insensibilité *f*.

inseparable [ɪn'seprəbl] *adj* inséparable.

insert [*vb* ɪn'sɜːt, *n* 'ɪnsɜːt] ◇ *vt*: **to ~ sthg (in** OR **into)** insérer qqch (dans). ◇ *n* [in newspaper] encart *m*.

insertion [ɪn'sɜːʃn] *n* insertion *f*.

in-service training *n Br* formation *f* en cours d'emploi.

inset ['ɪnset] *n* encadré *m*.

inshore [*adj* 'ɪnʃɔː, *adv* ɪn'ʃɔː] ◇ *adj* côtier(ière). ◇ *adv* [be situated] près de la côte; [move] vers la côte.

inside [ɪn'saɪd] ◇ *prep* **-1.** [building, object] à l'intérieur de, dans; [group, organization] au sein de. **-2.** [time]: **~ three weeks** en moins de trois semaines.
◇ *adv* **-1.** [gen] dedans, à l'intérieur; **to go ~** entrer; **come ~!** entrez! **-2.** *prison sl* en taule.
◇ *adj* intérieur(e).
◇ *n* **-1.** [interior]: **the ~** l'intérieur *m*; **~ out** [clothes] à l'envers; **to know sthg ~ out** connaître qqch à fond. **-2.** AUT: **the ~** [in UK] la gauche; [in Europe, US etc] la droite.
◆ **insides** *npl inf* tripes *fpl*.
◆ **inside of** *prep Am* [building, object] à l'intérieur de, dans.

inside information *n* (*U*) renseignements *mpl* obtenus à la source.

inside job *n inf* coup *m* monté de l'intérieur.

inside lane *n* AUT [in UK] voie *f* de gauche; [in Europe, US etc] voie de droite.

insider [,ɪn'saɪdəʳ] *n* initié *m*, -e *f*.

insider dealing, insider trading *n* (*U*) délits *mpl* d'initiés.

inside story *n*: **I got the ~ from his wife** j'ai appris la vérité sur cette affaire par sa femme.

insidious [ɪn'sɪdɪəs] *adj* insidieux(ieuse).

insight ['ɪnsaɪt] *n* **-1.** [wisdom] sagacité *f*,

perspicacité *f.* **-2.** [glimpse]: ~ **(into)** aperçu *m* (de).

insignia [ɪnˈsɪgnɪə] (*pl inv*) *n* insigne *m*.

insignificance [ˌɪnsɪgˈnɪfɪkəns] *n* insignifiance *f.*

insignificant [ˌɪnsɪgˈnɪfɪkənt] *adj* insignifiant(e).

insincere [ˌɪnsɪnˈsɪəʳ] *adj* pas sincère.

insincerity [ˌɪnsɪnˈserətɪ] *n* manque *m* de sincérité.

insinuate [ɪnˈsɪnjʊeɪt] *vt* insinuer, laisser entendre.

insinuation [ɪnˌsɪnjʊˈeɪʃn] *n* insinuation *f.*

insipid [ɪnˈsɪpɪd] *adj* insipide.

insist [ɪnˈsɪst] ◇ *vt* **-1.** [claim]: **to ~ (that)** ... insister sur le fait que .... **-2.** [demand]: **to ~ (that)** ... insister pour que (+ *subjunctive*) .... ◇ *vi*: **to ~ (on sthg)** exiger (qqch); **to ~ on doing sthg** tenir à faire qqch, vouloir absolument faire qqch.

insistence [ɪnˈsɪstəns] *n*: ~ **(on)** insistance *f* (à).

insistent [ɪnˈsɪstənt] *adj* **-1.** [determined] insistant(e); **to be ~ on** insister sur. **-2.** [continual] incessant(e).

in situ [ˌɪnˈsɪtjuː] *adv* in situ.

insofar [ˌɪnsəʊˈfɑːʳ]
◆ **insofar as** *conj* dans la mesure où.

insole [ˈɪnsəʊl] *n* semelle *f* intérieure.

insolence [ˈɪnsələns] *n* insolence *f.*

insolent [ˈɪnsələnt] *adj* insolent(e).

insoluble *Br* [ɪnˈsɒljʊbl], **insolvable** *Am* [ɪnˈsɒlvəbl] *adj* insoluble.

insolvency [ɪnˈsɒlvənsɪ] *n* insolvabilité *f.*

insolvent [ɪnˈsɒlvənt] *adj* insolvable.

insomnia [ɪnˈsɒmnɪə] *n* insomnie *f.*

insomniac [ɪnˈsɒmnɪæk] *n* insomniaque *mf.*

insomuch [ˌɪnsəʊˈmʌtʃ]
◆ **insomuch as** *conj* d'autant que.

inspect [ɪnˈspekt] *vt* **-1.** [letter, person] examiner. **-2.** [factory, troops etc] inspecter.

inspection [ɪnˈspekʃn] *n* **-1.** [investigation] examen *m.* **-2.** [official check] inspection *f.*

inspector [ɪnˈspektəʳ] *n* inspecteur *m*, -trice *f.*

inspector of taxes *n* inspecteur *m*, -trice *f* des impôts.

inspiration [ˌɪnspəˈreɪʃn] *n* inspiration *f.*

inspire [ɪnˈspaɪəʳ] *vt*: **to ~ sb to do sthg** pousser OR encourager qqn à faire qqch; **to ~ sb with sthg, to ~ sthg in sb** inspirer qqch à qqn.

inspired [ɪnˈspaɪəd] *adj* **-1.** [artist, performance] inspiré(e). **-2.** [guess, idea] brillant(e).

inspiring [ɪnˈspaɪərɪŋ] *adj* qui inspire.

inst. (*abbr of* **instant**): **on the 4th ~** le 4 courant.

instability [ˌɪnstəˈbɪlətɪ] *n* instabilité *f.*

install *Br*, **instal** *Am* [ɪnˈstɔːl] *vt* **-1.** [fit] installer. **-2.** [appoint]: **to ~ sb (as sthg)** nommer qqn (qqch). **-3.** [settle]: **to ~ o.s.** s'installer.

installation [ˌɪnstəˈleɪʃn] *n* installation *f.*

installment plan *n Am* achat *m* à crédit.

instalment *Br*, **installment** *Am* [ɪnˈstɔːlmənt] *n* **-1.** [payment] acompte *m*; **in ~s** par acomptes. **-2.** [episode] épisode *m.*

instance [ˈɪnstəns] *n* exemple *m*; **for ~** par exemple; **in the first ~** en premier lieu.

instant [ˈɪnstənt] ◇ *adj* **-1.** [immediate] instantané(e), immédiat(e). **-2.** [coffee] soluble; [food] à préparation rapide. ◇ *n* instant *m*; **the ~ (that)** ... dès OR aussitôt que ...; **this ~** tout de suite, immédiatement.

instantaneous [ˌɪnstənˈteɪnjəs] *adj* instantané(e).

instantly [ˈɪnstəntlɪ] *adv* immédiatement.

instead [ɪnˈsted] *adv* au lieu de cela.
◆ **instead of** *prep* au lieu de; ~ **of him** à sa place.

instep [ˈɪnstep] *n* cou-de-pied *m.*

instigate [ˈɪnstɪgeɪt] *vt* être à l'origine de, entreprendre.

instigation [ˌɪnstɪˈgeɪʃn] *n*: **at the ~ of** à l'instigation *f* de.

instigator [ˈɪnstɪgeɪtəʳ] *n* instigateur *m*, -trice *f.*

instil *Br* (*pt* & *pp* **-led**, *cont* **-ling**), **instill** *Am* (*pt* & *pp* **-ed**, *cont* **-ing**) [ɪnˈstɪl] *vt*: **to ~ sthg in** OR **into sb** instiller qqch à qqn.

instinct [ˈɪnstɪŋkt] *n* **-1.** [intuition] instinct *m.* **-2.** [impulse] réaction *f*, mouvement *m.*

instinctive [ɪnˈstɪŋktɪv] *adj* instinctif(ive).

instinctively [ɪnˈstɪŋktɪvlɪ] *adv* instinctivement.

institute [ˈɪnstɪtjuːt] ◇ *n* institut *m.* ◇ *vt* instituer.

institution [ˌɪnstɪˈtjuːʃn] *n* institution *f.*

institutional [ˌɪnstɪˈtjuːʃənl] *adj* institutionnel(elle); *pej* [food] d'internat.

institutionalized, -ised [ˌɪnstɪˈtjuːʃnəˌlaɪzd] *adj* **-1.** *pej* [person] influencé(e) par la vie en collectivité. **-2.** [established] institutionnalisé(e).

instruct [ɪnˈstrʌkt] *vt* **-1.** [tell, order]: **to ~ sb to do sthg** charger qqn de faire qqch. **-2.** [teach] instruire; **to ~ sb in sthg** enseigner qqch à qqn.

instruction [ɪnˈstrʌkʃn] *n* instruction *f.*
◆ **instructions** *npl* mode *m* d'emploi, instructions *fpl.*

instruction manual *n* manuel *m*.

instructive [ɪn'strʌktɪv] *adj* instructif(ive).

instructor [ɪn'strʌktər] *n* **-1.** [gen] instructeur *m*, -trice *f*, moniteur *m*, -trice *f*. **-2.** *Am* SCH enseignant *m*, -e *f*.

instructress [ɪn'strʌktrɪs] *n* instructrice *f*, monitrice *f*.

instrument ['ɪnstrumənt] *n lit* & *fig* instrument *m*.

instrumental [ˌɪnstru'mentl] ◇ *adj* **-1.** [important, helpful]: **to be ~ in** contribuer à. **-2.** [music] instrumental(e). ◇ *n* morceau *m* instrumental.

instrumentalist [ˌɪnstru'mentəlɪst] *n* instrumentiste *mf*.

instrument panel *n* tableau *m* de bord.

insubordinate [ˌɪnsə'bɔːdɪnət] *adj* insubordonné(e).

insubordination ['ɪnsəˌbɔːdɪ'neɪʃn] *n* insubordination *f*.

insubstantial [ˌɪnsəb'stænʃl] *adj* [structure] peu solide; [meal] peu substantiel(ielle).

insufferable [ɪn'sʌfərəbl] *adj fml* insupportable.

insufficient [ˌɪnsə'fɪʃnt] *adj fml* insuffisant(e).

insular ['ɪnsjulər] *adj* [outlook] borné(e); [person] à l'esprit étroit.

insulate ['ɪnsjuleɪt] *vt* **-1.** [loft, cable] isoler; [hot water tank] calorifuger. **-2.** [protect]: **to ~ sb against** OR **from sthg** protéger qqn de qqch.

insulating tape ['ɪnsjuleɪtɪŋ-] *n Br* chatterton *m*.

insulation [ˌɪnsju'leɪʃn] *n* isolation *f*.

insulin ['ɪnsjulɪn] *n* insuline *f*.

insult [*vt* ɪn'sʌlt, *n* 'ɪnsʌlt] ◇ *vt* insulter, injurier. ◇ *n* insulte *f*, injure *f*; **to add ~ to injury** aggraver les choses.

insulting [ɪn'sʌltɪŋ] *adj* insultant(e), injurieux(ieuse).

insuperable [ɪn'suːprəbl] *adj fml* insurmontable.

insurance [ɪn'ʃɔːrəns] ◇ *n* **-1.** [against fire, accident, theft] assurance *f*. **-2.** *fig* [safeguard, protection] protection *f*, garantie *f*. ◇ *comp* [company, agent] d'assurances; [certificate] d'assurance.

insurance broker *n* courtier *m* d'assurances.

insurance policy *n* police *f* d'assurance.

insurance premium *n* prime *f* d'assurance.

insure [ɪn'ʃɔːr] ◇ *vt* **-1.** [against fire, accident, theft]: **to ~ sb/sthg against sthg** assurer

qqn/qqch contre qqch. **-2.** *Am* [make certain] s'assurer. ◇ *vi* [prevent]: **to ~ against** se protéger de.

insured [ɪn'ʃɔːd] ◇ *adj* **-1.** [against fire, accident, theft]: **~ (against** OR **for sthg)** assuré(e) (contre qqch). **-2.** *Am* [certain] certain(e), sûr(e). ◇ *n*: **the ~** l'assuré.

insurer [ɪn'ʃɔːrər] *n* assureur *m*.

insurgent [ɪn'sɜːdʒənt] *n* insurgé *m*, -e *f*.

insurmountable [ˌɪnsə'maʊntəbl] *adj fml* insurmontable.

insurrection [ˌɪnsə'rekʃn] *n* insurrection *f*.

intact [ɪn'tækt] *adj* intact(e).

intake ['ɪnteɪk] *n* **-1.** [amount consumed] consommation *f*. **-2.** [people recruited] admission *f*. **-3.** [inlet] prise *f*, arrivée *f*.

intangible [ɪn'tændʒəbl] *adj* intangible, impalpable; [proof] non tangible.

integral ['ɪntɪgrəl] *adj* intégral(e); **to be ~ to sthg** faire partie intégrante de qqch.

integrate ['ɪntɪgreɪt] ◇ *vi* s'intégrer; **to ~ with** OR **into sthg** s'intégrer dans qqch. ◇ *vt* intégrer; **to ~ sb/sthg with sthg, to ~ sb/sthg into sthg** intégrer qqn/qqch dans qqch.

integrated ['ɪntɪgreɪtɪd] *adj* intégré(e).

integrated circuit *n* circuit *m* intégré.

integration [ˌɪntɪ'greɪʃn] *n*: **~ (with/into)** intégration *f* (à/dans).

integrity [ɪn'tegrətɪ] *n* **-1.** [honour] intégrité *f*, honnêteté *f*. **-2.** *fml* [wholeness] intégrité *f*, totalité *f*.

intellect ['ɪntəlekt] *n* **-1.** [ability to think] intellect *m*. **-2.** [cleverness] intelligence *f*.

intellectual [ˌɪntə'lektjuəl] ◇ *adj* intellectuel(elle). ◇ *n* intellectuel *m*, -elle *f*.

intellectualize, -ise [ˌɪntə'lektjuəlaɪz] *vt* intellectualiser.

intelligence [ɪn'telɪdʒəns] *n* (U) **-1.** [ability to think] intelligence *f*. **-2.** [information service] service *m* de renseignements. **-3.** [information] informations *fpl*, renseignements *mpl*.

intelligence quotient *n* quotient *m* intellectuel.

intelligence test *n* test *m* d'aptitude intellectuelle.

intelligent [ɪn'telɪdʒənt] *adj* intelligent(e).

intelligent card *n* carte *f* à puce OR à mémoire.

intelligently [ɪn'telɪdʒəntlɪ] *adv* intelligemment, avec intelligence.

intelligentsia [ɪnˌtelɪ'dʒentsɪə] *n*: **the ~** l'intelligentsia *f*.

intelligible [ɪn'telɪdʒəbl] *adj* intelligible.

intemperate [ɪn'tempərət] *adj fml* immodéré(e).

intend [ɪn'tend] *vt* [mean] avoir l'intention de; **it was ~ed as advice** je voulais/il voulait juste donner des conseils; **it wasn't ~ed as criticism** je n'ai pas/il n'a pas dit pour critiquer; **to be ~ed for** être destiné à; **to be ~ed to do sthg** être destiné à faire qqch, viser à faire qqch; **to ~ doing** OR **to do sthg** avoir l'intention de faire qqch.

intended [ɪn'tendɪd] *adj* [result] voulu(e); [victim] visé(e).

intense [ɪn'tens] *adj* -1. [gen] intense. -2. [serious - person] sérieux(ieuse).

intensely [ɪn'tenslɪ] *adv* -1. [irritating, boring] extrêmement; [suffer] énormément. -2. [look] intensément.

intensify [ɪn'tensɪfaɪ] (*pt & pp* -**ied**) ◇ *vt* intensifier, augmenter. ◇ *vi* s'intensifier.

intensity [ɪn'tensətɪ] *n* intensité *f*.

intensive [ɪn'tensɪv] *adj* intensif(ive).

intensive care *n* réanimation *f*.

intensive care unit *n* service *m* de réanimation.

intent [ɪn'tent] ◇ *adj* -1. [absorbed] absorbé(e). -2. [determined]: **to be ~ on** OR **upon doing sthg** être résolu(e) OR décidé(e) à faire qqch. ◇ *n fml* intention *f*, dessein *m*; **to all ~s and purposes** pratiquement, virtuellement.

intention [ɪn'tenʃn] *n* intention *f*.

intentional [ɪn'tenʃənl] *adj* intentionnel(elle), voulu(e).

intentionally [ɪn'tenʃənəlɪ] *adv* intentionnellement; **I didn't do it ~** je ne l'ai pas fait exprès.

intently [ɪn'tentlɪ] *adv* avec attention, attentivement.

inter [ɪn'tɜːr] (*pt & pp* -**red**, *cont* -**ring**) *vt fml* enterrer.

interact [ˌɪntər'ækt] *vi* -1. [communicate, work together]: **to ~ (with sb)** communiquer (avec qqn). -2. [react]: **to ~ (with sthg)** interagir (avec qqch).

interaction [ˌɪntər'ækʃn] *n* interaction *f*.

interactive [ˌɪntər'æktɪv] *adj* COMPUT interactif(ive).

intercede [ˌɪntə'siːd] *vi fml*: **to ~ (with sb)** intercéder (auprès de qqn).

intercept [ˌɪntə'sept] *vt* intercepter.

interception [ˌɪntə'sepʃn] *n* interception *f*.

interchange [*n* 'ɪntətʃeɪndʒ, *vb* ˌɪntə'tʃeɪndʒ] ◇ *n* -1. [exchange] échange *m*. -2. [road junction] échangeur *m*. ◇ *vt* échanger.

interchangeable [ˌɪntə'tʃeɪndʒəbl] *adj*: ~ **(with)** interchangeable (avec).

intercity [ˌɪntə'sɪtɪ] ◇ *adj Br* interurbain(e). ◇ *n* système de trains rapides reliant les grandes villes en Grande-Bretagne; **Intercity 125®** train rapide pouvant rouler à 125 miles (200 kms) à l'heure.

intercom ['ɪntəkɒm] *n* interphone *m*; **on** OR **over the ~** à l'interphone.

interconnect [ˌɪntəkə'nekt] *vi*: **to ~ (with)** être relié(e) (à), être connecté(e) (à).

intercontinental ['ɪntə,kɒntɪ'nentl] *adj* intercontinental(e).

intercontinental ballistic missile *n* missile *m* balistique intercontinental.

intercourse ['ɪntəkɔːs] *n* (*U*) [sexual] rapports *mpl* (sexuels).

interdenominational ['ɪntədɪ,nɒmɪ'neɪʃənl] *adj* interconfessionnel(elle).

interdepartmental ['ɪntə,diːpɑːt'mentl] *adj* entre services; [in government] entre départements.

interdependent [ˌɪntədɪ'pendənt] *adj* interdépendant(e).

interdict ['ɪntədɪkt] *n* -1. JUR interdiction *f*. -2. RELIG interdit *m*.

interest ['ɪntrəst] ◇ *n* -1. [gen] intérêt *m*; **to have an ~ in** s'intéresser à; **to lose ~** se désintéresser; **in the ~s of** dans l'intérêt de. -2. [hobby] centre *m* d'intérêt. -3. (*U*) FIN intérêt *m*, intérêts *mpl*. ◇ *vt* intéresser; **to ~ sb in sthg** [arouse interest] intéresser qqn à qqch; **can I ~ you in a drink?** je peux vous offrir un verre?

interested ['ɪntrəstɪd] *adj* intéressé(e); **to be ~ in** s'intéresser à; **I'm not ~ in that** cela ne m'intéresse pas; **to be ~ in doing sthg** avoir envie de faire qqch.

interest-free *adj* sans intérêt, gratuit(e).

interesting ['ɪntrəstɪŋ] *adj* intéressant(e).

interest rate *n* taux *m* d'intérêt.

interface [*n* 'ɪntəfeɪs, *vb* ˌɪntə'feɪs] ◇ *n* -1. COMPUT interface *f*. -2. *fig* [junction] rapports *mpl*, relations *fpl*. ◇ *vt* COMPUT interfacer.

interfere [ˌɪntə'fɪər] *vi* -1. [meddle]: **to ~ in sthg** s'immiscer dans qqch, se mêler de qqch; **don't ~!** ne t'en mêle pas! -2. [damage]: **to ~ with sthg** gêner OR contrarier qqch; [routine] déranger qqch.

interference [ˌɪntə'fɪərəns] *n* (*U*) -1. [meddling]: ~ **(with** OR **in)** ingérence *f* (dans), intrusion *f* (dans). -2. TELEC parasites *mpl*.

interfering [ˌɪntə'fɪərɪŋ] *adj pej* qui se mêle de tout.

intergalactic [ˌɪntəgə'læktɪk] *adj* intergalactique.

interim ['ɪntərɪm] ◇ *adj* provisoire. ◇ *n*: **in the ~** dans l'intérim, entre-temps.

interior [ɪn'tɪərɪəʳ] ◇ *adj* **-1.** [inner] inté-rieur(e). **-2.** POL de l'Intérieur. ◇ *n* intérieur *m*.

interior decorator *n* décorateur *m*, -trice *f*.

interior designer *n* architecte *mf* d'inté-rieur.

interject [ˌɪntə'dʒekt] ◇ *vt* **-1.** [add] lancer. **-2.** [interrupt] interrompre. ◇ *vi* interrom-pre, lancer une remarque.

interjection [ˌɪntə'dʒekʃn] *n* **-1.** [remark] in-terruption *f*. **-2.** GRAMM interjection *f*.

interleave [ˌɪntə'liːv] *vt*: **to ~ sthg with sthg** interfolier qqch avec qqch.

interlock [ˌɪntə'lɒk] ◇ *vi* [gears] s'enclen-cher, s'engrener; [fingers] s'entrelacer. ◇ *vt* [gears] enclencher; [fingers] entrelacer.

interloper ['ɪntələʊpəʳ] *n* intrus *m*, -e *f*.

interlude ['ɪntəluːd] *n* **-1.** [pause] intervalle *m*. **-2.** [interval] interlude *m*.

intermarry [ˌɪntə'mærɪ] (*pt* & *pp* **-ied**) *vi*: **to ~ (with)** se marier (avec).

intermediary [ˌɪntə'miːdjərɪ] (*pl* **-ies**) *n* in-termédiaire *mf*.

intermediate [ˌɪntə'miːdjət] *adj* **-1.** [transi-tional] intermédiaire. **-2.** [post-beginner - level] moyen(enne); [- student, group] de niveau moyen.

interminable [ɪn'tɜːmɪnəbl] *adj* interminable, sans fin.

intermingle [ˌɪntə'mɪŋgl] *vi*: **to ~ with sb** se mêler à qqn; **to ~ with sthg** se mélanger avec qqch.

intermission [ˌɪntə'mɪʃn] *n* entracte *m*.

intermittent [ˌɪntə'mɪtənt] *adj* intermit-tent(e).

intern [*vb* ɪn'tɜːn, *n* 'ɪntɜːn] ◇ *vt* interner. ◇ *n Am* [gen] stagiaire *mf*; MED interne *mf*.

internal [ɪn'tɜːnl] *adj* **-1.** [gen] interne. **-2.** [within country] intérieur(e).

internal-combustion engine *n* moteur *m* à combustion interne.

internally [ɪn'tɜːnəlɪ] *adv* **-1.** [within the body]: **to bleed ~** faire une hémorragie in-terne. **-2.** [within country] à l'intérieur. **-3.** [within organization] intérieurement.

Internal Revenue *n Am*: **the ~** ≃ le fisc.

international [ˌɪntə'næʃənl] ◇ *adj* interna-tional(e). ◇ *n Br* SPORT **-1.** [match] match *m* international. **-2.** [player] international *m*, -e *f*.

international date line *n*: **the ~** la ligne de changement de date.

internationally [ˌɪntə'næʃnəlɪ] *adv* dans le monde entier.

International Monetary Fund *n*: **the ~** le Fonds monétaire international.

international relations *npl* relations *fpl* internationales.

internecine [*Br* ˌɪntə'niːsaɪn, *Am* ɪntər'niːsn] *adj fml* intestin(e).

internee [ˌɪntɜː'niː] *n* interné *m*, -e *f* politi-que.

Internet ['ɪntənet] *n*: **the ~** l'Internet *m*.

internment [ɪn'tɜːnmənt] *n* internement *m* politique.

interpersonal [ˌɪntə'pɜːsənl] *adj* de per-sonne à personne, entre personnes; [skills] de communication.

interplay ['ɪntəpleɪ] *n*: **~ (of/between)** in-teraction *f* (de/entre).

Interpol ['ɪntəpɒl] *n* Interpol *m*.

interpolate [ɪn'tɜːpəleɪt] *vt fml* **-1.** [add]: **to ~ sthg (into)** ajouter qqch (à). **-2.** [interrupt] interrompre.

interpose [ˌɪntə'pəʊz] *vt fml* **-1.** [add] ajou-ter. **-2.** [interrupt] interrompre.

interpret [ɪn'tɜːprɪt] ◇ *vt*: **to ~ sthg (as)** in-terpréter qqch (comme). ◇ *vi* [translate] faire l'interprète.

interpretation [ɪn,tɜːprɪ'teɪʃn] *n* interpréta-tion *f*.

interpreter [ɪn'tɜːprɪtəʳ] *n* interprète *mf*.

interpreting [ɪn'tɜːprɪtɪŋ] *n* [occupation] in-terprétariat *m*.

interracial [ˌɪntə'reɪʃl] *adj* entre des races différentes, racial(e).

interrelate [ˌɪntərɪ'leɪt] ◇ *vt* mettre en cor-rélation. ◇ *vi*: **to ~ (with)** être lié(e) (à), être en corrélation (avec).

interrogate [ɪn'terəgeɪt] *vt* interroger.

interrogation [ɪn,terə'geɪʃn] *n* interroga-toire *m*.

interrogation mark *n Am* point *m* d'inter-rogation.

interrogative [ˌɪntə'rɒgətɪv] GRAMM ◇ *adj* interrogatif(ive). ◇ *n* interrogatif *m*.

interrogator [ɪn'terəgeɪtəʳ] *n* interrogateur *m*, -trice *f*.

interrupt [ˌɪntə'rʌpt] ◇ *vt* interrompre; [calm] rompre. ◇ *vi* interrompre.

interruption [ˌɪntə'rʌpʃn] *n* interruption *f*.

intersect [ˌɪntə'sekt] ◇ *vi* s'entrecroiser, s'entrecouper. ◇ *vt* croiser, couper.

intersection [ˌɪntə'sekʃn] *n* [in road] croise-ment *m*, carrefour *m*.

intersperse [ˌɪntə'spɜːs] *vt*: **to be ~d with** être émaillé(e) de, être entremêlé(e) de.

interstate (highway) ['ɪntəsteɪt-] *n Am* autoroute *f*.

interval ['ɪntəvl] *n* **-1.** [gen] intervalle *m*; **at ~s** par intervalles; **at monthly/yearly ~s** tous les mois/ans. **-2.** *Br* [at play, concert] entracte *m*.

intervene [,ɪntə'viːn] *vi* **-1.** [person, police]: **to ~ (in)** intervenir (dans), s'interposer (dans). **-2.** [event, war, strike] survenir. **-3.** [time] s'écouler.

intervening [,ɪntə'viːnɪŋ] *adj* [period] qui s'est écoulé(e).

intervention [,ɪntə'venʃn] *n* intervention *f*.

interventionist [,ɪntə'venʃənɪst] ◇ *adj* interventionniste. ◇ *n* interventionniste *mf*.

interview ['ɪntəvjuː] ◇ *n* **-1.** [for job] entrevue *f*, entretien *m*. **-2.** PRESS interview *f*. ◇ *vt* **-1.** [for job] faire passer une entrevue OR un entretien à. **-2.** PRESS interviewer.

interviewee [,ɪntəvjuː'iː] *n* **-1.** [for job] candidat *m*, -e *f*. **-2.** PRESS interviewé *m*, -e *f*.

interviewer ['ɪntəvjuːə'] *n* **-1.** [for job] personne *f* qui fait passer une entrevue. **-2.** PRESS interviewer *m*.

interweave [,ɪntə'wiːv] (*pt* -wove, *pp* -woven) *fig* ◇ *vt* entremêler. ◇ *vi* s'entremêler.

intestate [ɪn'testeɪt] *adj*: **to die ~** mourir intestat.

intestine [ɪn'testɪn] *n* intestin *m*.
◆ **intestines** *npl* intestins *mpl*.

intimacy ['ɪntɪməsɪ] (*pl* -ies) *n* **-1.** [closeness]: **~ (between/with)** intimité *f* (entre/avec). **-2.** [intimate remark] familiarité *f*.

intimate [*adj & n* 'ɪntɪmət, *vb* 'ɪntɪmeɪt] ◇ *adj* **-1.** [gen] intime. **-2.** *fml* [sexually]: **to be ~ with sb** avoir des rapports intimes avec qqn. **-3.** [detailed - knowledge] approfondi(e). ◇ *n fml* intime *mf*. ◇ *vt fml* faire savoir, faire connaître.

intimately ['ɪntɪmətlɪ] *adv* **-1.** [very closely] étroitement. **-2.** [as close friends] intimement. **-3.** [in detail] à fond.

intimation [,ɪntɪ'meɪʃn] *n fml* signe *m*, indication *f*.

intimidate [ɪn'tɪmɪdeɪt] *vt* intimider.

intimidation [ɪn,tɪmɪ'deɪʃn] *n* intimidation *f*.

into ['ɪntʊ] *prep* **-1.** [inside] dans. **-2.** [against]: **to bump ~ sthg** se cogner contre qqch; **to crash ~** rentrer dans. **-3.** [referring to change in state] en; **to translate sthg ~ Spanish** traduire qqch en espagnol. **-4.** [concerning]: **research/investigation ~** recherche *f*/enquête *f* sur. **-5.** MATH: **3 ~ 2 2** divisé par 3. **-6.** *inf* [interested in]: **to be ~ sthg** être passionné(e) par qqch.

intolerable [ɪn'tɒlrəbl] *adj* intolérable, insupportable.

intolerance [ɪn'tɒlərəns] *n* intolérance *f*.

intolerant [ɪn'tɒlərənt] *adj* intolérant(e); **to be ~ of** faire preuve d'intolérance à l'égard de.

intonation [,ɪntə'neɪʃn] *n* intonation *f*.

intone [ɪn'təʊn] *vt* psalmodier.

intoxicated [ɪn'tɒksɪkeɪtɪd] *adj* **-1.** [drunk] ivre. **-2.** *fig* [excited]: **to be ~ by** OR **with sthg** être grisé(e) OR enivré(e) par qqch.

intoxicating [ɪn'tɒksɪkeɪtɪŋ] *adj* **-1.** [alcoholic] alcoolisé(e). **-2.** *fig* [exciting] grisant(e), enivrant(e).

intoxication [ɪn,tɒksɪ'keɪʃn] *n* **-1.** [drunkenness] ivresse *f*. **-2.** [excitement] griserie *f*, ivresse *f*.

intractable [ɪn'træktəbl] *adj* **-1.** [stubborn] intraitable. **-2.** [insoluble] insoluble.

intransigent [ɪn'trænzɪdʒənt] *adj* intransigeant(e).

intransitive [ɪn'trænzətɪv] *adj* intransitif(ive).

intrauterine device [,ɪntrə'juːtəraɪn] *n* stérilet *m*, dispositif *m* anticonceptionnel intra-utérin.

intravenous [,ɪntrə'viːnəs] *adj* intraveineux(euse).

in-tray *n* casier *m* des affaires à traiter.

intrepid [ɪn'trepɪd] *adj* intrépide.

intricacy ['ɪntrɪkəsɪ] (*pl* -ies) *n* complexité *f*.

intricate ['ɪntrɪkət] *adj* compliqué(e).

intrigue [ɪn'triːg] ◇ *n* intrigue *f*. ◇ *vt* intriguer, exciter la curiosité de. ◇ *vi*: **to ~ against** intriguer OR comploter contre.

intriguing [ɪn'triːgɪŋ] *adj* fascinant(e).

intrinsic [ɪn'trɪnsɪk] *adj* intrinsèque.

intro ['ɪntrəʊ] (*pl* -s) *n inf* introduction *f*.

introduce [,ɪntrə'djuːs] *vt* **-1.** [present] présenter; **to ~ sb to sb** présenter qqn à qqn. **-2.** [bring in]: **to ~ sthg (to** OR **into)** introduire qqch (dans). **-3.** [allow to experience]: **to ~ sb to sthg** initier qqn à qqch, faire découvrir qqch à qqn. **-4.** [signal beginning of] annoncer.

introduction [,ɪntrə'dʌkʃn] *n* **-1.** [in book, of new method etc] introduction *f*. **-2.** [first experience]: **~ to sthg** premier contact *m* avec qqch. **-3.** [of people]: **~ (to sb)** présentation *f* (à qqn).

introductory [,ɪntrə'dʌktrɪ] *adj* d'introduction, préliminaire.

introspective [,ɪntrə'spektɪv] *adj* introspectif(ive).

introvert ['ɪntrəvɜːt] *n* introverti *m*, -e *f*.

introverted ['ɪntrəvɜːtɪd] *adj* introverti(e).

intrude [ɪn'truːd] *vi* faire intrusion; **to ~ on sb** déranger qqn.

intruder [ɪn'truːdər] *n* intrus *m*, -e *f*.

intrusion [ɪn'truːʒn] *n* intrusion *f*.

intrusive [ɪn'truːsɪv] *adj* gênant(e), importun(e).

intuition [ˌɪntjuː'ɪʃn] *n* intuition *f*.

intuitive [ɪn'tjuːɪtɪv] *adj* intuitif(ive).

Inuit ['ɪnʊɪt] ◇ *adj* inuit (*inv*). ◇ *n* Inuit *mf inv*.

inundate ['ɪnʌndeɪt] *vt* **-1.** *fml* [flood] inonder. **-2.** [overwhelm]: **to be ~d with** être submergé(e) de.

inured [ɪ'njʊəd] *adj fml*: **to be ~ to sthg** être aguerri(e) à qqch, être endurci(e) à qqch; **to become ~ to sthg** s'aguerrir à qqch, s'endurcir à qqch.

invade [ɪn'veɪd] *vt* **-1.** MIL. & *fig* envahir. **-2.** [disturb - privacy etc] violer.

invader [ɪn'veɪdər] *n* envahisseur *m*, -euse *f*.

invading [ɪn'veɪdɪŋ] *adj* [troops] d'invasion.

invalid [*adj* ɪn'vælɪd, *n* & *vb* 'ɪnvəlɪd] ◇ *adj* **-1.** [illegal, unacceptable] non valide, non valable. **-2.** [not reasonable] non valable. ◇ *n* invalide *mf*.

◆ **invalid out** *vt sep*: **to be ~ed out of the army** être réformé(e) pour raisons de santé.

invalidate [ɪn'vælɪdeɪt] *vt* invalider, annuler.

invalid chair ['ɪnvəlɪd-] *n* fauteuil *m* roulant.

invaluable [ɪn'væljʊəbl] *adj*: **~ (to)** [help, advice, person] précieux(ieuse) (pour); [experience, information] inestimable (pour).

invariable [ɪn'veərɪəbl] *adj* invariable.

invariably [ɪn'veərɪəblɪ] *adv* invariablement, toujours.

invasion [ɪn'veɪʒn] *n lit* & *fig* invasion *f*.

invective [ɪn'vektɪv] *n* (*U*) invectives *fpl*.

inveigle [ɪn'veɪgl] *vt*: **to ~ sb into sthg** attirer qqn dans qqch par la ruse; **to ~ sb into doing sthg** amener qqn à faire qqch (par la ruse), persuader qqn de faire qqch (par la ruse).

invent [ɪn'vent] *vt* inventer.

invention [ɪn'venʃn] *n* invention *f*.

inventive [ɪn'ventɪv] *adj* inventif(ive).

inventor [ɪn'ventər] *n* inventeur *m*, -trice *f*.

inventory ['ɪnventrɪ] (*pl* **-ies**) *n* **-1.** [list] inventaire *m*. **-2.** *Am* [goods] stock *m*.

inventory control *n* gestion *f* du stock.

inverse [ɪn'vɜːs] ◇ *adj* inverse. ◇ *n* inverse *m*, contraire *m*.

invert [ɪn'vɜːt] *vt* retourner.

invertebrate [ɪn'vɜːtɪbreɪt] *n* invertébré *m*.

inverted commas [ɪn'vɜːtɪd-] *npl Br* guillemets *mpl*.

inverted snob [ɪn'vɜːtɪd-] *n* snob *mf* à l'envers, personne *f* qui fait du snobisme à l'envers.

invest [ɪn'vest] ◇ *vt* **-1.** [money]: **to ~ sthg (in)** investir qqch (dans). **-2.** [time, energy]: **to ~ sthg in sthg/in doing sthg** consacrer qqch à qqch/à faire qqch, employer qqch à qqch/à faire qqch. **-3.** *fml* [endow]: **to ~ sb with sthg** investir qqn de qqch. ◇ *vi* **-1.** FIN: **to ~ (in sthg)** investir (dans qqch). **-2.** *fig* [buy]: **to ~ in sthg** se payer qqch, s'acheter qqch.

investigate [ɪn'vestɪgeɪt] ◇ *vt* enquêter sur, faire une enquête sur; [subj: scientist] faire des recherches sur. ◇ *vi* faire une enquête.

investigation [ɪnˌvestɪ'geɪʃn] *n* **-1.** [enquiry]: **~ (into)** enquête *f* (sur); [scientific] recherches *fpl* (sur). **-2.** (*U*) [investigating] investigation *f*.

investigative [ɪn'vestɪgətɪv] *adj* d'investigation; **~ journalism** journalisme *m* d'enquête OR d'investigation.

investigator [ɪn'vestɪgeɪtər] *n* investigateur *m*, -trice *f*.

investiture [ɪn'vestɪtʃər] *n* investiture *f*.

investment [ɪn'vestmənt] *n* **-1.** FIN investissement *m*, placement *m*. **-2.** [of energy] dépense *f*.

investment analyst *n* analyste *mf* en placements.

investment trust *n* société *f* d'investissement.

investor [ɪn'vestər] *n* investisseur *m*.

inveterate [ɪn'vetərət] *adj* invétéré(e).

invidious [ɪn'vɪdɪəs] *adj* [task] ingrat(e); [comparison] injuste.

invigilate [ɪn'vɪdʒɪleɪt] *Br* ◇ *vi* surveiller les candidats (à un examen). ◇ *vt* surveiller.

invigilator [ɪn'vɪdʒɪleɪtər] *n Br* surveillant *m*, -e *f*.

invigorating [ɪn'vɪgəreɪtɪŋ] *adj* tonifiant(e), vivifiant(e).

invincible [ɪn'vɪnsɪbl] *adj* [army, champion] invincible; [record] imbattable.

inviolate [ɪn'vaɪələt] *adj literary* inviolé(e).

invisible [ɪn'vɪzɪbl] *adj* invisible.

invisible assets *npl* biens *mpl* incorporels.

invisible earnings *npl* revenus *mpl* invisibles.

invisible ink *n* encre *f* sympathique.

invitation [,ɪnvɪ'teɪʃn] n -1. [request] invitation f. -2. [encouragement]: **an ~ to sthg/to do sthg** une incitation à qqch/à faire qqch, une invite à qqch/à faire qqch.

invite [ɪn'vaɪt] vt -1. [ask to come]: **to ~ sb (to)** inviter qqn (à). -2. [ask politely]: **to ~ sb to do sthg** inviter qqn à faire qqch. -3. [ask for]: **the chairman ~d questions** le président a invité l'assistance à poser des questions. -4. [encourage]: **to ~ trouble** aller au devant des ennuis; **to ~ gossip** faire causer.

inviting [ɪn'vaɪtɪŋ] adj attrayant(e), agréable; [food] appétissant(e).

in vitro fertilization [,ɪn'vi:trəʊ-] n fécondation f in vitro.

invoice ['ɪnvɔɪs] ◇ n facture f. ◇ vt -1. [client] envoyer la facture à. -2. [goods] facturer.

invoke [ɪn'vəʊk] vt -1. fml [law, act] invoquer. -2. [feelings] susciter, faire naître; [help] demander, implorer.

involuntary [ɪn'vɒləntrɪ] adj involontaire.

involve [ɪn'vɒlv] vt -1. [entail] nécessiter; **what's ~d?** de quoi s'agit-il?; **to ~ doing sthg** nécessiter de faire qqch. -2. [concern, affect] toucher; **to be ~d in an accident** avoir un accident. -3. [person]: **to ~ sb in sthg** impliquer qqn dans qqch; **to ~ o.s. in sthg** s'impliquer dans qqch, prendre part à qqch.

involved [ɪn'vɒlvd] adj -1. [complex] complexe, compliqué(e). -2. [participating]: **to be ~ in sthg** participer OR prendre part à qqch. -3. [in relationship]: **to be ~ with sb** avoir des relations intimes avec qqn; **he doesn't want to get ~** il ne veut pas s'attacher.

involvement [ɪn'vɒlvmənt] n -1. [participation]: **~ (in)** participation f (à). -2. [concern, enthusiasm]: **~ (in)** engagement m (dans).

invulnerable [ɪn'vʌlnərəbl] adj: **~ (to)** invulnérable (à).

inward ['ɪnwəd] ◇ adj -1. [inner] intérieur(e). -2. [towards the inside] vers l'intérieur. ◇ adv Am = **inwards**.

inwardly ['ɪnwədlɪ] adv intérieurement.

inwards ['ɪnwədz] adv vers l'intérieur.

I/O (abbr of **input/output**) E/S.

IOC (abbr of **International Olympic Committee**) n CIO m.

iodine [Br 'aɪədi:n, Am 'aɪədaɪn] n iode m.

IOM abbr of **Isle of Man**.

ion ['aɪən] n ion m.

Ionian Sea [aɪ'əʊnjən-] n: **the ~** la mer Ionienne.

iota [aɪ'əʊtə] n brin m, grain m.

IOU (abbr of **I owe you**) n reconnaissance f de dette.

IOW abbr of **Isle of Wight**.

Iowa ['aɪəʊə] n Iowa m; **in ~** dans l'Iowa.

IPA (abbr of **International Phonetic Alphabet**) n API m.

IQ (abbr of **intelligence quotient**) n QI m.

IRA n -1. (abbr of **Irish Republican Army**) IRA f. -2. (abbr of **individual retirement account**) aux États-Unis, compte d'épargne retraite (à avantages fiscaux).

Iran [ɪ'rɑːn] n Iran m; **in ~** en Iran.

Iranian [ɪ'reɪnjən] ◇ adj iranien(ienne). ◇ n Iranien m, -ienne f.

Iraq [ɪ'rɑːk] n Iraq m, Irak m; **in ~** en Iraq.

Iraqi [ɪ'rɑːkɪ] ◇ adj iraquien(ienne), irakien(ienne). ◇ n Iraquien m, -ienne f, Irakien m, -ienne f.

irascible [ɪ'ræsəbl] adj irascible, coléreux(euse).

irate [aɪ'reɪt] adj furieux(ieuse).

Ireland ['aɪələnd] n Irlande f; **in ~** en Irlande; **the Republic of ~** la République d'Irlande.

iridescent [,ɪrɪ'desənt] adj literary irisé(e); [silk] chatoyant(e).

iris ['aɪərɪs] (pl -es) n iris m.

Irish ['aɪrɪʃ] ◇ adj irlandais(e). ◇ n [language] irlandais m. ◇ npl: **the ~** les Irlandais.

Irish coffee n Irish coffee m.

Irishman ['aɪrɪʃmən] (pl -men [-mən]) n Irlandais m.

Irish Sea n: **the ~** la mer d'Irlande.

Irish stew n ragoût m de viande à l'irlandaise.

Irishwoman ['aɪrɪʃ,wumən] (pl -women [-,wɪmɪn]) n Irlandaise f.

irk [ɜːk] vt ennuyer, contrarier.

irksome ['ɜːksəm] adj ennuyeux(euse), assommant(e).

IRN (abbr of **Independent Radio News**) n agence de presse radiophonique.

IRO (abbr of **International Refugee Organization**) n organisation humanitaire américaine pour les réfugiés.

iron ['aɪən] ◇ adj -1. [made of iron] de OR en fer. -2. fig [very strict] de fer. ◇ n -1. [metal, golf club] fer m. -2. [for clothes] fer à repasser. ◇ vt repasser.

◆ **iron out** vt sep fig [difficulties] aplanir; [problems] résoudre.

Iron Age ◇ n: **the ~** l'âge de fer. ◇ comp de l'âge de fer.

Iron Curtain *n*: **the** ~ le rideau de fer.

ironic(al) [aɪ'rɒnɪk(l)] *adj* ironique.

ironically [aɪ'rɒnɪklɪ] *adv* ironiquement.

ironing ['aɪənɪŋ] *n* repassage *m*; **to do the** ~ faire le repassage.

ironing board *n* planche *f* OR table *f* à repasser.

iron lung *n* poumon *m* d'acier.

ironmonger ['aɪən,mʌŋɡəʳ] *n* *Br* quincaillier *m*; ~'s **(shop)** quincaillerie *f*.

ironworks ['aɪənwɜːks] (*pl inv*) *n* usine *f* sidérurgique.

irony ['aɪrənɪ] (*pl* **-ies**) *n* ironie *f*.

irradiate [ɪ'reɪdɪeɪt] *vt* irradier.

irrational [ɪ'ræʃənl] *adj* irrationnel(elle), déraisonnable; [person] non rationnel(elle).

irreconcilable [ɪ'rekənsaɪləbl] *adj* inconciliable.

irredeemable [,ɪrɪ'diːməbl] *adj fml* **-1.** [irreplaceable] irréparable. **-2.** [hopeless] irrémédiable.

irrefutable [ɪ'refjutəbl] *adj* irréfutable.

irregular [ɪ'reɡjuləʳ] *adj* irrégulier(ière).

irregularity [ɪ,reɡju'lærətɪ] (*pl* **-ies**) *n* irrégularité *f*.

irregularly [ɪ'reɡjuləlɪ] *adv* irrégulièrement.

irrelevance [ɪ'reləvəns], **irrelevancy** [ɪ'reləvənsɪ] (*pl* **-ies**) *n* manque *m* de pertinence.

irrelevant [ɪ'reləvənt] *adj* sans rapport.

irreligious [,ɪrɪ'lɪdʒəs] *adj* irréligieux(ieuse).

irremediable [,ɪrɪ'miːdjəbl] *adj fml* irrémédiable.

irreparable [ɪ'repərəbl] *adj* irréparable.

irreplaceable [,ɪrɪ'pleɪsəbl] *adj* irremplaçable.

irrepressible [,ɪrɪ'presəbl] *adj* [enthusiasm] que rien ne peut entamer; **he's** ~ il est d'une bonne humeur à toute épreuve.

irreproachable [,ɪrɪ'prəutʃəbl] *adj* irréprochable.

irresistible [,ɪrɪ'zɪstəbl] *adj* irrésistible.

irresolute [ɪ'rezəluːt] *adj* irrésolu(e), indécis(e).

irrespective [,ɪrɪ'spektɪv]
◆ **irrespective of** *prep* sans tenir compte de.

irresponsible [,ɪrɪ'spɒnsəbl] *adj* irresponsable.

irretrievable [,ɪrɪ'triːvəbl] *adj* irréparable, irrémédiable.

irreverent [ɪ'revərənt] *adj* irrévérencieux(ieuse).

irreversible [,ɪrɪ'vɜːsəbl] *adj* [judgement, decision] irrévocable; [change, damage] irréversible.

irrevocable [ɪ'revəkəbl] *adj* irrévocable.

irrigate ['ɪrɪɡeɪt] *vt* irriguer.

irrigation [,ɪrɪ'ɡeɪʃn] ◇ *n* irrigation *f*. ◇ *comp* d'irrigation.

irritable ['ɪrɪtəbl] *adj* irritable.

irritant ['ɪrɪtənt] ◇ *adj* irritant(e). ◇ *n* **-1.** [irritating situation] source *f* d'irritation. **-2.** [substance] irritant *m*.

irritate ['ɪrɪteɪt] *vt* irriter.

irritating ['ɪrɪteɪtɪŋ] *adj* irritant(e).

irritation [ɪrɪ'teɪʃn] *n* **-1.** [anger, soreness] irritation *f*. **-2.** [cause of anger] source *f* d'irritation.

IRS (*abbr of* **Internal Revenue Service**) *n* *Am*: **the** ~ ≃ le fisc.

is [ɪz] → **be**.

ISBN (*abbr of* **International Standard Book Number**) *n* ISBN *m*.

Islam ['ɪzlɑːm] *n* islam *m*.

Islamabad [ɪz'lɑːməbæd] *n* Islamabad.

Islamic [ɪz'læmɪk] *adj* islamique.

island ['aɪlənd] *n* **-1.** [isle] île *f*. **-2.** AUT refuge *m* pour piétons.

islander ['aɪləndəʳ] *n* habitant *m*, **-e** *f* d'une île.

isle [aɪl] *n* île *f*.

Isle of Man *n*: **the** ~ l'île *f* de Man; **in** OR **on the** ~ à l'île de Man.

Isle of Wight [-waɪt] *n*: **the** ~ l'île *f* de Wight; **on the** ~ à l'île de Wight.

isn't ['ɪznt] = **is not**.

isobar ['aɪsəbɑːʳ] *n* isobare *f*.

isolate ['aɪsəleɪt] *vt*: **to** ~ **sb/sthg (from)** isoler qqn/qqch (de).

isolated ['aɪsəleɪtɪd] *adj* isolé(e).

isolation [aɪsə'leɪʃn] *n* isolement *m*; **in** ~ [alone] dans l'isolement; [separately] isolément.

isolationism [,aɪsə'leɪʃənɪzm] *n* isolationnisme *m*.

isosceles triangle [aɪ'sɒsɪliːz-] *n* triangle *m* isocèle.

isotope ['aɪsətəup] *n* isotope *m*.

Israel ['ɪzreɪəl] *n* Israël *m*; **in** ~ en Israël.

Israeli [ɪz'reɪlɪ] ◇ *adj* israélien(ienne). ◇ *n* Israélien *m*, **-ienne** *f*.

Israelite ['ɪz,rɪəlaɪt] ◇ *adj* israélite. ◇ *n* Israélite *mf*.

issue ['ɪʃuː] ◇ *n* **-1.** [important subject] question *f*, problème *m*; **to make an** ~ **of sthg** faire tout un plat OR toute une affaire de qqch; **at** ~ en question, en cause. **-2.** [edition] numéro *m*. **-3.** [bringing out - of banktion] **numéro** *m.* **-3.** [bringing out - of bank-notes, shares] **émission** *f.*

◇ *vt* **-1.** [make public - decree, statement] **faire**; [- warning] **lancer**. **-2.** [bring out - bank-notes, shares] **émettre**; [- book] **publier**. **-3.** [passport *etc*] **délivrer**; **to ~ sthg to sb, to ~ sb with sthg** fournir qqch à qqn.

◇ *vi* **-1.** [smoke, steam]: **to ~ from** sortir de, s'échapper de. **-2.** [problems]: **to ~ from** découler de.

Istanbul [ˌɪstæn'bʊl] *n* Istanbul.

ISTC (*abbr of* **Iron and Steels Confederation**) *n syndicat britannique des ouvriers de la sidérurgie.*

isthmus ['ɪsməs] *n* isthme *m.*

it [ɪt] *pron* **-1.** [referring to specific person or thing - subj] il (elle); [- direct object] le (la), l' (+ *vowel or silent 'h'*); [- indirect object] lui; **did you find ~?** tu l'as trouvé(e)?; **give ~ to me at once** donne-moi ça tout de suite; **give ~ a shake** secoue-le. **-2.** [with prepositions]: **in/to/at ~** y; **put the vegetables in ~** mettez-y les légumes; **on ~** dessus; **about ~** en; **under ~** dessous; **beside ~** à côté; **from/of ~** en; **he's very proud of ~** il en est très fier. **-3.** [impersonal use] il, ce; **~ is cold today** il fait froid aujourd'hui; **~'s two o'clock** il est deux heures; **who is ~? — ~'s Mary/me** qui est-ce? — c'est Mary/moi; **~'s the children who worry me most** ce sont les enfants qui m'inquiètent le plus.

IT *n abbr of* **information technology**.

Italian [ɪ'tæljən] ◇ *adj* italien(ienne). ◇ *n* **-1.** [person] Italien *m*, -ienne *f*. **-2.** [language] italien *m.*

italic [ɪ'tælɪk] *adj* italique.
◆ **italics** *npl* italiques *fpl.*

Italy ['ɪtəlɪ] *n* Italie *f*; **in ~** en Italie.

itch [ɪtʃ] ◇ *n* démangeaison *f.* ◇ *vi* **-1.** [be itchy]: **my arm ~es** mon bras me démange. **-2.** *fig* [be impatient]: **to be ~ing to do sthg** mourir d'envie de faire qqch.

itchy ['ɪtʃɪ] (*compar* -ier, *superl* -iest) *adj* qui démange.

it'd ['ɪtəd] = **it would, it had**.

item ['aɪtəm] *n* **-1.** [gen] chose *f*, article *m*; [on agenda] question *f*, point *m.* **-2.** PRESS article *m.*

itemize, -ise ['aɪtəmaɪz] *vt* détailler.

itemized bill ['aɪtəmaɪzd-] *n* facture *f* détaillée.

itinerant [ɪ'tɪnərənt] *adj* [salesperson] ambulant(e); [preacher] itinérant(e).

itinerary [aɪ'tɪnərərɪ] (*pl* -ies) *n* itinéraire *m.*

it'll [ɪtl] = **it will**.

ITN (*abbr of* **Independent Television News**) *n service britannique d'actualités télévisées pour les chaînes relevant de l'IBA.*

its [ɪts] *poss adj* son (sa), ses (*pl*).

it's [ɪts] = **it is, it has**.

itself [ɪt'self] *pron* **-1.** (*reflexive*) se; (*after prep*) soi. **-2.** (*for emphasis*) lui-même (elle-même); **in ~** en soi.

ITV (*abbr of* **Independent Television**) *n sigle désignant les programmes diffusés par les chaînes relevant de l'IBA.*

IUCD (*abbr of* **intrauterine contraceptive device**) *n* stérilet *m.*

IUD (*abbr of* **intrauterine device**) *n* stérilet *m.*

I've [aɪv] = **I have**.

IVF (*abbr of* **in vitro fertilization**) *n* FIV *f.*

ivory ['aɪvərɪ] ◇ *adj* [ivory-coloured] **ivoire** (*inv*). ◇ *n* ivoire *m.* ◇ *comp* [made of ivory] **en ivoire, d'ivoire**.

Ivory Coast *n*: **the ~** la Côte-d'Ivoire; **in the ~** en Côte-d'Ivoire.

ivory tower *n fig* tour *f* d'ivoire.

ivy ['aɪvɪ] *n* lierre *m.*

Ivy League *n Am* les huit grandes universités de l'est des États-Unis.

j (*pl* **j's** OR **js**), **J** (*pl* **J's** OR **Js**) [dʒeɪ] *n* [letter] j *m inv*, J *m inv.*

J/A *abbr of* **joint account**.

jab [dʒæb] (*pt & pp* **-bed**, *cont* **-bing**) ◇ *n* **-1.** *Br inf* [injection] piqûre *f.* **-2.** BOXING direct *m.* ◇ *vt*: **to ~ sthg into** planter OR enfoncer qqch dans. ◇ *vi*: **to ~ at** BOXING envoyer un direct à.

jabber ['dʒæbər] *vt & vi* baragouiner.

jack [dʒæk] *n* **-1.** [device] cric *m.* **-2.** [playing card] valet *m.*
◆ **jack in** *vt sep Br inf* laisser tomber, plaquer.
◆ **jack up** *vt sep* **-1.** [car] soulever avec un cric. **-2.** *fig* [prices] faire grimper.

jackal ['dʒækəl] *n* chacal *m.*

jackdaw ['dʒækdɔ:] *n* choucas *m.*

jacket ['dʒækɪt] *n* **-1.** [garment] veste *f*. **-2.** [of potato] peau *f*, pelure *f*. **-3.** [of book] jaquette *f*. **-4.** *Am* [of record] pochette *f*.

jacket potato *n* pomme de terre *f* en robe de chambre.

jackhammer ['dʒæk,hæmər] *n Am* marteau-piqueur *m*.

jack-in-the-box *n* diable *m* qui sort de sa boîte.

jack knife *n* canif *m*.
◆ **jack-knife** *vi* [lorry] se mettre en travers de la route.

jack-of-all-trades (*pl* jacks-of-all-trades) *n* touche-à-tout *m*.

jack plug *n* jack *m*.

jackpot ['dʒækpɒt] *n* gros lot *m*.

Jacobean [,dʒækə'bɪən] *adj* de l'époque de Jacques Ier.

Jacobite ['dʒækəbaɪt] ◇ *adj* jacobite. ◇ *n* jacobite *mf*.

Jacuzzi® [dʒə'ku:zɪ] *n* Jacuzzi® *m*.

jade [dʒeɪd] ◇ *adj* [jade-coloured] vert (de) jade (*inv*). ◇ *n* **-1.** [stone] jade *m*. **-2.** [colour] vert *m* jade. ◇ *comp* [made of jade] de jade (*inv*).

jaded ['dʒeɪdɪd] *adj* blasé(e).

jagged ['dʒægɪd] *adj* déchiqueté(e), dentelé(e).

jaguar ['dʒægjʊər] *n* jaguar *m*.

jail [dʒeɪl] ◇ *n* prison *f*. ◇ *vt* emprisonner, mettre en prison.

jailbird ['dʒeɪlbɜ:d] *n inf* taulard *m*, -e *f*.

jailbreak ['dʒeɪlbreɪk] *n* évasion *f* de prison.

jailer ['dʒeɪlər] *n* geôlier *m*, -ière *f*.

Jakarta [dʒə'kɑ:tə] *n* Djakarta, Jakarta.

jam [dʒæm] (*pt* & *pp* -med, *cont* -ming) ◇ *n* **-1.** [preserve] confiture *f*. **-2.** [of traffic] embouteillage *m*, bouchon *m*. **-3.** *inf* [difficult situation]: **to get into/be in a ~** se mettre/ être dans le pétrin.
◇ *vt* **-1.** [mechanism, door] bloquer, coincer. **-2.** [push tightly]: **to ~ sthg into** entasser qqch dans: **to ~ sthg onto** enfoncer qqch sur. **-3.** [block - streets] embouteiller; [- switchboard] surcharger. **-4.** RADIO brouiller.
◇ *vi* [lever, door] se coincer; [brakes] se bloquer.

Jamaica [dʒə'meɪkə] *n* la Jamaïque; **in ~** à la Jamaïque.

Jamaican [dʒə'meɪkn] ◇ *adj* jamaïcain(e), jamaïquain(e). ◇ *n* Jamaïcain *m*, -e *f*, Jamaïquain *m*, -e *f*.

jamb [dʒæm] *n* chambranle *m*, montant *m*.

jamboree [,dʒæmbə'ri:] *n* **-1.** [celebration] fête *f*, festivités *fpl*. **-2.** [gathering of scouts] jamboree *m*.

jamming ['dʒæmɪŋ] *n* RADIO brouillage *m*.

jam-packed [-'pækt] *adj inf* plein(e) à craquer.

jam session *n* jam-session *f*.

Jan. ['dʒæn] (*abbr of* January) janv.

jangle ['dʒæŋgl] ◇ *n* [of keys] cliquetis *m*; [of bells] tintamarre *m*. ◇ *vt* [keys] faire cliqueter; [bells] faire retentir. ◇ *vi* [keys] cliqueter; [bells] retentir.

janitor ['dʒænɪtər] *n Am* & *Scot* concierge *mf*.

January ['dʒænjʊərɪ] *n* janvier *m*; *see also* September.

Japan [dʒə'pæn] *n* Japon *m*; **in ~** au Japon.

Japanese [,dʒæpə'ni:z] (*pl inv*) ◇ *adj* japonais(e). ◇ *n* [language] japonais *m*. ◇ *npl* [people]: **the ~** les Japonais *mpl*.

jape [dʒeɪp] *n dated* tour *m*, farce *f*.

jar [dʒɑ:r] (*pt* & *pp* -red, *cont* -ring) ◇ *n* pot *m*. ◇ *vt* [shake] secouer. ◇ *vi* **-1.** [noise, voice]: **to ~ (on sb)** irriter (qqn), agacer (qqn). **-2.** [colours] jurer.

jargon ['dʒɑ:gən] *n* jargon *m*.

jarring ['dʒɑ:rɪŋ] *adj* [noise, colours] discordant(e).

Jas. (*abbr of* James) *Jacques*.

jasmine ['dʒæzmɪn] *n* jasmin *m*.

jaundice ['dʒɔ:ndɪs] *n* jaunisse *f*.

jaundiced ['dʒɔ:ndɪst] *adj fig* [attitude, view] aigri(e).

jaunt [dʒɔ:nt] *n* balade *f*.

jaunty ['dʒɔ:ntɪ] (*compar* -ier, *superl* -iest) *adj* désinvolte, insouciant(e).

Java ['dʒɑ:və] *n* Java; **in ~** à Java.

javelin ['dʒævlɪn] *n* javelot *m*.

jaw [dʒɔ:] ◇ *n* mâchoire *f*. ◇ *vi inf* tailler une bavette.

jawbone ['dʒɔ:bəʊn] *n* (os *m*) maxillaire *m*.

jay [dʒeɪ] *n* geai *m*.

jaywalk ['dʒeɪwɔ:k] *vi* traverser en dehors des clous.

jaywalker ['dʒeɪwɔ:kər] *n* piéton *m* qui traverse en dehors des clous.

jazz [dʒæz] *n* **-1.** MUS jazz *m*. **-2.** *Am inf* [insincere talk] baratin *m*.
◆ **jazz up** *vt sep inf* égayer.

jazz band *n* orchestre *m* de jazz.

jazz singer *n* chanteur *m*, -euse *f* de jazz.

jazzy ['dʒæzɪ] (*compar* -ier, *superl* -iest) *adj* [bright] voyant(e).

JCR (*abbr of* **junior common room**) *n* salle *des étudiants*.

JCS *n abbr of* **Joint Chiefs of Staff**.

JD (*abbr of* **Justice Department**) *n* ministère *américain de la Justice*.

jealous ['dʒeləs] *adj* jaloux(ouse).

jealously ['dʒeləslɪ] *adv* jalousement.

jealousy ['dʒeləsɪ] *n* jalousie *f*.

jeans [dʒiːnz] *npl* jean *m*, blue-jean *m*.

Jedda ['dʒedə] *n* Djedda.

jeep [dʒiːp] *n* jeep *f*.

jeer [dʒɪəʳ] ◇ *vt* huer, conspuer. ◇ *vi*: **to ~ (at sb)** huer (qqn), conspuer (qqn).
◆ **jeers** *npl* huées *fpl*.

jeering ['dʒɪərɪŋ] *adj* moqueur(euse), railleur(euse).

Jehovah's Witness [dʒɪ'həʊvəz-] *n* témoin *m* de Jéhovah.

Jello® ['dʒeləʊ] *n Am* gelée *f*.

jelly ['dʒelɪ] (*pl* -ies) *n* gelée *f*.

jelly baby *n Br* bonbon à la gélatine en forme de bébé.

jelly bean *n* bonbon à la gélatine couvert de sucre.

jellyfish ['dʒelɪfɪʃ] (*pl inv* OR **-es**) *n* méduse *f*.

jelly roll *n Am* gâteau *m* roulé.

jemmy *Br* ['dʒemɪ], **jimmy** *Am* ['dʒɪmɪ] (*pl* -ies) *n* pince-monseigneur *f*.

jeopardize, -ise ['dʒepədaɪz] *vt* compromettre, mettre en danger.

jeopardy ['dʒepədɪ] *n*: **in ~** en péril OR danger, menacé(e).

jerk [dʒɜːk] ◇ *n* **-1.** [movement] secousse *f*, saccade *f*. **-2.** *v inf* [fool] abruti *m*, -e *f*. ◇ *vt*: **he ~ed his head round** il tourna la tête brusquement; **he ~ed the door open** il ouvrit la porte d'un coup sec. ◇ *vi* [person] sursauter; [vehicle] cahoter.

jerkily ['dʒɜːkɪlɪ] *adv* par à-coups, par saccades.

jerkin ['dʒɜːkɪn] *n* blouson *m*.

jerky ['dʒɜːkɪ] (*compar* -ier, *superl* -iest) *adj* saccadé(e).

jerry-built ['dʒerɪ-] *adj* construit(e) à la va-vite.

jersey ['dʒɜːzɪ] (*pl* jerseys) *n* **-1.** [sweater] pull *m*. **-2.** [cloth] jersey *m*.

Jersey ['dʒɜːzɪ] *n* Jersey *f*; **in ~** à Jersey.

Jerusalem [dʒə'ruːsələm] *n* Jérusalem *f*.

jest [dʒest] *n* plaisanterie *f*; **in ~** pour rire.

jester ['dʒestəʳ] *n* bouffon *m*.

Jesuit ['dʒezjʊɪt] ◇ *adj* jésuite. ◇ *n* jésuite *m*.

Jesus (Christ) ['dʒiːzəs-] *n* Jésus *m*, Jésus-Christ *m*.

jet [dʒet] (*pt* & *pp* -ted, *cont* -ting) ◇ *n* **-1.** [plane] jet *m*, avion *m* à réaction. **-2.** [of fluid] jet *m*. **-3.** [nozzle, outlet] ajutage *m*. ◇ *vi* [travel by jet] voyager en jet OR en avion.

jet-black *adj* noir(e) comme (du) jais.

jet engine *n* moteur *m* à réaction.

jetfoil ['dʒetfɔɪl] *n* hydro-glisseur *m*.

jet lag *n* fatigue *f* due au décalage horaire.

jet-propelled [-prə'peld] *adj* à réaction.

jetsam ['dʒetsəm] → **flotsam**.

jet set *n*: **the ~** la jet-set.

jettison ['dʒetɪsən] *vt* **-1.** [cargo] jeter, larguer. **-2.** *fig* [ideas] abandonner, renoncer à.

jetty ['dʒetɪ] (*pl* -ies) *n* jetée *f*.

Jew [dʒuː] *n* Juif *m*, -ive *f*.

jewel ['dʒuːəl] ◇ *n* bijou *m*; [in watch] rubis *m*. ◇ *comp* [box, chest] à bijoux.

jeweller *Br*, **jeweler** *Am* ['dʒuːələʳ] *n* bijoutier *m*; **~'s (shop)** bijouterie *f*.

jewellery *Br*, **jewelry** *Am* ['dʒuːəlrɪ] *n* (U) bijoux *mpl*.

Jewess ['dʒuːɪs] *n* juive *f*.

Jewish ['dʒuːɪʃ] *adj* juif(ive).

JFK (*abbr of* **John Fitzgerald Kennedy International Airport**) *n* aéroport de New York.

jib [dʒɪb] (*pt* & *pp* -bed, *cont* -bing) ◇ *n* **-1.** [of crane] flèche *f*. **-2.** [sail] foc *m*. ◇ *vi*: **to ~ at** rechigner à.

jibe [dʒaɪb] *n* sarcasme *m*, moquerie *f*.

Jidda ['dʒɪdə] = **Jedda**.

jiffy ['dʒɪfɪ] *n inf*: **in a ~** en un clin d'œil.

Jiffy bag® *n* enveloppe *f* matelassée.

jig [dʒɪg] (*pt* & *pp* -ged, *cont* -ging) ◇ *n* gigue *f*. ◇ *vi* danser la gigue; **to ~ about** se trémousser.

jiggle ['dʒɪgl] *vt* secouer.

jigsaw (puzzle) ['dʒɪgsɔː-] *n* puzzle *m*.

jihad [dʒɪ'hɑːd] *n* djihad *m*.

jilt [dʒɪlt] *vt* laisser tomber.

jimmy *Am* = **jemmy**.

jingle ['dʒɪŋgl] ◇ *n* **-1.** [sound] cliquetis *m*. **-2.** [song] jingle *m*, indicatif *m*. ◇ *vi* [bell] tinter; [coins, bracelets] cliqueter.

jingoism ['dʒɪŋgəʊɪzm] *n* chauvinisme *m*.

jinx [dʒɪŋks] *n* poisse *f*.

jinxed [dʒɪŋkst] *adj* qui a la poisse.

jitters ['dʒɪtəz] *npl inf*: **the ~** le trac.

jittery ['dʒɪtərɪ] *adj inf* nerveux(euse).

jive [dʒaɪv] ◇ *n* **-1.** [dance] rock *m*. **-2.** *Am inf* [glib talk] baratin *m*. ◇ *vi* danser le rock.

job [dʒɒb] *n* **-1.** [employment] emploi *m*, boulot *m inf*. **-2.** [task] travail *m*, tâche *f*; **to do a good ~** faire du bon travail; **to make a good ~ of sthg** faire bien OR réussir qqch; **it's not my ~ to ...** ce n'est pas à moi de .... **-3.** [difficult task]: **to have a ~ doing sthg** avoir du mal à faire qqch. **-4.** *inf* [plastic surgery]: **to have a nose ~** se faire refaire le nez. **-5.** *phr*: **that's just the** ~ *Br inf* c'est exactement OR tout à fait ce qu'il faut.

jobbing ['dʒɒbɪŋ] *adj Br* qui travaille à la tâche.

job centre *n Br* agence *f* pour l'emploi.

job creation scheme *n* plan *m* de création d'emplois.

job description *n* profil *m* du poste.

jobless ['dʒɒblɪs] ◇ *adj* au chômage. ◇ *npl*: **the** ~ les chômeurs *mpl*.

job lot *n* lot *m* de marchandises.

job satisfaction *n* satisfaction *f* dans le travail.

job security *n* sécurité *f* de l'emploi.

jobsharing ['dʒɒbʃeərɪŋ] *n* partage *m* de l'emploi.

Joburg, Jo'burg ['dʒəʊbɜːg] *n inf* Johannesburg.

jockey ['dʒɒkɪ] (*pl* **jockeys**) ◇ *n* jockey *m*. ◇ *vi*: **to** ~ **for position** manœuvrer pour devancer ses concurrents.

jockstrap ['dʒɒkstræp] *n* suspensoir *m*.

jocular ['dʒɒkjʊləʳ] *adj* **-1.** [cheerful] enjoué(e), jovial(e). **-2.** [funny] amusant(e).

jodhpurs ['dʒɒdpəz] *npl* jodhpurs *mpl*, culotte *f* de cheval.

Joe Public [dʒəʊ-] *n* l'homme *m* de la rue.

jog [dʒɒg] (*pt* & *pp* **-ged**, *cont* **-ging**) ◇ *n*: **to go for a** ~ faire du jogging. ◇ *vt* pousser; **to** ~ **sb's memory** rafraîchir la mémoire de qqn. ◇ *vi* faire du jogging, jogger.

jogger ['dʒɒgəʳ] *n* joggeur *m*, -euse *f*.

jogging ['dʒɒgɪŋ] *n* jogging *m*.

joggle ['dʒɒgl] *vt* secouer.

Johannesburg [dʒə'hænɪsbɜːg] *n* Johannesburg.

john [dʒɒn] *n Am inf* petit coin *m*, cabinets *mpl*.

John Hancock [-'hænkɒk] *n Am inf* signature *f*.

join [dʒɔɪn] ◇ *n* raccord *m*, joint *m*. ◇ *vt* **-1.** [connect - gen] unir, joindre; [- towns etc] relier. **-2.** [get together with] rejoindre, retrouver. **-3.** [political party] devenir membre de; [club] s'inscrire à; [army] s'engager dans; **to** ~ **a queue** *Br* , **to** ~ **a line** *Am* prendre la queue. ◇ *vi* **-1.** [connect] se joindre. **-2.** [become a member - gen] devenir membre; [- of club] s'inscrire.

◆ **join in** ◇ *vt fus* prendre part à, participer à. ◇ *vi* participer.

◆ **join up** *vi* MIL s'engager dans l'armée.

joiner ['dʒɔɪnəʳ] *n* menuisier *m*.

joinery ['dʒɔɪnərɪ] *n* menuiserie *f*.

joint [dʒɔɪnt] ◇ *adj* [effort] conjugué(e); [responsibility] collectif(ive). ◇ *n* **-1.** [gen & TECH] joint *m*. **-2.** ANAT articulation *f*. **-3.** *Br* [of meat] rôti *m*. **-4.** *inf* [place] bouge *m*. **-5.** *drugs sl* joint *m*.

joint account *n* compte *m* joint.

Joint Chiefs of Staff *npl*: **the** ~ l'organe consultatif du ministère américain de la Défense, composé des chefs d'état-major des trois armées.

jointed ['dʒɔɪntɪd] *adj* articulé(e).

jointly ['dʒɔɪntlɪ] *adv* conjointement.

joint ownership *n* copropriété *f*.

joint-stock company *n* société *f* anonyme par actions.

joint venture *n* joint-venture *m*.

joist [dʒɔɪst] *n* poutre *f*, solive *f*.

jojoba [hə'həʊbə] *n* jojoba *m*.

joke [dʒəʊk] ◇ *n* blague *f*, plaisanterie *f*; **he's just a** ~ il est un objet de risée; **to play a** ~ **on sb** faire une blague à qqn, jouer un tour à qqn; **it's gone beyond a** ~ ça commence à bien faire; **it's no** ~ *inf* [not easy] ce n'est pas de la tarte. ◇ *vi* plaisanter, blaguer; **to** ~ **about sthg** plaisanter sur qqch, se moquer de qqch.

joker ['dʒəʊkəʳ] *n* **-1.** [person] blagueur *m*, blagueuse *f*. **-2.** [playing card] joker *m*.

jollity ['dʒɒlətɪ] *n* jovialité *f*, gaieté *f*.

jolly ['dʒɒlɪ] (*compar* **-ier**, *superl* **-iest**) ◇ *adj* [person] jovial(e), enjoué(e); [time, party] agréable. ◇ *adv Br inf* drôlement, rudement.

jolt [dʒəʊlt] ◇ *n* **-1.** [jerk] secousse *f*, soubresaut *m*. **-2.** [shock] choc *m*. ◇ *vt* secouer; **to** ~ **sb into doing sthg** inciter fortement qqn à faire qqch. ◇ *vi* cahoter.

Joneses ['dʒəʊnzɪz] *npl*: **to keep up with the** ~ essayer d'avoir le même standing que ses voisins.

Jordan ['dʒɔːdn] *n* Jordanie *f*; **in** ~ en Jordanie; **the (River)** ~ le Jourdain.

Jordanian [dʒɔː'deɪnjən] ◇ *adj* jordanien(ienne). ◇ *n* Jordanien *m*, -ienne *f*.

joss stick [dʒɒs-] *n* bâton *m* d'encens.

jostle ['dʒɒsl] ◇ *vt* bousculer. ◇ *vi* se bousculer.

jot [dʒɒt] (*pt* & *pp* **-ted**, *cont* **-ting**) *n* [of truth] grain *m*, brin *m*.

◆ **jot down** *vt sep* noter, prendre note de.

jotter ['dʒɒtəʳ] *n* [notepad] bloc-notes *m*.

jottings ['dʒɒtɪŋz] *npl* notes *fpl*.

journal ['dʒɜːnl] *n* **-1.** [magazine] revue *f*. **-2.** [diary] journal *m*.

journalese [,dʒɜːnə'liːz] *n pej* jargon *m* journalistique.

journalism ['dʒɜ:nəlɪzm] *n* journalisme *m*.

journalist ['dʒɜ:nəlɪst] *n* journaliste *mf*.

journey ['dʒɜ:nɪ] (*pl* **journeys**) *n* voyage *m*.

joust [dʒaʊst] *vi* jouter.

jovial ['dʒəʊvjəl] *adj* jovial(e).

jowls [dʒaʊlz] *npl* bajoues *fpl*.

joy [dʒɔɪ] *n* joie *f*.

joyful ['dʒɔɪfʊl] *adj* joyeux(euse).

joyfully ['dʒɔɪfʊlɪ] *adv* joyeusement, avec joie.

joyous ['dʒɔɪəs] *adj* joyeux(euse).

joyously ['dʒɔɪəslɪ] *adv* avec joie, joyeusement.

joyride ['dʒɔɪraɪd] (*pt* **-rode**, *pp* **-ridden**) *vi* *faire une virée dans une voiture volée*.

joyrider ['dʒɔɪraɪdə'] *n personne qui vole une voiture pour aller faire une virée*.

joyrode ['dʒɔɪrəʊd] *pt* → **joyride**.

joystick ['dʒɔɪstɪk] *n* AERON manche *m* (à balai); COMPUT manette *f*.

JP *n abbr of* **Justice of the Peace**.

Jr. (*abbr of* **Junior**) Jr.

JTPA (*abbr of* **Job Training Partnership Act**) *n programme gouvernemental américain de formation*.

jubilant ['dʒu:bɪlənt] *adj* [person] débordant(e) de joie, qui jubile; [shout] de joie.

jubilation [,dʒu:bɪ'leɪʃn] *n* joie *f*, jubilation *f*.

jubilee ['dʒu:bɪli:] *n* jubilé *m*.

Judaism [dʒu:'deɪɪzm] *n* judaïsme *m*.

judder ['dʒʌdə'] *vi Br* trembler violemment.

judge [dʒʌdʒ] ⋄ *n* juge *m*. ⋄ *vt* **-1.** [gen] juger. **-2.** [estimate] évaluer, juger. ⋄ *vi* juger; **to ~ from** OR **by, judging from** OR **by** à en juger par.

judg(e)ment ['dʒʌdʒmənt] *n* jugement *m*; **to pass ~ (on)** JUR prononcer OR rendre un jugement (sur); *fig* [on person, situation] porter un jugement (sur); **to reserve ~** s'abstenir de donner son avis OR de porter un jugement; **against my better ~** sachant pertinemment que j'avais tort.

judg(e)mental [dʒʌdʒ'mentl] *adj pej* qui critique, qui porte des jugements.

judicial [dʒu:'dɪʃl] *adj* judiciaire.

judiciary [dʒu:'dɪʃərɪ] *n*: **the ~** la magistrature.

judicious [dʒu:'dɪʃəs] *adj* judicieux(ieuse).

judo ['dʒu:dəʊ] *n* judo *m*.

jug [dʒʌg] *n* pot *m*, pichet *m*.

juggernaut ['dʒʌgənɔ:t] *n* poids *m* lourd.

juggle ['dʒʌgl] ⋄ *vt lit* & *fig* jongler avec. ⋄ *vi* jongler.

juggler ['dʒʌglə'] *n* jongleur *m*, -euse *f*.

jugular (vein) ['dʒʌgjʊlə'-] *n* (veine *f*) jugulaire *f*.

juice [dʒu:s] *n* jus *m*.
◆ **juices** *npl* [in stomach] sucs *mpl*.

juicy ['dʒu:sɪ] (*compar* **-ier**, *superl* **-iest**) *adj* **-1.** [fruit] juteux(euse). **-2.** *inf* [story] croustillant(e). **-3.** [role] séduisant(e), tentant(e).

jujitsu [dʒu:'dʒɪtsu:] *n* jiu-jitsu *m*.

jukebox ['dʒu:kbɒks] *n* juke-box *m*.

Jul. (*abbr of* **July**) juill.

July [dʒu:'laɪ] *n* juillet *m; see also* **September**.

jumble ['dʒʌmbl] ⋄ *n* [mixture] mélange *m*, fatras *m*. ⋄ *vt*: **to ~ (up)** mélanger, embrouiller.

jumble sale *n Br* vente *f* de charité (*où sont vendus des articles d'occasion*).

jumbo jet ['dʒʌmbəʊ-] *n* jumbo-jet *m*.

jumbo-sized *adj* géant(e), énorme.

jump [dʒʌmp] ⋄ *n* **-1.** [leap] saut *m*, bond *m*. **-2.** [fence] obstacle *m*. **-3.** [rapid increase] flambée *f*, hausse *f* brutale. **-4.** *phr*: **to keep one ~ ahead of sb** avoir une longueur d'avance sur qqn.
⋄ *vt* **-1.** [fence, stream etc] sauter, franchir d'un bond. **-2.** *inf* [attack] sauter sur, tomber sur. **-3.** *Am* [train, bus] prendre sans payer.
⋄ *vi* **-1.** [gen] sauter, bondir; [in surprise] sursauter; **to ~ across sthg** traverser qqch d'un bond. **-2.** [increase rapidly] grimper en flèche, faire un bond.
◆ **jump at** *vt fus fig* sauter sur.

jumped-up ['dʒʌmpt-] *adj Br inf pej* prétentieux(ieuse).

jumper ['dʒʌmpə'] *n* **-1.** *Br* [pullover] pull *m*. **-2.** *Am* [dress] robe *f* chasuble.

jump jet *n* avion *m* à décollage vertical.

jump leads *npl* câbles *mpl* de démarrage.

jump-start *vt*: **to ~ a car** faire démarrer une voiture en la poussant.

jumpsuit ['dʒʌmpsu:t] *n* combinaison-pantalon *f*.

jumpy ['dʒʌmpɪ] (*compar* **-ier**, *superl* **-iest**) *adj* nerveux(euse).

Jun. -1. *abbr of* **June**. **-2.** = **Junr**.

junction ['dʒʌŋkʃn] *n* [of roads] carrefour *m*; RAIL embranchement *m*.

junction box *n* ELEC boîte *f* d'accouplement.

juncture ['dʒʌŋktʃə'] *n fml*: **at this ~** à ce moment même.

June [dʒu:n] *n* juin *m; see also* **September**.

jungle ['dʒʌŋgl] *n lit* & *fig* jungle *f*.

jungle gym *n Am* cage *f* d'écureuil.

junior ['dʒuːnjə] ◇ *adj* **-1.** [gen] jeune. **-2.** *Am* [after name] junior. ◇ *n* **-1.** [in rank] subalterne *mf*. **-2.** [in age] cadet *m*, -ette *f*. **-3.** *Am* SCH ≃ élève *mf* de première; UNIV ≃ étudiant *m*, -e *f* de deuxième année.

junior college *n Am* établissement d'enseignement supérieur où l'on obtient un diplôme en deux ans.

junior doctor *n* interne *mf*.

junior high school *n Am* ≃ collège *m* d'enseignement secondaire.

junior minister *n Br* secrétaire *mf* d'État.

junior school *n Br* école *f* primaire.

juniper ['dʒuːnɪpə] *n* genièvre *m*.

junk [dʒʌŋk] ◇ *n* [unwanted objects] bric-à-brac *m*. ◇ *vt* balancer, se débarrasser de.

junket ['dʒʌŋkɪt] *n* **-1.** [pudding] lait *m* caillé. **-2.** *inf pej* [trip] voyage *m* aux frais de la princesse.

junk food *n* (U) *pej* cochonneries *fpl*.

junkie ['dʒʌŋkɪ] *n drugs sl* drogué *m*, -e *f*.

junk mail *n* (U) *pej* prospectus *mpl* publicitaires envoyés par la poste.

junk shop *n* boutique *f* de brocanteur.

Junr (*abbr of* **Junior**) Jr.

junta [*Br* 'dʒʌntə, *Am* 'hʊntə] *n* junte *f*.

Jupiter ['dʒuːpɪtə] *n* [planet] Jupiter *m*.

jurisdiction [,dʒʊərɪs'dɪkʃn] *n* juridiction *f*.

jurisprudence [,dʒʊərɪs'pruːdəns] *n* jurisprudence *f*.

juror ['dʒʊərə] *n* juré *m*, -e *f*.

jury ['dʒʊərɪ] (*pl* -ies) *n* jury *m*.

jury box *n* banc *m* des jurés.

jury service *n* participation *f* à un jury.

just [dʒʌst] ◇ *adv* **-1.** [recently]: **he's ~ left** il vient de partir. **-2.** [at that moment]: **I was ~ about to go** j'allais juste partir, j'étais sur le point de partir; **I'm ~ going to do it now** je vais le faire tout de suite OR à l'instant; **she arrived ~ as I was leaving** elle est arrivée au moment même où je partais OR juste comme je partais. **-3.** [only, simply]: **it's ~ a rumour** ce n'est qu'une rumeur; **add water** vous n'avez plus qu'à ajouter de l'eau; **~ a minute** OR **moment** OR **second!** un (petit) instant! **-4.** [almost not] tout juste, à peine; **I only ~ missed the train** j'ai manqué le train de peu; **we have ~ enough time** on a juste assez de temps. **-5.** [for emphasis]: **the coast is ~ marvellous** la côte est vraiment magnifique; **~ look at this mess!** non, mais regarde un peu ce désordre! **-6.** [exactly, precisely] tout à fait, exactement; **it's ~ what I need** c'est tout à fait ce qu'il me faut. **-7.** [in requests]: **could you**

~ move over please? pourriez-vous vous pousser un peu s'il vous plaît? ◇ *adj* juste, équitable.

◆ **just about** *adv* à peu près, plus ou moins.

◆ **just as** *adv* [in comparison] tout aussi; **you're ~ as clever as he is** tu es tout aussi intelligent que lui.

◆ **just now** *adv* **-1.** [a short time ago] il y a un moment, tout à l'heure. **-2.** [at this moment] en ce moment.

justice ['dʒʌstɪs] *n* **-1.** [gen] justice *f*. **-2.** [of claim, cause] bien-fondé *m*. **-3.** *phr*: **to do ~ to sthg** [job] faire bien qqch, faire qqch comme il faut; **to do ~ to a meal** faire honneur à un repas.

Justice of the Peace (*pl* **Justices of the Peace**) *n* juge *m* de paix.

justifiable ['dʒʌstɪfaɪəbl] *adj* justifiable, défendable.

justifiable homicide *n* homicide *m* par légitime défense.

justifiably ['dʒʌstɪfaɪəblɪ] *adv* à juste titre.

justification [,dʒʌstɪfɪ'keɪʃn] *n* justification *f*.

justify ['dʒʌstɪfaɪ] (*pt & pp* -ied) *vt* [give reasons for] justifier.

justly ['dʒʌstlɪ] *adv* [act] avec justice; [deserved] à juste titre.

justness ['dʒʌstnɪs] *n* bien-fondé *m*.

jut [dʒʌt] (*pt & pp* -ted, *cont* -ting) *vi*: **to ~ (out)** faire saillie, avancer.

jute [dʒuːt] *n* jute *m*.

juvenile ['dʒuːvənaɪl] ◇ *adj* **-1.** JUR mineur(e), juvénile. **-2.** [childish] puéril(e). ◇ *n* JUR mineur *m*, -e *f*.

juvenile court *n* tribunal *m* pour enfants.

juvenile delinquent *n* jeune délinquant *m*, -e *f*.

juxtapose [,dʒʌkstə'pəʊz] *vt* juxtaposer.

juxtaposition [,dʒʌkstəpə'zɪʃn] *n* juxtaposition *f*.

K

k (*pl* **k's** OR **ks**), **K** (*pl* **K's** OR **Ks**) [keɪ] *n* [letter] k *m inv*, K *m inv*.

◆ **K -1.** (*abbr of* **kilobyte**) Ko. **-2.** *abbr of* **Knight.** **-3.** (*abbr of* **thousand**) K.

Kabul ['kɑːbl] *n* Kaboul.

kaftan ['kæftæn] *n* cafetan *m*.

Kalahari Desert [ˌkælə'hɑːrɪ] *n*: **the ~** le (désert du) Kalahari.

kale [keɪl] *n* chou *m* frisé.

kaleidoscope [kə'laɪdəskəʊp] *n* kaléidoscope *m*.

kamikaze [ˌkæmɪ'kɑːzɪ] *n* kamikaze *m*.

Kampala [kæm'pɑːlə] *n* Kampala.

Kampuchea [ˌkæmpu'tʃɪə] *n* Kampuchéa *m*; **in ~** au Kampuchéa.

Kampuchean [ˌkæmpu'tʃɪən] ◇ *adj* cambodgien(ienne). ◇ *n* Cambodgien *m*, -ienne *f*.

kangaroo [ˌkæŋgə'ruː] *n* kangourou *m*.

Kansas ['kænzəs] *n* Kansas *m*; **in ~** dans le Kansas.

kaolin ['keɪəlɪn] *n* kaolin *m*.

kaput [kə'pʊt] *adj inf* fichu(e), foutu(e).

karat ['kærət] *n Am* carat *m*.

karate [kə'rɑːtɪ] *n* karaté *m*.

Kashmir [kæʃ'mɪə'] *n* Cachemire *m*; **in ~** au Cachemire.

Katar [kæ'tɑːʳ] = **Qatar**.

Katmandu [ˌkætmæn'duː] *n* Katmandou, Katmandu.

kayak ['kaɪæk] *n* kayak *m*.

Kazakhstan [ˌkæzæk'stɑːn] *n* Kazakhstan *m*; **in ~** au Kazakhstan.

KB (*abbr of* **kilobyte(s)**) *n* COMPUT ko *m*, Ko *m*.

KC (*abbr of* **King's Counsel**) *n* ≃ bâtonnier *m* de l'ordre.

kcal (*abbr of* **kilocalorie**) Kcal.

kd (*abbr of* **knocked down**) *livré en kit, à monter soi-même*.

kebab [kɪ'bæb] *n* brochette *f*.

kedgeree [ˌkedʒə'riː] *n Br plat de riz, poisson et œufs durs mélangés.*

keel [kiːl] *n* quille *f*; **on an even ~** stable.

◆ **keel over** *vi* [ship] chavirer; [person] tomber dans les pommes.

keen [kiːn] *adj* **-1.** [enthusiastic] enthousiaste, passionné(e); **to be ~ on sthg** avoir la passion de qqch; **he's ~ on her** elle lui plaît; **to be ~ to do** OR **on doing sthg** tenir à faire qqch. **-2.** [interest, desire, mind] vif (vive); [competition] âpre, acharné(e). **-3.** [sense of smell] fin(e); [eyesight] perçant(e).

keenly ['kiːnlɪ] *adv* **-1.** [contested, interested] vivement. **-2.** [listen, watch] attentivement.

keenness ['kiːnnɪs] *n* **-1.** [enthusiasm] enthousiasme *m*. **-2.** [of competition] intensité *f*. **-3.** [of eyesight] acuité *f*; [of hearing] finesse *f*.

keep [kiːp] (*pt* & *pp* **kept**) ◇ *vt* **-1.** [retain, store] garder; **~ the change!** gardez la monnaie!; **to ~ sthg warm** garder OR tenir qqch au chaud. **-2.** [prevent]: **to keep sb/sthg from doing sthg** empêcher qqn/qqch de faire qqch. **-3.** [detain] retenir; [prisoner] détenir; **I don't want to ~ you** je ne voudrais pas vous retenir; **what kept you?** qu'est-ce qui t'a retardé?; **to ~ sb waiting** faire attendre qqn. **-4.** [promise] tenir; [appointment] aller à; [vow] être fidèle à. **-5.** [not disclose]: **to ~ sthg from sb** cacher qqch à qqn; **to ~ sthg to o.s.** garder qqch pour soi. **-6.** [diary, record, notes] tenir. **-7.** [own - sheep, pigs etc] élever; [- shop] tenir; [- car] avoir, posséder. **-8.** *phr*: **they ~ themselves to themselves** ils restent entre eux, ils se tiennent à l'écart.

◇ *vi* **-1.** [remain]: **to ~ warm** se tenir au chaud; **to ~ quiet** garder le silence; **~ quiet!** taisez-vous! **-2.** [continue]: **he ~s interrupting me** il n'arrête pas de m'interrompre; **to ~ talking/walking** continuer à parler/à marcher. **-3.** [continue moving]: **to ~ left/right** garder sa gauche/sa droite; **to ~ north/south** continuer vers le nord/le sud. **-4.** [food] se conserver. **-5.** *Br* [in health]: **how are you ~ing?** comment allez-vous?; **she's ~ing well** elle va bien.

◇ *n*: **to earn one's ~** gagner sa vie.

◆ **keeps** *n*: **for ~s** pour toujours.

◆ **keep at** *vt fus*: **to ~ at it** [work hard] travailler d'arrache-pied.

◆ **keep back** *vt sep* [information] cacher, ne pas divulguer; [money] retenir.

◆ **keep down** *vt sep* [prices] empêcher de monter; [numbers, costs] restreindre, limiter.

◆ **keep off** *vt fus*: **"~ off the grass"** «(il est) interdit de marcher sur la pelouse».

◆ **keep on** *vi* **-1.** [continue]: **to ~ on (doing sthg)** [without stopping] continuer (de OR à faire qqch); [repeatedly] ne pas arrêter (de faire qqch). **-2.** [talk incessantly]: **to ~ on**

(about sthg) ne pas arrêter de parler (de qqch).

◆ **keep on at** *vt fus Br* harceler.

◆ **keep out** ◇ *vt sep* empêcher d'entrer. ◇ *vi*: **"~ out"** «défense d'entrer».

◆ **keep to** ◇ *vt fus* [rules, deadline] respecter, observer. ◇ *vt sep* [limit]: **we must ~ spending to a minimum** il faut limiter les dépenses au minimum.

◆ **keep up** ◇ *vt sep* [continue to do] continuer; [maintain] maintenir; **to ~ up appearances** sauver les apparences. ◇ *vi* **-1.** [maintain pace, level etc]: **to ~ up (with sb)** aller aussi vite (que qqn); **to ~ up with the news** suivre l'actualité. **-2.** [remain in contact]: **to ~ up with sb** rester en contact avec qqn.

keeper ['kiːpə^r] *n* gardien *m*, -ienne *f*.

keep-fit *Br* ◇ *n* (*U*) gymnastique *f*. ◇ *comp* de gymnastique.

keeping ['kiːpɪŋ] *n* **-1.** [care] garde *f*. **-2.** [conformity, harmony]: **to be in/out of ~ with** [rules etc] être/ne pas être conforme à; [subj: clothes, furniture] aller/ne pas aller avec.

keepsake ['kiːpseɪk] *n* souvenir *m*.

keg [keg] *n* tonnelet *m*, baril *m*.

kelp [kelp] *n* varech *m*.

ken [ken] *n*: **it's beyond my ~** ça dépasse mes compétences.

kennel ['kenl] *n* **-1.** [shelter for dog] niche *f*. **-2.** *Am* = **kennels**.

◆ **kennels** *npl Br* chenil *m*.

Kentucky [ken'tʌkɪ] *n* Kentucky *m*; **in ~** dans le Kentucky.

Kenya ['kenjə] *n* Kenya *m*; **in ~** au Kenya.

Kenyan ['kenjən] ◇ *adj* kenyan(e). ◇ *n* Kenyan *m*, -e *f*.

kept [kept] *pt & pp* → **keep**.

kerb [kɜːb] *n Br* bordure *f* du trottoir.

kerb crawler [-,krɔːlə^r] *n Br* homme en voiture qui accoste les prostituées.

kerbstone ['kɜːbstəʊn] *n Br* pierre *f* de bordure de trottoir.

kerfuffle [kə'fʌfl] *n Br inf*: **what a ~!** quelle histoire!

kernel ['kɜːnl] *n* amande *f*.

kerosene ['kerəsiːn] *n* kérosène *m*.

kestrel ['kestrəl] *n* crécerelle *f*.

ketch [ketʃ] *n* ketch *m*.

ketchup ['ketʃəp] *n* ketchup *m*.

kettle ['ketl] *n* bouilloire *f*.

kettledrum ['ketldrʌm] *n* timbale *f*.

key [kiː] ◇ *n* **-1.** [gen & MUS] clef *f*, clé *f*; **the ~ (to sthg)** *fig* la clé (de qqch). **-2.** [of

typewriter, computer, piano] touche *f*. **-3.** [of map] légende *f*. ◇ *adj* clé (*after n*).

◆ **key in** *vt sep* [data] saisir.

keyboard ['kiːbɔːd] ◇ *n* [gen & COMPUT] clavier *m*. ◇ *vt* COMPUT [text, data] saisir.

keyboarder ['kiːbɔːdə^r] *n* COMPUT claviste *mf*.

keyed up [kiːd-] *adj* tendu(e), énervé(e).

keyhole ['kiːhəʊl] *n* trou *m* de serrure.

keynote ['kiːnəʊt] ◇ *n* note *f* dominante. ◇ *comp*: **~ speech** discours-programme *m*.

keypad ['kiːpæd] *n* COMPUT pavé *m* numérique.

keypunch ['kiːpʌntʃ] *n Am* perforatrice *f* à clavier.

key ring *n* porte-clés *m inv*.

keystone ['kiːstəʊn] *n lit & fig* clef *f* de voûte.

keystroke ['kiːstrəʊk] *n* COMPUT frappe *f* d'une touche.

kg (*abbr of* **kilogram**) kg.

KGB *n* KGB *m*.

khaki ['kɑːkɪ] ◇ *adj* kaki (*inv*). ◇ *n* **-1.** [colour] kaki *m*. **-2.** [cloth] toile *f* kaki.

Khmer [kmeə^r] ◇ *adj* khmer (khmère). ◇ *n* **-1.** [person] Khmer *m*, -ère *f*; **~ Rouge** Khmer rouge. **-2.** [language] khmer *m*.

kibbutz [kɪ'buts] (*pl* **kibbutzim** [kɪbu'tsiːm] OR **-es**) *n* kibboutz *m*.

kick [kɪk] ◇ *n* **-1.** [with foot] coup *m* de pied. **-2.** *inf* [excitement]: **to get a ~ from sthg** trouver qqch excitant; **to do sthg for ~s** faire qqch pour le plaisir.
◇ *vt* **-1.** [with foot] donner un coup de pied à; **to ~ o.s.** *fig* se donner des gifles OR des claques. **-2.** *inf* [give up]: **to ~ the habit** arrêter.
◇ *vi* [person - repeatedly] donner des coups de pied; [- once] donner un coup de pied; [baby] gigoter; [animal] ruer.

◆ **kick about, kick around** *vi Br inf* traîner.

◆ **kick off** *vi* **-1.** FTBL donner le coup d'envoi. **-2.** *inf fig* [start] démarrer.

◆ **kick out** *vt sep inf* vider, jeter dehors.

◆ **kick up** *vt fus inf*: **to ~ up a fuss/row** faire toute une histoire.

kickoff ['kɪkɒf] *n* engagement *m*.

kick-start *vt* faire démarrer à l'aide du pied OR au kick.

kid [kɪd] (*pt & pp* **-ded**, *cont* **-ding**) ◇ *n* **-1.** *inf* [child] gosse *mf*, gamin *m*, -e *f*. **-2.** *inf* [young person] petit jeune *m*, petite jeune *f*. **-3.** [goat, leather] chevreau *m*. ◇ *comp inf* [brother, sister] petit(e). ◇ *vt inf* **-1.** [tease] faire marcher. **-2.** [delude]: **to ~ o.s.** se faire des illusions. ◇ *vi inf*: **to be kidding** plaisanter; **no kidding!** sans blague!

kiddie, kiddy ['kɪdɪ] (*pl* -**ies**) *n inf* gosse *mf*, gamin *m*, -e *f*.

kid gloves *npl*: **to treat** OR **handle sb with** ~ prendre des gants avec qqn.

kidnap ['kɪdnæp] (*Br pt & pp* -**ped**, *cont* -**ping**, *Am pt & pp* -**ed**, *cont* -**ing**) *vt* kidnapper, enlever.

kidnapper *Br*, **kidnaper** *Am* ['kɪdnæpəʳ] *n* kidnappeur *m*, -euse *f*, ravisseur *m*, -euse *f*.

kidnapping *Br*, **kidnaping** *Am* ['kɪdnæpɪŋ] *n* enlèvement *m*.

kidney ['kɪdnɪ] (*pl* **kidneys**) *n* -**1**. ANAT rein *m*. -**2**. CULIN rognon *m*.

kidney bean *n* haricot *m* rouge.

kidney machine *n* rein *m* artificiel.

Kilimanjaro [ˌkɪlɪmən'dʒɑːrəʊ] *n* Kilimandjaro *m*.

kill [kɪl] ◇ *vt* -**1**. [cause death of] tuer; **my feet are killing me** *fig* j'ai horriblement mal aux pieds; **to** ~ **time** tuer le temps. -**2**. *fig* [hope, chances] mettre fin à; [pain] supprimer. ◇ *vi* tuer. ◇ *n* mise *f* à mort.
◆ **kill off** *vt sep* -**1**. [species, animal] exterminer. -**2**. *fig* [hope, chances] mettre fin à.

killer ['kɪləʳ] *n* [person] meurtrier *m*, -ière *f*; [animal] tueur *m*, -euse *f*.

killer whale *n* épaulard *m*, orque *f*.

killing ['kɪlɪŋ] ◇ *adj inf* [very funny] tordant(e). ◇ *n* meurtre *m*; **to make a** ~ *inf* faire une bonne affaire, réussir un beau coup.

killjoy ['kɪldʒɔɪ] *n* rabat-joie *m inv*.

kiln [kɪln] *n* four *m*.

kilo ['kiːləʊ] (*pl* -**s**) (*abbr of* **kilogram**) *n* kilo *m*.

kilo- ['kɪlə] *prefix* kilo-.

kilobyte ['kɪləbaɪt] *n* COMPUT kilo-octet *m*.

kilocalorie ['kɪlə,kælərɪ] *n* kilocalorie *f*.

kilogram(me) ['kɪləgræm] *n* kilogramme *m*.

kilohertz ['kɪləhɜːts] (*pl inv*) *n* kilohertz *m*.

kilojoule ['kɪlədʒuːl] *n* kilojoule *m*.

kilometre *Br* ['kɪlə,miːtəʳ], **kilometer** *Am* [kɪ'lɒmɪtəʳ] *n* kilomètre *m*.

kilowatt ['kɪləwɒt] *n* kilowatt *m*.

kilt [kɪlt] *n* kilt *m*.

kimono [kɪ'məʊnəʊ] (*pl* -**s**) *n* kimono *m*.

kin [kɪn] *n* → **kith**.

kind [kaɪnd] ◇ *adj* gentil(ille), aimable; **would you be so** ~ **as to ...?** voulez-vous avoir la gentillesse OR l'amabilité de ...? ◇ *n* genre *m*, sorte *f*; **an agreement of a** ~ une sorte d'accord; **they're two of a** ~ ils se ressemblent; **in** ~ [payment] en nature; **a**

~ **of** une espèce de, une sorte de; ~ **of** *Am inf* un peu.

kindergarten ['kɪndə,gɑːtn] *n* jardin *m* d'enfants.

kind-hearted [-'hɑːtɪd] *adj* qui a un bon cœur, bon (bonne).

kindle ['kɪndl] *vt* -**1**. [fire] allumer. -**2**. *fig* [feeling] susciter.

kindling ['kɪndlɪŋ] *n* (*U*) petit bois *m*.

kindly ['kaɪndlɪ] (*compar* -**ier**, *superl* -**iest**) ◇ *adj* -**1**. [person] plein(e) de bonté, bienveillant(e). -**2**. [gesture] plein(e) de gentillesse. ◇ *adv* -**1**. [speak, smile etc] avec gentillesse; **to look** ~ **on** *fig* être favorable à. -**2**. [please]: ~ **leave the room!** veuillez sortir, s'il vous plaît!; **will you** ~ **...?** veuillez ..., je vous prie de .... -**3**. *phr*: **not to take** ~ **to sthg** mal prendre qqch.

kindness ['kaɪndnɪs] *n* gentillesse *f*.

kindred ['kɪndrɪd] *adj* [similar] semblable, similaire; ~ **spirit** âme *f* sœur.

kinetic [kɪ'netɪk] *adj* cinétique.

kinfolk(s) ['kɪnfəʊk(s)] *Am* = **kinsfolk**.

king [kɪŋ] *n* roi *m*.

kingdom ['kɪŋdəm] *n* -**1**. [country] royaume *m*. -**2**. [of animals, plants] règne *m*.

kingfisher ['kɪŋ,fɪʃəʳ] *n* martin-pêcheur *m*.

kingpin ['kɪŋpɪn] *n* -**1**. AUT pivot *m* de l'essieu avant. -**2**. *fig* [person] pilier *m*, cheville *f* ouvrière.

king-size(d) *adj* [cigarette] long (longue); [pack] géant(e); **a** ~ **bed** un grand lit (*de 195cm*).

kink [kɪŋk] *n* [in rope] entortillement *m*.

kinky ['kɪŋkɪ] (*compar* -**ier**, *superl* -**iest**) *adj inf* vicieux(ieuse).

kinsfolk ['kɪnzfəʊk] *npl* famille *f*.

kinship ['kɪnʃɪp] *n* (*U*) -**1**. [family relationship] parenté *f*. -**2**. [closeness] affinités *fpl*.

kiosk ['kiːɒsk] *n* -**1**. [small shop] kiosque *m*. -**2**. *Br* [telephone box] cabine *f* (téléphonique).

kip [kɪp] (*pt & pp* -**ped**, *cont* -**ping**) *Br inf* ◇ *n* somme *m*, roupillon *m*. ◇ *vi* faire OR piquer un petit somme.

kipper ['kɪpəʳ] *n* hareng *m* fumé OR saur.

Kirk [kɜːk] *n Scot*: **the** ~ l'Église *f* (presbytérienne) d'Écosse.

kirsch [kɪəʃ] *n* kirsch *m*.

kiss [kɪs] ◇ *n* baiser *m*; **to give sb a** ~ embrasser qqn, donner un baiser à qqn. ◇ *vt* embrasser; **to** ~ **sb's cheek** embrasser qqn sur la joue; **to** ~ **sb goodbye** dire au revoir à qqn en l'embrassant. ◇ *vi* s'embrasser.

kissagram ['kɪsəgræm] *n service de «télégramme parlé» comprenant un baiser, à l'occasion d'un anniversaire, par exemple.*

kiss curl *n Br* accroche-cœur *m*.

kiss of life *n*: **the ~** le bouche-à-bouche.

kit [kɪt] (*pt & pp* -ted, *cont* -ting) *n* -1. [set] trousse *f*. -2. (*U*) SPORT affaires *fpl*, équipement *m*. -3. [to be assembled] kit *m*.
◆ **kit out** *vt sep Br* équiper.

kit bag *n* sac *m* de marin.

kitchen ['kɪtʃɪn] *n* cuisine *f*.

kitchenette [,kɪtʃɪ'net] *n* kitchenette *f*.

kitchen garden *n* (jardin *m*) potager *m*.

kitchen sink *n* évier *m*.

kitchen unit *n* élément *m* de cuisine.

kitchenware ['kɪtʃɪnweəʳ] *n* (*U*) ustensiles *mpl* de cuisine.

kite [kaɪt] *n* -1. [toy] cerf-volant *m*. -2. [bird] milan *m*.

Kite mark *n Br* ≃ NF (*conforme aux normes françaises de sécurité*).

kith [kɪθ] *n*: **~ and kin** parents et amis *mpl*.

kitsch [kɪtʃ] *n* kitsch *m inv*.

kitten ['kɪtn] *n* chaton *m*.

kitty ['kɪtɪ] (*pl* -ies) *n* [shared fund] cagnotte *f*.

kiwi ['kiːwiː] *n* -1. [bird] kiwi *m*, aptéryx *m*. -2. *inf* [New Zealander] Néo-Zélandais *m*, -e *f*.

kiwi fruit *n* kiwi *m*.

KKK *abbr of* Ku Klux Klan.

klaxon ['klæksn] *n* sirène *f*.

Kleenex® ['kliːneks] *n* Kleenex® *m*.

kleptomaniac [,kleptə'meɪnɪæk] *n* kleptomane *mf*.

km (*abbr of* kilometre) km.

km/h (*abbr of* kilometres per hour) km/h.

knack [næk] *n*: **to have a** OR **the ~** (**for doing sthg**) avoir le coup (pour faire qqch).

knacker ['nækəʳ] *Br* ◇ *n* [horse slaughterer] équarrisseur *m*. ◇ *vt v inf* épuiser.

knackered ['nækəd] *adj Br v inf* crevé(e), claqué(e).

knapsack ['næpsæk] *n* sac *m* à dos.

knave [neɪv] *n* [in cards] valet *m*.

knead [niːd] *vt* pétrir.

knee [niː] *n* genou *m*; **to be on one's ~s** être à genoux; *fig* être sur les genoux; **to bring sb to their ~s** *fig* faire capituler qqn.

kneecap ['niːkæp] *n* rotule *f*.

knee-deep *adj*: **we were ~ in snow/water** la neige/l'eau nous arrivait jusqu'aux genoux.

knee-high *adj* à hauteur de genou.

kneel [niːl] (*Br pt & pp* knelt, *Am pt & pp* knelt OR -ed) *vi* se mettre à genoux, s'agenouiller.
◆ **kneel down** *vi* se mettre à genoux, s'agenouiller.

knee-length *adj* [skirt] qui arrive aux genoux; [boots] qui montent jusqu'aux genoux.

knees-up *n Br inf* fête *f*.

knell [nel] *n* glas *m*.

knelt [nelt] *pt & pp →* kneel.

knew [njuː] *pt →* know.

knickers ['nɪkəz] *npl* -1. *Br* [underwear] culotte *f*. -2. *Am* [knickerbockers] pantalon *m* de golf.

knick-knack ['nɪknæk] *n* babiole *f*, bibelot *m*.

knife [naɪf] (*pl* knives) ◇ *n* couteau *m*. ◇ *vt* donner un coup de couteau à, poignarder.

knifing ['naɪfɪŋ] *n* bagarre *f* au couteau.

knight [naɪt] ◇ *n* -1. [in history, member of nobility] chevalier *m*. -2. [in chess] cavalier *m*. ◇ *vt* faire chevalier.

knighthood ['naɪthʊd] *n* titre *m* de chevalier.

knit [nɪt] (*pt & pp* knit OR -ted, *cont* -ting) ◇ *adj*: **closely** OR **tightly ~** *fig* très uni(e). ◇ *vt* tricoter. ◇ *vi* -1. [with wool] tricoter. -2. [broken bones] se souder.

knitted ['nɪtɪd] *adj* tricoté(e).

knitting ['nɪtɪŋ] *n* (*U*) tricot *m*.

knitting machine *n* machine *f* à tricoter.

knitting needle *n* aiguille *f* à tricoter.

knitting pattern *n* modèle *m* (de tricot).

knitwear ['nɪtweəʳ] *n* (*U*) tricots *mpl*.

knives [naɪvz] *pl →* knife.

knob [nɒb] *n* -1. [on door] poignée *f*, bouton *m*; [on drawer] poignée; [on bedstead] pomme *f*. -2. [on TV, radio etc] bouton *m*.

knobbly *Br* ['nɒblɪ] (*compar* -ier, *superl* -iest), **knobby** *Am* ['nɒbɪ] (*compar* -ier, *superl* -iest) *adj* noueux(euse).

knock [nɒk] ◇ *n* -1. [hit] coup *m*. -2. *inf* [piece of bad luck] coup *m* dur. ◇ *vt* -1. [hit] frapper, cogner; **to ~ a hole in a wall** faire un trou dans un mur; **to ~ a nail into a wall** enfoncer un clou dans un mur; **to ~ sb/sthg over** renverser qqn/qqch. -2. *inf* [criticize] critiquer, dire du mal de. ◇ *vi* -1. [on door]: **to ~ (at** OR **on)** frapper (à). -2. [car engine] cogner, avoir des ratés.
◆ **knock about, knock around** *inf* ◇ *vt sep* tabasser. ◇ *vi* -1. [travel] bourlinguer. -2. [spend time]: **to ~ about with sb** fréquenter qqn.
◆ **knock back** *vt sep inf* [drink] s'enfiler.

◆ **knock down** *vt sep* -1. [subj: car, driver] renverser. -2. [building] démolir. -3. [price] (faire) baisser.

◆ **knock off** ◇ *vt sep* -1. [money]: to ~ £5 off faire un rabais de 5 livres. -2. *Br inf* [steal] chiper, piquer. ◇ *vi inf* [stop working] finir son travail OR sa journée.

◆ **knock out** *vt sep* -1. [make unconscious] assommer. -2. [from competition] éliminer.

◆ **knock up** ◇ *vt sep* [meal, report] préparer OR faire en vitesse; [structure] construire à la va-vite. ◇ *vi* TENNIS faire des balles.

knocker ['nɒkəʳ] *n* [on door] heurtoir *m*.

knocking ['nɒkɪŋ] *n* (U) -1. [on door etc] coups *mpl*. -2. *inf* [criticism] critique *f*, critiques *fpl*.

knock-kneed [-niːd] *adj* cagneux(euse), qui a les genoux cagneux.

knock-on effect *n Br* réaction *f* en chaîne.

knockout ['nɒkaʊt] *n* knock-out *m*, K.-O. *m*.

knockout competition *n Br* compétition *f* avec éliminatoires.

knock-up *n* TENNIS: to have a ~ faire des balles.

knot [nɒt] (*pt & pp* -ted, *cont* -ting) ◇ *n* -1. [gen] nœud *m*; to tie/untie a ~ faire/défaire un nœud. -2. [of people] petit attroupement *m*. ◇ *vt* nouer, faire un nœud à.

knotted ['nɒtɪd] *adj* noué(e).

knotty ['nɒtɪ] (*compar* -ier, *superl* -iest) *adj fig* épineux(euse).

know [nəʊ] (*pt* knew, *pp* known) ◇ *vt* -1. [gen] savoir; [language] savoir parler; to ~ (that) ... savoir que ...; to let sb ~ (about sthg) faire savoir (qqch) à qqn, informer qqn (de qqch); to ~ how to do sthg savoir faire qqch; to get to ~ sthg apprendre qqch. -2. [person, place] connaître; to get to ~ sb apprendre à mieux connaître qqn. ◇ *vi* savoir; to ~ of sthg connaître qqch; to ~ about [be aware of] être au courant de; [be expert in] s'y connaître en; God OR Heaven ~s! Dieu seul le sait!; he ought to have known better il aurait dû réfléchir. ◇ *n*: to be in the ~ être au courant.

know-all *n Br* (monsieur) je-sais-tout *m*, (madame) je-sais-tout *f*.

know-how *n* savoir-faire *m*, technique *f*.

knowing ['nəʊɪŋ] *adj* [smile, look] entendu(e).

knowingly ['nəʊɪŋlɪ] *adv* -1. [smile, look] d'un air entendu. -2. [intentionally] sciemment.

know-it-all = **know-all**.

knowledge ['nɒlɪdʒ] *n* (U) -1. [gen] connaissance *f*; it's common ~ that ... tout le monde sait que ...; without my ~ à mon insu; to my ~ à ma connaissance; to the best of my ~ à ma connaissance, autant que je sache. -2. [learning, understanding] savoir *m*, connaissances *fpl*.

knowledgeable ['nɒlɪdʒəbl] *adj* bien informé(e).

known [nəʊn] ◇ *pp* → **know**. ◇ *adj* connu(e).

knuckle ['nʌkl] *n* -1. ANAT articulation *f* OR jointure *f* du doigt. -2. [of meat] jarret *m*.

◆ **knuckle down** *vi* s'y mettre, se mettre au travail; to ~ down to sthg/to doing sthg se mettre sérieusement à qqch/a faire qqch.

◆ **knuckle under** *vi* céder, capituler.

knuckle-duster *n* coup-de-poing *m* américain.

KO (*abbr of* knock-out) *n* K.-O. *m*.

koala (bear) [kəʊ'ɑːlə-] *n* koala *m*.

kook [kuːk] *n Am inf* fou *m*, folle *f*, dingue *mf*.

kooky ['kuːkɪ] (*compar* -ier, *superl* -iest) *adj Am inf* fêlé(e), dingue.

Koran [kɒ'rɑːn] *n*: the ~ le Coran.

Korea [kə'rɪə] *n* Corée *f*; in ~ en Corée.

Korean [kə'rɪən] ◇ *adj* coréen(enne). ◇ *n* -1. [person] Coréen *m*, -enne *f*. -2. [language] coréen *m*.

kosher ['kəʊʃəʳ] *adj* -1. [meat] kasher (*inv*). -2. *inf* [reputable] O.K. (*inv*), réglo (*inv*).

Koweit = **Kuwait**.

kowtow [ˌkaʊ'taʊ] *vi*: to ~ (to sb) faire des courbettes (à OR devant qqn).

Krakow = **Cracow**.

Kremlin ['kremlɪn] *n*: the ~ le Kremlin.

KS *abbr of* **Kansas**.

KT *abbr of* **Knight**.

Kuala Lumpur [ˌkwɑːlə'lʊmˌpʊəʳ] *n* Kuala Lumpur.

kudos ['kjuːdɒs] *n* prestige *m*, gloire *f*.

Ku Klux Klan [kuːklʌks'klæn] *n*: the ~ le Ku Klux Klan.

kumquat ['kʌmkwɒt] *n* kumquat *m*.

kung fu [ˌkʌŋ'fuː] *n* kung-fu *m*.

Kurd [kɜːd] *n* Kurde *mf*.

Kurdish ['kɜːdɪʃ] *adj* kurde.

Kurdistan [ˌkɜːdɪ'stɑːn] *n* Kurdistan *m*; in ~ au Kurdistan.

Kuwait [kʊ'weɪt], **Koweit** [kəʊ'weɪt] *n* -1. [country] Koweït *m*; in ~ au Koweït. -2. [city] Koweït City.

Kuwaiti [ku'weɪtɪ] ◇ *adj* koweïtien(ienne). ◇ *n* Koweïtien *m*, -ienne *f*.

kW (*abbr of* **kilowatt**) kW.

KY *abbr of* **Kentucky**.

l¹ (*pl* **l's** OR **ls**), **L** (*pl* **L's** OR **Ls**) [el] *n* [letter] l *m inv*, L *m inv*.

◆ **L** -**1**. *abbr of* **lake**. -**2**. *abbr of* **large**. -**3**. (*abbr of* **left**) g. -**4**. *abbr of* **learner**.

L:
En Grande-Bretagne, la lettre 'L' apposée sur l'arrière d'un véhicule indique que le conducteur n'a pas encore son permis mais qu'il est en conduite accompagnée

---

l² (*abbr of* **litre**) l.

la [lɑː] *n* MUS la *m*.

La *abbr of* **Louisiana**.

LA -**1**. *abbr of* **Los Angeles**. -**2**. *abbr of* **Louisiana**.

L.A. (*abbr of* **Los Angeles**) *n* Los Angeles.

lab [læb] *n* *inf* labo *m*.

label ['leɪbl] (*Br pt* & *pp* **-led**, *cont* **-ling**, *Am pt* & *pp* **-ed**, *cont* **-ing**) ◇ *n* -**1**. [identification] étiquette *f*. -**2**. [of record] label *m*, maison *f* de disques. ◇ *vt* -**1**. [fix label to] étiqueter. -**2**. [describe]: **to ~ sb (as)** cataloguer OR étiqueter qqn (comme).

labor *etc Am* = **labour** *etc*.

laboratory [*Br* lə'bɒrətrɪ, *Am* 'læbrə,tɔːrɪ] (*pl* **-ies**) ◇ *n* laboratoire *m*. ◇ *comp* de laboratoire.

Labor Day *n* fête du travail américaine (*premier lundi de septembre*).

laborious [lə'bɔːrɪəs] *adj* laborieux(ieuse).

labor union *n* *Am* syndicat *m*.

labour *Br*, **labor** *Am* ['leɪbər] ◇ *n* -**1**. [gen & MED] travail *m*; **she went into ~** MED le travail a commencé. -**2**. [workers, work carried out] main d'œuvre *f*. ◇ *vt*: **there's no need to ~ the point** pas besoin de s'appesantir là-dessus. ◇ *vi* travailler dur; **to ~ at** OR **over** peiner sur; **to ~ under a delusion** se faire des illusions OR des idées; **to ~ under a misapprehension** être dans l'erreur.

◆ **Labour** POL ◇ *adj* travailliste. ◇ *n* (*U*) *Br* les travaillistes *mpl*.

labour camp *n* camp *m* de travaux forcés.

labour costs *npl* coûts *mpl* de la main-d'œuvre.

laboured *Br*, **labored** *Am* ['leɪbəd] *adj* [breathing] pénible; [style] lourd(e), laborieux(ieuse).

labourer *Br*, **laborer** *Am* ['leɪbərər] *n* travailleur manuel *m*, travailleuse manuelle *f*; [agricultural] ouvrier agricole *m*, ouvrière agricole *f*.

labour force *n* main-d'œuvre *f*.

labour-intensive *adj* à forte main d'œuvre.

labour market *n* marché *m* du travail.

labour of love *n* tâche *f* effectuée par plaisir.

labour pains *npl* douleurs *fpl* de l'accouchement.

Labour Party *n* *Br*: **the ~** le parti travailliste.

labour relations *npl* relations *fpl* entre employeurs et employés.

laboursaving *Br*, **laborsaving** *Am* ['leɪbə,seɪvɪŋ] *adj*: **~ device** appareil *m* ménager.

Labrador ['læbrədɔːr] *n* -**1**. [dog] labrador *m*. -**2**. GEOGR Labrador *m*.

labyrinth ['læbərɪnθ] *n* labyrinthe *m*.

lace [leɪs] ◇ *n* -**1**. [fabric] dentelle *f*. -**2**. [of shoe etc] lacet *m*. ◇ *comp* en OR de dentelle. ◇ *vt* -**1**. [shoe etc] lacer. -**2**. [drink] verser de l'alcool dans.

◆ **lace up** *vt sep* lacer.

lacemaking ['leɪs,meɪkɪŋ] *n* fabrication *f* de (la) dentelle.

laceration [,læsə'reɪʃn] *n* lacération *f*.

lace-up ◇ *adj* [shoes] à lacets. ◇ *n* *Br* chaussure *f* à lacets.

lack [læk] ◇ *n* manque *m*; **for** OR **through ~ of** par manque de; **no ~ of** bien assez de. ◇ *vt* manquer de. ◇ *vi*: **to be ~ing in sthg** manquer de qqch; **to be ~ing** manquer, faire défaut.

lackadaisical [,lækə'deɪzɪkl] *adj* *pej* nonchalant(e).

lackey ['lækɪ] (*pl* **lackeys**) *n* *pej* larbin *m*.

lacklustre *Br*, **lackluster** *Am* ['læk,lʌstər] *adj* terne.

laconic [lə'kɒnɪk] *adj* laconique.

lacquer ['lækər] ◇ *n* [for wood] vernis *m*, laque *f*; [for hair] laque *f*. ◇ *vt* laquer.

lacrosse [lə'krɒs] *n* crosse *f*.

lactic acid ['læktɪk-] *n* acide *m* lactique.

lacy ['leɪsɪ] (*compar* **-ier**, *superl* **-iest**) *adj* de OR en dentelle.

lad [læd] *n* **-1.** *inf* [boy] garçon *m*, gars *m*. **-2.** *Br* [stable boy] lad *m*.

ladder ['lædər] ◇ *n* **-1.** [for climbing] échelle *f*. **-2.** *Br* [in tights] maille *f* filée, estafilade *f*. ◇ *vt* & *vi Br* [tights] filer.

laden ['leɪdn] *adj*: ~ **(with)** chargé(e) (de).

la-di-da [,lɑːdɪ'dɑː] *adj inf pej* maniéré(e).

ladies *Br* ['leɪdɪz], **ladies' room** *Am n* toilettes *fpl* (pour dames).

lading ['leɪdɪŋ] → **bill of lading**.

ladle ['leɪdl] ◇ *n* louche *f*. ◇ *vt* servir (à la louche).

lady ['leɪdɪ] (*pl* **-ies**) ◇ *n* **-1.** [gen] dame *f*. **-2.** *Am inf* [to address woman] ma petite dame. ◇ *comp*: **a ~ doctor** une femme docteur.
◆ **Lady** *n* Lady *f*; **Our Lady** Notre-Dame *f*.

ladybird *Br* ['leɪdɪbɜːd], **ladybug** *Am* ['leɪdɪbʌg] *n* coccinelle *f*.

lady-in-waiting [-'weɪtɪŋ] (*pl* **ladies-in-waiting**) *n* dame *f* d'honneur.

lady-killer *n inf* bourreau *m* des cœurs, don Juan *m*.

ladylike ['leɪdɪlaɪk] *adj* distingué(e).

Ladyship ['leɪdɪʃɪp] *n*: **her/your ~** Madame la baronne/la duchesse *etc*.

lag [læg] (*pt* & *pp* **-ged**, *cont* **-ging**) ◇ *vi*: **to ~ (behind)** [person, runner] traîner; [economy, development] être en retard, avoir du retard. ◇ *vt* [roof, pipe] calorifuger. ◇ *n* [timelag] décalage *m*.

lager ['lɑːgər] *n* (bière *f*) blonde *f*.

lager lout *n Br* jeune qui, sous l'influence de l'alcool, cherche la bagarre ou commet des actes de vandalisme.

lagging ['lægɪŋ] *n* calorifuge *m*.

lagoon [lə'guːn] *n* lagune *f*.

Lagos ['leɪgɒs] *n* Lagos.

lah-di-dah = **la-di-da**.

laid [leɪd] *pt* & *pp* → **lay**.

laid-back *adj inf* relaxe, décontracté(e).

lain [leɪn] *pp* → **lie**.

lair [leər] *n* repaire *m*, antre *m*.

laissez-faire ['leɪseɪ'feər] ◇ *adj* non-interventionniste. ◇ *n* non-interventionnisme *m*.

laity ['leɪətɪ] *n* RELIG: **the ~** les laïcs *mpl*.

lake [leɪk] *n* lac *m*.

Lake District *n*: **the ~** la région des lacs (*au nord-ouest de l'Angleterre*).

Lake Geneva *n* le lac Léman OR de Genève.

lakeside ['leɪksaɪd] *adj* au bord de l'eau.

lama ['lɑːmə] (*pl* **-s**) *n* lama *m*.

lamb [læm] *n* agneau *m*.

lambast [læm'bæst], **lambaste** [læm'beɪst] *vt* démolir.

lamb chop *n* côtelette *f* d'agneau.

lambing ['læmɪŋ] *n* agnelage *m*.

lambskin ['læmskɪn] *n* agneau *m*, peau *f* d'agneau.

lambswool ['læmzwʊl] ◇ *n* lambswool *m*. ◇ *comp* en lambswool, en laine d'agneau.

lame [leɪm] *adj lit* & *fig* boiteux(euse).

lamé ['lɑːmeɪ] *n* lamé *m*.

lame duck *n* **-1.** *fig* [person, business] canard *m* boiteux. **-2.** *Am* [President] *président non réélu, pendant la période séparant l'élection de l'investiture de son successeur*.

lamely ['leɪmlɪ] *adv* [argue, lie etc] maladroitement.

lament [lə'ment] ◇ *n* lamentation *f*. ◇ *vt* se lamenter sur.

lamentable ['læməntəbl] *adj* lamentable.

laminated ['læmɪneɪtɪd] *adj* [wood] stratifié(e); [glass] feuilleté(e); [steel] laminé(e).

lamp [læmp] *n* lampe *f*.

lamplight ['læmplaɪt] *n* lumière *f* de la lampe.

lampoon [læm'puːn] ◇ *n* satire *f*. ◇ *vt* faire la satire de.

lamppost ['læmppəʊst] *n* réverbère *m*.

lampshade ['læmpʃeɪd] *n* abat-jour *m*.

lance [lɑːns] ◇ *n* lance *f*. ◇ *vt* [boil] percer.

lance corporal *n* caporal *m*.

lancet ['lɑːnsɪt] *n* bistouri *m*, lancette *f*.

Lancs [læŋks] (*abbr of* **Lancashire**) comté anglais.

land [lænd] ◇ *n* **-1.** [solid ground] terre *f* (ferme); [farming ground] terre, terrain *m*. **-2.** [property] terres *fpl*, propriété *f*. **-3.** [nation] pays *m*. ◇ *vt* **-1.** [from ship, plane] débarquer. **-2.** [catch - fish] prendre. **-3.** [plane] atterrir. **-4.** *inf* [obtain] décrocher. **-5.** *inf* [place]: **to ~ sb in trouble** attirer des ennuis à qqn; **to be ~ed with sthg** se coltiner qqch. ◇ *vi* **-1.** [plane] atterrir. **-2.** [fall] tomber. **-3.** [from ship] débarquer.
◆ **land up** *vi inf* atterrir.

landed gentry ['lændɪd-] *npl* noblesse *f* de province.

landing ['lændɪŋ] *n* **-1.** [of stairs] palier *m*. **-2.** AERON atterrissage *m*. **-3.** [of goods from ship] débarquement *m*.

landing card *n* carte *f* de débarquement.

landing craft *n* péniche *f* de débarquement.

landing gear *n* (*U*) train *m* d'atterrissage.

landing stage n débarcadère m.

landing strip n piste f d'atterrissage.

landlady ['lænd,leɪdɪ] (pl -ies) n [living in] logeuse f; [owner] propriétaire f.

landlocked ['lændlɒkt] adj sans accès à la mer.

landlord ['lændlɔːd] n -1. [of rented property] propriétaire m. -2. [of pub] patron m.

landmark ['lændmɑːk] n point m de repère; fig événement m marquant.

landmine ['lændmaɪn] n mine f (terrestre).

landowner ['lænd,əʊnəʳ] n propriétaire foncier m, propriétaire foncière f.

Land Rover® [-rəʊvəʳ] n Land Rover® f.

landscape ['lændskeɪp] ◇ n paysage m. ◇ vt concevoir les plans de, aménager.

landscape gardener n (jardinier m) paysagiste mf.

landslide ['lændslaɪd] ◇ n -1. [of earth] glissement m de terrain; [of rocks] éboulement m. -2. fig [election victory] victoire f écrasante.

landslip ['lændslɪp] n glissement m de terrain.

lane [leɪn] n -1. [in country] petite route f, chemin m. -2. [in town] ruelle f. -3. [for traffic] voie f; "keep in ~" «ne changez pas de file». -4. AERON & SPORT couloir m. -5. [for shipping] route f de navigation.

language ['læŋgwɪdʒ] n -1. [of people, country] langue f. -2. [terminology, ability to speak] langage m.

language laboratory n laboratoire m de langues.

languid ['læŋgwɪd] adj indolent(e).

languish ['læŋgwɪʃ] vi languir.

languorous ['læŋgərəs] adj literary langoureux(euse).

lank [læŋk] adj terne.

lanky ['læŋkɪ] (compar -ier, superl -iest) adj dégingandé(e).

lanolin(e) ['lænəlɪn] n lanoline f.

lantern ['læntən] n lanterne f.

Laos [laʊs] n Laos m; in ~ au Laos.

Laotian ['laʊʃn] ◇ adj laotien(ienne). ◇ n -1. [person] Laotien m, -ienne f. -2. [language] laotien m.

lap [læp] (pt & pp -ped, cont -ping) ◇ n -1. [of person]: on sb's ~ sur les genoux de qqn. -2. [of race] tour m de piste. ◇ vt -1. [subj: animal] laper. -2. [in race] prendre un tour d'avance sur. ◇ vi [water, waves] clapoter.

◆ **lap up** vt sep -1. [drink] laper. -2. fig [compliments] se gargariser de; [lies] gober, avaler.

laparoscopy [,læpə'rɒskəpɪ] (pl -ies) n laparoscopie f.

La Paz [læ'pæz] n La Paz.

lapdog ['læpdɒg] n petit chien m d'appartement; fig [person] toutou m, caniche m.

lapel [lə'pel] n revers m.

Lapland ['læplænd] n Laponie f; in ~ en Laponie.

Lapp [læp] ◇ adj lapon(e). ◇ n -1. [person] Lapon m, -e f. -2. [language] lapon m.

lapse [læps] ◇ n -1. [failing] défaillance f. -2. [in behaviour] écart m de conduite. -3. [of time] intervalle m, laps m de temps. ◇ vi -1. [passport] être périmé(e); [membership] prendre fin; [tradition] se perdre. -2. [person]: to ~ into bad habits prendre de mauvaises habitudes; to ~ into silence se taire.

lapsed [læpst] adj [Catholic etc] qui ne pratique plus.

lap-top (computer) n (ordinateur m) portable m.

larceny ['lɑːsənɪ] n (U) vol m (simple).

larch [lɑːtʃ] n mélèze m.

lard [lɑːd] n saindoux m.

larder ['lɑːdəʳ] n garde-manger m.

large [lɑːdʒ] adj grand(e); [person, animal, book] gros (grosse).

◆ **at large** adv -1. [as a whole] dans son ensemble. -2. [prisoner, animal] en liberté.

◆ **by and large** adv dans l'ensemble.

largely ['lɑːdʒlɪ] adv en grande partie.

larger-than-life ['lɑːdʒəʳ-] adj exagéré(e).

large-scale adj à grande échelle.

largesse, largess Am [lɑː'dʒes] n (U) largesses fpl.

lark [lɑːk] n -1. [bird] alouette f. -2. inf [joke] blague f; for a ~ pour rigoler.

◆ **lark about** vi s'amuser.

larva ['lɑːvə] (pl -vae [-viː]) n larve f.

laryngitis [,lærɪn'dʒaɪtɪs] n (U) laryngite f.

larynx ['lærɪŋks] (pl larynges OR larynxes) n larynx m.

lasagna, lasagne [lə'zænjə] n (U) lasagnes fpl.

lascivious [lə'sɪvɪəs] adj lascif(ive).

laser ['leɪzəʳ] n laser m.

laser beam n rayon m laser.

laser printer n imprimante f (à) laser.

laser show n spectacle m laser.

lash [læʃ] ◇ n -1. [eyelash] cil m. -2. [with whip] coup m de fouet. ◇ vt -1. [gen] fouetter. -2. [tie] attacher.

◆ **lash out** *vi* **-1.** [physically]: **to ~ out (at** OR **against)** envoyer un coup (à). **-2.** *Br inf* [spend money]: **to ~ out (on sthg)** faire une folie (en s'achetant qqch).

lass [læs] *n* jeune fille *f*.

lasso [læ'suː] (*pl* **-s**, *pt* & *pp* **-ed**, *cont* **-ing**) ◇ *n* lasso *m*. ◇ *vt* attraper au lasso.

last [lɑːst] ◇ *adj* dernier(ière); **~ week/year** la semaine/l'année dernière, la semaine/ l'année passée; **~ night** hier soir; **~ but one** avant-dernier (avant-dernière); **down to the ~ detail/penny** jusqu'au moindre détail/dernier sou.
◇ *adv* **-1.** [most recently] la dernière fois. **-2.** [finally] en dernier, le dernier (la dernière).
◇ *pron*: **the Saturday before ~** pas samedi dernier, mais le samedi d'avant; **the year before ~** il y a deux ans; **the ~ but one** l'avant-dernier *m*, l'avant-dernière *f*; **to leave sthg till ~** faire qqch en dernier.
◇ *n*: **the ~ I saw of him** la dernière fois que je l'ai vu.
◇ *vi* durer; [food] se garder, se conserver; [feeling] persister.
◆ **at (long) last** *adv* enfin.

last-ditch *adj* ultime, désespéré(e).

lasting ['lɑːstɪŋ] *adj* durable.

lastly ['lɑːstlɪ] *adv* pour terminer, finalement.

last-minute *adj* de dernière minute.

last name *n* nom *m* de famille.

last post *n Br* **-1.** [postal collection] dernière levée *f*. **-2.** MIL extinction *f* des feux.

last rites *npl* derniers sacrements *mpl*.

last straw *n*: **it was the ~** cela a été la goutte (d'eau) qui fait déborder le vase.

Last Supper *n*: **the ~** la Cène.

last word *n*: **to have the ~** avoir le dernier mot.

Las Vegas [ˌlæs'veɪgəs] *n* Las Vegas.

latch [lætʃ] ◇ *n* loquet *m*; **on the ~** qui n'est pas fermé à clef. ◇ *vt* fermer au loquet.
◆ **latch onto** *vt fus inf* s'accrocher à.

latchkey ['lætʃkiː] (*pl* **latchkeys**) *n* clef *f* de la porte d'entrée.

late [leɪt] ◇ *adj* **-1.** [not on time]: **to be ~ (for sthg)** être en retard (pour qqch). **-2.** [near end of]: **in ~ December** vers la fin décembre. **-3.** [former] ancien(ienne). **-4.** [dead] feu(e). ◇ *adv* **-1.** [not on time] en retard; **to arrive 20 minutes ~** arriver avec 20 minutes de retard. **-2.** [later than normal] tard; **to work/go to bed ~** travailler/se coucher tard.
◆ **of late** *adv* récemment.

latecomer ['leɪtˌkʌməʳ] *n* retardataire *mf*.

lately ['leɪtlɪ] *adv* ces derniers temps, dernièrement.

lateness ['leɪtnɪs] *n* (*U*) **-1.** [of person, train] retard *m*. **-2.** [of meeting, event] heure *f* tardive.

late-night *adj* [TV programme] programmé(e) à une heure tardive; [shop] ouvert(e) en nocturne.

latent ['leɪtənt] *adj* latent(e).

later ['leɪtəʳ] ◇ *adj* [date] ultérieur(e); [edition] postérieur(e); **in ~ life** plus tard (dans la vie). ◇ *adv*: **~ (on)** plus tard.

lateral ['lætərəl] *adj* latéral(e).

latest ['leɪtɪst] ◇ *adj* dernier(ière). ◇ *n*: **at the ~** au plus tard.

latex ['leɪteks] *n* latex *m*.

lath [lɑːθ] *n* latte *f*.

lathe [leɪð] *n* tour *m*.

lather ['lɑːðəʳ] ◇ *n* mousse *f* (de savon). *vt* savonner. ◇ *vi* mousser.

Latin ['lætɪn] ◇ *adj* latin(e). ◇ *n* [language] latin *m*.

Latin America *n* Amérique *f* latine; **in ~** en Amérique latine.

Latin American ◇ *adj* latino-américain(e). ◇ *n* [person] Latino-Américain *m*, -e *f*.

latitude ['lætɪtjuːd] *n* latitude *f*.

latrine [lə'triːn] *n* latrines *fpl*.

latter ['lætəʳ] ◇ *adj* **-1.** [later] dernier(ière). **-2.** [second] deuxième. ◇ *n*: **the ~** celui-ci (celle-ci), ce dernier (cette dernière).

latter-day *adj* moderne.

latterly ['lætəlɪ] *adv* récemment.

lattice ['lætɪs] *n* treillis *m*, treillage *m*.

lattice window *n* fenêtre *f* treillagée.

Latvia ['lætvɪə] *n* Lettonie *f*; **in ~** en Lettonie.

Latvian ['lætvɪən] ◇ *adj* letton(onne). ◇ *n* **-1.** [person] Letton *m*, -onne *f*. **-2.** [language] letton *m*.

laudable ['lɔːdəbl] *adj* louable.

laugh [lɑːf] ◇ *n* rire *m*; **we had a good ~** *inf* on a bien rigolé, on s'est bien amusé; **to do sthg for ~s** OR **a ~** *inf* faire qqch pour rire OR rigoler; **they had the last ~** finalement, ce sont eux qui ont bien ri. ◇ *vi* rire.
◆ **laugh at** *vt fus* [mock] se moquer de, rire de.
◆ **laugh off** *vt sep* tourner en plaisanterie.

laughable ['lɑːfəbl] *adj* ridicule, risible.

laughing gas ['lɑːfɪŋ-] *n* gaz *m* hilarant.

laughingstock ['lɑːfɪŋstɒk] *n* risée *f*.

laughter ['lɑːftəʳ] *n* (*U*) rire *m*, rires *mpl*.

launch [lɔːntʃ] ◇ *n* **-1.** [gen] lancement *m*. **-2.** [boat] chaloupe *f*. ◇ *vt* lancer.
◆ **launch into** *vt fus* se lancer dans.
launching ['lɔːntʃɪŋ] *n* lancement *m*.
launch(ing) pad *n* pas *m* de tir.
launder ['lɔːndəʳ] *vt lit & fig* blanchir.
laund(e)rette [lɔːn'dret], **Laundromat®** *Am* ['lɔːndrəmæt] *n* laverie *f* automatique.
laundry ['lɔːndrɪ] (*pl* **-ies**) *n* **-1.** (*U*) [clothes] lessive *f*. **-2.** [business] blanchisserie *f*. **-3.** [room] buanderie *f*.
laundry basket *n* panier *m* à linge.
laureate ['lɔːrɪət] → **poet laureate**.
laurels ['lɒrəlz] *npl*: **to rest on one's ~** se reposer sur ses lauriers.
Lautro ['lautrəu] (*abbr of* **Life Assurance and Unit Trust Regulatory Organization**) *n organisme britannique contrôlant les activités de compagnies d'assurance-vie et de SICAV.*
lava ['lɑːvə] *n* lave *f*.
lavatory ['lævətrɪ] (*pl* **-ies**) *n* toilettes *fpl*.
lavatory paper *n Br* papier *m* hygiénique.
lavender ['lævəndəʳ] ◇ *adj* [colour] (bleu) lavande (*inv*). ◇ *n* [plant] lavande *f*.
lavish ['lævɪʃ] ◇ *adj* **-1.** [generous] généreux(euse); **to be ~ with** être prodigue de. **-2.** [sumptuous] somptueux(euse). ◇ *vt*: **to ~ sthg on sb** prodiguer qqch à qqn.
lavishly ['lævɪʃlɪ] *adv* **-1.** [generously] généreusement. **-2.** [sumptuously] somptueusement.
law [lɔː] ◇ *n* **-1.** [gen] loi *f*; **against the ~** contraire à la loi, illégal(e); **to break the ~** enfreindre OR transgresser la loi; **~ and order** ordre *m* public; **to lay down the ~** *pej* faire la loi; **the ~ of the jungle** la loi de la jungle. **-2.** JUR droit *m*. **-3.** *inf* [police]: **the ~** les flics *mpl*. ◇ *comp* [student, degree] en droit.
law-abiding *adj* respectueux(euse) des lois.
law-breaker *n* personne *f* qui enfreint OR transgresse les lois.
law court *n* tribunal *m*, cour *f* de justice.
lawful ['lɔːfʊl] *adj* légal(e).
lawfully ['lɔːfʊlɪ] *adv* légalement.
lawless ['lɔːlɪs] *adj* **-1.** [illegal] contraire à la loi, illégal(e). **-2.** [without laws] sans loi.
Law Lords *npl Br* JUR: **the ~** les juges *mpl* de la Chambre des Lords.
lawmaker ['lɔː,meɪkəʳ] *n* législateur *m*, -trice *f*.
lawn [lɔːn] *n* pelouse *f*, gazon *m*.
lawnmower ['lɔːn,məʊəʳ] *n* tondeuse *f* à gazon.

lawn party *n Am* garden-party *f*.
lawn tennis *n* tennis *m*.
law school *n* faculté *f* de droit.
lawsuit ['lɔːsuːt] *n* procès *m*.
lawyer ['lɔːjəʳ] *n* [in court] avocat *m*; [of company] conseiller *m* juridique; [for wills, sales] notaire *m*.
lax [læks] *adj* relâché(e).
laxative ['læksətɪv] *n* laxatif *m*.
laxity ['læksətɪ], **laxness** ['læksnɪs] *n* relâchement *m*.
lay [leɪ] (*pt & pp* **laid**) ◇ *pt* → **lie**. ◇ *vt* **-1.** [gen] poser, mettre; *fig*: **to ~ the blame for sthg on sb** rejeter la responsabilité de qqch sur qqn. **-2.** [trap, snare] tendre, dresser; [plans] faire; **to ~ the table** mettre la table OR le couvert. **-3.** [egg] pondre. ◇ *adj* **-1.** RELIG laïque. **-2.** [untrained] profane.
◆ **lay aside** *vt sep* mettre de côté.
◆ **lay before** *vt sep*: **to ~ sthg before sb** [proposal] présenter OR soumettre qqch à qqn.
◆ **lay down** *vt sep* **-1.** [guidelines, rules] imposer, stipuler. **-2.** [put down] déposer.
◆ **lay into** *vt fus inf* attaquer.
◆ **lay off** ◇ *vt sep* [make redundant] licencier. ◇ *vt fus inf* **-1.** [leave alone] ficher la paix à. **-2.** [give up] arrêter.
◆ **lay on** *vt sep Br* [provide, supply] organiser.
◆ **lay out** *vt sep* **-1.** [arrange] arranger, disposer. **-2.** [design] concevoir.
◆ **lay over** *vi Am* faire escale.
layabout ['leɪəbaut] *n Br inf* fainéant *m*, -e *f*.
lay-by (*pl* **lay-bys**) *n Br* aire *f* de stationnement.
lay days *npl* starie *f*, jours *mpl* de planche.
layer ['leɪəʳ] *n* couche *f*; *fig* [level] niveau *m*.
layette [leɪ'et] *n* layette *f*.
layman ['leɪmən] (*pl* **-men** [-men]) *n* **-1.** [untrained person] profane *m*. **-2.** RELIG laïc *m*.
lay-off *n* licenciement *m*.
layout ['leɪaut] *n* [of office, building] agencement *m*; [of garden] plan *m*; [of page] mise *f* en page.
layover ['leɪəʊvəʳ] *n Am* escale *f*.
laze [leɪz] *vi*: **to ~ (about OR around)** paresser.
lazily ['leɪzɪlɪ] *adv* paresseusement, avec nonchalance.
laziness ['leɪzɪnɪs] *n* paresse *f*.
lazy ['leɪzɪ] (*compar* **-ier**, *superl* **-iest**) *adj* [person] paresseux(euse), fainéant(e); [action] nonchalant(e).
lazybones ['leɪzɪbəʊnz] (*pl inv*) *n* paresseux *m*, -euse *f*, fainéant *m*, -e *f*.

lb (*abbr of* **pound**) *livre (unité de poids).*
LB *abbr of* **Labrador.**
lbw (*abbr of* **leg before wicket**) *au cricket, faute d'un joueur qui met une jambe devant le guichet.*
lc (*abbr of* **lower case**) bdc.
L/C *abbr of* **letter of credit.**
LCD (*abbr of* **liquid crystal display**) *n affichage à cristaux liquides.*
Ld *abbr of* **Lord.**
L-driver [led-] *n Br* conducteur *m* débutant, conductrice débutante *f* (*qui n'a pas encore son permis*).
LDS *n* (*abbr of* **Licentiate in Dental Surgery**) diplômé en chirurgie dentaire.
LEA (*abbr of* **local education authority**) *n services régionaux de l'enseignement en Grande-Bretagne.*
lead¹ [li:d] (*pt & pp* **led**) ◇ *n* **-1.** [winning position]: **to be in** OR **have the ~** mener, être en tête. **-2.** [amount ahead]: **to have a ~ of ...** devancer de .... **-3.** [initiative, example] initiative *f*, exemple *m*; **to take the ~** montrer l'exemple. **-4.** THEATRE: **the ~** le rôle principal. **-5.** [clue] indice *m*. **-6.** [for dog] laisse *f*. **-7.** [wire, cable] câble *m*, fil *m*.
◇ *adj* [role etc] principal(e); **~ singer** chanteur *m*; **-euse** *f*.
◇ *vt* **-1.** [be at front of] mener, être à la tête de. **-2.** [guide] guider, conduire. **-3.** [be in charge of] être à la tête de, diriger. **-4.** [organize - protest etc] mener, organiser; **to ~ the way** *lit & fig* ouvrir la marche. **-5.** [life] mener. **-6.** [cause]: **to ~ sb to do sthg** inciter OR pousser qqn à faire qqch.
◇ *vi* **-1.** [path, cable etc] mener, conduire. **-2.** [give access]: **to ~ to/into** donner sur, donner accès à. **-3.** [in race, match] mener. **-4.** [result in]: **to ~ to sthg** aboutir à qqch, causer qqch.
◆ **lead off** ◇ *vt fus* [subj: door, room] donner sur. ◇ *vi* **-1.** [road, corridor]: **to ~ off (from)** partir (de). **-2.** [begin] commencer.
◆ **lead up to** *vt fus* **-1.** [precede] conduire à, aboutir à. **-2.** [build up to] amener.
lead² [led] ◇ *n* plomb *m*; [in pencil] mine *f*. ◇ *comp* en OR de plomb.
leaded ['ledɪd] *adj* [petrol] au plomb; [window] à petits carreaux.
leaden ['ledn] *adj* **-1.** *literary* [sky] de plomb. **-2.** *fig* [very dull] mortellement ennuyeux(euse).
leader ['li:dər] *n* **-1.** [head, chief] chef *m*; POL leader *m*. **-2.** [in race, competition] premier *m*, -ière *f*. **-3.** *Br* PRESS éditorial *m*.
leadership ['li:dəʃɪp] *n* **-1.** [people in charge]: **the ~** les dirigeants *mpl*. **-2.** [posi-

tion of leader] direction *f*. **-3.** [qualities of leader] qualités *fpl* de chef.
lead-free [led-] *adj* sans plomb.
leading ['li:dɪŋ] *adj* **-1.** [most important] principal(e). **-2.** [main]: **~ part** OR **role** THEATRE rôle *m* principal; *fig* rôle prépondérant. **-3.** [at front] de tête.
leading article *n Br* éditorial *m*.
leading lady *n* vedette *f*, premier rôle *m* féminin.
leading light *n* personnage *m* très important OR influent.
leading man *n* premier rôle *m* masculin.
leading question *n* question *f* insidieuse.
lead pencil [led-] *n* crayon *m* à mine de plomb OR à papier.
lead poisoning [led-] *n* saturnisme *m*.
lead time [li:d-] *n* COMM délai *m* de livraison.
leaf [li:f] (*pl* **leaves**) *n* **-1.** [of tree, plant] feuille *f*. **-2.** [of table - hinged] abattant *m*; [- pull-out] rallonge *f*. **-3.** [of book] feuille *f*, page *f*.
◆ **leaf through** *vt fus* [magazine etc] parcourir, feuilleter.
leaflet ['li:flɪt] ◇ *n* prospectus *m*. ◇ *vt* [area] distribuer des prospectus dans.
leafy ['li:fɪ] (*compar* -ier, *superl* -iest) *adj* feuillu(e); [suburb, lane] planté(e) d'arbres.
league [li:g] *n* ligue *f*; SPORT championnat *m*; **to be in ~ with** être de connivence avec.
league table *n* classement *m* du championnat.
leak [li:k] ◇ *n lit & fig* fuite *f*. ◇ *vt fig* [secret, information] divulguer. ◇ *vi* fuir.
◆ **leak out** *vi* **-1.** [liquid] fuir. **-2.** *fig* [secret, information] transpirer, être divulgué(e).
leakage ['li:kɪdʒ] *n* fuite *f*.
leaky ['li:kɪ] (*compar* -ier, *superl* -iest) *adj* qui fuit.
lean [li:n] (*pt & pp* **leant** OR **-ed**) ◇ *adj* **-1.** [slim] mince. **-2.** [meat] maigre. **-3.** *fig* [month, time] mauvais(e). ◇ *vt* [rest]: **to ~ sthg against** appuyer qqch contre, adosser qqch à. ◇ *vi* **-1.** [bend, slope] se pencher. **-2.** [rest]: **to ~ on/against** s'appuyer sur/contre.
leaning ['li:nɪŋ] *n*: **~ (towards)** penchant *m* (pour).
leant [lent] *pt & pp* → **lean.**
lean-to (*pl* **lean-tos**) *n* appentis *m*.
leap [li:p] (*pt & pp* **leapt** OR **-ed**) ◇ *n lit & fig* bond *m*. ◇ *vi* **-1.** [gen] bondir. **-2.** *fig* [increase] faire un bond.
◆ **leap at** *vt fus fig* [opportunity] sauter sur.

leapfrog ['liːpfrɒg] (*pt* & *pp* **-ged**, *cont* **-ging**) ◇ *n* saute-mouton *m*. ◇ *vt* dépasser (d'un bond). ◇ *vi*: **to ~ over** sauter par-dessus.

leapt [lept] *pt* & *pp* → **leap**.

leap year *n* année *f* bissextile.

learn [lɜːn] (*pt* & *pp* **-ed** OR **learnt**) ◇ *vt*: **to ~ (that)** ... apprendre que ...; **to ~ (how) to do sthg** apprendre à faire qqch. ◇ *vi*: **to ~ (of** OR **about sthg)** apprendre (qqch).

learned ['lɜːnɪd] *adj* savant(e).

learner ['lɜːnər] *n* débutant *m*, -e *f*.

learner (driver) *n* conducteur débutant *m*, conductrice débutante *f* (*qui n'a pas encore son permis*).

learning ['lɜːnɪŋ] *n* savoir *m*, érudition *f*.

learning curve *n* courbe *f* d'apprentissage.

learnt [lɜːnt] *pt* & *pp* → **learn**.

lease [liːs] ◇ *n* bail *m*; **a new ~ of life** *Br*, **a new ~ on life** *Am* une seconde jeunesse. ◇ *vt* louer; **to ~ sthg from sb** louer qqch à qqn; **to ~ sthg to sb** louer qqch à qqn.

leaseback ['liːsbæk] *n* cession *f* de bail, cession-bail *f*.

leasehold ['liːshəʊld] ◇ *adj* loué(e) à bail, tenu(e) à bail. ◇ *adv* à bail.

leaseholder ['liːs,həʊldər] *n* locataire *mf*.

leash [liːʃ] *n* laisse *f*.

least [liːst] (*superl of* **little**) ◇ *adj*: **the ~** le moindre (la moindre), le plus petit (la plus petite); **he earns the ~ money of any of us** de nous tous, c'est lui qui gagne le moins. ◇ *pron* [smallest amount]: **the ~** le moins; **it's the ~ (that) he can do** c'est la moindre des choses qu'il puisse faire; **not in the ~** pas du tout, pas le moins du monde; **to say the ~** c'est le moins qu'on puisse dire. ◇ *adv*: **(the) ~** le moins (la moins).

◆ **at least** *adv* au moins; [to correct] du moins.

◆ **least of all** *adv* surtout pas, encore moins.

◆ **not least** *adv fml* notamment.

leather ['leðər] ◇ *n* cuir *m*. ◇ *comp* en cuir.

leatherette [,leðə'ret] *n* similicuir *m*.

leave [liːv] (*pt* & *pp* **left**) ◇ *vt* **-1.** [gen] laisser; **to ~ sb alone** laisser qqn tranquille; **it ~s me cold** ça me laisse froid. **-2.** [go away from] quitter. **-3.** [bequeath]: **to ~ sb sthg, to ~ sthg to sb** léguer OR laisser qqch à qqn; *see also* **left**. ◇ *vi* partir. ◇ *n* congé *m*; **to be on ~** [from work] être en congé; [from army] être en permission.

◆ **leave behind** *vt sep* **-1.** [abandon] abandonner, laisser. **-2.** [forget] oublier, laisser.

◆ **leave off** ◇ *vt sep* **-1.** [omit]: **to ~ sthg off (sthg)** omettre qqch (de qqch). **-2.**

[stop]: **to ~ off doing sthg** s'arrêter de faire qqch. ◇ *vi* s'arrêter.

◆ **leave out** *vt sep* omettre, exclure; **to feel left out** se sentir de trop, se sentir exclu.

leave of absence *n* congé *m*.

leaves [liːvz] *pl* → **leaf**.

Lebanese [,lebə'niːz] (*pl inv*) ◇ *adj* libanais(e). ◇ *n* [person] Libanais *m*, -e *f*.

Lebanon ['lebənən] *n* Liban *m*; **in (the) ~** au Liban.

lecherous ['letʃərəs] *adj* lubrique, libidineux(euse).

lechery ['letʃərɪ] *n* lubricité *f*.

lectern ['lektən] *n* lutrin *m*.

lecture ['lektʃər] ◇ *n* **-1.** [talk - gen] conférence *f*; [- UNIV] cours *m* magistral; **to give a ~ (on sthg)** faire une conférence (sur qqch); UNIV faire un cours (sur qqch). **-2.** [scolding]: **to give sb a ~** réprimander qqn, sermonner qqn. ◇ *vt* [scold] réprimander, sermonner. ◇ *vi*: **to ~ on sthg** faire un cours sur qqch; **to ~ in sthg** être professeur de qqch.

lecture hall *n* amphithéâtre *m*.

lecturer ['lektʃərər] *n* [speaker] conférencier *m*, -ière *f*; UNIV maître assistant *m*.

lecture theatre *n* amphithéâtre *m*.

led [led] *pt* & *pp* → **lead**[1].

LED (*abbr of* **light-emitting diode**) *n* LED *f*.

ledge [ledʒ] *n* **-1.** [of window] rebord *m*. **-2.** [of mountain] corniche *f*.

ledger ['ledʒər] *n* grand livre *m*.

lee [liː] *n*: **in the ~ of** à l'abri de.

leech [liːtʃ] *n lit* & *fig* sangsue *f*.

leek [liːk] *n* poireau *m*.

leer [lɪər] ◇ *n* regard *m* libidineux. ◇ *vi*: **to ~ at** reluquer.

Leeward Islands ['liːwəd-] *npl*: **the ~** les îles *fpl* Sous-le-Vent.

leeway ['liːweɪ] *n* **-1.** [room to manoeuvre] marge *f* de manœuvre. **-2.** [time lost]: **to make up ~** rattraper son retard.

left [left] ◇ *pt* & *pp* → **leave**. ◇ *adj* **-1.** [remaining]: **to be ~** rester; **have you any money ~?** il te reste de l'argent? **-2.** [not right] gauche. ◇ *adv* à gauche. ◇ *n*: **on** OR **to the ~** à gauche; **keep to the ~** gardez votre gauche.

◆ **Left** *n* POL: **the Left** la Gauche.

left-hand *adj* de gauche; **~ side** gauche *f*, côté *m* gauche.

left-hand drive ◇ *adj* avec la conduite à gauche. ◇ *n* conduite *f* à gauche.

left-handed [-'hændɪd] ◇ adj **-1.** [person] gaucher(ère). **-2.** [implement] pour gaucher. **-3.** Am [compliment] faux (fausse). ◇ adv de la main gauche.

left-hander [-'hændə'] n gaucher m, -ère f.

Leftist ['leftɪst] POL ◇ adj de gauche, gauchiste. ◇ n gauchiste mf.

left luggage (office) n Br consigne f.

leftover ['leftəʊvə'] adj qui reste, en surplus.
◆ **leftovers** npl restes mpl.

left wing POL n gauche f.
◆ **left-wing** adj de gauche.

left-winger n POL homme m, femme f de gauche.

lefty ['leftɪ] (pl **-ies**) n **-1.** Br inf POL gauchiste mf, gaucho m. **-2.** Am [left-handed person] gaucher m, -ère f.

leg [leg] n **-1.** [of person, trousers] jambe f; [of animal] patte f; **to be on one's last ~s** être à bout de souffle; **you don't have a ~ to stand on!** ça ne tient pas debout!; **to pull sb's ~** faire marcher qqn. **-2.** CULIN [of lamb] gigot m; [of pork, chicken] cuisse f. **-3.** [of furniture] pied m. **-4.** [of journey, match] étape f; **away ~** FTBL match m à l'extérieur OR sur terrain adverse.

legacy ['legəsɪ] (pl **-ies**) n lit & fig legs m, héritage m.

legal ['liːgl] adj **-1.** [concerning the law] juridique. **-2.** [lawful] légal(e).

legal action n: **to take ~ against sb** intenter un procès à qqn, engager des poursuites contre qqn.

legal aid n assistance f judiciaire.

legality [liːˈgælətɪ] n légalité f.

legalize, -ise ['liːgəlaɪz] vt légaliser, rendre légal.

legally ['liːgəlɪ] adv légalement; **~ binding** qui oblige en droit.

legal tender n monnaie f légale.

legation [lɪˈgeɪʃn] n légation f.

legend ['ledʒənd] n lit & fig légende f.

legendary ['ledʒəndrɪ] adj lit & fig légendaire.

leggings ['legɪŋz] npl jambières fpl, leggings mpl or fpl.

leggy ['legɪ] (compar **-ier**, superl **-iest**) adj [woman] qui a des jambes interminables.

legible ['ledʒəbl] adj lisible.

legibly ['ledʒəblɪ] adv lisiblement.

legion ['liːdʒən] ◇ n lit & fig légion f. ◇ adj fml: **to be ~** être légion (inv).

legionnaire's disease [ˌliːdʒəˈneə'z-] n maladie f du légionnaire.

legislate ['ledʒɪsleɪt] vi: **to ~ (for/against)** faire des lois (pour/contre).

legislation [ˌledʒɪsˈleɪʃn] n législation f.

legislative ['ledʒɪslətɪv] adj législatif(ive).

legislator ['ledʒɪsleɪtə'] 'n législateur m, -trice f.

legislature ['ledʒɪsleɪtʃə'] n corps m législatif.

legitimacy [lɪˈdʒɪtɪməsɪ] n légitimité f.

legitimate [lɪˈdʒɪtɪmət] adj légitime.

legitimately [lɪˈdʒɪtɪmətlɪ] adv légitimement.

legitimize, -ise [lɪˈdʒɪtəmaɪz] vt légitimer.

legless ['leglɪs] adj Br inf [drunk] bourré(e), rond(e).

legroom ['legrʊm] n (U) place f pour les jambes.

leg-warmers [-ˌwɔːməz] npl jambières fpl.

legwork ['legwɜːk] n: **I had to do the ~** inf j'ai dû beaucoup me déplacer.

Leics (abbr of Leicestershire) comté anglais.

leisure [Br 'leʒə', Am 'liːʒər] n loisir m, temps m libre; **at (one's) ~** à loisir, tout à loisir.

leisure centre n centre m de loisirs.

leisurely [Br 'leʒəlɪ, Am 'liːʒərlɪ] ◇ adj [pace] lent(e), tranquille. ◇ adv [walk] sans se presser.

leisure time n (U) temps m libre, loisirs mpl.

lemming ['lemɪŋ] n lemming m; **like ~s** fig comme les moutons de Panurge.

lemon ['lemən] n [fruit] citron m.

lemonade [ˌleməˈneɪd] n **-1.** Br [fizzy] limonade f. **-2.** [still] citronnade f.

lemon curd n Br crème f au citron.

lemon juice n jus m de citron.

lemon sole n limande-sole f.

lemon squash n Br citronnade f.

lemon squeezer n presse-citron m inv.

lemon tea n thé m (au) citron.

lend [lend] (pt & pp **lent**) vt **-1.** [loan] prêter; **to ~ sb sthg, to ~ sthg to sb** prêter qqch à qqn. **-2.** [offer]: **to ~ support (to sb)** offrir son soutien (à qqn); **to ~ assistance (to sb)** prêter assistance (à qqn). **-3.** [add]: **to ~ sthg to sthg** [quality etc] ajouter qqch à qqch.

lender ['lendə'] n prêteur m, -euse f.

lending library ['lendɪŋ-] n bibliothèque f de prêt.

lending rate ['lendɪŋ-] n taux m de crédit.

length [leŋθ] n **-1.** [gen] longueur f; **what is it?** ça fait quelle longueur?; **it's five metres in ~** cela fait cinq mètres de long;

and breadth of partout dans, dans tout. **-2.** [piece - of string, wood] morceau *m,* bout *m;* [- of cloth] coupon *m.* **-3.** [duration] durée *f.* **-4.** *phr:* to go to great ~s to do sthg tout faire pour faire qqch.
◆ **at length** *adv* **-1.** [eventually] enfin. **-2.** [in detail] à fond.

lengthen ['leŋθən] ◇ *vt* [dress etc] rallonger; [life] prolonger. ◇ *vi* allonger.

lengthways ['leŋθweɪz] *adv* dans le sens de la longueur.

lengthy ['leŋθɪ] (*compar* **-ier,** *superl* **-iest**) *adj* très long (longue).

leniency ['liːnjənsɪ] *n* clémence *f,* indulgence *f.*

lenient ['liːnjənt] *adj* [person] indulgent(e); [laws] clément(e).

lens [lenz] *n* **-1.** [of camera] objectif *m;* [of glasses] verre *m.* **-2.** [contact lens] verre *m* de contact, lentille *f* (cornéenne).

lent [lent] *pt & pp* → **lend.**

Lent [lent] *n* Carême *m.*

lentil ['lentɪl] *n* lentille *f.*

Leo ['liːəʊ] *n* le Lion; **to be (a)** ~ être Lion.

leopard ['lepəd] *n* léopard *m.*

leopardess ['lepədɪs] *n* léopard *m* femelle.

leotard ['liːətɑːd] *n* collant *m.*

leper ['lepə'] *n* lépreux *m,* **-euse** *f.*

leprechaun ['leprəkɔːn] *n* lutin *m* (*irlandais*).

leprosy ['leprəsɪ] *n* lèpre *f.*

lesbian ['lezbɪən] ◇ *adj* lesbien(ienne). ◇ *n* lesbienne *f.*

lesbianism ['lezbɪənɪzm] *n* lesbianisme *m.*

lesion ['liːʒn] *n* lésion *f.*

Lesotho [lə'suːtuː] *n* Lesotho *m.*

less [les] (*compar of* **little**) ◇ *adj* moins de; ~ **money/time than me** moins d'argent/de temps que moi. ◇ *pron* moins; **it costs** ~ **than you think** ça coûte moins cher que tu ne le crois; **no** ~ **than £50** pas moins de 50 livres; **the** ~ ... **the** ~ ... moins ... moins .... ◇ *adv* moins; ~ **than five** moins de cinq; ~ **and** ~ de moins en moins. ◇ *prep* [minus] moins.

lessee [le'siː] *n* preneur *m,* **-euse** *f,* locataire *mf.*

lessen ['lesn] ◇ *vt* [risk, chance] diminuer, réduire; [pain] atténuer. ◇ *vi* [gen] diminuer; [pain] s'atténuer.

lesser ['lesə'] *adj* moindre; **to a** ~ **extent** OR **degree** à un degré moindre.

lesson ['lesn] *n* leçon *f,* cours *m;* **to give/ take** ~s **(in)** donner/prendre des leçons (de); **to teach sb a** ~ *fig* donner une (bonne) leçon à qqn.

lessor [le'sɔːr] *n* bailleur *m,* **-eresse** *f.*

lest [lest] *conj fml* de crainte que.

let [let] (*pt & pp* **let,** *cont* **-ting**) *vt* **-1.** [allow]: **to** ~ **sb do sthg** laisser qqn faire qqch; **she** ~ **her hair grow** elle s'est laissé pousser les cheveux; **we can't** ~ **this happen** on ne peut pas laisser faire ça; **to** ~ **sb know sthg** dire qqch à qqn; **to** ~ **go of sb/sthg** lâcher qqn/qqch; **to** ~ **sb go** [gen] laisser (partir) qqn; [prisoner] libérer qqn. **-2.** [in verb forms]: ~ **them wait** qu'ils attendent; ~'s **go!** allons-y!; ~'s **see** voyons. **-3.** [rent out] louer; "**to** ~" «à louer».
◆ **let alone** *adv* encore moins, sans parler de.
◆ **let down** *vt sep* **-1.** [deflate] dégonfler. **-2.** [disappoint] décevoir.
◆ **let in** *vt sep* [admit] laisser OR faire entrer.
◆ **let in for** *vt sep:* **you don't know what you're letting yourself in for** tu ne sais pas à quoi tu t'engages.
◆ **let in on** *vt sep:* **to** ~ **sb in on sthg** mettre qqn au courant de qqch.
◆ **let off** *vt sep* **-1.** [excuse]: **to** ~ **sb off sthg** dispenser qqn de qqch. **-2.** [not punish] ne pas punir. **-3.** [bomb] faire éclater; [gun, firework] faire partir.
◆ **let on** *vi:* **don't** ~ **on!** ne dis rien (à personne)!
◆ **let out** *vt sep* **-1.** [allow to go out] laisser sortir; **to** ~ **air out of sthg** dégonfler qqch. **-2.** [laugh, scream] laisser échapper.
◆ **let up** *vi* **-1.** [rain] diminuer. **-2.** [person] s'arrêter.

letdown ['letdaʊn] *n inf* déception *f.*

lethal ['liːθl] *adj* mortel(elle), fatal(e).

lethargic [lə'θɑːdʒɪk] *adj* léthargique.

lethargy ['leθədʒɪ] *n* léthargie *f.*

Letraset® ['letrəset] *n* Letraset®.

let's [lets] = **let us.**

letter ['letə'] *n* lettre *f.*

letter bomb *n* lettre *f* piégée.

letterbox ['letəbɒks] *n Br* boîte *f* aux OR à lettres.

letterhead ['letəhed] *n* en-tête *m.*

lettering ['letərɪŋ] *n* (*U*) caractères *mpl.*

letter of credit *n* lettre *f* de crédit.

letter opener *n* coupe-papier *m inv.*

letter-perfect *adj Am* absolument parfait(e).

letter quality *n* COMPUT qualité *f* courrier.

letters patent *npl* lettres *fpl* patentes.

lettuce ['letɪs] *n* laitue *f,* salade *f.*

letup ['letʌp] *n* [in fighting] répit *m;* [in work] relâchement *m.*

leuk(a)emia [luːˈkiːmɪə] n leucémie f.

levee [ˈlevɪ] n Am [embankment] digue f.

level [ˈlevl] (Br pt & pp -led, cont -ling, Am pt & pp -ed, cont -ing) ◇ adj -1. [equal in height] à la même hauteur; [horizontal] horizontal(e); to be ~ with être au niveau de. -2. [equal in standard] à égalité. -3. [flat] plat(e), plan(e). ◇ adv: to draw ~ with sb arriver à la même hauteur que qqn, rejoindre qqn. ◇ n -1. [gen] niveau m; to be on a ~ (with) être du même niveau (que); to be on the ~ inf être réglo. -2. Am [spirit level] niveau m à bulle. ◇ vt -1. [make flat] niveler, aplanir. -2. [demolish] raser. -3. [aim]: to ~ a gun at pointer OR braquer un fusil sur; to ~ an accusation at OR against sb lancer une accusation contre qqn. ◆ **level off, level out** vi -1. [inflation etc] se stabiliser. -2. [aeroplane] se mettre en palier. ◆ **level with** vt fus inf être franc (franche) OR honnête avec.

level crossing n Br passage m à niveau.

level-headed [-ˈhedɪd] adj raisonnable.

level pegging [-ˈpegɪŋ] adj Br: to be ~ être à égalité.

lever [Br ˈliːvər, Am ˈlevər] n levier m.

leverage [Br ˈliːvərɪdʒ, Am ˈlevərɪdʒ] n (U) -1. [force]: to get ~ on sthg avoir une prise sur qqch. -2. fig [influence] influence f.

leviathan [lɪˈvaɪəθn] n fig colosse m.

levitation [ˌlevɪˈteɪʃn] n lévitation f.

levity [ˈlevətɪ] n légèreté f.

levy [ˈlevɪ] (pt & pp -ied) ◇ n prélèvement m, impôt m. ◇ vt prélever, percevoir.

lewd [ljuːd] adj obscène.

lexical [ˈleksɪkl] adj lexical(e).

LI abbr of Long Island.

liability [ˌlaɪəˈbɪlətɪ] (pl -ies) n responsabilité f; fig [person] danger m public. ◆ **liabilities** npl FIN dettes fpl, passif m.

liable [ˈlaɪəbl] adj -1. [likely]: to be ~ to do sthg risquer de faire qqch, être susceptible de faire qqch. -2. [prone]: to be ~ to sthg être sujet(ette) à qqch. -3. JUR: to be ~ (for) être responsable (de); to be ~ to être passible de.

liaise [lɪˈeɪz] vi: to ~ with assurer la liaison avec.

liaison [lɪˈeɪzɒn] n liaison f.

liar [ˈlaɪər] n menteur m, -euse f.

Lib. [lɪb] abbr of Liberal.

libel [ˈlaɪbl] (Br pt & pp -led, cont -ling, Am pt & pp -ed, cont -ing) ◇ n diffamation f. ◇ vt diffamer.

libellous Br, **libelous** Am [ˈlaɪbələs] adj diffamatoire.

liberal [ˈlɪbərəl] ◇ adj -1. [tolerant] libéral(e). -2. [generous] généreux(euse). ◇ n libéral m, -e f. ◆ **Liberal** POL ◇ adj libéral(e). ◇ n libéral m, -e f.

liberal arts npl arts mpl libéraux.

Liberal Democrat n adhérent du principal parti centriste britannique.

liberalize, -ise [ˈlɪbərəlaɪz] vt libéraliser.

liberal-minded [-ˈmaɪndɪd] adj large d'esprit.

Liberal Party n: the ~ le parti libéral.

liberate [ˈlɪbəreɪt] vt libérer.

liberation [ˌlɪbəˈreɪʃn] n libération f.

liberator [ˈlɪbəreɪtər] n libérateur m, -trice f.

Liberia [laɪˈbɪərɪə] n Liberia m; in ~ au Liberia.

Liberian [laɪˈbɪərɪən] ◇ adj libérien(ienne). ◇ n Libérien m, -ienne f.

libertine [ˈlɪbətiːn] n libertin m.

liberty [ˈlɪbətɪ] (pl -ies) n liberté f; at ~ en liberté; to be at ~ to do sthg être libre de faire qqch; to take liberties (with sb) prendre des libertés (avec qqn).

libido [lɪˈbiːdəʊ] (pl -s) n libido f.

Libra [ˈliːbrə] n Balance f; to be (a) ~ être Balance.

librarian [laɪˈbreərɪən] n bibliothécaire mf.

librarianship [laɪˈbreərɪənʃɪp] n: diploma in ~ diplôme de bibliothécaire.

library [ˈlaɪbrərɪ] (pl -ies) n bibliothèque f.

library book n livre m de bibliothèque.

libretto [lɪˈbretəʊ] (pl -s) n livret m.

Libya [ˈlɪbɪə] n Libye f; in ~ en Libye.

Libyan [ˈlɪbɪən] ◇ adj libyen(enne). ◇ n Libyen m, -enne f.

lice [laɪs] pl → louse.

licence [ˈlaɪsəns] ◇ n -1. [gen] permis m, autorisation f; driving ~ permis m de conduire; TV ~ redevance f télé. -2. COMM licence f; under ~ sous licence. ◇ vt Am = license.

license [ˈlaɪsəns] ◇ vt autoriser. ◇ n Am = licence.

licensed [ˈlaɪsənst] adj -1. [person]: to be ~ to do sthg avoir un permis pour OR l'autorisation de faire qqch. -2. Br [premises] qui détient une licence de débit de boissons.

licensee [ˌlaɪsənˈsiː] n [of pub] gérant m, -e f.

license plate n Am plaque f d'immatriculation.

licensing hours ['laɪsənsɪŋ-] npl Br heures d'ouverture des débits de boissons.

LICENSING HOURS:
Traditionnellement, les heures d'ouverture des pubs répondaient à une réglementation très stricte (liée à la législation sur la vente des boissons alcoolisées), mais celle-ci a été assouplie en 1988. Au lieu d'ouvrir uniquement de 11h 30 à 14h 30 et de 18h à 23h, les pubs restent ouverts de 11h à 23h, sauf le dimanche (de 11h à 15h et de 19h à 22h 30)

---

licensing laws ['laɪsənsɪŋ-] npl Br lois réglementant la vente d'alcool.

licentious [laɪ'senʃəs] adj licencieux(ieuse).

lichen ['laɪkən] n lichen m.

lick [lɪk] ◇ n -1. [act of licking]: **to give sthg a ~** lécher qqch. -2. inf [small amount]: **a ~ of paint** un petit coup de peinture. ◇ vt -1. [gen] lécher; **to ~ one's lips** se lécher les lèvres; fig se frotter les mains. -2. inf [defeat] écraser, battre à plates coutures.

licorice ['lɪkərɪs] = **liquorice**.

lid [lɪd] n -1. [cover] couvercle m. -2. [eyelid] paupière f.

lido ['liːdəʊ] (pl -s) n -1. Br [swimming pool] piscine f en plein air. -2. [beach] plage f.

lie [laɪ] (pt sense 1 **lied**, pt senses 2-5 **lay**, pp sense 1 **lied**, pp senses 2-5 **lain**, cont all senses **lying**) ◇ n mensonge m; **to tell ~s** mentir, dire des mensonges. ◇ vi -1. [tell lie]: **to ~ (to sb)** mentir (à qqn). -2. [be horizontal] être allongé(e), être couché(e). -3. [be situated] se trouver, être. -4. [difficulty, solution etc] résider. -5. phr: **to ~ low** se planquer, se tapir.
◆ **lie about, lie around** vi traîner.
◆ **lie down** vi s'allonger, se coucher; **he won't take it lying down** il ne va pas accepter ça sans rien dire.
◆ **lie in** vi Br rester au lit, faire la grasse matinée.

Liechtenstein ['lɪktənstaɪn] n Liechtenstein m; **in ~** au Liechtenstein.

lie detector n détecteur m de mensonges.

lie-down n Br: **to have a ~** faire une sieste OR un (petit) somme.

lie-in n Br: **to have a ~** faire la grasse matinée.

lieu [ljuː, luː]
◆ **in lieu** adv à la place; **in ~ of** au lieu de, à la place de.

Lieut. (abbr of **lieutenant**) lieut.

lieutenant [Br lef'tenənt, Am luː'tenənt] n lieutenant m.

lieutenant colonel n lieutenant-colonel m.

life [laɪf] (pl **lives**) ◇ n -1. [gen] vie f; **that's ~!** c'est la vie!; **for ~** à vie; **I can't for the ~ of me remember ...** j'ai beau me creuser, je n'arrive pas à me rappeler ...; **to breathe ~ into** donner vie à; **to come to ~** s'éveiller, s'animer; **to risk ~ and limb** risquer sa peau; **to scare the ~ out of sb** faire une peur bleue à qqn; **to take sb's ~** tuer qqn; **to take one's own ~** se donner la mort. -2. (U) inf [life imprisonment] emprisonnement m perpétuel.
◇ comp [member etc] à vie.

life-and-death adj extrêmement grave OR critique.

life annuity n rente f viagère.

life assurance = **life insurance**.

life belt n bouée f de sauvetage.

lifeblood ['laɪfblʌd] n fig élément m vital, âme f.

lifeboat ['laɪfbəʊt] n canot m de sauvetage.

lifeboatman ['laɪfbəʊtmən] (pl **-men** [-mən]) n sauveteur m en mer.

life buoy n bouée f de sauvetage.

life expectancy [-ɪk'spektənsɪ] n espérance f de vie.

lifeguard ['laɪfgɑːd] n [at swimming pool] maître-nageur sauveteur m; [at beach] gardien m de plage.

life imprisonment n emprisonnement m à perpétuité.

life insurance n assurance-vie f.

life jacket n gilet m de sauvetage.

lifeless ['laɪflɪs] adj -1. [dead] sans vie, inanimé(e). -2. [listless - performance] qui manque de vie; [- voice] monotone.

lifelike ['laɪflaɪk] adj -1. [statue, doll] qui semble vivant(e). -2. [portrait] ressemblant(e).

lifeline ['laɪflaɪn] n corde f (de sauvetage); fig lien m vital (avec l'extérieur).

lifelong ['laɪflɒŋ] adj de toujours.

life peer n Br pair m à vie.

life preserver [-prɪ,zɜːvəʳ] n Am [life belt] bouée f de sauvetage; [life jacket] gilet m de sauvetage.

life raft n canot m pneumatique (de sauvetage).

lifesaver ['laɪf,seɪvəʳ] n [person] maître-nageur sauveteur m.

life sentence n condamnation f à perpétuité.

life-size(d) *adj* grandeur nature (*inv*).

lifespan ['laɪfspæn] *n* **-1.** [of person, animal] espérance *f* de vie. **-2.** [of product, machine] durée *f* de vie.

lifestyle ['laɪfstaɪl] *n* style *m* de vie.

life-support system *n* respirateur *m* artificiel.

lifetime ['laɪftaɪm] *n* vie *f*; **in my** ~ de mon vivant.

lift [lɪft] ◇ *n* **-1.** [in car]: **to give sb a** ~ emmener OR prendre qqn en voiture. **-2.** *Br* [elevator] ascenseur *m*. ◇ *vt* **-1.** [gen] lever; [weight] soulever. **-2.** [plagiarize] plagier. **-3.** *inf* [steal] voler. ◇ *vi* **-1.** [lid etc] s'ouvrir. **-2.** [fog etc] se lever.

lift-off *n* décollage *m*.

ligament ['lɪgəmənt] *n* ligament *m*.

light [laɪt] (*pt & pp* lit OR **-ed**) ◇ *adj* **-1.** [not dark] clair(e); ~ **blue/green** bleu/vert clair (*inv*). **-2.** [not heavy] léger(ère); **to be a** ~ **sleeper** avoir le sommeil léger. **-3.** [traffic] fluide; [corrections] peu nombreux(euses). **-4.** [work] facile. ◇ *n* **-1.** (*U*) [brightness] lumière *f*. **-2.** [device] lampe *f*; [AUT - gen] feu *m*; [- headlamp] phare *m*. **-3.** [for cigarette etc] feu *m*; **have you got a** ~? vous avez du feu?; **to set** ~ **to sthg** mettre le feu à qqch. **-4.** [perspective]: **in the** ~ **of** *Br*, **in** ~ **of** *Am* à la lumière de; **to see sb/sthg in a different** ~ voir qqn/qqch sous un jour nouveau. **-5.** *phr*: **to come to** ~ être découvert(e) OR dévoilé(e); **to see the** ~ [understand] comprendre; **to throw** OR **cast** OR **shed** ~ **on sthg** clarifier qqch. ◇ *vt* **-1.** [fire, cigarette] allumer. **-2.** [room, stage] éclairer. ◇ *adv*: **to travel** ~ voyager léger.
♦ **light out** *vi Am inf* se tirer.
♦ **light up** ◇ *vt sep* **-1.** [illuminate] éclairer. **-2.** [cigarette etc] allumer. ◇ *vi* **-1.** [face] s'éclairer. **-2.** *inf* [start smoking] allumer une cigarette.

light aircraft *n* avion *m* léger.

light ale *n Br* bière *blonde légère*.

light bulb *n* ampoule *f*.

light cream *n Am* crème *f* liquide.

lighted ['laɪtɪd] *adj* [room] éclairé(e).

light-emitting diode [-ɪ'mɪtɪŋ-] *n* diode *f* électroluminescente.

lighten ['laɪtn] ◇ *vt* **-1.** [give light to] éclairer; [make less dark] éclaircir. **-2.** [make less heavy] alléger. ◇ *vi* [brighten] s'éclaircir.
♦ **lighten up** *vi inf* se dérider.

lighter ['laɪtə'] *n* [cigarette lighter] briquet *m*.

light-fingered [-'fɪŋgəd] *adj inf* chapardeur(euse).

light-headed [-'hedɪd] *adj*: **to feel** ~ avoir la tête qui tourne.

light-hearted [-'hɑːtɪd] *adj* **-1.** [cheerful] joyeux(euse), gai(e). **-2.** [amusing] amusant(e).

lighthouse ['laɪthaus, *pl* -hauzɪz] *n* phare *m*.

light industry *n* industrie *f* légère.

lighting ['laɪtɪŋ] *n* éclairage *m*.

lighting-up time *n* heure où les véhicules doivent allumer leurs phares.

lightly ['laɪtlɪ] *adv* **-1.** [gen] légèrement. **-2.** [frivolously] à la légère.

light meter *n* posemètre *m*, cellule *f* photoélectrique.

lightning ['laɪtnɪŋ] *n* (*U*) éclair *m*, foudre *f*.

lightning conductor *Br*, **lightning rod** *Am n* paratonnerre *m*.

lightning strike *n Br* grève *f* surprise.

light opera *n* opérette *f*.

light pen *n* crayon *m* optique, photostyle *m*.

lightship ['laɪtʃɪp] *n* bateau-feu *m*, bateau-phare *m*.

lights-out *n* extinction *f* des feux.

lightweight ['laɪtweɪt] ◇ *adj* **-1.** [object] léger(ère). **-2.** *fig & pej* [person] insignifiant(e). ◇ *n* **-1.** [boxer] poids *m* léger. **-2.** *fig & pej* [person] personne *f* insignifiante.

light year *n* année-lumière *f*.

likable ['laɪkəbl] *adj* sympathique.

like [laɪk] ◇ *prep* **-1.** [gen] comme; **to look** ~ **sb/sthg** ressembler à qqn/qqch; **to taste** ~ **sthg** avoir un goût de qqch; ~ **this/that** comme ci/ça. **-2.** [typical of]: **that's just** ~ **him!** c'est bien de lui!, ça lui ressemble! **-3.** [such as] tel que, comme. ◇ *vt* **-1.** [gen] aimer; **I** ~ **her** elle me plaît; **to** ~ **doing** OR **to do sthg** aimer faire qqch. **-2.** [expressing a wish]: **would you** ~ **some more cake?** vous prendrez encore du gâteau?; **I'd** ~ **to go** je voudrais bien OR j'aimerais y aller; **I'd** ~ **you to come** je voudrais bien OR j'aimerais que vous veniez; **if you** ~ si vous voulez. ◇ *adj*: **people of** ~ **mind** des gens qui pensent comme lui/moi *etc.* ◇ *n*: **the** ~ une chose pareille; **and the** ~ et d'autres choses du même genre.
♦ **likes** *npl*: ~**s and dislikes** goûts *mpl*.

likeable ['laɪkəbl] = likable.

likelihood ['laɪklɪhud] *n* (*U*) chances *fpl*, probabilité *f*; **in all** ~ selon toute probabilité.

likely ['laɪklɪ] *adj* **-1.** [probable] probable; he's ~ to get angry il risque de se fâcher; they're ~ to win ils vont sûrement gagner; a ~ story! *iro* à d'autres! **-2.** [candidate] prometteur(euse).

like-minded [-'maɪndɪd] *adj* de même opinion.

liken ['laɪkn] *vt*: to ~ sb/sthg to assimiler qqn/qqch à.

likeness ['laɪknɪs] *n* **-1.** [resemblance]: ~ (to) ressemblance *f* (avec). **-2.** [portrait] portrait *m*.

likewise ['laɪkwaɪz] *adv* [similarly] de même; to do ~ faire pareil OR de même.

liking ['laɪkɪŋ] *n* [for person] affection *f*, sympathie *f*; [for food, music] goût *m*, penchant *m*; to have a ~ for sthg avoir le goût de qqch; to be to sb's ~ être du goût de qqn, plaire à qqn.

lilac ['laɪlək] ◇ *adj* [colour] lilas (*inv*). ◇ *n* lilas *m*.

Lilo® ['laɪləʊ] (*pl* -s) *n* Br matelas *m* pneumatique.

lilt [lɪlt] *n* rythme *m*, cadence *f*.

lilting ['lɪltɪŋ] *adj* [voice] mélodieux(ieuse), chantant(e).

lily ['lɪlɪ] (*pl* -ies) *n* lis *m*.

lily of the valley (*pl* lilies of the valley) *n* muguet *m*.

Lima ['liːmə] *n* Lima.

limb [lɪm] *n* **-1.** [of body] membre *m*. **-2.** [of tree] branche *f*. **-3.** *phr*: to be out on a ~ être en mauvaise posture.

limber ['lɪmbər]
◆ **limber up** *vi* s'échauffer.

limbo ['lɪmbəʊ] (*pl* -s) *n* **-1.** (*U*) [uncertain state]: to be in ~ être dans les limbes. **-2.** [dance]: the ~ le limbo.

lime [laɪm] *n* **-1.** [fruit] citron *m* vert. **-2.** [drink]: ~ (juice) jus *m* de citron vert. **-3.** [linden tree] tilleul *m*. **-4.** [substance] chaux *f*.

lime cordial *n* sirop *m* de citron vert.

lime-green *adj* vert jaune (*inv*).

limelight ['laɪmlaɪt] *n*: to be in the ~ être au premier plan.

limerick ['lɪmərɪk] *n* *poème humoristique en cinq vers*.

limestone ['laɪmstəʊn] *n* (*U*) pierre *f* à chaux, calcaire *m*.

limey ['laɪmɪ] (*pl* limeys) *n* Am *inf terme péjoratif désignant un Anglais*.

limit ['lɪmɪt] ◇ *n* limite *f*; he's/she's the ~! *inf* il/elle dépasse les bornes!; off ~s d'accès interdit; within ~s [to an extent] dans une certaine mesure. ◇ *vt* limiter, restreindre; to ~ o.s. to sthg se limiter à qqch.

limitation [,lɪmɪ'teɪʃn] *n* limitation *f*, restriction *f*; to know one's ~s connaître ses limites.

limited ['lɪmɪtɪd] *adj* limité(e), restreint(e).

limited edition *n* [of book] édition *f* à tirage limité.

limited (liability) company *n* société *f* anonyme.

limitless ['lɪmɪtlɪs] *adj* illimité(e).

limo ['lɪməʊ] *n* *inf abbr of* limousine.

limousine ['lɪməziːn] *n* limousine *f*.

limp [lɪmp] ◇ *adj* mou (molle). ◇ *n*: to have a ~ boiter. ◇ *vi* boiter.

limpet ['lɪmpɪt] *n* patelle *f*, bernique *f*.

limpid ['lɪmpɪd] *adj literary* limpide.

limply ['lɪmplɪ] *adv* mollement.

linchpin ['lɪntʃpɪn] *n* *fig* cheville *f* ouvrière.

Lincs. [lɪŋks] (*abbr of* Lincolnshire) *comté anglais*.

linctus ['lɪŋktəs] *n* Br sirop *m* pour la toux.

line [laɪn] ◇ *n* **-1.** [gen] ligne *f*; to walk in a straight ~ marcher en ligne droite. **-2.** [row] rangée *f*. **-3.** [queue] file *f*, queue *f*; to stand OR wait in ~ faire la queue; he's in ~ for promotion il devrait être promu bientôt. **-4.** RAIL voie *f*; [route] ligne *f*. **-5.** NAUT: shipping ~ compagnie *f* de navigation. **-6.** [of poem, song] vers *m*. **-7.** [wrinkle] ride *f*. **-8.** [string, wire etc] corde *f*; a fishing ~ une ligne. **-9.** TELEC ligne *f*; hold the ~! ne quittez pas! **-10.** *inf* [short letter]: to drop sb a ~ écrire un (petit) mot à qqn. **-11.** [course of action]: what ~ did you take? quelle stratégie as-tu adoptée?; to think along the same ~s partager la même opinion; ~ of argument raisonnement *m*. **-12.** *inf* [work]: ~ of business branche *f*. **-13.** [borderline] frontière *f*. **-14.** [lineage] lignée *f*. **-15.** COMM gamme *f*. **-16.** *phr*: to be on the right ~s être sur la bonne voie; to read between the ~s lire entre les lignes; to draw the ~ at sthg refuser de faire OR d'aller jusqu'à faire qqch; to step out of ~ faire cavalier seul.
◇ *vt* **-1.** [form rows along]: trees ~d the streets les rues étaient bordées d'arbres. **-2.** [drawer, box] tapisser; [clothes] doubler.
◆ **lines** *npl* **-1.** SCH: to be given 100 ~s avoir 100 lignes à faire. **-2.** THEATRE texte *m*.
◆ **on the line** *adv*: to put sthg/to be on the ~ mettre qqch/être en jeu.
◆ **out of line** *adj* [remark, behaviour] déplacé(e).
◆ **line up** ◇ *vt sep* **-1.** [in rows] aligner. **-2.** [organize] prévoir. ◇ *vi* [in row] s'aligner; [in queue] faire la queue.

lineage ['lɪnɪɪdʒ] n lignée f.

linear ['lɪnɪər] adj linéaire.

lined [laɪnd] adj **-1.** [paper] réglé(e). **-2.** [wrinkled] ridé(e).

line drawing n dessin m au trait.

line feed n saut m de ligne.

linen ['lɪnɪn] ◇ n (U) **-1.** [cloth] lin m. **-2.** [tablecloths, sheets] linge m (de maison). ◇ comp **-1.** [suit etc] de OR en lin. **-2.** [cupboard] à linge.

linen basket n panier m à linge.

line printer n imprimante f ligne par ligne.

liner ['laɪnər] n [ship] paquebot m.

linesman ['laɪnzmən] (pl -men [-mən]) n TENNIS juge m de ligne; FTBL juge de touche.

lineup ['laɪnʌp] n **-1.** SPORT équipe f. **-2.** Am [identification parade] rangée f de suspects (pour identification par un témoin).

linger ['lɪŋgər] vi **-1.** [person] s'attarder. **-2.** [doubt, pain] persister.

lingerie ['lænʒərɪ] n (U) lingerie f.

lingering ['lɪŋgrɪŋ] adj [doubt] persistant(e); [hope] faible; [illness] long (longue).

lingo ['lɪŋgəʊ] (pl -es) n inf jargon m.

linguist ['lɪŋgwɪst] n linguiste mf.

linguistic [lɪŋ'gwɪstɪk] adj linguistique.

linguistics [lɪŋ'gwɪstɪks] n (U) linguistique f.

liniment ['lɪnɪmənt] n liniment m.

lining ['laɪnɪŋ] n **-1.** [of coat, curtains, box] doublure f. **-2.** [of stomach] muqueuse f. **-3.** AUT [of brakes] garniture f.

link [lɪŋk] ◇ n **-1.** [of chain] maillon m. **-2.** [connection]: ~ **(between/with)** lien m (entre/avec); a rail/telephone ~ une liaison ferroviaire/téléphonique. ◇ vt [cities, parts] relier; [events etc] lier; to ~ arms se donner le bras.
◆ **link up** vt sep relier; to ~ sthg up with sthg relier qqch avec OR à qqch.

linkage ['lɪŋkɪdʒ] n (U) [relationship] lien m, relation f.

linked [lɪŋkt] adj lié(e).

links [lɪŋks] (pl inv) n terrain m de golf (au bord de la mer).

linkup ['lɪŋkʌp] n liaison f.

lino ['laɪnəʊ], **linoleum** [lɪ'nəʊlɪəm] n lino m, linoléum m.

linseed oil ['lɪnsiːd-] n huile f de lin.

lint [lɪnt] n (U) **-1.** [dressing] compresse f. **-2.** Am [fluff] peluches fpl.

lintel ['lɪntl] n linteau m.

lion ['laɪən] n lion m.

lion cub n lionceau m.

lioness ['laɪənes] n lionne f.

lionize, -ise ['laɪənaɪz] vt porter aux nues.

lip [lɪp] n **-1.** [of mouth] lèvre f; my ~s are sealed je ne dirai rien. **-2.** [of container] bord m.

lip-read vi lire sur les lèvres.

lip-reading n lecture f sur les lèvres.

lip salve n Br pommade f pour les lèvres.

lip service n: to pay ~ to sthg approuver qqch pour la forme.

lipstick ['lɪpstɪk] n rouge m à lèvres.

liquefy ['lɪkwɪfaɪ] (pt & pp -ied) ◇ vt liquéfier. ◇ vi se liquéfier.

liqueur [lɪ'kjʊər] n liqueur f.

liquid ['lɪkwɪd] ◇ adj liquide. ◇ n liquide m.

liquid assets npl liquidités fpl.

liquidate ['lɪkwɪdeɪt] vt liquider.

liquidation [ˌlɪkwɪ'deɪʃn] n liquidation f.

liquidator ['lɪkwɪdeɪtər] n liquidateur m, -trice f.

liquid crystal display n affichage m à cristaux liquides.

liquidity [lɪ'kwɪdətɪ] n liquidité f.

liquidize, -ise ['lɪkwɪdaɪz] vt Br CULIN passer au mixer.

liquidizer ['lɪkwɪdaɪzər] n Br mixer m.

liquor ['lɪkər] n (U) alcool m, spiritueux mpl.

liquorice ['lɪkərɪs] n réglisse f.

liquor store n Am magasin m de vins et d'alcools.

lira ['lɪərə] n lire f.

Lisbon ['lɪzbən] n Lisbonne.

lisp [lɪsp] ◇ n zézaiement m. ◇ vi zézayer.

lissom(e) ['lɪsəm] adj gracile.

list [lɪst] ◇ n liste f. ◇ vt [in writing] faire la liste de; [in speech] énumérer. ◇ vi NAUT donner de la bande, gîter.

listed building ['lɪstɪd-] n Br monument m classé.

listed company ['lɪstɪd-] n Br société f cotée en Bourse.

listen ['lɪsn] vi: to ~ to (sb/sthg) écouter (qqn/qqch); to ~ for sthg guetter qqch.
◆ **listen in** vi **-1.** RADIO être à l'écoute, écouter. **-2.** [eavesdrop]: to ~ in (on sthg) écouter (qqch).
◆ **listen up** vi Am inf écouter.

listener ['lɪsnər] n auditeur m, -trice f.

listing ['lɪstɪŋ] n [COMPUT - action] listage m; [- result] listing m.
◆ **listings** npl: the ~s le calendrier des spectacles.

listless ['lɪstlɪs] adj apathique, mou (molle).

list price *n* prix *m* de catalogue.

lit [lɪt] *pt & pp* → **light**.

litany ['lɪtənɪ] (*pl* -ies) *n* litanie *f*.

liter *Am* = **litre**.

literacy ['lɪtərəsɪ] *n* fait *m* de savoir lire et écrire.

literal ['lɪtərəl] *adj* littéral(e).

literally ['lɪtərəlɪ] *adv* littéralement; **to take sthg** ~ prendre qqch au pied de la lettre.

literary ['lɪtərərɪ] *adj* littéraire.

literate ['lɪtərət] *adj* -1. [able to read and write] qui sait lire et écrire. -2. [well-read] cultivé(e).

literature ['lɪtrətʃər] ◇ *n* littérature *f*; [printed information] documentation *f*.

lithe [laɪð] *adj* souple, agile.

lithograph ['lɪθəgrɑːf] *n* lithographie *f*.

lithography [lɪ'θɒgrəfɪ] *n* lithographie *f*.

Lithuania [ˌlɪθjʊ'eɪnjə] *n* Lituanie *f*; **in** ~ en Lituanie.

Lithuanian [ˌlɪθjʊ'eɪnjən] ◇ *adj* lituanien(ienne). ◇ *n* -1. [person] Lituanien *m*, -ienne *f*. -2. [language] lituanien *m*.

litigant ['lɪtɪgənt] *n* plaideur *m*, -euse *f*.

litigate ['lɪtɪgeɪt] *vi* plaider.

litigation [ˌlɪtɪ'geɪʃn] *n* litige *m*; **to go to** ~ aller en justice.

litmus paper ['lɪtməs-] *n* papier *m* de tournesol.

litre *Br*, **liter** *Am* ['liːtər] *n* litre *m*.

litter ['lɪtər] ◇ *n* -1. (*U*) [rubbish] ordures *fpl*, détritus *mpl*. -2. [of animals] portée *f*. ◇ *vt*: **to be** ~ed **with** être couvert(e) de.

litterbin ['lɪtəbɪn] *n Br* boîte *f* à ordures.

litterlout *Br* ['lɪtəlaʊt], **litterbug** ['lɪtəbʌg] *n* personne qui jette des ordures n'importe où.

litter tray *n* caisse *f* (pour litière).

little ['lɪtl] (*compar sense 2* **less**, *superl sense 2* **least**) ◇ *adj* -1. [not big] petit(e); **a** ~ **chat** un brin de causette; **a** ~ **while** un petit moment. -2. [not much] peu de; ~ **money** peu d'argent; **a** ~ **money** un peu d'argent. ◇ *pron*: ~ **of the money was left** il ne restait pas beaucoup d'argent, il restait peu d'argent; **I understood** ~ **of what was said** je n'ai pas compris grand-chose à ce qu'ils ont dit; **I see very** ~ **of him now** je ne le vois plus beaucoup, je ne le vois guère; **a** ~ **un peu**. ◇ *adv* peu, pas beaucoup; ~ **by** ~ peu à peu.

little finger *n* petit doigt *m*, auriculaire *m*.

little-known *adj* peu connu(e).

liturgy ['lɪtədʒɪ] (*pl* -ies) *n* liturgie *f*.

live[1] [lɪv] ◇ *vi* -1. [gen] vivre; **long** ~ **the Queen!** vive la reine! -2. [have one's home] habiter, vivre; **to** ~ **in Paris** habiter (à) Paris. ◇ *vt*: **to** ~ **a quiet life** mener une vie tranquille; **to** ~ **it up** *inf* faire la noce.
◆ **live down** *vt sep* faire oublier.
◆ **live for** *vt fus* vivre pour.
◆ **live in** *vi* [student] être interne.
◆ **live off** *vt fus* [savings, the land] vivre de; [family] vivre aux dépens de.
◆ **live on** ◇ *vt fus* vivre de. ◇ *vi* [memory, feeling] rester, survivre.
◆ **live out** ◇ *vt fus* passer. ◇ *vi* [student] être externe.
◆ **live together** *vi* vivre ensemble.
◆ **live up to** *vt fus*: **to** ~ **up to sb's expectations** répondre à l'attente de qqn; **to** ~ **up to one's reputation** faire honneur à sa réputation.
◆ **live with** *vt fus* -1. [cohabit with] vivre avec. -2. *inf* [accept] se faire à, accepter.

live[2] [laɪv] ◇ *adj* -1. [living] vivant(e). -2. [coal] ardent(e). -3. [bullet, bomb] non explosé(e); ~ **ammunition** munitions *fpl* de combat. -4. ELEC sous tension. -5. RADIO & TV en direct; [performance] en public. ◇ *adv* RADIO & TV en direct; [perform] en public.

live-in [lɪv-] *adj* [housekeeper] logé(e) et nourri(e); **a** ~ **boyfriend/girlfriend** un petit ami/une petite amie avec qui on vit.

livelihood ['laɪvlɪhʊd] *n* gagne-pain *m*.

liveliness ['laɪvlɪnɪs] *n* vivacité *f*.

lively ['laɪvlɪ] (*compar* -ier, *superl* -iest) *adj* -1. [person] plein(e) d'entrain. -2. [debate, meeting] animé(e). -3. [mind] vif (vive).

liven ['laɪvn]
◆ **liven up** ◇ *vt sep* [person] égayer; [place] animer. ◇ *vi* s'animer.

liver ['lɪvər] *n* foie *m*.

Liverpudlian ◇ *adj* de Liverpool. ◇ *n* habitant *m*, -e *f* de Liverpool.

liver sausage *Br*, **liverwurst** *Am* ['lɪvəwɜːst] *n* saucisse *f* (au pâté) de foie.

livery ['lɪvərɪ] (*pl* -ies) *n* livrée *f*.

lives [laɪvz] *pl* → **life**.

livestock ['laɪvstɒk] *n* (*U*) bétail *m*.

live wire [laɪv-] *n* fil *m* sous tension; *inf fig* boute-en-train *m inv*.

livid ['lɪvɪd] *adj* -1. [angry] furieux(ieuse). -2. [bruise] violacé(e).

living ['lɪvɪŋ] ◇ *adj* vivant(e), en vie. ◇ *n*: **to earn** OR **make a** ~ gagner sa vie; **what do you do for a** ~? qu'est-ce que vous faites dans la vie?

living conditions *npl* conditions *fpl* de vie.

living expenses *npl* frais *mpl* de subsistance.

living room *n* salle *f* de séjour, living *m*.

living standards *npl* niveau *m* de vie.

living wage *n* minimum *m* vital.

lizard ['lɪzəd] *n* lézard *m*.

llama ['lɑːmə] (*pl inv* OR **-s**) *n* lama *m*.

LLB (*abbr of* **Bachelor of Laws**) *n* (*titulaire d'une*) *licence de droit*.

LLD (*abbr of* **Doctor of Laws**) *n docteur en droit*.

LMT (*abbr of* **Local Mean Time**) *n heure locale aux États-Unis*.

lo [ləʊ] *excl*: ~ **and behold** et comme par miracle.

load [ləʊd] ◇ *n* **-1.** [something carried] chargement *m*, charge *f*. **-2.** [large amount]: ~s of, a ~ of *inf* des tas de, plein de; a ~ of rubbish *inf* de la foutaise. ◇ *vt* [gen & COMPUT] charger; [video recorder] mettre une vidéo-cassette dans; **to ~ sb/sthg with** charger qqn/qqch de; **to ~ a gun/camera (with)** charger un fusil/un appareil (avec).
♦ **load up** *vt sep & vi* charger.

loaded ['ləʊdɪd] *adj* **-1.** [question] insidieux(ieuse). **-2.** *inf* [rich] plein(e) aux as.

loading bay ['ləʊdɪŋ-] *n* aire *f* de chargement.

loaf [ləʊf] (*pl* **loaves**) *n*: a ~ (of bread) un pain.

loafer ['ləʊfər] *n* [shoe] mocassin *m*.

loam [ləʊm] *n* terreau *m*.

loan [ləʊn] ◇ *n* prêt *m*; **on** ~ prêté(e). ◇ *vt* prêter; **to ~ sthg to sb**, **to ~ sb sthg** prêter qqch à qqn.

loan account *n* compte *m* d'avances.

loan capital *n* capital-obligations *m*.

loan shark *n inf pej* usurier *m*.

loath [ləʊθ] *adj*: **to be** ~ **to do sthg** ne pas vouloir faire qqch, hésiter à faire qqch.

loathe [ləʊð] *vt* détester; **to ~ doing sthg** avoir horreur de OR détester faire qqch.

loathing ['ləʊðɪŋ] *n* dégoût *m*, répugnance *f*.

loathsome ['ləʊðsəm] *adj* dégoûtant(e), répugnant(e).

loaves [ləʊvz] *pl* → **loaf**.

lob [lɒb] (*pt* & *pp* **-bed**, *cont* **-bing**) ◇ *n* TENNIS lob *m*. ◇ *vt* **-1.** [throw] lancer. **-2.** TENNIS: **to ~ a ball** lober, faire un lob.

lobby ['lɒbɪ] (*pl* **-ies**, *pt* & *pp* **-ied**) ◇ *n* **-1.** [of hotel] hall *m*. **-2.** [pressure group] lobby *m*, group *m* de pression. ◇ *vt* faire pression sur.

lobbyist ['lɒbɪɪst] *n* membre *m* d'un groupe de pression.

lobe [ləʊb] *n* lobe *m*.

lobelia [lə'biːljə] *n* lobélie *f*.

lobotomy [lə'bɒtəmɪ] (*pl* **-ies**) *n* lobotomie *f*.

lobster ['lɒbstər] *n* homard *m*.

local ['ləʊkl] ◇ *adj* local(e). ◇ *n inf* **-1.** [person]: **the ~s** les gens *mpl* du coin OR du pays. **-2.** *Br* [pub] café *m* OR bistro *m* du coin. **-3.** *Am* [bus, train] omnibus *m*.

local anaesthetic *n* anesthésie *f* locale.

local area network *n* COMPUT réseau *m* local.

local authority *n Br* autorités *fpl* locales.

local call *n* communication *f* urbaine.

local colour *n* couleur *f* locale.

local derby *n Br* derby *m*.

locale [ləʊ'kɑːl] *n fml* lieu *m*, endroit *m*.

local government *n* administration *f* municipale.

locality [lə'kælətɪ] (*pl* **-ies**) *n* endroit *m*.

localized, -ised ['ləʊkəlaɪzd] *adj* localisé(e).

locally ['ləʊkəlɪ] *adv* **-1.** [on local basis] localement. **-2.** [nearby] dans les environs, à proximité.

local time *n* heure *f* locale.

locate [*Br* ləʊ'keɪt, *Am* 'ləʊkeɪt] ◇ *vt* **-1.** [find - position] trouver, repérer; [- source, problem] localiser. **-2.** [situate - business, factory] implanter, établir; **to be ~d** être situé. ◇ *vi Am* [settle] s'installer.

location [ləʊ'keɪʃn] *n* **-1.** [place] emplacement *m*. **-2.** CINEMA: **on** ~ en extérieur.

loc. cit. (*abbr of* **loco citato**) loc. cit.

loch [lɒk, lɒx] *n Scot* loch *m*, lac *m*.

lock [lɒk] ◇ *n* **-1.** [of door etc] serrure *f*; **under** ~ **and key** [object] sous clef; [person] sous les verrous. **-2.** [on canal] écluse *f*. **-3.** AUT [steering lock] angle *m* de braquage. **-4.** [of hair] mèche *f*. **-5.** *phr*: ~, **stock and barrel** en bloc.
◇ *vt* **-1.** [door, car, drawer] fermer à clef; [bicycle] cadenasser. **-2.** [immobilize] bloquer. **-3.** [hold firmly]: **to be ~ed in an embrace** être étroitement enlacés.
◇ *vi* **-1.** [door, suitcase] fermer à clef. **-2.** [become immobilized] se bloquer.
♦ **locks** *npl literary* chevelure *f*, cheveux *mpl*.
♦ **lock in** *vt sep* enfermer (à clef).
♦ **lock out** *vt sep* **-1.** [accidentally] enfermer dehors, laisser dehors; **to ~ o.s. out** s'enfermer dehors. **-2.** [deliberately] empêcher d'entrer, mettre à la porte.

◆ **lock up** ◇ *vt sep* [person - in prison] mettre en prison OR sous les verrous; [- in asylum] enfermer; [house] fermer à clef; [valuables] enfermer, mettre sous clef. ◇ *vi* fermer (à clef).

lockable ['lɒkəbl] *adj* qu'on peut fermer à clef.

locker ['lɒkə'] *n* casier *m*.

locker room *n Am* vestiaire *m*.

locket ['lɒkɪt] *n* médaillon *m*.

lockjaw ['lɒkdʒɔː] *n* tétanos *m*.

lockout ['lɒkaʊt] *n* lock-out *m inv*.

locksmith ['lɒksmɪθ] *n* serrurier *m*.

lockup ['lɒkʌp] *n* -1. [prison] prison *f*. -2. *Br* [garage] garage *m*, box *m*.

loco ['ləʊkəʊ] (*pl* -s) *inf* ◇ *adj Am* timbré(e). ◇ *n Br* locomotive.

locomotive ['ləʊkə,məʊtɪv] *n* locomotive *f*.

locum ['ləʊkəm] (*pl* -s) *n* remplaçant *m*, -e *f*.

locust ['ləʊkəst] *n* sauterelle *f*, locuste *f*.

lodge [lɒdʒ] ◇ *n* -1. [of caretaker, freemasons] loge *f*. -2. [of manor house] pavillon *m* (de gardien). -3. [for hunting] pavillon *m* de chasse. ◇ *vi* -1. [stay]: **to ~ with sb** loger chez qqn. -2. [become stuck] se loger, se coincer. -3. *fig* [in mind] s'enraciner, s'ancrer. ◇ *vt* [complaint] déposer; **to ~ an appeal** interjeter OR faire appel.

lodger ['lɒdʒə'] *n* locataire *mf*.

lodging ['lɒdʒɪŋ] *n* → **board**.

◆ **lodgings** *npl* chambre *f* meublée.

loft [lɒft] *n* grenier *m*.

lofty ['lɒftɪ] (*compar* -ier, *superl* -iest) *adj* -1. [noble] noble. -2. *pej* [haughty] hautain(e), arrogant(e). -3. *literary* [high] haut(e), élevé(e).

log [lɒg] (*pt & pp* -ged, *cont* -ging) ◇ *n* -1. [of wood] bûche *f*. -2. [of ship] journal *m* de bord; [of plane] carnet *m* de vol. ◇ *vt* consigner, enregistrer.

◆ **log in** *vi* COMPUT ouvrir une session.

◆ **log out** *vi* COMPUT fermer une session.

loganberry ['ləʊgənbərɪ] (*pl* -ies) *n sorte de framboise*.

logarithm ['lɒgərɪðm] *n* logarithme *m*.

logbook ['lɒgbʊk] *n* -1. [of ship] journal *m* de bord; [of plane] carnet *m* de vol. -2. [of car] ≃ carte *f* grise.

log cabin *n* cabane *f* en rondins.

log fire *n* feu *m* de bois.

loggerheads ['lɒgəhedz] *n*: **at ~** en désaccord.

logic ['lɒdʒɪk] *n* logique *f*.

logical ['lɒdʒɪkl] *adj* logique.

logically ['lɒdʒɪklɪ] *adv* logiquement.

logistical [lə'dʒɪstɪkl] *adj* logistique.

logistics [lə'dʒɪstɪks] ◇ *n* (*U*) MIL logistique *f*. ◇ *npl fig* organisation *f*.

logjam ['lɒgdʒæm] *n* impasse *f*.

logo ['ləʊgəʊ] (*pl* -s) *n* logo *m*.

logrolling ['lɒg,rəʊlɪŋ] *n* (*U*) *Am* échange *m* de faveurs.

logy ['ləʊgɪ] *adj Am inf* patraque.

loin [lɔɪn] *n* filet *m*.

◆ **loins** *npl* reins *mpl*; **to gird one's ~s** prendre son courage à deux mains.

loincloth ['lɔɪnklɒθ] *n* pagne *m*.

loiter ['lɔɪtə'] *vi* traîner.

loll [lɒl] *vi* -1. [sit, lie about] se prélasser. -2. [hang down - head, tongue] pendre.

lollipop ['lɒlɪpɒp] *n* sucette *f*.

lollipop lady *n Br dame qui fait traverser la rue aux enfants à la sortie des écoles*.

lollipop man *n Br monsieur qui fait traverser la rue aux enfants à la sortie des écoles*.

lolly ['lɒlɪ] (*pl* -ies) *n inf* -1. [lollipop] sucette *f*. -2. *Br* [ice lolly] sucette *f* glacée. -3. *Br* [money] fric *m*, blé *m*.

London ['lʌndən] *n* Londres.

Londoner ['lʌndənə'] *n* Londonien *m*, -ienne *f*.

lone [ləʊn] *adj* solitaire.

loneliness ['ləʊnlɪnɪs] *n* [of person] solitude *f*; [of place] isolement *m*.

lonely ['ləʊnlɪ] (*compar* -ier, *superl* -iest) *adj* -1. [person] solitaire, seul(e); **to feel ~** se sentir seul. -2. [childhood] solitaire. -3. [place] isolé(e).

lone parent *n Br* père *m*/mère *f* célibataire.

loner ['ləʊnə'] *n* solitaire *mf*.

lonesome ['ləʊnsəm] *adj Am inf* -1. [person] solitaire, seul(e). -2. [place] isolé(e).

long [lɒŋ] ◇ *adj* long (longue); **two days/ years** ~ de deux jours/ans, qui dure deux jours/ans; **10 metres/miles** ~ long de 10 mètres/miles, de 10 mètres/miles (de long); **a ~ memory** une bonne mémoire.
◇ *adv* longtemps; **how ~ will it take?** combien de temps cela va-t-il prendre?; **how ~ will you be?** tu en as pour combien de temps?; **how ~ is the book?** le livre fait combien de pages?; **I no ~er like him** je ne l'aime plus; **I can't wait any ~er** je ne peux pas attendre plus longtemps; **so ~!** *inf* au revoir!, salut!; **before ~** sous peu; **for ~** pour longtemps.
◇ *n*: **the ~ and the short of it is that ...** le fin mot de l'histoire, c'est que ..., enfin bref ....
◇ *vt*: **to ~ to do sthg** avoir très envie de faire qqch.

◆ **as long as, so long as** *conj* tant que.

◆ **long for** *vt fus* [peace and quiet] désirer ardemment; [holidays] attendre avec impatience.

long. (*abbr of* **longitude**) long.

long-awaited [-ə'weɪtɪd] *adj* tant attendu(e).

long-distance *adj* [runner, race] de fond; ~ **lorry driver** routier *m*.

long-distance call *n* communication *f* interurbaine.

long division *n* division *f* par écrit.

long-drawn-out *adj* interminable, qui n'en finit pas.

long drink *n* long drink *m*.

longevity [lɒn'dʒevətɪ] *n* longévité *f*.

longhaired [,lɒŋ'head] *adj* [person] aux cheveux longs; [animal] à longs poils.

longhand ['lɒŋhænd] *n* écriture *f* normale.

long-haul *adj* long-courrier.

longing ['lɒŋɪŋ] ◇ *adj* plein(e) de convoitise. ◇ *n* -1. [desire] envie *f*, convoitise *f*; a ~ **for** un grand désir OR une grande envie de. -2. [nostalgia] nostalgie *f*, regret *m*.

longingly ['lɒŋɪŋlɪ] *adv* [with desire] avec envie; [nostalgically] avec nostalgie.

Long Island *n* Long Island; **in** ~ à Long Island.

longitude ['lɒndʒɪtjuːd] *n* longitude *f*.

long johns *npl* caleçon *m* long.

long jump *n* saut *m* en longueur.

long-lasting *adj* qui dure longtemps, durable.

long-life *adj* [milk] longue conservation (*inv*); [battery] longue durée (*inv*).

long-lost *adj* [artefact] perdu(e) depuis longtemps; [relative] perdu(e) de vue depuis longtemps.

long-playing record [-'pleɪɪŋ-] *n* 33 tours *m*.

long-range *adj* -1. [missile, bomber] à longue portée. -2. [plan, forecast] à long terme.

long-running *adj* [TV programme] diffusé(e) depuis de nombreuses années; [play] qui tient depuis longtemps l'affiche; [dispute] qui dure depuis longtemps.

longshoreman ['lɒŋʃɔːmən] (*pl* **-men** [-mən]) *n Am* docker *m*.

long shot *n* [guess] coup *m* à tenter (*sans grand espoir de succès*).

longsighted [,lɒŋ'saɪtɪd] *adj* presbyte.

long-standing *adj* de longue date.

longsuffering [,lɒŋ'sʌfərɪŋ] *adj* [person] à la patience infinie.

long term *n*: **in the** ~ à long terme.

◆ **long-term** *adj* à long terme.

long vacation *n Br* grandes vacances *fpl*.

long wave *n* (U) grandes ondes *fpl*.

longways ['lɒŋweɪz] *adv* dans le sens de la longueur.

longwearing [,lɒŋ'weərɪŋ] *adj Am* solide, résistant(e).

long weekend *n* long week-end *m*.

longwinded [,lɒŋ'wɪndɪd] *adj* [person] prolixe, verbeux(euse); [speech] interminable, qui n'en finit pas.

loo [luː] (*pl* **-s**) *n Br inf* cabinets *mpl*, petit coin *m*.

loofa(h) ['luːfə] *n* luffa *m*, éponge *f*.

look [lʊk] ◇ *n* -1. [with eyes] regard *m*; **to take** OR **have a** ~ (**at sthg**) regarder (qqch), jeter un coup d'œil (à qqch); **to give sb a** ~ jeter un regard à qqn, regarder qqn de travers. -2. [search]: **to have a** ~ (**for sthg**) chercher (qqch). -3. [appearance] aspect *m*, air *m*; **by the** ~ OR ~**s of it, by the** ~ OR ~**s of things** vraisemblablement, selon toute probabilité. ◇ *vi* -1. [with eyes] regarder. -2. [search] chercher. -3. [building, window]: **to** ~ (**out**) **onto** donner sur. -4. [seem] avoir l'air, sembler; **he** ~**s as if he hasn't slept** il a l'air d'avoir mal dormi; **it** ~**s like rain** OR **as if it will rain** on dirait qu'il va pleuvoir; **she** ~**s like her mother** elle ressemble à sa mère. ◇ *vt* -1. [look at]: ~ **what you've done!** regarde ce que tu as fait! -2. [appear]: **to** ~ **one's age** faire OR porter son âge; **to** ~ **one's best** être OR paraître à son avantage. ◇ *excl*: ~!, ~ **here!** dites donc!

◆ **looks** *npl* [attractiveness] beauté *f*.

◆ **look after** *vt fus* s'occuper de.

◆ **look at** *vt fus* -1. [see, glance at] regarder; [examine] examiner. -2. [judge] considérer.

◆ **look back** *vi* [reminisce] penser au passé, évoquer le passé; **she's never** ~**ed back** depuis, elle a accumulé les succès.

◆ **look down on** *vt fus* [condescend to] mépriser.

◆ **look for** *vt fus* chercher.

◆ **look forward to** *vt fus* attendre avec impatience.

◆ **look into** *vt fus* examiner, étudier.

◆ **look on** ◇ *vt fus* = **look upon**. ◇ *vi* regarder.

◆ **look out** *vi* prendre garde, faire attention; ~ **out!** attention!

◆ **look out for** *vt fus* [person] guetter; [new book] être à l'affût de, essayer de repérer.

◆ **look round** ◇ *vt fus* [house, shop, town] faire le tour de. ◇ *vi* -1. [turn] se retourner. -2. [browse] regarder.

◆ **look through** vt fus [gen] examiner; [newspaper] parcourir.

◆ **look to** vt fus **-1.** [depend on] compter sur. **-2.** [future] songer à.

◆ **look up** ◇ vt sep **-1.** [in book] chercher. **-2.** [visit - person] aller OR passer voir. ◇ vi [improve - business] reprendre; **things are ~ing up** ça va mieux, la situation s'améliore.

◆ **look upon** vt fus: **to ~ upon sb/sthg as** considérer qqn/qqch comme.

◆ **look up to** vt fus admirer.

look-alike n sosie m.

look-in n Br inf: **I didn't get a ~** je n'avais aucune chance; [in conversation] je n'ai pas pu en placer une.

lookout ['lʊkaʊt] n **-1.** [place] poste m de guet. **-2.** [person] guetteur m. **-3.** [search]: **to be on the ~ for** être à la recherche de.

look-up table n COMPUT table f de recherche.

loom [luːm] ◇ n métier m à tisser. ◇ vi [building, person] se dresser; fig [date, threat] être imminent(e); **to ~ large** être un sujet d'inquiétude OR de préoccupation.

◆ **loom up** vi surgir.

LOOM (abbr of **Loyal Order of the Moose**) n association caritative américaine.

looming ['luːmɪŋ] adj imminent(e).

loony ['luːnɪ] (compar **-ier**, superl **-iest**, pl **-ies**) inf ◇ adj cinglé(e), timbré(e). ◇ n cinglé m, -e f, fou m, folle f.

loop [luːp] ◇ n **-1.** [gen & COMPUT] boucle f. **-2.** [contraceptive] stérilet m. ◇ vt faire une boucle à. ◇ vi faire une boucle.

loophole ['luːphəʊl] n faille f, échappatoire f.

loo roll n Br inf rouleau m de papier hygiénique.

loose [luːs] ◇ adj **-1.** [not firm - joint] desserré(e); [- handle, post] branlant(e); [- tooth] qui bouge OR branle; [- knot] défait(e). **-2.** [unpackaged - sweets, nails] en vrac, au poids. **-3.** [clothes] ample, large. **-4.** [not restrained - hair] dénoué(e); [- animal] en liberté, détaché(e). **-5.** pej & dated [woman] facile; [living] dissolu(e). **-6.** [inexact - translation] approximatif(ive). **-7.** Am inf [relaxed]: **to stay ~** rester cool. ◇ n: **on the ~** en liberté.

loose change n petite OR menue monnaie f.

loose end n détail m inexpliqué; **to be at a ~** Br, **to be at ~s** Am être désœuvré, n'avoir rien à faire.

loose-fitting adj ample.

loose-leaf binder n classeur m.

loosely ['luːslɪ] adv **-1.** [not firmly] sans serrer. **-2.** [inexactly] approximativement.

loosen ['luːsn] ◇ vt desserrer, défaire. ◇ vi se desserrer.

◆ **loosen up** vi **-1.** [before game, race] s'échauffer. **-2.** inf [relax] se détendre.

loot [luːt] ◇ n butin m. ◇ vt piller.

looter ['luːtə'] n pillard m, -e f.

looting ['luːtɪŋ] n pillage m.

lop [lɒp] (pt & pp **-ped**, cont **-ping**) vt élaguer, émonder.

◆ **lop off** vt sep couper.

lope [ləʊp] vi courir en faisant des bonds.

lop-sided [-'saɪdɪd] adj **-1.** [table] bancal(e), boiteux(euse); [picture] de travers. **-2.** fig [biased] tendancieux(ieuse).

lord [lɔːd] n Br seigneur m.

◆ **Lord** n **-1.** RELIG: **the Lord** [God] le Seigneur; **good Lord!** Br Seigneur!, mon Dieu! **-2.** [in titles] Lord m; [as form of address]: **my Lord** Monsieur le duc/comte etc.

◆ **Lords** npl Br POL: **the (House of) Lords** la Chambre des lords.

Lord Chancellor n Br Lord Chancelier m.

lordly ['lɔːdlɪ] (compar **-ier**, superl **-iest**) adj **-1.** [noble] noble. **-2.** pej [arrogant] arrogant(e), hautain(e).

Lord Mayor n Br Lord-Maire m.

Lordship ['lɔːdʃɪp] n: **your/his ~** Monsieur le duc/comte etc.

Lord's Prayer n: **the ~** le Notre Père.

lore [lɔː'] n (U) traditions fpl.

lorry ['lɒrɪ] (pl **-ies**) n Br camion m.

lorry driver n Br camionneur m, conducteur m de poids lourd.

lose [luːz] (pt & pp **lost**) ◇ vt **-1.** [gen] perdre; **to ~ sight of** lit & fig perdre de vue; **to ~ one's way** se perdre, perdre son chemin; fig être un peu perdu. **-2.** [subj: clock, watch] retarder de; **to ~ time** retarder. **-3.** [pursuers] semer. ◇ vi perdre.

◆ **lose out** vi être perdant(e).

loser ['luːzə'] n **-1.** [gen] perdant m, -e f; **a good/bad ~** un bon/mauvais joueur m, une bonne/mauvaise joueuse f. **-2.** inf pej [unsuccessful person] raté m, -e f.

losing ['luːzɪŋ] adj perdant(e).

loss [lɒs] n **-1.** [gen] perte f. **-2.** COMM: **to make a ~** perdre de l'argent. **-3.** phr: **to be at a ~** être perplexe, être embarrassé(e); **I'm at a ~ to explain what happened** je n'arrive pas à expliquer comment cela a pu se produire; **to cut one's ~es** faire la part du feu.

loss adjuster [-ə'dʒʌstər] *n* responsable *m* de l'évaluation des sinistres.

loss leader *n* COMM *article vendu à perte dans le but d'attirer la clientèle.*

lost [lɒst] ◇ *pt & pp* → lose. ◇ *adj* **-1.** [gen] perdu(e); **get ~!** *inf* fous/foutez le camp! **-2.** [ineffective]: **to be ~ on sb** [advice, warning] être sans effet sur qqn, n'avoir aucun effet sur qqn. **-3.** [opportunity] perdu(e), manqué(e).

lost-and-found office *n Am* bureau *m* des objets trouvés.

lost cause *n* cause *f* perdue.

lost property *n* (*U*) objets *mpl* trouvés.

lost property office *n Br* bureau *m* des objets trouvés.

lot [lɒt] *n* **-1.** [large amount]: **a ~ (of), ~s (of)** beaucoup (de); [entire amount]: **the ~** le tout. **-2.** [at auction] lot *m*. **-3.** *inf* [group of people]: **they're a strange ~** ce sont des gens bizarres. **-4.** [destiny] sort *m*. **-5.** *Am* [of land] terrain *m*; [car park] parking *m*. **-6.** *phr*: **to draw ~s** tirer au sort.
♦ **a lot** *adv* beaucoup.

loth [ləʊθ] = **loath.**

lotion ['ləʊʃn] *n* lotion *f*.

lottery ['lɒtəri] (*pl* **-ies**) *n* lit & *fig* loterie *f*.

lotus position ['ləʊtəs-] *n* position *f* du lotus.

loud [laʊd] ◇ *adj* **-1.** [not quiet, noisy - gen] fort(e); [- person] bruyant(e). **-2.** [colour, clothes] voyant(e). ◇ *adv* fort; **~ and clear** clairement; **out ~** tout haut.

loudhailer [,laʊd'heɪlər] *n Br* mégaphone *m*, porte-voix *m*.

loudly ['laʊdli] *adv* **-1.** [noisily] fort. **-2.** [gaudily] de façon voyante.

loudmouth ['laʊdmaʊθ, *pl* -maʊðz] *n inf* grande gueule *f*.

loudness ['laʊdnɪs] *n* force *f*, intensité *f*; [of TV, radio] bruit *m*.

loudspeaker [,laʊd'spiːkər] *n* haut-parleur *m*.

Louisiana [luː,iːzɪ'ænə] *n* Louisiane *f*; **in ~** en Louisiane.

lounge [laʊndʒ] (*cont* **loungeing**) ◇ *n* **-1.** [in house] salon *m*. **-2.** [in airport] hall *m*, salle *f*. **-3.** *Br* = **lounge bar.** ◇ *vi* se prélasser.
♦ **lounge about, lounge around** *vi* flemmarder, traîner.

lounge bar *n Br l'une des deux salles d'un bar, la plus confortable.*

lounge suit *n Br* complet *m*, complet-veston *m*.

louse [laʊs] (*pl sense 1* **lice**, *pl sense 2* **-s**) *n* **-1.** [insect] pou *m*. **-2.** *inf pej* [person] salaud *m*.
♦ **louse up** *vt sep Am v inf* foutre en l'air.

lousy ['laʊzɪ] (*compar* **-ier**, *superl* **-iest**) *adj inf* minable, nul(le); [weather] pourri(e); **to feel ~** être mal fichu.

lout [laʊt] *n* rustre *m*.

louvre *Br*, **louver** *Am* ['luːvər] *n* persienne *f*.

lovable ['lʌvəbl] *adj* adorable.

love [lʌv] ◇ *n* **-1.** [gen] amour *m*; **a ~ of OR for football** une passion pour le football; **to be in ~** être amoureux(euse); **to fall in ~** tomber amoureux(euse); **to make ~** faire l'amour; **give her my ~** embrasse-la pour moi; **~ from** [at end of letter] affectueusement, grosses bises; **a ~-hate relationship** des rapports *mpl* d'attraction-répulsion. **-2.** *inf* [form of address] mon chéri (ma chérie). **-3.** TENNIS zéro *m*.
◇ *vt* aimer; **to ~ to do sthg OR doing sthg** aimer OR adorer faire qqch.

love affair *n* liaison *f*.

lovebite ['lʌvbaɪt] *n* suçon *m*.

loveless ['lʌvlɪs] *adj* sans amour.

love letter *n* lettre *f* d'amour.

love life *n* vie *f* amoureuse.

lovely ['lʌvlɪ] (*compar* **-ier**, *superl* **-iest**) *adj* **-1.** [beautiful] très joli(e). **-2.** [pleasant] très agréable, excellent(e).

lovemaking ['lʌv,meɪkɪŋ] *n* (*U*) amour *m*, rapports *mpl*.

lover ['lʌvər] *n* **-1.** [sexual partner] amant *m*, -e *f*. **-2.** [enthusiast] passionné *m*, -e *f*, amoureux *m*, -euse *f*.

lovesick ['lʌvsɪk] *adj* qui languit d'amour.

love song *n* chanson *f* d'amour.

love story *n* histoire *f* d'amour.

loving ['lʌvɪŋ] *adj* [person, relationship] affectueux(euse); [care] tendre.

lovingly ['lʌvɪŋlɪ] *adv* avec amour.

low [ləʊ] ◇ *adj* **-1.** [not high - gen] bas (basse); [- wall, building] peu élevé(e); [- standard, quality] mauvais(e); [- intelligence] faible; [- neckline] décolleté(e); **to have a ~ opinion of sb** avoir mauvaise opinion de qqn; **to cook sthg over a ~ heat** faire cuire qqch à petit feu. **-2.** [little remaining] presque épuisé(e); **to be ~ on sthg** manquer de qqch. **-3.** [not loud - voice] bas (basse); [- whisper, moan] faible. **-4.** [depressed] déprimé(e). **-5.** [not respectable] bas (basse).
◇ *adv* **-1.** [not high] bas; **to fly ~** [plane] voler à basse altitude. **-2.** [not loudly - speak] à voix basse; [- whisper] faiblement.

◇ *n* **-1.** [low point] niveau *m* OR point *m* bas. **-2.** METEOR dépression *f*.

low-alcohol *adj* à faible teneur en alcool.

lowbrow ['ləʊbraʊ] *adj* peu intellectuel(elle).

low-calorie *adj* à basses calories.

Low Church *n* Basse Église *f*.

Low Countries *npl*: **the** ~ les Pays-Bas *mpl*.

low-cut *adj* décolleté(e).

low-down *inf* ◇ *adj* méprisable. ◇ *n*: **to give sb the** ~ **(on sthg)** mettre qqn au parfum (de qqch).

lower¹ ['ləʊəʳ] ◇ *adj* inférieur(e). ◇ *vt* **-1.** [gen] baisser; [flag] abaisser. **-2.** [reduce - price, level] baisser; [- age of consent] abaisser; [- resistance] diminuer.

lower² ['laʊəʳ] *vi* **-1.** [sky] se faire menaçant(e). **-2.** [person]: **to** ~ **at sb** regarder qqn d'un air menaçant.

Lower Chamber ['ləʊəʳ-] *n* POL Chambre *f* basse OR des communes.

lower class ['ləʊəʳ-] *n*: **the** ~ OR ~**es** les classes populaires *fpl*.

Lower House ['ləʊəʳ-] *n* = **Lower Chamber**.

lowest common denominator ['ləʊɪst-] *n*: **the** ~ le plus petit dénominateur commun.

low-fat *adj* [yoghurt, crisps] allégé(e); [milk] demi-écrémé(e).

low-flying *adj* volant à basse altitude.

low frequency *n* basse fréquence *f*.

low gear *n Am* première (vitesse) *f*.

low-key *adj* discret(ète).

Lowlands ['ləʊləndz] *npl*: **the** ~ [of Scotland] les Basses Terres *fpl* (d'Écosse).

low-level language *n* COMPUT langage *m* de bas niveau.

low-loader [-'ləʊdəʳ] *n Br* **-1.** AUT semi-remorque *m* à plateforme surbaissée. **-2.** RAIL wagon *m* à plateforme surbaissée.

lowly ['ləʊlɪ] (*compar* **-ier**, *superl* **-iest**) *adj* modeste, humble.

low-lying *adj* bas (basse).

Low Mass *n* messe *f* basse.

low-necked [-'nekt] *adj* décolleté(e).

low-paid *adj* mal payé(e).

low-rise *adj* bas (basse).

low season *n* basse saison *f*.

low tide *n* marée *f* basse.

loyal ['lɔɪəl] *adj* loyal(e).

loyalist ['lɔɪəlɪst] *n* loyaliste *mf*.

loyalty ['lɔɪəltɪ] (*pl* **-ies**) *n* loyauté *f*.

lozenge ['lɒzɪndʒ] *n* **-1.** [tablet] pastille *f*. **-2.** [shape] losange *m*.

LP (*abbr of* **long-playing record**) *n* 33 tours *m*.

L-plate *n Br* plaque signalant que le conducteur du véhicule est en conduite accompagnée.

LPN (*abbr of* **licensed practical nurse**) *n* aide infirmière diplômée.

LRAM (*abbr of* **Licentiate of the Royal Academy of Music**) *n* membre de l'Académie de musique britannique.

LSAT (*abbr of* **Law School Admissions Test**) *n* aux États-Unis, test d'admission aux études de droit.

LSD¹ (*abbr of* **lysergic acid diethylamide**) *n* LSD *m*.

LSD², **L.S.D.**, **£.s.d.**, **l.s.d.** (*abbr of* **pounds, shillings and pence - librae, solidi, denarii**) *n* système monétaire en usage en Grande-Bretagne jusqu'en 1971.

LSE (*abbr of* **London School of Economics**) *n* grande école de sciences économiques et politiques à Londres.

LSO (*abbr of* **London Symphony Orchestra**) *n* orchestre symphonique de Londres.

Lt. (*abbr of* **lieutenant**) Lieut.

LT (*abbr of* **low tension**) *n* BT.

Ltd, **ltd** (*abbr of* **limited**) ≃ SARL; **Smith and Sons**, ~ ≃ Smith & Fils, SARL.

lubricant ['lu:brɪkənt] *n* lubrifiant *m*.

lubricate ['lu:brɪkeɪt] *vt* lubrifier.

lubrication [ˌlu:brɪ'keɪʃn] *n* lubrification *f*.

lucid ['lu:sɪd] *adj* lucide.

lucidly ['lu:sɪdlɪ] *adv* lucidement.

luck [lʌk] *n* chance *f*; **good** ~ chance; **good** ~! bonne chance!; **bad** ~ malchance *f*; **bad** OR **hard** ~! pas de chance!; **to be in** ~ avoir de la chance; **to try one's** ~ **at sthg** tenter sa chance à qqch; **with (any)** ~ avec un peu de chance.

♦ **luck out** *vi Am inf* avoir un coup de pot.

luckily ['lʌkɪlɪ] *adv* heureusement.

luckless ['lʌklɪs] *adj* malchanceux(euse).

lucky ['lʌkɪ] (*compar* **-ier**, *superl* **-iest**) *adj* **-1.** [fortunate - person] qui a de la chance; [- event] heureux(euse); **to have a** ~ **escape** l'échapper belle. **-2.** [bringing good luck] porte-bonheur (*inv*).

lucky dip *n Br* sac rempli de cadeaux que l'on pioche sans regarder.

lucrative ['lu:krətɪv] *adj* lucratif(ive).

ludicrous ['lu:dɪkrəs] *adj* ridicule.

ludo ['lu:dəʊ] *n Br* jeu *m* des petits chevaux.

lug [lʌg] (*pt* & *pp* **-ged**, *cont* **-ging**) *vt inf* traîner.

luggage ['lʌgɪdʒ] *n* (U) *Br* bagages *mpl*.

luggage rack *n Br* porte-bagages *m inv*.

luggage van *n Br* fourgon *m*.

lugubrious [lu:'gu:brɪəs] *adj* lugubre.

lukewarm ['lu:kwɔ:m] *adj lit* & *fig* tiède.

lull [lʌl] ◇ *n*: ~ **(in)** [storm] accalmie *f* (de); [fighting, conversation] arrêt *m* (de); **the ~ before the storm** *fig* le calme avant la tempête. ◇ *vt*: **to ~ sb to sleep** endormir qqn en le berçant; **to ~ sb into a false sense of security** endormir les soupçons de qqn.

lullaby ['lʌləbaɪ] (*pl* **-ies**) *n* berceuse *f*.

lumbago [lʌm'beɪgəʊ] *n* (U) lumbago *m*.

lumber ['lʌmbəʳ] ◇ *n* (U) **-1.** *Am* [timber] bois *m* de charpente. **-2.** *Br* [bric-a-brac] bric-à-brac *m inv*. ◇ *vi* se traîner d'un pas lourd.
◆ **lumber with** *vt sep Br inf*: **to ~ sb with sthg** coller qqch à qqn.

lumbering ['lʌmbərɪŋ] *adj* lourd(e), pesant(e).

lumberjack ['lʌmbədʒæk] *n* bûcheron *m*, -onne *f*.

lumbermill ['lʌmbə,mɪl] *n Am* scierie *f*.

lumber-room *n Br* débarras *m*.

lumberyard ['lʌmbəjɑːd] *n* chantier *m* de bois.

luminous ['lu:mɪnəs] *adj* [dial] lumineux(euse); [paint, armband] phosphorescent(e).

lump [lʌmp] ◇ *n* **-1.** [gen] morceau *m*; [of earth, clay] motte *f*; [in sauce] grumeau *m*. **-2.** [on body] grosseur *f*. ◇ *vt*: **to ~ sthg together** réunir qqch; **to ~ it** *inf* faire avec, s'en accommoder.

lumpectomy [,lʌm'pektəmɪ] (*pl* **-ies**) *n* ablation *f* d'une tumeur au sein.

lump sum *n* somme *f* globale.

lumpy ['lʌmpɪ] (*compar* **-ier**, *superl* **-iest**) *adj* [sauce] plein(e) de grumeaux; [mattress] défoncé(e).

lunacy ['lu:nəsɪ] *n* folie *f*.

lunar ['lu:nəʳ] *adj* lunaire.

lunatic ['lu:nətɪk] ◇ *adj pej* dément(e), démentiel(ielle). ◇ *n* **-1.** *pej* [fool] fou *m*, folle *f*. **-2.** [insane person] fou *m*, folle *f*, aliéné *m*, -e *f*.

lunatic asylum *n* asile *m* d'aliénés.

lunatic fringe *n* éléments *mpl* extrémistes.

lunch [lʌntʃ] ◇ *n* déjeuner *m*. ◇ *vi* déjeuner.

luncheon ['lʌntʃən] *n fml* déjeuner *m*.

luncheonette [,lʌntʃə'net] *n Am* ≃ cafétéria *f*.

luncheon meat *n* sorte *de* saucisson.

luncheon voucher *n Br* ticket-restaurant *m*.

lunch hour *n* pause *f* de midi.

lunchtime ['lʌntʃtaɪm] *n* heure *f* du déjeuner.

lung [lʌŋ] *n* poumon *m*.

lung cancer *n* cancer *m* du poumon.

lunge [lʌndʒ] (*cont* **lungeing**) *vi* faire un brusque mouvement (du bras) en avant; **to ~ at sb** s'élancer sur qqn.

lupin *Br* ['lu:pɪn], **lupine** *Am* ['lu:paɪn] *n* lupin *m*.

lurch [lɜ:tʃ] ◇ *n* [of person] écart *m* brusque; [of car] embardée *f*; **to leave sb in the ~** laisser qqn dans le pétrin. ◇ *vi* [person] tituber; [car] faire une embardée.

lure [ljʊəʳ] ◇ *n* charme *m* trompeur. ◇ *vt* attirer OR persuader par la ruse.

lurid ['ljʊərɪd] *adj* **-1.** [outfit] aux couleurs criardes. **-2.** [story, details] affreux(euse).

lurk [lɜ:k] *vi* **-1.** [person] se cacher, se dissimuler. **-2.** [memory, danger, fear] subsister.

lurking ['lɜ:kɪŋ] *adj* [doubts, fear] vague.

luscious ['lʌʃəs] *adj* **-1.** [delicious] succulent(e). **-2.** *fig* [woman] appétissant(e).

lush [lʌʃ] ◇ *adj* **-1.** [luxuriant] luxuriant(e). **-2.** [rich] luxueux(euse). ◇ *n Am inf* [drunkard] alcolo *mf*.

lust [lʌst] *n* **-1.** [sexual desire] désir *m*. **-2.** *fig*: ~ **for sthg** soif de qqch; ~ **for life** fureur de vivre.
◆ **lust after**, **lust for** *vt fus* **-1.** [wealth, power etc] être assoiffé(e) de. **-2.** [person] désirer.

luster *Am* = **lustre**.

lustful ['lʌstfʊl] *adj* lubrique.

lustre *Br*, **luster** *Am* ['lʌstəʳ] *n* lustre *m*.

lusty ['lʌstɪ] (*compar* **-ier**, *superl* **-iest**) *adj* vigoureux(euse).

lute [lu:t] *n* luth *m*.

luv [lʌv] *n Br inf* chéri *m*, -e *f*.

luvvie ['lʌvɪ] *n inf* théâtreux *m* prétentieux *m*, théâtreuse prétentieuse *f*.

Luxembourg ['lʌksəmbɜ:g] *n* **-1.** [country] Luxembourg *m*; **in ~** au Luxembourg. **-2.** [city] Luxembourg.

luxuriant [lʌg'zʊərɪənt] *adj* luxuriant(e).

luxuriate [lʌg'zʊərɪeɪt] *vi*: **to ~ in** s'abandonner aux plaisirs de.

luxurious [lʌg'zʊərɪəs] *adj* **-1.** [expensive] luxueux(euse). **-2.** [pleasurable] voluptueux(euse).

luxury ['lʌkʃəri] (*pl* **-ies**) ◇ *n* luxe *m*. ◇ *comp* de luxe.

luxury goods *npl* produits *mpl* de luxe.

LV *abbr of* **luncheon voucher**.

LW (*abbr of* **long wave**) GO.

lychee [ˌlaɪ'tʃiː] *n* litchi *m*.

Lycra® ['laɪkrə] ◇ *n* Lycra® *m*. ◇ *comp* en Lycra®.

lying ['laɪɪŋ] ◇ *adj* [person] menteur(euse). ◇ *n* (U) mensonges *mpl*.

lymph gland [lɪmf-] *n* ganglion *m* lymphatique.

lynch [lɪntʃ] *vt* lyncher.

lynx [lɪŋks] (*pl inv* OR **-es**) *n* lynx *m inv*.

Lyons ['laɪənz] *n* Lyon.

lyre ['laɪər] *n* lyre *f*.

lyric ['lɪrɪk] *adj* lyrique.

lyrical ['lɪrɪkl] *adj* lyrique.

lyrics ['lɪrɪks] *npl* paroles *fpl*.

m¹ (*pl* **m's** OR **ms**), **M** (*pl* **M's** OR **Ms**) [em] *n* [letter] m *m inv*, M *m inv*.
◆ **M** -**1.** *Br abbr of* **motorway**. -**2.** (*abbr of* **medium**) M.

m² -**1.** (*abbr of* **metre**) m. -**2.** (*abbr of* **million**) M. -**3.** *abbr of* **mile**.

ma [mɑː] *n inf* maman *f*.

MA ◇ *n abbr of* **Master of Arts**. ◇ *abbr of* **Massachusetts**.

ma'am [mæm] *n* madame *f*.

mac [mæk] (*abbr of* **mackintosh**) *n Br inf* [coat] imper *m*.

macabre [mə'kɑːbrə] *adj* macabre.

Macao [mə'kaʊ] *n* Macao *m*; **in ~** à Macao.

macaroni [ˌmækə'rəʊni] *n* (U) macaronis *mpl*.

macaroni cheese *n* macaronis *mpl* au gratin.

macaroon [ˌmækə'ruːn] *n* macaron *m*.

mace [meɪs] *n* -**1.** [ornamental rod] masse *f*. -**2.** [spice] macis *m*.

Macedonia [ˌmæsɪ'dəʊnjə] *n* Macédoine *f*; **in ~** en Macédoine.

Macedonian [ˌmæsɪ'dəʊnjən] ◇ *adj* macédonien(ienne). ◇ *n* Macédonien *m*, -ienne *f*.

machete [mə'ʃeti] *n* machette *f*.

Machiavellian [ˌmækɪə'veliən] *adj* machiavélique.

machinations [ˌmækɪ'neɪʃnz] *npl* machinations *fpl*.

machine [mə'ʃiːn] ◇ *n lit* & *fig* machine *f*. ◇ *vt* -**1.** SEWING coudre à la machine. -**2.** TECH usiner.

machine code *n* COMPUT code *m* machine.

machinegun [mə'ʃiːngʌn] (*pt* & *pp* **-ned**, *cont* **-ning**) ◇ *n* mitrailleuse *f*. ◇ *vt* mitrailler.

machine language *n* COMPUT langage *m* machine.

machine-readable *adj* COMPUT en langage machine.

machinery [mə'ʃiːnəri] *n* (U) machines *fpl*; *fig* mécanisme *m*.

machine shop *n* atelier *m* d'usinage.

machine tool *n* machine-outil *f*.

machine-washable *adj* lavable en machine.

machinist [mə'ʃiːnɪst] *n* -**1.** SEWING mécanicienne *f*. -**2.** TECH machiniste *mf*, opérateur *m*, -trice *f*.

machismo [mə'tʃɪzməʊ] *n* machisme *m*.

macho ['mætʃəʊ] *adj* macho (*inv*).

mackerel ['mækrəl] (*pl inv* OR **-s**) *n* maquereau *m*.

mackintosh ['mækɪntɒʃ] *n Br* imperméable *m*.

macramé [mə'krɑːmi] *n* macramé *m*.

macro ['mækrəʊ] (*abbr of* **macroinstruction**) *n* COMPUT macro-instruction *f*.

macrobiotic [ˌmækrəʊbaɪ'ɒtɪk] *adj* macrobiotique.

macrocosm ['mækrəʊkɒzm] *n* macrocosme *m*.

macroeconomics ['mækrəʊˌiːkə'nɒmɪks] *n* (U) macroéconomie *f*.

mad [mæd] (*compar* **-der**, *superl* **-dest**) *adj* -**1.** [insane] fou (folle); **to go ~** devenir fou. -**2.** [foolish] insensé(e). -**3.** [furious] furieux(ieuse). -**4.** [hectic - rush, pace] fou (folle); **like ~** *inf* comme un fou. -**5.** [very enthusiastic]: **to be ~ about sb/sthg** être fou (folle) de qqn/qqch.

Madagascan ['mædə'gæskn] ◇ *adj* malgache. ◇ *n* -**1.** [person] Malgache *mf*. -**2.** [language] malgache *m*.

Madagascar [ˌmædə'gæskər] *n* Madagascar *m*; **in ~** à Madagascar.

madam ['mædəm] *n* madame *f*.

madcap ['mædkæp] *adj* risqué(e), insensé(e).

madden ['mædn] *vt* exaspérer.

maddening ['mædnɪŋ] *adj* exaspérant(e).

made [meɪd] *pt & pp* → make.

-made [meɪd] *suffix* fait(e); **factory ~ fait** OR **fabriqué en usine; French ~ de fabrication française.**

Madeira [mə'dɪərə] *n* **-1.** [wine] madère *m*. **-2.** GEOGR Madère *f*; **in ~** à Madère.

made-to-measure *adj* fait(e) sur mesure.

made-up *adj* **-1.** [with make-up] maquillé(e). **-2.** [prepared] préparé(e). **-3.** [invented] fabriqué(e).

madhouse ['mædhaʊs] *n fig* maison *f* de fous.

madly ['mædlɪ] *adv* [frantically] comme un fou; **~ in love** follement amoureux.

madman ['mædmən] (*pl* **-men** [-mən]) *n* fou *m*.

madness ['mædnɪs] *n lit & fig* folie *f*, démence *f*.

Madonna [mə'dɒnə] *n* Madone *f*.

Madrid [mə'drɪd] *n* Madrid.

madrigal ['mædrɪgl] *n* madrigal *m*.

madwoman ['mæd,wʊmən] (*pl* **-women** [-,wɪmɪn]) *n* folle *f*.

maestro ['maɪstrəʊ] (*pl* **-tros** OR **-tri** [-trɪ]) *n* maestro *m*.

Mafia ['mæfɪə] *n*: **the ~** la Mafia.

mag [mæg] (*abbr of* magazine) *n inf* revue *f*, magazine *m*.

magazine [,mægə'ziːn] *n* **-1.** PRESS revue *f*, magazine *m*; RADIO & TV magazine *m*. **-2.** [of gun] magasin *m*.

magenta [mə'dʒentə] ◇ *adj* magenta (*inv*). ◇ *n* magenta *m*.

maggot ['mægət] *n* ver *m*, asticot *m*.

Maghreb ['mɑːgrəb] *n*: **the ~** le Maghreb.

magic ['mædʒɪk] ◇ *adj* magique. ◇ *n* magie *f*.

magical ['mædʒɪkl] *adj* magique.

magic carpet *n* tapis *m* volant.

magic eye *n Br* cellule *f* photo-électrique, œil *m* électrique.

magician [mə'dʒɪʃn] *n* magicien *m*.

magic wand *n* baguette *f* magique.

magisterial [,mædʒɪ'stɪərɪəl] *adj* **-1.** [behaviour, manner] magistral(e). **-2.** JUR de magistrat.

magistrate ['mædʒɪstreɪt] *n* magistrat *m*, juge *m*.

magistrates' court *n Br* ≃ tribunal *m* d'instance.

Magna Carta ['mægnə'kɑːtə] *n*: **the ~** La Grande Charte d'Angleterre.

magnanimous [mæg'nænɪməs] *adj* magnanime.

magnate ['mægneɪt] *n* magnat *m*.

magnesium [mæg'niːzɪəm] *n* magnésium *m*.

magnet ['mægnɪt] *n* aimant *m*.

magnetic [mæg'netɪk] *adj lit & fig* magnétique.

magnetic disk *n* disque *m* magnétique.

magnetic field *n* champ *m* magnétique.

magnetic tape *n* bande *f* magnétique.

magnetism ['mægnɪtɪzm] *n lit & fig* magnétisme *m*.

magnification [,mægnɪfɪ'keɪʃn] *n* grossissement *m*.

magnificence [mæg'nɪfɪsəns] *n* splendeur *f*.

magnificent [mæg'nɪfɪsənt] *adj* magnifique, superbe.

magnify ['mægnɪfaɪ] (*pt & pp* **-ied**) *vt* [in vision] grossir; [sound] amplifier; *fig* exagérer.

magnifying glass ['mægnɪfaɪɪŋ-] *n* loupe *f*.

magnitude ['mægnɪtjuːd] *n* envergure *f*, ampleur *f*.

magnolia [mæg'nəʊljə] *n* **-1.** [tree] magnolia *m*. **-2.** [flower] fleur *f* de magnolia.

magnum ['mægnəm] (*pl* **-s**) *n* magnum *m*.

magpie ['mægpaɪ] *n* pie *f*.

maharaja(h) [,mɑːhə'rɑːdʒə] *n* maharaja *m*, maharajah *m*.

mahogany [mə'hɒgənɪ] *n* acajou *m*.

maid [meɪd] *n* [servant] domestique *f*.

maiden ['meɪdn] ◇ *adj* [flight, voyage] premier(ière). ◇ *n literary* jeune fille *f*.

maiden aunt *n* tante *f* célibataire.

maiden name *n* nom *m* de jeune fille.

maiden speech *n* POL premier discours *m*.

mail [meɪl] ◇ *n* **-1.** [letters, parcels] courrier *m*. **-2.** [system] poste *f*. ◇ *vt* poster.

mailbag ['meɪlbæg] *n* sac *m* postal.

mailbox ['meɪlbɒks] *n Am* boîte *f* à OR aux lettres.

mailing list ['meɪlɪŋ-] *n* liste *f* d'adresses.

mailman ['meɪlmən] (*pl* **-men** [-mən]) *n Am* facteur *m*.

mail order *n* vente *f* par correspondance.

mailshot ['meɪlʃɒt] *n* publipostage *m*.

mail train *n* train *m* postal.

mail truck *n Am* fourgonnette *f* des postes.

mail van *n Br* **-1.** AUT fourgonnette *f* des postes. **-2.** RAIL wagon-poste *m*.

maim [meɪm] *vt* estropier.

main [meɪn] ◇ *adj* principal(e). ◇ *n* [pipe] conduite *f*.
◆ **mains** *npl*: **the ~s** le secteur.
◆ **in the main** *adv* dans l'ensemble.

main course *n* plat *m* principal.

Maine [meɪn] *n* le Maine; **in ~** dans le Maine.

mainframe (computer) ['meɪnfreɪm-] *n* ordinateur *m* central.

mainland ['meɪnlənd] ◇ *adj* continental(e). ◇ *n*: **the ~** le continent.

main line *n* RAIL grande ligne *f*.
◆ **mainline** ◇ *adj* RAIL de grande ligne. ◇ *vt drugs sl* shooter. ◇ *vi drugs sl* se shooter.

mainly ['meɪnlɪ] *adv* principalement.

main road *n* route *f* à grande circulation.

mainsail ['meɪnseɪl, 'meɪnsəl] *n* grand-voile *f*.

mainstay ['meɪnsteɪ] *n* pilier *m*, élément *m* principal.

mainstream ['meɪnstriːm] ◇ *adj* dominant(e). ◇ *n*: **the ~** la tendance générale.

maintain [meɪn'teɪn] *vt* -1. [preserve, keep constant] maintenir. -2. [provide for, look after] entretenir. -3. [assert]: **to ~ (that)** ... maintenir que ..., soutenir que ....

maintenance ['meɪntənəns] *n* -1. [of public order] maintien *m*. -2. [care] entretien *m*, maintenance *f*. -3. JUR pension *f* alimentaire.

maintenance order *n* Br JUR obligation *f* alimentaire.

maisonette [,meɪzə'net] *n* duplex *m*.

maize [meɪz] *n* maïs *m*.

Maj. (*abbr of* **Major**) ≃ Cdt.

majestic [mə'dʒestɪk] *adj* majestueux(euse).

majestically [mə'dʒestɪklɪ] *adv* majestueusement.

majesty ['mædʒəstɪ] (*pl* **-ies**) *n* [grandeur] majesté *f*.
◆ **Majesty** *n*: **His/Her Majesty** Sa Majesté le roi/la reine.

major ['meɪdʒə'] ◇ *adj* -1. [important] majeur(e). -2. [main] principal(e). -3. MUS majeur(e). ◇ *n* -1. [in army] ≃ chef *m* de bataillon; [in air force] commandant *m*. -2. UNIV [subject] matière *f*. ◇ *vi*: **to ~ in** se spécialiser en.

Majorca [mə'dʒɔːkə, mə'jɔːkə] *n* Majorque *f*; **in ~** à Majorque.

Majorcan [mə'dʒɔːkn, mə'jɔːkn] ◇ *adj* majorquin(e). ◇ *n* Majorquin *m*, -e *f*.

majorette [,meɪdʒə'ret] *n* majorette *f*.

major general *n* général *m* de division.

majority [mə'dʒɒrətɪ] (*pl* **-ies**) *n* majorité *f*; **in a** OR **the ~** dans la majorité.

majority shareholder *n* actionnaire *mf* majoritaire.

make [meɪk] (*pt & pp* **made**) ◇ *vt* -1. [gen - produce] faire; [- manufacture] faire, fabriquer; **to ~ a meal** préparer un repas; **to ~ a film** tourner OR réaliser un film. -2. [perform an action] faire; **to ~ a decision** prendre une décision; **to ~ a mistake** faire une erreur, se tromper. -3. [cause to be] rendre; **to ~ sb happy/sad** rendre qqn heureux/triste; **he made her a manager** il l'a nommée directrice; **to ~ o.s. heard** se faire entendre. -4. [force, cause to do]: **to ~ sb do sthg** faire faire qqch à qqn, obliger qqn à faire qqch; **you made me jump** tu m'as fait sursauter; **we were made to wait in the hall** on nous a fait attendre dans le vestibule; **to ~ sb laugh/cry** faire rire/pleurer qqn. -5. [be constructed]: **to be made of** être en; **it's made of wood/metal/wool** c'est en bois/métal/laine; **what's it made of?** c'est en quoi? -6. [add up to] faire; **2 and 2 ~ 4** 2 et 2 font 4. -7. [calculate]: **I ~ it 50** d'après moi il y en a 50, j'en ai compté 50; **what time do you ~ it?** quelle heure as-tu?; **I ~ it 6 o'clock** il est 6 heures (à ma montre). -8. [earn] gagner, se faire; **she ~s £30,000 a year** elle se fait OR elle gagne 30 000 livres par an; **to ~ a profit** faire des bénéfices; **to ~ a loss** essuyer des pertes. -9. [have the right qualities for]: **she'd ~ a good dancer** elle ferait une bonne danseuse; **books ~ excellent presents** les livres constituent de très beaux cadeaux. -10. [reach] arriver à. -11. [cause to be a success] assurer OR faire le succès de; **she really ~s the play/film** c'est elle qui fait le succès de la pièce/du film. -12. [gain - friend, enemy] se faire; **to ~ friends (with sb)** se lier d'amitié (avec qqn). -13. *phr*: **to ~ it** [reach in time] arriver à temps; [be a success] réussir, arriver; [be able to attend] se libérer, pouvoir venir; **to have it made** avoir trouvé le filon; **to ~ do with** se contenter de.
◇ *n* -1. [brand] marque *f*; **what ~ is your car?** de quelle marque est votre voiture? -2. *inf pej*: **to be on the ~** [act dishonestly, selfishly] être intéressé(e).
◆ **make for** *vt fus* -1. [move towards] se diriger vers. -2. [contribute to, be conducive to] rendre probable, favoriser.
◆ **make of** *vt sep* -1. [understand] comprendre. -2. [have opinion of] penser de.
◆ **make off** *vi* filer.
◆ **make off with** *vt fus* filer avec.

◆ **make out** ◇ *vt sep* **-1.** [see, hear] discerner; [understand] comprendre. **-2.** [fill out - cheque] libeller; [- bill, receipt] faire; [- form] remplir. ◇ *vt fus* [pretend, claim]: **to ~ out (that)** ... prétendre que ....

◆ **make up** ◇ *vt sep* **-1.** [compose, constitute] composer, constituer. **-2.** [story, excuse] inventer. **-3.** [apply cosmetics to] maquiller; **to ~ o.s. up** se maquiller. **-4.** [prepare - gen] faire; [- prescription] préparer, exécuter. **-5.** [make complete] compléter. **-6.** [resolve - quarrel] **to ~ it up (with sb)** se réconcilier (avec qqn). ◇ *vi* [become friends again] se réconcilier.

◆ **make up for** *vt fus* compenser; **to ~ up for lost time** rattraper le temps perdu.

◆ **make up to** *vt sep*: **to ~ up to sb (for sthg)** se racheter auprès de qqn (pour qqch).

make-believe *n*: **it's all ~** c'est (de la) pure fantaisie.

maker ['meɪkəʳ] *n* [of product] fabricant *m*, -e *f*; [of film] réalisateur *m*, -trice *f*.

makeshift ['meɪkʃɪft] *adj* de fortune.

make-up *n* **-1.** [cosmetics] maquillage *m*; **~ bag** trousse *f* de maquillage; **~ remover** démaquillant *m*. **-2.** [person's character] caractère *m*. **-3.** [of team, group, object] constitution *f*.

makeweight ['meɪkweɪt] *n* complément *m* de poids.

making ['meɪkɪŋ] *n* fabrication *f*; **to be the ~ of sb/sthg** être l'origine de la réussite de qqn/qqch; **his problems are of his own ~** ses problèmes sont de sa faute; **in the ~** en formation; **history in the ~** l'histoire en train de se faire; **to have the ~s of** avoir l'étoffe de.

maladjusted [ˌmælə'dʒʌstɪd] *adj* inadapté(e).

malaise [mə'leɪz] *n fml* malaise *m*.

malaria [mə'leərɪə] *n* malaria *f*.

Malawi [mə'lɑːwɪ] *n* Malawi *m*; **in ~** au Malawi.

Malawian [mə'lɑːwɪən] ◇ *adj* malawite. ◇ *n* Malawite *mf*.

Malay [mə'leɪ] ◇ *adj* malais(e). ◇ *n* **-1.** [person] Malais *m*, -e *f*. **-2.** [language] malais *m*.

Malaya [mə'leɪə] *n* Malaisie *f*, Malaysia *f* Occidentale; **in ~** en Malaisie.

Malayan [mə'leɪən] ◇ *adj* malais(e). ◇ *n* Malais *m*, -e *f*.

Malaysia [mə'leɪzɪə] *n* Malaysia *f*; **in ~** en Malaysia.

Malaysian [mə'leɪzɪən] ◇ *adj* malaysien(ienne). ◇ *n* Malaysien *m*, -ienne *f*.

malcontent ['mælkən,tent] *n fml* mécontent *m*, -e *f*.

Maldives ['mɔːldaɪvz] *npl*: **the ~** les (îles *fpl*) Maldives; **in the ~** aux Maldives.

male [meɪl] ◇ *adj* [gen] mâle; [sex] masculin(e). ◇ *n* mâle *m*.

male chauvinist (pig) *n pej* phallocrate *m*.

male nurse *n* infirmier *m*.

malevolent [mə'levələnt] *adj* malveillant(e).

malformed [mæl'fɔːmd] *adj* difforme.

malfunction [mæl'fʌŋkʃn] ◇ *n* mauvais fonctionnement *m*. ◇ *vi* mal fonctionner.

Mali ['mɑːlɪ] *n* Mali *m*; **in ~** au Mali.

malice ['mælɪs] *n* méchanceté *f*.

malicious [mə'lɪʃəs] *adj* malveillant(e).

malign [mə'laɪn] ◇ *adj* pernicieux(ieuse). ◇ *vt* calomnier.

malignant [mə'lɪgnənt] *adj* MED malin(igne).

malinger [mə'lɪŋgəʳ] *vi pej* simuler une maladie.

malingerer [mə'lɪŋgərəʳ] *n pej* simulateur *m*, -trice *f*.

mall [mɔːl] *n*: **(shopping) ~** centre *m* commercial.

malleable ['mælɪəbl] *adj lit* & *fig* malléable.

mallet ['mælɪt] *n* maillet *m*.

malnourished [ˌmæl'nʌrɪʃt] *adj* sous-alimenté(e).

malnutrition [ˌmælnjuː'trɪʃn] *n* malnutrition *f*.

malpractice [ˌmæl'præktɪs] *n* (*U*) JUR faute *f* professionnelle.

malt [mɔːlt] *n* malt *m*.

Malta ['mɔːltə] *n* Malte *f*; **in ~** à Malte.

Maltese [ˌmɔːl'tiːz] (*pl inv*) ◇ *adj* maltais(e). ◇ *n* **-1.** [person] Maltais *m*, -e *f*. **-2.** [language] maltais *m*.

maltreat [ˌmæl'triːt] *vt* maltraiter.

maltreatment [ˌmæl'triːtmənt] *n* mauvais traitement *m*.

malt whisky *n* whisky *m* pur, malt *m inv*.

mammal ['mæml] *n* mammifère *m*.

Mammon ['mæmən] *n* le Veau d'or.

mammoth ['mæməθ] ◇ *adj* gigantesque. ◇ *n* mammouth *m*.

man [mæn] (*pl* **men** [men], *pt* & *pp* **-ned**, *cont* **-ning**) ◇ *n* **-1.** homme *m*; **the ~ in the street** l'homme de la rue; **to talk ~ to ~** parler d'homme à homme; **to be ~ enough to do sthg** avoir le courage de faire qqch. **-2.** [as form of address] mon vieux. ◇ *vt* [ship, spaceship] fournir du personnel pour; [telephone] répondre au; [switchboard] assurer le service de.

manacles ['mænəklz] *npl* [round wrists] menottes *fpl*; [round legs] chaînes *fpl*.

manage ['mænɪdʒ] ◇ *vi* **-1.** [cope] se débrouiller, y arriver. **-2.** [survive, get by] s'en sortir. ◇ *vt* **-1.** [succeed]: **to ~ to do sthg** arriver à faire qqch. **-2.** [be responsible for, control] gérer.

manageable ['mænɪdʒəbl] *adj* maniable.

management ['mænɪdʒmənt] *n* **-1.** [control, running] gestion *f*. **-2.** [people in control] direction *f*.

management consultant *n* conseiller *m*, -ère *f* en gestion.

manager ['mænɪdʒəʳ] *n* [of organization] directeur *m*, -trice *f*; [of shop, restaurant, hotel] gérant *m*, -e *f*; [of football team, pop star] manager *m*.

manageress [,mænɪdʒə'res] *n Br* [of organization] directrice *f*; [of shop, restaurant, hotel] gérante *f*.

managerial [,mænɪ'dʒɪərɪəl] *adj* directorial(e).

managing director ['mænɪdʒɪŋ-] *n* directeur général *m*, directrice générale *f*.

Managua [mə'nægwə] *n* Managua.

Mancunian [mæŋ'kjuːnjən] ◇ *adj* de Manchester. ◇ *n* [person] habitant *m*, -e *f* de Manchester.

mandarin ['mændərɪn] *n* **-1.** [fruit] mandarine *f*. **-2.** [civil servant] mandarin *m*.

mandate ['mændeɪt] *n* mandat *m*.

mandatory ['mændətrɪ] *adj* obligatoire.

mandolin [mændə'lɪn] *n* mandoline *f*.

mane [meɪn] *n* crinière *f*.

man-eating [-,iːtɪŋ] *adj* mangeur d'hommes.

maneuver *Am* = **manoeuvre**.

manfully ['mænfʊlɪ] *adv* courageusement, vaillamment.

manganese ['mæŋgəniːz] *n* manganèse *m*.

mange [meɪndʒ] *n* gale *f*.

manger ['meɪndʒəʳ] *n* mangeoire *f*.

mangetout (pea) [,mãʒ'tuː(-)] *n Br* mangetout *m inv*.

mangle ['mæŋgl] *vt* mutiler, déchirer.

mango ['mæŋgəʊ] (*pl* **-es** OR **-s**) *n* mangue *f*.

mangrove ['mæŋgrəʊv] *n* palétuvier *m*.

mangy ['meɪndʒɪ] (*compar* **-ier**, *superl* **-iest**) *adj* galeux(euse).

manhandle ['mæn,hændl] *vt* malmener.

manhole ['mænhəʊl] *n* regard *m*, trou *m* d'homme.

manhood ['mænhʊd] *n*: **to reach ~** devenir un homme.

manhour ['mæn'aʊəʳ] *n* heure-homme *f*.

manhunt ['mænhʌnt] *n* chasse *f* à l'homme.

mania ['meɪnjə] *n*: ~ **(for)** manie *f* (de).

maniac ['meɪnɪæk] *n* fou *m*, folle *f*; **a sex ~** un obsédé sexuel (une obsédée sexuelle).

manic ['mænɪk] *adj fig* [person] surexcité(e); [behaviour] de fou.

manic-depressive ◇ *adj* maniaco-dépressif (maniaco-dépressive). ◇ *n* maniaco-dépressif *m*, maniaco-dépressive *f*.

manicure ['mænɪ,kjuəʳ] ◇ *n* manucure *f*. ◇ *vt* [person] faire une manucure à; **to ~ one's nails** se faire les ongles.

manifest ['mænɪfest] *fml* ◇ *adj* manifeste, évident(e). ◇ *vt* manifester.

manifestation [,mænɪfes'teɪʃn] *n fml* manifestation *f*.

manifestly ['mænɪfestlɪ] *adv fml* manifestement.

manifesto [,mænɪ'festəʊ] (*pl* **-s** OR **-es**) *n* manifeste *m*.

manifold ['mænɪfəʊld] ◇ *adj literary* nombreux(euse), multiple. ◇ *n* AUT tubulure *f*, collecteur *m*.

Manila [mə'nɪlə] *n* Manille.

manil(l)a [mə'nɪlə] *adj* en papier kraft.

manipulate [mə'nɪpjʊleɪt] *vt lit* & *fig* manipuler.

manipulation [mə,nɪpjʊ'leɪʃn] *n lit* & *fig* manipulation *f*.

manipulative [mə'nɪpjʊlətɪv] *adj* [person] rusé(e); [behaviour] habile, subtil(e).

Manitoba [,mænɪ'təʊbə] *n* Manitoba *m*; **in ~** dans le Manitoba.

mankind [mæn'kaɪnd] *n* humanité *f*, genre *m* humain.

manly ['mænlɪ] (*compar* **-ier**, *superl* **-iest**) *adj* viril(e).

man-made *adj* [fabric, fibre] synthétique; [environment] artificiel(ielle); [problem] causé (causée) par l'homme.

manna ['mænə] *n* manne *f*.

manned [mænd] *adj* [vehicle] doté(e) d'un équipage; [flight] habité(e).

mannequin ['mænɪkɪn] *n* mannequin *m*.

manner ['mænəʳ] *n* **-1.** [method] manière *f*, façon *f*; **in a ~ of speaking** pour ainsi dire. **-2.** [attitude] attitude *f*, comportement *m*. **-3.** [type, sort]: **all ~ of** toutes sortes de.
◆ **manners** *npl* manières *fpl*.

mannered ['mænəd] *adj fml* maniéré(e), affecté(e).

mannerism ['mænərɪzm] *n* tic *m*, manie *f*.

mannish ['mænɪʃ] *adj* masculin(e).

manoeuvrable *Br,* **maneuverable** *Am* [mə'nuːvrəbl] *adj* facile à manœuvrer, maniable.

manoeuvre *Br,* **maneuver** *Am* [mə'nuːvəʳ] ◇ *n* manœuvre *f.* ◇ *vt & vi* manœuvrer.

♦ **manoeuvres** *npl* MIL. manœuvres *fpl.*

manor ['mænəʳ] *n* manoir *m.*

manpower ['mæn,pauəʳ] *n* main-d'œuvre *f.*

manservant ['mænsɜːvənt] *(pl* **menservants)** *n dated* valet *m* de chambre.

mansion ['mænʃn] *n* château *m.*

man-size(d) *adj* grand(e), de grande personne.

manslaughter ['mæn,slɔːtəʳ] *n* homicide *m* involontaire.

mantelpiece ['mæntlpiːs] *n* (dessus *m* de) cheminée *f.*

mantle ['mæntl] *n* **-1.** *literary* [of snow] manteau *m.* **-2.** [of leadership, high office] responsabilité *f.*

man-to-man *adj* d'homme à homme.

manual ['mænjuəl] ◇ *adj* manuel(elle). ◇ *n* manuel *m.*

manually ['mænjuəlɪ] *adv* à la main, manuellement.

manual worker *n* travailleur manuel *m,* travailleuse manuelle *f.*

manufacture [,mænju'fæktʃəʳ] ◇ *n* fabrication *f;* [of cars] construction *f.* ◇ *vt* fabriquer; [cars] construire.

manufacturer [,mænju'fæktʃərəʳ] *n* fabricant *m;* [of cars] constructeur *m.*

manufacturing [,mænju'fæktʃərɪŋ] *n* fabrication *f.*

manufacturing industries *npl* industries *fpl* de fabrication.

manure [mə'njuəʳ] *n* fumier *m.*

manuscript ['mænjuskrɪpt] *n* manuscrit *m.*

Manx [mæŋks] ◇ *adj* de l'île de Man, manxois(e). ◇ *n* [language] manx *m.*

many ['menɪ] *(compar* **more,** *superl* **most)** ◇ *adj* beaucoup de; **how** ~ ...? combien de ...?; **too** ~ trop de; **as** ~ ... **as** autant de ... que; **so** ~ autant de; **a good** OR **great** ~ un grand nombre de. ◇ *pron* [a lot, plenty] beaucoup.

Maori ['mauri] ◇ *adj* maori(e). ◇ *n* Maori *m,* -e *f.*

map [mæp] *(pt & pp* **-ped,** *cont* **-ping)** *n* carte *f.*

♦ **map out** *vt sep* [plan] élaborer; [timetable] établir; [task] définir.

maple ['meɪpl] *n* érable *m.*

maple syrup *n* sirop *m* d'érable.

Maputo [mə'puːtəu] *n* Maputo.

mar [mɑːʳ] *(pt & pp* **-red,** *cont* **-ring)** *vt* gâter, gâcher.

Mar. *abbr of* **March.**

marathon ['mærəθn] ◇ *adj* marathon *(inv).* ◇ *n* marathon *m.*

marathon runner *n* marathonien *m,* -ienne *f.*

marauder [mə'rɔːdəʳ] *n* maraudeur *m,* -euse *f.*

marauding [mə'rɔːdɪŋ] *adj* maraudeur(euse).

marble ['mɑːbl] *n* **-1.** [stone] marbre *m.* **-2.** [for game] bille *f.*

♦ **marbles** *n (U)* [game] billes *fpl.*

march [mɑːtʃ] ◇ *n* marche *f.* ◇ *vi* **-1.** [soldiers etc] marcher au pas. **-2.** [demonstrators] manifester, faire une marche de protestation. **-3.** [quickly]: **to ~ up to sb** s'approcher de qqn d'un pas décidé. ◇ *vt:* **to ~ sb out the door** faire sortir qqn.

March [mɑːtʃ] *n* mars *m; see also* **September.**

marcher ['mɑːtʃəʳ] *n* [protester] marcheur *m,* -euse *f.*

marching orders ['mɑːtʃɪŋ-] *npl:* **to get one's ~** se faire mettre à la porte.

marchioness ['mɑːʃənes] *n* marquise *f.*

march-past *n* défilé *m.*

Mardi Gras [,mɑːdɪ'grɑː] *n* mardi *m* gras, carnaval *m.*

mare [meəʳ] *n* jument *f.*

marg. [mɑːdʒ] *n inf abbr of* **margarine.**

margarine [,mɑːdʒə'riːn, ,mɑːgə'riːn] *n* margarine *f.*

marge [mɑːdʒ] *n inf* margarine *f.*

margin ['mɑːdʒɪn] *n* **-1.** [gen] marge *f;* **to win by a narrow ~** gagner de peu OR de justesse. **-2.** [edge - of an area] bord *m.*

marginal ['mɑːdʒɪnl] *adj* **-1.** [unimportant] marginal(e), secondaire. **-2.** *Br* POL: **~ seat** circonscription électorale où la majorité passe facilement d'un parti à un autre.

marginally ['mɑːdʒɪnəlɪ] *adv* très peu.

marigold ['mærɪgəuld] *n* souci *m.*

marihuana, marijuana [,mærɪ'wɑːnə] *n* marihuana *f.*

marina [mə'riːnə] *n* marina *f.*

marinade [,mærɪ'neɪd] ◇ *n* marinade *f.* ◇ *vt & vi* mariner.

marinate ['mærɪneɪt] *vt & vi* mariner.

marine [mə'riːn] ◇ *adj* marin(e). ◇ *n* marine *m.*

marionette [,mærɪə'net] *n* marionnette *f.*

marital ['mærɪtl] *adj* [sex, happiness] conjugal(e); [problems] matrimonial(e).

marital status n situation f de famille.

maritime ['mærɪtaɪm] adj maritime.

Maritime Provinces, Maritimes npl: the ~ les Provinces fpl Maritimes.

marjoram ['mɑːdʒərəm] n marjolaine f.

mark [mɑːk] ◇ n **-1.** [stain] tache f, marque f. **-2.** [sign, written symbol] marque f. **-3.** [in exam] note f, point m. **-4.** [stage, level] barre f. **-5.** [currency] mark m. **-6.** phr: **to make one's** ~ se faire un nom, réussir; **to be quick off the** ~ **in doing sthg** faire qqch sans perdre de temps; **wide of the** ~ à côté de la question. ◇ vt **-1.** [gen] marquer. **-2.** [stain] marquer, tacher. **-3.** [exam, essay] noter, corriger.

◆ **mark down** vt sep **-1.** [COMM - prices] baisser; [- goods] baisser le prix de, démarquer. **-2.** [downgrade] baisser la note de.

◆ **mark off** vt sep [cross off] cocher.

◆ **mark up** vt sep [COMM - prices] augmenter; [- goods] augmenter le prix de.

marked [mɑːkt] adj [change, difference] marqué(e); [improvement, deterioration] sensible.

markedly ['mɑːkɪdlɪ] adv [different] d'une façon marquée; [worse, better] sensiblement, manifestement.

marker ['mɑːkər] n [sign] repère m.

marker pen n marqueur m.

market ['mɑːkɪt] ◇ n marché m; **to be on the** ~ être sur le marché OR en vente. ◇ vt commercialiser. ◇ vi Am [shop]: **to go ~ing** aller faire ses courses.

marketable ['mɑːkɪtəbl] adj commercialisable.

market analysis n analyse f de marché.

market day n jour m de marché.

market forces npl forces fpl OR tendances fpl du marché.

market garden n jardin m maraîcher.

marketing ['mɑːkɪtɪŋ] n marketing m.

marketplace ['mɑːkɪtpleɪs] n **-1.** [in a town] place f du marché. **-2.** COMM marché m.

market price n prix m du marché.

market research n étude f de marché.

market town n marché m.

market value n valeur f marchande.

marking ['mɑːkɪŋ] n SCH correction f.

◆ **markings** npl [on animal, flower] taches fpl, marques fpl; [on road] signalisation f horizontale.

marksman ['mɑːksmən] (pl -men [-mən]) n tireur m d'élite.

marksmanship ['mɑːksmənʃɪp] n adresse f au tir.

markup ['mɑːkʌp] n majoration f.

marmalade ['mɑːməleɪd] n confiture f d'oranges amères.

maroon [mə'ruːn] adj bordeaux (inv).

marooned [mə'ruːnd] adj abandonné(e).

marquee [mɑː'kiː] n grande tente f.

marquess ['mɑːkwɪs] = marquis.

marquetry ['mɑːkɪtrɪ] n marqueterie f.

marquis ['mɑːkwɪs] n marquis m.

marriage ['mærɪdʒ] n mariage m.

marriage bureau n Br agence f matrimoniale.

marriage certificate n acte m de mariage.

marriage guidance n conseil m conjugal.

marriage guidance counsellor n conseiller conjugal m, conseillère conjugale f.

married ['mærɪd] adj **-1.** [person] marié(e); **to get** ~ se marier. **-2.** [life] conjugal(e).

marrow ['mærəʊ] n **-1.** Br [vegetable] courge f. **-2.** [in bones] moelle f.

marry ['mærɪ] (pt & pp -ied) ◇ vt **-1.** [become spouse of] épouser, se marier avec. **-2.** [subj: priest, registrar] marier. ◇ vi se marier.

Mars [mɑːz] n [planet] Mars f.

Marseilles [mɑː'seɪlz] n Marseille.

marsh [mɑːʃ] n marais m, marécage m.

marshal ['mɑːʃl] (Br pt & pp -led, cont -ling, Am pt & pp -ed, cont -ing) ◇ n **-1.** MIL maréchal m. **-2.** [steward] membre m du service d'ordre. **-3.** Am [law officer] officier m de police fédérale. ◇ vt lit & fig rassembler.

marshalling yard ['mɑːʃlɪŋ-] n gare f de triage.

marshland ['mɑːʃlænd] n terrain m marécageux.

marshmallow [Br ˌmɑːʃ'mæləʊ, Am 'mɑːrʃˌmeləʊ] n guimauve f.

marshy ['mɑːʃɪ] (compar -ier, superl -iest) adj marécageux(euse).

marsupial [mɑː'suːpjəl] n marsupial m.

martial ['mɑːʃl] adj martial(e).

martial arts npl arts mpl martiaux.

martial law n loi f martiale.

Martian ['mɑːʃn] ◇ adj martien(ienne). ◇ n Martien m, -ienne f.

martin ['mɑːtɪn] n martinet m.

martini [mɑː'tiːnɪ] n [cocktail] martini m.

Martinique [ˌmɑːtɪ'niːk] n la Martinique f; **in** ~ à la Martinique.

martyr ['mɑːtər] n martyr m, -e f.

martyrdom ['mɑːtədəm] n martyre m.

martyred ['mɑːtəd] adj de martyr.

marvel ['mɑːvl] (Br pt & pp -led, cont -ling, Am pt & pp -ed, cont -ing) ◇ n merveille f; **it's a** ~ **that ...** c'est un miracle que ... (+

subjunctive). ◇ *vt*: **to ~ that** s'étonner de ce que. ◇ *vi*: **to ~ (at)** s'émerveiller (de), s'étonner (de).

marvellous *Br*, **marvelous** *Am* ['mɑːvələs] *adj* merveilleux(euse).

Marxism ['mɑːksɪzm] *n* marxisme *m*.

Marxist ['mɑːksɪst] ◇ *adj* marxiste. ◇ *n* marxiste *mf*.

Maryland ['meərɪlænd] *n* Maryland *m*; **in ~** dans le Maryland.

marzipan ['mɑːzɪpæn] *n* (*U*) pâte *f* d'amandes.

mascara [mæs'kɑːrə] *n* mascara *m*.

mascot ['mæskət] *n* mascotte *f*.

masculine ['mæskjulɪn] *adj* masculin(e).

masculinity [,mæskju'lɪnətɪ] *n* masculinité *f*.

mash [mæʃ] *vt* faire une purée de.

MASH [mæʃ] (*abbr of* **mobile army surgical hospital**) *n* hôpital militaire de campagne.

mashed potatoes [mæʃt-] *npl* purée *f* de pommes de terre.

mask [mɑːsk] *lit* & *fig* ◇ *n* masque *m*. ◇ *vt* masquer.

masked [mɑːskt] *adj* masqué(e).

masking tape ['mɑːskɪŋ-] *n* papier *m* cache.

masochism ['mæsəkɪzm] *n* masochisme *m*.

masochist ['mæsəkɪst] *n* masochiste *mf*.

masochistic [,mæsə'kɪstɪk] *adj* masochiste.

mason ['meɪsn] *n* **-1.** [stonemason] maçon *m*. **-2.** [freemason] franc-maçon *m*.

masonic [mə'sɒnɪk] *adj* maçonnique.

masonry ['meɪsnrɪ] *n* [stones] maçonnerie *f*.

masquerade [,mæskə'reɪd] *vi*: **to ~ as** se faire passer pour; **to ~ under an assumed name** se cacher sous un faux nom.

mass [mæs] ◇ *n* [gen & PHYSICS] masse *f*. ◇ *adj* [protest, meeting] en masse, en nombre; [unemployment, support] massif(ive). ◇ *vt* masser. ◇ *vi* se masser.
◆ **Mass** *n* RELIG messe *f*.
◆ **masses** *npl* **-1.** *inf* [lots]: **~es (of)** des masses (de); [food] des tonnes (de). **-2.** [workers]: **the ~es** les masses *fpl*.

Massachusetts [,mæsə'tʃuːsɪts] *n* Massachusetts *m*; **in ~** dans le Massachusetts.

massacre ['mæsəkər] ◇ *n* massacre *m*. ◇ *vt* massacrer.

massage [*Br* 'mæsɑːʒ, *Am* mə'sɑːʒ] ◇ *n* massage *m*. ◇ *vt* masser.

massage parlour *n* institut *m* de massage.

masseur [mæ'sɜːr] *n* masseur *m*.

masseuse [mæ'sɜːz] *n* masseuse *f*.

massive ['mæsɪv] *adj* massif(ive), énorme.

massively ['mæsɪvlɪ] *adv* massivement.

mass-market *adj* grand public (*inv*).

mass media *n or npl*: **the ~** les (mass) media *mpl*.

mass-produce *vt* fabriquer en série.

mass production *n* fabrication *f* OR production *f* en série.

mast [mɑːst] *n* **-1.** [on boat] mât *m*. **-2.** RADIO & TV pylône *m*.

mastectomy [mæs'tektəmɪ] (*pl* **-ies**) *n* mastectomie *f*.

master ['mɑːstər] ◇ *n* **-1.** [gen] maître *m*. **-2.** *Br* [SCH - in primary school] instituteur *m*, maître *m*; [- in secondary school] professeur *m*. ◇ *adj* maître. ◇ *vt* maîtriser; [difficulty] surmonter, vaincre; [situation] se rendre maître de.

master bedroom *n* chambre *f* principale.

master disk *n* COMPUT disque *m* d'exploitation.

masterful ['mɑːstəful] *adj* autoritaire.

master key *n* passe *m*, passe-partout *m*.

masterly ['mɑːstəlɪ] *adj* magistral(e).

mastermind ['mɑːstəmaɪnd] ◇ *n* cerveau *m*. ◇ *vt* organiser, diriger.

Master of Arts (*pl* **Masters of Arts**) *n* **-1.** [degree] maîtrise *f* ès lettres. **-2.** [person] titulaire *mf* d'une maîtrise ès lettres.

master of ceremonies (*pl* **masters of ceremonies**) *n* maître *m* de cérémonie.

Master of Science (*pl* **Masters of Science**) *n* **-1.** [degree] maîtrise *f* ès sciences. **-2.** [person] titulaire *mf* d'une maîtrise ès sciences.

masterpiece ['mɑːstəpiːs] *n* chef-d'œuvre *m*.

master plan *n* stratégie *f* globale.

master's degree *n* ≃ maîtrise *f*.

masterstroke ['mɑːstəstrəuk] *n* coup *m* magistral OR de maître.

master switch *n* interrupteur *m* général OR principal.

masterwork ['mɑːstəwɜːk] *n* chef-d'œuvre *m*.

mastery ['mɑːstərɪ] *n* maîtrise *f*.

mastic ['mæstɪk] *n* mastic *m*.

masticate ['mæstɪkeɪt] *vt* & *vi* *fml* mastiquer, mâcher.

mastiff ['mæstɪf] *n* mastiff *m*.

masturbate ['mæstəbeɪt] *vi* se masturber.

masturbation [,mæstə'beɪʃn] *n* masturbation *f*.

mat [mæt] *n* **-1.** [on floor] petit tapis *m*; [at door] paillasson *m*. **-2.** [on table] set *m* de table; [coaster] dessous *m* de verre.

match [mætʃ] ◇ *n* **-1.** [game] match *m*. **-2.** [for lighting] allumette *f*. **-3.** [equal]: **to be no**

~ **for sb** ne pas être de taille à lutter contre qqn. ◇ *vt* **-1.** [be the same as] correspondre à, s'accorder avec. **-2.** [pair off] faire correspondre. **-3.** [be equal with] égaler, rivaliser avec. ◇ *vi* **-1.** [be the same] correspondre. **-2.** [go together well] être assorti(e).

matchbox ['mætʃbɒks] *n* boîte *f* à allumettes.

matched [mætʃt] *adj*: **to be well ~** [well suited] être bien assortis(es); [equal in strength] être de force égale.

matching ['mætʃɪŋ] *adj* assorti(e).

matchless ['mætʃlɪs] *adj* sans pareil, incomparable.

matchmaker ['mætʃ,meɪkəʳ] *n* marieur *m*, -ieuse *f*.

match play *n* GOLF match-play *m*.

match point *n* TENNIS balle *f* de match.

matchstick ['mætʃstɪk] *n* allumette *f*.

mate [meɪt] ◇ *n* **-1.** *inf* [friend] copain *m*, copine *f*, pote *m*. **-2.** *Br inf* [term of address] mon vieux. **-3.** [of female animal] mâle *m*; [of male animal] femelle *f*. **-4.** NAUT: **(first) ~** second *m*. ◇ *vi* s'accoupler.

material [mə'tɪərɪəl] ◇ *adj* **-1.** [goods, benefits, world] matériel(ielle). **-2.** [important] important(e), essentiel(ielle). ◇ *n* **-1.** [substance] matière *f*, substance *f*; [type of substance] matériau *m*, matière. **-2.** [fabric] tissu *m*, étoffe *f*; [type of fabric] tissu. **-3.** (*U*) [information - for book, article etc] matériaux *mpl*.
◆ **materials** *npl* matériaux *mpl*.

materialism [mə'tɪərɪəlɪzm] *n* matérialisme *m*.

materialist [mə'tɪərɪəlɪst] *n* matérialiste *mf*.

materialistic [mə,tɪərɪə'lɪstɪk] *adj* matérialiste.

materialize, -ise [mə'tɪərɪəlaɪz] *vi* **-1.** [offer, threat] se concrétiser, se réaliser. **-2.** [person, object] apparaître.

materially [mə'tɪərɪəlɪ] *adv* **-1.** [benefit, suffer] matériellement. **-2.** [different] essentiellement.

maternal [mə'tɜːnl] *adj* maternel(elle).

maternity [mə'tɜːnətɪ] *n* maternité *f*.

maternity benefit *n* (*U*) allocations *fpl* (de) maternité.

maternity dress *n* robe *f* de grossesse.

maternity hospital *n* maternité *f*.

math *Am* = maths.

mathematical [,mæθə'mætɪkl] *adj* mathématique.

mathematician [,mæθəmə'tɪʃn] *n* mathématicien *m*, -ienne *f*.

mathematics [,mæθə'mætɪks] *n* (*U*) mathématiques *fpl*.

maths *Br* [mæθs], **math** *Am* [mæθ] (*abbr of* **mathematics**) *inf* ◇ *n* (*U*) maths *fpl*. ◇ *comp* de maths.

maths coprocessor [-,kəʊ'prəʊsesəʳ] *n* COMPUT coprocesseur *m* mathématique.

matinée ['mætɪneɪ] *n* matinée *f*.

matinée jacket *n Br* veste *f* de bébé.

mating call ['meɪtɪŋ-] *n* appel *m* du mâle.

mating season ['meɪtɪŋ-] *n* saison *f* des amours.

matriarch ['meɪtrɪɑːk] *n* **-1.** [of society] *femme ayant une autorité matriarcale.* **-2.** *literary* [of family] aïeule *f*, doyenne *f*.

matrices ['meɪtrɪsiːz] *pl* → matrix.

matriculate [mə'trɪkjʊleɪt] *vi* s'inscrire.

matriculation [mə,trɪkjʊ'leɪʃn] *n* inscription *f*.

matrimonial [,mætrɪ'məʊnjəl] *adj* matrimonial(e), conjugal(e).

matrimony ['mætrɪmənɪ] *n* (*U*) mariage *m*.

matrix ['meɪtrɪks] (*pl* **matrices** OR **-es**) *n* **-1.** [context, framework] contexte *m*, structure *f*. **-2.** MATH & TECH matrice *f*.

matron ['meɪtrən] *n* **-1.** *Br* [in hospital] infirmière *f* en chef. **-2.** [in school] infirmière *f*. **-3.** *Am* [in prison] gardienne *f*.

matronly ['meɪtrənlɪ] *adj* *euphemism* [woman] qui a l'allure d'une matrone; [figure] de matrone.

matt *Br*, **matte** *Am* [mæt] *adj* mat(e).

matted ['mætɪd] *adj* emmêlé(e).

matter ['mætəʳ] ◇ *n* **-1.** [question, situation] question *f*, affaire *f*; **a ~ of life and death** une question de vie ou de mort; **the fact** OR **truth of the ~ is ...** la vérité c'est que ..., le fait est que ...; **that's another** OR **a different ~** c'est tout autre chose, c'est une autre histoire; **as a ~ of course** automatiquement; **to make ~s worse** aggraver la situation; **and to make ~s worse ...** pour tout arranger ...; **as a ~ of principle** par principe; **within a ~ of hours** en l'affaire de quelques heures; **that's a ~ of opinion** c'est (une) affaire OR question d'opinion; **a ~ of time** une question de temps. **-2.** [trouble, cause of pain]: **there's something the ~ with my radio** il y a quelque chose qui cloche OR ne va pas dans ma radio; **what's the ~?** qu'est-ce qu'il y a?; **what's the ~ with him?** qu'est-ce qu'il a? **-3.** PHYSICS matière *f*. **-4.** (*U*) [material] matière *f*; **reading ~** choses *fpl* à lire; **printed ~** imprimés *mpl*.

◇ *vi* [be important] importer, avoir de l'importance; **it doesn't** ~ cela n'a pas d'importance.

◆ **as a matter of fact** *adv* en fait, à vrai dire.

◆ **for that matter** *adv* d'ailleurs.

◆ **no matter** *adv*: **no** ~ **what** coûte que coûte, à tout prix; **no** ~ **how hard I try to explain** ... j'ai beau essayer de lui expliquer ....

Matterhorn ['mætə,hɔːn] *n*: **the** ~ le mont Cervin.

matter-of-fact *adj* terre-à-terre, neutre.

matting ['mætɪŋ] *n* natte *f*.

mattress ['mætrɪs] *n* matelas *m*.

mature [mə'tjʊəʳ] ◇ *adj* **-1.** [person, attitude] mûr(e). **-2.** [cheese] fait(e); [wine] arrivé(e) à maturité. ◇ *vi* **-1.** [person] mûrir. **-2.** [cheese, wine] se faire.

mature student *n* Br UNIV *étudiant qui a commencé ses études sur le tard*.

maturity [mə'tjʊərətɪ] *n* maturité *f*.

maudlin ['mɔːdlɪn] *adj* larmoyant(e).

maul [mɔːl] *vt* mutiler.

Mauritania [,mɒrɪ'teɪnjə] *n* Mauritanie *f*; **in** ~ en Mauritanie.

Mauritanian [,mɒrɪ'teɪnjən] ◇ *adj* mauritanien(ienne). ◇ *n* Mauritanien *m*, -ienne *f*.

Mauritian [mə'rɪʃn] ◇ *adj* mauricien(ienne). ◇ *n* Mauricien *m*, -ienne *f*.

Mauritius [mə'rɪʃəs] *n* l'île *f* Maurice; **in** ~ à l'île Maurice.

mausoleum [,mɔːsə'lɪəm] (*pl* -s) *n* mausolée *m*.

mauve [məʊv] ◇ *adj* mauve. ◇ *n* mauve *m*.

maverick ['mævərɪk] *n* non-conformiste *mf*.

mawkish ['mɔːkɪʃ] *adj* d'une sentimentalité excessive.

max. [mæks] (*abbr of* **maximum**) max.

maxim ['mæksɪm] (*pl* -s) *n* maxime *f*.

maxima ['mæksɪmə] *pl* → **maximum**.

maximize, -ise ['mæksɪmaɪz] *vt* maximiser, porter au maximum.

maximum ['mæksɪməm] (*pl* **maxima** OR -s) ◇ *adj* maximum (*inv*). ◇ *n* maximum *m*.

may [meɪ] *modal vb* **-1.** [expressing possibility]: **it** ~ **rain** il se peut qu'il pleuve, il va peut-être pleuvoir; **be that as it** ~ quoi qu'il en soit. **-2.** [can] pouvoir; **on a clear day the coast may be seen** on peut voir la côte par temps clair. **-3.** [asking permission]: ~ **I come in?** puis-je entrer? **-4.** [as contrast]: **it** ~ **be expensive but** ... c'est peut-être cher, mais .... **-5.** *fml* [expressing wish,

hope]: ~ **they be happy!** qu'ils soient heureux!; *see also* **might**.

May [meɪ] *n* mai *m*; *see also* **September**.

Maya ['maɪə] *n*: **the** ~ les Mayas *mpl*.

Mayan ['maɪən] *adj* maya.

maybe ['meɪbiː] *adv* peut-être; ~ **I'll come** je viendrai peut-être.

mayday ['meɪdeɪ] *n* S.O.S. *m*.

May Day *n* le Premier mai.

mayfly ['meɪflaɪ] (*pl* -flies) *n* éphémère *m*.

mayhem ['meɪhem] *n* pagaille *f*.

mayn't [meɪnt] = **may not**.

mayonnaise [,meɪə'neɪz] *n* mayonnaise *f*.

mayor [meəʳ] *n* maire *m*.

mayoress ['meərɪs] *n* **-1.** [female mayor] femme *f* maire. **-2.** [mayor's wife] femme *f* du maire.

maypole ['meɪpəʊl] *n* ≃ mai *m*.

may've ['meɪəv] = **may have**.

maze [meɪz] *n* *lit* & *fig* labyrinthe *m*, dédale *m*.

MB **-1.** (*abbr of* **megabyte**) Mo. **-2.** *abbr of* **Manitoba**.

MBA (*abbr of* **Master of Business Administration**) *n* (*titulaire d'une*) *maîtrise de gestion*.

MBBS (*abbr of* **Bachelor of Medicine and Surgery**) *n* (*titulaire d'une*) *licence de médecine et de chirurgie*.

MBE (*abbr of* **Member of the Order of the British Empire**) *n* *distinction honorifique britannique*.

MC *abbr of* **master of ceremonies**.

MCAT (*abbr of* **Medical College Admissions Test**) *n* *test d'admission aux études de médecine*.

MCC (*abbr of* **Marylebone Cricket Club**) *n* *célèbre club de cricket de Londres*.

McCarthyism [mə'kɑːθɪɪzm] *n* Maccarthisme *m*, Maccarthysme *m*.

McCoy [mə'kɔɪ] *n* *inf*: **the real** ~ de l'authentique, du vrai de vrai.

MCP (*abbr of* **male chauvinist pig**) *n* *inf* phallo *m*.

MD ◇ *n* **-1.** *abbr of* **Doctor of Medicine**. **-2.** *abbr of* **managing director**. ◇ *abbr of* **Maryland**.

MDT (*abbr of* **Mountain Daylight Time**) *n* *heure d'été des montagnes Rocheuses*.

me [miː] *pers pron* **-1.** [direct, indirect] me, m' (+ *vowel or silent* "h"); **can you see/hear** ~? tu me vois/m'entends?; **it's** ~ c'est moi; **they spoke to** ~ ils m'ont parlé; **she gave it to** ~ elle me l'a donné. **-2.** [stressed, after prep, in comparisons etc] moi; **you can't expect ME to do it** tu ne peux pas exiger que

medal

ce soit moi qui le fasse; she's shorter than ~ elle est plus petite que moi.

ME ◇ n (abbr of **myalgic encephalomyelitis**) myélo-encéphalite f. ◇ abbr of **Maine**.

meadow ['medəʊ] n prairie f, pré m.

meagre Br, **meager** Am ['miːɡəʳ] adj maigre.

meal [miːl] n repas m; **to make a ~ of sthg** Br fig & pej faire toute une histoire OR tout un plat de qqch.

meals on wheels npl Br repas mpl à domicile (pour personnes âgées ou handicapées).

mealtime ['miːltaɪm] n heure f du repas; **at ~s** aux heures des repas.

mealy-mouthed [ˌmiːlɪ'maʊðd] adj pej mielleux(euse), patelin(e).

mean [miːn] (pt & pp **meant**) ◇ vt **-1.** [signify] signifier, vouloir dire; **money ~s nothing to him** l'argent ne compte pas pour lui. **-2.** [intend]: **to ~ to do sthg** vouloir faire qqch, avoir l'intention de faire qqch; **I didn't ~ to drop it** je n'ai pas fait exprès de le laisser tomber; **to be meant for sb/sthg** être destiné(e) à qqn/qqch; **to be meant to do sthg** être censé(e) faire qqch; **to ~ well** agir dans une bonne intention. **-3.** [be serious about]: **I ~ it** je suis sérieux(ieuse). **-4.** [entail] occasionner, entraîner. **-5.** phr: **I ~** [as explanation] c'est vrai; [as correction] je veux dire.
◇ adj **-1.** [miserly] radin(e), chiche; **to be ~ with sthg** être avare de qqch. **-2.** [unkind] mesquin(e), méchant(e); **to be ~ to sb** être mesquin envers qqn. **-3.** [average] moyen(enne). **-4.** iro: **she's no ~ singer** elle a de la voix; **that's no ~ feat** c'est un véritable exploit.
◇ n [average] moyenne f; see also **means**.

meander [mɪ'ændəʳ] vi [river, road] serpenter; [person] errer.

meaning ['miːnɪŋ] n sens m, signification f.

meaningful ['miːnɪŋfʊl] adj [look] significatif(ive); [relationship, discussion] important(e).

meaningless ['miːnɪŋlɪs] adj [gesture, word] dénué(e) OR vide de sens; [proposal, discussion] sans importance.

meanness ['miːnnɪs] n **-1.** [stinginess] avarice f. **-2.** [unkindness] mesquinerie f, méchanceté f.

means [miːnz] ◇ n [method, way] moyen m; **a ~ to an end** un moyen d'arriver à ses fins; **by ~ of** au moyen de. ◇ npl [money] moyens mpl, ressources fpl.
◆ **by all means** adv mais certainement, bien sûr.
◆ **by no means** adv fml nullement, en aucune façon.

means test n enquête sur les ressources d'une personne (qui demande une aide financière à l'État).

meant [ment] pt & pp → **mean**.

meantime ['miːntaɪm] n: **in the ~** en attendant.

meanwhile ['miːnwaɪl] adv **-1.** [at the same time] pendant ce temps. **-2.** [between two events] en attendant.

measles ['miːzlz] n: **(the) ~** la rougeole.

measly ['miːzlɪ] (compar -ier, superl -iest) adj inf misérable, minable.

measurable ['meʒərəbl] adj [improvement, deterioration] sensible.

measurably ['meʒərəblɪ] adv sensiblement.

measure ['meʒəʳ] ◇ n **-1.** [gen] mesure f. **-2.** [amount]: **to achieve a ~ of independence** parvenir à une certaine indépendance; **for good ~** pour faire bonne mesure. **-3.** [indication]: **it is a ~ of her success that ...** la preuve de son succès, c'est que .... ◇ vt & vi mesurer.
◆ **measure up** vi: **to ~ up (to)** être à la hauteur (de).

measured ['meʒəd] adj [steps, tone] mesuré(e).

measurement ['meʒəmənt] n mesure f.

measuring tape ['meʒərɪŋ-] n mètre m (à ruban); [in dressmaking] centimètre m.

meat [miːt] n viande f.

meatball ['miːtbɔːl] n boulette f de viande.

meat pie n Br tourte f à la viande.

meaty ['miːtɪ] (compar -ier, superl -iest) adj fig important(e).

Mecca ['mekə] n La Mecque; fig: **a ~ for** la Mecque de.

mechanic [mɪ'kænɪk] n mécanicien m, -ienne f.
◆ **mechanics** ◇ n (U) [study] mécanique f. ◇ npl fig mécanisme m.

mechanical [mɪ'kænɪkl] adj **-1.** [device] mécanique. **-2.** [person, mind] fort(e) en mécanique. **-3.** [routine, automatic] machinal(e).

mechanical engineering n génie m mécanique.

mechanism ['mekənɪzm] n lit & fig mécanisme m.

mechanization [ˌmekənaɪ'zeɪʃn] n mécanisation f.

mechanize, -ise ['mekənaɪz] vt & vi mécaniser.

MEd [ˌem'ed] (abbr of **Master of Education**) n (titulaire d'une) maîtrise en sciences de l'éducation.

medal ['medl] n médaille f.

medallion [mɪ'dæljən] n médaillon m.

medallist Br, **medalist** Am ['medəlɪst] n médaillé m, -e f.

meddle ['medl] vi: to ~ in se mêler de.

meddlesome ['medlsəm] adj [person] qui met son nez partout.

media ['miːdjə] ◇ pl → medium. ◇ n or npl: the ~ les médias mpl.

mediaeval [,medɪ'iːvl] = medieval.

media event n événement m médiatique.

median ['miːdjən] ◇ adj MATH médian(e). ◇ n [of road] bande f médiane (qui sépare les deux côtés d'une grande route).

mediate ['miːdɪeɪt] ◇ vt négocier. ◇ vi: to ~ (for) servir de médiateur (pour).

mediation [,miːdɪ'eɪʃn] n médiation f.

mediator ['miːdɪeɪtə'] n médiateur m, -trice f.

medic ['medɪk] n inf -1. [medical student] carabin m. -2. [doctor] toubib m.

Medicaid ['medɪkeɪd] n Am assistance médicale aux personnes sans ressources.

medical ['medɪkl] ◇ adj médical(e). ◇ n examen m médical.

medical certificate n certificat m médical.

medical insurance n assurance f maladie.

medical officer n [in factory etc] médecin m du travail; MIL médecin militaire.

medical student n étudiant m, -e f en médecine.

medicament ['medɪkəmənt] n médicament m.

Medicare ['medɪkeə'] n Am programme fédéral d'assistance médicale pour personnes âgées.

medicated ['medɪkeɪtɪd] adj traitant(e).

medication [,medɪ'keɪʃn] n -1. [use of medicines] médication f. -2. [medicine] médicament m.

medicinal [me'dɪsɪnl] adj médicinal(e).

medicine ['medsɪn] n -1. [subject, treatment] médecine f; **Doctor of Medicine** UNIV docteur m en médecine. -2. [substance] médicament m.

medicine man n sorcier m.

medieval [,medɪ'iːvl] adj médiéval(e).

mediocre [,miːdɪ'əʊkə'] adj médiocre.

mediocrity [,miːdɪ'ɒkrətɪ] n médiocrité f.

meditate ['medɪteɪt] vi: to ~ (on OR upon) méditer (sur).

meditation [,medɪ'teɪʃn] n méditation f.

Mediterranean [,medɪtə'reɪnjən] ◇ n -1. [sea]: the ~ (Sea) la (mer) Méditerranée. -2. [person] Méditerranéen m, -enne f. ◇ adj méditerranéen(enne).

medium ['miːdjəm] (pl sense 1 **media**, pl sense 2 **mediums**) ◇ adj moyen(enne). ◇ n -1. [way of communicating] moyen m. -2. [spiritualist] médium m.

medium-dry adj demi-sec.

medium-size(d) adj de taille moyenne.

medium wave n onde f moyenne.

medley ['medlɪ] (pl **medleys**) n -1. [mixture] mélange m. -2. MUS pot-pourri m.

meek [miːk] adj docile.

meekly ['miːklɪ] adv docilement.

meet [miːt] (pt & pp **met**) ◇ vt -1. [gen] rencontrer; [by arrangement] retrouver. -2. [go to meet - person] aller/venir attendre, aller/venir chercher; [- train, plane] aller attendre. -3. [need, requirement] satisfaire, répondre à. -4. [problem] résoudre; [challenge] répondre à. -5. [costs] payer. -6. [join] rejoindre. ◇ vi -1. [gen] se rencontrer; [by arrangement] se retrouver; [for a purpose] se réunir. -2. [join] se joindre. ◇ n Am [meeting] meeting m.

◆ **meet up** vi se retrouver; to ~ up with sb rencontrer qqn, retrouver qqn.

◆ **meet with** vt fus -1. [encounter - disapproval] être accueilli(e) par; [- success] remporter; [- failure] essuyer. -2. Am [by arrangement] retrouver.

meeting ['miːtɪŋ] n -1. [for discussions, business] réunion f. -2. [by chance] rencontre f; [by arrangement] entrevue f. -3. [people at meeting]: the ~ l'assemblée f.

meeting place n lieu m de réunion.

mega- ['megə] prefix méga-.

megabit ['megəbɪt] n COMPUT méga-bit m.

megabyte ['megəbaɪt] n COMPUT méga-octet m.

megahertz ['megəhɜːts] n mégahertz m.

megalomania [,megələ'meɪnjə] n mégalomanie f.

megalomaniac [,megələ'meɪnɪæk] n mégalomane mf.

megaphone ['megəfəʊn] n mégaphone m, porte-voix m.

megaton ['megətʌn] n mégatonne f.

megawatt ['megəwɒt] n mégawatt m.

melamine ['meləmiːn] n mélamine f.

melancholy ['melənkəlɪ] ◇ adj [person] mélancolique; [news, facts] triste. ◇ n mélancolie f.

mellow ['meləʊ] ◇ adj [light, voice] doux (douce); [taste, wine] moelleux(euse). ◇ vt: to be ~ed by age s'assagir avec l'âge. ◇ vi s'adoucir.

melodic [mɪ'lɒdɪk] adj mélodique.

melodious [mɪ'ləʊdjəs] adj mélodieux(ieuse).

melodrama ['melədrɑːmə] n mélodrame m.

melodramatic [ˌmelədrə'mætɪk] *adj* mélodramatique.

melody ['melədɪ] (*pl* **-ies**) *n* mélodie *f*.

melon ['melən] *n* melon *m*.

melt [melt] ◇ *vt* faire fondre. ◇ *vi* **-1.** [become liquid] fondre. **-2.** *fig*: **his heart ~ed at the sight** il fut tout attendri devant ce spectacle. **-3.** [disappear]: **to ~ (away)** fondre; **to ~ into the background** s'effacer.

◆ **melt down** *vt sep* fondre.

meltdown ['meltdaʊn] *n* fusion *f* du cœur (du réacteur).

melting point ['meltɪŋ-] *n* point *m* de fusion.

melting pot ['meltɪŋ-] *n fig* creuset *m*.

member ['membəʳ] ◇ *n* membre *m*; [of club] adhérent *m*, -e *f*. ◇ *comp* membre.

Member of Congress (*pl* **Members of Congress**) *n Am* membre *m* du Congrès.

Member of Parliament (*pl* **Members of Parliament**) *n Br* ≃ député *m*.

membership ['membəʃɪp] *n* **-1.** [of organization] adhésion *f*. **-2.** [number of members] nombre *m* d'adhérents. **-3.** [members]: **the ~** les membres *mpl*.

membership card *n* carte *f* d'adhésion.

membrane ['membreɪn] *n* membrane *f*.

memento [mɪ'mentəʊ] (*pl* **-s**) *n* souvenir *m*.

memo ['meməʊ] (*pl* **-s**) *n* note *f* de service.

memoirs ['memwɑːz] *npl* mémoires *mpl*.

memo pad *n* bloc-notes *m*.

memorabilia [ˌmemərə'bɪlɪə] *npl* souvenirs *mpl*.

memorable ['memərəbl] *adj* mémorable.

memorandum [ˌmemə'rændəm] (*pl* **-da** [-də] OR **-dums**) *n* note *f* de service.

memorial [mɪ'mɔːrɪəl] ◇ *adj* commémoratif(ive). ◇ *n* monument *m*.

memorize, -ise ['meməraɪz] *vt* [phone number, list] retenir; [poem] apprendre par cœur.

memory ['memərɪ] (*pl* **-ies**) *n* **-1.** [gen & COMPUT] mémoire *f*; **from ~** de mémoire; **to lose one's ~** perdre la mémoire; **within living ~** de mémoire d'homme. **-2.** [event, experience] souvenir *m*; **I have no ~ of it** je n'en ai aucun souvenir; **in ~ of** en souvenir de.

memory card *n* COMPUT carte *f* d'extension mémoire.

men [men] *pl* → **man**.

menace ['menəs] ◇ *n* **-1.** [gen] menace *f*. **-2.** *inf* [nuisance] plaie *f*. ◇ *vt* menacer.

menacing ['menəsɪŋ] *adj* menaçant(e).

menacingly ['menəsɪŋlɪ] *adv* [speak] d'un ton menaçant; [look] d'un air menaçant.

menagerie [mɪ'nædʒərɪ] *n* ménagerie *f*.

mend [mend] ◇ *n inf*: **to be on the ~** aller mieux. ◇ *vt* réparer; [clothes] raccommoder; [sock, pullover] repriser; **to ~ one's ways** s'amender.

mending ['mendɪŋ] *n*: **to do the ~** faire le raccommodage.

menfolk ['menfəʊk] *npl* hommes *mpl*.

menial ['miːnjəl] *adj* avilissant(e).

meningitis [ˌmenɪn'dʒaɪtɪs] *n* (*U*) méningite *f*.

menopause ['menəpɔːz] *n*: **the ~** la ménopause.

menservants ['mensɜːvənts] *pl* → **manservant**.

men's room *n Am*: **the ~** les toilettes *fpl* pour hommes.

menstrual ['menstrʊəl] *adj* menstruel(elle).

menstruate ['menstrʊeɪt] *vi* avoir ses règles.

menstruation [ˌmenstrʊ'eɪʃn] *n* menstruation *f*.

menswear ['menzweəʳ] *n* (*U*) vêtements *mpl* pour hommes.

mental ['mentl] *adj* mental(e); [image, picture] dans la tête.

mental age *n* âge *m* mental.

mental block *n*: **to have a ~ about sthg** ne pas arriver à comprendre qqch.

mental hospital *n* hôpital *m* psychiatrique.

mentality [men'tælətɪ] *n* mentalité *f*.

mentally ['mentəlɪ] *adv* mentalement; **to be ~ ill** être malade mental; **to be ~ retarded** être arriéré mental.

mentally handicapped *npl*: **the ~** les handicapés *mpl* mentaux.

◆ **mentally-handicapped** *adj*: **to be mentally-handicapped** être handicapé mental (handicapée mentale).

mental note *n*: **to make a ~ to do sthg** prendre note mentalement de faire qqch.

menthol ['menθɒl] *n* menthol *m*.

mentholated ['menθəleɪtɪd] *adj* mentholé(e).

mention ['menʃn] ◇ *vt* mentionner, signaler; **not to ~** sans parler de; **don't ~ it!** je vous en prie. ◇ *n* mention *f*.

mentor ['mentɔːʳ] *n* mentor *m*.

menu ['menjuː] *n* [gen & COMPUT] menu *m*.

menu bar *n* COMPUT barre *f* de menu.

menu-driven *adj* COMPUT dirigé(e) par menu.

meow *Am* = **miaow**.

MEP (*abbr of* **Member of the European Parliament**) *n* parlementaire *m* européen.

mercantile ['mɜːkəntaɪl] *adj* commercial(e).
mercenary ['mɜːsɪnrɪ] (*pl* -ies) ◇ *adj* mercenaire. ◇ *n* mercenaire *m*.
merchandise ['mɜːtʃəndaɪz] *n* (*U*) marchandises *fpl*.
merchant ['mɜːtʃənt] ◇ *adj* marchand(e). ◇ *n* marchand *m*, -e *f*, commerçant *m*, -e *f*.
merchant bank *n Br* banque *f* d'affaires.
merchant navy *Br*, **merchant marine** *Am n* marine *f* marchande.
merciful ['mɜːsɪfʊl] *adj* **-1.** [person] clément(e). **-2.** [death, release] qui est une délivrance.
mercifully ['mɜːsɪfʊlɪ] *adv* [fortunately] par bonheur, heureusement.
merciless ['mɜːsɪlɪs] *adj* impitoyable.
mercilessly ['mɜːsɪlɪslɪ] *adv* impitoyablement.
mercurial [mɜː'kjʊərɪəl] *adj literary* [temperament] changeant(e), inégal(e); [person] d'humeur changeante.
mercury ['mɜːkjʊrɪ] *n* mercure *m*.
Mercury ['mɜːkjʊrɪ] *n* [planet] Mercure *f*.
mercy ['mɜːsɪ] (*pl* -ies) *n* **-1.** [kindness, pity] pitié *f*; **at the ~ of** *fig* à la merci de. **-2.** [blessing]: **what a ~ that ...** quelle chance que ....
mercy killing *n* euthanasie *f*.
mere [mɪəʳ] *adj* seul(e); **she's a ~ child** ce n'est qu'une enfant; **it cost a ~ £10** cela n'a coûté que 10 livres.
merely ['mɪəlɪ] *adv* seulement, simplement.
meretricious [,merɪ'trɪʃəs] *adj* factice.
merge [mɜːdʒ] ◇ *vt* COMM & COMPUT fusionner. ◇ *vi* **-1.** COMM: **to ~ (with)** fusionner (avec). **-2.** [roads, lines]: **to ~ (with)** se joindre (à). **-3.** [colours] se fondre. ◇ *n* COMPUT fusion *f*.
merger ['mɜːdʒəʳ] *n* fusion *f*.
meridian [mə'rɪdɪən] *n* méridien *m*.
meringue [mə'ræŋ] *n* meringue *f*.
merino [mə'riːnəʊ] *adj* de mérinos.
merit ['merɪt] ◇ *n* [value] mérite *m*, valeur *f*. ◇ *vt* mériter.
◆ **merits** *npl* [advantages] qualités *fpl*; **to judge sthg on its ~s** juger qqch selon ses qualités.
meritocracy [,merɪ'tɒkrəsɪ] (*pl* -ies) *n* méritocratie *f*.
mermaid ['mɜːmeɪd] *n* sirène *f*.
merrily ['merɪlɪ] *adv* joyeusement; *iro* allègrement.
merriment ['merɪmənt] *n* hilarité *f*.
merry ['merɪ] (*compar* -ier, *superl* -iest) *adj* **-1.** *literary* [happy] joyeux(euse); **Merry Christmas!** joyeux Noël! **-2.** *inf* [tipsy] gai(e), éméché(e).
merry-go-round *n* manège *m*.
merrymaking ['merɪ,meɪkɪŋ] *n* (*U*) réjouissances *fpl*.
mesh [meʃ] ◇ *n* maille *f* (du filet); **wire ~** grillage *m*. ◇ *vi* [gears] s'engrener.
mesmerize, **-ise** ['mezməraɪz] *vt*: **to be ~d by** être fasciné(e) par.
mess [mes] *n* **-1.** [untidy state] désordre *m*; *fig* gâchis *m*; **to be (in) a ~** [room] être en désordre; [hair] être ébouriffé; *fig* [life] être sens dessus dessous. **-2.** MIL mess *m*.
◆ **mess about**, **mess around** *inf* ◇ *vt sep*: **to ~ sb about** traiter qqn par-dessus OR par-dessous la jambe. ◇ *vi* **-1.** [fool around] perdre OR gaspiller son temps. **-2.** [interfere]: **to ~ about with sthg** s'immiscer dans qqch.
◆ **mess up** *vt sep inf* **-1.** [room] mettre en désordre; [clothes] salir. **-2.** *fig* [spoil] gâcher.
◆ **mess with** *vt fus inf*: **don't ~ with them** tiens-toi à l'écart.
message ['mesɪdʒ] *n* message *m*; **to get the ~** *inf* piger.
messenger ['mesɪndʒəʳ] *n* messager *m*, -ère *f*; **by ~** par porteur.
Messiah [mɪ'saɪə] *n*: **the ~** le Messie.
Messrs, **Messrs.** ['mesəz] (*abbr of* messieurs) MM.
messy ['mesɪ] (*compar* -ier, *superl* -iest) *adj* **-1.** [dirty] sale; [untidy] désordonné(e); **a ~ job** un travail salissant. **-2.** *inf* [divorce] difficile; [situation] embrouillé(e).
met [met] *pt & pp* → **meet**.
Met [met] (*abbr of* **Metropolitan Opera**) *n*: **the ~** l'opéra *m* de New-York.
metabolism [mɪ'tæbəlɪzm] *n* métabolisme *m*.
metal ['metl] ◇ *n* métal *m*. ◇ *comp* en OR de métal.
metallic [mɪ'tælɪk] *adj* **-1.** [sound, ore] métallique. **-2.** [paint, finish] métallisé(e).
metallurgist [me'tælədʒɪst] *n* métallurgiste *m*.
metallurgy [me'tælədʒɪ] *n* métallurgie *f*.
metalwork ['metlwɜːk] *n* [craft] ferronnerie *f*.
metalworker ['metəl,wɜːkəʳ] *n* [craftsman] ferronnier *m*; [in industry] métallurgiste *m*.
metamorphose [,metə'mɔːfəʊz] *vi*: **to ~ (into)** se métamorphoser (en).
metamorphosis [,metə'mɔːfəsɪs, ,metəmɔː'fəʊsɪs] (*pl* -phoses [-'fəʊsiːz]) *n* métamorphose *f*.
metaphor ['metəfəʳ] *n* métaphore *f*.

metaphorical [,metə'fɒrɪkl] *adj* métaphorique.

metaphysical [,metə'fɪzɪkl] *adj* métaphysique.

metaphysics [,metə'fɪzɪks] *n* métaphysique *f*.

mete [miːt]
◆ **mete out** *vt sep* [punishment] infliger.

meteor ['miːtɪəʳ] *n* météore *m*.

meteoric [miːtɪ'ɒrɪk] *adj* météorique.

meteorite ['miːtjərait] *n* météorite *m or f*.

meteorological [,miːtjərə'lɒdʒɪkl] *adj* météorologique.

meteorologist [miːtjə'rɒlədʒɪst] *n* météorologue *mf*, météorologiste *mf*.

meteorology [miːtjə'rɒlədʒɪ] *n* météorologie *f*.

meter ['miːtəʳ] ◇ *n* **-1.** [device] compteur *m*; **parking** ~ parcmètre *m*. **-2.** *Am* = **metre**. ◇ *vt* [gas, electricity] établir la consommation de.

methadone ['meθədəʊn] *n* méthadone *f*.

methane ['miːθeɪn] *n* méthane *m*.

method ['meθəd] *n* méthode *f*.

methodical [mɪ'θɒdɪkl] *adj* méthodique.

methodically [mɪ'θɒdɪklɪ] *adv* méthodiquement.

Methodist ['meθədɪst] ◇ *adj* méthodiste. ◇ *n* méthodiste *mf*.

methodology [,meθə'dɒlədʒɪ] (*pl* **-ies**) *n* méthodologie *f*.

meths [meθs] *n Br inf* alcool *m* à brûler.

methylated spirits ['meθɪleɪtɪd-] *n* alcool *m* à brûler.

meticulous [mɪ'tɪkjʊləs] *adj* méticuleux(euse).

meticulously [mɪ'tɪkjʊləslɪ] *adv* méticuleusement.

Met Office (*abbr of* **Meteorological Office**) *n* la météo britannique.

metre *Br*, **meter** *Am* ['miːtəʳ] *n* mètre *m*.

metric ['metrɪk] *adj* métrique.

metrication [,metrɪ'keɪʃn] *n Br* adoption *f* du système métrique.

metric system *n*: **the** ~ le système métrique.

metric ton *n* tonne *f*.

metro ['metrəʊ] (*pl* **-s**) *n* métro *m*.

metronome ['metrənəʊm] *n* métronome *m*.

metropolis [mɪ'trɒpəlɪs] (*pl* **-es**) *n* métropole *f*.

metropolitan [,metrə'pɒlɪtn] *adj* métropolitain(e).

Metropolitan Police *npl*: **the** ~ la police de Londres.

mettle ['metl] *n*: **to be on one's** ~ être d'attaque; **to show** OR **prove one's** ~ montrer ce dont on est capable.

mew [mjuː] = **miaow**.

mews [mjuːz] (*pl inv*) *n Br* ruelle *f*.

Mexican ['meksɪkn] ◇ *adj* mexicain(e). ◇ *n* Mexicain *m*, -e *f*.

Mexico ['meksɪkəʊ] *n* Mexique *m*; **in** ~ au Mexique.

Mexico City *n* Mexico.

mezzanine ['metsəniːn] *n* **-1.** [floor] mezzanine *f*. **-2.** *Am* [in theatre] corbeille *f*.

MFA (*abbr of* **Master of Fine Arts**) *n* (*titulaire d'une*) *maîtrise en beaux-arts*.

mfr *abbr of* **manufacturer**.

mg (*abbr of* **milligram**) mg.

Mgr -1. (*abbr of* **Monseigneur, Monsignor**) Mgr. **-2.** *abbr of* **manager**.

MHR *abbr of* **Member of the House of Representatives**.

MHz (*abbr of* **megahertz**) MHz.

MI *abbr of* **Michigan**.

MI5 (*abbr of* **Military Intelligence 5**) *n service de contre-espionnage britannique*.

MI6 (*abbr of* **Military Intelligence 6**) *n service de renseignements britannique*.

MIA (*abbr of* **missing in action**) *expression indiquant qu'une personne a disparu lors d'un combat*.

miaow *Br* [miː'aʊ], **meow** *Am* [mɪ'aʊ] ◇ *n* miaulement *m*, miaou *m*. ◇ *vi* miauler.

mice [maɪs] *pl* → **mouse**.

Mich. *abbr of* **Michigan**.

Michigan ['mɪʃɪgən] *n* Michigan *m*; **in** ~ dans le Michigan.

mickey ['mɪkɪ] *n*: **to take the** ~ **out of sb** *Br inf* se payer la tête de qqn, faire marcher qqn.

MICR (*abbr of* **magnetic ink character recognition**) *n* reconnaissance magnétique de caractères.

micro ['maɪkrəʊ] (*pl* **-s**) *n* micro *m*.

micro- ['maɪkrəʊ] *prefix* micro-.

microbe ['maɪkrəʊb] *n* microbe *m*.

microbiologist [,maɪkrəʊbaɪ'ɒlədʒɪst] *n* microbiologiste *mf*.

microbiology [,maɪkrəʊbaɪ'ɒlədʒɪ] *n* microbiologie *f*.

microchip ['maɪkrəʊtʃɪp] *n* COMPUT puce *f*.

microcircuit ['maɪkrəʊ,sɜːkɪt] *n* microcircuit *m*.

microcomputer [,maɪkrəʊkəm'pjuːtəʳ] *n* micro-ordinateur *m*.

microcosm ['maɪkrəkɒzm] *n* microcosme *m*.

microfiche ['maɪkrəʊfiːʃ] (*pl inv* OR **-s**) *n* microfiche *f*.

microfilm ['maɪkrəʊfɪlm] *n* microfilm *m*.

microlight ['maɪkrəlaɪt] *n* ULM *m*.

micromesh ['maɪkrəʊmeʃ] *n* maille *f* super-fine.

micron ['maɪkrɒn] *n* micron *m*.

microorganism [ˌmaɪkrəʊ'ɔːɡənɪzm] *n* micro-organisme *m*.

microphone ['maɪkrəfəʊn] *n* microphone *m*, micro *m*.

microprocessor ['maɪkrəʊˌprəʊsesəʳ] *n* COMPUT microprocesseur *m*.

microscope ['maɪkrəskəʊp] *n* microscope *m*.

microscopic [ˌmaɪkrə'skɒpɪk] *adj* microscopique.

microsecond ['maɪkrəʊˌsekənd] *n* microseconde *m*.

microsurgery [ˌmaɪkrə'sɜːdʒərɪ] *n* microchirurgie *f*.

microwave (oven) ['maɪkrəweɪv-] *n* (four *m* à) micro-ondes *m*.

mid- [mɪd] *prefix*: ~**height** mi-hauteur; ~**morning** milieu de la matinée; ~**winter** plein hiver.

midair [mɪd'eəʳ] ◇ *adj* en plein ciel. ◇ *n*: **in** ~ en plein ciel.

midday ['mɪddeɪ] *n* midi *m*.

middle ['mɪdl] ◇ *adj* **-1.** [centre] du milieu, du centre. **-2.** [in time]: **she was in her** ~ **twenties** elle avait dans les 25 ans. ◇ *n* **-1.** [centre] milieu *m*, centre *m*; **in the** ~ **(of)** au milieu (de); **in the** ~ **of nowhere** en pleine cambrousse. **-2.** [in time] milieu *m*; **to be in the** ~ **of doing sthg** être en train de faire qqch; **to be in the** ~ **of a meeting** être en pleine réunion; **in the** ~ **of the night** au milieu de la nuit, en pleine nuit. **-3.** [waist] taille *f*.

middle age *n* âge *m* mûr.

middle-aged *adj* d'une cinquantaine d'années.

Middle Ages *npl*: **the** ~ le Moyen Âge.

middle-class *adj* bourgeois(e).

middle classes *npl*: **the** ~ la bourgeoisie.

middle distance *n*: **in the** ~ au second plan.

Middle East *n*: **the** ~ le Moyen-Orient.

Middle Eastern *adj* du Moyen-Orient.

middleman ['mɪdlmæn] (*pl* **-men** [-men]) *n* intermédiaire *mf*.

middle management *n* (*U*) cadres *mpl* moyens.

middle name *n* second prénom *m*.

middle-of-the-road *adj* modéré(e).

middle school *n Br* ≃ premier cycle *m* du secondaire.

middleweight ['mɪdlweɪt] *n* poids *m* moyen.

middling ['mɪdlɪŋ] *adj* moyen(enne).

Middx (*abbr of* **Middlesex**) *ancien comté anglais*.

Mideast [ˌmɪd'iːst] *n Am*: **the** ~ le Moyen-Orient.

midfield [ˌmɪd'fiːld] *n* FTBL milieu *m* de terrain.

midge [mɪdʒ] *n* moucheron *m*.

midget ['mɪdʒɪt] *n* nain *m*, -e *f*.

midi system ['mɪdɪ-] *n* chaîne *f* midi.

Midlands ['mɪdləndz] *npl*: **the** ~ *les comtés du centre de l'Angleterre*.

midnight ['mɪdnaɪt] ◇ *n* minuit *m*. ◇ *comp* de minuit.

midriff ['mɪdrɪf] *n* diaphragme *m*.

midst [mɪdst] *n* **-1.** [in space]: **in the** ~ **of** au milieu de; **in our** ~ parmi nous. **-2.** [in time]: **to be in the** ~ **of doing sthg** être en train de faire qqch.

midstream [mɪd'striːm] *n*: **in** ~ [in river] au milieu du courant; *fig* [when talking] en plein milieu.

midsummer ['mɪdˌsʌməʳ] *n* cœur *m* de l'été.

Midsummer Day *n* la Saint-Jean.

midway [ˌmɪd'weɪ] *adv* **-1.** [in space]: ~ **(between)** à mi-chemin (entre). **-2.** [in time]: ~ **through the meeting** en pleine réunion.

midweek [*adj* ˌmɪdwiːk, *adv* mɪd'wiːk] ◇ *adj* du milieu de la semaine. ◇ *adv* en milieu de semaine.

Midwest [ˌmɪd'west] *n*: **the** ~ le Midwest.

Midwestern [ˌmɪd'westən] *adj* du Midwest.

midwife ['mɪdwaɪf] (*pl* **-wives** [-waɪvz]) *n* sage-femme *f*.

midwifery ['mɪdˌwɪfərɪ] *n* obstétrique *f*.

miffed [mɪft] *adj inf* vexé(e).

might [maɪt] ◇ *modal vb* **-1.** [expressing possibility]: **the criminal** ~ **be armed** il est possible que le criminel soit armé. **-2.** [expressing suggestion]: **it** ~ **be better to wait** il vaut peut-être mieux attendre. **-3.** *fml* [asking permission]: **he asked if he** ~ **leave the room** il demanda s'il pouvait sortir de la pièce. **-4.** [expressing concession]: **you** ~ **well be right** vous avez peut-être raison. **-5.** *phr*: **I** ~ **have known** OR **guessed** j'aurais dû m'en douter.
◇ *n* (*U*) force *f*.

mightn't ['maɪtənt] = **might not**.

might've ['maɪtəv] = **might have**.

mighty ['maɪtɪ] (*compar* **-ier**, *superl* **-iest**) ◇ *adj* **-1.** [powerful] puissant(e). **-2.** [very large] imposant(e). ◇ *adv Am inf* drôlement, vachement.

migraine [mɪːgreɪn, 'maɪgreɪn] *n* migraine *f*.

migrant ['maɪgrənt] ◇ *adj* **-1.** [bird, animal] migrateur(trice). **-2.** [workers] émigré(e). ◇ *n* **-1.** [bird, animal] migrateur *m*. **-2.** [person] émigré *m*, -e *f*.

migrate [*Br* maɪ'greɪt, *Am* 'maɪgreɪt] *vi* **-1.** [bird, animal] migrer. **-2.** [person] émigrer.

migration [maɪ'greɪʃn] *n* migration *f*.

migratory ['maɪgrətrɪ] *adj* [bird] migrateur(trice); [journey] migratoire.

mike [maɪk] (*abbr of* **microphone**) *n inf* micro *m*.

mild [maɪld] ◇ *adj* **-1.** [disinfectant, reproach] léger(ère). **-2.** [tone, weather] doux (douce). **-3.** [illness] bénin(igne). ◇ *n* bière anglaise légère.

mildew ['mɪldjuː] *n* (*U*) moisissure *f*.

mildly ['maɪldlɪ] *adv* **-1.** [gently] doucement; **to put it ~, ...**, c'est le moins qu'on puisse dire. **-2.** [not strongly] légèrement. **-3.** [slightly] un peu.

mild-mannered *adj* mesuré(e), calme.

mildness ['maɪldnɪs] *n* (*U*) douceur *f*.

mile [maɪl] *n* mile *m*; NAUT mille *m*; **to see for ~s** voir sur des kilomètres; **to walk for ~s** marcher pendant des kilomètres; **this is ~s better** c'est cent fois mieux; **to be ~s away** *fig* être très loin.

mileage ['maɪlɪdʒ] *n* distance *f* en miles, ≃ kilométrage *m*.

mileage allowance *n* ≃ indemnité *f* kilométrique.

mileometer [maɪ'lɒmɪtər] *n* compteur *m* de miles, ≃ compteur kilométrique.

milestone ['maɪlstəʊn] *n* [marker stone] borne *f*; *fig* événement *m* marquant OR important.

milieu [*Br* 'miːljɜ, *Am* miːl'juː] (*pl* **-s** OR **-x**) *n* milieu *m*.

militant ['mɪlɪtənt] ◇ *adj* militant(e). ◇ *n* militant *m*, -e *f*.

militarism ['mɪlɪtərɪzm] *n* militarisme *m*.

militarist ['mɪlɪtərɪst] *n* militariste *mf*.

militarized zone, militarised zone ['mɪlɪtəraɪzd-] *n* zone *f* militarisée.

military ['mɪlɪtrɪ] ◇ *adj* militaire. ◇ *n*: **the ~** les militaires *mpl*, l'armée *f*.

military police *n* police *f* militaire.

militate ['mɪlɪteɪt] *vi*: **to ~ against** militer contre.

militia [mɪ'lɪʃə] *n* milice *f*.

milk [mɪlk] ◇ *n* lait *m*. ◇ *vt* **-1.** [cow] traire. **-2.** *fig* [use to own ends] exploiter.

milk chocolate ◇ *n* chocolat *m* au lait. ◇ *comp* au chocolat au lait.

milk float *Br*, **milk truck** *Am n* voiture *f* de laitier.

milking ['mɪlkɪŋ] *n* traite *f*.

milkman ['mɪlkmən] (*pl* **-men** [-mən]) *n* laitier *m*.

milk round *n Br* [by milkman] tournée *f* du laitier.

milk shake *n* milk-shake *m*.

milk tooth *n* dent *m* de lait.

milk truck *Am* = **milk float**.

milky ['mɪlkɪ] (*compar* **-ier**, *superl* **-iest**) *adj* **-1.** *Br* [coffee] avec beaucoup de lait. **-2.** [pale white] laiteux(euse).

Milky Way *n*: **the ~** la Voie lactée.

mill [mɪl] ◇ *n* **-1.** [flour-mill, grinder] moulin *m*. **-2.** [factory] usine *f*. ◇ *vt* moudre.

◆ **mill about, mill around** *vi* grouiller.

millennium [mɪ'lenɪəm] (*pl* **-nnia** [-nɪə]) *n* millénaire *m*.

miller ['mɪlər] *n* meunier *m*.

millet ['mɪlɪt] *n* millet *m*.

milli- ['mɪlɪ] *prefix* milli-.

millibar ['mɪlɪbɑːr] *n* millibar *m*.

milligram(me) ['mɪlɪgræm] *n* milligramme *m*.

millilitre *Br*, **milliliter** *Am* ['mɪlɪˌliːtər] *n* millilitre *m*.

millimetre *Br*, **millimeter** *Am* ['mɪlɪˌmiːtər] *n* millimètre *m*.

millinery ['mɪlɪnrɪ] *n* chapellerie *f* féminine.

million ['mɪljən] *n* million *m*; **a ~, ~s of** *fig* des milliers de, un million de.

millionaire [ˌmɪljə'neər] *n* millionnaire *mf*.

millionairess [ˌmɪljə'neərɪs] *n* millionnaire *f*.

millipede ['mɪlɪpiːd] *n* mille-pattes *m inv*.

millisecond ['mɪlɪˌsekənd] *n* millième *m* de seconde.

millstone ['mɪlstəʊn] *n* meule *f*; **he's like a ~ round my neck** c'est un boulet que je traîne.

millwheel ['mɪlwiːl] *n* roue *f* de moulin.

milometer [maɪ'lɒmɪtər] = **mileometer**.

mime [maɪm] ◇ *n* mime *m*. ◇ *vt & vi* mimer.

mimic ['mɪmɪk] (*pt* & *pp* **-ked**, *cont* **-king**) ◇ *n* imitateur *m*, -trice *f*. ◇ *vt* imiter.

mimicry ['mɪmɪkrɪ] *n* imitation *f*.

mimosa [mɪ'məʊzə] *n* mimosa *m*.

min. [mɪn] **-1.** (*abbr of* **minute**) mn, min. **-2.** (*abbr of* **minimum**) min.

Min. *abbr of* **ministry**.

mince [mɪns] ◇ *n Br* viande *f* hachée. ◇ *vt* [meat] hacher. ◇ *vi* marcher à petits pas maniérés.

mincemeat ['mɪnsmiːt] *n* **-1.** [fruit] *mélange de pommes, raisins secs et épices utilisé en pâtisserie*. **-2.** *Am* [meat] viande *f* hachée.

mince pie *n* tartelette *f* de Noël.

mincer ['mɪnsəʳ] *n* hachoir *m*.

mind [maɪnd] ◇ *n* **-1.** [gen] esprit *m*; **state of ~** état d'esprit; **to bear sthg in ~** ne pas oublier qqch; **to call sthg to ~** se rappeler qqch; **to cast one's ~ back to sthg** repenser à qqch; **to come into/cross sb's ~** venir à/traverser l'esprit de qqn; **to have sthg on one's ~** avoir l'esprit préoccupé, être préoccupé par qqch; **to keep an open ~** réserver son jugement; **the trip took her ~ off her worries** ce petit voyage lui a changé les idées; **that's a load** OR **weight off my ~!** je me sens soulagé, quel soulagement!; **to have a ~ to do sthg** avoir bien envie de faire qqch; **to have sthg in ~** avoir qqch dans l'idée; **to broaden one's ~** enrichir l'esprit; **to make one's ~ up** se décider; **to put** OR **set sb's ~ at rest** rassurer qqn. **-2.** [attention]: **to put one's ~ to sthg** s'appliquer à qqch; **to keep one's ~ on sthg** se concentrer sur qqch; **to slip one's ~** sortir de l'esprit. **-3.** [opinion]: **to change one's ~** changer d'avis; **to my ~** à mon avis; **to speak one's ~** parler franchement; **to be in two ~s (about sthg)** se tâter OR être indécis (à propos de qqch). **-4.** [person] cerveau *m*; **great ~s think alike** les grands esprits se rencontrent.

◇ *vi* **-1.** [be bothered]: **I don't ~** ça m'est égal; **I hope you don't ~** j'espère que vous n'y voyez pas d'inconvénient; **never ~** [don't worry] ne t'en fais pas; [it's not important] ça ne fait rien. **-2.** [be careful]: **~ out!** *Br* attention!

◇ *vt* **-1.** [be bothered about, dislike]: **I don't ~ waiting** ça ne me gêne OR dérange pas d'attendre; **do you ~ if ...?** cela ne vous ennuie pas si ...?; **I wouldn't ~ a beer** je prendrais bien une bière. **-2.** [pay attention to] faire attention à, prendre garde à. **-3.** [take care of - luggage] garder, surveiller; [- shop] tenir.

◆ **mind you** *adv* remarquez.

mind-bending [-,bendɪŋ] *adj inf* hallucinant(e).

minder ['maɪndəʳ] *n Br inf* [bodyguard] ange *m* gardien.

mindful ['maɪndfʊl] *adj*: **~ of** [risks] attentif(ive) à; [responsibility] soucieux(ieuse) de.

mindless ['maɪndlɪs] *adj* stupide, idiot(e).

mind reader *n*: **I'm not a ~** *hum* je ne suis pas devin.

mindset ['maɪndset] *n* façon *f* de voir les choses.

mind's eye *n*: **in my ~** dans mon imagination.

mine[1] [maɪn] *poss pron* le mien (la mienne), les miens (les miennes) (*pl*); **that money is ~** cet argent est à moi OR est le mien; **it wasn't your fault, it was MINE** ce n'était pas de votre faute, c'était de la mienne OR de ma faute à moi; **a friend of ~** un ami à moi, un de mes amis.

mine[2] [maɪn] ◇ *n* mine *f*; **a ~ of information** *fig* une mine de renseignements. ◇ *vt* **-1.** [coal, gold] extraire. **-2.** [road, beach, sea] miner.

mine detector *n* détecteur *m* de mines.

minefield ['maɪnfiːld] *n* champ *m* de mines; *fig* situation *f* explosive.

minelayer ['maɪn,leɪəʳ] *n* mouilleur *m* de mines.

miner ['maɪnəʳ] *n* mineur *m*.

mineral ['mɪnərəl] ◇ *adj* minéral(e). ◇ *n* minéral *m*.

mineralogy [,mɪnə'rælədʒɪ] *n* minéralogie *f*.

mineral water *n* eau *f* minérale.

minestrone [,mɪnɪ'strəʊnɪ] *n* minestrone *m*.

minesweeper ['maɪn,swiːpəʳ] *n* dragueur *m* de mines.

mingle ['mɪŋgl] ◇ *vt*: **to ~ sthg with sthg** mélanger qqch à qqch. ◇ *vi*: **to ~ (with)** [sounds, fragrances] se mélanger (à); [people] se mêler (à).

mini ['mɪnɪ] *n* [skirt] minijupe *f*.

miniature ['mɪnətʃəʳ] ◇ *adj* miniature. ◇ *n* **-1.** [painting] miniature *f*. **-2.** [of alcohol] bouteille *f* miniature. **-3.** [small scale]: **in ~** en miniature.

minibus ['mɪnɪbʌs] (*pl* **-es**) *n* minibus *m*.

minicab ['mɪnɪkæb] *n Br* radiotaxi *m*.

minicomputer [,mɪnɪkəm'pjuːtəʳ] *n* mini-ordinateur *m*.

minim ['mɪnɪm] *n MUS* blanche *f*.

minima ['mɪnɪmə] *pl* → **minimum**.

minimal ['mɪnɪml] *adj* [cost] insignifiant(e); [damage] minime.

minimize, -ise ['mɪnɪ,maɪz] *vt* minimiser.

minimum ['mɪnɪməm] (*pl* **-mums** OR **-ma**) ◇ *adj* minimum (*inv*). ◇ *n* minimum *m*.

minimum lending rate [-'lendɪŋ-] *n* taux *m* de crédit minimum.

minimum wage *n* salaire *m* minimum.

mining ['maɪnɪŋ] ◇ *n* exploitation *f* minière. ◇ *adj* minier(ière); ~ **engineer** ingénieur *m* des mines.

minion ['mɪnjən] *n* larbin *m*, laquais *m*.

miniseries ['mɪnɪsɪəriːz] (*pl inv*) *n* mini-série *f* télévisée.

miniskirt ['mɪnɪskɜːt] *n* minijupe *f*.

minister ['mɪnɪstər] *n* **-1.** POL ministre *m*. **-2.** RELIG pasteur *m*.

◆ **minister to** *vt fus* [person] donner OR prodiguer ses soins à; [needs] pourvoir à.

ministerial [ˌmɪnɪ'stɪəriəl] *adj* ministériel(ielle).

minister of state *n* secrétaire *mf* d'État.

ministry ['mɪnɪstrɪ] (*pl* **-ies**) *n* **-1.** POL ministère *m*; **Ministry of Defence** ministère *m* de la Défense. **-2.** RELIG: **the** ~ le saint ministère.

mink [mɪŋk] (*pl inv*) *n* vison *m*.

mink coat *n* manteau *m* de vison.

Minnesota [ˌmɪnɪ'səʊtə] *n* Minnesota *m*; **in** ~ dans le Minnesota.

minnow ['mɪnəʊ] *n* vairon *m*.

minor ['maɪnər] ◇ *adj* [gen & MUS] mineur(e); [detail] petit(e); [role] secondaire. ◇ *n* mineur *m*, -e *f*.

minority [maɪ'nɒrətɪ] (*pl* **-ies**) *n* minorité *f*; **to be in a** OR **the** ~ être en minorité.

minority government *n* gouvernement *m* minoritaire.

minster ['mɪnstər] *n* cathédrale *f*.

minstrel ['mɪnstrəl] *n* ménestrel *m*.

mint [mɪnt] ◇ *n* **-1.** [herb] menthe *f*. **-2.** [sweet] bonbon *m* à la menthe. **-3.** [for coins]: **the Mint** l'hôtel de la Monnaie; **in** ~ **condition** en parfait état. ◇ *vt* [coins] battre.

mint sauce *n* sauce *f* à la menthe.

minuet [ˌmɪnjʊ'et] *n* menuet *m*.

minus ['maɪnəs] (*pl* **-es**) ◇ *prep* moins. ◇ *adj* [answer, quantity] négatif(ive). ◇ *n* **-1.** MATH signe *m* moins. **-2.** [disadvantage] handicap *m*.

minuscule ['mɪnəskjuːl] *adj* minuscule.

minus sign *n* signe *m* moins.

minute¹ ['mɪnɪt] *n* minute *f*; **at any** ~ à tout moment, d'une minute à l'autre; **at the last** ~ au dernier moment, à la dernière minute; **stop that this** ~! arrête tout de suite OR immédiatement!; **up to the** ~ [news] de dernière heure; [design] dernier cri (*inv*); **wait a** ~! attendez une minute OR un instant!

◆ **minutes** *npl* procès-verbal *m*, compte *m* rendu.

minute² [maɪ'njuːt] *adj* minuscule; **in** ~ **detail** par le menu.

minutiae [maɪ'njuːʃɪaɪ] *npl* menus détails *mpl*.

miracle ['mɪrəkl] *n* miracle *m*.

miraculous [mɪ'rækjʊləs] *adj* miraculeux(euse).

miraculously [mɪ'rækjʊləslɪ] *adv* miraculeusement, par miracle.

mirage [mɪ'rɑːʒ] *n* lit & fig mirage *m*.

mire [maɪər] *n* fange *f*, boue *f*.

mirror ['mɪrər] ◇ *n* miroir *m*, glace *f*. ◇ *vt* refléter.

mirror image *n* image *f* inversée.

mirth [mɜːθ] *n* hilarité *f*, gaieté *f*.

misadventure [ˌmɪsəd'ventʃər] *n*: **death by** ~ JUR mort *f* accidentelle.

misanthropist [mɪ'sænθrəpɪst] *n* misanthrope *mf*.

misapplication ['mɪsˌæplɪ'keɪʃn] *n* mauvaise application *f*, application erronée.

misapprehension ['mɪsˌæprɪ'henʃn] *n* idée *f* fausse.

misappropriate [ˌmɪsə'prəʊprɪeɪt] *vt* détourner.

misappropriation ['mɪsəˌprəʊprɪ'eɪʃn] *n* détournement *m*.

misbehave [ˌmɪsbɪ'heɪv] *vi* se conduire mal.

misbehaviour *Br*, **misbehavior** *Am* [ˌmɪsbɪ'heɪvjər] *n* mauvaise conduite *f*.

misc [mɪsk] *abbr of* **miscellaneous**.

miscalculate [ˌmɪs'kælkjʊleɪt] ◇ *vt* mal calculer. ◇ *vi* se tromper.

miscalculation [ˌmɪskælkjʊ'leɪʃn] *n* mauvais calcul *m*, erreur *f* de calcul.

miscarriage [ˌmɪs'kærɪdʒ] *n* MED fausse couche *f*; **to have a** ~ faire une fausse couche.

miscarriage of justice *n* erreur *f* judiciaire.

miscarry [ˌmɪs'kærɪ] (*pt* & *pp* **-ied**) *vi* **-1.** [woman] faire une fausse couche. **-2.** [plan] échouer.

miscellaneous [ˌmɪsə'leɪnjəs] *adj* varié(e), divers(e).

miscellany [*Br* mɪ'selənɪ *Am* 'mɪsəleɪnɪ] (*pl* **-ies**) *n* recueil *m*.

mischance [ˌmɪs'tʃɑːns] *n* malchance *f*; **by** ~ par malheur.

mischief ['mɪstʃɪf] *n* (*U*) -**1.** [playfulness] malice *f*, espièglerie *f*. -**2.** [naughty behaviour] sottises *fpl*, bêtises *fpl*. -**3.** [harm] dégât *m*.

mischievous ['mɪstʃɪvəs] *adj* -**1.** [playful] malicieux(ieuse). -**2.** [naughty] espiègle, coquin(e).

misconceived [,mɪskən'siːvd] *adj* [idea] mal conçu(e).

misconception [,mɪskən'sepʃn] *n* idée *f* fausse.

misconduct [,mɪs'kɒndʌkt] *n* inconduite *f*.

misconstrue [,mɪskən'struː] *vt fml* mal interpréter.

miscount [,mɪs'kaʊnt] *vt & vi* mal compter.

misdeed [,mɪs'diːd] *n* méfait *m*.

misdemeanour *Br*, **misdemeanor** *Am* [,mɪsdɪ'miːnəʳ] *n* JUR délit *m*.

misdirected [,mɪsdɪ'rektɪd] *adj* [letter] mal adressé(e); [efforts, energy] mal dirigé(e).

miser ['maɪzəʳ] *n* avare *mf*.

miserable ['mɪzrəbl] *adj* -**1.** [person] malheureux(euse), triste. -**2.** [conditions, life] misérable; [pay] dérisoire; [weather] maussade. -**3.** [failure] pitoyable, lamentable.

miserably ['mɪzrəblɪ] *adv* -**1.** [reply, cry] pitoyablement. -**2.** [live] misérablement. -**3.** [fail] pitoyablement, lamentablement.

miserly ['maɪzəlɪ] *adj* avare.

misery ['mɪzərɪ] (*pl* -**ies**) *n* -**1.** [of person] tristesse *f*. -**2.** [of conditions, life] misère *f*.

misfire [,mɪs'faɪəʳ] *vi* -**1.** [gun, plan] rater. -**2.** [car engine] avoir des ratés.

misfit ['mɪsfɪt] *n* inadapté *m*, -e *f*.

misfortune [mɪs'fɔːtʃuːn] *n* -**1.** [bad luck] malchance *f*. -**2.** [piece of bad luck] malheur *m*.

misgivings [mɪs'gɪvɪŋz] *npl* craintes *fpl*, doutes *mpl*.

misguided [,mɪs'gaɪdɪd] *adj* [person] malavisé(e); [attempt] malencontreux(euse); [opinion] peu judicieux(ieuse).

mishandle [,mɪs'hændl] *vt* -**1.** [person, animal] manier sans précaution. -**2.** [negotiations] mal mener; [business] mal gérer.

mishap ['mɪshæp] *n* mésaventure *f*; **without ~** sans encombre OR incident.

mishear [,mɪs'hɪəʳ] (*pt & pp* -**heard** [-'hɜːd]) *vt & vi* mal entendre.

mishmash ['mɪʃmæʃ] *n inf* méli-mélo *m*.

misinform [,mɪsɪn'fɔːm] *vt* mal renseigner, mal informer.

misinformation [,mɪsɪnfə'meɪʃn] *n* POL désinformation *f*.

misinterpret [,mɪsɪn'tɜːprɪt] *vt* mal interpréter.

misjudge [,mɪs'dʒʌdʒ] *vt* -**1.** [distance, time] mal évaluer. -**2.** [person, mood] méjuger, se méprendre sur.

misjudg(e)ment [,mɪs'dʒʌdʒmənt] *n*: **to make a ~** faire une erreur de jugement.

mislay [,mɪs'leɪ] (*pt & pp* -**laid** [-'leɪd]) *vt* égarer.

mislead [,mɪs'liːd] (*pt & pp* -**led**) *vt* induire en erreur.

misleading [,mɪs'liːdɪŋ] *adj* trompeur(euse).

misled [,mɪs'led] *pt & pp* → **mislead**.

mismanage [,mɪs'mænɪdʒ] *vt* mal gérer, mal administrer.

mismanagement [,mɪs'mænɪdʒmənt] *n* mauvaise gestion *f* OR administration *f*.

mismatch [,mɪs'mætʃ] *vt*: **to be ~ed** être mal assorti(e).

misnomer [,mɪs'nəʊməʳ] *n* nom *m* mal approprié.

misogynist [mɪ'sɒdʒɪnɪst] *n* misogyne *mf*.

misplace [,mɪs'pleɪs] *vt* égarer.

misplaced [,mɪs'pleɪst] *adj* mal placé(e), déplacé(e).

misprint ['mɪsprɪnt] *n* faute *f* d'impression.

mispronounce [,mɪsprə'naʊns] *vt* mal prononcer.

misquote [,mɪs'kwəʊt] *vt* citer de façon inexacte.

misread [,mɪs'riːd] (*pt & pp* -**read** [-'red]) *vt* -**1.** [read wrongly] mal lire. -**2.** [misinterpret] mal interpréter.

misrepresent ['mɪs,reprɪ'zent] *vt* dénaturer.

misrepresentation ['mɪs,reprɪzen'teɪʃn] *n* -**1.** (*U*) [wrong interpretation] mauvaise interprétation *f*. -**2.** [false account] déformation *f*.

misrule [,mɪs'ruːl] *n* mauvais gouvernement *m*, mauvaise administration *f*.

miss [mɪs] ◇ *vt* -**1.** [gen] rater, manquer. -**2.** [home, person]: **I ~ my family/her** ma famille/elle me manque. -**3.** [avoid, escape] échapper à; **I just ~ed being run over** j'ai failli me faire écraser. ◇ *vi* rater. ◇ *n*: **to give sthg a ~** *inf* ne pas aller à qqch.
◆ **miss out** ◇ *vt sep* [omit - by accident] oublier; [- deliberately] omettre. ◇ *vi*: **to ~ out on sthg** ne pas pouvoir profiter de qqch.

Miss [mɪs] *n* Mademoiselle *f*.

misshapen [,mɪs'ʃeɪpn] *adj* difforme.

missile [*Br* 'mɪsaɪl, *Am* 'mɪsəl] *n* -**1.** [weapon] missile *m*. -**2.** [thrown object] projectile *m*.

missile launcher [-,lɔːntʃəʳ] *n* lance-missiles *m inv*.

missing ['mɪsɪŋ] *adj* -1. [lost] perdu(e), égaré(e). -2. [not present] manquant(e), qui manque.

missing link *n* maillon *m* qui manque à la chaîne.

missing person *n* personne *f* disparue.

mission ['mɪʃn] *n* mission *f*.

missionary ['mɪʃənrɪ] (*pl* -ies) *n* missionnaire *mf*.

Mississippi [ˌmɪsɪ'sɪpɪ] -1. [river]: **the ~ (River)** le Mississippi. -2. [state] Mississippi *m*; **in ~** dans le Mississippi.

missive ['mɪsɪv] *n* missive *f*.

Missouri [mɪ'zʊərɪ] *n* Missouri *m*; **in ~** dans le Missouri.

misspell [ˌmɪs'spel] (*pt* & *pp* **-spelt** OR **-spelled**) *vt* mal orthographier.

misspelling [ˌmɪs'spelɪŋ] *n* faute *f* d'orthographe.

misspelt [ˌmɪs'spelt] *pt* & *pp* → misspell.

misspend [ˌmɪs'spend] (*pt* & *pp* **-spent** [-'spent]) *vt* gaspiller.

mist [mɪst] *n* brume *f*.

◆ **mist over**, **mist up** *vi* s'embuer.

mistake [mɪ'steɪk] (*pt* **-took**, *pp* **-taken**) ◇ *n* erreur *f*; **by ~** par erreur; **to make a ~** faire une erreur, se tromper. ◇ *vt* -1. [misunderstand - meaning] mal comprendre; [- intention] se méprendre sur. -2. [fail to recognize]: **to ~ sb/sthg for** prendre qqn/qqch pour, confondre qqn/qqch avec; **there's no mistaking ...** il est impossible de ne pas reconnaître ....

mistaken [mɪ'steɪkn] ◇ *pp* → mistake ◇ *adj* -1. [person]: **to be ~ (about)** se tromper (en ce qui concerne OR sur). -2. [belief, idea] erroné(e), faux (fausse).

mistaken identity *n*: **a case of ~** une erreur sur la personne.

mistakenly [mɪs'teɪknlɪ] *adv* par erreur.

mister ['mɪstər] *n inf* monsieur *m*.

◆ **Mister** *n* Monsieur *m*.

mistime [ˌmɪs'taɪm] *vt* [tackle, shot] mal calculer; [announcement] faire au mauvais moment.

mistletoe ['mɪsltəʊ] *n* gui *m*.

mistook [mɪ'stʊk] *pt* → mistake.

mistranslation [ˌmɪstræns'leɪʃn] *n* erreur *f* de traduction.

mistreat [ˌmɪs'triːt] *vt* maltraiter.

mistreatment [ˌmɪs'triːtmənt] *n* mauvais traitement *m*.

mistress ['mɪstrɪs] *n* maîtresse *f*.

mistrial ['mɪstraɪəl] *n* [in UK] erreur *f* judiciaire; [in US] procès annulé par manque d'unanimité parmi les jurés.

mistrust [ˌmɪs'trʌst] ◇ *n* méfiance *f*. ◇ *vt* se méfier de.

mistrustful [ˌmɪs'trʌstful] *adj*: **~ (of)** méfiant(e) (à l'égard de).

misty ['mɪstɪ] (*compar* -ier, *superl* -iest) *adj* brumeux(euse).

misunderstand [ˌmɪsʌndə'stænd] (*pt* & *pp* -stood) *vt* & *vi* mal comprendre.

misunderstanding [ˌmɪsʌndə'stændɪŋ] *n* malentendu *m*.

misunderstood [ˌmɪsʌndə'stʊd] *pt* & *pp* → misunderstand.

misuse [*n* ˌmɪs'juːs, *vb* ˌmɪs'juːz] ◇ *n* -1. [of one's time, resources] mauvais emploi *m*. -2. [of power] abus *m*; [of funds] détournement *m*. ◇ *vt* -1. [one's time, resources] mal employer. -2. [power] abuser de; [funds] détourner.

MIT (*abbr of* **Massachusetts Institute of Technology**) *n* l'institut de technologie du Massachusetts.

mite [maɪt] *n* -1. [insect] mite *f*. -2. *inf* [small amount]: **a ~** un brin, un tantinet. -3. [small child] petit *m*, -e *f*.

miter *Am* = mitre.

mitigate ['mɪtɪɡeɪt] *vt* atténuer, mitiger.

mitigating ['mɪtɪɡeɪtɪŋ] *adj*: **~ circumstances** circonstances *fpl* atténuantes.

mitigation [ˌmɪtɪ'ɡeɪʃn] *n* atténuation *f*.

mitre *Br*, **miter** *Am* ['maɪtər] *n* -1. [hat] mitre *f*. -2. [joint] onglet *m*.

mitt [mɪt] *n* -1. = mitten. -2. [in baseball] gant *m*.

mitten ['mɪtn] *n* moufle *f*.

mix [mɪks] ◇ *vt* -1. [gen] mélanger. -2. [activities]: **to ~ sthg with sthg** combiner OR associer qqch et qqch. -3. [drink] préparer; [cement] malaxer. ◇ *vi* -1. [gen] se mélanger. -2. [socially]: **to ~ with** fréquenter. ◇ *n* -1. [gen] mélange *m*. -2. MUS mixage *m*.

◆ **mix up** *vt sep* -1. [confuse] confondre. -2. [disorganize] mélanger.

mixed [mɪkst] *adj* -1. [assorted] assortis(es); **to have ~ feelings** être partagé(e). -2. [education] mixte.

mixed-ability *adj Br* [class] tous niveaux confondus.

mixed blessing *n* quelque chose qui a du bon et du mauvais.

mixed doubles *n* double *m* mixte.

mixed economy *n* économie *f* mixte.

mixed grill *n* assortiment *m* de grillades.

mixed marriage *n* mariage *m* mixte.

mixed up *adj* **-1.** [confused - person] qui ne sait plus où il en est, paumé(e); [- mind] embrouillé(e). **-2.** [involved]: **to be ~ in sthg** être mêlé(e) à qqch.

mixer ['mɪksə'] *n* [for food] mixer *m*.

mixer tap *n Br* (robinet *m*) mélangeur *m*.

mixing bowl ['mɪksɪŋ-] *n* grand bol *m* de cuisine.

mixture ['mɪkstʃə'] *n* **-1.** [gen] mélange *m*. **-2.** MED préparation *f*.

mix-up *n inf* confusion *f*.

mk, MK *abbr of* **mark**.

mkt *abbr of* **market**.

MLitt [em'lɪt] (*abbr of* **Master of Literature**, **Master of Letters**) *n* (*titulaire d'une*) *maîtrise de lettres*.

MLR *abbr of* **minimum lending rate**.

mm (*abbr of* **millimetre**) mm.

MN ◇ *n abbr of* **Merchant Navy**. ◇ *abbr of* **Minnesota**.

mnemonic [nɪ'mɒnɪk] *n* mnémotechnique *f*.

m.o. *abbr of* **money order**.

MO ◇ *n abbr of* **medical officer**. ◇ *abbr of* **Missouri**.

moan [məʊn] ◇ *n* **-1.** [of pain, sadness] gémissement *m*. **-2.** *inf* [complaint] plainte *f*. ◇ *vi* **-1.** [in pain, sadness] gémir. **-2.** *inf* [complain]: **to ~ (about)** rouspéter OR râler (à propos de).

moaning ['məʊnɪŋ] *n* (*U*) [complaining] plaintes *fpl*, jérémiades *fpl*.

moat [məʊt] *n* douves *fpl*.

mob [mɒb] (*pt & pp* **-bed**, *cont* **-bing**) ◇ *n* foule *f*. ◇ *vt* assaillir.

mobile ['məʊbaɪl] ◇ *adj* **-1.** [gen] mobile. **-2.** [able to travel] motorisé(e). ◇ *n* mobile *m*.

mobile home *n* auto-caravane *f*.

mobile library *n* bibliobus *m*.

mobile phone *n* téléphone *m* portatif.

mobile shop *n* marchand *m* ambulant.

mobility [mə'bɪlətɪ] *n* mobilité *f*.

mobility allowance *n Br* allocation *f* de transport.

mobilization [,məʊbɪlaɪ'zeɪʃn] *n* mobilisation *f*.

mobilize, -ise ['məʊbɪlaɪz] *vt & vi* mobiliser.

moccasin ['mɒkəsɪn] *n* mocassin *m*.

mock [mɒk] ◇ *adj* faux (fausse); **~ exam** examen blanc. ◇ *vt* se moquer de. ◇ *vi* se moquer.

mockery ['mɒkərɪ] *n* moquerie *f*; **to make a ~ of sthg** tourner qqch en dérision.

mocking ['mɒkɪŋ] *adj* moqueur(euse).

mockingbird ['mɒkɪŋbɜːd] *n* moqueur *m*.

mock-up *n* maquette *f*.

mod [mɒd] *n en Angleterre, membre d'un groupe de jeunes des années 60 qui s'opposaient aux rockers.*

MoD *n abbr of* **Ministry of Defence**.

mod cons (*abbr of* **modern conveniences**) *npl Br inf*: **all ~** tout confort, tt. conf.

mode [məʊd] *n* mode *m*.

model ['mɒdl] (*Br pt & pp* **-led**, *cont* **-ling**, *Am pt & pp* **-ed**, *cont* **-ing**) ◇ *n* **-1.** [gen] modèle *m*. **-2.** [fashion model] mannequin *m*. ◇ *adj* **-1.** [perfect] modèle. **-2.** [reduced-scale] (en) modèle réduit. ◇ *vt* **-1.** [clay] modeler. **-2.** [clothes]: **to ~ a dress** présenter un modèle de robe. **-3.** [copy]: **to ~ o.s. on sb** prendre modèle OR exemple sur qqn, se modeler sur qqn. ◇ *vi* être mannequin.

modem ['məʊdem] *n* COMPUT modem *m*.

moderate [*adj & n* 'mɒdərət, *vb* 'mɒdəreɪt] ◇ *adj* modéré(e). ◇ *n* POL modéré *m*, -e *f*. ◇ *vt* modérer. ◇ *vi* se modérer.

moderately ['mɒdərətlɪ] *adv* [not very] pas très, plus ou moins.

moderation [,mɒdə'reɪʃn] *n* modération *f*; **in ~** avec modération.

moderator ['mɒdəreɪtə'] *n* [of exam] examinateur *m*, -trice *f*.

modern ['mɒdən] *adj* moderne.

modern-day *adj* moderne, d'aujourd'hui.

modernism ['mɒdənɪzm] *n* modernisme *m*.

modernization [,mɒdənaɪ'zeɪʃn] *n* modernisation *f*.

modernize, -ise ['mɒdənaɪz] ◇ *vt* moderniser. ◇ *vi* se moderniser.

modern languages *npl* langues *fpl* vivantes.

modest ['mɒdɪst] *adj* modeste.

modestly ['mɒdɪstlɪ] *adv* modestement.

modesty ['mɒdɪstɪ] *n* modestie *f*.

modicum ['mɒdɪkəm] *n* minimum *m*.

modification [,mɒdɪfɪ'keɪʃn] *n* modification *f*.

modify ['mɒdɪfaɪ] (*pt & pp* **-ied**) *vt* modifier.

modular ['mɒdjʊlə'] *adj* modulaire.

modulated ['mɒdjʊleɪtɪd] *adj* modulé(e).

modulation [,mɒdjʊ'leɪʃn] *n* modulation *f*.

module ['mɒdjuːl] *n* module *m*.

Mogadishu [,mɒgə'dɪʃuː] *n* Mogadishu.

moggy ['mɒgɪ] (*pl* **-ies**) *n Br inf* minou *m*.

mogul ['məʊgl] *n fig* magnat *m*.

MOH (*abbr of* **Medical Officer of Health**) *n en Grande-Bretagne, direction de la santé publique.*

mohair ['məʊheəʳ] ◇ *n* mohair *m.* ◇ *comp* en mohair.

Mohammedan [mə'hæmɪdn] ◇ *adj* mahométan(e), musulman(e). ◇ *n* Mahométan *m*, -e *f.*

Mohican [məʊ'hiːkən,'məʊɪkən] *n* Mohican *m.*

moist [mɔɪst] *adj* [soil, climate] humide; [cake] moelleux(euse).

moisten ['mɔɪsn] *vt* humecter.

moisture ['mɔɪstʃəʳ] *n* humidité *f.*

moisturize, -ise ['mɔɪstʃəraɪz] *vt* hydrater.

moisturizer ['mɔɪstʃəraɪzəʳ] *n* crème *f* hydratante, lait *m* hydratant.

molar ['məʊləʳ] *n* molaire *f.*

molasses [mə'læsɪz] *n* (U) mélasse *f.*

mold *etc Am* = **mould**.

Moldavia [mɒl'deɪvjə] *n* Moldavie *f*; **in ~** en Moldavie.

mole [məʊl] *n* **-1.** [animal, spy] taupe *f*. **-2.** [on skin] grain *m* de beauté.

molecular [mə'lekjʊləʳ] *adj* moléculaire.

molecule ['mɒlɪkjuːl] *n* molécule *f.*

molehill ['məʊlhɪl] *n* taupinière *f.*

molest [mə'lest] *vt* **-1.** [attack sexually] attenter à la pudeur de. **-2.** [attack] molester.

molester [mə'lestəʳ] *n*: **child ~** *personne qui est coupable d'attentat à la pudeur sur des enfants.*

mollify ['mɒlɪfaɪ] (*pt* & *pp* **-ied**) *vt* apaiser, calmer.

mollusc, mollusk *Am* ['mɒləsk] *n* mollusque *m.*

mollycoddle ['mɒlɪ,kɒdl] *vt inf* chouchouter.

Molotov cocktail ['mɒlətɒf-] *n* cocktail *m* Molotov.

molt *Am* = **moult**.

molten ['məʊltn] *adj* en fusion.

mom [mɒm] *n Am inf* maman *f.*

moment ['məʊmənt] *n* moment *m*, instant *m*; **to choose the right ~** choisir son moment; **~ of truth** minute *f* de vérité; **at any ~** d'un moment à l'autre; **at the ~** en ce moment; **at the last ~** au dernier moment; **for the ~** pour le moment; **for one ~** pendant un instant.

momentarily ['məʊməntərɪlɪ] *adv* **-1.** [for a short time] momentanément. **-2.** *Am* [soon] très bientôt.

momentary ['məʊməntrɪ] *adj* momentané(e), passager(ère).

momentous [mə'mentəs] *adj* capital(e), très important(e).

momentum [mə'mentəm] *n* (U) **-1.** PHYSICS moment *m*. **-2.** *fig* [speed, force] vitesse *f*; **to gather ~** prendre de la vitesse.

momma ['mɒmə], **mommy** ['mɒmɪ] *n Am* maman *f.*

Mon. (*abbr of* **Monday**) lun.

Monaco ['mɒnəkəʊ] *n* Monaco.

monarch ['mɒnək] *n* monarque *m.*

monarchist ['mɒnəkɪst] *n* monarchiste *mf.*

monarchy ['mɒnəkɪ] (*pl* **-ies**) *n* monarchie *f.*

monastery ['mɒnəstrɪ] (*pl* **-ies**) *n* monastère *m.*

monastic [mə'næstɪk] *adj* monastique.

Monday ['mʌndɪ] *n* lundi *m; see also* **Saturday.**

monetarism ['mʌnɪtərɪzm] *n* monétarisme *m.*

monetarist ['mʌnɪtərɪst] *n* monétariste *mf.*

monetary ['mʌnɪtrɪ] *adj* monétaire.

money ['mʌnɪ] *n* argent *m*; **to make ~** gagner de l'argent; **to get one's ~'s worth** en avoir pour son argent.

moneybox ['mʌnɪbɒks] *n* tirelire *f.*

moneyed ['mʌnɪd] *adj* riche, cossu(e).

moneylender ['mʌnɪ,lendəʳ] *n* prêteur *m*, -euse *f* sur gages.

moneymaker ['mʌnɪ,meɪkəʳ] *n* affaire *f* lucrative.

moneymaking ['mʌnɪ,meɪkɪŋ] *adj* lucratif(ive).

money market *n* marché *m* monétaire.

money order *n* mandat *m* postal.

money-spinner *n inf* mine *f* d'or.

money supply *n* masse *f* monétaire.

mongol ['mɒŋgəl] *dated* & *offensive* ◇ *adj* mongolien(ienne). ◇ *n* mongolien *m*, -ienne *f.*

◆ **Mongol** = **Mongolian**.

Mongolia [mɒŋ'gəʊlɪə] *n* Mongolie *f*; **in ~** en Mongolie.

Mongolian [mɒŋ'gəʊlɪən] ◇ *adj* mongol(e). ◇ *n* **-1.** [person] Mongol *m*, -e *f*. **-2.** [language] mongol *m.*

mongoose ['mɒŋguːs] (*pl* **-s**) *n* mangouste *f.*

mongrel ['mʌŋgrəl] *n* [dog] bâtard *m.*

monitor ['mɒnɪtəʳ] ◇ *n* COMPUT, MED & TV moniteur *m*. ◇ *vt* **-1.** [check] contrôler, suivre de près. **-2.** [broadcasts, messages] être à l'écoute de.

monk [mʌŋk] *n* moine *m.*

monkey ['mʌŋkɪ] (*pl* **monkeys**) *n* singe *m.*

monkey nut *n* cacahuète *f.*

monkey wrench *n* clef *f* à molette.

mono ['mɒnəʊ] ◇ *adj* mono (*inv*). ◇ *n* **-1.** [sound] monophonie *f*. **-2.** *Am inf* [glandular fever] mononucléose *f* (infectieuse).

monochrome ['mɒnəkrəʊm] *adj* monochrome.

monocle ['mɒnəkl] *n* monocle *m*.

monogamous [mɒ'nɒgəməs] *adj* monogame.

monogamy [mɒ'nɒgəmɪ] *n* monogamie *f*.

monogrammed ['mɒnəgræmd] *adj* marqué(é) d'un monogramme.

monolingual [,mɒnə'lɪŋgwəl] *adj* monolingue.

monolithic [,mɒnə'lɪθɪk] *adj* monolithique.

monologue, monolog *Am* ['mɒnəlɒg] *n* monologue *m*.

mononucleosis ['mɒnəʊ,njuːklɪ'əʊsɪs] *n Am* mononucléose *f* (infectieuse).

monoplane ['mɒnəpleɪn] *n* monoplan *m*.

monopolize, -ise [mə'nɒpəlaɪz] *vt* monopoliser.

monopoly [mə'nɒpəlɪ] (*pl* -ies) *n*: ~ (on OR of) monopole *m* (de); **the Monopolies and Mergers Commission** *Br organisme chargé de contrôler le fusionnement des entreprises.*

monorail ['mɒnəreɪl] *n* monorail *m*.

monosodium glutamate [,mɒnə'səʊdjəm-'gluːtəmeɪt] *n* glutamate *m* (de sodium).

monosyllabic ['mɒnəsɪ'læbɪk] *adj* monosyllabique.

monosyllable ['mɒnə,sɪləbl] *n* monosyllabe *m*.

monotone ['mɒnətəʊn] *n* ton *m* monocorde.

monotonous [mə'nɒtənəs] *adj* monotone.

monotonously [mə'nɒtənəslɪ] *adv* de façon monotone.

monotony [mə'nɒtənɪ] *n* monotonie *f*.

monoxide [mɒ'nɒksaɪd] *n* monoxyde *m*.

Monrovia [mən'rəʊvɪə] *n* Monrovia.

Monsignor [,mɒn'siːnjə] *n* monsignor *m*.

monsoon [mɒn'suːn] *n* mousson *f*.

monster ['mɒnstə] ◇ *n* **-1.** [creature, cruel person] monstre *m*. **-2.** [huge thing, person] colosse *m*. ◇ *adj* géant(e), monstre.

monstrosity [mɒn'strɒsətɪ] (*pl* -ies) *n* monstruosité *f*.

monstrous ['mɒnstrəs] *adj* monstrueux(euse).

montage ['mɒntɑːʒ] *n* montage *m*.

Montana [mɒn'tænə] *n* Montana *m*; **in ~** dans le Montana.

Mont Blanc [,mɔ̃'blɑ̃] *n* le mont Blanc.

Montenegro [,mɒntɪ'niːgrəʊ] *n* Monténégro *m*.

Montevideo [,mɒntɪvɪ'deɪəʊ] *n* Montevideo.

month [mʌnθ] *n* mois *m*.

monthly ['mʌnθlɪ] (*pl* -ies) ◇ *adj* mensuel(elle). ◇ *adv* mensuellement. ◇ *n* [publication] mensuel *m*.

Montreal [,mɒntrɪ'ɔːl] *n* Montréal.

monument ['mɒnjumənt] *n* monument *m*.

monumental [,mɒnju'mentl] *adj* monumental(e).

moo [muː] (*pl* -s) ◇ *n* meuglement *m*, beuglement *m*. ◇ *vi* meugler, beugler.

mooch [muːtʃ]
◆ **mooch about, mooch around** *vi inf* traîner.

mood [muːd] *n* humeur *f*; **in a (bad) ~ de** mauvaise humeur; **in a good ~ de** bonne humeur.

moody ['muːdɪ] (*compar* -ier, *superl* -iest) *adj pej* **-1.** [changeable] lunatique. **-2.** [bad-tempered] de mauvaise humeur, mal luné(e).

moon [muːn] *n* lune *f*; **to be over the ~** *inf* être aux anges.

moonbeam ['muːnbiːm] *n* rayon *m* de lune.

moonlight ['muːnlaɪt] (*pt* & *pp* -ed) ◇ *n* clair *m* de lune. ◇ *vi* travailler au noir.

moonlighting ['muːnlaɪtɪŋ] *n* (*U*) travail *m* (au) noir.

moonlit ['muːnlɪt] *adj* [countryside] éclairé(e) par la lune; [night] de lune.

moonscape ['muːnskeɪp] *n* paysage *m* lunaire.

moon shot *n* tir *m* lunaire.

moonstone ['muːnstəʊn] *n* pierre *f* de lune.

moonstruck ['muːnstrʌk] *adj inf* fêlé(e).

moony ['muːnɪ] (*compar* -ier, *superl* -iest) *adj Br inf* rêveur(euse).

moor [mɔː] ◇ *n* lande *f*. ◇ *vt* amarrer. ◇ *vi* mouiller.

Moor [mɔː] *n* Maure *m*, Mauresque *f*.

moorings ['mɔːrɪŋz] *npl* [ropes, chains] amarres *fpl*; [place] mouillage *m*.

Moorish ['mɔːrɪʃ] *adj* mauresque.

moorland ['mɔːlənd] *n* lande *f*.

moose [muːs] (*pl inv*) *n* [North American] orignal *m*.

moot [muːt] *vt* [question] soulever.

moot point *n* point *m* discutable.

mop [mɒp] (*pt* & *pp* -ped, *cont* -ping) ◇ *n* **-1.** [for cleaning] balai *m* à laver. **-2.** *inf* [hair] tignasse *f*. ◇ *vt* **-1.** [floor] laver. **-2.** [sweat] essuyer; **to ~ one's face** s'essuyer le visage.
◆ **mop up** *vt sep* [clean up] éponger.

mope [məʊp] *vi* broyer du noir.
◆ **mope about, mope around** *vi* traîner.

moped ['məʊped] *n* vélomoteur *m*.

moral ['mɒrəl] ◇ *adj* moral(e); ~ **support** soutien *m* moral. ◇ *n* [lesson] morale *f*.
◆ **morals** *npl* moralité *f*.

morale [mə'rɑːl] *n* (*U*) moral *m*.

moralistic [ˌmɒrə'lɪstɪk] *adj pej* moralisateur(trice).

morality [mə'rælətɪ] (*pl* **-ies**) *n* moralité *f*.

moralize, -ise ['mɒrəlaɪz] *vi pej*: **to ~ (about** OR **on)** moraliser (sur).

morally ['mɒrəlɪ] *adv* moralement.

Moral Majority *n groupe de pression américain ultra-conservateur lié aux églises fondamentalistes.*

morass [mə'ræs] *n fig* [of detail, paperwork] fatras *m*.

moratorium [ˌmɒrə'tɔːrɪəm] (*pl* **-ria** [-rɪə]) *n* moratoire *m*.

morbid ['mɔːbɪd] *adj* morbide.

more [mɔːr] ◇ *adv* **-1.** (*with adjectives and adverbs*) plus; ~ **important (than)** plus important (que); ~ **often/quickly (than)** plus souvent/rapidement (que). **-2.** [to a greater degree] plus, davantage; **she's ~ like a mother to me than a sister** elle est davantage une mère qu'une sœur pour moi; **we were ~ hurt than angry** nous étions plus offensés que fâchés, nous étions offensés plutôt que fâchés. **-3.** [another time]: **once/twice ~** une fois/deux fois de plus, encore une fois/deux fois.
◇ *adj* **-1.** [larger number, amount of] plus de, davantage de; **there are ~ trains in the morning** il y a plus de trains le matin; ~ **than 70 people died** plus de 70 personnes ont péri. **-2.** [an extra amount of] encore (de); **have some ~ tea** prends encore du thé; **I finished two ~ chapters today** j'ai fini deux autres OR encore deux chapitres aujourd'hui; **we need ~ money/time** il nous faut plus d'argent/de temps, il nous faut davantage d'argent/de temps.
◇ *pron* plus, davantage; ~ **than five** plus de cinq; **he's got ~ than I have** il en a plus que moi; **there's ~ if you want it** il y en a encore si vous en voulez; **there's no ~ (left)** il n'y en a plus, il n'en reste plus; **what ~ do you want?** qu'est-ce que tu veux de plus?; **(and) what's ~** de plus, qui plus est.
◆ **any more** *adv*: **not ... any ~** ne ... plus.
◆ **more and more** ◇ *adv & pron* de plus en plus; ~ **and ~ depressed** de plus en plus déprimé. ◇ *adj* de plus en plus de; **there are ~ and ~ cars on the roads** il y a de plus en plus de voitures sur les routes.
◆ **more or less** *adv* **-1.** [almost] plus ou moins. **-2.** [approximately] environ, à peu près.

moreover [mɔː'rəʊvər] *adv* de plus.

morgue [mɔːg] *n* morgue *f*.

MORI ['mɒrɪ] (*abbr of* **Market & Opinion Research Institute**) *n institut de sondage.*

moribund ['mɒrɪbʌnd] *adj* moribond(e).

Mormon ['mɔːmən] *n* mormon *m*, -e *f*.

morning ['mɔːnɪŋ] *n* matin *m*; [duration] matinée *f*; **I work in the ~** je travaille le matin; **I'll do it tomorrow ~** OR **in the ~** je le ferai demain.
◆ **mornings** *adv Am* le matin.

morning-after pill *n* pilule *f* du lendemain.

morning dress *n* habit *m*, frac *m*.

morning sickness *n* (*U*) nausées *fpl* (matinales).

Moroccan [mə'rɒkən] ◇ *adj* marocain(e). ◇ *n* Marocain *m*, -e *f*.

Morocco [mə'rɒkəʊ] *n* Maroc *m*; **in ~** au Maroc.

moron ['mɔːrɒn] *n inf* idiot *m*, -e *f*, crétin *m*, -e *f*.

moronic [mə'rɒnɪk] *adj* idiot(e), crétin(e).

morose [mə'rəʊs] *adj* morose.

morphine ['mɔːfiːn] *n* morphine *f*.

morris dancing ['mɒrɪs-] *n* (*U*) *danse folklorique anglaise.*

Morse (code) [mɔːs-] *n* morse *m*.

morsel ['mɔːsl] *n* bout *m*, morceau *m*.

mortal ['mɔːtl] ◇ *adj* mortel(elle). ◇ *n* mortel *m*, -elle *f*.

mortality [mɔː'tælətɪ] *n* mortalité *f*.

mortality rate *n* taux *m* de mortalité.

mortally ['mɔːtəlɪ] *adv* mortellement.

mortar ['mɔːtər] *n* mortier *m*.

mortarboard ['mɔːtəbɔːd] *n* mortier *m* (*chapeau*).

mortgage ['mɔːgɪdʒ] ◇ *n* emprunt-logement *m*. ◇ *vt* hypothéquer.

mortgagee [ˌmɔːgɪ'dʒiː] *n* créancier *m*, -ière *f* hypothécaire.

mortgagor [ˌmɔːgɪ'dʒɔːr] *n* débiteur *m*, -trice *f* hypothécaire.

mortician [mɔː'tɪʃn] *n Am* entrepreneur *m* de pompes funèbres.

mortified ['mɔːtɪfaɪd] *adj* mortifié(e).

mortise lock ['mɔːtɪs-] *n* serrure *f* encastrée.

mortuary ['mɔːtʃʊərɪ] (*pl* **-ies**) *n* morgue *f*.

mosaic [mə'zeɪɪk] *n* mosaïque *f*.

Moscow ['mɒskəʊ] *n* Moscou.

Moslem ['mɒzləm] = **Muslim**.

mosque [mɒsk] *n* mosquée *f*.

mosquito [məs'kiːtəʊ] (*pl* **-es** OR **-s**) *n* moustique *m*.

mosquito net *n* moustiquaire *f*.

moss [mɒs] *n* mousse *f*.

mossy ['mɒsɪ] (*compar* **-ier**, *superl* **-iest**) *adj* moussu(e), couvert(e) de mousse.

most [məʊst] (*superl of* **many**) ◇ *adj* **-1.** [the majority of] la plupart de; ~ **tourists here are German** la plupart des touristes ici sont allemands. **-2.** [largest amount of]: **(the)** ~ le plus de; **she's got (the)** ~ **money/sweets** c'est elle qui a le plus d'argent/de bonbons. ◇ *pron* **-1.** [the majority] la plupart; ~ **of the tourists here are German** la plupart des touristes ici sont allemands; ~ **of them** la plupart d'entre eux. **-2.** [largest amount]: **(the)** ~ le plus; **at** ~ au maximum, tout au plus. **-3.** *phr*: **to make the** ~ **of sthg** profiter de qqch au maximum. ◇ *adv* **-1.** [to greatest extent]: **(the)** ~ le plus. **-2.** *fml* [very] très, fort. **-3.** *Am* [almost] presque.

mostly ['məʊstlɪ] *adv* principalement, surtout.

MOT ◇ *n* (*abbr of* **Ministry of Transport (test)**) *contrôle technique annuel obligatoire pour les véhicules de plus de trois ans.* ◇ *vt*: **to have one's car** ~'d soumettre sa voiture au contrôle technique.

motel [məʊ'tel] *n* motel *m*.

moth [mɒθ] *n* papillon *m* de nuit; [in clothes] mite *f*.

mothball ['mɒθbɔːl] *n* boule *f* de naphtaline.

moth-eaten *adj* mité(e).

mother ['mʌðəʳ] ◇ *n* mère *f*. ◇ *vt* [child] materner, dorloter.

motherboard ['mʌðəbɔːd] *n* COMPUT carte *f* mère.

motherhood ['mʌðəhʊd] *n* maternité *f*.

Mothering Sunday ['mʌðərɪŋ-] *n* fête *f* des Mères.

mother-in-law (*pl* **mothers-in-law** OR **mother-in-laws**) *n* belle-mère *f*.

motherland ['mʌðəlænd] *n* mère patrie *f*.

motherless ['mʌðəlɪs] *adj* orphelin(e) de mère.

motherly ['mʌðəlɪ] *adj* maternel(elle).

Mother Nature *n* la nature.

mother-of-pearl ◇ *n* nacre *f*. ◇ *comp* de nacre.

Mother's day *n* fête *f* des Mères.

mother ship *n* ravitailleur *m*.

mother superior *n* mère *f* supérieure.

mother-to-be (*pl* **mothers-to-be**) *n* future maman *f*.

mother tongue *n* langue *f* maternelle.

motif [məʊ'tiːf] *n* motif *m*.

motion ['məʊʃn] ◇ *n* **-1.** [gen] mouvement *m*; **to set sthg in** ~ mettre qqch en branle; **to go through the** ~**s** [act insincerely] faire semblant de faire quelque chose. **-2.** [in debate] motion *f*. ◇ *vt*: **to** ~ **sb to do sthg** faire signe à qqn de faire qqch. ◇ *vi*: **to** ~ **to sb** faire signe à qqn.

motionless ['məʊʃənlɪs] *adj* immobile.

motion picture *n Am* film *m*.

motivate ['məʊtɪveɪt] *vt* **-1.** [act, decision] motiver. **-2.** [student, workforce]: **to** ~ **sb (to do sthg)** pousser qqn (à faire qqch).

motivated ['məʊtɪveɪtɪd] *adj* motivé(e).

motivation [,məʊtɪ'veɪʃn] *n* motivation *f*.

motive ['məʊtɪv] *n* motif *m*.

motley ['mɒtlɪ] *adj pej* hétéroclite.

motocross ['məʊtəkrɒs] *n* motocross *m*.

motor ['məʊtəʳ] ◇ *adj Br* automobile. ◇ *n* [engine] moteur *m*. ◇ *vi dated* aller en automobile.

Motorail® ['məʊtəreɪl] *n Br* train *m* auto-couchette OR autos-couchettes.

motorbike ['məʊtəbaɪk] *n inf* moto *f*.

motorboat ['məʊtəbəʊt] *n* canot *m* automobile.

motorcade ['məʊtəkeɪd] *n* cortège *m* de voitures.

motorcar ['məʊtəkɑːʳ] *n Br* automobile *f*, voiture *f*.

motorcycle ['məʊtə,saɪkl] *n* moto *f*.

motorcyclist ['məʊtə,saɪklɪst] *n* motocycliste *mf*.

motoring ['məʊtərɪŋ] ◇ *adj Br* [magazine, correspondent] automobile; **a** ~ **offence** une infraction au code de la route. ◇ *n* tourisme *m* automobile.

motorist ['məʊtərɪst] *n* automobiliste *mf*.

motorize, -ise ['məʊtəraɪz] *vt* motoriser.

motor lodge *n Am* motel *m*.

motor racing *n* (*U*) course *f* automobile.

motor scooter *n* scooter *m*.

motor vehicle *n* véhicule *m* automobile.

motorway ['məʊtəweɪ] *Br* ◇ *n* autoroute *f*. ◇ *comp* d'autoroute.

mottled ['mɒtld] *adj* [leaf] tacheté(e); [skin] marbré(e).

motto ['mɒtəʊ] (*pl* **-s** OR **-es**) *n* devise *f*.

mould, mold *Am* [məʊld] ◇ *n* **-1.** [growth] moisissure *f*. **-2.** [shape] moule *m*. ◇ *vt* **-1.**

[shape] **mouler, modeler. -2.** *fig* [influence] **former, façonner.**

moulding, molding *Am* ['məʊldɪŋ] *n* **-1.** [decoration] **moulure** *f.* **-2.** [moulded object] **moulage** *m.*

mouldy, moldy *Am* ['məʊldɪ] *(compar* **-ier,** *superl* **-iest)** *adj* **moisi(e).**

moult, molt *Am* [məʊlt] ◇ *vt* **perdre.** ◇ *vi* **muer.**

mound [maʊnd] *n* **-1.** [small hill] **tertre** *m,* **butte** *f.* **-2.** [pile] **tas** *m,* **monceau** *m.*

mount [maʊnt] ◇ *n* **-1.** [support - for jewel] **monture** *f;* [- for photograph] **carton** *m* **de montage;** [- for machine] **support** *m.* **-2.** [horse] **monture** *f.* **-3.** [mountain] **mont** *m.* ◇ *vt* **monter; to ~ a horse monter sur un cheval; to ~ a bike monter sur** OR **enfourcher un vélo; to ~ guard over monter la garde auprès de.** ◇ *vi* **-1.** [increase] **monter, augmenter. -2.** [on horse] **se mettre en selle.**

mountain ['maʊntɪn] *n lit & fig* **montagne** *f;* **don't make a ~ out of a mohehill n'en fais pas une montagne.**

mountain bike *n* VTT *m.*

mountaineer [,maʊntɪ'nɪə'] *n* **alpiniste** *mf.*

mountaineering [,maʊntɪ'nɪərɪŋ] *n* **alpinisme** *m.*

mountainous ['maʊntɪnəs] *adj* [region] **montagneux(euse).**

mountain range *n* **chaîne** *f* **de montagnes.**

mountain rescue *n* **secours** *m* **en montagne.**

mounted ['maʊntɪd] *adj* **monté(e), à cheval.**

mounted police *n:* **the ~ la police montée.**

Mountie ['maʊntɪ] *n inf membre de la police montée canadienne.*

mourn [mɔːn] ◇ *vt* **pleurer.** ◇ *vi:* **to ~ (for sb) pleurer (qqn).**

mourner ['mɔːnə'] *n* [related] **parent** *m* **du défunt;** [unrelated] **ami** *m,* **-e** *f* **du défunt.**

mournful ['mɔːnfʊl] *adj* [face] **triste;** [sound] **lugubre.**

mourning ['mɔːnɪŋ] *n* **deuil** *m;* **in ~ en deuil.**

mouse [maʊs] *(pl* **mice)** *n* COMPUT & ZOOL **souris** *f.*

mouse mat *n* COMPUT **tapis** *m* **de souris.**

mousetrap ['maʊstræp] *n* **souricière** *f.*

moussaka [muːˈsɑːkə] *n* **moussaka** *f.*

mousse [muːs] *n* **mousse** *f.*

moustache *Br* [məˈstɑːʃ], **mustache** *Am* ['mʌstæʃ] *n* **moustache** *f.*

mouth [*n* maʊθ, *vt* maʊð] ◇ *n* **-1.** [of person, animal] **bouche** *f;* [of dog, cat, lion] **gueule** *f;* **to keep one's ~ shut** *inf* **se taire. -2.** [of cave] **entrée** *f;* [of river] **embouchure** *f.* ◇ *vt* [words] **former silencieusement (avec la bouche).**

mouthful ['maʊθfʊl] *n* **-1.** [of food] **bouchée** *f;* [of drink] **gorgée** *f.* **-2.** *inf* [difficult name] **nom** *m* **à coucher dehors.**

mouthorgan ['maʊθˌɔːgən] *n* **harmonica** *m.*

mouthpiece ['maʊθpiːs] *n* **-1.** [of telephone] **microphone** *m;* [of musical instrument] **bec** *m.* **-2.** [spokesperson] **porte-parole** *m inv.*

mouth-to-mouth *adj:* **~ resuscitation bouche-à-bouche** *m inv.*

mouthwash ['maʊθwɒʃ] *n* **eau** *f* **dentifrice.**

mouth-watering [-ˌwɔːtərɪŋ] *adj* **alléchant(e).**

movable ['muːvəbl] *adj* **mobile.**

move [muːv] ◇ *n* **-1.** [movement] **mouvement** *m;* **to be on the ~ [person] être en déplacement;** [troops] **être en marche; to get a ~ on** *inf* **se remuer, se grouiller. -2.** [change - of house] **déménagement** *m;* [- of job] **changement** *m* **d'emploi. -3.** [in game - action] **coup** *m;* [- turn to play] **tour** *m; fig* **démarche** *f.* ◇ *vt* **-1.** [shift] **déplacer, bouger. -2.** [change - job, office] **changer de; to ~ house déménager. -3.** [cause]: **to ~ sb to do sthg inciter qqn à faire qqch. -4.** [emotionally] **émouvoir. -5.** [propose]: **to ~ sthg/that ... proposer qqch/que ....** ◇ *vi* **-1.** [shift] **bouger. -2.** [act] **agir. -3.** [to new house] **déménager;** [to new job] **changer d'emploi.**
◆ **move about** *vi* **-1.** [fidget] **remuer. -2.** [travel] **voyager.**
◆ **move along** ◇ *vt sep* **faire avancer.** ◇ *vi* **se déplacer; the police asked him to ~ along la police lui a demandé de circuler.**
◆ **move around = move about.**
◆ **move away** *vi* [leave] **partir.**
◆ **move in** *vt sep* [troops] **faire intervenir.** ◇ *vi* [to house] **emménager.**
◆ **move off** *vi* [train, car] **partir, s'ébranler.**
◆ **move on** ◇ *vt sep* **faire circuler.** ◇ *vi* **-1.** [after stopping] **se remettre en route. -2.** [in discussion] **changer de sujet.**
◆ **move out** ◇ *vt sep* [troops] **retirer.** ◇ *vi* [from house] **déménager.**
◆ **move over** *vi* **s'écarter, se pousser.**
◆ **move up** *vi* [on bench etc] **se déplacer.**

moveable ['muːvəbl] **= movable.**

movement ['muːvmənt] *n* **mouvement** *m.*

movie ['muːvɪ] *n* **film** *m.*

movie camera *n* **caméra** *f.*

moviegoer ['muːvɪˌgəʊə'] *n Am* **cinéphile** *mf.*

movie star *n Am* **star** *f,* **vedette** *f* **de cinéma.**

movie theater *n Am* cinéma *m*.

moving ['muːvɪŋ] *adj* **-1.** [emotionally] émouvant(e), touchant(e). **-2.** [not fixed] mobile.

moving staircase *n* escalier *m* roulant.

mow [məʊ] (*pt* **-ed**, *pp* **-ed** OR **mown**) *vt* faucher; [lawn] tondre.

◆ **mow down** *vt sep* faucher.

mower ['məʊəʳ] *n* tondeuse *f* à gazon.

mown [məʊn] *pp* → **mow**.

Mozambican [,məʊzæm'biːkn] ◇ *adj* mozambicain(e). ◇ *n* Mozambicain *m*, -e *f*.

Mozambique [,məʊzæm'biːk] *n* Mozambique *m*; **in** ~ au Mozambique.

MP *n* **-1.** (*abbr of* **Military Police**) PM. **-2.** *Br* (*abbr of* **Member of Parliament**) ≃ député *m*. **-3.** *Can abbr of* **Mounted Police**.

mpg (*abbr of* **miles per gallon**) *n* miles au gallon.

mph (*abbr of* **miles per hour**) *n* miles à l'heure.

MPhil [,em'fɪl] (*abbr of* **Master of Philosophy**) *n* (titulaire d'une) maîtrise de lettres.

MPS (*abbr of* **Member of the Pharmaceutical Society**) *n* membre de l'Académie de pharmacie britannique.

Mr ['mɪstəʳ] *n* Monsieur *m*; [on letter] M.

MRC (*abbr of* **Medical Research Council**) *n* conseil de la recherche médicale en Grande-Bretagne.

MRCP (*abbr of* **Member of the Royal College of Physicians**) *n* membre de l'Académie de médecine britannique.

MRCS (*abbr of* **Member of the Royal College of Surgeons**) *n* membre de l'Académie de chirurgie britannique.

MRCVS (*abbr of* **Member of the Royal College of Veterinary Surgeons**) *n* membre de l'Académie de chirurgie vétérinaire britannique.

Mrs ['mɪsɪz] *n* Madame *f*; [on letter] Mme.

ms. (*abbr of* **manuscript**) *n* ms.

Ms [mɪz] *n* titre que les femmes peuvent utiliser au lieu de madame ou mademoiselle pour éviter la distinction entre les femmes mariées et les célibataires.

MS ◇ *n* **-1.** (*abbr of* **manuscript**) ms. **-2.** (*abbr of* **Master of Science**) (titulaire d'une) maîtrise de sciences américaine. **-3.** (*abbr of* **multiple sclerosis**) SEP *f*. ◇ *abbr of* **Mississippi**.

MSA (*abbr of* **Master of Science in Agriculture**) *n* (titulaire d'une) maîtrise en sciences agricoles.

MSB (*abbr of* **most significant bit/byte**) *n* bit/octet de poids fort.

MSc (*abbr of* **Master of Science**) *n* (titulaire d'une) maîtrise de sciences.

MSC (*abbr of* **Manpower Services Commission**) *n* agence nationale britannique pour l'emploi.

MSF (*abbr of* **Manufacturing Science and Finance**) *n* confédération syndicale britannique.

MSG *abbr of* **monosodium glutamate**.

Msgr (*abbr of* **Monsignor**) Mgr.

MSt (*abbr of* **Mountain Standard Time**) *n* heure d'hiver des montagnes Rocheuses.

MSW (*abbr of* **Master of Social Work**) *n* (titulaire d'une) maîtrise en travail social.

Mt (*abbr of* **mount**) Mt.

MT ◇ *n* (*abbr of* **machine translation**) TA *f*. ◇ *abbr of* **Montana**.

much [mʌtʃ] (*compar* **more**, *superl* **most**) ◇ *adj* beaucoup de; **there isn't** ~ **rice left** il ne reste pas beaucoup de riz; **as** ~ **money as** ... autant d'argent que ...; **too** ~ trop de; **how** ~ ...? combien de ...?; **how** ~ **money do you earn?** tu gagnes combien?

◇ *pron* beaucoup; **I don't think** ~ **of his new house** sa nouvelle maison ne me plaît pas trop; **as** ~ **as** autant que; **too** ~ trop; **how** ~? combien?; **I'm not** ~ **of a cook** je suis un piètre cuisinier; **so** ~ **for all my hard work** tout ce travail pour rien; **I thought as** ~ c'est bien ce que je pensais; **it's not up to** ~ *inf* ça ne vaut pas grand-chose.

◇ *adv* beaucoup; **I don't go out** ~ je ne sors pas beaucoup OR souvent; **as** ~ **as** autant que; **thank you very** ~ merci beaucoup; **without so** ~ **as** ... sans même ....

◆ **much as** *conj* bien que (+ *subjunctive*).

muchness ['mʌtʃnɪs] *n*: **to be much of a** ~ être blanc bonnet et bonnet blanc.

muck [mʌk] *n* (*U*) *inf* **-1.** [dirt] saletés *fpl*. **-2.** [manure] fumier *m*.

◆ **muck about, muck around** *Br inf* ◇ *sep*: **to** ~ **sb about** traiter qqn par-dessus OR par-dessous la jambe. ◇ *vi* traîner.

◆ **muck in** *vi Br inf* donner un coup de main.

◆ **muck out** *vt sep* nettoyer.

◆ **muck up** *vt sep Br inf* gâcher.

muckraking ['mʌkreɪkɪŋ] *n fig* mise *f* au jour de scandales.

mucky ['mʌkɪ] (*compar* **-ier**, *superl* **-iest**) *adj* sale.

mucus ['mjuːkəs] *n* mucus *m*.

mud [mʌd] *n* boue *f*.

muddle ['mʌdl] ◇ *n* désordre *m*, fouillis *m*; **to be in a** ~ [room, finances] être en désordre; [person] ne plus s'y retrouver. ◇ *vt* **-1.** [papers] mélanger. **-2.** [person] embrouiller.

◆ **muddle along** *vi* se débrouiller tant bien que mal.

◆ **muddle through** *vi* se tirer d'affaire, s'en sortir tant bien que mal.

◆ **muddle up** *vt sep* mélanger.

muddle-headed [-,hedɪd] *adj* [thinking] confus(e); [person] brouillon(onne).

muddy ['mʌdɪ] (*compar* -ier, *superl* -iest, *pt* & *pp* -ied) ◇ *adj* boueux(euse). ◇ *vt fig* embrouiller.

mudflap ['mʌdflæp] *n* pare-boue *m inv*.

mudflat ['mʌdflæt] *n* laisse *f*.

mudguard ['mʌdgɑːd] *n* garde-boue *m inv*.

mudpack ['mʌdpæk] *n* masque *m* de beauté.

mudslinging ['mʌd,slɪŋɪŋ] *n* (U) *fig* attaques *fpl*.

muesli ['mjuːzlɪ] *n* Br muesli *m*.

muff [mʌf] ◇ *n* manchon *m*. ◇ *vt inf* louper.

muffin ['mʌfɪn] *n* muffin *m*.

muffle ['mʌfl] *vt* étouffer.

muffled ['mʌfld] *adj* -1. [sound] sourd(e), étouffé(e). -2. [person]: ~ (**up**) emmitouflé(e).

muffler ['mʌflər] *n* Am [for car] silencieux *m*.

mug [mʌg] (*pt* & *pp* -ged, *cont* -ging) ◇ *n* -1. [cup] (grande) tasse *f*. -2. *inf* [fool] andouille *f*. ◇ *vt* [attack] agresser.

mugger ['mʌgər] *n* agresseur *m*.

mugging ['mʌgɪŋ] *n* agression *f*.

muggy ['mʌgɪ] (*compar* -ier, *superl* -iest) *adj* lourd(e), moite.

mugshot ['mʌgʃɒt] *n inf* photo *f* (de criminel).

mujaheddin [,muːdʒəheˈdiːn] *npl* moudjahiddin *mpl*.

mulatto [mjuːˈlætəʊ] (*pl* -s OR -es) *n* mûlatre *m*, mûlatresse *f*.

mulberry ['mʌlbərɪ] (*pl* -ies) *n* -1. [tree] mûrier *m*. -2. [fruit] mûre *f*.

mule [mjuːl] *n* mule *f*.

mull [mʌl]

◆ **mull over** *vt sep* ruminer, réfléchir à.

mullah ['mʌlə] *n* mollah *m*.

mulled [mʌld] *adj*: ~ **wine** vin *m* chaud.

mullet ['mʌlɪt] (*pl inv* OR -s) *n* mulet *m*.

mulligatawny [,mʌlɪgəˈtɔːnɪ] *n* soupe indienne au curry.

mullioned ['mʌlɪənd] *adj* [window] à meneaux.

multi- ['mʌltɪ] *prefix* multi-.

multicoloured Br, **multicolored** Am ['mʌltɪ,kʌləd] *adj* multicolore.

multicultural [,mʌltɪˈkʌltʃərəl] *adj* multiculturel(elle).

multifarious [,mʌltɪˈfeərɪəs] *adj* divers, très varié(e).

multigym ['mʌltɪdʒɪm] *n* appareil *m* de musculation.

multilateral [,mʌltɪˈlætərəl] *adj* multilatéral(e).

multimedia [,mʌltɪˈmiːdjə] *adj* multimédia (*inv*).

multimillionaire ['mʌltɪ,mɪljəˈneər] *n* multimillionnaire *mf*.

multinational [,mʌltɪˈnæʃənl] ◇ *adj* multinational(e). ◇ *n* multinationale *f*.

multiple ['mʌltɪpl] ◇ *adj* multiple. ◇ *n* multiple *m*.

multiple-choice *adj* à choix multiple.

multiple crash *n* carambolage *m*.

multiple injuries *npl* lésions *fpl* multiples.

multiple sclerosis [-sklɪˈrəʊsɪs] *n* sclérose *f* en plaques.

multiplex cinema ['mʌltɪpleks-] *n* grand cinéma *m* à plusieurs salles.

multiplication [,mʌltɪplɪˈkeɪʃn] *n* multiplication *f*.

multiplication sign *n* signe *m* de multiplication.

multiplication table *n* table *f* de multiplication.

multiplicity [,mʌltɪˈplɪsətɪ] *n* multiplicité *f*.

multiply ['mʌltɪplaɪ] (*pt* & *pp* -ied) ◇ *vt* multiplier. ◇ *vi* se multiplier.

multipurpose [,mʌltɪˈpɜːpəs] *adj* polyvalent(e), à usages multiples.

multiracial [,mʌltɪˈreɪʃl] *adj* multiracial(e).

multistorey Br, **multistory** Am [,mʌltɪˈstɔːrɪ] ◇ *adj* à étages. ◇ *n* [car park] parking *m* à étages.

multitude ['mʌltɪtjuːd] *n* multitude *f*.

mum [mʌm] Br inf ◇ *n* maman *f*. ◇ *adj*: **to keep ~** ne pas piper mot.

mumble ['mʌmbl] *vt* & *vi* marmotter.

mumbo jumbo ['mʌmbəʊˈdʒʌmbəʊ] *n* charabia *m*.

mummify ['mʌmɪfaɪ] (*pt* & *pp* -ied) *vt* momifier.

mummy ['mʌmɪ] (*pl* -ies) *n* -1. Br inf [mother] maman *f*. -2. [body] momie *f*.

mumps [mʌmps] *n* (U) oreillons *mpl*.

munch [mʌntʃ] *vt* & *vi* croquer.

mundane [mʌnˈdeɪn] *adj* banal(e).

mung bean [mʌŋ-] *n* mungo *m*.

municipal [mjuːˈnɪsɪpl] *adj* municipal(e).

municipality [mjuː,nɪsɪˈpælətɪ] (*pl* -ies) *n* municipalité *f*.

munificent [mjuːˈnɪfɪsənt] *adj* munificent(e).

munitions [mjuːˈnɪʃnz] *npl* munitions *fpl*.

mural [ˈmjuːərəl] *n* peinture *f* murale.

murder [ˈmɜːdər] ◇ *n* meurtre *m*; **to get away with** ~ *fig* pouvoir faire n'importe quoi impunément. ◇ *vt* assassiner.

murderer [ˈmɜːdərər] *n* meurtrier *m*, assassin *m*.

murderess [ˈmɜːdərɪs] *n* meurtrière *f*.

murderous [ˈmɜːdərəs] *adj* meurtrier(ière).

murky [ˈmɜːkɪ] (*compar* -ier, *superl* -iest) *adj* -1. [place] sombre. -2. [water, past] trouble.

murmur [ˈmɜːmər] ◇ *n* murmure *m*; MED souffle *m* au cœur. ◇ *vt & vi* murmurer.

MusB [mjuːzˈbiː], **MusBac** [mjuːzˈbæk] (*abbr of* **Bachelor of Music**) *n* (*titulaire d'un*) *diplôme d'études musicales.*

muscle [ˈmʌsl] *n* muscle *m*; *fig* [power] poids *m*, impact *m*.
◆ **muscle in** *vi* intervenir, s'immiscer.

muscleman [ˈmʌslmən] (*pl* -men [-men]) *n* hercule *m*.

Muscovite [ˈmʌskəvaɪt] ◇ *adj* moscovite. ◇ *n* Moscovite *mf*.

muscular [ˈmʌskjʊlər] *adj* -1. [spasm, pain] musculaire. -2. [person] musclé(e).

muscular dystrophy [-ˈdɪstrəfɪ] *n* myopathie *f* primitive progressive, dystrophie *f* musculaire.

MusD [mjuːzˈdiː], **MusDoc** [mjuːzˈdɒk] (*abbr of* **Doctor of Music**) *n* (*titulaire d'un*) *doctorat d'études musicales.*

muse [mjuːz] ◇ *n* muse *f*. ◇ *vi* méditer, réfléchir.

museum [mjuːˈziːəm] *n* musée *m*.

mush [mʌʃ] *n* -1. [gunge] bouillie *f*. -2. *inf* [sentimentality] sentimentalité *f*.

mushroom [ˈmʌʃrum] ◇ *n* champignon *m*. ◇ *vi* [organization, party] se développer, grandir; [houses] proliférer.

mushroom cloud *n* champignon *m* atomique.

mushy [ˈmʌʃɪ] (*compar* -ier, *superl* -iest) *adj* -1. [food] en bouillie. -2. *inf* [oversentimental] à l'eau de rose, à la guimauve.

music [ˈmjuːzɪk] *n* musique *f*.

musical [ˈmjuːzɪkl] ◇ *adj* -1. [event, voice] musical(e). -2. [child] doué(e) pour la musique, musicien(ienne). ◇ *n* comédie *f* musicale.

musical box *Br*, **music box** *Am n* boîte *f* à musique.

musical chairs *n* (*U*) chaises *fpl* musicales.

musical instrument *n* instrument *m* de musique.

music box *Am* = **musical box**.

music centre *n* chaîne *f* compacte.

music hall *n Br* music-hall *m*.

musician [mjuːˈzɪʃn] *n* musicien *m*, -ienne *f*.

music stand *n* pupitre *m* à musique.

musk [mʌsk] *n* musc *m*.

musket [ˈmʌskɪt] *n* mousquet *m*.

muskrat [ˈmʌskræt] *n* rat *m* musqué, ondatra *m*.

Muslim [ˈmʊzlɪm] ◇ *adj* musulman(e). ◇ *n* Musulman *m*, -e *f*.

muslin [ˈmʌzlɪn] *n* mousseline *f*.

musquash [ˈmʌskwɒʃ] *n* rat *m* musqué, ondatra *m*.

muss [mʌs] *vt Am*: **to ~ (up)** [clothes] chiffonner, froisser; [hair] déranger.

mussel [ˈmʌsl] *n* moule *f*.

must [mʌst] ◇ *modal vb* -1. [expressing obligation] devoir; **I ~ go** il faut que je m'en aille, je dois partir; **you ~ come and visit** il faut absolument que tu viennes nous voir. -2. [expressing likelihood]: **they ~ have known** ils devaient le savoir. ◇ *n inf*: **a ~** un must, un impératif; **the film is a ~** c'est un film à voir absolument.

mustache *Am* = **moustache**.

mustard [ˈmʌstəd] *n* moutarde *f*; ~ **and cress** *Br* moutarde blanche et cresson alénois.

mustard gas *n* gaz *m* moutarde.

muster [ˈmʌstər] ◇ *vt* rassembler. ◇ *vi* se réunir, se rassembler.
◆ **muster up** *vt fus* rassembler.

mustn't [ˈmʌsnt] = **must not**.

must've [ˈmʌstəv] = **must have**.

musty [ˈmʌstɪ] (*compar* -ier, *superl* -iest) *adj* [smell] de moisi; [room] qui sent le renfermé OR le moisi.

mutant [ˈmjuːtənt] ◇ *adj* mutant(e). ◇ *n* mutant *m*.

mutate [mjuːˈteɪt] *vi* subir une mutation, muter; **to ~ into sthg** se changer en qqch, se transformer en qqch.

mutation [mjuːˈteɪʃn] *n* mutation *f*.

mute [mjuːt] ◇ *adj* muet(ette). ◇ *n* muet *m*, -ette *f*. ◇ *vt* étouffer, assourdir.

muted [ˈmjuːtɪd] *adj* -1. [colour] sourd(e). -2. [reaction] peu marqué(e); [protest] voilé(e).

mutilate [ˈmjuːtɪleɪt] *vt* mutiler.

mutilation [ˌmjuːtɪˈleɪʃn] *n* mutilation *f*.

mutineer [ˌmjuːtɪˈnɪəʳ] *n* mutiné *m*, mutin *m*.

mutinous [ˈmjuːtɪnəs] *adj* [crew, soldiers] mutiné(e); [person, attitude] **rebelle.**

mutiny [ˈmjuːtɪnɪ] (*pl* **-ies**, *pt* & *pp* **-ied**) ◇ *n* mutinerie *f.* ◇ *vi* se mutiner.

mutt [mʌt] *n inf* **-1.** [fool] andouille *f,* crétin *m*, -e *f.* **-2.** *Am* [dog] clébard *m*.

mutter [ˈmʌtəʳ] ◇ *vt* [threat, curse] marmonner. ◇ *vi* marmotter, marmonner; **to ~ to o.s.** marmotter, parler dans sa barbe.

muttering [ˈmʌtərɪŋ] *n* **-1.** [remark] marmonnement *m*, marmottement *m*. **-2.** [sound] murmure *m*.

mutton [ˈmʌtn] *n* mouton *m*; **she's ~ dressed as lamb** *Br* c'est une vieille coquette.

mutual [ˈmjuːtʊəl] *adj* **-1.** [feeling, help] réciproque, mutuel(elle). **-2.** [friend, interest] commun(e).

mutual fund *n Am* fonds *m* commun de placement.

mutually [ˈmjuːtjʊəlɪ] *adv* mutuellement, réciproquement; **~ exclusive** qui s'excluent l'un l'autre.

Muzak® [ˈmuːzæk] *n* musique *f* d'ambiance.

muzzle [ˈmʌzl] ◇ *n* **-1.** [of dog - mouth] museau *m*; [- guard] muselière *f.* **-2.** [of gun] gueule *f.* ◇ *vt lit* & *fig* museler.

muzzy [ˈmʌzɪ] (*compar* **-ier**, *superl* **-iest**) *adj* embrouillé(e), confus(e).

MVP (*abbr of* **most valuable player**) *n Am* titre de meilleur joueur décerné dans une équipe à celui qui a réalisé la meilleure performance lors d'un match, d'une saison etc.

MW (*abbr of* **medium wave**) PO.

my [maɪ] *poss adj* **-1.** [referring to oneself] mon (ma), mes (*pl*); **~ dog** mon chien; **~ house** ma maison; **~ children** mes enfants; **~ name is Joe/Sarah** je m'appelle Joe/Sarah; **it wasn't MY fault** ce n'était pas de ma faute à moi. **-2.** [in titles]: **yes, ~ Lord** oui, monsieur le comte/duc *etc*.

mynah (bird) [ˈmaɪnə-] *n* mainate *m*.

myopic [maɪˈɒpɪk] *adj* myope.

myriad [ˈmɪrɪəd] *literary* ◇ *adj* innombrable. ◇ *n* myriade *f.*

myrrh [mɜːʳ] *n* myrrhe *f.*

myrtle [ˈmɜːtl] *n* myrte *m*.

myself [maɪˈself] *pron* **-1.** (*reflexive*) me; (*after prep*) moi. **-2.** (*for emphasis*) moi-même; **I did it ~** je l'ai fait tout seul.

mysterious [mɪˈstɪərɪəs] *adj* mystérieux(ieuse); **to be ~ about sthg** faire (un) mystère de qqch.

mysteriously [mɪˈstɪərɪəslɪ] *adv* mystérieusement.

mystery [ˈmɪstərɪ] (*pl* **-ies**) ◇ *n* mystère *m*. ◇ *comp* mystérieux(ieuse).

mystery story *n* histoire *f* à suspense.

mystery tour *n* voyage *m* surprise (*dont la destination est inconnue*).

mystic [ˈmɪstɪk] ◇ *adj* [power] occulte; [rite] mystique, ésotérique. ◇ *n* mystique *mf.*

mystical [ˈmɪstɪkl] *adj* mystique.

mysticism [ˈmɪstɪsɪzm] *n* mysticisme *m*.

mystified [ˈmɪstɪfaɪd] *adj* perplexe.

mystifying [ˈmɪstɪfaɪɪŋ] *adj* inexplicable, déconcertant(e).

mystique [mɪˈstiːk] *n* mystique *f.*

myth [mɪθ] *n* mythe *m*.

mythic [ˈmɪθɪk] *adj* légendaire.

mythical [ˈmɪθɪkl] *adj* mythique.

mythological [ˌmɪθəˈlɒdʒɪkl] *adj* mythologique.

mythology [mɪˈθɒlədʒɪ] (*pl* **-ies**) *n* mythologie *f.*

myxomatosis [ˌmɪksəməˈtəʊsɪs] *n* myxomatose *f.*

n (*pl* **n's** OR **ns**), **N** (*pl* **N's** OR **Ns**) [en] *n* [letter] n *m inv*, N *m inv*.

◆ **N** (*abbr of* **north**) N.

n/a, **N/A** (*abbr of* **not applicable**) s.o.

NA (*abbr of* **Narcotics Anonymous**) *n* association américaine d'aide aux toxicomanes.

NAACP (*abbr of* **National Association for the Advancement of Colored People**) *n* association nationale américaine pour la promotion de gens de couleur.

NAAFI [ˈnæfɪ] (*abbr of* **Navy, Army & Air Force Institute**) *n* organisme approvisionnant les forces armées britanniques en biens de consommation.

nab [næb] (*pt* & *pp* **-bed**, *cont* **-bing**) *vt inf* **-1.** [arrest] pincer. **-2.** [get quickly] attraper, accaparer.

NACU (*abbr of* **National Association of Colleges and Universities**) *n* association des *établissements d'enseignement supérieur américains.*

nadir ['neɪ,dɪə'] *n* ASTRON nadir *m*; **to be at/reach a ~** *fig* être/tomber au plus bas.

naff [næf] *adj Br inf* nul (nulle).

nag [næg] (*pt* & *pp* **-ged**, *cont* **-ging**) ◇ *vt* harceler. ◇ *vi*: **to ~ at sb** harceler qqn; **stop nagging!** arrête de me casser les pieds! ◇ *n inf* **-1.** [person] enquiquineur *m*, -euse *f*. **-2.** [horse] canasson *m*.

nagging ['nægɪŋ] *adj* **-1.** [doubt] persistant(e), tenace. **-2.** [husband, wife] enquiquineur(euse).

nail [neɪl] ◇ *n* **-1.** [for fastening] clou *m*; **to hit the ~ on the head** mettre le doigt dessus. **-2.** [of finger, toe] ongle *m*. ◇ *vt* clouer.
◆ **nail down** *vt sep* **-1.** [lid] clouer. **-2.** *fig* [person]: **to ~ sb down to sthg** faire préciser qqch à qqn.
◆ **nail up** *vt sep* [notice] fixer avec des clous, clouer.

nail-biting *adj* plein(e) de suspense.

nailbrush ['neɪlbrʌʃ] *n* brosse *f* à ongles.

nail file *n* lime *f* à ongles.

nail polish *n* vernis *m* à ongles.

nail scissors *npl* ciseaux *mpl* à ongles.

nail varnish *n* vernis *m* à ongles.

nail varnish remover *n* dissolvant *m*.

Nairobi [naɪ'rəʊbɪ] *n* Nairobi.

naive, naïve ['naɪiːv] *adj* naïf(ïve).

naivety, naïvety [naɪ'iːvtɪ] *n* naïveté *f*.

naked ['neɪkɪd] *adj* **-1.** [body, flame] nu(e); **with the ~ eye** à l'œil nu. **-2.** [emotions] manifeste, évident(e); [aggression] non déguisé(e); **the ~ truth** la vérité toute nue.

NALGO ['nælgəʊ] (*abbr of* **National and Local Government Officers' Association**) *n ancien syndicat britannique de la fonction publique.*

Nam [næm] (*abbr of* **Vietnam**) *n Am* Vietnam *m*.

NAM (*abbr of* **National Association of Manufacturers**) *n organisation patronale américaine.*

name [neɪm] ◇ *n* **-1.** [identification] nom *m*; **what's your ~?** comment vous appelez-vous?; **to know sb by ~** connaître qqn de nom; **by the ~ of** qui répond au nom de; **in my/his ~** à mon/son nom; **in the ~ of peace** au nom de la paix; **in ~ only** de nom seulement; **to call sb ~s** traiter qqn de tous les noms, injurier qqn. **-2.** [reputation] réputation *f*; **to make a ~ for o.s.** se faire un nom. **-3.** [famous person] grand nom *m*, célébrité *f*.
◇ *vt* **-1.** [gen] nommer; **to ~ sb/sthg after** *Br*, **to ~ sb/sthg for** *Am* donner à qqn/à qqch le nom de. **-2.** [date, price] fixer.

namedropping ['neɪmdrɒpɪŋ] *n*: **I hate ~** je déteste les gens qui veulent donner l'impression de connaître tous les grands de ce monde.

nameless ['neɪmlɪs] *adj* inconnu(e), sans nom; [author] anonyme.

namely ['neɪmlɪ] *adv* à savoir, c'est-à-dire.

nameplate ['neɪmpleɪt] *n* plaque *f*.

namesake ['neɪmseɪk] *n* homonyme *m*.

Namibia [nɑː'mɪbɪə] *n* Namibie *f*; **in ~** en Namibie.

Namibian [nɑː'mɪbɪən] ◇ *adj* namibien(ienne). ◇ *n* Namibien *m*, -ienne *f*.

nan(a) [næn(ə)] *n Br inf* mamie *f*, mémé *f*.

nan bread *n* (*U*) pain *m* nan.

nanny ['nænɪ] (*pl* **-ies**) *n* nurse *f*, bonne *f* d'enfants.

nanny goat *n* chèvre *f*, bique *f*.

nap [næp] (*pt* & *pp* **-ped**, *cont* **-ping**) ◇ *n*: **to have** OR **take a ~** faire un petit somme. ◇ *vi* faire un petit somme; **to be caught napping** *inf fig* être pris au dépourvu.

NAPA (*abbr of* **National Association of Performing Artists**) *n syndicat américain des gens du spectacle.*

napalm ['neɪpɑːm] *n* napalm *m*.

nape [neɪp] *n* nuque *f*.

napkin ['næpkɪn] *n* serviette *f*.

nappy ['næpɪ] (*pl* **-ies**) *n Br* couche *f*.

nappy liner *n* change *m* (jetable).

narcissi [nɑː'sɪsaɪ] *pl* → **narcissus**.

narcissism ['nɑːsɪsɪzm] *n* narcissisme *m*.

narcissistic [,nɑːsɪ'sɪstɪk] *adj* narcissique.

narcissus [nɑː'sɪsəs] (*pl* **-cissuses** OR **-cissi**) *n* narcisse *m*.

narcotic [nɑː'kɒtɪk] *n* stupéfiant *m*, narcotique *m*.

nark [nɑːk] *Br inf* ◇ *n* police *sl* mouchard *m*, indic *m*. ◇ *vt* mettre en rogne.

narky ['nɑːkɪ] (*compar* **-ier**, *superl* **-iest**) *adj Br inf* de mauvais poil.

narrate [*Br* nə'reɪt, *Am* 'næreɪt] *vt* raconter, narrer.

narration [*Br* nə'reɪʃn, *Am* næ'reɪʃn] *n* narration *f*.

narrative ['nærətɪv] ◇ *adj* narratif(ive). ◇ *n* **-1.** [story] récit *m*, narration *f*. **-2.** [skill] art *m* de la narration.

narrator [*Br* nə'reɪtə', *Am* 'næreɪtər] *n* narrateur *m*, -trice *f*.

narrow ['nærəʊ] ◇ *adj* **-1.** [gen] étroit(e); **to have a ~ escape** l'échapper belle. **-2.** [victory, majority] de justesse. ◇ *vt* **-1.** [reduce]

réduire, limiter. **-2.** [eyes] fermer à demi, plisser. ◇ *vi lit* & *fig* se rétrécir.
◆ **narrow down** *vt sep* réduire, limiter.

narrow-gauge *adj* RAIL: ~ **track** voie *f* étroite.

narrowly ['nærəʊlɪ] *adv* **-1.** [win, lose] de justesse. **-2.** [miss] de peu.

narrow-minded [-'maɪndɪd] *adj* [person] à l'esprit étroit, borné(e); [attitude] étroit(e), borné(e).

NAS (*abbr of* **National Academy of Sciences**) *n* académie américaine des sciences.

NASA ['næsə] (*abbr of* **National Aeronautics and Space Administration**) *n* NASA *f*.

nasal ['neɪzl] *adj* nasal(e).

nascent ['neɪsənt] *adj fml* naissant(e).

nastily ['nɑːstɪlɪ] *adv* **-1.** [unkindly] méchamment. **-2.** [painfully]: **to fall** ~ faire une mauvaise chute.

nastiness ['nɑːstɪnɪs] *n* [unkindness] méchanceté *f*.

nasturtium [nəs'tɜːʃəm] (*pl* **-s**) *n* capucine *f*.

nasty ['nɑːstɪ] (*compar* **-ier,** *superl* **-iest**) *adj* **-1.** [unpleasant - smell, feeling] mauvais(e); [- weather] vilain(e), mauvais(e). **-2.** [unkind] méchant(e). **-3.** [problem] difficile, délicat(e). **-4.** [injury] vilain(e); [accident] grave; [fall] mauvais(e).

NAS/UWT (*abbr of* **National Association of Schoolmasters/Union of Women Teachers**) *n* syndicat d'enseignants et de chefs d'établissement en Grande-Bretagne.

Natal [nə'tæl] *n* Natal *m*; **in** ~ au Natal.

nation ['neɪʃn] *n* nation *f*.

national ['næʃənl] ◇ *adj* national(e); [campaign, strike] à l'échelon national; [custom] du pays, de la nation. ◇ *n* ressortissant *m*, -e *f*.

national anthem *n* hymne *m* national.

national debt *n* dette *f* publique.

national dress *n* costume *m* national.

national grid *n Br* réseau *m* électrique national.

National Guard *n*: **the** ~ la Garde Nationale (*armée nationale américaine composée de volontaires*).

National Health Service *n*: **the** ~ *le service national de santé britannique*.

National Heritage Minister *n ministre britannique de la culture et des sports*.

National Insurance *n* (*U*) *Br* **-1.** [system] *système de sécurité sociale (maladie, retraite) et d'assurance chômage*. **-2.** [payment] ≃ contributions *fpl* à la Sécurité sociale.

nationalism ['næʃnəlɪzm] *n* nationalisme *m*.

nationalist ['næʃnəlɪst] ◇ *adj* nationaliste. ◇ *n* nationaliste *mf*.

nationality [,næʃə'nælətɪ] (*pl* **-ies**) *n* nationalité *f*.

nationalization [,næʃnəlaɪ'zeɪʃn] *n* nationalisation *f*.

nationalize, -ise ['næʃnəlaɪz] *vt* nationaliser.

nationalized ['næʃnəlaɪzd] *adj* nationalisé(e).

national park *n* parc *m* national.

national service *n Br* MIL service *m* national OR militaire.

National Trust *n Br*: **the** ~ ≃ la Caisse nationale des Monuments historiques et des Sites.

nation state *n* nation *f*.

nationwide ['neɪʃənwaɪd] ◇ *adj* dans tout le pays; [campaign, strike] à l'échelon national. ◇ *adv* à travers tout le pays.

native ['neɪtɪv] ◇ *adj* **-1.** [country, area] natal(e). **-2.** [language] maternel(elle); **an English** ~ **speaker** une personne de langue maternelle anglaise. **-3.** [plant, animal] indigène; ~ **to** originaire de. ◇ *n* autochtone *mf*; [of colony] indigène *mf*.

Native American *n* Indien *m*, -ienne *f* d'Amérique, Amérindien *m*, -ienne *f*.

Nativity [nə'tɪvətɪ] *n*: **the** ~ la Nativité.

nativity play *n* mystère *m* de la Nativité.

NATO ['neɪtəʊ] (*abbr of* **North Atlantic Treaty Organization**) *n* OTAN *f*.

natter ['nætər] *Br inf* ◇ *n*: **to have a** ~ tailler une bavette, bavarder. ◇ *vi* bavarder.

natty ['nætɪ] (*compar* **-ier,** *superl* **-iest**) *adj inf* [smart] chic (*inv*).

natural ['nætʃrəl] ◇ *adj* **-1.** [gen] naturel(elle); **to die of** ~ **causes** mourir de mort naturelle. **-2.** [instinct, talent] inné(e). **-3.** [footballer, musician] né(e). **-4.** [parent] vrai(e). ◇ *n*: **she's a** ~ **at dancing** c'est une danseuse née.

natural childbirth *n* accouchement *m* sans douleur.

natural gas *n* gaz *m* naturel.

natural history *n* histoire *f* naturelle.

naturalist ['nætʃrəlɪst] *n* naturaliste *mf*.

naturalize, -ise ['nætʃrəlaɪz] *vt* naturaliser; **to be** ~**d** se faire naturaliser.

naturally ['nætʃrəlɪ] *adv* **-1.** [gen] naturellement; **to come** ~ **to sb** être naturel chez qqn. **-2.** [unaffectedly] sans affectation, avec naturel.

naturalness ['nætʃrəlnɪs] *n* naturel *m*.

natural resources *npl* ressources *fpl* naturelles.

natural science *n* sciences *fpl* naturelles.

natural wastage *n* (U) départs *mpl* volontaires.

nature ['neɪtʃər] *n* nature *f*; **by ~** [basically] par essence; [by disposition] de nature, naturellement.

nature reserve *n* réserve *f* naturelle.

nature trail *n* sentier *m* signalisé pour amateurs de la nature.

naturist ['neɪtʃərɪst] *n* naturiste *mf*.

naughty ['nɔːtɪ] (*compar* **-ier**, *superl* **-iest**) *adj* **-1.** [badly behaved] vilain(e), méchant(e). **-2.** [rude] grivois(e).

nausea ['nɔːsjə] *n* nausée *f*.

nauseam ['nɔːzɪæm] → **ad nauseam**.

nauseate ['nɔːsɪeɪt] *vt lit* & *fig* écœurer.

nauseating ['nɔːsɪeɪtɪŋ] *adj lit* & *fig* écœurant(e).

nauseous ['nɔːsjəs] *adj* **-1.** MED: **to feel ~** avoir mal au cœur, avoir des nausées. **-2.** *fig* [revolting] écœurant(e), dégoutant(e).

nautical ['nɔːtɪkl] *adj* nautique.

nautical mile *n* mille *m* marin.

naval ['neɪvl] *adj* naval(e).

naval officer *n* officier *m* de marine.

nave [neɪv] *n* nef *f*.

navel ['neɪvl] *n* nombril *m*.

navigable ['nævɪgəbl] *adj* navigable.

navigate ['nævɪgeɪt] ◇ *vt* **-1.** [plane] piloter; [ship] gouverner. **-2.** [seas, river] naviguer sur. ◇ *vi* AERON & NAUT **naviguer**; AUT lire la carte.

navigation [,nævɪ'geɪʃn] *n* navigation *f*.

navigator ['nævɪgeɪtər] *n* navigateur *m*.

navvy ['nævɪ] (*pl* **-ies**) *n Br inf* terrassier *m*.

navy ['neɪvɪ] (*pl* **-ies**) ◇ *n* marine *f*. ◇ *adj* [in colour] bleu marine (*inv*).

navy blue ◇ *adj* bleu marine (*inv*). ◇ *n* bleu *m* marine.

Nazareth ['næzərɪθ] *n* Nazareth.

Nazi ['nɑːtsɪ] (*pl* **-s**) ◇ *adj* nazi(e). ◇ *n* Nazi *m*, -e *f*.

NB -1. (*abbr of* **nota bene**) NB. **-2.** *abbr of* **New Brunswick**.

NBA *n* **-1.** (*abbr of* **National Basketball Association**) *fédération américaine de basket-ball.* **-2.** (*abbr of* **National Boxing Association**) *fédération américaine de boxe.*

NBC (*abbr of* **National Broadcasting Company**) *n chaîne de télévision américaine.*

NBS (*abbr of* **National Bureau of Standards**) *n service américain des poids et mesures.*

NC -1. *abbr of* **no charge**. **-2.** *abbr of* **North Carolina**.

NCC (*abbr of* **Nature Conservancy Council**) *n organisme britannique de protection de la nature.*

NCCL (*abbr of* **National Council for Civil Liberties**) *n ligue britannique de défense des libertés civiles.*

NCO *n abbr of* **noncommissioned officer**.

NCU (*abbr of* **National Communications Union**) *n syndicat britannique des communications.*

ND *abbr of* **North Dakota**.

NE -1. *abbr of* **Nebraska**. **-2.** *abbr of* **New England**. **-3.** (*abbr of* **north-east**) N.E.

Neanderthal [nɪ'ændətɑːl] ◇ *adj*: **~ man** homme *m* de Néandertal. ◇ *n* homme *m* de Néandertal.

neap tide [niːp-] *n* (marée *f* de) morte-eau *f*.

near [nɪər] ◇ *adj* proche; **a ~ disaster** une catastrophe évitée de justesse OR de peu; **in the ~ future** dans un proche avenir, dans un avenir prochain; **it was a ~ thing** il était moins cinq.
◇ *adv* **-1.** [close] près; **Christmas is drawing ~** Noël approche. **-2.** [almost]: **~ impossible** presque impossible; **nowhere ~ ready/enough** loin d'être prêt/assez.
◇ *prep*: **~ (to)** [in space] près de; [in time] près de, vers; **~ to tears** au bord des larmes; **~ (to) death** sur le point de mourir; **~ (to) the truth** proche de la vérité.
◇ *vt* approcher de; **to ~ completion** être près d'être fini.
◇ *vi* approcher.

nearby [nɪə'baɪ] ◇ *adj* proche. ◇ *adv* tout près, à proximité.

Near East *n*: **the ~** le Proche-Orient.

nearly ['nɪəlɪ] *adv* presque; **I ~ fell** j'ai failli tomber; **I ~ cried** j'étais sur le point de pleurer; **not ~ enough/as good** loin d'être suffisant/aussi bon.

near miss *n* **-1.** SPORT coup *m* qui a raté de peu. **-2.** [between planes, vehicles] quasi-collision *f*, collision *f* évitée de justesse.

nearness ['nɪənɪs] *n* proximité *f*.

nearside ['nɪəsaɪd] ◇ *adj* [right-hand drive] de gauche; [left-hand drive] de droite. ◇ *n* [right-hand drive] côté *m* gauche; [left-hand drive] côté droit.

nearsighted [,nɪə'saɪtɪd] *adj Am* myope.

neat [niːt] *adj* **-1.** [room, house] bien tenu(e), en ordre; [work] soigné(e); [handwriting] net (nette); [appearance] soigné(e), net (nette). **-2.** [solution, manoeuvre] habile, ingénieux(ieuse). **-3.** [alcohol] pur(e), sans eau. **-4.** *Am inf* [very good] chouette, super.

neatly ['niːtlɪ] *adv* **-1.** [arrange] avec ordre; [write] soigneusement; [dress] avec soin. **-2.** [skilfully] habilement, adroitement.

neatness ['niːtnɪs] *n* [of room] bon ordre *m*; [of handwriting] netteté *f*; [of appearance] mise *f* soignée.

Nebraska [nɪ'bræskə] *n* Nebraska *m*; **in ~** dans le Nebraska.

nebulous ['nebjuləs] *adj* nébuleux(euse).

NEC (*abbr of* **National Exhibition Centre**) *n parc d'expositions près de Birmingham en Angleterre.*

necessarily ['nesəsrəlɪ] *adv* forcément, nécessairement.

necessary ['nesəsrɪ] *adj* **-1.** [required] nécessaire, indispensable; **to make the ~ arrangements** faire le nécessaire. **-2.** [inevitable] inévitable, inéluctable.

necessitate [nɪ'sesɪteɪt] *vt* nécessiter, rendre nécessaire.

necessity [nɪ'sesətɪ] (*pl* **-ies**) *n* nécessité *f*; **of ~** inévitablement, fatalement.

neck [nek] ◇ *n* **-1.** ANAT cou *m*; **to be up to one's ~ (in sthg)** *fig* être (dans qqch) jusqu'au cou; **to breathe down sb's ~** *fig* talonner qqn, être sur le dos de qqn; **to stick one's ~ out** *fig* prendre des risques, se mouiller. **-2.** [of shirt, dress] encolure *f*. **-3.** [of bottle] col *m*, goulot *m*. ◇ *vi inf* se bécoter.

neckerchief ['nekətʃɪf] (*pl* **-chiefs** OR **-chieves** [-tʃiːvz]) *n* foulard *m*.

necklace ['neklɪs] *n* collier *m*.

neckline ['neklaɪn] *n* encolure *f*.

necktie ['nektaɪ] *n Am* cravate *f*.

nectar ['nektər] *n* nectar *m*.

nectarine ['nektəriːn] *n* brugnon *m*, nectarine *f*.

NEDC (*abbr of* **National Economic Development Council**) *n agence nationale britannique de développement économique.*

Neddy ['nedɪ] *n inf surnom de la NEDC.*

née [neɪ] *adj* née.

need [niːd] ◇ *n* besoin *m*; **there's no ~ to get up** ce n'est pas la peine de te lever; **there's no ~ for such language** tu n'as pas besoin d'être grossier; **~ for sthg/to do sthg** besoin de qqch/de faire qqch; **to be in** OR **have ~ of sthg** avoir besoin de qqch; **if ~ be** si besoin est, si nécessaire; **in ~** dans le besoin. ◇ *vt* **-1.** [require]: **to ~ sthg/to do sthg** avoir besoin de qqch/de faire qqch; **I ~ to go to the doctor** il faut que j'aille chez le méde-

cin. **-2.** [be obliged]: **to ~ to do sthg** être obligé(e) de faire qqch.

◇ *modal vb*: **~ we go?** faut-il qu'on y aille?; **it ~ not happen** cela ne doit pas forcément se produire.

◆ **needs** *adv*: **if ~s must** s'il le faut.

needle ['niːdl] ◇ *n* **-1.** [gen] aiguille *f*; **it's like looking for a ~ in a haystack** c'est comme chercher une aiguille dans une botte de foin. **-2.** [stylus] saphir *m*. ◇ *vt inf* [annoy] asticoter, lancer des piques à.

needlecord ['niːdlkɔːd] *n* velours *m* milleraies.

needlepoint ['niːdlpɔɪnt] *n* dentelle *f* à l'aiguille.

needless ['niːdlɪs] *adj* [risk, waste] inutile; [remark] déplacé(e); **~ to say ...** bien entendu ....

needlessly ['niːdlɪslɪ] *adv* inutilement, sans raison.

needlework ['niːdlwɜːk] *n* **-1.** [embroidery] travail *m* d'aiguille. **-2.** (*U*) [activity] couture *f*.

needn't ['niːdnt] = **need not.**

needy ['niːdɪ] (*compar* **-ier**, *superl* **-iest**) ◇ *adj* nécessiteux(euse), indigent(e). ◇ *npl*: **the ~** les nécessiteux *mpl*.

nefarious [nɪ'feərɪəs] *adj fml* odieux(ieuse), abominable.

negate [nɪ'geɪt] *vt fml* [efforts, achievements] annuler, détruire.

negation [nɪ'geɪʃn] *n fml* [of efforts, achievements] destruction *f*.

negative ['negətɪv] ◇ *adj* négatif(ive). ◇ *n* **-1.** PHOT négatif *m*. **-2.** LING négation *f*; **to answer in the ~** répondre négativement OR par la négative.

neglect [nɪ'glekt] ◇ *n* [of garden] mauvais entretien *m*; [of children] manque *m* de soins; [of duty] manquement *m*. ◇ *vt* négliger; [garden] laisser à l'abandon; **to ~ to do sthg** négliger OR omettre de faire qqch.

neglected [nɪ'glektɪd] *adj* [child] délaissé(e), abandonné(e); [garden] laissé(e) à l'abandon.

neglectful [nɪ'glektfʊl] *adj* négligent(e); **to be ~ of sb/sthg** négliger qqn/qqch.

negligee ['neglɪʒeɪ] *n* déshabillé *m*, négligé *m*.

negligence ['neglɪdʒəns] *n* négligence *f*.

negligent ['neglɪdʒənt] *adj* négligent(e).

negligently ['neglɪdʒəntlɪ] *adv* avec négligence.

negligible ['neglɪdʒəbl] *adj* négligeable.

negotiable [nɪ'gəʊʃjəbl] *adj* négociable; [price, conditions] à débattre.

negotiate [nɪ'gəʊʃɪeɪt] ◇ vt -1. COMM & POL négocier. -2. [obstacle] franchir; [bend] prendre, négocier. ◇ vi négocier; **to ~ with sb (for sthg)** engager des négociations avec qqn (pour obtenir qqch).

negotiation [nɪ,gəʊʃɪ'eɪʃn] n négociation f.

negotiator [nɪ'gəʊʃɪeɪtə'] n négociateur m, -trice f.

Negress ['niːgrɪs] n négresse f (attention: le terme 'Negress' est considéré raciste).

Negro ['niːgrəʊ] (pl -es) ◇ adj noir(e). ◇ n Noir m (attention: le terme 'Negro' est considéré raciste).

neigh [neɪ] vi [horse] hennir.

neighbour Br, **neighbor** Am ['neɪbə'] n voisin m, -e f.

neighbourhood Br, **neighborhood** Am ['neɪbəhʊd] n -1. [of town] voisinage m, quartier m; **in the ~** à proximité. -2. [approximate figure]: **in the ~ of £300** environ 300 livres, dans les 300 livres.

neighbourhood watch n Br système de surveillance d'un quartier par tous ses habitants (pour prévenir les cambriolages et autres crimes).

neighbouring Br, **neighboring** Am ['neɪbərɪŋ] adj avoisinant(e).

neighbourly Br, **neighborly** Am ['neɪbəlɪ] adj bon voisin (bonne voisine).

neither ['naɪðə', 'niːðə'] ◇ adv: **~ good nor bad** ni bon ni mauvais; **that's ~ here nor there** cela n'a rien à voir. ◇ pron & adj ni l'un ni l'autre (ni l'une ni l'autre). ◇ conj: **~ do I** moi non plus.

neo- ['niːəʊ] prefix néo-.

neoclassical [,niːəʊ'klæsɪkl] adj néoclassique.

neolithic [,niːə'lɪθɪk] adj néolithique.

neologism [niː'ɒlədʒɪzm] n néologisme m.

neon ['niːɒn] n néon m.

neon light n néon m, lumière f au néon.

neon sign n enseigne f lumineuse au néon.

Nepal [nɪ'pɔːl] n Népal m; **in ~** au Népal.

Nepalese [,nepə'liːz] (pl inv) ◇ adj népalais(e). ◇ n Népalais m, -e f.

Nepali [nɪ'pɔːlɪ] n [language] népalais m, népali m.

nephew ['nefjuː] n neveu m.

nepotism ['nepətɪzm] n népotisme m.

Neptune ['neptjuːn] n [planet] Neptune f.

nerve [nɜːv] n -1. ANAT nerf m. -2. [courage] courage m, sang-froid m; **to lose one's ~** se dégonfler, flancher. -3. [cheek] culot m, toupet m; **to have the ~ to do sthg** avoir le culot OR le toupet de faire qqch.

◆ **nerves** npl nerfs mpl; **to get on sb's ~s** taper sur les nerfs OR le système de qqn.

nerve centre n lit & fig centre m nerveux.

nerve gas n gaz m neurotoxique.

nerve-racking [-,rækɪŋ] adj angoissant(e).

nervous ['nɜːvəs] adj -1. [gen] nerveux(euse). -2. [apprehensive - smile, person etc] inquiet(iète); [- performer] qui a le trac; **to be ~ about sthg** appréhender qqch.

nervous breakdown n dépression f nerveuse.

nervously ['nɜːvəslɪ] adv -1. [gen] nerveusement. -2. [apprehensively] avec inquiétude.

nervousness ['nɜːvəsnəs] n (U) -1. [apprehension - of voice etc] inquiétude f; [- of performer] trac m. -2. [tenseness] nervosité f.

nervous system n système m nerveux.

nervous wreck n: **to be a ~** être à bout de nerfs.

nest [nest] ◇ n nid m; **~ of tables** table f gigogne. ◇ vi [bird] faire son nid, nicher.

nest egg n pécule m, bas m de laine.

nestle ['nesl] vi se blottir.

nestling ['neslɪŋ] n oisillon m.

net [net] (pt & pp -ted, cont -ting) ◇ adj net (nette); **~ result** résultat final. ◇ n -1. [gen] filet m. -2. [fabric] voile m, tulle m. ◇ vt -1. [fish] prendre au filet. -2. [money - subj: person] toucher net, gagner net; [- subj: deal] rapporter net.

Net [net] n: **the ~** le Net; **to surf the ~** surfer sur le Net.

netball ['netbɔːl] n netball m.

net curtains npl voilage m.

Netherlands ['neðələndz] npl: **the ~** les Pays-Bas mpl; **in the ~** aux Pays-Bas.

net profit n bénéfice net m.

net revenue n Am chiffre m d'affaires.

nett [net] adj = **net**.

netting ['netɪŋ] n -1. [metal, plastic] grillage m. -2. [fabric] voile m, tulle m.

nettle ['netl] ◇ n ortie f. ◇ vt piquer OR toucher au vif.

network ['netwɜːk] ◇ n réseau m. ◇ vt -1. RADIO & TV diffuser. -2. COMPUT interconnecter.

neuralgia [njʊə'rældʒə] n névralgie f.

neurological [,njʊərə'lɒdʒɪkl] adj neurologique.

neurologist [,njʊə'rɒlədʒɪst] n neurologue mf.

neurology [,njʊə'rɒlədʒɪ] n neurologie f.

neurosis [,njʊə'rəʊsɪs] (pl -ses) n névrose f.

neurosurgery [,njʊərəʊ'sɜːdʒərɪ] n neurochirurgie f.

neurotic [ˌnjʊəˈrɒtɪk] ◇ *adj* névrosé(e). ◇ *n* névrosé *m*, -e *f*.

neuter [ˈnjuːtəʳ] ◇ *adj* neutre. ◇ *vt* [cat] châtrer.

neutral [ˈnjuːtrəl] ◇ *adj* **-1.** [gen] neutre. **-2.** [face, eyes etc] inexpressif(ive). ◇ *n* **-1.** AUT point *m* mort. **-2.** [country] état *m* neutre; [person] personne *f* neutre.

neutrality [njuːˈtrælətɪ] *n* neutralité *f*.

neutralize, -ise [ˈnjuːtrəlaɪz] *vt* neutraliser.

neutron [ˈnjuːtrɒn] *n* neutron *m*.

neutron bomb *n* bombe *f* à neutrons.

Nevada [nɪˈvɑːdə] *n* Nevada *m*; **in** ~ dans le Nevada.

never [ˈnevəʳ] *adv* jamais ... ne, ne ... jamais; ~ **ever** jamais, au grand jamais; **well I ~!** ça par exemple!

never-ending *adj* interminable.

never-never *n Br inf*: **on the** ~ à crédit.

nevertheless [ˌnevəðəˈles] *adv* néanmoins, pourtant.

new [*adj* njuː, *n* njuːz] *adj* **-1.** [gen] nouveau(elle); **to be** ~ **to** [place] être nouveau dans; [job] être neuf dans. **-2.** [not used] neuf (neuve); **as good as** ~ comme neuf.
◆ **news** *n* (*U*) **-1.** [information] nouvelle *f*; **a piece of** ~s une nouvelle; **that's** ~s **to me** première nouvelle; **to break the** ~s **to sb** annoncer OR apprendre la nouvelle à qqn. **-2.** RADIO informations *fpl*. **-3.** TV journal *m* télévisé, actualités *fpl*.

New Age *n* New Age *m*.

new blood *n fig* sang *m* neuf OR frais.

newborn [ˈnjuːbɔːn] *adj* nouveau-né(e).

New Brunswick [-ˈbrʌnzwɪk] *n* Nouveau-Brunswick *m*; **in** ~ dans le Nouveau-Brunswick.

New Caledonia [-ˌkælɪˈdəʊnjə] *n* Nouvelle-Calédonie *f*; **in** ~ en Nouvelle-Calédonie.

New Caledonian [-ˌkælɪˈdəʊnjən] ◇ *adj* néo-calédonien(ienne). ◇ *n* Néo-Calédonien *m*, -ienne *f*.

newcomer [ˈnjuːˌkʌməʳ] *n*: ~ **(to)** nouveau-venu *m*, nouvelle-venue *f* (dans).

New Delhi *n* New Delhi.

New England *n* Nouvelle-Angleterre *f*; **in** ~ en Nouvelle-Angleterre.

newfangled [ˌnjuːˈfæŋgld] *adj inf pej* ultra-moderne, trop moderne.

new-found *adj* récent(e), de fraîche date.

Newfoundland [ˈnjuːfəndlənd] *n* Terre-Neuve *f*; **in** ~ à Terre-Neuve.

New Guinea *n* Nouvelle-Guinée *f*; **in** ~ en Nouvelle-Guinée.

New Hampshire [-ˈhæmpʃəʳ] *n* New Hampshire *m*; **in the** ~ dans le New Hampshire.

New Hebrides *npl* Nouvelles-Hébrides *fpl*; **in the** ~ aux Nouvelles-Hébrides.

New Jersey *n* le New Jersey; **in** ~ dans le New Jersey.

newly [ˈnjuːlɪ] *adv* récemment, fraîchement.

newlyweds [ˈnjuːlɪwedz] *npl* nouveaux OR jeunes mariés *mpl*.

New Mexico *n* Nouveau-Mexique *m*; **in** ~ au Nouveau-Mexique.

new moon *n* nouvelle lune *f*.

New Orleans [-ˈɔːlɪənz] *n* La Nouvelle-Orléans.

New Quebec *n* Nouveau-Québec *m*.

news agency *n* agence *f* de presse.

newsagent *Br* [ˈnjuːzeɪdʒənt], **newsdealer** *Am* [ˈnjuːzdiːlər] *n* marchand *m* de journaux.

news bulletin *n* bulletin *m* d'informations.

newscast [ˈnjuːzkɑːst] *n* **-1.** RADIO informations *fpl*. **-2.** TV actualités *fpl*.

newscaster [ˈnjuːzkɑːstəʳ] *n* présentateur *m*, -trice *f*.

news conference *n* conférence *f* de presse.

newsdealer *Am* = **newsagent**.

newsflash [ˈnjuːzflæʃ] *n* flash *m* d'information.

newsgroup [ˈnjuːzgruːp] *n* COMPUT [on Internet] newsgroup *m*, groupe *m* de discussion.

newshound [ˈnjuːzhaʊnd] *n* reporter *m*.

newsletter [ˈnjuːzˌletəʳ] *n* bulletin *m*.

newsman [ˈnjuːzmæn] (*pl* **-men** [-mən]) *n* journaliste *m*, reporter *m*.

New South Wales *n* Nouvelle-Galles du Sud *f*; **in** ~ en Nouvelle-Galles du Sud.

newspaper [ˈnjuːzˌpeɪpəʳ] *n* journal *m*.

newspaperman [ˈnjuːzˌpeɪpəmæn] (*pl* **-men** [-mən]) *n* journaliste *m*.

newsprint [ˈnjuːzprɪnt] *n* papier *m* journal.

newsreader [ˈnjuːzˌriːdəʳ] *n* présentateur *m*, -trice *f*.

newsreel [ˈnjuːzriːl] *n* actualités *fpl* filmées.

newsroom [ˈnjuːzruːm] *n* **-1.** PRESS salle *f* de rédaction. **-2.** RADIO & TV studio *m*.

newssheet [ˈnjuːzʃiːt] *n* feuille *f* d'informations.

newsstand [ˈnjuːzstænd] *n* kiosque *m* à journaux.

newsworthy [ˈnjuːzˌwɜːðɪ] *adj* qui vaut la peine d'être publié OR qu'on en parle.

newt [njuːt] *n* triton *m*.

new technology *n* nouvelle technologie *f,* technologie de pointe.

New Testament *n*: **the** ~ le Nouveau Testament.

new town *n Br* ville *f* nouvelle.

new wave *n* nouvelle vague *f.*

New World *n*: **the** ~ le Nouveau Monde.

New Year *n* nouvel an *m,* nouvelle année *f*; **Happy** ~! bonne année!

New Year's Day *n* jour *m* de l'an, premier *m* de l'an.

New Year's Eve *n* la Saint-Sylvestre.

New York [-ˈjɔːk] *n* **-1.** [city]; ~ **(City)** New York. **-2.** [state]: ~ **(State)** l'État *m* de New York; **in (the State of)** ~, **in** ~ **(State)** dans l'État de New York.

New Yorker [-ˈjɔːkər] *n* New-Yorkais *m,* -e *f.*

New Zealand [-ˈziːlənd] *n* Nouvelle-Zélande *f*; **in** ~ en Nouvelle-Zélande.

New Zealander [-ˈziːləndər] *n* Néo-Zélandais *m,* -e *f.*

next [nekst] ◇ *adj* prochain(e); [room] d'à côté; [page] suivant(e); ~ **Tuesday** mardi prochain; ~ **time** la prochaine fois; ~ **week** la semaine prochaine; **the** ~ **week** la semaine suivante OR d'après; ~ **year** l'année prochaine; ~, **please!** au suivant!; **the day after** ~ le surlendemain; **the week after** ~ dans deux semaines.

◇ *adv* **-1.** [afterwards] ensuite, après. **-2.** [again] la prochaine fois. **-3.** (*with superlatives*): **he's the** ~ **biggest after Dan** c'est le plus grand après OR à part Dan.

◇ *prep Am* à côté de.

◆ **next to** *prep* à côté de; **it cost** ~ **to nothing** cela a coûté une bagatelle OR trois fois rien; **I know** ~ **to nothing** je ne sais presque OR pratiquement rien.

next door *adv* à côté.

◆ **next-door** *adj*: **next-door neighbour** voisin *m,* -e *f* d'à côté.

next of kin *n* plus proche parent *m.*

NF ◇ *n* (*abbr of* **National Front**) ≈ FN *m.* ◇ *abbr of* **Newfoundland.**

NFL (*abbr of* **National Football League**) *n* fédération nationale de football américain.

NFU (*abbr of* **National Farmers' Union**) *n* syndicat britannique d'exploitants agricoles.

NG *abbr of* **National Guard.**

NGO (*abbr of* **non-governmental organization**) *n* ONG *f.*

NH *abbr of* **New Hampshire.**

NHL (*abbr of* **National Hockey League**) *n* fédération nationale américaine de hockey sur glace.

NHS (*abbr of* **National Health Service**) *n* service national de santé en Grande-Bretagne, ≈ sécurité sociale *f.*

NI ◇ *n abbr of* **National Insurance.** ◇ *abbr of* **Northern Ireland.**

Niagara [naɪˈægrə] *n*: ~ **Falls** les chutes *fpl* du Niagara.

nib [nɪb] *n* plume *f.*

nibble [ˈnɪbl] ◇ *vt* grignoter, mordiller. ◇ *vi*: **to** ~ **at sthg** grignoter qqch.

Nicaragua [ˌnɪkəˈrægjuə] *n* Nicaragua *m*; **in** ~ au Nicaragua.

Nicaraguan [ˌnɪkəˈrægjuən] ◇ *adj* nicaraguayen(enne). ◇ *n* Nicaraguayen *m,* -enne *f.*

nice [naɪs] *adj* **-1.** [holiday, food] bon (bonne); [day, picture] beau (belle); [dress] joli(e). **-2.** [person] gentil(ille), sympathique; **to be** ~ **to sb** être gentil OR aimable avec qqn.

nice-looking [-ˈlʊkɪŋ] *adj* joli(e), beau (belle).

nicely [ˈnaɪslɪ] *adv* **-1.** [made, manage etc] bien; [dressed] joliment; **that will do** ~ cela fera très bien l'affaire. **-2.** [politely - ask] poliment, gentiment; [- behave] bien.

nicety [ˈnaɪsətɪ] (*pl* **-ies**) *n* délicatesse *f,* subtilité *f.*

niche [niːʃ] *n* [in wall] niche *f*; *fig* bonne situation *f,* voie *f.*

nick [nɪk] ◇ *n* **-1.** [cut] entaille *f,* coupure *f.* **-2.** *Br prison sl* [jail]: **the** ~ la taule OR tôle. **-3.** *Br inf* [condition]: **in good/bad** ~ en bon/mauvais état. **-4.** *phr*: **in the** ~ **of time** juste à temps. ◇ *vt* **-1.** [cut] couper, entailler. **-2.** *Br inf* [steal] piquer, faucher. **-3.** *Br inf* [arrest] pincer, choper.

nickel [ˈnɪkl] *n* **-1.** [metal] nickel *m.* **-2.** *Am* [coin] pièce *f* de cinq cents.

nickname [ˈnɪkneɪm] ◇ *n* sobriquet *m,* surnom *m.* ◇ *vt* surnommer.

Nicosia [ˌnɪkəˈsiːə] *n* Nicosie.

nicotine [ˈnɪkətiːn] *n* nicotine *f.*

niece [niːs] *n* nièce *f.*

nifty [ˈnɪftɪ] (*compar* **-ier**, *superl* **-iest**) *adj inf* génial(e), super (*inv*).

Niger [ˈnaɪdʒər] *n* **-1.** [country] Niger *m*; **in** ~ au Niger. **-2.** [river]: **the (River)** ~ le Niger.

Nigeria [naɪˈdʒɪərɪə] *n* Nigeria *m*; **in** ~ au Nigeria.

Nigerian [naɪˈdʒɪərɪən] ◇ *adj* nigérian(e). ◇ *n* Nigérian *m,* -e *f.*

Nigerien [naɪˈdʒɪərɪən] ◇ *adj* nigérien(ienne). ◇ *n* Nigérien *m,* -ienne *f.*

niggardly ['nɪgədlɪ] *adj* [person] pingre, avare; [gift, amount] mesquin(e), chiche.

niggle ['nɪgl] ◇ *n* [worry] souci *m*, tracas *m*. ◇ *vt Br* -1. [worry] tracasser. -2. [criticize] faire des réflexions à, critiquer. ◇ *vi* -1. [worry]: **to ~ at sb** tracasser qqn. -2. [criticize] faire des réflexions, critiquer.

nigh [naɪ] *adv literary* près, proche; **well ~** presque.

night [naɪt] *n* -1. [not day] nuit *f*; **at ~** la nuit; **~ and day, day and ~** nuit et jour. -2. [evening] soir *m*; **at ~** le soir. -3. *phr*: **to have an early ~** se coucher de bonne heure; **to have a late ~** veiller, se coucher tard. ◆ **nights** *adv* -1. *Am* [at night] la nuit. -2. *Br* [nightshift]: **to work ~s** travailler OR être de nuit.

nightcap ['naɪtkæp] *n* -1. [drink] boisson alcoolisée prise avant de se coucher. -2. [hat] bonnet *m* de nuit.

nightclothes ['naɪtkləʊðz] *npl* vêtements *mpl* de nuit.

nightclub ['naɪtklʌb] *n* boîte *f* de nuit, night-club *m*.

nightdress ['naɪtdres] *n* chemise *f* de nuit.

nightfall ['naɪtfɔːl] *n* tombée *f* de la nuit OR du jour.

nightgown ['naɪtgaʊn] *n* chemise *f* de nuit.

nightie ['naɪtɪ] *n inf* chemise *f* de nuit.

nightingale ['naɪtɪŋgeɪl] *n* rossignol *m*.

nightlife ['naɪtlaɪf] *n* vie *f* nocturne, activités *fpl* nocturnes.

nightlight ['naɪtlaɪt] *n* veilleuse *f*.

nightly ['naɪtlɪ] ◇ *adj* (de) toutes les nuits OR tous les soirs. ◇ *adv* toutes les nuits, tous les soirs.

nightmare ['naɪtmeəʳ] *n lit & fig* cauchemar *m*.

nightmarish ['naɪtmeərɪʃ] *adj* cauchemardesque, de cauchemar.

night owl *n fig* couche-tard *m inv*, noctambule *mf*.

night porter *n* veilleur *m* de nuit.

night safe *n* coffre *m* de nuit.

night school *n* (U) cours *mpl* du soir.

night shift *n* [period] poste *m* de nuit.

nightshirt ['naɪtʃɜːt] *n* chemise *f* de nuit d'homme.

nightspot ['naɪt,spɒt] *n* boîte *f* de nuit, night-club *m*.

nightstick ['naɪt,stɪk] *n Am* matraque *f*.

nighttime ['naɪttaɪm] *n* nuit *f*.

night watchman *n* gardien *m* de nuit.

nightwear ['naɪtweəʳ] *n* (U) vêtements *mpl* de nuit.

nihilism ['naɪəlɪzm] *n* nihilisme *m*.

nil [nɪl] *n* néant *m*; *Br* SPORT zéro *m*.

Nile [naɪl] *n*: **the ~** le Nil.

nimble [nɪmbl] *adj* agile, leste; *fig* [mind] vif (vive).

nimbly ['nɪmblɪ] *adv* agilement, lestement.

nine [naɪn] *num* neuf; *see also* **six**.

nineteen [,naɪn'tiːn] *num* dix-neuf; *see also* **six**.

nineteenth [naɪn'tiːnθ] *num* dix-neuvième; *see also* **sixth**.

ninetieth ['naɪntɪəθ] *num* quatre-vingt-dixième; *see also* **sixth**.

ninety ['naɪntɪ] *num* quatre-vingt-dix; *see also* **sixty**.

ninny ['nɪnɪ] (*pl* -**ies**) *n inf* nigaud *m*, -e *f*.

ninth [naɪnθ] *num* neuvième; *see also* **sixth**.

nip [nɪp] (*pt & pp* -**ped**, *cont* -**ping**) ◇ *n* -1. [pinch] pinçon *m*; [bite] morsure *f*. -2. [of drink] goutte *f*, doigt *m*. ◇ *vt* [pinch] pincer; [bite] mordre. ◇ *vi Br inf*: **to ~ down the pub** faire un saut au pub.

nipper ['nɪpəʳ] *n Br inf* gamin *m*, -e *f*, gosse *mf*.

nipple ['nɪpl] *n* -1. ANAT bout *m* de sein, mamelon *m*. -2. [of bottle] tétine *f*.

nippy ['nɪpɪ] (*compar* -**ier**, *superl* -**iest**) *adj inf* -1. [cold] froid(e), frisquet(ette). -2. [quick - person] vif (vive); [- car] nerveux(euse).

Nissen hut ['nɪsn-] *n* hutte *f* préfabriquée en tôle.

nit [nɪt] *n* -1. [in hair] lente *f*. -2. *Br inf* [idiot] idiot *m*, -e *f*, crétin *m*, -e *f*.

nitpicking ['nɪtpɪkɪŋ] *n inf* ergotage *m*, pinaillage *m*.

nitrate ['naɪtreɪt] *n* nitrate *m*.

nitric acid ['naɪtrɪk-] *n* acide *m* nitrique.

nitrogen ['naɪtrədʒən] *n* azote *m*.

nitroglycerin(e) [,naɪtrəʊ'glɪsəriːn] *n* nitroglycérine *f*.

nitty-gritty [,nɪtɪ'grɪtɪ] *n inf*: **to get down to the ~** en venir à l'essentiel OR aux choses sérieuses.

nitwit ['nɪtwɪt] *n inf* imbécile *mf*, idiot *m*, -e *f*.

nix [nɪks] *Am* ◇ *n* [nothing] rien. ◇ *adv* non. ◇ *vt* [say no to] mettre son veto à.

NJ *abbr of* **New Jersey**.

NLF (*abbr of* **National Liberation Front**) *n* FLN *m*.

NLQ (*abbr of* **near letter quality**) qualité *quasi-courrier*.

NLRB (*abbr of* **National Labor Relations Board**) *n* commission américaine d'arbitrage en matière d'emploi.

NM *abbr of* **New Mexico**.

no [nəʊ] (*pl* **-es**) ◇ *adv* **-1.** [gen] non; [expressing disagreement] mais non. **-2.** [not any]: ~ **bigger/smaller** pas plus grand/petit; ~ **better** pas mieux. ◇ *adj* aucun(e), pas de; **there's ~ telling what will happen** impossible de dire ce qui va se passer; **he's ~ friend of mine** je ne le compte pas parmi mes amis. ◇ *n* non *m*; **she won't take ~ for an answer** elle n'accepte pas de refus OR qu'on lui dise non.

No., no. (*abbr of* **number**) No, no.

Noah's ark ['nəʊəz-] *n* l'arche *f* de Noé.

nobble ['nɒbl] *vt Br inf* **-1.** [racehorse] droguer. **-2.** [bribe] soudoyer, acheter. **-3.** [detain - person] accrocher.

Nobel prize [nəʊ'bel-] *n* prix *m* Nobel.

nobility [nə'bɪlətɪ] *n* noblesse *f*.

noble ['nəʊbl] ◇ *adj* noble. ◇ *n* noble *m*.

nobleman ['nəʊblmən] (*pl* **-men** [-mən]) *n* noble *m*, aristocrate *m*.

noblewoman ['nəʊbl,wʊmən] (*pl* **-women** [-wɪmɪn]) *n* (femme) noble *f*, aristocrate *f*.

nobly ['nəʊblɪ] *adv* noblement.

nobody ['nəʊbədɪ] (*pl* **-ies**) ◇ *pron* personne, aucun(e). ◇ *n pej* rien-du-tout *mf*, moins que rien *mf*.

no-claim bonus *n* bonus *m*.

nocturnal [nɒk'tɜːnl] *adj* nocturne.

nod [nɒd] (*pt & pp* **-ded**, *cont* **-ding**) ◇ *n* signe *m* OR inclination *f* de la tête. ◇ *vt*: to ~ **one's head** incliner la tête, faire un signe de tête. ◇ *vi* **-1.** [in agreement] faire un signe de tête affirmatif, faire signe que oui. **-2.** [to indicate sthg] faire un signe de tête. **-3.** [as greeting]: to ~ to sb saluer qqn d'un signe de tête.
◆ **nod off** *vi* somnoler, s'assoupir.

node [nəʊd] *n* nœud *m*.

nodule ['nɒdjuːl] *n* nodule *m*.

no-go area *n Br* zone *f* interdite.

noise [nɔɪz] *n* bruit *m*.

noiseless ['nɔɪzlɪs] *adj* silencieux(ieuse).

noiselessly ['nɔɪzlɪslɪ] *adv* sans bruit, silencieusement.

noisily ['nɔɪzɪlɪ] *adv* bruyamment.

noisy ['nɔɪzɪ] (*compar* **-ier**, *superl* **-iest**) *adj* bruyant(e).

nomad ['nəʊmæd] *n* nomade *mf*.

nomadic [nə'mædɪk] *adj* nomade.

no-man's-land *n* no man's land *m*.

nominal ['nɒmɪnl] *adj* **-1.** [in name only] de nom seulement, nominal(e). **-2.** [very small] nominal(e), insignifiant(e).

nominally ['nɒmɪnəlɪ] *adv* nominalement, de nom.

nominate ['nɒmɪneɪt] *vt* **-1.** [propose]: to ~ sb (for/as sthg) proposer qqn (pour/comme qqch). **-2.** [appoint]: to ~ sb (as sthg) nommer qqn (qqch); to ~ sb (to sthg) nominer qqn (à qqch).

nomination [,nɒmɪ'neɪʃn] *n* nomination *f*.

nominee [,nɒmɪ'niː] *n* personne *f* nommée OR désignée.

non- [nɒn] *prefix* non-.

nonaddictive [,nɒnə'dɪktɪv] *adj* qui ne provoque pas d'accoutumance OR de dépendance.

nonaggression [,nɒnə'greʃn] *n* non-agression *f*.

nonalcoholic [,nɒnælkə'hɒlɪk] *adj* non-alcoolisé(e).

nonaligned [,nɒnə'laɪnd] *adj* non-aligné(e).

nonbeliever [,nɒnbɪ'liːvər] *n* incroyant *m*, -e *f*, athée *mf*.

nonchalant [*Br* 'nɒnʃələnt, *Am* ,nɒnʃə'lɑːnt] *adj* nonchalant(e).

nonchalantly [*Br* 'nɒnʃələntlɪ, *Am* ,nɒnʃə'lɑːntlɪ] *adv* nonchalamment.

noncombatant [*Br* ,nɒn'kɒmbətənt, *Am* ,nɒnkəm'bætənt] *n* non-combattant *m*, -e *f*.

noncommissioned officer [,nɒnkə'mɪʃənd-] *n* sous-officier *m*.

noncommittal [,nɒnkə'mɪtl] *adj* évasif(ive).

noncompetitive [,nɒnkəm'petɪtɪv] *adj* qui n'est pas basé(e) sur la compétition.

non compos mentis [-,kɒmpəs'mentɪs] *adj*: to be ~ ne pas avoir toute sa raison.

nonconformist [,nɒnkən'fɔːmɪst] ◇ *adj* non-conformiste. ◇ *n* non-conformiste *mf*.

nonconformity [,nɒnkən'fɔːmətɪ] *n* non-conformité *f*.

noncontributory [,nɒnkən'trɪbjʊtərɪ] *adj* sans versements de la part des bénéficiaires.

noncooperation ['nɒnkəʊ,ɒpə'reɪʃn] *n* refus *m* de coopération.

nondescript [*Br* 'nɒndɪskrɪpt, *Am* ,nɒndɪ'skrɪpt] *adj* quelconque, terne.

nondrinker [,nɒn'drɪŋkər] *n* personne *f* qui ne boit pas d'alcool.

nondrip [,nɒn'drɪp] *adj* qui ne coule pas.

nondriver [,nɒn'draɪvər] *n* personne *f* qui n'a pas le permis de conduire.

none [nʌn] ◇ *pron* **-1.** [gen] aucun(e); **there was ~ left** il n'y en avait plus, il n'en restait plus; **I'll have** ~ **of your nonsense** je ne tolérerai pas de bêtises de ta part. **-2.** [nobody] personne, nul (nulle). ◇ *adv:* ~ **the worse/wiser** pas plus mal/avancé; ~ **the better** pas mieux.

♦ **none too** *adv* pas tellement OR trop.

nonentity [nɒˈnentətɪ] (*pl* **-ies**) *n* nullité *f*, zéro *m*.

nonessential [ˌnɒnɪˈsenʃl] *adj* non-essentiel(ielle), peu important(e).

nonetheless [ˌnʌnðəˈles] *adv* néanmoins, pourtant.

non-event *n* événement *m* raté OR décevant.

nonexecutive director [ˌnɒnɪgˈsekjətɪv-] *n* administrateur *m*, -trice *f*.

nonexistent [ˌnɒnɪgˈzɪstənt] *adj* inexistant(e).

nonfattening [ˌnbnˈfætnɪŋ] *adj* qui ne fait pas grossir.

nonfiction [ˌnɒnˈfɪkʃn] *n* (*U*) ouvrages *mpl* généraux.

nonflammable [ˌnɒnˈflæməbl] *adj* ininflammable.

noninfectious [ˌnɒnɪnˈfekʃəs] *adj* qui n'est pas infectieux(ieuse).

noninflammable [ˌnɒnɪnˈflæməbl] = **nonflammable**.

noninterference [ˌnɒnɪntəˈfɪərəns], **nonintervention** [ˌnɒnɪntəˈvenʃn] *n* non-ingérence *f*, non-intervention *f*.

non-iron *adj* qui ne se repasse pas.

nonmalignant [ˌnɒnməˈlɪgnənt] *adj* bénin(igne).

non-member *n* [of club] personne *f* qui n'est pas membre.

non-negotiable *adj* qu'on ne peut pas négocier OR débattre.

no-no *n inf:* **it's a** ~ c'est interdit OR défendu.

no-nonsense *adj* direct(e), sérieux(ieuse).

nonoperational [ˌnɒnɒpəˈreɪʃənl] *adj* non-opérationnel(elle).

nonparticipation [ˌnɒnpɑːtɪsəˈpeɪʃən] *n* non-participation *f*.

nonpayment [ˌnɒnˈpeɪmənt] *n* non-paiement *m*.

nonplussed, **nonplused** *Am* [ˌnɒnˈplʌst] *adj* déconcerté(e), perplexe.

non-profit-making *Br*, **non-profit** *Am adj* à but non lucratif.

nonproliferation [ˈnɒnprəˌlɪfəˈreɪʃn] *n* non-prolifération *f*.

nonrenewable [ˌnɒnrɪˈnjuːəbl] *adj* non renouvelable.

nonresident [ˌnɒnˈrezɪdənt] *n* **-1.** [of country] non-résident *m*, -e *f*. **-2.** [of hotel] client *m*, -e *f* de passage.

nonreturnable [ˌnɒnrɪˈtɜːnəbl] *adj* [bottle] non consigné(e).

nonsense [ˈnɒnsəns] ◇ *n* (*U*) **-1.** [meaningless words] charabia *m*. **-2.** [foolish idea]: **it was** ~ **to suggest ...** il était absurde de suggérer .... **-3.** [foolish behaviour] bêtises *fpl*, idioties *fpl*; **to make (a)** ~ **of sthg** gâcher OR saboter qqch. ◇ *excl* quelles bêtises OR foutaises!

nonsensical [nɒnˈsensɪkl] *adj* absurde, qui n'a pas de sens.

non sequitur [-ˈsekwɪtəʳ] *n* remarque *f* qui manque de suite.

nonshrink [ˌnɒnˈʃrɪŋk] *adj* irrétrécissable.

nonskid [ˌnɒnˈskɪd] *adj* [tyre] antidérapant(e).

nonslip [ˌnɒnˈslɪp] *adj* antidérapant(e).

nonsmoker [ˌnɒnˈsməukəʳ] *n* non-fumeur *m*, -euse *f*, personne *f* qui ne fume pas.

nonstarter [ˌnɒnˈstɑːtəʳ] *n* **-1.** *Br inf* [plan etc]: **this is a** ~ ceci n'a aucune chance de réussir. **-2.** [in race] non-partant *m*.

nonstick [ˌnɒnˈstɪk] *adj* qui n'attache pas, téflonisé(e).

nonstop [ˌnɒnˈstɒp] ◇ *adj* [flight] direct(e), sans escale; [activity] continu(e); [rain] continuel(elle). ◇ *adv* [talk, work] sans arrêt; [rain] sans discontinuer.

nontaxable [ˌnɒnˈtæksəbl] *adj* non imposable.

nontoxic [ˌnɒnˈtɒksɪk] *adj* non toxique.

nontransferable [ˌnɒntrænzˈfɜːrəbl] *adj* non transmissible.

non-U *adj Br dated* qui n'est pas très distingué(e), vulgaire.

nonviolence [ˌnɒnˈvaɪələns] *n* non-violence *f*.

nonvoter [ˌnɒnˈvəutəʳ] *n* abstentionniste *mf*, personne *f* qui ne vote pas.

nonvoting [ˌnɒnˈvəutɪŋ] *adj* **-1.** [person] abstentionniste, qui ne vote pas. **-2.** FIN [shares] sans droit de vote.

nonwhite [ˌnɒnˈwaɪt] ◇ *adj* de couleur. ◇ *n* personne *f* de couleur.

noodles [ˈnuːdlz] *npl* nouilles *fpl*.

nook [nuk] *n* [of room] coin *m*, recoin *m*; **every** ~ **and cranny** tous les coins, les coins et les recoins.

noon [nuːn] ◇ *n* midi *m*. ◇ *comp* de midi.

noonday [ˈnuːndeɪ] *literary* = **noon**.

no one *pron* = **nobody**.

noose [nuːs] *n* nœud *m* coulant.

no-place *Am* = nowhere.

nor [nɔːr] *conj*: ~ **do I** moi non plus; → **neither.**

Nordic ['nɔːdɪk] *adj* nordique.

Norf (*abbr of* **Norfolk**) *comté anglais.*

norm [nɔːm] *n* norme *f.*

normal ['nɔːml] *adj* normal(e).

normality [nɔː'mælɪtɪ], **normalcy** *Am* ['nɔːmlsɪ] *n* normalité *f.*

normalize, -ise ['nɔːməlaɪz] ◇ *vt* normaliser. ◇ *vi* se normaliser, redevenir normal.

normally ['nɔːməlɪ] *adv* normalement.

Norman ['nɔːmən] ◇ *adj* normand(e). ◇ *n* Normand *m*, -e *f.*

Normandy ['nɔːməndɪ] *n* Normandie *f*; **in** ~ en Normandie.

Norse [nɔːs] *adj* nordique, scandinave.

north [nɔːθ] ◇ *n* **-1.** [direction] nord *m*. **-2.** [region]: **the** ~ le nord. ◇ *adj* nord (*inv*); [wind] du nord. ◇ *adv* au nord, vers le nord; ~ **of** au nord de.

North Africa *n* Afrique *f* du Nord; **in** ~ en Afrique du Nord.

North America *n* Amérique *f* du Nord.

North American ◇ *adj* nord-américain(aine). ◇ *n* Nord-Américain *m*, -aine *f.*

Northants [nɔː'θænts] (*abbr of* **Northamptonshire**) *comté anglais.*

northbound ['nɔːθbaʊnd] *adj* en direction du nord; ~ **carriageway** chaussée (du) nord.

North Carolina [-,kærə'laɪnə] *n* Caroline *f* du Nord; **in** ~ en Caroline du Nord.

North Country *n*: **the** ~ le Nord de l'Angleterre.

Northd (*abbr of* **Northumberland**) *comté anglais.*

North Dakota [-də'kəʊtə] *n* Dakota *m* du Nord; **in** ~ dans le Dakota du Nord.

northeast [,nɔːθ'iːst] ◇ *n* **-1.** [direction] nord-est *m*. **-2.** [region]: **the** ~ le nord-est. ◇ *adj* nord-est (*inv*); [wind] du nord-est. ◇ *adv* au nord-est, vers le nord-est; ~ **of** au nord-est de.

northeasterly [,nɔːθ'iːstəlɪ] *adj* au nord-est, du nord-est; **in a** ~ **direction** vers le nord-est.

northerly ['nɔːðəlɪ] *adj* du nord; **in a** ~ **direction** vers le nord, en direction du nord.

northern ['nɔːðən] *adj* du nord, nord (*inv*).

Northerner ['nɔːðənə'] *n* habitant *m*, -e *f* du Nord.

Northern Ireland *n* Irlande *f* du Nord; **in** ~ en Irlande du Nord.

Northern Lights *npl*: **the** ~ l'aurore *f* boréale.

northernmost ['nɔːðənməʊst] *adj* le plus au nord (la plus au nord), à l'extrême nord.

Northern Territory *n* Territoire *m* du Nord; **in** ~ dans le Territoire du Nord.

North Korea *n* Corée *f* du Nord.

North Korean ◇ *adj* nord-coréen(enne). ◇ *n* Nord-Coréen *m*, -enne *f.*

North Pole *n*: **the** ~ le pôle Nord.

North Sea *n*: **the** ~ la mer du Nord. ◇ *comp* de la mer du Nord.

North Star *n*: **the** ~ l'étoile *f* polaire.

North Vietnam *n* Nord Viêt-Nam *m*; **in** ~ au Nord Viêt-Nam.

North Vietnamese ◇ *adj* nord-vietnamien(ienne). ◇ *n* Nord-Vietnamien *m*, -ienne *f.*

northward ['nɔːθwəd] ◇ *adj* au nord; **in a** ~ **direction** vers le nord. ◇ *adv* = **northwards.**

northwards ['nɔːθwədz] *adv* au nord, vers le nord.

northwest [,nɔːθ'west] ◇ *n* **-1.** [direction] nord-ouest *m*. **-2.** [region]: **the** ~ le nord-ouest. ◇ *adj* nord-ouest (*inv*); [wind] du nord-ouest. ◇ *adv* au nord-ouest, vers le nord-ouest; ~ **of** au nord-ouest de.

northwesterly [,nɔːθ'westəlɪ] *adj* au nord-ouest, du nord-ouest; **in a** ~ **direction** vers le nord-ouest.

Northwest Territories *npl Can*: **the** ~ les Territoires *mpl* du Nord-Ouest.

North Yemen *n* Yemen *m* du Nord; **in** ~ au Yemen du Nord.

Norway ['nɔːweɪ] *n* Norvège *f*; **in** ~ en Norvège.

Norwegian [nɔː'wiːdʒən] ◇ *adj* norvégien(ienne). ◇ *n* **-1.** [person] Norvégien *m*, -ienne *f*. **-2.** [language] norvégien *m.*

Nos., nos. (*abbr of* **numbers**) no.

nose [nəʊz] *n* nez *m*; **under one's** ~ sous le nez; **you're just cutting your** ~ **off to spite your face** c'est toi qui en pâtis; **to have a** ~ **for sthg** flairer qqch, savoir reconnaître qqch; **he gets up my** ~ *inf* il me tape sur les nerfs; **keep your** ~ **out of my business** occupe-toi OR mêle-toi de tes affaires, occupe-toi OR mêle-toi de tes oignons; **to look down one's** ~ **at sb** *fig* traiter qqn de haut (en bas); **to look down one's** ~ **at sthg** *fig* considérer qqch avec mépris; **to pay through the** ~ payer les yeux de la tête; **to poke** OR **stick one's** ~ **into sthg** mettre OR fourrer son nez dans qqch; **to turn up one's ~ at sthg** dédaigner qqch.

◆ **nose about, nose around** *vi* fouiner, fureter.

nosebag ['nəʊzbæg] *n* musette *f* (mangeoire).

nosebleed ['nəʊzbliːd] *n*: **to have a ~** saigner du nez.

nosecone ['nəʊzkəʊn] *n* [of rocket] coiffe *f*; [of plane] nez *m*.

nosedive ['nəʊzdaɪv] ◇ *n* [of plane] piqué *m*. ◇ *vi* **-1.** [plane] descendre en piqué, piquer du nez. **-2.** *fig* [prices] dégringoler; [hopes] s'écrouler.

nosey ['nəʊzɪ] = **nosy**.

nosh [nɒʃ] *n Br inf* [food] bouffe *f*.

nosh-up *n Br inf* gueuleton *m*, bouffe *f*.

nostalgia [nɒ'stældʒə] *n*: **~ (for sthg)** nostalgie *f* (de qqch).

nostalgic [nɒ'stældʒɪk] *adj* nostalgique.

nostril ['nɒstrəl] *n* narine *f*.

nosy ['nəʊzɪ] (*compar* **-ier**, *superl* **-iest**) *adj* curieux(ieuse), fouinard(e).

not [nɒt] *adv* ne pas, pas; **I think ~** je ne crois pas; **I'm afraid ~** je crains que non; **~ always** pas toujours; **~ that ...** ce n'est pas que ..., non pas que ...; **~ at all** [no] pas du tout; [to acknowledge thanks] de rien, je vous en prie.

notable ['nəʊtəbl] ◇ *adj* notable, remarquable; **to be ~ for sthg** être célèbre pour qqch. ◇ *n* notable *m*.

notably ['nəʊtəblɪ] *adv* **-1.** [in particular] notamment, particulièrement. **-2.** [noticeably] sensiblement, nettement.

notary ['nəʊtərɪ] (*pl* **-ies**) *n*: **~ (public)** notaire *m*.

notation [nəʊ'teɪʃn] *n* notation *f*.

notch [nɒtʃ] *n* **-1.** [cut] entaille *f*, encoche *f*. **-2.** *fig* [on scale] cran *m*.

◆ **notch up** *vt fus* marquer.

note [nəʊt] ◇ *n* **-1.** [gen & MUS] note *f*; [short letter] mot *m*; **to take ~ of sthg** prendre note de qqch; **to compare ~s** échanger ses impressions OR ses vues. **-2.** [money] billet *m* (de banque). **-3.** [importance]: **of ~** de marque, éminent(e). ◇ *vt* **-1.** [notice] remarquer, constater. **-2.** [mention] mentionner, signaler.

◆ **notes** *npl* [in book] notes *fpl*.

◆ **note down** *vt sep* noter, inscrire.

notebook ['nəʊtbʊk] *n* **-1.** [for notes] carnet *m*, calepin *m*. **-2.** COMPUT ordinateur *m* portable compact.

noted ['nəʊtɪd] *adj* célèbre, éminent(e).

notepad ['nəʊtpæd] *n* bloc-notes *m*.

notepaper ['nəʊtpeɪpə^r] *n* papier *m* à lettres.

noteworthy ['nəʊt,wɜːðɪ] (*compar* **-ier**, *superl* **-iest**) *adj* remarquable, notable.

nothing ['nʌθɪŋ] ◇ *pron* rien; **I've got ~ to do** je n'ai rien à faire; **there's ~ in it** ce n'est pas vrai du tout, il n'y a pas un brin de vérité là-dedans; **there's ~ to it** c'est facile comme tout OR simple comme bonjour; **for ~** pour rien; **~ if not** avant tout, surtout; **~ but ... que**, rien que; **there's ~ for it (but to do sthg)** *Br* il n'y a rien d'autre à faire (que de faire qqch). ◇ *adv*: **you're ~ like your brother** tu ne ressembles pas du tout à ton OR en rien à ton frère; **I'm ~ like finished** je suis loin d'avoir fini.

nothingness ['nʌθɪŋnɪs] *n* néant *m*.

notice ['nəʊtɪs] ◇ *n* **-1.** [written announcement] affiche *f*, placard *m*. **-2.** [attention]: **it has come to my ~ that ...** mon attention a été attirée par le fait que ...; **it escaped my ~** je ne l'ai pas remarqué, je ne m'en suis pas aperçu; **to take ~ (of sb/sthg)** faire OR prêter attention (à qqn/qqch); **to take no ~ (of sb/sthg)** ne pas faire attention (à qqn/qqch); **he didn't take a blind bit of ~** il n'y a tenu aucun compte. **-3.** [warning] avis *m*, avertissement *m*; **at short ~** dans un bref délai; **until further ~** jusqu'à nouvel ordre. **-4.** [at work]: **to be given one's ~** recevoir son congé, être renvoyé(e); **to hand in one's ~** donner sa démission, demander son congé.

◇ *vt* remarquer, s'apercevoir de.

noticeable ['nəʊtɪsəbl] *adj* sensible, perceptible.

noticeably ['nəʊtɪsəblɪ] *adv* sensiblement, nettement.

notice board *n* panneau *m* d'affichage.

notification [,nəʊtɪfɪ'keɪʃn] *n* notification *f*, avis *m*.

notify ['nəʊtɪfaɪ] (*pt* & *pp* **-ied**) *vt*: **to ~ sb (of sthg)** avertir OR aviser qqn (de qqch).

notion ['nəʊʃn] *n* idée *f*, notion *f*.

◆ **notions** *npl Am* mercerie *f*.

notional ['nəʊʃənl] *adj* imaginaire, fictif(ive).

notoriety [,nəʊtə'raɪətɪ] *n* mauvaise OR triste réputation *f*.

notorious [nəʊ'tɔːrɪəs] *adj* [criminal] notoire; [place] mal famé(e); **to be ~ for sthg** être réputé pour qqch.

notoriously [nəʊ'tɔːrɪəslɪ] *adv* notoirement.

Notts [nɒts] (*abbr of* **Nottinghamshire**) *comté anglais*.

notwithstanding [ˌnɒtwɪθ'stændɪŋ] *fml* ◇ *prep* malgré, en dépit de. ◇ *adv* néanmoins, malgré tout.

nougat ['nuːgɑː] *n* nougat *m*.

nought [nɔːt] *num* zéro *m*; ~s and crosses morpion *m*.

noun [naun] *n* nom *m*.

nourish ['nʌrɪʃ] *vt* nourrir.

nourishing ['nʌrɪʃɪŋ] *adj* nourrissant(e).

nourishment ['nʌrɪʃmənt] *n* (*U*) nourriture *f*, aliments *mpl*.

Nov. (*abbr of* **November**) nov.

Nova Scotia [ˌnəuvə'skəuʃə] *n* Nouvelle-Ecosse *f*; **in** ~ en Nouvelle-Ecosse.

Nova Scotian [ˌnəuvə'skəuʃn] ◇ *n* Néo-Ecossais *m*, -e *f*. ◇ *adj* néo-écossais(e).

novel ['nɒvl] ◇ *adj* nouveau (nouvelle), original(e). ◇ *n* roman *m*.

novelist ['nɒvəlɪst] *n* romancier *m*, -ière *f*.

novelty ['nɒvltɪ] (*pl* -**ies**) *n* -**1.** [gen] nouveauté *f*. -**2.** [cheap object] gadget *m*.

November [nə'vembəʳ] *n* novembre *m*; *see also* **September**.

novice ['nɒvɪs] *n* novice *mf*.

Novocaine® ['nəuvəkeɪn] *n* novocaïne® *f*.

now [nau] ◇ *adv* -**1.** [at this time, at once] maintenant; **any day/time** ~ d'un jour/moment à l'autre; ~ **and then** OR **again** de temps en temps, de temps à autre. -**2.** [in past] à ce moment-là, alors. -**3.** [to introduce statement]: ~ **let's just calm down** bon, on se calme maintenant.
◇ *conj*: ~ (**that**) maintenant que.
◇ *n*: **for** ~ pour le présent; **from** ~ **on** à partir de maintenant, désormais; **up until** ~ jusqu'à présent; **by** ~ déjà.

NOW [nau] (*abbr of* **National Organization for Women**) *n organisation féministe américaine.*

nowadays ['nauədeɪz] *adv* actuellement, aujourd'hui.

nowhere *Br* ['nəuwɜːʳ], **no-place** *Am adv* nulle part; **to appear out of** OR **from** ~ apparaître tout d'un coup; ~ **near** loin de; **we're getting** ~ on n'avance pas, on n'arrive à rien; **this is getting us** ~ cela ne nous avance à rien.

no-win situation *n* situation *f* où on perd à tous les coups.

noxious ['nɒkʃəs] *adj* toxique.

nozzle ['nɒzl] *n* ajutage *m*, buse *f*.

NP *abbr of* **notary public**.

NS *abbr of* **Nova Scotia**.

NSC (*abbr of* **National Security Council**) *n conseil national américain de sécurité.*

NSF ◇ *n* (*abbr of* **National Science Foundation**) *fondation nationale américaine pour la science.* ◇ *abbr of* **not sufficient funds**.

NSPCC (*abbr of* **National Society for the Prevention of Cruelty to Children**) *n association britannique de protection de l'enfance.*

NSU (*abbr of* **nonspecific urethritis**) *n* urétrite *f* non spécifique.

NSW *abbr of* **New South Wales**.

NT *n* -**1.** (*abbr of* **New Testament**) NT *m*. -**2.** *abbr of* **National Trust**.

nth [enθ] *adj inf* énième.

nuance [njuː'ɑːns] *n* nuance *f*.

nub [nʌb] *n* nœud *m*, fond *m*.

Nubian Desert ['njuːbjən-] *n*: **the** ~ le désert de Nubie.

nubile [*Br* 'njuːbaɪl, *Am* 'nuːbəl] *adj* nubile.

nuclear ['njuːklɪəʳ] *adj* nucléaire.

nuclear bomb *n* bombe *f* nucléaire.

nuclear disarmament *n* désarmement *m* nucléaire.

nuclear energy *n* énergie *f* nucléaire.

nuclear family *n* famille *f* nucléaire.

nuclear fission *n* fission *f* nucléaire.

nuclear-free zone *n* zone *f* antinucléaire.

nuclear fusion *n* fusion *f* nucléaire.

nuclear physics *n* physique *f* nucléaire.

nuclear power *n* énergie *f* nucléaire.

nuclear reactor *n* réacteur *m* nucléaire.

nuclear winter *n* hiver *m* nucléaire.

nucleus ['njuːklɪəs] (*pl* -**lei** [-lɪaɪ]) *n lit & fig* noyau *m*.

NUCPS (*abbr of* **National Union of Civil and Public Servants**) *n syndicat britannique des employés de la fonction publique.*

nude [njuːd] ◇ *adj* nu(e). ◇ *n* nu *m*; **in the** ~ nu(e).

nudge [nʌdʒ] ◇ *n* coup *m* de coude; *fig* encouragement *m*, incitation *f*. ◇ *vt* pousser du coude; *fig* encourager, pousser.

nudist ['njuːdɪst] ◇ *adj* nudiste. ◇ *n* nudiste *mf*.

nudity ['njuːdətɪ] *n* nudité *f*.

nugget ['nʌgɪt] *n* pépite *f*; ~ **of information** *fig* information *f* précieuse.

nuisance ['njuːsns] *n* ennui *m*, embêtement *m*; **he's such a** ~ il est vraiment casse-pieds; **to make a** ~ **of o.s.** embêter le monde; **what a** ~! quelle plaie!

NUJ (*abbr of* **National Union of Journalists**) *n syndicat britannique des journalistes.*

nuke [njuːk] *inf* ◇ *n* bombe *f* nucléaire. ◇ *vt* atomiser.

null [nʌl] *adj*: ~ **and void** nul et non avenu.

nullify ['nʌlɪfaɪ] (*pt* & *pp* **-ied**) *vt* annuler.

NUM (*abbr of* **National Union of Mineworkers**) *n* syndicat britannique des mineurs.

numb [nʌm] ◇ *adj* engourdi(e); **to be** ~ **with** [fear] être paralysé par; [cold] être transi de. ◇ *vt* engourdir.

number ['nʌmbər] ◇ *n* -1. [numeral] chiffre *m*. -2. [of telephone, house, car] numéro *m*. -3. [quantity] nombre *m*; **a** ~ **of** un certain nombre de, plusieurs; **any** ~ **of** un grand nombre de, bon nombre de. -4. [song] chanson *f*. ◇ *vt* -1. [amount to, include] compter; **to** ~ **among** compter parmi. -2. [give number to] numéroter.

number-crunching [-,krʌntʃɪŋ] *n inf* calcul *m* numérique.

numberless ['nʌmbəlɪs] *adj* sans nombre, innombrable.

number one ◇ *adj* premier(ière), principal(e). ◇ *n* -1. [priority] priorité *f*. -2. *inf* [oneself] soi, sa pomme.

numberplate ['nʌmbəpleɪt] *n* plaque *f* d'immatriculation.

Number Ten *n* la résidence officielle du premier ministre britannique.

numbness ['nʌmnɪs] *n* engourdissement *m*.

numbskull ['nʌmskʌl] = **numskull**.

numeracy ['njuːmərəsɪ] *n Br* compétence *f* en calcul.

numeral ['njuːmərəl] *n* chiffre *m*.

numerate ['njuːmərət] *adj Br* [person] qui sait compter.

numerical [njuːˈmerɪkl] *adj* numérique.

numerous ['njuːmərəs] *adj* nombreux(euse).

numskull ['nʌmskʌl] *n inf* crétin(e), imbécile *mf*.

nun [nʌn] *n* religieuse *f*, sœur *f*.

NUPE ['njuːpɪ] (*abbr of* **National Union of Public Employees**) *n* ancien syndicat britannique des employés de la fonction publique.

nuptial ['nʌpʃl] *adj fml* nuptial(e).

NURMTW (*abbr of* **National Union of Rail, Maritime and Transport Workers**) *n* syndicat britannique des transports.

nurse [nɜːs] ◇ *n* infirmière *f*; **(male)** ~ infirmier *m*. ◇ *vt* -1. [patient, cold] soigner. -2. *fig* [desires, hopes] nourrir. -3. [subj: mother] allaiter.

nursemaid ['nɜːsmeɪd] *n* gouvernante *f*, nurse *f*.

nursery ['nɜːsərɪ] (*pl* **-ies**) ◇ *adj* de maternelle. ◇ *n* -1. [for children] garderie *f*. -2. [for plants] pépinière *f*.

nursery nurse *n Br* puéricultrice *f*.

nursery rhyme *n* comptine *f*.

nursery school *n* (école *f*) maternelle *f*.

nursery slopes *npl* pistes *fpl* pour débutants.

nursing ['nɜːsɪŋ] *n* métier *m* d'infirmière.

nursing home *n* [for old people] maison *f* de retraite privée; [for childbirth] maternité *f* privée.

nurture ['nɜːtʃər] *vt* -1. [children] élever; [plants] soigner. -2. *fig* [hopes etc] nourrir.

NUS (*abbr of* **National Union of Students**) *n* union nationale des étudiants de Grande-Bretagne.

nut [nʌt] *n* -1. [to eat] terme générique désignant les fruits tels que les noix, noisettes etc. -2. [of metal] écrou *m*; ~s **and bolts** *fig* rudiments *mpl*. -3. *inf* [mad person] cinglé *m*, -e *f*. -4. *inf* [enthusiast] fana *mf*, mordu *m*, -e *f*. -5. *inf* [head] caboche *f*.
◆ **nuts** ◇ *adj inf*: **to be** ~s être dingue. ◇ *excl Am inf* zut!

NUT (*abbr of* **National Union of Teachers**) *n* syndicat britannique d'enseignants.

nutcase ['nʌtkeɪs] *n inf* cinglé *m*, -e *f*.

nutcrackers ['nʌt,krækəz] *npl* casse-noix *m*, casse-noisettes *m*.

nutmeg ['nʌtmeg] *n* noix *f* (de) muscade.

nutrient ['njuːtrɪənt] *n* élément *m* nutritif.

nutrition [njuːˈtrɪʃn] *n* nutrition *f*.

nutritional [njuːˈtrɪʃənl] *adj* nutritif(ive).

nutritionist [njuːˈtrɪʃənɪst] *n* nutritionniste *mf*.

nutritious [njuːˈtrɪʃəs] *adj* nourrissant(e).

nutshell ['nʌtʃel] *n*: **in a** ~ en un mot.

nutter ['nʌtər] *n Br inf* cinglé *m*, -e *f*.

nuzzle ['nʌzl] ◇ *vt* frotter son nez contre. ◇ *vi*: **to** ~ **(up) against** se frotter contre, frotter son nez contre.

NV *abbr of* **Nevada**.

NW (*abbr of* **north-west**) N.O.

NWT *abbr of* **Northwest Territories**.

NY *abbr of* **New York**.

Nyasaland [naɪˈæsəlænd] *n* Nyassaland *m*.

NYC *abbr of* **New York City**.

nylon ['naɪlɒn] ◇ *n* nylon *m*. ◇ *comp* en nylon.
◆ **nylons** *npl dated* [stockings] bas *mpl* nylon.

nymph [nɪmf] *n* nymphe *f*.

nymphomaniac [,nɪmfəˈmeɪnɪæk] *n* nymphomane *f*.

NYSE (*abbr of* **New York Stock Exchange**) *n* la bourse de New York.

NZ *abbr of* **New Zealand**.

o (*pl* **o's** OR **os**), **O** (*pl* **O's** OR **Os**) [əʊ] *n* **-1.** [letter] o *m inv*, O *m inv*. **-2.** [zero] zéro *m*.

oaf [əʊf] *n* butor *m*.

oak [əʊk] ◇ *n* chêne *m*. ◇ *comp* de OR en chêne.

OAP (*abbr of* **old age pensioner**) *n* retraité *m*, -e *f*.

oar [ɔːr] *n* rame *f*, aviron *m*; **to put** OR **stick one's ~ in** mettre son grain de sel.

oarlock ['ɔːlɒk] *n Am* [rowlock] dame *f* de nage.

oarsman ['ɔːzmən] (*pl* **-men** [-mən]) *n* rameur *m*.

oarswoman ['ɔːz,wʊmən] (*pl* **-women** [-wɪmɪn]) *n* rameuse *f*.

OAS (*abbr of* **Organization of American States**) *n* OEA *f*.

oasis [əʊ'eɪsɪs] (*pl* **oases** [əʊ'eɪsiːz]) *n* oasis *f*.

oatcake ['əʊtkeɪk] *n* galette *f* d'avoine.

oath [əʊθ] *n* **-1.** [promise] serment *m*; **on** OR **under ~** sous serment. **-2.** [swearword] juron *m*.

oatmeal ['əʊtmiːl] ◇ *n* (*U*) flocons *mpl* d'avoine. ◇ *comp* d'avoine.

oats [əʊts] *npl* [grain] avoine *f*.

OAU (*abbr of* **Organization of African Unity**) *n* OUA *f*.

OB *abbr of* **outside broadcast**.

obdurate ['ɒbdjʊrət] *adj fml* opiniâtre.

OBE (*abbr of* **Order of the British Empire**) *n* distinction honorifique britannique.

obedience [ə'biːdjəns] *n* obéissance *f*.

obedient [ə'biːdjənt] *adj* obéissant(e), docile.

obediently [ə'biːdjəntlɪ] *adv* docilement.

obelisk ['ɒbəlɪsk] *n* obélisque *m*.

obese [əʊ'biːs] *adj fml* obèse.

obesity [əʊ'biːsətɪ] *n* obésité *f*.

obey [ə'beɪ] ◇ *vt* obéir à. ◇ *vi* obéir.

obfuscate ['ɒbfʌskeɪt] *vt fml* obscurcir.

obituary [ə'bɪtjʊərɪ] (*pl* **-ies**) *n* nécrologie *f*.

object [*n* 'ɒbdʒɪkt, *vb* ɒb'dʒekt] ◇ *n* **-1.** [gen] objet *m*. **-2.** [aim] objectif *m*, but *m*. **-3.** GRAMM complément *m* d'objet. ◇ *vt* objec-

ter. ◇ *vi* protester; **to ~ to sthg** faire objection à qqch, s'opposer à qqch; **to ~ to doing sthg** se refuser à faire qqch.

objection [əb'dʒekʃn] *n* objection *f*; **to have no ~ to sthg/to doing sthg** ne voir aucune objection à qqch/à faire qqch.

objectionable [əb'dʒekʃənəbl] *adj* [person, behaviour] désagréable; [language] choquant(e).

objective [əb'dʒektɪv] ◇ *adj* objectif(ive). ◇ *n* objectif *m*.

objectively [əb'dʒektɪvlɪ] *adv* d'une manière objective.

objectivity [,ɒbdʒek'tɪvətɪ] *n* objectivité *f*.

object lesson ['ɒbdʒɪkt-] *n*: **an ~ in sthg** une illustration de qqch.

objector [əb'dʒektər] *n* opposant *m*, -e *f*.

obligate ['ɒblɪgeɪt] *vt fml* obliger.

obligation [,ɒblɪ'geɪʃn] *n* obligation *f*.

obligatory [ə'blɪgətrɪ] *adj* obligatoire.

oblige [ə'blaɪdʒ] ◇ *vt* **-1.** [force]: **to ~ sb to do sthg** forcer OR obliger qqn à faire qqch. **-2.** *fml* [do a favour to] obliger. ◇ *vi* rendre service.

obliging [ə'blaɪdʒɪŋ] *adj* obligeant(e).

oblique [ə'bliːk] ◇ *adj* oblique; [reference, hint] indirect(e). ◇ *n* TYPO barre *f* oblique.

obliquely [ə'bliːklɪ] *adv* indirectement.

obliterate [ə'blɪtəreɪt] *vt* [destroy] détruire, raser.

obliteration [ə,blɪtə'reɪʃn] *n* destruction *f*.

oblivion [ə'blɪvɪən] *n* oubli *m*.

oblivious [ə'blɪvɪəs] *adj*: **to be ~ to** OR **of** être inconscient(e) de.

oblong ['ɒblɒŋ] ◇ *adj* rectangulaire. ◇ *n* rectangle *m*.

obnoxious [əb'nɒkʃəs] *adj* [person] odieux(ieuse); [smell] infect(e), fétide; [comment] désobligeant(e).

o.b.o. (*abbr of* **or best offer**) à déb.

oboe ['əʊbəʊ] *n* hautbois *m*.

oboist ['əʊbəʊɪst] *n* hautboïste *mf*.

obscene [əb'siːn] *adj* obscène.

obscenity [əb'senətɪ] (*pl* **-ies**) *n* obscénité *f*.

obscure [əb'skjʊər] ◇ *adj* obscur(e). ◇ *vt* **-1.** [gen] obscurcir. **-2.** [view] masquer.

obscurity [əb'skjʊərətɪ] *n* obscurité *f*.

obsequious [əb'siːkwɪəs] *adj fml & pej* obséquieux(ieuse).

observable [əb'zɜːvəbl] *adj* [appreciable] notable, sensible; [visible] qu'on peut observer.

observably [əb'zɜːvəblɪ] *adv* sensiblement.

observance [əb'zɜːvəns] *n* observation *f*.

observant [əb'zɜːvnt] *adj* observateur(trice).

observation [ˌɒbzə'veɪʃn] *n* observation *f*.

observation post *n* poste *m* d'observation.

observatory [əb'zɜːvətrɪ] (*pl* -ies) *n* observatoire *m*.

observe [əb'zɜːv] *vt* -1. [gen] observer. -2. [remark] remarquer, faire observer.

observer [əb'zɜːvə'] *n* observateur *m*, -trice *f*.

obsess [əb'ses] *vt* obséder; **to be ~ed by** OR **with sb/sthg** être obsédé par qqn/qqch.

obsession [əb'seʃn] *n* obsession *f*.

obsessional [əb'seʃənl] *adj* obsessionnel(elle).

obsessive [əb'sesɪv] *adj* [person] obsessionnel(elle); [need etc] qui est une obsession.

obsolescence [ˌɒbsə'lesns] *n* obsolescence *f*.

obsolescent [ˌɒbsə'lesnt] *adj* [system] qui tombe en désuétude; [machine] obsolescent(e).

obsolete ['ɒbsəliːt] *adj* obsolète.

obstacle ['ɒbstəkl] *n* obstacle *m*.

obstacle race *n* course *f* d'obstacles.

obstetrician [ˌɒbstə'trɪʃn] *n* obstétricien *m*, -ienne *f*.

obstetrics [ɒb'stetrɪks] *n* obstétrique *f*.

obstinacy ['ɒbstɪnəsɪ] *n* obstination *f*.

obstinate ['ɒbstənət] *adj* -1. [stubborn] obstiné(e). -2. [cough] persistant(e); [stain, resistance] tenace.

obstinately ['ɒbstənətlɪ] *adv* obstinément.

obstreperous [əb'strepərəs] *adj* turbulent(e).

obstruct [əb'strʌkt] *vt* -1. [block] obstruer. -2. [hinder] entraver, gêner.

obstruction [əb'strʌkʃn] *n* -1. [in road] encombrement *m*; [in pipe] engorgement *m*. -2. SPORT obstruction *f*.

obstructive [əb'strʌktɪv] *adj* [tactics] d'obstruction; [person] contrariant(e).

obtain [əb'teɪn] *vt* obtenir.

obtainable [əb'teɪnəbl] *adj* que l'on peut obtenir.

obtrusive [əb'truːsɪv] *adj* [behaviour] qui attire l'attention; [smell] fort(e).

obtrusively [əb'truːsɪvlɪ] *adv* de façon indiscrète.

obtuse [əb'tjuːs] *adj* obtus(e).

obverse ['ɒbvɜːs] *n* -1. [of coin]: **the ~** la face. -2. [opposite] inverse *m*.

obviate ['ɒbvɪeɪt] *vt fml* parer à.

obvious ['ɒbvɪəs] ◇ *adj* évident(e). ◇ *n*: **to state the ~** enfoncer des portes ouvertes.

obviously ['ɒbvɪəslɪ] *adv* -1. [of course] bien sûr. -2. [clearly] manifestement.

obviousness ['ɒbvɪəsnɪs] *n* évidence *f*.

OCAS (*abbr of* **Organization of Central American States**) *n* ODEAC *f*.

occasion [ə'keɪʒn] ◇ *n* -1. [gen] occasion *f*; **on ~** *fml* de temps en temps, quelquefois. -2. [important event] événement *m*; **to rise to the ~** se montrer à la hauteur de la situation. ◇ *vt* [cause] provoquer, occasionner.

occasional [ə'keɪʒənl] *adj* [showers] passager(ère); [visit] occasionnel(elle); **I have the ~ drink/cigarette** je bois un verre/je fume une cigarette de temps à autre.

occasionally [ə'keɪʒnəlɪ] *adv* de temps en temps, quelquefois.

occasional table *n* table *f* basse.

occluded front [ə'kluːdɪd-] *n* METEOR front *m* occlus.

occult [ɒ'kʌlt] ◇ *adj* occulte. ◇ *n*: **the ~** le surnaturel.

occupancy ['ɒkjʊpənsɪ] *n* occupation *f*.

occupant ['ɒkjʊpənt] *n* occupant *m*, -e *f*; [of vehicle] passager *m*.

occupation [ˌɒkjʊ'peɪʃn] *n* -1. [job] profession *f*. -2. [pastime, by army] occupation *f*.

occupational [ˌɒkjuː'peɪʃənl] *adj* [accident, injury] du travail; [pension] professionnel(elle).

occupational hazard *n* risque *m* du métier.

occupational therapist *n* ergothérapeute *mf*.

occupational therapy *n* thérapeutique *f* occupationnelle, ergothérapie *f*.

occupied ['ɒkjʊpaɪd] *adj* occupé(e).

occupier ['ɒkjʊpaɪə'] *n* occupant *m*, -e *f*.

occupy ['ɒkjʊpaɪ] (*pt & pp* -ied) *vt* occuper; **to ~ o.s.** s'occuper.

occur [ə'kɜːr] (*pt & pp* -red, *cont* -ring) *vi* -1. [happen - gen] avoir lieu, se produire; [- difficulty] se présenter. -2. [be present] se trouver, être présent(e). -3. [thought, idea]: **to ~ to sb** venir à l'esprit de qqn.

occurrence [ə'kʌrəns] *n* [event] événement *m*, circonstance *f*.

ocean ['əʊʃn] *n* océan *m*; *Am* [sea] mer *f*.

oceangoing ['əʊʃnˌgəʊɪŋ] *adj* au long cours.

Oceania [ˌəʊʃɪ'eɪnɪə] *n* Océanie *f*; **in ~** en Océanie.

Oceanian [ˌəʊʃɪ'eɪnɪən] ◇ *adj* océanien(ienne). ◇ *n* Océanien *m*, -ienne *f*.

ochre *Br*, **ocher** *Am* ['əʊkə'] *adj* ocre (*inv*).

o'clock [ə'klɒk] *adv*: **two ~** deux heures.

OCR *n* **-1.** *abbr of* **optical character reader**. **-2.** *abbr of* **optical character recognition**.

Oct. (*abbr of* **October**) oct.

octagon ['ɒktəgən] *n* octogone *m*.

octagonal [ɒk'tægənl] *adj* octogonal(e).

octane ['ɒkteɪn] *n* octane *m*.

octane number, octane rating *n* indice *m* d'octane.

octave ['ɒktɪv] *n* octave *f*.

octet [ɒk'tet] *n* octuor *m*.

October [ɒk'təʊbər] *n* octobre *m; see also* **September**.

octogenarian [,ɒktəʊdʒɪ'neərɪən] *n* octogénaire *mf*.

octopus ['ɒktəpəs] (*pl* **-puses** OR **-pi** [-paɪ]) *n* pieuvre *f*.

OD -1. *abbr of* **overdose**. **-2.** *abbr of* **overdrawn**.

odd [ɒd] *adj* **-1.** [strange] bizarre, étrange. **-2.** [leftover] qui reste. **-3.** [occasional]: **I play the ~ game of tennis** je joue au tennis de temps en temps. **-4.** [not part of pair] dépareillé(e). **-5.** [number] impair(e). **-6.** *phr*: **twenty ~ years** une vingtaine d'années.

◆ **odds** *npl*: **the ~s** les chances *fpl*; **the ~s are that ...** il y a des chances pour que ... (+ *subjunctive*), il est probable que ...; **against the ~s** envers et contre tout; **~s and ends** petites choses *fpl*, petits bouts *mpl*; **to be at ~s with sb** être en désaccord avec qqn; **to be at ~s with sthg** ne pas concorder avec qqch.

oddball ['ɒdbɔːl] *n inf* excentrique *mf*.

oddity ['ɒdɪtɪ] (*pl* **-ies**) *n* **-1.** [person] personne *f* bizarre; [thing] chose *f* bizarre. **-2.** [strangeness] étrangeté *f*.

odd-job man *Br*, **odd jobber** *Am n* homme *m* à tout faire.

odd jobs *npl* petits travaux *mpl*.

oddly ['ɒdlɪ] *adv* curieusement; **~ enough** chose curieuse.

oddments ['ɒdmənts] *npl* fins *fpl* de série.

odds-on ['ɒdz-] *adj inf*: **~ favourite** grand favori.

ode [əʊd] *n* ode *f*.

odious ['əʊdjəs] *adj* odieux(ieuse).

odometer [əʊ'dɒmɪtər] *n* odomètre *m*.

odorless *Am* = **odourless**.

odour *Br*, **odor** *Am* ['əʊdər] *n* odeur *f*.

odourless *Br*, **odorless** *Am* ['əʊdələs] *adj* inodore.

odyssey ['ɒdɪsɪ] *n* odyssée *f*.

OECD (*abbr of* **Organization for Economic Cooperation and Development**) *n* OCDE *f*.

oesophagus *Br*, **esophagus** *Am* [ɪ'sɒfəgəs] *n* œsophage *m*.

oestrogen *Br*, **estrogen** *Am* [iːstrədʒən] *n* œstrogène *m*.

of [*unstressed* əv, *stressed* ɒv] *prep* **-1.** [gen] de; **the cover ~ a book** la couverture d'un livre; **the King ~ England** le roi d'Angleterre; **to die ~ cancer** mourir d'un cancer. **-2.** [expressing quantity, amount, age etc] de; **thousands ~ people** des milliers de gens; **a piece ~ cake** un morceau de gâteau; **a pound ~ tomatoes** une livre de tomates; **a gang ~ criminals** une bande de malfaiteurs; **a child ~ five** un enfant de cinq ans; **a cup ~ coffee** une tasse de café. **-3.** [made from] en; **to be made ~ sthg** être en qqch. **-4.** [with dates, periods of time]: **the 12th ~ February** le 12 février; **the night ~ the disaster** la nuit de la catastrophe.

off [ɒf] ◇ *adv* **-1.** [at a distance, away]: **10 miles ~** à 16 kilomètres; **two days ~** dans deux jours; **a long time ~** encore loin; **far ~** au loin; **to keep ~** se tenir éloigné(e); **to be ~** partir, s'en aller. **-2.** [so as to remove]: **to take ~** enlever; **to cut sthg ~** couper qqch; **could you help me ~ with my coat?** pouvez-vous m'aider à enlever mon manteau? **-3.** [so as to complete]: **to finish ~** terminer; **to kill ~** achever. **-4.** [not at work etc]: **a day/week ~** un jour/une semaine de congé. **-5.** [so as to separate]: **to fence/curtain sthg ~** séparer qqch par une clôture/un rideau. **-6.** [discounted]: **£10 ~** 10 livres de remise OR réduction. **-7.** [financially]: **to be well ~** être aisé(e) OR riche; **to be badly ~** être pauvre.

◇ *prep* **-1.** [at a distance from, away from] de; **to get ~ a bus** descendre d'un bus; **to jump ~ a wall** sauter d'un mur; **to take a book ~ a shelf** prendre un livre sur une étagère; **~ the coast** près de la côte. **-2.** [so as to remove from]: **to cut a branch ~ a tree** couper une branche d'un arbre. **-3.** [not attending]: **to be ~ work** ne pas travailler; **~ school** absent de l'école. **-4.** [no longer liking]: **she's ~ her food** elle n'a pas d'appétit. **-5.** [deducted from] sur. **-6.** *inf* [from]: **to buy sthg ~ sb** acheter qqch à qqn.

◇ *adj* **-1.** [food] avarié(e), gâté(e); [milk] tourné(e). **-2.** [TV, light] éteint(e); [engine] coupé(e). **-3.** [cancelled] annulé(e). **-4.** [not at work etc] absent(e); **I'll be ~ next week** je serai absent la semaine prochaine. **-5.** *inf* [offhand]: **he was a bit ~ with me** il n'a pas été sympa avec moi.

offal ['ɒfl] *n* (*U*) abats *mpl*.

off-balance *adv*: **to throw/push sb ~** faire perdre l'équilibre à qqn.

offbeat ['ɒfbiːt] *adj inf* original(e), excentrique.

off-centre ◇ *adj* décentré(e), décalé(e). ◇ *adv* de côté.

off-chance *n*: on the ~ that ... au cas où ....

off colour *adj* [ill] patraque.

offcut ['ɒfkʌt] *n* chute *f*.

off-day *n inf*: I'm having an ~ today je ne suis pas dans mon assiette aujourd'hui.

off duty *adj* qui n'est pas de service; [doctor, nurse] qui n'est pas de garde.

offence *Br*, **offense** *Am* [ə'fens] *n* -1. [crime] délit *m*. -2. [upset]: to cause sb ~ vexer qqn; to take ~ se vexer.

offend [ə'fend] ◇ *vt* offenser. ◇ *vi* commettre un délit; to ~ against enfreindre.

offended [ə'fendɪd] *adj* offensé(e), froissé(e).

offender [ə'fendər] *n* -1. [criminal] criminel *m*, -elle *f*. -2. [culprit] coupable *mf*.

offending [ə'fendɪŋ] *adj* qui est la cause OR à l'origine du problème.

offense [sense 2 'ɒfens] *n Am* -1. = offence. -2. SPORT attaque *f*.

offensive [ə'fensɪv] ◇ *adj* -1. [behaviour, comment] blessant(e). -2. [weapon, action] offensif(ive). ◇ *n* offensive *f*; to go on OR take the ~ passer à OR prendre l'offensive.

offensiveness [ə'fensɪvnɪs] *n* caractère *m* choquant.

offer ['ɒfər] ◇ *n* -1. [gen] offre *f*, proposition *f*. -2. [price, bid] offre *f*. -3. [in shop] promotion *f*; on ~ [available] en vente; [at a special price] en réclame, en promotion. ◇ *vt* -1. [gen] offrir; to ~ sthg to sb, to ~ sb sthg offrir qqch à qqn; to ~ to do sthg proposer OR offrir de faire qqch. -2. [provide - services etc] proposer; [- hope] donner. ◇ *vi* s'offrir.

OFFER ['ɒfər] (*abbr of* Office of Electricity Regulation) *n organisme britannique chargé de contrôler les activités des compagnies régionales de la distribution d'électricité.*

offering ['ɒfərɪŋ] *n* RELIG offrande *f*.

off-guard *adv* au dépourvu.

offhand [,ɒf'hænd] ◇ *adj* cavalier(ière). ◇ *adv* tout de suite.

office ['ɒfɪs] *n* -1. [place, staff] bureau *m*. -2. [department] département *m*, service *m*. -3. [position] fonction *f*, poste *m*; in ~ en fonction; to take ~ entrer en fonction.

office automation *n* bureautique *f*.

office block *n* immeuble *m* de bureaux.

office boy *n* garçon *m* de bureau.

officeholder ['ɒfɪs,həʊldər] *n* fonctionnaire *mf*.

office hours *npl* heures *fpl* de bureau.

office junior *n Br* employé *m*, -e *f* subalterne.

Office of Fair Trading *n organisme de défense des consommateurs.*

officer ['ɒfɪsər] *n* -1. [in armed forces] officier *m*. -2. [in organization] agent *m*, fonctionnaire *mf*. -3. [in police force] officier *m* (de police).

office work *n* travail *m* de bureau.

office worker *n* employé *m*, -e *f* de bureau.

official [ə'fɪʃl] ◇ *adj* officiel(ielle). ◇ *n* fonctionnaire *mf*.

officialdom [ə'fɪʃəldəm] *n* bureaucratie *f*.

officially [ə'fɪʃəlɪ] *adv* -1. [formally] officiellement. -2. [supposedly] en principe.

official receiver *n* syndic *m* de faillite.

officiate [ə'fɪʃɪeɪt] *vi* officier; to ~ at a wedding célébrer un mariage.

officious [ə'fɪʃəs] *adj pej* trop zélé(e).

offing ['ɒfɪŋ] *n*: in the ~ en vue, en perspective.

off-key ◇ *adj* faux (fausse). ◇ *adv* faux.

off-licence *n Br magasin autorisé à vendre des boissons alcoolisées à emporter.*

off limits *adj* interdit(e).

off-line *adj* COMPUT non connecté(e).

offload [ɒf'ləʊd] *vt inf*: to ~ sthg (onto sb) se décharger de qqch (sur qqn).

off-peak ◇ *adj* [electricity] utilisé(e) aux heures creuses; [fare] réduit(e) aux heures creuses. ◇ *adv* [travel] aux heures creuses.

off-putting [-,pʊtɪŋ] *adj* désagréable, rébarbatif(ive).

off sales *npl Br* vente *f* de boissons alcoolisées à emporter.

off season *n*: the ~ la morte-saison.
◆ **off-season** *adj* hors saison.

offset ['ɒfset] (*pt & pp* offset, *cont* -ting) *vt* [losses] compenser.

offshoot ['ɒfʃuːt] *n*: to be an ~ of sthg être né(e) OR provenir de qqch.

offshore ['ɒfʃɔːr] ◇ *adj* [oil rig] offshore (*inv*); [island] proche de la côte; [fishing] côtier(ière). ◇ *adv* au large.

offside [*adj & adv* ,ɒf'saɪd, *n* 'ɒfsaɪd] ◇ *adj* -1. [right-hand drive] de droite; [left-hand drive] de gauche. -2. SPORT hors-jeu (*inv*). ◇ *adv* SPORT hors-jeu. ◇ *n* [right-hand drive] côté *m* droit; [left-hand drive] côté gauche.

offspring ['ɒfsprɪŋ] (*pl inv*) *n* rejeton *m*.

offstage [,ɒf'steɪdʒ] *adj & adv* dans les coulisses.

off-the-peg *adj Br* de prêt-à-porter.

off-the-record ◇ *adj* officieux(ieuse). ◇ *adv* confidentiellement.

off-the-wall *adj inf* loufoque.

off-white *adj* blanc cassé (*inv*).

OFGAS ['ɒfgæs] (*abbr of* **Office of Gas Supply**) *n organisme britannique chargé de contrôler les activités des compagnies régionales de la distribution du gaz.*

OFT *abbr of* **Office of Fair Trading.**

OFTEL ['ɒftel] (*abbr of* **Office of Telecommunications**) *n organisme britannique chargé de contrôler les activités des compagnies de télécommunications.*

often ['ɒfn, 'ɒftn] *adv* souvent, fréquemment; **how ~ do you visit her?** vous la voyez tous les combien?; **as ~ as not** assez souvent; **every so ~** de temps en temps; **more ~ than not** le plus souvent, la plupart du temps.

OFWAT ['ɒfwɒt] (*abbr of* **Office of Water Supply**) *n organisme britannique chargé de contrôler les activités des compagnies régionales de la distribution des eaux.*

ogle ['əʊgl] *vt* reluquer.

ogre ['əʊgəʳ] *n* ogre *m*.

oh [əʊ] *excl* oh!; [expressing hesitation] euh!

OH *abbr of* **Ohio.**

Ohio [əʊ'haɪəʊ] *n* Ohio *m*; **in ~** dans l'Ohio.

ohm [əʊm] *n* ohm *m*.

OHMS (*abbr of* **On His (or Her) Majesty's Service**) *expression indiquant le caractère officiel d'un document en Grande-Bretagne.*

oil [ɔɪl] ◇ *n* **-1.** [gen] huile *f*. **-2.** [for heating] mazout *m*. **-3.** [petroleum] pétrole *m*. ◇ *vt* graisser, lubrifier.
◆ **oils** *npl* ART huiles *fpl*.

oilcan ['ɔɪlkæn] *n* burette *f* d'huile.

oil change *n* vidange *f*.

oilcloth ['ɔɪlklɒθ] *n* toile *f* cirée.

oilfield ['ɔɪlfiːld] *n* gisement *m* pétrolifère.

oil filter *n* filtre *m* à huile.

oil-fired [-,faɪəd] *adj* au mazout.

oil industry *n*: **the ~** l'industrie *f* pétrolière.

oilman ['ɔɪlmən] (*pl* **-men** [-mən]) *n* pétrolier *m*.

oil paint *n* peinture *f* à l'huile.

oil painting *n* peinture *f* à l'huile.

oilrig ['ɔɪlrɪg] *n* [at sea] plate-forme *f* de forage OR pétrolière; [on land] derrick *m*.

oilskins ['ɔɪlskɪnz] *npl* ciré *m*.

oil slick *n* marée *f* noire.

oil tanker *n* **-1.** [ship] pétrolier *m*, tanker *m*. **-2.** [lorry] camion-citerne *m*.

oil well *n* puits *m* de pétrole.

oily ['ɔɪlɪ] (*compar* **-ier**, *superl* **-iest**) *adj* **-1.** [rag etc] graisseux(euse); [food] gras (grasse). **-2.** *pej* [smarmy] onctueux(euse), mielleux(euse).

ointment ['ɔɪntmənt] *n* pommade *f*.

oiro (*abbr of* **offers in the region of**): **~ £100** 100 livres à débattre.

OK[1] (*pl* **OKs**, *pt & pp* **OKed**, *cont* **OKing**), **okay** [,əʊ'keɪ] *inf* ◇ *adj*: **is it ~ with** OR **by you?** ça vous va?, vous êtes d'accord?; **are you ~?** ça va? ◇ *n*: **to give (sb) the ~** donner le feu vert (à qqn). ◇ *excl* **-1.** [expressing agreement] d'accord, O.K. **-2.** [to introduce new topic]: **~, can we start now?** bon, on commence? ◇ *vt* approuver, donner le feu vert à.

OK[2] *abbr of* **Oklahoma.**

Oklahoma [,əʊklə'həʊmə] *n* Oklahoma *m*; **in ~** dans l'Oklahoma.

okra ['əʊkrə] *n* gombo *m*.

old [əʊld] ◇ *adj* **-1.** [gen] vieux (vieille), âgé(e); **I'm 20 years ~** j'ai 20 ans; **how ~ are you?** quel âge as-tu? **-2.** [former] ancien(ienne); **in the ~ days** dans le temps, autrefois. **-3.** *inf* [as intensifier]: **any ~** n'importe quel (n'importe quelle). ◇ *npl*: **the ~** les personnes *fpl* âgées.

old age *n* vieillesse *f*.

old age pension *n Br* pension *f* de vieillesse.

old age pensioner *n Br* retraité *m*, -e *f*.

Old Bailey [-'beɪlɪ] *n*: **the ~** la Cour d'assises de Londres.

olden ['əʊldn] *adj literary*: **in the ~ days** au temps jadis.

old-fashioned [-'fæʃnd] *adj* **-1.** [outmoded] démodé(e), passé(e) de mode. **-2.** [traditional] vieux jeu (*inv*).

old flame *n fig* ancien flirt *m*.

old hat *adj inf pej* dépassé(e).

old maid *n pej* vieille fille *f*.

old master *n* **-1.** [painter] maître *m*. **-2.** [painting] tableau *m* de maître.

old people's home *n* hospice *m* de vieillards.

Old Testament *n*: **the ~** l'Ancien Testament *m*.

old-time *adj* d'autrefois.

old-timer *n* **-1.** [veteran] vieux routier *m*, vétéran *m*. **-2.** [old man] vieillard *m*.

old wives' tale *n* histoires *fpl* de bonne femme.

Old World *n*: the ~ l'Ancien monde *m*.

O level *n* Br examen optionnel destiné, jusqu'en 1988, aux élèves de niveau seconde ayant obtenu de bons résultats.

oligarchy ['ɒlɪgɑːkɪ] (*pl* **-ies**) *n* oligarchie *f*.

olive ['ɒlɪv] ◇ *adj* olive (*inv*). ◇ *n* olive *f*; ~ **(tree)** olivier *m*.

olive green *adj* vert olive (*inv*).

olive oil *n* huile *f* d'olive.

Olympic [əˈlɪmpɪk] *adj* olympique.

◆ **Olympics** *npl*: the ~**s** les Jeux *mpl* Olympiques.

Olympic Games *npl*: the ~ les Jeux *mpl* Olympiques.

OM (*abbr of* **Order of Merit**) *n* distinction honorifique britannique.

O & M (*abbr of* **organization and method**) *n* O et M.

Oman [əʊˈmɑːn] *n* Oman *m*; **in** ~ à Oman.

OMB (*abbr of* **Office of Management and Budget**) *n* organisme fédéral américain chargé de préparer le budget.

ombudsman ['ɒmbʊdzmən] (*pl* **-men** [-mən]) *n* ombudsman *m*.

omelet(te) ['ɒmlɪt] *n* omelette *f*; **mushroom** ~ omelette aux champignons.

omen ['əʊmen] *n* augure *m*, présage *m*.

ominous ['ɒmɪnəs] *adj* [event, situation] de mauvais augure; [sign] inquiétant(e); [look, silence] menaçant(e).

ominously ['ɒmɪnəslɪ] *adv* [speak] d'un ton menaçant; [happen, change] de façon inquiétante.

omission [əˈmɪʃn] *n* omission *f*.

omit [əˈmɪt] (*pt* & *pp* **-ted**, *cont* **-ting**) *vt* omettre; **to** ~ **to do sthg** oublier de faire qqch.

omnibus ['ɒmnɪbəs] *n* **-1.** [book] recueil *m*. **-2.** Br RADIO & TV diffusion groupée des épisodes de la semaine.

omnipotence [ɒmˈnɪpətəns] *n* omnipotence *f*.

omnipotent [ɒmˈnɪpətənt] *adj* tout-puissant (toute-puissante), omnipotent(e).

omnipresent [ˌɒmnɪˈprezənt] *adj* omniprésent(e).

omniscient [ɒmˈnɪsɪənt] *adj* omniscient(e).

omnivorous [ɒmˈnɪvərəs] *adj* omnivore.

on [ɒn] ◇ *prep* **-1.** [indicating position, location] sur; ~ **a chair/the wall** sur une chaise/le mur; **to stand** ~ **one leg** se tenir sur une jambe; ~ **the ceiling** au plafond; **the information is** ~ **disk** l'information est

sur disquette; **she had a strange look** ~ **her face** elle avait une drôle d'expression; ~ **the left/right** à gauche/droite. **-2.** [indicating means]: **the car runs** ~ **petrol** la voiture marche à l'essence; **to be shown** ~ **TV** passer à la télé; ~ **the radio** à la radio; ~ **the telephone** au téléphone; **to live** ~ **fruit** vivre OR se nourrir de fruits; **to hurt o.s.** ~ **sthg** se faire mal avec qqch. **-3.** [indicating mode of transport]: **to travel** ~ **a bus/train/ship** voyager en bus/par le train/en bateau; **I was** ~ **the bus** j'étais dans le bus; ~ **foot** à pied. **-4.** [concerning] sur; **a book** ~ **astronomy** un livre sur l'astronomie. **-5.** [indicating time, activity]: ~ **Thursday** jeudi; ~ **the 10th of February** le 10 février; ~ **my birthday** le jour de mon anniversaire; ~ **my return**, ~ **returning** à mon retour; ~ **holiday** en vacances; **to be** ~ **nightshift** être de nuit. **-6.** [indicating influence] sur; **the impact** ~ **the environment** l'impact sur l'environnement. **-7.** [indicating membership]: **to be** ~ **a committee** faire partie OR être membre d'un comité. **-8.** [using, supported by]: **to be** ~ **social security** recevoir l'aide sociale; **he's** ~ **tranquillizers** il prend des tranquillisants; **to be** ~ **drugs** se droguer. **-9.** [earning]: **to be** ~ **£25,000 a year** gagner 25 000 livres par an; **to be** ~ **a low income** avoir un faible revenu. **-10.** [obtained from]: **interest** ~ **investments** intérêts de placements; **a tax** ~ **alcohol** une taxe sur l'alcool. **-11.** [referring to musical instrument] à; **to play sthg** ~ **the violin/flute/guitar** jouer qqch au violon/à la flûte/à la guitare. **-12.** *inf* [paid by]: **the drinks are** ~ **me** c'est moi qui régale, c'est ma tournée. ◇ *adv* **-1.** [indicating covering, clothing]: **put the lid** ~ mettez le couvercle; **to put a sweater** ~ mettre un pull; **what did she have** ~? qu'est-ce qu'elle portait?; **he had nothing** ~ il était tout nu. **-2.** [taking place]: **when the war was** ~ quand c'était la guerre, pendant la guerre. **-3.** [being shown]: **what's** ~ **at the Ritz?** qu'est-ce qu'on joue OR donne au Ritz? **-4.** [working - radio, TV, light] allumé(e); [- machine] en marche; [- tap] ouvert(e); **turn** ~ **the power** mets le courant. **-5.** [indicating continuing action]: **to work** ~ continuer à travailler; **we talked** ~ **into the night** nous avons parlé jusque tard dans la nuit; **he kept** ~ **walking** il continua à marcher. **-6.** [forward]: **send my mail** ~ **(to me)** faites suivre mon courrier; **later** ~ plus tard; **earlier** ~ plus tôt. **-7.** [of transport]: **the train stopped and we all got** ~ le train s'est arrêté et nous sommes tous montés. **-8.** *inf* [referring to behaviour]: **it's just not** ~! cela ne se fait pas! **-9.** *inf*: **to be**

OR **go ~ at sb (to do sthg)** harceler qqn
(pour qu'il fasse qqch).

◆ **from ... on** *adv*: **from now ~** dorénavant, désormais; **from then ~** à partir de
ce moment-là.

◆ **on and on** *adv*: **to go ~ and ~ (about)**
parler sans arrêt (de); **the list goes ~ and ~**
la liste n'en finit plus.

◆ **on and off** *adv* de temps en temps; **it
happened ~ and off throughout the day**
cela s'est produit par intervalles OR intermittence toute la journée.

◆ **on to, onto** *prep* (*only written as* onto *for
senses 4 and 5*) **-1.** [to a position on top of]
sur; **she jumped ~ to the chair** elle a sauté
sur la chaise. **-2.** [to a position on a vehicle]
dans; **she got ~ to the bus** elle est montée
dans le bus; **he jumped ~ to his bicycle** il a
sauté sur sa bicyclette. **-3.** [to a position attached to]: **stick the photo ~ to the page
with glue** colle la photo sur la page. **-4.**
[aware of wrongdoing]: **to be onto sb** être sur
la piste de qqn. **-5.** [into contact with]: **get
onto the factory** contactez l'usine.

ON *abbr of* **Ontario.**

ONC (*abbr of* **Ordinary National Certificate**) *n brevet de technicien en Grande-Bretagne.*

once [wʌns] ◇ *adv* **-1.** [on one occasion] une
fois; **~ a day** une fois par jour; **~ again** OR
more encore une fois; **~ and for all** une
fois pour toutes; **~ in a while** de temps en
temps; **~ or twice** une ou deux fois; **for ~**
pour une fois. **-2.** [previously] autrefois, jadis; **~ upon a time** il était une fois. ◇ *conj*
dès que.

◆ **at once** *adv* **-1.** [immediately] immédiatement. **-2.** [at the same time] en même
temps; **all at ~** tout d'un coup.

once-over *n inf*: **to give sb the ~** jauger
qqn d'un coup d'œil; **to give sthg the ~** jeter un coup d'œil à qqch.

oncoming ['ɒn,kʌmɪŋ] *adj* [traffic] venant en
sens inverse; [danger] imminent(e).

OND (*abbr of* **Ordinary National Diploma**)
n brevet de technicien supérieur en Grande-Bretagne.

one [wʌn] ◇ *num* [the number 1] un (une);
~ hundred cent; **~ thousand** mille; **~ page**
page un; **~ of my friends** l'un de mes
amis, un ami à moi; **~ fifth** un cinquième;
in ~s and twos par petits groupes.
◇ *adj* **-1.** [only] seul(e), unique; **it's her ~
ambition/love** c'est son unique ambition/
son seul amour. **-2.** [indefinite]: **~ day we
went to Athens** un jour nous sommes allés
à Athènes; **~ of these days** un de ces jours.
-3. *inf* [a]: **I've got ~ awful hangover!** j'ai

une de ces gueules de bois!; **~ hell of a
bang** une détonation de tous les diables.
◇ *pron* **-1.** [referring to a particular thing or
person]: **which ~ do you want?** lequel
voulez-vous?; **this ~** celui-ci; **that ~** celui-
là; **she's the ~ I told you about** c'est celle
dont je vous ai parlé; **I'm not** OR **I've never
been ~ to gossip but ...** je ne suis pas du
genre à cancaner, mais .... **-2.** *inf* [blow]
coup *m*; **she really thumped him ~** elle lui
a flanqué un de ces coups. **-3.** *fml* [you,
anyone] on; **to do ~'s duty** faire son devoir.

◆ **at one** *adv*: **to be at ~ with sb/sthg** être
d'accord avec qqn/en accord avec qqch.

◆ **for one** *adv* pour ma/sa *etc* part; **I for ~
remain unconvinced** pour ma part je ne
suis pas convaincu.

◆ **one up on** *adv*: **to be** OR **have ~ up on
sb** avoir l'avantage sur qqn.

one-armed bandit *n* machine *f* à sous.

one-liner *n* bon mot *m*.

one-man *adj* [business] dirigé(e) par un
seul homme; **~ show** one-man show *m
inv*, spectacle solo *m*.

one-man band *n* **-1.** [musician] homme-
orchestre *m*. **-2.** *fig* [business] entreprise *f*
dirigée par un seul homme.

oneness ['wʌnnɪs] *n* (*U*) [harmony] accord
m, harmonie *f*.

one-night stand *n* **-1.** THEATRE représentation *f* unique. **-2.** *inf* [sexual relationship]
aventure *f* d'un soir.

one-off *inf* ◇ *adj* [offer, event, product] unique. ◇ *n*: **a ~** [product] un exemplaire unique; [event] un événement unique.

one-on-one *Am* = **one-to-one.**

one-parent family *n* famille *f* monoparentale.

one-piece *adj* [swimsuit] une pièce (*inv*).

onerous ['əʊnərəs] *adj* [task] pénible; [re-
sponsibility] lourd(e), pesant(e).

oneself [wʌn'self] *pron* **-1.** (*reflexive*) se; (*after prep*) soi. **-2.** (*emphatic*) soi-même.

one-sided [-'saɪdɪd] *adj* **-1.** [unequal] iné-
gal(e). **-2.** [biased] partial(e).

onetime ['wʌntaɪm] *adj* ancien(ienne).

one-to-one *Br*, **one-on-one** *Am adj* [dis-
cussion] en tête à tête; **~ tuition** cours *mpl*
particuliers.

one-upmanship [,wʌn'ʌpmənʃɪp] *n* art *m*
de faire toujours mieux que les autres.

one-way *adj* **-1.** [street] à sens unique. **-2.**
[ticket] simple.

ongoing ['ɒn,gəʊɪŋ] *adj* en cours, conti-
nu(e).

onion ['ʌnjən] *n* oignon *m*.

online ['ɒnlaɪn] *adj & adv* COMPUT en ligne, connecté(e).

onlooker ['ɒn,lʊkəʳ] *n* spectateur *m*, -trice *f*.

only ['əʊnlɪ] ◇ *adj* seul(e), unique; **an ~ child** un enfant unique.
◇ *adv* **-1.** [gen] ne ... que, seulement; **he ~ reads science fiction** il ne lit que de la science fiction; **it's ~ a scratch** c'est juste une égratignure; **he left ~ a few minutes ago** il est parti il n'y a pas deux minutes. **-2.** [for emphasis]: **I ~ wish I could** je voudrais bien; **it's ~ natural (that)** ... c'est tout à fait normal que ...; **I was ~ too willing to help** je ne demandais qu'à aider; **not ~ ... but also** non seulement ... mais encore; **I ~ just caught the train** j'ai eu le train de justesse.
◇ *conj* seulement, mais; **he looks like his brother, ~ smaller** il ressemble à son frère, mais en plus petit.

o.n.o., ono (*abbr of* **or near(est) offer**) à déb.

onrush ['ɒnrʌʃ] *n* [of emotion] vague *f*, montée *f*.

on-screen *adj & adv* COMPUT à l'écran.

onset ['ɒnset] *n* début *m*, commencement *m*.

onshore ['ɒnʃɔːʳ] *adj & adv* [from sea] du large; [on land] à terre.

onside [ɒn'saɪd] *adj & adv* SPORT en jeu.

onslaught ['ɒnslɔːt] *n* attaque *f*.

Ont. *abbr of* **Ontario**.

Ontario [ɒn'teərɪəʊ] *n* Ontario *m*; **in ~** dans l'Ontario.

on-the-job *adj* [training] sur le tas.

on-the-spot *adj* [interview] sur place.

onto [*unstressed before consonant* 'ɒntə, *unstressed before vowel* 'ɒntʊ, 'ɒntuː] = **on to**.

onus ['əʊnəs] *n* responsabilité *f*, charge *f*.

onward ['ɒnwəd] *adj & adv* en avant.

onwards ['ɒnwədz] *adv* en avant; **from now ~** dorénavant, désormais; **from then ~** à partir de ce moment-là.

onyx ['ɒnɪks] *n* onyx *m*.

oodles ['uːdlz] *npl inf*: **~ of** plein de, un tas de.

oof [ʊf] *excl inf* ouïe!, ouille!, aïe!

ooh [uː] *excl inf* oh!

oops [ʊps, uːps] *excl inf* houp!, hop là!

ooze [uːz] ◇ *vt fig* [charm, confidence] respirer. ◇ *vi*: **to ~ from** OR **out of sthg** suinter de qqch. ◇ *n* vase *f*.

opacity [ə'pæsətɪ] *n* opacité *f*; *fig* obscurité *f*.

opal ['əʊpl] *n* [gem] opale *f*.

opaque [əʊ'peɪk] *adj* opaque; *fig* obscur(e).

OPEC ['əʊpek] (*abbr of* **Organization of Petroleum Exporting Countries**) *n* OPEP *f*.

open ['əʊpn] ◇ *adj* **-1.** [gen] ouvert(e). **-2.** [receptive]: **to be ~ (to)** être réceptif(ive) (à); **to lay o.s. ~ to criticism** s'exposer aux critiques. **-3.** [view, road, space] dégagé(e). **-4.** [uncovered - car] découvert(e); **an ~ fire** un feu de cheminée. **-5.** [meeting] public(ique); [competition] ouvert(e) à tous. **-6.** [disbelief, honesty] manifeste, évident(e). **-7.** [unresolved] non résolu(e).
◇ *n*: **in the ~** [sleep] à la belle étoile; [eat] au grand air; **to bring sthg out into the ~** divulguer qqch, exposer qqch au grand jour.
◇ *vt* **-1.** [gen] ouvrir. **-2.** [inaugurate] inaugurer.
◇ *vi* **-1.** [door, flower] s'ouvrir. **-2.** [shop, library etc] ouvrir. **-3.** [meeting, play etc] commencer.
◆ **open on to** *vt fus* [subj: room, door] donner sur.
◆ **open out** *vi* [road, river] s'élargir.
◆ **open up** ◇ *vt sep* [develop] exploiter, développer. ◇ *vi* **-1.** [possibilities etc] s'offrir, se présenter. **-2.** [unlock door] ouvrir.

open-air *adj* en plein air.

open-and-shut *adj* clair(e), évident(e).

opencast ['əʊpnkɑːst] *adj* [mining] à ciel ouvert.

open day *n* journée *f* portes ouvertes.

open-ended [-'endɪd] *adj* [meeting] sans limite de durée.

opener ['əʊpnəʳ] *n* [for cans] ouvre-boîtes *m inv*; [for bottles] ouvre-bouteilles *m inv*, décapsuleur *m*.

open-handed [-'hændɪd] *adj* généreux(euse).

openhearted [,əʊpn'hɑːtɪd] *adj* franc (franche).

open-heart surgery *n* chirurgie *f* à cœur ouvert.

opening ['əʊpnɪŋ] ◇ *adj* [first] premier(ière); [remarks] préliminaire. ◇ *n* **-1.** [beginning] commencement *m*, début *m*. **-2.** [in fence] trou *m*, percée *f*; [in clouds] trouée *f*, déchirure *f*. **-3.** [opportunity - gen] occasion *f*; [- COMM] débouché *m*. **-4.** [job vacancy] poste *m*.

opening hours *npl* heures *fpl* d'ouverture.

opening night *n* première *f*.

opening time *n* Br [of pub] heure *f* d'ouverture.

open letter *n* lettre *f* ouverte.

openly ['əʊpnlɪ] *adv* ouvertement, franchement.

open market n marché m libre.

open marriage n mariage m moderne (où chacun est libre d'avoir des aventures).

open-minded [-'maɪndɪd] adj [person] qui a l'esprit large; [attitude] large.

open-mouthed [-'maʊðd] adj & adv bouche bée (inv).

open-necked [-'nekt] adj à col ouvert.

openness ['əʊpənnɪs] n [frankness] franchise f.

open-plan adj non cloisonné(e).

open prison n prison f ouverte.

open sandwich n canapé m.

open season n saison f de la chasse.

open shop n absence de monopole syndical.

Open University n Br: the ~ ≃ centre m national d'enseignement à distance.

open verdict n JUR jugement qui enregistre un décès sans en spécifier la cause.

opera ['ɒpərə] n opéra m.

opera glasses npl jumelles fpl de théâtre.

opera house n opéra m.

opera singer n chanteur m, -euse f d'opéra.

operate ['ɒpəreɪt] ◇ vt -1. [machine] faire marcher, faire fonctionner. -2. COMM diriger. ◇ vi -1. [rule, law, system] jouer, être appliqué(e); [machine] fonctionner, marcher. -2. COMM opérer, travailler. -3. MED opérer; to ~ on sb/sthg opérer qqn/de qqch.

operatic [,ɒpə'rætɪk] adj d'opéra.

operating room ['ɒpəreɪtɪŋ-] n Am salle f d'opération.

operating system ['ɒpəreɪtɪŋ-] n COMPUT système m d'exploitation.

operating theatre Br, **operating room** Am ['ɒpəreɪtɪŋ-] n salle f d'opération.

operation [,ɒpə'reɪʃn] n -1. [gen & MED] opération f; to have an ~ (for) se faire opérer (de). -2. [of machine] marche f, fonctionnement m; to be in ~ [machine] être en marche OR en service; [law, system] être en vigueur. -3. [COMM - company] exploitation f; [- management] administration f, gestion f.

operational [,ɒpə'reɪʃənl] adj -1. [machine] en état de marche. -2. [difficulty, costs] d'exploitation.

operative ['ɒprətɪv] ◇ adj en vigueur. ◇ n ouvrier m, -ière f.

operator ['ɒpəreɪtər] n -1. TELEC standardiste mf. -2. [of machine] opérateur m, -trice f. -3. COMM directeur m, -trice f.

operetta [,ɒpə'retə] n opérette f.

ophthalmic optician [ɒf'θælmɪk-] n opticien m, -ienne f.

ophthalmologist [,ɒfθæl'mɒlədʒɪst] n ophtalmologue mf, ophtalmologiste mf.

opinion [ə'pɪnjən] n opinion f, avis m; to be of the ~ that être d'avis que, estimer que; in my ~ à mon avis.

opinionated [ə'pɪnjəneɪtɪd] adj pej dogmatique.

opinion poll n sondage m d'opinion.

opium ['əʊpjəm] n opium m.

opponent [ə'pəʊnənt] n adversaire mf.

opportune ['ɒpətjuːn] adj opportun(e).

opportunism [,ɒpə'tjuːnɪzm] n opportunisme m.

opportunist [,ɒpə'tjuːnɪst] n opportuniste mf.

opportunity [,ɒpə'tjuːnətɪ] (pl -ies) n occasion f; to take the ~ to do OR of doing sthg profiter de l'occasion pour faire qqch; to get the ~ avoir l'occasion.

oppose [ə'pəʊz] vt s'opposer à.

opposed [ə'pəʊzd] adj opposé(e); to be ~ to être contre, être opposé à; as ~ to par opposition à.

opposing [ə'pəʊzɪŋ] adj opposé(e).

opposite ['ɒpəzɪt] ◇ adj opposé(e); [house] d'en face. ◇ adv en face. ◇ prep en face de. ◇ n contraire m.

opposite number n homologue mf.

opposite sex n: the ~ le sexe opposé.

opposition [,ɒpə'zɪʃn] n -1. [gen] opposition f. -2. [opposing team] adversaire mf.
◆ **Opposition** n Br POL: the Opposition l'opposition.

oppress [ə'pres] vt -1. [persecute] opprimer. -2. [depress] oppresser.

oppressed [ə'prest] ◇ adj opprimé(e). ◇ npl: the ~ les opprimés mpl.

oppression [ə'preʃn] n oppression f.

oppressive [ə'presɪv] adj -1. [unjust] oppressif(ive). -2. [weather, heat] étouffant(e), lourd(e). -3. [silence] oppressant(e).

oppressor [ə'presər] n oppresseur m.

opprobrium [ə'prəʊbrɪəm] n opprobre m.

opt [ɒpt] ◇ vt: to ~ to do sthg choisir de faire qqch. ◇ vi: to ~ for opter pour.
◆ **opt in** vi: to ~ in (to) choisir de participer (à).
◆ **opt out** vi: to ~ out (of) [gen] choisir de ne pas participer (à); [of responsibility] se dérober (à); [of NHS] ne plus faire partie (de).

optic ['ɒptɪk] adj optique.

optical ['ɒptɪkl] adj optique.

optical character reader n COMPUT lecteur m optique de caractères.

optical character recognition *n* COMPUT reconnaissance *f* optique de caractères.

optical fibre *n* TELEC fibre *f* optique.

optical illusion *n* illusion *f* d'optique.

optician [ɒp'tɪʃn] *n* **-1.** [who sells glasses] opticien *m*, -ienne *f*. **-2.** [ophthalmologist] ophtalmologiste *mf*.

optics ['ɒptɪks] *n* (*U*) optique *f*.

optimism ['ɒptɪmɪzm] *n* optimisme *m*.

optimist ['ɒptɪmɪst] *n* optimiste *mf*.

optimistic [,ɒptɪ'mɪstɪk] *adj* optimiste; **to be ~ about** être optimiste pour.

optimize, -ise ['ɒptɪmaɪz] *vt* optimaliser.

optimum ['ɒptɪməm] *adj* optimum.

option ['ɒpʃn] *n* option *f*, choix *m*; **she had no ~ but to pay up** elle n'a pas pu faire autrement que de payer; **to have the ~ to do** OR **of doing sthg** pouvoir faire qqch, avoir la possibilité de faire qqch.

optional ['ɒpʃənl] *adj* facultatif(ive); **an ~ extra** un accessoire.

opulence ['ɒpjuləns] *n* **-1.** [wealth] opulence *f*. **-2.** [sumptuousness] magnificence *f*.

opulent ['ɒpjulənt] *adj* **-1.** [wealthy] opulent(e). **-2.** [sumptuous] magnifique.

opus ['əupəs] (*pl* **-es** OR **opera**) *n* MUS opus *m*.

or [ɔːr] *conj* **-1.** [gen] ou. **-2.** [after negative]: **he can't read ~ write** il ne sait ni lire ni écrire. **-3.** [otherwise] sinon. **-4.** [as correction] ou plutôt.

OR *abbr of* **Oregon**.

oracle ['ɒrəkl] *n* [prophet] oracle *m*.

oral ['ɔːrəl] ◇ *adj* **-1.** [spoken] oral(e). **-2.** [MED - medicine] par voie orale, par la bouche; [- hygiene] buccal(e). ◇ *n* oral *m*, épreuve *f* orale.

orally ['ɔːrəlɪ] *adv* **-1.** [in spoken form] oralement. **-2.** MED par voie orale.

orange ['ɒrɪndʒ] ◇ *adj* orange (*inv*). ◇ *n* **-1.** [fruit] orange *f*. **-2.** [colour] orange *m*.

orangeade [,ɒrɪndʒ'eɪd] *n* orangeade *f*.

orange blossom *n* (*U*) fleur *f* d'oranger.

Orangeman ['ɒrɪndʒmən] (*pl* **-men** [-mən]) *n Br* orangiste *m*.

orangutang [ɔː,ræŋuː'tæŋ] *n* orang-outang *m*.

oration [ɔː'reɪʃn] *n fml* discours *m*.

orator ['ɒrətər] *n* orateur *m*, -trice *f*.

oratorio [,ɒrə'tɔːrɪəu] (*pl* **-s**) *n* oratorio *m*.

oratory ['ɒrətrɪ] *n* art *m* oratoire, éloquence *f*.

orb [ɔːb] *n* globe *m*.

orbit ['ɔːbɪt] ◇ *n* orbite *f*; **to be in/go into ~ (around)** être/entrer sur orbite (autour

de), être/entrer en orbite (autour de). ◇ *vt* décrire une orbite autour de.

orchard ['ɔːtʃəd] *n* verger *m*; **apple ~** champ *m* de pommiers, pommeraie *f*.

orchestra ['ɔːkɪstrə] *n* orchestre *m*.

orchestral [ɔː'kestrəl] *adj* orchestral(e).

orchestra pit *n* fosse *f* d'orchestre.

orchestrate ['ɔːkɪstreɪt] *vt lit & fig* orchestrer.

orchestration [,ɔːke'streɪʃn] *n lit & fig* orchestration *f*.

orchid ['ɔːkɪd] *n* orchidée *f*.

ordain [ɔː'deɪn] *vt* **-1.** [decree] ordonner, décréter. **-2.** RELIG: **to be ~ed** être ordonné prêtre.

ordeal [ɔː'diːl] *n* épreuve *f*.

order ['ɔːdər] ◇ *n* **-1.** [gen] ordre *m*; **to be under ~s to do sthg** avoir (reçu) l'ordre de faire qqch. **-2.** COMM commande *f*; **to place an ~ with sb for sthg** passer une commande de qqch à qqn; **on ~** commandé; **to ~** sur commande. **-3.** [sequence] ordre *m*; **in ~** dans l'ordre; **in ~ of importance** par ordre d'importance. **-4.** [fitness for use]: **in working ~** en état de marche; **out of ~** [machine] en panne; [behaviour] déplacé(e); **in ~** [correct] en ordre. **-5.** (*U*) [discipline - gen] ordre *m*; [- in classroom] discipline *f*; **to keep ~** maintenir l'ordre. **-6.** *Am* [portion] part *f*. ◇ *vt* **-1.** [command] ordonner; **to ~ sb to do sthg** ordonner à qqn de faire qqch; **to ~ that** ordonner que. **-2.** COMM commander. ◇ *vi* commander.

◆ **orders** *npl* RELIG: **to take holy ~s** entrer dans les ordres.

◆ **in the order of** *Br*, **on the order of** *Am prep* environ, de l'ordre de.

◆ **in order that** *conj* pour que, afin que (+ *subjunctive*).

◆ **in order to** *conj* pour, afin de.

◆ **order about, order around** *vt sep* commander.

order book *n* carnet *m* de commandes.

order form *n* bulletin *m* de commande.

orderly ['ɔːdəlɪ] (*pl* **-ies**) ◇ *adj* [person] ordonné(e); [crowd] discipliné(e); [office, room] en ordre. ◇ *n* [in hospital] garçon *m* de salle.

order number *n* numéro *m* de commande.

ordinal ['ɔːdɪnl] ◇ *adj* ordinal(e). ◇ *n* nombre *m* ordinal.

ordinarily ['ɔːdənrəlɪ] *adv* d'habitude, d'ordinaire.

ordinary ['ɔːdənrɪ] ◇ *adj* **-1.** [normal] ordinaire. **-2.** *pej* [unexceptional] ordinaire, quelconque. ◇ *n*: **out of the ~** qui sort de l'ordinaire, exceptionnel(elle).

ordinary level *n Br* ≃ brevet *m* des collèges.

ordinary seaman *n Br* simple matelot *m*.

ordinary shares *npl Br* FIN actions *fpl* ordinaires.

ordination [ˌɔːdɪ'neɪʃn] *n* ordination *f*.

ordnance ['ɔːdnəns] *n* (U) **-1.** [supplies] matériel *m* militaire. **-2.** [artillery] artillerie *f*.

Ordnance Survey *n* service cartographique national en Grande-Bretagne, ≃ IGN *m*.

ore [ɔːr] *n* minerai *m*.

oregano [ˌɒrɪ'gɑːnəʊ] *n* origan *m*.

Oregon ['ɒrɪgən] *n* Oregon *m*; **in ~** dans l'Oregon.

organ ['ɔːgən] *n* **-1.** [gen] organe *m*. **-2.** MUS orgue *m*.

organic [ɔː'gænɪk] *adj* **-1.** [of animals, plants] organique. **-2.** [farming, food] biologique. **-3.** *fig* [development] naturel(elle).

organically [ɔː'gænɪklɪ] *adv* [farm, grow] sans engrais chimiques.

organic chemistry *n* chimie *f* organique.

organism ['ɔːgənɪzm] *n* organisme *m*.

organist ['ɔːgənɪst] *n* organiste *mf*.

organization [ˌɔːgənaɪ'zeɪʃn] *n* organisation *f*.

organizational [ˌɔːgənaɪ'zeɪʃnl] *adj* **-1.** [structure, links] organisationnel(elle). **-2.** [skill] d'organisation.

organization chart *n* organigramme *m*.

organize, -ise ['ɔːgənaɪz] ◇ *vt* organiser. ◇ *vi* [workers] se syndiquer.

organized ['ɔːgənaɪzd] *adj* organisé(e).

organized crime *n* crime *m* organisé.

organized labour *n* main d'œuvre *f* syndiquée.

organizer ['ɔːgənaɪzər] *n* organisateur *m*, -trice *f*.

organza [ɔː'gænzə] *n* organza *m*.

orgasm ['ɔːgæzm] *n* orgasme *m*.

orgy ['ɔːdʒɪ] (*pl* **-ies**) *n lit* & *fig* orgie *f*.

orient ['ɔːrɪənt] = **orientate**.

Orient ['ɔːrɪənt] *n*: **the ~** l'Orient *m*.

oriental [ˌɔːrɪ'entl] ◇ *adj* oriental(e). ◇ *n* Oriental *m*, -e *f* (*attention: le terme 'oriental' est considéré raciste*).

orientate ['ɔːrɪənteɪt] *vt*: **to be ~d towards** viser, s'adresser à; **to ~ o.s.** s'orienter.

orientation [ˌɔːrɪən'teɪʃn] *n* orientation *f*.

orienteering [ˌɔːrɪən'tɪərɪŋ] *n* (U) course *f* d'orientation.

orifice ['ɒrɪfɪs] *n* orifice *m*.

origami [ˌɒrɪ'gɑːmɪ] *n* origami *m*.

origin ['ɒrɪdʒɪn] *n* **-1.** [of river] source *f*; [of word, conflict] origine *f*. **-2.** [birth]: **country of ~** pays *m* d'origine.
◆ **origins** *npl* origines *fpl*.

original [ə'rɪdʒənl] ◇ *adj* original(e); [owner] premier(ière). ◇ *n* original *m*.

originality [əˌrɪdʒə'nælətɪ] *n* originalité *f*.

originally [ə'rɪdʒənəlɪ] *adv* à l'origine, au départ.

original sin *n* péché *m* originel.

originate [ə'rɪdʒəneɪt] ◇ *vt* être l'auteur de, être à l'origine de. ◇ *vi* [belief, custom]: **to ~ (in)** prendre naissance (dans); **to ~ from** provenir de.

origination [əˌrɪdʒə'neɪʃn] *n* (U) origine *f*.

originator [ə'rɪdʒəneɪtər] *n* auteur *m*, initiateur *m*, -trice *f*.

Orinoco [ˌɒrɪ'nəʊkəʊ] *n*: **the (River) ~** l'Orénoque *m*.

Orkney Islands ['ɔːknɪ-], **Orkneys** ['ɔːknɪz] *npl*: **the ~** les Orcades *fpl*; **in the ~s** dans les Orcades.

ornament ['ɔːnəmənt] *n* **-1.** [object] bibelot *m*. **-2.** (U) [decoration] ornement *m*.

ornamental [ˌɔːnə'mentl] *adj* [garden, pond] d'agrément; [design] décoratif(ive).

ornamentation [ˌɔːnəmen'teɪʃn] *n* décoration *f*.

ornate [ɔː'neɪt] *adj* orné(e).

ornately [ɔː'neɪtlɪ] *adv* avec beaucoup d'ornements.

ornery ['ɔːnərɪ] *adj Am inf* désagréable.

ornithologist [ˌɔːnɪ'θɒlədʒɪst] *n* ornithologue *mf*, ornithologiste *mf*.

ornithology [ˌɔːnɪ'θɒlədʒɪ] *n* ornithologie *f*.

orphan ['ɔːfn] ◇ *n* orphelin *m*, -e *f*. ◇ *vt*: **to be ~ed** devenir orphelin(e).

orphanage ['ɔːfənɪdʒ] *n* orphelinat *m*.

orthodontist [ˌɔːθə'dɒntɪst] *n* orthodontiste *mf*.

orthodox ['ɔːθədɒks] *adj* **-1.** [conventional] orthodoxe. **-2.** RELIG [traditional] traditionaliste.

Orthodox Church *n*: **the ~** l'Église *f* orthodoxe.

orthodoxy ['ɔːθədɒksɪ] *n* orthodoxie *f*.

orthopaedic [ˌɔːθə'piːdɪk] *adj* orthopédique.

orthopaedics [ˌɔːθə'piːdɪks] *n* (U) orthopédie *f*.

orthopaedist [ˌɔːθə'piːdɪst] *n* orthopédiste *mf*.

orthopedic [ˌɔ:θə'pi:dɪk] *etc* = **orthopaedic** *etc.*

OS ◇ *n* (*abbr of* **Ordnance Survey**) ≃ IGN *m.* ◇ *abbr of* **outsize**.

O/S *abbr of* **out of stock**.

Oscar ['ɒskəʳ] *n* CINEMA Oscar *m.*

oscillate ['ɒsɪleɪt] *vi lit* & *fig* osciller.

oscilloscope [ɒ'sɪləskəʊp] *n* oscilloscope *m.*

OSD (*abbr of* **optical scanning device**) *n* lecteur optique.

OSHA (*abbr of* **Occupational Safety and Health Administration**) *n direction de la sécurité et de l'hygiène au travail aux États-Unis.*

Oslo ['ɒzləʊ] *n* Oslo.

osmosis [ɒz'məʊsɪs] *n* osmose *f.*

osprey ['ɒsprɪ] (*pl* **-s**) *n* balbuzard *m.*

Ostend [ɒs'tend] *n* Ostende.

ostensible [ɒ'stensəbl] *adj* prétendu(e).

ostensibly [ɒ'stensəblɪ] *adv* en apparence, soi-disant.

ostentation [ˌɒstən'teɪʃn] *n* ostentation *f.*

ostentatious [ˌɒstən'teɪʃəs] *adj* ostentatoire.

osteoarthritis [ˌɒstɪəʊɑ:'θraɪtɪs] *n* (*U*) ostéoarthrose *f.*

osteopath ['ɒstɪəpæθ] *n* ostéopathe *mf.*

osteopathy [ˌɒstɪ'ɒpəθɪ] *n* ostéopathie *f.*

ostracize, -ise ['ɒstrəsaɪz] *vt* frapper d'ostracisme, mettre au ban.

ostrich ['ɒstrɪtʃ] *n* autruche *f.*

OT *n* **-1.** (*abbr of* **Old Testament**) AT *m.* **-2.** *abbr of* **occupational therapy**.

OTC (*abbr of* **Officer Training Corps**) *n* section de formation des officiers en Grande-Bretagne.

other ['ʌðəʳ] ◇ *adj* autre; **the ~ one** l'autre; **the ~ day/week** l'autre jour/semaine. ◇ *adv*: **there was nothing to do ~ than** confess il ne pouvait faire autrement que d'avouer; **~ than** John John à part. ◇ *pron*: **~s** d'autres; **the ~** l'autre; **the ~s** les autres; **one after the ~** l'un après l'autre (l'une après l'autre); **one or ~ of you** l'un (l'une) de vous deux; **none ~ than** nul (nulle) autre que.

◆ **something or other** *pron* quelque chose, je ne sais quoi.

◆ **somehow or other** *adv* d'une manière ou d'une autre.

otherwise ['ʌðəwaɪz] ◇ *adv* autrement; **or ~** [or not] ou non. ◇ *conj* sinon.

other world *n*: **the ~** l'au-delà *m.*

otherworldly [ˌʌðə'wɜ:ldlɪ] *adj* détaché(e) des biens de ce monde.

OTT (*abbr of* **over the top**) *adj Br inf*: **it's a bit ~** c'est un peu trop.

Ottawa ['ɒtəwə] *n* Ottawa.

otter ['ɒtəʳ] *n* loutre *f.*

OU *abbr of* **Open University**.

ouch [aʊtʃ] *excl* aïe!, ouïe!

ought [ɔ:t] *aux vb* **-1.** [sensibly]: **I really ~ to go** il faut absolument que je m'en aille; **you ~ to see a doctor** tu devrais aller chez le docteur. **-2.** [morally]: **you ~ not to have done that** tu n'aurais pas dû faire cela; **you ~ to look after your children better** tu devrais t'occuper un peu mieux de tes enfants. **-3.** [expressing probability]: **she ~ to pass her exam** elle devrait réussir à son examen.

oughtn't [ɔ:tnt] = **ought not**.

Ouija board® ['wi:dʒə-] *n* oui-ja *m.*

ounce [aʊns] *n* = 28,35 *g*, once *f.*

our ['aʊəʳ] *poss adj* notre, nos (*pl*); **~ money/house** notre argent/maison; **~ children** nos enfants; **it wasn't OUR fault** ce n'était pas de notre faute à nous.

ours ['aʊəz] *poss pron* le nôtre (la nôtre), les nôtres (*pl*); **that money is ~** cet argent est à nous OR est le nôtre; **it wasn't their fault, it was OURS** ce n'était pas de leur faute, c'était de notre faute à nous OR de la nôtre; **a friend of ~** un ami à nous, un de nos amis.

ourselves [aʊə'selvz] *pron pl* **-1.** (*reflexive*) nous. **-2.** (*for emphasis*) nous-mêmes; **we did it by ~** nous l'avons fait tout seuls.

oust [aʊst] *vt*: **to ~ sb (from)** évincer qqn (de).

ouster ['aʊstəʳ] *n Am* [from country] expulsion *f*; [from office] renvoi *m.*

out [aʊt] *adv* **-1.** [not inside, out of doors] dehors; **we all got ~** [of car] nous sommes tous sortis; **I'm going ~ for a walk** je sors me promener; **to run ~** sortir en courant; **~ here** ici; **~ there** là-bas; **~ you go!** sors!, file! **-2.** [away from home, office, published] sorti(e); **John's ~ at the moment** John est sorti, John n'est pas là en ce moment; **don't stay ~ too late** ne rentre pas trop tard; **an afternoon ~** une sortie l'après-midi; **let's have an evening ~** et si on sortait ce soir? **-3.** [extinguished] éteint(e); **the lights went ~** les lumières se sont éteintes. **-4.** [of tides]: **the tide is ~** la marée est basse. **-5.** [out of fashion] démodé(e), passé(e) de mode. **-6.** [in flower] en fleur; **the crocuses are ~** les crocus sont sortis. **-7.** [visible - moon] levé(e); **the sun is ~** il fait du soleil; **the stars are ~** les étoiles brillent. **-8.** *inf* [on strike] en grève. **-9.** [not possible]: **sorry, that's ~** désolé, cela ne va pas OR n'est pas possible. **-10.** [determined]: **to be ~ to do sthg** être résolu(e) OR décidé(e) à faire qqch.

◆ **out of** *prep* **-1.** [outside] en dehors de; **to go ~ of the room** sortir de la pièce; **to be ~ of the country** être à l'étranger. **-2.** [indicating cause] par; **~ of spite/love/boredom** par dépit/amour/ennui. **-3.** [indicating origin, source] de, dans; **a page ~ of a book** une page d'un livre; **to drink ~ of a glass** boire dans un verre; **to get information ~ of sb** arracher OR soutirer des renseignements à qqn; **it's made ~ of plastic** c'est en plastique; **we can pay for it ~ of petty cash** on peut le payer avec l'argent des dépenses courantes. **-4.** [without] sans; **~ of petrol/money** à court d'essence/d'argent; **we're ~ of sugar** nous n'avons plus de sucre. **-5.** [sheltered from] à l'abri de; **we're ~ of the wind here** nous sommes à l'abri du vent ici. **-6.** [to indicate proportion] sur; **one ~ of ten people** une personne sur dix; **ten ~ of ten** dix sur dix.

out-and-out *adj* [liar] fieffé(e); [disgrace] complet(ète).

outback ['aʊtbæk] *n*: **the ~** l'intérieur *m* du pays (*en Australie*).

outbid [aʊt'bɪd] (*pt* & *pp* **outbid**, *cont* **-ding**) *vt*: **to ~ sb (for)** enchérir sur qqn (pour).

outboard (motor) ['aʊtbɔːd-] *n* (moteur *m*) hors-bord *m*.

outbound ['aʊtbaʊnd] *adj* [train, flight] en partance.

outbreak ['aʊtbreɪk] *n* [of war, crime] début *m*, déclenchement *m*; [of spots etc] éruption *f*.

outbuildings ['aʊtbɪldɪŋz] *npl* dépendances *fpl*.

outburst ['aʊtbɜːst] *n* explosion *f*.

outcast ['aʊtkɑːst] *n* paria *m*.

outclass [aʊt'klɑːs] *vt* surclasser.

outcome ['aʊtkʌm] *n* issue *f*, résultat *m*.

outcrop ['aʊtkrɒp] *n* affleurement *m*.

outcry ['aʊtkraɪ] (*pl* **-ies**) *n* tollé *m*.

outdated [aʊt'deɪtɪd] *adj* démodé(e), vieilli(e).

outdid [aʊt'dɪd] *pt* → **outdo**.

outdistance [aʊt'dɪstəns] *vt lit* & *fig* distancer.

outdo [aʊt'duː] (*pt* **-did**, *pp* **-done** [-'dʌn]) *vt* surpasser.

outdoor ['aʊtdɔːr] *adj* [life, swimming pool] en plein air; [activities] de plein air.

outdoors [aʊt'dɔːz] *adv* dehors.

outer ['aʊtər] *adj* extérieur(e); **Outer London** la grande banlieue de Londres.

Outer Mongolia *n* Mongolie-Extérieure *f*.

outermost ['aʊtəməʊst] *adj* [area] le plus éloigné (la plus éloignée); [layer] le plus (la plus) à l'extérieur.

outer space *n* cosmos *m*.

outfit ['aʊtfɪt] *n* **-1.** [clothes] tenue *f*. **-2.** *inf* [organization] équipe *f*.

outfitters ['aʊt,fɪtəz] *n* Br dated [for clothes] magasin *m* spécialisé de confection pour hommes.

outflank [aʊt'flæŋk] *vt* MIL déborder, prendre à revers; *fig* déjouer les manœuvres de.

outgoing ['aʊt,gəʊɪŋ] *adj* **-1.** [chairman etc] sortant(e); [mail] à expédier; [train] en partance. **-2.** [friendly, sociable] ouvert(e).

◆ **outgoings** *npl* Br dépenses *fpl*.

outgrow [aʊt'grəʊ] (*pt* **-grew**, *pp* **-grown**) *vt* **-1.** [clothes] devenir trop grand(e) pour. **-2.** [habit] se défaire de.

outhouse ['aʊthaʊs, *pl* -haʊzɪz] *n* appentis *m*.

outing ['aʊtɪŋ] *n* **-1.** [trip] sortie *f*. **-2.** [of homosexuals] *campagne, menée par des militants homosexuels, destinée à dévoiler l'homosexualité d'une personne publique.*

outlandish [aʊt'lændɪʃ] *adj* bizarre.

outlast [aʊt'lɑːst] *vt* survivre à.

outlaw ['aʊtlɔː] ◇ *n* hors-la-loi *m inv*. ◇ *vt* **-1.** [practice] proscrire. **-2.** [person] mettre hors la loi.

outlay ['aʊtleɪ] *n* dépenses *fpl*.

outlet ['aʊtlet] *n* **-1.** [for emotion] exutoire *m*. **-2.** [hole, pipe] sortie *f*. **-3.** [shop]: **retail ~** point *m* de vente. **-4.** *Am* ELEC prise *f* (de courant).

outline ['aʊtlaɪn] ◇ *n* **-1.** [brief description] grandes lignes *fpl*; **in ~** en gros. **-2.** [silhouette] silhouette *f*. ◇ *vt* **-1.** [describe briefly] exposer les grandes lignes de. **-2.** [silhouette]: **to be ~d against** se dessiner OR se découper sur.

outlive [aʊt'lɪv] *vt* **-1.** [subj: person] survivre à. **-2.** [subj: idea, object]: **it's ~d its usefulness** cela a fait son temps.

outlook ['aʊtlʊk] *n* **-1.** [disposition] attitude *f*, conception *f*. **-2.** [prospect] perspective *f*.

outlying ['aʊt,laɪɪŋ] *adj* [village] reculé(e); [suburbs] écarté(e).

outmanoeuvre Br, **outmaneuver** Am [,aʊtmə'nuːvər] *vt* [competitor, rival] l'emporter sur.

outmoded [,aʊt'məʊdɪd] *adj* démodé(e).

outnumber [,aʊt'nʌmbər] *vt* surpasser en nombre.

out-of-date *adj* [passport] périmé(e); [clothes] démodé(e); [belief] dépassé(e).

out of doors *adv* dehors.

out-of-the-way *adj* [village] perdu(e); [pub] peu fréquenté(e).

outpace [,aʊt'peɪs] *vt* **-1.** [subj: person] devancer. **-2.** *fig* [subj: technology] dépasser.

outpatient ['aʊt,peɪʃnt] *n* malade *mf* en consultation externe.

outplay [,aʊt'pleɪ] *vt* SPORT dominer.

outpost ['aʊtpəʊst] *n* avant-poste *m*.

outpouring [,aʊt'pɔːrɪŋ] *n literary* [of emotion] effusion *f*.

output ['aʊtpʊt] ◇ *n* **-1.** [production] production *f*. **-2.** COMPUT sortie *f*. ◇ *vt* COMPUT sortir.

outrage ['aʊtreɪdʒ] ◇ *n* **-1.** [emotion] indignation *f*. **-2.** [act] atrocité *f*. ◇ *vt* outrager.

outraged ['aʊtreɪdʒd] *adj* outré(e).

outrageous [aʊt'reɪdʒəs] *adj* **-1.** [offensive, shocking] scandaleux(euse), monstrueux(euse). **-2.** [very unusual] choquant(e).

outran [,aʊt'ræn] *pt* → **outrun**.

outrank [aʊt'ræŋk] *vt* être le supérieur de; MIL avoir un grade supérieur à.

outrider ['aʊt,raɪdəʳ] *n* [on motorcycle] motocycliste *m* d'escorte.

outright [*adj* 'aʊtraɪt, *adv* ,aʊt'raɪt] ◇ *adj* absolu(e), total(e). ◇ *adv* **-1.** [deny] carrément, franchement. **-2.** [win, fail] complètement, totalement; **to be killed** ~ être tué sur le coup.

outrun [,aʊt'rʌn] (*pt* **-ran**, *pp* **-run**, *cont* **-ning**) *vt* distancer.

outsell [,aʊt'sel] (*pt & pp* **-sold**) *vt* dépasser les ventes de.

outset ['aʊtset] *n*: **at the** ~ au commencement, au début; **from the** ~ depuis le commencement OR début.

outshine [,aʊt'ʃaɪn] (*pt & pp* **-shone** [-'ʃɒn]) *vt fig* éclipser, surpasser.

outside [*adv* ,aʊt'saɪd, *adj, prep & n* 'aʊtsaɪd] ◇ *adj* **-1.** [gen] extérieur(e); **an** ~ **opinion** une opinion indépendante. **-2.** [unlikely - chance, possibility] faible. ◇ *adv* à l'extérieur; **to go/run/look** ~ aller/courir/regarder dehors. ◇ *prep* **-1.** [not inside] à l'extérieur de, en dehors de. **-2.** [beyond]: ~ **office hours** en dehors des heures de bureau. ◇ *n* extérieur *m*; **at the** ~ *fig* au plus, au maximum.

◆ **outside of** *prep Am* [apart from] à part.

outside broadcast *n Br* RADIO & TV émission *f* réalisée à l'extérieur.

outside lane *n* AUT [in UK] voie *f* de droite; [in Europe, US] voie *f* de gauche.

outside line *n* TELEC ligne *f* extérieure.

outsider [,aʊt'saɪdəʳ] *n* **-1.** [in race] outsider *m*. **-2.** [from society] étranger *m*, -ère *f*.

outsize ['aʊtsaɪz] *adj* **-1.** [bigger than usual] énorme, colossal(e). **-2.** [clothes] grande taille (*inv*).

outsized ['aʊtsaɪzd] *adj* énorme, colossal(e).

outskirts ['aʊtskɜːts] *npl*: **the** ~ la banlieue.

outsmart [,aʊt'smɑːt] *vt* être plus malin(igne) que.

outsold [,aʊt'səʊld] *pt & pp* → **outsell**.

outspoken [,aʊt'spəʊkn] *adj* franc (franche).

outspread [,aʊt'spred] *adj* [arms, legs] écarté(e); [wings, newspaper] déployé(e).

outstanding [,aʊt'stændɪŋ] *adj* **-1.** [excellent] exceptionnel(elle), remarquable. **-2.** [example] marquant(e). **-3.** [not paid] impayé(e). **-4.** [unfinished - work, problem] en suspens.

outstay [,aʊt'steɪ] *vt*: **I don't want to** ~ **my welcome** je ne veux pas abuser de votre hospitalité.

outstretched [,aʊt'stretʃt] *adj* [arms, hands] tendu(e); [wings] déployé(e).

outstrip [,aʊt'strɪp] (*pt & pp* **-ped**, *cont* **-ping**) *vt* devancer.

out-take *n* CINEMA & TV prise *f* ratée.

out-tray *n* corbeille *f* pour le courrier à expédier.

outvote [,aʊt'vəʊt] *vt*: **to be** ~**d** ne pas obtenir la majorité.

outward ['aʊtwəd] ◇ *adj* **-1.** [going away]: ~ **journey** aller *m*. **-2.** [apparent, visible] extérieur(e). ◇ *adv Am* = **outwards**.

outwardly ['aʊtwədlɪ] *adv* [apparently] en apparence.

outwards *Br* ['aʊtwədz], **outward** *Am adv* vers l'extérieur.

outweigh [,aʊt'weɪ] *vt fig* primer sur.

outwit [,aʊt'wɪt] (*pt & pp* **-ted**, *cont* **-ting**) *vt* se montrer plus malin(igne) que.

outworker ['aʊt,wɜːkəʳ] *n* travailleur *m*, -euse *f* à domicile.

oval ['əʊvl] ◇ *adj* ovale. ◇ *n* ovale *m*.

Oval Office *n*: **the** ~ bureau du président des États-Unis à la Maison-Blanche.

ovarian [əʊ'veərɪən] *adj* ovarien(ienne).

ovary ['əʊvərɪ] (*pl* **-ies**) *n* ovaire *m*.

ovation [əʊ'veɪʃn] *n* ovation *f*; **the audience gave her a standing** ~ le public l'a ovationnée.

oven ['ʌvn] *n* [for cooking] four *m*.

oven glove *n* gant *m* de cuisine.

ovenproof ['ʌvnpruːf] *adj* qui va au four.

oven-ready *adj* prêt(e) à cuire.

ovenware ['ʌvnweəʳ] *n* (*U*) plats *mpl* qui vont au four.

over ['əʊvəʳ] ◇ *prep* **-1.** [above] au-dessus de. **-2.** [on top of] sur. **-3.** [on other side of] de l'autre côté de; **they live** ~ **the road** ils habitent en face. **-4.** [to other side of] par-dessus; **to go** ~ **the border** franchir la frontière. **-5.** [more than] plus de; ~ **and above** en plus de. **-6.** [senior to]: **he's** ~ **me at work** il occupe un poste plus élevé que le mien. **-7.** [concerning] à propos de, au sujet de. **-8.** [during] pendant.
◇ *adv* **-1.** [distance away]: ~ **here** ici; ~ **there** là-bas. **-2.** [across]: **they flew** ~ **to America** ils se sont envolés pour les États-Unis; **we invited them** ~ nous les avons invités chez nous. **-3.** [to the ground]: **to lean** ~ se pencher; **she pushed the pile of books** ~ elle a renversé la pile de livres. **-4.** [more] plus. **-5.** [remaining]: **there's nothing (left)** ~ il ne reste rien. **-6.** RADIO: ~ **and out!** à vous! **-7.** [involving repetitions]: **(all)** ~ **again** (tout) au début; ~ **and** ~ **again** à maintes reprises, maintes fois.
◇ *adj* [finished] fini(e), terminé(e).
◇ *n* over *m*.
◆ **all over** ◇ *prep* **-1.** [covering]: **the child had chocolate all** ~ **her face** l'enfant avait du chocolat sur toute la figure. **-2.** [throughout] partout, dans tout; **all** ~ **the world** dans le monde entier. ◇ *adv* [everywhere] partout. ◇ *adj* [finished] fini(e).

over- ['əʊvəʳ] *prefix* sur-.

overabundance [,əʊvərə'bʌndəns] *n* surabondance *f*.

overact [,əʊvər'ækt] *vi pej* THEATRE en faire trop.

overactive [,əʊvər'æktɪv] *adj* trop actif(ive).

overall [*adj & n* 'əʊvərɔːl, *adv* ,əʊvər'ɔːl] ◇ *adj* [general] d'ensemble. ◇ *adv* en général. ◇ *n* **-1.** [gen] tablier *m*. **-2.** *Am* [for work] bleu *m* de travail.
◆ **overalls** *npl* **-1.** [for work] bleu *m* de travail. **-2.** *Am* [dungarees] salopette *f*.

overambitious [,əʊvəræm'bɪʃəs] *adj* trop ambitieux(ieuse).

overanxious [,əʊvər'æŋkʃəs] *adj* trop inquiet(iète), trop anxieux(ieuse).

overarm ['əʊvərɑːm] *adj & adv* par en-dessus.

overate [,əʊvər'et] *pt* → overeat.

overawe [,əʊvər'ɔː] *vt* impressionner.

overbalance [,əʊvə'bæləns] *vi* basculer.

overbearing [,əʊvə'beərɪŋ] *adj* autoritaire.

overblown [,əʊvə'bləʊn] *adj pej* exagéré(e).

overboard ['əʊvəbɔːd] *adv*: **to fall** ~ tomber par-dessus bord; **to go** ~ *inf fig* en faire trop; **to go** ~ **about** *inf fig* s'enthousiasmer pour.

overbook [,əʊvə'bʊk] *vi* surréserver.

overburden [,əʊvə'bɜːdn] *vt*: **to be** ~**ed with sthg** être surchargé(e) de qqch.

overcame [,əʊvə'keɪm] *pt* → overcome.

overcapitalize, -ise [,əʊvə'kæpɪtəlaɪz] FIN *vt & vi* surcapitaliser.

overcast [,əʊvə'kɑːst] *adj* couvert(e).

overcharge [,əʊvə'tʃɑːdʒ] ◇ *vt*: **to** ~ **sb (for sthg)** faire payer (qqch) trop cher à qqn. ◇ *vi*: **to** ~ **(for sthg)** demander un prix excessif (pour qqch).

overcoat ['əʊvəkəʊt] *n* pardessus *m*.

overcome [,əʊvə'kʌm] (*pt* -came, *pp* -come) *vt* **-1.** [fears, difficulties] surmonter. **-2.** [overwhelm]: **to be** ~ **(by** OR **with)** [emotion] être submergé(e) (de); [grief] être accablé(e) (de).

overcompensate [,əʊvə'kɒmpənseɪt] *vi*: **to** ~ **(for sthg)** surcompenser (qqch).

overconfident [,əʊvə'kɒnfɪdənt] *adj* [too certain] trop sûr(e) de soi; [arrogant] suffisant(e).

overcook [,əʊvə'kʊk] *vt* faire trop cuire.

overcrowded [,əʊvə'kraʊdɪd] *adj* bondé(e).

overcrowding [,əʊvə'kraʊdɪŋ] *n* surpeuplement *m*.

overdeveloped [,əʊvədə'veləpt] *adj* PHOT & *fig* trop développé(e).

overdo [,əʊvə'duː] (*pt* -did [-'dɪd], *pp* -done) *vt* **-1.** [exaggerate] exagérer. **-2.** [do too much] trop faire; **to** ~ **it** se surmener. **-3.** [overcook] trop cuire.

overdone [,əʊvə'dʌn] ◇ *pp* → overdo. ◇ *adj* [food] trop cuit(e).

overdose [*n* 'əʊvədəʊs, *vb* ,əʊvə'dəʊs] ◇ *n* overdose *f*. ◇ *vi*: **to** ~ **on** prendre une dose excessive de.

overdraft ['əʊvədrɑːft] *n* découvert *m*.

overdrawn [,əʊvə'drɔːn] *adj* à découvert.

overdress [,əʊvə'dres] *vi* être trop bien habillé(e) (pour l'occasion).

overdrive ['əʊvədraɪv] *n fig*: **to go into** ~ mettre les bouchées doubles.

overdue [,əʊvə'djuː] *adj* **-1.** [late]: ~ **(for)** en retard (pour). **-2.** [change, reform]: **(long)** ~ attendu(e) (depuis longtemps). **-3.** [unpaid] arriéré(e), impayé(e).

overeat [,əʊvər'iːt] (*pt* -ate, *pp* -eaten) *vi* trop manger.

overemphasize, -ise [,əʊvər'emfəsaɪz] *vt* donner trop d'importance à.

overenthusiastic ['əʊvərɪn,θjuːzɪ'æstɪk] *adj* trop enthousiaste.

overestimate [,əʊvər'estɪmeɪt] *vt* surestimer.

overexcited [,əʊvərɪk'saɪtɪd] *adj* surexcité(e).

overexpose [,əʊvərɪk'spəʊz] *vt* PHOT surexposer.

overfeed [,əʊvə'fiːd] (*pt & pp* -**fed** [-fed]) *vt* suralimenter.

overfill [,əʊvə'fɪl] *vt* trop remplir.

overflow [*vb* ,əʊvə'fləʊ, *n* 'əʊvəfləʊ] ◇ *vi* -**1.** [gen] déborder. -**2.** [streets, box]: **to be ~ing (with)** regorger (de); **full to ~ing** plein à craquer. ◇ *vt* déborder de. ◇ *n* [pipe, hole] trop-plein *m*.

overgrown [,əʊvə'grəʊn] *adj* [garden] envahi(e) par les mauvaises herbes.

overhang [*n* 'əʊvəhæŋ, *vb* ,əʊvə'hæŋ] (*pt & pp* -**hung**) ◇ *n* surplomb *m*. ◇ *vt* surplomber. ◇ *vi* être en surplomb.

overhaul [*n* 'əʊvəhɔːl, *vb* ,əʊvə'hɔːl] ◇ *n* -**1.** [of car, machine] révision *f*. -**2.** *fig* [of system] refonte *f*, remaniement *m*. ◇ *vt* -**1.** [car, machine] réviser. -**2.** *fig* [system] refondre, remanier.

overhead [*adv* ,əʊvə'hed, *adj & n* 'əʊvəhed] ◇ *adj* aérien(ienne). ◇ *adv* au-dessus. ◇ *n Am* (*U*) frais *mpl* généraux.
♦ **overheads** *npl Br* frais *mpl* généraux.

overhear [,əʊvə'hɪə] (*pt & pp* -**heard** [-'hɜːd]) *vt* entendre par hasard.

overheat [,əʊvə'hiːt] ◇ *vt* surchauffer. ◇ *vi* [engine] chauffer.

overhung [,əʊvə'hʌŋ] *pt & pp* → **overhang**.

overindulge [,əʊvərɪn'dʌldʒ] ◇ *vt* trop gâter. ◇ *vi*: **to ~ (in)** abuser (de).

overjoyed [,əʊvə'dʒɔɪd] *adj*: **~ (at)** transporté(e) de joie (à).

overkill ['əʊvəkɪl] *n* [excess]: **that would be ~** ce serait de trop.

overladen [,əʊvə'leɪdn] ◇ *pp* → **overload**. ◇ *adj* surchargé(e).

overlaid [,əʊvə'leɪd] *pt & pp* → **overlay**.

overland ['əʊvəlænd] *adj & adv* par voie de terre.

overlap [*n* 'əʊvəlæp, *vb* ,əʊvə'læp] (*pt & pp* -**ped**, *cont* -**ping**) ◇ *n lit & fig* chevauchement *m*. ◇ *vt* [edge] dépasser de. ◇ *vi lit & fig* se chevaucher.

overlay [,əʊvə'leɪ] (*pt & pp* -**laid**) *vt*: **to be overlaid with** être recouvert(e) de.

overleaf [,əʊvə'liːf] *adv* au verso, au dos.

overload [,əʊvə'ləʊd] (*pp* -**loaded** OR -**laden**) *vt* surcharger.

overlong [,əʊvə'lɒŋ] ◇ *adj* long (trop longue). ◇ *adv* trop longtemps.

overlook [,əʊvə'lʊk] *vt* -**1.** [subj: building, room] donner sur. -**2.** [disregard, miss] oublier, négliger. -**3.** [excuse] passer sur, fermer les yeux sur.

overlord ['əʊvəlɔːd] *n* suzerain *m*.

overly ['əʊvəlɪ] *adv* trop.

overmanning [,əʊvə'mænɪŋ] *n* (*U*) sureffectifs *mpl*.

overnight [*adj* 'əʊvənaɪt, *adv* ,əʊvə'naɪt] ◇ *adj* -**1.** [journey, parking] de nuit; [stay] d'une nuit. -**2.** *fig* [sudden]: **~ success** succès *m* immédiat. ◇ *adv* -**1.** [stay, leave] la nuit. -**2.** [suddenly] du jour au lendemain.

overpaid [,əʊvə'peɪd] ◇ *pt & pp* → **overpay**. ◇ *adj* trop payé(e), surpayé(e).

overpass ['əʊvəpɑːs] *n Am* ≃ Toboggan® *m*.

overpay [,əʊvə'peɪ] (*pt & pp* -**paid**) *vt* trop payer.

overplay [,əʊvə'pleɪ] *vt* [exaggerate] exagérer.

overpopulated [,əʊvə'pɒpjʊleɪtɪd] *adj* surpeuplé(e).

overpower [,əʊvə'paʊə] *vt* -**1.** [in fight] vaincre. -**2.** *fig* [overwhelm] accabler, terrasser.

overpowering [,əʊvə'paʊərɪŋ] *adj* [desire] irrésistible; [smell] entêtant(e).

overpriced [,əʊvə'praɪst] *adj pej* excessivement cher (chère).

overproduction [,əʊvəprə'dʌkʃn] *n* surproduction *f*.

overprotective [,əʊvəprə'tektɪv] *adj* protecteur(trice) à l'excès.

overran [,əʊvə'ræn] *pt* → **overrun**.

overrated [,əʊvə'reɪtɪd] *adj* surfait(e).

overreach [,əʊvə'riːtʃ] *vt*: **to ~ o.s.** trop entreprendre.

overreact [,əʊvərɪ'ækt] *vi*: **to ~ (to sthg)** réagir (à qqch) de façon excessive.

override [,əʊvə'raɪd] (*pt* -**rode**, *pp* -**ridden**) *vt* -**1.** [be more important than] l'emporter sur, prévaloir sur. -**2.** [overrule - decision] annuler.

overriding [,əʊvə'raɪdɪŋ] *adj* [need, importance] primordial(e).

overripe [,əʊvə'raɪp] *adj* trop mûr(e).

overrode [,əʊvə'rəʊd] *pt* → **override**.

overrule [,əʊvə'ruːl] *vt* [person] prévaloir contre; [decision] annuler; [objection] rejeter.

overrun [,əʊvə'rʌn] (*pt* -**ran**, *pp* -**run**, *cont* -**running**) ◇ *vt* -**1.** MIL [occupy] occuper. -**2.** *fig* [cover, fill]: **to be ~ with** [weeds] être envahi(e) de; [rats] être infesté(e) de. ◇ *vi* dépasser (le temps alloué).

oversaw [,əʊvə'sɔː] *pt* → oversee.

overseas [*adj* 'əʊvəsiːz, *adv* ,əʊvə'siːz] ◇ *adj* [sales, company] à l'étranger; [market] extérieur(e); [visitor, student] étranger(ère); ~ aid aide *f* aux pays étrangers. ◇ *adv* à l'étranger.

oversee [,əʊvə'siː] (*pt* -saw, *pp* -seen [-'siːn]) *vt* surveiller.

overseer ['əʊvə,siːə'] *n* contremaître *m*.

overshadow [,əʊvə'ʃædəʊ] *vt* [subj: building, tree] dominer; *fig* éclipser.

overshoot [,əʊvə'ʃuːt] (*pt* & *pp* -shot) *vt* dépasser, rater.

oversight ['əʊvəsaɪt] *n* oubli *m*; through ~ par mégarde.

oversimplification ['əʊvə,sɪmplɪfɪ'keɪʃn] *n* simplification *f* excessive.

oversimplify [,əʊvə'sɪmplɪfaɪ] (*pt* & *pp* -ied) *vt* & *vi* trop simplifier.

oversleep [,əʊvə'sliːp] (*pt* & *pp* -slept [-'slept]) *vi* ne pas se réveiller à temps.

overspend [,əʊvə'spend] (*pt* & *pp* -spent [-'spent]) *vi* trop dépenser.

overspill ['əʊvəspɪl] *n* [of population] excédent *m*.

overstaffed [,əʊvə'stɑːft] *adj*: to be ~ avoir un excédent de personnel.

overstate [,əʊvə'steɪt] *vt* exagérer.

overstay [,əʊvə'steɪ] *vt*: I don't want to ~ my welcome je ne veux pas abuser de votre hospitalité.

overstep [,əʊvə'step] (*pt* & *pp* -ped, *cont* -ping) *vt* dépasser; to ~ the mark dépasser la mesure.

overstock [,əʊvə'stɒk] *vt* stocker à l'excès.

overstrike ['əʊvəstraɪk] COMPUT ◇ *n* surimpression *f*. ◇ *vt* surimprimer.

oversubscribed [,əʊvəsʌb'skraɪbd] *adj*: the share offer was ~ la demande d'achats a dépassé le nombre de titres émis.

overt ['əʊvɜːt] *adj* déclaré(e), non déguisé(e).

overtake [,əʊvə'teɪk] (*pt* -took, *pp* -taken [-'teɪkn]) ◇ *vt* -1. AUT doubler, dépasser. -2. [subj: misfortune, emotion] frapper. ◇ *vi* AUT doubler.

overtaking [,əʊvə'teɪkɪŋ] *n* dépassement *m*; "no ~" «défense de doubler».

overthrow [*n* 'əʊvəθrəʊ, *vb* ,əʊvə'θrəʊ] (*pt* -threw [-'θruː], *pp* -thrown [-'θrəʊn]) ◇ *n* [of government] coup *m* d'État. ◇ *vt* -1. [government] renverser. -2. [idea] rejeter, écarter.

overtime ['əʊvətaɪm] ◇ *n* (*U*) -1. [extra work] heures *fpl* supplémentaires. -2. *Am*

SPORT prolongations *fpl*. ◇ *adv*: to work ~ faire des heures supplémentaires.

overtly ['əʊvɜːtlɪ] *adv* ouvertement.

overtones ['əʊvətəʊnz] *npl* notes *fpl*, accents *mpl*.

overtook [,əʊvə'tʊk] *pt* → overtake.

overture ['əʊvə,tjʊə'] *n* MUS ouverture *f*.

◆ **overtures** *npl*: to make ~s to sb faire des ouvertures à qqn.

overturn [,əʊvə'tɜːn] ◇ *vt* -1. [gen] renverser. -2. [decision] annuler. ◇ *vi* [vehicle] se renverser; [boat] chavirer.

overuse [,əʊvə'juːz] *vt* abuser de.

overview ['əʊvəvjuː] *n* vue *f* d'ensemble.

overweening [,əʊvə'wiːnɪŋ] *adj* démesuré(e).

overweight [,əʊvə'weɪt] *adj* trop gros (grosse).

overwhelm [,əʊvə'welm] *vt* -1. [subj: grief, despair] accabler; to be ~ed with joy être au comble de la joie. -2. MIL [gain control of] écraser.

overwhelming [,əʊvə'welmɪŋ] *adj* -1. [overpowering] irrésistible, irrépressible. -2. [defeat, majority] écrasant(e).

overwhelmingly [,əʊvə'welmɪŋlɪ] *adv* -1. [generous, happy] immensément. -2. [in large numbers] en masse.

overwork [,əʊvə'wɜːk] ◇ *n* surmenage *m*. ◇ *vt* -1. [person, staff] surmener. -2. *fig* [idea] exploiter. ◇ *vi* se surmener.

overwrought [,əʊvə'rɔːt] *adj* excédé(e), à bout.

ovulate ['ɒvjʊleɪt] *vi* ovuler.

ovulation [,ɒvjʊ'leɪʃn] *n* ovulation *f*.

ow [aʊ] *excl* aïe!

owe [əʊ] *vt*: to ~ sthg to sb, to ~ sb sthg devoir qqch à qqn.

owing ['əʊɪŋ] *adj* dû (due).

◆ **owing to** *prep* à cause de, en raison de.

owl [aʊl] *n* hibou *m*.

own [əʊn] ◇ *adj* propre; my ~ car ma propre voiture; she has her ~ style elle a son style à elle. ◇ *pron*: I've got my ~ j'ai le mien; he has a house of his ~ il a une maison à lui, il a sa propre maison; on one's ~ tout seul (toute seule); to get one's ~ back *inf* prendre sa revanche. ◇ *vt* posséder.

◆ **own up** *vi*: to ~ up (to sthg) avouer OR confesser (qqch).

own brand *n* COMM *produit qui porte la marque de la maison.*

owner ['əʊnə'] *n* propriétaire *mf*.

owner-occupier *n* occupant *m* propriétaire.

ownership ['əʊnəʃɪp] *n* propriété *f*.

own goal *n* -1. FTBL: **to score an ~** marquer contre son camp. -2. *Br fig* [foolish mistake] gaffe *f*.

ox [ɒks] (*pl* **oxen**) *n* bœuf *m*.

Oxbridge ['ɒksbrɪdʒ] *n* désignation collective des universités d'Oxford et de Cambridge.

oxen ['ɒksn] *pl* → **ox**.

Oxfam ['ɒksfæm] *n* association humanitaire contre la faim.

oxide ['ɒksaɪd] *n* oxyde *m*.

oxidize, -ise ['ɒksɪdaɪz] *vi* s'oxyder.

Oxon (*abbr of* **Oxfordshire**) comté anglais.

Oxon. (*abbr of* **Oxoniensis**) de l'université d'Oxford.

oxtail soup ['ɒksteɪl-] *n* soupe *f* à la queue de bœuf.

ox tongue *n* langue *f* de bœuf.

oxyacetylene [,ɒksɪə'setɪliːn] ◇ *n* mélange *m* d'oxygène et d'acétylène. ◇ *comp* [torch] oxyacétylénique.

oxygen ['ɒksɪdʒən] *n* oxygène *m*.

oxygenate ['ɒksɪdʒəneɪt] *vt* oxygéner.

oxygen mask *n* masque *m* à oxygène.

oxygen tent *n* tente *f* à oxygène.

oyster ['ɔɪstər] *n* huître *f*.

oz. *abbr of* **ounce**.

ozone ['əʊzəʊn] *n* ozone *m*.

ozone-friendly *adj* qui préserve la couche d'ozone.

ozone layer *n* couche *f* d'ozone.

P

p¹ (*pl* **p's** OR **ps**), **P** (*pl* **P's** OR **Ps**) [piː] *n* [letter] p *m inv*, P *m inv*.

◆ **P** -1. *abbr of* **president**. -2. (*abbr of* **prince**) Pce.

p² -1. (*abbr of* **page**) p. -2. *abbr of* **penny**, **pence**.

pa [pɑː] *n inf* papa *m*.

p.a. (*abbr of* **per annum**) p.a.

PA ◇ *n* -1. *Br abbr of* **personal assistant**. -2. (*abbr of* **public address system**) sono *f*. -3. (*abbr of* **Press Association**) agence de presse britannique. ◇ *abbr of* **Pennsylvania**.

PABX (*abbr of* **private automatic branch exchange**) *n* autocommutateur *m* privé.

PAC (*abbr of* **political action committee**) *n* comité américain de promotion du recours à l'action politique.

pace [peɪs] ◇ *n* -1. [speed, rate] vitesse *f*, allure *f*; **at one's own ~** à son propre rythme; **to keep ~ (with sb)** marcher à la même allure (que qqn); **to keep ~ (with sthg)** se maintenir au même niveau (que qqch). -2. [step] pas *m*. ◇ *vt* [room etc] arpenter. ◇ *vi*: **to ~ (up and down)** faire les cent pas.

pacemaker ['peɪs,meɪkər] *n* -1. MED stimulateur *m* cardiaque, pacemaker *m*. -2. SPORT meneur *m*, -euse *f*.

pacesetter ['peɪs,setər] *n Am* SPORT meneur *m*, -euse *f*.

pachyderm ['pækɪdɜːm] *n* pachyderme *m*.

Pacific [pə'sɪfɪk] ◇ *adj* du Pacifique. ◇ *n*: **the ~ (Ocean)** l'océan *m* Pacifique, le Pacifique.

pacification [,pæsɪfɪ'keɪʃn] *n* -1. [of person, baby] apaisement *m*. -2. [of country] pacification *f*.

pacifier ['pæsɪfaɪər] *n Am* [for child] tétine *f*, sucette *f*.

pacifism ['pæsɪfɪzm] *n* pacifisme *m*.

pacifist ['pæsɪfɪst] *n* pacifiste *mf*.

pacify ['pæsɪfaɪ] (*pt & pp* **-ied**) *vt* -1. [person, baby] apaiser. -2. [country] pacifier.

pack [pæk] ◇ *n* -1. [bag] sac *m*. -2. [packet] paquet *m*. -3. [of cards] jeu *m*. -4. [of dogs] meute *f*; [of wolves, thieves] bande *f*. -5. RUGBY pack *m*. ◇ *vt* -1. [clothes, belongings] emballer; **to ~ one's bags** faire ses bagages. -2. [fill] remplir; **to be ~ed into** être entassé dans. ◇ *vi* [for journey] faire ses bagages OR sa valise.

◆ **pack in** ◇ *vt sep Br inf* [stop] plaquer; **~ it in!** [stop annoying me] arrête!, ça suffit maintenant!; [shut up] la ferme! ◇ *vi* tomber en panne.

◆ **pack off** *vt sep inf* [send away] expédier.

◆ **pack up** ◇ *vt* [clothes, belongings] mettre dans une valise. ◇ *vi* -1. [for journey] faire sa valise. -2. *inf* [finish work] se casser. -3. *Br inf* [car, washing machine] tomber en panne.

package ['pækɪdʒ] ◇ *n* -1. [of books, goods] paquet *m*. -2. *fig* [of proposals etc] ensemble *m*, série *f*. -3. COMPUT progiciel *m*. ◇ *vt* [wrap up] conditionner.

package deal *n* contrat *m* global.

package holiday *n* vacances *fpl* organisées.

packager ['pækɪdʒəʳ] *n* **-1.** [person] emballeur *m*, -euse *f*. **-2.** COMM *maison d'édition qui crée des livres sur commande pour d'autres maisons*.

package tour *n* vacances *fpl* organisées.

packaging ['pækɪdʒɪŋ] *n* conditionnement *m*.

packed [pækt] *adj*: ~ **(with)** bourré(e) (de).

packed lunch *n Br* panier-repas *m*.

packed-out *adj Br inf* bourré(e).

packet ['pækɪt] *n* **-1.** [gen] paquet *m*. **-2.** *Br inf* [lot of money]: **their new car cost a** ~ leur nouvelle voiture leur a coûté un paquet OR très cher.

packhorse ['pækhɔːs] *n* cheval *m* de charge.

pack ice *n* pack *m*.

packing ['pækɪŋ] *n* [material] emballage *m*.

packing case *n* caisse *f* d'emballage.

pact [pækt] *n* pacte *m*.

pad [pæd] (*pt & pp* **-ded**, *cont* **-ding**) ◇ *n* **-1.** [of cotton wool etc] morceau *m*; **shin** ~ FTBL protège-tibia *m*; **shoulder** ~s épaulettes *fpl*. **-2.** [of paper] bloc *m*. **-3.** SPACE: **(launch)** ~ pas *m* de tir. **-4.** [of cat, dog] coussinet *m*. **-5.** *inf* [home] pénates *mpl*. ◇ *vt* [furniture, jacket] rembourrer; [wound] tamponner. ◇ *vi* [walk softly] marcher à pas feutrés.
◆ **pad out** *vt sep fig* [speech, letter] délayer.

padded ['pædɪd] *adj* rembourré(e).

padded cell *n* cellule *f* matelassée.

padding ['pædɪŋ] *n* **-1.** [material] rembourrage *m*. **-2.** *fig* [in speech, letter] délayage *m*.

paddle ['pædl] ◇ *n* **-1.** [for canoe etc] pagaie *f*. **-2.** [in sea]: **to have a** ~ faire trempette. **-3.** [table-tennis bat] raquette *f* (de pingpong). ◇ *vi* **-1.** [in canoe etc] avancer en pagayant. **-2.** [duck] barboter. **-3.** [in sea] faire trempette.

paddle boat, paddle steamer *n* bateau *m* à aubes.

paddling pool ['pædlɪŋ-] *n Br* **-1.** [in park etc] pataugeoire *f*. **-2.** [inflatable] piscine *f* gonflable.

paddock ['pædək] *n* **-1.** [small field] enclos *m*. **-2.** [at racecourse] paddock *m*.

paddy field ['pædɪ-] *n* rizière *f*.

paddy wagon ['pædɪ-] *n Am* [Black Maria] panier *m* à salade.

padlock ['pædlɒk] ◇ *n* cadenas *m*. ◇ *vt* cadenasser.

paederast ['pedəræst] = **pederast**.

paediatric [,piːdɪ'ætrɪk] = **pediatric**.

paediatrician [,piːdɪə'trɪʃn] = **pediatrician**.

paediatrics [,piːdɪ'ætrɪks] = **pediatrics**.

paedophile ['piːdəfaɪl] = **pedophile**.

paella [paɪ'elə] *n* paella *f*.

paeony = **peony**.

pagan ['peɪgən] ◇ *adj* païen(ienne). ◇ *n* païen *m*, -ienne *f*.

paganism ['peɪgənɪzm] *n* paganisme *m*.

page [peɪdʒ] ◇ *n* **-1.** [of book] page *f*. **-2.** [sheet of paper] feuille *f*. ◇ *vt* [in airport] appeler au micro.

pageant ['pædʒənt] *n* [show] spectacle *m* historique.

pageantry ['pædʒəntrɪ] *n* apparat *m*.

page boy *n* **-1.** *Br* [at wedding] garçon *m* d'honneur. **-2.** [hairstyle] coiffure *f* à la page.

pager ['peɪdʒəʳ] *n* récepteur *m* de poche.

pagination [,pædʒɪ'neɪʃn] *n* pagination *f*.

pagoda [pə'gəʊdə] *n* pagode *f*.

paid [peɪd] ◇ *pt & pp* → **pay**. ◇ *adj* [work, holiday, staff] rémunéré(e), payé(e); **badly/well** ~ mal/bien payé.

paid-up *adj Br* qui a payé sa cotisation.

pail [peɪl] *n* seau *m*.

pain [peɪn] ◇ *n* **-1.** [hurt] douleur *f*; **to be in** ~ souffrir; **a** ~ **in the neck** *inf* un enquiquineur (une enquiquineuse), un casse-pieds *m inv*. **-2.** *inf* [annoyance]: **it's/he is such a** ~ c'est/il est vraiment assommant. ◇ *vt*: **it** ~**s me (to do sthg)** je suis peiné (de faire qqch).
◆ **pains** *npl* [effort, care]: **to be at** ~**s to do sthg** vouloir absolument faire qqch; **to take** ~ **to do sthg** se donner beaucoup de mal OR peine pour faire qqch; **for one's** ~**s** pour sa peine.

pained [peɪnd] *adj* peiné(e).

painful ['peɪnfʊl] *adj* **-1.** [physically] douloureux(euse). **-2.** [emotionally] pénible.

painfully ['peɪnfʊlɪ] *adv* **-1.** [fall, hit] douloureusement. **-2.** [remember, feel] péniblement.

painkiller ['peɪn,kɪləʳ] *n* calmant *m*, analgésique *m*.

painless ['peɪnlɪs] *adj* **-1.** [without hurt] indolore, sans douleur. **-2.** *fig* [changeover] sans heurt.

painlessly ['peɪnlɪslɪ] *adv* sans douleur.

painstaking ['peɪnz,teɪkɪŋ] *adj* [worker] assidu(e); [detail, work] soigné(e).

painstakingly ['peɪnz,teɪkɪŋlɪ] *adv* assidûment, avec soin.

paint [peɪnt] ◇ *n* peinture *f*. ◇ *vt* **-1.** [gen] peindre. **-2.** [with make-up]: **to** ~ **one's nails** se vernir les ongles.

paintbox ['peɪntbɒks] *n* ART boîte *f* de couleurs.

paintbrush ['peɪntbrʌʃ] *n* pinceau *m*.
painted ['peɪntɪd] *adj* peint(e).
painter ['peɪntər] *n* peintre *m*.
painting ['peɪntɪŋ] *n* -1. (*U*) [gen] peinture *f*. -2. [picture] toile *f*, tableau *m*.
paint stripper *n* décapant *m*.
paintwork ['peɪntwɜːk] *n* (*U*) surfaces *fpl* peintes.
pair [peər] *n* -1. [of shoes, wings etc] paire *f*; a ~ of trousers un pantalon; a ~ of compasses un compas. -2. [couple] couple *m*.
◆ **pair off** ◇ *vt sep* mettre par paires OR deux. ◇ *vi* se mettre par paires OR deux par deux.
paisley (pattern) ['peɪzlɪ-] ◇ *n* (*U*) (motif *m*) cachemire *m*. ◇ *comp* cachemire.
pajamas [pə'dʒɑːməz] = **pyjamas**.
Paki ['pækɪ] *n Br v inf* terme raciste désignant un Pakistanais.
Pakistan [*Br* ,pɑːkɪ'stɑːn, *Am* ,pækɪ'stæn] *n* Pakistan *m*; in ~ au Pakistan.
Pakistani [*Br* ,pɑːkɪ'stɑːnɪ, *Am* ,pækɪ'stænɪ] ◇ *adj* pakistanais(e). ◇ *n* Pakistanais *m*, -e *f*.
pal [pæl] *n inf* -1. [friend] copain *m*, copine *f*. -2. [as term of address] mon vieux *m*.
PAL (*abbr of* phase alternation line) *n* PAL *m*.
palace ['pælɪs] *n* palais *m*.
palaeontology *Br*, **paleontology** *Am* [,pælɪɒn'tɒlədʒɪ] *n* paléontologie *f*.
palatable ['pælətəbl] *adj* -1. [food] agréable au goût. -2. *fig* [idea] acceptable, agréable.
palate ['pælət] *n* palais *m*.
palatial [pə'leɪʃl] *adj* pareil(eille) à un palais.
palaver [pə'lɑːvər] *n* (*U*) *inf* -1. [talk] palabres *fpl*. -2. [fuss] histoire *f*, affaire *f*.
pale [peɪl] ◇ *adj* pâle. ◇ *vi*: to ~ into insignificance (beside) n'être rien (à côté de).
pale ale *n Br* pale-ale *f*.
paleness ['peɪlnɪs] *n* pâleur *f*.
Palestine ['pælə,staɪn] *n* Palestine *f*.
Palestinian [,pælə'stɪnɪən] ◇ *adj* palestinien(ienne). ◇ *n* Palestinien *m*, -ienne *f*.
palette ['pælət] *n* palette *f*.
palette knife *n* ART couteau *m* à palette; CULIN spatule *f* (en métal).
palimony ['pælɪmənɪ] *n* pension alimentaire versée à un concubin.
palindrome ['pælɪndrəʊm] *n* palindrome *m*.
palings ['peɪlɪŋz] *npl* palissade *f*.
pall [pɔːl] ◇ *n* -1. [of smoke] voile *m*. -2. *Am* [coffin] cercueil *m*. ◇ *vi* perdre de son charme.

pallbearer ['pɔːl,beərər] *n* porteur *m* de cercueil.
pallet ['pælɪt] *n* palette *f*.
palliative ['pælɪətɪv] *n* palliatif *m*.
pallid ['pælɪd] *adj literary* pâle, blafard(e).
pallor ['pælər] *n literary* pâleur *f*.
palm [pɑːm] *n* -1. [tree] palmier *m*. -2. [of hand] paume *f*.
◆ **palm off** *vt sep inf*: to ~ sthg off on sb refiler qqch à qqn; to ~ sb off with sthg se débarrasser de qqn avec qqch; to ~ sthg off as faire passer qqch pour.
palmistry ['pɑːmɪstrɪ] *n* chiromancie *f*.
palm oil *n* huile *f* de palme.
Palm Sunday *n* dimanche *m* des Rameaux.
palm tree *n* palmier *m*.
palomino [,pælə'miːnəʊ] (*pl* -s) *n* cheval doré à crinière et queue blanches.
palpable ['pælpəbl] *adj* évident(e), manifeste.
palpably ['pælpəblɪ] *adv* de façon évidente, manifestement.
palpitate ['pælpɪteɪt] *vi* palpiter.
palpitations [,pælpɪ'teɪʃənz] *npl* palpitations *fpl*.
palsy ['pɔːlzɪ] *n* paralysie *f*.
paltry ['pɔːltrɪ] (*compar* -ier, *superl* -iest) *adj* dérisoire.
pampas ['pæmpəz] *n*: the ~ la pampa.
pampas grass *n* herbe *f* de la pampa.
pamper ['pæmpər] *vt* choyer, dorloter.
pamphlet ['pæmflɪt] ◇ *n* brochure *f*. ◇ *vi* distribuer des brochures.
pamphleteer [,pæmflə'tɪər] *n* POL pamphlétaire *mf*.
pan [pæn] (*pt* & *pp* -ned, *cont* -ning) ◇ *n* -1. [gen] casserole *f*. -2. *Am* [for bread, cakes etc] moule *m*. ◇ *vt inf* [criticize] démolir. ◇ *vi* -1. [prospect]: to ~ for gold laver l'or. -2. CINEMA faire un panoramique.
panacea [,pænə'sɪə] *n* panacée *f*.
panache [pə'næʃ] *n* panache *m*.
panama ['pænəmɑː] *n*: ~ (hat) panama *m*.
Panama ['pænəmɑː] *n* Panama *m*; in ~ au Panama.
Panama Canal *n*: the ~ le canal de Panama.
Panama City *n* Panama.
Panamanian [,pænə'meɪnjən] ◇ *adj* panaméen(enne). ◇ *n* Panaméen *m*, -enne *f*.
pan-American *adj* panaméricain(e).
pancake ['pænkeɪk] *n* crêpe *f*.
Pancake Day *n Br* mardi gras *m*.

pancake roll *n* rouleau *m* de printemps.

Pancake Tuesday *n* mardi gras *m*.

pancreas ['pæŋkrɪəs] *n* pancréas *m*.

panda ['pændə] (*pl inv* OR **-s**) *n* panda *m*.

Panda car *n Br* voiture *f* de patrouille.

pandemonium [,pændɪ'məʊnjəm] *n* tohu-bohu *m inv*.

pander ['pændəʳ] *vi*: **to ~ to sb** se prêter aux exigences de qqn; **to ~ to sthg** se plier à qqch.

pane [peɪn] *n* vitre *f*, carreau *m*.

panel ['pænl] *n* **-1.** TV & RADIO invités *mpl*; [of experts] comité *m*. **-2.** [of wood] panneau *m*. **-3.** [of machine] tableau *m* de bord.

panel game *n Br* jeu télévisé où rivalisent des équipes d'invités célèbres.

panelling *Br*, **paneling** *Am* ['pænəlɪŋ] *n* (*U*) lambris *m*.

panellist *Br*, **panelist** *Am* ['pænəlɪst] *n* invité *m*, -e *f*.

panel pin *n Br* clou *m* sans tête.

pang [pæŋ] *n* tiraillement *m*.

panic ['pænɪk] (*pt* & *pp* **-ked**, *cont* **-king**) ◇ *n* panique *f*. ◇ *vi* paniquer.

panicky ['pænɪkɪ] *adj* [person] paniqué(e); [feeling] de panique.

panic stations *n inf*: **it was ~** c'était la panique générale.

panic-stricken *adj* affolé(e), pris(e) de panique.

pannier ['pænɪəʳ] *n* [on horse] bât *m*; [on bicycle] sacoche *f*.

panoply ['pænəplɪ] *n* panoplie *f*.

panorama [,pænə'rɑːmə] *n* panorama *m*.

panoramic [,pænə'ræmɪk] *adj* panoramique.

pansy ['pænzɪ] (*pl* **-ies**) *n* **-1.** [flower] pensée *f*. **-2.** *inf pej* [man] tante *f*, tapette *f*.

pant [pænt] *vi* haleter.

panther ['pænθəʳ] (*pl inv* OR **-s**) *n* panthère *f*.

panties ['pæntɪz] *npl inf* culotte *f*.

pantihose ['pæntɪhəʊz] = **panty hose**.

panto ['pæntəʊ] (*pl* **-s**) *n Br inf* genre théâtral pour enfants.

pantomime ['pæntəmaɪm] *n Br* spectacle de Noël pour enfants; **~ dame** rôle travesti outré et ridicule dans la 'pantomime'.

PANTOMIME:
Le genre typiquement britannique de la 'pantomime' est très conventionnel; certains personnages-types ('pantomime dame', 'principal boy') et certaines rengaines ('look behind you!', 'Oh yes he is! - Oh no he isn't!') apparaissent dans toutes les pièces. Ces pièces, qui se jouent au moment des fêtes de fin d'année, sont généralement inspirées d'un conte de fées

pantry ['pæntrɪ] (*pl* **-ies**) *n* garde-manger *m inv*.

pants [pænts] *npl* **-1.** *Br* [underpants - for men] slip *m*; [- for women] culotte *f*, slip *m*. **-2.** *Am* [trousers] pantalon *m*.

panty hose ['pæntɪhəʊz] *npl Am* collant *m*.

papa [*Br* pə'pɑː, *Am* 'pæpə] *n* papa *m*.

papacy ['peɪpəsɪ] (*pl* **-ies**) *n*: **the ~** la papauté.

papadum ['pæpədəm] = **popadum**.

papal ['peɪpl] *adj* papal(e).

paparazzi [,pæpə'rætsɪ] *npl usu pej* paparazzi *mpl*.

papaya [pə'paɪə] *n* papaye *f*.

paper ['peɪpəʳ] ◇ *n* **-1.** (*U*) [for writing on] papier *m*; **a piece of ~** [sheet] une feuille de papier; [scrap] un bout de papier; **on ~** [written down] par écrit; [in theory] sur le papier. **-2.** [newspaper] journal *m*. **-3.** [in exam - test] épreuve *f*; [- answers] copie *f*. **-4.** [essay]: **~ (on)** essai *m* (sur). ◇ *adj* [hat, bag etc] en papier; *fig* [profits] théorique. ◇ *vt* tapisser.

◆ **papers** *npl* [official documents] papiers *mpl*.

◆ **paper over** *vt fus fig* dissimuler.

paperback ['peɪpəbæk] *n*: **~ (book)** livre *m* de poche; **in ~** en poche.

paperboy ['peɪpəbɔɪ] *n* livreur *m* de journaux.

paper clip *n* trombone *m*.

papergirl ['peɪpəgɜːl] *n* livreuse *f* de journaux.

paper handkerchief *n* mouchoir *m* en papier.

paper knife *n* coupe-papier *m inv*.

paper money *n* (*U*) papier-monnaie *m*.

paper shop *n Br* marchand *m* de journaux.

paperweight ['peɪpəweɪt] *n* presse-papiers *m inv*.

paperwork ['peɪpəwɜːk] *n* paperasserie *f*.

papier-mâché [,pæpjeɪ'mæʃeɪ] ◇ *n* papier mâché *m*. ◇ *comp* en papier mâché.

papist ['peɪpɪst] *n pej* papiste *mf*.

paprika ['pæprɪkə] *n* paprika *m*.

Papua ['pæpjʊə] *n* Papouasie *f*.

Papuan ['pæpjʊən] ◇ *adj* papou(e). ◇ *n* Papou *m*, -e *f*.

Papua New Guinea *n* Papouasie-Nouvelle-Guinée *f*; **in ~** en Papouasie-Nouvelle-Guinée.

par [pɑːʳ] *n* -1. [parity]: **on a ~ with** à égalité avec. -2. GOLF par *m*, normale *f Can*; **under/over ~** en-dessous/en-dessus du par. -3. [good health]: **below** OR **under ~** pas en forme.

para ['pærə] *n Br inf* para *m*.

parable ['pærəbl] *n* parabole *f*.

parabola [pə'ræbələ] *n* parabole *f*.

paracetamol [ˌpærə'siːtəmɒl] *n* paracétamol *m*.

parachute ['pærəʃuːt] ◇ *n* parachute *m*. ◇ *vi* sauter en parachute.

parade [pə'reɪd] ◇ *n* -1. [celebratory] parade *f*, revue *f*. -2. MIL défilé *m*; **to be on ~** défiler. -3. *Br* [street of shops]: **shopping ~** rue *f* commerçante. ◇ *vt* -1. [people] faire défiler. -2. [object] montrer. -3. *fig* [flaunt] afficher. ◇ *vi* défiler.

parade ground *n* terrain *m* de manœuvres.

paradigm ['pærədaɪm] *n* paradigme *m*.

paradigmatic [ˌpærədɪg'mætɪk] *adj* paradigmatique.

paradise ['pærədaɪs] *n* paradis *m*.
◆ **Paradise** *n* Paradis *m*.

paradox ['pærədɒks] *n* paradoxe *m*.

paradoxical [ˌpærə'dɒksɪkl] *adj* paradoxal(e).

paradoxically [ˌpærə'dɒksɪklɪ] *adv* paradoxalement.

paraffin ['pærəfɪn] *n* paraffine *f*.

paraffin wax *n* paraffine *f*.

paragon ['pærəgən] *n* modèle *m*, parangon *m*.

paragraph ['pærəgrɑːf] *n* paragraphe *m*.

Paraguay ['pærəgwaɪ] *n* Paraguay *m*; **in ~** au Paraguay.

Paraguayan [ˌpærə'gwaɪən] ◇ *adj* paraguayen(enne). ◇ *n* Paraguayen *m*, -enne *f*.

parakeet ['pærəkiːt] *n* perruche *f*.

parallel ['pærəlel] ◇ *adj lit* & *fig*: **~ (to** OR **with)** parallèle (à). ◇ *n* -1. GEOM parallèle *f*. -2. [similarity & GEOGR] parallèle *m*. -3. *fig* [similar person, object] équivalent *m*; **to have no ~** ne pas avoir d'équivalent. ◇ *vt fig* être semblable à.

parallel bars *npl* barres *fpl* parallèles.

paralyse *Br*, **paralyze** *Am* ['pærəlaɪz] *vt lit* & *fig* paralyser.

paralysed *Br*, **paralyzed** *Am* ['pærəlaɪzd] *adj lit* & *fig* paralysé(e).

paralysis [pə'rælɪsɪs] (*pl* **-lyses** [-lɪsiːz]) *n* paralysie *f*.

paralytic [ˌpærə'lɪtɪk] ◇ *adj* -1. MED paralytique. -2. *Br inf* [drunk] ivre mort(e). ◇ *n* paralytique *mf*.

paramedic [ˌpærə'medɪk] *n* auxiliaire médical *m*, auxiliaire médicale *f*.

paramedical [ˌpærə'medɪkl] *adj* paramédical(e).

parameter [pə'ræmɪtəʳ] *n* paramètre *m*.

paramilitary [ˌpærə'mɪlɪtrɪ] *adj* paramilitaire.

paramount ['pærəmaʊnt] *adj* primordial(e); **of ~ importance** d'une importance suprême.

paranoia [ˌpærə'nɔɪə] *n* paranoïa *f*.

paranoiac [ˌpærə'nɔɪæk] ◇ *adj* paranoïaque. ◇ *n* paranoïaque *mf*.

paranoid ['pærənɔɪd] *adj* paranoïaque.

paranormal [ˌpærə'nɔːml] *adj* paranormal(e).

parapet ['pærəpɪt] *n* parapet *m*.

paraphernalia [ˌpærəfə'neɪljə] *n* (*U*) attirail *m*, bazar *m*.

paraphrase ['pærəfreɪz] ◇ *n* paraphrase *f*. ◇ *vt* paraphraser. ◇ *vi* faire une paraphrase.

paraplegia [ˌpærə'pliːdʒə] *n* paraplégie *f*.

paraplegic [ˌpærə'pliːdʒɪk] ◇ *adj* paraplégique. ◇ *n* paraplégique *mf*.

parapsychology [ˌpærəsaɪ'kɒlədʒɪ] *n* parapsychologie *f*.

Paraquat® ['pærəkwɒt] *n* Paraquat® *m*.

parasite ['pærəsaɪt] *n lit* & *fig* parasite *m*.

parasitic [ˌpærə'sɪtɪk] *adj lit* & *fig* parasite.

parasol ['pærəsɒl] *n* [above table] parasol *m*; [hand-held] ombrelle *f*.

paratrooper ['pærətruːpəʳ] *n* parachutiste *mf*.

parboil ['pɑːbɔɪl] *vt* faire bouillir OR cuire à demi.

parcel ['pɑːsl] (*Br pt* & *pp* **-led**, *cont* **-ling**, *Am pt* & *pp* **-ed**, *cont* **-ing**) *n* paquet *m*.
◆ **parcel up** *vt sep* empaqueter.

parcel post *n*: **to send sthg ~** envoyer qqch par colis postal.

parched [pɑːtʃt] *adj* -1. [gen] desséché(e). -2. *inf* [very thirsty] assoiffé(e), mort(e) de soif.

parchment ['pɑːtʃmənt] *n* parchemin *m*.

pardon ['pɑːdn] ◇ *n* -1. JUR grâce *f*. -2. (*U*) [forgiveness] pardon *m*; **I beg your ~?** [showing surprise, asking for repetition] comment?, pardon?; **I beg your ~!** [to apologize] je vous demande pardon. ◇ *vt* -1. [forgive] pardonner; **to ~ sb for sthg** pardonner qqch à qqn; **~ me!** pardon!, excusez-moi! -2. JUR gracier. ◇ *excl* comment?

pardonable ['pɑːdnəbl] *adj* pardonnable.

pare [peəʳ] *vt* [apple] peler, éplucher; [fingernails] couper.

◆ **pare down** *vt sep* **-1.** [stick, fingernails] couper. **-2.** *fig* [reduce] réduire.

parent ['peərənt] *n* père *m*, mère *f*.

◆ **parents** *npl* parents *mpl*.

parentage ['peərəntɪdʒ] *n* (*U*) naissance *f*.

parental [pə'rentl] *adj* parental(e).

parent company *n* société *f* mère.

parenthesis [pə'renθɪsɪs] (*pl* **-theses** [-θɪsiːz]) *n* parenthèse *f*.

parenthetical [,pærən'θetɪkl] *adj* entre parenthèses.

parenthood ['peərənthʊd] *n* condition *f* de parent.

parenting ['peərəntɪŋ] *n* l'art *m* d'être parent.

parent-teacher association *n* association *f* des parents d'élèves et des professeurs.

pariah [pə'raɪə] *n* paria *m*.

Paris ['pærɪs] *n* Paris.

parish ['pærɪʃ] *n* **-1.** RELIG paroisse *f*. **-2.** *Br* [area of local government] commune *f*.

parish council *n Br* conseil *m* municipal.

parishioner [pə'rɪʃənəʳ] *n* paroissien *m*, -ienne *f*.

Parisian [pə'rɪzjən] ◇ *adj* parisien(ienne). ◇ *n* Parisien *m*, -ienne *f*.

parity ['pærətɪ] *n* égalité *f*.

park [pɑːk] ◇ *n* parc *m*, jardin *m* public. ◇ *vt* garer. ◇ *vi* se garer, stationner.

parka ['pɑːkə] *n* parka *f*.

parking ['pɑːkɪŋ] *n* stationnement *m*; "no ~" «défense de stationner», «stationnement interdit».

parking garage *n Am* parking *m* couvert.

parking light *n Am* feu *m* de position.

parking lot *n Am* parking *m*.

parking meter *n* parcmètre *m*.

parking place *n* place *f* de stationnement.

parking ticket *n* contravention *f*, PV *m*.

Parkinson's disease ['pɑːkɪnsnz-] *n* maladie *f* de Parkinson.

park keeper *n Br* gardien *m*, -ienne *f* de parc.

parkland ['pɑːklænd] *n* (*U*) parc *m*.

parkway ['pɑːkweɪ] *n Am* large route divisée ou bordée d'arbres.

parky ['pɑːkɪ] (*compar* **-ier**, *superl* **-iest**) *adj Br inf*: **it's ~** il fait frisquet.

parlance ['pɑːləns] *n*: **in common/legal** *etc* ~ en langage courant/juridique *etc*.

parliament ['pɑːləmənt] *n* parlement *m*.

parliamentarian [,pɑːləmen'teərɪən] *n* parlementaire *mf*.

parliamentary [,pɑːlə'mentərɪ] *adj* parlementaire.

parlour *Br*, **parlor** *Am* ['pɑːləʳ] *n dated* salon *m*.

parlour game *n* jeu *m* de salon.

parlous ['pɑːləs] *adj fml* précaire.

Parmesan (cheese) [,pɑːmɪ'zæn-] *n* parmesan *m*.

parochial [pə'rəʊkjəl] *adj pej* de clocher.

parody ['pærədɪ] (*pl* **-ies**, *pt* & *pp* **-ied**) ◇ *n* parodie *f*. ◇ *vt* parodier.

parole [pə'rəʊl] ◇ *n* (*U*) parole *f*; **on ~** en liberté conditionnelle. ◇ *vt* mettre en liberté conditionnelle.

paroxysm ['pærəksɪzm] *n* [of rage] accès *m*; **a ~ of laughter** un fou rire.

parquet ['pɑːkeɪ] *n* parquet *m*.

parrot ['pærət] *n* perroquet *m*.

parrot fashion *adv* comme un perroquet.

parry ['pærɪ] (*pt* & *pp* **-ied**) *vt* **-1.** [blow] parer. **-2.** [question] éluder.

parsimonious [,pɑːsɪ'məʊnjəs] *adj fml* & *pej* parcimonieux(ieuse).

parsley ['pɑːslɪ] *n* persil *m*.

parsnip ['pɑːsnɪp] *n* panais *m*.

parson ['pɑːsn] *n* pasteur *m*.

parson's nose *n Br* croupion *m*.

part [pɑːt] ◇ *n* **-1.** [gen] partie *f*; **the best** OR **better ~ of** la plus grande partie de; **for the most ~** dans l'ensemble; **in ~** en partie; **~ and parcel of** partie intégrante de. **-2.** [of TV serial etc] épisode *m*. **-3.** [component] pièce *f*. **-4.** [in proportions] mesure *f*. **-5.** THEATRE rôle *m*. **-6.** [involvement]: **~ in** participation *f* à; **to play an important ~ in** jouer un rôle important dans; **to take ~ in** participer à; **to want no ~ in** ne pas vouloir se mêler de; **for my ~** en ce qui me concerne; **on my/his** *etc* **~** de ma/sa *etc* part. **-7.** *Am* [hair parting] raie *f*.
◇ *adv* en partie.
◇ *vt*: **to ~ one's hair** se faire une raie.
◇ *vi* **-1.** [couple] se séparer. **-2.** [curtains] s'écarter, s'ouvrir.
◆ **parts** *npl*: **in these ~s** dans cette région.
◆ **part with** *vt fus* [money] débourser; [possession] se défaire de.

partake [pɑː'teɪk] (*pt* **-took**, *pp* **-taken**) *vi fml*: **to ~ of** prendre.

part exchange *n* reprise *f*; **to take sthg in ~** reprendre qqch.

partial ['pɑːʃl] *adj* **-1.** [incomplete] partiel(ielle). **-2.** [biased] partial(e). **-3.** [fond]: **to be ~ to** avoir un penchant pour.

partiality [ˌpɑːʃɪˈælətɪ] n -1. [bias] partialité f. -2. [fondness]: ~ **for** prédilection f OR penchant m pour.

partially [ˈpɑːʃəlɪ] adv partiellement.

participant [pɑːˈtɪsɪpənt] n participant m, -e f.

participate [pɑːˈtɪsɪpeɪt] vi: **to** ~ **(in)** participer (à).

participation [pɑːˌtɪsɪˈpeɪʃn] n participation f.

participle [ˈpɑːtɪsɪpl] n participe m.

particle [ˈpɑːtɪkl] n particule f.

parti-coloured [ˈpɑːtɪ-] adj bariolé(e).

particular [pəˈtɪkjʊləʳ] adj -1. [gen] particulier(ière). -2. [fussy] pointilleux(euse); ~ **about** exigeant(e) à propos de.
◆ **particulars** npl renseignements mpl.
◆ **in particular** adv en particulier.

particularity [pəˌtɪkjʊˈlærətɪ] (pl -ies) n particularité f.

particularly [pəˈtɪkjʊləlɪ] adv particulièrement.

parting [ˈpɑːtɪŋ] n -1. [separation] séparation f. -2. Br [in hair] raie f.

parting shot n flèche f du Parthe.

partisan [ˌpɑːtɪˈzæn] ◇ adj partisan(e). ◇ n partisan m, -e f.

partition [pɑːˈtɪʃn] ◇ n -1. [wall, screen] cloison f. -2. [of country] partition f. ◇ vt -1. [room] cloisonner. -2. [country] partager.

partly [ˈpɑːtlɪ] adv partiellement, en partie.

partner [ˈpɑːtnəʳ] ◇ n -1. [gen] partenaire mf. -2. [in a business, crime] associé m, -e f. ◇ vt être le partenaire de.

partnership [ˈpɑːtnəʃɪp] n association f; **to enter into** ~ **(with)** s'associer (avec).

partook [pɑːˈtʊk] pt → **partake**.

partridge [ˈpɑːtrɪdʒ] n perdrix f.

part-time adj & adv à temps partiel.

part-timer n travailleur m, -euse f à temps partiel.

party [ˈpɑːtɪ] (pl -ies) ◇ n -1. POL parti m. -2. [social gathering] fête f, réception f; **to have** OR **throw a** ~ donner une fête. -3. [group] groupe m. -4. JUR partie f; **to be a** ~ **to** être complice de. ◇ vi inf faire la fête.

party line n -1. POL ligne f du parti. -2. TELEC ligne f commune à deux abonnés.

party piece n inf numéro m habituel.

party political broadcast n Br moment d'antenne réservé à un parti politique.

party politics n (U) politique f politicienne.

party wall n mur m mitoyen.

parvenu(e) [ˈpɑːvənjuː] n pej parvenu m, -e f.

pass [pɑːs] ◇ n -1. SPORT passe f. -2. [document - for security] laissez-passer m inv; [- for travel] carte f d'abonnement. -3. Br [in exam] mention f passable. -4. [between mountains] col m. -5. phr: **to make a** ~ **at sb** faire du plat à qqn.
◇ vt -1. [object, time] passer; **to** ~ **sthg to sb, to** ~ **sb sthg** passer qqch à qqn. -2. [person in street etc] croiser. -3. [place] passer devant. -4. AUT dépasser, doubler. -5. [exceed] dépasser. -6. [exam] réussir (à); [driving test] passer. -7. [candidate] recevoir, admettre. -8. [law, motion] voter. -9. [opinion] émettre; [judgment] rendre, prononcer.
◇ vi -1. [gen] passer. -2. AUT doubler, dépasser. -3. SPORT faire une passe. -4. [in exam] réussir, être reçu(e). -5. [occur] se dérouler, avoir lieu.
◆ **pass around** = pass round.
◆ **pass as** vt fus passer pour.
◆ **pass away** vi s'éteindre.
◆ **pass by** ◇ vt sep: **the news ~ed him by** la nouvelle ne l'a pas affecté. ◇ vi passer à côté.
◆ **pass for** = pass as.
◆ **pass off** vt sep: **to** ~ **sb/sthg off as** faire passer qqn/qqch pour.
◆ **pass on** ◇ vt sep: **to** ~ **sthg on (to)** [object] faire passer qqch (à); [tradition, information] transmettre qqch (à). ◇ vi -1. [move on] continuer son chemin. -2. = **pass away**.
◆ **pass out** vi -1. [faint] s'évanouir. -2. Br MIL finir OR terminer les classes.
◆ **pass over** vt fus [problem, topic] passer sous silence.
◆ **pass round** vt sep faire passer.
◆ **pass to** vt fus passer à, revenir à.
◆ **pass up** vt sep [opportunity, invitation] laisser passer.

passable [ˈpɑːsəbl] adj -1. [satisfactory] passable. -2. [road] praticable; [river] franchissable.

passably [ˈpɑːsəblɪ] adv passablement.

passage [ˈpæsɪdʒ] n -1. [gen] passage m. -2. [between rooms] couloir m. -3. [sea journey] traversée f.

passageway [ˈpæsɪdʒweɪ] n [between houses] passage m; [between rooms] couloir m.

passbook [ˈpɑːsbʊk] n livret m (d'épargne).

passé [pæˈseɪ] adj pej démodé(e).

passenger [ˈpæsɪndʒəʳ] n passager m, -ère f.

passerby [ˌpɑːsəˈbaɪ] (pl passersby [ˌpɑːsəzˈbaɪ]) n passant m, -e f.

passing [ˈpɑːsɪŋ] ◇ adj [remark] en passant;

[trend] passager(ère). ◇ *n*: **with the ~ of time** avec le temps.

◆ **in passing** *adv* en passant.

passion ['pæʃn] *n* passion *f*; **to have a ~ for** avoir la passion de.

◆ **Passion** *n*: **the Passion** la Passion.

passionate ['pæʃənət] *adj* passionné(e).

passionately ['pæʃənətlɪ] *adv* avec passion.

passionfruit ['pæʃənfruːt] *n* fruit *m* de la passion.

passive ['pæsɪv] ◇ *adj* passif(ive). ◇ *n* GRAMM: **the ~** le passif.

passively ['pæsɪvlɪ] *adv* passivement.

passive resistance *n* résistance *f* passive.

passive smoking *n* tabagisme *m* passif.

passivity [pæ'sɪvətɪ] *n* passivité *f*.

passkey ['pɑːskiː] *n* passe *m*.

Passover ['pɑːs,əʊvəʳ] *n*: **(the) ~** la Pâque juive.

passport ['pɑːspɔːt] *n* **-1.** [document] passeport *m*. **-2.** *fig* [means]: **~ to** clef *f* de.

passport control *n* contrôle *m* des passeports.

password ['pɑːswɜːd] *n* mot *m* de passe.

past [pɑːst] ◇ *adj* **-1.** [former] passé(e); **for the ~ five years** ces cinq dernières années; **the ~ week** la semaine passée OR dernière. **-2.** [finished] fini(e).
◇ *adv* **-1.** [in times]: **it's ten ~** il est dix. **-2.** [in front]: **to drive ~** passer (devant) en voiture; **to run ~** passer (devant) en courant.
◇ *n* passé *m*; **in the ~** dans le temps.
◇ *prep* **-1.** [in times]: **it's half ~ eight** il est huit heures et demie; **it's five ~ nine** il est neuf heures cinq. **-2.** [in front of] devant; **we drove ~ them** nous les avons dépassés en voiture. **-3.** [beyond] après, au-delà de; **to be ~ it** *inf* être trop vieux pour ça; **I wouldn't put it ~ him** *inf pej* cela ne m'étonnerait pas de lui.

pasta ['pæstə] *n* (U) pâtes *fpl*.

paste [peɪst] ◇ *n* **-1.** [gen] pâte *f*. **-2.** CULIN pâté *m*. **-3.** (U) [glue] colle *f*. **-4.** (U) [jewellery] strass *m*. ◇ *vt* coller.

pastel ['pæstl] ◇ *adj* pastel (*inv*). ◇ *n* pastel *m*.

paste-up *n* TYPO collage *m*.

pasteurize, -ise ['pɑːstʃəraɪz] *vt* pasteuriser.

pastiche [pæ'stiːʃ] *n* pastiche *m*.

pastille ['pæstɪl] *n* pastille *f*.

pastime ['pɑːstaɪm] *n* passe-temps *m inv*.

pasting ['peɪstɪŋ] *n inf* [beating] rossée *f*.

pastor ['pɑːstəʳ] *n* pasteur *m*.

pastoral ['pɑːstərəl] *adj* pastoral(e).

past participle *n* participe *m* passé.

pastrami [pə'strɑːmɪ] *n* viande de bœuf fumée et épicée.

pastry ['peɪstrɪ] (*pl* **-ies**) *n* **-1.** [mixture] pâte *f*. **-2.** [cake] pâtisserie *f*.

past tense *n* passé *m*.

pasture ['pɑːstʃəʳ] *n* pâturage *m*, pré *m*.

pastureland ['pɑːstʃəlænd] *n* pâturage *m*, herbage *m*.

pasty¹ ['peɪstɪ] (*compar* **-ier**, *superl* **-iest**) *adj* blafard(e), terreux(euse).

pasty² ['pæstɪ] (*pl* **-ies**) *n* Br petit pâté *m*, friand *m*.

pasty-faced ['peɪstɪ,feɪst] *adj* au teint blafard OR terreux.

pat [pæt] (*compar* **-ter**, *superl* **-test**, *pt* & *pp* **-ted**, *cont* **-ting**) ◇ *adj* tout prêt (toute prête), tout fait (toute faite). ◇ *n* **-1.** [light stroke] petite tape *f*; [to animal] caresse *f*. **-2.** [of butter] noix *f*, noisette *f*. ◇ *vt* [person] tapoter, donner une tape à; [animal] caresser.

Patagonia [,pætə'gəʊnjə] *n* Patagonie *f*; **in ~** en Patagonie.

Patagonian [,pætə'gəʊnjən] ◇ *adj* patagon(onne). ◇ *n* Patagon *m*, -onne *f*.

patch [pætʃ] ◇ *n* **-1.** [piece of material] pièce *f*; [to cover eye] bandeau *m*. **-2.** [small area - of snow, ice] plaque *f*. **-3.** [of land] parcelle *f*, lopin *m*; **vegetable ~** carré *m* de légumes. **-4.** [period of time]: **a difficult ~** une mauvaise passe. **-5.** *phr*: **not to be a ~ on sb** *inf* ne pas arriver OR venir à la cheville de qqn; **not to be a ~ on sthg** *inf* ne pas valoir qqch. ◇ *vt* rapiécer.

◆ **patch together** *vt sep* faire à la va-vite.

◆ **patch up** *vt sep* **-1.** [mend] rafistoler, bricoler. **-2.** *fig* [quarrel] régler, arranger; **to ~ up a relationship** se raccommoder.

patchwork ['pætʃwɜːk] ◇ *adj* en patchwork. ◇ *n* patchwork *m*.

patchy ['pætʃɪ] (*compar* **-ier**, *superl* **-iest**) *adj* [gen] inégal(e); [knowledge] insuffisant(e), imparfait(e).

pâté ['pæteɪ] *n* pâté *m*.

patent [Br 'peɪtənt, Am 'pætənt] ◇ *adj* [obvious] évident(e), manifeste. ◇ *n* brevet *m* (d'invention). ◇ *vt* faire breveter.

patented [Br 'peɪtəntɪd, Am 'pætəntɪd] *adj* breveté(e).

patentee [Br ,peɪtən'tiː, Am ,pætən'tiː] *n* titulaire *m* d'un brevet.

patent leather *n* cuir *m* verni.

patently [Br 'peɪtəntlɪ, Am 'pætəntlɪ] *adv* manifestement.

Patent Office *n* bureau *m* des brevets.

paternal [pə'tɜːnl] *adj* paternel(elle).

paternalistic [pə,tɜːnə'lɪstɪk] *adj pej* paternaliste.

paternity [pə'tɜːnətɪ] *n* paternité *f*.

paternity leave *n* congé *m* parental (*pour pères*).

paternity suit *n* JUR action *f* en recherche de paternité.

path [pɑːθ, *pl* pɑːðz] *n* **-1.** [track] chemin *m*, sentier *m*. **-2.** [way ahead, course of action] voie *f*, chemin *m*. **-3.** [trajectory] trajectoire *f*. **-4.** *phr*: our ~s had crossed before nos chemins s'étaient déjà croisés.

pathetic [pə'θetɪk] *adj* **-1.** [causing pity] pitoyable, attendrissant(e). **-2.** [useless - efforts, person] pitoyable, minable.

pathetically [pə'θetɪklɪ] *adv* **-1.** [cry, whimper] pitoyablement. **-2.** [inadequate, feeble] lamentablement.

pathological [,pæθə'lɒdʒɪkl] *adj* pathologique.

pathologist [pə'θɒlədʒɪst] *n* pathologiste *mf*.

pathology [pə'θɒlədʒɪ] *n* pathologie *f*.

pathos ['peɪθɒs] *n* pathétique *m*.

pathway ['pɑːθweɪ] *n* chemin *m*, sentier *m*.

patience ['peɪʃns] *n* **-1.** [of person] patience *f*; to try sb's ~ mettre à la patience de qqn à l'épreuve, éprouver la patience de qqn. **-2.** [card game] réussite *f*.

patient ['peɪʃnt] ◇ *adj* patient(e). ◇ *n* [in hospital] patient *m*, -e *f*, malade *mf*; [of doctor] client *m*, -e *f*, patient, malade.

patiently ['peɪʃntlɪ] *adv* patiemment.

patina ['pætɪnə] *n* patine *f*.

patio ['pætɪəʊ] (*pl* -s) *n* patio *m*.

patio doors *npl* portes vitrées coulissantes.

Patna rice ['pætnə-] *n* riz *m* Patna (à grains longs).

patois ['pætwɑː] (*pl inv*) *n* patois *m*.

patriarch ['peɪtrɪɑːk] *n* patriarche *m*.

patriarchy ['peɪtrɪɑːkɪ] (*pl* -ies) *n* patriarcat *m*.

patrimony [*Br* 'pætrɪmənɪ, *Am* 'pætrɪməʊnɪ] *n fml* patrimoine *m*, héritage *m*.

patriot [*Br* 'pætrɪət, *Am* 'peɪtrɪət] *n* patriote *mf*.

patriotic [*Br* ,pætrɪ'ɒtɪk, *Am* ,peɪtrɪ'ɒtɪk] *adj* [gen] patriotique; [person] patriote.

patriotism [*Br* 'pætrɪətɪzm, *Am* 'peɪtrɪətɪzm] *n* patriotisme *m*.

patrol [pə'trəʊl] (*pt* & *pp* -led, *cont* -ling) ◇ *n* patrouille *f*; to be on ~ être de patrouille; to go on ~ aller en patrouille. ◇ *vt* patrouiller dans, faire une patrouille dans.

patrol car *n* voiture *f* de police.

patrolman [pə'trəʊlmən] (*pl* -men [-mən]) *n Am* agent *m* de police.

patrol wagon *n Am* fourgon *m* cellulaire.

patrolwoman [pə'trəʊl,wʊmən] (*pl* -women [-wɪmɪn]) *n Am* femme *f* agent de police.

patron ['peɪtrən] *n* **-1.** [of arts] mécène *m*, protecteur *m*, -trice *f*. **-2.** *Br* [of charity] patron *m*, -onne *f*. **-3.** *fml* [customer] client *m*, -e *f*.

patronage ['peɪtrənɪdʒ] *n* patronage *m*.

patronize, -ise ['pætrənaɪz] *vt* **-1.** [talk down to] traiter avec condescendance. **-2.** *fml* [back financially] patronner, protéger.

patronizing ['pætrənaɪzɪŋ] *adj* condescendant(e).

patron saint *n* saint patron *m*, sainte patronne *f*.

patter ['pætə'] ◇ *n* **-1.** [sound - of rain] crépitement *m*. **-2.** [talk] baratin *m*, bavardage *m*. ◇ *vi* [feet, paws] trottiner; [rain] frapper, fouetter.

pattern ['pætən] *n* **-1.** [design] motif *m*, dessin *m*. **-2.** [of distribution, population] schéma *m*; [of life, behaviour] mode *m*. **-3.** [diagram]: (sewing) ~ patron *m*. **-4.** [model] modèle *m*.

patterned ['pætənd] *adj* à motifs.

patty ['pætɪ] (*pl* -ies) *n* petit pâté *m*.

paucity ['pɔːsətɪ] *n* indigence *f*.

paunch [pɔːntʃ] *n* bedaine *f*.

paunchy ['pɔːntʃɪ] (*compar* -ier, *superl* -iest) *adj* ventru(e), ventripotent(e).

pauper ['pɔːpə'] *n* indigent *m*, -e *f*, nécessiteux *m*, -euse *f*.

pause [pɔːz] ◇ *n* **-1.** [short silence] pause *f*, silence *m*. **-2.** [break] pause *f*, arrêt *m*. ◇ *vi* **-1.** [stop speaking] marquer un temps. **-2.** [stop moving, doing] faire une pause, s'arrêter.

pave [peɪv] *vt* paver; to ~ the way for sb/sthg ouvrir la voie à qqn/qqch.

paved [peɪvd] *adj* pavé(e).

pavement ['peɪvmənt] *n* **-1.** *Br* [at side of road] trottoir *m*. **-2.** *Am* [roadway] chaussée *f*.

pavement artist *n Br* artiste *mf* des rues.

pavilion [pə'vɪljən] *n* pavillon *m*.

paving ['peɪvɪŋ] *n* (*U*) pavé *m*.

paving stone *n* pavé *m*.

paw [pɔː] ◇ *n* patte *f*. ◇ *vt* **-1.** [subj: animal] donner des coups de patte à. **-2.** *pej* [subj: person] tripoter, peloter.

pawn [pɔːn] ◇ *n lit* & *fig* pion *m*. ◇ *vt* mettre en gage.

pawnbroker ['pɔːn,brəukəʳ] *n* prêteur *m*, -euse *f* sur gages.

pawnshop ['pɔːnʃɒp] *n* mont-de-piété *m*.

pay [peɪ] (*pt* & *pp* **paid**) ◇ *vt* -1. [gen] payer; **to ~ sb for sthg** payer qqn pour qqch, payer qqch à qqn; **I paid £20 for that shirt** j'ai payé cette chemise 20 livres; **to ~ money into an account** *Br* verser de l'argent dans un compte; **to ~ a cheque into an account** déposer un chèque à un compte; **to ~ one's way** payer sa part. -2. [be profitable to] rapporter à; **it will ~ you not to say anything** *fig* tu as intérêt OR tu gagneras à ne rien dire. -3. [give, make]: **to ~ attention (to sb/sthg)** prêter attention (à qqn/qqch); **to ~ sb a compliment** faire un compliment à qqn; **to ~ sb a visit** rendre visite à qqn. ◇ *vi* payer; **to ~ dearly for sthg** *fig* payer qqch cher. ◇ *n* salaire *m*, traitement *m*.

◆ **pay back** *vt sep* -1. [return loan of money] rembourser. -2. [revenge oneself on] payer, revaloir; **I'll ~ you back for that** tu me le paieras, je te le revaudrai.

◆ **pay off** ◇ *vt sep* -1. [repay - debt] s'acquitter de, régler; [- loan] rembourser. -2. [dismiss] licencier, congédier. -3. [bribe] soudoyer, acheter. ◇ *vi* [course of action] être payant(e).

◆ **pay out** ◇ *vt sep* -1. [money] dépenser, débourser. -2. [rope] laisser filer, lâcher. ◇ *vi* dépenser, débourser.

◆ **pay up** *vi* payer.

payable ['peɪəbl] *adj* -1. [gen] payable. -2. [on cheque]: **~ to** à l'ordre de.

paybed ['peɪbed] *n Br* lit *m* privé.

pay check *n Am* paie *f*.

payday ['peɪdeɪ] *n* jour *m* de paye.

PAYE (*abbr of* **pay as you earn**) *n* en Grande-Bretagne, système de retenue à la source des impôts sur le revenu.

payee [peɪ'iː] *n* bénéficiaire *mf*.

pay envelope *n Am* salaire *m*.

payer ['peɪəʳ] *n* payeur *m*, -euse *f*.

paying guest ['peɪɪŋ-] *n* hôte *m* payant.

paying-in book ['peɪɪŋ-] *n Br* carnet *m* de versements.

payload ['peɪləud] *n* charge *f* utile.

paymaster ['peɪ,mɑːstəʳ] *n* intendant *m*.

paymaster general *n* trésorier-payeur *m*.

payment ['peɪmənt] *n* paiement *m*.

payoff ['peɪɒf] *n* -1. [result] résultat *m*. -2. *Br* [redundancy payment] indemnité *f* de licenciement.

payola [peɪ'əulə] *n inf* pot-de-vin *m*, dessous *m* de table.

pay packet *n Br* -1. [envelope] enveloppe *f* de paie. -2. [wages] paie *f*.

pay phone, pay station *Am n* téléphone *m* public, cabine *f* téléphonique.

payroll ['peɪrəul] *n* registre *m* du personnel; **they have 100 people on the ~** ils ont 100 employés OR salariés.

payslip ['peɪslɪp] *n Br* feuille *f* OR bulletin *m* de paie.

pay station *Am* = **pay phone**.

PBS (*abbr of* **Public Broadcasting Service**) *n* société américaine de production télévisuelle.

PBX (*abbr of* **private branch exchange**) *n* autocommutateur *m* privé.

pc ◇ *n abbr of* **postcard**. ◇ (*abbr of* **per cent**) p. cent.

p/c *abbr of* **petty cash**.

PC ◇ *n* -1. (*abbr of* **personal computer**) PC *m*, micro *m*. -2. *abbr of* **police constable**. -3. (*abbr of* **privy councillor**) membre du conseil privé. ◇ *adj abbr of* **politically correct**.

PCB (*abbr of* **printed circuit board**) *n* plaquette *f* à circuits imprimés.

PCV (*abbr of* **passenger carrying vehicle**) *n* véhicule de transport en commun (en Grande-Bretagne).

pd *abbr of* **paid**.

PD *abbr of* **police department**.

pdq (*abbr of* **pretty damn quick**) *adv inf* illico presto.

PDSA (*abbr of* **People's Dispensary for Sick Animals**) *n* association britannique de soins aux animaux malades.

PDT (*abbr of* **Pacific Daylight Time**) *n* heure d'été du Pacifique.

PE (*abbr of* **physical education**) *n* EPS *f*.

pea [piː] *n* pois *m*.

peace [piːs] *n* (*U*) paix *f*; [quiet, calm] calme *m*, tranquillité *f*; **to be at ~ with sthg/sb/o.s.** être en paix avec qqch/qqn/soi-même, être en accord avec qqch/qqn/soi-même; **to make (one's) ~ with sb** faire la paix avec qqn.

peaceable ['piːsəbl] *adj* paisible, pacifique.

peaceably ['piːsəblɪ] *adv* paisiblement, pacifiquement.

Peace Corps *n* organisation américaine de coopération avec les Pays en Voie de Développement.

peaceful ['piːsful] *adj* -1. [quiet, calm] paisible, calme. -2. [not aggressive - person] pacifique; [- demonstration] non-violent(e).

peacefully ['piːsfulɪ] *adv* paisiblement.

peacefulness ['piːsfʊlnɪs] n paix f, calme m.

peacekeeping force ['piːs,kiːpɪŋ-] n force f de maintien de la paix.

peacemaker ['piːs,meɪkər] n pacificateur m, -trice f.

peace offering n inf gage m de paix, cadeau m (pour faire la paix).

peacetime ['piːstaɪm] n temps m de paix.

peach [piːtʃ] ◇ adj couleur pêche (inv). ◇ n pêche f.

Peach Melba [-'melbə] n pêche f Melba.

peacock ['piːkɒk] n paon m.

peahen ['piːhen] n paonne f.

peak [piːk] ◇ n -1. [mountain top] sommet m, cime f. -2. fig [of career, success] apogée m, sommet m. -3. [of cap] visière f. ◇ adj [condition] optimum. ◇ vi atteindre un niveau maximum.

peaked [piːkt] adj [cap] à visière.

peak hours npl heures fpl d'affluence OR de pointe.

peak period n période f de pointe.

peak rate n tarif m normal.

peaky ['piːkɪ] (compar -ier, superl -iest) adj Br inf souffrant(e), fatigué(e).

peal [piːl] ◇ n [of bells] carillonnement m; [of laughter] éclat m; [of thunder] coup m. ◇ vi [bells] carillonner.

peanut ['piːnʌt] n cacahuète f.

peanut butter n beurre m de cacahuètes.

pear [peər] n poire f.

pearl [pɜːl] n perle f.

pearly ['pɜːlɪ] (compar -ier, superl -iest) adj nacré(e).

peasant ['peznt] n -1. [in countryside] paysan m, -anne f. -2. pej [ignorant person] péquenaud m, -e f.

peasantry ['pezntrɪ] n: the ~ la paysannerie, les paysans mpl.

peashooter ['piː,ʃuːtər] n sarbacane f.

peat [piːt] n tourbe f.

peaty ['piːtɪ] (compar -ier, superl -iest) adj tourbeux(euse).

pebble ['pebl] n galet m, caillou m.

pebbledash [,pebl'dæʃ] n Br crépi m.

pecan (nut) [pɪ'kæn-] n noix f de pecan OR pacane.

peck [pek] ◇ n -1. [with beak] coup m de bec. -2. [kiss] bise f. ◇ vt -1. [with beak] picoter, becqueter. -2. [kiss]: to ~ sb on the cheek faire une bise à qqn. ◇ vi picoter, donner des coups de bec.

pecking order ['pekɪŋ-] n hiérarchie f.

peckish ['pekɪʃ] adj Br inf: to feel ~ avoir un petit creux.

pectin ['pektɪn] n pectine f.

pectoral ['pektərəl] adj pectoral(e).

peculiar [pɪ'kjuːljər] adj -1. [odd] bizarre, curieux(ieuse). -2. [slightly ill]: to feel ~ se sentir tout drôle (toute drôle) OR tout chose (toute chose). -3. [characteristic]: ~ to propre à, particulier(ière) à.

peculiarity [pɪ,kjuːlɪ'ærətɪ] (pl -ies) n -1. [oddness] bizarrerie f, singularité f. -2. [characteristic] particularité f, caractéristique f.

peculiarly [pɪ'kjuːljəlɪ] adv -1. [especially] particulièrement. -2. [oddly] curieusement, bizarrement. -3. [characteristically] typiquement.

pecuniary [pɪ'kjuːnjərɪ] adj pécuniaire.

pedagogical [,pedə'gɒdʒɪkl] adj pédagogique.

pedagogy ['pedəgɒdʒɪ] n pédagogie f.

pedal ['pedl] (Br pt & pp -led, cont -ling, Am pt & pp -ed, cont -ing) ◇ n pédale f. ◇ vi pédaler.

pedal bin n poubelle f à pédale.

pedalo ['pedələʊ] n Br pédalo m.

pedant ['pedənt] n pédant m, -e f.

pedantic [pɪ'dæntɪk] adj pej pédant(e).

pedantry ['pedəntrɪ] n pej pédantisme m, pédanterie f.

peddle ['pedl] vt -1. [drugs] faire le trafic de. -2. [gossip, rumour] colporter, répandre.

peddler ['pedlər] n -1. [drug dealer] trafiquant m de drogue. -2. Am = pedlar.

pederast ['pedəræst] n pédéraste m.

pedestal ['pedɪstl] n piédestal m; to put sb on a ~ mettre qqn sur un piédestal.

pedestrian [pɪ'destrɪən] ◇ adj pej médiocre, dépourvu(e) d'intérêt. ◇ n piéton m.

pedestrian crossing n Br passage m pour piétons, passage clouté.

pedestrianize, -ise [pɪ'destrɪənaɪz] vt transformer en zone piétonnière.

pedestrian precinct Br, **pedestrian zone** Am n zone f piétonnière.

pediatric [,piːdɪ'ætrɪk] adj de pédiatrie.

pediatrician [,piːdɪə'trɪʃn] n pédiatre mf.

pediatrics [,piːdɪ'ætrɪks] n pédiatrie f.

pedicure [pedɪ,kjʊər] n pédicurie f.

pedigree ['pedɪgriː] ◇ adj [animal] de race. ◇ n -1. [of animal] pedigree m. -2. [of person] ascendance f, généalogie f.

pedlar Br, **peddler** Am ['pedlər] n colporteur m.

pedophile ['piːdəfaɪl] n pédophile m.

pee [piː] inf ◇ n pipi m, pisse f; to go for a ~ aller pisser un coup. ◇ vi faire pipi, pisser.

peek [piːk] *inf* ◇ *n* coup *m* d'œil furtif. ◇ *vi* jeter un coup d'œil furtif.

peel [piːl] ◇ *n* [of apple, potato] peau *f*; [of orange, lemon] écorce *f*. ◇ *vt* éplucher, peler. ◇ *vi* -1. [paint] s'écailler. -2. [wallpaper] se décoller. -3. [skin] peler.
◆ **peel off** *vt sep* [gen] enlever; [label] décoller, détacher.

peeler ['piːlə'] *n* couteau-éplucheur *m*.

peelings ['piːlɪŋz] *npl* épluchures *fpl*.

peep [piːp] ◇ *n* -1. [look] coup *m* d'œil OR regard *m* furtif. -2. *inf* [sound] bruit *m*. ◇ *vi* jeter un coup d'œil furtif.
◆ **peep out** *vi* apparaître, se montrer.

peephole ['piːphəʊl] *n* judas *m*.

peeping Tom [ˌpiːpɪŋ'tɒm] *n* voyeur *m*.

peep show *n* visionneuse *f*.

peer [pɪə'] ◇ *n* pair *m*. ◇ *vi* scruter, regarder attentivement.

peerage ['pɪərɪdʒ] *n* [rank] pairie *f*; **the ~** les pairs *mpl*.

peeress ['pɪərɪs] *n* pairesse *f*.

peer group *n* pairs *mpl*.

peer pressure *n* influence *f* de ses pairs.

peeved [piːvd] *adj inf* fâché(e), irrité(e).

peevish ['piːvɪʃ] *adj* grincheux(euse).

peg [peg] ◇ (*pt* & *pp* **-ged**, *cont* **-ging**) ◇ *n* -1. [hook] cheville *f*. -2. [for clothes] pince *f* à linge. -3. [on tent] piquet *m*. ◇ *vt fig* [prices] bloquer.
◆ **peg out** *vi Br inf* casser sa pipe.

pegboard ['pegbɔːd] *n* tableau *m* à trous.

PEI *abbr of* **Prince Edward Island**.

pejorative [pɪ'dʒɒrətɪv] *adj* péjoratif(ive).

pekinese [ˌpiːkə'niːz], **pekingese** [ˌpiːkɪŋ'iːz] (*pl inv* OR **-s**) *n* [dog] pékinois *m*.
◆ **Pekinese, Pekingese** ◇ *adj* pékinois(e). ◇ *n* Pékinois *m*, -e *f*.

Peking [piː'kɪŋ] *n* Pékin *m*.

pekingese = **pekinese**.

pelican ['pelɪkən] (*pl inv* OR **-s**) *n* pélican *m*.

pelican crossing *n Br* passage *m* pour piétons avec feux de circulation.

pellet ['pelɪt] *n* -1. [small ball] boulette *f*. -2. [for gun] plomb *m*.

pell-mell [ˌpel'mel] *adv* à la débandade.

pelmet ['pelmɪt] *n Br* lambrequin *m*.

Peloponnese [ˌpeləpə'niːz] *npl*: **the ~** le Péloponnèse.

pelt [pelt] ◇ *n* -1. [animal skin] peau *f*, fourrure *f*. -2. [speed]: **at full ~** à fond de train, à toute vitesse. ◇ *vt*: **to ~ sb (with sthg)** bombarder qqn (de qqch). ◇ *vi* -1. [rain] pleuvoir à verse OR à seaux. -2. [run fast]:

to ~ along courir ventre à terre; **to ~ down the stairs** dévaler l'escalier.

pelvic ['pelvɪk] *adj* pelvien(ienne).

pelvis ['pelvɪs] (*pl* **-vises** OR **-ves** [-viːz]) *n* pelvis *m*, bassin *m*.

pen [pen] (*pt* & *pp* **-ned**, *cont* **-ning**) ◇ *n* -1. [for writing] stylo *m*. -2. [enclosure] parc *m*, enclos *m*. ◇ *vt* -1. *literary* [write] écrire. -2. [enclose] parquer.

penal ['piːnl] *adj* pénal(e).

penalize, -ise ['piːnəlaɪz] *vt* -1. [gen] pénaliser. -2. [put at a disadvantage] désavantager.

penal settlement *n* colonie *f* pénitentiaire.

penalty ['penltɪ] (*pl* **-ies**) *n* -1. [punishment] pénalité *f*; **to pay the ~ (for sthg)** *fig* supporter OR subir les conséquences (de qqch). -2. [fine] amende *f*. -3. HOCKEY pénalité *f*; **~ (kick)** FTBL penalty *m*; RUGBY (coup *m* de pied de) pénalité *f*.

penalty area, penalty box *n Br* FTBL surface *f* de réparation.

penalty clause *n* clause *f* pénale.

penalty goal *n* RUGBY but *m* de pénalité.

penalty kick → **penalty**.

penance ['penəns] *n* -1. RELIG pénitence *f*. -2. *fig* [punishment] corvée *f*, pensum *m*.

pen-and-ink *adj* à la plume.

pence [pens] *Br pl* → **penny**.

penchant [*Br* pãʃã, *Am* 'pentʃənt] *n*: **to have a ~ for sthg** avoir un faible pour qqch; **to have a ~ for doing sthg** avoir tendance à OR bien aimer faire qqch.

pencil ['pensl] (*Br pt* & *pp* **-led**, *cont* **-ling**, *Am pt* & *pp* **-ed**, *cont* **-ing**) ◇ *n* crayon *m*; **in ~** au crayon. ◇ *vt* griffonner au crayon, crayonner.

pencil case *n* trousse *f* (d'écolier).

pencil sharpener *n* taille-crayon *m*.

pendant ['pendənt] *n* [jewel on chain] pendentif *m*.

pending ['pendɪŋ] *fml* ◇ *adj* -1. [imminent] imminent(e). -2. [court case] en instance. ◇ *prep* en attendant.

pending tray *n Br* (corbeille *f* des) affaires *fpl* en attente OR à traiter.

pendulum ['pendjʊləm] (*pl* **-s**) *n* balancier *m*.

penetrate ['penɪtreɪt] ◇ *vt* -1. [gen] pénétrer dans; [subj: light] percer; [subj: rain] s'infiltrer dans. -2. [subj: spy] infiltrer. ◇ *vi inf* [be understood]: **it didn't ~** c'est resté sans effet sur lui/elle *etc*.

penetrating ['penɪtreɪtɪŋ] *adj* pénétrant(e); [scream, voice] perçant(e).

penetration [ˌpenɪ'treɪʃn] *n* pénétration *f*.

pen friend n correspondant m, -e f.
penguin ['peŋgwɪn] n manchot m.
penicillin [ˌpenɪ'sɪlɪn] n pénicilline f.
peninsula [pə'nɪnsjulə] (pl -s) n péninsule f.
penis ['piːnɪs] (pl penises ['piːnɪsɪz]) n pénis m.
penitent ['penɪtənt] adj repentant(e), contrit(e).
penitentiary [ˌpenɪ'tenʃərɪ] (pl -ies) n Am prison f.
penknife ['pennaɪf] (pl -knives [-naɪvz]) n canif m.
pen name n pseudonyme m.
pennant ['penənt] n fanion m, flamme f.
penniless ['penɪlɪs] adj sans le sou.
Pennines ['penaɪnz] npl: the ~ les Pennines, la chaîne Pennine.
Pennsylvania [ˌpensɪl'veɪnjə] n Pennsylvanie f; in ~ en Pennsylvanie.
penny ['penɪ] (pl sense 1 -ies, pl sense 2 pence) n -1. [coin] Br penny m; Am cent m. -2. Br [value] pence m. -3. phr: a ~ for your thoughts à quoi penses-tu?; the ~ dropped Br inf j'ai compris OR pigé, ça a fait tilt; to spend a ~ Br aller au petit coin; they are two OR ten a ~ Br inf il y en a à la pelle.
penny-pinching [-ˌpɪntʃɪŋ] ◇ adj [person] radin(e), pingre; [attitude] mesquin(e). ◇ n (U) économies fpl de bouts de chandelle.
pen pal n inf correspondant m, -e f.
pension ['penʃn] n -1. Br [on retirement] retraite f. -2. [from disability] pension f.
◆ **pension off** vt sep mettre à la retraite.
pensionable ['penʃənəbl] adj: to be of ~ age avoir l'âge de la retraite.
pension book n Br livret m de retraite.
pensioner ['penʃənər] n Br: (old-age) ~ retraité m, -e f.
pension fund n caisse f de retraite.
pension plan, **pension scheme** n plan m OR régime m de retraite.
pensive ['pensɪv] adj songeur(euse).
pentagon ['pentəgən] n pentagone m.
◆ **Pentagon** n Am: the Pentagon le Pentagone.

PENTAGON:

Le Pentagone, immense bâtiment à cinq façades situé à Washington, abrite le ministère américain de la Défense; plus généralement, ce terme désigne le pouvoir militaire américain

pentathlon [pen'tæθlən] (pl -s) n pentathlon m.

Pentecost ['pentɪkɒst] n Pentecôte f.
penthouse ['penthaʊs, pl -haʊzɪz] n appartement m de luxe (en attique).
pent up ['pent-] adj [emotions] refoulé(e); [energy] contenu(e).
penultimate [pe'nʌltɪmət] adj avant-dernier(ière).
penury ['penjʊrɪ] n indigence f, misère f.
peony ['pɪənɪ] (pl -ies) n pivoine f.
people ['piːpl] ◇ n [nation, race] nation f, peuple m. ◇ npl -1. [persons] personnes fpl; few/a lot of ~ peu/beaucoup de monde, peu/beaucoup de gens; there were a lot of ~ present il y avait beaucoup de monde. -2. [in general] gens mpl; ~ say that ... on dit que .... -3. [inhabitants] habitants mpl. -4. POL: the ~ le peuple. ◇ vt: to be ~d by OR with être peuplé(e) de.
pep [pep] (pt & pp -ped, cont -ping) n inf (U) entrain m, pep m.
◆ **pep up** vt sep inf -1. [person] remonter, requinquer. -2. [party, event] animer.
PEP (abbr of personal equity plan) n en Grande-Bretagne, plan d'épargne en actions exonéré d'impôt.
pepper ['pepər] n -1. [spice] poivre m; black/white ~ poivre noir/blanc. -2. [vegetable] poivron m; red/green ~ poivron m rouge/vert.
pepperbox n Am = pepper pot.
peppercorn ['pepəkɔːn] n grain m de poivre.
peppered ['pepəd] adj -1. [essay, speech]: ~ (with) truffé(e) (de). -2. [walls]: ~ (with) criblé(e) (de).
pepper mill n moulin m à poivre.
peppermint ['pepəmɪnt] n -1. [sweet] bonbon m à la menthe. -2. [herb] menthe f poivrée.
pepper pot Br, **pepperbox** Am ['pepəbɒks] n poivrier m.
peppery ['pepərɪ] adj poivré(e).
pep talk n inf paroles fpl OR discours m d'encouragement.
peptic ulcer ['peptɪk-] n ulcère m gastro-duodénal.
per [pɜːr] prep: ~ person par personne; to be paid £10 ~ hour être payé 10 livres de l'heure; ~ kilo le kilo; as ~ instructions conformément aux instructions, à vos/tes etc instructions.
per annum adv par an.
P-E ratio (abbr of price-earnings ratio) n indice de rentabilité d'une valeur.
per capita [pə'kæpɪtə] adj & adv par habitant OR tête.

perceive [pə'siːv] vt -1. [notice] percevoir de. -2. [understand, realize] remarquer, s'apercevoir de. -3. [consider]: **to ~ sb/sthg as** considérer qqn/qqch comme.

per cent adv pour cent.

percentage [pə'sentɪdʒ] n pourcentage m.

perceptible [pə'septəbl] adj sensible.

perception [pə'sepʃn] n -1. perception f. -2. [insight] perspicacité f, intuition f. -3. [opinion] opinion f.

perceptive [pə'septɪv] adj perspicace.

perceptively [pə'septɪvlɪ] adv de manière perspicace.

perch [pɜːtʃ] (pl sense 2 only inv OR -es) ◇ n -1. lit & fig [position] perchoir m. -2. [fish] perche f. ◇ vi se percher.

percolate ['pɜːkəleɪt] vi -1. [coffee] passer. -2. fig [news] s'infiltrer, filtrer.

percolator ['pɜːkəleɪtər] n cafetière f à pression.

percussion [pə'kʌʃn] n MUS percussion f; **the ~ (section)** la batterie, la percussion.

percussionist [pə'kʌʃənɪst] n percussionniste mf.

peremptory [pə'remptərɪ] adj péremptoire.

perennial [pə'renjəl] ◇ adj permanent(e), perpétuel(elle); BOT vivace. ◇ n BOT plante f vivace.

perestroika [,perə'strɔɪkə] n perestroïka f.

perfect [adj & n 'pɜːfɪkt, vb pə'fekt] ◇ adj parfait(e); **he's a ~ nuisance** il est absolument insupportable. ◇ n GRAMM: **~ (tense)** parfait m. ◇ vt parfaire, mettre au point.

perfect competition ['pɜːfɪkt-] n ECON concurrence f parfaite.

perfection [pə'fekʃn] n perfection f; **to ~** parfaitement (bien).

perfectionist [pə'fekʃənɪst] n perfectionniste mf.

perfectly ['pɜːfɪktlɪ] adv parfaitement; **you know ~ well** tu sais très bien.

perforate ['pɜːfəreɪt] vt perforer.

perforations [,pɜːfə'reɪʃnz] npl [in paper] pointillés mpl.

perform [pə'fɔːm] ◇ vt -1. [carry out] exécuter; [- function] remplir; **to ~ an operation** MED opérer. -2. [play, concert] jouer. ◇ vi -1. [machine] marcher, fonctionner; [team, person]: **to ~ well/badly** avoir de bons/ mauvais résultats. -2. [actor] jouer; [singer] chanter.

performance [pə'fɔːməns] n -1. [carrying out] exécution f. -2. [show] représentation f. -3. [by actor, singer etc] interprétation f. -4. [of car, engine] performance f.

performance art n art m de représentation.

performance car n voiture f à hautes performances OR très performante.

performer [pə'fɔːmər] n artiste mf, interprète mf.

performing arts [pə'fɔːmɪŋ-] npl: **the ~** les arts mpl du spectacle.

perfume ['pɜːfjuːm] n parfum m.

perfumed [Br 'pɜːfjuːmd, Am pər'fjuːmd] adj parfumé(e).

perfunctory [pə'fʌŋktərɪ] adj rapide, superficiel(ielle).

perhaps [pə'hæps] adv peut-être; **~ so/not** peut-être que oui/non.

peril ['perɪl] n danger m, péril m; **at one's ~** à ses risques et périls.

perilous ['perələs] adj dangereux(euse), périlleux(euse).

perilously ['perələslɪ] adv dangereusement.

perimeter [pə'rɪmɪtər] n périmètre m; **~ fence** clôture f; **~ wall** mur m d'enceinte.

period ['pɪərɪəd] ◇ n -1. [gen] période f. -2. SCH ≃ heure f. -3. [menstruation] règles fpl. -4. Am [full stop] point m. ◇ comp [dress, house] d'époque.

periodic [,pɪərɪ'ɒdɪk] adj périodique.

periodical [,pɪərɪ'ɒdɪkl] ◇ adj = periodic. ◇ n [magazine] périodique m.

periodic table n tableau m de Mendéleïev.

period pains npl règles fpl douloureuses.

period piece n [furniture] meuble m d'époque.

peripatetic [,perɪpə'tetɪk] adj [salesman] itinérant(e); [teacher] qui enseigne dans plusieurs écoles.

peripheral [pə'rɪfərəl] ◇ adj -1. [unimportant] secondaire. -2. [at edge] périphérique. ◇ n COMPUT périphérique m.

periphery [pə'rɪfərɪ] (pl -ies) n [edge] périphérie f.

periscope ['perɪskəup] n périscope m.

perish ['perɪʃ] vi -1. [die] périr, mourir. -2. [food] pourrir, se gâter; [rubber] se détériorer.

perishable ['perɪʃəbl] adj périssable.
♦ **perishables** npl denrées fpl périssables.

perishing ['perɪʃɪŋ] adj Br inf -1. [cold] très froid(e). -2. [damn] sacré(e).

peritonitis [,perɪtə'naɪtɪs] n (U) péritonite f.

perjure ['pɜːdʒər] vt JUR: **to ~ o.s.** se parjurer.

perjury ['pɜːdʒərɪ] n (U) JUR parjure m, faux serment m.

perk [pɜːk] *n inf* à-côté *m*, avantage *m*.
◆ **perk up** *vi* se ragaillardir.

perky ['pɜːkɪ] (*compar* -**ier**, *superl* -**iest**) *adj inf* [cheerful] guilleret(ette); [lively] plein(e) d'entrain.

perm [pɜːm] ◇ *n* permanente *f*. ◇ *vt*: **to have one's hair** ~**ed** se faire faire une permanente.

permanence ['pɜːmənəns] *n* permanence *f*.

permanent ['pɜːmənənt] ◇ *adj* permanent(e). ◇ *n Am* [perm] permanente *f*.

permanently ['pɜːmənəntlɪ] *adv* -**1.** [blind, damaged] définitivement, de manière permanente. -**2.** [closed, available] en permanence.

permeable ['pɜːmjəbl] *adj* perméable.

permeate ['pɜːmɪeɪt] *vt* -**1.** [subj: liquid, smell] s'infiltrer dans, pénétrer. -**2.** [subj: smell, feeling, idea] se répandre dans.

permissible [pə'mɪsəbl] *adj* acceptable, admissible.

permission [pə'mɪʃn] *n* permission *f*, autorisation *f*; **to give sb** ~ **to do sthg** donner à qqn la permission de faire qqch.

permissive [pə'mɪsɪv] *adj* permissif(ive).

permissiveness [pə'mɪsɪvnɪs] *n* permissivité *f*.

permit [*vb* pə'mɪt, *n* 'pɜːmɪt] (*pt* & *pp* -**ted**, *cont* -**ting**) ◇ *vt* permettre; **to** ~ **sb to do sthg** permettre à qqn de faire qqch, autoriser qqn à faire qqch; **to** ~ **sb sthg** permettre qqch à qqn; **weather permitting** si le temps le permet. ◇ *n* permis *m*.

permutation [,pɜːmjuː'teɪʃn] *n* permutation *f*.

pernicious [pə'nɪʃəs] *adj fml* [harmful] pernicieux(ieuse).

pernickety [pə'nɪkətɪ] *adj inf* [fussy] tatillon(onne), pointilleux(euse).

peroxide [pə'rɒksaɪd] *n* peroxyde *m*.

peroxide blonde *n* blonde *f* décolorée.

perpendicular [,pɜːpən'dɪkjulər] ◇ *adj* perpendiculaire. ◇ *n* perpendiculaire *f*.

perpetrate ['pɜːpɪtreɪt] *vt* perpétrer, commettre.

perpetration [,pɜːpɪ'treɪʃn] *n* perpétration *f*.

perpetrator ['pɜːpɪtreɪtər] *n* auteur *m*.

perpetual [pə'petʃuəl] *adj* -**1.** *pej* [continuous] continuel(elle), incessant(e). -**2.** [longlasting] perpétuel(elle).

perpetually [pə'petʃuəlɪ] *adv* -**1.** *pej* [continuously] sans cesse, continuellement. -**2.** [for ever] toujours, constamment.

perpetual motion *n* mouvement *m* perpétuel.

perpetuate [pə'petʃueɪt] *vt* perpétuer.

perpetuation [pə,petʃu'eɪʃn] *n* perpétuation *f*.

perpetuity [,pɜːpɪ'tjuːətɪ] *n*: **in** ~ *fml* à perpétuité.

perplex [pə'pleks] *vt* rendre perplexe.

perplexed [pə'plekst] *adj* perplexe.

perplexing [pə'pleksɪŋ] *adj* déroutant(e), déconcertant(e).

perplexity [pə'pleksətɪ] *n* perplexité *f*.

perquisite ['pɜːkwɪzɪt] *n fml* à-côté *m*, avantage *m*.

per se [pɜː'seɪ] *adv* en tant que tel (telle), en soi.

persecute ['pɜːsɪkjuːt] *vt* persécuter, tourmenter.

persecution [,pɜːsɪ'kjuːʃn] *n* persécution *f*.

persecutor ['pɜːsɪkjuːtər] *n* persécuteur *m*, -trice *f*.

perseverance [,pɜːsɪ'vɪərəns] *n* persévérance *f*, ténacité *f*.

persevere [,pɜːsɪ'vɪər] *vi* -**1.** [with difficulty] persévérer, persister; **to** ~ **with** persévérer OR persister dans. -**2.** [with determination]: **to** ~ **in doing sthg** persister à faire qqch.

Persia ['pɜːʃə] *n* Perse *f*; **in** ~ en Perse.

Persian ['pɜːʃn] ◇ *adj* persan(e); HISTORY perse. ◇ *n* -**1.** [person] Persan *m*, -e *f*; HISTORY Perse *mf*. -**2.** [language] persan *m*.

Persian cat *n* chat *m* persan.

Persian Gulf *n*: **the** ~ le golfe Persique.

persist [pə'sɪst] *vi*: **to** ~ **(in doing sthg)** persister OR s'obstiner (à faire qqch).

persistence [pə'sɪstəns] *n* persistance *f*.

persistent [pə'sɪstənt] *adj* -**1.** [noise, rain] continuel(elle); [problem] constant(e). -**2.** [determined] tenace, obstiné(e).

persistently [pə'sɪstəntlɪ] *adv* -**1.** [constantly] continuellement, constamment. -**2.** [determinedly] obstinément, avec persévérance.

persnickety [pə'snɪkɪtɪ] *adj Am* tatillon(onne), pointilleux(euse).

person ['pɜːsn] (*pl* **people** OR **persons** *fml*) *n* -**1.** [man or woman] personne *f*; **in** ~ en personne; **in the** ~ **of** en la personne de. -**2.** *fml* [body]: **about one's** ~ sur soi.

persona [pə'səunə] (*pl* -**s** OR -**ae** [-iː]) *n* personnage *m*.

personable ['pɜːsnəbl] *adj* sympathique, agréable.

personage ['pɜːsənɪdʒ] *n* personnage *m*.

personal ['pɜːsənl] ◇ *adj* -**1.** [gen] personnel(elle). -**2.** *pej* [rude] désobligeant(e). ◇ *n Am* petite annonce *f* (pour rencontres).

personal account *n* compte *m* personnel.

personal allowance *n* TAX abattement *m*.

personal assistant *n* secrétaire *mf* de direction.

personal call *n* communication *f* téléphonique privée.

personal column *n* petites annonces *fpl*.

personal computer *n* ordinateur *m* personnel OR individuel.

personal estate *n* (U) biens *mpl* personnels.

personal hygiene *n* hygiène *f* corporelle.

personality [,pɜːsəˈnælətɪ] (*pl* -ies) *n* personnalité *f*.

personalize, -ise [ˈpɜːsənəlaɪz] *vt* -1. [mark with name] personnaliser. -2. [make too personal] rendre trop personnel(elle).

personalized [ˈpɜːsənəlaɪzd] *adj* -1. [marked with name] personnalisé(e). -2. [for one person] personnel(elle).

personally [ˈpɜːsnəlɪ] *adv* personnellement; **to take sthg ~** se sentir visé par qqch.

personal organizer *n* agenda *m* modulaire multifonction.

personal pension plan *n* retraite *f* personnelle.

personal pronoun *n* pronom *m* personnel.

personal property *n* (U) JUR biens *mpl* personnels.

personal stereo *n* baladeur *m*, Walkman® *m*.

persona non grata [-ˈɡrɑːtə] (*pl* **personae non gratae** [-ˈɡrɑːtiː]) *n* persona non grata.

personify [pəˈsɒnɪfaɪ] (*pt* & *pp* -ied) *vt* personnifier.

personnel [,pɜːsəˈnel] ◇ *n* (U) [department] service *m* du personnel. ◇ *npl* [staff] personnel *m*.

personnel department *n* service *m* du personnel.

personnel officer *n* responsable *mf* du personnel.

person-to-person *adj* avec préavis.

perspective [pəˈspektɪv] *n* -1. ART perspective *f*; **to get sthg in ~** *fig* mettre qqch dans son contexte. -2. [view, judgment] point *m* de vue, optique *f*.

Perspex® [ˈpɜːspeks] *n* Br ≃ plexiglas® *m*.

perspicacious [,pɜːspɪˈkeɪʃəs] *adj* perspicace.

perspiration [,pɜːspəˈreɪʃn] *n* -1. [sweat] sueur *f*. -2. [act of perspiring] transpiration *f*.

perspire [pəˈspaɪəʳ] *vi* transpirer, suer.

persuade [pəˈsweɪd] *vt*: **to ~ sb to do sthg** persuader OR convaincre qqn de faire qqch; **to ~ sb that** convaincre qqn que; **to ~ sb of** convaincre qqn de.

persuasion [pəˈsweɪʒn] *n* -1. [act of persuading] persuasion *f*. -2. [belief - religious] confession *f*; [- political] opinion *f*, conviction *f*.

persuasive [pəˈsweɪsɪv] *adj* [person] persuasif(ive); [argument] convaincant(e).

persuasively [pəˈsweɪsɪvlɪ] *adv* d'un ton persuasif, d'une manière convaincante.

pert [pɜːt] *adj* mutin(e), coquin(e).

pertain [pəˈteɪn] *vi* *fml*: **~ing to** concernant, relatif(ive) à.

pertinence [ˈpɜːtɪnəns] *n* pertinence *f*.

pertinent [ˈpɜːtɪnənt] *adj* pertinent(e), approprié(e).

perturb [pəˈtɜːb] *vt* inquiéter, troubler.

perturbed [pəˈtɜːbd] *adj* *fml* inquiet(iète), troublé(e).

Peru [pəˈruː] *n* Pérou *m*; **in ~** au Pérou.

perusal [pəˈruːzl] *n* lecture *f* attentive.

peruse [pəˈruːz] *vt* lire attentivement.

Peruvian [pəˈruːvjən] ◇ *adj* péruvien(ienne). ◇ *n* [person] Péruvien *m*, -ienne *f*.

pervade [pəˈveɪd] *vt* [subj: smell] se répandre dans; [subj: feeling, influence] envahir.

pervasive [pəˈveɪsɪv] *adj* pénétrant(e), envahissant(e).

perverse [pəˈvɜːs] *adj* [contrary - person] contrariant(e); [- enjoyment] malin(igne).

perversely [pəˈvɜːslɪ] *adv* [contrarily] par esprit de contradiction.

perversion [*Br* pəˈvɜːʃn, *Am* pəˈvɜːrʒn] *n* -1. [sexual] perversion *f*. -2. [of truth] travestissement *m*.

perversity [pəˈvɜːsətɪ] *n* [contrariness] caractère *m* contrariant, esprit *m* de contradiction.

pervert [*n* ˈpɜːvɜːt, *vb* pəˈvɜːt] ◇ *n* pervers *m*, -e *f*. ◇ *vt* -1. [truth, meaning] travestir, déformer; [course of justice] entraver. -2. [sexually] pervertir.

perverted [pəˈvɜːtɪd] *adj* -1. [sexually] pervers(e). -2. [reasoning] tordu(e).

peseta [pəˈseɪtə] *n* peseta *f*.

peso [ˈpeɪsəʊ] (*pl* -s) *n* peso *m*.

pessary [ˈpesərɪ] (*pl* -ies) *n* [medicine] ovule *m*.

pessimism [ˈpesɪmɪzm] *n* pessimisme *m*.

pessimist [ˈpesɪmɪst] *n* pessimiste *mf*.

pessimistic [,pesɪˈmɪstɪk] *adj* pessimiste.

pest [pest] *n* **-1.** [insect] insecte *m* nuisible; [animal] animal *m* nuisible. **-2.** *inf* [nuisance] casse-pieds *m inv*.

pester ['pestər] *vt* harceler, importuner.

pesticide ['pestɪsaɪd] *n* pesticide *m*.

pestle ['pesl] *n* pilon *m*.

pet [pet] (*pt* & *pp* **-ted**, *cont* **-ting**) ◇ *adj* [favourite]: ~ **subject** dada *m*; ~ **hate** bête *f* noire. ◇ *n* **-1.** [animal] animal *m* (familier). **-2.** [favourite person] chouchou *m*, -oute *f*. ◇ *vt* caresser, câliner. ◇ *vi* se peloter, se caresser.

petal ['petl] *n* pétale *m*.

peter ['piːtər]

◆ **peter out** *vi* [path] s'arrêter, se perdre; [interest] diminuer, décliner.

pethidine ['peθɪdiːn] *n* péthidine *f*.

petit bourgeois [pə,tiː'buəʒwɑː] (*pl* **petits bourgeois** [pə,tiː'buəʒwɑː]) ◇ *adj* petit-bourgeois (petite-bourgeoise). ◇ *n* petit-bourgeois *m*, petite-bourgeoise *f*.

petite [pə'tiːt] *adj* menu(e).

petit four [,peti-] (*pl* **petits fours**) *n* petit-four *m*.

petition [pɪ'tɪʃn] ◇ *n* pétition *f*. ◇ *vt* adresser une pétition à. ◇ *vi* **-1.** [campaign]: to ~ for/against faire une pétition en faveur de/contre. **-2.** JUR: to ~ for divorce faire une demande en divorce.

petitioner [pɪ'tɪʃənər] *n* pétitionnaire *mf*.

pet name *n* petit nom *m*.

petrified ['petrɪfaɪd] *adj* [terrified] paralysé(e) OR pétrifié(e) de peur.

petrify ['petrɪfaɪ] (*pt* & *pp* **-ied**) *vt* [terrify] paralyser OR pétrifier de peur.

petrochemical [,petrəʊ'kemɪkl] *adj* pétro-chimique.

petrodollar ['petrəʊ,dɒlər] *n* FIN pétrodollar *m*.

petrol ['petrəl] *n* Br essence *f*.

petrolatum [,petrə'leɪtəm] *n* Am vaseline *f*.

petrol bomb *n* Br cocktail *m* Molotov.

petrol can *n* Br bidon *m* à essence.

petroleum [pɪ'trəʊljəm] *n* pétrole *m*.

petroleum jelly *n* Br vaseline *f*.

petrol pump *n* Br pompe *f* à essence.

petrol station *n* Br station-service *f*.

petrol tank *n* Br réservoir *m* d'essence.

petticoat ['petɪkəʊt] *n* jupon *m*.

pettiness ['petɪnɪs] *n* [small-mindedness] mesquinerie *f*, étroitesse *f* d'esprit.

petty ['petɪ] (*compar* **-ier**, *superl* **-iest**) *adj* **-1.** [small-minded] mesquin(e). **-2.** [trivial] insignifiant(e), sans importance.

petty cash *n* (*U*) petite caisse *f*.

petty officer *n* second maître *m*.

petulant ['petjʊlənt] *adj* irritable.

pew [pjuː] *n* banc *m* d'église.

pewter ['pjuːtər] *n* étain *m*.

PG (*abbr of* **parental guidance**) *en Grande-Bretagne, désigne un film pour lequel l'avis des parents est recommandé.*

PGA (*abbr of* **Professional Golfers' Association**) *n* association de joueurs de golf professionnels.

p & h (*abbr of* **postage and handling**) *n Am* frais de port.

PH (*abbr of* **Purple Heart**) *n distinction militaire américaine.*

PHA (*abbr of* **Public Housing Administration**) *n services du logement social aux États-Unis.*

phallic ['fælɪk] *adj* phallique; ~ **symbol** symbole *m* phallique.

phallus ['fæləs] (*pl* **-es** OR **phalli** ['fælaɪ]) *n* phallus *m*.

phantom ['fæntəm] ◇ *adj* fantomatique, spectral(e). ◇ *n* [ghost] fantôme *m*.

phantom pregnancy *n* grossesse *f* nerveuse, fausse grossesse.

pharaoh ['feərəʊ] *n* pharaon *m*.

Pharisee ['færɪsiː] *n* Pharisien *m*, -ienne *f*.

pharmaceutical [,fɑːmə'sjuːtɪkl] *adj* pharmaceutique.

◆ **pharmaceuticals** *npl* produits *mpl* pharmaceutiques.

pharmacist ['fɑːməsɪst] *n* pharmacien *m*, -ienne *f*.

pharmacology [,fɑːmə'kɒlədʒɪ] *n* pharmacologie *f*.

pharmacy ['fɑːməsɪ] (*pl* **-ies**) *n* pharmacie *f*.

phase [feɪz] ◇ *n* phase *f*. ◇ *vt* faire progressivement.

◆ **phase in** *vt sep* introduire progressivement.

◆ **phase out** *vt sep* supprimer progressivement.

PhD (*abbr of* **Doctor of Philosophy**) *n (titulaire d'un) doctorat de 3e cycle.*

pheasant ['feznt] (*pl inv* OR **-s**) *n* faisan *m*.

phenobarbitone *Br* [,fiːnəʊ'bɑːbɪtəʊn], **phenobarbitol** *Am* [,fiːnəʊ'bɑːbɪtl] *n* phénobarbital *m*.

phenomena [fɪ'nɒmɪnə] *pl* → **phenomenon**.

phenomenal [fɪ'nɒmɪnl] *adj* phénoménal(e), extraordinaire.

phenomenon [fɪ'nɒmɪnən] (*pl* **-mena**) *n* phénomène *m*.

phew [fjuː] *excl* ouf!

phial ['faɪəl] *n* fiole *f.*

Philadelphia [,fɪlə'delfjə] *n* Philadelphie; **in ~** à Philadelphie.

philanderer [fɪ'lændərə'] *n* coureur *m,* don Juan *m.*

philanthropic [,fɪlən'θrɒpɪk] *adj* philanthropique.

philanthropist [fɪ'lænθrəpɪst] *n* philanthrope *mf.*

philately [fɪ'lætəlɪ] *n* philatélie *f.*

philharmonic [,fɪlɑː'mɒnɪk] *adj* philharmonique.

Philippine ['fɪlɪpiːn] *adj* philippin(e); **the ~ Islands** les Philippines *fpl.*
◆ **Philippines** *npl*: **the ~s** les Philippines *fpl.*

philistine [*Br* 'fɪlɪstaɪn, *Am* 'fɪlɪstiːn] *n* philistin *m,* béotien *m,* -ienne *f.*

Phillips® ['fɪlɪps] *comp*: **~ screw** vis *f* cruciforme; **~ screwdriver** tournevis *m* cruciforme.

philosopher [fɪ'lɒsəfə'] *n* philosophe *mf.*

philosophical [,fɪlə'sɒfɪkl] *adj* **-1.** philosophique. **-2.** [stoical] philosophe.

philosophize, -ise [fɪ'lɒsəfaɪz] *vi* philosopher.

philosophy [fɪ'lɒsəfɪ] (*pl* **-ies**) *n* philosophie *f.*

phlegm [flem] *n* flegme *m.*

phlegmatic [fleg'mætɪk] *adj* flegmatique.

Phnom Penh [,nɒm'pen] *n* Phnom Penh.

phobia ['fəʊbjə] *n* phobie *f*; **to have a ~ about** avoir la phobie de.

phoenix ['fiːnɪks] *n* phénix *m.*

phone [fəʊn] ◇ *n* téléphone *m*; **to be on the ~** [speaking] être au téléphone; *Br* [connected to network] avoir le téléphone. ◇ *comp* téléphonique. ◇ *vt* téléphoner à, appeler. ◇ *vi* téléphoner.
◆ **phone up** *vt sep & vi* téléphoner.

phone book *n* annuaire *m* (du téléphone).

phone booth *n* cabine *f* téléphonique.

phone box *n Br* cabine *f* téléphonique.

phone call *n* coup *m* de téléphone OR fil; **to make a ~** passer OR donner un coup de fil.

phonecard ['fəʊnkɑːd] *n* télécarte *f.*

phone-in *n* RADIO & TV programme *m* à ligne ouverte.

phone line *n* **-1.** [wire] câble *m* téléphonique. **-2.** [connection] ligne *f* téléphonique.

phone number *n* numéro *m* de téléphone.

phone-tapping [-,tæpɪŋ] *n* écoute *f* téléphonique.

phonetics [fə'netɪks] *n* (*U*) phonétique *f.*

phoney *Br,* **phony** *Am* ['fəʊnɪ] (*compar* **-ier**, *superl* **-iest**, *pl* **-ies**) *inf* ◇ *adj* **-1.** [passport, address] bidon (*inv*). **-2.** [person] hypocrite, pas franc (pas franche). ◇ *n* poseur *m,* -euse *f.*

phoney war *n* drôle de guerre *f.*

phony *Am* = **phoney.**

phosphate ['fɒsfeɪt] *n* phosphate *m.*

phosphorus ['fɒsfərəs] *n* phosphore *m.*

photo ['fəʊtəʊ] *n* photo *f*; **to take a ~ of sb/sthg** photographier qqn/qqch, prendre qqn/qqch en photo.

photocall ['fəʊtəʊkɔːl] *n* séance *f* de photos.

photocopier [,fəʊtəʊ'kɒpɪə'] *n* photocopieur *m,* copieur *m.*

photocopy ['fəʊtəʊ,kɒpɪ] (*pt & pp* **-ied**, *pl* **-ies**) ◇ *n* photocopie *f.* ◇ *vt* photocopier.

photoelectric cell [,fəʊtəʊɪ'lektrɪk-] *n* cellule *f* photoélectrique.

photo finish *n* SPORT photo-finish *f.*

Photofit® ['fəʊtəʊfɪt] *n*: **~ (picture)** portrait-robot *m,* photo-robot *f.*

photogenic [,fəʊtəʊ'dʒenɪk] *adj* photogénique.

photograph ['fəʊtəɡrɑːf] ◇ *n* photographie *f*; **to take a ~ (of sb/sthg)** prendre (qqn/qqch) en photo, photographier (qqn/qqch). ◇ *vt* photographier, prendre en photo.

photographer [fə'tɒɡrəfə'] *n* photographe *mf.*

photographic [,fəʊtə'ɡræfɪk] *adj* photographique.

photographic memory *n* mémoire *f* photographique.

photography [fə'tɒɡrəfɪ] *n* photographie *f.*

photojournalism [,fəʊtəʊ'dʒɜːnəlɪzm] *n* reportage *m* en photos.

photon ['fəʊtɒn] *n* photon *m.*

photo opportunity *n* séance *f* photoprotocolaire.

photosensitive [,fəʊtəʊ'sensɪtɪv] *adj* photosensible.

Photostat® ['fəʊtəstæt] (*pt & pp* **-ted**, *cont* **-ting**) *n* photostat *m,* photocopie *f.*
◆ **photostat** *vt* photocopier, faire un photostat de.

photosynthesis [,fəʊtəʊ'sɪnθəsɪs] *n* photosynthèse *f.*

phrasal verb ['freɪzl-] *n* verbe *m* à postposition.

phrase [freɪz] ◇ *n* expression *f.* ◇ *vt* exprimer, tourner.

phrasebook ['freɪzbʊk] *n* guide *m* de conversation (pour touristes).

phraseology [ˌfreɪzɪˈɒlədʒɪ] *n* phraséologie *f.*

physical [ˈfɪzɪkl] ◇ *adj* **-1.** [gen] physique. **-2.** [world, objects] matériel(ielle). ◇ *n* [examination] visite *f* médicale.

physical chemistry *n* chimie *f* physique.

physical education *n* éducation *f* physique.

physical examination *n* visite *f* médicale.

physical geography *n* géographie *f* physique.

physical jerks *npl* *Br* *hum* exercices *mpl*, gymnastique *f.*

physically [ˈfɪzɪklɪ] *adv* physiquement.

physically handicapped ◇ *adj*: **to be** ~ être handicapé (handicapée) physique. ◇ *npl*: **the** ~ les handicapés *mpl* physiques.

physical science *n* science *f* physique.

physical training *n* éducation *f* physique.

physician [fɪˈzɪʃn] *n* médecin *m.*

physicist [ˈfɪzɪsɪst] *n* physicien *m*, -ienne *f.*

physics [ˈfɪzɪks] *n* (U) physique *f.*

physio [ˈfɪzɪəʊ] (*pl* **-s**) *n* *Br* *inf* **-1.** (*abbr of* **physiotherapist**) kiné *mf.* **-2.** (*abbr of* **physiotherapy**) kiné *f.*

physiognomy [ˌfɪzɪˈɒnəmɪ] (*pl* **-ies**) *n* physionomie *f.*

physiology [ˌfɪzɪˈɒlədʒɪ] *n* physiologie *f.*

physiotherapist [ˌfɪzɪəʊˈθerəpɪst] *n* kinésithérapeute *mf.*

physiotherapy [ˌfɪzɪəʊˈθerəpɪ] *n* kinésithérapie *f.*

physique [fɪˈziːk] *n* physique *m.*

pianist [ˈpɪənɪst] *n* pianiste *mf.*

piano [pɪˈænəʊ] (*pl* **-s**) *n* piano *m.*

piano accordion *n* accordéon *m* à clavier.

Picardy [ˈpɪkədɪ] *n* Picardie *f*; **in** ~ en Picardie.

piccalilli [ˌpɪkəˈlɪlɪ] *n* piccalilli *f.*

piccolo [ˈpɪkələʊ] (*pl* **-s**) *n* piccolo *m.*

pick [pɪk] ◇ *n* **-1.** [tool] pioche *f*, pic *m.* **-2.** [selection]: **to take one's** ~ choisir, faire son choix. **-3.** [best]: **the** ~ **of** le meilleur (la meilleure) de. ◇ *vt* **-1.** [select, choose] choisir, sélectionner; **to** ~ **one's way across** OR **through sthg** traverser avec précaution. **-2.** [gather] cueillir. **-3.** [remove] enlever. **-4.** [nose]: **to** ~ **one's nose** se décrotter le nez; **to** ~ **one's teeth** se curer les dents. **-5.** [fight, quarrel] chercher; **to** ~ **a fight (with sb)** chercher la bagarre (à qqn). **-6.** [lock] crocheter. ◇ *vi*: **to** ~ **and choose** faire le/la difficile.
◆ **pick at** *vt fus* [food] picorer.

◆ **pick on** *vt fus* s'en prendre à, être sur le dos de.

◆ **pick out** *vt sep* **-1.** [recognize] repérer, reconnaître. **-2.** [select, choose] choisir, désigner.

◆ **pick up** ◇ *vt sep* **-1.** [lift up] ramasser; **to** ~ **up the pieces** *fig* recoller les morceaux, recommencer comme avant. **-2.** [collect] aller chercher, passer prendre. **-3.** [collect in car] prendre, chercher. **-4.** [skill, language] apprendre; [habit] prendre; [bargain] découvrir; **to** ~ **up speed** prendre de la vitesse. **-5.** [subj: police]: **to** ~ **sb up for sthg** arrêter OR cueillir qqn pour qqch. **-6.** *inf* [sexually - woman, man] draguer. **-7.** RADIO & TELEC [detect, receive] capter, recevoir. **-8.** [conversation, work] reprendre, continuer.
◇ *vi* [improve, start again] reprendre.

pickaxe *Br*, **pickax** *Am* [ˈpɪkæks] *n* pioche *f*, pic *m.*

picker [ˈpɪkər] *n* cueilleur *m*, -euse *f.*

picket [ˈpɪkɪt] ◇ *n* piquet *m* de grève. ◇ *vt* mettre un piquet de grève devant.

picketing [ˈpɪkɪtɪŋ] *n* (U) piquets *mpl* de grève.

picket line *n* piquet *m* de grève.

pickings [ˈpɪkɪŋz] *npl*: **there are rich** ~ **to be had** ça peut rapporter beaucoup d'argent.

pickle [ˈpɪkl] ◇ *n* pickles *mpl*; **to be in a** ~ être dans le pétrin. ◇ *vt* conserver dans du vinaigre, de la saumure *etc.*

pickled [ˈpɪkld] *adj* **-1.** [food] au vinaigre. **-2.** *inf* [drunk] rond(e), pompette.

pick-me-up *n* *inf* remontant *m.*

pickpocket [ˈpɪkˌpɒkɪt] *n* pickpocket *m*, voleur *m* à la tire.

pick-up *n* **-1.** [of record player] pick-up *m.* **-2.** [truck] camionnette *f.*

pick-up truck *n* camionnette *f.*

picky [ˈpɪkɪ] (*compar* **-ier**, *superl* **-iest**) *adj* difficile.

picnic [ˈpɪknɪk] (*pt* & *pp* **-ked**, *cont* **-king**) ◇ *n* pique-nique *m.* ◇ *vi* pique-niquer.

picnicker [ˈpɪknɪkər] *n* pique-niqueur *m*, -euse *f.*

Pict [pɪkt] *n*: **the** ~**s** les Pictes *mpl.*

pictorial [pɪkˈtɔːrɪəl] *adj* illustré(e).

picture [ˈpɪktʃər] ◇ *n* **-1.** [painting] tableau *m*, peinture *f*; [drawing] dessin *m.* **-2.** [photograph] photo *f*, photographie *f.* **-3.** TV image *f.* **-4.** CINEMA film *m.* **-5.** [in mind] tableau *m*, image *f.* **-6.** *fig* [situation] tableau *m.* **-7.** [epitome]: **she's the** ~ **of health** elle respire la santé. **-8.** *phr*: **to get the** ~ *inf* piger; **to**

be in/out of the ~ être/ne pas être au courant; **to put sb in the** ~ mettre qqn au courant. ◇ *vt* **-1.** [in mind] imaginer, s'imaginer, se représenter. **-2.** [in photo] photographier. **-3.** [in painting] représenter, peindre.
◆ **pictures** *npl Br*: **the** ~**s** le cinéma.

picture book *n* livre *m* d'images.

picture rail *n* cimaise *f*.

picturesque [ˌpɪktʃəˈresk] *adj* pittoresque.

picture window *n* fenêtre *f* panoramique.

piddling [ˈpɪdlɪŋ] *adj inf pej* dérisoire, insignifiant(e).

pidgin [ˈpɪdʒɪn] ◇ *n* pidgin *m*. ◇ *comp*: ~ **English** pidgin english *m*; ~ **French** petit nègre *m*.

pie [paɪ] *n* [savoury] tourte *f*; [sweet] tarte *f*; **it's just** ~ **in the sky** ce ne sont que des projets en l'air.

piebald [ˈpaɪbɔːld] *adj* pie (*inv*).

piece [piːs] *n* **-1.** [gen] morceau *m*; [of string] bout *m*; **a** ~ **of furniture** un meuble; **a** ~ **of clothing** un vêtement; **a** ~ **of advice** un conseil; **a** ~ **of information** un renseignement; **a** ~ **of work** un travail; **to fall to** ~**s** tomber en morceaux; **to be smashed to** ~**s** être cassé en mille morceaux; **to take sthg to** ~**s** démonter qqch; **in** ~**s** en morceaux; **in one** ~ [intact] intact(e); [unharmed] sain et sauf (saine et sauve); **to go to** ~**s** *fig* s'effondrer, craquer. **-2.** [coin, item, in chess] pièce *f*; [in draughts] pion *m*. **-3.** PRESS article *m*.
◆ **piece together** *vt sep* [facts] coordonner.

pièce de résistance [ˌpjesdərezɪsˈtɑ̃ːs] (*pl* **pièces de résistance** [ˌpjesdərezɪsˈtɑ̃ːs]) *n* pièce *f* de résistance.

piecemeal [ˈpiːsmiːl] ◇ *adj* fait(e) petit à petit. ◇ *adv* petit à petit, peu à peu.

piecework [ˈpiːswɜːk] *n* (*U*) travail *m* à la pièce OR aux pièces.

pie chart *n* camembert *m*, graphique *m* rond.

pied-a-terre [ˌpɪeɪdæˈteəʳ] (*pl* **pieds-a-terre** [ˌpɪeɪdæˈteəʳ]) *n* pied-à-terre *m inv*.

pie-eyed [-ˈaɪd] *adj inf* rond(e), gris(e).

pie plate *n Am* plat allant au four.

pier [pɪəʳ] *n* [at seaside] jetée *f*.

pierce [pɪəs] *vt* percer, transpercer; **to have one's ears** ~**d** se faire percer les oreilles.

pierced [pɪəst] *adj* percé(e).

piercing [ˈpɪəsɪŋ] *adj* **-1.** [sound, look] perçant(e). **-2.** [wind] pénétrant(e).

piety [ˈpaɪətɪ] *n* piété *f*.

piffle [ˈpɪfl] *n* (*U*) *inf* bêtises *fpl*, balivernes *fpl*.

piffling [ˈpɪflɪŋ] *adj inf* insignifiant(e).

pig [pɪg] (*pt* & *pp* **-ged**, *cont* **-ging**) *n* **-1.** [animal] porc *m*, cochon *m*. **-2.** *inf pej* [greedy

eater] goinfre *m*, glouton *m*; **to make a** ~ **of o.s.** se goinfrer. **-3.** *inf pej* [unkind person] sale type *m*.
◆ **pig out** *vi inf* s'empiffrer.

pigeon [ˈpɪdʒɪn] (*pl inv* OR **-s**) *n* pigeon *m*.

pigeon-chested [-ˌtʃestɪd] *adj* à la poitrine bombée.

pigeonhole [ˈpɪdʒɪnhəʊl] ◇ *n* [compartment] casier *m*. ◇ *vt* [classify] étiqueter, cataloguer.

pigeon-toed [-ˌtəʊd] *adj* qui a les pieds en dedans.

piggish [ˈpɪgɪʃ] *adj inf* cochon(onne), dégoûtant(e).

piggy [ˈpɪgɪ] (*compar* **-ier**, *superl* **-iest**, *pl* **-ies**) ◇ *adj* de cochon. ◇ *n inf* cochon *m*.

piggyback [ˈpɪgɪbæk] *n*: **to give sb a** ~ porter qqn sur son dos.

piggybank [ˈpɪgɪbæŋk] *n* tirelire *f*.

pigheaded [ˌpɪgˈhedɪd] *adj* têtu(e).

piglet [ˈpɪglɪt] *n* porcelet *m*.

pigment [ˈpɪgmənt] *n* pigment *m*.

pigmentation [ˌpɪgmənˈteɪʃn] *n* pigmentation *f*.

pigmy [ˈpɪgmɪ] (*pl* **-ies**) = **pygmy**.

pigpen *Am* = **pigsty**.

pigskin [ˈpɪgskɪn] ◇ *n* (peau *f* de) porc *m*. ◇ *comp* en peau de porc.

pigsty [ˈpɪgstaɪ] (*pl* **-ies**), **pigpen** *Am* [ˈpɪgpen] *n lit* & *fig* porcherie *f*.

pigswill [ˈpɪgswɪl] *n lit* & *fig* pâtée *f* pour les porcs.

pigtail [ˈpɪgteɪl] *n* natte *f*.

pike [paɪk] (*pl sense 1 only inv* OR **-s**) *n* **-1.** [fish] brochet *m*. **-2.** [spear] pique *f*.

pikestaff [ˈpaɪkstɑːf] *n* manche *m* d'une pique.

pilaster [pɪˈlæstəʳ] *n* pilastre *m*.

pilchard [ˈpɪltʃəd] *n* pilchard *m*.

pile [paɪl] ◇ *n* **-1.** [heap] tas *m*; **a** ~ **of**, ~**s of** un tas OR des tas de. **-2.** [neat stack] pile *f*. **-3.** [of carpet] poil *m*. ◇ *vt* empiler.
◆ **piles** *npl* MED hémorroïdes *fpl*.
◆ **pile in** *vi inf* s'empiler.
◆ **pile into** *vt fus inf* s'entasser dans, s'empiler dans.
◆ **pile out** *vi inf* sortir en se bousculant.
◆ **pile up** ◇ *vt sep* empiler, entasser. ◇ *vi* **-1.** [form a heap] s'entasser. **-2.** *fig* [work, debts] s'accumuler.

pile driver *n* sonnette *f*.

pileup [ˈpaɪlʌp] *n* AUT carambolage *m*.

pilfer [ˈpɪlfəʳ] ◇ *vt* chaparder. ◇ *vi*: **to** ~ **(from)** faire du chapardage (dans).

pilgrim [ˈpɪlgrɪm] *n* pèlerin *m*.

pilgrimage ['pɪlgrɪmɪdʒ] *n* pèlerinage *m*.

pill [pɪl] *n* -1. [gen] pilule *f*. -2. [contraceptive]: **the ~** la pilule; **to be on the ~** prendre la pilule.

pillage ['pɪlɪdʒ] ◇ *n* pillage *m*. ◇ *vt* piller.

pillar ['pɪlə^r] *n lit* & *fig* pilier *m*.

pillar box *n Br* boîte *f* aux lettres.

pillbox ['pɪlbɒks] *n* -1. [box for pills] boîte *f* à pilules. -2. MIL casemate *f*.

pillion ['pɪljən] *n* siège *m* arrière; **to ride ~** monter derrière.

pillock ['pɪlək] *n Br inf* imbécile *mf*.

pillory ['pɪlərɪ] (*pl* -ies, *pt* & *pp* -ied) ◇ *n* pilori *m*. ◇ *vt*: **to be pilloried** être mis(e) au pilori.

pillow ['pɪləʊ] *n* -1. [for bed] oreiller *m*. -2. *Am* [on sofa, chair] coussin *m*.

pillowcase ['pɪləʊkeɪs], **pillowslip** ['pɪləʊslɪp] *n* taie *f* d'oreiller.

pilot ['paɪlət] ◇ *n* -1. AERON & NAUT pilote *m*. -2. TV émission *f* pilote. ◇ *comp* pilote. ◇ *vt* piloter.

pilot burner, pilot light *n* veilleuse *f*.

pilot scheme *n* projet-pilote *m*.

pilot study *n* étude *f* pilote OR expérimentale.

pimento [pɪ'mentəʊ] (*pl inv* OR -s) *n* piment *m*.

pimp [pɪmp] *n inf* maquereau *m*, souteneur *m*.

pimple ['pɪmpl] *n* bouton *m*.

pimply ['pɪmplɪ] (*compar* -ier, *superl* -iest) *adj* boutonneux(euse).

pin [pɪn] (*pt* & *pp* -ned, *cont* -ning) ◇ *n* -1. [for sewing] épingle *f*; **to have ~s and needles** avoir des fourmis; **to be on ~s and needles** *Am* être sur des charbons ardents. -2. [drawing pin] punaise *f*. -3. [safety pin] épingle *f* de nourrice OR de sûreté. -4. [of plug] fiche *f*. -5. TECH goupille *f*, cheville *f*. -6. [in grenade] goupille *f*. -7. GOLF: **the ~** le drapeau de trou.
◇ *vt*: **to ~ sthg to/on sthg** épingler qqch à/sur qqch; **to ~ sb against** OR **to clouer qqn contre**; **to ~ sthg on sb** [blame] mettre OR coller qqch sur le dos de qqn; **to ~ one's hopes on sb/sthg** mettre tous ses espoirs en qqn/dans qqch.
◆ **pin down** *vt sep* -1. [identify] définir, identifier. -2. [force to make a decision]: **to ~ sb down** obliger qqn à prendre une décision.
◆ **pin up** *vt sep* épingler.

PIN [pɪn] (*abbr of* **personal identification number**) *n* code *m* confidentiel.

pinafore ['pɪnəfɔːr] *n* -1. [apron] tablier *m*. -2. *Br* [dress] chasuble *f*.

pinball ['pɪnbɔːl] *n* flipper *m*.

pinball machine *n* flipper *m*.

pincer movement ['pɪnsə^r-] *n* mouvement *m* de tenailles.

pincers ['pɪnsəz] *npl* -1. [tool] tenailles *fpl*. -2. [of crab] pinces *fpl*.

pinch [pɪntʃ] ◇ *n* -1. [nip] pincement *m*; **to feel the ~** tirer le diable par la queue. -2. [of salt] pincée *f*. ◇ *vt* -1. [nip] pincer. -2. [subj: shoes] serrer. -3. *inf* [steal] piquer, faucher.
◆ **at a pinch** *Br*, **in a pinch** *Am adv* à la rigueur.

pinched [pɪntʃt] *adj* [features] tiré(e); **to be ~ for time/money** être à court de temps/d'argent; **~ with cold** transi de froid.

pincushion ['pɪn,kʊʃn] *n* pelote *f* à épingles.

pine [paɪn] ◇ *n* pin *m*. ◇ *comp* en pin. ◇ *vi*: **to ~ for** désirer ardemment.
◆ **pine away** *vi* languir.

pineapple ['paɪn,æpl] *n* ananas *m*.

pinecone ['paɪnkəʊn] *n* pomme *f* de pin.

pine needle *n* aiguille *f* de pin.

pinetree ['paɪntriː] *n* pin *m*.

pinewood ['paɪnwʊd] *n* -1. [forest] pinède *f*. -2. (*U*) [material] bois *m* de pin.

ping [pɪŋ] ◇ *n* [of bell] tintement *m*; [of metal] bruit *m* métallique. ◇ *vi* [bell] tinter; [metal] faire un bruit métallique.

Ping-Pong® [-pɒŋ] *n* ping-pong® *m*.

pinhole ['pɪnhəʊl] *n* trou *m* d'épingle.

pinion ['pɪnjən] ◇ *n* pignon *m*. ◇ *vt* [person] clouer.

pink [pɪŋk] ◇ *adj* rose; **to go** OR **turn ~** rosir, rougir. ◇ *n* -1. [colour] rose *m*; **in ~** en rose. -2. [flower] mignardise *f*.

pink gin *n Br* boisson alcoolisée contenant du gin et de l'angusture.

pinkie ['pɪŋkɪ] *n Am* & *Scot* petit doigt *m*.

pinking ['pɪŋkɪŋ] *n Br* AUT cliquettement *m*.

pinking scissors, pinking shears *npl* ciseaux *mpl* à cranter.

pin money *n* argent *m* de poche.

pinnacle ['pɪnəkl] *n* -1. [mountain peak, spire] pic *m*, cime *f*. -2. *fig* [high point] apogée *m*.

pinny ['pɪnɪ] (*pl* -ies) *n inf* tablier *m*.

pinpoint ['pɪnpɔɪnt] *vt* -1. [cause, problem] définir, mettre le doigt sur. -2. [position] localiser.

pinprick ['pɪnprɪk] *n* piqûre *f* d'épingle; *fig* petit désagrément *m*.

pin-striped [-ˌstraɪpt] *adj* à très fines rayures.

pint [paɪnt] *n* **-1.** *Br* [unit of measurement] =*0,568 litre,* ≈ demi-litre *m*. **-2.** *Am* [unit of measurement] =*0,473 litre,* ≈ demi-litre *m*. **-3.** *Br* [beer] ≈ demi *m*.

pintable ['pɪnteɪbl] *n Br* flipper *m*.

pinto ['pɪntəʊ] (*pl* -s OR -es) *Am* ◇ *adj* pie (*inv*). ◇ *n* cheval *m* pie.

pint-size(d) *adj inf* minuscule.

pinup ['pɪnʌp] *n* pin-up *f inv*.

pioneer [ˌpaɪə'nɪəʳ] ◇ *n lit* & *fig* pionnier *m*. ◇ *vt*: **to ~ sthg** être un des premiers (une des premières) à faire qqch.

pioneering [ˌpaɪə'nɪərɪŋ] *adj* [work, research] de pionnier.

pious ['paɪəs] *adj* **-1.** RELIG pieux (pieuse). **-2.** *pej* [sanctimonious] moralisateur(trice).

piously ['paɪəslɪ] *adv* pieusement.

pip [pɪp] *n* **-1.** [seed] pépin *m*. **-2.** *Br* RADIO top *m*.

pipe [paɪp] ◇ *n* **-1.** [for gas, water] tuyau *m*. **-2.** [for smoking] pipe *f*. ◇ *vt* acheminer par tuyau.

◆ **pipes** *npl* MUS cornemuse *f*.

◆ **pipe down** *vi inf* se taire, la fermer.

◆ **pipe up** *vi inf* se faire entendre.

pipe cleaner *n* cure-pipe *m*.

piped music *n Br* musique *f* de fond.

pipe dream *n* projet *m* chimérique.

pipeline ['paɪplaɪn] *n* [for gas] gazoduc *m*; [for oil] oléoduc *m*, pipeline *m*; **to be in the ~** *fig* être imminent OR proche.

piper ['paɪpəʳ] *n* joueur *m*, -euse *f* de cornemuse.

piping hot ['paɪpɪŋ-] *adj* bouillant(e).

pipsqueak ['pɪpskwiːk] *n pej* moins *m* que rien.

piquant ['piːkənt] *adj* piquant(e).

pique [piːk] *n* dépit *m*; **a fit of ~** un accès de dépit.

piracy ['paɪrəsɪ] *n* **-1.** [at sea] piraterie *f*. **-2.** [of video, program] piratage *m*.

piranha [pɪ'rɑːnə] *n* piranha *m*.

pirate ['paɪrət] ◇ *adj* [video, program] pirate. ◇ *n* pirate *m*. ◇ *vt* [video, program] pirater.

pirate radio *n Br* radio *f* pirate.

pirouette [ˌpɪrʊ'et] ◇ *n* pirouette *f*. ◇ *vi* pirouetter.

Pisces ['paɪsiːz] *n* Poissons *mpl*; **to be (a) ~** être Poissons.

piss [pɪs] *vulg* ◇ *n* **-1.** [urine] pisse *f*; **to have a ~** pisser. **-2.** *phr*: **to take the ~ out of** se foutre de. ◇ *vi* pisser.

◆ **piss down** *v impers Br vulg* pleuvoir comme vache qui pisse.

◆ **piss off** *vulg* ◇ *vt sep* emmerder. ◇ *vi Br* foutre le camp; **~ off!** fous le camp!

pissed [pɪst] *adj vulg* **-1.** *Br* [drunk] bourré(e). **-2.** *Am* [annoyed] en boule.

pissed off *adj vulg* qui en a plein le cul.

pistachio [pɪ'stɑːʃɪəʊ] (*pl* -s) *n* pistache *f*.

pistol ['pɪstl] *n* pistolet *m*.

pistol-whip *vt Am* frapper avec un pistolet.

piston ['pɪstən] *n* piston *m*.

pit [pɪt] (*pt* & *pp* -ted, *cont* -ting) ◇ *n* **-1.** [hole] trou *m*; [in road] petit trou; [on face] marque *f*. **-2.** [for orchestra] fosse *f*. **-3.** [mine] mine *f*. **-4.** [quarry] carrière *f*. **-5.** *Am* [of fruit] noyau *m*. **-6.** *phr*: **the ~ of one's stomach** le creux de l'estomac. ◇ *vt*: **to ~ sb against sb** opposer qqn à qqn; **to ~ one's wits against sb** se mesurer avec qqn.

◆ **pits** *npl* **-1.** [in motor racing]: **the ~s** les stands *mpl*. **-2.** *inf* [awful]: **the ~s** l'horreur *f* complète OR totale.

pitch [pɪtʃ] ◇ *n* **-1.** SPORT terrain *m*. **-2.** MUS ton *m*. **-3.** [level, degree] degré *m*. **-4.** [selling place] place *f*. **-5.** *inf* [sales talk] baratin *m*. **-6.** AERON & NAUT tangage *m*. **-7.** [throw] lancement *m*. ◇ *vt* **-1.** [throw] lancer; **to be ~ed into sthg** être catapulté dans qqch. **-2.** [set - price] fixer; [- speech] adapter. **-3.** [tent] dresser; [camp] établir. ◇ *vi* **-1.** [ball] rebondir. **-2.** [fall]: **to ~ forward** être projeté(e) en avant. **-3.** AERON & NAUT tanguer.

◆ **pitch in** *vi* s'y mettre.

pitch-black *adj*: **it's ~ in here** il fait noir comme dans un four.

pitched [pɪtʃt] *adj* [sloping] penché(e).

pitched battle *n* bataille *f* rangée.

pitcher ['pɪtʃəʳ] *n Am* **-1.** [jug] cruche *f*. **-2.** [in baseball] lanceur *m*.

pitchfork ['pɪtʃfɔːk] *n* fourche *f*.

piteous ['pɪtɪəs] *adj* pitoyable.

piteously ['pɪtɪəslɪ] *adv* pitoyablement.

pitfall ['pɪtfɔːl] *n* piège *m*.

pith [pɪθ] *n* **-1.** [in plant] moelle *f*. **-2.** [of fruit] peau *f* blanche. **-3.** *fig* [crux] essence *f*.

pithead ['pɪthed] *n* carreau *m* de mine.

pith helmet *n* casque *m* colonial.

pithy ['pɪθɪ] (*compar* -ier, *superl* -iest) *adj* [brief] concis(e); [terse] piquant(e).

pitiable ['pɪtɪəbl] *adj* pitoyable.

pitiful ['pɪtɪfʊl] *adj* [condition] pitoyable; [excuse, effort] lamentable.

pitifully ['pɪtɪfʊlɪ] *adv* [look, cry] pitoyablement; [poor] lamentablement.

pitiless ['pɪtɪlɪs] *adj* sans pitié, impitoyable.

pitman ['pɪtmən] (*pl* **-men** [-mən]) *n* mineur *m* de fond.

pit pony *n Br* cheval *m* de mine.

pit prop *n* poteau *m* de mine.

pit stop *n* [in motor racing] arrêt *m* aux stands.

pitta bread ['pɪtə-] *n* pain *m* grec, pita *m*.

pittance ['pɪtəns] *n* [wage] salaire *m* de misère.

pitted ['pɪtɪd] *adj*: ~ **(with)** [face] grêlé(e) (par); [metal] piqué(e) (de).

pitter-patter ['pɪtə,pætər] *n* [of rain] crépitement *m*.

pituitary [pɪ'tjuɪtrɪ] (*pl* **-ies**) *n*: ~ **(gland)** glande *f* pituitaire.

pity ['pɪtɪ] (*pt* & *pp* **-ied**) ◇ *n* pitié *f*; **what a ~!** quel dommage!; **it's a** ~ c'est dommage; **to take** OR **have** ~ **on sb** prendre qqn en pitié, avoir pitié de qqn. ◇ *vt* plaindre.

pitying ['pɪtɪɪŋ] *adj* compatissant(e).

pivot ['pɪvət] ◇ *n lit* & *fig* pivot *m*. ◇ *vi*: **to ~ (on)** pivoter (sur).

pixel ['pɪksl] *n* COMPUT pixel *m*.

pixie, pixy ['pɪksɪ] (*pl* **-ies**) *n* lutin *m*.

pizza ['piːtsə] *n* pizza *f*.

pizzazz [pɪ'zæz] *n inf* vitalité *f*, énergie *f*.

Pl. (*abbr of* **Place**) rue.

P & L (*abbr of* **profit and loss**) *n* pertes et profits.

placard ['plækɑːd] *n* placard *m*, affiche *f*.

placate [plə'keɪt] *vt* calmer, apaiser.

placatory [plə'keɪtərɪ] *adj* apaisant(e).

place [pleɪs] ◇ *n* **-1.** [location] endroit *m*, lieu *m*; ~ **of birth** lieu de naissance. **-2.** [proper position, seat, vacancy, rank] place *f*; **everything fell into** ~ *fig* tout s'éclaircit; **to put sb in their** ~ remettre qqn à sa place. **-3.** [home]: **at/to my** ~ chez moi. **-4.** [in book]: **to lose one's** ~ perdre sa page. **-5.** MATH: **decimal** ~ décimale *f*. **-6.** [instance]: **in the first** ~ tout de suite; **in the first** ~ ... **and in the second** ~ ... premièrement ... et deuxièmement .... **-7.** *phr*: **to take** ~ avoir lieu; **to take the** ~ **of** prendre la place de, remplacer.
◇ *vt* **-1.** [position, put] placer, mettre. **-2.** [apportion]: **to** ~ **the responsibility for sthg on sb** tenir qqn pour responsable de qqch. **-3.** [identify] remettre. **-4.** [an order] passer; **to** ~ **a bet** parier. **-5.** [in race]: **to be** ~**d** être placé(e).
◆ **all over the place** *adv* [everywhere] partout.
◆ **in place** *adv* **-1.** [in proper position] à sa place. **-2.** [established] mis en place.
◆ **in place of** *prep* à la place de.

◆ **out of place** *adv* pas à sa place; *fig* déplacé(e).

placebo [plə'siːbəʊ] (*pl* **-s** OR **-es**) *n* placebo *m*.

place card *n* carte *f* marque-place.

placed [pleɪst] *adj*: **how are we** ~ **for time?** est-ce qu'on a assez de temps?; **how are you** ~ **for money?** qu'est-ce que tu as comme argent?

placekick ['pleɪskɪk] *n* coup *m* de pied placé.

place mat *n* set *m* (de table).

placement ['pleɪsmənt] *n* placement *m*.

placenta [plə'sentə] (*pl* **-s** OR **-tae** [-tiː]) *n* placenta *m*.

place setting *n* couvert *m*.

placid ['plæsɪd] *adj* **-1.** [person] placide. **-2.** [sea, place] calme.

placidly ['plæsɪdlɪ] *adv* avec placidité.

plagiarism ['pleɪdʒərɪzm] *n* plagiat *m*.

plagiarist ['pleɪdʒərɪst] *n* plagiaire *mf*.

plagiarize, -ise ['pleɪdʒəraɪz] *vt* plagier.

plague [pleɪg] ◇ *n* **-1.** MED peste *f*; **to avoid sb/sthg like the** ~ fuir qqn/qqch comme la peste. **-2.** *fig* [nuisance] fléau *m*. ◇ *vt*: **to be** ~**d by** [bad luck] être poursuivi(e) par; [doubt] être rongé(e) par; **to** ~ **sb with questions** harceler qqn de questions.

plaice [pleɪs] (*pl inv*) *n* carrelet *m*.

plaid [plæd] *n* plaid *m*.

Plaid Cymru [,plaɪd'kʌmrɪ] *n* parti nationaliste gallois.

plain [pleɪn] ◇ *adj* **-1.** [not patterned] uni(e). **-2.** [simple] simple. **-3.** [clear] clair(e), évident(e); **to make sthg** ~ **to sb** (bien) faire comprendre qqch à qqn. **-4.** [blunt] carré(e), franc (franche). **-5.** [absolute] pur(e) (et simple). **-6.** [not pretty] quelconque, ordinaire. ◇ *adv inf* complètement. ◇ *n* GEOGR plaine *f*.

plain chocolate *n Br* chocolat *m* à croquer.

plain-clothes *adj* en civil.

plain flour *n Br* farine *f* (sans levure).

plainly ['pleɪnlɪ] *adv* **-1.** [obviously] manifestement. **-2.** [distinctly] clairement. **-3.** [frankly] carrément, sans détours. **-4.** [simply] simplement.

plain sailing *n*: **it should be** ~ **from now on** ça devrait aller comme sur des roulettes maintenant.

plainspoken [,pleɪn'spəʊkən] *adj* au francparler.

plaintiff ['pleɪntɪf] *n* demandeur *m*, -eresse *f*.

plaintive ['pleɪntɪv] *adj* plaintif(ive).

plait [plæt] ◇ *n* natte *f*. ◇ *vt* natter, tresser.

plan [plæn] (*pt* & *pp* **-ned**, *cont* **-ning**) ◇ *n* plan *m*, projet *m*; **to go according to ~ se** passer OR aller comme prévu. ◇ *vt* **-1.** [organize] préparer. **-2.** [propose]: **to ~ to do sthg** projeter de faire qqch, avoir l'intention de faire qqch. **-3.** [design] concevoir. ◇ *vi*: **to ~ (for sthg)** faire des projets (pour qqch).
◆ **plans** *npl* plans *mpl*, projets *mpl*; **have you any ~s for tonight?** avez-vous prévu quelque chose pour ce soir?
◆ **plan on** *vt fus*: **to ~ on doing sthg** prévoir de faire qqch.
◆ **plan out** *vt sep* préparer dans le détail.

plane [pleɪn] ◇ *adj* plan(e). ◇ *n* **-1.** [aircraft] avion *m*. **-2.** GEOM plan *m*. **-3.** *fig* [level] niveau *m*. **-4.** [tool] rabot *m*. **-5.** [tree] platane *m*. ◇ *vt* raboter.

planet ['plænɪt] *n* planète *f*.

planetarium [,plænɪ'teərɪəm] (*pl* **-riums** OR **-ria** [-rɪə]) *n* planétarium *m*.

planetary ['plænɪtrɪ] *adj* planétaire.

plane tree *n* platane *m*.

plangent ['plændʒənt] *adj literary* retentissant(e).

plank [plæŋk] *n* **-1.** [of wood] planche *f*. **-2.** POL [policy] point *m*.

plankton ['plæŋktən] *n* plancton *m*.

planned [plænd] *adj* [crime] prémédité(e); [economy] planifié(e), dirigé(e).

planner ['plænər] *n* **-1.** [designer]: **town ~** urbaniste *mf*. **-2.** [strategist] planificateur *m*, -trice *f*.

planning ['plænɪŋ] *n* **-1.** [designing] planification *f*. **-2.** [preparation] préparation *f*, organisation *f*.

planning permission *n* permis *m* de construire.

plan of action *n* plan *m* d'action.

plant [plɑːnt] ◇ *n* **-1.** BOT plante *f*. **-2.** [factory] usine *f*. **-3.** (*U*) [heavy machinery] matériel *m*. ◇ *vt* **-1.** [gen] planter. **-2.** [bomb] poser; **to ~ sthg on sb** cacher qqch sur qqn.
◆ **plant out** *vt sep* repiquer.

plantain ['plæntɪn] *n* plantain *m*.

plantation [plæn'teɪʃn] *n* plantation *f*.

planter ['plɑːntər] *n* [farmer] planteur *m*, -euse *f*.

plant pot *n* pot *m* de fleurs.

plaque [plɑːk] *n* **-1.** [commemorative sign] plaque *f*. **-2.** (*U*) [on teeth] plaque *f* dentaire.

plasma ['plæzmə] *n* plasma *m*.

plaster ['plɑːstər] ◇ *n* **-1.** [material] plâtre *m*; **in ~** dans le plâtre. **-2.** *Br* [bandage] pansement *m* adhésif. ◇ *vt* **-1.** [wall, ceiling] plâtrer. **-2.** [cover]: **to ~ sthg (with)** couvrir qqch (de).

plasterboard ['plɑːstəbɔːd] *n* placoplâtre® *m*.

plaster cast *n* **-1.** [for broken bones] plâtre *m*. **-2.** [model, statue] moule *m*.

plastered ['plɑːstəd] *adj inf* [drunk] bourré(e).

plasterer ['plɑːstərər] *n* plâtrier *m*.

plastering ['plɑːstərɪŋ] *n* plâtrage *m*.

plaster of Paris *n* plâtre *m* de moulage.

plastic ['plæstɪk] ◇ *adj* plastique. ◇ *n* plastique *m*.

plastic bullet *n* balle *f* de plastique.

plastic explosive *n* plastic *m*.

Plasticine® *Br* ['plæstɪsiːn], **play dough** *Am* *n* pâte *f* à modeler.

plasticize, -ise ['plæstɪsaɪz] *vt* plastifier.

plastic money *n* (*U*) cartes *fpl* de crédit.

plastic surgeon *n* spécialiste *mf* en chirurgie esthétique.

plastic surgery *n* chirurgie *f* esthétique OR plastique.

plate [pleɪt] ◇ *n* **-1.** [dish] assiette *f*; **to have a lot on one's ~** *fig* avoir du pain sur la planche; **you can't expect everything to be handed to you on a ~** *fig* on ne peut pas tout t'apporter sur un plateau. **-2.** [sheet of metal, plaque] tôle *f*. **-3.** (*U*) [metal covering]: **gold/silver ~** plaqué *m* or/argent. **-4.** [in book] planche *f*. **-5.** [in dentistry] dentier *m*. ◇ *vt*: **to be ~d (with)** être plaqué(e) (de).

Plate [pleɪt] *n*: **the River ~** le Rio de la Plata.

plateau ['plætəʊ] (*pl* **-s** OR **-x** [-z]) *n* plateau *m*; *fig* phase *f* OR période *f* de stabilité.

plateful ['pleɪtful] *n* assiettée *f*.

plate-glass *adj* vitré(e).

plate rack *n* égouttoir *m*.

platform ['plætfɔːm] *n* **-1.** [stage] estrade *f*; [for speaker] tribune *f*. **-2.** [raised structure, of bus, of political party] plate-forme *f*. **-3.** RAIL quai *m*.

platform ticket *n Br* ticket *m* de quai.

plating ['pleɪtɪŋ] *n* placage *m*.

platinum ['plætɪnəm] ◇ *adj* [hair] platiné(e). ◇ *n* platine *m*. ◇ *comp* en platine.

platinum blonde *n* blonde *f* platinée.

platitude ['plætɪtjuːd] *n* platitude *f*.

platonic [plə'tɒnɪk] *adj* platonique.

platoon [plə'tuːn] *n* section *f*.

platter ['plætər] *n* [dish] plat *m*.

platypus ['plætɪpəs] (*pl* **-es**) *n* ornithorynque *m*.

plaudits ['plɔːdɪts] *npl* louanges *fpl*, éloges *mpl*.

plausible ['plɔːzəbl] *adj* plausible.

plausibly ['plɔːzəblɪ] *adv* de façon plausible.

play [pleɪ] ◇ *n* **-1.** (*U*) [amusement] jeu *m*, amusement *m*. **-2.** THEATRE pièce *f* (de théâtre); **a radio** ~ une pièce radiophonique. **-3.** SPORT: **in/out of** ~ en/hors jeu. **-4.** [consideration]: **to come into** ~ *fig* entrer en jeu. **-5.** [game]: ~ **on words** jeu *m* de mots. **-6.** TECH jeu *m*. ◇ *vt* **-1.** [gen] jouer; **to** ~ **a part** OR **role in** *fig* jouer un rôle dans. **-2.** [game, sport] jouer à. **-3.** [team, opponent] jouer contre. **-4.** MUS [instrument] jouer de. **-5.** *phr*: **to** ~ **it safe** ne pas prendre de risques. ◇ *vi* jouer.
◆ **play along** *vi*: **to** ~ **along (with sb)** entrer dans le jeu (de qqn).
◆ **play at** *vt fus* jouer à; **what's he** ~**ing at?** *inf* à quoi joue-t-il?
◆ **play back** *vt sep* [tape] réécouter; [film] repasser.
◆ **play down** *vt sep* minimiser.
◆ **play off** ◇ *vt sep*: **to** ~ **sb/sthg off against** monter qqn/qqch contre. ◇ *vi* SPORT jouer la belle.
◆ **play (up)on** *vt fus* jouer sur.
◆ **play up** ◇ *vt sep* [emphasize] insister sur. ◇ *vi* **-1.** [machine] faire des siennes. **-2.** [child] ne pas être sage.

playable ['pleɪəbl] *adj* [pitch] praticable.

play-act *vi* jouer la comédie.

playbill ['pleɪbɪl] *n* affiche *f*.

playboy ['pleɪbɔɪ] *n* playboy *m*.

play dough *Am* = **Plasticine®**.

player ['pleɪə*r*] *n* **-1.** [gen] joueur *m*, -euse *f*. **-2.** THEATRE acteur *m*, -trice *f*.

playfellow ['pleɪ,feləu] *n* camarade *mf*.

playful ['pleɪful] *adj* **-1.** [person, mood] taquin(e). **-2.** [kitten, puppy] joueur(euse).

playfully ['pleɪfulɪ] *adv* en badinant.

playgoer ['pleɪ,gəuə*r*] *n* amateur *m* de théâtre.

playground ['pleɪgraund] *n* cour *f* de récréation.

playgroup ['pleɪgruːp] *n* jardin *m* d'enfants.

playhouse ['pleɪhaus, *pl* -hauzɪz] *n Am* maison *f* en modèle réduit (*pour jouer*).

playing card ['pleɪɪŋ-] *n* carte *f* à jouer.

playing field ['pleɪɪŋ-] *n* terrain *m* de sport.

playlist ['pleɪlɪst] *n Br* liste *f* de disques à passer (*à la radio*).

playmate ['pleɪmeɪt] *n* camarade *mf*.

play-off *n* SPORT belle *f*.

playpen ['pleɪpen] *n* parc *m*.

playroom ['pleɪrum] *n* salle *f* de jeu.

playschool ['pleɪskuːl] *n* jardin *m* d'enfants.

plaything ['pleɪθɪŋ] *n* lit & *fig* jouet *m*.

playtime ['pleɪtaɪm] *n* récréation *f*.

playwright ['pleɪraɪt] *n* dramaturge *m*.

plaza ['plɑːzə] *n* [square] place *f*; **shopping** ~ centre *m* commercial.

plc *abbr of* **public limited company**.

plea [pliː] *n* **-1.** [for forgiveness, mercy] supplication *f*; [for help, quiet] appel *m*. **-2.** JUR: **to enter a** ~ **of not guilty** plaider non coupable.

plea bargaining *n* possibilité pour un inculpé de se voir notifier un chef d'inculpation moins grave s'il accepte de plaider coupable.

plead [pliːd] (*pt* & *pp* **-ed** OR **pled**) ◇ *vt* **-1.** JUR plaider. **-2.** [give as excuse] invoquer. ◇ *vi* **-1.** [beg]: **to** ~ **with sb (to do sthg)** supplier qqn (de faire qqch); **to** ~ **for sthg** implorer qqch. **-2.** JUR plaider.

pleading ['pliːdɪŋ] ◇ *adj* suppliant(e). ◇ *n* (*U*) supplications *fpl*.

pleasant ['pleznt] *adj* agréable.

pleasantly ['plezntlɪ] *adv* [smile, speak] aimablement; [surprised] agréablement.

pleasantry ['plezntrɪ] (*pl* **-ies**) *n*: **to exchange pleasantries** échanger des propos aimables.

please [pliːz] ◇ *vt* plaire à, faire plaisir à; **to** ~ **o.s.** faire comme on veut; ~ **yourself!** comme vous voulez! ◇ *vi* plaire, faire plaisir; **to do as one** ~**s** faire comme on veut; **if you** ~ s'il vous plaît. ◇ *adv* s'il vous plaît.

pleased [pliːzd] *adj* **-1.** [satisfied]: **to be** ~ **(with)** être content(e) (de). **-2.** [happy]: **to be** ~ **(about)** être heureux(euse) (de); ~ **to meet you!** enchanté(e) !

pleasing ['pliːzɪŋ] *adj* plaisant(e).

pleasingly ['pliːzɪŋlɪ] *adv* agréablement.

pleasurable ['pleʒərəbl] *adj* agréable.

pleasure ['pleʒə*r*] *n* plaisir *m*; **with** ~ avec plaisir, volontiers; **it's a** ~, **my** ~ je vous en prie.

pleat [pliːt] ◇ *n* pli *m*. ◇ *vt* plisser.

pleated ['pliːtɪd] *adj* plissé(e).

plebiscite ['plebɪsaɪt] *n* plébiscite *m*.

plectrum ['plektrəm] (*pl* **-s**) *n* plectre *m*.

pled [pled] *pt* & *pp* → **plead**.

pledge [pledʒ] ◇ *n* **-1.** [promise] promesse *f*. **-2.** [token] gage *m*. ◇ *vt* **-1.** [promise] promettre. **-2.** [make promise]: **to** ~ **o.s. to** s'engager à; **to ~ sb to secrecy** faire promettre le secret à qqn. **-3.** [pawn] mettre en gage.

plenary session ['pli:nərı-] *n* séance *f* plénière.

plenitude ['plenɪtju:d] *n* plénitude *f*.

plentiful ['plentɪful] *adj* abondant(e).

plenty ['plentɪ] ◇ *n* (*U*) abondance *f*. ◇ *pron*: **~ of** beaucoup de; **we've got ~ of time** nous avons largement le temps. ◇ *adv Am* [very] très.

plethora ['pleθərə] *n* pléthore *f*.

pleurisy ['pluərəsɪ] *n* pleurésie *f*.

Plexiglas® ['pleksɪglɑːs] *n Am* plexiglas® *m*.

pliable ['plaɪəbl], **pliant** ['plaɪənt] *adj* **-1.** [material] pliable, souple. **-2.** *fig* [person] docile.

pliers ['plaɪəz] *npl* tenailles *fpl*, pinces *fpl*.

plight [plaɪt] *n* condition *f* critique.

plimsoll ['plɪmsəl] *n Br* tennis *m*.

Plimsoll line *n* ligne *f* de flottaison en charge.

plinth [plɪnθ] *n* socle *m*.

PLO (*abbr of* **Palestine Liberation Organization**) *n* OLP *f*.

plod [plɒd] (*pt & pp* **-ded**, *cont* **-ding**) *vi* **-1.** [walk slowly] marcher lentement OR péniblement. **-2.** [work slowly] peiner.

plodder ['plɒdər] *n pej* bûcheur *m*, -euse *f*.

plonk [plɒŋk] *n* (*U*) *Br inf* [wine] pinard *m*, vin *m* ordinaire.

◆ **plonk down** *vt sep inf* poser brutalement.

plop [plɒp] (*pt & pp* **-ped**, *cont* **-ping**) ◇ *n* ploc *m*. ◇ *vi* faire ploc.

plot [plɒt] (*pt & pp* **-ted**, *cont* **-ting**) ◇ *n* **-1.** [plan] complot *m*, conspiration *f*. **-2.** [story] intrigue *f*. **-3.** [of land] (parcelle *f* de) terrain *m*, lopin *m*. **-4.** *Am* [house plan] plan *m*. ◇ *vt* **-1.** [plan] comploter; **to ~ to do sthg** comploter de faire qqch. **-2.** [chart] déterminer, marquer. **-3.** MATH tracer, marquer. ◇ *vi* comploter.

plotter ['plɒtər] *n* [schemer] conspirateur *m*, -trice *f*.

plough *Br*, **plow** *Am* [plaʊ] ◇ *n* charrue *f*. ◇ *vt* [field] labourer.

◆ **plough into** ◇ *vt sep* [money] investir. ◇ *vt fus* [subj: car] rentrer dans.

◆ **plough on** *vi* continuer péniblement OR laborieusement.

◆ **plough up** *vt sep* [field] labourer.

ploughman's ['plaʊmənz] (*pl inv*) *n Br*: **~ (lunch)** *repas de pain, fromage et pickles.*

ploughshare *Br*, **plowshare** *Am* ['plaʊʃeər] *n* soc *m* de charrue.

plow *etc Am* = **plough** *etc*.

ploy [plɔɪ] *n* stratagème *m*, ruse *f*.

PLR (*abbr of* **Public Lending Right**) *n* droit d'auteur versé pour les ouvrages prêtés par les bibliothèques.

pluck [plʌk] ◇ *vt* **-1.** [flower, fruit] cueillir. **-2.** [pull sharply] arracher. **-3.** [chicken, turkey] plumer. **-4.** [eyebrows] épiler. **-5.** MUS pincer. ◇ *n* (*U*) *dated* courage *m*, cran *m*.

◆ **pluck up** *vt fus*: **to ~ up the courage to do sthg** rassembler son courage pour faire qqch.

plucky ['plʌkɪ] (*compar* **-ier**, *superl* **-iest**) *adj dated* qui a du cran, courageux(euse).

plug [plʌg] (*pt & pp* **-ged**, *cont* **-ging**) ◇ *n* **-1.** ELEC prise *f* de courant. **-2.** [for bath, sink] bonde *f*. **-3.** *inf* [for new book, film etc] pub *f*, publicité *f*. ◇ *vt* **-1.** [hole] boucher, obturer. **-2.** *inf* [new book, film etc] faire de la publicité pour.

◆ **plug in** *vt sep* brancher.

plughole ['plʌghəʊl] *n* bonde *f*, trou *m* d'écoulement.

plum [plʌm] ◇ *adj* **-1.** [colour] prune (*inv*). **-2.** [very good]: **a ~ job** un poste en or. ◇ *n* [fruit] prune *f*.

plumage ['plu:mɪdʒ] *n* plumage *m*.

plumb [plʌm] ◇ *adv* **-1.** *Br* [exactly] exactement, en plein. **-2.** *Am* [completely] complètement. ◇ *vt*: **to ~ the depths of** toucher le fond de.

◆ **plumb in** *vt sep Br* raccorder.

plumber ['plʌmər] *n* plombier *m*.

plumbing ['plʌmɪŋ] *n* (*U*) **-1.** [fittings] plomberie *f*, tuyauterie *f*. **-2.** [work] plomberie *f*.

plumb line *n* fil *m* à plomb.

plume [plu:m] *n* **-1.** [feather] plume *f*. **-2.** [on hat] panache *m*. **-3.** [column]: **a ~ of smoke** un panache de fumée.

plummet ['plʌmɪt] *vi* **-1.** [bird, plane] plonger. **-2.** *fig* [decrease] dégringoler.

plummy ['plʌmɪ] (*compar* **-ier**, *superl* **-iest**) *adj Br pej* [voice] de la haute, snob.

plump [plʌmp] *adj* bien en chair, grassouillet(ette).

◆ **plump for** *vt fus* opter pour, choisir.

◆ **plump up** *vt sep* [cushion] secouer.

plumpness ['plʌmpnɪs] *n* corpulence *f*, embonpoint *m*.

plum pudding *n* pudding *m* de Noël.

plunder ['plʌndər] ◇ *n* (*U*) **-1.** [stealing, raiding] pillage *m*. **-2.** [stolen goods] butin *m*. ◇ *vt* piller.

plunge [plʌndʒ] ◇ *n* **-1.** [dive] plongeon *m*; **to take the ~** se jeter à l'eau. **-2.** *fig* [decrease] dégringolade *f*, chute *f*. ◇ *vt*: **to ~**

sthg into plonger qqch dans. ◇ *vi* **-1.** [dive] plonger, tomber. **-2.** *fig* [decrease] dégringoler.

plunger ['plʌndʒəʳ] *n* débouchoir *m* à ventouse.

plunging ['plʌndʒɪŋ] *adj* [neckline] plongeant(e).

pluperfect [,pluːˈpɜːfɪkt] *n*: ~ **(tense)** plus-que-parfait *m*.

plural ['pluərəl] ◇ *adj* **-1.** GRAMM pluriel(ielle). **-2.** [not individual] collectif(ive). **-3.** [multicultural] multiculturel(elle). ◇ *n* pluriel *m*.

pluralistic [,pluərəˈlɪstɪk] *adj* pluraliste.

plurality [pluˈrælətɪ] *n* **-1.** [large number]: **a** ~ **of** une multiplicité de. **-2.** *Am* [majority] majorité *f*.

plus [plʌs] (*pl* **-es** OR **-ses**) ◇ *adj*: **30** ~ **30** ou plus. ◇ *n* **-1.** MATH signe *m* plus. **-2.** *inf* [bonus] plus *m*, atout *m*. ◇ *prep* et. ◇ *conj* [moreover] de plus.

plus fours *npl* pantalon *m* de golf.

plush [plʌʃ] *adj* luxueux(euse), somptueux(euse).

plus sign *n* signe *m* plus.

Pluto ['pluːtəʊ] *n* [planet] Pluton *f*.

plutocrat ['pluːtəkræt] *n* ploutocrate *m*.

plutonium [pluːˈtəʊnɪəm] *n* plutonium *m*.

ply [plaɪ] (*pt* & *pp* **plied**) ◇ *adj*: **four** ~ [wool] à quatre fils; [wood] à quatre plis. ◇ *n* [of wool] fil *m*; [of wood] pli *m*. ◇ *vt* **-1.** [trade] exercer. **-2.** [supply]: **to** ~ **sb with drink** ne pas arrêter de remplir le verre de qqn. ◇ *vi* [ship etc] faire la navette.

plywood ['plaɪwʊd] *n* contreplaqué *m*.

p.m., pm (*abbr of* **post meridiem**): **at 3** ~ à 15h.

PM *abbr of* **prime minister**.

PMS *abbr of* **premenstrual syndrome**.

PMT *abbr of* **premenstrual tension**.

pneumatic [njuːˈmætɪk] *adj* pneumatique.

pneumatic drill *n* marteau-piqueur *m*.

pneumonia [njuːˈməʊnjə] *n* (*U*) pneumonie *f*.

po = PO².

Po [pəʊ] *n*: **the (River)** ~ le Pô.

PO¹ *abbr of* **Post Office**.

PO², po *abbr of* **postal order**.

POA (*abbr of* **Prison Officers' Association**) *n* syndicat des agents pénitentiaires en Grande-Bretagne.

poach [pəʊtʃ] ◇ *vt* **-1.** [fish] pêcher sans permis; [deer etc] chasser sans permis. **-2.** *fig* [idea] voler. **-3.** CULIN pocher. ◇ *vi* braconner.

poacher ['pəʊtʃəʳ] *n* braconnier *m*.

poaching ['pəʊtʃɪŋ] *n* braconnage *m*.

PO Box (*abbr of* **Post Office Box**) *n* BP *f*.

pocket ['pɒkɪt] ◇ *n* *lit* & *fig* poche *f*; **to be out of** ~ en être de sa poche; **to live in each other's** ~**s** être trop ensemble; **to pick sb's** ~ faire les poches à qqn. ◇ *adj* de poche. ◇ *vt* empocher.

pocketbook ['pɒkɪtbʊk] *n* **-1.** [notebook] carnet *m*. **-2.** *Am* [handbag] sac *m* à main.

pocket calculator *n* calculatrice *f* de poche, calculette *f*.

pocketful ['pɒkɪtfʊl] *n* pleine poche *f*.

pocket-handkerchief *n* mouchoir *m* de poche.

pocketknife ['pɒkɪtnaɪf] (*pl* **-knives** [-naɪvz]) *n* canif *m*.

pocket money *n* argent *m* de poche.

pocket-size(d) *adj* de poche.

pockmark ['pɒkmɑːk] *n* marque *f* de la petite vérole.

pod [pɒd] *n* **-1.** [of plants] cosse *f*. **-2.** [of spacecraft] nacelle *f*.

podgy ['pɒdʒɪ] (*compar* **-ier**, *superl* **-iest**) *adj inf* boulot(otte), rondelet(ette).

podiatrist [pəˈdaɪətrɪst] *n* *Am* pédicure *mf*.

podium ['pəʊdɪəm] (*pl* **-diums** OR **-dia** [-dɪə]) *n* podium *m*.

POE (*abbr of* **port of entry**) *n* port d'arrivée.

poem ['pəʊɪm] *n* poème *m*.

poet ['pəʊɪt] *n* poète *m*.

poetic [pəʊˈetɪk] *adj* poétique.

poetic justice *n* justice *f* immanente.

poet laureate *n* poète *m* lauréat.

poetry ['pəʊɪtrɪ] *n* poésie *f*.

pogo stick ['pəʊgəʊ-] *n* échasse *f* à ressort.

pogrom ['pɒgrəm] *n* pogrom *m*, pogrome *m*.

poignancy ['pɔɪnjənsɪ] *n* caractère *m* poignant.

poignant ['pɔɪnjənt] *adj* poignant(e).

poinsettia [pɔɪnˈsetɪə] *n* poinsettia *m*.

point [pɔɪnt] ◇ *n* **-1.** [tip] pointe *f*. **-2.** [place] endroit *m*, point *m*. **-3.** [time] stade *m*, moment *m*; ~ **of no return** point *m* de non retour. **-4.** [detail, argument] question *f*, détail *m*; **you have a** ~ **it** il y a du vrai dans ce que vous dites; **to make a** ~ faire une remarque; **to make one's** ~ dire ce qu'on a à dire, dire son mot; **it's a sore** ~ **with her** *fig* elle est très sensible sur ce point. **-5.** [main idea] point *m* essentiel; **to get** OR **come to the** ~ en venir au fait; **to miss the** ~ ne pas comprendre; **beside the** ~ à côté de la question; **to the** ~ pertinent(e), ap-

proprié(e). **-6.** [feature]: **good ~** qualité *f*; **bad ~** défaut *m*. **-7.** [purpose]: **what's the ~ in buying a new car?** à quoi bon acheter une nouvelle voiture?; **there's no ~ in having a meeting** cela ne sert à rien d'avoir une réunion. **-8.** [on scale, in scores] point *m*. **-9.** MATH: **two ~ six** deux virgule six. **-10.** [of compass] aire *f* du vent. **-11.** *Br* ELEC prise *f* (de courant). **-12.** *Am* [full stop] point *m* (final). **-13.** *phr*: **to make a ~ of doing sthg** ne pas manquer de faire qqch.
◇ *vt*: **to ~ sthg (at)** [gun, camera] braquer qqch (sur); [finger, hose] pointer qqch (sur).
◇ *vi* **-1.** [indicate with finger]: **to ~ (at sb/ sthg), to ~ (to sb/sthg)** montrer (qqn/qqch) du doigt, indiquer (qqn/qqch) du doigt. **-2.** [face]: **to ~ north/south** indiquer le nord/le sud. **-3.** *fig* [suggest]: **to ~ to sthg** suggérer qqch, laisser supposer qqch.
◆ **points** *npl Br* RAIL aiguillage *m*.
◆ **up to a point** *adv* jusqu'à un certain point, dans une certaine mesure.
◆ **on the point of** *prep* sur le point de.
◆ **point out** *vt sep* [person, place] montrer, indiquer; [fact, mistake] signaler.

point-blank ◇ *adj* **-1.** [refusal] catégorique; [question] de but en blanc; **at ~ range** à bout portant. ◇ *adv* **-1.** [refuse] catégoriquement; [ask] de but en blanc. **-2.** [shoot] à bout portant.

point duty *n Br* service *m* de la circulation.

pointed ['pɔɪntɪd] *adj* **-1.** [sharp] pointu(e). **-2.** *fig* [remark] mordant(e), incisif(ive).

pointedly ['pɔɪntɪdlɪ] *adv* d'un ton mordant.

pointer ['pɔɪntə'] *n* **-1.** [piece of advice] tuyau *m*, conseil *m*. **-2.** [needle] aiguille *f*. **-3.** [stick] baguette *f*. **-4.** COMPUT pointeur *m*.

pointing ['pɔɪntɪŋ] *n* [on wall] jointoiement *m*.

pointless ['pɔɪntlɪs] *adj* inutile, vain(e).

point of order (*pl* **points of order**) *n* question *f* de procédure OR de droit.

point of sale (*pl* **points of sale**) *n* point *m* de vente.

point of view (*pl* **points of view**) *n* point *m* de vue.

point-to-point *n Br* steeple-chase *m* pour cavaliers amateurs.

poise [pɔɪz] *n fig* calme *m*, sang-froid *m*.

poised [pɔɪzd] *adj* **-1.** [ready]: **~ (for)** prêt(e) (pour); **to be ~ to do sthg** se tenir prêt à faire qqch. **-2.** *fig* [calm] calme, posé(e).

poison ['pɔɪzn] ◇ *n* poison *m*. ◇ *vt* **-1.** [gen] empoisonner. **-2.** [pollute] polluer.

poisoning ['pɔɪznɪŋ] *n* empoisonnement *m*; **food ~** intoxication *f* alimentaire.

poisonous ['pɔɪznəs] *adj* **-1.** [fumes] toxique; [plant] vénéneux(euse). **-2.** [snake] venimeux(euse). **-3.** *fig* [rumours, influence] pernicieux(ieuse).

poison-pen letter *n* lettre *f* anonyme venimeuse.

poke [pəuk] ◇ *n* [prod, jab] coup *m*. ◇ *vt* **-1.** [prod] pousser, donner un coup de coude à. **-2.** [push] fourrer. **-3.** [fire] attiser, tisonner. **-4.** [stretch]: **he ~d his head round the door** il a passé la tête dans l'embrasure de la porte. ◇ *vi* [protrude] sortir, dépasser.
◆ **poke about, poke around** *vi inf* fouiller, fourrager.
◆ **poke at** *vt fus* [with finger] pousser (du doigt); [with stick] pousser (avec un bâton).

poker ['pəukə'] *n* **-1.** [game] poker *m*. **-2.** [for fire] tisonnier *m*.

poker-faced [-,feɪst] *adj* au visage impassible.

poky ['pəukɪ] (*compar* **-ier**, *superl* **-iest**) *adj pej* [room] exigu(ë), minuscule.

Poland ['pəulənd] *n* Pologne *f*; **in ~** en Pologne.

polar ['pəulə'] *adj* polaire.

polar bear *n* ours *m* polaire OR blanc.

polarity [pəu'lærətɪ] *n* polarité *f*.

polarization [,pəulərɑɪ'zeɪʃn] *n* polarisation *f*.

polarize, -ise ['pəulərɑɪz] *vt* polariser.

Polaroid® ['pəulərɔɪd] *n* **-1.** [camera] Polaroïd® *m*. **-2.** [photograph] photo *f* polaroïd.

Polaroids® ['pəulərɔɪdz] *npl* lunettes *fpl* polaroïd.

pole [pəul] *n* **-1.** [rod, post] perche *f*, mât *m*. **-2.** ELEC & GEOGR pôle *m*; **~s apart** aux antipodes (l'un de l'autre).

Pole [pəul] *n* Polonais *m*, -e *f*.

poleaxed ['pəulækst] *adj* assommé(e).

polecat ['pəulkæt] *n* putois *m*.

polemic [pə'lemɪk] *n* polémique *f*.

pole position *n* pole position *f*.

Pole Star *n*: **the ~** l'Étoile *f* Polaire.

pole vault *n*: **the ~** le saut à la perche.
◆ **pole-vault** *vi* sauter à la perche.

pole-vaulter [-,vɔːltə'] *n* sauteur *m*, -euse *f* à la perche.

police [pə'liːs] ◇ *npl* **-1.** [police force]: **the ~** la police. **-2.** [policemen] agents *mpl* de police. ◇ *vt* maintenir l'ordre dans.

police car *n* voiture *f* de police.

police constable *n Br* agent *m* de police.

police department n Am service m de police.

police dog n chien m policier.

police force n police f.

policeman [pə'liːsmən] (pl -men [-mən]) n agent m de police.

police officer n policier m.

police record n casier m judiciaire.

police state n état m policier.

police station n commissariat m (de police).

policewoman [pə'liːsˌwʊmən] (pl -women [-ˌwɪmɪn]) n femme f agent de police.

policy ['pɒləsɪ] (pl -ies) n -1. [plan] politique f. -2. [document] police f.

policy-holder n assuré m, -e f.

polio ['pəʊlɪəʊ] n polio f.

polish ['pɒlɪʃ] ◇ n -1. [for shoes] cirage m; [for floor] cire f, encaustique f. -2. [shine] brillant m, lustre m. -3. fig [refinement] raffinement m. ◇ vt [shoes, floor] cirer; [car] astiquer; [cutlery, glasses] faire briller.
◆ **polish off** vt sep inf expédier.

Polish ['pəʊlɪʃ] ◇ adj polonais(e). ◇ n [language] polonais m. ◇ npl: the ~ les Polonais mpl.

polished ['pɒlɪʃt] adj -1. [refined] raffiné(e). -2. [accomplished] accompli(e), parfait(e).

polite [pə'laɪt] adj -1. [courteous] poli(e). -2. [refined] bien élevé(e), qui a du savoir-vivre.

politely [pə'laɪtlɪ] adv poliment.

politeness [pə'laɪtnɪs] n (U) politesse f.

politic ['pɒlətɪk] adj politique.

political [pə'lɪtɪkl] adj politique.

political asylum n droit m d'asile (politique).

political football n: the abortion issue has become a ~ les partis politiques se renvoient la balle au sujet de l'avortement.

political geography n géographie f politique.

politically [pə'lɪtɪklɪ] adv politiquement.

politically correct adj politiquement correct(e) (conforme à l'éthique du mouvement "PC").

POLITICALLY CORRECT:
Le mouvement "PC" est un mouvement intellectuel, surtout américain, qui vise à établir une nouvelle éthique, notamment en bannissant de la langue certains termes jugés discriminants. Ce mouvement prône de remplacer par exemple: 'American Indian' par 'Native American', 'Black' par 'African American', 'short' par 'vertically challenged'

---

political prisoner n prisonnier m politique.

political science n (U) sciences fpl politiques.

politician [ˌpɒlɪ'tɪʃn] n homme m, femme f politique.

politicize, -ise [pə'lɪtɪsaɪz] vt politiser.

politics ['pɒlətɪks] ◇ n (U) politique f. ◇ npl -1. [personal beliefs]: what are his ~? de quel bord est-il? -2. [of group, area] politique f.

polka ['pɒlkə] n polka f.

polka dot n pois m.

poll [pəʊl] ◇ n vote m, scrutin m. ◇ vt -1. [people] interroger, sonder. -2. [votes] obtenir.
◆ **polls** npl: to go to the ~s aller aux urnes.

pollen ['pɒlən] n pollen m.

pollen count n taux m de pollen.

pollinate ['pɒləneɪt] vt féconder avec du pollen.

pollination [ˌpɒlɪ'neɪʃn] n pollinisation f.

polling ['pəʊlɪŋ] n (U) élections fpl.

polling booth n isoloir m.

polling day n Br jour m du scrutin OR des élections.

polling station n bureau m de vote.

pollster ['pəʊlstər] n enquêteur m, -euse f.

poll tax n Br ≃ impôts mpl locaux.

pollutant [pə'luːtnt] n polluant m.

pollute [pə'luːt] vt polluer.

pollution [pə'luːʃn] n pollution f.

polo ['pəʊləʊ] n polo m.

polo neck n Br -1. [neck] col m roulé. -2. [jumper] pull m à col roulé.
◆ **polo-neck** adj Br à col roulé.

poltergeist ['pɒltəgaɪst] n esprit m frappeur.

poly ['pɒlɪ] (pl -s) n inf abbr of **polytechnic**.

polyanthus [ˌpɒlɪ'ænθəs] (pl -thuses OR -thi [-θaɪ]) n primevère f.

poly bag n Br inf sac m en plastique.

polyester [ˌpɒlɪ'estər] n polyester m.

polyethylene Am = **polythene**.

polygamist [pə'lɪgəmɪst] n polygame mf.

polygamy [pə'lɪgəmɪ] n polygamie f.

polygon ['pɒlɪgɒn] n polygone m.

polymer ['pɒlɪmər] n polymère m.

Polynesia [ˌpɒlɪ'niːzjə] n Polynésie f; in ~ en Polynésie; French ~ Polynésie française.

Polynesian [ˌpɒlɪ'niːzjən] ◇ adj polynésien(ienne). ◇ n -1. [person] Polynésien m, -ienne f. -2. [language] polynésien m.

polyp ['pɒlɪp] *n* polype *m*.

polyphony [pə'lɪfənɪ] *n fml* polyphonie *f*.

polystyrene [,pɒlɪ'staɪriːn] *n* polystyrène *m*.

polytechnic [,pɒlɪ'teknɪk] *n en Grande-Bretagne, avant 1993, établissement d'enseignement supérieur qui appartenait à un système différent de celui des universités. Depuis 1993, les 'polytechnics' ont acquis le statut d'universités.*

polythene *Br* ['pɒlɪθiːn], **polyethylene** *Am* [,pɒlɪ'eθɪliːn] *n* polyéthylène *m*.

polythene bag *n Br* sac *m* en plastique.

polyunsaturated [,pɒlɪʌn'sætʃəreɪtɪd] *adj* polyinsaturé(e).

polyurethane [,pɒlɪ'jʊərəθeɪn] *n* polyuréthane *m*.

pom [pɒm] *n Austr inf terme péjoratif désignant un Anglais.*

pomander [pə'mændə^r] *n* diffuseur *m* de parfum.

pomegranate ['pɒmɪ,grænɪt] *n* grenade *f*.

pommel ['pɒml] *n* pommeau *m*.

pomp [pɒmp] *n* pompe *f*, faste *m*.

pompom ['pɒmpɒm] *n* pompon *m*.

pompous ['pɒmpəs] *adj* **-1.** [person] fat, suffisant(e). **-2.** [style, speech] pompeux(euse).

ponce [pɒns] *n Br v inf pej* **-1.** [effeminate man] homme *m* efféminé. **-2.** [pimp] maquereau *m*.
♦ **ponce about, ponce around** *vi inf* [mess around] traîner.

poncho ['pɒntʃəʊ] (*pl* -s) *n* poncho *m*.

pond [pɒnd] *n* étang *m*, mare *f*.

ponder ['pɒndə^r] ◇ *vt* considérer, peser. ◇ *vi*: **to ~ (on** OR **over)** réfléchir (sur).

ponderous ['pɒndərəs] *adj* **-1.** [dull] lourd(e). **-2.** [large, heavy] pesant(e).

pong [pɒŋ] *Br inf* ◇ *n* puanteur *f*. ◇ *vi* puer, schlinguer.

pontiff ['pɒntɪf] *n* souverain *m* pontife.

pontificate [pɒn'tɪfɪkeɪt] *vi pej*: **to ~ (on)** pontifier (sur).

pontoon [pɒn'tuːn] *n* **-1.** [bridge] ponton *m*. **-2.** *Br* [game] vingt-et-un *m*.

pony ['pəʊnɪ] (*pl* -ies) *n* poney *m*.

ponytail ['pəʊnɪteɪl] *n* queue-de-cheval *f*.

pony-trekking [-,trekɪŋ] *n* randonnée *f* à cheval OR en poney.

pooch [puːtʃ] *n inf* toutou *m*.

poodle ['puːdl] *n* caniche *m*.

poof [pʊf] *n Br v inf pej* tapette *f*, pédé *m*.

pooh [puː] ◇ *excl* berk!, pouah! ◇ *n v inf* caca *m*. ◇ *vi v inf* faire caca.

pooh-pooh *vt inf* dédaigner.

pool [puːl] ◇ *n* **-1.** [pond, of blood] mare *f*; [of rain, light] flaque *f*. **-2.** [swimming pool] piscine *f*. **-3.** SPORT billard *m* américain. ◇ *vt* [resources etc] mettre en commun; [ideas, efforts] unir.
♦ **pools** *npl Br*: **the ~s** ≃ le loto sportif.

pool table *n* (table *f* de) billard *m*.

pooped [puːpt] *adj inf* crevé(e).

poor [pɔː^r] ◇ *adj* **-1.** [gen] pauvre. **-2.** [not very good] médiocre, mauvais(e). ◇ *npl*: **the ~** les pauvres *mpl*.

poorhouse ['pɔːhaʊs, *pl* -haʊzɪz] *n* hospice *m* des pauvres.

poorly ['pɔːlɪ] ◇ *adj Br* souffrant(e). ◇ *adv* mal, médiocrement.

poorness ['pɔːnɪs] *n* médiocrité *f*.

poor relation *n fig* parent *m* pauvre.

pop [pɒp] (*pt* & *pp* -ped, *cont* -ping) ◇ *n* **-1.** (U) [music] pop *m*. **-2.** (U) *inf* [fizzy drink] boisson *f* gazeuse. **-3.** *inf* [father] papa *m*. **-4.** [sound] pan *m*. ◇ *vt* **-1.** [burst] faire éclater, crever. **-2.** [put quickly] mettre, fourrer. ◇ *vi* **-1.** [balloon] éclater, crever; [cork, button] sauter. **-2.** [eyes]: **his eyes popped** il a écarquillé les yeux. **-3.** [go quickly]: **I'm just popping to the newsagent's** je fais un saut chez le marchand de journaux.
♦ **pop in** *vi* entrer en passant.
♦ **pop up** *vi* surgir.

popadum ['pɒpədəm] *n* poppadum *m*.

pop art *n* pop art *m*.

pop concert *n* concert *m* pop.

popcorn ['pɒpkɔːn] *n* pop-corn *m*.

pope [pəʊp] *n* pape *m*.

pop group *n* groupe *m* pop.

poplar ['pɒplə^r] *n* peuplier *m*.

poplin ['pɒplɪn] *n* popeline *f*.

popper ['pɒpə^r] *n Br* pression *f*.

poppy ['pɒpɪ] (*pl* -ies) *n* coquelicot *m*, pavot *m*.

poppycock ['pɒpɪkɒk] *n* (U) *inf pej* idioties *fpl*, bêtises *fpl*.

Poppy Day *n Br* anniversaire *m* de l'armistice.

POPPY DAY:

Journée de commémoration pendant laquelle on porte un coquelicot en papier en souvenir des soldats britanniques morts lors des guerres mondiales

Popsicle® ['pɒpsɪkl] *n Am* sucette *f* glacée.

pop singer *n* chanteur *m*, -euse *f* pop.

populace ['pɒpjʊləs] *n*: **the ~** le peuple.

popular ['pɒpjʊləʳ] *adj* -**1.** [gen] populaire. -**2.** [name, holiday resort] à la mode.

popularity [ˌpɒpjʊ'lærətɪ] *n* popularité *f*.

popularize, -ise ['pɒpjʊləraɪz] *vt* -**1.** [make popular] populariser. -**2.** [simplify] vulgariser.

popularly ['pɒpjʊləlɪ] *adv* communément.

populate ['pɒpjʊleɪt] *vt* peupler.

populated ['pɒpjʊleɪtɪd] *adj* peuplé(e).

population [ˌpɒpjʊ'leɪʃn] *n* population *f*.

population explosion *n* explosion *f* démographique.

populist ['pɒpjʊlɪst] *n* populiste *mf*.

pop-up *adj* -**1.** [toaster] automatique. -**2.** [book] dont les images se déplient.

porcelain ['pɔːsəlɪn] *n* porcelaine *f*.

porch [pɔːtʃ] *n* -**1.** [entrance] porche *m*. -**2.** *Am* [verandah] véranda *f*.

porcupine ['pɔːkjʊpaɪn] *n* porc-épic *m*.

pore [pɔːʳ] *n* pore *m*.

◆ **pore over** *vt fus* examiner de près.

pork [pɔːk] *n* porc *m*.

pork chop *n* côtelette *f* de porc.

pork pie *n* pâté *m* de porc en croûte.

porn [pɔːn] (*abbr of* **pornography**) *n* (*U*) *inf* porno *m*; **hard ~** porno *m* hard, hard *m*; **soft ~** porno *m* soft, soft *m*.

pornographic [ˌpɔːnə'græfɪk] *adj* pornographique.

pornography [pɔː'nɒgrəfɪ] *n* pornographie *f*.

porous ['pɔːrəs] *adj* poreux(euse).

porpoise ['pɔːpəs] *n* marsouin *m*.

porridge ['pɒrɪdʒ] *n* porridge *m*.

port [pɔːt] ◇ *n* -**1.** [town, harbour] port *m*. -**2.** NAUT [left-hand side] bâbord *m*; **to ~** à bâbord. -**3.** [drink] porto *m*. -**4.** COMPUT port *m*. ◇ *comp* -**1.** [of a port] portuaire, du port. -**2.** NAUT [left-hand] de bâbord.

portable ['pɔːtəbl] *adj* portatif(ive).

Portacrib® ['pɔːtə,krɪb] *n Am* moïse *m*, porte-bébé *m*.

portal ['pɔːtl] *n literary* portail *m*.

Port-au-Prince [ˌpɔːtəʊ'prɪns] *n* Port-au-Prince.

portcullis [ˌpɔːt'kʌlɪs] *n* herse *f*.

portend [pɔː'tend] *vt* présager, augurer.

portent ['pɔːtənt] *n* présage *m*.

porter ['pɔːtəʳ] *n* -**1.** *Br* [doorman] concierge *m*, portier *m*. -**2.** [for luggage] porteur *m*. -**3.** *Am* [on train] employé *m*, -e *f* des wagons-lits.

portfolio [ˌpɔːt'fəʊljəʊ] (*pl* -s) *n* -**1.** [case] serviette *f*. -**2.** [sample of work] portfolio *m*. -**3.** FIN portefeuille *m*.

porthole ['pɔːthəʊl] *n* hublot *m*.

portion ['pɔːʃn] *n* -**1.** [section] portion *f*, part *f*. -**2.** [of food] portion *f*.

portly ['pɔːtlɪ] (*compar* -**ier**, *superl* -**iest**) *adj* corpulent(e).

port of call *n* -**1.** NAUT port *m* d'escale. -**2.** *fig* [on journey] endroit *m*.

Port of Spain *n* Port of Spain.

portrait ['pɔːtreɪt] *n* portrait *m*.

portraitist ['pɔːtreɪtɪst] *n* portraitiste *mf*.

portray [pɔː'treɪ] *vt* -**1.** CINEMA & THEATRE jouer, interpréter. -**2.** [describe] dépeindre. -**3.** [paint] faire le portrait de.

portrayal [pɔː'treɪəl] *n* -**1.** CINEMA & THEATRE interprétation *f*. -**2.** [painting, photograph] portrait *m*. -**3.** [description] description *f*.

Portugal ['pɔːtʃʊgl] *n* Portugal *m*; **in ~** au Portugal.

Portuguese [ˌpɔːtʃʊ'giːz] ◇ *adj* portugais(e). ◇ *n* [language] portugais *m*. ◇ *npl*: **the ~** les Portugais *mpl*.

Portuguese man-of-war *n* galère *f*.

pose [pəʊz] ◇ *n* -**1.** [stance] pose *f*. -**2.** *pej* [affectation] pose *f*, affectation *f*. ◇ *vt* -**1.** [danger] présenter. -**2.** [problem, question] poser. ◇ *vi* -**1.** ART & *pej* poser. -**2.** [pretend to be]: **to ~ as** se faire passer pour.

poser ['pəʊzəʳ] *n* -**1.** *pej* [person] poseur *m*, -euse *f*. -**2.** *inf* [hard question] question *f* difficile, colle *f*.

poseur [pəʊ'zɜːʳ] *n pej* poseur *m*, -euse *f*.

posh [pɒʃ] *adj inf* -**1.** [hotel, clothes etc] chic (*inv*). -**2.** *Br* [upper class] de la haute.

posit ['pɒzɪt] *vt fml* énoncer, poser en principe.

position [pə'zɪʃn] ◇ *n* -**1.** [gen] position *f*; **in ~** en place, en position. -**2.** [job] poste *m*, emploi *m*. -**3.** [state] situation *f*; **to be in a/no ~ to do sthg** être/ne pas être à même de faire qqch. ◇ *vt* placer, mettre en position; **to ~ o.s.** se placer, se mettre.

positive ['pɒzətɪv] *adj* -**1.** [gen] positif(ive). -**2.** [sure] sûr(e), certain(e); **to be ~ about sthg** être sûr de qqch. -**3.** [optimistic] positif(ive), optimiste; **to be ~ about sthg** avoir une attitude positive au sujet de qqch. -**4.** [definite] formel(elle), précis(e). -**5.** [evidence] irréfutable, indéniable. -**6.** [downright] véritable.

positive discrimination *n* discrimination *f* positive.

positively ['pɒzətɪvlɪ] *adv* -**1.** [optimistically] avec optimisme, de façon positive. -**2.** [definitely] formellement. -**3.** [favourably] favorablement. -**4.** [irrefutably] d'une manière irréfutable. **-5.** [completely] absolument, complètement.

positive vetting *n Br* enquête *sur une personne pour des raisons de sécurité.*

positivism ['pɒzɪtɪvɪzm] *n* positivisme *m.*

posse ['pɒsɪ] *n Am* détachement *m,* troupe *f.*

possess [pə'zes] *vt* posséder.

possessed [pə'zest] *adj* [mad] possédé(e).

possession [pə'zeʃn] *n* possession *f.*

◆ **possessions** *npl* possessions *fpl,* biens *mpl.*

possessive [pə'zesɪv] ◇ *adj* possessif(ive). ◇ *n* GRAMM possessif *m.*

possessively [pə'zesɪvlɪ] *adv* d'une manière possessive.

possessor [pə'zesəʳ] *n* possesseur *m,* propriétaire *mf.*

possibility [,pɒsə'bɪlətɪ] (*pl* -ies) *n* **-1.** [chance, likelihood] possibilité *f,* chances *fpl;* **there is a ~ that ...** il se peut que ... (+ *subjunctive*). **-2.** [option] possibilité *f,* option *f.*

possible ['pɒsəbl] ◇ *adj* possible; **as much as ~** autant que possible; **as soon as ~** dès que possible; **the best/worst ~** le meilleur/pire possible. ◇ *n* possible *m.*

possibly ['pɒsəblɪ] *adv* **-1.** [perhaps] peut-être. **-2.** [within one's power]: **I'll do all I ~ can** je ferai tout mon possible. **-3.** [expressing surprise]: **how could he ~ have known?** mais comment a-t-il pu le savoir? **-4.** [for emphasis]: **I can't ~ accept your money** je ne peux vraiment pas accepter cet argent.

possum ['pɒsəm] (*pl inv* OR -s) *n Am* opossum *m.*

post [pəust] ◇ *n* **-1.** [service]: **the ~** la poste; **the letter is in the ~** la lettre a été postée; **by ~** par la poste. **-2.** [letters, delivery] courrier *m.* **-3.** *Br* [collection] levée *f.* **-4.** [pole] poteau *m.* **-5.** [position, job] poste *m,* emploi *m.* **-6.** MIL poste *m.* **-7.** *phr:* **to pip sb at the ~** coiffer qqn au poteau. ◇ *vt* **-1.** [by mail] poster, mettre à la poste. **-2.** [employee] muter. **-3.** *phr:* **to keep sb ~ed** tenir qqn au courant.

post- [pəust] *prefix* post-.

postage ['pəustɪdʒ] *n* affranchissement *m;* **~ and packing** frais *mpl* de port et d'emballage.

postage stamp *n* timbre-poste *m.*

postal ['pəustl] *adj* postal(e).

postal order *n* mandat *m* postal.

postbag ['pəustbæg] *n* **-1.** *Br* [bag] sac *m* postal. **-2.** *inf* [letters received] courrier *m,* lettres *fpl.*

postbox ['pəustbɒks] *n Br* boîte *f* aux lettres.

postcard ['pəustkɑːd] *n* carte *f* postale.

postcode ['pəustkəud] *n Br* code *m* postal.

postdate [,pəust'deɪt] *vt* postdater.

poster ['pəustəʳ] *n* [for advertising] affiche *f;* [for decoration] poster *m.*

poste restante [,pəust'restɑːnt] *n* poste *f* restante.

posterior [pɒ'stɪərɪəʳ] ◇ *adj* postérieur(e). ◇ *n hum* postérieur *m,* derrière *m.*

posterity [pɒ'sterətɪ] *n* postérité *f.*

poster paint *n* gouache *f.*

post-free *adj* franco (de port) (*inv*).

postgraduate [,pəust'grædjuət] ◇ *adj* de troisième cycle. ◇ *n* étudiant *m,* -e *f* de troisième cycle.

posthaste [,pəust'heɪst] *adv* très vite, en toute hâte.

posthumous ['pɒstjuməs] *adj* posthume.

posthumously ['pɒstjuməslɪ] *adv* à titre posthume.

post-industrial *adj* post-industriel(ielle).

posting ['pəustɪŋ] *n* [assignment] affectation *f.*

postman ['pəustmən] (*pl* -men [-mən]) *n* facteur *m.*

postmark ['pəustmɑːk] ◇ *n* cachet *m* de la poste. ◇ *vt* timbrer, tamponner.

postmaster ['pəust,mɑːstəʳ] *n* receveur *m* des postes.

Postmaster General (*pl* **Postmasters General**) *n* ≈ ministre *m* des Postes et Télécommunications.

postmistress ['pəust,mɪstrɪs] *n* receveuse *f* des postes.

postmortem [,pəust'mɔːtəm] ◇ *adj:* **~ examination** autopsie *f.* ◇ *n lit* & *fig* autopsie *f.*

postnatal [,pəust'neɪtl] *adj* post-natal(e).

post office *n* **-1.** [organization]: **the Post Office** les Postes et Télécommunications *fpl.* **-2.** [building] (bureau *m* de) poste *f.*

post office box *n* boîte *f* postale.

postoperative [,pəust'ɒpərətɪv] *adj* postopératoire.

postpaid [,pəust'peɪd] *adj* port payé.

postpone [,pəust'pəun] *vt* reporter, remettre.

postponement [,pəust'pəunmənt] *n* renvoi *m,* report *m.*

postscript ['pəustskrɪpt] *n* post-scriptum *m; fig* supplément *m,* addenda *m inv.*

postulate [*n* 'pɒstjulət, *vb* 'pɒstjuleɪt] ◇ *n* postulat *m.* ◇ *vt* [theory] avancer.

posture ['pɒstʃə'] ◇ n -1. (U) [pose] position f, posture f. -2. fig [attitude] attitude f. ◇ vi poser, prendre des attitudes.

posturing ['pɒstʃərɪŋ] n pose f, affectation f.

postviral syndrome [ˌpəʊst'vaɪərl-] n syndrome m de fatigue chronique.

postwar [ˌpəʊst'wɔːr] adj d'après-guerre.

posy ['pəʊzɪ] (pl -ies) n petit bouquet m de fleurs.

pot [pɒt] (pt & pp -ted, cont -ting) ◇ n -1. [for cooking] marmite f, casserole f. -2. [for tea] théière f; [for coffee] cafetière f. -3. [for paint, jam, plant] pot m. -4. (U) inf [cannabis] herbe f. ◇ vt [plant] mettre en pot.

potash ['pɒtæʃ] n potasse f.

potassium [pə'tæsɪəm] n potassium m.

potato [pə'teɪtəʊ] (pl -es) n pomme f de terre.

potato crisps Br, **potato chips** Am npl (pommes fpl) chips fpl.

potato peeler n (couteau m) éplucheur m.

pot-bellied [-,belɪd] adj [from overeating] ventru(e); [from malnutrition] au ventre gonflé.

potboiler ['pɒt,bɔɪlə'] n fig œuvre f alimentaire.

potbound ['pɒtbaʊnd] adj: **a ~ plant** une plante qui est devenue trop grande pour son pot.

potency ['pəʊtənsɪ] n (U) -1. [power, influence] puissance f. -2. [of drink] teneur f en alcool. -3. [of man] virilité f.

potent ['pəʊtənt] adj -1. [powerful, influential] puissant(e). -2. [drink] fort(e). -3. [man] viril.

potentate ['pəʊtənteɪt] n potentat m.

potential [pə'tenʃl] ◇ adj [energy, success] potentiel(ielle); [uses, danger] possible; [enemy] en puissance. ◇ n (U) [of person] capacités fpl latentes; **to have ~** [person] promettre; [company] avoir de l'avenir; [scheme] offrir des possibilités.

potentially [pə'tenʃəlɪ] adv potentiellement.

pothole ['pɒthəʊl] n -1. [in road] nid-de-poule m. -2. [underground] caverne f, grotte f.

potholer ['pɒt,həʊlə'] n Br spéléologue mf.

potholing ['pɒt,həʊlɪŋ] n Br spéléologie f; **to go ~** faire de la spéléologie.

potion ['pəʊʃn] n [magic] breuvage m; **love ~** philtre m.

potluck [ˌpɒt'lʌk] n: **to take ~** [gen] choisir au hasard; [at meal] manger à la fortune du pot.

pot plant n plante f d'appartement.

potpourri [ˌpəʊ'pʊərɪ] n (U) [dried flowers] fleurs fpl séchées.

pot roast n rôti m braisé.

potshot ['pɒt,ʃɒt] n: **to take a ~ (at sthg)** tirer (sur qqch) sans viser.

potted ['pɒtɪd] adj -1. [plant]: **~ plant** plante f d'appartement. -2. [food] conservé(e) en pot. -3. Br fig [condensed] condensé(e), abrégé(e).

potter ['pɒtə'] n potier m.
◆ **potter about, potter around** vi Br bricoler.

Potteries ['pɒtərɪz] npl: **the ~** la région des poteries dans le Staffordshire (en Angleterre).

potter's wheel n tour m de potier.

pottery ['pɒtərɪ] (pl -ies) n poterie f; **a piece of ~** une poterie.

potting compost ['pɒtɪŋ-] n terreau m.

potty ['pɒtɪ] (compar -ier, superl -iest, pl -ies) Br inf ◇ adj: **~ (about)** toqué(e) (de). ◇ n pot m (de chambre).

potty-trained adj propre.

pouch [paʊtʃ] n -1. [small bag] petit sac m; tobacco ~ blague f à tabac. -2. [of kangaroo] poche f ventrale.

pouffe [puːf] n Br [seat] pouf m.

poultice ['pəʊltɪs] n cataplasme m.

poultry ['pəʊltrɪ] ◇ n (U) [meat] volaille f. ◇ npl [birds] volailles fpl.

pounce [paʊns] vi: **to ~ (on)** [bird] fondre (sur); [person] se jeter (sur); **to ~ on** fig sauter sur.

pound [paʊnd] ◇ n -1. Br [money] livre f. -2. [weight] = 453,6 grammes, ≃ livre f. -3. [for cars, dogs] fourrière f. ◇ vt -1. [strike loudly] marteler. -2. [crush] piler, broyer. ◇ vi -1. [strike loudly]: **to ~ on** donner de grands coups à. -2. [heart] battre fort; **my head is ~ing** j'ai des élancements dans la tête.

pounding ['paʊndɪŋ] n (U) -1. [of fists] martèlement m. -2. [of heart] battement m violent; **to get OR take a ~** [city] être pilonné; [team] être battu à plate couture OR à plates coutures.

pound sterling n livre f sterling.

pour [pɔːr] ◇ vt verser; **shall I ~ you a drink?** je te sers quelque chose à boire?; **to ~ money into sthg** fig investir beaucoup d'argent dans qqch. ◇ vi -1. [liquid] couler à flots. -2. fig [rush]: **to ~ in/out** entrer/sortir en foule. ◇ v impers [rain hard] pleuvoir à verse.
◆ **pour in** vi [letters, news] affluer.
◆ **pour out** vt sep -1. [empty] vider. -2.

[serve - drink] verser, servir. **-3.** *fig* [emotions] épancher.

pouring ['pɔːrɪŋ] *adj* [rain] torrentiel(ielle).

pout [paʊt] ◇ *n* moue *f*. ◇ *vi* faire la moue.

poverty ['pɒvətɪ] *n* pauvreté *f*; *fig* [of ideas] indigence *f*, manque *m*.

poverty line *n* seuil *m* de pauvreté.

poverty-stricken *adj* [person] dans la misère; [area] misérable, très pauvre.

poverty trap *n* Br *situation dans laquelle, du fait d'une augmentation d'un revenu faible, on ne peut plus toucher les prestations sociales.*

pow [paʊ] *excl inf* pan!, paf!

POW *abbr of* **prisoner of war.**

powder ['paʊdə'] ◇ *n* poudre *f*. ◇ *vt* [face, body] poudrer.

powder compact *n* poudrier *m*.

powdered ['paʊdəd] *adj* **-1.** [milk, eggs] en poudre. **-2.** [face] poudré(e).

powder puff *n* houppette *f*.

powder room *n* toilettes *fpl* pour dames.

powdery ['paʊdərɪ] *adj* [snow etc] poudreux(euse).

power ['paʊə'] ◇ *n* **-1.** (U) [authority, ability] pouvoir *m*; **to have ~ over sb** avoir de l'autorité sur qqn; **to take ~** prendre le pouvoir; **to come to ~** parvenir au pouvoir; **to be in ~** être au pouvoir; **to be in** OR **within one's ~ to do sthg** être en son pouvoir de faire qqch; **~ of speech** parole *f*; **the ~s that be** les autorités *fpl*. **-2.** [strength, powerful person] puissance *f*, force *f*. **-3.** (U) [energy] énergie *f*. **-4.** [electricity] courant *m*, électricité *f*.
◇ *vt* faire marcher, actionner.

power base *n* support *m* politique.

powerboat ['paʊəbəʊt] *n* hors-bord *m inv*.

power broker *n* négociateur *m*, -trice *f*.

power cut *n* coupure *f* de courant.

power failure *n* panne *f* de courant.

powerful ['paʊəfʊl] *adj* **-1.** [gen] puissant(e). **-2.** [smell, voice] fort(e). **-3.** [speech, novel] émouvant(e).

powerhouse ['paʊəhaʊs, *pl* -haʊzɪz] *n fig* personne *f* dynamique OR énergique.

powerless ['paʊəlɪs] *adj* impuissant(e); **to be ~ to do sthg** être dans l'impossibilité de faire qqch, ne pas pouvoir faire qqch.

power line *n* ligne *f* à haute tension.

power of attorney *n* procuration *f*.

power plant *n* centrale *f* électrique.

power point *n* Br prise *f* de courant.

power-sharing [-,ʃeərɪŋ] *n* partage *m* du pouvoir.

power station *n* centrale *f* électrique.

power steering *n* direction *f* assistée.

power worker *n* employé *m*, -e *f* de l'électricité.

pp (*abbr of* **per procurationem**) pp.

p & p *abbr of* **postage and packing.**

PPE (*abbr of* **philosophy, politics and economics**) *n* *philosophie, science politique et science économique* (*cours à l'université*).

ppm (*abbr of* **parts per million**) ppm.

PPS ◇ *n* (*abbr of* **parliamentary private secretary**) *parlementaire britannique assurant la liaison entre un ministre et les députés de son parti*. ◇ (*abbr of* **post postscriptum**) PPS.

PQ *abbr of* **Province of Quebec.**

Pr. (*abbr of* **Prince**) Pce.

PR ◇ *n* **-1.** *abbr of* **proportional representation.** **-2.** *abbr of* **public relations.** ◇ *n abbr of* **Puerto Rico.**

practicable ['præktɪkəbl] *adj* réalisable, faisable.

practical ['præktɪkl] ◇ *adj* **-1.** [gen] pratique. **-2.** [plan, solution] réalisable. ◇ *n* épreuve *f* pratique.

practicality [,præktɪ'kælətɪ] *n* (U) aspect *m* pratique.

◆ **practicalities** *npl* détails *mpl* pratiques.

practical joke *n* farce *f*.

practically ['præktɪklɪ] *adv* **-1.** [in a practical way] d'une manière pratique. **-2.** [almost] presque, pratiquement.

practice, practise Am ['præktɪs] *n* **-1.** (U) [at sport] entraînement *m*; [at music etc] répétition *f*; **to be out of ~** être rouillé(e). **-2.** [training session - at sport] séance *f* d'entraînement; [- at music etc] répétition *f*. **-3.** [act of doing]: **to put sthg into ~** mettre qqch en pratique; **in ~** [in fact] en réalité, en fait. **-4.** [habit] pratique *f*, coutume *f*. **-5.** (U) [of profession] exercice *m*. **-6.** [of doctor] cabinet *m*; [of lawyer] étude *f*.

practiced Am = **practised.**

practicing Am = **practising.**

practise, practice Am ['præktɪs] ◇ *vt* **-1.** [sport] s'entraîner à; [piano etc] s'exercer à. **-2.** [custom] suivre, pratiquer; [religion] pratiquer; **to ~ what one preaches** prêcher par l'exemple. **-3.** [profession] exercer. ◇ *vi* **-1.** SPORT s'entraîner; MUS s'exercer. **-2.** [doctor, lawyer] exercer.

practised, practiced Am ['præktɪst] *adj* [teacher, nurse] expérimenté(e); [liar] fieffé(e); **to be ~ at doing sthg** être expert à faire qqch; **a ~ eye** un œil exercé.

practising, practicing Am ['præktɪsɪŋ] *adj*

[doctor, lawyer] en exercice; [Christian etc] pratiquant(e); [homosexual] déclaré(e).

practitioner [præk'tɪʃnər] *n* praticien *m*, -ienne *f*; **medical** ~ médecin *m*.

pragmatic [præg'mætɪk] *adj* pragmatique.

pragmatism ['prægmətɪzm] *n* pragmatisme *m*.

pragmatist ['prægmətɪst] *n* pragmatiste *mf*.

Prague [prɑːg] *n* Prague.

prairie ['preərɪ] *n* prairie *f*.

praise [preɪz] ◇ *n* (*U*) louange *f*, louanges *fpl*, éloge *m*, éloges *mpl*; **to sing sb's ~s** chanter les louanges de qqn. ◇ *vt* louer, faire l'éloge de.

praiseworthy ['preɪz,wɜːðɪ] *adj* louable, méritoire.

praline ['prɑːliːn] *n* praline *f*.

pram [præm] *n* landau *m*.

PRAM [præm] (*abbr of* **programmable random access memory**) *n* RAM *f* programmable.

prance [prɑːns] *vi* **-1.** [person] se pavaner. **-2.** [horse] caracoler.

prang [præŋ] *Br inf dated* ◇ *n* [of car] accrochage *m*; [of plane] collision *f*. ◇ *vt* emboutir, bousiller.

prank [præŋk] *n* tour *m*, niche *f*.

prat [præt] *n Br v inf pej* crétin *m*, -e *f*.

prattle ['prætl] *pej* ◇ *n* (*U*) bavardage *m*, babillage *m*. ◇ *vi* babiller; **to ~ on about sthg** parler sans fin de qqch.

prawn [prɔːn] *n* crevette *f* rose.

prawn cocktail *n* crevettes *fpl* mayonnaise.

prawn cracker *n genre de chips au goût de crevette.*

pray [preɪ] *vi*: **to ~ (to sb)** prier (qqn); **to ~ for rain** prier pour qu'il pleuve.

prayer [preər] *n lit* & *fig* prière *f*; **to say one's ~s** faire sa prière.

◆ **prayers** *npl* [service] office *m*.

prayer book *n* livre *m* de messe.

prayer meeting *n* réunion *f* pour dire des prières.

pre- [priː] *prefix* pré-.

preach [priːtʃ] ◇ *vt* [gen] prêcher; [sermon] prononcer. ◇ *vi* **-1.** RELIG: **to ~ (to sb)** prêcher (qqn). **-2.** *pej* [pontificate]: **to ~ (at sb)** sermonner (qqn).

preacher ['priːtʃər] *n* prédicateur *m*, pasteur *m*.

preamble [priː'æmbl] *n* préambule *m*, avant-propos *m inv*.

prearrange [,priːə'reɪndʒ] *vt* organiser OR fixer à l'avance.

precarious [prɪ'keərɪəs] *adj* précaire.

precariously [prɪ'keərɪəslɪ] *adv* d'une manière précaire.

precast [,priː'kɑːst] *adj*: ~ **concrete** béton *m* précoulé.

precaution [prɪ'kɔːʃn] *n* précaution *f*; **as a** ~ **(against)** par précaution (contre).

precautionary [prɪ'kɔːʃənərɪ] *adj* de précaution, préventif(ive).

precede [prɪ'siːd] *vt* précéder.

precedence ['presɪdəns] *n*: **to take ~ over sthg** avoir la priorité sur qqch; **to have** OR **take ~ over sb** avoir la préséance sur qqn.

precedent ['presɪdənt] *n* précédent *m*.

preceding [prɪ'siːdɪŋ] *adj* précédent(e).

precept ['priːsept] *n* précepte *m*.

precinct ['priːsɪŋkt] *n* **-1.** *Br* [area]: **pedestrian** ~ zone *f* piétonne; **shopping** ~ centre *m* commercial. **-2.** *Am* [district] circonscription *f* (administrative).

◆ **precincts** *npl* [of institution] enceinte *f*.

precious ['preʃəs] *adj* **-1.** [gen] précieux(ieuse). **-2.** *inf iro* [damned] sacré(e); ~ **little** très peu, bien peu. **-3.** [affected] affecté(e).

precious metal *n* métal *m* précieux.

precious stone *n* pierre *f* précieuse.

precipice ['presɪpɪs] *n* précipice *m*, paroi *f* à pic.

precipitate [*adj* prɪ'sɪpɪtət, *vb* prɪ'sɪpɪteɪt] *fml* ◇ *adj* hâtif(ive). ◇ *vt* [hasten] hâter, précipiter.

precipitation [prɪ,sɪpɪ'teɪʃn] *n* précipitation *f*.

precipitous [prɪ'sɪpɪtəs] *adj* **-1.** [very steep] escarpé(e), à pic. **-2.** [hasty] hâtif(ive).

précis [*Br* 'preɪsiː, *Am* 'presiː] *n* résumé *m*.

precise [prɪ'saɪs] *adj* précis(e); [measurement, date] exact(e); **49.5 to be** ~ 49,5 pour être exact.

precisely [prɪ'saɪslɪ] *adv* précisément, exactement.

precision [prɪ'sɪʒn] ◇ *n* précision *f*, exactitude *f*. ◇ *comp* de précision.

preclude [prɪ'kluːd] *vt fml* empêcher; [possibility] écarter; **to ~ sb from doing sthg** empêcher qqn de faire qqch.

precocious [prɪ'kəʊʃəs] *adj* précoce.

precocity [prɪ'kɒsətɪ] *n* précocité *f*.

precognition [,priːkɒg'nɪʃn] *n* connaissance *f* anticipée.

preconceived [,priːkən'siːvd] *adj* préconçu(e).

preconception [,priːkən'sepʃn] *n* préjugé *m*, idée *f* préconçue.

precondition [,priːkənˈdɪʃn] *n fml* condition *f* sine qua non.

precooked [priːˈkʊkt] *adj* précuit(e).

precursor [,priːˈkɜːsə] *n fml* précurseur *m*.

predate [priːˈdeɪt] *vt* précéder.

predator [ˈpredətə] *n* **-1.** [animal, bird] prédateur *m*, rapace *m*. **-2.** *fig* [person] corbeau *m*.

predatory [ˈpredətrɪ] *adj* **-1.** [animal, bird] prédateur(trice). **-2.** *fig* [person] rapace.

predecease [,priːdɪˈsiːs] *vt* décéder avant.

predecessor [ˈpriːdɪsesə] *n* **-1.** [person] prédécesseur *m*. **-2.** [thing] précédent *m*, -e *f*.

predestination [priː,destɪˈneɪʃn] *n* prédestination *f*.

predestine [,priːˈdestɪn] *vt*: **to be ~d to sthg/to do sthg** être prédestiné(e) à qqch/à faire qqch.

predetermine [,priːdɪˈtɜːmɪn] *vt* **-1.** [predestine] déterminer d'avance. **-2.** [prearrange] organiser OR fixer à l'avance.

predetermined [,priːdɪˈtɜːmɪnd] *adj* **-1.** [predestined] déterminé(e) d'avance. **-2.** [prearranged] organisé(e) OR fixé(e) à l'avance.

predicament [prɪˈdɪkəmənt] *n* situation *f* difficile; **to be in a ~** être dans de beaux draps.

predict [prɪˈdɪkt] *vt* prédire.

predictable [prɪˈdɪktəbl] *adj* prévisible.

predictably [prɪˈdɪktəblɪ] *adv* [react, behave] d'une manière prévisible; **~, he was late** comme c'était à prévoir, il est arrivé en retard.

prediction [prɪˈdɪkʃn] *n* prédiction *f*.

predictor [prɪˈdɪktə] *n* indicateur *m*.

predigest [,priːdaɪˈdʒest] *vt fig* prédigérer.

predilection [,priːdɪˈlekʃn] *n*: **~ for sthg** prédilection *f* pour qqch.

predispose [,priːdɪsˈpəʊz] *vt*: **to be ~d to sthg/to do sthg** être prédisposé(e) à qqch/à faire qqch.

predisposition [ˈpriː,dɪspəˈzɪʃn] *n*: **~ to sthg/to do sthg, ~ towards sthg/towards doing sthg** prédisposition *f* à qqch/à faire qqch.

predominance [prɪˈdɒmɪnəns] *n* prédominance *f*.

predominant [prɪˈdɒmɪnənt] *adj* prédominant(e).

predominantly [prɪˈdɒmɪnəntlɪ] *adv* principalement, surtout.

predominate [prɪˈdɒmɪneɪt] *vi* prédominer.

preeminent [priːˈemɪnənt] *adj* le plus en vue (la plus en vue).

preempt [,priːˈempt] *vt* **-1.** [action, decision] devancer, prévenir. **-2.** [land] acquérir par droit de préemption.

preemptive [,priːˈemptɪv] *adj* préventif(ive).

preemptive strike *n* attaque *f* préventive.

preen [priːn] *vt* **-1.** [subj: bird] lisser, nettoyer. **-2.** *fig* [subj: person]: **to ~ o.s.** se faire beau (belle).

preexist [,priːɪgˈzɪst] *vi* préexister.

prefab [ˈpriːfæb] *n inf* maison *f* préfabriquée.

prefabricate [,priːˈfæbrɪkeɪt] *vt* préfabriquer.

preface [ˈprefɪs] ◇ *n*: **~ (to)** préface *f* (de), préambule *m* (de). ◇ *vt*: **to ~ sthg with sthg** faire précéder qqch de qqch.

prefect [ˈpriːfekt] *n Br* [pupil] élève de terminale qui aide les professeurs à maintenir la discipline.

prefer [prɪˈfɜː] (*pt* & *pp* **-red**, *cont* **-ring**) *vt* préférer; **to ~ sthg to sthg** préférer qqch à qqch, aimer mieux qqch que qqch; **to ~ to do sthg** préférer faire qqch, aimer mieux faire qqch.

preferable [ˈprefrəbl] *adj*: **~ (to)** préférable (à).

preferably [ˈprefrəblɪ] *adv* de préférence.

preference [ˈprefərəns] *n* préférence *f*.

preference shares *Br npl*, **preferred stock** *Am n* (*U*) actions *fpl* privilégiées OR de priorité.

preferential [,prefəˈrenʃl] *adj* préférentiel(ielle).

preferred [prɪˈfɜːd] *adj* préféré(e).

preferred stock *Am* = **preference shares**.

prefigure [priːˈfɪgə] *vt* annoncer, préfigurer.

prefix [ˈpriːfɪks] *n* préfixe *m*.

pregnancy [ˈpregnənsɪ] (*pl* **-ies**) *n* grossesse *f*.

pregnancy test *n* test *m* de grossesse.

pregnant [ˈpregnənt] *adj* **-1.** [woman] enceinte; [animal] pleine, gravide. **-2.** *fig* [pause] lourd(e) de sens.

preheated [,priːˈhiːtɪd] *adj* préchauffé(e).

prehistoric [,priːhɪˈstɒrɪk] *adj* préhistorique.

prehistory [,priːˈhɪstərɪ] *n* préhistoire *f*.

pre-industrial *adj* pré-industriel(ielle).

prejudge [,priːˈdʒʌdʒ] *vt* [situation, issue] préjuger de; [person] juger d'avance.

prejudice [ˈpredʒʊdɪs] ◇ *n* **-1.** [biased view]: **~ (in favour of/against)** préjugé *m* (en faveur de/contre), préjugés *mpl* (en faveur de/contre). **-2.** (*U*) [harm] préjudice *m*, tort *m*. ◇ *vt* **-1.** [bias]: **to ~ sb (in favour of/**

against) prévenir qqn (en faveur de/ contre), influencer qqn (en faveur de/ contre). -**2.** [harm] porter préjudice à.

prejudiced ['predʒʊdɪst] *adj* [person] qui a des préjugés; [opinion] préconçu(e); **to be ~ in favour of/against** avoir des préjugés en faveur de/contre.

prejudicial [,predʒʊ'dɪʃl] *adj*: ~ **(to)** préjudiciable (à), nuisible (à).

prelate ['prelɪt] *n* prélat *m*.

preliminary [prɪ'lɪmɪnərɪ] (*pl* -ies) *adj* préliminaire.

◆ **preliminaries** *npl* préliminaires *mpl*.

prelims ['priːlɪmz] *npl Br* [exams] examens *mpl* préliminaires.

prelude ['preljuːd] *n* [event]: ~ **to sthg** prélude *m* de qqch.

premarital [,priː'mærɪtl] *adj* avant le mariage.

premature ['premə,tjʊər] *adj* prématuré(e).

prematurely ['premə,tjʊəlɪ] *adv* prématurément.

premeditated [,priː'medɪteɪtɪd] *adj* prémédité(e).

premenstrual syndrome, premenstrual tension [priː'menstrʊəl-] *n* syndrome *m* prémenstruel.

premier ['premjər] ◇ *adj* primordial(e), premier(ière). ◇ *n* premier ministre *m*.

premiere ['premɪeər] *n* première *f*.

Premier League *n* en Angleterre, ligue indépendante regroupant les meilleurs clubs de football.

premiership ['premɪəʃɪp] *n* fonction *f* de premier ministre.

premise ['premɪs] *n* prémisse *f*; **on the ~ that** en partant du principe que.

◆ **premises** *npl* local *m*, locaux *mpl*; **on the ~s** sur place, sur les lieux.

premium ['priːmjəm] *n* prime *f*; **at a ~** [above usual value] à prix d'or; [in great demand] très recherché OR demandé; **to put** OR **place a high ~ on sthg** accorder OR attacher beaucoup d'importance à qqch.

premium bond *n Br* ≃ billet *m* de loterie.

premonition [,premə'nɪʃn] *n* prémonition *f*, pressentiment *m*.

prenatal [,priː'neɪtl] *adj Am* prénatal(e).

preoccupation [priː,ɒkjʊ'peɪʃn] *n* préoccupation *f*; ~ **with sthg** souci de qqch.

preoccupied [priː'ɒkjʊpaɪd] *adj*: ~ **(with)** préoccupé(e) (de).

preoccupy [priː'ɒkjʊpaɪ] (*pt & pp* -ied) *vt* préoccuper.

preordain [,priːɔː'deɪn] *vt* décider OR déter-

miner d'avance; **to be ~ed to do sthg** être prédestiné à faire qqch.

prep [prep] *n* (*U*) *Br inf* devoirs *mpl*.

prepacked [,priː'pækt] *adj* préconditionné(e).

prepaid ['priːpeɪd] *adj* payé(e) d'avance; [envelope] affranchi(e).

preparation [,prepə'reɪʃn] *n* préparation *f*; **in ~ for** en vue de.

◆ **preparations** *npl* préparatifs *mpl*; **to make ~s for** faire des préparatifs pour, prendre ses dispositions pour.

preparatory [prɪ'pærətrɪ] *adj* [work, classes] préparatoire; [actions, measures] préliminaire.

preparatory school *n* [in UK] école *f* primaire privée; [in US] *école privée qui prépare à l'enseignement supérieur.*

prepare [prɪ'peər] ◇ *vt* préparer. ◇ *vi*: **to ~ for sthg/to do sthg** se préparer à qqch/à faire qqch.

prepared [prɪ'peəd] *adj* -**1.** [done beforehand] préparé(e) d'avance. -**2.** [willing]: **to be ~ to do sthg** être prêt(e) OR disposé(e) à faire qqch. -**3.** [ready]: **to be ~ for sthg** être prêt(e) pour qqch.

preponderance [prɪ'pɒndərəns] *n* majorité *f*.

preponderantly [prɪ'pɒndərəntlɪ] *adv* surtout, pour la plupart.

preposition [,prepə'zɪʃn] *n* préposition *f*.

prepossessing [,priːpə'zesɪŋ] *adj fml* agréable, attrayant(e).

preposterous [prɪ'pɒstərəs] *adj* ridicule, absurde.

preppy ['prepɪ] (*pl* -ies) *Am inf* ◇ *adj* bon chic bon genre. ◇ *n* personne *f* bon chic bon genre.

prep school *abbr of* **preparatory school**.

Pre-Raphaelite [,priː'ræfəlaɪt] ◇ *adj* préraphaélite. ◇ *n* préraphaélite *mf*.

prerecorded [,priːrɪ'kɔːdɪd] *adj* enregistré(e) à l'avance, préenregistré(e).

prerequisite [,priː'rekwɪzɪt] *n* condition *f* préalable.

prerogative [prɪ'rɒgətɪv] *n* prérogative *f*, privilège *m*.

presage ['presɪdʒ] *vt* présager.

Presbyterian [,prezbɪ'tɪərɪən] ◇ *adj* presbytérien(ienne). ◇ *n* presbytérien *m*, -ienne *f*.

presbytery ['prezbɪtrɪ] *n* [residence] presbytère *m*.

preschool [,priː'skuːl] ◇ *adj* préscolaire. ◇ *n Am* école *f* maternelle.

prescient ['presɪənt] *adj* prescient(e).

prescribe [prɪ'skraɪb] *vt* **-1.** MED prescrire. **-2.** [order] ordonner, imposer.

prescription [prɪ'skrɪpʃn] *n* [MED - written form] ordonnance *f*; [- medicine] médicament *m*; **on ~** sur ordonnance.

prescription charge *n Br* prix (fixe) à payer pour chaque médicament figurant sur une ordonnance.

prescriptive [prɪ'skrɪptɪv] *adj* normatif(ive).

presence ['prezns] *n* présence *f*; **to be in sb's ~** OR **in the ~ of sb** être en présence de qqn; **to have ~** avoir de la présence.

presence of mind *n* présence *f* d'esprit.

present [*adj & n* 'preznt, *vb* prɪ'zent] ◇ *adj* **-1.** [current] actuel(elle). **-2.** [in attendance] présent(e); **to be ~** at assister à. ◇ *n* **-1.** [current time]: **the ~** le présent; **at ~** actuellement, en ce moment; **for the ~** pour le moment. **-2.** [gift] cadeau *m*. **-3.** GRAMM: **~ (tense)** présent *m*. ◇ *vt* **-1.** [gen] présenter; [opportunity] donner. **-2.** [give] donner, remettre; **to ~ sb with sthg, to ~ sthg to sb** donner OR remettre qqch à qqn. **-3.** [portray] représenter, décrire. **-4.** [arrive]: **to ~ o.s.** se présenter.

presentable [prɪ'zentəbl] *adj* présentable.

presentation [,prezn'teɪʃn] *n* **-1.** [gen] présentation *f*. **-2.** [ceremony] remise *f* (de récompense/prix). **-3.** [talk] exposé *m*. **-4.** [of play] représentation *f*.

presentation copy *n* exemplaire *m* offert gracieusement.

present day *n*: **the ~** aujourd'hui.

◆ **present-day** *adj* d'aujourd'hui, contemporain(e).

presenter [prɪ'zentə^r] *n Br* présentateur *m*, -trice *f*.

presentiment [prɪ'zentɪmənt] *n* pressentiment *m*.

presently ['prezntlɪ] *adv* **-1.** [soon] bientôt, tout à l'heure. **-2.** [at present] actuellement, en ce moment.

preservation [,prezə'veɪʃn] *n* (*U*) **-1.** [maintenance] maintien *m*. **-2.** [protection] protection *f*, conservation *f*.

preservation order *n* décret ordonnant la conservation d'un monument, édifice etc.

preservative [prɪ'zɜːvətɪv] *n* conservateur *m*.

preserve [prɪ'zɜːv] ◇ *vt* **-1.** [maintain] maintenir. **-2.** [protect] conserver. **-3.** [food] conserver, mettre en conserve. ◇ *n* [jam] confiture *f*.

◆ **preserves** *npl* [jam] confiture *f*; [vegetables] pickles *mpl*, condiments *mpl*.

preserved [prɪ'zɜːvd] *adj* conservé(e).

preset [,priː'set] (*pt & pp* **preset**, *cont* **-ting**) *vt* prérégler.

preshrunk [,priː'ʃrʌŋk] *adj* irrétrécissable.

preside [prɪ'zaɪd] *vi*: **to ~ (over** OR **at sthg)** présider (qqch).

presidency ['prezɪdənsɪ] (*pl* **-ies**) *n* présidence *f*.

president ['prezɪdənt] *n* **-1.** [gen] président *m*. **-2.** *Am* [company chairman] P-DG *m*.

President-elect *n* titre du président des États-Unis nouvellement élu (en novembre) jusqu'à la cérémonie d'investiture présidentielle (le 20 janvier).

presidential [,prezɪ'denʃl] *adj* présidentiel(ielle).

press [pres] ◇ *n* **-1.** [push] pression *f*. **-2.** [journalism]: **the ~** [newspapers] la presse, les journaux *mpl*; [reporters] les journalistes *mpl*; **to get a good/bad ~** avoir bonne/mauvaise presse. **-3.** [printing machine] presse *f*; [for wine] pressoir *m*. ◇ *vt* **-1.** [push] appuyer sur; **to ~ sthg against sthg** appuyer qqch sur qqch. **-2.** [squeeze] serrer. **-3.** [iron] repasser, donner un coup de fer à. **-4.** [urge]: **to ~ sb (to do sthg** OR **into doing sthg)** presser qqn (de faire qqch); **to ~ sb for sthg** demander qqch à qqn avec insistance. **-5.** [force]: **to ~ sthg on** OR **upon sb** offrir qqch à qqn avec insistance. **-6.** [pursue - claim] insister sur. **-7.** JUR: **to ~ charges (against sb)** porter plainte (contre qqn). ◇ *vi* **-1.** [push]: **to ~ (on)** appuyer (sur). **-2.** [squeeze]: **to ~ (on sthg)** serrer (qqch). **-3.** [crowd] se presser.

◆ **press for** *vt fus* demander avec insistance.

◆ **press on** *vi* [continue]: **to ~ on (with sthg)** continuer (qqch), ne pas abandonner (qqch).

press agency *n* agence *f* de presse.

press agent *n* agent *m* de publicité.

press baron *n Br* baron *m* OR magnat *m* de la presse.

press box *n* tribune *f* de la presse.

press conference *n* conférence *f* de presse.

press corps *n Am* journalistes *mpl*.

press cutting *n Br* coupure *f* de journal.

pressed [prest] *adj*: **to be ~ for time/money** être à court de temps/d'argent.

press fastener *n Br* pression *f*.

press gallery *n* tribune *f* de la presse.

pressgang ['presgæŋ] ◇ *n* enrôleurs *mpl*, racoleurs *mpl*. ◇ *vt Br* to ~ sb into doing sthg forcer la main à qqn pour qu'il fasse qqch.

pressing ['presɪŋ] *adj* urgent(e).

pressman ['presmæn] (*pl* -men [-men]) *n Br* journaliste *m*.

press officer *n* attaché *m* de presse.

press release *n* communiqué *m* de presse.

press-stud *n Br* pression *f*.

press-up *n Br* pompe *f*, traction *f*.

pressure ['preʃər] ◇ *n* (*U*) -1. [gen] pression *f*; to put ~ on sb (to do sthg) faire pression sur qqn (pour qu'il fasse qqch). -2. [stress] tension *f*. ◇ *vt*: to ~ sb to do OR into doing sthg forcer qqn à faire qqch.

pressure cooker *n* Cocotte-minute® *f*, autocuiseur *m*.

pressure gauge *n* manomètre *m*.

pressure group *n* groupe *m* de pression.

pressurize, -ise ['preʃəraɪz] *vt* -1. TECH pressuriser. -2. *Br* [force]: to ~ sb to do OR into doing sthg forcer qqn à faire qqch.

Prestel® ['prestel] *n Br* ≃ Télétel® *m*.

prestige [pre'stiːʒ] ◇ *n* prestige *m*. ◇ *comp* de prestige.

prestigious [pre'stɪdʒəs] *adj* prestigieux(ieuse).

prestressed concrete [ˌpriː'strest-] *n* béton *m* précontraint.

presumably [prɪ'zjuːməblɪ] *adv* vraisemblablement.

presume [prɪ'zjuːm] *vt* présumer; to ~ (that) ... supposer que ....

presumption [prɪ'zʌmpʃn] *n* -1. [assumption] supposition *f*, présomption *f*. -2. (*U*) [audacity] présomption *f*.

presumptuous [prɪ'zʌmptʃʊəs] *adj* présomptueux(euse).

presuppose [ˌpriːsə'pəʊz] *vt* présupposer.

pretax [ˌpriː'tæks] *adj* avant impôts.

pretence, pretense *Am* [prɪ'tens] *n* prétention *f*; to make a ~ of doing sthg faire semblant de faire qqch; under false ~s sous des prétextes fallacieux.

pretend [prɪ'tend] ◇ *vt*: to ~ to do sthg faire semblant de faire qqch. ◇ *vi* faire semblant.

pretense *Am* = pretence.

pretension [prɪ'tenʃn] *n* prétention *f*; to have ~s to sthg avoir des prétentions à qqch.

pretentious [prɪ'tenʃəs] *adj* prétentieux(ieuse).

pretentiously [prɪ'tenʃəslɪ] *adv* de façon prétentieuse.

pretentiousness [prɪ'tenʃəsnɪs] *n* (*U*) prétention *f*.

preterite ['pretərət] *n* prétérit *m*.

pretext ['priːtekst] *n* prétexte *m*; on OR under the ~ that ... sous prétexte que ...; on OR under the ~ of doing sthg sous prétexte de faire qqch.

Pretoria [prɪ'tɔːrɪə] *n* Pretoria.

prettify ['prɪtɪfaɪ] (*pt* & *pp* -ied) *vt* enjoliver.

prettily ['prɪtɪlɪ] *adv* joliment.

pretty ['prɪtɪ] (*compar* -ier, *superl* -iest) ◇ *adj* joli(e). ◇ *adv* [quite] plutôt; ~ much OR well pratiquement, presque.

pretzel ['pretsl] *n* bretzel *m*.

prevail [prɪ'veɪl] *vi* -1. [be widespread] avoir cours, régner. -2. [triumph]: to ~ (over) prévaloir (sur), l'emporter (sur). -3. [persuade]: to ~ on OR upon sb to do sthg persuader qqn de faire qqch.

prevailing [prɪ'veɪlɪŋ] *adj* -1. [current] actuel(elle). -2. [wind] dominant(e).

prevalence ['prevələns] *n* (*U*) fréquence *f*.

prevalent ['prevələnt] *adj* courant(e), répandu(e).

prevaricate [prɪ'værɪkeɪt] *vi* tergiverser.

prevent [prɪ'vent] *vt*: to ~ sb/sthg (from doing sthg) empêcher qqn/qqch (de faire qqch).

preventable [prɪ'ventəbl] *adj* qui peut être évité(e).

preventative [prɪ'ventətɪv] = preventive.

prevention [prɪ'venʃn] *n* (*U*) prévention *f*.

preventive [prɪ'ventɪv] *adj* préventif(ive).

preview ['priːvjuː] *n* avant-première *f*.

previous ['priːvjəs] *adj* -1. [earlier] antérieur(e). -2. [preceding] précédent(e).

previously ['priːvjəslɪ] *adv* avant, auparavant.

prewar [ˌpriː'wɔːr] *adj* d'avant-guerre.

prey [preɪ] *n* proie *f*; to fall ~ to devenir la proie de.
◆ **prey on** *vt fus* -1. [live off] faire sa proie de. -2. [trouble]: to ~ on sb's mind ronger qqn, tracasser qqn.

price [praɪs] ◇ *n* -1. [cost] prix *m*; at any ~ à tout prix; she achieved fame, but at a ~ elle est devenue célèbre, mais ça lui a coûté cher. -2. [penalty]: to pay the ~ for sthg payer le prix pour qqch. ◇ *vt* fixer le prix de.

price-cutting *n* (*U*) réductions *fpl* de prix.

price-fixing [-ˌfɪksɪŋ] *n* (*U*) contrôle *m* des prix.

priceless ['praıslıs] *adj* sans prix, inestimable.

price list *n* tarif *m*.

price tag *n* [label] étiquette *f*.

price war *n* guerre *f* des prix.

pricey ['praısı] (*compar* **-ier**, *superl* **-iest**) *adj inf* chérot.

prick [prık] ◇ *n* **-1.** [scratch, wound] piqûre *f*. **-2.** *vulg* [stupid person] con *m*, conne *f*. ◇ *vt* piquer.

◆ **prick up** *vt fus:* to ~ up one's ears [animal] dresser les oreilles; [person] dresser OR tendre l'oreille.

prickle ['prıkl] ◇ *n* **-1.** [thorn] épine *f*. **-2.** [sensation on skin] picotement *m*. ◇ *vi* picoter.

prickly ['prıklı] (*compar* **-ier**, *superl* **-iest**) *adj* **-1.** [plant, bush] épineux(euse). **-2.** *fig* [person] irritable.

prickly heat *n* (*U*) boutons *mpl* de chaleur.

pride [praıd] ◇ *n* (*U*) **-1.** [satisfaction] fierté *f*; to take ~ in sthg/in doing sthg être fier de qqch/de faire qqch; it was his ~ and joy c'était sa fierté; to have ~ of place avoir la place d'honneur. **-2.** [self-esteem] orgueil *m*, amour-propre *m*; to swallow one's ~ ravaler son orgueil. **-3.** *pej* [arrogance] orgueil *m*. ◇ *vt:* to ~ o.s. on sthg être fier (fière) de qqch.

priest [priːst] *n* prêtre *m*.

priestess ['priːstıs] *n* prêtresse *f*.

priesthood ['priːsthud] *n* **-1.** [position, office]: the ~ le sacerdoce. **-2.** [priests]: the ~ le clergé.

prig [prıg] *n* petit saint *m*, petite sainte *f*.

prim [prım] (*compar* **-mer**, *superl* **-mest**) *adj* guindé(e).

primacy ['praıməsı] *n* primauté *f*.

prima donna [,priːmə'dɒnə] (*pl* **-s**) *n* prima donna *f inv*; to be a ~ *fig* & *pej* se prendre pour le nombril du monde.

primaeval [praı'miːvəl] = **primeval**.

prima facie [,praımə'feıʃıː] *adj:* ~ **evidence** commencement *m* de preuve; ~ **case** affaire *f* qui, de prime abord, paraît fondée.

primal ['praıml] *adj* **-1.** [original] primitif(ive). **-2.** [most important] primordial(e).

primarily ['praımərılı] *adv* principalement.

primary ['praımərı] (*pl* **-ies**) ◇ *adj* **-1.** [main] premier(ière), principal(e). **-2.** SCH primaire. ◇ *n Am* POL primaire *f*.

PRIMARIES

Les primaires américaines sont des élections (directes ou indirectes selon les États) aboutissant à la sélection des candidats qui seront en lice pour représenter les deux partis nationaux à l'élection présidentielle

primary colour *n* couleur *f* primaire.

primary election *n Am* primaire *f*.

primary school *n* école *f* primaire.

primate ['praımeıt] *n* **-1.** ZOOL primate *m*. **-2.** RELIG primat *m*.

prime [praım] ◇ *adj* **-1.** [main] principal(e), primordial(e). **-2.** [excellent] excellent(e); ~ **quality** première qualité; ~ **cut of meat** morceau de premier choix. ◇ *n:* to be in one's ~ être dans la fleur de l'âge; to be past one's ~ être sur le retour. ◇ *vt* **-1.** [gun, pump] amorcer. **-2.** [paint] apprêter. **-3.** [inform]: to ~ sb about sthg mettre qqn au courant de qqch.

prime minister *n* premier ministre *m*.

prime mover [-'muːvər] *n fig* instigateur *m*, -trice *f*.

prime number *n* nombre *m* premier.

primer ['praımər] *n* **-1.** [paint] apprêt *m*. **-2.** [textbook] introduction *f*.

prime time *n* (*U*) RADIO & TV heures *fpl* de grande écoute.

◆ **prime-time** *adj* aux heures de grande écoute.

primeval [praı'miːvl] *adj* [ancient] primitif(ive).

primitive ['prımıtıv] *adj* primitif(ive).

primordial [praı'mɔːdjəl] *adj* primordial(e).

primrose ['prımrəuz] *n* primevère *f*.

Primus stove® ['praıməs-] *n* réchaud *m* de camping.

prince [prıns] *n* prince *m*.

◆ **Prince** *n:* **Prince of Wales** Prince de Galles.

Prince Charming *n hum* prince *m* charmant.

Prince Edward Island [-'edwəd-] *n* l'île *f* du Prince-Édouard.

princely ['prınslı] (*compar* **-ier**, *superl* **-iest**) *adj* princier(ière).

princess [prın'ses] *n* princesse *f*.

◆ **Princess** *n:* **Princess Royal** princesse royale.

principal ['prınsəpl] ◇ *adj* principal(e). ◇ *n* SCH directeur *m*, -trice *f*; UNIV doyen *m*, -enne *f*.

principality [,prınsı'pælətı] (*pl* **-ies**) *n* principauté *f*.

principally ['prınsəplı] *adv* principalement.

principle ['prınsəpl] *n* principe *m*; on ~, as a matter of ~ par principe.

◆ **in principle** *adv* en principe.

principled ['prɪnsəpld] *adj* [behaviour] dicté(e) par des principes; [person] qui a des principes.

print [prɪnt] ◇ *n* **-1.** (U) [type] caractères *mpl*; **to be in** ~ être disponible; **to be out of** ~ être épuisé. **-2.** ART gravure *f*. **-3.** [photograph] épreuve *f*. **-4.** [fabric] imprimé *m*. **-5.** [mark] empreinte *f*. ◇ *vt* **-1.** [produce by printing] imprimer. **-2.** [publish] publier. **-3.** [write in block letters] écrire en caractères d'imprimerie. ◇ *vi* [printer] imprimer.
◆ **print out** *vt sep* COMPUT imprimer.

printed circuit ['prɪntɪd-] *n* circuit *m* imprimé.

printed matter ['prɪntɪd-] *n* (U) imprimés *mpl*.

printer ['prɪntəʳ] *n* **-1.** [person, firm] imprimeur *m*. **-2.** COMPUT imprimante *f*.

printing ['prɪntɪŋ] *n* (U) **-1.** [act of printing] impression *f*. **-2.** [trade] imprimerie *f*.

printing press *n* presse *f* typographique.

printout ['prɪntaʊt] *n* COMPUT sortie *f* d'imprimante, listing *m*.

prior ['praɪəʳ] ◇ *adj* antérieur(e), précédent(e). ◇ *n* [monk] prieur *m*.
◆ **prior to** *prep* avant; ~ **to doing sthg** avant de faire qqch.

prioritize, -ise [praɪ'ɒrɪtaɪz] *vt* donner la priorité à.

priority [praɪ'ɒrətɪ] (*pl* **-ies**) ◇ *adj* prioritaire. ◇ *n* priorité *f*; **to have** OR **take** ~ **(over)** avoir la priorité (sur).
◆ **priorities** *npl* priorités *fpl*.

priory ['praɪərɪ] (*pl* **-ies**) *n* prieuré *m*.

prise [praɪz] *vt*: **to** ~ **sthg away from sb** arracher qqch à qqn; **to** ~ **sthg open** forcer qqch.

prism ['prɪzm] *n* prisme *m*.

prison ['prɪzn] *n* prison *f*.

prison camp *n* camp *m* de prisonniers.

prisoner ['prɪznəʳ] *n* prisonnier *m*, -ière *f*; **to be taken** ~ être fait prisonnier.

prisoner of war (*pl* **prisoners of war**) *n* prisonnier *m*, -ière *f* de guerre.

prissy ['prɪsɪ] (*compar* **-ier**, *superl* **-iest**) *adj* prude, guindé(e).

pristine ['prɪstiːn] *adj* [condition] parfait(e); [clean] immaculé(e).

privacy [*Br* 'prɪvəsɪ, *Am* 'praɪvəsɪ] *n* intimité *f*.

private ['praɪvɪt] ◇ *adj* **-1.** [not public] privé(e). **-2.** [confidential] confidentiel(ielle). **-3.** [personal] personnel(elle). **-4.** [unsociable - person] secret(ète). ◇ *n* **-1.** [soldier] (simple) soldat *m*. **-2.** [secrecy]: **in** ~ en privé.
◆ **privates** *npl inf* parties *fpl*.

private company *n* société *f* privée.

private detective *n* détective *m* privé.

private enterprise *n* (U) entreprise *f* privée.

private eye *n* détective *m* privé.

private income *n Br* revenu *m* personnel.

private investigator *n* détective *m* privé.

privately ['praɪvɪtlɪ] *adv* **-1.** [not by the state]: ~ **owned** du secteur privé. **-2.** [confidentially] en privé. **-3.** [personally] intérieurement, dans son for intérieur.

private member *n Br* simple député *m*.

private parts *npl inf* parties *fpl*.

private practice *n* (U) *Br* cabinet *m* de médecin non conventionné.

private property *n* propriété *f* privée.

private school *n* école *f* privée.

private sector *n*: **the** ~ le secteur privé.

privation [praɪ'veɪʃn] *n* privation *f*.

privatization [ˌpraɪvətaɪ'zeɪʃn] *n* privatisation *f*.

privatize, -ise ['praɪvɪtaɪz] *vt* privatiser.

privet ['prɪvɪt] *n* troène *m*.

privilege ['prɪvɪlɪdʒ] *n* privilège *m*.

privileged ['prɪvɪlɪdʒd] *adj* privilégié(e).

privy ['prɪvɪ] *adj*: **to be** ~ **to sthg** être dans le secret de qqch.

Privy Council *n Br*: **the** ~ le Conseil privé.

PRIVY COUNCIL:

En font partie tous les ministres du gouvernement ainsi que d'autres personnalités du Commonwealth. Le 'Privy Council' compte environ 400 membres, mais ils ne se réunissent en plénière que dans des circonstances exceptionnelles

---

Privy Purse *n*: **the** ~ la cassette du souverain.

prize [praɪz] ◇ *adj* [possession] très précieux(ieuse); [animal] primé(e); [idiot, example] parfait(e). ◇ *n* prix *m*. ◇ *vt* priser.

prize day *n Br* jour *m* de la distribution des prix.

prizefight ['praɪzfaɪt] *n* combat *m* professionnel.

prize-giving [-ˌgɪvɪŋ] *n Br* distribution *f* des prix.

prizewinner ['praɪzˌwɪnəʳ] *n* gagnant *m*, -e *f*.

pro [prəʊ] (*pl* **-s**) *n* **-1.** *inf* [professional] pro *mf*. **-2.** [advantage]: **the** ~**s and cons** le pour et le contre.

pro- [prəʊ] *prefix* pro-.

PRO (*abbr of* **public relations officer**) *n res-*
ponsable des relations publiques.

pro-am ['prəʊˈæm] ◇ *adj* pro-am. ◇ *n*
tournoi *m* pro-am.

probability [ˌprɒbəˈbɪlətɪ] (*pl* **-ies**) *n* probabilité *f*; **in all** ~ selon toute probabilité.

probable ['prɒbəbl] *adj* probable.

probably ['prɒbəblɪ] *adv* probablement.

probate ['prəʊbeɪt] JUR ◇ *n* homologation *f*.
◇ *vt Am* homologuer.

probation [prəˈbeɪʃn] *n* (*U*) **-1.** JUR mise *f* à
l'épreuve; **to put sb on** ~ mettre qqn en
sursis avec mise à l'épreuve. **-2.** [trial per-
iod] essai *m*; **to be on** ~ être à l'essai.

probationary [prəˈbeɪʃnrɪ] *adj* [teacher,
nurse] à l'essai; [period, year] d'essai.

probationer [prəˈbeɪʃnər] *n* **-1.** [employee]
stagiaire *mf*. **-2.** JUR sursitaire *mf* avec mise
à l'épreuve.

probation officer *n* agent *m* de probation.

probe [prəʊb] ◇ *n* **-1.** [investigation]: ~
(into) enquête *f* (sur). **-2.** MED & TECH sonde
f. ◇ *vt* sonder. ◇ *vi*: **to** ~ **for** OR **into sthg**
chercher à découvrir qqch.

probing ['prəʊbɪŋ] *adj* [question] péné-
trant(e); [look] inquisiteur(trice).

probity ['prəʊbətɪ] *n* probité *f*.

problem ['prɒbləm] ◇ *n* problème *m*; **no**
~! *inf* pas de problème! ◇ *comp* difficile.

problematic(al) [ˌprɒbləˈmætɪk(l)] *adj* problématique.

procedural [prəˈsiːdʒərəl] *adj* de procédure.

procedure [prəˈsiːdʒər] *n* procédure *f*.

proceed [*vb* prəˈsiːd, *npl* 'prəʊsiːdz] ◇ *vt* [do
subsequently]: **to** ~ **to do sthg** se mettre à
faire qqch. ◇ *vi* **-1.** [continue]: **to** ~ **(with
sthg)** continuer (qqch), poursuivre (qqch).
-2. *fml* [advance] avancer.
◆ **proceeds** *npl* recette *f*.

proceedings [prəˈsiːdɪŋz] *npl* **-1.** [of meet-
ing] débats *mpl*. **-2.** JUR poursuites *fpl*.

process ['prəʊses] ◇ *n* **-1.** [series of actions]
processus *m*; **in the** ~ ce faisant; **to be in
the** ~ **of doing sthg** être en train de faire
qqch. **-2.** [method] procédé *m*. ◇ *vt* [raw materials, food, data] traiter, transformer; [appli-
cation] s'occuper de.

processed cheese ['prəʊsest-] *n* fromage en
minces lamelles préemballé.

processing ['prəʊsesɪŋ] *n* traitement *m*,
transformation *f*.

procession [prəˈseʃn] *n* cortège *m*, procession *f*.

processor ['prəʊsesər] *n* **-1.** COMPUT processeur *m*. **-2.** CULIN robot *m* ménager OR de
cuisine.

pro-choice *adj* pour le droit d'avortement.

proclaim [prəˈkleɪm] *vt* [declare] proclamer.

proclamation [ˌprɒkləˈmeɪʃn] *n* proclamation *f*.

proclivity [prəˈklɪvətɪ] (*pl* **-ies**) *n fml*: ~ **to**
OR **towards sthg** propension *f* à qqch.

procrastinate [prəˈkræstɪneɪt] *vi* faire traîner les choses.

procrastination [prəˌkræstɪˈneɪʃn] *n* procrastination *f*.

procreate ['prəʊkrɪeɪt] *vi* procréer.

procreation [ˌprəʊkrɪˈeɪʃn] *n* procréation *f*.

procurator fiscal ['prɒkjʊreɪtə-] *n Scot* ≃
procureur *m*.

procure [prəˈkjʊər] *vt* [for oneself] se procurer; [for someone else] procurer; [release]
obtenir.

procurement [prəˈkjʊəmənt] *n* obtention *f*.

prod [prɒd] (*pt* & *pp* **-ded**, *cont* **-ding**) ◇ *n*
petit coup *m*; **to give sb a** ~ *fig* faire rappeler à qqn. ◇ *vt* **-1.** [push, poke] pousser
doucement. **-2.** [remind, prompt]: **to** ~ **sb
(into doing sthg)** pousser OR inciter qqn (à
faire qqch).

prodigal ['prɒdɪgl] *adj* prodigue.

prodigious [prəˈdɪdʒəs] *adj* prodi-
gieux(ieuse).

prodigy ['prɒdɪdʒɪ] (*pl* **-ies**) *n* prodige *m*.

produce [*n* 'prɒdjuːs, *vb* prəˈdjuːs] ◇ *n* (*U*)
produits *mpl*. ◇ *vt* **-1.** [gen] produire. **-2.**
[cause] provoquer, causer. **-3.** [show] présenter. **-4.** THEATRE mettre en scène.

producer [prəˈdjuːsər] *n* **-1.** [of film, manu-
facturer] producteur *m*, -trice *f*. **-2.** THEATRE
metteur *m* en scène.

product ['prɒdʌkt] *n* produit *m*; **to be a** ~
of sthg être le produit OR le résultat de
qqch.

production [prəˈdʌkʃn] *n* **-1.** (*U*) [manufac-
ture, of film] production *f*; **to go into** ~ entrer en production; **to put sthg into** ~ entreprendre la fabrication de qqch. **-2.** (*U*)
[output] rendement *m*. **-3.** (*U*) THEATRE [of
play] mise *f* en scène. **-4.** [show - gen] production *f*; [- THEATRE] pièce *f*.

production line *n* chaîne *f* de fabrication.

production manager *n* directeur *m*, -trice
f de la production.

productive [prəˈdʌktɪv] *adj* **-1.** [land, business, workers] productif(ive). **-2.** [meeting, ex-
perience] fructueux(euse).

productively [prəˈdʌktɪvlɪ] *adv* **-1.** [operate,
use] de façon productive. **-2.** [spend time] de
façon fructueuse.

productivity [ˌprɒdʌkˈtɪvətɪ] *n* productivité
f.

productivity deal n accord m de productivité.

Prof. (abbr of **Professor**) Pr.

profane [prə'feɪn] adj impie.

profanity [prə'fænətɪ] (pl -ies) n impiété f.

profess [prə'fes] vt professer; **to ~ to do/be** prétendre faire/être.

professed [prə'fest] adj déclaré(e).

profession [prə'feʃn] n profession f; **by ~** de son métier.

professional [prə'feʃənl] ◇ adj **-1.** [gen] professionnel(elle). **-2.** [of high standard] de (haute) qualité. ◇ n professionnel m, -elle f.

professional foul n faute f délibérée.

professionalism [prə'feʃnəlɪzm] n professionnalisme m.

professionally [prə'feʃnəlɪ] adv **-1.** [as professional] en professionnel; **~ qualified** diplômé(e). **-2.** [skilfully] de façon professionnelle.

professor [prə'fesər] n **-1.** Br UNIV professeur m (de faculté). **-2.** Am & Can [teacher] professeur m.

professorship [prə'fesəʃɪp] n chaire f.

proffer ['prɒfər] vt: **to ~ sthg (to sb)** offrir qqch (à qqn); **to ~ one's hand (to sb)** tendre la main (à qqn).

proficiency [prə'fɪʃənsɪ] n: **~ (in)** compétence f (en).

proficient [prə'fɪʃənt] adj: **~ (in OR at sthg)** compétent(e) (en qqch).

profile ['prəʊfaɪl] n profil m; **in ~** de profil; **to keep a low ~** adopter un profil bas.

profit ['prɒfɪt] ◇ n **-1.** [financial] bénéfice m, profit m; **to make a ~** faire un bénéfice; **to sell sthg at a ~** vendre qqch à profit. **-2.** [advantage] profit m. ◇ vi [financially] être le bénéficiaire; [gain advantage] tirer avantage OR profit.

profitability [,prɒfɪtə'bɪlətɪ] n rentabilité f.

profitable ['prɒfɪtəbl] adj **-1.** [financially] rentable, lucratif(ive). **-2.** [beneficial] fructueux(euse), profitable.

profitably ['prɒfɪtəblɪ] adv **-1.** [at a profit] de façon rentable. **-2.** [spend time] utilement.

profiteering [,prɒfɪ'tɪərɪŋ] n affairisme m, mercantilisme m.

profit-making ◇ adj à but lucratif. ◇ n réalisation f de bénéfices.

profit margin n marge f bénéficiaire.

profit sharing [-,ʃeərɪŋ] n participation f aux bénéfices.

profligate ['prɒflɪgɪt] adj **-1.** [extravagant] prodigue. **-2.** [immoral] débauché(e).

pro forma [-'fɔːmə] adj pro forma.

profound [prə'faʊnd] adj profond(e).

profoundly [prə'faʊndlɪ] adv profondément.

profuse [prə'fjuːs] adj [apologies, praise] profus(e); [bleeding] abondant(e).

profusely [prə'fjuːslɪ] adv [sweat, bleed] abondamment; **to apologize ~** se confondre en excuses.

profusion [prə'fjuːʒn] n profusion f.

progeny ['prɒdʒənɪ] (pl -ies) n progéniture f.

progesterone [prə'dʒestərəʊn] n progestérone f.

prognosis [prɒg'nəʊsɪs] (pl -noses [-'nəʊsiːz]) n pronostic m.

prognostication [prɒg,nɒstɪ'keɪʃn] n pronostic m.

program ['prəʊgræm] (pt & pp -med OR -ed, cont -ming OR -ing) ◇ n **-1.** COMPUT programme m. **-2.** Am = **programme**. ◇ vt **-1.** COMPUT programmer. **-2.** Am = programme.

programer Am = **programmer**.

programmable [prəʊ'græməbl] adj programmable.

programme Br, **program** Am ['prəʊgræm] ◇ n **-1.** [schedule, booklet] programme m. **-2.** RADIO & TV émission f. ◇ vt programmer; **to ~ sthg to do sthg** programmer qqch pour faire qqch.

programmer Br, **programer** Am ['prəʊgræmər] n COMPUT programmeur m, -euse f.

programming ['prəʊgræmɪŋ] n programmation f.

programming language n langage m de programmation.

progress [n 'prəʊgres, vb prəʊ'gres] ◇ n progrès m; **to make ~** [improve] faire des progrès; **to make ~ in sthg** avancer dans qqch; **in ~** en cours. ◇ vi **-1.** [improve - gen] progresser, avancer; [- person] faire des progrès. **-2.** [continue] avancer. **-3.** [move on]: **to ~ to sthg** passer à qqch.

progression [prə'greʃn] n progression f.

progressive [prə'gresɪv] adj **-1.** [enlightened] progressiste. **-2.** [gradual] progressif(ive).

progressively [prə'gresɪvlɪ] adv progressivement.

progress report n [on patient] bulletin m de santé; [on student] bulletin scolaire; [on work] compte-rendu m.

prohibit [prə'hɪbɪt] vt prohiber; **to ~ sb from doing sthg** interdire OR défendre à qqn de faire qqch.

prohibition [ˌprəʊɪ'bɪʃn] *n* **-1.** [law, rule] prohibition *f*. **-2.** (*U*) [act of prohibiting] interdiction *f*, défense *f*.

prohibitive [prə'hɪbətɪv] *adj* prohibitif(ive).

project [*n* 'prɒdʒekt, *vb* prə'dʒekt] ◇ *n* **-1.** [plan, idea] projet *m*, plan *m*. **-2.** SCH [study]: ~ **(on)** dossier *m* (sur), projet *m* (sur). ◇ *vt* **-1.** [gen] projeter. **-2.** [estimate] prévoir. ◇ *vi* [jut out] faire saillie.

projectile [prə'dʒektaɪl] *n* projectile *m*.

projection [prə'dʒekʃn] *n* **-1.** [estimate] prévision *f*. **-2.** [protrusion] saillie *f*. **-3.** (*U*) [display, showing] projection *f*.

projectionist [prə'dʒekʃənɪst] *n* projectionniste *mf*.

projection room *n* cabine *f* de projection.

projector [prə'dʒektər] *n* projecteur *m*.

proletarian [ˌprəʊlɪ'teərɪən] *adj* prolétarien(ienne).

proletariat [ˌprəʊlɪ'teərɪət] *n* prolétariat *m*.

pro-life *adj* pour le respect de la vie.

proliferate [prə'lɪfəreɪt] *vi* proliférer.

prolific [prə'lɪfɪk] *adj* prolifique.

prologue, prolog *Am* ['prəʊlɒg] *n lit & fig* prologue *m*.

prolong [prə'lɒŋ] *vt* prolonger.

prom [prɒm] *n* **-1.** *Br inf* (*abbr of* **promenade**) promenade *f*, front *m* de mer. **-2.** *Am* [ball] bal *m* d'étudiants. **-3.** *Br inf* (*abbr of* **promenade concert**) concert *m* promenade.

promenade [ˌprɒmə'nɑːd] *n Br* [road by sea] promenade *f*, front *m* de mer.

promenade concert *n Br* concert *m* promenade.

prominence ['prɒmɪnəns] *n* **-1.** [importance] importance *f*. **-2.** [conspicuousness] proéminence *f*.

prominent ['prɒmɪnənt] *adj* **-1.** [important] important(e). **-2.** [noticeable] proéminent(e).

prominently ['prɒmɪnəntlɪ] *adv* au premier plan, bien en vue.

promiscuity [ˌprɒmɪs'kjuːətɪ] *n* promiscuité *f*.

promiscuous [prɒ'mɪskjuəs] *adj* [person] aux mœurs légères; [behaviour] immoral(e).

promise ['prɒmɪs] ◇ *n* promesse *f*; **to make (sb) a** ~ faire une promesse (à qqn); **to show** ~ avoir de l'avenir, promettre. ◇ *vt*: **to** ~ **(sb) to do sthg** promettre (à qqn) de faire qqch; **to** ~ **sb sthg** promettre qqch à qqn. ◇ *vi* promettre.

promising ['prɒmɪsɪŋ] *adj* prometteur(euse).

promissory note ['prɒmɪsərɪ-] *n* billet *m* à ordre.

promo ['prəʊməʊ] (*pl* **-s**) (*abbr of* **promotion**) *n inf* promo *f*.

promontory ['prɒməntrɪ] (*pl* **-ies**) *n* promontoire *m*.

promote [prə'məʊt] *vt* **-1.** [foster] promouvoir. **-2.** [push, advertise] promouvoir, lancer. **-3.** [in job] promouvoir.

promoter [prə'məʊtər] *n* **-1.** [organizer] organisateur *m*, -trice *f*. **-2.** [supporter] promoteur *m*, -trice *f*.

promotion [prə'məʊʃn] *n* promotion *f*, avancement *m*; **to get** OR **be given** ~ être promu, obtenir de l'avancement.

prompt [prɒmpt] ◇ *adj* rapide, prompt(e). ◇ *adv*: **at nine o'clock** ~ à neuf heures précises OR **tapantes**. ◇ *vt* **-1.** [motivate, encourage]: **to** ~ **sb (to do sthg)** pousser OR inciter qqn (à faire qqch). **-2.** THEATRE souffler sa réplique à. ◇ *n* THEATRE réplique *f*.

prompter ['prɒmptər] *n* THEATRE souffleur *m*, -euse *f*.

promptly ['prɒmptlɪ] *adv* **-1.** [immediately] rapidement, promptement. **-2.** [punctually] ponctuellement.

promptness ['prɒmptnɪs] *n* **-1.** [speediness] promptitude *f*. **-2.** [punctuality] ponctualité *f*.

promulgate ['prɒmlgeɪt] *vt* promulguer.

prone [prəʊn] *adj* **-1.** [susceptible]: **to be** ~ **to sthg** être sujet(ette) à qqch; **to be** ~ **to do sthg** avoir tendance à faire qqch. **-2.** [lying flat] étendu(e) face contre terre.

prong [prɒŋ] *n* [of fork] dent *f*.

pronoun ['prəʊnaʊn] *n* pronom *m*.

pronounce [prə'naʊns] ◇ *vt* prononcer. ◇ *vi*: **to** ~ **on** se prononcer sur.

pronounced [prə'naʊnst] *adj* prononcé(e).

pronouncement [prə'naʊnsmənt] *n* déclaration *f*.

pronunciation [prəˌnʌnsɪ'eɪʃn] *n* prononciation *f*.

proof [pruːf] *n* **-1.** [evidence] preuve *f*. **-2.** [of book etc] épreuve *f*. **-3.** [of alcohol] teneur *f* en alcool.

proofread ['pruːfriːd] (*pt & pp* **-read** [-red]) *vt* corriger les épreuves de.

proofreader ['pruːfˌriːdər] *n* correcteur *m*, -trice *f* d'épreuves.

prop [prɒp] (*pt & pp* **-ped**, *cont* **-ping**) ◇ *n* **-1.** [physical support] support *m*, étai *m*. **-2.** *fig* [supporting thing, person] soutien *m*. **-3.** RUGBY pilier *m*. ◇ *vt*: **to** ~ **sthg against** appuyer qqch contre OR à.
◆ **props** *npl* accessoires *mpl*.

◆ **prop up** *vt sep* **-1.** [physically support] soutenir, étayer. **-2.** *fig* [sustain] soutenir.

Prop. *abbr of* **proprietor.**

propaganda [ˌprɒpə'gændə] *n* propagande *f.*

propagate ['prɒpəgeɪt] ◇ *vt* propager. ◇ *vi* se propager.

propagation [ˌprɒpə'geɪʃn] *n* propagation *f.*

propane ['prəʊpeɪn] *n* propane *m.*

propel [prə'pel] (*pt* & *pp* **-led,** *cont* **-ling**) *vt* propulser; *fig* pousser.

propeller [prə'pelər] *n* hélice *f.*

propelling pencil [prə'pelɪŋ-] *n* *Br* portemine *m inv.*

propensity [prə'pensətɪ] (*pl* **-ies**) *n*: ~ **(for** OR **to)** propension *f* (à).

proper ['prɒpər] *adj* **-1.** [real] vrai(e). **-2.** [correct] correct(e), bon (bonne). **-3.** [decent - behaviour etc] convenable. **-4.** *inf* [for emphasis]: **he's a** ~ **idiot!** c'est un imbécile fini!

properly ['prɒpəlɪ] *adv* **-1.** [satisfactorily, correctly] correctement, comme il faut. **-2.** [decently] convenablement, comme il faut.

proper noun *n* nom *m* propre.

property ['prɒpətɪ] (*pl* **-ies**) *n* **-1.** (U) [possessions] biens *mpl,* propriété *f.* **-2.** [building] bien *m* immobilier; [land] terres *fpl.* **-3.** [quality] propriété *f.*

property developer *n* promoteur *m* immobilier.

property owner *n* propriétaire *m* (foncier).

property tax *n* impôt *m* foncier.

prophecy ['prɒfɪsɪ] (*pl* **-ies**) *n* prophétie *f.*

prophesy ['prɒfɪsaɪ] (*pt* & *pp* **-ied**) *vt* prédire.

prophet ['prɒfɪt] *n* prophète *m.*

prophetic [prə'fetɪk] *adj* prophétique.

propitious [prə'pɪʃəs] *adj fml* propice, favorable.

proponent [prə'pəʊnənt] *n* adepte *mf,* partisan *m,* -e *f.*

proportion [prə'pɔːʃn] *n* **-1.** [part] part *f,* partie *f.* **-2.** [ratio] rapport *m,* proportion *f*; **in** ~ **to** proportionnellement à; **out of all** ~ **to** sans commune mesure avec. **-3.** ART: **in** ~ proportionné(e); **out of** ~ mal proportionné; **to get sthg out of** ~ *fig* exagérer qqch; **a sense of** ~ *fig* le sens de la mesure.

proportional [prə'pɔːʃənl] *adj* proportionnel(elle).

proportional representation *n* représentation *f* proportionnelle.

proportionate [prə'pɔːʃnət] *adj* proportionnel(elle).

proposal [prə'pəʊzl] *n* **-1.** [suggestion] proposition *f,* offre *f.* **-2.** [offer of marriage] demande *f* en mariage.

propose [prə'pəʊz] ◇ *vt* **-1.** [suggest] proposer. **-2.** [intend]: **to** ~ **to do** OR **doing sthg** avoir l'intention de faire qqch, se proposer de faire qqch. **-3.** [toast] porter. ◇ *vi* faire une demande en mariage; **to** ~ **to sb** demander qqn en mariage.

proposed [prə'pəʊzd] *adj* proposé(e).

proposition [ˌprɒpə'zɪʃn] ◇ *n* proposition *f*; **to make sb a** ~ faire une proposition à qqn. ◇ *vt* faire des propositions à.

propound [prə'paʊnd] *vt fml* soumettre, proposer.

proprietary [prə'praɪətrɪ] *adj* de marque déposée; **= brand marque** *f* déposée.

proprietor [prə'praɪətər] *n* propriétaire *mf.*

propriety [prə'praɪətɪ] *n* (U) *fml* [moral correctness] bienséance *f.*

propulsion [prə'pʌlʃn] *n* propulsion *f.*

pro rata [-'rɑːtə] ◇ *adj* proportionnel(elle). ◇ *adv* au prorata.

prosaic [prəʊ'zeɪɪk] *adj* prosaïque, banal(e).

Pros. Atty (*abbr of* **prosecuting attorney**) avocat général.

proscenium [prə'siːnjəm] (*pl* **-niums** OR **-nia** [-njə]) *n*: ~ **(arch)** proscenium *m.*

proscribe [prəʊ'skraɪb] *vt* proscrire.

prose [prəʊz] ◇ *n* (U) prose *f.* ◇ *comp* en prose.

prosecute ['prɒsɪkjuːt] ◇ *vt* poursuivre (en justice). ◇ *vi* [police] engager des poursuites judiciaires; [lawyer] représenter la partie plaignante.

prosecution [ˌprɒsɪ'kjuːʃn] *n* poursuites *fpl* judiciaires, accusation *f*; **the** ~ la partie plaignante; [in Crown case] ≈ le ministère public.

prosecutor ['prɒsɪkjuːtər] *n* plaignant *m,* -e *f.*

prospect [*n* 'prɒspekt, *vb* prə'spekt] ◇ *n* **-1.** [hope] possibilité *f,* chances *fpl.* **-2.** [probability] perspective *f.* ◇ *vi*: **to** ~ **(for sthg)** prospecter (pour chercher qqch).

◆ **prospects** *npl*: ~**s (for)** chances *fpl* (de), perspectives *fpl* (de).

prospecting [prə'spektɪŋ] *n* prospection *f.*

prospective [prə'spektɪv] *adj* éventuel(elle).

prospector [prə'spektər] *n* prospecteur *m,* -trice *f.*

prospectus [prə'spektəs] (*pl* **-es**) *n* prospectus *m.*

prosper ['prɒspər] *vi* prospérer.

prosperity [prɒˈsperətɪ] *n* prospérité *f.*

prosperous [ˈprɒspərəs] *adj* prospère.

prostate (gland) [ˈprɒsteɪt-] *n* prostate *f.*

prosthesis [prɒsˈθiːsɪs] (*pl* **-theses** [-ˈθiːsiːz]) *n* prothèse *f.*

prostitute [ˈprɒstɪtjuːt] *n* prostituée *f*; **male** ~ prostitué *m.*

prostitution [ˌprɒstɪˈtjuːʃn] *n* prostitution *f.*

prostrate [*adj* ˈprɒstreɪt, *vb* prɒˈstreɪt] ◇ *adj* **-1.** [lying down] à plat ventre. **-2.** [with grief etc] prostré(e). ◇ *vt*: **to ~ o.s. (before sb)** se prosterner (devant qqn).

protagonist [prəˈtægənɪst] *n* protagoniste *mf.*

protect [prəˈtekt] *vt*: **to ~ sb/sthg (against)**, **to ~ sb/sthg (from)** protéger qqn/qqch (contre), protéger qqn/qqch (de).

protection [prəˈtekʃn] *n*: ~ **(from** OR **against)** protection *f* (contre), défense *f* (contre).

protectionism [prəˈtekʃənɪzm] *n* protectionnisme *m.*

protectionist [prəˈtekʃənɪst] *adj* protectionniste.

protection money *n* argent versé par les victimes d'un racket.

protective [prəˈtektɪv] *adj* **-1.** [layer, clothing] de protection. **-2.** [person, feelings] protecteur(trice); **to feel ~ towards sb** se montrer protecteur envers qqn.

protective custody *n* détention d'une personne pour sa propre sécurité.

protectiveness [prəˈtektɪvnɪs] *n* attitude *f* protectrice.

protector [prəˈtektər] *n* **-1.** [person] protecteur *m*, -trice *f.* **-2.** [object] dispositif *m* de protection.

protectorate [prəˈtektərət] *n* protectorat *m.*

protégé [ˈprɒteʒeɪ] *n* protégé *m.*

protégée [ˈprɒteʒeɪ] *n* protégée *f.*

protein [ˈprəutiːn] *n* protéine *f.*

protest [*n* ˈprəutest, *vb* prəˈtest] ◇ *n* protestation *f.* ◇ *vt* **-1.** [state] protester de. **-2.** *Am* [protest against] protester contre. ◇ *vi*: **to ~ (about/against)** protester (à propos de/contre).

Protestant [ˈprɒtɪstənt] ◇ *adj* protestant(e). ◇ *n* protestant *m*, -e *f.*

Protestantism [ˈprɒtɪstəntɪzm] *n* protestantisme *m.*

protestation [ˌprəuteˈsteɪʃn] *n* protestation *f.*

protester [prəˈtestər] *n* [on march, at demonstration] manifestant *m*, -e *f.*

protest march *n* manifestation *f*, marche *f* de protestation.

protocol [ˈprəutəkɒl] *n* protocole *m.*

proton [ˈprəutɒn] *n* proton *m.*

prototype [ˈprəutətaɪp] *n* prototype *m.*

protracted [prəˈtræktɪd] *adj* prolongé(e).

protractor [prəˈtræktər] *n* rapporteur *m.*

protrude [prəˈtruːd] *vi* avancer, dépasser.

protrusion [prəˈtruːʒn] *n* avancée *f*, saillie *f.*

protuberance [prəˈtjuːbərəns] *n* protubérance *f.*

proud [praud] *adj* **-1.** [satisfied, dignified] fier (fière); **to be ~ to do sthg** être fier de faire qqch. **-2.** *pej* [arrogant] orgueilleux(euse), fier (fière).

proudly [ˈpraudlɪ] *adv* **-1.** [with satisfaction, dignity] avec fierté. **-2.** *pej* [arrogantly] orgueilleusement.

provable [ˈpruːvəbl] *adj* qui peut être prouvé(e), prouvable.

prove [pruːv] (*pp* **-d** OR **proven**) *vt* **-1.** [show to be true] prouver. **-2.** [turn out]: **to ~ (to be) false/useful** s'avérer faux/utile; **to ~ o.s. to be sthg** se révéler être qqch.

proven [ˈpruːvn, ˈprəuvn] ◇ *pp* → **prove.** ◇ *adj* [fact] avéré(e), établi(e); [liar] fieffé(e).

Provençal [ˌprɒvɒnˈsɑːl] ◇ *adj* provençal(e). ◇ *n* **-1.** [person] Provençal *m*, -e *f.* **-2.** [language] Provençal *m.*

Provence [prɒˈvɒns] *n* Provence *f*; **in ~** en Provence.

proverb [ˈprɒvɜːb] *n* proverbe *m.*

proverbial [prəˈvɜːbjəl] *adj* proverbial(e).

provide [prəˈvaɪd] *vt* fournir; **to ~ sb with sthg** fournir qqch à qqn; **to ~ sthg for sb** fournir qqch à qqn.

◆ **provide for** *vt fus* **-1.** [support] subvenir aux besoins de. **-2.** *fml* [make arrangements for] prévoir.

provided [prəˈvaɪdɪd]

◆ **provided (that)** *conj* à condition que (+ *subjunctive*), pourvu que (+ *subjunctive*).

providence [ˈprɒvɪdəns] *n* providence *f.*

providential [ˌprɒvɪˈdenʃl] *adj* providentiel(ielle).

provider [prəˈvaɪdər] *n* pourvoyeur *m*, -euse *f.*

providing [prəˈvaɪdɪŋ]

◆ **providing (that)** *conj* à condition que (+ *subjunctive*), pourvu que (+ *subjunctive*).

province [ˈprɒvɪns] *n* **-1.** [part of country] province *f.* **-2.** [speciality] domaine *m*, compétence *f.*

◆ **provinces** *npl*: **the ~s** la province.

provincial [prəˈvɪnʃl] *adj* **-1.** [town, newspaper] de province. **-2.** *pej* [narrow-minded] provincial(e).

provision [prəˈvɪʒn] *n* **-1.** (*U*) [act of supplying]: ~ **(of)** approvisionnement *m* (en), fourniture *f* (de). **-2.** [supply] provision *f*, réserve *f*. **-3.** (*U*) [arrangements]: **to make** ~ **for** [the future] prendre des mesures pour; [one's family] pourvoir aux besoins de. **-4.** [in agreement, law] clause *f*, disposition *f*.
◆ **provisions** *npl* [supplies] provisions *fpl*.

provisional [prəˈvɪʒənl] *adj* provisoire.

Provisional IRA *n* branche de l'IRA qui pratique le terrorisme.

provisional licence *n Br* permis *m* de conduire provisoire (*jusqu'à l'obtention du permis de conduire*).

provisionally [prəˈvɪʒnəlɪ] *adv* provisoirement, à titre provisoire.

proviso [prəˈvaɪzəʊ] (*pl* **-s**) *n* condition *f*, stipulation *f*; **with the** ~ **that** à (la) condition que (+ *subjunctive*).

Provo [ˈprəʊvəʊ] (*pl* **-s**) (*abbr of* **Provisional**) *n inf* membre de la branche de l'IRA pratiquant le terrorisme.

provocation [ˌprɒvəˈkeɪʃn] *n* provocation *f*.

provocative [prəˈvɒkətɪv] *adj* provocant(e).

provocatively [prəˈvɒkətɪvlɪ] *adv* d'une manière provocante.

provoke [prəˈvəʊk] *vt* **-1.** [annoy] agacer, contrarier. **-2.** [cause - fight, argument] provoquer; [- reaction] susciter.

provoking [prəˈvəʊkɪŋ] *adj* agaçant(e), énervant(e).

provost [ˈprɒvəst] *n* **-1.** *Br* UNIV doyen *m*. **-2.** *Scot* [head of town council] maire *m*.

prow [praʊ] *n* proue *f*.

prowess [ˈpraʊɪs] *n* prouesse *f*.

prowl [praʊl] ◇ *n*: **to be on the** ~ rôder. ◇ *vt* [streets etc] rôder dans. ◇ *vi* rôder.

prowl car *n Am* voiture *f* de police en patrouille.

prowler [ˈpraʊlə˙] *n* rôdeur *m*, -euse *f*.

proximity [prɒkˈsɪmətɪ] *n*: ~ **(to)** proximité *f* (de); **in the** ~ **of** à proximité de.

proxy [ˈprɒksɪ] (*pl* **-ies**) *n*: **by** ~ par procuration.

prude [pruːd] *n* prude *f*.

prudence [ˈpruːdns] *n* prudence *f*.

prudent [ˈpruːdnt] *adj* prudent(e).

prudently [ˈpruːdntlɪ] *adv* prudemment, avec prudence.

prudish [ˈpruːdɪʃ] *adj* prude, pudibond(e).

prune [pruːn] ◇ *n* [fruit] pruneau *m*. ◇ *vt* [tree, bush] tailler.

prurient [ˈprʊərɪənt] *adj* lascif(ive).

Prussian [ˈprʌʃn] ◇ *adj* prussien(ienne). ◇ *n* Prussien *m*, -ienne *f*.

pry [praɪ] (*pt* & *pp* **pried**) *vi* se mêler de ce qui ne vous regarde pas; **to** ~ **into sthg** chercher à découvrir qqch.

PS (*abbr of* **postscript**) *n* PS *m*.

psalm [sɑːm] *n* psaume *m*.

PSBR (*abbr of* **public sector borrowing requirement**) *n* partie du budget de l'État non couverte par les impôts en Grande-Bretagne.

pseud [sjuːd] *n Br inf* frimeur *m*, -euse *f*.

pseudo- [ˌsjuːdəʊ] *prefix* pseudo-.

pseudonym [ˈsjuːdənɪm] *n* pseudonyme *m*.

psi (*abbr of* **pounds per square inch**) *livres au pouce carré (mesure de pression)*.

psoriasis [sɒˈraɪəsɪs] *n* psoriasis *m*.

psst [pst] *excl* psitt!

PST (*abbr of* **Pacific Standard Time**) *n* heure du Pacifique.

psych [saɪk]
◆ **psych up** *vt sep inf* préparer psychologiquement; **to** ~ **o.s. up** se préparer psychologiquement.

psyche [ˈsaɪkɪ] *n* psyché *f*.

psychedelic [ˌsaɪkɪˈdelɪk] *adj* psychédélique.

psychiatric [ˌsaɪkɪˈætrɪk] *adj* psychiatrique.

psychiatric nurse *n* infirmière *f* en psychiatrie.

psychiatrist [saɪˈkaɪətrɪst] *n* psychiatre *mf*.

psychiatry [saɪˈkaɪətrɪ] *n* psychiatrie *f*.

psychic [ˈsaɪkɪk] ◇ *adj* **-1.** [clairvoyant - person] doué(e) de seconde vue; [- powers] parapsychique. **-2.** MED psychique. ◇ *n* médium *m*.

psychoanalyse, -yze *Am* [ˌsaɪkəʊˈænəlaɪz] *vt* psychanalyser.

psychoanalysis [ˌsaɪkəʊəˈnæləsɪs] *n* psychanalyse *f*.

psychoanalyst [ˌsaɪkəʊˈænəlɪst] *n* psychanalyste *mf*.

psychological [ˌsaɪkəˈlɒdʒɪkl] *adj* psychologique.

psychological warfare *n* (*U*) guerre *f* psychologique.

psychologist [saɪˈkɒlədʒɪst] *n* psychologue *mf*.

psychology [saɪˈkɒlədʒɪ] *n* psychologie *f*.

psychopath [ˈsaɪkəpæθ] *n* psychopathe *mf*.

psychosis [saɪˈkəʊsɪs] (*pl* **-choses** [-ˈkəʊsiːz]) *n* psychose *f*.

psychosomatic [ˌsaɪkəʊsəˈmætɪk] *adj* psychosomatique.

psychotherapy [ˌsaɪkəʊˈθerəpɪ] *n* psychothérapie *f*.

psychotic [saɪˈkɒtɪk] ◇ *adj* psychotique. ◇ *n* psychotique *mf*.

pt -1. *abbr of* **pint.** **-2.** *abbr of* **point.**

Pt. (*abbr of* **Point**) [on map] Pte.

PT (*abbr of* **physical training**) *n* EPS *f.*

PTA (*abbr of* **parent-teacher association**) *n* association de parents d'élèves et de professeurs.

Pte. *abbr of* **Private.**

PTO ◇ *n* (*abbr of* **parent-teacher organization**) aux États-Unis, association de parents d'élèves et de professeurs. ◇ (*abbr of* **please turn over**) TSVP.

PTV *n* **-1.** (*abbr of* **pay television**) télévision payante. **-2.** (*abbr of* **public television**) programmes télévisés éducatifs.

pub [pʌb] *n* pub *m.*

PUB:
Dans l'ensemble des îles Britanniques, le pub est un des grands foyers de la vie sociale. Ces établissements — interdits aux personnes non accompagnées de moins de 16 ans — étaient soumis à des horaires stricts, mais ceux-ci se sont beaucoup assouplis récemment (voir 'licensing hours'). De simple débit de boissons, qu'il était souvent, de plus en plus le pub évolue vers une sorte de brasserie servant des repas légers

pub. *abbr of* **published.**

pub-crawl *n Br*: **to go on a ~** faire la tournée des pubs.

puberty ['pjuːbətɪ] *n* puberté *f.*

pubescent [pjuː'besnt] *adj* pubescent(e).

pubic ['pjuːbɪk] *adj* du pubis.

public ['pʌblɪk] ◇ *adj* public(ique); [library] municipal(e); **it's ~ knowledge that ...** tout le monde sait que ..., il est de notoriété publique que ...; **to make sthg ~** rendre qqch public; **to go ~** COMM émettre des actions dans le public. ◇ *n*: **the ~** le public; **in ~** en public.

public-address system *n* système *m* de sonorisation.

publican ['pʌblɪkən] *n Br* gérant *m*, -e *f* d'un pub.

publication [,pʌblɪ'keɪʃn] *n* publication *f.*

public bar *n Br* bar *m.*

public company *n* société *f* anonyme (cotée en Bourse).

public convenience *n Br* toilettes *fpl* publiques.

public domain *n*: **in the ~** dans le domaine public.

public holiday *n* jour *m* férié.

public house *n Br* pub *m.*

publicist ['pʌblɪsɪst] *n* agent *m* de publicité.

publicity [pʌb'lɪsɪtɪ] ◇ *n* (*U*) publicité *f.* ◇ *comp* de publicité.

publicity stunt *n* coup *m* publicitaire.

publicize, -ise ['pʌblɪsaɪz] *vt* faire connaître au public.

public limited company *n* société *f* anonyme (cotée en Bourse).

publicly ['pʌblɪklɪ] *adv* publiquement, en public.

public office *n* fonctions *fpl* officielles.

public opinion *n* (*U*) opinion *f* publique.

public ownership *n* nationalisation *f.*

public prosecutor *n* ≃ procureur *m* de la République.

public relations ◇ *n* (*U*) relations *fpl* publiques. ◇ *npl* relations *fpl* publiques.

public relations officer *n* responsable *mf* des relations publiques.

public school *n* **-1.** *Br* [private school] école *f* privée. **-2.** *Am* [state school] école *f* publique.

PUBLIC SCHOOL:
En Angleterre et au pays de Galles, le terme 'public school' désigne une école privée de type traditionnel; certaines de ces écoles (Eton et Harrow, par exemple) sont très réputées et recherchées. La 'public school' est censée former l'élite de la nation. Aux États-Unis et parfois en Écosse, le terme désigne une école publique

public sector *n* secteur *m* public.

public servant *n* fonctionnaire *mf.*

public service vehicle *n Br* autobus *m.*

public-spirited *adj* qui fait preuve de civisme.

public transport *n* (*U*) transports *mpl* en commun.

public utility *n* service *m* public.

public works *npl* travaux *mpl* publics.

publish ['pʌblɪʃ] *vt* publier.

publisher ['pʌblɪʃər] *n* éditeur *m*, -trice *f.*

publishing ['pʌblɪʃɪŋ] *n* (*U*) [industry] édition *f.*

publishing company, publishing house *n* société *f* OR maison *f* d'édition.

pub lunch *n* repas de midi servi dans un pub.

puce [pjuːs] *adj* puce (*inv*).

puck [pʌk] *n* ICE HOCKEY palet *m*, rondelle *f* Can.

pucker ['pʌkər] ◇ *vt* plisser. ◇ *vi* se plisser.

pudding ['pʊdɪŋ] *n* **-1.** [food - sweet] entre-

mets *m*; [- savoury] pudding *m*. **-2.** (*U*) *Br*
[course] dessert *m*.

puddle ['pʌdl] *n* flaque *f*.

pudgy ['pʌdʒɪ] = **podgy**.

puerile ['pjʊəraɪl] *adj* puéril(e).

Puerto Rican [,pwɜːtəʊ'riːkən] ◇ *adj* por-
toricain(e). ◇ *n* Portoricain *m*, -e *f*.

Puerto Rico [,pwɜːtəʊ'riːkəʊ] *n* Porto Rico,
Puerto Rico.

puff [pʌf] ◇ *n* **-1.** [of cigarette, smoke] bouffée *f*. **-2.** [gasp] souffle *m*. ◇ *vt* [cigarette etc]
tirer sur. ◇ *vi* **-1.** [smoke]: **to ~ at** OR **on**
sthg fumer qqch. **-2.** [pant] haleter.
◆ **puff out** *vt sep* [cheeks, chest] gonfler.
◆ **puff up** *vi* se gonfler.

puffed [pʌft] *adj* **-1.** [swollen]: ~ **(up)** gon-
flé(e). **-2.** *Br inf* [out of breath]: ~ **(out)** es-
soufflé(e).

puffed sleeve *n* manche *f* ballon.

puffin ['pʌfɪn] *n* macareux *m*.

puffiness ['pʌfɪnɪs] *n* gonflement *m*,
bouffissure *f*.

puff pastry, **puff paste** *Am n* (*U*) pâte *f*
feuilletée.

puffy ['pʌfɪ] (*compar* **-ier**, *superl* **-iest**) *adj*
gonflé(e), bouffi(e).

pug [pʌg] *n* carlin *m*.

pugnacious [pʌg'neɪʃəs] *adj fml* querel-
leur(euse), batailleur(euse).

puke [pjuːk] *vi inf* dégobiller.

pull [pʊl] ◇ *vt* **-1.** [gen] tirer. **-2.** [strain -
muscle, hamstring] se froisser. **-3.** [tooth] arracher. **-4.** [attract] attirer. **-5.** [gun] sortir. ◇
vi tirer. ◇ *n* **-1.** [tug with hand]: **to give sthg
a ~** tirer sur qqch. **-2.** (*U*) [influence] influence *f*.
◆ **pull ahead** *vi*: **to ~ ahead (of)** prendre
la tête (devant).
◆ **pull apart** *vt sep* [separate] séparer.
◆ **pull at** *vt fus* tirer sur.
◆ **pull away** *vi* **-1.** AUT démarrer. **-2.** [in
race] prendre de l'avance.
◆ **pull back** *vi* reculer.
◆ **pull down** *vt sep* [building] démolir.
◆ **pull in** *vi* AUT se ranger.
◆ **pull off** *vt sep* **-1.** [take off] enlever, ôter.
-2. [succeed in] réussir.
◆ **pull on** *vt sep* [clothes] mettre, enfiler.
◆ **pull out** ◇ *vt sep* [troops etc] retirer. ◇
vi **-1.** RAIL partir, démarrer. **-2.** AUT déboîter.
-3. [withdraw] se retirer.
◆ **pull over** *vi* AUT se ranger.
◆ **pull through** ◇ *vi* s'en sortir, s'en tirer. ◇ *vt sep* tirer d'affaire.
◆ **pull together** ◇ *vt sep*: **to ~ o.s.** together se ressaisir, se reprendre. ◇ *vi fig*
faire un effort.

◆ **pull up** ◇ *vt sep* **-1.** [raise] remonter. **-2.**
[chair] avancer. **-3.** [stop]: **to ~ sb up short**
arrêter qqn court. ◇ *vi* s'arrêter.

pull-down menu *n* COMPUT menu *m* déroulant.

pulley ['pʊlɪ] (*pl* **pulleys**) *n* poulie *f*.

pullout ['pʊlaʊt] *n* supplément *m* détachable.

pullover ['pʊl,əʊvə'] *n* pull *m*.

pulp [pʌlp] ◇ *adj* [fiction, novel] de quatre
sous. ◇ *n* **-1.** [for paper] pâte *f* à papier. **-2.**
[of fruit] pulpe *f*. ◇ *vt* [food] réduire en
pulpe.

pulpit ['pʊlpɪt] *n* chaire *f*.

pulsar ['pʌlsɑːʳ] *n* pulsar *m*.

pulsate [pʌl'seɪt] *vi* [heart] battre fort; [air,
music] vibrer.

pulse [pʌls] ◇ *n* **-1.** MED pouls *m*; **to take
sb's ~** prendre le pouls de qqn. **-2.** TECH
impulsion *f*. ◇ *vi* battre, palpiter.
◆ **pulses** *npl* [food] légumes *mpl* secs.

pulverize, **-ise** ['pʌlvəraɪz] *vt* **-1.** [crush]
pulvériser. **-2.** *fig* [destroy - town] détruire;
[- person] démolir.

puma ['pjuːmə] (*pl inv* OR **-s**) *n* puma *m*.

pumice (stone) ['pʌmɪs-] *n* pierre *f* ponce.

pummel ['pʌml] (*Br pt & pp* **-led**, *cont* **-ling**,
Am pt & pp **-ed**, *cont* **-ing**) *vt* bourrer de
coups.

pump [pʌmp] ◇ *n* pompe *f*. ◇ *vt* **-1.** [water,
gas etc] pomper. **-2.** *inf* [invest]: **to ~ money
into sthg** injecter des capitaux dans qqch.
-3. *inf* [interrogate] essayer de tirer les vers
du nez à. ◇ *vi* [heart] battre fort.
◆ **pumps** *npl* [shoes] escarpins *mpl*.

pumpernickel ['pʌmpənɪkl] *n* pain *m* de
seigle noir.

pumpkin ['pʌmpkɪn] *n* potiron *m*.

pumpkin pie *n* tarte *f* au potiron (*dessert
achevant traditionnellement le dîner de Thanksgiving*).

pun [pʌn] *n* jeu *m* de mots, calembour *m*.

punch [pʌntʃ] ◇ *n* **-1.** [blow] coup *m* de
poing. **-2.** [tool] poinçonneuse *f*. **-3.** [drink]
punch *m*. ◇ *vt* **-1.** [hit - once] donner un
coup de poing à; [- repeatedly] donner des
coups de poing à; **to ~ a hole in sthg** faire
un trou dans qqch. **-2.** [ticket] poinçonner;
[paper] perforer.
◆ **punch in** *vi Am* pointer (en arrivant).
◆ **punch out** *vi Am* pointer (en partant).

Punch-and-Judy show [-'dʒuːdɪ-] *n* guignol *m*.

punch bag, **punch ball**, **punching bag**
Am ['pʌntʃɪŋ-] *n* punching-ball *m*.

punch bowl *n* coupe *f* à punch.

punch-drunk *adj* sonné(e), groggy (*inv*).

punch(ed) card [pʌntʃ(t)-] *n* carte *f* perforée.

punching bag *Am* = punch bag.

punch line *n* chute *f*.

punch-up *n Br inf* bagarre *f*.

punchy ['pʌntʃi] (*compar* -ier, *superl* -iest) *adj inf* [style] incisif(ive).

punctilious [pʌŋk'tiliəs] *adj* pointilleux(euse).

punctual ['pʌŋktʃʊəl] *adj* ponctuel(elle).

punctually ['pʌŋktʃʊəli] *adv* à l'heure.

punctuate ['pʌŋktʃʊeit] *vt* ponctuer.

punctuation [ˌpʌŋktʃʊ'eiʃn] *n* ponctuation *f*.

punctuation mark *n* signe *m* de ponctuation.

puncture ['pʌŋktʃər] ◇ *n* crevaison *f*. ◇ *vt* [tyre, ball] crever; [skin] piquer.

pundit ['pʌndit] *n* pontife *m*.

pungent ['pʌndʒənt] *adj* -1. [smell] âcre; [taste] piquant(e). -2. *fig* [criticism] caustique, acerbe.

punish ['pʌniʃ] *vt* punir; **to ~ sb for sthg/for doing sthg** punir qqn pour qqch/pour avoir fait qqch.

punishable ['pʌniʃəbl] *adj* punissable.

punishing ['pʌniʃiŋ] *adj* [schedule, work] épuisant(e), éreintant(e); [defeat] cuisant(e).

punishment ['pʌniʃmənt] *n* punition *f*, châtiment *m*; **to take a lot of ~** [car, furniture] être malmené.

punitive ['pju:nətiv] *adj* [action] punitif(ive); [tax] très lourd(e).

Punjab [ˌpʌn'dʒɑːb] *n*: **the ~** le Pendjab; **in the ~** au Pendjab.

Punjabi [ˌpʌn'dʒɑːbi] ◇ *adj* du Pendjab. ◇ *n* -1. [person] habitant *m*, -e *f* du Pendjab. -2. [language] pendjabi *m*.

punk [pʌŋk] ◇ *adj* punk (*inv*). ◇ *n* -1. (*U*) [music]: **~ (rock)** punk *m*. -2. **~ (rocker)** punk *mf*. -3. *Am inf* [lout] loubard *m*.

punnet ['pʌnit] *n Br* barquette *f*.

punt [pʌnt] ◇ *n* [boat] bateau *m* à fond plat. ◇ *vi* [in boat] se promener en bateau à fond plat.

punter ['pʌntər] *n Br* -1. [gambler] parieur *m*, -ieuse *f*. -2. *inf* [customer] client *m*, -e *f*.

puny ['pju:ni] (*compar* -ier, *superl* -iest) *adj* chétif(ive).

pup [pʌp] *n* -1. [young dog] chiot *m*. -2. [young seal] bébé phoque *m*.

pupil ['pju:pl] *n* -1. [student] élève *mf*. -2. [of eye] pupille *f*.

puppet ['pʌpit] *n* -1. [toy] marionnette *f*. -2. *pej* [person, country] fantoche *m*, pantin *m*.

puppet government *n* gouvernement *m* fantoche.

puppet show *n* spectacle *m* de marionnettes.

puppy ['pʌpi] (*pl* -ies) *n* chiot *m*.

puppy fat *n* (*U*) *inf* rondeurs *fpl* d'adolescence.

purchase ['pɜːtʃəs] ◇ *n* achat *m*. ◇ *vt* acheter.

purchase order *n* bon *m* de commande OR d'achat.

purchase price *n* prix *m* d'achat.

purchaser ['pɜːtʃəsər] *n* acheteur *m*, -euse *f*.

purchase tax *n Br* taxe *f* à l'achat.

purchasing power ['pɜːtʃəsiŋ-] *n* pouvoir *m* d'achat.

purdah ['pɜːdə] *n* système *qui oblige les femmes musulmanes à vivre à l'écart du monde.*

pure [pjʊər] *adj* pur(e).

purebred ['pjʊəbred] *adj* de race.

puree ['pjʊərei] ◇ *n* purée *f*. ◇ *vt* écraser en purée.

purely ['pjʊəli] *adv* purement.

pureness ['pjʊənis] *n* pureté *f*.

purgative ['pɜːgətiv] *n* purgatif *m*.

purgatory ['pɜːgətri] *n* (*U*) *hum* [suffering] purgatoire *m*.
◆ **Purgatory** *n* [place] purgatoire *m*.

purge [pɜːdʒ] ◇ *n* POL purge *f*. ◇ *vt* -1. POL purger. -2. [rid] débarrasser, purger.

purification [ˌpjʊərifi'keiʃn] *n* purification *f*, épuration *f*.

purifier ['pjʊərifaiər] *n* épurateur *m*.

purify ['pjʊərifai] (*pt & pp* -ied) *vt* purifier, épurer.

purist ['pjʊərist] *n* puriste *mf*.

puritan ['pjʊəritən] ◇ *adj* puritain(e). ◇ *n* puritain *m*, -e *f*.

puritanical [ˌpjʊəri'tænikl] *adj pej* puritain(e).

purity ['pjʊərəti] *n* pureté *f*.

purl [pɜːl] ◇ *n* maille *f* à l'envers. ◇ *vt* tricoter à l'envers.

purloin [pɜː'lɔin] *vt fml or hum* voler, dérober.

purple ['pɜːpl] ◇ *adj* violet(ette). ◇ *n* violet *m*.

purport [pə'pɔːt] *vi fml*: **to ~ to do/be sthg** prétendre faire/être qqch.

purpose ['pɜːpəs] *n* -1. [reason] raison *f*, motif *m*. -2. [aim] but *m*, objet *m*; **to no ~**

en vain, pour rien. **-3.** [determination] détermination *f*.

◆ **on purpose** *adv* exprès.

purpose-built *adj* construit(e) spécialement.

purposeful ['pɜːpəsful] *adj* résolu(e), déterminé(e).

purposely ['pɜːpəslɪ] *adv* exprès.

purr [pɜːʳ] ◇ *n* ronronnement *m*. ◇ *vi* ronronner.

purse [pɜːs] ◇ *n* **-1.** [for money] portemonnaie *m inv*, bourse *f*. **-2.** *Am* [handbag] sac *m* à main. ◇ *vt* [lips] pincer.

purser ['pɜːsəʳ] *n* commissaire *m* de bord.

purse snatcher [-ˌsnætʃəʳ] *n Am* voleur *m*, -euse *f* à la tire.

purse strings *npl*: **to hold the ~** tenir les cordons de la bourse.

pursue [pə'sjuː] *vt* **-1.** [follow] poursuivre, pourchasser. **-2.** [policy, aim] poursuivre; [question] continuer à débattre; [matter] approfondir; [project] donner suite à; **to ~ an interest in sthg** se livrer à qqch.

pursuer [pə'sjuːəʳ] *n* poursuivant *m*, -e *f*.

pursuit [pə'sjuːt] *n* **-1.** (*U*) [attempt to obtain] recherche *f*, poursuite *f*. **-2.** [chase, in sport] poursuite *f*; **in ~ of** à la poursuite de; **in hot ~** aux trousses. **-3.** [occupation] occupation *f*, activité *f*.

purveyor [pə'veɪəʳ] *n fml* fournisseur *m*.

pus [pʌs] *n* pus *m*.

push [puʃ] ◇ *vt* **-1.** [press, move - gen] pousser; [- button] appuyer sur. **-2.** [encourage]: **to ~ sb (to do sthg)** inciter OR pousser qqn (à faire qqch). **-3.** [force]: **to ~ sb (into doing sthg)** forcer OR obliger qqn (à faire qqch). **-4.** *inf* [promote] faire de la réclame pour. **-5.** *drugs sl* vendre, fournir.
◇ *vi* **-1.** [gen] pousser; [on button] appuyer. **-2.** [campaign]: **to ~ for sthg** faire pression pour obtenir qqch.
◇ *n* **-1.** [with hand] poussée *f*. **-2.** [forceful effort] effort *m*. **-3.** *phr*: **to give sb the ~** *Br inf* [end relationship] plaquer qqn; [dismiss] ficher qqn à la porte.

◆ **push ahead** *vi* continuer, persévérer; **to ~ ahead with sthg** persévérer dans qqch, continuer (à faire) qqch.

◆ **push around** *vt sep inf fig* marcher sur les pieds de.

◆ **push in** *vi* [in queue] resquiller.

◆ **push off** *vi inf* filer, se sauver.

◆ **push on** *vi* continuer.

◆ **push over** *vt sep* faire tomber.

◆ **push through** *vt sep* [law, reform] faire accepter.

pushbike ['puʃbaɪk] *n Br* vélo *m*.

push-button *adj* à touches.

pushcart ['puʃkɑːt] *n* charrette *f* à bras.

pushchair ['puʃtʃeəʳ] *n Br* poussette *f*.

pushed [puʃt] *adj inf*: **to be ~ for sthg** être à court de qqch; **to be hard ~ to do sthg** avoir du mal OR de la peine à faire qqch.

pusher ['puʃəʳ] *n drugs sl* dealer *m*.

pushing ['puʃɪŋ] *prep inf*: **he's ~ 40** il frise la quarantaine.

pushover ['puʃˌəʊvəʳ] *n inf*: **it's a ~** c'est un jeu d'enfant.

push-start *vt* faire démarrer en poussant.

push-up *n* pompe *f*, traction *f*.

pushy ['puʃɪ] (*compar* **-ier**, *superl* **-iest**) *adj pej* qui se met toujours en avant.

puss [pus], **pussy (cat)** ['pusɪ-] *n inf* minet *m*, minou *m*.

pussy willow *n* saule *m*.

put [put] (*pt & pp* **put**, *cont* **-ting**) *vt* **-1.** [gen] mettre; **to ~ responsibility on sb** donner des responsabilités à qqn. **-2.** [place] mettre, poser, placer; **to ~ the children to bed** coucher les enfants. **-3.** [express] dire, exprimer. **-4.** [question] poser; **to ~ it to sb that ...** suggérer à qqn que .... **-5.** [estimate] estimer, évaluer. **-6.** [invest]: **to ~ money into** investir de l'argent dans; **I've ~ a lot of time into this work** j'ai passé beaucoup de temps à faire ce travail.

◆ **put across** *vt sep* [ideas] faire comprendre.

◆ **put aside** *vt sep* **-1.** [place on one side] mettre de côté, poser. **-2.** *fig* [money] mettre de côté; [differences] ne pas tenir compte de.

◆ **put away** *vt sep* **-1.** [tidy away] ranger. **-2.** *inf* [lock up] enfermer.

◆ **put back** *vt sep* **-1.** [replace] remettre (à sa place OR en place). **-2.** [postpone] remettre. **-3.** [clock, watch] retarder.

◆ **put by** *vt sep* [money] mettre de côté.

◆ **put down** *vt sep* **-1.** [lay down] poser, déposer. **-2.** [quell - rebellion] réprimer. **-3.** *inf* [criticize] humilier. **-4.** [write down] inscrire, noter. **-5.** *Br* [kill]: **to have a dog/cat ~ down** faire piquer un chien/chat.

◆ **put down to** *vt sep* attribuer à.

◆ **put forward** *vt sep* **-1.** [propose] proposer, avancer. **-2.** [meeting, clock, watch] avancer.

◆ **put in** *vt sep* **-1.** [spend - time] passer. **-2.** [submit] présenter.

◆ **put off** *vt sep* **-1.** [postpone] remettre (à plus tard). **-2.** [cause to wait] décommander. **-3.** [discourage] dissuader. **-4.** [disturb] déconcerter, troubler. **-5.** [cause to dislike] dégoûter. **-6.** [switch off - radio, TV] éteindre.

◆ **put on** *vt sep* **-1.** [clothes] mettre, enfiler. **-2.** [arrange - exhibition etc] organiser; [- play] monter. **-3.** [gain]: **to ~ on weight** prendre du poids, grossir. **-4.** [switch on - radio, TV] allumer, mettre; **to ~ the light on** allumer (la lumière); **to ~ the brake on** freiner. **-5.** [record, CD, tape] passer, mettre. **-6.** [start cooking] mettre à cuire. **-7.** [pretend - gen] feindre; [- accent etc] prendre. **-8.** [bet] parier, miser. **-9.** [add] ajouter. **-10.** *inf* [tease] faire marcher.

◆ **put onto** *vt sep*: **to ~ sb onto sb/sthg** indiquer qqn/qqch à qqn.

◆ **put out** *vt sep* **-1.** [place outside] mettre dehors. **-2.** [book, statement] publier; [record] sortir. **-3.** [fire, cigarette] éteindre; **to ~ the light out** éteindre (la lumière). **-4.** [extend - hand] tendre. **-5.** *inf* [injure]: **to ~ one's back/hip out** se démettre le dos/la hanche. **-6.** [annoy, upset]: **to be ~ out** être contrarié(e). **-7.** [inconvenience] déranger; **to ~ o.s. out** se donner du mal.

◆ **put over** *vt sep* [ideas] faire comprendre.

◆ **put through** *vt sep* TELEC passer.

◆ **put together** *vt sep* **-1.** [assemble - machine, furniture] monter, assembler; [- team] réunir; [- report] composer. **-2.** [combine] mettre ensemble; **more than all the others ~ together** plus que tous les autres réunis. **-3.** [organize] monter, organiser.

◆ **put up** ◇ *vt sep* **-1.** [build - gen] ériger; [- tent] dresser. **-2.** [umbrella] ouvrir; [flag] hisser. **-3.** [fix to wall] accrocher. **-4.** [provide - money] fournir. **-5.** [propose - candidate] proposer. **-6.** [increase] augmenter. **-7.** [provide accommodation for] loger, héberger. ◇ *vt fus*: **to ~ up a fight** se défendre.

◆ **put upon** *vt fus Br*: **to be ~ upon** se laisser faire.

◆ **put up to** *vt sep*: **to ~ sb up to sthg** pousser OR inciter qqn à faire qqch.

◆ **put up with** *vt fus* supporter.

putative ['pjuːtətɪv] *adj* putatif(ive).

put-down *n inf* rebuffade *f*.

putrefaction [,pjuːtrɪ'fækʃn] *n* putréfaction *f*.

putrefy ['pjuːtrɪfaɪ] (*pt & pp* **-ied**) *vi* se putréfier.

putrid ['pjuːtrɪd] *adj* putride.

putsch [pʊtʃ] *n* putsch *m*.

putt [pʌt] ◇ *n* putt *m*. ◇ *vt & vi* putter.

putter ['pʌtə^r] *n* [club] putter *m*.

◆ **putter about, putter around** *vi Am* bricoler.

putting green ['pʌtɪŋ-] *n* green *m*.

putty ['pʌtɪ] *n* mastic *m*.

put-up job *n inf* coup *m* monté.

put-upon *adj inf* qui se laisse marcher sur les pieds.

puzzle ['pʌzl] ◇ *n* **-1.** [toy] casse-tête *m inv*; [mental] devinette *f*. **-2.** [mystery] mystère *m*, énigme *f*. ◇ *vt* rendre perplexe. ◇ *vi*: **to ~ over sthg** essayer de comprendre qqch.

◆ **puzzle out** *vt sep* comprendre.

puzzled ['pʌzld] *adj* perplexe.

puzzling ['pʌzlɪŋ] *adj* curieux(ieuse).

PVC (*abbr of* **polyvinyl chloride**) *n* PVC *m*.

Pvt. *abbr of* **Private**.

pw (*abbr of* **per week**) p.sem.

PWR (*abbr of* **pressurized-water reactor**) *n* REP *m*.

PX (*abbr of* **post exchange**) *n* magasin de l'armée.

pygmy ['pɪgmɪ] (*pl* **-ies**) *n* pygmée *m*.

pyjama [pə'dʒɑːmə] *comp* de pyjama.

◆ **pyjamas** *npl* pyjama *m*; **a pair of ~** un pyjama.

pylon ['paɪlən] *n* pylône *m*.

pyramid ['pɪrəmɪd] *n* pyramide *f*.

pyramid selling *n* vente *f* en pyramide.

pyre ['paɪə^r] *n* bûcher *m* funéraire.

Pyrenean [,pɪrə'niːən] *adj* pyrénéen(enne).

Pyrenees [,pɪrə'niːz] *npl*: **the ~** les Pyrénées *fpl*.

Pyrex® ['paɪreks] ◇ *n* Pyrex® *m*. ◇ *comp* en Pyrex®.

pyromaniac [,paɪrə'meɪnɪæk] *n* pyromane *mf*.

pyrotechnics [,paɪrəʊ'teknɪks] ◇ *n* (U) pyrotechnie *f*. ◇ *npl fig* [skill] feu *m* d'artifice.

python ['paɪθn] (*pl inv* OR **-s**) *n* python *m*.

Q

q (*pl* **q's** OR **qs**), **Q** (*pl* **Q's** OR **Qs**) [kjuː] *n* [letter] q *m inv*, Q *m inv*.

Qatar [kæ'tɑːr] Qatar *m*, Katar *m*; **in ~** au Qatar.

QC (*abbr of* **Queen's Counsel**) *n* ≃ bâtonnier *m* de l'ordre.

QED (*abbr of* **quod erat demonstrandum**) CQFD.

QM *abbr of* **quartermaster**.

q.t., **QT** (*abbr of* **quiet**) *inf*: **on the ~** en douce.

qty (*abbr of* **quantity**) qté.

quack [kwæk] ◇ *n* **-1.** [noise] coin-coin *m inv*. **-2.** *inf pej* [doctor] charlatan *m*. ◇ *vi* faire coin-coin.

quad [kwɒd] **-1.** *abbr of* **quadruple**. **-2.** *abbr of* **quadruplet**. **-3.** *abbr of* **quadrangle**.

quadrangle ['kwɒdræŋgl] *n* **-1.** [figure] quadrilatère *m*. **-2.** [courtyard] cour *f*.

quadrant ['kwɒdrənt] *n* quadrant *m*.

quadraphonic [ˌkwɒdrə'fɒnɪk] *adj* quadriphonique.

quadrilateral [ˌkwɒdrɪ'lætərəl] ◇ *adj* quadrilatéral(e). ◇ *n* quadrilatère *m*.

quadruped ['kwɒdruped] *n* quadrupède *m*.

quadruple [kwɒ'druːpl] ◇ *adj* quadruple. ◇ *vt & vi* quadrupler.

quadruplets [kwɒ'druplɪts] *npl* quadruplés *mpl*.

quads [kwɒdz] *npl inf* quadruplés *mpl*.

quaff [kwɒf] *vt dated* boire (à longs traits).

quagmire ['kwægmaɪər] *n* bourbier *m*.

quail [kweɪl] (*pl inv* OR **-s**) ◇ *n* caille *f*. ◇ *vi literary* reculer.

quaint [kweɪnt] *adj* pittoresque.

quaintness ['kweɪntnɪs] *n* pittoresque *m*.

quake [kweɪk] ◇ *n* (*abbr of* **earthquake**) *inf* tremblement *m* de terre. ◇ *vi* trembler.

Quaker ['kweɪkər] *n* quaker *m*, -eresse *f*.

qualification [ˌkwɒlɪfɪ'keɪʃn] *n* **-1.** [certificate] diplôme *m*. **-2.** [quality, skill] compétence *f*. **-3.** [qualifying statement] réserve *f*.

qualified ['kwɒlɪfaɪd] *adj* **-1.** [trained] diplômé(e). **-2.** [able]: **to be ~ to do sthg** avoir la compétence nécessaire pour faire qqch. **-3.** [limited] restreint(e), modéré(e).

qualify ['kwɒlɪfaɪ] (*pt & pp* **-ied**) ◇ *vt* **-1.** [modify] apporter des réserves à. **-2.** [entitle]: **to ~ sb to do sthg** qualifier qqn pour faire qqch. ◇ *vi* **-1.** [pass exams] obtenir un diplôme. **-2.** [be entitled]: **to ~ (for sthg)** avoir droit (à qqch), remplir les conditions requises (pour qqch). **-3.** SPORT se qualifier.

qualifying ['kwɒlɪfaɪɪŋ] *adj* **-1.** [modifying] nuancé(e). **-2.** [entitling]: **~ exam** examen *m* d'entrée. **-3.** SPORT [time] qui permet de se qualifier; **~ round** série *f* éliminatoire.

qualitative ['kwɒlɪtətɪv] *adj* qualitatif(ive).

quality ['kwɒlətɪ] (*pl* **-ies**) ◇ *n* qualité *f*. ◇ *comp* de qualité.

quality control *n* contrôle *m* de qualité.

quality press *n Br*: **the ~** la presse sérieuse.

qualms ['kwɑːmz] *npl* doutes *mpl*.

quandary ['kwɒndərɪ] (*pl* **-ies**) *n* embarras *m*; **to be in a ~ about** OR **over sthg** être bien embarrassé à propos de qqch.

quango ['kwæŋgəʊ] (*abbr of* **quasiautonomous non-governmental organization**) (*pl* **-s**) *n Br usu pej commission indépendante financée par l'État*.

quantifiable [kwɒntɪ'faɪəbl] *adj* quantifiable.

quantify ['kwɒntɪfaɪ] (*pt & pp* **-ied**) *vt* quantifier.

quantitative ['kwɒntɪtətɪv] *adj* quantitatif(ive).

quantity ['kwɒntətɪ] (*pl* **-ies**) *n* quantité *f*; **in ~** en quantité; **an unknown ~** une inconnue.

quantity surveyor *n* métreur *m*, -euse *f*.

quantum leap ['kwɒntəm-] *n fig* bond *m* en avant.

quantum theory ['kwɒntəm-] *n* théorie *f* des quanta.

quarantine ['kwɒrəntiːn] ◇ *n* quarantaine *f*; **to be in ~** être en quarantaine. ◇ *vt* mettre en quarantaine.

quark [kwɑːk] *n* quark *m*.

quarrel ['kwɒrəl] (*Br pt & pp* **-led**, *cont* **-ling**, *Am pt & pp* **-ed**, *cont* **-ing**) ◇ *n* querelle *f*, dispute *f*; **I have no ~ with her** je n'ai rien contre elle. ◇ *vi*: **to ~ (with)** se quereller (avec), se disputer (avec).

quarrelsome ['kwɒrəlsəm] *adj* querelleur(euse).

quarry ['kwɒrɪ] (*pl* **-ies**, *pt & pp* **-ied**) ◇ *n* **-1.** [place] carrière *f*. **-2.** [prey] proie *f*. ◇ *vt* extraire.

quarry tile *n* carreau *m*.

quart [kwɔːt] *n* =1,136 litre Br, =0,946 litre Am, ≃ litre *m*.

quarter ['kwɔːtə^r] *n* -1. [fraction, weight] quart *m*; a ~ past two Br, a ~ after two Am deux heures et quart; a ~ to two Br, a ~ of two Am deux heures moins le quart. -2. [of year] trimestre *m*. -3. Am [coin] pièce *f* de 25 cents. -4. [area in town] quartier *m*. -5. [direction]: from all ~s de tous côtés.
◆ **quarters** *npl* [rooms] quartiers *mpl*.
◆ **at close quarters** *adv* de près.

quarterback ['kwɔːtəbæk] *n* SPORT quarterback *m*, quart-arrière *mf* Can.

quarterdeck ['kwɔːtədek] *n* gaillard *m* d'arrière.

quarterfinal [ˌkwɔːtə'faɪnl] *n* quart *m* de finale.

quarter-hour *adj* [intervals] d'un quart d'heure.

quarter light *n* Br AUT déflecteur *m*.

quarterly ['kwɔːtəlɪ] (*pl* -ies) ◇ *adj* trimestriel(ielle). ◇ *adv* trimestriellement. ◇ *n* publication *f* trimestrielle.

quartermaster ['kwɔːtəˌmɑːstə^r] *n* MIL intendant *m*.

quarter note *n* Am MUS noire *f*.

quarter sessions *npl* [in UK] tribunal *m* de grande instance; [in US] *dans certains États, tribunal local à compétence criminelle, pouvant avoir des fonctions administratives.*

quartet [kwɔː'tet] *n* quatuor *m*.

quarto ['kwɔːtəʊ] (*pl* -s) *n* in-quarto *m inv*.

quartz [kwɔːts] *n* quartz *m*.

quartz watch *n* montre *f* à quartz.

quasar ['kweɪzɑː^r] *n* quasar *m*.

quash [kwɒʃ] *vt* -1. [sentence] annuler, casser. -2. [rebellion] réprimer.

quasi- ['kweɪzaɪ] *prefix* quasi-.

quaver ['kweɪvə^r] ◇ *n* -1. MUS croche *f*. -2. [in voice] tremblement *m*, chevrotement *m*. ◇ *vi* trembler, chevroter.

quavering ['kweɪvərɪŋ] *adj* tremblant(e), chevrotant(e).

quay [kiː] *n* quai *m*.

quayside ['kiːsaɪd] *n* bord *m* du quai.

queasy ['kwiːzɪ] (*compar* -ier, *superl* -iest) *adj*: to feel ~ avoir mal au cœur.

Quebec [kwɪ'bek] *n* -1. [province] Québec *m*; in ~ au Québec. -2. [city] Québec.

Quebecer, Quebecker [kwɪ'bekə^r] *n* Québécois *m*, -e *f*.

queen [kwiːn] *n* -1. [gen] reine *f*. -2. [playing card] dame *f*.

Queen Mother *n*: the ~ la reine mère.

Queen's Counsel *n* Br avocat *m* de la Couronne.

Queen's English *n* Br: the ~ l'anglais *m* correct.

queen's evidence *n* Br: to turn ~ témoigner contre ses complices.

queer [kwɪə^r] ◇ *adj* [odd] étrange, bizarre; I'm feeling a bit ~ je ne me sens pas très bien. ◇ *n inf pej* pédé *m*, homosexuel *m*.

quell [kwel] *vt* réprimer, étouffer.

quench [kwentʃ] *vt*: to ~ one's thirst se désaltérer.

querulous ['kwerʊləs] *adj* [child] ronchonneur(euse); [voice] plaintif(ive).

query ['kwɪərɪ] (*pl* -ies, *pt* & *pp* -ied) ◇ *n* question *f*. ◇ *vt* mettre en doute, douter de.

quest [kwest] *n literary*: ~ (for) quête *f* (de).

question ['kwestʃn] ◇ *n* -1. [gen] question *f*; to ask (sb) a ~ poser une question (à qqn). -2. [doubt] doute *m*; to call OR bring sthg into ~ mettre qqch en doute; it's open to ~ whether ... on peut se demander si ...; without ~ incontestablement, sans aucun doute; beyond ~ [know] sans aucun doute. -3. *phr*: there's no ~ of ... il n'est pas question de .... ◇ *vt* -1. [interrogate] questionner. -2. [express doubt about] mettre en question OR doute.
◆ **in question** *adv*: the ... in ~ le/la/les ... en question.
◆ **out of the question** *adv* hors de question.

questionable ['kwestʃənəbl] *adj* -1. [uncertain] discutable. -2. [not right, not honest] douteux(euse).

questioner ['kwestʃənə^r] *n* personne *f* qui pose une question.

questioning ['kwestʃənɪŋ] ◇ *adj* interrogateur(trice). ◇ *n* (*U*) interrogation *f*.

question mark *n* point *m* d'interrogation.

question master, quizmaster ['kwɪzˌmɑːstə^r] *n* meneur *m* de jeu.

questionnaire [ˌkwestʃə'neə^r] *n* questionnaire *m*.

question time *n* Br POL *heure réservée aux questions des députés.*

queue [kjuː] Br ◇ *n* queue *f*, file *f*; to jump the ~ resquiller, passer avant son tour. ◇ *vi* faire la queue.

queue-jump *vi* Br resquiller.

quibble ['kwɪbl] *pej* ◇ *n* chicane *f*. ◇ *vi*: to ~ (over OR about) chicaner (à propos de).

quiche [kiːʃ] *n* quiche *f*.

quick [kwɪk] ◇ *adj* **-1.** [gen] rapide. **-2.** [response, decision] prompt(e), rapide. ◇ *adv* vite, rapidement.

quicken ['kwɪkn] ◇ *vt* accélérer, presser. ◇ *vi* s'accélérer.

quickly ['kwɪklɪ] *adv* **-1.** [rapidly] vite, rapidement. **-2.** [without delay] promptement, immédiatement.

quicksand ['kwɪksænd] *n* sables *mpl* mouvants.

quicksilver ['kwɪk,sɪlvər] *n* vif-argent *m*, mercure *m*.

quickstep ['kwɪkstep] *n*: **the ~** le fox-trot.

quick-tempered *adj* emporté(e).

quick-witted [-'wɪtɪd] *adj* [person] à l'esprit vif.

quid [kwɪd] (*pl inv*) *n Br inf* livre *f*.

quid pro quo [-'kwəʊ] (*pl* **quid pro quos**) *n* contrepartie *f*.

quiescent [kwaɪ'esnt] *adj fml* immobile.

quiet ['kwaɪət] ◇ *adj* **-1.** [not noisy] tranquille; [voice] bas (basse); [engine] silencieux(ieuse); **be ~!** taisez-vous! **-2.** [not busy] calme. **-3.** [silent] silencieux(ieuse); **to keep ~ about sthg** ne rien dire à propos de qqch, garder qqch secret. **-4.** [intimate] intime; **to have a ~ word with sb** dire deux mots en particulier à qqn. **-5.** [colour] discret(ète), sobre. ◇ *n* tranquillité *f*; **on the ~** *inf* en douce. ◇ *vt Am* calmer, apaiser.
◆ **quiet down** ◇ *vt sep* calmer, apaiser. ◇ *vi* se calmer.

quieten ['kwaɪətn] *vt* calmer, apaiser.
◆ **quieten down** ◇ *vt sep* calmer, apaiser. ◇ *vi* se calmer.

quietly ['kwaɪətlɪ] *adv* **-1.** [without noise] sans faire de bruit, silencieusement; [say] doucement. **-2.** [without excitement] tranquillement, calmement. **-3.** [without fuss - leave] discrètement.

quietness ['kwaɪətnɪs] *n* (*U*) **-1.** [silence] silence *m*. **-2.** [peacefulness] calme *m*, tranquillité *f*.

quiff [kwɪf] *n Br* mèche *f*.

quill (pen) [kwɪl-] *n* plume *f* d'oie.

quilt [kwɪlt] *n* [padded] édredon *m*; **(continental) ~** couette *f*.

quilted ['kwɪltɪd] *adj* matelassé(e).

quince [kwɪns] *n* coing *m*.

quinine [kwɪ'niːn] *n* quinine *f*.

quins *Br* [kwɪnz], **quints** *Am* [kwɪnts] *npl inf* quintuplés *mpl*.

quintessential [kwɪntə'senʃl] *adj* typique.

quintet [kwɪn'tet] *n* quintette *m*.

quints *Am* = **quins**.

quintuplets [kwɪn'tjuːplɪts] *npl* quintuplés *mpl*.

quip [kwɪp] (*pt* & *pp* **-ped**, *cont* **-ping**) ◇ *n* raillerie *f*. ◇ *vi* railler.

quire ['kwaɪər] *n* cahier *m*.

quirk [kwɜːk] *n* bizarrerie *f*; **a ~ of fate** un caprice du sort.

quirky ['kwɜːkɪ] (*compar* **-ier**, *superl* **-iest**) *adj* étrange, bizarre.

quit [kwɪt] (*Br pt* & *pp* **quit** OR **-ted**, *cont* **-ting**, *Am pt* & *pp* **quit**, *cont* **-ting**) ◇ *vt* **-1.** [resign from] quitter. **-2.** [stop]: **to ~ smoking** arrêter de fumer. ◇ *vi* **-1.** [resign] démissionner. **-2.** [give up] abandonner.

quite [kwaɪt] *adv* **-1.** [completely] tout à fait, complètement; **I ~ agree** je suis entièrement d'accord; **not ~** pas tout à fait; **I don't ~ understand** je ne comprends pas bien. **-2.** [fairly] assez, plutôt. **-3.** [for emphasis]: **she's ~ a singer** c'est une chanteuse formidable; **it was ~ a surprise** c'était une drôle de surprise. **-4.** [to express agreement]: **~ (so)!** exactement!

Quito ['kiːtəʊ] *n* Quito.

quits [kwɪts] *adj inf*: **to be ~ (with sb)** être quitte (envers qqn); **to call it ~** en rester là.

quitter ['kwɪtər] *n inf pej* dégonflé *m*, -e *f*.

quiver ['kwɪvər] ◇ *n* **-1.** [shiver] frisson *m*. **-2.** [for arrows] carquois *m*. ◇ *vi* frissonner.

quivering ['kwɪvərɪŋ] *adj* frissonnant(e).

quixotic [kwɪk'sɒtɪk] *adj* chevaleresque.

quiz [kwɪz] (*pl* **-zes**, *pt* & *pp* **-zed**, *cont* **-zing**) ◇ *n* **-1.** [gen] quiz *m*, jeu-concours *m*. **-2.** *Am* SCH interrogation *f*. ◇ *vt*: **to ~ sb (about sthg)** interroger qqn (au sujet de qqch).

quizmaster = **question master**.

quizzical ['kwɪzɪkl] *adj* narquois(e), moqueur(euse).

quoits [kwɔɪts] *n* (*U*) jeu *m* de palet.

Quonset hut ['kwɒnsɪt-] *n Am* hutte *f* préfabriquée en tôle.

quorate ['kwɔːreɪt] *adj Br* dont le quorum est atteint.

quorum ['kwɔːrəm] *n* quorum *m*.

quota ['kwəʊtə] *n* quota *m*.

quotation [kwəʊ'teɪʃn] *n* **-1.** [citation] citation *f*. **-2.** COMM devis *m*.

quotation marks *npl* guillemets *mpl*; **in ~** entre guillemets.

quote [kwəʊt] ◇ *n* **-1.** [citation] citation *f*. **-2.** COMM devis *m*. ◇ *vt* **-1.** [cite] citer. **-2.** COMM indiquer, spécifier. ◇ *vi* **-1.** [cite]: **to ~ (from sthg)** citer (qqch). **-2.** COMM: **to ~ for sthg** établir un devis pour qqch.
◆ **quotes** *npl inf* guillemets *mpl*.

quoted company ['kwəʊtɪd-] *n Br* société *f* cotée en Bourse.

quotient ['kwəʊʃnt] *n* quotient *m*.

qv (*abbr of* **quod vide**) *expression renvoyant le lecteur à une autre entrée dans une encyclopédie.*

qwerty keyboard ['kwɜːtɪ-] *n Br* clavier *m* QWERTY.

R

r (*pl* **r's** OR **rs**), **R** (*pl* **R's** OR **Rs**) [ɑːr] *n* [letter] r *m inv*, R *m inv*.

◆ **R** -1. (*abbr of* **right**) dr. -2. *abbr of* **River**. -3. (*abbr of* **Réaumur**) R. -4. (*abbr of* **restricted**) *aux États-Unis, indique qu'un film est interdit aux moins de 17 ans.* -5. *Am abbr of* **Republican.** -6. *Br* (*abbr of* **Rex**) *suit le nom d'un roi.* -7. *Br* (*abbr of* **Regina**) *suit le nom d'une reine.*

RA (*abbr of* **Royal Academy**) *n académie britannique des beaux-arts (organisant notamment un salon annuel).*

RAAF (*abbr of* **Royal Australian Air Force**) *n armée de l'air australienne.*

Rabat [rə'bɑːt] *n* Rabat.

rabbi ['ræbaɪ] *n* rabbin *m*.

rabbit ['ræbɪt] *n* lapin *m*.

rabbit hole *n* terrier *m*.

rabbit hutch *n* clapier *m*.

rabbit warren *n* garenne *f*.

rabble ['ræbl] *n* cohue *f*.

rabble-rousing *adj* [speech] qui incite à la violence.

rabid ['ræbɪd, 'reɪbɪd] *adj lit & fig* enragé(e).

rabies ['reɪbiːz] *n* rage *f*.

RAC (*abbr of* **Royal Automobile Club**) *n club automobile britannique,* ≃ TCF *m,* ≃ ACF *m*.

raccoon [rə'kuːn] *n* raton *m* laveur, chat *m* sauvage *Can*.

race [reɪs] ◇ *n* -1. [competition] course *f*. -2. [people, ethnic background] race *f*. ◇ *vt* -1. [compete against] faire la course avec. -2. [horse] faire courir. ◇ *vi* -1. [compete] courir; **to ~ against sb** faire la course avec qqn. -2. [rush]: **to ~ in/out** entrer/sortir à toute allure. -3. [pulse] être très rapide. -4. [engine] s'emballer.

race car *Am* = **racing car**.

racecourse ['reɪskɔːs] *n* champ *m* de courses.

race driver *Am* = **racing driver**.

racehorse ['reɪshɔːs] *n* cheval *m* de course.

race meeting *n* courses *fpl*.

race relations *npl* relations *fpl* interraciales.

race riot *n* émeute *f* raciale.

racetrack ['reɪstræk] *n* piste *f*.

racial discrimination ['reɪʃl-] *n* discrimination *f* raciale.

racialism *etc* ['reɪʃəlɪzm] = **racism** *etc*.

racing ['reɪsɪŋ] *n* (*U*): **(horse)** ~ les courses *fpl*.

racing car *Br*, **race car** *Am* *n* voiture *f* de course.

racing driver *Br*, **race driver** *Am* *n* coureur *m* automobile, pilote *m* de course.

racism ['reɪsɪzm] *n* racisme *m*.

racist ['reɪsɪst] ◇ *adj* raciste. ◇ *n* raciste *mf*.

rack [ræk] ◇ *n* [for bottles] casier *m*; [for luggage] porte-bagages *m inv*; [for plates] égouttoir *m*; **toast ~** porte-toasts *m inv*. ◇ *vt literary*: **to be ~ed by** OR **with sthg** être tenaillé(e) par qqch.

racket ['rækɪt] *n* -1. [noise] boucan *m*. -2. [illegal activity] racket *m*. -3. SPORT raquette *f*.

racketeering [ˌrækə'tɪərɪŋ] *n* racket *m*.

raconteur [ˌrækɒn'tɜːr] *n* conteur *m*, -euse *f*.

racquet ['rækɪt] *n* raquette *f*.

racy ['reɪsɪ] (*compar* **-ier**, *superl* **-iest**) *adj* [novel, style] osé(e).

RADA ['rɑːdə] (*abbr of* **Royal Academy of Dramatic Art**) *n conservatoire britannique d'art dramatique.*

radar ['reɪdɑːr] *n* radar *m*.

radar trap *n* piège *m* radar.

radial (tyre) ['reɪdjəl-] *n* pneu *m* à carcasse radiale.

radian ['reɪdjən] *n* radian *m*.

radiance ['reɪdjəns] *n* (*U*) rayonnement *m*, éclat *m*.

radiant ['reɪdjənt] *adj* -1. [happy] radieux(ieuse). -2. *literary* [brilliant] rayonnant(e). -3. TECH radiant(e).

radiate ['reɪdɪeɪt] ◇ *vt* -1. [heat, light] émettre, dégager. -2. *fig* [confidence, health] respirer. ◇ *vi* -1. [heat, light] irradier. -2. [roads, lines] rayonner.

radiation [ˌreɪdɪ'eɪʃn] *n* [radioactive] radiation *f*.

radiation sickness *n* mal *m* des rayons.

radiator ['reɪdɪeɪtər] *n* radiateur *m*.

radiator grille *n* calandre *f*.

radical ['rædɪkl] ◇ *adj* radical(e). ◇ *n* POL radical *m*, -e *f*.

radically ['rædɪklɪ] *adv* radicalement.

radii ['reɪdɪaɪ] *pl* → **radius**.

radio ['reɪdɪəʊ] (*pl* -s) ◇ *n* radio *f*; **on the** ~ à la radio. ◇ *comp* de radio. ◇ *vt* [person] appeler par radio; [information] envoyer par radio.

radioactive [ˌreɪdɪəʊ'æktɪv] *adj* radioactif(ive).

radioactive waste *n* (*U*) déchets *mpl* radioactifs.

radioactivity [ˌreɪdɪəʊæk'tɪvətɪ] *n* radioactivité *f*.

radio alarm *n* radio-réveil *m*.

radio-controlled *adj* téléguidé(e).

radio frequency *n* radiofréquence *f*.

radiogram ['reɪdɪəʊˌgræm] *n* [message] radiogramme *m*.

radiographer [ˌreɪdɪ'ɒgrəfəʳ] *n* radiologue *mf*.

radiography [ˌreɪdɪ'ɒgrəfɪ] *n* radiographie *f*.

radiology [ˌreɪdɪ'ɒlədʒɪ] *n* radiologie *f*.

radiopaging ['reɪdɪəʊˌpeɪdʒɪŋ] *n* système d'appel par récepteur de poche.

radiotelephone [ˌreɪdɪəʊ'telɪfəʊn] *n* radiotéléphone *m*.

radiotherapist [ˌreɪdɪəʊ'θerəpɪst] *n* radiothérapeute *mf*.

radiotherapy [ˌreɪdɪəʊ'θerəpɪ] *n* radiothérapie *f*.

radish ['rædɪʃ] *n* radis *m*.

radium ['reɪdɪəm] *n* radium *m*.

radius ['reɪdɪəs] (*pl* **radii**) *n* **-1.** MATH rayon *m*. **-2.** ANAT radius *m*.

radon ['reɪdɒn] *n* radon *m*.

RAF [ɑːreɪ'ef, ræf] *n abbr of* **Royal Air Force**.

raffia ['ræfɪə] *n* raphia *m*.

raffish ['ræfɪʃ] *adj* dissolu(e).

raffle ['ræfl] ◇ *n* tombola *f*. ◇ *vt* mettre en tombola.

raft [rɑːft] *n* **-1.** [of wood] radeau *m*. **-2.** [large number] tas *m*; **a** ~ **of policies** POL un train de mesures.

rafter ['rɑːftəʳ] *n* chevron *m*.

rag [ræg] *n* **-1.** [piece of cloth] chiffon *m*; **it's like a red** ~ **to a bull** c'est comme la couleur rouge pour le taureau. **-2.** *pej* [newspaper] torchon *m*.
◆ **rags** *npl* [clothes] guenilles *fpl*; **from** ~**s to riches** de la misère à la richesse.

ragamuffin ['rægəˌmʌfɪn] *n* galopin *m*.

rag-and-bone man *n* chiffonnier *m*.

ragbag ['rægbæg] *n fig* ramassis *m*.

rag doll *n* poupée *f* de chiffon.

rage [reɪdʒ] ◇ *n* **-1.** [fury] rage *f*, fureur *f*. **-2.** *inf* [fashion]: **to be (all) the** ~ faire fureur. ◇ *vi* **-1.** [person] être furieux(ieuse). **-2.** [storm, argument] faire rage.

ragged ['rægɪd] *adj* **-1.** [person] en haillons; [clothes] en lambeaux. **-2.** [line, edge, performance] inégal(e).

raging ['reɪdʒɪŋ] *adj* [thirst, headache] atroce; [storm] déchaîné(e).

ragout ['ræguː] *n* ragoût *m*.

ragtime ['rægtaɪm] *n* ragtime *m*.

rag trade *n inf*: **the** ~ la confection.

rag week *n Br semaine de carnaval organisée par des étudiants afin de collecter des fonds pour des œuvres charitables.*

raid [reɪd] ◇ *n* **-1.** MIL raid *m*. **-2.** [by criminals] hold-up *m inv*; [by police] descente *f*. ◇ *vt* **-1.** MIL faire un raid sur. **-2.** [subj: criminals] faire un hold-up dans; [subj: police] faire une descente dans.

raider ['reɪdəʳ] *n* **-1.** [attacker] agresseur *m*. **-2.** [thief] braqueur *m*.

rail [reɪl] ◇ *n* **-1.** [on ship] bastingage *m*; [on staircase] rampe *f*; [on walkway] garde-fou *m*. **-2.** [bar] barre *f*. **-3.** RAIL rail *m*; **by** ~ en train. ◇ *comp* [transport, travel] par le train; [strike] des cheminots.

railcard ['reɪlkɑːd] *n Br carte de réduction sur les chemins de fer.*

railing ['reɪlɪŋ] *n* [fence] grille *f*; [on ship] bastingage *m*; [on staircase] rampe *f*; [on walkway] garde-fou *m*.

railway *Br* ['reɪlweɪ], **railroad** *Am* ['reɪlrəʊd] *n* [system, company] chemin *m* de fer; [track] voie *f* ferrée.

railway engine *n* locomotive *f*.

railway line *n* [route] ligne *f* de chemin de fer; [track] voie *f* ferrée.

railwayman ['reɪlweɪmən] (*pl* **-men** [-mən]) *n Br* cheminot *m*.

railway station *n* gare *f*.

railway track *n* voie *f* ferrée.

rain [reɪn] ◇ *n* pluie *f*. ◇ *v impers* METEOR pleuvoir; **it's** ~**ing** il pleut. ◇ *vi* [fall like rain] pleuvoir.
◆ **rain down** *vi* pleuvoir.
◆ **rain off** *Br*, **rain out** *Am* *vt sep* annuler à cause de la pluie.

rainbow ['reɪnbəʊ] *n* arc-en-ciel *m*.

rain check *n Am*: **I'll take a** ~ **(on that)** une autre fois peut-être.

raincoat ['reɪnkəʊt] *n* imperméable *m*.

raindrop ['reɪndrɒp] *n* goutte *f* de pluie.

rainfall ['reɪnfɔːl] *n* [shower] chute *f* de pluie; [amount] précipitations *fpl*.

rain forest *n* forêt *f* tropicale humide.

rain gauge *n* pluviomètre *m*.

rainproof ['reɪnpruːf] *adj* imperméable.

rainstorm ['reɪnstɔːm] *n* trombe *f* d'eau, pluie *f* torrentielle.

rainwater ['reɪn‚wɔːtər] *n* eau *f* de pluie.

rainy ['reɪnɪ] (*compar* **-ier**, *superl* **-iest**) *adj* pluvieux(ieuse).

raise [reɪz] ◇ *vt* **-1.** [lift up] lever; **to ~ o.s.** se lever. **-2.** [increase - gen] augmenter; [- standards] élever; **to ~ one's voice** élever la voix. **-3.** [obtain]: **to ~ money** [from donations] collecter des fonds; [by selling, borrowing] se procurer de l'argent. **-4.** [subject, doubt] soulever; [memories] évoquer. **-5.** [children, cattle] élever. **-6.** [crops] cultiver. **-7.** [build] ériger, élever.
◇ *n Am* augmentation *f* (de salaire).

raisin ['reɪzn] *n* raisin *m* sec.

Raj [rɑːdʒ] *n*: **the ~** l'empire britannique aux Indes.

rajah ['rɑːdʒə] *n* raja *m*, rajah *m*.

rake [reɪk] ◇ *n* **-1.** [implement] râteau *m*. **-2.** *dated* & *literary* [immoral man] débauché *m*.
◇ *vt* [path, lawn] ratisser; [leaves] râteler.
♦ **rake in** *vt sep inf* amasser.
♦ **rake up** *vt sep* [past] fouiller dans.

rake-off *n inf* pourcentage *m*, commission *f*.

rakish ['reɪkɪʃ] *adj* **-1.** [dissolute] dissolu(e). **-2.** [jaunty] désinvolte.

rally ['rælɪ] (*pl* **-ies**, *pt* & *pp* **-ied**) ◇ *n* **-1.** [meeting] rassemblement *m*. **-2.** [car race] rallye *m*. **-3.** SPORT [exchange of shots] échange *m*. ◇ *vt* rallier. ◇ *vi* **-1.** [supporters] se rallier. **-2.** [patient] aller mieux; [prices] remonter.
♦ **rally round** ◇ *vt fus* apporter son soutien à. ◇ *vi inf* venir en aide.

rallying ['rælɪɪŋ] *n* (*U*) rallye *m*.

rallying cry *n* cri *m* de ralliement.

rallying point *n* point *m* de rassemblement.

ram [ræm] (*pt* & *pp* **-med**, *cont* **-ming**) ◇ *n* bélier *m*. ◇ *vt* **-1.** [crash into] percuter contre, emboutir. **-2.** [force] tasser. **-3.** *phr*: **to ~ sthg home** beaucoup insister sur qqch.

RAM [ræm] (*abbr of* **random access memory**) *n* RAM *f*.

Ramadan [‚ræmə'dæn] *n* ramadan *m*.

ramble ['ræmbl] ◇ *n* randonnée *f*, promenade *f* à pied. ◇ *vi* **-1.** [walk] faire une promenade à pied. **-2.** *pej* [talk] radoter.
♦ **ramble on** *vi pej* radoter.

rambler ['ræmblər] *n* [walker] randonneur *m*, -euse *f*.

rambling ['ræmblɪŋ] *adj* **-1.** [house] plein(e) de coins et recoins. **-2.** [speech] décousu(e).

RAMC (*abbr of* **Royal Army Medical Corps**) *n service de santé des armées britanniques.*

ramekin ['ræmɪkɪn] *n* ramequin *m*.

ramification [‚ræmɪfɪ'keɪʃn] *n* ramification *f*.

ramp [ræmp] *n* **-1.** [slope] rampe *f*. **-2.** AUT [to slow traffic down] ralentisseur *m*; "~" «dénivellation».

rampage [ræm'peɪdʒ] ◇ *n*: **to go on the ~** tout saccager. ◇ *vi* se déchaîner.

rampant ['ræmpənt] *adj* qui sévit.

ramparts ['ræmpɑːts] *npl* rempart *m*.

ramshackle ['ræm‚ʃækl] *adj* branlant(e).

ran [ræn] *pt* → **run**.

RAN (*abbr of* **Royal Australian Navy**) *n marine de guerre australienne.*

ranch [rɑːntʃ] *n* ranch *m*.

rancher ['rɑːntʃər] *n* propriétaire *mf* de ranch.

ranch house *n Am* ranch *m*.

rancid ['rænsɪd] *adj* rance.

rancour *Br*, **rancor** *Am* ['ræŋkər] *n* rancœur *f*.

random ['rændəm] ◇ *adj* fait(e) au hasard; [number] aléatoire. ◇ *n*: **at ~** au hasard.

random access memory *n* COMPUT mémoire *f* vive.

randomly ['rændəmlɪ] *adv* au hasard.

R and R (*abbr of* **rest and recreation**) *n Am* permission *f*.

randy ['rændɪ] (*compar* **-ier**, *superl* **-iest**) *adj inf* excité(e).

rang [ræŋ] *pt* → **ring**.

range [reɪndʒ] (*cont* **rangeing**) ◇ *n* **-1.** [of plane, telescope etc] portée *f*; **at close ~** à bout portant; **to be out of ~** être hors de portée; **to be within ~ of** être à portée de. **-2.** [of subjects, goods] gamme *f*; **price ~** éventail *m* des prix. **-3.** [of mountains] chaîne *f*. **-4.** [shooting area] champ *m* de tir. **-5.** MUS [of voice] tessiture *f*.
◇ *vt* [place in row] mettre en rang.
◇ *vi* **-1.** [vary]: **to ~ between ... and ...** varier entre ... et ...; **to ~ from ... to ...** varier de ... à .... **-2.** [include]: **to ~ over sthg** couvrir qqch.

ranger ['reɪndʒər] *n* garde *m* forestier.

Rangoon [ræŋ'guːn] *n* Rangoon.

rangy ['reɪndʒɪ] (*compar* **-ier**, *superl* **-iest**) *adj* élancé(e).

rank [ræŋk] ◇ *adj* **-1.** [absolute - disgrace, stupidity] complet(ète); [- injustice] fla-

grant(e); **he's a ~ outsider** il n'a aucune chance. **-2.** [smell] fétide.
◇ *n* **-1.** [in army, police etc] grade *m*; **to pull ~ rank** user de sa supériorité hiérarchique (pour faire faire qqch à qqn). **-2.** [social class] rang *m*. **-3.** [row] rangée *f*; **taxi ~ station** *f* de taxis; **to close ~s** serrer les rangs. **-4. the ~ and file** la masse; [of union] la base.
◇ *vt* **-1.** [classify] classer. **-2.** *Am* [outrank] avoir un grade supérieur à.
◇ *vi*: **to ~ among** compter parmi; **to ~ as** être aux rangs de.
◆ **ranks** *npl* **-1.** MIL: **the ~s** le rang. **-2.** *fig* [members] rangs *mpl*.

ranking ['ræŋkɪŋ] ◇ *n* [rating] classement *m*. ◇ *adj Am* [high-ranking] du plus haut rang.

rankle ['ræŋkl] *vi*: **it ~d with him** ça lui est resté sur l'estomac OR le cœur.

ransack ['rænsæk] *vt* [search through] mettre tout sens dessus dessous dans; [damage] saccager.

ransom ['rænsəm] *n* rançon *f*; **to hold sb to ~** [keep prisoner] mettre qqn à rançon; *fig* exercer un chantage sur qqn.

rant [rænt] *vi* déblatérer.

ranting ['ræntɪŋ] *n* (*U*) invectives *fpl*.

rap [ræp] (*pt & pp* **-ped**, *cont* **-ping**) ◇ *n* **-1.** [knock] coup *m* sec. **-2.** MUS rap *m*. **-3.** *phr*: **to take the ~** *inf* trinquer, payer les pots cassés. ◇ *vt* [table] frapper sur; [knuckles] taper sur. ◇ *vi* **-1.** [knock]: **to ~ on** [door] frapper à; [table] frapper sur. **-2.** MUS rapper.

rapacious [rə'peɪʃəs] *adj* rapace.

rapacity [rə'pæsətɪ] *n* rapacité *f*.

rape [reɪp] ◇ *n* **-1.** [crime, attack] viol *m*. **-2.** *fig* [of countryside etc] destruction *f*. **-3.** [plant] colza *m*. ◇ *vt* violer.

rapeseed ['reɪpsiːd] *n* graine *f* de colza.

rapid ['ræpɪd] *adj* rapide.
◆ **rapids** *npl* rapides *mpl*.

rapid-fire *adj* [gun] à tir rapide; **~ questions** un feu roulant de questions.

rapidity [rə'pɪdətɪ] *n* rapidité *f*.

rapidly ['ræpɪdlɪ] *adv* rapidement.

rapidness ['ræpɪdnɪs] = **rapidity**.

rapist ['reɪpɪst] *n* violeur *m*.

rapper ['ræpər] *n* rappeur *m*, -euse *f*.

rapport [ræ'pɔːr] *n* rapport *m*.

rapprochement [ræ'prɒʃmɑ̃] *n* rapprochement *m*.

rapt [ræpt] *adj* [interest, attention] profond(e); **to be ~ in thought** être plongé dans ses pensées.

rapture ['ræptʃər] *n* ravissement *m*; **to go into ~s over** OR **about** s'extasier sur.

rapturous ['ræptʃərəs] *adj* [applause, welcome] enthousiaste.

rare [reər] *adj* **-1.** [gen] rare. **-2.** [meat] saignant(e).

rarefied ['reərɪfaɪd] *adj* **-1.** [air] raréfié(e). **-2.** *fig* [place, atmosphere] raffiné(e).

rarely ['reəlɪ] *adv* rarement.

rareness ['reənɪs] *n* rareté *f*.

raring ['reərɪŋ] *adj*: **to be ~ to go** être impatient(e) de commencer.

rarity ['reərətɪ] (*pl* **-ies**) *n* rareté *f*.

rascal ['rɑːskl] *n* polisson *m*, -onne *f*.

rash [ræʃ] ◇ *adj* irréfléchi(e), imprudent(e). ◇ *n* **-1.** MED éruption *f*. **-2.** [spate] succession *f*, série *f*.

rasher ['ræʃər] *n* tranche *f*.

rashly ['ræʃlɪ] *adv* sans réfléchir.

rashness ['ræʃnɪs] *n* imprudence *f*.

rasp [rɑːsp] ◇ *n* [harsh sound] grincement *m*. ◇ *vi* dire d'une voix âpre.

raspberry ['rɑːzbərɪ] (*pl* **-ies**) *n* **-1.** [fruit] framboise *f*. **-2.** [rude sound]: **to blow a ~** faire pfft.

rasping ['rɑːspɪŋ] *adj* [voice] âpre; [sound] grinçant(e).

rasta ['ræstə] *n inf* rasta *mf inv*.

rastafarian [ˌræstə'feərɪən] *n* rastafari *mf inv*.

rat [ræt] *n* **-1.** [animal] rat *m*; **to smell a ~** soupçonner anguille sous roche. **-2.** *inf pej* [person] ordure *f*, salaud *m*.

ratbag ['rætbæg] *n Br inf pej* salope *f*.

ratchet ['rætʃɪt] *n* rochet *m*.

rate [reɪt] ◇ *n* **-1.** [speed] vitesse *f*; [of pulse] fréquence *f*; **~ of flow** débit *m*; **at this ~** à ce train-là. **-2.** [ratio, proportion] taux *m*. **-3.** [price] tarif *m*. ◇ *vt* **-1.** [consider]: **I ~ her very highly** je la tiens en haute estime; **to ~ sb/sthg as** considérer qqn/qqch comme; **to ~ sb/sthg among** classer qqn/qqch parmi. **-2.** [deserve] mériter.
◆ **rates** *npl Br* impôts *mpl* locaux.
◆ **at any rate** *adv* en tout cas.

rateable value ['reɪtəbl-] *n Br* valeur *f* locative imposable.

rate of exchange *n* taux *m* OR cours *m* du change.

ratepayer ['reɪtˌpeɪər] *n Br* contribuable *mf*.

rather ['rɑːðər] *adv* **-1.** [somewhat, more exactly] plutôt. **-2.** [to small extent] un peu. **-3.** [preferably]: **I'd ~ wait** je préférerais attendre; **she'd ~ not go** elle préférerait ne pas y aller. **-4.** [on the contrary]: **(but)** ~ ... au contraire ....

◆ **rather than** *conj* plutôt que.

ratification [,rætıfı'keıʃn] *n* ratification *f*.

ratify ['rætıfaı] (*pt* & *pp* **-ied**) *vt* ratifier, approuver.

rating ['reıtıŋ] *n* **-1.** [of popularity etc] cote *f*. **-2.** *Br* [sailor] matelot *m*.

◆ **ratings** *npl* RADIO & TV indice *m* d'écoute.

ratio ['reıʃıəʊ] (*pl* **-s**) *n* rapport *m*.

ration ['ræʃn] ◇ *n* ration *f*. ◇ *vt* rationner.

◆ **rations** *npl* vivres *mpl*.

rational ['ræʃənl] *adj* rationnel(elle).

rationale [,ræʃə'nɑːl] *n* logique *f*.

rationalization [,ræʃənəlaı'zeıʃn] *n* rationalisation *f*.

rationalize, -ise ['ræʃənəlaız] *vt* rationaliser.

rationing ['ræʃənıŋ] *n* rationnement *m*.

rat race *n* jungle *f*.

rattle ['rætl] ◇ *n* **-1.** [of bottles, typewriter keys] cliquetis *m*; [of engine] bruit *m* de ferraille. **-2.** [toy] hochet *m*. ◇ *vt* **-1.** [bottles] faire s'entrechoquer; [keys] faire cliqueter. **-2.** [unsettle] secouer. ◇ *vi* [bottles] s'entrechoquer; [keys, machine] cliqueter; [engine] faire un bruit de ferraille.

◆ **rattle off** *vt sep* réciter à toute vitesse.

◆ **rattle on** *vi*: to ~ on (about sthg) parler sans arrêt (de qqch).

◆ **rattle through** *vt fus* [work] expédier; [speech, list] lire à toute allure.

rattlesnake ['rætlsneık], **rattler** *Am* ['rætləʳ] *n* serpent *m* à sonnettes.

ratty ['rætı] (*compar* **-ier**, *superl* **-iest**) *adj inf* **-1.** *Br* [in bad mood] de mauvais poil. **-2.** *Am* [in bad condition] pourri(e).

raucous ['rɔːkəs] *adj* [voice, laughter] rauque; [behaviour] bruyant(e).

raunchy ['rɔːntʃı] (*compar* **-ier**, *superl* **-iest**) *adj* d'une sensualité brute.

ravage ['rævıdʒ] *vt* ravager.

◆ **ravages** *npl* ravages *mpl*.

rave [reıv] ◇ *adj* [review] élogieux(ieuse). ◇ *n Br inf* [party] rave *f*. ◇ *vi* **-1.** [talk angrily]: to ~ at OR against tempêter OR fulminer contre. **-2.** [talk enthusiastically]: to ~ about parler avec enthousiasme de.

raven ['reıvn] ◇ *adj* [hair] de jais. ◇ *n* corbeau *m*.

ravenous ['rævənəs] *adj* [person] affamé(e); [animal, appetite] vorace.

raver ['reıvəʳ] *n Br inf*: she's a ~ elle aime faire la fête.

rave-up *n Br inf* fête *f*.

ravine [rə'viːn] *n* ravin *m*.

raving ['reıvıŋ] *adj*: ~ **lunatic** fou furieux (folle furieuse).

◆ **ravings** *npl* délire *m*.

ravioli [,rævı'əʊlı] *n* (*U*) ravioli *mpl*.

ravish ['rævıʃ] *vt* [delight] ravir, enchanter.

ravishing ['rævıʃıŋ] *adj* ravissant(e), enchanteur(eresse).

raw [rɔː] *adj* **-1.** [uncooked] cru(e). **-2.** [untreated] brut(e). **-3.** [painful] à vif. **-4.** [inexperienced] novice; ~ **recruit** bleu *m*. **-5.** [weather] froid(e); [wind] âpre.

raw deal *n*: to get a ~ être défavorisé(e).

raw material *n* matière *f* première.

ray [reı] *n* [beam] rayon *m*; *fig* [of hope] lueur *f*.

rayon ['reıɒn] *n* rayonne *f*.

raze [reız] *vt* raser.

razor ['reızəʳ] *n* rasoir *m*.

razor blade *n* lame *f* de rasoir.

razor-sharp *adj* coupant(e) comme un rasoir; *fig* [person, mind] vif (vive).

razzle ['ræzl] *n Br inf*: to go on the ~ faire les quatre cents coups.

razzmatazz ['ræzəmətæz] *n inf* tape-à-l'œil *m inv*.

R & B (*abbr of* **rhythm and blues**) *n* R & B *m*.

RC *abbr of* **Roman Catholic**.

RCA (*abbr of* **Royal College of Art**) *n* école de beaux-arts à Londres.

RCAF (*abbr of* **Royal Canadian Air Force**) *n* armée de l'air canadienne.

RCMP (*abbr of* **Royal Canadian Mounted Police**) *n* police montée canadienne.

RCN *n* **-1.** (*abbr of* **Royal College of Nursing**) syndicat britannique des infirmières et des infirmiers. **-2.** (*abbr of* **Royal Canadian Navy**) marine de guerre canadienne.

Rd *abbr of* **Road**.

R & D (*abbr of* **research and development**) *n* R-D *f*.

RDC (*abbr of* **rural district council**) *n* municipalité en zone rurale en Grande-Bretagne.

re [riː] *prep* concernant.

RE *n* **-1.** (*abbr of* **religious education**) instruction *f* religieuse. **-2.** (*abbr of* **Royal Engineers**) le génie militaire britannique.

reach [riːtʃ] ◇ *vt* **-1.** [gen] atteindre; [place, destination] arriver à; [agreement, decision] parvenir à. **-2.** [contact] joindre, contacter. ◇ *vi* [land] s'étendre; to ~ out tendre le bras; to ~ down to pick sthg up se pencher pour ramasser qqch. ◇ *n* [of arm, boxer] allonge *f*; **within** ~ [object] à portée; [place] à proximité; **out of** OR **beyond sb's** ~ [object]

hors de portée; [place] d'accès difficile, difficilement accessible.

◆ **reaches** *npl* étendue *f*.

reachable ['riːtʃəbl] *adj* **-1.** [place] accessible; [object] à portée. **-2.** [contactable] joignable.

react [rɪ'ækt] *vi* **-1.** [gen] réagir. **-2.** MED: to ~ to sthg avoir une réaction à qqch.

reaction [rɪ'ækʃn] *n* réaction *f*.

reactionary [rɪ'ækʃənrɪ] ◇ *adj* réactionnaire. ◇ *n* réactionnaire *mf*.

reactivate [rɪ'æktɪveɪt] *vt* réactiver.

reactor [rɪ'æktə] *n* réacteur *m*.

read [riːd] (*pt* & *pp* **read** [red]) ◇ *vt* **-1.** [gen] lire. **-2.** [subj: sign, letter] dire. **-3.** [interpret, judge] interpréter. **-4.** [subj: meter, thermometer etc] indiquer. **-5.** *Br* UNIV étudier. ◇ *vi* lire; **the book ~s well** le livre se lit bien. ◇ *n*: to be a good ~ être un bon livre, être d'une lecture agréable.

◆ **read into** *vt sep*: to ~ a lot into sthg attacher beaucoup d'importance à qqch.

◆ **read out** *vt sep* lire à haute voix.

◆ **read up on** *vt fus* étudier.

readable ['riːdəbl] *adj* agréable à lire.

readdress [ˌriːə'dres] *vt* faire suivre.

reader ['riːdə] *n* [of book, newspaper] lecteur *m*, -trice *f*.

readership ['riːdəʃɪp] *n* [of newspaper] nombre *m* de lecteurs.

readily ['redɪlɪ] *adv* **-1.** [willingly] volontiers. **-2.** [easily] facilement.

readiness ['redɪnɪs] *n* **-1.** [preparation]: to be in ~ être prêt(e). **-2.** [willingness] empressement *m*.

reading ['riːdɪŋ] *n* **-1.** (*U*) [gen] lecture *f*. **-2.** [interpretation] interprétation *f*. **-3.** [on thermometer, meter etc] indications *fpl*.

reading lamp *n* lampe *f* de lecture OR de bureau.

reading room *n* salle *f* de lecture.

readjust [ˌriːə'dʒʌst] ◇ *vt* [instrument] régler (de nouveau); [mirror] rajuster; [policy] rectifier. ◇ *vi* [person]: to ~ (to) se réadapter (à).

readmit [ˌriːəd'mɪt] *vt* réadmettre.

readout ['riːdaʊt] *n* COMPUT affichage *m*.

read-through [riːd-] *n*: to have a ~ of sthg parcourir qqch.

ready ['redɪ] (*pt* & *pp* **-ied**) ◇ *adj* **-1.** [prepared] prêt(e); to be ~ to do sthg être prêt à faire qqch; to get ~ se préparer; to get sthg ~ préparer qqch. **-2.** [willing]: to be ~ to do sthg être prêt(e) OR disposé(e) à faire qqch. ◇ *vt* préparer.

ready cash *n* liquide *m*.

ready-made *adj lit* & *fig* tout fait (toute faite).

ready money *n* liquide *m*.

ready-to-wear *adj* prêt-à-porter.

reaffirm [ˌriːə'fɜːm] *vt* réaffirmer.

reafforest [ˌriːə'fɒrɪst] *vt* reboiser.

reafforestation ['riːəˌfɒrɪ'steɪʃn] *n* reboisement *m*.

real ['rɪəl] ◇ *adj* **-1.** [gen] vrai(e), véritable; ~ **life** réalité *f*; **for** ~ pour de vrai; **this is the ~ thing** [object] c'est de l'authentique; [situation] c'est pour de vrai OR de bon. **-2.** [actual] réel(elle); **in ~ terms** dans la pratique. ◇ *adv Am* très.

real ale *n Br* ale *f* véritable.

real estate *n* (*U*) biens *mpl* immobiliers.

realign [ˌriːə'laɪn] *vt* POL regrouper.

realignment [ˌriːə'laɪnmənt] *n* POL regroupement *m*.

realism ['rɪəlɪzm] *n* réalisme *m*.

realist ['rɪəlɪst] *n* réaliste *mf*.

realistic [ˌrɪə'lɪstɪk] *adj* réaliste.

realistically [ˌrɪə'lɪstɪklɪ] *adv* d'une manière réaliste, avec réalisme.

reality [rɪ'ælətɪ] (*pl* **-ies**) ◇ *n* réalité *f*; **in** ~ en réalité.

realization [ˌrɪəlaɪ'zeɪʃn] *n* réalisation *f*.

realize, -ise ['rɪəlaɪz] *vt* **-1.** [understand] se rendre compte de, réaliser. **-2.** [sum of money, idea, ambition] réaliser.

reallocate [ˌriː'æləkeɪt] *vt* réattribuer.

really ['rɪəlɪ] ◇ *adv* **-1.** [gen] vraiment. **-2.** [in fact] en réalité. ◇ *excl* **-1.** [expressing doubt] vraiment? **-2.** [expressing surprise] pas possible! **-3.** [expressing disapproval] franchement!, ça alors!

realm [relm] *n* **-1.** *fig* [subject area] domaine *m*. **-2.** [kingdom] royaume *m*.

real-time *adj* COMPUT en temps réel.

realtor ['rɪəltər] *n Am* agent *m* immobilier.

ream [riːm] *n* [of papers] rame *f*.

◆ **reams** *npl* des pages et des pages.

reap [riːp] *vt* **-1.** [harvest] moissonner. **-2.** *fig* [obtain] récolter.

reappear [ˌriːə'pɪər] *vi* réapparaître, reparaître.

reappearance [ˌriːə'pɪərəns] *n* réapparition *f*.

reapply [ˌriːə'plaɪ] (*pt* & *pp* **-ied**) *vi*: to ~ (for a job) postuler de nouveau (un emploi).

reappraisal [ˌriːə'preɪzl] *n* réévaluation *f*.

reappraise [ˌriːə'preɪz] *vt* réévaluer.

rear [rɪər] ◇ *adj* arrière (*inv*), de derrière. ◇ *n* **-1.** [back] arrière *m*; to bring up the ~ fer-

mer la marche. **-2.** *inf* [bottom] derrière *m.*
◇ *vt* [children, animals] élever. ◇ *vi* [horse]:
to ~ (up) se cabrer.

rear admiral *n* vice-amiral *m.*

rearguard action ['rɪəgɑ:d-] *n* combat *m*
d'arrière-garde.

rear light *n* feu *m* arrière.

rearm [ri:'ɑ:m] *vt & vi* réarmer.

rearmament [rɪ'ɑ:məmənt] *n* réarmement
m.

rearmost ['rɪəməʊst] *adj* dernier(ière).

rearrange [ˌri:ə'reɪndʒ] *vt* **-1.** [furniture,
room] réarranger; [plans] changer. **-2.** [meet-
ing - to new time] changer l'heure de; [- to
new date] changer la date de.

rearrangement [ˌri:ə'reɪndʒmənt] *n* **-1.** [of
furniture etc] réarrangement *m.* **-2.** [of meeting - to new time] changement *m* de l'heure;
[- to new date] changement de la date.

rearview mirror ['rɪəvju:-] *n* rétroviseur *m.*

reason ['ri:zn] ◇ *n* **-1.** [cause]: **~ (for)** raison *f* (de); **by ~ of** *fml* en raison de; **for
some ~** pour une raison ou pour une au-
tre. **-2.** *(U)* [justification]: **to have ~ to do
sthg** avoir de bonnes raisons de faire qqch;
I have ~ to believe (that) ... j'ai lieu de
croire que .... **-3.** [common sense] bon sens
m; **he won't listen to ~** on ne peut pas lui
faire entendre raison; **it stands to ~** c'est
logique. ◇ *vt* déduire. ◇ *vi* raisonner.
◆ **reason with** *vt fus* raisonner (avec).

reasonable ['ri:znəbl] *adj* raisonnable.

reasonably ['ri:znəblɪ] *adv* **-1.** [quite] assez.
-2. [sensibly] raisonnablement.

reasoned ['ri:znd] *adj* raisonné(e).

reasoning ['ri:znɪŋ] *n* raisonnement *m.*

reassemble [ˌri:ə'sembl] ◇ *vt* **-1.** [recon-
struct] remonter. **-2.** [regroup] rassembler. ◇
vi se rassembler.

reassess [ˌri:ə'ses] *vt* réexaminer.

reassessment [ˌri:ə'sesmənt] *n* réexamen
m.

reassurance [ˌri:ə'ʃʊərəns] *n* **-1.** [comfort]
réconfort *m.* **-2.** [promise] assurance *f.*

reassure [ˌri:ə'ʃʊəʳ] *vt* rassurer.

reassuring [ˌri:ə'ʃʊərɪŋ] *adj* rassurant(e).

reawaken [ˌri:ə'weɪkn] *vt* [interest] faire renaître.

rebate ['ri:beɪt] *n* [on product] rabais *m*; **tax
~** ≃ dégrèvement *m* fiscal.

rebel [*n* 'rebl, *vb* rɪ'bel] (*pt & pp* **-led**, *cont*
-ling) ◇ *n* rebelle *mf.* ◇ *vi*: **to ~ (against)** se
rebeller (contre).

rebellion [rɪ'beljən] *n* rébellion *f.*

rebellious [rɪ'beljəs] *adj* rebelle.

rebirth [ˌri:'bɜ:θ] *n* renaissance *f.*

rebound [*n* 'ri:baʊnd, *vb* rɪ'baʊnd] ◇ *n* [of
ball] rebond *m*; **to be on the ~** [person] être
sous le coup d'une déception sentimentale.
◇ *vi* **-1.** [ball] rebondir. **-2.** *fig* [action, joke]:
to ~ on sb se retourner contre qqn.

rebuff [rɪ'bʌf] ◇ *n* rebuffade *f.* ◇ *vt* repousser.

rebuild [ˌri:'bɪld] (*pt & pp* **rebuilt** [ˌri:'bɪlt])
vt reconstruire.

rebuke [rɪ'bju:k] ◇ *n* réprimande *f.* ◇ *vt*
réprimander.

rebut [ri:'bʌt] (*pt & pp* **-ted**, *cont* **-ting**) *vt* réfuter.

rebuttal [ri:'bʌtl] *n* réfutation *f.*

rec. *abbr of* **received.**

recalcitrant [rɪ'kælsɪtrənt] *adj* récalci-
trant(e).

recall [rɪ'kɔ:l] ◇ *n* **-1.** [memory] rappel *m.*
-2. [change]: **beyond ~** irrévocable. ◇ *vt* **-1.**
[remember] se rappeler, se souvenir de. **-2.**
[summon back] rappeler; **to ~ Parliament**
convoquer le Parlement.

recant [rɪ'kænt] ◇ *vt* [statement] rétracter;
RELIG abjurer. ◇ *vi* se rétracter; RELIG abjurer.

recap ['ri:kæp] (*pt & pp* **-ped**, *cont* **-ping**) ◇
n récapitulation *f.* ◇ *vt* **-1.** [summarize] récapituler. **-2.** *Am* [tyre] rechaper. ◇ *vi* récapituler.

recapitulate [ˌri:kə'pɪtjʊleɪt] *vt & vi* récapituler.

recapture [ˌri:'kæptʃəʳ] ◇ *n* reprise *f.* ◇ *vt*
-1. [feeling] retrouver. **-2.** [territory, prisoner]
reprendre.

recd, rec'd *abbr of* **received.**

recede [ri:'si:d] *vi* **-1.** [person, car etc] s'éloigner; [hopes] s'envoler. **-2.** [hair]: **his hair is
receding** son front se dégarnit.

receding [rɪ'si:dɪŋ] *adj* [hairline] dégarni(e);
[chin, forehead] fuyant(e).

receipt [rɪ'si:t] *n* **-1.** [piece of paper] reçu *m.*
-2. *(U)* [act of receiving] réception *f.*
◆ **receipts** *npl* recettes *fpl.*

receivable [rɪ'si:vəbl] *adj* **-1.** [able to be re-
ceived] recevable. **-2.** FIN à recevoir.

receive [rɪ'si:v] ◇ *vt* **-1.** [gen] recevoir;
[news] apprendre. **-2.** [welcome] accueillir,
recevoir; **to be well/badly ~d** [film, speech
etc] être bien/mal accueilli. ◇ *vi* [in tennis
etc] recevoir le service.

receiver [rɪ'si:vəʳ] *n* **-1.** [of telephone] récepteur *m*, combiné *m.* **-2.** [radio, TV set] récepteur *m.* **-3.** [criminal] receleur *m*, -euse *f.* **-4.**
FIN [official] administrateur *m*, -trice *f* judiciaire.

receivership [rɪ'siːvəʃɪp] n: **to go into ~** être mis(e) en liquidation.

receiving end [rɪ'siːvɪŋ-] n: **to be on the ~ (of sthg)** faire les frais (de qqch).

recent ['riːsnt] adj récent(e).

recently ['riːsntlɪ] adv récemment; **until ~** jusqu'à ces derniers temps.

receptacle [rɪ'septəkl] n récipient m.

reception [rɪ'sepʃn] n **-1.** [gen] réception f. **-2.** [welcome] accueil m, réception f.

reception centre n centre m d'accueil.

reception class n Br cours m préparatoire.

reception desk n réception f.

receptionist [rɪ'sepʃənɪst] n réceptionniste mf.

reception room n salon m.

receptive [rɪ'septɪv] adj réceptif(ive).

receptiveness [rɪ'septɪvnɪs] n réceptivité f.

recess ['riːses, Br rɪ'ses] n **-1.** [alcove] niche f. **-2.** [secret place] recoin m. **-3.** POL: **to be in ~** être en vacances. **-4.** Am SCH récréation f.

recessed ['riːsest, Br rɪ'sest] adj [window] dans un renfoncement; [door handle, light] encastré(e).

recession [rɪ'seʃn] n récession f.

recessionary [rɪ'seʃənrɪ] adj de récession.

recessive [rɪ'sesɪv] adj BIOL récessif(ive).

recharge [ˌriː'tʃɑːdʒ] vt recharger.

rechargeable [ˌriː'tʃɑːdʒəbl] adj rechargeable.

recipe ['resɪpɪ] n lit & fig recette f.

recipient [rɪ'sɪpɪənt] n [of letter] destinataire mf; [of cheque] bénéficiaire mf; [of award] récipiendaire mf.

reciprocal [rɪ'sɪprəkl] adj réciproque.

reciprocate [rɪ'sɪprəkeɪt] ◇ vt rendre, retourner. ◇ vi en faire autant.

recital [rɪ'saɪtl] n récital m.

recitation [ˌresɪ'teɪʃn] n récitation f.

recite [rɪ'saɪt] vt **-1.** [say aloud] réciter. **-2.** [list] énumérer.

reckless ['reklɪs] adj imprudent(e).

recklessness ['reklɪsnɪs] n imprudence f.

reckon ['rekn] vt **-1.** inf [think] penser. **-2.** [consider, judge] considérer. **-3.** [expect]: **to ~ to do sthg** compter faire qqch. **-4.** [calculate] calculer.
♦ **reckon on** vt fus compter sur.
♦ **reckon with** vt fus [expect] s'attendre à; **he's a person to be ~ed with** il faut compter avec lui.
♦ **reckon without** vt fus compter sans.

reckoning ['rekənɪŋ] n [calculation] (U) calculs mpl; **day of ~** jour m de vérité.

reclaim [rɪ'kleɪm] vt **-1.** [claim back] réclamer. **-2.** [land] assécher.

reclamation [ˌreklə'meɪʃn] n [of land] assèchement m.

recline [rɪ'klaɪn] vi [person] être allongé(e).

reclining [rɪ'klaɪnɪŋ] adj [chair] à dossier réglable.

recluse [rɪ'kluːs] n reclus m, -e f.

reclusive [rɪ'kluːsɪv] adj reclus(e).

recognition [ˌrekəg'nɪʃn] n reconnaissance f; **in ~ of** en reconnaissance de; **the town has changed beyond** OR **out of all ~** la ville est méconnaissable.

recognizable ['rekəgnaɪzəbl] adj reconnaissable.

recognize, -ise ['rekəgnaɪz] vt reconnaître.

recoil [vb rɪ'kɔɪl, n 'riːkɔɪl] ◇ vi: **to ~ (from)** reculer (devant). ◇ n [of gun] recul m.

recollect [ˌrekə'lekt] vt se rappeler.

recollection [ˌrekə'lekʃn] n souvenir m.

recommence [ˌriːkə'mens] vt & vi recommencer.

recommend [ˌrekə'mend] vt **-1.** [commend]: **to ~ sb/sthg (to sb)** recommander qqn/ qqch (à qqn). **-2.** [advise] conseiller, recommander.

recommendation [ˌrekəmen'deɪʃn] n recommandation f.

recommended retail price [ˌrekə'mendɪd-] n prix m de vente conseillé.

recompense ['rekəmpens] ◇ n dédommagement m. ◇ vt dédommager.

reconcile ['rekənsaɪl] vt **-1.** [beliefs, ideas] concilier. **-2.** [people] réconcilier; **to be ~d with sb** se réconcilier avec qqn. **-3.** [accept]: **to ~ o.s. to sthg** se faire à l'idée de qqch.

reconciliation [ˌrekənsɪlɪ'eɪʃn] n **-1.** [of beliefs, ideas] conciliation f. **-2.** [of people] réconciliation f.

recondite ['rekəndaɪt] adj fml obscur(e).

reconditioned [ˌriːkən'dɪʃnd] adj remis(e) en état.

reconnaissance [rɪ'kɒnɪsəns] n reconnaissance f.

reconnect [ˌriːkə'nekt] vt rebrancher.

reconnoitre Br, **reconnoiter** Am [ˌrekə-'nɔɪtər] ◇ vt reconnaître. ◇ vi aller en reconnaissance.

reconsider [ˌriːkən'sɪdər] ◇ vt reconsidérer. ◇ vi reconsidérer la question.

reconstitute [ˌriː'kɒnstɪtjuːt] vt reconstituer.

reconstruct [ˌriːkən'strʌkt] vt **-1.** [gen] reconstruire. **-2.** [crime, event] reconstituer.

reconstruction [ˌriːkən'strʌkʃn] n **-1.** [gen]

reconstruction *f.* **-2.** [of crime, event] reconstitution *f.*

reconvene [ˌriːkən'viːn] *vt* convoquer de nouveau.

record [*n & adj* 'rekɔːd, *vb* rɪ'kɔːd] ◇ *n* **-1.** [written account] rapport *m;* [file] dossier *m;* **to keep sthg on** ~ archiver qqch; **to go on** ~ **as saying (that)** ... déclarer publiquement que ...; **(police)** ~ casier *m* judiciaire; **off the** ~ non officiel; **to set** OR **put the** ~ **straight** mettre les choses au clair. **-2.** [vinyl disc] disque *m.* **-3.** [best achievement] record *m.* ◇ *adj* record *(inv).* ◇ *vt* **-1.** [write down] noter. **-2.** [put on tape] enregistrer.

record-breaker *n* personne *f* qui bat le record.

record-breaking *adj* qui bat tous les records.

recorded delivery [rɪ'kɔːdɪd-] *n:* **to send sthg by** ~ envoyer qqch en recommandé.

recorder [rɪ'kɔːdəʳ] *n* [musical instrument] flûte *f* à bec.

record holder *n* détenteur *m,* -trice *f* du record.

recording [rɪ'kɔːdɪŋ] *n* enregistrement *m.*

recording studio *n* studio *m* d'enregistrement.

record library *n* discothèque *f.*

record player *n* tourne-disque *m.*

recount [*n* 'riːkaunt, *vt sense 1* rɪ'kaunt, *sense 2* ˌriː'kaunt] ◇ *n* [of vote] deuxième dépouillement *m* du scrutin. ◇ *vt* **-1.** [narrate] raconter. **-2.** [count again] recompter.

recoup [rɪ'kuːp] *vt* récupérer.

recourse [rɪ'kɔːs] *n:* **to have** ~ **to** avoir recours à.

recover [rɪ'kʌvəʳ] ◇ *vt* **-1.** [retrieve] récupérer; **to** ~ **sthg from sb** reprendre qqch à qqn. **-2.** [one's balance] retrouver; [consciousness] reprendre; **to** ~ **o.s.** se ressaisir. ◇ *vi* **-1.** [from illness] se rétablir; [from shock, divorce] se remettre. **-2.** *fig* [economy] se redresser; [trade] reprendre.

recoverable [rɪ'kʌvrəbl] *adj* FIN récupérable.

recovery [rɪ'kʌvərɪ] *(pl* **-ies)** *n* **-1.** [from illness] guérison *f,* rétablissement *m.* **-2.** *fig* [of economy] redressement *m,* reprise *f.* **-3.** [retrieval] récupération *f.*

recovery vehicle *n Br* dépanneuse *f.*

recreate [ˌriːkrɪ'eɪt] *vt* recréer.

recreation [ˌrekrɪ'eɪʃn] *n* (*U*) [leisure] récréation *f,* loisirs *mpl.*

recreational [ˌrekrɪ'eɪʃənl] *adj* de récréation.

recreation room *n* salle *f* de récréation; *Am* [in house] salle de jeu.

recrimination [rɪˌkrɪmɪ'neɪʃn] *n* récrimination *f.*

recrudescence [ˌriːkruː'desns] *n* recrudescence *f.*

recruit [rɪ'kruːt] ◇ *n* recrue *f.* ◇ *vt* recruter; **to** ~ **sb to do sthg** *fig* embaucher qqn pour faire qqch. ◇ *vi* recruter.

recruitment [rɪ'kruːtmənt] *n* recrutement *m.*

rectangle ['rek,tæŋgl] *n* rectangle *m.*

rectangular [rek'tæŋgjʊləʳ] *adj* rectangulaire.

rectification [ˌrektɪfɪ'keɪʃn] *n* rectification *f.*

rectify ['rektɪfaɪ] *(pt & pp* **-ied)** *vt* [mistake] rectifier.

rectitude ['rektɪtjuːd] *n* rectitude *f.*

rector ['rektəʳ] *n* **-1.** [priest] pasteur *m.* **-2.** *Scot* [head - of school] directeur *m;* [- of college, university] *président élu par les étudiants.*

rectory ['rektərɪ] *(pl* **-ies)** *n* presbytère *m.*

rectum ['rektəm] *n* rectum *m.*

recuperate [rɪ'kuːpəreɪt] *vi* se rétablir.

recuperation [rɪˌkuːpə'reɪʃn] *n* rétablissement *m.*

recur [rɪ'kɜːʳ] *(pt & pp* **-red,** *cont* **-ring)** *vi* [error, problem] se reproduire; [dream] revenir; [pain] réapparaître.

recurrence [rɪ'kʌrəns] *n* répétition *f.*

recurrent [rɪ'kʌrənt] *adj* [error, problem] qui se reproduit souvent; [dream] qui revient souvent.

recurring [rɪ'kɜːrɪŋ] *adj* **-1.** [error, problem] qui se reproduit souvent; [dream] qui revient souvent. **-2.** MATH périodique.

recyclable [ˌriː'saɪkləbl] *adj* recyclable.

recycle [ˌriː'saɪkl] *vt* recycler.

red [red] *(compar* **-der,** *superl* **-dest)** ◇ *adj* rouge; [hair] roux (rousse). ◇ *n* rouge *m;* **to be in the** ~ *inf* être à découvert; **to see** ~ voir rouge.

◆ **Red** *pej* ◇ *adj* rouge. ◇ *n* rouge *mf.*

red alert *n* alerte *f* maximale; **to be on** ~ être en état d'alerte maximale.

red blood cell *n* globule *m* rouge.

red-blooded [-'blʌdɪd] *adj hum* viril(e).

red-brick *adj Br* [building] en brique rouge.

◆ **redbrick** *adj Br:* **redbrick university** université *f* moderne.

red card *n* FTBL: **to be shown the** ~, **to get a** ~ recevoir un carton rouge.

red carpet *n:* **to roll out the** ~ **for sb** dérouler le tapis rouge pour qqn.

◆ **red-carpet** *adj:* **to give sb the red-**

carpet treatment recevoir qqn en grande pompe.

Red Crescent *n*: the ~ le Croissant Rouge.

Red Cross *n*: the ~ la Croix-Rouge.

redcurrant ['redkʌrənt] *n* [fruit] groseille *f*; [bush] groseillier *m*.

red deer *n* cerf *m*.

redden ['redn] *vt & vi* rougir.

redecorate [,riː'dekəreɪt] ◇ *vt* repeindre et retapisser. ◇ *vi* refaire la peinture et les papiers peints.

redeem [rɪ'diːm] *vt* -1. [save, rescue] racheter; **to ~ o.s.** se racheter. -2. [from pawnbroker] dégager.

redeeming [rɪ'diːmɪŋ] *adj* qui rachète (les défauts).

redefine [,riːdɪ'faɪn] *vt* redéfinir.

redemption [rɪ'dempʃn] *n* rédemption *f*; **beyond** OR **past ~** *fig* irrémédiable.

redeploy [,riːdɪ'plɔɪ] *vt* MIL redéployer; [staff] réorganiser, réaffecter.

redeployment [,riːdɪ'plɔɪmənt] *n* MIL redéploiement *m*; [of staff] réorganisation *f*, réaffectation *f*.

redesign [,riːdɪ'zaɪn] *vt* [room] redessiner; [system] réorganiser.

redevelop [,riːdɪ'veləp] *vt* réaménager.

redevelopment [,riːdɪ'veləpmənt] *n* réaménagement *m*.

red-faced [-'feɪst] *adj* rougeaud(e), rubicond(e); [with embarrassment] rouge de confusion.

red-haired [-'heəd] *adj* roux (rousse).

red-handed [-'hændɪd] *adj*: **to catch sb ~** prendre qqn en flagrant délit OR la main dans le sac.

redhead ['redhed] *n* roux *m*, rousse *f*.

red herring *n* *fig* fausse piste *f*.

red-hot *adj* -1. [extremely hot] brûlant(e); [metal] chauffé(e) au rouge. -2. [very enthusiastic] ardent(e).

redid [,riː'dɪd] *pt* → redo.

Red Indian ◇ *adj* de Peau-Rouge. ◇ *n* Peau-Rouge *mf* (*attention: le terme 'Red Indian' est considéré raciste*).

redirect [,riːdɪ'rekt] *vt* -1. [energy, money] réorienter. -2. [traffic] détourner. -3. [letters] faire suivre.

rediscover [,riːdɪ'skʌvə'] *vt* redécouvrir.

redistribute [,riːdɪ'strɪbjuːt] *vt* redistribuer.

red-letter day *n* jour *m* mémorable, jour à marquer d'une pierre blanche.

red light *n* [traffic signal] feu *m* rouge.

red-light district *n* quartier *m* chaud.

red meat *n* viande *f* rouge.

redness ['rednɪs] *n* rougeur *f*.

redo [,riː'duː] (*pt* -did, *pp* -done) *vt* refaire.

redolent ['redələnt] *adj literary* -1. [reminiscent]: ~ **of** qui rappelle, évocateur(trice) de. -2. [smelling]: ~ **of** qui sent.

redone [,riː'dʌn] *pp* → redo.

redouble [,riː'dʌbl] *vt*: **to ~ one's efforts (to do sthg)** redoubler d'efforts (pour faire qqch).

redoubtable [rɪ'daʊtəbl] *adj* redoutable, formidable.

redraft [,riː'drɑːft] *vt* rédiger à nouveau.

redraw [,riː'drɔː] (*pt* -drew, *pp* -drawn) *vt* dessiner à nouveau.

redress [rɪ'dres] ◇ *n* (U) *fml* réparation *f*. ◇ *vt*: **to ~ the balance** rétablir l'équilibre.

redrew [,riː'druː] *pt* → redraw.

Red Sea *n*: the ~ la mer Rouge.

Red Square *n* la place Rouge.

red squirrel *n* écureuil *m*.

red tape *n* *fig* paperasserie *f* administrative.

reduce [rɪ'djuːs] ◇ *vt* réduire; **to be ~d to doing sthg** en être réduit à faire qqch; **to ~ sb to tears** faire pleurer qqn. ◇ *vi* Am [diet] suivre un régime amaigrissant.

reduced [rɪ'djuːst] *adj* réduit(e); **in ~ circumstances** dans la gêne.

reduction [rɪ'dʌkʃn] *n* -1. [decrease]: ~ **(in)** réduction *f* (de), baisse *f* (de). -2. [discount] rabais *m*, réduction *f*.

redundancy [rɪ'dʌndənsɪ] (*pl* -ies) *n* Br [dismissal] licenciement *m*; [unemployment] chômage *m*.

redundancy payment *n* Br indemnité *f* de licenciement.

redundant [rɪ'dʌndənt] *adj* -1. Br [jobless]: **to be made ~** être licencié(e). -2. [not required] superflu(e).

redwood ['redwʊd] *n*: ~ **(tree)** séquoia *m*.

reecho [,riː'ekəʊ] ◇ *vt* [repeat] répéter. ◇ *vi* [echo again] retentir.

reed [riːd] ◇ *n* -1. [plant] roseau *m*. -2. MUS anche *f*. ◇ *comp* [basket etc] en roseau.

reeducate [,riː'edjʊkeɪt] *vt* rééduquer.

reedy ['riːdɪ] (*compar* -ier, *superl* -iest) *adj* [voice] flûté(e), aigu(ë).

reef [riːf] *n* récif *m*, écueil *m*.

reek [riːk] ◇ *n* relent *m*. ◇ *vi*: **to ~ (of sthg)** puer (qqch), empester (qqch).

reel [riːl] ◇ *n* -1. [roll] bobine *f*. -2. [on fishing rod] moulinet *m*. ◇ *vi* -1. [stagger] chanceler. -2. [whirl]: **my mind was ~ing** j'avais la tête qui tournait.

◆ **reel in** *vt sep* remonter.

◆ **reel off** *vt sep* [list] débiter.

reelect [ˌriːɪ'lekt] *vt*: **to ~ sb (as) sthg** réélire qqn qqch.

reelection [ˌriːɪ'lekʃn] *n* réélection *f.*

reemphasize [ˌriː'emfəsaɪz] *vt* souligner de nouveau.

reenact [ˌriːɪ'nækt] *vt* [play] reproduire; [event] reconstituer.

reenter [ˌriː'entər] *vt* [room, earth's atmosphere] rentrer dans; [country] retourner dans.

reentry [ˌriː'entrɪ] *n* [into earth's atmosphere] rentrée *f*; [into country] retour *m.*

reexamine [ˌriːɪg'zæmɪn] *vt* examiner de nouveau.

reexport [ˌriː'ekspɔːt] COMM ◇ *n* réexportation *f.* ◇ *vt* réexporter.

ref [ref] *n* **-1.** *inf* (*abbr of* referee) arbitre *m.* **-2.** (*abbr of* reference) ADMIN réf. *f.*

refectory [rɪ'fektərɪ] (*pl* **-ies**) *n* réfectoire *m.*

refer [rɪ'fɜːr] (*pt & pp* **-red**, *cont* **-ring**) *vt* **-1.** [person]: **to ~ sb to** [hospital] envoyer qqn à; [specialist] adresser qqn à; ADMIN renvoyer qqn à. **-2.** [report, case, decision]: **to ~ sthg to** soumettre qqch à.

◆ **refer to** *vt fus* **-1.** [speak about] parler de, faire allusion à OR mention de. **-2.** [apply to] s'appliquer à, concerner. **-3.** [consult] se référer à, se reporter à.

referee [ˌrefə'riː] ◇ *n* **-1.** SPORT arbitre *m.* **-2.** *Br* [for job application] répondant *m*, -e *f.* ◇ *vt* SPORT arbitrer. ◇ *vi* SPORT être arbitre.

reference ['refrəns] *n* **-1.** [mention]: **~ (to)** allusion *f* (à), mention *f* (de); **with ~ to** comme suite à. **-2.** (*U*) [for advice, information]: **~ (to)** consultation *f* (de), référence *f* (à); **for future ~** à titre d'information. **-3.** COMM référence *f.* **-4.** [in book] renvoi *m*; **map ~** coordonnées *fpl.* **-5.** [for job application - letter] référence *f*; [- person] répondant *m*, -e *f.*

reference book *n* ouvrage *m* de référence.

reference library *n* bibliothèque *f* d'ouvrages à consulter.

reference number *n* numéro *m* de référence.

referendum [ˌrefə'rendəm] (*pl* **-s** OR **-da** [-də]) *n* référendum *m.*

referral [rɪ'fɜːrəl] *n fml* **-1.** (*U*) [act of referring] envoi *m.* **-2.** [patient referred] malade envoyé *m*, malade envoyée *f.*

refill [*n* 'riːfɪl, *vb* ˌriː'fɪl] ◇ *n* **-1.** [for pen] recharge *f.* **-2.** *inf* [drink]: **would you like a ~?** vous voulez encore un verre? ◇ *vt* remplir à nouveau.

refillable [ˌriː'fɪləbl] *adj* [pen] rechargeable; [bottle] qu'on peut faire remplir à nouveau.

refine [rɪ'faɪn] *vt* raffiner; *fig* peaufiner.

refined [rɪ'faɪnd] *adj* raffiné(e); [system, theory] perfectionné(e).

refinement [rɪ'faɪnmənt] *n* **-1.** [improvement] perfectionnement *m.* **-2.** (*U*) [gentility] raffinement *m.*

refinery [rɪ'faɪnərɪ] (*pl* **-ies**) *n* raffinerie *f.*

refit [*n* 'riːfɪt, *vb* ˌriː'fɪt] (*pt & pp* **-ted**, *cont* **-ting**) ◇ *n* [of ship] réparation *f*, remise *f* en état. ◇ *vt* [ship] réparer, remettre en état.

reflate [ˌriː'fleɪt] ECON ◇ *vt* relancer. ◇ *vi* effectuer une relance (de l'économie).

reflation [ˌriː'fleɪʃn] *n* ECON relance *f.*

reflationary [riː'fleɪʃənrɪ] *adj* ECON de relance.

reflect [rɪ'flekt] ◇ *vt* **-1.** [be a sign of] refléter. **-2.** [light, image] réfléchir, refléter; [heat] réverbérer; **to be ~ed in** se refléter dans. **-3.** [think]: **to ~ that ...** se dire que .... ◇ *vi* [think]: **to ~ (on OR upon)** réfléchir (sur), penser (à).

reflection [rɪ'flekʃn] *n* **-1.** [sign] indication *f*, signe *m.* **-2.** [criticism]: **~ on** critique *f* de. **-3.** [image] reflet *m.* **-4.** (*U*) [of light, heat] réflexion *f.* **-5.** [thought] réflexion *f*; **on ~** réflexion faite.

reflective [rɪ'flektɪv] *adj* **-1.** [surface, material] réfléchissant(e). **-2.** [thoughtful] pensif(ive).

reflector [rɪ'flektər] *n* réflecteur *m.*

reflex ['riːfleks] *n*: **~ (action)** réflexe *m.*

◆ **reflexes** *npl* réflexes *mpl.*

reflex camera *n* appareil [?] reflex.

reflexive [rɪ'fleksɪv] *adj* GRAMM [pronoun] réfléchi(e); **~ verb** verbe *m* pronominal réfléchi.

reflexology [ˌriːflek'splədʒɪ] *n* réflexothérapie *f.*

reforest [ˌriː'fɒrɪst] = **reafforest**.

reforestation [ˌriːˌfɒrɪ'steɪʃn] = **reafforestation**.

reform [rɪ'fɔːm] ◇ *n* réforme *f.* ◇ *vt* [gen] réformer; [person] corriger. ◇ *vi* [behave better] se corriger, s'amender.

reformat [ˌriː'fɔːmæt] (*pt & pp* **-ted**, *cont* **-ting**) *vt* COMPUT reformater.

Reformation [ˌrefə'meɪʃn] *n*: **the ~** la Réforme.

reformatory [rɪ'fɔːmətrɪ] *n Am* centre *m* d'éducation surveillée (pour jeunes délinquants).

reformed [rɪ'fɔːmd] *adj* [better behaved] qui s'est corrigé(e) OR amendé(e).

reformer [rɪ'fɔːməʳ] *n* réformateur *m*, -trice *f*.

reformist [rɪ'fɔːmɪst] ◇ *adj* réformiste. ◇ *n* réformiste *mf*.

refract [rɪ'frækt] ◇ *vt* réfracter. ◇ *vi* se réfracter.

refrain [rɪ'freɪn] ◇ *n* refrain *m*. ◇ *vi*: **to ~ from doing sthg** s'abstenir de faire qqch.

refresh [rɪ'freʃ] *vt* rafraîchir, revigorer; **to ~ sb's memory** rafraîchir la mémoire de qqn.

refreshed [rɪ'freʃt] *adj* reposé(e).

refresher course [rɪ'freʃəʳ-] *n* cours *m* de recyclage OR remise à niveau.

refreshing [rɪ'freʃɪŋ] *adj* **-1.** [pleasantly different] agréable, réconfortant(e). **-2.** [drink, swim] rafraîchissant(e).

refreshments [rɪ'freʃmənts] *npl* rafraîchissements *mpl*.

refrigerate [rɪ'frɪdʒəreɪt] *vt* réfrigérer.

refrigeration [rɪ,frɪdʒə'reɪʃn] *n* réfrigération *f*.

refrigerator [rɪ'frɪdʒəreɪtəʳ] *n* réfrigérateur *m*, Frigidaire® *m*.

refuel [,riː'fjʊəl] (*Br pt & pp* **-led**, *cont* **-ling**, *Am pt & pp* **-ed**, *cont* **-ing**) ◇ *vt* ravitailler. ◇ *vi* se ravitailler en carburant.

refuge ['refjuːdʒ] *n* refuge *m*, abri *m*; **to take ~ in** se réfugier dans.

refugee [,refjʊ'dʒiː] *n* réfugié *m*, -e *f*.

refugee camp *n* camp *m* de réfugiés.

refund [*n* 'riːfʌnd, *vb* rɪ'fʌnd] ◇ *n* remboursement *m*. ◇ *vt*: **to ~ sthg to sb, to ~ sb sthg** rembourser qqch à qqn.

refurbish [,riː'fɜːbɪʃ] *vt* remettre à neuf, rénover.

refurbishment [,riː'fɜːbɪʃmənt] *n* rénovation *f*.

refurnish [,riː'fɜːnɪʃ] *vt* remeubler.

refusal [rɪ'fjuːzl] *n*: **~ (to do sthg)** refus *m* (de faire qqch).

refuse[1] [rɪ'fjuːz] ◇ *vt* refuser; **to ~ to do sthg** refuser de faire qqch. ◇ *vi* refuser.

refuse[2] ['refjuːs] *n* (*U*) [rubbish] ordures *fpl*, détritus *mpl*.

refuse collection ['refjuːs-] *n* enlèvement *m* des ordures ménagères.

refuse collector ['refjuːs-] *n* éboueur *m*.

refuse dump ['refjuːs-] *n* décharge *f* (publique).

refute [rɪ'fjuːt] *vt* réfuter.

reg., regd. (*abbr of* **registered**): **~ trademark** marque *f* déposée.

regain [rɪ'geɪn] *vt* [composure, health] retrouver; [leadership] reprendre.

regal ['riːgl] *adj* majestueux(euse), royal(e).

regale [rɪ'geɪl] *vt*: **to ~ sb with sthg** divertir qqn en lui racontant qqch.

regalia [rɪ'geɪljə] *n* (*U*) insignes *mpl*.

regard [rɪ'gɑːd] ◇ *n* **-1.** (*U*) [respect] estime *f*, respect *m*. **-2.** [aspect]: **in this/that ~** à cet égard. ◇ *vt* considérer; **to ~ o.s. as se** considérer comme; **to be highly ~ed** être tenu(e) en haute estime.

◆ **regards** *npl*: (with best) **~s** bien amicalement; **give her my ~s** faites-lui mes amitiés.

◆ **as regards** *prep* en ce qui concerne.

◆ **in regard to, with regard to** *prep* en ce qui concerne, relativement à.

regarding [rɪ'gɑːdɪŋ] *prep* concernant, en ce qui concerne.

regardless [rɪ'gɑːdlɪs] *adv* quand même.

◆ **regardless of** *prep* sans tenir compte de, sans se soucier de.

regatta [rɪ'gætə] *n* régate *f*.

regd. = **reg.**

Regency ['riːdʒənsɪ] *adj* Régence (anglaise).

regenerate [rɪ'dʒenəreɪt] *vt* [economy, project] relancer.

regeneration [rɪ,dʒenə'reɪʃn] *n* [of economy, project] relance *f*.

regent ['riːdʒənt] *n* régent *m*, -e *f*.

reggae ['regeɪ] *n* reggae *m*.

regime [reɪ'ʒiːm] *n* régime *m*.

regiment ['redʒɪmənt] *n* régiment *m*.

regimental [,redʒɪ'mentl] *adj* du régiment.

regimented ['redʒɪmentɪd] *adj* [organization] trop rigide; [life] strict(e).

region ['riːdʒən] *n* région *f*; **in the ~ of** environ.

regional ['riːdʒənl] *adj* régional(e).

register ['redʒɪstəʳ] ◇ *n* [record] registre *m*. ◇ *vt* **-1.** [record officially] déclarer. **-2.** [show, measure] indiquer, montrer. **-3.** [express] exprimer. ◇ *vi* **-1.** [on official list] s'inscrire, se faire inscrire. **-2.** [at hotel] signer le registre. **-3.** *inf* [advice, fact]: **it didn't ~** je n'ai pas compris.

registered ['redʒɪstəd] *adj* **-1.** [person] inscrit(e); [car] immatriculé(e); [charity] agréé(e) par le gouvernement. **-2.** [letter, parcel] recommandé(e).

registered nurse *n* infirmier diplômé d'État *m*, infirmière diplômée d'État *f*.

registered post *Br*, **registered mail** *Am n*: **to send sthg by ~** envoyer qqch en recommandé.

registered trademark *n* marque *f* déposée.

registrar [,redʒɪ'strɑːʳ] n -1. [keeper of records] officier m de l'état civil. -2. UNIV secrétaire m général. -3. Br [doctor] chef m de clinique.

registration [,redʒɪ'streɪʃn] n -1. [gen] enregistrement m, inscription f. -2. AUT = **registration number.**

registration document n ≃ carte f grise.

registration number n AUT numéro m d'immatriculation.

registry ['redʒɪstrɪ] (pl -ies) n bureau m de l'enregistrement.

registry office n bureau m de l'état-civil.

regress [rɪ'gres] vi: to ~ (to) régresser (au stade de).

regression [rɪ'greʃn] n régression f.

regressive [rɪ'gresɪv] adj régressif(ive).

regret [rɪ'gret] (pt & pp -ted, cont -ting) ◇ n regret m. ◇ vt [be sorry about]: to ~ sthg/ doing sthg regretter qqch/d'avoir fait qqch; **we ~ to announce ...** nons sommes au regret d'annoncer ....

regretful [rɪ'gretfʊl] adj [person] plein(e) de regrets; [look] de regret.

regretfully [rɪ'gretfʊlɪ] adv à regret.

regrettable [rɪ'gretəbl] adj regrettable, fâcheux(euse).

regrettably [rɪ'gretəblɪ] adv malheureusement.

regroup [,riː'gruːp] vi se regrouper.

regt abbr of **regiment.**

regular ['regjʊləʳ] ◇ adj -1. [gen] régulier(ière); [customer] fidèle. -2. [usual] habituel(elle). -3. Am [normal - size] standard (inv). -4. Am [pleasant] sympa (inv). ◇ n [at pub] habitué m, -e f; [at shop] client m, -e f fidèle.

regular army n armée f de métier.

regularity [,regjʊ'lærətɪ] n régularité f.

regularly ['regjʊləlɪ] adv régulièrement.

regulate ['regjʊleɪt] vt régler.

regulation [,regjʊ'leɪʃn] ◇ adj [standard] réglementaire. ◇ n -1. [rule] règlement m. -2. (U) [control] réglementation f.

regurgitate [rɪ'gɜːdʒɪteɪt] vt régurgiter; fig & pej ressortir, répéter.

rehabilitate [,riːə'bɪlɪteɪt] vt [criminal] réinsérer, réhabiliter; [patient] rééduquer.

rehabilitation ['riːə,bɪlɪ'teɪʃn] n [of criminal] réinsertion f, réhabilitation f; [of patient] rééducation f.

rehash [,riː'hæʃ] vt inf pej remanier.

rehearsal [rɪ'hɜːsl] n répétition f.

rehearse [rɪ'hɜːs] vt & vi répéter.

rehouse [,riː'haʊz] vt reloger.

reign ['reɪn] ◇ n règne m. ◇ vi: to ~ (over) lit & fig régner (sur).

reigning ['reɪnɪŋ] adj [champion] actuel(elle).

reimburse [,riːɪm'bɜːs] vt: to ~ sb (for) rembourser qqn (de).

reimbursement [,riːɪm'bɜːsmənt] n remboursement m.

Reims [riːmz] n Reims.

rein [reɪn] n fig: to give (a) free ~ to sb, to give sb free ~ laisser la bride sur le cou à qqn; to keep a tight ~ on sb tenir la bride haute à qqn; to keep a tight ~ on sthg contrôler étroitement qqch.

◆ **reins** npl -1. [for horse] rênes fpl. -2. [for child] laisse f.

◆ **rein in** vt sep [horse] serrer la bride à; fig modérer.

reincarnation [,riːɪnkɑː'neɪʃn] n réincarnation f.

reindeer ['reɪn,dɪəʳ] (pl inv) n renne m.

reinforce [,riːɪn'fɔːs] vt -1. [strengthen] renforcer. -2. [back up, confirm] appuyer, étayer.

reinforced concrete [,riːɪn'fɔːst-] n béton m armé.

reinforcement [,riːɪn'fɔːsmənt] n -1. (U) [strengthening] renforcement m. -2. [strengthener] renfort m.

◆ **reinforcements** npl renforts mpl.

reinstate [,riːɪn'steɪt] vt [employee] rétablir dans ses fonctions, réintégrer; [policy, method] rétablir.

reinstatement [,riːɪn'steɪtmənt] n réintégration f, rétablissement m.

reinterpret [,riːɪn'tɜːprɪt] vt interpréter de nouveau (différemment).

reintroduce ['riː,ɪntrə'djuːs] vt réintroduire.

reintroduction ['riː,ɪntrə'dʌkʃn] n réintroduction f.

reissue [riː'ɪʃuː] ◇ n [of book] réédition f. ◇ vt [book] rééditer; [film, record] ressortir.

reiterate [riː'ɪtəreɪt] vt réitérer, répéter.

reiteration [riː,ɪtə'reɪʃn] n réitération f.

reject [n 'riːdʒekt, vb rɪ'dʒekt] ◇ n [product] article m de rebut. ◇ vt -1. [not accept] rejeter. -2. [candidate, coin] refuser.

rejection [rɪ'dʒekʃn] n -1. [non-acceptance] rejet m. -2. [of candidate] refus m.

rejig [,riː'dʒɪg] (pt & pp -ged, cont -ging) vt Br inf réorganiser.

rejoice [rɪ'dʒɔɪs] vi: to ~ (at OR in) se réjouir (de).

rejoicing [rɪ'dʒɔɪsɪŋ] n (U) réjouissance f.

rejoin[1] [,riː'dʒɔɪn] vt rejoindre; [club] adhérer de nouveau à.

rejoin² [rɪ'dʒɔɪn] *vt* [reply] répondre, répliquer.

rejoinder [rɪ'dʒɔɪndə] *n* réplique *f*, riposte *f*.

rejuvenate [rɪ'dʒuːvəneɪt] *vt* rajeunir.

rejuvenation [rɪ,dʒuːvə'neɪʃn] *n* rajeunissement *m*.

rekindle [,riː'kɪndl] *vt fig* ranimer, raviver.

relapse [rɪ'læps] ◇ *n* rechute *f*; **to have a ~** faire une rechute, rechuter. ◇ *vi*: **to ~ into** retomber dans.

relate [rɪ'leɪt] ◇ *vt* **-1.** [connect]: **to ~ sthg to sthg** établir un lien OR rapport entre qqch et qqch. **-2.** [tell] raconter. ◇ *vi* **-1.** [be connected]: **to ~ to** avoir un rapport avec. **-2.** [concern]: **to ~ to** se rapporter à. **-3.** [empathize]: **to ~ (to sb)** s'entendre (avec qqn).
◆ **relating to** *prep* concernant.

related [rɪ'leɪtɪd] *adj* **-1.** [people] apparenté(e). **-2.** [issues, problems etc] lié(e).

relation [rɪ'leɪʃn] *n* **-1.** [connection]: **~ (to/between)** rapport *m* (avec/entre); **in ~ to** par rapport à. **-2.** [person] parent *m*, -e *f*.
◆ **relations** *npl* [relationship] relations *fpl*, rapports *mpl*.

relational [rɪ'leɪʃənl] *adj* COMPUT relationnel(elle).

relationship [rɪ'leɪʃnʃɪp] *n* **-1.** [between people, countries] relations *fpl*, rapports *mpl*; [romantic] liaison *f*. **-2.** [connection] rapport *m*, lien *m*.

relative ['relətɪv] ◇ *adj* relatif(ive). ◇ *n* parent *m*, -e *f*.
◆ **relative to** *prep* [compared with] relativement à; [connected with] se rapportant à, relatif(ive) à.

relatively ['relətɪvlɪ] *adv* relativement.

relativity [,relə'tɪvətɪ] *n* relativité *f*.

relax [rɪ'læks] ◇ *vt* **-1.** [person] détendre, relaxer. **-2.** [muscle, body] décontracter, relâcher; [one's grip] desserrer. **-3.** [rule] relâcher. ◇ *vi* **-1.** [person] se détendre, se décontracter. **-2.** [muscle, body] se relâcher, se décontracter. **-3.** [one's grip] se desserrer.

relaxation [,riːlæk'seɪʃn] *n* **-1.** [of person] relaxation *f*, détente *f*. **-2.** [of rule] relâchement *m*.

relaxed [rɪ'lækst] *adj* détendu(e), décontracté(e).

relaxing [rɪ'læksɪŋ] *adj* relaxant(e), qui détend.

relay ['riːleɪ] (*pt* & *pp senses 1 & 2* **-ed**, *pt* & *pp sense 3* **relaid**) ◇ *n* **-1.** SPORT: **~ (race)** course *f* de relais; **in ~s** *fig* en se relayant. **-2.** RADIO & TV [broadcast] retransmission *f*.
◇ *vt* **-1.** RADIO & TV [broadcast] relayer. **-2.** [message, information] transmettre, communiquer. **-3.** [carpet, tiles] poser à nouveau, reposer.

release [rɪ'liːs] ◇ *n* **-1.** [from prison, cage] libération *f*. **-2.** [from pain, misery] délivrance *f*. **-3.** [statement] communiqué *m*. **-4.** [of gas, heat] échappement *m*. **-5.** (*U*) [of film, record] sortie *f*; **to be on ~** CINEMA passer dans les salles de cinéma. **-6.** [film] nouveau film *m*; [record] nouveau disque *m*.
◇ *vt* **-1.** [set free] libérer. **-2.** [lift restriction on]: **to ~ sb from** dégager qqn de. **-3.** [make available - supplies] libérer; [- funds] débloquer. **-4.** [let go of] lâcher. **-5.** TECH [brake, handle] desserrer; [mechanism] déclencher. **-6.** [gas, heat]: **to be ~d (from/into)** se dégager (de/dans), s'échapper (de/dans). **-7.** [film, record] sortir; [statement, report] publier.

relegate ['relɪgeɪt] *vt* reléguer; **to be ~d** *Br* SPORT être relégué à la division inférieure.

relegation [,relɪ'geɪʃn] *n* relégation *f*.

relent [rɪ'lent] *vi* [person] se laisser fléchir; [wind, storm] se calmer.

relentless [rɪ'lentlɪs] *adj* implacable.

relentlessly [rɪ'lentlɪslɪ] *adv* implacablement.

relevance ['reləvəns] *n* (*U*) **-1.** [connection]: **~ (to)** rapport *m* (avec). **-2.** [significance]: **(to)** importance *f* (pour).

relevant ['reləvənt] *adj* **-1.** [connected]: **~ (to)** qui a un rapport (avec). **-2.** [significant]: **~ (to)** important(e) (pour). **-3.** [appropriate - information] utile; [- document] justificatif(ive).

reliability [rɪ,laɪə'bɪlətɪ] *n* fiabilité *f*.

reliable [rɪ'laɪəbl] *adj* [person] sur qui on peut compter, fiable; [device] fiable; [company, information] sérieux(ieuse).

reliably [rɪ'laɪəblɪ] *adv* de façon fiable; **to be ~ informed (that)** ... savoir de source sûre que ....

reliance [rɪ'laɪəns] *n*: **~ (on)** dépendance *f* (de).

reliant [rɪ'laɪənt] *adj*: **to be ~ on** être dépendant(e) de.

relic ['relɪk] *n* relique *f*; [of past] vestige *m*.

relief [rɪ'liːf] *n* **-1.** [comfort] soulagement *m*. **-2.** [for poor, refugees] aide *f*, assistance *f*. **-3.** *Am* [social security] aide *f* sociale.

relief map *n* carte *f* en relief.

relief road *n Br* route *f* de délestage.

relieve [rɪ'liːv] *vt* **-1.** [pain, anxiety] soulager; **to ~ sb of sthg** [take away from] délivrer qqn de qqch. **-2.** [take over from] relayer. **-3.** [give help to] secourir, venir en aide à.

relieved [rɪ'liːvd] *adj* soulagé(e).

religion [rɪ'lɪdʒn] *n* religion *f*.

religious [rɪ'lɪdʒəs] *adj* religieux(ieuse); [book] de piété.

reline [ˌriː'laɪn] *vt* [clothes, bag] redoubler; [brakes] changer les garnitures de.

relinquish [rɪ'lɪŋkwɪʃ] *vt* [power] abandonner; [claim, plan] renoncer à; [post] quitter.

relish ['relɪʃ] ◇ *n* -1. [enjoyment]: **with (great)** ~ avec délectation. -2. [pickle] condiment *m*. ◇ *vt* [enjoy] prendre plaisir à; **I don't** ~ **the thought** OR **idea** OR **prospect of seeing him** la perspective de le voir ne m'enchante OR ne me sourit guère.

relive [ˌriː'lɪv] *vt* revivre.

relocate [ˌriːləʊ'keɪt] ◇ *vt* installer ailleurs, transférer. ◇ *vi* s'installer ailleurs, déménager.

relocation [ˌriːləʊ'keɪʃn] *n* transfert *m*, déménagement *m*.

relocation expenses *npl* frais *mpl* de déménagement.

reluctance [rɪ'lʌktəns] *n* répugnance *f*.

reluctant [rɪ'lʌktənt] *adj* peu enthousiaste; **to be** ~ **to do sthg** rechigner à faire qqch, être peu disposé à faire qqch.

reluctantly [rɪ'lʌktəntlɪ] *adv* à contrecœur, avec répugnance.

rely [rɪ'laɪ] (*pt* & *pp* -**ied**)
◆ **rely on** *vt fus* -1. [count on] compter sur; **to** ~ **on sb to do sthg** compter sur qqn OR faire confiance à qqn pour faire qqch. -2. [be dependent on] dépendre de.

REM (*abbr of* **rapid eye movement**) *n* activité oculaire intense durant le sommeil paradoxal.

remain [rɪ'meɪn] ◇ *vt* rester; **to** ~ **to be done** rester à faire; **it** ~s **to be seen ...** reste à savoir .... ◇ *vi* rester.
◆ **remains** *npl* -1. [remnants] restes *mpl*. -2. [antiquities] ruines *fpl*, vestiges *mpl*.

remainder [rɪ'meɪndə^r] *n* reste *m*.

remaining [rɪ'meɪnɪŋ] *adj* qui reste; **last** ~ dernier(ière).

remake [*n* 'riːmeɪk, *vb* ˌriː'meɪk] CINEMA ◇ *n* remake *m*. ◇ *vt* refaire.

remand [rɪ'mɑːnd] JUR ◇ *n*: **on** ~ en détention préventive. ◇ *vt*: **to** ~ **sb (in custody)** placer qqn en détention préventive.

remand centre *n Br* maison *f* de détention préventive.

remark [rɪ'mɑːk] ◇ *n* [comment] remarque *f*, observation *f*. ◇ *vt* [comment]: **to** ~ **that ...** faire remarquer que .... ◇ *vi*: **to** ~ **on** faire des remarques sur.

remarkable [rɪ'mɑːkəbl] *adj* remarquable.

remarkably [rɪ'mɑːkəblɪ] *adv* remarquablement.

remarry [ˌriː'mærɪ] (*pt* & *pp* -**ied**) *vi* se remarier.

remedial [rɪ'miːdjəl] *adj* -1. [pupil, class] de rattrapage. -2. [exercise] correctif(ive); [action] de rectification.

remedy ['remədɪ] (*pl* -**ies**, *pt* & *pp* -**ied**) ◇ *n*: ~ **(for)** MED remède *m* (pour OR contre); *fig* remède (à OR contre). ◇ *vt* remédier à.

remember [rɪ'membə^r] ◇ *vt* -1. [gen] se souvenir de, se rappeler; **to** ~ **to do sthg** ne pas oublier de faire qqch, penser à faire qqch; **to** ~ **doing sthg** se souvenir d'avoir fait qqch, se rappeler avoir fait qqch. -2. [as greeting]: **to** ~ **sb to sb** rappeler qqn au bon souvenir de qqn. ◇ *vi* se souvenir, se rappeler.

remembrance [rɪ'membrəns] *n*: **in** ~ **of** en souvenir OR mémoire de.

Remembrance Day *n* l'Armistice *m*.

remind [rɪ'maɪnd] *vt*: **to** ~ **sb of** OR **about sthg** rappeler qqch à qqn; **to** ~ **sb to do sthg** rappeler à qqn de faire qqch, faire penser à qqn à faire qqch.

reminder [rɪ'maɪndə^r] *n* -1. [to jog memory]: **to give sb a** ~ **(to do sthg)** faire penser à qqn (à faire qqch). -2. [letter, note] rappel *m*.

reminisce [ˌremɪ'nɪs] *vi* évoquer des souvenirs; **to** ~ **about sthg** évoquer qqch.

reminiscences [ˌremɪ'nɪsənsɪz] *npl* souvenirs *mpl*.

reminiscent [ˌremɪ'nɪsnt] *adj*: ~ **of** qui rappelle, qui fait penser à.

remiss [rɪ'mɪs] *adj* négligent(e).

remission [rɪ'mɪʃn] *n* (*U*) -1. JUR remise *f*. -2. MED rémission *f*.

remit¹ [rɪ'mɪt] (*pt* & *pp* -**ted**, *cont* -**ting**) *vt* [money] envoyer, verser.

remit² ['riːmɪt] *n Br* [responsibility] attributions *fpl*.

remittance [rɪ'mɪtns] *n* -1. [amount of money] versement *m*. -2. COMM règlement *m*, paiement *m*.

remnant ['remnənt] *n* -1. [remaining part] reste *m*, restant *m*. -2. [of cloth] coupon *m*.

remodel [ˌriː'mɒdl] (*Br pt* & *pp* -**led**, *cont* -**ling**, *Am pt* & *pp* -**ed**, *cont* -**ing**) *vt* remodeler.

remold *Am* = **remould**.

remonstrate ['remənstreɪt] *vi*: **to** ~ **(with sb about sthg)** faire des remontrances (à qqn au sujet de qqch).

remorse [rɪ'mɔːs] *n* (*U*) remords *m*.

remorseful [rɪ'mɔːsfʊl] *adj* plein(e) de remords.

remorseless [rɪ'mɔːslɪs] *adj* implacable.

remorselessly [rɪ'mɔːslɪslɪ] *adv* implacablement.

remote [rɪ'məʊt] *adj* **-1.** [far-off - place] éloigné(e); [- time] lointain(e). **-2.** [person] distant(e). **-3.** [possibility, chance] vague.

remote control *n* télécommande *f.*

remote-controlled [-kən'trəʊld] *adj* télécommandé(e).

remotely [rɪ'məʊtlɪ] *adv* **-1.** [in the slightest]: not ~ pas le moins du monde, absolument pas. **-2.** [far off] au loin.

remoteness [rɪ'məʊtnɪs] *n* **-1.** [of place] éloignement *m,* isolement *m.* **-2.** [of person] attitude *f* distante.

remould *Br,* **remold** *Am* ['riːmmld] *n* pneu *m* rechapé.

removable [rɪ'muːvəbl] *adj* [detachable] détachable, amovible.

removal [rɪ'muːvl] *n* **-1.** (*U*) [act of removing] enlèvement *m.* **-2.** *Br* [change of house] déménagement *m.*

removal man *n Br* déménageur *m.*

removal van *n Br* camion *m* de déménagement.

remove [rɪ'muːv] *vt* **-1.** [take away - gen] enlever; [- stain] faire partir, enlever; [- problem] résoudre; [- suspicion] dissiper. **-2.** [clothes] ôter, enlever. **-3.** [employee] renvoyer.

removed [rɪ'muːvd] *adj*: to be far ~ from être très éloigné(e) OR différent(e) de.

remover [rɪ'muːvə^r] *n* [for paint] décapant *m;* [for stains] détachant *m;* [for nail-varnish] dissolvant *m.*

remuneration [rɪ,mjuːnə'reɪʃn] *n* rémunération *f.*

Renaissance [rə'neɪsns] ◇ *n*: the ~ la Renaissance. ◇ *comp* (de la) Renaissance.

rename [,riː'neɪm] *vt* rebaptiser.

rend [rend] (*pt & pp* rent) *vt* déchirer.

render ['rendə^r] *vt* rendre; [assistance] porter; FIN [account] présenter.

rendering ['rendərɪŋ] *n* [of play, music etc] interprétation *f.*

rendezvous ['rɒndɪvuː] (*pl inv*) *n* rendezvous *m.*

rendition [ren'dɪʃn] *n* interprétation *f.*

renegade ['renɪgeɪd] *n* renégat *m,* -e *f.*

renege [rɪ'niːg] *vi*: to ~ on manquer à, revenir sur.

renegotiate [,riːnɪ'gəʊʃɪeɪt] ◇ *vt* renégocier. ◇ *vi* négocier à nouveau.

renew [rɪ'njuː] *vt* **-1.** [gen] renouveler; [negotiations, strength] reprendre; [interest] faire

renaître; to ~ **acquaintance with sb** renouer connaissance avec qqn. **-2.** [replace] remplacer.

renewable [rɪ'njuːəbl] *adj* renouvelable.

renewal [rɪ'njuːəl] *n* **-1.** [of activity] reprise *f.* **-2.** [of contract, licence etc] renouvellement *m.*

rennet ['renɪt] *n* présure *f.*

renounce [rɪ'naʊns] *vt* [reject] renoncer à.

renovate ['renəveɪt] *vt* rénover.

renovation [,renə'veɪʃn] *n* rénovation *f.*

renown [rɪ'naʊn] *n* renommée *f,* renom *m.*

renowned [rɪ'naʊnd] *adj*: ~ **(for)** renommé(e) (pour).

rent [rent] ◇ *pt & pp* → **rend.** ◇ *n* [for house] loyer *m.* ◇ *vt* louer.

◆ **rent out** *vt sep* louer.

rental ['rentl] ◇ *adj* de location. ◇ *n* [for car, television, video] prix *m* de location; [for house] loyer *m.*

rent book *n* carnet *m* de quittances de loyer.

rent boy *n Br inf* jeune garçon *m* qui se prostitue.

rented ['rentɪd] *adj* loué(e).

rent-free ◇ *adj* gratuit(e). ◇ *adv* sans payer de loyer.

renumber [,riː'nʌmbə^r] *vt* renuméroter.

renunciation [rɪ,nʌnsɪ'eɪʃn] *n* renonciation *f.*

reoccurrence [,riːə'kʌrəns] *n*: if there's a ~ ... si cela se reproduit ....

reopen [,riː'əʊpn] ◇ *vt* rouvrir; [negotiations] reprendre. ◇ *vi* rouvrir; [negotiations] reprendre; [wound] se rouvrir.

reorganization ['riː,ɔːgənaɪ'zeɪʃn] *n* réorganisation *f.*

reorganize, -ise [,riː'ɔːgənaɪz] ◇ *vt* réorganiser. ◇ *vi* se réorganiser.

rep [rep] *n* **-1.** (*abbr of* **representative**) VRP *m.* **-2.** *abbr of* **repertory. -3.** *abbr of* **repertory company.**

Rep. *Am* **-1.** *abbr of* **Representative. -2.** *abbr of* **Republican.**

repaid [riː'peɪd] *pt & pp* → **repay.**

repaint [,riː'peɪnt] *vt* repeindre.

repair [rɪ'peə^r] ◇ *n* réparation *f;* in good/bad ~ en bon/mauvais état. ◇ *vt* réparer.

repair kit *n* trousse *f* à outils.

repaper [,riː'peɪpə^r] *vt* retapisser.

reparations [,repə'reɪʃnz] *npl* réparations *fpl.*

repartee [,repɑː'tiː] *n* repartie *f.*

repatriate [,riː'pætrɪeɪt] *vt* rapatrier.

repay [riː'peɪ] (*pt* & *pp* **repaid**) *vt* **-1.** [money]: **to ~ sb sthg**, **to ~ sthg to sb** rembourser qqch à qqn. **-2.** [favour] payer de retour, récompenser; **to ~ sb for sthg** récompenser qqn de OR pour qqch.

repayment [riː'peɪmənt] *n* remboursement *m*.

repeal [rɪ'piːl] ◇ *n* abrogation *f*. ◇ *vt* abroger.

repeat [rɪ'piːt] ◇ *vt* **-1.** [gen] répéter; **to ~ o.s.** se répéter. **-2.** RADIO & TV rediffuser. ◇ *n* RADIO & TV reprise *f*, rediffusion *f*.

repeated [rɪ'piːtɪd] *adj* répété(e).

repeatedly [rɪ'piːtɪdlɪ] *adv* à maintes reprises, très souvent.

repel [rɪ'pel] (*pt* & *pp* **-led**, *cont* **-ling**) *vt* repousser.

repellent [rɪ'pelənt] ◇ *adj* répugnant(e), repoussant(e). ◇ *n*: **insect ~** crème *f* anti-insecte.

repent [rɪ'pent] ◇ *vt* se repentir de. ◇ *vi*: **to ~ (of)** se repentir (de).

repentance [rɪ'pentəns] *n* (*U*) repentir *m*.

repentant [rɪ'pentənt] *adj* repentant(e).

repercussions [,riːpə'kʌʃnz] *npl* répercussions *fpl*.

repertoire ['repətwɑːr] *n* répertoire *m*.

repertory ['repətrɪ] *n* répertoire *m*.

repertory company *n* compagnie *f* OR troupe *f* de répertoire.

repetition [,repɪ'tɪʃn] *n* répétition *f*.

repetitious [,repɪ'tɪʃəs], **repetitive** [rɪ'petɪtɪv] *adj* [action, job] répétitif(ive); [article, speech] qui a des redites.

rephrase [,riː'freɪz] *vt* réécrire, tourner autrement.

replace [rɪ'pleɪs] *vt* **-1.** [gen] remplacer. **-2.** [put back] remettre (à sa place).

replacement [rɪ'pleɪsmənt] *n* **-1.** [substituting] remplacement *m*; [putting back] replacement *m*. **-2.** [new person]: **~ (for sb)** remplaçant *m*, -e *f* (de qqn).

replacement part *n* pièce *f* de rechange.

replay [*n* 'riːpleɪ, *vb* ,riː'pleɪ] ◇ *n* match *m* rejoué. ◇ *vt* **-1.** [match, game] rejouer. **-2.** [film, tape] repasser.

replenish [rɪ'plenɪʃ] *vt*: **to ~ one's supply of sthg** se réapprovisionner en qqch.

replete [rɪ'pliːt] *adj fml* rempli(e); [person] rassasié(e).

replica ['replɪkə] *n* copie *f* exacte, réplique *f*.

replicate ['replɪkeɪt] *vt fml* reproduire.

replication [,replɪ'keɪʃn] *n fml* reproduction *f*.

reply [rɪ'plaɪ] (*pl* **-ies**, *pt* & *pp* **-ied**) ◇ *n*: **~ (to)** réponse *f* (à); **in ~ (to)** en réponse (à). ◇ *vt* & *vi* répondre.

reply coupon *n* coupon-réponse *m*.

reply-paid *adj* réponse payée.

report [rɪ'pɔːt] ◇ *n* **-1.** [account] rapport *m*, compte *m* rendu; PRESS reportage *m*. **-2.** *Br* SCH bulletin *m*. ◇ *vt* **-1.** [news, crime] rapporter, signaler. **-2.** [make known]: **to ~ that** ... annoncer que .... **-3.** [complain about]: **to ~ sb (to)** dénoncer qqn (à). ◇ *vi* **-1.** [give account]: **to ~ (on)** faire un rapport (sur); PRESS faire un reportage (sur). **-2.** [present oneself]: **to ~ (to sb/for sthg)** se présenter (à qqn/pour qqch).
◆ **report back** *vi*: **to ~ back (to)** présenter son rapport (à).

reportage [,repɔː'tɑːʒ] *n* (*U*) reportage *m*.

report card *n* bulletin *m* scolaire.

reportedly [rɪ'pɔːtɪdlɪ] *adv* à ce qu'il paraît.

reported speech [rɪ'pɔːtɪd-] *n* style *m* indirect.

reporter [rɪ'pɔːtər] *n* reporter *m*.

repose [rɪ'pəʊz] *n literary* repos *m*.

repository [rɪ'pɒzɪtrɪ] (*pl* **-ies**) *n* dépôt *m*.

repossess [,riːpə'zes] *vt* saisir.

repossession [,riːpə'zeʃn] *n* saisie *f*.

repossession order *n* ordre *m* de saisie.

reprehensible [,reprɪ'hensəbl] *adj* répréhensible.

represent [,reprɪ'zent] *vt* **-1.** [gen] représenter; **to be well** OR **strongly ~ed** être bien représenté. **-2.** [describe]: **to ~ sb/sthg as** décrire qqn/qqch comme.

representation [,reprɪzen'teɪʃn] *n* [gen] représentation *f*.
◆ **representations** *npl*: **to make ~s to sb** faire une démarche auprès de qqn.

representative [,reprɪ'zentətɪv] ◇ *adj* représentatif(ive). ◇ *n* représentant *m*, -e *f*.

repress [rɪ'pres] *vt* réprimer.

repressed [rɪ'prest] *adj* **-1.** [person - sexually] refoulé(e). **-2.** [feelings] réprimé(e), contenu(e).

repression [rɪ'preʃn] *n* répression *f*; [sexual] refoulement *m*.

repressive [rɪ'presɪv] *adj* répressif(ive).

reprieve [rɪ'priːv] ◇ *n* **-1.** *fig* [delay] sursis *m*, répit *m*. **-2.** JUR sursis *m*. ◇ *vt* accorder un sursis à.

reprimand ['reprɪmɑːnd] ◇ *n* réprimande *f*. ◇ *vt* réprimander.

reprint [*n* 'riːprɪnt, *vb* ,riː'prɪnt] ◇ *n* réimpression *f*. ◇ *vt* réimprimer.

reprisal [rɪ'praɪzl] *n* représailles *fpl*.

reproach [rɪ'prəʊtʃ] ◇ n reproche m. ◇ vt: **to ~ sb for** OR **with sthg** reprocher qqch à qqn.

reproachful [rɪ'prəʊtʃfʊl] adj [look, words] de reproche.

reprobate ['reprəbeɪt] n hum dépravé m, -e f.

reproduce [,riːprə'djuːs] ◇ vt reproduire. ◇ vi se reproduire.

reproduction [,riːprə'dʌkʃn] n reproduction f.

reproductive [,riːprə'dʌktɪv] adj reproducteur(trice).

reprogram [,riː'prəʊgræm] (pt & pp **-ed** OR **-med**, cont **-ing** OR **-ming**) vt reprogrammer.

reproof [rɪ'pruːf] n reproche m, blâme m.

reprove [rɪ'pruːv] vt: **to ~ sb (for)** blâmer qqn (pour OR de), réprimander qqn (pour).

reproving [rɪ'pruːvɪŋ] adj réprobateur(trice).

reptile ['reptaɪl] n reptile m.

Repub. Am abbr of **Republican**.

republic [rɪ'pʌblɪk] n république f.

republican [rɪ'pʌblɪkən] ◇ adj républicain(e). ◇ n républicain m, -e f.

◆ **Republican** ◇ adj républicain(e); **the Republican Party** Am le parti républicain. ◇ n républicain m, -e f.

repudiate [rɪ'pjuːdɪeɪt] vt fml [offer, suggestion] rejeter; [friend] renier.

repudiation [rɪ,pjuːdɪ'eɪʃn] n fml [of offer, suggestion] rejet m; [of friend] reniement m.

repugnant [rɪ'pʌgnənt] adj répugnant(e).

repulse [rɪ'pʌls] vt repousser.

repulsion [rɪ'pʌlʃn] n répulsion f.

repulsive [rɪ'pʌlsɪv] adj repoussant(e).

reputable ['repjʊtəbl] adj de bonne réputation.

reputation [,repjʊ'teɪʃn] n réputation f; **to have a ~ for sthg** être réputé pour qqch; **to have a ~ for being ...** avoir la réputation d'être ....

repute [rɪ'pjuːt] n: **of ~** de renom; **of good ~** de bonne réputation.

reputed [rɪ'pjuːtɪd] adj réputé(e); **to be ~ to be sthg** être réputé pour être qqch, avoir la réputation d'être qqch.

reputedly [rɪ'pjuːtɪdlɪ] adv à OR d'après ce qu'on dit.

reqd abbr of **required**.

request [rɪ'kwest] ◇ n: **~ (for)** demande f (de); **on ~** sur demande; **at sb's ~** sur OR à la demande de qqn. ◇ vt demander; **to ~ sb to do sthg** demander à qqn de faire qqch.

request stop n Br arrêt m facultatif.

requiem (mass) ['rekwɪəm-] n messe f de requiem.

require [rɪ'kwaɪər] vt [subj: person] avoir besoin de; [subj: situation] nécessiter; **to ~ sb to do sthg** exiger de qqn qu'il fasse qqch.

required [rɪ'kwaɪəd] adj exigé(e), requis(e).

requirement [rɪ'kwaɪəmənt] n besoin m.

requisite ['rekwɪzɪt] adj fml requis(e).

requisition [,rekwɪ'zɪʃn] vt réquisitionner.

reran [,riː'ræn] pt → **rerun**.

reread [,riː'riːd] (pt & pp **reread** [,riː'red]) vt relire.

rerecord [,riː'rɪkɔːd] vt réenregistrer.

reroute [,riː'ruːt] vt dérouter.

rerun [n 'riːrʌn, vb ,riː'rʌn] (pt **-ran**, pp **-run**, cont **-ning**) ◇ n [of TV programme] rediffusion f, reprise f; fig répétition f. ◇ vt **-1.** [race] réorganiser. **-2.** [TV programme] rediffuser; [tape] passer à nouveau, repasser.

resale price maintenance ['riːseɪl-] n Br prix imposé aux distributeurs par le fabricant.

resat [,riː'sæt] pt & pp → **resit**.

reschedule [Br ,riː'ʃedjʊl, Am ,riː'skedʒʊl] vt [to new date] changer la date de; [to new time] changer l'heure de; FIN rééchelonner.

rescind [rɪ'sɪnd] vt [contract] annuler; [law] abroger.

rescue ['reskjuː] ◇ n **-1.** (U) [help] secours mpl; **to go/come to sb's ~** aller/venir au secours de qqn. **-2.** [successful attempt] sauvetage m. ◇ vt sauver, secourir.

rescue operation n opération f de sauvetage.

rescuer ['reskjʊər] n sauveteur m.

reseal [,riː'siːl] vt [letter] recacheter.

resealable [,riː'siːləbl] adj [envelope] qui peut être recacheté(e).

research [rɪ'sɜːtʃ] ◇ n (U): **~ (on** OR **into)** recherche f (sur), recherches fpl (sur); **~ and development** recherche et développement. ◇ vt faire des recherches sur. ◇ vi: **to ~ (into)** faire des recherches (sur).

researcher [rɪ'sɜːtʃər] n chercheur m, -euse f.

research work n (U) recherches fpl.

resell [,riː'sel] (pt & pp **resold**) vt revendre.

resemblance [rɪ'zembləns] n: **~ (to)** ressemblance f (avec).

resemble [rɪ'zembl] vt ressembler à.

resent [rɪ'zent] vt être indigné(e) par; **I ~ that!** je n'apprécie pas (ça) du tout!

resentful [rɪ'zentfʊl] adj plein(e) de ressentiment.

resentfully [rɪ'zentfʊlɪ] *adv* avec ressentiment.

resentment [rɪ'zentmənt] *n* ressentiment *m*.

reservation [ˌrezə'veɪʃn] *n* **-1.** [booking] réservation *f*. **-2.** [uncertainty]: **without ~** sans réserve. **-3.** *Am* [for Native Americans] réserve *f* indienne.
◆ **reservations** *npl* [doubts] réserves *fpl*.

reserve [rɪ'zɜːv] ◇ *n* **-1.** [gen] réserve *f*; **in ~** en réserve. **-2.** SPORT remplaçant *m*, -e *f*. ◇ *vt* **-1.** [save] garder, réserver. **-2.** [book] réserver. **-3.** [retain]: **to ~ the right to do sthg** se réserver le droit de faire qqch.

reserve bank *n Am* banque *f* de réserve.

reserve currency *n* monnaie *f* de réserve.

reserved [rɪ'zɜːvd] *adj* réservé(e).

reserve price *n Br* prix *m* minimum.

reserve team *n Br* deuxième équipe *f*.

reservist [rɪ'zɜːvɪst] *n* réserviste *m*.

reservoir ['rezəvwɑːr] *n* réservoir *m*.

reset [ˌriː'set] (*pt & pp* **reset**, *cont* **-ting**) ◇ *vt* **-1.** [clock, watch] remettre à l'heure; [meter, controls] remettre à zéro. **-2.** [bone] remettre. **-3.** COMPUT ré-initialiser. ◇ *vi* COMPUT ré-initialiser.

resettle [ˌriː'setl] ◇ *vt* [land] repeupler; [people] établir, implanter. ◇ *vi* [people] se fixer (ailleurs), s'établir (ailleurs).

resettlement [ˌriː'setlmənt] *n* [of land] repeuplement *m*; [of people] établissement *m*, implantation *f*.

reshape [ˌriː'ʃeɪp] *vt* [policy, thinking] réorganiser.

reshuffle [ˌriː'ʃʌfl] ◇ *n* remaniement *m*; **cabinet ~** remaniement ministériel. ◇ *vt* remanier.

reside [rɪ'zaɪd] *vi fml* résider.

residence ['rezɪdəns] *n* résidence *f*; **in ~** en résidence; **to take up ~** s'installer.

residence permit *n* permis *m* de séjour.

resident ['rezɪdənt] ◇ *adj* résidant(e); [chaplain, doctor] à demeure. ◇ *n* résident *m*, -e *f*.

residential [ˌrezɪ'denʃl] *adj*: **~ course** stage ou formation avec logement sur place; **~ institution** internat *m*.

residential area *n* quartier *m* résidentiel.

residents' association *n* association *f* de quartier.

residual [rɪ'zɪdjʊəl] *adj* restant(e); CHEM résiduel(elle).

residue ['rezɪdjuː] *n* reste *m*; CHEM résidu *m*.

resign [rɪ'zaɪn] ◇ *vt* **-1.** [job] démissionner de. **-2.** [accept calmly]: **to ~ o.s. to** se résigner à. ◇ *vi*: **to ~ (from)** démissionner (de).

resignation [ˌrezɪg'neɪʃn] *n* **-1.** [from job] démission *f*. **-2.** [calm acceptance] résignation *f*.

resigned [rɪ'zaɪnd] *adj*: **~ (to)** résigné(e) (à).

resilience [rɪ'zɪlɪəns] *n* [of material] élasticité *f*; [of person] ressort *m*.

resilient [rɪ'zɪlɪənt] *adj* [material] élastique; [person] qui a du ressort.

resin ['rezɪn] *n* résine *f*.

resist [rɪ'zɪst] *vt* résister à.

resistance [rɪ'zɪstəns] *n* résistance *f*.

resistant [rɪ'zɪstənt] *adj* **-1.** [opposed]: **to be ~ to** [gen] résister à; [change] s'opposer à. **-2.** [immune]: **~ (to)** rebelle (à).

resistor [rɪ'zɪstər] *n* ELEC résistance *f*.

resit [*n* 'riːsɪt, *vb* ˌriː'sɪt] (*pt & pp* **-sat**, *cont* **-ting**) *Br* ◇ *n* deuxième session *f*. ◇ *vt* repasser, se représenter à.

resold [ˌriː'səʊld] *pt & pp* → **resell**.

resolute ['rezəluːt] *adj* résolu(e).

resolutely ['rezəluːtlɪ] *adv* résolument.

resolution [ˌrezə'luːʃn] *n* résolution *f*.

resolve [rɪ'zɒlv] ◇ *n* (*U*) [determination] résolution *f*. ◇ *vt* **-1.** [decide]: **to ~ (that) ...** décider que ...; **to ~ to do sthg** résoudre OR décider de faire qqch. **-2.** [solve] résoudre.

resonance ['rezənəns] *n* résonance *f*.

resonant ['rezənənt] *adj* résonnant(e).

resonate ['rezəneɪt] *vi* résonner.

resort [rɪ'zɔːt] *n* **-1.** [for holidays] lieu *m* de vacances. **-2.** [recourse] recours *m*; **as a last ~**, **in the last ~** en dernier ressort OR recours.
◆ **resort to** *vt fus* recourir à, avoir recours à.

resound [rɪ'zaʊnd] *vi* **-1.** [noise] résonner. **-2.** [place]: **to ~ with** retentir de.

resounding [rɪ'zaʊndɪŋ] *adj* retentissant(e).

resource [rɪ'sɔːs] *n* ressource *f*.

resourceful [rɪ'sɔːsfʊl] *adj* plein(e) de ressources, débrouillard(e).

resourcefulness [rɪ'sɔːsfʊlnɪs] *n* (*U*) ressource *f*.

respect [rɪ'spekt] ◇ *n* **-1.** [gen]: **~ (for)** respect *m* (pour); **to have ~ for sb** avoir du respect à OR pour qqn; **to show ~ for sb** témoigner du respect à OR pour qqn; **with ~** avec respect; **with ~, ...** sauf votre respect, ... **-2.** [aspect]: **in this** OR **that ~** à cet égard; **in every ~** à tous égards; **in some ~s** à certains égards. ◇ *vt* respecter; **to ~ sb for sthg** respecter qqn pour qqch.

◆ **respects** *npl* respects *mpl*, hommages *mpl*; **to pay one's last ~s to sb** rendre un dernier hommage à qqn.

◆ **with respect to** *prep* en ce qui concerne, quant à.

respectability [rɪ,spektə'bɪlətɪ] *n* respectabilité *f*.

respectable [rɪ'spektəbl] *adj* **-1.** [morally correct] respectable. **-2.** [adequate] raisonnable, honorable.

respectably [rɪ'spektəblɪ] *adv* [correctly] convenablement.

respectful [rɪ'spektfʊl] *adj* respectueux(euse).

respectfully [rɪ'spektfʊlɪ] *adv* avec respect, respectueusement.

respective [rɪ'spektɪv] *adj* respectif(ive).

respectively [rɪ'spektɪvlɪ] *adv* respectivement.

respiration [,respə'reɪʃn] *n* respiration *f*.

respirator ['respəreɪtər] *n* respirateur *m*.

respiratory [*Br* rɪ'spɪrətrɪ, *Am* 'respərətɔːrɪ] *adj* respiratoire.

respire [rɪ'spaɪər] *vi* respirer.

respite ['respaɪt] *n* répit *m*.

resplendent [rɪ'splendənt] *adj* resplendissant(e).

respond [rɪ'spɒnd] ◇ *vt* répondre. ◇ *vi*: **to ~ (to)** répondre (à).

response [rɪ'spɒns] *n* réponse *f*; **in ~** en réponse.

responsibility [rɪ,spɒnsə'bɪlətɪ] (*pl* **-ies**) *n*: **~ (for)** responsabilité *f* (de); **to accept** OR **take ~ for sthg** prendre OR accepter la responsabilité de qqch.

responsible [rɪ'spɒnsəbl] *adj* **-1.** [gen]: **~ (for sthg)** responsable (de qqch); **to be ~ to sb** être responsable devant qqn. **-2.** [job, position] qui comporte des responsabilités.

responsibly [rɪ'spɒnsəblɪ] *adv* de façon responsable.

responsive [rɪ'spɒnsɪv] *adj* **-1.** [quick to react] qui réagit bien. **-2.** [aware]: **~ (to)** attentif(ive) (à).

respray [*n* 'riːspreɪ, *vb* ,riː'spreɪ] ◇ *n*: **to give a car a ~** repeindre une voiture. ◇ *vt* repeindre.

rest [rest] ◇ *n* **-1.** [remainder]: **the ~ (of)** le reste (de); **the ~ (of them)** les autres *mfpl*. **-2.** [relaxation, break] repos *m*; **to have a ~** se reposer. **-3.** [support] support *m*, appui *m*. **-4.** *phr*: **to come to ~** s'arrêter. ◇ *vt* **-1.** [relax] faire OR laisser reposer. **-2.** [support]: **to ~ sthg on/against** appuyer qqch sur/contre. **-3.** *phr*: **~ assured** soyez certain(e).

◇ *vi* **-1.** [relax] se reposer. **-2.** [be supported]: **to ~ on/against** s'appuyer sur/contre. **-3.** *fig* [argument, result]: **to ~ on** reposer sur; **the responsibility ~s with you** c'est vous qui êtes responsable; **the decision ~s with you** il vous appartient de décider.

rest area *n Am* & *Austr* aire *f* de repos.

restart [,riː'staːt] ◇ *vt* [engine] remettre en marche; [work] reprendre, recommencer. ◇ *vi* **-1.** [play, film] reprendre. **-2.** [engine] se remettre en marche.

restate [,riː'steɪt] *vt* répéter.

restaurant ['restərɒnt] *n* restaurant *m*.

restaurant car *n Br* wagon-restaurant *m*.

rest cure *n* cure *f* de repos.

rested ['restɪd] *adj* reposé(e).

restful ['restfʊl] *adj* reposant(e).

rest home *n* maison *f* de repos.

resting place ['restɪŋ-] *n* lieu *m* de repos.

restitution [,restɪ'tjuːʃn] *n* [returning] restitution *f*; [compensation] réparation *f*.

restive ['restɪv] *adj* agité(e).

restless ['restlɪs] *adj* agité(e).

restlessly ['restlɪslɪ] *adv* avec agitation.

restock [,riː'stɒk] ◇ *vt* réapprovisionner. ◇ *vi* se réapprovisionner.

restoration [,restə'reɪʃn] *n* **-1.** [of law and order, monarchy] rétablissement *m*. **-2.** [renovation] restauration *f*.

restorative [rɪ'stɒrətɪv] *adj* fortifiant(e).

restore [rɪ'stɔːr] *vt* **-1.** [law and order, monarchy] rétablir; [confidence] redonner. **-2.** [renovate] restaurer. **-3.** [give back] rendre, restituer.

restorer [rɪ'stɔːrər] *n* [person] restaurateur *m*, -trice *f*.

restrain [rɪ'streɪn] *vt* [person, crowd] contenir, retenir; [emotions] maîtriser, contenir; **to ~ o.s. from doing sthg** se retenir de faire qqch.

restrained [rɪ'streɪnd] *adj* [tone] mesuré(e); [person] qui se domine.

restraint [rɪ'streɪnt] *n* **-1.** [restriction] restriction *f*, entrave *f*. **-2.** (*U*) [self-control] mesure *f*, retenue *f*.

restrict [rɪ'strɪkt] *vt* restreindre, limiter; **to ~ o.s. to** se limiter à.

restricted [rɪ'strɪktɪd] *adj* **-1.** [limited, small] limité(e). **-2.** [not public - document] confidentiel(ielle); [- area] interdit(e).

restriction [rɪ'strɪkʃn] *n* restriction *f*, limitation *f*; **to place ~s on sthg** apporter des restrictions à qqch.

restrictive [rɪ'strɪktɪv] *adj* restrictif(ive).

restrictive practices *npl* pratiques *fpl* restrictives.

rest room *n Am* toilettes *fpl*.

restructure [ˌriː'strʌktʃə*] *vt* restructurer.

result [rɪ'zʌlt] ◇ *n* résultat *m*; **as a ~ en conséquence; as a ~ of** [as a consequence of] à la suite de; [because of] à cause de. ◇ *vi* **-1.** [cause]: **to ~ in** aboutir à. **-2.** [be caused]: **to ~ (from)** résulter (de).

resultant [rɪ'zʌltənt] *adj fml* qui (en) résulte.

resume [rɪ'zjuːm] *vt & vi* reprendre.

résumé ['rezjuːmeɪ] *n* **-1.** [summary] résumé *m*. **-2.** *Am* [curriculum vitae] curriculum vitae *m inv*, CV *m*.

resumption [rɪ'zʌmpʃn] *n* reprise *f*.

resurface [ˌriː'sɜːfɪs] ◇ *vt* [road] regoudronner. ◇ *vi* [rivalries, problems] réapparaître.

resurgence [rɪ'sɜːdʒəns] *n* réapparition *f*.

resurrect [ˌrezə'rekt] *vt fig* ressusciter.

resurrection [ˌrezə'rekʃn] *n fig* résurrection *f*.

◆ **Resurrection** *n*: **the Resurrection** la Résurrection.

resuscitation [rɪˌsʌsɪ'teɪʃn] *n* réanimation *f*.

retail ['riːteɪl] ◇ *n* (U) détail *m*. ◇ *adv* au détail.

retailer ['riːteɪlə*] *n* détaillant *m*, -e *f*.

retail outlet *n* magasin *m* de détail.

retail price *n* prix *m* de détail.

retail price index *n Br* indice *m* des prix.

retain [rɪ'teɪn] *vt* conserver.

retainer [rɪ'teɪnə*] *n* **-1.** [fee] provision *f*. **-2.** [servant] serviteur *m*.

retaining wall [rɪ'teɪnɪŋ-] *n* mur *m* de soutènement.

retaliate [rɪ'tælɪeɪt] *vi* rendre la pareille, se venger.

retaliation [rɪˌtælɪ'eɪʃn] *n* (U) vengeance *f*, représailles *fpl*.

retarded [rɪ'tɑːdɪd] *adj* retardé(e).

retch [retʃ] *vi* avoir des haut-le-cœur.

retention [rɪ'tenʃn] *n* maintien *m*, conservation *f*; MED rétention *f*.

retentive [rɪ'tentɪv] *adj* [memory] fidèle.

rethink [*n* 'riːθɪŋk, *vb* ˌriː'θɪŋk] (*pt & pp* **-thought** [-'θɔːt]) ◇ *n*: **to have a ~ (on** OR **about sthg)** repenser (qqch). ◇ *vt & vi* repenser.

reticence ['retɪsəns] *n* réticence *f*.

reticent ['retɪsənt] *adj* peu communicatif(ive); **to be ~ about sthg** ne pas beaucoup parler de qqch.

retina ['retɪnə] (*pl* **retinas** OR **-nae** [-niː]) *n* rétine *f*.

retinue ['retɪnjuː] *n* suite *f*.

retire [rɪ'taɪə*] *vi* **-1.** [from work] prendre sa retraite. **-2.** [withdraw] se retirer. **-3.** [to bed] (aller) se coucher.

retired [rɪ'taɪəd] *adj* à la retraite, retraité(e).

retirement [rɪ'taɪəmənt] *n* retraite *f*.

retirement age *n* âge *m* de la retraite.

retirement pension *n* retraite *f*.

retiring [rɪ'taɪərɪŋ] *adj* **-1.** [shy] réservé(e). **-2.** [from work] sur le point de prendre sa retraite.

retort [rɪ'tɔːt] ◇ *n* [sharp reply] riposte *f*. ◇ *vt* riposter.

retouch [ˌriː'tʌtʃ] *vt* retoucher.

retrace [rɪ'treɪs] *vt*: **to ~ one's steps** revenir sur ses pas.

retract [rɪ'trækt] ◇ *vt* **-1.** [statement] rétracter. **-2.** [undercarriage] rentrer, escamoter; [claws] rentrer. ◇ *vi* [undercarriage] rentrer, s'escamoter.

retractable [rɪ'træktəbl] *adj* escamotable.

retraction [rɪ'trækʃn] *n* [of statement] rétractation *f*.

retrain [ˌriː'treɪn] ◇ *vt* recycler. ◇ *vi* se recycler.

retraining [ˌriː'treɪnɪŋ] *n* recyclage *m*.

retread [*n* 'riːtred, *vb* ˌriː'tred] ◇ *n* pneu *m* rechapé. ◇ *vt* rechaper.

retreat [rɪ'triːt] ◇ *n* retraite *f*; **to beat a hasty ~** partir en vitesse. ◇ *vi* [move away] se retirer; MIL battre en retraite.

retrenchment [rɪ'trentʃmənt] *n* [of spending] réduction *f*.

retrial [ˌriː'traɪəl] *n* nouveau procès *m*.

retribution [ˌretrɪ'bjuːʃn] *n* châtiment *m*.

retrieval [rɪ'triːvl] *n* (U) COMPUT recherche *f* et extraction *f*.

retrieve [rɪ'triːv] *vt* **-1.** [get back] récupérer. **-2.** COMPUT rechercher et extraire. **-3.** [situation] sauver.

retriever [rɪ'triːvə*] *n* [dog] retriever *m*.

retroactive [ˌretrəʊ'æktɪv] *adj* rétroactif(ive).

retrograde ['retrəgreɪd] *adj* rétrograde.

retrogressive [ˌretrə'gresɪv] *adj* rétrograde.

retrospect ['retrəspekt] *n*: **in ~** après coup.

retrospective [ˌretrə'spektɪv] ◇ *adj* **-1.** [mood, look] rétrospectif(ive). **-2.** JUR [law, pay rise] rétroactif(ive). ◇ *n* rétrospective *f*.

retrospectively [ˌretrə'spektɪvlɪ] *adv* **-1.** [looking back] rétrospectivement. **-2.** JUR rétroactivement.

return [rɪ'tɜːn] ◇ *n* **-1.** (U) [arrival back, giving back] retour *m*. **-2.** TENNIS renvoi *m*. **-3.** *Br* [ticket] aller (et) retour *m*. **-4.** [profit] rapport m, rendement m. ◇ *comp* [journey] de retour. ◇ *vt* **-1.** [gen] rendre; [a loan] rembourser; [library book] rapporter. **-2.** [send back] renvoyer. **-3.** [replace] remettre. **-4.** POL élire. ◇ *vi* [come back] revenir; [go back] retourner.

◆ **returns** *npl* COMM recettes *fpl*; **many happy ~s (of the day)!** bon anniversaire!

◆ **in return** *adv* en retour, en échange.

◆ **in return for** *prep* en échange de.

returnable [rɪ'tɜːnəbl] *adj* [bottle] consigné(e).

returning officer [rɪ'tɜːnɪŋ-] *n Br* responsable *mf* du scrutin.

return key *n* COMPUT touche *f* entrée.

return match *n* match *m* retour.

return ticket *n Br* aller (et) retour *m*.

reunification [ˌriːjuːnɪfɪ'keɪʃn] *n* réunification *f*.

reunion [ˌriː'juːnjən] *n* réunion *f*.

Reunion [ˌriː'juːnjən] *n*: **~ (Island)** (l'île *f* de) la Réunion; **in ~** à la Réunion.

reunite [ˌriːjuː'naɪt] *vt*: **to be ~d with sb** retrouver qqn.

reupholster [ˌriːʌp'həʊlstər] *vt* recouvrir.

reusable [riː'juːzəbl] *adj* réutilisable.

reuse [*n* ˌriː'juːs, *vb* ˌriː'juːz] ◇ *n* réutilisation *f*. ◇ *vt* réutiliser.

rev [rev] (*pt & pp* **-ved**, *cont* **-ving**) *inf* ◇ *n* (*abbr of* **revolution**) tour *m*. ◇ *vt*: **to ~ the engine (up)** emballer le moteur. ◇ *vi*: **to ~ (up)** s'emballer.

revalue [ˌriː'væljuː] *vt* FIN réévaluer.

revamp [ˌriː'væmp] *vt inf* [system, department] réorganiser; [house] retaper.

rev counter *n* compte-tours *m inv*.

reveal [rɪ'viːl] *vt* révéler.

revealing [rɪ'viːlɪŋ] *adj* **-1.** [clothes - low-cut] décolleté(e); [- transparent] qui laisse deviner le corps. **-2.** [comment] révélateur(trice).

reveille [*Br* rɪ'vælɪ, *Am* 'revəlɪ] *n* réveil *m*.

revel ['revl] (*Br pt & pp* **-led**, *cont* **-ling**, *Am pt & pp* **-ed**, *cont* **-ing**) *vi*: **to ~ in sthg** se délecter de qqch.

revelation [ˌrevə'leɪʃn] *n* révélation *f*.

reveller *Br*, **reveler** *Am* ['revələr] *n* fêtard *m*, -e *f*.

revelry ['revlrɪ] *n* (*U*) festivités *fpl*.

revenge [rɪ'vendʒ] ◇ *n* vengeance *f*; **to take ~ (on sb)** se venger (de qqn). ◇ *comp* [killing, attack] suscité(e) par la vengeance. ◇ *vt* venger; **to ~ o.s. on sb** se venger de qqn.

revenue ['revənjuː] *n* revenu *m*.

reverberate [rɪ'vɜːbəreɪt] *vi* retentir, se répercuter; *fig* avoir des répercussions.

reverberations [rɪˌvɜːbə'reɪʃnz] *npl* réverbérations *fpl*; *fig* répercussions *fpl*.

revere [rɪ'vɪər] *vt* révérer, vénérer.

reverence ['revərəns] *n* révérence *f*, vénération *f*.

Reverend ['revərənd] *n* révérend *m*.

Reverend Mother *n* révérende mère *f*.

reverent ['revərənt] *adj* respectueux(euse).

reverential [ˌrevə'renʃl] *adj* révérencieux(ieuse).

reverie ['revərɪ] *n* rêverie *f*.

revers [rɪ'vɪə] (*pl inv*) *n* revers *m*.

reversal [rɪ'vɜːsl] *n* **-1.** [of policy, decision] revirement *m*. **-2.** [ill fortune] revers *m* de fortune.

reverse [rɪ'vɜːs] ◇ *adj* [order, process] inverse. ◇ *n* **-1.** AUT: **~ (gear)** marche *f* arrière; **to be in ~** être en marche arrière; **to go into ~** faire marche arrière. **-2.** [opposite]: **the ~** le contraire. **-3.** [back]: **the ~** [of paper] le verso, le dos; [of coin] le revers. ◇ *vt* **-1.** [order, positions] inverser; [decision, trend] renverser. **-2.** [turn over] retourner. **-3.** *Br* TELEC: **to ~ the charges** téléphoner en PCV. ◇ *vi* AUT faire marche arrière; **to ~ into a wall** rentrer dans un mur en faisant marche arrière.

reverse-charge call *n Br* appel *m* en PCV.

reversible [rɪ'vɜːsəbl] *adj* réversible.

reversing light [rɪ'vɜːsɪŋ-] *n Br* feu *m* de marche arrière.

reversion [rɪ'vɜːʃn] *n* (*U*) retour *m*.

revert [rɪ'vɜːt] *vi*: **to ~ to** retourner à.

review [rɪ'vjuː] ◇ *n* **-1.** [of salary, spending] révision *f*; [of situation] examen *m*; **salaries come up for ~ in December** les salaires doivent être révisés en décembre; **the situation is under ~** on est en train d'examiner la situation. **-2.** [of book, play etc] critique *f*, compte rendu *m*. ◇ *vt* **-1.** [salary] réviser; [situation] examiner. **-2.** [book, play etc] faire la critique de. **-3.** [troops] passer en revue. **-4.** *Am* [study again] réviser.

reviewer [rɪ'vjuːər] *n* critique *mf*.

revile [rɪ'vaɪl] *vt* injurier.

revise [rɪ'vaɪz] ◇ *vt* **-1.** [reconsider] modifier. **-2.** [rewrite] corriger. **-3.** *Br* [study again] réviser. ◇ *vi Br*: **to ~ (for)** réviser (pour).

revised [rɪ'vaɪzd] *adj* [estimate, figure] nouveau(elle); [version] revu(e) et corrigé(e).

revision [rɪ'vɪʒn] *n* révision *f*.

revisionist [rɪ'vɪʒnɪst] ◇ *adj* révisionniste. ◇ *n* révisionniste *mf*.

revisit [ˌriː'vɪzɪt] *vt* visiter de nouveau.

revitalize, -ise [ˌriː'vaɪtəlaɪz] *vt* revitaliser.

revival [rɪ'vaɪvl] *n* [of economy, trade] reprise *f*; [of interest] regain *m*.

revive [rɪ'vaɪv] ◇ *vt* **-1.** [person] ranimer. **-2.** *fig* [economy] relancer; [interest] faire renaître; [tradition] rétablir; [musical, play] reprendre; [memories] ranimer, raviver. ◇ *vi* **-1.** [person] reprendre connaissance. **-2.** *fig* [economy] repartir, reprendre; [hopes] renaître.

revoke [rɪ'vəʊk] *vt* [law] abroger; [order] annuler; [licence] retirer.

revolt [rɪ'vəʊlt] ◇ *n* révolte *f*. ◇ *vt* révolter, dégoûter. ◇ *vi* se révolter.

revolting [rɪ'vəʊltɪŋ] *adj* dégoûtant(e); [smell] infect(e).

revolution [ˌrevə'luːʃn] *n* **-1.** [gen] révolution *f*. **-2.** TECH tour *m*, révolution *f*.

revolutionary [revə'luːʃnərɪ] (*pl* -ies) ◇ *adj* révolutionnaire. ◇ *n* révolutionnaire *mf*.

revolutionize, -ise [ˌrevə'luːʃənaɪz] *vt* révolutionner.

revolve [rɪ'vɒlv] *vi*: **to ~ (around)** tourner (autour de).

revolver [rɪ'vɒlvə'] *n* revolver *m*.

revolving [rɪ'vɒlvɪŋ] *adj* tournant(e); [chair] pivotant(e).

revolving door *n* tambour *m*.

revue [rɪ'vjuː] *n* revue *f*.

revulsion [rɪ'vʌlʃn] *n* répugnance *f*.

reward [rɪ'wɔːd] ◇ *n* récompense *f*. ◇ *vt*: **to ~ sb (for/with sthg)** récompenser qqn (de/par qqch).

rewarding [rɪ'wɔːdɪŋ] *adj* [job] qui donne de grandes satisfactions; [book] qui vaut la peine d'être lu(e).

rewind [ˌriː'waɪnd] (*pt & pp* **rewound**) *vt* [tape] rembobiner.

rewire [ˌriː'waɪə'] *vt* [house] refaire l'installation électrique de.

reword [ˌriː'wɜːd] *vt* reformuler.

rework [ˌriː'wɜːk] *vt* retravailler.

rewound [ˌriː'waʊnd] *pt & pp* → **rewind**.

rewrite [ˌriː'raɪt] (*pt* **rewrote** [ˌriː'rəʊt], *pp* **rewritten** [ˌriː'rɪtn]) *vt* récrire.

REX (*abbr of* **real-time executive routine**) *n* superviseur *m* en temps réel.

Reykjavik ['rekjəvɪk] *n* Reykjavik.

RFC (*abbr of* **Rugby Football Club**) *n* fédération *f* de rugby.

RGN (*abbr of* **registered general nurse**) *n* en Grande-Bretagne, infirmier ou infirmière diplômé(e) d'État.

Rh (*abbr of* **rhesus**) Rh.

rhapsody ['ræpsədɪ] (*pl* -ies) *n* rhapsodie *f*; **to go into rhapsodies about sthg** s'extasier sur qqch.

Rheims = Reims.

Rhesus ['riːsəs] *n*: **~ positive/negative** rhésus *m* positif/négatif.

rhetoric ['retərɪk] *n* rhétorique *f*.

rhetorical question [rɪ'tɒrɪkl-] *n* question *f* pour la forme.

rheumatic [ruː'mætɪk] *adj* [pain, joint] rhumatismal(e); [person] rhumatisant(e).

rheumatism ['ruːmətɪzm] *n* (*U*) rhumatisme *m*.

rheumatoid arthritis ['ruːmətɔɪd-] *n* polyarthrite *f* rhumatoïde.

Rhine [raɪn] *n*: **the ~** le Rhin.

Rhineland ['raɪnlænd] *n* Rhénanie *f*.

rhinestone ['raɪnstəʊn] *n* faux diamant *m*.

rhino ['raɪnəʊ] (*pl inv* OR -s), **rhinoceros** [raɪ'nɒsərəs] (*pl inv* OR -es) *n* rhinocéros *m*.

Rhode Island [rəʊd-] *n* Rhode Island *m*; **in ~** dans le Rhode Island.

Rhodes [rəʊdz] *n* Rhodes.

Rhodesia [rəʊ'diːʃə] *n* Rhodésie *f*; **in ~** en Rhodésie.

Rhodesian [rəʊ'diːʃn] ◇ *adj* rhodésien(ienne). ◇ *n* Rhodésien *m*, -ienne *f*.

rhododendron [ˌrəʊdə'dendrən] *n* rhododendron *m*.

Rhône [rəʊn] *n*: **the (River) ~** le Rhône.

rhubarb ['ruːbɑːb] *n* rhubarbe *f*.

rhyme [raɪm] ◇ *n* **-1.** [word, technique] rime *f*; **in ~** en vers. **-2.** [poem] poème *m*. ◇ *vi*: **to ~ (with)** rimer (avec).

rhyming slang ['raɪmɪŋ-] *n* Br sorte d'argot traditionnellement employé par les Cockneys qui consiste à remplacer un mot par un groupe de mots choisis pour la rime.

rhythm ['rɪðm] *n* rythme *m*.

rhythm and blues *n* rhythm and blues *m*.

rhythmic(al) ['rɪðmɪk(l)] *adj* rythmique.

RI ◇ *n* (*abbr of* **religious instruction**) instruction *f* réligieuse. ◇ *abbr of* **Rhode Island**.

rib [rɪb] *n* **-1.** ANAT côte *f*. **-2.** [of umbrella] baleine *f*; [of structure] membrure *f*.

ribald ['rɪbəld] *adj* paillard(e).

ribbed [rɪbd] *adj* [jumper, fabric] à côtes.

ribbon ['rɪbən] *n* ruban *m*.

rib cage *n* cage *f* thoracique.

rice [raɪs] *n* riz *m*.

rice field *n* rizière *f*.

rice paper *n* papier *m* de riz.

rice pudding *n* riz *m* au lait.

rich [rɪtʃ] ◇ *adj* riche; [clothes, fabrics] somptueux(euse); **to be ~ in** être riche en. ◇ *npl*: **the ~** les riches *mpl*.
♦ **riches** *npl* richesses *fpl*, richesse *f*.

richly ['rɪtʃlɪ] *adv* **-1.** [rewarded] largement; [provided] très bien; **~ deserved** bien mérité. **-2.** [sumptuously] richement.

richness ['rɪtʃnɪs] *n* (*U*) richesse *f*.

Richter scale ['rɪktə-] *n*: **the ~** l'échelle *f* de Richter.

rickets ['rɪkɪts] *n* (*U*) rachitisme *m*.

rickety ['rɪkətɪ] *adj* branlant(e).

rickshaw ['rɪkʃɔː] *n* pousse-pousse *m inv*.

ricochet ['rɪkəʃeɪ] (*pt* & *pp* **-ed** OR **-ted**, *cont* **-ing** OR **-ting**) ◇ *n* ricochet *m*. ◇ *vi*: **to ~ (off)** ricocher (sur).

rid [rɪd] (*pt* **rid** OR **-ded**, *pp* **rid**, *cont* **-ding**) ◇ *adj*: **to be ~ of** être débarrassé(e) de. ◇ *vt*: **to ~ sb/sthg of** débarrasser qqn/qqch de; **to get ~ of** se débarrasser de.

riddance ['rɪdəns] *n inf*: **good ~!** bon débarras!

ridden ['rɪdn] *pp* → **ride**.

riddle ['rɪdl] *n* énigme *f*.

riddled ['rɪdld] *adj*: **to be ~ with** être criblé(e) de.

ride [raɪd] (*pt* **rode**, *pp* **ridden**) ◇ *n* promenade *f*, tour *m*; **to go for a ~** [on horse] faire une promenade à cheval; [on bike] faire une promenade à vélo; [in car] faire un tour en voiture; **to take sb for a ~** *inf fig* faire marcher qqn. ◇ *vt* **-1.** [travel on]: **to ~ a horse/a bicycle** monter à cheval/à bicyclette. **-2.** *Am* [travel in - bus, train, elevator] prendre. **-3.** [distance] parcourir, faire. ◇ *vi* [on horseback] monter à cheval, faire du cheval; [on bicycle] faire de la bicyclette OR du vélo; **to ~ in a car/bus** aller en voiture/bus.
♦ **ride up** *vi* remonter.

rider ['raɪdə] *n* [of horse] cavalier *m*, -ière *f*; [of bicycle] cycliste *mf*; [of motorbike] motocycliste *mf*.

ridge [rɪdʒ] *n* **-1.** [of mountain, roof] crête *f*, arête *f*. **-2.** [on surface] strie *f*.

ridicule ['rɪdɪkjuːl] ◇ *n* ridicule *m*. ◇ *vt* ridiculiser.

ridiculous [rɪ'dɪkjʊləs] *adj* ridicule.

ridiculously [rɪ'dɪkjʊləslɪ] *adv* ridiculement.

riding ['raɪdɪŋ] ◇ *n* équitation *f*; **to go ~** faire de l'équitation OR du cheval. ◇ *comp* d'équitation.

riding crop *n* cravache *f*.

riding habit *n* habit *m* d'amazone.

riding school *n* école *f* d'équitation.

rife [raɪf] *adj* répandu(e); **the city was ~ with rumours** des bruits couraient dans toute la ville.

riffraff ['rɪfræf] *n* racaille *f*.

rifle ['raɪfl] ◇ *n* fusil *m*. ◇ *vt* [drawer, bag] vider.
♦ **rifle through** *vt fus* fouiller dans.

rifle range *n* [indoor] stand *m* de tir; [outdoor] champ *m* de tir.

rift [rɪft] *n* **-1.** GEOL fissure *f*. **-2.** [quarrel] désaccord *m*.

Rift Valley *n*: **the ~** le Rift Valley.

rig [rɪg] (*pt* & *pp* **-ged**, *cont* **-ging**) ◇ *n*: **(oil) ~** [on land] derrick *m*; [at sea] plate-forme *f* de forage. ◇ *vt* [match; election] truquer.
♦ **rig up** *vt sep* installer avec les moyens du bord.

rigging ['rɪgɪŋ] *n* [of ship] gréement *m*.

right [raɪt] ◇ *adj* **-1.** [correct - answer, time] juste, exact(e); [- decision, direction, idea] bon (bonne); **to be ~ (about)** avoir raison (au sujet de); **to get a question ~** donner la bonne réponse; **to get one's facts ~** être sûr de ce qu'on avance. **-2.** [morally correct] bien (*inv*); **to be ~ to do sthg** avoir raison de faire qqch. **-3.** [appropriate] qui convient. **-4.** [not left] droit(e). **-5.** *Br inf* [complete] véritable.
◇ *n* **-1.** (*U*) [moral correctness] bien *m*; **to be in the ~** avoir raison. **-2.** [entitlement, claim] droit *m*; **by ~s** en toute justice; **in one's own ~** soi-même. **-3.** [not left] droite *f*.
◇ *adv* **-1.** [correctly] correctement. **-2.** [not left] à droite. **-3.** [emphatic use]: **~ down/up** tout en bas/en haut; **~ here** ici (même); **~ in the middle** en plein milieu; **~ to the end of the street** allez tout au bout de la rue; **to turn ~ round** se retourner; **~ after Christmas** tout de suite après Noël; **~ now** tout de suite; **~ away** immédiatement.
◇ *vt* **-1.** [injustice, wrong] réparer. **-2.** [ship] redresser.
◇ *excl* bon!
♦ **Right** *n* POL: **the Right** la droite.

right angle *n* angle *m* droit; **to be at ~s (to)** faire un angle droit (avec).

righteous ['raɪtʃəs] *adj* [person] droit(e); [indignation] justifié(e).

righteousness ['raɪtʃəsnɪs] *n* vertu *f*.

rightful ['raɪtfʊl] *adj* légitime.

rightfully ['raɪtfʊlɪ] *adv* légitimement.

right-hand *adj* de droite; **~ side** droite *f*, côté *m* droit.

right-hand drive *adj* avec conduite à droite.

right-handed [-'hændɪd] *adj* [person] droitier(ière).

right-hand man *n* bras *m* droit.

rightly ['raɪtlɪ] *adv* -1. [answer, believe] correctement. -2. [behave] bien. -3. [angry, worried etc] à juste titre.

right-minded [-'maɪndɪd] *adj* sensé(e).

rightness ['raɪtnɪs] *n* -1. [correctness] justesse *f*. -2. [moral correctness] droiture *f*.

righto ['raɪtəu] *excl inf* d'accord!

right of way *n* -1. AUT priorité *f*. -2. [access] droit *m* de passage.

right-on *adj inf* branché(e).

rights issue *n* émission *f* de droits de souscription.

right-thinking [-'θɪŋkɪŋ] *adj* sensé(e).

right wing *n*: the ~ la droite.
♦ **right-wing** *adj* de droite.

right-winger *n* POL personne *f* qui est de droite.

rigid ['rɪdʒɪd] *adj* -1. [gen] rigide. -2. [harsh] strict(e).

rigidity [rɪ'dʒɪdətɪ] *n* rigidité *f*.

rigidly ['rɪdʒɪdlɪ] *adv* -1. [gen] rigidement. -2. [harshly] strictement.

rigmarole ['rɪgmərəul] *n pej* -1. [process] comédie *f*. -2. [story] galimatias *m*.

rigor *Am* = rigour.

rigor mortis [-'mɔːtɪs] *n* rigidité *f* cadavérique.

rigorous ['rɪgərəs] *adj* rigoureux(euse).

rigorously ['rɪgərəslɪ] *adv* rigoureusement.

rigour *Br*, **rigor** *Am* ['rɪgə'] *n* rigueur *f*.

rig-out *n Br inf* accoutrement *m*.

rile [raɪl] *vt* agacer.

rim [rɪm] *n* [of container] bord *m*; [of wheel] jante *f*; [of spectacles] monture *f*.

rind [raɪnd] *n* [of fruit] peau *f*; [of cheese] croûte *f*; [of bacon] couenne *f*.

ring [rɪŋ] (*pt* **rang**, *pp* **rung** *vt senses 1 & 2 & vi, pt & pp* **ringed** *vt sense 3 only*) ◇ *n* -1. [telephone call]: **to give sb a ~** donner OR passer un coup de téléphone à qqn. -2. [sound of bell] sonnerie *f*; **the name has a familiar ~** ce nom me dit quelque chose. -3. [circular object] anneau *m*; [on finger] bague *f*; [for napkin] rond *m*. -4. [of people, trees etc] cercle *m*. -5. [for boxing] ring *m*. -6. [of criminals, spies] réseau *m*.
◇ *vt* -1. *Br* [make phone call to] téléphoner à, appeler. -2. [bell] (faire) sonner; **to ~ the doorbell** sonner à la porte. -3. [draw a circle round, surround] entourer.

◇ *vi* -1. *Br* [make phone call] téléphoner. -2. [bell, telephone, person] sonner; **to ~ for sb** sonner qqn. -3. [resound]: **to ~ with** résonner de. -4. *phr*: **to ~ true** sonner juste.
♦ **ring back** *vt sep & vi Br* rappeler.
♦ **ring off** *vi Br* raccrocher.
♦ **ring out** *vi* -1. [sound] retentir. -2. *Br* TELEC téléphoner à l'extérieur.
♦ **ring up** *vt sep Br* téléphoner à, appeler.

ring binder *n* classeur *m* à anneaux.

ringer ['rɪŋə'] *n*: **to be a dead ~ for sb** être le sosie de qqn.

ring finger *n* annulaire *m*.

ringing ['rɪŋɪŋ] ◇ *adj* retentissant(e). ◇ *n* [of bell] sonnerie *f*; [in ears] tintement *m*.

ringing tone *n* sonnerie *f*.

ringleader ['rɪŋˌliːdə'] *n* chef *m*.

ringlet ['rɪŋlɪt] *n* anglaise *f*.

ringmaster ['rɪŋˌmɑːstə'] *n* présentateur *m*.

ring road *n Br* (route *f*) périphérique *m*.

ringside ['rɪŋsaɪd] ◇ *n*: **the ~** le premier rang. ◇ *comp* [seat] au premier rang.

ringway ['rɪŋweɪ] *n Br* (route *f*) périphérique *m*.

ringworm ['rɪŋwɜːm] *n* teigne *f*.

rink [rɪŋk] *n* [for ice skating] patinoire *f*; [for roller-skating] skating *m*.

rinse [rɪns] ◇ *n*: **to give sthg a ~** rincer qqch. ◇ *vt* rincer; **to ~ one's mouth out** se rincer la bouche.

Rio (de Janeiro) [ˌriːəu(dədʒə'nɪərəu)] *n* Rio de Janeiro.

Rio Grande [ˌriːəu'grændɪ] *n*: **the ~** le Rio Grande.

Rio Negro [ˌriːəu'neɪgrəu] *n*: **the ~** le Rio Negro.

riot ['raɪət] ◇ *n* émeute *f*; **to run ~** se déchaîner. ◇ *vi* participer à une émeute.

rioter ['raɪətə'] *n* émeutier *m*, -ière *f*.

rioting ['raɪətɪŋ] *n* (*U*) émeutes *fpl*.

riotous ['raɪətəs] *adj* [crowd] tapageur(euse); [behaviour] séditieux(ieuse); [party] bruyant(e).

riot police *npl* ≃ C.R.S. *mpl*.

riot shield *n* bouclier *m* anti-émeute.

rip [rɪp] (*pt & pp* **-ped**, *cont* **-ping**) ◇ *n* déchirure *f*, accroc *m*. ◇ *vt* -1. [tear] déchirer. -2. [remove violently] arracher. ◇ *vi* se déchirer.
♦ **rip off** *vt sep inf* -1. [person] arnaquer. -2. [product, idea] copier.
♦ **rip up** *vt sep* déchirer.

RIP (*abbr of* rest in peace) qu'il/elle repose en paix.

ripcord ['rɪpkɔːd] *n* poignée *f* d'ouverture.

ripe [raɪp] *adj* mûr(e).

ripen ['raɪpn] *vt & vi* mûrir.

ripeness ['raɪpnɪs] *n* maturité *f*.

rip-off *n inf*: **that's a** ~! c'est de l'escroquerie OR de l'arnaque!

ripple ['rɪpl] ◇ *n* ondulation *f*, ride *f*; **a** ~ **of applause** des applaudissements discrets. ◇ *vt* rider.

rip-roaring *adj inf* [party] de tous les diables; [success] monstre.

rise [raɪz] (*pt* rose, *pp* risen ['rɪzn]) ◇ *n* **-1.** *Br* [increase] augmentation *f*, hausse *f*; [in temperature] élévation *f*, hausse *f*. **-2.** *Br* [increase in salary] augmentation *f* (de salaire). **-3.** [to power, fame] ascension *f*. **-4.** [slope] côte *f*, pente *f*. **-5.** *phr*: **to give** ~ **to** donner lieu à.
◇ *vi* **-1.** [move upwards] s'élever, monter; **to** ~ **to power** arriver au pouvoir; **to** ~ **to fame** devenir célèbre; **to** ~ **to a challenge/to the occasion** se montrer à la hauteur d'un défi/de la situation. **-2.** [from chair, bed] se lever. **-3.** [increase - gen] monter, augmenter; [- voice, level] s'élever. **-4.** [rebel] se soulever.
◆ **rise above** *vt fus* [problem] surmonter; [argument] ne pas faire cas de.

riser ['raɪzə] *n*: **early** ~ lève-tôt *mf inv*; **late** ~ lève-tard *mf inv*.

risible ['rɪzəbl] *adj* risible.

rising ['raɪzɪŋ] ◇ *adj* **-1.** [ground, tide] montant(e). **-2.** [prices, inflation, temperature] en hausse. **-3.** [star, politician etc] à l'avenir prometteur. ◇ *n* [revolt] soulèvement *m*.

rising damp *n* humidité *f* (*qui monte du sol*).

risk [rɪsk] ◇ *n* risque *m*, danger *m*; **at one's own** ~ à ses risques et périls; **to run the** ~ **of doing sthg** courir le risque de faire qqch; **to take a** ~ prendre un risque; **at** ~ en danger; **at the** ~ **of** au risque de. ◇ *vt* [life] risquer; **to** ~ **doing sthg** courir le risque de faire qqch; **to** ~ **it** tenter le coup.

risk capital *n* capital *m* à risque.

risk-taking *n* (*U*) *le fait de prendre des risques*.

risky ['rɪskɪ] (*compar* **-ier**, *superl* **-iest**) *adj* risqué(e).

risotto [rɪ'zɒtəʊ] (*pl* **-s**) *n* risotto *m*.

risqué ['riːskeɪ] *adj* risqué(e), osé(e).

rissole ['rɪsəʊl] *n Br* rissole *f*.

rite [raɪt] *n* rite *m*.

ritual ['rɪtʃʊəl] ◇ *adj* rituel(elle). ◇ *n* rituel *m*.

rival ['raɪvl] (*Br pt & pp* **-led**, *cont* **-ling**, *Am pt & pp* **-ed**, *cont* **-ing**) ◇ *adj* rival(e). ◇ *n* rival *m*, -e *f*. ◇ *vt* rivaliser avec.

rivalry ['raɪvlrɪ] *n* rivalité *f*.

river ['rɪvə] *n* rivière *f*, fleuve *m*.

river bank *n* berge *f*, rive *f*.

riverbed ['rɪvəbed] *n* lit *m* (de rivière OR de fleuve).

riverside ['rɪvəsaɪd] *n*: **the** ~ le bord de la rivière OR du fleuve.

rivet ['rɪvɪt] ◇ *n* rivet *m*. ◇ *vt* **-1.** [fasten with rivets] river, riveter. **-2.** *fig* [fascinate]: **to be** ~**ed by** être fasciné(e) par.

riveting ['rɪvɪtɪŋ] *adj fig* fascinant(e).

Riviera [ˌrɪvɪ'eərə] *n*: **the French** ~ la Côte d'Azur; **the Italian** ~ la Riviera italienne.

Riyadh ['riːæd] *n* Riyad, Riad.

RN *n* **-1.** *abbr of* **Royal Navy**. **-2.** *abbr of* **registered nurse**.

RNA (*abbr of* **ribonucleic acid**) *n* ARN *m*.

RNLI (*abbr of* **Royal National Lifeboat Institution**) *n* société britannique de sauvetage en mer.

RNZAF (*abbr of* **Royal New Zealand Air Force**) *n* armée de l'air néo-zélandaise.

RNZN (*abbr of* **Royal New Zealand Navy**) *n* marine de guerre néo-zélandaise.

roach [rəʊtʃ] *n Am* [cockroach] cafard *m*.

road [rəʊd] *n* route *f*; [small] chemin *m*; [in town] rue *f*; **by** ~ par la route; **on the** ~ **to** *fig* sur le chemin de; **on the** ~ sur la route.

road atlas *n* atlas *m* routier.

roadblock ['rəʊdblɒk] *n* barrage *m* routier.

road-fund licence *n Br* ≃ vignette *f*.

road hog *n inf pej* chauffard *m*.

roadholding ['rəʊdˌhəʊldɪŋ] *n* AUT tenue *f* de route.

roadie ['rəʊdɪ] *n inf* membre de l'équipe technique d'un groupe en tournée.

road map *n* carte *f* routière.

road rage *n* accès de colère de la part d'un automobiliste, se traduisant parfois par un acte de violence.

road roller [-ˌrəʊlə] *n* rouleau *m* compresseur.

road safety *n* sécurité *f* routière.

road sense *n* [of driver] notion *f* de la conduite.

roadshow ['rəʊdʃəʊ] *n* spectacle *m* de tournée.

roadside ['rəʊdsaɪd] ◇ *n*: **the** ~ le bord de la route. ◇ *comp* au bord de la route.

road sign *n* panneau *m* routier OR de signalisation.

roadsweeper ['rəʊdˌswiːpə] *n* [vehicle] balayeuse *f*.

road tax *n* ≃ vignette *f*.

road test *n* essai *m* sur route.

◆ **road-test** *vt* essayer sur route.

road transport *n* transport *m* routier.

roadway ['rəʊdweɪ] *n* chaussée *f*.

road works *npl* travaux *mpl* (de réfection des routes).

roadworthy ['rəʊd,wɜːðɪ] *adj* en bon état de marche.

roam [rəʊm] ◇ *vt* errer dans. ◇ *vi* errer.

roar [rɔːʳ] ◇ *vi* [person, lion] rugir; [wind] hurler; [car] gronder; [plane] vrombir; **to ~ with laughter** se tordre de rire. ◇ *vt* hurler. ◇ *n* [of person, lion] rugissement *m*; [of traffic] grondement *m*; [of plane, engine] vrombissement *m*.

roaring ['rɔːrɪŋ] *adj*: **a ~ fire** une belle flambée; **~ drunk** complètement saoul(e); **a ~ success** un succès monstre OR fou; **to do a ~ trade** faire des affaires en or.

roast [rəʊst] ◇ *adj* rôti(e). ◇ *n* rôti *m*. ◇ *vt* **-1.** [meat, potatoes] rôtir. **-2.** [coffee, nuts etc] griller.

roast beef *n* rôti *m* de bœuf, rosbif *m*.

roasting ['rəʊstɪŋ] *inf* ◇ *adj* torride. ◇ *adv*: **a ~ hot day** une journée torride.

roasting tin *n* plat *m* à rôtir.

rob [rɒb] (*pt* & *pp* **-bed**, *cont* **-bing**) *vt* [person] voler; [bank] dévaliser; **to ~ sb of sthg** [money, goods] **voler** OR **dérober qqch à qqn**; [opportunity, glory] **enlever qqch à qqn**.

robber ['rɒbəʳ] *n* voleur *m*, -euse *f*.

robbery ['rɒbərɪ] (*pl* **-ies**) *n* vol *m*.

robe [rəʊb] *n* **-1.** [gen] robe *f*. **-2.** *Am* [dressing gown] peignoir *m*.

robin ['rɒbɪn] *n* rouge-gorge *m*.

robot ['rəʊbɒt] *n* robot *m*.

robotics [rəʊ'bɒtɪks] *n* (*U*) robotique *f*.

robust [rəʊ'bʌst] *adj* robuste.

robustly [rəʊ'bʌstlɪ] *adv* robustement.

rock [rɒk] ◇ *n* **-1.** (*U*) [substance] roche *f*. **-2.** [boulder] rocher *m*. **-3.** *Am* [pebble] caillou *m*. **-4.** [music] rock *m*. **-5.** *Br* [sweet] sucre *m* d'orge. ◇ *comp* [music, band] de rock. ◇ *vt* **-1.** [baby] bercer; [cradle, boat] balancer. **-2.** [shock] secouer. ◇ *vi* (se) balancer.

◆ **on the rocks** *adv* **-1.** [drink] avec de la glace OR des glaçons. **-2.** [marriage, relationship] près de la rupture.

rock and roll *n* rock *m*, rock and roll *m*.

rock bottom *n*: **at ~** au plus bas; **to hit ~** toucher le fond.

◆ **rock-bottom** *adj* [price] sacrifié(e).

rock cake *n Br* rocher *m*.

rock climber *n* varappeur *m*, -euse *f*.

rock-climbing *n* varappe *f*; **to go ~** faire de la varappe.

rock dash *n Am* crépi *m*.

rocker ['rɒkəʳ] *n* **-1.** [chair] fauteuil *m* à bascule, rocking-chair *m*. **-2.** *phr*: **to be off one's ~** *inf* être fêlé.

rockery ['rɒkərɪ] (*pl* **-ies**) *n* rocaille *f*.

rocket ['rɒkɪt] ◇ *n* **-1.** [gen] fusée *f*. **-2.** MIL fusée *f*, roquette *f*. ◇ *vi* monter en flèche.

rocket launcher [-,lɔːntʃəʳ] *n* lance-fusées *m inv*, lance-roquettes *m inv*.

rock face *n* paroi *f* rocheuse.

rockfall ['rɒkfɔːl] *n* chute *f* de pierres.

rock-hard *adj* dur(e) comme de la pierre.

Rockies ['rɒkɪz] *npl*: **the ~** les Rocheuses *fpl*.

rocking chair ['rɒkɪŋ-] *n* fauteuil *m* à bascule, rocking-chair *m*.

rocking horse ['rɒkɪŋ-] *n* cheval *m* à bascule.

rock music *n* rock *m*.

rock'n'roll [,rɒkən'rəʊl] = rock and roll.

rock pool *n* mare *f* dans les rochers.

rock salt *n* sel *m* gemme.

rocky ['rɒkɪ] (*compar* **-ier**, *superl* **-iest**) *adj* **-1.** [ground, road] rocailleux(euse), caillouteux(euse). **-2.** *fig* [economy, marriage] précaire.

Rocky Mountains *npl*: **the ~** les montagnes *fpl* Rocheuses.

rococo [rə'kəʊkəʊ] *adj* rococo (*inv*).

rod [rɒd] *n* [metal] tige *f*; [wooden] baguette *f*; (**fishing**) **~** canne *f* à pêche.

rode [rəʊd] *pt* → **ride**.

rodent ['rəʊdənt] *n* rongeur *m*.

rodeo ['rəʊdɪəʊ] (*pl* **-s**) *n* rodéo *m*.

roe [rəʊ] *n* (*U*) œufs *mpl* de poisson.

roe deer *n* chevreuil *m*.

rogue [rəʊg] ◇ *adj* **-1.** [animal] solitaire. **-2.** *fig* [person] dissident(e). ◇ *n* **-1.** [likeable rascal] coquin *m*. **-2.** *dated* [dishonest person] filou *m*, crapule *f*.

roguish ['rəʊgɪʃ] *adj* espiègle.

role [rəʊl] *n* rôle *m*.

roll [rəʊl] ◇ *n* **-1.** [of material, paper etc] rouleau *m*. **-2.** [of bread] petit pain *m*. **-3.** [list] liste *f*. **-4.** [of drums, thunder] roulement *m*. ◇ *vt* rouler; [log, ball etc] faire rouler; **to ~ one's eyes** [in fear, despair] rouler les yeux; **~ed into one** tout en un tout à la fois. ◇ *vi* rouler.

◆ **roll about, roll around** *vi* [person] se rouler; [object] rouler çà et là.

◆ **roll back** *vt sep Am* [prices] baisser.

◆ **roll in** *vi inf* [money] couler à flots.

◆ **roll over** *vi* se retourner.

◆ **roll up** ◇ *vt sep* **-1.** [carpet, paper etc] rouler. **-2.** [sleeves] retrousser. ◇ *vi inf* [arrive] s'amener, se pointer.

roll bar *n* arceau *m* de sécurité.

roll call *n* appel *m*.

rolled gold [rəuld-] *n* plaqué *m* or.

roller ['rəulər] *n* rouleau *m*.

roller blind *n* store *m*.

roller coaster *n* montagnes *fpl* russes.

roller skate *n* patin *m* à roulettes.

◆ **roller-skate** *vi* faire du patin à roulettes.

roller towel *n* essuie-main *m* à rouleau.

rollicking ['rɒlɪkɪŋ] *adj*: we had a ~ good time on s'est amusé comme des (petits) fous.

rolling ['rəulɪŋ] *adj* **-1.** [hills] onduleux(euse). **-2.** *phr*: to be ~ in it *inf* rouler sur l'or.

rolling mill *n* laminoir *m*.

rolling pin *n* rouleau *m* à pâtisserie.

rolling stock *n* matériel *m* roulant.

rollneck ['rəulnek] *adj* à col roulé.

roll of honour *n* liste *f* des combattants morts au champ d'honneur.

roll-on *adj* [deodorant] à bille.

roll-on roll-off *adj Br*: ~ ferry roll on-roll off *m*, roulier *m*.

roly-poly [,rəulɪ'pəulɪ] (*pl* **-ies**) *n Br*: ~ (pudding) roulé *m* à la confiture.

ROM [rɒm] (*abbr of* read only memory) *n* ROM *f*.

romaine lettuce [rəu'meɪn] *n Am* romaine *f* (laitue).

Roman ['rəumən] ◇ *adj* romain(e). ◇ *n* Romain *m*, -e *f*.

Roman candle *n* chandelle *f* romaine.

Roman Catholic ◇ *adj* catholique. ◇ *n* catholique *mf*.

romance [rəu'mæns] *n* **-1.** (*U*) [romantic quality] charme *m*. **-2.** [love affair] idylle *f*. **-3.** [book] roman *m* (d'amour).

Romanesque [,rəumə'nesk] *adj* roman(e).

Romani ['rəumənɪ] = Romany.

Romania [ruː'meɪnjə] *n* Roumanie *f*; in ~ en Roumanie.

Romanian [ruː'meɪnjən] ◇ *adj* roumain(e). ◇ *n* **-1.** [person] Roumain *m*, -e *f*. **-2.** [language] roumain *m*.

Roman numerals *npl* chiffres *mpl* romains.

romantic [rəu'mæntɪk] *adj* romantique.

romanticism [rəu'mæntɪsɪzm] *n* romantisme *m*.

romanticize, -ise [rəu'mæntɪsaɪz] *vt & vi* romancer.

Romany ['rəumənɪ] (*pl* **-ies**) ◇ *adj* de bohémien. ◇ *n* **-1.** [person] bohémien *m*, -ienne *f*. **-2.** [language] romani *m*.

Rome [rəum] *n* Rome.

romp [rɒmp] ◇ *n* ébats *mpl*. ◇ *vi* s'ébattre.

rompers ['rɒmpəz] *npl*, **romper suit** ['rɒmpə-] *n* barboteuse *f*.

roof [ruːf] *n* toit *m*; [of cave, tunnel] plafond *m*; the ~ of the mouth la voûte du palais; to have a ~ over one's head avoir OR posséder un toit; to go through OR hit the ~ *fig* exploser.

roof garden *n* jardin *m* sur le toit.

roofing ['ruːfɪŋ] *n* toiture *f*.

roof rack *n* galerie *f*.

rooftop ['ruːftɒp] *n* toit *m*.

rook [ruk] *n* **-1.** [bird] freux *m*. **-2.** [chess piece] tour *f*.

rookie ['rukɪ] *n Am inf* bleu *m*.

room [ruːm, rum] *n* **-1.** [in building] pièce *f*. **-2.** [bedroom] chambre *f*. **-3.** (*U*) [space] place *f*; there is ~ for improvement on peut faire mieux; ~ to OR for manoeuvre marge *f* de manœuvre.

rooming house ['ruːmɪŋ-] *n Am* maison *f* de rapport.

roommate ['ruːmmeɪt] *n* camarade *mf* de chambre.

room service *n* service *m* dans les chambres.

room temperature *n* température *f* ambiante.

roomy ['ruːmɪ] (*compar* **-ier**, *superl* **-iest**) *adj* spacieux(ieuse).

roost [ruːst] ◇ *n* perchoir *m*, juchoir *m*; to rule the ~ faire la loi. ◇ *vi* se percher, se jucher.

rooster ['ruːstər] *n* coq *m*.

root [ruːt] ◇ *adj* [fundamental] principal(e), fondamental(e). ◇ *n* racine *f*; *fig* [of problem] origine *f*; to take ~ *lit & fig* prendre racine; to put down ~s [person] s'enraciner. ◇ *vi*: to ~ through fouiller dans.

◆ **roots** *npl* racines *fpl*.

◆ **root for** *vt fus Am inf* encourager.

◆ **root out** *vt sep* [eradicate] extirper.

root beer *n Am* boisson gazeuse à base de racines de plantes.

root crop *n* racine *f*.

rooted ['ruːtɪd] *adj*: to be ~ to the spot être cloué(e) sur place.

rootless ['ruːtlɪs] *adj* sans racines.

root vegetable *n* racine *f*.

rope [rəʊp] ◇ *n* corde *f*; **to know the ~s** connaître son affaire, être au courant. ◇ *vt* corder; [climbers] encorder.

◆ **rope in** *vt sep inf fig* enrôler.

◆ **rope off** *vt sep* délimiter par une corde.

rop(e)y ['rəʊpɪ] (*compar* **-ier**, *superl* **-iest**) *adj Br inf* **-1.** [poor-quality] pas fameux(euse), pas brillant(e). **-2.** [unwell]: **I feel a bit ~ to-day** je me sens un peu patraque aujourd'hui.

rosary ['rəʊzərɪ] (*pl* **-ies**) *n* rosaire *m*.

rose [rəʊz] ◇ *pt* → **rise**. ◇ *adj* [pink] rose. ◇ *n* [flower] rose *f*.

rosé ['rəʊzeɪ] *n* rosé *m*.

rosebed ['rəʊzbed] *n* massif *m* de rosiers.

rosebud ['rəʊzbʌd] *n* bouton *m* de rose.

rose bush *n* rosier *m*.

rose hip *n* gratte-cul *m*.

rosemary ['rəʊzmərɪ] *n* romarin *m*.

rosette [rəʊ'zet] *n* rosette *f*.

rosewater ['rəʊz,wɔːtər] *n* eau *f* de rose.

rosewood ['rəʊzwʊd] *n* bois *m* de rose.

ROSPA ['rɒspə] (*abbr of* **Royal Society for the Prevention of Accidents**) *n* *association britannique pour la prévention des accidents.*

roster ['rɒstər] *n* liste *f*, tableau *m*.

rostrum ['rɒstrəm] (*pl* **-trums** OR **-tra** [-trə]) *n* tribune *f*.

rosy ['rəʊzɪ] (*compar* **-ier**, *superl* **-iest**) *adj* rose.

rot [rɒt] (*pt & pp* **-ted**, *cont* **-ting**) ◇ *n* (*U*) **-1.** [decay] pourriture *f*. **-2.** *Br dated* [nonsense] bêtises *fpl*, balivernes *fpl*. ◇ *vt & vi* pourrir.

rota ['rəʊtə] *n* liste *f*, tableau *m*.

rotary ['rəʊtərɪ] ◇ *adj* rotatif(ive). ◇ *n Am* [roundabout] rond-point *m*.

Rotary Club *n*: **the ~** le Rotary Club.

rotate [rəʊ'teɪt] ◇ *vt* **-1.** [turn] faire tourner. **-2.** [alternate - jobs] faire à tour de rôle; [- crops] alterner. ◇ *vi* [turn] tourner.

rotation [rəʊ'teɪʃn] *n* **-1.** [turning movement] rotation *f*. **-2.** [alternation] alternance *f*; **in ~** à tour de rôle.

rote [rəʊt] *n*: **by ~** de façon machinale, par cœur.

rote learning *n* apprentissage *m* machinal OR par cœur.

rotor ['rəʊtər] *n* rotor *m*.

rotten ['rɒtn] *adj* **-1.** [decayed] pourri(e). **-2.** *inf* [bad] moche. **-3.** *inf* [unwell]: **to feel ~** se sentir mal fichu(e). **-4.** [unhappy]: **I feel ~ about it** ça me contrarie.

rotund [rəʊ'tʌnd] *adj* rondelet(ette).

rouble ['ruːbl] *n* rouble *m*.

rouge [ruːʒ] *n* rouge *m* à joues.

rough [rʌf] ◇ *adj* **-1.** [not smooth - surface] rugueux(euse), rêche; [- road] accidenté(e); [- sea] agité(e), houleux(euse); [- crossing] mauvais(e). **-2.** [person, treatment] brutal(e); [manners, conditions] rude; [area] mal fréquenté(e). **-3.** [guess] approximatif(ive); **~ copy**, **~ draft** brouillon *m*; **~ sketch** ébauche *f*. **-4.** [harsh - voice, wine] âpre; [- life] dur(e); **to have a ~ time** en baver. **-5.** [tired, ill] mal fichu(e).
◇ *adv*: **to sleep ~** coucher à la dure.
◇ *n* **-1.** GOLF rough *m*. **-2.** [undetailed form]: **in ~** au brouillon.
◇ *vt phr*: **to ~ it** vivre à la dure.

◆ **rough out** *vt sep* ébaucher.

roughage ['rʌfɪdʒ] *n* (*U*) fibres *fpl* alimentaires.

rough and ready *adj* rudimentaire.

rough-and-tumble *n* (*U*) bagarre *f*.

roughcast ['rʌfkɑːst] *n* crépi *m*.

rough diamond *n Br fig*: **he's a ~** sous ses dehors frustes, il a beaucoup de qualités.

roughen ['rʌfn] *vt* rendre rugueux(euse) OR rêche.

rough justice *n* justice *f* sommaire.

roughly ['rʌflɪ] *adv* **-1.** [approximately] approximativement. **-2.** [handle, treat] brutalement. **-3.** [built, made] grossièrement.

roughneck ['rʌfnek] *n* **-1.** [oil-rig worker] *personne travaillant sur une plate-forme pétrolière.* **-2.** *Am inf* [ruffian] dur *m*.

roughness ['rʌfnɪs] *n* **-1.** [of skin, surface] rugosité *f*. **-2.** [of treatment, person] brutalité *f*.

roughshod ['rʌfʃɒd] *adv*: **to ride ~ over sthg** passer outre à qqch; **to ride ~ over sb** traiter qqn cavalièrement.

roulette [ruː'let] *n* roulette *f*.

round [raʊnd] ◇ *adj* rond(e).
◇ *prep* autour de; **~ here** par ici; **all ~ the country** dans tout le pays; **just ~ the corner** au coin de la rue; *fig* tout près; **to go ~ sthg** [obstacle] contourner qqch; **to go ~ a museum** visiter un musée.
◇ *adv* **-1.** [surrounding]: **all ~** tout autour. **-2.** [near]: **~ about** dans le coin. **-3.** [in measurements]: **10 metres ~** 10 mètres de diamètre. **-4.** [to other side]: **to go ~** faire le tour; **to turn ~** se retourner; **to look ~** se retourner (pour regarder). **-5.** [at or to nearby place]: **come ~ and see us** venez OR passez nous voir; **he's ~ at her house** il est chez elle; **I'm just going ~ to the shop** je vais juste faire une course. **-6.** [approximately]: **~ (about)** vers, environ.

◇ *n* **-1.** [of talks etc] série *f*; **a ~ of applause** une salve d'applaudissements. **-2.** [of competition] manche *f*. **-3.** [of doctor] visites *fpl*; [of postman, milkman] tournée *f*. **-4.** [of ammunition] cartouche *f*. **-5.** [of drinks] tournée *f*. **-6.** BOXING reprise *f*, round *m*. **-7.** GOLF partie *f*.
◇ *vt* [corner] tourner; [bend] prendre.
◆ **rounds** *npl* [of doctor] visites *fpl*; **to do** OR **go the ~s** [story, joke] circuler; [illness] faire des ravages.
◆ **round off** *vt sep* terminer, conclure.
◆ **round up** *vt sep* **-1.** [gather together] rassembler. **-2.** MATH arrondir.

roundabout ['raundəbaut] ◇ *adj* détourné(e). ◇ *n Br* **-1.** [on road] rond-point *m*. **-2.** [at fairground] manège *m*. **-3.** [at playground] tourniquet *m*.

rounded ['raundɪd] *adj* arrondi(e).

rounders ['raundəz] *n Br* sorte de baseball.

Roundhead ['raundhed] *n* Tête *f* ronde.

roundly ['raundlɪ] *adv* [beaten] complètement; [condemned etc] franchement, carrément.

round-shouldered [-'ʃəuldəd] *adj* voûté(e).

round-table *adj*: **~ talks** table *f* ronde.

round the clock *adv* vingt-quatre heures sur vingt-quatre.
◆ **round-the-clock** *adj* vingt-quatre heures sur vingt-quatre.

round trip ◇ *adj Am* aller-retour. ◇ *n* aller et retour *m*.

roundup ['raundʌp] *n* [summary] résumé *m*.

rouse [rauz] *vt* **-1.** [wake up] réveiller. **-2.** [impel]: **to ~ o.s. to do sthg** se forcer à faire qqch; **to ~ sb to action** pousser OR inciter qqn à agir. **-3.** [emotions] susciter, provoquer.

rousing ['rauzɪŋ] *adj* [speech] vibrant(e), passionné(e); [welcome] enthousiaste.

rout [raut] ◇ *n* déroute *f*. ◇ *vt* mettre en déroute.

route [ruːt] ◇ *n* **-1.** [gen] itinéraire *m*. **-2.** *fig* [way] chemin *m*, voie *f*. ◇ *vt* [goods] acheminer.

route map *n* [for journey] croquis *m* d'itinéraire; [for buses, trains] carte *f* du réseau.

route march *n* marche *f* d'entraînement.

routine [ruː'tiːn] ◇ *adj* **-1.** [normal] habituel(elle), de routine. **-2.** *pej* [uninteresting] de routine. ◇ *n* routine *f*.

routinely [ruː'tiːnlɪ] *adv* de façon systématique.

rove [rəuv] *literary* ◇ *vt* errer dans. ◇ *vi*: **to ~ around** errer.

roving ['rəuvɪŋ] *adj* itinérant(e).

row¹ [rəu] ◇ *n* **-1.** [line] rangée *f*; [of seats] rang *m*. **-2.** *fig* [of defeats, victories] série *f*; **in a ~** d'affilée, de suite. ◇ *vt* [boat] faire aller à la rame; [person] transporter en canot OR bateau. ◇ *vi* ramer.

row² [rau] ◇ *n* **-1.** [quarrel] dispute *f*, querelle *f*. **-2.** *inf* [noise] vacarme *m*, raffut *m*. ◇ *vi* [quarrel] se disputer, se quereller.

rowboat ['rəubəut] *n Am* canot *m*.

rowdiness ['raudɪnɪs] *n* chahut *m*, tapage *m*.

rowdy ['raudɪ] (*compar* **-ier**, *superl* **-iest**) *adj* chahuteur(euse), tapageur(euse).

rower ['rəuə] *n* rameur *m*, -euse *f*.

row house [rəu-] *n Am* maison *f* attenante aux maisons voisines.

rowing ['rəuɪŋ] *n* SPORT aviron *m*.

rowing boat *n Br* canot *m*.

rowing machine *n* machine *f* à ramer.

royal ['rɔɪəl] ◇ *adj* royal(e). ◇ *n inf* membre *m* de la famille royale.

Royal Air Force *n*: **the ~** l'armée *f* de l'air britannique.

royal blue *adj* bleu roi (*inv*).

royal family *n* famille *f* royale.

royalist ['rɔɪəlɪst] *n* royaliste *mf*.

royal jelly *n* gelée *f* royale.

Royal Mail *n Br*: **the ~** ≃ la Poste.

Royal Marines *n Br*: **the ~** les Marines *mpl*.

Royal Navy *n*: **the ~** la marine de guerre britannique.

royalty ['rɔɪəltɪ] *n* royauté *f*.
◆ **royalties** *npl* droits *mpl* d'auteur.

RP (*abbr of* **received pronunciation**) *n* prononciation *standard de l'anglais britannique*.

RPI (*abbr of* **retail price index**) *n* IPC *m*.

rpm *npl* (*abbr of* **revolutions per minute**) tours *mpl* par minute, tr/min.

RR *abbr of* **railroad**.

RRP *n abbr of* **recommended retail price**.

RSA (*abbr of* **Royal Society of Arts**) *n* société britannique pour la promotion des arts, de l'industrie et du commerce.

RSC (*abbr of* **Royal Shakespeare Company**) *n* compagnie de théâtre britannique.

RSI (*abbr of* **repetitive strain injury**) *n* douleur de poignet provoquée par les mouvements effectués au clavier d'un ordinateur.

RSPB (*abbr of* **Royal Society for the Protection of Birds**) *n* ligue britannique pour la protection des oiseaux.

RSPCA (*abbr of* **Royal Society for the Prevention of Cruelty to Animals**) *n* société britannique protectrice des animaux, ≃ SPA *f*.

RST (*abbr of* **Royal Shakespeare Theatre**) *n* célèbre théâtre à Stratford-upon-Avon.

RSVP (*abbr of* **répondez s'il vous plaît**) RSVP.

Rt Hon (*abbr of* **Right Honourable**) *expression utilisée pour des titres nobiliaires.*

Rt Rev (*abbr of* **Right Reverend**) *expression utilisée pour un évêque de l'Église anglicane.*

rub [rʌb] (*pt & pp* **-bed**, *cont* **-bing**) ◇ *vt* frotter; **to ~ sthg in** [cream etc] faire pénétrer qqch (en frottant); **to ~ one's eyes/hands** se frotter les yeux/les mains; **to ~ it in** *inf fig* remuer le couteau dans la plaie; **to ~ sb up the wrong way** *Br*, **to ~ sb the wrong way** *Am fig* prendre qqn à rebrousse-poil. ◇ *vi* frotter.
◆ **rub off on** *vt fus* [subj: quality] déteindre sur.
◆ **rub out** *vt sep* [erase] effacer.

rubber ['rʌbər] ◇ *adj* en caoutchouc. ◇ *n* **-1.** [substance] caoutchouc *m.* **-2.** *Br* [eraser] gomme *f.* **-3.** *Am inf* [condom] préservatif *m.* **-4.** [in bridge] robre *m*, rob *m.* **-5.** *Am* [overshoe] caoutchouc *m.*

rubber band *n* élastique *m.*

rubber boot *n Am* botte *f* de caoutchouc.

rubber dinghy *n* canot *m* pneumatique.

rubberize, -ise ['rʌbəraɪz] *vt* caoutchouter.

rubberneck ['rʌbənek] *vi Am inf* faire le badaud.

rubber ring *n* anneau *m* en caoutchouc; [for swimmer] bouée *f.*

rubber stamp *n* tampon *m.*
◆ **rubber-stamp** *vt fig* approuver sans discussion.

rubber tree *n* hévéa *m.*

rubbery ['rʌbəri] *adj* caoutchouteux(euse).

rubbing ['rʌbɪŋ] *n* [of brass] décalque *m.*

rubbish ['rʌbɪʃ] ◇ *n* (*U*) **-1.** [refuse] détritus *mpl*, ordures *fpl.* **-2.** *inf fig* [worthless objects] camelote *f*; **the play was ~** la pièce était nulle. **-3.** *inf* [nonsense] bêtises *fpl*, inepties *fpl.* ◇ *vt inf* débiner.

rubbish bin *n Br* poubelle *f.*

rubbish dump *n Br* dépotoir *m.*

rubbishy ['rʌbɪʃɪ] *adj inf* qui ne vaut rien, nul (nulle).

rubble ['rʌbl] *n* (*U*) décombres *mpl.*

rubella [ruː'belə] *n* rubéole *f.*

ruby ['ruːbɪ] (*pl* **-ies**) *n* rubis *m.*

RUC (*abbr of* **Royal Ulster Constabulary**) *n* corps de police d'Irlande du Nord.

ruched [ruːʃt] *adj* garni(e) d'un ruché.

ruck [rʌk] *n* **-1.** *inf* [fight] bagarre *f.* **-2.** RUGBY mêlée *f* ouverte.

rucksack ['rʌksæk] *n* sac *m* à dos.

ructions ['rʌkʃnz] *npl inf* grabuge *m.*

rudder ['rʌdər] *n* gouvernail *m.*

ruddy ['rʌdɪ] (*compar* **-ier**, *superl* **-iest**) *adj* **-1.** [complexion, face] coloré(e). **-2.** *Br inf dated* [damned] sacré(e).

rude [ruːd] *adj* **-1.** [impolite - gen] impoli(e); [- word] grossier(ière); [- noise] incongru(e). **-2.** [sudden]: **it was a ~ awakening** le réveil fut pénible. **-3.** *literary* [primitive] grossier(ière), rudimentaire.

rudely ['ruːdlɪ] *adv* **-1.** [impolitely] impoliment. **-2.** [suddenly] brusquement.

rudeness ['ruːdnɪs] *n* [impoliteness] impolitesse *f*; [of joke] grossièreté *f.*

rudimentary [ˌruːdɪ'mentərɪ] *adj* rudimentaire.

rudiments ['ruːdɪmənts] *npl* rudiments *mpl.*

rue [ruː] *vt* regretter (amèrement).

rueful ['ruːfʊl] *adj* triste.

ruff [rʌf] *n* fraise *f.*

ruffian ['rʌfjən] *n* voyou *m.*

ruffle ['rʌfl] *vt* **-1.** [hair] ébouriffer; [water] troubler. **-2.** [person] froisser; [composure] faire perdre.

rug [rʌg] *n* **-1.** [carpet] tapis *m.* **-2.** [blanket] couverture *f.*

rugby ['rʌgbɪ] *n* rugby *m.*

Rugby League *n* rugby *m* à treize.

Rugby Union *n* rugby *m* à quinze.

rugged ['rʌgɪd] *adj* **-1.** [landscape] accidenté(e); [features] rude. **-2.** [vehicle etc] robuste.

ruggedness ['rʌgɪdnɪs] *n* [of landscape] aspect *m* accidenté.

rugger ['rʌgər] *n Br inf* rugby *m.*

ruin ['ruːɪn] ◇ *n* ruine *f.* ◇ *vt* ruiner; [clothes, shoes] abîmer.
◆ **in ruin(s)** *adv lit & fig* en ruine.

ruination [ˌruːɪ'neɪʃn] *n* ruine *f.*

ruinous ['ruːɪnəs] *adj* [expensive] ruineux(euse).

rule [ruːl] ◇ *n* **-1.** [gen] règle *f*; **as a ~** en règle générale. **-2.** [regulation] règlement *m*; **to bend the ~s** faire une entorse au règlement. **-3.** (*U*) [control] autorité *f.* ◇ *vt* **-1.** [control] dominer. **-2.** [govern] gouverner. **-3.** [decide]: **to ~ (that) ...** décider que .... ◇ *vi* **-1.** [give decision - gen] décider; [- JUR] statuer. **-2.** *fml* [be paramount] prévaloir. **-3.** [king, queen] régner; POL gouverner.
◆ **rule out** *vt sep* exclure, écarter.

rulebook ['ruːlbʊk] *n*: **the ~** le règlement.

ruled [ruːld] *adj* [paper] réglé(e).

ruler ['ruːlə^r] *n* **-1.** [for measurement] règle *f.* **-2.** [leader] chef *m* d'État.

ruling ['ruːlɪŋ] ◇ *adj* au pouvoir. ◇ *n* décision *f.*

rum [rʌm] (*compar* **-mer**, *superl* **-mest**) ◇ *n* rhum *m.* ◇ *adj Br dated* bizarre.

Rumania [ruːˈmeɪnjə] = **Romania**.

Rumanian [ruːˈmeɪnjən] = **Romanian**.

rumba ['rʌmbə] *n* rumba *f.*

rumble ['rʌmbl] ◇ *n* **-1.** [of thunder, traffic] grondement *m*; [in stomach] gargouillement *m.* **-2.** *Am inf* [fight] bagarre *f.* ◇ *vt Br inf dated*: **to ~ sb** voir clair dans le jeu de qqn. ◇ *vi* [thunder, traffic] **gronder**; [stomach] gargouiller.

rumbustious [rʌmˈbʌstɪəs] *adj Br* bruyant(e).

ruminate ['ruːmɪneɪt] *vi*: **to ~ (about OR on sthg) ruminer (qqch).**

rummage ['rʌmɪdʒ] *vi* fouiller.

rummage sale *n Am* vente *f* de charité.

rummy ['rʌmɪ] *n* rami *m.*

rumour *Br*, **rumor** *Am* ['ruːmə^r] *n* rumeur *f.*

rumoured *Br*, **rumored** *Am* ['ruːməd] *adj*: **he is ~ to be very wealthy** le bruit court OR on dit qu'il est très riche.

rump [rʌmp] *n* **-1.** [of animal] croupe *f.* **-2.** *inf* [of person] derrière *m.* **-3.** POL restant *m.*

rumple ['rʌmpl] *vt* froisser, chiffonner.

rump steak *n* romsteck *m.*

rumpus ['rʌmpəs] *n inf* chahut *m.*

rumpus room *n Am* salle *f* de jeu.

run [rʌn] (*vt* **ran**, *pp* **run**, *cont* **-ning**) ◇ *n* **-1.** [on foot] course *f*; **to go for a ~** faire un petit peu de course à pied; **to break into a ~** se mettre à courir; **on the ~** en fuite, en cavale; **to make a ~ for it** se sauver. **-2.** [in car - for pleasure] **tour** *m*; [- journey] **trajet** *m.* **-3.** [series] suite *f*, série *f*; **a ~ of bad luck** une période de déveine; **in the short/long ~** à court/long terme. **-4.** THEATRE: **to have a long ~** tenir longtemps l'affiche. **-5.** [great demand]: **~ on ruée *f* sur. -6.** [in tights] échelle *f.* **-7.** [in cricket, baseball] point *m.* **-8.** [track - for skiing, bobsleigh] **piste** *f.*
◇ *vt* **-1.** [race, distance] courir; **to ~ errands (for sb)** faire des courses OR commissions (pour qqn). **-2.** [manage - business] diriger; [- shop, hotel] tenir; [- course] organiser. **-3.** [operate] faire marcher. **-4.** [car] avoir, entretenir. **-5.** [water, bath] faire couler. **-6.** [publish] publier. **-7.** *inf* [drive]: **can you ~ me to the station?** tu peux m'amener OR me conduire à la gare? **-8.** [move]: **to ~ sthg**

along/over sthg passer qqch le long de/sur qqch.
◇ *vi* **-1.** [on foot] courir; **to ~ for it** se sauver. **-2.** [pass - road, river, pipe] passer; **to ~ through sthg** traverser qqch. **-3.** *Am* [in election]: **to ~ (for)** être candidat (à). **-4.** [operate - machine, factory] marcher; [- engine] tourner; **everything is running smoothly** tout va comme sur des roulettes, tout va bien; **to ~ on sthg** marcher à qqch; **to ~ off sthg** marcher sur qqch. **-5.** [bus, train] faire le service; **trains ~ every hour** il y a un train toutes les heures; **to be running late** [person] être en retard; [bus, train] avoir du retard. **-6.** [flow] couler; **my nose is running** j'ai le nez qui coule; **to ~ dry** se tarir. **-7.** [colour] déteindre; [ink] baver. **-8.** [continue - contract, insurance policy] être valide; [THEATRE] se jouer; **output is running at 100 units a day** la production est de 100 unités par jour.

◆ **run across** *vt fus* [meet] tomber sur.

◆ **run along** *vi dated*: **~ along now!** filez maintenant!

◆ **run away** *vi* **-1.** [flee]: **to ~ away (from)** s'enfuir (de); **to ~ away from home** faire une fugue. **-2.** *fig* [avoid]: **to ~ away from sthg** éviter qqch.

◆ **run away with** *vt fus*: **don't let your enthusiasm ~ away with you!** ne t'emballe pas trop!

◆ **run down** ◇ *vt sep* **-1.** [in vehicle] renverser. **-2.** [criticize] dénigrer. **-3.** [production] restreindre; [industry] réduire l'activité de. ◇ *vi* [clock] s'arrêter; [battery] se décharger.

◆ **run into** *vt fus* **-1.** [encounter - problem] se heurter à; [- person] tomber sur; **to ~ into debt** s'endetter, faire des dettes. **-2.** [in vehicle] rentrer dans. **-3.** [amount to] se monter à, s'élever à.

◆ **run off** ◇ *vt sep* [a copy] tirer. ◇ *vi*: **to ~ off (with)** s'enfuir (avec).

◆ **run on** *vi* [meeting] durer; **time is running on** le temps passe.

◆ **run out** *vi* **-1.** [food, supplies] s'épuiser; **time is running out** il ne reste plus beaucoup de temps. **-2.** [licence, contract] expirer.

◆ **run out of** *vt fus* manquer de; **to ~ out of petrol** tomber en panne d'essence, tomber en panne sèche.

◆ **run over** *vt sep* renverser.

◆ **run through** *vt fus* **-1.** [practise] répéter. **-2.** [read through] parcourir.

◆ **run to** *vt fus* **-1.** [amount to] monter à, s'élever à. **-2.** [afford]: **I think I could ~ to a new suit** je crois bien que je pourrais me payer OR m'offrir un nouveau costume.

◆ **run up** *vt fus* [bill, debt] laisser accumu-

ler.
◆ **run up against** *vt fus* se heurter à.

run-around *n inf*: **to give sb the ~** faire des réponses de Normand à qqn.

runaway ['rʌnəweɪ] ◇ *adj* [train, lorry] fou (folle); [horse] emballé(e); [victory] haut la main; [inflation] galopant(e). ◇ *n* fuyard *m*, fugitif *m*, -ive *f*.

rundown ['rʌndaʊn] *n* **-1.** [report] bref résumé *m*. **-2.** [of industry] réduction *f* délibérée.
◆ **run-down** *adj* **-1.** [building] délabré(e). **-2.** [person] épuisé(e).

rung [rʌŋ] ◇ *pp* → **ring**. ◇ *n* échelon *m*, barreau *m*.

run-in *n inf* prise *f* de bec.

runnel ['rʌnl] *n* ruisseau *m*.

runner ['rʌnər] *n* **-1.** [athlete] coureur *m*, -euse *f*. **-2.** [of guns, drugs] contrebandier *m*. **-3.** [of sledge] patin *m*; [for car seat] glissière *f*; [for drawer] coulisseau *m*.

runner bean *n Br* haricot *m* à rames.

runner-up (*pl* **runners-up**) *n* second *m*, -e *f*.

running ['rʌnɪŋ] ◇ *adj* **-1.** [argument, battle] continu(e). **-2.** [consecutive]: **three weeks ~** trois semaines de suite. **-3.** [water] courant(e).
◇ *n* **-1.** (*U*) SPORT course *f*; **to go ~** faire de la course. **-2.** [management] direction *f*, administration *f*. **-3.** [of machine] marche *f*, fonctionnement *m*. **-4.** *phr*: **to be in the ~ (for)** avoir des chances de réussir (dans); **to be out of the ~ (for)** n'avoir aucune chance de réussir (dans); **to make the ~** [in race] mener la course; [in relationship] prendre l'initiative.
◇ *comp* de course.

running commentary *n* commentaire *m* suivi.

running costs *npl* frais *mpl* d'exploitation.

running mate *n Am* candidat *m* à la vice-présidence.

running repairs *npl* réparations *fpl* courantes.

runny ['rʌnɪ] (*compar* **-ier**, *superl* **-iest**) *adj* **-1.** [food] liquide. **-2.** [nose] qui coule.

run-of-the-mill *adj* banal(e), ordinaire.

runt [rʌnt] *n* avorton *m*.

run-through *n* répétition *f*.

run-up *n* **-1.** [preceding time]: **in the ~ to** sthg dans la période qui précède qqch. **-2.** SPORT course *f* d'élan.

runway ['rʌnweɪ] *n* piste *f*.

rupture ['rʌptʃər] *n* rupture *f*.

rural ['rʊərəl] *adj* rural(e).

ruse [ruːz] *n* ruse *f*.

rush [rʌʃ] ◇ *n* **-1.** [hurry] hâte *f*; **there's no ~** ça ne presse pas, ce n'est pas pressé. **-2.** [surge] ruée *f*, bousculade *f*; **to make a ~ for** sthg se ruer OR se précipiter vers qqch; **a ~ of air** une bouffée d'air; **a ~ of blood to the head** un coup de sang. **-3.** [demand]: **~ (on OR for)** ruée *f* (sur).
◇ *vt* **-1.** [hurry - work] faire à la hâte; [- person] bousculer; [- meal] expédier; **to ~ sb into doing sthg** forcer qqn à faire qqch à la hâte. **-2.** [send quickly] transporter OR envoyer d'urgence. **-3.** [attack suddenly] prendre d'assaut.
◇ *vi* **-1.** [hurry] se dépêcher; **to ~ into sthg** faire qqch sans réfléchir. **-2.** [crowd] se précipiter, se ruer; **the blood ~ed to her head** le sang lui monta à la tête.
◆ **rushes** *npl* **-1.** BOT joncs *mpl*. **-2.** CINEMA épreuves *fpl* de tournage, rushes *mpl*.

rushed [rʌʃt] *adj* [person] pressé(e); [work] fait(e) à la hâte.

rush hour *n* heures *fpl* de pointe OR d'affluence.

rush job *n* travail *m* d'urgence.

rusk [rʌsk] *n* biscotte *f*.

russet ['rʌsɪt] *adj* feuille-morte (*inv*).

Russia ['rʌʃə] *n* Russie *f*; **in ~** en Russie.

Russian ['rʌʃn] ◇ *adj* russe. ◇ *n* **-1.** [person] Russe *mf*. **-2.** [language] russe *m*.

Russian roulette *n* roulette *f* russe.

rust [rʌst] ◇ *n* rouille *f*. ◇ *vi* se rouiller.

rustic ['rʌstɪk] *adj* rustique.

rustle ['rʌsl] ◇ *n* [of leaves] bruissement *m*; [of papers] froissement *m*. ◇ *vt* **-1.** [paper] froisser. **-2.** *Am* [cattle] voler. ◇ *vi* [leaves] bruire; [papers] produire un froissement.

rustproof ['rʌstpruːf] *adj* inoxydable.

rusty ['rʌstɪ] (*compar* **-ier**, *superl* **-iest**) *adj* lit & *fig* rouillé(e).

rut [rʌt] *n* ornière *f*; **to get into a ~** s'encroûter; **to be in a ~** être prisonnier de la routine.

rutabaga [ˌruːtəˈbeɪgə] *n Am* rutabaga *m*.

ruthless ['ruːθlɪs] *adj* impitoyable.

ruthlessly ['ruːθlɪslɪ] *adv* de façon impitoyable.

ruthlessness ['ruːθlɪsnɪs] *n* caractère *m* impitoyable.

RV *n* **-1.** (*abbr of* **revised version**) *traduction de la Bible de 1611 révisée entre 1881 et 1895.* **-2.** *Am* (*abbr of* **recreational vehicle**) camping-car *m*.

Rwanda [ruˈændə] *n* Ruanda *m*, Rwanda *m*; **in ~** au Ruanda.

Rwandan [ruˈændən] ◇ *adj* ruandais(e). ◇ *n* Ruandais *m*, -e *f*.

rye [raɪ] *n* **-1.** [grain] seigle *m*. **-2.** [bread] pain *m* de seigle.

rye bread *n* pain *m* de seigle.

rye grass *n* ivraie *f*.

rye whiskey *n* whisky *m* à base de seigle.

S

s (*pl* **ss** OR **s's**), **S** (*pl* **Ss** OR **S's**) [es] *n* [letter] s *m inv*, S *m inv*.

◆ **S** (*abbr of* **south**) S.

SA -1. *abbr of* **South Africa. -2.** *abbr of* **South America.**

Saar [sɑːr] *n*: the ~ la Sarre.

Sabbath ['sæbəθ] *n*: the ~ le sabbat.

sabbatical [sə'bætɪkl] *n* année *f* sabbatique; to be on ~ faire une année sabbatique.

saber *Am* = **sabre.**

sabotage ['sæbətɑːʒ] ◇ *n* sabotage *m*. ◇ *vt* saboter.

saboteur [ˌsæbə'tɜːr] *n* saboteur *m*.

sabre *Br*, **saber** *Am* ['seɪbər] *n* sabre *m*.

saccharin(e) ['sækərɪn] *n* saccharine *f*.

sachet ['sæʃeɪ] *n* sachet *m*.

sack [sæk] ◇ *n* **-1.** [bag] sac *m*. **-2.** *Br inf* [dismissal]: to get OR be given the ~ être renvoyé(e), se faire virer. ◇ *vt Br inf* [dismiss] renvoyer, virer.

sackful ['sækful] *n* sac *m*.

sacking ['sækɪŋ] *n* [fabric] toile *f* à sac.

sacrament ['sækrəmənt] *n* sacrement *m*.

sacred ['seɪkrɪd] *adj* sacré(e).

sacrifice ['sækrɪfaɪs] *lit* & *fig* ◇ *n* sacrifice *m*. ◇ *vt* sacrifier.

sacrilege ['sækrɪlɪdʒ] *n* *lit* & *fig* sacrilège *m*.

sacrilegious [ˌsækrɪ'lɪdʒəs] *adj* sacrilège.

sacrosanct ['sækrəʊsæŋkt] *adj* sacro-saint(e).

sad [sæd] (*compar* **-der**, *superl* **-dest**) *adj* triste.

sadden ['sædn] *vt* attrister, affliger.

saddle ['sædl] ◇ *n* selle *f*. ◇ *vt* **-1.** [horse] seller. **-2.** *fig* [burden]: to ~ **sb** with **sthg** coller qqch à qqn.

◆ **saddle up** ◇ *vt fus* seller. ◇ *vi* seller son cheval.

saddlebag ['sædlbæg] *n* sacoche *f*.

saddler ['sædlər] *n* sellier *m*.

sadism ['seɪdɪzm] *n* sadisme *m*.

sadist ['seɪdɪst] *n* sadique *mf*.

sadistic [sə'dɪstɪk] *adj* sadique.

sadly ['sædlɪ] *adv* **-1.** [unhappily] tristement. **-2.** [unfortunately] malheureusement.

sadness ['sædnɪs] *n* tristesse *f*.

s.a.e., sae *abbr of* **stamped addressed envelope.**

safari [sə'fɑːrɪ] *n* safari *m*; to go on ~ aller en safari.

safari park *n* réserve *f*.

safe [seɪf] ◇ *adj* **-1.** [not dangerous - gen] sans danger; [- driver, play, guess] prudent(e); it's not ~ c'est dangereux; it's ~ to say (that) ... on peut dire à coup sûr que ...; in ~ hands en bonnes mains. **-2.** [not in danger] hors de danger, en sécurité; your secret is ~ with me je saurai garder votre secret; ~ **and sound** sain et sauf (saine et sauve). **-3.** [not risky - bet, method] sans risque; [- investment] sûr(e); to be on the ~ side par précaution.
◇ *n* coffre-fort *m*.

safebreaker ['seɪfˌbreɪkər] *n* perceur *m* de coffre-fort.

safe-conduct *n* sauf-conduit *m*.

safe-deposit box *n* coffre-fort *m*.

safeguard ['seɪfgɑːd] ◇ *n*: ~ **(against)** sauvegarde *f* (contre). ◇ *vt*: to ~ **sb/sthg (against)** sauvegarder qqn/qqch (contre), protéger qqn/qqch (contre).

safe house *n* lieu *m* sûr.

safekeeping [ˌseɪf'kiːpɪŋ] *n* bonne garde *f*.

safely ['seɪflɪ] *adv* **-1.** [not dangerously] sans danger. **-2.** [not in danger] en toute sécurité, à l'abri du danger. **-3.** [arrive - person] à bon port, sain et sauf (saine et sauve); [- parcel] à bon port. **-4.** [for certain]: I can ~ say (that) ... je peux dire à coup sûr que ....

safe sex *n* sexe *m* sans risques, S.S.R. *m*.

safety ['seɪftɪ] ◇ *n* sécurité *f*. ◇ *comp* de sécurité.

safety belt *n* ceinture *f* de sécurité.

safety catch *n* cran *m* de sûreté.

safety curtain *n* rideau *m* de fer.

safety-deposit box = **safe-deposit box.**

safety island *n Am* refuge *m*.

safety match *n* allumette *f* de sûreté.

safety net *n* filet *m* (de protection).

safety pin *n* épingle *f* de sûreté OR de nourrice.

safety valve *n* soupape *f* de sûreté.

saffron ['sæfrən] *n* safran *m*.

sag [sæg] (*pt* & *pp* **-ged**, *cont* **-ging**) *vi* **-1.** [sink downwards] s'affaisser, fléchir. **-2.** *fig* [decrease] baisser.

saga ['sɑːgə] *n* saga *f*; *fig* & *pej* histoire *f*.

sage [seɪdʒ] ◇ *adj* sage. ◇ *n* **-1.** (*U*) [herb] sauge *f*. **-2.** [wise man] sage *m*.

saggy ['sægɪ] (*compar* **-gier**, *superl* **-giest**) *adj* [bed] affaissé(e); [breasts] pendant(e).

Sagittarius [,sædʒɪ'teərɪəs] *n* Sagittaire *m*; to be (a) ~ être Sagittaire.

Sahara [sə'hɑːrə] *n*: the ~ (Desert) le (désert du) Sahara.

Saharan [sə'hɑːrən] *adj* saharien(ienne).

said [sed] *pt* & *pp* → say.

sail [seɪl] ◇ *n* **-1.** [of boat] voile *f*; to set ~ faire voile, prendre la mer. **-2.** [journey] tour *m* en bateau. ◇ *vt* **-1.** [boat] piloter, manœuvrer. **-2.** [sea] parcourir. ◇ *vi* **-1.** [person - travel] aller en bateau. **-2.** [boat - move] naviguer; the ship ~ed into harbour le bateau est entré au port; [- leave] partir, prendre la mer. **-3.** *fig* [through air] voler.
◆ **sail through** *vt fus fig* réussir les doigts dans le nez.

sailboard ['seɪlbɔːd] *n* planche *f* à voile.

sailboat *Am* = **sailing boat**.

sailcloth ['seɪlklɒθ] *n* toile *f* à voile.

sailing ['seɪlɪŋ] *n* **-1.** (*U*) SPORT voile *f*; to go ~ faire de la voile. **-2.** [departure] départ *m*.

sailing boat *Br*, **sailboat** *Am* ['seɪlbəʊt] *n* bateau *m* à voiles, voilier *m*.

sailing ship *n* voilier *m*.

sailor ['seɪlər] *n* marin *m*, matelot *m*; to be a good ~ avoir le pied marin.

saint [seɪnt] *n* saint *m*, -e *f*.

Saint Helena [-ɪ'liːnə] *n* Sainte-Hélène *f*; on ~ à Sainte-Hélène.

Saint Lawrence [-'lɒrəns] *n*: the ~ (River) le Saint-Laurent.

Saint Lucia [-'luːʃə] *n* Sainte-Lucie *f*.

saintly ['seɪntlɪ] (*compar* **-ier**, *superl* **-iest**) *adj* [person] saint(e); [life] de saint.

sake [seɪk] *n*: for the ~ of sb par égard pour qqn, pour (l'amour de) qqn; for the children's ~ pour les enfants; for the ~ of my health pour ma santé; for the ~ of argument à titre d'exemple; to do sthg for its own ~ faire qqch pour le plaisir; for God's OR heaven's ~ pour l'amour de Dieu OR du ciel.

salad ['sæləd] *n* salade *f*.

salad bowl *n* saladier *m*.

salad cream *n Br* sorte de mayonnaise douce.

salad dressing *n* vinaigrette *f*.

salad oil *n* huile *f* de table.

salamander ['sælə,mændər] *n* salamandre *f*.

salami [sə'lɑːmɪ] *n* salami *m*.

salaried ['sælərɪd] *adj* salarié(e).

salary ['sælərɪ] (*pl* **-ies**) *n* salaire *m*, traitement *m*.

salary scale *n* échelle *f* des salaires.

sale [seɪl] *n* **-1.** [gen] vente *f*; on ~ en vente; (up) for ~ à vendre. **-2.** [at reduced prices] soldes *mpl*; the shop is having a ~ le magasin fait les soldes; in a ~ en solde.
◆ **sales** ◇ *npl* **-1.** [quantity sold] ventes *fpl*. **-2.** [at reduced prices] the ~s les soldes *mpl*. ◇ *comp* [figures, department] des ventes; ~s **manager** directeur commercial *m*, directrice commerciale *f*.

saleroom *Br* ['seɪlrʊm], **salesroom** *Am* ['seɪlzrʊm] *n* salle *f* des ventes.

sales assistant, **salesclerk** ['seɪlzklɜːrk] *Am* *n* vendeur *m*, -euse *f*.

sales conference *n* conférence *f* du personnel des ventes.

sales drive *n* campagne *f* de vente.

sales force *n* force *f* de vente.

salesman ['seɪlzmən] (*pl* **-men** [-mən]) *n* [in shop] vendeur *m*; [travelling] représentant *m* de commerce.

sales pitch *n* boniment *m*.

sales rep *n inf* représentant *m* de commerce.

sales representative *n* représentant *m* de commerce.

salesroom *Am* = **saleroom**.

sales slip *n Am* [receipt] ticket *m* de caisse.

sales tax *n* taxe *f* à l'achat.

sales team *n* équipe *f* de vente.

saleswoman ['seɪlz,wʊmən] (*pl* **-women** [-,wɪmɪn]) *n* [in shop] vendeuse *f*; [travelling] représentante *f* de commerce.

salient ['seɪljənt] *adj fml* qui ressort.

saline ['seɪlaɪn] *adj* salin(e); ~ **drip** perfusion *f* de sérum artificiel.

saliva [sə'laɪvə] *n* salive *f*.

salivate ['sælɪveɪt] *vi* saliver.

sallow ['sæləʊ] *adj* cireux(euse).

sally ['sælɪ] (*pl* **-ies**, *pt* & *pp* **-ied**) *n* [sortie] sortie *f*.
◆ **sally forth** *vi hum or literary* sortir.

salmon ['sæmən] (*pl inv* OR **-s**) *n* saumon *m*.

salmonella [,sælmə'nelə] *n* salmonelle *f*.

salmon pink ◇ *adj* rose saumon (*inv*). ◇ *n* rose *m* saumon.

salon ['sælɒn] *n* salon *m*.

saloon [sə'luːn] *n* **-1.** *Br* [car] berline *f*. **-2.** *Am* [bar] saloon *m*. **-3.** *Br* [in pub]: ~ (bar) bar *m*. **-4.** [in ship] salon *m*.

salopettes [ˌsælə'pets] *npl* combinaison *f* de ski.

salt [sɔːlt, sɒlt] ◇ *n* sel *m*; **the ~ of the earth** le sel de la terre; **to rub ~ into sb's wounds** remuer OR retourner le couteau dans la plaie; **take what he says with a pinch of ~** ne prenez pas ce qu'il dit au pied de la lettre. ◇ *comp* [food] salé(e). ◇ *vt* [food] saler; [roads] mettre du sel sur.
◆ **salt away** *vt sep* mettre de côté.

SALT [sɔːlt] (*abbr of* **Strategic Arms Limitation Talks/Treaty**) *n* SALT *m*, négociations américano-soviétiques sur la limitation des armes stratégiques.

saltcellar *Br*, **salt shaker** *Am* [-ˌʃeɪkər] *n* salière *f*.

salted ['sɔːltɪd] *adj* salé(e).

saltpetre *Br*, **saltpeter** *Am* [ˌsɔːlt'piːtər] *n* salpêtre *m*.

salt shaker *Am* = saltcellar.

saltwater ['sɔːltˌwɔːtər] ◇ *n* eau *f* de mer. ◇ *adj* de mer.

salty ['sɔːltɪ] (*compar* **-ier**, *superl* **-iest**) *adj* [food] salé(e); [water] saumâtre.

salubrious [sə'luːbrɪəs] *adj* salubre.

salutary ['sæljʊtrɪ] *adj* salutaire.

salute [sə'luːt] ◇ *n* sa¹ut *m*. ◇ *vt* saluer. ◇ *vi* faire un salut.

Salvadorean, **Salvadorian** [ˌsælvə'dɔːrɪən] ◇ *adj* salvadorien(ienne). ◇ *n* Salvadorien *m*, -ienne *f*.

salvage ['sælvɪdʒ] ◇ *n* (*U*) **-1.** [rescue of ship] sauvetage *m*. **-2.** [property rescued] biens *mpl* sauvés. ◇ *vt* sauver.

salvage vessel *n* bateau *m* de sauvetage.

salvation [sæl'veɪʃn] *n* salut *m*.

Salvation Army *n*: **the ~** l'Armée *f* du Salut.

salve [sælv] *vt*: **to do sthg to ~ one's conscience** faire qqch pour avoir la conscience en paix.

salver ['sælvər] *n* plateau *m*.

salvo ['sælvəʊ] (*pl* **-s** OR **-es**) *n* salve *f*.

Samaritan [sə'mærɪtn] *n*: **good ~** bon Samaritain *m*.

samba ['sæmbə] *n* samba *f*.

same [seɪm] ◇ *adj* même; **she was wearing the ~ jumper as I was** elle portait le même pull que moi; **at the ~ time** en même temps; **one and the ~** un seul et même (une seule et même).
◇ *pron*: **the ~** le même (la même), les mêmes (*pl*); **I'll have the ~ as you** je prendrai la même chose que toi; **she earns the ~ as I do** elle gagne autant que moi; **to do the ~** faire de même, en faire autant; **all** OR **just the ~** [anyway] quand même, tout de même; **it's all the ~ to me** ça m'est égal; **it's not the ~** ce n'est pas pareil.
◇ *adv*: **the ~** [treat, spelled] de la même manière.

sameness ['seɪmnɪs] *n pej* monotonie *f*.

Samoa [sə'məʊə] *n* Samoa *m*; **in ~** à Samoa; **American ~** les Samoa américaines *fpl*.

Samoan [sə'məʊən] ◇ *adj* samoan(e). ◇ *n* Samoan *m*, -e *f*.

samosa [sə'məʊsə] *n genre de brick indien aux légumes*.

sample ['sɑːmpl] ◇ *n* échantillon *m*. ◇ *vt* **-1.** [taste] goûter. **-2.** MUS faire le sampling de.

sampler ['sɑːmplər] *n* SEWING modèle *m* de broderie.

sanatorium (*pl* **-riums** OR **-ria** [-rɪə]), **sanitorium** *Am* (*pl* **-riums** OR **-ria** [-rɪə]) [ˌsænə'tɔːrɪəm] *n* sanatorium *m*.

sanctify ['sæŋktɪfaɪ] (*pt* & *pp* **-ied**) *vt* sanctifier.

sanctimonious [ˌsæŋktɪ'məʊnjəs] *adj* moralisateur(trice).

sanction ['sæŋkʃn] ◇ *n* sanction *f*. ◇ *vt* sanctionner.
◆ **sanctions** *npl* sanctions *fpl*.

sanctity ['sæŋktətɪ] *n* sainteté *f*.

sanctuary ['sæŋktʃʊərɪ] (*pl* **-ies**) *n* **-1.** [for birds, wildlife] réserve *f*. **-2.** [refuge] asile *m*. **-3.** [holy place] sanctuaire *m*.

sanctum ['sæŋktəm] (*pl* **-s**) *n fig* [private place] retraite *f*.

sand [sænd] ◇ *n* sable *m*. ◇ *vt* [wood] poncer.
◆ **sands** *npl* plage *f* de sable.

sandal ['sændl] *n* sandale *f*.

sandalwood ['sændlwʊd] *n* (bois *m* de) santal *m*.

sandbag ['sændbæg] *n* sac *m* de sable.

sandbank ['sændbæŋk] *n* banc *m* de sable.

sandblast ['sændblɑːst] *vt* décaper à la sableuse, sabler.

sandbox *Am* = sandpit.

sandcastle ['sændˌkɑːsl] *n* château *m* de sable.

sand dune *n* dune *f*.

sander ['sændər] *n* ponceuse *f*.

sandpaper ['sændˌpeɪpər] ◇ *n* (*U*) papier *m* de verre. ◇ *vt* poncer (au papier de verre).

sandpit *Br* ['sændpɪt], **sandbox** *Am* ['sændbɒks] *n* bac *m* à sable.

sandstone ['sændstəʊn] *n* grès *m*.

sandstorm ['sændstɔ:m] *n* tempête *f* de sable.

sand trap *n Am* & *Can* GOLF bunker *m*, fosse *f* de sable *Can*.

sandwich ['sænwɪdʒ] ◇ *n* sandwich *m*. ◇ *vt fig*: **to be ~ed between** être (pris(e)) en sandwich entre.

sandwich board *n* panneau *m* publicitaire (*d'homme sandwich ou posé comme un tréteau*).

sandwich course *n Br* stage *m* de formation professionnelle.

sandy ['sændɪ] (*compar* **-ier**, *superl* **-iest**) *adj* **-1.** [beach] de sable; [earth] sableux(euse). **-2.** [sand-coloured] sable (*inv*).

sane [seɪn] *adj* **-1.** [not mad] sain(e) d'esprit. **-2.** [sensible] raisonnable, sensé(e).

sang [sæŋ] *pt* → **sing**.

sanguine ['sæŋgwɪn] *adj* optimiste.

sanitary ['sænɪtrɪ] *adj* **-1.** [method, system] sanitaire. **-2.** [clean] hygiénique, salubre.

sanitary towel, **sanitary napkin** *Am n* serviette *f* hygiénique.

sanitation [,sænɪ'teɪʃn] *n* (*U*) [in house] installations *fpl* sanitaires.

sanitation worker *n Am* éboueur *m*.

sanitize, -ise ['sænɪtaɪz] *vt fig* expurger.

sanitorium *Am* = **sanatorium**.

sanity ['sænətɪ] *n* (*U*) **-1.** [saneness] santé *f* mentale, raison *f*. **-2.** [good sense] bon sens *m*.

sank [sæŋk] *pt* → **sink**.

San Marino [,sænmə'ri:nəʊ] *n* Saint-Marin *m*; **in ~** à Saint-Marin.

San Salvador [,sæn'sælvədɔ:ʳ] *n* San Salvador.

Sanskrit ['sænskrɪt] *n* sanskrit *m*, sanscrit *m*.

Santa (Claus) ['sæntə(,klɔ:z)] *n* le père Noël.

São Paulo [,saʊ'paʊləʊ] *n* **-1.** [city] São Paulo. **-2.** [state]: **~ (State)** São Paulo *m*, l'État *m* de São Paulo; **in ~** dans le São Paulo.

sap [sæp] (*pt* & *pp* **-ped**, *cont* **-ping**) ◇ *n* **-1.** [of plant] sève *f*. **-2.** *Am inf* [gullible person] nigaud *m*, -e *f*. ◇ *vt* [weaken] saper.

sapling ['sæplɪŋ] *n* jeune arbre *m*.

sapphire ['sæfaɪəʳ] *n* saphir *m*.

Sarajevo [,særə'jeɪvəʊ] *n* Sarajevo.

sarcasm ['sɑ:kæzm] *n* sarcasme *m*.

sarcastic [sɑ:'kæstɪk] *adj* sarcastique.

sarcophagus [sɑ:'kɒfəgəs] (*pl* **-gi** [-gaɪ] OR **-guses**) *n* sarcophage *m*.

sardine [sɑ:'di:n] *n* sardine *f*.

Sardinia [sɑ:'dɪnjə] *n* Sardaigne *f*; **in ~** en Sardaigne.

sardonic [sɑ:'dɒnɪk] *adj* sardonique.

Sargasso Sea [sɑ:'gæsəʊ-] *n*: **the ~** la mer des Sargasses.

sari ['sɑ:rɪ] *n* sari *m*.

sarong [sə'rɒŋ] *n* sarong *m*.

sarsaparilla [,sɑ:spə'rɪlə] *n* salsepareille *f*.

sartorial [sɑ:'tɔ:rɪəl] *adj fml* vestimentaire.

SAS (*abbr of* **Special Air Service**) *n* commando d'intervention spéciale de l'armée britannique.

SASE *abbr of* **self-addressed stamped envelope**.

sash [sæʃ] *n* [of cloth] écharpe *f*.

sash window *n* fenêtre *f* à guillotine.

Saskatchewan [,sæs'kætʃɪ,wɒn] *n* Saskatchewan *m*.

sassy ['sæsɪ] *adj Am inf* culotté(e).

sat [sæt] *pt* & *pp* → **sit**.

Sat. (*abbr of* **Saturday**) sam.

SAT [sæt] *n* **-1.** (*abbr of* **Standard Assessment Test**) examen national en Grande-Bretagne pour les élèves de 7 ans, 11 ans et 14 ans. **-2.** (*abbr of* **Scholastic Aptitude Test**) examen d'entrée à l'université aux États-Unis.

Satan ['seɪtn] *n* Satan *m*.

satanic [sə'tænɪk] *adj* satanique.

satchel ['sætʃəl] *n* cartable *m*.

sated ['seɪtɪd] *adj* [person, hunger]: **~ (with)** rassasié(e) (de).

satellite ['sætəlaɪt] ◇ *n* satellite *m*. ◇ *comp* **-1.** [link] par satellite; **~ dish** antenne *f* parabolique. **-2.** [country, company] satellite.

satellite TV *n* télévision *f* par satellite.

satiate ['seɪʃɪeɪt] *vt* [person, hunger] rassasier.

satin ['sætɪn] ◇ *n* satin *m*. ◇ *comp* [sheets, pyjamas] de OR en satin; [wallpaper, finish] satiné(e).

satire ['sætaɪəʳ] *n* satire *f*.

satirical [sə'tɪrɪkl] *adj* satirique.

satirist ['sætərɪst] *n* satiriste *mf*.

satirize, -ise ['sætəraɪz] *vt* faire la satire de.

satisfaction [,sætɪs'fækʃn] *n* satisfaction *f*.

satisfactory [,sætɪs'fæktərɪ] *adj* satisfaisant(e).

satisfied ['sætɪsfaɪd] *adj* **-1.** [happy]: **~ (with)** satisfait(e) (de). **-2.** [convinced]: **to be ~ that** être sûr(e) que.

satisfy ['sætɪsfaɪ] (*pt* & *pp* **-ied**) *vt* **-1.** [gen] satisfaire. **-2.** [convince] convaincre, persuader; **to ~ sb that** convaincre qqn que; **to ~ o.s.** that s'assurer que.

satisfying ['sætɪsfaɪɪŋ] *adj* satisfaisant(e).

satsuma [,sæt'su:mə] *n* satsuma *f*.

saturate ['sætʃəreɪt] *vt*: **to ~ sthg (with)** saturer qqch (de).

saturated fat ['sætʃəreɪtɪd-] *n* matière *f* grasse saturée.

saturation [ˌsætʃə'reɪʃn] ◇ *n* saturation *f*. ◇ *comp* [bombing] en masse.

saturation point *n*: **to reach ~** arriver à saturation *f*.

Saturday ['sætədɪ] ◇ *n* samedi *m*; **it's ~ on** est samedi; **are you going ~?** *inf* tu y vas samedi?; **see you ~!** *inf* à samedi!; **on ~** samedi; **on ~s** le samedi; **last ~** samedi dernier; **this ~** ce samedi; **next ~** samedi prochain; **every ~** tous les samedis; **every other ~** un samedi sur deux; **the ~ before** l'autre samedi; **the ~ before last** pas samedi dernier, mais le samedi d'avant; **the ~ after next, ~ week, a week on ~** samedi en huit; **to work ~s** travailler le samedi. ◇ *comp* [paper] du OR de samedi; **I have a ~ appointment** j'ai un rendez-vous samedi; **~ morning/afternoon/evening** samedi matin/après-midi/soir; **a ~ job** un petit boulot (*le samedi pour gagner de l'argent de poche*).

Saturn ['sætən] *n* [planet] Saturne *f*.

sauce [sɔːs] *n* **-1.** CULIN sauce *f*. **-2.** *Br inf* [cheek] toupet *m*.

sauce boat *n* saucière *f*.

saucepan ['sɔːspən] *n* casserole *f*.

saucer ['sɔːsə'] *n* sous-tasse *f*, soucoupe *f*.

saucy ['sɔːsɪ] (*compar* **-ier**, *superl* **-iest**) *adj inf* coquin(e).

Saudi Arabia ['saʊdɪ-] *n* Arabie Saoudite *f*; **in ~** en Arabie Saoudite.

Saudi (Arabian) ['saʊdɪ-] ◇ *adj* saoudien(ienne). ◇ *n* [person] Saoudien *m*, -ienne *f*.

sauna ['sɔːnə] *n* sauna *m*.

saunter ['sɔːntə'] *vi* flâner.

sausage ['sɒsɪdʒ] *n* saucisse *f*.

sausage roll *n Br* feuilleté *m* à la saucisse.

sauté [*Br* 'səʊteɪ, *Am* səʊ'teɪ] (*pt* & *pp* **sautéed** OR **sautéd**) ◇ *adj* sauté(e). ◇ *vt* [potatoes] faire sauter; [onions] faire revenir.

savage ['sævɪdʒ] ◇ *adj* [fierce] féroce. ◇ *n* sauvage *mf*. ◇ *vt* attaquer avec férocité.

savageness ['sævɪdʒnɪs], **savagery** ['sævɪdʒrɪ] *n* férocité *f*.

savanna(h) [sə'vænə] *n* savane *f*.

save [seɪv] ◇ *vt* **-1.** [rescue] sauver; **to ~ sb's life** sauver la vie à OR de qqn. **-2.** [time] gagner; [strength] économiser; [food] garder; [money - set aside] mettre de côté; [- spend less] économiser; **we ~d £10 by buying in bulk** on a économisé 10 livres en achetant en grosses quantités. **-3.** [avoid]

éviter, épargner; **to ~ sb sthg** épargner qqch à qqn; **to ~ sb from doing sthg** éviter à qqn de faire qqch. **-4.** SPORT arrêter. **-5.** COMPUT sauvegarder.
◇ *vi* [save money] mettre de l'argent de côté.
◇ *n* SPORT arrêt *m*.
◇ *prep fml*: **~ (for)** sauf, à l'exception de.
◆ **save up** *vi* mettre de l'argent de côté.

save as you earn *n Br* plan *d'épargne* national par prélèvements mensuels.

saveloy ['sævəlɔɪ] *n Br* cervelas *m*.

saver ['seɪvə'] *n* **-1.** [object]: **it's a money ~** ça me fait économiser de l'argent. **-2.** FIN épargnant *m*, -e *f*.

saving grace ['seɪvɪŋ-] *n*: **its ~ was ...** ce qui le rachetait, c'était ....

savings ['seɪvɪŋz] *npl* économies *fpl*.

savings account *n Am* compte *m* d'épargne.

savings and loan association *n Am* société *f* de crédit immobilier.

savings bank *n* caisse *f* d'épargne.

saviour *Br*, **savior** *Am* ['seɪvjə'] *n* sauveur *m*.
◆ **Saviour** *n*: **the Saviour** le Sauveur.

savoir-faire [ˌsævwɑː'feə'] *n* savoir-vivre *m*.

savour *Br*, **savor** *Am* ['seɪvə'] *vt lit* & *fig* savourer.

savoury *Br* (*pl* **-ies**), **savory** *Am* (*pl* **-ies**) ['seɪvərɪ] ◇ *adj* **-1.** [food] salé(e). **-2.** [respectable] recommandable. ◇ *n* petit plat *m* salé.

Savoy [sə'vɔɪ] *n* Savoie *f*; **in ~** en Savoie.

saw [sɔː] (*Br pt* **-ed**, *pp* **sawn**, *Am pt* & *pp* **-ed**) ◇ *pt* → **see**. ◇ *n* scie *f*. ◇ *vt* scier.

sawdust ['sɔːdʌst] *n* sciure *f* (de bois).

sawed-off shotgun *Am* = **sawn-off shotgun**.

sawmill ['sɔːmɪl] *n* scierie *f*, moulin *m* à scie *Can*.

sawn [sɔːn] *pp Br* → **saw**.

sawn-off shotgun *Br*, **sawed-off shotgun** ['sɔːd-] *Am n* carabine *f* à canon scié.

sax [sæks] *n inf* saxo *m*.

Saxon ['sæksn] ◇ *adj* saxon(onne). ◇ *n* Saxon *m*, -onne *f*.

saxophone ['sæksəfəʊn] *n* saxophone *m*.

saxophonist [*Br* ˌsæks'ɒfənɪst, *Am* 'sæksəˌfəʊnɪst] *n* saxophoniste *mf*.

say [seɪ] (*pt* & *pp* **said**) ◇ *vt* **-1.** [gen] dire; **could you ~ that again?** vous pouvez répéter ce que vous venez de dire?; **(let's) ~ you won a lottery ...** supposons que tu gagnes le gros lot ...; **it ~s a lot about him** cela en dit long sur lui; **she's said to be ...** on dit qu'elle est ...; **to ~ to o.s.** se dire; **to ~ nothing of** sans parler de; **that goes**

without ~ing cela va sans dire; **I'll** ~ **this for him ...** je dois lui rendre cette justice que ...; **it has a lot to be said for it** cela a beaucoup d'avantages; **she didn't have much to** ~ **for herself** *inf* elle n'avait pas grand-chose à dire. **-2.** [subj: clock, watch] indiquer.

◇ *n*: **to have a/no** ~ avoir/ne pas avoir voix au chapitre; **to have a** ~ **in sthg** avoir son mot à dire sur qqch; **to have one's** ~ dire ce que l'on a à dire, dire son mot.

◆ **that is to say** *adv* c'est-à-dire.

SAYE *n abbr of* save as you earn.

saying ['seɪɪŋ] *n* dicton *m*.

say-so *n inf* [permission] autorisation *f*.

SBA (*abbr of* **Small Business Administration**) *n* organisme *fédéral américain d'aide aux petites entreprises*.

s/c *abbr of* **self-contained**.

SC ◇ *n abbr of* **supreme court**. ◇ *abbr of* **South Carolina**.

scab [skæb] *n* **-1.** [of wound] croûte *f*. **-2.** *inf pej* [non-striker] jaune *m*.

scabby ['skæbɪ] (*compar* **-ier**, *superl* **-iest**) *adj* couvert(e) de croûtes.

scabies ['skeɪbiːz] *n* (*U*) gale *f*.

scaffold ['skæfəʊld] *n* échafaud *m*.

scaffolding ['skæfəldɪŋ] *n* échafaudage *m*.

scalawag *Am* = **scallywag**.

scald [skɔːld] ◇ *n* brûlure *f*. ◇ *vt* ébouillanter; **to** ~ **one's arm** s'ébouillanter le bras.

scalding ['skɔːldɪŋ] *adj* bouillant(e).

scale [skeɪl] ◇ *n* **-1.** [gen] échelle *f*; **to** ~ [map, drawing] à l'échelle. **-2.** [of ruler, thermometer] graduation *f*. **-3.** MUS gamme *f*. **-4.** [of fish, snake] écaille *f*. **-5.** *Am* = **scales**. ◇ *vt* **-1.** [cliff, mountain, fence] escalader. **-2.** [fish] écailler.

◆ **scales** *npl* balance *f*.

◆ **scale down** *vt fus* réduire.

scale diagram *n* plan *m* à l'échelle.

scale model *n* modèle *m* réduit.

scallion ['skæljən] *n Am* [spring onion] ciboule *f*.

scallop ['skɒləp] ◇ *n* [shellfish] coquille *f* Saint-Jacques. ◇ *vt* [edge, garment] festonner.

scallywag *Br* ['skælɪwæg], **scalawag** *Am* ['skæləwæg] *n inf* polisson *m*, -onne *f*.

scalp [skælp] ◇ *n* **-1.** ANAT cuir *m* chevelu. **-2.** [trophy] scalp *m*. ◇ *vt* scalper.

scalpel ['skælpəl] *n* scalpel *m*.

scalper ['skælpər] *n Am* [tout] revendeur *m* de billets.

scam [skæm] *n inf* arnaque *f*,

scamp [skæmp] *n inf* coquin *m*, -e *f*.

scamper ['skæmpər] *vi* trottiner.

scampi ['skæmpɪ] *n* (*U*) scampi *mpl*.

scan [skæn] (*pt* & *pp* **-ned**, *cont* **-ning**) ◇ *n* MED scanographie *f*; [during pregnancy] échographie *f*. ◇ *vt* **-1.** [examine carefully] scruter. **-2.** [glance at] parcourir. **-3.** TECH balayer. **-4.** COMPUT faire un scannage de. ◇ *vi* **-1.** LITERATURE se scander. **-2.** COMPUT scanner.

scandal ['skændl] *n* **-1.** [gen] scandale *m*. **-2.** [gossip] médisance *f*.

scandalize, -ise ['skændəlaɪz] *vt* scandaliser.

scandalous ['skændələs] *adj* scandaleux(euse).

Scandinavia [,skændɪ'neɪvjə] *n* Scandinavie *f*; **in** ~ en Scandinavie.

Scandinavian [,skændɪ'neɪvjən] ◇ *adj* scandinave. ◇ *n* [person] Scandinave *mf*.

scanner ['skænər] *n* [gen & COMPUT] scanner *m*.

scant [skænt] *adj* insuffisant(e).

scanty ['skæntɪ] (*compar* **-ier**, *superl* **-iest**) *adj* [amount, resources] insuffisant(e); [income] maigre; [dress] minuscule.

scapegoat ['skeɪpgəʊt] *n* bouc *m* émissaire.

scar [skɑːr] (*pt* & *pp* **-red**, *cont* **-ring**) ◇ *n* cicatrice *f*. ◇ *vt* **-1.** [skin, face] marquer d'une cicatrice; [landscape] défigurer. **-2.** *fig* [mentally] marquer.

scarce [skeəs] *adj* rare, peu abondant(e); **to make o.s.** ~ s'esquiver.

scarcely ['skeəslɪ] *adv* à peine; ~ **anyone** presque personne; **I** ~ **ever go there now** je n'y vais presque jamais.

scarcity ['skeəsətɪ] *n* manque *m*.

scare [skeər] ◇ *n* **-1.** [sudden fear]: **to give sb a** ~ faire peur à qqn. **-2.** [public fear] panique *f*; **bomb** ~ alerte *f* à la bombe. ◇ *vt* faire peur à, effrayer.

◆ **scare away, scare off** *vt sep* faire fuir.

scarecrow ['skeəkrəʊ] *n* épouvantail *m*.

scared ['skeəd] *adj* apeuré(e); **to be** ~ avoir peur; **to be** ~ **stiff** OR **to death** être mort de peur.

scarey ['skeərɪ] = **scary**.

scarf [skɑːf] (*pl* **-s** OR **scarves**) *n* [wool] écharpe *f*; [silk etc] foulard *m*.

scarlet ['skɑːlət] ◇ *adj* écarlate. ◇ *n* écarlate *f*.

scarlet fever *n* scarlatine *f*.

scarves [skɑːvz] *pl* → **scarf**.

scary ['skeərɪ] (*compar* **-ier**, *superl* **-iest**) *adj inf* qui fait peur.

scathing ['skeɪðɪŋ] *adj* [criticism] acerbe; [reply] cinglant(e); **to be ~ about sb/sthg** critiquer qqn/qqch de manière acerbe.

scatter ['skætər] ◇ *vt* [clothes, paper etc] éparpiller; [seeds] semer à la volée. ◇ *vi* se disperser.

scatterbrained ['skætəbreɪnd] *adj inf* écervelé(e).

scattered ['skætəd] *adj* [wreckage, population] dispersé(e); [paper] éparpillé(e); [showers] intermittent(e).

scattering ['skætərɪŋ] *n* [small number] petit nombre *m*; [small amount] petite quantité *f*.

scatty ['skæti] (*compar* -ier, *superl* -iest) *adj Br inf* écervelé(e).

scavenge ['skævɪndʒ] ◇ *vt* [object] récupérer. ◇ *vi* [person]: **to ~ for sthg** faire les poubelles pour trouver qqch.

scavenger ['skævɪndʒər] *n* -1. [animal] animal *m* nécrophage. -2. [person] personne *f* qui fait les poubelles.

SCE (*abbr of* Scottish Certificate of Education) *n certificat de fin d'études secondaires en Écosse.*

scenario [sɪ'nɑːrɪəʊ] (*pl* -s) *n* -1. [possible situation] hypothèse *f*, scénario *m*. -2. [of film, play] scénario *m*.

scene [siːn] *n* -1. [in play, film, book] scène *f*; **to make a ~** *fig* faire une scène; **behind the ~s** dans les coulisses. -2. [sight] spectacle *m*, vue *f*; [picture] tableau *m*. -3. [location] lieu *m*, endroit *m*; **on the ~** sur les lieux; **a change of ~** un changement de décor. -4. [area of activity]: **the political ~** la scène politique; **the music ~** le monde de la musique; **it's not my ~** *inf* ce n'est pas mon truc. -5. *phr*: **to set the ~ for sb** mettre qqn au courant de la situation; **to set the ~ for sthg** préparer la voie à qqch.

scenery ['siːnərɪ] *n* (U) -1. [of countryside] paysage *m*. -2. THEATRE décor *m*, décors *mpl*.

scenic ['siːnɪk] *adj* [tour] touristique; **a ~ view** un beau panorama.

scenic route *n* route *f* touristique.

scent [sent] ◇ *n* -1. [smell - of flowers] senteur *f*, parfum *m*; [- of animal] odeur *f*, fumet *m*. -2. *fig* [track] piste *f*. -3. (U) [perfume] parfum *m*. ◇ *vt lit* & *fig* sentir.

scented ['sentɪd] *adj* parfumé(e).

scepter *Am* = sceptre.

sceptic *Br*, **skeptic** *Am* ['skeptɪk] *n* sceptique *mf*.

sceptical *Br*, **skeptical** *Am* ['skeptɪkl] *adj*: **~ (about)** sceptique (sur).

scepticism *Br*, **skepticism** *Am* ['skeptɪsɪzm] *n* scepticisme *m*.

sceptre *Br*, **scepter** *Am* ['septər] *n* sceptre *m*.

SCF (*abbr of* Save the Children Fund) *n association caritative britannique s'occupant des enfants.*

schedule [*Br* 'ʃedjʊl, *Am* 'skedʒʊl] ◇ *n* -1. [plan] programme *m*, plan *m*; **(according) to ~** selon le programme, comme prévu; **on ~** [at expected time] à l'heure (prévue); [on expected day] à la date prévue; **ahead of/behind ~** en avance/en retard (sur le programme). -2. [list - of times] horaire *m*; [- of prices] tarif *m*. ◇ *vt*: **to ~ sthg (for)** prévoir qqch (pour).

scheduled flight [*Br* 'ʃedjʊld-, *Am* 'skedʒʊld-] *n* vol *m* régulier.

schematic [skɪ'mætɪk] *adj* schématique.

scheme [skiːm] ◇ *n* -1. [plan] plan *m*, projet *m*. -2. *pej* [dishonest plan] combine *f*. -3. [arrangement] arrangement *m*; **colour ~** combinaison *f* de couleurs; **the ~ of things** l'ordre des choses. ◇ *vt pej*: **to ~ to do sthg** conspirer pour faire qqch. ◇ *vi pej* conspirer.

scheming ['skiːmɪŋ] *adj* intrigant(e).

schism ['sɪzm, 'skɪzm] *n* schisme *m*.

schizophrenia [,skɪtsə'friːnjə] *n* schizophrénie *f*.

schizophrenic [,skɪtsə'frenɪk] ◇ *adj* schizophrène. ◇ *n* schizophrène *mf*.

schlepp [ʃlep] *Am inf* ◇ *vt* trimbaler. ◇ *vi*: **to ~ (around)** se trimbaler.

schmal(t)z [ʃmɔːlts] *n inf* sentimentalité *f* à la guimauve.

schmuck [ʃmʌk] *n Am inf* rigolo *m*.

scholar ['skɒlər] *n* -1. [expert] érudit *m*, -e *f*, savant *m*, -e *f*. -2. *dated* [student] écolier *m*, -ière *f*, élève *mf*. -3. [holder of scholarship] boursier *m*, -ière *f*.

scholarship ['skɒləʃɪp] *n* -1. [grant] bourse *f* (d'études). -2. [learning] érudition *f*.

scholastic [skə'læstɪk] *adj fml* scolaire.

school [skuːl] *n* -1. [gen] école *f*; [secondary school] lycée *m*, collège *m*. -2. [university department] faculté *f*. -3. *Am* [university] université *f*. -4. [of fish] banc *m*.

school age *n* âge *m* scolaire.

schoolbook ['skuːlbʊk] *n* livre *m* scolaire OR de classe.

schoolboy ['skuːlbɔɪ] *n* écolier *m*, élève *m*.

schoolchild ['skuːltʃaɪld] (*pl* -children [-tʃɪldrən]) *n* écolier *m*, -ière *f*, élève *mf*.

schooldays ['skuːldeɪz] *npl* années *fpl* d'école.

school dinner *n* déjeuner *m* à la cantine (de l'école).

school district n Am aux États-Unis, autorité locale décisionnaire dans le domaine de l'enseignement primaire et secondaire.

school friend n camarade mf d'école.

schoolgirl ['sku:lgɜ:l] n écolière f, élève f.

schooling ['sku:lɪŋ] n instruction f.

schoolkid ['sku:lkɪd] n inf écolier m, -ière f, élève mf.

school-leaver [-,li:vər] n Br élève qui a fini ses études secondaires.

school-leaving age [-'li:vɪŋ-] n Br âge m de fin de scolarité.

schoolmarm ['sku:lmɑːm] n Am institutrice f.

schoolmaster ['sku:l,mɑːstər] n [primary] instituteur m, maître m d'école; [secondary] professeur m.

schoolmistress ['sku:l,mɪstrɪs] n [primary] institutrice f, maîtresse f d'école; [secondary] professeur m.

school of thought n école f (de pensée).

school report n bulletin m.

schoolroom ['sku:lrum] n salle f de classe.

schoolteacher ['sku:l,ti:tʃər] n [primary] instituteur m, -trice f; [secondary] professeur m.

school uniform n uniforme m scolaire.

schoolwork ['sku:lwɜːk] n (U) travail m scolaire OR de classe.

school year n année f scolaire.

schooner ['sku:nər] n -1. [ship] schooner m, goélette f. -2. Br [sherry glass] grand verre m à xérès.

sciatica [saɪ'ætɪkə] n sciatique f.

science ['saɪəns] ◇ n science f. ◇ comp [student] en sciences; [degree] de OR ès sciences; [course] de sciences.

science fiction n science-fiction f.

science park n parc m scientifique.

scientific [,saɪən'tɪfɪk] adj scientifique.

scientist ['saɪəntɪst] n scientifique mf.

sci-fi [,saɪ'faɪ] (abbr of science fiction) n inf science-fiction f, S.F. f.

Scilly Isles ['sɪlɪ-], **Scillies** ['sɪlɪz] npl: the ~ les îles fpl Sorlingues; in the ~ aux îles Sorlingues.

scintillating ['sɪntɪleɪtɪŋ] adj brillant(e).

scissors ['sɪzəz] npl ciseaux mpl; a pair of ~ une paire de ciseaux.

sclerosis → **multiple sclerosis**.

scoff [skɒf] ◇ vt Br inf bouffer, boulotter. ◇ vi: to ~ (at) se moquer (de).

scold [skəʊld] vt gronder, réprimander.

scone [skɒn] n scone m.

scoop [sku:p] ◇ n -1. [for sugar] pelle f à main; [for ice cream] cuiller f à glace. -2. [of ice cream] boule f. -3. [news report] exclusivité f, scoop m. ◇ vt [with hands] prendre avec les mains; [with scoop] prendre avec une pelle à main.

◆ **scoop out** vt sep évider.

scoot [sku:t] vi inf filer.

scooter ['sku:tər] n -1. [toy] trottinette f. -2. [motorcycle] scooter m.

scope [skəʊp] n (U) -1. [opportunity] occasion f, possibilité f. -2. [of report, inquiry] étendue f, portée f.

scorch [skɔːtʃ] ◇ vt [clothes] brûler légèrement, roussir; [skin] brûler; [land, grass] dessécher. ◇ vi roussir.

scorched earth policy [skɔːtʃt-] n politique f de la terre brûlée.

scorcher ['skɔːtʃər] n inf [day] journée f torride.

scorching ['skɔːtʃɪŋ] adj inf [day] torride; [sun] brûlant(e).

score [skɔːr] ◇ n -1. SPORT score m. -2. [in test] note f. -3. dated [twenty] vingt. -4. MUS partition f. -5. [subject]: on that ~ à ce sujet, sur ce point. ◇ vt -1. [goal, point etc] marquer; to ~ 100% avoir 100 sur 100. -2. [success, victory] remporter. -3. [cut] entailler. ◇ vi -1. SPORT marquer (un but/point etc). -2. [in an argument]: to ~ over sb marquer un point contre qqn.

◆ **scores** npl: ~s of des tas de, plein de.

◆ **score out** vt sep Br barrer, rayer.

scoreboard ['skɔːbɔːd] n tableau m.

scorecard ['skɔːkɑːd] n carte f de score.

scorer ['skɔːrər] n marqueur m.

scorn [skɔːn] ◇ n (U) mépris m, dédain m; to pour ~ on sb accabler qqn de mépris. ◇ vt -1. [person, attitude] mépriser. -2. [help, offer] rejeter, dédaigner.

scornful ['skɔːnful] adj méprisant(e); to be ~ of sthg mépriser qqch, dédaigner qqch.

Scorpio ['skɔːpɪəʊ] (pl -s) n Scorpion m; to be (a) ~ être Scorpion.

scorpion ['skɔːpjən] n scorpion m.

Scot [skɒt] n Écossais m, -e f.

scotch [skɒtʃ] vt [rumour] étouffer; [plan] faire échouer.

Scotch [skɒtʃ] ◇ adj écossais(e). ◇ n scotch m, whisky m.

Scotch egg n Br œuf dur enrobé de chair à saucisse et recouvert de chapelure.

Scotch (tape)® n Am scotch® m.

scot-free adj inf: to get off ~ s'en tirer sans être puni(e).

Scotland ['skɒtlənd] n Écosse f; in ~ en Écosse.

Scotland Yard *n ancien nom du siège de la police à Londres (aujourd'hui New Scotland Yard).*

Scots [skɒts] ◇ *adj* écossais(e). ◇ *n* [dialect] écossais *m.*

Scotsman ['skɒtsmən] (*pl* **-men** [-mən]) *n* Écossais *m.*

Scotswoman ['skɒtswumən] (*pl* **-women** [-,wɪmɪn]) *n* Écossaise *f.*

Scottish ['skɒtɪʃ] *adj* écossais(e).

Scottish National Party *n parti nationaliste écossais.*

scoundrel ['skaundrəl] *n dated* gredin *m.*

scour [skauəʳ] *vt* **-1.** [clean] récurer. **-2.** [search - town etc] parcourir; [- countryside] battre.

scourer ['skauərəʳ] *n* [pad] tampon *m* à récurer; [powder] poudre *f* à récurer.

scourge [skɜːdʒ] *n* fléau *m.*

Scouse [skaus] *n inf* **-1.** [person] habitant *m*, -e *f* de Liverpool. **-2.** [accent] accent *m* de Liverpool.

scout [skaut] *n* MIL éclaireur *m.*
◆ **Scout** *n* [boy scout] Scout *m.*
◆ **scout around** *vi*: to ~ around (for) aller à la recherche (de).

scoutmaster ['skaut,mɑːstəʳ] *n* chef *m* scout.

scowl [skaul] ◇ *n* regard *m* noir, air *m* renfrogné. ◇ *vi* se renfrogner, froncer les sourcils; to ~ at sb jeter des regards noirs à qqn.

SCR (*abbr of* **senior common room**) *n Br* salle des étudiants de 3e cycle.

scrabble ['skræbl] *vi* **-1.** [scrape]: to ~ at sthg gratter qqch. **-2.** [feel around]: to ~ around for sthg tâtonner pour trouver qqch.

Scrabble® ['skræbl] *n* Scrabble® *m.*

scraggy ['skrægɪ] (*compar* **-ier**, *superl* **-iest**) *adj* décharné(e), maigre.

scram [skræm] (*pt & pp* **-med**, *cont* **-ming**) *vi inf* filer, ficher le camp.

scramble ['skræmbl] ◇ *n* [rush] bousculade *f*, ruée *f*. ◇ *vi* **-1.** [climb]: to ~ up a hill grimper une colline en s'aidant des mains OR à quatre pattes. **-2.** [compete]: to ~ for sthg se disputer qqch.

scrambled eggs ['skræmbld-] *npl* œufs *mpl* brouillés.

scrambler ['skræmbləʳ] *n* COMPUT brouilleur *m.*

scrap [skræp] (*pt & pp* **-ped**, *cont* **-ping**) ◇ *n* **-1.** [of paper, material] bout *m*; [of information] fragment *m*; [of conversation] bribe *f*; it won't make a ~ of difference cela ne chan-

gera absolument rien. **-2.** [metal] ferraille *f.* **-3.** *inf* [fight, quarrel] bagarre *f.* ◇ *vt* [car] mettre à la ferraille; [plan, system] abandonner, laisser tomber.
◆ **scraps** *npl* [food] restes *mpl.*

scrapbook ['skræpbuk] *n* album *m* (*de coupures de journaux etc*).

scrap dealer *n* ferrailleur *m*, marchand *m* de ferraille.

scrape [skreɪp] ◇ *n* **-1.** [scraping noise] raclement *m*, grattement *m*. **-2.** *dated* [difficult situation]: to get into a ~ se fourrer dans le pétrin. ◇ *vt* **-1.** [clean, rub] gratter, racler; to ~ sthg off sthg enlever qqch de qqch en grattant OR raclant. **-2.** [surface, car, skin] érafler. ◇ *vi* gratter.
◆ **scrape through** *vt fus* réussir de justesse.
◆ **scrape together**, **scrape up** *vt sep*: to ~ some money together réunir de l'argent en raclant les fonds de tiroirs.

scraper ['skreɪpəʳ] *n* grattoir *m*, racloir *m.*

scrap heap *n* tas *m* de ferraille; on the ~ *fig* au rebut, au placard.

scrapings ['skreɪpɪŋz] *npl* raclures *fpl.*

scrap merchant *n Br* ferrailleur *m*, marchand *m* de ferraille.

scrap metal *n* ferraille *f.*

scrap paper *Br*, **scratch paper** *Am n* (papier *m*) brouillon *m.*

scrappy ['skræpɪ] (*compar* **-ier**, *superl* **-iest**) *adj* [work, speech] décousu(e).

scrapyard ['skræpjɑːd] *n* parc *m* à ferraille.

scratch [skrætʃ] ◇ *n* **-1.** [wound] égratignure *f*, éraflure *f*. **-2.** [on glass, paint etc] éraflure *f*. **-3.** *phr*: to be up to ~ être à la hauteur; to do sthg from ~ faire qqch à partir de rien. ◇ *vt* **-1.** [wound] écorcher, égratigner. **-2.** [mark - paint, glass etc] rayer, érafler. **-3.** [rub] gratter; to ~ o.s. se gratter. ◇ *vi* gratter; [person] se gratter.

scratch card *n* carte *f* à gratter.

scratchpad ['skrætʃpæd] *n Am* bloc-notes *m.*

scratch paper *Am* = **scrap paper**.

scratchy ['skrætʃɪ] (*compar* **-ier**, *superl* **-iest**) *adj* **-1.** [record] qui grésille, qui craque. **-2.** [material] qui gratte.

scrawl [skrɔːl] ◇ *n* griffonnage *m*, gribouillage *m.* ◇ *vt* griffonner, gribouiller.

scrawny ['skrɔːnɪ] (*compar* **-ier**, *superl* **-iest**) *adj* [person] efflanqué(e); [body, animal] décharné(e).

scream [skriːm] ◇ *n* **-1.** [cry] cri *m* perçant, hurlement *m*; [of laughter] éclat *m*. **-2.** *inf* [funny person]: he's a ~ il est tordant. ◇ *vt* hurler. ◇ *vi* [cry out] crier, hurler.

scree [skriː] *n* éboulis *m*.

screech [skriːtʃ] ◇ *n* -1. [cry] cri *m* perçant. -2. [of tyres] crissement *m*. ◇ *vt* hurler. ◇ *vi* -1. [cry out] pousser des cris perçants. -2. [tyres] crisser.

screen [skriːn] ◇ *n* -1. [gen] écran *m*. -2. [panel] paravent *m*. ◇ *vt* -1. CINEMA projeter, passer; TV téléviser, passer. -2. [hide] cacher, masquer. -3. [shield] protéger. -4. [candidate, employee] passer au crible, filtrer. -5. MED: **to ~ sb for sthg** faire subir à qqn un test de dépistage pour qqch.
◆ **screen off** *vt sep* séparer par un paravent.

screen door *n* porte *f* avec moustiquaire.

screen dump *n* COMPUT vidage *m* d'écran.

screening ['skriːnɪŋ] *n* -1. CINEMA projection *f*; TV passage *m* à la télévision. -2. [for security] sélection *f*, tri *m*. -3. MED dépistage *m*.

screenplay ['skriːnpleɪ] *n* scénario *m*.

screen print *n* sérigraphie *f*.

screen saver *n* COMPUT circuit *m* économiseur (d'écran).

screen test *n* bout *m* d'essai.

screenwriter ['skriːn,raɪtər] *n* scénariste *mf*.

screw [skruː] ◇ *n* [for fastening] vis *f*. ◇ *vt* -1. [fix with screws]: **to ~ sthg to sthg** visser qqch à OR sur qqch. -2. [twist] visser. -3. *vulg* [woman] baiser. ◇ *vi* [bolt, lid] se visser.
◆ **screw up** *vt sep* -1. [crumple up] froisser, chiffonner. -2. [eyes] plisser; [face] tordre. -3. *v inf* [ruin] gâcher, bousiller.

screwball ['skruːbɔːl] *n Am inf* [person] cinglé *m*, -e *f*.

screwdriver ['skruː,draɪvər] *n* [tool] tournevis *m*.

screwtop jar ['skruːtɒp-] *n* pot *m* à couvercle à pas de vis.

screwy ['skruːɪ] *adj Am inf* fou (folle), cinglé(e).

scribble ['skrɪbl] ◇ *n* gribouillage *m*, griffonnage *m*. ◇ *vt & vi* gribouiller, griffonner.

scribe [skraɪb] *n* scribe *m*.

scrimp [skrɪmp] *vi*: **to ~ and save** économiser OR lésiner sur tout.

script [skrɪpt] *n* -1. [of play, film etc] scénario *m*, script *m*. -2. [writing system] écriture *f*. -3. [handwriting] (écriture *f*) script *m*.

scripted ['skrɪptɪd] *adj* préparé(e) à l'avance.

Scriptures ['skrɪptʃəz] *npl*: **the ~** les (Saintes) Écritures *fpl*.

scriptwriter ['skrɪpt,raɪtər] *n* scénariste *mf*.

scroll [skrəʊl] ◇ *n* rouleau *m*. ◇ *vt* COMPUT faire défiler.

◆ **scroll down** *vi* COMPUT défiler vers le bas.

◆ **scroll up** *vi* COMPUT défiler vers le haut.

scroll bar *n* COMPUT barre *f* de défilement.

scrooge [skruːdʒ] *n inf pej* grippe-sou *m*.

scrotum ['skrəʊtəm] (*pl* -ta [-tə] OR -tums) *n* scrotum *m*.

scrounge [skraʊndʒ] *inf* ◇ *vt*: **to ~ money off sb** taper qqn; **can I ~ a cigarette off you?** je peux te piquer une cigarette? ◇ *vi* faire le parasite; **to ~ off sb** *Br* vivre aux crochets de qqn.

scrounger ['skraʊndʒər] *n inf* parasite *m*.

scrub [skrʌb] (*pt & pp* -bed, *cont* -bing) ◇ *n* -1. [rub]: **to give sthg a ~** nettoyer qqch à la brosse. -2. (U) [undergrowth] broussailles *fpl*. ◇ *vt* [floor, clothes etc] laver OR nettoyer à la brosse; [hands, back] frotter; [saucepan] récurer.

scrubbing brush *Br* ['skrʌbɪŋ-], **scrub brush** *Am n* brosse *f* dure.

scruff [skrʌf] *n*: **by the ~ of the neck** par la peau du cou.

scruffy ['skrʌfɪ] (*compar* -ier, *superl* -iest) *adj* mal soigné(e), débraillé(e).

scrum(mage) ['skrʌm(ɪdʒ)] *n* RUGBY mêlée *f*.

scrumptious ['skrʌmpʃəs] *adj inf* délicieux(ieuse), fameux(euse).

scrunch [skrʌntʃ] ◇ *vt* écraser, faire craquer. ◇ *vi* craquer, crisser.

scruples ['skruːplz] *npl* scrupules *mpl*.

scrupulous ['skruːpjʊləs] *adj* scrupuleux(euse).

scrupulously ['skruːpjʊləslɪ] *adv* scrupuleusement; **~ clean** d'une propreté méticuleuse; **~ honest** d'une honnêteté scrupuleuse.

scrutinize, **-ise** ['skruːtɪnaɪz] *vt* scruter, examiner attentivement.

scrutiny ['skruːtɪnɪ] *n* (U) examen *m* attentif.

scuba diving ['skuːbə-] *n* plongée *f* sous-marine autonome.

scud [skʌd] (*pt & pp* -ded, *cont* -ding) *vi* literary [clouds] courir.

scuff [skʌf] *vt* -1. [damage] érafler. -2. [drag]: **to ~ one's feet** traîner les pieds.

scuffle ['skʌfl] ◇ *n* bagarre *f*, échauffourée *f*. ◇ *vi* se bagarrer, se battre.

scull [skʌl] ◇ *n* aviron *m*. ◇ *vi* ramer.

scullery ['skʌlərɪ] (*pl* -ies) *n* arrière-cuisine *f*.

sculpt [skʌlpt] *vt* sculpter.

sculptor ['skʌlptər] *n* sculpteur *m*.

sculpture ['skʌlptʃə'] ◇ n sculpture f. ◇ vt sculpter.

scum [skʌm] n **-1.** (U) [froth] écume f, mousse f. **-2.** v inf pej [person] salaud m. **-3.** (U) v inf pej [people] déchets mpl.

scupper ['skʌpə'] vt **-1.** NAUT couler. **-2.** Br fig [plan] saboter, faire tomber à l'eau.

scurf [skɜːf] n (U) pellicules fpl.

scurrilous ['skʌrələs] adj calomnieux(ieuse).

scurry ['skʌrɪ] (pt & pp -ied) vi se précipiter; to ~ away OR off se sauver, détaler.

scurvy ['skɜːvɪ] n scorbut m.

scuttle ['skʌtl] ◇ n seau m à charbon. ◇ vi courir précipitamment OR à pas précipités.

scythe [saɪð] ◇ n faux f. ◇ vt faucher.

SD abbr of **South Dakota**.

SDI (abbr of **Strategic Defense Initiative**) n IDS f.

SDLP (abbr of **Social Democratic and Labour Party**) n parti travailliste d'Irlande du Nord.

SDP (abbr of **Social Democratic Party**) n parti social-démocrate en Grande-Bretagne.

SE (abbr of **south-east**) S-E.

sea [siː] ◇ n **-1.** [gen] mer f; at ~ en mer; by ~ par mer; by the ~ au bord de la mer; out to ~ au large. **-2.** phr: to be all at ~ nager complètement. **-3.** fig [large number] multitude f. ◇ comp [voyage] en mer; [animal] marin(e), de mer.

◆ **seas** npl: the ~s les mers fpl.

sea air n air m marin OR de la mer.

sea anemone n anémone f de mer.

seabed ['siːbed] n: the ~ le fond de la mer.

seabird ['siːbɜːd] n oiseau m marin OR de mer.

seaboard ['siːbɔːd] n littoral m, côte f.

sea breeze n brise f de mer.

seafaring ['siːˌfeərɪŋ] adj [nation] maritime; a ~ man un marin.

seafood ['siːfuːd] n (U) fruits mpl de mer.

seafront ['siːfrʌnt] n front m de mer.

seagoing ['siːˌɡəʊɪŋ] adj [boat] de mer.

seagull ['siːɡʌl] n mouette f.

seahorse ['siːhɔːs] n hippocampe m.

seal [siːl] (pl inv OR -s) ◇ n **-1.** [animal] phoque m. **-2.** [official mark] cachet m, sceau m; ~ of approval approbation f; to put OR set the ~ on sthg sceller qqch. **-3.** [official fastening] cachet m. **-4.** [TECH - device] joint m d'étanchéité; [- join] joint m étanche. ◇ vt **-1.** [envelope] coller, fermer. **-2.** [document, letter] sceller, cacheter. **-3.** [block off] obturer, boucher.

◆ **seal off** vt sep [area, entrance] interdire l'accès de.

sealable ['siːlɪbl] adj qui peut être fermé(e) hermétiquement.

sea lane n couloir m maritime.

sealant ['siːlənt] n enduit m étanche.

sea level n niveau m de la mer.

sealing wax ['siːlɪŋ-] n cire f à cacheter.

sea lion (pl inv OR -s) n otarie f.

sealskin ['siːlskɪn] n peau f de phoque.

seam [siːm] n **-1.** SEWING couture f; to be bursting at the ~s fig être plein à craquer. **-2.** [of coal] couche f, veine f.

seaman ['siːmən] (pl -men [-mən]) n marin m.

seamanship ['siːmənʃɪp] n habileté f de marin.

sea mist n brume f de mer.

seamless ['siːmlɪs] adj **-1.** SEWING sans coutures. **-2.** fig [faultless] parfait(e), irréprochable.

seamstress ['semstrɪs] n couturière f.

seamy ['siːmɪ] (compar -ier, superl -iest) adj sordide.

séance ['seɪɒns] n séance f de spiritisme.

seaplane ['siːpleɪn] n hydravion m.

seaport ['siːpɔːt] n port m de mer.

search [sɜːtʃ] ◇ n [of person, luggage, house] fouille f; [for lost person, thing] recherche f, recherches fpl; ~ for recherche de; in ~ of à la recherche de.

◇ vt [house, area, person] fouiller; [memory, mind, drawer] fouiller dans; to ~ one's bag/pocket for sthg fouiller dans son sac/sa poche pour essayer de retrouver qqch; to ~ a house/an area for sthg fouiller une maison/un quartier pour essayer de retrouver qqch.

◇ vi: to ~ (for sb/sthg) chercher (qqn/qqch).

◆ **search out** vt sep découvrir.

searcher ['sɜːtʃə'] n chercheur m, -euse f.

searching ['sɜːtʃɪŋ] adj [question] poussé(e), approfondi(e); [look] pénétrant(e); [review, examination] minutieux(ieuse).

searchlight ['sɜːtʃlaɪt] n projecteur m.

search party n équipe f de secours.

search warrant n mandat m de perquisition.

searing ['sɪərɪŋ] adj **-1.** [pain] fulgurant(e); [heat] torride. **-2.** fig [exposure, attack] virulent(e).

sea salt n sel m marin OR de mer.

seashell ['siːʃel] *n* coquillage *m*.

seashore ['siːʃɔːʳ] *n*: **the ~** le rivage, la plage.

seasick ['siːsɪk] *adj*: **to be** OR **feel ~** avoir le mal de mer.

seaside ['siːsaɪd] *n*: **the ~** le bord de la mer.

seaside resort *n* station *f* balnéaire.

season ['siːzn] ◇ *n* -1. [gen] saison *f*; **in ~** [food] de saison; **out of ~** [holiday] hors saison; [food] hors de saison. -2. [of films] cycle *m*. ◇ *vt* assaisonner, relever.

seasonal ['siːzənl] *adj* saisonnier(ière).

seasoned ['siːznd] *adj* [traveller, campaigner] chevronné(e), expérimenté(e); [soldier] aguerri(e).

seasoning ['siːznɪŋ] *n* assaisonnement *m*.

season ticket *n* carte *f* d'abonnement.

seat [siːt] ◇ *n* -1. [gen] siège *m*; [in theatre] fauteuil *m*; **take a ~!** asseyez-vous! -2. [place to sit - in bus, train] place *f*. -3. [of trousers] fond *m*. ◇ *vt* -1. [sit down] faire asseoir, placer; **please be ~ed** veuillez vous asseoir; **to ~ o.s.** s'asseoir. -2. [have room for]: **the car ~s five** on tient à cinq dans cette voiture; **the hall ~s 200** il y a 200 places assises dans cette salle.

seat belt *n* ceinture *f* de sécurité.

seated ['siːtɪd] *adj* assis(e).

-seater ['siːtəʳ] *suffix*: **a two ~** (car) une voiture à deux places.

seating ['siːtɪŋ] ◇ *n* (U) [capacity] sièges *mpl*, places *fpl* (assises). ◇ *comp* [plan] de table; **~ capacity** nombre *m* de places assises.

SEATO ['siːtəʊ] (*abbr of* **Southeast Asia Treaty Organization**) *n* OTASE *f*.

sea urchin *n* oursin *m*.

seawall ['siːwɔːl] *n* digue *f*.

seawater ['siːˌwɔːtəʳ] *n* eau *f* de mer.

seaweed ['siːwiːd] *n* (U) algue *f*.

seaworthy ['siːˌwɜːðɪ] *adj* en bon état de navigabilité.

sebaceous [sɪ'beɪʃəs] *adj* sébacé(e).

sec. *abbr of* **second**.

SEC (*abbr of* **Securities and Exchange Commission**) *n* commission américaine des opérations de Bourse, ≃ COB *f*.

secateurs [ˌsekə'tɜːz] *npl Br* sécateur *m*.

secede [sɪ'siːd] *vi fml*: **to ~ (from)** se séparer (de), faire sécession (de).

secession [sɪ'seʃn] *n fml* sécession *f*.

secluded [sɪ'kluːdɪd] *adj* retiré(e), écarté(e).

seclusion [sɪ'kluːʒn] *n* solitude *f*, retraite *f*.

second¹ ['sekənd] ◇ *n* -1. [gen] seconde *f*; **wait a ~!** une seconde!, (attendez) un instant!; **~ (gear)** seconde *f*. -2. *Br* UNIV ≃ licence *f* avec mention assez bien. ◇ *num* deuxième, second(e); **his score was ~ only to hers** il n'y a qu'elle qui a fait mieux que lui OR qui l'a surpassé; *see also* **sixth**. ◇ *vt* [proposal, motion] appuyer.
  ◆ **seconds** *npl* -1. COMM articles *mpl* de second choix. -2. [of food] rabiot *m*.

second² [sɪ'kɒnd] *vt Br* [employee] affecter temporairement.

secondary ['sekəndrɪ] *adj* secondaire; **to be ~ to** être moins important(e) que.

secondary modern *n Br* ≃ collège *m*.

secondary picketing *n* (U) piquets *mpl* de grève de solidarité.

secondary school *n* école *f* secondaire, lycée *m*.

second best ['sekənd-] *adj* deuxième; **to come off ~** se faire battre, perdre; **don't settle for ~** ne choisis que ce qu'il y a de mieux.

second-class ['sekənd-] *adj* -1. *pej* [citizen] de deuxième zone; [product] de second choix. -2. [ticket] de seconde OR deuxième classe. -3. [stamp] à tarif réduit. -4. *Br* UNIV [degree] ≃ avec mention assez bien.

second cousin ['sekənd-] *n* petit cousin *m*, petite cousine *f*.

second-degree burn ['sekənd-] *n* brûlure *f* du deuxième degré.

seconder ['sekəndəʳ] *n* personne qui appuie une proposition.

second floor ['sekənd-] *n Br* troisième étage *m*; *Am* deuxième étage.

second-guess ['sekənd-] *vt inf* -1. [with hindsight] juger avec le recul. -2. [predict] anticiper, prévoir.

second hand ['sekənd-] *n* [of clock] trotteuse *f*.

second-hand ['sekənd-] ◇ *adj* -1. [goods, shop] d'occasion. -2. *fig* [information] de seconde main. ◇ *adv* -1. [not new] d'occasion. -2. *fig* [indirectly]: **to hear sthg ~** apprendre qqch de seconde main OR indirectement.

second-in-command ['sekənd-] *n* commandant *m* en second.

secondly ['sekəndlɪ] *adv* deuxièmement, en second lieu.

secondment [sɪ'kɒndmənt] *n Br* affectation *f* temporaire.

second nature ['sekənd-] *n* seconde nature *f*.

second-rate ['sekənd-] *adj pej* de deuxième ordre, médiocre.

second thought ['sekənd-] *n*: **to have ~s about sthg** avoir des doutes sur qqch; **on ~s** *Br*, **on ~** *Am* réflexion faite, tout bien réfléchi.

secrecy ['si:krəsɪ] *n* (*U*) secret *m*.

secret ['si:krɪt] ◇ *adj* secret(ète). ◇ *n* secret *m*; **in ~** en secret.

secret agent *n* agent *m* secret.

secretarial [,sekrə'teərɪəl] *adj* [course, training] de secrétariat, de secrétaire; **~ staff** secrétaires *mpl*.

secretariat [,sekrə'teərɪət] *n* secrétariat *m*.

secretary [*Br* 'sekrətrɪ, *Am* 'sekrə,terɪ] (*pl* **-ies**) *n* **-1.** [gen] secrétaire *mf*. **-2.** POL [minister] ministre *m*.

secretary-general (*pl* **secretaries-general**) *n* secrétaire *m* général.

Secretary of State *n* **-1.** *Br*: **~ (for)** ministre *m* (de). **-2.** *Am* ≃ ministre *m* des Affaires étrangères.

secrete [sɪ'kriːt] *vt* **-1.** [produce] sécréter. **-2.** *fml* [hide] cacher.

secretion [sɪ'kriːʃn] *n* sécrétion *f*.

secretive ['siːkrətɪv] *adj* secret(ète), dissimulé(e).

secretly ['siːkrɪtlɪ] *adv* secrètement.

secret police *n* police *f* secrète.

secret service *n* [in UK] ≃ Deuxième Bureau *m*; [in US] *service de protection du président, du vice-président et de leur famille.*

sect [sekt] *n* secte *f*.

sectarian [sek'teərɪən] *adj* [killing, violence] d'ordre religieux.

section ['sekʃn] ◇ *n* **-1.** [portion - gen] section *f*, partie *f*; [- of road, pipe] tronçon *m*; [- of document, law] article *m*; **the sports ~** PRESS la rubrique des sports. **-2.** GEOM coupe *f*, section *f*. ◇ *vt* sectionner.

sector ['sektər] *n* secteur *m*.

secular ['sekjʊlər] *adj* [life] séculier(ière); [education] laïque; [music] profane.

secure [sɪ'kjʊər] ◇ *adj* **-1.** [fixed - gen] fixe; [- windows, building] bien fermé(e). **-2.** [safe - job, future] sûr(e); [- valuable object] en sécurité, en lieu sûr. **-3.** [free of anxiety - childhood] sécurisant(e); [- marriage] solide; **to feel ~** se sentir en sécurité. ◇ *vt* **-1.** [obtain] obtenir. **-2.** [fasten - gen] attacher; [- door, window] bien fermer. **-3.** [make safe] assurer la sécurité de.

securely [sɪ'kjʊəlɪ] *adv* [fixed, locked] solidement, bien.

security [sɪ'kjʊərətɪ] (*pl* **-ies**) ◇ *n* sécurité *f*. ◇ *comp* de sécurité.

◆ **securities** *npl* FIN titres *mpl*, valeurs *fpl*.

security blanket *n* doudou *m*.

Security Council *n*: **the ~** le Conseil de Sécurité.

security forces *npl* forces *fpl* de sécurité.

security guard *n* garde *m* de sécurité.

security risk *n personne qui présente un risque pour la sécurité nationale ou d'une organisation.*

secy (*abbr of* **secretary**) secr.

sedan [sɪ'dæn] *n Am* berline *f*.

sedan chair *n* chaise *f* à porteurs.

sedate [sɪ'deɪt] ◇ *adj* posé(e), calme. ◇ *vt* donner un sédatif à.

sedation [sɪ'deɪʃn] *n* (*U*) sédation *f*; **under ~** sous calmants.

sedative ['sedətɪv] ◇ *adj* sédatif(ive). ◇ *n* sédatif *m*, calmant *m*.

sedentary ['sedntrɪ] *adj* sédentaire.

sediment ['sedɪmənt] *n* sédiment *m*, dépôt *m*.

sedition [sɪ'dɪʃn] *n* sédition *f*.

seditious [sɪ'dɪʃəs] *adj* séditieux(ieuse).

seduce [sɪ'djuːs] *vt* séduire; **to ~ sb into doing sthg** amener OR entraîner qqn à faire qqch.

seduction [sɪ'dʌkʃn] *n* séduction *f*.

seductive [sɪ'dʌktɪv] *adj* séduisant(e).

see [siː] (*pt* **saw**, *pp* **seen**) ◇ *vt* **-1.** [gen] voir; **~ you!** au revoir!; **~ you soon/later/tomorrow!** *etc* à bientôt/tout à l'heure/demain! *etc*; **I'll ~ what I can do** je vais voir ce que je peux faire. **-2.** [accompany]: **I saw her to the door** je l'ai accompagnée OR reconduite jusqu'à la porte; **I saw her onto the train** je l'ai accompagnée au train. **-3.** [like]: **what do you ~ in him?** qu'est-ce que tu lui trouves? **-4.** [make sure]: **to ~ (that) ...** s'assurer que ....
◇ *vi* voir; **you ~, ...** voyez-vous, ...; **I ~** je vois, je comprends; **let's ~, let me ~** voyons, voyons voir.

◆ **seeing as**, **seeing that** *conj inf* vu que, étant donné que.

◆ **see about** *vt fus* [arrange] s'occuper de.

◆ **see off** *vt sep* **-1.** [say goodbye to] accompagner (pour dire au revoir). **-2.** *Br* [chase away] faire partir OR fuir.

◆ **see through** ◇ *vt fus* [scheme] voir clair dans; **to ~ through sb** voir dans le jeu de qqn. ◇ *vt sep* [deal, project] mener à terme, mener à bien.

◆ **see to** *vt fus* s'occuper de, se charger de.

seed [siːd] *n* **-1.** [of plant] graine *f*. **-2.** SPORT: **fifth ~** joueur classé cinquième *m*, joueuse classée cinquième *f*.

◆ **seeds** *npl fig* germes *mpl*, semences *fpl*.

seedless ['siːdlɪs] *adj* sans pépins.

seedling ['siːdlɪŋ] *n* jeune plant *m*, semis *m*.

seedy ['siːdɪ] (*compar* **-ier**, *superl* **-iest**) *adj* miteux(euse).

seek [siːk] (*pt* & *pp* **sought**) *vt* **-1.** [gen] chercher; [peace, happiness] rechercher; **to ~ to do sthg** chercher à faire qqch; **to ~ re-venge** chercher à se venger. **-2.** [advice, help] demander.

◆ **seek out** *vt sep* chercher.

seem [siːm] ◇ *vi* sembler, paraître; **to ~ bored** avoir l'air de s'ennuyer; **to ~ sad/tired** avoir l'air triste/fatigué; **I ~ to re-member ...** je crois me rappeler .... ◇ *v impers*: **it ~s (that) ...** il semble OR paraît que ....

seeming ['siːmɪŋ] *adj fml* apparent(e).

seemingly ['siːmɪŋlɪ] *adv* apparemment.

seemly ['siːmlɪ] (*compar* **-ier**, *superl* **-iest**) *adj dated* & *literary* convenable.

seen [siːn] *pp* → **see**.

seep [siːp] *vi* suinter.

seersucker ['sɪəˌsʌkəʳ] *n* crépon *m* de co-ton.

seesaw ['siːsɔː] *n* bascule *f*.

seethe [siːð] *vi* **-1.** [person] bouillir, être fu-rieux(ieuse). **-2.** [place]: **to be seething with** grouiller de.

seething ['siːðɪŋ] *adj* [furious] furieux(ieuse).

see-through *adj* transparent(e).

segment ['segmənt] *n* **-1.** [section] partie *f*, section *f*. **-2.** [of fruit] quartier *m*.

segregate ['segrɪgeɪt] *vt* séparer.

segregation [ˌsegrɪ'geɪʃn] *n* ségrégation *f*.

Seine [seɪn] *n*: **the (River) ~** la Seine.

seismic ['saɪzmɪk] *adj* sismique.

seize [siːz] *vt* **-1.** [grab] saisir, attraper. **-2.** [capture] s'emparer de, prendre. **-3.** [arrest] arrêter. **-4.** *fig* [opportunity, chance] saisir, sauter sur.

◆ **seize (up)on** *vt fus* saisir, sauter sur.

◆ **seize up** *vi* **-1.** [body] s'ankyloser. **-2.** [engine, part] se gripper.

seizure ['siːʒəʳ] *n* **-1.** MED crise *f*, attaque *f*. **-2.** (U) [of town] capture *f*; [of power] prise *f*.

seldom ['seldəm] *adv* peu souvent, rare-ment.

select [sɪ'lekt] ◇ *adj* **-1.** [carefully chosen] choisi(e). **-2.** [exclusive] de premier ordre, d'élite. ◇ *vt* sélectionner, choisir.

select committee *n* commission *f* d'en-quête.

selected [sɪ'lektɪd] *adj* choisi(e).

selection [sɪ'lekʃn] *n* sélection *f*, choix *m*.

selective [sɪ'lektɪv] *adj* sélectif(ive); [person] difficile.

selector [sɪ'lektəʳ] *n* [person] sélectionneur *m*, -euse *f*.

self [self] (*pl* **selves**) *n* moi *m*; **she's her old ~ again** elle est redevenue elle-même.

self- [self] *prefix* auto-.

self-addressed envelope [-ə'drest-] *n* enveloppe *f* portant ses propres nom et adresse.

self-addressed stamped envelope [-ə'drest-] *n Am* enveloppe *f* affranchie pour la réponse.

self-adhesive *adj* autocollant(e).

self-appointed [-ə'pɔɪntɪd] *adj pej*: **she's the ~ leader** elle se pose en chef.

self-assembly *adj Br* qu'on monte OR as-semble soi-même.

self-assertive *adj* qui sait s'affirmer.

self-assurance *n* confiance *f* en soi, assu-rance *f*.

self-assured *adj* sûr(e) de soi, plein(e) d'assurance.

self-catering *adj* [holiday - in house] en maison louée; [- in flat] en appartement loué.

self-centred [-'sentəd] *adj* égocentrique.

self-cleaning *adj* autonettoyant(e).

self-coloured *adj Br* uni(e).

self-confessed [-kən'fest] *adj* de son pro-pre aveu.

self-confident *adj* sûr(e) de soi, plein(e) d'assurance.

self-conscious *adj* timide, embarrassé(e).

self-contained *adj* [flat] indépendant(e), avec entrée particulière; [person] qui se suffit à soi-même.

self-control *n* maîtrise *f* de soi.

self-controlled *adj* maître (maîtresse) de soi.

self-defence *n* autodéfense *f*; **in ~** JUR en légitime défense; [reply] pour sa défense.

self-denial *n* abnégation *f*.

self-destruct [-dɪs'trʌkt] ◇ *adj* autodes-tructeur(trice). ◇ *vi* s'autodétruire.

self-determination *n* autodétermination *f*.

self-discipline *n* autodiscipline *f*.

self-doubt *n* manque *m* de confiance en soi.

self-drive *adj Br* sans chauffeur.

self-educated *adj* autodidacte.

self-effacing [-ɪ'feɪsɪŋ] *adj* qui cherche à s'effacer.

self-employed [-ım'plɔɪd] *adj* qui travaille à son propre compte.

self-esteem *n* respect *m* de soi, estime *f* de soi.

self-evident *adj* qui va de soi, évident(e).

self-explanatory *adj* évident(e), qui ne nécessite pas d'explication.

self-expression *n* libre expression *f*.

self-focusing [-'fəʊkəsıŋ] *adj* autofocus (*inv*), à mise au point automatique.

self-government *n* autonomie *f*.

self-help *n* (*U*) initiative *f* personnelle.

self-important *adj* suffisant(e).

self-imposed [-ım'pəʊzd] *adj* que l'on s'impose à soi-même.

self-indulgent *adj pej* [person] qui ne se refuse rien; [film, book, writer] nombriliste.

self-inflicted [-ın'flıktıd] *adj* que l'on s'inflige à soi-même, volontaire.

self-interest *n* (*U*) *pej* intérêt *m* personnel.

selfish ['selfıʃ] *adj* égoïste.

selfishness ['selfıʃnıs] *n* égoïsme *m*.

selfless ['selflıs] *adj* désintéressé(e).

self-locking [-'lɒkıŋ] *adj* à fermeture automatique.

self-made *adj*: ~ **man** self-made-man *m*.

self-opinionated *adj* opiniâtre.

self-perpetuating [-pə'petʃʊeıtıŋ] *adj* qui se perpétue indéfiniment.

self-pity *n* apitoiement *m* sur soi-même.

self-portrait *n* autoportrait *m*.

self-possessed *adj* maître (maîtresse) de soi.

self-proclaimed [-prə'kleımd] *adj pej* soi-disant (*inv*), prétendu(e).

self-raising flour *Br* [-,reızıŋ-], **self-rising flour** *Am n* farine *f* avec levure incorporée.

self-regard *n* (*U*) **-1.** *pej* [self-interest] intérêt *m* personnel. **-2.** [self-respect] respect *m* de soi.

self-regulating [-'regjʊleıtıŋ] *adj* qui se réglemente soi-même.

self-reliant *adj* indépendant(e), qui ne compte que sur soi.

self-respect *n* respect *m* de soi.

self-respecting [-rıs'pektıŋ] *adj* qui se respecte.

self-restraint *n* (*U*) retenue *f*, mesure *f*.

self-righteous *adj* satisfait(e) de soi.

self-rising flour *Am* = **self-raising flour**.

self-rule *n* autonomie *f*.

self-sacrifice *n* abnégation *f*.

selfsame ['selfseım] *adj* exactement le même (exactement la même).

self-satisfied *adj* suffisant(e), content(e) de soi.

self-sealing [-'siːlıŋ] *adj* [envelope] autocollant(e).

self-seeking [-'siːkıŋ] *adj* égoïste.

self-service ◇ *n* libre-service *m*, self-service *m*. ◇ *comp* libre-service, self-service.

self-starter *n* AUT démarreur *m* automatique.

self-styled [-'staıld] *adj pej* soi-disant (*inv*), prétendu(e).

self-sufficient *adj* autosuffisant(e); **to be ~ in** satisfaire à ses besoins en.

self-supporting [-sə'pɔːtıŋ] *adj* [business, industry] financièrement indépendant(e).

self-taught *adj* autodidacte.

self-test *vi* COMPUT faire un autotest.

self-will *n* obstination *f*.

sell [sel] (*pt* & *pp* **sold**) ◇ *vt* **-1.** [gen] vendre; **to ~ sthg for £100** vendre qqch 100 livres; **to ~ sthg to sb, to ~ sb sthg** vendre qqch à qqn. **-2.** *fig* [make acceptable]: **to ~ sthg to sb, to ~ sb sthg** faire accepter qqch à qqn; **to ~ o.s.** se faire valoir. ◇ *vi* **-1.** [person] vendre. **-2.** [product] se vendre; **it ~s for** OR **at £10** il se vend 10 livres.
◆ **sell off** *vt sep* vendre, liquider.
◆ **sell out** ◇ *vt sep*: **the performance is sold out** il ne reste plus de places, tous les billets ont été vendus. ◇ *vi* **-1.** [shop]: **we've sold out** on n'en a plus. **-2.** [betray one's principles] être infidèle à ses principes.
◆ **sell up** *vi* vendre son affaire.

sell-by date *n Br* date *f* limite de vente.

seller ['selə'] *n* vendeur *m*, -euse *f*.

seller's market *n* marché *m* à la hausse.

selling ['selıŋ] *n* (*U*) vente *f*.

selling price *n* prix *m* de vente.

Sellotape® ['seləteıp] *n Br* ≃ Scotch® *m*, ruban *m* adhésif.
◆ **sellotape** *vt* scotcher.

sell-out *n*: **the match was a ~** on a joué à guichets fermés.

seltzer ['seltsə'] *n Am* eau *f* de seltz.

selves [selvz] *pl* → **self**.

semantic [sı'mæntık] *adj* sémantique.

semantics [sı'mæntıks] *n* (*U*) sémantique *f*.

semaphore ['seməfɔːr] *n* (*U*) signaux *mpl* à bras.

semblance ['semblns] *n* semblant *m*.

semen ['siːmen] *n* (*U*) sperme *m*, semence *f*.

semester [sı'mestə'] *n* semestre *m*.

semi

486

semi ['semɪ] n **-1.** Br inf (abbr of **semidetached house**) maison f jumelée. **-2.** Am abbr of **semitrailer**.

semi- [,semɪ] prefix semi-, demi-.

semiautomatic [,semɪ,ɔːtə'mætɪk] adj semiautomatique.

semicircle ['semɪ,sɜːkl] n demi-cercle m.

semicircular [,semɪ'sɜːkjʊlər] adj semicirculaire, demi-circulaire.

semicolon [,semɪ'kəʊlən] n point-virgule m.

semiconscious [,semɪ'kɒnʃəs] adj à demi conscient(e).

semidetached [,semɪdɪ'tætʃt] ◇ adj jumelé(e). ◇ n Br maison f jumelée.

semifinal [,semɪ'faɪnl] n demi-finale f.

semifinalist [,semɪ'faɪnəlɪst] n demi-finaliste mf.

seminal ['semɪnl] adj **-1.** [of semen] séminal(e). **-2.** [influential] qui fait école.

seminar ['semɪnɑːr] n séminaire m.

seminary ['semɪnərɪ] (pl -ies) n RELIG séminaire m.

semiotics [,semɪ'ɒtɪks] n (U) sémiotique f.

semiprecious ['semɪ,preʃəs] adj semi-précieux(ieuse).

semiskilled [,semɪ'skɪld] adj spécialisé(e).

semi-skimmed [-skɪmd] adj [milk] demi-écrémé.

semitrailer [,semɪ'treɪlər] n **-1.** [trailer] semi-remorque f. **-2.** Am [lorry] semi-remorque m.

semolina [,semə'liːnə] n semoule f.

Sen. -1. abbr of **senator**. **-2.** abbr of **Senior**.

SEN (abbr of **State Enrolled Nurse**) n en Grande-Bretagne, infirmier ou infirmière diplômé(e) d'État.

Senate ['senɪt] n POL: **the ~** le sénat; **the United States ~** le Sénat américain.

SENATE:
Le Sénat constitue, avec la Chambre des Représentants, l'organe législatif américain; composé de 100 membres (deux par État), il détient l'exclusivité du droit d'impeachment

---

senator ['senətər] n sénateur m.

send [send] (pt & pp **sent**) vt **-1.** [gen] envoyer; [letter] expédier, envoyer; **to ~ sb sthg, to ~ sthg to sb** envoyer qqch à qqn; **~ her my love** embrasse-la pour moi; **to ~ sb for sthg** envoyer qqn chercher qqch; **to ~ sb home** renvoyer qqn (chez lui); **to ~ sb to the doctor's/to prison** envoyer qqn chez le médecin/en prison. **-2.** [cause to move]: **the explosion sent glass everywhere**

l'explosion a projeté des débris de verre partout.

◆ **send down** vt sep [send to prison] coffrer.

◆ **send for** vt fus **-1.** [person] appeler, faire venir. **-2.** [by post] commander par correspondance.

◆ **send in** vt sep [report, application] envoyer, soumettre.

◆ **send off** vt sep **-1.** [by post] expédier. **-2.** SPORT expulser.

◆ **send off for** vt fus commander par correspondance.

◆ **send up** vt sep **-1.** inf Br [imitate] parodier, ridiculiser. **-2.** Am [send to prison] coffrer.

sender ['sendər] n expéditeur m, -trice f.

send-off n fête f d'adieu.

send-up n Br inf parodie f.

Senegal [,senɪ'gɔːl] n Sénégal m; **in ~** au Sénégal.

Senegalese [,senɪgə'liːz] ◇ adj sénégalais(e). ◇ npl: **the ~** les Sénégalais mpl.

senile ['siːnaɪl] adj sénile.

senile dementia n démence f sénile.

senility [sɪ'nɪlətɪ] n sénilité f.

senior ['siːnjər] ◇ adj **-1.** [highest-ranking] plus haut placé(e). **-2.** [higher-ranking]: **~ to sb** d'un rang plus élevé que qqn. **-3.** SCH [pupils, classes] grand(e); **~ year** Am dernière année. ◇ n **-1.** [older person] aîné m, -e f. **-2.** SCH grand m, -e f.

senior citizen n personne f âgée OR du troisième âge.

senior high school n Am ≃ lycée m.

seniority [,siːnɪ'ɒrətɪ] n [in rank] supériorité f, ancienneté f.

sensation [sen'seɪʃn] n sensation f.

sensational [sen'seɪʃənl] adj **-1.** [gen] sensationnel(elle). **-2.** [pej] PRESS à sensation.

sensationalist [sen'seɪʃnəlɪst] adj pej à sensation.

sense [sens] ◇ n **-1.** [ability, meaning] sens m; **to make ~** [have meaning] avoir un sens; **to make ~ of sthg** comprendre qqch; **~ of humour** sens de l'humour; **~ of smell** odorat m. **-2.** [feeling] sentiment m. **-3.** [wisdom] bon sens m, intelligence f; **to make ~** [be sensible] être logique; **to talk ~** parler raison; **there's no ~ in arguing/fighting** cela ne sert à rien de discuter/se battre. **-4.** phr: **to come to one's ~s** [be sensible again] revenir à la raison; [regain consciousness] reprendre connaissance. ◇ vt [feel] sentir.

◆ **in a sense** adv dans un sens.

487 serialize

senseless ['senslɪs] *adj* **-1.** [stupid] stupide. **-2.** [unconscious] sans connaissance.

sensibilities [ˌsensɪ'bɪlətɪz] *npl* susceptibilité *f*.

sensible ['sensəbl] *adj* [reasonable] raisonnable, judicieux(ieuse).

sensibly ['sensəblɪ] *adv* raisonnablement, judicieusement.

sensitive ['sensɪtɪv] *adj* **-1.** [gen]: ~ (to) sensible (à). **-2.** [subject] délicat(e). **-3.** [easily offended]: ~ (about) susceptible (en ce qui concerne).

sensitivity [ˌsensɪ'tɪvətɪ] *n* sensibilité *f*.

sensor ['sensəʳ] *n* détecteur *m*.

sensual ['sensjuəl] *adj* sensuel(elle).

sensuous ['sensjuəs] *adj* qui affecte les sens.

sent [sent] *pt & pp* → send.

sentence ['sentəns] ◇ *n* **-1.** GRAMM phrase *f*. **-2.** JUR condamnation *f*, sentence *f*. ◇ *vt*: to ~ sb (to) condamner qqn (à).

sententious [sen'tenʃəs] *adj* sentencieux(ieuse).

sentiment ['sentɪmənt] *n* **-1.** [feeling] sentiment *m*. **-2.** [opinion] opinion *f*, avis *m*. **-3.** *pej* [sentimentality] sentimentalité *f*, sensiblerie *f*.

sentimental [ˌsentɪ'mentl] *adj* sentimental(e).

sentimentality [ˌsentɪmen'tælətɪ] *n pej* sentimentalité *f*, sensiblerie *f*.

sentinel ['sentɪnl] *n* sentinelle *f*.

sentry ['sentrɪ] (*pl* -ies) *n* sentinelle *f*.

Seoul [səul] *n* Séoul.

separable ['seprəbl] *adj*: ~ (from) séparable (de).

separate [*adj & n* 'seprət, *vb* 'sepəreɪt] ◇ *adj* **-1.** [not joined]: ~ (from) séparé(e) (de). **-2.** [individual, distinct] distinct(e). ◇ *vt* **-1.** [gen]: to ~ sb/sthg (from) séparer qqn/qqch (de); to ~ sthg into diviser OR séparer qqch en. **-2.** [distinguish]: to ~ sb/sthg (from) distinguer qqn/qqch (de). ◇ *vi* se séparer; to ~ into se diviser OR se séparer en.

♦ **separates** *npl Br* coordonnés *mpl*.

separated ['sepəreɪtɪd] *adj* [not living together] séparé(e).

separately ['seprətlɪ] *adv* séparément.

separation [ˌsepə'reɪʃn] *n* séparation *f*.

separatist ['seprətɪst] *n* séparatiste *mf*.

sepia ['siːpjə] *adj* sépia (*inv*).

Sept. (*abbr of* **September**) sept.

September [sep'tembəʳ] ◇ *n* septembre *m*; when are you going? - ~ quand partez-vous? - en septembre; one of the hottest ~s on record un des mois de septembre les plus chauds qu'on ait connus; in ~ en septembre; last ~ en septembre dernier; this ~ en septembre de cette année; next ~ en septembre prochain; by ~ en septembre, d'ici septembre; every ~ tous les ans en septembre; during ~ pendant le mois de septembre; at the beginning of ~ au début du mois de septembre, début septembre; at the end of ~ à la fin du mois de septembre, fin septembre; in the middle of ~ au milieu du mois de septembre, à la mi-septembre. ◇ *comp* (du mois) de septembre; [election] au mois de septembre, en septembre.

septet [sep'tet] *n* septuor *m*.

septic ['septɪk] *adj* infecté(e).

septicaemia *Br*, **septicemia** *Am* [ˌseptɪ'siːmɪə] *n* septicémie *f*.

septic tank *n* fosse *f* septique.

sepulchre *Br* ['sepəlkəʳ], **sepulcher** *Am* ['sepəlkər] *n literary* sépulcre *m*, tombeau *m*.

sequel ['siːkwəl] *n* **-1.** [book, film]: ~ (to) suite *f* (de). **-2.** [consequence]: ~ (to) conséquence *f* (de).

sequence ['siːkwəns] *n* **-1.** [series] suite *f*, succession *f*. **-2.** [order] ordre *m*; in ~ par ordre. **-3.** [of film] séquence *f*.

sequester [sɪ'kwestəʳ], **sequestrate** [sɪ'kwestreɪt] *vt* séquestrer, mettre sous séquestre.

sequin ['siːkwɪn] *n* paillette *f*.

Serb = Serbian.

Serbia ['sɜːbjə] *n* Serbie *f*; in ~ en Serbie.

Serbian ['sɜːbjən], **Serb** [sɜːb] ◇ *adj* serbe. ◇ *n* **-1.** [person] Serbe *mf*. **-2.** [dialect] serbe *m*.

Serbo-Croat [ˌsɜːbəu'krəuæt], **Serbo-Croatian** [ˌsɜːbəukrəu'eɪʃn] ◇ *adj* serbo-croate. ◇ *n* [language] serbo-croate *m*.

serenade [ˌserə'neɪd] ◇ *n* sérénade *f*. ◇ *vt* donner la sérénade à.

serene [sɪ'riːn] *adj* [calm] serein(e), tranquille.

serenely [sɪ'riːnlɪ] *adv* sereinement, avec sérénité.

serenity [sɪ'renətɪ] *n* sérénité *f*, tranquillité *f*.

serf [sɜːf] *n* serf *m*, serve *f*.

serge [sɜːdʒ] *n* serge *f*.

sergeant ['sɑːdʒənt] *n* **-1.** MIL sergent *m*. **-2.** [in police] brigadier *m*.

sergeant major *n* sergent-major *m*.

serial ['sɪərɪəl] *n* feuilleton *m*.

serialize, -ise ['sɪərɪəlaɪz] *vt* [on TV] diffuser en feuilleton; [in newspaper etc] **publier en feuilleton.**

serial killer *n* meurtrier *m* en série.

serial number *n* numéro *m* de série.

series ['sɪəriːz] (*pl inv*) *n* série *f*.

serious ['sɪərɪəs] *adj* sérieux(ieuse); [illness, accident, trouble] **grave; to be ~ about doing sthg** songer sérieusement à faire qqch.

seriously ['sɪərɪəslɪ] *adv* sérieusement; [ill] gravement; [wounded] grièvement, gravement; **to take sb/sthg ~** prendre qqn/qqch au sérieux.

seriousness ['sɪərɪəsnɪs] *n* **-1.** [of mistake, illness] gravité *f*, **in all ~** en toute sincérité. **-2.** [of person, speech] sérieux *m*.

sermon ['sɜːmən] *n* sermon *m*.

serpent ['sɜːpənt] *n literary* serpent *m*.

serrated [sɪ'reɪtɪd] *adj* en dents de scie.

serum ['sɪərəm] (*pl* **serums** OR **sera** ['sɪərə]) *n* sérum *m*.

servant ['sɜːvənt] *n* domestique *mf*.

serve [sɜːv] ◇ *vt* **-1.** [work for] servir. **-2.** [have effect]: **to ~ to do sthg** servir à faire qqch; **to ~ a purpose** (subj: device etc) servir à un usage; **it ~s my purpose** cela fait l'affaire. **-3.** [provide for] desservir. **-4.** [meal, drink, customer] servir; **to ~ sthg to sb, to ~ sb sthg** servir qqch à qqn. **-5.** JUR: **to ~ sb with a summons/writ, to ~ a summons/ writ on sb** signifier une assignation/une citation à qqn, notifier une assignation/une citation à qqn. **-6.** [prison sentence] purger, faire; [apprenticeship] faire. **-7.** SPORT servir. **-8.** *phr*: **it ~s him/you right** c'est bien fait pour lui/toi.
◇ *vi* servir; **to ~ as** servir de; **to ~ on a committee** être membre d'un comité.
◇ *n* SPORT service *m*.
◆ **serve out, serve up** *vt sep* [food] servir.

server ['sɜːvəʳ] *n* COMPUT serveur *m*.

service ['sɜːvɪs] ◇ *n* **-1.** [gen] service *m*; **in/out of ~** en/hors service; **to be of ~ (to sb)** être utile (à qqn), rendre service (à qqn). **-2.** [of car] révision *f*; [of machine] entretien *m*. ◇ *vt* **-1.** [car] réviser; [machine] assurer l'entretien de. **-2.** FIN [debt] rembourser.
◆ **services** *npl* **-1.** [on motorway] aire *f* de services. **-2.** [armed forces]: **the ~s** les forces *fpl* armées. **-3.** [help] service *m*.

serviceable ['sɜːvɪsəbl] *adj* pratique.

service area *n* aire *f* de services.

service charge *n* service *m*.

service industries *npl*: **the ~** le secteur tertiaire.

serviceman ['sɜːvɪsmən] (*pl* **-men** [-mən]) *n* soldat *m*, militaire *m*.

service station *n* station-service *f*.

servicewoman ['sɜːvɪs,wumən] (*pl* **-women** [-,wɪmɪn]) *n* femme *f* soldat.

serviette [,sɜːvɪ'et] *n* serviette *f* (de table).

servile ['sɜːvaɪl] *adj* servile, obséquieux(ieuse).

servility [sɜː'vɪlətɪ] *n* servilité *f*.

serving ['sɜːvɪŋ] ◇ *adj* [spoon, dish] de service. ◇ *n* [of food] portion *f*.

sesame ['sesəmɪ] *n* sésame *m*.

session ['seʃn] *n* **-1.** [gen] séance *f*; **in ~** en séance. **-2.** *Am* [school term] trimestre *m*.

set [set] (*pt & pp* **set**, *cont* **-ting**) ◇ *adj* **-1.** [fixed - gen] fixe; [- phrase] figé(e). **-2.** *Br* SCH [book] au programme. **-3.** [ready]: **~ (for sthg/to do sthg)** prêt(e) (à qqch/à faire qqch). **-4.** [determined]: **to be ~ on sthg** vouloir absolument qqch; **to be ~ on doing sthg** être résolu(e) à faire qqch; **to be dead ~ against sthg** s'opposer formellement à qqch. **-5.** *phr*: **to be ~ in one's ways** tenir à ses habitudes.
◇ *n* **-1.** [of keys, tools, golf clubs etc] jeu *m*; [of stamps, books] collection *f*; [of saucepans] série *f*; [of tyres] train *m*; **a ~ of teeth** [natural] une dentition, une denture; [false] un dentier. **-2.** [television, radio] poste *m*. **-3.** CINEMA plateau *m*; THEATRE scène *f*. **-4.** TENNIS manche *f*, set *m*.
◇ *vt* **-1.** [place] placer, poser, mettre; [jewel] sertir, monter; **to be ~ back from sthg** être en retrait de qqch. **-2.** [cause to be]: **to ~ sb free** libérer qqn, mettre qqn en liberté; **to ~ sthg in motion** mettre qqch en branle OR en route; **to ~ sb's mind at rest** tranquilliser qqn; **to ~ sthg on fire** mettre le feu à qqch. **-3.** [prepare - trap] tendre; [- table] mettre. **-4.** [adjust] régler. **-5.** [fix - date, deadline, target] fixer. **-6.** [establish - example] donner; [- trend] lancer; [- record] établir. **-7.** [homework, task] donner; [problem] poser. **-8.** MED [bone, leg] remettre. **-9.** [arrange]: **to ~ sthg to music** mettre qqch en musique. **-10.** [story]: **to be ~** se passer, se dérouler.
◇ *vi* **-1.** [sun] se coucher. **-2.** [jelly] prendre; [glue, cement] durcir.
◆ **set about** *vt fus* [start] entreprendre, se mettre à; **to ~ about doing sthg** se mettre à faire qqch.
◆ **set against** *vt sep* **-1.** [compare] mettre en balance; **to ~ expenses against tax** déduire les dépenses des impôts. **-2.** [cause to oppose]: **to ~ sb against sb** monter qqn contre qqn.

◆ **set ahead** *vt sep Am* [clock] avancer.

◆ **set apart** *vt sep* [distinguish] distinguer.

◆ **set aside** *vt sep* **-1.** [save] mettre de côté. **-2.** [not consider] rejeter, écarter.

◆ **set back** *vt sep* **-1.** [delay] retarder. **-2.** *inf* [cost]: **it ~ me back £300** cela m'a coûté 300 livres.

◆ **set down** *vt sep* **-1.** [write down]: **to ~ sthg down (in writing)** coucher qqch par écrit. **-2.** [put down] déposer.

◆ **set in** *vi* [weather, feeling] commencer, s'installer; [infection] se déclarer.

◆ **set off** ◇ *vt sep* **-1.** [cause] déclencher, provoquer. **-2.** [bomb] faire exploser; [firework] faire partir. ◇ *vi* se mettre en route, partir.

◆ **set on** *vt sep*: **to ~ a dog on sb** lâcher un chien contre OR sur qqn.

◆ **set out** ◇ *vt sep* **-1.** [arrange] disposer. **-2.** [explain] présenter, exposer. ◇ *vt fus* [intend]: **to ~ out to do sthg** entreprendre OR tenter de faire qqch. ◇ *vi* [on journey] se mettre en route, partir.

◆ **set up** ◇ *vt sep* **-1.** [organization] créer, fonder; [committee, procedure] constituer, mettre en place; [meeting] arranger, organiser; **to ~ o.s. up** s'établir à son compte; **to ~ up house** OR **home** s'installer. **-2.** [statue, monument] dresser, ériger; [roadblock] placer, installer. **-3.** [equipment] préparer, installer. **-4.** *inf* [make appear guilty] monter un coup contre. ◇ *vi* [in business] s'établir.

setback ['setbæk] *n* contretemps *m*, revers *m*.

set menu *n* menu *m* fixe.

set piece *n* ART & LITERATURE morceau *m* traditionnel.

setsquare ['setskweə[r]] *n Br* équerre *f*.

settee [se'ti:] *n* canapé *m*.

setter ['setə[r]] *n* [dog] setter *m*.

setting ['setɪŋ] *n* **-1.** [surroundings] décor *m*, cadre *m*. **-2.** [of dial, machine] réglage *m*.

settle ['setl] ◇ *vt* **-1.** [argument] régler; **that's ~d then** (c'est) entendu. **-2.** [bill, account] régler, payer. **-3.** [calm - nerves] calmer; **to ~ one's stomach** calmer les douleurs d'estomac. **-4.** [make comfortable] installer; **to ~ o.s.** s'installer. ◇ *vi* **-1.** [make one's home] s'installer, se fixer. **-2.** [make oneself comfortable] s'installer. **-3.** [dust] retomber; [sediment] se déposer; [bird, insect] se poser.

◆ **settle down** *vi* **-1.** [give one's attention]: **to ~ down to sthg/to doing sthg** se mettre à qqch/à faire qqch. **-2.** [make oneself comfortable] s'installer. **-3.** [become respectable] se ranger. **-4.** [become calm] se calmer.

◆ **settle for** *vt fus* accepter, se contenter de.

◆ **settle in** *vi* s'adapter.

◆ **settle on** *vt fus* [choose] fixer son choix sur, se décider pour.

◆ **settle up** *vi*: **to ~ up (with sb)** régler (qqn).

settled ['setld] *adj* [weather] au beau fixe.

settlement ['setlmənt] *n* **-1.** [agreement] accord *m*. **-2.** [colony] colonie *f*. **-3.** [payment] règlement *m*.

settler ['setlə[r]] *n* colon *m*.

set-to *n inf* bagarre *f*.

set-up *n inf* **-1.** [system]: **what's the ~?** comment est-ce que c'est organisé? **-2.** [deception to incriminate] coup *m* monté.

seven ['sevn] *num* sept; *see also* **six**.

seventeen [,sevn'ti:n] *num* dix-sept; *see also* **six**.

seventeenth [,sevn'ti:nθ] *num* dix-septième; *see also* **sixth**.

seventh ['sevnθ] *num* septième; *see also* **sixth**.

seventh heaven *n*: **to be in (one's) ~** être au septième ciel.

seventieth ['sevntjəθ] *num* soixante-dixième; *see also* **sixth**.

seventy ['sevntɪ] *num* soixante-dix; *see also* **sixty**.

sever ['sevə[r]] *vt* **-1.** [cut through] couper. **-2.** *fig* [relationship, ties] rompre.

several ['sevrəl] ◇ *adj* plusieurs. ◇ *pron* plusieurs *mfpl*.

severance ['sevrəns] *n* [of relations] rupture *f*.

severance pay *n* indemnité *f* de licenciement.

severe [sɪ'vɪə[r]] *adj* **-1.** [weather] rude, rigoureux(euse); [shock] gros (grosse), dur(e); [pain] violent(e); [illness, injury] grave. **-2.** [person, criticism] sévère.

severely [sɪ'vɪəlɪ] *adv* **-1.** [injured] grièvement; [damaged] sérieusement. **-2.** [sternly] sévèrement.

severity [sɪ'verətɪ] *n* **-1.** [of storm] violence *f*; [of problem, illness] gravité *f*. **-2.** [sternness] sévérité *f*.

sew [səʊ] (*Br pp* **sewn**, *Am pp* **sewed** OR **sewn**) *vt & vi* coudre.

◆ **sew up** *vt sep* **-1.** [join] recoudre. **-2.** *inf* [deal]: **it's (all) sewn up!** c'est dans la poche!

sewage ['su:ɪdʒ] *n* (*U*) eaux *fpl* d'égout, eaux usées.

sewage farm *n* champs *mpl* d'épandage.

sewer ['suə[r]] *n* égout *m*.

sewerage ['suərɪdʒ] *n* système *m* d'égouts.

sewing ['səʊɪŋ] *n* (*U*) **-1.** [activity] couture *f*. **-2.** [work] ouvrage *m*.

sewing machine *n* machine *f* à coudre.

sewn [səʊn] *pp* → **sew**.

sex [seks] *n* **-1.** [gender] sexe *m*. **-2.** (*U*) [sexual intercourse] rapports *mpl* (sexuels); **to have ~ with** avoir des rapports (sexuels) avec.

sex appeal *n* sex-appeal *m*.

sex education *n* éducation *f* sexuelle.

sexism ['seksɪzm] *n* sexisme *m*.

sexist ['seksɪst] ◇ *adj* sexiste. ◇ *n* sexiste *mf*.

sex life *n* vie *f* sexuelle.

sex object *n* objet *m* sexuel.

sex shop *n* sex-shop *m*.

sextet [seks'tet] *n* sextuor *m*.

sextuplet [seks'tjuːplɪt] *n* sextuplé *m*, -e *f*.

sexual ['sekʃʊəl] *adj* sexuel(elle).

sexual assault *n* agression *f* sexuelle, tentative *f* de viol.

sexual harassment *n* harcèlement *m* sexuel.

sexual intercourse *n* (*U*) rapports *mpl* (sexuels).

sexuality [,sekʃʊ'ælətɪ] *n* sexualité *f*.

sexy ['seksɪ] (*compar* **-ier**, *superl* **-iest**) *adj inf* sexy (*inv*).

Seychelles [seɪ'ʃelz] *npl*: **the ~** les Seychelles *fpl*; **in the ~** aux Seychelles.

SF, sf (*abbr of* **science fiction**) *n* SF *f*.

SFO (*abbr of* **Serious Fraud Office**) *n service britannique de la répression des fraudes*.

SG (*abbr of* **Surgeon General**) *n directeur fédéral américain de la santé publique*.

Sgt (*abbr of* **sergeant**) Sgt.

sh [ʃ] *excl* chut!

shabby ['ʃæbɪ] (*compar* **-ier**, *superl* **-iest**) *adj* **-1.** [clothes] élimé(e), râpé(e); [furniture] minable; [person, street] miteux(euse). **-2.** [behaviour] moche, méprisable.

shack [ʃæk] *n* cabane *f*, hutte *f*.

shackle ['ʃækl] *vt* enchaîner; *fig* entraver.
◆ **shackles** *npl* fers *mpl*; *fig* entraves *fpl*.

shade [ʃeɪd] ◇ *n* **-1.** (*U*) [shadow] ombre *f*. **-2.** [lampshade] abat-jour *m inv*. **-3.** [colour] nuance *f*, ton *m*. **-4.** [of meaning, opinion] nuance *f*. ◇ *vt* [from light] abriter; **to ~ one's eyes** s'abriter les yeux. ◇ *vi*: **to ~ into** se fondre en.
◆ **shades** *npl inf* [sunglasses] lunettes *fpl* de soleil.

shading ['ʃeɪdɪŋ] *n* (*U*) ombres *fpl*.

shadow ['ʃædəʊ] ◇ *adj* Br POL fantôme, de l'opposition. ◇ *n* ombre *f*; **to be a ~ of** one's former self n'être plus que l'ombre de soi-même; **there's not a** OR **the ~ of a doubt** il n'y a pas l'ombre d'un doute.

shadow cabinet *n* cabinet *m* fantôme.

shadowy ['ʃædəʊɪ] *adj* **-1.** [dark] ombreux(euse). **-2.** [hard to see] indistinct(e). **-3.** [sinister] mystérieux(ieuse).

shady ['ʃeɪdɪ] (*compar* **-ier**, *superl* **-iest**) *adj* **-1.** [garden, street etc] ombragé(e); [tree] qui donne de l'ombre. **-2.** *inf* [dishonest] louche.

shaft [ʃɑːft] ◇ *n* **-1.** [vertical passage] puits *m*; [of lift] cage *f*. **-2.** TECH arbre *m*. **-3.** [of light] rayon *m*. **-4.** [of tool, golf club] manche *m*. ◇ *vt v inf* **-1.** [dupe] avoir, baiser. **-2.** *Am* [treat unfairly] s'en prendre à.

shaggy ['ʃægɪ] (*compar* **-ier**, *superl* **-iest**) *adj* hirsute.

shaggy-dog story *n* histoire *f* farfelue OR à dormir debout.

shake [ʃeɪk] (*pt* **shook**, *pp* **shaken**) ◇ *vt* **-1.** [move vigorously - gen] secouer; [- bottle] agiter; **to ~ sb's hand** serrer la main de OR à qqn; **to ~ hands** se serrer la main; **to ~ one's head** secouer la tête; [to say no] faire non de la tête. **-2.** [shock] ébranler, secouer. ◇ *vi* trembler. ◇ *n* [tremble] tremblement *m*; **to give sthg a ~** secouer qqch.
◆ **shake down** *vt sep Am inf* **-1.** [rob] racketter. **-2.** [search] fouiller.
◆ **shake off** *vt sep* [police, pursuers] semer; [illness] se débarrasser de.

shakedown ['ʃeɪkdaʊn] *n Am inf* **-1.** [extortion] racket *m*. **-2.** [search] fouille *f*.

shaken ['ʃeɪkn] *pp* → **shake**.

shakeout ['ʃeɪkaʊt] *n* FIN récession *f*.

Shakespearean [ʃeɪk'spɪərɪən] *adj* shakespearien(ienne).

shake-up *n inf* remaniement *m*.

shaky ['ʃeɪkɪ] (*compar* **-ier**, *superl* **-iest**) *adj* [building, table] branlant(e); [hand] tremblant(e); [person] faible; [argument, start] incertain(e).

shale [ʃeɪl] *n* schiste *m*.

shall [weak form ʃəl, strong form ʃæl] *aux vb* **-1.** (*1st person sg* & *1st person pl*) (to express future tense): **I ~ be ...** je serai .... **-2.** (*esp 1st person sg* & *1st person pl*) (in questions): **~ we have lunch now?** tu veux qu'on déjeune maintenant?; **where ~ I put this?** où est-ce qu'il faut mettre ça? **-3.** [will definitely]: **we ~ succeed** nous réussirons. **-4.** (in orders): **you ~ tell me!** tu vas OR dois me le dire!

shallot [ʃə'lɒt] *n* échalote *f*.

shallow ['ʃæləʊ] *adj* **-1.** [water, dish, hole] peu profond(e). **-2.** *pej* [superficial] superficiel(ielle).

◆ **shallows** *npl* bas-fond *m*.

sham [ʃæm] (*pt* & *pp* **-med**, *cont* **-ming**) ◇ *adj* feint(e), simulé(e). ◇ *n* comédie *f*. ◇ *vi* faire semblant, jouer la comédie.

shambles [ˈʃæmblz] *n* désordre *m*, pagaille *f*.

shame [ʃeɪm] ◇ *n* **-1.** (*U*) [remorse, humiliation] honte *f*; **to bring ~ on** OR **upon sb** faire la honte de qqn. **-2.** [pity]: **it's a ~ (that ...)** c'est dommage (que ... (+ *subjunctive*)); **what a ~!** quel dommage! ◇ *vt* faire honte à, mortifier; **to ~ sb into doing sthg** obliger qqn à faire qqch en lui faisant honte.

shamefaced [ˌʃeɪmˈfeɪst] *adj* honteux(euse), penaud(e).

shameful [ˈʃeɪmful] *adj* honteux(euse), scandaleux(euse).

shameless [ˈʃeɪmlɪs] *adj* effronté(e), éhonté(e).

shammy [ˈʃæmɪ] (*pl* **-ies**) *n*: **~ (leather)** peau *f* de chamois.

shampoo [ʃæmˈpuː] (*pl* **-s**, *pt* & *pp* **-ed**, *cont* **-ing**) ◇ *n* shampooing *m*. ◇ *vt*: **to ~ sb** OR **sb's hair** faire un shampooing à qqn.

shamrock [ˈʃæmrɒk] *n* trèfle *m*.

shandy [ˈʃændɪ] (*pl* **-ies**) *n* panaché *m*.

shan't [ʃɑːnt] = **shall not**.

shantytown [ˈʃæntɪtaʊn] *n* bidonville *m*.

shape [ʃeɪp] ◇ *n* **-1.** [gen] forme *f*; **in the ~ of a T** en forme de T; **to take ~** prendre forme OR tournure. **-2.** [guise]: **in the ~ of** sous forme de; **in any** OR **form de** n'importe quelle sorte. **-3.** [health]: **to be in good/bad ~** être en bonne/mauvaise forme; **to lick** OR **knock sb into ~** dresser qqn. ◇ *vt* **-1.** [pastry, clay etc]: **to ~ sthg (into)** façonner OR modeler qqch (en). **-2.** [ideas, project, character] former.

◆ **shape up** *vi* [person, plans] se développer, progresser; [job, events] prendre tournure OR forme.

SHAPE [ʃeɪp] (*abbr of* **Supreme Headquarters Allied Powers, Europe**) *n* quartier général des forces alliées en Europe.

-shaped [ˈʃeɪpt] *suffix*: **egg~** en forme d'œuf; **L~** en forme de L.

shapeless [ˈʃeɪplɪs] *adj* informe.

shapely [ˈʃeɪplɪ] (*compar* **-ier**, *superl* **-iest**) *adj* bien fait(e).

shard [ʃɑːd] *n* tesson *m*.

share [ʃeə] ◇ *n* [portion, contribution] part *f*; **to have a ~ in the profits** participer aux bénéfices. ◇ *vt* partager; **to ~ the news with sb** faire part d'une nouvelle à qqn. ◇ *vi*: **to ~ (in sthg)** partager (qqch).

◆ **shares** *npl* actions *fpl*.

◆ **share out** *vt sep* partager, répartir.

share capital *n* capital *m* actions.

share certificate *n* titre *m* OR certificat *m* d'actions.

shareholder [ˈʃeəˌhəʊldə] *n* actionnaire *mf*.

share index *n* indice *m* des valeurs boursières.

share-out *n* partage *m*, répartition *f*.

shareware [ˈʃeəweə] *n* COMPUT shareware *m*.

shark [ʃɑːk] (*pl inv* OR **-s**) *n* **-1.** [fish] requin *m*. **-2.** *fig* [dishonest person] escroc *m*, pirate *m*.

sharp [ʃɑːp] ◇ *adj* **-1.** [knife, razor] tranchant(e), affilé(e); [needle, pencil, teeth] pointu(e). **-2.** [image, outline, contrast] net (nette). **-3.** [person, mind] vif (vive); [eyesight] perçant(e). **-4.** [sudden - change, rise] brusque, soudain(e); [- hit, tap] sec (sèche). **-5.** [words, order, voice] cinglant(e). **-6.** [cry, sound] perçant(e); [pain, cold] vif (vive); [taste] piquant(e). **-7.** MUS: **C/D ~** do/ré dièse.

◇ *adv* **-1.** [punctually]: **at 8 o'clock ~** à 8 heures pile OR tapantes. **-2.** [immediately]: **~ left/right** tout à fait à gauche/droite.

◇ *n* MUS dièse *m*.

sharpen [ˈʃɑːpn] ◇ *vt* **-1.** [knife, tool] aiguiser; [pencil] tailler. **-2.** *fig* [senses] aiguiser; [mind] affiner; [disagreement, conflict] aviver, envenimer. ◇ *vi* [senses] s'aiguiser.

sharp end *n Br fig*: **to be at the ~** être en première ligne.

sharpener [ˈʃɑːpnə] *n* [for pencil] taille-crayon *m*; [for knife] aiguisoir *m* (pour couteaux).

sharp-eyed [-ˈaɪd] *adj*: **she's very ~** elle remarque tout, rien ne lui échappe.

sharply [ˈʃɑːplɪ] *adv* **-1.** [distinctly] nettement. **-2.** [suddenly] brusquement. **-3.** [harshly] sévèrement, durement.

sharpness [ˈʃɑːpnɪs] *n* **-1.** [of image, outline] netteté *f*. **-2.** [of mind] vivacité *f*. **-3.** [of remarks, criticism] dureté *f*, sévérité *f*.

sharpshooter [ˈʃɑːpˌʃuːtə] *n* tireur *m* d'élite.

sharp-tongued [-ˈtʌŋd] *adj* qui a la langue acérée.

sharp-witted [-ˈwɪtɪd] *adj* à l'esprit vif.

shat [ʃæt] *pt* & *pp* → **shit**.

shatter [ˈʃætə] ◇ *vt* **-1.** [window, glass] briser, fracasser. **-2.** *fig* [hopes, dreams] détruire. **-3.** *fig* [upset]: **to be ~ed (by)** être bouleversé(e) (par). ◇ *vi* se fracasser, voler en éclats.

shattered ['ʃætəd] adj -1. [upset] bouleversé(e). -2. Br inf [very tired] flapi(e).

shattering ['ʃætərɪŋ] adj -1. [upsetting] bouleversant(e). -2. Br [tiring] crevant(e), épuisant(e).

shatterproof ['ʃætəpruːf] adj anti-éclats.

shave [ʃeɪv] ◇ n: to have a ~ se raser; that was a close ~ fig on l'a échappé belle, il était moins cinq. ◇ vt -1. [remove hair from] raser; to ~ one's legs se raser les jambes. -2. [wood] planer, raboter. ◇ vi se raser.

◆ **shave off** vt sep [beard, hair] se raser.

shaven ['ʃeɪvn] adj rasé(e).

shaver ['ʃeɪvər] n rasoir m électrique.

shaving brush ['ʃeɪvɪŋ-] n blaireau m.

shaving cream ['ʃeɪvɪŋ-] n crème f à raser.

shaving foam ['ʃeɪvɪŋ-] n mousse f à raser.

shavings ['ʃeɪvɪŋz] npl [of wood, metal] copeaux mpl.

shaving soap ['ʃeɪvɪŋ-] n savon m à barbe.

shawl [ʃɔːl] n châle m.

she [ʃiː] ◇ pers pron -1. [referring to woman, girl, animal] elle; ~'s tall elle est grande; SHE can't do it elle, elle ne peut pas le faire; there ~ is la voilà; if I were OR was ~ fml si j'étais elle, à sa place. -2. [referring to boat, car, country] follow the gender of your translation. ◇ n: it's a ~ [animal] c'est une femelle; [baby] c'est une fille. ◇ comp: ~-elephant éléphant m femelle; ~-wolf louve f.

sheaf [ʃiːf] (pl sheaves) n -1. [of papers, letters] liasse f. -2. [of corn, grain] gerbe f.

shear [ʃɪər] (pt -ed, pp -ed OR shorn) vt [sheep] tondre.

◆ **shears** npl -1. [for garden] sécateur m, cisaille f. -2. [for dressmaking] ciseaux mpl.

◆ **shear off** ◇ vt fus [branch] couper; [piece of metal] cisailler. ◇ vi se détacher.

sheath [ʃiːθ] (pl -s) n -1. [for knife, cable] gaine f. -2. Br [condom] préservatif m.

sheathe [ʃiːð] vt -1. [knife] engainer, rengainer. -2. [cover - gen] recouvrir; [- cable] gainer.

sheath knife n couteau m à gaine.

sheaves [ʃiːvz] pl → sheaf.

shed [ʃed] (pt & pp shed, cont -ding) ◇ n [small] remise f, cabane f; [larger] hangar m. ◇ vt -1. [hair, skin, leaves] perdre. -2. [tears] verser, répandre; to ~ blood verser le sang. -3. [employees] se défaire de, congédier. -4. [load - subj: lorry] déverser, perdre.

she'd [weak form ʃɪd, strong form ʃiːd] = she had, she would.

sheen [ʃiːn] n lustre m, éclat m.

sheep [ʃiːp] (pl inv) n mouton m.

sheepdog ['ʃiːpdɒg] n chien m de berger.

sheepfold ['ʃiːpfəʊld] n parc m à moutons.

sheepish ['ʃiːpɪʃ] adj penaud(e).

sheepishly ['ʃiːpɪʃlɪ] adv d'un air penaud.

sheepskin ['ʃiːpskɪn] n peau f de mouton.

sheepskin jacket n veste f en mouton.

sheepskin rug n (petit tapis m en) peau f de mouton.

sheer [ʃɪər] adj -1. [absolute] pur(e). -2. [very steep] à pic, abrupt(e). -3. [material] fin(e).

sheet [ʃiːt] n -1. [for bed] drap m; as white as a ~ blanc (blanche) comme un linge. -2. [of paper, glass, wood] feuille f; [of metal] plaque f.

sheet feed n COMPUT alimentation f feuille à feuille.

sheet ice n verglas m.

sheeting ['ʃiːtɪŋ] n (U) [metal] tôles fpl; [plastic etc] feuilles fpl.

sheet lightning n (U) éclair m diffus.

sheet metal n (U) tôle f.

sheet music n (U) partition f.

sheik(h) [ʃeɪk] n cheik m.

shelf [ʃelf] (pl shelves) n [in building] rayon m, étagère f.

shelf life n durée f de conservation.

shell [ʃel] ◇ n -1. [of egg, nut, snail] coquille f. -2. [of tortoise, crab] carapace f. -3. [on beach] coquillage m. -4. [of building, car] carcasse f. -5. MIL obus m. ◇ vt -1. [peas] écosser; [nuts, prawns] décortiquer; [eggs] enlever la coquille de, écaler. -2. MIL bombarder.

◆ **shell out** inf ◇ vt sep débourser. ◇ vi: to ~ out (for) casquer (pour).

she'll [ʃiːl] = she will, she shall.

shellfish ['ʃelfɪʃ] (pl inv) n -1. [creature] crustacé m, coquillage m. -2. (U) [food] fruits mpl de mer.

shelling ['ʃelɪŋ] n MIL bombardement m.

shellshock ['ʃelʃɒk] n (U) psychose f traumatique.

shell suit n Br survêtement m (en nylon imperméabilisé).

shelter ['ʃeltər] ◇ n abri m. ◇ vt -1. [protect] abriter, protéger. -2. [refugee, homeless person] offrir un asile à; [criminal, fugitive] cacher. ◇ vi s'abriter, se mettre à l'abri.

sheltered ['ʃeltəd] adj -1. [from weather] abrité(e). -2. [life, childhood] protégé(e), sans soucis; ~ housing foyers-logements mpl (pour personnes âgées ou handicapées).

shelve [ʃelv] ◇ vt fig mettre au frigidaire, mettre en sommeil. ◇ vi descendre en pente.

shelves [ʃelvz] pl → shelf.

shelving ['ʃelvɪŋ] n (U) étagères fpl, rayonnages mpl.

shenanigans [ʃɪ'nænɪgənz] npl inf [trickery] micmacs mpl, manigances fpl.

shepherd ['ʃepəd] ◇ n berger m. ◇ vt fig conduire.

shepherd's pie ['ʃepədz-] n ≃ hachis m Parmentier.

sherbet ['ʃɜːbət] n -1. Br [sweet powder] poudre f aromatisée. -2. Am [sorbet] sorbet m.

sheriff ['ʃerɪf] n Am shérif m.

sherry ['ʃerɪ] (pl -ies) n xérès m, sherry m.

she's [ʃiːz] = she is, she has.

Shetland ['ʃetlənd] n: (the) ~ (Islands) les (îles) Shetland fpl; in (the) ~ (Islands) dans les Shetland.

sh(h) [ʃ] excl chut!

shield [ʃiːld] ◇ n -1. [armour] bouclier m. -2. Br [sports trophy] plaque f. ◇ vt: to ~ sb (from) protéger qqn (de OR contre).

shift [ʃɪft] ◇ n -1. [change] changement m, modification f. -2. [period of work] poste m; [workers] équipe f. ◇ vt -1. [move] déplacer, changer de place; to ~ the blame onto sb rejeter la responsabilité sur qqn. -2. [change] changer, modifier. ◇ vi -1. [move - gen] changer de place; [- wind] tourner, changer. -2. [change] changer, se modifier. -3. Am AUT changer de vitesse.

shift key n [on typewriter] touche f de majuscules.

shiftless ['ʃɪftlɪs] adj fainéant(e), paresseux(euse).

shift stick n Am levier m de vitesse.

shifty ['ʃɪftɪ] (compar -ier, superl -iest) adj inf sournois(e), louche.

Shiite ['ʃiːaɪt] ◇ adj chiite. ◇ n Chiite mf.

shilling ['ʃɪlɪŋ] n shilling m.

shilly-shally ['ʃɪlɪ,ʃælɪ] (pt & pp -ied) vi hésiter, être indécis(e).

shimmer ['ʃɪmər] ◇ n reflet m, miroitement m. ◇ vi miroiter.

shin [ʃɪn] (pt & pp -ned, cont -ning) n tibia m;.

◆ **shin up** Br, **shinny up** Am vt fus grimper à.

shinbone ['ʃɪnbəʊn] n tibia m.

shine [ʃaɪn] (pt & pp shone) ◇ n brillant m. ◇ vt -1. [direct]: to ~ a torch on sthg éclairer qqch. -2. [polish] faire briller, astiquer. ◇ vi briller; to ~ at sthg fig briller dans qqch.

shingle ['ʃɪŋgl] n (U) [on beach] galets mpl.

◆ **shingles** n (U) zona m.

shining ['ʃaɪnɪŋ] adj -1. [gleaming] brillant(e), luisant(e). -2. [achievement] extraordinaire; to be a ~ example of sthg être un modèle de qqch.

shinny ['ʃɪnɪ] Am

◆ **shinny up** = shin up.

shiny ['ʃaɪnɪ] (compar -ier, superl -iest) adj brillant(e).

ship [ʃɪp] (pt & pp -ped, cont -ping) ◇ n bateau m; [larger] navire m. ◇ vt [goods] expédier par bateau; [troops, passengers] transporter.

shipbuilder ['ʃɪp,bɪldər] n constructeur m de navires.

shipbuilding ['ʃɪp,bɪldɪŋ] n construction f navale.

ship canal n canal m maritime.

shipment ['ʃɪpmənt] n [cargo] cargaison f, chargement m.

shipper ['ʃɪpər] n affréteur m, chargeur m.

shipping ['ʃɪpɪŋ] n (U) -1. [transport] transport m maritime. -2. [ships] navires mpl.

shipping agent n agent m maritime.

shipping company n compagnie f de navigation.

shipping forecast n météo f marine.

shipping lane n voie f de navigation.

shipshape ['ʃɪpʃeɪp] adj bien rangé(e), en ordre.

shipwreck ['ʃɪprek] ◇ n -1. [destruction of ship] naufrage m. -2. [wrecked ship] épave f. ◇ vt: to be ~ed faire naufrage.

shipwrecked ['ʃɪprekt] adj naufragé(e).

shipyard ['ʃɪpjɑːd] n chantier m naval.

shire [ʃaɪər] n [county] comté m.

◆ **Shire** n: the Shires les Comtés du centre de l'Angleterre.

shire horse n cheval m de gros trait.

shirk [ʃɜːk] vt se dérober à.

shirker ['ʃɜːkər] n tire-au-flanc m.

shirt [ʃɜːt] n chemise f.

shirtsleeves ['ʃɜːtsliːvz] npl: to be in (one's) ~ être en manches OR en bras de chemise.

shirttail ['ʃɜːteɪl] n pan m de chemise.

shirty ['ʃɜːtɪ] (compar -ier, superl -iest) adj Br inf de mauvais poil, de mauvaise humeur.

shit [ʃɪt] (pt & pp shit OR -ted OR shat, cont -ting) vulg ◇ n -1. [excrement] merde f. -2. (U) [nonsense] conneries fpl. -3. [person] salaud m. ◇ vi chier. ◇ excl merde!

shiver ['ʃɪvər] ◇ n frisson m; to give sb the ~s fig donner le frisson OR la chair de poule à qqn. ◇ vi: to ~ (with) trembler (de), frissonner (de).

shoal [ʃəʊl] *n* [of fish] banc *m*.

shock [ʃɒk] ◇ *n* -1. [surprise] choc *m*, coup *m*. -2. (*U*) MED: **to be suffering from ~, to be in (a state of)** ~ être en état de choc. -3. [impact] choc *m*, heurt *m*. -4. ELEC décharge *f* électrique. ◇ *vt* -1. [upset] bouleverser. -2. [offend] choquer, scandaliser.

shock absorber [-əb,zɔːbəʳ] *n* amortisseur *m*.

shocked [ʃɒkt] *adj* -1. [upset] bouleversé(e). -2. [offended] choqué(e), scandalisé(e).

shocking ['ʃɒkɪŋ] *adj* -1. [very bad] épouvantable, terrible. -2. [outrageous] scandaleux(euse).

shockproof ['ʃɒkpruːf] *adj* antichoc (*inv*).

shock tactics *npl* tactique *f* de choc.

shock therapy, shock treatment *n* traitement *m* par électrochocs.

shock troops *npl* troupes *fpl* de choc.

shock wave *n* onde *f* de choc.

shod [ʃɒd] ◇ *pt & pp* → **shoe.** ◇ *adj* chaussé(e).

shoddy ['ʃɒdɪ] (*compar* -**ier**, *superl* -**iest**) *adj* [goods, work] de mauvaise qualité; [treatment] indigne, méprisable.

shoe [ʃuː] (*pt & pp* -**ed** OR **shod**, *cont* -**ing**) ◇ *n* chaussure *f*, soulier *m*. ◇ *vt* [horse] ferrer.

shoebrush ['ʃuːbrʌʃ] *n* brosse *f* à chaussures.

shoe cleaner *n* produit *m* pour chaussures.

shoehorn ['ʃuːhɔːn] *n* chausse-pied *m*.

shoelace ['ʃuːleɪs] *n* lacet *m* de soulier.

shoemaker ['ʃuː,meɪkəʳ] *n* [repairer] cordonnier *m*; [manufacturer] fabricant *m* de chaussures.

shoe polish *n* cirage *m*.

shoe repairer [-rɪ,peərəʳ] *n* cordonnier *m*.

shoe shop *n* magasin *m* de chaussures.

shoestring ['ʃuːstrɪŋ] ◇ *adj* [budget] étroit(e). ◇ *n* *fig*: **on a ~** à peu de frais.

shoetree ['ʃuːtriː] *n* embauchoir *m*.

shone [ʃɒn] *pt & pp* → **shine.**

shoo [ʃuː] ◇ *vt* chasser. ◇ *excl* ouste!

shook [ʃʊk] *pt* → **shake.**

shoot [ʃuːt] (*pt & pp* **shot**) ◇ *vt* -1. [kill with gun] tuer d'un coup de feu; [wound with gun] blesser d'un coup de feu; **to ~ o.s.** [kill o.s.] se tuer avec une arme à feu. -2. *Br* [hunt] chasser. -3. [arrow] décocher, tirer. -4. [direct - glance, look] lancer, décocher; **to ~ questions at sb** bombarder qqn de questions. -5. CINEMA tourner. -6. *Am* [play - pool] jouer à.

◇ *vi* -1. [fire gun]: **to ~ (at)** tirer (sur). -2. *Br* [hunt] chasser. -3. [move quickly]: **to ~ in/out/past** entrer/sortir/passer en trombe, entrer/sortir/passer comme un bolide. -4. CINEMA tourner. -5. SPORT tirer, shooter.

◇ *n* -1. *Br* [hunting expedition] partie *f* de chasse. -2. [of plant] pousse *f*.

◇ *excl Am inf* -1. [go ahead] vas-y! -2. [damn] zut!

◆ **shoot down** *vt sep* -1. [aeroplane] descendre, abattre. -2. [person] abattre. -3. *fig* [proposal] démolir; [person] descendre en flammes.

◆ **shoot up** *vi* -1. [child, plant] pousser vite. -2. [price, inflation] monter en flèche. -3. *drugs sl* se shooter.

shooting ['ʃuːtɪŋ] *n* -1. [killing] meurtre *m*. -2. (*U*) [hunting] chasse *f*.

shooting range *n* champ *m* de tir.

shooting star *n* étoile *f* filante.

shooting stick *n* canne-siège *f*.

shoot-out *n* fusillade *f*.

shop [ʃɒp] (*pt & pp* -**ped**, *cont* -**ping**) ◇ *n* -1. [store] magasin *m*, boutique *f*; **to talk ~** parler métier OR boutique. -2. [workshop] atelier *m*. ◇ *vi* faire ses courses; **to go shopping** aller faire les courses OR commissions.

◆ **shop around** *vi* comparer les prix.

shop assistant *n Br* vendeur *m*, -euse *f*.

shop floor *n*: **the ~** *fig* les ouvriers *mpl*.

shopkeeper ['ʃɒp,kiːpəʳ] *n* commerçant *m*, -e *f*.

shoplifter ['ʃɒp,lɪftəʳ] *n* voleur *m*, -euse *f* à l'étalage.

shoplifting ['ʃɒp,lɪftɪŋ] *n* (*U*) vol *m* à l'étalage.

shopper ['ʃɒpəʳ] *n* personne *f* qui fait ses courses.

shopping ['ʃɒpɪŋ] *n* (*U*) [purchases] achats *mpl*.

shopping bag *n* sac *m* à provisions.

shopping centre *Br*, **shopping mall** *Am*, **shopping plaza** *Am n* centre *m* commercial.

shopping list *n* liste *f* des commissions.

shopping mall *Am*, **shopping plaza** *Am* = **shopping centre.**

shopsoiled *Br* ['ʃɒpsɔɪld], **shopworn** *Am* ['ʃɒpwɔːn] *adj* qui a fait l'étalage, abîmé(e) (en magasin).

shop steward *n* délégué syndical *m*, déléguée syndicale *f*.

shopwalker ['ʃɒp,wɔːkəʳ] *n Br* surveillant *m*, -e *f* de magasin.

shopwindow [,ʃɒp'wɪndəʊ] *n* vitrine *f*.

shopworn *Am* = shopsoiled.

shore [ʃɔːr] *n* rivage *m*, bord *m*; **on ~ à** terre.

◆ **shore up** *vt sep* étayer, étançonner; *fig* consolider.

shore leave *n* permission *f* à terre.

shoreline ['ʃɔːlaɪn] *n* côte *f*.

shorn [ʃɔːn] *pp* → **shear**. ◇ *adj* tondu(e).

short [ʃɔːt] ◇ *adj* **-1.** [not long · in time] court(e), bref (brève); [· in space] court. **-2.** [not tall] petit(e). **-3.** [curt] brusque, sec (sèche). **-4.** [lacking]: **time/money is ~** nous manquons de temps/d'argent; **we're £10 ~** il nous manque 10 livres; **to be ~ of** manquer de; **to be ~ of breath** être essoufflé(e). **-5.** [abbreviated]: **to be ~ for** être le diminutif de. ◇ *adv*: **to be running ~ of** [running out of] commencer à manquer de, commencer à être à court de; **to cut sthg ~** [visit, speech] écourter qqch; [discussion] couper court à qqch; **to stop ~** s'arrêter net; **to bring** OR **pull sb up ~** arrêter qqn net. ◇ *n* **-1.** *Br* [alcoholic drink] alcool *m* fort. **-2.** [film] court métrage *m*.

◆ **for short** *adv*: **he's called Bob for ~** Bob est son diminutif.

◆ **in short** *adv* (enfin) bref.

◆ **nothing short of** *prep* rien moins que, pratiquement.

◆ **short of** *prep* [unless, without]: **~ of doing sthg** à moins de faire qqch, à part faire qqch.

◆ **shorts** *npl* **-1.** [gen] short *m*. **-2.** *Am* [underwear] caleçon *m*.

shortage ['ʃɔːtɪdʒ] *n* manque *m*, insuffisance *f*.

short back and sides *n Br* coupe *f* bien dégagée.

shortbread ['ʃɔːtbred] *n* sablé *m*.

short-change *vt* **-1.** [subj: shopkeeper]: **to ~ sb** ne pas rendre assez à qqn. **-2.** *fig* [cheat] tromper, rouler.

short circuit *n* court-circuit *m*.

◆ **short-circuit** ◇ *vt* court-circuiter. ◇ *vi* se mettre en court-circuit.

shortcomings [,ʃɔːt'kʌmɪŋz] *npl* défauts *mpl*.

shortcrust pastry ['ʃɔːtkrʌst-] *n* pâte *f* brisée.

short cut *n* **-1.** [quick route] raccourci *m*. **-2.** [quick method] solution *f* miracle.

shorten ['ʃɔːtn] ◇ *vt* **-1.** [holiday, time] écourter. **-2.** [skirt, rope etc] raccourcir. ◇ *vi* [days] raccourcir.

shortening ['ʃɔːtnɪŋ] *n* (*U*) CULIN matière *f* grasse.

shortfall ['ʃɔːtfɔːl] *n* déficit *m*.

shorthand ['ʃɔːthænd] *n* (*U*) **-1.** [writing system] sténographie *f*. **-2.** [abbreviation] forme *f* abrégée.

shorthanded [,ʃɔːt'hændɪd] *adj*: **to be ~** manquer de personnel.

shorthand typist *n Br* sténodactylo *f*.

short-haul *adj* court-courrier (*inv*).

short list *n Br* liste *f* des candidats sélectionnés.

◆ **short-list** *vt Br* **to be short-listed (for)** être au nombre des candidats sélectionnés (pour).

short-lived [-'lɪvd] *adj* de courte durée.

shortly ['ʃɔːtlɪ] *adv* **-1.** [soon] bientôt. **-2.** [curtly] d'une manière brusque, sèchement.

shortness ['ʃɔːtnɪs] *n* **-1.** [of visit etc] brièveté *f*. **-2.** [of person] petite taille *f*; [of skirt, hair] peu *m* de longueur.

short-range *adj* à courte portée.

short shrift [-'ʃrɪft] *n*: **to give sb ~** envoyer promener qqn.

shortsighted [,ʃɔːt'saɪtɪd] *adj* myope; *fig* imprévoyant(e).

short-staffed [-'stɑːft] *adj*: **to be ~** manquer de personnel.

short story *n* nouvelle *f*.

short-tempered [-'tempəd] *adj* emporté(e), irascible.

short-term *adj* [effects, solution] à court terme; [problem] de courte durée.

short time *n Br*: **on ~** en chômage partiel.

short wave *n* (*U*) ondes *fpl* courtes.

shot [ʃɒt] ◇ *pt & pp* → **shoot**. ◇ *n* **-1.** [gunshot] coup *m* de feu; **like a ~** sans tarder, sans hésiter. **-2.** [marksman] tireur *m*. **-3.** SPORT coup *m*. **-4.** [photograph] photo *f*; CINEMA plan *m*. **-5.** *inf* [attempt]: **to have a ~ at sthg** essayer de faire qqch. **-6.** [injection] piqûre *f*. **-7.** [of alcohol] coup *m*.

shotgun ['ʃɒtɡʌn] *n* fusil *m* de chasse.

shot put *n* [event] lancer *m* du poids; [object] poids *m*.

should [ʃʊd] *aux vb* **-1.** [indicating duty]: **we ~ leave now** il faudrait partir maintenant. **-2.** [seeking advice, permission]: **~ I go too?** est-ce que je devrais y aller aussi? **-3.** [as suggestion]: **I ~ deny everything** moi, je nierais tout. **-4.** [indicating probability]: **she ~ be home soon** elle devrait être de retour bientôt, elle va bientôt rentrer. **-5.** [was or were expected]: **they ~ have won the match** ils auraient dû gagner le match. **-6.** [indicating intention, wish]: **I ~ like to come with**

you j'aimerais bien venir avec vous. **-7.** (*as conditional*): **you ~ go if you're invited** tu devrais y aller si tu es invité. **-8.** (*in subordinate clauses*): **we decided that you ~ meet him** nous avons décidé que ce serait toi qui irais le chercher. **-9.** [expressing uncertain opinion]: **I ~ think he's about 50 (years old)** je pense qu'il doit avoir dans les 50 ans.

shoulder ['ʃəʊldər] ◇ *n* épaule *f*; **to look over one's ~** se retourner; **he needed a ~ to cry on** il avait besoin de réconfort; **to rub ~s with sb** *fig* côtoyer qqn. ◇ *vt* **-1.** [carry] porter. **-2.** [responsibility] endosser.

shoulder bag *n* sac *m* en bandoulière.

shoulder blade *n* omoplate *f*.

shoulder-length *adj*: **~ hair** cheveux mi-longs.

shoulder strap *n* **-1.** [on dress] bretelle *f*. **-2.** [on bag] bandoulière *f*.

shouldn't ['ʃʊdnt] = **should not**.

should've ['ʃʊdəv] = **should have**.

shout [ʃaʊt] ◇ *n* [cry] cri *m*. ◇ *vt* & *vi* crier.
◆ **shout down** *vt sep* huer, conspuer.
◆ **shout out** *vt sep* crier.

shouting ['ʃaʊtɪŋ] *n* (*U*) cris *mpl*.

shove [ʃʌv] ◇ *n*: **to give sb/sthg a ~** pousser qqn/qqch. ◇ *vt* pousser; **to ~ sb about** bousculer qqn; **to ~ clothes into a bag** fourrer des vêtements dans un sac.
◆ **shove off** *vi* **-1.** [in boat] pousser au large. **-2.** *inf* [go away] ficher le camp, filer.

shovel ['ʃʌvl] (*Br pt* & *pp* **-led**, *cont* **-ling**, *Am pt* & *pp* **-ed**, *cont* **-ing**) ◇ *n* [tool] pelle *f*. ◇ *vt* enlever à la pelle, pelleter.

show [ʃəʊ] (*pt* **-ed**, *pp* **shown** OR **-ed**) ◇ *n* **-1.** [display] démonstration *f*, manifestation *f*. **-2.** [at theatre] spectacle *m*; [on radio, TV] émission *f*. **-3.** CINEMA séance *f*. **-4.** [exhibition] exposition *f*; **on ~** exposé(e); **for ~** pour (faire de) l'effet; **flower ~** floralies *fpl*. ◇ *vt* **-1.** [gen] montrer; [profit, loss] indiquer; [respect] témoigner; [courage, mercy] faire preuve de; **he has nothing to ~ for all his hard work** tout son travail n'a rien donné; **to ~ sb sthg, to ~ sthg to sb** montrer qqch à qqn; **to ~ sb how to do sthg** montrer OR faire voir à qqn comment faire qqch; **it just goes to ~ that ....** cela prouve que .... **-2.** [escort]: **to ~ sb to his seat/table** conduire qqn à sa place/sa table. **-3.** [film] projeter, passer; [TV programme] donner, passer. ◇ *vi* **-1.** [indicate] indiquer, montrer. **-2.** [be visible] se voir, être visible. **-3.** CINEMA: **what's ~ing tonight?** qu'est-ce qu'on joue comme film ce soir?
◆ **show around** = **show round**.

◆ **show off** ◇ *vt sep* exhiber. ◇ *vi* faire l'intéressant.
◆ **show round** *vt sep*: **to ~ sb round a town/a house** faire visiter une ville/une maison à qqn.
◆ **show up** ◇ *vt sep* [embarrass] embarrasser, faire honte à. ◇ *vi* **-1.** [stand out] se voir, ressortir. **-2.** [arrive] s'amener, rappliquer.

showbiz ['ʃəʊbɪz] *n inf* show-biz *m*.

show business *n* (*U*) monde *m* du spectacle, show-business *m*.

showcase ['ʃəʊkeɪs] *n lit* & *fig* vitrine *f*.

showdown ['ʃəʊdaʊn] *n*: **to have a ~ with sb** s'expliquer avec qqn, mettre les choses au point avec qqn.

shower ['ʃaʊər] ◇ *n* **-1.** [device, act] douche *f*; **to have OR take a ~** prendre une douche, se doucher. **-2.** [of rain] averse *f*. **-3.** *fig* [of questions, confetti] avalanche *f*, déluge *m*. **-4.** *Am* [party] *fête organisée en l'honneur d'une femme qui va se marier, par exemple, et à laquelle chacun des invités offre un petit cadeau*. ◇ *vt*: **to ~ sb with** couvrir qqn de. ◇ *vi* [wash] prendre une douche, se doucher.

shower cap *n* bonnet *m* de douche.

showerproof ['ʃaʊəpruːf] *adj* imperméable.

showery ['ʃaʊərɪ] *adj* pluvieux(ieuse).

showing ['ʃəʊɪŋ] *n* CINEMA projection *f*.

show jumping [-,dʒʌmpɪŋ] *n* jumping *m*.

showman ['ʃəʊmən] (*pl* **-men** [-mən]) *n* **-1.** [at fair, circus] forain *m*. **-2.** *fig* [publicity-seeker]: **he's a real ~** il a le sens du spectacle.

showmanship ['ʃəʊmənʃɪp] *n* sens *m* du spectacle.

shown [ʃəʊn] *pp* → **show**.

show-off *n inf* m'as-tu-vu *m*, -e *f*.

show of hands *n*: **to have a ~** voter à main levée.

showpiece ['ʃəʊpiːs] *n* [main attraction] joyau *m*, trésor *m*.

showroom ['ʃəʊrʊm] *n* salle *f* OR magasin *m* d'exposition; [for cars] salle de démonstration.

showy ['ʃəʊɪ] (*compar* **-ier**, *superl* **-iest**) *adj* voyant(e); [person] prétentieux(ieuse).

shrank [ʃræŋk] *pt* → **shrink**.

shrapnel ['ʃræpnl] *n* (*U*) éclats *mpl* d'obus.

shred [ʃred] (*pt* & *pp* **-ded**, *cont* **-ding**) ◇ *n* **-1.** [of material, paper] lambeau *m*, brin *m*. **-2.** *fig* [of evidence] parcelle *f*; [of truth] once *f*, grain *m*. ◇ *vt* [food] râper; [paper] déchirer en lambeaux.

shredder ['ʃredər] *n* [machine] destructeur *m* de documents.

shrew [ʃruː] *n* [animal] musaraigne *f*.

shrewd [ʃruːd] *adj* fin(e), astucieux(ieuse).

shrewdness ['ʃruːdnɪs] *n* finesse *f*, perspicacité *f*.

shriek [ʃriːk] ◇ *n* cri *m* perçant, hurlement *m*; [of laughter] éclat *m*. ◇ *vt* hurler, crier. ◇ *vi* pousser un cri perçant; **to ~ with** laughter éclater de rire.

shrill [ʃrɪl] *adj* [sound, voice] aigu(ë); [whistle] strident(e).

shrimp [ʃrɪmp] *n* crevette *f*.

shrine [ʃraɪn] *n* [place of worship] lieu *m* saint.

shrink [ʃrɪŋk] (*pt* **shrank**, *pp* **shrunk**) ◇ *vt* rétrécir. ◇ *vi* **-1.** [cloth, garment] rétrécir; [person] rapetisser; *fig* [income, popularity etc] baisser, diminuer. **-2.** [recoil]: **to ~ away from sthg** reculer devant qqch; **to ~ from doing sthg** rechigner OR répugner à faire qqch.

shrinkage ['ʃrɪŋkɪdʒ] *n* rétrécissement *m*; *fig* diminution *f*, baisse *f*.

shrink-wrap *vt* emballer sous film plastique.

shrivel ['ʃrɪvl] (*Br pt & pp* **-led**, *cont* **-ling**, *Am pt & pp* **-ed**, *cont* **-ing**) ◇ *vt*: **to ~ (up)** rider, flétrir. ◇ *vi*: **to ~ (up)** se rider, se flétrir.

shroud [ʃraud] ◇ *n* [cloth] linceul *m*. ◇ *vt*: **to be ~ed in** [darkness, fog] être enseveli(e) sous; [mystery] être enveloppé(e) de.

Shrove Tuesday ['ʃrəuv-] *n* Mardi *m* gras.

shrub [ʃrʌb] *n* arbuste *m*.

shrubbery ['ʃrʌbərɪ] *n* massif *m* d'arbustes.

shrug [ʃrʌg] (*pt & pp* **-ged**, *cont* **-ging**) ◇ *n* haussement *m* d'épaules. ◇ *vt*: **to ~ one's shoulders** hausser les épaules. ◇ *vi* hausser les épaules.

◆ **shrug off** *vt sep* ignorer.

shrunk [ʃrʌŋk] *pp* → **shrink**.

shrunken ['ʃrʌŋkn] *adj* [person] ratatiné(e).

shucks [ʃʌks] *excl Am inf* **-1.** [it was nothing] de rien! **-2.** [damn] zut!

shudder ['ʃʌdər] ◇ *n* frisson *m*, frémissement *m*. ◇ *vi* **-1.** [tremble]: **to ~ (with)** frémir (de), frissonner (de); **I ~ to think** je n'ose pas y penser. **-2.** [shake] vibrer, trembler.

shuffle ['ʃʌfl] ◇ *n* **-1.** [of feet] marche *f* traînante. **-2.** [of cards]: **to give the cards a ~** battre les cartes. ◇ *vt* **-1.** [drag]: **to ~ one's feet** traîner les pieds. **-2.** [cards] mélanger, battre. ◇ *vi* **-1.** [walk]: **to ~ in/out** entrer/sortir en traînant les pieds. **-2.** [fidget] remuer.

shun [ʃʌn] (*pt & pp* **-ned**, *cont* **-ning**) *vt* fuir, éviter.

shunt [ʃʌnt] *vt* **-1.** RAIL aiguiller. **-2.** *fig* [move] transférer, déplacer.

shunter ['ʃʌntər] *n* RAIL [engine] locomotive *f* de manœuvre.

shush [ʃuʃ] *excl* chut!

shut [ʃʌt] (*pt & pp* **shut**, *cont* **-ting**) ◇ *adj* [closed] fermé(e). ◇ *vt* fermer; **~ your mouth** OR **face !** *v inf* ta gueule!, la ferme! ◇ *vi* **-1.** [door, window] se fermer. **-2.** [shop] fermer.

◆ **shut away** *vt sep* [valuables, papers] mettre sous clef; **to ~ o.s. away** s'enfermer.

◆ **shut down** *vt sep & vi* fermer.

◆ **shut in** *vt sep* enfermer; **to ~ o.s. in** s'enfermer.

◆ **shut out** *vt sep* **-1.** [noise] supprimer; [light] ne pas laisser entrer; **to ~ sb out** laisser qqn à la porte. **-2.** [feelings, thoughts] chasser.

◆ **shut up** *inf* ◇ *vt sep* [silence] faire taire. ◇ *vi* se taire.

shutdown ['ʃʌtdaun] *n* fermeture *f*.

shutter ['ʃʌtər] *n* **-1.** [on window] volet *m*. **-2.** [in camera] obturateur *m*.

shuttle ['ʃʌtl] ◇ *adj*: **~ service** (service *m* de) navette *f*. ◇ *n* [train, bus, plane] navette *f*. ◇ *vi* faire la navette.

shuttlecock ['ʃʌtlkɒk] *n* volant *m*.

shy [ʃaɪ] (*pt & pp* **shied**) ◇ *adj* **-1.** [timid] timide. **-2.** [wary]: **to be ~ of doing sthg** avoir peur de faire qqch, hésiter à faire qqch. ◇ *vi* [horse] s'effaroucher.

◆ **shy away from** *vt fus*: **to ~ away from sthg** reculer devant qqch; **to ~ away from doing sthg** répugner à faire qqch.

shyly ['ʃaɪlɪ] *adv* timidement.

shyness ['ʃaɪnɪs] *n* timidité *f*.

Siam [,saɪ'æm] *n* Siam *m*; **in ~** au Siam.

Siamese [,saɪə'miːz] (*pl inv*) ◇ *adj* siamois(e). ◇ *n* **-1.** [person] Siamois *m*, -e *f*. **-2.** ~ **(cat)** chat *m* siamois.

Siamese twins *npl* [brothers] frères *mpl* siamois; [sisters] sœurs *fpl* siamoises.

SIB (*abbr of* **Securities and Investment Board**) *n organisme britannique qui fait appliquer la réglementation concernant les investissements.*

Siberia [saɪ'bɪərɪə] *n* Sibérie *f*; **in ~** en Sibérie.

Siberian [saɪ'bɪərɪən] ◇ *adj* sibérien(ienne). ◇ *n* Sibérien *m*, -ienne *f*.

sibling ['sɪblɪŋ] *n* [brother] frère *m*; [sister] sœur *f*.

Sicilian [sɪˈsɪljən] ◇ adj sicilien(ienne). ◇ n [person] Sicilien m, -ienne f.

Sicily [ˈsɪsɪlɪ] n Sicile f; **in ~** en Sicile.

sick [sɪk] adj **-1.** [ill] malade. **-2.** [nauseous]: **to feel ~** avoir envie de vomir, avoir mal au cœur; **to be ~** Br [vomit] vomir; **to make sb ~** fig écœurer qqn, dégoûter qqn. **-3.** [fed up]: **to be ~ of** en avoir assez OR marre de. **-4.** [joke, humour] macabre.

sickbay [ˈsɪkbeɪ] n infirmerie f.

sickbed [ˈsɪkbed] n lit m de malade.

sicken [ˈsɪkn] ◇ vt écœurer, dégoûter. ◇ vi Br: **to be ~ing for sthg** couver qqch.

sickening [ˈsɪknɪŋ] adj [disgusting] écœurant(e), dégoûtant(e).

sickle [ˈsɪkl] n faucille f.

sick leave n (U) congé m de maladie.

sickly [ˈsɪklɪ] (compar -ier, superl -iest) adj **-1.** [unhealthy] maladif(ive), souffreteux(euse). **-2.** [smell, taste] écœurant(e).

sickness [ˈsɪknɪs] n **-1.** [illness] maladie f. **-2.** Br (U) [nausea] nausée f, nausées fpl; [vomiting] vomissement m, vomissements mpl.

sickness benefit n (U) prestations fpl en cas de maladie.

sick pay n (U) indemnité f OR allocation f de maladie.

sickroom [ˈsɪkrum] n chambre f de malade.

side [saɪd] ◇ n **-1.** [gen] côté m; **at** OR **by my/her** etc **~** à mes/ses etc côtés; **to stand to one ~** se tenir sur le côté; **on every ~**, **on all ~s** de tous côtés; **from ~ to ~** d'un côté à l'autre; **~ by ~** côte à côte; **to put sthg to** OR **on one ~** mettre qqch de côté. **-2.** [of table, river] bord m. **-3.** [of hill, valley] versant m, flanc m. **-4.** [in war, debate] camp m, côté m; SPORT équipe f, camp m; [of argument] point m de vue; **to be on sb's ~** être avec qqn, soutenir qqn; **to take sb's ~** prendre le parti de qqn. **-5.** [aspect - gen] aspect m; [- of character] facette f; **to be on the safe ~** pour plus de sûreté, par précaution. **-6.** phr: **on the large/small ~** plutôt grand/petit, un peu trop grand/petit; **to do sthg on the ~** faire qqch en plus; **to keep** OR **stay on the right ~ of sb** se faire bien voir de qqn.
◇ adj [situated on side] latéral(e).
◆ **side with** vt fus prendre le parti de, se ranger du côté de.

sideboard [ˈsaɪdbɔːd] n [cupboard] buffet m.

sideboards Br [ˈsaɪdbɔːdz], **sideburns** Am [ˈsaɪdbɜːnz] npl favoris mpl, rouflaquettes fpl.

sidecar [ˈsaɪdkɑːr] n side-car m.

side dish n accompagnement m, garniture f.

side effect n **-1.** MED effet m secondaire OR indésirable. **-2.** [unplanned result] effet m secondaire, répercussion f.

sidekick [ˈsaɪdkɪk] n inf [friend] copain m, copine f; pej acolyte mf.

sidelight [ˈsaɪdlaɪt] n AUT feu m de position.

sideline [ˈsaɪdlaɪn] n **-1.** [extra business] activité f secondaire. **-2.** SPORT ligne f de touche; **on the ~** fig dans la coulisse.

sidelong [ˈsaɪdlɒŋ] adj & adv de côté.

side-on adj & adv de côté.

side plate n assiette f à pain, petite assiette.

side road n [not main road] route f secondaire; [off main road] route transversale.

sidesaddle [ˈsaɪdˌsædl] adv: **to ride ~** monter en amazone.

sideshow [ˈsaɪdʃəʊ] n spectacle m forain.

sidestep [ˈsaɪdstep] (pt & pp **-ped**, cont **-ping**) vt faire un pas de côté pour éviter OR esquiver; fig éviter.

side street n [not main street] petite rue f; [off main street] rue transversale.

sidetrack [ˈsaɪdtræk] vt: **to be ~ed** se laisser distraire.

sidewalk [ˈsaɪdwɔːk] n Am trottoir m.

sideways [ˈsaɪdweɪz] adj & adv de côté.

siding [ˈsaɪdɪŋ] n voie f de garage.

sidle [ˈsaɪdl]
◆ **sidle up** vi: **to ~ up to sb** se glisser vers qqn.

SIDS (abbr of **sudden infant death syndrome**) n mort subite du nourrisson.

siege [siːdʒ] n siège m.

Sierra Leone [sɪˈerə lɪˈəʊn] n Sierra Leone f; **in ~** en Sierra Leone.

Sierra Leonean [sɪˈerə lɪˈəʊnjən] ◇ adj de la Sierra Leone. ◇ n habitant m, -e f de la Sierra Leone.

sieve [sɪv] ◇ n [for flour, sand etc] tamis m; [for liquids] passoire f; **I've got a head** OR **memory like a ~** ma mémoire est une passoire. ◇ vt [flour etc] tamiser; [liquid] passer.

sift [sɪft] ◇ vt **-1.** [flour, sand] tamiser. **-2.** fig [evidence] passer au crible. ◇ vi: **to ~ through** examiner, éplucher.

sigh [saɪ] ◇ n soupir m; **to heave a ~ of relief** pousser un soupir de soulagement. ◇ vi [person] soupirer, pousser un soupir.

sight [saɪt] ◇ n **-1.** [seeing] vue f; **in ~** en vue; **in/out of ~** en/hors de vue; **to catch ~ of** apercevoir; **to know sb by ~** connaître qqn de vue; **to lose ~ of** perdre de vue; **to**

shoot on ~ tirer à vue; **at first** ~ à première vue, au premier abord. **-2.** [spectacle] spectacle *m*. **-3.** [on gun] mire *f*; **to set one's ~s on sthg** décider d'obtenir qqch, viser qqch; **to set one's ~s on doing sthg** décider de faire qqch. **-4.** [a lot]: **a ~ better/worse** bien mieux/pire.
◇ *vt* apercevoir.

◆ **sights** *npl* [of city] attractions *fpl* touristiques.

sighting ['saɪtɪŋ] *n*: **there has been a ~ of the escaped criminal** on a vu le fugitif.

sightseeing ['saɪt,si:ɪŋ] *n* tourisme *m*; **to go ~** faire du tourisme.

sightseer ['saɪt,si:əʳ] *n* touriste *mf*.

sign [saɪn] ◇ *n* **-1.** [gen] signe *m*; **no ~ of** aucune trace de; **there's no ~ of him yet** il n'est pas encore arrivé. **-2.** [notice] enseigne *f*; AUT panneau *m*. ◇ *vt* signer; **to ~ one's name** signer.

◆ **sign away** *vt sep* signer la renonciation à.

◆ **sign for** *vt fus* **-1.** [letter, parcel] signer à la réception de. **-2.** SPORT [team] signer un contrat avec.

◆ **sign in** *vi* signer à l'arrivée OR en arrivant.

◆ **sign on** *vi* **-1.** [enrol - MIL] s'engager; [- for course] s'inscrire. **-2.** [register as unemployed] s'inscrire au chômage.

◆ **sign out** *vi* signer à la sortie OR en sortant.

◆ **sign up** ◇ *vt sep* [worker] embaucher; [soldier] engager. ◇ *vi* MIL s'engager; [for course] s'inscrire.

signal ['sɪgnl] (*Br pp* & *pt* **-led**, *cont* **-ling**, *Am pp* & *pt* **-ed**, *cont* **-ing**) ◇ *n* signal *m*. ◇ *adj fml* remarquable. ◇ *vt* **-1.** [indicate] indiquer. **-2.** [gesture to]: **to ~ sb (to do sthg)** faire signe à qqn (de faire qqch). ◇ *vi* **-1.** AUT clignoter, mettre son clignotant. **-2.** [gesture]: **to ~ to sb (to do sthg)** faire signe à qqn (de faire qqch).

signal box *Br*, **signal tower** *Am n* poste *m* d'aiguillage.

signally ['sɪgnəlɪ] *adv fml* remarquablement, singulièrement.

signalman ['sɪgnlmən] (*pl* **-men** [-mən]) *n* RAIL aiguilleur *m*.

signal tower *Am* = **signal box**.

signatory ['sɪgnətrɪ] (*pl* **-ies**) *n* signataire *mf*.

signature ['sɪgnətʃəʳ] *n* [name] signature *f*.

signature tune *n* indicatif *m*.

signet ring ['sɪgnɪt-] *n* chevalière *f*.

significance [sɪg'nɪfɪkəns] *n* **-1.** [importance]

importance *f*, portée *f*. **-2.** [meaning] signification *f*.

significant [sɪg'nɪfɪkənt] *adj* **-1.** [considerable] considérable. **-2.** [important] important(e). **-3.** [meaningful] significatif(ive).

significantly [sɪg'nɪfɪkəntlɪ] *adv* **-1.** [considerably] considérablement, énormément. **-2.** [meaningfully] d'une manière significative.

signify ['sɪgnɪfaɪ] (*pt* & *pp* **-ied**) *vt* signifier, indiquer.

signing ['saɪnɪŋ] *n Br* SPORT *footballeur etc qui a signé un contrat avec un club.*

sign language *n* langage *m* par signes.

signpost ['saɪnpəʊst] *n* poteau *m* indicateur.

Sikh [si:k] ◇ *adj* sikh (*inv*). ◇ *n* [person] Sikh *mf*.

Sikhism ['si:kɪzm] *n* sikhisme *m*.

silage ['saɪlɪdʒ] *n* fourrage *m* ensilé.

silence ['saɪləns] ◇ *n* silence *m*. ◇ *vt* réduire au silence, faire taire.

silencer ['saɪlənsəʳ] *n* silencieux *m*.

silent ['saɪlənt] *adj* **-1.** [person, place] silencieux(ieuse); **to be ~ about sthg** garder le silence sur qqch. **-2.** CINEMA & LING muet(ette).

silently ['saɪləntlɪ] *adv* silencieusement.

silent partner *n Am* (associé *m*) commanditaire *m*, bailleur *m* de fonds.

silhouette [,sɪlu:'et] ◇ *n* silhouette *f*. ◇ *vt*: **to be ~d against** se profiler sur, se silhouetter sur.

silicon ['sɪlɪkən] *n* silicium *m*.

silicon chip *n* puce *f*, pastille *f* de silicium.

silicone ['sɪlɪkəʊn] *n* silicone *f*.

Silicon Valley *n* Silicon Valley *f* (*centre de l'industrie électronique américaine*).

silk [sɪlk] ◇ *n* soie *f*. ◇ *comp* en OR de soie.

silk screen printing *n* sérigraphie *f*.

silkworm ['sɪlkwɜ:m] *n* ver *m* à soie.

silky ['sɪlkɪ] (*compar* **-ier**, *superl* **-iest**) *adj* soyeux(euse).

sill [sɪl] *n* [of window] rebord *m*.

silliness ['sɪlɪnɪs] *n* (*U*) stupidité *f*, bêtise *f*.

silly ['sɪlɪ] (*compar* **-ier**, *superl* **-iest**) *adj* stupide, bête.

silo ['saɪləʊ] (*pl* **-s**) *n* silo *m*.

silt [sɪlt] *n* vase *f*, limon *m*.

◆ **silt up** *vi* s'envaser.

silver ['sɪlvəʳ] ◇ *adj* [colour] argenté(e). ◇ *n* (*U*) **-1.** [metal] argent *m*. **-2.** [coins] pièces *fpl* d'argent. **-3.** [silverware] argenterie *f*. ◇ *comp* en argent, d'argent.

silver foil, **silver paper** *n* (*U*) papier *m* d'argent OR d'étain.

silver-plated [-'pleɪtɪd] *adj* plaqué(e) argent.

silver screen *n inf*: **the ~** le grand écran.

silversmith ['sɪlvəsmɪθ] *n* orfèvre *mf*.

silverware ['sɪlvəweəʳ] *n (U)* **-1.** argenterie *f*. **-2.** *Am* [cutlery] couverts *mpl*.

silver wedding *n* noces *fpl* d'argent.

similar ['sɪmɪləʳ] *adj*: **~ (to)** semblable (à), similaire (à).

similarity [,sɪmɪ'lærətɪ] (*pl* **-ies**) *n*: **~ (between/to)** similitude *f* (entre/avec), ressemblance *f* (entre/avec).

similarly ['sɪmɪləlɪ] *adv* de la même manière, pareillement.

simile ['sɪmɪlɪ] *n* comparaison *f*.

simmer ['sɪməʳ] ◇ *vt* faire cuire à feu doux, mijoter. ◇ *vi* cuire à feu doux, mijoter.
◆ **simmer down** *vi inf* se calmer.

simper ['sɪmpəʳ] ◇ *n* sourire *m* affecté. ◇ *vi* minauder.

simpering ['sɪmpərɪŋ] *adj* affecté(e).

simple ['sɪmpl] *adj* **-1.** [gen] simple. **-2.** *dated* [mentally retarded] simplet(ette), simple d'esprit.

simple-minded [-'maɪndɪd] *adj* simplet(ette), simple d'esprit.

simpleton ['sɪmpltən] *n dated* niais *m*, -e *f*.

simplicity [sɪm'plɪsətɪ] *n* simplicité *f*.

simplification [,sɪmplɪfɪ'keɪʃn] *n* simplification *f*.

simplify ['sɪmplɪfaɪ] (*pt & pp* **-ied**) *vt* simplifier.

simplistic [sɪm'plɪstɪk] *adj* simpliste.

simply ['sɪmplɪ] *adv* **-1.** [gen] simplement. **-2.** [for emphasis] absolument.

simulate ['sɪmjʊleɪt] *vt* simuler.

simulation [,sɪmjʊ'leɪʃn] *n* simulation *f*.

simulator ['sɪmjʊleɪtəʳ] *n* simulateur *m*.

simultaneous [*Br* ,sɪml'teɪnjəs, *Am* ,saɪməl'teɪnjəs] *adj* simultané(e).

simultaneously [*Br* ,sɪml'teɪnjəslɪ, *Am* ,saɪməl'teɪnjəslɪ] *adv* simultanément, en même temps.

sin [sɪn] (*pt & pp* **-ned**, *cont* **-ning**) ◇ *n* péché *m*; **to live in ~** vivre en concubinage. ◇ *vi*: **to ~ (against)** pécher (contre).

sin bin *n inf* ICE HOCKEY prison *f*.

since [sɪns] ◇ *adv* depuis; **long ~** il y a longtemps. ◇ *prep* depuis. ◇ *conj* **-1.** [in time] depuis que. **-2.** [because] comme, puisque.

sincere [sɪn'sɪəʳ] *adj* sincère.

sincerely [sɪn'sɪəlɪ] *adv* sincèrement; **Yours ~** [at end of letter] veuillez agréer, Monsieur/Madame, l'expression de mes sentiments les meilleurs.

sincerity [sɪn'serətɪ] *n* sincérité *f*.

sinecure ['saɪnɪ,kjʊəʳ] *n* sinécure *f*.

sinew ['sɪnjuː] *n* tendon *m*.

sinewy ['sɪnjuːɪ] *adj* musclé(e).

sinful ['sɪnfʊl] *adj* [thought] mauvais(e); [desire, act] coupable; **~ person** pécheur *m*, -eresse *f*.

sing [sɪŋ] (*pt* **sang**, *pp* **sung**) *vt & vi* chanter.

Singapore [,sɪŋə'pɔːʳ] *n* Singapour *m*.

Singaporean [,sɪŋə'pɔːrɪən] ◇ *adj* singapourien(ienne). ◇ *n* [person] Singapourien *m*, -ienne *f*.

singe [sɪndʒ] (*cont* **singeing**) ◇ *n* légère brûlure *f*. ◇ *vt* brûler légèrement; [cloth] roussir.

singer ['sɪŋəʳ] *n* chanteur *m*, -euse *f*.

Singhalese [,sɪŋhə'liːz] ◇ *adj* cingalais(e), ceylanais(e). ◇ *n* **-1.** [person] Cingalais *m*, -e *f*, Ceylanais *m*, -e *f*. **-2.** [language] cingalais *m*.

singing ['sɪŋɪŋ] ◇ *adj* [lesson, teacher] de chant. ◇ *n (U)* chant *m*.

singing telegram *n* télégramme *m* chanté.

single ['sɪŋgl] ◇ *adj* **-1.** [only one] seul(e), unique; **every ~** chaque. **-2.** [unmarried] célibataire. **-3.** *Br* [ticket] simple. ◇ *n* **-1.** *Br* [one-way ticket] billet *m* simple, aller *m* (simple). **-2.** MUS (disque *m*) 45 tours *m*.
◆ **singles** *npl* TENNIS simples *mpl*.
◆ **single out** *vt sep*: **to ~ sb out (for)** choisir qqn (pour).

single bed *n* lit *m* à une place.

single-breasted [-'brestɪd] *adj* [jacket] droit(e).

single cream *n Br* crème *f* liquide.

single-decker (bus) [-'dekəʳ-] *n Br* bus *m* sans impériale.

Single European Market *n*: **the ~** le Marché unique.

single file *n*: **in ~** en file indienne, à la file.

single-handed [-'hændɪd] *adv* tout seul (toute seule).

single-minded [-'maɪndɪd] *adj* résolu(e); **to be ~ about sthg** concentrer toute son attention sur qqch.

single-parent family *n* famille *f* monoparentale.

single quotes *npl* guillemets *mpl*.

single room *n* chambre *f* pour une personne OR à un lit.

singles bar *n* club *m* pour célibataires.

singlet ['sɪŋglɪt] *n* Br tricot *m* de peau; SPORT maillot *m*.

single ticket *n* Br billet *m* simple, aller *m* (simple).

singsong ['sɪŋsɒŋ] ◇ *adj* [voice] chantant(e). ◇ *n* Br *inf*: **to have a ~** chanter en chœur.

singular ['sɪŋgjulə] ◇ *adj* singulier(ière). ◇ *n* singulier *m*.

singularly ['sɪŋgjuləlɪ] *adv* singulièrement.

Sinhalese ['sɪnəliːz] = **Singhalese**.

sinister ['sɪnɪstə] *adj* sinistre.

sink [sɪŋk] (*pt* **sank**, *pp* **sunk**) ◇ *n* [in kitchen] évier *m*; [in bathroom] lavabo *m*. ◇ *vt* **-1.** [ship] couler. **-2.** [teeth, claws]: **to ~ sthg into** enfoncer qqch dans. ◇ *vi* **-1.** [in water - ship] couler, sombrer; [- person, object] couler. **-2.** [ground] s'affaisser; [sun] baisser; **his spirits sank** il a été pris de découragement; **to ~ into a chair** se laisser tomber dans un fauteuil; **to ~ to one's knees** tomber à genoux; **to ~ into poverty/despair** sombrer dans la misère/le désespoir. **-3.** [value, amount] baisser, diminuer; [voice] faiblir.
♦ **sink in** *vi*: **it hasn't sunk in yet** je n'ai pas encore réalisé.

sink board *n* Am égouttoir *m*.

sinking ['sɪŋkɪŋ] *n* naufrage *m*.

sinking fund *n* fonds *m* OR caisse *f* d'amortissement.

sink unit *n* bloc-évier *m*.

sinner ['sɪnə] *n* pécheur *m*, -eresse *f*.

Sinn Féin [,ʃɪn'feɪn] *n* Sinn Féin *m*.

sinuous ['sɪnjuəs] *adj* sinueux(euse).

sinus ['saɪnəs] (*pl* **-es**) *n* sinus *m inv*.

sip [sɪp] (*pt* & *pp* **-ped**, *cont* **-ping**) ◇ *n* petite gorgée *f*. ◇ *vt* siroter, boire à petits coups.

siphon ['saɪfn] ◇ *n* siphon *m*. ◇ *vt* **-1.** [liquid] siphonner. **-2.** *fig* [money] canaliser.
♦ **siphon off** *vt sep* **-1.** [liquid] siphonner. **-2.** *fig* [money] canaliser.

sir [sɜː] *n* **-1.** [form of address] monsieur *m*. **-2.** [in titles]: **Sir Phillip Holden** sir Phillip Holden.

siren ['saɪərən] *n* sirène *f*.

sirloin (steak) ['sɜːlɔɪn] *n* bifteck *m* dans l'aloyau OR d'aloyau.

sissy ['sɪsɪ] (*pl* **-ies**) *n inf* poule *f* mouillée, dégonflé *m*, -e *f*.

sister ['sɪstə] ◇ *adj* [organization] sœur; **~ ship** sister-ship *m*. ◇ *n* **-1.** [sibling] sœur *f*. **-2.** [nun] sœur *f*, religieuse *f*. **-3.** Br [senior nurse] infirmière *f* chef.

sisterhood ['sɪstəhʊd] *n* RELIG communauté *f* religieuse.

sister-in-law (*pl* **sisters-in-law** OR **sister-in-laws**) *n* belle-sœur *f*.

sisterly ['sɪstəlɪ] *adj* de sœur, fraternel(elle).

sit [sɪt] (*pt* & *pp* **sat**, *cont* **-ting**) ◇ *vt* Br [exam] passer. ◇ *vi* **-1.** [person] s'asseoir; **to be sitting** être assis(e); **to ~ on a committee** faire partie OR être membre d'un comité. **-2.** [court, parliament] siéger, être en séance. **-3.** [be situated] se trouver, être. **-4.** *phr*: **to ~ tight** ne pas bouger.
♦ **sit about**, **sit around** *vi* rester assis(e) à ne rien faire.
♦ **sit back** *vi* [relax] se détendre; **to ~ back in a chair** se caler dans un fauteuil; **we can't just ~ back and do nothing!** il faut que nous fassions quelque chose!
♦ **sit down** ◇ *vt sep* asseoir. ◇ *vi* s'asseoir.
♦ **sit in on** *vt fus* assister à.
♦ **sit out** *vt sep* **-1.** [meeting, play etc] rester jusqu'à la fin de. **-2.** [dance]: **to ~ out a dance** ne pas danser.
♦ **sit through** *vt fus* rester jusqu'à la fin de.
♦ **sit up** *vi* **-1.** [sit upright] se redresser, s'asseoir. **-2.** [stay up] veiller.

sitcom ['sɪtkɒm] *n inf* sitcom *f*.

sit-down ◇ *adj* [meal] servi(e) à la table; [protest] sur le tas. ◇ *n* Br *inf*: **to have a ~** (s'asseoir pour) se reposer.

site [saɪt] ◇ *n* [of town, building] emplacement *m*; [archaeological] site *m*; CONSTR chantier *m*. ◇ *vt* situer, placer.

sit-in *n* sit-in *m*, occupation *f* des locaux.

sitter ['sɪtə] *n* **-1.** ART modèle *m*. **-2.** [babysitter] baby-sitter *mf*.

sitting ['sɪtɪŋ] *n* **-1.** [of meal] service *m*. **-2.** [of court, parliament] séance *f*.

sitting duck *n inf* cible *f* OR proie *f* facile.

sitting room *n* salon *m*.

sitting tenant *n* Br locataire *mf* en possession des lieux.

situate ['sɪtjʊeɪt] *vt* situer.

situated ['sɪtjʊeɪtɪd] *adj*: **to be ~** être situé(e), se trouver.

situation [,sɪtjʊ'eɪʃn] *n* **-1.** [gen] situation *f*. **-2.** [job] situation *f*, emploi *m*; **"Situations Vacant"** Br «offres d'emploi».

situation comedy *n* sitcom *f*.

sit-up *n* redressement *m* assis.

six [sɪks] ◇ *num adj* six (*inv*); **she's ~ (years old)** elle a six ans.
◇ *num pron* six *mfpl*; **I want ~** j'en veux

six; ~ **of us went** six d'entre nous sont allés; **there were** ~ **of us** nous étions six.
◇ *num n* **-1.** [gen] six *m inv*; **two hundred and** ~ deux cent six; **we sell them in** ~**es** on les vend par paquets de six. **-2.** [six o'clock]: **it's** ~ il est six heures; **we arrived at** ~ nous sommes arrivés à six heures. **-3.** [six degrees]: **it's** ~ **below** il fait moins six.

six-shooter [-'ʃuːtər] *n Am* revolver *m* à six coups.

sixteen [sɪks'tiːn] *num* seize; *see also* **six**.

sixteenth [sɪks'tiːnθ] *num* seizième; *see also* **sixth**.

sixth [sɪksθ] ◇ *num adj* sixième. ◇ *num adv* **-1.** [in race, competition] sixième, en sixième place. **-2.** [in list] sixièmement. ◇ *num pron* sixième *mf*. ◇ *n* **-1.** [fraction] sixième *m*. **-2.** [in dates]: **the** ~ **(of September)** le six (septembre).

sixth form *n Br* SCH ≃ (classe *f*) terminale *f*.

sixth form college *n Br établissement préparant aux A-levels.*

sixth sense *n* sixième sens *m*.

sixtieth ['sɪkstɪəθ] *num* soixantième; *see also* **sixth**.

sixty ['sɪkstɪ] (*pl* **-ies**) *num* soixante ; *see also* **six**.

◆ **sixties** *npl* **-1.** [decade]: **the sixties** les années *fpl* soixante. **-2.** [in ages]: **to be in one's sixties** être sexagénaire. **-3.** [in temperatures]: **in the sixties** ≃ entre 15 et 20 degrés.

size [saɪz] *n* [of person, clothes, company] taille *f*; [of building] grandeur *f*, dimensions *fpl*; [of problem] ampleur *f*, taille; [of shoes] pointure *f*; **to cut sb down to** ~ rabattre le caquet à qqn.

◆ **size up** *vt sep* [person] jauger; [situation] apprécier, peser.

sizeable ['saɪzəbl] *adj* assez important(e).

-sized [-saɪzd] *suffix*: **medium**~ de taille moyenne.

sizzle ['sɪzl] *vi* grésiller.

SK *abbr of* **Saskatchewan**.

skate [skeɪt] (*pl sense 2 only inv* OR **-s**) ◇ *n* **-1.** [ice skate, roller skate] patin *m*. **-2.** [fish] raie *f*. ◇ *vi* [on ice skates] faire du patin sur glace, patiner; [on roller skates] faire du patin à roulettes.

◆ **skate over, skate round** *vt fus* [problem] éluder, éviter.

skateboard ['skeɪtbɔːd] *n* planche *f* à roulettes, skateboard *m*, skate *m*.

skateboarder ['skeɪtbɔːdər] *n* personne *f* qui fait du skateboard OR du skate OR de la planche à roulettes.

skater ['skeɪtər] *n* [on ice] patineur *m*, -euse *f*; [on roller skates] patineur à roulettes.

skating ['skeɪtɪŋ] *n* [on ice] patinage *m*; [on roller skates] patinage à roulettes.

skating rink *n* patinoire *f*.

skein [skeɪn] *n* [of thread] écheveau *m*.

skeletal ['skelɪtl] *adj* [emaciated] squelettique.

skeleton ['skelɪtn] ◇ *adj* [crew, service] squelettique, réduit(e). ◇ *n* squelette *m*; **to have a** ~ **in the cupboard** *fig* avoir un secret honteux.

skeleton key *n* passe *m*, passe-partout *m inv*.

skeleton staff *n* personnel *m* réduit.

skeptic *etc Am* = **sceptic** *etc*.

sketch [sketʃ] ◇ *n* **-1.** [drawing] croquis *m*, esquisse *f*. **-2.** [description] aperçu *m*, résumé *m*. **-3.** [by comedian] sketch *m*. ◇ *vt* **-1.** [draw] dessiner, faire un croquis de. **-2.** [describe] donner un aperçu de, décrire à grands traits. ◇ *vi* dessiner.

◆ **sketch in** *vt sep* [details] ajouter, donner.

◆ **sketch out** *vt sep* esquisser, décrire à grands traits.

sketchbook ['sketʃbuk] *n* carnet *m* à dessins.

sketchpad ['sketʃpæd] *n* bloc *m* à dessins.

sketchy ['sketʃɪ] (*compar* **-ier**, *superl* **-iest**) *adj* incomplet(ète).

skew [skjuː] ◇ *n Br*: **on the** ~ de travers, en biais. ◇ *vt* [distort] fausser.

skewer ['skjuər] ◇ *n* brochette *f*, broche *f*. ◇ *vt* embrocher.

skew-whiff [,skjuː'wɪf] *adj Br inf* de guingois, de traviole.

ski [skiː] (*pt & pp* **skied**, *cont* **skiing**) ◇ *n* ski *m*. ◇ *comp* de ski. ◇ *vi* skier, faire du ski.

ski boots *npl* chaussures *fpl* de ski.

skid [skɪd] (*pt & pp* **-ded**, *cont* **-ding**) ◇ *n* dérapage *m*; **to go into a** ~ déraper. ◇ *vi* déraper.

skid mark *n* trace *f* de frein OR dérapage.

skid row *n Am inf*: **to be on** ~ être sur le pavé.

skier ['skiːər] *n* skieur *m*, -ieuse *f*.

skies [skaɪz] *pl* → **sky**.

skiing ['skiːɪŋ] ◇ *n* (*U*) ski *m*; **to go** ~ faire du ski. ◇ *comp* de ski.

ski instructor *n* moniteur *m*, -trice *f* de ski.

ski jump *n* [slope] tremplin *m*; [event] saut *m* à OR en skis.

skilful, skillful *Am* ['skɪlful] *adj* habile, adroit(e).

skilfully, skillfully *Am* ['skɪlfʊlɪ] *adv* habilement, adroitement.

ski lift *n* remonte-pente *m*.

skill [skɪl] *n* **-1.** (U) [ability] habileté *f*, adresse *f*. **-2.** [technique] technique *f*, art *m*.

skilled [skɪld] *adj* **-1.** [skilful]: ~ (**in** OR **at doing sthg**) habile OR adroit(e) (pour faire qqch). **-2.** [trained] qualifié(e).

skillet ['skɪlɪt] *n Am* poêle *f* à frire.

skillful *etc Am* = **skilful** *etc*.

skim [skɪm] (*pt & pp* **-med**, *cont* **-ming**) ◇ *vt* **-1.** [cream] écrémer; [soup] écumer. **-2.** [move above] effleurer, raser. **-3.** [newspaper, book] parcourir. ◇ *vi*: **to ~ through sthg** [newspaper, book] parcourir qqch.

skim(med) milk [skɪm(d)-] *n* lait *m* écrémé.

skimp [skɪmp] ◇ *vt* lésiner sur. ◇ *vi*: **to ~ on** lésiner sur.

skimpy ['skɪmpɪ] (*compar* **-ier**, *superl* **-iest**) *adj* [meal] maigre; [clothes] étriqué(e); [facts] insuffisant(e).

skin [skɪn] (*pt & pp* **-ned**, *cont* **-ning**) ◇ *n* peau *f*; **by the ~ of one's teeth** de justesse; **to jump out of one's ~** *Br* sursauter, sauter au plafond; **to make sb's ~ crawl** donner la chair de poule à qqn; **to save** OR **protect one's own ~** sauver sa peau. ◇ *vt* **-1.** [dead animal] écorcher, dépouiller; [fruit] éplucher, peler. **-2.** [graze]: **to ~ one's knee** s'érafler OR s'écorcher le genou.

skin-deep *adj* superficiel(ielle).

skin diver *n* plongeur sous-marin *m*, plongeuse sous-marine *f*.

skin diving *n* plongée *f* sous-marine.

skinflint ['skɪnflɪnt] *n inf* grippe-sou *m*, avare *mf*.

skin graft *n* greffe *f* de la peau.

skinhead ['skɪnhed] *n Br* skinhead *m*, skin *m*.

skinny ['skɪnɪ] (*compar* **-ier**, *superl* **-iest**) *adj* maigre.

skint [skɪnt] *adj Br v inf* fauché(e), à sec.

skin test *n* cuti *f*, cutiréaction *f*.

skin-tight *adj* moulant(e), collant(e).

skip [skɪp] (*pt & pp* **-ped**, *cont* **-ping**) ◇ *n* **-1.** [jump] petit saut *m*. **-2.** *Br* [container] benne *f*. ◇ *vt* [page, class, meal] sauter. ◇ *vi* **-1.** [gen] sauter, sautiller. **-2.** *Br* [over rope] sauter à la corde.

ski pants *npl* fuseau *m*.

ski pole *n* bâton *m* de ski.

skipper ['skɪpər] *n* NAUT & SPORT capitaine *m*.

skipping ['skɪpɪŋ] *n Br* (U) saut *m* à la corde.

skipping rope *n Br* corde *f* à sauter.

ski resort *n* station *f* de ski.

skirmish ['skɜːmɪʃ] ◇ *n* escarmouche *f*. ◇ *vi* s'engager dans une escarmouche; *fig* avoir une escarmouche.

skirt [skɜːt] ◇ *n* [garment] jupe *f*. ◇ *vt* **-1.** [town, obstacle] contourner. **-2.** [problem] éviter.

◆ **skirt round** *vt fus* **-1.** [town, obstacle] contourner. **-2.** [problem] éviter.

skirting board ['skɜːtɪŋ-] *n Br* plinthe *f*.

ski stick *n* bâton *m* de ski.

skit [skɪt] *n* sketch *m*.

skittish ['skɪtɪʃ] *adj* [person] frivole; [animal] ombrageux(euse).

skittle ['skɪtl] *n Br* quille *f*.

◆ **skittles** *n* (U) [game] quilles *fpl*.

skive [skaɪv] *vi Br inf*: **to ~ (off)** s'esquiver, tirer au flanc.

skivvy ['skɪvɪ] (*pl* **-ies**, *pt & pp* **-ied**) *Br inf* ◇ *n* boniche *f*, bonne *f* à tout faire. ◇ *vi* faire la boniche.

skulduggery [skʌl'dʌgərɪ] *n* (U) magouilles *fpl*.

skulk [skʌlk] *vi* [hide] se cacher; [prowl] rôder.

skull [skʌl] *n* crâne *m*.

skullcap ['skʌlkæp] *n* calotte *f*.

skunk [skʌŋk] *n* [animal] mouffette *f*.

sky [skaɪ] (*pl* **skies**) *n* ciel *m*.

skycap ['skaɪkæp] *n Am* porteur *m* (*dans un aéroport*).

skydiver ['skaɪ,daɪvər] *n* parachutiste *mf* qui fait de la chute libre.

skydiving ['skaɪ,daɪvɪŋ] *n* parachutisme *m* en chute libre.

sky-high *inf* ◇ *adj* [prices] astronomique, exorbitant(e). ◇ *adv*: **to blow sthg ~** [building etc] faire sauter qqch; [argument, theory] démolir qqch; **to go ~** [prices] monter en flèche.

skylark ['skaɪlɑːk] *n* alouette *f*.

skylight ['skaɪlaɪt] *n* lucarne *f*.

skyline ['skaɪlaɪn] *n* ligne *f* d'horizon.

skyscraper ['skaɪ,skreɪpər] *n* gratte-ciel *m inv*.

slab [slæb] *n* [of concrete] dalle *f*; [of stone] bloc *m*; [of cake] pavé *m*.

slack [slæk] ◇ *adj* **-1.** [not tight] lâche. **-2.** [not busy] calme. **-3.** [person] négligent(e), pas sérieux(ieuse). ◇ *n* [in rope] mou *m*.

◆ **slacks** *npl* pantalon *m*.

slacken ['slækn] ◇ *vt* [speed, pace] ralentir; [rope] relâcher. ◇ *vi* [speed, pace] ralentir.

slag [slæg] *n* (U) [waste material] scories *fpl*.

slagheap ['slæghiːp] *n* terril *m*.

slain [sleɪn] *pp* → slay.

slalom ['slɑːləm] *n* slalom *m*.

slam [slæm] (*pt* & *pp* **-med**, *cont* **-ming**) ◇ *vt* **-1.** [shut] claquer. **-2.** [criticize] éreinter. **-3.** [place with force]: **to ~ sthg on** OR **onto** jeter qqch brutalement sur, flanquer qqch sur. ◇ *vi* claquer.

slander ['slɑːndər] ◇ *n* calomnie *f*; JUR diffamation *f*. ◇ *vt* calomnier; JUR diffamer.

slanderous ['slɑːndrəs] *adj* calomnieux(ieuse); JUR diffamatoire.

slang [slæŋ] ◇ *adj* argotique. ◇ *n* (U) argot *m*.

slant [slɑːnt] ◇ *n* **-1.** [angle] inclinaison *f*; **on** OR **at a ~** de biais. **-2.** [perspective] point *m* de vue, perspective *f*. ◇ *vt* [bias] présenter d'une manière tendancieuse. ◇ *vi* [slope] être incliné(e), pencher.

slanting ['slɑːntɪŋ] *adj* [roof] en pente.

slap [slæp] (*pt* & *pp* **-ped**, *cont* **-ping**) ◇ *n* claque *f*, tape *f*; [on face] gifle *f*; **a ~ in the face** *fig* une gifle. ◇ *vt* **-1.** [person, face] gifler; [back] donner une claque OR une tape à. **-2.** [place with force]: **to ~ sthg on** OR **onto** jeter qqch brutalement sur, flanquer qqch sur. ◇ *adv inf* [directly] en plein.

slapdash ['slæpdæʃ], **slaphappy** ['slæp,hæpɪ] *adj inf* [work] bâclé(e); [person, attitude] insouciant(e).

slapstick ['slæpstɪk] *n* (U) grosse farce *f*.

slap-up *adj Br inf* [meal] fameux(euse).

slash [slæʃ] ◇ *n* **-1.** [long cut] entaille *f*. **-2.** [oblique stroke] barre *f* oblique. ◇ *vt* **-1.** [cut] entailler. **-2.** *inf* [prices] casser; [budget, unemployment] réduire considérablement.

slat [slæt] *n* lame *f*; [wooden] latte *f*.

slate [sleɪt] ◇ *n* ardoise *f*. ◇ *vt inf* [criticize] descendre en flammes.

slatted ['slætɪd] *adj* à lames; [wooden] en lattes de bois.

slaughter ['slɔːtər] ◇ *n* **-1.** [of animals] abattage *m*. **-2.** [of people] massacre *m*, carnage *m*. ◇ *vt* **-1.** [animals] abattre. **-2.** [people] massacrer.

slaughterhouse ['slɔːtəhaus, *pl* -hauzɪz] *n* abattoir *m*.

Slav [slɑːv] ◇ *adj* slave. ◇ *n* Slave *mf*.

slave [sleɪv] ◇ *n* esclave *mf*; **to be a ~ to sthg** *fig* être esclave de qqch. ◇ *vi* travailler comme un nègre; **to ~ over sthg** peiner sur qqch.

slaver ['sleɪvər] *vi* [salivate] baver.

slavery ['sleɪvərɪ] *n* esclavage *m*.

slave trade *n*: **the ~** la traite des noirs.

Slavic ['slɑːvɪk] ◇ *adj* slave. ◇ *n* [language] slave *m*; HISTORY slavon *m*.

slavish ['sleɪvɪʃ] *adj* servile.

Slavonic [slə'vɒnɪk] = Slavic.

slay [sleɪ] (*pt* slew, *pp* slain) *vt literary* tuer.

sleazy ['sliːzɪ] (*compar* **-ier**, *superl* **-iest**) *adj* [disreputable] mal famé(e).

sledge [sledʒ], **sled** *Am* [sled] *n* luge *f*; [larger] traîneau *m*.

sledgehammer ['sledʒ,hæmər] *n* masse *f*.

sleek [sliːk] *adj* **-1.** [hair, fur] lisse, luisant(e). **-2.** [shape] aux lignes pures.

sleep [sliːp] (*pt* & *pp* slept) ◇ *n* sommeil *m*; **to go to ~** s'endormir; **my foot has gone to ~** j'ai le pied engourdi OR endormi; **to put an animal to ~** *euphemism* piquer un animal. ◇ *vi* **-1.** [be asleep] dormir. **-2.** [spend night] coucher.

◆ **sleep around** *vi inf pej* coucher à droite et à gauche.

◆ **sleep in** *vi* faire la grasse matinée.

◆ **sleep off** *vt sep* dormir pour faire passer.

◆ **sleep through** *vt fus*: **I slept through the alarm** je n'ai pas entendu le réveil.

◆ **sleep together** *vi euphemism* coucher ensemble.

◆ **sleep with** *vt fus euphemism* coucher avec.

sleeper ['sliːpər] *n* **-1.** [person]: **to be a heavy/light ~** avoir le sommeil lourd/léger. **-2.** [RAIL - berth] couchette *f*; [- carriage] wagon-lit *m*; [- train] train-couchettes *m*. **-3.** *Br* [on railway track] traverse *f*.

sleepily ['sliːpɪlɪ] *adv* d'un air endormi.

sleeping bag ['sliːpɪŋ-] *n* sac *m* de couchage.

sleeping car ['sliːpɪŋ-] *n* wagon-lit *m*.

sleeping partner ['sliːpɪŋ-] *n Br* (associé *m*) commanditaire *m*, bailleur *m* de fonds.

sleeping pill ['sliːpɪŋ-] *n* somnifère *m*.

sleeping policeman ['sliːpɪŋ-] *n Br inf* ralentisseur *m*.

sleeping tablet ['sliːpɪŋ-] *n* somnifère *m*.

sleepless ['sliːpləs] *adj*: **to have a ~ night** passer une nuit blanche.

sleeplessness ['sliːpləsnɪs] *n* insomnie *f*.

sleepwalk ['sliːpwɔːk] *vi* être somnambule.

sleepy ['sliːpɪ] (*compar* **-ier**, *superl* **-iest**) *adj* **-1.** [person] qui a envie de dormir. **-2.** [place] endormi(e).

sleet [sliːt] ◇ *n* neige *f* fondue. ◇ *v impers*: **it's ~ing** il tombe de la neige fondue.

sleeve [sliːv] *n* **-1.** [of garment] manche *f*; **to have sthg up one's ~** *fig* avoir qqch en réserve. **-2.** [for record] pochette *f*.

sleeveless ['sliːvlɪs] *adj* sans manches.

sleigh [sleɪ] *n* traîneau *m*.

sleight of hand [,slaɪt-] n (U) **-1.** [skill] habileté f. **-2.** [trick] tour m de passe-passe.

slender ['slendəʳ] adj **-1.** [thin] mince. **-2.** fig [resources, income] modeste, maigre; [hope, chance] faible.

slept [slept] pt & pp → **sleep**.

sleuth [sluːθ] n inf hum limier m.

slew [sluː] ◇ pt → **slay**. ◇ vi [car] déraper.

slice [slaɪs] ◇ n **-1.** [thin piece] tranche f. **-2.** fig [of profits, glory] part f. **-3.** SPORT slice m. ◇ vt **-1.** [cut into slices] couper en tranches. **-2.** [cut cleanly] trancher. **-3.** SPORT slicer. ◇ vi: to ~ through sthg trancher qqch.

sliced bread [slaɪst-] n (U) pain m en tranches.

slick [slɪk] ◇ adj **-1.** [skilful] bien mené(e), habile. **-2.** pej [superficial - talk] facile; [- person] rusé(e). ◇ n nappe f de pétrole, marée f noire.

slicker ['slɪkəʳ] n Am [raincoat] ciré m.

slide [slaɪd] (pt & pp **slid** [slɪd]) ◇ n **-1.** [in playground] toboggan m. **-2.** PHOT diapositive f, diapo f. **-3.** [for microscope] porte-objet m. **-4.** Br [for hair] barrette f. **-5.** [decline] déclin m; [in prices] baisse f. ◇ vt faire glisser. ◇ vi glisser; to let things ~ fig laisser les choses aller à vau-l'eau.

slide projector n projecteur m de diapositives.

slide rule n règle f à calcul.

sliding door ['slaɪdɪŋ-] n porte f coulissante.

sliding scale ['slaɪdɪŋ-] n échelle f mobile.

slight [slaɪt] ◇ adj **-1.** [minor] léger(ère); the ~est le moindre (la moindre); not in the ~est pas du tout. **-2.** [thin] mince. ◇ n affront m. ◇ vt offenser, faire un affront à.

slightly ['slaɪtlɪ] adv **-1.** [to small extent] légèrement. **-2.** [slenderly]: ~ built mince.

slim [slɪm] (compar **-mer**, superl **-mest**, pt & pp **-med**, cont **-ming**) ◇ adj **-1.** [person, object] mince. **-2.** [chance, possibility] faible. ◇ vi maigrir; [diet] suivre un régime amaigrissant.

slime [slaɪm] n (U) substance f visqueuse; [of snail] bave f.

slimmer ['slɪməʳ] n personne f suivant un régime amaigrissant.

slimming ['slɪmɪŋ] ◇ n amaigrissement m. ◇ adj [product] amaigrissant(e), pour maigrir.

slimness ['slɪmnɪs] n minceur f.

slimy ['slaɪmɪ] (compar **-ier**, superl **-iest**) adj lit & fig visqueux(euse).

sling [slɪŋ] (pt & pp **slung**) ◇ n **-1.** [for arm] écharpe f. **-2.** NAUT [for loads] élingue f. ◇ vt **-1.** [hammock etc] suspendre; to ~ a bag over one's shoulder mettre son sac en bandoulière. **-2.** inf [throw] lancer.

slingback ['slɪŋbæk] n chaussure f à talon ouvert.

slingshot ['slɪŋʃɒt] n Am lance-pierres m inv.

slink [slɪŋk] (pt & pp **slunk**) vi: to ~ away OR off s'en aller furtivement.

slip [slɪp] (pt & pp **-ped**, cont **-ping**) ◇ n **-1.** [mistake] erreur f; a ~ of the pen un lapsus; a ~ of the tongue un lapsus. **-2.** [of paper - gen] morceau m; [- strip] bande f. **-3.** [underwear] combinaison f. **-4.** phr: to give sb the ~ inf fausser compagnie à qqn. ◇ vt glisser; to ~ sthg on enfiler qqch. ◇ vi **-1.** [slide] glisser; to ~ into sthg se glisser dans qqch. **-2.** [decline] décliner; to let things ~ laisser les choses aller à vau-l'eau. **-3.** phr: to let sthg ~ laisser échapper qqch.

◆ **slip up** vi fig faire une erreur.

slip-on adj: ~ shoes mocassins mpl.

◆ **slip-ons** npl mocassins mpl.

slippage ['slɪpɪdʒ] n baisse f.

slipped disc [,slɪpt-] n hernie f discale.

slipper ['slɪpəʳ] n pantoufle f, chausson m.

slippery ['slɪpərɪ] adj glissant(e).

slip road n Br bretelle f.

slipshod ['slɪpʃɒd] adj peu soigné(e).

slipstream ['slɪpstriːm] n sillage m.

slip-up n inf gaffe f.

slipway ['slɪpweɪ] n cale f de lancement.

slit [slɪt] (pt & pp **slit**, cont **-ting**) ◇ n [opening] fente f; [cut] incision f. ◇ vt [make opening in] faire une fente dans, fendre; [cut] inciser.

slither ['slɪðəʳ] vi [person] glisser; [snake] onduler.

sliver ['slɪvəʳ] n [of glass, wood] éclat m; [of meat, cheese] lamelle f.

slob [slɒb] n inf [in habits] saligaud m; [in appearance] gros lard m.

slobber ['slɒbəʳ] vi baver.

slog [slɒg] (pt & pp **-ged**, cont **-ging**) inf ◇ n **-1.** [tiring work] corvée f. **-2.** [tiring journey] voyage m pénible. ◇ vi **-1.** [work] travailler comme un bœuf OR un nègre. **-2.** [move] avancer péniblement.

slogan ['sləʊgən] n slogan m.

sloop [sluːp] n sloop m.

slop [slɒp] (pt & pp **-ped**, cont **-ping**) ◇ vt renverser. ◇ vi déborder.

slope [sləʊp] ◇ n pente f; to be on a slippery ~ fig être sur une pente savonneuse.

◇ *vi* [land] être en pente; [handwriting, table] pencher.

sloping ['sləupɪŋ] *adj* [land, shelf] en pente; [handwriting] penché(e).

sloppy ['slɒpɪ] (*compar* **-ier**, *superl* **-iest**) *adj* **-1.** [careless] peu soigné(e). **-2.** *inf* [sentimental] sentimental(e), à l'eau de rose.

slosh [slɒʃ] ◇ *vt* renverser. ◇ *vi*: **to ~ about** [liquid] clapoter; [person] patauger.

sloshed [slɒʃt] *adj inf* bourré(e).

slot [slɒt] (*pt & pp* **-ted**, *cont* **-ting**) *n* **-1.** [opening] fente *f*. **-2.** [groove] rainure *f*. **-3.** [in schedule] créneau *m*.

◆ **slot in** ◇ *vt sep* [part] insérer. ◇ *vi* [part] s'emboîter.

sloth [sləʊθ] *n* **-1.** [animal] paresseux *m*. **-2.** *literary* [laziness] paresse *f*.

slot machine *n* **-1.** [vending machine] distributeur *m* automatique. **-2.** [for gambling] machine *f* à sous.

slot meter *n Br* compteur *m* à pièces.

slouch [slaʊtʃ] ◇ *n* [posture] allure *f* avachie. ◇ *vi* être avachi(e).

slough [slaʊ]

◆ **slough off** *vt sep* **-1.** [skin]: **to ~ off one's skin** muer. **-2.** *fig* [get rid of] se débarrasser de.

Slovak ['sləʊvæk] ◇ *adj* slovaque. ◇ *n* **-1.** [person] Slovaque *mf*. **-2.** [language] slovaque *m*.

Slovakia [slə'vækɪə] *n* Slovaquie *f*; **in ~** en Slovaquie.

Slovakian [slə'vækɪən] ◇ *adj* slovaque. ◇ *n* Slovaque *mf*.

Slovenia [slə'viːnjə] *n* Slovénie *f*; **in ~** en Slovénie.

Slovenian [slə'viːnjən] ◇ *adj* slovène. ◇ *n* Slovène *mf*.

slovenly ['slʌvnlɪ] *adj* négligé(e).

slow [sləʊ] ◇ *adj* **-1.** [gen] lent(e). **-2.** [clock, watch]: **to be ~** retarder. **-3.** [not busy] calme. ◇ *adv* lentement; **to go ~** [driver] aller lentement; [workers] faire la grève perlée. ◇ *vt & vi* ralentir.

◆ **slow down**, **slow up** *vt sep & vi* ralentir.

slow-acting *adj* à action lente.

slowcoach ['sləʊkəʊtʃ], **slow-poke** *Am n inf* lambin *m*, -e *f*.

slowdown ['sləʊdaʊn] *n* ralentissement *m*.

slow handclap *n* applaudissements *mpl* rythmés (*pour montrer sa désapprobation*).

slowly ['sləʊlɪ] *adv* lentement; **~ but surely** lentement mais sûrement.

slow motion *n*: **in ~** au ralenti *m*.

◆ **slow-motion** *adj* au ralenti.

slow-poke ['sləʊpəʊk] *Am* = **slowcoach**.

SLR (*abbr of* **single-lens reflex**) *n* reflex *m*.

sludge [slʌdʒ] *n* boue *f*.

slug [slʌɡ] (*pt & pp* **-ged**, *cont* **-ging**) ◇ *n* **-1.** [animal] limace *f*. **-2.** *inf* [of alcohol] rasade *f*. **-3.** *Am inf* [bullet] balle *f*. ◇ *vt inf* donner un coup de poing violent à.

sluggish ['slʌɡɪʃ] *adj* [person] apathique; [movement, growth] lent(e); [business] calme, stagnant(e).

sluice [sluːs] ◇ *n* écluse *f*. ◇ *vt*: **to ~ sthg down** OR **out** laver qqch à grande eau.

slum [slʌm] (*pt & pp* **-med**, *cont* **-ming**) ◇ *n* [area] quartier *m* pauvre. ◇ *vt*: **to ~ it** *inf hum* s'encanailler.

slumber ['slʌmbə'] *literary* ◇ *n* sommeil *m*. ◇ *vi* dormir paisiblement.

slump [slʌmp] ◇ *n* **-1.** [decline]: **~ (in)** baisse *f* (de). **-2.** [period of poverty] crise *f* (économique). ◇ *vi lit & fig* s'effondrer.

slung [slʌŋ] *pt & pp* → **sling**.

slunk [slʌŋk] *pt & pp* → **slink**.

slur [slɜːʳ] (*pt & pp* **-red**, *cont* **-ring**) ◇ *n* **-1.** [of voice]: **to speak with a ~** mal articuler. **-2.** [slight]: **~ (on)** atteinte *f* (à). **-3.** [insult] affront *m*, insulte *f*. ◇ *vt* mal articuler.

slurp [slɜːp] *vt* boire avec bruit.

slurred [slɜːd] *adj* mal articulé(e).

slush [slʌʃ] *n* [snow] neige *f* fondue, sloche *f Can*.

slush fund, **slush money** *Am n* fonds *mpl* secrets, caisse *f* noire.

slut [slʌt] *n* **-1.** *inf* [dirty, untidy] souillon *f*. **-2.** *v inf* [sexually immoral] salope *f*.

sly [slaɪ] (*compar* **slyer** OR **slier**, *superl* **slyest** OR **sliest**) ◇ *adj* **-1.** [look, smile] entendu(e). **-2.** [person] rusé(e), sournois(e). ◇ *n*: **on the ~** en cachette.

slyness ['slaɪnɪs] *n* (U) ruse *f*.

smack [smæk] ◇ *n* **-1.** [slap] claque *f*; [on face] gifle *f*. **-2.** [impact] claquement *m*. ◇ *vt* **-1.** [slap] donner une claque à; [face] gifler. **-2.** [place violently] poser violemment. **-3.** *phr*: **to ~ one's lips** se lécher les babines. ◇ *adv inf* [directly] en plein; **~ in the middle** en plein milieu.

small [smɔːl] ◇ *adj* **-1.** [gen] petit(e). **-2.** [trivial] petit, insignifiant(e). ◇ *n*: **the ~ of the back** le creux OR le bas des reins.

◆ **smalls** *npl Br inf dated* dessous *mpl*.

small ads *npl Br* petites annonces *fpl*.

small arms *npl* armes *fpl* (à feu) portatives.

small change *n* petite monnaie *f*.

small fry *n* menu fretin *m*.

smallholder ['smɔːl,həʊldər] *n Br* petit cultivateur *m*, petit exploitant *m* agricole.

smallholding ['smɔːl,həʊldɪŋ] *n Br* petite exploitation *f* agricole.

small hours *npl*: **in the** ~ au petit jour OR matin.

smallness ['smɔːlnɪs] *n* [of building, person] petite taille *f*; [of amount, income] modicité *f*, petitesse *f*.

smallpox ['smɔːlpɒks] *n* variole *f*, petite vérole *f*.

small print *n*: **the** ~ les clauses *fpl* écrites en petits caractères.

small-scale *adj* [activity, organization] peu important(e).

small talk *n* (*U*) papotage *m*, bavardage *m*.

small-time *adj* de second ordre.

smarmy ['smɑːmɪ] (*compar* **-ier**, *superl* **-iest**) *adj* mielleux(euse).

smart [smɑːt] ◇ *adj* **-1.** [stylish - person, clothes, car] élégant(e). **-2.** [clever] intelligent(e). **-3.** [fashionable - club, society, hotel] à la mode, in (*inv*). **-4.** [quick - answer, tap] vif (vive), rapide. ◇ *vi* **-1.** [eyes, skin] brûler, piquer. **-2.** [person] être blessé(e).

smart card *n* carte *f* à mémoire.

smarten ['smɑːtn]

◆ **smarten up** *vt sep* [room] arranger; **to** ~ **o.s. up** se faire beau (belle).

smash [smæʃ] ◇ *n* **-1.** [sound] fracas *m*. **-2.** *inf* [car crash] collision *f*, accident *m*. **-3.** *inf* [success] succès *m* fou. **-4.** SPORT smash *m*. ◇ *vt* **-1.** [glass, plate etc] casser, briser. **-2.** *fig* [defeat] détruire. ◇ *vi* **-1.** [glass, plate etc] se briser. **-2.** [crash]: **to** ~ **through sthg** défoncer qqch; **to** ~ **into sthg** s'écraser contre qqch.

◆ **smash up** *vt sep* casser, briser; [car] bousiller.

smash-and-grab (raid) *n Br* vol effectué après avoir brisé une vitrine.

smashed [smæʃt] *adj inf* bourré(e).

smash hit *n* succès *m* fou.

smashing ['smæʃɪŋ] *adj inf* super (*inv*).

smash-up *n* collision *f*, accident *m*.

smattering ['smætərɪŋ] *n*: **to have a** ~ **of German** savoir quelques mots d'allemand.

SME (*abbr of* **small and medium-sized enterprise**) *n* PME *f*.

smear [smɪər] ◇ *n* **-1.** [dirty mark] tache *f*. **-2.** MED frottis *m*. **-3.** [slander] diffamation *f*. ◇ *vt* **-1.** [smudge] barbouiller, maculer. **-2.** [spread]: **to** ~ **sthg onto sthg** étaler qqch sur qqch; **to** ~ **sthg with sthg** enduire qqch de qqch. **-3.** [slander] calomnier.

smear campaign *n* campagne *f* de diffamation.

smear test *n* frottis *m*.

smell [smel] (*pt* & *pp* **-ed** OR **smelt**) ◇ *n* **-1.** [odour] odeur *f*. **-2.** [sense of smell] odorat *m*. ◇ *vt* sentir. ◇ *vi* **-1.** [flower, food] sentir; **I can't** ~ je ne sens rien du tout; **to** ~ **of sthg** sentir qqch; **to** ~ **good/bad** sentir bon/mauvais. **-2.** [smell unpleasantly] sentir (mauvais), puer.

smelly ['smelɪ] (*compar* **-ier**, *superl* **-iest**) *adj* qui sent mauvais, qui pue.

smelt [smelt] ◇ *pt* & *pp* → **smell**. ◇ *vt* [metal] extraire par fusion; [ore] fondre.

smile [smaɪl] ◇ *n* sourire *m*. ◇ *vi* sourire. ◇ *vt*: **to** ~ **one's agreement** acquiescer d'un sourire.

smiling ['smaɪlɪŋ] *adj* souriant(e).

smirk [smɜːk] ◇ *n* sourire *m* narquois. ◇ *vi* sourire d'un air narquois.

smith [smɪθ] *n* forgeron *m*.

smithereens [,smɪðə'riːnz] *npl inf*: **to be smashed to** ~ être brisé(e) en mille morceaux.

smithy ['smɪðɪ] (*pl* **-ies**) *n* forge *f*.

smitten ['smɪtn] *adj hum*: **to be** ~ (**with**) être fou (folle) (de).

smock [smɒk] *n* blouse *f*.

smog [smɒg] *n* smog *m*.

smoke [sməʊk] ◇ *n* **-1.** (*U*) [from fire] fumée *f*. **-2.** [act of smoking]: **to have a** ~ [cigarette] fumer une cigarette; [cigar] fumer un cigare. ◇ *vt* & *vi* fumer.

smoked [sməʊkt] *adj* [food] fumé(e).

smokeless fuel ['sməʊklɪs-] *n combustible qui ne produit pas de fumée.*

smokeless zone ['sməʊklɪs-] *n zone où la combustion de matériaux est réglementée.*

smoker ['sməʊkər] *n* **-1.** [person] fumeur *m*, -euse *f*. **-2.** RAIL compartiment *m* fumeurs.

smokescreen ['sməʊkskriːn] *n fig* couverture *f*.

smoke shop *n Am* bureau *m* de tabac.

smokestack ['sməʊkstæk] *n* cheminée *f*.

smokestack industry *n Am* industrie *f* lourde.

smoking ['sməʊkɪŋ] *n* tabagisme *m*; **"no ~"** «défense de fumer».

smoking compartment *Br*, **smoking car** *Am n* compartiment *m* fumeurs.

smoky ['sməʊkɪ] (*compar* **-ier**, *superl* **-iest**) *adj* **-1.** [room, air] enfumé(e). **-2.** [taste] fumé(e).

smolder *Am* = **smoulder**.

smooch [smuːtʃ] *vi inf* se bécoter et se peloter.

smooth [smuːð] ◇ *adj* -1. [surface] lisse. -2. [sauce] homogène, onctueux(euse). -3. [movement] régulier(ière). -4. [taste] moelleux(euse). -5. [flight, ride] confortable; [landing, take-off] en douceur. -6. *pej* [person, manner] doucereux(euse), mielleux(euse). -7. [operation, progress] sans problèmes. ◇ *vt* [hair] lisser; [clothes, tablecloth] défroisser; **to ~ the way** aplanir les difficultés OR les obstacles.
◆ **smooth out** *vt sep* défroisser.
◆ **smooth over** *vt fus* [difficulties] aplanir; [disagreements] arranger.

smoothly ['smuːðlɪ] *adv* -1. [move] sans heurt. -2. *pej* [suavely] d'un ton doucereux. -3. [without problems] sans problèmes.

smoothness ['smuːðnɪs] *n* (*U*) -1. [of surface] aspect *m* lisse. -2. [of mixture] onctuosité *f*. -3. [of movement] régularité *f*. -4. [of flight, ride] confort *m*. -5. *pej* [of person] caractère *m* doucereux.

smooth-talking [-ˌtɔːkɪŋ] *adj* doucereux(euse), mielleux(euse).

smother ['smʌðər] *vt* -1. [cover thickly]: **to ~ sb/sthg with** couvrir qqn/qqch de. -2. [person, fire] étouffer. -3. *fig* [emotions] cacher, étouffer.

smoulder *Br*, **smolder** *Am* ['sməuldər] *vi lit & fig* couver.

smudge [smʌdʒ] ◇ *n* tache *f*; [of ink] bavure *f*. ◇ *vt* [drawing, painting] maculer; [paper] faire une marque OR trace sur; [face] salir.

smug [smʌg] (*compar* -ger, *superl* -gest) *adj* suffisant(e).

smuggle ['smʌgl] *vt* -1. [across frontiers] faire passer en contrebande. -2. [against rules]: **to ~ sthg in/out** faire entrer/sortir qqch clandestinement.

smuggler ['smʌglər] *n* contrebandier *m*, -ière *f*.

smuggling ['smʌglɪŋ] *n* (*U*) contrebande *f*.

smugness ['smʌgnɪs] *n* suffisance *f*.

smut [smʌt] *n* -1. [dirty mark] tache *f* de suie. -2. (*U*) *pej* [books, talk etc] obscénités *fpl*.

smutty ['smʌtɪ] (*compar* -ier, *superl* -iest) *adj* *pej* [book, language] cochon(onne).

snack [snæk] ◇ *n* casse-croûte *m inv*. ◇ *vi* *Am* manger un morceau.

snack bar *n* snack *m*, snack-bar *m*.

snag [snæg] (*pt & pp* -ged, *cont* -ging) ◇ *n* [problem] inconvénient *m*, écueil *m*. ◇ *vt* accrocher. ◇ *vi*: **to ~ (on)** s'accrocher (à).

snail [sneɪl] *n* escargot *m*.

snake [sneɪk] ◇ *n* serpent *m*. ◇ *vi* serpenter.

snap [snæp] (*pt & pp* -ped, *cont* -ping) ◇ *adj* [decision, election] subit(e); [judgment] irréfléchi(e).
◇ *n* -1. [of branch] craquement *m*; [of fingers] claquement *m*. -2. [photograph] photo *f*. -3. [card game] ≃ bataille *f*.
◇ *vt* -1. [break] casser net. -2. [move]: **to ~ sthg open/shut** ouvrir/fermer qqch avec un bruit sec; **to ~ one's fingers** claquer des doigts. -3. [speak sharply] dire d'un ton sec.
◇ *vi* -1. [break] se casser net. -2. [move]: **to ~ into place** s'emboîter avec un bruit sec. -3. [dog]: **to ~ at** essayer de mordre. -4. [speak sharply]: **to ~ (at sb)** parler (à qqn) d'un ton sec. -5. *phr*: **to ~ out of it** *inf* réagir, se secouer.
◆ **snap up** *vt sep* [bargain] sauter sur.

snap fastener *n* pression *f*.

snappish ['snæpɪʃ] *adj* hargneux(euse).

snappy ['snæpɪ] (*compar* -ier, *superl* -iest) *adj* *inf* -1. [stylish] chic. -2. [quick] prompt(e); **make it ~!** dépêche-toi!, et que ça saute!

snapshot ['snæpʃɒt] *n* photo *f*.

snare [sneər] ◇ *n* piège *m*, collet *m*. ◇ *vt* prendre au piège, attraper.

snarl [snɑːl] ◇ *n* grondement *m*. ◇ *vi* gronder.

snarl-up *n* enchevêtrement *m*; [of traffic] embouteillage *m*.

snatch [snætʃ] ◇ *n* [of conversation] bribe *f*; [of song] extrait *m*. ◇ *vt* -1. [grab] saisir. -2. *fig* [time] réussir à avoir; [opportunity] saisir; **to ~ a look at sthg** regarder qqch à la dérobée. ◇ *vi*: **to ~ at sthg** essayer de saisir qqch.

snazzy ['snæzɪ] (*compar* -ier, *superl* -iest) *adj* *inf* [clothes, car] beau (belle), super (*inv*); [dresser] qui s'habille chic.

sneak [sniːk] (*Am pt* snuck) ◇ *n* *Br inf* rapporteur *m*, -euse *f*. ◇ *vt*: **to ~ a look at sb/ sthg** regarder qqn/qqch à la dérobée. ◇ *vi* [move quietly] se glisser; **to ~ up on sb** s'approcher de qqn sans faire de bruit.

sneakers ['sniːkəz] *npl Am* tennis *mpl*, baskets *fpl*.

sneaking ['sniːkɪŋ] *adj* secret(ète).

sneak preview *n* avant-première *f*.

sneaky ['sniːkɪ] (*compar* -ier, *superl* -iest) *adj* *inf* sournois(e).

sneer [snɪər] ◇ *n* [smile] sourire *m* dédaigneux; [laugh] ricanement *m*. ◇ *vi* -1. [smile] sourire dédaigneusement. -2. [ridicule]: **to ~ at sthg** tourner qqch en ridicule.

sneeze [sniːz] ◇ *n* éternuement *m*. ◇ *vi* éternuer; **it's not to be ~d at!** *inf* il ne faut pas cracher dessus!

snicker ['snɪkər] *vi Am* ricaner.

snide [snaɪd] *adj* sournois(e).

sniff [snɪf] ◇ *n* reniflement *m*. ◇ *vt* **-1.** [smell] renifler. **-2.** [inhale - drug] sniffer. ◇ *vi* **-1.** [to clear nose] renifler. **-2.** [to show disapproval] faire la grimace.

sniffer dog ['snɪfər-] *n* chien *m* renifleur.

sniffle ['snɪfl] *vi* renifler.

snigger ['snɪgər] ◇ *n* rire *m* en dessous. ◇ *vi* ricaner.

snip [snɪp] (*pt & pp* **-ped,** *cont* **-ping**) ◇ *n inf* [bargain] bonne affaire *f*. ◇ *vt* couper.

snipe [snaɪp] *vi* **-1.** [shoot]: **to ~ at sb/sthg** canarder qqn/qqch. **-2.** [criticize]: **to ~ at sb** critiquer qqn sournoisement.

sniper ['snaɪpər] *n* tireur *m* isolé.

snippet ['snɪpɪt] *n* fragment *m*.

snivel ['snɪvl] (*Br pt & pp* **-led,** *cont* **-ling,** *Am pt & pp* **-ed,** *cont* **-ing**) *vi* geindre.

snob [snɒb] *n* snob *mf*.

snobbery ['snɒbərɪ] *n* snobisme *m*.

snobbish ['snɒbɪʃ], **snobby** ['snɒbɪ] (*compar* **-ier,** *superl* **-iest**) *adj* snob (*inv*).

snooker ['snuːkər] *n* [game] ≃ jeu *m* de billard.

snoop [snuːp] *vi inf* fureter.

snooper ['snuːpər] *n inf* fouineur *m*, -euse *f*.

snooty ['snuːtɪ] (*compar* **-ier,** *superl* **-iest**) *adj inf* prétentieux(ieuse).

snooze [snuːz] ◇ *n* petit somme *m*. ◇ *vi* faire un petit somme.

snore [snɔːr] ◇ *n* ronflement *m*. ◇ *vi* ronfler.

snoring ['snɔːrɪŋ] *n* (*U*) ronflement *m*, ronflements *mpl*.

snorkel ['snɔːkl] *n* tuba *m*.

snorkelling *Br*, **snorkeling** *Am* ['snɔːklɪŋ] *n*: **to go ~** faire de la plongée avec un tuba.

snort [snɔːt] ◇ *n* [of person] grognement *m*; [of horse, bull] ébrouement *m*. ◇ *vi* [person] grogner; [horse] s'ébrouer.

snotty ['snɒtɪ] (*compar* **-ier,** *superl* **-iest**) *adj inf* **-1.** [snooty] prétentieux(ieuse). **-2.** [face, child] morveux(euse).

snout [snaʊt] *n* groin *m*.

snow [snəʊ] ◇ *n* neige *f*. ◇ *v impers* neiger.
◆ **snow in** *vt sep*: **to be ~ed in** être bloqué(e) par la neige.
◆ **snow under** *vt sep fig*: **to be ~ed under (with)** être submergé(e) (de).

snowball ['snəʊbɔːl] ◇ *n* boule *f* de neige. ◇ *vi fig* faire boule de neige.

snowbank ['snəʊbæŋk] congère *f*, banc *m* de neige *Can*.

snow blindness *n* cécité *f* des neiges.

snowbound ['snəʊbaʊnd] *adj* bloqué(e) par la neige.

snow-capped [-kæpt] *adj* couronné(e) de neige.

snowdrift ['snəʊdrɪft] *n* congère *f*.

snowdrop ['snəʊdrɒp] *n* perce-neige *m inv*.

snowfall ['snəʊfɔːl] *n* chute *f* de neige.

snowflake ['snəʊfleɪk] *n* flocon *m* de neige.

snowman ['snəʊmæn] (*pl* **-men** [-men]) *n* bonhomme *m* de neige.

snowmobile ['snəʊməbiːl] scooter *m* des neiges, motoneige *f Can*.

snow pea *n Am* mange-tout *m inv*.

snowplough *Br*, **snowplow** *Am* ['snəʊplaʊ] *n* chasse-neige *m inv*.

snowshoe ['snəʊʃuː] *n* raquette *f*.

snowstorm ['snəʊstɔːm] *n* tempête *f* de neige.

snowy ['snəʊɪ] (*compar* **-ier,** *superl* **-iest**) *adj* neigeux(euse).

SNP (*abbr of* **Scottish National Party**) *n parti nationaliste écossais*.

Snr, snr *abbr of* **senior**.

snub [snʌb] (*pt & pp* **-bed,** *cont* **-bing**) ◇ *n* rebuffade *f*. ◇ *vt* snober, ignorer.

snuck [snʌk] *pt* → **sneak**.

snuff [snʌf] *n* tabac *m* à priser.

snuffle ['snʌfl] *vi* renifler.

snuff movie *n* film porno où l'acteur est tué à la fin.

snug [snʌg] (*compar* **-ger,** *superl* **-gest**) *adj* **-1.** [person] à l'aise, confortable; [in bed] bien au chaud. **-2.** [place] douillet(ette). **-3.** [close-fitting] bien ajusté(e).

snuggle ['snʌgl] *vi* se blottir.

so [səʊ] ◇ *adv* **-1.** [to such a degree] si, tellement; **~ difficult (that)** ... si OR tellement difficile que ...; **don't be ~ stupid!** ne sois pas si bête!; **he's not ~ stupid as he looks** il n'est pas si OR aussi bête qu'il en a l'air; **we're ~ glad you could come** nous sommes si contents que vous ayez pu venir; **he's ~ sweet/kind** il est tellement mignon/gentil; **we had ~ much work!** nous avions tant de travail!; **I've never seen ~ much money/many cars** je n'ai jamais vu autant d'argent/de voitures. **-2.** [in referring back to previous statement, event etc]: **what's the point then?** alors à quoi bon?; **~ you knew already?** alors tu le savais déjà?; **I don't think ~** je ne crois pas; **I'm**

afraid ~ je crains bien que oui; if ~ si oui; is that ~?, vraiment? **-3.** [also] aussi; ~ can/do/would *etc* I moi aussi; she speaks French and ~ does her husband elle parle français et son mari aussi; as with ..., ~ with il en va pour ... comme pour; just as some people like family holidays, ~ others prefer to holiday alone de même que certains aiment des vacances en famille, de même d'autres préfèrent passer leurs vacances tout seuls. **-4.** [in this way]: (like) ~ comme cela OR ça, de cette façon; hold your arm out, ~ étendez votre bras, comme cela OR ça. **-5.** [in expressing agreement]: ~ there is en effet, c'est vrai; ~ I see c'est ce que je vois. **-6.** [unspecified amount, limit]: they pay us ~ much a week ils nous payent tant par semaine; not ~ much ... as pas tant ... que; it's not ~ much the money as the time involved ce n'est pas tant l'argent que le temps que ça demande; or ~ environ, à peu près; a year/week or ~ ago il y a environ un an/une semaine.
◇ *conj* alors; he said yes and ~ we got married il a dit oui, alors on s'est mariés; I'm away next week ~ I won't be there je suis en voyage la semaine prochaine donc OR par conséquent je ne serai pas là; ~ what have you been up to? alors, qu'est-ce que vous devenez?; ~ what? *inf* et alors?, et après?; ~ there! *inf* là!, et voilà!
◆ **and so on, and so forth** *adv* et ainsi de suite.
◆ **so as** *conj* afin de, pour; we didn't knock ~ as not to disturb them nous n'avons pas frappé pour ne pas les déranger.
◆ **so that** *conj* [for the purpose that] pour que (+ *subjunctive*); he lied ~ that she would go free il a menti pour qu'elle soit relâchée.

SO *abbr of* **standing order.**

soak [səuk] ◇ *vt* laisser OR faire tremper. ◇ *vi* **-1.** [become thoroughly wet]: **to leave sthg to ~, to let sthg ~** laisser OR faire tremper qqch. **-2.** [spread]: **to ~ into sthg** tremper dans qqch; **to ~ through (sthg)** traverser (qqch).
◆ **soak up** *vt sep* absorber.

soaked [səukt] *adj* trempé(e); **to be ~ through** être trempé (jusqu'aux os).

soaking [ˈsəukɪŋ] *adj* trempé(e).

so-and-so *n inf* **-1.** [to replace a name]: Mr ~ Monsieur un tel. **-2.** [annoying person] enquiquineur *m*, -euse *f*.

soap [səup] ◇ *n* **-1.** (*U*) [for washing] savon *m*. **-2.** TV soap opera *m*. ◇ *vt* savonner.

soap bubble *n* bulle *f* de savon.

soap flakes *npl* savon *m* en paillettes.

soap opera *n* soap opera *m*.

soap powder *n* lessive *f*.

soapsuds [ˈsəupsʌdz] *npl* mousse *f* de savon.

soapy [ˈsəupɪ] (*compar* **-ier**, *superl* **-iest**) *adj* [water] savonneux(euse); [taste] de savon.

soar [sɔːr] *vi* **-1.** [bird] planer. **-2.** [balloon, kite] monter. **-3.** [prices, temperature] monter en flèche. **-4.** [building, tree, mountain] s'élever, s'élancer. **-5.** [music, voice] monter.

soaring [ˈsɔːrɪŋ] *adj* **-1.** [prices, temperature] qui monte en flèche. **-2.** [building, tree, mountain] qui s'élève. **-3.** [music, voice] qui monte.

sob [sɒb] (*pt* & *pp* **-bed**, *cont* **-bing**) ◇ *n* sanglot *m*. ◇ *vt* dire en sanglotant. ◇ *vi* sangloter.

sobbing [ˈsɒbɪŋ] *n* (*U*) sanglots *mpl*.

sober [ˈsəubər] *adj* **-1.** [not drunk] qui n'est pas ivre. **-2.** [serious] sérieux(ieuse). **-3.** [plain - clothes, colours] sobre.
◆ **sober up** *vi* dessoûler.

sobering [ˈsəubərɪŋ] *adj* qui donne à réfléchir.

sobriety [səuˈbraɪətɪ] *n fml* [seriousness] sérieux *m*.

Soc. *abbr of* **Society.**

so-called [-kɔːld] *adj* **-1.** [misleadingly named] soi-disant (*inv*). **-2.** [widely known as] ainsi appelé(e).

soccer [ˈsɒkər] *n* football *m*.

sociable [ˈsəuʃəbl] *adj* sociable.

social [ˈsəuʃl] *adj* social(e).

social climber *n pej* arriviste *mf*.

social club *n* club *m*.

social conscience *n* conscience *f* sociale.

social democracy *n* social-démocratie *f*.

social event *n* événement *m* social.

social fund *n* fonds *m* d'entraide.

socialism [ˈsəuʃəlɪzm] *n* socialisme *m*.

socialist [ˈsəuʃəlɪst] ◇ *adj* socialiste. ◇ *n* socialiste *mf*.

socialite [ˈsəuʃəlaɪt] *n* mondain *m*, -e *f*.

socialize, -ise [ˈsəuʃəlaɪz] *vi* fréquenter des gens; **to ~ with sb** fréquenter qqn, frayer avec qqn.

socialized medicine [ˈsəuʃəlaɪzd-] *n Am* soins médicaux payés par les impôts.

social life *n* vie *f* sociale.

socially [ˈsəuʃəlɪ] *adv* **-1.** [in society] socialement, en société. **-2.** [outside business] en dehors du travail.

social order *n* ordre *m* social.

social science *n* sciences *fpl* humaines.

social security *n* aide *f* sociale.

social services *npl* services *mpl* sociaux.

social studies *n* sciences *fpl* sociales.

social work *n* (*U*) assistance *f* sociale.

social worker *n* assistant social *m*, assistante sociale *f*.

society [sə'saɪətɪ] (*pl* **-ies**) *n* **-1.** [gen] société *f*. **-2.** [club] association *f*, club *m*.

socioeconomic ['səʊsɪəʊ,iːkə'nɒmɪk] *adj* socio-économique.

sociological [,səʊsɪə'lɒdʒɪkl] *adj* sociologique.

sociologist [,səʊsɪ'ɒlədʒɪst] *n* sociologue *mf*.

sociology [,səʊsɪ'ɒlədʒɪ] *n* sociologie *f*.

sock [sɒk] *n* chaussette *f*; **to pull one's ~s up** *inf fig* se secouer.

socket ['sɒkɪt] *n* **-1.** [for light bulb] douille *f*; [for plug] prise *f* de courant. **-2.** [of eye] orbite *f*; [for bone] cavité *f* articulaire.

sod [sɒd] *n* **-1.** [of turf] motte *f* de gazon. **-2.** *v inf* [person] con *m*.

soda ['səʊdə] *n* **-1.** CHEM soude *f*. **-2.** [soda water] eau *f* de Seltz. **-3.** *Am* [fizzy drink] soda *m*.

soda syphon *n* siphon *m* d'eau de Seltz.

soda water *n* eau *f* de Seltz.

sodden ['sɒdn] *adj* trempé(e), détrempé(e).

sodium ['səʊdɪəm] *n* sodium *m*.

sofa ['səʊfə] *n* canapé *m*.

sofa bed *n* canapé-lit *m*.

Sofia ['səʊfjə] *n* Sofia.

soft [sɒft] *adj* **-1.** [not hard] doux (douce), mou (molle). **-2.** [smooth, not loud, not bright] doux (douce). **-3.** [without force] léger(ère). **-4.** [caring] tendre. **-5.** [lenient] faible, indulgent(e).

soft-boiled *adj* à la coque.

soft drink *n* boisson *f* non alcoolisée.

soft drugs *npl* drogues *fpl* douces.

soften ['sɒfn] ◇ *vt* **-1.** [fabric] assouplir; [substance] ramollir; [skin] adoucir. **-2.** [shock, blow] atténuer, adoucir. **-3.** [attitude] modérer, adoucir. ◇ *vi* **-1.** [substance] se ramollir. **-2.** [attitude, person] s'adoucir, se radoucir.

◆ **soften up** *vt sep inf* [persuade] amadouer.

softener ['sɒfnəʳ] *n* [for washing] adoucissant *m*.

soft focus *n* flou *m*; **in ~** en flou.

soft furnishings *npl Br* tissus *mpl* d'ameublement.

softhearted [,sɒft'hɑːtɪd] *adj* au cœur tendre.

softly ['sɒftlɪ] *adv* **-1.** [gently, quietly] douce-ment. **-2.** [not brightly] faiblement. **-3.** [leniently] avec indulgence.

softness ['sɒftnɪs] *n* **-1.** [of bed, ground, substance] mollesse *f*, moelleux *m*. **-2.** [of skin, sound, light] douceur *f*. **-3.** [lenience] indulgence *f*.

soft-pedal *vi inf* y aller doucement.

soft sell *n inf* méthode *f* de vente discrète OR non agressive.

soft-spoken *adj* à la voix douce.

soft toy *n* jouet *m* en peluche.

software ['sɒftweəʳ] *n* (*U*) COMPUT logiciel *m*.

software package *n* COMPUT logiciel *m*, progiciel *m*.

softwood ['sɒftwʊd] *n* bois *m* tendre.

softy ['sɒftɪ] (*pl* **-ies**) *n inf* **-1.** *pej* [weak person] mauviette *f*, poule *f* mouillée. **-2.** [sensitive person]: **he's a big ~** c'est un tendre.

soggy ['sɒgɪ] (*compar* **-ier**, *superl* **-iest**) *adj* trempé(e), détrempé(e).

soil [sɔɪl] ◇ *n* (*U*) **-1.** [earth] sol *m*, terre *f*. **-2.** *fig* [territory] sol *m*, territoire *m*. ◇ *vt* souiller, salir.

soiled [sɔɪld] *adj* sale.

solace ['sɒləs] *n literary* consolation *f*, réconfort *m*.

solar ['səʊləʳ] *adj* solaire.

solarium [sə'leərɪəm] (*pl* **-riums** OR **-ria** [-rɪə]) *n* solarium *m*.

solar panel *n* panneau *m* solaire.

solar plexus [-'pleksəs] *n* plexus *m* solaire.

solar system *n* système *m* solaire.

sold [səʊld] *pt & pp* → **sell**.

solder ['səʊldəʳ] ◇ *n* (*U*) soudure *f*. ◇ *vt* souder.

soldering iron ['səʊldərɪŋ-] *n* fer *m* à souder.

soldier ['səʊldʒəʳ] *n* soldat *m*.

◆ **soldier on** *vi Br* persévérer.

sold-out *adj* [tickets] qui ont tous été vendus; [play, concert] qui joue à guichets fermés.

sole [səʊl] (*pl sense 2 only inv* OR **-s**) ◇ *adj* **-1.** [only] seul(e), unique. **-2.** [exclusive] exclusif(ive). ◇ *n* **-1.** [of foot] semelle *f*. **-2.** [fish] sole *f*.

solely ['səʊllɪ] *adv* seulement, uniquement; **~ responsible** seul OR entièrement responsable.

solemn ['sɒləm] *adj* solennel(elle); [person] sérieux(ieuse).

solemnly ['sɒləmlɪ] *adv* **-1.** [speak, behave] avec solennité, sérieusement. **-2.** [promise, swear] solennellement.

sole trader *n Br* COMM entreprise *f* uni-personnelle OR individuelle.

solicit [sə'lɪsɪt] ◇ *vt* [request] solliciter. ◇ *vi* [prostitute] racoler.

solicitor [sə'lɪsɪtər] *n Br* JUR notaire *m*.

solicitous [sə'lɪsɪtəs] *adj* -1. [caring] plein(e) de sollicitude. -2. [anxious]: ~ **about** OR **for** préoccupé(e) de, soucieux(ieuse) de.

solid ['sɒlɪd] ◇ *adj* -1. [not fluid, sturdy, reliable] solide. -2. [not hollow - tyres] plein(e); [- wood, rock, gold] massif(ive). -3. [without interruption]: **two hours** ~ deux heures d'affilée. ◇ *n* solide *m*.

solidarity [ˌsɒlɪ'dærətɪ] *n* solidarité *f*.

solid fuel *n* combustible *m* solide.

solidify [sə'lɪdɪfaɪ] (*pt* & *pp* **-ied**) *vi* se solidifier.

solidly ['sɒlɪdlɪ] *adv* -1. [sturdily] solidement. -2. [completely] tout à fait, absolument. -3. [without interruption] sans s'arrêter, sans interruption.

soliloquy [sə'lɪləkwɪ] (*pl* **-ies**) *n* soliloque *m*.

solitaire [ˌsɒlɪ'teər] *n* -1. [jewel, board game] solitaire *m*. -2. *Am* [card game] réussite *f*, patience *f*.

solitary ['sɒlɪtrɪ] *adj* -1. [lonely, alone] solitaire. -2. [just one] seul(e).

solitary confinement *n* isolement *m* cellulaire.

solitude ['sɒlɪtjuːd] *n* solitude *f*.

solo ['səʊləʊ] (*pl* **-s**) ◇ *adj* solo (*inv*). ◇ *n* solo *m*. ◇ *adv* en solo.

soloist ['səʊləʊɪst] *n* soliste *mf*.

Solomon Islands ['sɒləmən-] *npl*: **the** ~ les îles *fpl* Salomon; **in the** ~ dans les îles Salomon.

solstice ['sɒlstɪs] *n* solstice *m*.

soluble ['sɒljʊbl] *adj* soluble.

solution [sə'luːʃn] *n* -1. [to problem]: ~ **(to)** solution *f* (de). -2. [liquid] solution *f*.

solve [sɒlv] *vt* résoudre.

solvency ['sɒlvənsɪ] *n* solvabilité *f*.

solvent ['sɒlvənt] ◇ *adj* FIN solvable. ◇ *n* dissolvant *m*, solvant *m*.

solvent abuse *n* usage *m* de solvants.

Som. (*abbr of* **Somerset**) *comté anglais*.

Somali [sə'mɑːlɪ] ◇ *adj* somali(e), somalien(ienne). ◇ *n* -1. [person] Somali *m*, -e *f*, Somalien *m*, -ienne *f*. -2. [language] somali *m*.

Somalia [sə'mɑːlɪə] *n* Somalie *f*; **in** ~ en Somalie.

sombre *Br*, **somber** *Am* ['sɒmbər] *adj* sombre.

some [sʌm] ◇ *adj* -1. [a certain amount, number of]: ~ **meat/money** de la viande/l'argent; ~ **coffee** du café; ~ **sweets** des bonbons. -2. [fairly large number or quantity of] quelque; **I had** ~ **difficulty getting here** j'ai eu quelque mal à venir ici; **I've known him for** ~ **years** je le connais depuis plusieurs années OR pas mal d'années; **we haven't seen them for** ~ **time** ça fait quelque temps qu'on ne les a pas vus. -3. (*contrastive use*) [certain]: ~ **jobs are better paid than others** certains boulots sont mieux rémunérés que d'autres; ~ **people like his music** il y en a qui aiment sa musique. -4. [in imprecise statements] quelque, quelconque; **she married** ~ **writer or other** elle a épousé un écrivain quelconque OR quelque écrivain; **there must be** ~ **mistake** il doit y avoir erreur. -5. *inf* [very good]: **that was** ~ **party!** c'était une soirée formidable!, quelle soirée! -6. *inf iro* [not very good]: ~ **party that was!** tu parles d'une soirée!; ~ **help you are!** tu parles d'une aide!, beaucoup tu m'aides!
◇ *pron* -1. [a certain amount]: **can I have** ~? [money, milk, coffee etc] est-ce que je peux en prendre?; ~ **of it is mine** une partie est à moi. -2. [a certain number] quelques-uns (quelques-unes), certains (certaines); **can I have** ~? [books, pens, potatoes etc] est-ce que je peux en prendre (quelques-uns)?; ~ **(of them) left early** quelques-uns d'entre eux sont partis tôt; ~ **say he lied** certains disent OR il y en a qui disent qu'il a menti.
◇ *adv* quelque, environ; **there were** ~ **7,000 people there** il y avait quelque OR environ 7 000 personnes.

somebody ['sʌmbədɪ] ◇ *pron* quelqu'un. ◇ *n*: **he really thinks he's** ~ il se prend pour OR se croit quelqu'un.

someday ['sʌmdeɪ] *adv* un jour, un de ces jours.

somehow ['sʌmhaʊ], **someway** *Am* ['sʌmweɪ] *adv* -1. [by some action] d'une manière ou d'une autre. -2. [for some reason] pour une raison ou pour une autre.

someone ['sʌmwʌn] *pron* quelqu'un.

someplace *Am* = **somewhere**.

somersault ['sʌməsɔːlt] ◇ *n* cabriole *f*, culbute *f*. ◇ *vi* faire une cabriole OR culbute.

something ['sʌmθɪŋ] ◇ *pron* -1. [unknown thing] quelque chose; ~ **odd/interesting** quelque chose de bizarre/d'intéressant; **or** ~ *inf* ou quelque chose comme ça. -2. [useful thing]: **(at least) that's** ~ c'est toujours ça, c'est déjà quelque chose; **there's** ~ **in what you say** il y a du vrai dans ce que vous dites. -3. *phr*: **that's really** ~! ce n'est pas rien!; **she's ~ of a cook** elle est assez bonne cuisinière.

◇ *adv*: **~ like**, **~ in the region of** environ, à peu près.

sometime ['sʌmtaɪm] ◇ *adj* ancien(ienne). ◇ *adv* un de ces jours; **~ last week** la semaine dernière.

sometimes ['sʌmtaɪmz] *adv* quelquefois, parfois.

someway *Am* = **somehow**.

somewhat ['sʌmwɒt] *adv* quelque peu.

somewhere *Br* ['sʌmweər], **someplace** *Am* ['sʌmpleɪs] *adv* **-1.** [unknown place] quelque part; **~ else** ailleurs; **~ near here** près d'ici. **-2.** [used in approximations] environ, à peu près. **-3.** *phr*: **to be getting ~** avancer, faire des progrès.

son [sʌn] *n* fils *m*.

sonar ['səʊnɑːr] *n* sonar *m*.

sonata [sə'nɑːtə] *n* sonate *f*.

song [sɒŋ] *n* chanson *f*, [of bird] chant *m*, ramage *m*; **for a ~** *inf* [cheaply] pour une bouchée de pain; **to make a ~ and dance about sthg** *inf* faire toute une histoire OR tout un plat à propos de qqch.

songbook ['sɒŋbʊk] *n* recueil *m* de chansons.

sonic ['sɒnɪk] *adj* sonique.

sonic boom *n* bang *m*.

son-in-law (*pl* **sons-in-law** OR **son-in-laws**) *n* gendre *m*, beau-fils *m*.

sonnet ['sɒnɪt] *n* sonnet *m*.

sonny ['sʌnɪ] *n* *inf* fiston *m*.

soon [suːn] *adv* **-1.** [before long] bientôt; **~ after** peu après. **-2.** [early] tôt; **write back ~** réponds-moi vite; **how ~ will it be ready?** ce sera prêt quand?, dans combien de temps est-ce que ce sera prêt?; **as ~ as** dès que, aussitôt que. **-3.** *phr*: **I'd just as ~ ...** je préférerais ..., j'aimerais autant ....

sooner ['suːnər] *adv* **-1.** [in time] plus tôt; **no ~ ... than ...** à peine ... que ...; **~ or later** tôt ou tard; **the ~ the better** le plus tôt sera le mieux. **-2.** [expressing preference]: **I would ~ ...** je préférerais ..., j'aimerais mieux ....

soot [sʊt] *n* suie *f*.

soothe [suːð] *vt* calmer, apaiser.

soothing ['suːðɪŋ] *adj* **-1.** [pain-relieving] lénifiant(e), lénitif(ive). **-2.** [music, words] apaisant(e).

sooty ['sʊtɪ] (*compar* **-ier**, *superl* **-iest**) *adj* couvert(e) de suie.

sop [sɒp] *n pej*: **~ (to)** concession *f* (à).

SOP (*abbr of* **standard operating procedure**) *n* marche *f* à suivre normale.

sophisticated [sə'fɪstɪkeɪtɪd] *adj* **-1.** [stylish] raffiné(e), sophistiqué(e). **-2.** [intelligent] averti(e). **-3.** [complicated] sophistiqué(e), très perfectionné(e).

sophistication [sə,fɪstɪ'keɪʃn] *n* **-1.** [stylishness] raffinement *m*, sophistication *f*. **-2.** [intelligence] intelligence *f*. **-3.** [complexity] sophistication *f*, perfectionnement *m*.

sophomore ['sɒfəmɔːr] *n Am* étudiant *m*, -e *f* de seconde année.

soporific [,sɒpə'rɪfɪk] *adj* soporifique.

sopping ['sɒpɪŋ] *adj*: **~ (wet)** tout trempé (toute trempée).

soppy ['sɒpɪ] (*compar* **-ier**, *superl* **-iest**) *adj inf* **-1.** [sentimental - book, film] à l'eau de rose; [- person] sentimental(e). **-2.** [silly] bête(asse), bête.

soprano [sə'prɑːnəʊ] (*pl* **-s**) *n* [person] soprano *mf*; [voice] soprano *m*.

sorbet ['sɔːbeɪ] *n* sorbet *m*.

sorcerer ['sɔːsərər] *n* sorcier *m*.

sordid ['sɔːdɪd] *adj* sordide.

sore [sɔːr] ◇ *adj* **-1.** [painful] douloureux(euse); **to have a ~ throat** avoir mal à la gorge. **-2.** *Am* [upset] fâché(e), contrarié(e). **-3.** *literary* [great]: **to be in ~ need of sthg** avoir grandement besoin de qqch. ◇ *n* plaie *f*.

sorely ['sɔːlɪ] *adv literary* [needed] grandement.

sorority [sə'rɒrətɪ] *n Am* club *m* d'étudiantes.

sorrel ['sɒrəl] *n* oseille *f*.

sorrow ['sɒrəʊ] *n* peine *f*, chagrin *m*.

sorrowful ['sɒrəfʊl] *adj* triste, affligé(e).

sorry ['sɒrɪ] (*compar* **-ier**, *superl* **-iest**) ◇ *adj* **-1.** [expressing apology, disappointment, sympathy] désolé(e); **to be ~ about sthg** s'excuser pour qqch; **to be ~ for sthg** regretter qqch; **to be ~ to do sthg** être désolé OR regretter de faire qqch; **to be** OR **feel ~ for sb** plaindre qqn; **to be** OR **feel ~ for o.s.** s'apitoyer sur son sort. **-2.** [poor]: **in a ~ state** en piteux état, dans un triste état. ◇ *excl* **-1.** [expressing apology] pardon!, excusez-moi! **-2.** [asking for repetition] pardon?, comment? **-3.** [to correct oneself] non, pardon OR je veux dire.

sort [sɔːt] ◇ *n* genre *m*, sorte *f*, espèce *f*; **what ~ of car have you got?** qu'est-ce que tu as comme voiture?; **~ of** [rather] plutôt, quelque peu; **a ~ of** une espèce OR sorte de. ◇ *vt* trier, classer.

◆ **sorts** *npl*: **of ~s** si on veut, si on peut dire; **to be out of ~s** ne pas être dans son assiette, être patraque.

◆ **sort out** vt sep **-1.** [classify] ranger, classer. **-2.** [solve] résoudre.

sortie ['sɔːtiː] n sortie f.

sorting office ['sɔːtɪŋ-] n centre m de tri.

sort-out n Br inf: **to have a** ~ faire du rangement.

SOS (abbr of save our souls) n SOS m.

so-so inf ◇ adj quelconque. ◇ adv comme ci comme ça.

soufflé ['suːfleɪ] n soufflé m.

sought [sɔːt] pt & pp → seek.

sought-after adj recherché(e), demandé(e).

soul [səʊl] n **-1.** [gen] âme f; **I didn't see a** ~ je n'ai pas vu âme qui vive. **-2.** [music] soul m.

soul-destroying [-dɪ,strɔɪɪŋ] adj abrutissant(e).

soulful ['səʊlfʊl] adj [look] expressif(ive); [song etc] sentimental(e).

soulless ['səʊllɪs] adj [job] abrutissant(e); [place] sans âme.

soul mate n âme f sœur.

soul music n soul m.

soul-searching n (U) examen m de conscience.

sound [saʊnd] ◇ adj **-1.** [healthy - body] sain(e), en bonne santé; [- mind] sain. **-2.** [sturdy] solide. **-3.** [reliable - advice] judicieux(ieuse), sage; [- investment] sûr(e). ◇ adv: **to be** ~ **asleep** dormir à poings fermés, dormir d'un sommeil profond. ◇ n son m; [particular sound] bruit m, son m; **I don't like the** ~ **of that** fig cela ne me dit rien qui vaille; **by the** ~ **of it** ... d'après ce que j'ai compris .... ◇ vt [alarm, bell] sonner; **to** ~ **one's horn** klaxonner. ◇ vi **-1.** [make a noise] sonner, retentir; **to** ~ **like sthg** ressembler à qqch. **-2.** [seem] sembler, avoir l'air; **to** ~ **like sthg** avoir l'air de qqch, sembler être qqch.

◆ **sound out** vt sep: **to** ~ **sb out (on** OR **about)** sonder qqn (sur).

sound barrier n mur m du son.

sound bite n petite phrase f (prononcée par un homme politique etc à la radio ou à la télévision pour frapper les esprits).

sound effects npl bruitage m, effets mpl sonores.

sounding ['saʊndɪŋ] n NAUT & fig sondage m.

sounding board n **-1.** THEATRE abat-voix m inv. **-2.** fig [person] personne sur laquelle on peut essayer une nouvelle idée.

soundly ['saʊndlɪ] adv **-1.** [beaten] à plates coutures. **-2.** [sleep] profondément.

soundness ['saʊndnɪs] n [of argument] solidité f, validité f; [of theory, method] fiabilité f.

soundproof ['saʊndpruːf] adj insonorisé(e).

soundtrack ['saʊndtræk] n bande-son f.

sound wave n onde f sonore.

soup [suːp] n soupe f, potage m.

◆ **soup up** vt sep inf [car] gonfler le moteur de.

soup kitchen n soupe f populaire.

soup plate n assiette f creuse OR à soupe.

soup spoon n cuiller f à soupe.

sour ['saʊər] ◇ adj **-1.** [taste, fruit] acide, aigre. **-2.** [milk] aigre; **to go** OR **turn** ~ tourner à l'aigre; fig [relationship] mal tourner, tourner au vinaigre. **-3.** [ill-tempered] aigre, acerbe. ◇ vt fig faire tourner au vinaigre, faire mal tourner. ◇ vi tourner au vinaigre, mal tourner.

source [sɔːs] n **-1.** [gen] source f. **-2.** [cause] origine f, cause f.

sour cream n crème f aigre.

sour grapes n (U) inf: **what he said was just** ~ il a dit ça par dépit.

sourness ['saʊənɪs] n **-1.** [of taste, fruit] aigreur f, acidité f. **-2.** [of milk, person] aigreur f.

south [saʊθ] ◇ n **-1.** [direction] sud m. **-2.** [region]: **the** ~ **le sud; the South of France** le Sud de la France, le Midi (de la France). ◇ adj sud (inv); [wind] du sud. ◇ adv au sud, vers le sud; ~ **of** au sud de.

South Africa n Afrique f du Sud; **in** ~ en Afrique du Sud; **the Republic of** ~ la République d'Afrique du Sud.

South African ◇ adj sud-africain(e). ◇ n [person] Sud-Africain m, -e f.

South America n Amérique f du Sud; **in** ~ en Amérique du Sud.

South American ◇ adj sud-américain(e). ◇ n [person] Sud-Américain m, -e f.

southbound ['saʊθbaʊnd] adj qui se dirige vers le sud; [carriageway] sud (inv).

South Carolina [-,kærə'laɪnə] n Caroline f du Sud; **in** ~ en Caroline du Sud.

South Dakota [-də'kəʊtə] n Dakota m du Sud; **in** ~ dans le Dakota du Sud.

southeast [,saʊθ'iːst] ◇ n **-1.** [direction] sud-est m. **-2.** [region]: **the** ~ **le sud-est.** ◇ adj au sud-est, du sud-est; [wind] du sud-est. ◇ adv au sud-est, vers le sud-est; ~ **of** au sud-est de.

Southeast Asia n Asie f du Sud-Est; **in** ~ en Asie du Sud-Est.

southeasterly [ˌsaʊθ'iːstəlɪ] *adj* au sud-est, du sud-est; [wind] du sud-est; **in a ~ direction** vers le sud-est.

southeastern [ˌsaʊθ'iːstən] *adj* du sud-est, au sud-est.

southerly ['sʌðəlɪ] *adj* au sud, du sud; [wind] du sud; **in a ~ direction** vers le sud.

southern ['sʌðən] *adj* du sud; [France] du Midi.

Southern Africa *n* Afrique *f* australe; **in ~** en Afrique australe.

Southerner ['sʌðənə'] *n* habitant *m*, -e *f* du Sud.

South Korea *n* Corée *f* du Sud; **in ~** en Corée du Sud.

South Korean ◇ *adj* sud-coréen(enne). ◇ *n* Sud-Coréen *m*, -enne *f*.

South Pole *n*: **the ~** le pôle Sud.

South Vietnam *n* Sud Viêt-Nam *m*; **in ~** au Sud Viêt-Nam.

South Vietnamese ◇ *adj* sud-vietnamien(ienne). ◇ *n* Sud-Vietnamien *m*, -ienne *f*.

southward ['saʊθwəd] ◇ *adj* au sud, du sud. ◇ *adv* = **southwards**.

southwards ['saʊθwədz] *adv* vers le sud.

southwest [ˌsaʊθ'west] ◇ *n* **-1.** [direction] sud-ouest *m*. **-2.** [region]: **the ~** le sud-ouest. ◇ *adj* au sud-ouest, du sud-ouest; [wind] du sud-ouest. ◇ *adv* au sud-ouest, vers le sud-ouest; **~ of** au sud-ouest de.

southwesterly [ˌsaʊθ'westəlɪ] *adj* au sud-ouest, du sud-ouest; [wind] du sud-ouest; **in a ~ direction** vers le sud-ouest.

southwestern [ˌsaʊθ'westən] *adj* au sud-ouest, du sud-ouest.

South Yemen *n* Yémen *m* du Sud; **in ~** au Yémen du Sud.

souvenir [ˌsuːvə'nɪə'] *n* souvenir *m*.

sou'wester [saʊ'westə'] *n* [hat] suroît *m*.

sovereign ['sɒvrɪn] ◇ *adj* souverain(e). ◇ *n* **-1.** [ruler] souverain *m*, -e *f*. **-2.** [coin] souverain *m*.

sovereignty ['sɒvrɪntɪ] *n* souveraineté *f*.

soviet ['səʊvɪət] *n* soviet *m*.

◆ **Soviet** ◇ *adj* soviétique. ◇ *n* [person] Soviétique *mf*.

Soviet Union *n*: **the (former) ~** l'(ex-) Union *f* soviétique.

sow¹ [səʊ] (*pt* **-ed**, *pp* **sown** OR **-ed**) *vt lit* & *fig* semer.

sow² [saʊ] *n* truie *f*.

sown [səʊn] *pp* → **sow¹**.

sox [sɒks] → **bobby sox**.

soya ['sɔɪə] *n* soja *m*.

soy(a) bean ['sɔɪ(ə)-] *n* graine *f* de soja.

soy sauce [sɔɪ-] *n* sauce *f* au soja.

sozzled ['sɒzld] *adj Br inf* rond(e), pompette.

spa [spɑː] *n* station *f* thermale.

space [speɪs] ◇ *n* **-1.** [gap, roominess, outer space] espace *m*; [on form] blanc *m*, espace; **to stare into ~** regarder dans le vide. **-2.** [room] place *f*. **-3.** [of time]: **within** OR **in the ~ of ten minutes** en l'espace de dix minutes; **~ of time** laps *m* de temps. ◇ *comp* spatial(e). ◇ *vt* espacer.

◆ **space out** *vt sep* espacer.

space age *n*: **the ~** l'ère *f* spatiale.

◆ **space-age** *adj* de l'an 2000.

space bar *n* barre *f* d'espacement.

space capsule *n* capsule *f* spatiale.

spacecraft ['speɪskrɑːft] (*pl inv*) *n* vaisseau *m* spatial.

spaceman ['speɪsmæn] (*pl* **-men** [-men]) *n* astronaute *m*, cosmonaute *m*.

space probe *n* sonde *f* spatiale.

spaceship ['speɪsʃɪp] *n* vaisseau *m* spatial.

space shuttle *n* navette *f* spatiale.

space station *n* station *f* orbitale OR spatiale.

spacesuit ['speɪssuːt] *n* combinaison *f* spatiale.

spacewoman ['speɪsˌwʊmən] (*pl* **-women** [-ˌwɪmɪn]) *n* astronaute *f*, cosmonaute *f*.

spacing ['speɪsɪŋ] *n* TYPO espacement *m*.

spacious ['speɪʃəs] *adj* spacieux(ieuse).

spade [speɪd] *n* **-1.** [tool] pelle *f*. **-2.** [playing card] pique *m*.

◆ **spades** *npl* pique *m*; **the six of ~s** le six de pique.

spadework ['speɪdwɜːk] *n inf* gros *m* du travail.

spaghetti [spə'getɪ] *n* (*U*) spaghettis *mpl*.

Spain [speɪn] *n* Espagne *f*; **in ~** en Espagne.

span [spæn] (*pt* & *pp* **-ned**, *cont* **-ning**) ◇ *pt* → **spin**. ◇ *n* **-1.** [in time] espace *m* de temps, durée *f*. **-2.** [range] éventail *m*, gamme *f*. **-3.** [of bird, plane] envergure *f*. **-4.** [of bridge] travée *f*; [of arch] ouverture *f*. ◇ *vt* **-1.** [in time] embrasser, couvrir. **-2.** [subj: bridge] franchir.

spandex ['spændeks] *n Am textile proche du Lycra®*.

spangled ['spæŋgld] *adj*: **~ (with)** pailleté(e) (de).

Spaniard ['spænjəd] *n* Espagnol *m*, -e *f*.

spaniel ['spænjəl] *n* épagneul *m*.

Spanish ['spænɪʃ] ◇ *adj* espagnol(e). ◇ *n* [language] espagnol *m*. ◇ *npl*: **the** ~ les Espagnols.

Spanish America *n* Amérique *f* hispanophone.

Spanish American ◇ *adj* **-1.** [in US] hispanique. **-2.** [in Latin America] hispano-américain(e). ◇ *n* **-1.** [in US] Hispanique *mf*. **-2.** [in Latin America] Hispano-Américain *m*, -e *f*.

spank [spæŋk] ◇ *n* fessée *f*. ◇ *vt* donner une fessée à, fesser.

spanner ['spænər] *n* clé *f* à écrous.

spar [spɑːr] (*pt* & *pp* **-red**, *cont* **-ring**) ◇ *n* espar *m*. ◇ *vi* **-1.** BOXING s'entraîner à la boxe. **-2.** [verbally]: **to** ~ **(with)** se disputer (avec).

spare [speər] ◇ *adj* **-1.** [surplus] de trop; [component, clothing etc] de réserve, de rechange. **-2.** [available - seat, time, tickets] disponible. ◇ *n* **-1.** [tyre] pneu *m* de rechange OR de secours. **-2.** [part] pièce *f* détachée OR de rechange. ◇ *vt* **-1.** [make available - staff, money] se passer de; [- time] disposer de; **to have an hour to** ~ avoir une heure de battement OR de libre; **with a minute to** ~ avec une minute d'avance; **with £2 to** ~ et il nous/lui *etc* reste encore deux livres. **-2.** [not harm] épargner. **-3.** [not use] épargner, ménager; **to** ~ **no expense** ne pas regarder à la dépense. **-4.** [save from]: **to** ~ **sb sthg** épargner qqch à qqn, éviter qqch à qqn.

spare part *n* pièce *f* détachée OR de rechange.

spare room *n* chambre *f* d'amis.

spare time *n* (*U*) temps *m* libre, loisirs *mpl*.

spare tyre *n* **-1.** AUT pneu *m* de rechange OR de secours. **-2.** *hum* [fat waist] bourrelet *m* (de graisse).

spare wheel *n* roue *f* de secours.

sparing ['speərɪŋ] *adj*: **to be** ~ **with** OR **of sthg** être économe de qqch, ménager qqch.

sparingly ['speərɪŋlɪ] *adv* [use] avec modération; [spend] avec parcimonie.

spark [spɑːk] ◇ *n lit* & *fig* étincelle *f*. ◇ *vt* [interest] susciter, éveiller; [scandal] provoquer; [debate] déclencher.

sparking plug ['spɑːkɪŋ-] *Br* = spark plug.

sparkle ['spɑːkl] ◇ *n* (*U*) [of eyes, jewel] éclat *m*; [of stars] scintillement *m*. ◇ *vi* étinceler, scintiller.

sparkler ['spɑːklər] *n* [firework] cierge *m* merveilleux.

sparkling wine ['spɑːklɪŋ-] *n* vin *m* mousseux.

spark plug *n* bougie *f*.

sparrow ['spærəʊ] *n* moineau *m*.

sparse [spɑːs] *adj* clairsemé(e), épars(e).

spartan ['spɑːtn] *adj* austère, de spartiate.

spasm ['spæzm] *n* **-1.** MED spasme *m*; [of coughing] quinte *f*. **-2.** [of emotion] accès *m*.

spasmodic [spæz'mɒdɪk] *adj* spasmodique.

spastic ['spæstɪk] MED ◇ *adj* handicapé(e) moteur. ◇ *n* handicapé *m*, -e *f* moteur.

spat [spæt] *pt* & *pp* → spit.

spate [speɪt] *n* [of attacks etc] série *f*.

spatial ['speɪʃl] *adj* spatial(e).

spatter ['spætər] ◇ *vt* éclabousser. ◇ *vi* gicler.

spatula ['spætjʊlə] *n* spatule *f*.

spawn [spɔːn] ◇ *n* (*U*) frai *m*, œufs *mpl*. ◇ *vt fig* donner naissance à, engendrer. ◇ *vi* [fish, frog] frayer.

spay [speɪ] *vt* châtrer.

SPCA (*abbr of* **Society for the Prevention of Cruelty to Animals**) *n* société *américaine protectrice des animaux,* ≃ SPA *f*.

SPCC (*abbr of* **Society for the Prevention of Cruelty to Children**) *n* société *américaine pour la protection de l'enfance.*

speak [spiːk] (*pt* spoke, *pp* spoken) ◇ *vt* **-1.** [say] dire; **to** ~ **ill of sb** dire du mal de qqn. **-2.** [language] parler. ◇ *vi* parler; **to** ~ **to** OR **with sb** parler à qqn; **to** ~ **to sb about sthg** parler de qqch à qqn; **to** ~ **about sb/sthg** parler de qqn/qqch; **to** ~ **well/highly of sb** dire du bien/beaucoup de bien de qqn; **nobody to** ~ **of** pas grand-monde; **nothing to** ~ **of** pas grand-chose.

◆ **so to speak** *adv* pour ainsi dire.

◆ **speak for** *vt fus* [represent] parler pour, parler au nom de; ~ **for yourself!** parle pour toi!; **it** ~**s for itself** cela tombe sous le sens, c'est évident.

◆ **speak out** *vi* oser prendre la parole; **to** ~ **out against** s'élever contre, se dresser contre.

◆ **speak up** *vi* **-1.** [support]: **to** ~ **up for sb/sthg** parler en faveur de qqn/qqch, soutenir qqn/qqch. **-2.** [speak louder] parler plus fort.

speaker ['spiːkər] *n* **-1.** [person talking] personne *f* qui parle. **-2.** [person making speech] orateur *m*. **-3.** [of language]: **a German** ~ une personne qui parle allemand. **-4.** [loudspeaker] haut-parleur *m*.

speaking ['spiːkɪŋ] ◇ *adv*: **relatively/politically** ~ relativement/politiquement parlant; ~ **as** [in the position of] en tant que;

~ **of** [on the subject of] à propos de. ◇ *n* (*U*) discours *m*, parole *f*.

speaking clock *n Br* horloge *f* parlante.

spear [spɪəʳ] ◇ *n* lance *f*. ◇ *vt* transpercer d'un coup de lance.

spearhead ['spɪəhed] ◇ *n* fer *m* de lance. ◇ *vt* [campaign] mener; [attack] être le fer de lance de.

spec [spek] *n Br inf*: **on** ~ à tout hasard.

special ['speʃl] ◇ *adj* -1. [gen] spécial(e). -2. [needs, effort, attention] particulier(ière). ◇ *n* -1. [on menu] plat *m* du jour. -2. TV émission *f* spéciale.

special agent *n* [spy] agent *m* secret.

special constable *n Br* auxiliaire *m* de police.

special correspondent *n* envoyé *m* spécial.

special delivery *n* (*U*) [service] exprès *m*, envoi *m* par exprès; **by** ~ en exprès.

special effects *npl* effets *mpl* spéciaux.

specialist ['speʃəlɪst] ◇ *adj* spécialisé(e). ◇ *n* spécialiste *mf*.

speciality [,speʃɪ'ælətɪ] (*pl* -ies), **specialty** *Am* ['speʃltɪ] (*pl* -ies) *n* spécialité *f*.

specialize, -ise ['speʃəlaɪz] *vi*: **to** ~ **(in)** se spécialiser (dans).

specially ['speʃəlɪ] *adv* -1. [specifically] spécialement; [on purpose] exprès. -2. [particularly] particulièrement.

special offer *n* promotion *f*.

special school *n* école *f* pour enfants handicapés, établissement *m* spécialisé.

specialty *n Am* = **speciality**.

species ['spiːʃiːz] (*pl inv*) *n* espèce *f*.

specific [spə'sɪfɪk] *adj* -1. [particular] particulier(ière), précis(e). -2. [precise] précis(e). -3. [unique] : ~ **to** propre à.
◆ **specifics** *npl* détails *mpl*.

specifically [spə'sɪfɪklɪ] *adv* -1. [particularly] particulièrement, spécialement. -2. [precisely] précisément.

specification [,spesɪfɪ'keɪʃn] *n* stipulation *f*.
◆ **specifications** *npl* TECH caractéristiques *fpl* techniques, spécification *f*.

specify ['spesɪfaɪ] (*pt & pp* -ied) *vt* préciser, spécifier.

specimen ['spesɪmən] *n* -1. [example] exemple *m*, spécimen *m*. -2. [of blood] prélèvement *m*; [of urine] échantillon *m*.

specimen copy *n* spécimen *m*.

specimen signature *n* spécimen *m* de signature.

speck [spek] *n* -1. [small stain] toute petite tache *f*. -2. [of dust] grain *m*.

speckled ['spekld] *adj*: ~ **(with)** tacheté(e) de.

specs [speks] *npl inf* [glasses] lunettes *fpl*.

spectacle ['spektəkl] *n* spectacle *m*.
◆ **spectacles** *npl Br* [glasses] lunettes *fpl*.

spectacular [spek'tækjʊləʳ] ◇ *adj* spectaculaire. ◇ *n* pièce *f* OR revue *f* à grand spectacle.

spectate [spek'teɪt] *vi* regarder, être là en tant que spectateur.

spectator [spek'teɪtəʳ] *n* spectateur *m*, -trice *f*.

spectator sport *n* sport *m* que l'on regarde en tant que spectateur.

spectre *Br*, **specter** *Am* ['spektəʳ] *n* spectre *m*.

spectrum ['spektrəm] (*pl* -**tra** [-trə]) *n* -1. PHYSICS spectre *m*. -2. *fig* [variety] gamme *f*.

speculate ['spekjʊleɪt] ◇ *vt*: **to** ~ **that** .... émettre l'hypothèse que .... ◇ *vi* -1. [wonder] faire des conjectures. -2. FIN spéculer.

speculation [,spekjʊ'leɪʃn] *n* -1. [gen] spéculation *f*. -2. [conjecture] conjectures *fpl*.

speculative ['spekjʊlətɪv] *adj* spéculatif(ive).

speculator ['spekjʊleɪtəʳ] *n* FIN spéculateur *m*, -trice *f*.

sped [sped] *pt & pp* → **speed**.

speech [spiːtʃ] *n* -1. (*U*) [ability] parole *f*. -2. [formal talk] discours *m*; **to give** OR **make a** ~ faire un discours. -3. THEATRE texte *m*. -4. [manner of speaking] façon *f* de parler. -5. [dialect] parler *m*.

speech day *n Br* distribution *f* des prix.

speech impediment *n* défaut *m* d'élocution.

speechless ['spiːtʃlɪs] *adj*: ~ **(with)** muet(ette) (de).

speech processing *n* traitement *m* de la parole.

speech therapist *n* orthophoniste *mf*.

speech therapy *n* orthophonie *f*.

speed [spiːd] (*pt & pp* -**ed** OR **sped**) ◇ *n* vitesse *f*; [of reply, action] vitesse, rapidité *f*. ◇ *vi* -1. [move fast]: **to** ~ **along** aller à toute allure OR vitesse; **to** ~ **away** démarrer à toute allure. -2. AUT [go too fast] rouler trop vite, faire un excès de vitesse.
◆ **speed up** ◇ *vt sep* [person] faire aller plus vite; [work, production] accélérer. ◇ *vi* aller plus vite; [car] accélérer.

speedboat ['spiːdbəʊt] *n* hors-bord *m inv*.

speeding ['spiːdɪŋ] *n* (*U*) excès *m* de vitesse.

speed limit *n* limitation *f* de vitesse.

speedo ['spiːdəʊ] (*pl* **-s**) *n Br inf* compteur *m* (de vitesse).

speedometer [spɪ'dɒmɪtə'] *n* compteur *m* (de vitesse).

speed trap *n* radar *m* de contrôle.

speedway ['spiːdweɪ] *n* **-1.** (*U*) SPORT course *f* de motos. **-2.** *Am* [road] voie *f* express.

speedy ['spiːdɪ] (*compar* **-ier,** *superl* **-iest**) *adj* rapide.

speleology [,spiːlɪ'ɒlədʒɪ] *n* spéléologie *f*.

spell [spel] (*Br pt & pp* **spelt** OR **-ed,** *Am pt & pp* **-ed**) ◇ *n* **-1.** [period of time] période *f*. **-2.** [enchantment] charme *m*; [words] formule *f* magique; **to cast** OR **put a ~ on sb** jeter un sort à qqn, envoûter qqn. ◇ *vt* **-1.** [word, name] écrire. **-2.** *fig* [signify] signifier. ◇ *vi* épeler.

◆ **spell out** *vt sep* **-1.** [read aloud] épeler. **-2.** [explain]: **to ~ sthg out (for** OR **to sb)** expliquer qqch clairement (à qqn).

spellbound ['spelbaʊnd] *adj* subjugué(e).

spelling ['spelɪŋ] *n* orthographe *f*.

spelt [spelt] *Br pt & pp* → **spell.**

spend [spend] (*pt & pp* **spent**) *vt* **-1.** [pay out]: **to ~ money (on)** dépenser de l'argent (pour). **-2.** [time, life] passer; [effort] consacrer.

spender ['spendə'] *n*: **to be a big ~** être très dépensier(ière), dépenser beaucoup.

spending ['spendɪŋ] *n* (*U*) dépenses *fpl*.

spending money *n* argent *m* de poche.

spending power *n* (*U*) pouvoir *m* d'achat.

spendthrift ['spendθrɪft] *n* dépensier *m*, -ière *f*.

spent [spent] ◇ *pt & pp* → **spend.** ◇ *adj* [fuel, match, ammunition] utilisé(e); [patience, energy] épuisé(e).

sperm [spɜːm] (*pl inv* OR **-s**) *n* sperme *m*.

spermicidal cream [,spɜːmɪ'saɪdl-] *n* crème *f* spermicide.

sperm whale *n* cachalot *m*.

spew [spjuː] *vt & vi* vomir.

sphere [sfɪə'] *n* sphère *f*.

spherical ['sferɪkl] *adj* sphérique.

sphincter ['sfɪŋktə'] *n* sphincter *m*.

sphinx [sfɪŋks] (*pl* **-es**) *n* sphinx *m*.

spice [spaɪs] ◇ *n* **-1.** CULIN épice *f*. **-2.** (*U*) *fig* [excitement] piment *m*. ◇ *vt* **-1.** CULIN épicer. **-2.** *fig* [add excitement to] pimenter, relever.

spick-and-span ['spɪkən,spæn] *adj* impeccable, nickel (*inv*).

spicy ['spaɪsɪ] (*compar* **-ier,** *superl* **-iest**) *adj*

-1. CULIN épicé(e). **-2.** *fig* [story] pimenté(e), piquant(e).

spider ['spaɪdə'] *n* araignée *f*.

spider's web, spiderweb *Am* ['spaɪdəweb] *n* toile *f* d'araignée.

spidery ['spaɪdərɪ] *adj* en pattes d'araignée.

spiel [ʃpiːl] *n inf* baratin *m*.

spike [spaɪk] *n* [metal] pointe *f*, lance *f*; [of plant] piquant *m*; [of hair] épi *m*.

◆ **spikes** *npl Br* chaussures *fpl* à pointes.

spiky ['spaɪkɪ] (*compar* **-ier,** *superl* **-iest**) *adj* [branch, plant] hérissé(e) de piquants; [hair] en épi.

spill [spɪl] (*Br pp & pt* **spilt** OR **-ed,** *Am pt & pp* **-ed**) ◇ *vt* renverser. ◇ *vi* **-1.** [liquid] se répandre. **-2.** [people]: **to ~ out of a building** sortir d'un bâtiment en masse.

spillage ['spɪlɪdʒ] *n* [of oil] déversement *m*.

spilt [spɪlt] *Br pt & pp* → **spill.**

spin [spɪn] (*pt* **span** OR **spun,** *pp* **spun,** *cont* **-ning**) ◇ *n* **-1.** [turn]: **to give sthg a ~** faire tourner qqch. **-2.** AERON vrille *f*. **-3.** *inf* [in car] tour *m*. **-4.** SPORT effet *m*. ◇ *vt* **-1.** [wheel] faire tourner; **to ~ a coin** jouer à pile ou face. **-2.** [washing] essorer. **-3.** [thread, wool, cloth] filer. **-4.** SPORT [ball] donner de l'effet à. ◇ *vi* tourner, tournoyer; **my head is spinning** j'ai la tête qui tourne.

◆ **spin out** *vt sep* [money, story] faire durer.

spina bifida [,spaɪnə'bɪfɪdə] *n* spina-bifida *m*.

spinach ['spɪnɪdʒ] *n* (*U*) épinards *mpl*.

spinal column ['spaɪnl-] *n* colonne *f* vertébrale.

spinal cord ['spaɪnl-] *n* moelle *f* épinière.

spindle ['spɪndl] *n* **-1.** TECH broche *f*, axe *m*. **-2.** [for textiles] fuseau *m*.

spindly ['spɪndlɪ] (*compar* **-ier,** *superl* **-iest**) *adj* grêle, chétif(ive).

spin doctor *n pej* expression désignant une personne chargée de relations avec la presse qui manipule et filtre les informations fournies à celle-ci.

spin-dry *vt Br* essorer.

spin-dryer *n Br* essoreuse *f*.

spine [spaɪn] *n* **-1.** ANAT colonne *f* vertébrale. **-2.** [of book] dos *m*. **-3.** [of plant, hedgehog] piquant *m*.

spine-chilling *adj* qui glace le sang.

spineless ['spaɪnlɪs] *adj* [feeble] faible, qui manque de cran.

spinner ['spɪnə'] *n* [of thread] fileur *m*, -euse *f*.

spinning ['spɪnɪŋ] *n* [of thread] filage *m*.

spinning top *n* toupie *f*.

spin-off *n* [by-product] dérivé *m*.

spinster ['spɪnstər] *n* célibataire *f*; *pej* vieille fille *f*.

spiral ['spaɪərəl] (*Br pt* & *pp* **-led**, *cont* **-ling**, *Am pt* & *pp* **-ed**, *cont* **-ing**) ◇ *adj* spiral(e). ◇ *n* spirale *f*. ◇ *vi* **-1.** [staircase, smoke] monter en spirale. **-2.** [amount, prices] monter en flèche; **to ~ downwards** descendre en flèche.

spiral staircase *n* escalier *m* en colimaçon.

spire ['spaɪər] *n* flèche *f*.

spirit ['spɪrɪt] ◇ *n* **-1.** [gen] esprit *m*; **to enter into the ~ of sthg** participer à qqch de bon cœur. **-2.** (*U*) [determination] caractère *m*, courage *m*. ◇ *vt*: **to ~ sb out of a building** faire sortir qqn d'un bâtiment de façon secrète.
◆ **spirits** *npl* **-1.** [mood] humeur *f*; **to be in high ~s** être gai(e); **to be in low ~s** être déprimé(e). **-2.** [alcohol] spiritueux *mpl*.

spirited ['spɪrɪtɪd] *adj* fougueux(euse); [performance] interprété(e) avec brio.

spirit level *n* niveau *m* à bulle d'air.

spiritual ['spɪrɪtʃʊəl] *adj* spirituel(elle).

spiritualism ['spɪrɪtʃʊəlɪzm] *n* spiritisme *m*.

spiritualist ['spɪrɪtʃʊəlɪst] *n* spirite *mf*.

spit [spɪt] (*Br pt* & *pp* **spat**, *cont* **-ting**, *Am pt* & *pp* **spit**, *cont* **-ting**) ◇ *n* **-1.** (*U*) [spittle] crachat *m*; [saliva] salive *f*. **-2.** [skewer] broche *f*. ◇ *vi* cracher. ◇ *v impers Br*: **it's spitting** il tombe quelques gouttes.
◆ **spit out** *vt sep* cracher; **~ it out!** *inf* accouche!

spite [spaɪt] ◇ *n* rancune *f*; **to do sthg out of** OR **from ~** faire qqch par malice. ◇ *vt* contrarier.
◆ **in spite of** *prep* en dépit de, malgré; **to do sthg in ~ of o.s.** faire qqch malgré soi.

spiteful ['spaɪtful] *adj* malveillant(e).

spitting image ['spɪtɪŋ-] *n*: **to be the ~ of sb** être le portrait (tout) craché de qqn.

spittle ['spɪtl] *n* (*U*) crachat *m*.

splash [splæʃ] ◇ *n* **-1.** [sound] plouf *m*. **-2.** [small quantity] goutte *f*. **-3.** [of colour, light] tache *f*. ◇ *vt* éclabousser. ◇ *vi* **-1.** [person]: **to ~ about** OR **around** barboter. **-2.** [liquid] jaillir.
◆ **splash out** *inf* ◇ *vt sep* [money] claquer. ◇ *vi*: **to ~ out (on)** dépenser une fortune (pour).

splashdown ['splæʃdaʊn] *n* amerrissage *m*.

splashguard ['splæʃɡɑːd] *n Am* garde-boue *m inv*.

splay [spleɪ] ◇ *vt* écarter. ◇ *vi*: **to ~ (out)** s'écarter.

spleen [spliːn] *n* **-1.** ANAT rate *f*. **-2.** (*U*) *fig* [anger] mauvaise humeur *f*.

splendid ['splendɪd] *adj* splendide; [work, holiday, idea] excellent(e).

splendidly ['splendɪdlɪ] *adv* **-1.** [marvellously] de façon splendide, splendidement. **-2.** [magnificently] magnifiquement.

splendour *Br*, **splendor** *Am* ['splendər] *n* splendeur *f*.

splice [splaɪs] *vt* [join - gen] coller; [- rope] épisser.

splint [splɪnt] *n* attelle *f*.

splinter ['splɪntər] ◇ *n* éclat *m*. ◇ *vt* [wood] fendre en éclats; [glass] briser en éclats. ◇ *vi* [wood] se fendre en éclats; [glass] se briser en éclats.

splinter group *n* groupe *m* dissident.

split [splɪt] (*pt* & *pp* **split**, *cont* **-ting**) ◇ *n* **-1.** [in wood] fente *f*; [in garment - tear] déchirure *f*; [- by design] échancrure *f*. **-2.** POL: **~ (in)** division *f* OR scission *f* (au sein de). **-3.** [difference]: **~ between** écart *m* entre.
◇ *vt* **-1.** [wood] fendre; [clothes] déchirer. **-2.** POL diviser. **-3.** [share] partager; **to ~ the difference** *fig* couper la poire en deux.
◇ *vi* **-1.** [wood] se fendre; [clothes] se déchirer. **-2.** POL se diviser; [road, path] se séparer. **-3.** *Am inf* [leave] se casser.
◆ **splits** *npl*: **to do the ~s** faire le grand écart.
◆ **split off** ◇ *vt sep*: **to ~ sthg off (from)** enlever OR détacher qqch (de). ◇ *vi*: **to ~ off (from)** se détacher (de).
◆ **split up** ◇ *vt sep*: **to ~ sthg up (into)** diviser OR séparer qqch (en). ◇ *vi* [group, couple] se séparer.

split end *n* [in hair] fourche *f*.

split-level *adj* [house] à deux niveaux.

split pea *n* pois *m* cassé.

split personality *n*: **to have a ~** souffrir d'un dédoublement de la personnalité.

split screen *n* écran *m* divisé.

split second *n* fraction *f* de seconde.

splitting ['splɪtɪŋ] *adj*: **I've got a ~ headache** j'ai un mal de tête épouvantable OR atroce.

splutter ['splʌtər] ◇ *n* [of person] bafouillage *m*. ◇ *vi* [person] bredouiller, bafouiller; [engine] tousser; [fire] crépiter.

spoil [spɔɪl] (*pt* & *pp* **-ed** OR **spoilt**) *vt* **-1.** [ruin - holiday] gâcher, gâter; [- view] gâter; [- food] gâter, abîmer. **-2.** [over-indulge, treat well] gâter; **to ~ o.s.** s'offrir une gâterie, se faire plaisir.

◆ **spoils** *npl* butin *m*.

spoiled [spɔɪld] *adj* = **spoilt**.

spoilsport ['spɔɪlspɔːt] *n* trouble-fête *mf inv*.

spoilt [spɔɪlt] ◇ *pt & pp* → **spoil**. ◇ *adj* [child] gâté(e).

spoke [spəʊk] ◇ *pt* → **speak**. ◇ *n* rayon *m*.

spoken ['spəʊkn] *pp* → **speak**.

spokesman ['spəʊksmən] (*pl* -men [-mən]) *n* porte-parole *m inv*.

spokesperson ['spəʊks,pɜːsn] *n* porte-parole *m inv*.

spokeswoman ['spəʊks,wʊmən] (*pl* -women [-,wɪmɪn]) *n* porte-parole *m inv*.

sponge [spʌndʒ] (*cont* **spongeing** *Br*, **sponging** *Am*) ◇ *n* -1. [for cleaning, washing] éponge *f*. -2. [cake] gâteau *m* OR biscuit *m* de Savoie. ◇ *vt* éponger. ◇ *vi inf*: to ~ off sb taper qqch.

sponge bag *n Br* trousse *f* de toilette.

sponge cake *n* gâteau *m* OR biscuit *m* de Savoie.

sponge pudding *n Br* pudding *m*.

sponger ['spʌndʒə] *n inf pej* parasite *m*.

spongy ['spʌndʒɪ] (*compar* -ier, *superl* -iest) *adj* spongieux(ieuse).

sponsor ['spɒnsə] ◇ *n* sponsor *m*. ◇ *vt* -1. [finance, for charity] sponsoriser, parrainer. -2. [support] soutenir.

sponsored walk [,spɒnsəd-] *n marche organisée pour recueillir des fonds*.

SPONSORED WALK:
Les 'sponsored walks' sont destinées à rassembler des fonds, chaque marcheur établissant une liste de personnes ayant accepté de donner une certaine somme d'argent par kilomètre parcouru. Le terme 'sponsored' s'applique également à d'autres activités, sportives ou non: 'sponsored swim', 'sponsored parachute jump', etc

sponsorship ['spɒnsəʃɪp] *n* sponsoring *m*, parrainage *m*.

spontaneity [,spɒntə'neɪətɪ] *n* spontanéité *f*.

spontaneous [spɒn'teɪnjəs] *adj* spontané(e).

spontaneously [spɒn'teɪnjəslɪ] *adv* spontanément.

spoof [spuːf] *n*: ~ (of OR on) parodie *f* (de).

spook [spuːk] *vt Am* faire peur à.

spooky ['spuːkɪ] (*compar* -ier, *superl* -iest) *adj inf* qui donne la chair de poule.

spool [spuːl] ◇ *n* [gen & COMPUT] bobine *f*. ◇ *vi* faire un spooling.

spoon [spuːn] ◇ *n* cuillère *f*, cuiller *f*. ◇ *vt*: to ~ sthg onto a plate verser qqch dans une assiette avec une cuiller.

spoon-feed *vt* nourrir à la cuillère; to ~ sb *fig* mâcher le travail à qqn.

spoonful ['spuːnfʊl] (*pl* -s OR **spoonsful**) *n* cuillerée *f*.

sporadic [spə'rædɪk] *adj* sporadique.

sport [spɔːt] ◇ *n* -1. [game] sport *m*. -2. *dated* [cheerful person] chic type *m*/fille *f*. ◇ *vt* arborer, exhiber.

◆ **sports** ◇ *npl Br* [sports day] réunion *f* sportive scolaire. ◇ *comp* de sport.

sporting ['spɔːtɪŋ] *adj* -1. [relating to sport] sportif(ive). -2. [generous, fair] chic (*inv*); to have a ~ chance of doing sthg avoir des chances de faire qqch.

sports car *n* voiture *f* de sport.

sports day *n Br* réunion *f* sportive scolaire.

sports jacket *n* veste *f* sport.

sportsman ['spɔːtsmən] (*pl* -men [-mən]) *n* sportif *m*.

sportsmanship ['spɔːtsmənʃɪp] *n* sportivité *f*, esprit *m* sportif.

sports pages *npl* pages *fpl* des sports.

sports personality *n* personnalité *f* sportive.

sportswear ['spɔːtsweə] *n* (*U*) vêtements *mpl* de sport.

sportswoman ['spɔːts,wʊmən] (*pl* -women [-,wɪmɪn]) *n* sportive *f*.

sporty ['spɔːtɪ] (*compar* -ier, *superl* -iest) *adj inf* -1. [person] sportif(ive). -2. [car, clothes etc] chic (*inv*).

spot [spɒt] (*pt & pp* -ted, *cont* -ting) ◇ *n* -1. [mark, dot] tache *f*. -2. [pimple] bouton *m*. -3. [drop] goutte *f*. -4. *inf* [small amount]: to have a ~ of lunch manger un morceau; to have a ~ of bother avoir quelques ennuis. -5. [place] endroit *m*; on the ~ sur place; to do sthg on the ~ faire qqch immédiatement OR sur-le-champ. -6. RADIO & TV numéro *m*. -7. *phr*: to have a soft ~ for sb avoir un faible pour qqn; to put sb on the ~ embarrasser qqn par des questions. ◇ *vt* [notice] apercevoir.

spot check *n* contrôle *m* au hasard OR intermittent.

spotless ['spɒtlɪs] *adj* [clean] impeccable.

spotlight ['spɒtlaɪt] *n* [in theatre] projecteur *m*, spot *m*; [in home] spot *m*; to be in the ~ *fig* être en vedette.

spot-on *adj Br inf* absolument exact(e) OR juste, dans le mille.

spot price *n* prix *m* comptant.

spotted ['spɒtɪd] *adj* [pattern, material] à pois.

spotty ['spɒtɪ] (*compar* **-ier**, *superl* **-iest**) *adj* **-1.** [skin] boutonneux(euse). **-2.** *Am* [patchy] irrégulier(ière).

spouse [spaus] *n* époux *m*, épouse *f*.

spout [spaut] ◇ *n* bec *m*. ◇ *vt pej* débiter. ◇ *vi*: **to ~ from** OR **out of** jaillir de.

sprain [spreɪn] ◇ *n* entorse *f*. ◇ *vt*: **to ~ one's ankle/wrist** se faire une entorse à la cheville/au poignet, se fouler la cheville/le poignet.

sprang [spræŋ] *pt* → **spring**.

sprat [spræt] *n* sprat *m*.

sprawl [sprɔːl] ◇ *n* (U) étendue *f*. ◇ *vi* **-1.** [person] être affalé(e). **-2.** [city] s'étaler.

sprawling ['sprɔːlɪŋ] *adj* [city] tentaculaire.

spray [spreɪ] ◇ *n* **-1.** [of water] gouttelettes *fpl*; [from sea] embruns *mpl*. **-2.** [container] bombe *f*, pulvérisateur *m*. **-3.** [of flowers] gerbe *f*. ◇ *vt* [product] pulvériser; [plants, crops] pulvériser de l'insecticide sur. ◇ *vi*: **to ~ over sb/sthg** asperger qqn/qqch.

spray can *n* bombe *f*.

spray paint *n* peinture *f* en bombe.

spread [spred] (*pt & pp* **spread**) ◇ *n* **-1.** (U) [food] pâte *f* à tartiner. **-2.** [of fire, disease] propagation *f*. **-3.** [of opinions] gamme *f*. **-4.** PRESS **double page** *f*.
◇ *vt* **-1.** [map, rug] étaler, étendre; [fingers, arms, legs] écarter. **-2.** [butter, jam etc]: **to ~ sthg (over)** étaler qqch (sur). **-3.** [disease, rumour, germs] répandre, propager. **-4.** [in time]: **to be ~ over** s'étaler sur. **-5.** [wealth, work] distribuer, répartir.
◇ *vi* **-1.** [disease, rumour] se propager, se répandre. **-2.** [water, cloud] s'étaler.

◆ **spread out** ◇ *vt sep* **-1.** [distribute]: **to be ~ out** [people, houses etc] être dispersé(e); [city, forest] être étendu(e). **-2.** [map, rug] étaler, étendre. **-3.** [fingers, arms, legs] écarter. ◇ *vi* se disperser.

spread-eagled [-,iːgld] *adj* affalé(e).

spreadsheet ['spredʃiːt] *n* COMPUT tableur *m*.

spree [spriː] *n*: **to go on a spending** OR **shopping ~** faire des folies.

sprig [sprɪg] *n* brin *m*.

sprightly ['spraɪtlɪ] (*compar* **-ier**, *superl* **-iest**) *adj* alerte, fringant(e).

spring [sprɪŋ] (*pt* **sprang**, *pp* **sprung**) ◇ *n* **-1.** [season] printemps *m*; **in ~** au printemps. **-2.** [coil] ressort *m*. **-3.** [jump] saut *m*, bond *m*. **-4.** [water source] source *f*.
◇ *comp* de printemps.

◇ *vt* **-1.** [make known suddenly]: **to ~ sthg on sb** annoncer qqch à qqn de but en blanc; **to ~ a surprise on sb** surprendre qqn. **-2.** [develop]: **to ~ a leak** faire eau.
◇ *vi* **-1.** [jump] sauter, bondir. **-2.** [move suddenly]: **to ~ to one's feet** se lever d'un bond; **to ~ into action** passer à l'action; **to ~ to life** se mettre en marche. **-3.** [originate]: **to ~ from** provenir de.

◆ **spring up** *vi* [problem] surgir, se présenter; [friendship] naître; [wind] se lever.

springboard ['sprɪŋbɔːd] *n lit & fig* tremplin *m*.

spring-clean ◇ *vt* nettoyer de fond en comble. ◇ *vi* faire le nettoyage de printemps.

spring onion *n Br* ciboule *f*.

spring roll *n Br* rouleau *m* de printemps.

spring tide *n* marée *f* de vive-eau.

springtime ['sprɪŋtaɪm] *n*: **in (the) ~** au printemps.

springy ['sprɪŋɪ] (*compar* **-ier**, *superl* **-iest**) *adj* [carpet] moelleux(euse); [mattress, rubber] élastique.

sprinkle ['sprɪŋkl] *vt*: **to ~ water over** OR **on sthg**, **to ~ sthg with water** asperger qqch d'eau; **to ~ salt** *etc* **over** OR **on sthg**, **to ~ sthg with salt** *etc* saupoudrer qqch de sel *etc*.

sprinkler ['sprɪŋklə'] *n* [for water] arroseur *m*.

sprinkling ['sprɪŋklɪŋ] *n* [of water] quelques gouttes *fpl*; [of sand] couche *f* légère; **a ~ of people** quelques personnes.

sprint [sprɪnt] ◇ *n* sprint *m*. ◇ *vi* sprinter.

sprinter ['sprɪntə'] *n* sprinter *m*.

sprite [spraɪt] *n* lutin *m*.

spritzer ['sprɪtsə'] *n*: **a white wine ~** du vin blanc additionné d'eau de Seltz.

sprocket ['sprɒkɪt] *n* pignon *m*.

sprout [spraut] ◇ *n* **-1.** [vegetable]: **(Brussels) ~s** choux *mpl* de Bruxelles. **-2.** [shoot] pousse *f*. ◇ *vt* [leaves] produire; **to ~ shoots** germer. ◇ *vi* **-1.** [grow] pousser. **-2.** *fig* [buildings]: **to ~ (up)** surgir.

spruce [spruːs] ◇ *adj* net (nette), pimpant(e). ◇ *n* épicéa *m*.

◆ **spruce up** *vt sep* astiquer, briquer; **to ~ o.s. up** se faire tout beau.

sprung [sprʌŋ] *pp* → **spring**.

spry [spraɪ] (*compar* **-ier**, *superl* **-iest**) *adj* vif (vive).

SPUC (*abbr of* **Society for the Protection of the Unborn Child**) *n* ligue contre l'avortement.

spud [spʌd] *n inf* patate *f*.

spun [spʌn] *pt & pp* → **spin**.

spunk [spʌŋk] *n* (*U*) *inf* [courage] cran *m*.

spur [spɜːʳ] (*pt* & *pp* **-red**, *cont* **-ring**) ◇ *n* **-1.** [incentive] incitation *f*. **-2.** [on rider's boot] éperon *m*. ◇ *vt* **-1.** [encourage]: to ~ sb to do sthg encourager OR inciter qqn à faire qqch. **-2.** [bring about] provoquer.
◆ **on the spur of the moment** *adv* sur un coup de tête, sous l'impulsion du moment.
◆ **spur on** *vt sep* encourager.

spurious ['spʊərɪəs] *adj* **-1.** [affection, interest] feint(e). **-2.** [argument, logic] faux (fausse).

spurn [spɜːn] *vt* repousser.

spurt [spɜːt] ◇ *n* **-1.** [gush] jaillissement *m*. **-2.** [of activity, energy] sursaut *m*. **-3.** [burst of speed] accélération *f*; to put on a ~ sprinter. ◇ *vi* **-1.** [gush]: to ~ (out of OR from) jaillir (de). **-2.** [run] foncer, sprinter.

sputter ['spʌtəʳ] *vi* [engine] tousser, bafouiller; [fire] crépiter.

spy [spaɪ] (*pl* **spies**, *pt* & *pp* **spied**) ◇ *n* espion *m*. ◇ *vt inf* apercevoir. ◇ *vi* espionner, faire de l'espionnage; to ~ on sb espionner qqn.

spying ['spaɪɪŋ] *n* (*U*) espionnage *m*.

spy satellite *n* satellite *m* espion.

Sq., **sq.** *abbr of* **square**.

squabble ['skwɒbl] ◇ *n* querelle *f*. ◇ *vi*: to ~ (about OR over) se quereller (à propos de).

squad [skwɒd] *n* **-1.** [of police] brigade *f*. **-2.** MIL peloton *m*. **-3.** SPORT [group of players] équipe *f* (*parmi laquelle la sélection sera faite*).

squad car *n* voiture *f* de police.

squadron ['skwɒdrən] *n* escadron *m*.

squadron leader *n Br* commandant *m*.

squalid ['skwɒlɪd] *adj* sordide, ignoble.

squall [skwɔːl] *n* [storm] bourrasque *f*.

squalor ['skwɒləʳ] *n* (*U*) conditions *fpl* sordides.

squander ['skwɒndəʳ] *vt* gaspiller.

square [skweəʳ] ◇ *adj* **-1.** [in shape] carré(e); one ~ metre *Br* un mètre carré; three metres ~ trois mètres sur trois. **-2.** [not owing money]: to be ~ être quitte. **-3.** *inf* [unfashionable] vieux jeu (*inv*). ◇ *n* **-1.** [shape] carré *m*. **-2.** [in town] place *f*. **-3.** *inf* [unfashionable person]: he's a ~ il est vieux jeu. **-4.** *phr*: to be back to ~ one se retrouver au point de départ. ◇ *vt* **-1.** MATH élever au carré. **-2.** [reconcile] accorder.
◆ **square up** *vi* **-1.** [settle up]: to ~ up with sb régler ses comptes avec qqn. **-2.** [for fight]: to ~ up to sb se mettre en pos-

ture de combat face à qqn; to ~ up to a problem faire face à un problème.

squared ['skweəd] *adj* quadrillé(e).

square dance *n* quadrille *m*.

square deal *n* arrangement *m* équitable.

squarely ['skweəlɪ] *adv* **-1.** [directly] carrément. **-2.** [honestly] honnêtement.

square meal *n* bon repas *m*.

square root *n* racine *f* carrée.

squash [skwɒʃ] ◇ *n* **-1.** SPORT squash *m*. **-2.** *Br* [drink]: orange ~ orangeade *f*. **-3.** *Am* [vegetable] courge *f*. ◇ *vt* écraser.

squat [skwɒt] (*compar* **-ter**, *superl* **-test**, *pt* & *pp* **-ted**, *cont* **-ting**) ◇ *adj* courtaud(e), ramassé(e). ◇ *n Br* [building] squat *m*. ◇ *vi* **-1.** [crouch]: to ~ (down) s'accroupir. **-2.** [in building] squatter.

squatter ['skwɒtəʳ] *n Br* squatter *m*.

squawk [skwɔːk] ◇ *n* cri *m* strident OR perçant. ◇ *vi* pousser un cri strident OR perçant.

squeak [skwiːk] ◇ *n* **-1.** [of animal] petit cri *m* aigu. **-2.** [of door, hinge] grincement *m*. ◇ *vi* **-1.** [mouse] pousser un petit cri aigu. **-2.** [door, hinge] grincer.

squeaky ['skwiːkɪ] (*compar* **-ier**, *superl* **-iest**) *adj* [voice, door] grinçant(e); [shoes] qui craquent.

squeal [skwiːl] ◇ *n* **-1.** [of person, animal] cri *m* aigu. **-2.** [of brakes] grincement *m*; [of tyres] crissement *m*. ◇ *vi* **-1.** [person, animal] pousser des cris aigus. **-2.** [brakes] grincer; [tyres] crisser.

squeamish ['skwiːmɪʃ] *adj* facilement dégoûté(e).

squeeze [skwiːz] ◇ *n* **-1.** [pressure] pression *f*. **-2.** *inf* [squash]: it was a ~ on était serrés comme des sardines. ◇ *vt* **-1.** [press firmly] presser. **-2.** [liquid, toothpaste] exprimer; to ~ information out of sb soutirer OR arracher des informations à qqn. **-3.** [cram]: to ~ sthg into sthg entasser qqch dans qqch. ◇ *vi*: to ~ into/under se glisser dans/sous.

squeezebox ['skwiːzbɒks] *n Br* accordéon *m*.

squeezer ['skwiːzəʳ] *n*: orange/lemon ~ presse-citron *m inv*.

squelch [skweltʃ] *vi*: to ~ through mud patauger dans la boue.

squib [skwɪb] *n* [firework] pétard *m*; it was a damp ~ ça a été une déception.

squid [skwɪd] (*pl inv* OR **-s**) *n* calmar *m*.

squiffy ['skwɪfɪ] (*compar* **-ier**, *superl* **-iest**) *adj Br inf dated* pompette.

squiggle ['skwɪgl] *n* gribouillis *m*.

squint [skwɪnt] ◇ n: to have a ~ loucher, être atteint(e) de strabisme. ◇ vi: to ~ at sthg regarder qqch en plissant les yeux.

squire ['skwaɪə'] n [landowner] propriétaire m.

squirm [skwɜːm] vi -1. [wriggle] se tortiller. -2. fig [wince] avoir des haut-le-cœur; to ~ with embarrassment ne plus savoir où se mettre.

squirrel [Br 'skwɪrəl, Am 'skwɜːrəl] n écureuil m.

squirt [skwɜːt] ◇ vt [water, oil] faire jaillir, faire gicler; to ~ sb/sthg with sthg asperger qqn/qqch de qqch. ◇ vi: to ~ (out of) jaillir (de), gicler (de).

Sr -1. abbr of senior. -2. abbr of sister.

SRC n -1. (abbr of Students' Representative Council) comité étudiant. -2. (abbr of Science Research Council) conseil britannique de la recherche scientifique.

Sri Lanka [,sriː'læŋkə] n Sri Lanka m; in ~ au Sri Lanka.

Sri Lankan [,sriː'læŋkn] ◇ adj sri lankais(e). ◇ n [person] Sri Lankais m, -e f.

SRN (abbr of State Registered Nurse) n en Grande-Bretagne, infirmier ou infirmière diplômé(e) d'État.

SS (abbr of steamship) SS.

SSA (abbr of Social Security Administration) n sécurité sociale américaine.

ssh [ʃ] excl chut!

SSSI (abbr of Site of Special Scientific Interest) n en Grande-Bretagne, site déclaré d'intérêt scientifique.

St -1. (abbr of saint) St, Ste. -2. abbr of Street.

ST (abbr of Standard Time) n heure légale.

stab [stæb] (pt & pp -bed, cont -bing) ◇ n -1. [with knife] coup m de couteau. -2. inf [attempt]: to have a ~ (at sthg) essayer (qqch), tenter (qqch). -3. [twinge]: ~ of pain élancement m; ~ of guilt remords m. ◇ vt -1. [person] poignarder; to ~ sb to death tuer qqn d'un coup/à coups de poignard. -2. [food] piquer. ◇ vi: to ~ at sthg frapper qqch.

stabbing ['stæbɪŋ] ◇ adj [pain] lancinant(e). ◇ n agression f à coups de couteau.

stability [stə'bɪlətɪ] n stabilité f.

stabilize, -ise ['steɪbəlaɪz] ◇ vt stabiliser. ◇ vi se stabiliser.

stabilizer ['steɪbəlaɪzə'] n stabilisateur m.

stable ['steɪbl] ◇ adj stable. ◇ n écurie f.

stable lad n garçon m d'écurie.

staccato [stə'kɑːtəʊ] adj [note] piqué(e); [sound, voice] saccadé(e).

stack [stæk] ◇ n -1. [pile] pile f. -2. inf [large amount]: ~s OR a ~ of des tas de, un tas de. ◇ vt -1. [pile up] empiler. -2. [fill]: to be ~ed with être encombré de.
◆ **stack up** vi Am inf être à la hauteur.

stadium ['steɪdjəm] (pl -diums OR -dia [-djə]) n stade m.

staff [stɑːf] ◇ n [employees] personnel m; [of school] personnel enseignant, professeurs mpl. ◇ vt pourvoir en personnel.

staffing ['stɑːfɪŋ] n dotation f en personnel; ~ levels les besoins mpl en personnel.

staff nurse n Br infirmier m, -ière f.

staff room n salle f des professeurs.

Staffs [stæfs] (abbr of Staffordshire) comté anglais.

stag [stæg] (pl inv OR -s) n cerf m.

stage [steɪdʒ] ◇ n -1. [phase] étape f, phase f, stade m. -2. [platform] scène f; on ~ sur scène; to set the ~ for sthg préparer la voie à qqch. -3. [acting profession]: the ~ le théâtre. ◇ vt -1. THEATRE monter, mettre en scène. -2. [organize] organiser.

stagecoach ['steɪdʒkəʊtʃ] n diligence f.

stage door n entrée f des artistes.

stage fright n trac m.

stagehand ['steɪdʒhænd] n machiniste m.

stage-manage vt lit & fig mettre en scène.

stage name n.nom m de scène.

stagflation [stæg'fleɪʃn] n stagflation f.

stagger ['stægə'] ◇ vt -1. [astound] stupéfier. -2. [working hours] échelonner; [holidays] étaler. ◇ vi tituber.

staggering ['stægərɪŋ] adj stupéfiant(e).

staging ['steɪdʒɪŋ] n mise f en scène.

stagnant ['stægnənt] adj stagnant(e).

stagnate [stæg'neɪt] vi stagner.

stagnation [stæg'neɪʃn] n stagnation f.

stag party n soirée f entre hommes; [before wedding] soirée où un futur marié enterre sa vie de garçon avec ses amis.

staid [steɪd] adj guindé(e), collet monté.

stain [steɪn] ◇ n [mark] tache f. ◇ vt [discolour] tacher.

stained [steɪnd] adj -1. [marked] taché(e). -2. [coloured] coloré(e).

stained glass n (U) [windows] vitraux mpl.

stainless steel ['steɪnlɪs-] n acier m inoxydable, inox m.

stain remover n détachant m.

stair [steə'] n marche f.
◆ **stairs** npl escalier m.

staircase ['steəkeɪs] n escalier m.

stairway ['steəweɪ] n escalier m.

stairwell ['steəwel] n cage f d'escalier.

stake [steɪk] ◇ *n* **-1.** [share]: **to have a ~ in sthg** avoir des intérêts dans qqch. **-2.** [wooden post] **poteau** *m*. **-3.** [in gambling] enjeu *m*. ◇ *vt*: **to ~ money (on** OR **upon)** jouer OR miser de l'argent (sur); **to ~ one's reputation (on)** jouer OR risquer sa réputation (sur); **to ~ a claim to sthg** revendiquer qqch.
◆ **stakes** *npl* enjeux *mpl*.
◆ **at stake** *adv* en jeu.

stakeout ['steɪkaut] *n* [police surveillance] surveillance *f*.

stalactite ['stæləktaɪt] *n* stalactite *f*.

stalagmite ['stæləgmaɪt] *n* stalagmite *f*.

stale [steɪl] *adj* **-1.** [food, water] pas frais (fraîche); [bread] rassis(e); [air] qui sent le renfermé. **-2.** [person] qui manque d'entrain.

stalemate ['steɪlmeɪt] *n* **-1.** [deadlock] impasse *f*. **-2.** CHESS pat *m*.

staleness ['steɪlnɪs] *n* [of food] manque *m* de fraîcheur.

stalk [stɔːk] ◇ *n* **-1.** [of flower, plant] tige *f*. **-2.** [of leaf, fruit] queue *f*. ◇ *vt* [hunt] traquer. ◇ *vi*: **to ~ in/out** entrer/sortir d'un air hautain.

stall [stɔːl] ◇ *n* **-1.** [in street, market] éventaire *m*, étal *m*; [at exhibition] stand *m*. **-2.** [in stable] stalle *f*. ◇ *vt* **-1.** AUT caler. **-2.** [delay - person] faire patienter. ◇ *vi* **-1.** AUT caler. **-2.** [delay] essayer de gagner du temps.
◆ **stalls** *npl Br* [in cinema, theatre] orchestre *m*.

stallholder ['stɔːl,həuldər] *n* Br marchand *m* qui possède un éventaire.

stallion ['stæljən] *n* étalon *m*.

stalwart ['stɔːlwət] ◇ *adj* [loyal] fidèle. ◇ *n* pilier *m*.

stamen ['steɪmən] *n* étamine *f*.

stamina ['stæmɪnə] *n* (U) résistance *f*.

stammer ['stæmər] ◇ *n* bégaiement *m*. ◇ *vi* bégayer.

stamp [stæmp] ◇ *n* **-1.** [for letter] timbre *m*. **-2.** [tool] tampon *m*. **-3.** *fig* [of authority etc] marque *f*. ◇ *vt* **-1.** [mark by stamping] tamponner. **-2.** [stomp]: **to ~ one's foot** taper du pied. **-3.** [envelope, postcard] timbrer, affranchir. ◇ *vi* **-1.** [stomp] taper du pied. **-2.** [tread heavily]: **to ~ on sthg** marcher sur qqch.
◆ **stamp out** *vt sep* [fire] éteindre en piétinant; [opposition] éliminer; [corruption, crime] supprimer; [disease] éradiquer.

stamp album *n* album *m* de timbres.

stamp-collecting *n* philatélie *f*.

stamp collector *n* collectionneur *m*, -euse *f* de timbres, philatéliste *mf*.

stamp duty *n Br* droit *m* de timbre.

stamped addressed envelope ['stæmpt ə,drest-] *n Br* enveloppe *f* affranchie pour la réponse.

stampede [stæm'piːd] ◇ *n* débandade *f*. ◇ *vi* s'enfuir à la débandade.

stamp machine *n* distributeur *m* de timbres-poste.

stance [stæns] *n lit & fig* position *f*.

stand [stænd] (*pt & pp* **stood**) ◇ *n* **-1.** [stall] stand *m*; [selling newspapers] kiosque *m*. **-2.** [supporting object]: **umbrella ~** porte-parapluies *m inv*; **hat ~** porte-chapeaux *m inv*. **-3.** SPORT tribune *f*. **-4.** MIL résistance *f*; **to make a ~** résister. **-5.** [public position] position *f*; **to take a ~ on sthg** prendre position sur qqch. **-6.** *Am* JUR barre *f*; **to take the ~** comparaître à la barre. ◇ *vt* **-1.** [place] mettre (debout), poser (debout). **-2.** [withstand, tolerate] supporter. **-3.** [treat]: **to ~ sb a meal/a drink** payer à déjeuner/à boire à qqn. **-4.** JUR: **to ~ trial** comparaître en jugement. **-5.** [be likely]: **to ~ to do sthg** risquer de faire qqch. ◇ *vi* **-1.** [be upright - person] être OR se tenir debout; [- object] se trouver; [- building] se dresser; **~ still!** ne bouge pas!, reste tranquille! **-2.** [stand up] se lever. **-3.** [liquid] reposer. **-4.** [offer] tenir toujours; [decision] demeurer valable. **-5.** [be in particular state]: **as things ~ ...** vu l'état actuel des choses ...; **unemployment/production ~s at ...** le nombre de chômeurs/la production est de .... **-6.** [have opinion]: **where do you ~ on ...?** quelle est votre position sur ...? **-7.** *Br* POL se présenter. **-8.** *Am* [park car]: **"no ~ing"** «stationnement interdit».
◆ **stand aside** *vi* s'écarter.
◆ **stand back** *vi* reculer.
◆ **stand by** ◇ *vt fus* **-1.** [person] soutenir. **-2.** [statement, decision] s'en tenir à. ◇ *vi* **-1.** [in readiness]: **to ~ by (for sthg/to do sthg)** être prêt(e) (pour qqch/pour faire qqch). **-2.** [remain inactive] rester là.
◆ **stand down** *vi* [resign] démissionner.
◆ **stand for** *vt fus* **-1.** [signify] représenter. **-2.** [tolerate] supporter, tolérer.
◆ **stand in** *vi*: **to ~ in for sb** remplacer qqn.
◆ **stand out** *vi* ressortir.
◆ **stand up** ◇ *vt sep inf* [boyfriend, girlfriend] poser un lapin à. ◇ *vi* **-1.** [rise from seat] se lever; **~ up!** debout! **-2.** [claim, evidence] être accepté(e).
◆ **stand up for** *vt fus* défendre.
◆ **stand up to** *vt fus* **-1.** [weather, heat etc] résister à. **-2.** [person, boss] tenir tête à.

standard ['stændəd] ◇ *adj* -1. [normal - gen] normal(e); [- size] standard (*inv*). -2. [accepted] correct(e). -3. [basic] de base. ◇ *n* -1. [level] niveau *m*. -2. [point of reference] critère *m*; TECH norme *f*. -3. [flag] étendard *m*.
◆ **standards** *npl* [principles] valeurs *fpl*.

standard-bearer *n fig* porte-drapeau *m*.

standardize, -ise ['stændədaɪz] *vt* standardiser.

standard lamp *n Br* lampadaire *m*.

standard of living (*pl* standards of living) *n* niveau *m* de vie.

standard time *n* heure *f* légale.

standby ['stændbaɪ] (*pl* standbys) ◇ *n* [person] remplaçant *m*, -e *f*; on ~ prêt à intervenir. ◇ *comp* [ticket, flight] stand-by (*inv*).

stand-in *n* remplaçant *m*, -e *f*.

standing ['stændɪŋ] ◇ *adj* [invitation, army] permanent(e); [joke] continuel(elle). ◇ *n* -1. [reputation] importance *f*, réputation *f*. -2. [duration]: **of long** ~ de longue date; **we're friends of 20 years'** ~ nous sommes amis depuis 20 ans.

standing committee *n* comité *m* permanent.

standing order *n* prélèvement *m* automatique.

standing ovation *n*: **to give sb a** ~ se lever pour applaudir qqn.

standing room *n* (*U*) places *fpl* debout.

standoffish [,stænd'ɒfɪʃ] *adj* distant(e).

standpipe ['stændpaɪp] *n* colonne *f* d'alimentation.

standpoint ['stændpɔɪnt] *n* point *m* de vue.

standstill ['stændstɪl] *n*: **at a** ~ [traffic, train] à l'arrêt; [negotiations, work] paralysé(e); **to come to a** ~ [traffic, train] s'immobiliser; [negotiations, work] cesser.

stank [stæŋk] *pt* → stink.

stanza ['stænzə] *n* strophe *f*.

staple ['steɪpl] ◇ *adj* [principal] principal(e), de base. ◇ *n* -1. [for paper] agrafe *f*. -2. [principal commodity] produit *m* de base. ◇ *vt* agrafer.

staple diet *n* nourriture *f* de base.

staple gun *n* agrafeuse *f* (professionnelle).

stapler ['steɪplə] *n* agrafeuse *f*.

star [stɑːr] (*pt* & *pp* -red, *cont* -ring) ◇ *n* -1. [gen] étoile *f*. -2. [celebrity] vedette *f*, star *f*. -3. [asterisk] astérisque *m*. ◇ *comp* [quality] de star; ~ **performer** vedette *f*. ◇ *vt* CINEMA & THEATRE avoir pour vedette. ◇ *vi*: **to** ~ **(in)** être la vedette (de).
◆ **stars** *npl* horoscope *m*.

star attraction *n* attraction *f* principale, clou *m*.

starboard ['stɑːbəd] ◇ *adj* de tribord. ◇ *n*: **to** ~ à tribord.

starch [stɑːtʃ] *n* amidon *m*.

starched [stɑːtʃt] *adj* amidonné(e).

starchy ['stɑːtʃɪ] (*compar* -ier, *superl* -iest) *adj* [food] féculent(e).

stardom ['stɑːdəm] *n* (*U*) célébrité *f*.

stare [steə(r)] ◇ *n* regard *m* fixe. ◇ *vi*: **to** ~ **at sb/sthg** fixer qqn/qqch du regard.

starfish ['stɑːfɪʃ] (*pl inv* OR -es) *n* étoile *f* de mer.

stark [stɑːk] ◇ *adj* -1. [room, decoration] austère; [landscape] désolé(e). -2. [reality, fact] à l'état brut; [contrast] dur(e). ◇ *adv*: ~ **naked** tout nu (toute nue), à poil.

starlight ['stɑːlaɪt] *n* lumière *f* des étoiles.

starling ['stɑːlɪŋ] *n* étourneau *m*.

starlit ['stɑːlɪt] *adj* [night] étoilé(e); [countryside] illuminé(e) par les étoiles.

starry ['stɑːrɪ] (*compar* -ier, *superl* -iest) *adj* étoilé(e).

starry-eyed [-'aɪd] *adj* innocent(e).

Stars and Stripes *n*: **the** ~ le drapeau des États-Unis, la bannière étoilée.

star sign *n* signe *m* du zodiaque.

star-studded *adj* avec de nombreuses vedettes.

start [stɑːt] ◇ *n* -1. [beginning] début *m*; **to make a good/bad** ~ bien/mal commencer; **for a** ~ pour commencer, d'abord. -2. [jump] sursaut *m*. -3. [starting place] départ *m*. -4. [time advantage] avance *f*.
◇ *vt* -1. [begin] commencer; **to** ~ **doing** OR **to do sthg** commencer à faire qqch. -2. [turn on - machine] mettre en marche; [- engine, vehicle] démarrer, mettre en marche. -3. [set up - business, band] créer.
◇ *vi* -1. [begin] commencer, débuter; **to** ~ **with** pour commencer, d'abord. -2. [function - machine] se mettre en marche; [- car] démarrer. -3. [begin journey] partir. -4. [jump] sursauter. -5. *inf* [be annoying]: **don't (you)** ~! ne commence pas, toi!
◆ **start off** ◇ *vt sep* [meeting] ouvrir, commencer; [rumour] faire naître; [discussion] entamer, commencer. ◇ *vi* -1. [begin] commencer; [begin job] débuter. -2. [leave on journey] partir.
◆ **start on** *vt fus* entamer.
◆ **start out** *vi* -1. [in job] débuter. -2. [leave on journey] partir.
◆ **start up** ◇ *vt sep* -1. [business] créer; [shop] ouvrir. -2. [car, engine] mettre en marche. ◇ *vi* -1. [begin] commencer. -2.

[machine] se mettre en route; [car, engine] démarrer.

starter ['stɑːtə'] n **-1.** Br [of meal] hors-d'œuvre m inv. **-2.** AUT démarreur m. **-3.** [to begin race] starter m.

starter motor n démarreur m.

starter pack n [information] informations de base nécessaires pour commencer une activité; [equipment] kit m de base.

starting block ['stɑːtɪŋ-] n starting-block m, bloc m de départ.

starting point ['stɑːtɪŋ-] n point m de départ.

starting price ['stɑːtɪŋ-] n cote f de départ.

startle ['stɑːtl] vt faire sursauter.

startling ['stɑːtlɪŋ] adj surprenant(e).

starvation [stɑːˈveɪʃn] n faim f.

starve [stɑːv] ◇ vt **-1.** [deprive of food] affamer. **-2.** fig [deprive]: **to ~ sb of sthg** priver qqn de qqch. ◇ vi **-1.** [have no food] être affamé(e); **to ~ to death** mourir de faim. **-2.** inf [be hungry] avoir très faim, crever OR mourir de faim.

Star Wars n la Guerre des Étoiles (nom populaire de l'Initiative de Défense Stratégique, programme militaire spatial du Président Reagan).

state [steɪt] ◇ n état m; **he's not in a fit ~ to drive** il n'est pas en état de conduire; **to be in a ~** être dans tous ses états. ◇ comp d'État. ◇ vt **-1.** [express - reason] donner; [- name and address] décliner; **to ~ that ...** déclarer que .... **-2.** [specify] préciser.

◆ **State** n: **the State** l'État m.

◆ **States** npl: **the States** les États-Unis mpl.

state-controlled adj étatisé(e), sous contrôle de l'État.

State Department n Am ≃ ministère m des Affaires étrangères.

state education n Br enseignement m public.

stateless ['steɪtlɪs] adj apatride.

stately ['steɪtlɪ] (compar -ier, superl -iest) adj majestueux(euse).

stately home n Br château m.

statement ['steɪtmənt] n **-1.** [declaration] déclaration f. **-2.** JUR déposition f. **-3.** [from bank] relevé m de compte.

state of affairs n état m des choses.

state of emergency n état m d'urgence.

state of mind (pl states of mind) n humeur f.

state-of-the-art adj tout dernier (toute dernière); [technology] de pointe.

state-owned [-'əʊnd] adj national(e), d'État.

state school n école f publique.

state secret n secret m d'État.

state's evidence n Am: **to turn ~** témoigner contre ses complices.

stateside ['steɪtsaɪd] Am ◇ adj des États-Unis. ◇ adv aux États-Unis.

statesman ['steɪtsmən] (pl -men [-mən]) n homme m d'État.

statesmanship ['steɪtsmənʃɪp] n (U) habileté f politique.

static ['stætɪk] ◇ adj statique. ◇ n (U) parasites mpl.

static electricity n électricité f statique.

station ['steɪʃn] ◇ n **-1.** RAIL gare f; [for buses, coaches] gare routière. **-2.** RADIO station f. **-3.** [building] poste m. **-4.** fml [rank] rang m. ◇ vt **-1.** [position] placer, poster. **-2.** MIL poster.

stationary ['steɪʃnərɪ] adj immobile.

stationer ['steɪʃnə'] n papetier m, -ière f; **~'s (shop)** papeterie f.

stationery ['steɪʃnərɪ] n (U) [equipment] fournitures fpl de bureau; [paper] papier m à lettres.

station house n Am poste m de police.

stationmaster ['steɪʃn,mɑːstə'] n chef m de gare.

station wagon n Am break m.

statistic [stəˈtɪstɪk] n statistique f.

◆ **statistics** n (U) [science] statistique f.

statistical [stəˈtɪstɪkl] adj statistique; [expert] en statistiques; [report] de statistiques.

statistician [,stætɪˈstɪʃn] n statisticien m, -ienne f.

statue ['stætʃuː] n statue f.

statuesque [,stætjʊˈesk] adj sculptural(e).

statuette [,stætjʊˈet] n statuette f.

stature ['stætʃə'] n **-1.** [height, size] stature f, taille f. **-2.** [importance] envergure f.

status ['steɪtəs] n (U) **-1.** [legal or social position] statut m. **-2.** [prestige] prestige m.

status quo [-'kwəʊ] n: **the ~** le statu quo.

status symbol n signe m extérieur de richesse.

statute ['stætʃuːt] n loi f.

statute book n: **the ~** ≃ le code, les textes mpl de loi.

statutory ['stætjʊtrɪ] adj statutaire.

staunch [stɔːntʃ] ◇ adj loyal(e). ◇ vt [flow] arrêter; [blood] étancher.

stave [steɪv] (pt & pp -d OR stove) n MUS portée f.

◆ **stave off** vt sep [disaster, defeat] éviter; [hunger] tromper.

stay [steɪ] ◇ *vi* **-1.** [not move away] **rester; to ~ put** ne pas bouger. **-2.** [as visitor - with friends] **passer quelques jours**; [- in town, country] **séjourner; to ~ in a hotel** descendre à l'hôtel. **-3.** [continue, remain] **rester**, demeurer; **to ~ away from sb** ne pas s'approcher de qqn; **to ~ away from a place** ne pas aller à un endroit; **to ~ out of sthg** ne pas se mêler de qqch. **-4.** *Scot* [reside] habiter. ◇ *n* [visit] séjour *m*.

◆ **stay in** *vi* rester chez soi, ne pas sortir.

◆ **stay on** *vi* rester (plus longtemps).

◆ **stay out** *vi* **-1.** [from home] ne pas rentrer. **-2.** [strikers] rester en grève.

◆ **stay up** *vi* ne pas se coucher, veiller; **to ~ up late** se coucher tard.

stayer ['steɪə'] *n Br* [horse] stayer *m*; [person] personne *f* qui a de l'endurance.

staying power ['steɪɪŋ-] *n* endurance *f*.

St Bernard [*Br* -'bɜːnəd, *Am* -bər'nɑːrd] *n* saint-bernard *m inv*.

STD *n* **-1.** (*abbr of* **subscriber trunk dialling**) téléphone *interurbain*. **-2.** (*abbr of* **sexually transmitted disease**) MST *f*.

stead [sted] *n*: **to stand sb in good ~** être utile à qqn.

steadfast ['stedfɑːst] *adj* ferme, résolu(e); [supporter] loyal(e).

steadily ['stedɪlɪ] *adv* **-1.** [gradually] progressivement. **-2.** [regularly - breathe] régulièrement; [- move] sans arrêt. **-3.** [calmly] de manière imperturbable.

steady ['stedɪ] (*compar* **-ier**, *superl* **-iest**, *pt* & *pp* **-ied**) ◇ *adj* **-1.** [gradual] progressif(ive). **-2.** [regular] régulier(ière). **-3.** [not shaking] ferme; **to hold sthg ~** tenir qqch bien OR sans bouger. **-4.** [calm - voice] calme; [- stare] imperturbable. **-5.** [stable - job, relationship] stable. **-6.** [sensible] sérieux(ieuse). ◇ *vt* **-1.** [stop from shaking] empêcher de bouger; **to ~ o.s.** se remettre d'aplomb. **-2.** [control - nerves] calmer; **to ~ o.s.** retrouver son calme.

steak [steɪk] *n* steak *m*; [of fish] darne *f*.

steakhouse ['steɪkhaʊs, *pl* -haʊzɪz] *n* grill *m*, grill-room *m*.

steal [stiːl] (*pt* **stole**, *pp* **stolen**) ◇ *vt* voler, dérober; **to ~ a look at** jeter un regard furtif à. ◇ *vi* **-1.** [take illegally] voler. **-2.** [move secretly] se glisser.

stealing ['stiːlɪŋ] *n* (*U*) vol *m*.

stealth [stelθ] *n*: **by ~** en secret, discrètement.

stealthy ['stelθɪ] (*compar* **-ier**, *superl* **-iest**) *adj* furtif(ive).

steam [stiːm] ◇ *n* (*U*) vapeur *f*; **to let off ~** *fig* se défouler; **to run out of ~** *fig* s'essouf-

fler. ◇ *comp* à vapeur. ◇ *vt* CULIN cuire à la vapeur. ◇ *vi* **-1.** [give off steam] fumer. **-2.** [ship] avancer.

◆ **steam up** ◇ *vt sep* **-1.** [mist up] embuer. **-2.** *fig* [get angry]: **to get ~ed up (about)** s'énerver (pour). ◇ *vi* se couvrir de buée.

steamboat ['stiːmbəʊt] *n* (bateau *m* à) vapeur *m*.

steam engine *n* locomotive *f* à vapeur.

steamer ['stiːmə'] *n* **-1.** [ship] (bateau *m* à) vapeur *m*. **-2.** CULIN cuiseur-vapeur *m*.

steam iron *n* fer *m* à vapeur.

steamroller ['stiːm,rəʊlə'] *n* rouleau *m* compresseur.

steam shovel *n Am* bulldozer *m*.

steamy ['stiːmɪ] (*compar* **-ier**, *superl* **-iest**) *adj* **-1.** [full of steam] embué(e). **-2.** *inf* [erotic] érotique.

steel [stiːl] ◇ *n* (*U*) acier *m*. ◇ *comp* en acier, d'acier. ◇ *vt*: **to ~ o.s. (for)** s'armer de courage (pour).

steel industry *n* industrie *f* sidérurgique, sidérurgie *f*.

steel wool *n* paille *f* de fer.

steelworker ['stiːl,wɜːkə'] *n* sidérurgiste *mf*.

steelworks ['stiːlwɜːks] (*pl inv*) *n* aciérie *f*.

steely ['stiːlɪ] (*compar* **-ier**, *superl* **-iest**) *adj* **-1.** [steel-coloured] acier (*inv*). **-2.** [strong - person] dur(e); [- determination, will] de fer.

steep [stiːp] *adj* **-1.** [hill, road] raide, abrupt(e). **-2.** [increase, decline] énorme. **-3.** *inf* [expensive] excessif(ive).

steeped [stiːpt] *adj fig*: **~ in** imprégné(e) de.

steeple ['stiːpl] *n* clocher *m*, flèche *f*.

steeplechase ['stiːpltʃeɪs] *n* **-1.** [horse race] steeple-chase *m*. **-2.** [athletics race] steeple *m*.

steeplejack ['stiːpldʒæk] *n* réparateur *m* de cheminées industrielles et de clochers.

steeply ['stiːplɪ] *adv* **-1.** [at steep angle] en pente raide. **-2.** [considerably] en flèche.

steer ['stɪə'] ◇ *n* bœuf *m*. ◇ *vt* **-1.** [ship] gouverner; [car, aeroplane] conduire, diriger. **-2.** [person] diriger, guider. ◇ *vi*: **to ~ well** [ship] gouverner bien; [car] être facile à manœuvrer; **to ~ clear of sb/sthg** éviter qqn/qqch.

steering ['stɪərɪŋ] *n* (*U*) direction *f*.

steering column *n* colonne *f* de direction.

steering committee *n* comité *m* d'organisation.

steering lock *n* rayon *m* de braquage.

steering wheel *n* volant *m*.

stellar ['stelə'] *adj* stellaire.

stem [stem] (*pt* & *pp* -**med**, *cont* -**ming**) ◇ *n*
-1. [of plant] tige *f*. -2. [of glass] pied *m*. -3.
[of pipe] tuyau *m*. -4. GRAMM radical *m*. ◇ *vt*
[stop] arrêter.
◆ **stem from** *vt fus* provenir de.

stench [stentʃ] *n* puanteur *f*.

stencil ['stensl] (*Br pt* & *pp* -**led**, *cont* -**ling**,
Am pt & *pp* -**ed**, *cont* -**ing**) ◇ *n* pochoir *m*.
◇ *vt* faire au pochoir.

stenographer [stə'nɒgrəfər] *n Am* sténographe *mf*.

stenography [stə'nɒgrəfɪ] *n Am* sténographie *f*.

step [step] (*pt* & *pp* -**ped**, *cont* -**ping**) ◇ *n*
-1. [pace] pas *m*; **in/out of ~ with** *fig* en
accord/désaccord avec; **to watch one's ~**
faire attention où l'on marche; *fig* faire attention à ce que l'on fait. -2. [action] mesure *f*. -3. [stage] étape *f*; **~ by ~** petit à petit, progressivement. -4. [stair] marche *f*.
-5. [of ladder] barreau *m*, échelon *m*. -6. *Am*
MUS ton *m*.
◇ *vi* -1. [move foot]: **to ~ forward** avancer;
to ~ off OR **down from sthg** descendre de
qqch; **to ~ back** reculer. -2. [tread]: **to ~
on/in sthg** marcher sur/dans qqch.
◆ **steps** *npl* -1. [stairs] marches *fpl*. -2. *Br*
[stepladder] escabeau *m*.
◆ **step aside** *vi* -1. [move away] s'écarter.
-2. [leave job] démissionner.
◆ **step back** *vi* [pause to reflect] prendre du
recul.
◆ **step down** *vi* [leave job] démissionner.
◆ **step in** *vi* intervenir.
◆ **step up** *vt sep* intensifier.

stepbrother ['step,brʌðər] *n* demi-frère *m*.

stepchild ['steptʃaɪld] (*pl* -**children** [-,tʃɪl-
drən]) *n* beau-fils *m*, belle-fille *f*.

stepdaughter ['step,dɔːtər] *n* belle-fille *f*.

stepfather ['step,fɑːðər] *n* beau-père *m*.

stepladder ['step,lædər] *n* escabeau *m*.

stepmother ['step,mʌðər] *n* belle-mère *f*.

stepping-stone ['stepɪŋ-] *n* pierre *f* de gué;
fig tremplin *m*.

stepsister ['step,sɪstər] *n* demi-sœur *f*.

stepson ['stepsʌn] *n* beau-fils *m*.

stereo ['sterɪəʊ] (*pl* -**s**) ◇ *adj* stéréo (*inv*). ◇
n -1. [appliance] chaîne *f* stéréo. -2. [sound]:
in ~ en stéréo.

stereophonic [,sterɪə'fɒnɪk] *adj* stéréopho-
nique.

stereotype ['sterɪətaɪp] ◇ *n* stéréotype *m*.
◇ *vt* stéréotyper.

sterile ['steraɪl] *adj* stérile.

sterility [ste'rɪlətɪ] *n* stérilité *f*.

sterilization [,sterəlaɪ'zeɪʃn] *n* stérilisation
f.

sterilize, -ise ['sterəlaɪz] *vt* stériliser.

sterilized milk ['sterəlaɪzd-] *n* lait *m* stérili-
sé.

sterling ['stɜːlɪŋ] ◇ *adj* -1. [of British money]
sterling (*inv*). -2. [excellent] exception-
nel(elle). ◇ *n* (*U*) livre *f* sterling. ◇ *comp*
[traveller's cheques] en livres sterling.

sterling silver *n* argent *m* fin.

stern [stɜːn] ◇ *adj* sévère. ◇ *n* NAUT arrière
m.

sternly ['stɜːnlɪ] *adv* sévèrement.

steroid ['stɪərɔɪd] *n* stéroïde *m*.

stethoscope ['steθəskəʊp] *n* stéthoscope *m*.

stetson ['stetsn] *n* chapeau *m* de cow-boy.

stevedore ['stiːvədɔːr] *n Am* docker *m*.

stew [stjuː] ◇ *n* ragoût *m*. ◇ *vt* [meat] cuire
en ragoût; [fruit] faire cuire. ◇ *vi*: **to let sb
~** *fig* laisser mariner qqn.

steward ['stjʊəd] *n* -1. [on plane, ship, train]
steward *m*. -2. *Br* [at demonstration, meeting]
membre *m* du service d'ordre.

stewardess ['stjʊədɪs] *n* hôtesse *f*.

stewing steak *Br* ['stjuːɪŋ-], **stewbeef** *Am*
['stjuːbiːf] *n* (*U*) bœuf *m* à braiser.

St. Ex. *abbr of* **stock exchange**.

stg *abbr of* **sterling**.

stick [stɪk] (*pt* & *pp* **stuck**) ◇ *n* -1. [of
wood, metal, candy] bâton *m*. -2. [walking
stick] canne *f*. -3. SPORT crosse *f*. -4. *phr*: **to
get the wrong end of the ~** mal compren-
dre.
◇ *vt* -1. [push]: **to ~ sthg in** OR **into** planter
qqch dans; **to ~ sthg through sthg** transpercer qqch avec qqch. -2. [with glue, sello-
tape]: **to ~ sthg (on** OR **to)** coller qqch (sur).
-3. *inf* [put] mettre. -4. *Br inf* [tolerate] supporter; **to ~ it** tenir le coup.
◇ *vi* -1. [adhere]: **to ~ (to)** coller (à). -2.
[jam] se coincer. -3. [remain]: **to ~ in sb's
mind** marquer qqn.
◆ **stick around** *vi inf* rester dans les parages.
◆ **stick at** *vt fus* [activity] persévérer dans;
to ~ at a job rester dans un emploi.
◆ **stick by** *vt fus* [statement] s'en tenir à;
[person] ne pas abandonner.
◆ **stick out** ◇ *vt sep* -1. [head] sortir;
[hand] lever; [tongue] tirer. -2. *inf* [endure]: **to
~ it out** tenir le coup. ◇ *vi* -1. [protrude]
dépasser. -2. *inf* [be noticeable] se remarquer.
◆ **stick out for** *vt fus Br* exiger.
◆ **stick to** *vt fus* -1. [follow closely] suivre.

-2. [principles] **rester fidèle à;** [decision] **s'en tenir à;** [promise] **tenir.**

◆ **stick together** *vi* rester ensemble; *fig* se serrer les coudes.

◆ **stick up** ◇ *vt sep* **-1.** [poster, notice] afficher. **-2.** [with gun] attaquer à main armée. ◇ *vi* dépasser.

◆ **stick up for** *vt fus* défendre.

◆ **stick with** *vt fus* **-1.** [decision, choice] s'en tenir à. **-2.** |follow closely] rester avec.

sticker ['stıkə'] *n* [label] autocollant *m*.

sticking plaster ['stıkıŋ-] *n* sparadrap *m*.

stick insect *n* phasme *m*.

stick-in-the-mud *n inf* réac *mf*.

stickleback ['stıklbæk] *n* épinoche *f*.

stickler ['stıklə'] *n*: **to be a ~ for** être à cheval sur.

stick-on *adj* autocollant(e), adhésif(ive).

stickpin ['stıkpın] *n Am* épingle *f* de cravate.

stick shift *n Am* levier *m* de vitesses.

stick-up *n inf* vol *m* à main armée.

sticky ['stıkı] *(compar* **-ier,** *superl* **-iest)** *adj* **-1.** [hands, sweets] poisseux(euse); [label, tape] adhésif(ive). **-2.** *inf* [awkward] délicat(e). **-3.** [humid] humide.

stiff [stıf] ◇ *adj* **-1.** [rod, paper, material] rigide; [shoes, brush] dur(e); [fabric] raide. **-2.** [door, drawer, window] dur(e) (à ouvrir/ fermer); [joint] ankylosé(e); **to have a ~ back** avoir des courbatures dans le dos; **to have a ~ neck** avoir le torticolis. **-3.** [formal] guindé(e). **-4.** [severe - penalty] sévère; [- resistance] tenace; [- competition] serré(e). **-5.** [difficult - task] difficile. **-6.** [drink] bien tassé(e); [wind] fort(e). ◇ *adv inf*: **to be bored ~** s'ennuyer à mourir; **to be frozen/scared ~** mourir de froid/ peur.

stiffen ['stıfn] ◇ *vt* **-1.** [material] raidir; [with starch] empeser. **-2.** [resolve] renforcer. ◇ *vi* **-1.** [body] se raidir; [joints] s'ankyloser. **-2.** [competition, resistance] s'intensifier. **-3.** [wind] devenir plus fort, fraîchir.

stiffener ['stıfnə'] *n* **-1.** [starch] amidon *m*. **-2.** TECH raidisseur *m*.

stiffness ['stıfnıs] *n (U)* **-1.** [inflexibility] raideur *f*, rigidité *f*. **-2.** [of body, joint] ankylose *f*. **-3.** [formality] froideur *f*.

stifle ['staıfl] *vt & vi* étouffer.

stifling ['staıflıŋ] *adj* étouffant(e).

stigma ['stıgmə] *n* **-1.** [disgrace] honte *f*, stigmate *m*. **-2.** BOT stigmate *m*.

stigmatize, -ise ['stıgmətaız] *vt* stigmatiser.

stile [staıl] *n* échalier *m*.

stiletto heel [stı'letəʊ-] *n Br* talon *m* aiguille.

still [stıl] ◇ *adv* **-1.** [up to now, up to then] encore, toujours; **I've ~ got £5 left** il me reste encore 5 livres. **-2.** [even now] encore. **-3.** [nevertheless] tout de même. **-4.** *(with comparatives)*: **~ bigger/more important** encore plus grand/plus important. ◇ *adj* **-1.** [not moving] immobile. **-2.** [calm] calme, tranquille. **-3.** [not windy] sans vent. **-4.** [not fizzy - gen] non gazeux(euse); [- mineral water] plat(e). ◇ *n* **-1.** PHOT photo *f*. **-2.** [for making alcohol] alambic *m*.

stillborn ['stılbɔːn] *adj* mort-né(e).

still life *(pl* **-s)** *n* nature *f* morte.

stillness ['stılnıs] *n* [calmness] tranquillité *f*.

stilted ['stıltıd] *adj* emprunté(e), qui manque de naturel.

stilts [stılts] *npl* **-1.** [for person] échasses *fpl*. **-2.** [for building] pilotis *mpl*.

stimulant ['stımjʊlənt] *n* stimulant *m*.

stimulate ['stımjʊleıt] *vt* stimuler.

stimulating ['stımjʊleıtıŋ] *adj* stimulant(e).

stimulation [,stımjʊ'leıʃn] *n* stimulation *f*.

stimulus ['stımjʊləs] *(pl* **-li** [-laı]) *n* **-1.** [encouragement] stimulant *m*. **-2.** BIOL & PSYCH stimulus *m*.

sting [stıŋ] *(pt & pp* **stung)** ◇ *n* **-1.** [by bee] piqûre *f*; [of bee] dard *m*. **-2.** [sharp pain] brûlure *f*; **to take the ~ out of sthg** adoucir OR atténuer qqch. ◇ *vt* **-1.** [gen] piquer. **-2.** [subj: criticism] blesser. ◇ *vi* piquer.

stinging nettle ['stıŋıŋ-] *n Br* ortie *f*.

stingray ['stıŋreı] *n* pastenague *f*.

stingy ['stındʒı] *(compar* **-ier,** *superl* **-iest)** *adj inf* radin(e).

stink [stıŋk] *(pt* **stank** OR **stunk,** *pp* **stunk)** ◇ *n* puanteur *f*. ◇ *vi* **-1.** [smell] puer, empester. **-2.** *inf fig* [be worthless] ne rien valoir.

stink-bomb *n* boule *f* puante.

stinking ['stıŋkıŋ] *inf* ◇ *adj* [cold] gros (grosse); [weather] pourri(e); [place] infect(e). ◇ *adv*: **to be ~ rich** être plein(e) aux as.

stint [stınt] ◇ *n* [period of work] part *f* de travail. ◇ *vi*: **to ~ on** lésiner sur.

stipend ['staıpend] *n* traitement *m*, salaire *m*.

stipulate ['stıpjʊleıt] *vt* stipuler.

stipulation [,stıpjʊ'leıʃn] *n* **-1.** [statement] stipulation *f*. **-2.** [condition] condition *f*.

stir [stɜː'] *(pt & pp* **-red,** *cont* **-ring)** ◇ *n* **-1.** [act of stirring]: **to give sthg a ~** remuer qqch. **-2.** [public excitement] sensation *f*. ◇ *vt* **-1.** [mix] remuer. **-2.** [move gently] agiter.

-3. [move emotionally] émouvoir. **-4.** [move]: to ~ o.s. se remuer. ◇ *vi* bouger, remuer.

◆ **stir up** *vt sep* **-1.** [dust] soulever. **-2.** [trouble] provoquer; [resentment, dissatisfaction] susciter; [rumour] faire naître.

stir-fry *vt* faire sauter à feu très vif.

stirring ['stɜːrɪŋ] ◇ *adj* excitant(e), émouvant(e). ◇ *n* [of interest, emotion] éveil *m*.

stirrup ['stɪrəp] *n* étrier *m*.

stitch [stɪtʃ] ◇ *n* **-1.** SEWING point *m*; [in knitting] maille *f*. **-2.** MED point *m* de suture. **-3.** [stomach pain]: **to have a** ~ avoir un point de côté. **-4.** *phr*: **to be in** ~es être plié(e) en deux (de rire), se tenir les côtes. ◇ *vt* **-1.** SEWING coudre. **-2.** MED suturer.

stitching ['stɪtʃɪŋ] *n* (U) points *mpl*, piqûres *fpl*.

stoat [stəut] *n* hermine *f*.

stock [stɒk] ◇ *n* **-1.** [supply] réserve *f*. **-2.** (U) COMM stock *m*, réserve *f*; **in** ~ en stock; **out of** ~ épuisé(e). **-3.** FIN valeurs *fpl*; ~**s and shares** titres *mpl*. **-4.** [ancestry] souche *f*. **-5.** CULIN bouillon *m*. **-6.** [livestock] cheptel *m*. **-7.** *phr*: **to take** ~ (**of**) faire le point (de). ◇ *adj* classique. ◇ *vt* **-1.** COMM vendre, avoir en stock. **-2.** [fill - shelves] garnir; [- lake] empoissonner.

◆ **stock up** *vi*: **to** ~ **up** (**with**) faire des provisions (de).

stockade [stɒˈkeɪd] *n* palissade *f*.

stockbroker ['stɒkˌbrəukər] *n* agent *m* de change.

stockbroking ['stɒkˌbrəukɪŋ] *n* commerce *m* des valeurs en Bourse.

stockcar ['stɒkkɑːr] *n* stock-car *m*.

stock company *n Am* société *f* anonyme par actions.

stock control *n* contrôle *m* des stocks.

stock cube *n Br* bouillon-cube *m*.

stock exchange *n* Bourse *f*.

stockholder ['stɒkˌhəuldər] *n Am* actionnaire *mf*.

Stockholm ['stɒkhəum] *n* Stockholm.

stocking ['stɒkɪŋ] *n* [for woman] bas *m*.

stock-in-trade *n* rudiments *mpl* du métier.

stockist ['stɒkɪst] *n Br* dépositaire *m*, stockiste *m*.

stock market *n* Bourse *f*.

stock phrase *n* cliché *m*.

stockpile ['stɒkpaɪl] ◇ *n* stock *m*. ◇ *vt* [weapons] amasser; [food] stocker.

stockroom ['stɒkrum] *n* réserve *f*.

stock-still *adv* sans bouger.

stocktaking ['stɒkˌteɪkɪŋ] *n* (U) inventaire *m*.

stocky ['stɒkɪ] (*compar* -ier, *superl* -iest) *adj* trapu(e).

stodgy ['stɒdʒɪ] (*compar* -ier, *superl* -iest) *adj* **-1.** [food] lourd(e) (à digérer). **-2.** *pej* [book] indigeste.

stoic ['stəuɪk] ◇ *adj* stoïque. ◇ *n* stoïque *mf*.

stoical ['stəuɪkl] *adj* stoïque.

stoicism ['stəuɪsɪzm] *n* stoïcisme *m*.

stoke [stəuk] *vt* [fire] entretenir.

stole [stəul] ◇ *pt* → **steal**. ◇ *n* étole *f*.

stolen ['stəuln] *pp* → **steal**.

stolid ['stɒlɪd] *adj* impassible.

stomach ['stʌmək] ◇ *n* [organ] estomac *m*; [abdomen] ventre *m*. ◇ *vt* [tolerate] encaisser, supporter.

stomachache ['stʌməkeɪk] *n*: **to have** ~ avoir mal au ventre.

stomach pump *n* pompe *f* stomacale.

stomach ulcer *n* ulcère *m* de l'estomac.

stomach upset *n* embarras *m* gastrique.

stomp [stɒmp] *vi*: **to** ~ **in/out** entrer/sortir d'un pas bruyant, entrer/sortir d'un pas lourd.

stone [stəun] (*pl sense 3 only inv* OR -s) ◇ *n* **-1.** [rock] pierre *f*; [smaller] caillou *m*; **a** ~'**s throw from** à deux pas de. **-2.** [seed] noyau *m*. **-3.** *Br* [unit of measurement] = 6,348 kg. ◇ *comp* de OR en pierre. ◇ *vt* [person, car etc] jeter des pierres sur.

Stone Age *n*: **the** ~ l'âge *m* de pierre.

stone-cold *adj* complètement froid(e) OR glacé(e).

stoned [stəund] *adj inf* **-1.** *drugs sl* défoncé(e). **-2.** [drunk] soûl(e), bourré(e).

stonemason ['stəunˌmeɪsn] *n* tailleur *m* de pierre OR pierres.

stonewall [ˌstəunˈwɔːl] *vi* être évasif(ive).

stoneware ['stəunweər] *n* poterie *f* en grès.

stonewashed ['stəunwɒʃt] *adj* délavé(e).

stonework ['stəunwɜːk] *n* maçonnerie *f*.

stony ['stəunɪ] (*compar* -ier, *superl* -iest) *adj* **-1.** [ground] pierreux(euse). **-2.** [unfriendly] froid(e).

stood [stud] *pt & pp* → **stand**.

stooge [stuːdʒ] *n* [in comedy act] comparse *m*; *fig* pantin *m*, fantoche *m*.

stool [stuːl] *n* [seat] tabouret *m*.

stoop [stuːp] ◇ *n* **-1.** [bent back]: **to walk with a** ~ marcher le dos voûté. **-2.** *Am* [of house] porche *m*. ◇ *vi* **-1.** [bend down] se pencher. **-2.** [hunch shoulders] être voûté(e).

-3. *fig* [debase oneself]: **to ~ to doing sthg** s'abaisser jusqu'à faire qqch.

stop [stɒp] (*pt* & *pp* **-ped**, *cont* **-ping**) ◇ *n* **-1.** [gen] arrêt *m*; **to come to a ~** [car, train etc] s'arrêter; [production, growth] cesser; **to put a ~ to sthg** mettre un terme à qqch. **-2.** [full stop] point *m*. ◇ *vt* **-1.** [gen] arrêter; [end] mettre fin à; **to ~ doing sthg** arrêter de faire qqch; **to ~ work** arrêter de travailler, cesser le travail. **-2.** [prevent]: **to ~ sb/sthg (from doing sthg)** empêcher qqn/qqch (de faire qqch). **-3.** [wages] retenir; [cheque] faire opposition à. **-4.** [block] boucher. ◇ *vi* s'arrêter, cesser; **to ~ at nothing (to do sthg)** ne reculer devant rien (pour faire qqch).

◆ **stop off** *vi* s'arrêter, faire halte.

◆ **stop over** *vi* s'arrêter un jour/quelques jours.

◆ **stop up** ◇ *vt sep* [block] boucher. ◇ *vi* *Br* veiller.

stopcock ['stɒpkɒk] *n* robinet *m* d'arrêt.

stopgap ['stɒpgæp] *n* bouche-trou *m*.

stopover ['stɒp,əʊvə'] *n* halte *f*.

stoppage ['stɒpɪdʒ] *n* **-1.** [strike] grève *f*. **-2.** *Br* [deduction] retenue *f*.

stopper ['stɒpə'] *n* bouchon *m*.

stopping ['stɒpɪŋ] *adj Br*: **~ train** train *m* omnibus.

stop press *n* nouvelles *fpl* de dernière heure.

stopwatch ['stɒpwɒtʃ] *n* chronomètre *m*.

storage ['stɔːrɪdʒ] *n* **-1.** [of goods] entreposage *m*, emmagasinage *m*; [of household objects] rangement *m*. **-2.** COMPUT stockage *m*, mémorisation *f*.

storage heater *n Br* radiateur *m* à accumulation.

store [stɔːr] ◇ *n* **-1.** [shop] magasin *m*. **-2.** [supply] provision *f*. **-3.** [place of storage] réserve *f*. **-4.** *phr*: **to set great ~ by** OR **on** accorder OR attacher beaucoup d'importance à, faire grand cas de. ◇ *vt* **-1.** [save] mettre en réserve; [goods] entreposer, emmagasiner. **-2.** COMPUT stocker, mémoriser.

◆ **in store** *adv*: **who knows what the future holds in ~¿** qui sait ce que nous réserve l'avenir¿; **there's a shock in ~ for him** un choc l'attend.

◆ **store up** *vt sep* [provisions] mettre en réserve; [goods] emmagasiner; [information] mettre en mémoire, noter.

store detective *n* surveillant *m*, -e *f* de magasin.

storehouse ['stɔːhaʊs, *pl* -haʊzɪz] *n* entrepôt *m*; *fig* mine *f*.

storekeeper ['stɔː,kiːpə'] *n Am* commerçant *m*, -e *f*.

storeroom ['stɔːrʊm] *n* magasin *m*.

storey *Br* (*pl* **storeys**), **story** *Am* (*pl* **-ies**) ['stɔːrɪ] *n* étage *m*.

stork [stɔːk] *n* cigogne *f*.

storm [stɔːm] ◇ *n* **-1.** [bad weather] orage *m*; **a ~ in a teacup** une tempête dans un verre d'eau. **-2.** *fig* [of abuse] torrent *m*; [of applause] tempête *f*. ◇ *vt* MIL prendre d'assaut. ◇ *vi* **-1.** [go angrily]: **to ~ in/out** entrer/sortir comme un ouragan. **-2.** [speak angrily] fulminer.

storm cloud *n* nuage *m* orageux.

storming ['stɔːmɪŋ] *n* prise *f* d'assaut.

stormy ['stɔːmɪ] (*compar* **-ier**, *superl* **-iest**) *adj lit* & *fig* orageux(euse).

story ['stɔːrɪ] (*pl* **-ies**) *n* **-1.** [gen] histoire *f*; **it's the (same) old ~** c'est toujours la même histoire, c'est toujours pareil; **to cut a long ~ short** bref. **-2.** PRESS article *m*; RADIO & TV nouvelle *f*. **-3.** *Am* = **storey**.

storybook ['stɔːrɪbʊk] *adj* [romance etc] de conte de fées.

storyteller ['stɔːrɪˌtelə'] *n* **-1.** [narrator] conteur *m*, -euse *f*. **-2.** *euphemism* [liar] menteur *m*, -euse *f*.

stout [staʊt] ◇ *adj* **-1.** [rather fat] corpulent(e). **-2.** [strong] solide. **-3.** [resolute] ferme, résolu(e). ◇ *n* (*U*) stout *m*, bière *f* brune.

stoutness ['staʊtnɪs] *n* [fatness] corpulence *f*.

stove [stəʊv] ◇ *pt* & *pp* → **stave**. ◇ *n* [for cooking] cuisinière *f*; [for heating] poêle *m*, calorifère *m Can*.

stow [stəʊ] *vt*: **to ~ sthg (away)** ranger qqch.

◆ **stow away** *vi* embarquer clandestinement.

stowaway ['stəʊəweɪ] *n* passager *m* clandestin.

straddle ['strædl] *vt* enjamber; [chair] s'asseoir à califourchon sur.

straggle ['strægl] *vi* **-1.** [buildings] s'étendre, s'étaler; [hair] être en désordre. **-2.** [person] traîner, lambiner.

straggler ['stræglə'] *n* traînard *m*, -e *f*.

straggly ['stræglɪ] (*compar* **-ier**, *superl* **-iest**) *adj* [hair] en désordre.

straight [streɪt] ◇ *adj* **-1.** [not bent] droit(e); [hair] raide. **-2.** [frank] franc (franche), honnête. **-3.** [tidy] en ordre. **-4.** [choice, exchange] simple. **-5.** [alcoholic drink] sec, sans eau. **-6.** *inf* [conventional] normal(e). **-7.** *gay sl* hétéro (*inv*). **-8.** *phr*: **let's get this ~** entendons-nous bien.

◇ *adv* **-1.** [in a straight line] **droit. -2.** [directly, immediately] **droit, tout de suite. -3.** [frankly] **carrément, franchement. -4.** [undiluted] **sec, sans eau. -5.** *phr*: **to go** ~ [criminal] **rester dans le droit chemin.**
◇ *n* SPORT: **the** ~ **la ligne droite.**

◆ **straight off** *adv* **tout de suite, sur-le-champ.**

◆ **straight out** *adv* **sans mâcher ses mots.**

straightaway [ˌstreɪtə'weɪ] *adv* **tout de suite, immédiatement.**

straighten ['streɪtn] ◇ *vt* **-1.** [tidy - hair, dress] **arranger;** [- room] **mettre de l'ordre dans. -2.** [make straight - horizontally] **rendre droit(e);** [- vertically] **redresser.** ◇ *vi* [person]: **to** ~ **(up) se redresser.**

◆ **straighten out** *vt sep* [problem] **résoudre; to** ~ **things out arranger les choses.**

straight face *n*: **to keep a** ~ **garder son sérieux.**

straightforward [ˌstreɪt'fɔːwəd] *adj* **-1.** [easy] **simple. -2.** [frank] **honnête, franc (franche).**

strain [streɪn] ◇ *n* **-1.** [mental] **tension** *f*, **stress** *m*. **-2.** MED **foulure** *f*; **back** ~ **tour** *m* **de reins. -3.** TECH **contrainte** *f*, **effort** *m*. **-4.** [type - of plant] **variété** *f*; [- of virus] **souche** *f*.
◇ *vt* **-1.** [work hard - eyes] **plisser fort; to** ~ **one's ears tendre l'oreille. -2.** [MED - muscle] **se froisser;** [- eyes] **se fatiguer; to** ~ **one's back se faire un tour de reins. -3.** [patience] **mettre à rude épreuve;** [budget] **grever. -4.** [drain] **passer. -5.** TECH **exercer une contrainte sur.**
◇ *vi* [try very hard]: **to** ~ **to do sthg faire un gros effort pour faire qqch, se donner du mal pour faire qqch.**

◆ **strains** *npl* [of music] **accords** *mpl*, **airs** *mpl*.

strained [streɪnd] *adj* **-1.** [worried] **contracté(e), tendu(e). -2.** [relations, relationship] **tendu(e). -3.** [unnatural] **forcé(e).**

strainer ['streɪnə^r] *n* **passoire** *f*.

strait [streɪt] *n* **détroit** *m*.

◆ **straits** *npl*: **in dire** OR **desperate** ~**s dans une situation désespérée.**

straitened ['streɪtnd] *adj fml*: **in** ~ **circumstances dans la gêne, dans le besoin.**

straitjacket ['streɪtˌdʒækɪt] *n* **camisole** *f* **de force.**

straitlaced [ˌstreɪt'leɪst] *adj* **collet monté** (*inv*).

Strait of Gibraltar *n*: **the** ~ **le détroit de Gibraltar.**

Strait of Hormuz *n*: **the** ~ **le détroit d'Hormuz** OR **Ormuz.**

strand [strænd] *n* **-1.** [of cotton, wool] **brin** *m*, **fil** *m*; [of hair] **mèche** *f*. **-2.** [theme] **fil** *m*.

stranded ['strændɪd] *adj* [boat] **échoué(e);** [people] **abandonné(e), en rade.**

strange [streɪndʒ] *adj* **-1.** [odd] **étrange, bizarre. -2.** [unfamiliar] **inconnu(e).**

strangely ['streɪndʒlɪ] *adv* **étrangement, bizarrement;** ~ **(enough) chose curieuse.**

stranger ['streɪndʒə^r] *n* **-1.** [unfamiliar person] **inconnu** *m*, **-e** *f*; **to be a** ~ **to sthg ne pas connaître qqch; to be no** ~ **to sthg bien connaître qqch. -2.** [from another place] **étranger** *m*, **-ère** *f*.

strangle ['stræŋgl] *vt* **étrangler;** *fig* **étouffer.**

stranglehold ['stræŋglhəʊld] *n* **-1.** [round neck] **étranglement** *m*. **-2.** *fig* [control]: ~ **(on) domination** *f* **(de).**

strangulation [ˌstræŋgjʊ'leɪʃn] *n* **strangulation** *f*.

strap [stræp] (*pt* & *pp* **-ped**, *cont* **-ping**) ◇ *n* [for fastening] **sangle** *f*, **courroie** *f*; [of bag] **bandoulière** *f*; [of rifle, dress, bra] **bretelle** *f*; [of watch] **bracelet** *m*. ◇ *vt* [fasten] **attacher.**

strapless ['stræplɪs] *adj* **sans bretelles.**

strapping ['stræpɪŋ] *adj* **bien bâti(e), robuste.**

Strasbourg ['stræzbɜːg] *n* **Strasbourg.**

strata ['strɑːtə] *pl* → **stratum.**

stratagem ['strætədʒəm] *n* **stratagème** *m*.

strategic [strə'tiːdʒɪk] *adj* **stratégique.**

strategist ['strætɪdʒɪst] *n* **stratège** *m*.

strategy ['strætɪdʒɪ] (*pl* **-ies**) *n* **stratégie** *f*.

stratified ['strætɪfaɪd] *adj* **-1.** GEOL **stratifié(e). -2.** *fig* [society] **divisé(e) en différentes couches sociales.**

stratosphere ['strætəˌsfɪə^r] *n*: **the** ~ **la stratosphère.**

stratum ['strɑːtəm] (*pl* **-ta**) *n* **-1.** GEOL **strate** *f*, **couche** *f*. **-2.** *fig* [of society] **couche** *f*.

straw [strɔː] ◇ *n* **paille** *f*; **to clutch at** ~**s se raccrocher à n'importe quoi; the last** ~ **la goutte qui fait déborder le vase; that's the last** ~! **ça c'est le comble!** ◇ *comp* **de** OR **en paille.**

strawberry ['strɔːbərɪ] (*pl* **-ies**) ◇ *n* [fruit] **fraise** *f*. ◇ *comp* [tart, yoghurt] **aux fraises;** [jam] **de fraises.**

straw poll *n* **sondage** *m* **d'opinion.**

stray [streɪ] ◇ *adj* **-1.** [animal] **errant(e), perdu(e). -2.** [bullet] **perdu(e);** [example] **isolé(e).** ◇ *n* [animal] **animal** *m* **errant.** ◇ *vi* **-1.** [person, animal] **errer, s'égarer. -2.** [thoughts] **vagabonder, errer.**

streak [striːk] ◇ *n* **-1.** [line] **bande** *f*, **marque** *f*; ~ **of lightning éclair** *m*. **-2.** [in character] **côté** *m*; **a** ~ **of cruelty une propension à**

la cruauté. **-3.** [period]: **a winning/losing ~** une période de succès/d'échecs, une série de succès/d'échecs. ◇ *vi* [move quickly] se déplacer comme un éclair.

streaked [stri:kt] *adj* [marked]: **to be ~ with** être maculé(e) de, porter des traces de.

streaky ['stri:kɪ] (*compar* **-ier,** *superl* **-iest**) *adj* [paint] qui n'est pas uniforme; [surface] couvert(e) de traces.

streaky bacon *n Br* bacon *m* assez gras.

stream [stri:m] ◇ *n* **-1.** [small river] ruisseau *m*. **-2.** [of liquid, gas, light] flot *m*, jet *m*. **-3.** [of people, cars] flot *m*; [of complaints, abuse] torrent *m*. **-4.** *Br* SCH classe *f* de niveau. ◇ *vi* **-1.** [liquid, gas] couler à flots, ruisseler; [light] entrer à flots. **-2.** [people, cars] affluer; **to ~ past** passer à flots. ◇ *Br* SCH répartir par niveau.

streamer ['stri:mər] *n* [for party] serpentin *m*.

streamline ['stri:mlaɪn] *vt* **-1.** [make aerodynamic] caréner, donner un profil aérodynamique à. **-2.** [make efficient] rationaliser.

streamlined ['stri:mlaɪnd] *adj* **-1.** [aerodynamic] aérodynamique. **-2.** [efficient] rationalisé(e).

street [stri:t] *n* rue *f*; **it's right up his ~** *Br inf* c'est son rayon; **to be ~s ahead of sb** *Br* devancer OR dépasser qqn de loin.

streetcar ['stri:tkɑ:r] *n Am* tramway *m*.

street-credibility *n* (*U*) *inf* image *f* (de marque).

street lamp, street light *n* réverbère *m*.

street lighting *n* éclairage *m* des rues.

street map *n* plan *m*.

street market *n* marché *m* en plein air.

street plan *n* plan *m*.

street value *n* [of drugs] valeur *f* à la revente.

streetwise ['stri:twaɪz] *adj inf* averti(e), futé(e).

strength [streŋθ] *n* **-1.** [gen] force *f*; **on the ~ of** [evidence] sur la foi de; [advice] en s'appuyant sur, en vertu de. **-2.** [power, influence] puissance *f*; **to go from ~ to ~** connaître un succès de plus en plus éclatant, prospérer. **-3.** [solidity, of currency] solidité *f*. **-4.** [number] effectif *m*; **in ~** en force, en grand nombre; **at full ~** au (grand) complet; **to be below ~** avoir un effectif insuffisant.

strengthen ['streŋθn] ◇ *vt* **-1.** [structure, team, argument] renforcer. **-2.** [economy, currency, friendship] consolider. **-3.** [resolve, dislike] fortifier, affermir. **-4.** [person] enhardir. ◇ *vi* **-1.** [sales, economy] s'améliorer. **-2.**

[opposition] s'affermir, se renforcer. **-3.** [friendship] se cimenter, se consolider. **-4.** [currency] se raffermir.

strenuous ['strenjʊəs] *adj* [exercise, activity] fatigant(e), dur(e); [effort] vigoureux(euse), acharné(e).

stress [stres] ◇ *n* **-1.** [emphasis]: **~ (on)** accent *m* (sur). **-2.** [mental] stress *m*, tension *f*; **to be under ~** être stressé(e). **-3.** TECH: **~ (on)** contrainte *f* (sur), effort *m* (sur). **-4.** LING accent *m*. ◇ *vt* **-1.** [emphasize] souligner, insister sur. **-2.** LING accentuer.

stressed [strest] *adj* [tense] stressé(e).

stressful ['stresfʊl] *adj* stressant(e).

stretch [stretʃ] ◇ *n* **-1.** [of land, water] étendue *f*; [of road, river] partie *f*, section *f*. **-2.** [of time] période *f*. **-3.** [effort]: **by no ~ of the imagination** même avec beaucoup d'imagination. ◇ *vt* **-1.** [arms] allonger; [legs] se dégourdir; [muscles] distendre. **-2.** [pull taut] tendre, étirer. **-3.** [overwork - person] surmener; [- resources, budget] grever. **-4.** [challenge]: **to ~ sb** pousser qqn à la limite de ses capacités. ◇ *vi* **-1.** [area]: **to ~ over** s'étendre sur; **to ~ from ... to** s'étendre de ... à. **-2.** [person, animal] s'étirer. **-3.** [material, elastic] se tendre, s'étirer. ◇ *adj* extensible.

♦ **at a stretch** *adv* d'affilée, sans interruption.

♦ **stretch out** ◇ *vt sep* [arm, leg, hand] tendre. ◇ *vi* [lie down] s'étendre, s'allonger.

stretcher ['stretʃər] *n* brancard *m*, civière *f*.

stretcher party *n* équipe *f* de brancardiers.

stretchmarks ['stretʃmɑːks] *npl* vergetures *fpl*.

stretchy ['stretʃɪ] (*compar* **-ier,** *superl* **-iest**) *adj* extensible, élastique.

strew [struː] (*pt* **-ed,** *pp* **strewn** [struːn] OR **-ed**) *vt*: **to be strewn on** OR **over** être éparpillé(e) sur; **to be strewn with** être jonché(e) de.

stricken ['strɪkn] *adj*: **to be ~ by** OR **with panic** être pris(e) de panique; **to be ~ by an illness** souffrir OR être atteint(e) d'une maladie.

strict [strɪkt] *adj* **-1.** [gen] strict(e). **-2.** [faithful]: **she's a ~ Catholic** elle observe rigoureusement la foi catholique.

strictly ['strɪktlɪ] *adv* **-1.** [gen] strictement; **~ speaking** à proprement parler. **-2.** [severely] d'une manière stricte, sévèrement.

strictness ['strɪktnɪs] *n* sévérité *f*.

stride [straɪd] (*pt* **strode,** *pp* **stridden** ['strɪdn]) ◇ *n* **-1.** [long step] grand pas *m*, enjambée *f*. **-2.** *phr*: **to take sthg in one's ~** ne pas se laisser démonter par qqch. ◇ *vi* marcher à grandes enjambées OR à grands pas.

◆ **strides** *npl* [progress]: **to make (great) ~s** faire des progrès rapides.

strident ['straɪdnt] *adj* **-1.** [voice, sound] strident(e). **-2.** [demand, attack] véhément(e), bruyant(e).

strife [straɪf] *n* (*U*) conflit *m*, lutte *f*.

strike [straɪk] (*pt* & *pp* **struck**) ◇ *n* **-1.** [by workers] grève *f*; **to be (out) on ~** être en grève; **to go on ~** faire grève, se mettre en grève. **-2.** MIL raid *m*. **-3.** [of oil, gold] découverte *f*.
◇ *comp* de grève.
◇ *vt* **-1.** [hit - deliberately] frapper; [- accidentally] heurter. **-2.** [subj: thought] venir à l'esprit de; **she ~s me as (being) very capable** elle me fait l'impression d'être très capable, elle me paraît très capable. **-3.** [impress]: **to be struck by** OR **with** être frappé(e) par. **-4.** [conclude - deal, bargain] conclure. **-5.** [light - match] frotter. **-6.** [find] découvrir, trouver; **to ~ a balance (between)** trouver le juste milieu (entre); **to ~ a serious/happy** *etc* **note** adopter un ton sérieux/gai *etc*. **-7.** *phr*: **to be struck blind** être frappé(e) de cécité, devenir aveugle; **to be struck dumb** rester muet; **to ~ fear** OR **terror into sb** frapper qqn de terreur; **to ~ (it) lucky** avoir de la veine; **to ~ it rich** trouver le filon.
◇ *vi* **-1.** [workers] faire grève. **-2.** [hit] frapper. **-3.** [attack] attaquer. **-4.** [chime] sonner.
◆ **strike back** *vi* se venger, exercer des représailles.
◆ **strike down** *vt sep* terrasser.
◆ **strike off** *vt sep*: **to be struck off** être radié(e) OR rayé(e).
◆ **strike out** ◇ *vt sep* rayer, barrer. ◇ *vi* [head out] se mettre en route, partir; **to ~ out on one's own** [in business] se mettre à son compte.
◆ **strike up** ◇ *vt fus* **-1.** [conversation] commencer, engager; **to ~ up a friendship (with)** se lier d'amitié (avec). **-2.** [music] commencer à jouer. ◇ *vi* commencer à jouer.

strikebound ['straɪkbaund] *adj* paralysé(e) par la grève.

strikebreaker ['straɪk,breɪkə'] *n* briseur *m* de grève.

strike pay *n* (*U*) allocation *f* de grève, allocation-gréviste *f*.

striker ['straɪkə'] *n* **-1.** [person on strike] gréviste *mf*. **-2.** FTBL buteur *m*.

striking ['straɪkɪŋ] *adj* **-1.** [noticeable] frappant(e), saisissant(e). **-2.** [attractive] d'une beauté frappante.

striking distance *n*: **to be within ~ (of)** être à deux pas (de); **to be within ~ of doing sthg** *fig* être à deux doigts de faire qqch.

string [strɪŋ] (*pt* & *pp* **strung**) ◇ *n* **-1.** (*U*) [thin rope] ficelle *f*. **-2.** [piece of thin rope] bout *m* de ficelle; **(with) no ~s attached** sans conditions; **to pull ~s** faire jouer le piston. **-3.** [of beads, pearls] rang *m*. **-4.** [series] série *f*, suite *f*. **-5.** [of musical instrument] corde *f*. ◇ *comp*: **~ vest** tricot *m* de peau à grosses mailles; **~ bag** filet *m* à provisions.
◆ **strings** *npl* MUS: **the ~s** les cordes *fpl*.
◆ **string along** *vt sep inf* [deceive] faire marcher, tromper.
◆ **string out** *vt fus* échelonner.
◆ **string together** *vt sep fig* aligner.
◆ **string up** *vt sep inf* [kill by hanging] pendre.

string bean *n* haricot *m* vert.

stringed instrument ['strɪŋd-] *n* instrument *m* à cordes.

stringent ['strɪndʒənt] *adj* strict(e), rigoureux(euse).

string quartet *n* quatuor *m* à cordes.

strip [strɪp] (*pt* & *pp* **-ped**, *cont* **-ping**) ◇ *n* **-1.** [narrow piece] bande *f*; **to tear a ~ off sb, to tear sb off a ~** *Br* passer un bon savon à qqn, sonner les cloches à qqn. **-2.** *Br* SPORT tenue *f*. ◇ *vt* **-1.** [undress] déshabiller, dévêtir. **-2.** [paint, wallpaper] enlever. **-3.** [take away from]: **to ~ sb of sthg** dépouiller qqn de qqch. ◇ *vi* **-1.** [undress] se déshabiller, se dévêtir. **-2.** [do a striptease] faire du strip-tease.
◆ **strip off** ◇ *vt sep* enlever, ôter. ◇ *vi* se déshabiller, se dévêtir.

strip cartoon *n Br* bande *f* dessinée.

stripe [straɪp] *n* **-1.** [band of colour] rayure *f*. **-2.** [sign of rank] galon *m*.

striped [straɪpt] *adj* à rayures, rayé(e).

strip lighting *n* éclairage *m* au néon.

stripper ['strɪpə'] *n* **-1.** [performer of striptease] strip-teaseuse *f*, effeuilleuse *f*. **-2.** [for paint] décapant *m*.

strip-search ◇ *n* fouille *f* d'une personne dévêtue. ◇ *vt*: **to ~ sb** obliger qqn à se déshabiller pour le fouiller.

strip show *n* (spectacle *m* de) strip-tease *m*.

striptease ['striptiːz] *n* strip-tease *m*.

stripy ['straɪpɪ] (*compar* **-ier**, *superl* **-iest**) *adj* à rayures, rayé(e).

strive [straɪv] (*pt* **strove**, *pp* **striven** ['strɪvn]) *vi*: **to ~ for sthg** essayer d'obtenir qqch; **to ~ to do sthg** s'efforcer de faire qqch.

strobe (light) ['strəub-] *n* lumière *f* stroboscopique.

strode [strəud] *pt* → **stride**.

stroke [strəuk] ◇ *n* -1. MED attaque *f* cérébrale. -2. [of pen, brush] trait *m*. -3. [in swimming - movement] mouvement *m* des bras; [- style] nage *f*; [in rowing] coup *m* d'aviron; [in golf, tennis etc] coup *m*. -4. [of clock]: **on the third ~ ≃** au quatrième top; **at the ~ of 12** sur le coup de minuit. -5. *Br* TYPO [oblique] barre *f*. -6. [piece]: **a ~ of genius** un trait de génie; **a ~ of luck** un coup de chance OR de veine; **not to do a ~ of work** ne pas en ficher une datte OR rame, ne rien faire; **at a ~** d'un seul coup. ◇ *vt* caresser.

stroll [strəul] ◇ *n* petite promenade *f*, petit tour *m*. ◇ *vi* se promener, flâner.

stroller ['strəulər] *n Am* [for baby] poussette *f*.

strong [strɒŋ] *adj* -1. [gen] fort(e); **to be ~ at sthg** être fort en qqch; **~ point** point *m* fort. -2. [structure, argument, friendship] solide. -3. [healthy] robuste, vigoureux(euse); **to be still going ~** [person, group] être toujours d'attaque, être solide au poste; [machine] marcher toujours bien. -4. [policy, measures] énergique. -5. [in numbers]: **the crowd was 2,000 ~** il y avait une foule de 2 000 personnes. -6. [team, candidate] sérieux(ieuse), qui a des chances de gagner.

strongarm ['strɒŋɑːm] *adj*: **~ tactics** la méthode forte.

strongbox ['strɒŋbɒks] *n* coffre-fort *m*.

stronghold ['strɒŋhəuld] *n fig* bastion *m*.

strong language *n* (*U*) *euphemism* grossièretés *fpl*.

strongly ['strɒŋlɪ] *adv* -1. [gen] fortement. -2. [solidly] solidement.

strong man *n* [in circus] homme *m* fort, hercule *m*.

strong-minded [-'maɪndɪd] *adj* résolu(e).

strong room *n* chambre *f* forte.

strong-willed [-'wɪld] *adj* têtu(e), volontaire.

stroppy ['strɒpɪ] (*compar* **-ier**, *superl* **-iest**) *adj Br inf* difficile.

strove [strəuv] *pt* → **strive**.

struck [strʌk] *pt & pp* → **strike**.

structural ['strʌktʃərəl] *adj* de construction.

structurally ['strʌktʃərəlɪ] *adv* du point de vue de la construction.

structure ['strʌktʃər] ◇ *n* -1. [organization] structure *f*. -2. [building] construction *f*. ◇ *vt* structurer.

struggle ['strʌgl] ◇ *n* -1. [great effort]: **~ (for sthg/to do sthg)** lutte *f* (pour qqch/pour faire qqch). -2. [fight] bagarre *f*. ◇ *vi* -1. [make great effort]: **to ~ (for)** lutter (pour); **to ~ to do sthg** s'efforcer de faire qqch. -2. [to free oneself] se débattre; [fight] se battre. -3. [move with difficulty]: **to ~ to one's feet** se lever avec difficulté.
◆ **struggle on** *vi*: **to ~ on (with)** persévérer (dans).

struggling ['strʌglɪŋ] *adj* qui a du mal OR des difficultés.

strum [strʌm] (*pt & pp* **-med**, *cont* **-ming**) *vt* [guitar] gratter de; [tune] jouer.

strung [strʌŋ] *pt & pp* → **string**.

strut [strʌt] (*pt & pp* **-ted**, *cont* **-ting**) ◇ *n* -1. CONSTR étai *m*, support *m*. -2. AERON pilier *m*. ◇ *vi* se pavaner.

strychnine ['strɪkniːn] *n* strychnine *f*.

stub [stʌb] (*pt & pp* **-bed**, *cont* **-bing**) ◇ *n* -1. [of cigarette] mégot *m*; [of pencil] morceau *m*. -2. [of ticket, cheque] talon *m*. ◇ *vt*: **to ~ one's toe** se cogner le doigt de pied.
◆ **stub out** *vt sep* écraser.

stubble ['stʌbl] *n* (*U*) -1. [in field] chaume *m*. -2. [on chin] barbe *f* de plusieurs jours.

stubborn ['stʌbən] *adj* -1. [person] têtu(e), obstiné(e). -2. [stain] qui ne veut pas partir, rebelle.

stubbornly ['stʌbənlɪ] *adv* obstinément.

stubby ['stʌbɪ] (*compar* **-ier**, *superl* **-iest**) *adj* boudiné(e).

stucco ['stʌkəu] *n* stuc *m*.

stuck [stʌk] ◇ *pt & pp* → **stick**. ◇ *adj* -1. [jammed, trapped] coincé(e). -2. [stumped]: **to be ~** sécher. -3. [stranded] bloqué(e), en rade.

stuck-up *adj inf pej* bêcheur(euse).

stud [stʌd] *n* -1. [metal decoration] clou *m* décoratif. -2. [earring] clou *m* d'oreille. -3. *Br* [on boot, shoe] clou *m*; [on sports boots] crampon *m*. -4. [of horses] haras *m*; **to be put out to ~** être utilisé comme étalon.

studded ['stʌdɪd] *adj*: **~ (with)** parsemé(e) (de), constellé(e) (de).

student ['stjuːdnt] ◇ *n* étudiant *m*, -e *f*. ◇ *comp* [life] estudiantin(e); [politics] des étudiants; [disco] pour étudiants; **~ nurse** élève-infirmière *f*; **~ teacher** professeur *m* stagiaire.

students' union *n* -1. [organization] union *f* des étudiants. -2. [building] club *m* (des étudiants).

stud farm *n* haras *m*.

studied ['stʌdɪd] *adj* étudié(e), calculé(e).

studio ['stju:dɪəʊ] (*pl* -s) *n* studio *m*; [of artist] atelier *m*.

studio apartment *n Am* = **studio flat**.

studio audience *n* public *m* invité.

studio flat *Br*, **studio apartment** *Am n* studio *m*.

studious ['stju:djəs] *adj* studieux(ieuse).

studiously ['stju:djəslɪ] *adv* studieusement.

study ['stʌdɪ] (*pl* -ies, *pt & pp* -ied) ◇ *n* -1. [gen] étude *f*. -2. [room] bureau *m*. ◇ *vt* -1. [learn] étudier, faire des études de. -2. [examine] examiner, étudier. ◇ *vi* étudier, faire ses études.

stuff [stʌf] ◇ *n* (*U*) -1. *inf* [things] choses *fpl*; **and all that** ~ et tout ça; **to know one's** ~ **s'y** connaître. -2. [substance] substance *f*. -3. *inf* [belongings] affaires *fpl*. ◇ *vt* -1. [push] fourrer. -2. [fill]: **to** ~ **sthg** (**with**) remplir OR bourrer qqch (de). -3. *inf* [with food]: **to** ~ **o.s.** (**with** OR **on**) se gaver (de), s'empiffrer (de). -4. CULIN farcir.

stuffed [stʌft] *adj* -1. [filled]: ~ **with** bourré(e) de. -2. *inf* [with food] gavé(e). -3. CULIN farci(e). -4. [preserved - animal] empaillé(e). -5. *phr*: **get** ~! *Br inf* va te faire foutre!

stuffing ['stʌfɪŋ] *n* (*U*) -1. [filling] bourre *f*, rembourrage *m*. -2. CULIN farce *f*.

stuffy ['stʌfɪ] (*compar* -ier, *superl* -iest) *adj* -1. [room] mal aéré(e), qui manque d'air. -2. [person, club] vieux jeu (*inv*).

stumble ['stʌmbl] *vi* trébucher.
◆ **stumble across**, **stumble on** *vt fus* tomber sur.

stumbling block ['stʌmblɪŋ-] *n* pierre *f* d'achoppement.

stump [stʌmp] ◇ *n* [of tree] souche *f*; [of arm, leg] moignon *m*. ◇ *vt* [subj: question, problem] dérouter, rendre perplexe. ◇ *vi*: **to** ~ **in/out** entrer/sortir à pas lourds.
◆ **stumps** *npl* CRICKET piquets *mpl*.
◆ **stump up** *vt fus Br inf* cracher, payer.

stun [stʌn] (*pt & pp* -ned, *cont* -ning) *vt* -1. [knock unconscious] étourdir, assommer. -2. [surprise] stupéfier, renverser.

stung [stʌŋ] *pt & pp* → **sting**.

stun grenade *n* grenade *f* cataplexiante.

stunk [stʌŋk] *pt & pp* → **stink**.

stunning ['stʌnɪŋ] *adj* -1. [very beautiful] ravissant(e); [scenery] merveilleux(euse). -2. [surprising] stupéfiant(e), renversant(e).

stunt [stʌnt] ◇ *n* -1. [for publicity] coup *m*. -2. CINEMA cascade *f*. ◇ *vt* retarder, arrêter.

stunted ['stʌntɪd] *adj* rabougri(e).

stunt man *n* cascadeur *m*.

stupefy ['stju:pɪfaɪ] (*pt & pp* -ied) *vt* -1. [tire] abrutir. -2. [surprise] stupéfier, abasourdir.

stupendous [stju:'pendəs] *adj* extraordinaire, prodigieux(ieuse).

stupid ['stju:pɪd] *adj* -1. [foolish] stupide, bête. -2. *inf* [annoying] fichu(e).

stupidity [stju:'pɪdətɪ] *n* (*U*) bêtise *f*, stupidité *f*.

stupidly ['stju:pɪdlɪ] *adv* stupidement.

stupor ['stju:pər] *n* stupeur *f*, hébétude *f*.

sturdy ['stɜ:dɪ] (*compar* -ier, *superl* -iest) *adj* [person] robuste; [furniture, structure] solide.

sturgeon ['stɜ:dʒən] (*pl inv*) *n* esturgeon *m*.

stutter ['stʌtər] ◇ *n* bégaiement *m*. ◇ *vi* bégayer.

sty [staɪ] (*pl* sties) *n* [pigsty] porcherie *f*.

stye [staɪ] *n* orgelet *m*, compère-loriot *m*.

style [staɪl] ◇ *n* -1. [characteristic manner] style *m*. -2. (*U*) [elegance] chic *m*, élégance *f*. -3. [design] genre *m*, modèle *m*. ◇ *vt* [hair] coiffer.

styling mousse ['staɪlɪŋ-] *n* mousse *f* coiffante.

stylish ['staɪlɪʃ] *adj* chic (*inv*), élégant(e).

stylist ['staɪlɪst] *n* [hairdresser] coiffeur *m*, -euse *f*.

stylized, -ised ['staɪlaɪzd] *adj* stylisé(e).

stylus ['staɪləs] (*pl* -es) *n* [on record player] pointe *f* de lecture, saphir *m*.

stymie ['staɪmɪ] *vt inf* [plan] contrarier, contrecarrer; **to be** ~**d** [person] être coincé(e).

styrofoam® ['staɪrəfəʊm] *n Am* polystyrène *m*.

suave [swɑ:v] *adj* doucereux(euse).

sub [sʌb] *n inf* -1. SPORT (*abbr of* **substitute**) remplaçant *m*, -e *f*. -2. (*abbr of* **submarine**) sous-marin *m*. -3. *Br* (*abbr of* **subscription**) cotisation *f*. -4. *Am* [sandwich] sandwich *m* (de baguette).

sub- [sʌb] *prefix* sous-, sub-.

subcommittee ['sʌbkə,mɪtɪ] *n* sous-comité *m*.

subconscious [,sʌb'kɒnʃəs] ◇ *adj* inconscient(e). ◇ *n*: **the** ~ l'inconscient *m*.

subconsciously [,sʌb'kɒnʃəslɪ] *adv* inconsciemment.

subcontinent [,sʌb'kɒntɪnənt] *n* sous-continent *m*.

subcontract [,sʌbkən'trækt] *vt* sous-traiter.

subculture ['sʌb,kʌltʃər] *n* sous-culture *f*.

subdivide [,sʌbdɪ'vaɪd] *vt* subdiviser.

subdue [səb'dju:] *vt* -1. [control - rioters, enemy] soumettre, subjuguer; [- temper, anger] maîtriser, réprimer. **-2.** [light, colour] adoucir, atténuer.

subdued [səb'dju:d] *adj* **-1.** [person] abattu(e). **-2.** [anger, emotion] contenu(e). **-3.** [colour] doux (douce); [light] tamisé(e).

subeditor [,sʌb'edɪtə*] *n* secrétaire *mf* de rédaction.

subgroup ['sʌbgru:p] *n* sous-groupe *m*.

subheading ['sʌb,hedɪŋ] *n* sous-titre *m*.

subhuman [,sʌb'hju:mən] *adj pej* moins qu'humain(e).

subject [*adj*, *n* & *prep* 'sʌbdʒekt, *vt* səb-'dʒekt] ⋄ *adj* soumis(e); **to be ~ to** [tax, law] être soumis à; [disease, headaches] être sujet (sujette) à. ⋄ *n* **-1.** [gen] sujet *m*. **-2.** SCH & UNIV matière *f*. ⋄ *vt* **-1.** [control] soumettre, assujettir. **-2.** [force to experience]: **to ~ sb to sthg** exposer OR soumettre qqn à qqch.
◆ **subject to** *prep* sous réserve de.

subjection [səb'dʒekʃn] *n* sujétion *f*, soumission *f*.

subjective [səb'dʒektɪv] *adj* subjectif(ive).

subjectively [səb'dʒektɪvlɪ] *adv* subjectivement.

subject matter *n* (*U*) sujet *m*.

sub judice [-'dʒu:dɪsɪ] *adj* JUR en train de passer devant le tribunal.

subjugate ['sʌbdʒʊgeɪt] *vt* [people, country] conquérir, subjuguer.

subjunctive [səb'dʒʌŋktɪv] *n* GRAMM: **~ (mood)** (mode *m*) subjonctif *m*.

sublet [,sʌb'let] (*pt* & *pp* **sublet**, *cont* **-ting**) *vt* sous-louer.

sublime [sə'blaɪm] *adj* sublime; **from the ~ to the ridiculous** du sublime au ridicule OR grotesque.

sublimely [sə'blaɪmlɪ] *adv* suprêmement, souverainement.

subliminal [,sʌb'lɪmɪnl] *adj* subliminal(e).

submachine gun [,sʌbmə'ʃi:n-] *n* mitraillette *f*.

submarine [,sʌbmə'ri:n] *n* sous-marin *m*.

submerge [səb'mɜ:dʒ] ⋄ *vt* immerger, plonger; **to ~ o.s. in sthg** *fig* se plonger dans qqch. ⋄ *vi* s'immerger, plonger.

submission [səb'mɪʃn] *n* **-1.** [obedience] soumission *f*. **-2.** [presentation] présentation *f*, soumission *f*.

submissive [səb'mɪsɪv] *adj* soumis(e), docile.

submit [səb'mɪt] (*pt* & *pp* **-ted**, *cont* **-ting**) ⋄ *vt* soumettre. ⋄ *vi*: **to ~ (to)** se soumettre (à).

subnormal [,sʌb'nɔ:ml] *adj* arriéré(e), attardé(e).

subordinate [*adj* & *n* sə'bɔ:dɪnət, *vt* sə-'bɔ:dɪneɪt] ⋄ *adj fml* [less important]: **~ (to)** moins important(e) (que). ⋄ *n* subordonné *m*, -e *f*. ⋄ *vt* subordonner, faire passer après.

subordinate clause [sə'bɔ:dɪnət-] *n* proposition *f* subordonnée.

subordination [sə,bɔ:dɪ'neɪʃn] *n* subordination *f*.

subpoena [sə'pi:nə] (*pt* & *pp* **-ed**) JUR ⋄ *n* citation *f*, assignation *f*. ⋄ *vt* citer OR assigner à comparaître.

sub-post office *n* Br petit bureau *m* de poste.

subroutine ['sʌbru:,ti:n] *n* COMPUT sous-programme *m*.

subscribe [səb'skraɪb] ⋄ *vi* **-1.** [to magazine, newspaper] s'abonner, être abonné(e). **-2.** [to view, belief]: **to ~ to** être d'accord avec, approuver. ⋄ *vt* [money] donner.

subscriber [səb'skraɪbə*] *n* **-1.** [to magazine, service] abonné *m*, -e *f*. **-2.** [to charity, campaign] souscripteur *m*, -trice *f*.

subscription [səb'skrɪpʃn] *n* **-1.** [to magazine] abonnement *m*. **-2.** [to charity, campaign] souscription *f*. **-3.** [to club] cotisation *f*.

subsection ['sʌb,sekʃn] *n* subdivision *f*, paragraphe *m*.

subsequent ['sʌbsɪkwənt] *adj* ultérieur(e), suivant(e).

subsequently ['sʌbsɪkwəntlɪ] *adv* par la suite, plus tard.

subservient [səb'sɜ:vjənt] *adj* [servile]: **~ (to)** servile (vis-à-vis de), obséquieux(ieuse) (envers).

subset ['sʌbset] *n* MATH sous-ensemble *m*.

subside [səb'saɪd] *vi* **-1.** [pain, anger] se calmer, s'atténuer; [noise] diminuer. **-2.** [CONSTR - building] s'affaisser; [- ground] se tasser.

subsidence [səb'saɪdns, 'sʌbsɪdns] *n* [CONSTR - of building] affaissement *m*; [- of ground] tassement *m*.

subsidiarity [səbsɪdɪ'ærɪtɪ] *n* subsidiarité *f*.

subsidiary [səb'sɪdjərɪ] (*pl* **-ies**) ⋄ *adj* subsidiaire. ⋄ *n*: **~ (company)** filiale *f*.

subsidize, -ise ['sʌbsɪdaɪz] *vt* subventionner.

subsidy ['sʌbsɪdɪ] (*pl* **-ies**) *n* subvention *f*, subside *m*.

subsist [səb'sɪst] *vi*: **to ~ (on)** vivre (de).

subsistence [səb'sɪstəns] *n* subsistance *f*, existence *f*.

subsistence allowance *n* (*U*) Br frais *mpl* de subsistance.

subsistence farming n agriculture f d'autoconsommation.

subsistence level n minimum m vital.

substance ['sʌbstəns] n -1. [gen] substance f. -2. [importance] importance f.

substandard [ˌsʌb'stændəd] adj de qualité inférieure.

substantial [səb'stænʃl] adj -1. [considerable] considérable, important(e); [meal] substantiel(ielle). -2. [solid, well-built] solide.

substantially [səb'stænʃəlɪ] adv -1. [considerably] considérablement; ~ **better** bien mieux; ~ **bigger** beaucoup plus grand. -2. [mainly] en grande partie.

substantiate [səb'stænʃɪeɪt] vt fml prouver, établir.

substantive [sʌb'stæntɪv] adj fml [meaningful] positif(ive), constructif(ive).

substitute ['sʌbstɪtjuːt] ◇ n -1. [replacement]: ~ **(for)** [person] remplaçant m, -e f (de); [thing] succédané m (de); **to be no ~ for sthg** ne pas pouvoir remplacer qqch. -2. SPORT remplaçant m, -e f. ◇ vt: **to ~ A for B** substituer A à B, remplacer B par A. ◇ vi: **to ~ for sb/sthg** remplacer qqn/qqch.

substitute teacher n Am suppléant m, -e f.

substitution [ˌsʌbstɪ'tjuːʃn] n substitution f, remplacement m.

subterfuge ['sʌbtəfjuːdʒ] n subterfuge m.

subterranean [ˌsʌbtə'reɪnjən] adj souterrain(e).

subtitle ['sʌbˌtaɪtl] n sous-titre m.

subtle ['sʌtl] adj subtil(e).

subtlety ['sʌtltɪ] n subtilité f.

subtly ['sʌtlɪ] adv subtilement.

subtotal ['sʌbtəʊtl] n total m partiel.

subtract [səb'trækt] vt: **to ~ sthg (from)** soustraire qqch (de).

subtraction [səb'trækʃn] n soustraction f.

subtropical [ˌsʌb'trɒpɪkl] adj subtropical(e).

suburb ['sʌbɜːb] n faubourg m.
◆ **suburbs** npl: **the ~s** la banlieue.

suburban [sə'bɜːbn] adj -1. [of suburbs] de banlieue. -2. pej [life] étriqué(e); [person] à l'esprit étroit.

suburbia [sə'bɜːbɪə] n (U) la banlieue.

subversion [səb'vɜːʃn] n subversion f.

subversive [səb'vɜːsɪv] ◇ adj subversif(ive). ◇ n personne f qui agit de façon subversive.

subvert [səb'vɜːt] vt subvertir, renverser.

subway ['sʌbweɪ] n -1. Br [underground walkway] passage m souterrain. -2. Am [underground railway] métro m.

sub-zero adj au-dessous de zéro.

succeed [sək'siːd] ◇ vt succéder à. ◇ vi réussir; **to ~ in doing sthg** réussir à faire qqch.

succeeding [sək'siːdɪŋ] adj fml [in future] à venir; [in past] suivant(e).

success [sək'ses] n succès m, réussite f.

successful [sək'sesful] adj -1. [attempt] couronné(e) de succès. -2. [film, book etc] à succès; [person] qui a du succès.

successfully [sək'sesfulɪ] adv avec succès.

succession [sək'seʃn] n succession f; **in (quick OR close) ~** coup sur soup.

successive [sək'sesɪv] adj successif(ive).

successor [sək'sesər] n successeur m.

success story n réussite f.

succinct [sək'sɪŋkt] adj succinct(e).

succinctly [sək'sɪŋktlɪ] adv succinctement, de façon succincte.

succour Br, **succor** Am ['sʌkər] n (U) literary secours m.

succulent ['sʌkjʊlənt] adj succulent(e).

succumb [sə'kʌm] vi: **to ~ (to)** succomber (à).

such [sʌtʃ] ◇ adj tel (telle), pareil(eille); ~ **nonsense** de telles inepties; **do you have ~ a thing as a tin-opener?** est-ce que tu aurais un ouvre-boîtes par hasard?; ~ **money/books as I have** le peu d'argent/de livres que j'ai; ~ ... **that** tel ... que. ◇ adv -1. [for emphasis] si, tellement; **it's ~ a horrible day** quelle journée épouvantable!; ~ **a lot of books** tellement de livres; ~ **a long time** si OR tellement longtemps. -2. [in comparisons] aussi. ◇ pron: **and ~ (like)** et autres choses de ce genre; **this is my car, ~ as it is** voilà ma voiture, pour ce qu'elle vaut; **have some wine, ~ as there is** prenez un peu de vin, il en reste un petit fond.
◆ **as such** adv en tant que tel (telle), en soi.
◆ **such and such** adj tel et tel (telle et telle).

suchlike ['sʌtʃlaɪk] ◇ adj de ce genre, de la sorte. ◇ pron: **and ~** [people] et autres gens de ce genre; [things] et autres choses de ce genre.

suck [sʌk] vt -1. [with mouth] sucer. -2. [draw in] aspirer. -3. fig [involve]: **to be ~ed into sthg** être impliqué(e) dans qqch.
◆ **suck up** vi inf: **to ~ up (to sb)** faire de la lèche (à qqn).

sucker ['sʌkər] n -1. [suction pad] ventouse f. -2. inf [gullible person] poire f.

suckle ['sʌkl] ◇ vt allaiter. ◇ vi téter.

sucrose ['suːkrəʊz] n saccharose m.

suction ['sʌkʃn] n succion f.

suction pump n pompe f aspirante.

Sudan [suːˈdɑːn] n Soudan m; **in (the) ~** au Soudan.

Sudanese [ˌsuːdəˈniːz] ◇ adj soudanais(e). ◇ npl: **the ~** les Soudanais mpl.

sudden ['sʌdn] adj soudain(e), brusque; **all of a ~** tout d'un coup, soudain.

sudden death n SPORT jeu pour départager les ex aequo (le premier point perdu entraîne l'élimination immédiate).

suddenly ['sʌdnlɪ] adv soudainement, tout d'un coup.

suddenness ['sʌdnnɪs] n soudaineté f.

suds [sʌdz] npl mousse f de savon.

sue [suː] vt: **to ~ sb (for)** poursuivre qqn (pour).

suede [sweɪd] ◇ n daim m. ◇ comp en daim.

suet ['suɪt] n graisse f de rognon.

Suez ['suːz] n Suez.

Suez Canal n: **the ~** le canal de Suez.

suffer ['sʌfə'] ◇ vt -1. [pain, injury] souffrir de. -2. [consequences, setback, loss] subir. ◇ vi souffrir; **to ~ from** MED souffrir de.

sufferance ['sʌfrəns] n: **on ~** par tolérance.

sufferer ['sʌfrə'] n MED malade mf.

suffering ['sʌfrɪŋ] n souffrance f.

suffice [səˈfaɪs] vi fml suffire.

sufficient [səˈfɪʃnt] adj suffisant(e).

sufficiently [səˈfɪʃntlɪ] adv suffisamment.

suffix ['sʌfɪks] n suffixe m.

suffocate ['sʌfəkeɪt] vt & vi suffoquer.

suffocation [ˌsʌfəˈkeɪʃn] n suffocation f.

suffrage ['sʌfrɪdʒ] n suffrage m.

suffuse [səˈfjuːz] vt baigner.

sugar ['ʃʊgə'] ◇ n sucre m. ◇ vt sucrer.

sugar beet n betterave f à sucre.

sugar bowl n sucrier m.

sugarcane ['ʃʊgəkeɪn] n (U) canne f à sucre.

sugar-coated [-ˈkəʊtɪd] adj dragéifié(e).

sugared ['ʃʊgəd] adj sucré(e).

sugar lump n morceau m de sucre.

sugar refinery n raffinerie f de sucre.

sugary ['ʃʊgərɪ] adj -1. [food] sucré(e). -2. pej [sentimental] doucereux(euse).

suggest [səˈdʒest] vt -1. [propose] proposer, suggérer. -2. [imply] suggérer.

suggestion [səˈdʒestʃn] n -1. [proposal] proposition f, suggestion f. -2. (U) [implication] suggestion f.

suggestive [səˈdʒestɪv] adj suggestif(ive); **to be ~ of sthg** suggérer qqch.

suicidal [suɪˈsaɪdl] adj suicidaire.

suicide ['suɪsaɪd] n suicide m; **to commit ~** se suicider.

suicide attempt n tentative f de suicide.

suit [suːt] ◇ n -1. [for man] costume m, complet m; [for woman] tailleur m. -2. [outfit]: **ski/diving ~** combinaison f de ski/de plongée. -3. [in cards] couleur f. -4. JUR procès m, action f. -5. phr: **to follow ~** fig faire de même. ◇ vt -1. [subj: clothes, hairstyle] aller à. -2. [be convenient, appropriate to] convenir à; **to ~ o.s.** faire comme on veut. ◇ vi convenir, aller.

suitability [ˌsuːtəˈbɪlətɪ] n convenance f; [of candidate] aptitude f.

suitable ['suːtəbl] adj qui convient, qui va.

suitably ['suːtəblɪ] adv convenablement; **~ impressed** favorablement impressionné.

suitcase ['suːtkeɪs] n valise f.

suite [swiːt] n -1. [of rooms] suite f. -2. [of furniture] ensemble m.

suited ['suːtɪd] adj -1. [suitable]: **to be ~ to/for** convenir à/pour, aller à/pour. -2. [couple]: **well ~** très bien assortis; **ideally ~** faits l'un pour l'autre.

suitor ['suːtə'] n dated soupirant m.

sulfate Am = sulphate.

sulfur Am = sulphur.

sulfuric acid Am = sulphuric acid.

sulk [sʌlk] ◇ n bouderie f. ◇ vi bouder.

sulky ['sʌlkɪ] (compar -ier, superl -iest) adj boudeur(euse).

sullen ['sʌlən] adj maussade.

sulphate Br, **sulfate** Am ['sʌlfeɪt] n sulfate m.

sulphur Br, **sulfur** Am ['sʌlfə'] n soufre m.

sulphuric acid Br, **sulfuric acid** Am [sʌlˈfjʊərɪk-] n acide m sulfurique.

sultan ['sʌltən] n sultan m.

sultana [səlˈtɑːnə] n Br [dried grape] raisin m sec.

sultry ['sʌltrɪ] (compar -ier, superl -iest) adj -1. [weather] lourd(e). -2. [sexual] sensuel(elle).

sum [sʌm] (pt & pp -med, cont -ming) n -1. [amount of money] somme f. -2. [calculation] calcul m.

◆ **sum up** ◇ vt sep [summarize] résumer. ◇ vi récapituler.

Sumatra [ˌsuːˈmɑːtrə] n Sumatra f; **in ~** à Sumatra.

Sumatran [suˈmɑːtrən] ◇ adj sumatranais(e). ◇ n Sumatranais m, -e f.

summarily ['sʌmərəlɪ] *adv* sommairement.

summarize, -ise ['sʌməraɪz] ◇ *vt* résumer. ◇ *vi* récapituler.

summary ['sʌmərɪ] (*pl* **-ies**) ◇ *adj* sommaire. ◇ *n* résumé *m*.

summation [sʌ'meɪʃn] *n* **-1.** [total] addition *f*. **-2.** [summary] résumé *m*.

summer ['sʌmə*r*] ◇ *n* été *m*; **in ~** en été. ◇ *comp* d'été; **the ~ holidays** les grandes vacances *fpl*.

summer camp *n Am* colonie *f* de vacances.

summerhouse ['sʌməhaʊs, *pl* -haʊzɪz] *n* pavillon *m* (de verdure).

summer school *n* université *f* d'été.

summertime ['sʌmətaɪm] ◇ *adj* d'été. ◇ *n* été *m*.

Summer Time *n Br* heure *f* d'été.

summery ['sʌmərɪ] *adj* estival(e).

summing-up [ˌsʌmɪŋ-] (*pl* **summings-up**) *n* JUR résumé *m*.

summit ['sʌmɪt] *n* sommet *m*.

summon ['sʌmən] *vt* appeler, convoquer.
◆ **summon up** *vt sep* rassembler.

summons ['sʌmənz] (*pl* **summonses**) JUR ◇ *n* assignation *f*. ◇ *vt* assigner.

sumo (wrestling) ['suːməʊ-] *n* sumo *m*.

sump [sʌmp] *n* carter *m*.

sumptuous ['sʌmptʃʊəs] *adj* somptueux(euse).

sum total *n* somme *f* totale.

sun [sʌn] (*pt & pp* **-ned**, *cont* **-ning**) ◇ *n* soleil *m*; **in the ~** au soleil. ◇ *vt*: **to ~ o.s.** se chauffer au soleil.

Sun. (*abbr of* **Sunday**) dim.

sunbathe ['sʌnbeɪð] *vi* prendre un bain de soleil.

sunbather ['sʌnbeɪðə*r*] *n* personne *f* qui prend un bain de soleil.

sunbeam ['sʌnbiːm] *n* rayon *m* de soleil.

sunbed ['sʌnbed] *n* lit *m* à ultra-violets.

sunburn ['sʌnbɜːn] *n* (U) coup *m* de soleil.

sunburned ['sʌnbɜːnd], **sunburnt** ['sʌnbɜːnt] *adj* brûlé(e) par le soleil, qui a attrapé un coup de soleil.

sun cream *n* crème *f* solaire.

sundae ['sʌndeɪ] *n* glace *avec des fruits, des noix et de la Chantilly*.

Sunday ['sʌndɪ] *n* dimanche *m*; **~ lunch** déjeuner *m* du dimanche OR dominical; *see also* **Saturday**.

Sunday paper *n Br* journal hebdomadaire paraissant le dimanche.

SUNDAY PAPERS:
Les principaux hebdomadaires britanniques paraissant le dimanche sont les suivants:
The Independent on Sunday
The Mail on Sunday (tendance conservatrice)
the News of the World (à sensation)
The Observer (tendance centre-gauche)
the People (à sensation)
the Sunday Express (tendance conservatrice)
the Sunday Mirror (tendance centre-gauche)
the Sunday Telegraph (tendance conservatrice)
the Sunday Times

Sunday school *n* catéchisme *m*.

sundial ['sʌndaɪəl] *n* cadran *m* solaire.

sundown ['sʌndaʊn] *n* coucher *m* du soleil.

sundries ['sʌndrɪz] *npl fml* articles *mpl* divers, objets *mpl* divers.

sundry ['sʌndrɪ] *adj fml* divers; **all and ~** tout le monde, n'importe qui.

sunflower ['sʌnˌflaʊə*r*] *n* tournesol *m*.

sung [sʌŋ] *pp* → **sing**.

sunglasses ['sʌnˌglɑːsɪz] *npl* lunettes *fpl* de soleil.

sunhat ['sʌnhæt] *n* chapeau *m* de soleil.

sunk [sʌŋk] *pp* → **sink**.

sunken ['sʌŋkən] *adj* **-1.** [in water] coulé(e), submergé(e). **-2.** [garden] en contrebas; [cheeks, eyes] creux(euse).

sunlamp ['sʌnlæmp] *n* lampe *f* à ultra-violets.

sunlight ['sʌnlaɪt] *n* lumière *f* du soleil.

Sunni ['sʊnɪ] (*pl* **-s**) *n* Sunnite *mf*.

sunny ['sʌnɪ] (*compar* **-ier**, *superl* **-iest**) *adj* **-1.** [day, place] ensoleillé(e). **-2.** [cheerful] radieux(ieuse), heureux(euse). **-3.** *phr*: **~ side up** *Am* [egg] sur le plat.

sunray lamp *n* lampe *f* à ultra-violets.

sunrise ['sʌnraɪz] *n* lever *m* du soleil.

sunroof ['sʌnruːf] *n* toit *m* ouvrant.

sunset ['sʌnset] *n* coucher *m* du soleil.

sunshade ['sʌnʃeɪd] *n* parasol *m*.

sunshine ['sʌnʃaɪn] *n* lumière *f* du soleil.

sunspot ['sʌnspɒt] *n* tache *f* solaire.

sunstroke ['sʌnstrəʊk] *n* (U) insolation *f*.

suntan ['sʌntæn] ◇ *n* bronzage *m*. ◇ *comp* [lotion, cream] solaire.

suntanned ['sʌntænd] *adj* bronzé(e).

suntrap ['sʌntræp] *n* endroit très ensoleillé.

sunup ['sʌnʌp] *n Am inf* lever *m* du soleil.

super ['suːpə*r*] *adj inf* génial(e), super (*inv*).

superabundance [ˌsuːpərəˈbʌndəns] *n* surabondance *f*.

superannuation [ˈsuːpəˌrænjʊˈeɪʃn] *n* (*U*) pension *f* de retraite.

superb [suːˈpɜːb] *adj* superbe.

superbly [suːˈpɜːblɪ] *adv* superbement.

Super Bowl *n Am*: **the ~** le Super Bowl, *finale du championnat des États-Unis de football américain.*

supercilious [ˌsuːpəˈsɪlɪəs] *adj* hautain(e).

superficial [ˌsuːpəˈfɪʃl] *adj* superficiel(ielle).

superfluous [suːˈpɜːfluəs] *adj* superflu(e).

superglue [ˈsuːpəgluː] *n* colle *f* forte.

superhuman [ˌsuːpəˈhjuːmən] *adj* surhumain(e).

superimpose [ˌsuːpərɪmˈpəʊz] *vt*: **to ~ sthg (on)** superposer qqch (à).

superintend [ˌsuːpərɪnˈtend] *vt* diriger.

superintendent [ˌsuːpərɪnˈtendənt] *n* **-1.** *Br* [of police] ≃ commissaire *m*. **-2.** [of department] directeur *m*, -trice *f*.

superior [suːˈpɪərɪə] ◇ *adj* **-1.** [gen]: **~ (to)** supérieur(e) (à). **-2.** [goods, craftsmanship] de qualité supérieure. ◇ *n* supérieur *m*, -e *f*.

superiority [suːˌpɪərɪˈɒrətɪ] *n* supériorité *f*.

superlative [suːˈpɜːlətɪv] ◇ *adj* exceptionnel(elle), sans pareil(eille). ◇ *n* GRAMM superlatif *m*.

supermarket [ˈsuːpəˌmɑːkɪt] *n* supermarché *m*.

supernatural [ˌsuːpəˈnætʃrəl] ◇ *adj* surnaturel(elle). ◇ *n*: **the ~** le surnaturel *m*.

superpower [ˈsuːpəˌpaʊə] *n* superpuissance *f*.

superscript [ˈsuːpəskrɪpt] *adj* écrit(e)/imprimé(e) au-dessus de la ligne.

supersede [ˌsuːpəˈsiːd] *vt* remplacer.

supersonic [ˌsuːpəˈsɒnɪk] *adj* supersonique.

superstar [ˈsuːpəstɑː] *n* superstar *f*.

superstition [ˌsuːpəˈstɪʃn] *n* superstition *f*.

superstitious [ˌsuːpəˈstɪʃəs] *adj* superstitieux(ieuse).

superstore [ˈsuːpəstɔː] *n* hypermarché *m*.

superstructure [ˈsuːpəˌstrʌktʃə] *n* superstructure *f*.

supertanker [ˈsuːpəˌtæŋkə] *n* supertanker *m*.

supertax [ˈsuːpətæks] *n* tranche *f* supérieure de l'impôt.

supervise [ˈsuːpəvaɪz] *vt* surveiller; [work] superviser.

supervision [ˌsuːpəˈvɪʒn] *n* surveillance *f*; [of work] supervision *f*.

supervisor [ˈsuːpəvaɪzə] *n* surveillant *m*, -e *f*.

supper [ˈsʌpə] *n* **-1.** [evening meal] dîner *m*. **-2.** [before bedtime] collation *f*.

supplant [səˈplɑːnt] *vt* supplanter.

supple [ˈsʌpl] *adj* souple.

supplement [*n* ˈsʌplɪmənt, *vb* ˈsʌplɪment] ◇ *n* supplément *m*. ◇ *vt* compléter.

supplementary [ˌsʌplɪˈmentərɪ] *adj* supplémentaire.

supplementary benefit *n Br ancien nom des allocations supplémentaires accordées aux personnes ayant un faible revenu.*

supplier [səˈplaɪə] *n* fournisseur *m*.

supply [səˈplaɪ] (*pl* -ies, *pt* & *pp* -ied) ◇ *n* **-1.** [store] réserve *f*, provision *f*; **to be in short ~** manquer. **-2.** [system] alimentation *f*. **-3.** (*U*) ECON offre *f*. ◇ *vt* **-1.** [provide]: **to ~ sthg (to sb)** fournir qqch (à qqn). **-2.** [provide to ~ sb (with)** approvisionner qqn (en); **to ~ sthg with sthg** alimenter qqch en qqch.

◆ **supplies** *npl* [food] vivres *mpl*; MIL approvisionnements *mpl*; **office supplies** fournitures *fpl* de bureau.

supply teacher *n Br* suppléant *m*, -e *f*.

support [səˈpɔːt] ◇ *n* **-1.** (*U*) [physical help] appui *m*. **-2.** (*U*) [emotional, financial help] soutien *m*. **-3.** [object] support *m*, appui *m*. ◇ *vt* **-1.** [physically] soutenir, supporter; [weight] supporter. **-2.** [emotionally] soutenir. **-3.** [financially] subvenir aux besoins de; **to ~ o.s.** subvenir à ses propres besoins. **-4.** [theory] être en faveur de, être partisan de; [political party, candidate] appuyer; SPORT être un supporter de.

supporter [səˈpɔːtə] *n* **-1.** [of person, plan] partisan *m*, -e *f*. **-2.** SPORT supporter *m*.

supportive [səˈpɔːtɪv] *adj* qui est d'un grand secours, qui soutient.

suppose [səˈpəʊz] ◇ *vt* supposer; **I don't ~ you could ...?** [in polite requests] vous ne pourriez pas ... par hasard?; **you don't ~ ...?** [asking opinion] vous ne pensez pas que ...? ◇ *vi* supposer; **I ~ (so)** je suppose que oui; **I ~ not** je suppose que non. ◇ *conj* et si, à supposer que (+ *subjunctive*).

supposed [səˈpəʊzd] *adj* **-1.** [doubtful] supposé(e). **-2.** [reputed, intended]: **to be ~ to be** être censé(e) être.

supposedly [səˈpəʊzɪdlɪ] *adv* soi-disant.

supposing [səˈpəʊzɪŋ] *conj* et si, à supposer que (+ *subjunctive*).

supposition [ˌsʌpəˈzɪʃn] *n* supposition *f*.

suppository [səˈpɒzɪtrɪ] (*pl* -ies) *n* suppositoire *m*.

suppress [səˈpres] *vt* **-1.** [uprising] réprimer.

-2. [information] supprimer. **-3.** [emotions] réprimer, étouffer.

suppression [sə'preʃn] *n* **-1.** [of uprising, emotions] répression *f*. **-2.** [of information] suppression *f*.

suppressor [sə'presər] *n* ELEC dispositif *m* antiparasite.

supranational [,suːprə'næʃənl] *adj* supranational(e).

supremacy [sʊ'preməsɪ] *n* suprématie *f*.

supreme [sʊ'priːm] *adj* suprême.

Supreme Court *n* [in US]: **the ~** la Cour suprême.

SUPREME COURT:
La Cour suprême est l'organe supérieur du pouvoir judiciaire, et est composée de membres nommés par le président des États-Unis; elle détient le pouvoir de décision finale ainsi que le droit d'interpréter la Constitution

---

supremely [sʊ'priːmlɪ] *adv* suprêmement.

supremo [sʊ'priːməʊ] (*pl* **-s**) *n Br inf* grand chef *m*.

Supt. *abbr of* **superintendent**.

surcharge ['sɜːtʃɑːdʒ] ◇ *n* [extra payment] surcharge *f*; [extra tax] surtaxe *f*. ◇ *vt* surcharger.

sure [ʃʊər] ◇ *adj* **-1.** [gen] sûr(e); **to be ~ of o.s.** être sûr de soi. **-2.** [certain]: **to be ~ of sthg/of doing sthg**] être sûr(e) (de qqch/de faire qqch), être certain(e) (de qqch/de faire qqch); **to make ~ (that)** ... s'assurer OR vérifier que .... **-3.** *phr*: **to be ~ to do sthg** [remember] s'assurer de faire qqch; **I am** OR **I'm ~ (that)** ... je suis bien certain que ..., je ne doute pas que .... ◇ *adv* **-1.** *inf* [yes] bien sûr. **-2.** *Am* [really] vraiment.
◆ **for sure** *adv* sans aucun doute.
◆ **sure enough** *adv* en effet, effectivement.

surefire ['ʃʊəfaɪər] *adj inf* certain(e), infaillible.

surefooted ['ʃʊə,fʊtɪd] *adj* d'un pied sûr.

surely ['ʃʊəlɪ] *adv* sûrement.

sure thing *excl Am inf* d'accord!

surety ['ʃʊərətɪ] *n* (*U*) caution *f*.

surf [sɜːf] ◇ *n* ressac *m*. ◇ *vi* surfer.

surface ['sɜːfɪs] ◇ *n* surface *f*; **on the ~** *fig* à première vue, vu de l'extérieur; **below** OR **beneath the ~** *fig* au fond; **to scratch the ~** *fig* [of problem] effleurer le problème; [of subject] effleurer le sujet. ◇ *vi* **-1.** [diver] remonter à la surface; [submarine] faire sur-

face. **-2.** [problem, rumour] apparaître OR s'étaler au grand jour. **-3.** *inf hum* [after absence] refaire surface.

surface mail *n* courrier *m* par voie de terre/de mer.

surface-to-air *adj* sol-air (*inv*).

surfboard ['sɜːfbɔːd] *n* planche *f* de surf.

surfeit ['sɜːfɪt] *n fml* excès *m*.

surfer ['sɜːfər] *n* surfeur *m*, -euse *f*.

surfing ['sɜːfɪŋ] *n* surf *m*.

surge [sɜːdʒ] ◇ *n* **-1.** [of people, vehicles] déferlement *m*; ELEC surtension *f*. **-2.** [of emotion, interest] vague *f*, montée *f*; [of anger] bouffée *f*; [of sales, applications] afflux *m*. ◇ *vi* **-1.** [people, vehicles] déferler. **-2.** [emotion] monter.

surgeon ['sɜːdʒən] *n* chirurgien *m*.

surgery ['sɜːdʒərɪ] (*pl* **-ies**) *n* **-1.** (*U*) MED [performing operations] chirurgie *f*. **-2.** *Br* MED [place] cabinet *m* de consultation. **-3.** *Br* MED & POL [consulting period] consultation *f*.

surgical ['sɜːdʒɪkl] *adj* chirurgical(e); **~ stocking** bas *m* orthopédique.

surgical spirit *n Br* alcool *m* à 90°.

Surinam [,sʊərɪ'næm] *n* Surinam *m*, Suriname *m*; **in ~** au Surinam.

surly ['sɜːlɪ] (*compar* **-ier**, *superl* **-iest**) *adj* revêche, renfrogné(e).

surmise [sɜː'maɪz] *vt fml* présumer.

surmount [sɜː'maʊnt] *vt* surmonter.

surname ['sɜːneɪm] *n* nom *m* de famille.

surpass [sə'pɑːs] *vt fml* dépasser.

surplus ['sɜːpləs] ◇ *adj* en surplus. ◇ *n* surplus *m*.

surprise [sə'praɪz] ◇ *n* surprise *f*; **to take sb by ~** prendre qqn au dépourvu. ◇ *vt* surprendre.

surprised [sə'praɪzd] *adj* surpris(e); **I wouldn't be ~ (if ...)** ça ne m'étonnerait pas (que ...).

surprising [sə'praɪzɪŋ] *adj* surprenant(e).

surprisingly [sə'praɪzɪŋlɪ] *adv* étonnamment.

surreal [sə'rɪəl] *adj* surréaliste.

surrealism [sə'rɪəlɪzm] *n* surréalisme *m*.

surrealist [sə'rɪəlɪst] ◇ *adj* surréaliste. ◇ *n* surréaliste *mf*.

surrender [sə'rendər] ◇ *n* reddition *f*, capitulation *f*. ◇ *vt fml* [weapons, passport] rendre; [claim, rights] renoncer à. ◇ *vi* **-1.** [stop fighting]: **to ~ (to)** se rendre (à). **-2.** *fig* [give in]: **to ~ (to)** se laisser aller (à), se livrer (à).

surreptitious [,sʌrəp'tɪʃəs] *adj* subreptice.

surrogate ['sʌrəgeɪt] ◇ *adj* de substitution. ◇ *n* substitut *m*.

surrogate mother *n* mère *f* porteuse.

surround [sə'raʊnd] ◇ *n* bordure *f*. ◇ *vt* entourer; [subj: police, army] cerner.

surrounding [sə'raʊndɪŋ] *adj* environnant(e).

surroundings [sə'raʊndɪŋz] *npl* environnement *m*.

surtax ['sɜːtæks] *n* surtaxe *f*.

surveillance [sɜː'veɪləns] *n* surveillance *f*.

survey [*n* 'sɜːveɪ, *vb* sə'veɪ] ◇ *n* -1. [investigation] étude *f*; [of public opinion] sondage *m*. -2. [of land] levé *m*; [of building] inspection *f*. ◇ *vt* -1. [contemplate] passer en revue. -2. [investigate] faire une étude de, enquêter sur. -3. [land] faire le levé de; [building] inspecter.

surveyor [sə'veɪər] *n* [of building] expert *m*; [of land] géomètre *m*.

survival [sə'vaɪvl] *n* -1. [continuing to live] survie *f*. -2. [relic] vestige *m*.

survive [sə'vaɪv] ◇ *vt* survivre à. ◇ *vi* survivre.

◆ **survive on** *vt fus* vivre de.

survivor [sə'vaɪvər] *n* survivant *m*, -e *f*; *fig* battant *m*, -e *f*.

susceptible [sə'septəbl] *adj*: ~ **(to)** sensible (à).

suspect [*adj & n* 'sʌspekt, *vb* sə'spekt] ◇ *adj* suspect(e). ◇ *n* suspect *m*, -e *f*. ◇ *vt* -1. [distrust] douter de. -2. [think likely, consider guilty] soupçonner; **to** ~ **sb of sthg** soupçonner qqn de qqch.

suspend [sə'spend] *vt* -1. [gen] suspendre. -2. [from school] renvoyer temporairement.

suspended animation [sə'spendɪd-] *n* hibernation *f*.

suspended sentence [sə'spendɪd-] *n* condamnation *f* avec sursis.

suspender belt [sə'spendər-] *n Br* portejarretelles *m inv*.

suspenders [sə'spendəz] *npl* -1. *Br* [for stockings] jarretelles *fpl*. -2. *Am* [for trousers] bretelles *fpl*.

suspense [sə'spens] *n* suspense *m*; **to keep sb in** ~ tenir qqn en suspens.

suspension [sə'spenʃn] *n* -1. [gen & AUT] suspension *f*. -2. [from school] renvoi *m* temporaire.

suspension bridge *n* pont *m* suspendu.

suspicion [sə'spɪʃn] *n* soupçon *m*; **to be under** ~ être considéré comme suspect; **to have one's** ~**s (about)** avoir des soupçons OR des doutes (sur).

suspicious [sə'spɪʃəs] *adj* -1. [having suspicions] soupçonneux(euse). -2. [causing suspicion] suspect(e), louche.

suspiciously [sə'spɪʃəslɪ] *adv* -1. [with suspicious attitude] de façon soupçonneuse, avec méfiance. -2. [causing suspicion] de façon suspecte OR louche.

suss [sʌs]

◆ **suss out** *vt sep Br inf* piger, comprendre.

sustain [sə'steɪn] *vt* -1. [maintain] soutenir. -2. [nourish] nourrir. -3. *fml* [suffer - damage] subir; [- injury] recevoir. -4. *fml* [weight] supporter.

sustenance ['sʌstɪnəns] *n* (*U*) *fml* nourriture *f*.

suture ['suːtʃər] *n* suture *f*.

svelte [svelt] *adj* svelte.

SW -1. (*abbr of* **short wave**) OC. -2. (*abbr of* **south-west**) S-O.

swab [swɒb] *n* MED tampon *m*.

swagger ['swægər] ◇ *n* air *m* de parade. ◇ *vi* parader.

Swahili [swɑː'hiːlɪ] ◇ *adj* swahili(e). ◇ *n* [language] swahili *m*.

swallow ['swɒləʊ] ◇ *n* -1. [bird] hirondelle *f*. -2. [of food] bouchée *f*; [of drink] gorgée *f*. ◇ *vt* avaler; *fig* [anger, tears] ravaler. ◇ *vi* avaler.

swam [swæm] *pt* → **swim**.

swamp [swɒmp] ◇ *n* marais *m*. ◇ *vt* -1. [flood] submerger. -2. [overwhelm] déborder, submerger.

swan [swɒn] *n* cygne *m*.

swap [swɒp] (*pt & pp* -**ped**, *cont* -**ping**) ◇ *n* [exchange] échange *m*. ◇ *vt*: **to** ~ **sthg (with sb/for sthg)** échanger qqch (avec qqn/contre qqch). ◇ *vi* échanger.

swap meet *n Am* foire *f* au troc.

SWAPO ['swɑːpəʊ] (*abbr of* **South West Africa People's Organization**) *n* SWAPO *f*.

swarm [swɔːm] ◇ *n* essaim *m*. ◇ *vi* -1. [bees] essaimer. -2. *fig* [people] grouiller; **to be** ~**ing (with)** [place] grouiller (de).

swarthy ['swɔːðɪ] (*compar* -**ier**, *superl* -**iest**) *adj* basané(e).

swashbuckling ['swɒʃ,bʌklɪŋ] *adj* de cape et d'épée.

swastika ['swɒstɪkə] *n* croix *f* gammée.

swat [swɒt] (*pt & pp* -**ted**, *cont* -**ting**) *vt* écraser.

swatch [swɒtʃ] *n* échantillon *m*.

swathe [sweɪð] ◇ *n* [large area] étendue *f*. ◇ *vt literary* emmailloter, envelopper.

swathed [sweɪðd] *adj literary*: ~ **(in)** emmailloté(e) (de), enveloppé(e) (de).

swatter ['swɒtər] *n* tapette *f*.

sway [sweɪ] ◇ vt -1. [cause to swing] balancer. -2. [influence] influencer. ◇ vi se balancer. ◇ n fml: **to hold ~ over sb** tenir qqn sous son empire; **to come under the ~ of** se laisser influencer par.

Swazi ['swɑːzɪ] n Swazi mf.

Swaziland ['swɑːzɪlænd] n Swaziland m; **in ~** au Swaziland.

swear [sweəʳ] (pt swore, pp sworn) ◇ vt jurer; **to ~ to do sthg** jurer de faire qqch; **to ~ an oath** prêter serment. ◇ vi jurer.

◆ **swear by** vt fus [have confidence in] jurer par.

◆ **swear in** vt sep JUR assermenter.

swearword ['sweəwɜːd] n juron m, gros mot m.

sweat [swet] ◇ n -1. [perspiration] transpiration f, sueur f; **to be in a cold ~** avoir des sueurs froides. -2. (U) inf [hard work] corvée f. ◇ vi -1. [perspire] transpirer, suer. -2. inf [worry] se faire du mouron.

sweatband ['swetbænd] n SPORT bandeau m; [of hat] cuir m intérieur.

sweater ['swetəʳ] n pullover m.

sweatshirt ['swetʃɜːt] n sweat-shirt m.

sweatshop ['swetʃɒp] n atelier m où les ouvriers sont exploités.

sweaty ['swetɪ] (compar -ier, superl -iest) adj -1. [skin, clothes] mouillé(e) de sueur. -2. [place] chaud(e) et humide; [activity] qui fait transpirer.

swede [swiːd] n Br rutabaga m.

Swede [swiːd] n Suédois m, -e f.

Sweden ['swiːdn] n Suède f; **in ~** en Suède.

Swedish ['swiːdɪʃ] ◇ adj suédois(e). ◇ n [language] suédois m. ◇ npl: **the ~** les Suédois mpl.

sweep [swiːp] (pt & pp swept) ◇ n -1. [sweeping movement] grand geste m. -2. [with brush]: **to give sthg a ~** donner un coup de balai à qqch, balayer qqch. -3. [electronic] balayage m. -4. [chimney sweep] ramoneur m.

◇ vt -1. [gen] balayer; [scan with eyes] parcourir des yeux. -2. [move]: **to ~ sthg off sthg** enlever qqch de qqch d'un grand geste; **to be swept out to sea** être emporté vers le large.

◇ vi -1. [wind] s'engouffrer. -2. [emotion]: **to ~ through sb** s'emparer de qqn. -3. [person]: **to ~ along/in** avancer/entrer rapidement.

◆ **sweep aside** vt sep écarter, rejeter.

◆ **sweep away** vt sep [destroy] emporter, entraîner.

◆ **sweep up** ◇ vt sep [with brush] balayer. ◇ vi balayer.

sweeper ['swiːpəʳ] n FTBL libero m.

sweeping ['swiːpɪŋ] adj -1. [effect, change] radical(e). -2. [statement] hâtif(ive). -3. [curve] large.

sweepstake ['swiːpsteɪk] n sweepstake m.

sweet [swiːt] ◇ adj -1. [gen] doux (douce); [cake, flavour, pudding] sucré(e). -2. [kind] gentil(ille). -3. [attractive] adorable, mignon(onne). ◇ n Br -1. [candy] bonbon m. -2. [dessert] dessert m.

sweet-and-sour adj aigre-doux (aigre-douce).

sweet corn n maïs m.

sweeten ['swiːtn] vt sucrer.

sweetener ['swiːtnəʳ] n -1. [substance] édulcorant m. -2. inf [bribe] pot-de-vin m.

sweetheart ['swiːthɑːt] n -1. [term of endearment] chéri m, -e f, mon cœur m. -2. [boyfriend, girlfriend] petit ami m, petite amie f.

sweetness ['swiːtnɪs] n -1. [gen] douceur f; [of taste] goût m sucré, douceur f. -2. [attractiveness] charme m.

sweet pea n pois m de senteur.

sweet potato n patate f douce.

sweet shop n Br confiserie f.

sweet tooth n: **to have a ~** aimer les sucreries.

swell [swel] (pt -ed, pp swollen OR -ed) ◇ vi -1. [leg, face etc] enfler; [lungs, balloon] se gonfler; **to ~ with pride** se gonfler d'orgueil. -2. [crowd, population etc] grossir, augmenter; [sound] grossir, s'enfler. ◇ vt grossir, augmenter. ◇ n [of sea] houle f. ◇ adj Am inf chouette, épatant(e).

swelling ['swelɪŋ] n enflure f.

sweltering ['sweltərɪŋ] adj étouffant(e), suffocant(e); **I'm ~** j'étouffe.

swept [swept] pt & pp → sweep.

swerve [swɜːv] vi faire une embardée.

swift [swɪft] ◇ adj -1. [fast] rapide. -2. [prompt] prompt(e). ◇ n [bird] martinet m.

swiftly ['swɪftlɪ] adv -1. [quickly] rapidement, vite. -2. [promptly] promptement.

swiftness ['swɪftnɪs] n -1. [quickness] rapidité f. -2. [promptness] promptitude f.

swig [swɪg] (pt & pp -ged, cont -ging) inf ◇ vt lamper. ◇ n lampée f.

swill [swɪl] ◇ n (U) [pig food] pâtée f. ◇ vt Br [wash] laver à grande eau.

swim [swɪm] (pt swam, pp swum, cont -ming) ◇ n: **to have a ~** nager; **to go for a ~** aller se baigner, aller nager. ◇ vi -1. [person, fish, animal] nager. -2. [room] tourner; **my head was swimming** j'avais la tête qui tournait, la tête me tournait.

545

swimmer ['swɪmər] *n* nageur *m*, -euse *f*.

swimming ['swɪmɪŋ] ◇ *n* natation *f*; **to go ~** aller nager. ◇ *comp* [club, competition] de natation.

swimming baths *npl Br* piscine *f*.

swimming cap *n* bonnet *m* de bain.

swimming costume *n Br* maillot *m* de bain.

swimming pool *n* piscine *f*.

swimming trunks *npl* maillot *m* OR slip *m* de bain.

swimsuit ['swɪmsuːt] *n* maillot *m* de bain.

swindle ['swɪndl] ◇ *n* escroquerie *f*. ◇ *vt* escroquer, rouler; **to ~ sb out of sthg** escroquer qqch à qqn.

swine [swaɪn] *n inf* [person] salaud *m*.

swing [swɪŋ] (*pt* & *pp* **swung**) ◇ *n* **-1.** [child's toy] balançoire *f*. **-2.** [change - of opinion] revirement *m*; [- of mood] changement *m*, saute *f*. **-3.** [sway] balancement *m*. **-4.** *inf* [blow]: **to take a ~ at sb** lancer OR envoyer un coup de poing à qqn. **-5.** *phr*: **to be in full ~** battre son plein; **to get into the ~ of things** se mettre dans le bain. ◇ *vt* **-1.** [move back and forth] balancer. **-2.** [move in a curve] faire virer. ◇ *vi* **-1.** [move back and forth] se balancer. **-2.** [turn - vehicle] virer, tourner; [- person] se retourner. **-3.** [hit out]: **to ~ at sb** lancer OR envoyer un coup de poing à qqn. **-4.** [change] changer.

swing bridge *n* pont *m* tournant.

swing door *n* porte *f* battante.

swingeing ['swɪndʒɪŋ] *adj* très sévère.

swinging ['swɪŋɪŋ] *adj inf* **-1.** [lively] animé(e), plein(e) d'entrain. **-2.** [uninhibited] dans le vent.

swipe [swaɪp] ◇ *n*: **to take a ~ at** envoyer OR donner un coup à. ◇ *vt inf* [steal] faucher, piquer. ◇ *vi*: **to ~ at** envoyer OR donner un coup à.

swirl [swɜːl] ◇ *n* tourbillon *m*. ◇ *vt* agiter, remuer. ◇ *vi* tourbillonner, tournoyer.

swish [swɪʃ] ◇ *n* [of tail] battement *m*; [of dress] froufrou *m*. ◇ *vt* [tail] battre l'air de. ◇ *vi* bruire, froufrouter.

Swiss [swɪs] ◇ *adj* suisse. ◇ *n* [person] Suisse *mf*. ◇ *npl*: **the ~** les Suisses *mpl*.

swiss roll *n Br* gâteau *m* roulé.

switch [swɪtʃ] ◇ *n* **-1.** [control device] interrupteur *m*, commutateur *m*; [on radio, stereo etc] bouton *m*. **-2.** [change] changement *m*. **-3.** *Am* RAIL aiguillage *m*. ◇ *vt* [swap] échanger; [jobs] changer de. ◇ *vi*: **to ~ to/from** passer à/de.

◆ **switch off** ◇ *vt sep* éteindre. ◇ *vi inf fig* décrocher.

◆ **switch on** *vt sep* allumer.

switchblade ['swɪtʃbleɪd] *n Am* couteau *m* à cran d'arrêt.

switchboard ['swɪtʃbɔːd] *n* standard *m*.

switchboard operator *n* standardiste *mf*.

switched-on [,swɪtʃt-] *adj inf* branché(e).

Switzerland ['swɪtsələnd] *n* Suisse *f*; **in ~** en Suisse.

swivel ['swɪvl] (*Br pt* & *pp* **-led**, *cont* **-ling**, *Am pt* & *pp* **-ed**, *cont* **-ing**) ◇ *vt* [chair] faire pivoter; [head, eyes] faire tourner. ◇ *vi* [chair] pivoter; [head, eyes] tourner.

swivel chair *n* fauteuil *m* pivotant OR tournant.

swollen ['swəʊln] ◇ *pp* → **swell**. ◇ *adj* [ankle, face] enflé(e); [river] en crue.

swoon [swuːn] *vi literary* s'évanouir; *hum* se pâmer.

swoop [swuːp] ◇ *n* **-1.** [downward flight] descente *f* en piqué; **in one fell ~** d'un seul coup. **-2.** [raid] descente *f*. ◇ *vi* **-1.** [bird, plane] piquer. **-2.** [police, army] faire une descente.

swop [swɒp] = **swap**.

sword [sɔːd] *n* épée *f*; **to cross ~s (with sb)** croiser le fer (avec qqn).

swordfish ['sɔːdfɪʃ] (*pl inv* OR **-es**) *n* espadon *m*.

swordsman ['sɔːdzmən] (*pl* **-men** [-mən]) *n* tireur *m* d'épée.

swore [swɔːr] *pt* → **swear**.

sworn [swɔːn] ◇ *pp* → **swear**. ◇ *adj* **-1.** [committed]: **to be ~ enemies** être ennemis jurés. **-2.** JUR sous serment.

swot [swɒt] (*pt* & *pp* **-ted**, *cont* **-ting**) *Br inf* ◇ *n pej* bûcheur *m*, -euse *f*. ◇ *vi*: **to ~ (for)** bûcher (pour).

◆ **swot up** *vt sep* & *vi inf* potasser, bûcher.

swum [swʌm] *pp* → **swim**.

swung [swʌŋ] *pt* & *pp* → **swing**.

sycamore ['sɪkəmɔːr] *n* sycomore *m*.

sycophant ['sɪkəfænt] *n* flagorneur *m*, -euse *f*, lèche-bottes *mf inv*.

Sydney ['sɪdnɪ] *n* Sydney.

syllable ['sɪləbl] *n* syllabe *f*.

syllabub ['sɪləbʌb] *n* ≃ sabayon *m*.

syllabus ['sɪləbəs] (*pl* **-buses** OR **-bi** [-baɪ]) *n* programme *m*.

symbol ['sɪmbl] *n* symbole *m*.

symbolic [sɪm'bɒlɪk] *adj* symbolique; **to be ~ of** être le symbole de.

symbolism ['sɪmbəlɪzm] *n* symbolisme *m*.

symbolize, -ise ['sɪmbəlaɪz] *vt* symboliser.

symmetrical [sɪ'metrɪkl] *adj* symétrique.

symmetry ['sɪmətrɪ] *n* symétrie *f*.

sympathetic [,sɪmpə'θetɪk] *adj* **-1.** [understanding] compatissant(e), compréhensif(ive). **-2.** [willing to support]: **~ (to)** bien disposé(e) (à l'égard de). **-3.** [likable] sympathique.

sympathize, -ise ['sɪmpəθaɪz] *vi* **-1.** [feel sorry] compatir; **to ~ with sb** plaindre qqn; [in grief] compatir à la douleur de qqn. **-2.** [understand]: **to ~ with sthg** comprendre qqch. **-3.** [support]: **to ~ with sthg** approuver qqch, soutenir qqch.

sympathizer, -iser ['sɪmpəθaɪzər] *n* sympathisant *m*, -e *f*.

sympathy ['sɪmpəθɪ] *n* (*U*) **-1.** [understanding]: **~ (for)** compassion *f* (pour), sympathie *f* (pour). **-2.** [agreement] approbation *f*, sympathie *f*; **to be in ~ (with sthg)** être d'accord (avec qqch). **-3.** [support]: **in ~ (with sb)** en solidarité (avec qqn).
◆ **sympathies** *npl* **-1.** [support] soutien *m*, loyauté *f*. **-2.** [to bereaved person] condoléances *fpl*.

symphonic [sɪm'fɒnɪk] *adj* symphonique.

symphony ['sɪmfənɪ] (*pl* **-ies**) *n* symphonie *f*.

symphony orchestra *n* orchestre *m* symphonique.

symposium [sɪm'pəʊzjəm] (*pl* **-siums** OR **-sia** [-zjə]) *n* symposium *m*.

symptom ['sɪmptəm] *n* symptôme *m*.

symptomatic [,sɪmptə'mætɪk] *adj* symptomatique.

synagogue ['sɪnəgɒg] *n* synagogue *f*.

sync [sɪŋk] *n inf*: **out of ~** mal synchronisé(e); **in ~** bien synchronisé.

synchromesh gearbox ['sɪŋkrəʊmeʃ-] *n* boîte *f* de vitesses synchronisées.

synchronize, -ise ['sɪŋkrənaɪz] ◇ *vt* synchroniser. ◇ *vi* être synchronisés(es).

synchronized swimming ['sɪŋkrənaɪzd-] *n* natation *f* synchronisée.

syncopated ['sɪŋkəpeɪtɪd] *adj* syncopé(e).

syncopation [,sɪŋkə'peɪʃn] *n* syncope *f*.

syndicate [*n* 'sɪndɪkət, *vb* 'sɪndɪkeɪt] ◇ *n* syndicat *m*, consortium *m*. ◇ *vt* PRESS publier dans plusieurs journaux.

syndrome ['sɪndrəʊm] *n* syndrome *m*.

synod ['sɪnəd] *n* synode *m*.

synonym ['sɪnənɪm] *n*: **~ (for** OR **of)** synonyme *m* (de).

synonymous [sɪ'nɒnɪməs] *adj*: **~ (with)** synonyme (de).

synopsis [sɪ'nɒpsɪs] (*pl* **-ses** [-siːz]) *n* résumé *m*.

syntax ['sɪntæks] *n* syntaxe *f*.

synthesis ['sɪnθəsɪs] (*pl* **-ses** [-siːz]) *n* synthèse *f*.

synthesize, -ise ['sɪnθəsaɪz] *vt* synthétiser; CHEM faire la synthèse de.

synthesizer ['sɪnθəsaɪzər] *n* MUS synthétiseur *m*.

synthetic [sɪn'θetɪk] *adj* **-1.** [man-made] synthétique. **-2.** *pej* [insincere] artificiel(ielle), forcé(e).

syphilis ['sɪfɪlɪs] *n* syphilis *f*.

syphon ['saɪfən] = **siphon**.

Syria ['sɪrɪə] *n* Syrie *f*; **in ~** en Syrie.

Syrian ['sɪrɪən] ◇ *adj* syrien(ienne). ◇ *n* [person] Syrien *m*, -ienne *f*.

syringe [sɪ'rɪndʒ] (*cont* **syringeing**) ◇ *n* seringue *f*. ◇ *vt* [wound] seringuer; [ear] nettoyer à l'aide d'une seringue.

syrup ['sɪrəp] *n* (*U*) **-1.** [sugar and water] sirop *m*. **-2.** *Br* [golden syrup] mélasse *f* raffinée.

system ['sɪstəm] *n* **-1.** [gen] système *m*; **road/railway ~** réseau *m* routier/de chemins de fer; **transport ~** réseau *m* des transports; **digestive ~** appareil *m* digestif. **-2.** [equipment - gen] installation *f*; [- electric, electronic] appareil *m*. **-3.** (*U*) [methodical approach] système *m*, méthode *f*. **-4.** *phr*: **to get sthg out of one's ~** *inf* laisser OR donner libre cours à qqch; **to get it out of one's ~** *inf* se défouler.

systematic [,sɪstə'mætɪk] *adj* systématique.

systematize, -ise ['sɪstəmətaɪz] *vt* systématiser.

system disk *n* COMPUT disque *m* système.

systems analyst ['sɪstəmz-] *n* COMPUT analyste fonctionnel *m*, analyste fonctionnelle *f*.

systems engineer ['sɪstəmz-] *n* COMPUT ingénieur *m* de système.

system software *n* (*U*) COMPUT logiciel *m* d'exploitation.

T

t (*pl* **t's** OR **ts**), **T** (*pl* **T's** OR **Ts**) [tiː] *n* [letter] t *m inv*, T *m inv*.

ta [tɑː] *excl Br inf* merci!

TA (*abbr of* **Territorial Army**) *n* armée de réserve *britannique*.

tab [tæb] *n* **-1.** [of cloth] étiquette *f*. **-2.** [of metal] languette *f*. **-3.** *Am* [bill] addition *f*. **-4.** (*abbr of* **tabulator**) [on typewriter] tabulateur *m*. **-5.** *phr*: **to keep ~s on sb** tenir OR avoir qqn à l'œil, surveiller qqn.

Tabasco sauce® [tə'bæskəʊ-] *n* sauce *f* Tabasco.

tabby ['tæbɪ] (*pl* **-ies**) *n*: **~ (cat)** chat tigré *m*, chatte tigrée *f*.

tabernacle ['tæbənækl] *n* tabernacle *m*.

tab key *n* touche *f* de tabulation.

table ['teɪbl] ◇ *n* table *f*; **to turn the ~s on sb** *fig* renverser les rôles, retourner la situation. ◇ *vt* **-1.** *Br* [propose] présenter, proposer. **-2.** *Am* [postpone] ajourner la discussion de.

tableau ['tæbləʊ] (*pl* **-x** [-z] OR **-s**) *n* tableau *m* vivant.

tablecloth ['teɪblklɒθ] *n* nappe *f*.

table d'hôte ['tɑːbl,dəʊt] *n*: **the ~** le menu à prix fixe.

table lamp *n* lampe *f*.

table licence *n* licence *autorisant la vente de boissons alcoolisées seulement aux repas*.

table linen *n* linge *m* de table.

table manners *npl*: **to have good/bad ~** savoir/ne pas savoir se tenir à table.

tablemat ['teɪblmæt] *n* dessous-de-plat *m inv*.

table salt *n* sel *m* fin.

tablespoon ['teɪblspuːn] *n* **-1.** [spoon] cuiller *f* de service. **-2.** [spoonful] cuillerée *f* à soupe.

tablet ['tæblɪt] *n* **-1.** [pill] comprimé *m*, cachet *m*. **-2.** [of stone] plaque *f* commémorative. **-3.** [of soap] savonnette *f*, pain *m* de savon.

table tennis *n* ping-pong *m*, tennis *m* de table.

tableware ['teɪblweəʳ] *n* vaisselle *f*.

table wine *n* vin *m* de table.

tabloid ['tæblɔɪd] *n*: **~ (newspaper)** tabloïd *m*, tabloïde *m*; **the ~ press** la presse populaire.

TABLOID:
Dans les pays anglo-saxons, le format tabloïde est caractéristique des journaux populaires. Les principaux journaux populaires britanniques sont: the Daily Express, the Daily Mail, the Daily Mirror, The Star, The Sun et Today

taboo [tə'buː] (*pl* **-s**) ◇ *adj* tabou(e). ◇ *n* tabou *m*.

tabulate ['tæbjʊleɪt] *vt* présenter sous forme de tableau.

tachograph ['tækəgrɑːf] *n* tachygraphe *m*.

tachometer [tæ'kɒmɪtəʳ] *n* tachymètre *m*.

tacit ['tæsɪt] *adj* tacite.

taciturn ['tæsɪtɜːn] *adj* taciturne.

tack [tæk] ◇ *n* **-1.** [nail] clou *m*. **-2.** NAUT bord *m*, bordée *f*. **-3.** *fig* [course of action] tactique *f*, méthode *f*; **to change ~** changer de tactique. ◇ *vt* **-1.** [fasten with nail - gen] clouer; [- notice] punaiser. **-2.** SEWING faufiler. ◇ *vi* NAUT tirer une bordée.
◆ **tack on** *vt sep inf* ajouter, rajouter.

tackle ['tækl] ◇ *n* **-1.** FTBL tacle *m*; RUGBY plaquage *m*. **-2.** [equipment] équipement *m*, matériel *m*. **-3.** [for lifting] palan *m*, appareil *m* de levage. ◇ *vt* **-1.** [deal with] s'attaquer à. **-2.** FTBL tacler; RUGBY plaquer. **-3.** [attack] empoigner. **-4.** [talk to]: **to ~ sb about** OR **on sthg** parler franchement à qqn de qqch, entreprendre qqn sur qqch.

tacky ['tækɪ] (*compar* **-ier**, *superl* **-iest**) *adj* **-1.** *inf* [film, remark] d'un goût douteux; [jewellery] de pacotille. **-2.** [sticky] collant(e), pas encore sec (sèche).

taco ['tækəʊ] (*pl* **-s**) *n* galette de maïs fourrée à la viande et au fromage.

tact [tækt] *n* (*U*) tact *m*, délicatesse *f*.

tactful ['tæktfʊl] *adj* [remark] plein(e) de tact; [person] qui a du tact OR de la délicatesse.

tactfully ['tæktfʊlɪ] *adv* avec tact, avec délicatesse.

tactic ['tæktɪk] *n* tactique *f*.
◆ **tactics** *n* (*U*) MIL tactique *f*.

tactical ['tæktɪkl] *adj* tactique.

tactical voting *n Br* vote *m* tactique.

tactless ['tæktlɪs] *adj* qui manque de tact OR délicatesse.

tactlessly ['tæktlɪslɪ] *adv* sans tact, sans délicatesse.

tadpole ['tædpəʊl] *n* têtard *m*.

Tadzhikistan [tɑːˌdʒɪkɪ'stɑːn] *n* Tadjikistan *m*; **in ~** au Tadjikistan.

taffeta ['tæfɪtə] *n* (*U*) taffetas *m*.

taffy ['tæfɪ] (*pl* -ies) *n Am* caramel *m*.

tag [tæg] (*pt* & *pp* -ged, *cont* -ging) ◇ *n* -1. [of cloth] marque *f*. -2. [of paper] étiquette *f*. -3. (*U*) [game] jeu *m* du chat. -4. COMPUT balise *f*. ◇ *vt* marquer, étiqueter.
♦ **tag along** *vi inf* suivre.

Tagus ['teɪgəs] *n*: **the ~** le Tage.

Tahiti [tɑː'hiːtɪ] *n* Tahiti *m*; **in ~** à Tahiti.

Tahitian [tɑː'hiːʃn] ◇ *adj* tahitien(ienne). ◇ *n* Tahitien *m*, -ienne *f*.

tail [teɪl] ◇ *n* -1. [gen] queue *f*; **with one's ~** between one's legs *fig* la queue entre les jambes. -2. [of coat] basque *f*, pan *m*; [of shirt] pan. ◇ *comp* arrière. ◇ *vt inf* [follow] filer.
♦ **tails** ◇ *n* [side of coin] pile *f*. ◇ *npl* [formal dress] queue-de-pie *f*, habit *m*.
♦ **tail off** *vi* -1. [voice] s'affaiblir; [noise] diminuer. -2. [figures, sales] diminuer, baisser.

tailback ['teɪlbæk] *n Br* bouchon *m*.

tailcoat [ˌteɪl'kəʊt] *n* habit *m*, queue-de-pie *f*.

tail end *n* fin *f*.

tailgate ['teɪlgeɪt] *n* AUT hayon *m*.

taillight ['teɪllaɪt] *n* feu *m* arrière.

tailor ['teɪlə*] ◇ *n* tailleur *m*. ◇ *vt fig* adapter.

tailored ['teɪləd] *adj* ajusté(e), cintré(e).

tailor-made *adj fig* sur mesure.

tail pipe *n Am* tuyau *m* d'échappement.

tailplane ['teɪlpleɪn] *n* plan *m* fixe horizontal.

tailwind ['teɪlwɪnd] *n* vent *m* arrière.

taint [teɪnt] ◇ *n* souillure *f*. ◇ *vt* [reputation] souiller, entacher.

tainted ['teɪntɪd] *adj* -1. [reputation] souillé(e), entaché(e). -2. *Am* [food] avarié(e).

Taiwan [ˌtaɪ'wɑːn] *n* Taiwan; **in ~** à Taiwan.

Taiwanese [ˌtaɪwə'niːz] ◇ *adj* taiwanais(e). ◇ *n* Taiwanais *m*, -e *f*.

take [teɪk] (*pt* took, *pp* taken) ◇ *vt* -1. [gen] prendre; **to ~ a seat** prendre un siège, s'asseoir; **to ~ control/command** prendre le contrôle/le commandement; **to ~ an exam** passer un examen; **to ~ a walk** se promener, faire une promenade; **to ~ a bath/photo** prendre un bain/une photo; **to ~ a lot of criticism** être très critiqué(e); **to ~**

pity on sb prendre qqn en pitié, avoir pitié de qqn; **to ~ offence** se vexer, s'offenser; **to ~ an interest in** s'intéresser à. -2. [lead, drive] emmener. -3. [accept] accepter. -4. [contain] contenir, avoir une capacité de. -5. [tolerate] supporter. -6. [require] demander; **how long will it ~?** combien de temps cela va-t-il prendre? -7. [wear]: **what size do you ~?** [clothes] quelle taille faites-vous?; [shoes] vous chaussez du combien? -8. [assume]: **I ~ it (that)** ... je suppose que ..., je pense que .... -9. [rent] prendre, louer. ◇ *vi* [dye, vaccine, fire] prendre. ◇ *n* CINEMA prise *f* de vues.
♦ **take aback** *vt sep* surprendre, décontenancer; **to be taken aback** être décontenancé(e) OR surpris(e).
♦ **take after** *vt fus* tenir de, ressembler à.
♦ **take apart** *vt sep* [dismantle] démonter.
♦ **take away** *vt sep* -1. [remove] enlever. -2. [deduct] retrancher, soustraire.
♦ **take back** *vt sep* -1. [return] rendre, rapporter. -2. [accept] reprendre. -3. [statement, accusation] retirer.
♦ **take down** *vt sep* -1. [dismantle] démonter. -2. [write down] prendre. -3. [lower] baisser.
♦ **take in** *vt sep* -1. [deceive] rouler, tromper. -2. [understand] comprendre. -3. [include] englober, couvrir. -4. [provide accommodation for] recueillir.
♦ **take off** ◇ *vt sep* -1. [remove] enlever, ôter. -2. [have as holiday]: **to ~ a week/day off** prendre une semaine/un jour de congé; **to ~ time off** prendre un congé. -3. *Br* [imitate] imiter. -4. [go away suddenly]: **to ~ o.s. off** s'en aller, partir. ◇ *vi* -1. [plane] décoller. -2. [go away suddenly] partir. -3. [be successful] démarrer.
♦ **take on** ◇ *vt sep* -1. [accept] accepter, prendre. -2. [employ] embaucher, prendre. -3. [confront] s'attaquer à; [competitor] faire concurrence à; SPORT jouer contre. ◇ *vt fus* [assume] prendre.
♦ **take out** *vt sep* -1. [from container] sortir; [from pocket] prendre. -2. [delete] enlever, supprimer. -3. [go out with] emmener, sortir avec; **to ~ it** OR **a lot out of sb** *inf* épuiser qqn, vider qqn.
♦ **take out on** *vt sep*: **to ~ sthg out on sb** passer qqch sur qqn; **don't ~ it out on me!** ne t'en prends pas à moi!
♦ **take over** ◇ *vt sep* -1. [take control of] reprendre, prendre la direction de. -2. [job]: **to ~ over sb's job** remplacer qqn, prendre la suite de qqn. ◇ *vi* -1. [take control] prendre le pouvoir. -2. [in job] prendre la relève.
♦ **take to** *vt fus* -1. [person] éprouver de la

sympathie pour, sympathiser avec; [activity]
prendre goût à. **-2.** [begin]: **to ~ to doing
sthg** se mettre à faire qqch.

◆ **take up** *vt sep* **-1.** [begin - job] prendre;
to ~ up singing se mettre au chant. **-2.**
[continue - story] reprendre, continuer. **-3.**
[discuss]: **to ~ an issue up with sb** aborder
une question avec qqn. **-4.** [use up] prendre, occuper.

◆ **take up on** *vt sep* **-1.** [accept]: **to ~ sb
up on an offer** accepter l'offre de qqn. **-2.**
[ask to explain]: **to ~ sb up on sthg** demander à qqn d'expliquer qqch.

◆ **take upon** *vt sep*: **to ~ it upon o.s. to
do sthg** prendre sur soi de faire qqch.

takeaway *Br* ['teɪkə,weɪ], **takeout** *Am*
['teɪkaʊt] *n* **-1.** [shop] restaurant *m* qui fait
des plats à emporter. **-2.** [food] plat *m* à
emporter.

take-home pay *n* salaire *m* net (après dé-
ductions).

taken ['teɪkn] ◇ *pp* → **take.** ◇ *adj*: **she was
very ~ with him/the idea** il/l'idée lui plai-
sait beaucoup.

takeoff ['teɪkɒf] *n* [of plane] décollage *m*.

takeout *Am* = **takeaway.**

takeover ['teɪk,əʊvə*r*] *n* **-1.** [of company]
prise *f* de contrôle, rachat *m*. **-2.** [of gov-
ernment] prise *f* de pouvoir.

takeover bid *n* offre *f* publique d'achat,
OPA *f*.

taker ['teɪkə*r*] *n* preneur *m*, -euse *f*.

takeup ['teɪkʌp] *n* [of shares] souscription *f*.

taking ['teɪkɪŋ] *adj dated* charmant(e), sé-
duisant(e).

◆ **takings** *npl* recette *f*.

talc [tælk], **talcum (powder)** ['tælkəm-] *n*
talc *m*.

tale [teɪl] *n* **-1.** [fictional story] histoire *f*,
conte *m*. **-2.** [anecdote] récit *m*, histoire *f*.

talent ['tælənt] *n*: **~ (for)** talent *m* (pour).

talented ['tæləntɪd] *adj* qui a du talent, ta-
lentueux(euse).

talent scout *n* dénicheur *m*, -euse *f* de talents.

talisman ['tælɪzmən] (*pl* **-s**) *n* talisman *m*.

talk [tɔːk] ◇ *n* **-1.** [conversation] discussion
f, conversation *f*. **-2.** (*U*) [gossip] bavardages *mpl*, racontars *mpl*. **-3.** [lecture] conférence *f*, causerie *f*. ◇ *vi* **-1.** [speak]: **to ~ (to
sb)** parler (à qqn); **to ~ about** parler de;
~ing of Lucy, ... à propos de Lucy, ...; **to ~
big** se vanter. **-2.** [gossip] bavarder, jaser.
-3. [make a speech] faire un discours, parler;
to ~ on OR **about** parler de. ◇ *vt* parler.

◆ **talks** *npl* entretiens *mpl*, pourparlers
mpl.

◆ **talk down to** *vt fus* parler avec condescendance à.

◆ **talk into** *vt sep*: **to ~ sb into doing sthg**
persuader qqn de faire qqch.

◆ **talk out of** *vt sep*: **to ~ sb out of doing
sthg** dissuader qqn de faire qqch.

◆ **talk over** *vt sep* discuter de.

talkative ['tɔːkətɪv] *adj* bavard(e), loquace.

talker ['tɔːkə*r*] *n* causeur *m*, -euse *f*, bavard
m, -e *f*.

talking point ['tɔːkɪŋ-] *n* sujet *m* de
conversation OR discussion.

talking-to ['tɔːkɪŋ-] *n inf* savon *m*, réprimande *f*; **to give sb a good ~** passer un
bon savon à qqn.

talk show *Am n* talk-show *m*, causerie *f*.

tall [tɔːl] *adj* grand(e); **how ~ are you?**
combien mesurez-vous?; **she's 5 feet ~** elle
mesure 1,50 m.

tallboy ['tɔːlbɔɪ] *n* commode *f*.

tall order *n*: **that's a ~** c'est demander
beaucoup, cela va être difficile.

tall story *n* histoire *f* à dormir debout.

tally ['tælɪ] (*pl* **-ies**, *pt* & *pp* **-ied**) ◇ *n*
compte *m*. ◇ *vi* correspondre, concorder.

talon ['tælən] *n* serre *f*, griffe *f*.

tambourine [,tæmbə'riːn] *n* tambourin *m*.

tame [teɪm] ◇ *adj* **-1.** [animal, bird] appri-
voisé(e). **-2.** *pej* [person] docile; [party, story,
life] terne, morne. ◇ *vt* **-1.** [animal, bird] apprivoiser. **-2.** [people] mater, dresser.

tamely ['teɪmlɪ] *adv* [accept, agree] docilement.

tamer ['teɪmə*r*] *n* dompteur *m*, -euse *f*.

Tamil ['tæmɪl] ◇ *adj* tamoul(e), tamil(e). ◇
n **-1.** [person] Tamoul *m*, -e *f*, Tamil *m*, -e *f*.
-2. [language] tamoul *m*, tamil *m*.

tamper ['tæmpə*r*]

◆ **tamper with** *vt fus* [machine] toucher à;
[records, file] altérer, falsifier; [lock] essayer
de crocheter.

tampon ['tæmpɒn] *n* tampon *m*.

tan [tæn] (*pt* & *pp* **-ned**, *cont* **-ning**) ◇ *adj*
brun clair (*inv*). ◇ *n* bronzage *m*, hâle *m*. ◇
vi bronzer.

tandem ['tændəm] *n* [bicycle] tandem *m*; **in
~** en tandem.

tandoori [tæn'dʊərɪ] ◇ *n* tandouri *m*, tandoori *m*. ◇ *comp* tandouri, tandoori.

tang [tæŋ] *n* [taste] saveur *f* forte OR piquante; [smell] odeur *f* forte OR piquante.

tangent ['tændʒənt] *n* GEOM tangente *f*; **to
go off at a ~** *fig* changer de sujet, faire une
digression.

tangerine [ˌtænˈdʒəriːn] *n* mandarine *f*.

tangible [ˈtændʒəbl] *adj* tangible.

Tangier [tænˈdʒɪəʳ] *n* Tanger.

tangle [ˈtæŋgl] ◇ *n* **-1.** [mass] enchevêtrement *m*, emmêlement *m*. **-2.** *fig* [confusion] embrouillamini *m*; **to get into a ~** s'empêtrer, s'embrouiller. ◇ *vt*: **to get ~d (up)** s'emmêler. ◇ *vi* s'emmêler, s'enchevêtrer.
◆ **tangle with** *vt fus inf* se frotter à.

tangled [ˈtæŋgld] *adj* emmêlé(e); *fig* embrouillé(e).

tango [ˈtæŋgəʊ] (*pl* **-es**) ◇ *n* tango *m*. ◇ *vi* danser le tango.

tangy [ˈtæŋɪ] (*compar* **-ier**, *superl* **-iest**) *adj* piquant(e), fort(e).

tank [tæŋk] *n* **-1.** [container] réservoir *m*; **fish ~** aquarium *m*. **-2.** MIL tank *m*, char *m* (d'assaut).

tankard [ˈtæŋkəd] *n* chope *f*.

tanker [ˈtæŋkəʳ] *n* **-1.** [ship - for oil] pétrolier *m*. **-2.** [truck] camion-citerne *m*. **-3.** [train] wagon-citerne *m*.

tankful [ˈtæŋkful] *n* [of petrol] réservoir *m* plein d'essence.

tanned [tænd] *adj* bronzé(e), hâlé(e).

tannin [ˈtænɪn] *n* tannin *m*, tanin *m*.

Tannoy® [ˈtænɔɪ] *n* système *m* de haut-parleurs.

tantalize, -ise [ˈtæntəlaɪz] *vt* mettre au supplice.

tantalizing [ˈtæntəlaɪzɪŋ] *adj* [smell] très appétissant(e); [possibility, thought] très tentant(e).

tantamount [ˈtæntəmaʊnt] *adj*: **~ to** équivalent(e) à.

tantrum [ˈtæntrəm] (*pl* **-s**) *n* crise *f* de colère; **to have** OR **throw a ~** faire OR piquer une colère.

Tanzania [ˌtænzəˈnɪə] *n* Tanzanie *f*; **in ~** en Tanzanie.

Tanzanian [ˌtænzəˈnɪən] ◇ *adj* tanzanien(ienne). ◇ *n* Tanzanien *m*, -ienne *f*.

tap [tæp] (*pt* & *pp* **-ped**, *cont* **-ping**) ◇ *n* **-1.** [device] robinet *m*. **-2.** [light blow] petite tape *f*, petit coup *m*. ◇ *vt* **-1.** [hit] tapoter, taper. **-2.** [resources, energy] exploiter, utiliser. **-3.** [telephone, wire] mettre sur écoute. ◇ *vi* taper, frapper.

tap dance *n* claquettes *fpl*.

tap dancer *n* danseur *m*, -euse *f* de claquettes.

tape [teɪp] ◇ *n* **-1.** [magnetic tape] bande *f* magnétique; [cassette] cassette *f*. **-2.** [strip of cloth, adhesive material] ruban *m*. **-3.** SPORT bande *f* d'arrivée. ◇ *vt* **-1.** [record] enregistrer; [on video] magnétoscoper, enregistrer

au magnétoscope. **-2.** [stick] scotcher. **-3.** *Am* [bandage] bander.

tape deck *n* dérouleur *m* de bande magnétique.

tape measure *n* centimètre *m*, mètre *m*.

taper [ˈteɪpəʳ] ◇ *n* [candle] bougie *f* fine. ◇ *vi* s'effiler; [trousers] se terminer en fuseau.
◆ **taper off** *vi* diminuer.

tape-record [-rɪˌkɔːd] *vt* enregistrer (au magnétophone).

tape recorder *n* magnétophone *m*.

tape recording *n* enregistrement *m* (au magnétophone).

tapered [ˈteɪpəd] *adj* [fingers] effilé(e), fuselé(e); [trousers] en fuseau.

tapestry [ˈtæpɪstrɪ] (*pl* **-ies**) *n* tapisserie *f*.

tapeworm [ˈteɪpwɜːm] *n* ténia *m*.

tapioca [ˌtæpɪˈəʊkə] *n* tapioca *m*.

tapir [ˈteɪpəʳ] (*pl inv* OR **-s**) *n* tapir *m*.

tappet [ˈtæpɪt] *n* poussoir *m*.

tar [tɑːʳ] *n* (*U*) goudron *m*.

tarantula [təˈræntjʊlə] *n* tarentule *f*.

target [ˈtɑːgɪt] ◇ *n* **-1.** [of missile, bomb] objectif *m*; [for archery, shooting] cible *f*. **-2.** *fig* [for criticism] cible *f*. **-3.** *fig* [goal] objectif *m*; **on ~** dans les temps. ◇ *vt* **-1.** [city, building] viser. **-2.** *fig* [subj: policy] s'adresser à, viser; [subj: advertising] cibler.

tariff [ˈtærɪf] *n* **-1.** [tax] tarif *m* douanier. **-2.** [list] tableau *m* OR liste *f* des prix.

Tarmac® [ˈtɑːmæk] *n* [material] macadam *m*.
◆ **tarmac** *n* AERON: **the tarmac** la piste.

tarnish [ˈtɑːnɪʃ] ◇ *vt lit* & *fig* ternir. ◇ *vi* se ternir.

tarnished [ˈtɑːnɪʃt] *adj lit* & *fig* terni(e).

tarot [ˈtærəʊ] *n*: **the ~** le tarot, les tarots *mpl*.

tarot card *n* tarot *m*.

tarpaulin [tɑːˈpɔːlɪn] *n* [material] toile *f* goudronnée; [sheet] bâche *f*.

tarragon [ˈtærəgən] *n* estragon *m*.

tart [tɑːt] ◇ *adj* **-1.** [bitter] acide. **-2.** [sarcastic] acide, acerbe. ◇ *n* **-1.** CULIN tarte *f*. **-2.** *v inf* [prostitute] pute *f*, grue *f*.
◆ **tart up** *vt sep Br inf pej* [room] retaper, rénover; **to ~ o.s. up** se faire beau (belle).

tartan [ˈtɑːtn] ◇ *n* tartan *m*. ◇ *comp* écossais(e).

tartar(e) sauce [ˈtɑːtəʳ-] *n* sauce *f* tartare.

tartness [ˈtɑːtnɪs] *n* acidité *f*.

task [tɑːsk] *n* tâche *f*, besogne *f*.

task force *n* MIL corps *m* expéditionnaire.

taskmaster [ˈtɑːskˌmɑːstəʳ] *n*: **hard ~** tyran *m*.

Tasmania [tæzˈmeɪnjə] *n* Tasmanie *f*.

Tasmanian [tæz'meɪnjən] ◇ *adj* tasmanien(ienne). ◇ *n* Tasmanien *m*, -ienne *f*.

tassel ['tæsl] *n* pompon *m*, gland *m*.

taste [teɪst] ◇ *n* -1. [gen] goût *m*; **have a ~!** goûte!; **in good/bad ~** de bon/mauvais goût. -2. *fig* [liking]: **~ (for)** penchant *m* (pour), goût *m* (pour). -3. *fig* [experience] aperçu *m*; **to have had a ~ of sthg** avoir tâté OR goûté de qqch. ◇ *vt* -1. [sense - food] sentir. -2. [test, try] déguster, goûter. -3. *fig* [experience] tâter de, goûter de. ◇ *vi*: **to ~ of/like** avoir le goût de; **to ~ good/odd** *etc* avoir bon goût/un drôle de goût *etc*.

taste bud *n* papille *f* gustative.

tasteful ['teɪstful] *adj* de bon goût.

tastefully ['teɪstfulɪ] *adv* avec goût.

tasteless ['teɪstlɪs] *adj* -1. [object, decor, remark] de mauvais goût. -2. [food] qui n'a aucun goût, fade.

taster ['teɪstə'] *n* dégustateur *m*, -trice *f*.

tasty ['teɪstɪ] (*compar* -ier, *superl* -iest) *adj* [delicious] délicieux(ieuse), succulent(e).

tat [tæt] *n* (*U*) *Br inf pej* camelote *f*.

tattered ['tætəd] *adj* en lambeaux.

tatters ['tætəz] *npl*: **in ~** [clothes] en lambeaux; [confidence] brisé(e); [reputation] ruiné(e).

tattoo [tə'tuː] (*pl* -s) ◇ *n* -1. [design] tatouage *m*. -2. *Br* [military display] parade *f* OR défilé *m* militaire. ◇ *vt* tatouer.

tattooist [tə'tuːɪst] *n* tatoueur *m*.

tatty ['tætɪ] (*compar* -ier, *superl* -iest) *adj Br inf pej* [clothes] défraîchi(e), usé(e); [flat, area] miteux(euse), minable.

taught [tɔːt] *pt & pp* → **teach**.

taunt [tɔːnt] ◇ *vt* railler, se moquer de. ◇ *n* raillerie *f*, moquerie *f*.

Taurus ['tɔːrəs] *n* Taureau *m*; **to be (a) ~** être Taureau.

taut [tɔːt] *adj* tendu(e).

tauten ['tɔːtn] ◇ *vt* tendre. ◇ *vi* se tendre.

tautology [tɔː'tɒlədʒɪ] *n* tautologie *f*.

tavern ['tævn] *n* taverne *f*.

tawdry ['tɔːdrɪ] (*compar* -ier, *superl* -iest) *adj pej* [jewellery] clinquant(e); [clothes] voyant(e), criard(e).

tawny ['tɔːnɪ] *adj* fauve.

tax [tæks] ◇ *n* taxe *f*, impôt *m*. ◇ *vt* -1. [goods] taxer. -2. [profits, business, person] imposer. -3. [strain] mettre à l'épreuve.

taxable ['tæksəbl] *adj* imposable.

tax allowance *n* abattement *m* fiscal.

taxation [tæk'seɪʃn] *n* (*U*) -1. [system] imposition *f*. -2. [amount] impôts *mpl*.

tax avoidance [-ə'vɔɪdəns] *n* évasion *f* fiscale.

tax collector *n* percepteur *m*.

tax cut *n* baisse *f* de l'impôt.

tax-deductible [-dɪ'dʌktəbl] *adj* déductible des impôts.

tax disc *n Br* vignette *f*.

tax evasion *n* fraude *f* fiscale.

tax-exempt *Am* = tax-free.

tax exemption *n* exonération *f* d'impôt.

tax exile *n Br* personne qui vit à l'étranger pour échapper au fisc.

tax-free *Br*, **tax-exempt** *Am adj* exoné-ré(e) (d'impôt).

tax haven *n* paradis *m* fiscal.

taxi ['tæksɪ] ◇ *n* taxi *m*. ◇ *vi* [plane] rouler au sol.

taxicab ['tæksɪkæb] *n* taxi *m*.

taxidermist ['tæksɪdɜːmɪst] *n* taxidermiste *mf*.

taxi driver *n* chauffeur *m* de taxi.

taximeter ['tæksɪˌmiːtə'] *n* taximètre *m*.

taxing ['tæksɪŋ] *adj* éprouvant(e).

tax inspector *n* inspecteur *m* des impôts.

taxi rank *Br*, **taxi stand** *n* station *f* de taxis.

taxman ['tæksmæn] (*pl* -men [-men]) *n* percepteur *m*.

taxpayer ['tæksˌpeɪə'] *n* contribuable *mf*.

tax relief *n* allègement *m* OR dégrèvement *m* fiscal.

tax return *n* déclaration *f* d'impôts.

tax year *n* année *f* fiscale.

TB *n abbr of* **tuberculosis**.

T-bone steak *n* steak *m* dans l'aloyau.

tbs., **tbsp.** (*abbr of* **tablespoon(ful)**) cs.

TD *n* -1. (*abbr of* **Treasury Department**) ministère américain de l'économie et des finances. -2. *abbr of* **touchdown**.

tea [tiː] *n* -1. [drink, leaves] thé *m*. -2. *Br* [afternoon meal] goûter *m*; [evening meal] dîner *m*.

teabag ['tiːbæg] *n* sachet *m* de thé.

tea ball *n Am* boule *f* à thé.

tea break *n Br* pause-café *f*.

tea caddy [-ˌkædɪ] *n* boîte *f* à thé.

teacake ['tiːkeɪk] *n Br* petit pain rond avec des raisins secs.

teach [tiːtʃ] (*pt & pp* **taught**) ◇ *vt* -1. [instruct] apprendre; **to ~ sb sthg, to ~ sthg to sb** apprendre qqch à qqn; **to ~ sb to do sthg** apprendre à qqn à faire qqch; **to ~ (sb) that ...** apprendre (à qqn) que .... -2. [subj: teacher] enseigner; **to ~ sb sthg, to ~**

sthg to sb enseigner qqch à qqn. ◇ *vi* enseigner.

teacher ['tiːtʃər] *n* [in primary school] instituteur *m*, -trice *f*, maître *m*, maîtresse *f*; [in secondary school] professeur *m*.

teachers college *Am* = **teacher training college**.

teacher's pet *n pej* chouchou *m*, chouchoute *f*.

teacher training college *Br*, **teachers college** *Am n* ≃ institut *m* universitaire de formation de maîtres, ≃ IUFM *m*.

teaching ['tiːtʃɪŋ] *n* enseignement *m*.

teaching aids *npl* outils *mpl* pédagogiques.

teaching hospital *n Br* centre *m* hospitalo-universitaire, C.H.U. *m*.

teaching practice *n* (*U*) stage *m* de formation.

teaching staff *npl* enseignants *mpl*.

tea cloth *n Br* **-1.** [tablecloth] nappe *f*. **-2.** [tea towel] torchon *m*.

tea cosy *Br*, **tea cozy** *Am n* couvre-théière *m inv*, cosy *m*.

teacup ['tiːkʌp] *n* tasse *f* à thé.

teak [tiːk] ◇ *n* teck *m*. ◇ *comp* en teck.

tea leaves *npl* feuilles *fpl* de thé.

team [tiːm] *n* équipe *f*.
◆ **team up** *vi*: **to ~ up (with sb)** faire équipe (avec qqn).

teammate ['tiːmmeɪt] *n* co-équipier *m*, -ière *f*.

team spirit *n* esprit *m* d'équipe.

teamster ['tiːmstər] *n Am* routier *m*, camionneur *m*.

teamwork ['tiːmwɜːk] *n* (*U*) travail *m* d'équipe, collaboration *f*.

tea party *n* thé *m*.

teapot ['tiːpɒt] *n* théière *f*.

tear¹ [tɪər] *n* larme *f*; **in ~s** en larmes.

tear² [teər] (*pt* tore, *pp* torn) ◇ *vt* **-1.** [rip] déchirer; **to ~ sthg open** ouvrir qqch (en le déchirant); **to ~ sb/sthg to pieces** *fig* éreinter qqn/qqch. **-2.** [remove roughly] arracher. **-3.** *phr*: **to be torn between** être tiraillé(e) entre. ◇ *vi* **-1.** [rip] se déchirer. **-2.** [move quickly] foncer, aller à toute allure. **-3.** *phr*: **to ~ loose** s'échapper. ◇ *n* déchirure *f*, accroc *m*.
◆ **tear apart** *vt sep* **-1.** [rip up] déchirer, mettre en morceaux. **-2.** *fig* [country, company] diviser; [person] déchirer.
◆ **tear at** *vt fus* déchirer.
◆ **tear away** *vt sep*: **to ~ o.s. away (from)** s'arracher (de OR à).
◆ **tear down** *vt sep* [building] démolir; [poster] arracher.
◆ **tear off** *vt sep* [clothes] enlever à la hâte.

◆ **tear up** *vt sep* déchirer.

tearaway ['teərə,weɪ] *n Br inf* casse-cou *mf inv*.

teardrop ['tɪədrɒp] *n* larme *f*.

tearful ['tɪəful] *adj* **-1.** [person] en larmes. **-2.** [event] larmoyant(e).

tear gas [tɪər-] *n* (*U*) gaz *m* lacrymogène.

tearing ['teərɪŋ] *adj inf* terrible, fou (folle).

tearjerker ['tɪə,dʒɜːkər] *n hum* roman *m*/ film *m* qui fait pleurer dans les chaumières.

tearoom ['tiːrum] *n* salon *m* de thé.

tease [tiːz] ◇ *n* taquin *m*, -e *f*. ◇ *vt* [mock]: **to ~ sb (about sthg)** taquiner qqn (à propos de qqch).

tea service, tea set *n* service *m* à thé.

tea shop *n* salon *m* de thé.

teasing ['tiːzɪŋ] *adj* taquin(e).

Teasmaid® ['tiːzmeɪd] *n Br* théière *f* automatique avec horloge incorporée.

teaspoon ['tiːspuːn] *n* **-1.** [utensil] petite cuillère *f*, cuillère à café. **-2.** [amount] cuillerée *f* à café.

tea strainer *n* passoire *f*.

teat [tiːt] *n* tétine *f*.

teatime ['tiːtaɪm] *n Br* l'heure *f* du thé.

tea towel *n* torchon *m*.

tea urn *n* fontaine *f* à thé.

technical ['teknɪkl] *adj* technique.

technical college *n Br* collège *m* technique.

technical drawing *n* (*U*) dessin *m* industriel.

technicality [,teknɪ'kælətɪ] (*pl* -ies) *n* **-1.** [intricacy] technicité *f*. **-2.** [detail] détail *m* technique.

technically ['teknɪklɪ] *adv* **-1.** [gen] techniquement. **-2.** [theoretically] en théorie.

technician [tek'nɪʃn] *n* technicien *m*, -ienne *f*.

Technicolor® ['teknɪ,kʌlər] *n* (*U*) Technicolor® *m*.

technique [tek'niːk] *n* technique *f*.

technocrat ['teknəkræt] *n* technocrate *mf*.

technological [,teknə'lɒdʒɪkl] *adj* technologique.

technologist [tek'nɒlədʒɪst] *n* technologue *mf*.

technology [tek'nɒlədʒɪ] (*pl* -ies) *n* technologie *f*.

teddy ['tedɪ] (*pl* -ies) *n*: **~ (bear)** ours *m* en peluche, nounours *m*.

tedious ['tiːdjəs] *adj* ennuyeux(euse).

tedium ['tiːdjəm] *n fml* ennui *m*.

tee [tiː] *n* GOLF tee *m*.

◆ **tee off** *vi* GOLF partir du tee.

teem [tiːm] *vi* **-1.** [rain] pleuvoir à verse. **-2.** [place]: **to be ~ing with** grouiller de.

teen [tiːn] *adj inf* [fashion] pour ados; [music, problems] d'ados.

teenage ['tiːneɪdʒ] *adj* adolescent(e).

teenager ['tiːn,eɪdʒə^r] *n* adolescent *m*, -e *f*.

teens [tiːnz] *npl* adolescence *f*.

teeny (weeny) [,tiːnɪ('wiːnɪ)], **teensy (weensy)** [,tiːnzɪ('wiːnzɪ)] *adj inf* minuscule, tout petit (toute petite).

tee shirt *n* tee-shirt *m*.

teeter ['tiːtə^r] *vi* vaciller; **to ~ on the brink of** *fig* être au bord de.

teeter-totter *n Am* bascule *f*.

teeth [tiːθ] *pl* → tooth.

teethe [tiːð] *vi* [baby] percer ses dents.

teething ring ['tiːðɪŋ-] *n* anneau *m* de dentition.

teething troubles ['tiːðɪŋ-] *npl fig* difficultés *fpl* initiales.

teetotal [tiː'təʊtl] *adj* qui ne boit jamais d'alcool.

teetotaller *Br*, **teetotaler** *Am* [tiː'təʊtlə^r] *n* personne *f* qui ne boit jamais d'alcool.

TEFL ['tefl] (*abbr of* **teaching of English as a foreign language**) *n* enseignement de l'anglais langue étrangère.

Teflon® ['teflɒn] ◇ *n* Téflon® *m*. ◇ *comp* en Téflon®.

Tehran, Teheran [,teə'rɑːn] *n* Téhéran.

tel. (*abbr of* **telephone**) tél.

Tel-Aviv [,telə'viːv] *n*: ~**(-Jaffa)** Tel-Aviv (-Jaffa).

tele- ['telɪ] *prefix* télé-.

telecast ['telɪkɑːst] *n* émission *f* de télévision.

telecom ['telɪkɒm] *n*, **telecoms** ['telɪkɒmz] *npl Br inf* télécommunications *fpl*.

telecommunications ['telɪkə,mjuːnɪ'keɪʃnz] *npl* télécommunications *fpl*.

telegram ['telɪgræm] *n* télégramme *m*.

telegraph ['telɪgrɑːf] ◇ *n* télégraphe *m*. ◇ *vt* télégraphier.

telegraph pole, telegraph post *Br n* poteau *m* télégraphique.

telepathic [,telɪ'pæθɪk] *adj* télépathique.

telepathy [tɪ'lepəθɪ] *n* télépathie *f*.

telephone ['telɪfəʊn] ◇ *n* téléphone *m*; **to be on the ~** *Br* [connected] avoir le téléphone; [speaking] être au téléphone. ◇ *vt* téléphoner à. ◇ *vi* téléphoner.

telephone book *n* annuaire *m*.

telephone booth *n* cabine *f* téléphonique.

telephone box *n Br* cabine *f* téléphonique.

telephone call *n* appel *m* téléphonique, coup *m* de téléphone.

telephone directory *n* annuaire *m*.

telephone exchange *n* central *m* téléphonique.

telephone kiosk *n Br* cabine *f* téléphonique.

telephone number *n* numéro *m* de téléphone.

telephone operator *n* standardiste *mf*.

telephone tapping [-'tæpɪŋ] *n* mise *f* sur écoute.

telephonist [tɪ'lefənɪst] *n Br* téléphoniste *mf*.

telephoto lens [,telɪ'fəʊtəʊ-] *n* téléobjectif *m*.

teleprinter ['telɪ,prɪntə^r], **teletypewriter** *Am* [,telɪ'taɪp,raɪtə^r] *n* téléscripteur *m*.

Teleprompter® [,telɪ'prɒmptə^r] *n* téléprompteur *m*.

telesales ['telɪseɪlz] *npl* vente *f* par téléphone.

telescope ['telɪskəʊp] *n* télescope *m*.

telescopic [,telɪ'skɒpɪk] *adj* télescopique.

teletext ['telɪtekst] *n* télétexte *m*.

telethon ['telɪθɒn] *n* téléthon *m*.

teletypewriter *Am* = teleprinter.

televise ['telɪvaɪz] *vt* téléviser.

television ['telɪ,vɪʒn] *n* **-1.** (U) [medium, industry] télévision *f*; **on ~** à la télévision. **-2.** [apparatus] (poste *m* de) télévision *f*, téléviseur *m*.

television licence *n Br* redevance *f*.

television programme *n* émission *f* de télévision.

television set *n* poste *m* de télévision, téléviseur *m*.

telex ['teleks] ◇ *n* télex *m*. ◇ *vt* [message] envoyer par télex, télexer; [person] envoyer un télex à.

tell [tel] (*pt & pp* **told**) ◇ *vt* **-1.** [gen] dire; [story] raconter; **to ~ sb (that)** ... dire à qqn que ...; **to ~ sb sthg, to ~ sthg to sb** dire qqch à qqn; **to ~ sb to do sthg** dire OR ordonner à qqn de faire qqch; **I told you so!** je te l'avais bien dit! **-2.** [judge, recognize] savoir, voir; **he can't ~ the time** il ne sait pas lire l'heure; **could you ~ me the time?** tu peux me dire l'heure (qu'il est)?; **there's no ~ing** ... on ne peut pas savoir .... ◇ *vi* **-1.** [speak] parler. **-2.** [judge] savoir. **-3.** [have effect] se faire sentir.

◆ **tell apart** *vt sep* distinguer.

◆ **tell off** *vt sep* gronder.

teller ['telə'] *n* **-1.** [of votes] scrutateur *m*, -trice *f*. **-2.** [in bank] caissier *m*, -ière *f*.

telling ['telɪŋ] *adj* [remark] révélateur(trice).

telling-off (*pl* tellings-off) *n* réprimande *f*.

telltale ['telteɪl] ◇ *adj* révélateur(trice). ◇ *n* rapporteur *m*, -euse *f*, mouchard *m*, -e *f*.

telly ['telɪ] (*pl* -ies) (*abbr of* television) *n Br inf* télé *f*; **on** ~ à la télé.

temerity [tɪ'merətɪ] *n* témérité *f*.

temp [temp] *inf* ◇ *n* (*abbr of* temporary (employee)) intérimaire *mf*. ◇ *vi* travailler comme intérimaire.

temp. (*abbr of* temperature) temp.

temper ['tempə'] ◇ *n* **-1.** [angry state]: **to be in a** ~ être en colère; **to lose one's** ~ se mettre en colère; **to have a short** ~ être emporté. **-2.** [mood] humeur *f*. **-3.** [temperament] tempérament *m*. ◇ *vt* [moderate] tempérer.

temperament ['tempramant] *n* tempérament *m*.

temperamental [,temprə'mentl] *adj* [volatile, unreliable] capricieux(ieuse).

temperance ['temprəns] *n* (*U*) [moderation] modération *f*; [from alcohol] tempérance *f*.

temperate ['temprət] *adj* tempéré(e).

temperature ['temprətʃə'] *n* température *f*; **to take sb's** ~ prendre la température de qqn; **to have a** ~ avoir de la température OR de la fièvre.

tempered ['tempəd] *adj* **-1.** [steel] trempé(e). **-2.** [moderated] tempéré(e), modéré(e).

tempest ['tempɪst] *n literary* tempête *f*.

tempestuous [tem'pestjʊəs] *adj lit* & *fig* orageux(euse).

tempi ['tempiː] *pl* → **tempo**.

template ['templɪt] *n* gabarit *m*.

temple ['templ] *n* **-1.** RELIG temple *m*. **-2.** ANAT tempe *f*.

templet ['templɪt] = **template**.

tempo ['tempəʊ] (*pl* -pos OR -pi) *n* tempo *m*.

temporarily [,tempə'rerəlɪ] *adv* temporairement, provisoirement.

temporary ['tempərərɪ] *adj* temporaire, provisoire.

tempt [tempt] *vt* tenter; **to** ~ **sb to do sthg** donner à qqn l'envie de faire qqch; **to be** OR **feel** ~**ed to do sthg** être tenté OR avoir envie de faire qqch.

temptation [temp'teɪʃn] *n* tentation *f*.

tempting ['temptɪŋ] *adj* tentant(e).

ten [ten] *num* dix; *see also* **six**.

tenable ['tenəbl] *adj* **-1.** [argument, position] défendable. **-2.** [job, post]: ~ **for** auquel on est nommé(e) pour.

tenacious [tɪ'neɪʃəs] *adj* tenace.

tenacity [tɪ'næsətɪ] *n* (*U*) ténacité *f*.

tenancy ['tenənsɪ] (*pl* -ies) *n* location *f*.

tenant ['tenənt] *n* locataire *mf*.

Ten Commandments *npl*: **the** ~ les dix commandements *mpl*.

tend [tend] *vt* **-1.** [have tendency]: **to** ~ **to do sthg** avoir tendance à faire qqch; **I** ~ **to think (that)** ... j'ai tendance à penser que .... **-2.** [look after] s'occuper de, garder.

tendency ['tendənsɪ] (*pl* -ies) *n*: ~ **(to do sthg)** tendance *f* (à faire qqch); **a** ~ **towards fascism** une tendance fasciste.

tender ['tendə'] ◇ *adj* tendre; [bruise, part of body] sensible, douloureux(euse). ◇ *n* COMM soumission *f*. ◇ *vt fml* [apology, money] offrir; [resignation] donner.

tenderize, -ise ['tendəraɪz] *vt* attendrir.

tenderly ['tendəlɪ] *adv* [caringly] tendrement.

tenderness ['tendənɪs] *n* (*U*) **-1.** [compassion] tendresse *f*. **-2.** [soreness] sensibilité *f*.

tendon ['tendən] *n* tendon *m*.

tendril ['tendrəl] *n* vrille *f*.

tenement ['tenəmənt] *n* immeuble *m*.

Tenerife [,tenə'riːf] *n* Tenerife; **in** ~ à Tenerife.

tenet ['tenɪt] *n fml* principe *m*.

tenner ['tenə'] *n Br inf* [amount] dix livres; [note] billet *m* de dix livres.

Tennessee [,tenə'siː] *n* Tennessee *m*; **in** ~ dans le Tennessee.

tennis ['tenɪs] ◇ *n* (*U*) tennis *m*. ◇ *comp* de tennis.

tennis ball *n* balle *f* de tennis.

tennis court *n* court *m* de tennis.

tennis racket *n* raquette *f* de tennis.

tenor ['tenə'] ◇ *adj* [saxophone, recorder] ténor (*inv*); [voice] de ténor. ◇ *n* **-1.** [singer] ténor *m*. **-2.** *fml* [meaning] sens *m*, substance *f*.

tenpin bowling *Br* ['tenpɪn-], **tenpins** *Am* ['tenpɪnz] *n* (*U*) bowling *m* (à dix quilles).

tense [tens] ◇ *adj* tendu(e). ◇ *n* temps *m*. ◇ *vt* tendre. ◇ *vi* se contracter.

tensed up [tenst-] *adj* contracté(e), tendu(e).

tension ['tenʃn] *n* tension *f*.

ten-spot *n Am* billet *m* de dix dollars.

tent [tent] *n* tente *f*.

tentacle ['tentəkl] *n* tentacule *m*.

tentative ['tentətiv] adj **-1.** [hesitant] hésitant(e). **-2.** [not final] provisoire.

tentatively ['tentətivlı] adv **-1.** [hesitantly] de façon hésitante. **-2.** [not finally] provisoirement.

tenterhooks ['tentəhuks] npl: **to be on ~** être sur des charbons ardents.

tenth [tenθ] num dixième; see also **sixth**.

tent peg n piquet m de tente.

tent pole n montant m OR mât m de tente.

tenuous ['tenjuəs] adj ténu(e).

tenuously ['tenjuəslı] adv de façon ténue.

tenure ['tenjər] n (U) fml **-1.** [of property] bail m. **-2.** [of job]: **to have ~** être titulaire.

tepee ['ti:pi:] n tipi m.

tepid ['tepid] adj tiède.

tequila [tı'ki:lə] n tequila f.

Ter., Terr. abbr of **Terrace.**

term [tɜ:m] ◇ n **-1.** [word, expression] terme m. **-2.** SCH & UNIV trimestre m. **-3.** [period of time] durée f, période f; **a prison ~** une peine de prison; **in the long/short ~** à long/court terme. ◇ vt appeler.

◆ **terms** npl **-1.** [of contract, agreement] conditions fpl. **-2.** [basis]: **in international/ real ~s** en termes internationaux/réels; **on equal** OR **the same ~s** d'égal à égal; **to be on good ~s (with sb)** être en bons termes (avec qqn); **to be on speaking ~s s'adresser** la parole, se parler; **to be on speaking ~s with sb** adresser la parole à qqn, parler à qqn; **to come to ~s with sthg** accepter qqch. **-3.** phr: **to think in ~s of doing sthg** envisager de OR penser faire qqch.

◆ **in terms of** prep sur le plan de, en termes de.

terminal ['tɜ:mɪnl] ◇ adj MED en phase terminale. ◇ n **-1.** AERON, COMPUT & RAIL terminal m. **-2.** ELEC borne f.

terminally ['tɜ:mɪnəlɪ] adv: **to be ~ ill** être en phase terminale.

terminate ['tɜ:mɪneɪt] ◇ vt **-1.** fml [end - gen] terminer, mettre fin à; [- contract] résilier. **-2.** [pregnancy] interrompre. ◇ vi **-1.** [bus, train] s'arrêter. **-2.** [contract] se terminer.

termination [,tɜ:mɪ'neɪʃn] n **-1.** (U) fml [ending - gen] conclusion f; [- of contract] résiliation f. **-2.** [of pregnancy] interruption f (volontaire) de grossesse.

termini ['tɜ:mɪnaɪ] pl → **terminus**.

terminology [,tɜ:mɪ'nɒlədʒɪ] n terminologie f.

terminus ['tɜ:mɪnəs] n (pl **-ni** OR **-nuses**) n terminus m.

termite ['tɜ:maɪt] n termite m.

Terr. = **Ter.**

terrace ['terəs] n **-1.** [patio, on hillside] terrasse f. **-2.** Br [of houses] rangée f de maisons.

◆ **terraces** npl FTBL: **the ~s** les gradins mpl.

terraced ['terəst] adj [hillside] en terrasses.

terraced house n Br maison attenante aux maisons voisines.

terracotta [,terə'kɒtə] n terre f cuite.

terrain [te'reɪn] n terrain m.

terrapin ['terəpɪn] n (pl inv OR **-s**) n tortue f d'eau douce.

terrestrial [tə'restrɪəl] adj fml terrestre.

terrible ['terəbl] adj terrible; [holiday, headache, weather] affreux(euse), épouvantable.

terribly ['terəblɪ] adv terriblement; [sing, write, organized] affreusement mal; [injured] affreusement.

terrier ['terɪər] n terrier m.

terrific [tə'rɪfɪk] adj **-1.** [wonderful] fantastique, formidable. **-2.** [enormous] énorme, fantastique.

terrified ['terɪfaɪd] adj terrifié(e); **to be ~ of** avoir une terreur folle OR peur folle de.

terrify ['terɪfaɪ] (pt & pp **-ied**) vt terrifier.

terrifying ['terɪfaɪɪŋ] adj terrifiant(e).

terrine [te'ri:n] n terrine f.

territorial [,terɪ'tɔ:rɪəl] adj territorial(e).

Territorial Army n Br: **the ~** l'armée territoriale.

territorial waters npl eaux fpl territoriales.

territory ['terɪtrɪ] (pl **-ies**) n territoire m.

terror ['terər] n terreur f.

terrorism ['terərɪzm] n terrorisme m.

terrorist ['terərɪst] n terroriste mf.

terrorize, -ise ['terəraɪz] vt terroriser.

terror-stricken adj épouvanté(e).

terry(cloth) ['terɪ(klɒθ)] n tissu m éponge.

terse [tɜ:s] adj brusque.

tersely ['tɜ:slɪ] adv avec brusquerie.

tertiary ['tɜ:ʃərɪ] adj tertiaire.

tertiary education n enseignement m supérieur.

Terylene® ['terəli:n] n Térylène® m.

TESL ['tesl] (abbr of **teaching of English as a second language**) n enseignement de l'anglais seconde langue.

TESSA ['tesə] (abbr of **tax-exempt special savings account**) n en Grande-Bretagne, plan d'épargne exonéré d'impôt.

test [test] ◇ n **-1.** [trial] essai m; [of friendship, courage] épreuve f; **to put sb/sthg to the ~** mettre qqn/qqch à l'épreuve. **-2.** [examination - of aptitude, psychological] test *m*; [- SCH & UNIV] interrogation *f* écrite/orale; [- of driving] (**examen** *m* **du**) permis *m* de conduire. **-3.** [MED - of blood, urine] analyse *f*; [- of eyes] **examen** *m*. ◇ *vt* **-1.** [try] essayer; [determination, friendship] mettre à l'épreuve. **-2.** SCH & UNIV faire faire une interrogation écrite/orale à; **to ~ sb on sthg** interroger qqn sur qqch. **-3.** [MED - blood, urine] **analyser**; [- eyes, reflexes] faire un examen de.

testament ['testəmənt] *n* **-1.** [will] testament *m*. **-2.** [proof]: **~ to** témoignage *m* de.

test ban *n* interdiction *f* d'essais nucléaires.

test card *n Br* mire *f*.

test case *n* JUR affaire-test *f*.

test-drive *vt* essayer.

tester ['testər] *n* **-1.** [person] contrôleur *m*, -euse *f*. **-2.** [sample] échantillon *m*.

test flight *n* vol *m* d'essai.

testicles ['testɪklz] *npl* testicules *mpl*.

testify ['testɪfaɪ] (*pt* & *pp* **-ied**) ◇ *vt*: **to ~ that** .... témoigner que .... ◇ *vi* **-1.** JUR témoigner. **-2.** [be proof]: **to ~ to sthg** témoigner de qqch.

testimonial [,testɪ'məʊnjəl] *n* **-1.** [character reference] recommandation *f*. **-2.** [tribute] témoignage *m* d'estime.

testimony ['testəməʊnɪ] *n* témoignage *m*.

testing ['testɪŋ] *adj* éprouvant(e).

testing ground *n* banc *m* d'essai.

test match *n Br* match *m* international.

test paper *n* **-1.** SCH interrogation *f* écrite. **-2.** CHEM papier *m* réactif.

test pattern *n Am* mire *f*.

test pilot *n* pilote *m* d'essai.

test tube *n* éprouvette *f*.

test-tube baby *n* bébé-éprouvette *m*.

testy ['testɪ] (*compar* **-ier**, *superl* **-iest**) *adj* [person] irritable; [remark] désobligeant(e).

tetanus ['tetənəs] *n* tétanos *m*.

tetchy ['tetʃɪ] (*compar* **-ier**, *superl* **-iest**) *adj* ombrageux(euse), qui prend ombrage facilement.

tête-à-tête [,teɪtɑː'teɪt] *n* tête-à-tête *m inv*.

tether ['teðər] ◇ *vt* attacher. ◇ *n*: **to be at the end of one's ~** être au bout du rouleau.

Texan ['teksn] *n* Texan *m*, -e *f*.

Texas ['teksəs] *n* Texas *m*; **in ~** au Texas.

Tex-Mex [,teks'meks] *adj* Tex-Mex (*inv*).

text [tekst] *n* texte *m*.

textbook ['tekstbʊk] *n* livre *m* OR manuel *m* scolaire.

textile ['tekstaɪl] ◇ *n* textile *m*. ◇ *comp* textile.

◆ **textiles** *npl* [industry] textile *m*.

texture ['tekstʃər] *n* texture *f*; [of paper, wood] grain *m*.

TGIF *inf* (*abbr of* **thank God it's Friday!**) encore une semaine de tirée!

TGWU (*abbr of* **Transport and General Workers' Union**) *n* le plus grand syndicat interprofessionnel britannique.

Thai [taɪ] ◇ *adj* thaïlandais(e). ◇ *n* **-1.** [person] Thaïlandais *m*, -e *f*. **-2.** [language] thaï *m*.

Thailand ['taɪlænd] *n* Thaïlande *f*; **in ~** en Thaïlande.

thalidomide [θə'lɪdəmaɪd] *n* thalidomide *f*.

Thames [temz] *n*: **the ~** la Tamise.

than [weak form ðən, strong form ðæn] *conj* que; **Sarah is younger ~ her sister** Sarah est plus jeune que sa sœur; **more ~ three days/50 people** plus de trois jours/50 personnes.

thank [θæŋk] ◇ *vt*: **to ~ sb (for)** remercier qqn (pour OR de); **~ God** OR **goodness** OR **heavens!** Dieu merci!

◆ **thanks** *npl* remerciements *mpl*. ◇ *excl* merci!

◆ **thanks to** *prep* grâce à.

thankful ['θæŋkfʊl] *adj* **-1.** [grateful]: **~ (for)** reconnaissant(e) (de). **-2.** [relieved] soulagé(e).

thankfully ['θæŋkfʊlɪ] *adv* **-1.** [with relief] avec soulagement. **-2.** [with gratitude] avec reconnaissance.

thankless ['θæŋklɪs] *adj* ingrat(e).

thanksgiving ['θæŋks,gɪvɪŋ] *n* action *f* de grâce.

◆ **Thanksgiving (Day)** *n* fête nationale américaine.

THANKSGIVING:

Thanksgiving commémore, le 4ème jeudi de novembre, l'installation des premiers colons en Amérique; le dîner en famille qui a généralement lieu à cette occasion est traditionnellement composé d'une dinde aux airelles accompagnée de patates douces, et se termine par une tarte au potiron

---

thank you *excl*: **~ (for)** merci (pour OR de).

◆ **thankyou** *n* merci *m*.

that [ðæt, weak form of pron sense 2 & conj ðət] (*pl* **those**) ◇ *pron* **-1.** (*demonstrative use*: *pl* 'those') ce, cela, ça; (*as opposed to* 'this') celui-là (celle-là); **who's ~?** qui est-ce?; **is ~ Maureen?** c'est Maureen?; **what's ~?** qu'est-ce que c'est que ça?; **~'s a shame**

c'est dommage; **I had never seen ~ before** je n'avais jamais vu cela OR ça auparavant; **which shoes are you going to wear, these or those?** quelles chaussures vas-tu mettre, celles-ci ou celles-là?; **those who ceux** (celles) qui. **-2.** (*to introduce relative clauses - subject*) qui; (*- object*) que; (*- with prep*) lequel (laquelle), lesquels (lesquelles) (*pl*); **we came to a path ~ led into the woods** nous arrivâmes à un sentier qui menait dans les bois; **show me the book ~ you bought** montre-moi le livre que tu as acheté; **on the day ~ we left** le jour où nous sommes partis.

◇ *adj* (*demonstrative: pl 'those'*) ce (cette), cet (*before vowel or silent "h"*), ces (*pl*); (*as opposed to 'this'*) ce (cette) ... -là, ces ... -là (*pl*); **those chocolates are delicious** ces chocolats sont délicieux; **later ~ day** plus tard ce jour-là; **I prefer ~ book** je préfère ce livre-là; **I'll have ~ one** je prendrai celui-là.

◇ *adv* aussi, si; **it wasn't ~ bad/good** ce n'était pas si mal/bien que ça.

◇ *conj* que; **tell him ~ the children aren't coming** dites-lui que les enfants ne viennent pas; **he recommended ~ I phone you** il m'a conseillé de vous appeler.

◆ **at that** *adv* en plus, par surcroît.

◆ **that is (to say)** *adv* c'est-à-dire.

◆ **that's it** *adv* [that's all] c'est tout; **~'s it,** I'm leaving ça y est, je m'en vais.

◆ **that's that** *adv*: **and ~'s ~** un point c'est tout.

thatched [θætʃt] *adj* de chaume.

Thatcherism ['θætʃərɪzm] *n* thatcherisme *m*.

that's [ðæts] = that is.

thaw [θɔː] ◇ *vt* [ice] faire fondre OR dégeler; [frozen food] décongeler. ◇ *vi* **-1.** [ice] dégeler, fondre; [frozen food] décongeler. **-2.** *fig* [people, relations] se dégeler. ◇ *n* dégel *m*.

the [weak form ðə, before vowel ði, strong form ðiː] *def art* **-1.** [gen] le (la), l' (+ vowel or silent "h"), les (*pl*); **~ book** le livre; **~ sea** la mer; **~ man** l'homme; **~ boys/girls** les garçons/filles; **~ highest mountain in ~ world** la montagne la plus haute du monde; **has ~ postman been?** est-ce que le facteur est passé?; **~ monkey is a primate** le singe est un primate; **~ Joneses are coming to supper** les Jones viennent dîner; **you're not** THE **John Smith, are you?** vous n'êtes pas le célèbre John Smith, si?; **it's** THE **place to go to in Paris** c'est l'endroit à la mode OR l'endroit chic de Paris (où il faut aller); **to play ~ piano** jouer du piano. **-2.** (*with an adjective to form a noun*): **~ Brit-**

ish les Britanniques; **~ old/young** les vieux/jeunes; **~ impossible** l'impossible. **-3.** [in dates]: **~ twelfth of May** le douze mai; **~ forties** les années quarante. **-4.** [in comparisons]: **~ more ... ~ less plus ...** moins; **~ sooner ~ better** le plus tôt sera le mieux. **-5.** [in titles]: **Alexander ~ Great** Alexandre le Grand; **George ~ First** Georges Premier.

theatre, theater *Am* ['θɪətəʳ] *n* **-1.** THEATRE théâtre *m*. **-2.** *Br* MED salle *f* d'opération. **-3.** *Am* [cinema] cinéma *m*.

theatregoer, theatergoer *Am* ['θɪətə,gəʊəʳ] *n* habitué *m*, -e *f* du théâtre.

theatrical [θɪ'ætrɪkl] *adj* théâtral(e); [company] de théâtre.

theft [θeft] *n* vol *m*.

their [ðeəʳ] *poss adj* leur, leurs (*pl*); **~ house** leur maison; **~ children** leurs enfants; **it wasn't** THEIR **fault** ce n'était pas de leur faute à eux.

theirs [ðeəz] *poss pron* le leur (la leur), les leurs (*pl*); **that house is ~** cette maison est la leur, cette maison est à eux/elles; **it wasn't our fault, it was** THEIRS ce n'était pas de notre faute, c'était de la leur; **a friend of ~** un de leurs amis, un ami à eux/elles.

them [weak form ðəm, strong form ðem] *pers pron pl* **-1.** (*direct*) les; **I know ~** je les connais; **if I were** OR **was ~** si j'étais eux/elles, à leur place. **-2.** (*indirect*) leur; **we spoke to ~** nous leur avons parlé; **she sent ~ a letter** elle leur a envoyé une lettre; **I gave it to ~** je le leur ai donné. **-3.** (*stressed, after prep, in comparisons etc*) eux (elles); **you can't expect** THEM **to do it** tu ne peux pas exiger que ce soit eux qui le fassent; **with ~** avec eux/elles; **without ~** sans eux/elles; **we're not as wealthy as ~** nous ne sommes pas aussi riches qu'eux/qu'elles.

thematic [θɪ'mætɪk] *adj* thématique.

theme [θiːm] *n* **-1.** [topic, motif] thème *m*, sujet *m*. **-2.** MUS thème *m*; [signature tune] indicatif *m*.

theme park *n* parc *m* à thème.

theme song *n* chanson *f* principale, thème *m* principal.

theme tune *n* chanson *f* principale, thème *m* principal.

themselves [ðem'selvz] *pron* **-1.** (*reflexive*) se; (*after prep*) eux (elles). **-2.** (*for emphasis*) eux-mêmes *mpl*, elles-mêmes *fpl*; **they did it ~** ils l'ont fait tout seuls.

then [ðen] *adv* **-1.** [not now] alors, à cette époque. **-2.** [next] puis, ensuite. **-3.** [in that case] alors, dans ce cas. **-4.** [therefore] donc. **-5.** [also] d'ailleurs, et puis.

thence [ðens] *adv fml & literary* de là.

theologian [θɪə'ləʊdʒən] *n* théologien *m*.

theology [θɪ'ɒlədʒɪ] *n* théologie *f*.

theorem ['θɪərəm] *n* théorème *m*.

theoretical [θɪə'retɪkl] *adj* théorique.

theoretically [θɪə'retɪklɪ] *adv* théoriquement.

theorist ['θɪərɪst] *n* théoricien *m*, -ienne *f*.

theorize, -ise ['θɪəraɪz] *vi*: to ~ (about) émettre une théorie (sur), théoriser (sur).

theory ['θɪərɪ] (*pl* **-ies**) *n* théorie *f*; **in** ~ en théorie.

therapeutic [θerə'pjuːtɪk] *adj* thérapeutique.

therapist ['θerəpɪst] *n* thérapeute *mf*, psychothérapeute *mf*.

therapy ['θerəpɪ] *n* (U) thérapie *f*.

there [ðeər] ◇ *pron* **-1.** [indicating existence of sthg]: ~ **is/are il y a**; ~**'s someone at the door** il y a quelqu'un à la porte; ~ **must be some mistake** il doit y avoir erreur. **-2.** *fml* (*with vb*): ~ **followed an ominous silence** un silence lourd de menaces suivit.
◇ *adv* **-1.** [in existence, available] y, là; **is anybody** ~? il y a quelqu'un?; **is John** ~, **please?** [when telephoning] est-ce que John est là, s'il vous plaît? **-2.** [referring to place] y, là; **I'm going** ~ **next week** j'y vais la semaine prochaine; ~ **it is** c'est là; ~ **he is!** le voilà!; **over** ~ là-bas; **it's six kilometres** ~ **and back** cela fait six kilomètres aller-retour. **-3.** [point in conversation, particular stage] là; **can I stop you** ~? est-ce que je peux vous arrêter là?; **we're getting** ~ on y arrive. **-4.** *inf phr*: **all/not all** ~ qui a/n'a plus toute sa tête.
◇ *excl*: ~, **I knew he'd turn up** tiens OR voilà, je savais bien qu'il s'amènerait; ~, ~ allons, allons.
◆ **there and then, then and there** *adv* immédiatement, sur-le-champ.
◆ **there you are** *adv* **-1.** [handing over something] voilà. **-2.** [emphasizing that one is right] vous voyez bien; ~ **you are, what did I tell you!** tu vois, qu'est-ce que je t'avais dit! **-3.** [expressing reluctant acceptance] c'est comme ça, que voulez-vous?

thereabouts [ðeərə'baʊts], **thereabout** *Am* [ðeərə'baʊt] *adv*: **or** ~ [nearby] par là; [approximately] environ.

thereafter [ðeər'ɑːftər] *adv fml* après cela, par la suite.

thereby [ðeər'baɪ] *adv fml* ainsi, de cette façon.

therefore ['ðeəfɔːr] *adv* donc, par conséquent.

therein [ðeər'ɪn] *adv fml* [inside] dedans; [in that matter] en cela.

there's [ðeəz] = there is.

thereupon [ðeərə'pɒn] *adv fml* sur ce, sur quoi.

thermal ['θɜːml] *adj* thermique; [clothes] en thermolactyl.

thermal reactor *n* réacteur *m* thermique.

thermal underwear *n* (U) sous-vêtements *mpl* en thermolactyl.

thermodynamics [θɜːməʊdaɪ'næmɪks] *n* (U) thermodynamique *f*.

thermoelectric [θɜːməʊɪ'lektrɪk] *adj* thermoélectrique.

thermometer [θə'mɒmɪtər] *n* thermomètre *m*.

thermonuclear [θɜːməʊ'njuːklɪər] *adj* thermonucléaire.

thermoplastic [θɜːməʊ'plæstɪk] ◇ *adj* thermoplastique. ◇ *n* thermoplastique *m*, thermoplaste *m*.

Thermos (flask)® ['θɜːməs-] *n* (bouteille *f*) Thermos® *m or f*.

thermostat ['θɜːməstæt] *n* thermostat *m*.

thesaurus [θɪ'sɔːrəs] (*pl* **-es**) *n* dictionnaire *m* de synonymes.

these [ðiːz] *pl* → this.

thesis ['θiːsɪs] (*pl* **theses** ['θiːsiːz]) *n* thèse *f*.

they [ðeɪ] *pers pron pl* **-1.** [people, things, animals - unstressed] ils (elles); [- stressed] eux (elles); ~**'re pleased** ils sont contents (elles sont contentes); ~**'re pretty earrings** ce sont de jolies boucles d'oreille; THEY **can't do it** eux (elles), ils (elles) ne peuvent pas le faire; **there** ~ **are** les voilà. **-2.** [unspecified people] on, ils; ~ **say it's going to snow** on dit qu'il va neiger; ~**'re going to put up petrol prices** ils vont augmenter le prix de l'essence.

they'd [ðeɪd] = they had, they would.

they'll [ðeɪl] = they shall, they will.

they're [ðeər] = they are.

they've [ðeɪv] = they have.

thick [θɪk] ◇ *adj* **-1.** [gen] épais (épaisse); [forest, hedge, fog] dense; [voice] indistinct(e); **to be 6 inches** ~ avoir 15cm d'épaisseur. **-2.** *inf* [stupid] bouché(e). **-3.** [full, covered]: **to be** ~ **with** [dust] être couvert(e) de; [people] être plein(e) de; ~ **with smoke** [from cigarettes] enfumé(e); [from fire] plein d'une fumée épaisse. ◇ *n*: **in the** ~ **of** au plus fort de, en plein OR au beau milieu de.

◆ **thick and fast** *adv*: **questions came ~ and fast** les questions pleuvaient.

◆ **through thick and thin** *adv* envers et contre tout, quoi qu'il advienne.

thicken ['θɪkn] ◇ *vt* épaissir. ◇ *vi* s'épaissir.

thickening ['θɪknɪŋ] *n* épaississant *m*.

thicket ['θɪkɪt] *n* fourré *m*.

thickly ['θɪklɪ] *adv* **-1.** [not thinly - spread] en couche épaisse; [- cut] en tranches épaisses. **-2.** [densely - wooded, populated] très. **-3.** [speak, say] d'une voix indistincte.

thickness ['θɪknɪs] *n* épaisseur *f*.

thickset [,θɪk'set] *adj* trapu(e).

thick-skinned [-'skɪnd] *adj* qui a la peau dure.

thief [θiːf] (*pl* **thieves**) *n* voleur *m*, -euse *f*.

thieve [θiːv] *vt & vi* voler.

thieves [θiːvz] *pl* → **thief**.

thieving ['θiːvɪŋ] ◇ *adj* voleur(euse). ◇ *n* (*U*) vol *m*.

thigh [θaɪ] *n* cuisse *f*.

thighbone ['θaɪbəun] *n* fémur *m*.

thimble ['θɪmbl] *n* dé *m* (à coudre).

thin [θɪn] (*compar* **-ner**, *superl* **-nest**, *pt & pp* **-ned**, *cont* **-ning**) ◇ *adj* **-1.** [slice, layer, paper] mince; [cloth] léger(ère); [person] maigre. **-2.** [liquid, sauce] clair(e), peu épais (peu épaisse). **-3.** [sparse - crowd] épars(e); [- vegetation, hair] clairsemé(e); **to be ~ on top** [person] se dégarnir.
◇ *adv*: **to be wearing ~** [joke] n'être plus amusant(e); **my patience is wearing ~** je suis à bout de patience.
◇ *vi* [hair]: **to be thinning** s'éclaircir, se dégarnir.

◆ **thin down** *vt sep* [liquid, paint] délayer, diluer; [sauce] éclaircir.

thin air *n*: **to appear out of ~** apparaître tout d'un coup; **to disappear into ~** disparaître complètement, se volatiliser.

thing [θɪŋ] *n* **-1.** [gen] chose *f*; **the (best) ~ to do would be ...** le mieux serait de ...; **for one ~** en premier lieu, pour commencer; **(what) with one ~ and another** au bout du compte; **the ~ is ...** le problème, c'est que ...; **it's just one of those ~s** *inf* c'est comme ça, ce sont des choses qui arrivent; **to have a ~ about sb/sthg** *inf* [like] adorer qqn/qqch, être fou de qqn/qqch; [dislike] avoir qqn/qqch en horreur; **to make a ~ (out) of** *inf* faire tout un plat OR toute une histoire de. **-2.** [anything]: **I don't know a ~** je n'y connais absolument rien. **-3.** [object] chose *f*, objet *m*. **-4.** [person]: **you poor ~!**

mon pauvre! **-5.** *inf* [fashion]: **the ~** la mode.

◆ **things** *npl* **-1.** [clothes, possessions] affaires *fpl*. **-2.** *inf* [life]: **how are ~s?** comment ça va?

thingamabob ['θɪŋəmə,bɒb], **thingamajig** ['θɪŋəmədʒɪg], **thingummy (jig)** *Br* ['θɪŋəmɪ-], **thingie** *Br*, **thingy** *Br* ['θɪŋɪ] *n* truc *m*, machin *m*.

think [θɪŋk] (*pt & pp* **thought**) ◇ *vt* **-1.** [believe]: **to ~ (that)** croire que, penser que; **I ~ so/not** je crois que oui/non, je pense que oui/non. **-2.** [have in mind] penser à. **-3.** [imagine] s'imaginer; **I can't ~ why you agreed to do it** je ne comprends pas OR je me demande bien pourquoi tu as accepté de le faire. **-4.** [remember]: **did you ~ to bring any money?** avez-vous pensé à apporter de l'argent? **-5.** [in polite requests]: **do you ~ you could help me?** tu pourrais m'aider?
◇ *vi* **-1.** [use mind] réfléchir, penser. **-2.** [have stated opinion]: **what do you ~ of** OR **about his new film?** que pensez-vous de son dernier film?; **to ~ a lot of sb/sthg** penser beaucoup de bien de qqn/qqch. **-3.** *phr*: **to ~ better of sthg/of doing sthg** décider après tout de ne pas faire qqch; **to ~ nothing of doing sthg** trouver tout à fait normal OR tout naturel de faire qqch; **to ~ twice** y réfléchir à deux fois.
◇ *n inf*: **to have a ~ (about sthg)** réfléchir (à qqch).

◆ **think about** *vt fus*: **to ~ about sb/sthg** songer à OR penser à qqn/qqch; **to ~ about doing sthg** songer à faire qqch; **I'll ~ about it** je vais y réfléchir.

◆ **think back** *vi*: **to ~ back (to)** repenser (à).

◆ **think of** *vt fus* **-1.** [consider] = **think about**. **-2.** [remember] se rappeler. **-3.** [conceive] penser à, avoir l'idée de; **to ~ of doing sthg** avoir l'idée de faire qqch. **-4.** [show consideration for] penser à.

◆ **think out**, **think through** *vt sep* bien étudier, bien considérer.

◆ **think over** *vt sep* réfléchir à.

◆ **think up** *vt sep* imaginer.

thinker [θɪŋkər] *n* penseur *m*.

thinking ['θɪŋkɪŋ] ◇ *adj* qui pense, qui réfléchit. ◇ *n* (*U*) opinion *f*, pensée *f*; **to do some ~** réfléchir; **to my way of ~** à mon avis.

think tank *n* comité *m* d'experts.

thinly ['θɪnlɪ] *adv* **-1.** [not thickly - spread] en couche mince; [- cut] en tranches minces. **-2.** [sparsely - wooded, populated] peu.

thinner ['θɪnər] *n* diluant *m*.

thinness ['θɪnnɪs] *n* (U) [of slice, layer, paper] minceur *f*; [of person] **maigreur** *f*; [of cloth] légèreté *f*.

thin-skinned [-'skɪnd] *adj* susceptible, très sensible.

third [θɜːd] ◇ *num* troisième; *see also* **sixth**. ◇ *n* UNIV ≃ licence *f* mention passable.

third-class *adj* Br UNIV: ~ **degree** ≃ licence *f* mention passable.

third-degree burns *npl* brûlures *fpl* du troisième degré.

thirdly [θɜːdlɪ] *adv* troisièmement, tertio.

third party *n* tiers *m*, tierce personne *f*.

third party insurance *n* assurance *f* de responsabilité civile.

third-rate *adj pej* de dernier OR troisième ordre.

Third World *n*: **the** ~ le Tiers-Monde.

thirst [θɜːst] *n* soif *f*; ~ **for** *fig* soif de.

thirsty ['θɜːstɪ] (*compar* **-ier**, *superl* **-iest**) *adj* [person]: **to be** OR **feel** ~ avoir soif; [work] qui donne soif.

thirteen [ˌθɜː'tiːn] *num* treize; *see also* **six**.

thirteenth [ˌθɜː'tiːnθ] *num* treizième; *see also* **sixth**.

thirtieth ['θɜːtɪəθ] *num* trentième; *see also* **sixth**.

thirty ['θɜːtɪ] (*pl* **-ies**) *num* trente; *see also* **sixty**.

thirty-something *adj* caractéristique de certaines personnes ayant la trentaine et issues d'un milieu aisé.

this [ðɪs] (*pl* **these**) ◇ *pron* (*demonstrative use*) ce, ceci (*as opposed to 'that'*) celui-ci (celle-ci); ~ **is for you** c'est pour vous; **who's** ~? qui est-ce?; **what's** ~? qu'est-ce que c'est?; **which sweets does she prefer, these or those**? quels bonbons préfère-t-elle, ceux-ci ou ceux-là?; ~ **is Daphne Logan** [introducing another person] je vous présente Daphne Logan; [introducing oneself on phone] ici Daphne Logan, Daphne Logan à l'appareil; **to talk about** ~ **and that** parler de choses et d'autres; **to do** ~ **and that** faire toutes sortes de choses.
◇ *adj* **-1.** (*demonstrative use*) ce (cette), cet (*before vowel or silent "h"*), ces (*pl*); (*as opposed to 'that'*) ce (cette) ... -ci, ces ... -ci (*pl*); **these chocolates are delicious** ces chocolats sont délicieux; **I prefer** ~ **book** je préfère ce livre-ci; **I'll have** ~ **one** je prendrai celui-ci; ~ **afternoon** cet après-midi; ~ **morning** ce matin; ~ **week** cette semaine. **-2.** *inf* [a certain] un certain (une certaine).
◇ *adv* aussi; **it was** ~ **big** c'était aussi

grand que ça; **you'll need about** ~ **much** il vous en faudra à peu près comme ceci.

thistle ['θɪsl] *n* chardon *m*.

thither ['ðɪðəʳ] → **hither**.

tho' [ðəʊ] = **though**.

thong [θɒŋ] *n* **-1.** [of leather] lanière *f*. **-2.** *Am* [flip-flop] tong *f*.

thorn [θɔːn] *n* épine *f*; **to be a** ~ **in sb's flesh** OR **side** être une source continuelle d'exaspération pour qqn.

thorny ['θɔːnɪ] (*compar* **-ier**, *superl* **-iest**) *adj lit* & *fig* épineux(euse).

thorough ['θʌrə] *adj* **-1.** [exhaustive - search, inspection] minutieux(ieuse); [- investigation, knowledge] approfondi(e). **-2.** [meticulous] méticuleux(euse). **-3.** [complete, utter] complet(ète), absolu(e).

thoroughbred ['θʌrəbred] *n* pur-sang *m inv*.

thoroughfare ['θʌrəfeəʳ] *n fml* rue *f*, voie *f* publique.

thoroughly ['θʌrəlɪ] *adv* **-1.** [fully, in detail] à fond. **-2.** [completely, utterly] absolument, complètement.

thoroughness ['θʌrənɪs] *n* (U) **-1.** [exhaustiveness] minutie *f*. **-2.** [meticulousness] soin *m* méticuleux.

those [ðəʊz] *pl* → **that**.

though [ðəʊ] ◇ *conj* bien que (+ *subjunctive*), quoique (+ *subjunctive*). ◇ *adv* pourtant, cependant.

thought [θɔːt] ◇ *pt & pp* → **think**. ◇ *n* **-1.** [gen] pensée *f*; [idea] idée *f*, pensée; **after much** ~ après avoir mûrement réfléchi. **-2.** [intention] intention *f*.
◆ **thoughts** *npl* **-1.** [reflections] pensées *fpl*, réflexions *fpl*; **to collect one's** ~s rassembler ses idées. **-2.** [views] opinions *fpl*, idées *fpl*.

thoughtful ['θɔːtfʊl] *adj* **-1.** [pensive] pensif(ive). **-2.** [considerate - person] prévenant(e), attentionné(e); [- remark, act] plein(e) de gentillesse.

thoughtfulness ['θɔːtfʊlnɪs] *n* (U) **-1.** [pensiveness] air *m* pensif. **-2.** [considerateness - of person] prévenance *f*; [- of remark, act] délicatesse *f*.

thoughtless ['θɔːtlɪs] *adj* [person] qui manque d'égards (pour les autres); [remark, behaviour] irréfléchi(e).

thoughtlessness ['θɔːtlɪsnɪs] *n* (U) manque *m* d'égards OR de prévenance.

thousand ['θaʊznd] *num* mille; **a** OR **one** ~ mille; ~**s of** des milliers de; *see also* **six**.

thousandth ['θaʊzntθ] *num* millième; *see also* **sixth**.

thrash [θræʃ] vt -**1.** [hit] battre, rosser. -**2.** inf [defeat] écraser, battre à plates coutures.
◆ **thrash about, thrash around** vi s'agiter.
◆ **thrash out** vt sep [problem] débrouiller, démêler; [idea] débattre, discuter.

thrashing ['θræʃɪŋ] n -**1.** [hitting] rossée f, correction f. -**2.** inf [defeat] défaite f.

thread [θred] ◇ n -**1.** [gen] fil m. -**2.** [of screw] filet m, pas m. ◇ vt -**1.** [needle] enfiler. -**2.** [move]: **to ~ one's way through the crowd** se faufiler parmi la foule.

threadbare ['θredbeəʳ] adj usé(e) jusqu'à la corde.

threat [θret] n: **~ (to)** menace f (pour).

threaten ['θretn] ◇ vt: **to ~ sb (with)** menacer qqn (de); **to ~ to do sthg** menacer de faire qqch. ◇ vi menacer.

threatening ['θretnɪŋ] adj menaçant(e); [letter] de menaces.

three [θri:] num trois; see also **six**.

three-D adj [film, picture] en relief.

three-day event n concours m complet d'équitation.

three-dimensional adj [film, picture] en relief; [object] à trois dimensions.

threefold ['θri:fəʊld] ◇ adj triple. ◇ adv: **to increase ~** tripler.

three-legged race [-'legɪd-] n course f à trois pieds.

three-piece adj: **~ suit** (costume m) trois pièces m; **~ suite** canapé m et deux fauteuils assortis.

three-ply adj [wool] à trois fils.

three-point turn n Br demi-tour m en trois manœuvres.

three-quarters npl [fraction] trois quarts mpl.

threesome ['θri:səm] n trio m, groupe m de trois personnes.

three-star adj trois étoiles.

three-wheeler [-'wi:ləʳ] n voiture f à trois roues.

thresh [θreʃ] vt battre.

threshing machine ['θreʃɪŋ-] n batteuse f.

threshold ['θreʃhəʊld] n seuil m; **to be on the ~ of** fig être au bord OR seuil de.

threshold agreement n accord m d'indexation des salaires sur le coût de la vie.

threw [θru:] pt → **throw**.

thrift [θrɪft] n -**1.** [gen] (U) économie f, épargne f. -**2.** Am [savings bank] = **thrift institution**.

thrift institution n Am caisse f d'épargne.

thrifty ['θrɪftɪ] (compar -**ier**, superl -**iest**) adj économe.

thrill [θrɪl] ◇ n -**1.** [sudden feeling] frisson m, sensation f. -**2.** [enjoyable experience] plaisir m. ◇ vt transporter, exciter. ◇ vi: **to ~ to a story/the music** être transporté(e) par une histoire/la musique.

thrilled [θrɪld] adj: **~ (with sthg/to do sthg)** ravi(e) (de qqch/de faire qqch), enchanté(e) (de qqch/de faire qqch).

thriller ['θrɪləʳ] n thriller m.

thrilling ['θrɪlɪŋ] adj saisissant(e), palpitant(e).

thrive [θraɪv] (pt -**d** OR **throve**, pp -**d**) vi [person] bien se porter; [plant] pousser bien; [business] prospérer.

thriving ['θraɪvɪŋ] adj [person] bien portant(e); [plant] qui pousse bien; [business] prospère.

throat [θrəʊt] n gorge f; **to ram** OR **force sthg down sb's ~** fig rebattre les oreilles de qqn avec qqch; **it stuck in my ~** fig ça m'est resté en travers de la gorge; **to be at each other's ~s** se disputer, se battre.

throaty ['θrəʊtɪ] (compar -**ier**, superl -**iest**) adj guttural(e).

throb [θrɒb] (pt & pp -**bed**, cont -**bing**) ◇ n [of drums] battement m; [of pulse] pulsation f; [of engine] vibration f. ◇ vi [heart] palpiter, battre fort; [engine] vibrer; [music] taper; **my head is throbbing** j'ai des élancements dans la tête.

throes [θrəʊz] npl: **to be in the ~ of** [war, disease] être en proie à; **to be in the ~ of an argument** être en pleine dispute.

thrombosis [θrɒm'bəʊsɪs] (pl -**boses** ['bəʊsi:z]) n thrombose f.

throne [θrəʊn] n trône m.

throng [θrɒŋ] ◇ n foule f, multitude f. ◇ vt remplir, encombrer. ◇ vi affluer.

throttle ['θrɒtl] ◇ n [valve] papillon m des gaz; [lever] commande f des gaz. ◇ vt [strangle] étrangler.

through [θru:] ◇ adj [finished]: **are you ~?** tu as fini?; **to be ~ with sthg** avoir fini qqch.
◇ adv: **to let sb ~** laisser passer qqn; **to read sthg ~** lire qqch jusqu'au bout; **to sleep ~ till ten** dormir jusqu'à dix heures.
◇ prep -**1.** [relating to place, position] à travers; **to travel ~ sthg** traverser qqch; **to cut ~ sthg** couper qqch. -**2.** [during] pendant. -**3.** [because of] à cause de. -**4.** [by means of] par l'intermédiaire de, par l'entremise de. -**5.** Am [up till and including]: **Monday ~ Friday** du lundi au vendredi.

◆ **through and through** adv [completely] jusqu'au bout des ongles; [thoroughly] par cœur, à fond.

throughout [θruː'aut] ◇ prep **-1.** [during] pendant, durant; ~ **the meeting** pendant toute la réunion. **-2.** [everywhere in] partout dans. ◇ adv **-1.** [all the time] tout le temps. **-2.** [everywhere] partout.

throve [θrəuv] pt → thrive.

throw [θrəu] (pt **threw**, pp **thrown**) ◇ vt **-1.** [gen] jeter; [ball, javelin] lancer; **to ~ one's arms around sb** jeter ses bras autour de qqn; **to ~ o.s. into sthg** fig se jeter à corps perdu dans qqch. **-2.** [rider] désarçonner. **-3.** [have suddenly - tantrum, fit] piquer. **-4.** fig [confuse] déconcerter, décontenancer. ◇ n lancement m, jet m.

◆ **throw away** vt sep **-1.** [discard] jeter. **-2.** fig [money] gaspiller; [opportunity] perdre.

◆ **throw in** vt sep [include] donner en plus OR en prime.

◆ **throw out** vt sep **-1.** [discard] jeter. **-2.** fig [reject] rejeter. **-3.** [from house] mettre à la porte; [from army, school] expulser, renvoyer.

◆ **throw up** ◇ vt sep [dust, water] jeter, projeter. ◇ vi inf [vomit] dégobiller, vomir.

throwaway ['θrəuə,weɪ] adj **-1.** [disposable] jetable, à jeter. **-2.** [remark] désinvolte.

throwback ['θrəubæk] n: ~ **(to)** retour m (à).

throw-in n Br FTBL rentrée f en touche, remise f en jeu.

thrown [θrəun] pp → throw.

thru [θruː] Am inf = through.

thrush [θrʌʃ] n **-1.** [bird] grive f. **-2.** MED muguet m.

thrust [θrʌst] ◇ n **-1.** [forward movement] poussée f; [of knife] coup m. **-2.** [main aspect] idée f principale, aspect m principal. ◇ vt **-1.** [shove] enfoncer, fourrer. **-2.** [jostle]: **to ~ one's way** se frayer un passage.

◆ **thrust upon** vt sep: **to ~ sthg upon sb** imposer qqch à qqn.

thrusting ['θrʌstɪŋ] adj [person] qui se met en avant.

thruway ['θruːweɪ] n Am voie f express.

thud [θʌd] (pt & pp **-ded**, cont **-ding**) ◇ n bruit m sourd. ◇ vi tomber en faisant un bruit sourd.

thug [θʌg] n brute f, voyou m.

thumb [θʌm] ◇ n pouce m; **to twiddle one's ~s** se tourner les pouces. ◇ vt inf [hitch]: **to ~ a lift** faire du stop OR de l'auto-stop.

◆ **thumb through** vt fus feuilleter, parcourir.

thumb index n répertoire m à onglets.

thumbnail ['θʌmneɪl] ◇ adj bref (brève), concis(e). ◇ n ongle m du pouce.

thumbnail sketch n croquis m rapide.

thumbs down n: **to get** OR **be given the ~** être rejeté(e).

thumbs up n [go-ahead]: **to give sb the ~** donner le feu vert à qqn.

thumbtack ['θʌmtæk] n Am punaise f.

thump [θʌmp] ◇ n **-1.** [blow] grand coup m. **-2.** [thud] bruit m sourd. ◇ vt **-1.** [hit] cogner, taper sur. **-2.** [place heavily] poser violemment. ◇ vi **-1.** [move heavily]: **to ~ in/out** entrer/sortir à pas pesants. **-2.** [heart] battre fort.

thunder ['θʌndər] ◇ n (U) **-1.** METEOR tonnerre m. **-2.** fig [of traffic] vacarme m; [of applause] tonnerre m. ◇ vt tonner, tonitruer. ◇ v impers METEOR tonner. ◇ vi fig [traffic] tonner, gronder.

thunderbolt ['θʌndəbəult] n coup m de foudre.

thunderclap ['θʌndəklæp] n coup m de tonnerre.

thundercloud ['θʌndəklaud] n nuage m orageux.

thundering ['θʌndərɪŋ] adj terrible, monstre.

thunderous ['θʌndərəs] adj [noise] assourdissant(e); ~ **applause** un tonnerre d'applaudissements.

thunderstorm ['θʌndəstɔːm] n orage m.

thunderstruck ['θʌndəstrʌk] adj fig stupéfait(e), sidéré(e).

thundery ['θʌndərɪ] adj orageux(euse).

Thur, Thurs (abbr of **Thursday**) jeu.

Thursday ['θɜːzdɪ] n jeudi m; see also **Saturday**.

thus [ðʌs] adv fml **-1.** [therefore] par conséquent, donc. **-2.** [in this way] de cette façon, comme ceci.

thwart [θwɔːt] vt contrecarrer, contrarier.

thyme [taɪm] n thym m.

thyroid ['θaɪrɔɪd] n thyroïde f.

tiara [tɪ'ɑːrə] n [worn by woman] diadème m.

Tiber ['taɪbər] n: **the (River) ~** le Tibre.

Tibet [tɪ'bet] n Tibet m; **in ~** au Tibet.

Tibetan [tɪ'betn] ◇ adj tibétain(e). ◇ n **-1.** [person] Tibétain m, -e f. **-2.** [language] tibétain m.

tibia ['tɪbɪə] (pl **-biae** [-bɪiː] OR **-s**) n tibia m.

tic [tɪk] n tic m.

tick [tɪk] ◇ n **-1.** [written mark] coche f; **to put a ~ beside sthg** cocher qqch. **-2.** [sound] tic-tac m. **-3.** [insect] tique f. ◇ vt

cocher. ◇ *vi* faire tic-tac; **what makes him ~?** *fig* je me demande comment il fonctionne.
◆ **tick away, tick by** *vi* passer.
◆ **tick off** *vt sep* **-1.** [mark off] cocher. **-2.** [tell off] passer un savon à, enguirlander.
◆ **tick over** *vi* [engine, business] tourner au ralenti.

ticked [tɪkt] *adj Am* en rogne.

tickertape ['tɪkəteɪp] *n* (U) bande *f* de téléimprimeur.

ticket ['tɪkɪt] *n* **-1.** [for access, train, plane] billet *m*; [for bus] ticket *m*; [for library] carte *f*; [label on product] étiquette *f*. **-2.** [for traffic offence] P.-V. *m*, papillon *m*. **-3.** POL liste *f*.

ticket agency *n* billetterie *f*.

ticket collector *n Br* contrôleur *m*, -euse *f*.

ticket holder *n* personne *f* munie d'un billet.

ticket inspector *n Br* contrôleur *m*, -euse *f*.

ticket machine *n* distributeur *m* de billets.

ticket office *n* bureau *m* de vente des billets.

ticking off ['tɪkɪŋ-] (*pl* **tickings off**) *n*: **to give sb a ~** passer un savon à qqn, enguirlander qqn; **to get a ~** recevoir un savon, se faire enguirlander.

tickle ['tɪkl] ◇ *vt* **-1.** [touch lightly] chatouiller. **-2.** *fig* [amuse] amuser. ◇ *vi* chatouiller.

ticklish ['tɪklɪʃ] *adj* **-1.** [person] qui craint les chatouilles, chatouilleux(euse). **-2.** *fig* [delicate] délicat(e), difficile.

tick-tack-toe *n Am* [game] ≃ morpion *m*.

tidal ['taɪdl] *adj* [force] de la marée; [river] à marées; [barrier] contre la marée.

tidal wave *n* raz-de-marée *m inv*.

tidbit *Am* = **titbit**.

tiddler ['tɪdlə'] *n Br* [fish] petit poisson *m*.

tiddly ['tɪdlɪ] (*compar* **-ier**, *superl* **-iest**) *adj Br inf* **-1.** [tipsy] pompette, gai(e). **-2.** [tiny] minuscule.

tiddlywinks ['tɪdlɪwɪŋks], **tiddledywinks** *Am* ['tɪdldɪwɪŋks] *n* jeu *m* de puce.

tide [taɪd] *n* **-1.** [of sea] marée *f*. **-2.** *fig* [of opinion, fashion] courant *m*, tendance *f*; [of protest] vague *f*.
◆ **tide over** *vt sep* dépanner.

tidemark ['taɪdmɑːk] *n* **-1.** [of sea] ligne *f* de marée haute. **-2.** *Br* [round bath, neck] ligne *f* de crasse.

tidily ['taɪdɪlɪ] *adv* soigneusement, avec ordre.

tidiness ['taɪdɪnɪs] *n* (U) ordre *m*.

tidings ['taɪdɪŋz] *npl literary* nouvelles *fpl*.

tidy ['taɪdɪ] (*compar* **-ier**, *superl* **-iest**, *pt* & *pp* **-ied**) ◇ *adj* **-1.** [room, desk] en ordre, bien rangé(e); [hair, dress] soigné(e). **-2.** [person - in habits] ordonné(e); [- in appearance] soigné(e). **-3.** *inf* [sizeable] coquet(ette), rondelet(ette). ◇ *vt* ranger, mettre de l'ordre dans.
◆ **tidy away** *vt sep* ranger.
◆ **tidy up** *vt sep* ranger, mettre de l'ordre dans. ◇ *vi* ranger.

tie [taɪ] (*pt* & *pp* **tied**, *cont* **tying**) ◇ *n* **-1.** [necktie] cravate *f*. **-2.** [string, cord] cordon *m*. **-3.** *fig* [link] lien *m*. **-4.** [in game, competition] égalité *f* de points. **-5.** *Am* RAIL traverse *f*. ◇ *vt* **-1.** [fasten] attacher. **-2.** [shoelaces] nouer, attacher; **to ~ a knot** faire un nœud. **-3.** *fig* [link]: **to be ~d to** être lié(e) à. **-4.** *fig* [restricted]: **to be ~d to** être cloué(e) à. ◇ *vi* [draw] être à égalité.
◆ **tie down** *vt sep fig* [restrict] restreindre la liberté de.
◆ **tie in with** *vt fus* concorder avec, coïncider avec.
◆ **tie up** *vt sep* **-1.** [with string, rope] attacher. **-2.** [shoelaces] nouer, attacher. **-3.** *fig* [money, resources] immobiliser. **-4.** *fig* [link]: **to be ~d up with** être lié(e) à.

tiebreak(er) ['taɪbreɪk(ə')] *n* **-1.** TENNIS tiebreak *m*. **-2.** [in game, competition] question *f* subsidiaire.

tied [taɪd] *adj* SPORT: **a ~ match** un match nul.

tied cottage *n Br* logement *m* de fonction (*mis à la disposition d'un employé agricole etc*).

tied up *adj* [busy] occupé(e), pris(e).

tie-dye *vt* nouer et teindre.

tie-in *n* **-1.** [link] lien *m*, rapport *m*. **-2.** [product]: **the book is a ~ with the TV series** le livre est tiré de la série télévisée.

tiepin ['taɪpɪn] *n* épingle *f* de cravate.

tier [tɪə'] *n* [of seats] gradin *m*; [of cake] étage *m*.

Tierra del Fuego [tɪˌerədel'fweɪgəʊ] *n* Terre de Feu *f*; **in ~** en Terre de Feu.

tie-up *n* **-1.** [link] lien *m*, rapport *m*. **-2.** *Am* [interruption] interruption *f*, arrêt *m*.

tiff [tɪf] *n* bisbille *f*, petite querelle *f*.

tiger ['taɪgə'] *n* tigre *m*.

tiger cub *n* petit *m* du tigre.

tight [taɪt] ◇ *adj* **-1.** [clothes, group, competition, knot] serré(e); **the dress was a ~ fit** la robe était un peu juste. **-2.** [taut] tendu(e). **-3.** [painful - chest] oppressé(e); [- stomach] noué(e). **-4.** [schedule] serré(e), minuté(e). **-5.** [strict] strict(e), sévère. **-6.** [corner, bend] raide. **-7.** *inf* [drunk] soûl(e), rond(e). **-8.** *inf* [miserly] radin(e), avare.

◇ *adv* **-1.** [firmly, securely] bien, fort; **to hold ~** tenir bien; **hold ~!** tiens bon!; **to shut** OR **close sthg ~** bien fermer qqch. **-2.** [tautly] à fond.
◆ **tights** *npl* collant *m*, collants *mpl*.

tighten ['taɪtn] ◇ *vt* **-1.** [belt, knot, screw] resserrer; **to ~ one's hold** OR **grip on** resserrer sa prise sur. **-2.** [pull tauter] tendre. **-3.** [make stricter] renforcer. ◇ *vi* **-1.** [rope] se tendre. **-2.** [grip, hold] se resserrer.
◆ **tighten up** *vt sep* **-1.** [belt, screw] resserrer. **-2.** [make stricter] renforcer.

tightfisted [ˌtaɪt'fɪstɪd] *adj pej* radin(e), pingre.

tightknit [ˌtaɪt'nɪt] *adj* [family, community] uni(e).

tight-lipped [-'lɪpt] *adj* **-1.** [in anger] les lèvres serrées. **-2.** [silent] qui ne dit rien, qui garde le silence.

tightly ['taɪtlɪ] *adv* **-1.** [closely]: **to fit ~** être juste; **to pack ~** entasser, tasser. **-2.** [firmly] bien, fort. **-3.** [tautly] à fond.

tightness ['taɪtnɪs] *n* **-1.** [of clothes] étroitesse *f*. **-2.** [in chest] oppression *f*. **-3.** [strictness] sévérité *f*, rigueur *f*.

tightrope ['taɪtrəʊp] *n* corde *f* raide; **to be on** OR **walking a ~** *fig* être sur la corde raide.

tightrope walker *n* funambule *mf*.

Tigré ['tiːgreɪ] *n* Tigré *m*; **in ~** dans le Tigré.

tigress ['taɪgrɪs] *n* tigresse *f*.

Tigris ['taɪgrɪs] *n*: **the (River) ~** le Tigre.

tilde ['tɪldə] *n* tilde *m*.

tile [taɪl] *n* [on roof] tuile *f*; [on floor, wall] carreau *m*.

tiled [taɪld] *adj* [floor, wall] carrelé(e); [roof] couvert de tuiles.

tiling ['taɪlɪŋ] *n* [of floor, wall] carrelage *m*; [of roof - action] pose *f* de tuiles; [- tuiles] tuiles *fpl*.

till [tɪl] ◇ *prep* jusqu'à; **from six ~ ten o'clock** de six heures à dix heures. ◇ *conj* jusqu'à ce que (+ *subjunctive*); **wait ~ I come back** attends que je revienne; (*after negative*) avant que (+ *subjunctive*); **it won't be ready ~ tomorrow** ça ne sera pas prêt avant demain. ◇ *n* tiroir-caisse *m*.

tiller ['tɪlə^r] *n* NAUT barre *f*.

tilt [tɪlt] ◇ *n* inclinaison *f*. ◇ *vt* incliner, pencher. ◇ *vi* s'incliner, pencher.

timber ['tɪmbə^r] *n* **-1.** (*U*) [wood] bois *m* de charpente OR de construction. **-2.** [beam] poutre *f*, madrier *m*.

timbered ['tɪmbəd] *adj* en bois.

time [taɪm] ◇ *n* **-1.** [gen] temps *m*; **a long ~** longtemps; **in a short ~** dans peu de temps, sous peu; **to take ~** prendre du temps; **to be ~ for sthg** être l'heure de qqch; **to get the ~ to do sthg** prendre le temps de faire qqch; **it's a good ~ to do sthg** c'est le moment de faire qqch; **to have a good ~** s'amuser bien; **to have a hard ~ doing sthg** avoir du mal à faire qqch; **in good ~** de bonne heure; **ahead of ~** en avance, avant l'heure; **on ~** à l'heure; **it's high ~ (that) ...** il est grand temps que ...; **~ and a half** une fois et demie le tarif normal; **to have no ~ for sb/sthg** ne pas supporter qqn/qqch; **to make good ~** [on journey] bien rouler OR marcher; [in schedule] bien avancer; **to pass the ~** passer le temps; **to play for ~** essayer de gagner du temps; **to take one's ~ (doing sthg)** prendre son temps (pour faire qqch). **-2.** [as measured by clock] heure *f*; **what's the ~?** quelle heure est-il?; **in a week's/year's ~** dans une semaine/un an; **to keep ~** être toujours à l'heure; **to lose ~** retarder. **-3.** [point in time in past] époque *f*; **to be ahead of one's ~** être en avance sur son temps; **before my ~** avant que j'arrive ici. **-4.** [occasion] fois *f*; **from ~ to ~** de temps en temps, de temps à autre; **~ after ~, ~ and again** à maintes reprises, maintes et maintes fois; **at the best of ~s** même quand tout va bien. **-5.** MUS mesure *f*.
◇ *vt* **-1.** [schedule] fixer, prévoir. **-2.** [race, runner] chronométrer. **-3.** [arrival, remark] choisir le moment de.
◆ **times** ◇ *npl* fois *fpl*; **four ~s as much as me** quatre fois plus que moi. ◇ *prep* MATH fois.
◆ **at a time** *adv* d'affilée; **one at a ~** un par un, un seul à la fois; **months at a ~** des mois et des mois.
◆ **at (any) one time** *adv* à la fois.
◆ **at times** *adv* quelquefois, parfois.
◆ **at the same time** *adv* en même temps.
◆ **about time** *adv*: **it's about ~ (that) ...** il est grand temps que ...; **about ~ too!** ce n'est pas trop tôt!
◆ **for the time being** *adv* pour le moment.
◆ **in time** *adv* **-1.** [not late]: **in ~ (for)** à l'heure (pour). **-2.** [eventually] à la fin, à la longue; [after a while] avec le temps, à la longue.

time-and-motion study *n* étude *f* de productivité (*qui se concentre sur l'efficacité des employés*).

time bomb *n* *lit* & *fig* bombe *f* à retardement.

time-consuming [-kən,sjuːmɪŋ] *adj* qui prend beaucoup de temps.

timed [taɪmd] *adj* [race, test] chronométré(e); **well ~** opportun(e); **badly ~** inopportun(e).

time difference *n* décalage *m* horaire.

time-honoured [-,ɒnəd] *adj* consacré(e).

timekeeping ['taɪm,kiːpɪŋ] *n* ponctualité *f*.

time lag *n* décalage *m*.

time-lapse *adj*: **~ photography** accéléré *m*.

timeless ['taɪmlɪs] *adj* éternel(elle).

time limit *n* délai *m*.

timely ['taɪmlɪ] (*compar* **-ier**, *superl* **-iest**) *adj* opportun(e).

time machine *n* machine *f* à voyager dans le temps.

time off *n* temps *m* libre.

time out *n* **-1.** SPORT temps *m* mort. **-2.** [break]: **to take ~ to do sthg** trouver le temps de faire qqch.

timepiece ['taɪmpiːs] *n dated* [watch] montre *f*; [clock] horloge *f*.

timer ['taɪmər] *n* minuteur *m*.

timesaving ['taɪm,seɪvɪŋ] *adj* qui fait gagner du temps.

time scale *n* période *f*; [of project] délai *m*.

time-share *n Br* logement *m* en multipropriété.

time sheet *n* feuille *f* de présence.

time signal *n* top *m* horaire.

time switch *n* minuterie *f*.

timetable ['taɪm,teɪbl] *n* **-1.** SCH emploi *m* du temps. **-2.** [of buses, trains] horaire *m*. **-3.** [schedule] calendrier *m*.

time zone *n* fuseau *m* horaire.

timid ['tɪmɪd] *adj* timide.

timidly ['tɪmɪdlɪ] *adv* timidement.

timing ['taɪmɪŋ] *n* (*U*) **-1.** [of remark] à-propos *m*. **-2.** [scheduling]: **the ~ of the election** le moment choisi pour l'élection. **-3.** [measuring] chronométrage *m*.

timing device *n* mouvement *m* d'horlogerie.

timpani ['tɪmpənɪ] *npl* timbales *fpl*.

tin [tɪn] ⬦ *n* **-1.** (*U*) [metal] étain *m*; [in sheets] fer-blanc *m*. **-2.** *Br* [can] boîte *f* de conserve. **-3.** [small container] boîte *f*; **cake ~** [for baking] moule *m* à gâteau; [for storing] boîte à gâteaux. ⬦ *comp* en étain, d'étain.

tin can *n* boîte *f* de conserve.

tinder ['tɪndər] *n* petit bois *m*.

tinfoil ['tɪnfɔɪl] *n* (*U*) papier *m* (d')aluminium.

tinge [tɪndʒ] *n* **-1.** [of colour] teinte *f*, nuance *f*. **-2.** [of feeling] nuance *f*.

tinged [tɪndʒd] *adj*: **~ with** teinté(e) de.

tingle ['tɪŋgl] *vi* picoter; **to ~ with** brûler de.

tingling ['tɪŋglɪŋ] *n* (*U*) picotement *m*.

tinker ['tɪŋkər] ⬦ *n Br* **-1.** *pej* [gypsy] romanichel *m*, **-elle** *f*. **-2.** [rascal] polisson *m*, **-onne** *f*. ⬦ *vi*: **to ~ (with sthg)** bricoler (qqch).

tinkle ['tɪŋkl] ⬦ *n* **-1.** [sound] tintement *m*. **-2.** *Br inf* [phone call]: **to give sb a ~** passer un coup de fil à qqn. ⬦ *vi* [ring] tinter.

tin mine *n* mine *f* d'étain.

tinned [tɪnd] *adj Br* en boîte.

tinnitus [tɪ'naɪtəs] *n* acouphène *m*.

tinny ['tɪnɪ] (*compar* **-ier**, *superl* **-iest**) *adj* **-1.** [sound] métallique. **-2.** *inf pej* [badly made]: **a ~ car** un tas de ferraille, une vraie casserole.

tin opener *n Br* ouvre-boîtes *m inv*.

tin-pot *adj Br inf pej* [country, dictator] de rien du tout.

tinsel ['tɪnsl] *n* (*U*) guirlandes *fpl* de Noël.

tint [tɪnt] ⬦ *n* teinte *f*, nuance *f*; [in hair] rinçage *m*. ⬦ *vt* teinter.

tinted ['tɪntɪd] *adj* [glasses, windows] teinté(e).

tiny ['taɪnɪ] (*compar* **-ier**, *superl* **-iest**) *adj* minuscule.

tip [tɪp] (*pt* & *pp* **-ped**, *cont* **-ping**) ⬦ *n* **-1.** [end] bout *m*; **it's on the ~ of my tongue** je l'ai sur le bout de la langue. **-2.** *Br* [dump] décharge *f*. **-3.** [to waiter etc] pourboire *m*. **-4.** [piece of advice] tuyau *m*. ⬦ *vt* **-1.** [tilt] faire basculer. **-2.** [spill] renverser. **-3.** [waiter etc] donner un pourboire à. ⬦ *vi* **-1.** [tilt] basculer. **-2.** [spill] se renverser. **-3.** [give money to waiter etc] laisser un pourboire.

◆ **tip off** *vt sep* prévenir.

◆ **tip over** ⬦ *vt sep* renverser. ⬦ *vi* se renverser.

tip-off *n* tuyau *m*; [to police] dénonciation *f*.

tipped ['tɪpt] *adj* qui a un embout; [cigarette] à bout filtre.

Tipp-Ex® ['tɪpeks] *Br* ⬦ *n* Tipp-ex® *m*. ⬦ *vt* tippexer.

tipple ['tɪpl] *n inf*: **what's your ~?** qu'est-ce que tu aimes boire d'habitude?

tipsy ['tɪpsɪ] (*compar* **-ier**, *superl* **-iest**) *adj inf* gai(e).

tiptoe ['tɪptəʊ] ⬦ *n*: **on ~** sur la pointe des pieds. ⬦ *vi* marcher sur la pointe des pieds.

tip-top *adj inf dated* excellent(e).

TIR (*abbr of* **Transports Internationaux Routiers**) TIR.

tirade [taɪˈreɪd] *n* diatribe *f*.

Tirana, Tiranë [tɪˈrɑːnə] *n* Tirana.

tire [ˈtaɪər] ◇ *n Am* = **tyre**. ◇ *vt* fatiguer. ◇ *vi* -1. [get tired] se fatiguer. -2. [get fed up]: **to ~ of** se lasser de.

◆ **tire out** *vt sep* épuiser.

tired [ˈtaɪəd] *adj* -1. [sleepy] fatigué(e), las (lasse). -2. [fed up]: **to be ~ of sthg/of doing sthg** en avoir assez de qqch/de faire qqch.

tiredness [ˈtaɪədnɪs] *n* fatigue *f*.

tireless [ˈtaɪəlɪs] *adj* infatigable.

tiresome [ˈtaɪəsəm] *adj* ennuyeux(euse).

tiring [ˈtaɪərɪŋ] *adj* fatigant(e).

Tirol = **Tyrol**.

tissue [ˈtɪʃuː] *n* -1. [paper handkerchief] mouchoir *m* en papier. -2. (*U*) BIOL tissu *m*. -3. *phr*: **a ~ of lies** un tissu de mensonges.

tissue paper *n* (*U*) papier *m* de soie.

tit [tɪt] *n* -1. [bird] mésange *f*. -2. *vulg* [breast] nichon *m*, néné *m*.

titbit *Br* [ˈtɪtbɪt], **tidbit** *Am* [ˈtɪdbɪt] *n* -1. [of food] bon morceau *m*. -2. *fig* [of news] petite nouvelle *f*; **a ~ of gossip** un petit potin.

tit for tat *n* un prêté pour un rendu.

titillate [ˈtɪtɪleɪt] ◇ *vt* titiller. ◇ *vi* titiller les sens.

titivate [ˈtɪtɪveɪt] *vt* pomponner.

title [ˈtaɪtl] *n* titre *m*.

titled [ˈtaɪtld] *adj* titré(e).

title deed *n* titre *m* de propriété.

titleholder [ˈtaɪtlˌhəʊldər] *n* SPORT tenant *m*, -e *f* du titre.

title page *n* page *f* de titre.

title role *n* rôle *m* principal.

titter [ˈtɪtər] *vi* rire bêtement.

tittle-tattle [ˈtɪtlˌtætl] *n* (*U*) *inf pej* ragots *mpl*, cancans *mpl*.

titular [ˈtɪtjʊlər] *adj* nominal(e).

T-junction *n* intersection *f* en T.

TLS (*abbr of* **Times Literary Supplement**) *n* édition littéraire du *Times*.

TM ◇ *n* (*abbr of* **transcendental meditation**) MT *f*. ◇ *abbr of* **trademark**.

TN *abbr of* **Tennessee**.

TNT (*abbr of* **trinitrotoluene**) *n* TNT *m*.

to [unstressed before consonant tə, unstressed before vowel tʊ, stressed tuː] ◇ *prep* -1. [indicating place, direction] à; **to go ~ Liverpool/ Spain/school** aller à Liverpool/en Espagne/à l'école; **to go ~ the butcher's** aller chez le boucher; **~ the left/right** à gauche/droite. -2. (*to express indirect object*) à; **to give sthg ~ sb** donner qqch à qqn; **we were listening ~ the radio** nous écoutions

la radio; **he refused to give an answer ~ my question** il refusa de répondre à ma question. -3. [indicating reaction, effect] à; **~ my delight/surprise** à ma grande joie/surprise; **it worked ~ our advantage** cela a tourné à notre avantage; **to be ~ sb's liking** être au goût de qqn. -4. [in stating opinion]: **~ me, ...** à mon avis, ...; **it seemed quite unnecessary ~ me/him** *etc* cela me/lui *etc* semblait tout à fait inutile. -5. [indicating state, process]: **to drive sb ~ drink** pousser qqn à boire; **to shoot ~ fame** devenir célèbre du jour au lendemain; **it could lead ~ trouble** cela pourrait causer des ennuis. -6. [as far as] à, jusqu'à; **to count ~ 10** compter jusqu'à 10; **we work from 9 ~ 5** nous travaillons de 9 heures à 17 heures. -7. [in expressions of time] moins; **it's ten ~ three/quarter ~ one** il est trois heures moins dix/une heure moins le quart. -8. [per] à; **40 miles ~ the gallon** ≈ 7 litres aux cent (km). -9. [accompanied by]: **a poem set ~ music** un poème mis en musique; **we danced ~ the sound of guitars** on a dansé au son des guitares. -10. [of, for] de; **the key ~ the car** la clef de la voiture; **a letter ~ my daughter** une lettre à ma fille.

◇ *adv* [shut]: **push the door ~** fermez la porte.

◇ *with infinitive* -1. (*forming simple infinitive*): **~ walk** marcher; **~ laugh** rire. -2. (*following another verb*): **to begin ~ do sthg** commencer à faire qqch; **to try ~ do sthg** essayer de faire qqch; **to want ~ do sthg** vouloir faire qqch. -3. (*following an adjective*): **difficult ~ do** difficile à faire; **ready ~ go** prêt à partir. -4. (*indicating purpose*) pour; **he worked hard ~ pass his exam** il a travaillé dur pour réussir son examen. -5. (*substituting for a relative clause*): **I have a lot ~ do** j'ai beaucoup à faire; **he told me ~ leave** il m'a dit de partir. -6. (*to avoid repetition of infinitive*): **I meant to call him but I forgot ~** je voulais l'appeler, mais j'ai oublié. -7. [in comments]: **~ be honest ...** en toute franchise ...; **~ sum up ...** en résumé, ..., pour récapituler, ...

◆ **to and fro** *adv*: **to go ~ and fro** aller et venir; **to walk ~ and fro** marcher de long en large.

toad [təʊd] *n* crapaud *m*.

toadstool [ˈtəʊdstuːl] *n* champignon *m* vénéneux.

toady [ˈtəʊdɪ] (*pl* **-ies**, *pt* & *pp* **-ied**) *pej* ◇ *n* lèche-bottes *mf inv*. ◇ *vi*: **to ~ (to sb)** lécher les bottes (de qqn).

to-and-fro *adj* de va-et-vient.

◆ **to and fro** *adv* avec un mouvement de va-et-vient; **to walk to and fro** marcher de long en large.

toast [təʊst] ◇ *n* -1. (*U*) [bread] pain *m* grillé, toast *m*. -2. [drink] toast *m*; **to drink a ~ to sb/sthg** lever son verre en l'honneur de qqn/à qqch. ◇ *vt* -1. [bread] (faire) griller. -2. [person] porter un toast à.

toasted sandwich ['təʊstɪd-] *n* sandwich *m* grillé.

toaster ['təʊstə'] *n* grille-pain *m inv*.

toast rack *n* porte-toasts *m inv*.

tobacco [tə'bækəʊ] *n* (*U*) tabac *m*.

tobacconist [tə'bækənɪst] *n* buraliste *mf*; **~'s (shop)** bureau *m* de tabac.

Tobago [tə'beɪgəʊ] → **Trinidad and Tobago**.

toboggan [tə'bɒgən] ◇ *n* luge *f*, traîne *f* sauvage *Can*. ◇ *vi* faire de la luge, faire de la traîne sauvage *Can*.

today [tə'deɪ] ◇ *n* aujourd'hui *m*. ◇ *adv* aujourd'hui.

toddle ['tɒdl] *vi* [child] marcher d'un pas hésitant.

toddler ['tɒdlə'] *n* tout-petit *m* (*qui commence à marcher*).

toddy ['tɒdɪ] (*pl* -ies) *n* grog *m*.

to-do (*pl* -s) *n inf dated* histoire *f*.

toe [təʊ] ◇ *n* [of foot] orteil *m*, doigt *m* de pied; [of sock, shoe] bout *m*. ◇ *vt*: **to ~ the line** se plier.

toehold ['təʊhəʊld] *n* prise *f*; **to have a ~ in a market** *fig* avoir un pied dans un marché.

toenail ['təʊneɪl] *n* ongle *m* d'orteil.

toffee ['tɒfɪ] *n* caramel *m*.

toffee apple *n Br* pomme *f* caramélisée.

tofu ['təʊfuː] *n* tofu *m*.

toga ['təʊgə] *n* toge *f*.

together [tə'geðə'] ◇ *adv* -1. [gen] ensemble. -2. [at the same time] en même temps. ◇ *adj inf* équilibré(e).

◆ **together with** *prep* ainsi que.

togetherness [tə'geðənɪs] *n* (*U*) unité *f*.

toggle ['tɒgl] *n* bouton *m* de duffle-coat.

toggle switch *n* ELECTRON & COMPUT interrupteur *m* à bascule.

Togo ['təʊgəʊ] *n* Togo *m*; **in ~** au Togo.

Togolese [,təʊgə'liːz] ◇ *adj* togolais(e). ◇ *n* Togolais *m*, -e *f*.

togs [tɒgz] *npl inf* fringues *fpl*.

toil [tɔɪl] *literary* ◇ *n* labeur *m*. ◇ *vi* travailler dur.

◆ **toil away** *vi*: **to ~ away (at sthg)** travailler dur (à qqch).

toilet ['tɔɪlɪt] *n* [lavatory] toilettes *fpl*, cabinets *mpl*; **to go to the ~** aller aux toilettes OR aux cabinets.

toilet bag *n* trousse *f* de toilette.

toilet paper *n* (*U*) papier *m* hygiénique.

toiletries ['tɔɪlɪtrɪz] *npl* articles *mpl* de toilette.

toilet roll *n* rouleau *m* de papier hygiénique.

toilet soap *n* savonnette *f*.

toilet-trained [-,treɪnd] *adj* propre.

toilet water *n* eau *f* de toilette.

to-ing and fro-ing [,tuːɪŋən'frəʊɪŋ] *n* (*U*) allées *fpl* et venues.

token ['təʊkn] ◇ *adj* symbolique. ◇ *n* -1. [voucher] bon *m*. -2. [symbol] marque *f*.

◆ **by the same token** *adv* de même.

Tokyo ['təʊkjəʊ] *n* Tokyo.

told [təʊld] *pt & pp* → **tell**.

tolerable ['tɒlərəbl] *adj* passable.

tolerably ['tɒlərəblɪ] *adv* passablement.

tolerance ['tɒlərəns] *n* tolérance *f*.

tolerant ['tɒlərənt] *adj* tolérant(e).

tolerate ['tɒləreɪt] *vt* -1. [put up with] supporter. -2. [permit] tolérer.

toleration [,tɒlə'reɪʃn] *n* (*U*) tolérance *f*.

toll [təʊl] ◇ *n* -1. [number] nombre *m*. -2. [fee] péage *m*. -3. *phr*: **to take its ~** se faire sentir. ◇ *vt & vi* sonner.

tollbooth ['təʊlbuːθ] *n* poste *m* de péage.

toll bridge *n* pont *m* à péage.

toll-free *Am* ◇ *adj*: **~ number** numéro *m* vert. ◇ *adv*: **to call ~** appeler un numéro vert.

tomato [*Br* tə'mɑːtəʊ, *Am* tə'meɪtəʊ] (*pl* -es) *n* tomate *f*.

tomb [tuːm] *n* tombe *f*.

tombola [tɒm'bəʊlə] *n* tombola *f*.

tomboy ['tɒmbɔɪ] *n* garçon *m* manqué.

tombstone ['tuːmstəʊn] *n* pierre *f* tombale.

tomcat ['tɒmkæt] *n* matou *m*.

tomfoolery [tɒm'fuːlərɪ] *n* (*U*) bêtises *fpl*.

tomorrow [tə'mɒrəʊ] ◇ *n* demain *m*. ◇ *adv* demain.

ton [tʌn] (*pl inv* OR -s) *n* -1. [imperial] = 1016 kg *Br*, = 907,2 kg *Am*, ≃ tonne *f*. -2. [metric] = 1000 kg, tonne *f*. -3. *phr*: **to weigh a ~** *inf* peser une tonne; **to come down on sb like a ~ of bricks** tomber sur qqn à bras raccourcis.

◆ **tons** *npl inf*: **~s (of)** des tas (de), plein (de).

tonal ['təʊnl] *adj* tonal(e).

tone [təʊn] n **-1.** [gen] ton m. **-2.** [on phone] tonalité f. **-3.** phr: **to lower the ~ (of)** rabaisser le ton (de).

◆ **tone down** vt sep modérer.

◆ **tone in** vi: **to ~ in (with)** s'harmoniser (avec).

◆ **tone up** vt sep tonifier.

tone-deaf adj qui n'a aucune oreille.

toner ['təʊnər] n **-1.** [for photocopier, printer] toner m. **-2.** [cosmetic] astringent m, lotion f tonique.

Tonga ['tɒŋgə] n Tonga; **in ~** à Tonga.

tongs [tɒŋz] npl pinces fpl; [for hair] fer m à friser.

tongue [tʌŋ] n **-1.** [gen] langue f; **to have a sharp ~** avoir la langue bien acérée OR affilée; **to have one's ~ in one's cheek** inf ne pas être sérieux; **to hold one's ~** fig tenir sa langue; **~s will wag** on va jaser. **-2.** [of shoe] languette f.

tongue-in-cheek adj ironique.

tongue-tied [-,taɪd] adj muet(ette).

tongue twister [-,twɪstər] n phrase f difficile à dire.

tonic ['tɒnɪk] n **-1.** [tonic water] Schweppes® m. **-2.** [medicine] tonique m; **the holiday was a real ~** fig ces vacances m'ont fait beaucoup de bien.

tonic water n Schweppes® m.

tonight [tə'naɪt] ◇ n ce soir m; [late] cette nuit f. ◇ adv ce soir; [late] cette nuit.

tonnage ['tʌnɪdʒ] n tonnage m.

tonne [tʌn] (pl inv OR **-s**) n tonne f.

tonsil ['tɒnsl] n amygdale f.

tonsil(l)itis [,tɒnsɪ'laɪtɪs] n (U) amygdalite f.

too [tuː] adv **-1.** [also] aussi. **-2.** [excessively] trop; **~ many people** trop de gens; **it was over all ~ soon** ça s'était terminé bien trop tôt; **I'd be only ~ happy to help** je serais trop heureux de vous aider; **I wasn't ~ impressed** ça ne m'a pas impressionné outre mesure.

took [tʊk] pt → take.

tool [tuːl] n lit & fig outil m; **to down ~s** Br cesser le travail; **the ~s of sb's trade** les outils du métier de qqn.

◆ **tool around** vi Am inf traîner.

tool bar n COMPUT barre f d'outils.

tool box n boîte f à outils.

tool kit n trousse f à outils.

toot [tuːt] ◇ n coup m de klaxon. ◇ vt: **to ~ one's horn** klaxonner. ◇ vi klaxonner.

tooth [tuːθ] (pl teeth) n dent f; **to be long in the ~** Br pej n'être plus tout jeune; **to be fed up to the back teeth with** Br inf en avoir ras le bol de; **to grit one's teeth** serrer les dents; **to lie through one's teeth** mentir comme un arracheur de dents.

◆ **teeth** npl fig [power]: **to have no teeth** être impuissant.

toothache ['tuːθeɪk] n mal m OR rage f de dents; **to have ~** avoir mal aux dents.

toothbrush ['tuːθbrʌʃ] n brosse f à dents.

toothless ['tuːθlɪs] adj édenté(e).

toothpaste ['tuːθpeɪst] n (pâte f) dentifrice m.

toothpick ['tuːθpɪk] n cure-dents m inv.

tooth powder n poudre f dentifrice.

tootle ['tuːtl] vi inf: **to ~ off** se sauver.

top [tɒp] (pt & pp **-ped**, cont **-ping**) ◇ adj **-1.** [highest] du haut. **-2.** [most important, successful - officials] important(e); [- executives] supérieur(e); [- pop singer] fameux(euse); [- sportsman, sportswoman] meilleur(e); [- in exam] premier(ière). **-3.** [maximum] maximum; **at ~ speed** à toute vitesse.

◇ n **-1.** [highest point - of hill] sommet m; [- of page, pile] haut m; [- of tree] cime f; [- of list] début m, tête f; **at the ~ of the stairs/ the street** en haut de l'escalier/la rue; **on ~** dessus; **to go over the ~** Br en faire un peu trop, exagérer; **at the ~ of one's voice** à tue-tête. **-2.** [lid - of bottle, tube] bouchon m; [- of pen] capuchon m; [- of jar] couvercle m. **-3.** [of table, box] dessus m. **-4.** [clothing] haut m. **-5.** [toy] toupie f. **-6.** [highest rank - in league] tête f; [- in scale] haut m; [- SCH] premier m, -ière f.

◇ vt **-1.** [be first in] être en tête de. **-2.** [better] surpasser; **to ~ an offer** surenchérir. **-3.** [exceed] dépasser.

◆ **on top of** prep **-1.** [in space] sur. **-2.** [in addition to] en plus de. **-3.** [in control of]: **to be on ~ of one's work** avoir son travail bien en main. **-4.** phr: **my work is getting on ~ of me** je me suis laissé dépasser par mon travail; **things are getting on ~ of me** je suis complètement dépassé.

◆ **top up** Br, **top off** Am vt sep remplir.

topaz ['təʊpæz] n topaze f.

top brass n (U) inf: **the ~** les gros bonnets mpl.

topcoat ['tɒpkəʊt] n **-1.** [item of clothing] manteau m. **-2.** [paint] dernière couche f.

top dog n inf chef m.

top-flight adj de premier ordre.

top floor n dernier étage m.

top gear n quatrième/cinquième vitesse f.

top hat n haut-de-forme m.

top-heavy adj mal équilibré(e).

topic ['tɒpɪk] n sujet m.

topical ['tɒpɪkl] *adj* d'actualité.

topknot ['tɒpnɒt] *n* [in hair] houppe *f*.

topless ['tɒplɪs] *adj* [woman] aux seins nus; ~ **swimsuit** monokini *m*.

top-level *adj* au plus haut niveau.

topmost ['tɒpməʊst] *adj* le plus haut (la plus haute).

top-notch *adj inf* de premier choix.

topographer [tə'pɒɡrəfə'] *n* topographe *mf*.

topography [tə'pɒɡrəfɪ] *n* topographie *f*.

topped [tɒpt] *adj*: ~ **by** OR **with** recouvert(e) de.

topping ['tɒpɪŋ] *n* garniture *f*.

topple ['tɒpl] ◇ *vt* renverser. ◇ *vi* basculer.
◆ **topple over** *vi* tomber.

top-ranking [-'ræŋkɪŋ] *adj* [official] haut placé(e); [player] haut classé(e).

TOPS [tɒps] (*abbr of* **Training Opportunities Scheme**) *n programme du recyclage professionnel en Grande-Bretagne.*

top-secret *adj* top secret (top secrète).

top-security *adj* de haute surveillance.

topsoil ['tɒpsɔɪl] *n* terre *f*.

topspin ['tɒpspɪn] *n* lift *m*.

topsy-turvy [,tɒpsɪ'tɜːvɪ] ◇ *adj* **-1.** [messy] sens dessus dessous. **-2.** [confused]: **to be** ~ ne pas tourner rond. ◇ *adv* [messily] sens dessus dessous.

tor [tɔː'] *n* [hill] colline *f* rocheuse.

torch [tɔːtʃ] *n* **-1.** *Br* [electric] lampe *f* électrique. **-2.** [burning] torche *f*.

tore [tɔː'] *pt* → tear².

torment [*n* 'tɔːment, *vb* tɔː'ment] ◇ *n* tourment *m*. ◇ *vt* tourmenter.

tormentor [tɔː'mentə'] *n* bourreau *m*.

torn [tɔːn] *pp* → tear².

tornado [tɔː'neɪdəʊ] (*pl* -es OR -s) *n* tornade *f*.

Toronto [tə'rɒntəʊ] *n* Toronto.

torpedo [tɔː'piːdəʊ] (*pl* -es) ◇ *n* torpille *f*. ◇ *vt* torpiller.

torpedo boat *n* torpilleur *m*.

torpor ['tɔːpə'] *n* torpeur *f*.

torque [tɔːk] *n* couple *m* (de torsion).

torrent ['tɒrənt] *n* torrent *m*.

torrential [tə'renʃl] *adj* torrentiel(ielle).

torrid ['tɒrɪd] *adj* **-1.** [hot] torride. **-2.** *fig* [passionate] ardent(e).

torso ['tɔːsəʊ] (*pl* -s) *n* torse *m*.

tortoise ['tɔːtəs] *n* tortue *f*.

tortoiseshell ['tɔːtəʃel] ◇ *adj*: ~ **cat** chat *m* roux tigré. ◇ *n* (*U*) [material] écaille *f*. ◇ *comp* en écaille.

tortuous ['tɔːtʃʊəs] *adj* **-1.** [winding] tortueux(euse). **-2.** [over-complicated] alambiqué(e).

torture ['tɔːtʃə'] ◇ *n* torture *f*. ◇ *vt* torturer.

torturer ['tɔːtʃərə'] *n* tortionnaire *mf*.

Tory ['tɔːrɪ] (*pl* -ies) ◇ *adj* tory, conservateur(trice). ◇ *n* tory *mf*, conservateur *m*, -trice *f*.

toss [tɒs] ◇ *vt* **-1.** [throw] jeter; **to** ~ **a coin** jouer à pile ou face; **to** ~ **one's head** rejeter la tête en arrière. **-2.** [salad] remuer; [pancake] faire sauter. **-3.** [throw about] ballotter. ◇ *vi* **-1.** [with coin] jouer à pile ou face. **-2.** [move about]: **to** ~ **and turn** se tourner et se retourner. ◇ *n* **-1.** [of coin] coup *m* de pile ou face. **-2.** [of head] mouvement *m* brusque.
◆ **toss up** *vi* jouer à pile ou face.

toss-up *n inf*: **it was a** ~ **who'd win** il était impossible de savoir qui allait gagner.

tot [tɒt] (*pt & pp* -ted, *cont* -ting) *n* **-1.** *inf* [small child] tout-petit *m*. **-2.** [of drink] larme *f*, goutte *f*.
◆ **tot up** *vt sep inf* additionner.

total ['təʊtl] (*Br pt & pp* -led, *cont* -ling, *Am pt & pp* -ed, *cont* -ing) ◇ *adj* total(e); [disgrace, failure] complet (complète); **a** ~ **fool** un abruti fini. ◇ *n* total *m*; **in** ~ au total. ◇ *vt* **-1.** [add up] additionner. **-2.** [amount to] s'élever à. **-3.** *Am inf* [wreck] bousiller, détruire.

totalitarian [,təʊtælɪ'teərɪən] *adj* totalitaire.

totality [təʊ'tælətɪ] *n* totalité *f*.

totally ['təʊtəlɪ] *adv* totalement; **I** ~ **agree** je suis entièrement d'accord.

tote bag [təʊt-] *n Am* sac *m* (à provisions).

totem pole ['təʊtəm-] *n* mât *m* totémique.

toto ['təʊtəʊ]
◆ **in toto** *adv fml* entièrement, complètement.

totter ['tɒtə'] *vi lit & fig* chanceler.

toucan ['tuːkən] *n* toucan *m*.

touch [tʌtʃ] ◇ *n* **-1.** (*U*) [sense] toucher *m*. **-2.** [detail] touche *f*; **to put the finishing** ~es **to sthg** mettre la dernière main à qqch. **-3.** (*U*) [skill] marque *f*, note *f*. **-4.** [contact]: **to keep in** ~ (**with sb**) rester en contact (avec qqn); **to get in** ~ **with sb** entrer en contact avec qqn; **to lose** ~ [friends] se perdre de vue; **to lose** ~ **with sb** perdre qqn de vue; **to be out of** ~ **with** ne plus être au courant de. **-5.** SPORT: **in** ~ en touche. **-6.** [small amount]: **a** ~ un petit peu. **-7.** *phr*: **it was** ~ **and go** c'était tangent; **it was** ~ **and go whether ...** il n'était pas sûr que ...; **he's**

a soft ~ [for money] **on peut le taper facilement.** ◇ *vt* toucher. ◇ *vi* **-1.** [with fingers etc] toucher. **-2.** [be in contact] se toucher.

◆ **a touch** *adv* [loud, bright] un peu trop.

◆ **touch down** *vi* [plane] atterrir.

◆ **touch on** *vt fus* effleurer.

touch-and-go *adj* incertain(e).

touchdown ['tʌtʃdaʊn] *n* **-1.** [of plane] atterrissage *m*. **-2.** [in American football] but *m*.

touched [tʌtʃt] *adj* **-1.** [grateful] touché(e). **-2.** *inf* [slightly mad] fêlé(e).

touching ['tʌtʃɪŋ] *adj* touchant(e).

touch judge *n* RUGBY juge *m* de touche.

touchline ['tʌtʃlaɪn] *n* ligne *f* de touche.

touchpaper ['tʌtʃ,peɪpə'] *n* papier *m* nitraté.

touch-type *vi* taper au toucher.

touchy ['tʌtʃɪ] (*compar* **-ier**, *superl* **-iest**) *adj* **-1.** [person] susceptible; **to be ~ about sthg** ne pas aimer parler de qqch. **-2.** [subject, question] délicat(e).

tough [tʌf] *adj* **-1.** [material, vehicle, person] solide; [character, life] dur(e). **-2.** [meat] dur(e). **-3.** [decision, problem, task] difficile. **-4.** [rough - area of town] dangereux(euse). **-5.** [strict] sévère. **-6.** *inf* [unfortunate]: **~ luck!** pas de veine!; **that's ~!** c'est vache!, c'est malheureux!

toughen ['tʌfn] *vt* **-1.** [character] endurcir. **-2.** [material] renforcer.

toughened ['tʌfnd] *adj* [glass] trempé(e).

toughness ['tʌfnɪs] *n* (*U*) **-1.** [resilience] dureté *f*. **-2.** [of material] solidité *f*. **-3.** [of decision, problem, task] difficulté *f*. **-4.** [strictness] sévérité *f*.

toupee ['tu:peɪ] *n* postiche *m*.

tour [tʊə'] ◇ *n* **-1.** [journey] voyage *m*; [by pop group etc] tournée *f*. **-2.** [of town, museum] visite *f*, tour *m*. ◇ *vt* visiter. ◇ *vi*: **to ~ round a country** visiter un pays.

tourer ['tʊərə'] *n* voiture *f* de tourisme.

touring ['tʊərɪŋ] ◇ *adj* [show, theatre group] en tournée; [exhibition] ambulant(e). ◇ *n* tourisme *m*; **to go ~** faire du tourisme.

tourism ['tʊərɪzm] *n* tourisme *m*.

tourist ['tʊərɪst] *n* touriste *mf*.

tourist class *n* classe *f* touriste.

tourist (information) office *n* office *m* de tourisme.

touristy ['tʊərɪstɪ] *adj pej* touristique.

tournament ['tɔ:nəmənt] *n* tournoi *m*.

tourniquet ['tʊənɪkeɪ] *n* tourniquet *m*.

tour operator *n* voyagiste *m*.

tousle ['taʊzl] *vt* ébouriffer.

tout [taʊt] ◇ *n* revendeur *m* de billets. ◇ *vt* [tickets] revendre; [goods] vendre. ◇ *vi*: **to ~ for trade** racoler les clients.

tow [təʊ] ◇ *n*: **to give sb a ~** remorquer qqn; **"on ~"** *Br* «véhicule en remorque»; **with sb in ~** à la suite de qqn. ◇ *vt* remorquer.

towards *Br* [tə'wɔ:dz], **toward** *Am* [tə'wɔ:d] *prep* **-1.** [gen] vers; [movement] vers, en direction de. **-2.** [in attitude] envers. **-3.** [for the purpose of] pour.

towaway zone ['təʊəweɪ-] *n Am* zone de stationnement interdit sous peine de mise à la fourrière.

towbar ['təʊbɑ:] *n* barre *f* de remorquage.

towel ['taʊəl] *n* serviette *f*; [tea towel] torchon *m*.

towelling *Br*, **toweling** *Am* ['taʊəlɪŋ] *n* (*U*) tissu *m* éponge.

towel rail *n* porte-serviettes *m inv*.

tower ['taʊə'] ◇ *n* tour *f*; **a ~ of strength** *Br* un appui solide. ◇ *vi* s'élever; **to ~ over sb/sthg** dominer qqn/qqch.

tower block *n Br* tour *f*.

towering ['taʊərɪŋ] *adj* imposant(e).

town [taʊn] *n* ville *f*; **to go out on the ~** faire la tournée des grands ducs; **to go to ~ on sthg** *fig* ne pas lésiner sur qqch.

town centre *n* centre-ville *m*.

town clerk *n* ≃ secrétaire *m* de mairie.

town council *n* conseil *m* municipal.

town hall *n* mairie *f*.

town house *n* [fashionable house] hôtel *m* particulier.

town plan *n* plan *m* de ville.

town planner *n* urbaniste *mf*.

town planning *n* urbanisme *m*.

townsfolk ['taʊnzfəʊk], **townspeople** ['taʊnz,pi:pl] *npl* citadins *mpl*.

township ['taʊnʃɪp] *n* **-1.** [in South Africa] township *f*. **-2.** [in US] ≃ canton *m*.

towpath ['təʊpɑ:θ, *pl* -pɑ:ðz] *n* chemin *m* de halage.

towrope ['təʊrəʊp] *n* câble *m* de remorquage.

tow truck *n Am* dépanneuse *f*.

toxic ['tɒksɪk] *adj* toxique.

toxin ['tɒksɪn] *n* toxine *f*.

toy [tɔɪ] *n* jouet *m*.

◆ **toy with** *vt fus* **-1.** [idea] caresser. **-2.** [coin etc] jouer avec; **to ~ with one's food** manger du bout des dents.

toy boy *n inf* étalon *m*, jeune amant d'une femme plus âgée.

toy shop *n* magasin *m* de jouets.

trace [treɪs] ◇ *n* trace *f*; **without** ∼ sans laisser de traces. ◇ *vt* **-1.** [relatives, criminal] retrouver; [development, progress] suivre; [history, life] retracer. **-2.** [on paper] tracer.

trace-element *n* oligo-élément *m*.

tracer bullet ['treɪsə-] *n* balle *f* traçante.

tracing ['treɪsɪŋ] *n* [copy] calque *m*.

tracing paper *n* (*U*) papier-calque *m*.

track [træk] ◇ *n* **-1.** [path] chemin *m*; **off the beaten** ∼ hors des sentiers battus. **-2.** SPORT piste *f*. **-3.** RAIL voie *f* ferrée. **-4.** [of animal, person] trace *f*; **to hide** OR **cover one's** ∼**s** brouiller les pistes; **to stop dead in one's** ∼**s** s'arrêter net. **-5.** [on record, tape] piste *f*. **-6.** *phr:* **to keep** ∼ **of sb** rester en contact avec qqn; **to keep** ∼ **of** [events] suivre; **to lose** ∼ **of sb** perdre contact avec qqn; **to lose** ∼ **of** [events] ne plus suivre; **to lose** ∼ **of time** perdre la notion du temps; **to be on the right** ∼ être sur la bonne voie; **to be on the wrong** ∼ être sur la mauvaise piste.
◇ *vt* suivre la trace de.
◇ *vi* [camera] faire un travelling.
◆ **track down** *vt sep* [criminal, animal] dépister; [object, address etc] retrouver.

trackball ['trækbɔːl] *n* COMPUT boule *f* de commande.

tracker dog ['trækə-] *n* chien *m* policier.

track event *n* épreuve *f* sur piste.

tracking station ['trækɪŋ-] *n* station *f* d'observation.

track record *n* palmarès *m*.

track shoes *npl* chaussures *fpl* à pointes.

tracksuit ['træksuːt] *n* survêtement *m*.

tract [trækt] *n* **-1.** [pamphlet] tract *m*. **-2.** [of land, forest] étendue *f*. **-3.** MED appareil *m*.

traction ['trækʃn] *n* (*U*) **-1.** PHYSICS traction *f*. **-2.** MED extension *f*; **in** ∼ en extension.

traction engine *n* locomobile *f*.

tractor ['træktə-] *n* tracteur *m*.

tractor-trailer *n* Am semi-remorque *m*.

trade [treɪd] ◇ *n* **-1.** (*U*) [commerce] commerce *m*. **-2.** [job] métier *m*; **by** ∼ de son état. ◇ *vt* [exchange]: **to** ∼ **sthg (for)** échanger qqch (contre). ◇ *vi* **-1.** COMM: ∼ **(with sb)** commercer (avec qqn). **-2.** *Am* [shop]: **to** ∼ **at** OR **with** faire ses courses à OR chez.
◆ **trade in** *vt sep* [exchange] échanger, faire reprendre.

trade barrier *n* barrière *f* douanière.

trade deficit *n* déficit *m* commercial.

trade discount *n* remise *f* confraternelle.

trade fair *n* exposition *f* commerciale.

trade gap *n* déficit *m* commercial.

trade-in *n* reprise *f*.

trademark ['treɪdmɑːk] *n* **-1.** COMM marque *f* de fabrique. **-2.** *fig* [characteristic] marque *f*.

trade name *n* nom *m* de marque.

trade-off *n* compromis *m*.

trade price *n* prix *m* de gros.

trader ['treɪdə-] *n* marchand *m*, -e *f*, commerçant *m*, -e *f*.

trade route *n* route *f* commerciale.

trade secret *n* secret *m* de fabrication.

tradesman ['treɪdzmən] (*pl* **-men** [-mən]) *n* commerçant *m*.

tradespeople ['treɪdz,piːpl] *npl* commerçants *mpl*.

trade(s) union *n* Br syndicat *m*.

Trades Union Congress *n* Br: **the** ∼ la Confédération des syndicats britanniques.

trade(s) unionist *n* Br syndicaliste *mf*.

trade wind *n* alizé *m*.

trading ['treɪdɪŋ] *n* (*U*) commerce *m*.

trading estate *n* Br zone *f* industrielle.

trading stamp *n* timbre-prime *m*.

tradition [trə'dɪʃn] *n* tradition *f*.

traditional [trə'dɪʃənl] *adj* traditionnel(elle).

traditionally [trə'dɪʃnəlɪ] *adv* traditionnellement.

traffic ['træfɪk] (*pt* & *pp* **-ked**, *cont* **-king**) ◇ *n* (*U*) **-1.** [vehicles] circulation *f*. **-2.** [illegal trade]: ∼ **(in)** trafic *m* (de). ◇ *vi*: **to** ∼ **in** faire le trafic de.

traffic circle *n* Am rond-point *m*.

traffic island *n* refuge *m*.

traffic jam *n* embouteillage *m*.

trafficker ['træfɪkə-] *n*: ∼ **(in)** trafiquant *m*, -e *f* (de).

traffic lights *npl* feux *mpl* de signalisation.

traffic offence Br, **traffic violation** Am *n* infraction *f* au code de la route.

traffic sign *n* panneau *m* de signalisation.

traffic violation Am = **traffic offence**.

traffic warden *n* Br contractuel *m*, -elle *f*.

tragedy ['trædʒədɪ] (*pl* **-ies**) *n* tragédie *f*.

tragic ['trædʒɪk] *adj* tragique.

tragically ['trædʒɪklɪ] *adv* tragiquement, de façon tragique.

trail [treɪl] ◇ *n* **-1.** [path] sentier *m*; **to blaze a** ∼ *fig* faire œuvre de pionnier. **-2.** [trace] piste *f*; **on the** ∼ **of** sur la piste de. ◇ *vt* **-1.** [drag] traîner. **-2.** [follow] suivre. ◇ *vi* **-1.** [drag, move slowly] traîner. **-2.** SPORT [lose]: **to be** ∼**ing** être mené(e).
◆ **trail away**, **trail off** *vi* s'estomper.

trailblazing ['treɪl,bleɪzɪŋ] *adj* de pionnier.

trailer ['treɪlə'] *n* **-1.** [vehicle - for luggage] remorque *f*; [- for living in] **caravane** *f*. **-2.** CINEMA bande-annonce *f*.

trailer park *n Am terrain aménagé pour les camping-cars.*

train [treɪn] ◇ *n* **-1.** RAIL train *m*. **-2.** [of dress] traîne *f*. ◇ *vt* **-1.** [teach]: **to ~ sb to do sthg** apprendre à qqn à faire qqch. **-2.** [for job] former; **to ~ sb as/in** former qqn comme/dans. **-3.** SPORT: **to ~ sb (for)** entraîner qqn (pour). **-4.** [plant] faire grimper. **-5.** [gun, camera] braquer. ◇ *vi* **-1.** [for job]: **to ~ (as)** recevoir OR **faire une formation (de). -2.** SPORT: **to ~ (for)** s'entraîner (pour).

trained [treɪnd] *adj* formé(e).

trainee [treɪ'niː] ◇ *adj* stagiaire, apprenti(e). ◇ *n* stagiaire *mf*.

trainer ['treɪnə'] *n* **-1.** [of animals] dresseur *m*, -euse *f*. **-2.** SPORT entraîneur *m*.

◆ **trainers** *npl Br* chaussures *fpl* de sport.

training ['treɪnɪŋ] *n* (*U*) **-1.** [for job]: **~ (in)** formation *f* (de). **-2.** SPORT entraînement *m*.

training college *n Br* école *f* professionnelle.

training course *n* cours *m* OR stage *m* de formation.

training shoes *npl Br* chaussures *fpl* de sport.

train of thought *n*: **my/his ~** le fil de mes/ses pensées.

train set *n* train *m* électrique.

train spotter [-ˌspɒtə'] *n* passionné *m*, -e *f* de trains.

train station *n Am* gare *f*.

traipse [treɪps] *vi* traîner.

trait [treɪt] *n* trait *m*.

traitor ['treɪtə'] *n* traître *m*.

trajectory [trə'dʒektərɪ] (*pl* -ies) *n* trajectoire *f*.

tram [træm], **tramcar** ['træmkɑː'] *n Br* tram *m*, tramway *m*.

tramlines ['træmlaɪnz] *npl Br* **-1.** [for trams] voies *fpl* de tram. **-2.** TENNIS lignes *fpl* de côté.

tramp [træmp] ◇ *n* **-1.** [homeless person] clochard *m*, -e *f*. **-2.** *Am inf* [woman] traînée *f*. ◇ *vt* [countryside] parcourir, battre; **to ~ the streets** battre le pavé. ◇ *vi* marcher d'un pas lourd.

trample ['træmpl] ◇ *vt* piétiner. ◇ *vi*: **to ~ on sthg** piétiner qqch; **to ~ on sb** *fig* bafouer qqn.

trampoline ['træmpəliːn] *n* trampoline *m*.

trance [trɑːns] *n* transe *f*; **in a ~** en transe.

tranquil ['træŋkwɪl] *adj* tranquille.

tranquility *Am* = tranquillity.

tranquilize *Am* = tranquillize.

tranquilizer *Am* = tranquillizer.

tranquillity *Br*, **tranquility** *Am* [træŋ'kwɪlətɪ] *n* tranquillité *f*.

tranquillize, -ise *Br*, **tranquilize** *Am* ['træŋkwɪlaɪz] *vt* mettre sous tranquillisants OR calmants.

tranquillizer *Br*, **tranquilizer** *Am* ['træŋkwɪlaɪzə'] *n* tranquillisant *m*, calmant *m*.

transact [træn'zækt] *vt* traiter, régler.

transaction [træn'zækʃn] *n* transaction *f*.

transatlantic [ˌtrænzət'læntɪk] *adj* [flight, crossing] transatlantique; [politics] d'outre-Atlantique.

transceiver [træn'siːvə'] *n* émetteur-récepteur *m*.

transcend [træn'send] *vt* transcender.

transcendental meditation [ˌtrænsen-'dentl-] *n* méditation *f* transcendantale.

transcribe [træn'skraɪb] *vt* transcrire.

transcript ['trænskrɪpt] *n* transcription *f*.

transept ['trænsept] *n* transept *m*.

transfer [*n* 'trænsfɜː', *vb* træns'fɜː'] (*pt* & *pp* -red, *cont* -ring) ◇ *n* **-1.** [gen] transfert *m*; [of power] passation *f*; [of money] virement *m*. **-2.** [design] décalcomanie *f*. **-3.** *Am* [ticket] ticket permettant de changer de train ou de bus sans payer de supplément. ◇ *vt* **-1.** [gen] transférer; [power, control] faire passer; [money] virer. **-2.** [employee] transférer, muter. ◇ *vi* être transféré.

transferable [træns'fɜːrəbl] *adj* transférable, transmissible; **not ~** [ticket] non cessible.

transference ['trænsfərəns] *n* [of power] passation *f*.

transfer fee *n Br* SPORT prix *m* d'un transfert.

transfigure [træns'fɪgə'] *vt* transfigurer.

transfix [træns'fɪks] *vt*: **to be ~ed with fear** être paralysé(e) par la peur.

transform [træns'fɔːm] *vt*: **to ~ sb/sthg (into)** transformer qqn/qqch (en).

transformation [ˌtrænsfə'meɪʃn] *n* transformation *f*.

transformer [træns'fɔːmə'] *n* ELEC transformateur *m*.

transfusion [træns'fuːʒn] *n* transfusion *f*.

transgress [træns'gres] *fml* ◇ *vt* transgresser. ◇ *vi* pécher.

transgression [træns'greʃn] *n fml* **-1.** [fault] faute *f*. **-2.** (*U*) [doing wrong] transgression *f*.

573   **trawl**

transient ['trænzɪənt] ◇ adj passager(ère).
◇ n Am [person] voyageur m, -euse f en
transit.

transistor [træn'zɪstər] n transistor m.

transistor radio n transistor m.

transit ['trænsɪt] n: in ~ en transit.

transit camp n camp m volant.

transition [træn'zɪʃn] n transition f; in ~
en transition.

transitional [træn'zɪʃənl] adj de transition.

transitive ['trænzɪtɪv] adj GRAMM transi-
tif(ive).

transit lounge n salle f de transit.

transitory ['trænzɪtrɪ] adj transitoire.

translate [træns'leɪt] ◇ vt traduire. ◇ vi
[person] traduire; [expression, word] se traduire.

translation [træns'leɪʃn] n traduction f.

translator [træns'leɪtər] n traducteur m,
-trice f.

translucent [trænz'luːsnt] adj translucide.

transmission [trænz'mɪʃn] n **-1.** [gen]
transmission f. **-2.** RADIO & TV [programme]
émission f.

transmit [trænz'mɪt] (pt & pp **-ted**, cont
-ting) vt transmettre.

transmitter [trænz'mɪtər] n émetteur m.

transparency [trans'pærənsɪ] (pl **-ies**) n **-1.**
PHOT diapositive f; [for overhead projector]
transparent m. **-2.** (U) [quality] transparence f.

transparent [træns'pærənt] adj transpa-
rent(e).

transpire [træn'spaɪər] fml ◇ vt: it ~s that
... on a appris que .... ◇ vi [happen] se passer, arriver.

transplant [n 'trænsplɑːnt, vb træns'plɑːnt]
◇ n MED greffe f, transplantation f. ◇ vt **-1.**
MED greffer, transplanter. **-2.** [seedlings] repiquer. **-3.** [move] transplanter.

transport [n 'trænspɔːt, vb træn'spɔːt] ◇ n
transport m. ◇ vt transporter.

transportable [træn'spɔːtəbl] adj transportable.

transportation [ˌtrænspɔː'teɪʃn] n transport
m.

transport cafe n Br restaurant m de routiers, routier m.

transporter [træn'spɔːtər] n [for cars] transporteur m de voitures.

transpose [træns'pəʊz] vt transposer.

transsexual [træns'sekʃʊəl] n trans-
sexuel(elle).

transvestite [trænz'vestaɪt] n travesti m, -e
f.

trap [træp] (pt & pp **-ped**, cont **-ping**) ◇ n
piège m. ◇ vt prendre au piège; **to be
trapped** être coincé; **to be trapped in a relationship** être piégé dans une relation.

trapdoor [ˌtræp'dɔːr] n trappe f.

trapeze [trə'piːz] n trapèze m.

trapper ['træpər] n trappeur m.

trappings ['træpɪŋz] npl signes mpl extérieurs.

trash [træʃ] n (U) **-1.** Am [refuse] ordures
fpl. **-2.** inf pej [poor-quality thing] camelote f.

trashcan ['træʃkæn] n Am poubelle f.

trashy ['træʃɪ] (compar **-ier**, superl **-iest**) adj
inf qui ne vaut rien, nul (nulle).

trauma ['trɔːmə] n MED trauma m; fig traumatisme m.

traumatic [trɔː'mætɪk] adj traumatisant(e).

traumatize, -ise ['trɔːmətaɪz] vt traumatiser.

travel ['trævl] (Br pt & pp **-led**, cont **-ling**,
Am pt & pp **-ed**, cont **-ing**) ◇ n (U) voyage
m, voyages mpl. ◇ vt parcourir. ◇ vi **-1.**
[make journey] voyager. **-2.** [move - current,
signal] aller, passer; [- news] se répandre,
circuler.
◆ **travels** npl voyages mpl.

travel agency n agence f de voyages.

travel agent n agent m de voyages; **to/at
the ~'s** à l'agence f de voyages.

travel brochure n dépliant m touristique.

traveler etc Am = **traveller** etc.

travelled Br, **traveled** Am ['trævld] adj **-1.**
[person] qui a beaucoup voyagé. **-2.** [road,
route]: **much ~** très fréquenté(e).

traveller Br, **traveler** Am ['trævlər] n **-1.**
[person on journey] voyageur m, -euse f. **-2.**
[sales representative] représentant m.

traveller's cheque n chèque m de voyage.

travelling Br, **traveling** Am ['trævlɪŋ] adj
-1. [theatre, circus] ambulant(e). **-2.** [clock,
bag etc] de voyage; [allowance] de déplacement; **~ time** durée f du voyage.

travelling expenses npl frais mpl de déplacement.

travelling salesman n représentant m.

travelogue, travelog Am ['trævəlɒg] n **-1.**
[talk] compte-rendu m OR récit m de
voyage. **-2.** [film] documentaire m.

travelsick ['trævəlsɪk] adj: **to be ~** avoir le
mal de la route/de l'air/de mer.

traverse ['trævəs, ˌtrə'vɜːs] vt fml traverser.

travesty ['trævəstɪ] (pl **-ies**) n parodie f.

trawl [trɔːl] ◇ n [fishing net] chalut m. ◇ vt
[area of sea] pêcher au chalut dans. ◇ vi: **to**

~ **for cod/mackerel** pêcher la morue/le hareng au chalut.

trawler ['trɔ:lə^r] n chalutier m.

tray [treɪ] n plateau m.

treacherous ['tretʃərəs] adj traître (traîtresse).

treachery ['tretʃərɪ] n traîtrise f.

treacle ['tri:kl] n Br mélasse f.

tread [tred] (pt **trod**, pp **trodden**) ◇ n **-1.** [on tyre] bande f de roulement; [of shoe] semelle f. **-2.** [way of walking] pas m; [sound] bruit m de pas. ◇ vt [crush]: **to ~ sthg into** écraser qqch dans. ◇ vi: **to ~ (on)** marcher (sur); **to ~ carefully** fig y aller doucement.

treadle ['tredl] n pédale f.

treadmill ['tredmɪl] n **-1.** [wheel] trépigneuse f. **-2.** fig [dull routine] routine f, train-train m.

treas. (abbr of **treasurer**) trés.

treason ['tri:zn] n trahison f.

treasure ['treʒə^r] ◇ n trésor m. ◇ vt [object] garder précieusement; [memory] chérir.

treasure hunt n chasse f au trésor.

treasurer ['treʒərə^r] n trésorier m, -ière f.

treasure trove n JUR trésor m, objets de valeur trouvés et que personne n'a réclamés.

treasury ['treʒərɪ] (pl **-ies**) n [room] trésorerie f.
◆ **Treasury** n: **the Treasury** le Ministère des Finances.

treasury bill n bon m du Trésor.

treat [tri:t] ◇ vt **-1.** [gen] traiter; **to ~ sb like a child** traiter qqn en enfant; **to ~ sthg as a joke** prendre qqch à la rigolade. **-2.** [on special occasion]: **to ~ sb to sthg** offrir OR payer qqch à qqn; **to ~ o.s. to sthg** s'offrir qqch, se payer qqch. ◇ n **-1.** [gift] cadeau m; **to give sb a ~** faire plaisir à qqn; **this is my ~** [pay for meal, drink] c'est moi qui régale. **-2.** [delight] plaisir m.

treatise ['tri:tɪz] n: ~ **(on)** traité m (de).

treatment ['tri:tmənt] n traitement m.

treaty ['tri:tɪ] (pl **-ies**) n traité m.

treble ['trebl] ◇ adj **-1.** [MUS - voice] de soprano; [- recorder] aigu (aiguë). **-2.** [triple] triple. ◇ n [on stereo control] aigu m; [boy singer] soprano m. ◇ vt & vi tripler.

treble clef n clef f de sol.

tree [tri:] n **-1.** [gen] arbre m; **to be barking up the wrong ~** fig se tromper d'adresse. **-2.** COMPUT arbre m, arborescence f.

tree-lined adj bordé(e) d'arbres.

tree surgeon n arboriculteur m, -trice f.

treetop ['tri:tɒp] n cime f.

tree-trunk n tronc m d'arbre.

trek [trek] (pt & pp **-ked**, cont **-king**) ◇ n randonnée f. ◇ vi faire une randonnée; fig se traîner.

trellis ['trelɪs] n treillis m.

tremble ['trembl] vi trembler.

tremendous [trɪ'mendəs] adj **-1.** [size, success, difference] énorme; [noise] terrible. **-2.** inf [really good] formidable.

tremendously [trɪ'mendəslɪ] adv [exciting, expensive, big] extrêmement; [loud] terriblement.

tremor ['tremə^r] n tremblement m.

tremulous ['tremjʊləs] adj literary [voice] tremblant(e); [smile] timide.

trench [trentʃ] n tranchée f.

trenchant ['trentʃənt] adj mordant(e), incisif(ive).

trench coat n trench-coat m.

trench warfare n (U) guerre f de tranchées.

trend [trend] n [tendency] tendance f.

trendsetter ['trend,setə^r] n personne f qui lance une mode.

trendy [trendɪ] (compar **-ier**, superl **-iest**, pl **-ies**) inf ◇ adj branché(e), à la mode. ◇ n personne f branchée.

trepidation [,trepɪ'deɪʃn] n fml: **in** OR **with** ~ avec inquiétude.

trespass ['trespəs] vi [on land] entrer sans permission; "no ~**ing**" «défense d'entrer».

trespasser ['trespəsə^r] n intrus m, -e f; "~**s will be prosecuted**" «défense d'entrer sous peine de poursuites».

trestle ['tresl] n tréteau m.

trestle table n table f à tréteaux.

trial ['traɪəl] n **-1.** JUR procès m; **to be on ~ (for)** passer en justice (pour). **-2.** [test, experiment] essai m; **on ~** à l'essai; **by ~ and error** en tâtonnant. **-3.** [unpleasant experience] épreuve f; ~**s and tribulations** tribulations fpl.

trial basis n: **on a ~** à l'essai.

trial period n période f d'essai.

trial run n essai m.

trial-size(d) adj [pack, box] d'essai.

triangle ['traɪæŋgl] n **-1.** [gen] triangle m. **-2.** Am [set square] équerre f.

triangular [traɪ'æŋgjʊlə^r] adj triangulaire.

triathlon [traɪ'æθlɒn] (pl **-s**) n triathlon m.

tribal ['traɪbl] adj tribal(e).

tribe [traɪb] n tribu f.

tribulation [,trɪbjʊ'leɪʃn] n → **trial**.

tribunal [traɪ'bju:nl] n tribunal m.

tribune ['trɪbju:n] n HISTORY tribun m.

tributary ['trɪbjʊtrɪ] (pl **-ies**) n affluent m.

tribute ['trɪbjuːt] *n* tribut *m*, hommage *m*; **to pay ~ to** rendre hommage à; **to be a ~ to** sthg témoigner de qqch.

trice [traɪs] *n*: **in a ~** en un clin d'œil.

triceps ['traɪseps] (*pl inv* OR **-cepses**) *n* triceps *m*.

trick [trɪk] ◇ *n* **-1.** [to deceive] tour *m*, farce *f*; **to play a ~ on sb** jouer un tour à qqn. **-2.** [to entertain] tour *m*. **-3.** [knack] truc *m*; **that will do the ~** *inf* ça fera l'affaire. ◇ *comp* [knife, moustache etc] truqué(e), faux (fausse). ◇ *vt* attraper, rouler; **to ~ sb into doing sthg** amener qqn à faire qqch (par la ruse).

trickery ['trɪkərɪ] *n* (*U*) ruse *f*.

trickle ['trɪkl] ◇ *n* [of liquid] filet *m*; **a ~ of** people/letters quelques personnes/lettres. ◇ *vi* [liquid] dégouliner; **to ~ in/out** [people] entrer/sortir par petits groupes.

trick or treat *n* une gâterie ou une farce (*phrase rituelle des enfants déguisés qui font la quête le soir de Halloween*).

trick question *n* question-piège *f*.

tricky ['trɪkɪ] (*compar* **-ier**, *superl* **-iest**) *adj* [difficult] difficile.

tricycle ['traɪsɪkl] *n* tricycle *m*.

trident ['traɪdnt] *n* trident *m*.

tried [traɪd] ◇ *pt & pp* → **try**. ◇ *adj*: **~ and tested** [method, system] qui a fait ses preuves.

trier ['traɪə'] *n*: **to be a ~** être persévérant(e).

trifle ['traɪfl] ◇ *n* **-1.** *Br* CULIN ≃ diplomate *m*. **-2.** [unimportant thing] bagatelle *f*.
◆ **a trifle** *adv* un peu, un tantinet.
◆ **trifle with** *vt fus* badiner avec; [sb's affections] se jouer de.

trifling ['traɪflɪŋ] *adj* insignifiant(e).

trigger ['trɪgə'] ◇ *n* [on gun] détente *f*, gâchette *f*. ◇ *vt* déclencher, provoquer.
◆ **trigger off** *vt sep* déclencher, provoquer.

trigonometry [ˌtrɪgə'nɒmətrɪ] *n* trigonométrie *f*.

trilby ['trɪlbɪ] (*pl* **-ies**) *n Br* feutre *m*.

trill [trɪl] ◇ *n* trille *m*. ◇ *vi* triller.

trillions ['trɪljənz] *npl inf*: **~ (of)** tout un tas (de), plein (de).

trilogy ['trɪlədʒɪ] (*pl* **-ies**) *n* trilogie *f*.

trim [trɪm] (*compar* **-mer**, *superl* **-mest**, *pt & pp* **-med**, *cont* **-ming**) ◇ *adj* **-1.** [neat and tidy] net (nette). **-2.** [slim] svelte. ◇ *n* **-1.** [of hair] coupe *f*. **-2.** [on clothes] garniture *f*; [inside car] garniture intérieure. ◇ *vt* **-1.** [cut - gen] couper; [- hedge] tailler. **-2.** [decorate]: **to ~ sthg (with)** garnir OR orner qqch (de).

◆ **trim away**, **trim off** *vt sep* couper.

trimmed [trɪmd] *adj*: **~ with** [clothes] orné(e) de.

trimming ['trɪmɪŋ] *n* **-1.** [on clothing] parement *m*. **-2.** CULIN garniture *f*.

Trinidad and Tobago ['trɪnɪdæd-] *n* Trinité-et-Tobago *f*; **in ~** à Trinité-et-Tobago.

Trinidadian [ˌtrɪnɪ'dædɪən] ◇ *adj* trinidadien(ienne). ◇ *n* Trinidadien *m*, -ienne *f*.

Trinity ['trɪnətɪ] *n* RELIG: **the ~** la Trinité.

trinket ['trɪŋkɪt] *n* bibelot *m*.

trio ['triːəʊ] (*pl* **-s**) *n* trio *m*.

trip [trɪp] (*pt & pp* **-ped**, *cont* **-ping**) ◇ *n* **-1.** [journey] voyage *m*. **-2.** *drugs sl* trip *m*. ◇ *vt* [make stumble] faire un croche-pied à. ◇ *vi* [stumble]: **to ~ (over)** trébucher (sur).
◆ **trip up** *vt sep* **-1.** [make stumble] faire un croche-pied à. **-2.** [catch out] prendre en défaut.

tripartite [ˌtraɪ'pɑːtaɪt] *adj* triparti(e), tripartite.

tripe [traɪp] *n* (*U*) **-1.** CULIN tripe *f*. **-2.** *inf* [nonsense] bêtises *fpl*, idioties *fpl*.

triple ['trɪpl] ◇ *adj* triple. ◇ *vt & vi* tripler.

triple jump *n*: **the ~** le triple saut.

triplets ['trɪplɪts] *npl* triplés *mpl*, triplées *fpl*.

triplicate ['trɪplɪkət] ◇ *adj* en trois exemplaires. ◇ *n*: **in ~** en trois exemplaires.

tripod ['traɪpɒd] *n* trépied *m*.

Tripoli ['trɪpəlɪ] *n* Tripoli.

tripper ['trɪpə'] *n Br* excursionniste *mf*.

tripwire ['trɪpwaɪə'] *n* fil *m* de détente.

trite [traɪt] *adj pej* banal(e).

triumph ['traɪəmf] ◇ *n* triomphe *m*. ◇ *vi*: **to ~ (over)** triompher (de).

triumphal [traɪ'ʌmfl] *adj* triomphal(e).

triumphant [traɪ'ʌmfənt] *adj* [exultant] triomphant(e).

triumphantly [traɪ'ʌmfəntlɪ] *adv* de façon triomphante, triomphalement.

triumvirate [traɪ'ʌmvɪrət] *n* HISTORY triumvirat *m*.

trivet ['trɪvɪt] *n* **-1.** [over fire] trépied *m*. **-2.** [to protect table] dessous-de-plat *m inv*.

trivia ['trɪvɪə] *n* (*U*) [trifles] vétilles *fpl*, riens *mpl*.

trivial ['trɪvɪəl] *adj* insignifiant(e).

triviality [ˌtrɪvɪ'ælətɪ] (*pl* **-ies**) *n* banalité *f*.

trivialize, -ise ['trɪvɪəlaɪz] *vt* banaliser.

trod [trɒd] *pt* → **tread**.

trodden ['trɒdn] *pp* → **tread**.

Trojan ['trəʊdʒən] ◇ *adj* troyen(enne). ◇ *n* Troyen *m*, -enne *f*; **to work like a ~** travailler comme un nègre OR une bête de somme.

troll [trəʊl] *n* troll *m*.

trolley ['trɒlɪ] (*pl* **trolleys**) *n* -1. *Br* [for shopping, luggage] chariot *m*, caddie *m*. -2. *Br* [for food, drinks] chariot *m*, table *f* roulante. -3. *Am* [tram] tramway *m*, tram *m*.

trolleybus ['trɒlɪbʌs] *n* trolleybus *m*.

trombone [trɒm'bəʊn] *n* MUS trombone *m*.

troop [truːp] ◇ *n* bande *f*, troupe *f*. ◇ *vi*: **to ~ in/out/off** entrer/sortir/partir en groupe.
◆ **troops** *npl* troupes *fpl*.

trooper ['truːpər] *n* -1. MIL soldat *m*. -2. *Am* [policeman] policier *m* (*appartenant à la police d'un État*).

troopship ['truːpʃɪp] *n* transport *m*.

trophy ['trəʊfɪ] (*pl* -ies) *n* trophée *m*.

tropical ['trɒpɪkl] *adj* tropical(e).

Tropic of Cancer ['trɒpɪk-] *n*: **the ~** le tropique du Cancer.

Tropic of Capricorn ['trɒpɪk-] *n*: **the ~** le tropique du Capricorne.

tropics ['trɒpɪks] *npl*: **the ~** les tropiques *mpl*.

trot [trɒt] (*pt* & *pp* **-ted**, *cont* **-ting**) ◇ *n* [of horse] trot *m*. ◇ *vi* trotter.
◆ **on the trot** *inf* de suite, d'affilée.
◆ **trot out** *vt sep pej* débiter.

Trotskyism ['trɒtskɪɪzm] *n* trotskisme *m*.

trotter ['trɒtər] *n* [pig's foot] pied *m* de porc.

trouble ['trʌbl] ◇ *n* (*U*) -1. [difficulty] problème *m*, difficulté *f*; **to be in ~** avoir des ennuis; **to get into ~** s'attirer des ennuis; **the ~ (with sb/sthg) is** ... l'ennui (avec qqn/qqch), c'est que .... -2. [bother] peine *f*, mal *m*; **to take the ~ to do sthg** se donner la peine de faire qqch; **it's no ~!** ça ne me dérange pas!; **to be asking for ~** chercher les ennuis. -3. [pain, illness] mal *m*, ennui *m*. -4. [fighting] bagarre *f*; POL **troubles** *mpl*, conflits *mpl*.
◇ *vt* -1. [worry, upset] peiner, troubler. -2. [bother] déranger. -3. [give pain to] faire mal à.
◆ **troubles** *npl* -1. [worries] ennuis *mpl*. -2. POL **troubles** *mpl*, conflits *mpl*.

troubled ['trʌbld] *adj* -1. [worried] inquiet(ète). -2. [disturbed - period] de troubles, agité(e); [- country] qui connaît une période de troubles.

trouble-free *adj* sans problèmes.

troublemaker ['trʌbl,meɪkər] *n* fauteur *m*, -trice *f* de troubles.

troubleshooter ['trʌbl,ʃuːtər] *n* expert *m*, spécialiste *mf*.

troublesome ['trʌbləsəm] *adj* [job] pénible; [cold] gênant(e); [back, knee] qui fait souffrir.

trouble spot *n* point *m* chaud.

trough [trɒf] *n* -1. [for animals - with water] abreuvoir *m*; [- with food] auge *f*. -2. [low point - of wave] creux *m*; *fig* point *m* bas. -3. METEOR dépression *f*.

trounce [traʊns] *vt inf* écraser.

troupe [truːp] *n* troupe *f*.

trouser press ['traʊzər-] *n* presse *f* à pantalons.

trousers ['traʊzəz] *npl* pantalon *m*.

trouser suit ['traʊzər-] *n* *Br* tailleur-pantalon *m*.

trousseau ['truːsəʊ] (*pl* **-x** [-z] OR **-s**) *n* trousseau *m*.

trout [traʊt] (*pl inv* OR **-s**) *n* truite *f*.

trove [trəʊv] → **treasure trove**.

trowel ['traʊəl] *n* [for gardening] déplantoir *m*; [for cement, plaster] truelle *f*.

truancy ['truːənsɪ] *n* absentéisme *m*.

truant ['truːənt] *n* [child] élève *mf* absentéiste; **to play ~** faire l'école buissonnière.

truce [truːs] *n* trêve *f*.

truck [trʌk] ◇ *n* -1. [lorry] camion *m*. -2. RAIL wagon *m* à plate-forme. ◇ *vt* *Am* transporter par camion.

truck driver *n* routier *m*.

trucker ['trʌkər] *n* *Am* routier *m*.

truck farm *n* *Am* jardin *m* maraîcher.

trucking ['trʌkɪŋ] *n* *Am* camionnage *m*.

truck stop *n* *Am* relais *m* routier.

truculent ['trʌkjʊlənt] *adj* agressif(ive).

trudge [trʌdʒ] ◇ *n* marche *f* pénible. ◇ *vi* marcher péniblement.

true ['truː] *adj* -1. [factual] vrai(e); **to come ~ se réaliser. -2. [genuine] vrai(e), authentique; ~ love le grand amour. -3. [exact] exact(e). -4. [faithful] fidèle, loyal(e). -5. TECH droit(e); [wheel] dans l'axe.

true-life *adj* vrai(e), vécu(e).

truffle ['trʌfl] *n* truffe *f*.

truism ['truːɪzm] *n* truisme *m*.

truly ['truːlɪ] *adv* -1. [gen] vraiment. -2. [sincerely] vraiment, sincèrement. -3. *phr*: **yours ~** [at end of letter] croyez à l'expression de mes sentiments distingués.

trump [trʌmp] ◇ *n* atout *m*. ◇ *vt* couper.

trump card *n* *fig* atout *m*.

trumped-up [trʌmpt-] *adj pej* inventé(e) de toutes pièces.

trumpet ['trʌmpɪt] ◇ *n* trompette *f*. ◇ *vi* [elephant] barrir.

trumpeter ['trʌmpɪtər] *n* trompettiste *mf*.

truncate [trʌŋ'keɪt] *vt* tronquer.

truncheon ['trʌntʃən] *n* matraque *f*.

trundle ['trʌndl] ◇ *vt* [cart, wheelbarrow] pousser lentement. ◇ *vi* aller lentement.

trunk [trʌŋk] *n* -1. [of tree, person] tronc *m*. -2. [of elephant] trompe *f*. -3. [box] malle *f*. -4. *Am* [of car] coffre *m*.
◆ **trunks** *npl* maillot *m* de bain.

trunk call *n Br* communication *f* interurbaine.

trunk road *n* (route *f*) nationale *f*.

truss [trʌs] *n* -1. MED bandage *m* herniaire. -2. CONSTR ferme *f*.

trust [trʌst] ◇ *vt* -1. [have confidence in] avoir confiance en, se fier à; **to ~ sb to do sthg** compter sur qqn pour faire qqch. -2. [entrust]: **to ~ sb with sthg** confier qqch à qqn. -3. *fml* [hope]: **to ~ (that)** ... espérer que ....
◇ *n* -1. (*U*) [faith]: **~ (in sb/sthg)** confiance *f* (en qqn/dans qqch); **to take sthg on ~** accepter qqch les yeux fermés; **to put** OR **place one's ~ in sb** faire confiance à qqn. -2. (*U*) [responsibility] responsabilité *f*; **a position of ~** un poste de confiance. -3. FIN: **in ~** en dépôt. -4. COMM trust *m*.

trust company *n* société *f* fiduciaire.

trusted ['trʌstɪd] *adj* [person] de confiance; [method] qui a fait ses preuves.

trustee [trʌs'tiː] *n* FIN & JUR fidéicommissaire *mf*; [of institution] administrateur *m*, -trice *f*.

trusteeship [,trʌs'tiːʃɪp] *n* FIN & JUR fidéicommis *m*; [of institution] fonction *f* d'administrateur.

trust fund *n* fonds *m* en fidéicommis.

trusting ['trʌstɪŋ] *adj* confiant(e).

trustworthy ['trʌst,wɜːðɪ] *adj* digne de confiance.

trusty ['trʌstɪ] (*compar* **-ier**, *superl* **-iest**) *adj hum* fidèle.

truth [truːθ] *n* vérité *f*; **in (all) ~** à dire vrai, en vérité.

truth drug *n* sérum *m* de vérité.

truthful ['truːθfʊl] *adj* [person, reply] honnête; [story] véridique.

try [traɪ] (*pt & pp* **-ied**, *pl* **-ies**) ◇ *vt* -1. [attempt, test] essayer; [food, drink] goûter; **to ~ to do sthg** essayer de faire qqch. -2. JUR juger. -3. [put to the test] éprouver, mettre à l'épreuve. ◇ *vi* essayer; **to ~ for sthg** essayer d'obtenir qqch. ◇ *n* -1. [attempt] essai *m*, tentative *f*; **to have a ~ at sthg** essayer de faire qqch; **to give sthg a ~** essayer qqch. -2. RUGBY essai *m*.
◆ **try on** *vt sep* [clothes] essayer.
◆ **try out** *vt sep* essayer.

trying ['traɪɪŋ] *adj* pénible, éprouvant(e).

try-out *n inf* essai *m*.

tsar [zɑːr] *n* tsar *m*.

T-shirt *n* tee-shirt *m*.

tsp. (*abbr of* **teaspoon**) cc.

T-square *n* té *m*.

TT *abbr of* **teetotal**.

Tuareg ['twɑːreg] *n* [person] Touareg *m*, -ègue *f*.

tub [tʌb] *n* -1. [of ice cream - large] boîte *f*; [- small] petit pot *m*; [of margarine] barquette *f*. -2. [bath] baignoire *f*.

tuba ['tjuːbə] *n* tuba *m*.

tubby ['tʌbɪ] (*compar* **-ier**, *superl* **-iest**) *adj inf* rondouillard(e), boulot(otte).

tube [tjuːb] *n* -1. [cylinder, container] tube *m*. -2. ANAT: **bronchial ~s** bronches *fpl*. -3. *Br* [underground train] métro *m*; **the ~** [system] le métro; **by ~** en métro.

tubeless ['tjuːblɪs] *adj* [tyre] sans chambre à air.

tuber ['tjuːbər] *n* tubercule *m*.

tuberculosis [tjuː,bɜːkjʊ'ləʊsɪs] *n* tuberculose *f*.

tube station *n Br* station *f* de métro.

tubing ['tjuːbɪŋ] *n* (*U*) tubes *mpl*, tuyaux *mpl*.

tubular ['tjuːbjʊlər] *adj* tubulaire.

TUC *n abbr of* **Trades Union Congress**.

tuck [tʌk] ◇ *n* SEWING rempli *m*. ◇ *vt* [place neatly] ranger.
◆ **tuck away** *vt sep* [store] mettre de côté OR en lieu sûr; **to be ~ed away** [village, house] être caché(e) OR blotti(e).
◆ **tuck in** ◇ *vt* -1. [child, patient] border. -2. [clothes] rentrer. ◇ *vi inf* boulotter; **~ in!** allez-y, mangez!
◆ **tuck up** *vt sep* [child, patient] border.

tuck shop *n Br* [at school] *petite boutique qui vend des bonbons et des gâteaux*.

Tudor ['tjuːdər] *adj* -1. HISTORY des Tudors. -2. ARCHIT Tudor (*inv*).

Tue., Tues. (*abbr of* **Tuesday**) mar.

Tuesday ['tjuːzdɪ] *n* mardi *m*; *see also* **Saturday**.

tuft [tʌft] *n* touffe *f*.

tug [tʌg] (*pt & pp* **-ged**, *cont* **-ging**) ◇ *n* -1. [pull]: **to give sthg a ~** tirer sur qqch. -2. [boat] remorqueur *m*. ◇ *vt* tirer. ◇ *vi*: **to ~ (at)** tirer (sur).

tugboat ['tʌgbəʊt] *n* remorqueur *m*.

tug-of-love *n Br inf conflit entre des parents pour obtenir la garde des enfants*.

tug-of-war *n* lutte *f* de traction à la corde; *fig* lutte acharnée.

tuition [tjuː'ɪʃn] *n* (*U*) cours *mpl*.

tulip ['tjuːlɪp] *n* tulipe *f*.

tulle [tjuːl] *n* tulle *m*.

tumble ['tʌmbl] ◇ *vi* **-1.** [person] tomber, faire une chute; [water] tomber en cascades. **-2.** *fig* [prices] tomber, chuter. ◇ *n* chute *f*, culbute *f*.
◆ **tumble to** *vt fus Br inf* piger.

tumbledown ['tʌmbldaʊn] *adj* délabré(e), qui tombe en ruines.

tumble-dry *vt* faire sécher en machine.

tumble-dryer [-,draɪər] *n* sèche-linge *m inv*.

tumbler ['tʌmblər] *n* [glass] verre *m* (droit).

tummy ['tʌmɪ] (*pl* **-ies**) *n inf* ventre *m*.

tumour *Br*, **tumor** *Am* ['tjuːmər] *n* tumeur *f*.

tumult ['tjuːmʌlt] *n* tumulte *m*.

tumultuous ['tjuːmʌltjʊəs] *adj* tumultueux(euse); [applause] frénétique.

tuna [*Br* 'tjuːnə, *Am* 'tuːnə] (*pl inv* OR **-s**) *n* thon *m*.

tundra ['tʌndrə] *n* toundra *f*.

tune [tjuːn] ◇ *n* **-1.** [song, melody] air *m*. **-2.** [harmony]: **in ~** [MUS - instrument] accordé(e), juste; [- play, sing] juste; **out of ~** [MUS - instrument] mal accordé(e); [- play, sing] faux; **to the ~ of** *fig* d'un montant de; **to be in/out of ~ (with)** *fig* être en accord/désaccord (avec); **to change one's ~** *inf* changer de ton.
◇ *vt* **-1.** MUS accorder. **-2.** RADIO & TV régler. **-3.** [engine] régler.
◇ *vi* RADIO & TV: **to ~ to a channel** se mettre sur une chaîne.
◆ **tune in** *vi* RADIO & TV être à l'écoute; **to ~ in to** se mettre sur.
◆ **tune up** *vi* MUS accorder son instrument.

tuneful ['tjuːnfʊl] *adj* mélodieux(ieuse).

tuneless ['tjuːnlɪs] *adj* discordant(e).

tuner ['tjuːnər] *n* **-1.** RADIO & TV syntoniseur *m*, tuner *m*. **-2.** MUS [person] accordeur *m*.

tuner amplifier *n* ampli-tuner *m*.

tungsten ['tʌŋstən] ◇ *n* tungstène *m*. ◇ *comp* au tungstène.

tunic ['tjuːnɪk] *n* tunique *f*.

tuning fork ['tjuːnɪŋ-] *n* diapason *m*.

Tunis ['tjuːnɪs] *n* Tunis.

Tunisia [tjuː'nɪzɪə] *n* Tunisie *f*; **in ~** en Tunisie.

Tunisian [tjuː'nɪzɪən] ◇ *adj* tunisien(ienne). ◇ *n* [person] Tunisien *m*, -ienne *f*.

tunnel ['tʌnl] (*Br pt* & *pp* **-led**, *cont* **-ling**, *Am pt* & *pp* **-ed**, *cont* **-ing**) ◇ *n* tunnel *m*. ◇ *vi* faire OR creuser un tunnel.

tunnel vision *n* rétrécissement *m* du champ visuel; *fig* & *pej* vues *fpl* étroites.

tunny ['tʌnɪ] (*pl inv* OR **-ies**) *n* thon *m*.

tuppence ['tʌpəns] *n Br dated* deux pence *mpl*.

turban ['tɜːbən] *n* turban *m*.

turbid ['tɜːbɪd] *adj* trouble.

turbine ['tɜːbaɪn] *n* turbine *f*.

turbo ['tɜːbəʊ] (*pl* **-s**) *n* turbo *m*.

turbocharged ['tɜːbəʊtʃɑːdʒd] *adj* turbo (inv).

turbojet [,tɜːbəʊ'dʒet] *n* [engine] turboréacteur *m*; [plane] avion *m* à turboréacteur.

turboprop [,tɜːbəʊ'prɒp] *n* [engine] turbopropulseur *m*; [plane] avion *m* à turbopropulseur.

turbot ['tɜːbət] (*pl inv* OR **-s**) *n* turbot *m*.

turbulence ['tɜːbjʊləns] *n* (*U*) **-1.** [in air, water] turbulence *f*. **-2.** *fig* [unrest] agitation *f*.

turbulent ['tɜːbjʊlənt] *adj* **-1.** [air, water] agité(e). **-2.** *fig* [disorderly] tumultueux(euse), agité(e).

tureen [tə'riːn] *n* soupière *f*.

turf [tɜːf] (*pl* **-s** OR **turves**) ◇ *n* [grass surface] gazon *m*; [clod] motte *f* de gazon. ◇ *vt* gazonner.
◆ **turf out** *vt sep Br inf* [person] virer; [old clothes] balancer, bazarder.

turf accountant *n Br* bookmaker *m*.

turgid ['tɜːdʒɪd] *adj fml* [style, writing] pompeux(euse), ampoulé(e).

Turk [tɜːk] *n* Turc *m*, Turque *f*.

Turkestan, Turkistan [,tɜːkɪ'stɑːn] *n* Turkistan *m*; **in ~** au Turkistan.

turkey ['tɜːkɪ] (*pl* **turkeys**) *n* dinde *f*.

Turkey ['tɜːkɪ] *n* Turquie *f*; **in ~** en Turquie.

Turkish ['tɜːkɪʃ] ◇ *adj* turc (turque). ◇ *n* [language] turc *m*. ◇ *npl*: **the ~** les Turcs *mpl*.

Turkish bath *n* bain *m* turc.

Turkish delight *n* loukoum *m*.

Turkmenian [,tɜːk'menɪən] *adj* turkmène.

Turkmenistan [,tɜːkmenɪ'stɑːn] *n* Turkménistan *m*.

turmeric ['tɜːmərɪk] *n* curcuma *m*.

turmoil ['tɜːmɔɪl] *n* agitation *f*, trouble *m*.

turn [tɜːn] ◇ *n* **-1.** [in road] virage *m*, tournant *m*; [in river] méandre *m*. **-2.** [revolution, twist] tour *m*. **-3.** [change] tournure *f*, tour *m*. **-4.** [in game] tour *m*; **in ~** tour à tour, chacun son tour; **to take (it in) ~s to do sthg** faire qqch à tour de rôle. **-5.** [end - of

year, century] **fin** f. **-6.** [performance] **numéro** m. **-7.** MED **crise** f, **attaque** f. **-8.** *phr*: **to do sb a good ~** rendre (un) service à qqn.
◇ *vt* **-1.** [gen] **tourner**; [omelette, steak etc] **retourner**; **to ~ sthg inside out** retourner qqch; **to ~ one's thoughts/attention to sthg** tourner ses pensées/son attention vers qqch. **-2.** [change]: **to ~ sthg into** changer qqch en. **-3.** [become]: **to ~ red** rougir; **his hair is ~ing grey** ses cheveux grisonnent; **the demonstration ~ed nasty** la manifestation a mal tourné.
◇ *vi* **-1.** [gen] **tourner**; [person] **se tourner, se retourner. -2.** [in book]: **to ~ to a page** se reporter OR aller à une page. **-3.** [for consolation]: **to ~ to sb/sthg** se tourner vers qqn/qqch. **-4.** [change]: **to ~ into** se changer en, se transformer en.
◆ **turn against** *vt fus* se retourner contre.
◆ **turn around** = turn round.
◆ **turn away** ◇ *vt sep* [refuse entry to] **refuser.** ◇ *vi* se détourner.
◆ **turn back** ◇ *vt sep* [sheets] **replier**; [person, vehicle] **refouler.** ◇ *vi* **rebrousser chemin.**
◆ **turn down** *vt sep* **-1.** [reject] **rejeter, refuser. -2.** [radio, volume, gas] **baisser.**
◆ **turn in** *vi inf* [go to bed] **se pieuter.**
◆ **turn off** ◇ *vt fus* [road, path] **quitter.** ◇ *vt sep* [radio, TV, engine, gas] **éteindre**; [tap] **fermer.** ◇ *vi* [leave path, road] **tourner.**
◆ **turn on** ◇ *vt sep* **-1.** [radio, TV, engine, gas] **allumer**; **to ~ the light on** allumer la lumière. **-2.** *inf* [excite sexually] **exciter.** ◇ *vt fus* [attack] **attaquer.**
◆ **turn out** ◇ *vt sep* **-1.** [light, gas fire] **éteindre. -2.** [produce] **produire. -3.** [eject - person] **mettre dehors. -4.** [empty - pocket, bag] **retourner, vider.** ◇ *vt fus*: **to ~ out to be s'avérer**; **it ~ed out to be a success** en fin de compte, cela a été une réussite; **it ~s out that ...** il s'avère OR se trouve que .... ◇ *vi* **-1.** [end up] **finir. -2.** [arrive - person] **venir.**
◆ **turn over** ◇ *vt sep* **-1.** [consider] **retourner dans sa tête. -2.** [hand over] **rendre, remettre.** ◇ *vi Br* TV **changer de chaîne.**
◆ **turn round** ◇ *vt sep* **-1.** [reverse] **retourner. -2.** [wheel, words] **tourner.** ◇ *vi* [person] **se retourner.**
◆ **turn up** ◇ *vt sep* [TV, radio] **mettre plus fort**; [gas] **monter.** ◇ *vi* **-1.** [arrive - person] **se pointer. -2.** [be found - person, object] **être retrouvé**; [- opportunity] **se présenter.**

turnabout ['tɜːnəbaʊt] *n* [of situation] **revirement** *m*; [of policy] **changement** *m*.

turnaround *Am* = turnround.

turncoat ['tɜːnkəʊt] *n pej* **renégat** *m*.

turning ['tɜːnɪŋ] *n* [off road] **route** f **latérale**; **take the first ~ on the left** prenez la première à gauche.

turning circle *n* **rayon** *m* **de braquage.**

turning point *n* **tournant** *m*, **moment** *m* **décisif.**

turnip ['tɜːnɪp] *n* **navet** *m*.

turnout ['tɜːnaʊt] *n* [at election] **taux** *m* **de participation**; [at meeting] **assistance** f.

turnover ['tɜːn,əʊvəʳ] *n* (*U*) **-1.** [of personnel] **renouvellement** *m*. **-2.** FIN **chiffre** *m* **d'affaires.**

turnpike ['tɜːnpaɪk] *n Am* **autoroute** f à **péage.**

turnround *Br* ['tɜːnraʊnd], **turnaround** *Am* ['tɜːnəraʊnd] *n* **-1.** COMM: **~ (time)** **délai** *m*. **-2.** [change] **retournement** *m*.

turn signal *n Am* (manette f de) **clignotant** *m*.

turnstile ['tɜːnstaɪl] *n* **tourniquet** *m*.

turntable ['tɜːn,teɪbl] *n* **platine** f.

turn-up *n Br* [on trousers] **revers** *m inv*; **a ~ for the books** *inf* **une sacrée surprise.**

turpentine ['tɜːpəntaɪn] *n* **térébenthine** f.

turps [tɜːps] *n Br inf* **térébenthine** f.

turquoise ['tɜːkwɔɪz] ◇ *adj* **turquoise** (*inv*). ◇ *n* **-1.** [mineral, gem] **turquoise** f. **-2.** [colour] **turquoise** *m*.

turret ['tʌrɪt] *n* **tourelle** f.

turtle ['tɜːtl] (*pl inv* OR **-s**) *n* **tortue** f **de mer.**

turtledove ['tɜːtldʌv] *n* **tourterelle** f.

turtleneck ['tɜːtlnek] *n* [garment] **pull** *m* à **col montant**; [neck] **col** *m* **montant.**

turves [tɜːvz] *Br pl* → turf.

tusk [tʌsk] *n* **défense** f.

tussle ['tʌsl] ◇ *n* **lutte** f. ◇ *vi* **se battre**; **to ~ over sthg** **se disputer** qqch.

tut [tʌt] *excl* **mais non!, allons donc!**

tutor ['tjuːtəʳ] ◇ *n* **-1.** [private] **professeur** *m* **particulier. -2.** UNIV **directeur** *m*, **-trice** f **d'études.** ◇ *vt*: **to ~ sb (in sthg)** **donner à** qqn des cours particuliers (de qqch).

tutorial [tjuː'tɔːrɪəl] ◇ *adj* [group, class] **de travaux dirigés.** ◇ *n* **travaux** *mpl* **dirigés.**

tutu ['tuːtuː] *n* **tutu** *m*.

tux ['tʌks] *n inf* **smoking** *m*.

tuxedo [tʌk'siːdəʊ] (*pl* **-s**) *n* **smoking** *m*.

TV (*abbr of* **television**) ◇ *n* **-1.** (*U*) [medium, industry] **télé** f; **on ~** à la télé. **-2.** [apparatus] (poste *m* de) **télé** f. ◇ *comp* **de télé.**

TV dinner *n* **repas** *m* **surgelé** (*sur un plateau*).

twaddle ['twɒdl] *n* (*U*) *inf* **bêtises** *fpl*, **fadaises** *fpl*.

twang [twæŋ] ◇ *n* **-1.** [sound] bruit *m* de pincement. **-2.** [accent] nasillement *m*. ◇ *vt* [guitar] pincer. ◇ *vi* [wire, string] vibrer.

tweak [twiːk] *vt inf* [ear] tirer; [nose] tordre.

twee [twiː] *adj Br pej* mièvre.

tweed [twiːd] ◇ *n* tweed *m*. ◇ *comp* de OR en tweed.

tweet [twiːt] *vi* gazouiller.

tweezers ['twiːzəz] *npl* pince *f* à épiler.

twelfth [twelfθ] *num* douzième; *see also* sixth.

Twelfth Night *n* la fête des Rois.

twelve [twelv] *num* douze; *see also* six.

twentieth ['twentɪəθ] *num* vingtième; *see also* sixth.

twenty ['twentɪ] (*pl* -ies) *num* vingt; *see also* six.

twenty-twenty vision *n* vision *f* de dix dixièmes à chaque œil.

twerp [twɜːp] *n inf* crétin *m*, -e *f*, andouille *f*.

twice [twaɪs] *adv* deux fois; ~ **a day** deux fois par jour; **he earns ~ as much as me** il gagne deux fois plus que moi OR le double de moi; ~ **as big** deux fois plus grand; ~ **my size/age** le double de ma taille/mon âge.

twiddle ['twɪdl] ◇ *vt* jouer avec. ◇ *vi*: **to ~ with sthg** jouer avec qqch.

twig [twɪg] *n* brindille *f*, petite branche *f*.

twilight ['twaɪlaɪt] *n* crépuscule *m*.

twill [twɪl] *n* sergé *m*.

twin [twɪn] ◇ *adj* jumeau (jumelle); [town] jumelé(e); ~ **beds** lits *mpl* jumeaux. ◇ *n* jumeau *m*, jumelle *f*.

twin-bedded [-'bedɪd] *adj* à deux lits.

twin carburettor *n* carburateur *m* double-corps.

twine [twaɪn] ◇ *n* (*U*) ficelle *f*. ◇ *vt*: **to ~ sthg round sthg** enrouler qqch autour de qqch.

twin-engined [-'endʒɪnd] *adj* bimoteur.

twinge [twɪndʒ] *n* [of pain] élancement *m*; **a ~ of guilt** un remords.

twinkie ['twɪŋkɪ] *n Am* [cake] petit gâteau fourré à la crème.

twinkle ['twɪŋkl] ◇ *n* [of stars, lights] scintillement *m*; [in eyes] pétillement *m*. ◇ *vi* [star, lights] scintiller; [eyes] briller, pétiller.

twin room *n* chambre *f* à deux lits.

twin set *n Br* twin-set *m*.

twin town *n* ville *f* jumelée.

twin tub *n* machine *f* à double tambour.

twirl [twɜːl] ◇ *vt* faire tourner. ◇ *vi* tournoyer.

twist [twɪst] ◇ *n* **-1.** [in road] zigzag *m*, tournant *m*; [in river] méandre *m*, coude *m*; [in rope] entortillement *m*. **-2.** [turn]: **to give the lid a ~** [to open] dévisser le couvercle; [to close] visser le couvercle. **-3.** *fig* [in plot] tour *m*.
◇ *vt* **-1.** [wind, curl] entortiller. **-2.** [contort] tordre. **-3.** [turn] tourner; [lid - to open] dévisser; [- to close] visser. **-4.** [sprain]: **to ~ one's ankle** se tordre OR se fouler la cheville. **-5.** [words, meaning] déformer.
◇ *vi* **-1.** [river, path] zigzaguer. **-2.** [be contorted] se tordre. **-3.** [turn]: **to ~ round** se retourner.

twisted ['twɪstɪd] *adj pej* tordu(e).

twister ['twɪstər] *n Am* tornade *f*.

twisty ['twɪstɪ] (*compar* -ier, *superl* -iest) *adj inf* sinueux(euse), en zigzag.

twit [twɪt] *n Br inf* crétin *m*, -e *f*.

twitch [twɪtʃ] ◇ *n* tic *m*. ◇ *vt* [rope] tirer d'un coup sec; [ears - subj: animal] remuer. ◇ *vi* [muscle, eye, face] se contracter.

twitter ['twɪtər] *vi* **-1.** [bird] gazouiller. **-2.** *pej* [person] jacasser.

two [tuː] *num* deux; **in ~** en deux; *see also* six.

two-bit *adj pej* de pacotille.

two-dimensional *adj* à deux dimensions; *pej* superficiel(ielle), simpliste.

two-door *adj* [car] à deux portes.

twofaced [,tuː'feɪst] *adj pej* fourbe.

twofold ['tuːfəʊld] ◇ *adj* double. ◇ *adv* doublement; **to increase ~** doubler.

two-handed [-'hændɪd] *adj* à deux poignées.

two-piece *adj*: ~ **swimsuit** deux-pièces *m inv*; ~ **suit** [for man] costume *m* (deux-pièces).

two-ply *adj* [yarn] à deux fils; [wood] à deux épaisseurs.

two-seater *n* [car] voiture *f* à deux places; [plane] biplace *m*.

twosome ['tuːsəm] *n inf* couple *m*.

two-stroke ◇ *adj* à deux temps. ◇ *n* deux-temps *m inv*.

two-time *vt inf* tromper.

two-tone *adj* de deux tons.

two-way *adj* [traffic, trade] dans les deux sens; ~ **radio** poste *m* émetteur-récepteur.

TX *abbr of* Texas.

tycoon [taɪ'kuːn] *n* magnat *m*.

type [taɪp] ◇ *n* **-1.** [sort, kind] genre *m*, sorte *f*; [model] modèle *m*; [in classification] type *m*. **-2.** [person]: **he's not the marrying ~** il n'est pas du genre à se marier; **he's/she's not my ~** *inf* lui/elle, ce n'est pas

mon genre OR type. **-3.** (*U*) TYPO caractères
mpl. ◇ *vt* [letter, reply] **taper (à la machine);**
to ~ data into a computer introduire des
données dans un ordinateur. ◇ *vi* taper (à
la machine).
◆ **type up** *vt sep* taper.

typecast ['taɪpkɑːst] (*pt* & *pp* **typecast**) *vt*:
to be ~ as être cantonné dans le rôle de;
to be ~ être cantonné aux mêmes rôles.

typeface ['taɪpfeɪs] *n* TYPO œil *m* de caractère.

typescript ['taɪpskrɪpt] *n* texte *m* dactylo-
graphié.

typeset ['taɪpset] (*pt* & *pp* **typeset**, *cont*
-ting) *vt* composer.

typewriter ['taɪp,raɪtəʳ] *n* machine *f* à
écrire.

typhoid (fever) ['taɪfɔɪd-] *n* typhoïde *f*.

typhoon [taɪ'fuːn] *n* typhon *m*.

typhus ['taɪfəs] *n* typhus *m*.

typical ['tɪpɪkl] *adj*: **~ (of)** typique (de), caractéristique (de); **that's ~ (of him/her)!**
c'est bien de lui/d'elle!

typically ['tɪpɪklɪ] *adv* typiquement.

typify ['tɪpɪfaɪ] (*pt* & *pp* **-ied**) *vt* **-1.** [charac-
terize] être caractéristique de. **-2.** [represent]
représenter.

typing ['taɪpɪŋ] *n* dactylo *f*, dactylographie
f.

typing error *n* faute *f* de frappe.

typing pool *n* bureau *m* OR pool *m* des
dactylos.

typist ['taɪpɪst] *n* dactylo *mf*, dactylographe
mf.

typo ['taɪpəʊ] *n inf* coquille *f*.

typographic(al) error [,taɪpə'græfɪk(l)-] *n*
faute *f* typographique.

typography [taɪ'pɒgrəfɪ] *n* typographie *f*.

tyrannical [tɪ'rænɪkl] *adj* tyrannique.

tyranny ['tɪrənɪ] *n* tyrannie *f*.

tyrant ['taɪrənt] *n* tyran *m*.

tyre *Br*, **tire** *Am* ['taɪəʳ] *n* pneu *m*.

tyre pressure *n* pression *f* (de gonflage).

Tyrol, Tirol ['tɪrɒl] *n* Tyrol *m*.

Tyrolean [tɪrə'liːən], **Tyrolese** [,tɪrə'liːz] ◇
adj tyrolien(ienne). ◇ *n* Tyrolien *m*, -ienne
f.

Tyrrhenian Sea [tɪ'riːnɪən-] *n*: **the ~** la
mer Tyrrhénienne.

tzar [zɑːʳ] = **tsar**.

U

u (*pl* **u's** OR **us**), **U** (*pl* **U's** OR **Us**) [juː] *n* [let-
ter] u *m inv*, U *m inv*.
◆ **U** (*abbr of* **universal**) *en Grande-Bretagne*
désigne un film tous publics.

UAW (*abbr of* **United Automobile Work-**
ers) *n syndicat américain de l'industrie automo-*
bile.

UB40 (*abbr of* **unemployment benefit form**
40) *n en Grande-Bretagne, carte de pointage*
pour bénéficier de l'allocation de chômage.

U-bend *n* siphon *m*.

ubiquitous [juː'bɪkwɪtəs] *adj* omnipré-
sent(e).

UCATT [juːkæt] (*abbr of* **Union of Con-**
struction, Allied Trades and Technicians)
n syndicat britannique des employés du bâtiment.

UCCA ['ʌkə] (*abbr of* **Universities Central**
Council on Admissions) *n organisme centrali-*
sant les demandes d'inscription dans les universi-
tés britanniques.

UCL (*abbr of* **University College, London**) *n*
université londonienne.

UCW (*abbr of* **The Union of Communica-**
tion Workers) *n syndicat britannique des*
communications.

UDA (*abbr of* **Ulster Defence Association**) *n*
ancienne organisation paramilitaire protestante
en Irlande du Nord.

UDC (*abbr of* **Urban District Council**) *n*
conseil d'une communauté urbaine.

udder ['ʌdəʳ] *n* mamelle *f*.

UDI (*abbr of* **unilateral declaration of inde-**
pendence) *n déclaration unilatérale d'indépen-*
dance.

UDR (*abbr of* **Ulster Defence Regiment**) *n*
régiment de réservistes en Irlande du Nord.

UEFA [juː'eɪfə] (*abbr of* **Union of European**
Football Associations) *n* UEFA *f*.

UFC (*abbr of* **Universities Funding Council**)
n organisme répartissant les crédits entre les uni-
versités en Grande-Bretagne.

UFO (*abbr of* **unidentified flying object**) *n*
OVNI *m*, ovni *m*.

Uganda [juː'gændə] *n* Ouganda *m*; **in ~** en
Ouganda.

Ugandan [juːˈgændən] ◇ *adj* ougandais(e). ◇ *n* [person] Ougandais *m*, -e *f*.

ugh [ʌg] *excl* pouah!, beurk!

ugliness [ˈʌglɪnɪs] *n* (*U*) **-1.** [unattractiveness] laideur *f*. **-2.** *fig* [unpleasantness] caractère *m* pénible OR désagréable.

ugly [ˈʌglɪ] (*compar* **-ier**, *superl* **-iest**) *adj* **-1.** [unattractive] laid(e). **-2.** *fig* [unpleasant] pénible, désagréable.

UHF (*abbr of* **ultra-high frequency**) *n* UHF.

UHT (*abbr of* **ultra-heat treated**) UHT.

UK (*abbr of* **United Kingdom**) *n* Royaume-Uni *m*, R.U. *m*.

Ukraine [juːˈkreɪn] *n*: **the ~** l'Ukraine *f*; **in the ~** en Ukraine.

Ukrainian [juːˈkreɪnjən] ◇ *adj* ukrainien(ienne). ◇ *n* **-1.** [person] Ukrainien *m*, -ienne *f*. **-2.** [language] ukrainien *m*.

ukulele [ˌjuːkəˈleɪlɪ] *n* guitare *f* hawaïenne, ukulélé *m*.

Ulan Bator [uˈlɑːnˈbɑːtɔ] *n* Oulan-Bator.

ulcer [ˈʌlsə'] *n* ulcère *m*.

ulcerated [ˈʌlsəreɪtɪd] *adj* ulcéré(e).

Ulster [ˈʌlstə'] *n* Ulster *m*; **in ~** dans l'Ulster.

Ulsterman [ˈʌlstəmən] (*pl* **-men** [-mən]) *n* habitant *m* OR natif *m* de l'Ulster.

Ulster Unionist Party *n* *parti politique essentiellement protestant favorable au maintien de l'Ulster au sein du Royaume-Uni.*

ulterior [ʌlˈtɪərɪə'] *adj*: **~ motive** arrière-pensée *f*.

ultimata [ˌʌltɪˈmeɪtə] *pl* → **ultimatum.**

ultimate [ˈʌltɪmət] ◇ *adj* **-1.** [final] final(e), ultime. **-2.** [most powerful] ultime, suprême. ◇ *n*: **the ~ in** le fin du fin dans.

ultimately [ˈʌltɪmətlɪ] *adv* [finally] finalement.

ultimatum [ˌʌltɪˈmeɪtəm] (*pl* **-tums** OR **-ta** [-tə]) *n* ultimatum *m*.

ultra- [ˈʌltrə] *prefix* ultra-.

ultramarine [ˌʌltrəməˈriːn] *adj* (bleu) outremer (*inv*).

ultrasonic [ˌʌltrəˈsɒnɪk] *adj* ultrasonique.

ultrasound [ˌʌltrəsaund] *n* (*U*) ultrasons *mpl*.

ultraviolet [ˌʌltrəˈvaɪələt] *adj* ultra-violet(ette).

um [ʌm] *excl* heu!

umbilical cord [ʌmˈbɪlɪkl-] *n* cordon *m* ombilical.

umbrage [ˈʌmbrɪdʒ] *n*: **to take ~ (at)** prendre ombrage (de).

umbrella [ʌmˈbrelə] ◇ *n* [portable] para-

pluie *m*; [fixed] parasol *m*. ◇ *adj* [organization] qui en regroupe plusieurs autres.

UMIST [ˈjuːmɪst] (*abbr of* **University of Manchester Institute of Science and Technology**) *n* *institut de science et de technologie de l'université de Manchester.*

umpire [ˈʌmpaɪə'] ◇ *n* arbitre *m*. ◇ *vt* arbitrer. ◇ *vi* être l'arbitre.

umpteen [ˌʌmpˈtiːn] *num adj inf* je ne sais combien de.

umpteenth [ˌʌmpˈtiːnθ] *num adj inf* énième.

UMW (*abbr of* **United Mineworkers of America**) *n* *syndicat américain de mineurs.*

UN (*abbr of* **United Nations**) *n*: **the ~** l'ONU *f*, l'Onu *f*.

unabashed [ˌʌnəˈbæʃt] *adj* nullement décontenancé(e).

unabated [ˌʌnəˈbeɪtɪd] *adj*: **the rain continued ~** la pluie continua de tomber sans répit.

unable [ʌnˈeɪbl] *adj*: **to be ~ to do sthg** ne pas pouvoir faire qqch, être incapable de faire qqch.

unabridged [ˌʌnəˈbrɪdʒd] *adj* intégral(e).

unacceptable [ˌʌnəkˈseptəbl] *adj* inacceptable.

unaccompanied [ˌʌnəˈkʌmpənɪd] *adj* **-1.** [child] non accompagné(e); [luggage] sans surveillance. **-2.** [song] a cappella, sans accompagnement.

unaccountable [ˌʌnəˈkauntəbl] *adj* **-1.** [inexplicable] inexplicable. **-2.** [not responsible]: **to be ~ for sthg** ne pas être responsable de qqch; **to be ~ to sb** ne pas être responsable envers OR devant qqn.

unaccountably [ˌʌnəˈkauntəblɪ] *adv* [inexplicably] de façon inexplicable, inexplicablement.

unaccounted [ˌʌnəˈkauntɪd] *adj*: **to be ~ for** manquer.

unaccustomed [ˌʌnəˈkʌstəmd] *adj* **-1.** [unused]: **to be ~ to sthg/to doing sthg** ne pas être habitué(e) à qqch/à faire qqch. **-2.** [not usual] inaccoutumé(e), inhabituel(elle).

unacquainted [ˌʌnəˈkweɪntɪd] *adj*: **to be ~ with sb/sthg** ne pas connaître qqn/qqch.

unadulterated [ˌʌnəˈdʌltəreɪtɪd] *adj* **-1.** [unspoilt - wine] non frelaté(e); [- food] naturel(elle). **-2.** [absolute - joy] sans mélange; [- nonsense, truth] pur et simple (pure et simple).

unadventurous [ˌʌnədˈventʃərəs] *adj* qui manque d'audace.

unaffected [ˌʌnəˈfektɪd] *adj* **-1.** [unchanged]: **~ (by)** non affecté(e) (par). **-2.** [natural] naturel(elle).

unafraid [ˌʌnəˈfreɪd] *adj* sans crainte, sans peur.

unaided [ˌʌnˈeɪdɪd] *adj* sans aide.

unambiguous [ˌʌnæmˈbɪɡjʊəs] *adj* non équivoque.

un-American [ˈʌn-] *adj* anti-américain(e).

unanimity [ˌjuːnəˈnɪmətɪ] *n* unanimité *f*.

unanimous [juːˈnænɪməs] *adj* unanime.

unanimously [juːˈnænɪməslɪ] *adv* à l'unanimité.

unannounced [ˌʌnəˈnaʊnst] *adj* sans tambour ni trompette.

unanswered [ˌʌnˈɑːnsəd] *adj* qui reste sans réponse.

unappealing [ˌʌnəˈpiːlɪŋ] *adj* peu attirant(e).

unappetizing, -ising [ˌʌnˈæpɪtaɪzɪŋ] *adj* peu appétissant(e).

unappreciated [ˌʌnəˈpriːʃɪeɪtɪd] *adj* peu apprécié(e).

unappreciative [ˌʌnəˈpriːʃɪətɪv] *adj*: ~ **(of)** indifférent(e) (à).

unapproachable [ˌʌnəˈprəʊtʃəbl] *adj* inabordable, d'un abord difficile.

unarmed [ˌʌnˈɑːmd] *adj* non armé(e).

unarmed combat *n* combat *m* sans armes.

unashamed [ˌʌnəˈʃeɪmd] *adj* [luxury] insolent(e); [liar, lie] effronté(e), éhonté(e).

unassisted [ˌʌnəˈsɪstɪd] *adj* sans aide.

unassuming [ˌʌnəˈsjuːmɪŋ] *adj* modeste, effacé(e).

unattached [ˌʌnəˈtætʃt] *adj* **-1.** [not fastened, linked]: ~ **(to)** indépendant(e) (de). **-2.** [without partner] libre, sans attaches.

unattainable [ˌʌnəˈteɪnəbl] *adj* inaccessible.

unattended [ˌʌnəˈtendɪd] *adj* [luggage, shop] sans surveillance; [child] seul(e).

unattractive [ˌʌnəˈtræktɪv] *adj* **-1.** [not beautiful] peu attrayant(e), peu séduisant(e). **-2.** [not pleasant] déplaisant(e).

unauthorized, -ised [ˌʌnˈɔːθəraɪzd] *adj* non autorisé(e).

unavailable [ˌʌnəˈveɪləbl] *adj* qui n'est pas disponible, indisponible.

unavoidable [ˌʌnəˈvɔɪdəbl] *adj* inévitable.

unavoidably [ˌʌnəˈvɔɪdəblɪ] *adj* inévitablement; **to be ~ detained** être retardé pour des raisons indépendantes de sa volonté.

unaware [ˌʌnəˈweəʳ] *adj* ignorant(e), inconscient(e); **to be ~ of sthg** ne pas avoir conscience de qqch, ignorer qqch.

unawares [ˌʌnəˈweəz] *adv*: **to catch** OR **take sb ~** prendre qqn au dépourvu.

unbalanced [ˌʌnˈbælənst] *adj* **-1.** [biased] tendancieux(ieuse), partial(e). **-2.** [deranged] déséquilibré(e).

unbearable [ʌnˈbeərəbl] *adj* insupportable.

unbearably [ʌnˈbeərəblɪ] *adv* insupportablement; **it's ~ hot** il fait une chaleur insupportable.

unbeatable [ˌʌnˈbiːtəbl] *adj* imbattable.

unbecoming [ˌʌnbɪˈkʌmɪŋ] *adj* [unattractive] peu seyant(e).

unbeknown(st) [ˌʌnbɪˈnəʊn(st)] *adv*: ~ **to** à l'insu de.

unbelievable [ˌʌnbɪˈliːvəbl] *adj* incroyable.

unbelievably [ˌʌnbɪˈliːvəblɪ] *adv* incroyablement; **to be ~ stupid** être d'une bêtise incroyable.

unbend [ˌʌnˈbend] (*pt* & *pp* **unbent**) *vi* [relax] se détendre.

unbending [ˌʌnˈbendɪŋ] *adj* inflexible, intransigeant(e).

unbent [ˌʌnˈbent] *pt* & *pp* → **unbend**.

unbia(s)sed [ˌʌnˈbaɪəst] *adj* impartial(e).

unblemished [ˌʌnˈblemɪʃt] *adj* *fig* sans tache.

unblock [ˌʌnˈblɒk] *vt* déboucher.

unbolt [ˌʌnˈbəʊlt] *vt* déverrouiller.

unborn [ˌʌnˈbɔːn] *adj* [child] qui n'est pas encore né(e).

unbreakable [ˌʌnˈbreɪkəbl] *adj* incassable.

unbridled [ˌʌnˈbraɪdld] *adj* effréné(e), débridé(e).

unbuckle [ˌʌnˈbʌkl] *vt* déboucler.

unbutton [ˌʌnˈbʌtn] *vt* déboutonner.

uncalled-for [ˌʌnˈkɔːld-] *adj* [remark] déplacé(e); [criticism] injustifié(e).

uncanny [ʌnˈkænɪ] (*compar* **-ier**, *superl* **-iest**) *adj* étrange, mystérieux(ieuse); [resemblance] troublant(e).

uncared-for [ʌnˈkeəd-] *adj* délaissé(e), négligé(e).

uncaring [ʌnˈkeərɪŋ] *adj* qui ne se soucie pas des autres.

unceasing [ʌnˈsiːsɪŋ] *adj* *fml* incessant(e), continuel(elle).

unceremonious [ˈʌnˌserɪˈməʊnjəs] *adj* brusque.

unceremoniously [ˈʌnˌserɪˈməʊnjəslɪ] *adj* brusquement.

uncertain [ʌnˈsɜːtn] *adj* incertain(e); **in no ~ terms** sans mâcher ses mots.

unchain [ˌʌnˈtʃeɪn] *vt* désenchaîner.

unchallenged [ˌʌnˈtʃælɪndʒd] *adj* incontesté(e), indiscuté(e).

unchanged [ˌʌnˈtʃeɪndʒd] *adj* inchangé(e).

unchanging [ˌʌn'tʃeɪndʒɪŋ] *adj* invariable, immuable.

uncharacteristic ['ʌn,kærəktə'rɪstɪk] *adj* inhabituel(elle).

uncharitable [ˌʌn'tʃærɪtəbl] *adj* peu charitable.

uncharted [ˌʌn'tʃɑːtɪd] *adj* [land, sea] qui n'est pas sur la carte; ~ **territory** *fig* domaine inexploré.

unchecked [ˌʌn'tʃekt] *adj* non maîtrisé(e), sans frein.

uncivilized, -ised [ˌʌn'sɪvɪlaɪzd] *adj* non civilisé(e), barbare.

unclassified [ˌʌn'klæsɪfaɪd] *adj* [documents] non classé(e); [information] non secret(ète).

uncle ['ʌŋkl] *n* oncle *m*.

unclean [ˌʌn'kliːn] *adj* -1. [dirty] sale. -2. RELIG impur(e).

unclear [ˌʌn'klɪər] *adj* -1. [message, meaning, motive] qui n'est pas clair(e). -2. [uncertain - person, future] incertain(e).

Uncle Sam l'Oncle Sam (*personnage représentant les États-Unis dans la propagande pour l'armée*).

unclothed [ˌʌn'kləʊðd] *adj* nu(e), sans vêtements.

uncomfortable [ˌʌn'kʌmftəbl] *adj* -1. [shoes, chair, clothes etc] inconfortable; *fig* [fact, truth] désagréable. -2. [person - physically] qui n'est pas à l'aise; [- ill at ease] mal à l'aise.

uncomfortably [ˌʌn'kʌmftəblɪ] *adv* -1. [in physical discomfort] inconfortablement. -2. *fig* [uneasily] avec gêne.

uncommitted [ˌʌnkə'mɪtɪd] *adj* non engagé(e).

uncommon [ʌn'kɒmən] *adj* -1. [rare] rare. -2. *fml* [extreme] extraordinaire.

uncommonly [ʌn'kɒmənlɪ] *adv fml* extraordinairement.

uncommunicative [ˌʌnkə'mjuːnɪkətɪv] *adj* peu expansif(ive), peu communicatif(ive).

uncomplicated [ˌʌn'kɒmplɪkeɪtɪd] *adj* simple, peu compliqué(e).

uncomprehending ['ʌn,kɒmprɪ'hendɪŋ] *adj* qui ne comprend pas.

uncompromising [ˌʌn'kɒmprəmaɪzɪŋ] *adj* intransigeant(e).

unconcerned [ˌʌnkən'sɜːnd] *adj* [not anxious] qui ne s'inquiète pas.

unconditional [ˌʌnkən'dɪʃənl] *adj* inconditionnel(elle).

uncongenial [ˌʌnkən'dʒiːnjəl] *adj fml* peu agréable.

unconnected [ˌʌnkə'nektɪd] *adj* [facts, events] sans rapport.

unconquered [ˌʌn'kɒŋkəd] *adj* qui n'a pas été conquis(e).

unconscious [ʌn'kɒnʃəs] ◇ *adj* -1. [having lost consciousness] sans connaissance. -2. *fig* [unaware]: **to be ~ of** ne pas avoir conscience de, ne pas se rendre compte de. -3. [unnoticed - desires, feelings] inconscient(e). ◇ *n* PSYCH inconscient *m*.

unconsciously [ʌn'kɒnʃəslɪ] *adv* inconsciemment.

unconstitutional ['ʌn,kɒnstɪ'tjuːʃənl] *adj* inconstitutionnel(elle), anticonstitutionnel(elle).

uncontested [ˌʌnkən'testɪd] *adj* incontesté(e); [election] sans opposition.

uncontrollable [ˌʌnkən'trəʊləbl] *adj* -1. [unrestrainable - emotion, urge] irrépressible, irrésistible; [- increase, epidemic] qui ne peut être enrayé(e). -2. [unmanageable - person] impossible, difficile.

uncontrolled [ˌʌnkən'trəʊld] *adj* [emotion, urge] non contenu(e); [increase] effréné(e); [inflation, epidemic] galopant(e).

unconventional [ˌʌnkən'venʃənl] *adj* peu conventionnel(elle), original(e).

unconvinced [ˌʌnkən'vɪnst] *adj* qui n'est pas convaincu(e), sceptique.

unconvincing [ˌʌnkən'vɪnsɪŋ] *adj* peu convaincant(e).

uncooked [ˌʌn'kʊkt] *adj* non cuit(e), cru(e).

uncooperative [ˌʌnkəʊ'ɒpərətɪv] *adj* peu coopératif(ive).

uncork [ˌʌn'kɔːk] *vt* déboucher.

uncorroborated [ˌʌnkə'rɒbəreɪtɪd] *adj* non corroboré(e).

uncouth [ʌn'kuːθ] *adj* grossier(ière).

uncover [ʌn'kʌvər] *vt* découvrir.

uncurl [ˌʌn'kɜːl] *vi* [hair] se défriser, se déboucler; [wire, snake] se dérouler.

uncut [ˌʌn'kʌt] *adj* -1. [film] intégral(e), sans coupures. -2. [jewel] brut(e), non taillé(e).

undamaged [ˌʌn'dæmɪdʒd] *adj* non endommagé(e), intact(e).

undaunted [ˌʌn'dɔːntɪd] *adj* non découragé(e).

undecided [ˌʌndɪ'saɪdɪd] *adj* [person] indécis(e), irrésolu(e); [issue] indécis(e).

undemanding [ˌʌndɪ'mɑːndɪŋ] *adj* [task] peu astreignant(e), peu exigeant(e); [person] peu exigeant(e).

undemonstrative [ˌʌndɪ'mɒnstrətɪv] *adj* peu expansif(ive), peu démonstratif(ive).

undeniable [ˌʌndɪ'naɪəbl] *adj* indéniable, incontestable.

under ['ʌndər] ◇ *prep* **-1.** [gen] sous. **-2.** [less than] moins de; **children** ~ **five** les enfants de moins de cinq ans. **-3.** [subject to - effect, influence] sous; ~ **the circumstances** dans ces circonstances, étant donné les circonstances; **to be** ~ **an obligation to sb** être redevable à qqn, avoir une dette de reconnaissance envers qqn; **to be** ~ **the impression that ...** avoir l'impression que .... **-4.** [undergoing]: ~ **discussion** en discussion; ~ **consideration** à l'étude, à l'examen; ~ **review** qui doit être révisé. **-5.** [according to] selon, conformément à. ◇ *adv* **-1.** [underneath] dessous; [underwater] sous l'eau; **to go** ~ [company] couler, faire faillite. **-2.** [less] au-dessous.

under- ['ʌndər] *prefix* sous-.

underachiever [,ʌndərə'tʃiːvər] *n personne dont les résultats ne correspondent pas à ses possibilités.*

underage [ʌndər'eidʒ] *adj* mineur(e); ~ **drinking** consommation *f* d'alcool par les mineurs; ~ **sex** rapports *mpl* sexuels entre des mineurs.

underarm ['ʌndərɑːm] ◇ *adj* [deodorant] pour les aisselles. ◇ *adv* [throw, bowl] par en-dessous.

underbrush ['ʌndəbrʌʃ] *n* (*U*) *Am* sous-bois *m inv*.

undercarriage ['ʌndə,kærɪdʒ] *n* train *m* d'atterrissage.

undercharge [,ʌndə'tʃɑːdʒ] *vt* ne pas faire assez payer à.

underclothes ['ʌndəkləʊðz] *npl* sous-vêtements *mpl*.

undercoat ['ʌndəkəʊt] *n* [of paint] couche *f* de fond.

undercook [,ʌndə'kʊk] *vt* ne pas assez cuire.

undercover ['ʌndə,kʌvər] ◇ *adj* secret(ète). ◇ *adv* clandestinement.

undercurrent ['ʌndə,kʌrənt] *n fig* [tendency] courant *m* sous-jacent.

undercut [,ʌndə'kʌt] (*pt* & *pp* **undercut**, *cont* **-ting**) *vt* [in price] vendre moins cher que.

underdeveloped [,ʌndədɪ'veləpt] *adj* [country] sous-développé(e); [person] qui n'est pas complètement développé(e) OR formé(e).

underdog ['ʌndədɒg] *n*: **the** ~ l'opprimé *m*; SPORT celui (celle) que l'on donne perdant(e).

underdone [,ʌndə'dʌn] *adj* [food] pas assez cuit(e); [steak] saignant(e).

underemployment [,ʌndərɪm'plɔɪmənt] *n* sous-emploi *m*.

underestimate [*n* ,ʌndər'estɪmət, *vb* ,ʌndər-'estɪmeɪt] ◇ *n* sous-estimation *f*. ◇ *vt* sous-estimer.

underexposed [,ʌndərɪk'spəʊzd] *adj* PHOT sous-exposé(e).

underfinanced [,ʌndə'faɪnænst] *adj* insuffisamment financé(e).

underfoot [,ʌndə'fʊt] *adv* sous les pieds; **to trample sthg** ~ fouler qqch aux pieds; **the ground** ~ le sol.

undergo [,ʌndə'gəʊ] (*pt* **-went**, *pp* **-gone** [-'gɒn]) *vt* subir; [pain, difficulties] éprouver.

undergraduate [,ʌndə'grædjʊət] ◇ *adj* [course, studies] pour étudiants de licence. ◇ *n* étudiant *m*, -e *f* qui prépare la licence.

underground [*adj* & *n* 'ʌndəgraʊnd, *adv* ,ʌndə'graʊnd] ◇ *adj* **-1.** [below the ground] souterrain(e). **-2.** *fig* [secret] clandestin(e). ◇ *adv*: **to go/be forced** ~ entrer dans la clandestinité. ◇ *n* **-1.** *Br* [subway] métro *m*. **-2.** [activist movement] résistance *f*.

undergrowth ['ʌndəgrəʊθ] *n* (*U*) sous-bois *m inv*.

underhand [,ʌndə'hænd] *adj* sournois(e), en dessous.

underinsured [,ʌndərɪn'ʃʊəd] *adj* sous-assuré(e).

underlay ['ʌndəleɪ] *n* [for carpet] thibaude *f*.

underline [,ʌndə'laɪn] *vt* souligner.

underlying [,ʌndə'laɪɪŋ] *adj* sous-jacent(e).

undermanned [,ʌndə'mænd] *adj* à court de personnel OR de main d'œuvre.

undermentioned [,ʌndə'menʃnd] *adj fml* (cité(e)) ci-dessous.

undermine [,ʌndə'maɪn] *vt fig* [weaken] saper, ébranler.

underneath [,ʌndə'niːθ] ◇ *prep* **-1.** [beneath] sous, au-dessus de. **-2.** [in movements] sous. ◇ *adv* **-1.** [beneath] en dessous, dessous. **-2.** *fig* [fundamentally] au fond. ◇ *adj inf* d'en dessous. ◇ *n* [underside]: **the** ~ le dessous.

undernourished [,ʌndə'nʌrɪʃt] *adj* sous-alimenté(e).

underpaid [*pt* & *pp* ,ʌndə'peɪd, *adj* 'ʌndəpeɪd] ◇ *pt* & *pp* → **underpay**. ◇ *adj* sous-payé(e).

underpants ['ʌndəpænts] *npl* slip *m*.

underpass ['ʌndəpɑːs] *n* [for cars] passage *m* inférieur; [for pedestrians] passage *m* souterrain.

underpay [,ʌndə'peɪ] (*pt* & *pp* **-paid**) *vt* sous-payer.

underpin [ˌʌndəˈpɪn] (*pt* & *pp* **-ned**, *cont* **-ning**) *vt* étayer.

underplay [ˌʌndəˈpleɪ] *vt* réduire l'importance de, minimiser.

underprice [ˌʌndəˈpraɪs] *vt* mettre un prix trop bas à.

underprivileged [ˌʌndəˈprɪvɪlɪdʒd] *adj* défavorisé(e), déshérité(e).

underproduction [ˌʌndəprəˈdʌkʃn] *n* sous-production *f*.

underrated [ˌʌndəˈreɪtɪd] *adj* sous-estimé(e).

underscore [ˌʌndəˈskɔːr] *vt lit* & *fig* souligner.

undersea [ˈʌndəsiː] *adj* sous-marin(e).

undersecretary [ˌʌndəˈsekrətərɪ] (*pl* **-ies**) *n* sous-secrétaire *m*.

undersell [ˌʌndəˈsel] (*pt* & *pp* **-sold**) *vt* COMM vendre moins cher que; **to ~ o.s.** *fig* ne pas se mettre assez en valeur.

undershirt [ˈʌndəʃɜːt] *n Am* maillot *m* de corps.

underside [ˈʌndəsaɪd] *n*: **the ~** le dessous.

undersigned [ˈʌndəsaɪnd] *n fml*: **I, the ~** je soussigné(e).

undersize(d) [ˌʌndəˈsaɪz(d)] *adj* trop petit(e).

underskirt [ˈʌndəskɜːt] *n* jupon *m*.

undersold [ˌʌndəˈsəʊld] *pt* & *pp* → **undersell**.

understaffed [ˌʌndəˈstɑːft] *adj* à court de personnel.

understand [ˌʌndəˈstænd] (*pt* & *pp* **-stood**) ◇ *vt* **-1.** [gen] comprendre; **to make o.s. understood** se faire comprendre. **-2.** *fml* [be informed]: **I ~ (that) ...** je crois comprendre que ..., il paraît que .... ◇ *vi* comprendre.

understandable [ˌʌndəˈstændəbl] *adj* compréhensible.

understandably [ˌʌndəˈstændəblɪ] *adv* **-1.** [speak] de façon compréhensible. **-2.** [naturally] naturellement.

understanding [ˌʌndəˈstændɪŋ] ◇ *n* **-1.** [knowledge, sympathy] compréhension *f*; **it was my ~ that ...** j'avais compris que .... **-2.** [agreement] accord *m*, arrangement *m*; **to come to an ~ (over)** s'entendre (sur); **on the ~ that ...** à condition que ... (+ *subjunctive*). ◇ *adj* [sympathetic] compréhensif(ive).

understate [ˌʌndəˈsteɪt] *vt* réduire l'importance de, minimiser.

understatement [ˌʌndəˈsteɪtmənt] *n* **-1.** [inadequate statement] affirmation *f* en dessous de la vérité. **-2.** (*U*) [quality of understating] euphémisme *m*.

understood [ˌʌndəˈstʊd] *pt* & *pp* → **understand**.

understudy [ˈʌndəˌstʌdɪ] (*pl* **-ies**) *n* doublure *f*.

undertake [ˌʌndəˈteɪk] (*pt* **-took**, *pp* **-taken** [-ˈteɪkn]) *vt* **-1.** [take on - gen] entreprendre; [- responsibility] assumer. **-2.** [promise]: **to ~ to do sthg** promettre de faire qqch, s'engager à faire qqch.

undertaker [ˈʌndəˌteɪkər] *n* entrepreneur *m* des pompes funèbres.

undertaking [ˌʌndəˈteɪkɪŋ] *n* **-1.** [task] entreprise *f*. **-2.** [promise] promesse *f*.

undertone [ˈʌndətəʊn] *n* **-1.** [quiet voice] voix *f* basse. **-2.** [vague feeling] courant *m*.

undertook [ˌʌndəˈtʊk] *pt* → **undertake**.

undertow [ˈʌndətəʊ] *n* courant *m* sous-marin.

undervalue [ˌʌndəˈvæljuː] *vt* [house, antique etc] sous-évaluer; [person] sous-estimer, mésestimer.

underwater [ˌʌndəˈwɔːtər] ◇ *adj* sous-marin(e). ◇ *adv* sous l'eau.

underwear [ˈʌndəweər] *n* (*U*) sous-vêtements *mpl*.

underweight [ˌʌndəˈweɪt] *adj* qui ne pèse pas assez, qui est trop maigre.

underwent [ˌʌndəˈwent] *pt* → **undergo**.

underworld [ˈʌndəˌwɜːld] *n* [criminal society]: **the ~** le milieu, la pègre.

underwrite [ˈʌndəraɪt] (*pt* **-wrote**, *pp* **-written**) *vt* **-1.** FIN garantir. **-2.** [in insurance] garantir, assurer contre.

underwriter [ˈʌndəˌraɪtər] *n* assureur *m*.

underwritten [ˈʌndəˌrɪtn] *pp* → **underwrite**.

underwrote [ˈʌndərəʊt] *pt* → **underwrite**.

undeserved [ˌʌndɪˈzɜːvd] *adj* immérité(e).

undesirable [ˌʌndɪˈzaɪərəbl] *adj* indésirable.

undeveloped [ˌʌndɪˈveləpt] *adj* [land] non exploité(e), inexploité(e).

undid [ˌʌnˈdɪd] *pt* → **undo**.

undies [ˈʌndɪz] *npl inf* dessous *mpl*, lingerie *f*.

undignified [ʌnˈdɪgnɪfaɪd] *adj* peu digne, qui manque de dignité.

undiluted [ˌʌndaɪˈljuːtɪd] *adj* **-1.** [quality, emotion] sans mélange. **-2.** [liquid] non dilué(e).

undiplomatic [ˌʌndɪpləˈmætɪk] *adj* peu diplomate.

undischarged [ˌʌndɪsˈtʃɑːdʒd] *adj* [debt] non acquitté(e), non liquidé(e); **~ bankrupt** [person] failli *m* non réhabilité.

undisciplined [ʌnˈdɪsɪplɪnd] *adj* indiscipliné(e).

undiscovered [ˌʌndɪˈskʌvəd] *adj* non découvert(e).

undisputed [ˌʌndɪˈspjuːtɪd] *adj* incontesté(e).

undistinguished [ˌʌndɪˈstɪŋgwɪʃt] *adj* médiocre, quelconque.

undivided [ˌʌndɪˈvaɪdɪd] *adj* indivisé(e), entier(ière).

undo [ˌʌnˈduː] (*pt* -did, *pp* -done) *vt* -1. [unfasten] défaire. -2. [nullify] annuler, détruire.

undoing [ˌʌnˈduːɪŋ] *n* (U) *fml* perte *f*, ruine *f*.

undone [ˌʌnˈdʌn] ◇ *pp* → undo. ◇ *adj* -1. [unfastened] défait(e). -2. [task] non accompli(e).

undoubted [ʌnˈdaʊtɪd] *adj* indubitable, certain(e).

undoubtedly [ʌnˈdaʊtɪdlɪ] *adv* sans aucun doute.

undreamed-of [ʌnˈdriːmdɒv], **undreamt-of** [ʌnˈdremtɒv] *adj* inimaginable.

undress [ˌʌnˈdres] ◇ *vt* déshabiller. ◇ *vi* se déshabiller.

undressed [ˌʌnˈdrest] *adj* déshabillé(e); **to get ~** se déshabiller.

undrinkable [ˌʌnˈdrɪŋkəbl] *adj* [unfit to drink] non potable; [disgusting] imbuvable.

undue [ˌʌnˈdjuː] *adj fml* excessif(ive).

undulate [ˈʌndjʊleɪt] *vi* onduler.

unduly [ˌʌnˈdjuːlɪ] *adv fml* trop, excessivement.

undying [ʌnˈdaɪɪŋ] *adj literary* éternel(elle).

unearned income [ˌʌnˈɜːnd-] *n* (U) rentes *fpl*.

unearth [ˌʌnˈɜːθ] *vt* -1. [dig up] déterrer. -2. *fig* [discover] découvrir, dénicher.

unearthly [ʌnˈɜːθlɪ] *adj* -1. [ghostly] mystérieux(ieuse). -2. *inf* [uncivilized - time of day] indu(e), impossible.

unease [ʌnˈiːz] *n* (U) malaise *m*.

uneasy [ʌnˈiːzɪ] (*compar* -ier, *superl* -iest) *adj* [person, feeling] mal à l'aise, gêné(e); [peace] troublé(e), incertain(e); [silence] gêné(e).

uneatable [ˌʌnˈiːtəbl] *adj* [not fit to eat] non comestible; [disgusting] immangeable.

uneaten [ˌʌnˈiːtn] *adj* non mangé(e).

uneconomic [ˈʌnˌiːkəˈnɒmɪk] *adj* peu économique, peu rentable.

uneducated [ˌʌnˈedjʊkeɪtɪd] *adj* [person] sans instruction.

unemotional [ˌʌnɪˈməʊʃənl] *adj* qui ne montre OR trahit aucune émotion.

unemployable [ˌʌnɪmˈplɔɪəbl] *adj* inapte au travail.

unemployed [ˌʌnɪmˈplɔɪd] ◇ *adj* au chômage, sans travail. ◇ *npl*: **the ~** les sans-travail *mpl*, les chômeurs *mpl*.

unemployment [ˌʌnɪmˈplɔɪmənt] *n* chômage *m*.

unemployment benefit *Br*, **unemployment compensation** *Am n* allocation *f* de chômage.

unenviable [ˌʌnˈenvɪəbl] *adj* peu enviable.

unequal [ˌʌnˈiːkwəl] *adj* -1. [different] inégal(e). -2. [unfair] injuste.

unequalled *Br*, **unequaled** *Am* [ˌʌnˈiːkwəld] *adj* inégalé(e).

unequivocal [ˌʌnɪˈkwɪvəkl] *adj* sans équivoque.

unerring [ˌʌnˈɜːrɪŋ] *adj* sûr(e), infaillible.

UNESCO [juːˈneskəʊ] (*abbr of* United Nations Educational, Scientific and Cultural Organization) *n* UNESCO *f*, Unesco *f*.

unethical [ʌnˈeθɪkl] *adj* immoral(e).

uneven [ˌʌnˈiːvn] *adj* -1. [not flat - surface] inégal(e); [- ground] accidenté(e). -2. [inconsistent] inégal(e). -3. [unfair] injuste.

uneventful [ˌʌnɪˈventfʊl] *adj* sans incidents.

unexceptional [ˌʌnɪkˈsepʃənl] *adj* qui n'a rien d'exceptionnel.

unexpected [ˌʌnɪkˈspektɪd] *adj* inattendu(e), imprévu(e).

unexpectedly [ˌʌnɪkˈspektɪdlɪ] *adv* subitement, d'une manière imprévue.

unexplained [ˌʌnɪkˈspleɪnd] *adj* inexpliqué(e).

unexploded [ˌʌnɪkˈspləʊdɪd] *adj* [bomb] non explosé(e), non éclaté(e).

unexpurgated [ˌʌnˈekspəgeɪtɪd] *adj* non expurgé(e), intégral(e).

unfailing [ʌnˈfeɪlɪŋ] *adj* qui ne se dément pas, constant(e).

unfair [ˌʌnˈfeəʳ] *adj* injuste.

unfair dismissal *n* licenciement *m* injuste OR abusif.

unfairness [ˌʌnˈfeənɪs] *n* injustice *f*.

unfaithful [ˌʌnˈfeɪθfʊl] *adj* infidèle.

unfamiliar [ˌʌnfəˈmɪljəʳ] *adj* -1. [not well-known] peu familier(ière), peu connu(e). -2. [not acquainted]: **to be ~ with sthg/sb** mal connaître qqch/qqn, ne pas connaître qqch/qqn.

unfashionable [ˌʌnˈfæʃnəbl] *adj* démodé(e), passé(e) de mode; [person] qui n'est plus à la mode.

unfasten [ˌʌnˈfɑːsn] *vt* défaire.

unfavourable *Br*, **unfavorable** *Am* [ˌʌn'feɪvrəbl] *adj* défavorable.

unfeeling [ʌn'fiːlɪŋ] *adj* impitoyable, insensible.

unfinished [ˌʌn'fɪnɪʃt] *adj* inachevé(e).

unfit [ˌʌn'fɪt] *adj* -1. [not in good health] qui n'est pas en forme. -2. [not suitable]: ~ **(for)** impropre (à); [person] inapte (à).

unflagging [ˌʌn'flægɪŋ] *adj* inlassable, infatigable.

unflappable [ˌʌn'flæpəbl] *adj* imperturbable, flegmatique.

unflattering [ˌʌn'flætərɪŋ] *adj* peu flatteur(euse).

unflinching [ʌn'flɪntʃɪŋ] *adj* inébranlable.

unfold [ʌn'fəʊld] ◇ *vt* -1. [map, newspaper] déplier. -2. [explain - plan, proposal] exposer. ◇ *vi* [become clear] se dérouler.

unforeseeable [ˌʌnfɔː'siːəbl] *adj* imprévisible.

unforeseen [ˌʌnfɔː'siːn] *adj* imprévu(e).

unforgettable [ˌʌnfə'getəbl] *adj* inoubliable.

unforgivable [ˌʌnfə'gɪvəbl] *adj* impardonnable.

unformatted [ˌʌn'fɔːmætɪd] *adj* COMPUT non formaté(e).

unfortunate [ʌn'fɔːtʃnət] *adj* -1. [unlucky] malheureux(euse), malchanceux(euse). -2. [regrettable] regrettable, fâcheux(euse).

unfortunately [ʌn'fɔːtʃnətlɪ] *adv* malheureusement.

unfounded [ˌʌn'faʊndɪd] *adj* sans fondement, dénué(e) de tout fondement.

unfriendly [ˌʌn'frendlɪ] *(compar* -**ier**, *superl* -**iest)** *adj* hostile, malveillant(e).

unfulfilled [ˌʌnfʊl'fɪld] *adj* -1. [ambition, potential, prophecy] non réalisé(e), inaccompli(e); [promise] non tenu(e). -2. [person, life] insatisfait(e), frustré(e).

unfurl [ˌʌn'fɜːl] *vt* déployer.

unfurnished [ˌʌn'fɜːnɪʃt] *adj* non meublé(e).

ungainly [ʌn'geɪnlɪ] *adj* gauche.

ungenerous [ˌʌn'dʒenərəs] *adj* -1. [mean - person] peu généreux(euse); [- amount] mesquin(e). -2. [unkind] peu charitable, mesquin(e).

ungodly [ˌʌn'gɒdlɪ] *adj* -1. [irreligious] impie, irréligieux(ieuse). -2. *inf* [unreasonable] indu(e), impossible.

ungrateful [ʌn'greɪtfʊl] *adj* ingrat(e), peu reconnaissant(e).

ungratefulness [ʌn'greɪtfʊlnɪs] *n* ingratitude *f*.

unguarded [ˌʌn'gɑːdɪd] *adj* -1. [house, camp etc] sans surveillance. -2. [careless]: **in an ~ moment** dans un moment d'inattention.

unhappily [ʌn'hæpɪlɪ] *adv* -1. [sadly] tristement. -2. [unfortunately] malheureusement.

unhappiness [ʌn'hæpɪnɪs] *n* (*U*) tristesse *f*, chagrin *m*.

unhappy [ʌn'hæpɪ] *(compar* -**ier**, *superl* -**iest)** *adj* -1. [sad] triste, malheureux(euse). -2. [uneasy]: **to be ~ (with** OR **about)** être inquiet(iète) (au sujet de). -3. [unfortunate] malheureux(euse), regrettable.

unharmed [ˌʌn'hɑːmd] *adj* indemne, sain et sauf (saine et sauve).

UNHCR *(abbr of* **United Nations High Commission for Refugees)** *n* HCR *m*.

unhealthy [ʌn'helθɪ] *(compar* -**ier**, *superl* -**iest)** *adj* -1. [person, skin] maladif(ive); [conditions, place] insalubre, malsain(e); [habit] malsain. -2. *fig* [undesirable] malsain(e).

unheard [ˌʌn'hɜːd] *adj*: **her warning went ~** on n'a pas tenu compte de son avertissement.

unheard-of *adj* -1. [unknown] inconnu(e). -2. [unprecedented] sans précédent, inouï(e).

unheeded [ˌʌn'hiːdɪd] *adj*: **his advice went ~** on n'a pas suivi OR écouté ses conseils.

unhelpful [ˌʌn'helpfʊl] *adj* -1. [person, attitude] peu serviable, peu obligeant(e). -2. [advice, book] qui n'aide en rien, peu utile.

unhindered [ʌn'hɪndəd] *adj* sans obstacles, sans encombre.

unhook [ˌʌn'hʊk] *vt* -1. [dress, bra] dégrafer. -2. [coat, picture, trailer] décrocher.

unhurt [ˌʌn'hɜːt] *adj* indemne, sain et sauf (saine et sauve).

unhygienic [ˌʌnhaɪ'dʒiːnɪk] *adj* non hygiénique.

UNICEF ['juːnɪˌsef] *(abbr of* **United Nations International Children's Emergency Fund)** *n* UNICEF *m*, Unicef *m*.

unicorn ['juːnɪkɔːn] *n* licorne *f*.

unicycle ['juːnɪsaɪkl] *n* monocycle *m*.

unidentified [ˌʌnaɪ'dentɪfaɪd] *adj* non identifié(e).

unidentified flying object *n* objet *m* volant non identifié.

unification [ˌjuːnɪfɪ'keɪʃn] *n* unification *f*.

uniform ['juːnɪfɔːm] ◇ *adj* [rate, colour] uniforme; [size] même. ◇ *n* uniforme *m*.

uniformity [ˌjuːnɪ'fɔːmətɪ] *n* uniformité *f*.

uniformly ['juːnɪfɔːmlɪ] *adv* uniformément.

unify ['juːnɪfaɪ] *(pt & pp* -**ied)** *vt* unifier.

unifying ['juːnɪfaɪɪŋ] *adj* qui unifie, unificateur(trice).

unilateral [ˌjuːnɪˈlætərəl] *adj* unilatéral(e).

unimaginable [ˌʌnɪˈmædʒɪnəbl] *adj* inimaginable, inconcevable.

unimaginative [ˌʌnɪˈmædʒɪnətɪv] *adj* qui manque d'imagination, peu imaginatif(ive).

unimpaired [ˌʌnɪmˈpeəd] *adj* intact(e).

unimpeded [ˌʌnɪmˈpiːdɪd] *adj* sans entrave.

unimportant [ˌʌnɪmˈpɔːtənt] *adj* sans importance, peu important(e).

unimpressed [ˌʌnɪmˈprest] *adj* qui n'est pas impressionné(e).

uninhabited [ˌʌnɪnˈhæbɪtɪd] *adj* inhabité(e).

uninhibited [ˌʌnɪnˈhɪbɪtɪd] *adj* sans inhibitions, qui n'a pas d'inhibitions.

uninitiated [ˌʌnɪˈnɪʃɪeɪtɪd] *npl*: **the ~** les non-initiés, les profanes.

uninjured [ˌʌnˈɪndʒəd] *adj* qui n'est pas blessé(e), indemne.

uninspiring [ˌʌnɪnˈspaɪrɪŋ] *adj* qui n'a rien d'inspirant.

unintelligent [ˌʌnɪnˈtelɪdʒent] *adj* inintelligent(e).

unintentional [ˌʌnɪnˈtenʃənl] *adj* involontaire, non intentionnel(elle).

uninterested [ˌʌnˈɪntrəstɪd] *adj* indifférent(e).

uninterrupted [ˈʌnˌɪntəˈrʌptɪd] *adj* ininterrompu(e), continu(e).

uninvited [ˌʌnɪnˈvaɪtɪd] *adj* qui n'a pas été invité(e).

union [ˈjuːnjən] ◇ *n* **-1.** [trade union] syndicat *m*. **-2.** [alliance] union *f*. ◇ *comp* syndical(e).

Unionist [ˈjuːnjənɪst] *n Br* POL unioniste *mf*.

unionize, -ise [ˈjuːnjənaɪz] *vt* syndiquer.

Union Jack *n*: **the ~** l'Union Jack *m*, le drapeau britannique.

union shop *n Am* atelier *m* d'ouvriers syndiqués.

unique [juːˈniːk] *adj* **-1.** [exceptional] unique, exceptionnel(elle). **-2.** [exclusive]: **~ to** propre à. **-3.** [very special] unique.

uniquely [juːˈniːklɪ] *adv* **-1.** [exclusively] uniquement. **-2.** [exceptionally] exceptionnellement.

unisex [ˈjuːnɪseks] *adj* unisexe.

unison [ˈjuːnɪzn] *n* unisson *m*; **in ~** à l'unisson; [say] en chœur, en même temps.

UNISON [ˈjuːnɪzn] *n* «supersyndicat» britannique des services publics.

unit [ˈjuːnɪt] *n* **-1.** [gen] unité *f*. **-2.** [machine part] élément *m*, bloc *m*. **-3.** [of furniture] élément *m*; **storage ~** meuble *m* de rangement. **-4.** [department] service *m*. **-5.** [chapter] chapitre *m*.

unit cost *n* prix *m* de revient unitaire.

unite [juːˈnaɪt] ◇ *vt* unifier. ◇ *vi* s'unir.

united [juːˈnaɪtɪd] *adj* **-1.** [in harmony] uni(e); **to be ~ in** sthg être uni dans qqch. **-2.** [unified] unifié(e).

United Arab Emirates *npl*: **the ~** les Émirats *mpl* arabes unis.

united front *n*: **to present a ~** montrer un front uni.

United Kingdom *n*: **the ~** le Royaume-Uni.

United Nations *n*: **the ~** les Nations *fpl* Unies.

United States *n*: **the ~** les États-Unis *mpl*; **in the ~** aux États-Unis; **the ~ of America** les États-Unis d'Amérique.

unit price *n* prix *m* unitaire.

unit trust *n Br* société *f* d'investissement à capital variable.

unity [ˈjuːnətɪ] *n* (*U*) unité *f*.

Univ. *abbr of* **University**.

universal [ˌjuːnɪˈvɜːsl] *adj* universel(elle).

universal joint *n* joint *m* universel OR de cardan.

universe [ˈjuːnɪvɜːs] *n* univers *m*.

university [ˌjuːnɪˈvɜːsətɪ] (*pl* **-ies**) ◇ *n* université *f*. ◇ *comp* universitaire; [lecturer] d'université; **~ student** étudiant *m*, -e *f* à l'université.

unjust [ˌʌnˈdʒʌst] *adj* injuste.

unjustifiable [ʌnˈdʒʌstɪfaɪəbl] *adj* injustifiable.

unjustified [ʌnˈdʒʌstɪfaɪd] *adj* injustifié(e).

unkempt [ˌʌnˈkempt] *adj* [clothes, person] négligé(e), débraillé(e); [hair] mal peigné(e).

unkind [ʌnˈkaɪnd] *adj* **-1.** [uncharitable] méchant(e), pas gentil(ille). **-2.** *fig* [weather, climate] rude, rigoureux(euse).

unkindly [ʌnˈkaɪndlɪ] *adv* méchamment.

unknown [ˌʌnˈnəʊn] ◇ *adj* inconnu(e). ◇ *n* [person] inconnu *m*, -e *f*; **the ~** l'inconnu *m*.

unlace [ˌʌnˈleɪs] *vt* défaire, délacer.

unladen [ˌʌnˈleɪdn] *adj* sans charge; **~ weight** poids *m* à vide.

unlawful [ˌʌnˈlɔːfʊl] *adj* illégal(e).

unleaded [ˌʌnˈledɪd] *adj* sans plomb.

unleash [ˌʌnˈliːʃ] *vt* *literary* déchaîner.

unleavened [ˌʌnˈlevnd] *adj* sans levain, azyme.

unless [ənˈles] *conj* à moins que (+ *subjunctive*); **~ I'm mistaken** à moins que je (ne) me trompe; **~ otherwise informed** sauf avis contraire.

unlicensed, unlicenced *Am* [ˌʌnˈlaɪsənst] *adj* [person] qui ne détient pas de licence;

[activity] **non autorisé(e), illicite**; [vehicle] **sans vignette**; [restaurant, premises] **qui ne détient pas de licence de débit de boissons.**

unlike [ˌʌn'laɪk] *prep* **-1.** [different from] **différent(e) de. -2.** [in contrast to] **contrairement à, à la différence de. -3.** [not typical of]: **it's ~ you to complain** cela ne se ressemble pas de te plaindre.

unlikely [ʌn'laɪklɪ] *adj* **-1.** [event, result] **peu probable, improbable**; [story] **invraisemblable. -2.** [bizarre - clothes etc] **invraisemblable.**

unlimited [ʌn'lɪmɪtɪd] *adj* **illimité(e).**

unlisted [ʌn'lɪstɪd] *adj Am* [phone number] **qui est sur la liste rouge.**

unlit [ˌʌn'lɪt] *adj* **-1.** [lamp, fire, cigarette] **non allumé(e). -2.** [street, building] **non éclairé(e).**

unload [ˌʌn'ləʊd] *vt* **décharger**; **to ~ sthg on** OR **onto sb** *fig* **se décharger de qqch sur qqn.**

unlock [ˌʌn'lɒk] *vt* **ouvrir.**

unloved [ˌʌn'lʌvd] *adj* **qui n'est pas aimé(e)**; **to feel ~** ne pas se sentir aimé.

unluckily [ʌn'lʌkɪlɪ] *adv* **malheureusement.**

unlucky [ʌn'lʌkɪ] (*compar* **-ier,** *superl* **-iest**) *adj* **-1.** [unfortunate - person] **malchanceux(euse), qui n'a pas de chance**; [- experience, choice] **malheureux(euse). -2.** [object, number etc] **qui porte malheur.**

unmanageable [ʌn'mænɪdʒəbl] *adj* [vehicle, parcel] **peu maniable**; [hair] **difficiles à coiffer.**

unmanly [ˌʌn'mænlɪ] (*compar* **-ier,** *superl* **-iest**) *adj* **qui n'est pas viril.**

unmanned [ˌʌn'mænd] *adj* **sans équipage.**

unmarked [ˌʌn'mɑːkt] *adj* **-1.** [uninjured - body, face] **sans marque. -2.** [unidentified - box, suitcase] **sans marque d'identification**; [- police car] **banalisé(e).**

unmarried [ˌʌn'mærɪd] *adj* **célibataire, qui n'est pas marié(e).**

unmask [ˌʌn'mɑːsk] *vt* **démasquer**; [truth, hypocrisy] **dévoiler.**

unmatched [ˌʌn'mætʃt] *adj* **sans pareil(eille).**

unmentionable [ʌn'menʃnəbl] *adj* [subject] **dont il ne faut pas parler**; [word] **qu'il ne faut pas dire.**

unmistakable [ˌʌnmɪ'steɪkəbl] *adj* **qu'on ne peut pas ne pas reconnaître.**

unmitigated [ʌn'mɪtɪgeɪtɪd] *adj* [disaster] **total(e)**; [evil] **non mitigé(e).**

unmoved [ˌʌn'muːvd] *adj*: **~ (by)** **indifférent(e) (à).**

unnamed [ˌʌn'neɪmd] *adj* [person] **anonyme**; [object] **sans dénomination.**

unnatural [ʌn'nætʃrəl] *adj* **-1.** [unusual] **anormal(e), qui n'est pas naturel(elle). -2.** [affected] **peu naturel(elle)**; [smile] **forcé(e).**

unnecessary [ʌn'nesəsərɪ] *adj* [remark, expense, delay] **inutile**; **it's ~ to do sthg** ce n'est pas la peine de faire qqch.

unnerving [ˌʌn'nɜːvɪŋ] *adj* **troublant(e).**

unnoticed [ˌʌn'nəʊtɪst] *adj* **inaperçu(e).**

UNO (*abbr of* **United Nations Organization**) *n* **ONU** *m,* **Onu** *m.*

unobserved [ˌʌnəb'zɜːvd] *adj* **inaperçu(e).**

unobtainable [ˌʌnəb'teɪnəbl] *adj* **impossible à obtenir.**

unobtrusive [ˌʌnəb'truːsɪv] *adj* [person] **effacé(e)**; [object] **discret(ète)**; [building] **que l'on remarque à peine.**

unoccupied [ˌʌn'ɒkjʊpaɪd] *adj* [house] **inhabité(e)**; [seat] **libre.**

unofficial [ˌʌnə'fɪʃl] *adj* **non officiel(ielle).**

unopened [ˌʌn'əʊpənd] *adj* **non ouvert(e), qui n'a pas été ouvert(e).**

unorthodox [ˌʌn'ɔːθədɒks] *adj* **peu orthodoxe.**

unpack [ˌʌn'pæk] ◇ *vt* [suitcase] **défaire**; [box] **vider**; [clothes] **déballer.** ◇ *vi* **défaire ses bagages.**

unpaid [ˌʌn'peɪd] *adj* **-1.** [person] **bénévole**; [work] **sans rémunération, bénévole. -2.** [rent] **non acquitté(e)**; [bill] **impayé(e).**

unpalatable [ʌn'pælətəbl] *adj* **d'un goût désagréable**; *fig* **dur(e) à avaler.**

unparalleled [ʌn'pærəleld] *adj* [success, crisis] **sans précédent**; [beauty] **sans égal.**

unpatriotic ['ʌnˌpætrɪ'ɒtɪk] *adj* [person] **peu patriote**; [act] **antipatriotique.**

unpick [ˌʌn'pɪk] *vt* **découdre.**

unpin [ˌʌn'pɪn] (*pt & pp* **-ned,** *cont* **-ning**) *vt* [sewing, hair] **retirer les épingles de.**

unplanned [ˌʌn'plænd] *adj* **imprévu(e)**; [pregnancy] **accidentel(elle).**

unpleasant [ʌn'pleznt] *adj* **désagréable.**

unpleasantness [ʌn'plezntnɪs] *n* **caractère** *m* **désagréable.**

unplug [ʌn'plʌg] (*pt & pp* **-ged,** *cont* **-ging**) *vt* **débrancher.**

unpolished [ˌʌn'pɒlɪʃt] *adj* **-1.** [not shined - floor] **non poli(e)**; [- furniture, shoes] **non ciré(e). -2.** [not accomplished] **peu raffiné(e).**

unpolluted [ˌʌnpə'luːtɪd] *adj* **non pollué(e).**

unpopular [ˌʌn'pɒpjʊləʳ] *adj* **impopulaire.**

unprecedented [ʌn'presɪdəntɪd] *adj* **sans précédent.**

unpredictable [ˌʌnprɪˈdɪktəbl] *adj* imprévisible.

unprejudiced [ˌʌnˈpredʒʊdɪst] *adj* sans préjugés.

unprepared [ˌʌnprɪˈpeəd] *adj* non préparé(e); **to be ~ for sthg** ne pas s'attendre à qqch.

unprepossessing [ˈʌnˌpriːpəˈzesɪŋ] *adj* peu avenant(e).

unpretentious [ˌʌnprɪˈtenʃəs] *adj* sans prétention.

unprincipled [ʌnˈprɪnsəpld] *adj* sans scrupules.

unprintable [ˌʌnˈprɪntəbl] *adj fig* qu'on ne peut pas répéter.

unproductive [ˌʌnprəˈdʌktɪv] *adj* improductif(ive).

unprofessional [ˌʌnprəˈfeʃənl] *adj* [person, work] peu professionnel(elle); [attitude] contraire à l'éthique de la profession.

unprofitable [ˌʌnˈprɒfɪtəbl] *adj* peu rentable.

unprompted [ˌʌnˈprɒmptɪd] *adj* spontané(e).

unpronounceable [ˌʌnprəˈnaʊnsəbl] *adj* imprononçable.

unprotected [ˌʌnprəˈtektɪd] *adj* sans protection.

unprovoked [ˌʌnprəˈvəʊkt] *adj* sans provocation.

unpublished [ˌʌnˈpʌblɪʃt] *adj* inédit(e).

unpunished [ˌʌnˈpʌnɪʃt] *adj*: **to go ~** rester impuni(e).

unqualified [ˌʌnˈkwɒlɪfaɪd] *adj* -1. [person] non qualifié(e); [teacher, doctor] non diplômé(e). -2. [success] formidable; [support] inconditionnel(elle).

unquestionable [ʌnˈkwestʃənəbl] *adj* [fact] incontestable; [honesty] certain(e).

unquestioning [ʌnˈkwestʃənɪŋ] *adj* aveugle, absolu(e).

unravel [ʌnˈrævl] (*Br pt & pp* **-led**, *cont* **-ling**, *Am pt & pp* **-ed**, *cont* **-ing**) *vt* -1. [undo - knitting] défaire; [- fabric] effiler; [- threads] démêler. -2. *fig* [solve] éclaircir.

unreadable [ˌʌnˈriːdəbl] *adj* illisible.

unreal [ˌʌnˈrɪəl] *adj* [strange] irréel(elle).

unrealistic [ˌʌnrɪəˈlɪstɪk] *adj* irréaliste.

unreasonable [ʌnˈriːznəbl] *adj* qui n'est pas raisonnable, déraisonnable.

unrecognizable [ˌʌnˈrekəgnaɪzəbl] *adj* méconnaissable.

unrecognized [ˌʌnˈrekəgnaɪzd] *adj* -1. [person] non reconnu(e). -2. [achievement, talent] méconnu(e).

unrecorded [ˌʌnrɪˈkɔːdɪd] *adj* non enregistré(e).

unrefined [ˌʌnrɪˈfaɪnd] *adj* -1. [not processed] non raffiné(e), brut(e). -2. [vulgar] peu raffiné(e).

unrehearsed [ˌʌnrɪˈhɜːst] *adj* [performance] sans répétition; [speech, response] improvisé(e).

unrelated [ˌʌnrɪˈleɪtɪd] *adj*: **to be ~ (to)** n'avoir aucun rapport (avec).

unrelenting [ˌʌnrɪˈlentɪŋ] *adj* implacable.

unreliable [ˌʌnrɪˈlaɪəbl] *adj* [machine, method] peu fiable; [person] sur qui on ne peut pas compter.

unrelieved [ˌʌnrɪˈliːvd] *adj* [pain, gloom] constant(e).

unremarkable [ˌʌnrɪˈmɑːkəbl] *adj* quelconque.

unremitting [ˌʌnrɪˈmɪtɪŋ] *adj* inlassable.

unrepeatable [ˌʌnrɪˈpiːtəbl] *adj* [comment] qu'on ne peut pas répéter.

unrepentant [ˌʌnrɪˈpentənt] *adj* impénitent(e).

unrepresentative [ˌʌnreprɪˈzentətɪv] *adj*: **~ (of)** peu représentatif(ive) (de).

unrequited [ˌʌnrɪˈkwaɪtɪd] *adj* non partagé(e).

unreserved [ˌʌnrɪˈzɜːvd] *adj* -1. [support, admiration] sans réserve. -2. [seat] non réservé(e).

unresolved [ˌʌnrɪˈzɒlvd] *adj* non résolu(e).

unresponsive [ˌʌnrɪˈspɒnsɪv] *adj*: **to be ~ to** ne pas réagir à.

unrest [ˌʌnˈrest] *n* (U) troubles *mpl*.

unrestrained [ˌʌnrɪˈstreɪnd] *adj* effréné(e).

unrestricted [ˌʌnrɪˈstrɪktɪd] *adj* sans restriction, illimité(e).

unrewarding [ˌʌnrɪˈwɔːdɪŋ] *adj* ingrat(e).

unripe [ˌʌnˈraɪp] *adj* qui n'est pas mûr(e).

unrivalled *Br*, **unrivaled** *Am* [ʌnˈraɪvld] *adj* sans égal(e).

unroll [ˌʌnˈrəʊl] *vt* dérouler.

unruffled [ˌʌnˈrʌfld] *adj* [person] imperturbable.

unruly [ʌnˈruːlɪ] (*compar* **-ier**, *superl* **-iest**) *adj* [crowd, child] turbulent(e); [hair] indisciplinés.

unsafe [ˌʌnˈseɪf] *adj* -1. [dangerous] dangereux(euse). -2. [in danger]: **to feel ~** ne pas se sentir en sécurité.

unsaid [ˌʌnˈsed] *adj*: **to leave sthg ~** passer qqch sous silence.

unsaleable, unsalable *Am* [ʌnˈseɪləbl] *adj* invendable.

unsatisfactory [ʌn͵sætɪsˈfæktərɪ] *adj* qui laisse à désirer, peu satisfaisant(e).

unsavoury, unsavory *Am* [͵ʌnˈseɪvərɪ] *adj* [person] peu recommandable; [district] mal famé(e).

unscathed [͵ʌnˈskeɪðd] *adj* indemne.

unscheduled [*Br* ͵ʌnˈʃedjuld, *Am* ͵ʌnˈskedʒuld] *adj* non prévu(e).

unscientific [ˈʌn͵saɪənˈtɪfɪk] *adj* peu scientifique.

unscrew [͵ʌnˈskruː] *vt* dévisser.

unscripted [͵ʌnˈskrɪptɪd] *adj* improvisé(e).

unscrupulous [ʌnˈskruːpjuləs] *adj* sans scrupules.

unseat [͵ʌnˈsiːt] *vt* -1. [rider] désarçonner. -2. *fig* [MP] faire perdre son siège à; [leader] faire perdre sa position à.

unseeded [͵ʌnˈsiːdɪd] *adj* qui n'est pas classé(e) en tête de série.

unseemly [ʌnˈsiːmlɪ] (*compar* -ier, *superl* -iest) *adj* inconvenant(e).

unseen [͵ʌnˈsiːn] *adj* [not observed] inaperçu(e).

unselfish [͵ʌnˈselfɪʃ] *adj* désintéressé(e).

unselfishly [͵ʌnˈselfɪʃlɪ] *adv* de manière désintéressée.

unsettle [͵ʌnˈsetl] *vt* perturber.

unsettled [͵ʌnˈsetld] *adj* -1. [person] perturbé(e), troublé(e). -2. [weather] variable, incertain(e). -3. [argument] qui n'a pas été résolu(e); [situation] incertain(e).

unsettling [͵ʌnˈsetlɪŋ] *adj* inquiétant(e).

unshak(e)able [ʌnˈʃeɪkəbl] *adj* inébranlable.

unshaven [͵ʌnˈʃeɪvn] *adj* non rasé(e).

unsheathe [͵ʌnˈʃiːð] *vt* dégainer.

unsightly [ʌnˈsaɪtlɪ] *adj* laid(e).

unskilled [͵ʌnˈskɪld] *adj* non qualifié(e).

unsociable [ʌnˈsəʊʃəbl] *adj* sauvage.

unsocial [͵ʌnˈsəʊʃl] *adj*: **to work ~ hours** travailler en dehors des heures normales.

unsold [͵ʌnˈsəʊld] *adj* invendu(e).

unsolicited [͵ʌnsəˈlɪsɪtɪd] *adj* non sollicité(e).

unsolved [͵ʌnˈsɒlvd] *adj* non résolu(e).

unsophisticated [͵ʌnsəˈfɪstɪkeɪtɪd] *adj* simple.

unsound [͵ʌnˈsaʊnd] *adj* -1. [theory] mal fondé(e); [decision] peu judicieux(ieuse). -2. [building, structure] en mauvais état.

unspeakable [ʌnˈspiːkəbl] *adj* indescriptible.

unspeakably [ʌnˈspiːkəblɪ] *adv* indescriptiblement.

unspecified [͵ʌnˈspesɪfaɪd] *adj* non spécifié(e).

unspoiled [͵ʌnˈspɔɪld], **unspoilt** [͵ʌnˈspɔɪlt] *adj* intact(e); [countryside] qui n'a pas été défiguré(e).

unspoken [͵ʌnˈspəʊkən] *adj* [thought, wish] inexprimé(e); [agreement] tacite.

unsporting [͵ʌnˈspɔːtɪŋ] *adj* qui n'est pas fair-play.

unstable [͵ʌnˈsteɪbl] *adj* instable.

unstated [͵ʌnˈsteɪtɪd] *adj* non déclaré(e).

unsteady [͵ʌnˈstedɪ] (*compar* -ier, *superl* -iest) *adj* [hand] tremblant(e); [table, ladder] instable.

unstinting [͵ʌnˈstɪntɪŋ] *adj* [praise, support] sans réserve; [person] généreux(euse), prodigue.

unstoppable [͵ʌnˈstɒpəbl] *adj* qu'on ne peut pas arrêter.

unstrap [͵ʌnˈstræp] (*pt* & *pp* -ped, *cont* -ping) *vt* défaire les attaches de.

unstructured [͵ʌnˈstrʌktʃəd] *adj* non structuré(e).

unstuck [͵ʌnˈstʌk] *adj*: **to come ~** [notice, stamp, label] se décoller; *fig* [plan, system] s'effondrer; *fig* [person] essuyer un échec.

unsubstantiated [͵ʌnsəbˈstænʃɪeɪtɪd] *adj* sans fondement.

unsuccessful [͵ʌnsəkˈsesfʊl] *adj* [attempt] vain(e); [meeting] infructueux(euse); [candidate] refusé(e).

unsuccessfully [͵ʌnsəkˈsesfʊlɪ] *adv* en vain, sans succès.

unsuitable [͵ʌnˈsuːtəbl] *adj* qui ne convient pas; [clothes] peu approprié(e); **to be ~ for** ne pas convenir à.

unsuited [͵ʌnˈsuːtɪd] *adj* -1. [not appropriate]: **to be ~ to/for** ne pas convenir à/pour. -2. [not compatible]: **to be ~ (to each other)** ne pas aller ensemble.

unsung [͵ʌnˈsʌŋ] *adj* [hero] méconnu(e).

unsure [͵ʌnˈʃɔːr] *adj* -1. [not certain]: **to be ~ (about/of)** ne pas être sûr(e) (de). -2. [not confident]: **to be ~ (of o.s.)** ne pas être sûr(e) de soi.

unsurpassed [͵ʌnsəˈpɑːst] *adj* non surpassé(e).

unsuspecting [͵ʌnsəˈspektɪŋ] *adj* qui ne se doute de rien.

unsweetened [͵ʌnˈswiːtnd] *adj* non sucré(e).

unswerving [ʌnˈswɜːvɪŋ] *adj* [loyalty, determination] inébranlable.

unsympathetic [ˈʌn͵sɪmpəˈθetɪk] *adj* [unfeeling] indifférent(e).

untamed [ˌʌnˈteɪmd] *adj* [animal] sauvage; *fig* [person] farouche.

untangle [ˌʌnˈtæŋgl] *vt* [string, hair] démêler.

untapped [ˌʌnˈtæpt] *adj* inexploité(e).

untaxed [ˌʌnˈtækst] *adj* non imposé(e).

untenable [ˌʌnˈtenəbl] *adj* indéfendable.

unthinkable [ʌnˈθɪŋkəbl] *adj* impensable.

unthinkingly [ʌnˈθɪŋkɪŋlɪ] *adv* sans réfléchir.

untidy [ʌnˈtaɪdɪ] (*compar* **-ier**, *superl* **-iest**) *adj* [room, desk] en désordre; [work, handwriting] brouillon (*inv*); [person, appearance] négligé(e).

untie [ˌʌnˈtaɪ] (*cont* **untying**) *vt* [knot, parcel, shoelaces] défaire; [prisoner] détacher.

until [ənˈtɪl] ◇ *prep* **-1.** [gen] jusqu'à; ~ now jusqu'ici. **-2.** (*after negative*) avant; **not** ~ **tomorrow** pas avant demain; **we weren't told the news** ~ **four o'clock** on ne nous a appris la nouvelle qu'à quatre heures. ◇ *conj* **-1.** [gen] jusqu'à ce que (+ *subjunctive*). **-2.** (*after negative*) avant que (+ *subjunctive*); **don't sign** ~ **you've checked everything** ne signe rien avant d'avoir tout vérifié.

untimely [ʌnˈtaɪmlɪ] *adj* [death] prématuré(e); [arrival] intempestif(ive); [remark] mal à propos; [moment] mal choisi(e).

untiring [ʌnˈtaɪərɪŋ] *adj* infatigable.

untold [ˌʌnˈtəʊld] *adj* [amount, wealth] incalculable; [suffering, joy] indescriptible.

untouched [ʌnˈtʌtʃt] *adj* **-1.** [unharmed - person] indemne; [- thing] intact(e). **-2.** [uneaten - meal] auquel on n'a pas touché.

untoward [ˌʌntəˈwɔːd] *adj* malencontreux(euse).

untrained [ˌʌnˈtreɪnd] *adj* **-1.** [person, worker] sans formation. **-2.** [voice] non travaillé(e); [mind] non formé(e).

untrammelled *Br*, **untrammeled** *Am* [ʌnˈtræməld] *adj fml* libre.

untranslatable [ˌʌntrænsˈleɪtəbl] *adj* intraduisible.

untreated [ˌʌnˈtriːtɪd] *adj* **-1.** MED non soigné(e). **-2.** [sewage, chemical] non traité(e).

untried [ˌʌnˈtraɪd] *adj* [method] qui n'a pas été mis(e) à l'épreuve; [product] qui n'a pas été essayé(e).

untroubled [ˌʌnˈtrʌbld] *adj* [undisturbed]: **to be** ~ **by sthg** rester impassible devant qqch.

untrue [ˌʌnˈtruː] *adj* **-1.** [not accurate] faux (fausse), qui n'est pas vrai(e). **-2.** [unfaithful]: **to be** ~ **to sb** être infidèle à qqn.

untrustworthy [ˌʌnˈtrʌst͵wɜːðɪ] *adj* [person] qui n'est pas digne de confiance.

untruth [ˌʌnˈtruːθ] *n* mensonge *m*.

untruthful [ˌʌnˈtruːθfʊl] *adj* [person] menteur(euse); [statement] mensonger(ère).

untutored [ˌʌnˈtjuːtəd] *adj* [person] peu instruit(e).

unusable [ˌʌnˈjuːzəbl] *adj* inutilisable.

unused [*sense 1* ʌnˈjuːzd, *sense 2* ʌnˈjuːst] *adj* **-1.** [clothes] neuf (neuve); [machine] qui n'a jamais servi; [land] qui n'est pas exploité. **-2.** [unaccustomed]: **to be** ~ **to sthg/to doing sthg** ne pas avoir l'habitude de qqch/de faire qqch.

unusual [ʌnˈjuːʒl] *adj* rare, inhabituel(elle).

unusually [ʌnˈjuːʒəlɪ] *adv* exceptionnellement.

unvarnished [ʌnˈvɑːnɪʃt] *adj fig* [truth] tout nu (toute nue); [account] sans embellissement.

unveil [ˌʌnˈveɪl] *vt lit* & *fig* dévoiler.

unwaged [ˌʌnˈweɪdʒd] *adj Br* non salarié(e).

unwanted [ˌʌnˈwɒntɪd] *adj* [object] dont on ne se sert pas; [child] non désiré(e); **to feel** ~ se sentir mal-aimé(e).

unwarranted [ʌnˈwɒrəntɪd] *adj* injustifié(e).

unwavering [ʌnˈweɪvərɪŋ] *adj* [determination] inébranlable.

unwelcome [ʌnˈwelkəm] *adj* [news, situation] fâcheux(euse); [visitor] importun(e); **to make sb feel** ~ faire sentir à qqn qu'il dérange.

unwell [ˌʌnˈwel] *adj*: **to be/feel** ~ ne pas être/se sentir bien.

unwholesome [ˌʌnˈhəʊlsəm] *adj* malsain(e).

unwieldy [ʌnˈwiːldɪ] (*compar* **-ier**, *superl* **-iest**) *adj* **-1.** [cumbersome] peu maniable. **-2.** *fig* [system] lourd(e); [method] trop complexe.

unwilling [ˌʌnˈwɪlɪŋ] *adj*: **to be** ~ **to do sthg** ne pas vouloir faire qqch; **to be an** ~ **helper** aider à contrecœur.

unwind [ˌʌnˈwaɪnd] (*pt* & *pp* **-wound**) ◇ *vt* dérouler. ◇ *vi fig* [person] se détendre.

unwise [ˌʌnˈwaɪz] *adj* imprudent(e), peu sage.

unwitting [ʌnˈwɪtɪŋ] *adj fml* involontaire.

unwittingly [ʌnˈwɪtɪŋlɪ] *adv fml* involontairement.

unworkable [ˌʌnˈwɜːkəbl] *adj* impraticable.

unworldly [ˌʌnˈwɜːldlɪ] *adj* détaché(e) de ce monde.

unworthy [ʌnˈwɜːðɪ] (*compar* **-ier**, *superl* **-iest**) *adj* [undeserving]: ~ (**of**) indigne (de).

unwound [ˌʌnˈwaʊnd] *pt* & *pp* → **unwind**.

unwrap [ˌʌnˈræp] (*pt* & *pp* **-ped**, *cont* **-ping**) *vt* défaire.

unwritten law [ˌʌnˈrɪtn-] *n* droit *m* coutumier.

unyielding [ʌnˈjiːldɪŋ] *adj* inflexible.

unzip [ˌʌnˈzɪp] (*pt* & *pp* **-ped**, *cont* **-ping**) *vt* ouvrir la fermeture éclair de.

up [ʌp] (*pt* & *pp* **-ped**, *cont* **-ping**) ◇ *adv* **-1.** [towards or in a higher position] en haut; **she's ~ in her bedroom** elle est en haut dans sa chambre; **we walked ~ to the top** on est montés jusqu'en haut; **a house ~ in the mountains** une maison à la montagne; **pick it ~!** ramasse-le!; **the sun came ~** le soleil s'est levé; **prices are going ~** les prix augmentent; **~ there** là-haut. **-2.** [into an upright position]: **to stand ~** se lever; **to sit ~** s'asseoir (bien droit); **~ you get!** allez, lève-toi! **-3.** [northwards]: **I'm coming ~ to York next week** je viens à York la semaine prochaine; **~ north** dans le nord. **-4.** [along a road, river]: **their house is a little further ~** leur maison est un peu plus loin. **-5.** [close up, towards]: **to come ~ to sb** s'approcher de qqn.
◇ *prep* **-1.** [towards or in a higher position] en haut de; **~ a hill/mountain** en haut d'une colline/d'une montagne; **~ a ladder** sur une échelle; **I went ~ the stairs** j'ai monté l'escalier. **-2.** [at far end of]: **they live ~ the road from us** ils habitent un peu plus haut OR loin que nous (dans la même rue); **her flat is just ~ the corridor** son appartement est juste au bout du couloir. **-3.** [against current of river]: **to sail ~ the Amazon** remonter l'Amazone en bateau.
◇ *adj* **-1.** [out of bed] levé(e); **I was ~ at six today** je me suis levé à six heures aujourd'hui. **-2.** [at an end]: **the five weeks are ~ next Monday** les cinq semaines finissent OR se terminent lundi prochain; **time's ~** c'est l'heure. **-3.** [under repair]: **"road ~"** «attention travaux». **-4.** *inf* [wrong]: **is something ~?** il y a quelque chose qui ne va pas?; **what's ~?** qu'est-ce qui ne va pas?, qu'est-ce qu'il y a?
◇ *n*: **~s and downs** hauts et bas *mpl*.
◇ *vt inf* [price, cost] augmenter.

◆ **up against** *prep*: **we came ~ against a lot of opposition** nous nous sommes heurtés à une forte opposition; **to be ~ against it** avoir beaucoup de mal (à s'en sortir).

◆ **up and down** ◇ *adv*: **to jump ~ and down** sauter; **to walk ~ and down** faire les cent pas. ◇ *prep*: **she's ~ and down the stairs all day** elle n'arrête pas de monter et descendre l'escalier toute la journée; **she looked ~ and down the ranks of soldiers**

elle passa les troupes en revue; **we walked ~ and down the avenue** nous avons arpenté l'avenue.

◆ **up to** *prep* **-1.** [as far as] jusqu'à. **-2.** [indicating level] jusqu'à; **it could take ~ six weeks** cela peut prendre jusqu'à six semaines; **it's not ~ to standard** ce n'est pas de la qualité voulue, ceci n'a pas le niveau requis. **-3.** [well or able enough for]: **to be ~ to doing sthg** [able to] être capable de faire qqch; [well enough for] être en état de faire qqch; **my French isn't ~ to much** mon français ne vaut pas grand-chose OR n'est pas fameux. **-4.** *inf* [secretly doing something]: **what are you ~ to?** qu'est-ce que tu fabriques?; **they're ~ to something** ils mijotent quelque chose, ils préparent un coup. **-5.** [indicating responsibility]: **it's not ~ to me to decide** ce n'est pas moi qui décide, il ne m'appartient pas de décider; **it's ~ to you** c'est à vous de voir.

◆ **up until** *prep* jusqu'à.

up-and-coming *adj* à l'avenir prometteur.

up-and-up *n*: **to be on the ~** *Br* [improving] aller de mieux en mieux; **on the ~** *Am* [honest] honnête.

upbeat [ˈʌpbiːt] *adj* optimiste.

upbraid [ʌpˈbreɪd] *vt*: **to ~ sb (for sthg/for doing sthg)** réprimander qqn (pour qqch/pour avoir fait qqch).

upbringing [ˈʌpˌbrɪŋɪŋ] *n* éducation *f*.

update [ˌʌpˈdeɪt] *vt* mettre à jour.

upend [ʌpˈend] *vt* [object] mettre debout.

upfront [ˌʌpˈfrʌnt] ◇ *adj*: **~ (about)** franc (franche) (au sujet de). ◇ *adv* [in advance] d'avance.

upgrade [ˌʌpˈgreɪd] *vt* [facilities] améliorer; [employee] promouvoir; [pay] augmenter.

upheaval [ʌpˈhiːvl] *n* bouleversement *m*.

upheld [ʌpˈheld] *pt* & *pp* → **uphold**.

uphill [ˌʌpˈhɪl] ◇ *adj* **-1.** [slope, path] qui monte. **-2.** *fig* [task] ardu(e). ◇ *adv*: **to go ~** monter.

uphold [ʌpˈhəʊld] (*pt* & *pp* **-held**) *vt* [law] maintenir; [decision, system] soutenir.

upholster [ʌpˈhəʊlstər] *vt* rembourrer.

upholstery [ʌpˈhəʊlstəri] *n* rembourrage *m*; [of car] garniture *f* intérieure.

upkeep [ˈʌpkiːp] *n* entretien *m*.

upland [ˈʌplənd] *adj* des hautes terres.

◆ **uplands** *npl* hautes terres *fpl*.

uplift [ʌpˈlɪft] *vt* élever; [person] élever l'âme de.

uplifting [ʌpˈlɪftɪŋ] *adj* édifiant(e).

uplighter [ˈʌplaɪtər] *n* sorte d'applique (qui diffuse une lumière dirigée vers le haut).

up-market *adj* haut de gamme (*inv*).

upon [ə'pɒn] *prep fml* sur; ~ **hearing the news** ... à ces nouvelles ...; **summer/the weekend is** ~ **us** l'été/le week-end approche.

upper ['ʌpə'] ◇ *adj* supérieur(e). ◇ *n* [of shoe] empeigne *f*.

upper class *n*: **the** ~ la haute société.
◆ **upper-class** *adj* [accent, person] aristocratique.

uppercut ['ʌpəkʌt] *n* uppercut *m*.

upper hand *n*: **to have the** ~ avoir le dessus; **to gain** OR **get the** ~ prendre le dessus.

uppermost ['ʌpəməʊst] *adj* le plus haut (la plus haute); **it was** ~ **in his mind** c'était sa préoccupation majeure.

Upper Volta [-'vɒltə] *n* Haute-Volta *f*; **in** ~ en Haute-Volta.

uppity ['ʌpətɪ] *adj inf* prétentieux(ieuse).

upright [*adj sense 1 & adv* ,ʌp'raɪt, *adj sense 2 & n* 'ʌpraɪt] ◇ *adj* **-1.** [person] droit(e); [structure] vertical(e); [chair] à dossier droit; ~ **freezer** congélateur *m* armoire; ~ **vacuum cleaner** aspirateur *m* balai. **-2.** *fig* [honest] droit(e). ◇ *adv* [stand, sit] droit. ◇ *n* montant *m*.

upright piano *n* piano *m* droit.

uprising ['ʌp,raɪzɪŋ] *n* soulèvement *m*.

uproar ['ʌprɔːʳ] *n* **-1.** (*U*) [commotion] tumulte *m*. **-2.** [protest] protestations *fpl*.

uproarious [ʌp'rɔːrɪəs] *adj* **-1.** [noisy] tumultueux(euse). **-2.** [amusing] tordant(e).

uproot [ʌp'ruːt] *vt lit & fig* déraciner.

upset [ʌp'set] (*pt & pp* upset, *cont* -ting) ◇ *adj* **-1.** [distressed] peiné(e), triste; [offended] vexé(e). **-2.** MED: **to have an** ~ **stomach** avoir l'estomac dérangé. ◇ *n*: **to have a stomach** ~ avoir l'estomac dérangé. ◇ *vt* **-1.** [distress] faire de la peine à. **-2.** [plan, operation] déranger. **-3.** [turn upside down] renverser.

upsetting [ʌp'setɪŋ] *adj* [distressing] bouleversant(e).

upshot ['ʌpʃɒt] *n* résultat *m*.

upside down ['ʌpsaɪd-] ◇ *adj* à l'envers. ◇ *adv* à l'envers; **to turn sthg** ~ *fig* mettre qqch sens dessus dessous.

upstage [,ʌp'steɪdʒ] *vt* éclipser.

upstairs [,ʌp'steəz] ◇ *adj* d'en haut, du dessus. ◇ *adv* en haut. ◇ *n* étage *m*.

upstanding [,ʌp'stændɪŋ] *adj* droit(e).

upstart ['ʌpstɑːt] *n* parvenu *m*, -e *f*.

upstate [,ʌp'steɪt] *Am* ◇ *adj*: ~ **New York** la partie nord de l'État de New York. ◇ *adv* dans/vers le nord de l'État.

upstream [,ʌp'striːm] ◇ *adj* d'amont; **to be** ~ **(from)** être en amont (de). ◇ *adv* vers l'amont; [swim] contre le courant.

upsurge ['ʌpsɜːdʒ] *n*: ~ **(of/in)** recrudescence *f* (de).

upswing ['ʌpswɪŋ] *n*: ~ **(in)** [popularity] remontée *f* (de); **an** ~ **in economic activity** une reprise de l'activité économique.

uptake ['ʌpteɪk] *n*: **to be quick on the** ~ saisir vite; **to be slow on the** ~ être lent(e) à comprendre.

uptight [ʌp'taɪt] *adj inf* tendu(e).

up-to-date *adj* **-1.** [modern] moderne. **-2.** [most recent - news] tout dernier (toute dernière). **-3.** [informed]: **to keep** ~ **with** se tenir au courant de.

up-to-the-minute *adj* de dernière minute.

uptown [,ʌp'taʊn] *Am* ◇ *adj* [area] résidentiel(ielle). ◇ *adv* dans/vers les quartiers résidentiels.

upturn [ʌp'tɜːn] *n*: ~ **(in)** reprise *f* (de).

upturned [ʌp'tɜːnd] *adj* [car, cup] renversé(e); [nose] retroussé(e).

upward ['ʌpwəd] ◇ *adj* [movement] ascendant(e); [look, rise] vers le haut. ◇ *adv Am* = **upwards**.

upwardly-mobile ['ʌpwədlɪ-] *adj* susceptible de promotion sociale.

upwards ['ʌpwədz] *adv* vers le haut.
◆ **upwards of** *prep* plus de.

upwind ['ʌpwɪnd] *adj*: **to be** ~ **of sthg** être dans le vent OR au vent par rapport à qqch.

URA (*abbr of* Urban Renewal Administration) *n administration américaine des rénovations urbaines*.

Urals ['jʊərəlz] *npl*: **the** ~ l'Oural *m*; **in the** ~ dans l'Oural.

uranium [jʊ'reɪnjəm] *n* uranium *m*.

Uranus ['jʊərənəs] *n* [planet] Uranus *f*.

urban ['ɜːbən] *adj* urbain(e).

urbane [ɜː'beɪn] *adj* courtois(e).

urbanize, -ise ['ɜːbənaɪz] *vt* urbaniser.

urban renewal *n* réaménagement *m* des zones urbaines.

urchin ['ɜːtʃɪn] *n dated* gamin *m*, -e *f*.

Urdu ['ʊəduː] *n* ourdou *m*.

urge [ɜːdʒ] ◇ *n* forte envie *f*; **to have an** ~ **to do sthg** avoir une forte envie de faire qqch. ◇ *vt* **-1.** [try to persuade]: **to** ~ **sb to do sthg** pousser qqn à faire qqch, presser qqn de faire qqch. **-2.** [advocate] conseiller.

urgency ['ɜːdʒənsɪ] *n* (*U*) urgence *f*.

urgent ['ɜːdʒənt] *adj* [letter, case, request] urgent(e); [plea, voice, need] pressant(e).

urgently ['ɜːdʒəntlɪ] *adv* d'urgence; [appeal] d'une manière pressante.

urinal [,juə'raɪnl] *n* urinoir *m*.

urinary ['juərɪnərɪ] *adj* urinaire.

urinate ['juərɪneɪt] *vi* uriner.

urine ['juərɪn] *n* urine *f*.

urn [ɜːn] *n* -1. [for ashes] urne *f*. -2. [for tea]: **tea ~** fontaine *f* à thé.

Uruguay ['juərəgwaɪ] *n* Uruguay *m*; **in ~** en Uruguay.

Uruguayan [,juərə'gwaɪən] ◇ *adj* uruguayen(enne). ◇ *n* Uruguayen *m*, -enne *f*.

us [ʌs] *pers pron* nous; **can you see/hear ~?** vous nous voyez/entendez?; **it's ~** c'est nous; **you can't expect US to do it** vous ne pouvez pas exiger que ce soit nous qui le fassions; **she gave it to ~** elle nous l'a donné; **with/without ~** avec/sans nous; **they are more wealthy than ~** ils sont plus riches que nous; **some of ~** quelques-uns d'entre nous.

US *n abbr of* **United States**.

USA *n* -1. *abbr of* **United States of America.** -2. (*abbr of* **United States Army**) *armée de terre américaine*.

usable ['juːzəbl] *adj* utilisable.

USAF (*abbr of* **United States Air Force**) *n armée de l'air américaine*.

usage ['juːzɪdʒ] *n* -1. LING usage *m*. -2. (*U*) [handling, treatment] traitement *m*.

USCG (*abbr of* **United States Coast Guard**) *n service de surveillance côtière américain*.

USDA (*abbr of* **United States Department of Agriculture**) *n ministère américain de l'agriculture*.

USDAW ['ʌzdɔː] (*abbr of* **Union of Shop, Distributive and Allied Workers**) *n syndicat britannique des personnels de la distribution*.

USDI (*abbr of* **United States Department of the Interior**) *n ministère américain de l'intérieur*.

use [*n & aux vb* juːs, *vt* juːz] ◇ *n* -1. [act of using] utilisation *f*, emploi *m*; **to be in ~** être utilisé; **to be out of ~** être hors d'usage; **to make ~ of sthg** utiliser qqch. -2. [ability to use] usage *m*; **to let sb have the ~ of sthg** prêter qqch à qqn. -3. [usefulness]: **to be of ~** être utile; **it's no ~** ça ne sert à rien; **what's the ~ (of doing sthg)?** à quoi bon (faire qqch)?
◇ *aux vb*: **I ~d to live in London** avant j'habitais à Londres; **he didn't ~ to be so fat** il n'était pas si gros avant; **there ~d to be a tree here** (autrefois) il y avait un arbre ici.

◇ *vt* -1. [gen] utiliser, se servir de, employer. -2. *pej* [exploit] se servir de.
◆ **use up** *vt sep* [supply] épuiser; [food] finir; [money] dépenser.

used [*senses 1 and 2* juːzd, *sense 3* juːst] *adj* -1. [handkerchief, towel] sale. -2. [car] d'occasion. -3. [accustomed]: **to be ~ to sthg/to doing sthg** avoir l'habitude de qqch/de faire qqch; **to get ~ to sthg** s'habituer à qqch.

useful ['juːsful] *adj* utile; **to come in ~** être utile.

usefulness ['juːsfulnɪs] *n* (*U*) utilité *f*.

useless ['juːslɪs] *adj* -1. [gen] inutile. -2. *inf* [person] incompétent(e), nul (nulle).

uselessness ['juːslɪsnɪs] *n* (*U*) inutilité *f*.

user ['juːzər] *n* [of product, machine] utilisateur *m*, -trice *f*; [of service] usager *m*.

user-friendly *adj* convivial(e), facile à utiliser.

USES (*abbr of* **United States Employment Service**) *n services américains de l'emploi*.

usher ['ʌʃər] ◇ *n* placeur *m*. ◇ *vt*: **to ~ sb in/out** faire entrer/sortir qqn.

usherette [,ʌʃə'ret] *n* ouvreuse *f*.

USIA (*abbr of* **United States Information Agency**) *n agence américaine de renseignements*.

USM *n* -1. (*abbr of* **United States Mail**) ≃ la Poste. -2. (*abbr of* **United States Mint**) ≃ la Monnaie.

USN (*abbr of* **United States Navy**) *n marine de guerre américaine*.

USPHS (*abbr of* **United States Public Health Service**) *n aux États-Unis, direction des affaires sanitaires et sociales*.

USS (*abbr of* **United States Ship**) *expression précédant le nom d'un bâtiment de la marine américaine*.

USSR (*abbr of* **Union of Soviet Socialist Republics**) *n*: **the (former) ~** l'(ex-)URSS *f*; **in the ~** en URSS.

usu. *abbr of* **usually**.

usual ['juːʒəl] *adj* habituel(elle); **as ~** comme d'habitude.

usually ['juːʒəlɪ] *adv* d'habitude, d'ordinaire.

usurp [juːˈzɜːp] *vt* usurper.

usury ['juːʒʊrɪ] *n* (*U*) usure *f*.

UT *abbr of* **Utah**.

Utah ['juːtɑː] *n* Utah *m*; **in ~** dans l'Utah.

utensil [juːˈtensl] *n* ustensile *m*.

uterus ['juːtərəs] (*pl* **-ri** [-raɪ] OR **-ruses**) *n* utérus *m*.

utilitarian [,juːtɪlɪˈteərɪən] *adj* utilitaire.

utility [juːˈtɪlətɪ] (*pl* -ies) *n* -1. (*U*) [usefulness] utilité *f*. -2. [public service] service *m* public. -3. COMPUT utilitaire *m*.

utility room *n* buanderie *f*.

utilize, -ise [ˈjuːtɪlaɪz] *vt* utiliser; [resources] exploiter, utiliser.

utmost [ˈʌtməʊst] ◇ *adj* le plus grand (la plus grande). ◇ *n*: **to do one's** ~ faire tout son possible, faire l'impossible; **to the** ~ au plus haut point.

utopia [juːˈtəʊpjə] *n* utopie *f*.

utter [ˈʌtəʳ] ◇ *adj* total(e), complet(ète). ◇ *vt* prononcer; [cry] pousser.

utterly [ˈʌtəlɪ] *adv* complètement.

U-turn *n* demi-tour *m*; *fig* revirement *m*.

UV (*abbr of* **ultra-violet**) UV.

UV-A, UVA (*abbr of* **ultra-violet-A**) UVA.

UV-B, UVB (*abbr of* **ultra-violet-B**) UVB.

UWIST [ˈjuːwɪst] (*abbr of* **University of Wales Institute of Science and Technology**) *n* institut de science et de technologie de l'université du pays de Galles.

Uzbek [ˈʊzbek] ◇ *adj* ouzbek. ◇ *n* -1. [person] Ouzbek *mf*. -2. [language] ouzbek *m*.

Uzbekistan [ʊz,bekɪˈstɑːn] *n* Ouzbékistan *m*; **in** ~ en Ouzbékistan.

v¹ (*pl* **v's** OR **vs**), **V** (*pl* **V's** OR **Vs**) [viː] *n* [letter] v *m inv*, V *m inv*.

v² -1. (*abbr of* **verse**) v. -2. (*abbr of* **vide**) [cross-reference] v. -3. *abbr of* **versus**. -4. (*abbr of* **volt**) v.

VA *abbr of* **Virginia**.

vac (*abbr of* **vacation**) *n Br inf* vacances *fpl*.

vacancy [ˈveɪkənsɪ] (*pl* -ies) *n* -1. [job] poste *m* vacant. -2. [room available] chambre *f* à louer; **"vacancies"** «chambres à louer»; **"no vacancies"** «complet».

vacant [ˈveɪkənt] *adj* -1. [room] inoccupé(e); [chair, toilet] libre. -2. [job, post] vacant(e). -3. [look, expression] distrait(e).

vacant lot *n* terrain *m* inoccupé; [for sale] terrain *m* à vendre.

vacantly [ˈveɪkəntlɪ] *adv* d'un air distrait.

vacate [vəˈkeɪt] *vt* quitter.

vacation [vəˈkeɪʃn] *n Am* vacances *fpl*.

vacationer [vəˈkeɪʃənəʳ] *n Am* vacancier *m*, -ière *f*.

vacation resort *n Am* camp *m* de vacances.

vaccinate [ˈvæksɪneɪt] *vt* vacciner.

vaccination [,væksɪˈneɪʃn] *n* vaccination *f*.

vaccine [*Br* ˈvæksiːn, *Am* vækˈsiːn] *n* vaccin *m*.

vacillate [ˈvæsəleɪt] *vi* hésiter.

vacuum [ˈvækjʊəm] ◇ *n* -1. TECH & *fig* vide *m*. -2. [cleaner] aspirateur *m*. ◇ *vt* [room] passer l'aspirateur dans; [carpet] passer à l'aspirateur.

vacuum cleaner *n* aspirateur *m*.

vacuum-packed *adj* emballé(e) sous vide.

vacuum pump *n* pompe *f* à vide.

vagabond [ˈvægəbɒnd] *n literary* vagabond *m*, -e *f*.

vagaries [ˈveɪgərɪz] *npl* caprices *mpl*.

vagina [vəˈdʒaɪnə] *n* vagin *m*.

vagrancy [ˈveɪgrənsɪ] *n* vagabondage *m*.

vagrant [ˈveɪgrənt] *n* vagabond *m*, -e *f*.

vague [veɪg] *adj* -1. [gen] vague, imprécis(e). -2. [absent-minded] distrait(e).

vaguely [ˈveɪglɪ] *adv* vaguement.

vain [veɪn] *adj* -1. [futile, worthless] vain(e). -2. *pej* [conceited] vaniteux(euse).
◆ **in vain** *adv* en vain, vainement.

vainly [ˈveɪnlɪ] *adv* -1. [in vain] en vain, vainement. -2. [conceitedly] avec vanité.

valance [ˈvæləns] *n* -1. [on bed] tour *m* de lit. -2. *Am* [over window] cantonnière *f*.

vale [veɪl] *n literary* val *m*.

valedictory [,vælɪˈdɪktərɪ] *adj fml* d'adieu.

valentine card [ˈvæləntaɪn-] *n* carte *f* de la Saint-Valentin.

Valentine's Day [ˈvæləntaɪnz-] *n*: **(St)** ~ la Saint-Valentin.

valet [ˈvæleɪ, ˈvælɪt] *n* valet *m* de chambre.

valet parking *n*: **"~"** «voiturier».

valet service *n* -1. [for clothes] service *m* pressing. -2. [for cars] nettoyage *m* complet.

Valetta, Valletta [vəˈletə] *n* la Valette.

valiant [ˈvæljənt] *adj* vaillant(e).

valid [ˈvælɪd] *adj* -1. [reasonable] valable. -2. [legally usable] valide.

validate [ˈvælɪdeɪt] *vt* valider.

validity [vəˈlɪdətɪ] *n* validité *f*.

Valium® [ˈvælɪəm] *n* valium® *m*.

Valletta = **Valetta**.

valley [ˈvælɪ] (*pl* **valleys**) *n* vallée *f*.

valour *Br*, **valor** *Am* [ˈvæləʳ] *n* (*U*) *fml* & *literary* bravoure *f*.

valuable ['væljuəbl] *adj* **-1.** [advice, time, information] précieux(ieuse). **-2.** [object, jewel] de valeur.

◆ **valuables** *npl* objets *mpl* de valeur.

valuation [,vælju'eɪʃn] *n* **-1.** (*U*) [pricing] estimation *f*, expertise *f*. **-2.** [estimated price] valeur *f* estimée. **-3.** [opinion] opinion *f*.

value ['væljuː] ◇ *n* valeur *f*; **to be good ~** être d'un bon rapport qualité-prix; **to place a high ~ on** sthg accorder beaucoup de valeur à qqch; **to get ~ for money** en avoir pour son argent; **to take** sb/sthg **at face ~** prendre qqn/qqch au pied de la lettre. ◇ *vt* **-1.** [estimate price of] expertiser. **-2.** [cherish] apprécier.

◆ **values** *npl* [morals] valeurs *fpl*.

value-added tax [-'ædɪd-] *n* taxe *f* sur la valeur ajoutée.

valued ['væljuːd] *adj* précieux(ieuse).

value judg(e)ment *n* jugement *m* de valeur.

valuer ['væljuə] *n* expert *m*.

valve [vælv] *n* [on tyre] valve *f*; TECH soupape *f*.

vamoose [və'muːs] *vi inf* s'éclipser.

vampire ['væmpaɪə] *n* vampire *m*.

van [væn] *n* **-1.** AUT camionnette *f*. **-2.** *Br* RAIL fourgon *m*.

V and A (*abbr of* **Victoria and Albert Museum**) *n grand musée londonien des arts décoratifs.*

vandal ['vændl] *n* vandale *mf*.

vandalism ['vændəlɪzm] *n* vandalisme *m*.

vandalize, -ise ['vændəlaɪz] *vt* saccager.

vanguard ['vænɡɑːd] *n* avant-garde *f*; **in the ~ of** à l'avant-garde de.

vanilla [və'nɪlə] ◇ *n* vanille *f*. ◇ *comp* [ice cream, yoghurt] à la vanille.

vanish ['vænɪʃ] *vi* disparaître.

vanishing point ['vænɪʃɪŋ-] *n* point *m* de fuite.

vanity ['vænətɪ] *n* (*U*) *pej* vanité *f*.

vanity unit *n élément de salle de bains avec lavabo encastré.*

vanquish ['væŋkwɪʃ] *vt literary* vaincre.

vantagepoint ['vɑːntɪdʒ,pɔɪnt] *n* [for view] bon endroit *m*; *fig* position *f* avantageuse.

vapour *Br*, **vapor** *Am* ['veɪpə] *n* (*U*) vapeur *f*; [condensation] buée *f*.

vapour trail *n* traînée *f* de vapeur.

variable ['veərɪəbl] ◇ *adj* variable; [mood] changeant(e). ◇ *n* variable *f*.

variance ['veərɪəns] *n fml*: **at ~ (with)** en désaccord (avec).

variant ['veərɪənt] ◇ *adj* différent(e). ◇ *n* variante *f*.

variation [,veərɪ'eɪʃn] *n*: **~ (in)** variation *f* (de).

varicose veins ['værɪkəʊs-] *npl* varices *fpl*.

varied ['veərɪd] *adj* varié(e).

variety [və'raɪətɪ] *n* (*pl* **-ies**) **-1.** [gen] variété *f*. **-2.** [type] variété *f*, sorte *f*.

variety show *n* spectacle *m* de variétés.

various ['veərɪəs] *adj* **-1.** [several] plusieurs. **-2.** [different] divers.

varnish ['vɑːnɪʃ] ◇ *n* vernis *m*. ◇ *vt* vernir.

varnished ['vɑːnɪʃt] *adj* verni(e).

vary ['veərɪ] (*pt & pt* **-ied**) ◇ *vt* varier. ◇ *vi*: **to ~ (in/with)** varier (en/selon), changer (en/selon).

varying ['veərɪɪŋ] *adj* qui varie, variable.

vascular ['væskjʊlə] *adj* vasculaire.

vase [*Br* vɑːz, *Am* veɪz] *n* vase *m*.

vasectomy [və'sektəmɪ] (*pl* **-ies**) *n* vasectomie *f*.

Vaseline® ['væsəliːn] *n* vaseline® *f*.

vast [vɑːst] *adj* vaste, immense.

vastly ['vɑːstlɪ] *adv* extrêmement, infiniment.

vastness ['vɑːstnɪs] *n* immensité *f*.

vat [væt] *n* cuve *f*.

VAT [væt, viːeɪ'tiː] (*abbr of* **value added tax**) *n* TVA *f*.

Vatican ['vætɪkən] *n*: **the ~** le Vatican.

Vatican City *n* l'État *m* de la cité du Vatican, le Vatican; **in ~** au Vatican.

vault [vɔːlt] ◇ *n* **-1.** [in bank] chambre *f* forte. **-2.** [roof] voûte *f*. **-3.** [jump] saut *m*. **-4.** [in church] caveau *m*. ◇ *vt* sauter. ◇ *vi*: **to ~ over** sthg sauter (par-dessus) qqch.

vaulted ['vɔːltɪd] *adj* voûté(e).

vaulting horse ['vɔːltɪŋ-] *n* cheval-d'arçons *m inv*.

vaunted ['vɔːntɪd] *adj fml*: **much ~** tant vanté(e).

VC *n* **-1.** (*abbr of* **vice-chairman**) vice-président *m*. **-2.** (*abbr of* **Victoria Cross**) *la plus haute distinction militaire britannique.*

VCR (*abbr of* **video cassette recorder**) *n* magnétoscope *m*.

VD *n abbr of* **venereal disease**.

VDU (*abbr of* **visual display unit**) *n* moniteur *m*.

veal [viːl] *n* (*U*) veau *m*.

veer [vɪə] *vi* virer.

veg [vedʒ] *n inf* **-1.** (*abbr of* **vegetable**) légume *m*. **-2.** (*U*) (*abbr of* **vegetables**) légumes *mpl*.

vegan ['viːgən] ◇ *adj* végétalien(ienne). ◇ *n* végétalien *m*, -ienne *f*.

vegetable ['vedʒtəbl] ◇ *n* légume *m*. ◇ *adj* [matter, protein] végétal(e); [soup, casserole] de OR aux légumes.

vegetable garden *n* jardin *m* potager.

vegetable knife *n* couteau *m* à légumes.

vegetable oil *n* huile *f* végétale.

vegetarian [,vedʒɪ'teərɪən] ◇ *adj* végétarien(ienne). ◇ *n* végétarien *m*, -ienne *f*.

vegetarianism [,vedʒɪ'teərɪənɪzm] *n* végétarisme *m*.

vegetate ['vedʒɪteɪt] *vi pej* végéter.

vegetation [,vedʒɪ'teɪʃn] *n* (U) végétation *f*.

veggie ['vedʒɪ] (*abbr of* **vegetarian**) *Br inf* ◇ *adj* végétarien(ienne). ◇ *n* végétarien *m*, -ienne *f*.

vehement ['viːəmənt] *adj* véhément(e).

vehemently ['viːəməntlɪ] *adv* avec véhémence.

vehicle ['viːɪkl] *n lit* & *fig* véhicule *m*.

vehicular [vɪ'hɪkjʊlə'] *adj fml* [transport] de véhicules; ~ **traffic** circulation *f*.

veil [veɪl] *n lit* & *fig* voile *m*.

veiled [veɪld] *adj* [threat, reference] voilé(e).

vein [veɪn] *n* **-1.** ANAT veine *f*. **-2.** [of leaf] nervure *f*. **-3.** [of mineral] filon *m*. **-4.** [mood]: **in the same** ~ dans le même style.

Velcro® ['velkrəʊ] *n* Velcro® *m*.

vellum ['veləm] *n* vélin *m*.

velocity [vɪ'lɒsətɪ] (*pl* -ies) *n* vélocité *f*.

velour [və'lʊə'] *n* velours *m*.

velvet ['velvɪt] ◇ *n* velours *m*. ◇ *comp* de OR en velours.

vend [vend] *vt fml* & JUR vendre.

vendetta [ven'detə] *n* vendetta *f*.

vending machine ['vendɪŋ-] *n* distributeur *m* automatique.

vendor ['vendə'] *n* **-1.** *fml* [salesperson] marchand *m*, -e *f*. **-2.** JUR vendeur *m*, -eresse *f*.

veneer [və'nɪə'] *n* placage *m*; *fig* apparence *f*.

venerable ['venərəbl] *adj* vénérable.

venerate ['venəreɪt] *vt* vénérer.

venereal disease [vɪ'nɪərɪəl-] *n* maladie *f* vénérienne.

Venetian [vɪ'niːʃn] ◇ *adj* vénitien(ienne). ◇ *n* Vénitien *m*, -ienne *f*.

venetian blind *n* store *m* vénitien.

Venezuela [,venɪz'weɪlə] *n* Venezuela *m*; **in** ~ au Venezuela.

Venezuelan [,venɪz'weɪlən] ◇ *adj* vénézuélien(ienne). ◇ *n* Vénézuélien *m*, -ienne *f*.

vengeance ['vendʒəns] *n* vengeance *f*; **it began raining with a** ~ il a commencé à pleuvoir très fort; **she's back with a** ~ elle fait un retour en force.

vengeful ['vendʒfʊl] *adj* vengeur(eresse).

Venice ['venɪs] *n* Venise.

venison ['venɪzn] *n* venaison *f*.

venom ['venəm] *n lit* & *fig* venin *m*.

venomous ['venəməs] *adj lit* & *fig* venimeux(euse).

vent [vent] ◇ *n* [pipe] tuyau *m*; [opening] orifice *m*; **to give** ~ **to** donner libre cours à. ◇ *vt* [anger, feelings] donner libre cours à; **to** ~ **sthg on sb** décharger qqch sur qqn.

ventilate ['ventɪleɪt] *vt* ventiler.

ventilation [,ventɪ'leɪʃn] *n* ventilation *f*.

ventilator ['ventɪleɪtə'] *n* ventilateur *m*.

Ventimiglia [,ventɪ'mɪljə] *n* Vintimille.

ventriloquist [ven'trɪləkwɪst] *n* ventriloque *mf*.

venture ['ventʃə'] ◇ *n* entreprise *f*. ◇ *vt* risquer; **to** ~ **to do sthg** se permettre de faire qqch. ◇ *vi* s'aventurer.

venture capital *n* capital-risque *m*.

venturesome ['ventʃəsəm] *adj* **-1.** [person] téméraire. **-2.** [action] risqué(e).

venue ['venjuː] *n* lieu *m*.

Venus ['viːnəs] *n* [planet] Vénus *f*.

veracity [və'ræsətɪ] *n* véracité *f*.

veranda(h) [və'rændə] *n* véranda *f*.

verb [vɜːb] *n* verbe *m*.

verbal ['vɜːbl] *adj* verbal(e).

verbally ['vɜːbəlɪ] *adv* verbalement.

verbatim [vɜː'beɪtɪm] *adj* & *adv* mot pour mot.

verbose [vɜː'bəʊs] *adj* verbeux(euse).

verdict ['vɜːdɪkt] *n* **-1.** JUR verdict *m*. **-2.** [opinion]: ~ **(on)** avis *m* (sur).

verge [vɜːdʒ] *n* **-1.** [of lawn] bordure *f*; [of road] bas-côté *m*, accotement *m*. **-2.** [brink]: **on the** ~ **of sthg** au bord de qqch; **on the** ~ **of doing sthg** sur le point de faire qqch.

◆ **verge (up)on** *vt fus* friser, approcher de.

verger ['vɜːdʒə'] *n* bedeau *m*.

verification [,verɪfɪ'keɪʃn] *n* vérification *f*.

verify ['verɪfaɪ] (*pt* & *pp* -ied) *vt* vérifier.

veritable ['verɪtəbl] *adj hum* or *fml* véritable.

vermilion [və'mɪljən] ◇ *adj* vermillon (*inv*). ◇ *n* vermillon *m*.

vermin ['vɜːmɪn] *npl* vermine *f*.

Vermont [vɜː'mɒnt] *n* Vermont *m*; **in** ~ dans le Vermont.

vermouth ['vɜːməθ] *n* vermouth *m*.

vernacular [vəˈnækjʊləʳ] ◇ adj vernaculaire. ◇ n dialecte m.

verruca [vəˈruːkə] (pl -cas OR -cae [-kaɪ]) n verrue f plantaire.

versa → vice versa.

versatile [ˈvɜːsətaɪl] adj [person, player] aux talents multiples; [machine, tool, food] souple d'emploi.

versatility [ˌvɜːsəˈtɪlətɪ] n [of person] variété f de talents; [of machine, tool] souplesse f d'emploi.

verse [vɜːs] n -1. (U) [poetry] vers mpl. -2. [stanza] strophe f. -3. [in Bible] verset m.

versed [vɜːst] adj: to be well ~ in sthg être versé(e) dans qqch.

version [ˈvɜːʃn] n version f.

versus [ˈvɜːsəs] prep -1. SPORT contre. -2. [as opposed to] par opposition à.

vertebra [ˈvɜːtɪbrə] (pl -brae [-briː]) n vertèbre f.

vertebrate [ˈvɜːtɪbreɪt] n vertébré m.

vertical [ˈvɜːtɪkl] adj vertical(e).

vertical integration n FIN intégration f verticale.

vertically [ˈvɜːtɪklɪ] adv verticalement.

vertigo [ˈvɜːtɪgəʊ] n (U) vertige m; to suffer from ~ avoir le vertige.

verve [vɜːv] n verve f.

very [ˈverɪ] ◇ adv -1. [as intensifier] très; ~ much beaucoup. -2. [as euphemism]: not ~ pas très. ◇ adj: the ~ room/book la pièce/le livre même; the ~ man/thing I've been looking for juste l'homme/la chose que je cherchais; at the ~ least tout au moins; ~ last/first tout dernier/premier; of one's ~ own bien à soi.
◆ **very well** adv très bien; I can't ~ well tell him ... je ne peux tout de même pas lui dire que ....

vespers [ˈvespəz] n (U) vêpres fpl.

vessel [ˈvesl] n fml -1. [boat] vaisseau m. -2. [container] récipient m.

vest [vest] n -1. Br [undershirt] maillot m de corps. -2. Am [waistcoat] gilet m.

vested interest [ˈvestɪd-] n: ~ (in) intérêt m particulier (à).

vestibule [ˈvestɪbjuːl] n -1. fml [entrance hall] vestibule m. -2. Am [on train] sas m.

vestige [ˈvestɪdʒ] n vestige m.

vestry [ˈvestrɪ] (pl -ies) n sacristie f.

Vesuvius [vɪˈsuːvjəs] n le Vésuve.

vet [vet] (pt & pp -ted, cont -ting) ◇ n -1. Br (abbr of veterinary surgeon) vétérinaire mf. -2. Am (abbr of veteran) ancien combattant

m, vétéran m. ◇ vt [candidates] examiner avec soin.

veteran [ˈvetrən] ◇ adj [experienced] chevronné(e). ◇ n -1. MIL ancien combattant m, vétéran m. -2. [experienced person] vétéran m.

veteran car n Br voiture f d'époque (construite avant 1905).

Veteran's Day n aux États-Unis, fête nationale en l'honneur des anciens combattants (le 11 novembre).

veterinarian [ˌvetərɪˈneərɪən] n Am vétérinaire mf.

veterinary science [ˈvetərɪnrɪ-] n science f vétérinaire.

veterinary surgeon [ˈvetərɪnrɪ-] n Br fml vétérinaire mf.

veto [ˈviːtəʊ] (pl -es, pt & pp -ed, cont -ing) ◇ n veto m. ◇ vt opposer son veto à.

vetting [ˈvetɪŋ] n (U) [of candidates] examen m minutieux.

vex [veks] vt contrarier.

vexed question [vekst-] n question f controversée.

VFD (abbr of voluntary fire department) n pompiers bénévoles aux États-Unis.

vg (abbr of very good) tb.

vgc (abbr of very good condition) TBE, tbe.

VHF (abbr of very high frequency) VHF.

VHS (abbr of video home system) n VHS m.

VI abbr of Virgin Islands.

via [ˈvaɪə] prep -1. [travelling through] via, par. -2. [by means of] au moyen de.

viability [ˌvaɪəˈbɪlətɪ] n viabilité f.

viable [ˈvaɪəbl] adj viable.

viaduct [ˈvaɪədʌkt] n viaduc m.

vibrant [ˈvaɪbrənt] adj vibrant(e).

vibrate [vaɪˈbreɪt] vi vibrer.

vibration [vaɪˈbreɪʃn] n vibration f.

vicar [ˈvɪkəʳ] n [in Church of England] pasteur m.

vicarage [ˈvɪkərɪdʒ] n presbytère m.

vicarious [vɪˈkeərɪəs] adj: to take a ~ pleasure in sthg retirer du plaisir indirectement de qqch.

vice [vaɪs] n -1. [immorality, fault] vice m. -2. [tool] étau m.

vice- [vaɪs] prefix vice-.

vice-admiral n vice-amiral m.

vice-chairman n vice-président m, -e f.

vice-chancellor n UNIV président m, -e f.

vice-president n vice-président m, -e f.

vice squad n brigade f des mœurs.

vice versa [ˌvaɪsɪˈvɜːsə] adv vice versa.

vicinity [vɪ'sɪnətɪ] *n*: **in the ~ (of)** aux alentours (de), dans les environs (de).

vicious ['vɪʃəs] *adj* violent(e), brutal(e).

vicious circle *n* cercle *m* vicieux.

viciousness ['vɪʃəsnɪs] *n* violence *f*, brutalité *f*.

vicissitudes [vɪ'sɪsɪtjuːdz] *npl fml* vicissitudes *fpl*.

victim ['vɪktɪm] *n* victime *f*.

victimize, -ise ['vɪktɪmaɪz] *vt* faire une victime de.

victor ['vɪktər] *n* vainqueur *m*.

Victoria Cross [vɪk'tɔːrɪə-] *n* Croix *f* de Victoria.

Victoria Falls [vɪk'tɔːrɪə-] *npl* les chutes *fpl* Victoria.

Victorian [vɪk'tɔːrɪən] *adj* victorien(ienne).

Victoriana [,vɪktɔːrɪ'ɑːnə] *n* (*U*) objets *mpl* de l'époque victorienne.

victorious [vɪk'tɔːrɪəs] *adj* victorieux(ieuse).

victory ['vɪktərɪ] (*pl* **-ies**) *n*: **~ (over)** victoire *f* (sur).

video ['vɪdɪəʊ] (*pl* **-s**, *pt* & *pp* **-ed**, *cont* **-ing**) ◇ *n* **-1.** [medium, recording] vidéo *f*. **-2.** [machine] magnétoscope *m*. **-3.** [cassette] vidéocassette *f*. ◇ *comp* vidéo (*inv*). ◇ *vt* **-1.** [using videorecorder] **magnétoscoper. -2.** [using camera] faire une vidéo de, filmer.

video camera *n* caméra *f* vidéo.

video cassette *n* vidéocassette *f*.

videodisc *Br*, **videodisk** *Am* ['vɪdɪəʊdɪsk] *n* vidéodisque *m*.

video game *n* jeu *m* vidéo.

video machine *n* magnétoscope *m*.

videophone ['vɪdɪəʊfəʊn] *n* vidéophone *m*, visiophone *m*.

videorecorder ['vɪdɪəʊrɪ,kɔːdər] *n* magnétoscope *m*.

video recording *n* enregistrement *m* vidéo.

video shop *n* vidéoclub *m*.

videotape ['vɪdɪəʊteɪp] *n* **-1.** [cassette] vidéocassette *f*. **-2.** (*U*) [ribbon] bande *f* vidéo.

vie [vaɪ] (*pt* & *pp* **vied**, *cont* **vying**) *vi*: **to ~ for sthg** lutter pour qqch; **to ~ with sb (for sthg/to do sthg)** rivaliser avec qqn (pour qqch/pour faire qqch).

Vienna [vɪ'enə] *n* Vienne.

Viennese [,vɪə'niːz] ◇ *adj* viennois(e). ◇ *n* Viennois *m*, -e *f*.

Vietnam [*Br* ,vjet'næm, *Am* ,vjet'nɑːm] *n* Viêt-nam *m*; **in ~** au Viêt-nam.

Vietnamese [,vjetnə'miːz] ◇ *adj* vietna-

mien(ienne). ◇ *n* [language] vietnamien *m*. ◇ *npl*: **the ~** les Vietnamiens.

view [vjuː] ◇ *n* **-1.** [opinion] opinion *f*, avis *m*; **~ on sthg** opinion sur qqch; **in my ~** à mon avis; **to take the ~ that ...** être d'avis que .... **-2.** [scene, ability to see] vue *f*; **to come into ~** apparaître. ◇ *vt* **-1.** [consider] considérer. **-2.** [examine - gen] examiner; [- house] visiter.
♦ **in view of** *prep* vu, étant donné.
♦ **with a view to** *conj* dans l'intention de, avec l'idée de.

viewdata ['vjuː,deɪtə] *n* vidéotex *m*.

viewer ['vjuːər] *n* **-1.** TV téléspectateur *m*, -trice *f*. **-2.** [for slides] visionneuse *f*.

viewfinder ['vjuː,faɪndər] *n* viseur *m*.

viewpoint ['vjuːpɔɪnt] *n* point *m* de vue.

vigil ['vɪdʒɪl] *n* veille *f*; RELIG vigile *f*.

vigilance ['vɪdʒɪləns] *n* vigilance *f*.

vigilant ['vɪdʒɪlənt] *adj* vigilant(e).

vigilante [,vɪdʒɪ'læntɪ] *n* membre *m* d'un groupe d'autodéfense.

vigor *Am* = vigour.

vigorous ['vɪɡərəs] *adj* vigoureux(euse).

vigour *Br*, **vigor** *Am* ['vɪɡər] *n* vigueur *f*.

Viking ['vaɪkɪŋ] ◇ *adj* viking (*inv*). ◇ *n* Viking *mf*.

vile [vaɪl] *adj* [mood] massacrant(e), exécrable; [person, act] vil(e), ignoble; [food] infect(e), exécrable.

vilify ['vɪlɪfaɪ] (*pt* & *pp* **-ied**) *vt* calomnier.

villa ['vɪlə] *n* villa *f*; [bungalow] pavillon *m*.

village ['vɪlɪdʒ] *n* village *m*.

villager ['vɪlɪdʒər] *n* villageois *m*, -e *f*.

villain ['vɪlən] *n* **-1.** [of film, book] méchant *m*, -e *f*; [of play] traître *m*. **-2.** [criminal] bandit *m*.

Vilnius ['vɪlnɪəs] *n* Vilnious.

VIN (*abbr of* **vehicle identification number**) *n* numéro d'immatriculation.

vinaigrette [,vɪnɪ'gret] *n* vinaigrette *f*.

vindicate ['vɪndɪkeɪt] *vt* justifier.

vindication [,vɪndɪ'keɪʃn] *n* justification *f*.

vindictive [vɪn'dɪktɪv] *adj* vindicatif(ive).

vine [vaɪn] *n* vigne *f*.

vinegar ['vɪnɪɡər] *n* vinaigre *m*.

vine leaf *n* feuille *f* de vigne.

vineyard ['vɪnjəd] *n* vignoble *m*.

vintage ['vɪntɪdʒ] ◇ *adj* **-1.** [wine] de grand cru. **-2.** [classic] typique. ◇ *n* année *f*, millésime *m*.

vintage car *n Br* voiture *f* d'époque (*construite entre 1919 et 1930*).

vintage wine *n* vin *m* de grand cru.

vintner ['vɪntnə] *n* négociant *m* en vins.

vinyl ['vaɪnɪl] ◇ *n* vinyle *m*. ◇ *comp* de OR en vinyle.

viola [vɪ'əʊlə] *n* alto *m*.

violate ['vaɪəleɪt] *vt* violer.

violation [,vaɪə'leɪʃn] *n* violation *f*.

violence ['vaɪələns] *n* violence *f*.

violent ['vaɪələnt] *adj* **-1.** [gen] violent(e). **-2.** [colour] criard(e).

violently ['vaɪələntlɪ] *adv* violemment; [die] de mort violente.

violet ['vaɪələt] ◇ *adj* violet(ette). ◇ *n* **-1.** [flower] violette *f*. **-2.** [colour] violet *m*.

violin [,vaɪə'lɪn] *n* violon *m*.

violinist [,vaɪə'lɪnɪst] *n* violoniste *mf*.

VIP (*abbr of* **very important person**) *n* VIP *mf*.

viper ['vaɪpə] *n* vipère *f*.

viral ['vaɪrəl] *adj* viral(e).

virgin ['vɜːdʒɪn] ◇ *adj literary* [land, forest, soil] vierge. ◇ *n* [woman] vierge *f*; [man] garçon *m/* homme *m* vierge.

Virginia [və'dʒɪnjə] *n* Virginie *f*; **in ~** en Virginie.

Virgin Islands *n*: **the ~** les îles *fpl* Vierges; **in the ~** dans les îles Vierges.

virginity [və'dʒɪnətɪ] *n* virginité *f*.

Virgo ['vɜːgəʊ] (*pl* **-s**) *n* Vierge *f*; **to be (a) ~** être Vierge.

virile ['vɪraɪl] *adj* viril(e).

virility [vɪ'rɪlətɪ] *n* virilité *f*.

virtual ['vɜːtʃʊəl] *adj* virtuel(elle); **it's a ~ certainty** c'est quasiment OR pratiquement certain.

virtually ['vɜːtʃʊəlɪ] *adv* virtuellement, pratiquement.

virtual memory *n* COMPUT mémoire *f* virtuelle.

virtual reality *n* réalité *f* virtuelle.

virtue ['vɜːtjuː] *n* **-1.** [good quality] vertu *f*. **-2.** [benefit]: **~ (in doing sthg)** mérite *m* (à faire qqch).
◆ **by virtue of** *prep fml* en vertu de.

virtuoso [,vɜːtjʊ'əʊzəʊ] (*pl* **-sos** OR **-si** [-siː]) *n* virtuose *mf*.

virtuous ['vɜːtʃʊəs] *adj* vertueux(euse).

virulent ['vɪrʊlənt] *adj* virulent(e).

virus ['vaɪrəs] *n* COMPUT & MED virus *m*.

visa ['viːzə] *n* visa *m*.

vis-à-vis [,viːzɑː'viː] *prep fml* par rapport à.

viscose ['vɪskəʊs] *n* viscose *f*.

viscosity [vɪ'skɒsətɪ] *n* viscosité *f*.

viscount ['vaɪkaʊnt] *n* vicomte *m*.

viscous ['vɪskəs] *adj* visqueux(euse).

vise [vaɪs] *n Am* étau *m*.

visibility [,vɪzɪ'bɪlətɪ] *n* visibilité *f*.

visible ['vɪzəbl] *adj* visible.

visibly ['vɪzəblɪ] *adv* visiblement.

vision ['vɪʒn] *n* **-1.** (*U*) [ability to see] vue *f*. **-2.** [foresight, dream] vision *f*. **-3.** (*U*) TV image *f*.

visionary ['vɪʒənrɪ] (*pl* **-ies**) ◇ *adj* visionnaire. ◇ *n* visionnaire *mf*.

visit ['vɪzɪt] ◇ *n* visite *f*; **on a ~** en visite. ◇ *vt* [person] rendre visite à; [place] visiter.
◆ **visit with** *vt fus Am* **-1.** [go and see] aller voir. **-2.** [chat to] parler avec.

visiting card ['vɪzɪtɪŋ-] *n* carte *f* de visite.

visiting hours ['vɪzɪtɪŋ-] *npl* heures *fpl* de visite.

visitor ['vɪzɪtə] *n* [to person] invité *m*, -e *f*; [to place] visiteur *m*, -euse *f*; [to hotel] client *m*, -e *f*.

visitors' book *n* livre *m* d'or; [in hotel] registre *m*.

visitor's passport *n Br* passeport *m* temporaire.

visor ['vaɪzə] *n* visière *f*.

vista ['vɪstə] *n* [view] vue *f*.

VISTA ['vɪstə] (*abbr of* **Volunteers in Service to America**) *n programme américain d'aide aux personnes les plus défavorisées*.

visual ['vɪʒʊəl] *adj* visuel(elle).

visual aids *npl* supports *mpl* visuels.

visual display unit *n* écran *m* de visualisation.

visualize, -ise ['vɪʒʊəlaɪz] *vt* se représenter, s'imaginer.

visually ['vɪʒʊəlɪ] *adv* visuellement; **~ handicapped** malvoyant(e).

vital ['vaɪtl] *adj* **-1.** [essential] vital(e). **-2.** [full of life] plein(e) d'entrain.

vitality [vaɪ'tælətɪ] *n* vitalité *f*.

vitally ['vaɪtəlɪ] *adv* absolument.

vital statistics *npl inf* [of woman] mensurations *fpl*.

vitamin [*Br* 'vɪtəmɪn, *Am* 'vaɪtəmɪn] *n* vitamine *f*.

vitriolic [,vɪtrɪ'ɒlɪk] *adj* au vitriol.

viva ['vaɪvə] = **viva voce**.

vivacious [vɪ'veɪʃəs] *adj* enjoué(e).

vivacity [vɪ'væsətɪ] *n* vivacité *f*.

viva voce [,vaɪvə'vəʊsɪ] *n* examen *m* oral.

vivid ['vɪvɪd] *adj* **-1.** [bright] vif (vive). **-2.** [clear - description] vivant(e); [- memory] net (nette), précis(e).

vividly ['vɪvɪdlɪ] *adv* [describe] d'une manière vivante; [remember] clairement.

vivisection [,vɪvɪ'sekʃn] *n* vivisection *f*.

vixen ['vɪksn] *n* [fox] renarde *f*.

viz [vɪz] (*abbr of* **vide licet**) c.-à-d.

VLF (*abbr of* **very low frequency**) *n* très basse fréquence.

V-neck *n* [neck] décolleté *m* en V; [sweater] pull *m* à décolleté en V.

VOA (*abbr of* **Voice of America**) *n* station radiophonique américaine à destination de l'étranger.

vocabulary [və'kæbjʊlərɪ] (*pl* -**ies**) *n* vocabulaire *m*.

vocal ['vəʊkl] *adj* -**1.** [outspoken] qui se fait entendre. -**2.** [of the voice] vocal(e).
◆ **vocals** *npl* chant *m*.

vocal cords *npl* cordes *fpl* vocales.

vocalist ['vəʊkəlɪst] *n* chanteur *m*, -euse *f* (*dans un groupe*).

vocation [vəʊ'keɪʃn] *n* vocation *f*.

vocational [vəʊ'keɪʃənl] *adj* professionnel(elle).

vociferous [və'sɪfərəs] *adj* bruyant(e).

vodka ['vɒdkə] *n* vodka *f*.

vogue [vəʊg] ◇ *adj* en vogue, à la mode. ◇ *n* vogue *f*, mode *f*; **in ~** en vogue, à la mode.

voice [vɔɪs] ◇ *n* -**1.** [gen] voix *f*; **to raise/lower one's ~** élever/baisser la voix; **to keep one's ~ down** parler bas. -**2.** [influence] **to have a ~ in** avoir son mot à dire dans. ◇ *vt* [opinion, emotion] exprimer.

voice box *n* larynx *m*.

voice mail *n* COMPUT messagerie *f* vocale; **to send/receive ~** envoyer/recevoir un message sur une boîte vocale.

voice-over *n* voix *f* off.

void [vɔɪd] ◇ *adj* -**1.** [invalid] nul (nulle); → **null**. -**2.** *fml* [empty]: **~ of** dépourvu(e) de, dénué(e) de. ◇ *n* vide *m*.

voile [vɔɪl] *n* (*U*) voile *m*.

vol. (*abbr of* **volume**) vol.

volatile [*Br* 'vɒlətaɪl, *Am* 'vɒlətl] *adj* [situation] explosif(ive); [person] lunatique.

vol-au-vent ['vɒləʊvã] *n* vol-au-vent *m inv*.

volcanic [vɒl'kænɪk] *adj* volcanique.

volcano [vɒl'keɪnəʊ] (*pl* -**es** OR -**s**) *n* volcan *m*.

vole [vəʊl] *n* campagnol *m*.

Volga ['vɒlgə] *n*: **the (River) ~** la Volga.

volition [və'lɪʃn] *n fml*: **of one's own ~** de son propre gré.

volley ['vɒlɪ] (*pl* **volleys**) ◇ *n* -**1.** [of gunfire] salve *f*. -**2.** *fig* [of questions, curses] torrent *m*; [of blows] volée *f*, pluie *f*. -**3.** SPORT volée *f*. ◇ *vt* frapper à la volée, reprendre de volée.

volleyball ['vɒlɪbɔːl] *n* volley-ball *m*.

volt [vəʊlt] *n* volt *m*.

Volta ['vɒltə] *n* Volta *f*.

voltage ['vəʊltɪdʒ] *n* voltage *m*, tension *f*.

voluble ['vɒljʊbl] *adj* volubile, loquace.

volume ['vɒljuːm] *n* -**1.** [gen] volume *m*. -**2.** [of work] quantité *f*; [of traffic] densité *f*.

volume control *n* réglage *m* du volume.

voluminous [və'luːmɪnəs] *adj fml* -**1.** [garment] immense. -**2.** [container] volumineux(euse).

voluntarily [*Br* 'vɒləntrɪlɪ, *Am* ,vɒlən'terəlɪ] *adv* volontairement.

voluntary ['vɒləntrɪ] *adj* -**1.** [not obligatory] volontaire. -**2.** [unpaid] bénévole.

voluntary liquidation *n* liquidation *f* volontaire.

voluntary redundancy *n Br* départ *m* volontaire.

volunteer [,vɒlən'tɪər] ◇ *n* -**1.** [gen & MIL] volontaire *mf*. -**2.** [unpaid worker] bénévole *mf*. ◇ *vt* -**1.** [offer]: **to ~ to do sthg** se porter volontaire pour faire qqch. -**2.** [information, advice] donner spontanément. ◇ *vi* -**1.** [offer one's services]: **to ~ (for)** se porter volontaire (pour), proposer ses services (pour). -**2.** MIL s'engager comme volontaire.

voluptuous [və'lʌptʃʊəs] *adj* voluptueux(euse).

vomit ['vɒmɪt] ◇ *n* vomi *m*. ◇ *vi* vomir.

voracious [və'reɪʃəs] *adj* vorace.

vortex ['vɔːteks] (*pl* -**texes** OR -**tices** [-tɪsiːz]) *n* vortex *m*; *fig* [of events] tourbillon *m*.

vote [vəʊt] ◇ *n* -**1.** [individual decision]: **~ (for/against)** vote *m* (pour/contre), voix *f* (pour/contre). -**2.** [ballot] vote *m*; **to put sthg to the ~** procéder à un vote sur qqch. -**3.** [right to vote] droit *m* de vote. ◇ *vt* -**1.** [declare] élire. -**2.** [choose]: **to ~ to do sthg** voter OR se prononcer pour faire qqch; **they ~d to return to work** ils ont voté le retour au travail. ◇ *vi*: **to ~ (for/against)** voter (pour/contre).
◆ **vote in** *vt sep* élire.
◆ **vote out** *vt sep* évincer par un vote.

vote of confidence (*pl* **votes of confidence**) *n* vote *m* de confiance.

vote of no confidence (*pl* **votes of no confidence**) *n* motion *f* de censure.

vote of thanks (*pl* **votes of thanks**) *n* discours *m* de remerciement.

voter ['vəʊtər] *n* électeur *m*, -trice *f*.

voting ['vəʊtɪŋ] *n* scrutin *m*.

vouch [vaʊtʃ]
◆ **vouch for** *vt fus* répondre de, se porter garant de.

voucher ['vautʃər] n bon m, coupon m.

vow [vau] ◇ n vœu m, serment m. ◇ vt: **to ~ to do** sthg jurer de faire qqch; **to ~ (that)** ... jurer que ....

vowel ['vauəl] n voyelle f.

voyage ['vɔɪɪdʒ] n voyage m en mer; [in space] vol m.

voyeur [vwɑː'jɜːr] n voyeur m, -euse f.

voyeurism [vwɑː'jɜːrɪzm] n voyeurisme m.

VP n abbr of **vice-president**.

vs abbr of **versus**.

VSO (abbr of **Voluntary Service Overseas**) n organisation britannique envoyant des travailleurs bénévoles dans des pays en voie de développement pour contribuer à leur développement technique.

VSOP (abbr of **very special old pale**) appellation réservée à certains cognacs et armagnacs.

VT abbr of **Vermont**.

VTOL ['viːtɒl] (abbr of **vertical takeoff and landing**) n ADAV m.

VTR (abbr of **video tape recorder**) n magnétoscope m.

vulgar ['vʌlgər] adj **-1.** [in bad taste] vulgaire. **-2.** [offensive] grossier(ière).

vulgarity [vʌl'gærəti] n (U) **-1.** [poor taste] vulgarité f. **-2.** [offensiveness] grossièreté f.

vulnerability [ˌvʌlnərə'bɪləti] n vulnérabilité f.

vulnerable ['vʌlnərəbl] adj vulnérable; **~ to** [attack] exposé(e) à; [colds] sensible à.

vulture ['vʌltʃər] n lit & fig vautour m.

w (pl **w's** OR **ws**), **W** (pl **W's** OR **Ws**) ['dʌbljuː] n (letter) w m inv, W m inv.
◆ **W -1.** (abbr of **west**) O, W. **-2.** (abbr of **watt**) w.

WA abbr of **Washington**.

wacky ['wækɪ] (compar **-ier**, superl **-iest**) adj inf farfelu(e).

wad [wɒd] n **-1.** [of cotton wool, paper] tampon m. **-2.** [of banknotes, documents] liasse f. **-3.** [of tobacco] chique f; [of chewing-gum] boulette f.

wadding ['wɒdɪŋ] n rembourrage m, capitonnage m.

waddle ['wɒdl] vi se dandiner.

wade [weɪd] vi patauger.
◆ **wade through** vt fus fig se taper.

wadge [wɒdʒ] n Br inf morceau m; [of papers] tas m.

wading pool ['weɪdɪŋ-] n Am pataugeoire f.

wafer ['weɪfər] n [thin biscuit] gaufrette f.

wafer-thin adj mince comme du papier à cigarette OR une pelure d'oignon.

waffle ['wɒfl] ◇ n **-1.** CULIN gaufre f. **-2.** Br inf [vague talk] verbiage m. ◇ vi parler pour ne rien dire.

waft [wɑːft, wɒft] vi flotter.

wag [wæg] (pt & pp **-ged**, cont **-ging**) ◇ vt remuer, agiter. ◇ vi [tail] remuer.

wage [weɪdʒ] ◇ n salaire m, paie f, paye f. ◇ vt: **to ~ war against** faire la guerre à.
◆ **wages** npl salaire m.

wage claim n revendication f salariale.

wage differential n écart m des salaires.

wage earner n salarié m, -e f.

wage freeze n blocage m des salaires.

wage packet n Br **-1.** [envelope] enveloppe f de paye. **-2.** fig [pay] paie f, paye f.

wager ['weɪdʒər] n pari m.

wage rise n Br augmentation f de salaire.

waggish ['wægɪʃ] adj inf facétieux(ieuse), plaisant(e).

waggle ['wægl] inf ◇ vt agiter, remuer; [ears] remuer. ◇ vi remuer.

waggon ['wægən] Br = **wagon**.

wagon ['wægən] n **-1.** [horse-drawn] chariot m, charrette f. **-2.** Br RAIL wagon m.

waif [weɪf] n enfant abandonné m, enfant abandonnée f.

wail [weɪl] ◇ n gémissement m. ◇ vi gémir.

wailing ['weɪlɪŋ] n (U) gémissements mpl, plaintes fpl.

waist [weɪst] n taille f.

waistband ['weɪstbænd] n ceinture f.

waistcoat ['weɪskəut] n gilet m.

waistline ['weɪstlaɪn] n taille f.

wait [weɪt] ◇ n attente f; **to have a long ~** attendre longtemps. ◇ vi attendre; **I can't ~ to see you** je brûle d'impatience de te voir; **(just) you ~!** tu ne perds rien pour attendre!; **~ and see!** tu vas bien voir!; **~ a minute** OR **second** OR **moment!** [interrupting person] minute (papillon)!; [interrupting oneself] attends voir! ◇ vt Am [delay] retarder.

◆ **wait about, wait around** *vi* attendre; [waste time] perdre son temps à attendre.
◆ **wait for** *vt fus* attendre; **to ~ for sb to do sthg** attendre que qqn fasse qqch.
◆ **wait on** *vt fus* [serve food to] servir.
◆ **wait up** *vi* veiller, ne pas se coucher.

waiter ['weɪtə'] *n* garçon *m*, serveur *m*.

waiting game ['weɪtɪŋ-] *n* politique *f* d'attente.

waiting list ['weɪtɪŋ-] *n* liste *f* d'attente.

waiting room ['weɪtɪŋ-] *n* salle *f* d'attente.

waitress ['weɪtrɪs] *n* serveuse *f*.

waive [weɪv] *vt* [fee] renoncer à; [rule] prévoir une dérogation à.

waiver ['weɪvə'] *n* JUR dérogation *f*.

wake [weɪk] (*pt* **woke** OR **-d**, *pp* **woken** OR **-d**) ◇ *n* [of ship] sillage *m*; **in one's ~** *fig* dans son sillage; **in the ~ of** *fig* à la suite de. ◇ *vt* réveiller. ◇ *vi* se réveiller.
◆ **wake up** ◇ *vt sep* réveiller. ◇ *vi* **-1.** [wake] se réveiller. **-2.** *fig* [become aware]: **to ~ up (to sthg)** prendre conscience (de qqch), se sensibiliser (à qqch).

waken ['weɪkən] *fml* ◇ *vt* réveiller. ◇ *vi* se réveiller.

waking hours ['weɪkɪŋ-] *npl* heures *fpl* de veille.

Wales [weɪlz] *n* pays *m* de Galles; **in ~** au pays de Galles.

walk [wɔːk] ◇ *n* **-1.** [action] démarche *f*, façon *f* de marcher. **-2.** [journey - for pleasure] promenade *f*; [- long distance] marche *f*; **it's a long ~** c'est loin à pied; **to go for a ~** aller se promener, aller faire une promenade. **-3.** [route] promenade *f*.
◇ *vt* **-1.** [accompany - person] accompagner; [- dog] promener. **-2.** [distance] faire à pied; **to ~ the streets** [homeless] être sur le pavé; [in search] arpenter la ville; [prostitute] faire le trottoir.
◇ *vi* **-1.** [gen] marcher. **-2.** [for pleasure] se promener.
◆ **walk away with** *vt fus inf fig* gagner OR remporter haut la main.
◆ **walk in on** *vt fus* [interrupt] déranger; [in embarrassing situation] prendre en flagrant délit.
◆ **walk off** *vt sep* [headache, cramp] faire une promenade pour se débarrasser de.
◆ **walk off with** *vt fus inf* **-1.** [steal] faucher. **-2.** [win easily] gagner OR remporter haut la main.
◆ **walk out** *vi* **-1.** [leave suddenly] partir. **-2.** [go on strike] se mettre en grève, faire grève.
◆ **walk out on** *vt fus* quitter.

walkabout ['wɔːkə,baut] *n Br* [by president etc] bain *m* de foule.

walker ['wɔːkə'] *n* [for pleasure] promeneur *m*, -euse *f*; [long-distance] marcheur *m*, -euse *f*.

walkie-talkie [,wɔːkɪ'tɔːkɪ] *n* talkie-walkie *m*.

walk-in *adj* **-1.** [cupboard] assez grand(e) pour qu'on puisse y entrer. **-2.** *Am* [easy] facile.

walking ['wɔːkɪŋ] *n* (*U*) marche *f* à pied, promenade *f*.

walking shoes *npl* chaussures *fpl* de marche.

walking stick *n* canne *f*.

Walkman® ['wɔːkmən] *n* baladeur *m*, Walkman® *m*.

walk of life (*pl* **walks of life**) *n* milieu *m*.

walk-on *adj* [part, role] de figurant(e).

walkout ['wɔːkaut] *n* [strike] grève *f*, débrayage *m*.

walkover ['wɔːk,əuvə'] *n* victoire *f* facile.

walkway ['wɔːkweɪ] *n* passage *m*; [between buildings] passerelle *f*.

wall [wɔːl] *n* **-1.** [of room, building] mur *m*; [of rock, cave] paroi *f*; **to come up against a brick ~** se heurter à un mur; **to drive sb up the ~** rendre qqn fou, taper sur le système de qqn. **-2.** ANAT paroi *f*.

wallchart ['wɔːltʃɑːt] *n* planche *f* murale.

wall cupboard *n* placard *m* mural.

walled [wɔːld] *adj* fortifié(e).

wallet ['wɒlɪt] *n* portefeuille *m*.

wallflower ['wɔːl,flauə'] *n* **-1.** [plant] giroflée *f*. **-2.** *inf fig* [person]: **to be a ~** faire tapisserie.

Walloon [wɒ'luːn] ◇ *adj* wallon(onne). ◇ *n* **-1.** [person] Wallon *m*, -onne *f*. **-2.** [language] wallon *m*.

wallop ['wɒləp] *inf* ◇ *n* gros coup *m*. ◇ *vt* [person] flanquer un coup à; [ball] taper fort dans.

wallow ['wɒləu] *vi* **-1.** [in liquid] se vautrer. **-2.** [in emotion]: **to ~ in** se complaire dans.

wall painting *n* peinture *f* murale.

wallpaper ['wɔːl,peɪpə'] ◇ *n* papier *m* peint. ◇ *vt* tapisser.

Wall Street *n* Wall Street *m*.

WALL STREET:
Wall Street est le quartier de la finance à New York et le nom est souvent employé pour désigner le monde américain de la finance

wall-to-wall *adj*: ~ **carpet** moquette *f*.

wally ['wɒlɪ] (*pl* **-ies**) *n Br inf* idiot *m*, -e *f*, andouille *f*.

walnut ['wɔːlnʌt] *n* **-1.** [nut] noix *f*. **-2.** [tree, wood] noyer *m*.

walrus ['wɔːlrəs] (*pl inv* OR **-es**) *n* morse *m*.

waltz [wɔːls] ◇ *n* valse *f*. ◇ *vi* **-1.** [dance] valser, danser la valse. **-2.** *inf* [walk confidently] marcher d'un air dégagé OR de façon désinvolte.

wan [wɒn] (*compar* **-ner**, *superl* **-nest**) *adj* pâle, blême.

wand [wɒnd] *n* baguette *f*.

wander ['wɒndər] *vi* **-1.** [person] errer. **-2.** [mind] divaguer; [thoughts] vagabonder.

wanderer ['wɒndərər] *n* vagabond *m*, -e *f*.

wandering ['wɒndərɪŋ] *adj* ambulant(e).

wanderlust ['wɒndəlʌst] *n* bougeotte *f*, envie *f* de voyager.

wane [weɪn] ◇ *n*: **on the** ~ en déclin; [power, interest] faiblissant(e). ◇ *vi* **-1.** [influence, interest] diminuer, faiblir. **-2.** [moon] décroître.

wangle ['wæŋgl] *vt inf* se débrouiller pour obtenir.

wanna ['wɒnə] = **want a**, **want to**.

want [wɒnt] ◇ *n* **-1.** [need] besoin *m*. **-2.** [lack] manque *m*; **for** ~ **of** faute de, par manque de. **-3.** [deprivation] pauvreté *f*, besoin *m*. ◇ *vt* **-1.** [desire] vouloir; **to** ~ **to do sthg** vouloir faire qqch; **to** ~ **sb to do sthg** vouloir que qqn fasse qqch. **-2.** *inf* [need] avoir besoin de; **you** ~ **to be more careful** tu devrais être plus prudent.

want ad *n Am inf* petite annonce *f*.

wanted ['wɒntɪd] *adj*: **to be** ~ **(by the police)** être recherché(e) (par la police).

wanting ['wɒntɪŋ] *adj*: **to be** ~ **in** manquer de; **to be found** ~ ne pas être à la hauteur; **not to be found** ~ être à la hauteur.

wanton ['wɒntən] *adj* [destruction, neglect] gratuit(e).

war [wɔːr] (*pt* & *pp* **-red**, *cont* **-ring**) ◇ *n* guerre *f*; **to go to** ~ entrer OR se mettre en guerre; **to have been in the** ~**s** *Br* être dans un sale état. ◇ *vi* se battre.

War., **Warks.** (*abbr of* **Warwickshire**) *comté anglais*.

warble ['wɔːbl] *vi* [bird] gazouiller.

war crime *n* crime *m* de guerre.

war criminal *n* criminel *m* de guerre.

war cry *n* cri *m* de guerre.

ward [wɔːd] *n* **-1.** [in hospital] salle *f*. **-2.** *Br*

POL circonscription *f* électorale. **-3.** JUR pupille *mf*.

◆ **ward off** *vt fus* [danger] écarter; [disease, blow] éviter; [evil spirits] éloigner.

war dance *n* danse *f* guerrière.

warden ['wɔːdn] *n* **-1.** [of park etc] gardien *m*, -ienne *f*. **-2.** *Br* [of youth hostel, hall of residence] directeur *m*, -trice *f*. **-3.** *Am* [of prison] directeur *m*, -trice *f*.

warder ['wɔːdər] *n* [in prison] gardien *m*, -ienne *f*.

ward of court *n* pupille *mf* sous tutelle judiciaire.

wardrobe ['wɔːdrəub] *n* garde-robe *f*.

wardrobe mistress *n Br* costumière *f*.

warehouse ['weəhaus, *pl* -hauzɪz] *n* entrepôt *m*, magasin *m*.

wares [weəz] *npl* marchandises *fpl*.

warfare ['wɔːfeər] *n* (*U*) guerre *f*.

war game *n* **-1.** [military exercise] manœuvres *fpl* militaires. **-2.** [game of strategy] jeu *m* de stratégie militaire.

warhead ['wɔːhed] *n* ogive *f*, tête *f*.

warily ['weərəlɪ] *adv* avec précaution OR circonspection.

warlike ['wɔːlaɪk] *adj* belliqueux(euse).

warm [wɔːm] ◇ *adj* **-1.** [gen] chaud(e); **are you** ~ **enough?** tu as assez chaud?; **it's** ~ **today** il fait chaud aujourd'hui. **-2.** [friendly] chaleureux(euse). ◇ *vt* chauffer.

◆ **warm over** *vt sep Am lit* & *fig* resservir.

◆ **warm to** *vt fus* [person] se prendre de sympathie pour; [idea, place] se mettre à aimer.

◆ **warm up** ◇ *vt sep* réchauffer. ◇ *vi* **-1.** [person, room] se réchauffer. **-2.** [machine, engine] chauffer. **-3.** SPORT s'échauffer.

warm-blooded [-'blʌdɪd] *adj* à sang chaud.

war memorial *n* monument *m* aux morts.

warm front *n* METEOR front *m* chaud.

warm-hearted [-'hɑːtɪd] *adj* chaleureux(euse), affectueux(euse).

warmly ['wɔːmlɪ] *adv* **-1.** [in warm clothes]: **to dress** ~ s'habiller chaudement. **-2.** [in a friendly way] chaleureusement.

warmness ['wɔːmnɪs] *n* chaleur *f*.

warmonger ['wɔːˌmʌŋgər] *n* belliciste *mf*.

warmth [wɔːmθ] *n* chaleur *f*.

warm-up *n* SPORT échauffement *m*.

warn [wɔːn] ◇ *vt* avertir, prévenir; **to** ~ **sb of sthg** avertir qqn de qqch; **to** ~ **sb not to do sthg** conseiller à qqn de ne pas faire qqch, déconseiller à qqn de faire qqch. ◇ *vi*: **to** ~ **of sthg** annoncer un risque de qqch.

warning ['wɔːnɪŋ] ◇ *adj* d'avertissement. ◇ *n* avertissement *m*.

warning light *n* voyant *m*, avertisseur *m* lumineux.

warning triangle *n Br* triangle *m* de signalisation.

warp [wɔːp] ◇ *vt* -1. [wood] gauchir, voiler. -2. [personality] fausser, pervertir. ◇ *vi* [wood] gauchir, se voiler. ◇ *n* [of cloth] chaîne *f*.

warpath ['wɔːpɑːθ] *n*: to be on the ~ *fig* être sur le sentier de la guerre.

warped [wɔːpt] *adj* -1. [wood] gauchi(e). -2. [personality, idea] perverti(e).

warrant ['wɒrənt] ◇ *n* JUR mandat *m*. ◇ *vt* -1. [justify] justifier. -2. [guarantee] garantir.

warrant officer *n* adjudant *m*.

warranty ['wɒrənti] (*pl* -ies) *n* garantie *f*.

warren ['wɒrən] *n* terrier *m*.

warring ['wɔːrɪŋ] *adj* en guerre.

warrior ['wɒrɪə'] *n* guerrier *m*, -ière *f*.

Warsaw ['wɔːsɔː] *n* Varsovie; the ~ Pact le pacte de Varsovie.

warship ['wɔːʃɪp] *n* navire *m* de guerre.

wart [wɔːt] *n* verrue *f*.

wartime ['wɔːtaɪm] ◇ *adj* de guerre. ◇ *n*: in ~ en temps de guerre.

war widow *n* veuve *f* de guerre.

wary ['weərɪ] (*compar* -ier, *superl* -iest) *adj* prudent(e), circonspect(e); to be ~ of se méfier de; to be ~ of doing sthg hésiter à faire qqch.

was [weak form wəz, strong form wɒz] *pt* → be.

wash [wɒʃ] ◇ *n* -1. [act] lavage *m*; to have a ~ se laver; to give sthg a ~ laver qqch. -2. [clothes] lessive *f*. -3. [from boat] remous *m*. ◇ *vt* -1. [clean] laver; to ~ one's hands se laver les mains. -2. [carry]: the waves ~ed the oil/body onto the beach les vagues ont rejeté le pétrole/corps sur la plage. ◇ *vi* se laver.

◆ **wash away** *vt sep* emporter.

◆ **wash down** *vt sep* -1. [food] arroser. -2. [clean] laver à grande eau.

◆ **wash out** *vt sep* -1. [stain, dye] faire partir, enlever. -2. [container] laver.

◆ **wash up** ◇ *vt sep* -1. *Br* [dishes]: to ~ the dishes up faire OR laver la vaisselle. -2. [subj: sea, river] rejeter. ◇ *vi* -1. *Br* [wash dishes] faire OR laver la vaisselle. -2. *Am* [wash oneself] se laver.

washable ['wɒʃəbl] *adj* lavable.

wash-and-wear *adj* qui ne nécessite aucun repassage.

washbasin *Br* ['wɒʃˌbeɪsn], **washbowl** *Am* ['wɒʃbəʊl] *n* lavabo *m*.

washcloth ['wɒʃˌklɒθ] *n Am* gant *m* de toilette.

washed-out [ˌwɒʃt-] *adj* -1. [pale] délavé(e). -2. [exhausted] lessivé(e).

washed-up [ˌwɒʃt-] *adj inf* [person] fini(e); [project] fichu(e).

washer ['wɒʃə'] *n* -1. TECH rondelle *f*. -2. [washing machine] machine *f* à laver.

washer-dryer *n* machine *f* à laver séchante.

washing ['wɒʃɪŋ] *n* (*U*) -1. [action] lessive *f*. -2. [clothes] linge *m*, lessive *f*.

washing line *n* corde *f* à linge.

washing machine *n* machine *f* à laver.

washing powder *n Br* lessive *f*, détergent *m*.

Washington ['wɒʃɪŋtən] *n* -1. [state]: ~ State l'État *m* de Washington. -2. [city]: ~ D.C. Washington.

washing-up *n Br* vaisselle *f*.

washing-up liquid *n Br* liquide *m* pour la vaisselle.

washout ['wɒʃaʊt] *n inf* fiasco *m*.

washroom ['wɒʃrʊm] *n Am* toilettes *fpl*.

wasn't [wɒznt] = was not.

wasp [wɒsp] *n* guêpe *f*.

Wasp, WASP [wɒsp] (*abbr of* White Anglo-Saxon Protestant) *n inf personne de race blanche, d'origine anglo-saxonne et protestante.*

waspish ['wɒspɪʃ] *adj* revêche, grincheux(euse).

wastage ['weɪstɪdʒ] *n* gaspillage *m*.

waste [weɪst] ◇ *adj* [material] de rebut; [fuel] perdu(e); [area of land] en friche. ◇ *n* -1. [misuse] gaspillage *m*; it's a ~ of money [extravagance] c'est du gaspillage; [bad investment] c'est de l'argent perdu; to go to ~ [gen] être gaspillé; [food] se perdre; [work] ne servir à rien; a ~ of time une perte de temps. -2. (*U*) [refuse] déchets *mpl*, ordures *fpl*. ◇ *vt* [money, food, energy] gaspiller; [time, opportunity] perdre.

◆ **wastes** *npl literary* étendues *fpl* désertes.

wastebasket *Am* = wastepaper basket.

waste disposal unit *n* broyeur *m* d'ordures.

wasteful ['weɪstfʊl] *adj* [person] gaspilleur(euse); [activity] peu économique.

waste ground *n* (*U*) terrain *m* vague.

wasteland ['weɪstˌlænd] *n* [in country] terre *f* à l'abandon; [in city] terrain *m* vague.

waste paper *n* papier *m* de rebut.

wastepaper basket [ˌweɪst'peɪpə'-], **wastepaper bin** [ˌweɪst'peɪpə'-], **waste-**

basket *Am* ['weɪst,bɑːskɪt] *n* corbeille *f* à papier.

watch [wɒtʃ] ◇ *n* -1. [timepiece] montre *f*. -2. [act of watching]: **to keep** ~ faire le guet, monter la garde; **to keep** ~ **on sb/sthg** surveiller qqn/qqch. -3. [guard] garde *f*; NAUT [shift] **quart** *m*. ◇ *vt* -1. [look at] regarder. -2. [spy on, guard] surveiller. -3. [be careful about] faire attention à; ~ **your language!** surveille ton langage!; ~ **it!** *inf* attention! ◇ *vi* regarder.

◆ **watch out** *vi* faire attention, prendre garde.

◆ **watch over** *vt fus* veiller sur.

watchdog ['wɒtʃdɒg] *n* -1. [dog] chien *m* de garde. -2. *fig* [organization] organisation *f* de contrôle.

watchful ['wɒtʃfʊl] *adj* vigilant(e).

watchmaker ['wɒtʃ,meɪkəʳ] *n* horloger *m*.

watchman ['wɒtʃmən] (*pl* -**men** [-mən]) *n* gardien *m*.

watchword ['wɒtʃwɜːd] *n* mot *m* d'ordre.

water ['wɔːtəʳ] ◇ *n* -1. [liquid] eau *f*; **to pour** OR **throw cold** ~ **on sthg** *fig* se montrer négatif à l'égard de qqch; **to tread** ~ flotter; **that's all** ~ **under the bridge** tout ça, c'est du passé. -2. [urine]: **to pass** ~ uriner. ◇ *vt* arroser. ◇ *vi* -1. [eyes] pleurer, larmoyer. -2. [mouth]: **my mouth was** ~**ing** j'en avais l'eau à la bouche; **it made my mouth** ~ cela m'a fait venir l'eau à la bouche.

◆ **waters** *npl* [sea] eaux *fpl*.

◆ **water down** *vt sep* -1. [dilute] diluer; [alcohol] couper d'eau. -2. *usu pej* [plan, demand] atténuer, modérer; [play, novel] édulcorer.

water bed *n* lit *m* d'eau.

water bird *n* oiseau *m* aquatique.

water biscuit *n* cracker *m*, craquelin *m*.

waterborne ['wɔːtəbɔːn] *adj* [disease] d'origine hydrique.

water bottle *n* gourde *f*, bidon *m* (à eau).

water buffalo *n* karbau *m*, kérabau *m*.

water cannon *n* canon *m* à eau.

water chestnut *n* châtaigne *f* d'eau.

water closet *n dated* toilettes *fpl*, waters *mpl*.

watercolour ['wɔːtə,kʌləʳ] *n* -1. [picture] aquarelle *f*. -2. [paint] peinture *f* à l'eau, couleur *f* pour aquarelle.

water-cooled [-,kuːld] *adj* à refroidissement par eau.

watercourse ['wɔːtəkɔːs] *n* cours *m* d'eau.

watercress ['wɔːtəkres] *n* cresson *m*.

watered-down [,wɔːtəd-] *adj usu pej* modéré(e), atténué(e); [version] édulcoré(e).

waterfall ['wɔːtəfɔːl] *n* chute *f* d'eau, cascade *f*.

waterfront ['wɔːtəfrʌnt] *n* quais *mpl*.

water heater *n* chauffe-eau *m inv*.

waterhole ['wɔːtəhəʊl] *n* mare *f*, point *m* d'eau.

watering can ['wɔːtərɪŋ-] *n* arrosoir *m*.

water jump *n* brook *m*.

water level *n* niveau *m* de l'eau.

water lily *n* nénuphar *m*.

waterline ['wɔːtəlaɪn] *n* NAUT ligne *f* de flottaison.

waterlogged ['wɔːtəlɒgd] *adj* -1. [land] détrempé(e). -2. [vessel] plein(e) d'eau.

water main *n* conduite *f* principale d'eau.

watermark ['wɔːtəmɑːk] *n* -1. [in paper] filigrane *m*. -2. [showing water level] laisse *f*.

watermelon ['wɔːtə,melən] *n* pastèque *f*.

water pipe *n* conduite *f* d'eau.

water pistol *n* pistolet *m* à eau.

water polo *n* water-polo *m*.

waterproof ['wɔːtəpruːf] ◇ *adj* imperméable. ◇ *n* imperméable *m*. ◇ *vt* imperméabiliser.

water rates *npl Br* taxe *f* sur l'eau.

water-resistant *adj* qui résiste à l'eau.

watershed ['wɔːtəʃed] *n fig* [turning point] tournant *m*, moment *m* critique.

waterside ['wɔːtəsaɪd] ◇ *adj* au bord de l'eau. ◇ *n*: **the** ~ le bord de l'eau.

water skiing *n* ski *m* nautique.

water softener *n* adoucisseur *m* d'eau.

water-soluble *adj* soluble dans l'eau.

waterspout ['wɔːtəspaʊt] *n* trombe *f*.

water supply *n* alimentation *f* en eau, approvisionnement *m* d'eau.

water table *n* niveau *m* hydrostatique.

water tank *n* réservoir *m* d'eau, citerne *f*.

watertight ['wɔːtətaɪt] *adj* -1. [waterproof] étanche. -2. *fig* [excuse, contract] parfait(e); [argument] irréfutable; [plan] infaillible.

water tower *n* château *m* d'eau.

waterway ['wɔːtəweɪ] *n* voie *f* navigable.

waterworks ['wɔːtəwɜːks] (*pl inv*) *n* [building] installation *f* hydraulique, usine *f* de distribution d'eau.

watery ['wɔːtərɪ] *adj* -1. [food, drink] trop dilué(e); [tea, coffee] pas assez fort(e). -2. [pale] pâle.

watt [wɒt] *n* watt *m*.

wattage ['wɒtɪdʒ] *n* puissance *f* OR consommation *f* en watts.

609

wave-minded

wave [weɪv] ◇ *n* **-1.** [of hand] geste *m*, signe *m*. **-2.** [of water, emotion, nausea] vague *f*. **-3.** [of light, sound] onde *f*; [of heat] bouffée *f*. **-4.** [in hair] cran *m*, ondulation *f*. ◇ *vt* **-1.** [arm, handkerchief] agiter; [flag, stick] brandir. **-2.** [signal to]: **he ~d the car on** il a fait signe à la voiture d'avancer. ◇ *vi* **-1.** [with hand] faire signe de la main; **to ~ at** OR **to sb** faire signe à qqn, saluer qqn de la main. **-2.** [flags, trees] flotter.
◆ **wave aside** *vt sep* *fig* [dismiss] écarter, rejeter.
◆ **wave down** *vt sep*: **to ~ down a vehicle** faire signe à un véhicule de s'arrêter.
wave band *n* bande *f* de fréquences, gamme *f* d'ondes.
wavelength ['weɪvleŋθ] *n* longueur *f* d'ondes; **to be on the same ~** *fig* être sur la même longueur d'ondes.
waver ['weɪvə'] *vi* **-1.** [falter] vaciller, chanceler. **-2.** [hesitate] hésiter, vaciller. **-3.** [fluctuate] fluctuer, varier.
wavy ['weɪvɪ] (*compar* **-ier**, *superl* **-iest**) *adj* [hair] ondulé(e); [line] onduleux(euse).
wax [wæks] ◇ *n* (*U*) **-1.** [in candles, polish] cire *f*; [for skis] fart *m*. **-2.** [in ears] cérumen *m*. ◇ *vt* cirer; [skis] farter. ◇ *vi* **-1.** *dated* or *hum* [become] devenir; **to ~ and wane** connaître des hauts et des bas. **-2.** [moon] croître.
waxen ['wæksən] *adj* cireux(euse).
wax paper *n Am* papier *m* sulfurisé.
waxworks ['wækswɜːks] (*pl inv*) *n* [museum] musée *m* de cire.
way [weɪ] ◇ *n* **-1.** [means, method] façon *f*; **~s and means** moyens *mpl*; **to get** OR **have one's ~** obtenir ce qu'on veut; **she expects to have everything her own ~** elle s'attend à ce qu'on lui fasse ses quatre volontés. **-2.** [manner, style] façon *f*, manière *f*; **in the same ~** de la même manière OR façon; **this/that ~** comme ça, de cette façon; **in a ~** d'une certaine manière, en quelque sorte; **in a big/small ~** à un haut/moindre degré. **-3.** [skill]: **to have a ~ with** savoir comment s'y prendre avec; **to have a ~ of doing sthg** avoir le chic pour faire qqch. **-4.** [route, path] chemin *m*; **~ in** entrée *f*; **~ out** sortie *f*; **to be out of one's ~** [place] ne pas être sur sa route; **on the** OR **one's ~** sur le OR son chemin; **across** OR **over the ~** juste en face; **to be under ~** [ship] faire route; *fig* [meeting] être en cours; **to get under ~** [ship] se mettre en route; *fig* [meeting] démarrer; **"give ~"** *Br* «vous n'avez pas la priorité»; **to be in the ~** gêner; **to be out of the ~** [finished] être fini; [not blocking] ne

pas gêner; **to go out of one's ~ to do sthg** se donner du mal pour faire qqch; **to keep out of sb's ~** éviter qqn; **keep out of the ~!** restez à l'écart!; **to make one's ~** aller; **to make one's ~ towards** se diriger vers; **to make ~ for** faire place à; **to stand in sb's ~** *fig* [subj: obstacle] gêner qqn; [subj: person] s'opposer à la volonté de qqn; **to work one's ~** progresser. **-5.** [direction]: **to go/look/come this ~** aller/regarder/venir par ici; **the right/wrong ~ round** [in sequence] dans le bon/mauvais ordre; **she had her hat on the wrong ~ round** elle avait mis son chapeau à l'envers; **the right/wrong ~ up** dans le bon/mauvais sens. **-6.** [distance]: **all the ~** tout le trajet; *fig* [support etc] jusqu'au bout; **most of the ~** presque tout le trajet OR chemin; **a long ~** loin; **to go a long ~ towards doing sthg** *fig* contribuer largement à faire qqch. **-7.** *phr*: **to give ~** [under weight, pressure] céder; **no ~!** pas question!
◇ *adv inf* [a lot] largement; **~ better** bien mieux.
◆ **ways** *npl* [customs, habits] coutumes *fpl*.
◆ **by the way** *adv* au fait.
◆ **by way of** *prep* **-1.** [via] par. **-2.** [as a sort of] en guise de.
◆ **in the way of** *prep* comme.
waylay [,weɪ'leɪ] (*pt* & *pp* **-laid** [-'leɪd]) *vt* arrêter (au passage).
way of life *n* façon *f* de vivre.
way-out *adj inf* excentrique.
wayside ['weɪsaɪd] *n* [roadside] bord *m* (de la route); **to fall by the ~** *fig* tomber à l'eau.
wayward ['weɪwəd] *adj* qui n'en fait qu'à sa tête; [behaviour] capricieux(ieuse).
WC (*abbr of* **water closet**) *n* W.-C. *mpl*.
WCC (*abbr of* **World Council of Churches**) *n* assemblée mondiale des Églises.
we [wiː] *pers pron* nous; **WE can't do it** nous, nous ne pouvons pas le faire; **as ~ say in France** comme on dit en France; **~ British** nous autres Britanniques.
weak [wiːk] *adj* **-1.** [gen] faible. **-2.** [delicate] fragile. **-3.** [unconvincing] peu convaincant(e). **-4.** [drink] léger(ère).
weaken ['wiːkn] ◇ *vt* **-1.** [undermine] affaiblir. **-2.** [reduce] diminuer. **-3.** [physically - person] affaiblir; [- structure] fragiliser. ◇ *vi* faiblir.
weak-kneed [-niːd] *adj inf pej* lâche.
weakling ['wiːklɪŋ] *n pej* mauviette *f*.
weakly ['wiːklɪ] *adv* faiblement.
weak-minded [-'maɪndɪd] *adj* [weak-willed] faible de caractère.

weakness

weakness ['wi:knɪs] *n* **-1.** (*U*) [physical - of person] faiblesse *f*; [- of structure] fragilité *f*. **-2.** [liking]: **to have a ~ for sthg** avoir un faible pour qqch. **-3.** [imperfect point] point *m* faible, faiblesse *f*.

weal [wi:l] *n* marque *f*.

wealth [welθ] *n* **-1.** (*U*) [riches] richesse *f*. **-2.** [abundance]: **a ~ of** une profusion de.

wealth tax *n* Br impôt *m* sur la fortune.

wealthy ['welθɪ] (*compar* **-ier**, *superl* **-iest**) *adj* riche.

wean [wi:n] *vt* **-1.** [baby, lamb] sevrer. **-2.** [discourage]: **to ~ sb from** OR **off sthg** [interest, habit] faire perdre qqch à qqn; [drugs, alcohol] détourner qqn de qqch.

weapon ['wepən] *n* arme *f*.

weaponry ['wepənrɪ] *n* (*U*) armement *m*.

wear [weər] (*pt* **wore**, *pp* **worn**) ◇ *n* (*U*) **-1.** [type of clothes] tenue *f*. **-2.** [damage] usure *f*; **~ and tear** usure. **-3.** [use]: **these shoes have had a lot of ~** ces chaussures ont fait beaucoup d'usage; **to be the worse for ~** être fatigué; [drunk] être mûr.
◇ *vt* **-1.** [clothes, hair] porter; **she ~s her hair in a bun** elle porte un chignon. **-2.** [damage] user.
◇ *vi* **-1.** [deteriorate] s'user. **-2.** [last]: **to ~ well** durer longtemps, faire de l'usage; **to ~ badly** ne pas durer longtemps. **-3.** *phr*: **to ~ thin** [excuse] ne plus marcher.
◆ **wear away** ◇ *vt sep* [rock, wood] user; [grass] abîmer. ◇ *vi* [rock, wood] s'user; [grass] s'abîmer.
◆ **wear down** ◇ *vt sep* **-1.** [material] user. **-2.** [person, resistance] épuiser. ◇ *vi* s'user.
◆ **wear off** *vi* disparaître.
◆ **wear on** *vi* [time] passer lentement; [evening, afternoon] se traîner; [discussion] traîner en longueur.
◆ **wear out** ◇ *vt sep* **-1.** [shoes, clothes] user. **-2.** [person] épuiser. ◇ *vi* s'user.

wearable ['weərəbl] *adj* mettable.

wearily ['wɪərɪlɪ] *adv* péniblement; **to sigh ~** pousser un soupir de lassitude.

weariness ['wɪərɪnɪs] *n* lassitude *f*.

wearing ['weərɪŋ] *adj* [exhausting] épuisant(e).

weary ['wɪərɪ] (*compar* **-ier**, *superl* **-iest**) *adj* **-1.** [exhausted] las (lasse); [sigh] de lassitude. **-2.** [fed up]: **to be ~ of sthg/of doing sthg** être las de qqch/de faire qqch.

weasel ['wi:zl] *n* belette *f*.

weather ['weðər] ◇ *n* temps *m*; **what's the ~ like?** quel temps fait-il?; **good ~** beau temps; **to make heavy ~ of it** se compliquer la tâche; **to be under the ~** être patra-

que. ◇ *vt* [crisis, problem] surmonter. ◇ *vi* [rock] s'éroder; [wood] s'user.

weather-beaten *adj* **-1.** [face, skin] tanné(e). **-2.** [building, stone] abîmé(e) par les intempéries.

weathercock ['weðəkɒk] *n* girouette *f*.

weathered ['weðəd] *adj* [stone] érodé(e); [building, wood] qui a souffert des intempéries.

weather forecast *n* météo *f*, prévisions *fpl* météorologiques.

weatherman ['weðəmæn] (*pl* **-men** [-men]) *n* météorologue *m*.

weather map *n* carte *f* météorologique.

weatherproof ['weðəpru:f] *adj* [clothing] imperméable; [building] à l'épreuve des intempéries.

weather report *n* bulletin *m* météorologique.

weather ship *n* navire *m* météo.

weather vane [-veɪn] *n* girouette *f*.

weave [wi:v] (*pt* **wove**, *pp* **woven**) ◇ *n* tissage *m*. ◇ *vt* **-1.** [using loom] tisser. **-2.** [move]: **to ~ one's way** se faufiler. ◇ *vi* [move] se faufiler.

weaver ['wi:vər] *n* tisserand *m*, -e *f*.

web [web] *n* **-1.** [cobweb] toile *f* (d'araignée). **-2.** *fig* [of lies] tissu *m*.

webbed [webd] *adj* palmé(e).

webbing ['webɪŋ] *n* (*U*) sangles *fpl*.

web-footed [-'futɪd] *adj* aux pieds palmés.

Web site *n* COMPUT site *m* Web.

wed [wed] (*pt* & *pp* **wed** OR **-ded**) *literary* ◇ *vt* épouser. ◇ *vi* se marier.

we'd [wi:d] = **we had**, **we would**.

Wed. (*abbr of* **Wednesday**) mer.

wedded ['wedɪd] *adj* [committed]: **~ to** dévoué(e) à.

wedding ['wedɪŋ] *n* mariage *m*.

wedding anniversary *n* anniversaire *m* de mariage.

wedding cake *n* pièce *f* montée.

wedding dress *n* robe *f* de mariée.

wedding reception *n* réception *f* de mariage.

wedding ring *n* alliance *f*.

wedge [wedʒ] ◇ *n* **-1.** [for steadying] cale *f*. **-2.** [for splitting] coin *m*; **to drive a ~ between** *fig* semer la discorde entre; **the thin end of the ~** le commencement de la fin. **-3.** [of cake, cheese] morceau *m*. ◇ *vt* caler.

wedlock ['wedlɒk] *n* (*U*) *literary* mariage *m*.

Wednesday ['wenzdɪ] *n* mercredi *m*; *see also* **Saturday**.

wee [wiː] ◇ *adj Scot* petit(e). ◇ *n v inf* pipi *m.* ◇ *vi v inf* faire pipi.

weed [wiːd] ◇ *n* **-1.** [plant] mauvaise herbe *f.* **-2.** *Br inf* [feeble person] mauviette *f.* ◇ *vt* désherber.

◆ **weed out** *vt sep* éliminer.

weeding ['wiːdɪŋ] *n* désherbage *m.*

weedkiller ['wiːd,kɪlə'] *n* désherbant *m.*

weedy ['wiːdɪ] (*compar* **-ier,** *superl* **-iest**) *adj Br inf* [feeble] qui agit comme une mauviette.

week [wiːk] *n* semaine *f;* Saturday ~, a ~ on Saturday samedi en huit.

weekday ['wiːkdeɪ] *n* jour *m* de semaine.

weekend [,wiːk'end] *n* week-end *m;* on OR at the ~ le week-end.

weekend bag *n* sac *m* de voyage.

weekly ['wiːklɪ] ◇ *adj* hebdomadaire. ◇ *adv* chaque semaine. ◇ *n* hebdomadaire *m.*

weeny ['wiːnɪ] *adj Br inf* tout petit (toute petite).

weep [wiːp] (*pt* & *pp* wept) ◇ *n:* to have a ~ pleurer. ◇ *vt* & *vi* pleurer.

weeping willow ['wiːpɪŋ-] *n* saule *m* pleureur.

weepy ['wiːpɪ] (*compar* **-ier,** *superl* **-iest**) *adj* [person] pleurnicheur(euse); [film] sentimental(e).

wee-wee *n* & *vi* = wee.

weft [weft] *n* trame *f.*

weigh [weɪ] ◇ *vt* **-1.** [gen] peser. **-2.** NAUT: to ~ anchor lever l'ancre.

◆ **weigh down** *vt sep* **-1.** [physically]: to be ~ed down with sthg plier sous le poids de qqch. **-2.** [mentally]: to be ~ed down by OR with sthg être accablé par qqch.

◆ **weigh (up)on** *vt fus* peser à.

◆ **weigh out** *vt sep* peser.

◆ **weigh up** *vt sep* **-1.** [consider carefully] examiner; to ~ up the pros and cons peser le pour et le contre. **-2.** [size up] juger, évaluer.

weighbridge ['weɪbrɪdʒ] *n Br* pont-bascule *m.*

weighing machine ['weɪɪŋ-] *n* balance *f.*

weight [weɪt] ◇ *n lit* & *fig* poids *m;* to put on OR gain ~ prendre du poids, grossir; to lose ~ perdre du poids, maigrir; to pull one's ~ faire sa part du travail, participer à la tâche; to take the ~ off one's feet se reposer, s'asseoir; to throw one's ~ about faire l'important; to carry ~ avoir du poids. ◇ *vt:* to ~ sthg (down) [hold in place] maintenir qqch avec un poids; [make heavier] alourdir qqch.

weighted ['weɪtɪd] *adj:* to be ~ in favour of/against être favorable/défavorable à.

weighting ['weɪtɪŋ] *n* indemnité *f.*

weightlessness ['weɪtlɪsnɪs] *n* apesanteur *f.*

weightlifter ['weɪt,lɪftə'] *n* haltérophile *m.*

weightlifting ['weɪt,lɪftɪŋ] *n* haltérophilie *f.*

weight training *n* musculation *f.*

weighty ['weɪtɪ] (*compar* **-ier,** *superl* **-iest**) *adj* [serious] important(e), de poids.

weir [wɪə'] *n* barrage *m.*

weird [wɪəd] *adj* bizarre.

weirdo ['wɪədəʊ] (*pl* **-s**) *n inf* drôle de type *m.*

welcome ['welkəm] ◇ *adj* **-1.** [guest, help etc] bienvenu(e); to make sb ~ faire bon accueil à qqn. **-2.** [free]: you're ~ to ... n'hésitez pas à .... **-3.** [in reply to thanks]: you're ~ il n'y a pas de quoi, de rien. ◇ *n* accueil *m.* ◇ *vt* **-1.** [receive] accueillir. **-2.** [approve of] se réjouir de. ◇ *excl* bienvenue!

welcoming ['welkəmɪŋ] *adj* accueillant(e).

weld [weld] ◇ *n* soudure *f.* ◇ *vt* souder.

welder [weldə'] *n* soudeur *m.*

welfare ['welfeə'] ◇ *adj* social(e). ◇ *n* **-1.** [well-being] bien-être *m.* **-2.** *Am* [income support] assistance *f* publique.

welfare state *n* État-providence *m.*

well [wel] (*compar* **better,** *superl* **best**) ◇ *adj* bien; I'm very ~, thanks je vais très bien, merci; all is ~ tout va bien; (all) ~ and good très bien; just as ~ aussi bien. ◇ *adv* bien; the team was ~ beaten l'équipe a été battue à plates coutures; to go ~ aller bien; ~ done! bravo!; ~ and truly bel et bien; to be ~ in with sb *inf* être bien avec qqn; you're ~ out of it *inf* c'est mieux comme ça pour toi. ◇ *n* [for water, oil] puits *m.* ◇ *excl* **-1.** [in hesitation] heu!, eh bien! **-2.** [to correct oneself] bon!, enfin! **-3.** [to express resignation]: oh ~! eh bien! **-4.** [in surprise] tiens!

◆ **as well** *adv* **-1.** [in addition] aussi, également. **-2.** [with same result]: I/you *etc* may OR might as ~ (do sthg) je/tu *etc* ferais aussi bien (de faire qqch).

◆ **as well as** *conj* en plus de, aussi bien que.

◆ **well up** *vi:* tears ~ed up in her eyes les larmes lui montaient aux yeux.

we'll [wiːl] = we shall, we will.

well-adjusted *adj* bien dans sa peau.

well-advised [-əd'vaɪzd] *adj* sage; you would be ~ to do sthg tu ferais bien de faire qqch.

well-appointed [-ə'pɔɪntɪd] *adj* bien équipé(e).

well-balanced *adj* (bien) équilibré(e).

well-behaved [-bɪ'heɪvd] *adj* sage.

wellbeing [,wel'biːɪŋ] *n* bien-être *m*.

well-bred [-'bred] *adj* bien élevé(e).

well-built *adj* bien bâti(e).

well-chosen *adj* bien choisi(e).

well-disposed *adj*: **to be ~ to** OR **towards sb** être bien disposé(e) envers qqn; **to be ~ towards sthg** être favorable à qqch.

well-done *adj* CULIN bien cuit(e).

well-dressed [-'drest] *adj* bien habillé(e).

well-earned [-ɜːnd] *adj* bien mérité(e).

well-established *adj* bien établi(e).

well-fed *adj* bien nourri(e).

well-groomed [-'gruːmd] *adj* soigné(e).

wellhead ['welhed] *n* source *f*.

well-heeled [-hiːld] *adj inf* nanti(e).

wellies ['welɪz] *npl Br inf* = **wellington boots**.

well-informed *adj*: **to be ~ (about/on)** être bien informé(e) (sur).

Wellington ['welɪŋtən] *n* Wellington.

wellington boots ['welɪŋtən-], **wellingtons** ['welɪŋtənz] *npl* bottes *fpl* de caoutchouc.

well-intentioned [-ɪn'tenʃnd] *adj* bien intentionné(e).

well-kept *adj* **-1.** [building, garden] bien tenu(e). **-2.** [secret] bien gardé(e).

well-known *adj* bien connu(e).

well-mannered *adj* bien élevé(e).

well-meaning *adj* bien intentionné(e).

well-nigh *adv* presque, pratiquement.

well-off *adj* **-1.** [rich] riche. **-2.** [well-provided]: **to be ~ for sthg** être bien pourvu(e) en qqch; **he doesn't know when he is ~** *inf* il ne connaît pas son bonheur.

well-paid *adj* bien payé(e).

well-preserved *adj fig* bien conservé(e).

well-proportioned [-prə'pɔːʃnd] *adj* bien proportionné(e).

well-read *adj* cultivé(e).

well-rounded [-'raʊndɪd] *adj* [education, background] complet(ète).

well-spoken *adj* qui parle bien.

well-thought-of *adj* qui a une bonne réputation.

well-thought-out *adj* bien conçu(e).

well-timed *adj* bien calculé(e), qui vient à point nommé.

well-to-do *adj* riche.

wellwisher ['wel,wɪʃəʳ] *n* admirateur *m*, -trice *f*.

well-woman clinic *n Br* centre *m* de santé pour femmes.

Welsh [welʃ] ◇ *adj* gallois(e). ◇ *n* [language] gallois *m*. ◇ *npl*: **the ~** les Gallois *mpl*.

Welshman ['welʃmən] (*pl* **-men** [-mən]) *n* Gallois *m*.

Welsh rarebit [-'reəbɪt] *n* toast *m* au fromage chaud.

Welshwoman ['welʃ,wʊmən] (*pl* **-women** [-,wɪmɪn]) *n* Galloise *f*.

welter ['weltəʳ] *n* [of ideas, emotions] confusion *f*.

welterweight ['weltəweɪt] *n* poids *m* welter.

wend [wend] *vt literary*: **to ~ one's way homewards** [set off] se mettre en route pour rentrer à la maison; [be on one's way] être sur le chemin de la maison.

wendy house ['wendɪ-] *n Br* maison *f* en modèle réduit (*pour jouer*).

went [went] *pt* → **go**.

wept [wept] *pt & pp* → **weep**.

were [wɜːʳ] → **be**.

we're [wɪəʳ] = **we are**.

weren't [wɜːnt] = **were not**.

werewolf ['wɪəwʊlf] (*pl* **-wolves** [-wʊlvz]) *n* loup-garou *m*.

west [west] ◇ *n* **-1.** [direction] ouest *m*. **-2.** [region]: **the ~** l'ouest *m*. ◇ *adj* ouest (*inv*); [wind] d'ouest. ◇ *adv* de l'ouest, vers l'ouest; **~ of** à l'ouest de.
◆ **West** *n* POL: **the West** l'Occident *m*.

West Bank *n*: **the ~** la Cisjordanie; **on the ~** en Cisjordanie.

westbound ['westbaʊnd] *adj* en direction de l'ouest.

West Country *n Br*: **the ~** le sud-ouest de l'Angleterre.

West End *n Br*: **the ~** le West-End (*quartier des grands magasins et des théâtres, à Londres*).

westerly ['westəlɪ] *adj* à l'ouest; [wind] de l'ouest; **in a ~ direction** vers l'ouest.

western ['westən] ◇ *adj* **-1.** [gen] de l'ouest. **-2.** POL occidental(e). ◇ *n* [book, film] western *m*.

Westerner ['westənəʳ] *n* **-1.** POL Occidental *m*, -e *f*. **-2.** [inhabitant of west of country] personne *f* de l'ouest.

westernize, -ise ['westənaɪz] *vt* occidentaliser.

Western Samoa *n* Samoa *fpl* occidentales; **in ~** dans les Samoa occidentales.

West German ◇ *adj* ouest-allemand(e). ◇ *n* Allemand *m*, -e *f* de l'Ouest.

West Germany *n*: (former) ~ (ex-)Allemagne *f* de l'Ouest; **in** ~ en Allemagne de l'Ouest.

West Indian ◇ *adj* antillais(e). ◇ *n* Antillais *m*, -e *f*.

West Indies [-'ɪndiːz] *npl*: **the** ~ les Antilles *fpl*; **in the** ~ aux Antilles.

Westminster ['westmɪnstəʳ] *n* quartier *du* centre de Londres.

WESTMINSTER:
C'est dans ce quartier que se trouvent le Parlement et le palais de Buckingham. Le nom 'Westminster' est également employé pour désigner le Parlement lui-même

---

West Virginia *n* Virginie-Occidentale *f*; **in** ~ en Virginie-Occidentale.

westward ['westwəd] *adj & adv* vers l'ouest.

westwards ['westwədz] *adv* vers l'ouest.

wet [wet] (*compar* **-ter**, *superl* **-test**, *pt & pp* **wet** OR **-ted**, *cont* **-ting**) ◇ *adj* **-1.** [damp, soaked] mouillé(e). **-2.** [rainy] pluvieux(ieuse). **-3.** [not dry - paint, cement] frais (fraîche). **-4.** *Br inf pej* [weak, feeble] ramolli(e). ◇ *n inf* POL modéré *m*, -e *f*. ◇ *vt* mouiller; **to** ~ **o.s.** [child] mouiller sa culotte; *inf* [be terrified] pisser dans son froc.

wet blanket *n inf pej* rabat-joie *m inv*.

wet-look *adj* brillant(e).

wetness ['wetnɪs] *n* **-1.** [dampness] humidité *f*. **-2.** *Br inf pej* [feebleness] faiblesse *f*.

wet nurse *n* nourrice *f*.

wet rot *n* pourriture *f* humide.

wet suit *n* combinaison *f* de plongée.

WEU (*abbr of* **Western European Union**) *n* UEO *f*.

we've [wiːv] = **we have**.

whack [wæk] *inf* ◇ *n* **-1.** [share] part *f*. **-2.** [hit] grand coup *m*. ◇ *vt* donner un grand coup à, frapper fort.

whacked [wækt] *adj Br inf* [exhausted] crevé(e).

whacky ['wækɪ] *adj* = **wacky**.

whale [weɪl] *n* baleine *f*; **to have a** ~ **of a time** *inf* drôlement bien s'amuser.

whaling ['weɪlɪŋ] *n* pêche *f* à la baleine.

wham [wæm] *excl inf* vlan!

wharf [wɔːf] (*pl* **-s** OR **wharves** [wɔːvz]) *n* quai *m*.

what [wɒt] ◇ *adj* **-1.** (*in direct, indirect questions*) quel (quelle), quels (quelles) (*pl*); ~ **colour is it?** c'est de quelle couleur?; he asked me ~ colour it was il m'a demandé de quelle couleur c'était. **-2.** (*in exclamations*) quel (quelle), quels (quelles) (*pl*); ~ **a surprise!** quelle surprise!; ~ **an idiot I am!** ce que je peux être bête!

◇ *pron* **-1.** (*interrogative - subject*) qu'est-ce qui; (- *object*) qu'est-ce que, que; (- *after prep*) quoi; ~ **are they doing?** qu'est-ce qu'ils font?, que font-ils?; ~ **is going on?** qu'est-ce qui se passe?; ~ **are they talking about?** de quoi parlent-ils?; ~ **about another drink/going out for a meal?** et si on prenait un autre verre/allait manger au restaurant?; ~ **about the rest of us?** et nous alors?; ~ **if ...?** et si ...?. **-2.** (*relative - subject*) ce qui; (- *object*) ce que; **I saw** ~ **happened/fell** j'ai vu ce qui s'était passé/était tombé; **you can't have** ~ **you want** tu ne peux pas avoir ce que tu veux.

◇ *excl* [expressing disbelief] comment!, quoi!

whatever [wɒt'evəʳ] ◇ *adj* quel (quelle) que soit; **any book** ~ n'importe quel livre; **no chance** ~ pas la moindre chance; **nothing** ~ rien du tout. ◇ *pron* quoi que (+ *subjunctive*); **I'll do** ~ **I can** je ferai tout ce que je peux; ~ **can this be?** qu'est-ce que cela peut-il bien être?; ~ **that may mean** quoi que cela puisse bien vouloir dire; **or** ~ ou n'importe quoi d'autre.

whatnot ['wɒtnɒt] *n inf* **-1.** [thing] machin *m*. **-2.** [other things]: **and** ~ et d'autres bricoles.

whatsoever [,wɒtsəʊ'evəʳ] *adj*: **I had no interest** ~ je n'éprouvais pas le moindre intérêt; **nothing** ~ rien du tout.

wheat [wiːt] *n* blé *m*.

wheat germ *n* germe *m* de blé.

wheatmeal ['wiːtmiːl] *n* farine *f* de blé.

wheedle ['wiːdl] *vt*: **to** ~ **sb into doing sthg** enjôler qqn pour qu'il fasse qqch; **to** ~ **sthg out of sb** enjôler qqn pour obtenir qqch.

wheel [wiːl] ◇ *n* **-1.** [gen] roue *f*. **-2.** [steering wheel] volant *m*. ◇ *vt* pousser. ◇ *vi*: **to** ~ **(round)** se retourner brusquement.

wheelbarrow ['wiːl,bærəʊ] *n* brouette *f*.

wheelbase ['wiːlbeɪs] *n* empattement *m*.

wheelchair ['wiːl,tʃeəʳ] *n* fauteuil *m* roulant.

wheelclamp ['wiːl,klæmp] ◇ *n* sabot *m* de Denver. ◇ *vt*: **my car was** ~**ed** on a mis un sabot à ma voiture.

wheeler-dealer ['wiːlə-] *n pej* combinard *m*.

wheeling and dealing ['wiːlɪŋ-] *n U pej* combines *fpl*.

wheeze [wiːz] ◇ n [sound] respiration f sifflante. ◇ vi respirer avec un bruit sifflant.

wheezy ['wiːzɪ] (compar -ier, superl -iest) adj [person] poussif(ive); [cough] sifflant(e); [voice, chest] d'asthmatique.

whelk [welk] n bulot m, buccin m.

when [wen] ◇ adv (in direct, indirect questions) quand; ~ does the plane arrive? quand OR à quelle heure arrive l'avion?; he asked me ~ I would be in London il m'a demandé quand je serais à Londres. ◇ conj -1. [referring to time] quand, lorsque; he came to see me ~ I was abroad il est venu me voir quand j'étais à l'étranger; one day ~ I was on my own un jour que OR où j'étais tout seul; on the day ~ it happened le jour où cela s'est passé. -2. [whereas, considering that] alors que.

whenever [wen'evə˞] ◇ conj quand; [each time that] chaque fois que. ◇ adv n'importe quand.

where [weə˞] ◇ adv (in direct, indirect questions) où; ~ do you live? où habitez-vous?; do you know ~ he lives? est-ce que vous savez où il habite? ◇ conj -1. [referring to place, situation] où; this is ~ ... c'est là que .... -2. [whereas] alors que.

whereabouts [adv ,weə˞ə'baʊts, n 'weə˞əbaʊts] ◇ adv où. ◇ npl: their ~ are still unknown on ne sait toujours pas où ils se trouvent.

whereas [weə˞'æz] conj alors que.

whereby [weə˞'baɪ] conj fml par lequel (laquelle), au moyen duquel (de laquelle).

whereupon [,weə˞ə'pɒn] conj fml après quoi, sur quoi.

wherever [weə˞'evə˞] ◇ conj où que (+ subjunctive). ◇ adv -1. [no matter where] n'importe où. -2. [where] où donc; ~ did you hear that? mais où donc as-tu entendu dire cela?

wherewithal ['weə˞wɪðɔːl] n fml: to have the ~ to do sthg avoir les moyens de faire qqch.

whet [wet] (pt & pp -ted, cont -ting) vt: to ~ sb's appetite for sthg donner à qqn envie de qqch.

whether ['weðə˞] conj -1. [indicating choice, doubt] si. -2. [no matter if]: ~ I want to or not que je le veuille ou non.

whew [hwjuː] excl ouf!

whey [weɪ] n petit-lait m.

which [wɪtʃ] ◇ adj -1. (in direct, indirect questions) quel (quelle), quels (quelles) (pl); ~ house is yours? quelle maison est la tienne?; ~ one? lequel (laquelle)? -2. [to refer back to sthg]: in ~ case auquel cas.

◇ pron -1. (in direct, indirect questions) lequel (laquelle), lesquels (lesquelles) (pl); ~ do you prefer? lequel préférez-vous?; I can't decide ~ to have je ne sais vraiment pas lequel prendre. -2. (in relative clauses - subject) qui; (- object) que; (- after prep) lequel (laquelle), lesquels (lesquelles) (pl); take the slice ~ is nearer to you prends la tranche qui est le plus près de toi; the television ~ we bought le téléviseur que nous avons acheté; the settee on ~ I am sitting le canapé sur lequel je suis assis; the film of ~ you spoke le film dont vous avez parlé. -3. (referring back - subject) ce qui; (- object) ce que; why did you say you were ill, ~ nobody believed? pourquoi as-tu dit que tu étais malade, ce que personne n'a cru?

whichever [wɪtʃ'evə˞] ◇ adj quel (quelle) que soit; choose ~ colour you prefer choisissez la couleur que vous préférez, n'importe laquelle. ◇ pron n'importe lequel (laquelle).

whiff [wɪf] n -1. [of perfume, smoke] bouffée f; [of food] odeur f. -2. fig [sign] signe m.

while [waɪl] ◇ n moment m; let's stay here for a ~ restons ici un moment; we've been waiting for a ~ nous attendons depuis un moment; for a long ~ longtemps; after a ~ après quelque temps; to be worth one's ~ valoir la peine. ◇ conj -1. [during the time that] pendant que. -2. [as long as] tant que. -3. [whereas] alors que.
♦ **while away** vt sep passer.

whilst [waɪlst] conj = while.

whim [wɪm] n lubie f.

whimper ['wɪmpə˞] ◇ n gémissement m. ◇ vt & vi gémir.

whimsical ['wɪmzɪkl] adj saugrenu(e).

whine [waɪn] ◇ n gémissement m, longue plainte f. ◇ vi -1. [make sound] gémir. -2. [complain]: to ~ (about) se plaindre (de).

whinge [wɪndʒ] (cont whingeing) vi Br: to ~ (about) se plaindre (de).

whip [wɪp] (pt & pp -ped, cont -ping) ◇ n -1. [for hitting] fouet m. -2. Br POL chef m de file (d'un groupe parlementaire). ◇ vt -1. [gen] fouetter. -2. [take quickly]: to ~ sthg out sortir qqch brusquement; to ~ sthg off ôter OR enlever qqch brusquement.
♦ **whip up** vt sep [provoke] stimuler, attiser.

whiplash injury ['wɪplæʃ-] n coup m du lapin.

whipped cream [wɪpt-] n crème f fouettée.

whippet ['wɪpɪt] n whippet m.

whip-round *n Br inf*: **to have a** ~ faire une collecte.

whirl [wɜ:l] ◇ *n* **-1.** *lit* & *fig* tourbillon *m*; **I/my mind was in a** ~ tout tourbillonnait en moi/dans ma tête. **-2.** *phr*: **let's give it a** ~ *inf* tentons le coup. ◇ *vt*: **to** ~ **sb/sthg round** [spin round] faire tourbillonner qqn/qqch. ◇ *vi* tourbillonner; *fig* [head, mind] tourner.

whirlpool ['wɜ:lpu:l] *n* tourbillon *m*.

whirlwind ['wɜ:lwɪnd] ◇ *adj fig* éclair (*inv*). ◇ *n* tornade *f*.

whirr [wɜ:r] ◇ *n* [of engine] ronronnement *m*. ◇ *vi* [engine] ronronner.

whisk [wɪsk] ◇ *n* CULIN fouet *m*, batteur *m* (à œufs). ◇ *vt* **-1.** [move quickly] emmener OR emporter rapidement. **-2.** CULIN battre.

whisker ['wɪskər] *n* moustache *f*.
◆ **whiskers** *npl* favoris *mpl*.

whisky *Br* (*pl* **-ies**), **whiskey** *Am* & *Irish* (*pl* **-s**) ['wɪskɪ] *n* whisky *m*.

whisper ['wɪspər] ◇ *n* murmure *m*. ◇ *vt* murmurer, chuchoter. ◇ *vi* chuchoter.

whispering ['wɪspərɪŋ] *n* chuchotement *m*.

whist [wɪst] *n* whist *m*.

whistle ['wɪsl] ◇ *n* **-1.** [sound] sifflement *m*. **-2.** [device] sifflet *m*. ◇ *vt* & *vi* siffler.

whistle-stop tour *n*: **to make a** ~ **of** [subj: politician] faire une tournée éclair dans.

whit [wɪt] *n* brin *m*.

Whit [wɪt] *n Br* Pentecôte *f*.

white [waɪt] ◇ *adj* **-1.** [in colour] blanc (blanche); **to go** OR **turn** ~ [hair] blanchir; [face] pâlir. **-2.** [coffee, tea] au lait. ◇ *n* **-1.** [colour, of eye] blanc *m*. **-2.** [person] blanc *m*, blanche *f*.
◆ **whites** *npl* **-1.** SPORT tenue *f* blanche. **-2.** [washing] linge *m* blanc.

white blood cell *n* globule *m* blanc.

whiteboard ['waɪtbɔ:d] *n* tableau *m* blanc.

white Christmas *n* Noël *m* blanc.

white-collar *adj* de bureau.

white elephant *n fig* objet *m* coûteux et inutile.

white goods *npl* **-1.** [linen] articles *mpl* de blanc. **-2.** [household machines] électroménager *m*.

white-haired [-'heəd] *adj* aux cheveux blancs.

Whitehall ['waɪthɔ:l] *n* rue du centre de Londres.

WHITEHALL:
Cette rue réunit de nombreux services gouvernementaux, et le nom est souvent em-

ployé pour désigner le gouvernement lui-même

white horses *npl Br* [of waves] moutons *mpl*.

white-hot *adj* chauffé(e) à blanc.

White House *n*: **the** ~ la Maison Blanche.

white knight *n* chevalier *m* blanc.

white lie *n* pieux mensonge *m*.

white light *n* lumière *f* blanche.

white magic *n* magie *f* blanche.

white meat *n* viande *f* blanche.

whiten ['waɪtn] *vt* & *vi* blanchir.

whitener ['waɪtnər] *n* agent *m* blanchissant.

whiteness ['waɪtnɪs] *n* blancheur *f*.

white noise *n* son *m* blanc.

whiteout ['waɪtaut] *n* jour *m* blanc.

white paper *n* POL livre *m* blanc.

white sauce *n* sauce *f* blanche.

White Sea *n*: **the** ~ la mer Blanche.

white spirit *n Br* white spirit *m*.

white-tie *adj* [dinner] en habit.

whitewash ['waɪtwɒʃ] ◇ *n* **-1.** (*U*) [paint] chaux *f*. **-2.** *pej* [cover-up]: **a government** ~ une combine du gouvernement pour étouffer l'affaire. ◇ *vt* **-1.** [paint] blanchir à la chaux. **-2.** *pej* [cover up] blanchir.

whitewater rafting ['waɪt,wɔːtər-] *n* raft *m*, rafting *m*.

white wedding *n* mariage *m* en blanc.

white wine *n* vin *m* blanc.

whiting ['waɪtɪŋ] (*pl inv* OR **-s**) *n* merlan *m*.

Whit Monday [wɪt-] *n* le lundi *m* de Pentecôte.

Whitsun ['wɪtsn] *n* Pentecôte *f*.

whittle ['wɪtl] *vt* [reduce]: **to** ~ **sthg away** OR **down** réduire qqch.

whiz, **whizz** (*pt* & *pp* **-zed**, *cont* **-zing**), [wɪz] ◇ *n inf*: **to be a** ~ **at sthg** être un as de qqch. ◇ *vi* [go fast] aller à toute allure.

whiz(z) kid *n inf* petit prodige *m*.

who [hu:] *pron* **-1.** (*in direct, indirect questions*) qui; ~ **are you?** qui êtes-vous?; **I didn't know** ~ **she was** je ne savais pas qui c'était. **-2.** (*in relative clauses*) qui; **he's the doctor** ~ **treated me** c'est le médecin qui m'a soigné; **I don't know the person** ~ **came to see you** je ne connais pas la personne qui est venue vous voir.

WHO (*abbr of* **World Health Organization**) *n* OMS *f*.

who'd [hu:d] = **who had**, **who would**.

whodu(n)nit [,hu:'dʌnɪt] *n inf* polar *m*.

whoever [huː'evər] *pron* **-1.** [unknown person] quiconque. **-2.** [indicating surprise, astonishment] qui donc. **-3.** [no matter who] qui que (+ *subjunctive*); ~ **you are** qui que vous soyez; ~ **wins** qui que ce soit qui gagne.

whole [həʊl] ◇ *adj* **-1.** [entire, complete] entier(ière). **-2.** [for emphasis]: **a** ~ **lot of questions** toute une série de questions; **a** ~ **lot bigger** bien plus gros; **a** ~ **new idea** une idée tout à fait nouvelle. ◇ *n* **-1.** [all]: **the** ~ **of the school** toute l'école; **the** ~ **of the summer** tout l'été. **-2.** [unit, complete thing] tout *m*.
◆ **as a whole** *adv* dans son ensemble.
◆ **on the whole** *adv* dans l'ensemble.

wholefood ['həʊlfuːd] *n Br* aliments *mpl* complets.

whole-hearted [-'hɑːtɪd] *adj* sans réserve, total(e).

wholemeal ['həʊlmiːl] *Br*, **whole wheat** *Am adj* complet(ète).

wholemeal bread *n Br (U)* pain *m* complet.

whole note *n Am* ronde *f*.

wholesale ['həʊlseɪl] ◇ *adj* **-1.** [buying, selling] en gros; [price] de gros. **-2.** *pej* [excessive] en masse. ◇ *adv* **-1.** [in bulk] en gros. **-2.** *pej* [excessively] en masse.

wholesaler ['həʊl,seɪlər] *n* marchand *m* de gros, grossiste *mf*.

wholesome ['həʊlsəm] *adj* sain(e).

whole wheat *Am* = **wholemeal**.

who'll [huːl] = **who will**.

wholly ['həʊlɪ] *adv* totalement.

whom [huːm] *pron fml* **-1.** (*in direct, indirect questions*) qui; ~ **did you phone?** qui avez-vous appelé au téléphone?; **for/of/to** ~ pour/de/à qui. **-2.** (*in relative clauses*) que; **the girl** ~ **he married** la jeune fille qu'il a épousée; **the man of** ~ **you speak** l'homme dont vous parlez; **the man to** ~ **you were speaking** l'homme à qui vous parliez.

whoop [wuːp] ◇ *n* cri *m*. ◇ *vi* pousser des cris (de joie/de triomphe).

whoopee [wʊ'piː] *excl* youpi!

whooping cough ['huːpɪŋ-] *n* coqueluche *f*.

whoops [wʊps] *excl* oups!

whoosh [wʊʃ] *inf* ◇ *n* [of water, air] jet *m*. ◇ *vi* [water] jaillir.

whop [wɒp] *vt inf* battre à plates coutures.

whopper ['wɒpər] *n inf* **-1.** [something big]: **it's a real** ~ c'est absolument énorme. **-2.** [lie] mensonge *m* énorme.

whopping ['wɒpɪŋ] *inf* ◇ *adj* énorme. ◇

adv: **a** ~ **great lorry/lie** un camion/mensonge absolument énorme.

whore [hɔːr] *n offensive* putain *f*.

who're ['huːər] = **who are**.

whose [huːz] ◇ *pron* (*in direct, indirect questions*) à qui; ~ **is this?** à qui est ceci? ◇ *adj* **-1.** à qui; ~ **son is he?** de qui est-il le fils? **-2.** (*in relative clauses*) dont; **that's the boy** ~ **father's an MP** c'est le garçon dont le père est député; **the girl** ~ **mother you phoned yesterday** la fille à la mère de qui OR de laquelle tu as téléphoné hier.

whosoever [,huːsəʊ'evər] *pron dated* quiconque.

who's who [huːz-] *n* [book] Bottin® *m* mondain.

who've [huːv] = **who have**.

why [waɪ] ◇ *adv* (*in direct questions*) pourquoi; ~ **did you lie to me?** pourquoi m'astu menti?; ~ **don't you all come?** pourquoi ne pas tous venir?, pourquoi est-ce que vous ne viendriez pas tous?; ~ **not?** pourquoi pas?
◇ *conj* pourquoi; **I don't know** ~ **he said that** je ne sais pas pourquoi il a dit cela.
◇ *pron*: **there are several reasons** ~ **he left** il est parti pour plusieurs raisons, les raisons pour lesquelles il est parti sont nombreuses; **I don't know the reason** ~ je ne sais pas pourquoi.
◇ *excl* tiens!
◆ **why ever** *adv* pourquoi donc.

WI ◇ *n abbr of* **Women's Institute**. ◇ **-1.** *abbr of* **West Indies**. **-2.** *abbr of* **Wisconsin**.

wick [wɪk] *n* **-1.** [of candle, lighter] mèche *f*. **-2.** *phr*: **to get on sb's** ~ *Br inf* taper sur les nerfs de qqn.

wicked ['wɪkɪd] *adj* **-1.** [evil] mauvais(e). **-2.** [mischievous, devilish] malicieux(ieuse). **-3.** *inf* [very good] génial(e), super (*inv*).

wicker ['wɪkər] *adj* en osier.

wickerwork ['wɪkəwɜːk] ◇ *n* vannerie *f*. ◇ *comp* en osier.

wicket ['wɪkɪt] *n* CRICKET **-1.** [stumps, dismissal] guichet *m*. **-2.** [pitch] terrain *m* entre les guichets.

wicket keeper *n* CRICKET gardien *m* de guichet.

wide [waɪd] ◇ *adj* **-1.** [gen] large; **how** ~ **is the room?** quelle est la largeur de la pièce?; **to be six metres** ~ faire six mètres de large OR de largeur. **-2.** [gap, difference] grand(e). **-3.** [experience, knowledge, issue] vaste. **-4.** [eyes] écarquillé(e). **-5.** [off-target] qui passe à côté. ◇ *adv* **-1.** [broadly] largement; **open** ~! ouvrez grand! **-2.** [off-target]:

the shot went ~ le coup est passé loin du but OR à côté.

wide-angle lens n PHOT objectif m grand angle.

wide-awake adj tout à fait réveillé(e).

wide boy n Br inf pej escroc m.

wide-eyed [-'aɪd] adj **-1.** [surprised, frightened] aux yeux écarquillés. **-2.** [innocent] aux yeux grands ouverts.

widely ['waɪdlɪ] adv **-1.** [smile, vary] largement. **-2.** [extensively] beaucoup; to be ~ read avoir beaucoup lu; it is ~ believed that ... beaucoup pensent que ..., nombreux sont ceux qui pensent que ...; ~ known largement OR bien connu(e).

widen ['waɪdn] ◇ vt **-1.** [make broader] élargir. **-2.** [gap, difference] agrandir, élargir. ◇ vi **-1.** [become broader] s'élargir. **-2.** [gap, difference] s'agrandir, s'élargir. **-3.** [eyes] s'agrandir.

wide open adj grand ouvert (grande ouverte); the ~ spaces les grands espaces.

wide-ranging [-'reɪndʒɪŋ] adj varié(e); [consequences] de grande envergure.

widespread ['waɪdspred] adj très répandu(e).

widow ['wɪdəu] n veuve f.

widowed ['wɪdəud] adj veuf (veuve).

widower ['wɪdəuəʳ] n veuf m.

width [wɪdθ] n largeur f; in ~ de large.

widthways ['wɪdθweɪz] adv en largeur.

wield [wiːld] vt **-1.** [weapon] manier. **-2.** [power] exercer.

wife [waɪf] (pl wives) n femme f, épouse f.

wig [wɪg] n perruque f.

wiggle ['wɪgl] inf ◇ n **-1.** [movement] tortillement m. **-2.** [wavy line] ondulation f. ◇ vt remuer. ◇ vi se tortiller.

wiggly ['wɪglɪ] (compar -ier, superl -iest) adj inf [line] ondulé(e).

wigwam ['wɪgwæm] n wigwam m.

wild [waɪld] ◇ adj **-1.** [animal, attack, scenery, flower] sauvage. **-2.** [weather, sea] déchaîné(e). **-3.** [laughter, hope, plan] fou (folle); the crowd went ~ la foule s'est déchaînée; to run ~ être déchaîné. **-4.** [eyes] de fou (de folle); [hair] en bataille. **-5.** [random - estimate] fantaisiste; I made a ~ guess j'ai dit ça au hasard. **-6.** inf [very enthusiastic]: to be ~ about être dingue de. ◇ n: in the ~ dans la nature.
◆ **wilds** npl: the ~s of le fin fond de; to live in the ~s habiter en pleine nature.

wild card n COMPUT caractère m joker.

wildcat ['waɪldkæt] n [animal] chat m sauvage.

wildcat strike n grève f sauvage.

wildebeest ['wɪldɪbiːst] (pl inv OR -s) n gnou m.

wilderness ['wɪldənɪs] n étendue f sauvage; to be in the ~ fig faire une traversée du désert.

wildfire ['waɪld,faɪəʳ] n: to spread like ~ se répandre comme une traînée de poudre.

wild flower n fleur f sauvage.

wild-goose chase n inf: it turned out to be a ~ ça s'est révélé être totalement inutile.

wildlife ['waɪldlaɪf] n (U) faune f et flore f.

wildly ['waɪldlɪ] adv **-1.** [enthusiastically, fanatically] frénétiquement. **-2.** [guess, suggest] au hasard; [shoot] dans tous les sens. **-3.** [very - different, impractical] tout à fait. **-4.** [menacingly] farouchement.

wild rice n riz m sauvage.

wild West n inf: the ~ le Far West.

wiles [waɪlz] npl artifices mpl.

wilful Br, **willful** Am ['wɪlful] adj **-1.** [determined] obstiné(e). **-2.** [deliberate] délibéré(e).

will¹ [wɪl] ◇ n **-1.** [mental] volonté f; against one's ~ contre son gré; at ~ à volonté. **-2.** [document] testament m. ◇ vt: ~ sthg to happen prier de toutes ses forces pour que qqch se passe; to ~ sb to do sthg concentrer toute sa volonté sur qqn pour qu'il fasse qqch.

will² [wɪl] modal vb **-1.** (to express future tense): I ~ see you next week je te verrai la semaine prochaine; when ~ you have finished it? quand est-ce que vous l'aurez fini?; I'll be arriving at six j'arriverai à six heures; ~ you be here next week? — yes I ~/no I won't est-ce que tu seras là la semaine prochaine? — oui/non. **-2.** [indicating willingness]: ~ you have some more tea? voulez-vous encore du thé?; I won't do it je refuse de le faire, je ne veux pas le faire. **-3.** [in commands, requests]: you ~ leave this house at once tu vas quitter cette maison tout de suite; close that window, ~ you? ferme cette fenêtre, veux-tu?; ~ you be quiet! veux-tu taire!, tu vas te taire! **-4.** [indicating possibility, what usually happens]: the hall ~ hold up to 1000 people la salle peut abriter jusqu'à 1000 personnes; this ~ stop any draughts ceci supprimera tous les courants d'air; pensions ~ be paid monthly les pensions sont payées tous les mois. **-5.** [expressing an assumption]: that'll be your father cela doit être ton père. **-6.** [indicating irritation]: well, if you ~ leave your toys everywhere ... que veux-tu, si tu t'obstines à laisser traîner tes jouets partout ...; **she ~ keep phoning me** elle n'arrête pas de me téléphoner.

willful *Am* = **wilful**.

willing ['wɪlɪŋ] *adj* **-1.** [prepared]: **if you're ~** si vous voulez bien; **to be ~ to do sthg** être disposé(e) OR prêt(e) à faire qqch. **-2.** [eager] enthousiaste.

willingly ['wɪlɪŋlɪ] *adv* volontiers.

willingness ['wɪlɪŋnɪs] *n* **-1.** [preparedness]: **~ to do sthg** bonne volonté *f* à faire qqch. **-2.** [keenness] enthousiasme *m*.

willow (tree) ['wɪləʊ-] *n* saule *m*.

willowy ['wɪləʊɪ] *adj* svelte.

willpower ['wɪl,paʊəʳ] *n* volonté *f*.

willy ['wɪlɪ] (*pl* **-ies**) *n Br inf* zizi *m*.

willy-nilly [,wɪlɪ'nɪlɪ] *adv* **-1.** [at random] n'importe comment. **-2.** [wanting to or not] bon gré mal gré.

wilt [wɪlt] *vi* [plant] se faner; *fig* [person] dépérir.

Wilts [wɪlts] *abbr of* Wiltshire.

wily ['waɪlɪ] (*compar* **-ier**, *superl* **-iest**) *adj* rusé(e).

wimp [wɪmp] *n pej inf* mauviette *f*.

win [wɪn] (*pt & pp* **won**, *cont* **-ning**) ◇ *n* victoire *f*. ◇ *vt* **-1.** [game, prize, competition] gagner. **-2.** [support, approval] obtenir; [love, friendship] gagner. ◇ *vi* gagner; **you/I** *etc* **can't ~** il n'y a rien à faire.

◆ **win over, win round** *vt sep* convaincre, gagner à sa cause.

wince [wɪns] ◇ *vi*: **to ~ (at/with)** [with body] tressaillir (à/de); [with face] grimacer (à/de). ◇ *n* tressaillement *m*.

winch [wɪntʃ] ◇ *n* treuil *m*. ◇ *vt* hisser à l'aide d'un treuil.

Winchester disk ['wɪntʃestəʳ-] *n* disque *m* (dur) Winchester.

wind¹ [wɪnd] ◇ *n* **-1.** METEOR vent *m*. **-2.** [breath] souffle *m*. **-3.** (*U*) [in stomach] gaz *mpl*; **to break ~** *euphemism* lâcher un vent. **-4.** [in orchestra]: **the ~** les instruments *mpl* à vent. **-5.** *phr*: **to get ~ of sthg** *inf* avoir vent de qqch. ◇ *vt* **-1.** [knock breath out of] couper le souffle à. **-2.** *Br* [baby] faire faire son rot à.

wind² [waɪnd] (*pt & pp* **wound**) ◇ *vt* **-1.** [string, thread] enrouler. **-2.** [clock] remonter. **-3.** *phr*: **to ~ its way** [river, road] serpenter. ◇ *vi* [river, road] serpenter.

◆ **wind back** *vt sep* [tape] rembobiner.

◆ **wind down** ◇ *vt sep* **-1.** [car window] baisser. **-2.** [business] cesser graduellement. ◇ *vi* **-1.** [clock] ralentir. **-2.** [relax] se détendre.

◆ **wind forward** *vt sep* [tape] embobiner.

◆ **wind up** ◇ *vt sep* **-1.** [finish - meeting] clôturer; [- business] liquider. **-2.** [clock, car window] remonter. **-3.** *Br inf* [deliberately annoy] faire marcher. **-4.** *inf* [end up]: **to ~ up doing sthg** finir par faire qqch. ◇ *vi inf* [end up] finir.

windbreak ['wɪndbreɪk] *n* pare-vent *m inv*.

windcheater *Br* ['wɪnd,tʃiːtəʳ], **windbreaker** *Am* ['wɪnd,breɪkəʳ] *n* coupe-vent *m inv*.

windchill factor ['wɪndtʃɪl-] *n* facteur d'abaissement de la température provoqué par le vent, facteur *m* vent *Can*, indice *m* de refroidissement *Can*.

winded ['wɪndɪd] *adj* essoufflé(e).

windfall ['wɪndfɔːl] *n* **-1.** [fruit] fruit *m* que le vent a fait tomber. **-2.** [unexpected gift] aubaine *f*.

winding ['waɪndɪŋ] *adj* sinueux(euse).

wind instrument [wɪnd-] *n* instrument *m* à vent.

windmill ['wɪndmɪl] *n* moulin *m* à vent.

window ['wɪndəʊ] *n* **-1.** [gen & COMPUT] fenêtre *f*. **-2.** [pane of glass, in car] vitre *f*. **-3.** [of shop] vitrine *f*.

window box *n* jardinière *f*.

window cleaner *n* laveur *m*, -euse *f* de vitres.

window dressing *n* (*U*) **-1.** [in shop] étalage *m*. **-2.** *fig* [non-essentials] façade *f*.

window envelope *n* enveloppe *f* à fenêtre.

window frame *n* châssis *m* de fenêtre.

window ledge *n* rebord *m* de fenêtre.

window pane *n* vitre *f*.

window shade *n Am* store *m*.

window-shopping *n* lèche-vitrines *m*; **to go ~** (aller) faire du lèche-vitrines.

windowsill ['wɪndəʊsɪl] *n* [outside] rebord *m* de fenêtre; [inside] appui *m* de fenêtre.

windpipe ['wɪndpaɪp] *n* trachée *f*.

windscreen *Br* ['wɪndskriːn], **windshield** *Am* ['wɪndʃiːld] *n* pare-brise *m inv*.

windscreen washer *n* lave-glace *m*.

windscreen wiper *n* essuie-glace *m*.

windshield *Am* = **windscreen**.

windsock ['wɪndsɒk] *n* manche *f* à air.

windsurfer ['wɪnd,sɜːfəʳ] *n* **-1.** [person] véliplanchiste *mf*. **-2.** [board] planche *f* à voile.

windsurfing ['wɪnd,sɜːfɪŋ] *n*: **to go ~** faire de la planche à voile.

windswept ['wɪndswept] *adj* **-1.** [scenery] balayé(e) par les vents. **-2.** [person] échevelé(e); [hair] ébouriffé(e).

wind tunnel [wɪnd-] *n* soufflerie *f*, tunnel *m* aérodynamique.

619

wispy

Windward Islands ['wɪndwəd-] n: **the ~** les îles fpl du Vent.

windy ['wɪndɪ] (compar -ier, superl -iest) adj venteux(euse); **it's ~** il fait du vent.

wine [waɪn] n vin m.

wine bar n Br bar m à vin.

wine bottle n bouteille f à vin.

wine box n Cubitainer® m.

wine cellar n cave f (à vin).

wineglass ['waɪnglɑːs] n verre m à vin.

wine list n carte f des vins.

wine merchant n Br marchand m de vins.

winepress ['waɪnpres] n pressoir m.

wine tasting [-,teɪstɪŋ] n dégustation f (de vins).

wine waiter n sommelier m.

wing [wɪŋ] n aile f.
♦ **wings** npl **-1.** THEATRE: **the ~s** les coulisses fpl. **-2.** [pilot's badge] galons mpl.

wing commander n Br lieutenant-colonel m.

winger ['wɪŋə'] n SPORT ailier m.

wing nut n vis f à ailettes.

wingspan ['wɪŋspæn] n envergure f.

wink [wɪŋk] n clin m d'œil; **to have forty ~s** inf faire un petit roupillon; **not to sleep a ~, not to get a ~ of sleep** inf ne pas fermer l'œil. ◇ vi **-1.** [with eyes]: **to ~ (at sb)** faire un clin d'œil (à qqn). **-2.** literary [lights] clignoter.

winkle ['wɪŋkl] n bigorneau m.
♦ **winkle out** vt sep extirper; **to ~ sthg out of sb** arracher qqch à qqn.

winner ['wɪnə'] n [person] gagnant m, -e f.

winning ['wɪnɪŋ] adj **-1.** [victorious, successful] gagnant(e). **-2.** [pleasing] charmeur(euse).
♦ **winnings** npl gains mpl.

winning post n poteau m d'arrivée.

Winnipeg ['wɪnɪ,peg] n Winnipeg.

winsome ['wɪnsəm] adj literary séduisant(e).

winter ['wɪntə'] ◇ n hiver m; **in ~** en hiver. ◇ comp d'hiver.

winter sports npl sports mpl d'hiver.

wintertime ['wɪntətaɪm] n (U) hiver m; **in ~** en hiver.

wint(e)ry ['wɪntrɪ] adj d'hiver.

wipe ['waɪp] ◇ n: **to give sthg a ~** essuyer qqch, donner un coup de torchon à qqch. ◇ vt essuyer.
♦ **wipe away** vt sep [tears] essuyer.
♦ **wipe out** vt sep **-1.** [erase] effacer. **-2.** [eradicate] anéantir.
♦ **wipe up** vt sep & vi essuyer.

wiper ['waɪpə'] n [windscreen wiper] essuie-glace m.

wire ['waɪə'] ◇ n **-1.** (U) [metal] fil m de fer. **-2.** [cable etc] fil m. **-3.** [telegram] télégramme m. ◇ comp en fil de fer. ◇ vt **-1.** [fasten, connect]: **to ~ sthg to sthg** relier qqch à qqch avec du fil de fer. **-2.** [ELEC - plug] installer; [- house] faire l'installation électrique de. **-3.** [send telegram to] télégraphier à.

wire brush n brosse f métallique.

wire cutters npl cisaille f.

wireless ['waɪəlɪs] n dated T.S.F. f.

wire netting n (U) grillage m.

wire-tapping [-,tæpɪŋ] n (U) écoute f téléphonique.

wire wool n Br paille f de fer.

wiring ['waɪərɪŋ] n (U) installation f électrique.

wiry ['waɪərɪ] (compar -ier, superl -iest) adj **-1.** [hair] crépu(e). **-2.** [body, man] noueux(euse).

Wisconsin [wɪs'kɒnsɪn] n Wisconsin m; **in ~** dans le Wisconsin.

wisdom ['wɪzdəm] n sagesse f.

wisdom tooth n dent f de sagesse.

wise [waɪz] adj sage; **to get ~ to sthg** inf piger qqch; **to be no ~r, to be none the ~r** ne pas en savoir plus (pour autant), ne pas être plus avancé.
♦ **wise up** vi piger.

wisecrack ['waɪzkræk] n pej vanne f.

wish [wɪʃ] ◇ n **-1.** [desire] souhait m, désir m; **~ for sthg/to do sthg** désir de qqch/de faire qqch. **-2.** [magic request] vœu m. ◇ vt **-1.** [want]: **to ~ to do sthg** souhaiter faire qqch; **I ~ (that) he'd come** j'aimerais bien qu'il vienne; **I ~ I could** si seulement je pouvais. **-2.** [expressing hope]: **to ~ sb sthg** souhaiter qqch à qqn. ◇ vi [by magic]: **to ~ for sthg** souhaiter qqch.
♦ **wishes** npl: **best ~es** meilleurs vœux; **(with) best ~es** [at end of letter] bien amicalement.
♦ **wish on** vt sep: **to ~ sthg on sb** souhaiter qqch à qqn.

wishbone ['wɪʃbəʊn] n bréchet m.

wishful thinking ['wɪʃfʊl-] n: **that's just ~** c'est prendre mes/ses etc désirs pour des réalités.

wishy-washy ['wɪʃɪ,wɒʃɪ] adj inf pej [person] sans personnalité; [ideas] vague.

wisp [wɪsp] n **-1.** [tuft] mèche f. **-2.** [small cloud] mince filet m OR volute f.

wispy ['wɪspɪ] (compar -ier, superl -iest) adj [hair] fin(e).

wistful ['wistful] *adj* nostalgique.

wit [wit] *n* -1. [humour] esprit *m*. -2. [funny person] homme *m* d'esprit, femme *f* d'esprit. -3. [intelligence]: **to have the ~ to do sthg** avoir l'intelligence de faire qqch.
◆ **wits** *npl*: **to have OR keep one's ~s about one** être attentif(ive) OR sur ses gardes; **to be scared out of one's ~s** *inf* avoir une peur bleue; **to be at one's ~s' end** ne plus savoir que faire.

witch [witʃ] *n* sorcière *f*.

witchcraft ['witʃkrɑːft] *n* sorcellerie *f*.

witchdoctor ['witʃ,dɒktəʳ] *n* sorcier *m*.

witch-hazel *n* hamamélis *m*.

witch-hunt *n pej* chasse *f* aux sorcières.

with [wið] *prep* -1. [in company of] avec; **I play tennis ~ his wife** je joue au tennis avec sa femme; **we stayed ~ them for a week** nous avons passé une semaine chez eux; **you can leave it ~ me** je m'en occupe, laissez-moi faire. -2. [indicating opposition] avec; **to argue ~ sb** discuter avec qqn; **the war ~ Germany** la guerre avec OR contre l'Allemagne. -3. [indicating means, manner, feelings] avec; **I washed it ~ detergent** je l'ai lavé avec un détergent; **the room was hung ~ balloons** la pièce était ornée de ballons; **"All right", she said ~ a smile** «Très bien», dit-elle en souriant OR avec un sourire; **she was trembling ~ fright** elle tremblait de peur; **~ care** avec soin. -4. [having] avec; **a man ~ a beard** un homme avec une barbe, un barbu; **the man ~ the moustache** l'homme à la moustache; **a city ~ many churches** une ville qui a de nombreuses églises; **the computer comes ~ a printer** l'ordinateur est vendu avec une imprimante. -5. [regarding]: **he's very mean ~ money** il est très près de ses sous, il est très avare; **what will you do ~ the house?** qu'est-ce que tu vas faire de la maison?; **the trouble ~ her is that ...** l'ennui avec elle OR ce qu'il y a avec elle c'est que .... -6. [indicating simultaneity]: **I can't do it ~ you watching me** je ne peux pas le faire quand OR pendant que tu me regardes. -7. [because of]: **the weather as it is, we've decided to stay at home** vu le temps qu'il fait OR étant donné le temps, nous avons décidé de rester à la maison; **~ my luck, I'll probably lose** avec ma chance habituelle, je suis sûr de perdre. -8. *phr*: **I'm ~ you** [I understand] je vous suis; [I'm on your side] je suis des vôtres; [I agree] je suis d'accord avec vous.

withdraw [wið'drɔː] (*pt* -drew, *pp* -drawn)
◇ *vt* -1. *fml* [remove]: **to ~ sthg (from)** enlever qqch (de). -2. [money, troops, remark] re-

tirer. ◇ *vi* -1. *fml* [leave]: **to ~ (from)** se retirer (de). -2. MIL se replier; **to ~ from** évacuer; **to ~ to safety** se mettre à l'abri. -3. [quit, give up]: **to ~ (from)** se retirer (de).

withdrawal [wið'drɔːəl] *n* -1. [gen]: ~ **(from)** retrait *m* (de). -2. MIL repli *m*. -3. MED manque *m*.

withdrawal symptoms *npl* crise *f* de manque.

withdrawn [wið'drɔːn] ◇ *pp* → **withdraw**.
◇ *adj* [shy, quiet] renfermé(e).

withdrew [wið'druː] *pt* → **withdraw**.

wither ['wiðəʳ] ◇ *vt* flétrir. ◇ *vi* -1. [dry up] se flétrir. -2. [weaken] mourir.

withered ['wiðəd] *adj* flétri(e).

withering ['wiðəriŋ] *adj* [look] foudroyant(e).

withhold [wið'həʊld] (*pt* & *pp* -held [-'held]) *vt* [services] refuser; [information] cacher; [salary] retenir.

within [wi'ðin] ◇ *prep* -1. [inside] à l'intérieur de, dans; ~ **her** en elle, à l'intérieur d'elle-même. -2. [budget, comprehension] dans les limites de; [limits] dans. -3. [less than - distance] à moins de; [- time] d'ici, moins de; ~ **the week** avant la fin de la semaine. ◇ *adv* à l'intérieur.

without [wið'aʊt] ◇ *prep* sans; ~ **a coat** sans manteau; **I left ~ seeing him** je suis parti sans l'avoir vu; **I left ~ him seeing me** je suis parti sans qu'il m'ait vu; **to go ~ sthg** se passer de qqch. ◇ *adv*: **to go** OR **~ s'en passer.**

withstand [wið'stænd] (*pt* & *pp* -stood [-'stʊd]) *vt* résister à.

witness ['witnis] ◇ *n* -1. [gen] témoin *m*; **to be ~ to sthg** être témoin de qqch. -2. [testimony]: **to bear ~ to sthg** témoigner de qqch. ◇ *vt* -1. [accident, crime] être témoin de. -2. *fig* [changes, rise in birth rate] assister à. -3. [countersign] contresigner.

witness box *Br*, **witness stand** *Am n* barre *f* des témoins.

witter ['witəʳ] *vi Br inf pej* radoter, parler pour ne rien dire.

witticism ['witisizm] *n* mot *m* d'esprit.

witty ['witi] (*compar* -ier, *superl* -iest) *adj* plein(e) d'esprit, spirituel(elle).

wives [waivz] *pl* → **wife**.

wizard ['wizəd] *n* magicien *m*; *fig* as *m*, champion *m*, -ionne *f*.

wizened ['wiznd] *adj* ratatiné(e).

wk (*abbr of* **week**) sem.

Wm. (*abbr of* **William**) Guillaume.

WO *n abbr of* **warrant officer**.

wobble ['wɒbl] *vi* [hand, wings] trembler; [chair, table] **branler**.

wobbly ['wɒblɪ] (*compar* **-ier**, *superl* **-iest**) *adj inf* [jelly] **tremblant(e)**; [table] **branlant(e)**.

woe [wəʊ] *n literary* **malheur** *m*.

wok [wɒk] *n* wok *m*.

woke [wəʊk] *pt* → **wake**.

woken ['wəʊkn] *pp* → **wake**.

wolf [wʊlf] (*pl* **wolves**) *n* [animal] loup *m*.

◆ **wolf down** *vt sep inf* **engloutir**.

wolf whistle *n* sifflement *m* admiratif.

wolves ['wʊlvz] *pl* → **wolf**.

woman ['wʊmən] (*pl* **women**) ◇ *n* femme *f*. ◇ *comp*: ~ **doctor** femme *f* médecin; ~ **footballer** footballeuse *f*; ~ **taxi driver** femme *f* chauffeur de taxi; ~ **teacher** professeur *m* femme.

womanhood ['wʊmənhʊd] *n* (*U*) **-1.** [adult life]: **to reach** ~ devenir une femme. **-2.** [women] femmes *fpl*.

womanize, -ise ['wʊmənaɪz] *vi pej* courir les femmes.

womanly ['wʊmənlɪ] *adj* féminin(e).

womb [wuːm] *n* utérus *m*.

wombat ['wɒmbæt] *n* wombat *m*.

women ['wɪmɪn] *pl* → **woman**.

women's group *n* groupe *m* féministe.

Women's Institute *n Br*: **the** ~ l'association locale des femmes.

women's liberation *n* libération *f* de la femme.

won [wʌn] *pt & pp* → **win**.

wonder ['wʌndə*r*] ◇ *n* **-1.** (*U*) [amazement] étonnement *m*. **-2.** [cause for surprise]: **it's a** ~ **(that)** ... c'est un miracle que ...; **it's no** OR **little** OR **small** ~ **(that)** ... il n'est pas étonnant que .... **-3.** [amazing thing, person] merveille *f*; **to work** OR **do** ~**s** faire des merveilles.
◇ *vt* **-1.** [speculate]: **to** ~ **(if** OR **whether)** se demander **(si)**. **-2.** [in polite requests]: **I** ~ **whether you would mind shutting the window?** est-ce que cela ne vous ennuierait pas de fermer la fenêtre?
◇ *vi* **-1.** [speculate] se demander; **to** ~ **about sthg** s'interroger sur qqch. **-2.** *literary* [be amazed]: **to** ~ **at sthg** s'étonner de qqch.

wonderful ['wʌndəfʊl] *adj* merveilleux(euse).

wonderfully ['wʌndəfʊlɪ] *adv* **-1.** [very well] merveilleusement, à merveille. **-2.** [for emphasis] extrêmement.

wonderland ['wʌndəlænd] *n* pays *m* merveilleux.

wonky ['wɒŋkɪ] (*compar* **-ier**, *superl* **-iest**) *adj Br inf* bancal(e).

wont [wəʊnt] ◇ *adj*: **to be** ~ **to do sthg** avoir l'habitude de faire qqch. ◇ *n dated or literary*: **as is one's** ~ comme à son habitude OR à l'accoutumée.

won't [wəʊnt] = **will not**.

woo [wuː] *vt* **-1.** *literary* [court] courtiser. **-2.** [try to win over] chercher à rallier (à soi OR à sa cause).

wood [wʊd] ◇ *n* bois *m*; **touch** ~**!** touchons du bois!; **you can't see the** ~ **for the trees** *Br* ce sont les arbres qui cachent la forêt. ◇ *comp* en bois.

◆ **woods** *npl* bois *mpl*.

wooded ['wʊdɪd] *adj* boisé(e).

wooden ['wʊdn] *adj* **-1.** [of wood] en bois. **-2.** *pej* [actor] gauche.

wooden spoon *n* cuillère *f* de bois; **to win** OR **get the** ~ *Br fig* être classé dernier.

woodland ['wʊdlənd] *n* région *f* boisée.

woodpecker ['wʊd,pekə*r*] *n* pivert *m*.

wood pigeon *n* ramier *m*.

woodshed ['wʊdʃed] *n* bûcher *m*.

woodwind ['wʊdwɪnd] *n*: **the** ~ les bois *mpl*.

woodwork ['wʊdwɜːk] *n* menuiserie *f*.

woodworm ['wʊdwɜːm] *n* ver *m* du bois; **to have** ~ être piqué par les vers.

woof [wʊf] ◇ *n* aboiement *m*. ◇ *excl* ouah!

wool [wʊl] *n* laine *f*; **to pull the** ~ **over sb's eyes** *inf* rouler qqn (dans la farine).

woollen *Br*, **woolen** *Am* ['wʊlən] *adj* en laine, de laine.

◆ **woollens** *npl* lainages *mpl*.

woolly ['wʊlɪ] (*compar* **-ier**, *superl* **-iest**, *pl* **-ies**) ◇ *adj* **-1.** [woollen] en laine, de laine. **-2.** *inf* [idea, thinking] confus(e). ◇ *n inf* lainage *m*.

woolly-headed [-'hedɪd] *adj inf pej* confus(e).

woozy ['wuːzɪ] (*compar* **-ier**, *superl* **-iest**) *adj inf* sonné(e).

Worcester sauce ['wʊstə*r*-] *n* (*U*) sauce épicée à base de soja et de vinaigre.

Worcs (*abbr of* **Worcestershire**) *ancien comté anglais*.

word [wɜːd] ◇ *n* **-1.** LING mot *m*; **in your own** ~**s** dans vos mots à vous; **too stupid for** ~**s** vraiment trop bête; ~ **for** ~ [repeat, copy] mot pour mot; [translate] mot à mot; **in other** ~**s** en d'autres mots OR termes; **not in so many** ~**s** pas exactement; **in a** ~ en un mot; **by** ~ **of mouth** de bouche à oreille; **to put in a (good)** ~ **for sb** glisser un mot en faveur de qqn; **just say the** ~

vous n'avez qu'un mot à dire; **to have a ~ (with sb)** parler (à qqn); **to have ~s with sb** *inf* avoir des mots avec qqn; **to have the last ~** avoir le dernier mot; **she doesn't mince her ~s** elle ne mâche pas ses mots; **to weigh one's ~s** peser ses mots; **I couldn't get a ~ in edgeways** je n'ai pas réussi à placer un seul mot. **-2.** (*U*) [news] nouvelles *fpl*. **-3.** [promise] parole *f*; **to give sb one's ~** donner sa parole à qqn; **to be as good as one's ~, to be true to one's ~** tenir (sa) parole.
◇ *vt* [letter, reply] rédiger.

word game *n* jeu *m* avec les mots.

wording ['wɜːdɪŋ] *n* (*U*) termes *mpl*.

word-perfect *adj*: **he had his lines ~** il connaissait ses répliques au mot près.

wordplay ['wɜːdpleɪ] *n* (*U*) jeux *mpl* de mots.

word processing *n* (*U*) COMPUT traitement *m* de texte.

word processor *n* COMPUT machine *f* à traitement de texte.

wordwrap ['wɜːdræp] *n* COMPUT retour *m* à la ligne automatique.

wordy ['wɜːdɪ] (*compar* **-ier**, *superl* **-iest**) *adj pej* verbeux(euse).

wore [wɔːr] *pt* → **wear**.

work [wɜːk] ◇ *n* **-1.** (*U*) [employment] travail *m*, emploi *m*; **to be in ~** avoir un emploi; **out of ~** sans emploi, au chômage; **at ~** au travail. **-2.** [activity, tasks] travail *m*; **at ~** au travail; **to have one's ~ cut out doing sthg** OR **to do sthg** avoir du mal OR de la peine à faire qqch. **-3.** ART & LITERATURE œuvre *f*. **-4.** *phr*: **he's a nasty piece of ~** *inf* c'est un salaud.
◇ *vt* **-1.** [person, staff] faire travailler. **-2.** [machine] faire marcher. **-3.** [wood, metal, land] travailler. **-4.** [cause to become]: **to ~ o.s. into a rage** se mettre en rage. **-5.** [make]: **to ~ one's way through a crowd** se frayer un chemin à travers une foule; **to ~ one's way along** avancer petit à petit; **he ~ed his way to the top** il est parvenu au sommet à la force du poignet.
◇ *vi* **-1.** [do a job] travailler; **to ~ on sthg** travailler à qqch. **-2.** [function] fonctionner, marcher. **-3.** [succeed] marcher. **-4.** [have effect]: **to ~ against sb** jouer contre qqn; **to ~ against sthg** aller à l'encontre de qqch. **-5.** [become]: **to ~ loose** se desserrer.
◆ **works** ◇ *n* [factory] usine *f*. ◇ *npl* **-1.** [mechanism] mécanisme *m*. **-2.** [digging, building] travaux *mpl*. **-3.** *inf* [everything]: **the ~s** tout le tralala.
◆ **work off** *vt sep* [anger etc] passer.

◆ **work on** *vt fus* **-1.** [pay attention to] travailler à. **-2.** [take as basis] se baser sur.

◆ **work out** ◇ *vt sep* **-1.** [plan, schedule] mettre au point. **-2.** [total, answer] trouver. ◇ *vi* **-1.** [figure, total]: **to ~ out at** se monter à. **-2.** [turn out] se dérouler. **-3.** [be successful] (bien) marcher. **-4.** [train, exercise] s'entraîner.

◆ **work up** ◇ *vt sep* **-1.** [excite]: **to ~ o.s. up into** se mettre dans. **-2.** [generate]: **to ~ up an appetite** s'ouvrir l'appétit; **to ~ up enthusiasm** s'enthousiasmer; **to ~ up courage** trouver du courage.

workable ['wɜːkəbl] *adj* [plan] réalisable; [system] fonctionnel(elle).

workaday ['wɜːkədeɪ] *adj pej* ordinaire, commun(e).

workaholic [ˌwɜːkə'hɒlɪk] *n* bourreau *m* de travail.

workbasket ['wɜːkˌbɑːskɪt] *n* corbeille *f* à ouvrage.

workbench ['wɜːkbentʃ] *n* établi *m*.

workbook ['wɜːkbʊk] *n* cahier *m* d'exercices.

workday ['wɜːkdeɪ] *n* **-1.** [day's work] journée *f* de travail. **-2.** [not weekend] jour *m* ouvrable.

worked up [wɜːkt-] *adj* dans tous ses états.

worker ['wɜːkər] *n* travailleur *m*, -euse *f*, ouvrier *m*, -ière *f*; **to be a hard/fast ~** travailler dur/vite; **to be a good ~** bien travailler.

workforce ['wɜːkfɔːs] *n* main *f* d'œuvre.

workhouse ['wɜːkhaʊs] *n* **-1.** *Br* [poorhouse] hospice *m*. **-2.** *Am* [prison] maison *f* de correction.

working ['wɜːkɪŋ] *adj* **-1.** [in operation] qui marche. **-2.** [having employment] qui travaille. **-3.** [conditions, clothes] de travail.
◆ **workings** *npl* [of system, machine] mécanisme *m*; **I'll never understand the ~s of his mind** *fig* je ne comprendrai jamais ce qui se passe dans sa tête.

working capital *n* (*U*) **-1.** [assets minus liabilities] fonds *mpl* de roulement. **-2.** [available money] capital *m* d'exploitation.

working class *n*: **the ~** la classe ouvrière.
◆ **working-class** *adj* ouvrier(ière).

working day *n* = **workday**.

working group *n* groupe *m* de travail.

working knowledge *n* connaissance *f* pratique.

working man *n* ouvrier *m*.

working model *n* modèle *m* opérationnel.

working order *n*: **in ~** en état de marche.

working party *n* groupe *m* de travail.

working week *n* semaine *f* de travail.

work-in-progress *n* travail *m* en cours.

workload ['wɜːkləʊd] *n* quantité *f* de travail.

workman ['wɜːkmən] (*pl* -**men** [-mən]) *n* ouvrier *m*.

workmanship ['wɜːkmənʃɪp] *n* (U) travail *m*.

workmate ['wɜːkmeɪt] *n* camarade *mf* OR collègue *mf* de travail.

work of art *n lit* & *fig* œuvre *f* d'art.

workout ['wɜːkaʊt] *n* séance *f* d'entraînement.

work permit [-ˌpɜːmɪt] *n* permis *m* de travail.

workplace ['wɜːkpleɪs] *n* lieu *m* de travail.

workroom ['wɜːkrʊm] *n* salle *f* de travail.

works council *n* comité *m* d'entreprise.

workshop ['wɜːkʃɒp] *n* atelier *m*.

workshy ['wɜːkʃaɪ] *adj Br* fainéant(e).

workstation ['wɜːkˌsteɪʃn] *n* COMPUT poste *m* de travail.

work surface *n* plan *m* de travail.

worktable ['wɜːkˌteɪbl] *n* table *f* de travail.

worktop ['wɜːktɒp] *n Br* plan *m* de travail.

work-to-rule *n Br* grève *f* du zèle.

world [wɜːld] ◇ *n* -**1.** [gen] monde *m*; **what/where in the ~ ...?** que/où diable ...?; **the ~ over** dans le monde entier. -**2.** *loc*: **to be dead to the ~** dormir profondément; **to get the best of both ~s** gagner sur tous les plans; **to think the ~ of sb** admirer qqn énormément, ne jurer que par qqn; **to do sb the ~ of good** faire un bien fou à qqn, faire énormément de bien à qqn; **a ~ of difference** une énorme différence. ◇ *comp* [power] mondial(e); [language] universel(elle); [tour] du monde.

World Bank *n*: **the ~** la Banque mondiale.

world-class *adj* de niveau international.

World Cup ◇ *n*: **the ~** la Coupe du monde. ◇ *comp* de Coupe du monde.

world-famous *adj* de renommée mondiale; **to become ~** acquérir une renommée mondiale.

worldly ['wɜːldlɪ] *adj* de ce monde, matériel(ielle); **~ goods** *literary* biens *mpl*.

world music *n* world music *f*.

world power *n* puissance *f* mondiale.

World Series *n Am*: **the ~** le championnat américain de baseball.

World War I *n* la Première Guerre mondiale.

World War II *n* la Deuxième Guerre mondiale.

world-weary *adj* [person] las (lasse) du monde; [cynicism, sigh] blasé(e).

worldwide ['wɜːldwaɪd] ◇ *adj* mondial(e). ◇ *adv* dans le monde entier.

World Wide Web *n*: **the ~** le World Wide Web.

worm [wɜːm] ◇ *n* [animal] ver *m*. ◇ *vt*: **to ~ one's way** [move] avancer à plat ventre; **to ~ one's way into sb's affections** gagner insidieusement l'affection de qqn.

◆ **worms** *npl* [parasites] vers *mpl*.

◆ **worm out** *vt sep*: **to ~ sthg out of sb** soutirer qqch à qqn.

worn [wɔːn] ◇ *pp* → **wear.** ◇ *adj* -**1.** [threadbare] usé(e). -**2.** [tired] las (lasse).

worn-out *adj* -**1.** [old, threadbare] usé(e). -**2.** [tired] épuisé(e).

worried ['wʌrɪd] *adj* soucieux(ieuse), inquiet(iète); **you really had me ~** vous m'avez fait faire bien du souci; **to be ~ (about)** se faire du souci (à propos de); **to be ~ sick** se faire un sang d'encre.

worrier ['wʌrɪə'] *n* anxieux *m*, -ieuse *f*.

worry ['wʌrɪ] (*pl* -**ies**, *pt* & *pp* -**ied**) ◇ *n* -**1.** [feeling] souci *m*. -**2.** [problem] souci *m*, ennui *m*. ◇ *vt* inquiéter, tracasser. ◇ *vi*: s'inquiéter; **to ~ about** se faire du souci au sujet de; **not to ~!** ne vous en faites pas!

worrying ['wʌrɪɪŋ] *adj* inquiétant(e).

worse [wɜːs] ◇ *adj* -**1.** [not as good] pire; **to get ~** [situation] empirer. -**2.** [more ill]: **he's ~ today** il va plus mal aujourd'hui. ◇ *adv* plus mal; **they're even ~ off** c'est encore pire pour eux; **~ off** [financially] plus pauvre. ◇ *n* pire *m*; **for the ~** pour le pire; **a change for the ~** une détérioration.

worsen ['wɜːsn] *vt* & *vi* empirer.

worsening ['wɜːsnɪŋ] *adj* qui va en empirant.

worship ['wɜːʃɪp] (*Br pt* & *pp* -**ped**, *cont* -**ping**, *Am pt* & *pp* -**ed**, *cont* -**ing**) ◇ *vt* adorer. ◇ *n* -**1.** (U) RELIG culte *m*. -**2.** [adoration] adoration *f*.

◆ **Worship** *n*: **Your/Her/His Worship** Votre/Son Honneur *m*.

worshipper *Br*, **worshiper** *Am* ['wɜːʃɪpə'] *n* -**1.** RELIG fidèle *mf*. -**2.** [admirer] adorateur *m*, -trice *f*.

worst [wɜːst] ◇ *adj*: **the ~** le pire (la pire), le plus mauvais (la plus mauvaise); **his ~ enemy** son pire ennemi. ◇ *adv* le plus mal; **the ~ affected area** la zone la plus touchée. ◇ *n*: **the ~** le pire; **to get the ~ of** [in fight] avoir le dessous; **if the ~ comes to the ~** au pire.

◆ **at (the) worst** *adv* au pire.

worsted ['wustɪd] *n* laine *f* peignée.

worth [wɜːθ] ◇ *prep* **-1.** [in value]: **to be ~ sthg** valoir qqch; **how much is it ~?** combien cela vaut-il? **-2.** [deserving of]: **it's ~ a visit** cela vaut une visite; **it's/she is ~ it** cela/elle en vaut la peine; **to be ~ doing sthg** valoir la peine de faire qqch. ◇ *n* valeur *f*; **a week's/£20 ~ of groceries** pour une semaine/20 livres d'épicerie.

worthless ['wɜːθlɪs] *adj* **-1.** [object] sans valeur, qui ne vaut rien. **-2.** [person] qui n'est bon à rien.

worthwhile [,wɜːθ'waɪl] *adj* [job, visit] qui en vaut la peine; [charity] louable.

worthy ['wɜːðɪ] (*compar* **-ier**, *superl* **-iest**) *adj* **-1.** [deserving of respect] digne. **-2.** [deserving]: **to be ~ of sthg** mériter qqch. **-3.** *pej* [good but unexciting] méritant(e).

would [wud] *modal vb* **-1.** (*in reported speech*): **she said she ~ come** elle a dit qu'elle viendrait. **-2.** [indicating likelihood]: **what ~ you do?** que ferais-tu?; **what ~ you have done?** qu'aurais-tu fait?; **I ~ be most grateful** je vous en serais très reconnaissant. **-3.** [indicating willingness]: **she ~n't go** elle ne voulait pas y aller; **he ~ do anything for her** il ferait n'importe quoi pour elle. **-4.** (*in polite questions*): **~ you like a drink?** voulez-vous OR voudriez-vous à boire?; **~ you mind closing the window?** cela vous ennuierait de fermer la fenêtre? **-5.** [indicating inevitability]: **he ~ say that** j'étais sûr qu'il allait dire ça, ça ne m'étonne pas de lui. **-6.** [giving advice]: **I ~ report it if I were you** si j'étais vous je préviendrais les autorités. **-7.** [expressing opinions]: **I ~ prefer** je préférerais; **I ~ have thought (that) ...** j'aurais pensé que .... **-8.** [indicating habit]: **he ~ smoke a cigar after dinner** il fumait un cigare après le dîner.

would-be *adj* prétendu(e).

wouldn't ['wudnt] = **would not**.

would've ['wudəv] = **would have**.

wound[1] [wuːnd] ◇ *n* blessure *f*; **to lick one's ~s** *fig* panser ses plaies. ◇ *vt* blesser.

wound[2] [waund] *pt & pp* → **wind**[2].

wounded ['wuːndɪd] ◇ *adj* blessé(e). ◇ *npl*: **the ~** les blessés *mpl*.

wounding ['wuːndɪŋ] *adj* blessant(e).

wove [wəuv] *pt* → **weave**.

woven ['wəuvn] *pp* → **weave**.

wow [wau] *excl inf* oh là là!

WP *n* (*abbr of* **word processing, word processor**) TTX *m*.

WPC (*abbr of* **woman police constable**) *n*

Br femme agent de police; **~ Roberts** l'agent Roberts.

wpm (*abbr of* **words per minute**) mots/min.

WRAC [ræk] (*abbr of* **Women's Royal Army Corps**) *n* section féminine de l'armée de terre britannique.

WRAF [ræf] (*abbr of* **Women's Royal Air Force**) *n* section féminine de l'armée de l'air britannique.

wrangle ['ræŋgl] ◇ *n* dispute *f*. ◇ *vi*: **to ~ (with sb over sthg)** se disputer (avec qqn à propos de qqch).

wrap [ræp] (*pt & pp* **-ped**, *cont* **-ping**) ◇ *vt* **-1.** [cover in paper, cloth]: **to ~ sthg (in)** envelopper OR emballer qqch (dans); **to ~ sthg around** OR **round sthg** enrouler qqch autour de qqch. **-2.** [encircle]: **to ~ one's hands around** OR **round sthg** entourer qqch de ses mains; **to wrap one's fingers around** OR **round sthg** entourer qqch de ses doigts; **to ~ one's arms around** OR **round sb** enlacer qqn. ◇ *n* [garment] châle *m*.

◆ **wrap up** ◇ *vt sep* **-1.** [cover in paper or cloth] envelopper, emballer. **-2.** *inf* [complete] conclure, régler. ◇ *vi* [put warm clothes on]: **~ up well!** couvrez-vous bien!

wrapped up [ræpt-] *adj inf*: **to be ~ in sthg** être absorbé(e) par qqch; **to be ~ in sb** ne penser qu'à qqn.

wrapper ['ræpə'] *n* papier *m*; *Br* [of book] jaquette *f*, couverture *f*.

wrapping ['ræpɪŋ] *n* emballage *m*.

wrapping paper *n* (*U*) papier *m* d'emballage.

wrath [rɒθ] *n* (*U*) *literary* courroux *m*.

wreak [riːk] *vt* [destruction, havoc] entraîner.

wreath [riːθ] *n* couronne *f*.

wreathe [riːð] *vt literary* couronner.

wreck [rek] ◇ *n* **-1.** [car, plane, ship] épave *f*. **-2.** *inf* [person] loque *f*; **I feel a ~** je me sens épuisé; **I look a ~** j'ai l'air d'une véritable loque. ◇ *vt* **-1.** [destroy] détruire. **-2.** NAUT provoquer le naufrage de; **to be ~ed** s'échouer. **-3.** [spoil - holiday] gâcher; [- health, hopes, plan] ruiner.

wreckage ['rekɪdʒ] *n* (*U*) débris *mpl*.

wrecker ['rekə'] *n Am* [vehicle] dépanneuse *f*.

wren [ren] *n* roitelet *m*.

wrench [rentʃ] ◇ *n* **-1.** [tool] clef *f* anglaise. **-2.** [injury] entorse *f*. **-3.** [emotional] déchirement *m*. ◇ *vt* **-1.** [pull violently] tirer violemment; **to ~ sthg off** arracher qqch. **-2.** [arm, leg, knee] se tordre.

wrest [rest] *vt literary*: **to ~ sthg from sb** arracher violemment qqch à qqn.

wrestle ['resl] ◇ *vt* lutter. ◇ *vi* -1. [fight]: to ~ with (with sb) lutter (contre qqn). -2. *fig* [struggle]: to ~ with sthg se débattre OR lutter contre qqch.

wrestler ['reslə'] *n* lutteur *m*, -euse *f*.

wrestling ['reslɪŋ] *n* lutte *f*.

wretch [retʃ] *n* pauvre diable *m*.

wretched ['retʃɪd] *adj* -1. [miserable] misérable. -2. *inf* [damned] fichu(e), maudit(e).

wriggle ['rɪgl] ◇ *vt* remuer, tortiller. ◇ *vi* remuer, se tortiller.

◆ **wriggle out of** *vt fus*: to ~ out of sthg se tirer de qqch; to ~ out of doing sthg éviter de faire qqch.

wring [rɪŋ] (*pt & pp* wrung) *vt* -1. [washing] essorer, tordre. -2. [hands, neck] tordre.

◆ **wring out** *vt sep* essorer, tordre.

wringing ['rɪŋɪŋ] *adj*: ~ (wet) [person] trempé(e); [clothes] mouillé(e), à tordre.

wrinkle ['rɪŋkl] ◇ *n* -1. [on skin] ride *f*. -2. [in cloth] pli *m*. ◇ *vt* plisser. ◇ *vi* se plisser, faire des plis.

wrinkled ['rɪŋkld], **wrinkly** ['rɪŋklɪ] *adj* -1. [skin] ridé(e). -2. [cloth] froissé(e).

wrist [rɪst] *n* poignet *m*.

wristband ['rɪstbænd] *n* [of watch] bracelet *m*.

wristwatch ['rɪstwɒtʃ] *n* montre-bracelet *f*.

writ [rɪt] *n* acte *m* judiciaire.

write [raɪt] (*pt* wrote, *pp* written) ◇ *vt* -1. [gen & COMPUT] écrire; to ~ sb a letter écrire une lettre à qqn. -2. *Am* [person] écrire à. -3. [cheque, prescription] faire. ◇ *vi* écrire; to ~ to sb *Br* écrire à qqn.

◆ **write back** ◇ *vt sep*: to ~ a letter back répondre par une lettre. ◇ *vi* répondre.

◆ **write down** *vt sep* écrire, noter.

◆ **write in** *vi* écrire.

◆ **write into** *vt sep*: to ~ a clause into a contract insérer une clause dans un contrat.

◆ **write off** ◇ *vt sep* -1. [project] considérer comme fichu, abandonner pour non-viabilité. -2. [debt, investment] passer aux profits et pertes. -3. [person] considérer comme fini. -4. *Br inf* [vehicle] bousiller. ◇ *vi* écrire pour demander des renseignements; to ~ off to sb écrire à qqn; to ~ off for sthg écrire pour demander qqch.

◆ **write up** *vt sep* [notes] mettre au propre.

write-off *n* [vehicle]: to be a ~ être complètement démoli(e).

write-protect *vt* COMPUT protéger en écriture.

writer ['raɪtə'] *n* -1. [as profession] écrivain *m*. -2. [of letter, article, story] auteur *m*.

write-up *n inf* critique *f*.

writhe [raɪð] *vi* se tordre.

writing ['raɪtɪŋ] *n* (*U*) -1. [handwriting, activity] écriture *f*; in ~ par écrit. -2. [something written] écrit *m*.

◆ **writings** *npl* écrits *mpl*.

writing case *n Br* nécessaire *m* de correspondance.

writing desk *n* secrétaire *m*.

writing paper *n* (*U*) papier *m* à lettres.

written ['rɪtn] ◇ *pp* → write. ◇ *adj* écrit(e).

WRNS (*abbr of* Women's Royal Naval Service) *n* section féminine de la marine de guerre britannique.

wrong [rɒŋ] ◇ *adj* -1. [not normal, not satisfactory] qui ne va pas; is something ~? y a-t-il quelque chose qui ne va pas?; what's ~? qu'est-ce qui ne va pas?; there's something ~ with the switch l'interrupteur ne marche pas bien. -2. [not suitable] qui ne convient pas. -3. [not correct - answer, decision, turning] mauvais(e); to be ~ [person] avoir tort; to be ~ to do sthg avoir tort de faire qqch. -4. [morally bad]: it's ~ to ... c'est mal de ....

◇ *adv* [incorrectly] mal; to get sthg ~ se tromper à propos de qqch; to go ~ [make a mistake] se tromper, faire une erreur; [stop functioning] se détraquer; don't get me ~ *inf* comprenez-moi bien.

◇ *n* mal *m*; to be in the ~ être dans son tort.

◇ *vt* faire du tort à.

wrong-foot *Br vt* -1. SPORT prendre à contre-pied. -2. *fig* [surprise] prendre par surprise OR au dépourvu.

wrongful ['rɒŋful] *adj* [unfair] injuste; [arrest, dismissal] injustifié(e).

wrongly ['rɒŋlɪ] *adv* -1. [unsuitably] mal. -2. [mistakenly] à tort.

wrong number *n* faux numéro *m*.

wrote [rəʊt] *pt* → write.

wrought iron [rɔːt-] *n* fer *m* forgé.

wrung [rʌŋ] *pt & pp* → wring.

WRVS (*abbr of* Women's Royal Voluntary Service) *n* association de femmes au service des déshérités.

wry [raɪ] *adj* -1. [amused - smile, look] amusé(e); [- humour] ironique. -2. [displeased] désabusé(e).

wt. (*abbr of* weight) pds.

WV *abbr of* West Virginia.

WW *abbr of* world war.

WWW (*abbr of* World Wide Web) *n* WWW *m*.

WY *abbr of* **Wyoming**.

Wyoming [waɪ'əumɪŋ] *n* Wyoming *m*; **in ~** dans le Wyoming.

WYSIWYG ['wɪzɪwɪg] (*abbr of* **what you see is what you get**) WYSIWYG, tel écran, tel écrit.

x (*pl* **x's** OR **xs**), **X** (*pl* **X's** OR **Xs**) [eks] *n* **-1.** [letter] x *m inv*, X *m inv*. **-2.** [unknown thing] x *m inv*. **-3.** [to mark place] croix *f*. **-4.** [at end of letter]: **XXX** grosses bises.

xenophobia [ˌzenə'fəubjə] *n* xénophobie *f*.

Xerox® ['zɪərɒks] ◇ *n* **-1.** [machine] photocopieuse *f*. **-2.** [copy] photocopie *f*. ◇ *vt* photocopier.

Xmas ['eksməs] ◇ *n* Noël *m*. ◇ *comp* de Noël.

X-ray ◇ *n* **-1.** [ray] rayon *m* X. **-2.** [picture] radiographie *f*, radio *f*. ◇ *vt* radiographier.

xylophone ['zaɪləfəun] *n* xylophone *m*.

y (*pl* **y's** OR **ys**), **Y** (*pl* **Y's** OR **Ys**) [waɪ] *n* **-1.** [letter] y *m inv*, Y *m inv*. **-2.** MATH y *m inv*.

yacht [jɒt] *n* yacht *m*.

yachting ['jɒtɪŋ] *n* yachting *m*.

yachtsman ['jɒtsmən] (*pl* **-men** [-mən]) *n* yachtman *m*.

yachtswoman ['jɒts,wumən] (*pl* **-women** [-,wɪmɪn]) *n* yachtwoman *f*.

yahoo [jɑː'huː] *n* rustre *m*.

yak [jæk] *n* yack *m*.

Yale lock® [jeɪl-] *n* serrure *f* à barillet.

yam [jæm] *n* patate *f* douce.

Yangtze ['jæŋtsɪ] *n*: **the ~** le Yang-tseu-kiang, le Yangzi Jiang *m*.

yank [jæŋk] *vt* tirer d'un coup sec.

Yank [jæŋk] *n Br inf terme péjoratif désignant un Américain*, Amerloque *mf*.

Yankee ['jæŋkɪ] *n* **-1.** *Br inf* [American] *terme péjoratif désignant un Américain*, Amerloque *mf*. **-2.** *Am* [citizen] Yankee *mf*.

yap [jæp] (*pt & pp* **-ped**, *cont* **-ping**) *vi* **-1.** [dog] japper. **-2.** *pej* [person] jacasser.

yard [jɑːd] *n* **-1.** [unit of measurement] = *91,44 cm*, yard *m*. **-2.** [walled area] cour *f*. **-3.** [area of work] chantier *m*. **-4.** *Am* [attached to house] jardin *m*.

yardstick ['jɑːdstɪk] *n* mesure *f*.

yarn [jɑːn] *n* **-1.** [thread] fil *m*. **-2.** *inf* [story] histoire *f*; **to spin sb a ~** raconter une histoire à qqn.

yashmak ['jæʃmæk] *n* litham *m*.

yawn [jɔːn] ◇ *n* **-1.** [when tired] bâillement *m*; **to give a ~** bâiller. **-2.** *Br inf* [boring event]: **it was a real ~** c'était vraiment ennuyeux. ◇ *vi* **-1.** [when tired] bâiller. **-2.** [gape] s'ouvrir, béer.

yd *abbr of* **yard**.

yeah [jeə] *adv inf* ouais.

year [jɪər] *n* **-1.** [calendar year] année *f*; **all (the) ~ round** toute l'année; **~ in ~ out** année après année. **-2.** [period of 12 months] année *f*, an *m*; **to be 21 ~s old** avoir 21 ans. **-3.** [financial year] année *f*; **the ~ 1992-93** l'exercice 1992-93.
◆ **years** *npl* [long time] années *fpl*.

yearbook ['jɪəbuk] *n* annuaire *m*, almanach *m*.

yearling ['jɪəlɪŋ] *n* yearling *m*.

yearly ['jɪəlɪ] ◇ *adj* annuel(elle). ◇ *adv* **-1.** [once a year] annuellement. **-2.** [every year] chaque année; **twice ~** deux fois par an.

yearn [jɜːn] *vi*: **to ~ for sthg/to do sthg** aspirer à qqch/à faire qqch.

yearning ['jɜːnɪŋ] *n*: **~ (for sb/sthg)** désir *m* ardent (pour qqn/de qqch).

yeast [jiːst] *n* levure *f*.

yell [jel] ◇ *n* hurlement *m*. ◇ *vi & vt* hurler.

yellow ['jeləu] ◇ *adj* **-1.** [colour] jaune. **-2.** [cowardly] lâche. ◇ *n* jaune *m*. ◇ *vi* jaunir.

yellow card *n* FTBL carton *m* jaune.

yellow fever *n* fièvre *f* jaune.

yellow lines *n* bandes *fpl* jaunes.

YELLOW LINES:
En Grande-Bretagne, une ligne jaune parallèle au trottoir signifie 'arrêt autorisé réglementé'; une double ligne jaune signifie 'stationnement interdit'

---

yellowness ['jeləʊnɪs] *n* (*U*) couleur *f* jaune.

Yellow Pages® *n*: **the** ~ les pages *fpl* jaunes.

Yellow River *n*: **the** ~ le fleuve Jaune.

Yellow Sea *n*: **the** ~ la mer Jaune.

yelp [jelp] ◇ *n* jappement *m*. ◇ *vi* japper.

Yemen ['jemən] *n* Yémen *m*; **in** ~ au Yémen.

Yemeni ['jemənɪ] ◇ *adj* yéménite. ◇ *n* Yéménite *mf*.

yen [jen] (*pl sense 1 inv*) *n* **-1.** [Japanese currency] yen *m*. **-2.** [longing]: **to have a** ~ **for sthg/to do sthg** avoir une forte envie de qqch/de faire qqch.

yeoman of the guard ['jəʊmən-] (*pl* **yeomen of the guard** ['jəʊmən-]) *n* hallebardier *m* de la garde royale.

yep [jep] *adv inf* ouais.

yes [jes] ◇ *adv* **-1.** [gen] oui; ~, **please** oui, s'il te/vous plaît. **-2.** [expressing disagreement] si. ◇ *n* oui *m inv*.

yes-man *n pej* béni-oui-oui *m inv*.

yesterday ['jestədɪ] ◇ *n* hier *m*; **the day before** ~ avant-hier. ◇ *adv* hier.

yet [jet] ◇ *adv* **-1.** [gen] encore; ~ **faster** encore plus vite; **not** ~ pas encore; ~ **again** encore une fois; **as** ~ jusqu'ici. **-2.** déjà; **have they finished** ~? est-ce qu'ils ont déjà fini? ◇ *conj* et cependant, mais.

yeti ['jetɪ] *n* yéti *m*.

yew [ju:] *n* if *m*.

Y-fronts *npl Br* slip *m*.

YHA (*abbr of* **Youth Hostels Association**) *n* association britannique des auberges de jeunesse.

Yiddish ['jɪdɪʃ] ◇ *adj* yiddish (*inv*). ◇ *n* [language] yiddish *m*.

yield [ji:ld] ◇ *n* rendement *m*. ◇ *vt* **-1.** [produce] produire. **-2.** [give up] céder. ◇ *vi* **-1.** [gen]: **to** ~ **(to)** céder (à). **-2.** *Am* AUT [give way]: "~" «cédez le passage».

yippee [*Br* jɪˈpiː, *Am* ˈjɪpɪ] *excl* hourra!

YMCA (*abbr of* **Young Men's Christian Association**) *n* union chrétienne de jeunes gens (*proposant notamment des services d'hébergement*).

yo [jəʊ] *excl inf* salut!

yob(bo) ['jɒb(əʊ)] *n Br inf* voyou *m*, loubard *m*.

yodel ['jəʊdl] (*Br pt* & *pp* **-led**, *cont* **-ling**, *Am pt* & *pp* **-ed**, *cont* **-ing**) *vi* iodler, jodler.

yoga ['jəʊgə] *n* yoga *m*.

yoghourt, yoghurt, yogurt [*Br* ˈjɒgət, *Am* ˈjəʊgərt] *n* yaourt *m*.

yoke [jəʊk] *n lit* & *fig* joug *m*.

yokel ['jəʊkl] *n pej* péquenaud *m*, -e *f*.

yolk [jəʊk] *n* jaune *m* (d'œuf).

yonder ['jɒndər] *adv literary* là-bas.

Yorks. [jɔːks] (*abbr of* **Yorkshire**) *comté anglais*.

Yorkshire pudding ['jɔːkʃər-] *n* yorkshire pudding *m* (*pâte à choux cuite qui accompagne le rosbif*).

Yorkshire terrier ['jɔːkʃər-] *n* Yorkshire-terrier *m*.

you [ju:] *pers pron* **-1.** (*subject - sg*) tu (- *polite form, pl*) vous; ~'**re a good cook** tu es/vous êtes bonne cuisinière; **are** ~ **French?** tu es/vous êtes français?; ~ **French** vous autres Français; ~ **idiot!** espèce d'idiot!; **if I were** OR **was** ~ si j'étais toi/vous, à ta/votre place; **there** ~ **are** [you've appeared] te/vous voilà; [have this] voilà, tiens/tenez; **that jacket really isn't** ~ cette veste n'est pas vraiment ton/votre style. **-2.** (*object - unstressed, sg*) te; (- *polite form, pl*) vous; **I can see** ~ je te/vous vois; **I gave it to** ~ je te/vous l'ai donné. **-3.** (*object - stressed, sg*) toi (- *polite form, pl*) vous; **I don't expect** YOU **to do it** je n'exige pas que ce soit toi qui le fasses/vous qui le fassiez. **-4.** (*after prep, sg*) toi; (- *polite form, pl*) vous; **we shall go without** ~ nous irons sans toi/vous; **I'm shorter than** ~ je suis plus petit que toi/vous. **-5.** [anyone, one] on; ~ **have to be careful** on doit faire attention; **exercise is good for** ~ l'exercice est bon pour la santé.

you'd [ju:d] = **you had**, **you would**.

you'll [ju:l] = **you will**.

young [jʌŋ] ◇ *adj* jeune. ◇ *npl* **-1.** [young people]: **the** ~ les jeunes *mpl*. **-2.** [baby animals] les petits *mpl*.

younger ['jʌŋgər] *adj* plus jeune.

youngish ['jʌŋɪʃ] *adj* assez jeune.

young man *n* jeune homme *m*.

youngster ['jʌŋstər] *n* jeune *m*.

young woman *n* jeune femme *f*.

your [jɔːr] *poss adj* **-1.** (*referring to one person*) ton (ta), tes (*pl*); (*polite form, pl*) votre, vos (*pl*); ~ **dog** ton/votre chien; ~ **house** ta/votre maison; ~ **children** tes/vos enfants; **what's** ~ **name?** comment t'appelles-tu/vous appelez-vous?; **it wasn't** YOUR **fault** ce n'était pas de ta faute à toi/de votre faute à vous. **-2.** (*impersonal - one's*) son (sa), ses (*pl*); ~ **attitude changes as you get older** on change sa manière de voir en vieillissant; **it's good for** ~ **teeth/hair** c'est bon pour les dents/les cheveux; ~ **average Englishman** l'Anglais moyen.

you're [jɔ:ʳ] = you are.

yours [jɔ:z] *poss pron* (*referring to one person*) le tien (la tienne), les tiens (les tiennes); (*pl*); (*polite form, pl*) le vôtre (la vôtre), les vôtres (*pl*); **that desk is** ~ ce bureau est à toi/à vous, ce bureau est le tien/le vôtre; **it wasn't her fault, it was** YOURS ce n'était pas de sa faute, c'était de ta faute à toi/de votre faute à vous; **a friend of** ~ un ami à toi/vous, un de tes/vos amis.

◆ **Yours** *adv* [in letter] → **faithfully, sincerely** *etc*.

yourself [jɔ:'self] (*pl* **-selves** [-'selvz]) *pron* **-1.** (*reflexive - sg*) te; (- *polite form, pl*) vous; (*after preposition - sg*) toi; (- *polite form, pl*) vous. **-2.** (*for emphasis - sg*) toi-même; (- *polite form*) vous-même; (- *pl*) vous-mêmes; **did you do it** ~? tu l'as/vous l'avez fait tout seul?

youth [ju:θ] *n* **-1.** (*U*) [period, quality] jeunesse *f*. **-2.** [young man] jeune homme *m*. **-3.** (*U*) [young people] jeunesse *f*, jeunes *mpl*.

youth club *n* centre *m* de jeunes.

youthful ['ju:θful] *adj* **-1.** [eager, innocent] de jeunesse, juvénile. **-2.** [young] jeune.

youthfulness ['ju:θfulnɪs] *n* jeunesse *f*.

youth hostel *n* auberge *f* de jeunesse.

youth hostelling [-'hɒstəlɪŋ] *n Br*: **to go** ~ voyager en dormant dans des auberges de jeunesse.

you've [ju:v] = you have.

yowl [jaul] ◇ *n* [of dog, person] hurlement *m*; [of cat] miaulement *m*. ◇ *vi* [dog, person] hurler; [cat] miauler.

yo-yo ['jəujəu] *n* yo-yo *m*.

yr *abbr of* year.

YTS (*abbr of* **Youth Training Scheme**) *n programme gouvernemental britannique d'insertion des jeunes dans la vie professionnelle.*

Yucatan [,jʌkə'tɑ:n] *n* Yucatan *m*.

yuck [jʌk] *excl inf* berk!

Yugoslav = Yugoslavian.

Yugoslavia [,ju:gə'slɑ:vjə] *n* Yougoslavie *f*; **in** ~ en Yougoslavie.

Yugoslavian [,ju:gəu'slɑ:vɪən], **Yugoslav** [,ju:gə'slɑ:v] ◇ *adj* yougoslave. ◇ *n* Yougoslave *mf*.

yule log [ju:l-] *n* **-1.** [piece of wood] bûche *f*. **-2.** [cake] bûche *f* de Noël.

yuletide ['ju:ltaɪd] *n* (*U*) *literary* époque *f* de Noël.

yummy ['jʌmɪ] (*compar* **-ier**, *superl* **-iest**) *adj inf* délicieux(ieuse).

yuppie, yuppy ['jʌpɪ] (*pl* **-ies**) *n inf* yuppie *mf*.

YWCA (*abbr of* **Young Women's Christian Association**) *n union chrétienne de jeunes filles (proposant notamment des services d'hébergement).*

z (*pl* **z's** OR **zs**), **Z** (*pl* **Z's** OR **Zs**) [*Br* zed, *Am* zi:] *n* [letter] z *m inv*, Z *m inv*.

Zagreb ['zɑ:greb] *n* Zagreb.

Zaïre [zɑ:'ɪəʳ] *n* Zaïre *m*; **in** ~ au Zaïre.

Zaïrese [zɑ:'ɪəri:z] ◇ *adj* zaïrois(e). ◇ *n* Zaïrois *m*, -e *f*.

Zambesi, Zambezi [zæm'bi:zɪ] *n*: **the** ~ le Zambèze.

Zambia ['zæmbɪə] *n* Zambie *f*; **in** ~ en Zambie.

Zambian ['zæmbɪən] ◇ *adj* zambien(ienne). ◇ *n* Zambien *m*, -ienne *f*.

zany ['zeɪnɪ] (*compar* **-ier**, *superl* **-iest**) *adj inf* dingue.

Zanzibar [,zænzɪ'bɑ:] *n* Zanzibar *m*.

zap [zæp] (*pt* & *pp* **-ped**, *cont* **-ping**) *inf* ◇ *vt* [kill] descendre, tuer. ◇ *vi*: **to** ~ **(off) somewhere** foncer quelque part.

zeal [zi:l] *n* zèle *m*.

zealot ['zelət] *n fml* fanatique *mf*.

zealous ['zeləs] *adj* zélé(e).

zebra [*Br* 'zebrə, *Am* 'zi:brə] (*pl inv* OR **-s**) *n* zèbre *m*.

zebra crossing *n Br* passage *m* pour piétons.

zenith [*Br* 'zenɪθ, *Am* 'zi:nəθ] *n lit* & *fig* zénith *m*.

zeppelin ['zepəlɪn] *n* zeppelin *m*.

zero [*Br* 'zɪərəu, *Am* 'zi:rəu] (*pl inv* OR **-es**) ◇ *adj* zéro, aucun(e). ◇ *n* zéro *m*.

◆ **zero in on** *vt fus* **-1.** [subj: weapon] se diriger droit sur. **-2.** [subj: person] s'attaquer (d'entrée de jeu) à.

zero-rated [-,reɪtɪd] *adj Br* exempt(e) de TVA.

zest [zest] *n* (*U*) **-1.** [excitement] piquant *m*. **-2.** [eagerness] entrain *m*. **-3.** [of orange, lemon] zeste *m*.

zigzag ['zɪgzæg] (*pt* & *pp* **-ged**, *cont* **-ging**) ◇ *n* zigzag *m*. ◇ *vi* zigzaguer.

zilch [zɪltʃ] *n Am inf* zéro *m*, que dalle.

Zimbabwe [zɪm'bɑːbwɪ] *n* Zimbabwe *m*; **in ~** au Zimbabwe.

Zimbabwean [zɪm'bɑːbwɪən] ◇ *adj* zimbabwéen(enne). ◇ *n* Zimbabwéen *m*, -enne *f*.

Zimmer frame® ['zɪmə-] *n* déambulateur *m*.

zinc [zɪŋk] *n* zinc *m*.

Zionism ['zaɪənɪzm] *n* sionisme *m*.

Zionist ['zaɪənɪst] ◇ *adj* sioniste. ◇ *n* Sioniste *mf*.

zip [zɪp] (*pt* & *pp* **-ped**, *cont* **-ping**) *n Br* [fastener] fermeture *f* éclair®.

◆ **zip up** *vt sep* [jacket] remonter la fermeture éclair de; [bag] fermer la fermeture éclair de.

zip code *n Am* code *m* postal.

zip fastener *n Br* = **zip**.

zipper ['zɪpə-] *n Am* = **zip**.

zit [zɪt] *n inf* bouton *m*.

zither ['zɪðə-] *n* cithare *f*.

zodiac ['zəudɪæk] *n*: **the ~** le zodiaque; **sign of the ~** signe *m* du zodiaque.

zombie ['zɒmbɪ] *n fig* & *pej* zombi *m*.

zone [zəun] *n* zone *f*.

zoo [zuː] *n* zoo *m*.

zoological [,zəuə'lɒdʒɪkl] *adj* zoologique.

zoologist [zəu'ɒlədʒɪst] *n* zoologiste *mf*.

zoology [zəu'ɒlədʒɪ] *n* zoologie *f*.

zoom [zuːm] ◇ *vi inf* **-1.** [move quickly] aller en trombe. **-2.** [rise rapidly] monter en flèche. ◇ *n* PHOT zoom *m*.

◆ **zoom in** *vi* CINEMA: **to ~ in (on)** faire un zoom (sur).

◆ **zoom off** *vi inf* partir en trombe.

zoom lens *n* zoom *m*.

zucchini [zuː'kiːnɪ] (*pl inv*) *n Am* courgette *f*.

Zulu ['zuːluː] ◇ *adj* zoulou(e). ◇ *n* **-1.** [person] Zoulou *m*, -e *f*. **-2.** [language] zoulou *m*.

Zürich ['zjuərɪk] *n* Zurich.

CONJUGAISONS

Auxiliaires

[1] avoir

Indicatif présent

j'	ai
tu	as
il, elle	a
nous	avons
vous	avez
ils, elles	ont

Indicatif imparfait

j'	avais
tu	avais
il, elle	avait
nous	avions
vous	aviez
ils, elles	avaient

Indicatif futur

j'	aurai
tu	auras
il, elle	aura
nous	aurons
vous	aurez
ils, elles	auront

Indicatif passé simple

j'	eus
tu	eus
il, elle	eut
nous	eûmes
vous	eûtes
ils, elles	eurent

Subjonctif présent

que j'	aie
que tu	aies
qu'il, elle	ait
que nous	ayons
que vous	ayez
qu'ils, elles	aient

Conditionnel présent

j'	aurais
tu	aurais
il, elle	aurait
nous	aurions
vous	auriez
ils, elles	auraient

Impératif

aie
ayons
ayez

Participe présent

ayant

Participe passé

eu, e

[2] être

Indicatif présent

je	suis
tu	es
il, elle	est
nous	sommes
vous	êtes
ils, elles	sont

Indicatif imparfait

j'	étais
tu	étais
il, elle	était
nous	étions
vous	étiez
ils, elles	étaient

Indicatif futur

je	serai
tu	seras
il, elle	sera
nous	serons
vous	serez
ils, elles	seront

Indicatif passé simple

je	fus
tu	fus
il, elle	fut
nous	fûmes
vous	fûtes
ils, elles	furent

Subjonctif présent

que je	sois
que tu	sois
qu'il, elle	soit
que nous	soyons
que vous	soyez
qu'ils, elles	soient

Conditionnel présent

je	serais
tu	serais
il, elle	serait
nous	serions
vous	seriez
ils, elles	seraient

Impératif

sois
soyons
soyez

Participe présent

étant

Participe passé

été

Verbes réguliers

[3] chanter   chant-

Indicatif présent		**Indicatif passé simple**		**Impératif**
je	chante	je	chantai	chante
tu	chantes	tu	chantas	chantons
il, elle	chante	il, elle	chanta	chantez
nous	chantons	nous	chantâmes	
vous	chantez	vous	chantâtes	**Participe présent**
ils, elles	chantent	ils, elles	chantèrent	chantant

Indicatif imparfait		**Subjonctif présent**		**Participe passé**
je	chantais	que je	chante	chanté, e
tu	chantais	que tu	chantes	
il, elle	chantait	qu'il, elle	chante	
nous	chantions	que nous	chantions	
vous	chantiez	que vous	chantiez	
ils, elles	chantaient	qu'ils, elles	chantent	

Indicatif futur		**Conditionnel présent**	
je	chanterai	je	chanterais
tu	chanteras	tu	chanterais
il, elle	chantera	il, elle	chanterait
nous	chanterons	nous	chanterions
vous	chanterez	vous	chanteriez
ils, elles	chanteront	ils, elles	chanteraient

[32] finir   fin-

Indicatif présent		**Indicatif passé simple**		**Impératif**
je	finis	je	finis	finis
tu	finis	tu	finis	finissons
il, elle	finit	il, elle	finit	finissez
nous	finissons	nous	finîmes	
vous	finissez	vous	finîtes	**Participe présent**
ils, elles	finissent	ils, elles	finirent	finissant

Indicatif imparfait		**Subjonctif présent**		**Participe passé**
je	finissais	que je	finisse	fini, e
tu	finissais	que tu	finisses	
il, elle	finissait	qu'il, elle	finisse	
nous	finissions	que nous	finissions	
vous	finissiez	que vous	finissiez	
ils, elles	finissaient	qu'ils, elles	finissent	

Indicatif futur		**Conditionnel présent**	
je	finirai	je	finirais
tu	finiras	tu	finirais
il, elle	finira	il, elle	finirait
nous	finirons	nous	finirions
vous	finirez	vous	finiriez
ils, elles	finiront	ils, elles	finiraient

Premier groupe : verbes en -er,

participe présent **-ant**,

terminaisons de l'indicatif présent **-e, -es, -e, -ons, -ez, -ent**

Pour les formes non indiquées, se reporter au verbe chanter (page précédente)

[4] baisser   baiss-

Indicatif présent		Participe présent	Participe passé
je	baisse	baissant	baissé, e
nous	baissons		

[5] pleurer   pleur-

Indicatif présent		Participe présent	Participe passé
je	pleure	pleurant	pleuré, e
nous	pleurons		

[6] jouer   jou-

Indicatif présent		Participe présent	Participe passé
je	joue	jouant	joué, e
nous	jouons		

[7] saluer   salu-

Indicatif présent		Participe présent	Participe passé
je	salue	saluant	salué, e
nous	saluons		

[8] arguer   argu-, argu-ë

Indicatif présent		Indicatif futur		Participe présent
j'	argue	j'	arguerai	arguant
ou	arguë	ou	arguërai	
nous	arguons			**Participe passé**
ils, elles	arguent			argué, e
ou	arguënt			

[9] copier   copi-

Indicatif imparfait		Indicatif futur		Participe présent
nous	copiions	je	copierai	copiant
				Participe passé
				copié, e

• Le conditionnel a le même radical que le futur mais comporte les terminaisons de l'imparfait (r**ais**, etc.)

[10] prier pri-

Indicatif imparfait	Indicatif futur	Participe présent
nous pri**ions**	je prie**rai**	pri**ant**

Participe passé
pri**é, e**

[11] payer pay-
             pay- / pai- (devant e)

Indicatif présent
je   pa**ie**
     ou   pay**e**
nous   pay**ons**

Indicatif futur
je   pa**ierai**
     ou   pay**erai**

Participe présent
pay**ant**

Participe passé
pay**é, e**

Indicatif imparfait
je   pay**ais**
nous   pay**ions**

[13] ployer ploy- / ploi- (devant e)

Indicatif présent
je   plo**ie**
nous   ploy**ons**

Indicatif futur
je   plo**ierai**

Participe présent
ploy**ant**

Participe passé
ploy**é, e**

Indicatif imparfait
je   ploy**ais**
nous   ploy**ions**

[14] essuyer essuy- / essui- (devant e)

Indicatif présent
j'   essu**ie**
nous   essuy**ons**

Indicatif futur
j'   essu**ierai**
nous   essu**ierons**

Participe présent
essuy**ant**

Participe passé
essuy**é, e**

Indicatif imparfait
j'   essuy**ais**
nous   essuy**ions**

[15] créer cré-

Indicatif présent
je   cré**e**
nous   cré**ons**

Indicatif futur
je   cré**erai**
nous   cré**erons**

Participe présent
cré**ant**

Participe passé
cré**é**, cré**ée**

Indicatif imparfait
je   cré**ais**
nous   cré**ions**

• Le conditionnel a le même radical que le futur mais comporte les terminaisons de l'imparfait (**rais**, etc.)

[16] avancer avanc- / avanç- (devant a, o)

Indicatif présent
j'   avance
nous   avançons

Indicatif imparfait
j'   avançais
nous   avancions

Participe présent
avançant

Participe passé
avancé, e

[17] manger mang- / mange- (devant a, o)

Indicatif présent
je   mange
nous   mangeons

Indicatif imparfait
je   mangeais
nous   mangions

Participe présent
mangeant

Participe passé
mangé, e

[18] céder céd- / cèd-

Indicatif présent
je   cède
nous   cédons

Indicatif futur
je   céderai
nous   céderons

Indicatif passé simple
je   cédai
nous   cédâmes

Participe présent
cédant

Participe passé
cédé, e

[19] semer sem- / sèm-

Indicatif présent
je   sème
nous   semons

Indicatif imparfait
je   semais
nous   semions

Indicatif futur
je   sèmerai
nous   sèmerons

Participe présent
semant

Participe passé
semé, e

[20] rapiécer rapiéc- / rapièc-
                       rapiéç- / rapièç- (devant a, o)

Indicatif présent
je   rapièce
nous   rapiéçons

Indicatif imparfait
je   rapiéçais
nous   rapiécions

Indicatif futur
je   rapiécerai
nous   rapiécerons

Indicatif passé simple
je   rapiéçai
nous   rapiéçâmes

Participe présent
rapiéçant

Participe passé
rapiécé, e

• Le conditionnel a le même radical que le futur mais comporte les terminaisons de l'imparfait (**rais**, etc.)

[21] acquiescer   acquiesc- /
acquiesç- (devant a, o)

Indicatif présent	**Participe présent**	**Participe passé**
j' acquiesce	acquiesçant	acquiescé
nous acquiesçons		

[22] siéger   siég- / sièg-
siége- / siège- (devant a, o)

Indicatif présent	**Indicatif passé simple**	**Participe passé**
je siège	je siégeai	siégé
nous siégeons	nous siégeâmes	

Indicatif imparfait	**Participe présent**
je siégeais	siégeant
nous siégions	

Indicatif futur
je   siégerai
nous   siégerons

[23] déneiger   déneig- /
déneige- (devant a, o)

Indicatif présent	**Indicatif passé simple**	**Participe passé**
je déneige	je déneigeai	déneigé, **e**
nous déneigeons	nous déneigeâmes	

Indicatif imparfait	**Participe présent**
je déneigeais	déneigeant
nous déneigions	

Indicatif futur
je   déneigerai
nous   déneigerons

[24] appeler   appel- / appell-

Indicatif présent	**Indicatif passé simple**	**Participe passé**
j' appelle	j' appelai	appelé, **e**
nous appelons	ils, elles appelèrent	

Indicatif imparfait	**Participe présent**
j' appelais	appelant
nous appelions	

Indicatif futur
j'   appellerai
nous   appellerons

• Le conditionnel a le même radical que le futur mais comporte les terminaisons de l'imparfait (r**ais**, etc.)

[25] peler   pel- / pèl- (devant e)

Indicatif présent		**Participe présent**	**Participe passé**
je	pèle	pelant	pelé, e
nous	pelons		

[26] interpeller   interpell-

Indicatif présent		**Participe présent**	**Participe passé**
j'	interpelle	interpellant	interpellé, e
nous	interpellons		

[27] jeter   jet- / jett- (devant e)

Indicatif présent		**Participe présent**	**Participe passé**
je	jette	jetant	jeté, e
nous	jetons		

[28] acheter   achet- / achèt-

Indicatif présent		**Participe présent**	**Participe passé**
j'	achète	achetant	acheté, e
nous	achetons		

[29] dépecer   dépec- / dépeç- (devant a, o) /
dépèc- (devant e)

Indicatif présent		**Participe présent**	**Participe passé**
je	dépèce	dépeçant	dépecé, e
nous	dépeçons		

Indicatif imparfait

je	dépeçais
nous	dépecions

• Le conditionnel a le même radical que le futur mais comporte les terminaisons de l'imparfait (r**ais**, etc.)

[30] envoyer   envoy- / envoi- (devant e) /
                   enver-

Indicatif présent   **Indicatif passé simple**   **Participe présent**
j'   envoie   j'   envoyai   envoyant
nous   envoyons   ils, elles   envoyèrent
                                                                    Participe passé
Indicatif imparfait   envoyé, e
j'   envoyais
nous   envoyions

Indicatif futur
j'   enverrai
nous   enverrons

[31] aller   all- / v- / i- / aill-

Indicatif présent   **Indicatif passé simple**   **Impératif**
je   vais   j'   allai   va
tu   vas   ils, elles   allèrent   allons
il, elle   va   allez
nous   allons   **Subjonctif présent**
ils, elles   vont   que j'   aille   **Participe présent**
                                   qu'il, elle   aille   allant
                                   que nous   allions
Indicatif imparfait   qu'ils, elles   aillent   **Participe passé**
j'   allais   allé, e
nous   allions

Indicatif futur
j'   irai
ils, elles   iront

• Le conditionnel a le même radical que le futur mais comporte les terminaisons de l'imparfait (**rais**, etc.)

Deuxième groupe : verbes en -ir,
participe présent -issant

[32] finir

voir tableau des verbes réguliers p II

[33] haïr   ha-ï / ha-i

Indicatif présent
je   hais
tu   hais
il, elle   hait
nous   haïssons
ils, elles   haïssent

Indicatif imparfait
je   haïssais
ils, elles   haïssaient

Indicatif futur
je   haïrai
ils, elles   haïront

Indicatif passé simple
je   haïs
ils, elles   haïrent

Subjonctif présent
que je   haïsse
qu'ils, elles haïssent

Participe présent
haïssant

Participe passé
haï, e

Troisième groupe :
participe présent -ant,
terminaisons de l'indicatif présent en -e, -es, -e, -ons, -ez, -ent
et en -s, -s, -t, -ons, -ez, -ent
a) verbes en -ir

[34] ouvrir   ouvr- / ouv-

Indicatif présent
j'   ouvre
il, elle   ouvre
nous   ouvrons
ils, elles   ouvrent

Indicatif imparfait
j'   ouvrais
nous   ouvrions

Indicatif futur
j'   ouvrirai
nous   ouvrirons

Indicatif passé simple
j'   ouvris
ils, elles   ouvrirent

Subjonctif présent
que j'   ouvre
qu'il, elle   ouvre
que nous   ouvrions
qu'ils, elles ouvrent

Impératif
ouvre
ouvrons
ouvrez

Participe présent
ouvrant

Participe passé
ouvert, e

• Le conditionnel a le même radical que le futur mais comporte les terminaisons de l'imparfait (**rais**, etc.)

[35] fuir fuy- / fui-

Indicatif présent
je   fuis
il, elle   fuit
nous   fuyons
ils, elles   fuient

Indicatif imparfait
je   fuyais
nous   fuyions

Indicatif futur
je   fuirai
ils, elles   fuiront

Indicatif passé simple
je   fuis
ils, elles   fuirent

Subjonctif présent
que je   fuie
qu'il, elle   fuie
que nous   fuyions
qu'ils, elles   fuient

Impératif
fuis
fuyons
fuyez

Participe présent
fuyant

Participe passé
fui, e

[36] endormir endorm- / endor-

Indicatif présent
j'   endors
il, elle   endort
nous   endormons
ils, elles   endorment

Indicatif imparfait
j'   endormais
nous   endormions

Indicatif futur
j'   endormirai
ils, elles   endormiront

Indicatif passé simple
j'   endormis
ils, elles   endormirent

Subjonctif présent
que j'   endorme
qu'il, elle   endorme
que nous   endormions
qu'ils, elles   endorment

Impératif
endors
endormons
endormez

Participe présent
endormant

Participe passé
endormi, e

[37] démentir dément- / démen-

Indicatif présent
je   démens
il, elle   dément
nous   démentons
ils, elles   démentent

Indicatif imparfait
je   démentais
nous   démentions

Indicatif futur
je   démentirai
ils, elles   démentiront

Indicatif passé simple
je   démentis
ils, elles   démentirent

Subjonctif présent
que je   démente
qu'il, elle   démente
que nous   démentions
qu'ils, elles   démentent

Impératif
démens
démentons
démentez

Participe présent
démentant

Participe passé
démenti, e

• Le conditionnel a le même radical que le futur mais comporte les terminaisons de l'imparfait (**rais**, etc.)

[38] servir   serv- / ser-

Indicatif présent

je	sers
il, elle	sert
nous	servons
ils, elles	servent

Indicatif imparfait

je	servais
nous	servions

Indicatif futur

je	servirai
nous	servirons

Indicatif passé simple

je	servis
il, elle	servit
nous	servîmes
ils, elles	servirent

Subjonctif présent

que je	serve
qu'il, elle	serve
que nous	servions
qu'ils, elles	servent

Impératif

sers
servons
servez

Participe présent

servant

Participe passé

servi, e

[39] acquérir   acquér- / acquer- / acquier- / acquièr- / acqu-

Indicatif présent

j'	acquiers
il, elle	acquiert
nous	acquérons
ils, elles	acquièrent

Indicatif imparfait

j'	acquérais
nous	acquérions

Indicatif futur

j'	acquerrai
nous	acquerrons

Indicatif passé simple

j'	acquis
il, elle	acquit
nous	acquîmes
ils, elles	acquirent

Subjonctif présent

que j'	acquière
qu'il, elle	acquière
que nous	acquérions
qu'ils, elles	acquièrent

Impératif

acquiers
acquérons
acquérez

Participe présent

acquérant

Participe passé

acquis, e

[40] venir   ven- / vien- / vienn- / viend- / vin-

Indicatif présent

je	viens
il, elle	vient
nous	venons
ils, elles	viennent

Indicatif imparfait

je	venais
nous	venions

Indicatif futur

je	viendrai
nous	viendrons

Indicatif passé simple

je	vins
il, elle	vint
nous	vînmes
ils, elles	vinrent

Subjonctif présent

que je	vienne
qu'il, elle	vienne
que nous	venions
qu'ils, elles	viennent

Impératif

viens
venons
venez

Participe présent

venant

Participe passé

venu, e

• Le conditionnel a le même radical que le futur mais comporte les terminaisons de l'imparfait (**rais**, etc.)

[41] cueillir   cueill-

Indicatif présent

je	cueille
il, elle	cueille
nous	cueillons
ils, elles	cueillent

Indicatif imparfait

| je | cueillais |
| nous | cueillions |

Indicatif futur

| je | cueillerai |
| nous | cueillerons |

Indicatif passé simple

je	cueillis
il, elle	cueillit
nous	cueillîmes
ils, elles	cueillirent

Subjonctif présent

que je	cueille
qu'il, elle	cueille
que nous	cueillions
qu'ils, elles	cueillent

Impératif

cueille
cueillons
cueillez

Participe présent
cueillant

Participe passé
cueilli, e

[42] mourir   mour- / meur- / mor-

Indicatif présent

je	meurs
il, elle	meurt
nous	mourons
ils, elles	meurent

Indicatif imparfait

| je | mourais |
| nous | mourions |

Indicatif futur

| je | mourrai |
| nous | mourrons |

Indicatif passé simple

je	mourus
il, elle	mourut
nous	mourûmes
ils, elles	moururent

Subjonctif présent

que je	meure
qu'il, elle	meure
que nous	mourions
qu'ils, elles	meurent

Impératif

meurs
mourons
mourez

Participe présent
mourant

Participe passé
mort, e

[43] partir   part- / par-

Indicatif présent

je	pars
il, elle	part
nous	partons
ils, elles	partent

Indicatif imparfait

| je | partais |
| nous | partions |

Indicatif futur

| je | partirai |
| nous | partirons |

Indicatif passé simple

je	partis
il, elle	partit
nous	partîmes
ils, elles	partirent

Subjonctif présent

que je	parte
qu'il, elle	parte
que nous	partions
qu'ils, elles	partent

Impératif

pars
partons
partez

Participe présent
partant

Participe passé
parti, e

• Le conditionnel a le même radical que le futur mais comporte les terminaisons de l'imparfait (**rais**, etc.)

[44] revêtir   revêt-

Indicatif présent

je	revêts
il, elle	revêt
nous	revêtons
ils, elles	revêtent

Indicatif imparfait

je	revêtais
nous	revêtions

Indicatif futur

je	revêtirai
nous	revêtirons

Indicatif passé simple

je	revêtis
il, elle	revêtit
nous	revêtîmes
ils, elles	revêtirent

Subjonctif présent

que je	revête
qu'il, elle	revête
que nous	revêtions
qu'ils, elles	revêtent

Impératif

revêts
revêtons
revêtez

Participe présent
revêtant

Participe passé
revêtu, e

[45] courir   cour-

Indicatif présent

je	cours
il, elle	court
nous	courons
ils, elles	courent

Indicatif imparfait

je	courais
nous	courions

Indicatif futur

je	courrai
nous	courrons

Indicatif passé simple

je	courus
il, elle	courut
nous	courûmes
ils, elles	coururent

Subjonctif présent

que je	coure
qu'il, elle	coure
que nous	courions
qu'ils, elles	courent

Impératif

cours
courons
courez

Participe présent
courant

Participe passé
couru, e

• Le conditionnel a le même radical que le futur mais comporte les terminaisons de l'imparfait (**rais**, etc.)

[46] faillir   faill- / failliss- / fau- / faud-

Indicatif présent
je	faille
ou	faux
il, elle	faille
ou	faut
nous	faillissons
ou	faillons
ils, elles	faillissent
ou	faillent

Indicatif imparfait
je	faillissais
ou	faillais
nous	faillissions
ou	faillions

Indicatif futur
je	faillirai
ou	faudrai
nous	faillirons
ou	faudrons

Indicatif passé simple
je	faillis
il, elle	faillit
nous	faillîmes
ils, elles	faillirent

Subjonctif présent
que je	faillisse
ou	faille
qu'il, elle	faillisse
ou	faille
que nous	faillissions
ou	faillions
qu'ils, elles	faillissent
ou	faillent

Impératif
faillis ou faux
faillissons ou faillons
faillissez ou faillez

Participe présent
faillissant ou faillant

Participe passé
failli

[47] défaillir   défaill-

Indicatif présent
je	défaille
il, elle	défaille
nous	défaillons
ils, elles	défaillent

Indicatif imparfait
je	défaillais
nous	défaillions

Indicatif futur
je	défaillirai
ou	défaillerai
nous	défaillirons
ou	défaillerons

Indicatif passé simple
je	défaillis
il, elle	défaillit
nous	défaillîmes
ils, elles	défaillirent

Subjonctif présent
que je	défaille
qu'il, elle	défaille
que nous	défaillions
qu'ils, elles	défaillent

Impératif
défaille
défaillons
défaillez

Participe présent
défaillant

Participe passé
défailli

• Le conditionnel a le même radical que le futur mais comporte les terminaisons de l'imparfait (**rais**, etc.)

[48] bouillir   bouill- / bou-

Indicatif présent
je	bous
il, elle	bout
nous	bouillons
ils, elles	bouillent

Indicatif imparfait
je	bouillais
nous	bouillions

Indicatif futur
je	bouillirai
nous	bouillirons

Indicatif passé simple
je	bouillis
il, elle	bouillit
nous	bouillîmes
ils, elles	bouillirent

Subjonctif présent
que je	bouille
qu'il, elle	bouille
que nous	bouillions
qu'ils, elles	bouillent

Impératif
bous
bouillons
bouillez

Participe présent
bouillant

Participe passé
bouilli, **e**

[49] gésir   gi- / gis-

Indicatif présent
je	gis
tu	gis
il, elle	gît
nous	gisons
vous	gisez
ils, elles	gisent

Indicatif imparfait
je	gisais
nous	gisions
ils, elles	gisaient

Participe présent
gisant

Remarque : Gésir est défectif aux autres temps et modes.

[50] saillir "faire saillie"   saill-

Indicatif présent
il, elle	saille
ils, elles	saillent

Indicatif imparfait
il, elle	saillait
ils, elles	saillaient

Indicatif futur
il, elle	saillera
ils, elles	sailleront

Indicatif passé simple
il, elle	saillit
ils, elles	saillirent

Subjonctif présent
qu'il, elle	saille
qu'ils, elles	saillent

Impératif
inusité

Participe présent
saillant

Participe passé
sailli, **e**

Remarque : Dans le sens de "s'accoupler", saillir se conjugue sur le modèle de finir et n'est guère usité qu'à l'infinitif et à la 3e personne du singulier ou du pluriel.

• Le conditionnel a le même radical que le futur mais comporte les terminaisons de l'imparfait (**rais**, etc.)

Troisième groupe :
b) verbes en -oir

[52] recevoir   recev- / reçoiv- / reçoi- / reç-

Indicatif présent

je	reçois
il, elle	reçoit
nous	recevons
ils, elles	reçoivent

Indicatif imparfait

| je | recevais |
| nous | recevions |

Indicatif futur

| je | recevrai |
| nous | recevrons |

Indicatif passé simple

je	reçus
il, elle	reçut
nous	reçûmes
ils, elles	reçurent

Subjonctif présent

que je	reçoive
qu'il, elle	reçoive
que nous	recevions
qu'ils, elles	reçoivent

Impératif

reçois
recevons
recevez

Participe présent

recevant

Participe passé

reçu, e

[53] devoir   dev- / doiv- / doi- / d-

Indicatif présent

je	dois
il, elle	doit
nous	devons
ils, elles	doivent

Indicatif imparfait

| je | devais |
| nous | devions |

Indicatif futur

| je | devrai |
| nous | devrons |

Indicatif passé simple

je	dus
il, elle	dut
nous	dûmes
ils, elles	durent

Subjonctif présent

que je	doive
qu'il, elle	doive
que nous	devions
qu'ils, elles	doivent

Impératif

dois
devons
devez

Participe présent

devant

Participe passé

dû, due
dus, dues

[54] mouvoir   mouv- / meuv- / meu- / m-

Indicatif présent

je	meus
il, elle	meut
nous	mouvons
ils, elles	meuvent

Indicatif imparfait

| je | mouvais |
| nous | mouvions |

Indicatif futur

| je | mouvrai |
| nous | mouvrons |

Indicatif passé simple

je	mus
il, elle	mut
nous	mûmes
ils, elles	murent

Subjonctif présent

que je	meuve
qu'il, elle	meuve
que nous	mouvions
qu'ils, elles	meuvent

Impératif

meus
mouvons
mouvez

Participe présent

mouvant

Participe passé

mû, mue
mus, mues

• Le conditionnel a le même radical que le futur mais comporte les terminaisons de l'imparfait (**rais**, etc.)

[55] émouvoir émouv- / émeuv- / émeu- / ém-

Indicatif présent
j'	émeus
il, elle	émeut
nous	émouvons
ils, elles	émeuvent

Indicatif imparfait
j'	émouvais
nous	émouvions

Indicatif futur
j'	émouvrai
nous	émouvrons

Indicatif passé simple
j'	émus
il, elle	émut
nous	émûmes
ils, elles	émurent

Subjonctif présent
que j'	émeuve
qu'il, elle	émeuve
que nous	émouvions
qu'ils, elles	émeuvent

Impératif
émeus
émouvons
émouvez

Participe présent
émouvant

Participe passé
ému, e

[56] promouvoir promouv- / promeuv- / promeu- / prom-

Indicatif présent
je	promeus
il, elle	promeut
nous	promouvons
ils, elles	promeuvent

Indicatif imparfait
je	promouvais
nous	promouvions

Indicatif futur
je	promouvrai
nous	promouvrons

Indicatif passé simple
je	promus
il, elle	promut
nous	promûmes
ils, elles	promurent

Subjonctif présent
que je	promeuve
qu'il, elle	promeuve
que nous	promouvions
qu'ils, elles	promeuvent

Impératif
promeus
promouvons
promouvez

Participe présent
promouvant

Participe passé
promu, e

[57] vouloir voul- / veul- / veu- / voud- / veuill-

Indicatif présent
je	veux
il, elle	veut
nous	voulons
ils, elles	veulent

Indicatif imparfait
je	voulais
nous	voulions

Indicatif futur
je	voudrai
nous	voudrons

Indicatif passé simple
je	voulus
il, elle	voulut
nous	voulûmes
ils, elles	voulurent

Subjonctif présent
que je	veuille
qu'il, elle	veuille
que nous	voulions
qu'ils, elles	veuillent

Impératif
veux ou veuille
voulons ou veuillons
voulez ou veuillez

Participe présent
voulant

Participe passé
voulu, e

• Le conditionnel a le même radical que le futur mais comporte les terminaisons de l'imparfait (**rais**, etc.)

[58] pouvoir   pouv- / peuv- / peu- / pour- / pui- / puiss- / p-

Indicatif présent
je   peux
       ou   puis
il, elle   peut
nous   pouvons
ils, elles   peuvent

Indicatif imparfait
je   pouvais
nous   pouvions

Indicatif futur
je   pourrai
nous   pourrons

Indicatif passé simple
je   pus
il, elle   put
nous   pûmes
ils, elles   purent

Subjonctif présent
que je   puisse
qu'il, elle   puisse
que nous   puissions
qu'ils, elles puissent

Impératif
inusité

Participe présent
pouvant

Participe passé
pu

[59] savoir   sav- / sai- / sau- / sach- / s-

Indicatif présent
je   sais
il, elle   sait
nous   savons
ils, elles   savent

Indicatif imparfait
je   savais
nous   savions

Indicatif futur
je   saurai
nous   saurons

Indicatif passé simple
je   sus
il, elle   sut
nous   sûmes
ils, elles   surent

Subjonctif présent
que je   sache
qu'il, elle   sache
que nous   sachions
qu'ils, elles sachent

Impératif
sache
sachons
sachez

Participe présent
sachant

Participe passé
su, e

[60] valoir   val- / vau- / vaud- / vaill-

Indicatif présent
je   vaux
il, elle   vaut
nous   valons
ils, elles   valent

Indicatif imparfait
je   valais
nous   valions

Indicatif futur
je   vaudrai
nous   vaudrons

Indicatif passé simple
je   valus
il, elle   valut
nous   valûmes
ils, elles   valurent

Subjonctif présent
que je   vaille
qu'il, elle   vaille
que nous   valions
qu'ils, elles vaillent

Impératif
vaux
valons
valez

Participe présent
valant

Participe passé
valu, e

• Le conditionnel a le même radical que le futur mais comporte les terminaisons de l'imparfait (**rais**, etc.)

[61] prévaloir préval- / prévau- / prévaud-

Indicatif présent

je	prévaux
il, elle	prévaut
nous	prévalons
ils, elles	prévalent

Indicatif imparfait

| je | prévalais |
| nous | prévalions |

Indicatif futur

| je | prévaudrai |
| nous | prévaudrons |

Indicatif passé simple

je	prévalus
il, elle	prévalut
nous	prévalûmes
ils, elles	prévalurent

Subjonctif présent

que je	prévale
qu'il, elle	prévale
que nous	prévalions
qu'ils, elles	prévalent

Impératif

prévaux
prévalons
prévalez

Participe présent
prévalant

Participe passé
prévalu, e

[62] voir voi- / voy- / ver- / v-

Indicatif présent

je	vois
il, elle	voit
nous	voyons
ils, elles	voient

Indicatif imparfait

| je | voyais |
| nous | voyions |

Indicatif futur

| je | verrai |
| nous | verrons |

Indicatif passé simple

je	vis
il, elle	vit
nous	vîmes
ils, elles	virent

Subjonctif présent

que je	voie
qu'il, elle	voie
que nous	voyions
qu'ils, elles	voient

Impératif

vois
voyons
voyez

Participe présent
voyant

Participe passé
vu, e

[63] prévoir prévoi- / prévoy- / prév-

Indicatif présent

je	prévois
il, elle	prévoit
nous	prévoyons
ils, elles	prévoient

Indicatif imparfait

| je | prévoyais |
| nous | prévoyions |

Indicatif futur

| je | prévoirai |
| nous | prévoirons |

Indicatif passé simple

je	prévis
il, elle	prévit
nous	prévîmes
ils, elles	prévirent

Subjonctif présent

que je	prévoie
qu'il, elle	prévoie
que nous	prévoyions
qu'ils, elles	prévoient

Impératif

prévois
prévoyons
prévoyez

Participe présent
prévoyant

Participe passé
prévu, e

• Le conditionnel a le même radical que le futur mais comporte les terminaisons de l'imparfait (**rais**, etc.)

[64] pourvoir   pourvoi- / pourvoy- / pourv-

Indicatif présent
je	pourvois
il, elle	pourvoit
nous	pourvoyons
ils, elles	pourvoient

Indicatif imparfait
je	pourvoyais
nous	pourvoyions

Indicatif futur
je	pourvoirai
nous	pourvoirons

Indicatif passé simple
je	pourvus
il, elle	pourvut
nous	pourvûmes
ils, elles	pourvurent

Subjonctif présent
que je	pourvoie
qu'il, elle	pourvoie
que nous	pourvoyions
qu'ils, elles	pourvoient

Impératif
pourvois
pourvoyons
pourvoyez

Participe présent
pourvoyant

Participe passé
pourvu, e

[65] asseoir   assie- / assié- / assey- / assoi- / assoy- / ass-

Indicatif présent
j'	assieds
	ou assois
il, elle	assied
	ou assoit
nous	asseyons
	ou assoyons
ils, elles	asseyent
	ou assoient

Indicatif imparfait
j'	asseyais
	ou assoyais
nous	asseyions
	ou assoyions

Indicatif futur
j'	assiérai
	ou assoirai
nous	assiérons
	ou assoirons

Indicatif passé simple
j'	assis
il, elle	assit
nous	assîmes
ils, elles	assirent

Subjonctif présent
que j'	asseye
	ou assoie
qu'il, elle	asseye
	ou assoie
que nous	asseyions
	ou assoyions
qu'ils, elles	asseyent
	ou assoient

Impératif
assieds ou assois
asseyons ou assoyons
asseyez ou assoyez

Participe présent
asseyant ou assoyant

Participe passé
assis, e

Remarque : L'usage tend à écrire avec -eoi- les formes avec -oi-, je m'asseois, il asseoira...

• Le conditionnel a le même radical que le futur mais comporte les terminaisons de l'imparfait (**rais**, etc.)

[66] surseoir   sursoi- / sursoy- / surseoi- / surs-

Indicatif présent
je   sursois
il, elle   sursoit
nous   sursoyons
ils, elles   sursoient

Indicatif imparfait
je   sursoyais
nous   sursoyions

Indicatif futur
je   surseoirai
nous   surseoirons

Indicatif passé simple
je   sursis
il, elle   sursit
nous   sursîmes
ils, elles   sursirent

Subjonctif présent
que je   sursoie
qu'il, elle   sursoie
que nous   sursoyions
qu'ils, elles   sursoient

Impératif
sursois
sursoyons
sursoyez

Participe présent
sursoyant

Participe passé
sursis, e

[67] seoir   sie- / sié- / sey-

Indicatif présent
il, elle   sied
ils, elles   siéent

Indicatif imparfait
il, elle   seyait
ils, elles   seyaient

Indicatif futur
il, elle   siéra
ils, elles   siéront

Subjonctif présent
qu'il, elle   siée
qu'ils, elles   siéent

Conditionnel présent
il, elle   siérait
ils, elles   siéraient

Participe présent
seyant

Participe passé
inusité

Remarque : Inusité aux autres temps et formes. Seoir a ici le sens de "convenir".

[68] pleuvoir   pleuv- / pleu- / pl-

Indicatif présent
il   pleut

Indicatif imparfait
il   pleuvait

Indicatif futur
il   pleuvra

Indicatif passé simple
il   plut

Subjonctif présent
qu'il   pleuve

Impératif
inusité

Participe présent
pleuvant

Participe passé
plu

Remarque : La 3e personne du pluriel est possible au figuré : les injures pleuvaient.

• Le conditionnel a le même radical que le futur mais comporte les terminaisons de l'imparfait (**rais**, etc.)

[69] **falloir**   fall- / fau- / faud- / faill-

Indicatif présent
il   faut

Indicatif passé simple
il   fallut

Impératif
inusité

Indicatif imparfait
il   fallait

Subjonctif présent
qu'il   faille

Participe présent
inusité

Indicatif futur
il   faudra

Participe passé
fallu

[70] **échoir**   échoi- / échoy- / éch- / éché- / écher-

Indicatif présent
il, elle   échoit
ils, elles   échoient

Indicatif passé simple
il, elle   échut
ils, elles   échurent

Impératif
inusité

Participe présent
échéant

Indicatif imparfait
il, elle   échoyait
ils, elles   échoyaient

Subjonctif présent
qu'il, elle   échoie
qu'ils, elles échoient

Participe passé
échu, e

Indicatif futur
il, elle   échoira
        ou   écherra
ils, elles   échoiront
        ou   écherront

[71] **déchoir**   déchoi- / déchoy- / déch-

Indicatif présent
je   déchois
il, elle   déchoit
nous   déchoyons
ils, elles   déchoient

Indicatif passé simple
je   déchus
il, elle   déchut
nous   déchûmes
ils, elles   déchurent

Impératif
inusité

Participe présent
inusité

Indicatif imparfait
inusité

Subjonctif présent
que je   déchoie
qu'il, elle   déchoie
que nous   déchoyions
qu'ils, elles déchoient

Participe passé
déchu, e

Indicatif futur
je   déchoirai
nous   déchoirons

• Le conditionnel a le même radical que le futur mais comporte les terminaisons de l'imparfait (**rais**, etc.)

[72] choir   choi- / cher- / ch-

Indicatif présent
je   chois
tu   chois
il, elle   choit
ils, elles   choient

Indicatif imparfait
inusité

Indicatif futur
je   choirai
      ou   cherrai
nous   choirons
      ou   cherrons

Indicatif passé simple
je   chus
il, elle   chut
nous   chûmes
ils, elles   churent

Subjonctif présent
inusité

Impératif
inusité

Participe présent
inusité

Participe passé
chu, e

Remarque : Choir *se conjugue à tous les temps composés avec l'auxiliaire* être.

Troisième groupe :
c) verbes en -re

[73] vendre   vend-

Indicatif présent
je   vends
il, elle   vend
nous   vendons
ils, elles   vendent

Indicatif imparfait
je   vendais
nous   vendions

Indicatif futur
je   vendrai
nous   vendrons

Indicatif passé simple
je   vendis
il, elle   vendit
nous   vendîmes
ils, elles   vendirent

Subjonctif présent
que je   vende
qu'il, elle   vende
que nous   vendions
qu'ils, elles vendent

Impératif
vends
vendons
vendez

Participe présent
vendant

Participe passé
vendu, e

• Le conditionnel a le même radical que le futur mais comporte les terminaisons de l'imparfait (**rais**, etc.)

[74] répandre répand-

Indicatif présent
je   répands
il, elle   répand
nous   répandons
ils, elles   répandent

Indicatif imparfait
je   répandais
nous   répandions

Indicatif futur
je   répandrai
nous   répandrons

Indicatif passé simple
je   répandis
il, elle   répandit
nous   répandîmes
ils, elles   répandirent

Subjonctif présent
que je   répande
qu'il, elle répande
que nous   répandions
qu'ils, elles répandent

Impératif
répands
répandons
répandez

Participe présent
répandant

Participe passé
répandu, e

[75] répondre répond-

Indicatif présent
je   réponds
il, elle   répond
nous   répondons
ils, elles   répondent

Indicatif imparfait
je   répondais
nous   répondions

Indicatif futur
je   répondrai
nous   répondrons

Indicatif passé simple
je   répondis
il, elle   répondit
nous   répondîmes
ils, elles   répondirent

Subjonctif présent
que je   réponde
qu'il, elle réponde
que nous   répondions
qu'ils, elles répondent

Impératif
réponds
répondons
répondez

Participe présent
répondant

Participe passé
répondu, e

[76] mordre mord-

Indicatif présent
je   mords
il, elle   mord
nous   mordons
ils, elles   mordent

Indicatif imparfait
je   mordais
nous   mordions

Indicatif futur
je   mordrai
nous   mordrons

Indicatif passé simple
je   mordis
il, elle   mordit
nous   mordîmes
ils, elles   mordirent

Subjonctif présent
que je   morde
qu'il, elle morde
que nous   mordions
qu'ils, elles mordent

Impératif
mords
mordons
mordez

Participe présent
mordant

Participe passé
mordu, e

• Le conditionnel a le même radical que le futur mais comporte les terminaisons de l'imparfait (**rais**, etc.)

[77] **perdre**   perd-

Indicatif présent
je   perd**s**
il, elle   perd
nous   perd**ons**
ils, elles   perd**ent**

Indicatif imparfait
je   perd**ais**
nous   perd**ions**

Indicatif futur
je   perd**rai**
nous   perd**rons**

Indicatif passé simple
je   perd**is**
il, elle   perd**it**
nous   perd**îmes**
ils, elles   perd**irent**

Subjonctif présent
que je   perd**e**
qu'il, elle   perd**e**
que nous   perd**ions**
qu'ils, elles perd**ent**

Impératif
perd**s**
perd**ons**
perd**ez**

Participe présent
perd**ant**

Participe passé
perd**u, e**

[78] **rompre**   romp-

Indicatif présent
je   romp**s**
il, elle   romp**t**
nous   romp**ons**
ils, elles   romp**ent**

Indicatif imparfait
je   romp**ais**
nous   romp**ions**

Indicatif futur
je   romp**rai**
nous   romp**rons**

Indicatif passé simple
je   romp**is**
il, elle   romp**it**
nous   romp**îmes**
ils, elles   romp**irent**

Subjonctif présent
que je   romp**e**
qu'il, elle   romp**e**
que nous   romp**ions**
qu'ils, elles romp**ent**

Impératif
romp**s**
romp**ons**
romp**ez**

Participe présent
romp**ant**

Participe passé
romp**u, e**

[79] **prendre**   prend- / pren- / prenn- / pr-

Indicatif présent
je   prend**s**
il, elle   prend
nous   pren**ons**
ils, elles   prenn**ent**

Indicatif imparfait
je   pren**ais**
nous   pren**ions**

Indicatif futur
je   prend**rai**
nous   prend**rons**

Indicatif passé simple
je   pr**is**
il, elle   pr**it**
nous   pr**îmes**
ils, elles   pr**irent**

Subjonctif présent
que je   prenn**e**
qu'il, elle   prenn**e**
que nous   pren**ions**
qu'ils, elles prenn**ent**

Impératif
prend**s**
pren**ons**
pren**ez**

Participe présent
pren**ant**

Participe passé
pr**is, e**

• Le conditionnel a le même radical que le futur mais comporte les terminaisons de l'imparfait (**rais**, etc.)

[80] craindre craind- / crain- / craign-

Indicatif présent
je	crains
il, elle	craint
nous	craignons
ils, elles	craignent

Indicatif imparfait
| je | craignais |
| nous | craignions |

Indicatif futur
| je | craindrai |
| nous | craindrons |

Indicatif passé simple
je	craignis
il, elle	craignit
nous	craignîmes
ils, elles	craignirent

Subjonctif présent
que je	craigne
qu'il, elle	craigne
que nous	craignions
qu'ils, elles	craignent

Impératif
crains
craignons
craignez

Participe présent
craignant

Participe passé
craint, e

[81] peindre peind- / pein- / peign-

Indicatif présent
je	peins
il, elle	peint
nous	peignons
ils, elles	peignent

Indicatif imparfait
| je | peignais |
| nous | peignions |

Indicatif futur
| je | peindrai |
| nous | peindrons |

Indicatif passé simple
je	peignis
il, elle	peignit
nous	peignîmes
ils, elles	peignirent

Subjonctif présent
que je	peigne
qu'il, elle	peigne
que nous	peignions
qu'ils, elles	peignent

Impératif
peins
peignons
peignez

Participe présent
peignant

Participe passé
peint, e

[82] joindre joind- / join- / joign-

Indicatif présent
je	joins
il, elle	joint
nous	joignons
ils, elles	joignent

Indicatif imparfait
| je | joignais |
| nous | joignions |

Indicatif futur
| je | joindrai |
| nous | joindrons |

Indicatif passé simple
je	joignis
il, elle	joignit
nous	joignîmes
ils, elles	joignirent

Subjonctif présent
que je	joigne
qu'il, elle	joigne
que nous	joignions
qu'ils, elles	joignent

Impératif
joins
joignons
joignez

Participe présent
joignant

Participe passé
joint, e

• Le conditionnel a le même radical que le futur mais comporte les terminaisons de l'imparfait (**rais**, etc.)

[83] battre   batt- / bat-

Indicatif présent
je   bats
il, elle   bat
nous   battons
ils, elles   battent

Indicatif imparfait
je   battais
nous   battions

Indicatif futur
je   battrai
nous   battrons

Indicatif passé simple
je   battis
il, elle   battit
nous   battîmes
ils, elles   battirent

Subjonctif présent
que je   batte
qu'il, elle batte
que nous   battions
qu'ils, elles battent

Impératif
bats
battons
battez

Participe présent
battant

Participe passé
battu, e

[84] mettre   mett- / met- / m-

Indicatif présent
je   mets
il, elle   met
nous   mettons
ils, elles   mettent

Indicatif imparfait
je   mettais
nous   mettions

Indicatif futur
je   mettrai
nous   mettrons

Indicatif passé simple
je   mis
il, elle   mit
nous   mîmes
ils, elles   mirent

Subjonctif présent
que je   mette
qu'il, elle mette
que nous   mettions
qu'ils, elles mettent

Impératif
mets
mettons
mettez

Participe présent
mettant

Participe passé
mis, e

[85] moudre   moud- / moul-

Indicatif présent
je   mouds
il, elle   moud
nous   moulons
ils, elles   moulent

Indicatif imparfait
je   moulais
nous   moulions

Indicatif futur
je   moudrai
nous   moudrons

Indicatif passé simple
je   moulus
il, elle   moulut
nous   moulûmes
ils, elles   moulurent

Subjonctif présent
que je   moule
qu'il, elle moule
que nous   moulions
qu'ils, elles moulent

Impératif
mouds
moulons
moulez

Participe présent
moulant

Participe passé
moulu, e

• Le conditionnel a le même radical que le futur mais comporte les terminaisons de l'imparfait (**rais**, etc.)

[86] coudre coud- / cous-

Indicatif présent		**Indicatif passé simple**		**Impératif**
je	cou**ds**	je	cous**is**	cou**ds**
il, elle	cou**d**	il, elle	cous**it**	cous**ons**
nous	cous**ons**	nous	cous**îmes**	cous**ez**
ils, elles	cous**ent**	ils, elles	cous**irent**	

Indicatif imparfait		**Subjonctif présent**		**Participe présent**
je	cous**ais**	que je	cous**e**	cous**ant**
nous	cous**ions**	qu'il, elle	cous**e**	
		que nous	cous**ions**	**Participe passé**
Indicatif futur		qu'ils, elles	cous**ent**	cous**u, e**
je	coud**rai**			
nous	coud**rons**			

[87] absoudre absoud- / absou- / absolv- / absol-

Indicatif présent		**Indicatif passé simple**		**Impératif**
j'	absou**s**	j'	absol**us**	absou**s**
il, elle	absou**t**	il, elle	absol**ut**	absolv**ons**
nous	absolv**ons**	nous	absol**ûmes**	absolv**ez**
ils, elles	absolv**ent**	ils, elles	absol**urent**	

Indicatif imparfait		**Subjonctif présent**		**Participe présent**
j'	absolv**ais**	que j'	absolv**e**	absolv**ant**
nous	absolv**ions**	qu'il, elle	absolv**e**	
		que nous	absolv**ions**	**Participe passé**
Indicatif futur		qu'ils, elles	absolv**ent**	absou**t, e**
j'	absoud**rai**			
nous	absoud**rons**			

[88] résoudre résoud- / résou- / résolv- / résol-

Indicatif présent		**Indicatif passé simple**		**Impératif**
je	résou**s**	je	résol**us**	résou**s**
il, elle	résou**t**	il, elle	résol**ut**	résolv**ons**
nous	résolv**ons**	nous	résol**ûmes**	résolv**ez**
ils, elles	résolv**ent**	ils, elles	résol**urent**	

Indicatif imparfait		**Subjonctif présent**		**Participe présent**
je	résolv**ais**	que je	résolv**e**	résolv**ant**
nous	résolv**ions**	qu'il, elle	résolv**e**	
		que nous	résolv**ions**	**Participe passé**
Indicatif futur		qu'ils, elles	résolv**ent**	résol**u, e**
je	résoud**rai**			
nous	résoud**rons**			

• Le conditionnel a le même radical que le futur mais comporte les terminaisons de l'imparfait (**rais**, etc.)

[89] suivre   suiv- / sui-

Indicatif présent

je	suis
il, elle	suit
nous	suivons
ils, elles	suivent

Indicatif imparfait

je	suivais
nous	suivions

Indicatif futur

je	suivrai
nous	suivrons

Indicatif passé simple

je	suivis
il, elle	suivit
nous	suivîmes
ils, elles	suivirent

Subjonctif présent

que je	suive
qu'il, elle	suive
que nous	suivions
qu'ils, elles	suivent

Impératif

suis
suivons
suivez

Participe présent

suivant

Participe passé

suivi, e

[90] vivre   viv- / vi- / véc-

Indicatif présent

je	vis
il, elle	vit
nous	vivons
ils, elles	vivent

Indicatif imparfait

je	vivais
nous	vivions

Indicatif futur

je	vivrai
nous	vivrons

Indicatif passé simple

je	vécus
il, elle	vécut
nous	vécûmes
ils, elles	vécurent

Subjonctif présent

que je	vive
qu'il, elle	vive
que nous	vivions
qu'ils, elles	vivent

Impératif

vis
vivons
vivez

Participe présent

vivant

Participe passé

vécu, e

[91] paraître   paraît- / paraiss- / parai- / par- (-î- devant t)

Indicatif présent

je	parais
il, elle	paraît
nous	paraissons
ils, elles	paraissent

Indicatif imparfait

je	paraissais
nous	paraissions

Indicatif futur

je	paraîtrai
nous	paraîtrons

Indicatif passé simple

je	parus
il, elle	parut
nous	parûmes
ils, elles	parurent

Subjonctif présent

que je	paraisse
qu'il, elle	paraisse
que nous	paraissions
qu'ils, elles	paraissent

Impératif

parais
paraissons
paraissez

Participe présent

paraissant

Participe passé

paru, e

• Le conditionnel a le même radical que le futur mais comporte les terminaisons de l'imparfait (**rais**, etc.)

[92] naître (auxiliaire être)
naît- / naiss- / nai- / naqu- / n-

Indicatif présent
je	nais
il, elle	naît
nous	naissons
ils, elles	naissent

Indicatif imparfait
je	naissais
nous	naissions

Indicatif futur
je	naîtrai
nous	naîtrons

Indicatif passé simple
je	naquis
il, elle	naquit
nous	naquîmes
ils, elles	naquirent

Subjonctif présent
que je	naisse
qu'il, elle	naisse
que nous	naissions
qu'ils, elles	naissent

Impératif
nais
naissons
naissez

Participe présent
naissant

Participe passé
né, e

[93] croître   croît- / croiss- / croî- / cr-

Indicatif présent
je	croîs
il, elle	croît
nous	croissons
ils, elles	croissent

Indicatif imparfait
je	croissais
nous	croissions

Indicatif futur
je	croîtrai
nous	croîtrons

Indicatif passé simple
je	crûs
il, elle	crût
nous	crûmes
ils, elles	crûrent

Subjonctif présent
que je	croisse
qu'il, elle	croisse
que nous	croissions
qu'ils, elles	croissent

Impératif
croîs
croissons
croissez

Participe présent
croissant

Participe passé
crû, crue
crus, crues

Remarque : L'accent circonflexe sur le i apparaît devant un t, ainsi que dans les formes qui peuvent être confondues avec celles du verbe croire.

[94] accroître   accroît- / accroiss- / accroi- / accr- (-î- devant t)

Indicatif présent
j'	accrois
il, elle	accroît
nous	accroissons
ils, elles	accroissent

Indicatif imparfait
j'	accroissais
nous	accroissions

Indicatif futur
j'	accroîtrai
nous	accroîtrons

Indicatif passé simple
j'	accrus
il, elle	accrut
nous	accrûmes
ils, elles	accrurent

Subjonctif présent
que j'	accroisse
qu'il, elle	accroisse
que nous	accroissions
qu'ils, elles	accroissent

Impératif
accrois
accroissons
accroissez

Participe présent
accroissant

Participe passé
accru, e

• Le conditionnel a le même radical que le futur mais comporte les terminaisons de l'imparfait (**rais**, etc.)

[95] rire   ri- / r-

Indicatif présent
je   ris
il, elle   rit
nous   rions
ils, elles   rient

Indicatif imparfait
je   riais
nous   riiions

Indicatif futur
je   rirai
nous   rirons

Indicatif passé simple
je   ris
il, elle   rit
nous   rîmes
ils, elles   rirent

Subjonctif présent
que je   rie
qu'il, elle   rie
que nous   riions
qu'ils, elles rient

Impératif
ris
rions
riez

Participe présent
riant

Participe passé
ri

[96] conclure   conclu- / concl-

Indicatif présent
je   conclus
il, elle   conclut
nous   concluons
ils, elles   concluent

Indicatif imparfait
je   concluais
nous   concluions

Indicatif futur
je   conclurai
nous   conclurons

Indicatif passé simple
je   conclus
il, elle   conclut
nous   conclûmes
ils, elles   conclurent

Subjonctif présent
que je   conclue
qu'il, elle   conclue
que nous   concluions
qu'ils, elles concluent

Impératif
conclus
concluons
concluez

Participe présent
concluant

Participe passé
conclu, e

Remarque : Inclure *se conjugue comme* conclure *mais son participe passé est* inclus, e.

[97] nuire   nui- / nuis- / nu-

Indicatif présent
je   nuis
il, elle   nuit
nous   nuisons
ils, elles   nuisent

Indicatif imparfait
je   nuisais
nous   nuisions

Indicatif futur
je   nuirai
nous   nuirons

Indicatif passé simple
je   nuisis
il, elle   nuisit
nous   nuisîmes
ils, elles   nuisirent

Subjonctif présent
que je   nuise
qu'il, elle   nuise
que nous   nuisions
qu'ils, elles nuisent

Impératif
nuis
nuisons
nuisez

Participe présent
nuisant

Participe passé
nui

Remarque : Luire *et* reluire *connaissent une autre forme de passé simple :* je luis *,* je reluis.

• Le conditionnel a le même radical que le futur mais comporte les terminaisons de l'imparfait (**rais**, etc.)

[98] **conduire**   condui- / conduis-

Indicatif présent

je	condui**s**
il, elle	condui**t**
nous	conduis**ons**
ils, elles	conduis**ent**

Indicatif imparfait

je	conduis**ais**
nous	conduis**ions**

Indicatif futur

je	condui**rai**
nous	condui**rons**

Indicatif passé simple

je	conduis**is**
il, elle	conduis**it**
nous	conduis**îmes**
ils, elles	conduis**irent**

Subjonctif présent

que je	conduis**e**
qu'il, elle	conduis**e**
que nous	conduis**ions**
qu'ils, elles	conduis**ent**

Impératif

condui**s**
conduis**ons**
conduis**ez**

Participe présent
conduis**ant**

Participe passé
condui**t, e**

[99] **écrire**   écri- / écriv-

Indicatif présent

j'	écri**s**
il, elle	écri**t**
nous	écriv**ons**
ils, elles	écriv**ent**

Indicatif imparfait

j'	écriv**ais**
nous	écriv**ions**

Indicatif futur

j'	écri**rai**
nous	écri**rons**

Indicatif passé simple

j'	écriv**is**
il, elle	écriv**it**
nous	écriv**îmes**
ils, elles	écriv**irent**

Subjonctif présent

que j'	écriv**e**
qu'il, elle	écriv**e**
que nous	écriv**ions**
qu'ils, elles	écriv**ent**

Impératif

écri**s**
écriv**ons**
écriv**ez**

Participe présent
écriv**ant**

Participe passé
écri**t, e**

[100] **suffire**   suffi- / suffis- / suff-

Indicatif présent

je	suffi**s**
il, elle	suffi**t**
nous	suffis**ons**
ils, elles	suffis**ent**

Indicatif imparfait

je	suffis**ais**
nous	suffis**ions**

Indicatif futur

je	suffi**rai**
nous	suffi**rons**

Indicatif passé simple

je	suffi**s**
il, elle	suffi**t**
nous	suff**îmes**
ils, elles	suff**irent**

Subjonctif présent

que je	suffis**e**
qu'il, elle	suffis**e**
que nous	suffis**ions**
qu'ils, elles	suffis**ent**

Impératif

suffi**s**
suffis**ons**
suffis**ez**

Participe présent
suffis**ant**

Participe passé
suff**i**

• Le conditionnel a le même radical que le futur mais comporte les terminaisons de l'imparfait (**rais**, etc.)

[102] dire   di- / dis- / d-

Indicatif présent

je	dis
il, elle	dit
nous	disons
vous	dites
ils, elles	disent

Indicatif imparfait

je	disais
nous	disions

Indicatif futur

je	dirai
nous	dirons

Indicatif passé simple

je	dis
il, elle	dit
nous	dîmes
ils, elles	dirent

Subjonctif présent

que je	dise
qu'il, elle	dise
que nous	disions
qu'ils, elles	disent

Impératif

dis
disons
dites

Participe présent

disant

Participe passé

dit, e

[103] contredire   contredi- / contredis- / contred-

Indicatif présent

je	contredis
il, elle	contredit
nous	contredisons
vous	contredisez
ils, elles	contredisent

Indicatif imparfait

je	contredisais
nous	contredisions

Indicatif futur

je	contredirai
nous	contredirons

Indicatif passé simple

je	contredis
il, elle	contredit
nous	contredîmes
ils, elles	contredirent

Subjonctif présent

que je	contredise
qu'il, elle	contredise
que nous	contredisions
qu'ils, elles	contredisent

Impératif

contredis
contredisons
contredisez

Participe présent

contredisant

Participe passé

contredit, e

[104] maudire   maudi- / maudiss- / maud-

Indicatif présent

je	maudis
il, elle	maudit
nous	maudissons
ils, elles	maudissent

Indicatif imparfait

je	maudissais
nous	maudissions

Indicatif futur

je	maudirai
nous	maudirons

Indicatif passé simple

je	maudis
il, elle	maudit
nous	maudîmes
ils, elles	maudirent

Subjonctif présent

que je	maudisse
qu'il, elle	maudisse
que nous	maudissions
qu'ils, elles	maudissent

Impératif

maudis
maudissons
maudissez

Participe présent

maudissant

Participe passé

maudit, e

• Le conditionnel a le même radical que le futur mais comporte les terminaisons de l'imparfait (rais, etc.)

[105] bruire   brui- / bruy-

Indicatif présent
je   bruis
tu   bruis
il, elle   bruit
inusité aux personnes
du pluriel

Indicatif imparfait
je   bruyais
nous   bruyions

Indicatif futur
je   bruirai
nous   bruirons

Indicatif passé simple
inusité

Subjonctif présent
inusité

Impératif
inusité

Participe présent
inusité

Participe passé
bruit

[106] lire   li- / lis- / l-

Indicatif présent
je   lis
il, elle   lit
nous   lisons
ils, elles   lisent

Indicatif imparfait
je   lisais
nous   lisions

Indicatif futur
je   lirai
nous   lirons

Indicatif passé simple
je   lus
il, elle   lut
nous   lûmes
ils, elles   lurent

Subjonctif présent
que je   lise
qu'il, elle   lise
que nous   lisions
qu'ils, elles   lisent

Impératif
lis
lisons
lisez

Participe présent
lisant

Participe passé
lu, e

[107] croire   croi- / croy- / cr-

Indicatif présent
je   crois
il, elle   croit
nous   croyons
ils, elles   croient

Indicatif imparfait
je   croyais
nous   croyions

Indicatif futur
je   croirai
nous   croirons

Indicatif passé simple
je   crus
il, elle   crut
nous   crûmes
ils, elles   crurent

Subjonctif présent
que je   croie
qu'il, elle   croie
que nous   croyions
qu'ils, elles   croient

Impératif
crois
croyons
croyez

Participe présent
croyant

Participe passé
cru, e

• Le conditionnel a le même radical que le futur mais comporte les terminaisons de l'imparfait (rais, etc.)

[108] boire   boi- / boiv- / buv- / b-

Indicatif présent		**Indicatif passé simple**		**Impératif**
je	bois	je	bus	bois
il, elle	boit	il, elle	but	buvons
nous	buvons	nous	bûmes	buvez
ils, elles	boivent	ils, elles	burent	

Indicatif imparfait		**Subjonctif présent**		**Participe présent**
je	buvais	que je	boive	buvant
nous	buvions	qu'il, elle	boive	
		que nous	buvions	**Participe passé**
Indicatif futur		qu'ils, elles	boivent	bu, e
je	boirai			
nous	boirons			

[109] faire   fai- / fais- / fe- / fass- / f-

Indicatif présent		**Indicatif passé simple**		**Impératif**
je .	fais	je	fis	fais
il, elle	fait	il, elle	fit	faisons
nous	faisons	nous	fîmes	faites
vous	faites	ils, elles	firent	
ils, elles	font			**Participe présent**
		Subjonctif présent		faisant
Indicatif imparfait		que je	fasse	
je	faisais	qu'il, elle	fasse	**Participe passé**
nous	faisions	que nous	fassions	fait, e
		qu'ils, elles	fassent	
Indicatif futur				
je	ferai			
nous	ferons			

[110] plaire   plai- / plais- / pl- (-î- devant t)

Indicatif présent		**Indicatif passé simple**		**Impératif**
je	plais	je	plus	plais
il, elle	plaît	il, elle	plut	plaisons
nous	plaisons	nous	plûmes	plaisez
ils, elles	plaisent	ils, elles	plurent	

Indicatif imparfait		**Subjonctif présent**		**Participe présent**
je	plaisais	que je	plaise	plaisant
nous	plaisions	qu'il, elle	plaise	
		que nous	plaisions	**Participe passé**
Indicatif futur		qu'ils, elles	plaisent	plu
je	plairai			
nous	plairons			

• Le conditionnel a le même radical que le futur mais comporte les terminaisons de l'imparfait (**rais**, etc.)

[111] taire   tai- / tais- / t-

Indicatif présent

je	tais
il, elle	tait
nous	taisons
ils, elles	taisent

Indicatif imparfait

| je | taisais |
| nous | taisions |

Indicatif futur

| je | tairai |
| nous | tairons |

Indicatif passé simple

je	tus
il, elle	tut
nous	tûmes
ils, elles	turent

Subjonctif présent

que je	taise
qu'il, elle	taise
que nous	taisions
qu'ils, elles	taisent

Impératif

tais
taisons
taisez

Participe présent
taisant

Participe passé
tu, e

[112] extraire   extrai- / extray-

Indicatif présent

j'	extrais
il, elle	extrait
nous	extrayons
ils, elles	extraient

Indicatif imparfait

| j' | extrayais |
| nous | extrayions |

Indicatif futur

| j' | extrairai |
| nous | extrairons |

Indicatif passé simple

inusité

Subjonctif présent

que j'	extraie
qu'il, elle	extraie
que nous	extrayions
qu'ils, elles	extraient

Impératif

extrais
extrayons
extrayez

Participe présent
extrayant

Participe passé
extrait, e

[113] clore   clo- / clos- (-ô- devant t)

Indicatif présent

je	clos
il, elle	clôt
nous	closons
ils, elles	closent

Indicatif imparfait

inusité

Indicatif futur

| je | clorai |
| nous | clorons |

Indicatif passé simple

inusité

Subjonctif présent

que je	close
qu'il, elle	close
que nous	closions
qu'ils, elles	closent

Impératif

clos
inusité aux personnes
du pluriel

Participe présent
closant

Participe passé
clos, e

Remarque : Éclore *se conjugue comme* clore, *mais l'Académie préconise* il, elle éclot *sans accent circonflexe.*

• Le conditionnel a le même radical que le futur mais comporte les terminaisons de l'imparfait (**rais**, etc.)

[114] vaincre   vainc- / vainqu-

Indicatif présent

je	vaincs
il, elle	vainc
nous	vainquons
ils, elles	vainquent

Indicatif imparfait

| je | vainquais |
| nous | vainquions |

Indicatif futur

| je | vaincrai |
| nous | vaincrons |

Indicatif passé simple

je	vainquis
il, elle	vainquit
nous	vainquîmes
ils, elles	vainquirent

Subjonctif présent

que je	vainque
qu'il, elle	vainque
que nous	vainquions
qu'ils, elles	vainquent

Impératif

vaincs
vainquons
vainquez

Participe présent

vainquant

Participe passé

vaincu, e

[115] frire   fri-

Indicatif présent

je	fris
tu	fris
il, elle	frit

inusité aux personnes
du pluriel

Indicatif imparfait

inusité

Indicatif futur

| je | frirai |
| nous | frirons |

Indicatif passé simple

inusité

Subjonctif présent

inusité

Conditionnel présent

| je | frirais |
| nous | fririons |

Impératif

fris
inusité aux personnes
du pluriel

Participe présent

inusité

Participe passé

frit, e

[116] foutre   fout- / fou-

Indicatif présent

je	fous
tu	fous
il, elle	fout
nous	foutons
ils, elles	foutent

Indicatif imparfait

| je | foutais |
| nous | foutions |

Indicatif futur

| je | foutrai |
| nous | foutrons |

Indicatif passé simple

inusité

Subjonctif présent

que je	foute
qu'il, elle	foute
que nous	foutions
qu'ils, elles	foutent

Impératif

fous
foutons
foutez

Participe présent

foutant

Participe passé

foutu, e

• Le conditionnel a le même radical que le futur mais comporte les terminaisons de l'imparfait (rais, etc.)

ENGLISH IRREGULAR VERBS

Infinitive	Past Tense	Past Participle
arise	arose	arisen
awake	awoke	awoken
be	was, were	been
bear	bore	born(e)
beat	beat	beaten
become	became	become
befall	befell	befallen
begin	began	begun
behold	beheld	beheld
bend	bent	bent
beseech	besought	besought
beset	beset	beset
bet	bet (also betted)	bet (also betted)
bid	bid (also bade)	bid (also bidden)
bind	bound	bound
bite	bit	bitten
bleed	bled	bled
blow	blew	blown
break	broke	broken
breed	bred	bred
bring	brought	brought
build	built	built
burn	burnt (also burned)	burnt (also burned)
burst	burst	burst
buy	bought	bought
can	could	-
cast	cast	cast
catch	caught	caught
choose	chose	chosen
cling	clung	clung
come	came	come
cost	cost	cost
creep	crept	crept
cut	cut	cut
deal	dealt	dealt
dig	dug	dug
do	did	done
draw	drew	drawn
dream	dreamed (also dreamt)	dreamed (also dreamt)
drink	drank	drunk
drive	drove	driven
dwell	dwelt	dwelt
eat	ate	eaten
fall	fell	fallen
feed	fed	fed
feel	felt	felt

Infinitive	Past Tense	Past Participle
fight	fought	fought
find	found	found
flee	fled	fled
fling	flung	flung
fly	flew	flown
forbid	forbade	forbidden
forecast	forecast	forecast
forego	forewent	foregone
foresee	foresaw	foreseen
foretell	foretold	foretold
forget	forgot	forgotten
forgive	forgave	forgiven
forsake	forsook	forsaken
freeze	froze	frozen
get	got	got (Am gotten)
give	gave	given
go	went	gone
grind	ground	ground
grow	grew	grown
hang	hung (also hanged)	hung (also hanged)
have	had	had
hear	heard	heard
hide	hid	hidden
hit	hit	hit
hold	held	held
hurt	hurt	hurt
keep	kept	kept
kneel	knelt (also kneeled)	knelt (also kneeled)
know	knew	known
lay	laid	laid
lead	led	led
lean	leant (also leaned)	leant (also leaned)
leap	leapt (also leaped)	leapt (also leaped)
learn	learnt (also learned)	learnt (also learned)
leave	left	left
lend	lent	lent
let	let	let
lie	lay	lain
light	lit (also lighted)	lit (also lighted)
lose	lost	lost
make	made	made
may	might	-
mean	meant	meant
meet	met	met
mistake	mistook	mistaken
mow	mowed	mown (also mowed)
pay	paid	paid
put	put	put

Infinitive	Past Tense	Past Participle
quit	quit (also quitted)	quit (also quitted)
read	read	read
rend	rent	rent
rid	rid	rid
ride	rode	ridden
ring	rang	rung
rise	rose	risen
run	ran	run
saw	sawed	sawn
say	said	said
see	saw	seen
seek	sought	sought
sell	sold	sold
send	sent	sent
set	set	set
shake	shook	shaken
shall	should	-
shear	sheared	shorn (also sheared)
shed	shed	shed
shine	shone	shone
shoot	shot	shot
show	showed	shown
shrink	shrank	shrunk
shut	shut	shut
sing	sang	sung
sink	sank	sunk
sit	sat	sat
slay	slew	slain
sleep	slept	slept
slide	slid	slid
sling	slung	slung
slit	slit	slit
smell	smelt (also smelled)	smelt (also smelled)
sow	sowed	sown (also sowed)
speak	spoke	spoken
speed	sped (also speeded)	sped (also speeded)
spell	spelt (also spelled)	spelt (also spelled)
spend	spent	spent
spill	spilt (also spilled)	spilt (also spilled)
spin	spun	spun
spit	spat	spat
split	split	split
spoil	spoiled (also spoilt)	spoiled (also spoilt)
spread	spread	spread
spring	sprang	sprung
stand	stood	stood
steal	stole	stolen
stick	stuck	stuck

Infinitive	Past Tense	Past Participle
sting	stung	stung
stink	stank	stunk
stride	strode	stridden
strike	struck	struck (also stricken)
strive	strove	striven
swear	swore	sworn
sweep	swept	swept
swell	swelled	swollen (also swelled)
swim	swam	swum
swing	swung	swung
take	took	taken
teach	taught	taught
tear	tore	torn
tell	told	told
think	thought	thought
throw	threw	thrown
thrust	thrust	thrust
tread	trod	trodden
wake	woke (also waked)	woken (also waked)
waylay	waylaid	waylaid
wear	wore	worn
weave	wove (also weaved)	woven (also weaved)
wed	wedded	wedded
weep	wept	wept
win	won	won
wind	wound	wound
withdraw	withdrew	withdrawn
withhold	withheld	withheld
withstand	withstood	withstood
wring	wrung	wrung
write	wrote	written

IMPRIMERIE MAURY-EUROLIVRES – 45300 MANCHECOURT
DÉPÔT LÉGAL : FÉVRIER 1999
IMPRIMÉ EN FRANCE (Printed in France) – Février 1999
100 401 644 01 – 100 420 302 01 – 100 420 502 01